Heinrich

mit herzlichen Grüßen

Stefan

17.11.15

Stern · Becker
Grundrechte-Kommentar
2. Auflage

Grundrechte-Kommentar

2. Auflage

Herausgegeben
von

Prof. Dr. Dr. h.c. mult. Klaus Stern
Universität zu Köln

Prof. Dr. Florian Becker, LL.M.
Christian-Albrechts-Universität
zu Kiel

Bearbeitet von

Prof. Dr. Florian Becker, LL.M., Kiel; Prof. Dr. Hermann-Josef Blanke, Erfurt; Prof. Dr. Christoph Brüning, Kiel; Prof. Dr. Christian von Coelln, Köln; Prof. Dr. Christoph Enders, Leipzig; Prof. Dr. Joachim Englisch, Münster; Prof. Dr. Frank Fechner, Ilmenau; Prof. Dr. Klaus Joachim Grigoleit, Dortmund; Prof. Dr. Klaus Grupp, Saarbrücken; Prof. Dr. Bernd Grzeszick, LL.M., Heidelberg; Prof. Dr. Hans-Detlef Horn, Marburg; Prof. Dr. Karl-Hermann Kästner, Tübingen; Prof. Dr. Winfried Kluth, Halle; Prof. Dr. Markus Kotzur, LL.M., Hamburg; Prof. Dr. Sebastian Müller-Franken, Marburg; Prof. Dr. Martin Nolte, Köln; Prof. Dr. Stephan Rixen, Bayreuth; Prof. Dr. Ralf P. Schenke, Würzburg; Prof. Dr. Dr. h.c. mult. Klaus Stern, Köln

Carl Heymanns Verlag 2016

Zitiervorschlag:
Bearbeiter, in: Stern/Becker (Hrsg.), Grundrechte-Kommentar, Art. … Rn. …

Bibliografische Information der Deutschen Nationalbibliothek

Die Deutsche Nationalbibliothek verzeichnet diese Publikation in der
Deutschen Nationalbibliografie; detaillierte bibliografische Daten
sind im Internet über http://dnb.d-nb.de abrufbar.

ISBN 978-3-452-28265-1

www.wolterskluwer.de
www.heymanns.com

Umschlagkonzeption: Martina Busch, Grafikdesign, Homburg-Kirrberg
Satz: WMTP Wendt-Media Text-Processing GmbH, Birkenau
Druck und Weiterverarbeitung: Williams Lea & Tag GmbH, München

Gedruckt auf säurefreiem, alterungsbeständigem und chlorfreiem Papier.

Vorwort zur 2. Aufl.

Zum 60-jährigen Inkrafttreten des Grundgesetztes konnte 2009 auf der Frankfurter Buchmesse erstmals ein allein den Grundrechten gewidmeter Kommentar präsentiert werden. Sechs Jahre sind seither ins Land gegangen. Dank der guten Aufnahme des Erläuterungswerks in der Öffentlichkeit haben sich Herausgeber und Verlag entschlossen, eine Neuauflage vorzulegen. Alle Autoren haben bereitwillig und zeitgerecht mitgezogen, so dass es möglich wurde, das Werk im Nachgang zum 66. Geburtstag unserer Verfassung zu veröffentlichen. Dafür gebührt allen Mitwirkenden auch an dieser Stelle Dank.

Einleitung und Erläuterungen der jeweiligen Grundrechtsartikel wurden gründlich überarbeitet, ergänzt und auf den neuesten Stand von Rechtsprechung und Literatur gebracht.

»Große« Entscheidungen des Bundesverfassungsgerichts, etwa zur Menschenwürde (Existenzminimum, Verständigungsgrundsatz im Strafprozess, Adoption), zu Fragen des Steuerrechts (Ehegattensplitting, Erbschaft- und Schenkungsteuer, Behandlung von eingetragenen Lebenspartnerschaften im Einkommensteuerrecht), des Sorgerechts des nichtehelichen Vaters, des Schutzes der persönlichen Daten einschließlich des Brief- und Fernmeldegeheimnisses sowie der Wohnung, des Wahlrechts, der Religionsfreiheit und des Staatskirchenrechts, des Rundfunkrechts, des Enteignungsrechts und der Kompetenzübertragung an die Europäische Union mussten berücksichtigt werden.

Vor allem der europäischen Dimension unserer Rechtsordnung wurde verstärkt Aufmerksamkeit geschenkt, nicht zuletzt bedingt durch die Gleichrangigkeit der EU-Grundrechtecharta mit den Verträgen und deren Ausstrahlung auf die nationalen Grundrechte. Grundrechtsentfaltung und -entwicklung ruhen nicht. Der erste Abschnitt des Grundgesetztes sowie die Artikel 33, 38, 101, 103, 104 und 140 bleiben eine lebendige Materie im Rechtsleben Deutschlands.

Wie schon im Vorwort zur 1. Auflage hervorgehoben, hoffen Autoren, Herausgeber und Verlag, auch mit der 2. Auflage Praxis und Wissenschaft des Verfassungsrechts gute Dienste leisten zu können.

Köln und Kiel im August 2015   Klaus Stern und Florian Becker

Bearbeiterverzeichnis

Prof. Dr. Florian Becker, LL.M.
Christian-Albrechts-Universität zu Kiel,
Lehrstuhl für Öffentliches Recht
(Art. 14–15 GG)

Prof. Dr. Christoph Brüning
Christian-Albrechts-Universität zu Kiel,
Lehrstuhl für Öffentliches Recht und
Verwaltungswissenschaften
(Art. 19, 103 GG)

Prof. Dr. Christoph Enders
Universität Leipzig, Juristenfakultät,
Institut für Grundlagen des Rechts
(Art. 1 GG)

Prof. Dr. Frank Fechner
TU Ilmenau, Fakultät für Wirtschafts-
wissenschaften und Medien, Institut
für Rechtswissenschaft
(Art. 5 GG)

Prof. Dr. Klaus Grupp
Universität des Saarlandes, Rechts-
und Wirtschaftswissenschaftliche
Fakultät, Abt. Rechtswissenschaft
(Art. 101 GG)

Prof. Dr. Hans-Detlef Horn
Philipps-Universität Marburg,
Fachbereich Rechtswissenschaften,
Institut für Öffentliches Recht
(Art. 2 GG)

Prof. Dr. Winfried Kluth
Martin-Luther-Universität Halle-Witten-
berg, Juristische und Wirtschaftswissen-
schaftliche Fakultät, Lehrstuhl für
Öffentliches Recht
(Art. 16–16a GG)

Prof. Dr. Hermann-Josef Blanke
Universität Erfurt, Lehrstuhl für
Öffentliches Recht, Völkerrecht
und Europäische Integration
(Art. 8, 11 GG)

Prof. Dr. Christian von Coelln
Universität zu Köln, Institut für
Deutsches und Europäisches
Wissenschaftsrecht
(Art. 17–18 GG)

Prof. Dr. Joachim Englisch
Universität Münster, Lehrstuhl für
Öffentliches Recht und Steuerrecht
(Art. 3 GG)

Prof. Dr. Klaus Joachim Grigoleit
TU Dortmund, Fakultät Raumplanung
(Art. 33 GG)

Prof. Dr. Bernd Grzeszick, LL.M.
Universität Heidelberg, Juristische
Fakultät, Institut für Staatsrecht,
Verfassungslehre und Rechts-
philosophie
(Art. 38 GG)

Prof. Dr. Karl-Hermann Kästner
Universität Tübingen, Juristische Fakultät
(Art. 4 GG)

Prof. Dr. Markus Kotzur, LL.M.
Universität Hamburg, Institut für
Internationale Angelegenheiten,
Europa- und Völkerrecht
(Art. 6–7 GG)

Prof. Dr. Sebastian Müller-Franken
Philipps-Universität Marburg,
Fachbereich Rechtswissenschaften,
Lehrstuhl für Öffentliches Recht
(Art. 104 GG)

Prof. Dr. Stephan Rixen
Universität Bayreuth, Lehrstuhl
für Öffentliches Recht I
(Art. 9 GG)

Prof. Dr. Dr. h.c. mult. Klaus Stern
Institut für Rundfunkrecht
an der Universität zu Köln
(Einleitung, Art. 13 GG)

Prof. Dr. Martin Nolte
Deutsche Sporthochschule Köln, Institut
für Sportrecht, Professur für Sportrecht
(Art. 12–12a GG)

Prof. Dr. Ralf P. Schenke
Julius-Maximilians-Universität Würzburg,
Lehrstuhl für Öffentliches Recht, Deutsches,
Europäisches und Internationales Steuerrecht
(Art. 10 GG)

Inhaltsverzeichnis

Grundgesetz für die Bundesrepublik Deutschland (GG)

– Auszug –

Einleitung

I. Die Grundrechte

Inhaltsverzeichnis

II. Grundrechtsgleiche Rechte

Abkürzungsverzeichnis

a.A.	anderer Ansicht
aaO	am angegebenen Ort
AAÜG	Anspruchs- und Anwartschaftsüberführungsgesetz
abl.	ablehnend
ABl.	Amtsblatt
AblEG	Amtsblatt der Europäischen Gemeinschaft
Abs.	Absatz
Abschn.	Abschnitt
AbsichG	Absicherungsgesetz
AcP	Archiv für civilistische Praxis
abw.	abweichend
AdG	Archiv der Gegenwart
ADrs.	Ausschussdrucksache
aE	am Ende
AEMR	Allgemeine Erklärung der Menschenrechte
a.F.	alte Fassung
AFG	Arbeitsförderungsgesetz
AfP	Archiv für Presserecht
AfrMRCh	Afrikanische Charta der Menschenrechte und Rechte der Völker
ÄndG	Gesetz zur Änderung
ÄndGLAG	Gesetz zur Änderung des LastenausgleichsG
ÄndV	Verordnung zur Änderung
AG	Amtsgericht
AK-GG	Alternativkommentar zum Grundgesetz
Aktiengesellschaft	Die Aktiengesellschaft, Zeitschrift für das gesamte Aktienwesen
AktG	Aktiengesetz
a.M.	anderer Meinung
AMRK	Amerikanische Menschenrechtskonvention
Anm.	Anmerkung
AnwBl.	Anwaltsblatt. Nachrichten für die Mitglieder des Deutschen Anwaltsvereins
AO	Abgabenordnung 1977
AöR	Archiv des öffentlichen Rechts. Tübingen
AP	Nachschlagwerke des Bundesarbeitsgerichts. Arbeitsrechtliche Praxis (vorher Arbeitsrechtliche Praxis)
ArbG	Arbeitsgericht
ArbGG	Arbeitsgerichtsgesetz
ArbGO	Arbeitsgerichtsordnung
ArchPF	Archiv für Post- und Fernmeldewesen
arg.	argumentum
Art.	Artikel
AS	Amtliche Sammlung
AsylVfG	Asylverfahrensgesetz
AT	Allgemeiner Teil
Aufl.	Auflage
AuR	Arbeit und Recht

Ausf.; ausf.	Ausführung; ausführlich
AusfBest	Ausführungsbestimmung(en)
AVAVG	Gesetz für die Arbeitsvermittlung und Arbeitslosenversicherung
AVG	Angestelltenversicherungsgesetz
AVR	Archiv für Völkerrecht
Az.	Aktenzeichen
AZO	Arbeitszeitordnung; allg. Zollordnung
Bad	Baden (Badischer, e, es)
BadStGH	Staatsgerichtshof für das Land Baden
BadWürttStGHG	Baden-Württembergisches Gesetz über den Staatsgerichtshof
BadWürttVBl.	Baden-Württembergisches Verwaltungsblatt. Landesbeilage der Zeitschrift Die öffentliche Verwaltung
BadWürttVerf.	Verfassung des Landes Baden-Württemberg
BAGE	Bundesarbeitsgericht (Entscheidungen)
BAnz	Bundesanzeiger
BArBl.	Bundesarbeitsblatt
BArbG	Bundesarbeitsgericht
BArbGE	Entscheidungen des Bundesarbeitsgerichtes
BayObLG	Bayerisches Oberstes Landesgericht
BayObLGSt.	Sammlung von Entscheidungen des Bayerischen Obersten Landesgerichts in Strafsachen
BayObLGZ	Sammlung von Entscheidungen des Bayerischen Obersten Landesgerichts in Zivilsachen
BayVBl.	Bayerische Verwaltungsblätter, Zeitschrift für öffentliches Recht und öffentliche Verwaltung, München
BayVerf	Verfassung des Freistaates Bayern
BayVerfGH	Verfassungsgerichtshof für den Freistaat Bayern
BayVerfGHE n.F.	s. BayVGHE n.F.
BayVerfGHG	Bayerisches Gesetz über den Verfassungsgerichtshof
BayVGH	Bayerischer Verwaltungsgerichtshof
BayVGHE n.F.	Sammlung von Entscheidungen des Bayerischen Verwaltungsgerichtshofs mit Entscheidungen des Bayerischen Verwaltungsgerichtshofs (ab 1951 auch): des Bayerischen Gerichts für Kompetenzkonflikte (n.F. 1./64. der Gesamtfolge/1947/-48 ff.) BayVGHE n.F. bezieht sich auf Entscheidungen des Bayer. Verwaltungsgerichtshofs BayVerfGHE n.F. bezieht sich auf Entscheidungen des Bayer. Verfassungsgerichtshofs
BAZG	Gesetz über die Arbeitszeit in Bäckereien und Konditoreien
BB	Betriebs-Berater
BBankG	Gesetz über die Deutsche Bundesbank
Bbg	Brandenburg
BBG	Bundesbeamtengesetz
BBauG	Bundesbaugesetz
BBergG	Bundesberggesetz
BeamtVG	Beamtenversorgungsgesetz
Bd.	Bund
BdF	Bundesminister der Finanzen
BDHE, BDiszHE	Entscheidungen des Bundesdisziplinarhofs

BDSG	Bundesdatenschutzgesetz
BefBezG	Gesetz über die befriedeten Bezirke für Verfassungsorgane des Bundes
BefStG	Beförderungssteuergesetz
BEG	Bundesgesetz zur Entschädigung für Opfer der nationalsozialistischen Verfolgung (Bundesentschädigungsgesetz)
Begr., begr.	Begründung, begründet
Beil.	Beilage(n)
Bek.	Bekanntmachung
Bem.	Bemerkung
ber.	berichtigt
BerDGV	Berichte der Deutschen Gesellschaft für Völkerrecht
BerichtHCh	Bericht über den Verfassungskonvent auf Herrenchiemsee v. 10. bis 23.08.1948. Herausgegeben vom Verfassungsausschuss der Ministerpräsidenten-Konferenz der westlichen Besatzungszonen o.J. (1948)
Berl.J.Soziol.	Berliner Journal für Soziologie (Zeitschrift)
BerlVerf./BerlinVerf.	Verfassung von Berlin
Beschl.	Beschluss
BetrVerfG	Betriebsverfassungsgesetz
BewG	Bewertungsgesetz
BfA	Bundesversicherungsanstalt für Angesellte
BfD	Bundesbeauftragter für Datenschutz
BFH	Bundesfinanzhof
BFHE	Sammlung der Entscheidungen und Gutachten des Bundesfinanzhofs (55. 1952 ff.)
BFM	Bundesfinanzministerium
BfV	Bundesamt für Verfassungsschutz
BGB	Bürgerliches Gesetzbuch
BGBl. I; II; III	Bundesgesetzblatt Teil I; Teil II; Teil III
BGH	Bundesgerichtshof
BGHLM	s. LM
BGHSt.	Entscheidung des Bundesgerichtshofs in Strafsachen
BGHZ	Entscheidungen des Bundesgerichtshofs in Zivilsachen
BGS	Bundesgrenzschutz
BHO	Bundeshaushaltsordnung
BierStG	Biersteuergesetz
BK	Kommentar zum Bonner Grundgesetz (Bonner Kommentar)
BKA	Bundeskanzleramt
BKGG	Bundeskindergeldgesetz
BKR	Zeitschrift für Bank- und Kapitalmarktrecht
Bl.	Blätter
BMF	Bundesminister(ium) der Finanzen
BMGS	Bundesminister(ium) für Gesundheit und Soziale Sicherung
BMI	Bundesminister(ium) des Innern
BMJ	Bundesminister(ium) der Justiz
BMVg	Bundesminister(ium) der Verteidigung
BMWA	Bundesminister(ium) für Wirtschaft und Arbeit
BNatSchG	Bundesnaturschutzgesetz

BND	Bundesnachrichtendienst
BNotO	Bundesnotarordnung
BORA	Berufsordnung für Rechtsanwälte
BPräs	Bundespräsident
BR	Bundesrat
BR-Drucks.	Drucksachen des Deutschen Bundesrates
BRAO	Bundesrechtsanwaltsordnung
BranntwMonG	Branntwein-Monopol-Gesetz
BRD	Bundesrepublik Deutschland
Brem.	Bremen, bremisch
BReg	Bundesregierung
Brem.Verf.	Landesverfassung der Freien Hansestadt Bremen
BRGeschO	Geschäftsordnung des Bundesrates
BRH	Bundesrechnungshof
BRHG	Gesetz über Errichtung und Aufgaben des Bundesrechnungs-hofes
BRRG	Beamtenrechtsrahmengesetz
BSG	Bundessozialgericht
BSGE	Entscheidungen des Bundessozialgerichts
BSHG	Bundessozialhilfegesetz
BStBl. I; II; III	Bundessteuerblatt (Teil I; II; III)
BstU	Bundesbeauftragte für die Unterlagen des Staatssicherheitsdienstes der ehem. DDR
BT	Bundestag
BT-Drucks.	Drucksachen des Deutschen Bundestages
BTOEltV	Bundestarifordnung Elektrizität
Buchholz	Sammel- und Nachschlagewerk der Rechtsprechung des Bundesverwaltungsgerichts, hrsg. von *Karl Buchholz*
Buchst.	Buchstabe
Bulletin	Bulletin des Presse- und Informationsamtes der Bundesregierung
BV	Bundesverfassung, Schweiz
BVFG	Bundesvertriebenengesetz
BVerfG	Bundesverfassungsgericht
BVerfGE	Entscheidungen des Bundesverfassungsgerichts
BVerfG-VPr	Entscheidung des Vorprüfungsausschusses bzw. Kammer beim BVerfG
BVerfGG	Gesetz über das Bundesverfassungsgericht
BVersG	Gesetz über die Versorgung der Opfer des Krieges (Bundesversorgungsgesetz)
BVerwG	Bundesverwaltungsgericht
BVerwGE	Entscheidungen des Bundesverwaltungsgerichts
BVerwGG	Gesetz über das Bundesverwaltungsgericht
BVR	Bundesverfassungsrichter
BW	Baden-Württemberg
BWahlG, BWG	Bundeswahlgesetz
BWaStrG	Bundeswasserstraßengesetz
BWM	Bundeswirtschaftsministerium
BWVerw.	Bundeswehrverwaltung, Zeitschrift

BZBl.	Bundeszollblatt
bzgl.	bezüglich
bzw.	beziehungsweise
ChemG	Chemikaliengesetz
CDU	Christliche-Demokratische Union
CSU	Christliche-Soziale Union
DA	Durchführungsanordnung
DArbR	Deutsches Arbeitsrecht
DB	Der Betrieb
DB	Durchführungsbestimmungen
DBA	Doppelbesteuerungsabkommen
DBB	Deutscher Beamtenbund
DDR	(ehem.) Deutsche Demokratische Republik
DGB	Deutscher Gewerkschaftsbund
DGemStZtg. DGStZ	Deutsche Gemeindesteuer-Zeitung
Dekl.	Deklaration
dens.	denselben
ders.	derselbe
DEuFamR	Deutsches und europäisches Familienrecht, Zeitschrift
d.h.	das heißt
dies.	dieselbe
diesbzgl.	diesbezüglich
Diss.	Dissertation
DJ	Deutsche Juristenzeitschrift
DJT	Deutscher Juristentag
DNotZ	Deutsche Notar-Zeitschrift, Zeitschrift des Deutschen Notarvereins
DÖD	Der öffentliche Dienst (Zeitschrift)
DÖV	Die öffentliche Verwaltung (Zeitschrift)
DRiZ	Deutsche Richterzeitung
Drucks.	Drucksache
DRZ	Deutsche Rechts-Zeitschrift; später mit Südd. Juristenzeitung vereinigt zu: Juristenzeitung
DStR	Deutsches Steuerrecht (Zeitschrift)
DtZ	Deutsch-Deutsche Rechtszeitschrift
DSWR	Datenverarbeitung in Steuer, Wirtschaft und Recht
DuD	Datenschutz und Datensicherheit
DurchfVO	s. DVO
DV	Deutsche Verwaltung, Hamburg später: Dtsch. Verwaltungsblatt
DVBl.	Deutsches Verwaltungsblatt, vorher: Deutsche Verwaltung (Zeitschrift)
DVO	Durchführungsverordnung
DVP	Deutsche Verlagspraxis
E	Entscheidung(en)
EA	Europa-Archiv
EAGV	Vertrag über die Europäische Atomgemeinschaft

ebd.	ebenda
ECHR	European Court of Human Rights
ed.	edition
EDV	Elektronische Datenverarbeitung
EDVA	Elektronische Datenverarbeitungsanlage
EFG	Entscheidungen der Finanzgerichte
EG	Europäische Gemeinschaft/Einführungsgesetz
EGBGB	Einführungsgesetz zum BGH
EGGVG	Einführungsgesetz zum Gerichtsverfassungsgesetz
EGKSV	Vertrag über die Europäische Gemeinschaft für Kohle und Stahl
EGMR	Europ. Gerichtshof für Menschenrechte
EGV	Vertrag zur Gründung der Europäischen Gemeinschaft
EheRG	Ehereformgesetz
Einf.	Einführung
EinfGRealStG	Einführungsgesetz zu den Realsteuergesetzen
Einl.	Einleitung
EinzelhG	Gesetz über die Berufsausübung im Einzelhandel
EJIL	European Journal of International Law
EKMR	Europäische Kommission für Menschenrechte
EMRK-(Konv.).	Europäische Konvention zum Schutze der Menschenrechte und Grundfreiheiten
ENeuOG	Eisenbahnneuordnungsgesetz
engl.	englisch
entspr.	entsprechend
ErbstG	Erbschaftssteuergesetz
ErgAbg	Ergänzungsabgabe
ErgBd.	Ergänzungsband
Erl.	Erläuterung(en)/Erlass
ErsDiG	Gesetz über den Zivildienst der Kriegsdienstverweigerer
ES	Entscheidungssammlung
ESt	Einkommensteuer
EStDV	Einkommensteuer-Durchführungsverordnung
EStG	Einkommensteuergesetz
ESVGH	Entscheidungssammlung des Hessischen und des Württembergisch-Badischen Verwaltungsgerichtshofs
ESZB	Europäisches System der Zentralbanken
etc.	et cetera
EU	Europäische Union
EU-Charta/EU-GRCh	Charta der Grundrechte der Europäischen Union
EuR	Europarecht
EuGH	Europäischer Gerichtshof
EuGHE	Entscheidungssammlung des Europäischen Gerichtshofs
EuGRZ	Europäische Grundrechtzeitschrift
EU-Vertrag (EUV)	Vertrag über die Europäische Union
EuZW	Europäische Zeitschrift für Wirtschaftsrecht
EWG	Europäische Wirtschaftsgemeinschaft
EWGV	Vertrag zur Gründung der Europäischen Wirtschaftsgemeinschaft
EZB	Europäische Zentralbank

f.	folgende (Seite)
FA	Finanz-Archiv
FAG	Fernmeldeanlagengesetz
FamRB	Der Familienrechtsberater, Zeitschrift
FamRZ	Zeitschrift für das gesamte Familienrecht
FAnpG	Finanzanpassungsgesetz
FAZ	Frankfurter Allgemeine Zeitung für Deutschland
FDP	Freie Demokratische Partei
Festg/FG.	Festgabe
ff.	fortfolgende (Seiten)
FF	Forum Familien- und Erbrecht
FG	Finanzgericht
FGG	Gesetz über die Angelegenheiten der Freiwilligen Gerichtsbarkeit v. 17.05.1898, RGBl. 1989, 189 [BGBl. III FNA 315-I]
FGO	Finanzgerichtsordnung
Finanzreform	Finanzreform, Zeitschrift
Fn.	Fußnote
Forts.	Fortsetzung
FPR	Zeitschrift für Familie, Partnerschaft Recht
FR	Finanz-Rundschau, Deutsches Steuerblatt
frz.	französisch
FS	Festschrift
G	Gesetz
G 10	Gesetz zur Beschränkung des Brief-, Post- und Fernmeldegeheimnisses (Gesetz zu Art. 10 GG)
GA	Gemeinsames Amtsblatt
GBA	Generalbundesanwalt
GBl.	Gesetzblatt
GBl. DDR	Gesetzblatt der DDR
geänd.	geändert
Ged. Schr.	Gedächtnisschrift
gem.	gemäß
GemSOBG	Gemeinsamer Senat der Obersten Bundesgerichte
GenTG	Gentechnikgesetz
Ges.	Gesetz
GesSt	Gesellschaftsteuer
GewArch.	Gewerbearchiv. Zeitschrift für Verwaltungs- und Gewerberecht, Berlin und Frankfurt a.M.
GewMH	Gewerkschaftliche Monatshefte
GewO	Gewerbeordnung
GewStG	Gewerbesteuergesetz
GewVerh	Gewaltverhältnis
GFK	Genfer Flüchtlingskonvention
GG	Grundgesetz für die Bundesrepublik Deutschland
ggf.	gegebenenfalls
GGO	Gemeinsame Geschäftsordnung der Bundesministerien
GjSM	Gesetz über die Verbreitung jugendgefährdender Schriften und Medieninhalte

gl.A.	gleiche Ansicht
GmbHG	Gesetz betr. die Gesellschaften mit beschränkter Haftung
GMBl.	Gemeinsames Ministerialblatt
GO-BR	Geschäftsordnung des Bundesrates
GO-BReg	Geschäftsordnung der Bundesregierung
GO-BT	Geschäftsordnung des Deutschen Bundestages
GO-LT	Geschäftsordnung des Landtags
GOVermA	Gemeinsame Geschäftsordnung des Bundestages und des Bundesrates für den Ausschuss nach Art. 77 des Grundgesetzes (Vermittlungsausschuss)
GoltdA	Goltdammers Archiv für Strafrecht
GRC	Charta der Grundrechte der Europäischen Union
grds.	grundsätzlich
GrErwStG	Grunderwerbsteuergesetz
GrStDV	Grundsteuer-Durchführungsverordnung
GrStG	Grundsteuergesetz
GRUR, GewRSch	Gewerblicher Rechtsschutz und Urheberrecht
GS	Gesetzessammlung
GS	Großer Senat
GüKG	Güterkraftverkehrsgesetz
GV	Gemeinsame Verfügung (mehrerer Ministerien)
GVBl.	Gesetz- und Verordnungsblatt
GVG	Gerichtsverfassungsgesetz
GWB	Gesetz gegen Wettbewerbsbeschränkungen
GYIL	German Yearbook of International Law
H	Hinweis
h.A.	herrschende Ansicht
Halbs.	Halbsatz
Hamb.	Hamburg; hamburgisch
Hamb. Verf.	Verfassung der Freien Hansestadt Hamburg
HChE	Entwurf von Herrenchiemsee
Hdb	Handbuch
HdbDStR	Handbuch des Deutschen Staatsrechts
HdbdDStKR	Handbuch des Deutschen Staatskirchenrechts
HdbVerfR	Handbuch des Verfassungsrechts der Bundesrepublik Deutschland
HdSW	Handwörterbuch der Sozialwissenschaften
HerrenChE	Entwurf des sog. Verfassungskonvents, die v. 10.–23.08.1948 in Herrenchiemsee tagte
HessStaatsAnz	Staatsanzeiger für das Land Hessen
HessStGH	Hessischer Staatsgerichtshof
HessStGHG	Hessisches Gesetz über den Staatsgerichtshof
HessVerf.	Verfassung des Landes Hessen
HessVGH	Hessischer Verwaltungsgerichtshof
HFR	Höchstrichterliche Finanzrechtsprechung
HG	Haushaltsgesetz
HGB	Handelsgesetzbuch
HGR	Handbuch der Grundrechte in Deutschland und Europa

h.L.	herrschende Lehre
h.M.	herrschende Meinung
HOAI	Honorarordnung für Architekten und Ingenieure
Hpt.A.	Hauptausschuss
HRLJ	Human Rights Law Journal
hrsg.	herausgegeben
Hrsg.	Herausgeber
HS	Halbsatz
HStR	Handbuch des Staatsrechts der Bundesrepublik Deutschland
HZA	Hauptzollamt
i.d.F.	in der Fassung
i.E.	im Ergebnis
i.e.S.	im engeren Sinne
ICJ Rep.	International Court of Justice, Reports of Judgements, Advisory Opinions and Orders
IGH	Internationaler Gerichtshof
INF	Information über Steuer und Wirtschaft
InfAuslR	Informationsbrief Ausländerrecht
IngG	Gesetz zum Schutz der Berufsbezeichung »Ingenieur« (Ingenieurgesetz)
insbes.	insbesondere
intern.	International
IntKomm	Internationaler Kommentar
IÖD	Internationale der Öffentlichen Dienste
IPbpR	Internationaler Pakt über bürgerliche und politische Rechte
i.S.	im Sinne
i.V.	in Verbindung
i.w.S.	im weiteren Sinne
i.Zw.	im Zweifel
JA	Juristische Arbeitsblätter
JArbSchG	Gesetz zum Schutz der arbeitenden Jugend (Jugendarbeits-schutzgesetz)
Jb.	Jahrbuch
JBl.	Justizblatt – Juristische Blätter –
JbOstR	Jahrbuch für Ostrecht
JGG	Jugendgerichtsgesetz
JflR, JblntR	Jahrbuch für internationales und ausländisches öffentliches Recht (ab 3. 1954 nur: für internat. Recht)
JLBl., JLitBl.	Juristisches Literaturblatt
JMBl.	Justizministerialblatt
JmBl.NRW	Justizministerialblatt für das Land Nordrhein-Westfalen
JöR	Jahrbuch des öffentlichen Rechts der Gegenwart, Tübingen
JPrax	Juristische Praxis
JR	Juristische Rundschau, Berlin
JSchG	Jugendschutzgesetz
JuRA	Juristische Analysen
JUREP	Jurep-Vahlen-Repetitorien, München

Jur.Jahrb.	Juristisches Jahrbuch
JuS	Juristische Schulung
JVBl.	Justizverwaltungsblatt
JW	Juristische Wochenschrift (1. 1872–68. 1939; dann: Deutsches Recht, vereinigt mit Jur. Wochenschrift)
JZ	Juristenzeitung, Tübingen (Fortsetzung von: Deutsche Rechtszeitschrift und Südd. Juristenzeitung)
K	Kammer
KaffeeStG	Kaffeesteuergesetz
KAG	Kommunalabgabengesetz
Kap.	Kapitel
KapSt	Kapitalertragsteuer
KfbG	Kriegsfolgenbereinigungsgesetz
Kfz	Kraftfahrzeug
KG	Kammergericht
KG	Kommanditgesellschaft
KGA	Kreditgewinnabgabe
KGKG	Kindergeldkassengesetz
KindRG	Kindschaftsrechtsreformgesetz
KirchE	Sammlung von Entscheidungen in Kirchensachen
KirchSt	Kirchensteuer
KJ	Kritische Justiz
KO	Konkursordnung
Komm.	Kommentar
Konv.	Konvention
KPD	Kommunistische Partei Deutschlands
KRABl.	Kontrollamtsblatt
KraftStG	Kraftfahrzeugsteuergesetz
KRG	Kontrollratsgesetz
krit.	kritisch
KritV	Kritische Vierteljahresschrift für Gesetzgebung und Rechtswissenschaft
KrW-/AbfG	Kreislaufwirtschafts- u. Abfallgesetz
KSchG	Kündigungsschutzgesetz
KSt	Körperschaftsteuer
KStG	Körperschaftsteuergesetz
KStZ, KomStZ, KommStZ	Kommunale Steuer-Zeitschrift
KSZE	Konferenz für Sicherheit und Zusammenarbeit in Europa
KUG	Gesetz betreffend das Urheberrecht an Werken der bildenden Künste und der Photografie
KUR	Kirche und Recht, Zeitschrift
LAG	Gesetz über den Lastenausgleich (Lastenausgleichsgesetz)
Leits.	Leitsatz
lfd.	laufend
LG	Landgericht
LGPr	Präsident des Landgerichts
lit.	Buchstabe

LitUrhG	Gesetz betreffend das Urheberrecht an Werken der Literatur und der Tonkunst und Gesetz über Urheberrechte und verwandte Schutzrechte (Urheberrechtsgesetz)
LKV	Landes- und Kommunalverwaltung, Zeitschrift
LM	Nachschlagewerk des Bundesgerichtshofs. Hrsg. v. *F. Lindenmaier/Ph. Möhring* u.a. 1951 ff.
LPartDisBG	Gesetz zur Beendigung der Diskriminierung gleichgeschlechtlicher Gemeinschaften
LPartG	Gesetz über die Eingetragene Lebenspartnerschaft
LReg	Landesregierung
LS	Leitsatz/Landessatzung
LSG	Landessozialgericht
LuftSiG	Luftsicherheitsgesetz
LVG	Landesverwaltungsgericht
MAD	Militärischer Abschirmdienst
MarkenR	Markenrecht, Zeitschrift
m.a.W.	mit anderen Worten
MDR	Monatsschrift für Deutsches Recht, Hamburg
m.E.	meines Erachtens
Meckl-Vorp	Mecklenburg-Vorpommern
MFG	Milch- und Fettgesetz
MfS	Ministerium für Staatssicherheit
MinBl.	Ministerialblatt
MinBlFin	Ministerialblatt des Bundesministers der Finanzen
MinöStG	Mineralölsteuergesetz
MitbestG	Mitbestimmungsgesetz
MittBl.	Mitteilungsblatt
MMR	Multimedia & Recht
m.Nachw.	mit Nachweisen
MRG	Militärregierungsgesetz
MRK	Europäische Konvention zum Schutze der Menschenrechte und Grundfreiheiten v. 04.11.1950
MRVerbG	Gesetz zur Verbesserung des Mietrechts und zur Begrenzung des Mietanstiegs sowie zur Regelung von Ingenieur- und Architektenleistungen
MuSchG	Mutterschutzgesetz
m.w.N.	mit weiteren Nachweisen
MwSt	Mehrwertsteuer
m.z.N.	mit zahlreichen Nachweisen
Nachw.	Nachweis(e)
NBVerfG	Nachschlagewerk der Rechtsprechung des Bundesverfassungsgerichts, Heidelberg 1978
NDBZ	Neue Deutsche Beamtenzeitung
Nds.	Niedersachsen, niedersächsisch
NdsBesG	Besoldungsgesetz für das Land Niedersachsen (Niedersächsisches Besoldungsgesetz)
NdsRpfl.	Niedersächsische Rechtspflege

Nds. StGH	Niedersächsischer Staatsgerichtshof
n.F.	neue Folge/neue Fassung
Nieders. StGH	Niedersächsischer Staatsgerichtshof
NJ	Neue Justiz (Zeitschrift)
NJOZ	Neue Juristische Online-Zeitschrift
NJW	Neue Juristische Wochenschrift (Zeitschrift)
Nr.	Nummer
NRW	Nordrhein-Westfalen
NordÖR	Zeitschrift für öffentliches Recht in Norddeutschland
NRWPresseG	Nordrhein-westfäl. Pressegesetz
NStZ	Neue Zeitschrift für Strafrecht
NuR	Natur und Recht (Zeitschrift)
NVwZ	Neue Zeitschrift für Verwaltungsrecht
NWB	Neue Wirtschafts-Briefe für Steuer- und Wirtschaftsrecht, Losebl.-Ausgb.
NZWehrr	Neue Zeitschrift für Wehrrecht
o.a.	oben angegeben
OFD	Oberfinanzdirektion
OFH	Oberster Finanzgerichtshof
OG	Oberstes Gericht (der DDR)
o.g.	oben genannt
OGHSt.	Entscheidungen des Obersten Gerichtshofes für die Britische Zone in Strafsachen
OHG	Offene Handelsgesellschaft
o.J.	ohne Jahr
OLG	Oberlandesgericht
o.V.	ohne Verfasser
OVG	Oberverwaltungsgericht
OVGE	Entscheidungen der Oberverwaltungsgerichte für das Land Nordrhein-Westfalen in Münster sowie für die Länder Niedersachsen und Schleswig-Holstein in Lüneburg
OWiG	Gesetz über Ordnungswidrigkeiten
PABT	Petitionsausschuss des Bundestages
Parl Rat	Parlamentarischer Rat
PartG	Parteiengesetz
PatG	Patentgesetz
PBefG	Personenbeförderungsgesetz
PCIJ Ser. A	Permanent Court of International Justice, Collection of Judgements
PersVG	Personalvertretungsgesetz
Pharma Recht	Pharma Recht (Zeitschrift)
PolDVG HA	Hamburgischen Gesetz über die Datenverarbeitung der Polizei
PolG	Polizeigesetz
PolVo	Polizeiverordnung
PostG	Gesetz über das Postwesen
PostVwG	Gesetz über die Verwaltung der Deutschen Bundespost
pr.	preußisch

PrALR	Allgemeines Landrecht für die Preußischen Staaten
PreisG	Preisgesetz
PstG	Personenstandsgesetz
RdA	Recht der Arbeit (Zeitschrift)
RdE	Recht der Energiewirtschaft (Zeitschrift)
RdErl.	Runderlass
RdJ	Recht der Jugend (Zeitschrift)
RdJB	Recht der Jugend und des Bildungswesens (Zeitschrift)
Rdn.	(interne) Randnummer
Rds.	Rundschreiben
Rdschr.	Rundschreiben
Rechtspr./Rspr.	Rechtsprechung
Reg.	Regierung
RegBl.	Regierungsblatt
RG	Reichsgericht
RGBl. I, II	Reichsgesetzblatt
RGZ	Entscheidungen des Reichsgerichts in Zivilsachen (1. 1880–172. 1945)
Rheinl.-PfalzVerf.	Verfassung für Rheinland-Pfalz
Rheinl.-PfalzVerfGHG	Landesgesetz über den Verfassungsgerichtshof von Rheinland-Pfalz
RiA	Recht im Amt (Zeitschrift)
RiLi	Richtlinie
RJD	Reports of Judgement and Decisions, Entscheidungssammlung des EGMR
RL	Richtlinie
RLA.RdschLA	Rundschau für den Lastenausgleich (Entsch. auch als Beil. zu: Dt. Steuer-Rundschau)
Rdn.	(externe) Randnummer
ROW	Recht in Ost und West
Rpfleger	Der Deutsche Rechtspfleger (Zeitschrift)
RPG	Recht und Politik im Gesundheitswesen (Zeitschrift)
RR	Rechtsprechungsreport
RUDH	Revue Universelle des Droits de l'Homme (Zeitschrift)
RuF	Rundfunk und Fernsehen (Zeitschrift)
RuP	Recht und Politik (Zeitschrift)
RuStAG	Reichs- und Staatsangehörigkeitsgesetz
rv	Die Reichsversicherung (Zeitschrift)
RVO	Reichsversicherungsordnung
S.	Satz, Seite
s.	siehe
s.a.	siehe auch
SA	Sachsen-Anhalt
Sachs	Sachsen
Saarl.Verf.	Verfassung des Saarlandes
sc.	scilicet (lat. = das heißt, nämlich)
SchlHA	Schleswig-Holsteinische Anzeigen

SchÜbkDÜbk	Übereinkommen zur Durchführung des Übereinkommens von Schengen
SchuldRAnpG	Schuldrechtsanpassungsgesetz
SchulG	Schulgesetz
SED	Sozialistische Einheitspartei Deutschlands
SGb	Die Sozialgerichtsbarkeit (Zeitschrift)
SGG	Sozialgerichtsgesetz
SJZ	Süddeutsche Juristenzeitung, Heidelberg (später: Juristen- zeitung)
SKV, StuKommV	Staats- und Kommunalverwaltung
Slg.	Sammlung
sog.	so genannt
SoldatenG	Gesetz über die Rechtsstellung der Soldaten
SozSich	Soziale Sicherheit (Zeitschrift)
Sp.	(Spalte)
SPD	Sozialdemokratische Partei Deutschlands
StA	Staatsangehörigkeit
StAZ	Das Standesamt (Zeitschrift)
Staatsl.	Staatslehre
Staatsvertrag	Staatsvertrag zur Währungs-, Wirtschafts- und Sozialunion mit der ehem. DDR v. 18.05.1990
StIGH	Ständiger Internationaler Gerichtshof
StUG	Stasi-Unterlagen-Gesetz
StabG	Stabilitätsgesetz
StÄG	Strafrechtsänderungsgesetz
StB	Der Steuerberater
StBAG	Steuerbeamten-Ausbildungsgesetz
StBauFG	Städtebauförderungsgesetz
StBerG	Steuerberatungsgesetz
StenBer	Stenographische Berichte
StenProt.	Stenographische(s) Protokoll(e)
StGB	Strafgesetzbuch
StHG	Staatshaftungsgesetz
StKirchR	Staatskirchenrecht
StPO	Strafprozessordnung
StR	Staatsrecht
str.	strittig
StrafrechtsändG	Strafrechtsänderungsgesetz
StrRG	Strafrechtsreformgesetz
st.Rspr.	ständige Rechtsprechung
str.	strittig/streitig
StuW	Steuer und Wirtschaft (Zeitschrift)
StV	Strafverteidiger
StVO	Straßenverkehrs-Ordnung
StVZO	Straßenverkehrs-Zulassungs-Ordnung
SVG	Soldatenversorgungsgestz
Thü	Thüringen
ThürVBl	Thüringer Verwaltungsblätter

TierSchG	Tierschutzgesetz
TKG	Telekommunikationsgesetz
TV	Tarifvertrag
TVG	Tarifvertragsgesetz
Tz.	Textziffer
u.dgl.	und dergleichen
UGDV	Durchführungsverordnung zum Umstellungsgesetz
UmweltHG	Umwelthaftungsgesetz
UN	United Nations
UN-Charta	Charta der Vereinten Nationen
UN-Dekl.	Allgemeine Erklärung der Menschenrechte, verkündet von der Generalversammlung der Vereinten Nationen am 10.12.1948
Univ.	Universität
unstr.	unstreitig
UrhG	Gesetz über die Urheberrechte und verwandte Schutzrechte (Urheberrechtsgesetz)
Urt.	Urteil
USt	Umsatzsteuer
u.U.	unter Umständen
UWG	Gesetz gegen den unlauteren Wettbewerb
v.	von/vom
VA	Verwaltungsakt, Vermittlungsausschuss
VAHRG	Gesetz zur Regelung im Versorgungsausgleich
v.a.	vor allem
VB	Verfassungsbeschwerde
Verf.	Verfassung
VerfGH	Verfassungsgerichtshof
VerfGHE	s. BayVerfGHE
VergnStG	Vergnügungssteuergesetz
Verh (dDJT)	Verhandlung(en) des Deutschen Juristentages
Veröff.	Veröffentlichung(en)
VersG/VersammlG	Gesetz über Versammlungen und Aufzüge (Versammlungsgesetz)
VerwArch	Verwaltungsarchiv. Zeitschrift für Verwaltungslehre, Verwaltungsrecht und Verwaltungspolitik, Köln, Berlin
VerwRspr.	Verwaltungs-Rechtsprechung in Deutschland. Sammlung oberstrichterlicher Entscheidungen aus dem Verfassungs- und Verwaltungsrecht. München und Berlin
VerwVollstrG	Verwaltungs-Vollstreckungsgesetz
VG	Verwaltungsgericht
VGG	Gesetz über die Verwaltungsgerichtsbarkeit
VGH	Verwaltungsgerichtshof
vgl.	vergleiche
VIZ	Zeitschrift für Vermögens- und Immobilienrecht
VO	Verordnung
VOBl.	Verordnungsblatt
VollzBek.	Vollzugsbekanntmachung

Vorb.	Vorbemerkung(en)
Vorlagebeschl.	Vorlagebeschluss
VR	Verpackungsrundschau
VSSR	Vierteljahreszeitschrift für Sozialrecht
VSt	Vermögensteuer
VStG	Vermögensteuergesetz
VStGB	Völkerstrafgesetzbuch (BGBl. 2002 I S. 2254)
VVDStRL	Veröffentlichung der Vereinigung der Deutschen Staatsrechtslehrer
VwA, VA	Verwaltungsakt
VwGO	Verwaltungsgerichtsordnung
VwVfG	Verwaltungsverfahrensgesetz
WahlG	Wahlgesetz
Wahlp.	Wahlperiode
WDO	Wohnungsdurchsuchungsordnung
WDR-G	Gesetz über den Westdeutschen Rundfunk Köln
WehrpflG	Wehrpflichtgesetz
Wertpap.	Das Wertpapier (Zeitschrift)
WiGBl.	Gesetzblatt der Verwaltung des Vereinigten Wirtschaftsgebietes
WiVerw	Wirtschaft und Verwaltung (Zeitschrift)
WoBauG	Wohnungsbaugesetz
WRV	Verfassung des Deutschen Reichs (Weimarer Reichsverfassung)
WÜD	Wiener Übereinkommen über diplomatische Beziehungen
Württ.	Württemberg; württembergisch
Württ.-BadVGH	Württemberg-Badischer Verwaltungsgerichtshof
WWU	Wirtschafts- und Währungsunion
WZG	Warenzeichengesetz
z.	zu, zur, zum
Z, Zs	Zeitschrift
ZÄBerufsO	Berufsordnung der Zahnärztekammer
ZaöRV	Zeitschrift für ausländisches öffentliches Recht u. Völkerrecht
ZAR	Zeitschrift für Ausländerrecht und Ausländerpolitik
z.B.	zum Beispiel
ZBP	Zeitschrift für Beamtenrecht und Beamtenpolitik
ZBR	Zeitschrift für Beamtenrecht
ZDF	Zweites Deutsches Fernsehen
ZEV	Zeitschrift für Erbrecht u. Vermögensnachfolge
ZeVKR	Zeitschrift für evangelisches Kirchenrecht, Tübingen
ZfF	Zeitschrift für das Fürsorgewesen
ZfJ	Zentralblatt für Jugendrecht
ZfP	Zeitschrift für Politik
ZfZ	Zeitschrift für Zölle und Verbrauchsteuern, Bonn
ZG	Zollgesetz, Zeitschrift für Gesetzgebung
Ziff.	Ziffer
ZIS	Zeitschrift für internationale Strafrechtsdogmatik
zit.	zitiert
ZMR	Zeitschrift für Miet- und Raumrecht

ZNFBl.	Zollnachrichten- u. Fahndungsblatt
ZöffR	Zeitschrift für öffentliches Recht
ZOV	Zeitschrift für offene Vermögensfragen
ZP	Zusatzprotokoll
ZParl	Zeitschrift für Parlamentsrecht
ZPO	Zivilprozessordnung
ZPolit.	Zeitschrift für Politik
ZPr	Die Zollpraxis
ZRP	Zeitschrift für Rechtspolitik
ZStaatsw., ZStW	Zeitschrift für die gesamte Staatswissenschaft
z.T.	zum Teil
ZTG	Zolltarifgesetz
zust.	zustimmend
zutr.	zutreffend
ZVerglRW	Zeitschrift für vergleichende Rechtswissenschaft
ZVI	Zeitschrift für Verbraucher-Insolvenzrecht
Zwei-plus-Vier-Vertrag	Vertrag über die abschließende Regelung in Bezug auf Deutschland v. 12.09.1990
ZZP	Zeitschrift für Zivilprozess

Allgemeines Literaturverzeichnis

Alexy, Robert:	Theorie der Grundrechte, 3. Aufl., Frankfurt am Main 1996 (3. Nachdr. 2011)
Anschütz, Gerhard:	Die Verfassung des Deutschen Reichs vom 11. August 1919, 14. Aufl., Berlin 1933 (zitiert: *Anschütz*, WRV)
Anschütz, Gerhard/Thoma, Richard (Hrsg.):	Handbuch des Deutschen Staatsrechts, Bd. 1, 2, Tübingen 1930, 1932 (zitiert: HdbDStR I, II)
von Arnauld, Andreas:	Die Freiheitsrechte und ihre Schranken, Baden-Baden 1999
Badura, Peter:	Staatsrecht, 5. Aufl., München 2012 (zitiert: *Badura*, Staatsrecht)
Bahr, Petra/Heinig, Hans Michael:	Menschenwürde in der säkularen Verfassungsordnung, Tübingen 2006
Battis, Ulrich/Gusy, Christoph:	Einführung in das Staatsrecht, 5. Aufl., Heidelberg 2011
Benda, Ernst/Maihofer, Werner/Vogel, Hans-Jochen (Hrsg.):	Handbuch des Verfassungsrechts der Bundesrepublik Deutschland, 2. Aufl., Berlin u.a. 1995 (zitiert: HdbVerfR)
Bettermann, Karl August/Neumann, Franz Leopold/Nipperdey, Hans Carl u.a. (Hrsg.):	Die Grundrechte – Handbuch der Theorie und Praxis der Grundrechte, Bd. I/1 bis IV/2, 2. Aufl., Berlin 1966 bis 1972
Bleckmann, Albert:	Staatsrecht II – Die Grundrechte, 4. Aufl., Köln u.a. 1997
v. Bogdandy, Armin/Villalon, Pedro Cruz/Huber, Peter Michael:	Handbuch Ius Publicum Europaeum, Bd. I: Grundlagen und Grundzüge staatlichen Verfassungsrechts, 1. Aufl., Heidelberg 2007; Bd. II: Offene Staatlichkeit – Wissenschaft vom Verfassungsrecht, 1. Aufl., Heidelberg 2008 (zitiert: *Bogdandy/Villalon/Huber*, Ius Publicum Europaeum I, II)
Calliess, Christian/Ruffert, Matthias (Hrsg.):	EUV, EGV – Das Verfassungsrecht der Europäischen Union mit Europäischer Grundrechtecharta, 4. Aufl., München 2011 (zitiert: *Calliess/Ruffert*, EUV/EGV)
Degenhart, Christoph:	Staatsrecht I Staatsorganisationsrecht, 30. Aufl., Heidelberg 2014
Denninger, Erhard/Hoffmann-Riem, Wolfgang/Schneider, Hans-Peter/Stein, Ekkehart (Hrsg.):	Kommentar zum Grundgesetz für die Bundesrepublik Deutschland, Reihe Alternativkommentare, 3. Aufl., Neuwied u.a. 2001 (zitiert: AK-GG)
Doehring, Karl:	Das Staatsrecht der Bundesrepublik Deutschland, 3. Aufl., Frankfurt/Main 1984
Dreier, Horst (Hrsg.):	Grundgesetz Kommentar, Bd. 1: 3. Aufl., Tübingen 2013; Bd. 2: 2. Aufl., Tübingen 2006 mit Supplementum 2010; Bd. 3: 2. Aufl., Tübingen 2008 (zitiert: *Dreier*, GG I, II, III)
Ehlers, Dirk:	Europäische Grundrechte und Grundfreiheiten, 4. Aufl., Berlin u.a. 2015

Epping, Volker:	Grundrechte, 4. Aufl., Berlin u.a. 2015 (zitiert: *Epping*, Grundrechte)
Epping, Volker/Hillgruber, Christian (Hrsg.):	Beck'scher Online-Kommentar, GG, Stand: 01.12.2014 (zitiert: *Epping/Hillgruber*, GG)
Friauf, Karl-Heinrich/Höfling, Wolfram (Hrsg.):	Berliner Kommentar zum Grundgesetz, Stand: 44. Ergänzungslieferung 2014 (zitiert: Friauf/Höfling, GG)
Frowein, Jochen Abraham/ Peukert, Wolfgang:	Europäische Menschenrechtskonvention, EMRK-Kommentar, 3. Aufl., Kehl u.a. 2009 (zitiert: Frowein/Peukert, EMRK)
Gallwas, Hans-Ullrich:	Grundrechte, 2. Aufl., Neuwied u.a. 1995
Geiger, Rudolf/Khan, Daniel-Erasmus/Kotzur, Markus:	EUV/EGV – Vertrag über die Europäische Union und Vertrag zur Gründung der Europäischen Gemeinschaft, 5. Aufl., München 2010 (zitiert: *Geiger/Khan/Kotzur*, EUV/ EGV)
Grabenwarter, Christoph/Pabel Katharina:	Europäische Menschenrechtskonvention, 5. Aufl., München 2012 (zitiert: *Grabenwarter/Pabel*, EMRK)
Grabitz, Eberhard/Hilf, Meinhard/Nettesheim, Martin (Hrsg.):	Das Recht der Europäischen Union: EUV/AEUV, Bd. I–III, München, Stand: 55. Ergänzungslieferung 2015 (zitiert: *Grabitz/Hilf/Nettesheim*, Das Recht der Europäischen Union I, II, III)
v. der Groeben, Hans/ Schwarze, Jürgen (Hrsg.):	Vertrag über die Europäische Union und Vertrag zur Gründung der Europäischen Gemeinschaft – Kommentar, Bd. 1–4, 6. Aufl., Baden-Baden 2003 (zitiert: *v. d. Groeben/ Schwarze*, EUV/EGV I, II, III, IV)
Heselhaus, Sebastian./Nowak, Carsten (Hrsg.):	Handbuch der europäischen Grundrechte, München 2006
Hesse, Konrad:	Grundzüge des Verfassungsrechts der Bundesrepublik Deutschland, 20. Aufl., Heidelberg 1995, Neudruck der 20. Aufl. 1999
Hufen, Friedhelm:	Staatsrecht II: Grundrechte, 4. Aufl., München 2014
Ipsen, Jörn:	Staatsrecht I Staatsorganisationsrecht, 26. Aufl., München 2014
Ipsen, Jörn:	Staatsrecht II – Grundrechte, 17. Aufl., Köln 2014
Isensee, Josef/Kirchhof, Paul (Hrsg.):	Handbuch des Staatsrechts, 12 Bände, 3. Aufl., Heidelberg 2003 bis 2014
Jarass, Hans Dieter/Pieroth, Bodo:	Grundgesetz für die Bundesrepublik Deutschland, 13. Aufl., München 2014 (abgekürzt zitiert: *Jarass/Pieroth*, GG)
Kahl, Wolfgang/Waldhoff, Christian/Walter, Christian (Hrsg.):	Bonner Kommentar zum Grundgesetz, Stand: 170. Ergänzungslieferung 2014 (zitiert: BK)
Katz, Alfred:	Staatsrecht, 18. Aufl., Heidelberg 2010
Kimms, Frank/Schlünder, Irene:	Verfassungsrecht II – Grundrechte, München 1998

Leibholz, Gerhard/Rinck, Hans-Justus/Hesselberger, Dieter:	Grundgesetz für die Bundesrepublik Deutschland, Kommentar an Hand der Rechtsprechung des Bundesverfassungsgerichts, Köln, Stand: 66. Ergänzungslieferung 2014
Lenz, Carl Otto/Borchardt, Klaus-Dieter (Hrsg.):	EU-Verträge Kommentar, 6. Aufl., Köln 2012 (abgekürzt zitiert: *Lenz/Borchardt*, EU-Verträge)
Lepa, Manfred:	Der Inhalt der Grundrechte, 6. Aufl., Köln 1990
Listl, Joseph/Pirson, Dietrich (Hrsg.):	Handbuch des Staatskirchenrechts der Bundesrepublik Deutschland, Bd. 1, 2, 2. Aufl., Berlin 1994 (abgekürzt zitiert: HdbStKirchR I, II)
Luhmann, Niklas:	Grundrechte als Institution, 3. Aufl., Berlin 1986
v. Mangoldt, Hermann/Klein, Friedrich/Starck, Christian (Hrsg.):	Kommentar zum Grundgesetz, Bd. 1–3, 6. Aufl., München 2010 (zitiert: *v. Mangoldt/Klein/Starck*, GG I, II, III)
Manssen, Gerrit:	Staatsrecht II – Grundrechte, 11. Aufl., München 2014
Maunz, Theodor/Dürig, Günter (Begr.):	Grundgesetz, München, Stand: 72. Ergänzungslieferung 2014 (zitiert: *Maunz/Dürig*, GG)
Maurer, Hartmut:	Staatsrecht I: Grundlagen, Verfassungsorgane, Staatsfunktionen, 6. Aufl., München 2010
Merten, Detlef/Papier, Hans-Jürgen (Hrsg.):	Handbuch der Grundrechte in Deutschland und Europa, Bd. I–VII/2, Heidelberg 2004 bis 2013, (zitiert: HGR)
Meyer, Jürgen (Hrsg.):	Charta der Grundrechte der Europäischen Union, 4. Aufl., Baden-Baden 2014
Meyer-Ladewig, Jens:	Europäische Menschenrechtskonvention, Handkommentar, 3. Aufl., Baden-Baden 2011 (zitiert: *Meyer-Ladewig*, EMRK)
v. Münch, Ingo/Kunig, Philip (Hrsg.):	Grundgesetz-Kommentar, Bd. 1, 2, 6. Aufl., München 2012 (zitiert: v. Münch/Kunig, GG I, II)
v. Münch, Ingo:	Staatsrecht II, 6. Aufl., Stuttgart u.a. 2014
Nipperdey, Hans Carl (Hrsg.):	Die Grundrechte und Grundpflichten der Reichsverfassung, Bd. 1–3, Berlin 1929 (zitiert: *Nipperdey*, Grundrechte I, II, III)
Parlamentarischer Rat:	Akten und Protokolle, herausgegeben vom Deutschen Bundestag und vom Bundesarchiv, Bd. 5: Ausschuss für Grundsatzfragen, Boppard am Rhein 1993; Bd. 7: Entwürfe zum Grundgesetz, Boppard am Rhein 1995; Bd. 9: Plenum, München 1996.
Pieroth, Bodo/Schlink Bernhard/Kingreen, Thorsten/Poscher, Ralf:	Grundrechte – Staatsrecht II, 30. Aufl., Heidelberg 2014 (zitiert: *Pieroth/Schlink/Kingreen/Poscher*, Grundrechte)
Reich, Andreas:	Magdeburger Kommentar zum Grundgesetz für die Bundesrepublik Deutschland, Bad Honnef 1998
Rengeling, Hans-Werner/Szczekalla, Peter:	Grundrechte in der Europäischen Union, Köln 2004

Rohleder, Kristin: Grundrechtsschutz im europäischen Mehrebenen-System, Baden-Baden 2009

Sachs, Michael (Hrsg.): Grundgesetz Kommentar, 7. Aufl., München 2014 (zitiert: *Sachs*, GG)

Sachs, Michael: Verfassungsrecht II – Grundrechte, 2. Aufl., Berlin u.a. 2003 (zitiert: *Sachs*, Grundrechte)

Schefer, Markus: Die Kerngehalte von Grundrechten: Geltung, Dogmatik, inhaltliche Ausgestaltung, Bern 2001

Schmidt-Bleibtreu, Bruno/ Hofmann, Hans/Henneke, Hans-Günter (Hrsg.): Kommentar zum Grundgesetz, 13. Aufl., München 2014 (zitiert: *Schmidt-Bleibtreu/Hofmann/Henneke*, GG)

Schwarze, Jürgen (Hrsg.): EU-Kommentar, 3. Aufl., Baden-Baden 2012 (zitiert: *Schwarze*, EU-Kommentar)

Seelmann, Kurt: Rechtsphilosophie, 6. Aufl., München 2014

Seifert, Karl-Heinz/Hömig, Dieter (Hrsg.): Grundgesetz für die Bundesrepublik Deutschland, Kommentar, 10. Aufl., Baden-Baden 2013 (zitiert: *Seifert/Hömig*, GG)

Siekmann, Helmut/Duttge, Gunnar: Staatsrecht I: Grundrechte, 3. Aufl., Thüngersheim 2000 (zitiert: *Siekmann/Duttge*, Grundrechte)

Sodan, Helge (Hrsg.): Grundgesetz, Beck'scher Kompakt-Kommentar, 2. Aufl., München 2011

Starck, Christian (Hrsg.): Bundesverfassungsgericht und Grundgesetz, Festgabe aus Anlass des 25jährigen Bestehens des Bundesverfassungsgerichts, Bd. I: Verfassungsgerichtsbarkeit, Tübingen 1976 (zitiert: Festgabe BVerfG)

Stein, Ekkehart/Frank, Götz: Staatsrecht, 21. Aufl., Tübingen 2010 (zitiert: Stein/Frank, Staatsrecht)

Stern, Klaus: Das Staatsrecht der Bundesrepublik Deutschland, München, Bd. I: Grundbegriffe und Grundlagen des Staatsrechts, Strukturprinzipien der Verfassung, 2. Aufl. 1984, Bd. II: Staatsorgane, Staatsfunktionen, Finanz- und Haushaltsverfassung, Notstandsverfassung, 1980, Bd. III/1: Allgemeine Lehren der Grundrechte, 1988, Bd. III/2: Allgemeine Lehren der Grundrechte, 1994, Bd. IV/1 und IV/2: Die einzelnen Grundrechte, 2011, Bd. V: Die geschichtlichen Grundlagen des deutschen Staatsrechts, 1999 (zitiert: *Stern*, Staatsrecht, Bd. I, II, III/1, III/2, IV/1, IV/2, V)

Streinz, Rudolf (Hrsg.): EUV/AEUV, Vertrag über die Europäische Union und Vertrag über die Arbeitsweise der Europäischen Union, 2. Aufl., München 2012, (zitiert: *Streinz*, EUV/AEUV)

Umbach, Dieter C./Clemens, Thomas (Hrsg.): Grundgesetz Mitarbeiterkommentar, Bd. 1, 2, Heidelberg 2002 (zitiert: *Umbach/Clemens*, GG I, II)

Zippelius, Reinhold/Würtenberger, Thomas: Deutsches Staatsrecht, 32. Aufl., München 2008 (zitiert: *Zippelius/Würtenberger*, Staatsrecht)

Einleitung Die Hauptprinzipien des Grundrechtssystems des Grundgesetzes

A. Metajuristische und historische Grundlagen

I. Die ideengeschichtliche Herkunft der Grundrechte

Grundrechtskataloge sind aus den modernen Verfassungen nicht mehr hinwegzu-   1
denken. Sie sind teils sehr umfangreich wie in den Verfassungen Portugals (Art. 12
bis 79) oder Spaniens (Art. 14 bis Art. 55), teils überwiegend auf die tradierten
Grundrechte bezogen wie im Grundgesetz. Stets knüpfen sie an europäisch-atlantische philosophische, politische und christlich-naturrechtliche Traditionen an. Das
gilt im besonderen für den Grundrechtsabschnitt des Grundgesetzes, bei dem sich
der Parlamentarische Rat von den historischen Vorbildern der Reichsverfassung von
1849, der Weimarer Reichsverfassung von 1919, der Allgemeinen Erklärung der
Menschenrechte von 1948 und den vorgrundgesetzlichen Landesverfassungen der
süddeutschen Länder von 1946 hat leiten lassen, ohne jedoch die vielfach darin
enthaltenen sozialen Grundrechte (unten Rdn. 75 f.) und Grundpflichten (unten
Rdn. 21) aufzugreifen. Man wollte sich bewusst, wie schon der Herrenchiemseer
Konvent, auf die »vorverfassungsmäßigen« »klassischen Grundrechte« konzentrieren,
sie freilich auf den aktuellen Stand bringen.[1]

Schon der Herrenchiemseer Konvent hatte als bedeutsame Neuerung des Beginns   2
des Grundrechtskatalogs in Art. 1 die »Menschenwürde« eingeführt. Im Parlamentarischen Rat bestand jenseits aller politischen und konfessionellen Standorte Einigkeit, die Menschenwürde in die Verfassung aufzunehmen, und zwar an die Spitze
der Grundrechte.[2] Ein Bezug auf Gott wurde an dieser Stelle im Gegensatz zu Satz 1
der Präambel nach kontroverser Diskussion nicht aufgenommen. Man entschloss
sich zu einer kurzen alle weltanschaulichen Festlegungen aussparenden Formulierung
der Unantastbarkeit der Menschenwürde (Art. 1 Satz 1 GG) und deren Achtung
und Schutz als Verpflichtung aller staatlichen Gewalt (Art. 1 Abs. 1 Satz 2 GG).
Gleichzeitig verankerte man das »Bekenntnis des Deutschen Volkes »zu unverletzlichen und unveräußerlichen Menschenrechten als Grundlage jeder menschlichen
Gemeinschaft, des Friedens und der Gerechtigkeit in der Welt« (Art. 1 Abs. 2). Menschenwürde und Menschenrechtsbekenntnis bilden so das Fundament der Grundrechte (und der Verfassungsordnung insgesamt). *Carlo Schmid* sprach davon, dass
Art. 1 GG »der eigentliche Schlüssel für das Ganze« sei.[3] Mit Blick auf die fürchterli-
che Missachtung der Grundrechte zwischen 1933 und 1945 und auch noch in der
unmittelbaren Nachkriegszeit war mit Art. 1 ein höchstes wertsetzendes Verfassungsprinzip, ein »**oberstes Konstitutionsprinzip**« gefunden, das für die Auslegung der
Verfassung und der Grundrechte von nachhaltiger Bedeutung ist. Das ist unbeschadet aller Schwierigkeiten, den Begriff zu klären, unbestritten.[4]

---

1 Parl. Rat, Grundsatzausschuss, Bd. 5/I, S. 28 ff.
2 Parl. Rat, Hauptausschuss, Bd. 14/2, S. 1288 f.
3 Grundsatzausschuss, aaO., S. 64.
4 Vgl. *J. Isensee*, Menschenwürde – die säkulare Gesellschaft auf der Suche nach dem Absoluten, AöR 131 (2006), S. 173 ff.; *H.-G. Dederer*, Die Garantie der Menschenwürde (Art. 1
   Abs. 1 GG), JöR 57 (2009), S. 89 ff.; *K. Stern*, Menschenwürde, in: Leitgedanken des

3   Mit der Verankerung der Menschenwürde und dem Bekenntnis zu unverletzlichen und unveräußerlichen Menschenrechten hat der Verfassunggeber auf die in antiker Philosophie, christlicher Theologie, Naturrecht und Aufklärung in langer Tradition gewachsene Erkenntnis von der unableitbaren Wesenheit der menschlichen Natur zurückgegriffen, die jedem Menschen – unabhängig von Geschlecht, Alter, Hautfarbe, Nationalität, Religion oder Weltanschauung – im Gegensatz zu anderen Lebewesen eigen ist. Würdeträger ist jeder einzelne konkrete Mensch, nicht etwa die Menschheit als solche.[5] Ältere Rechtssysteme hatten aus der Erkenntnis dieser Besonderheit des Menschen als eines »vernunftbegabten« Lebewesens (Immanuel Kant) den Schritt zur Personenhaftigkeit und individuellen Rechtsfähigkeit des Menschen getan. Die Annahme angeborener Rechte oder von natural rights für die menschliche Person waren dann die logische Konsequenz.

4   Diese **individuell-personale Komponente** der Grundrechte ist heute unbestritten. Sie garantiert den Status als Mensch und Person und definiert die Grundrechte weithin als Rechte des Individuums, als Rechte eines jeden Menschen. Sie ist seit 1945 durch die Charta der Vereinten Nationen der Idee nach auch universell, selbst wenn sie noch nicht weltweit verwirklicht ist; sie hat die nationale Rechtsebene verlassen und ist mittlerweile Bestandteil des internationalen Rechts geworden (unten Rdn. 197 ff.).

5   Diese **ideengeschichtlich präpositive Komponente** des geltenden Grundrechtssystems ist jedenfalls im europäisch-nordamerikanischen Kultur- und Rechtskreis anerkannt. Vor allem das Naturrecht in Deutschland und in den Niederlanden sowie die natural rights-Ideen der englischen Staatsphilosophen haben hierfür gewirkt. *Hugo Donellus, Johannes Althusius, Samuel Pufendorf, Christian Thomasius* und *Christian Wolff* in Deutschland sowie der Niederländer *Hugo Grotius* postulierten seit der zweiten Hälfte des 16. Jahrhunderts Rechte des Menschen gegen die Staatsgewalt oder traten für eine gerechte Staatsgewalt ein, gegen die, wenn sie die natürlichen Rechte des Menschen nicht achtet, ein Widerstandsrecht besteht.[6] Den Durchbruch erzwangen dann die großen englischen Staatstheoretiker, deren Gedanken sich in weiter wirkenden Grundrechtsdokumenten niederschlugen. *John Milton* (1608–1674), der Sekretär von Oliver Cromwell, forderte das Recht auf Selbstbestimmung des Menschen, auf religiöse Toleranz, auf Rede- und Pressefreiheit sowie die Abschaffung der Bücherzensur. *Thomas Hobbes* (1588–1679) sprach dem Menschen natural rights zu, die aber nur für den Urzustand gelten sollen. Sie würden zum bellum omnium contra omnes führen, wenn nicht der »Souverän« Schutz und Sicherheit jedes einzelnen gewährleiste. *Edward Coke* (1552–1634), langjähriger Chief Justice und späterer Parlamentarier, betonte in der Diskussion um die Petition of Rights immer

---

Rechts, Paul Kirchhof zum 70. Geburtstag, Bd. I, 2013, S. 169 ff. Zur Interpretation vgl. Kommentierung zu Art. 1 Abs. 1 GG.

5 Vgl. BVerfGE 115, 118 (152 ff.) – Luftsicherheitsgesetz.

6 Vgl. *H. Hofmann*, Die Entdeckung der Menschenrechte, 1999; *Chr. Starck*, Die philosophischen Grundlagen der Menschenrechte, Festschrift *P. Badura*, 2004, S. 553 ff.

wieder die Bedeutung der Existenz und der Geltung von »fundamental rights«. Diese sollen vor allem im Recht auf Schutz der Freiheit vor unbegründeter Verhaftung und im Recht auf Eigentumsschutz liegen (**Habeas-Corpus-Act** von 1679, **Declaration of Rights** von 1688, **Bill of Rights** von 1689). Von ihm stammt die grundrechtliche Trias von Leben, Freiheit und Eigentum. Erst *John Locke* 1632–1704) erklärte diese natürlichen Rechte auch nach dem Herrschaftsvertrag gegen die Staatsgewalt für wirksam. Allerdings ging es den meisten Engländern – ausgenommen John Locke – nur um fundamental rights des englischen Bürgers, nicht eines jeden Menschen.[7]

II. Die Positivierung der Grundrechte

Nur vereinzelt hatten die vor- und überstaatlichen Menschenrechtsideen eine posi- 6 tiv-rechtliche Festlegung gefunden. Erst seit der zweiten Hälfte des 18. Jahrhunderts ging es primär um die Umsetzung der Rechte des Menschen in **positiv-rechtliche Verfassungen**, Bill of Rights oder Déclarations. Damit traten die normativ-konstitutionellen Elemente in den Vordergrund. Die vorstaatlichen Menschenrechte wurden positiv-rechtlich verankert und avancierten zu Grundrechten, die der Staat gewährleistet, nicht gewährt.

Das entscheidende Stadium dieser Grundrechtskonstitutionalisierung begann in den 7 Neu-Englandstaaten der Vereinigten Staaten von Amerika und hing eng mit der Entstehung des Verfassungsstaates zusammen. Vorbild für die juristische Ausformung der Grundrechte wurde die Virginia Bill of Rights vom 12.06.1776. In ihrer positiv-rechtlichen Verbürgung als Verfassungsrecht kam den Grundrechten höchster Rang zu: Jedermann konnte sich auf sie berufen und sie der Staatsgewalt entgegenhalten – nötigenfalls vor Gericht. An die Stelle von Grundrechtsideen oder -philosophien, an die Stelle lediglich gesetzlich bestätigter Rechte der »Untertanen« traten verfassungsmäßige Rechte für jedermann, die ohne Mühe verstanden, interpretiert und gegen die Staatsgewalt durchgesetzt werden konnten.

Die Verfassungen und die in ihr verbürgten Grundrechte wurden die entscheidenden 8 Bausteine für das zukünftige Gemeinwesen. **Grundrechtsidee und verfasste Staatsgewalt gingen eine untrennbare Verbindung ein.** Damit wurde in den Neu-Englandstaaten auf dem Boden der bald gebildeten Vereinigten Staaten von Amerika die Grundrechtsverfassung mit allen ihren daraus folgenden Konsequenzen geschaffen.[8]

Die jenseits des Ozeans geschaffenen Konstitutionen blieben für die Verfassungsdis- 9 kussion im Rahmen der Französischen Revolution nicht ohne Beachtung. Hier wie dort erstrebte man die Gründung eines ganz neuen, auf **Freiheit und Gleichheit der Menschen beruhenden demokratischen Gemeinwesens**. Den äußeren Anstoß zur

---

7 Die berühmte Magna Charta von 1215 war fast ausschließlich auf Rechte des Adels gegen den König zugeschnitten (vgl. A. Voigt, 750 Jahre Magna Charta Libertatum, JuS 1965, 218 ff.).
8 Vgl. *H. Dreier*, in: ders. (Hrsg.) Grundgesetz – Kommentar, Bd. I, 3. Aufl. 2013, Vorb. vor Art. 1 Rn. 8 ff. m. weit. Nachw.

Rezeption der amerikanischen Entwicklung gab *Marie Joseph de Lafayette*, als er am 11.07.1789 in der in Paris zusammengetretenen Nationalversammlung den Antrag stellte, gemeinsam mit der Verfassung eine von ihm formulierte Erklärung der Menschenrechte zu verabschieden. »Da die Vertreter des französischen Volkes, als Nationalversammlung eingesetzt, erwogen haben, dass die Unkenntnis, das Vergessen oder die Verachtung der Menschenrechte die einzigen Ursachen des öffentlichen Unglücks und der Verderbtheit der Regierungen sind, haben sie beschlossen, die natürlichen, unveräußerlichen und heiligen Rechte der Menschen in einer feierlichen Erklärung darzulegen, damit diese Erklärung allen Mitgliedern der Gesellschaft vor Augen ist und sie unablässig an ihre Rechte und Pflichten erinnert ...«, lautete die Eingangsformel des beschlossenen Textes.[9]

10   Sowohl in der politisch-sozialen Vorgeschichte als auch in der rechtlichen Qualität bestehen zwischen der Virginia Bill of Rights von 1776 und der französischen Deklaration von 1789 jedoch Unterschiede. Der Akzent der französischen Deklaration lag stärker auf der sozialen Gleichheit, verbunden mit einem sozialpolitischen Programm zur Veränderung der vorhandenen feudal-ständischen Verhältnisse. Aber dieses Programm wurde noch nicht normativ, rechtskonstitutiv umgesetzt; die französische Deklaration der Menschen- und Bürgerrechte vom 26.08. bzw. 03.11.1789 erstrebt nicht, konkrete Verfassung zu sein. Im Gegenteil, die déclaration nimmt sogar überverfassungsmäßigen Rang in Anspruch: »Eine Gesellschaft, in der die Verbürgung der Rechte nicht gesichert und die Gewaltenteilung nicht festgelegt ist, hat keine Verfassung«, bestimmt der berühmte Art. 16. Das erklärt den hohen Abstraktionsgrad der déclaration. Sie will hehre Grundsätze aufstellen, die der Verfassunggeber erst konkretisieren soll.[10] Den Franzosen ging es um die Philosophie der Rechte, nicht um ihre juristische Geltung. In diesem Sinne hat *Emile Boutmy* ganz richtig geurteilt: »Für die Franzosen ist die Deklaration nur ein oratorisches Meisterstück, die Artikel stehen da in abstrakter Reinheit, allein im Glanze ihre Majestät und der Herrschaft der Wahrheit über die Menschen. Kein Gericht kann sie als Rechtsmittel verwenden oder sie zur Urteilsbegründung heranziehen. Zur Belehrung der ganzen Welt schreiben die Franzosen«.[11]

11   Beide Dokumente – die Virginia Bill of Rights wie die französische Deklaration der Menschen- und Bürgerrechte – haben ihre große weltgeschichtliche Bedeutung. Von verfassungsrechtlich größerer Relevanz sind die amerikanischen Bills und Verfassungen; denn sie haben für die Zukunft die juristisch wesentlichen Elemente erstmals herausgearbeitet. Doch ohne den französischen revolutionären Elan, die Formulierungskunst der französischen Autoren und die geistige Ausstrahlungskraft der fran-

---

9 Textabdruck bei *G. Franz*, Staatsverfassungen, 2. Aufl. 1964, S. 302 ff.
10 Vgl. *G. Kleinheyer*, Grundrechte – Zur Geschichte des Begriffs, 1977, S. 16.
11 Vgl. *E. Boutmy*, Die Erklärung der Menschen- und Bürgerrechte und *Georg Jellinek*, abgedruckt in: R. Schnur (Hrsg.), Zur Geschichte der Erklärung der Menschenrechte, 1964, S. 78 (88 f.); ebenso *C. A. Colliard*, Libertés Publiques, Paris, 5. Aufl. 1975, S. 52; *S.-J. Samwer*, Die französische Erklärung der Menschen- und Bürgerrechte von 1789/91, 1969.

zösischen déclaration wäre jedenfalls Europa nicht so rasch von diesen Ideen überzeugt worden.

Mit Beginn des 19. Jahrhunderts wurden diese Vorstellungen in Deutschland, zunächst in den Verfassungen der Länder des Deutschen Bundes nach Maßgabe der Deutschen Bundesakte von 1815, sowie 1848/49 mit dem Versuch, eine Reichsverfassung zu schaffen, umgesetzt. Die beiden vernunftrechtlichen Kodifikationen Preußens und Österreichs, das »Allgemeine Landrecht für die Preußischen Staaten« von 1794 und das »Allgemeine bürgerliche Gesetzbuch für die gesamten Deutschen Erbländer« der österreichischen Monarchie von 1811 hatten nur allgemeine Rechte der Person auf Gesetzesebene gewährt. Verfassungsmäßige Rechte folgten erst später. Der Begriff Grundrecht – obwohl bereits früher verwendet – wurde dann in der Frankfurter Nationalversammlung üblich.[12] Am 27.12.1848 gelang es, den Grundrechtsteil der Reichsverfassung als »Gesetz, betreffend die Grundrechte des deutschen Volkes« zu verkünden. Der Bundestag des Deutschen Bundes kassierte jedoch das Gesetz. Aber die Grundrechtsdiskussion der Paulskirchenversammlung wirkten fort und in die Verfassungen der Länder hinein, die allesamt ausgewogene Grundrechtskataloge enthielten, unter denen der der Preußischen revidierten Verfassung vom 31.01.1850 herausragte.[13]

Die **Verfassung des Deutschen Reiches von 1871** enthielt ebenso wie die des vorausgegangenen Norddeutschen Bundes von 1867 keinen Grundrechtskatalog. Die Gründe dieser Enthaltsamkeit der sog. Bismarck-Verfassung sind vielfach beschrieben worden.[14] Entscheidend dürfte gewesen sein, dass die Landesverfassungen der Einzelstaaten, die das Kaiserreich bildeten, Grundrechte enthielten und diese die Exekutive, die weithin Landes- nicht Reichsverwaltung war, zur Beachtung verpflichtet. Eine Bindung der Legislative zog man damals noch nicht in Erwägung. Die Inhalte der Grundrechte sollten durch spezielle Gesetze umgesetzt werden, wie es denn auch durch verschiedene Reichsgesetze geschah. Aber ein normhierarchisches Defizit blieb.

Die Verfassunggebung in der deutschen Republik nach dem Ersten Weltkrieg konnte die Verankerung von Grundrechten nicht mehr beiseiteschieben. Auf Drängen der Reichsregierung fügte der mit der Erstellung eines Entwurfs einer Reichsverfassung beauftragte Staatssekretär *Hugo Preuß* einen Abschnitt II über Grundrechte (§§ 18–29) in seinen Vorschlag vom 20.01.1919 ein. In der Nationalversammlung selbst war man grundrechtsfreundlicher: Aus dem kurzen Abschnitt wurde ein umfangreicher Zweiter Hauptteil unter der Überschrift »Grundrechte und Grundpflichten der Deutschen« (Art. 109–165). Den überkommenen klassischen Grundrechten

12

13

14

---

12 Vgl. *G. Kleinheyer*, Grundrechte – zur Geschichte eines Begriffs, 1977, S. 20; *A. Voigt*, Geschichte der Grundrechte, 1948, S. 82 ff.

13 Zu ihr vgl. *G. Anschütz*, Die Verfassungs-Urkunde für den Preußischen Staat. Ein Kommentar für Wissenschaft und Praxis, 1912.

14 Vgl. *E. Eckhardt*, Die Grundrechte vom Wiener Kongreß bis zur Gegenwart, 1913, S. 125 ff.

der Reichsverfassung von 1849 und ihren ideengeschichtlichen Vorläufern wurden institutionelle Gewährleistungen, kultur- und wirtschaftspolitische Festlegungen und in gewissem Sinne auch soziale Grundrechte beigefügt. Durch die Einfügung von Grundpflichten wollte man zugleich dem Verhältnis des Staatsbürgers zum Staat eine engere Bindung verleihen (Art. 163 Abs. 1 WRV).

15 Politisch beruhten die **Grundrechte** auf einem Kompromiss der großen parteipolitischen Strömungen, so dass der Abgeordnete Koch sie nicht ohne Berechtigung als »**interfraktionelles Parteiprogramm**« kennzeichnete.[15] Nicht überraschend enthielt daher der zweite Hauptteil der Weimarer Reichsverfassung echte Grundrechte, aber auch Programmsätze, Richtlinien und Grundsätze für das Wirtschafts- und Sozialleben. Der juristische fassbare Inhalt musste vielfach erarbeitet werden. Insbesondere war – wie *R. Thoma* formulierte – zu ermitteln, »welche juristische Geltungs- und Wirkungskraft ihnen (scil. den grundrechtlichen Bestimmungen) zukommt gegenüber den staatlichen Autoritäten, ja vielleicht selbst gegenüber dem zur Verfassungsänderung befähigten qualifizierten Reichsgesetz des Art. 76«.[16] Im Rahmen seiner grundlegenden »die juristische Bedeutung der grundrechtlichen Sätze der deutschen Reichsverfassung im allgemeinen« betreffenden Abhandlung findet sich freilich auch die später vom Bundesverfassungsgericht zitierte bedeutsame Sentenz, »daß die Jurisprudenz, wenn nicht Treu und Glauben verletzt werden sollten, von mehreren, mit Wortlaut, Dogmengeschichte und Entstehungsgeschichte vereinbaren Auslegungen einer Grundrechtsnorm allemal derjenigen den Vorzug zu geben hat, die die juristische Wirkungskraft der betreffenden Norm am stärksten entfaltet. So allein kann die deutsche Rechtswissenschaft und Rechtsprechung der Bedeutung der grundrechtlichen Verfassungsbestimmungen gerecht werden, ›die doch‹, wie es der VI. Zivilsenat des Reichsgerichtes schon im Jahre 1921 ausgedrückt hat, als Heiligtum des deutschen Volkes gedacht sind«.[17] Die »juristische Wirkungskraft« der Grundrechte konnte sich jedoch in der Weimarer Republik trotz vertiefter Betrachtung nur eingeschränkt entfalten. Das lag vor allem an der mangelnden Bindung des Gesetzgebers an die Grundrechte.[18]

16 Die nationalsozialistischen Herrscher machten, sobald sie Reichsregierung, Reichstag und Reichsrat in den Händen hatten, sowohl mit der Weimarer Reichsverfassung als auch insbesondere mit den Grundrechten kurzen Prozess. Verordnungen aufgrund Art. 48 WRV und das Ermächtigungsgesetz vom 23.03.1933 sowie weitere revolutionäre Akte schufen neue – nationalsozialistische – Verfassungsgrundlagen, denen

---

15 DJZ 1919, Sp. 611; s. auch *W. Pauly*, Grundrechtslaboratorium Weimar, 2004.
16 Vgl. *R. Thoma*, in: Nipperdey, Die Grundrechte und Grundpflichten der Reichsverfassung, Bd. I, 1929, S. 3.
17 RGZ 102, 161 (165).
18 Eine diesbezügliche Bestimmung, die der Verfassungsausschuss der Nationalversammlung vorschlug, wurde nicht Gesetz. Sie hatte folgenden Wortlaut: »Die Grundrechte und Grundpflichten bilden Richtschnur und Schranken für die Gesetzgebung, die Verwaltung und die Rechtspflege im Reich und in den Ländern«.

zufolge zunächst die Reichsregierung, später der »Führer« allein die Macht in den Händen hatte, auf deren Basis sie das Recht pervertierten und die Grundrechte zur Bedeutungslosigkeit verdammten.[19] *R. Smends* Idee der Integration durch Grundrechte blieb Theorie. Außerdem fehlte eine effektive Absicherung der Grundrechte durch ein verfassungsgerichtliches Verfahren. Der Staatsgerichtshof für das Deutsche Reich kannte keine Verfassungsbeschwerde.

III. Die Einfügung der Grundrechte in das Grundgesetz

Anders als bei der Verfassunggebung 1919, wo über die Grundrechtsentscheidungen für die künftige Reichsverfassung bei den politischen Parteien durchaus Zweifel bestanden[20], waren 1948/49 für eine neue deutsche Verfassung in den mittlerweile entstandenen politischen Parteien von CDU und CSU, SPD, FDP, DP und Zentrum die politischen Grundlinien übereinstimmend: Errichtung einer freiheitlich-demokratischen, rechts- und bundesstaatlichen Ordnung, in der die Grundrechte eine wesentliche Rolle zu spielen hatten.[21] Auch wenn es hinsichtlich des Grundrechtskatalogs in Details einzelnen Meinungsunterschiede gab, in die auch die Kirchen und Verbände einbezogen waren, so waren diese nicht unüberwindbar; denn es gab einen gesicherten Grundkonsens: die unveräußerlichen Menschenrechte, Menschenwürde, die klassisch liberalen Grundrechte der »westlichen« Grundrechtsideen. Schließlich verlangte auch das Dokument 1 der von den westlichen Alliierten der deutschen Verfassunggebung auf den Weg gegebenen sog. Frankfurter Dokumente »die Garantien der individuellen Rechte und Freiheiten«.[22] 17

Nicht überraschend setzte daher der **Verfassungskonvent von Herrenchiemsee**, der von den Ministerpräsidenten der elf westdeutschen Länder zur Erarbeitung eines Verfassungsentwurfs eingesetzt wurde, einen Grundrechtsabschnitt (Art. 1 bis 21) an die Spitze seines Grundgesetzentwurfs, des sog. Herrenchiemsee-Entwurfs.[23] Dessen Schlüsselnormen waren die Art. 1 und 21. Sie lauteten: 18

---

19 Vgl. näher *Stern*, Staatsrecht V, 2000, § 130 m.w.N.

20 *F. Naumann* stellte im Verfassungsausschuss die Grundfrage so: »Die politische Frage heißt für uns heute: Entweder wir werden hineingezogen in die russische Sowjeträte-Auffassung oder wir werden herangegliedert in die westeuropäisch-amerikanische …« (Protokoll des Verfassungsausschusses, Aktenstück Nr. 391, S. 180). 1948/49 war diese Frage im Westdeutschland von allen politischen Gruppierungen mit Ausnahme der KPD klar im letzteren Sinne beantwortet.

21 Nachweise über die Parteiprogramme bei *Stern*, Staatsrecht III/1, S. 132 ff.

22 Vgl. *Stern*, Staatsrecht V, S. 1215 f.; ders. Menschenwürde als Wurzel der Menschen- und Grundrechte, in: Der Staat des Grundgesetzes, 1992, S. 219 ff.; ders. Altes und Neues aus der Genese der Grundrechte des Grundgesetzes, ebda., S. 254 ff.

23 *A. Pfeiffer* sprach wohl als erster vom »Herrenchiemsee-Entwurf« (DÖV 1948, 49). Dieselbe Bezeichnung findet sich bei *H. v. Mangoldt*, DÖV 1948, 52.

»Art. 1 HChE:

(1) Der Staat ist um des Menschen willen da, nicht der Mensch um des Staates willen.

(2) Die Würde der menschlichen Persönlichkeit ist unantastbar. Die öffentliche Gewalt ist in allen ihren Erscheinungsformen verpflichtet, die Menschenwürde zu achten und zu schützen.

Art. 21 HChE:

(1) Die Grundrechte dürfen nicht beseitigt werden. Auf ein solches Ziel gerichtete Anträge sind unzulässig.

(2) Die Grundrechte binden den Gesetzgeber, den Richter und die Verwaltung unmittelbar.

(3) Die Grundrechte sind, soweit sich aus ihrem Inhalt nichts anderes ergibt, im Rahmen der allgemeinen Rechtsordnung zu verstehen.

(4) Eine Einschränkung der Grundrechte ist nur durch Gesetz und unter der Voraussetzung zulässig, daß es die öffentliche Sicherheit, Sittlichkeit oder Gesundheit zwingend erfordert. Die Einschränkung eines Grundrechtes oder die nähere Ausgestaltung durch Gesetz muß das Grundrecht als solches unangetastet lassen.

(5) Das Notstandsgesetz (Art. 111 Abs. 3 und 4) bleibt unberührt.«

19 Im Übrigen enthielt der Entwurf die klassischen liberalen Grundrechte. Grundrechte der Lebens- und Gemeinschaftsordnung waren nicht vorgesehen;[24] gleiches gilt für soziale Grundrechte.[25] Die Grundpflichten der Weimarer Verfassung wurden auf eine allgemeine Verfassungstreue- und Gesetzesgehorsamspflicht (Art. 19) reduziert.[26]

20 In dem am 01.09.1948 erstmals in Bonn zusammentretenden **Parlamentarischen Rat**, der nach der Einigung der westdeutschen Länder unter Beteiligung West-Berlins aus 65 vollstimmberechtigten und fünf Berliner Abgeordneten zur Erarbeitung einer constitutio (Grundgesetz) für einen (west-)deutschen Bundesstaat gebildet wurde, oblag es dessen Grundsatz-Ausschuss unter Vorsitz von *Prof. Dr. Hermann von Mangoldt* (CDU) federführend die Grundrechte zu formulieren. Sehr frühzeitig einigte man sich darauf, dass Grundrechte in die Bundesverfassung aufzunehmen seien und sie nicht lediglich wie 1871 den Länderverfassungen überlassen werden sollten; der Grundrechtskatalog sollte aber auf die »klassischen« Grundrechte beschränkt werden; die Grundrechte sollten unmittelbar geltendes Recht sein, das nicht nur Ver-

---

24 Hier wich man deutlich von der Weimarer Verfassung ab.
25 Zu den Gründen vgl. *H. Dreier*, in: ders. Grundgesetz-Kommentar, 3. Aufl. 2013, Vorb. vor Art. 1 Rn. 81. Umfassend zu sozialen Grundrechten jetzt *J. Iliopoulos-Strangas* (Hrsg.), Soziale Grundrechte in Europa nach Lissabon, 2010.
26 S. *M. Sachs*, in: ders. (Hrsg.), Grundgesetz-Kommentar, Vor Art. 1 Rn. 58 f. mit Nachw., *H. Hofmann*, in: HStR IX, 3. Aufl. 2011, § 195.

waltung und Rechtsprechung, sondern auch die Gesetzgebung bindet. Bis Januar 1949 bereitete der Grundsatzausschuss den Katalog der Grundrechte vor, die dann in den Art. 1 bis 19 sowie Art. 33 und Art. 38 GG niedergelegt wurden. Hauptausschuss und Plenum des Parlamentarischen Rates hielten sich im Wesentlichen an die Vorlage dieses Ausschusses. Die sog. justiziellen Grundrechte (Art. 101 ff.) wurden vom Ausschuss für Verfassungsgerichtshof und Rechtspflege erarbeitet. Tiefergehende Kontroversen gab es praktisch nur zu Art. 6 GG – Schutz von Ehe und Familie, Religionsunterricht und elterliches Erziehungsrecht einschließlich des Verhältnisses des Staates zu den Kirchen (Art. 140 GG) – und Art. 7 GG – Grundsätze des Schulwesens – sowie zu Art. 15 GG, dem sog. Sozialisierungsartikel. Die Aufnahme dieser Normenkomplexe wurde als Teil des »großen« Kompromisses zwischen christlich-konservativem und sozialdemokratisch-sozialistischem Lager betrachtet.[27] Streit warf auch die Aufnahme der Verfassungstreueklausel für Hochschullehrer (Art. 5 Abs. 3 Satz 2 GG) auf, der erst vom Plenum entschieden wurde.[28] Verzichtet wurde auf Aussagen zu den »Lebensordnungen«, wie etwa Kultur, Wirtschaft, Sozialordnung.

Das Grundrechtsverständnis des Parlamentarischen Rates wird am besten in den 21
schriftlichen Bericht des Abg. *H. von Mangoldt* zur 2. Lesung des Plenums am
06.05.1949 deutlich:

> *»Wenn in Weimar in den Grundrechten und Grundpflichten der Versuch gemacht worden ist, die Grundzüge der Gemeinschaftsordnung des neuen Staates in der Verfassung zu verankern, insbesondere auch Grundsätze für die künftige kulturelle und soziale Lebensordnung aufzustellen, so konnte bei der gegenwärtigen Ungewissheit aller künftigen Entwicklungen in diesem Grundgesetz der Rahmen nicht soweit gespannt werden. Vielmehr sahen die Beteiligten ihre Aufgabe darin, die Grundrechte im Sinne der alten klassischen Grundrechte zu gestalten. Nach einer Zeit fortgesetzter Bedrückung und schwerster Missachtung der Menschenwürde musste es als unerlässlich erscheinen, die Achtung vor der Menschenwürde und als eine der notwendigsten Grundlagen dafür die alten Freiheitsrechte zu sichern. In den Grundrechten sollte also das Verhältnis des Einzelnen zum Staate geregelt werden, der Allmacht des Staates Grenzen gesetzt werden, damit der Mensch in seiner Würde wieder anerkannt werden. Dabei wurden diese Rechte als vorstaatlich betrachtet und zwar je nach dem weltanschaulichen Standpunkt als von Gott gegebene und unveräußerliche Rechte. So kam es, dass in der Sitzung vom 21. September ausdrücklich beschlossen wurde, die sog. vorverfassungsmäßigen Rechte aufzunehmen. Gleichzeitig war man sich vollkommen darüber klar, dass es dazu notwendig sein werde, diese Rechte aus den besonderen Verhältnissen der Gegenwart heraus neu zu gestalten und zu formen. Das kam auch in einem am 19. November eingefügten, aber später wieder gestrichenen Zusatz in Abs. 3 des Artikels 1 zum Ausdruck, in dem es hieß, dass die Grundrechte ›für unser*

---

27 Näher *Stern*, Staatsrecht III/1, S. 157 ff.; ders. Menschenwürde als Wurzel der Menschen- und Grundrechte, in: Der Staat des Grundgesetzes, 1992, S. 254 ff.

28 Dazu *Stern*, Die Verfassungstreueklausel des Art. 5 Abs. 3 Satz 2 GG – Keine obsolete Rechtsnorm, in: FS Steiner, 2009, S. 842 ff.

Volk aus unserer Zeit geformt worden seien. Trotz dieser Streichung hat sich im Ganzen an Sinn und Inhalt der Grundrechte aber nichts geändert. Das festzustellen, dürfte für die spätere Auslegung von Bedeutung sein. Denn bei einem solchen Charakter
ist für die Grundrechte die gerade für sie so wichtige Anpassungsfähigkeit an fortschreitende Entwicklungen in besonderem Maße gesichert. … Welche Entwicklung
auch das Verfassungsleben nehmen wird, schon in seiner Entstehungsgeschichte bewahrheitet sich der Satz, dass die Geschichte der Grundrechte zugleich die Geschichte
der menschlichen Freiheit ist. Bei aller durch die Sache selbst gegebenen Abhängigkeit
von früheren Grundrechtskatalogen ist das Verhältnis des Einzelnen zum Staat hier
doch in einer eigenen durch die Zeit bedingten Art geregelt. Trotz der sehr bewussten
Reaktion gegen die Unterdrückung menschlicher Freiheit in der jüngeren Vergangenheit ist der Gedanke von der Notwendigkeit der sozialen Einordnung jeder Einzelnen
bei der Formulierung jeder einzelnen Bestimmung von maßgebendem Einfluss gewesen. Und wenn von den Grundpflichten nur an wenigen Stellen ausdrücklich die Rede
ist, so ist das darauf zurückzuführen, dass ihre Aufnahme nur in wenigen Fällen mit
dem Grundsatz in Einklang zu bringen war, dass die Grundrechte unmittelbar geltendes Rechts sein sollten. Wenn in den Grundrechten im Hinblick auf die noch jüngst
gemachten Erfahrungen der Akzent stark auf der Freiheit von staatlichem Zwang
liegt, so bedeuten sie auf der anderen Seite doch eine Fortentwicklung des in der Weimarer Verfassung gewonnenen demokratischen Freiheitsbegriffs, der die Teilnahme des
Einzelnen am Staat in sich mit erfasste. Das Grundgesetz bedeutet ferner auch insofern eine Fortentwicklung der Weimarer Verfassung, als überall dort, wo es sich nicht
um engstens mit der Staatsangehörigkeit zusammenhängende Rechte handelt, die
Grundrechte als allgemeine Menschenrechte ausgestaltet sind. Anders zu verfahren
hätte geheißen, den Rechtsstaatsgedanken gegenüber dem Ausland zu verneinen.*[29]

B. Die Entwicklung der Grundrechte nach Inkrafttreten des Grundgesetzes

I. Die Entfaltung der Grundrechte in den 50er Jahren

22   Um die Mitte der 50er Jahre kam es zu einer aufschlussreichen Entfaltung der
Grundrechte, die sich, von zahlreichen Einzelbeiträgen vorbereitet, vor allem in zwei
Großkommentaren zum Grundgesetz niederschlug: der zweiten Auflage des Kom-
mentars zum Grundgesetz von Hermann von Mangoldt, bearbeitet von *Friedrich
Klein*, und dem Erscheinen der ersten Lieferung des Kommentars von *Theodor
Maunz* und *Günter Dürig*. Nur wenig später, 1954 und vor allem 1957 und 1958
ergingen fünf »große« Grundrechtsentscheidungen des Bundesverfassungsgerichts.[30]
Wissenschaft und Rechtsprechung begannen in vertiefter Weise die Grundrechte

---

29 *H. von Mangoldt*, Parl. Rat, Schriftl. Bericht, Drs. Nr. 850, 854, S. 5. S. auch *P. Lerche*,
   in: HStR V, 2. Aufl. 2000, § 121 Rn. 15: Der Grundrechtsteil »als Bilanz der gegebenen
   und gewordenen deutschen Rechtskultur«.
30 BVerfGE 4, 7 (Investitionshilfe); 6, 32 (Elfes); 6, 55 (Ehegatten-Splitting); 7, 198 (Lüth);
   7, 377 (Apotheken).

auszuloten und ihre Wirkungen zu entfalten. Hervorstechend hierfür war die Grundrechtskonzeption *Günter Dürigs*.[31]

Er entwickelte, aufbauend auf dem obersten Konstitutionsprinzip allen objektiven   23
Rechts in Art. 1 Abs. 1, dem Grundrechtsschutz von der Menschenwürde, ein »Wert- und Anspruchssystem unseres Grundrechtsteils«, das beanspruchte, »lückenlos« zu sein.[32] Dieses System war folgendermaßen konstruiert: Art. 1 Abs. 2 GG löst, wie »darum« zeigt, den Gesamtanspruch auf generelle Achtung der Menschenwürde in einzelne Menschenrechte auf; Art. 1 Abs. 3 GG bestimmt sodann den verfassungsrechtlichen Anspruchsgegner und aktualisiert die Menschenrechte als Grundrechte, ohne ihnen allerdings ihren vorverfassungsmäßigen Gehalt zu nehmen. Zusätzlich wird die staatliche Disposition über die Grundrechte durch Art. 19 Abs. 2 GG gehindert, hinsichtlich der in Art. 1 Abs. 1 und 2 GG enthaltenen Wertentscheidung auch für den Verfassungsänderungsgesetzgeber gemäß Art. 79 Abs. 3 GG. Mit Art. 2 GG beginnt dann die positivrechtliche Ausgestaltung der Grundrechte, wobei das »Hauptfreiheitsrecht« des Art. 2 Abs. 1 GG wiederum zum Schutze vor spezifischen historischen Gefährdungen der Freiheit in verschiedenartige und verschiedenwertige positivrechtliche Einzelfreiheitsrechte aufgelöst wird, die sich zu Art. 2 Abs. 1 GG nur als Spezialfälle verhalten. Dasselbe wiederholt sich beim »Hauptgleichheitsrecht« des Art. 3 Abs. 1 GG. Dieses materiellrechtliche Anspruchssystem wird zum Zwecke der Einklagbarkeit durch das »prozessuale Hauptgrundrecht« des Art. 19 Abs. 4 GG ergänzt.

Dieses System blieb zwar nicht ohne Kritik[33], fand aber in seinen wesentlichen Teilen Anklang in der Rechtsprechung des Bundesverfassungsgerichts. Im sog. Elfes-Urteil vom 16.01.1957 wurde Art. 2 Abs. 1 GG als umfassendes Grundrecht der »allgemeinen Handlungsfreiheit« interpretiert, das zu den nachfolgenden Grundrechten im Verhältnis von lex generalis zu lex specialis steht (unten Art. 2 Rdn. 20 ff.). Art. 2 Abs. 1 avanciert damit zum **Hauptfreiheitsrecht** für alle nicht besonders geschützten Lebensbereiche[34], woran das Gericht in ständiger Rechtsprechung, auch gegen Kritik, festhielt. Im Beschluss vom 17.01.1957 wird Art. 6 Abs. 1 nicht nur als klassisches Abwehrrecht verstanden, sondern auch als eine »wertentscheidende Grundsatznorm« und als »Instituts- oder Einrichtungsgarantie«.[35] Gleichzeitig wird die Vorgabe *R. Thomas* wiederholt, nach der der Auslegung der Vorzug zu geben ist, die die juristische Wirkkraft einer Grundrechtsnorm am stärksten entfaltet.[36]

Am eindringlichsten für die zukünftige Entfaltung der Grundrechte wirkte das sog.   25
Lüth-Urteil vom 15.01.1958. Hier musste sich das Gericht erstmals mit der Aus-

---

31 Beginnend mit *Dürig*, JR 1952, 259; *ders.*, AöR 81 (1956), S. 117.
32 Vgl. *Dürig*, in: Maunz/Dürig, GG, Art. 1 (1957/58) Rn. 5 ff.
33 Vgl. etwa *N. Luhmann*, Grundrechte als Institution, 1965, S. 36; *U. Scheuner*, VVDStRL 22 (1965), 1 (43); weitere Nachw. bei *Stern*, in: HStR IX, 3. Aufl. 2011, § 185 Rn. 12 ff.
34 Vgl. BVerfGE 6, 32 (36 ff.).
35 Vgl. BVerfGE 6, (71 f.).
36 Zuletzt BVerfGE 103, 142 (153).

strahlungswirkung der Grundrechte auf das Privatrecht, vielfach als sog. Drittwirkung der Grundrechte bezeichnet, befassen. Es befand: »Ohne Zweifel sind die Grundrechte in erster Linie dazu bestimmt, die Freiheitssphäre des einzelnen vor Eingriffen zu sichern; sie sind Abwehrrechte des Bürgers gegen den Staat … Ebenso richtig ist aber, dass das Grundgesetz, das keine wertneutrale Ordnung sein will …, in seinem Grundrechtsabschnitt auch eine objektive Wertordnung aufgerichtet hat und dass gerade hierin eine prinzipielle Verstärkung der Geltungskraft der Grundrechte zum Ausdruck kommt … Dieses Wertsystem, das seinen Mittelpunkt in der innerhalb der sozialen Gemeinschaft sich frei entfaltenden menschlichen Persönlichkeit und ihrer Würde findet, muss als verfassungsrechtliche Grundentscheidung für alle Bereiche des Rechts gelten; Gesetzgebung, Verwaltung und Rechtsprechung empfangen von ihm Richtlinien und Impulse. So beeinflusste es selbstverständlich auch das bürgerliche Recht; keine bürgerlich-rechtliche Vorschrift darf im Widerspruch zu ihm, stehen, jede muss in seinem Geist ausgelegt werden«.[37]

26   Diese Wirkungskraft wird vor allem den Grundrechten als objektiven Normen zugemessen. Seither war den Grundrechten die Einwirkung auf den Gesamtbereich des Rechts eröffnet. Gleichzeitig wurden sie Gegenstand weiterer Funktionen (unten Rdn. 32 ff.). Das Urteil war somit Ausgangspunkt der **»Multifunktionalität«** der **Grundrechte**, die sich in der ständigen Rechtsprechung des Gerichts niederschlug.[38]

II. Die Expansion der Grundrechte seit den 70er Jahren und die Entwicklung von Grundrechtstheorien

27   Die Rechtsprechung des Bundesverfassungsgerichts zur objektiv-rechtlichen Dimension der Grundrechte und ihren Wertkomponenten war Startschuss für eine engagierte Grundrechtswissenschaft in den 70er Jahren. Die Rede war von einer **»Expansion der Grundrechte«**.[39] Die Tagung der Vereinigung der Deutschen Staatsrechtslehrer 1971 zum Thema »Grundrechte im Leistungsstaat« wurde als »Grundrechtsfesttag« gekennzeichnet.[40] Im staatlichen Bereich begann man, ehedem grundrechtsfreie Bereiche wie das »besondere Gewaltverhältnis« zu durchdringen.[41] Das Handeln des Staates in privatrechtlichen Formen wurde nicht mehr für grundrechtlich unbedenk-

---

37 Vgl. BVerfGE 7, 198 (204);110, 141 (163); 120, 224 (256 f.); 121, 317 (353 ff.); 126, 112 (140); dazu *H. Hofmann*, JZ 2009, 1 (7 f.); *Rensmann*, Wertordnung und Verfassung, 2007; *U. Di Fabio*, Zur Theorie eines grundrechtlichen Wertesystems, in: HGR II § 46; *H. Dreier*, in: ders. Grundgesetz-Kommentar, 3. Aufl. 2013, Vorb. Art. 1 Rn. 82.

38 Vgl. *Jarass*, Funktionen und Dimensionen der Grundrechte, in: HGR II, § 38 Rn. 5 ff.; *Stern*, Staasrecht III/1, S. 455; *ders.*, Staatsrecht III/2, S. 1689 ff. (unten Rdn. 29, 55).

39 Vgl. *M. Kloepfer*, Grundrechte als Entstehungssicherung und Bestandsschutz, 1970, S. 1; ders. Verfassungsrecht, Bd. II, 2010, § 48.

40 So *H. F. Zacher*, Diskussionsbeitrag, VVDStRL 30 (1972), S. 151. Die weit ausholenden Referate von *W. Martens* und insbesondere von *P. Häberle* dynamisierten die Grundrechte in hohem Maße und führten sie deutlich über ihre rein abwehrrechtliche Funktion hinaus.

41 Vgl. BVerfGE 33, 1 (11); 47, 46 (78); 58, 358 (367); *Stern*, Staatsrecht III/1, S. 1383 ff.

lich erklärt.[42] Bisweilen wurden Grundrechte im Wege der »Dritt-, Horizontal- oder Ausstrahlungswirkung« im Rechtsverkehr der Privatrechtssubjekte untereinander für grundsätzlich maßgeblich erklärt.[43] Mitunter brach sich eine »institutionelle« Sichtweise der Grundrechte Bahn, die diese über die tradierten Einrichtungsgarantien hinaushob. Man erkannte in ihnen auch einen verfahrens- und organisationsrechtlichen Gehalt. Schließlich wurden aus ihnen Leistungs- und Schutzpflichten des Staates exegiert. Insgesamt fand ein »Wandel des Grundrechtsverständnisses« statt.[44] Gefragt wurde auch, ob sich den Grundrechten eine sozialstaatliche Komponente imputieren ließe, die gegebenenfalls zu »sozialen Grundrechten« führen könnte.[45]

Auf der internationalen Ebene wurde über Grundrechte der »dritten Generation«, vor allem das Recht auf Entwicklung diskutiert.[46] Notwendig sei eine »Neustrukturierung« des Grundrechtsverständnisses[47], die allerdings vermeiden müsse, die Grundrechte zu einer sich über alle Rechtsmaterien erhebenden »Superkodifikation« zu entwickeln.[48]   28

Es lag auf der Hand, dass diese Expansion der Grundrechte die Frage nach der richtigen Grundrechtstheorie aufwarf. Den Anstoß dazu gab *N. Luhmann* mit seiner Schrift »Grundrechte als Institution« aus dem Jahre 1965. Er registrierte, dass »es bisher mit rein interpretativen Methoden nicht gelungen ist, den Sinnzusammenhang des Grundrechtsteils mit den sonstigen Verfassungsvorschriften in einer einheitlichen Theorie darzustellen«.[49] *E.-W. Böckenförde* war es dann, der nach der richtigen Grundrechtstheorie suchte und mehrere **Grundrechtstheorien** ausmachte, die die Interpretation der Grundrechte leiteten.[50] Mit dieser Theoriesuche war zugleich das Problem der »**Multifunktionalität« der Grundrechte** verbunden.[51]   29

---

42 Vgl. *M. Sachs*, in: ders. (Hrsg.), Grundgesetz-Kommentar, 7. Aufl. 2014, Vor Art. 1 Rn. 54, mit weit. Nachw.; *H. Dreier*, in: ders. (Hrsg.), Grundgesetz-Kommentar, 3. Aufl. 2013, Art. 1 III Rn. 66 ff.

43 Vgl. *W. Leisner*, Grundrechte und Privatrecht, 1960; *H.C. Nipperdey*, Grundrechte und Privatrecht, 1961; *M. Ruffert*, JZ 2009, 389 ff.; *S. Müller-Franken*, in: FS Bethge, 2009, S. 823 ff.

44 Vgl. *R. Bernhardt*, Wandlungen der Grundrechte, Heft 4 der Rechts- und Staatswissenschaftlichen Vereinigung, Frankfurter Juristische Gesellschaft, 1969; *Rupp*, AöR 101 (1976), S. 161.

45 Vgl. *Stern*, in: HStR IX 3. Aufl. 2011, § 185 Rn. 20 ff.; *Th. Giegerich/A. Zimmermann*, Wirtschaftliche, soziale und kulturelle Rechte, 2009; *J. Iliopoulos-Strangas* (Hrsg.), Soziale Grundrechte in Europa nach Lissabon, 2010.

46 Vgl. Generalversammlung der UN, Resolution 41/128 vom 04.12.1986, Erklärung über das Recht auf Entwicklung; ausführlich *E.H. Riedel*, EuGRZ 1989, 9 ff.

47 Vgl. *P. Häberle*, VVDStRL 30 (1972), S. 43.

48 Vgl. *Scheuner*, VVDStRL 22 (1965), S. 38.

49 Vgl. *Luhmann*, Grundrechte als Institution, 1965, S. 43 ff.

50 Vgl. *Böckenförde*, NJW 1974, S. 1529; angedeutet bereits VVDStRL 30 (1972) S. 162; pointiert für eine ordo-liberale Theorie der Grundrechte *J. Ph. Schaefer*, Der Staat 49 (2009), S. 215 ff.

51 Der Begriff findet sich wohl erstmals bei *Luhmann*, ebda., S. 80, 134.

30   *Böckenförde* unterschied folgende Grundrechtstheorien: die liberale (bürgerlich-rechtsstaatliche), die institutionelle, die Werttheorie, die demokratisch-funktionale und die sozialstaatliche.

31   Man mag aus heutiger Sicht diese Theorienpalette um eine organisations-/verfahrensrechtliche und eine Schutzpflichtentheorie ergänzen. Nicht darauf kommt es jedoch an, sondern ob das Theorienkonzept bei der Anwendung der Grundrechte hilft. Sicher ist, wie *Böckenförde* selbst einräumt, dass »je nach dem Ansatz der gewählten ›Theorie‹ sich nicht nur in Einzelheiten, sondern auch im Grundsätzlichen ein unterschiedlicher Verfassungsinhalt ergeben (kann)«.[52] Die Argumentation mit einer Grundrechtstheorie läuft jedoch Gefahr, als vorausgesetztes Prinzip verwendet zu werden, mittels dessen die Interpretation der Grundrechtsbestimmungen determiniert wird. Ein Zirkelschluss liegt nahe: Erst holt man aus der Norm etwas heraus, um die Theorie zu bilden; alsdann imputiert man die Theorie in die Normen und bestätigt ein Ergebnis, das man bereits gefunden hat. Die Lehre von den Grundrechtstheorien stieß daher vorwiegend auf Skepsis.[53] An ihre Stelle trat die **Lehre von den Grundrechtsfunktionen**. Sie bestimmt heute maßgeblich Interpretation und Wirkungen der Grundrechte.

C. Die Funktionen (Dimensionen) der Grundrechte

I. Die Anerkennung von subjektiv-rechtlichen und objektiv-rechtlichen Gehalten als Hauptfunktion der Grundrechte

32   Auch wenn sich bei subtiler Betrachtung viele Grundrechtsfunktionen ausmachen lassen, wird heute – zugleich auch dem Bundesverfassungsgericht folgend – überwiegend zwischen **zwei grundrechtlichen Hauptfunktionen** unterschieden: der ursprünglich allein dominanten[54] **subjektiv-rechtlichen** (abwehrrechtlichen)[55] und der **objektiv-rechtlichen**, vor allem »schutzpflichten-rechtlichen«.[56] Erstere wird – weil über-

---

52 Vgl. *Böckenförde*, NJW 1976, 2089.
53 Vgl. etwa *Ossenbühl*, NJW 1976, 2100; *Starck*, in: v. Mangoldt/Klein/Starck, Grundgesetz-Kommentar, 6. Aufl. 2010, Art. 1 Rn. 159; *M. Sachs*, in: ders. (Hrsg.), Grundgesetz-Kommentar, 7. Aufl. 2014, Vor Art. 1 Rn. 63 ff.
54 Sehr frühzeitig BVerfGE 6, 386 (387): Unter der Herrschaft des Grundgesetzes ist nach der Zielrichtung, die der Verfassunggeber mit den Grundrechtsbestimmungen verknüpfte, anerkannt, »dass der Einzelne sich der öffentlichen Gewalt gegenüber auf diese Normen als auf Grundrechte … soll berufen können«.
55 Vgl. *Dreier*, Dimensionen der Grundrechte, 1993, S. 33 ff.; *ders.* in: Grundgesetz-Kommentar, 3. Aufl. 2013, Vorb. Art. 1 Rn. 82 ff.; *R. Poscher*, Grundrechte als Abwehrrechte, 2003; *Sachs*, HGR II, § 39, jeweils mit weit. Nachweisen.
56 Vgl. *Ossenbühl*, in: HGR I, § 15 Rn. 43: »feststehende Überzeugung«; ferner *Dreier*, in: ders., GG I, Vor Art. 1 Rn. 94 ff.; *Enders*, in: Friauf/Höfling, GG, Vor Art. 1 (2000), Rn. 62 ff.; *Jarass*, in: HGR II, § 38 Rn. 15 ff., 22 ff.; *ders.*, in: Jarass/Pieroth, Vor Art. 1 Rn. 3 ff.; *Kannengießer*, in: Schmidt-Bleibtreu/Hofmann/Hopfauf, GG, Vor Art. 1 Rn. 8; BVerfGE 6, 55; 7, 198; zuletzt 105, 313 (342 ff.).

kommen – als primär (»in erster Linie«) genannt[57], beginnt aber ein wenig hinter der objektiv-rechtlichen Funktion zu verblassen. Diese wird ihrerseits wiederum in mehrere Unterfunktionen aufgeteilt, die mehr und mehr einen Selbständigkeitscharakter angenommen haben. In diesen beiden Hauptfunktionen, die auch als »fundamentale grundrechtliche Bedeutungsschichten« charakterisiert werden[58], kommt der **Grundgehalt der Grundrechte** zum Ausdruck: Sie sind Garantien von grundlegenden individuellen Freiheitsverbürgungen, Gleichheitsrechten, politischen und justiziellen Rechten und von bestimmten im Laufe der Geschichte immer wieder bedrohten Einrichtungen sowie von objektiven Wertmaßstäben, die staatliches Handeln in Gesetzgebung, vollziehender Gewalt und Rechtsprechung determinieren. Diese Wertmaßstäbe haben ihre Wurzel vor allem in dem jeweiligen geschichtlich gewachsenen ethisch fundierten Kulturkreis, den viele religiöse, politische und philosophische Strömungen geformt haben.[59] Insoweit bleibt es nach wie vor richtig, wenn *R. Smend* den Sinn eines Grundrechtskatalogs dahingehend kennzeichnet, dass er ein »Wert- oder Güter-, ein Kultursystem« normiert.[60]

II. Die abwehrrechtliche Funktion

Die **abwehrrechtliche Funktion** der Grundrechte dient dazu, »die Freiheitssphäre 33 des einzelnen vor Eingriffen der öffentlichen Gewalt zu sichern«.[61] Sie soll dem Menschen (und seinen Vereinigungen – Art. 19 Abs. 3 –) einen Bereich freier Lebensgestaltung (Privatautonomie), eine staatsfreie Sphäre im Hinblick auf vielfältige Formen der Persönlichkeitsentfaltung, gesichert insbesondere durch Art. 2, 4, 5, 6, 8, 10, 11, 12, 13, 14, 16, 104 GG, verbürgen. Diese Grundrechte wollen Freiheit vom Staat gewährleisten, einen »**status negativus**« gewähren.[62] Der Staat hat zu unterlassen, in diese Sphären einzugreifen. Tut er es dennoch, so sind dem Betroffenen subjektive Rechte zur Abwehr des Eingriffs zur Verfügung gestellt. Das Grundrecht gewährt Beseitigungs- und Unterlassungsansprüche[63], die gerichtlich nötigenfalls mit der Verfassungsbeschwerde geltend gemacht werden können (unten Rdn. 181 ff.).

---

57 Vgl. BVerfGE 50, 290 (337); 68, 193 (205); std. Rspr. BVerfG(K), NJW 2001, 2078 spricht von der »Konzeption der Grundrechte als Abwehrrechte«.

58 So *Gellermann*, Grundrechte im einfachrechtlichen Gewande, 2000, S. 32.

59 Vgl. hierzu *Schambeck* (katholische Kirche), *Robbers*, (Protestantismus), *Schmidt-Jortzig*, (Liberalismus), *Depenheuer* (Konservatismus), *Volkmann* (Sozialismus), jeweils in: HGR I, §§ 8 bis 12.

60 *R. Smend*, Verfassung und Verfassungsrecht, 1928, S. 163.

61 Vgl. BVerfGE 7, 198 (204); 50, 290 (337); 68, 193 (205); *Dreier*, in: ders., GG I, Vor Art. 1 Rn. 84; *Jarass*, in: Jarass/Pieroth, GG, Vor Art. 1 Rn. 5; *Sachs*, in: HGR II, § 39; *Stern*, Staatsrecht III/1, S. 558 ff., 620 ff. m.w.N.

62 Vgl. *W. Cremer*, Freiheitsgrundrechte, 2003.

63 Vgl. *Lübbe-Wolff*, Die Grundrechte als Eingriffsabwehrrechte, 1988; *Poscher*, Grundrechte als Abwehrrechte, 2003; *Rusteberg*, Der grundrechtliche Gewährleistungsgehalt, 2009; *M. Sachs*, in: ders. (Hrsg.), Grundgesetz-Kommentar, 7. Aufl. 2014, Vor Art. 1 Rn. 49 f.

34 Die Abwehrfunktion richtet sich nicht nur gegen zielgerichtete und unmittelbare Eingriffe in die geschützte Rechtsposition eines Individuums, etwa eine Verhaftung, Wohnungsdurchsuchung oder Enteignung, sondern auch gegen die sog. faktischen oder mittelbaren Einwirkungen. Sie sind im modernen Interventionsstaat außerordentlich vielfältiger Art (unten Rdn. 142 f.).

35 Die grundrechtliche Abwehrfunktion kommt stets zum Tragen, wenn der grundrechtliche Schutzbereich gefährdet, gemindert oder verkürzt und dadurch dem Grundrechtsberechtigten ein Nachteil zugefügt wird.[64] Die Bestimmung dieser Kriterien, die sog. Eingriffsschwelle lässt sich kaum abstrakt festlegen. Sie dürfte bei einzelnen Grundrechten unterschiedlich sein. Die Problematik führt generell in die Lehre von der Grundrechtsbegrenzung (unten Rdn. 127 ff.) und des Grundrechtseingriffs (unten Rdn. 142).

III. Die objektiv-rechtliche Funktion

36 Während die subjektiv-rechtlichen Dimensionen der Grundrechte in der Tradition der menschenrechtlichen Abkunft der Grundrechte verwurzelt sind, gehört die **objektiv-rechtliche Funktion** – jedenfalls in ihrer aktuellen Ausprägung – weitgehend der neueren Grundrechtsdogmatik an. Man kann sie als eine »juristische Entdeckung« einstufen[65], deren wesentliche Ausprägung vor allem dem Bundesverfassungsgericht zu verdanken ist, ohne dass der Beitrag der Staatsrechtswissenschaft vernachlässigt werden darf. Erkennt man an, dass die Grundrechte als subjektive Rechte auf Normen beruhen, so ist es logisch, dass die die Grundrechte hervorbringenden Grundrechtsbestimmungen objektives Recht sind, das auch objektiv-rechtliche Wirkungen zu entfalten geeignet ist; denn das subjektive Recht ist nur *eine*, aber keineswegs die einzige vom objektiven Rechtssatz geschaffene Rechtswirkung. Diese Erkenntnis war der älteren deutschen Grundrechtslehre durchaus vertraut.[66] Sie war nur hinter der subjektivierten Ausrichtung der Grundrechte längere Zeit verdeckt worden. Erst zu Beginn der 50er Jahre griff man auf diese nicht-subjektiv-rechtlichen Gehalte wieder zurück.[67]

37 Den Durchbruch brachte dann das Bundesverfassungsgericht mit seiner Wertorientierung der Grundrechte. Heute ist die objektiv-rechtliche Funktion unangezwei-

---

64 Vgl. *Stern*, Staatsrecht III/2, S. 81; *Jarass*, HGR II, § 38 Rn. 19; *Lübbe-Wolff*, Die Grundrechte als Eingriffsabwehrrechte, 1988, S. 71 (»jede beeinträchtigende Ingerenz«); *Eckhoff*, Der Grundrechtseingriff, 1992, S. 173 ff. (»Ausweitung des Eingriffsbegriffs«); *Bethge* u. *Weber-Dürler*, Der Grundrechtseingriff, VVDStRL 57 (1998), S. 7 ff., 57 ff.

65 Vgl. *Wahl*, HGR I, § 19 Rn. 1; *Stern*, Die Schutzpflichtenfunktion der Grundrechte – eine juristische Entdeckung. Vortrag vor der Japanischen Akademie der Wissenschaft, 2009, abgedruckt DÖV 2010, 241 ff.

66 Vgl. *Stern*, in: HStR IX, 3. Aufl. 2011, § 185 Rn. 70 ff. m.w.N.; *M. Dolderer*, Objektive Grundrechtsgehalte, 2000; *Tian*, Objektive Grundrechtsfunktionen im Vergleich, 2012.

67 Vgl. *Wintrich*, in: FS Laforet, 1952, S. 235; *Scheuner*, Die Auslegung verfassungsrechtlicher Leitgrundsätze, 1952, S. 23, 38 ff.

felt.[68] Für manchen bedeutet sie »das Fundament des deutschen Öffentlichen Rechts«.[69] Auch wer nicht so weit gehen möchte, kann die enorme Bedeutung dieser Entwicklung in ihrer grundsätzlichen Wirkung auf die gesamte Rechtsordnung nicht in Abrede stellen. Sie hat den Grundrechten einen deutlichen Aufschwung verliehen, an den auch das Privatrecht nicht vorübergehen kann, wie allgemein anerkannt ist.[70] Im Prinzip ist diese Relevanz auch anerkannt. Diskussionen werden jedenfalls nur noch über Detailfragen, besonders die Ausprägung, geführt. Das gilt hauptsächlich für die daraus abgeleiteten Rechtswirkungen und für die Frage, inwieweit aus den objektiv-rechtlichen Gehalten subjektive Rechte abzuleiten sind.

1. Die Einrichtungsgarantie

Älteste Form der objektiv-rechtlichen Gehalte und bereits in der Weimarer Republik **38** »entdeckt«[71], dort aber aus der subjektiv-rechtlichen Qualität der Grundrechte entwickelt, sind die sog. **Einrichtungs- oder Institutsgarantien.**[72] So wie die Freiheitsrechte bestimmte Rechtspositionen verbürgen, die im Laufe der Zeit immer wieder bedroht wurden, wollen die Einrichtungsgarantien bestimmte Institute und historisch gewachsene Grundfiguren schützen, die zugleich subjektive Grundrechte sind oder ihnen nahestehen. Sie sollen gleichermaßen gegen Eingriffe geschützt werden wie Freiheitsrechte. Solche Einrichtungsgarantien sind in folgenden Grundrechtsbestimmungen enthalten:
– Art. 6 Abs. 1 bezüglich Ehe und Familie;
– Art. 6 Abs. 2 und 3 bezüglich der elterlichen Sorge und Verantwortung für ihre Kinder;
– Art. 14 Abs. 1 bezüglich Eigentum und Erbrecht;
– Art. 9 Abs. 1 bezüglich der Bildung von (privatrechtlichen) Vereinigungen;
– Art. 9 Abs. 3 bezüglich der »Koalitionen« des Arbeits- und Wirtschaftslebens einschließlich der Garantie des Tarifvertragssystems;
– Art. 2 Abs. 1 bezüglich der Vertragsfreiheit;
– Art. 5 Abs. 1 Satz 2 bezüglich Presse-, Rundfunk- und Filmfreiheit;

---

68 Vgl. BVerfGE 49, 89 (141 f.); 56, 54 (73); 73, 261 (269); 96, 375 (398); *Dreier*, in: ders., GG I, Vor Art. 1 Rn. 94; *Jarass*, in: HGR II, § 38; *Starck*, in: v. Mangoldt/Klein/Starck, GG I, Art. 1 Rn. 178 ff.; *Sachs*, in: ders., Grundgesetz-Kommentar, 7. Aufl. 2014, Vor Art. 1 Rn. 27 ff.

69 So *Wahl*, in: HGR I, 2004, § 19 Rn. 27.

70 Dort wird es unter den Stichworten »unmittelbare« oder »mittelbare« Drittwirkung der Grundrechte diskutiert, vgl. *Canaris*, AcP 184 (1984), 201 (202 ff., 210 ff.); *Ruffert*, JZ 2009, 389 ff. m.w.N.; *Müller-Franken*, in: FS Bethge, 2009, S. 223 ff.

71 Wie etwa Art. 119, 120, 152 bis 154 WRV zeigen.

72 Vgl. *Dennewitz*, Die institutionelle Garantie, 1932; *Klein*, institutionelle Garantie und Rechtsinstitutsgarantien, 1934; *Schmidt-Jortzig*, Die Einrichtungsgarantien der Verfassung – Dogmatischer Gehalt und Sicherungskraft einer umstrittenen Figur, 1979; *Mager*, Einrichtungsgarantien, 2003; *Kloepfer*, in: HGR II, § 43 m. w. Nachw.

- Art. 5 Abs. 3 bezüglich der Freiheit des Kunstlebens und eines freien Wissenschaftsbetriebs, vor allem in den Hochschulen;
- Art. 19 Abs. 4 bezüglich der Rechtsschutzgarantie;
- Art. 7 bezüglich des Schulwesens – staatliche Schulaufsicht, Religionsunterricht und Privatschulfreiheit –;
- Art. 16 Abs. 1 und Art. 116 bezüglich der deutschen Staatsangehörigkeit;
- Art. 140 GG in Verbindung mit Art. 136 WRV bezüglich bestimmter Garantien für die Kirchen und Religionsgemeinschaften.

39   Im Einzelnen wird darauf in den Erläuterungen dieser Bestimmungen eingegangen.

40   Diesen grundrechtlichen Einrichtungsgarantien (Institutsgarantien) sind die meist als institutionelle Garantien bezeichneten Einrichtungen zur Seite gestellt; sei leiten sich aus nicht-grundrechtlichen Bestimmungen ab. Zu ihnen gehören die Garantien der kommunalen Selbstverwaltung (Art. 28 Abs. 2), des Berufsbeamtentums (Art. 33 Abs. 4 und 5), eines unabhängigen Richtertums (Art. 92 und 97) sowie die staatskirchenrechtlichen Garantien des Art. 140.

41   Wesensbestandteil von Einrichtungsgarantien ist ein spezifischer Modus verfassungsrechtlicher Sicherung gegen alle drei Staatsgewalten, wobei der Schutz gegen die Legislative besonderes Gewicht hat. Die garantierte Einrichtung darf zwar ausgestaltet, aber nicht abgeschafft oder in ihrem Wesensgehalt (Kernbereich) angetastet werden.[73] Außerdem ist der Grundsatz der Verhältnismäßigkeit zu beachten.[74] So schwierig auch im Einzelnen der Kernbereich zu bestimmen ist, im Grundsätzlichen geht es um den Schutz der in der Regel historisch gewachsenen Bestandteile, die struktur- und typusbestimmend sind, die gewissermaßen der Einrichtung das spezifische Gepräge geben.[75] Insoweit lassen sich Parallelen zum Wesensgehaltsschutz des Art. 19 Abs. 2 GG ziehen (unten Rdn. 134).

2. Die Ausstrahlungswirkungen auf das Privatrecht

42   Seit den 50er Jahren des vergangenen Jahrhunderts wurde in der Grundrechtswissenschaft die Frage diskutiert, ob und inwieweit die Grundrechte in die Privatrechtsordnung »hineinwirken«.[76] Man sprach zunächst von »**Drittwirkung**« oder »**Horizon-**

---

73 Ausgangspunkt dieser Lehre war *C. Schmitt*, Die Grundrechte und Grundpflichten des deutschen Volkes, in: G. Anschütz/R. Thoma (Hrsg.), HdbDStR, Bd. II, 1932, S. 595; *Stern*, Staatsrecht III/1, S. 754 ff.; *Kloepfer*, in: HGR II, § 43, Rn. 38.
74 Vgl. BVerfGE 58, 137 (147 f.); *Bryde*, in: v. Münch/Kunig, GG I, Art. 14 Rn. 32 m.w.N.
75 Näher jetzt *Stern*, Das sparkassenrechtliche Regionalprinzip. – Verfassungsrechtliche Verankerung und Europarechtsgemäßheit, 2014, S. 49 ff. m. Art. 28 Abs. 2 GG.
76 Vgl. wohl zuerst *H. P. Ipsen*, Gleichheit, in: Neumann/Nipperdey/Scheuner, Die Grundrechte, Bd. II, 1954, S. 111 ff.; *W. Leisner*, Grundrechte und Privatrecht, 1960; ausführlich *Stern*, Staatsrecht III/1, § 76. *S. Müller-Franken*, Bindung Privater an Grundrechte?, in: Festschrift für *H. Bethge*, 2009, S. 223 ff.; *W. Rüfner*, Grundrechtsadressaten, in: HStR IX, 3. Aufl. 2011, § 197 Rn. 83 ff. Als frühester Fall dürfte die aus Art. 1 Abs. 1 und Art. 2

talwirkung« der Grundrechte. Jetzt ist vor allem von **»Ausstrahlungswirkung«** die Rede.[77] Unterschieden wurde dabei zwischen »unmittelbarer« Drittwirkung, derzufolge auch Privatrechtssubjekte an Grundrechte gebunden seien[78], und »mittelbarer Drittwirkung«, die nach der Lehre von *G. Dürig*[79] vor allem über die ausfüllungsfähigen Generalklauseln des Privatrechts, wie z.B. §§ 138, 242, 826 BGB, bewirkt wird. Die Auffassung Dürigs kann mittlerweile als herrschende Lehre bezeichnet werden.[80] Sie hat sich auch in der Rechtsprechung des Bundesarbeitsgerichts, das ursprünglich unter Führung seines ersten Präsidenten *H. C. Nipperdey* der unmittelbaren Drittwirkung zuneigte, durchgesetzt.[81] Sie wird im Grundsatz auch vom Bundesverfassungsgericht seit dem Lüth-Urteil geteilt[82], wenngleich sich in der späteren Rechtsprechung nuanciertere Akzentsetzungen finden.

In der Rechtsprechung des Bundesverfassungsgerichts waren es insbesondere die Grundrechte der Art. 2 Abs. 1 – Privatautonomie –[83], Art. 3 Abs. 1, namentlich im Arbeitsrecht[84], Art. 3 Abs. 2 und 3[85], Art. 5 Abs. 1 und 2 – Meinungsfreiheit (Boykottaufrufe) und Werbung –[86], Art. 12 Abs. 1 – Berufsfreiheit[87] und Art. 14 Abs. 1   43

Abs. 1 abgeleitete Anerkennung des allgemeinen Persönlichkeitsrechts gelten (unten Art. 2 Rdn. 34 ff.). Auch die Bedeutung des Gleichbehandlungsgrundsatzes im Arbeitsrecht gehört in diese früheste Interpretation (unten Kommentierung zu Art. 3).

77 Vgl. *Sachs*, in: ders. (Hrsg.), Grundgesetz-Kommentar, 7. Aufl. 2014, Vor Art. 1 Rn. 32 m.w.N.; *Dreier*, in: ders. Grundgesetz-Kommentar, 3. Aufl. 2013, Vorb. Art. 1 Rn. 96 ff.

78 Vgl. *Papier*, in: HGR II, § 55 Rn. 1, 11 ff. m.w.N.

79 Vgl. *Dürig*, in: FS Nawiasky, 1956, S. 157; *Müller-Franken*, in: FS Bethge, 2009, S. 223 (226 ff.); *Ruffert*, JZ 2009, 389.

80 Vgl. Hesse, in: HdbVerfR, § 11 Rn. 356 f.; *Maurer*, Staatsrecht, § 9 Rn. 36 ff.; *Papier*, in: HGR II, § 55 Rn. 1, 24 m.w.N.; *Dreier*, in: ders. Grundgesetz-Kommentar, 3. Aufl. 2013, Vorb. Art. 1 Rn. 98; BVerfGE 73, 261 (269); 84, 192 (195); 85, 1 (13).

81 Vgl. BAGE 1, 185 (193); diese Lehre vertritt das BAG heute nicht mehr, vgl. BAGE 47, 363; 48, 123; 76, 155; hierzu *Müller-Franken*, in: FS Bethge, 2009, S. 226 ff.; *Papier*, in: HGR II, § 55 Rn. 2.

82 BVerfGE 7, 198 (206): »Deshalb sind mit Recht die Generalklauseln als die ›Einbruchstellen‹ der Grundrechte in das bürgerliche Recht bezeichnet worden (Dürig)«. S. 207 findet sich auch der Begriff »Ausstrahlungswirkung«, der später üblich wird.

83 BVerfGE 81, 242 – nachvertragliches Wettbewerbsverbot für Handelsvertreter gemäß § 90a Abs. 2 Satz 2 HGB; BVerfGE 89, 214 – Bürgschaftsübernahme einkommensschwacher Personen.

84 BVerfGE 62, 256; 82, 126 – unterschiedliche Kündigungsfristen; BVerfGE 97, 169 – Kündigungsschutz bei Kleinbetrieben.

85 BVerfGE 85, 191 – unterschiedliche Behandlung von Arbeiterinnen und weiblichen Angestellten bezüglich Nachtarbeit; BVerfGE 89, 276 – Durchsetzung der Gleichberechtigung im Arbeitsrecht; BVerfGE 109, 64 – Zuschuss zum Mutterschaftsgeld; BVerfG(K), NJW 2007, 137 – geschlechtsneutrale Ausschreibung eines Arbeitsplatzes.

86 BVerfGE 7, 198 – Lüth; BVerfGE 25, 256 – Blinkfüer; BVerfGE 102, 347 und BVerfGE 107, 275 – Benetton-Werbung.

87 BVerfGE 81, 242 – nachvertragliches Wettbewerbsverbot für Handelsvertreter.

– Eigentum des Mieters –[88], in denen die Ausstrahlungswirkung der Grundrechte auf privatrechtliche Beziehungen zum Tragen kam.[89]

44   Die Rechtsprechung des Bundesarbeitsgerichts nahm eine Ausstrahlungswirkung des Art. 3 auch auf Tarifverträge an.[90]

45   Diese Rechtsprechung lässt keinen Zweifel daran, dass der Privatrechtsgesetzgeber nach Art. 1 Abs. 3 an die Grundrechte gebunden ist. In den privatrechtlichen Normen hat er die grundrechtliche Wertordnung zu konkretisieren. Das ist auch weitgehend geschehen. In der Regel können Zweifelsfälle im Wege grundrechtskonformer Auslegung gelöst werden. In einigen Fällen kam es zur Feststellung der Verfassungswidrigkeit der Privatrechtsvorschrift. Diese Grundrechtsfunktion ist zu Recht als »**Ausstrahlungswirkung**« der Grundrechte auf das Privatrecht charakterisiert worden. Sie unterscheidet sich aber im Prinzip nicht von der Ausstrahlungswirkung der Grundrechte auf andere Teile der Rechtsordnung.[91]

46   Eine eigentliche Drittwirkung ergibt sich heute nur noch, wenn in privatrechtlichen Rechtsverhältnissen Verhaltensweisen geübt werden, die mit den Grundrechten unvereinbar sind. Hierbei muss beachtet werden, dass sich grundrechtsberechtigte Privatrechtssubjekte gegenüberstehen, deren Sphären gegeneinander abgegrenzt werden müssen. Dies ist zunächst von den zuständigen Gerichten – Zivil- oder Arbeitsgerichten – vorzunehmen. Das Bundesverfassungsgericht prüft grundsätzlich nur, ob die »Entscheidungen der Gerichte bei der Anwendung bürgerlich-rechtlicher Normen auf einer grundsätzlich unrichtigen Anschauung von der Bedeutung der Grundrechte beruhen ... oder ob das Auslegungsergebnis selbst die geltend gemachten Grundrechte verletzt«.[92] Das Bundesverfassungsgericht ist weder »Superrevisionsinstanz« noch »Supertatsacheninstanz« (unten Rdn. 195).

3. Die Schutzpflichtenfunktion

47   Eng verbunden mit der Ausstrahlungswirkung der Grundrechte auf das Privatrecht ist deren **Schutzpflichtenfunktion**. Zum Teil wird jene sogar als ein Ausfluss dieser

---

88 BVerfGE 89, 1 – Miete als Eigentum.
89 Vgl. *Ruffert*, JZ 2009, 389 (392 ff.); s. aber auch kritisch *L. Fastricht*, Richterliche Inhaltskontrolle und Privatrecht, 1992; *K. Adomeit*, NJW 1994, 2467 ff.
90 Vgl. BAGE 109, 180; 111, 8; 118, 196; 119, 41.
91 Vgl. *Badura*, in: HGR II, § 29 Rn. 13 f.; *Dolderer*, Objektive Grundrechtsgehalte, 2000, S. 220 ff.; *Jarass*, in: Jarass/Pieroth, GG, Vor Art. 1 Rn. 13; *Stern*, Staatsrecht III/1, S. 923 ff.
92 Vgl. BVerfGE 30, 173 (188); beruhend auf der sog. Heck'schen Formel in BVerfGE 18, 85 (92 f.); fortgeführt in: BVerfGE 43, 130; 59, 231 (270 f.); 62, 230 (242 f.); 71, 162 (178 f.) 346 (359); 89, 1 (10); 96, 171 (186); 97, 391 (406); 95, 28 (37); 95, 96 (128); 99, 129 (139); 100, 214 (222); 112, 332 (358 f.). Eingehend zur Rechtsprechung *Schlaich/Korioth*, Das Bundesverfassungsgericht, 7. Aufl. 2007, Rn. 293 ff.

grundrechtlichen Schutzgebotsdimension behandelt.[93] Unzweifelhaft ist heute, dass die objektiv-rechtliche Funktion eine Pflicht des Staates zum Schutz der Grundrechte begründet.[94] Der Staat habe kraft dieser Schutzpflichtenfunktion die Grundrechte auch gegenüber Verletzungen seitens Privater zu schützen.

Dabei geht es nicht um Unterlassen staatlicher Eingriffe, sondern um ein positives   48
Tun des Staates. Dieses positive Tun kann durch Reglementierung, Einführung z.B. von Genehmigungsvorbehalten oder Anzeigepflichten für bestimmte wirtschaftliche Tätigkeiten, durch Organisations- und Verfahrensvorgaben, durch Verbotsnormen und äußerstenfalls durch Strafvorschriften erfolgen. Das Schutzpflichtensystem wird mittlerweile umfassend gedacht und auch bei Selbstgefährdungen und unter Berücksichtigung des Sozialstaatsprinzips für Gesundheitsleistungen eingesetzt.[95] Sein »Erfolg entspricht der allgemeinen Neigung der Grundrechtsauslegung zur Expansion von einer Teilordnung zu einem ganzheitlichen System, von Abwehrrechten zu objektiv-rechtlichen Garantien, von Individualrechten zu Gemeinschaftswerten und Staatsaufgaben, die sich ihrerseits wieder zu einer Quelle für subjektive Rechte entwickeln«.[96]

a) Die Begründung der Schutzpflichtenfunktion

Es wurde als »juristischer Paukenschlag« gewertet, als das Bundesverfassungsgericht   49
1975 in seinem ersten Urteil zur gesetzlichen Zulässigkeit der Abtreibung innerhalb einer Frist von drei Monaten prononciert eine grundrechtliche Schutzpflicht für das werdende Leben zum essentiellen Bestandteil der Grundrechtsinterpretation erklärte[97], wiewohl es bei genauerer Betrachtung schon vorher Ansätze für diese Auslegung vor allem unter Berufung auf Art. 1 Abs. 1 S. 2 GG gab[98], wo ausdrücklich von der Verpflichtung der staatlichen Gewalt die Rede ist, die Menschenwürde zu »schützen«.

---

93 Vgl. *Canaris*, Grundrechte und Privatrecht, 1999, S. 33 ff.; *Dreier*, in: ders., GG I, Vorb.
    Art. 1 Rn. 102; *Langner*, Die Problematik der Geltung der Grundrechte zwischen Privaten,
    1998, S. 82 ff.; *Papier*, HGR II, § 55 Rn. 9 m.w.N.; *Ruffert*, JZ 2009, 389 ff.; *Stern*, Staats-
    recht, Bd. III/1, S. 1572 f.; *Müller-Franken*, in: FS Bethge, 2009, S. 223 (242 ff.).
94 Vgl. *Häberle*, VVDStRL 30 (1972), 30 (74); *Jarass*, AöR 110 (1985), 363 (367 ff.); *Szcze-
    kalla*, Die sogenannten grundrechtlichen Schutzpflichten im deutschen und europäischen
    Recht, 2002; *Krings*, Grund und Grenzen grundrechtlicher Schutzansprüche, 2003; *Diet-
    lein*, Die Lehre von den grundrechtlichen Schutzpflichten, 2. Auflage 2005; *Jaeckel*,
    Schutzpflichten im deutschen und europäischen Recht, 2001; *Stern*, Staatsrecht III/1,
    S. 1572 f.
95 Vgl. *Sachs*, in: ders. Grundgesetz-Kommentar, 7. Aufl. 2014, Vor Art. 1 Rn. 38; BVerfGE
    115, 25 ff.
96 *Isensee*, HStR, 3. Aufl. 2011, § 191 Rn. 25.
97 Vgl. BVerfGE 39, 1 (41 f.).
98 Vgl. BVerfGE 1, 97 (104); ferner BVerfGE 33, 303 (339 f.); 35, 202 (221); 36, 321
    (331).

50   Seither nahm diese Idee in der Rechtsprechung des Gerichts einen stetig breiter werdenden Raum ein.[99] Im Schrifttum gewann die **Schutzpflichtenfunktion** mehr und mehr Gewicht und wurde zunehmend verallgemeinert. Sie wurde Teil der Grundrechtsdogmatik und darf heute als Gemeingut fast des gesamten europäischen Verfassungsrechtskreises angesehen werden.[100] Sie wurde vor allem auch vom Europäischen Gerichtshof für Menschenrechte für die Europäische Menschenrechtskonvention übernommen.[101]

51   Auch die Europäische Grundrechte-Charta greift in Art. 51 den Grundsatz der Schutz- und Förderpflichten auf, wenn dort die »Organe, Einrichtungen und sonstigen Stellen der Union« verpflichtet werden, die Grundrechte nicht nur zu achten, sondern sie auch zu »fördern«.[102]

52   Als Basis der Schutzpflichten gilt Art. 1 Abs. 1 S. 2 GG – »Schutz der Menschenwürde« – und die Funktion der Grundrechte als Wertentscheidungen für den gesamten Bereich der Rechtsordnung.[103] Daraus ergebe sich, dass Grundrechte auch Handlungspflichten enthalten könnten, die angesichts der fundamentalen Bedeutung der Menschenwürde als konstitutives Prinzip für die gesamte Verfassungsordnung und speziell für die Grundrechte sich auf alle Grundrechtsbestimmungen beziehen könnten. Gegenstand und Maß dieser Schutzpflichten würden dann durch die einzelnen Grundrechte näher bestimmt, beim Schutz des werdenden Lebens

---

99   Vgl. *Ruffert*, JZ 2009, 389 ff. m. zahlreichen Nachw. aus der Rspr.; *J. Isensee*, HStR IX, 3. Aufl. 2011, § 191 Rn. 146 ff. mit tiefdringender staatstheoretischer und grundrechtsdogmatischer Auslotung der Thematik.

100 Vgl. *Calliess*, in: HGR II, § 44 Rn. 17, der in der Rspr. des EuGH eine klare Tendenz zur Ausweitung von Schutzpflichten im EG-Recht erkennt, etwa im Fall der Plünderungen ausländischer Lastwagen durch französische Bauern oder im Fall der Blockade der Brenner-Autobahn durch Demonstranten, vgl. EuGH, EuZW 1998, 84 (Kommission/Frankreich); EuR 2003, S. 657 ff. (Schmidberger/Österreich).

101 Vgl. *Szczekalla*, in: Heselhaus/Nowak, Handbuch der Europäischen Grundrechte, 2006, § 5 Rn. 7 ff. m. weit. Nachw.; *Pabel*, in: Österreichisches Jahrbuch für Öffentliches Recht, 2008, S. 173 (S. 178 ff.).

102 Vgl. *Ladenburger*, in: Tettinger/Stern, Grundrechte-Charta, 2006, Art. 51 Rn. 18 ff.

103 Näher *Badura*, in: FS R. Schmidt, 2006, S. 333 ff. (335 f.); *Dietlein*, Die Lehre von den grundrechtlichen Schutzpflichten, 2. Aufl. 2005, S. 34 ff., 57 f.; *Jaeckel*, Schutzpflichten im deutschen und europäischen Recht, 2001, S. 30 f.; *Klein*, NJW 1989, 1633 ff. (insb. 1635 f.); *Krings*, Grund und Grenzen grundrechtlicher Schutzansprüche, 2003, S. 50 sowie S. 60 ff.; *Lindner*, Theorie der Grundrechtsdogmatik, 2005, S. 18 ff., 356 ff.; *Ruffert*, Vorrang der Verfassung, 2001, S. 152 ff.; *ders.*, JZ 2009, 389 ff.; *Szczekalla*, Die sogenannten grundrechtlichen Schutzpflichten im deutschen und europäischen Recht, 2002, S. 143 ff., 146 ff.; *Unruh*, Zur Dogmatik der grundrechtlichen Schutzpflichten, 1996, S. 26 ff. (27); *Calliess*, in: HGR II, § 44 Rn. 5, 8 ff. m.w.N.; *ders.*, JZ 2006, 321 ff.; *Isensee*, HStR IX, 3. Aufl. 2011, § 191; *S. Müller-Franken*, in: Schmidt-Bleibtreu/Hofmann/Henneke (Hrsg.), Grundgesetz-Kommentar, 13. Aufl. 2014, Vorb. v. Art. 1 Rn. 23 f.; vgl. zur Verhältnismäßigkeitsprüfung in diesem Zusammenhang *Cremer*, DÖV 2008, 102 ff.

maßgeblich etwa durch Art. 2 Abs. 2 GG.[104] Im Falle der Abtreibung könne die Schutzpflicht sogar die Pflicht zum strafrechtlichen Schutz des werdenden Lebens umfassen.

Das Gericht wies damit einen grundlegenden Einwand gegen die Schutzpflichtenfunktion zurück, der im Sondervotum zweier Richter zum ersten Abtreibungsurteil auftauchte und folgendermaßen lautete: Dass »eine objektive Wertentscheidung dazu dienen soll, eine *Pflicht* des Gesetzgebers zum *Erlaß von Strafnormen*, also zum stärksten denkbaren Eingriff in den Freiheitsbereich des Bürgers zu postulieren, ... verkehrt die Funktion der Grundrechte in ihr Gegenteil ... Die Grundrechte könnten [dadurch] unter der Hand aus einem Hort der Freiheitssicherung zur Grundlage einer Fülle von freiheitsbeschränkenden Reglementierungen werden«.[105]   53

Dieser Einwand ist in der Tat nicht von der Hand zu weisen, nicht zuletzt deshalb, weil diese Auslegung der Schutzpflichtenfunktion der Verfassungsgerichtsbarkeit starken Einfluss auf die Legislative verschafft und Gefahren eines Jurisdiktionsstaates hervorruft.[106] Dennoch haben sich diese Bedenken nicht durchsetzen können – zu Recht, da ein Grundrechtsverständnis, das die Grundrechte nur auf ihre Abwehrfunktion reduzieren würde, ihrer Bedeutung als Wertentscheidung mit objektivrechtlicher Funktion in einer Gegenwart, in der der Mensch mehr denn je auf den Schutz durch den Staat angewiesen ist, nicht gerecht werden würde. Eine solche Reduktion würde neben Art. 1 Abs. 1 Satz 2 GG auch Art. 1 Abs. 3 GG, die generelle Bindungsnorm aller staatlichen Gewalt an die Grundrechte, verkennen.   54

Im Rahmen der **Multifunktionalität der Grundrechte** ist die aus den objektiv-rechtlichen Gehalten der Grundrechte abgeleitete Schutzpflichtendimension nicht nur eine bedeutsame juristische Entdeckung, sondern auch eine besonders zukunfsträchtige Grundlage, um Bedrohungen des Menschen in seinen fundamentalen Rechtspositionen abzuwehren. Grundrechte haben eine **mehrdimensionale »grundordnende« Funktion**. Dazu gehört auch, dass sie dem Menschen ein lebenswertes Leben sichern, das nicht ohne aktives staatliches Handeln zu gewährleisten ist. Diesem Zweck dienen gerade auch die Grundrechte. Daher ist es im Grundsatz richtig, wenn man Grundrechte auch als Schutzpflichten für Aktivitäten des Staates interpretiert.   55

Für den Staat bedeutet diese Schutzpflichtenfunktion der Grundrechte einen Rollenwechsel: Er wird vom potenziellen Grundrechtsgegner zum Grundrechtsschützer, ja vom »Grundrechtsfeind« zum »Grundrechtsfreund«. Dieser Rollenwechsel steht nicht im Widerspruch zu seiner Position im Verfassungsgefüge insgesamt. Hält man sich nämlich vor Augen, dass die Idee der Grundrechte nur im Verfassungsstaat verwirklichungsfähig ist, weil Grundrechte den Staat als Garanten verlangen, so ist die   56

---

104 BVerfGE 88, 203 (251).
105 Sondervotum der Richterin *Rupp-von Brünneck* und des Richters *Simon*, in: BVerfGE 39, 68 (73 f.).
106 Vgl. etwa *Böckenförde*, Grundrechte als Grundsatznormen, in: ders., Staat, Verfassung, Demokratie, 2. Aufl. 1992, S. 190.

Konstruktion der grundrechtlichen Schutzpflichten keineswegs ungewöhnlich. Staatlicher Grundrechtsschutz ist eine originäre Rechtspflicht des Staates, wie es sehr schön in § 2 Teil II Titel 13 des Allgemeinen Landrechts für die Preußischen Staaten von 1794 ausgedrückt ist: »Die vorzüglichste Pflicht des Oberhauptes im Staate ist, sowohl die äußere als auch die innere Ruhe und Sicherheit zu erhalten, und einen Jeden bei den Seinigen gegen Gewalt und Störungen zu schützen«. Auf dieser Grundlage und anderer Prinzipien hat J. Isensee sein »Grundrecht auf Sicherheit« konstruiert.[107]

57   Schutzpflichten des Staates für grundrechtliche Rechtsgüter sind danach kein Fremdkörper im Grundrechtsverständnis, wie es sich an einigen Beispielen zeigen lässt.

b)   Wichtige Anwendungsfälle der Schutzpflichtenfunktion

58   Die Schutzpflichtenfunktion steht in der Praxis im Vordergrund, wenn es, wie Art. 2 Abs. 2 GG normiert, um »Leben« und »körperliche Unversehrtheit« geht. Dabei hat das Bundesverfassungsgericht, 1977 angerufen von der Familie des von Terroristen entführten Arbeitgeberpräsidenten Hanns-Martin Schleyer, betont: Die daraus in Verbindung mit Art. 1 Abs. 1 Satz 2 GG abgeleitete Schutzpflicht »verpflichtet« den Staat, jedes menschliche Leben zu schützen. »Diese Schutzpflicht ist umfassend. Sie gebietet dem Staat, sich schützend und fördernd vor dieses Leben zu stellen; das heißt vor allem, es auch vor rechtswidrigen Eingriffen von Seiten anderer zu bewahren«.[108]

59   In späteren Entscheidungen des Gerichts zu Art. 2 Abs. 2 GG ging es insbesondere um den **Einsatz der Kernenergie** und anderer risikobehafteter Technik für den Menschen und die Umwelt.[109] Die staatlichen Organe sind aufgrund der damit verbundenen Gefahren verpflichtet, ihre Schutzpflicht aus Art. 2 Abs. 2 GG in besonders sorgfältiger Weise zu beachten, und zwar sowohl durch strenge materiellrechtliche Genehmigungsvorschriften als auch durch die Ausgestaltung des Genehmigungsverfahrens.[110] Das ist durch das Gesetz über die friedliche Verwendung der Kernenergie und den Schutz gegen ihre Gefahren (Atomgesetz) vom 23.12.1959 (BGBl. I S. 814) geschehen. Mit der Änderung dieses Gesetzes, das 1985 neu bekannt gemacht wurde (BGBl. I S. 1565), durch das Gesetz zur geordneten Beendigung der Kernenergie zur gewerblichen Erzeugung von Energie vom 22.04.2002 (BGBl. I S. 1951) – sog. Atomausstiegsgesetz; geändert durch die Beschleunigungsnovelle vom 31.07.2011 (BGBl. I S. 1704), ist die Zielrichtung des Gesetzes verschoben: Das aktuelle Atomgesetz will aufgrund sog. Atomkompromisse der die jeweilige Regierung bildenden politischen Parteien und der Energieversorgungsunternehmen die

---

107   *Isensee*, Das Grundrecht auf Sicherheit, 1983.
108   BVerfGE 46, 160 (164).
109   Vgl. BVerfGE 49, 89; 53, 30; 77, 381; BVerfG(K), NVwZ 2009, 171.
110   Vgl. BVerfGE 53, 30 (56 ff.).

Atomenergieerzeugung geordnet beenden und bis dahin einen geordneten Betrieb sicherstellen (§ 1 Nr. 1 AtG). Die Endzeitpunkte für die einzelnen Kernkraftwerke legt § 7 Abs. 1a AtG fest: Damit sind erhebliche verfassungs- und schadensersatzrechtliche Probleme verbunden, über die bereits gerichtliche Verfahren anhängig sind.[111]

Über die Probleme des Einsatzes der Kernkraft hinausgehend, ist allgemein die 60 Schutzpflichtenfunktion des Art. 2 Abs. 2 GG im **Umweltschutz** bedeutsam geworden. Das betrifft vor allem den Schutz vor Lärm sowie Luft- und Wasserverschmutzung[112], auch vor Mobilfunkanlagen[113] oder bei aktuellen Fragen zum Nichtraucherschutz[114]. Allerdings wird hierbei den staatlichen Organen – Legislative und Exekutive – angesichts vielfältig konkurrierender, auch grundrechtlich geschützter, namentlich wirtschaftlicher Interessen ein weiter Einschätzungs-, Wertungs- und Gestaltungsspielraum zugebilligt.[115]

Grundsätzlich gilt: eine Verletzung der Schutzpflicht kann nur festgestellt werden, 61 wenn der Staat – Bund, Land oder Gemeinde – Schutzvorkehrungen überhaupt nicht getroffen hat oder die getroffenen Maßnahmen entweder gänzlich ungeeignet oder völlig unzulänglich zur Zweckerreichung sind. In diesem Lichte wird als Gegenbegriff zum **Übermaßverbot** ein sog. **Untermaßverbot** angenommen.[116] Das gilt namentlich für sog. Waldschäden[117] oder Flug-[118] bzw. Straßenlärm[119]. Die **globale Klimaerwärmung**, die bislang lediglich auf der politischen und auf der völkerrechtlichen Ebene erfasst wird, wird auf der Grundrechtsebene hingegen noch kaum the-

---

111 Vgl. dazu unten Art. 12 Rn. 76, 79 und unten Art. 14 Rn. 75. Verfassungsmäßigkeit des Ausstiegs im Grundsätzlichen nimmt *H. Hofmann* an (s. Schmidt-Bleibtreu/Hofmann/Henneke (Hrsg.), Grundgesetz-Kommentars 13. Aufl. 2014, Art. 12 Rn. 24 f., Art. 14 Rn. 18 f.). Anders *F. Ossenbühl*, DÖV 2012, 697; *Chr. Degenhart*, DVBl. 2013, 207 ff.; *R. Müller-Terpitz*, RdE 2015, 49 ff.
112 *Callies*, JuS 1999, 785 (790 f.); *Riemer*, Rechtliche Bewertung von Geruchsemmissionen, 2008, S. 20 ff.
113 Vgl. *Appell/Bulla*, DVBl. 2008, 1277.
114 Vgl. *Breitkopf/Stollmann*, Nichtraucherschutzrecht, 2008; *Geerlings*, RuP 2008, 150 ff.; *Stern/Geerlings*, Nichtraucherschutz in Deutschland, 2008, S. 67 ff. m.w.N.
115 Vgl. BVerfGE 77, 170 (215); 85, 191 (212); BVerfG, NJW 1996, 651; NJW 1998, 975 f.
116 Vgl. BVerfGE 88, 203 (254); *Unruh*, Zur Dogmatik grundrechtlicher Schutzpflichten, 1996, S. 79 ff.; *Calliess*, JuS 1999, 785 (791); *Isensee*, in: HStR IX, § 191 Rn. 301; *Vossgerau*, AöR 133 (2008), 346 (351 f.).
117 BVerfG, NJW 1983, 2931 f.
118 Vgl. Gesetz zum Schutz gegen Fluglärm v. 07.06.2007 (BGBl. I S. 986); näher *Eckardt/Schmidtke*, DÖV 2009, 187 ff.
119 Vgl. BVerfGE 56, 54 (73 ff.); 79, 174 (201).

matisiert.[120] Stärker diskutiert wird, ob eine grundrechtliche Schutzpflicht zur Errichtung und Ausgestaltung eines leistungsfähigen Gesundheitssystems besteht.[121]

62 Einen interessanten Fall hatte das Bundesverfassungsgericht hinsichtlich der **Lagerung von chemischen Waffen** in Deutschland durch die Streitkräfte der Vereinigten Staaten von Amerika aufgrund völkerrechtlicher Abkommen, die zum Teil noch aus der Besatzungszeit stammten, zu beurteilen. Gegen die Zulässigkeit der Lagerung solcher Waffen erhoben Bürger Verfassungsbeschwerde an das Bundesverfassungsgericht und rügten eine Verletzung des Art. 2 Abs. 2 GG durch den Deutschen Bundestag, weil er diese Lagerung erlaube. Das Gericht lehnte einen Verstoß gegen Verfassungsrecht ab. Denn: »Mit der Entscheidung für die militärische Landesverteidigung (Art. 24 Abs. 2 87a, 115a ff. GG) – die gerade dem Schutz der freiheitlichen, auch die Grundrechte verbürgenden Ordnung dient – hat das Grundgesetz zu erkennen gegeben, daß der Schutzbereich des Art. 2 Abs. 2 Satz 1 GG Rückwirkungen auf die Bevölkerung bei einem völkerrechtsgemäßen Einsatz von Waffen gegen den militärischen Gegner im Verteidigungsfall umfaßt … Dies bedeutet indessen nicht, daß die öffentliche Gewalt nicht gehalten sein könnte, Vorkehrungen zum Schutz der Zivilbevölkerung zu treffen«.[122]

63 Dieses Urteil führte zur generellen Diskussion über die Frage, ob es ein »**Grundrecht auf Sicherheit**« gibt – eine Frage, die angesichts der weltweiten Gefahren durch Terroristen unterschiedlicher Prägung mehr denn je freiheitliche Gesellschaften bewegt. Man könnte daran denken, es aus der Zusammenschau mehrerer Grundrechte und Verfassungsziele, wie dem Rechts- und Sozialstaatsprinzip sowie dem Verteidigungsauftrag herzuleiten.[123] Aber es fällt schwer, ein solch umfassendes Recht, das dem Staat ungeheure Pflichten auferlegt, aus dem Text des Grundgesetzes abzuleiten. Es spricht mehr dafür, selektiv vorzugehen, wie es bisher geschehen ist, z.B. dem Art. 1 Abs. 1 und Art. 2 GG in Verbindung mit dem Sozialstaatsprinzip »Mindestvoraussetzungen für ein menschenwürdiges Dasein« zu entnehmen, die erforderlichenfalls durch staatliche Sozialhilfe sicherzustellen sind, also ein sog. Existenzminimum zu gewährleisten.[124]

---

120 Sie wird vorwiegend als Thema der Staatszielbestimmung des Art. 20a GG gesehen. Vgl. hierzu den damit zusammenhängenden Hochwasserschutz, *Bruch*, VersR 2008, 1328 (1329).

121 Vgl. *Nettesheim*, VerwArch 93 (2002), 315 (324); *Steiner*, Das Recht auf soziale Gesundheitsversorgung, 2004, S. 141 f.

122 BVerfGE 77, 170 (221).

123 Vgl. *Isensee*, Das Grundrecht auf Sicherheit, 1983; *Möstl*, Die staatliche Garantie für die öffentliche Sicherheit und Ordnung, 2002; *Gusy*, VVDStRL 63 (2004), S. 151 (168 ff.); *Pabel*, Sicherheit als Schutzgut in der grundrechtlichen Güterabwägung, in: Österreichisches Jahrbuch für öffentliches Recht, 2008, S. 173 (178 ff.); *St. Tanneberger*, Die Sicherheitsverfassung, 2014.

124 Vgl. BVerfGE 82, 60 (85).

Stern

Unzweifelhaft ist es Aufgabe der staatlichen Organe, den Kampf gegen äußere und 64
innere Feinde der freiheitlich-demokratischen und rechtsstaatlichen Ordnung zu
führen. Sie allein sind Inhaber des Gewaltmonopols. Darin liegt der Ursprung aller
staatlichen Schutzpflichten. Aber subjektive Rechte auf *bestimmte* Sicherheitsmaß-
nahmen zu begründen, verlangt Festlegungen im Verfassungstext, die angesichts der
Unübersehbarkeit der Gefahren und Bedrohungen schwer zu treffen wären. Das Urteil des Bundesverfassungsgerichts zum **Luftsicherheitsgesetz**, das den Abschuss eines
von Terroristen gekaperten Luftfahrzeuges, das als Tatwaffe eingesetzt werden könnte, als ultima ratio gesetzlich legitimieren sollte, lässt erkennen, dass Vorsicht angezeigt ist.[125]

Schutzpflichten sind nicht allein bei Art. 2 Abs. 2 GG angesiedelt. Mittlerweile ist 65
anerkannt, dass Schutzpflichten als Bestandteil der objektiv-rechtlichen Dimension
der Grundrechte **allen Grundrechtsbestimmungen** immanent sind.[126] Aktiviert
wurden sie in der Praxis vor allem bei Art. 2 Abs. 1 GG, dem Persönlichkeitsschutz,
bei Art. 4 GG, der Religionsfreiheit, bei Art. 5 Abs. 3 GG, der Kunst- und Wissenschaftsfreiheit, bei Art. 6 GG, dem Schutz von Ehe und Familie, bei Art. 10 GG,
dem Schutz des Brief-, Post- und Telekommunikationsgeheimnisses, bei Art. 13
GG, dem Schutz der Wohnung, und bei Art. 14 GG, dem Eigentumsschutz.

In den meisten Fällen geht es dabei darum, den Staat zu Aktivitäten zu veranlassen, 66
weil die entsprechenden Grundrechtspositionen durch »Dritte« eingeschränkt werden. Es geht um das berühmte »**Rechts-Dreieck**« Grundrechtsgeschützter – **Grund-
rechtsbeeinträchtiger** – **Grundrechtsschützer**. Der Staat ist hierbei nicht mehr
derjenige, der wegen eines Grundrechtseingriffs abgewehrt werden muss, sondern
derjenige, der zu Hilfe gerufen wird, weil ein Dritter in die Grundrechtssphäre eingreift. »Der Staat habe im Privatrecht, die Grundrechte des Einzelnen zu schützen
und vor Verletzungen zu bewahren«, formulierte das Bundesverfassungsgericht in einer neueren Entscheidung unmissverständlich.[127] Das gilt z.B. hinsichtlich des diplomatischen Schutzes im Ausland[128] oder der vielfältigen Rechtsverhältnisse in den

---

125 Vgl. BVerfGE 115, 118; dazu *Lindner*, DöV 2006, 577; *Giemulla/van Schyndel*, Kommentar zum Luftsicherheitsgesetz, 2009.
126 Vgl. BVerfGE 49, 89 (141 f.); 53, 30 (57); 77, 180 (214); 77, 381 (402); 79, 174
(201 f.); 89, 1 (8); 89, 214 (231 f.); 90, 27 (32 f.); 97, 169 (175 f.); 103, 89 (100); 114,
1 (33 ff.); ferner *Ruffert*, JZ 2009, 389; *Isensee*, in: HStR IX, 3. Aufl. 2011, § 191
Rn. 146 ff.; *Starck*, in: Mangoldt/Klein/Starck, GG I, Art. 1 Abs. 3, Rn. 157; f. (159);
Dietlein, Die Lehre von den grundrechtlichen Schutzpflichten, 2. Auflage 2005, S. 51 ff.;
vgl. die grundlegende Analyse zum ganzheitlichen System der Grundrechte *Böckenförde*,
Zur Lage der Grundrechtsdogmatik nach 40 Jahren Grundgesetz, 1990, S. 22 ff., 37 ff.,
41 ff., 54 ff.
127 Vgl. BVerfGE 103, 89 (100).
128 Dieser beruht zwar in erster Linie auf Völkerrecht, als Recht des Staates, seine Bürger
auch im Ausland zu schützen, hat aber auch in den Verfassungen seine Rechtsbasis als Individualrecht, namentlich in Art. 16 Abs. 1 GG, vgl. BVerfGE 37, 217 (241); 41, 126
(182); 55, 349 (364).

Universitäten. So hat das Bundesverfassungsgericht in seinem berühmten die Hoch-schulreformen der späten 60er Jahre bremsenden Urteil von 1973 ausgeführt: »Die Wertentscheidung des Art. 5 Abs. 3 GG bedeutet nicht nur die Absage an staatliche Eingriffe in den … Eigenbereich der Wissenschaft; sie schließt vielmehr das Einste-hen des Staates, der sich als Kulturstaat versteht, für die Idee einer freien Wissen-schaft und seine Mitwirkung an ihrer Verwirklichung ein und verpflichtet ihn, sein Handeln positiv danach einzurichten, d.h. *schützend und fördernd* einer Aushöhlung dieser Freiheitsgarantie vorzubeugen«.[129] Ähnlich wurde aus der Kunstfreiheitsgaran-tie des Art. 5 Abs. 3 GG als Staatsaufgabe abgeleitet, ein freiheitliches Kunstleben zu erhalten und zu fördern.[130]

67   In neuester Zeit waren es vor allem Konflikte zwischen positiver und negativer Reli-gionsfreiheit, die den Staat zum Handeln zwangen, etwa beim Schulgebet[131] oder bei der Anbringung von Kreuzen (Kruzifixen) in Klassenräumen[132] oder beim Tra-gen von Kopftüchern durch muslimische Lehrerinnen in öffentlichen, nicht be-kenntnisgebundenen Schulen.[133]

4. Die Wirkung der Grundrechte für Organisation und Verfahren

68   Seit den 70er Jahren des vergangenen Jahrhunderts wurden Verbindungslinien der Grundrechte mit **Organisation** und **Verfahren** (außerhalb der spezifischen justiziel-len Verfahrensgrundrechte) gezogen. Auch sie sind Ausfluss der objektiv-rechtlichen Gehalte.[134] Jüngst formulierte das BVerfG prägnant: »Der effektive Schutz der Grundrechte bedarf einer den sachlichen Erfordernissen entsprechenden Ausgestal-tung des Verfahrens«.[135] Der Gefahr einer Entwertung der materiellen Grundrechts-position soll dadurch vorgebeugt werden. Allerdings bedarf es mehrfacher Differen-zierungen:[136]

– Grundrechtsschutz in Organisationen und Verfahren, z.B. in Zwangskörperschaf-ten (unten Art. 2 Rdn. 32);
– eigenständige grundrechtliche Organisations- und Verfahrensgewährleistungen, z.B. in der Gerichtsbarkeit durch Art. 19 Abs. 4, Art. 101 bis 104;

---

129 Vgl. BVerfGE 35, 79 (114) 85, 360 (384); 111, 333 (354); 127, 87 (115).
130 Vgl. BVerfGE 36, 321 (331) aber kein Schutz vor Besteuerung.
131 Vgl. BVerfGE 47, 46.
132 Vgl. BVerfGE 93, 1.
133 Vgl. BVerfGE 108, 282.
134 Vgl. BVerfGE 35, 79 (114); 53, 30 (69 ff.) – Sondervotum von Simon und Heußner; 88, 129 (136); weitere Nachweise bei *Sachs*, in: ders. Grundgesetz-Kommentar, 7. Aufl. 2014, Vor Art. 1 Rn. 34 Fn. 81; *Schmidt-Aßmann*, in: HGR II, § 45 Rn. 11 ff.; *H. Dreier*, in: ders. Grundgesetz-Kommentar, 3. Aufl. 2013, Vorb. Art. 1 Rn. 105 ff.
135 BVerfGE 113, 29 (57 Rn. 122).
136 Vgl. *Schmidt-Aßmann*, HGR II, § 45 Rn. 1–4; weitergehende Differenzierungen bei *Stern*, in: HStR IX § 185 Rn. 94 ff.

– Grundrechte mit speziellen Verfahrenskomponenten, z.B. Art. 4 Abs. 3, Art. 5 Abs. 1 Satz 2, Art. 5 Abs. 3, Art. 8 Abs. 2, Art. 10 Abs. 2, Art. 13 Abs. 2 und 3, Art. 16a;
– Grundrechtsschutz durch Organisation und Verfahren, wodurch der Schutz materielle Grundrechtsgehalte gesichert oder verstärkt werden soll.

Die letztgenannte Qualität ist es vor allem, die mit der Funktion der Grundrechte als 69 Organisations- und Verfahrensgarantien zusammenhängen. Auch hier nahm das Bundesverfassungsgericht eine Vorreiterrolle ein. Die Wissenschaft übernahm und erweiterte seine Argumentationsbasis in zahlreichen Monographien, um die organisations- und verfahrenrechtlichen Komponenten der Grundrechte zu entwickeln.[137]

Ausgangspunkt der organisations- und verfahrensrechtlichen Bedeutung der Grund- 70 rechte waren Entscheidungen zu Art. 14 GG[138] und zu Art. 12 GG.[139]

Im Besonderen waren es dann aber die Art. 2 Abs. 2 effektuierenden Beschlüsse zum 71 Atomkraftwerk Mülheim-Kärlich und zur Stationierung Chemischer Waffen, die bereits im Zusammenhang mit der Schutzpflichtenwirkung erwähnt wurden (oben Rdn. 47 ff.), die den Einfluss der Grundrechte auf das Verfahren betonten. In der letztgenannten Entscheidung vom 29.10.1987 heißt es: »Das Bundesverfassungsgericht hat bisher nicht abschließend darüber entschieden, ob und unter welchen Voraussetzungen außerhalb des Bereichs unter Verfahrensvorbehalt gestellter, ›verfahrensabhängiger‹ Grundrechte wie Art. 16 Abs. 2 Satz 2 GG[140] sowie ›verfahrensgeprägter‹ Grundrechte wie Art. 5 Abs. 1 Satz 2 GG[141] aus materiellen Grundsatznormen in ihrer objektiv-rechtlichen Gestalt eine Pflicht des Staates, Verfahren zur Verfügung zu stellen und durchzuführen, und ein entsprechendes Recht des Einzelnen auf ›Verfahrensteilhabe‹ hergeleitet werden kann. In seiner Entscheidung zum Kernkraftwerk Mülheim-Kärlich ist der Erste Senat des Bundesverfassungsgerichts davon ausgegangen, dass die atomrechtlichen Verfahrensvorschriften über die Beteiligung klagebefugter Dritter im Genehmigungsverfahren Verfahrensvorschriften sind, die der Staat in Erfüllung der aus Art. 2 Abs. 2 Satz 1 GG folgenden Schutzpflichten erlassen hat«.[142]

Wichtige organisations- und verfahrensrechtliche Komponenten sind außerdem in 72 den Entscheidungen zur Rundfunkgarantie des Art. 5 Abs. 1 Satz 2 (unten Art. 5

---

137 Vgl. *Schmidt-Aßmann*, in: HGR II, § 45 Rn. 1 ff. m.w.N.; *Kahl*, VerwArch 95 (2004), S. 1 ff.; *K. F. Gärditz*, Hochschulorganisation und verwaltungsrechtliche Systembildung, 2009, passim; *Lerche/Schmidt Glaeser/Schmidt-Aßmann*, Verfahren als staats- und verwaltungsrechtliche Kategorie, 1984 *E. Denninger*, HStR IX, 3. Aufl. 2011, § 193.
138 Vgl. BVerfGE 24, 367 (401); 37, 132 (141, 148); 46, 325 (334 f.); 49, 220 (225); 51, 150 (156).
139 Vgl. BVerfGE 39, 276 (294); 44, 105, (119 ff.); 45, 422 (430 ff.); 52, 380 (388); 84, 34 (45 f.); 84, 59 (72).
140 Vgl. BVerfGE 60, 253 (294 f.).
141 Vgl. BVerfGE 57, 295 (320); 60, 53 (64).
142 BVerfGE 53, 30 (66); 77, 170 (229).

Rdn. 151 ff.), zur Kunstfreiheit im Hinblick auf das Indizierungsverfahren (unten Art. 5 Rdn. 167 ff.), zum Asylgrundrecht (unten Art. 16a Rdn. 62 ff.) sowie zur Versammlungsfreiheit zu finden. In dem zur Versammlungsfreiheit ergangenen sog. Brockdorf-Beschluss ist unter Berufung auf frühere Entscheidungen des Gerichts dargelegt, dass »die Grundrechte nicht nur die Ausgestaltung des materiellen Rechts beeinflussen, sondern zugleich Maßstäbe für eine den Grundrechtsschutz effektuierende Organisations- und Verfahrensgestaltung sowie für eine grundrechtsfreundliche Anwendung vorhandener Verfahrensvorschriften setzen … Es bestehen keine Bedenken, diese Rechtsprechung auf die Versammlungsfreiheit anzuwenden, zumal dieses Grundrecht auch einen wesentlichen verfahrens- und organisationsrechtlichen Gehalt hat …«.[143]

73 Zuletzt hat das Gericht bei Überprüfung der Durchsuchung und Beschlagnahme des elektronischen Datenbestands einer Rechtsanwaltskanzlei und einer Steuerberatungsgesellschaft bezüglich der Auslegung der einschlägigen strafprozessualen Vorschriften bündig ausgeführt: »Grundrechtsschutz ist auch durch eine angemessene Verfahrensgestaltung zu bewirken … Der effektive Schutz der Grundrechte bedarf eine den sachlichen Erfordernissen entsprechende Ausgestaltung des Verfahrens.« Das gilt insbesondere bei Eingriffen in das **Recht auf informationelle Selbstbestimmung**.[144] In diesem Zusammenhang muss auch das im Rahmen von **Online-Durchsuchungen** genannte **Grundrecht auf Gewährleistung der Vertraulichkeit und Integrität informationstechnischer Systeme** genannt werden.[145]

74 Insgesamt lässt sich feststellen, dass verfahrens- und organisationsrechtliche Schutzfunktionen bei allen Grundrechten und allen Grundrechtsfunktionen auftreten können.[146] Es geht auch hierbei nicht um Grundrechtsschutz gegen den Staat, sondern um Schutz durch den Staat, weil nur dieser die Grundrechte verfahrens- oder organisationsrechtlich sichern kann. Erfasst sind alle drei Gewalten, wobei die Verfahrens- und organisatorischen Gestaltungen im Bereich der Administration, z.B. durch Anhörungs-, Begründungs- und Akteneinsichtsrechte im Vordergrund stehen. In den Gerichtsbarkeiten sichern spezielle Grundrechte der Art. 101 und 103 weitgehend ein ordnungsgemäßes Verfahren (oben Rdn. 68 ff.). Zu Recht wird deshalb der »Querschnittscharakter« der Verfahrenskomponente betont.[147]

---

143 BVerfGE 69, 315 (355 f.).
144 BVerfGE 113, 29 (57 f.). *Frenz*, DVBl. 2009, 333.
145 Vgl. BVerfGE 120, 274; dazu *Bartsch*, CR 2008, 613; *Heckmann*, in: FS Käfer, 2009, S. 129; *Moos*, K&R 2009, 154; *Petri*, DuD 2008, 443; *Roßnagel/Schnabel*, NJW 2008, 3534; *Sick*, VBlBW 2009, 333.
146 Vgl. *Cremer*, Freiheitsgrundrechte 2003, S. 400 ff.; *Denninger*, in: HStR IX, 3. Aufl. 2011, § 193; *Dreier*, in: ders., GG I, Vorb. Art. 1 Rd. 105; *Jarass/Pieroth*, GG, Vorb. Art. 1 Rn. 11 f.; *Papier*, in: Maunz/Dürig, Art. 14 (2002) Rn. 47 m.w.N.; *Schmidt-Aßmann*, HGR II, § 45 Rn. 9.
147 *H. Dreier*, in: ders. Grundgesetz-Kommentar, 3. Aufl. 2013, Vorb. Art. 1 Rn. 105 m. Nachw.

5. Leistungsrechtliche Komponenten der Grundrechte

Angestoßen vor allem durch die Staatsrechtslehrertagung von 1972 zum Thema 75
»Grundrechte und Leistungsstaat« wurde die Frage aufgeworfen, ob Grundrechten
auch eine **leistungsrechtliche Komponente** immanent sein könne. Diese Frage war
nicht dadurch zu erledigen, dass man im Grundgesetz nach der klaren Konzeption
des Parlamentarischen Rates – im Gegensatz zu einigen Landesverfassungen – auf soziale Grundrechte, etwa auf Arbeit, Wohnung, Bildung, Fürsorge, verzichtete (oben
Rdn. 19). Sie ließ sich auch nicht damit beantworten, dass mit Art. 3 Abs. 2 Satz 2 –
Förderung der tatsächlichen Durchsetzung der Gleichberechtigung von Frauen und
Männern –, Art. 6 Abs. 4 – Anspruch jeder Mutter auf Schutz und Fürsorge der Gemeinschaft –, Art. 6 Abs. 5 – Anspruch unehelicher Kinder auf gleiche Lebensbedingungen und gleiche Stellung in der Gesellschaft wie eheliche Kinder – und Art. 14
Abs. 3 Satz 3 – Anspruch auf Entschädigung im Falle von Entzug des Eigentums –
ausdrücklich Leistungsgrundrechte vorgesehen waren. Es ging um das Problem, ob
den als Abwehrrechten konzipierten Freiheitsrechten auch ein leistungs- oder doch
wenigstens ein teilhaberechtlicher Gehalt in dem Sinne innewohnen könne, dass aus
Grundrechtsbestimmungen auch Rechte auf staatliche Leistungen – welcher Art
auch immer – abgeleitet werden könnten.[148] Gefragt ist, ob die Grundrechte nicht
nur einen status negativus verbürgen, sondern auch einen **status positivus** (socialis)
garantieren. Von den vorgenannten ausdrücklichen Leistungsrechten und bestimmten verwandten staatliche Leistungspflichten normierenden Bestimmungen abgesehen, können **originäre Leistungsrechte** aus den Grundrechtsbestimmungen grundsätzlich nicht gewonnen werden. Darin läge eine grundlegende Umdeutung der
Grundrechte, die verfassungsrechtlich nicht begründbar ist.[149]

Anders liegt es mit **derivativen Leistungs- oder Teilhaberechten**.[150] Sie können aus 76
objektiv-rechtlichen Grundrechtsgehalten, vor allem dem Gleichheitssatz, namentlich in Verbindung mit dem Sozialstaatsprinzip, dem Rechtsstaatsprinzip (Vertrauensschutz) und anderen Staatszielbestimmungen abgeleitet werden.[151] Allerdings
sind auch so gewonnene Leistungsrechte aus Grundrechtsbestimmungen in erhebli-

---

148 Vgl. ausführlich *Rüfner*, in: HGR II, § 40 m.w.N.
149 H.M., vgl. *Friesenhahn*, Der Wandel des Grundrechtsverständnisses, 50. DJT, Sitzungs-
    berichte, 1974; *Rüfner*, in: FS Wannagat, 1981, S. 379 ff.; ders. HGR II § 40; *Borowski*,
    JöR 50 (2002), S. 301 ff.; *Lindner*, Theorie der Grundrechtsdogmatik, 2005, S. 450 ff.;
    Starck, in: v. Mangoldt/Klein/Starck, GG I, Art. 1 Rn. 188 ff. m.w.N.; zur EU-Ebene
    Lang, in: Tettinger/Stern, Grundrechte-Charta, Art. 27, 29 ff.; *Hatje/Huber* (Hrsg.),
    EUR 2007, Beiheft 1; *M. Sachs*, in: ders. Grundgesetz-Kommentar, 7. Aufl. 2014, Vor
    Art. 1 Rn. 46 ff.; ders. in: Staatsrecht III/1, S. 700 ff.
150 Die Differenzierung geht wohl auf *Martens*, VVDStRL 30 (1972), S. 21 ff. zurück.
151 Vgl. *Jarass*, in: Jarass/Pieroth, GG, Vor Art. 1 Rn. 8; *Kannengießer*, in: Schmidt-Bleibtreu/
    Hofmann/Henneke, GG, 13. Aufl. 2014, Vor Art. 1 Rn. 18; *Murswiek*, in: HStR V,
    § 112 Rn. 68 ff.; 49; *Sachs*, in: Stern, Staatsrecht III/1, S. 710 ff.

chem Maße umstritten[152], wie vor allem die Rechtsprechung zur Privatschulfinanzierung[153], zur Förderung von Kunst und Wissenschaft[154], zur funktionsgerechten Finanzierung von Rundfunkanstalten[155], zur Sicherung des Existenzminimums[156] zeigen.

77   Das Bundesverfassungsgericht hat in seiner »numerus clausus«-Entscheidung überlegt, ob aus Art. 12 GG ein originärer subjektiv-rechtlicher Anspruch auf Studienplätze in der Universität gewonnen werden könne, dies letztlich aber nicht bejaht. Ansatzpunkt für diese Überlegung war der Gedanke: »Je stärker der moderne Staat sich der sozialen Sicherung und kulturellen Förderung der Bürger zuwendet, desto mehr tritt im Verhältnis zwischen Bürger und Staat neben das ursprüngliche Postulat grundrechtlicher Freiheitssicherung vor dem Staat die komplementäre Forderung nach grundrechtlicher Verbürgung der Teilhabe an staatlichen Leistungen«. Wie weit eine solche **Teilhabe** in Frage kommen kann, überantwortet das Gericht aber dem **Gesetzgeber** unter dem Vorbehalt des haushaltswirtschaftlich Möglichen.[157] Überlegungen dieser Art wurden später nicht mehr angestellt. Die Umdeutung der Freiheitsrechte in originäre Leistungsrechte war damit im Wesentlichen verbaut. Ausnahmen bilden lediglich das Recht auf ein Existenzminimum auf der Grundlage der Art. 1 und 2 Abs. 1 GG. Eine auf eine solche Uminterpretation gerichtete Grundrechtstheorie ließe sich mit dem tradierten Grundrechtsverständnis nicht in Einklang bringen. Sie würde auch den demokratischen Gesetzgeber entmündigen, weil in weiten Teilen die Gerichtsbarkeiten, namentlich die Verfassungsgerichte, bestimmen würden, welches Maß an staatlichen Leistungen dem Einzelnen zukommen sollte. Darum kann es z.B. in der aktuellen Finanzmarkt- und Bankenkrise kein etwa aus Art. 14 GG ableitbares Recht auf eine Garantie zur Erhaltung von Sparguthaben oder eine aus Art. 12 Abs. 1 GG ableitbare Garantie von Arbeitsplätzen oder eine aus beiden Vorschriften ableitbare Bestandsgarantie von Unternehmen geben. Will der Staat helfen, so kann er dies nur im Wege gesetzgeberischer oder freiwilliger finanzieller Hilfen tun. Rechtsansprüche seitens der Kreditinstitute oder deren Kunden bestanden nicht.[158] Sehr weitsichtig hat *R. Schmidt* bereits 1990 erkannt, dass

---

152 Vgl. *Dreier*, in: ders., Grundgesetz-Kommentar, 3. Aufl. 2013, Vorb. Art. 1 Rn. 90 m.w.N.

153 Vgl. BVerfGE 75, 40 (62); 107 (114); 90, 128 (141); 112, 74. Dazu näher *Badura*, in: Maunz/Dürig, GG, Art. 7 Rn. 130 ff. m.w.N.; *Hufen*, JuS 1995, 1129 ff.; *Jach*, DÖV 2002, 969 ff.; *Theuersbacher*, RdJB 1994, 497; *J.P. Vogel*, RdBJ 2005, 255.

154 Vgl. BVerfG(K) NVwZ 2004, 472. Dazu näher *Jarass*, in: Jarass/Pieroth, GG, Art. 5 Rn. 111; *Starck*, in: v. Mangoldt/Klein/Starck, GG I, Art. 5 Rn. 319.

155 Vgl. BVerfGE 90, 107. Dazu näher *Stern/Bethge*, Funktionsgerechte Finanzierung der Rundfunkanstalten durch den Staat, 1968; *Jarass*, in: Jarass/Pieroth, GG, Art. 5 Rn. 128 m.w.N.

156 Vgl. BVerfGE 91, 93 (115); 99, 216 (256 ff.); ferner BVerfGE 99, 246 (247); *Coester-Waltjen*, in: v. Münch/Kunig, GG, Art. 6 Rn. 37 m.w.N.

157 Vgl. BVerfGE 33, 303 (330, 333).

158 Vgl. *H. Siekmann*, in: Sachs (Hrsg.), Grundgesetz-Kommentar, 7. Aufl. 2014, Art. 115 Rn. 9 ff.

»die in den ›fetten Jahren‹ großzügig entworfenen grundrechtlichen Leistungsansprüche auch im existenziellen Bereich ›in mageren Jahren‹ sehr rasch zu einem nudum ius verkommen können«[159] – mangels defizitärer Staatsfinanzen.

Eine andere Position lässt sich gegenüber derivativen Leistungs- und Teilhaberechten   78
einnehmen. Sie setzen staatliches, in der Regel gesetzliches, Handeln, das auf die Gewährung von Leistungen gerichtet ist, als Grundlage voraus; dieses wird dann durch Grundrechte verstärkt. Beispiele in dieser Richtung sind Leistungen auf Sozialhilfe (früher Fürsorge), Kindergeld, Ausbildungsförderung, Rente. Ferner gehören dazu Ansprüche auf Leistungen und Teilhabe im Rahmen von Daseinsvorsorgeeinrichtungen (öffentliche Schulen, Schwimmbäder etc.).

Bei diesen Gewährungen spielt vor allem der Gleichheitssatz eine entscheidende Rol-   79
le. Er verbietet willkürliche Ungleichbehandlung. Vor allem wirkt er auf eine Bindung von Ermessen bei der Vergabe von Leistungen hin (Verwaltungsrichtlinien, Selbstbindung des Ermessens). Allerdings geht der Gleichheitssatz nicht soweit, dass Vergünstigungen, die einer Gruppe gewährt werden, zwingend auch einer in gleicher Situation befindlichen anderen Gruppe gewährt werden müssen. Gleichheitsgemäß ist auch die vollständige Streichung der Vergünstigung.[160]

Bei allen Leistungsansprüchen muss ferner das »gesamtwirtschaftliche Gleichgewicht«   80
(Art. 109 Abs. 2 GG) und damit die haushaltswirtschaftliche Möglichkeit des Staates beachtet werden. Das wirkt sich vor allem bei der Vergabe von Subventionen aus.

Als Teilhaberechte in einem weiteren Sinne werden mitunter auch die Grundrechte   81
oder grundrechtsähnlichen Rechte bezeichnet, die die **Mitwirkung des Staatsbürgers an der politischen Willensbildung** betreffen. Dazu gehören insbesondere das aktive und passive Wahlrecht nach Art. 38 Abs. 2 GG, das Petitionsrecht nach Art. 17 GG, der Zugang zu öffentlichen Ämtern nach Art. 33 GG und die Parteienfreiheit nach Art. 21 GG. Zwar geht es in diesen Fällen darum, dass staatliche Einrichtungen zur Verfügung gestellt werden, aber um eine echte Teilhabe an konkreten Leistungen geht es hier nicht. Es handelt sich weitgehend um besondere politische Grundrechte, die den **status activus** des Bürgers konstituieren.[161]

IV. Subjektive Rechte aus objektiv-rechtlichen Grundrechtsgehalten

So gesichert die Annahme objektiv-rechtlicher Grundrechtsgehalte ist, so strittig ist   82
die Frage, ob diese auch **subjektiv-rechtliche Ansprüche** der Grundrechtsberechtigten vermitteln. Im Gegensatz zur unbestrittenen subjektiv-rechtlichen Qualität der Abwehrfunktion der Grundrechte besteht eine A-Priori-Anerkennung der subjektiv-

---

159 *R. Schmidt*, Öffentliches Wirtschaftsrecht – Allgemeiner Teil, 1990, S. 110.
160 Vgl. BVerfGE 63, 255 (265 f.). Dazu unten Art. 3 Rdn. 113 ff.
161 Vgl. *Dreier*, in: ders., Grundgesetz-Kommentar, 3. Aufl. 2013, Vorb. vor Art. 1, Rn. 80; *Starck*, in: v. Mangoldt/Klein/Starck, GG I, Art. 1 Rn. 186; *H. D. Jarass*, in: HGR II, § 38 Rn. 14.

rechtlichen Qualität der objektiv-rechtlichen Grundrechtsgehalte nicht.[162] Sie bedarf stets einer besonderen Begründung. Das Bundesverfassungsgericht hat sich jedenfalls nicht eindeutig hierzu bekannt; es ging fallweise vor. Das Schrifttum neigt tendenziell zur Bejahung.[163]

83   Ausgehend vom numerus clausus-Urteil verlagerte das Gericht seine Lösung hinsichtlich subjektiver Berechtigungen »in erster Linie« auf den Gesetzgeber.[164] Im Schleyer-Beschluss und in der Entscheidung über die Lagerung von Chemischen Waffen war es geneigt, eine Subjektivierung der Schutzpflicht anzuerkennen.[165] In der Fluglärm-Entscheidung hat es ein subjektives Recht auf Tätigwerden des Gesetzgebers »nicht ausgeschlossen«.[166] Am stärksten subjektiv-rechtliche Qualität hat es den in Einrichtungsgarantien geschützten Rechtspositionen[167] und den organisations- und verfahrensrechtlichen Grundrechtsfunktionen zugemessen.[168] So wurde den Hochschullehrern aus Art. 5 Abs. 3 GG ein Recht »auf ... staatliche Maßnahmen auch organisatorischer Art« zur Wahrung der Wissenschaftsfreiheit gewährt.[169] Ähnlich argumentiert die Entscheidung über das Atomkraftwerk Mülheim-Kärlich.[170] Manche Autoren schließen daraus auf ein »prima facie-Argument für eine Subjektivierung«.[171]

84   Ob man soweit gehen darf, erscheint zweifelhaft. Richtig ist jedoch, dass die Wirkung der objektiv-rechtlichen Gehalte erheblich gemindert würde, wenn mit diesen kein subjektives Recht zur Durchsetzung verbunden wäre. Andererseits muss berücksichtigt werden, dass der Entscheidungsspielraum des demokratisch legitimierten Gesetzgebers nicht zu stark eingeschränkt werden darf. Deswegen kann es nur »in besonders gelagerten Fällen« oder »im äußersten Falle« oder »unter ganz besonderen Umständen«, ein subjektives Recht auf eine bestimmte gesetzliche Maßnahme ge-

---

162   Vgl. *Depenheuer*, in: v. Mangoldt/Klein/Starck, GG I, Art. 14 Rn. 97; *Dolderer*, Objektive Grundrechtsgehalte, 2000, S. 351 ff., 360 ff.; *Merten*, in: HGR II, § 44 Rn. 8 m.w.N.; *Stern*, Staatsrecht, Bd. III/1, S. 978 f.

163   Vgl. *Gostomzyk*, JuS 2004, 949 (952); *Jarass*, in: HGR II, § 38 Rn. 35; *H. Dreier*, in: ders. Grundgesetz-Kommentar, Vorb. vor Art. 1 Rn. 95, jeweils m. weit. Nachw.; *G. Krings*, in: Festschrift K. Stern, 2012, S. 425 ff.

164   Vgl. BVerfGE 33, 303 (333); ebenso BVerfGE 35, 79 (114 ff.); 73, 280 (294).

165   Vgl. BVerfGE 46, 160 (169); 77, 170 (214 f.); 79, 174 (201 f.); 81, 242 (253 ff.); 84, 212 (223); 88, 129 (137); 97, 298 (313); 125, 39 (78).

166   BVerfGE 56, 54 (70).

167   Vgl. *Kannengießer*, in: Schmidt-Bleibtreu/Hofmann/Hopfauf, GG, Vor Art. 1 Rn. 2b; *Kloepfer*, in: HGR II, § 43 Rn. 15 ff.; *v. Münch*, in: ders./Kunig, GG I, Vor Art. 1 Rn. 23; *Stern*, Staatsrecht III/1, S. 861 ff.; allgemein *Schmidt-Jortzig*, Die Einrichtungsgarantie in der Verfassung, 1979.

168   Vgl. BVerfGE 69, 315 (355); 65, 76 (94); 73, 280 (296); 82, 209 (227); 113, 29 (57); BVerwGE 118, 270 (276).

169   Vgl. BVerfGE 35, 79 (116); ähnlich für die Rundfunkfreiheit BVerfGE 97, 298 (313).

170   Vgl. BVerfGE 53, 30.

171   Vgl. *Jarass*, in: HGR Bd. II, 2006, § 38 Rn. 34.

ben.[172] Das subjektive Recht richtet sich darauf, dass der Gesetzgeber Maßnahmen trifft, die nicht gänzlich ungeeignet oder völlig unzulänglich sind. Mutatis mutandis lässt sich eine Parallele zu dem im Verwaltungsrecht bestehenden Recht auf ermessensfehlerfreie Entscheidung ziehen.[173]

D. Der grundrechtliche Schutzbereich (Grundrechtstatbestand) und seine Auslegung

I. Die Begriffsbildung

Die Grundrechtsnormen verbürgen bestimmte Rechtspositionen und Rechtsgüter, 85 vor allem der Freiheit, der Gleichheit, der politischen Teilhabe und des justiziellen Bereichs. Sie gewähren den Grundrechtsberechtigten einen besonderen **Schutzbereich** für bestimmte Verhaltensweisen oder sichern bestimmte Positionen seiner Lebensumstände ab. Mit Bezug auf andere Rechtsnormen und die Allgemeine Rechtslehre wird mitunter von **Grundrechtstatbestand** gesprochen.[174] Eingebürgert haben sich aber in der Regel die Begriffe »Schutzbereich«, »Geltungsbereich«, »Schutzgut« oder »materielle Substanz« eines Grundrechts.[175] Verwendet wird auch der Begriff »Gewährleistungsbereich«.[176] Mehr und mehr wird die Bezeichnung Schutzbereich üblich.[177] Sie dürfte am besten den sachlichen (materiellen) Gehalt dessen kennzeichnen, was die Grundrechtsnorm verbürgt. Die **personelle** Seite des Schutzbereichs wird durch die Grundrechtsberechtigung umschrieben (unten Rdn. 95 ff.). Beides charakterisiert die »positiven« Komponenten der Grundrechtsnorm. Ihnen treten als »negative« Komponenten die Schranken eines Grundrechts gegenüber (unten Rdn. 117 ff.).

Die den sachlichen Schutzbereich eines Grundrechts umschreibenden Tatbestands- 86 merkmale sind oft von lapidarer Kürze, wie es der Tradition der Grundrechtskatalo-

---

172 Vgl. BVerfGE 46, 160 (164 f.); BVerfGE 39, 1 (46 f.); BVerfGE 77, 170 (215); 125, 39 (78) mit weiteren Nachweisen der Rspr.

173 Vgl. *Jarass*, in: HGR II, § 38 Rn. 37.

174 Vgl. *Kloepfer*, in: FG BVerfG II, 1976, S. 405 ff.; *S. Müller-Franken*, in: Schmidt-Bleibtreu/Hofmann/Henneke, GG-Kommentar, 13. Aufl. 2014, Vorb. vor Art. 1 Rn. 43, *D. Merten*, in: Merten/Papier (Hg.), HGR III. § 56 Rn. 23 ff. mit Nachweisen des Sprachgebrauchs der Rspr. des BVerfG.

175 Vgl. *Stern*, in: FS BVerfG II, 2001, S. 1 mit Nachw. der Rspr. des Bundesverfassungsgerichts.

176 Vgl. *Rusteberg*, Der grundrechtliche Gewährleistungsgehalt, 2009, S. 76 ff., der sich kritisch mit der »Glycol«- und »Osho«-Entscheidung des BVerfG auseinandersetzt (vgl. BVerfGE 105, 252 u. BVerfGE 105, 279); s.a. *Höfling*, in: FS Rüfner, 2003, S. 330 ff.

177 Vgl. *Dreier*, in: ders., GG I, Vorb. Rn. 119 ff.; *Herdegen*, in: Maunz/Dürig, Art. 1 Abs. 3 (2005) Rn. 34 ff.; *Jarass*, in: Jarass/Pieroth, GG, Vor Art. 1 Rn. 19 ff.; *H.H. Klein*, in: HGR I, § 6 Rn. 56. Über Tendenzen in Richtung auf einen (engeren) Gewährleistungsgehalt s. *Hoffmann-Riem*, in: Bäuerle u.a. (Hrsg.), Haben wir wirklich Recht?, 2004, S. 53 ff.; *Volkmann*, JZ 2005, 261 ff.; *Murswiek*, Der Staat 45 (2006), S. 473 ff. Zu kritischen Stimmen zum sog. Bereichsdenken s. *Merten*, ebda.

ge entspricht. So ist die Rede von Leben, körperlicher Unversehrtheit, Entfaltung der Persönlichkeit, Eigentum, Pressefreiheit, Gleichheit usw. Etwas anders ausgestaltet sind die allgemeinen und besonderen Gleichheitsgrundrechte und die justiziellen Grundrechte. Bei den Einrichtungsgarantien wiederum stehen stärker institutionelle Elemente an Stelle von Verhaltensweisen im Vordergrund. Neben tatsächlichen Gegebenheiten fließen oft schon normative Kriterien in den Schutzbereich ein, wie etwa bei Eigentum und Erbrecht, Ehe und Familie oder bei der Gleichheit, die nur vor dem Gesetz besteht. In diesem Lichte ist der Schutzbereich eines Grundrechts aus mehreren Tatbestandsmerkmalen geformt, seien sie der Lebenssphäre entnommen oder normativer Natur, also dem Recht zugehörig. Auch kann der Schutzbereich weit oder eng formuliert sein, beispielsweise einerseits freie Entfaltung der Persönlichkeit oder andererseits Freizügigkeit nur im Bundesgebiet. Weithin ist der Tatbestand eher generalklauselartig denn dicht normiert. Detailregelungen fehlen fast ausnahmslos. Wo sie vorgenommen worden sind, wie in Art. 13 und Art. 16a GG, sind sie unerquicklich. Grundrechtsverbürgungen sind in der Regel bewusst unvollständig gelassene, offene Normen, die erhebliche Ergänzungsspielräume enthalten und für ihre Anwendung auch erfordern.[178]

87   Gleichwohl ist der Schutzbereich eines Grundrechts in der Regel nicht allein einfach durch die Benennung eines Schutzguts bestimmt, vielmehr enthält er meist weitere Tatbestandsmerkmale. Dazu gehören vor allem auch solche, die der Grundrechtsausübung Schranken ziehen oder die Möglichkeit schaffen, Beschränkungen vorzusehen, wie insbesondere die Gesetzesvorbehalte, die dem Gesetzgeber die Befugnis erteilen, das Grundrecht auszugestalten oder ihm Schranken zu ziehen (unten Rdn. 117 ff.).

II. Die Notwendigkeit der Auslegung

88   Der Schutzbereich einer Grundrechtsbestimmung ist wegen seiner plakativen[179], möglichst für jedermann verständlichen – bis auf wenige Ausnahmen wie Art. 13 Abs. 3 bis 7 GG oder Art. 16a GG – prägnanten Fassung mehr als andere Vorschriften der Rechtsordnung einer **sorgfältigen Auslegung** überantwortet. Diese Auslegung ist zwar in die allgemeine Lehre von der Interpretation eingeordnet, hat jedoch als Auslegung des Verfassungsrechts einige Besonderheiten aufzuweisen.[180]

---

178   Vgl. *Ossenbühl*, HGR I, § 15 Rn. 4.

179   Treffend *Isensee*: »Die sprachliche Einkleidung … hat seit jeher die juristische Präzision zugunsten des feierlichen Pathos einer einprägsamen Kurzformel zurücktreten lassen« (Vom Stil der Verfassung. Eine typologische Studie zu Sprache, Thematik und Sinne des Verfassungsgesetzes, 1999, S. 15).

180   Vgl. *Schneider* und *Ehmke*, VVDStRL 20 (1963), S. 1 ff., 53 ff.; *Dreier/Schwegmann* (Hrsg.), Probleme der Verfassungsinterpretation. Dokumentation einer Kontroverse, 1976; *Ossenbühl*, HGR I, § 15; *Roellecke*, in: FG 25 Jahre BVerfG, Bd. II, 1976, S. 22 ff.; *Höfling*, Offene Grundrechtsinterpretation, 1987; *Stern*, Staatsrecht III/2, S. 1693 ff.

Mit dem Bundesverfassungsgericht ist grundsätzlich von der **objektiven Auslegungs-** 89
methode auch für das Verfassungsrecht auszugehen. Sie besagt: »Maßgebend für die
Auslegung einer Gesetzesvorschrift ist der in dieser zum Ausdruck kommenden objektivierte Wille des Gesetzgebers, so wie er sich aus dem Wortlaut der Gesetzes-
bestimmung und dem Sinnzusammenhang ergibt, in den diese hineingestellt ist.
Nicht entscheidend ist dagegen die subjektive Vorstellung der am Gesetzgebungsverfahren beteiligten Organe oder einzelner ihrer Mitglieder über die Bedeutung der
Bestimmung. Der Entstehungsgeschichte einer Vorschrift kommt für deren Auslegung nur insofern Bedeutung zu, als sie die Richtigkeit einer nach den angege-
nen Grundsätzen ermittelten Auslegung bestätigt oder Zweifel behebt, die auf dem
angegebenen Weg allein nicht ausgeräumt werden können«.[181] Diesem Auslegungs-
ziel dienen die Auslegung aus dem Wortlaut (grammatische Auslegung), aus dem
Zusammenhang (systematische Auslegung), aus der Entstehungsgeschichte (historische Auslegung) und vor allem aus dem Zweck der Vorschrift (teleologische Auslegung).[182] Mittlerweile spielen im Rahmen des europäischen Verfassungsverbunds
auch rechtsvergleichende Komponenten eine Rolle.[183] Allerdings müssen für die
Verfassungsauslegung, insonderheit der Grundrechtsbestimmungen, Besonderheiten,
die mit dem Spezifikum des Verfassungsrechts zusammenhängen, beachtet werden:
Sie sind auf die Offenheit der meisten Verfassungsrechtsnormen und die Bedeutung
als höchstrangiger Norm sowie ihre Zielsetzung, der politischen Einheit des Staates
zu dienen, zurückzuführen: »We should never forget that we are expounding a con-
stitution«, erkannte frühzeitig der Richter des Supreme Court Charles E. Hughes.

Deswegen sind für die Verfassungsauslegung eine Reihe **spezieller Auslegungsmaxi-** 90
men aufgestellt worden. Dazu gehören namentlich:

Die Orientierung an der »**Einheit der Verfassung**«, an der »inneren Harmonie des 91
Verfassungswerkes«. Das bedeutet: »Eine einzelne Verfassungsbestimmung kann
nicht isoliert betrachtet und allein aus sich heraus ausgelegt werden. Sie steht in einem Sinnzusammenhang mit den übrigen Vorschriften der Verfassung, die eine innere Einheit darstellt. Aus dem Gesamtinhalt der Verfassung ergeben sich gewisse
verfassungsrechtliche Grundsätze und Grundentscheidungen, denen die einzelnen
Verfassungsbestimmungen untergeordnet sind. ... Daraus ergibt sich: Jede Verfassungsbestimmung muss so ausgelegt werden, dass sie mit jenen elementaren Verfassungsgrundsätzen des Verfassunggebers vereinbar ist«.[184] Für die Grundrechte wurde

---

181 BVerfGE 1, 289 (312); std. Rspr., vgl. 59, 128 (153); 79, 106 (121); 105, 135 (157);
110, 226 (248).
182 Vgl. *Stern*, Staatsrecht III/2, S. 1650 ff., 1655 ff. m.w.N.; *Jarass*, in: Jarass/Pieroth, GG,
Einl. Rn. 7; *Ossenbühl*, in: HGR I, § 15 Rn. 7.
183 Vgl. *Sommermann*, in: HGR I, § 16 Rn. 50 ff.; *A. Weber*, Europäische Verfassungsvergleichung, 2010, Kap. 1 Rn. 12 ff.
184 BVerfGE 1, 14 (32 f.); 19, 206 (220); 30, 1 (19); 33, 23 (29); 39, 334 (368); 55, 274
(300); 62, 1 (38 f.); 99, 1 (11); *Hopfauf*, in: Schmidt-Bleibtreu/Hofmann/Hopfauf,
GG, Einl. Rn. 213 ff.; *Jarass*, in: Jarass/Pieroth, GG, Einl. Rn. 10; *Ossenbühl*, HGR I,
§ 15 Rn. 16 ff., m.w.N. Zur Berücksichtigung der EMRK s. BVerfGE 120, 180 (200).

dieser Auslegungstopos namentlich im Hinblick auf die Begrenzung von Grundrechten ohne ausdrücklichen Schrankenvorbehalt insofern fruchtbar gemacht, als auch sie »mit Rücksicht auf die Einheit der Verfassung und die von ihr geschützte gesamte Wertordnung« nur durch »kollidierende Grundrechte Dritter und anderen mit Verfassungsrang ausgestattete Rechtswerte« eingeschränkt werden dürfen.[185]

92   Besonders bedeutsam für die Grundrechtsauslegung wurde jener im Anschluss an *R. Thoma* aufgestellte Grundsatz der **Grundrechtseffektivität**: »Aufgabe der Verfassungsrechtsprechung ist es, die verschiedenen Funktionen … eines Grundrechts zu erschließen. Dabei ist derjenigen Auslegung der Vorzug zu geben, die die juristische Wirkungskraft der betreffenden Norm am stärksten entfaltet (Thoma)«.[186] Seit den 80er Jahren wird dieser Grundsatz in der Rechtsprechung des Bundesverfassungsgerichts nicht mehr erwähnt. Über die Gründe darf gerätselt werden. Es könnte damit zusammenhängen, dass daraus mehrfach auf einen Grundsatz »**in dubio pro libertate**« geschlossen wurde. Dies wäre jedoch verfehlt, weil dadurch Gemeinschaftswerte per se nachrangig erklärt würden.[187] Maßgeblich ist vielmehr das »**Menschenbild** des gemeinschaftsgebundenen Individuums«.[188] In diesem Rahmen hat jedoch die Gewährleistung der Freiheit einen hohen Stellenwert.

93   Bisweilen wird bei der Grundrechtsauslegung auch an **Grundrechtstheorien** angeknüpft, seien sie bürgerlich-rechtsstaatlich (liberal), institutionell, demokratisch-funktional, sozialstaatlich oder wertorientiert. Bereits oben Rdn. 27 ff. wurde auf die Bedenken einer solchen Auslegungsmethode hingewiesen, weil sie Gefahr läuft, als vorausgesetztes Prinzip verwendet zu werden, mittels dessen die Interpretation der Grundrechtsbestimmungen vorweg determiniert wird. In der Rechtsprechung des Bundesverfassungsgerichts findet sich daher auch kein Bezug auf Theorien bei der Auslegung der Grundrechte.

94   Für die Interpretation von Verfassungsrechtsnormen und insbesondere Grundrechtsbestimmungen ist angesichts des besonderen Charakters der Verfassung auf deren **Konkretisierungsfähigkeit und Konkretisierungsbedürftigkeit** hingewiesen worden. »Verfassungsinterpretation«, so formuliert *K. Hesse*, »ist Konkretisierung«[189]. Konkretisierung ist also kein »aliud« gegenüber Interpretation, sondern eine weitere Di-

---

185 So BVerfGE 28, 243 (260 f.). Näher unten Rdn. 127.

186 BVerfGE 6, 55 (72); BVerfGE 59, 231 (265); 65, 1 (44); s.a. *Ossenbühl*, HGR I, § 15 Rn. 20 ff. m.w.N.

187 Vgl. *Ossenbühl*, DÖV 1965, 649 (657 f.); *Roellecke*, in: FG BVerfG II, 1976, S. 43; *Schwabe*, Probleme der Grundrechtsdogmatik, 1977, S. 64; *Stern*, Staatsrecht III/2, S. 1653 m.w.N.

188 BVerfGE 4, 7 (15 f.); 65, 1 (44); 121, 69 (92 f.); *Depenheuer*, in: Maunz/Dürig, Art. 8 Rn. 67; *W. Schmitt Glaeser*, Festschrift für H. Maurer, 2001, S. 1213 ff.; *P. Kirchhof*, Festschrift für Chr. Starck, 2007, S. 275 ff.

189 *Hesse*, Grundzüge des Verfassungsrechts der Bundesrepublik Deutschland, 20. Aufl., 1995, Rn. 59; *Ossenbühl*, in: HGR I, § 15 Rn. 4; *Zippelius/Würtenberger*, Deutsches Staatsrecht, 32. Aufl. 2008, § 7 Rn. 34.

mension im Auslegungsprozess, die auf den klassischen Auslegungsinstrumenten aufbaut und notwendig ist, um bestimmte Normgehalte operational zu machen. Dies gilt insbesondere für die Entfaltung von grundrechtlichen Schutzgehalten angesichts deren unvollkommener tatbestandlicher Ausformung. Kurzfassungen und Begriffe, die Außerrechtliches aufgreifen, wie etwa Leben, Meinung, Glaube, Gewissen, Kunst, Forschung, Lehre, Beruf usw. oder auch Rechtsbegriffe wie Ehe, Familie, Schule sind in hohem Maße offene Begriffe von erheblicher inhaltliche Weite, die der Konkretisierung bedürfen. Diese Aufgabe der Konkretisierung ist der Verfassungsrechtswissenschaft und – letztverbindlich – der Rechtsprechung des Bundesverfassungsgerichts als Hüter der Verfassung und damit der Grundrechte anvertraut (§ 31 Abs. 1 BVerfGG). Beide waren darin durchaus erfolgreich.[190] Das gilt nachgerade für die Grundrechte, die heute die gesamte Rechtsordnung durchdringen. Im Rahmen dieser Konkretisierung hat das Bundesverfassungsgericht in der Regel die grundrechtlichen Schutzbereiche weit verstanden, wie bei den einzelnen Grundrechten etwa für die Begriffe freie Entfaltung der Persönlichkeit (Art. 2 Abs. 1 GG), körperliche Unversehrtheit (Art. 2 Abs. 2 GG), Meinungsäußerung, Presse und Rundfunk (Art. 5 Abs. 1 GG), Wohnung (Art. 13 Abs. 1 GG), Eigentum (Art. 14 Abs. 1 GG) dargelegt wird.

E. Die Grundrechtsberechtigten

I. Die natürlichen Personen

Grundrechte entstanden geistes- und entstehungsgeschichtlich als **Rechte des Menschen**, als Rechte **natürlicher Personen**, die aber zugleich Bürger (Citizen, Citoyen) eines Staates sind. Sie wollen in erster Linie Rechtssphären des Menschen gegen die staatliche Herrschaft schützen, so dass die aus den Grundrechtsnormen Berechtigten logischerweise[191] Menschen und Bürger sind, seien sie nun der staatlichen Herrschaft ständig unterworfene Inländer oder ihr nur zufällig gegenübertretende Ausländer. Natürliche Personen sind »originäre Grundrechtssubjekte«.[192] Die Innehabung der Grundrechte, die Grundrechtsberechtigung, Grundrechtssubjektivität, Grundrechtsfähigkeit oder Grundrechtsträgerschaft ist daher der ideengeschichtlichen Herkunft der Grundrechte entsprechend grundsätzlich auf weitgehende Allgemeinheit der Berechtigung angelegt.[193] Deswegen sieht das Grundgesetz vor, dass die Grundrechte und grundrechtsgleichen Rechte in der Regel allen Menschen oder jedermann

95

---

190 Zur grundsätzlichen Kritik am Bundesverfassungsgericht vgl. *Schlink*, JZ 2007, 157 m.w.N.; *Jestaedt/Lepsius/Möllers/Schönberger*, Das entgrenzte Gericht, 2011.

191 Vgl. das »Auch« in Art. 19 Abs. 3 GG, das darauf schließen lässt, dass in erster Linie an natürliche Personen als Grundrechtsberechtigte gedacht ist.

192 Vgl. BVerfGE 41, 183.

193 Vgl. BVerfGE 61, 82 (100 f.); 68, 193 (205 ff.); 70, 1 (15 f.); sie stehen insbesondere auch Kindern und Jugendlichen zu, BVerfGE 57, 361 (382), sowie Geschäftsunfähigen, BVerfGE 10, 302 (322 ff.); *Dürig*, in: Maunz/Dürig, Art. 19 Abs. 3 (1977) Rn. 9; *Hofmann*, in: Schmidt-Bleibtreu/Hofmann/Hopfauf, GG, Art. 19 Rn. 6; *M. Sachs*, in: ders. GG-Kommentar, Vor Art. 1 Rn. 70, jeweils m.w.N.

zustehen (Art. 1 bis 7, 10, 13, 14, 16 Abs. 2 Satz 2, 17, 19, 101, 103, 104 GG). Diese allgemeine Grundrechtsberechtigung gilt auch für die auf Einrichtungen bezogenen Grundrechte, wie Art. 5 Abs. 3, Art. 6 oder Art. 14 GG. Allerdings gibt es von dieser Regel Abweichungen in einengender und erweiternder Hinsicht.

96 Bestimmte Grundrechte oder grundrechtsgleiche Rechte berechtigen nur **Deutsche**, und zwar deutsche Staatsangehörige und deutsche Volkszugehörige gemäß Art. 116 GG. Bei diesen Rechten geht es vor allem um politische Rechte, die aktive Teilnahme an der staatlichen Willensbildung sichern wollen: aktives und passives Wahlrecht (Art. 38 Abs. 1 und 2 GG), staatsbürgerliche Rechte sowie den Zugang zu öffentlichen Ämtern (Art. 33 GG) und die Sicherung der deutschen Staatsangehörigkeit (Art. 16 GG). Auch einige Freiheitsrechte werden nur Deutschen zugeordnet, wie Art. 8, 9 Abs. 1, 11, 12, 16 Abs. 1, Abs. 2 Satz 1 GG. Diese Beschränkung ist grundsätzlich nicht unzulässig, sofern nicht gewisse vom Völkerrecht gezogene Standards unterschritten sind.

97 Diese Begrenzung ist allerdings seit den 70er Jahren auf Kritik gestoßen.[194] Dem hat das Bundesverfassungsgericht Rechung getragen und hat den Grundrechtsschutz auch bei den sog. Deutschen-Rechten auf Ausländer erweitert. Den Weg ist es über Art. 2 Abs. 1 gegangen.[195] Danach können sich Ausländer auf das Auffanggrundrecht des Art. 2 Abs. 1 auch in den Freiheitsbereichen berufen, in denen die speziellen Grundrechte nur Deutschen vorbehalten sind. Die Problematik ist allerdings für Bürger der Europäischen Union weitgehend entschärft, da die Grundfreiheiten des EG-Vertrags allen EU-Bürgern zugerechnet werden.[196]

98 Für die Grundrechtsberechtigung ist in der Regel Voraussetzung, dass es sich um lebende Menschen handelt, die aus den Grundrechtsbestimmungen Rechte ableiten wollen. Insofern gilt eine anthropozentrische Ausrichtung der Grundrechte. Allerdings kann es eine Grundrechtsberechtigung im Rahmen einzelner Grundrechtsbestimmungen schon vor Vollendung der Geburt geben, bzw. kann die Grundrechtsberechtigung über den Tod hinaus wirken. Hierbei handelt es sich um **pränatale bzw. postmortale Grundrechtszuordnungen**, die es auch im Privatrecht gibt. Pränatale Grundrechtsberechtigung wird vor allen Dingen bei der Menschenwürde (Art. 1 Abs. 1 GG), dem Recht auf Leben (Art. 2 Abs. 2 GG) und dem allgemeinen Persönlichkeitsrecht angenommen (unten Art. 2 Rdn. 34 ff.).

99 Postmortale Wirkungen einer Grundrechtsbestimmung sind bei Art. 1, Art. 2, Art. 4, Art. 5 und bei Art. 14 denkbar. Ausgangspunkt bei dieser Erstreckung sind die Bemerkungen von *G. Dürig* aus dem Jahre 1956: »Da der allgemeine menschliche Eigenwert der Würde unabhängig von der Realisierung beim konkret existierenden Menschen ist, kann ein Angriff die Menschenwürde auch verletzen, wenn

---

194 Vgl. *Stern*, Staatsrecht III/1, S. 1034; *Rüfner*, in: HStR IX § 196 Rn. 43 ff.
195 Vgl. BVerfGE 35, 382 (399); BVerfGE 49, 168 (180); 78, 179 (196 f.); 104, 337 (346).
196 S. allerdings BVerfGE 129, 78 (96); BVerfG (K), NVwZ 2011, 486.

der konkrete Mensch noch nicht geboren oder bereits tot ist. ... Wer vom Menschen gezeugt wurde oder Mensch war, nimmt an der Würde ›des Menschen‹ teil«.[197] An diesen Punkt knüpfte auch das Bundesverfassungsgericht in seiner Abtreibungs-Rechtsprechung an (unten Art. 1 Rdn. 64). In der sog. Mephisto-Entscheidung von 1971 hat das Gericht auch grundrechtliche Schutzwirkungen über den Tod eines Menschen angenommen.[198] Allerdings hat das Gericht Fortwirkungen des Art. 2 Abs. 1 über den Tod hinaus abgelehnt. Dem ist nicht zuzustimmen. Ein begrenzter postmortaler Persönlichkeitsschutz steht auch dem Verstorbenen zu. Er kann von Angehörigen treuhänderisch wahrgenommen werden (unten Art. 1 Rdn. 91 f.).

Art. 1 und Art. 2 Abs. 2 werfen daher in Bezug auf die Themen Mensch und Leben **100** eine Reihe von Problemen auf, die mit den Stichworten Gen- und Biotechnologie, besonders Keimzellen- und Embryonenforschung, Organtransplantation, künstliche Insemination und In-vitro-Fertilisation und Embryonentransfer gekennzeichnet sind sowie mit Trage- und Ersatzmutterschaft. Darauf ist bei Art. 1 und Art. 2 Abs. 2 zurückzukommen.

Von der Frage der Grundrechtsberechtigung als einem Problem der Rechtszuständig- **101** keit, der Innehabung des Grundrechts, ist die Frage abzugrenzen, wann ein Berechtigter die Fähigkeit besitzt, seine Berechtigung auch selbst wahrzunehmen. Dies wird häufig mit dem Begriff »**Grundrechtsmündigkeit**« umschrieben. Bei ihr geht es um die eigenständige Ausübung, das Geltendmachen eines Grundrechts. Darin liegt ein Problem nicht der rechtlichen Zuordnung, sondern des geistig-physischen und daran anknüpfend zuweilen auch des rechtlichen Könnens. Hier wird man eine starre Altersgrenze nicht annehmen können, sondern Differenzierungen je nach dem einzelnen Grundrecht vornehmen müssen. Eine starre Regel für die Grundrechtsausübungsfähigkeit lässt sich daher nicht festlegen. Eigenständige Grundrechtsausübung durch Kinder und Jugendliche unter dem Volljährigkeitsalter ist danach nicht ausgeschlossen.[199] Eine Anlehnung an § 59 Abs. 1 und 3 FGG – 14 Jahre – erscheint denkbar. Daraus können sich allerdings Kollisionen mit dem elterlichen Erziehungsrecht des Art. 6 Abs. 2 Satz 1 GG ergeben (unten Art. 6 Rdn. 43 ff.).

II. Juristische Personen und Vereinigungen

Erschien die Grundrechtsberechtigung natürlicher Personen kraft Wesens und Ge- **102** schichte der Grundrechte unbezweifelbar, so wirkt eine **Grundrechtsberechtigung juristischer Personen** und von Vereinigungen auf den ersten Blick eher befremdlich, handelt es sich doch bei Ihnen um »künstliche« oder rechtstechnisch zu Rechtssub-

---

197 Vgl. *Dürig* AöR 81, 1956, S. 126; ebenso *ders.* in Maunz/Dürig, GG, Art. 1 Rn. 23 f.
198 Vgl. BVerfGE 30, 173 (194 f.); BVerfG, NJW 2001, 2957, Die Frage des Todeszeitpunkts wird nach wie vor kontrovers diskutiert (vgl. *Stern*, Staatsrecht III/1 § 70 IV 4).
199 Vgl. BVerfGE 57, 361 (382); *Dürig*, in: Maunz/Dürig, Art. 19 Abs. 3 (1977) Rn. 9; *Hofmann*, in: Schmidt-Bleibtreu/Hofmann/Hopfauf, GG, Art. 19 Rn. 6 m.w.N.; *J. Ipsen*, Staatsrecht II, Rn. 69, 526; *Jarass*, in: Jarass/Pieroth, GG, Art. 19 Rn. 10; BVerfGE 72, 122 (133 ff.).

jekten erhobenen Gebilden. Darum war bis zur Einführung des Art. 19 Abs. 3 GG die Grundrechtsberechtigung juristischer Personen und nicht-rechtsfähiger Vereinigungen fast durchweg ausgeschlossen, wenngleich es vereinzelt Ausnahmen gab.[200] Eine grundlegende Änderung in der Zurückhaltung der Grundrechtsberechtigung für juristische Personen brachten erst die Beratungen im Parlamentarischen Rat. Dort knüpfte man an Stimmen der Literatur an, die Grundrechte denn auch für juristische Personen zur Anwendung bringen wollten, wenn das Grundrecht »seinem Wesen nach« auch auf Personenvereinigungen anwendbar sein konnte. Allerdings wurde dem Art. 19 Abs. 3 GG, der eine Berechtigung juristischer Personen aussprach, in der Diskussion nicht genügend Aufmerksamkeit geschenkt, so dass sich um diese Berechtigung schwierige Rechtsfragen ranken. Art. 19 Abs. 3 erweitert die Berechtigung aus den Grundrechtsnormen »auch für inländische juristische Personen, soweit sie ihrem Wesen nach auf diese anwendbar sind«. Mit dieser nicht unbedingt klaren Bestimmung ist ein erhebliches Problemfeld eröffnet worden, das sowohl im Schrifttum als auch in der Rechtsprechung des Bundesverfassungsgerichts zu erheblichen Diskussionen geführt hat. Dazu äußert sich die Kommentierung des Art. 19 Abs. 3 ausführlich (Art. 19 Rdn. 46 f.). Im Kern geht es um eine erhebliche – konstitutive – Erweiterung der Grundrechtsberechtigung, die auch Vereinigungen von Menschen in den Grundrechtsschutz einbezieht.

F. Die Grundrechtsverpflichteten

I. Die Bindung aller hoheitlichen Gewalt – Grundsatzfragen

103   Art. 1 Abs. 3 GG bestätigt nicht nur die Grundrechte als unmittelbar geltendes Recht, aus dem subjektiv-rechtliche Berechtigungen und objektiv-rechtliche Gehalte abgeleitet werden können, sondern er nennt auch die Grundrechtsverpflichteten: Gesetzgebung, vollziehende Gewalt und Rechtsprechung, soweit sie von deutschen Staatsorganen ausgeübt werden.[201] Diese hoheitlichen Gewalten sollen an die Grundrechte gebunden sein; sie sind mithin die Adressaten der Bindung (unten Art. 1 Rdn. 101 ff.).

104   Die vollständige **Bindung der Staatsgewalt** war keineswegs von Anfang an geltendes Recht; sie musste erst im Laufe der Entwicklung der Grundrechte durchgesetzt werden. Noch in der Weimarer Staatsrechtslehre war die Frage nach Normcharakter oder Programmcharakter der Grundrechte als Prinzipienfrage behandelt worden. Eine Bindung des Gesetzgebers an Grundrechte galt damals nur in Ausnahmefällen.[202] Im Grundgesetz hat Art. 1 Abs. 3 GG als Schüsselnorm für die Grundrechtsbindung unmissverständlich geklärt, dass auch der Gesetzgeber an die Grundrechte gebunden ist, nicht nur wie früher die vollziehende Gewalt und die Rechtsprechung. Art. 1

---

200 Vgl. *Stern*, Staatsrecht III/1, S. 1089 ff.
201 Nicht deutsche Staatsgewalt ist nicht erfasst. Zu supranationaler Gewalt s. unten Art. 1 Rn. 104.
202 Vgl. ausführlich *Stern*, Staatsrecht III/1, S. 1177 ff. m.w.N.; *Gusy*, Die Weimarer Reichsverfassung, 1997, S. 280 ff.

Abs. 3 wurde so zur grundlegenden und umfassenden Geltungs- und Bindungsnorm der Grundrechte. Das Bundesverfassungsgericht hat die Vorschrift zu Recht als »Leitnorm« bezeichnet.[203] Die Grundrechte wurden dadurch in ihrer Normativität außerordentlich gestärkt. Was Art. 20 Abs. 3 für alle Verfassungsrechtsnormen zum Ausdruck bringt, ist für die Grundrechte noch einmal speziell in Art. 1 Abs. 3 festgelegt, um mit aller Deutlichkeit die Höchstrangigkeit aller Grundrechtsnormen zu bekräftigen. Trotz der Eindeutigkeit des Art. 1 Abs. 3 wirft die Vorschrift einige Zweifelsfragen über die Reichweite der Grundrechtsgebundenheit auf. Sie bezieht sich vor allem auf

– die Bindung des Staates in privatrechtsförmigen einschließlich erwerbswirtschaftlich-fiskalischen Handlungsbereichen[204];
– die Grundrechtsbindung sonstiger juristischer Personen des öffentlichen Rechts namentlich der staatsdistanzierten Einrichtungen[205];
– die Grundrechtsbindung von Privaten, die Staatsfunktionen wahrnehmen (sog. Beliehene und in Dienst Genommene einschließlich der normkonkretisierend tätigen nicht-staatlichen »Regelgeber«)[206];
– die Grundrechtsbindung von Organisationen gesellschaftlicher Mächtigkeit[207];
– die Wirkung der Grundrechte in der Privatrechtsordnung (oben Rdn. 42 ff.).

In allen Beziehungen handelt es sich um außerordentlich intrikate Fragen, die nur bezogen auf die je besondere Konstellation beantwortet werden können.[208] Darauf ist im Einzelnen unter Art. 1 Rdn. 101 ff. einzugehen.   105

II. Die Bindung des Gesetzgebers

Art. 1 Abs. 3 untersagt grundrechtswidrige Gesetze. Verstößt die gesetzgebende Gewalt gegen ein Grundrecht, so handelt sie verfassungswidrig. Zur Gesetzgebung gehören die förmlichen Gesetze des Bundes und der Länder[209], aber auch die sog. Ge-   106

---

203 Vgl. BVerfGE 6, 386 (387).
204 Vgl. BVerfGE 115, 205 (227 f.); *Jarass*, in: ders./Pieroth, GG, Art. 1 Rn. 39 f.; zu sog. Mischunternehmen *Selmer*, in: HGR II, § 53 Rn. 54; *Starck*, in: v. Mangoldt/Klein/Starck, GG I, Art. 1 Rn. 222, jew. m.w.N.
205 Vgl. *Kempen*, in: HGR II, § 54 Rn. 40 ff.; *Starck*, in: v. Mangoldt/Klein/Starck, GG I, Art. 1 Rn. 221 m.w.N.
206 Vgl. *Herdegen*, in: Maunz/Dürig, GG, Art. 1 (2005), Rn. 101; *Jarass*, in: ders./Pieroth, GG, Art. 1 Rn. 41 f.; *Kunig*, in: v. Münch/Kunig, GG I, Art. 1 Rn. 60.
207 Etwa der politischen Parteien, dazu *Kempen*, in: HGR II, § 54 Rn. 70 oder der Kirchen, ebda. Rn. 78 oder der Verbände, namentlich der Gewerkschaften.
208 Vgl. aus der reichhaltigen Literatur etwa *Stern*, Staatsrecht III/1, S. 1203 ff.; *Kempen*, in: HGR II, § 54 Rn. 48 ff.; *Rüfner*, HStR IX § 197 Rn. 10 ff.; *Puhl*, VVDStRL 60 (2001), S. 477 ff.; *Storr*, Der Staat als Unternehmer – Öffentliche Unternehmen in der Freiheits- und Gleichheitsdogmatik des nationalen Rechts und des Gemeinschaftsrechts, 2001.
209 Vgl. *Herdegen*, in: Maunz/Dürig, Art. 1 Abs. 3 Rn. 93; *Jarass*, in: ders./Pieroth, GG, Art. 1 Rn. 32; *Kempen*, in: HGR II, § 54 Rn. 26; *Starck*, in: v. Mangoldt/Klein/Starck, GG I, Art. 1 Rn. 224; *Stern*, Staatsrecht III/1, S. 1269.

setzgebungsverträge nach Art. 59 Abs. 2 Satz 1, 2. Alternative GG einschließlich des innerstaatlichen Rechts, das völkerrechtliche Verträge in innerstaatliches Recht transponiert.[210] Auch die Rechtsetzung der Exekutive in Form von Rechtsverordnungen oder Satzungen der Autonomieträger sind der Bindungswirkung unterworfen[211], wobei dahingestellt bleiben kann, ob man dieses nicht-förmliche Gesetzesrecht der vollziehenden Gewalt zuordnet oder der Gesetzgebung. Der Bindung unterliegen auch die Geschäftsordnungen der Verfassungsorgane.[212] Besonderheiten wirft die Rechtsetzung der Kirchen nach Art. 140 GG in Verbindung mit Art. 137 Abs. 3 Satz 1 WRV auf (näher unten).

107   Schwierigkeiten weist die Grundrechtsbindung der normativen Teile der Tarifverträge auf. Die Tarifvertragsparteien sind nach Art. 9 Abs. 3 in Verbindung mit § 1 Abs. 1 Tarifvertragsgesetz berechtigt, »Rechtsnormen« zu erlassen, »die den Inhalt, Abschluss und die Beendigung von Arbeitsverhältnissen sowie betriebliche und betriebsverfassungsrechtliche Fragen ordnen können«. In Tarifverträgen sind daher Rechtsregeln enthalten, die generell abstrakte Wirkung haben und materiell Rechtsnormen gleichstehen (unten Art. 9 Rdn. 38 ff.). Diese autonomen Rechtsnormen der Koalitionen des Arbeitslebens müssen die Grundrechte beachten.[213] Was für Tarifverträge hinsichtlich der Grundrechtsbindung gesagt wird, gilt auch für Betriebsvereinbarungen und Sozialpläne; denn auch ihnen kommt normative Wirkung zu (§§ 112, Abs. 1 Satz 3, 77 Abs. 4 Betriebsverfassungsgesetz).

108   Eine Grundrechtsbindung wird man auch für die Regulierungssätze privater Normungsverbände annehmen müssen.[214]

109   Ein besonderes Problem ist, ob auch durch Unterlassen des Gesetzgebers Grundrechte verletzt werden können.[215] Das ist im Grundsatz zu bejahen, besonders bei Gleichheitsverstößen, muss aber mit Blick auf den Handlungs- und Regelungsspielraum des Gesetzgebers gesehen werden.

110   Die Grundrechtsbindung des Gesetzgebers wird durch die **Kontrolle des Bundesverfassungsgerichts** effektuiert. Damit gewinnt das Gericht entscheidenden Einfluss auf die Legislative. Insofern können Parlamentswille und Kontrollbefugnis des Bundesverfassungsgerichts und damit die Frage Politik versus Verfassungsgerichtsbarkeit zu schwerwiegenden Problemen führen. Um die daraus resultierenden Konflikte in Grenzen zu halten, sind eine Reihe von Argumentationsfiguren entwickelt worden, die sich um die Pole judicial activism bzw. judicial self restraint ranken.[216] Als

---

210 Vgl. *Kempen*, in: HGR II, § 54 Rn. 27; *Rüfner*, in: HStR IX, § 197 Rn. 60 ff.
211 Vgl. *Höfling*, in: Sachs, GG, Art. 1 Rn. 96.
212 Vgl. *Kempen*, in: HGR II, § 54 Rn. 28.
213 Vgl. BVerfGE 28, 295 (305); 34, 307 (317); 44, 320 (340); 64, 208 (214). s. aber *Höfling*, in: Sachs, GG, Art. 1 Rn. 100.
214 Vgl. *Stern*, Staatsrecht III/1, S. 1279 ff.; *Höfling*, in: Sachs, GG, Art. 1 Rn. 102.
215 Vgl. *Schlaich/Korioth*, Das Bundesverfassungsgericht, 7. Aufl. 2007, Rn. 408 f.
216 Vgl. *Stern*, Staatsrecht II, S. 962; *Schlaich/Korioth*, Das Bundesverfassungsgericht, 7. Aufl. 2007, Rn. 505 m.N. aus der Rspr. des BVerfG.

besonders wichtig gilt, dass die Verfassungswidrigkeit nicht ausnahmslos die Nichtigkeit des Gesetzes auslöst, sondern nur die Feststellung, dass eine Norm verfassungswidrig ist und vom Gesetzgeber bereinigt werden muss.[217] Außerdem hat das Bundesverfassungsgericht die Interpretationsfigur der verfassungskonformen Auslegung entwickelt, derzufolge eine Vorschrift nicht für verfassungswidrig zu erklären ist, wenn eine Auslegung im Einklang mit der Verfassung möglich ist.[218]

III. Die Bindung der vollziehenden Gewalt

Art. 1 Abs. 3 sprach in seinem ursprünglichen Wortlaut von »**Verwaltung**«. Mit der Einführung der Wehrverfassung wurde dies in »**vollziehende Gewalt**« geändert, um eindeutig klarzustellen, dass auch die Streitkräfte einer Grundrechtsbindung unterliegen. Damit ist deutlich gemacht, dass alle Exekutivorgane des Bundes und der Länder und die ihnen unterstellten Behörden sowie sonstige Organisationseinheiten in der Form juristischer Personen des öffentlichen Rechts, seien es solche der mittelbaren Staatsverwaltung oder der Selbstverwaltung, der Grundrechtsbindung unterliegen. Dies bezieht sich auf alle Formen der Verwaltungstätigkeit (Eingriffsverwaltung, schlichte Hoheitsverwaltung, pflegende und gewährende Verwaltung, Daseinsvorsorge, Bedarfdeckungsverwaltung).[219]   **111**

Lange Zeit war es zweifelhaft, ob auch die sog. **besonderen Gewaltverhältnisse** wie das Beamtenverhältnis, das Schul- und Hochschulverhältnis, das Wehr- und Zivildienstverhältnis und das Strafvollzugsverhältnis einzubeziehen sind. Diese Frage ist mittlerweile geklärt in dem Sinne, dass auch in diesen Sonderverhältnissen die Grundrechtsbindung besteht, wenngleich Besonderheiten mit Rücksicht auf die Funktionsfähigkeit des jeweiligen besonderen Gewaltverhältnisses beachtet werden müssen.[220]   **112**

IV. Die Bindung der Rechtsprechung

Die Grundrechtsbindung der **Rechtsprechung**, der dritten Gewalt, wird gemeinhin als unproblematisch empfunden.[221] Das hängt damit zusammen, dass sie in erster   **113**

---

217 Vgl. *Schlaich/Korioth*, ebda., Rn. 413 ff.; *Dreier*, in: ders. Grundgesetz-Kommentar, 3. Aufl. 2013, Art. 1 III Rn. 55: »uferlose Literatur«.

218 Vgl. *Stern*, Staatsrecht I, S. 136; *Vosskuhle*, AöR 125 (2000), S. 185 ff. Aus der Rspr. BVerfGE 2, 266 (282); 54, 251 (273 ff.); 64, 229 (242; 69, 1 (55); 74, 297 (299 ff.); 83, 201 (215); 88, 203 (231); 95, 64 (93); 99, 341 (358); 101, 312 (329); 112, 164 (183).

219 Vgl. *Stern*, Staatsrecht III/1, S. 1326 f.; *Jarass*, in: Jarass/Pieroth, GG, Art. 1 Rn. 33; *H. Dreier*, ebda. Rn. 60 ff.; *Höfling*, in: Sachs, GG, Art. 1 Rn. 103 ff.

220 Vgl. BVerfGE 33, 1 (11); 47, 46 (78); 58, 358 (367); *Dreier*, in: ders., GG I, Vor Art. 1 Rn. 134 m.w.N.; *Hesse*, Verfassungsrecht, Rn. 321 ff.; *Jarass*, in: Jarass/Pieroth, GG, Vorb. Art. 1 Rn. 39; *N. Klein*, DVBl. 1987, 1102 ff.; ausführlich *W. Loschelder*, HStR IX, § 202.

221 Vgl. *Dreier*, in: ders., GG I, Art. 1 III Rn. 78 ff.; *Starck*, in: v. Mangoldt/Klein/Starck, GG I, Art. 1 Rn. 238 ff.; *Rüfner*, in: HStR IX, § 197 Rn. 49 ff.

Linie Schutzfunktionen für die Grundrechte wahrzunehmen hat. Probleme ergeben sich hier indessen bei der Kontrolle der Fachgerichtsbarkeit durch das Bundesverfassungsgericht (unten Rdn. 179 ff.).

114 Als Rechtsprechung wird dabei die Tätigkeit der gesamten Rechtspflege erfasst, also auch die Tätigkeit der freiwilligen Gerichtsbarkeit im Register-, Vormundschafts- und Nachlasswesen sowie die verwaltende Tätigkeit der Justiz. Auch die Vollstreckungstätigkeit ist in die Bindung einbezogen.[222] Besonderheiten gelten für die Bindung der kirchlichen Gerichtsbarkeit. Hier kommt eine Bindung nur in Frage, wenn die kirchliche Tätigkeit als solche grundrechtsgebunden ist (unten Art. 4 Rdn. 157 f.).

115 Eine unmittelbare Bindung der privaten Gerichtsbarkeit (etwa der Schiedsgerichte nach §§ 1025 ff. ZPO) ist nicht anzunehmen.[223] Hier kommt eine Bindung nach den Grundsätzen ausschließlich der Drittwirkung in Frage.

116 Speziell die Prozessgrundrechte (Art. 19 Abs. 4, Art. 101 Abs. 1 Satz 2, Art. 103 f.) sind für die Gerichtsbarkeit als ihnen zugeordnete spezifische Grundrechte maßgeblich. Sie erfassen vor allem das gerichtliche Verfahren, sind aber auch für die materielle Bindungswirkung bedeutsam.

G. Die Grundrechtsschranken

I. Die Unentbehrlichkeit von Grundrechtsschranken

117 Ausgangspunkt jeder Schranken- bzw. Begrenzungslehre für die Grundrechte ist die Erkenntnis, dass Grundrechte sowohl um des gedeihlichen Zusammenlebens der Menschen in einer Gemeinschaft als auch um der Wahrung wichtiger Gemeinschaftswerte willen nicht unbegrenzt gelten können. Da alle Menschen Grundrechtsberechtigte mit unterschiedlichen Interessen und Verhaltensweisen sind, können Grundrechtsausübungen miteinander kollidieren.

118 Niemals in der Grundrechtsgeschichte waren daher Grundrechte als unbegrenzbare Rechte verstanden worden. Immer gab es Begrenzungen oder Begrenzungsmöglichkeiten, für die die Wissenschaft vorzugsweise den Begriff **Schranken** ausgebildet hat.[224] In diesem Lichte finden sich in den meisten Grundrechtsnormen Begriffe wie »Schranken« (Art. 5 Abs. 2, 14 Abs. 1 Satz 2 GG, Art. 140 GG iVm Art. 137 Abs. 3 Satz 1 WRV), »Beschränkungen« (Art. 8 Abs. 2, 10 Abs. 2, 13 Abs. 3, 104 Abs. 1 Satz 1 GG) oder »Einschränkungen« (Art. 11 Abs. 2, 17a Abs. 1 und 2 GG).

119 In vielen Grundrechten sind sog. **Gesetzesvorbehalte** vorgesehen, die dem Gesetzgeber die Befugnis verleihen, im Schutzbereich der Grundrechte Regelungen, meist

---

222 Vgl. BVerfGE 52, 203 (207); 112, 50 (61); 117, 203 (240).

223 Vgl. *Stern*, Staatsrecht III/1, S. 1434 f.; *Dreier*, in: ders., GG I, Art. 1 III Rn. 78.

224 Vgl. *Dreier*, in: ders., GG I, Vorb. Rn. 134 ff.; *Ipsen*, Staatsrecht II, Rn. 155 ff.; *Jarass*, in: ders./Pieroth, GG, Vorb. Art. 1 Rn. 37 ff.; *Chr. Hillgruber*, HStR IX § 201; *v. Münch*, in: ders./Kunig, GG I, Vorb. Art. 1 Rn. 52; *Starck*, in: v. Mangoldt/Klein/Starck, GG I, Art. 1 Rn. 266 ff.; *Kokott*, in: HGR II, § 22.

einschränkender Art, zu treffen (Art. 2 Abs. 2 Satz 3, 4 Abs. 3 Satz 2, 8 Abs. 2, 10 Abs. 2 Satz 1, 11 Abs. 2 Satz 1, 12 Abs. 1 Satz 2, 13 Abs. 2 und Abs. 7, 14 Abs. 1 Satz 2, 16 Abs. 1 Satz 2, 16 Abs. 2 Satz 2, 16a Abs. 3 Satz 1, 104 Abs. 1 Satz 1 GG.[225]

Daneben gibt es allerdings auch Grundrechte, denen mit Vorbedacht solche Geset-   **120** zesvorbehalte oder andere Begrenzungsvorbehalte nicht beigegeben worden sind (Art. 1 Abs. 1, 4 Abs. 1 und 2, 5 Abs. 3 Satz 1, 8 Abs. 1, 9 Abs. 3). Dies bedeutet jedoch nicht, dass diese Grundrechte schrankenlos sind. Es gelten nur besondere Grundsätze der Begrenzung (unten Rdn. 127).

Trotz vieler Beiträge zu den Grundrechtsschranken und ihren Kriterien kann von ei-   **121** ner konsistenten Lehre der Grenzen der Grundrechte noch immer nicht gesprochen werden. Zwar wäre es übertrieben, von einem »Schrankenwirrwarr« zu sprechen.[226] Richtig ist jedoch, dass sich der Parlamentarische Rat kaum systematische Gedanken zur Frage der Begrenzung der Grundrechte gemacht hat. Einig war man lediglich in der Ablehnung der Formel des Herrenchiemseer Konvents, wonach die Grundrechte, soweit sich aus ihrem Inhalt nichts anderes ergibt, im Rahmen der allgemeinen Rechtsordnung zu verstehen seien (Art. 21 Abs. 3 HChE).[227] Der Parlamentarische Rat entschied sich für ein differenziertes, vorsichtig ausgestaltetes Gefüge von Schranken für die einzelnen Grundrechte, das schwer in ein System zu bringen ist. Man hielt es für richtig, dass die Schrankenziehung stets für jedes einzelne Grundrecht eigenständig zu prüfen ist. Dem folgte auch das Bundesverfassungsgericht, wie sich beispielsweise daran zeigt, dass man bei Art. 12 GG mit einer »Stufentheorie« (unten Art. 12 Rdn. 86 ff.) oder bei Art. 5 Abs. 1 GG mit einer »Wechselwirkungstheorie« (unten Art. 5 Rdn. 285) arbeitet oder im Rahmen des Art. 2 Abs. 1 GG dem Begriff »verfassungsmäßige Ordnung« einen spezifischen Sinn gibt, um die »allgemeine Handlungsfreiheit« begrenzen zu können (unten Art. 2 Rdn. 95 ff.). Dennoch lassen sich einige übereinstimmende Grundsätze aufstellen.

II. Grundsätze zur Begrenzung der Grundrechte

1. Verfassungsunmittelbare und verfassungsmittelbare Schranken

Es gehört zu den unbestrittenen Grundsätzen der Begrenzung von Grundrechten,   **122** dass kein Grundrecht schrankenlos gilt, und zwar auch dann nicht, wenn im Text eine ausdrückliche Begrenzung oder Begrenzungsmöglichkeit nicht vorgesehen ist. Ebenfalls ist anerkannt, dass die Grundrechtsbestimmungen nicht einfach zur Ver-

---

225 Vgl. *v. Arnauld*, Die Freiheitsrechte und ihre Schranken, 1999; *Ipsen*, Staatsrecht II, Rn. 172 ff.; *Jarass*, in: ders./Pieroth, GG, Vor Art. 1 Rn. 40; *Lindner*, Theorie der Grundrechtsdogmatik, 2006, S. 284 ff.; *v. Münch*, in: ders./Kunig, GG I, Vorb. Art. 1 Rn. 54; *Sachs*, in: ders., GG, Vor Art. 1 Rn. 101; *Stern*, Staatsrecht III/2, § 80; *ders.*, in: FS 50 Jahre BVerfG II, 2001, S. 18 ff.

226 So *Bettermann*, Grenzen der Grundrechte, 1968, S. 3.

227 Zu den Gründen der Ablehnung vgl. *Stern*, Staatsrecht Bd. III/2, S. 705 ff.

fügung des Gesetzgebers stehen. Dies würde einen Widerspruch zur Grundrechtsbindung des Gesetzgebers nach Art. 1 Abs. 3 GG bedeuten. Schließlich ist ebenfalls unbestritten, dass den Grundrechten nicht das Menschenbild eines isolierten Individuums zugrunde liegt, sondern das Bild eines in die Gemeinschaft gestellten Menschen.[228]

123 Bei allen Grundrechtsschranken geht es um das Spannungsverhältnis zwischen hochrangigen individuellen Rechtspositionen und mitmenschlich oder gemeinschaftlich bedingten Begrenzungen. Dieses Spannungsverhältnis richtig auszutarieren, erfordert eine sorgfältige Abgrenzung der Grundrechtsentfaltung und ihrer Einschränkung.

124 In der Wissenschaft hat sich eingebürgert, zwischen **verfassungsunmittelbaren und verfassungsmittelbaren Schranken** zur Einschränkung von Grundrechten zu unterscheiden.[229] Verfassungsunmittelbar sind die Schranken, die den grundrechtlichen Schutzbereich nach Maßgabe der Verfassung selbst beschränken, sei es in den Grundrechtsbestimmungen oder in anderen Verfassungsrechtssätzen. Verfassungsmittelbar sind solche Schranken, die die Staatsgewalt, vorzugsweise den Gesetzgeber, zu Einschränkungen ermächtigen. Unter diesen verfassungsmittelbaren Schranken ragt als besonders bedeutsam die Ermächtigung an den Gesetzgeber heraus, die in einem sog. Gesetzesvorbehalt festgehalten ist.

125 **Verfassungsunmittelbare Schranken** finden sich z.B. in Art. 5 Abs. 2, soweit dort das »Recht der persönlichen Ehre« die Meinungs-, Presse- und Filmfreiheit begrenzt. Zwar liegt darin auch ein Verweis auf gesetzliche Regelungen zum Ehrenschutz, aber gleichzeitig wird dieser Ehrenschutz als Verfassungsrechtsgut unmittelbar zur Schranke der Kommunikationsfreiheiten des Art. 5 Abs. 1 GG erklärt (unten Art. 5 Rdn. 279 f.).

126 Eine verfassungsunmittelbare Schranke ist auch die »Treue zur Verfassung« nach Art. 5 Abs. 3 Satz 2 GG. Diese Treueklausel will verhindern, dass unter dem Vorwand wissenschaftlicher Kritik vom Katheter aus eine hinterhältige Politik betrieben wird, die die Demokratie und ihre Einrichtungen verächtlich machen will.[230] Eine verfassungsunmittelbare Schranke der Vereinigungsfreiheit findet sich beispielsweise auch im Art. 9 Abs. 2, wenn Vereinigungen verboten sind, »deren Zwecke oder deren Tätigkeit den Strafgesetzen zuwiderlaufen oder die sich gegen die verfassungsmäßige Ordnung oder gegen den Gedanken der Völkerverständigung richten« (unten Art. 9 Rdn. 80 ff.). Auch für Wohnungsdurchsuchungen und für das Asylgrundrecht sind besondere verfassungsrechtliche Vorgaben normiert.

---

228 Vgl. BVerfGE 4, 7 (15 f.);8, 274 (329); 27, 1 (7); 30, 1 (20); 33, 303 (334); 45, 187 (228); 50, 166 (175).
229 Vgl. *Bumke*, Der Grundrechtsvorbehalt, 1998, S. 210 f.; *Eckhoff*, Der Grundrechtseingriff, 1992, S. 23; *Hillgruber*, in: HStR IX, § 201 Rn. 21; kritisch *v. Münch*, in: ders./Kunig, GG I, Vor Art. 1 Rn. 49 (»missverständlich«).
230 Vgl. *Stern*, in: FS Steiner, 2009, S. 842 ff. (852).

2. Die Einschränkung vorbehaltlos gewährter Grundrechte

Verfassungsunmittelbare Schranken sind auch erforderlich für solche Grundrechte, 127 die dem Text nach unbeschränkt gewährt werden. Nach der seit 1970 maßgeblichen Rechtsprechung des Bundesverfassungsgerichts gilt hier die Argumentation:»Nur kollidierende Grundrechte Dritter und andere mit Verfassungsrang ausgestattete Rechtswerte sind mit Rücksicht auf die Einheit der Verfassung und die von ihr geschützte gesamte Wertordnung ausnahmsweise imstande, auch uneinschränkbare Grundrechte in einzelnen Beziehungen zu begrenzen. Dabei auftretende Konflikte lassen sich nur lösen, indem ermittelt wird, welche Verfassungsbestimmung für die konkret zu entscheidende Frage das höhere Gewicht hat … Die schwächere Norm darf nur so weit zurückgedrängt werden, wie das logisch und systematisch zwingend erscheint; ihr sachlicher Grundwertgehalt muss in jedem Fall respektiert werden«.[231] Später wurde diese Grundlinie dahingehend modifiziert, dass der Konflikt zwischen Grundrecht und anderen verfassungsrechtlich geschützten Gütern »nach dem Grundsatz praktischer Konkordanz« unter Heranziehung des Grundsatzes der Verhältnismäßigkeit zu lösen ist. Das läuft darauf hinaus, »dass nicht eine der widerstreitenden Rechtspositionen bevorzugt und maximal behauptet wird, sondern alle einen möglichst schonenden Ausgleich erfahren«. Erreicht werden soll ein »verhältnismäßiger Ausgleich der gegenläufigen … Interessen mit dem Ziel ihrer Optimierung«.[232] Diese Argumentation mündet in einen schwierigen Abwägungsprozess ein.[233] Die Gefahr eines richterlichen Dezisionismus ist hier nicht von der Hand zu weisen. Immerhin darf für die Praxis registriert werden, dass diese Argumentationsfigur durchweg zu akzeptablen Ergebnissen geführt hat. Zu beachten ist freilich, dass Kollisionslagen von Verfassungsrechtsgütern in der Regel situationsgebunden zu lösen sind. Dennoch lassen sich einige mehr oder weniger abwägungstaugliche Verfassungsrechtsgüter benennen:

- die Sicherung der Existenz und der Funktionssicherheit des Staates einschließlich der Landesverteidigung;
- die Friedens- und Gehorsamspflicht der Bürger;
- der Schutz der Verfassung;
- die finanzielle Sicherheit des Staates;
- die Funktionsfähigkeit von Volksvertretungen;
- eine funktionsfähige Rechtspflege;
- die Grundversorgung im Gesundheits-, Energiewesen sowie der Jugendschutz;

---

231 Vgl. BVerfGE 28, 243 (261); s f. Rechtsprechung, zuletzt etwa BVerfGE 119, 1 (23); 122, 89 (107); 124, 25 (36); 126, 1 (24 f.); 128, 1 (41); BVerfG, NJW 2014, 1364 Rn. 98: »verfassungsimmanente Schranke« des Art. 6 Abs. 2 GG.
232 Vgl. BVerfGE 81, 278 (292); 93, 1 (21); 97, 169 (176); *M. Kloepfer*, Verfassungsrecht II, 2010, § 51 Rn. 85 ff.
233 Vgl. BVerfGE 93, 1 (21); ferner *Alexy*, Theorie der Grundrechte, 2. Aufl. 1994, S. 146, 152; *H.-J. Papier*, in: HGR III, § 64 Rn. 17 ff.; *Jarass*, in: ders./Pieroth, GG, Vor Art. 1 Rn. 49; *Sachs*, in: Stern, Staatsrecht Bd. III/2, S. 521 ff.; *ders.* in: ders. GG, Vor Art. 1 Rn. 124; *S. Lenz*, Vorbehaltlose Freiheitsrechte, 2006, S. 215 ff.

– Staatsziele, insbesondere später eingefügte, wie Art. 20a GG und Art. 109 Abs. 2 GG;

– »Einheit der Verfassung« oder deren »Wertordnung«.

3. Der Gesetzesvorbehalt

128   Unter den verfassungsmittelbaren Schranken ragen diejenigen hervor, die dem Gesetzgeber die Befugnis zur Begrenzung des grundrechtlichen Schutzbereiches in Form eines sog. **Gesetzesvorbehalts** geben. Das muss nicht immer durch einen ausdrücklichen Hinweis auf ein Gesetz erfolgen; oft genügt es, wenn die Auslegung der Grundrechtsnorm auf die Befugnis zu Regelungen oder Beschränkungen durch Gesetz schließen lässt. Danach ist man etwa bei Presse, Rundfunk, Schule, Verein, Gesellschaft, Staatsangehörigkeit und Asyl verfahren. Diese Grundrechte können ebenso wie die Garantie des Rechtsweges und des gesetzlichen Richters sich nicht entfalten ohne gesetzgeberische Ausgestaltung.[234]

129   Mustert man die Gesetzesvorbehalte in den Grundrechtsbestimmungen durch, so stößt man gelegentlich auf Einschränkungen wie »allgemeines Gesetz« oder »spezifizierte« bzw. »qualifizierte« Gesetzesvorbehalte wie etwa Jugendschutz und vor allen Dingen im Rahmen des Art. 16a GG und des Art. 13 GG.

130   Besonders stellt sich auch die Frage, ob Gesetz nur das förmliche, vom Parlament erlassene Gesetz sein darf oder ob auch andere Rechtssätze wie Rechtsverordnungen bzw. Gewohnheitsrecht in Frage kommen. Auch hier gibt es differenzierte Rechtsprechung zu den einzelnen Grundrechten, auf die an gegebener Stelle einzugehen ist. In der Regel wird man nach der sog. **Wesentlichkeitstheorie** verlangen müssen, dass die Einschränkungen durch förmliches Gesetz vorzunehmen sind.[235] Das gilt namentlich für die sog. besonderen Gewaltverhältnisse (Sonderstatusverhältnisse) der Beamten, Richter, Soldaten, Schüler, Studenten und Strafgefangenen.[236]

---

234 Vgl. *Cornils*, Die Ausgestaltung der Grundrechte, 2005; *Jestaedt*, Grundrechtsentfaltung im Gesetz, 1999; *Chr. Hillgruber*, in: HStR IX § 201 Rn. 21 ff.; *G. Hermes*, in: HGR III, § 63 Rn. 1 ff.

235 Vgl. BVerfGE 49, 89 (126); 83, 130 (142); 95, 267 (307); 98, 218 (251); 101, 1 (34); 116, 24 (58); aus der Literatur s. *Dreier*, in: ders., GG I, Vorb. Rn. 136; *Jarass*, in: ders./Pieroth, GG, Art. 20 Rn. 47; *P. Lerche*, in: HGR III, § 62 Rn. 54 ff.

236 Vgl. BVerfGE 33, 1 – Strafvollzug sowie weitere Entscheidungen, vorrangig zum Schul- und Hochschulbereich sowie zum Beamten-, Richter- und Soldatendienstverhältnis, vgl. BVerfGE 34, 165; 41, 251, 45, 400; 47, 46; 58, 257; 83, 130 (142, 151 f.); 85, 386 (403 f.); 86, 288 (326); 116, 69 (80 f.); *Stern*, Staatsrecht III/1, S. 1383 ff., *Loschelder*, in: HStR IX, § 202 Rn. 46 ff. *F.-J. Peine*, HGR III, § 65; *Dreier*, in: ders., GG I, Art. 1 III Rn. 64 jeweils m.w.N.

III. Die sog. Schranken-Schranken

1. Begriff und Aussagen des Verfassunggebers

Während eine Systematik der Schranken der Grundrechte einige Schwierigkeiten be- **131**
reitet, sind die Begrenzungen, die der Verfassunggeber den Grundrechtsschranken
selbst, insbesondere den Gesetzesvorbehalten, gezogen hat, sehr viel klarer und präziser ausgeformt. Für diese Begrenzungen der Schrankenziehung hat sich der Begriff
»**Schranken-Schranken**« eingebürgert.[237] Motiv dieser Konstruktion war das durch
Erfahrung erhärtete Misstrauen des Parlamentarischen Rates gegenüber dem Gesetzgeber, der den Grundrechten in der Weimarer Republik durch Suspendierung und
vor allem im nationalsozialistischen Führerstaat nicht den nötigen Respekt entgegengebracht hatte. Daher wurde schon frühzeitig für die Verfassunggebung der Nachkriegszeit die Devise ausgegeben: »Wo die Verfassung Einschränkungen eines Grundrechts durch Gesetz zuläßt, muß das Gesetz das Grundrecht in seinem Kern
unangetastet lassen«.[238] Diesen Vorschlag *Walter Jellineks* griffen die vorgrundgesetzlichen Landesverfassungen und der Parlamentarische Rat auf. Normiert wurden
danach **formelle Schranken-Schranken** (Art. 19 Abs. 1 GG) und **materielle Schranken-Schranken** (Art. 19 Abs. 2 GG). In der Rechtsprechung des Bundesverfassungsgerichts ist dann vor allen Dingen der Verhältnismäßigkeitsgrundsatz hinzugetreten.
In neuerer Zeit ist noch der Bestimmtheitsgrundsatz und der Vertrauensschutz betont worden.[239]

Als formelle Schranken gelten das **Verbot des Einzelfall- oder Einzelpersonengeset-** **132**
zes nach Art. 19 Abs. 1 Satz 1 und das Zitiergebot des Art. 19 Abs. 1 Satz 2. Beide
Vorschriften waren entstehungsgeschichtlich nicht unumstritten und teils gefeiert,
teils skeptisch betrachtet worden. In der Rechtsprechung des Bundesverfassungsgerichts erlangten beide Regelungen keine große Bedeutung (unten Art. 19
Rdn. 19 ff.). Jedenfalls ist kein Gesetz daran gescheitert. Gleichwohl darf man ihre
Schutz- und Warnfunktion nicht für unbedeutend erachten.[240]

Besonders relativiert wurde von der Rechtsprechung des Bundesverfassungsgerichts **133**
das **Zitiergebot** des Art. 19 Abs. 1 Satz 2 (näher unten Art. 19 Rdn. 30 ff.).

Als die wichtigste materielle Schranken-Schranke war vom Verfassunggeber der **134**
Schutz des Wesensgehalts der Grundrechte nach Art. 19 Abs. 2 GG eingeführt worden. Die scharfe Formulierung dieser Bestimmung zeigt, dass der Parlamentarische
Rat ihr nachhaltige Bedeutung zur Sicherung der Grundrechte zuweisen wollte. Dieser Wille des Verfassunggebers hat in der Rechtsprechung des Bundesverfassungs-

---

237 Erstmals wohl *Wernicke*, in: BK, Art. 19 (Erstbearbeitung), Anm. II 2b a.E.; *Bettermann*,
   Grenzen der Grundrechte, 1968, S. 5; ferner *Dreier*, in: *ders.*, GG I, Vorb. Rn. 144; *Höfling*, Jura 1994, 169 (171); *Lindner*, Theorie der Grundrechtsdogmatik, 2006, S. 287 ff.;
   Stern, Staatsrecht III/2, S. 692 f. m.w.N.
238 Vgl. *Jellinek*, Grundrechte und Gesetzesvorbehalt, DRZ 1946/47 S. 4 ff.
239 Vgl. *Sachs*, in: ders. GG-Kommentar, Vor Art. 1 Rn. 135.
240 Vgl. *Stern*, Staatsrecht III/2, S. 746 ff.

gerichts nicht den gewünschten Niederschlag gefunden. Nach anfänglich kräftigem Zuspruch[241] ist das Gericht methodisch weitgehend einen anderen Weg gegangen: Es hat sich für den sog. Verhältnismäßigkeitsgrundsatz als wichtigste materielle Schranke ausgesprochen. Dies hängt vor allem damit zusammen, dass eine Definition dessen, was Wesensgehalt bedeutet, außerordentliche Schwierigkeiten bereitet (unten Art. 19 Rdn. 37 ff.).

2. Der Verhältnismäßigkeitsgrundsatz als generelle Schranken-Schranke

135   Ursprünglich aus dem Verwaltungsrecht, vor allen Dingen dem Polizeirecht, erwachsen, wird dieser Grundsatz heute neben Art. 1 GG namentlich dem Rechtsstaatsprinzip zugerechnet.[242] Insgesamt darf man sagen, dass sich der Verhältnismäßigkeitsgrundsatz zur **generellen Schranken-Schranke** für alle Grundrechtsbeschränkungen entwickelt hat. Für die Gesetzesvorbehalte gilt praktisch, dass sie zum »Vorbehalt des verhältnismäßigen Gesetzes« geworden sind.

136   Hauptsinn des Verhältnismäßigkeitsgebots ist zu gewährleisten, dass der Gesetzesvorbehalt nicht dazu genutzt wird, die Grundrechte über Gebühr einzuschränken. Die Gesetzgebung ist im Grundrechtsbereich nur unter Beachtung des rechten Maßes einzusetzen, vor allem hinsichtlich Angemessenheit von Zweck und Mitteln. Der Grundsatz ist nicht unbestritten geblieben und wird gelegentlich als »Gleich- und Weichmacher der Verfassungsmaßstäbe« betrachtet.[243] Um dieser Gefahr zu begegnen, ist eine präzise Festlegung des Inhalts des Verhältnismäßigkeitsgrundsatzes geboten. Schrifttum und Rechtsprechung differenzieren ihn weitgehend mit Blick auf drei Teilgebote aus[244]:
– Geeignetheit oder Tauglichkeit des Mittels für einen bestimmten Zweck;
– Erforderlichkeit oder Notwendigkeit des Mittels und
– Verhältnismäßigkeit (im engeren Sinn) oder Angemessenheit oder Proportionalität des Mittels in Relation zum betroffenen Rechtsgut, neuerdings oft als »Zumutbarkeit« gekennzeichnet.

---

241 Vgl. BVerfGE 1, 167 (178); 2, 1 (79); 2, 121 (123); 2, 266 (285); dazu *Merten*, in: FS Schambeck, 1994, S. 349 ff. (357 ff.); *Remmert*, Verfassungs- und verwaltungsgeschichtliche Grundlagen des Übermaßverbotes, 1995; *Stern*, in: FS Lerche, 1993, S. 165 ff.; *ders.*, Staatsrecht III/2, S. 770 m.w.N.

242 Vgl. BVerfGE 76, 256 (359); 80, 109 (120); 108, 129 (136); 111, 54 (82); 120, 274 (322); 121, 317 (354); *Grzeszick*, in: Maunz/Dürig, Art. 20 Rn. 108; *Hofmann*, in: Schmidt-Bleibtreu/Hofmann/Hopfauf, GG, Art. 20 Rn. 73; *Sachs*, in: ders., GG-Kommentar, Art. 20 Rn. 145 ff.; *Dreier*, in: ders. Vorb. Art. 1 Rn. 145 ff.; zur Rechtsentwicklung *Stern*, in: FS Lerche, 1993, S. 165 ff.

243 Vgl. *Ossenbühl*, in: FS Lerche, 1993, S. 151.

244 Vgl. *Jarass*, in: Jarass/Pieroth, GG, Art. 20 Rn. 84 ff. m.N. aus der Rspr. des BVerfG; ferner *Grzesick*, in: Maunz/Dürig, GG, Art. 20 VII (2006) Rn. 107 ff.; *Hofmann*, in: Schmidt-Bleibtreu/Hofmann/Hopfauf, GG, Art. 20 Rn. 72 f.; *Schlink*, in: FS 50 Jahre BVerfG II, 2001, S. 445 ff.; *Schmidt-Aßmann*, in: HStR II, § 26 Rn. 87; *Merten*, in: HGR III, § 68.

Diese Trias beherrscht weitgehend auch die Rechtsprechung des Bundesverfassungs- 137
gerichts.[245]

Eine Maßnahme ist dann zur Zweckerreichung **geeignet**, wenn mit ihrer Hilfe der 138
gewünschte Erfolg näherrückt. Sie ist ungeeignet, wenn sie die Erreichung einer beabsichtigten Zielsetzung erschwert oder im Hinblick auf das Ziel überhaupt keine
Wirkungen entfaltet.[246] Zu dieser Feststellung gibt es mittlerweile reichhaltige
Rechtsprechung.[247] Meistens prüft das Gericht, ob das Mittel »schlechthin ungeeignet«, »objektiv ungeeignet«, »offenbar ungeeignet oder unnötig« oder »grundsätzlich
ungeeignet« oder ob mit seiner Hilfe der gewünschte Erfolg gefördert werden kann.
Eignung ist dabei nicht identisch mit Zweckmäßigkeit; erstere ist Rechtsfrage, letztere Wertungsfrage. Für dabei erforderliche Prognosen nimmt das Bundesverfassungsgericht allerdings seine Kontrolle stark zurück.[248] Es verlangt jedoch, dass die Staatsorgane die »weitere Entwicklung und insbesondere die Auswirkungen der Regelung
zu beachten und diese gegebenenfalls für die Zukunft zu korrigieren [haben]«.[249]

Die **Erforderlichkeit** wird dahingehend umschrieben, dass nur solche (geeignete) 139
Mittel eingesetzt werden dürfen, die die geringsten einschneidenden Folgen hervorrufen. Maßstab ist das Interventionsminimum. Eingesetzt werden soll das mildeste
Mittel, das noch in der Lage ist, den in Aussicht genommenen Zweck zu verwirklichen. In der Formulierung des Bundesverfassungsgerichts lautet dies: Erforderlich
ist ein Mittel dann, »wenn der Gesetzgeber nicht ein anderes, gleich wirksames, aber
das Grundrecht nicht oder doch weniger fühlbar einschränkendes Mitteln hätte wählen können«.[250] Erforderlichkeit ist also dann nicht gegeben, wenn derselbe Erfolg
mit einem weniger schweren Eingriff in die Grundrechtssphäre erzielt werden könnte.[251]

---

245 Vgl. BVerfGE 67, 157 (173); 92, 277 (326 f.); ferner BVerfGE 70, 278 (286); 103, 293
(307); 104, 337 (347 ff.); 110, 141 (164); 116, 202 (224); 117, 163 (182); 118, 277
(374); BVerwGE 109, 188 (191); *Dreier*, in: ders., GG I, Vor Art. 1 Rn. 146; *Kokott*, in:
HGR I, § 22 Rn. 110; *Degenhart*, Staatsrecht I, Rn. 399; *Stern*, Staatsrecht III/1,
S. 776 ff.

246 Vgl. *Lindner*, Theorie der Grundrechtsdogmatik, 2006, S. 217 ff. mit Literaturnachweis
Fn. 147; ferner *Dechsling*, Das Verhältnismäßigkeitsgebot, 1989, S. 79 f.; *Grzesick*, in:
Maunz/Dürig, GG, Art. 20 VII (2006), Rn. 112; *J. Ipsen*, Staatsrecht II, Rn. 189; *M.C.
Jakobs*, Der Grundsatz der Verhältnismäßigkeit, 1985, S. 60 f.; *Jarass*, in: ders./Pieroth,
GG, Art. 20 Rn. 84.

247 Vgl. etwa BVerfGE 17, 306 (315 f.); 30, 292 (316); aus der jüngeren Rspr. etwa 96, 10
(23); 103, 293 (307); 109, 279 (336); 110, 141 (164); 110, 226 (262); 113, 29 (53);
116, 202 (224).

248 Vgl. BVerfGE 50, 290 (332 f.); 57, 139 (159); 62, 1 (50); 90, 145 (173); 55, 267
(314 f.); 110, 177 (194); 113, 167 (234); 113, 348 (386).

249 BVerfGE 110, 177 (194) mit Verweis auf BVerfGE 95, 267 (314 f.); 113, 167 (214).

250 Vgl. BVerfGE 30, 292 (316 f.); 67, 157 (177); 68, 193 (219); 90, 145 (172); 92, 262
(273); 100, 313 (375); 102, 197 (217); 110, 141 (164); 115, 276 (309); 116, 202 (225);
117, 163 (189); 118, 168 (194 f.); 120, 274 (321).

251 Vgl. BVerfGE 120, 274 (321); *Jarass*, in: ders./Pieroth, GG, Art. 20 Rn. 85.

140 Die größte Schwierigkeit bereitet das dritte Element, die **Verhältnismäßigkeit im engeren Sinn**.[252] Wie immer es im Einzelnen bestimmt wird: Gemeinsam ist allen Betrachtungen, dass bei der Prüfung eine Relation zwischen zwei Größen hergestellt werden muss, in der Regel zwischen Zweck und Mittel. In diesem Lichte wird Proportionalität üblicherweise dahingehend bestimmt, dass ein Mittel nicht außer Verhältnis zu dem angestrebten Zweck stehen darf oder in einem angemessenen Verhältnis zum angestrebten Zweck stehen muss. Auf die Grundrechtsebene bezogen heißt dies, dass das durch eine Grundrechtsbeeinträchtigung herbeigeführte Opfer nicht außer Verhältnis für den für die Allgemeinheit erstrebten Nutzen stehen darf.[253] In der Rechtsprechung des Bundesverfassungsgerichts wird daraus die Kurzformel, dass eine Maßnahme den Grundrechtsberechtigten »nicht übermäßig belasten«, für ihn »nicht unzumutbar« sein dürfe.[254] Neuere Formulierungen umschreiben diese dritte Ebene wie folgt: »Bei einer Gesamtabwägung zwischen der Schwere des Eingriffs und dem Gewicht der Dringlichkeit der ihn rechtfertigenden Gründe muss die Form der Zumutbarkeit noch gewahrt sein.«[255]

141 Im Wesentlichen bedarf es hier einer Abwägung, durch die ein vernünftiger Ausgleich zwischen den involvierten Rechtsgütern hergestellt werden soll. Grundrechtsbegrenzungen können dadurch richtig dosiert werden. Es geht um **praktische Konkordanz** und um einen nach beiden Seiten hin **möglichst schonenden Ausgleich**.[256]

H. Grundrechtseingriffe und sonstige Beeinträchtigungen

I. Terminologischer Befund und Differenzierungen

1. Der Zusammenhang zwischen Eingriff und Schranken

142 Wenn es um Beeinträchtigungen der Grundrechte geht, ist die grundrechtliche Terminologie überaus disparat. Man findet den Begriff »Eingriff«, z.B. in Art. 13 Abs. 7, häufiger »Schranke«, z.B. in Art. 5 Abs. 2 oder »Beschränkung«, z.B. in

---

252 Zur Kritik, dass daraus eine »unkalkulierbare Billigkeitsrechtsprechung« werden könne *Grzeszick*, in: Maunz/Dürig, GG, Art. 20 VIII (2006), Rn. 118 m.N.; ferner *H. Hanau*, Der Grundsatz der Verhältnismäßigkeit als Schranke privater Gestaltungsmacht, 2004, S. 96 ff.

253 Vgl. BVerfGE 76, 1 (51); 100, 313 (375 f.); *Dreier*, in: ders., GG I, Vor Art. 1 Rn. 149; *J. Ipsen*, Staatsrecht II, Rn. 193; *Jakobs*, Der Grundsatz der Verhältnismäßigkeit, 1985, S. 13 f.; *Jarass*, in: ders./Pieroth, GG, Art. 20 Rn. 86; *Stern*, Staatsrecht III/2, S. 782 ff.

254 Vgl. std. Rspr. BVerfGE 9, 338 (345 f.); 13, 97 (113); 104, 337 (349 ff.); 104, 357 (368 ff.); 110, 177 (195); 113, 29 (54); 113, 167 (260); 115, 118 (163 f.); 115, 166 (192).

255 Vgl. BVerfGE 30, 292 (316 f.); 113, 167 (260); 120, 224 (241); ähnlich BVerfGE 102, 197 (220); 104, 337 (349); ausführlich *Albrecht*, Zumutbarkeit als Verfassungsmaßstab, 1995; *Dreier*, in: ders., GG I, Vor Art. 1 Rn. 149; *Stern*, Staatsrecht III/2, S. 782 f.

256 Vgl. *Grzeszick*, in: Maunz/Dürig, GG, Art. 20 VIII (2006), Rn. 117 ff.; *Jarass*, in: ders./Pieroth, GG, Art. 20 Rn. 86a; *Sachs*, in: ders. GG-Kommentar, Art. 20 Rn. 155.

Art. 10 Abs. 2 Satz 1 und Satz 2. Mitunter wird daraus auf einen synonymen Sprachgebrauch geschlossen.[257]

2. Der Begriff Eingriff als bevorzugte Kategorie

In den allgemeinen Grundrechtslehren hat sich indessen der Begriff Eingriff als selbständige Kategorie für von außen, vor allem von Staatsorganen kommende Einwirkungen in den grundrechtlichen Schutzbereich heraus kristallisiert, die, sollen sie zulässig sein, einer Rechtfertigung durch eine im Abschnitt G aufgezeigte Schranke im Grundrechtstatbestand bedürfen. In diesem Licht ist der Eingriff »dynamisch« und vielfältig, die Schranke »statisch« und normativ.[258] Daraus hat sich in der Dogmatik eine Lehre ausgebildet die zwischen dem »klassischen« Grundrechtseingriff, sonstigen meist faktischen Beeinträchtigungen und Grundrechtsausgestaltungen unterscheidet.[259] Wie immer die Abgrenzung vorgenommen wird, ist unbestritten, dass der Schutzbereich der Grundrechte heute nicht nur seine Abwehrwirkung gegen den »klassischen« Grundrechtseingriff entfaltet, sondern ein erweiterter, sog. moderner Eingriffsbegriff vorherrscht, der auch faktische oder mittelbare Beeinträchtigungen erfasst.[260] Umstritten sind nur die Kriterien für diesen nicht-klassischen Eingriffsbegriff (unten Rdn. 147 f.). Für diesen modernen Eingriffsbegriff ist im Kern wesentlich, dass es sich um nicht unerhebliche Beeinträchtigungen der grundrechtlichen Schutzgüter handeln muss. Minima non curat praetor. 143

II. Der »klassische« Grundrechtseingriff

1. Die Kriterien des »klassischen« Grundrechtseingriffs

Die überkommene Grundrechtsdogmatik hat den klassischen Grundrechtseingriff durch folgende Kriterien gekennzeichnet: 144
– Einsatz staatlicher Hoheitsbefugnisse – Gebote und Verbote – (imperativer Charakter),
– Rechtsförmlichkeit, vornehmlich Gesetz, Verwaltungsakt, justizielle Entscheidung,
– gezielte, nicht bloß unerhebliche Einwirkung auf das grundrechtliche Schutzgut (Finalität),

257 *Isensee*, HStR IX, § 191 Rn. 105.
258 Vgl. *Isensee*, ebda.
259 *H.-U. Gallwas*, Faktische Beeinträchtigungen im Bereich der Grundrechte, 1970; *R. Eckhoff*, Der Grundrechtseingriff, 1992; *H. Bethge* und *B. Weber-Dürler*, Der Grundrechtseingriff, VVDStRL 57 (1998), S. 7 ff. 57 ff.; *M. Sachs*, in: ders. GG, Vor Art. 1 Rn. 78 ff.; *Dreier*, in: ders. GG, Vorb. Art. 1 Rn. 123 ff.
260 H.M.; vgl. *M. Sachs*, in: Stern, Staatsrecht III/2, § 78 mit umfassender Analyse; ders. in: GG-Kommentar, Vor Art. 1 Rn. 78 ff.; *Dreier*, in: ders. GG, Vorb. Art. 1 Rn. 125; *Isensee*, HStR IX, § 191 Rn. 111 ff.; *H. Bethge*, VVDStRL 57 (1998), S. 56 LS IV; *Weber-Dürler*, ebda. S. 97 LS III; *Chr. Hillgruber*, HStR IX, § 200 Rn. 89. Skeptisch gegenüber dem Eingriffsbegriff *J. Ipsen*, Staatsrecht II, Rn. 139.

– Unmittelbarkeit der Beeinträchtigung des Schutzguts

Diese Merkmale sind in der allgemeinen Grundrechtslehre im Wesentlichen unbestritten.[261] Sie sprechen für sich und bedürfen nur für Grenzfälle näherer Erläuterung (s. bei den einzelnen Grundrechten). Diese imperativen Eingriffe aktivieren die Abwehrfunktion der Grundrechte.

2. Die Rechtsprechung des Bundesverfassungsgerichtes

145   Die Rechtsprechung des Bundesverfassungsgerichtes hat den klassischen Eingriffsbegriff, den Eingriff »im herkömmlichen Sinne« im Einklang mit dem Rdn. 144 beschriebene Sinne definiert: »Danach wird unter einem Grundrechtseingriff im Allgemeinen ein rechtsförmiger Vorgang verstanden, der unmittelbar und gezielt (final) durch ein vom Staat verfügtes, erforderlichenfalls zwangsweise durchzusetzendes Ge- oder Verbot, also imperativ, zu einer Verkürzung grundrechtlicher Freiheiten führt«.[262] In dieser Entscheidung erweiterte das BVerfG allerdings über diesen imperativen Eingriffsbegriff hinaus deutlich und qualifizierte auch Berichte der Regierung über Gemeinschaften als »destruktiv« oder »pseudoreligiös« als potentielle Grundrechtsbeeinträchtigungen von »mittelbar faktischer Wirkung«, die im konkreten Fall jedoch für zulässig, weil der Staatsleitung zugehörige Informationen.

146   Unter Bezugnahme auf die Entscheidung zur sog. Glykolwarnung wird damit das gesamte Informationshandeln der Regierung als grundrechtsrelevant erklärt.[263] So schwierig es ist, die Zulässigkeit der über den klassischen Eingriffsbegriff hinausgehenden Einwirkungen im Einzelnen zu beurteilen, so gesichert sind die Fallkonstellationen des klassischen Eingriffsbegriffs. Sie orientieren sich an den Merkmalen der »klassischen« Staatstätigkeit-Gesetz, Verwaltungsakt, Rechtsprechungsakt-, die mit Befehl und Zwang verbunden sind sowie gezielt und unmittelbar in grundrechtliche Schutzgüter eingreifen. Es besteht eine »Identität von Regelung und Beeinträchtigung«[264]. Solche imperativen Eingriffe hat das BVerfG stets nach dem Muster:
– Grundrechtsbetroffenheit,
– Eingriffsqualität,
– Rechtfertigung, insbesondere
– Verhältnismäßigkeit[265]
geprüft.

---

261   H.M. vgl. *Isensee*, ebda m. weit. Nachw. Fn. 250; *Sachs*, ebda.; *Dreier*, ebda.; *F.-J. Peine*, HGR III, § 57 Rn. 20 ff.

262   BVerfGE 105, 279 (300) – Osho.

263   Vgl. BVerfGE 109, 252 (273); s. auch BVerfG (K), NJW 2011, 511; grundlegend *Schmidt*, Staatliches Informationshandeln und Grundrechtseingriff, 2004; *Schoch*, NVwZ 2011, 193 m.w.N. aus der Rechtsprechung des Gerichts.

264   *H.-U. Gallwas*, Faktische Beeinträchtigungen im Bereich der Grundrechte, 1970, S. 12.

265   Vgl. BVerfGE 120, 274 (327): »Ein Grundrechtseingriff von hoher Intensität kann bereits als solcher unverhältnismäßig sein, wenn der gesetzlich geregelte Eingriffsanlass kein hinreichendes Gewicht aufweist«.

Dieses Prüfungsschema wird namentlich der Abwehrfunktion der Grundrechte gerecht. Daran sollte nicht gerüttelt werden.[266]. Vorbildliche Argumentationsweise findet man in den Entscheidungen des BVerfG, zum Verbot des (der)
— Reitens im Walde (E80, 137 (153 ff.)),
— Verbots des Tragens eines Kopftuches im Unterricht (BVerfGE 108, 282 (298 ff.)),
— Administrativ- oder Legalenteignungen (z.B. BVerfGE 58, 300 (331); BVerfGE 74, 264 (283 ff. – Boxberg),
— Eingriffe in persönliche Datenbestände durch staatliche Behörden, insbesondere des Verfassungsschutzes (BVerfGE 65, 1 – Volkszählung; BVerfGE 120, 274, 302 ff. – Vertraulichkeit und Integrität informationstechnischer Systeme),
— Vorratsdatenspeicherung (unten Stern, Art. 13 Rn. 137)
— Durchsuchungen nach Art. 13 (unten Stern, Art. 13 Rn. 71, 102)
— Eingriffe in die Berufsfreiheit (unten Nolte, Art. 12 Rn. 78)

III. Der erweiterte Eingriffsbegriff

1. Erweiterung des grundrechtlichen Schutzzwecks – faktische Eingriffe

Der Schutz der grundrechtlichen Rechtsgüter vor Beeinträchtigungen ist nach heutiger Lehre und Rechtsprechung nicht mehr an den klassischen Eingriffsbegriff gebunden. Es ist im Grundsatz unbestritten, dass auch staatliches Handeln, »das zu mittelbar faktischen Beeinträchtigungen führt, sich verfassungsrechtlich hinreichend rechtfertigen lassen (muss)«.[267] Diese Ausführungen bezogen sich vor allem auf staatliche Warnungen zu gesundheitsgefährdenden Lebensmitteln. Kurze Zeit später hat das Gericht Verfassungsschutzberichte, die Hinweise auf den Verdacht verfassungsfeindlicher Bestrebungen eines Presseverlags enthielten, wegen dessen mittelbarer Einwirkung »einen Eingriff«, in die Kommunikationsgrundrechte gleichkommend bewertet.[268]   147

Mehr oder weniger präzise wurde in der Lehre die Faustformel geboren, dass Eingriff   148 »jedes staatliche Handeln (ist), das dem einzelnen ein Verhalten, das in den Schutzbereich eines Grundrechts fällt, unmöglich macht oder wesentlich erschwert …«, sofern es »gegen den Willen des Grundrechtsträgers« erfolgt.[269] Dieser erweiterte Eingriffsbegriff ist vor allem eine Reaktion auf die namentlich aus der objektiven Grundrechtsfunktion abgeleiteten Grundrechtsentwicklungen (oben 36). Angesichts neuartiger Gefährdungen der grundrechtlichen Schutzgüter ist es zwangsläufig, dass im Bereich der Abwehrfunktion der Grundrechte reagiert werden muss.

---

266 Zu Recht betont M. Sachs, dass diese »allgemeine Grundkategorie der Abwehrrechtsdogmatik« nicht aufgegeben werden sollte (in: ders. GG, Vor Art. 1 Rn. 79).
267 BVerfGE 105, 279 (300 f., 303).
268 BVerfGE 113, 63 (78).
269 So *H. Bethge*, VVDStRL 57 (1998), S. 40; im wesentlichen übereinstimmend: *J. Isensee*, HStR IX, § 191 Rn. 113.

2. Eingriffsgleiche Beeinträchtigungen

149 Die Erweiterung des Eingriffsbegriffs als eingriffsgleiche Beeinträchtigung bezog sich insbesondere in folgender Richtung wie Einbeziehung:

– des schlichtheitlichen, verwaltungsprivatrechtlichen und unter Umständen auch des erwerbswirtschaftschaftlichen (»fiskalischen«) Handelns des Staates;
– des faktischen Handelns des Staates;
– ungewollter Folgen staatlichen Handelns;
– mittelbar verursachter Beeinträchtigungen grundrechtlicher Schutzgüter.[270]

Konkret sind damit alle Merkmale des klassischen Eingriffsbegriffs aufgelöst, mithin Imperativität, Förmlichkeit, Finalität und Unmittelbarkeit. Geblieben ist lediglich die Beeinträchtigung des grundrechtlichen Schutzgutes gegen den Willen des Grundrechtsberechtigten. Allerdings bedeutet diese Erweiterung des Eingriffsbegriffs nicht automatisch auch seine Unzulässigkeit. Die eingriffsgleichen Einwirkungen können ebenso wie die klassischen Eingriffe gerechtfertigt sein. Hier ist vieles »noch ungeklärt oder kontrovers«.[271] Notwendig ist eine »wertende Zuordnung«, für die es bisher an dogmatisch präzisen Kriterien fehlt, die vielleicht auch gar nicht aufgestellt werden können, weil die Konstellationen oft genug singulär sind.[272] Zudem läuft der erweiterte Eingriffsbegriff Gefahr leicht »quecksilbrig« zu werden.[273] Dennoch lassen sich einige Richtpunkte finden (s. 3.).

3. Kriterien zur Begrenzung

150 »Die Entgrenzung des klassischen Eingriffstatbestandes zieht die Notwendigkeit nach sich, neue Kriterien der Begrenzung zu entwickeln«, schreibt J. Isensee.[274] Das ist ein dringendes Desiderat, um der Praxis operationale Handhaben auf den Weg zu geben. Hier kann es nur um einige Wegemarken gehen.

a) Erheblichkeitsgrad

151 Eingriffsgleiche oder -ähnliche Einwirkungen müssen einen gewissen Erheblichkeitsgrad erreichen. Sie dürfen nicht bloße Lästigkeiten sein. Insofern spricht einiges für die Anwendung eines sog. Bagatellvorbehalts.[275] Insofern war es übertrieben, ein in Schulklassenzimmern hängendes Kruzifix als einen Eingriff in die negative Religionsfreiheit anzusehen, weil die Schüler »unter dem Kreuz« zu lernen hätten.[276]

---

270 Vgl. *J. Isensee*, ebda., der noch zwei weitere Komplexe, wie »Beeinträchtigung der Rechtsordnung im allgemeinen« und »Auslösung von Betroffenheitsgefühlen« einbezieht.
271 Zutreffend *Dreier*, in: ders. Grundgesetzkommentar, Bd. I Vorb. Art. 1 Rn. 126.
272 Ausführlich zu den Grenzen und zur Rechtfertigung *H. Bethge*, HGR III § 58 Rn. 16 ff.
273 *U. Di Fabio*, Jus 1997, 4.
274 *J. Isensee*, ebda. Rn. 118.
275 Anders *H. Bethge*, VVDStRL 57 (1998), S. 45; wie hier *Isensee*, ebda. jeweils mit Stimmen dafür und dagegen.
276 So BVerfGE 93, 1 (18).

b) Das Einwilligungsproblem

Von Bedeutung ist auch die Einwilligung des Grundrechtberechtigten in die ein- 152
griffsgleiche Einwirkung, ohne dass daraus auf einen generellen Grundrechtsverzicht
geschlossen werden darf (unten J). In einigen Grundrechtsnormen ist das Willensele-
ment des Berechtigten ausdrücklich zum Ausdruck gekommen, etwa in Art. 6 Abs. 3
GG, Art. 7 Abs. 3 Satz 3 GG und Art. 4 Abs. 3 GG. Die in Art. 13 garantierte Unverletzlichkeit der Wohnung verbietet nur ein Eindringen in die Wohnung wider
den Willen des Berechtigten (unten Art. 13 Rn. 48). Es verbietet sich daher von
vornherein eine generalisierende Lösung; die Regel »volenti non fit iniuria« lässt sich
im Bereich der Grundrechtseinwirkungen nicht heranziehen.[277] Entscheidend ist
das jeweilige grundrechtliche Schutzgut und die konkrete Einwirkung. Insoweit ist
es möglich, dass die Einwilligung die Einwirkung in die Grundrechtssphäre rechtfertigt, sofern nicht öffentliche Interessen entgegenstehen oder die Einwirkung unverhältnismäßig ist. Wer beispielsweise seine Daten selbst offenlegt, kann sich nicht auf
das Grundrecht des Datenschutzes berufen.

IV. Die Grundrechtsausgestaltung

1. Gesetzliche Konkretisierung von Grundrechten

In engem Zusammenhang mit der Lehre vom Eingriff steht das Thema der Grund- 153
rechtsausgestaltung, mitunter auch Grundrechtskonkretisierung oder Grundrechts-
prägung genannt.[278] Nicht wenige Grundrechte können ihre volle Wirksamkeit
nämlich nicht ohne gesetzliche Ausgestaltung entfalten. Dazu gehören etwa die
Gleichberechtigung von Mann und Frau (Art. 3 Abs. 2 GG), die Rundfunkfreiheit
des Art. 5 Abs. 1 Satz 2 GG, die Gewährleistung von Ehe und Familie (Art. 6 Abs. 1
GG), die Vereinigungsfreiheit (Art. 9 Abs. 1 GG), Eigentum und Erbrecht (Art. 14
Abs. 1 GG), die Staatsangehörigkeit (Art. 16 Abs. 1 GG) und andere als Institäts-
garantien zu verstehende Grundrechte sowie auf organisations- oder verfahrensrechtliche Implikationen angelegte Grundrechte. Teilweise sind Grundrechte ausdrücklich
auf Ergänzung durch den Gesetzgeber angelegt, wenn die Verfassung ihn verpflichtet, »das Nähere« zu regeln, wie z.B. bei der Kriegsdienstverweigerung in Art. 4
Abs. 3 GG oder beim Asylrecht des Art. 16a GG.

Die dem Gesetzgeber insoweit erteilte Ermächtigung ist zugleich eine Verpflichtung, 154
die im Falle der Nichterfüllung folgebehaftet ist. In der Regel vollzieht dann die Gerichtsbarkeit die Auffüllung des Grundrechts, um es voll zur Entfaltung zu bringen.
Musterbeispiel hierfür ist die Herstellung der befristet vorgegebenen Gleichberechtigung von Mann und Frau (unten Art. 3 Abs. 2 GG). Stets hat der Gesetzgeber bei
seiner Aktivität (ebenso wie die Rechtsprechung) den verfassungsrechtlich vorgegebenen Rahmen zu beachten (Art. 1 Abs. 3 GG). Sein Ausfüllungsspielraum ist also

---

277 Zutreffend *M. Sachs*, VerwArch 76 (1985), S. 398 (418 ff.).
278 Vgl. *P. Lerche*, HStR V, 2. Aufl. § 121; *Chr. Degenhart*, HGR III § 61 Rn. 8.

begrenzt.[279] Der Gesetzgeber darf den Inhalt der Grundrechtsnorm nicht konstitutiv bestimmen. Was Gleichheit, was Kunst, was Presse- oder Rundfunkfreiheit ist, muss durch Verfassungsinterpretation ermittelt werden. Die Verfassungsmäßigkeit der Gesetze erlaubt keinen Umkehrschluss zur Gesetzmäßigkeit der Verfassung.[280] Die Bindung des Gesetzgebers an die Grundrechte darf weder beim Grundrechtseingriff noch bei der Grundrechtsausgestaltung ausgehebelt werden. Trefflich formuliert H. Bethge: »Die missratene Normprägung eines Grundrechts gerät zum (nicht gerechtfertigten Grundrechtseingriff«[281]).

2. Die Abgrenzung von Grundrechtsausgestaltung und Grundrechtseingriff

155   Das entscheidende Problem im vorliegenden Zusammenhang ist die Abgrenzung von Grundrechtsausgestaltung und Grundrechtseingriff. Insoweit verschwimmen nicht nur die Begrifflichkeiten sondern auch die Inhalte. Ist das Gesetz unentbehrlich, um die Substanz der Grundrechtsbestimmung zu entfalten, so kann das Gesetz nicht eingreifenden Charakter haben. Aber wann ist ein Gesetz substanzschaffend? Diese Frage harrt noch notwendiger Klärung. Die vielfältigen Bewertungen und Theorien hierzu können an dieser Stelle nicht ausgebreitet werden.[282] Ohnehin dürfte es nicht möglich sein, eine für alle Grundrechte gültige Linie zu finden. Es erscheint angebrachter, auf die einzelne Grundrechtsbestimmung abzustellen und differenzierte Lösungen zu suchen. Anzustreben ist also eine grundrechtsspezifische Ausgestaltungslehre. Trotz eines reichhaltigen Schrifttums sind noch keine abstrakten Patenlösungen präsentiert worden.[283] Stets jedoch muss dabei im Auge behalten werden, dass die Ausgestaltungskompetenz des Gesetzgebers rechtsstaatlich eingehegt bleiben muss. Es darf keine Grundrechte »aus der Hand des Gesetzgebers« geben, wie die plakative Formel von R. Herzog lautet.[284]

3. Übermaß- und Untermaßverbot

156   Einigkeit besteht namentlich darin, dass der Grundsatz der Verhältnismäßigkeit in seinen beiden Ausprägungen als Übermaß- und Untermaßverbot beachtet werden muss. In diesem Punkt ist sich die Dogmatik zur Grundrechtsauslegung weitgehend

---

279 Vgl. *Stern*, Staatsrecht III/1, S. 1301; *Chr. Hillgruber*, HStR IX § 200 Rn. 75 f. Nicht immer findet sich ein zusätzlicher Richtmaßstab in der Verfassung wie in Art. 14 Abs. 2 GG für das Eigenheim (vgl. BVerfGE 95, 64 (84); 93, 121 (138)).

280 Vgl. *W. Leisner*, Von der Verfassungsmäßigkeit der Gesetze zur Gesetzmäßigkeit der Verfassung, 1964.

281 *Bethge*, HGR III § 58 Rn. 94.

282 Vgl. in jüngerer Zeit eingehend *J. Aulehner*, Grundrechte und Gesetzgebung, 2011, besonders S. 416 ff.; *Chr. Bumke*, Ausgestaltung von Grundrechten, 2009; *M. Cornils*, Die Ausgestaltung der Grundrechte, 2005; *M. Gellermann*, Grundrechte in einfachgesetzlichem Gewande, 2000; *M. Jestaedt*, Grundrechtsentfaltung im Gesetz, 1999; *G. Morgenthaler*, Freiheit durch Gesetz, 1999.

283 Zu einzelnen Grundrechten s. *Degenhart*, HGR III Rn. 18 ff.

284 *Herzog*, in: Festschrift W. Zeidler, Bd. II, 1987, S. 1413 ff.

einig. Repräsentativ hierfür sei Chr. Hillgruber zitiert: »In dem Raum zwischen diesem Untermaß, das von Grundrechts wegen nicht unterschritten werden darf, und dem gleichermaßen unzulässigen, für den eingreifenden Gesetzgeber geltenden Übermaß ist die Gesetzgebung, weil ohne Handlungsauftrag oder -verbot in der Ausgestaltung von Regelungen frei«.[285] Das Übermaßverbot (oben Rdn. 135 ff.) ist dabei geeignet, eine zu starke Verkürzung des Freiheitsraumes der grundrechtlichen Abwehrpositionen zu verhindern. Umgekehrt ist das Untermaßverbot der Regulator, der vor allem die objektiv-rechtliche Seite der Grundrechte in die richtige Balance bringt. Musterbeispiele sind die »Dreieckskonstellationen«, bei denen es gilt, die Schutzpflichtenfunktion der Grundrechte richtig zu dosieren.[286] In beiden Fällen geht es um das jeweils Erforderliche zur Verwirklichung der Grundrechtsgehalte.

I. Grundrechtskonkurrenzen und Grundrechtskollisionen

I. Die Grundrechtskonkurrenzen

Die Praxis der Grundrechtsanwendung hat es häufig mit grundrechtlichen Gemengelagen dergestalt zu tun, dass die Aktivitäten eines Grundrechtsberechtigten in den Schutzbereich mehrerer Grundrechte fallen. Wer beispielsweise an einer Demonstration teilnimmt, wird in der Regel die Grundrechte des Art. 8 GG und des Art. 5 Abs. 1 Satz 1 GG ausüben. Wirtschaftliche Tätigkeiten stehen meist unter dem Schutz des Art. 12 Abs. 1 GG und des Art. 14 Abs. 1 GG. In einem besonderen Näheverhältnis zu den speziellen Freiheitsrechten steht die allgemeine Handlungsfreiheit des Art. 2 Abs. 1 GG. Sind mehrere Grundrechte auf einen Lebenssachverhalt anwendbar, so spricht man von **Grundrechtskonkurrenz**.[287] Sie ist Teil des allgemeinen Problems der Normen-Konkurrenz, das besonders im Strafrecht eine große Rolle spielt. Dogmatisch wirft die Grundrechtskonkurrenz vor allem dann Probleme auf, wenn die einschlägigen Grundrechtsnormen unterschiedliche Schranken aufweisen. Lösungen für die Problematik sind noch immer nicht durchweg befriedigend gelungen. Das Bundesverfassungsgericht hat die Frage zwar vielfach angesprochen, aber bisher nur einzelfallbezogen gelöst.[288]

157

---

285 *Hillgruber*, HStR IX, § 200 Rn. 75; ferner *M. Cornils*, Die Ausgestaltung der Grundrechte, 2005, S. 676; *M. Gellermann*, Grundrechte im einfachgesetzlichen Gewande, 2000, S. 331 ff.

286 S. etwa die Abtreibungsentscheidungen des BVerfGE 88, 203 (254); E 98, 265 (355).

287 Vgl. *R. W. Füßlein*, der wohl den Begriff einführte (HGrR, Bd. II, 1954, S. 434, 449, 451); ferner *Berg*, Konkurrenzen schrankendivergenter Freiheitsrechte im Grundrechtsabschnitt des Grundgesetzes, 1968; ders. HGR III § 71 mit Wiedergabe typischer Konkurrenzlagen Rn. 48 ff.; *Heß*, Grundrechtskonkurrenzen, 2000; *Ipsen*, Staatsrecht II, Rn. 519; *Jarass*, in: Jarass/Pieroth, GG, Vorb. Art. 1 Rn. 17; *Rüfner*, FG BVerfG II, 1976, S. 453 ff.; *Schwabe*, Probleme der Grundrechtsdogmatik, 1977, S. 324 ff.; *Spielmann*, Konkurrenz von Grundrechtsnormen, 2008; *E. Hofmann*, Grundrechtskonkurrenz oder Grundrechtsverstärkung?, AöR 133 (2008), S. 523; *ders.*, Jura 2008, 667.

288 Vgl. *Stern*, Staatsrecht III/2, S. 1385 m.N.

158 Versucht man einige allgemeine Regeln aufzustellen, so ist es zunächst notwendig, **Grundrechtskonkurrenzen** möglichst zu eliminieren. Dies geschieht dadurch, dass die Grundrechtstatbestände exakt abzugrenzen und die grundrechtsrelevanten Lebensvorgänge präzise zu zerlegen sind, um die einschlägige Grundrechtsnorm herauszufinden.[289] Bei vielen Lebensvorgängen wird man dabei allerdings auf Schwierigkeiten stoßen, wenn es sich beispielsweise um einen einheitlichen Lebensvorgang handelt, wie etwa das Verbot, Werbevorrichtungen auf dem eigenen Grundstück anzubringen. Dass hier die Grundrechte der Art. 5, 12 und 14 GG betroffen sind, liegt auf der Hand. Es muss also eine Entscheidung für eine kumulative oder eine vorrangige Grundrechtsanwendung getroffen werden. Dafür empfiehlt sich eine pragmatische Vorgehensweise nach folgenden Grundsätzen:

1. Die »Meistbetroffenheits-Theorie«

159 Mit dem Bundesverfassungsgericht spricht vieles dafür zu prüfen, welches Grundrecht »im Vordergrund« steht, oder aus der Sicht des Betroffenen zu fragen, bei welchem Grundrecht der »Schwerpunkt des Eingriffs« liegt. Man kann dies als »**Meistbetroffenheits-Theorie**« bezeichnen.[290]

160 Für diese Meist-Betroffenheit lassen sich einige Grundsätze aufstellen:

161 Nach der die allgemeinen Normenkonkurrenzen beherrschenden sog. Lex-specialis-Regel hat das spezielle Grundrecht Vorrang vor dem allgemeinen Grundrecht. Diese Regel kommt aber bei Grundrechten selten zum Tragen. Praktisch gilt sie nur im Verhältnis zu Art. 2 Abs. 1 GG (unten Art. 2 Rdn. 137) oder im Verhältnis von Art. 5 Abs. 3 GG zu Art. 5 Abs. 1 GG (unten Art. 5 Rdn. 325 ff.) oder im Verhältnis von Art. 9 Abs. 3 GG zu Art. 9 Abs. 1 GG (unten Art. 9 Rdn. 97). Auch die speziellen Gleichheitsrechte der Art. 3 Abs. 2 GG und Art. 33 GG haben Vorrang vor dem allgemeinen Gleichheitssatz des Art. 3 Abs. 1 GG (unten Art. 3 Rdn. 158 ff.).

2. Die sog. Schutzbereichsverstärkung

162 Meistens sind mehrere Grundrechte nebeneinander einschlägig. Musterbeispiel war das vom Bundesverfassungsgericht zu prüfende Gesetz über die unternehmerische Mitbestimmung, das am Maßstab der Art. 14 Abs. 1 GG, Art. 9 Abs. 1 und Abs. 3 GG und Art. 12 Abs. 1 GG vom Bundesverfassungsgericht geprüft wurde.[291] Hier wie in anderen Fällen nahm das Gericht eine kumulative Anwendung der Grund-

---

289 Vgl. *Dürig*, in: FS Apelt, 1958, S. 32 f.; *Schwabe*, Probleme der Grundrechtsdogmatik, 1977, S. 324; *Scholler*, die Freiheit des Gewissens, 1958, S. 202; *Stern*, Staatsrecht III/2, S. 1378 ff. m.w.N.
290 Vgl. *Stern*, Staatsrecht III/2, S. 1385 f.
291 Vgl. BVerfGE 50, 290.

rechte vor, die es für einschlägig hielt.[292] Diese »Verbundlösung«[293] wird neuerdings zur sog. **Schutzbereichsverstärkung** entwickelt[294], der allerdings auch Kritik entgegengebracht wird.[295] Insgesamt spricht vieles für eine Schutzbereichskumulation der Grundrechte; denn nach der Grundausrichtung der Grundrechte ist es ihr Zweck, Lebensbereiche des Menschen umfassend zu schützen. In diesem Lichte arbeitet das BVerfG vor allem mit einer in-Verbindung-mit-Konstruktion.[296]

Die kumulative Anwendung hat auch Bedeutung für die Anwendung schrankendivergenter Grundrechte, das heißt solcher Grundrechtsnormen, die unterschiedliche Schranken aufweisen. Hier spricht vieles dafür, einen Eingriff nur dann als gerechtfertigt anzusehen, wenn er durch die Schrankenmerkmale *aller* einschlägigen Grundrechtsnormen gedeckt ist. Ein Eingriff ist also schon dann verfassungswidrig, wenn nur *ein* anwendbares Grundrecht ihn verbietet. Damit setzt sich insgesamt das stärkste Grundrecht durch.   163

II. Die Grundrechtskollisionen

Grundrechtskollisionen sind dadurch gekennzeichnet, dass ein Grundrechtsberechtigter bei der Wahrnehmung eines Grundrechts auf Grundrechtspositionen eines anderen Berechtigten stößt. Grundrecht steht also gegen Grundrecht. Grundrechte kollidieren miteinander.[297] Es bedarf mithin der Auflösung der Kollisionslage.   164

Beispielhaft ist auf folgende Fallkonstellationen zu verweisen: 165
– Meinungsäußerungsfreiheit versus Persönlichkeitsrecht (unten Art. 5 Rdn. 345);
– Kunstfreiheit versus Persönlichkeitsrecht;
– Gewissensfreiheit versus Wirtschaftsfreiheit;
– Demonstrationsfreiheit versus Persönlichkeitsrechte, allgemeine Handlungs-, Berufs- oder Eigentumsfreiheit;
– allgemeine Handlungsfreiheit versus Gesundheitsschutz, etwa als Raucher gegen Nichtraucher (unten Art. 2 Rdn. 73);
– Schutz des ungeborenen Lebens versus persönliche Entfaltungsfreiheit der Frau (unten Art. 2 Rdn. 118);

---

292 Vgl. BVerfGE 50, 290 und BVerfGE 82, 236 (258).
293 Vgl. *Dreier*, in: ders., GG I, Vorb. Art. 1 Rn. 156.
294 Vgl. BVerfGE 104, 337 (346, 353 f.) – Schächten; dazu *Dreier*, in: ders., GG I, Vorb. Art. 1 Rn. 157 m. w. Nachw.; *Zippelius/Würtenberger*, Deutsches Staatsrecht, § 18 Rn. 91 ff. S. auch BVerfGE 113, 29 (48).
295 Vgl. *Dreier*, in: ders., GG I, Vor Art. 1 Rn. 156; *Höfling*, in: FS Rüfner, 2003, S. 329; *Kahl*, Die Schutzergänzungsfunktion von Art. 2 Abs. 1 GG, 2000; *Zippelius/Würtenberger*, Deutsches Staatsrecht, § 18 Rn. 93.
296 Vgl. *M. M. Menke*, In Verbindung mit, 2006.
297 Vgl. *Bethge*, Zur Problematik von Grundrechtskollisionen, 1977; ders. HGR III § 72; *Winkler*, Kollisionen verfassungsrechtlicher Schutznormen, 2000; *Martins*, Die Grundrechtskollision, 2001.

- Besitzschutz des Mieters versus Eigentumsrecht des Vermieters (unten Art. 14 Rdn. 65);
- Rundfunk- oder Informationsfreiheit versus Arbeitskampfmaßnahmen;
- Auskunftsrecht des Kindes über die Identität seines Vaters gegen Persönlichkeitsrechte der Mutter (unten Art. 6 Rdn. 58).

166 Solche Grundrechtskollisionen bedürfen der Auflösung, soll die Rechtsordnung nicht an einem inneren Widerspruch leiden.[298] Um einen solchen Widerspruch zu beseitigen, hat der Staat als Grundrechtsverpflichteter eine maßgebliche Rolle inne. Ihm ist aufgegeben, nicht nur selbst die Grundrechte zu wahren, sondern auch die Verwirklichung der Grundrechte der Berechtigten sicherzustellen. Die Handlungsverpflichtung des Staates führt dazu, dass echte Grundrechtskollisionen nicht bloß kontradiktorische Rechtsbeziehungen der Grundrechtsberechtigten untereinander, sondern zugleich eine Dreieckskonstellation bilden, an der neben den Grundrechtsberechtigten auch der Staat, der diese Grundrechtskollision aufzulösen hat, beteiligt ist. Dies erfolgt grundsätzlich durch alle drei Gewalten, auf der Gesetzesebene, durch Verwaltungsentscheidung und durch die Gerichtsbarkeit.

167 Eine **entscheidende Rolle** zur Auflösung der Kollision spielt der **Gesetzgeber**. Insofern sind die Gesetze des Privatrechts einschließlich des Arbeitsrechts und des öffentlichen Rechts, etwa im Subventionsrecht oder im Baurecht, wenn zwischen Bauherrn und Nachbarn Eigentumspositionen auszugleichen sind, ein generelles Kollisionsauflösungsinstrument. Auch das Strafrecht ist ein Instrument zur Kollisionsauflösung, wenn Rechtsgüterschutz wie Leben, Gesundheit, körperliche Gesundheit und Unversehrtheit, Eigentum, Privatsphäre und Ehre pönalisiert werden.

168 Einen entscheidenden Beitrag zur Kollisionsauflösung leistet auch die **rechtsprechende Gewalt**, letztlich, das Bundesverfassungsgericht. Dieses hat in der Tat in vielen Fällen Kollisionsauflösungen vorgenommen, wie z.B. im sog. Schulgebetsfall, im Kruzifixfall, in den Hochschulurteilen und vor allen Dingen in den Drittwirkungskonstellationen. Hier hat sich das Gericht vorzugsweise für eine Abwägung der Rechtsgüter entschieden. Es ging ihm vor allen Dingen darum, einen angemessenen oder einen verhältnismäßigen Ausgleich zwischen den konfligierenden Grundrechten herzustellen. Ein wichtiger Maßstab hierfür war der Verhältnismäßigkeitsgrundsatz. Ziel war im Wesentlichen das Prinzip praktischer Konkordanz (oben Rdn. 141). Generalisierende Maßstäbe gibt es hierfür ebenso wenig wie abstrakte Rangordnungen der Grundrechte.

169 Die Gewichtungs- und Abwägungsmethode, die das Bundesverfassungsgericht vorgenommen hat, verdient im Großen und Ganzen Zustimmung, auch wenn man im Einzelfall an der Abwägung Kritik üben kann.[299]

---

298 Vgl. *Britz*, Der Staat 42 (2003), 33 ff.; *Rüfner*, in: FG BVerfG II, 1976, S. 453 ff.

299 Vgl. etwa zur Abwägung bei einem heimlichen Vaterschaftstest BVerfGE 117, 202 und dazu *Brosius-Gersdorf*, FamRZ 2007, 398 ff. Ähnliches gilt für die sog. Kruzifix-Entscheidung (oben Rdn. 67).

J. Grundrechtsverzicht und Grundrechtsverwirkung

I. Der Grundrechtsverzicht

Der Begriff »**Grundrechtsverzicht**« wird mit einer Reihe von besonderen Grund- 170
rechtskollisionen verbunden.[300] Besser wäre es, von individuellen Verfügungen über
Grundrechtspositionen zu sprechen, die vor allem als **Einwilligung** in Grundrechtsbeeinträchtigungen eine Rolle spielen können.[301] Es geht um die konkrete Nichtaus-
übung grundrechtlich gewährter Rechtspositionen. Nur in diesem Lichte ist es berechtigt, den Begriff zu verwenden. Mag es auch in öffentlich-rechtlichen Gesetzen
durchaus einen Verzicht auf Rechte geben, so ist ein »Grundrechtsverzicht« davon
abzuheben; denn nicht umsonst charakterisiert Art. 1 Abs. 2 GG die Menschenrechte als »unveräußerlich«, weswegen ein Grundrechtsverzicht teilweise für grundsätzlich unzulässig gehalten wird.[302] Mehr und mehr wird diese rigorose Auffassung jedoch abgelehnt und einer differenzierten Lösung der Vorrang gegeben.[303] Sie dürfte
auch für die Rechtsprechung des Bundesverfassungsgerichts und anderer Gerichte
anzunehmen sein.[304]

Eine entscheidende Rolle für die Möglichkeit eines »Grundrechtsverzichts« spielt die 171
Frage, welches Gewicht einer »Einwilligung« des Grundrechtsberechtigten zukommt.
Stellt man darauf ab, so ist für einen Verzicht notwendig, dass die Einwilligung freiwillig, unzweideutig und hinreichend konkret sein muss, damit erkennbar ist, dass
der Einwilligende um die eintretenden Rechtsfolgen weiß.[305] Deshalb ist z.B. ein genereller Grundrechtsverzicht nicht zulässig. Nur in Bezug auf einzelne Grundrechte
kann ein Verzicht als Ausdruck der allgemeinen Handlungsfreiheit verstanden werden.

---

300 Vgl. *J. Pietzcker*, Der Staat 17 (1978), 527; *Robbers*, JuS 1985, 925; *G. Sturm*, in: FS Geiger, S. 173; ferner *Spieß*, Der Grundrechtsverzicht, 1997.

301 Vgl. *D. Merten*, HGR III § 73 Rn. 3; *Hufen*, Staatsrecht II, § 6 Rn. 42 f.; *Jarass*, in: ders./
Pieroth, GG, Vorb. Vor Art. 1 Rn. 36; *Sachs*, in: ders., GG, Vor Art. 1 Rn. 55; *Zippelius/
Würtenberger*, Deutsches Staatsrecht, § 19 Rn. 98 ff.; *Amelung*, Die Einwilligung in die
Beeinträchtigung eines Grundrechtsgutes, 1981.

302 Vgl. *Bleckmann*, JZ 1988, 57.

303 Vgl. *Fischinger*, JuS 2007, 808 (810 f.); *Merten*, in: FS Schmitt Glaeser, 2003, S. 64; *Drei-
er*, in: ders. Grundgesetz-Kommentar, Vorb. Art. 1 Rn. 129 ff.; *Stern*, Staatsrecht III/2,
S. 896 f. m.w.N.; *Zippelius/Würtenberger*, Deutsches Staatsrecht, § 19 Rn. 102 u. § 21
Rn. 51 mit Beispielen.

304 Vgl. BVerfGE 9, 194 (199); 45, 187 (229); 65, 1 (43 f.); zu anderen Gerichten vgl. *Stern*,
Staatsrecht III/2, S. 896 ff.

305 Vgl. BVerwGE 119, 123 (127) mit Verweis auf BVerfG (Dreier-Ausschuss), NJW 1982,
375. Zwang, Täuschung, Drohung oder Erschleichung nehmen einer Einwilligung den
Charakter der Freiwilligkeit (*Dreier*, in: ders., GG I, Vorb. Rn. 131; *Jarass*, in: ders./
Pieroth, GG, Vorb. Art. 1 Rn. 36; *Hofmann*, in: Schmidt-Bleibtreu/Hofmann/Hopfauf,
GG, Art. 19 Rn. 14; *Schmidt-Aßmann*, in: Maunz/Dürig, Art. 19 IV Rn. 247; *Stern*,
Staatsrecht III/2, S. 913 f.).

172 Auch wenn diese Voraussetzungen erfüllt sind, können einem Grundrechtsverzicht Grenzen entgegenstehen. Nicht für alle Grundrechte kann eine private Dispositionsbefugnis angenommen werden. Bei Grundrechten, die personale Rechtsgüter schützen, lässt sich eine solche Verfügungsbefugnis eher bejahen als bei solchen, die einen dezidierten Bezug zu Gemeinschaftswerten besitzen. So wird ein Verzicht auf Menschenwürde, Presse-, Kunst- oder Wissenschaftsfreiheit, Schutz von Ehe und Familie oder Grundrechte, die politische oder gesellschaftliche Mitwirkung verbürgen, nur unter sehr strengen Voraussetzungen in Frage kommen. Insoweit kann die Art der grundrechtlichen Gewährleistung einen Verzicht unzulässig machen.

173 Liegt ein wirksamer Verzicht vor, so entfällt die grundrechtliche Schutzwirkung gegen Eingriffe, soweit der Umfang der Verzichtserklärung reicht.[306] Unter Umständen kann sich der Verzicht nur auf die Inanspruchnahme von Rechtsschutz erstrecken.[307]

II. Die Grundrechtsverwirkung

174 Art. 18 GG erlaubt unter eng begrenzten Voraussetzungen eine Verwirkung von bestimmten aufgezählten Grundrechten, wenn diese zum Kampf gegen die freiheitliche demokratische Grundordnung missbraucht werden. Wie bei Art. 9 Abs. 2 GG und Art. 21 Abs. 2 GG handelt es sich hier um eine Vorschrift, die Ausdruck des Schutzes der Verfassung ist und aus des aus der Verfassung gewonnenen Gebots zur abwehrbereiten und streitbaren Demokratie. Wegen der weitreichenden Wirkung der Verwirkung ist diese in die Hand des Bundesverfassungsgerichts gelegt.

175 Die Voraussetzungen der Verwirkung im Einzelnen einschließlich der in den wenigen beim Bundesverfassungsgericht anhängigen Verfahren aufgestellten ungeschriebenen Tatbestandsmerkmale sind unten Art. 18 Rdn. 10 ff. dargelegt.

K. Prozessuale Aspekte des Grundrechtsschutzes

I. Allgemeine und besondere Schutzinstrumentarien der Grundrechte

176 Umfassende **Instrumente zum Schutz der Grundrechte** sind heute selbstverständliche Bestandteile des Grundrechtssystems. Sie existieren auf der Ebene der Verfassung (Art. 1 Abs. 3, Art. 17 in Verbindung mit Art. 45c, Art. 19 Abs. 1, 2 und 4, Art. 79 Abs. 1 bis Abs. 3, Art. 93 Abs. 1 Nr. 4a GG), auf europäischer und internationaler Ebene (unten L) sowie auf den Ebenen der Legislative, Exekutive und vor allem der Judikative. Freilich sind aber auch alle drei Staatsgewalten potentielle Verletzer der Grundrechte, so dass insoweit Spannungssituationen unvermeidlich sind. Dies führt dazu, dass das Grundgesetz in einem besonderen Gericht, dem Bundesverfassungs-

---

306 Vgl. *Fischinger*, JuS 2007, 808 (813).
307 So kann ein Verzicht etwa darin liegen, gegen eine einem Dritten erteilte Genehmigung Rechtsmittel einzulegen und damit auf den durch Art. 19 Abs. 4 GG gewährten Schutz zu verzichten; vgl. *Zippelius/Würtenberger*, Deutsches Staatsrecht, § 20 Rn. 100 mit Verweis auf BGHZ 79, 131 (135).

gericht, einen »Hüter der Verfassung«, der zugleich »Hüter der Grundrechte« ist, eingesetzt hat. Damit hat das Grundgesetz eine rechtsprechende Institution eingesetzt,[308] die weit über die Sicherungsinstrumentarien in der Weimarer Republik hinausging, in der das Reichsgericht – auch als Reichsstaatsgerichtshof – nur eine schwache Schutzeinrichtung war, obwohl es von den Grundrechten »als Heiligtum des deutschen Volkes« sprach (oben Rdn. 15).

Zum Schutze bestimmter Grundrechte gibt es besondere Institutionen wie den Wehrbeauftragten des Bundestages nach Art. 45b GG bzw. nach Art. 10 GG in Verbindung mit dem G-10 Gesetz das aus fünf vom Bundestag bestimmten Abgeordneten gebildete Gremium sowie einer Kommission von drei Mitgliedern. Beide Einrichtungen bestehen neben der Parlamentarischen Kontrollkommission nach § 1 Abs. 1 Gesetz über die Kontrolle nachrichtendienstlicher Tätigkeit und dem »Vertrauensgremium« des Haushaltsausschusses nach § 10a Abs. 2 BHO. Art. 45d sichert die parlamentarische Kontrollkommission seit 2009 verfassungsrechtlich ab. 177

Ungeachtet dieser spezifischen stark parlamentarisch orientierten Schutzinstrumentarien sind es vorwiegend die Gerichtsbarkeiten (Art. 19 Abs. 4, Art. 95 GG), die in den einzelnen Rechtsgebieten je nach der im Gerichtsverfassungsgesetz und in den Prozessordnungen geregelten Zuständigkeiten den Schutz der Grundrechte besorgen. Sie werden ihrerseits vom Bundesverfassungsgericht kontrolliert, das letztverbindlich entscheidet (§ 31 BVerfGG). Im Laufe seiner mehr als 60jährigen Judikatur ist dieses Gericht (und Verfassungsorgan – § 1 BVerfGG –) nicht nur zum »Hüter der Grundrechte« schlechthin avanciert, sondern auch zu deren Promoter.[309] 178

---

308 Neuerdings entwickeln sich zunehmend eigenständige gerichtsergänzende Instrumentarien, die als Grundrechtsmonitoring bezeichnet werden (vgl. *Gusy*, Der Staat 47 (2008), S. 511 ff.
309 Man denke nur an die »großen« Grundrechtsurteile wie BVerfGE 6, 32 – Elfes; 6, 55 – Ehegattensplitting; 7, 198 – Lüth; 7, 377 – Apotheken; 28, 243 – kollidierendes Verfassungrecht; 30, 1 – Abhörurteil; 30, 173 – Mephisto; 33, 1 – besondere Gewaltverhältnisse; 33, 303 – numerus clausus; 35, 79 – Universitäten; 39, 1 – Schwangerschaftsurteil I; 49, 89 – Kalkar; 50, 290 – unternehmerische Mitbestimmung; 52, 223 – Schulgebet; 53, 30 – Mülheim-Kärlich; 65, 1 – Recht auf informationelle Selbstbestimmung; 69, 315 – Brokdorf; 80, 137 – Reiten im Walde; 81, 242 – Handelsvertreter; 88, 203 – Schwangerschaftsabbruch II; 89, 155 – Maastricht; 89, 237 – Mieter; 93, 1 – Kruzifix; 96, 56 – Abstammung; 100, 313 – Überwachung des Telekommunikationsverkehrs; 102, 347 – Benettonwerbung; 103, 21 – genetischer Fingerabdruck; 103, 89 – Unterhaltsverzichtsvertrag; 104, 337 – Schächten; 105, 253 – Glykol; 105, 279 – Osho; 108, 282 – Kopftuch; 113, 29 – Durchsuchung und Beschlagnahme; 115, 118 – Luftsicherheitsgesetz, 115, 320 – Rasterfahndung; 120, 274 – Gewährleistung der Vertraulichkeit und Integrität informationstechnischer Systeme; 120, 378 – automatisierte Erfassung von Kfz-Kennzeichen; 121, 1 und 130, 151 – Vorratsdatenspeicherung von Telekommunikationseinrichtungen; 123, 267 – Lissabon; 126, 286 – Honeywell.

II. Der Schutz der Grundrechte durch das Bundesverfassungsgericht

1. Das Bundesverfassungsgericht als Hüter der Grundrechte

179   Durch Art. 19 Abs. 4 GG und die justiziellen Grundrechte einschließlich der Rechtsgebundenheit der Gerichte ist sichergestellt, dass sich die unmittelbare Geltung und Verbindlichkeit der Grundrechte in der Rechtsordnung durchsetzt. Das Grundgesetz hat darüber hinaus dafür gesorgt, dass im Schutz durch die sog. Fachgerichtsbarkeiten noch nicht der Schlussstein im Schutzinstrumentarium der Grundrechte liegt. Es hat an die Reichsverfassung 1849 angeknüpft, wo man in § 126 lit. g den Staatsgerichtshof als Hort des Rechts und der Verfassung einsetzte und ihm in Parallele zur heutigen Verfassungsbeschwerde eine Zuständigkeit für Klagen zum Schutz der Grundrechte anvertraute.[310]

180   Nach dem Vorbild einiger Landesverfassungen führte man 1949/51 auch auf der Bundesebene einen durchgreifenden verfassungsgerichtlichen Schutz der Grundrechte ein. Ein **Bundesverfassungsgericht** sollte Hüter der Verfassung und speziell Hüter der Grundrechte sein. Allerdings stehen nicht alle Zuständigkeiten des Bundesverfassungsgerichts unter dem Gesichtspunkt des Grundrechtsschutzes. Im Besonderen sind es die Verfahren der abstrakten und der konkreten Normenkontrolle sowie am stärksten der Verfassungsbeschwerde, die herausragende Bedeutung zum Schutz der Grundrechte besitzen.

2. Die Verfassungsbeschwerde

181   Entscheidende Bedeutung zum Schutz der Grundrechte hat das Instrument der **Verfassungsbeschwerde** nach Art. 93 Abs. 1 Nr. 4a GG, §§ 90 ff. BVerfGG. Diese Verfassungsbeschwerde erweist sich aus der Sicht des grundrechtsberechtigten Bürgers bei Eingriffen in Grundrechte als *das* gerichtliche Schutzmittel schlechthin. Es hat trotz einer geringen Erfolgsquote der eingelegten Verfassungsbeschwerden maßgeblich dazu beigetragen, dass das Bundesverfassungsgericht zum Hüter der Grundrechte par excellence geworden ist. Der Konkretisierung, Entfaltung und Effektivität der Grundrechte ist dieses Verfahren in besonderem Maße zugute gekommen. Die grundrechtssichernde Funktion des Bundesverfassungsgerichts ist im Bewusstsein der Bürger weit mehr verankert als die Funktion des Bundesverfassungsgerichts in den »großen Staatsprozessen« zwischen Bund und Ländern oder zwischen Verfassungsorganen. Die Verfassungsbeschwerde hat damit auch einen Edukationseffekt für die Staatsorgane gewonnen, der vor allen Dingen darin besteht, dass die öffentliche Gewalt nachdrücklich darauf bedacht ist, ihre Akte grundrechtssicher zu machen.

182   Im Parlamentarischen Rat war die Einführung einer Verfassungsbeschwerde im Katalog der Zuständigkeiten des Bundesverfassungsgerichts noch umstritten. Sie wurde zunächst erst im Bundesverfassungsgerichtsgesetz (§ 90) vorgesehen und erst 1969

---

310 Vgl. *J.-D. Kühne*, Die Reichsverfassung der Paulskirche, 2. Aufl. 1996, S. 198 ff.

in Art. 93 Abs. 1 Nr. 4a GG verfassungsrechtlich abgesichert. Von ihr wurde so häufig Gebrauch gemacht, dass es nötig wurde, ein Annahmeverfahren, das jetzt in den §§ 93a bis d BVerfGG geregelt ist, vorzuschalten, um die Vielzahl der Verfassungsbeschwerden zu kanalisieren.[311]

a) Das Annahmeverfahren

Dieses **Annahmeverfahren** ist aufgegliedert in ein Verfahren bei einer Kammer des Bundesverfassungsgerichts (§ 15a BVerfGG), aus drei Richtern bestehend und von den Senaten berufen, und in ein Verfahren vor dem Senat. Bevor die Verfassungsbeschwerde jedoch zum Senat gelangt, wird geprüft, ob eine Annahme gemäß § 93a Abs. 2 BVerfGG erfolgen oder ob der Verfassungsbeschwerde nach § 93c Abs. 1 BVerfGG stattgegeben werden kann. Für die Annahme ist entscheidend, ob der Verfassungsbeschwerde grundsätzliche verfassungsrechtliche Bedeutung zukommt oder ob dies zur Durchsetzung der in § 90 Abs. 1 BVerfGG genannten Grundrechte angezeigt ist. Dies kann u.a. dann der Fall sein, wenn dem Beschwerdeführer durch die Versagung der Entscheidung ein besonders schwerer Nachteil entsteht. Dies soll dazu führen, dass Bagatellfälle ausgeschlossen werden und eine Selektion der Verfassungsbeschwerden stattfindet.[312]   **183**

Der schwere Nachteil kann sich etwa aus dem Gegenstand der angegriffenen Entscheidung oder der aus ihr folgenden Belastung ergeben.[313] Bei strafrechtlichen Verurteilungen wird sie regelmäßig angenommen, wenn der Schuldspruch angegriffen wird,[314] oder oftmals in Asylfällen.[315] Trotz der erheblichen Interpretationsspielräume und der hohen Flexibilität der Annahmevoraussetzungen dürfen die Voraussetzungen nicht im Sinne eines freien Annahmeermessens verstanden werden.[316] Die   **184**

---

311 Zur Verfassungsmäßigkeit dieser Vorschrift BVerfG(K), NJW 1997, 2229; zur Entwicklungsgeschichte der Entlastungsbemühungen s. Benda/Klein, Verfassungsprozessrecht, 3. Aufl. 2012, § 19 Rn. 424 ff.

312 Vgl. *E. Klein*, NJW 1993, 2073; *O. Klein*, in: Benda/Klein, Verfassungsprozessrecht, 3. Aufl. 2012, S. 193 ff.; ausführlich zum Annahmeverfahren *Uerpmann*, in: FS 50 Jahre BVerfG I, 2001, S. 673 ff.; *K. Graßhof*, in: Maunz u.a. Bundesverfassungsgerichtsgesetz, § 93a Rn. 62 ff.

313 Vgl. BVerfGE 90, 22 (25 f.); *Hillgruber/Goos*, Verfassungsprozessrecht, Rn. 260; *Lechner/Zuck*, BVerfGG, § 93a Rn. 30; *Umbach*, in: Umbach/Clemens (Hrsg.), Bundesverfassungsgerichtsgesetz – Mitarbeiter-Kommentar und Handbuch, 1992, Vor §§ 93a ff.; *Schlaich/Korioth*, Das Bundesverfassungsgericht, 7. Aufl. 2007, Rn. 259 ff.

314 Vgl. BVerfGE 96, 245 (249 f.); *Hillgruber/Goos*, Verfassungsprozessrecht, Rn. 260; *Lechner/Zuck*, BVerfGG, § 93a Rn. 31.

315 Vgl. BVerfG(K), DVBl. 2003, 1260; *Lechner/Zuck*, BVerfGG, § 93a Rn. 31; *Graßhof*, in: Maunz/Schmidt-Bleibtreu/Klein/Bethge, BVerfGG, § 93a Rn. 72.

316 Vgl. *O. Klein*, in: Benda/Klein, Verfassungsprozessrecht, Rn. 449; *Graßhof*, in: Maunz u.a., BVerfGG, § 93a, Rn. 21a; *Pieroth*, in: Jarass/Pieroth, GG, Art. 93 Rn. 47; *Schlaich/Korioth*, Das Bundesverfassungsgericht, 7. Aufl. 2007, Rn. 262; *Hillgruber/Goos*, Verfassungsprozessrecht, Rn. 257.

Annahme der Verfassungsbeschwerde ist darüber hinaus nur angezeigt, wenn sie hinreichende Aussicht auf Erfolg hat.[317] Dies ist nicht der Fall, wenn sie offensichtlich unzulässig oder unbegründet ist.[318]

185 Das Annahmeverfahren ist gegenüber den normalen Senatsverfahren durch eine Vielzahl verfahrensrechtlicher Erleichterungen gekennzeichnet, um den Entlastungseffekt für das Bundesverfassungsgericht wirksam werden zu lassen. Dazu gehört im Besonderen die Entbehrlichkeit einer Begründung nach § 93d Abs. 1 Satz 2 BVerfGG.

b) Die Sachentscheidungsvoraussetzungen

186 Um einer **Verfassungsbeschwerde** zum Erfolg zu verhelfen, müssen besondere **Sachentscheidungsvoraussetzungen** erfüllt sein, die schon im Annahmeverfahren geprüft werden. Im Einzelnen gehört dazu:
– die Beschwerdefähigkeit,
– die Beschwerdeverfahrensfähigkeit,
– die Postulationsfähigkeit,
– der Beschwerdegegenstand,
– die Beschwerdebefugnis,
– die Rechtswegerschöpfung,
– die Subsidiarität der Verfassungsbeschwerde,
– das Rechtschutzbedürfnis,
– die fehlende Rechtshängigkeit,
– die fehlende Rechtskraft,
– die Wahrung von Form und Frist.

187 Diese Voraussetzungen werden vom Bundesverfassungsgericht geprüft und teilweise sehr restriktiv gehandhabt.[319] Das entspricht dem Wesen der Verfassungsbeschwerde als außerordentlichem Rechtsbehelf[320] und spiegelt sich letztlich auch in der geringen Erfolgsquote von Verfassungsbeschwerden wider. Die Voraussetzungen einer Verfassungsbeschwerde im Einzelnen darzulegen, muss dem Verfassungsprozessrecht überlassen bleiben. An dieser Stelle sind nur einige wichtige Gesichtspunkte zu betonen:

aa) Die Beschwerdebefugnis

188 Bei der Prüfung der **Beschwerdebefugnis** verlangt das Bundesverfassungsgericht, dass der Beschwerdeführer behaupten muss, durch eine Maßnahme oder Unterlassung der öffentlichen Gewalt »**selbst**«, »**gegenwärtig**« und »**unmittelbar**« verletzt zu

---

317 Vgl. BVerfGE 96, 245 (250).
318 Vgl. *E. Klein*, NJW 1993, 2074; *Pieroth*, in: Jarass/Pieroth, GG, Art. 93 Rn. 47. Seit 2004 wird vom Bundesverfassungsgericht eine Sammlung der Kammerentscheidungen herausgegeben.
319 Vgl. *Kreuder*, NJW 2001, 1243; BVerfGE 90, 22; 96, 245; 108, 129.
320 Vgl. BVerfGE 1, 97 (103); 18, 315 (325); 107, 395 (413).

sein.[321] Größte Schwierigkeiten bereitet hierbei die Feststellung der unmittelbaren Betroffenheit. Praktische Relevanz kommt diesen Kriterien bei Verfassungsbeschwerden gegen Rechtsnormen zu. Die **Unmittelbarkeit** wird vom Gericht wie folgt umschrieben: »Setzt das Gesetz … zu einer Durchführung rechtsnotwendig oder auch nur nach der tatsächlichen Verwaltungspraxis einen besonderen, vom Willen der vollziehenden Gewalt beeinflussten Vollziehungsakt voraus …, so kann sich die Verfassungsbeschwerde nur gegen diesen Vollziehungsakt als den unmittelbaren Eingriff in die Rechte des Einzelnen richten und der Beschwerdeführer hat einen gegen den Vollziehungsakt etwa gegebenen Rechtsweg zu erschöpfen, bevor er die Verfassungsbeschwerde erhebt«.[322] Eine Verfassungsbeschwerde ist also unzulässig, wenn es einer Umsetzung des Gesetzes bedarf, entweder durch weitere Rechtsnormen oder in der Regel einen Vollziehungsakt der Exekutive.

bb) Die Erschöpfung des Rechtsweges

Ist gegen den Akt der öffentlichen Gewalt, der in Grundrechte eingreift, der Rechtsweg eröffnet, so bestimmt § 90 Abs. 2 Satz 1 BVerfGG, dass eine Verfassungsbeschwerde erst nach **Erschöpfung des Rechtswegs** erhoben werden kann. Dies bedeutet, dass alle gesetzlich gewährten Rechtsbehelfe wahrgenommen werden müssen, und zwar bis zur letzten Instanz. Dazu gehört auch die Erlangung vorläufigen Rechtsschutzes und die Wiedereinsetzung in den vorigen Stand.[323] Aussichtslose Nichtzulassungsbeschwerden und Wiederaufnahmeanträge müssen jedoch nicht erhoben werden. Die Zurücknahme eines Rechtsbehelfs oder sein Scheitern aus formellen Gründen (Fristablauf, Formverstöße) gehen zu Lasten des Beschwerdeführers. Im Prinzip bedeutet das Erfordernis der Rechtswegerschöpfung, dass Verwaltungsentscheidungen praktisch nicht unmittelbar mit der Verfassungsbeschwerde angefochten werden können. Das gleiche gilt für Gerichtsentscheidungen. Hier kann grundsätzlich lediglich die letztinstanzliche Entscheidung angefochten werden. **189**

Ausnahmsweise kann das Bundesverfassungsgericht vor der Erschöpfung des Rechtswegs nach § 90 Abs. 2 Satz 2 BVerfGG über eine Verfassungsbeschwerde entscheiden, »wenn sie von allgemeiner Bedeutung ist oder wenn dem Beschwerdeführer ein schwerer und unabwendbarer Nachteil entstünde, falls er zunächst auf den Rechtsweg verwiesen würde«. Von dieser Möglichkeit der **Vorabentscheidung** wird jedoch **190**

---

321 Vgl. BVerfGE 1, 97, 101 ff.; 72, 1 (5 f.); 96, 231 (237); 97, 67 (76 f.); 97, 157 (164); 102, 97 (211); 106, 28 (35).

322 Vgl. BVerfGE 1, 97 (102 f.) und seither ständige Rechtsprechung 53, 366 (389); 72, 39 (43); 93, 319 (338); 109, 279 (306); 110, 370 (381 f.); 126, 112 (133); *Hillgruber/Goos*, Verfassungsprozessrecht, 2. Aufl. 2006, Rn. 202 ff.; *Pieroth*, in: Jarass/Pieroth, GG, Art. 93 Rn. 56 m.w.N.; *Zuck*, Das Recht der Verfassungsbeschwerde, 3. Aufl. 2006, Rn. 696 ff.

323 Vgl. BVerfGE 42, 252 (255); 93, 99 (105); *O. Klein*, in: Benda/Klein, Verfassungsprozessrecht, § 19 Rn. 569 ff. m.w.N.

nur in Ausnahmefällen Gebrauch gemacht,[324] z.B. wenn es sich um eine Vielzahl gleichgearteter Fälle handelt.[325]

cc) Die Subsidiarität der Verfassungsbeschwerde

191   Neben der Rechtswegerschöpfung hat das Gericht noch einen »allgemeinen Grundsatz der **Subsidiarität**« der Verfassungsbeschwerde als weitere Zulässigkeitsvoraussetzung entwickelt.[326] Dieser Grundsatz wurde im Laufe der Zeit immer stärker betont und zum gewichtigsten Abwehrmittel gegen das Überhandnehmen der Verfassungsbeschwerden ausgebaut, bei denen die Grundrechtsverletzung noch anderweitig ausgeräumt werden kann. Das gilt sowohl für Verfassungsbeschwerden gegen Gerichtsentscheidungen als auch für die Rechtssatzverfassungsbeschwerde. Bei einer Würdigung der Rechtsprechung des Bundesverfassungsgerichts zum Grundsatz der Subsidiarität fällt auf, dass dieser Grundsatz in der neueren Rechtsprechung Schritt für Schritt als Zugangshürde für Verfassungsbeschwerden erhöht worden ist. Er ist mittlerweile ein fester Bestandteil der Rechtsprechung des Gerichts geworden, für den vor allem Gründe der Arbeitsteilung zwischen Fachgerichten und Bundesverfassungsgericht eine Rolle spielen.[327]

dd) Die Einführung der Aufklärungsrüge

192   Im Beschluss des Plenums des BVerfG vom 30. April 2003 verkündete das Gericht folgende Entscheidungsformel: »Es verstößt gegen das Rechtsstaatsprinzip in Verbindung mit Artikel 103 Absatz 1 des Grundgesetzes, wenn eine Verfahrensordnung keine fachgerichtliche Abhilfemöglichkeit für den Fall vorsieht, dass ein Gericht in entscheidungserheblicher Weise den Anspruch auf rechtliches Gehör verletzt«.[328] Dabei knüpfte das Gericht auch an den Grundsatz der Subsidiarität der Verfassungsbeschwerde an und führte aus, dass »diesem Prinzip eine doppelte Erwägung zu Grunde liege«: »Der Beschwerdeführer muss selbst das ihm Mögliche tun, damit eine Grundrechtsverletzung im fachgerichtlichen Verfahren unterbleibt oder beseitigt wird. Das Subsidiaritätsprinzip enthält zugleich eine grundsätzliche Aussage über das Verhältnis der Fachgerichte zum Bundesverfassungsgericht. Nach der verfassungs-

---

324 Vgl. *O. Klein*, in: Benda/Klein, Verfassungsprozessrecht, Rn. 586 ff.; *Lechner/Zuck*, BVerfGG, § 90 Rn. 176; *Schlaich/Korioth*, Das Bundesverfassungsgericht, Rn. 251.

325 BVerfGE 19, 268 (273); 90, 128 (137); 94, 49 (83 ff.).

326 Vgl. BVerfGE 69, 122 (125 f.); 71, 305 (334 ff.); 74, 69 (74 ff.); 75, 246 (263); 79, 1 (19 ff.); 79, 29 (35 ff.); 85, 80 (85 f.); 97, 157 (165); 102, 26 (32); 102, 197 (208); *Pieroth*, in: Jarass/Pieroth, GG, Art. 93 Rn. 57; *Lechner/Zuck*, BVerfGG, § 90 Rn. 157; *Lübbe-Wolff*, EuGRZ 2004, 669 ff.; *Papier*, DVBl. 2009, 473 (475); *Schlaich/Korioth*, Das Bundesverfassungsgericht, Rn. 253; *Sodan*, DÖV 2002, 925 ff.; *Warmke*, Die Subsidiarität der Verfassungsbeschwerde, 1993, S. 61 ff.

327 Vgl. *Schlaich/Korioth*, Das Bundesverfassungsgericht, Rn. 253; O. Klein, in: Benda/Klein, Verfassungsprozessrecht, § 19 Rn. 573.

328 BVerfGE 107, 395. Zu dieser Entscheidung vgl. Voßkuhle, NJW 2003, 2193 sowie unten Art. 103 Rn. 143 ff.

rechtlichen Kompetenzverteilung obliegt zunächst den Fachgerichten die Aufgabe, die Grundrechte zu wahren und durchzusetzen«.[329] In diesem Lichte sah das BVerfG, »Lücken« im Rechtsschutzsystem fachgerichtlicher Kontrolle, soweit Rügen der Verletzung des Verfahrensgrundrechts« des Art. 103 Abs. 1 GG in Rede stehen die aus Gründen der Rechtssicherheit nur durch den Gesetzgeber geschlossen werden können.[330]

Diese Lücken wurden durch das Aufklärungsrügegesetz vom 09.12.2004 (BGBl. I   **193**
2004, S. 3220) geschlossen.[331] Das Gesetz führte namentlich für den Zivilprozess (§ 321a ZPO), den Strafprozess, den Arbeitsgerichtprozess, den Verwaltungsgerichtsprozess, den Sozialgerichtsprozess, den Finanzgerichtsprozess, für die freiwillige Gerichtsbarkeit und für wehrdisziplinarrechtliche Streitigkeiten, den **besonderen Rechtsbehelf der Aufklärungsrüge** bei dem Gericht ein, dem eine Verletzung des rechtlichen Gehörs vorgeworfen wird. Die Einlegung dieses Rechtsbehelfs gehört nach § 90 Abs. 2 BVerfG zu den **Voraussetzungen des zu erschöpfenden Rechtswegs.**

Zweifelhast ist, inwieweit im Rahmen eines Anhörungsrügeverfahrens auch die Ver-   **194**
letzung anderer Grundrechte als Art. 103 Abs. 1 GG gerügt werden darf. Man wird dies bejahen müssen, da die Verletzung des rechtlichen Gehörs auch Einfluss auf die materielle Seite eines Rechtsstreits haben kann. In diesem Falle eröffnet die Erfolglosigkeit eines Anhörungsrügeverfahrens den Weg zum BVerfG.[332]

c) Die Begründetheit der Verfassungsbeschwerde

Hinsichtlich der **Begründetheit einer Verfassungsbeschwerde** stellen sich vor allem   **195**
Fragen des Prüfungsumfangs und der Prüfungstiefe.[333] Ersterer ist nicht nur auf die Grundrechte und grundrechtsgleichen Rechte bezogen, sondern erfasst mit Blick auf Grundrechtseingriffe auch das sonstige Verfassungsrecht.[334] Bezüglich der unterver-

---

329 BVerfGE 107, 395 (414).

330 BVerfGE 107, 395 (416).

331 Zum Gesetz vgl. *Desens*, NJW 2006, 1243; *Schenke*, NJW 2005, 729; *Zuck*. NJW 2005, 739; *Tegebrunner*, DÖV 2008, 954.

332 Zum Ganzen vgl. *O. Klein*, Verfassungsprozessrecht, § 19 Rn. 576 ff.; *St. Schmahl*, in: Schmidt-Bleibtreu/Klein/Hofmann/Henneke, GG-Kommentar, Art. 103 Rn. 50 f. m.w. Nachw.

333 Vgl. *Schlaich/Korioth*, Das Bundesverfassungsgericht, Rn. 280 ff.; *Pieroth*, in: Jarass/ Pieroth, GG, Art. 93 Rn. 72; *Zippelius/Würtenberger*, Deutsches Staatsrecht, § 49 Rn. 115.

334 Die sog. Elfes-Entscheidung des Bundesverfassungsgerichts (Bd. 6, 32 [41]) eröffnete über Art. 2 Abs. 1 GG diese Möglichkeit:»Jedermann kann im Wege der Verfassungsbeschwerde geltend machen, ein seine Handlungsfreiheit [im Sinne des Art. 2 Abs. 1 GG] beschränkendes Gesetz gehöre nicht zur verfassungsmäßigen Ordnung, weil es (formell oder inhaltlich) gegen einzelne Verfassungsbestimmungen oder Verfassungsgrundsätze verstoße; deshalb werde sein Grundrecht aus Art. 2 Abs. 1 GG verletzt«. Dazu unten Art. 2 Rdn. 94 ff.

fassungsmäßigen Rechtsordnung hat das Bundesverfassungsgericht jedoch immer wieder betont, **kein »Superrevisionsgericht«** zu sein.[335] Deswegen ist die Kontrolle fachgerichtlicher Entscheidungen begrenzt. Hier arbeitet das Gericht mit der Formel von der Prüfung nur der Verletzung »spezifischen Verfassungsrechts«. Sie soll von der Anwendung des einfachen Rechts, die nur den Fachgerichten zusteht, abgrenzen. Diese Funktionsteilung zwischen beiden Gerichtsbarkeiten hat das Bundesverfassungsgericht auf die Formel gebracht, dass die »Gestaltung des Verfahrens, die Feststellung und Würdigung des Tatbestandes, die Auslegung des einfachen Rechts und seine Anwendung auf den einzelnen Fall … allein Sache der dafür allgemein zuständigen Gerichte und der Nachprüfung durch das Bundesverfassungsgericht entzogen [sind]; nur bei einer Verletzung von spezifischem Verfassungsrecht durch die Gerichte kann das Bundesverfassungsgericht auf Verfassungsbeschwerde hin eingreifen«.[336] Spezifisches Verfassungsrecht ist aber nicht schon dann verletzt, wenn eine Entscheidung, am einfachen Recht gemessen, objektiv fehlerhaft ist; der Fehler muß gerade in der Nichtbeachtung von Grundrechten liegen (sog. Heck'sche Formel).[337]

196   Freilich sind die Grenzen der Eingriffsmöglichkeiten des Bundesverfassungsgerichts nicht immer klar abzustecken; dem richterlichen Ermessen muß ein gewisser Spielraum bleiben, der die Berücksichtigung der besonderen Lage des Einzelfalls ermöglicht. Allgemein wird sich sagen lassen, dass die normalen Subsumtionsvorgänge innerhalb des einfachen Rechts so lange der Nachprüfung des Bundesverfassungsgerichts entzogen sind, als nicht Auslegungsfehler sichtbar werden, die auf einer grundsätzlich unrichtigen Anschauung von der Bedeutung des Verfassungsrechts für den konkreten Rechtsfall beruhen. »Eine Grundrechtswidrigkeit liegt noch nicht vor, wenn die Anwendung einfachen Rechts durch den hierzu zuständigen Richter zu einem Ergebnis geführt hat, über dessen ›Richtigkeit‹ (in dem allgemeinen Sinne von ›Sachgemäßheit‹ oder ›Billigkeit‹) sich streiten läßt, insbesondere wenn bei einer dem Richter durch gesetzliche Generalklauseln aufgetragenen Abwägung widerstreitender Interessen die von ihm vorgenommene Wertung fragwürdig sein mag, weil sie den Interessen der einen oder der anderen Seite zu viel oder zu wenig Gewicht beigelegt hat.«[338]

---

335 Vgl. BVerfGE 7, 198 (207); 18, 85 (92); 53, 30 (53); hierzu *Herzog*, in: FS Dürig, S. 434 f.; *Schlaich/Korioth*, Das Bundesverfassungsgericht, Rn. 283; *Bethge*, in: Maunz u.a. BVerfGG, § 90 Rn. 119.

336 Vgl. BVerfGE 1, 418 (420).

337 Vgl. BVerfGE 18, 85 (92 f.); 62, 338 (343); 80, 81 (95); *Korioth*, in: FG 50 Jahre BVerfG I, 2001, S. 60 ff.; *Görisch/Hartmann*, NVwZ 2007, 1007 (1010); *Papier*, DVBl. 2009, 473 (477); *Hopfauf*, in: Schmidt-Bleibtreu u.a., GG-Kommentar, Art. 93 Rn. 540 ff.; kritisch zur Formel *Voßkuhle*, in: Mangoldt/Klein/Starck, GG-Kommentar, Art. 93 Rn. 55; *Schlaich/Korioth*, Das Bundesverfassungsgericht, Rn. 281.

338 Vgl. BVerfGE 18, 85 (92 f.). Ausführlich hierzu *Schlaich/Korioth*, Das Bundesverfassungsgericht, Rn. 287 ff. mw.N.

L. Internationale und europäische Bezüge

I. Die internationale Ebene

1. Die Allgemeine Erklärung der Menschenrechte und spezielle Konventionen

Die furchtbare Missachtung der Menschen- und Grundrechte zwischen 1933 und 197 1945 führte nach dem Zweiten Weltkrieg zu einer deutlichen Aufwertung der Grund- und Menschenrechte. Die Präambel, Art. 1 Abs. 3, Art. 55 lit. c, Art. 62 Abs. 2 und Art. 76 lit. c der UN-Charta vom 26. Juni 1945 sprechen von den »fundamental human rights« bzw. von »human rights and fundamental freedoms for all«. Auf dieser Grundlage wurden von den UN-Organen Vorschläge für eine internationale Menschenrechtscharta unterbreitet, die am 10. Dezember 1948 von der UN-Generalversammlung als **»Allgemeine Erklärung der Menschenrechte** (Universal Declaration of Human Rights)« – AEMR – ihren Niederschlag fanden. In ihr dominierten die Ideen der europäisch-amerikanischen Rechteerklärungen, die einen Vorrang der klassischen liberalen Grundrechte brachten. Allerdings wurden auch Erfahrungen der Vorkriegs- und Kriegszeit sowie der unmittelbaren Nachkriegszeit verwertet. So enthielt die AEMR ein Verbot der Folter und der Ausweisung sowie ein Asylrecht und ein Recht auf Staatsangehörigkeit. Hinzu traten auch gewisse soziale ökonomische und kulturelle Rechte. Sie begründet die Universalität der Menschenrechte,[339] enthält aber noch kein verbindliches Recht mit einem entsprechenden Sanktionsmechanismus. Allerdings wird der menschenrechtliche Kerngehalt zunehmend als Völkergewohnheitsrecht angesehen. Umgekehrt steht dieser Erweiterung der Grundrechtsberechtigung im Völkerrecht mehr denn je eine »konstitutionelle Einhegung« des auswärtigen Handelns deutscher Staatsorgane in der Gegenwart auf der Agenda, will sagen, dass deutsche Amtsträger Grundrechte zu beachten haben, wenn sie außerhalb des deutschen Staatsgebiets handeln.[340]

---

339 Vgl. *K. Ipsen*, Völkerrecht, 6. Aufl. 2014, § 7 Rn. 11; *Dreier*, in: ders. Grundgesetz-Kommentar, Vorb. Art. 1 Rn. 25; *Chr. Tomuschat*, HStR X, § 208 Rn. 8; *Kotzur*, EuGRZ 2008, 673 ff.; *Maritain* (Hrsg.), Um die Erklärung der Menschenrechte – ein Symposion, 1951, S. 11 ff.; *Partsch*, in: Simma (Hrsg.), Charta der Vereinten Nationen, Kommentar, 1991, Art. 55 lit. E, Rn. 21 ff.; *Schwelb*, Human Rights and the International Community. The Roots and Growths of the Universal Declaration of Human Rights 1948–1963, 1964, S. 12 ff.; *Nettesheim*, in: HGR VI/2, § 173 Rn. 38 ff. mit ausführlicher Erklärung von Pro et Contra; *Giegerich/Zünermann*, Wirtschaftliche, soziale und kulturelle Rechte, 2009. Zur Universalität s. *Stern*, in: HGR VI/2, § 185.

340 Zu diesem Problemkreis grenzüberschreitender Grundrechtsbindung vgl. *P. Badura*, HGR II, § 47; *R. Hofmann*, Grundrechte und grenzüberschreitende Sachverhalte, 1994; *F. Becker*, Grenzüberschreitende Reichweite deutscher Grundrechte, HStR XI, § 240; *D. Merten*, Räumlicher Geltungsbereich von Grundrechtsbestimmungen, in: Festschrift H. Schiedermaier, 2001, S. 331.

198   Die allgemeine Menschenrechtserklärung war zugleich Startschuss für eine Vielzahl weiterer **spezieller Deklarationen und Konventionen**, die in United Nations Treaty Series zusammengestellt sind.[341]

2. Die Internationalen Pakte

199   1966 erfolgte dann ein bedeutender weiterer Schritt zum Schutz der Menschenrechte. Die Generalversammlung der Vereinten Nationen verabschiedete nämlich den **Internationalen Pakt über bürgerliche und politische Rechte** sowie den **internationalen Pakt über wirtschaftliche, soziale und kulturelle Rechte**. Hinzu trat zum Schutz der dort festgelegten Rechte ein Fakultativprotokoll und 1989 ein zweites Protokoll über die Abschaffung der Todesstrafe. Das Fakultativprotokoll brachte auch die Möglichkeit, eine Individualbeschwerde zu einer Kommission der Vereinten Nationen, die 2006 zu einem UN-Menschenrechtsrat als Unterorgan der UN-Generalversammlung umgewandelt wurde, zu erheben.[342] Diese Pakte sind 1976 bzw. 1989 weltweit in Kraft getreten; ergänzt werden sie durch eine Vielzahl spezieller Menschenrechtspakte der Vereinten Nationen.[343]

200   Über die Pakte hinaus gilt als Bestandteil des **allgemeinen Völkerrechts** ein **Mindeststandard von Menschenrechten**.[344] Was dazugehört, ist noch nicht eindeutig ausgeformt, dürfte auch kulturellen Verschiedenheiten unterliegen, aber immerhin dazu führen, dass man diesen Mindeststandard von Menschenrechten – Recht auf Leben, körperliche Unverletzlichkeit, Sicherheit der Person, Folterverbot, Verbot, grausamer und erniedrigender Strafen – als universal geltende Menschenrechte akzeptieren kann. Dieser Mindeststandard dürfte mittlerweile als völkerrechtliches Gewohnheitsrecht anerkannt sein.

---

341 Vgl. *W. Heintschel von Heimegg,* in: HGR VI/2, § 175; *Stern,* in: HGR I, § 1 Rn. 37 m.w.N.; *Tomuschat,* Menschenrechte: Eine Sammlung internationaler Dokumente zum Menschenrechtsschutz, 2. Aufl. 2002.

342 Dass Beschwerden nicht ganz erfolglos sind, zeigt etwa die Entscheidung des Ausschusses im Falle »Des Fours Walderode« v. 30.10.2001 (EuGRZ 2002, S. 127) mit Anm. Fassbender, EuGRZ 2002, 101. Dennoch muss registriert werden, dass der Schutz der Rechte noch unvollkommen ist. Ferner *Forsythe,* The United Nations, Human Rights and Development, Humans Rights Quarterly 1997, 431 ff.; Weschke, Internationale Instrumente zur Durchsetzung der Menschenrechte, 2001, und *B. Rudolf,* Die thematischen Berichterstatter und Arbeitsgruppen der UN-Menschenrechtskommission. Ihr Beitrag zur Fortentwicklung des internationalen Menschrechtsschutzes, 2000; *M. Nowak,* UN Convenant on Civil and Political Rights, 2. Aufl. 2005; *K. Hailbronner/M. Kaiser,* Der Staat und der Einzelne als Völkerrechtssubjekte, in: W. Graf Vitzthum (Hrsg.), Völkerrecht, 5. Aufl. 2010, S. 239 ff.

343 Hierzu eingehend *Vedder,* in: HGR VI/2, § 174 m.w.N. und *Heintschel von Heinegg,* ebda., § 175 m.w.N.

344 Vgl. *Stern,* in: HGR I, § 1 Rn. 39 m.w.N.; *Tomuschat,* in: HGR VI/2, § 178; ausführlich *Emmerich-Fritsche,* Vom Völkerrecht zum Weltrecht, 2007, S. 469 ff.

II. Die europäische Entwicklung

Während auf der internationalen Ebene die Menschenrechte in ihrem Inhalt und   201
Umfang breit ausgedehnt sind, müssen ihre Schutzinstrumentarien als noch defizitär
bezeichnet werden. In dieser Hinsicht ist man auf der europäischen Ebene erheblich
weiter fortgeschritten. Sie soll daher auch hier im Vordergrund stehen; die sonstigen
regionalen Übereinkommen müssen außer Betracht bleiben.

1. Die Europäische Menschenrechtskonvention

Der 1949 gegründete Europarat, der inzwischen auf 47 Mitglieder angewachsen ist,   202
legt in Art. 3 seiner Satzung vom 5. Mai 1949 fest, dass jedes Mitglied »den Grundsatz der Herrschaft des Rechts und den Grundsatz (anerkennt), dass jeder, der seiner
Hoheitsgewalt unterliegt, der Menschenrechte und Grundfreiheiten teilhaftig werden soll«. Außerdem wird als Aufgabe des Europarats genannt »Der Schutz und die
Fortentwicklung der Menschenrechte und Grundfreiheiten«. In Verfolgung dieser
Ziele wurde am 3. November 1950 die »**Konvention zum Schutze der Menschenrechte und Grundfreiheiten**« (EMRK) verabschiedet. Sie gilt in allen Mitgliedstaaten, teils als Verfassungsrecht wie z.B. in Österreich, teils als einfaches Gesetzesrecht
wie etwa in Deutschland.[345] Vierzehn Zusatzprotokolle erweiterten inzwischen den
Grundrechtsstandard.[346] Insgesamt enthalten die Konvention und die Zusatzprotokolle das gesamte Rechtearsenal des klassischen Grundrechtssystems, wie es den
europäischen Staaten eigen ist. Den deutschen Gerichten erwächst die Pflicht zur
»konventionsgemäßen Auslegung« des deutschen Rechts.[347] Diese ist nicht durchweg beachtet worden, weswegen Deutschland mehrfach vom Europäischen Gerichtshof für Menschenrechte (EGMR) verurteilt worden ist.[348] In jüngster Zeit ist daher
das BVerfG bestrebt der EMRK größere Aufmerksamkeit zu schenken.

Seit dem 1. November 1998 ist aufgrund des 11. Zusatzprotokolls die Anrufung des   203
EGMR seitens jedes Bürgers eines Mitgliedstaats im Wege der **Individualbeschwer-
de** möglich, sofern der innerstaatliche Rechtsschutz erschöpft ist (Art. 34 EMRK).
Außerdem können die Staaten im Wege der **Staatenbeschwerde** den Europäischen
Menschenrechtsgerichtshof anrufen. Dieser Rechtsschutz ist im Vergleich zur ame-
rikanischen Menschenrechtskonvention und der Charta Africaine des Droits d'Hom-
mes et des Peuples wesentlich weitergehend und im Grundsatz jedenfalls vollständig.
Bedenklich ist allerdings, dass der Gerichtshof in hohem Maße belastet ist und Ab-

---

345 Vgl. *Stern*, in: HGR I, § 1 Rn. 40; *Giegerich*, in: Dörr/Grote/Marauhn, EMRK/GG,
     Konkordanz-Kommentar, 2. Aufl. 2013, Kap. 2.
346 Vgl. *Frowein/Peukert*, EMRK, 2. Aufl. 1996, S. 867 ff.; *Grabenwarter*, EMRK, 4. Aufl.
     2009, § 1 Rn. 5 ff.; *ders.*, in: HGR VI/2, § 169; *Mayer-Ladewig*, EMRK, 2. Aufl. 2006,
     Einl. Rn. 2 f; *Grote*, in: Dörr/Grote/Marauhn, EMRK/GG, Konkordanz-Kommentar,
     2. Aufl. 2013, Kap. 1 Rn. 31 ff.; zur Rangfolge BVerfGE 128, 326 (367).
347 Vgl. BVerfGE 111, 307 (329).
348 Beispiele bei *Dreier*, in: ders. Grundgesetz-Kommentar, Vorb. Art. 1 Rn. 29.

hilfen von Russland lange verzögert wurden, so dass erhebliche Rückstände bestehen.[349]

2. Der Grundrechtsschutz in der Europäischen Union

204 Innerhalb der **Europäischen Union** ist der Schutz der Menschen- und Grundrechte besonders ausgeprägt. Art. 6 Abs. 2 EU-Vertrag sieht vor: »Die Union achtet die Grundrechte, wie sie in der am 4. November 1950 in Rom unterzeichneten Europäischen Konvention zum Schutze der Menschenrechte und Grundfreiheiten gewährleistet sind und wie sie sich aus den gemeinsamen Verfassungsüberlieferungen der Mitgliedstaaten als allgemeine Grundsätze des Gemeinschaftsrechts ergeben«. In diesem Rahmen sind vor allen Dingen durch den Europäischen Gerichtshof in Luxemburg Grundrechte ausgebildet worden, die über den Text des EG-Vertrages hinausgehen. Dabei wurde namentlich auf die ungeschriebenen allgemeinen Grundsätze der Unionsrechtsordnung und die gemeinsamen Verfassungsüberlieferungen der Mitgliedstaaten zurückgegriffen.[350] Als Grundrechte, vor allen Dingen des Binnenmarktes, kann man auch die im EG-Vertrag enthaltenen Grundfreiheiten des freien Waren-, Personen-, Dienstleistungs- und Kapitalverkehrs betrachten; denn auch sie verbürgen Freiheit und Schutz vor Eingriffen.[351] Hinzu tritt als Annexfreiheit der freie Zahlungsverkehr. Außerdem ist im Vertragswerk das Verbot der Diskriminierung aus Gründen der Staatsangehörigkeit oder weiterer Kriterien verankert (Art. 18 und 19 AEUV). Auch der allgemeine Gleichheitssatz gehört zum grundrechtlichen Bestand des EG-Vertrages.[352]

205 Da man diesen Grundrechtsschutz als unvollständig betrachtete, wurde überlegt, ob die Europäische Union nicht förmlich der Europäischen Menschenrechtskonvention beitreten solle.[353] Dies stieß nicht bei allen Mitgliedern auf Zustimmung. Deshalb wurde auf den Tagungen des Europäischen Rats im Juni 1999 in Köln und im Oktober 1999 in Tampere ein Konvent mit dem Auftrag eingesetzt, den Entwurf einer Grundrechtecharta der Union zu erarbeiten. Seine 62 Mitglieder kamen aus dem Europäischen Parlament und den nationalen Parlamenten, den Regierungen und der

---

349 Das 14. Zusatzprotokoll (BGBl. II 2006, 138), das den Einzelrichter brachte, die Zuständigkeit der Dreier-Ausschüsse und die Unzulässigkeitsgründe erweiterte (Art. 26 ff. EMRK) ist vom Russischen Parlament erst nach langem Zögern ratifiziert worden.

350 Vgl. *Weber*, in: Tettinger/Stern, GRCh, B V, Rn. 14 f.

351 Vgl. *Rengeling/Szczekalla*, Grundrechte in der Europäischen Union, 2004, Rn. 142 ff.; *Streinz*, HGR VI/1, § 151 Rn. 11; *Heratsch*, HStR X, § 210 Rn. 8; *Dreier*, in: ders. Grundgesetz-Kommentar, Vorb. Art. 1 Rn. 36.

352 Vgl. *Cirkel*, NJW 1998, 3332; *Damm*, Menschenwürde, Freiheit, komplexe Gleichheit: Dimensionen grundrechtlichen Gleichheitsschutzes, 2006; *Kischel*, EuGRZ 1997, 1; *Rossi*, EuR 2000, 197; *Wahle*, Der allgemeine Gleichheitssatz in der Europäischen Union, 2002.

353 Vgl. *Pache/Rösch*, EuZW 2008, 519 (520) m.w.N.; *Pache*, EuR 2004, 393 (413 f.); s.a. EuGH, Gutachten v. 28.03.1996, Slg. 1996, I-1759 = EuGRZ 1996, 197.

Kommission. Der Konvent tagte unter dem Vorsitz von Altbundespräsident Roman Herzog; er legte am 2. Oktober 2000 den Text einer »EU-Charta der Grundrechte« vor. Orientierungsmaßstäbe für den Text waren die Europäische Menschenrechtskonvention nebst Zusatzprotokollen und weitere Konventionen des Europarats sowie die nationalen Grundrechte und Aussagen des EG-Vertrags.[354] Auf der Sitzung des Europäischen Rats in Nizza vom 7. bis 9. Dezember 2000 wurde die Charta begrüßt, aber nicht in das europäische Vertragswerk aufgenommen. Damit fehlte der Charta zunächst die rechtliche Verbindlichkeit. Allerdings wurde sie vor allen Dingen vom Europäischen Gericht erster Instanz und vom Europäischen Gerichtshof als Rechtserkenntnisquelle herangezogen und in der Rechtsprechung berücksichtigt.[355]

Die – gescheiterte – Europäische Verfassung[356] hätte sie in den Text integriert.[357] 206
Gemäß dem **Vertrag von Lissabon** ist jetzt in Art. 6 Abs. 1 EUV vorgesehen, dass »die Union die Rechte, Freiheiten und Grundsätze (anerkennt), die in der Charta der Grundrechte … niedergelegt sind; die Charta der Grundrechte hat dieselbe Rechtsverbindlichkeit wie die Verträge«, was bedeutet, dass die Charta gleichermaßen wie der EU-Vertrag und der Vertrag über die Arbeitsweise der Europäischen Union europäisches Primärrecht ist.[358] Danach gilt die Charta als rechtsverbindlich für die Organe und Einrichtungen der Union und für die Mitgliedstaaten, soweit sie Unionsrecht ausführen (Art. 51 Abs. 1 Satz 1 EU-GR Ch). Außerdem schafft der Vertrag die Möglichkeit, dass die Union der Europäischen Menschenrechtskonvention beitritt (Art. 6 Abs. 2 EUV).

3. Der Mehrebenenschutz

Durch die Charta ist damit in Verbindung mit der EMRK ein umfassendes System 207
eines europäischen Grundrechtsschutzes entstanden, das mit dem nationalen Grund-

---

354 Zur Charta vgl. etwa *Stern*, in: HGR I, § 1 Rn. 45; *Tettinger/Stern*, Europäische Grundrechte-Charta. Kölner Gemeinschaftskommentar, 2006; *J. Meyer* (Hrsg.), Charta der Grundrechte der Europäischen Union, 3. Aufl. 2011; *R. Scholz*, in: HGR VI/2, § 170; *K. F. Gärditz*, HStR IX, § 189 Rn. 50 ff.
355 Vgl. etwa EuG, Rs. T-54/99; Slg. 2002, 313 Rn. 48; EuGH, Rs. C-540/03, Slg. 2006, I-5769 Rn. 38; EuGH, Rs. C-553/07, EuGRZ 2009, 229, Rn. 8, 22 f., 35; EuGH, Slg. 2007, I-3633, Rn. 46; EuGH, Slg. 2008, I-271, Rn. 61 ff.; EuGH, EuZW 2008, 177 Rn. 41.
356 Vgl. *Geerlings*, DVBl. 2006, 129 ff.; *Rabe*, NJW 2007, 3153 ff.; *Calliess* (Hrsg.), Verfassungswandel in europäischen Staaten und Verfassungsverbund, 2007.
357 Vgl. *Grabenwarter*, in: Tettinger/Stern, GRCh, B III, Rn. 13; *Stern*, Staatsrecht IV/1, S. 115.
358 Vgl. dazu *Pache/Rösch*, NVwZ 2008, 473 (474); *Schwarze*, EuR Beiheft 1 (2009), 9 (17); *Bergmann*, DÖV 2008, 305; *R. Scholz*, HGR VI/2, § 170 mit umfassenden Literaturnachweisen in Fn. 30; *V. Skouris*, ebda. § 171; *Stern*, in Stern/Sachs, Charta der Grundrechte der Europäischen Union, 2015, Einleitung.

rechtsschutz einen **Mehrebenenschutz** geschaffen hat.[359] Dass dieses System nicht konfliktfrei, vor allem in den zuständigen Gerichtsbarkeiten funktionieren wird, liegt auf der Hand.[360] Entscheidend muss jedoch die »Kohärenz« der Systeme sein. Daran haben die Gerichtsbarkeiten zu arbeiten.[361] Keinesfalls darf der mitgliedstaatliche Grundrechtsschutz abgesenkt werden.[362]

M. Literaturverzeichnis

208 *Alexy, Robert*, Theorie der Grundrechte, 2. Aufl. 1994; *von Arnauld, Andreas*, Die Freiheitsrechte und ihre Schranken, 1999; *Badura, Peter*, Privatautonome Selbstbestimmung im Schatten grundrechtlicher Schutzpflichten des Staates, in: FS R. Schmidt, 2006, S. 333; *Bethge, Herbert*, Der Grundrechtseingriff, VVDStRL 57 (1998), 7; *Böckenförde, Ernst-Wolfgang*, Zur Lage der Grundrechtsdogmatik nach 40 Jahren Grundgesetz, 1990; *Borowski, Martin*, Grundrechtliche Leistungsrechte, JöR 50 (2002), 301; *Bumke, Christian*, Der Grundrechtsvorbehalt, 1998; *Calliess, Christian*, Schutzpflichten, in: HGR II, § 44; *Cornils, Matthias*, Die Ausgestaltung der Grundrechte, 2005; *Cremer, Wolfram*, Freiheitsgrundrechte, 2003; *Dederer, Hans-Georg*, Die Garantie der Menschenwürde (Art. 1 Abs. 1 GG), JöR 57 (2009), 89; *Depenheuer, Otto*, Grundrechte und Konservatismus, in: HGR I, § 11; *Dietlein, Johannes*, Die Lehre von den grundrechtlichen Schutzpflichten, 2. Aufl. 2005; *Dolderer, Michael*, Objektive Grundrechtsgehalte, 2000; *Dreier, Horst*, Dimensionen der Grundrechte, 1993; *Eckhoff, Rolf*, Der Grundrechtseingriff, 1992; *Fischinger, Philipp S.*, Der Grundrechtsverzicht, JuS 2007, 808; *Gebauer, Katharina*, Parallele Grund- und Menschenrechtssysteme in Europa, 2007; *Häberle, Peter*, Grundrechte im Leistungsstaat, VVDStRL 30 (1972), 43; *Hillgruber, Christian*, Grundrechtlicher Schutzbereich, Grundrechtsausgestaltung mit Grundrechtseingriff, in: HStR IX, 3. Aufl. 2011, § 200; *Höfling, Wolfram*, Offene Grundrechtsinterpretation, 1987; *Isensee, Josef*, Das Grundrecht als Abwehrrecht und als staatliche Schutzpflicht, in: HStR IX, 3. Aufl. 2011, § 413; *Jaeckel, Liv*, Schutzpflichten im deutschen und europäischen Recht, 2001; *Jarass, Hans D.*, Funktionen und Dimensionen der Grundrechte, in: HGR II, § 38; *Jestaedt, Matthias*, Grundrechtsentfaltung im Gesetz, 1999; *Kempen, Bernhard*, Grundrechtsverpflichtete, in: HGR II, § 54; *Klein, Hans Hugo*, Grundrechte am Beginn des 21. Jahrhunderts, in: HGR I, § 6; *Kloepfer, Michael*, Einrichtungsgarantien, in: HGR II, § 43; *ders.*, Grundrechtstatbestand und Grundrechtsschranken in der Rechtsprechung des Bundesverfassungsgerichts, in: FG

---

359 Näher *Stern*, in: Stern/Sachs, Charta der Grundrechte der Europäischen Union, 2015, Einleitung; *D. Kraus*, in: Dörr/Grote/Marauhn, EMRK/GG, Konkordanz-Kommentar, 2. Aufl. 2013, Kap. 3.

360 Zu optimistisch *Heselhaus/Nowak*, Handbuch der Europäischen Grundrechte. 2006, § 2.

361 *W. Hoffmann-Riem*, EuGRZ 2002, 473.

362 Vgl. BVerfGE 133, 277 (313 ff., bes. Rn. 91); EuGH, JZ 2013, 613 – Akerberg Fransson; näher K. Stern, in: Stern/Sachs, Charta der Grundrechte der Europäischen Union, 2015, Einleitung.

BVerfG II, 1976, S. 405; *Kotzur, Markus*, Kooperativer Grundrechtsschutz in der Völkergemeinschaft, EuGRZ 2008, 673; *Langner, Thomas*, Die Problematik der Geltung der Grundrechte zwischen Privaten, 1998; *Leisner, Walter*, Grundrechte und Privatrecht, 1960; *Lindner, Josef Franz*, Theorie der Grundrechtsdogmatik, 2005; *Lübbe-Wolff, Gertrude*, Die Grundrechte als Eingriffsabwehrrechte, 1988; *Mahlmann, Matthias*, Elemente einer ethischen Grundrechtstheorie, 2008; *Martens, Wolfgang*, Grundrechte im Leistungsstaat, VVDStRL 30 (1972), 7; *Martins, Leonardo*, Die Grundrechtskollisonen, 2001; *Merten, Detlef*, Der Grundrechtsverzicht, in: FS Schmitt Glaeser, 2003, 53 ff.; ders. Der Grundrechtsverzicht, in: HGR III, § 73; *Müller-Franken, Sebastian*, Bindung Privater an Grundrechte?, in: FS Bethge, 2009, 223; *Ossenbühl, Fritz*, Grundsätze der Grundrechtsinterpretation, in: HGR I, § 15; *Papier, Hans-Jürgen*, Drittwirkung, in: HGR II, § 55; *ders.*, Verhältnis des Bundesverfassungsgerichts zu den Fachgerichtsbarkeiten, DVBl. 2009, 473; *Poscher, Ralf*, Grundrechte als Abwehrrechte, 2003; *Robbers, Gerhard*, Menschenrechte aus Sicht des Protestantismus, in: HGR I, § 9; *Roellecke, Gerd*, Vom Sinn und Zweck der Grundrechte, in: FS Stober, 2008, S. 3; *Rüfner, Wolfgang*, Leistungsrechte, in: HGR II, § 40; *Roellecke, Gerd*, Grundrechtskonflikte, in: FG BVerfG II, 1976, S. 453; *Ruffert, Matthias*, Die Rechtsprechung des Bundesverfassungsgerichts zum Privatrecht, JZ 2009, 389; *Rusteberg, Benjamin*, Der grundrechtliche Gewährleistungsgehalt, 2009; *Sachs, Michael*, Abwehrrechte, in: HGR II, § 39; *Schambeck, Heribert*, Grundrechte in der Lehre aus Sicht der katholischen Kirche, in: HGR I, § 8; *Scholz, Ruppert*, Nationale und europäische Grundrechte – unter besonderer Berücksichtigung der Europäischen Grundrechtecharta, in: HGR III/2, § 170; *Schmidt-Aßmann, Eberhard*, Grundrechte als Organisations- und Verfahrensgarantien, in: HGR II, § 45; *Schwabe, Jürgen*, Probleme der Grundrechtsdogmatik, 1977; *Spielmann, Christoph*, Konkurrenz von Grundrechtsnormen, 2008; *Spieß, Gerhard*, Der Grundrechtsverzicht, 1997; *Stern, Klaus*, Die Idee der Menschen- und Grundrechte, in: HGR I, § 1; *ders.*, Idee der Menschenrechte und Positivität der Grundrechte, in: IX, 3. Aufl. 2011, § 184; *ders.*, Idee und Elemente eines Systems der Grundrechte, in: HStR IX, 3. Aufl. 2011, § 185; *ders.*, Menschenrechte als universales Leitungsprinzip, in: HGR VI/2, § 185; *ders.*, Die Grundrechte und ihre Schranken, in: FS BVerfG II, 2001, S. 1; *ders.*, Zur Entstehung und Ableitung des Übermaßverbots, in: FS Lerche, 1993; *ders./Sachs, Michael*, Charta der Grundrechte der Europäischen Union, 2015; *Szekalla, Peter*, Die sogenannten grundrechtlichen Schutzpflichten im deutschen und europäischen Recht, 2002; *Unruh, Peter*, Zur Dogmatik der grundrechtlichen Schutzpflichten, 1996; *Volkmann, Uwe*, Grundrechte und Sozialismus, in: HGR I, § 12; *Weber-Dürler, Beatrice*, Der Grundrechtseingriff, VVDStRL 57 (1998).

Grundgesetz für die Bundesrepublik Deutschland (GG)

vom 23. Mai 1949 (BGBl. S. 1), zuletzt geändert durch Artikel 1 des Gesetzes vom 23.12.2014 (BGBl. I S. 2438)

– Auszug –*

Artikel 1 [Menschenwürde, Grundrechtsbindung]

(1) ¹Die Würde des Menschen ist unantastbar. ²Sie zu achten und zu schützen ist Verpflichtung aller staatlichen Gewalt.

(2) Das Deutsche Volk bekennt sich darum zu unverletzlichen und unveräußerlichen Menschenrechten als Grundlage jeder menschlichen Gemeinschaft, des Friedens und der Gerechtigkeit in der Welt.

(3) Die nachfolgenden Grundrechte binden Gesetzgebung, vollziehende Gewalt und Rechtsprechung als unmittelbar geltendes Recht.

---

* Die nachstehende Kommentierung konzentriert sich ausschließlich auf die im Grundgesetz verankerten Grundrechte. Der vollständige Text des Grundgesetzes ist im Anhang wiedergegeben.

A. Vorbilder und Entstehungsgeschichte

I. Das Bekenntnis zur Würde des Menschen als verfassungshistorische Innovation

Die Bestimmung des Art. 1 GG eröffnet den I. Abschnitt des Grundgesetzes mit ei- **1** nem gedanklichen **Dreischritt**: Sie anerkennt in Absatz 1 die Unantastbarkeit der menschlichen Würde. Mit Absatz 2 zieht sie aus diesem Anerkennungsakt die Konsequenz eines Bekenntnisses zu den »unverletzlichen und unveräußerlichen Menschenrechten«. In Absatz 3 leitet sie in einem dritten Schritt über zu den nun kraft Schöpfungsakts des Verfassungsgebers (vgl. Präambel) »nachfolgend« positivierten Grundrechten, die – im Gegensatz zu vorstaatlichen Grundsätzen oder politischen Deklarationen – die staatliche Gewalt »als unmittelbar geltendes Recht« binden[1]. Art. 1 GG hebt sich damit vom Regeltypus der Verfassungsnorm ab. Von vornherein ist er nicht auf eine Anwendung seines Tatbestands auf einzelne Problemfälle oder auch auf bestimmte Problemkategorien der Lebenswirklichkeit beschränkt. Vielmehr reflektiert die Bestimmung ihren eigenen ideengeschichtlich-normativen Ort und will nach Art einer Deklaration (jedenfalls auch) Auskunft über diesen Hintergrund

---

1 Zum Gedankengang der Bestimmung *Brugger*, Menschenwürde, Menschenrechte, Grundrechte; *Enders*, Die Menschenwürde in der Verfassungsordnung, S. 414 ff., 427 ff.; *Isensee*, in: HGR II, § 26.

des Verfassungsgesamtwerks und namentlich seiner Grundrechte geben. In dieser spezifischen Funktion, die nicht zuletzt in der Stellung der Bestimmung im Verfassungstext zum Ausdruck kommt, ist Art. 1 GG **ohne Vorbild in der Verfassungsgeschichte**[2], die der Grundgesetzgebung vorausgegangen ist.

2   So beruft sich zwar bereits die Verfassung der Republik Irland vom 1. Juli 1937 (in der Präambel) auf die Menschenwürde[3]. Freilich kennzeichnet es diesen Verfassungstext, dass die Menschenwürde hier in weniger axiomatischer Diktion erscheint, vielmehr als Glied einer Aufzählung gleichrangig neben anderen Zielwerten – wie der Freiheit des Individuums oder einer gerechten sozialen Ordnung[4]. Das gilt ähnlich noch für die Präambel der Charta der Vereinten Nationen vom 26. Juni 1945 und selbst (eingeschränkt) für die Allgemeine Erklärung der Menschenrechte der Vollversammlung der Vereinten Nationen vom 10. Dezember 1948 (Präambel: »Da die Anerkennung der allen Mitgliedern der menschlichen Familie innewohnenden Würde und ihrer gleichen und unveräußerlichen Rechte die Grundlage der Freiheit, der Gerechtigkeit und des Friedens in der Welt bildet …«; Art. 1: »Alle Menschen sind frei und gleich an Würde und Rechten geboren …«). Die Europäische Konvention zum Schutze der Menschenrechte und Grundfreiheiten vom 4. November 1950 schließlich bezieht sich zwar in ihrem Vorspruch auf die Allgemeine Erklärung der Menschenrechte, formuliert u.a. auch Verbote von Folter oder Sklaverei (Art. 3 und 4 EMRK), spricht selbst aber nicht ausdrücklich von der Würde des Menschen. In anderen Verfassungstexten im historischen Vor- und Umfeld der Grundgesetzgebung wird die Menschenwürde verfassungsrechtlich auf dem Regelungsfeld der Wirtschaft, damit unter noch stärker sachlich begrenzter Perspektive in Bezug genommen: Die Weimarer Reichsverfassung vom 11. August 1919 sieht im »Ziele der Gewährleistung eines menschenwürdigen Daseins« ein die völlige Wirtschaftsfreiheit begrenzendes Prinzip der staatlichen Ordnung des Wirtschaftslebens, Art. 151 Abs. 1 WRV. In eben dieser begrenzenden und darin zugleich begrenzten Funktion begegnet die Menschenwürde in Art. 6 Nr. 3 der Politischen Verfassung der Portu-

---

2   Zu Bestimmungen in den Landesverfassungen, die freilich auch nur isoliert der Eingangssentenz des Art. 1 Abs. 1 GG zum Vorbild dienen konnten, *Pieroth*, in: HGR II, § 25, Rn. 59.

3   Hierzu und zum Folgenden auch *Pieroth*, in:, HGR II, 2006, § 25; *Stern*, Staatsrecht IV/1, S. 3, 109 f., 117 ff.; ferner mit teils anderer Akzentuierung *Walter*, in: Bahr/Heinig (Hrsg.), Menschenwürde in der säkularen Verfassungsordnung, S. 127 ff.

4   *Gosewinkel/Masing* (Hrsg.), Die Verfassungen in Europa 1789–1949, S. 2032: »… in dem Bestreben, unter gebührender Beachtung von Klugheit, Gerechtigkeit und Barmherzigkeit das allgemeine Wohl zu fördern, auf dass die Würde und Freiheit des Individuums gewährleistet, eine gerechte soziale Ordnung erreicht, die Einheit unseres Landes wiederhergestellt und Eintracht mit anderen Nationen begründet werde, nehmen wir diese Verfassung an …«.

giesischen Republik vom 11. April 1933[5] sowie in Art. 41 Abs. 2 der Verfassung der Italienischen Republik vom 27. Dezember 1947[6].

Für alle diese Normordnungen, ob national oder international, gilt, dass die Menschenwürde zwar einen mehr oder weniger wichtigen Aspekt im Regelungsgefüge markiert, nirgends aber wird sie als das die gesamte Normkonstruktion tragende, für sich zentrale Begründungselement herausgestellt. In dieser Hinsicht hat das Bonner Grundgesetz vom 23. Mai 1949 **verfassungsgeschichtlich Neuland** betreten. Die Anerkennung der Menschenwürde mit allen Konsequenzen, die für das zu verfassende Staatswesen daraus zu ziehen sind, bezeichnet einen neuen Stand des in der Tradition des modernen Verfassungsstaates stehenden zeitgeschichtlichen Bewusstseins. Teils mag es Ausdruck einer hier erstmals zutage tretenden, jedoch allgemeinen Entwicklung der Rechtskultur sein, teils mag das Grundgesetz da und dort selbst Schule gemacht haben[7]. Jedenfalls findet sich die im Grundgesetz in dieser ausdrücklich selbst-reflexiven und zugleich ordnungsbegründenden Form erstmals zu beobachtende Bestimmung des Verhältnisses von Mensch und Staatswesen in der Folge vermehrt in Menschenrechtsdokumenten und Verfassungstexten (unten Rdn. 115 ff.).

II. Die Entstehungsgeschichte des Art. 1 GG

Bereits der von den Ministerpräsidenten der westdeutschen Länder mit Vorberatungen für einen Verfassungsentwurf betraute, mit Sachverständigen beschickte **Herrenchiemseer Konvent** (Verfassungskonvent auf Herrenchiemsee, 10. bis 23. August 1948) hatte dem neu zu gebenden Grundgesetz eine bekenntnishafte Aussage über Sinn und Zweck des künftigen Staatswesens vorausstellen wollen und dafür in Art. 1 einleitend ausdrücklich auf den vorstaatlichen **Eigenwert des Menschen** verwiesen: »Der Staat ist um des Menschen willen da, nicht der Mensch um des Staates willen«. Der am 1. September 1948 zu Bonn zusammentretende **Parlamentarische Rat**, der sich aus Delegierten der Länderparlamente konstituierte, hielt zwar nicht an dieser Formulierung fest, wohl aber an ihrem Grundgedanken: »Letztlich ist der Staat dazu da, die äußere Ordnung zu schaffen, deren die Menschen zu einem auf der Freiheit des einzelnen beruhenden Zusammenlebens bedürfen. Aus diesem Auftrag allein

3

4

---

5 Vgl. *Stern*, Staatsrecht, IV/1, S. 117. In der Übersetzung bei *Gosewinkel/Masing* (Hrsg.), Die Verfassungen in Europa 1789–1949, S. 1264, heißt es: »Dem Staate obliegt es ... für die Besserung der Lebensbedingungen der am meisten benachteiligten Gesellschaftsklassen zu sorgen und zu verhindern, dass diese unter das Existenzminimum sinken, das der Menschlichkeit genügt«. Vgl. im Übrigen hierzu *Rixen*, in: Heselhaus/Nowak (Hrsg.), Hdb. EU-GR, § 9, Rn. 9 in Fn. 59.

6 *Gosewinkel/Masing* (Hrsg.), Die Verfassungen in Europa 1789–1949, S. 1388: »(1) Die wirtschaftliche Privatinitiative ist frei. (2) Sie darf sich nicht im Gegensatz zum gemeinen Wohle oder zum Schaden der Sicherheit, Freiheit und Menschenwürde betätigen«.

7 Vgl. *Häberle*, Rechtstheorie 11 (1980), 389 ff.; *dens.*, in: HGR I, § 7, Rn. 42, 43 m. Nw.

stammt letztlich die Legitimität seiner Machtausübung«, resümierte *Schmid* im Plenum des ParlRats die Überzeugung der verfassunggebenden Versammlung[8].

5 Infolge der Willkürherrschaft des nationalsozialistischen Unrechtsregimes hatte indessen die Institution des Verfassungsstaates mit ihren Verbürgungen von Freiheit und Gleichheit der Einzelperson alle Selbstverständlichkeit eingebüßt. Ein lückenloser Anschluss an diese Tradition der Moderne schien – jedenfalls auf deutschem Boden – unmöglich. Darum sollte deren ideeller Ursprung – zugleich in Absetzung von der unmittelbaren Vergangenheit[9] – vor den Augen der Weltöffentlichkeit erneut ins Bewusstsein gehoben und vom deutschen Volk als aller staatlichen Gewalt vorausliegender Legitimations- und Verpflichtungsgrund (wieder) anerkannt werden. Diesem zentralen Anliegen trug **Art. 1 GG als »Präambel« des Grundrechtsteils** Rechnung[10]. Man wollte, wie es der Abgeordnete des ParlRats *Bergsträsser* im Grundsatzausschuss formulierte, »an die Spitze der Grundrechte einige Sätze … stellen, die Absicht, Sinn und Grund der Grundrechte ganz kurz deutlich machen«[11]. Diese »allgemeinen Ausführungen des Art. 1« waren, so stellte der Vorsitzende des Grundsatzausschusses *v. Mangoldt* im weiteren Verlauf der Beratungen einmal klar, »mehr präambelmäßig für die ganzen Grundrechte« gedacht[12]. Die Bestimmung des Art. 1 GG, aus der Herkunft und Sinn der Grundrechte erhellen, ist auf diese Weise in ihrer »systematischen Bedeutung … der eigentliche Schlüssel für das Ganze« grundgesetzlicher Freiheits- und Gleichheitsgewährleistung geworden und so für das Verständnis des Verfassungswerks überhaupt von herausragender Bedeutung[13].

---

8 *Schmid*, 9. Sitzung des Plenums des Parlamentarischen Rats v. 06.05.1949, in: Der Parl. Rat, 1948–1949, Akten und Protokolle, Dt. Bundestag und Bundesarchiv (Hrsg.), Bd. 9, 1996, (Parl. Rat 9, 9. Sitzung), S. 437; vgl. auch *Cremer*, Freiheitsgrundrechte, S. 251 f.; *Masing*, in: Hoffmann-Riem/Schmidt-Aßmann/Voßkuhle (Hrsg.), Grundlagen des Verwaltungsrechts, Bd. I, § 7, Rn. 8.

9 Vgl. *v. Mangoldt*, 4. Sitzung des Grundsatzausschusses v. 23.09.1948, in: Der Parl. Rat, 1948–1949, Akten und Protokolle, Dt. Bundestag und Bundesarchiv (Hrsg.), Bd. 5/I, 1993, (Parl. Rat 5/I, 4. Sitzung), S. 71; ders., 22. Sitzung des Grundsatzausschusses v. 18.11.1948, in: Der Parl. Rat, Dt. Bundestag und Bundesarchiv (Hrsg.), Bd. 5/II, 1993, (Parl. Rat 5/II, 22. Sitzung), S. 585: »Würde des Menschen […], deren wir uns nach den Ereignissen der Vergangenheit zu allererst annehmen mussten«.

10 *Enders*, Die Menschenwürde in der Verfassungsordnung, S. 416; *ders.*, in: Seelmann (Hrsg.), ARSP Beiheft Nr. 101, 2004, 49, 60; *Isensee*, in: Merten/Papier, HGR II, § 26, Rn. 10, 71, 81. Ungeachtet des eindeutigen entstehungsgeschichtlichen Befunds ablehnend z.B. *Hesse*, Grundzüge des Verfassungsrechts der Bundesrepublik Deutschland, Rn. 116. Ähnlich *Hufen*, Staatsrecht II, § 10, Rn. 9: die Stellung im Grundgesetz vor den »nachfolgenden Grundrechten« spiele keine Rolle; anders freilich § 10, Rn. 45: das Bekenntnis zu den Menschenrechten in Art. 1 Abs. 2 GG »gehört … eigentlich in die Präambel«.

11 *Bergsträsser*, in: Parl. Rat 5/I, 4. Sitzung (Fn. 9) S. 63. Näher zur Entstehungsgeschichte *Enders*, Die Menschenwürde in der Verfassungsordnung, S. 404 ff.

12 *v. Mangoldt*, in: Parl. Rat 5/II, 22. Sitzung (Fn. 9) S. 594.

13 *Schmid*, in: Parl. Rat 5/I, 4. Sitzung (Fn. 9), S. 64. Dieser Bekundung entspricht die Einschätzung bei *Hesse*, Grundzüge des Verfassungsrechts der Bundesrepublik Deutschland,

Auf die Festlegung einer irgendwie näher bestimmten (religiösen, insbes. christli- 6
chen, ethisch-philosophischen, weltanschaulichen oder gar naturwissenschaftlichen)
Begründung des Satzes von der Menschenwürde wurde bewusst verzichtet, um diesen Schlüsselsatz offen und für jedermann anschlussfähig zu halten[14]. Entscheidend
war, die Würde des Menschen als den dem Staat sinnstiftend vorgegebenen, »in der
Diesseitigkeit höchsten Wert« zu erkennen und anzuerkennen[15]. Im Übrigen sollte
die **Menschenwürde eine »nicht interpretierte These«** (*Heuss*) bleiben[16]. Damit
wollte man sie keineswegs zur Disposition eines freien Interpretationsbeliebens
staatlicher Organe, sei es der Verwaltung, Rechtsprechung oder auch Gesetzgebung
stellen. Die »These« von der Würde des Menschen sollte am Ende »ihre **Interpretation in den Art. 2, 3, 4, 5«**[17] erfahren. Ihre rechtliche Bedeutung sollte demnach im
»Ausschließlichkeitskatalog«[18] der nachfolgenden positiven Grundrechte (Art. 1
Abs. 3) authentisch aus- und im Rahmen des möglichen Wortsinnes auch festgelegt
werden[19].

III. Systematische Umsetzung des Normgebungswillens im Verfassungstext

Zu diesem Zweck musste »aus den allgemeinen (sc. präambelmäßigen) Ausführun- 7
gen des Art. 1 ... in das unmittelbar geltende Recht übergeleitet werden«[20]. Sollte eine funktionierende Verfassungsordnung geschaffen werden, konnte man nicht bei

---

Rn. 116, der Art. 1 (Abs. 1) die Funktion der »Grundlegung dieses geschichtlich-konkre-
  ten Gemeinwesens« zuschreibt.
14 Es habe darum, so *Schmid*, in: Parl. Rat 5/I, 4. Sitzung (Fn. 9), S. 64 f.: »keinen Sinn, hier
  eine Staatsphilosophie aufzustellen und das Wesen des Menschen, das Wesen des Staates
  usw. zu definieren«.
15 So *Süsterhenn*, 32. Sitzung des Grundsatzausschusses v. 11.01.1949, in: Der Parl. Rat,
  1948–1949, Akten und Protokolle, Dt. Bundestag und Bundesarchiv (Hrsg.), Bd. 5/II,
  1993, (Parl. Rat 5/II, 32. Sitzung), S. 915. Ähnlich bereits *Heuss*, in: Parl. Rat 5/I, 4. Sitzung (Fn. 9), S. 67: die Würde des Menschen könne »der Eine theologisch, der Andere
  philosophisch, der Dritte ethisch auffassen«.
16 *Heuss*, in: Parl. Rat 5/I, 4. Sitzung (Fn. 9), S. 72.
17 *Heuss*, in: Parl. Rat 5/I, 4. Sitzung (Fn. 9), S. 72.
18 *Schmid*, in: Parl. Rat 5/I, 4. Sitzung (Fn. 9), S. 65, 66.
19 *v. Mangoldt*, in: Parl. Rat 5/I, 4. Sitzung (Fn. 9), S. 64, 68: »Die Sätze des Naturrechts
  wurden daher in den auf Art. 1 folgenden Grundrechtsartikeln, auf die Abs. 3 verweist,
  aufgezeichnet und in die für die unmittelbare Rechtsanwendung erforderliche Form gebracht ... Damit wäre festgelegt, dass das den Grundrechten zugrunde liegende Naturrecht
  zur Auslegung der so formulierten Grundrechte herangezogen, darüber hinaus aber nicht
  der Anspruch erhoben werden könnte, dass in die Verfassung noch andere Grundrechte hi-
  neinzuinterpretieren sind«. Vgl. in diesem Sinne auch *v. Mangoldt*, 22. Sitzung des Grundsatzausschusses v. 18.11.1948, in: Der Parl. Rat, Deutscher Bundestag und Bundesarchiv
  (Hrsg.), Bd. 5/II, 1993, S. 594, S. 601; *Heuss*, 32. Sitzung des Grundsatzausschusses v.
  11.01.1949, in: Der Parlamentarische Rat, Deutscher Bundestag und Bundesarchiv
  (Hrsg.), Bd. 5/II, 1993, S. 912, 914.
20 *v. Mangoldt*, in: Parl. Rat 5/II, 22. Sitzung (Fn. 9), S. 594.

der »vorstaatlichen Deklaration«[21] stehen bleiben, mit der Art. 1 GG – »auf dem Naturrecht aufgebaut«[22] – anhebt. Um von der vorstaatlichen Würde des Menschen (o. Rdn. 6) zu unmittelbar geltenden, im Konfliktfall einklagbaren Grundrechtsgarantien zu gelangen, bedurfte es allerdings eines vermittelnden Gedankenschritts. Den Zusammenhang der im I. Abschnitt zu normierenden Grundrechte der Einzelperson mit der Ausgangsthese von der Würde des Menschen zu erfassen und prägnant zum Ausdruck zu bringen, stellte die Mitglieder des Parlamentarischen Rats vor erhebliche Formulierungsschwierigkeiten[23]. Der Zusammenhang wurde schließlich dahingehend präzisiert, dass in den Grundrechten das in seinem Ursprung selbst vorstaatliche (naturrechtliche), nun aber mit Blick auf seine Vollzugsfähigkeit in Sätze des positiven Rechts zu fassende **Prinzip der Menschenrechte** seinen Niederschlag finde. Zu ihm bekenne sich das deutsche Volk (»darum«, Art. 1 Abs. 2 GG), weil dieses Prinzip der Moderne mit der Idee, dass jedem Menschen als Menschen (um seiner selbst willen) Rechte zustehen, überhaupt die **zentrale, unverzichtbare Bedingung für die Achtung der Menschenwürde** formuliere: »Nur wer Menschenrechte anerkennt … kann überhaupt auf die Dauer Menschenwürde achten«[24]. Denn die dem Staat axiomatisch vorausliegende **Menschenwürde** wurde **als solche nicht** als **tauglicher Gegenstand staatlicher Gewährleistung** angesehen[25].

8   Die »nachfolgenden« Grundrechte (Art. 1 Abs. 3 GG) verstanden sich demnach als »Sicherung für die Anerkennung der Menschenwürde«[26], die jedem Grundrechtsträger zusteht. Mit der Anerkennung der Menschenwürde (Art. 1 Abs. 1 GG) waren die Grundrechte über die ihnen vorausliegende und nun mit den Grundrechten für die Verfassungspraxis positivierte vorstaatliche Menschenrechtsidee (Art. 1 Abs. 2 GG) durch ihre **dienende Funktion** verknüpft[27]. Denn nach der Überzeugung des

---

21 *Heuss*, in: Parl. Rat 5/I, 4. Sitzung (Fn. 9), S. 67.

22 *Schmid*, in: Parl. Rat 5/I, 4. Sitzung (Fn. 9) S. 64.

23 Vor allem in der 22. Sitzung des Grundsatzausschusses v. 18.11.1948, in: Parl. Rat 5/II, 22. Sitzung (Fn. 9), S. 585, die *v. Mangoldt* mit den Worten einleitet: »Uns stand klar vor Augen, dass diese Würde des Menschen irgendwie (!) im engsten Zusammenhang mit den Freiheitsrechten stand«. Zum Ringen um die zutreffende logisch-systematische Bestimmung des Zusammenhangs von Menschenwürde und Menschen-/Grundrechten *Enders*, Die Menschenwürde in der Verfassungsordnung, S. 416 ff.

24 *v. Mangoldt*, in: Parl. Rat 5/II, 22. Sitzung (Fn. 9), S. 593.

25 *Heuss*, in: Parl. Rat 5/II, 22. Sitzung (Fn. 9), S. 588, bezeichnete es als »unmögliche« Vorstellung, dass der Staat die Menschenwürde »gewährleisten« könnte. »Das ist eine Ableitung der Menschenwürde aus irgendwelcher staatlichen Haltung. Die Menschenwürde muss doch in sich ruhen«. Gleichsinnig antwortet *v. Mangoldt* auf die Frage *Bergsträssers*: »Kann man die Menschenwürde überhaupt gewährleisten?« »Gerade das tritt ja hier zurück. Man müßte eigentlich sagen: Mit der Anerkennung der Menschenwürde werden die Freiheitsrechte gewährleistet«, S. 598.

26 *v. Mangoldt*, in: Parl. Rat 5/II, 22. Sitzung (Fn. 9), S. 598; vgl. dens. aaO S. 591, »denn jeder Artikel gewährleistet ein Stück Freiheit, das notwendig ist, um die Menschenwürde zu gewährleisten«.

27 Vgl. *Süsterhenn*, in: ParlRat 5/II, 32. Sitzung (Fn. 15), S. 914.

Enders

ParlRats hatte die Missachtung der Menschenwürde gerade »in der Verletzung der Rechtspersönlichkeit des Menschen (gelegen), in der Verletzung des Mindeststandards an Rechten, die die Rechtspersönlichkeit ausmachen«[28]. Mit den nachfolgenden Einzelgrundrechten sollte nun »das Verhältnis des Einzelnen zum Staate geregelt …, (sollten) der Allmacht des Staates Schranken gesetzt werden, damit der Mensch in seiner Würde wieder anerkannt werde«[29].

B. Die grundsätzliche Bedeutung der Bestimmung

I. Die Menschenwürde als Rechtsgeltungsgrund der Grundrechte (»Recht auf Rechte«) und Konstitutionsprinzip

Die grundsätzliche Bedeutung des Art. 1 GG lässt sich unmittelbar aus der Entstehungsgeschichte und der systematischen Einbettung der Bestimmung ableiten: Die Bekundung, vor allem ihre Anerkennung der dem Staat vorausliegenden, »in sich ruhenden« Würde des Menschen formuliert nicht nur eine geistesgeschichtliche Standortbestimmung und zugleich ein richtungweisendes Postulat[30], das jenseits strenger Verfassungsbindung auf die Politik, das staatliche und gesellschaftliche Leben ausstrahlt. Sie bezeichnet mit der Menschenwürde vor allem den **Rechts(geltungs)grund der Grundrechte**[31], also den **(Entstehungs-)Grund**, denn um der Würde des Menschen willen wurden die Grundrechte normiert; ferner das innere **Fundament ihres Rechtsanspruchs**, denn Grundrechtsträger ist der Mensch kraft seiner Würde (als Person[32]); schließlich vor allem ihren **Schutzzweck**, denn die Grundrechte dienen dem Schutz der Menschenwürde. Mit anderen Worten: Ohne Menschenwürde gibt es keine (Grund-)Rechte, ohne Grundrechte aber auch keine Menschenwürde. In diesem Sinne ist mit der Menschenwürde ein »**Recht auf Rechte**« anerkannt[33], weil sie

9

---

28 *v. Mangoldt*, in: Parl. Rat 5/I, 4. Sitzung (Fn. 9), S. 71.

29 *v. Mangoldt*, AöR 75 (1949), 273, 275. Demgemäß spricht *Schmid*, Parl. Rat 9, 9. Sitzung (Fn. 8), S. 437, von den Grundrechten, »deren der Einzelmensch bedarf, wenn anders er in Würde und Selbstachtung soll leben können«.

30 *Enders*, Die Menschenwürde in der Verfassungsordnung, S. 393, 422, 425.

31 *Isensee*, Der Staat 19 (1980), S. 367, 371; *ders.*, AöR 131 (2006), 173, 191, 209 f., 211 f.; *ders.*, Positivität und Überpositivität der Grundrechte, in: HGR II, § 26, Rn. 50; *Grimm*, NJW 1995, 1697, 1703; *Enders*, Die Menschenwürde in der Verfassungsordnung, S. 125, 154; *ders.*, in: Seelmann (Hrsg.), ARSP Beiheft 101, 2004, 49, 55; vgl. auch *Gosewinkel/ Masing*, in: dies. (Hrsg.), Die Verfassungen in Europa, S. 9, 15. Vgl. bereits BVerfGE 30, 173 (194); sodann vor allem BVerfGE 93, 266 (293) = DVBl. 1996, 27; 107, 275 (284) = DVBl. 2003, 681; BVerfG NJW 2001, 594; BVerfG NJW 2001, 2957, 2959 = DVBl. 2001, 1350; BVerfG NVwZ 2008, S. 549, 550.

32 BVerfGE 30, 1 (26); 65, 1 (41); 115, 118 (152); BVerfG NJW 2006, 751, 757. Vgl. *Seelmann/Demko*, Rechtsphilosophie, § 12, Rn. 3, 5.

33 *Enders*, Die Menschenwürde in der Verfassungsordnung, S. 427–431, 433, 502 f.; zustimmend insoweit *Isensee*, AöR 131 (2006), 173, 217; ders., in: HGR II, § 26, Rn. 50. Vgl. auch *Pfleiderer*, in: Bahr/Heinig (Hrsg.), Menschenwürde in der säkularen Verfassungsordnung, S. 149, 154 ff.; *Gosewinkel/Masing*, Einführung in die Texte: Grundlinien der euro-

den unverbrüchlichen **Anspruch des Menschen** bezeichnet, als Mensch **um seiner selbst willen mit Rechten ausgestattet zu sein**, die dem **Schutz seiner Würde** dienen[34]. Im Anerkennungsakt des Art. 1 GG erfüllt sich so für das Staatswesen der Bundesrepublik die an den Staat gerichtete (sittliche) Forderung der Moderne »den Menschen schlechthin als Rechtssubjekt anzuerkennen«[35].

10   Die Rspr. des BVerfG hat daraus unmittelbar **Schlussfolgerungen für das Verständnis, die Auslegung und Anwendung der Verfassung** und damit für die **Rechtspraxis** gezogen: Wenn die Menschenwürde das Fundament des Rechtsanspruchs der ihrem Schutz dienenden Grundrechte bezeichnet, die ihrerseits die gesamte staatliche Gewalt binden (Art. 1 Abs. 3 GG) und damit die Präponderanz von Freiheit und Gleichheit des Menschen innerhalb der staatlich verfassten Ordnung zum Ausdruck bringen, so statuiert der Satz von der Menschenwürde leitmotivisch nicht nur den **nach der Verfassung obersten Wert**[36] (vgl. bereits oben Rdn. 6), sondern vor allem **das schlechthin »tragende Konstitutionsprinzip«** dieser Ordnung[37]. In der Folge werden weder Rechtspositionen oder Rechtsinstitutionen akzeptiert noch umgekehrt Schmälerungen von Rechtsansprüchen zugelassen (selbst wenn hinter ihnen der Wille des verfassungsändernden Gesetzgebers steht, Art. 79 Abs. 3 GG), die nur um den Preis menschlicher Würde zu haben wären.

II. Das rechtspraktische Verhältnis von Menschenwürde und Grundrechten

1. Die Menschenwürde als Richtlinie und Maßstab der Grundrechtsinterpretation

11   In erster Linie wichtig sind die daraus für die Interpretation der Einzelgrundrechte zu ziehenden Konsequenzen. Werden die Einzelgrundrechte – zu Recht – sämtlich als **Konkretisierungen der Aussage über die Unantastbarkeit der menschlichen**

---

päischen Verfassungsentwicklung, in: dies. (Hrsg.), Die Verfassungen in Europa, S. 9, 14 f.

34 Zu dieser unmittelbaren Konsequenz eines Rechts auf Rechte insbes. BVerfGE 88, 203 (252) = DVBl. 1993, 801, BVerfGE 109, 279 (313) = DVBl. 2004, 557 und insbes. BVerfGE 115, 118 (154) = DVBl. 2006, 433.

35 *Jellinek*, System der subjektiven öffentlichen Rechte, 2. Aufl. 1905, S. 28; dazu *Enders*, Die Menschenwürde in der Verfassungsordnung, S. 392, 429 ff., 449.

36 BVerfGE 96, 375 (399); 102, 370 (389) = DVBl. 2001, 284.

37 BVerfGE 6, 32 (36); 45, 187 (227); 50, 166 (175); 72, 105 (115); 87, 209 (228) = DVBl. 1992, 1598; 96, 375 (398, 399); 102, 370 (389) = DVBl. 2001, 284; 109, 133 (149) = DVBl. 2004, 521; 109, 279 (311) = DVBl. 2004, 557; 115, 118 (152) = DVBl. 2006, 433; frühzeitig *Dürig*, AöR 81 (1956), 117, 119, 122; *ders.*, in: Maunz/Dürig, Art. 1 Abs. I (1958) Rn. 4; mit grundsätzlicher Argumentation auch *Gröschner*, in: Siegesleitner/Knoepffler (Hrsg.), Menschenwürde im interkulturellen Dialog, S. 17, 21 f.; vgl. ferner *Dreier*, in: Dreier I, Art. 1 I Rn. 42, 44; *Höfling*, in: Sachs, Art. 1 Rn. 53.

Würde begriffen[38] (**keine Rechte ohne Würde**, o. Rdn. 9), so muss, was durch die Anerkennung der Menschenwürde rechtsprinzipiell festgelegt ist, auch für die Einzelgrundrechte gelten. Die Menschenwürde prägt daher als **Richtlinie und Maßstab** die **Auslegung und Anwendung der Grundrechte**, macht damit auch Vorgaben für die Grundsätze adäquater, d.h. methodisch-systematischer Anwendung der Grundrechtsbestimmungen (**Grundrechtsdogmatik**)[39].

Zum einen wirkt sich das auf das **Verständnis der Grundrechtsfunktionen** aus. Die   12
frühe These des BVerfGs, dass die Grundrechte nicht nur »Abwehrrechte des Bürgers gegen den Staat« seien, sondern darüber hinaus eine »objektive Wertordnung« verkörperten, die als »verfassungsrechtliche Grundentscheidung für alle Bereiche des Rechts« Geltung beanspruche, stützte sich bereits maßgeblich auf die Wertmitte der Menschenwürde[40]. Spätere Entscheidungen haben deutlich gemacht, dass die darin sich abzeichnende, zur klassischen **Abwehrrichtung** hinzutretende **Schutzfunktion der Grundrechte**[41], kraft deren die Grundrechte dem Staat aufgeben, sich schützend und fördernd vor das jeweilige Grundrechtsgut (z.B.: das Recht auf Leben) zu stellen und die die Basis konkreter Schutzpflichten vor allem des Gesetzgebers ist, ihren deutlichsten Anhaltspunkt im allgemeinen Schutzgebot findet, das in Art. 1 Abs. 1 Satz 2 GG neben die Pflicht zur Achtung tritt[42]. Daran kann auch die **Lehre von der mittelbaren Drittwirkung** der Grundrechte anknüpfen, die von der Pflicht des Staates (Gesetzgebers) ausgeht, die Grundrechte (als objektive Ordnungs- und Gestaltungsprinzipien) in sämtlichen Rechtsbereichen zur Geltung zu bringen (u. Rdn. 110 ff.).

Zum anderen ermöglicht der Blick auf die Menschenwürde eine Präzisierung der   13
Frage, wer im Allgemeinen Inhaber der grundrechtlich konkretisierten Rechtsstellung, wer also **Grundrechtsträger** sein soll (z.B. »Jeder« in Art. 2 Abs. 2 Satz 1 GG). Denn nach der Logik des Art. 1 GG ist ohne jede Differenzierung[43] grundrechts-

---

38 BVerfGE 93, 266 (293); BVerfGE 107, 275 (284); BVerfG NJW 2001, 594; BVerfG NJW 2001, 2957, 2959 = DVBl. 2001, 1350; BVerfG-K NVwZ 2008, S. 549, 550; BVerfG-K NJW 2008, 2907, 2909.

39 Vgl. *Höfling*, in: Sachs, Art. 1 Rn. 55; *Isensee*, in: HGR II, § 26, Rn. 51.

40 BVerfGE 7, 198 (204 f.) = DVBl. 1958, 425; vgl. auch BVerfGE 50, 290 (336 f.) = DVBl. 1979, 399.

41 Zum Begriff *Jarass*, AöR 110 (1985), 363, 369 (insbes. 378 ff.); *ders.*, AöR 120 (1995), 345; *Cremer*, Freiheitsgrundrechte, S. 228 ff. Zum folgenden auch *Enders*, in: Friauf/Höfling, Art. 1 (2005) Rn. 57; ferner *Dederer*, JöR NF Bd. 57 (2009), 89 (94).

42 BVerfGE 49, 89 (132, 141 f.) = DVBl. 1979, 45; 88, 203 (251) = DVBl. 1993, 801; 115, 118 (152) = DVBl. 2006, 433. Zusammenfassend *Stern*, DÖV 2010, 241, insbesond. 244. Teils andere Begründungsansätze bei *Calliess*, in: HGR II, § 44, Rn. 23; ähnlich *Herdegen*, in: Maunz/Dürig, Art. 1 Abs. 1 (2005) Rn. 26, dabei gegen Ableitung aus Art. 1 Abs. 1 Satz 2 GG, Art. 1 Abs. 3 (2005), Rn. 21.

43 Zum »Differenzierungsverbot« der Menschenwürde *Enders*, Die Menschenwürde in der Verfassungsordnung, S. 391 f., *Geddert-Steinacher*, Menschenwürde als Verfassungsbegriff, S. 60, 62, 78; *Höfling*, in: Sachs, Art. 1 Rn. 56.

fähig, wer Träger von Würde ist, im Grundsatz also der Mensch, die **natürliche Person**[44]. Im Einzelnen mag manches umstritten sein[45]. Das ändert nichts daran, dass Art. 1 GG das allgemeine, für sämtliche Grundrechte gültige **Prinzip der Grundrechtsfähigkeit des Menschen als Person** (näher u. Rdn. 26) formuliert[46], über das die Sonderregelung des Art. 19 Abs. 3 GG hinausgeht, an dessen Vorbild sie sich aber zugleich orientiert, wenn sie die Grundrechtsfähigkeit juristischer Personen als »Zweckgebilde der Rechtsordnung« bestimmt[47].

2. Schutz unabdingbarer (unabwägbarer) rechtlicher Mindeststandards

14   Wenn aber die Einzelgrundrechte ihrem ganzen **Zweck** nach dem **Schutz der** von ihnen vorausgesetzten und durch sie konkretisierten **Menschenwürde** dienen[48] (**keine Würde ohne Rechte**, o. Rdn. 9), dann heißt das, dass die Basis und der feststehende Zweck dieses Schutzes nicht ihrerseits gegen andere Belange abgewogen werden können. Denn eine Abwägung zu Lasten des übergeordneten und die Berechtigung jeglichen individuellen Freiheits- und Gleichheitsanspruchs überhaupt erst erweisenden Würdeprinzips ist absolut ausgeschlossen. Allgemein wird daher angenommen – nicht allein wegen des Wortlauts (»unantastbar«), sondern mit Rücksicht auch auf das von Systematik und Entstehungsgeschichte verbürgte, sinnstiftende Grundmotiv der Bestimmung –, dass die Menschenwürde ihrerseits **keinerlei Abwägung zugänglich ist**[49]. Auch in dieser Unabwägbarkeit schlägt sich das mit der Würde des Men-

---

44 *Huber*, in: HGR II, § 49, Rn. 4, 6; vgl. etwa BVerfGE 41, 126 (183) = DVBl. 1976, 491. Der Anerkennungsakt des Art. 1 GG ist freilich selbst ein normativer Akt (näher u. Rdn. 21), die Rede von der »natürlichen« Person insoweit irreführend, vgl. insbes *Radbruch*, Rechtsphilosophie, S. 125: »Niemand ist Person von Natur oder von Geburt ... Person zu sein, ist das Ergebnis eines Personifikationsakts der Rechtsordnung. Alle Personen, die physischen wie die juristischen, sind Geschöpfe der Rechtsordnung«; ebenso *Schnapp*, in: HGR II, § 52, Rn. 23.

45 Vgl. zum Embryonenschutz *Enders*, in: Friauf/Höfling, Art. 1 (2005) Rn. 122 ff.; *Höfling*, in: Sachs, Art. 1 Rn. 60 ff., insbes. Rn. 62; *Huber*, in: HGR II, § 49, Rn. 7 ff.; *Hufen*, Staatsrecht II, § 10, Rn. 20 ff.; *Isensee*, in: HGR IV, 2011, § 87, Rn. 200 ff.; *Starck*, in: v. Mangoldt/Klein/Starck I, Art. 1 Rn. 18 ff., *Stern*, Staatsrecht IV/1, S. 27 ff.

46 Teils anders z.B. *Starck*, in: v. Mangoldt/Klein/Starck I, Art. 1 Rn. 18, 22.

47 Vgl. BVerfGE 106, 28 (42 ff.) = DVBl. 2003, 131; 118, 168 (203) = DVBl. 2007, 1023; *Masing*, in: Hoffmann-Riem/Schmidt-Aßmann/Voßkuhle (Hrsg.), Grundlagen des Verwaltungsrechts, Bd. I, § 7, Rn. 199.

48 BVerfGE 35, 202 (235) bezeichnet den Menschen »als Träger der aus der Menschenwürde folgenden und ihren Schutz gewährleistenden Grundrechte«; BVerfGE 50, 290 (338) = DVBl. 1979, 399 spricht von den »in den Einzelgrundrechten garantierten individuellen Freiheiten, ohne die nach der Konzeption des Grundgesetzes ein Leben in menschlicher Würde nicht möglich ist«.

49 BVerfGE 93, 266 (293) = DVBl. 1996, 27; BVerfGE 107, 275 (284) = DVBl. 2003, 681; BVerfG NJW 2001, 2957, 2959 = DVBl. 2001, 1350. Aus der Literatur: *v. Bernstorff*, Der Staat 47 (2008), S. 21, 29, 33; *Dreier*, in Dreier I, Art. 1 I Rn. 46, 130; *Enders*, in: Friauf/Höfling, Art. 1 (2005) Rn. 52; *Höfling*, in: Sachs, Art. 1 Rn. 11; *Hufen*, Staatsrecht

schen als Menschen verbundene Differenzierungsverbot nieder, das unmittelbar rechtsnormativ bereits in der allen Menschen gleich zustehenden Grundrechtsfähigkeit zum Ausdruck kommt (o. Rdn. 13). Differenzierungen nach dem Maß der rechtlich anzuerkennenden Würde sind auch angesichts konkreter Konfliktfälle ausgeschlossen.

Für die Grundrechtsdogmatik hat die unabwägbare, objektiv-rechtlich konstituierende Grundsatzwirkung der Menschenwürde zur Folge, dass nicht nur **jeder (potentielle) Menschenwürdefall** immer schon **ein Grundrechtsfall** ist, weil das Prinzip der Menschenwürde zu den sein Anliegen juristisch konkretisierenden Einzelgewährleistungen sinnerhellend hinzutritt. Vor allem ist umgekehrt auch **jeder Grundrechtsfall ein (potentieller) Menschenwürdefall**[50]. Das bedeutet nicht, dass jede Verletzung eines Einzelgrundrechts ohne weiteres zugleich das Achtungs- (oder Schutz-)gebot der Menschenwürde verletzt. Das ist schon allein deshalb ausgeschlossen, weil die Einzelgrundrechte je für sich weder der textlichen Einschränkung noch völliger Streichung durch den verfassungsändernden Gesetzgeber entzogen sind, demnach nicht als solche und in jeder Hinsicht am Anspruch absoluter Unantastbarkeit teilhaben[51]. Die Kontrollfunktion des Menschenwürdeprinzips wird aber nicht erst aktiviert, wenn ein bestimmter Verletzungserfolg eingetreten ist[52]. Vielmehr kann und muss ausnahmslos jeder Grundrechtsfall (soweit er natürliche Personen betrifft, o. Rdn. 13) daraufhin befragt werden, ob im Normbereich des betroffenen Einzelgrundrechts der **Mindeststandard an Rechtlichkeit** gewahrt ist, den die Würde des Menschen (als Recht auf Rechte) gebietet[53].

15

II, § 10, Rn. 29, 34; *Isensee,* in: HGR IV, 2011, § 87, Rn. 95; *Jarass,* in: Jarass/Pieroth, Art. 1, Rn. 16; *Muckel,* Begrenzung staatlicher Schutzbereiche durch Elemente außerhalb des Grundrechtatbestandes, in: FS Schiedermair, 2001, S. 347; *Pieroth/Schlink,* Staatsrecht II, Rn. 381 f. Anders vor allem *Herdegen,* in: Maunz/Dürig, Art. 1 Abs. 1 (2005) Rn. 43 ff. und im Anschluss an ihn *Dederer,* JöR NF Bd. 57 (2009), 89, 112 ff. die zwischen »Würdekern« und Würdeanspruch bzw. zwischen der Idee als solcher und dem (konkreten) Anerkennungsanspruch differenzieren; vgl. auch *Elsner/Schobert,* DVBl. 2007, 278;noch weitergehend für Abwägbarkeit *Borowski,* Grundrechte als Prinzipien, S. 271 f., 282 ff. sowie *Baldus,* AöR 136 (2011), S. 529, 548 ff.

50 *Enders,* in: Seelmann (Hrsg.), ARSP Beiheft Nr. 101, 2004, 49, 53 m. Fn. 27; ähnlich *v. Bernstorff,* Der Staat 47 (2008), 21, 33. Dagegen *Dederer,* JöR NF Bd. 57 (2009), 89, 92 f.

51 BVerfGE 94, 49 (103 f.); 109, 279 (310). *Isensee,* in: HGR II, § 26, Rn. 51.

52 Ähnlich wie auch die Verwerfungskompetenz einer Kontrollinstanz eine Prüfkompetenz und ggf. Prüfpflicht bereits voraussetzt, die zwar für den Fall des Rechtsverstoßes besteht, nicht aber erst im Fall des Rechtsverstoßes begründet werden kann.

53 Bereits *Schmid* in: Parl. Rat 5/I, 4. Sitzung (Fn. 9) S. 70, sieht durch die Menschenwürde den »Mindeststandard charakterisiert, von dem wir ausgehen wollen, die absolute Schranke, die gegenüber der Staatsraison aufgerichtet ist. Die von niemand bestrittene notwendige Staatsraison muss an einer bestimmten Barriere haltmachen«. Denn die Verletzung der Menschenwürde unter dem nationalsozialistischen Unrechtssystem lag »in der Verletzung

3. Zwei Seiten rechtlicher Mindeststandards

16   Im Ergebnis bewirkt die Anerkennung der Menschenwürde damit in erster Linie, dass **unabdingbare (unabwägbare) Normgehalte der Einzelgrundrechte** absolut vor Ingerenz geschützt werden[54]. Wie diese Normgehalte rechtsdogmatisch zu ermitteln sind, ist eine weitere Frage. Sie ist mit dem Hinweis auf die rechtlich »tabuisierende« Wirkung der Menschenwürdegarantie nicht beantwortet[55]. Vielmehr muss rechtsdogmatisch belastbar geklärt werden, wie die von der Menschenwürde umschriebene »**Tabuzone**« rechtlich zu definieren ist und wie sie normativ wirksam wird. Nur die Grundtendenz solcher »Tabuisierung« kann vorab festgehalten werden: Mit Art. 1 GG ist die Würde des Menschen als höchster diesseitiger Wert (o. Rdn. 6, 10), sind also unvergleichlicher Eigenwert und Eigenständigkeit des Menschen anerkannt. Damit soll Fremdbestimmung so begrenzt werden, dass dem originären Rechtsanspruch des Menschen Rechnung getragen ist. Denn dieser darf als solcher unter keinen Umständen negiert werden.

17   »Tabus« konstituieren aber ihre Verbots- und Schutzzone nicht etwa nur gegenüber dem Staat oder Dritten. Sie können sich mitunter gegen den Rechtsträger selbst wenden und formaliter selbstbestimmte Verhaltensweisen als nach höheren Maßstäben unzulässigen, allgemein missbilligten Freiheitsgebrauch tabuisieren[56]. Da die These von der Würde des Menschen auch die **Fähigkeit** jedes Menschen **zur Eigenverantwortung** impliziert, erscheint es nicht ausgeschlossen, dass der würdegebotene rechtliche Mindeststandard auch einen **Mindeststandard an Pflichten** meint. Dies wären dann Pflichten, die jeden Einzelnen – letztlich als Pflichten gegen sich selbst, gegen die »Menschheit in seiner Person«[57] – schon allein mit Blick auf die mit Art. 1 GG anerkannte (gattungstypische) Sonderstellung treffen. In der Tat finden sich in

---

des Mindeststandards an Rechten, die die Rechtspersönlichkeit ausmachen«, so *v. Mangoldt* in: Parl. Rat 5/I, 4. Sitzung (Fn. 9) S. 71.

54   Vgl. BVerfGE 84, 90 (120 f.) = DVBl. 1991, 575; 109, 279 (310) = DVBl. 2004, 557; auch die Rede von sämtlichen Grundrechten innewohnenden »Menschenwürdekern«, BVerfG-K NJW 2009, 3089, 3090; ähnlich BVerfGE 124, 43 (69) = DVBl. 2009, 1122 (LS.): »Die nach Art. 1 Abs. 1 GG garantierte Unantastbarkeit der Menschenwürde fordert auch im Gewährleistungsbereich des Art. 10 GG Vorkehrungen zum Schutz individueller Entfaltung im Kernbereich privater Lebensgestaltung«; BVerfGE 123, 267 (343) = DVBl. 2009, 1932: »die für die Achtung der Menschenwürde unentbehrliche Substanz elementarer Grundrechte in ihrer prinzipiellen Qualität«. Kritik: *Isensee*, in: HGR IV, 2011, § 87, Rn. 121.

55   Darauf wird zutreffend hingewiesen von *Dederer*, JöR NF Bd. 57 (2009), 89, 106. Zur tabuisierenden Wirkung vor allem *Poscher*, JZ 2004, 756; ferner *Höfling*, in: Sachs: Art. 1 Rn. 17, 67; *Isensee*, in: HGR IV, 2011, § 87, Rn. 142 ff.

56   Vgl. etwa *Hörnle*, Die Menschenwürde: Gefährdet durch eine »Dialektik der Säkularisierung« oder »Religion der Moderne«?, in: Schweidler (Hrsg.), Postsäkulare Gesellschaft, 2007, S. 179, 183 ff., zu Tabus im Umgang mit dem menschlichen Körper.

57   Klassisch *Immanuel Kant*, Metaphysik der Sitten, in: Weischedel (Hrsg.), Werke, 1956 ff., Bd. IV, Rechtslehre, S. 344, Tugendlehre, §§ 11, 12, S. 569, 571.

der Rechtsprechung Hinweise auch auf diese Pflichtenseite der Menschenwürde und damit einen Mindeststandard selbstverständlicher Rechtsschranken freien Beliebens (u. Rdn. 48, 57 ff.)[58].

III. Menschenwürde als oberstes Grundrecht?

Vielfach wird aus der Konstituierungsfunktion des Satzes von der Menschenwürde **18** noch gefolgert, dass im Sinne wirklich umfassender Wirksamkeit zur Vervollständigung der durch ihn fundierten und auf ihn bezogenen Schutzgarantien der Einzelgrundrechte auch unmittelbar aus diesem Satz selbst ein Grundrecht abzuleiten sei. Denn die Anerkennung durch Art. 1 GG gilt in der Sache dem Anspruch jedes einzelnen Menschen auf rechtliche Achtung und rechtlichen Schutz. Auf den ersten Blick liegt es darum in der Logik prinzipieller Anerkennung, die Menschenwürde gerade in der Rechtsgestalt eines obersten subjektiven (Grund-)Rechts zu schützen, damit der Einzelne seine Rechtsstellung auch selbst verteidigen kann. Der **Ambivalenz** dieses vielfach formulierten – letztlich: teleologischen – Begründungszusammenhangs hat das BVerfG mit der Feststellung Ausdruck verliehen: »dass Art. 1 Abs. 1 kein ›nachfolgendes‹ Grundrecht ist, schließt eine Bindung der staatlichen Gewalten an dieses oberste Konstitutionsprinzip des Grundgesetzes nicht aus«[59].

Die Bedeutung eines dabei mit der Funktion der nachfolgenden Einzelgrundrechte **19** rechtsdogmatisch nicht weiter vermittelten obersten Grundrechts »auf Menschenwürde« schwankt allerdings und bleibt ungewiss[60]. Denn die allgemeine Handlungsfreiheit in ihrer Auffangfunktion gewährleistet bereits den Schutz aller Spielarten individueller Entfaltung und auch der Anspruch des Menschen auf Gleichbehandlung ist durch den allgemeinen Gleichheitssatz grundrechtlich gesichert[61], so dass kein Bedarf für ein weiteres Auffanggrundrecht besteht. Sicher scheint ungeachtet solcher Unklarheiten nur, dass die Annahme eines Grundrechts »auf Menschenwürde« nicht – wie sonst bei Freiheitsrechten üblich – grundrechtsdogmatisch nach Schutzbereich, Eingriff und Rechtfertigung differenzieren kann. Die Würde des Menschen ist nicht einmal mehr, einmal weniger anerkannt, sondern absolut unantastbar. In der Kon-

58 Vgl. *Isensee*, AöR 131 (2006), 173, 213.
59 BVerfGE 61, 126 (137). Aus der Literatur insbes. *Nipperdey*, in: HGrR II, S. 1, 11 f.; *Löw*, DÖV 1958, 516, 520; *Krawietz*, in: GS F. Klein, 1977, S. 245, 279 f., 283; *Höfling*, JuS 1995, 857, 858; Hufen, Staatsrecht II, § 10, Rn. 12; *Cremer*, Freiheitsgrundrechte, S. 235 ff., 253; *Herdegen*, in: Maunz/Dürig, Art. 1 Abs. 1 (2005) Rn. 26; *Starck*, in: v. Mangoldt/Klein/Starck I, Art. 1 Rn. 30; *Stern*, Staatsrecht IV/1, S. 61 ff. (m. zahlreichen Nw.). Kritisch, auch zur Begründungsstruktur *Dreier*, in: Dreier I, Art. 1 I Rn. 121 ff., *Enders*, Die Menschenwürde in der Verfassungsordnung, S. 98 ff., 101 ff., 377 ff.; *ders.*, in: Seelmann (Hrsg.), ARSP Beiheft Nr. 101, S. 49, 50, 51.
60 Art. 1 Abs. 1 GG wird etwa als »modal ausgerichtete Generalklausel« von partieller Spezialität und Subsidiarität bezeichnet, *Höfling*, in: Sachs, Art. 1 Rn. 9, 19, näher Rn. 67; vgl. auch *Stern*, in: Staatsrecht IV/1, S. 23: »gewisse Subsidiarität«.
61 Dieses Resümee auch bei *Cremer*, Freiheitsgrundrechte, S. 251.

sequenz bedeutet **jeder Eingriff immer schon eine Verletzung** dieses Anspruchs[62] (näher u. Rdn. 35).

20   Ein **möglicher Anwendungsbereich** eines Grundrechts »auf Menschenwürde« eröffnet sich insbes. dort, wo es um selbst **nicht unmittelbar rechtliche Voraussetzungen menschengerechter Ordnung** geht[63]: Zum einen ist daran zu denken, dass die Würde des Menschen – politisch gesehen – auch eine angemessene Beteiligung jedes Einzelnen an der Staatsgewalt verlangt und der Satz von der Menschenwürde darum ein solches Beteiligungsrecht als allgemeines »**Grundrecht auf Demokratie**« anerkennt (unten Rdn. 45)[64]. Zum anderen blendet die Perspektive der Aus- und Abgrenzung des Einzelnen gegenüber staatlichen wie privaten Übergriffen (o. Rdn. 16) das Problemfeld **der materiellen Grundlagen menschlicher Existenz und Entfaltung** aus: Das Individualinteresse an materieller Selbsterhaltung, die im staatlichen Gemeinwesen zum Problem aller und darum zum Gegenstand eines gemeinschaftlichen Solidarinteresses wird, kann, soweit daraus individuelle Leistungsansprüche auf die staatliche Gewährung der zum Erhalt der Existenz unentbehrlichen materiellen Unterstützung folgen (»**Anspruch auf Existenzminimum**«), in einem Grundrecht »auf Menschenwürde« seinen verfassungsrechtlichen Ort finden (unten Rdn. 46 f.)[65].

C. Die Unantastbarkeit der Würde des Menschen

I. Normativität und Bedeutungsgehalt des Satzes von der Menschenwürde

1. Setzung der Würde als unhinterfragbare Voraussetzung

21   Es steht nahezu unbestritten fest, dass der Satz von der Menschenwürde, obwohl als Aussage formuliert, nicht etwa – deskriptiv – einen zeitlich-empirischen (verifizierbaren oder ggf. widerlegbaren) Sachverhalt beschreibt, sondern – **präskriptiv** – eine **axiomatische Setzung** enthält[66]. Diese Setzung des Art. 1 Abs. 1 Satz GG unterscheidet sich indessen offenkundig von den Geboten und Verboten gewöhnlicher Rechtsnormen: Indem Art. 1 GG die dem Staat und seiner Verfassung vorausliegende Würde des Menschen als »in der Diesseitigkeit höchsten Wert« anerkennt (o. Rdn. 6), wird verfassungsrechtlich nicht der Tatbestand der Unantastbarkeit positiv normiert (gesetzt) und dadurch festgelegt, sondern gerade **das Dogma aufgestellt,**

---

62 *Pieroth/Schlink,* Staatsrecht II, Rn. 381a.

63 Zusammenfassend *Hömig*, EuGRZ 2007, 633, 635b. Fn. 43, S. 639.

64 *Häberle*, in: HStR II³, § 22, Rn. 61 ff., 68: »Menschenwürde als Recht auf politische Mitgestaltung ist […] ein Grundrecht auf Demokratie«; Isensee: in: HGR IV, 2011, § 87, Rn. 102; vgl. jetzt BVerfGE 123, 267 (340) = DVBl. 2009, 1032.

65 Vgl. BVerfGE 82, 60 (80, 85) = DVBl. 1990, 884; jetzt BVerfGE 125, 175 (222) = DVBl. 2010, 314 und BVerfGE 132, 134. Zum Ganzen *Cremer*, Freiheitsgrundrechte, S. 384 ff.; *Höfling*, in: Sachs, Art. 1 Rn. 31, 48; *Dreier*, in: Dreier I, Art. 1 I Rn. 155; *Starck*, in: v. Mangoldt/Klein/Starck I, Art. 1 Rn. 41. BVerfGE 1, 97 (104).

66 *Enders*, Die Menschenwürde in der Verfassungsordnung, S. 383, 391; *ders.*, in: Gröschner/Lembcke, Das Dogma der Unantastbarkeit, S. 69, 71; *Hufen*, Staatsrecht II, § 10, Rn. 29; *Isensee*, in: HGR IV, 2011, § 87, Rn. 4.

dass die unantastbare Würde **unhinterfragt vorauszusetzen** ist[67]. Mit dieser Setzung (*Heuss'* nicht interpretierte These) statuiert die Verfassung eine unwiderlegliche Vermutung zugunsten der Würde des (jedes) Menschen. Sie darf unter keinen Umständen in Zweifel gezogen, d.h. vor allem: nicht durch zwangsläufig partikulare, historisch-zufällige Erklärungsversuche religiös-weltanschaulicher, philosophischer oder naturwissenschaftlicher Art relativiert werden (bereits o. Rdn. 6). Jede Argumentation, die darauf hinausläuft, disqualifiziert sich von Verfassungs wegen. Deshalb kann selbst der Gesetzgeber kein Recht auf authentische Interpretation des Satzes von der Menschenwürde geltend machen. Die Verwendung des (Menschen-)Würdebegriffs im (einfachen) Gesetz (z.B. §§ 130, 131 StGB) immunisiert dessen Regelung nicht gegen eine methodisch angeleitete, verfassungsrechtliche Überprüfung am Maßstab insbes. der Grundrechte (unten Rdn. 89 f.)[68].

Zu Recht wird daher die Unantastbarkeit seiner Würde – ohne Differenzierungsspielraum – dem **Menschen als Gattungswesen** zugeschrieben[69]. Es kommt also für die Rechtsstellung des einzelnen Menschen (o. Rdn. 13; unten Rdn. 26) weder auf seine natürlich-biologische (körperliche, geistige) Verfassung und Leistungsfähigkeit, noch auf seine Abstammung, noch auf seine soziale Herkunft an. Diese Merkmale bestimmen seine Existenz angesichts der axiomatischen Setzung des Art. 1 Abs. 1 Satz 1 GG konkret-zufällig, definieren sie nicht. Ab welchem genauen Zeitpunkt der biologischen Entwicklung die Verfassung vom Menschen (als Träger der Würde und damit der »nachfolgenden« Grundrechte) ausgeht, ist mit dieser axiomatischen Setzung allerdings nicht gesagt[70]. Ebensowenig lässt sich aus ihr unmittelbar das verbindliche Kriterium des Todeszeitpunkts ableiten. Denn diese Fragen führen in den Bereich der (natürlich-biologischen) Umstände, von denen der Kunstgriff der unhinterfragten und unhinterfragbaren, differenzierungsfeindlichen Würdevoraussetzung gerade abstrahiert[71]. 22

Darum fehlt es auch den verschiedenen **Theorien zur Deutung des Würdebegriffs** 23 an verfassungsrechtlicher Berechtigung. Unterschieden werden in der Regel: Wert-

---

67 *Enders*, Die Menschenwürde in der Verfassungsordnung, S. 384, 392, 427 f.; *ders.*, in: Gröschner/Lembcke, Das Dogma der Unantastbarkeit, S. 69, 71 f.; auch *Lepsius*, Steuerungsdiskussion, Systemtheorie und Parlamentarismuskritik, 1999, S. 59. Diese Besonderheit der normativen Setzung der Menschenwürde, die die Bestimmung des Art. 1 Abs. 1 GG von den Normen der nachfolgenden Grundrechte abhebt, verkennt *Cremer*, Freiheitsgrundrechte, S. 253. Aus der Rspr. BVerfGE 25, 269 (285).
68 *Isensee*, AöR 113 (2006), 173, 214.
69 BVerfGE 87, 209 (228) = DVBl. 1992, 1598; 115, 118 (152) = DVBl. 2006, 433; *Höfling*, in: Sachs, Art. 1 Rn. 57 ff.
70 Anders die »Kontinuitätsthese« in BVerfGE 88, 203 (251 f.); unterstützt von *Böckenförde*, JZ 2003, 809, 811.
71 Dagegen grundsätzlich *Hillgruber*, in: Epping/Hillgruber, Art. 1 Rn. 5.1; *Höfling*, in: Sachs, Art. 1 Rn. 56 ff., 60 f., 65; *Starck*, in: v. Mangoldt/Klein/Starck I, Art. 1 Rn. 18. Zum Problem der Bestimmung des Todeszeitpunkts *Kühl*, in: Lackner/Kühl, vor § 211 Rn. 4.

oder Mitgifttheorie; Leistungstheorie; Anerkennungs- oder Kommunikationstheorie[72]. Ihnen allen ist indessen gemeinsam, dass sie die unhinterfragt vorauszusetzende, »nicht interpretierte« These von der Menschenwürde im Lichte eines meta-verfassungsrechtlichen Menschenbilds hinterfragen, begründen und auf bestimmte Inhalte interpretativ festlegen wollen, damit aber die Unbedingtheit der Anerkennung menschlicher Würde unterlaufen (o. Rdn. 6, 21). Verfassungsrechtsdogmatisch sind sie bedeutungslos.

24 Allerdings können durchaus Elemente eines vor- und außerrechtlichen Selbstverständnisses der Rechtsgemeinschaft in die Bestimmung rechtlicher Standards einfließen. Dies geschieht etwa mit der grundgesetzlichen Inkorporation der nicht für alle Zeiten unverrückbar feststehenden, vielmehr wandelbaren **Gebote des Sittengesetzes** in die Freiheitsschranken der Persönlichkeitsentfaltung (gem. Art. 2 Abs. 1 GG)[73]. Diese finden dann im Recht unterhalb der Verfassungsebene eine generalklauselartige Ausprägung (»gute Sitten«; »öffentliche Ordnung«) oder werden dort in spezialgesetzlichen Vorschriften für bestimmte Problemkonstellationen konkretisiert. Weiter verweist auch Art. 20 Abs. 3 GG mit der **Bindung** nicht nur an das positive Gesetz, sondern auch **an das ungeschriebene Recht** auf vor-verfassungsmäßige Konstitutionselemente von Rechtsstaatlichkeit[74]. Nicht zuletzt werden mit der **Verankerung des Sozialstaatsprinzips** im Verfassungstext (Art. 20 Abs. 1 GG) moderne Traditionsbestände staatsbürgerlicher Solidarität, die auf Verfassungsebene nicht ausdrücklich normiert sind, in einen Funktionszusammenhang einbezogen, der sich insgesamt nicht ausschließlich durch abstrakte Rechtsgarantien sichern lässt[75].

2. Die staatliche Pflicht zu Achtung und Schutz der Subjektstellung des Menschen (Art. 1 Abs. 1 Satz 2 GG)

a) Der Status des Menschen als Rechtssubjekt

25 Wenn der Staat durch das Grundgesetz verpflichtet wird, die unantastbare Würde des Menschen zu achten und zu schützen (Art. 1 Abs. 1 Satz 2 GG), ist damit noch nichts über die Rechtstechnik gesagt, mit deren Hilfe diese Pflicht zu erfüllen ist. Diese Aussage wird verfassungsrechtlich verbindlich vor allem von Art. 1 Abs. 3 GG getroffen. Dennoch bedarf schon im voraus der Präzisierung, was – im Kontext einer modernen Verfassungsordnung – überhaupt mit der Würde des Menschen in dessen **Verhältnis zum Staat** gemeint sein kann. *Günter Dürig* hat die das Verhältnis des

---

72 Hierzu *Stern*, Staatsrecht IV/1, S. 22; *Dederer*, JöR NF Bd. 57 (2009), 89, 105 ff. Ablehnend wie hier auch *Schefer*, Die Kerngehalte von Grundrechten, S. 97 ff. und insoweit ähnlich *Gröschner*, in: Siegesleitner/Knoepffler, S. 17, 31.

73 Vgl. BVerfGE 6, 389 (434 f.); *Dürig*, in: Maunz/Dürig, Art. 2 Abs. I (1958) Rn. 16; *Kahl*, in: Kirchhof/Papier/Schäffer (Hrsg.), FS Merten, 2007, S. 57, 65, 73 f.; *Lege*, JURA 2002, 753, 760; *Stern*, in: Staatsrecht IV/1, § 99, S. 177, 269 f.

74 Vgl. *Hesse*, Grundzüge des Verfassungsrechts der Bundesrepublik Deutschland, Rn. 195.

75 Vgl. BVerfGE 1, 97 (104, 105); 5, 85 (198); 35, 202 (236); *Enders* und *Wiederin*, VVDStRL 64 (2005), 7 ff., 49 ff.

Einzelnen zum Staat positiv bestimmende Eigenschaft des Menschen frühzeitig darin gesehen, dass »jeder Mensch … Mensch (ist) kraft seines Geistes, der ihn abhebt von der unpersönlichen Natur und ihn aus eigener Entscheidung dazu befähigt, seiner selbst bewusst zu werden, sich selbst zu bestimmen und sich und die Umwelt zu gestalten«[76].

Maßgebend im Verhältnis des Menschen zum Staat ist nach dieser Charakterisierung **in positiver Hinsicht** die kraft verfassungsrechtlichen Anerkennungsakts unwiderleglich vermutete (jedenfalls latente oder potentielle) Befähigung des Menschen zur **Selbstbestimmung** – d.h.: seine Disposition, sich als das selbstgesetzgebende Subjekt der von ihm vorgefundenen und ihn – zunächst – beschränkenden Wirklichkeit zu verstehen[77]. In dieser **Subjektstellung**[78] erkennt auch das BVerfG den entscheidenden Parameter rechtlicher Ordnung, wenn es von der »Vorstellung des Grundgesetzgebers« spricht, »dass es zum Wesen des Menschen gehört, in Freiheit sich selbst zu bestimmen und sich frei zu entfalten«[79]. Aus ihr leitet es unmittelbar den »**Status (des Menschen) als Rechtssubjekt**« ab[80]. Denn die Disposition zur Selbstbestimmung erweist den Menschen nicht nur als frei und gleich, sondern nicht zuletzt auch als verantwortlichen Urheber seiner Handlungen und insofern als Adressaten möglicher Pflichten. Der Staat erfüllt insofern seine Achtungs- und Schutzpflicht gegenüber der Selbstbestimmung des Menschen, indem er ihn in seiner staatlichen Rechtsordnung durchweg als Rechtssubjekt, als **Träger von Rechten und Pflichten** (kurz:

26

---

76 *Dürig*, AöR 81 (1956), 117, 125; ähnlich bereits *ders.*, JR 1952, 259, 261 f.; hierzu auch *Kersten*, Das Klonen von Menschen, S. 429 ff.

77 Näher *Enders*, in: Gröschner/Lembcke, Das Dogma der Unantastbarkeit, 2009, S. 69, 70. Selbstzweck ist der Mensch eben, weil er, als moralische Person, sich zur Selbstgesetzgebung fähig weiß. Darin sieht nicht nur die Bibel seine Gottebenbildlichkeit begründet, 1. Mos. 3, 22. Ohne diese Eigenschaft findet auch keine plausible Begründung mehr, warum der Mensch Träger von Rechten und Adressat von Pflichten sein soll. Das ändert nichts daran, dass der Mensch ein defizitäres Wesen ist, vgl. *Höfling*, in: Sachs, Art. 1 Rn. 58, und dass die Idee der Menschenwürde zwangsläufig von solchen Defiziten abstrahiert und ihre Zuschreibung nicht von messbaren Leistungen (etc.) abhängig macht. Das Grundgesetz jedenfalls hat sich über mögliche Debatten erhoben und jeden denkbaren Zweifel normativ verbindlich ausgeräumt, indem es die Subjektstellung mit allen ihren rechtlichen Konsequenzen – zu diesen sogleich im Text – einem jeden Menschen als Menschen gleichermaßen zuerkennt (o. Rdn. 21 f.).

78 Das BVerfG spricht von »Subjektqualität« BVerfGE 30, 1 (26) = DVBl. 1971, 49; 87, 209 (228) = DVBl. 1992, 1598, 96, 375 (399); 109, 279 (312 f.) = DVBl. 2004, 557; 115, 118 (153) = DVBl. 2006, 433; vgl. in diesem Sinne auch *Dreier*, in: Dreier I, Art. 1 I Rn. 42; *Häberle*, in: HStR II³, § 22, Rn. 52; *Kahl*, Die Schutzergänzungsfunktion von Art. 2 Abs. 1 Grundgesetz, S. 1; *Kersten*, Das Klonen von Menschen, S. 406 ff., insbes. etwa S. 479. Kritisch *Stern*, Staatsrecht IV/1, S. 19 f.

79 BVerfGE 45, 187 (227); 115, 118 (153) = DVBl. 2006, 433. vgl. *Huber*, in: HGR II, § 49, Rn. 4.

80 BVerfGE 115, 118 (153) = DVBl. 2006, 433; 116, 69 (85 f.).

als **Person**) anerkennt[81]. Vor allem ist in der Folge das Verhältnis des Staates zur Einzelperson stets als Rechtsverhältnis, als Verhältnis wechselseitig gleicher, also einander entsprechender Rechte und Pflichten auszugestalten. Aber auch das Verhältnis der privaten Gleichordnung wird von diesem Prinzip der Rechtssubjektivität geprägt[82].

b) Anerkennung eines demokratischen Mitbestimmungsrechts durch die Menschenwürde?

27   Darüber hinaus sieht das BVerfG mittlerweile mit dem Bekenntnis zur Würde des Menschen auch einen – nach dieser Begründung jedem Menschen als solchen zukommenden – originären »Anspruch auf freie und gleiche Teilhabe an der öffentlichen Gewalt« anerkannt und in der Würde des Menschen »verankert«[83]. In der Tat findet die Subjektstellung des Menschen auch Ausdruck in dem Anrecht jedes Einzelnen politisch (in einem Gemeinwesen) über sich selbst zu bestimmen und d.h.: mitzubestimmen. Dieses Anrecht auf eine demokratische Konstituierung der staatlichen Gewalt ist also nicht ohne Bezug zur Idee der allgemeinen Rechtsfähigkeit des Menschen, um die es der Eingangsbestimmung des Grundrechtsabschnitts geht, wenn sie den Menschen als Träger von Menschen- und Grundrechten um seiner selbst willen ausweist (Art. 1 Abs. 2 und Abs. 3 GG), deren zentrales und sinnstiftendes Axiom das Grundgesetz mit der These von der unantastbaren Würde des Menschen formuliert (Art. 1 Abs. 1 GG). Indessen verfolgen die Menschen- und Grundrechte nach Geschichte und Struktur das vom Ziel einer Partizipation an der politischen Macht deutlich verschiedene Interesse, den Menschen als solchen (vor aller politischen Verfasstheit und ganz ungeachtet von Teilhabebedürfnissen und

---

81 BVerwGE 1, 159 (161) = DVBl. 1954, 704: Der Einzelne »wird […] als selbständige sittlich verantwortliche Persönlichkeit und deshalb als Träger von Rechten und Pflichten anerkannt.« Nach *Radbruch*, Rechtsphilosophie, S. 125, heißt »Person sein, … Selbstzweck sein«; das Wesen der (Rechts-)Person ist aber »die gleiche Rechtsfähigkeit«. Näher *Seelmann/Demko*, Rechtsphilosophie, § 12 Rn. 3 ff. In der Rspr. des BVerfG ist daher zutreffend immer wieder die Rede von der Würde, die dem Menschen »als Person« zukommt, z.B. BVerfGE 30, 1 (26) = DVBl. 1971, 49; 30, 173 (194); 45, 187 (228); 65, 1 (41) = DVBl. 1984, 128; 87, 209 (228) = DVBl. 1992, 1598; 109, 279 (319) = DVBl. 2004, 557; 115, 118 (152) = DVBl. 2006, 433. Vgl. ferner *Brugger*, Menschenwürde, Menschenrechte, Grundrechte, S. 33; *Enders*, Die Menschenwürde in der Verfassungsordnung, S. 392, 429; *Hillgruber*, in: Epping/Hillgruber, Art. 1 Rn. 12 f.; *Höfling*, in: Sachs, Art. 1 Rn. 16, 57; *Isensee*, in: HGR II, 2006, § 26, Rn. 50; *dens.*, in: HGR IV, 2011, § 87, Rn. 159 m. Fn. 516, Rn. 166 ff.

82 BVerfGE 24, 119 (144): »Eine Verfassung, welche die Würde des Menschen in den Mittelpunkt ihres Wertsystems stellt, kann bei der Ordnung zwischenmenschlicher Beziehungen grundsätzlich niemandem Rechte an der Person eines anderen einräumen, die nicht zugleich pflichtgebunden sind«; *Hillgruber*, in: Epping/Hillgruber, Art. 1 Rn. 7.

83 BVerfGE 123, 267 (341) = DVBl. 20009, 1032; bereits früher *Häberle*, in: HStR II³, § 22, Rn. 61 ff., 68: »Menschenwürde als Recht auf politische Mitgestaltung ist […] ein Grundrecht auf Demokratie«.

-möglichkeiten) in seiner Individualität rechtlich anzuerkennen, seine Interessensphäre nach außen rechtlich abzugrenzen und nicht zuletzt ihn in seiner Privatheit gegen Übergriffe der Staatsgewalt, und sei sie demokratisch verfasst, zu schützen[84]. Partizipation dagegen setzt das politische Gemeinwesen und die Zugehörigkeit zu diesem notwendig schon voraus und verlangt nach Verfahren der Beteiligung und politischen Repräsentation.

Auf dem Hintergrund von Systematik und Genese des Grundgesetzes und nicht   28
zuletzt der Geistesgeschichte, in deren Zusammenhang sich das Grundgesetz stellt, überzeugt daher das **Konstrukt eines würdegebotenen demokratischen Beteiligungsrechts** nicht. Es führt unter den Rahmenbedingungen des Grundgesetzes, folgt man den Erwägungen des BVerfG in seiner Entscheidung zum Vertrag von Lissabon, zu einer merkwürdigen und sinnwidrigen Verdreifachung, indem einerseits die demokratische Organisation des Staatswesens als Grundsatz festgeschrieben ist (Art. 20 Abs. 1 und Abs. 2 GG), jedoch gleichzeitig als Teilhabeanspruch in Art. 1 Abs. 1 GG »verankert« sein soll und schließlich in dieser subjektbezogenen Gestaltung wiederum als integraler Bestandteil des Demokratieprinzips fungiert und über dessen Normierung (nochmals) geschützt ist, dabei jeweils der Verfassungsänderung entzogen[85]. Diese grundsätzlich argumentierende Ableitung eines demokratischen Teilhabeanspruchs unmittelbar aus Art. 1 Abs. 1 GG führt im konkreten normativen Kontext der Verfassung nicht zu einer Stärkung des Demokratieprinzips, sondern zu einer **Delegitimation gesetzgeberischer Entscheidung**: Denjenigen gegenüber, die wie Kinder oder Ausländer entgegen Art. 1 GG nicht an Entscheidungen des Gesetzgebers mitwirken dürfen, lässt sich eine Pflicht zum Gesetzgehorsam[86] kaum mehr begründen (u. Rdn. 45).

c) Anerkennung eines Teilhabeanspruchs auf die Mindestvoraussetzungen
   menschenwürdigen Daseins?

Gesichert erscheint in der Rspr., die breite Unterstützung in der Lit. findet, dass mit   29
der (Rechts-)Subjektstellung des Einzelnen auch die Mindestvoraussetzungen einer tatsächlichen Realisierungschance einhergehen müssen und vom Staat zu sichern sind. Es wird darum aus Art. 1 Abs. 1 GG in Verbindung mit dem Sozialstaatsprinzip das Gebot abgeleitet, dem hilfebedürftigen Einzelnen die Mindestvoraussetzungen für ein menschenwürdiges Dasein (**Existenzminimum**) zu gewähren[87]. Denn

---

84 *Böckenförde*, Staat, Nation, Europa, S. 246, 250 ff.; *Hollerbach*, Selbstbestimmung im Recht, 1996, S. 25, 27 f.
85 Im Lissabon-Urteil des BVerfG heißt es: »Der Anspruch auf freie und gleiche Teilhabe an der öffentlichen Gewalt ist in der Würde des Menschen (Art. 1 Abs. 1 GG) verankert. Er gehört zu den durch Art. 20 Abs. 1 und Abs. 2 GG in Verbindung mit Art. 79 Abs. 3 GG als unveränderbar festgelegten Grundsätzen des deutschen Verfassungsrechts.« BVerfGE 123, 267 (341) = DVBl. 2009, 1032.
86 Vgl. *Isensee*, in: HGR IV, 2011, § 87, Rn. 184.
87 Vgl. BVerfGE 45, 187 (228); 82, 60 (85) = DVBl. 1990, 884; 120, 125 (158 f.); BVerfGE 110, 412 (431, 445 f.) = DVBl. 2004, 1379; jetzt BVerfGE 123, 267 (363) =

das Unterschreiten des Existenzminimums beraubt den Einzelnen seiner Entwicklungsmöglichkeiten als Subjekt, hindert ihn, als autonomes Mitglied der Gesellschaft seinen Selbststand zu entfalten. Der quantitative Mangel schlägt um in die Qualität der (Mindest-)Standardverletzung, die den kompensatorischen Ausgleich gebietet[88].

30   Gleichwohl geht die Konsequenz einer verfassungsunmittelbaren Fürsorgeberechtigung des Einzelnen über die Anerkennung der Subjektstellung, wie sie mit dem Bekenntnis zur Würde des Menschen ausgesprochen ist, hinaus. Sie findet in Art. 1 GG bei näherer Betrachtung keine verfassungsrechtliche Grundlage. Zwar wird hier dem Staat auch eine Verpflichtung zum Schutz der Menschenwürde (Art. 1 Abs. 1 Satz 2 GG) auferlegt. Aber diese bezieht sich gerade auf den Status des Einzelnen als Rechtssubjekt und verlangt staatliche **Schutzvorkehrungen gegen Übergriffe Dritter**, eine Anforderung, der sich der Staat vor allem durch die Errichtung einer allgemeinen Rechtsordnung (mit wechselseitiger Abgrenzung der Individualrechtssphären) und deren justizförmigen Schutz stellt[89]. In den zufälligen Schicksalsschlägen unverschuldeter materieller Not verwirklicht sich demgegenüber ein allgemeines Lebensrisiko, das keinen Angriff auf die Rechtssubjektstellung des Menschen bedeutet und zu dem sich deshalb von vornherein weder die grundlegende Anerkennung dieser Rechtssubjektstellung noch ihre grundrechtlichen Konkretisierungen verhalten. Leistungsansprüche, die der Vermeidung oder Linderung von Notlagen dienen, werden vielmehr typischerweise von **sozialen Grundrechten** garantiert, auf die das Grundgesetz aber mit Bedacht verzichtet[90]. Stattdessen – und in Anbetracht der Sys-

---

DVBl. 2009, 1032: »Existenzsicherung des Einzelnen, eine nicht nur im Sozialstaatsprinzip, sondern auch in Art. 1 Abs. 1 GG gegründete Staatsaufgabe« und BVerfGE 125, 175 (222) = **. Bereits *Bachof*, VVDStRL 12 (1954), 37 (42, 51 f.); ferner *Höfling*, in: Sachs, Art. 1 Rn. 30 f.; *Stern*, in: Staatsrecht IV/1, S. 51 ff. Vertiefend *Cremer*, Freiheitsgrundrechte, S. 378 ff.; *Isensee*, in: HGR IV, 2011, § 87, Rn. 100, 177, 180; *Poscher*, Grundrechte als Abwehrrechte, 2003, S. 387 ff.; *Wallerath*, JZ 2008, 157 ff.
88 *Wallerath*, JZ 2008, 157, 161.
89 Vgl. BVerfGE 4, 7 (15 f.); 7, 198 (215) = DVBl. 1958, 425; 24, 119 (144).
90 BVerfGE 1, 97 (104). Dafür spricht, dass der Parl. Rat nicht nur darauf verzichtet hat, soziale Grundrechte in die Verfassung aufzunehmen, sondern dass auch ein Grundrecht »auf Sicherheit«, das ursprünglich seinen Platz in Art. 2 GG finden sollte, dann aber als Implikation der persönlichen Freiheit gestrichen wurde, die rechtliche (!) Sicherheit vor den Übergriffen Anderer meinte, vgl. *v. Mangoldt*, 32. Sitzung des Grundsatzausschusses v. 11.01.1949, Parl. Rat Bd. 5/II, S. 925: Das Recht auf Sicherheit garantiere »die allgemeine Sicherheit des Lebens des Einzelnen«. *Süsterhenn*, ebda: Das Recht auf Sicherheit sei ein »negatives Recht, […] ein Recht auf Schutz gegen Eingriffe anderer. Sicherheit ist … die Wahrung meines Rechtsbereiches …«. Zum Ganzen *Enders*, Die Menschenwürde in der Verfassungsordnung, S. 463; *ders.*, VVDStRL 64 (2005), S. 7, 11 f. (m. Fn. 12), 13, 39; ebenso *Isensee*, AöR 113 (2006), 173, 213; ähnlich jetzt *Hörnle*, ZRPh 2008, 41, 57; wohl auch – mit der Beschränkung der staatlichen Schutzpflicht auf die Abwehr von Eingriffen Dritter – *Hillgruber*, in: Epping/Hillgruber, Art. 1 Rn. 7; *Müller-Franken*, in: FS Bethge, 2009, S. 223, 242 f., 244, auch S. 247 f. Anders zum Gegenstand grundrechtlicher Schutzpflichten BVerfGE 88, 203 (252), ferner etwa BVerfGE 115, 25 (44 f.) und dezidiert die

Enders

temwidrigkeit individualrechtlicher Gewährleistung – hat sich der Grundgesetzgeber zum Staatsziel sozialer Gerechtigkeit bekannt (Art. 20 Abs. 1 GG). Aus dem **Sozialstaatsprinzip**, das eine in ihren Grundzügen tradierte, auf Wechselseitigkeit bauende Solidargemeinschaft unter das zeitgemäße Regime des Grundgesetzes stellt, folgt auch die **staatliche Pflicht zur Gewährung des Existenzminimums.** Die Konkretisierung des zur Herstellung gleicher Entfaltungschancen materiell Unerlässlichen und die Ausgestaltung der Gewährung können freilich von den jeweils gegebenen sozialen und wirtschaftlichen Rahmenbedingungen nicht losgelöst werden und obliegen deshalb weithin dem Gesetzgeber in eigener Verantwortung[91]. Die herrschende Auffassung sieht dies anders und konstatiert eine Verfassungspflicht des Staates, auf die der Einzelne sich kraft seiner Menschenwürde subjektiv-rechtlich vor Gericht berufen kann. Mittlerweile hat sich auch die Rspr. des BVerfGs auf diesen für das Sozialsystem folgenreichen Standpunkt gestellt (u. Rdn. 47)[92].

3. Das Instrumentalisierungsverbot (Objektformel)

Unmittelbare rechtliche Folge der im Sinne der Rechtssubjektivität gedeuteten Subjektstellung des Menschen (o. Rdn. 26) ist – **in negativer Hinsicht** – ein **Instrumentalisierungsverbot**, das in Literatur und Rspr. unter dem Grundgesetz schon frühzeitig als Ausdruck rechtlicher Anerkennung der Subjektstellung des Menschen verstanden[93] und von *Dürig* mit der »**Objektformel**« populär gemacht wurde. Danach ist die Würde des Menschen verletzt, wenn er vom Staat »zum Objekt, zu einem bloßen Mittel, zur vertretbaren Größe herabgewürdigt wird«[94]. Das BVerfG

31

---

h.A. in der Lit., vgl. *Hufen*, Staatsrecht II, § 10, Rn. 39; *Höfling*, in: Sachs, Art. 1, Rn. 19, 30 ff. Analyse und Fortentwicklung bei *Wallerath*, JZ 2008, 157, 162 ff.

91 BVerfGE 1, 97 (105: »Das Wesentliche zur Verwirklichung des Sozialstaates [...] kann nur der Gesetzgeber tun«); 5, 85 (198: Sozialstaat als ein »der konkreten Ausgestaltung in hohem Maße fähiges und bedürftiges Prinzip«); 40, 121 (133: »allgemeine Schutzpflicht«; »Gestaltungsfreiheit des Gesetzgebers«) = DVBl. 1976, 38; insofern nicht anders BVerfGE 110, 412 (445) = DVBl. 2004, 1379: »Wie der Gesetzgeber den Gestaltungsauftrag des verfassungsrechtlich nicht näher konkretisierten Sozialstaatsprinzips erfüllt, ist seine Sache ...« oder BVerfGE 123, 267 (362) = DVBl. 2009, 1032: »Das Sozialstaatsprinzip stellt dem Staat eine Aufgabe, sagt aber nichts darüber, mit welchen Mitteln diese Aufgabe im Einzelnen zu verwirklichen ist.«. Vgl. *Isensee*, in: HGR IV, 2011, § 87, Rn. 118, 180; *Meyer*, Redebeitrag, VVDStRL 68 (2009), 220 f.; *Nolte*, Der Staat 52 (2013), S. 245 ff.

92 BVerfGE 125, 175 = DVBl. 2010, 314; 132, 134.

93 In diesem Sinne etwa bereits im Jahre 1954 BVerwGE 1, 159 (161) = DVBl. 1954, 704: »Der Einzelne ist zwar der öffentlichen Gewalt unterworfen, aber nicht Untertan, sondern Bürger. Darum darf er in der Regel nicht lediglich Gegenstand staatlichen Handelns sein.« Weitere Nachweise zur Einführung des Arguments in die verfassungsrechtliche Diskussion bei *Enders*, Die Menschenwürde in der Verfassungsordnung, S. 20; *Goos*, Innere Freiheit, 2011, S. 24 m. Fn. 71, S. 109 f.

94 *Dürig*, AöR 81 (1956), 117, 119, 122; *ders.*, in: Maunz/Dürig, Art. 1 Abs. I (1958) Rn. 28; kritisch hierzu die differenzierte Analyse des Zusammenspiels von Objekt- und Subjektformel bei *Kersten*, Das Klonen von Menschen, S. 435 ff. Historisch ging die Nega-

hat diese Objektformel auf ihren zentralen Aspekt reduziert und nimmt eine – absolut verbotene – Instrumentalisierung des Menschen an, wenn der Einzelne als »bloßes Objekt« behandelt wird[95].

32 Wann greift dieses – häufig als wenig präzise tatbestandliche Bestimmung absolut unzulässiger Fremdbestimmung gerügte – Instrumentalisierungsverbot der Objektformel[96]? Das lässt sich – mit dem BVerfG – noch genauer in dem Sinne bestimmen, dass die Subjektqualität des Menschen dann missachtet und er als bloßes Objekt behandelt wird, wenn sein »**Status als Rechtssubjekt**« grundsätzlich in Frage **gestellt** wird[97]. Das wiederum ist nicht immer schon anzunehmen, wenn dem Einzelnen (zwangsweise durchsetzbare) Handlungs-, Unterlassungs- oder Duldungspflichten auferlegt werden, solange diesen Pflichten nur gegenläufige Rechte entsprechen[98]. Hinzukommen muss vielmehr, dass der Einzelne, durch die Behandlung, der er ausgesetzt ist, (stillschweigend oder ausdrücklich) einem Pflichtregime unterworfen wird, in dem er seine **Eigenständigkeit als Rechtsperson** verliert[99].

33 Das ist der Fall – und dann lässt die Behandlung des Betroffenen »die Achtung des Wertes (vermissen) …, der jedem Menschen kraft seines Personseins (und d.h.: um

---

tiv-Fassung der Subjektstellung des Menschen dem positiven Begriff jedenfalls voraus, vgl. *Stern*, Staatsrecht IV/1, S. 16, 19. Zu Herkunft und Gehalt der Formel noch *Seelmann/Demko*, Rechtsphilosophie, § 12, Rn. 4 f.

95 BVerfGE 9, 85 (95) = DVBl. 1959, 364; 27, 1 (6) = DVBl. 1969, 739; 30, 1 (25 f.) = DVBl. 1971, 49; 45, 187 (228); 50, 166 (176); 87, 209 (228) = DVBl. 1992, 1598; 96, 375 (399); 109, 133 (151 f.) = DVBl. 2004, 521; 109, 279 (312) = DVBl. 2004, 557; 115, 118 (153) = DVBl. 2006, 433. Weitere Nachweise bei *Stern*, Staatsrecht IV/1, S. 19.

96 Selbstkritisch: BVerfGE 30, 1 (25 f.) = DVBl. 1971, 49; 109, 279 (312 f.) = DVBl. 2004, 557. Vielfach kritisch Literatur: *Dederer*, JöR NF Bd. 57 (2009), 89, 118 f.; *Dreier*, Dreier I, Art. 1 I Rn. 55; *Herdegen*, in: Maunz/Dürig I, Art. 1 Abs. 1 (2005) Rn. 45: »beschränkte Leistungsfähigkeit aller Instrumentalisierungsrethorik«; *Isensee*, AöR 131 (2006), 173, 184 f.; *Nettesheim*, AöR 130 (2005), 71, 79 ff.; *Stern*, Staatsrecht IV/1, S. 16, 18 f. Zustimmend *Häberle*, in: HStR II³, § 22, Rn. 43. Differenzierend *Isensee*, in: HGR IV, 2011, § 87, Rn. 174 ff.

97 BVerfGE 115, 118 (153) = DVBl. 2006, 433; vgl. bereits BVerfGE 30, 1 (26) = DVBl. 1971, 49; 87, 209 (228).

98 Bereits *Carl v. Pfizer*, Über die Grenzen zwischen Verwaltungs- und Civil-Justiz, 1828, S. 18; vgl. den nämlichen Gedanken in BVerwGE 1, 159 (161) = DVBl. 1954, 704. Präzisierend in diesem Sinne zu BVerfGE 30, 1 (25 f.) = DVBl. 1971, 49; 109, 279 (312 f.) = DVBl. 2004, 557. *Enders*, Die Menschenwürde in der Verfassungsordnung, S. 158; vgl. auch *Hillgruber*, in: Epping/Hillgruber, Art. 1 Rn. 13, 13.1; *Kersten*, Das Klonen von Menschen, S. 444 ff., 457 f.

99 Vgl. BVerfGE 4, 7 (16): »der Einzelne muß sich diejenigen Schranken seiner Handlungsfreiheit gefallen lassen, die der Gesetzgeber zur Pflege und Förderung des sozialen Zusammenlebens in den Grenzen des bei dem gegebenen Sachverhalt allgemein zieht, vorausgesetzt, daß dabei die Eigenständigkeit der Person gewahrt bleibt«.

seiner selbst willen) zukommt«[100] – wenn er nicht mehr als (mögliches) Glied eines Rechtsverhältnisses wechselseitig gleicher Rechte und Pflichten erscheint, vielmehr seine Rechtsstellung auf ein reines Ohnmachtsverhältnis, die bloße Pflicht der Duldung und des Gehorsams angesichts der Totalität eines fremden Herrschaftsanspruchs reduziert wird[101]. Erst und immer dann ist der Mindeststandard der von der Würde des Menschen gebotenen Rechtlichkeit (o. Rdn. 15) unterschritten. Umgekehrt ist der Einzelne bei Einhaltung dieser Grenze in seinem Status als Rechtssubjekt respektiert, weil er vor jeglicher Fremdanmaßung eines freien (ohne Einwilligung oder rechtfertigenden Titel beanspruchten) Verfügungsrechts über seine Person geschützt ist. Noch deutlicher als die beispielhafte Rede vom **Schutz vor »Erniedrigung, Brandmarkung, Verfolgung, Ächtung usw.«**[102] macht darum der Hinweis auf die Entrechtung des Menschen in der **Sklaverei**[103] das Gemeinte und damit den aus Art. 1 GG abzuleitenden **Rechtsmaßstab** deutlich: Der Mindeststandard würdegebotener Rechtlichkeit ist nach der Objektformel unterschritten, wenn der Staat sich selbst oder Dritten rechtlich unbeschränkte Verfügungsmacht über die Rechtsstellung des Einzelnen einräumt[104].

II. Der Rechtscharakter des Satzes von der Menschenwürde

1. Normativität und Rechtscharakter

Dem Satz von der Menschenwürde kommt fraglos Normativität zu, sofern er in einem Setzungsakt verfassungskräftig gebietet, die unhinterfragbare Würde des Menschen (seine Sonderstellung als der Selbstbestimmung fähiges Wesen, d.h. Subjekt und damit auch Rechtssubjekt, o. Rdn. 26) ohne weiteres vorauszusetzen. Von dieser   34

---

100 BVerfGE 30, 1 (26) = DVBl. 1971, 49; vgl. BVerfGE 109, 279 (313) = DVBl. 2004, 557.

101 Vgl. *Enders*, VVDStRL 64 (2005), 7, 46 ff.; *dens.*, in: Friauf/Höfling, Art. 1 (2005), Rn. 76. Ähnlich *Kube*, HStR VII³, 2009, § 148, Rn. 152.

102 BVerfGE 1, 97 (104); vgl. *Stern*, Staatsrecht IV/1, S. 16, 18 f.

103 Vgl. bereits *Kant*, Metaphysik der Sitten, Rechtslehre, in: Weischedel (Hrsg.), Werke, 1956 ff., Bd. IV, § 49 Allg. Anm. D, 451. Entstehungsgeschichtlich unter dem Aspekt des Arbeitszwangs (vgl. Art. 12 Abs. 2 GG), *Schmid*, 5. Sitzung des Grundsatzausschusses v. 29.09.1948, in: Der Parl. Rat, 1948–1949, Akten und Protokolle, Dt. Bundestag und Bundesarchiv (Hrsg.), Bd. 5/I, 1993, (Parl. Rat 5/I, 5. Sitzung), S. 96, unter dem Aspekt der persönlichen Gleichheit: *v. Mangoldt*, 26. Sitzung des Grundsatzausschusses v. 30.11.1948, in: Der Parl. Rat, 1948–1949, Akten und Protokolle, Dt. Bundestag und Bundesarchiv (Hrsg.), Bd. 5/II, 1993, (Parl. Rat 5/II, 26. Sitzung), S. 743; ferner *Dürig*, in: Maunz/Dürig, Art. 1 Abs. I (1958) Rn. 30; *Höfling*, in: Sachs, Art. 1 Rn. 35; *Podlech*, AK-GG, Art. 1 Rn. 30; vgl. auch *Robbers*, in: Umbach/Clemens I, Art. 1 Rn. 27. Dem entsprechen die ausdrücklichen Verbote in Art. 4 der Allg. Erklärung der Menschenrechte v. 10.12.1948; Art. 4 EMRK v. 04.11.1950; Art. 8 IPbürgR v. 19.12.1966; Art. 5 GRCh-EU.

104 BVerfGE 24, 119 (144); 88, 203 (255) = DVBl. 1993, 801; 115, 118 (154) = DVBl. 2006, 433; vgl. zur Wirkung auf Gleichordnungsebene *Hillgruber*, in: Epping/Hillgruber, Art. 1 Rn. 7.

Normativität zu unterscheiden ist der Rechtscharakter, der dem Bekenntnis zur Menschenwürde zukommt. Der unbestreitbaren Leitsatz-Funktion der Menschenwürde wird meist dadurch Rechnung getragen, dass sie (jedenfalls auch) als **oberster objektiv-rechtlicher Grundsatz des Verfassungsrechts** gesehen wird[105]. Die aus ihr für die Auslegung und Anwendung der übrigen Verfassung, namentlich der Grundrechte, fließenden Maßgaben besitzen dann jeweils den Charakter objektiv-rechtlicher Normen[106]. Teils wird darüber hinaus – im Interesse eines vollständigen Schutzes der Subjektstellung des Einzelnen (zur Begründung o. Rdn. 18) – angenommen, dass die Würde des Menschen zugleich in Gestalt der eigenständigen subjektiv-rechtlichen **Garantie einer absolut geschützten Grundrechtsposition** verbürgt sei. Schließlich ist denkbar, dass aus dem Bekenntnis zur Menschenwürde rechtliche Konsequenzen folgen, ohne dass ihm selbst der Charakter eines unmittelbar zu vollziehenden Rechtssatzes zukommt. Seine inhaltliche **Leitsatz- und Grundnorm-Funktion** würde im Rahmen der gängigen Auslegungsmethoden **bei der Interpretation der Einzelgrundrechte** berücksichtigt[107].

2. Die These vom Grundrechtscharakter

35   Umstritten ist nach wie vor die These vom Grundrechtscharakter des Würdesatzes[108]. **Zweifel am Grundrechtscharakter** bestehen nicht nur, weil der Satz von der Menschenwürde, wenn aus ihm ein oberstes Grundrecht abgeleitet würde, die ihn konkretisierenden, also gleichfalls aus ihm sich verstehenden Einzelgrundrechte (o.

---

105   Bereits *Dürig*, AöR 81 (1956), 117, 119, 122; *ders.*, in: Maunz/Dürig, Art. 1 Abs. I (1958) Rn. 14 f.; vgl. ferner *Dreier*, in: Dreier I, Art. 1 I Rn. 44, 125; *Starck*, in: v. Mangoldt/Klein/Starck I, Art. 1 Rn. 27; *Stern*, Staatsrecht III/1, S. 27 ff., *ders.*, Staatsrecht IV/1, S. 15, 60 f.

106   Anders (Kombination der subjektiv-rechtlichen Einzelgewährleistungen mit dem Basis-Grundrecht auf Menschenwürde) *Herdegen*, in: Maunz/Dürig, Art. 1 Abs. 1 (2005) Rn. 26; *Calliess*, in: HGR II, § 44, Rn. 23.

107   Vgl. *Apelt*, NJW 1949, 481, 482; *ders.*, JZ 1951, 353 in Fn. 3. Dafür auch *Enders*, Die Menschenwürde in der Verfassungsordnung, S. 393, 422, 425 ff.

108   Für den Grundrechtscharakter votierte frühzeitig *Nipperdey*, in: HGrR II, S. 1, 11; ebenso *Dederer*, JÖR N.F. 57 (2009), 89, 99; *Goos*, Innere Freiheit, 2011, S. 204 f.; *Häberle*, in: HStR II³, § 22, Rn. 72; *Herdegen*, in: Maunz/Dürig I, Art. 1 Abs. 1 (2005) Rn. 26; *Höfling*, JuS 1995, S. 857 f.; *ders.*, in: Sachs, Art. 1 Rn. 5 ff.; *Hömig*, EuGRZ 2007, 633, 634; *Hufen*, Staatsrecht II, § 10, Rn. 12; *Krawietz*, in: GS F. Klein, 1977, S. 245, 279 f., 283; *Kunig*, in: v. Münch/Kunig I, Art. 1 Rn. 3; *Robbers*, in: Umbach/Clemens, Art. 1 Rn. 33; *Starck*, in: v. Mangoldt/Klein/Starck I, Art. 1 Rn. 28; *Stern*, Staatsrecht IV/1, S. 61; *Zippelius*, in: BK, Art. 1 Abs. 1 u. 2, (2004) Rn. 24 ff. **Gegen** den Grundrechtscharakter äußerte sich grundlegend *Dürig*, AöR 81 (1956), 117, 119; *ders.*, in: Maunz/Dürig I, Art. 1 Abs. I (1958) Rn. 4 ff.; ferner ablehnend etwa *Dreier*, in: Dreier I, Art. 1 I Rn. 125, 160; *Enders*, Die Menschenwürde in der Verfassungsordnung, S. 101 ff., 118, 123, 385, 389; *Geddert-Steinacher*, Menschenwürde als Verfassungsbegriff, S. 172; *Gröschner*, Menschenwürde und Sepulkralkultur, S. 45; *Isensee*, Der Staat 19 (1980), 367, 370; *ders.*, AöR 131 (2006), 173, 191; *ders.*, in: HGR IV, 2011, § 87, Rn. 103 ff.

Rdn. 11, 14) überflüssig zu machen droht. Vor allem lassen sich Interessenkollisionen, die vom Tatbestand des Würdegrundrechts erfasst werden, aufgrund der Absolutheit des garantierten Anspruchs nicht überzeugend auflösen. Grundrechte sind – als subjektive Rechte – für Situationen konzipiert, in denen das grundrechtsgarantierte Eigeninteresse mit von diesem verschiedenen, anderweit verfassungsrechtlich anerkannten Belangen (Rechten Dritter, Allgemeininteressen) in Konflikt gerät. Dabei vermitteln die Grundrechte keinen absoluten Durchsetzungsanspruch, lediglich einen Anspruch auf Rechtfertigung grundrechtsrelevanter Nachteile. Dagegen ist die Menschenwürde aufgrund des mit ihr verbundenen absoluten Achtungsanspruchs, wo sie »einschlägig« (nachteilig betroffen) ist, immer auch schon verletzt. Eine Abwägung mit anderen Schutzgütern, wie sie sonst für Grundrechte im Kollisionsfall typisch ist, scheidet daher aus (o. Rdn. 14, 19). Müsste die Menschenwürde infolge einer solchen Abwägung am Ende zurücktreten, würde ihr normativer Gehalt durch (per definitionem) nachrangige gegenläufige Prinzipien bestimmt, was im Widerspruch zu ihrem Absolutheitsanspruch steht.

Als Konstitutionsprinzip der Verfassungsordnung (o. Rdn. 10) ist aber die Menschenwürde, ihrer »tragenden« Funktion entsprechend (insbes. ist jeder Grundrechtsfall zwangsläufig ein Menschenwürdefall, o. Rdn. 15), beständig »einschlägig« und allgegenwärtig betroffen. M.a.W.: Es lassen sich auf dem Hintergrund des gleichzeitig umfassend konstituierenden Charakters des Würdesatzes tatbestandlich relevante, in seinen Schutzbereich fallende Umstände, von schutzbereichsfremden, rechtlich gegenläufigen und äußerlich begrenzenden Belangen nicht sinnvoll unterscheiden. Um dem damit unausweichlichen Abwägungsdilemma zu entgehen, wird daher vielfach – anders als bei vorbehaltlosen Grundrechten, deren äußeres Verhältnis wechselseitiger Begrenzung zu anderen Verfassungsschutzgütern im Rahmen praktischer Konkordanz[109] bestimmt wird – durch eine punktuelle (**fallbezogene**) **Begriffsreduktion** bereits das Bedürfnis einer Begrenzung vermieden. Der Verfassungssatz von der Menschenwürde wird in der Sache um eine begriffsimmanente **ungeschriebene** »Soweit-Klausel« ergänzt[110], nach der der Grundrechtstatbestand absoluter Schutzgewährung – unter Ansehung und Abwägung sämtlicher Umstände – auf wesentliche Aspekte reduziert und fallspezifisch kollisionsfrei formuliert wird[111]. **36**

---

109 *Hesse*, Grundzüge des Verfassungsrechts der Bundesrepublik Deutschland, Rn. 72, 308; *Hufen*, Staatsrecht II, § 9, Rn. 31; *Alexy*, Theorie der Grundrechte, S. 151 f.

110 Kritisch *Enders*, NJW 1989, 881, 882; *ders.*, Die Menschenwürde in der Verfassungsordnung, S. 107–109, 123 f., 385, 389; *Isensee*, in: HGR IV, 2011, § 87, Rn. 106. Vgl. auch *Höfling*, in: Sachs, Art. 1 Rn. 11; *Dreier*, in: Dreier I, Art. 1 I Rn. 136.

111 Vgl. etwa *Alexy*, Theorie der Grundrechte, S. 95 ff., 97; *Borowski*, Grundrechte als Prinzipien, S. 281 ff., 290; *Herdegen*, in: Maunz/Dürig, Art. 1 Abs. 1 (2005) Rn. 43 ff., 45 propagiert eine »bilanzierende Gesamtwürdigung« bei der Konkretisierung des Würdeanspruchs im konkreten Fall: »Die gebotene Abwägung hat sich hier nicht auf der inter-normativen Ebene (Kollision) [...] zu vollziehen, sondern ›normimmanent‹ bei der Konkretisierung des Würdeanspruchs«; *Nettesheim*, AöR 130 (2005), 71, 105; treffend zusammengefasst von *Dederer*, JÖR N.F. Bd. 57 (2009), 89, 117, 124: »Reichweite

Wo immer das Grundrecht auf Achtung der Menschenwürde »einschlägig« ist, wird demgemäß das Abwägungsergebnis zum tatbestandlichen Gehalt der Grundrechtsnorm erklärt, der dann – als Resultat der begriffsinternen Abwägung – sämtliche anderen Gesichtspunkte so eindeutig wie unbedingt nachgehen.

37   Eine normative Bestimmung, die zwar Aussagen über die Rechtsstellung des Individuums trifft, sich aber in die klassische Struktur des Rechtsverhältnisses (von subjektiven Rechten und Pflichten, d.h. gegenläufigen Rechtspositionen) nicht einordnen lässt, taugt aber nicht als Basis eines subjektiven Rechts[112]. Die beschriebene Flexibilisierung des dem Art. 1 Abs. 1 GG zugeschriebenen Schutz- und Gewährleistungsbereichs kann nicht darüber hinwegtäuschen, dass die Frage nach der Menschenwürde gar nicht eine bestimmte, zu widerstreitenden Positionen erst noch ins Verhältnis zu setzende selbständige Grundrechtsposition meint. Sie zielt vielmehr unmittelbar auf das Ergebnis, die **objektiv richtige** verfassungsrechtliche **Bestimmung des Verhältnisses zweier gegenläufiger Rechtspositionen** (damit: einander widersprechender Interessenlagen), von denen mindestens eine grundrechtlich fundiert ist. Unter dem Vorzeichen der Menschenwürde steht die Verhältnisbestimmung, weil und soweit es um die spezifische verfassungsrechtliche Begründung geht, die von der Rücksicht auf die Subjektstellung des Menschen einerseits[113], den besonderen Umständen (Art und Weise, Intensität[114]) ihrer Beeinträchtigung andererseits erfordert ist[115]. In diese Richtung weist auch die ansonsten kryptische Forderung des BVerfGs, es bedürfe – weil »sämtliche Grundrechte Konkretisierungen des (scil. unabwägbaren) Prinzips der Menschenwürde« seien – »stets einer sorgfältigen Begründung«(!), wenn angenommen werden solle, »dass der Gebrauch eines Grundrechts auf die unantast-

---

und zugleich Verletzung des Anspruchs (sc. auf Anerkennung der Würde des Menschen) ergeben sich aus einer kontextabhängigen und situationsspezifischen, auf Abwägungen und dazu notwendigen Wertungen beruhenden Konkretisierung des Anspruchs. Erst der konkretisierte Anerkennungsanspruch ist unabwägbar«.

112 Die Bestimmung des Art. 102 GG bietet entgegen *Cremer*, Freiheitsgrundrechte, S. 250 f., nicht das Gegenbeispiel eines schrankenlosen, absoluten Rechts: Zum einen ist die Anordnung dieser Vorschrift (Abschaffung der Todesstrafe) nicht mehr fallbezogen zu konkretisieren, sondern als (Allgemein-)Verfügung auf Verfassungsebene eindeutig textlich festgelegt. Sie bedarf ebensowenig der weiteren Abwägung wie die Festlegung der Bundeshauptstadt oder der Farben der Bundesflagge. Zum anderen statuiert Art. 102 GG darum auch kein Grundrecht (vgl. Art. 93 Abs. 1 Nr. 4a GG), er formuliert einen Satz des objektiven Rechts, der als Schranken-Schranke zur Geltung kommt.

113 Vgl. BVerfGE 30, 1 (26) = DVBl. 1971, 49; 115, 118 (153, 154, 160) = DVBl. 2006, 433.

114 Vgl. BVerfGE 30, 1 (26, 27) = DVBl. 1971, 49; 109, 279 (311) = DVBl. 2004, 557; 115, 118 (154) = DVBl. 2006, 433.

115 Insoweit ähnlich *Alexy*, Theorie der Grundrechte, S. 321, 409 (»Menschenwürde-Norm als allgemeinste positiv-rechtliche Quelle inhaltlicher Kriterien«).

bare Menschenwürde« durchschlage[116] und in der Folge der Würdeverletzung jede weitere Abwägung ausgeschlossen sei[117].

3. Die Menschenwürde als oberster Grundsatz des objektiven Verfassungsrechts (Konstitutionsprinzip)

a) Die Menschenwürde als Grundsatz in der Rechtsprechungspraxis

Die verbreitete Rede vom »**Grundrecht**« der Menschenwürde erweist sich denn auch   **38** bei näherer Betrachtung gerade der Rechtspraxis als »**falsa demonstratio**«[118]. Soweit das Würde-Argument überhaupt verfassungsrechtlich tragende Bedeutung erlangt (insbes. in den Tenor einer Entscheidung aufgenommen wird[119]) und nicht bloß beiläufig als obiter dictum Erwähnung findet[120], ist in der Sache regelmäßig die »Grundnorm«[121], also das »Grundprinzip«[122], das objektiv-rechtlich (tragende) »Konstitutionsprinzip«[123] der Menschenwürde gemeint. Darin bestätigt sich nicht zuletzt, dass die Menschenwürde kein möglicher Gegenstand unmittelbarer rechtlicher Gewährleistung ist (o. Rdn. 7), dass in der Folge also auch ein Rechtsanspruch »auf« Menschenwürde bei strenger Begrifflichkeit sinnwidrig ist und ausscheiden muss[124]. Über das Konstitutionsprinzip der Menschenwürde wird deren Anliegen in Verbindung mit und im Blick auf ansonsten eigenständige Rechtssätze der Verfassung, namentlich der Grundrechte berücksichtigt.

---

116 BVerfGE 93, 266 (293) DVBl. 1996, 27, BVerfGE 107, 275 (284) = DVBl. 2003, 681; BVerfG NJW 2001, 2957, 2959 = DVBl. 2001, 1350; BVerfG NVwZ 2008, 549.

117 BVerfG NJW 2001, 2957, 2959; BVerfG-K NJW 2009, 3089, 3090 = DVBl. 2009, 667 (LS.).

118 Im Ergebnis ähnlich wie hier *Jarass*, in: Jarass/Pieroth, Art. 1 Rn. 5; auch für die Rechtslage in der Schweiz (Art. 7 BV) kann nach *Schefer*, Die Kerngehalte von Grundrechten, S. 36 f., die Grundrechtsqualität der Würde-Norm ohne jede sachliche Einbuße dahingestellt bleiben.

119 Was nicht zu häufig und meist »in Verbindung mit« einem Einzelgrundrecht geschieht, vgl. z.B. BVerfGE 65, 1 = DVBl. 1984, 128; 98, 169; 115, 118 = DVBl. 2006, 433; 115, 320 = DVBl. 2006, 899; 120, 274 = DVBl. 2008, 582; 120, 378 = DVBl. 2008, 575.

120 Z.B. in BVerfGE 1, 97 (104); 1, 322 (347, 348); 102, 370 (393) = DVBl. 2001, 284, 103, 142 (150) = DVBl. 2001, 637.

121 BVerfGE 27, 344 (351); 32, 373 (379) = DVBl. 1972, 383; 34, 238 (245) = DVBl. 1973, 359; vgl. *Höfling*, in: Sachs, Art. 1 Rn. 53.

122 Bereits *v. Mangoldt*, AöR 75 (1949), 273, 279.

123 Vgl. die Nachweise oben Rdn. 10 mit Fn. 37.

124 In diese Richtung weist – abwehrrechtlich – bei unklarer Formulierung BVerfGE 87, 209 (228) mit der Feststellung: »Selbst durch ›unwürdiges‹ Verhalten geht sie [*die Menschenwürde*] nicht verloren. Sie kann keinem Menschen genommen werden. Verletzbar ist aber der Achtungsanspruch, der sich aus ihr ergibt«; vgl. *Luhmann*, Grundrechte als Institution, S. 59 in Fn. 17, S. 73 m. Fn. 54. Zur spezifischen, über eine abwehrrechtliche Perspektive hinausweisenden Problematik eines Leistungsanspruchs auf Gewährung des Existenzminimums BVerfGE 125, 175 = DVBl. 2010, 314 und dazu Rdn. 29 f., Rdn. 46 f.

39   Die – unzutreffende – Kennzeichnung des normativen Charakters der Menschenwürde und damit ihrer normativen Funktion schadet indessen letztlich nicht, weil
und soweit die Rspr. ungeachtet eines (vorgeblich) subjektiv-rechtlichen Ausgangspunkts (»Grundrecht aus Art. 1 Abs. 1 GG«)[125], den Satz von der Unantastbarkeit
der Menschenwürde stets nach Art eines objektiv-rechtlichen Verfassungsprinzips
zur Anwendung bringt[126]. Sie argumentiert daher, wie sich leicht nachweisen lässt,
von vornherein nicht in Kategorien der verhältnismäßigen Zuordnung zu an-
spruchs-, d.h.: rechtsfolgenbegrenzenden Belangen. Wann immer es um konkrete
Rechtsansprüche geht[127], ist die Rspr. des BVerfG stattdessen bemüht, auch wenn
vom Grundrecht der oder auf Menschenwürde die Rede ist, den normativen **Gehalt
des objektiven Gebots zur Achtung der Menschenwürde** herauszuarbeiten und
fallspezifisch vom möglichen Verletzungsvorgang her[128] zu konkretisieren. In der für
dieses Vorgehen exemplarischen **Entscheidung zur Sicherungsverwahrung**[129]
schließt das Gericht demgemäß argumentativ aus, dass das (objektive) verfassungsrechtliche Achtungsgebot durch die Maßregel der Sicherungsverwahrung (oder ihren
Vollzug) überhaupt berührt[130] sein könnte: Die Maßregel dient einem nach dem all-

---

125   BVerfGE 109, 133 (151 ff.) – Sicherungsverwahrung, insoweit in Abweichung vom objektiv-rechtlichen Prüfungsaufbau in den gleichgelagerten Fällen BVerfGE 45, 187 (223),
72, 105 (113, 115); wie in diesen argumentiert aber wiederum BVerfGE 115, 118 (153,
160) = DVBl. 2006, 433. Kritik an solcher »Verobjektivierung« des Würdearguments
im Prüfungsaufbau bei *Höfling*, in: Sachs, Art. 1 Rn. 5, Fn. 18, Rn. 22.

126   Ähnlich *Hillgruber*, in: Epping/Hillgruber, Art. 1 Rn. 1.1, 9; *Jarass*, in: Jarass/Pieroth,
Art. 1 Rn. 5.

127   Die These von dem in der Menschenwürde »verankerten«, also jedem Menschen als solchen zukommenden Anspruch auf freie und gleiche Teilhabe an der öffentlichen Gewalt
(o. Rdn. 27), zielt wohl – schon mit Blick auf die unabsehbaren, entdifferenzierenden
Folgen für die Staatsorganisation, vgl. Art. 28 Abs. 1 Satz 2 und 3 GG – von vornherein
nicht auf einen Rechtsanspruch; vgl. u. Rdn. 45.

128   Zur Beispielstechnik und der Argumentation »vom Verletzungsvorgang her« BVerfGE
109, 279 (311 f.) = DVBl. 2004, 557; BVerfG-K NJW 2009, 3089, 3090 = DVBl. 2009,
667 (LS.). In der Sache auch BVerfGE 30, 1 (25 f.) = DVBl. 1971, 49; BVerfGE 115,
118 (153) = DVBl. 2006, 433. Vgl. *Enders*, Die Menschenwürde in der Verfassungsordnung, S. 385; *Isensee*, in: HGR IV, 2011, § 87, Rn. 162. Ebenso in der Literatur etwa
Dürig, AöR 81 (1956), 117, 127; *Häberle*, Rechtstheorie 11 (1980), 389, 422; *ders.*, in:
HStR II³, § 22, Rn. 43, 58, 83; *Graf Vitzthum*, JZ 1985, 201, 202; *Heinig*, in: Bahr/Hei-
nig (Hrsg.), Menschenwürde in der säkularen Verfassungsordnung, S. 251, 281; *Höfling*,
in: Sachs, Art. 1 Rn. 14; *Hörnle*, ZRPh 2008, 41, 58; *Kunig*, in: v. Münch/Kunig I,
Art. 1, Rn. 22.

129   BVerfGE 109, 133 (152–156). Für einen wichtigen Beleg der Anerkennung des Grund-
rechtscharakters durch das BVerfG hält diese Entscheidung *Dederer*, JöR NF Bd. 57
(2009), 89, 91. Das trifft insofern zu, als es sich wohl um die einzige Entscheidung des
BVerfG zu einer eingriffsabwehrrechtlichen Konstellation handelt, in der die Menschenwürde in entscheidungstragender Funktion erscheint und gleichwohl als Grundrecht bezeichnet wird.

130   Vgl. diese Begriffswahl in BVerfGE 50, 256 (262).

gemeinen rechtsstaatlichen Grundsatz rechtlich begrenzter Freiheit legitimen Zweck (Vermeidung möglicher Schäden für die Allgemeinheit)[131]; mit Rücksicht auf diesen Zweck sei eine prognoseunabhängige Festlegung einer Höchstfrist des Vollzugs der Sicherungsverwahrung untunlich und ihr Fehlen deshalb keine Verletzung des Achtungsgebots; die Maßregel führe auch »nicht zwangsläufig zu irreparablen Schäden«, zumal sie durch Resozialisierungsangebote begleitet werde. Auf solche Angebote insbesondere kann der Täter indessen sicherlich um seiner Würde willen, rechtlich aber doch nur auf der Grundlage des allgemeinen Persönlichkeitsrechts Anspruch erheben[132].

b) Anwendungsfelder des Konstitutionsprinzips der Menschenwürde

aa) Die freiheitsverstärkende Wirkung des Konstitutionsprinzips

Die Perspektive des Würdesatzes bietet nicht nur Aufklärung über die Freiheits- und 40 Gleichheitsvorstellung des Grundgesetzes im Allgemeinen (Grundrechtsfunktionen; Grundrechtsträgerschaft; o. Rdn. 12 f.). Das mit diesem Satz aufgestellte Prinzip aller Rechtlichkeit leitet die Grundrechtsinterpretation in typischen Konfliktfällen an und konturiert und verstärkt so den Freiheitsschutz (o. Rdn. 11, 14). **Drei Anwendungsfelder** ein und desselben Gedankens der würdegebotenen Freiheitsverstärkung lassen sich nennen:

Die Menschenwürde wirkt in objektiv-grundsätzlich freiheitsverstärkender Weise, 41 wenn **Art. 1 GG »in Verbindung mit«** einem **Einzelgrundrecht** zum Tragen kommt. Denn der Achtungs- (und ggf. Schutz-)Anspruch ergibt sich aus dem Einzelgrundrecht, das die auch prozessual unverzichtbare subjektiv-rechtliche Basis allfälligen Rechtsschutzes darstellt.

Dieses Einzelgrundrecht wird aber aus der objektiv erkenntnisleitenden Perspektive 42 der Menschenwürde, deren Wahrung die Grundrechte sämtlich dienen (o. Rdn. 9, 11, 14), interpretiert[133], so dass seine Garantieerklärung vor »Unterkomplexität« und damit vor einer Absenkung unter unverzichtbare Mindeststandards der Selbstbestimmung im speziellen Normbereich immunisiert wird (o. Rdn. 10, 15)[134]. Über

---

131 Das Gericht verweist auf das »Menschenbild« des Grundgesetzes, vgl. BVerfGE 4, 7 (15 f.); daneben ist an BVerfGE 30, 1 (25 f., 26) = DVBl. 1971, 49 zu erinnern; vgl. *Enders*, Die Menschenwürde in der Verfassungsordnung, S. 158.

132 BVerfGE 98, 169 (199, 200), und zwar – in eingriffsabwehrrechtlicher Konstruktion – »bei ihn belastenden Maßnahmen«; *Kahl*, Die Schutzergänzungsfunktion von Art. 2 Abs. 1 Grundgesetz, 2000, S. 29 in Fn. 172.

133 Vgl. auch *Kahl*, Die Schutzergänzungsfunktion von Art. 2 Abs. 1 Grundgesetz, S. 6; *Heinig*, in: Bahr/Heinig (Hrsg.), Menschenwürde in der säkularen Verfassungsordnung, S. 251, 279.

134 Es überzeugt dagegen rechtsdogmatisch nicht, wenn würdebezogene und würdeverstärkte Rechtegarantien als Kombination der subjektiv-rechtlichen Einzelgewährleistung (vor allem des Art. 2 Abs. 1 GG) mit dem Basis-Grundrecht auf Menschenwürde konstruiert werden, *Herdegen*, in: Maunz/Dürig, Art. 1 Abs. 1 (2005) Rn. 26; *Calliess*, in: HGR II,

den Rekurs auf die Menschenwürde werden vor allem sonst vernachlässigte Aspekte der individuellen Persönlichkeitsentfaltung (Art. 2 Abs. 1 GG) kenntlich gemacht und unter grundrechtlichen Schutz (des allgemeinen Persönlichkeitsrechts, Art. 2 Abs. 1 i.V.m. Art. 1 Abs. 1 GG) gestellt[135]. Dadurch werden nach h.A. zugleich die Anforderungen an den eingriffsrechtfertigenden Zweck erhöht, die Bedeutung der Persönlichkeitsbelange für allfällige Abwägungen wird verstärkt[136].

43   Dasselbe Anliegen, den Grundrechtsschutz in Interpretation und Anwendung an seinen sinnstiftenden Ausgangs- und Bezugspunkt rückzubinden, verfolgt die Formulierung absoluter, unabdingbarer Befugnisschranken (d.h. Schranken-Schranken), die für das Eingriffshandeln des Gesetzgebers aus der Menschenwürde abgeleitet werden. In der Sache geht es darum, dass die Verpflichtung zur Achtung des Grundrechtsträgers in seiner Subjektstellung bei Überschreitung einer näher bezeichneten Grenze im konkreten Fall unterlaufen würde. Soweit die Menschenwürde nach Art. 1 GG dergestalt als **Schranken-Schranke gegen Übergriffe des Gesetzgebers** ins Feld geführt wird, ist auch dies Ausdruck ihrer objektiv-prinzipiellen (freiheitsverstärkenden) Wirkung. Die Entscheidungen zur lebenslangen Freiheitsstrafe und zum Abschuss von (durch Terroristen zweckentfremdeten) Verkehrsflugzeugen belegen dies anschaulich[137]. Der Gedanke lässt sich umkehren, wenn ein Mindestmaß an Schutz (vor Beeinträchtigung durch Dritte) rechtlich gefordert ist. Auch hier bezeichnet Art. 1 GG neben der Existenz einer staatlichen Schutzverpflichtung im allgemeinen gleichzeitig einen ununterschreitbaren Mindeststandard rechtlicher Anerkennung und daraus folgender Schutzmaßnahmen[138].

44   Aus dem Satz von der Menschenwürde abgeleitete (Schranken-)Schranken der Gesetzgebung richten sich, weil dieses Prinzip als solches unabänderlich gestellt ist, auch gegen allfällige (regelmäßig inzident zu prüfende[139]) **Verfassungsänderungen**. Diese sind an der Norm des Art. 79 Abs. 3 GG zu messen. Demgemäß wird Art. 1 (Abs. 1) GG vom BVerfG als einer der nach Art. 79 Abs. 3 GG unveränderlichen (objektiv-rechtlichen) Grundsätze mit Blick auf die Erfordernisse des jeweils ände-

---

§ 44, Rn. 23. Die Kombination zweier Anspruchsnormen kommt zu einer parallelen (konkurrierenden) Begründung des Anspruchs, führt indessen nicht zu der hier eigentlich gewollten, rechtlich einheitlichen Anspruchsgrundlage; vgl. auch *Hofmann*, AöR 133 (2008), 523, 537 f.; zum allgemeinen Persönlichkeitsrecht *Friedrich*, Grundrechtlicher Persönlichkeitsschutz und europäische Privatsphärengarantie, 2009, S. 33.

135   Vgl. etwa BVerfGE 54, 148 (153 ff.) = DVBl. 1980, 839 – Eppler; BVerfGE 101, 361 (380 ff.) = DVBl. 2000, 353 – Caroline; 120, 274 (303, 311 ff.) = DVBl. 2008, 582 – Computer-Online-Durchsuchung. Auf dieser normativen Basis begründet das BVerfG auch einen Anspruch auf Resozialisierung, BVerfGE 35, 202 (235 f.).

136   Dazu *Enders*, NJW 1989, 881; *Kahl*, Die Schutzergänzungsfunktion von Art. 2 Abs. 1 Grundgesetz, 2000, S. 7.

137   BVerfGE 45, 187 (223), auch 72, 105 (113, 115); BVerfGE 115, 118 (153, 160) = DVBl. 2006, 433.

138   Vgl. BVerfGE 88, 203 (251, 255) = DVBl. 1993, 801.

139   Vgl. BVerfGE 30, 1 (16 f.) = DVBl. 1971, 49 und u. Rdn. 120.

rungsbetroffenen Normbereichs in Bezug genommen[140], wie dies in den Entscheidungen zur Einschränkung des Brief-, Post- und Fernmeldegeheimnisses (Art. 10 GG) sowie der Unverletzlichkeit der Wohnung (Art. 13 GG) zu beobachten ist[141]. Der Würdesatz – im Lichte der mit ihm anerkannten Subjektstellung und der negatorischen Objektformel – konstituiert auf diese Weise als rechtlichen Mindeststandard einen verfassungsänderungsfesten »**Wesensgehalt der Wesensgehalte**«[142].

Die Beschränkung des Art. 1 Abs. 1 GG auf eine solche Grundsatzfunktion reißt dabei **keineswegs Rechtsschutzlücken** in das Konzept einer umfassenden Rechtsgarantie der Subjektstellung des Menschen, selbst wenn die von der Verfassung dem Einzelnen garantierte subjektive Rechtsposition durch Textänderung gänzlich beseitigt werden sollte[143]. Denn diese Veränderung einer verfassungsunmittelbaren (individuellen) Grundrechtsposition ist, da sie gerade Gegenstand der verfassungsrechtlichen Kontrolle ist, relativ zum unveränderten Recht zu beurteilen[144]. Das betroffene subjektive öffentliche Recht zielt insoweit (auch) darauf, dass jede – nach Art. 79 Abs. 1 und 2 GG zulässige – ausdrückliche Schmälerung der ursprünglich garantierten Berechtigung die Schranken-Schranken der Änderungsbefugnis wahrt, insbes. den Anforderungen des Art. 1 GG genügt. Eine verfassungswidrige Verfassungsänderung kommt hauptsächlich dann in Betracht, wenn die spezielle Gewährleistung nominell zwar erhalten bleibt und so die Anwendung der allgemeinen Freiheitsgarantie des Art. 2 Abs. 1 GG sperrt, in ihrem speziellen Normbereich aber infolge der Textänderung eine Unterschreitung des würdegebotenen Standards an Rechtlichkeit (dem ausführenden Gesetzgeber oder unmittelbar den Exekutivorganen) erlaubt.

---

140 BVerfGE 6, 32 (40).
141 BVerfGE 30, 1 (25) = DVBl. 1971, 49; BVerfGE 109, 279 (310, 311) = DVBl. 2004, 557; vgl. auch BVerfG v. 30.06.2009, Abs. Nr. 208.
142 Ähnlich *Schefer*, Die Kerngehalte von Grundrechten, S. 16 ff., 21: Art. 7 BV als »Auffangkerngehalt« der Schweizer Bundesverfassung; vgl. bereits *Wintrich*, Zur Problematik der Grundrechte, 1957, S. 29 f.
143 *Dreier*, in: Dreier I, Art. 1 I Rn. 126 (m. Nw.); dagegen *Cremer*, Freiheitsgrundrechte, S. 251 ff.; *Starck*, in: v. Mangoldt/Klein/Starck I, Art. 1 Rn. 28 ff., insbes. 31 f.
144 *Enders*, Die Menschenwürde in der Verfassungsordnung, S. 95. Ähnlich wie auch die Fortexistenz untergegangener Länder oder Gemeinden (d.h. ihre Partei-/Beteiligtenfähigkeit sowie Aktivlegitimation) im Prozess gegen den Auflösungsakt fingiert werden muss, BVerfGE 3, 267 (279 f.); BVerfGE 22, 221 (231); VGH B.-W. DÖV 1979, S. 605. Eine davon zu unterscheidende Frage geht dahin, ob direkt gegen das Änderungsgesetz Verfassungsbeschwerde erhoben werden kann, § 90 Abs. 1, Abs. 2 BVerfGG, was grundsätzlich nur bei gegenwärtiger, unmittelbarer Selbstbetroffenheit anzunehmen wäre und daher regelmäßig zu verneinen ist, BVerfGE 30, 1 (16 f.) = DVBl. 1971, 49; näher u. Rdn. 120. Zur Heimlichkeit auch BVerfGE 113, 348 (363 f.) = DVBl. 2005, 1192.

bb) Garantie der freien und gleichen (demokratischen) Teilhabe an der öffentlichen Gewalt und der materiellen Mindestvoraussetzungen selbstbestimmter Entfaltung

(1) Demokratische Teilhabe an der öffentlichen Gewalt

45   Zwar spricht das BVerfG davon, dass der Anspruch auf freie und gleiche Teilhabe an politischer Macht (Selbstbestimmung als Mitbestimmung) in der Würde des Menschen verankert sei (o. Rdn. 27)[145]. Das bedeutet aber offenkundig nicht, dass es von einem subjektiv-rechtlichen Charakter des Würdesatzes ausgeht, auf den sich im Widerspruch zur Volkssouveränität (und daraus abzuleitenden spezifischen Bürgerrechten) Partizipationsforderungen beliebiger Einzelner, etwa auch von Ausländern stützen könnten. Das erscheint schon mit Blick auf die unabsehbaren, entdifferenzierenden Folgen für die Staatsorganisation (vgl. Art. 28 Abs. 1 Satz 2 und 3 GG) ausgeschlossen. Demgemäß bezeichnet das BVerfG auch **nicht die Menschenwürde, sondern** ausdrücklich **das in Art. 38 Abs. 1 GG gewährleistete Wahlrecht** der deutschen Staatsbürger als den »wichtigste(n) vom Grundgesetz gewährleistete(n) Anspruch der Bürger auf demokratische Teilhabe«[146].

(2) Materielle Mindestvoraussetzungen selbstbestimmter Entfaltung

46   Anders stellt sich die Rolle des Art. 1 Abs. 1 GG mittlerweile dar, wenn es um die staatliche Gewährleistung tatsächlich gleicher Freiheitschancen geht, damit um eine Freiheitsverstärkung im weiteren Sinne. Denn ungeachtet der Verfassungsgarantie abstrakt gleicher rechtlicher Freiheit mag der Einzelne aus tatsächlichen Gründen (dauerhafter Krankheit, wirtschaftlicher Not, sozialer Benachteiligung etc.) nicht in der Lage sein, von seiner Freiheit wirklich Gebrauch zu machen und seine Rechtsstellung auch auszuüben (o. Rdn. 29). Die Grundsatzfrage, ob der Satz von der Menschenwürde unter diesen Umständen einen verfassungsunmittelbaren **Individualanspruch auf** eine vom Staat geschuldete **materielle Ermöglichung und Förderung selbstbestimmter Entfaltung** statuiert, hat das BVerfG mittlerweile bejaht (anders o. Rdn. 30). Nun fragt sich weiter, ob sich ein solches subjektives Recht auf die materiell unverzichtbaren, vom Staat als Gemeinwesen zu garantierenden Voraussetzungen der Freiheitsentfaltung, wie es durch Art. 1 GG in Verbindung mit dem Sozialstaatsprinzip rechtlich verbürgt werden soll, als funktionstüchtiger Bestandteil des Systems sozialer Sicherung erweist.

---

145 BVerfGE 123, 267 (341) = DVBl. 2009, 1032.

146 BVerfGE 123, 267 (340) = DVBl. 2009, 1032. Die »Verankerung« in Art. 1 Abs. 1 GG einerseits, Inkorporation in Art. 20 Abs. 1 und 2 GG andererseits, stärkt den Teilhabeanspruch als Position gegenüber Verfassungsänderungen bzw. -durchbrechungen (Art. 23 Abs. 1 Satz 3 GG), schränkt ihn aber gleichzeitig auf die Bürger als Träger der Volkssouveränität ein. Soweit es um die Frage der Ermächtigungskonformität von Eingriffen (zur Durchsetzung gemeinschaftsrechtlicher Maßgaben) geht, vgl. aaO, S. 341 f., 344, muss der begrenzte Anwendungsvorrang des europäischen Gemeinschaftsrechts aber keineswegs zwingend über das Wahlrecht thematisiert werden.

Häufig stehen allerdings die Fälle, in denen es auf die »Mindestvoraussetzungen für 47
ein menschenwürdiges Dasein« ankommt, in Beziehung zur Steuerleistungspflicht
des Einzelnen, von der nach ihrem legitimierenden Sinn und Zweck (Finanzierung
des Gemeinwesens, das umgekehrt die Einzelnen erhält) das Existenzminimum ausgenommen bleiben muss. Die Würde des Menschen schreibt dann in Verbindung
mit dem Sozialstaatsprinzip – konstruktiv nicht anders als in anderen Eingriffsfällen
– objektiv-rechtlich die absolute Legitimitätsgrenze des Eingriffs der Abgabenerhe-
bung fest[147]. Geht es demgegenüber um gesetzliche Leistungsansprüche (z.B. von
»erwerbsfähigen Hilfebedürftigen«, § 7 Abs. 1 SGB II, nach dem zweiten Kapitel des
SGB II), ist für den Anspruchsinhaber zunächst deren gerichtsförmige Durchsetzung
als einfach-rechtlich normierte Ansprüche von Interesse, die ihm die Verfassung ganz
unabhängig von einer materiell verfassungsrechtlichen Substanz infolge ihrer subjektiv-rechtlichen Ausgestaltung durch Art. 19 Abs. 4 GG garantiert[148]. Lange hat deswegen das BVerfG die Rede vom verfassungsrechtlichen Anspruch auf das Existenz-
minimum[149] vermieden und stattdessen objektivierend meist von der staatlichen
Pflicht zur Sicherstellung einer menschenwürdigen Existenz oder vom Gebot zum
Schutze der Menschenwürde[150] gesprochen, zuletzt, in seiner Entscheidung zum
Vertrag von Lissabon von der »Staatsaufgabe« der Existenzsicherung, die (auch) in
Art. 1 Abs. 1 GG gründe[151]. Diese Zurückhaltung hat das Gericht in seinem Hartz-
IV-Urteil vom 9. Februar 2010 aufgegeben und verkündet: »Das **Grundrecht auf
Gewährleistung eines menschenwürdigen Existenzminimums** aus Art. 1 Abs. 1 GG

---

147 Zum »Prinzip der Steuerfreiheit des Existenzminimums« zusammenfassend BVerfGE
   120, 125 (154 f.). In diesem abwehrrechtlichen Zusammenhang steht auch die häufig
   für einen aus Art. 1 GG abzuleitenden Individualanspruch auf (staatliche) Sicherstellung
   menschenwürdiger Existenz angeführte Entscheidung BVerfGE 82, 60 (85), vgl. *Dreier*,
   in Dreier I, Art. 1 I Rn. 155; denn der Kindergeldanspruch wird hier vom BVerfG verfassungsrechtlich im Lichte seiner abgabensystematischen Funktion beurteilt, die geminderte Leistungsfähigkeit von steuerpflichtigen Eltern ausreichend zu kompensieren,
   BVerfGE 82, 60 (84 f.). Abwehrrechtlich argumentieren auch die Entscheidung zur privaten Pflegeversicherung, in der die allgemeine staatliche Verantwortung für die Würde
   des Menschen lediglich die Legitimität des Eingriffszwecks belegt, BVerfGE 103, 197
   (221) = DVBl. 2001, 906, sowie die Entscheidung zur Leistungspflicht der gesetzlichen
   Krankenversicherung für »neue Behandlungsmethoden«, BVerfGE 115, 25 (41 ff., 45)
   = DVBl. 2006, 267, wo Art. 1 GG überhaupt nicht angesprochen wird und allenfalls
   stillschweigend über die staatliche Schutzpflicht für Leben und körperliche Gesundheit
   präsent ist. Dieser Analyse zustimmend *Cremer*, Freiheitsgrundrechte, S. 384, der gleichwohl aus Art. 1 GG einen Leistungsanspruch ableiten will, aaO, S. 254, 386 ff.
148 Vgl. BVerfG-K NVwZ 2005, 927.
149 Die Frage nach einem würdegestützten staatlichen Leistungsanspruch bleibt ausdrücklich
   offen in BVerfGE 75, 348 (360).
150 Vgl. BVerfG-K NVwZ 2005« 927, 928. Anders teils in der Begrifflichkeit, nicht aber in
   der Sache BVerfG-K DVBl. 2009, 533, wo das Gericht gleichfalls darauf abhebt, dass
   die »angegriffenen Entscheidungen … nicht dem Gebot effektiven Rechtsschutzes (genügen)«.
151 BVerfGE 123, 267 (363) = DVBl. 2009, 1032.

in Verbindung mit dem Sozialstaatsprinzip des Art. 20 Abs. 1 GG sichert jedem Hilfebedürftigen diejenigen materiellen Voraussetzungen zu, die für seine physische Existenz und für ein Mindestmaß an Teilhabe am gesellschaftlichen, kulturellen und politischen Leben unerlässlich sind«[152]. Welchen Gewinn diese starke subjektiv-rechtliche Fundierung der staatlichen Pflicht zu sozialer Fürsorge bringen könnte, hat das Gericht, nachdem es von Anfang an die Konkretisierung des Anspruchsumfangs und der Mittel zur Befriedigung der Bedarfe als – allerdings nicht freibleibende – Aufgabe des Gesetzgebers gesehen hatte[153], schon bald vorsichtiger beurteilt. Es kommt in seiner Entscheidung zum Asylbewerberleistungsgesetz zu Einsichten, die sich vor der Herleitung von Sozialleistungsansprüchen aus einem Grundrecht auf Menschenwürde von selbst zu verstehen schienen: Entgegen dem Eindruck, den der Rekurs auf einen absolut unverfügbaren Rechtsanspruch auf Gewährleistung des Existenzminimums vermittelt, schreibe »das Grundgesetz ... nicht vor, was, wie und wann genau im Gesetzgebungsverfahren zu begründen und zu berechnen ist. Es lässt Raum für Verhandlungen und für den politischen Kompromiss«[154]. Wird aber die Würde des Menschen zum Gegenstand von Verhandlungen und politischen Kompromissen erklärt, regrediert unter der Hand das absolute Grundrecht auf Menschenwürde wieder zur bloßen Staatszielbestimmung.

cc) Die Würde des Menschen als freiheitsbeschränkender Verpflichtungsgrund

48   Gelegentlich zeigt die Berufung auf die Menschenwürde auch umgekehrt die soziokulturell historische **Selbstverständlichkeit allgemeiner Freiheitsschranken** an, die der Anerkennung der Subjektstellung des Menschen und damit seiner gleichen rechtlichen Freiheit korrespondieren. Auch wenn aber die Rspr. das Würdeargument umkehrt und es gegen die individuelle Freiheit zur Beliebigkeit wendet, d.h. aus ihm Entfaltungsschranken ableitet, die zu beachten einem jeden der gehörige Respekt vor der Subjektqualität des Menschen gebietet[155], so erfüllt der Würdesatz doch wieder eine **objektiv-prinzipielle**, freiheitsinterpretierende **Funktion** und tritt nicht etwa als Grundlage gegenläufiger Rechte in Erscheinung. Er soll vielmehr allgemeingültigen Verhaltensregeln eine höhere Dignität verleihen, die im Lichte des hohen Rangs der Subjektstellung des Einzelnen sonst zweifelhaft erscheinen könnten. Das ändert

---

152 BVerfGE 125, 175 (LS 1; vgl. 222)= DVBl. 2010, 314; 132, 134.

153 BVerfGE 125, 175 (224)= DVBl. 2010, 314. Kritik am problematischen »Recht auf ein rationales Gesetzgebungsverfahren« bei *Nolte*, Der Staat 52 (2013), 245, 247, 251 f.; kritisch auch *Lang*, in: Epping/Hillgruber, Art. 2, Rn. 81: In der Umsetzung durch die Fachgerichte schaffe die Rspr. des BVerfGs mehr Probleme als sie löse.

154 BVerfGE 132, 134 (162).

155 BVerfGE 87, 209 (228); vgl. auch BVerwGE 64, 274 (279 f.) = DVBl. 1982, 651 – Peep-Show; BVerwGE 115, 189 (200) = DVBl. 2002, 495 – Laserdrome – und zu diesem Problemkomplex *Dreier*, Menschenwürde in der Rechtsprechung des Bundesverwaltungsgerichts, in: Schmidt-Aßmann u.a. (Hrsg.), Festgabe 50 Jahre Bundesverwaltungsgericht, 2003, S. 201, 217 ff. Ähnlich noch VG Neustadt a. d. Weinstraße, GewArch 1992, 296, 297 – »Zwergenweitwurf«.

nichts daran, dass solche »wesensmäßigen« Freiheitsschranken häufig hoch umstritten sind, wie die Debatten um die **Peep-Show-Entscheidung** des Bundesverwaltungsgerichts gezeigt haben[156] (näher u. Rdn. 57 ff.).

c) Die Menschenwürde als heuristisches Interpretationsprinzip

Vom rein objektiv-rechtlich wirkenden Konstitutionsprinzip Menschenwürde ist es   49
nicht weit zu der Überlegung, dass man dem Bekenntnis zur vorstaatlichen Würde
des Menschen (die sich darum staatlicher Reglementierung, auch Gewährleistung
entzieht, vgl. o. Rdn. 7) am besten gerecht wird, wenn man ihm eine lediglich heuristische Funktion als – insoweit verbindliche – Leitidee der Verfassungs-, insbes. der
Grundrechtsauslegung zubilligt. Von den Überforderungen des unmittelbar anzuwendenden, vollziehbaren Rechtssatzes wäre die Bekenntnisformel befreit und doch
würden aus ihr rechtliche Konsequenzen für Auslegung und Anwendung der Grundrechte (und von hier aus für die gesamte verfassungsmäßige Ordnung) folgen[157].
Strikte Verbindlichkeit kommt den so entwickelten Mindeststandards über die unmittelbar positiv-rechtliche verpflichtende (**Umschalt-**)**Norm des Art. 1 Abs. 3 GG**
zu, mit der die Gewährleistung rechtlich gleicher Freiheit dem Grunde nach als verfassungsänderungsfeste Mindestbedingung legitimen Staatshandelns ausgewiesen
wird. Die hiernach erzielten Ergebnisse werden kaum von denen der Lehre vom objektiv-rechtlichen Grundsatzcharakter abweichen, wenn diese sich streng an den Entscheidungsparametern orientiert, die mit der rechtlichen Anerkennung der Subjektstellung des Menschen einerseits, ihrer normativen (negatorischen) Umsetzung in
der Objektformel andererseits vorgegeben sind.

III. Schutz und Begrenzung der Selbstbestimmung im Lichte des Satzes von der Menschenwürde

1. Persönlichkeitsentfaltung als Selbstbestimmung im Bereich der rechtlich anerkannten Eigensphäre

a) Die »Sphärentheorie«

Wesentlich gestützt auf den Satz von der Würde des Menschen (in Verbindung mit   50
der Wesensgehaltsgarantie, Art. 19 Abs. 2 GG, und mit Art. 1 Abs. 3 GG) hat das
BVerfG frühzeitig seine »Sphärentheorie« der Persönlichkeitsentfaltung entwickelt.
Danach ist mit Art. 2 Abs. 1 GG nicht nur die allgemeine Handlungsfreiheit gewährleistet (Art. 2, Rdn. 20). Vielmehr ist mit Blick auf den würdegebotenen Mindeststandard rechtlicher Freiheit »dem einzelnen Bürger eine Sphäre privater Lebensgestaltung verfassungskräftig vorbehalten ..., (besteht) also ein letzter unantastbarer
Bereich menschlicher Freiheit ..., der der Einwirkung der gesamten öffentlichen Ge-

---

156 BVerwGE 64, 274 = DVBl. 1982, 651.
157 *Enders*, Die Menschenwürde in der Verfassungsordnung, S. 392 f., 422, 425 ff.; vgl. *Hillgruber*, in: Epping/Hillgruber, Art. 1 Rn. 1.1; ablehnend für die h.M. z.B. *Stern*, Staatsrecht IV/1, S. 60 f.

walt entzogen ist«[158]. Diese stark verräumlichende Freiheitsvorstellung, nach der sich um einen absolut geschützten **Kernbereich der Freiheit** eine **Sphäre des Sozialbezugs** anlagert[159], hat das BVerfG in späteren Entscheidungen fortgeschrieben[160], freilich auch dahingehend modifiziert, dass die »innere« Intim- und Privatsphäre persönlicher Entfaltung nicht zwingend räumlich festgelegt, vielmehr zugleich einer thematisch-gegenständlichen Bestimmung (i.S.v. unbefangenen Gefühlsäußerungen, Ausdrucksformen der Sexualität etc.) zugänglich ist[161].

b) **Das Paradigma freier Selbstbestimmung und das Allgemeine Persönlichkeitsrecht**

51   Schon diese Differenzierung deutet an, dass normativ maßgebliches Paradigma des Persönlichkeitsschutzes in Wahrheit nicht eine – ob räumlich oder thematisch-gegenständlich zu definierende – tatsächliche »Sphäre« der Privatheit und Abgeschiedenheit ist. Vielmehr ist mit der Subjektstellung des Menschen als Person seine **freie Selbstbestimmung** geschützt, d.h. die Möglichkeit beliebigen Verfügens über sämtliche Belange der Persönlichkeit im Bereich der rechtlich (im Rahmen der verfassungsmäßigen Ordnung, d.h. vor allem durch Vorschriften des Zivil- und Strafrechts, ggf. auch richterrechtlich) anerkannten Eigensphäre[162]. Andere können nur mit Einwilligung des Inhabers der Rechtssphäre (oder aufgrund eines besonderen Rechtfertigungsgrunds) über die ihr zugehörigen Interessen oder Güter verfügen (klassisch: §§ 22, 23 KUG)[163]. Aus dem Gedanken freier Selbstbestimmung folgt damit aber auch, dass gerade die **Möglichkeit des Freiheitsverzichts** – nicht nur im

---

158 BVerfGE 6, 32 (41); etwa noch BVerfGE 120, 274 (335) = DVBl. 2008, 582.

159 Vgl. z.B. noch BVerfGE 6, 389 (433): »Grundsätzlich gibt schon die Berührung mit der Persönlichkeitssphäre eines andern Menschen einer Handlung den Bezug auf das Soziale, der sie dem Recht zugänglich macht […] die Zulässigkeit eines Eingriffs hängt davon ab, ob der ›Sozialbezug‹ der Handlung intensiv genug ist«; ferner etwa BVerfGE 32, 373 (380 f.) = DVBl. 1972, 383; 35, 202 (220); 80, 367 (374) = DVBl. 1990, 220; 109, 279 (319) = DVBl. 2004, 557; 113, 348 (390 f.) = DVBl. 2005, 1192; vgl. z.B. auch BGHSt 50, 206. Zur Übertragung dieser Sphärenvorstellung auf andere Freiheitsgarantien in BVerfGE 7, 377 = DVBl. 1958, 500; 30, 173.

160 BVerfGE 27, 1 (6) = DVBl. 1969, 739; 32, 373 (378 f.) = DVBl. 1972, 383; 34, 238 (245) = DVBl. 1973, 359; 80, 367 (373 f.) = DVBl. 1990, 220; 109, 279 (313 f., in Bezug auf die Unverletzlichkeit der Wohnung) = DVBl. 2004, 557; 113, 348 (390 f. – Telekommunikation) = DVBl. 2005, 1192; bestätigend nochmals BVerfGE 120, 274 (335) = DVBl. 2008, 582.

161 BVerfGE 101, 361 (382) = DVBl. 2000, 353; 120, 274 (311) = DVBl. 2008, 582; 120, 180 (199); *Kahl*, Die Schutzergänzungsfunktion von Art. 2 Abs. 1 Grundgesetz, S. 9.

162 Vgl. z.B. den Verweis auf § 300 StGB a.F. (vgl. § 203 StGB n.F.) in BVerfGE 32, 373 (382) = DVBl. 1972, 383, auf §§ 298, 353d StGB a.F. (vgl. § 201 StGB n.F.) in BVerfGE 34, 238 (247) = DVBl. 1973, 359.

163 Vgl. neben BVerfGE 34, 238 (246) = DVBl. 1973, 359 etwa noch die Definition in BVerfGE 124, 43 (58) = DVBl. 2009, 1122 (LS.): »Kenntnisnahme … ohne Einwilligung« (zu Art. 10 GG).

Rahmen der Privatautonomie des bürgerlichen Rechts[164] – konstituierender Bestandteil der Subjektstellung des Menschen ist, wie sie Art. 1 Abs. 1 GG anerkennt. Dabei wird zwar nicht auf die Grundrechtsgewährleistung als solche verzichtet, was unmöglich ist, wohl aber auf die Ausübung des Grundrechts[165].

Dass dieses aus Art. 1 GG abzuleitende **Paradigma individueller Selbstbestimmung** 52
und die mit ihm verbundene Freiheit zum Verzicht die Rechtsordnung durchgängig beherrscht, macht exemplarisch die Lehre vom medizinisch indizierten, gleichwohl ohne Einwilligung rechtswidrigen **Heileingriff** in die körperliche Integrität (Art. 2 Abs. 2 S. 1 GG) deutlich[166]. Von selbst versteht sich, dass eine wirksame Verfügung über die persönlichen Belange der rechtlich anerkannten Eigensphäre (etwa: durch Einwilligung in einen Heileingriff) das Wissen um die maßgeblichen Umstände des Verzichts auf die Unversehrtheit der Rechtssphäre voraussetzt (also z.b. eine gehörige Aufklärung über die Risiken der medizinischen Heilbehandlung). Im Übrigen ist der unter solchen Bedingungen (z.b. in einer **Patientenverfügung**) geäußerte Wille aber verbindlich und geht einem mutmaßlichen Willen (vgl. z.B. § 40 Abs. 4 Nr. 3 Satz 2, § 41 Abs. 3 Nr. 2 Satz 2 AMG) oder dem wohlverstandenen Eigeninteresse vor[167]. Selbst die **Beihilfe zum** »**Selbstmord**« ist nach diesem aus der Menschenwürde abzuleitenden Paradigma der Selbstbestimmung – da sie dem Willen des zur Selbsttötung Entschlossenen entspricht – kein verbotener Einbruch in eine fremde Eigenrechtssphäre und rechtlich geschützt. Wenn demgegenüber die **Tötung auf Verlangen** strafbar ist (§ 216 StGB), hat dies wohl außerhalb der Menschenwürde, nämlich im Allgemeininteresse (Sittengesetz; Missbrauchsgefahren, vgl. u. Rdn. 54 ff.) liegende Gründe[168].

Dieses Recht der Bestimmung über sich selbst findet nach der Rspr. des BVerfG eine 53
eigenständige **grundrechtliche Anerkennung im allgemeinen Persönlichkeitsrecht**,
Art. 2 Abs. 1 GG i.V.m. Art. 1 Abs. 1 GG, und kennt insoweit je nach Gefährdungs-

---

164 Vgl. BVerfGE 95, 267 (306); 114, 1 (34) = DVBl. 2005, 1274.

165 Vgl. BVerfGE 128, 282 (304); *Huber*, in: HGR II, § 49, Rn. 65 ff.; *Masing*, in: Hoffmann-Riem/Schmidt-Aßmann/Voßkuhle (Hrsg.), Grundlagen des Verwaltungsrechts, Bd. I, § 7, Rn. 42; vgl. auch *Martens*, in: Drews/Wacke/Vogel/Martens, Gefahrenabwehr, 9. Aufl. 1986, S. 257. Zur Unmöglichkeit vollständigen Verzichts auf die rechtliche Anerkennung der Persönlichkeit auch BGHZ 143, 214 (220).

166 BGHZ 106, 391 (397); vgl. BGHZ 154, 205 (215, 217, 223, 224, 227); BVerfGE 128, 282 (300 ff.) und 133, 112 zur Zwangsbehandlung Untergebrachter. Zum ärztlichen Heileingriff *Kühl*, in: Lackner/Kühl, § 223, Rn. 8, § 228, Rn. 14.

167 Im Ansatz zutreffend BGHZ 154, 205 (217 f., 223), im Anschluss an BGH NJW 1995, 204. Zusammenfassend *Enders*, in: FS Schlink, 2014, S. 291 ff. zur Beschneidung des männlichen Kindes nach § 1631d BGB.

168 Vgl. EGMR NJW 2002, 2851 – Pretty ./. Vereinigtes Königreich; anders *Hillgruber*, in: Epping/Hillgruber, Art. 1 Rn. 19; auch *Herdegen*, in: Maunz/Dürig, Art. 1 Abs. 1 (2005) Rn. 85. Zum Ganzen *Kühl*, in: Lackner/Kühl, § 216 Rn. 1.

situation und vorbehaltlich eines vorrangigen Schutzes durch spezielle Garantien[169] **verschiedene Ausprägungen**: etwa das Recht am eigenen Wort[170] und am eigenen Bild[171], das Recht auf Selbstdarstellung im Sinne eines Verfälschungsschutzes[172], das Recht auf informationelle Selbstbestimmung[173] und schließlich das Recht auf Gewährleistung der Vertraulichkeit und Integrität informationstechnischer Systeme[174]. Das zeigt: Der rechtliche Schutz der Persönlichkeit (auch der Privatheit) durch das allgemeine Persönlichkeitsrecht ist unter Verabschiedung des überkommen, räumlich oder thematisch-gegenständlich konzipierten Sphärengedankens am Paradigma freier Selbstbestimmung zu orientieren und von hier aus als **Schutz der Integrität der persönlichen Rechtssphäre** fortzuentwickeln. Deswegen spricht mit Blick auf Art. 1 GG viel dafür, die Verfügung über die persönliche (rechtlich geschützte) Eigensphäre im Sinne eines Rechtsverzichts als Ausdruck der Selbstbestimmung in dieser Garantie verankert zu sehen und nicht etwa in einer »negativen Seite« spezieller Grundrechtsgewährleistungen[175].

2. Äußere Grenzen der Selbstbestimmung und Fälle erlaubter Fremdbestimmung im wohlverstandenen Eigeninteresse

54 Die in letzter Instanz aus Art. 1 GG abzuleitende Befähigung und Befugnis des Einzelnen zu freier Selbstbestimmung ist durch die Grundrechte nicht schrankenlos gewährleistet. Das Menschenbild des Grundgesetzes ist »nicht das eines isolierten souveränen Individuums; das Grundgesetz hat vielmehr die Spannung Individuum – Gemeinschaft im Sinne der Gemeinschaftsbezogenheit und Gemeinschaftsgebun-

---

169 Vgl. BVerfGE 120, 274 (306 ff.) = DVBl. 2008, 582; BVerfGE 124, 43 (56 f., 60, 69 f.) = DVBl. 2009, 1122 (LS.) jeweils zu Art. 10 und 13 GG.

170 BVerfGE 34, 238 (246) = DVBl. 1973, 359.

171 BVerfGE 35, 202 (219 f.); 101, 361 (381) = DVBl. 2000, 353; 120, 180 (198).

172 Bereits BVerfGE 32, 373 (380, 381) = DVBl. 1972, 383 betont, dass »ganz allgemein der Wille (!) des Einzelnen Achtung (verdiene), höchstpersönliche Dinge [...] vor fremdem Einblick zu bewahren«, weshalb eine Beschlagnahme von ärztlichen Karteikarten ohne oder gegen den Willen des Betroffenen in aller Regel eine Grundrechtsverletzung darstelle. BVerfGE 34, 269 (282 f.) = DVBl. 1973, 784 macht deutlich, dass es rechtlich darum geht, dass ein jeder selbst darüber zu befinden hat, ob und in welcher Weise Vorgänge des (rechtlich geschützten) Privatlebens an die Öffentlichkeit gelangen. Zu dem »dem Schutz der Persönlichkeit zugrunde liegenden Gedanken der Selbstbestimmung« mit Blick auf den sozialen Geltungsanspruch dann vor allem BVerfGE 54, 143 (155); *Pieroth/Schlink,* Staatsrecht II, Rn. 397 f. Präzisierend nochmals BVerfGE 101, 361 (380) = DVBl. 2000, 353: Es gibt in einer freiheitlichen Gesellschaft selbstverständlich keinen Anspruch des Einzelnen, so dargestellt zu werden, wie er sich selber sieht oder gesehen werden möchte. Nur Bloßstellung, Verzerrung, Herabsetzung sind untersagt, zusammenfassend BVerfGE 99, 185 (196 f.); *Enders,* in: HGR IV, 2011, § 89, Rn. 30 f.

173 BVerfGE 65, 1 (43) = DVBl. 1984, 128; vgl. BVerfGE 120, 274 (311 f.) = DVBl. 2008, 582.

174 BVerfGE 120, 274 (302, 313) = DVBl. 2008, 582.

175 Vgl. *Hellermann,* Die sogenannte negative Seite der Freiheitsrechte, 1993.

denheit der Person entschieden …«[176]. Die umfassende, tatbestandlich unbegrenzte Gewährleistung der Persönlichkeitsentfaltung (Art. 2 Abs. 1 GG, s. Art. 2 Rdn. 21 f.), ist deshalb, auch in Gestalt des allgemeinen Persönlichkeitsrechts (i.V.m. Art. 1 GG), ausdrücklich unter **Schrankenvorbehalt** gestellt. Aus dem Paradigma freier Selbstbestimmung folgt aber, dass Rechtsschranken sich nicht mit der unerwünschten inneren Einstellung oder einer moralisch fragwürdigen Lebensführung der Bürger legitimieren lassen. Vielmehr kann es nur darum gehen, der gebotenen Rücksicht auf die – gesetzlich hinreichend präzise definierten – Belange Dritter und der Allgemeinheit durch rein äußere Verhaltensschranken Geltung zu verschaffen[177].

Es gibt jedoch eine Reihe von Fällen, in denen traditionell Fremdbestimmung erlaubt oder vorgesehen ist, die aber nicht als solche wahrgenommen wird, weil es der fremdbestimmten Person (aktuell oder dauerhaft) an der vollen Fähigkeit zur Selbstbestimmung mangelt. An ihrer Stelle entscheidet der gesetzliche Vertreter, ggf. der Staat. So verhält es sich etwa mit der fehlenden oder beschränkten Geschäftsfähigkeit Minderjähriger (§§ 104 ff., §§ 1626, 1629 BGB) oder der »natürlichen« Geschäftsunfähigkeit (infolge einer Geistesstörung, § 104 Nr. 1, §§ 1896 ff. BGB), so verhält es sich auch, wenn sich eine Person »sonst in hilfloser Lage befindet« und darum nach Polizeirecht zu ihrem Schutz in Gewahrsam genommen werden darf (vgl. z.B. § 13 Abs. 1 Nr. 1 ME PolG). Der moderne Rechtsstaat reagiert mit derartigen Relativierungen des Selbstbestimmungsrechts darauf, dass die dem Menschen mit Art. 1 GG uneingeschränkt zuerkannte Befähigung und Befugnis zur Selbstbestimmung, die ihren allgemeinen Niederschlag in der Rechtsfähigkeit der natürlichen Person (d.h. als Rechtssubjekt) findet (vgl. § 1 BGB), eine Fiktion darstellt, die von den biologischen und sozialen Rahmenbedingungen menschlicher Existenz abstrahiert und an die Lebenswirklichkeit **im wohlverstandenen Eigeninteresse** des Einzelnen und damit zugleich im Gemeininteresse angepasst werden muss. Trägt die Rechtsordnung Mängeln der Selbstbestimmung durch Vertretungslösungen Rechnung, wie dies z.B. auch im Arzneimittel- und Transplantationsgesetz geschieht (§ 40 Abs. 4 Nr. 3 Satz 1 u. 2, § 41 Abs. 3 Nr. 2 AMG; § 8a Satz 1 Nr. 4, § 8c Abs. 2, Abs. 3 TPG), bricht sie also nicht mit dem paradigmatischen Prinzip der Selbstbestimmung.

3. Grenzen einer im wohlverstandenen Eigeninteresse zulässigen Fremdbestimmung

Die Grenzen einer im wohlverstandenen Eigeninteresse zulässigen Fremdbestimmung sind begrifflich einfach zu ziehen: Die unzulässige Fremdbestimmung beginnt

---

176 BVerfGE 4, 7 (15 f.), std. Rspr., vgl. etwa noch BVerfGE 109, 133 (151). Vgl. BVerfGE 77, 240 (253) = DVBl. 1988, 146 dazu, dass auch vorbehaltlos gewährleistete grundrechtliche Freiheit – als »logische Folge eines geordneten menschlichen Zusammenlebens« – nicht schrankenlos sein kann.
177 Vgl. BVerfGE 107, 275 (281) = DVBl. 2003, 681; 111, 147 (156) = DVBl. 2004, 1230; 124, 300 (322 f., 332) = DVBl. 2010, 41 jeweils mit Blick auf die Meinungsfreiheit.

dort, wo nicht mehr auf Mängel der Selbstbestimmungsfähigkeit reagiert, die Freiwilligkeit des Rechtsverzichts sichergestellt oder sonst allfälligen Missbrauchsgefahren vorgebeugt, sondern eine paternalistische Fürsorge im Namen »eigentlicher« Freiheit und höherer Wahrheit betrieben wird. Der Staat ist aber keine Besserungsanstalt[178].

57 In der Rechtswirklichkeit sind diese Konstellationen zwar nicht immer eindeutig zu identifizieren. Die Argumentation mit der Menschenwürde ersetzt jedoch in keinem Fall die gebotene Orientierung am Rechtsgüterschutz, ist vielmehr geeignet das Begründungserfordernis vor allem in Fällen des freiwilligen Freiheitsverzichts zu unterlaufen[179]. Ist die Fähigkeit zur Selbstbestimmung gegeben, folgt daraus ohne weiteres auch die grundsätzliche rechtliche Befugnis, Gefährdungen oder Einschränkungen der Eigensphäre in Kauf zu nehmen und auf eine Behauptung der betroffenen Belange zu verzichten (o. Rdn. 51). Der »**Schutz vor sich selbst**« ist kein anerkannter Rechtfertigungszweck staatlicher Eingriffe. Diese müssen mit Argumenten begründet werden, die außerhalb der Rechtssphäre des Verfügungsberechtigten liegen. Das Bundesverfassungsgericht hat darum die **Helm- oder Gurtpflicht im Straßenverkehr** nicht mit dem Schutz des Pflichtadressaten vor sich selbst, sondern mit vitalen Interessen anderer Verkehrsteilnehmer und mit der Vermeidung von Folgelasten für die Allgemeinheit begründet[180]. Dass das BVerfG die Beschränkung der **Lebendorganspende** auf verwandtschaftliche (und ähnliche) Näheverhältnisse durch § 8 Abs. 1 Satz 2 TPG mit der Begründung gerechtfertigt hat, es könne dem Bild des Grundgesetzes von der Würde und Selbstbestimmung des Menschen widersprechen, die individuelle Entscheidung über die Organspende kommerziellen Zwängen auszusetzen, müsste also verfassungsrechtlich auf Bedenken stoßen, solange nicht weitere Gründe das Verbot tragen[181]. Solche Gründe können aber im Schutz vor Missbrauchsgefahren und des Vertrauens in die Transplantationsmedizin gesehen werden, dem insbes. das **Verbot des Organhandels** (§§ 17, 18 TPG) Rechnung trägt.

58 Wenn dennoch immer wieder und vermehrt auf die Menschenwürde (teils durch die Rspr., teils sogar vom Gesetzgeber) zur Begründung von Freiheitsschranken rekurriert und damit eine gewisse Selbstverständlichkeit solcher Limitierung suggeriert wird, äußert sich darin das **Bedürfnis nach grundlegenden sozial-ethischen Wertvorstellungen**, die das Zusammenleben in der staatlichen Gemeinschaft jenseits eines unmittelbar sachbezogenen Rechtsgüterschutzes strukturieren und steuern und

---

178 BVerfGE 22, 180 (219 f.); 128, 282 (304). *Enders*, VVDStRL 64 (2005), 7, 43 f. m. Fn. 142.

179 Vgl. *Dreier*, in: Dreier I, Art. 1 I Rn. 149 ff.; *Hillgruber*, in: Epping/Hillgruber, Art. 1 Rn. 48, 48.1; *Kube*, in: HStR VII³, 2009, § 148, Rn. 132; bereits *Martens*, in: Drews/Wacke/Vogel/Martens, Gefahrenabwehr, 9. Aufl. 1986, S. 231, 257.

180 BVerfGE 59, 275 (278 f.); BVerfGK NJW 1987, 180 – Abwendung weiteren Schadens (für Dritte), nachteiliger Folgen für die Allgemeinheit (Einsatz von Rettungsdiensten, ärztliche Versorgung, etc.).

181 Vgl. BVerfG-K NJW 1999, 3399, 3403; vgl. *Kühl*, in: Lackner/Kühl, § 228, Rn. 23.

dem Einzelnen Orientierung vermitteln. Es geht also in Wahrheit um die **Freiheitsschranke des Sittengesetzes** (Art. 2 Abs. 1 GG) – sei es in ihrer generalklauselartigen Ausprägung (etwa der »guten Sitten« im bürgerlichen Recht und im Gewerberecht oder der öffentlichen Ordnung des Polizei- und Ordnungsrechts)[182], sei es als selten ausdrücklich genannter (vgl. aber § 228 StGB), jedoch sachlich jedenfalls ergänzend tragender Rechtfertigungsgrund einer spezialgesetzlichen Verbotsnorm (z.B. § 168 StGB – Störung der Totenruhe, § 172 StGB – Verbot der Vielehe, § 173 StGB – Inzestverbot)[183]. Auf die Menschenwürde kann sich die Herleitung allgemeinverbindlicher sozial-ethischer Wertvorstellungen aber schon deshalb nicht berufen, weil ein solches Bemühen sich in Widerspruch zum ausdrücklich erklärten Willen des Verfassungsgebers setzt und auf einen Zirkelschluss hinausläuft: Die These von der Subjektstellung des Menschen, aus der seine Rechtsfähigkeit als Basis rechtlich gesicherter Selbstbestimmung folgt, ist mit dem Bekenntnis zur Menschenwürde Art. 1 Abs. 1 GG unwandelbar festgeschrieben[184]. Mit der Implementierung ungeschriebener Verhaltensregeln in die Freiheitsordnung des Grundgesetzes ist demgegenüber die wichtige Ergänzungsfunktion anerkannt, die sozio-kulturell tradierten, zugleich dem steten Wandel unterworfenen sozial-ethischen Wertanschauungen als Quelle von Verhaltensnormen zukommt[185]. Diese Absicht des Verfassungsgebers, innerhalb des festen Verfassungsrahmens den kontinuierlichen Wandel der Verhaltensmaßstäbe zuzulassen, ihn fruchtbar zu machen für das Rechtsleben, würde konterkariert, wollte man die vor- und außerrechtlichen Verhaltensmaßstäbe des Sittengesetzes (der guten Sitten, der öffentlichen Ordnung) in einem zirkulären Begründungsgang wieder

---

182 Dazu vor allem *Kahl*, in: FS D. Merten, 2007, S. 57, 64; vgl. BVerfGE 111, 147 (155 f.) = DVBl. 2004, 1230.

183 Zu dieser Funktion des Sittengesetzes in Art. 2 Abs. 1 GG mit Blick auf das heute aufgehobene Verbot der gleichgeschlechtlichen Unzucht zwischen Männern, § 175 StGB, BVerfGE 6, 389 (434): Das Sittengesetz diene der Gesetzgebung »zum Richtmaß [...], insofern es einen sonst unzulässigen oder doch in seiner Zulässigkeit zweifelhaften Eingriff des Gesetzgebers in die menschliche Freiheit legitimieren kann«. Ob die Berufung auf das Sittengesetz wirklich trägt, ist eine andere Frage.

184 Missverständlich BVerfGE 45, 187 (229); 96, 375 (399 f.); Versuch der Klarstellung bei *Kersten*, Das Klonen von Menschen, S. 473; bezogen auf ein vor- und überkonstitutionelles Prinzip der Menschenwürde *Schefer*, Die Kerngehalte von Grundrechten, S. 119 f., 140.

185 Vgl. *v. Mangoldt*, 23. Sitzung des Grundsatzausschusses des Parlamentarischen Rats, in: Der Parl. Rat, 1948–1949, Akten und Protokolle, Dt. Bundestag und Bundesarchiv (Hrsg.), Bd. 5/II, 1993, (Parl. Rat 5/II, 23. Sitzung), S. 607: »Legt man das Gesetz nur nach seinem Wortlaut aus, so kommt man [...] zu einer rein positivistischen Auslegung«. Zu Existenz und Funktion einer – unabhängig von der Menschenwürde bestehenden – wandelbaren Sozialmoral *Enders*, Die Menschenwürde in der Verfassungsordnung, S. 471; zum Schutz durch die allgemeine Freiheitsschranke des Sittengesetzes, *Lege*, JURA 2002, 753, 760 f.

unmittelbar aus der Verfassung und namentlich aus ihrem unwandelbaren Bekenntnis zur Menschenwürde ableiten[186].

59   Zwar bleibt es deshalb beim Vorrang der geschriebenen Verfassung. Vor allem gehen spezielle Grundrechtsgarantien der allgemeinen Freiheitsschranke des Sittengesetzes vor. Sozial-ethische Verhaltensnormen sind daher von Fall zu Fall auf ihre Verträglichkeit mit spezifischen Freiheitsprivilegierungen zu prüfen[187]. Auch dürfen die Wertentscheidungen des Gesetzgebers nicht unterlaufen werden. Im Übrigen verlangt aber der Verweis auf die ungeschriebenen, in der gesellschaftlichen Praxis tradierten und mit ihr sich wandelnden Maßstäbe des Sittengesetzes, dass die tatsächlich vorherrschenden sozial-ethischen Überzeugungen, die Anstandsmaximen der »billig und gerecht Denkenden«[188] empirisch erhoben werden[189]. Einschränkend gebietet dabei eine der Würde des Menschen und damit dem Paradigma der Selbstbestimmung verpflichtete Auffassung, dass auch das Sittengesetz dem allgemeinen Prinzip genügt, dass das Recht nicht unmittelbar auf die innere Einstellung der Bürger durchgreift, um sie zum »Gutmenschentum« zu erziehen, dass es statt dessen äußere Freiheitsschranken im Interesse des Rechtsgüterschutzes errichtet (o. Rdn. 56 f.). Die Normen des Sittengesetzes erfassen in dieser vom Paradigma der Selbstbestimmung gebotenen Perspektive nur ein Verhalten, das die Eigensphäre zum Nachteil Anderer und ohne deren Einwilligung spürbar überschreitet[190].

60   Von daher begegnet es Bedenken, wenn nach der Rspr. des BVerfG und ihm folgend der Verwaltungsgerichte bereits »eine menschenverachtende Darstellung rein fiktiver Vorgänge« (**Gewaltvideos**), auch das spielerische Nacherleben menschenverachtenden Verhaltens (**Laserdrome; Paint-Ball-Spiele**), »das Gebot zur Achtung der Würde des Menschen verletzen« soll, obwohl in Anbetracht der Einwilligung aller Beteiligten die Eigensphäre nicht in rechtlich relevanter Weise überschritten wird[191]. Verbotsgrund ist allein, dass solche Darstellungen oder Spiele die geistige »Vorstellung von der Verfügbarkeit des Menschen als bloßes Objekt« vermitteln, um dadurch eine »Einstellung zu erzeugen oder zu verstärken, die den fundamentalen Wert- und Ach-

---

186   So aber BVerwGE 64, 274 = DVBl. 1982, 651; 64, 280 (283) = DVBl. 1982, 908; 115, 189 (198 ff.) = DVBl. 2002, 495; im Ausgangspunkt auch *Kahl*, in: FS D. Merten, 2007, S. 57, 65, 70. Dagegen zutreffend *Martens*, in: Drews/Wacke/Vogel/Martens, Gefahrenabwehr, 9. Aufl. 1986, S. 257.

187   *Martens*, in: Drews/Wacke/Vogel/Martens, Gefahrenabwehr, 9. Aufl. 1986, S. 247, 252.

188   Vgl. etwa RGZ 80, 221; BGHZ 10, 228 (232); BGHSt 49, 34 (41).

189   Drews/Wacke/Vogel/Martens, Gefahrenabwehr, 9. Aufl. 1986, S. 250; BVerwGE 84, 314 (318 f.).

190   BVerwGE 49, 160 (162 ff.); BVerwG NVwZ 2003, 603 (604) = DVBl. 2003, 741; VG Berlin NJW 2001, 983 (984); BVerfG-K NVwZ 2009, 905, 906 f. Wie hier *Kahl*, in: FS D. Merten, 2007, S. 57, 72. Vgl. auch *Hillgruber*, Der Schutz des Menschen vor sich selbst, 1992, S. 104 ff.

191   Das gilt ebenso für die **Peep-Show-Entscheidung**, BVerwGE 64, 274 = DVBl. 1982, 651; hierzu *Martens*, Drews/Wacke/Vogel/Martens, Gefahrenabwehr, 9. Aufl. 1986, S. 257.

tungsanspruch leugnet, der jedem Menschen zukommt«[192]. Zwar ist eine solche Einstellung sicher abzulehnen. Aber es bleibt doch dabei, dass es sich um eine (innere) Einstellung handelt, auf die der Staat aus Respekt vor der Selbstbestimmung (außerhalb des Jugendschutzes, vgl. auch Art. 5 Abs. 2 GG[193], o. Rdn. 59) auch zur Rettung der Menschlichkeit nicht durchgreifen darf (wie er ja auch bei mancherlei Sportarten – etwa Boxen, Fechten – oder Computerspielen, deren Prinzip mehr oder weniger vergeistigt in der Verfügung über die körperliche Integrität besteht, aus guten Gründen auf Verbote verzichtet).

IV. Absolute Grenzen der Fremdbestimmung (Mindeststandards der Rechtlichkeit)

1. Das Instrumentalisierungsverbot als Verbot »verächtlicher Behandlung«

Ungeachtet der Kritik, die vielfach an dem aus Art. 1 GG gewonnenen Instrumenta-   61
lisierungsverbot geübt wird (o. Rdn. 31 f.), bietet es doch, ohne deswegen Begründungsaufwand zu ersparen, eine verlässliche Grundlage, um Verstöße gegen rechtliche Mindeststandards – im Lichte der dem Instrumentalisierungsverbot zugrunde liegenden verfassungsrechtlichen Anerkennung der Rechtssubjektivität des Menschen – zu identifizieren. Folgt man dem Gedankengang des BVerfG in der Entscheidung zum Abschuss terroristisch missbrauchter Passagierflugzeuge, so wird der Mensch zum bloßen Objekt und seine Subjektqualität grundsätzlich in Frage gestellt, wenn sein »Status als Rechtssubjekt« missachtet wird. Das ist – wie dargelegt (o. Rdn. 33) – der Fall, wenn zu Lasten der Eigenständigkeit der Person die Gegenseitigkeit der Rechte und Pflichten entfällt, wenn demzufolge der Einzelne also nicht mehr als (mögliches) Glied eines Rechtsverhältnisses wechselseitig gleicher Rechte und Pflichten erscheint. Dann fehlt der zwangsweise auferlegten Belastung (Handlungs-, Duldungs- oder Unterlassungspflicht) der rechtfertigende Grund, sie stellt sich als rechtlich ungebundene (insofern willkürliche), rein heteronome Fremdverfügung über den Adressaten dar und ist, »Ausdruck der Verachtung des Wertes, der jedem Menschen kraft seines Personseins zukommt«, kurz: eine »verächtliche Behandlung«[194].

Damit erhellt sich auch der Sinn des auf den ersten Blick unklaren und darum vielgescholtenen Kriteriums der »**Verächtlichkeit**« einer (willkürlichen) **Behandlung**, in dem keineswegs eine irreführende und verharmlosende Psychologisierung des Problems zum Ausdruck kommt: Weil die unantastbare Würde des Menschen auch durch grausamste Maßnahmen der Verfolgung, Erniedrigung, Unterdrückung nicht verloren geht, vielmehr ungeschmälert den Grund seines rechtlichen Respektsan-

---

192 BVerfGE 87, 209 (228) – Gewaltvideo (§ 131 StGB); zu spielerischen Tötungssimulationen BVerwGE 115, 189 (199) = DVBl. 2002, 495: Anders VG Dresden NVwZ-RR 2003, S. 848 – Paintball-Spiel.
193 Vgl. BVerfGE 83, 130 (139 ff.) = DVBl. 1991, 261; 102, 347 (364) = DVBl. 2001, 553.
194 BVerfGE 30, 1 (26) = DVBl. 1971, 49; vgl. BVerfGE 109, 279 (313) = DVBl. 2004, 557.

spruchs bildet[195], sind durch Art. 1 GG nicht in erster Linie bestimmte Eingriffs-intensitätsgrade und Resultate staatlichen Handelns verboten. **Verboten sind** vielmehr **Zwecksetzungen**, die sich von rechtlicher Bindung (damit: der Rechtfertigungspflicht) lossagen oder sonst eine »Geringschätzung der menschlichen Person und ihrer Würde« erkennen lassen[196], weil sie darauf abzielen, die Subjektstellung des Menschen zu unterlaufen[197], wie sie durch Art. 1 GG rechtlich anerkannt und in der Rechtsordnung durch Rechtsverhältnisse wechselseitig gleicher (äußerer) Rechte und Pflichten gesichert ist. Eine derart **menschenwürdewidrige Zwecksetzung**, die totalitär und ohne Vorbehalt aufs Ganze geht, verweigert in ihrer Maßlosigkeit die dem Einzelnen (als Glied eines Rechtsverhältnisses) geschuldete Behandlung als Rechtssubjekt[198].

62 Menschenwürdewidrige Zwecksetzungen, die eine Maßnahme als »verächtliche Behandlung« kennzeichnen und ohne weiteres disqualifizieren, können in unterschiedlichen Gestaltungen begegnen: Der Einzelne kann ausdrücklich, er kann aber insbes. auch faktisch (unter Verweigerung der von Verfassungs wegen nach dem rechtsstaatlichen Verteilungsprinzip gebotenen Rechtfertigung[199]) rechtlos gestellt werden. Der Staat verfolgt schließlich auch dann absolut verbotene Zwecke, wenn er es darauf anlegt, die (innere) Selbstzwecksetzung staatlicher Fremdregie (*Luhmann*[200]) zu unterwerfen[201].

---

195 Vgl. BVerfGE 87, 209 (228); *Hillgruber*, in: Epping/Hillgruber, Art. 1 Rn. 3.

196 Vgl. BVerfGE 30, 1 (26, 27) = DVBl. 1971, 49.

197 Zur Menschenwürde als Zweck(setzungs)verbot, *Enders*, Die Menschenwürde in der Verfassungsordnung, S. 82 ff., 157, 440, 458 f., 468, 482. Kritisch gegen eine »rein modale« Betrachtungsweise *Herdegen*, in: Maunz/Dürig I, Art. 1 (2005) Rn. 43 ff., 45; dagegen wieder *Dammann*, Der Kernbereich der privaten Lebensgestaltung, S. 241.

198 Der NS-Staat war als »Weltanschauungsstaat« gerade durch diese rechtlich unbegrenzte Verfolgung von Zwecken und Übernahme von Aufgaben gekennzeichnet, BVerfGE 6, 132 (163 f.), vgl. auch *Luhmann*, Grundrechte als Institution, S. 73 f. m. Fn. 54 und in der Folge dadurch, dass das Regieren und Verwalten bei allfälligen Unbequemlichkeiten durch – im Übrigen voraussetzungsloses – Auferlegen zwangsweise durchsetzbarer Pflichten erleichtert wurde, vgl. *v. Mangoldt*, in: Parl. Rat 5/I, 5. Sitzung (Fn. 103), S. 98; vgl. BVerfGE 41, 378 (397); 65, 114 (129); 86, 28 (44) = DVBl. 1992, 1154.

199 Insofern liegt in Art. 1 GG auch eine **Garantie des rechtsstaatlichen Verteilungsprinzips**, *Enders*, Die Menschenwürde in der Verfassungsordnung, S. 430 ff., 433; *ders.*, in: HStR XII³, 2014, § 276, Rn. 14 m. Fn. 48; *Isensee*: in: HGR IV, 2011, Rn. 124; *Masing*, in: Hoffmann-Riem/Schmidt-Aßmann/Voßkuhle (Hrsg.), Grundlagen des Verwaltungsrechts, Bd. I, § 7, Rn. 39; BVerfGE 128, 226 (244 f.) = DVBl. 2011, 416.

200 Vgl. *Luhmann*, Grundrechte als Institution, S. 73 ff.

201 Vgl. BVerfGE 22, 180 (219); BVerfG-K NVwZ 2009, 905.

Enders

2. Ausdrückliche Rechtlos-Erklärung und de-facto Rechtlos-Stellung

a) Die Aufkündigung rechtlicher Gebundenheit durch den Staat

Wird der Einzelne ausdrücklich für rechtlos erklärt oder de facto rechtlos gestellt, 63
wird das zwischen ihm und dem Staat bestehende Rechtsverhältnis als Verhältnis
wechselseitig gleicher Rechte und Pflichten (rechtlich oder faktisch) aufgelöst, der
Mindeststandard an Rechtlichkeit wird unterschritten. Die Einzelperson wird damit
– zumindest in bestimmten Hinsichten – zum Gegenstand rechtlich ungebundener
Verfügung über das ihr zustehende Recht, d.h. zum »bloßen Objekt«. Die **ausdrückliche Rechtlos-Erklärung** bestimmter Personen oder Personengruppen durch die
Rechtsordnung lässt diese Wirkung als ihren eigentlichen Zweck deutlich erkennen.
Sie ist aus »rassischen Gründen« den Juden im NS-Staat widerfahren[202], wird aber
auch für »Feinde« des Gemeinwesens propagiert[203]. Sie bildet ein zentrales Element
einer nicht nur prozessualen, sondern materiell-rechtlichen **Sonder-Behandlung** von
»feindlichen Kämpfern«, die diese im »**Krieg gegen den Terror**« in entscheidenden
Punkten weder dem Kriegsvölkerrecht noch der nationalen Rechtsordnung zu unterstellen bereit ist[204].

Für die Rechtspraxis in der Bundesrepublik von größerer Bedeutung sind heute **Fälle** 64
faktischer Rechtlosstellung, in denen der Staat sich eine rechtlich ungebundene Entscheidung über persönliche Belange des Einzelnen anmaßt und sich damit seiner
Rechtfertigungspflicht, die ihn infolge des Gegenseitigkeitsverhältnisses von Rechten
und Pflichten trifft, entzieht. Das BVerfG hat aus diesem Gedanken die Pflicht des
Staates (Art. 1 Abs. 1 Satz 2 GG) abgeleitet, **Schwangerschaftsabbrüche**, die nicht
durch eine besondere Not- und Ausnahmelage indiziert erscheinen, grundsätzlich
unter Strafe zu stellen[205]. Das überzeugt, soweit man mit dem BVerfG davon ausgeht, dass bereits dem nasciturus das durch Art. 1 GG anerkannte Recht des Menschen auf Rechte, d.h. auf Bestimmung über sich selbst zukommt, er also Träger des
Grundrechts auf Leben (Art. 2 Abs. 2 Satz 1 GG) ist (u. Rdn. 83 ff.). Eine – nicht
an Rechtfertigungsgründe geknüpfte – Freigabe des Schwangerschaftsabbruchs wür-

---

202 Hierzu *Böckenförde*, Staat, Nation, Europa, S. 246–255; *Hillgruber*, in: Epping/Hillgru-
     ber, Art. 1 Rn. 16.1; vgl. BVerfGE 23, 98 (104 ff.) = DVBl. 1968, 791.

203 Näher *Jakobs*, ZStW 117 (2005), 839. Kritik z.B. bei *Bielefeldt*, Das Folterverbot im
     Rechtsstaat, in: Nitschke (Hrsg.), Rettungsfolter im modernen Rechtsstaat, S. 95, 103 ff.;
     Kube, in: HStR VII³, 2009, § 148, Rn. 152.

204 Vgl. *Book/Geneuss*, ZIS 2008, 325 ff. und insbes. *Maierhöfer*, EuGRZ 2008, 449 ff., auch
     zu den nach Korrekturen durch den U. S. Supreme Court verbleibenden Problemen der
     Inhaftierung »feindlicher Kämpfer« in Guantánamo-Bay.

205 BVerfGE 88, 203 (255 ff.) = DVBl. 1993, 801. Das BVerfG nennt medizinische, krimi-
     nologische und embryopathische Indikation, die die Unzumutbarkeit der weiteren
     Schwangerschaft und einer Pflicht zum Austragen des Kindes begründen. Auch psycho-
     soziale Notlagen können die Unzumutbarkeit indizieren. Der beratene Abbruch kann da-
     rüber hinaus während einer Frühphase der Schwangerschaft ungeachtet einer solchen
     Notlage straflos gestellt werden, bleibt aber rechtswidrig, BVerfGE 88, 203 (256 f.,
     264 ff.).

de dieses **Lebensrecht** »der freien, rechtlich nicht gebundenen Entscheidung« Dritter überantworten[206], was absolut unzulässig ist.

65   In der **Entscheidung zum Luftsicherheitsgesetz** wendet das BVerfG dann den nämlichen Gedanken unmittelbar gegen die Ermächtigung des § 14 Abs. 3 LuftSiG, nach der in der Sache der Staat über das Leben der (für die Gefahr nicht verantwortlichen) Passagiere und Mannschaftsmitglieder verfügen können sollte, wenn der Abschuss eines als Angriffswaffe missbrauchten Passagierflugzeugs unvermeidlich (ultima ratio) erschien: Die terroristischen Entführer trifft dieser Eingriff in ihr Lebensrecht zwar als »Störer«, die ihre Rechtssphäre eigenverantwortlich überschritten haben. Mangels anderer wirksamer, aber milderer Mittel zur Durchsetzung der Unterlassungspflicht (des Nichtstörungsgebots) werden sie – wie im entsprechenden Fall des finalen polizeilichen Rettungsschusses (vgl. § 41 Abs. 2 ME PolG) – durch den mit an Sicherheit grenzender Wahrscheinlichkeit tödlichen Flugzeugabschuss in ihre Rechtssphäre zurückgedrängt[207]. Der Vorbehalt, unter den die Verfassung das Lebensrecht stellt, eröffnet allgemein die rechtliche Möglichkeit zu einer solchen Maßnahme (Art. 2 Abs. 2 Satz 1 GG). Ihre spezifische Rechtfertigung findet sie aber, solange sie sich im Übrigen als unvermeidlich erweist, in ihrer Richtung gegen den oder die Störer. Dagegen werden Passagiere und Mannschaft als Unbeteiligte dem – auf den ersten Blick – rein fremdnützigen Zweck der Gefahrenabwehr im Interesse anderer geopfert. Über ihr Lebensrecht wird ohne rechtfertigenden Grund, der den Mangel einer Einwilligung kompensieren könnte, einseitig verfügt. Sie werden daher, so sieht es das BVerfG, unter Verstoß gegen Art. 1 GG »verdinglicht und zugleich entrechtlicht«, d.h. als »bloßes« Objekt behandelt[208].

66   Nur vordergründig steht indessen die Fremdnützigkeit der Maßnahme und damit ihre absolute Unzulässigkeit fest: Bereits in der Entscheidung zur Entführung des Arbeitgeberpräsidenten **Schleyer** hat das BVerfG zu erkennen gegeben, dass das Grundgesetz eine Verpflichtung des Staates »nicht nur gegenüber dem Einzelnen, sondern auch gegenüber der Gesamtheit aller Bürger« begründe und mit dieser Überlegung als verfassungsmäßig anerkannt habe, dass der Staat von Entführern geforderte und ihm mögliche Maßnahmen (Freilassung mutmaßlicher Terroristen) verweigert, die zwar das einzig wirklich aussichtsreiche Mittel zur Rettung des Entführten darstellen, den Staat aber erpressbar und einen effektiven Schutz der Bürger auf Dauer unmöglich machen würden[209]. Daraus ergibt sich: Weil das rechtlich verfasste Staatswesen

---

206 BVerfGE 88, 203 (255; vgl. 262: verboten ist eine »rechtliche Freigabe des Schwangerschaftsabbruchs«) = DVBl. 1993, 801.

207 BVerfGE 115, 118 (161) = DVBl. 2006, 433.

208 BVerfGE 115, 118 (154) = DVBl. 2006, 433; denn eine Abwägung und Verrechnung der geopferten mit der Zahl der möglicherweise zu rettenden Menschenleben scheidet in Anbetracht der Unverfügbarkeit des Selbstbestimmungsrechts und des absoluten Eigenwerts eines jeden Menschen offenkundig aus.

209 BVerfGE 46, 160 (165); ähnliche Argumentationsstruktur in BVerfGE 77, 170 (221): Der Einzelne müsse unvermeidliche Kollateralschäden (an Leib und Leben) als Folge – im Übrigen verfassungsmäßiger – militärischer Verteidigungsmaßnahmen in Kauf neh-

im Ganzen die Basis und die Bedingung für den Bestand von Rechtlichkeit bildet und allein seine Funktionstüchtigkeit die für jedermann gleiche Chance künftiger Durchsetzung sämtlicher Einzelrechte – nicht zuletzt des Lebensrechts – verbürgt, liegt diese Funktionstüchtigkeit ungeachtet des konkreten Vorteils im Einzelfall im solidarischen Interesse aller. Dem Rechtssubjekt-Status, der überhaupt nur innerhalb der verfassten staatlichen Rechtsordnung anerkannt ist, entspricht umgekehrt die Pflicht derjenigen, die als Rechtssubjekte in den Genuss der Vorteile dieser Rechtsordnung kommen, für die Erhaltung des staatlichen Rechtszustands solidarisch einzutreten, und d.h.: wenn er auf dem Spiel steht, im Notfall auch das eigene Leben einzusetzen[210]. Gilt die Maßnahme des Flugzeugabschusses als letztes aussichtsreiches Mittel der Abwehr eines Angriffs, der auf Zusammenbruch und Zerstörung des rechtlich verfassten Gemeinwesens zielt, liegt darum in der den unbeteiligten Passagieren und der Mannschaft (als Nicht-Störern) gesetzlich (gegen Entschädigung) auferlegten Duldungspflicht keine grundsätzliche Missachtung ihres Status' als Rechtssubjekt. Sie verstößt nicht gegen Art. 1 GG, ohne dass damit etwas zur Verhältnismäßigkeit der Maßnahme im Einzelfall gesagt ist[211].

b) Der Schutz vor heimlichen Eingriffsmaßnahmen und die Untauglichkeit der »Sphärentheorie«

Heimliche staatliche Eingriffsmaßnahmen gelten regelmäßig der Informationserhebung. Weil diese typischerweise Daten der Intim- und Privatsphäre erfasst, wird damit zugleich auch die maßgeblich aus Art. 1 Abs. 1 GG abgeleitete **Sphärentheorie** (o. Rdn. 50) auf die Probe gestellt. Die Sphärentheorie leistet indessen – bei heimlichen wie offenen Informationseingriffen[212] – keine rechtsdogmatisch taugliche Aufbereitung des Problems: Schon früh hat das BVerfG herausgearbeitet, dass sich jedes menschliche Verhalten ungeachtet von Ort und Umständen durch einen möglichen 67

---

men, »wenn eine wirkungsvolle Landesverteidigung, die gerade dem Schutz der freiheitlichen – auch die Grundrechte verbürgenden – Ordnung dient, gewährleistet bleiben soll«.

210 *Enders*, in: Friauf/Höfling, Art. 1 Abs. 1 (2005) Rn. 93 f.; *ders.*, DÖV 2007, 1039, 1043; *Gramm*, DVBl. 2006, 653, 660; *Hillgruber*, JZ 2007, 209, 214. Dagegen etwa *Lepsius*, Das Luftsicherheitsgesetz und das Grundgesetz, in: Festgabe B. Hirsch, 2006, S. 47, 60 ff. m. Nw. Anders ließe sich auch eine Pflicht zum Kriegsdienst mit der Waffe nicht plausibel begründen, ähnlich insoweit *Kersten*, Das Klonen von Menschen, S. 423: »Der Repräsentationszusammenhang kompensiert die Objektstellung der Bürger, indem er den normativen Anschluss an deren Verständnis als Subjekt sucht …«.

211 Das BVerfG scheint mit der Verhältnismäßigkeit als solcher wenig Probleme zu haben. Es problematisiert zwar die schwierigen tatsächlichen Umstände allfälliger Abschussmaßnahmen (etwa: erheblicher Zeitaufwand bei kleinem Überfluggebiet), BVerfGE 115, 118 (154 ff.) = DVBl. 2006, 433, sieht diese aber beim Einschreiten gegen ein ausschließlich mit Terroristen bemanntes Flugzeug nicht als ausschlaggebend an, BVerfG, aaO, S. 162 ff.

212 Zur strafprozessualen Beschlagnahme von Tagebüchern BVerfGE 80, 367.

– gegenständlich-thematisch definierten – **Sozialbezug** auszeichnet[213]. Ob der Mord-plan im Tagebuch notiert, die Bombe im ehelichen Schlafzimmer gebastelt oder die Körperverletzung im Badezimmer verübt wird, kann in der Tat für das Gefahren-abwehr- und Strafverfolgungsinteresse der Allgemeinheit keine Rolle spielen. Der Schutz selbstbestimmter Persönlichkeitsentfaltung wird darum nur scheinbar in ei-nem Kernbereich absolut, in Wahrheit durchweg lediglich verhältnismäßig und nach Maßgabe der Sozialrelevanz des selbstbestimmten Verhaltens gewährleistet[214]. Das folgt allgemein aus der »Gemeinschaftsbezogenheit und Gebundenheit des Individu-ums«[215], die in den einzelgrundrechtlichen Gesetzesvorbehalten ihre besondere Aus-gestaltung gefunden hat.

68 Das BVerfG hat in seiner **Entscheidung zur Computer-Online-Durchsuchung** aus dieser Einsicht die gebotenen Konsequenzen gezogen und – der Sache nach eine kons-truktive Korrektur der starren Perspektive der **Entscheidung zum Großen Lausch-angriff**[216] – ein **zweistufiges Schutzkonzept** entwickelt: Im Falle eines hinreichend konkreten (Tat-)Verdachts (vgl. u. Rdn. 70 ff.) ist die **heimliche Kenntnisnahme** von persönlichen Daten des Verdächtigen grundsätzlich zulässig, weil und soweit sich rein private, nämlich im Lichte des legitimen Eingriffszwecks der Gefahren-abwehr oder der Strafverfolgung irrelevante persönliche Sachverhalte von den recht-lich relevanten nicht sondern lassen. Auf einer zweiten Stufe erwächst aber aus der damit nie auszuschließenden, von den legitimen Zwecken der Freiheitsbegrenzung indessen nicht mehr gedeckten Erhebung rechtlich irrelevanter persönlicher Daten ein **Verwertungsverbot** (Löschung; keine Weitergabe)[217].

213 BVerfGE 6, 389 (433); 32, 373 (380 f.) = DVBl. 1972, 383; 35, 202 (220); 80, 367 (373, 374) = DVBl. 1990, 220; 109, 279 (319) = DVBl. 2004, 557; 113, 348 (390 f.) = DVBl. 2005, 1192.
214 BVerfGE 80, 367 (374 ff.) = DVBl. 1990, 220, Analyse bei *Enders*, Die Menschenwürde in der Verfassungsordnung, S. 370 f., 466 ff. Zum Ganzen *Baldus*, JZ 2008, 218, insbes. 224 f.; *Volkmann*, AnwBl. 2009, 118, insbes. 122 f.
215 BVerfGE 4, 7 (15), vgl. BVerfGE 49, 24 (56) = DVBl. 1978, 740, 80, 367 (373) = DVBl. 1990, 220.
216 BVerfGE 109, 279 (313 ff., 326, 331 f.) = DVBl. 2004, 557; vgl. auch BVerfGE 113, 348 (391) = DVBl. 2005, 1192. Die Einschätzung teilt *Volkmann*, AnwBl. 2009, 118, 123.
217 BVerfGE 120, 274 (338 f.) = DVBl. 2008, 582; im Ansatz BVerfGE 113, 348 (391 f.) = DVBl. 2005, 1192 zu Art. 10 GG; im selben Sinne BVerfGE 124, 43 (69 f.) = DVBl. 2009, 1122 (LS.), 130, 1 (22); und dazu *Volkmann*, AnwBl. 2009, 118, 123. Vgl. bereits BVerfGE 34, 238 (247, 249 f.) = DVBl. 1973, 359; BVerfGE 106, 28 (48) = DVBl. 2003, 131; BVerfGE 113, 29 (55 ff., 60 f.). Zur Unterscheidung von Kenntnis-nahmeakt und Verwertung *Enders*, Die Menschenwürde in der Verfassungsordnung, S. 467. Danach will es nicht einleuchten, dass der BGH es für unzulässig gehalten hat, tatbezogene Aussagen, die beim Abhören des Selbstgesprächs eines Tatverdächtigen ge-wonnen wurden, zu verwerten, weil dem Selbstgespräch – anders als dem Zwiegespräch – ein ausschließlich höchstpersönlicher Charakter zukomme und es aus sich heraus nicht

Verfassungsrechtlich **absolut unzulässig** sind dagegen **dauerhaft heimliche staatliche** 69
(Informations-)Eingriffe. Das BVerfG entwickelt dieses **Heimlichkeitsverbot** zwar aus verschiedenen Einzelgrundrechten in Verbindung mit dem Grundsatz der Verhältnismäßigkeit[218]. Eingriffsmaßnahmen dürfen dem Betroffenen danach nicht unbegrenzt lange verborgen bleiben. Dieser ist vielmehr, wenn Auskunftsansprüche nicht eingeräumt sind, von Amts wegen spätestens zu benachrichtigen, wenn dies ohne Gefährdung des (legitimen) Zwecks der Eingriffsmaßnahme sowie von Leib und Leben einer Person möglich ist[219]. Im Kern folgt das in unterschiedlichen Gefährdungslagen virulente Verbot dauerhaft heimlicher Eingriffe aber aus dem Gedanken, dass sonst die mit Art. 1 GG anerkannte Stellung des Betroffenen als Rechtssubjekt unterlaufen und er de facto rechtlos gestellt würde. Denn mit der Heimlichkeit des Eingriffs wird dem Betroffenen die Möglichkeit genommen, sich rechtlich zur Wehr zu setzen. Darin liegt – wenn die Verweigerung der Kenntnis auf Dauer gestellt sein soll – die bewusste und gewollte Missachtung der dem Rechtssubjekt geschuldeten Rechtfertigung von Eingriffen in seine Rechtssphäre und damit eine – i.S. des BVerfG – »verächtliche Behandlung«, die den Mindeststandard würdegebotener Rechtlichkeit unterschreitet[220].

c) **Der Schutz vor verdachtlosen (Informations-)Eingriffen**

Verfassungsrechtlich **absolut unzulässig** sind ferner **verdachtlose** – nicht zwingend 70
zugleich heimliche – **staatliche (Informations-)Eingriffe in die Rechtssphäre des
Einzelnen,** wie sie durch Belauschen (»Lauschangriff«) und Beobachten (»Videoüberwachung«[221]), aber auch »klassisch« durch Identitätsfeststellungen (vgl. § 9 ME

(soll heißen: nie) die Sphäre anderer oder der Gemeinschaft berühre, BGHSt 50, 206 (212 f.) unter Berufung auf BVerfGE 109, 279 (331).
218 Vgl. BVerfGE 100, 313 (361) = DVBl. 1999, 1377 und ebenso BVerfGE 124, 43 (71) = DVBl. 2009, 1122 (LS.) – Art. 10 GG; BVerfGE 109, 279 (363 f.) = DVBl. 2004, 557 – Art. 13 Abs. 1 GG, 19 Abs. 4 GG, 2 Abs. 1 i.V.m. Art. 1 Abs. 1 GG; BVerfGE 118, 168 (197 f.) = DVBl. 2007, 1023 – Art. 2 Abs. 1 i.V.m. Art. 1 Abs. 1 GG.
219 BVerfGE 30, 1 (21, 31 f.) = DVBl. 1971, 49; präzisierend BVerfGE 100, 313 (361, 397) = DVBl. 1999, 1377 und BVerfGE 109, 279 (363. f, 366) = DVBl. 2004, 557; auch BVerfGE 113, 29 (57 ff.); BVerfGE 124, 43 (73) = DVBl. 2009, 1122 (LS.).
220 Dass nicht lediglich der Verhältnismäßigkeitsgrundsatz die Basis des Heimlichkeitsverbots bildet, legt auch der Umstand nahe, dass das BVerfG in seiner Ausgangsentscheidung eine verfassungskonforme Auslegung des geänderten Art. 10 Abs. 2 GG vorgenommen hat, BVerfGE 30, 1 (21, 26, 31 f.) = DVBl. 1971, 49. Eine solche ist – soweit überhaupt möglich – sinnvoll nur anhand des Maßstabs der höherrangigen (veränderungsfesten) Grundsätze des Art. 79 Abs. 3 GG denkbar. Zu ihnen hat das BVerfG aber das Rechtsstaatsprinzip, in dem es den Verhältnismäßigkeitsgrundsatz verankert sieht, gerade nicht gezählt, BVerfGE 30, 1 (20 f., 25) = DVBl. 1971, 49.
221 Wie der Eingriffstatbestand exakt zu bestimmen ist, ist noch nicht endgültig geklärt, vgl. BVerfG-K NVwZ 2007, S. 688; BVerfG DVBl. 2009, 1237; BVerfG v. 12.08.2010 – 2 BvR 1447/10. Da eine »Kenntnisnahme öffentlich zugänglicher Informationen ... dem Staat grundsätzlich nicht verwehrt (ist)«, BVerfGE 120, 274 (344) = DVBl. 2008, 582,

PolG) vorgenommen werden. Auch dieses Verbot leitet das BVerfG in mittlerweile ständiger Rspr. aus den Einzelgrundrechten in Verbindung mit dem Grundsatz der Verhältnismäßigkeit ab. Es formuliert als Voraussetzung verfassungsmäßiger Eingriffe in die Rechtssphäre bestimmter Einzelner, dass eine konkrete Gefahr oder der konkrete Verdacht einer Gefahr vom Betroffenen (mit-)hervorgerufen wird. Ein voraussetzungsloser Informationserhebungseingriff ist dagegen als **Gefahrerforschung »ins Blaue hinein«** unzulässig[222]. Im Verhältnismäßigkeitsgrundsatz, den das BVerfG zur Begründung heranzieht, findet das Verbot indessen keinen wirklich verlässlichen Anhaltspunkt: Wird der Gefahrenabwehrzweck im Interesse allumfassender Vorsorge weit verstanden, wirkt die Zweck-Mittel-Relation des Verhältnismäßigkeitsgrundsatzes kaum mehr limitierend. In Anbetracht des gewichtigen Zwecks größtmöglicher Sicherheit[223] müssen auch weit ins Vorfeld der Abwehr konkreter Gefahren verlagerte Eingriffsmaßnahmen als zulässig (geeignet, erforderlich, zumutbar) erscheinen.

71 Gegen die Zulässigkeit verdachtloser (Informations-)Eingriffe spricht aber, dass auch hier der Rechtfertigungszwang unterlaufen wird, der aus der Rechtssubjektstellung der Betroffenen folgt. Im Rechtsstaat setzt der zwangsweise Zugriff auf die rechtlich geschützte individuelle Selbstbestimmung voraus, dass die Schwelle zur Verletzung oder wenigstens Gefährdung gesetzlich definierter Rechtsgüter durch äußeres Verhalten wirklich überschritten ist. In der Verantwortlichkeit des »Störers« für die – wenigstens anhand bestimmter, hinreichend verlässlicher Verdachtsumstände anzuneh-

---

spricht viel dafür, einen Eingriff durch Beobachtungsmaßnahmen, wenn keine speziellen Schutznormen privater Abgeschiedenheit und Vertraulichkeit (vgl. § 201a StGB; o. Rdn. 51 m. Fn. 162) bestehen, in der nicht konsentierten Erhebung von Daten (auch Übersichtsaufnahmen) zum Zwecke späterer individualisierender Verwertung zu sehen; *Enders*, in: FS Würtenberger, 2013, S. 655, 662; vgl. allerdings BVerfGE 122, 342 (372 f.) z. Bayerischen Versammlungsgesetz. Darüber hinaus kann bei gezielten (personenbezogenen) Beobachtungsmaßnahmen der Eingriff auch in einer diskriminierenden und bloßstellenden Heraushebung des Beobachteten aus der Menge aller anderen Rechtsadressaten bestehen, BVerfGK 20, 128 (längerdauernde Observation).

222 Bereits BVerfGE 30, 1 (22) = DVBl. 1971, 49; dann BVerfGE 115, 320 (354 ff., 359, 362) = DVBl. 2006, 899 und vor allem BVerfGE 120, 274 (326 ff., 328 f., 334) = DVBl. 2008, 582; ferner BVerfGE 125, 260 (330, 343 = DVBl. 2010, 503); gleichsinnig insoweit BVerfGE 122, 342 (370, 371) – Bayerisches Versammlungsgesetz; *Enders*, VVDStRL 64 (2005), 7, 46 ff.; *ders.*, in: Friauf/Höfling, Art. 1 (2005) Rn. 76, 106. Zum Ganzen *Möstl*, DVBl. 2007, 581, 588. Eingehend zu den Eingriffsvoraussetzungen *Poscher*, Die Verwaltung 41 (2008), 345, 366 ff., 370; *Volkmann*, AnwBl 2009, S. 118, insbes. 121; *Hong*, NJW 2009, 1458, 1460 (»Merkmal der ›tatsächlichen Anhaltspunkte‹ [...] zur Abgrenzung gegenüber bloßen Vermutungen gebraucht«). Vgl. dagegen z.B. *Schwabe*, NVwZ 1998, 709; *Dreier*, in: Dreier I, Art. 1 I Rn. 145. Inwieweit für Verfassungsschutz und Geheimdienste von Verfassungs wegen andere Anforderungen gelten, bleibt im Einzelnen zu prüfen, vgl. BVerfGE 120, 274 (330) = DVBl. 2008, 582; 125, 260 (331) = DVBl. 2010, 503.

223 Vgl. BVerfGE 120, 274 (319, 328) = DVBl. 2008, 582.

mende – Gefahrensituation liegt die rechtsstaatlich unabdingbare Begründung des Freiheitseingriffs[224]. Ohne einen solchen besonderen (tatbestandlich fixierten und nachprüfbaren) Grund und d.h.: »störerunabhängig« können lediglich **allgemeine Duldungs- und Mitwirkungspflichten** begründet werden, wenn dies erforderlich ist, um die Verwaltungsarbeit überhaupt erst zu ermöglichen (etwa: Meldepflicht; allgemeine Auskunftspflichten), die dann staatliche Aufsichts- und Überwachungsmaßnahmen erlauben. Dagegen bezeichnet das Motiv, die Verwaltungsarbeit durch die – ansonsten voraussetzungslose – Begründung oder Erweiterung von Verhaltenspflichten zu erleichtern, keinen rechtsstaatlich zulässigen Zweck[225].

Auf solche in gewissem Umfang im Interesse der Funktionstüchtigkeit des Gemeinwesens unabdingbare Jedermannspflichten stützen sich aber ersichtlich nicht die voraussetzungslosen »Verdachtsgewinnungseingriffe« des Gefahrenabwehrrechts[226]. Sie zielen vielmehr auf potentielle Störer und sollen die Gefahrenabwehr durch Vorverlagerung der Zugriffsschwelle erleichtern[227]. Soweit aber bloße Vermutungen den Zugriff rechtfertigen, werden unter dem Generalverdacht eines ubiquitären Sicherheitsrisikos die allgemeine Freiheitsvermutung und mit ihr der gegen den Staat sich richtende Rechtfertigungszwang in ihr Gegenteil verkehrt. Die Befugnis zum verdachtlosen Eingriff läuft, da jeder verdächtig ist und es auf Zurechnungszusammenhänge nicht mehr ankommt, auf eine bloße Pflichtenstellung des insoweit ohne Gegenrecht zur Duldung genötigten Eingriffsadressaten hinaus. Das lässt sich mit   72

---

224 Abwehrmaßnahmen können bereits getroffen werden, wenn der Schadenseintritt im konkreten Fall lediglich »eine nicht fernliegende Möglichkeit« darstellt, vgl. BVerwGE 129, 142 (153) = DVBl. 2007, 1450. Es genügt der Nachweis der potentiellen Schädlichkeit, solange die Prognose auf einer fehlerfrei und vollständig erhobenen Tatsachengrundlage sowie auf erfahrungsgesicherten Kausalgesetzlichkeiten basiert. Auch der Gefahrenverdacht berechtigt nach allgemeiner Auffassung zu präventivem Einschreiten im Rahmen der Verhältnismäßigkeit, BVerwGE 39, 190 (193, 194) = DVBl. 1972, 499. Allerdings kann – ausnahmsweise – der Verdacht durch den Anlass (typisierend) indiziert sein, wie etwa im Falle des Aufenthalts in der Umgebung von gefährlichen (verrufenen) Orten oder gefährdeten Objekten, vgl. § 9 Abs. 1 Nr. 2 und Nr. 3 ME PolG.

225 Vgl. *Vogel*, in: Drews/Wacke/Vogel/Martens, Gefahrenabwehr, 9. Aufl. 1986, S. 415 f., 497; *Rachor*, in: Lisken/Denninger (Hrsg.), Handbuch des Polizeirechts, Kap. E, Rn. 185 f.; jew. unter Verweis auf BVerwGE 32, 204 (206 f.) = DVBl. 1970, 118 – Anordnung der Verwendung einer Parkscheibe. Von einer solchen Anordnung lässt sich sagen, dass sie nicht eine allgemeine Gefährlichkeitsvermutung entkräften oder konkretisieren will, sondern die Voraussetzungen der Kontrolle zeitlich begrenzten Parkens schaffen soll und so der Jedermannspflicht entspricht, die Kontrolle von Maßgaben der Straßenverkehrsordnung (hier: begrenzte Parkzeiten zu beachten) zu ermöglichen. Vgl. bereits PrOVGE 76, 435 (438 f.); ferner die Nw. in Fn. 198.

226 *Gusy*, KritV 2002, 474, 483, 489 f.; entgegen BVerfGE 115, 320 (355) = DVBl. 2006, 899 geht es nicht um den Nicht- oder Notstandsstörer des Polizei- und Ordnungsrechts, der – gegen Entschädigung! – trotz ersichtlich fehlender Verantwortlichkeit mangels anderer Möglichkeiten zur Gefahrenabwehr herangezogen werden darf.

227 Anders *Möllers*, NVwZ 2000, 382, 385 f.

seinem durch Art. 1 GG anerkannten Status als Rechtssubjekt nicht vereinbaren und stellt eine – i.S. des BVerfG – »verächtliche Behandlung« dar, die den Mindeststandard würdegebotener Rechtlichkeit unterschreitet[228].

3. Schutz des »forum internum« als Ort freier Selbstzwecksetzung

a) Das absolute Folterverbot

73   Auch **Folter** ist dem Staat als verächtliche Behandlung, die die Stellung des Menschen als Rechtssubjekt grundsätzlich mißachtet, **absolut verboten** und international geächtet (vgl. Art. 5 AEMR; Art. 3 EMRK; Art. 7 IPBürgR; auch Art. 4 Grundrechte-Charta EU und UN-Antifolterkonvention). Allerdings erübrigt sich für die Rechtslage nach deutschem Recht schon deshalb die Bezugnahme auf Art. 1 GG, weil die Verfassung die Frage ausdrücklich thematisiert und in Art. 104 Abs. 1 Satz 2 GG ein Verbot seelischer und körperlicher Misshandlung arrestierter Personen ausspricht (Art. 104, Rdn. 72 f.). Art. 104 Abs. 1 Satz 2 GG normiert mit diesem Verbot keinen offenen Tatbestand, der einer interpretativen Ergänzung, insbes. der Einschränkung für Kollisionsfälle bedürfte. Die Vorschrift enthält vielmehr eine spezielle und abschließende Regelung, die sämtliche Argumente bereits berücksichtigt und verworfen hat, die dafür sprechen könnten, das Mittel der Folter gegenüber einer in spezifischer Weise der staatlichen Gewalt unterworfenen Person anzuwenden, die sich (möglicherweise) in der einen oder anderen Weise in Widerspruch zur Rechtsordnung gesetzt hat. Diese absolut abwägungsfeindliche Regelung darf nicht durch Rekurs auf Art. 1 GG unterlaufen werden[229].

74   Auf das Bekenntnis zur Menschenwürde kommt es aber nicht nur an, will man sich den tieferen Grund dieser Verfassungsentscheidung des Art. 104 Abs. 1 Satz 2 GG vor Augen führen[230]. Auch denkbare Relativierungen durch den verfassungsändern-

---

228 Weswegen das BVerfG diesen Grundsatz zu Recht auf Verfassungsänderungen angewendet hat, die verdachtlose Eingriffe ermöglichen (könnten), BVerfGE 30, 1 (22) = DVBl. 1971, 49; vgl. zu ähnlichen Erwägungen des britischen House of Lords (in Zusammenhang mit der Inhaftierung von Terror-»Verdächtigen«) auch *Maierhöfer*, EuGRZ 2008, 449, 450 (dort Fn. 22).

229 Vgl. aber etwa *Brugger*, Menschenwürde, Menschenrechte, Grundrechte, S. 23 f., 43; *Wittreck*, DÖV 2003, 879 ff.; *Starck*, in: v. Mangoldt/Klein/Starck I, Art. 1 Rn. 79. Dagegen *Rottmann*, Das Misshandlungsverbot des Art. 104 Abs. 1 Satz 2 GG als Maßstab verfassungskonformer Auslegung, in: Goerlich (Hrsg.), Staatliche Folter, 2007, S. 75 ff., insbes. S. 83 f.; *Hillgruber*, in: Epping/Hillgruber, Art. 1 Rn. 43 ff., insbes. Rn. 45.1; vgl. auch EGMR EuGRZ 2007, 150, 161 (Nr. 99) – Jalloh ./. Deutschland zu Art. 3 EMRK: »Selbst in äußerst schwierigen Situationen, wie bei der Bekämpfung von Terrorismus und organisierter Kriminalität, verbietet die Konvention mit aller Deutlichkeit Folter sowie unmenschliche oder erniedrigende Strafen und Behandlungen, und zwar unabhängig vom Verhalten der Opfer«.

230 Um zu klären, woher das »Foltertabu«, *Poscher*, in: Bahr/Heinig (Hrsg.), Menschenwürde in der säkularen Verfassungsordnung, S. 215 ff. und d.h. der »traditionelle Konsens« über

den Gesetzgeber, der etwa das Misshandlungsverbot – nach der **Lehre von der Rettungsfolter**[231] – zugunsten »höherrangiger« kollidierender Schutzinteressen unter Vorbehalt stellen könnte, sind am Maßstab des Art. 1 GG zu messen (Art. 79 Abs. 3 GG). Die Parallele zum Zwangsmittel des polizeilichen finalen Rettungsschuss (vgl. § 41 Abs. 2 ME POlG, o. Rdn. 65) legt zunächst eine Sichtweise nahe, die es erlaubt, die Folter, jedenfalls wenn sie der auf andere Weise aussichtslosen Wahrung höchstrangiger Rechtsgüter dient, als adäquates letztes Mittel (ultima ratio) staatlicher Zweckverfolgung in Notsituationen zu verstehen und sie unter bestimmten Rahmenbedingungen (Verhältnismäßigkeit des Einsatzes; ärztliche Begleitung des Verfahrens) dem rechtsstaatlichen Instrumentarium der Gefahrenabwehr einzugliedern: Auch die Rettungsfolter drängt schließlich den eigenverantwortlich seine Rechtssphäre überschreitenden Störer zwangsweise in diese Rechtssphäre zurück, wenn sie ihm lebensrettende Aussagen zum Schutz gefährdeter (potentieller) Opfer (einer Entführung; eines Attentats) abnötigt. Dass deren Interessen höher zu bewerten sind, als die des Rechtsbrechers, scheint sich von selbst zu verstehen[232].

In der Tat lässt sich die Rettungsfolter nicht ohne weiteres vom rechtsstaatlich tradierten und unbestritten zulässigen Zwangsmitteleinsatz, etwa in Gestalt von Strafsanktionen (namentlich der Freiheitsstrafe) oder von Vollstreckungsmaßnahmen der Verwaltung (insbes. Zwangsgeld, Zwangshaft, unmittelbarer Zwang) abgrenzen. Die gebotene Differenzierung ist im Hinblick auf das Schutzgut und den gegen dieses sich richtenden Eingriffszweck zu entwickeln[233]. Foltermaßnahmen setzen eine spezifische Gewaltunterworfenheit voraus und bedienen sich körperlicher Schmerzzufügung oder auch psychischer Misshandlung oder auch der (tatsächlich noch im »Vorfeld« der Folter angesiedelten, rechtlich aber zwangsläufig ihr Schicksal teilenden) Androhung solcher Übel. Eigentliches Angriffsziel – damit das Schutzgut – ist aber

75

---

die würdeverletzende Wirkung der Folter, *Herdegen*, in: Maunz/Dürig I, Art. 1 Abs. 1 (2005) Rn. 45, rühren.

231 Zur Differenzierung zwischen strafprozessualer und präventiv-polizeilicher Folter etwa *Starck*, in: v. Mangoldt/Klein/Starck I, Art. 1 Rn. 51, 79. Exemplarisch zur Rechtfertigung der Rettungsfolter *Trapp*, Folter oder selbstverschuldete Rettungsbefragung?, 2006; zurückhaltender *Wittreck*, DÖV 2003, 873, 879 ff.; vgl. *Isensee*, in: HGR IV, 2011, § 87, Rn. 143: verfassungsrechtliche Absicherung eines sozial-ethischen Tabus. Ferner zum Problemkomplex *Nitschke* (Hrsg.), Rettungsfolter im modernen Rechtsstaat?

232 *Starck*, in: v. Mangoldt/Klein/Starck I, Art. 1 Rn. 79; dagegen aber z.B. BVerfG-K NJW 2005, 656, 657; vgl. auch (zu Art. 3 EMRK) EGMR EuGRZ 2008, S. 466, 471 f. (Nr. 63 ff., insbes. 69) sowie EGMR-GK EuGRZ 2010, 417 – Gäfgen ./. Deutschland; dazu Grabenwarter, NJW 2010, 3128. Zum Problem ferner *Höfling*, in: Sachs, Art. 1 Rn. 20; *Jarass*, in: Jarass/Pieroth, Art. 1, Rn. 19; *Enders*, DÖV 2007, 1039, 1041; *Hillgruber*, in: Epping/Hillgruber, Art. 1 Rn. 44. Nicht eindeutig *Herdegen*, in: Maunz/Dürig I, Art. 1 Abs. 1 (2005) Rn. 45, 90.

233 Darum bemüht sich *Lamprecht*, Darf der Staat foltern, um Leben zu retten?, 2009, S. 155 ff., 238; vgl. auch *Hilgendorf*, JZ 2004, 331, 336, nicht überzeugend allerdings der Versuch einer Unterscheidung zwischen noch zulässiger Schmerzzufügung und verbotener Folter, aaO, S. 338.

weder die körperliche Integrität also solche (Art. 2 Abs. 2 S. 1 GG), noch die äußere Freiheit der Person (Art. 2 Abs. 2 S. 2 GG) oder einfach die allgemeine Möglichkeit der Alternativenwahl (die Handlungsfreiheit nach Art. 2 Abs. 1 GG). Der Einbruch in die unter diesen je verschiedenen Aspekten rechtlich geschützte Eigensphäre des Individuums versteht sich als äußeres Mittel, um, zur Erfüllung der als End-Zweck aufgegebenen Schutzverpflichtung, einen bestimmten Durchgangszweck zu erreichen[234]: Die Foltermaßnahme soll nicht einfach die Pflicht des Betroffenen zum Gesetzesgehorsam erzwingen, nicht äußere Rechtsgrenzen konkretisieren und durchsetzen[235]. Mit der zwangsweisen Behandlung verbindet sich hier vielmehr die Absicht und das Unternehmen des Staates, unmittelbar auf das »forum internum« zuzugreifen, auf den inneren Ort der Selbstzwecksetzung, in der der Einzelne sich selbst Zwecke und dadurch sich zugleich als Selbst-Zweck setzt, kurz: sich in seiner persönlichen Identität selbst bestimmt. Durch die Foltermaßnahme wird nämlich der Einzelne in eine Zwangssituation gebracht, die ihn veranlassen soll, einen zurechenbaren Sinnzusammenhang (»Selbst-Darstellung«) zu produzieren, den er zugleich innerlich ablehnt. Der so induzierte, aktuell unausweichliche und autonom nicht aufzulösende **Widerspruch mit der Selbstbestimmtheit des Ich** richtet sich gegen die identitätsstiftende Freiheit des Einzelnen, in jeder Situation sein inneres Selbst gegen äußere Notwendigkeiten abzugrenzen und zu behaupten, und sei es, dass Verhaltenszwang passiv erduldet wird. Dieser Eingriff ist damit an Art. 2 Abs. 1 i.V.m. Art. 1 Abs. 1, Art. 19 Abs. 2 und Art. 1 Abs. 3 GG zu messen[236].

76 Der **Rechtsstaat als »Staatsform der Distanz«** ist aber nicht nur insofern auf die gleichmäßige Bestimmung äußerer Verhaltenspflichten beschränkt, als er die Einstellung seiner Bürger nicht als solche erzwingen oder sanktionieren darf (o. Rdn. 56 f.). Es ist dem Staat auch untersagt, unmittelbar – wie im Akt der Folter – sich der inneren Zwecksetzung der Einzelnen bemächtigen, die »Substanz der Persönlichkeit ... brechen«[237] zu wollen. Da das Grundgesetz nicht die Freiheit des Märtyrers propagiert, ist gleichgültig, ob der Versuch Erfolg haben wird. Bereits die Absicht und das Unternehmen ist dem Staat absolut verboten. Denn eine derart **vorbehaltlose Unterwerfung** des Prozesses der persönlichkeitskonstituierenden Selbstdarstellung unter fremde Zwecksetzung kann in kein wie auch immer geartetes Rechtsverhältnis

234 Die Differenzierung zwischen dem Endzweck und den Mitteln staatlichen Handelns auch in BVerfGE 115, 118 (160) = DVBl. 2006, 433; vgl. *Pieroth/Schlink,* Staatsrecht II, Rn. 381a.

235 *Anders,* in: Goerlich (Hrsg.), Staatliche Folter, S. 13, 31 (zum Fall Daschner).

236 Vgl. *Luhmann,* Grundrechte als Institution, S. 73, 75 (m. Fn. 59: »Durch Art. 1 Abs. 1 GG ist es verboten, Kommunikationen zu erwirken, die der Täter nicht in seine Selbstdarstellung eingliedern kann«); im Anschluss hieran *Enders,* Die Menschenwürde in der Verfassungsordnung, S. 450 f., 458 f., 468; jetzt auch *Seelmann,* Respekt als Rechtspflicht, in: Brugger u.a. (Hrsg.), Rechtsphilosophie im 21. Jahrhundert, 2008, S. 418, 433 ff. Vgl. BVerfGE 56, 37 (41 f., 49) und BVerfGE 95, 220 (241, 242) = DVBl. 1997, 604.

237 Vgl. BVerfGE 23, 127 (134); 28, 243 (264) = DVBl. 1972, 176.

(einander korrespondierender äußerer Rechte und Pflichten) mehr gefasst werden. Die angeführten Gründe vermitteln eine Scheinrechtfertigung. Auch hier wird durch eine »verächtliche Behandlung« die Eigenständigkeit der Person, die ihr als möglichem Glied eines Rechtsverhältnisses zukommt, schlechthin in Frage gestellt, es wird dem instrumentalisierten Einzelnen der mit Art. 1 GG anerkannte Status als Rechtssubjekt abgesprochen und der Mindeststandard würdegebotener Rechtlichkeit unterschritten.

b) Vergleichbare Verbotsfälle (Aussagezwang, Lügendetektor, Wahrheitsdrogen) und notwendige Differenzierungen

Die damit gewonnene Klarheit über den Hintergrund des Folterverbots erlaubt die 77 Zuordnung weiterer, gleich gelagerter Ingerenz-Fälle zu dieser aus Art. 1 GG sich verstehenden, absolut eingriffsresistenten Schutzzone des forum internum und die Subsumtion unter das mit ihr verbundene absolute Zwecksetzungsverbot. Immer wenn der Einzelne in einer Situation aktueller, spezifischer Gewaltunterworfenheit in Widerspruch gesetzt werden soll zur Selbstbestimmtheit seines Ich, indem der Staat in den Prozess der persönlichen Identitätsbildung und -erhaltung interveniert und »Selbst-Darstellung« erzwingen will, ist der würdegebotene Mindeststandard an Rechtlichkeit unterschritten und greift das absolute Zwecksetzungsverbot. Das ist vor allem der Fall beim **Zwang, gegen sich selbst auszusagen,** der deshalb im Rechtsstaat ausnahmslos unzulässig ist (»nemo tenetur se ipse accusare«[238]). Ebenso und aus den nämlichen Gründen verboten ist der **zwangsweise Einsatz von Lügendetektoren (Polygraphen)** oder **Wahrheitsdrogen**[239]. Verboten ist aber auch eine »verächtliche

---

238 BVerfGE 34, 238 (249) = DVBl. 1973, 359; BVerfGE 55, 144 (150); BVerfGE 56, 37 (41 f., 49); BVerfGE 95, 220 (242: »Der Zwiespalt, in den ein solcher Zwang [zur Selbstbezichtigung] den Einzelnen führt, muß vor allem aus Gründen der Menschenwürde vermieden werden.«) = DVBl. 1997, 604; BVerfGE 118, 168 (203) = DVBl. 2007, 1023; vgl. auch EGMR EuGRZ 2007, 150, 161 (Nr. 100) – Jalloh ./. Deutschland; EGMR EuGRZ 2008, 466, 476 (Nr. 94) und EuGRZ 2010, 417 – Gäfgen ./. Deutschland. *Dreier,* in: Dreier I, Art. 1 I Rn. 139; *Enders,* in: Friauf/Höfling, Art. 1 (2005) Rn. 97; *Herdegen,* in: Maunz/Dürig I, Art. 1 Abs. 1 (2005) Rn. 82; *Kunig,* in: v. Münch/Kunig I, Art. 1, Rn. 36. Anders *Starck,* in: v. Mangoldt/Klein/Starck I, Art. 1, Rn. 56 m. Fn. 194. Noch weitergehend sieht BVerfGE 109, 279 (322 f.) u.a. das Gespräch mit dem Strafverteidiger oder die Beichte gegenüber dem Seelsorger als absolut geschützt an; deren Schutz ist indessen verfassungsrechtlich keine Frage von Art. 1 GG, sondern der Verhältnismäßigkeit.

239 Gegen einen freiwilligen Lügendetektor-Test ist dagegen – seine Tauglichkeit vorausgesetzt – ebensowenig etwas zu erinnern wie gegen eine freiwillige Aussage zur Sache, insbes. ein Geständnis. Die Tauglichkeit von Polygraphentests hat allerdings verneint BGHSt 44, 308. Nach BVerfG-K NJW 1998, S. 1938 ist der Polygraphen-Test jedenfalls nicht durch Art. 2 Abs. 1, Art. 1 Abs. 1 GG verfassungsrechtlich geboten, was bei Tauglichkeit indessen nicht zutrifft. Entlastende Beweistatsachen müssen erhoben werden. Strikt ablehnend äußerte sich noch BGHSt 5, 332 und im Anschluss an dieses Erkenntnis auch *Luhmann,* Grundrechte als Institution, S. 75 in Fn. 59, vgl. ferner BVerfG (Vorprü-

Behandlung«, die den Einzelnen in Situationen spezifischer Gewaltunterworfenheit gezielt (insbes. planmäßig) der **Demütigung** preisgibt[240].

78 Hiervon abzugrenzen sind Fallgestaltungen, die nicht Versuche unmittelbaren Zugriffs auf den Prozess der persönlichen Identitätsbildung und -erhaltung zum Gegenstand haben und die daher nicht dem absoluten Instrumentalisierungsverbot unterliegen[241]: Zu dieser Fallgruppe zählt nicht nur die strafprozessuale **Verwertung von Tagebüchern** (§ 261 StPO), die auf bereits verobjektivierte Gedankeninhalte zielt und damit den Einzelnen nicht in aktuell unauflöslichen Selbst-Widerspruch setzt[242]. Auch der Zwang zur **Abgabe einer Blutprobe** (§ 81a Abs. 1 StPO) und selbst der **Brechmitteleinsatz** unterschreiten nicht per se den würdegebotenen rechtlichen Mindeststandard, weil sich die – auf ihre Verhältnismäßigkeit aber jeweils noch zu prüfende – Duldungspflicht[243] hier auf einen körperlichen und insoweit persönlichen, aber vom inneren Vorgang der Identitätsbildung und -erhaltung doch unterscheidbaren rein objektiv-tatsächlichen Sachverhalt bezieht[244].

79 Gemessen an den dargelegten Kriterien macht die **Todesstrafe** als solche den Menschen nicht zum bloßen Objekt und unterschreitet nicht den würdegebotenen rechtlichen Mindeststandard. Sie hält den Einzelnen (als Rechtssubjekt) im Falle schwersten Unrechts an der Verantwortung für seine ihm als Taten zurechenbaren Handlungen fest[245]. Nicht der Widerspruch zur Anerkennung der Menschenwürde, sondern der massenhafte Missbrauch dieser denkbar intensivsten Strafsanktion während der NS-Zeit war der Grund ihrer ausnahmslosen Abschaffung durch den

---

fungsausschuss), NJW 1982, 375, dagegen *Schwabe*, NJW 1982, 367. Hierzu insbes. *Herdegen*, in: Maunz/Dürig I, Art. 1 Abs. 1 (2005) Rn. 81.

240 Beispielsfälle in BVerwGE 93, 108 (112) und bei *Pieroth/Schlink*, Staatsrecht II, 9. Aufl. 1993, Rn. 416. Zur Demütigung als würdeverletzendem Vorgang auch *Schefer*, Die Kerngehalte von Grundrechten, S. 29, 133 ff., sowie *Hörnle*, ZRPh 2008, 41, 60, jeweils im Anschluss an *Avishai Margalit*, The Decent Society, 1996; vgl. *Seelmann/Demko*, Rechtsphilosophie, § 12, Rn. 27 f.

241 Zur hier maßgeblichen Differenzierung auch *Seelmann/Demko*, Rechtsphilosophie, § 12, Rn. 29: Absolut verboten ist nicht die Informationserhebung (unter Zwangseinsatz), sondern sind (nur) »Darstellungsleistungen gegen die bewusste Selbstdarstellung«.

242 BVerfGE 80, 367 = DVBl. 1990, 220; EGMR EuGRZ 2007, 150, 161 (Nr. 102) – Jalloh ./. Deutschland; *Enders*, in: Friauf/Höfling, Art. 1 (2005) Rn. 98.

243 Zum Problem der Verhältnismäßigkeit BVerfGE 16, 194 (201 f.) = DVBl. 1963, 670; insbes. zum Brechmitteleinsatz *Höfling*, in: Sachs, Art. 1 Rn. 44 m. Fn. 183 f. und EGMR EuGRZ 2007, 150, 157 f. (Nr. 70 ff.), 158 f. (Nr. 76 ff.) – Jalloh ./. Deutschland.

244 BVerfG-K NStZ 2000, 96; *Enders*, in: Friauf/Höfling, Art. 1 (2005) Rn. 98; *Herdegen*, in: Maunz/Dürig I, Art. 1 Abs. 1 (2005) Rn. 82; anders *Zaczyk*, StV 2002, 125 ff.

245 Vgl. *Dreier*, in: Dreier I, Art. 1 I Rn. 141; *Zippelius*, in: BK, Art. 1 (2004) Rn. 70; *Herdegen*, in: Maunz/Dürig I, Art. 1 Abs. 1 (2005) Rn. 92; vgl. auch *Hillgruber*, in: Epping/Hillgruber, Art. 1 Rn. 13, 13.1; dagegen z.B. *Jarass*, in: Jarass/Pieroth, Art. 1 Rn. 18; *Kunig*, in: v. Münch/Kunig I, Art. 1 Rn. 36; *Starck*, in: v. Mangoldt/Klein/Starck I, Art. 1, Rn. 48.

Grundgesetzgeber, die einer gesonderten Regelung bedurfte (Art. 102 GG), da das Lebensrecht nur relativ gewährleistet ist und aufgrund gesetzlicher Regelung entzogen werden kann (Art. 2 Abs. 2 Satz 1 und Satz 3 GG)[246]. Gegen die Todesstrafe sprechen allerdings heute durchschlagende und über Art. 20 Abs. 3 GG verfassungsrechtlich abgesicherte (auch völkerrechtlich untermauerte) Forderungen eines zeitgemäßen, humanen Strafrechts im Lichte der mit ihm verbundenen Strafzwecke.

Ebensowenig diskreditiert das Bekenntnis zur Menschenwürde die **Strafsanktion der** **80** **lebenslangen Freiheitsstrafe**, die allerdings, um ihren rechtsstaatlichen Zwecken gerecht werden zu können, die Chance einer Wiedererlangung der Freiheit nicht gänzlich ausschließen darf[247]. Umgekehrt ist darauf Bedacht zu nehmen, dass ein am Interesse der Resozialisierung des Straftäters ausgerichteter Behandlungsvollzug[248] gleichwohl noch Distanz wahrt und nicht auf die innere Selbstbestimmtheit des Ich durchzugreifen sucht (Art. 2 Abs. 1 i.V.m. Art. 1 Abs. 1 GG).

c) Verwertungsverbote zugunsten des forum internum

Auch Eingriffe in die Schutzzone des forum internum lösen verfassungsunmittelbare **81** **Verwertungsverbote** aus. Die unzulässig gewonnenen Erkenntnisse dürfen nicht zu Lasten des Eingriffsbetroffenen verwendet werden, um dessen Instrumentalisierung nicht zu perpetuieren und zu vertiefen (vgl. auch § 136a StPO)[249]. Das gilt allgemein, insbes. aber für durch Folter erlangte Beweismittel. Allerdings haben Verwertungsverbote nur eine **begrenzte Fernwirkung** und begründen nicht ohne weiteres ein Verfahrenshindernis[250]. Beweismittel, die selbständig und rechtmäßig gewonnen wurden, werden von ihnen in ihrer Verwertbarkeit nicht berührt und vermögen

---

246 Vgl. BVerfGE 18, 112 (117 f.) = DVBl. 1964, 738; BVerfGE 45, 187 (225); auch *Seebohm*, in: Parl. Rat 5/II, 32. Sitzung (Fn. 15), S. 923. Zum Ganzen *Tettinger*, JZ 1978, 128 ff.; *Enders*, Art. Todesstrafe (J), in: Heun u.a., Evangelisches Staatslexikon, Neuausgabe 2006, Sp. 2459 ff.

247 Vgl. BVerfGE 45, 187 (225 f., 227 ff.).

248 BVerfGE 35, 202 (236); BVerfGE 45, 187 (228 f.): »Art. 1 Abs. 1 GG in Verbindung mit dem Sozialstaatsprinzip«. Bei näherem Hinsehen sind die vom BVerfG erhobenen Forderungen teils aus dem Sozialstaatsprinzip abgeleitet, teils (im Hinblick auf die notwendige Generalisierung der Regeln) aus dem Rechtsstaatsprinzip, teils auch eine Frage der Möglichkeit der Zweckerreichung und damit der Verhältnismäßigkeit. Vgl. auch BVerfGE 109, 133 (149 ff., 153 f.) = DVBl. 2004, 521 zur Sicherungsverwahrung als »Präventivmaßnahme zum Schutz der Allgemeinheit«.

249 Das folgt aus der Identität von Verbotsgrund des Eingriffs und Eingriffsobjekt der beabsichtigten Verwertung. Vgl. BVerfGE 56, 37 (50); zur Folter BVerfG-K NJW 2005, 656, 657. Etwa auch EGMR EuGRZ 2007, 150, 161 f. (Nr. 99 f., 105) – Jalloh ./. Deutschland.

250 BVerfG-K, NJW 2005, 656, 657. Vgl. BVerfG-K NJW 2009, 3225 f.: Verboten ist die willkürliche Annahme von (objektiv-tatsächlich nicht gegebenen) Eingriffsvoraussetzungen. Anderenfalls würden unzulässige verdachtlose Eingriffe (o. Rdn. 71) erlaubt. Ferner jeweils zum Maßstab des Rechts auf faires Verfahren im Strafprozess: BVerfGE 130, 1 (28, 29 f.); BVerfG-K, Beschl. v. 18.12.2014 – 2 BvR 209/14 u.a., juris AbsNr. 34, 38,

dann eine belastende (insbes. strafgerichtliche) Entscheidung zu tragen. Zweifelhaft ist, ob **indirekt** als Folge einer rechtswidrig (vor allem durch Folter) erzwungenen Aussage **erlangte Beweismittel** zu Lasten des Betroffenen (Beschuldigten) verwertet werden können[251].

82 Von zunehmender Bedeutung ist die Frage, ob die außerhalb des Geltungsbereichs des Grundgesetzes **von Hoheitsorganen anderer Staaten** unter Einsatz verbotener Methoden (Folter) – also nach grundgesetzlichen Maßstäben unzulässig – gewonnenen Informationen nach deutschem Recht verwertet werden dürfen. Hier ist zwischen einer **Verwertung im Strafprozess** und einer »Verwertung« **zum Zwecke der Gefahrenabwehr** zu unterscheiden[252]: Wurden Beweismittel außerhalb der Einflussmöglichkeiten deutscher Hoheitsgewalt von einem (nun) nach deutschem Recht Beschuldigten unter Missachtung seiner Rechtssubjektstellung erlangt, können sie aus den dargelegten Gründen nicht gegen diesen verwertet werden. Aber auch Informationen, die anderen, dritten Personen machtmissbräuchlich abgepresst wurden, werden regelmäßig nicht belastbar sein und darum keine tragfähige Grundlage der Entscheidungsfindung in einem rechtsstaatlichen Strafprozess bilden können. Im Ansatz anders verhält es sich mit der Bedeutung solcher Informationen für die Gefahrenabwehr. Das Gefahren- oder Gefahrenverdachtsurteil nach den einschlägigen verwaltungsrechtlichen Befugnisnormen des Gefahrenabwehrrechts kann und muss ggf. – nicht ohne Rücksicht auf die eingeschränkte Zuverlässigkeit der Tatsachengrundlage – auch auf möglicherweise rechtswidrig gewonnene Informationen gestützt werden, die insoweit keine unmittelbar rechtliche Bewertung formulieren, sondern lediglich einen »Lebenssachverhalt« bezeichnen. Bedenklich ist es aber, wenn derartige Informationen den tatbestandlich – und verfassungsrechtlich – vorausgesetzten konkreten Verdacht für weitere Eingriffsmaßnahmen der Gefahrerforschung (o. Rdn. 71 f.) begründen sollen.

V. Grenzfälle des normativen Würdekonzepts

1. Würdeschutz und zweifelhafte Subjektqualität

a) Embryonenschutz

83 Unanzweifelbar steht die Stellung des geborenen Menschen als Rechtssubjekt (natürliche Person) fest (o. Rdn. 13). Die Problemkonstellationen des Schwangerschaftsabbruchs, der Embryonenforschung (insbes. der Stammzellforschung, auch des Klonens und des Gentransfers in Keimbahnzellen) wie auch der Präimplantations-

---

    vgl. AbsNr. 44 ff. (hier: Verwertbarkeit von Aussagen bei rechtsstaatswidriger Tatprovokation im Strafprozess, auch mit Rücksicht auf Vorgaben der EMRK).
251 Folter bei bloßen Drohungen letztlich verneinend EGMR EuGRZ 2008, 466, 477 sowie EGMR-GK, EuGRZ 2010, 417 – Gäfgen ./. Deutschland; vgl. *Grabenwarter*, NJW 2010, 3128; *Hufen*, Staatsrecht II, § 10, Rn. 63.
252 Vgl. *Baldus*, JZ 2008, 218, 226 bei und nach Fn. 94.

diagnostik (PID)[253] haben aber den **Menschen im embryonalen Stadium** zum Gegenstand. Umstritten ist, ob der Satz von der Menschenwürde auch für dieses frühe Stadium menschlicher Existenz normative Vorgaben macht. Die Rspr. des BVerfG zum Schwangerschaftsabbruch geht, gestützt auf die **Kontinuitätsthese**, davon aus[254], wenn sie betont, dass sich der Embryo (jedenfalls ab Nidation in der Gebärmutter) »nicht erst zum Menschen, sondern als Mensch« entwickle. In den verschiedenen Stadien eines einheitlichen »individuellen Menschseins«[255] komme ihm das **Lebens-Recht um seiner selbst willen** zu (Art. 2 Abs. 2 Satz 1 GG). Wie vielfach die Literatur[256] ist auch der Gesetzgeber dem BVerfG gefolgt und versteht das Embryonenschutzgesetz sowie das Stammzellgesetz als Ausdruck der aus Art. 1 Abs. 1 Satz 2 GG zugunsten des Menschen fließenden staatlichen Schutzverpflichtung[257].

In rechtskonstruktive Schwierigkeiten gerät diese Auffassung, soweit der im Embryonalstadium vorgenommene manipulative Eingriff nicht zur Vernichtung der Einzelexistenz führt, sondern sich auf den aus ihr (potentiell) hervorgehenden, geborenen, mit eigener unantastbarer Würde begabten Menschen auswirkt (reproduktives Klonen; Keimbahnzellentherapie), dessen individuelle Identität also von Geburt an durch die Manipulation geprägt wäre[258]. Beurteilt man das Maß seiner Fremdbestimmung anhand des Instrumentalisierungsverbots, ergibt sich, was Unausweichlichkeit und Totalität angeht, kein signifikanter Unterschied zur natürlichen Zeugung und Geburt, die den schlechthin fremdbestimmten Beginn menschlichen selbstbestimmten Daseins markieren[259]. Umgekehrt kommt unzweifelhaft nicht anders als dem »natürlich« geborenen auch dem gen- oder biotechnisch »manipulierten« Menschen, ungeachtet aller technischen Festlegungen, in vollem Umfang Würde zu[260]. **84**

---

253 Zusammenfassend *Enders*, JURA 2003, 666 ff.; *Hillgruber*, in: Epping/Hillgruber, Art. 1 Rn. 20 ff.; *Höfling*, in: Sachs, Art. 1 Rn. 23 ff.; vgl. die Sammelbände *Höffe/Honnefelder/Isensee/Kirchhof* (Hrsg.), Gentechnik und Menschenwürde, 2002 und *Kettner* (Hrsg.), Biomedizin und Menschenwürde, 2004.

254 BVerfGE 39, 1; 88, 203 = DVBl. 1993, 801.

255 BVerfGE 88, 203 (251 f.) = DVBl. 1993, 801.

256 Vgl. *Hillgruber*, in: Epping/Hillgruber, Art. 1 Rn. 4, 17 ff.; *Höfling*, in: Sachs, Art. 1 Rn. 60 ff.

257 Embryonenschutzgesetz vom 13.12.1990, BGBl. I S. 2746 (ESchG), geändert mit Gesetz vom 21.11.2011, BGBl. I S. 2228; Gesetz zur Sicherstellung des Embryonenschutzes im Zusammenhang mit Einfuhr und Verwendung menschlicher embryonaler Stammzellen vom 28.06.2002, BGBl. I S. 2277 (Stammzellgesetz, StZG), geändert mit Gesetz vom 14.08.2008, BGBl. I S. 1708.

258 Vgl. *Höfling*, in: Sachs, Art. 1 Rn. 27, 52; *Isensee*, AöR 131 (2006), 173, 214 m. Fn. 186.

259 Treffend bereits *Kant*, Metaphysik der Sitten, Rechtslehre, in: Weischedel (Hrsg.), Werke, 1956 ff., Bd. IV, § 28, S. 393 f.: Es ist »unmöglich … sich von der Erzeugung eines mit Freiheit begabten Wesens durch eine physische Operation einen Begriff zu machen«.

260 Vgl. *Hillgruber*, in: Epping/Hillgruber, Art. 1, Rn. 22.

85 Die Literatur propagiert darum für diese Zweifelsfälle eine objektiv-rechtliche **Loslö-sung des Würdeschutzes vom Einzelmenschen als Subjekt,** dessen Schicksal nur mehr (beispielhaft) aus der übergeordneten Perspektive der Gattung und ihres Schutzes eine Rolle spielt. Art. 1 GG verlangt dann nicht Respekt vor der Würde dieses Einzelmen-schen, sondern soll das »**gattungsethische Selbstverständnis**« vor Erosion bewah-ren[261]. Das überzeugt indessen nicht. Auch der Blankettbegriff des »gattungsethischen Selbstverständnisses« bezeichnet eine – verfassungsrechtlich nicht ausgewiesen – Theorie über das Wesen des Menschen, aus der verfassungsrechtliche Folgerungen nicht abgeleitet werden dürfen (o. Rdn. 6, 21 ff.). Das Bekenntnis zur unhinterfragt anerkannten und im Rechtskontext von allen vorauszusetzenden Menschenwürde verschließt sich insofern auch der guten Absicht der Orientierung an einem ver-meintlich »offenen« Menschenbild, die nicht vor partikularen Werthaltungen zu schützen vermag.

86 Vielmehr ist an der Ausgangsposition des BVerfG festzuhalten, nach der eine Auf-spaltung von Würde und Grundrechtsträgerschaft ausscheidet. Es kann nach der Konzeption des Art. 1 GG keine Grundrechte ohne Würde geben, deren Schutz die Grundrechte umgekehrt zu dienen bestimmt sind (o. Rdn. 9)[262]. Eine andere Frage ist es, ob dem Menschen bereits im Embryonalstadium Subjektqualität und damit – u.a. – das Recht auf Leben zukommt. Der Hinweis auf die natürliche Qualität des Schutzguts Leben, das wiederum »die vitale Basis der Menschenwürde« sei[263], geht fehl. Als »natürliche Eigenschaft« kommt das Leben auch überall sonst in der Natur vor, bei Tieren und Pflanzen. Insofern ist es aber nicht als subjektives Recht ge-schützt. Der subjektiv-rechtliche Schutz menschlichen Lebens ist vielmehr eine **Frage der Anerkennung des Menschen** in seiner Würde **als Rechtssubjekt.** Diese Anerken-nung geschieht in einem Akt normativer Setzung, der sich von natürlichen Gegeben-heiten bewusst abhebt und, indem er dem Menschen um seiner selbst willen das Recht auf Selbstbestimmung und -behauptung zuspricht, Unterscheidungen treffen kann, die keiner zwingenden natürlichen Notwendigkeit folgen (o. Rdn. 26, 34). Geschäftsfähigkeit oder beschränkte Geschäftsfähigkeit der Person, aktives wie passi-ves Wahlrecht, keine dieser Differenzierungen ist von Natur vorgegeben.

87 Die **Entstehungsgeschichte** der Grundrechtsbestimmung zum Lebensschutz gibt letztlich keine präzise Auskunft über den Zeitpunkt, ab dem die Vorschrift rechtlich

---

261 *Höfling*, in: Sachs, Art. 1 Rn. 27, 52, 57 im Anschluss an *Habermas*, Die Zukunft der menschlichen Natur, 2001, S. 120 ff.; ähnlich insoweit *Dreier*, in: Dreier I, Art. 1 I Rn. 108 ff.

262 *Höfling*, in: Sachs, Art. 1 Rn. 56, 62; vgl. auch *Papier*, Die Würde des Menschen ist unan-tastbar, in: FS Starck, 2007, S. 371, 380 f. Anders, aber mit Unterschieden im einzelnen *Dederer*, AöR 127 (2002), 18, 22 f.; *Dreier*, in: Dreier I, Art. 1 I Rn. 69; *Ipsen*, JZ 2001, 989, 991 f.; *Lege*, Das Recht der Bio- und Gentechnik, in: Schulte (Hrsg.), Handbuch des Technikrechts, 2003, S. 669, 752 f., 757. Näher zu den Positionen *Enders*, in: Friauf/Höfling, Art. 1 (2005) Rn. 128 ff.

263 BVerfGE 39, 1 (41, 42 [Zit.]); 88, 203 (252) = DVBl. 1993, 801. Im Anschluss hieran z.B. *Hillgruber*, in: Epping/Hillgruber, Art. 1 Rn. 17; *Höfling*, in: Sachs, Art. 1 Rn. 61.

greift[264]. Aufklärung über die Frage der Rechtssubjektqualität der embryonalen Frühformen menschlicher Existenz bietet aber zum einen der Blick auf die Rechts- und Verfassungsgeschichte. Er zeigt, dass im Gefolge des modernen Menschenrechts- denkens, das die Rechtssubjektivität des Menschen zur zentralen Richtgröße staatli- cher Ordnung erklärt, diese **Rechtssubjektivität** dem Menschen (als »angeboren«)[265] stets **ab dem Zeitpunkt seiner Geburt** zugesprochen worden ist[266]. Die Eingangs- bestimmung des Bürgerlichen Gesetzbuchs, an deren Verfassungsmäßigkeit der Grundgesetzgeber keine Zweifel laut werden ließ, legt davon ebenso Zeugnis ab (§ 1 BGB) wie die Strafrechtsordnung[267]. Das Grundgesetz hat sich mit seinem Bekennt- nis zu Menschenwürde und Menschenrechten in diese Tradition gestellt[268]. Zum an-

---

264 Vgl. die Nachweise in BVerfGE 39, 1 (38 ff.): Der im Hauptausschuss des Parl Rat ge- stellte Antrag des Abgeordneten *Seebohm*, das keimende Leben ausdrücklich dem Schutz der Vorschrift zu unterstellen, wurde dort mit großer Mehrheit abgelehnt, ohne dass klar wäre, ob man eine solche Selbstverständlichkeit nicht normieren oder doch den Lebens- schutz entsprechend enger begrenzen wollte. Die Diskussionen im Grundsatzausschuss und im Plenum ergaben keine neuen Aspekte; Plenum, 10. Sitzung v. 08.05.1949, in: Der Parl. Rat, 1948–1949, Akten und Protokolle, Dt. Bundestag und Bundesarchiv (Hrsg.), Bd. 9, 1998 (Plenum 9, 10. Sitzung), S. 555, 565, 578.
265 So bekundet die französische Erklärung der Menschen- und Bürgerrechte von 1789 (Art. 1), dass die »Menschen … frei und gleich an Rechten geboren (werden)«. Ähnlich Art. 1 der Menschenrechtserklärung der Generalversammlung der Vereinten Nationen vom 10.12.1948: »Alle Menschen werden frei und gleich an Würde und Rechten gebo- ren«; vgl. *Enders*, JÖR N.F. Bd. 59 (2011), S. 245, 254.
266 Vgl. *E. P. J. Spangenberg*, Commentar über den Code Napoleon, Bd. I, 1810, § 98 (S. 141): »Person ist überhaupt das, das … für sich Inhaber von Rechtsverhältnissen seyn kann. Um jedoch Person seyn zu können ist nöthig: I. dass man ein menschliches Wesen … sey; II. dass dieses menschliche Wesen lebend, und fähig, sein Leben von der Mutter getrennt fortzusetzen, geboren sey«. Der – philosophische – Grund für diese Konvention ist, dass die Rechtssubjektstellung des Menschen nicht ohne seine Fähigkeit zur Selbst- zwecksetzung gedacht werden kann. Denn von moralisch-rechtlicher Zurechnung, von Rechten und Pflichten überhaupt kann nur unter der Voraussetzung der (inneren) Frei- heit sinnvoll die Rede sein. Die Geburt ist indessen die letzte absolut unbeeinflussbare, schlechthin fremdbestimmte Seinsbedingung, die nur ex post bewältigt werden kann (durch die innere Freiheitserfahrung der Empfänglichkeit für Pflichten um ihrer selbst und damit um meiner selbst willen). Es ist demgegenüber unmöglich, sie ihrerseits bereits als Ausdruck menschlicher Freiheit des Geborenen zu verstehen. Darum ist die Geburt der Zeitpunkt, mit dem die für das Recht maßgebliche Subjektstellung des Menschen (als Person) einsetzt. *Enders*, in: Gröschner/Lembcke, Das Dogma der Unantastbarkeit, 2009, S. 69, 90. Vgl. *Kant*, Metaphysik der Sitten, Rechtslehre, in: Weischedel (Hrsg.), Werke, 1956 ff., Bd. IV, § 28, S. 393 f.; auch *Gerhardt*, Die angeborene Würde des Menschen, 2004, S. 120, 132, 145.
267 Vgl. *Kühl*, in: Lackner/Kühl, vor § 211 Rn. 1, 3.
268 Im Grundsatz wie hier *Dreier*, in: Dreier I, Art. 1 I, Rn. 66, 68 f.; anders z.B. *Hillgruber*, in: Epping/Hillgruber, Art. 1, Rn. 17; *Isensee*, in: HGR IV, 2011, § 87, Rn. 200 ff., 206; *Höfling*, in: Sachs, Art. 1 Rn. 61; *Robbers*, in: Umbach/Clemens I, Art. 1 Rn. 21; *Stern*, Staatsrecht IV/1, S. 71 f.

deren bestätigt diesen Befund, nach dem Rechte um seiner selbst willen dem Menschen nach der Tradition der Menschenrechte erst mit der Geburt zukommen, die rechtsvergleichende Analyse der europäischen Rechtslage[269]. Verbrauchende Forschung an und mit menschlichen Embryonen ist in der EU grundrechtlich nicht verboten (vgl. Art. 3 Abs. 2d GReCH-EU), die Menschenwürde ist ersichtlich nicht Basis rechtlichen Embryonenschutzes[270]. Und der EGMR hat mehrfach entschieden, dass vor dem Zeitpunkt der Geburt ein eigenes Recht auf Leben nicht anzuerkennen ist[271].

88 Andererseits bestehen auch für das frühe (vorgeburtliche bzw. embryonale) Stadium menschlicher Existenz keine Zweifel an der **Einzigartigkeit und Schutzwürdigkeit menschlichen Lebens**, auch an seiner Anlage zu selbstbestimmter Entfaltung. Indessen ist der »im Namen der Menschenwürde« gebotene Respekt[272] weder subjektiv verrechtlicht, noch durch ein objektives, seiner verfassungsmäßigen Funktion entfremdetes Prinzip Menschenwürde geschützt. Diesen Respekt zu wahren gebieten aber jene grundlegenden sozial-ethischen Wertanschauungen, die als tradierte, allgemeinverbindlich erachtete Verhaltensregeln das Gemeinschaftsleben bestimmen, insofern **Tabuzonen** definieren[273] und doch zugleich im Verlaufe von Generationen sich wandeln mögen. Sie begrenzen als Ausprägung des Sittengesetzes die Persönlichkeitsentfaltung (Art. 2 Abs. 1 GG) und können demgemäß gesetzliche Freiheitsbeschränkungen legitimieren (o. Rdn. 24, 56 ff.)[274]. Solange sie an jedermann gerichtete, allgemeine Handlungsverbote formulieren und damit zugleich ohne ausschließliche Rücksicht auf missbilligte Wertauffassungen oder Lebenshaltungen Rechtsgüter definieren, greifen sie nicht auf die innere Einstellung über (o. Rdn. 59) und beeinträchtigen insbes. auch nicht die spezifisch wissenschaftliche Freiheit der Fragestellung, der Methodenwahl und des ergebnisoffenen Bemühens um Wahr-

---

269 Zur Berechtigung dieser Perspektive *Schulze-Fielitz*, Verfassungsvergleichung als Einbahnstraße?, in: Blankenagel u.a. (Hrsg.), Verfassung im Diskurs der Welt, 2004, S. 355, 364 ff.; *Baldus*, AöR 136 (2011), S. 529, 548.

270 EuGH EuGRZ 2011, 576; BHZ 195, 364 (Verwendung menschlicher Embryonen zu industriellen und kommerziellen Zwecken). Hierzu aufschlussreich *Dederer*, EuR 2012, 336, 342 f. sowie GRUR 2013, 352, 354; *Taupitz*, in: FS Riedel, 2013, S. 505, 514 ff.

271 EGMR-GK NJW 2005, 727, 731 (Abs. Nr. 84) – Vo ./. France; bestätigt von EGMR EuGRZ 2006, 389 (Abs. Nr. 46) und EGMR-GK NJW 2008, 2013, 2014 (Abs.Nr. 56) – Evans ./. United Kingdom. Vgl. *Schefer*, Die Kerngehalte von Grundrechten, S. 27, 415 f.; *Callies*, in: Gröschner/Lembcke, Das Dogma der Unantastbarkeit, 2009, S. 133, 159 ff., insbesond. 162 f.; *Enders*, JÖR N.F. Bd. 59 (2011), S. 245, 248 f.; *Taupitz*, in: FS Riedel, 2013, S. 505, 509; *Vöneky*, in: FS Würtenberger, 2013, S. 591, 595 ff.

272 Vgl. EGMR NJW 2005, 727, 731 (Nr. 84) – Vo ./. France; dagegen beharrt in einem engeren Sinne auf der Menschenwürde des nasciturus *Gröschner*, in: Siegesleitner/Knoepffler, S. 17, 31.

273 *Isensee*, in: HStR IV³, 2011, § 87, Rn. 142, 147.

274 Vgl. *Kahl*, in: FS Merten, 2007, S. 57, 64, 73.

heit[275]. Auf diese Weise eröffnet sich dem Gesetzgeber ein – nicht unbegrenztes Feld
– der flexiblen Reaktion auf existentielle Anliegen der sozialen Gemeinschaft, etwa
für eine problemadäquate Regelung des Schwangerschaftsabbruchs, durchaus auf der
Linie des BVerfG. Die **Erzeugung von Embryonen** allein **zu Forschungszwecken**
und insbes. **für Zwecke industrieller Verwertung** dürfte dabei nach europaweit vorherrschender Überzeugung als sittenwidrig zu erachten sein, wie Art. 18 Abs. 2 des
Menschenrechtsübereinkommens zur Biomedizin (des Europarats, v. 04.04.1997) einerseits, Art. 6 der Biopatent-RL andererseits[276] erkennen lassen[277].

b) Würde als Strafrechtsgut?

Soweit das Strafgesetz die Menschenwürde in Schutz nimmt (vgl. §§ 130, 131 **89**
StGB) handelt es sich gleichfalls nicht um eine – dem Gesetzgeber ohnehin unmögliche – authentische Legalinterpretation der Verfassung, sondern um eine Konkretisierung der Freiheitsschranken des Sittengesetzes. Das wird exemplarisch deutlich an
der neuen Strafbestimmung des § 130 Abs. 4 StGB: Die »Würde der Opfer« meint
hier nicht die Würde einzelner, bestimmter Personen, die vielmehr durch §§ 185 ff.,
194 StGB geschützt wird[278]. Vielmehr geht es um eine tatbestandliche Präzisierung
des »öffentlichen Friedens« und seiner normativen Anforderungen. Diese Präzisierung des Schutzguts hebt aber, soweit sie unabhängig von konkreter Gewaltgeneigt-
heit auf den Gehalt der (die NS-Willkürherrschaft verherrlichenden) Äußerungen
zielt, auf eine spezifische Anstößigkeit ab, wie das typisch ist für Verhaltensregeln des
Sittengesetzes.

Zu fragen bleibt dann jeweils, ob bestimmte Einstellungen um ihrer selbst willen **90**
verboten werden. Das verbietet sich nicht nur wegen des besonderen Schutzes der
Geistesfreiheit (etwa nach Art. 5 Abs. 1, Abs. 2 GG), sondern aus allgemein rechtsstaatlichen Erwägungen, die in Art. 1 GG ihren Ausgangs- und Bezugspunkt haben
(o. Rdn. 54, 56, 59).

---

275 Vgl. BVerfGE 35, 79 (112 f.) = DVBl. 1973, 536; 90, 1 (12, 13) = DVBl. 1994, 710;
     BVerfG NVwZ 1994, S. 894; dazu *Enders*, ZRph 2003, 126, 136, 137 f.
276 RL 98/44/EG des Europäischen Parlamentes und des Rates, s. auch Erwägung 39–42.
     Vgl. EuGH EuGRZ 2011, 576 und BGHZ 195, 364; hierzu *Dederer*, GRUR 2013,
     352.
277 Ohne dass dadurch Forschung an sog. überzähligen Embryonen – s. auch Art. 18 Abs. 1
     des Menschenrechtsübereinkommens zur Biomedizin – ausgeschlossen wäre, vgl. *Enders*,
     in: Friauf/Höfling, Art. 1 (2005) Rn. 137.
278 BGHZ 75, 160 (162 f.); BGHSt 40, 97 (103 ff.); BVerfGE 90, 241 (251 ff.) =
     DVBl. 1994, 688; BVerfG-K NJW 2009, 3089, 3090 = DVBl. 2009, 667 (LS.); sehr zu-
     rückhaltend zur Einführung des Würdearguments BVerfGE 124, 300 (347) = DVBl.
     2010, 41. Zum Ganzen auch *Enders*, JZ 2008, 1092 ff.

2. Nachwirkender Würdeschutz (postmortaler Persönlichkeitsschutz)

91   Zwar kann der bereits zum Ausdruck gekommene Wille zur Selbstbestimmung über den Tod hinaus wirken, etwa in Gestalt einer Patientenverfügung[279], aber auch erbrechtlich (vgl. Art. 14 Abs. 1 GG). Nach der zutreffenden Rspr. des BVerfG endet jedoch die Rechtssubjektivität des Einzelnen mit dem Tode. Ehrenschutz nach Maßgabe des allgemeinen Persönlichkeitsrechts kommt dann nicht mehr in Betracht. Aus dem Satz von der Menschenwürde soll sich aber – insofern rein objektiv-rechtlich – ergeben, dass der soziale **Wert- und Achtungsanspruch der Person** auch noch nach dem Tode fortwirkt, allerdings zugleich mit der Erinnerung an den Verstorbenen allmählich verblasst[280]. Zu dieser Verobjektivierung will freilich nicht recht passen, dass nach mittlerweile std. Rspr. die Angehörigen die Wahrung des Anspruchs sollen einfordern und gerichtlich durchsetzen können[281]. Auch hier überzeugt es nicht, unter Berufung auf das Prinzip Menschenwürde Rechtsansprüche von ihrem Inhaber abzulösen und zu verselbständigen. Alles spricht vielmehr dafür, dass es in Wahrheit um den Wert- und Achtungsanspruch der hinterbliebenen Familienangehörigen geht (die »**Familienehre**«), den diese im Rahmen ihrer eigenen Rechtszuständigkeit und als eigenes subjektives Recht geltend machen können[282].

92   Auch allgemeine Respektspflichten wie sie das Verbot einer Störung der Totenruhe vorschreibt, gelten nicht der (nachwirkenden) Subjektstellung des Verstorbenen[283], sondern – soweit es sich nicht um subjektive Verfügungsrechte der Angehörigen handelt (Art. 2 Abs. 1 GG)[284] – dem **Pietätsempfinden der Allgemeinheit** (mittelbar der Angehörigen), leiten sich damit aus den objektiv-rechtlichen Verhaltensgeboten des Sittengesetzes ab, das u.a. in § 168 StGB seinen Ausdruck findet[285].

3. Vom Persönlichkeitsschutz zum geistigen Eigentum

93   Einzelne Teilelemente des Persönlichkeitsschutzes sind der Verselbständigung zugänglich. Sie können eine rechtlich eigenständige Existenz erlangen, die dann besonderen Regeln folgt. Das bedeutet aber nicht, dass es um eine Objektivierung und Ablösung vom Rechtsträger geht, vielmehr ändert sich der Aspekt der rechtlichen Zuordnung zur Eigensphäre des Rechtssubjekts. Das allgemeine Persönlichkeitsrecht

---

279 BGHZ 154, 205 (217, 223).

280 BVerfGE 30, 173 (194); BVerfG-K NJW 2001, 2957, 2958. Vgl. BGHZ 50, 133 (137, 140).

281 Vgl. dagegen BVerfGE 109, 279 (304) = DVBl. 2004, 557 zur Geltendmachung höchstpersönlicher Rechte von Verstorbenen.

282 Vgl. *Dreier*, in: Dreier I, Art. 1 I Rn. 75 f.; *Enders*, Die Menschenwürde in der Verfassungsordnung, S. 470 f., 492 f.; *Huber*, in: HGR II, § 49, Rn. 24, der allerdings eine – objektiv-rechtliche – Schutzpflicht (Art. 1 Abs. 1 Satz 2 GG) zugunsten der Hinterbliebenen annimmt, aaO, Rn. 25, also den Würdeschutz von der Subjektstellung ablöst.

283 So aber z.B. *Hillgruber*, in: Epping/Hillgruber, Art. 1 Rn. 5.

284 Vgl. BVerfG NJW 1994, 783; *Heger*, in: Lackner/Kühl, § 168, Rn. 3.

285 *Enders*, Die Menschenwürde in der Verfassungsordnung, S. 470.

(Art. 2 Abs. 1 i.V.m. Art. 1 Abs. 1 GG) dient zwar in erster Linie dem Schutz ideeller Interessen, auf die als solche, weil sie die persönliche Identität ausmachen, niemand schlechthin verzichten kann, die also auch nicht in Gesamtheit anderen übertragen werden könnten (vgl. o. Rdn. 51, 57)[286]. Daneben ist heute aber anerkannt, dass sich mit der Persönlichkeit – mit ihrem »Image«, ihrem Namen und Abbild[287] – vermögenswerte kommerzielle Interessen verbinden können, die als Rechtspositionen eigenständig Schutz verdienen und demzufolge im Rechtsverkehr übertragen und insbes. vererbt werden können[288]. Dieses rechtlich anerkennenswerte Interesse fällt indessen nicht mehr unter den Schutz des allgemeinen Persönlichkeitsrechts. Es handelt sich um ein **kommerzielles Verwertungsinteresse** an der Persönlichkeit, das verfassungsrechtlich von der Eigentumsgarantie (Art. 14 Abs. 1 GG) erfasst wird[289]. Denn hier geht es darum, dem Einzelnen eine vermögenswerte Rechtsposition zu seinem privaten Nutzen und als Gegenstand grundsätzlich freier Verfügung zuzuordnen, wie dies der gängigen Definition des verfassungsrechtlichen Eigentumsbegriffs entspricht[290]. In dieser Zuordnung liegt kein Bruch mit dem Paradigma der Selbstbestimmung, wohl aber ein Perspektivenwechsel: Nach dem vom BVerfG herausgearbeiteten Schutzzweck der Eigentumsgarantie, die durchaus »im engen inneren Zusammenhang mit der persönlichen Freiheit steht«, geht es um den »Freiheitsraum im vermögensrechtlichen Bereich«, der dem Rechtsträger »eine eigenverantwortliche Gestaltung seines Lebens … ermöglichen« soll[291].

D. Bekenntnis zu den Menschenrechten (Art. 1 Abs. 2 GG)

I. Das Bekenntnis zu den Menschenrechten als vorverfassungsmäßige Leitidee gerechter Ordnung

Das Bekenntnis des deutschen Volkes zu den Menschenrechten in Art. 1 Abs. 2 GG   94 hat **keine** unmittelbar – im Sinne eines vollziehbaren Rechtsgehalts – **positiv-rechtliche Bedeutung**. Das ergibt sich zweifelsfrei aus dem Wortlaut der Bestimmung, aus ihrer entstehungsgeschichtlich gewollten, systematischen Einordnung in Art. 1 GG und damit in den Grundrechtsabschnitt sowie aus ihrem Sinn und Zweck.

---

286 BGHZ 143, 214 (220) – Marlene Dietrich.
287 *Marlene Dietrich* im »Blauen Engel«.
288 BGHZ 143, 214 – Marlene Dietrich; BGH NJW 2000, 2201 – Blauer Engel; vgl. *Beuthien*, NJW 2003, 1220 ff.
289 *Götting*, Persönlichkeitsrechte als Vermögensrechte, 1995, S. 134 ff., 139 f.; *Enders*, in: Friauf/Höfling, Vor Art. 1 (2000) Rn. 121; *ders.*, in: Seelmann (Hrsg.), ARSP Beiheft Nr. 101, 2004, 52 f., 61. Damit harmoniert die vom BGH vertretene Auffassung von der Vererblichkeit der vermögenswerten Bestandteile des Persönlichkeitsrechts, BGHZ 143, 214. Es überzeugt allerdings nicht, wenn der BGH diese verobjektivierte, vererbliche Eigentumsposition in Anlehnung an § 22 KUG zeitlich befristen will.
290 BVerfGE 24, 367 (389, 390) = DVBl. 1969, 190; insbes. BVerfGE 31, 229 (240 f.) = DVBl. 1971, 888; 37, 132 (140) = DVBl. 1974, 675. Vgl. *Hesse*, Grundzüge des Verfassungsrechts, Rn. 444.
291 Vgl. BVerfGE 50, 290 (339) = DVBl. 1979, 399.

95   Der **Wortlaut** der Bekenntnisklausel schließt an die feierlich-grundsätzliche Ge-
stimmtheit des ersten Absatzes der »Präambel« zum Grundrechtsabschnitt (o.
Rdn. 5)[292] an: **Weil** gerade dem Menschen (im Unterschied zur übrigen belebten
wie unbelebten Natur) unantastbare Würde zukommt, müssen ihm (jedem Vertreter
der Gattung) – als äußerer Ausdruck innerer Selbstbestimmung und zu ihrem Schutz
gegen staatliche Machtvollkommenheit – **Rechte um seiner selbst willen** zugesprochen werden (»darum«). Dass mit diesen **Menschenrechten** indessen (noch) nicht
hier und jetzt vollziehbare, von einer aktuell geltenden Normordnung präzise definierte und insbes. rechtsschutzbewehrte Rechtspositionen gemeint sein können, zeigt
nicht allein der von der Feststellung oder auch Anordnung der Rechtsgeltung (so
dann Art. 1 Abs. 3 GG: »unmittelbar geltendes Recht«) sich begrifflich abhebende
Akt des Bekenntnisses zu den Menschenrechten an. Sie bilden, was eine nationale
Verfassung wie das Grundgesetz niemals rechtlich gewährleisten kann, »die Grundlage jeder (!) menschlichen Gemeinschaft, des Friedens und der Gerechtigkeit in der
Welt (!)«[293]. Vor allem aber sind Gegenstand dieses Bekenntnisses die vorgefundenen, immer schon und für immer (ewig) Beachtung fordernden und vom Entwicklungsstand positiven Rechts ganz unabhängigen, daher »unverletzlichen und unveräußerlichen« Menschenrechte. Nach dem Wortlaut des Art. 1 Abs. 2 GG geht es
also um das geistesgeschichtliche Traditionsgut der **Menschenrechtsidee**[294], wie diese in den klassischen aufklärerisch-vernunftrechtlichen Texten der abendländischen
Philosophie konzipiert, vor allem aber von den revolutionären Menschenrechts-De-
klarationen ausgeformt wurde.

96   **Systematik und Entstehungsgeschichte** (vgl. o. Rdn. 1 ff.) bestätigen, dass sich das
Grundgesetz in der »Präambel« zum Grundrechtsabschnitt auf die Menschenrechtsidee als zentrale, vor- und überstaatliche **Leitidee gerechter Ordnung** bezieht. Durch
Art. 1 Abs. 2 GG wird die Verbindung zwischen der vorstaatlichen Würdenatur des
Menschen (seiner Subjektstellung) einerseits, Art. 1 Abs. 1 GG, und den nachfolgenden positiven Grundrechten andererseits, Art. 1 Abs. 3 GG, hergestellt: Dass die Anerkennung der Würde des Menschen gerade in die Leitidee dem Menschen zuste-
hender »ewiger« Rechte[295] mündet, interpretiert zunächst die Würde des Menschen
in spezifischer Weise: Seine Subjektstellung bedeutet im Lichte der Menschenrechtsidee, dass er **als solcher Rechtssubjekt** und Träger von Rechten und Pflichten ist, gerade auch in seinem Verhältnis zum Staat[296]. Zum anderen werden durch Art. 1

---

292   Ebenso *Dreier*, in: Dreier I, Art. 1 II Rn. 1 f., 11, auch zum folgenden.

293   Vgl. Präambel der Allgemeinen Erklärung der Menschenrechte v. 10.12.1948; *Höfling*,
in: Sachs, Art. 1 Rn. 72.

294   *Dederer*, JÖR N.F. 57 (2009), 89, 95 f. (m. Fn. 53); *Dreier*, in: Dreier I, Art. 1 II Rn. 19;
Enders, Die Menschenwürde in der Verfassungsordnung, S. 399, 429; *Isensee*, in: HGR
II, § 26, Rn. 92; *Merten*, in: HGR II, § 27, Rn. 15. Insofern wie hier auch *Starck*, in:
v. Mangoldt/Klein/Starck I, Art. 1 Rn. 126.

295   So die erste Formulierung des Art. 1 Abs. 2: Dt. Bundestag und Bundesarchiv (Hrsg.),
Der Parlamentarische Rat, Akten und Protokolle, Bd. 7, 1995, S. 2.

296   *Enders*, Die Menschenwürde in der Verfassungsordnung, S. 429.

Abs. 2 GG **die nachfolgenden Grundrechte** in die Tradition der Menschenrechtsidee gestellt und dadurch als subjektive Rechte der Einzelperson gegen den Staat gekennzeichnet, die sich nun freilich im Grundgesetz »für unser Volk aus unserer Zeit geformt und niedergelegt« finden[297]. Dadurch wird klar, dass im Hinblick auf die für »klassische« Grundrechte typische Individualberechtigung in Richtung auf den Staat **kein Unterschied zwischen Jedermanns- und Deutschenrechten** besteht[298]. Im Übrigen bietet die Menschenrechtsidee aufgrund ihres uneinholbar vor- und überstaatlichen (naturrechtlichen) Charakters vor allem eine **Interpretationsressource** für die Fortentwicklung der positivierten Grundrechte – freilich nur innerhalb der **Auslegungsgrenzen ihres Wortlauts** (o. Rdn. 6 m. Fn. 19)[299].

Nach **Sinn und Zweck** des Bekenntnisses zu den Menschenrechten erinnert diese 97 vor die Klammer gezogene Teil-Bestimmung der »Präambel« des Grundrechtsabschnitts demnach an die Herkunft der Grundrechte aus naturrechtlichem Gedankengut und regt die interpretative **Erneuerung der Grundrechte aus dem Geist der Menschenrechtsidee** an. Mögliche Denkanstöße – freilich keinesfalls verfassungsrechtlich verbindliche Maßstäbe – vermitteln dabei internationale Menschenrechtserklärungen, -konventionen und -pakte, gerade auch in ihrer Auslegung durch die zuständigen Organe[300]. So hat etwa die Entscheidung des EGMR im Fall **Caroline v. Hannover**[301] die Rspr.[302] auch des BVerfG dazu veranlasst, stärker zum Text der persönlichkeitsschützenden (die Freiheit der Meinungsäußerung und der Presse einschränkenden) Bestimmungen der §§ 22, 23 KUG zurückzukehren und sich vom Interpretament der absoluten und relativen Person der Zeitgeschichte zu lösen[303].

---

297 In der Fassung der ersten Lesung des Hauptausschusses, in: Der Parl. Rat, 1948–1949, Akten und Protokolle, Dt. Bundestag und Bundesarchiv (Hrsg.), Bd. 7, 1995, S. 91 lauteten Art. 1 Abs. 2 und Abs. 3: (2) Mit der Menschenwürde und als eine der Grundlagen für ihre dauernde Achtung erkennt das deutsche Volk jene gleichen und unveräußerlichen Freiheits- und Menschenrechte an, die das Fundament für Freiheit, Gerechtigkeit und Frieden in der Welt bilden. (3) In den nachstehenden Artikeln für unser Volk aus unserer Zeit geformt und niedergelegt, binden diese Grundrechte Gesetzgebung, Verwaltung und Rechtsprechung [...] als unmittelbar geltendes Recht.

298 Davon geht ersichtlich auch BVerfGE 50, 290 (336 f., 353) = DVBl. 1979, 33 aus; *Enders*, Die Menschenwürde in der Verfassungsordnung, S. 429 f.; vgl. auch *Robbers*, in: Umbach/Clemens, Art. 1 Rn. 73.

299 BVerfGE 111, 307 (317) = DVBl. 2004, 1480.

300 BVerfGE 74, 358 (370); 82, 106 (114, 120); 111, 307 (315 ff., insbes. 317, 319) = DVBl. 2004, 1480; 120, 180 (200); BVerfGE 128, 326 (367–372); BVerfG Beschl. v. 18.12.2014 – 2 BvR 209/14 u.a., juris Abs.Nr. 41. Aus der Lit.: *Dreier*, in: Dreier I, Art. 1 II Rn. 20; *Isensee*, in: HGR II, § 26, Rn. 104 (»Quelle der Inspiration«), Rn. 108; *ders.*, in: HGR IV, 2011, § 87, Rn. 39 ff., 42.

301 EGMR NJW 2004, 2647 – v. Hannover ./. Deutschland.

302 Zur Rspr. des BGH zusammenfassend *Friedrich*, Grundrechtlicher Persönlichkeitsschutz und europäische Privatsphärengarantie, S. 178; vgl. BVerfGE 120, 180 (182 ff.).

303 BVerfGE 120, 180; dazu *Friedrich*, Grundrechtlicher Persönlichkeitsschutz und europäische Privatsphärengarantie, 2009, insbes. S. 79 ff., 200 ff.

Unmittelbare Rechtswirkung der **EMRK** auf der Ebene des (einfachen) Gesetzes-rechts und damit als Bestandteil einer weit verstandenen »verfassungsmäßigen Ord-nung« (Art. 59 Abs. 2 GG, vgl. demgegenüber die Vorranganordnung des Art. 25 GG)[304] und ihr Einfluss auf die Grundrechtsinterpretation überlagern und verbin-den sich so[305]. Denn das allgemeine Persönlichkeitsrecht gewinnt über die neue, menschenrechtlich angeleitete Perspektive auf seine verfassungsmäßigen Schranken und damit durch die Neubestimmung der Abwägungsregeln selbst eine veränderte, im Großen und Ganzen eher problemadäquate Gestalt (zur Bestimmung des Schutz-guts der Persönlichkeitsentfaltung durch ihre verfassungsmäßigen Schranken o. Rdn. 51).

II. Mindeststandards rechtlich gleicher Freiheit (Art. 1 Abs. 2, Art. 79 Abs. 3 GG)

98   Als begründungslogisches Bindeglied zwischen der Anerkennung der Menschenwür-de und ihrem Schutz durch positive Grundrechte zeigt (auch) das Bekenntnis zu den Menschenrechten an, welcher Art die Mindeststandards sind, die Art. 79 Abs. 3 GG sichert, wenn er die in Art. 1 GG niedergelegten Grundsätze (unter dem Vorbehalt des Art. 146 GG) unabänderlich stellt: Es handelt sich um die Bindung des Staates an das menschenrechtlich tradierte **Prinzip rechtlich gleicher (gesetzmäßiger) Frei-heit** des Menschen als Person (bereits o. Rdn. 62 m. Fn. 194). Dadurch sind – in der Formulierung des BVerfG – mit Rücksicht auf Art. 1 Abs. 3 GG die »Verbür-gungen (der nachfolgenden Einzelgrundrechte) insoweit einer Einschränkung grund-sätzlich entzogen, als sie zur Aufrechterhaltung einer dem Art. 1 Abs. 1 und 2 GG entsprechenden Ordnung unverzichtbar sind«[306]. Die Einzelgrundrechte sind also ungeachtet ihrer geistesgeschichtlichen Fundierung in der Menschenrechtstradition keineswegs als solche der Änderung oder gar Streichung entzogen[307]. Auch die Rede von einem änderungsfesten **»Menschenrechtskern«** oder **»Menschenrechtsgehalt«** der Einzelgrundrechte ist rechtsdogmatisch inadäquat[308]: Sie impliziert die nicht realisierbare Vorstellung eines schutzbereichsspezifisch in sich stehenden besonderen,

---

304   Vor allem BVerfGE 111, 307 (LS 1; 315 ff., 329 f.) = DVBl. 2004, 1480 unter Berufung auf BVerfGE 6, 32 (41); *Hillgruber*, in: Epping/Hillgruber, Art. 1 Rn. 56.2. Ferner BVerfGE 86, 106 (114: Unschuldsvermutung nach Art. 6 Abs. 2 EMRK als Bestandteil des positiven Rechts im Range eines Bundesgesetzes); BVerfGE 120, 180 (200: Art. 8 EMRK als allgemeines Gesetz i.S.v. Art. 5 Abs. 2 GG).
305   Im Einzelnen etwa *Hillgruber*, in: Epping/Hillgruber, Art. 1, Rn. 56.
306   BVerfGE 84, 90 (121) = DVBl. 1991, 575; BVerfGE 94, 49 (103) = DVBl. 1996, 753; BVerfGE 109, 279 (310) = DVBl. 2004, 557.
307   Deutlich BVerfGE 94, 49 (103) = DVBl. 1996, 753.
308   So aber *Jarass*, in: Jarass/Pieroth, Art. 1, Rn. 27; *Starck*, in: v. Mangoldt/Klein/Starck I, Art. 1 Rn. 133; auch – bezogen auf völkerrechtlich zwingende Mindeststandards – *Herde-gen*, in: Maunz/Dürig I, Art. 1 Abs. 2 (2004) Rn. 9 f., 30 ff.; Versuch einer vermittelnden Lösung bei *Höfling*, in: Sachs, Art. 1 Rn. 71 f. Vgl. auch BVerfGE 128, 326 (369). Wie hier *Dreier*, in: Dreier I, Art. 1 I Rn. 163, Art. 1 II Rn. 18; *Leisner-Egensperger*, in: HGR III, 2009, § 70, Rn. 63, 67, 69 f.; vgl. auch *Isensee*, in: HGR IV, 2011, § 87, Rn. 121.

unantastbaren Wertgehalts[309]. Da aber Art. 1 GG (einschließlich seines Abs. 3) nicht nach speziellen Schutzbereichen differenziert, sind die änderungsfesten rechtlichen Mindeststandards sämtlich aus dem Gedanken der Rechtssubjektqualität zu entwickeln, der die Forderung rechtlich gleicher Freiheit des Menschen einschließt[310] (o. Rdn. 14 f., 19, 26).

Aus dem nämlichen Grund gibt das Menschenrechtsbekenntnis auch keinen Auf-   99 schluss über den **Wesensgehalt** der positiven Einzelgrundrechte, der nur den (einfachen) Gesetzgeber bindet und für jede Grundrechtsgewährleistung gesondert zu bestimmen ist (teils anders Art. 19 Rdn. 42)[311]. Der Wesensgehalt der Persönlichkeitsentfaltung dürfte allerdings mit dem durch Art. 1 GG (i.V.m. Art. 79 Abs. 3 GG) festgeschriebenen »Wesensgehalt der Wesensgehalte« (o. Rdn. 44) identisch sein[312].

III. Völkerrechtsfreundlichkeit

Das Menschenrechtsbekenntnis statuiert keine verbindliche (dynamische) Verwei-   100 sung auf je aktuelle völkerrechtliche (völkergewohnheitsrechtliche oder gar völkervertragsrechtliche) Mindeststandards[313]. Das Grundgesetz weist darum – entgegen der Auffassung des BVerfG – mit Art. 1 Abs. 2 GG auch nicht einem »Kernbestand an internationalen Menschenrechten einen besonderen Schutz zu«[314]. Das Bekenntnis zu den Menschenrechten kann in seinem Bezug auf das politische Großprojekt einer weltumspannenden Ordnung des Friedens und der Gerechtigkeit zugleich als programmatisches Bekenntnis zur Völkerrechtsfreundlichkeit des deutschen Staatswesens verstanden werden[315]. Soweit man daraus außenpolitische Direktiven ableiten will, entziehen sie sich im wesentlichen gerichtlicher Kontrolle[316]. Der Raum für

---

309 In sich widersprüchlich denn auch BVerfGE 109, 279 (310) = DVBl. 2004, 557: »Was im Rahmen einzelner Grundrechte zum Gewährleistungsinhalt des Art. 1 Abs. 1 GG gehört, ist durch Auslegung der jeweiligen (!) Grundrechtsnorm eigenständig zu bestimmen«.

310 Zutreffend daher BVerfGE 94, 49 (103) = DVBl. 1996, 753: »Was […] Gewährleistungsinhalt (scil.: des Art. 1 Abs. 1 GG) ist und welche Folgerungen sich daraus für die deutsche Staatsgewalt ergeben, ist eigenständig zu bestimmen«.

311 Vgl. BVerfGE 22, 180 (219); 109, 133 (156); 109, 279 (311); *Dreier*, in: Dreier I, Art. 1 II Rn. 26; *Enders*, Die Menschenwürde in der Verfassungsordnung, S. 432, 439; *ders.*, in: Epping/Hillgruber, Art. 19 Rn. 27 f.; *Isensee*, in: HGR II, § 26, Rn. 90 f. Anders vor allem *Dürig*, in: Maunz/Dürig I, Art. 1 Abs. 2 (1958) Rn. 81.

312 Vgl. BVerfGE 6, 32 (41).

313 *Dreier*, in: Dreier I, Art. 1 II Rn. 20; *Isensee*, in: HGR II, § 26, Rn. 90 f. 96 ff.; anders *Herdegen*, in: Maunz/Dürig I, Art. 1 Abs. 2 (2004) Rn. 22, 30 ff.

314 So aber BVerfGE 111, 307 (329) = DVBl. 2004, 1480; dagegen *Hillgruber*, in: Epping/Hillgruber, Art. 1 Rn. 54.

315 *Dreier*, in: Dreier I, Art. 1 II Rn. 21. Vgl. BVerfGE 111, 307 (317 ff.) = DVBl. 2004, 1480; 123, 267 (344 ff.) = DVBl. 2009, 1032; 128, 326 (368 f.).

316 Im Ergebnis ebenso *Hillgruber*, in: Epping/Hillgruber, Art. 1 Rn. 58 f.

justitiable völkerrechtliche Verpflichtungen wird vielmehr über Spezialnormen (insbes. Art. 25 GG, Art. 59 Abs. 2 GG; vgl. für die »offene Staatlichkeit« weiter neben der Präambel auch Art. 23, 24, 26 GG) eröffnet. Fachgerichtliche Judikate, die bei der Anwendung einfachen Rechts völkerrechtliche Verpflichtungen zu beachten haben, sind deshalb nicht wegen Art. 1 Abs. 2 GG an einem über die bloße Frage nach willkürlichen Verstößen hinausgehenden verfassungsgerichtlichen Kontrollmaßstab zu messen. Eine strengere, auf die »richtige« Rechtsanwendung durchgreifende Überprüfung erscheint vielmehr durch die besondere Verantwortung geboten, die das BVerfG für die Einhaltung verfassungsrechtlich ausdrücklich angeordneter (Art. 25 GG) oder ermöglichter (Art. 59 Abs. 2 GG) innerstaatlich wirksamer Völkerrechtsbindungen durch den deutschen Staat und seine (Rechtsprechungs-)Organe[317] trägt. Mit dieser Einsicht in den vorverfassungsmäßigen, ausschließlich leitmotivischen Charakter des Menschenrechtsbekenntnisses werden nicht zuletzt Freiheitsverkürzungen vermieden, die mit der Behauptung vorrangiger internationaler Menschenrechtsverpflichtungen verbindliche rechtsstaatliche Verfassungsgarantien unterlaufen, wie dies in der **Mauerschützenentscheidung** des BVerfG dem Rückwirkungsverbot nach Art. 103 Abs. 2 GG widerfahren ist[318].

E. Grundrechtsbindung der staatlichen Gewalt (Art. 1 Abs. 3 GG)

I. Rechtsförmige Bindung der staatlichen Gewalt durch die Einzelgrundrechte

1. Die Bedeutung der Grundrechtsbindung für den Einzelnen

101 Die **Grundrechtsgarantien** binden die staatliche Gewalt (Art. 1 Abs. 1 GG) in all ihren Funktionen – der Gesetzgebung, vollziehenden Gewalt, Rechtsprechung (vgl. auch Art. 20 Abs. 3 GG)[319] – als **vollziehbare Rechtssätze**, d.h. in rechtsförmiger, grs. justitiabler Weise. Mit dieser normativen Aussage ist die Bestimmung des Art. 1 Abs. 3 GG änderungsfester Verfassungsgrundsatz (Art. 79 Abs. 3 GG)[320]. Dadurch sind nicht die einzelgrundrechtlichen Normgehalte vor Verfassungsänderung geschützt. Dauerhaft festgeschrieben ist aber mit dem Bindungsprinzip die **Pflicht des Staates zur Rechtfertigung** seiner Maßnahmen vor der gleichen rechtlichen Freiheit aller einzelnen (bereits o. Rdn. 62, 98).

102 Vor allem statuiert Art. 1 Abs. 3 GG zugleich eine selbst unmittelbar verbindliche Rechtsnorm des objektiven Verfassungsrechts. Neben der damit angeordneten Beachtlichkeit der nachfolgend positivierten Grundrechte (als objektiv-rechtlicher Normen) für alle staatliche Gewalt, bedeutet das vor allem, dass die aus diesen Normen

---

317 Vgl. BVerfGE 111, 307 (328, andererseits 329) = DVBl. 2004, 1480.
318 BVerfGE 95, 96 (133) = DVBl. 1997, 115. Zutreffende Kritik bei *Dreier*, JZ 1997, 421; *Pieroth*, in: Jarass/Pieroth, Art. 103, Rn. 69 f.
319 Vgl. zur Herkunft dieser Gewaltengliederung *Robbers*, in: Umbach/Clemens, Art. 1 Rn. 83.
320 Vgl. BVerfGE 84, 90 (121) = DVBl. 1991, 575; BVerfGE 94, 49 (103) = DVBl. 1996, 753; BVerfGE 109, 279 (310) = DVBl. 2004, 557.

hervorgehenden subjektiven öffentlichen Rechte dem einzelnen Grundrechtsträger **Ansprüche auf** ein ganz **bestimmtes**, in seinem Eigeninteresse liegendes **staatliches Verhalten** einräumen, das er mit den einschlägigen Rechtsbehelfen nach Maßgabe der jeweiligen Verfahrensordnung durchsetzen kann. Missachten die **Behörden** sein Recht, kann er die **Fachgerichte** anrufen, die nicht nur in ihrer Rechtsprechungstätigkeit selbst durch die **Prozessgrundrechte** (bzw. grundrechtsähnlichen Rechte), Art. 101, 103, 104 GG, gebunden sind, sondern den Prozessstoff auch mit Rücksicht auf die materiellen Grundrechte zu würdigen haben (u. Rdn. 119 f.). Selbst wenn sie letztinstanzlich entscheiden, haben aber die Fachgerichte nicht das letzte Wort. Nach dem Grundgesetz kann im Falle des Scheiterns über den außerordentlichen Rechtsbehelf der Verfassungsbeschwerde (Art. 93 Abs. 1 Nr. 4a GG) das BVerfG mit der Sache befasst werden.

Bedeutsam ist vor allem die durch Art. 1 Abs. 3 GG vorgesehene **Grundrechtsbindung des Gesetzgebers**. Das Grundgesetz bricht hier bewusst mit den restriktiven Tendenzen der deutschen Verfassungstradition des 19. und beginnenden 20. Jahrhunderts. Die Grundrechte galten danach, das war die Überzeugung des staatsrechtlichen Positivismus, als kasuistisch gefasste Darlegungen des Vorbehalts des Gesetzes und verbürgten die Gesetzmäßigkeit der Verwaltung. Dem Gesetzgeber gegenüber liefen sie also »leer«. Denn mit dem Erfordernis des ermächtigenden Gesetzes schien die im Gesetzgebungsorgan des Parlaments repräsentierte und mitbestimmende bürgerliche Gesellschaft vor der Allmacht der staatlichen Exekutive hinreichend geschützt. Der neue Vorrang der Grundrechte vor dem Gesetz bedeutet einen nach diesen Vorstellungen noch undenkbaren (relativen oder punktuellen) Vorrang des Einzelinteresses vor dem vom Gesetz definierten Gemeinwillen. Dieser Vorrang manifestiert sich in grundrechtlichen Individualansprüchen auf ein bestimmtes Verhalten (Unterlassen oder gar Handeln) des Gesetzgebers. Sie kommen nicht nur auf dem Weg der konkreten Normenkontrolle (bei gleichzeitiger Aussetzung des Verfahrens) zur Geltung, wenn nach Überzeugung des zuständigen Fachgerichts grundrechtswidriges Recht entscheidungserheblich ist und angewendet werden müsste (Art. 100 Abs. 1 GG)[321]. Das Grundgesetz räumt dem Einzelnen darüber hinaus neben der Urteilsverfassungsbeschwerde (o. Rdn. 102), die auch auf die Grundrechtswidrigkeit des angewendeten Gesetzes gestützt werden kann, vor allem die Möglichkeit ein, sich unter Berufung auf seine Grundrechte unmittelbar gegen gesetzgeberisches Tun oder Unterlassen zu wenden (Art. 93 Abs. 1 Nr. 4a GG, vgl. § 93 Abs. 3 BVerfGG, § 95 Abs. 3 BVerfGG)[322]. Inwieweit die gerichtliche Durch-

103

---

321 Auf die Vorlage durch das Fachgericht kann sich wiederum ein aus Art. 101 Abs. 1 S. 2 GG folgendes subjektives öffentliches (Grund-)Recht richten: BVerfG Beschl. v. 16.12.2014 – 1 BvR 2142/11.

322 Als Beschwerdegegner und damit Prozess-»Partei« wird freilich der Staat trotz dieser Ausdehnung des Rechtsanspruches im Verfassungsrechtsverhältnis gleichwohl nicht bezeichnet (vgl. §§ 90 ff. BVerfGG).

setzbarkeit unmittelbar eine Forderung der materiellen Grundrechte ist[323], ist im Übrigen eine mit dem Hinweis auf die Grundrechtsbindung nicht abschließend beantwortete Frage (vgl. u. Rdn. 122).

2. Staatliche Gewalt

104 Adressat der Grundrechte (damit Grundrechtsverpflichteter) ist der (vom Grundgesetz verfasste) **Staat in allen Erscheinungsformen** der von ihm verantworteten hoheitlichen Gewaltausübung. Nicht gebunden ist damit **internationale und insbes. supranationale Hoheitsgewalt**[324]. Soweit aber die Übertragung von Hoheitsrechten bzw. die Zurücknahme des Souveränitätsanspruchs (vgl. Art. 23 Abs. 1, Art. 24 Abs. 1 GG) Hoheitsakte ermöglicht, die sich auf den Rechtsstatus der Grundrechtsträger auswirken (können), muss nicht nur der Zustimmungsakt Gegenstand der Kontrolle (am Maßstab des zur Zustimmung ermächtigenden Grundgesetzes) sein, es bleibt auch ein zurückgenommener (letztlich in Art. 79 Abs. 3 GG begründeter) **Souveränitätsvorbehalt** bestehen[325], der mit Rücksicht auf die begrenzte Zustimmungsermächtigung die Einhaltung der Kompetenz- und Befugnisgrenzen zum Gegenstand nationalgerichtlicher Kontrolle deklariert[326].

105 Staatliche Gewalt im engeren – nicht international oder supranational ermächtigten – Sinne unterliegt in vollem Umfang der Grundrechtsbindung. Die Nennung der tradierten Staatsfunktionen soll nicht eindeutig zuzuordnende oder möglicherweise untypische Ausprägungen staatlicher Gewalt keineswegs von dieser umfassenden Grundrechtsbindung ausschließen[327]. Das bedeutet insbes., dass es funktional (durch ihre Nähebeziehung und die spezifische Integration in die hoheitliche Aufgabenerfüllung) definierte grundrechtsfreie Subordinationsverhältnisse (»**besondere Gewaltverhältnisse**«: Strafvollzug; Soldaten-, Schul-, Beamten-, auch Anstaltsverhältnis) unter Geltung des Grundgesetzes nicht mehr geben kann[328]. Nicht völlig ausgeschlossen ist gleichwohl, dass gewisse »Funktionsvorbehalte« der Grundrechtsausübung in Sonderstatusverhältnissen Schranken ziehen[329]. Aus Art. 1 Abs. 3 GG folgt freilich,

---

323 So *Jarass*, in: Jarass/Pieroth, Art. 1 Rn. 31; *Stern*, Staatsrecht III/1, 1988, S. 1200 f., 1208.

324 Vgl. *Jarass*, in: Jarass/Pieroth, Art. 1 Rn. 43.

325 Vgl. BVerfGE 111, 307 (319) = DVBl. 2004, 1480; 123, 267 (347, 350) = DVBl. 2009, 1032; *Enders*, in: FS Böckenförde, 1995, S. 29.

326 Vgl. für das Verhältnis internationaler Rechtsakte zum europäischen Recht ähnlich EuGH EuGRZ 2008, 480 (499 ff., insbes 502, Abs. Nr. 280 ff., insbes 326, 333 ff.); bezugnehmend darauf BVerfGE 123, 267 (400 f.) = DVBl. 2009, 1032.

327 Näher *Dreier*, in: Dreier I, Art. 1 III Rn. 53; *Höfling*, in: Sachs, Art. 1 Rn. 86.

328 BVerfGE 33, 1.

329 Vgl. BVerfGE 108, 282 (abw. Meinung: 314 ff., 315, 317, 323, auch 325: »Grundrechte […] nur insoweit […] gewährleistet, als kein prägnanter Widerspruch zur politischen Willensbildung des Dienstherren und kein Funktionshindernis bei der Ausübung des übertragenen öffentlichen Amtes zu besorgen ist«) = DVBl. 2003, 1526 – Kopftuch der muslimischen Lehrerin; dazu jetzt aber BVerfG Beschl. v. 27.01.2015 – 1 BvR 471/10,

dass insoweit nicht von vornherein die Grundrechtsgeltung und damit -bindung derogiert ist. Die Reichweite des Grundrechtsschutzes darf jedoch den sachlich begründeten, die Freiheit äußerlich und auf gesetzlicher Grundlage beschränkenden Erfordernissen der hoheitlichen Zweckverfolgung im gebotenen Umfang angepasst werden[330].

Verpflichtungsadressaten der Grundrechte sind neben dem **Bund** insbes. die **Länder** 106
(vgl. Art. 28 Abs. 3 GG), aber auch die Selbstverwaltungskörperschaften auf Landesebene (Kreise, Gemeinden) und die Einrichtungen funktionaler Selbstverwaltung (Kammern) sowie rechtlich verselbständigte Körperschaften oder Anstalten des öffentlichen Rechts, die in ihren Zuständigkeitsbereichen öffentliche Aufgaben erfüllen und mit hoheitlichen Befugnissen ausgestattet sind. Das gilt, da Anknüpfungspunkt die Ausübung hoheitlicher Gewalt ist, unabhängig von einer bereichs- und funktionsspezifischen Grundrechtsträgerschaft, wie sie etwa bei Universitäten und Fakultäten oder bei Rundfunkanstalten angenommen wird[331] (s. Art. 19 Rdn. 72 f.). Deshalb sind selbst Religionsgemeinschaften, die den Status einer Körperschaft des öffentlichen Rechts besitzen, grundrechtsgebunden, soweit sie übertragene Hoheitsgewalt ausüben (vgl. Art. 19 Rdn. 70)[332]. Ebenso löst die zweckgebundene (gesetzlich ermächtigte) Verleihung von Hoheitsbefugnissen an Private (**Beliehene**) die Rechtsfolge der Grundrechtsbindung im Ausübungsbereich aus. Da Voraussetzung der Grundrechtsbindung die **Ausübung staatlich begründeter Hoheitsgewalt** ist, agieren **fremde Staaten** (selbst wenn sie ihre Maßnahmen auf dem Hoheitsgebiet der Bundesrepublik treffen sollten, etwa geheimdienstliche Mittel einsetzen), agieren aber auch **Organe der Europäischen Union**, wenn sie im Rahmen ihrer Kompetenzen Rechtspflichten für deutsche Staatsbürger erzeugen, jenseits der Grundrechtsbindung des Art. 1 Abs. 3 GG. Darum kann unmittelbar wirkendes Recht der EU (etwa Verordnungen nach Art. 288 Abs. 2 AEUV), können aber auch nationale Umsetzungsakte, für die das europäische Recht keinen Entscheidungsspielraum belässt, nicht am Maßstab der Grundrechte des Grundgesetzes geprüft werden. Das BVerfG prüft vielmehr nur, ob dieser Einfluss des EU-Rechts die mit Art. 23 Abs. 3 Satz 3, Art. 79 Abs. 3 GG festgelegte Verfassungsidentität (auch mit Blick auf den Grund-

---

1 BvR 1181/10, das ein generelles Kopftuchverbot ausschließt, gleichzeitig aber das mit dem Kopftuch verbundene, grundrechtlich geschützte Bekenntnis unter den Vorbehalt des Schulfriedens stellt.
330 Nach h.A. hat dies also auf der Schrankenebene zu geschehen, *Dreier*, in: Dreier I, Art. 1 III Rn. 65. **Gnadenakte** sind nach der Rspr. des BVerfG infolge ihres wesensmäßig nicht-rechtlichen und daher nicht-justitiablen Charakters (»Gnade vor Recht«) von der Grundrechtsbindung ausgenommen, vgl. BVerfGE 25, 352; dagegen *Höfling*, in: Sachs, Art. 1 Rn. 104 m. Nw.
331 Vgl. BVerfGE 15, 256 = DVBl. 1963, 437; 59, 231; vgl. *Dreier*, in: Dreier I, Art. 1 III Rn. 61.
332 Zu den Besonderheiten vor allem *Dreier*, in: Dreier I, Art. 1 III Rn. 74 ff.; ferner *Höfling*, in: Sachs, Art. 1 Rn. 114 f.; zur Vorschrift des Art. 137 Abs. 3 WRV *Stern*, Staatsrecht III/1, S. 1220.

rechtsstandard) wahrt und zum anderen im Wege der Ultra-vires-Kontrolle, ob die Vorgaben des EU-Rechts sich jeweils in den Grenzen der limitierten Einzelermächtigungen halten[333]. Dabei ist freilich alles andere als klar, wo diese verfassungsrechtlichen Grenzen im Einzelnen verlaufen[334]. Umstritten ist zudem umgekehrt auch die Frage, wie weit der – dem Zugriff des BVerfGs entzogene – Anwendungsbereich der europäischen Grundrechte nach der GReCH-EU reicht, nachdem die einschränkend formulierte Bestimmung des Art. 51 Abs. 1 Satz 1 GReCh-EU (»ausschließlich bei der Durchführung des Rechts der Union«) vom EuGH tendenziell ausdehnend interpretiert wird[335].

107 Abgesehen von diesen Zweifelsfällen scheint die durch Art. 1 Abs. 3 GG festgelegte Regel eindeutig zu normieren, dass die Grundrechte des Grundgesetzes deutsche Hoheitsgewalt in jeder Hinsicht und in jeder Situation binden – auch etwa wenn sie im **Ausland** ausgeübt wird[336]. Indessen setzt die von Art. 1 Abs. 3 GG normierte Grundrechtsbindung, damit sie bestimmungsgemäß als Bindung im strikten Rechtssinne praktiziert werden kann, ersichtlich den **Normalfall der vom Staat beherrschten Gewaltunterworfenheit** voraus, die ihn in den Stand setzt, Rechts- und damit Gehorsamspflichten von Maßnahmeadressaten zu erzeugen – sei es im allgemeinen Gewaltverhältnis oder auch in einem Verhältnis der besonderen Über-/Unterordnung[337]. Obwohl die Grundrechte außerhalb von Art. 16a GG keinen Einreiseanspruch gewähren, liegt eine solche Situation aber etwa auch dann vor, wenn einem Ausländer die Einreise aus gesetzwidrigen Gründen, also rechtsmissbräuchlich verweigert wird (weil etwa aus der Glaubenseinstellung, Weltanschauung oder Überzeugung ohne weiteres eine Gefahr für die öffentliche Sicherheit abgeleitet wird)[338].

108 Fehlt es dagegen an der von Art. 1 Abs. 3 GG vorausgesetzten, typischen Situation hoheitlich beherrschter Gewaltunterworfenheit (etwa im Verteidigungsfall, allgemein in der Situation des bewaffneten Konflikts, auch bei Auslandseinsätzen der Streitkräfte) sind die Besonderheiten der anormalen Situation relativierend im Sinne minderer Grundrechtsstandards zu berücksichtigen. So hat das BVerfG entschieden, dass es die staatlichen Möglichkeiten mit Rücksicht auf das Gesamtinteresse an der Landesverteidigung überschreite, die im Verteidigungsfall der eigenen Bevölkerung drohenden Kollateral-Schäden (an Leib und Leben) zu vermeiden; solche »Rückwirkun-

---

333 BVerfGE 123, 267 (347 ff., 353 f.) = DVBl. 2009, 1032.

334 Vgl. BVerfGE 126, 286 = DVBl. 2010, 1229); 134, 366.

335 EuGH DVBl. 2013, 577 – Akerberg Fransson; in Abgrenzung hierzu BVerfGE 133, 277 (313, 316): entscheidend sei, ob die einschlägigen Vorschriften »durch Unionsrecht determiniert« seien. Hierzu *Ohler*, NVwZ 2013, 1433; *Masing*, in: FS Krämer, 2009, S. 61; *Thym*, NVwZ 2013, 889; *ders.*, DÖV 2014, 941.

336 *Hillgruber*, in: Epping/Hillgruber, Art. 1 Rn. 75.

337 Wie es z.B. bei Verhören Terrorverdächtiger durch deutsche Amtsträger in Einrichtungen verbündeter Staaten vorläge. Zur Anwendung US-amerikanischen Rechts (habeas corpus) auf die Insassen des Lagers von Guantánamo *Book/Geneuss*, ZIS 2008, 325, 328 f. Zum Ganzen *Enders*, in: HStR XII³, 2014, § 276, Rn. 23–25.

338 Vgl. BVerfG DÖV 2007, 202, 204.

gen auf die Bevölkerung« würden bei einem verfassungsmäßigen Einsatz der Waffengewalt von vornherein nicht vom Schutzbereich des Art. 2 Abs. 2 Satz 1 GG erfasst[339].
. Richtigerweise ist es nicht der Schutzbereich einzelner Grundrechte, sondern die
Grundrechtsbindung, die situativ reduziert ist. Soweit Grund- und Menschenrechts-
bindung in der Situation bewaffneter Konflikte entfallen, machen sich die Maßstäbe
des humanitären Völkerrechts geltend.

3. Der Grundsatz der Verhältnismäßigkeit als Umsetzung der Grundrechts-bindung staatlicher Gewalt

Die Bindung der staatlichen Gewalt an die Grundrechte des Einzelnen statuiert mit **109**
dem prinzipiellen Vorrang der individuellen Freiheit vor staatlicher Zweckverfolgung
vor allem eine **Rechtfertigungspflicht** i.S. des rechtsstaatlichen Verteilungsprinzips
(bereits o. Rdn. 101): Nicht die Ausübung von Freiheit, sondern umgekehrt deren
Reglementierung durch den Staat ist als die Ausnahme von dem mit Art. 1 GG aufgestellten, durch die Grundrechte konkretisierten Freiheitsprinzip rechtfertigungsbedürftig. Rechtstechnisch umgesetzt wird diese Rechtfertigungspflichtigkeit der
staatlichen Gewalt, soweit nicht spezielle Regelungen (insbes. des Art. 19 Abs. 1 und
Abs. 2 GG) greifen, durch den aus dem rechtsstaatlichen Polizeirecht überkommenen **Verhältnismäßigkeitsgrundsatz**[340]. Wegen Art. 1 Abs. 3 GG richtet er sich
aber unter dem Grundgesetz nicht mehr nur gegen die Verwaltung (vgl. § 2 ME
PolG), sondern bindet insbes. auch den Gesetzgeber und verhindert so das »Leerlaufen« der Grundrechte (o. Rdn. 103). Der Gesetzgeber darf nur die zur Verfolgung
legitimer Zwecke geeigneten und erforderlichen (d.h. nicht mehr, als es zur sicheren
Zweckerreichung geboten ist, belastenden) Maßnahmen ergreifen, die auch nicht zu
einem Nachteil führen dürfen, der außer Verhältnis steht zum angestrebten Erfolg,
der damit dem Betroffenen bei einer Gesamtabwägung zwischen der Schwere des Eingriffs und dem Gewicht sowie der Dringlichkeit der ihn rechtfertigenden Gründe zumutbar sein muss (Geeignetheit, Erforderlichkeit und Verhältnismäßigkeit i.e.S.)[341].
Vornehmlich die Bindungsanordnung des Art. 1 Abs. 3 GG verleiht also dem Verhältnismäßigkeitsgrundsatz Verfassungsrang[342]. Die Rspr. leitet diesen Grundsatz
freilich vor allem aus dem Rechtsstaatprinzip ab[343], versteht ihn teilweise auch als
Implikation des Normbefehls eines jeden Einzelgrundrechts[344].

---

339 BVerfGE 77, 170 (221); allgemein *Enders*, in: HStR XII³, 2014, § 276, Rn. 19, 23.
340 *Schlink*, EuGRZ 1984, 457, 459 f., 467; ferner *Enders*, Die Menschenwürde in der Verfassungsordnung, S. 432, 439 f.; *Isensee*, in: HGR II, 2006, § 26, Rn. 103; *Masing*, in:
Hoffmann-Riem/Schmidt-Aßmann/Voßkuhle (Hrsg.), Grundlagen des Verwaltungsrechts, Bd. I, § 7, Rn. 46 f.
341 Vgl. z.B. BVerfGE 90, 145 (172 f.); BVerfGE 104, 337 (347 ff.).
342 Deutlich besonders in BVerfGE 7, 377 (403 f.) = DVBl. 1958, 500 zur Berufsfreiheit.
343 BVerfGE 22, 180 (220); 23, 127 (133); 30, 1 (20 f.) = DVBl. 1971, 49.
344 BVerfGE 19, 342 (348 f.); vgl. auch BVerfGE 16, 194 (201 f.) = DVBl. 1963, 670.

II. Grundrechtsbindung Privater? (Mittelbare Drittwirkung)

110 Private (natürliche wie juristische Personen) sind eindeutig nicht Adressaten der Bindungsanordnung des Art. 1 Abs. 3 GG, vielmehr als Grundrechtsträger Begünstigte der staatlichen Grundrechtsverpflichtung. Gleichwohl geht die ganz h.M. davon aus, dass auch im Rechtsverhältnis zwischen Privaten, d.h. auf der Gleichordnungsebene, die Grundrechte zu beachten sind (vgl. Einleitung Rdn. 47), also »**mittelbare**« **Drittwirkung** entfalten[345]. Grundrechtsdogmatisch ist diese sogenannte mittelbare Drittwirkung über die **Schutzfunktion der Grundrechte** (vgl. Art. 1 Abs. 1 Satz 2 GG; o. Rdn. 12) zu konstruieren[346]: Die Grundrechte statuieren nicht nur Abwehrrechte, sondern formulieren auch Schutzaufträge[347]. Diese richten sich an die gesamte staatliche Gewalt (Art. 1 Abs. 3 GG), mit Rücksicht auf den Vorbehalt des Gesetzes aber primär an den Gesetzgeber. Soweit das dem Schutz von Grundrechtspositionen (und dem Interessenausgleich im Kollisionsfall) dienende Gesetz Spielräume belässt, haben die normanwendenden Instanzen, neben den Verwaltungsbehörden insbes. auch die Gerichte, diese Spielräume verfassungskonform (dabei in den Grenzen des Wortlauts) auszufüllen und berücksichtigen so bei ihrer Entscheidung die grundrechtlichen Schutzaufträge[348]. Indem die Grundrechte in dieser Weise auf die gesamte Rechtsordnung, auch des bürgerlichen Rechts ausstrahlen, kommen sie bei der Streitentscheidung zwischen Privaten zum Tragen. Das BVerfG kann demgemäß mit der – spezifisch verfassungsrechtlichen – Frage befasst werden (o. Rdn. 102), ob das **Zivilgericht** bei seiner Entscheidung des Zivilrechtsstreits die einschlägigen Grundrechte ausreichend berücksichtigt hat.

111 Dabei lassen sich im Grundsatz **zwei Konstellationen** unterscheiden: Der Zivilprozess endet mit der Verurteilung zu einer Leistung oder Unterlassung, gegen die sich die unterlegene Partei auf ihre Grundrechte beruft[349]. Strukturell unterscheidet sich diese Konstellation, bei der es um die Aufhebung des belastenden Urteils geht, nicht wesentlich von der Abwehr hoheitlicher Eingriffe im Über-/Unterordnungsverhältnis. Freilich hat die Berücksichtigung des Grundrechts des Unterlegenen, da der Staat hier nicht durch einen Grundrechtseingriff den Prozess veranlasst hat und demgemäß nicht unmittelbar (als »Partei«) am Rechtsstreit beteiligt ist[350], doch ei-

345 Grundlegend BVerfGE 7, 198 (204 ff.) = DVBl. 1958, 425 – Lüth. Zusammenfassend *Pieroth/Schlink*, Staatsrecht II, Rn. 196 ff.; kritische Analyse bei *Müller-Franken*, in: FS Bethge, 2009, S. 223 ff. Dagegen wird häufig Art. 1 Abs. 1 GG unmittelbare Drittwirkung zugeschrieben, etwa *Hillgruber*, in: Epping/Hillgruber, Art. 1 Rn. 8, 71.2; *Kunig*, in: v. Münch/Kunig I, Art. 1 Rn. 27.

346 *Enders*, Die Menschenwürde in der Verfassungsordnung, S. 80 m. Fn. 352, S. 335; *Klein*, DVBl. 1994, 489, 491; *Müller-Franken*, in: FS Bethge, S. 223, 243; *Stern*, Staatsrecht III/1, S. 1572.

347 BVerfGE 34, 269 (282) = DVBl. 1973, 784; 81, 242 (255 f.) = DVBl. 1990, 474.

348 Deutlich BVerfGE 96, 56 (64 f.).

349 Etwa BVerfGE 7, 198 (204 ff.) = DVBl. 1958, 425.

350 Vgl. *Hesse*, Grundzüge des Verfassungsrechts der Bundesrepublik Deutschland, Rn. 349 ff.

nen anderen Charakter als in der vom prinzipiellen Freiheitsvorrang und damit vom Verhältnismäßigkeitsgrundsatz beherrschten zweipoligen Staat/Bürger-Beziehung. Auf der Ebene der Gleichordnung treffen nämlich grundsätzlich gleichberechtigte, aber widerstreitende Achtungs- und Schutzansprüche aufeinander, die gegeneinander abzuwägen und zum Ausgleich zu bringen sind. Das wird noch deutlicher in den von dieser Konstellation verschiedenen Fällen, in denen eine Klage (auf Unterlassung, Widerruf, Schadensersatz) abgewiesen wurde und sich der erfolglos schutzsuchende Teil auf seine Grundrechte beruft (häufig das allgemeine Persönlichkeitsrecht). Hier macht sich ganz unmittelbar die Schutzfunktion der Grundrechte bemerkbar, weil die mögliche Grundrechtsverletzung diesmal darin besteht, dass der Staat, näher das entscheidende Gericht, dem mit der Klage Abgewiesenen unter Missachtung seines Grundrechtsanspruchs zu wenig Schutz gegen die Beeinträchtigung seitens des (beklagten) Dritten gewährt haben könnte[351].

III. Privatrechtsförmiges Handeln, privatrechtsförmige Organisation hoheitlicher Akteure

Anknüpfungspunkt der Grundrechtsbindung ist nach Art. 1 Abs. 3 GG die Ausübung von Staatsgewalt im weiten Sinne, d.h. Hoheitsgewalt. Handelt nun ein Hoheitsträger privatrechtsförmig, gründet er insbes. eine privatrechtlich organisierte Gesellschaft oder beteiligt er sich an einer solchen, fragt sich, ob nicht das Bedürfnis der Grundrechtsbindung mangels unmittelbar hoheitlichen Charakters der Betätigungsform und der für diese kennzeichnenden Gefährdungen individueller Freiheitsentfaltung im Über-/Unterordnungsverhältnis entfällt. Die h.M. verneint diese Frage. Im Falle der **Erfüllung von Verwaltungsaufgaben in Privatrechtsform** (Bereich des sog. Verwaltungsprivatrechts) geschieht dies schon wegen des in funktional-sachlicher Perspektive nach wie vor hoheitlichen Charakters der Verwaltungstätigkeit, die mit Rücksicht auf den von ihr verfolgten öffentlichen Zweck auch die Bindungen öffentlicher Gewalt nicht soll abstreifen können. Auch sonst (**als Eigentümer, bei fiskalischen Hilfsgeschäften zur Bedarfsdeckung oder bei der erwerbswirtschaftlichen Betätigung**) sollen aber Hoheitsträger, weil ihre Existenz zweckgebunden nur durch die Wahrnehmung öffentlicher Interessen legitimiert ist, sich von ihrer Grundrechtsbindung nicht allein durch Wahl der Privatrechtsform befreien können, um dadurch auf die Seite der Grundrechtsberechtigten zu wechseln[352].

Bei der Grundrechtsbindung wirtschaftlicher Betätigung von Hoheitsträgern bleibt es daher nach allgemeiner Auffassung ohne weiteres auch dann, wenn diese sich pri-

112

113

---

351 Vgl. BVerfGE 99, 185 (194 f.); BVerfGE 114, 339 (346 f.) = DVBl. 2006, 43: »Gerichtliche Entscheidungen, die persönlichkeitsrelevante Aussagen zulassen, gegen die sich der Betroffene mit der Begründung wehrt, sie seien falsch, berühren ... das allgemeine Persönlichkeitsrecht ...«; BVerfG-K NJW 2010, 3501; *Enders*, in: FS Wahl, 2011, S. 283, 296 ff.

352 BVerfGE 61, 82 (101 ff.) = DVBl. 1982, 940; 128, 226 (245) = DVBl. 2011, 416; *Höfling*, in: Sachs, Art. 1 Rn. 106 f. Grds. anders *Emmerich*, JuS 1970, 335.

vatrechtlicher Organisationsformen (GmbH, AG) bedienen[353]. In der Konsequenz dieser Position, die nicht formal auf die (Privat-)Rechtsform abstellt, auch nicht auf eine Qualifizierung der im Außenverhältnis verfolgten (wirtschaftlichen) Zwecke, sondern auf die rechtsgenetische **Zuordnung des Rechtsträgers**, der sich der Privatrechtsform zur Zweckverfolgung bedient, sollen gemischtwirtschaftliche Gesellschaften (unter Beteiligung von Hoheitsträgern und Privaten) dann als solche der Grundrechtsbindung unterliegen, wenn sie »von der öffentlichen Hand beherrscht werden«[354]. Eine beherrschende Position wiederum soll in der Regel dann anzunehmen sein, »wenn mehr als die Hälfte der Anteile im Eigentum der öffentlichen Hand stehen«[355].

114   Für viele Fälle wirtschaftlicher Betätigung der öffentlichen Hand stimmt indessen diese Konzeption mit der unter europäischem Einfluss gewandelten Verfassungslage (vgl. Art. 87e Abs. 3, Art. 87f Abs. 2 GG; vgl. Art. 14, 106 AEUV) kaum überein. Die »als Wirtschaftsunternehmen in privat-rechtlicher Form« geführten »Eisenbahnen des Bundes« (Art. 87e Abs. 3 GG)[356] und die (nach Art. 87f Abs. 2 GG) privatwirtschaftlich agierenden Nachfolgeunternehmen der Bundespost sind jedenfalls nicht mehr unmittelbar grundrechtsgebunden (Art. 19 Rdn. 82). Letztere werden auch in der Rspr. des BVerwG und BVerfG als grundrechtsfähige juristische Personen des Privatrechts behandelt[357].

F. Internationale und Europäische Aspekte

115   Seit dem Ende des Zweiten Weltkriegs wird in internationalen Menschenrechtsdokumenten betont auf die Menschenwürde Bezug genommen (bereits o. Rdn. 2; Einleitung Rdn. 197 ff.). Damit brach sich nach der Zeit der NS-Willkürherrschaft und der von ihr verantworteten Schrecknisse und Zerstörungen eines totalen Krieges das vitale Bedürfnis bahn, eine weltumspannend dauerhaft im Dienst des Menschen stehende, gerechte Friedensordnung zu schaffen (vgl. Präambel der Allgemeinen Erklärung der Menschenrechte der Vollversammlung der Vereinten Nationen v. 10.12.1948; auch Art. 1 Abs. 2 GG). In der **Präambel des Internationalen Pakts über bürgerliche und politische Rechte** (IPbürgR) vom 16.12.1966 deutet sich dann der (oben näher entwickelte) Ableitungszusammenhang zwischen Menschenwürde und Menschenrechten an. Die am 07.12.2000 vom Europäischen Rat in Nizza feierlich verkündete, heute mit dem Vertrag von Lissabon rechtsverbindlich gewordene **Charta der Grundrechte der Europäischen Union** (Art. 6 Abs. 1 UAbs. 1

---

353 *Dreier*, in: Dreier I, Art. 1 III Rn. 70.
354 BVerfGE 128, 226 (246) = DVBl. 2011, 416. *Höfling*, in: Sachs, Art. 1 Rn. 108; *Dreier*, in: Dreier I, Art. 1 III Rn. 73.
355 BVerfGE 128, 226 (246 f.) = DVBl. 2011, 416.
356 *Windthorst*, in: Sachs, Art. 87e Rn. 47 f.
357 Etwa BVerwGE 114, 160 (189); BVerfGE 115, 205 (227) = DVBl. 2006, 694. Zur Grundrechtsfähigkeit auch der Verkehrs- und Infrastrukturunternehmen der Eisenbahnen des Bundes, *Windthorst*, in: Sachs, Art. 87e Rn. 49. Zum Problem ferner *Dreier*, in: Dreier I, Art. 1 III Rn. 71 f.

EUV) stellt, von eben diesem Zusammenhang ausgehend, ganz im Formulierungsduktus des Art. 1 Abs. 1 GG (»Die Würde des Menschen ist unantastbar. Sie ist zu achten und zu schützen.«) das Bekenntnis zur Unantastbarkeit der Menschenwürde an den Anfang ihres Katalogs der Grundrechte.

Ungeachtet dessen kommt insbes. auf europäischer Ebene der Menschenwürde offenkundig nicht der rechtsnormativ hervorragende Rang zu, der nach h.A. ihre Bedeutung in der Ordnung des Grundgesetzes ausmacht (bereits o. Rdn. 87 f.). Einer solchen rechtssatzförmigen Verfasstheit des Würdegedankens stehen divergierende Rechtstraditionen anderer europäischer Staaten entgegen. Als Rechtsnorm existiert die Menschenwürde demgemäß eher modellhaft in der Literatur als rechtsdogmatisch ausgeformt in der Rechtspraxis[358]. Die **Omega-Entscheidung des EuGH**[359] (zum ordnungsbehördlichen Verbot eines Laserdromes) liefert keinen belastbaren Beweis des Gegenteils. Der EuGH enthält sich präziser Äußerungen, was Achtung und Schutz der Menschenwürde – auf europäischer Ebene – im Einzelnen rechtlich gebieten könnten. Er entwickelt eine Dogmatik der freiheitsbeschränkenden öffentlichen Ordnung und der Verhältnismäßigkeit ihres Schutzes, nicht der Menschenwürde. Die Menschenwürde wird zwar – wie die Grundrechte – als »allgemeiner Rechtsgrundsatz« qualifiziert. Rechtlich entscheidend ist indessen nicht ihr Rechtscharakter, sondern die Überlegung, dass es demgemäß einerseits mit dem Gemeinschaftsrecht vereinbar sein muss, sie im Rahmen der öffentlichen Ordnung schützen zu wollen, dass andererseits dieser Schutzzweck auch den Begriff der öffentlichen Ordnung hinreichend einengt, um dem Erfordernis eines Grundinteresses zu genügen, dessen Wahrung eine Beschränkung des freien Dienstleistungsverkehrs rechtlich zu tragen vermag. Die Menschwürde kennzeichnet aus der Perspektive dieser Rechtsprechung keinen (europaweit) unverfügbaren, auf unmittelbare Durchsetzung angelegten Fundamentalgrundsatz der europäischen Rechtsordnung, sondern erscheint als Bestandteil einer öffentlichen Ordnung, die offen ist für eine national unterschiedlich ausgeprägte Akzentuierung sozial-ethischer Verhaltensmaßstäbe[360].

116

---

358 Vgl. beispielhaft etwa *Rixen*, in: Heselhaus/Nowak (Hrsg.), Hdb. EU-GR, § 9; demgegenüber – auch zum folgenden – die Analyse von *Calliess*, in: Gröschner/Lembcke (Hrsg.), Das Dogma der Unantastbarkeit, 2009, S. 133, 149 ff.
359 EuGH DVBl. 2004, 1476 – Omega ./. Stadt Bonn, ergangen auf Vorlagebeschluss des BVerwG (E 115, 189) – Laserdrome.
360 EuGH DVBl. 2004, 1476, 1477 (Abs. Nr. 30, 34) – Omega ./. Stadt Bonn, (»Somit ist das Ziel, die Menschenwürde zu schützen, unzweifelhaft mit dem Gemeinschaftsrecht vereinbar, ohne dass es insoweit eine Rolle spielt, dass in Deutschland dem Grundsatz der Achtung der Menschenwürde die besondere Stellung eines selbständigen Grundrechts zukommt«); vgl. *Enders*, JÖR N.F. Bd. 59 (2011), S. 245, 248; *Taupitz*, in: FS Riedel, 2013, S. 505, 509. Teils abweichend *Schwarz*, Der Staat 50 (2011), 533, 560 ff., weitergehend auch *Rixen*, in: Heselhaus/Nowak (Hrsg.), Hdb. EU-GR, § 9, Rn. 3, der zugleich einräumt: »Was Menschenwürde bedeutet, wann sie verletzt wird, wogegen sie schützt und wen sie in welcher Weise bindet, ist im spezifischen Rechtsraum der EU noch nicht verlässlich geklärt«.

117 Ähnlich verhält es sich mit dem **Problembereich des Embryonenschutzes**, zu dem auch die Patentierung biotechnologischer Erfindungen zu rechnen ist, die mit embryonalem Zellmaterial arbeiten. Auch hier findet sich die Berufung auf die Menschenwürde (vgl. Menschenrechtsübereinkommen des Europarats zur Biomedizin v. 04.04.1997, Zusatz-Protokoll über das Verbot des Klonens menschlicher Lebewesen v. 12.01.1998; Erwägungsgrund 16 der RL 98/44/EG – BioPatentRL). Die einschlägigen Schutzvorschriften sprechen indessen kein Totalverbot embryonenverbrauchender Forschung aus. Sie schließen zwar die Patentierbarkeit biotechnologischer Erfindungen aus, wenn sie auf die Verwendung menschlicher Embryonen (auch zu Zwecken der wirtschaftlichen Forschung) zielen, sie verbieten ferner die Erzeugung von Embryonen zu Forschungszwecken und besonders das mit Blick auf den geborenen Menschen nicht hinnehmbare (reproduktive) Klonen (Art. 3 Abs. 2d GReCH-EU). Die Menschenwürde nach Art 1 GReCH-EU fungiert dabei – jedenfalls nach dem Verständnis der Rechtspraxis – weder als unabdingbarer, absolut verpflichtender Schutzgrundsatz noch gar als Basis einer Grundrechtsposition, findet vielmehr in solchen Zusammenhängen Erwähnung als Anhaltspunkt sozial-ethischer Orientierung und Imprägnierung von Rechtssätzen, die dafür bewusst (wie z.B. Art. 6 Abs. 2c der RL 98/44/EG; vgl. § 2 Abs. 1, Abs. 2 Satz 1 Nr. 3 PatG) Raum lassen[361]. Ganz auf dieser Linie liegen die Entscheidungen des EGMR, der zwar befunden hat, dass das ungeborene menschliche Leben im Namen der Menschenwürde Schutz verdiene, der ihm aber zugleich Schutzansprüche aus eigenem Recht (Art. 2 EMRK) verweigert hat[362].

G. Prozessuale Fragen

I. Möglichkeit der Verfassungsbeschwerde

118 Verstöße gegen würdegebotene Mindeststandards (o. Rdn. 15 f., 61 ff.) können über die abstrakte wie konkrete Normenkontrolle (Art. 93 Abs. 1 Nr. 2 GG, Art. 100 Abs. 1 GG) vor das BVerfG gebracht, vor allem aber mit der Verfassungsbeschwerde vom Betroffenen geltend gemacht werden (Art. 93 Abs. 1 Nr. 4a GG). Dieser außerordentliche Rechtsbehelf greift nicht nur bei Würdeverstößen der Verwaltung oder des »einfachen« Gesetzgebers, sondern insbes. auch bei einer Absenkung des rechtlichen Standards unter das würdegebotene Minimum durch den verfassungsändernden Gesetzgeber[363].

119 Dabei spielt es – wie dargelegt – keine Rolle, ob der Menschenwürdesatz ein eigenständiges Grundrecht statuiert, ob er ein objektiv-rechtliches Konstitutionsprinzip

---

361 *Dederer*, EuR 2012, 336, 342 f., *ders.*, GRUR 2013, 352, 354; *Taupitz*, in: FS Riedel, 2013, S. 505, 514 ff.

362 EGMR NJW 2005, 727, 731 (Abs. Nr. 84) – Vo ./. France; bestätigt von EGMR v. 07.03.2006, EuGRZ 2006, S. 389 (Abs. Nr. 46) und EGMR-GK NJW 2008, 2013, 2014 (Abs.Nr. 56) – Evans ./. United Kingdom. Vgl. *Vöneky*, in: FS Würtenberger, 2013, S. 591, 595 ff.

363 BVerfGE 30, 1 = DVBl. 1971, 49; 109, 279 = DVBl. 2004, 557.

oder eher ein heuristisches Leitprinzip der Auslegung (insbes. der Grundrechte) darstellt (o. Rdn. 34)[364]. Denn die rechtlichen Implikationen der mit ihm verfassungskräftig anerkannten Subjektstellung des Menschen als Person entfalten sich jedenfalls über die Einzelgrundrechte. Bei Unterschreitung des würdegebotenen rechtlichen Mindeststandards im Schutzbereich eines Einzelgrundrechts (auch durch verfassungsändernde Reduktion seines Gewährleistungsgehalts) hat die auf dieses Grundrecht sich stützende Verfassungsbeschwerde Erfolg.

Allerdings ist die Verfassungsbeschwerde gegen ein Gesetz – auch gegen ein verfassungsänderndes Gesetz – nur zulässig, wenn der Beschwerdeführer durch das angegriffene Gesetz selbst, gegenwärtig und unmittelbar betroffen ist. Nur dann besteht die Möglichkeit einer Grundrechtsverletzung und ist die Beschwerdebefugnis gegeben (Art. 93 Abs. 1 Nr. 4a GG, § 90 Abs. 1 BVerfGG). Bei verfassungsändernden Gesetzen wird es an einer solch gegenwärtigen, unmittelbaren Selbstbetroffenheit regelmäßig fehlen, weil sie zu ihrer Wirksamkeit im Verhältnis zum Bürger noch der (einfach-)gesetzlichen Umsetzung der Ermächtigung bedürfen. Sieht allerdings der Gesetzgeber in Wahrnehmung der neu geschaffenen Regelungsbefugnis die Möglichkeit heimlicher Grundrechtseingriffe vor, so dass der Rechtsschutz gegen spätere Vollzugsakte leerläuft, ist, um eine Aushöhlung verfassungsrechtlich garantierten Grundrechtsschutzes zu vermeiden, die Beschwerdebefugnis gegen das Ausführungsgesetz zu bejahen und kann die ermächtigende Verfassungsänderung inzident an Art. 1 GG, 79 Abs. 3 GG (in Verbindung mit dem eingriffsbetroffenen, geänderten Grundrecht) geprüft werden[365]. 120

II. Art. 1 Abs. 3 GG als »Umschaltnorm«

Betrachtet man nicht Art. 1 Abs. 1 GG als eigenständiges Grundrecht, stellt Art. 1 Abs. 3 GG die für den Fall der grundrechtsschmälernden Verfassungsänderung unverzichtbare »Umschaltnorm« dar: Diese Vorschrift, die zu den änderungsfesten Grundsätzen nach Art. 79 Abs. 3 GG zählt, schreibt auch für die Situation der Verfassungsänderung das Prinzip der Bindung an die rechtlich gleiche Freiheit aller Einzelnen fest[366]. Nur indem dieses dauerhaft fixiert und als solches vor Verfassungsänderung geschützt ist, kann die verfassungsändernde Schmälerung oder Beseitigung der Grundrechtsgewährleistung unter Berufung auf das änderungsbetroffene, hier 121

364 Vgl. *Hillgruber*, in: Epping/Hillgruber, Art. 1 Rn. 1.1; *Isensee*, in: HGR IV, 2011, § 87, Rn. 98, 117, 119.
365 BVerfGE 30, 1 (16 f.) = DVBl. 1971, 49; BVerfGE 109, 279 (305 f.) = DVBl. 2004, 557.
366 Vgl. zur zentralen Funktion der »Umschaltnorm« die ursprüngliche Konzeption des Art. 79 Abs. 3 GG in der Fassung einer Stellungnahme des Redaktionsausschusses (v. 25.01.1949) zur 2. Lesung des Hauptausschusses (Art. 108), Der Parl. Rat, 1948–1949, Akten und Protokolle, Dt. Bundestag und Bundesarchiv (Hrsg.), Bd. 7, 1995, S. 254, 328, die Art. 1 lediglich mit Blick auf die »unmittelbare Geltung der Grundrechte« für unabänderlich erklärte.

aber als möglicherweise verletzt vorauszusetzende Grundrecht (inzident, s. Rdn. 44, 120) zur Prüfung gestellt werden.

III. Grundrechtlicher status positivus und Justizgewährungsanspruch

122 Wie die materiellen grundrechtlichen Ansprüche auf Unterlassung oder Leistung rechtstechnisch umzusetzen sind, besagen die Grundrechtsgarantien selbst im Einzelnen nicht. Konkrete Gestalt und Umfang des grundrechtlichen status positivus ergibt sich erst aus den einschlägigen Prozessordnungen[367]. Dass überhaupt ein (über Art. 19 Abs. 4 GG hinausreichendes) **Recht auf Rechtsschutz** besteht, folgt weder aus den Einzelgrundrechten noch aus Art. 1 GG, sondern aus dem allgemeinen **Justizgewährungsanspruch** (Art. 2 Abs. 1 GG i.V.m. dem Rechtsstaatsprinzip[368]), der in seinem Kern (gerichtsförmiger Rechtsschutz durch wenigstens eine Instanz) zum änderungsfesten Bestand rechtsstaatlicher Verfassungsgrundsätze zählen dürfte[369].

H. Deutsche und europarechtliche Leitentscheidungen

123 EGMR NJW 2005, 727 – Vo ./. France (zum Lebensschutz von menschlichen Embryonen, Art. 2 EMRK); EGMR-GK, EuGRZ 2010, 417 – Gäfgen ./. Deutschland (zum Folterverbot, Art. 3 EMRK).

EuGH, Rs. C-36/02, U. v. 14.10.2004 – Omega ./. Stadt Bonn (Menschenwürde als Schutzgut der öffentlichen Ordnung) = DVBl 2004, 1476.

BVerfGE 30, 173 – postmortaler Persönlichkeitsschutz (Mephisto); BVerfGE 39, 1 – Schwangerschaftsabbruch I; BVerfGE 45, 187 – lebenslange Freiheitsstrafe; BVerfGE 87, 209 – Gewaltvideo; BVerfGE 88, 203 – Schwangerschaftsabbruch II; BVerfGE 109, 133 – Sicherungsverwahrung; BVerfGE 109, 279 – großer Lauschangriff; BVerfGE 115, 118 – Luftsicherheitsgesetz (Abschuss terroristisch missbrauchter Passagierflugzeuge); BVerfGE 123, 267 – Vertrag von Lissabon; BVerfGE 125, 175 – Regelleistungen zur Sicherung des Lebensunterhalts – Hartz IV (Anspruch auf Existenzminimum).

I. Literaturauswahl

124 *Bahr, Petra/Heinig, Hans Michael* (Hrsg.), Menschenwürde in der säkularen Verfassungsordnung, Tübingen 2006; *Baldus, Manfred*, Menschenwürdegarantie und Absolutheitsthese, AöR 136 (2011), S. 529–552; *Brugger, Wilfried*, Menschenwürde – Menschenrechte – Grundrechte, 1997; *Dederer, Hans-Georg*, Die Garantie der Menschenwürde (Art. 1 Abs. 1 GG), JÖR N.F. Bd. 57 (2009), S. 89–124; *Dammann, Il-*

---

367 Vgl. *Rupp*, Grundfragen der heutigen Verwaltungsrechtslehre, 2. Aufl. 1991, S. 171 f., 263, 264.

368 BVerfGE 88, 118 (123); 107, 395 (401) = DVBl. 2003, 932; vgl. BVerfG-K, Beschl. v. 18.12.2014 – 2 BvR 209/14 u.a., juris AbsNr. 30.

369 *Enders*, in: Epping/Hillgruber, Art. 19, Rn. 86, 87. Vgl. EuGH EuGRZ 2008, 480 (499 ff., insbes 502, Abs. Nr. 326, 333 ff.).

mer, Der Kernbereich privater Lebensgestaltung, Berlin 2011; *Dürig, Günter*, Der Grundrechtssatz von der Menschenwürde, AöR 81 (1956), S. 117–157; *Enders, Christoph*, Die Menschenwürde in der Verfassungsordnung, Tübingen 1997; *ders.*, Die normative Unantastbarkeit der Menschenwürde, in: Gröschner/Lembcke (Hrsg.), Das Dogma der Unantastbarkeit, Tübingen 2009, S. 69–92; *ders.*, Das Bekenntnis zur Menschenwürde im Bonner Grundgesetz – ein Hemmnis auf dem Weg der Europäisierung?, JÖR N.F. Bd. 59 (2011), S. 245–277; *Geddert-Steinacher, Tatjana*, Menschenwürde als Verfassungsbegriff, Berlin 1990; *Goerlich, Helmut* (Hrsg.), Staatliche Folter, Paderborn 2007; *Goos, Christoph*, Innere Freiheit, Göttingen 2011; *Höfling, Wolfram*, Die Unantastbarkeit der Menschenwürde, JuS 1995, S. 857–862; *Hörnle, Tatjana*, Menschenwürde als Freiheit von Demütigungen, ZRph 2008, S. 41–61; *Hufen, Friedhelm*, Die Menschenwürde, JuS 2010, S. 1–10; *Isensee, Josef*, Menschenwürde: die säkulare Gesellschaft auf der Suche nach dem Absoluten, AöR 131 (2006), S. 173–218; *ders.*, Positivität und Überpositivität der Grundrechte, in: Merten/Papier (Hrsg.), Handbuch der Grundrechte II, Heidelberg 2006, § 26, S. 41–110; *ders.*, Würde des Menschen, in: Merten/Papier (Hrsg.), Handbuch der Grundrechte IV, Heidelberg 2011, § 87, S. 3–134; *Nettesheim, Martin*, Die Garantie der Menschenwürde zwischen metaphysischer Überhöhung und bloßem Abwägungstopos, AöR 139 (2005), S. 71–113; *Nitschke, Peter* (Hrsg.), Rettungsfolter im modernen Rechtsstaat?, Bochum 2005; *Seelmann, Kurt* (Hrsg.), Menschenwürde als Rechtsbegriff, ARSP Beiheft Nr. 101, Stuttgart, 2004.

Artikel 2 [Allgemeines Freiheitsrecht, Rechte auf Leben, körperliche Unversehrtheit, Freiheit der Person]

(1) Jeder hat das Recht auf die freie Entfaltung seiner Persönlichkeit, soweit er nicht die Rechte anderer verletzt und nicht gegen die verfassungsmäßige Ordnung oder das Sittengesetz verstößt.

(2) Jeder hat das Recht auf Leben und körperliche Unversehrtheit. Die Freiheit der Person ist unverletzlich. In diese Rechte darf nur auf Grund eines Gesetzes eingegriffen werden.

A. Vorbilder und Entstehungsgeschichte

I. Art. 2 Abs. 1 GG

1   Die Grundrechtsnorm des Art. 2 Abs. 1 GG hat in der deutschen Verfassungsgeschichte **keinen gleich oder ähnlich lautenden Vorläufer.**[1] Normtextliche Vorbilder bieten erst einige vorgrundgesetzliche Landesverfassungen aus den Jahren 1946/47 (Art. 2 Abs. 1 Hess. Verf., Art. 101 Bay. Verf., Art. 1 Abs. 1 Rheinl.-Pfalz Verf., Art. 3 Brem. Verf., Art. 2 S. 1 Saarl. Verf.).

2   Der vom Verfassungskonvent auf Herrenchiemsee 1948 beschlossene Entwurf lautete noch: »(1) Alle Menschen sind frei. (2) Jedermann hat die Freiheit, innerhalb der Schranken der Rechtsordnung und der guten Sitten alles zu tun, was anderen nicht schadet.« In den Beratungen im Parlamentarischen Rat wurden zahlreiche unterschiedliche Textvarianten und Formulierungsvorschläge erörtert.[2] Dabei wurde der Satz, dass der Mensch frei ist, als nichtssagend aufgegeben und der Wendung »Jeder hat das Recht auf die freie Entfaltung seiner Persönlichkeit, soweit er nicht die Rechte anderer verletzt« gegenüber dem Vorschlag »Jedermann hat die Freiheit, zu tun und zu lassen, was die Rechte anderer nicht verletzt« der Vorzug gegeben. Damit sollte aber keine inhaltliche Abweichung verbunden sein, sondern allein das Würdevolle im Klang der Gewährleistung zum Ausdruck gebracht werden.[3] Bedenken, hierdurch würde die Handlungsfreiheit des Menschen nicht mehr genügend hervorgehoben, wurde mit der Feststellung begegnet: »**Freie Entfaltung umfasst alles.**«[4]

---

1   Vgl. schon *Dürig*, JR 1952, 259; *Nipperdey/Wiese*, in: Bettermann/Nipperdey (Hrsg.), Die Grundrechte IV/2, 1962, S. 741 ff. (742): »ein Novum unseres Verfassungsrechts«; ferner *Dreier*, in: Dreier I, Art. 2 I Rn. 5; *Murswiek*, in: Sachs, Art. 2 Rn. 1; *Cornils*, in: HStR VII³, § 168 Rn. 3 f.; *Kahl*, in: HGR V, § 124 Rn. 1, 7.
2   Vgl. JöR n.F. 1 (1951), 54 ff.; *Hillgruber*, in: Umbach/Clemens, Art. 2 I Rn. 3 ff.; *Höfling*, in: Friauf/Höfling, Art. 2 Rn. 7 f.; *Kukk*, Verfassungsgeschichtliche Aspekte zum Grundrecht der allgemeinen Handlungsfreiheit (Art. 2 Abs. 1 GG), 2000, S. 207 ff.
3   Vgl. Abg. *v. Mangoldt*, JöR n.F. 1 (1951), 54, 61.
4   Abg. *Lensing*, JöR n.F. 1 (1951), 54, 57 (Hervorhebung nicht im Original). Zur Einigkeit des Parlamentarischen Rates darüber, dass die Entfaltungsfreiheit im Sinne einer allgemeinen Handlungsfreiheit des Menschen zu verstehen sei, vgl. *Hillgruber*, in: Umbach/Cle-

Schließlich ist der Zusatz »innerhalb der Schranken der Rechtsordnung« in Anlehnung an die Hessische Verfassung durch die Schranke der »verfassungsmäßigen Ordnung« ersetzt und die Beifügung eines weiteren Gesetzesvorbehalts für entbehrlich gehalten worden.[5]

In der Sache knüpft das Grundrecht an den geistesgeschichtlichen Ausbau der **allgemeinen Menschenrechtsidee** in den neuzeitlichen Natur- und Vernunftrechtslehren an.[6] Mit dem Recht auf freie Entfaltung der Persönlichkeit sollte das prinzipielle, jedem Individuum kraft seines Menschseins ursprünglich zustehende, vorstaatliche Freiheitsrecht auf eine allgemeine Formulierung gebracht und in eine umfassende innerstaatliche Rechtsgarantie überführt werden.[7] Eine derartige allgemeine Freiheitsgewährleistung von menschenrechtlich-universalistischer Prägung, der gegenüber die klassischen Einzelfreiheitsrechte spezielle Konkretisierungen für einzelne Lebensbereiche darstellen, hatte bereits in manchen Verfassungsurkunden der Aufklärungsepoche ihren Niederschlag gefunden, z.B. in Section 1 der Virginia Bill of Rights von 1776 oder in Art. 4 der Französischen Erklärung der Menschen- und Bürgerrechte von 1789. Eine solche Generalklausel ist jedoch nicht selbstverständlich (unten Rdn. 143).[8] Unbeschadet mancher Ansätze in der preußischen Reformzeit, wie z.B. in §§ 82, 83 der Einleitung zum Preußischen Allgemeinen Landrecht von 1794, kennen die deutschen Verfassungsdokumente des 19. Jahrhunderts keine vergleichbare Bestimmung, auch nicht die Verfassung der Frankfurter Paulskirche von 1849. Ob Art. 114 Abs. 1 der Weimarer Reichsverfassung von 1919 mit der »Freiheit der Person« auch in diesem weiten Sinne die persönliche »Freiheit vom Staat« gewährleistete, war zwar umstritten. Jedenfalls aber ging nach dem damaligen Freiheits- und Verfassungsbegriff die normative Bedeutung der Vorschrift nicht über das hinaus, was nach dem rechtsstaatlichen Grundsatz des Vorbehalts des Gesetzes für Eingriffe in Freiheit und Eigentum ohnehin schon galt.[9] Die Novität des Art. 2 Abs. 1 GG begründet daher eine **neue deutsche Verfassungspraxis**, die – zumal unter dem Eindruck der vorangegangenen Erfahrung totalitärer Menschenverachtung und entsprechender Pervertierung des Rechts – die prinzipielle Freiheit des Menschen als Grundlage der staatlichen Gemeinschaft anerkennt und als unmittelbar geltendes

3

---

mens, Art. 2 I Rn. 4, 8, 11 ff.; *Lorenz*, in: BK, Art. 2 (2008) Rn. 8; *Stern*, Staatsrecht IV/1, S. 884, 886; zurückhaltender *Podlech*, in: AK-GG, Art. 2 Abs. 1 Rn. 4, 5, 70; *Dreier*, in: Dreier I, Art. 2 I Rn. 9.

5 Vgl. JöR n.F. 1 (1951), 54, 55. Näher zur Entstehungsgeschichte *Kahl*, in: HGR V, § 124 Rn. 6 ff.

6 Überblick: *Dreier*, in: Dreier I, Art. 2 I Rn. 1 ff.; *Stern*, Staatsrecht IV/1, S. 879 f.; *Klippel*, in: Birtsch (Hrsg.), Grund- und Freiheitsrechte von der ständischen zur spätbürgerlichen Gesellschaft, 1987, S. 269 ff.; *Kahl*, in: HGR V, § 124 Rn. 1 ff.

7 Zum Zusammenhang zwischen der Idee der Menschenrechte und der Positivität der Grundrechte vgl. *Stern*, in: HStR IX³, § 184; *Isensee*, in: HGR II, 2006, § 26.

8 Vgl. *Di Fabio*, in: Maunz/Dürig, Art. 2 Abs. 1 (2001) Rn. 3.

9 Vgl. *Anschütz*, in: ders., Die Verfassung des Deutschen Reichs vom 11. August 1919, 14. Aufl. 1933, S. 511, 543 ff.; *Kahl*, in: HGR V, § 124 Rn. 5.

Recht gegenüber aller Staatsgewalt (Art. 1 Abs. 3 GG) festschreibt. Bis heute ist der Text der Grundrechtsnorm unverändert geblieben.

II. Art. 2 Abs. 2 GG

4 Von den Rechten des Art. 2 Abs. 2 GG war nur die **Freiheit der Person** bereits im Herrenchiemseer Verfassungsentwurf enthalten. Darunter verstand man von Anfang an, auch im Parlamentarischen Rat, die **physische Bewegungsfreiheit** im engeren Sinne,[10] wie sie unstreitig schon von der textidentischen Vorgängerregelung des Art. 114 Abs. 1 S. 1 WRV umfasst war. Mit diesem Inhalt zählt die Garantie zu den klassischen und ältesten menschenrechtlichen Verbürgungen.[11] Ihre Wurzeln reichen zurück bis zu den in der englischen Verfassungsgeschichte entstandenen Schutzvorkehrungen gegen willkürliche staatliche Verhaftung (Art. 39 Magna Charta Libertatum, 1212; Art. 3, 4 Petition of Rights, 1627; Habeas-Corpus-Akte, 1679). Sie hat in die Menschenrechtserklärungen des 18. Jahrhunderts (z.B. Section 8 der Virginia Bill of Rights, 1776; Art. 7 Französische Menschenrechtserklärung, 1789) ebenso Eingang gefunden wie in manche Verfassungen des süddeutschen Frühkonstitutionalismus (z.B. § 8 Abs. 2 Verf. Bayern, 1818). Auch § 138 Abs. 1 der Paulskirchen-Verfassung von 1849 enthielt eine zu Art. 2 Abs. 2 S. 2 GG wortgleiche Bestimmung. Die daran anknüpfende Garantie des Grundgesetzes wies in ihren ersten Normentwürfen noch weitere Detailregelungen zu den Maßgaben und Grenzen staatlicher Freiheitsentziehungen oder -beschränkungen auf. Diese wurden im Laufe der weiteren Beratungen aus normästhetischen Gründen in den Abschnitt über die Rechtspflege (Art. 104 GG) übernommen.[12]

5 Die **Rechte auf Leben und körperliche Unversehrtheit** des Art. 2 Abs. 2 S. 1 GG haben hingegen erst durch den Parlamentarischen Rat im Zusammenhang mit dem allgemeinen Freiheitsrecht des Art. 2 Abs. 1 GG Eingang in die deutsche Verfassungstextgeschichte gefunden.[13] Wiederum abgesehen von einigen vorgrundgesetzlichen Landesverfassungen nach 1945 (Art. 3 Hess. Verf., Art. 3 Rheinl.-Pfalz Verf., Art. 1 S. 2 Saarl. Verf.) gab es zuvor keine dementsprechenden Grundrechtsgarantien. Das Recht auf »Leib und Leben« hat aber seit jeher an der Vorstellung elementarer Rechte des Individuums teil[14] und sieht sich traditionell durch die einfachgesetzlichen Normen des Straf-, des Strafverfahrens- und des Polizeirechts gesichert.[15]

---

10 Vgl. JöR n.F. 1 (1951), 54, 63 ff.

11 Vgl. *Sachs*, in: Stern, Staatsrecht IV/1, S. 1071 ff.

12 Vgl. Abg. *Heuß*, JöR n.F. 1 (1951), 54, 63.

13 *Lorenz*, in: BK, Art. 2 (2012) Rn. 411; *Müller-Terpitz*, in: HStR VII³, § 147 Rn. 1: »Novum«.

14 Eingehend *Sachs*, in: Stern, Staatsrecht IV/1, S. 121 ff.; ferner *Oestreich*, in: Bettermann/Nipperdey (Hrsg.), Die Grundrechte I/1, 1966, S. 1 ff. (21); *Di Fabio*, in: Maunz/Dürig, Art. 2 Abs. 2 Satz 1 (2004) Rn. 7, 51; *Schulze-Fielitz*, in: Dreier I, Art. 2 II Rn. 2; *Stern*, Staatsrecht III/1, S. 1055; BVerfGE 39, 1 (36).

15 *Starck*, in: v. Mangoldt/Klein/Starck I, Art. 2 Abs. 2 Rn. 189; *Müller-Terpitz*, in: HStR VII³, § 147 Rn. 1; *Fink*, in: HGR IV, § 88 Rn. 1.

Indessen haben erst die Erfahrungen mit den lebensvernichtenden und -verachtenden Praktiken der totalitären Systeme des 20. Jahrhunderts das Bedürfnis nach einem explizit eingerichteten Grundrechtsschutz hervorgerufen.[16] Im Parlamentarischen Rat sah man sich darin durch den UNO-Kommissionsentwurf zu Art. 3 der Allgemeinen Erklärung der Menschenrechte von 1948 bekräftigt.[17] Auch Art. 2 Abs. 2 GG hat seit 1949 keine Änderung erfahren.

B. Grundsätzliche Bedeutung

I. Art. 2 Abs. 1 GG

Das Grundrecht auf die freie Entfaltung der Persönlichkeit enthält die **Garantie ei-**   6
nes allgemeinen Freiheitsrechts.[18] Es ist inhaltlich weder näher noch abschließend bestimmt. Geschützt wird die menschliche Freiheit schlechthin. Die Garantie ist »umfassender Ausdruck der persönlichen Lebenssphäre« (BVerfGE 49, 15 [23]). Das Grundgesetz zieht damit die Konsequenz aus der Würde des Menschen (Art. 1 Abs. 1 GG).[19] Als autonomer, mit der Fähigkeit zu eigenverantwortlicher Lebensgestaltung begabter Person ist dem Menschen eine möglichst weitreichende Entfaltung seiner Persönlichkeit gesichert. Diese Sicherung erschöpft sich nicht, anders als noch im Gesetzgebungsstaat der vorgrundgesetzlichen Tradition, im Schutz vor ungesetzlichen staatlichen Beeinträchtigungen.[20] Der weitergehende normative Gehalt folgt aus der unmittelbaren Geltungs- und Vorranganordnung der Grundrechte[21] in der voranstehenden »Leitnorm« des Art. 1 Abs. 3 GG (BVerfGE 31, 58 [72]). Art. 2 Abs. 1 GG legt *alle* staatliche Gewalt und die von ihr hervorgebrachte Rechtsordnung auf die **prinzipielle Freiheitsvermutung** fest.[22] Die Festlegung positiviert die für den freiheitlichen Verfassungsstaat unhintergehbare Differenz zwischen der prinzipiell unbegrenzten Freiheit des Individuums und den prinzipiell begrenzten Befugnissen des Staates (»rechtsstaatliches Verteilungsprinzip«[23]) und sie aktualisiert den Sinn der Ausübung staatlicher Befugnisse, eine Ordnung zu bewirken, in der für jeden die Entfaltung seiner Freiheit rechtlich möglich und geschützt ist.

---

16 Vgl. BVerfGE 18, 112 (117); 39, 1 (36 f.); *Schulze-Fielitz*, in: Dreier I, Art. 2 II Rn. 1; *Murswiek*, in: Sachs, Art. 2 Rn. 5; *Kunig*, in: v. Münch/Kunig I, Art. 2 Rn. 44; *Starck*, in: v. Mangoldt/Klein/Starck I, Art. 2 Rn. 174; *Müller-Terpitz*, in: HStR VII³, § 147 Rn. 2.

17 Siehe *v. Mangoldt*, JöR n.F. 1 (1951), 54, 56, 60; näher zur Entstehungsgeschichte *Schulze-Fielitz*, in: Dreier I, Art. 2 II Rn. 4 f.; *Podlech*, in: AK-GG, Art. 2 Abs. 2 Rn. 2 f.; *Sachs*, in: Stern, Staatsrecht IV/1, S. 139 f., 167 f.

18 BVerfGE 1, 264 (274): »allgemeines Grundrecht der persönlichen Freiheit«; 13, 21 (26): »allgemeiner Freiheitssatz«; 18, 38 (46); 63, 45 (60): »allgemeines Freiheitsrecht«.

19 BVerfGE 5, 85 (204); 27, 1 (6); 45, 187 (228); klassisch *Dürig*, in: Maunz/Dürig, Art. 2 Abs. I (1958) Rn. 1; s. ferner *Schmitt Glaeser*, in: HStR VI², § 129 Rn. 23.

20 *Stern*, Staatsrecht IV/1, S. 881 f.

21 Zu dieser *Kahl*, in: BK, Art. 1 Abs. 3 (2014) Rn. 165 ff., 175 ff.

22 BVerfGE 6, 32 (42); 17, 306 (313 ff.); *Di Fabio*, in: Maunz/Dürig, Art. 2 Abs. 1 (2001), Rn. 2; *Stern*, Staatsrecht IV/1, S. 887, 895.

23 *C. Schmitt*, Verfassungslehre (1928), 3. Aufl. 1993, S. 126, 158, 164, 166.

7   Damit bestimmt das Grundrecht zugleich den Vorrang der Freiheit vor jeder kollektiv definierten Gleichheit im Freiheitsergebnis.[24] Das bedeutet allerdings nicht die Vorgabe einer beliebig und schrankenlos gedachten Individualfreiheit, der staatliche Ordnung und soziale Bindung prinzipiell verpönt sind. Das Freiheitsverständnis des Grundgesetzes ist das eines **gemeinschaftsbezogenen und gemeinschaftsgebundenen Individuums** (BVerfGE 4, 7 [15]). Wie der »Soweit«-Satz des Art. 2 Abs. 1 GG verdeutlicht, wird die Vorrangvermutung für die Freiheit des Einzelnen im polaren Verhältnis zum ebenso freiheitsbegabten Mitmenschen und zum Ganzen des staatlichen Gemeinschaftslebens relativiert. Jeder muss die für alle geltenden und allgemein zumutbaren (gesetzlichen) Bedingungen und Bindungen seiner Freiheit akzeptieren, »vorausgesetzt, dass dabei die Eigenständigkeit der Person« gewahrt bleibt (BVerfGE 4, 7 [15 f.]).

8   Mit diesem Freiheitsbegriff kann der Art. 2 Abs. 1 GG als »**Hauptfreiheitsrecht**« gelten, in dem alle nachfolgenden Einzelfreiheitsrechte (Art. 2 Abs. 2 ff. GG) ihren »Ausgangspunkt« (BVerfGE 49, 15 [23]) finden. Damit ist jedoch nicht mehr gesagt, als dass die Spezialfreiheiten nur Erscheinungsformen der einen, generellen Freiheit des Menschen in bestimmten verschiedenen Lebenskontexten sind und dass auch deren Schutzgewährleistungen der Maxime jener prinzipiellen Freiheitsvermutung folgen.[25] Unbeschadet dessen stehen Haupt- und Einzelfreiheitsrechte, mit ihren Schutzbereichen wie mit ihren jeweiligen Schrankenvorbehalten, selbstständig nebeneinander; insbesondere gelten die Schranken des Art. 2 Abs. 1 GG nicht für die anderen Grundrechte.[26]

9   In seiner Tatbestandsoffenheit ist das allgemeine, »unbenannte« Freiheitsrecht indes geeignet und von der Verfassung dazu bestimmt, als »**Auffanggrundrecht**« zu wirken. Demnach tritt die Schutzgewähr aus Art. 2 Abs. 1 GG hinter die speziellen, »benannten« Freiheitsrechte zurück, soweit diese der Sache nach einschlägig sind. Soweit sie jedoch nicht eingreifen, steht die allgemeine Garantie dafür bereit, weitere Freiheitsrechte aufzunehmen und dadurch den notwendig lückenhaften Schutz der punktuellen Freiheitsverbürgungen zu ergänzen (näher unten Rdn. 137–140). Art. 2 Abs. 1 GG wirkt so **als subsidiäres und als supplementäres Generalfreiheitsrecht**, das die grundgesetzliche Sicherung der Achtung und des Schutzes der individuellen Freiheit komplettiert und zugleich offen hält für die »Entstehung« neuer Rechte, die auf neue Freiheitsbehauptungen oder neue Gefährdungslagen reagieren.[27]

---

24 *Dürig*, in: Maunz/Dürig, Art. 2 Abs. I (1958) Rn. 2; *Di Fabio*, in: Maunz/Dürig, Art. 2 Abs. 1 (2001) Rn. 2.

25 Vgl. *Murswiek*, in: Sachs, Art. 2 Rn. 12.

26 Ganz h.M.; vgl. z.B. BVerfGE 30, 173 (192); 32, 98 (107 f.); 67, 213 (228); *Di Fabio*, in: Maunz/Dürig, Art. 2 Abs. 1 (2001) Rn. 47.

27 Vgl. *Scholz*, AöR 100 (1975), 82, 122 ff.; *Di Fabio*, in: Maunz/Dürig, Art. 2 Abs. 1 (2001) Rn. 21 ff.; *Kahl*, Die Schutzergänzungsfunktion von Art. 2 Abs. 1 Grundgesetz, 2000; *ders.*, in: HGR V, § 124 Rn. 32 ff.; *Horn*, in: HStR VII³, § 149 Rn. 25.

Mit dieser Funktion hat der Art. 2 Abs. 1 GG in der praktischen Fortentwicklung 10
der Grundrechte eine zunehmende Bedeutung erlangt. In der inhaltlichen Ausdeu-
tung durch Judikatur und Lehre umfasst das allgemeine Freiheitsrecht heute zum einen die **allgemeine Handlungsfreiheit** und zum anderen – »in Verbindung mit
Art. 1 Abs. 1 GG« – das **allgemeine Persönlichkeitsrecht.** In der einen Hinsicht geht
es um die Freiheit der äußeren Entfaltung des Menschen in seinem Tun und Unterlassen (»Aktivitätsschutz«), in der anderen um den Schutz seiner inneren Entfaltung
im Finden und Bewahren des eigenen Ichs (»Integritätsschutz«).[28] Beide Gewährleistungen bedingen sich in gewisser Weise wechselseitig und ergänzen einander.[29]
Darin tragen sie vollumfänglich dem Grund und dem Gegenstand des generellen
Freiheitsrechts Rechnung, dem autonomiebegabten Menschen den praktischen
Selbstentwurf seiner »Gesamtpersönlichkeit«[30] zu sichern. Dogmatisch sind sie als
zwei kumulative, im Verhältnis zueinander (»intern«) selbstständige, unbenannte
Teil-Grundrechte (»Qualifizierungen«) zu fassen, die in ihrer Abstraktheit durch
konkrete Schutzpositionen bzw. Schutzgüter präzisiert werden (Rdn. 14–19).[31]

II. Art. 2 Abs. 2 GG

Bei den **drei Grundrechten** des Art. 2 Abs. 2 GG handelt es sich um die ersten spe- 11
ziellen Freiheitsverbürgungen des dem Art. 1 Abs. 3 GG nachfolgenden Grundrechtskatalogs.[32] Mit ihnen bestimmt das Grundgesetz aus historischer Erfahrung
die aus Würde (Art. 1 Abs. 1 GG) und allgemeiner Freiheit (Art. 2 Abs. 1 GG) her-
zuleitenden Folgerungen für den Schutz der **biologisch-physischen Existenz** des
Menschen. Das Recht auf Leben schützt die »**vitale Basis der Menschenwürde**«[33]
und sichert ebenso wie die Rechte auf körperliche Unversehrtheit und Bewegungsfreiheit das Sein und Handeln der Person in seiner Verwiesenheit auf die reale Be-
findlichkeit des menschlichen Körpers. In Würde und Freiheit existieren kann nur
der, der ohne Furcht um Leib und Leben und ohne Angst vor willkürlicher Freiheitsberaubung leben kann.[34]

---

28 *Dreier,* in: Dreier I, Art. 2 I Rn. 22; *Lorenz,* in: BK, Art. 2 (2008) Rn. 15 f.; *Höfling,* in:
Friauf/Höfling, Art. 2 Rn. 17, 34 ff.; *Kube,* in: HStR VII³, § 148 Rn. 28; *Horn,* in: HStR
VII³, § 149 Rn. 27 f.; *Cornils,* in: HStR VII³, § 168 Rn. 29; *Kahl,* in: HGR V, § 124
Rn. 63.
29 *Cornils,* in: HStR VII³, § 168 Rn. 30 f.; daran anknüpfend die Kritik an der tatbestandlichen Unterscheidung von *Kube,* in: HStR VII³, § 148 Rn. 29, 107 ff., und von *Enders,*
in: HGR IV, § 89 Rn. 43 ff.; abweichende Deutung auch von *Lorenz,* in: BK, Art. 2 Abs. 1
(2008) Rn. 27 ff.
30 *Dürig,* in: Maunz/Dürig, Art. 2 Abs. I (1958) Rn. 11.
31 Ebenso *Dreier,* in: Dreier I, Art. 2 I Rn. 10, 22; *Kahl,* in: HGR V, § 124 Rn. 63.
32 *Dürig,* in: Maunz/Dürig, Art. 2 Abs. II (1958) Rn. 2; *Di Fabio,* in: Maunz/Dürig, Art. 2
Abs. 2 Satz 1 (2004) Rn. 1.
33 BVerfGE 39, 1 (42); 115, 118 (152 m.w.N.); BVerwGE 115, 189 (202); *Lorenz,* in: BK,
Art. 2 (2012) Rn. 413 ff.
34 *Di Fabio,* in: Maunz/Dürig, Art. 2 Abs. 2 Satz 1 (2004) Rn. 2, 7, 11 ff.; *ders.,* in: HGR
II, § 46 Rn. 36 f.

12 Der Bedeutungszusammenhang darf freilich nicht verkennen, dass die Rechte des Art. 2 Abs. 2 GG selbstständige Gewährleistungen darstellen. So geht namentlich das Recht auf Leben nicht etwa in der Unverletzlichkeit der Menschenwürde auf. Mit dieser ist jenes nicht immer kongruent. Die Würde des Menschen verlangt **keinen absoluten Lebensschutz**.[35] Das Lebensrecht bildet zwar »einen Höchstwert«[36] innerhalb der grundgesetzlichen Ordnung, aber nicht den einzigen. Der Schrankenvorbehalt des Art. 2 Abs. 2 S. 3 GG macht deutlich, dass das Leben nicht ausnahmslos Vorrang gegenüber jedem anderen Rechtsgut genießt.[37] Seine Abwägungsfähigkeit ist allerdings begrenzt. Die öffentliche Gewalt darf Tötungen nur unter engen Voraussetzungen vornehmen oder zulassen. Von vornherein verboten ist die Todesstrafe (Art. 102 GG).

13 Der hohe Wert und Rang[38] des Rechts auf die Freiheit der **körperlichen Bewegung** wird ergänzt durch die verfassungsrechtlichen Voraussetzungen, denen »**Freiheitsbeschränkungen**« und »**Freiheitsentziehungen**« gemäß **Art. 104 GG** unterliegen. Hier steht in Anknüpfung an den »Habeas-Corpus«-Gedanken der Schutz vor willkürlichen Verhaftungen oder vergleichbaren staatlichen Maßnahmen des Festhaltens, Ingewahrsamnehmens oder Unterbringens in Rede. Die festgehaltene Person ist dabei in ihrer körperlichen Unversehrtheit über Art. 2 Abs. 2 S. 1 GG hinausgehend auch vor seelischen Einwirkungen geschützt (Art. 104 Abs. 1 S. 2 GG).

C. Schutzbereiche

I. Art. 2 Abs. 1 GG

1. Zwei Teil-Gewährleistungen

14 Der Schutzbereich (Grundrechtstatbestand) des allgemeinen Freiheitsrechts des Art. 2 Abs. 1 GG wird durch die zwei selbstständigen Teil-Gewährleistungen der **allgemeinen Handlungsfreiheit** und des **allgemeinen Persönlichkeitsrechts** qualifiziert (Rdn. 10). Die Ausdifferenzierung ist Folge der Entwicklung, die die Interpretation des Grundrechts in Rechtsprechung und Rechtswissenschaft genommen hat:

15 Die in den 1950er Jahren entwickelte »Persönlichkeitskerntheorie« hatte die Auffassung vertreten, mit der »freien Entfaltung der Persönlichkeit« sei nur der »Kernbezirk des Persönlichen« geschützt.[39] Einem derart engen Schutzbereichsverständnis war das Bundesverfassungsgericht mit dem **Elfes-Urteil** aus dem Jahre 1957 (BVerfGE 6, 32 [36 ff.]) entgegengetreten. Seither hält es in ständiger Rechtsprechung daran

35 *Dreier*, in: Dreier I, Art. 1 I Rn. 69 ff.; *Di Fabio*, in: Maunz/Dürig Art. 2 Abs. 2 Satz 1 (2004) Rn. 14 f.; vgl. auch *Müller-Terpitz*, in: HStR VII³, § 147 Rn. 5 f.; *Fink*, in: HGR IV, § 88 Rn. 5 ff.
36 BVerfGE 39, 1 (36, 42); 46, 160 (164); 49, 24 (53); 115, 25 (45); 115, 118 (139).
37 *Sachs*, in: Stern, Staatsrecht IV/1, S. 156; *Müller-Terpitz*, in: HStR VII³, § 147 Rn. 51 f.
38 BVerfGE 22, 180 (219); 65, 317 (322); 109, 190 (236); 117, 71 (95); 128, 326 (372).
39 *Peters*, in: FS Laun, 1953, S. 696 ff.; *ders.*, Das Recht auf freie Entfaltung der Persönlichkeit in der höchstrichterlichen Rechtsprechung, 1963, S. 16 ff., 47 ff.

fest,[40] dass das Grundrecht nach seiner Entstehungsgeschichte, seiner Sinnrichtung und der Weite seines Schrankenvorbehalts die »allgemeine menschliche Handlungsfreiheit« (BVerfGE 6, 32 [36]) gewährleistet. Auch die Rechtslehre teilt diese weite Auslegung ganz überwiegend.

Zugleich hatte das Elfes-Urteil betont, dass dem Grundrechtsträger unbeschadet der Schranke der »verfassungsmäßigen Ordnung« in Art. 2 Abs. 1 Halbs. 2 GG aus den Eingriffsgrenzen des Art. 19 Abs. 2 und Art. 1 Abs. 1 GG »eine Sphäre privater Lebensgestaltung verfassungskräftig vorbehalten ist [...], der der Einwirkung der gesamten öffentlichen Gewalt entzogen ist« (BVerfGE 6, 32 [41]). Damit war das Ansinnen der Persönlichkeitskernlehre aufgenommen, dass der Mensch in jenem Mindestmaß seiner Handlungsfreiheit geschützt ist, das sein Wesen und Sein als geistig-sittliche Person ausmacht. Die Abgrenzung dieses heute so bezeichneten »unantastbaren Kernbereichs privater Lebensgestaltung«[41] führte in der Folge zu der dogmatischen Vorstellung, dass die allgemeine Handlungsfreiheit des Art. 2 Abs. 1 GG nach Art eines Zwiebelmodells einen in der Stärke abgestuften Grundrechtsschutz bietet. Je nachdem, ob der Grundrechtsträger in seiner (unantastbaren) innersten Intim-, in seiner weiteren Privat- oder in der äußeren Sozialsphäre betroffen wird, sind dem staatlichen Eingriff engere oder weitere Grenzen gezogen (»**Sphärentheorie**«).[42] Dabei ist maßgeblich, ob und inwieweit der Einzelne »durch sein Sein oder Verhalten auf andere einwirkt und dadurch die persönliche Sphäre von Mitmenschen oder Belange des Gemeinschaftslebens berührt«.[43]   **16**

In der Rechtsprechung des Bundesverfassungsgerichts ist diese Unterscheidung von Schutzsphären der allgemeinen Handlungsfreiheit nicht nur vielfältig ausgeformt, sondern zudem von der Ebene der Eingriffsschranken auf die **Ebene von Rechten** erhoben worden.[44] Die wegen ihrer Nähe zum Grundrechtskern und zur Menschenwürde besonders intensiven Eingriffslagen im **Intim- und Privatbereich** wurden zum Thema des – im Anschluss an vorgängige Entscheidungen des BGH[45] auch **verfassungsrechtlich anerkannten** – allgemeinen Persönlichkeitsrechts (gemäß »Art. 2 Abs. 1 in Verbindung mit Art. 1 Abs. 1 GG«). Damit erwies sich der allgemeine Persönlichkeits- bzw. Privatsphärenschutz notwendig als ein »Stück der Sphärentheorie«.[46] Seine konkreten, in Fallgruppen typisierten Ausprägungen erschienen als »tatbestandliche Konkretisierungen des Schutzbereichs der allgemeinen Handlungsfreiheit«.[47]   **17**

---

40 Vgl. z.B. BVerfGE 20, 150 (154); 54, 143 (146); 74, 129 (151); 80, 137 (152); 90, 145 (171); 97, 332 (340); 113, 88 (103); 114, 371 (383 f.); 115, 97 (109).

41 Z.B. BVerfGE 80, 367 (373); 90, 255 (260); 109, 279 (313); 119, 1 (29); 120, 274 (335); 129, 208 (249); 130, 1 (22).

42 Vgl. *Rohlf*, Der grundrechtliche Schutz der Privatsphäre, 1980, S. 70 ff.

43 BVerfGE 35, 202 (220).

44 Klare Analyse von *Alexy*, Theorie der Grundrechte, 2. Aufl. 1994, S. 327 ff., 333 ff.

45 Beginnend mit BGHZ 13, 334 (337 ff.).

46 *Alexy*, Theorie der Grundrechte, 2. Aufl. 1994, S. 333.

47 *Di Fabio*, in: Maunz/Dürig Art. 2 Abs. 1 (2001) Rn. 128 ff., 131.

18 In der weiteren Grundrechtsentwicklung hingegen hat das **allgemeine Persönlich-keitsrecht** seine dogmatische Einstufung als Unterfall der allgemeinen Handlungs-freiheit abgelegt. Unter dem Eindruck neuer Persönlichkeitsgefährdungen ist es zu einem nach Tatbestand, Wirkungsrichtung und Einschränkungsmöglichkeiten »in-tern« **selbstständigen Teil-Grundrecht** des Art. 2 Abs. 1 GG erwachsen.[48] Die zumal mit der Rechtsprechung zum informationellen Selbstbestimmungsrecht (BVerfGE 65, 1 [44 f.]) eingeleitete Emanzipation[49] trägt der Einsicht Rechnung, dass das »Ob« des Persönlichkeitsschutzes nicht von dem »Wie« der Persönlichkeitsentfaltung bestimmt, mithin davon abhängig sein kann, in welcher (Lebens-)Sphäre der Einzel-ne spezifischen Persönlichkeitsgefährdungen ausgesetzt ist. Eine Deutung, die das allgemeine Persönlichkeitsrecht von der Sozialsphäre her, d.h. danach bestimmt, ob und inwieweit der Einzelne durch das, was seine Persönlichkeit ausmacht und prägt, Belange Dritter oder der Allgemeinheit berührt, droht den lückenschließenden An-spruch des allgemeinen Freiheitsrechts (Rdn. 9, 36) zu verfehlen. Dem entspricht es, dass auch zahlreiche weitere Konkretisierungen, die dem allgemeinen Persönlich-keitsrecht im Laufe der Zeit zugewachsen sind, wie zuletzt das Grundrecht auf Ge-währleistung der Vertraulichkeit und Integrität informationstechnischer Systeme (BVerfGE 120, 274 ff.), allesamt nicht der »Sphärenlogik« folgen.

19 Der **Wortlaut** des Art. 2 Abs. 1 GG steht dem nicht nur nicht entgegen, sondern umfasst gerade beides, die allgemeine Handlungsfreiheit ebenso wie das allgemeine Persönlichkeitsrecht. Die »**freie Entfaltung**« der Persönlichkeit meint zum einen die Freiheit des äußerlichen Handelns oder Verhaltens einer Person, zum anderen die nach innen gewandte Freiheit der Selbstbestimmung der eigenen Persönlichkeit. Die Begriffe von Freiheit, Entfaltung und Persönlichkeit rezipieren und positivieren das Konzept der Autonomie des Menschen sowohl **nach außen** gerichtet, handlungsbe-zogen und die Persönlichkeit realisierend, als auch **nach innen** gewendet, mehr sta-tusbezogen und die Persönlichkeit konstituierend (Rdn. 10).[50]

2. Allgemeine Handlungsfreiheit

a) Handlungsfreiheit im umfassenden Sinne

20 Indem Art. 2 Abs. 1 GG nach ganz h.M. die **Handlungsfreiheit im umfassenden Sinne** gewährleistet, schützt das Grundrecht vorbehaltlich vorrangiger Spezialfrei-heitsrechte »jedes menschliche Verhalten« (BVerfGE 113, 29 [45]). Verbürgt wird die (»positive« und »negative«) Freiheit zu jedem beliebigen Tun und Lassen nach dem eigenen Willen.[51] Der Einzelne soll nach eigenem Gutdünken sein Leben ge-

---

48 S. zum Ganzen *Horn*, in: HStR VII³, § 149 Rn. 31 ff.

49 Ebenso *Dreier*, in: Dreier I, Art. 2 I Rn. 93; *Murswiek*, in: Sachs, Art. 2 Rn. 106.

50 *Britz*, Freie Entfaltung durch Selbstdarstellung, 2007, S. 16 ff.; *Horn*, in: HStR VII³, § 149 Rn. 26 ff.

51 *Di Fabio*, in: Maunz/Dürig, Art. 2 Abs. 1 (2001) Rn. 12; *Murswiek*, in: Sachs, Art. 2 Rn. 52; *Cornils*, in: HStR VII³, § 168 Rn. 9.

stalten, nach eigenem Entschluss zwischen gegebenen Handlungsoptionen wählen und sich seinem Willen entsprechend verhalten dürfen.

Diese umfassende Gewährleistung ist somit in keiner Weise tatbestandlich bedingt oder begrenzt. Anders als die speziellen Freiheitsrechte enthält die allgemeine Handlungsfreiheit keine qualitativ-wertende Entscheidung über die Schutzwürdigkeit eines bestimmten Tuns.[52] Sie gilt »wertneutral« für jede Form menschlichen Handelns gleich welcher Art und Güte, ist unabhängig davon, ob dem ein begründeter oder ein grundloser, ein tatsächlich mehr oder tatsächlich weniger selbst bestimmter Willensentschluss zugrunde liegt, und sie besteht »ohne Rücksicht darauf, welches Gewicht der Betätigung für die Persönlichkeitsentfaltung zukommt« (BVerfGE 80, 137 [152 f.]). Der Grundrechtsträger soll auf der primären Ebene seinen Freiheitsraum selbst (autonom) definieren dürfen. Die Gewährleistung der allgemeinen Handlungsfreiheit bedeutet daher »materiellrechtlich, dass es kein Tun oder Lassen gibt, das grundsätzlich, d.h. von vornherein, außerhalb jeglichen Grundrechtsschutzes steht«.[53] Dadurch sichert sie den **lückenlosen Grundrechtsschutz aktiver Freiheitsentfaltung**. **21**

Demgemäß hat das Bundesverfassungsgericht je nach dem Anlass, aus dem es angerufen wurde, **ganz unterschiedliche Handlungsweisen** im sachlichen Schutzbereich des Art. 2 Abs. 1 GG verortet. Die Bandbreite reicht vom Einkaufen außerhalb der Ladenöffnungszeiten (BVerfGE 13, 230 [235]), dem Taubenfüttern (BVerfGE 54, 143 [146 f.]) oder dem Reiten im Walde (BVerfGE 80, 137 [152 ff.]) über die Gestaltung des äußeren Erscheinungsbildes (BVerfGE 47, 239 [248 f.]), die Fortbewegungsfreiheit, namentlich das Führen von Kraftfahrzeugen im öffentlichen Straßenverkehr,[54] selbstgefährdende Handlungen, wie den Konsum von Alkohol, Tabak und Cannabis,[55] oder das Betreiben von Mitfahrzentralen (BVerfGE 17, 306 [313 ff.]) bis hin zur Bestimmung des eigenen Wohnbedarfs (BVerfGE 85, 214 [217 f.]), dem Leben in einer eheähnlichen, auch gleichgeschlechtlichen Lebensgemeinschaft (BVerfGE 87, 234 [267]; 105, 313 [345 f.])[56] oder der Ausreise aus der Bundesrepublik Deutschland (BVerfGE 6, 32 [41 f.]; 72, 200 [245]). Abgesehen **22**

---

52 *Di Fabio*, in: Maunz/Dürig, Art. 2 Abs. 1 (2001) Rn. 16; *Dreier*, in: Dreier I, Art. 2 I Rn. 26; *Murswiek*, in: Sachs, Art. 2 Rn. 53.

53 *Hillgruber*, in: Umbach/Clemens, Art. 2 Abs. 1 Rn. 38; *Stern*, Staatsrecht IV/1, S. 894.

54 BVerfG-K, NJW 2002, 2378; NJW 2005, 349 (350); s. auch BVerfGE 59, 275 (278) – Mofafahren ohne Helm; BVerfG-K, NJW 1987, 180 – Autofahren ohne Gurt; *Di Fabio*, in: Maunz/Dürig, Art. 2 Abs. 1 (2001) Rn. 52; *Jarass*, in: Jarass/Pieroth, Art. 2 Rn. 32.

55 BVerwG, NJW 1991, 1317 (1318); BVerfG, NJW 1998, 2961 (2962); BVerfGE 121, 317 (359 sowie 385, 387 – abw. M.); 90, 145 (171); auch BVerfG-K, NJW 2012, 1062 (1063) – Nutzung von Solarien durch Minderjährige; *Di Fabio*, in: Maunz/Dürig, Art. 2 Abs. 1 (2001) Rn. 50 f. Auch das Betreiben von Risikosportarten wird vom Grundrechtsschutz des Art. 2 Abs. 1 GG umfasst.

56 Auch die sexuelle Selbstbestimmung i.S.d. selbstbestimmten Sexualverhaltens unterfällt richtigerweise der allgemeinen (sexuellen) Handlungsfreiheit; anders BVerfGE 120, 224 (238 ff.): Prüfung des Inzestverbots am Maßstab des allgemeinen Persönlichkeitsrechts; da-

von manchen Banalitäten und Trivialitäten haben sich im Laufe der Zeit weitere
Fallgruppen verfestigter Gewährleistungen herausgebildet, die ähnlich besonderen
Freiheitsrechten gleichsam verselbstständigte Schutzbereiche aufweisen (s. unten
Rdn. 29–33).

b) Recht auf allgemeine Eingriffsfreiheit

23 Der normative Gehalt der allgemeinen Handlungsfreiheit entfaltet sich ebenso wie
der aller anderen Freiheitsrechte in erster Linie in der abwehrrechtlichen Schutzrichtung (Rdn. 70). Dem Grundrechtsträger ist ein subjektiv-öffentliches Recht auf
Abwehr und Unterlassung staatlicher Eingriffe in die allgemeine Freiheit des **status
negativus** gegeben. Dem korreliert auf der sekundären Ebene der Grundrechtsschranken die prinzipielle Last bzw. Pflicht zur verfassungsrechtlichen Rechtfertigung staatlicher Handlungsgebote oder -verbote. Das folgt und entspricht dem Re-
gel-/Ausnahmeverhältnis des rechtsstaatlichen Verteilungsprinzips (Rdn. 6).[57] Ob
ein Eingriffsakt in diesem Sinne rechtfertigungsfähig ist, beurteilt sich – soweit nicht
spezielle Freiheitsrechte einschlägig sind – nach den Schranken des Halbsatzes 2 des
Art. 2 Abs. 1 GG (Rdn. 93–104). Von hieraus besehen enthält die umfassende
Handlungsfreiheit das **Recht auf »allgemeine Eingriffsfreiheit«**, von Beeinträchtigungen und Belastungen verschont zu bleiben, die nicht ihren Ursprung und ihre
sachliche Berechtigung in der »verfassungsmäßigen Ordnung« finden.[58]

24 Zur verfassungsmäßigen Ordnung zählt auch und zumal der rechtsstaatlich-demo-
kratische Grundsatz der Gesetzmäßigkeit der Verwaltung (Art. 20 Abs. 3 GG). Das
Recht auf allgemeine Eingriffsfreiheit umschließt daher zugleich ein »**Grundrecht
auf Gesetzmäßigkeit**«[59]. Dem Einzelnen ist somit das (Abwehr-)Recht gewährleistet, in seiner Handlungsfreiheit nur durch oder aufgrund von Gesetzen beschränkt
zu werden, die formell und materiell verfassungsgemäß sind und in verfassungsgemäßer Weise angewendet werden (zu den Konsequenzen in prozessualer Hinsicht
s. Rdn. 166 f.). Daraus folgt allerdings **kein allgemeiner Gesetzesvollziehungs-
anspruch**. Ein solcher lässt sich aus Art. 2 Abs. 1 GG ebenso wenig ableiten wie aus
Art. 3 Abs. 1 GG oder Art. 19 Abs. 4 GG (BVerfGE 132, 195 [235]). Voraussetzung
ist stets eine qualifizierte Eingriffsbetroffenheit des Grundrechtsträgers (dazu
Rdn. 88–92). Hat eine staatliche Maßnahme (oder ein Unterlassen) keinerlei Aus-

---

gegen wie hier *Dreier*, in: Dreier I, Art. 2 I Rn. 22, 37; *Cornils*, in: HStR VII³, § 168
Rn. 30.

57 In diesem Sinne BVerfGE 84, 372 (380): »Was nicht verboten ist, ist erlaubt«.
58 BVerfGE 9, 83 (88); 29, 402 (408); *Di Fabio*, in: Maunz/Dürig, Art. 2 Abs. 1 (2001)
Rn. 12; *Hillgruber*, in: Umbach/Clemens, Art. 2 I Rn. 31; *Lorenz*, in: BK, Art. 2 Abs. 1
(2008) Rn. 58 ff.; *Stern*, Staatsrecht IV/1, S. 892, 894 f., 913 f.; grundsätzlich *Alexy*, Theorie der Grundrechte, 2. Aufl. 1994, S. 309 ff.
59 *Herzog*, AöR 86 (1961), 194, 202 Fn. 37; *Cornils*, in: HStR VII³, § 168 Rn. 89 ff.:
»Grundrecht auf Verfassungsmäßigkeit des Eingriffsgesetzes« und »Grundrecht auf Gesetzmäßigkeit der Rechtsanwendung«.

wirkungen auf seine rechtlich geschützten Interessen, kann er dagegen auch keine Abwehransprüche (bzw. Leistungsansprüche) geltend machen.[60]

c) Engeres Schutzbereichsverständnis

Das weite Schutzbereichsverständnis des Art. 2 Abs. 1 GG ist nicht ohne Wider-   25
spruch geblieben. Zwar kann die **Persönlichkeitskernthese** (Rdn. 15) als überwunden gelten. Doch wird eingewendet, dass das Grundrecht zwar einen weiten, aber
keinen grenzenlosen Schutzbereich habe. Es sei nicht »der Sinn der Grundrechte, jedes erdenkliche menschliche Verhalten unter ihren besonderen Schutz zu stellen«.
Vielmehr müsse das durch Art. 2 Abs. 1 GG geschützte individuelle Verhalten »eine
gesteigerte … Relevanz für die Persönlichkeitsentfaltung besitzen«.[61]

Die Deutung fügt sich zu einer neueren Tendenz in der Grundrechtsdogmatik, die   26
auch die speziellen Freiheitsrechte nur als nach ihrem Sinn und gemäß ihrer Funktion beschränkte Schutzgewährleistungen ansieht und den Umfang der jeweils geschützten Verhaltensweisen dementsprechend restriktiv interpretiert (**Lehre von den
engen Gewährleistungsgehalten**).[62]

Für die allgemeine Handlungsfreiheit wird eine derartige Einengung des Schutz-   27
bereichs vom Bundesverfassungsgericht bislang **abgelehnt**.[63] Dem ist nachdrücklich
zuzustimmen. Die restriktive Deutung bricht sich bereits am wertneutralen Begriff
der »Entfaltung«. Dem innewohnenden Gedanken der Autonomie des Menschen
entsprechend sperrt er sich gegen eine inhaltliche und damit zugleich ausgrenzende
Präformierung. Auch die Entstehungsgeschichte der Norm (Rdn. 2 f.) spricht dagegen. Jedenfalls widerstreitet es dem Bestreben des Art. 2 Abs. 1 GG nach **möglichst
umfassender Freiheitssicherung**, im Wege einer notwendig heteronomen Festlegung
zwischen uneingeschränkt persönlichkeitsrelevanten und vermeintlich persönlich-
keitsirrelevanten Handlungsweisen des Menschen zu unterscheiden und letzteren
jeglichen Grundrechtsschutz zu versagen.[64] Der Grundrechtsträger soll vielmehr

---

60 *Schmidt-Aßmann*, in: Maunz/Dürig, Art. 19 Abs. 4 (2014) Rn. 120, 122: kein Grundrecht
    auf »allgemeine Nachteilsfreiheit«; *Schulze-Fielitz*, in: Dreier I, Art. 19 IV Rn. 70; *Dreier*,
    in: Dreier I, Art. 2 I Rn. 49; vgl. auch *Cornils*, in: HStR VII³, § 168 Rn. 44, 75.
61 Bundesverfassungsrichter *Grimm*, BVerfGE 80, 137 (164 ff. – abw. M.), im Anschluss an
    Hesse, Grundzüge des Verfassungsrechts der Bundesrepublik Deutschland, 20. Aufl. 1999,
    Rn. 427 f.; ähnlich aus neuerer Zeit *Duttge*, NJW 1997, 3353 ff.; *Schwarz*, JZ 2000,
    126 ff.; *Lerche*, in: FS Schmitt Glaeser, 2003, S. 41 (46 f.); in diese Richtung auch *Hoff-
    mann-Riem*, Der Staat 43 (2004), 203, 214 f.; *Krebs*, in: HGR II, § 31 Rn. 6, 122 ff.
62 Dazu *Böckenförde*, Der Staat 42 (2003), 165, 174 ff.; *Hoffmann-Riem*, in: Bäuerle u.a.
    (Hrsg.), Haben wir wirklich Recht?, 2004, S. 53 ff.; *ders.*, Der Staat 43 (2004), 203 ff.; ab-
    lehnend *Kahl*, Der Staat 43 (2004), 167 ff.; *ders.*, AöR 131 (2006), 579, 605 ff., sowie
    ders., in: HGR V, § 124 Rn. 51 f., 53 ff.
63 Vgl. ausdrücklich BVerfGE 80, 137 (153 f.).
64 BVerfGE 80, 137 (154): »in der Praxis kaum befriedigend lösbare Abgrenzungsprobleme«;
    auch *Murswiek*, in: Sachs, Art. 2 Rn. 45; *Lorenz*, in: BK, Art. 2 Abs. 1 (2008) Rn. 40; *Cor-
    nils*, in: HStR VII³, § 168 Rn. 38.

kraft seiner Würde und Autonomie selbst bestimmen können, wie er seine Handlungsfreiheit inhaltlich ausfüllt und damit auch, ob und inwiefern eine Freiheitsbetätigung für seine Persönlichkeitsentfaltung von Bedeutung ist. Jeder Versuch einer wertenden Einschränkung führt demgegenüber zu einem Verlust an Freiheitsraum für den Bürger (BVerfGE 80, 137 [154]).[65]

28   Dass infolgedessen sowohl lediglich banale und triviale als auch sozialschädliche oder gar strafbare Verhaltensweisen unter den allgemeinen Grundrechtsschutz der persönlichen Freiheit fallen können, ist richtig, darf aber nicht zu einer ausgrenzenden und darin immer auch anfechtbaren Interpretation des Schutzbereichs führen, sondern muss auf der Ebene und nach den Regeln der Schranken abgearbeitet und ausgeglichen werden. Dort trifft der prinzipielle Freiheitsanspruch des Grundrechtsträgers auf die gegenläufigen, vom beschränkenden Gesetz verfolgten Belange des Gemeinwohls oder Rechte Dritter. Deren im Einzelfall höheres Gewicht und daher vorrangige Bedeutung muss als verfassungsrechtlich gerechtfertigt hingenommen werden.[66] **Lediglich** jenen **Friedlichkeitsvorbehalt**, unter den das Grundgesetz ausdrücklich die Versammlungsfreiheit des Art. 8 Abs. 1 stellt, gilt es als tatbestandsimmanente Grenze jeder Grundrechtsgewährleistung anzuerkennen, also auch der allgemeinen Handlungsfreiheit. Die Grundrechte geben keinen Freiheitsschutz für Missachtungen der bürgerlichen Friedenspflicht. Diese bildet die Kehrseite jener Aufgabe zur Sicherung des friedlichen Beieinanderlebens, aus der Staat und Staatsgewalt ihre existentielle Legitimität beziehen.[67]

d) Verfestigte Gewährleistungen

29   Aus der unbegrenzten Vielfalt der denkbaren Betätigungen, die unter den Grundrechtsschutz der allgemeinen Handlungsfreiheit fallen, haben sich in Rechtsprechung und Literatur bestimmte Sachlagen herausgebildet, die quasi verselbstständigte, den besonderen Freiheitsrechten vergleichbare Schutzbereiche darstellen. Sie sind **Ausfluss konkreter Einzelfallverdichtungen** des offenen Grundrechtstatbestandes, die

---

65 Ebenso *Di Fabio*, in: Maunz/Dürig, Art. 2 Abs. 1 (2001) Rn. 13 ff.; *Starck*, in: v. Mangoldt/Klein/Starck I, Art. 2 Abs. 1 Rn. 13; *Dreier*, in: Dreier I, Art. 2 I Rn. 26 ff.; *Murswiek*, in: Sachs, Art. 2 Rn. 49 ff.; *Hillgruber*, in: Umbach/Clemens, Art. 2 I Rn. 28 ff.; *Cornils*, in: HStR VII³, § 168 Rn. 11, 39 ff.; *Stern*, Staatsrecht IV/1, S. 888 ff.; *Kahl*, Die Schutzergänzungsfunktion von Art. 2 Abs. 1 Grundgesetz, 2000, S. 31 ff.; *ders.*, AöR 131 (2006), 579, 611 ff.

66 *Di Fabio*, in: Maunz/Dürig, Art. 2 Abs. 1 (2001) Rn. 16; *Murswiek*, in: Sachs, Art. 2 Rn. 53; *Lorenz*, in: BK, Art. 2 Abs. 1 (2008) Rn. 57.

67 BVerfGE 49, 24 (56 f.): »eigentliche und letzte Rechtfertigung«, im Anschluss an BVerwGE 49, 202 (209); *Isensee*, in: HStR IX³, § 191 Rn. 181 ff., § 190 Rn. 129 ff.; *ders.*, in: FS Sendler, 1991, S. 39 (46 ff., 56 ff.); *Schmitt Glaeser*, Private Gewalt im politischen Meinungskampf, 2. Aufl. 1992, S. 184 ff.; ähnlich *Starck*, in: v. Mangoldt/Klein/Starck I, Art. 2 Abs. 1 Rn. 13; noch weitergehend *Hillgruber*, in: FS Isensee, 2008, S. 561 ff. (570 ff.); hingegen ablehnend *Cornils*, in: HStR VII³, § 168 Rn. 10, 45 ff.

auf typischerweise (neu) auftretende Freiheitsgefährdungen reagieren. Die Rede ist insofern von »unbenannten« oder »Innominatfreiheitsrechten«.[68]

aa) Freiheit wirtschaftlicher Betätigung, Privatautonomie

Hierzu zählt u.a. die **wirtschaftliche Betätigungsfreiheit**, sofern nicht der spezielle   30
Freiheitsschutz der Art. 9, 12 oder 14 GG einschlägig ist:[69] »Jedes Verhalten (Handeln im weiteren Sinne einschließlich Dulden und Unterlassen), das maßgeblich von Erwerbsmotiven geprägt ist oder das typischerweise in objektiven Erwerbszusammenhängen erfolgt und das nicht bereits durch eigentumsrechtliche Verfestigung oder durch die Merkmale des Berufs erfasst ist, unterfällt der allgemeinen wirtschaftlichen Handlungsfreiheit.«[70] Obgleich dem Grundgesetz »keine unmittelbare Festlegung und Gewährleistung einer bestimmten Wirtschaftsordnung« entnommen werden kann,[71] bedeutet dies doch die Entscheidung für eine **grundsätzlich (staats)freie Wirtschaft.**[72] Staatliche Wirtschaftsregelungen stehen dazu nicht in prinzipiellem Gegensatz; freier und zugleich geordneter Wirtschaftsverkehr sind durchaus »Komplementärattribute«.[73] Doch wenn der Staat, sei es aus wirtschaftpolitischen (Neu-)Orientierungen oder verfassungsrechtlichen Gestaltungsaufträgen wie dem Sozialstaatsprinzip, lenkend, steuernd, regulierend oder intervenierend in das wirtschaftliche Geschehen eingreifen will und dadurch der einzelne Wirtschaftsteilnehmer in seiner Handlungsfreiheit beschränkt wird, unterliegt dies der Notwendigkeit grundrechtlicher Rechtfertigung. Vom derart allgemeinen Schutz der »Handlungsfreiheit auf wirtschaftlichem Gebiet«[74] werden insbesondere auch die **Privatautonomie** und die **Vertragsfreiheit,**[75] die Freiheit zur **Teilhabe am Wettbewerb**[76] und die **unternehmerische Dispositionsfreiheit**[77] umfasst. Doch stehen gerade diese Frei-

---

68 Vgl. *Di Fabio,* in: Maunz/Dürig, Art. 2 Abs. 1 (2001) Rn. 19 ff.; *Dreier,* in: Dreier I, Art. 2 I Rn. 31 ff.; a.A. *Kahl,* in: HGR V, § 124 Rn. 65: »bloße Anwendungsfälle«.

69 BVerfGE 8, 274 (328); 9, 3 (11); 12, 341 (347); 50, 290 (366); 65, 196 (210); 74, 129 (151 f.); 75, 108 (154); 78, 232 (244); 89, 48 (61); 91, 207 (221); 95, 267 (303); 98, 218 (259); 113, 29 (49); 128, 1 (68); 128, 193 (206 f.); BVerwGE 35, 201 (205); 60, 154 (159 ff.); 68, 342 (350).

70 *Di Fabio,* in: Maunz/Dürig, Art. 2 Abs. 1 (2001) Rn. 81.

71 BVerfGE 4, 7 (17); 50, 290 (336 f.).

72 Vgl. schon früh BVerfGE 15, 235 (240); 18, 315 (327); 32, 311 (317); s. ferner *Di Fabio,* in: Maunz/Dürig, Art. 2 Abs. 1 (2001) Rn. 76, 87 f.; *Stern,* Staatsrecht IV/1, S. 899 f.

73 *Di Fabio,* in: Maunz/Dürig, Art. 2 Abs. 1 (2001) Rn. 78.

74 *Murswiek,* in: Sachs, Art. 2 Rn. 54.

75 BVerfGE 8, 274 (328); 12, 341 (347); 65, 196 (210); 70, 115 (123); 74, 129 (151 f.); 88, 384 (403); 89, 48 (61); 89, 214 (231); 95, 267 (303); 103, 197 (215); 114, 1 (34); 115, 51 (52 f.); 126, 286 (300); 128, 157 (176); 134, 204 (222 f. Rn. 67); näher *Di Fabio,* in: Maunz/Dürig, Art. 2 Abs. 1 (2001) Rn. 101 ff.; *Hillgruber,* in: Umbach/Clemens, Art. 2 I Rn. 94 ff.; *Murswiek,* in: Sachs, Art. 2 Rn. 55a ff.; *Stern,* Staatsrecht IV/1, S. 901 ff.; *Isensee,* in: HStR VII³, § 150 Rn. 57 ff.

76 BVerfGE 8, 1 (10); zur Preisfreiheit aus Art. 2 Abs. 1 GG s. BVerfGE 70, 1 (25).

77 BVerfGE 25, 371 (407); 50, 290 (366); 65, 196 (210).

heitsausprägungen häufig im sachlichen Kontext und damit unter dem vorrangigen Schutz bereichsspezifischer Grundrechtsgarantien, wie vor allem der Berufsfreiheit,[78] der Vereinigungsfreiheit oder der Eigentumsgarantie.[79] Der Auffangtatbestand der allgemeinen Handlungsfreiheit bietet hier den notwendigen Schutz für verbleibende Residualbefugnisse, zumal in nicht dezidiert erwerbswirtschaftlich geprägten Kontexten, und für die wirtschaftliche Betätigung von Ausländern.[80] Vor Nachteilen oder Einbußen infolge **marktwirtschaftlicher Konkurrenz** schützen die Freiheiten freilich grundsätzlich nicht.[81] Auch gegen die **Wirtschaftstätigkeit der öffentlichen Hand** besteht kein genereller Abwehranspruch. Aus der Entscheidung für die grundsätzlich staatsfreie Wirtschaft folgt nicht die Ausschließlichkeit privatwirtschaftlicher Betätigung. Anders liegt es in den Fällen des »Eingriffs durch Konkurrenz«: Wenn die staatliche Wirtschaftstätigkeit (final) darauf abzielt oder (faktisch) dazu führt, dass privater Wettbewerb verhindert, verdrängt oder sonst spürbar beschränkt wird, ist die Erwerbs- und Wettbewerbsfreiheit, ggf. auch die Eigentumsgarantie, der privaten Wirtschaftsteilnehmer betroffen.[82] Ähnliche Eingriffslagen können sich auf Seiten des Nichtbegünstigten infolge **staatlicher Subventionen** oder ähnlicher Maßnahmen zugunsten privater Konkurrenten ergeben.[83] Hingegen schützen die grundrechtlichen Gewährleistungen nicht vor **marktbezogenen Informationen des Staates** (Warnungen, Belehrungen), sofern diese absehbar zutreffend und sachlich gehalten sind; eine Freiheitsbeeinträchtigung der betroffenen Wettbewerber liegt erst dann vor, wenn die Informationstätigkeit in ihrer Zielsetzung und in ihren Wirkungen als funktionales Äquivalent eines Eingriffs zu qualifizieren wäre.[84]

---

78 Vgl. die expliziten Zuordnungen der Vertrags-, der Wettbewerbs- und der Dispositionsfreiheit in erwerbswirtschaftlichen Kontexten zu Art. 12 Abs. 1 GG in der jüngeren Rspr. des BVerfG, zuletzt in BVerfGE 105, 252 (265); 116, 135 (152); 116, 202 (221); 117, 163 (181); 126, 286 (300); 128, 157 (176); 134, 204 (222 f. Rn. 66 f.). Für einen insofern weitestgehenden Vorrang des Art. 12 Abs. 1 GG auch *Cornils*, in: HStR VII³, § 168 Rn. 35, 52, 55; *Breuer*, in: HStR VIII³, § 170 Rn. 89; in der Tendenz auch *Dreier*, in: Dreier I, Art. 2 I Rn. 36. Die frühere Rspr. hatte demgegenüber für die Verdrängung des Art. 2 Abs. 1 GG auf das engere Kriterium einer offenkundig berufsregelnden Tendenz des staatlichen Eingriffsakts abgestellt, vgl. z.B. BVerfGE 32, 311 (317); 46, 120 (137); ebenso *Di Fabio* in: Maunz/Dürig, Art. 2 Abs. 1 (2001) Rn. 116.
79 Zusammenstellung spezieller Grundrechtstatbestände der Privatautonomie: *Isensee*, in: HStR VII³, § 150 Rn. 62 ff.
80 *Dreier*, in: Dreier I, Art. 2 I Rn. 36.
81 Zur Konkurrenz von privater Seite: BVerfGE 24, 236 (251); 34, 252 (256); 105, 252 (265); 116, 135 (152): kein Anspruch auf Erfolg im Wettbewerb und auf Sicherung künftiger Erwerbsmöglichkeiten.
82 *Di Fabio*, in: Maunz/Dürig, Art. 2 Abs. 1 (2001) Rn. 119 ff.; *Stern*, Staatsrecht IV/1, S. 907 f.
83 *Di Fabio*, in: Maunz/Dürig, Art. 2 Abs. 1 (2001) Rn. 118; *Stern*, Staatsrecht IV/1, S. 909.
84 BVerfGE 105, 252 (265 ff.) zu Art. 12 Abs. 1 GG.

bb) Freiheit von Abgaben

Art. 2 Abs. 1 GG schützt des Weiteren vor der Auferlegung von öffentlich-recht- 31
lichen **Geldleistungspflichten** (Steuern, Gebühren, sonstige Abgaben).[85] Auch dabei
geht es letztlich um Minderungen der wirtschaftlichen Handlungsfreiheit. Art. 14
Abs. 1 GG wird hier vom Bundesverfassungsgericht regelmäßig für nicht einschlägig
gehalten, weil das Grundrecht grundsätzlich nicht das Vermögen als solches schütze,
aus dem die jeweilige Zahlungspflicht erfüllt würde.[86] Gleichwohl gilt das Prinzip
der eigentumsschonenden Besteuerung.[87] Insofern Steuergesetze gerade die persönliche Entfaltung im vermögensrechtlichen (ggf. auch im beruflichen Bereich) beschränken, wird der Maßstab der allgemeinen Handlungsfreiheit im Rahmen der
Verhältnismäßigkeitsprüfung durch Art. 14 (und Art. 12) GG unterstützt.[88]

cc) Freiheit von Zwangsmitgliedschaft

Auch die Frage der Zwangsmitgliedschaft **in öffentlich-rechtlichen Verbänden, wie** 32
zumal den berufsständischen Kammern und der gesetzlichen Sozialversicherung,
berührt nach ständiger Rechtsprechung die allgemeine Handlungsfreiheit des
Art. 2 Abs. 1 GG. Die auf privatrechtliche Vereinigungen oder sonstige Gruppen-
bildungen Privater bezogene Vereinigungsfreiheit des Art. 9 Abs. 1 GG findet insofern keine Anwendung.[89] Nicht nur die Notwendigkeit solcher Zwangsverbän-

---

85 St. Rspr.; vgl. BVerfGE 9, 3 (11); 19, 206 (215 f.); 29, 402 (408); 48, 102 (115 f.); 78,
    232 (244 f.); 82, 159 (190); 87, 153 (169); 92, 191 (196); 93, 121 (137); 97, 332
    (340 f.); 105, 17 (32 f.); 108, 186 (234); 114, 371 (384); 132, 334 (348 ff.). Gleiches gilt
    für die Auferlegung von Unterhaltsleistungen, BVerfGE 57, 361 (389); 80, 286 (293 f.);
    113, 88 (103); 128, 193 (206 f.); st. Rspr.
86 St. Rspr. seit BVerfGE 4, 7 (16 f.); s. ferner BVerfGE 19, 253 (267 f.); 37, 121 (131); 78,
    249 (284); 87, 153 (169); 91, 207 (220 f.); 95, 267 (300); 110, 274 (290); anders aber
    BVerfGE 115, 97 (110 ff.), soweit die Steuerpflicht, wie bei der Einkommens- und Gewer-
    besteuer, an den Erwerb vermögenswerter Rechtspositionen anknüpfe. Kritisch gegen die
    st. Rspr. seit langem weite Teile der Literatur, vgl. übersichtlich *Papier*, in: Maunz/Dürig,
    Art. 14 (2002) Rn. 165 ff. Eine – kaum erklärliche – Ausnahme soll aber gelten, wenn
    die Geldleistungspflicht den Pflichtigen übermäßig belastet und seine Vermögensverhält-
    nisse grundlegend beeinträchtigt, d.h. erdrosselnde Wirkung hat, vgl. BVerfGE 78, 232
    (243); 95, 267 (300); auch BVerfGE 115, 97 (113).
87 *Kirchhof*, StuW 1980, S. 366 ff.; *ders.*, VVDStRL 39 (1981), S. 213 (215, 226 ff.,
    242 ff.).
88 So BVerfGE 87, 153 (169); 93, 121 (137); 105, 17 (32 f.); 110, 274 (287 f.); dazu *Di Fa-*
    bio, in: Maunz/Dürig, Art. 2 Abs. 1 (2001) Rn. 96 ff.; *Stern*, Staatsrecht IV/1, S. 914 ff.
89 BVerfGE 10, 89 (102); 10, 354 (363); 12, 319 (323); 15, 235 (239); 32, 54 (64); 38,
    281 (297 ff.); 78, 320 (329); 97, 271 (286); 109, 96 (109); 115, 25 (42); BVerfG-K,
    NVwZ 2002, 335 (336); DVBl. 2007, 248 ff. Aus der verwaltungsgerichtlichen Rspr.
    BVerwGE 59, 231 (233); 64, 115 (117); 64, 298 (301); 87, 324 (325); 106, 24 ff.; 107,
    169 (170 ff.); 108, 169 ff.; 109, 97 ff. Die Nichtanwendung des Art. 9 Abs. 1 GG in die-
    sen Fällen ist in der Literatur nicht ohne Widerspruch geblieben; vgl. nur *Hesse*, Grund-
    züge des Verfassungsrechts der Bundesrepublik Deutschland, 20. Aufl. 1999, Rn. 413 f.;

de,[90] sondern auch die wesentliche Kürzung von vorgesehenen Leistungen[91] und die Überschreitung des gesetzlichen Aufgabenkreises[92] solcher Verbände unterliegen daher den grundrechtlichen Eingriffsgrenzen aus Art. 2 Abs. 1 GG. Vergleichbares gilt für **Pflichtversicherungen**[93] sowie für den **Anschluss- und Benutzungszwang** an öffentliche Einrichtungen.[94]

dd) Verfahrensrechtliche Gewährleistungen

33   In Verbindung mit dem Rechtsstaatsprinzip leitet das Bundesverfassungsgericht aus Art. 2 Abs. 1 GG (zum Teil im Zusammenspiel mit Art. 2 Abs. 2, Art. 103 Abs. 1 und Art. 1 Abs. 1 GG) zudem ganz allgemein einen Anspruch auf ein **faires Verfahren**[95] mit einem Mindestbestand an verfahrensrechtlichen Befugnissen des Einzelnen in staatlichen, insbesondere Gerichtsverfahren ab,[96] soweit diese nicht von spezielleren grundrechtlichen Verfahrensgarantien, wie etwa dem Recht auf rechtliches Gehör (Art. 103 Abs. 1 GG), gewährleistet werden. Hierher gehören etwa die Beachtung des strafrechtlichen Schuldgrundsatzes[97] und der Unschuldsvermutung,[98] die Möglichkeit, auf den Gang und das Ergebnis eines Strafverfahrens Einfluss zu nehmen,[99] das Recht auf einen (Wahl- oder Pflicht-)Verteidiger[100] und auf einen Dol-

---

Bauer, in: Dreier I, Art. 9 Rn. 47; *Höfling*, in: Sachs, Art. 9 Rn. 22 ff., jeweils m.w.N.; *Cornils*, in: HStR VII³, § 168 Rn. 54; *Kahl*, in: HGR V, § 124 Rn. 71; dagegen zustimmend m.w.N. *Di Fabio*, in: Maunz/Dürig, Art. 2 Abs. 1 (2001) Rn. 22; *Starck*, in: v. Mangoldt/Klein/Starck I, Art. 2 Abs. 1 Rn. 133 f.

  90   Vgl. BVerfGE 38, 281 (302); BVerfG-K, NVwZ 2001, 191; BVerwGE 107, 169 (173); 108, 169 (172 f.).

  91   BVerfGE 92, 53 (69); 97, 271 (286).

  92   BVerwGE 34, 69 (74); 59, 231 (239 f.); 74, 254 (255); 109, 97 (99, 103); 112, 69 (72); s. auch BVerfGE 78, 320 (330 f.); BVerfG-K, NVwZ 1998, 1287.

  93   BVerfGE 10, 354 (369 f.); 29, 221 (237); 103, 197 (215, 221); 109, 96 (109); 115, 25 (42); BVerwGE 87, 324 (330); *Starck*, in: v. Mangoldt/Klein/Starck I, Art. 2 Abs. 1 Rn. 137 f.; *Stern*, Staatsrecht IV/1, S. 919 f.

  94   *Starck*, in: v. Mangoldt/Klein/Starck I, Art. 2 Abs. 1 Rn. 141 f.; zum Friedhofszwang BVerwGE 45, 224 (227); BVerfGE 50, 256 (262).

  95   Namentlich für Strafverfahren: BVerfGE 57, 250 (274 f.); 70, 297 (308); 109, 38 (60); 118, 212 (231); im Auslieferungsverfahren BVerfGE 109, 13 (34).

  96   Überblick: *Di Fabio*, in: Maunz/Dürig, Art. 2 Abs. 1 (2001) Rn. 69 ff.; 72 ff.; *Dreier*, in: Dreier I, Art. 2 I Rn. 39; *Starck*, in: v. Mangoldt/Klein/Starck I, Art. 2 Abs. 1 Rn. 127 ff.; *Hillgruber*, in: Umbach/Clemens, Art. 2 I Rn. 167 ff.; *Murswiek*, in: Sachs, Art. 2 Rn. 115; *Lorenz*, in: BK, Art. 2 Abs. 1 (2008) Rn. 222 ff.; *Stern*, Staatsrecht IV/1, S. 937 f.

  97   Etwa BVerfGE 20, 323 (331); 73, 206 (253); 86, 288 (313); 109, 133 (171); 110, 1 (13); 120, 224 (254).

  98   BVerfGE 38, 105 (115); 74, 358 (370); 82, 106 (114); 110, 1 (22 f.).

  99   BVerfGE 65, 171 (174 f.); 66, 313 (318); 110, 226 (253).

 100   BVerfGE 38, 105 (111); 39, 238 (242 f.); 45, 272 (295); 45, 354 (358); 46, 202 (210); 65, 171 (174); 66, 313 (318); 68, 237 (255 f.).

metscher[101], der Anspruch auf hinreichende Sachverhaltserforschung,[102] die Beachtung des Vertrauensschutzes und des Rückwirkungsverbots[103] sowie die Gewährung effektiven, wirkungsvollen Rechtsschutzes (auch) in zivilrechtlichen Streitigkeiten.[104]

3. Allgemeines Persönlichkeitsrecht

a) Inhalt und Struktur

Aufgabe des allgemeinen Persönlichkeitsrechts ist es, »im Sinne des obersten Konstitutionsprinzips der ›Würde des Menschen‹ (Art. 1 Abs. 1 GG) die **engere persönliche Lebenssphäre und die Erhaltung ihrer Grundbedingungen** zu gewährleisten«.[105] Mit dieser Aufgabe hat es die »Statur eines Grundrechts im Grundrecht« erlangt.[106] Als selbstständiges Teil- Grundrecht des Art. 2 Abs. 1 GG tritt es kumulativ neben die allgemeine Handlungsfreiheit. Es dient dem Schutz jener inneren Elemente und Faktoren der menschlichen Entfaltungsfreiheit, die nicht schon Gegenstand der besonderen Freiheitsgarantien des Grundgesetzes sind, wie etwa Art. 4, 5, 10 oder 13 GG, diesen aber in ihrer konstituierenden Bedeutung für die Persönlichkeit des Menschen nicht nachstehen.[107] In diesem Sinne als Recht auf Respektierung der Integrität des »Person- Seins«[108] verstanden, hebt es sich von der allgemeinen Handlungsfreiheit als dem aktiven, nach außen gerichteten Element der Persönlichkeitsentfaltung ab (BVerfGE 54, 148 [153]). Die eigenständige Profilierung darf freilich nicht übersehen, dass sich beide Rechte in ihrem Sinn- und Funktionszusammenhang, den »praktischen Selbstentwurf des Menschen nach seinem Willen«[109] in jedweder Hinsicht und umfassend zu sichern, wechselseitig ergänzen (s.o. Rdn. 10, 14–19)

34

Wegen der besonderen Inhaltsnähe zu Art. 1 Abs. 1 GG findet die Rechtspraxis die normative Grundlage des allgemeinen Persönlichkeitsrechts regelmäßig in »**Art. 2 Abs. 1 in Verbindung mit Art. 1 Abs. 1 GG**«.[110] Der Zusatz lässt indessen die dogmatische Verortung in der Grundrechtsnorm des Art. 2 Abs. 1 GG unberührt.[111]

35

---

101 BVerfGE 64, 135 (145 ff.).
102 BVerfGE 101, 275 (294 ff.).
103 BVerfGE 59, 128 (164); 72, 175 (196); 72, 200 (257); 74, 129 (152).
104 BVerfGE 69, 381 (385); 73, 123 (126); 80, 103 (107); 88, 118 (123 ff.); 93, 99 (107);
     94, 166 (226).
105 BVerfGE 54, 148 (153); 72, 155 (170); 79, 256 (268).
106 *Di Fabio*, in: Maunz/Dürig, Art. 2 Abs. 1 (2001) Rn. 127.
107 BVerfGE 95, 220 (241); 99, 185 (193); 101, 361 (380); 106, 28 (39); 114, 339 (346);
     118, 168 (183); 120, 180 (197).
108 *Jarass*, NJW 1989, 857, 859.
109 *Di Fabio*, in: Maunz/Dürig, Art. 2 Abs. 1 (2001) Rn. 13.
110 St. Rspr.; s. etwa BVerfGE 35, 202 (219); 72, 155 (170); 82, 236 (269); 90, 263 (270);
     95, 220 (241); 99, 185 (193); 101, 361 (379); 106, 28 (39); 114, 339 (346); 118, 168
     (183); 120, 180 (197); 120, 274 (302).
111 Überwiegende Ansicht; vgl. nur *Di Fabio*, in: Maunz/Dürig, Art. 2 Abs. 1 (2001)
     Rn. 128, 130; *Dreier*, in: Dreier I, Art. 2 I Rn. 69; *Kube*, in: HStR VII³, § 148 Rn. 32,

Seine Funktion liegt allein darin, die Richtung vorzugeben, aus der Inhalt und Reichweite des allgemeinen Persönlichkeitsrechts geprägt werden.

36 Indem das Persönlichkeitsrecht ganz im Dienste des »Wert- und Achtungsanspruchs«[112] steht, der dem Menschen kraft seiner Würde zukommt, weist es tatbestandlich deutlichere Konturen auf als die unbegrenzte Weite der allgemeinen Handlungsfreiheit. Sein (unbenannter[113]) Schutzbereich erfasst nur jene **engeren Tatbestände**, die die – von Art. 1 Abs. 1 GG her verstärkten – wesentlichen Bedingungen personaler Autonomie ausmachen.[114] Das schließt die dynamische Anpassung an den Wandel der Verhältnisse ein. Wiederholt betont das Bundesverfassungsgericht auch insofern die Bedeutung als **lückenschließende Gewährleistung**, die dort aktuell wird, wo die menschliche Persönlichkeit auf Grund der gesellschaftlichen Entwicklung oder des wissenschaftlich-technischen Fortschritts neuen Gefährdungen ausgesetzt wird.[115]

b) Teilgehalte in Fallgruppen

37 Aus dieser **Offenheit** folgt, dass es eine abschließende Umschreibung der durch das allgemeine Persönlichkeitsrecht gesicherten »Schutzgüter« (BVerfGE 54, 148 [154]) der Person nicht geben kann. Unbeschadet dessen hat die Rechtspraxis den Persönlichkeitsschutz in eine Anzahl besonderer »Rechte« aufgefächert. In der Sache handelt es sich dabei um **spezifische Ausprägungen** oder Ausformungen des allgemeinen Persönlichkeitsrechts, die je eigen geartete Inhalte und Strukturen aufweisen. In der Rechtslehre werden sie zum Zwecke systematischer Veranschaulichung unter verschiedenen Rubriken in **Fallgruppen** zusammengefasst.[116]

38 Ungeachtet fließender Übergänge können auf einer ersten Gliederungsebene an Teilgehalten des allgemeinen Persönlichkeitsrechts unterschieden werden: (1) das **Recht auf Privatheit** (Rdn. 39–46), (2) die **Rechte an der Person und Persönlichkeit** (Rdn. 47–51) und (3) die **sonstigen personenbezogenen Bedingungen personaler Autonomie** (Rdn. 52).[117]

Kahl, in: HGR V, § 124 Rn. 63. Gelegentlich führt die Rspr. auch nur Art. 2 Abs. 1 GG als Grundlage an, vgl. BVerfGE 35, 35 (39); 38, 241 (253); 47, 46 (69, 80); 59, 360 (376); 88, 203 (254).

112 Vgl. z.B. BVerfGE 87, 209 (228).

113 BVerfGE 54, 148 (153); 72, 155 (179); 79, 256 (268); 95, 220 (241).

114 *Degenhart*, JuS 1992, 361, 368.

115 Vgl. BVerfGE 54, 148 (153); 65, 1 (41); 101, 361 (380); 106, 28 (39); 118, 168 (183); 120, 274 (303, 313).

116 Vgl. etwa *Di Fabio*, in: Maunz/Dürig, Art. 2 Abs. 1 (2001) Rn. 148; *Dreier*, in: Dreier I, Art. 2 I Rn. 70; *Murswiek*, in: Sachs, Art. 2 Rn. 68 ff.; *Jarass*, NJW 1989, 875, 858 ff.; *ders.*, in: Jarass/Pieroth, Art. 2 Rn. 39 ff.; *Schmitt Glaeser*, in: HStR VI², § 129 Rn. 30 ff.; *Kube*, in: HStR VII³, § 148 Rn. 36 ff.; *Britz*, Freie Entfaltung durch Selbstdarstellung, 2007, S. 65 ff.; *Pieroth/Schlink/Kingreen/Poscher*, Grundrechte. Staatsrecht II, 30. Aufl. 2014, Rn. 391 ff.; *Hufen*, Staatsrecht II. Grundrechte, 4. Auf. 2014, § 11 Rn. 5 ff.

117 Vgl. *Horn*, in: HStR VII³, § 149 Rn. 38 f.

c) Recht auf Privatheit

Das allgemeine Persönlichkeitsrecht umfasst die »**Garantie der Privatsphäre**« im 39
Sinne des spezifischen Schutzes von »Privatheit«. Das ist vom Bundesverfassungsgericht zuletzt in den Caroline-Entscheidungen mit aller Deutlichkeit ausformuliert
worden.[118] In früheren Entscheidungen wird davon gesprochen, dass dem Einzelnen
ein »Bereich menschlichen Eigenlebens« bzw. ein »autonomer Bereich privater Lebensgestaltung« gesichert ist, »in dem er seine Individualität entwickeln und wahren
kann«.[119] Um die eigene Persönlichkeit wirklich autonom entfalten zu können, sowohl in Bezug auf sich selbst (Selbsterfindung) wie im Verhältnis zu anderen (Selbstdarstellung, äußeres Handeln), sind Möglichkeiten zur Entwicklung der eigenen
Autonomie unabdingbar. Kurz: Wo Freiheit sein soll, ist Privatheit unerlässlich. Es
bedarf der ungestörten **Momente der Selbstreflexion**, in denen der Mensch »sich
selbst besitzt« (BVerfGE 27, 1 [6]), sich im Selbstgespräch oder in vertrauter Kommunikation mit dem eigenen Ich, den eigenen Wünschen und Möglichkeiten auseinandersetzen und sein Leben einrichten kann. Ebenso muss es **Gelegenheiten der
Ruhe und des Ausruhens** geben, in denen man allein oder in vertraulicher Gemeinschaft für bzw. unter sich sein, sich entspannen und auch gehen lassen kann, fernab
jeden sozialen Rollenzwangs und jeder gesellschaftlichen Verhaltenserwartung. »Bestünden solche Rückzugsmöglichkeiten nicht mehr, könnte der Einzelne psychisch
überfordert sein, weil er unausgesetzt darauf achten müßte, wie er auf andere wirkt
und ob er sich richtig verhält. Ihm fehlten Phasen des Alleinseins und Ausgleichs,
die für die Persönlichkeitsentfaltung notwendig sind und ohne die sie nachhaltig beeinträchtigt würde« (BVerfGE 101, 361 [383]). Das allgemeine Persönlichkeitsrecht
schützt daher den Einzelnen in jenen engeren, privaten Lebenssphären, in denen er
erwarten darf, »**in Ruhe gelassen zu werden**«[120].

Dazu sichert es ihm die Befugnis, über Zutritte oder Zugriffe des Staates oder Drit- 40
ter nach eigener Willkür selbst zu bestimmen. Das Recht auf Privatheit gewährleistet
das **Recht auf die Kontrolle über das Private**.[121] Die Selbstbestimmung bezieht sich
zum einen auf die körperliche Zugänglichkeit des Privatbereichs in dem Sinne, dort
nicht durch die ungewollte Anwesenheit oder Einwirkung anderer gestört zu werden.
Zum anderen und vor allem betrifft sie die kognitive Zugänglichkeit, d.h. die **Verfügbarkeit und/oder Verwendbarkeit von Informationen** »aus« der Privatsphäre
(personenbezogene private Informationen). Dem Einzelnen ist das (Abwehr-)Recht
gegeben, die eigenen Privatangelegenheiten gegen Ausforschungen und sonstige ungewollte Einsicht- oder Kenntnisnahmen abzuschirmen, gleich auf welche Weise

---

118 BVerfGE 101, 361 (380); 120, 180 (197); vgl. auch BVerfGE 120, 351 (360, 362); 120,
378 (397, 399, 400).
119 BVerfGE 27, 1 (7); 79, 256 (268); 117, 202 (225).
120 BVerfGE 27, 1 (6 f.); 120, 180 (199). Unverkennbar ist die begriffliche Nähe zum »right
to be let alone« im Sinne des US-amerikanischen »right to privacy«; insofern wegweisend
Warren/Brandeis, Harvard Law Review Vol. IV (1890), 193 ff.
121 Eingehend zum Folgenden *Horn*, in: HStR VII³, § 149 Rn. 4 f., 45 ff.

und zu welchem Zweck sie begehrt werden, sowie das Recht, die unbefugte Verwendung (Verwertung, Weitergabe, Veröffentlichung, Verformung) ihn betreffender privater Informationen zu verhindern. Die **Einwilligung** in die fremde Kenntnisnahme bzw. die öffentliche Preisgabe solcher Informationen durch den Berechtigten stellt eine Variante der Grundrechtsausübung dar, durch welche eine Grundrechtsbeeinträchtigung ausgeschlossen wird.[122]

41   Dieser »**informationelle Privatsphärenschutz**« ist enger und bestimmter angelegt als das ebenfalls im allgemeinen Persönlichkeitsrecht ankernde Recht auf informationelle Selbstbestimmung (Rdn. 50). Anders als diesem geht es jenem nicht um die Bewahrung der sozialen Identität des Menschen in und gegenüber der Öffentlichkeit, sondern um den als »Selbstzweck«[123] des menschlichen Persönlichkeitswerts gewährleisteten Geheimnisschutz der privaten Belange.

42   Welche Angelegenheiten der in dieser Weise geschützten Privatsphäre zugehören, kann immer nur unter Berücksichtigung der Besonderheiten des einzelnen Falles bestimmt werden. Das Private lässt sich inhaltlich nicht definieren und ein- für allemal festlegen.[124] »Ausschlaggebend ist, ob der Einzelne eine Situation vorfindet oder schafft, in der er begründetermaßen und somit auch für Dritte erkennbar davon ausgehen darf, den Blicken der Öffentlichkeit nicht ausgesetzt zu sein.«[125] Von einer solchen »**begründeten Erwartung**« kann ausgegangen werden,[126] wenn die jeweilige Angelegenheit die Vermutung für sich haben darf, dass sie den Staat oder die Öffentlichkeit nicht zu interessieren hat. Denn **privat ist, was andere nichts angeht**.[127] Dafür sind die Zweckbedeutung und Zielrichtung der Angelegenheit für den engeren persönlichen Lebensbereich ebenso maßgebend wie die Art und Auswirkung seiner Gefährdung. Insofern werden in Rechtsprechung und Literatur »verschiedene Dimensionen«[128] des Privatheitsschutzes unterschieden:

---

122 BVerfGE 80, 367 (374); 101, 361 (385): Der »öffentlichkeitsabgewandte Privatsphärenschutz« entfällt, »wenn sich jemand selbst damit einverstanden zeigt, dass bestimmte, gewöhnlich als privat geltende Angelegenheiten öffentlich gemacht werden«. Das gilt z.B. auch für den Fall des Abschlusses von Exklusivverträgen über die Berichterstattung aus der eigenen Privatsphäre; ebenso für den (Prominenten), der »sich in freier Entscheidung gerade der Medienöffentlichkeit aussetzt, indem er Veranstaltungen besucht, die … erkennbar auf ein so großes Interesse von Teilen der Öffentlichkeit stoßen, dass mit einer Berichterstattung durch die Medien gerechnet werden muss«, BVerfG-K, NJW 2011, 740 (742 Rn. 56).
123 *Kunig*, in: v. Münch/Kunig I, Art. 2 Rn. 32.
124 BVerfGE 101, 361 (384); 120, 180 (199).
125 BVerfGE 101, 361 (384); ebenso für das Recht am eigenen Wort BVerfGE 106, 28 (39 f.); vgl. auch schon BVerfGE 34, 238 (247).
126 Davon zu unterscheiden ist die »berechtigte Erwartung«, die die effektive Reichweite des Grundrechtsschutzes, mithin die in der Lage markiert, in der sich der Privatsphärenschutz gegen widerstreitende Ingerenzen durchsetzt.
127 *Horn*, in: HStR VII³, § 149 Rn. 1 f., 59 f.
128 BVerfGE 120, 180 (199), im Anschluss an BVerfGE 101, 361 (382).

aa) Thematische Ausprägung

In thematischer Hinsicht betrifft der Privatsphärenschutz solche Angelegenheiten,   43
»die **wegen ihres Informationsgehalts** typischerweise als ›privat‹ eingestuft werden,
weil ihre öffentliche Erörterung oder Zurschaustellung als unschicklich gilt, das Bekanntwerden als peinlich empfunden wird oder nachteilige Reaktionen der Umwelt
auslöst« und die daher der Öffentlichkeit »entzogen zu werden pflegen«.[129] Hierher
zählen zumal die Gedanken- und Gefühlswelt eines Menschen, wie etwa die Auseinandersetzungen mit sich selbst in Tagebüchern oder ähnlichen persönlichen Aufzeichnungen,[130] und seine »psychische Verfassung«.[131] Weitere, vergleichbar sensible
Themenfelder sind der Bereich der Sexualität,[132] sodann die vertrauliche Beziehung,
der Umgang und die Kommunikation[133] zwischen Eheleuten wie Geschiedenen, Eltern und Kindern, Lebenspartnern, Familienmitgliedern oder mit ähnlichen Vertrauenspersonen,[134] ferner die Daten über Gesundheitszustand, Krankheit und Therapie
oder über sozial abweichende Neigungen oder Gewohnheiten.[135]

bb) Räumliche Dimension

In räumlicher Hinsicht gehört zur Privatsphäre ein **faktischer Rückzugsbereich**, den   44
der Einzelne ohne den »psychischen Druck öffentlicher Anteilnahme« (BVerfGE 27,
1 [7]) für sich allein oder mit Vertrauten beanspruchen kann und der ihm das Bedürfnis verwirklichen hilft, in Ruhe gelassen zu werden und Momente des Zu-Sich-
Selbst-Kommens und der Entspannung erleben zu können.[136] Hierunter fällt zumal
der abgeschlossene häusliche Bereich, soweit er nicht schon den speziellen Schutz des
Art. 13 GG genießt.[137] Auch außerhalb der eigenen Hauswände oder Grundstücks-
grenzen kann die schützende Funktion einer erkennbaren örtlichen Abgeschiedenheit in Betracht kommen, etwa in der »einsamen« Natur oder an anderen, erkennbar

---

129 BVerfGE 101, 361 (382); 120, 180 (199); 120, 274 (311); auch BVerfGE 106, 28 (41).
130 BVerfGE 80, 367 (373 ff., 380 ff.).
131 BVerfGE 89, 69 (82 ff.).
132 BVerfGE 47, 46 (73 f.); 49, 286 (298); 96, 56 (61); 101, 361 (382); 116, 243 (264);
     117, 202 (233); 119, 1 (33 f.); BVerfG v. 24.02.2015 – 1 BvR 472/14, Rn. 29.
133 Der Grundrechtsschutz von Privatheit im Falle technisch bewirkter Fernkommunikatio-
     nen (Brief-, Post- und Fernmeldeverkehr) wird im Besonderen durch Art. 10 GG gewähr-
     leistet; zur Gewährleistung der Vertraulichkeit informationstechnischer System s. unten
     Rdn. 51.
134 BVerfGE 27, 344 (351); 33, 367 (374 f.); 34, 205 (208 f.); 35, 25 (39 f.); 42, 234 (236);
     57, 170 (178); 90, 255 (259 ff.); 101, 361 (385 f.); 119, 1 (24); BVerfG, NJW 1997,
     185 (186).
135 BVerfGE 32, 373 (378 f.); 44, 353 (372 ff.); 89, 69 (82 ff.); 101, 361 (382); 119, 1
     (34 f.).
136 Vgl. BVerfGE 101, 361 (382 f.); 120, 180 (199).
137 BVerfGE 109, 279 (326).

der Öffentlichkeit abgewandten (umschlossenen oder nicht umschlossenen) Örtlichkeiten.[138]

45 Doch das Verborgensein vor der Öffentlichkeit ist, recht betrachtet, nicht das, was das Private wesentlich voraussetzt, sondern das, wonach es wesentlich strebt. Mit dem räumlichen Schutz einer außerhäuslichen Privatsphäre kann daher einem möglichen Schutzbedürfnis »in« der Öffentlichkeit keine definitive Grenze gezogen sein. Vielmehr kommt es auch in Betracht, dass sich der Bedarf, in Ruhe gelassen zu werden, **aus sonstigen Umständen situativ** begründet.[139] Die Frage wird virulent im Fall des üblichen **Alltagsverhaltens im öffentlichen Raum**, wo sich der Einzelne unter vielen Menschen befindet und daher unvermeidbar fremden Blicken ausgesetzt ist. Hier kann sich zwar ein individuelles Rückzugsbedürfnis nicht erfüllen. Auch kann niemand den öffentlichen Bereich durch sein Verhalten in seine Privatsphäre umdefinieren.[140] Doch bedeutet das nicht, dass der alltägliche Weg in die Öffentlichkeit die Allgemeinheit auch generell etwas angeht.[141] Insbesondere impliziert das nicht von vornherein die Einwilligung in eine (mediale) Verbreitung, die Ort, Zeit und Umstände des eigenen Verhaltens über die lokale Präsenzöffentlichkeit und deren Anschlusskommunikationen hinaus einer (überhaupt erst medial hergestellten) globalen Öffentlichkeit zur Kenntnis bringt.[142]

46 In praktischer Hinsicht geht es hier vor allem um das Schutzbedürfnis von **Personen des öffentlichen Lebens** (Politiker, Prominente, Prestigeträger). Dass für diese der Privatsphärenschutz grundsätzlich ebenso wie für gewöhnliche Privatpersonen gewährleistet ist, hat das Bundesverfassungsgericht inzwischen deutlich klargestellt: »Wer, ob gewollt oder ungewollt, zur Person des öffentlichen Lebens geworden ist, verliert damit nicht sein Anrecht auf eine Privatsphäre, die den Blicken der Öffentlichkeit entzogen bleibt.«[143] Wer hingegen in der Öffentlichkeit objektiv erkennbar damit rechnen muss oder es gerade darauf anlegt, in an sich privaten Umständen gesehen zu werden, wer sich auffällig benimmt oder in einer Art und Weise verhält, die im Allgemeinen Ärger auslöst oder Anstoß erregt, hebt das grundrechtliche Schutzbedürfnis selbst auf und verzichtet auf die Abwehr fremder oder medialer Kenntnisnahme (s.o. Rdn. 40 a.E.).

---

138 BVerfGE 101, 361 (383 f., 394); 120, 180 (199).
139 Das wird nach der Kritik des EGMR an der deutschen Rechtsprechung im Fall Caroline von Hannover (EGMR, NJW 2004, 2647 ff.) nunmehr im Grunde auch vom BVerfG anerkannt, vgl. BVerfGE 120, 180 (201, 207).
140 BVerfGE 101, 361 (384 f.).
141 Anders noch in der Tendenz BVerfGE 101, 361 (384).
142 *Horn*, in: HStR VII³, § 149 Rn. 64; offengelassen in BVerfG-K, NJW 2011, 740 (742 Rn. 56).
143 BVerfGE 101, 361 (383); vgl. auch EGMR (IV. Sektion) vom 11.01.2005, Nr. 50774/99, § 27 ff.; EGMR (II. Sektion) vom 17.10.2006, Nr. 71687/01, in: BeckRS 2008, 23749, § 57.

d) Rechte an der Person und Persönlichkeit

Mit den Rechten an der Person und Persönlichkeit werden jene inneren Elemente 47
und »Grundbedingungen« der Persönlichkeitsentfaltung und -entwicklung gewährleistet, die die Person als solche, ihre Identität und Individualität konstituieren. Sie
zielen zum einen (aa) auf die Sicherung der **personalen Identität**, verstanden als die
organisch geerbte und lebensgeschichtlich gewachsene Einzigartigkeit des Individuums (Selbstbestimmung i.e.S.). Zum anderen (bb) geht es um die Sicherung der **soziale Identität** des Menschen, seiner Individualität im sozialen Kontext (Selbstdarstellung).[144]

aa) Selbstbestimmung i.e.S.

Zu den Rechten des Menschen, seine **Identität selbst zu bestimmen**, zählen u.a. das 48
Recht auf Kenntnis der eigenen Abstammung[145] wie der eigenen Vaterschaft,[146] das
Recht auf Anerkennung des Personenstandes und auf Selbstbestimmung der ge-
schlechtlichen Identität[147] sowie das Recht auf »Neubeginn«,[148] etwa in der Weise eines Anspruchs auf Resozialisierung[149] oder auf schuldenfreien Eintritt in die Volljährigkeit,[150] ganz allgemein das Entwicklungsrecht des minderjährigen Kindes,[151] wie
namentlich (»in Verbindung mit Art. 6 Abs. 2 Satz 1 GG«) dessen Recht auf staatliche Gewährleistung elterlicher Erziehung und Betreuung.[152]

---

144 Zur Unterscheidung von »personaler« und »sozialer« Identität *Schmitt Glaeser*, in: HStR
     VI², § 129 Rn. 30 ff.
145 BVerfGE 79, 256 (268 f.); 90, 263 (270 f.); 96, 56 (63); BGH vom 28.01.2015 – XII
     ZR 201/13. Ob ein Kind auch ein Recht auf Nichtkenntnis der eigenen Abstammung
     hat, ist in BVerfGE 117, 202 (229 f.), offengelassen.
146 BVerfGE 108, 82 (105); 117, 202 (225 ff.).
147 BVerfGE 47, 46 (73); 49, 286 (298); 60, 123 (134); 121, 175 (190 f.); 128, 109 (124);
     vgl. auch zu dem Recht auf Führung eines dem empfundenen Geschlecht entsprechenden
     Vornamens BVerfGE 115, 1 (15); 116, 243 (263); demgegenüber die Anerkennung der
     eigenen geschlechtlichen Identität in den Transsexuellenfällen dem Recht auf Selbstdar-
     stellung in der Öffentlichkeit zuordnend: *Dreier*, in: Dreier I, Art. 2 I Rn. 37, 72. – Zu
     unterscheiden ist das Recht auf sexuelle Selbstbestimmung i.S.d. selbstbestimmten Sexu-
     alverhaltens. Sofern sich dieses nicht gegen unbefugte Einblicke oder Auspähungen rich-
     tet, sondern gegen staatliche Verbote oder aufgegebene Verhaltensweisen, unterfällt es
     nicht dem Schutz des allgemeinen Persönlichkeitsrechts, sondern richtigerweise dem der
     allgemeinen (sexuellen) Handlungsfreiheit (o. Rdn. 22); anders zum Inzestverbot
     BVerfGE 120, 224 (238 ff.); undifferenziert *Kube*, in: HStR VII³, § 148 Rn. 55.
148 *Britz*, Freie Entfaltung durch Selbstdarstellung, 2007, S. 74.
149 BVerfGE 35, 202 (235 ff.); 45, 187 (238 f.); 64, 261 (276 f.); 72, 105 (115).
150 BVerfGE 72, 155 (170 ff.).
151 Dazu m.w.N. *Di Fabio*, in: Maunz/Dürig, Art. 2 Abs. 1 (2001) Rn. 208 ff.; *Starck*, in:
     v. Mangoldt/Klein/Starck I, Art. 2 Abs. 1 Rn. 185 ff.; *Kube*, in: HStR VII³, § 148
     Rn. 57.
152 BVerfGE 79, 51 (63 f.); 121, 69 (92 ff.); 133, 59 (73 f. Rn. 41 ff.).

bb) Selbstdarstellung

49   Die **Rechte auf Selbstdarstellung** des Einzelnen in der Öffentlichkeit betreffen das Bild, das sich andere von einer Person machen, und die Erwartungen, die andere gegenüber einer Person hegen. Zwar gibt das allgemeine Persönlichkeitsrecht dem Einzelnen nicht den umfassenden Anspruch, nur so von anderen dargestellt zu werden, wie er sich selber sieht oder gesehen werden möchte.[153] Auch ist das Grundrecht nicht »im Interesse der Kommerzialisierung der eigenen Person« gewährleistet (BVerfGE 101, 361 [385]). Doch verbürgt es das Recht, in der Öffentlichkeit nicht verfälschend, entstellend oder herabsetzend oder überhaupt inhaltlich ungewollt oder gegenüber einem vom Grundrechtsträger nicht gewünschten Personenkreis dargestellt zu werden. In diesem Sinne soll der Einzelne »selbst darüber befinden dürfen, wie er sich gegenüber Dritten oder der Öffentlichkeit darstellen will, was seinen sozialen Geltungsanspruch ausmachen soll und ob oder inwieweit Dritte über seine Persönlichkeit verfügen können, indem sie diese zum Gegenstand öffentlicher Erörterung machen« (BVerfGE 63, 131 [142]). Hierbei können sich Überschneidungen mit dem Recht auf Privatheit ergeben.[154] Doch kommt es auf den privaten oder öffentlichen Zusammenhang grundsätzlich nicht an (BVerfGE 101, 361 [381]). Im Einzelnen[155] sichert das allgemeine Persönlichkeitsrecht in dieser Ausprägung das **Recht am eigenen Bild**[156] **und Wort**[157] gegen unbefugte (unauthorisierte) Verwendung (Verwertung, Weitergabe, Veröffentlichung) oder Manipulation einschließlich des Schutzes vor erfundenen Interviews, unrichtigen Zitaten und anderen persönlichkeitsrelevanten Unterschiebungen,[158] sowie die **Rechte auf Gegendarstellung** und Berichtigung in den Medien.[159] Gegen herabsetzende Äußerungen und Verhal-

---

153   BVerfGE 101, 361 (380 m.w.N.); 120, 180 (198); BVerfG-K, NJW 2011, 740 (743 Rn. 56).

154   Vgl. dazu BVerfGE 106, 28 (41); 101, 361 (382); BVerfG-K, NJW 2011, 740 ff.

155   *Di Fabio*, in: Maunz/Dürig, Art. 2 Abs. 1 (2001) Rn. 166 ff.; *Dreier*, in: Dreier I, Art. 2 I Rn. 72 ff.; *Hillgruber*, in: Umbach/Clemens, Art. 2 I Rn. 52 ff.; *Kube*, in: HStR VII³, § 148 Rn. 43 ff.

156   BVerfGE 34, 238 (246); 35, 202 (220); 87, 334 (340); 97, 228 (268 f.); 101, 361 (381); 119, 309 (322 f.); 120, 180 (198); BVerfG-K, NJW 2006, 2837 ff.; BVerfG-K, NJW 2011, 740 ff.

157   BVerfGE 34, 238 (246); 54, 148 (155); 82, 236 (269); 106, 28 (39 ff., 44); 119, 309 (324); BVerwGE 121, 115 (124). Zum unterschiedlich weiten Schutzumfang des Rechts am eigenen Wort und des Rechts am eigenen Bild BVerfG-K, NJW 2011, 740 (LS 1, 742 Rn. 52): »Während die Veröffentlichung eines Bildes von einer Person grundsätzlich eine rechtfertigungsbedürftige Beschränkung ihres allgemeinen Persönlichkeitsrechts begründet«, bietet das Grundrecht »bei personenbezogenen Wortberichten … nicht schon davor Schutz, überhaupt in einem Bericht individualisierend benannt zu werden, sondern nur in spezifischen Hinsichten«, wobei es vor allem auf den Inhalt der Berichterstattung ankommt.

158   BVerfGE 34, 269 (282 ff.); 54, 208 (217 f.); 82, 236 (269); 99, 185 (193 ff.); 114, 339 (346); 119, 1 (24).

159   BVerfGE 63, 131 (142 f.); 97, 125 (148 f.).

tensweisen ist das **Recht auf die persönliche Ehre** gewährleistet.[160] Auch das Recht auf **Schutz und Wahl des eigenen Namens**[161] dient der sozialen, aber ebenso der personalen Identitätssicherung.

Umfassende Konsequenzen aus dem Recht auf Selbstdarstellung der eigenen Person   50 zieht das **informationelle Selbstbestimmungsrecht.**[162] Es »flankiert« den grundrechtlichen Schutz von Verhaltensfreiheit und Privatheit.[163] Dem Einzelnen ist ganz allgemein die Befugnis gewährleistet, »selbst über die Preisgabe und Verwendung persönlicher Daten zu bestimmen«, auch wenn sie nicht aus der Privatsphäre stammen.[164] Die Befugnis erstreckt sich auf jegliche personenbezogenen Daten, diese verstanden als »Einzelangaben über persönliche oder sachliche Verhältnisse einer bestimmten oder bestimmbaren natürlichen Person« (§ 3 Abs. 1 BDSG), wie z.b. Ehescheidungs- und Krankenakten,[165] Blutmerkmale und DNA-Identifizierungsmuster,[166] biographische Angaben[167] und Kontostammdaten,[168] steuerliche Angaben und Verhältnisse,[169] Telekommunikationsnummern und -verbindungsdaten,[170] Kfz-

---

160 BVerfGE 54, 208 (217); 93, 266 (290); 97, 125 (147); 114, 339 (346); 119, 1 (24); *Di Fabio,* in: Maunz/Dürig, Art. 2 Abs. 1 (2001) Rn. 169 ff.; *Starck,* in: v. Mangoldt/Klein/ Starck I, Art. 2 Abs. 1 Rn. 171 f.; *Kube,* in: HStR VII³, § 148 Rn. 60 ff.; *Stern,* Staatsrecht IV/1, S. 196 ff.

161 BVerfGE 84, 9 (22); 97, 391 (399); 104, 373 (387, 392); 109, 256 (266); 123, 90 (102); *Di Fabio,* in: Maunz/Dürig, Art. 2 Abs. 1 (2001) Rn. 203; *Kube,* in: HStR VII³, § 148 Rn. 65. Zum Recht auf das Führen akademischer Grade BVerwGE 38, 77 (79); BVerwG, NVwZ 1988, 365; zum Schutz des eigenen Namens in einer Internetadresse BVerfG-K, NJW 2007, 671. Die höchstrichterlich noch nicht abschließend geklärte Frage nach einem Recht auf Anonymität (vgl. § 13 Abs. 6 Satz 1 TMG) bzw. dessen Reichweite gegenüber einer Pflicht zur Angabe des Klarnamens in Foren oder Portalen im Internet ist grundrechtlich im Schwerpunkt eine solche der Meinungsäußerungsfreiheit nach Art. 5 Abs. 1 GG; vgl. dazu aus der Rspr. BGH, NJW 2009, 2888 ff.; NJW 2015, 489 (491 ff. Rn. 25 ff.).

162 Grundlegend BVerfGE 65, 1 (41 ff.); s. ferner BVerfGE 78, 77 (84); 96, 171 (181); 113, 29 (46 f.); 115, 166 (187 ff.); 115, 320 (341 ff.); 117, 202 (228); 118, 168 (183 ff.); 120, 274 (311 f.); 120, 351 (360); 120, 378 (397 f.); 130, 151 (183 f.); *Di Fabio,* in: Maunz/Dürig, Art. 2 Abs. 1 (2001) Rn. 173 ff.; *Lorenz,* in: BK, Art. 2 Abs. 1 (2008) Rn. 328 ff.

163 BVerfGE 118, 168 (184); 120, 274 (312); 120, 351 (360); 120, 378 (397).

164 BVerfGE 65, 1 (45); 113, 29 (46); 115, 166 (188); 117, 202 (228); 118, 168 (184); 120, 274 (312); 130, 151 (183).

165 BVerfGE 27, 344 (350 f.); 32, 373 (379); auch BVerfGE 44, 353 (372).

166 BVerfG-K, NJW 1996, 771 ff.; BVerfGE 103, 21 (32).

167 BVerfGE 96, 171 (181); s. auch BVerfGE 115, 320 (341 ff.).

168 BVerfGE 118, 168 (183 f.).

169 BVerfGE 67, 100 (142 f.); 84, 239 (279 f.); 113, 29 (45 f.); 120, 351 (361 ff.).

170 BVerfGE 115, 166 (181 ff., 187 ff. – dort auch zur Abgrenzung der informationellen Selbstbestimmung zu den Gewährleistungen aus Art. 10 und 13 GG im Bereich des Fernmeldeverkehrs); 130, 151 (178 ff., 183 f. – ebenfalls mit Abgrenzung zum Schutzbereich des Art. 10 GG).

Kennzeichen,[171] und richtet sich gegen deren ungewollte oder ungewusste Erhebung, Abfrage, Speicherung, Sammlung, Verwendung, Verarbeitung, Übermittlung, sonstige Weitergabe oder Veröffentlichung.[172] Ob es sich dabei um mehr oder um weniger sensible Daten handelt, ist unerheblich; auch allgemein zugängliche Informationen werden erfasst.[173] Der Grundrechtsschutz will zumal den gesteigerten Persönlichkeitsgefährdungen Rechnung tragen, die mit den computertechnischen Datenverarbeitungs- und -verknüpfungsmöglichkeiten einhergehen.[174] In diesem Anliegen trifft das informationelle Selbstbestimmungsrecht in jüngerer Zeit zumal auf die Herausforderungen aus den verschärften Maßnahmen zur Durchsetzung des staatlichen Besteuerungsanspruchs[175] sowie der Kriminalitäts- und Terrorismusbekämpfung, wie der sog. Rasterfahndung, der automatisierten Kfz-Datenerfassung, der Videoüberwachung öffentlicher Plätze, des (automatisierten) Auskunftsverfahrens zur Identifikation von Telekommunikationsnummern oder der Errichtung einer Antiterrordatei,[176] ebenso aber auf die zunehmende und in dieser Richtung durch die freiwillige Preisgabe von Informationen begünstigte Datenmacht in Händen privater Unternehmen.[177]

51   Zur sozialen Identitätssicherung der Person wird des Weiteren das **Recht auf die Gewährleistung der Vertraulichkeit und Integrität informationstechnischer Systeme** (BVerfGE 120, 274 [302]) – kurz: »Computergrundrecht« – gerechnet. Zu diesen Systemen zählen Personalcomputer, informationstechnische Komponenten in Telekommunikationsgeräten wie z.B. Mobiltelefonen und anderen elektronischen Geräten sowie die Vernetzung der Systeme (BVerfGE 120, 274 [303 ff.]). Der grundrechtliche Schutz umfasst die Vertraulichkeits- und Integritätserwartung des Nutzers

---

171 BVerfGE 120, 378 (397 ff.).

172 Umschlossen ist aber auch der Schutz gegen den Zwang zu selbstbelastenden Aussagen: BVerfGE 38, 105 (114 f.); 56, 37 (41 f.); 95, 220 (241); 96, 171 (181); *Di Fabio*, in: Maunz/Dürig, Art. 2 Abs. 1 (2001) Rn. 187; ebenso gegen die Verwendung von Videoaufzeichnungen zur Ahndung von Straßenverkehrsverstößen: BVerfG-K vom 11.08.2009 – 2 BvR 941/08. Überblick über weitere Einzelfälle: *Jarass*, in: Jarass/Pieroth, Art. 2 Rn. 44; *Stern*, Staatsrecht IV/1, S. 201 ff.

173 BVerfGE 118, 168 (185); 120, 351 (361 f.); 120, 378 (398 f.).

174 BVerfGE 65, 1 (42, 45); 113, 29 (45 f.); 115, 320 (342); 120, 378 (397 f.); das informationelle Selbstbestimmungsrecht ist aber nicht auf den Bereich der automatischen Datenverarbeitung beschränkt (BVerfGE 78, 77 [84]).

175 BVerfGE 118, 168 (185 ff., 193 ff.).

176 In der Reihenfolge der benannten Fälle: BVerfGE 115, 320 (341 ff., 344 ff.); 120, 378 (397 ff., 401 ff.); BVerfG-K, NVwZ 2007, 688; BVerfGE 130, 151 (183 ff.); 133, 277 (320 ff. Rn. 105 ff.). Vgl. auch zu den gesetzlichen Maßnahmen zur Telekommunikationsüberwachung und zur Vorratsdatenspeicherung am Maßstab des insofern spezielleren Art. 10 GG: BVerfGE 100, 313 (358 ff., 373 ff.); 107, 299 (312 ff., 321 ff.); 113, 348 (382 ff.); 125, 260 (309 ff., 316 ff.); 129, 208 (240 ff.); 130, 151 (181 ff., 204 ff. – zur Identifizierung dynamischer IP-Adressen); sowie zur Online-Durchsuchung am Maßstab des »Computer-Grundrechts«: BVerfGE 120, 274 (302 ff., 313 ff., 318 ff.).

177 *Kube*, in: HStR VII³, § 148 Rn. 68, 144 ff.

solcher Systeme und richtet sich gegen deren heimliche Infiltration, d.h. gegen den verdeckten Zugriff auf die Gesamtheit der von solchen Systemen erzeugten, verarbeiteten und gespeicherten Daten oder auf die Integrität des System als solches, ohne dass es auf die Erhebung oder Verarbeitung einzelner Kommunikationsvorgänge oder Datensätze ankommt (BVerfGE 120, 274 [313 ff.]). Insoweit trägt das allgemeine Persönlichkeitsrecht in seiner lückenfüllenden Funktion einem besonderen Schutzbedarf Rechnung, der nach Ansicht des Bundesverfassungsgerichts weder durch die Rechte auf Privatheit und auf informationelle Selbstbestimmung noch durch Art. 10 und 13 GG vollständig gedeckt wird (BVerfGE 120, 274 [306 ff.]).[178]

e) Sonstige personenbezogene Bedingungen personaler Autonomie

Den **sonstigen Grundbedingungen** der engeren persönlichen Lebenssphäre, die das   52
allgemeine Persönlichkeitsrecht vor ungewollten Ingerenzen unter Schutz stellt, können – bei allen Abgrenzungsschwierigkeiten und Überschneidungen im Einzelnen – zugeordnet werden: die sexuell selbstbestimmte Lebensführung, soweit diese nicht dem Aktivitätsschutz der allgemeinen Handlungsfreiheit zuzuordnen ist und nicht die geschlechtliche Identität als solche in Rede steht (o. Rdn. 22, 48), das Selbstbestimmungsrecht des Patienten,[179] die spezifisch elterliche Hinwendung zu ihren Kindern einschließlich des Beisammenseins mit ihnen selbst im öffentlichen Raum[180] oder auch die Bewahrung der sprachlichen Integrität vor zwingend angeordneten Sprach- oder Rechtschreibregeln.[181]

II. Art. 2 Abs. 2 GG

1. Recht auf Leben

Art. 2 Abs. 1 S. 1 1. Alt. GG schützt die **biologisch-physische Existenz** jedes Men-   53
schen zwischen Beginn und Ende des Lebens, d.h. **vom Zeitpunkt des Entstehens an bis zum Eintritt des Todes.**[182] Damit zielt das Freiheitsrecht[183] auf die Aufrecht-

---

178 Kritisch insoweit *Murswiek*, in: Sachs, Art. 2 Rn. 73d; *Dreier*, in: Dreier I, Art. 2 I Rn. 84.
179 *Di Fabio*, in: Maunz/Dürig, Art. 2 Abs. 1 (2001) Rn. 204 ff.
180 BVerfGE 119, 1 (24); 120, 180 (199) – insofern »Verstärkung« des elterlichen Persönlichkeitsrechts durch Art. 6 Abs. 1 und 2 GG. Vgl. allerdings auch BVerfGE 121, 69 (89 ff.): elterlichem Umgangsrecht korrespondiert Umgangspflicht zum Wohle des Kindes (s.a. Rdn. 48), daher zwangsweise Durchsetzung des Kindesumgangs als unzulässiger Eingriff in das allgemeine Persönlichkeitsrecht des sich verweigernden Elternteils in der Ausformung des Rechts auf Wahrung seiner Privatsphäre und seiner persönlichen Beziehungen, wenn der Umgang dem Kindeswohl nicht dient.
181 BVerfGE 98, 218 (261 ff.); *Di Fabio*, in: Maunz/Dürig, Art. 2 Abs. 1 (2001) Rn. 219 ff.; *Kube*, in: HStR VII³, § 148 Rn. 53 f.
182 BVerfGE 115, 118 (139); *Dürig*, in: Maunz/Dürig, Art. 2 Abs. 2 (1958) Rn. 9.
183 Vgl. BVerfGE 89, 120 (130); 115, 118 (139); anders *Müller-Terpitz*, in: HStR VII³, § 147 Rn. 9:»Statusgrundrecht« ohne die Dimension der Entfaltungsfreiheit.

erhaltung des Lebens gegenüber allen Fremdeinwirkungen.[184] Nicht geschützt ist daher die Verfügung über das eigene Leben durch Suizid (Freitod, Selbstmord); dies unterfällt der allgemeinen Handlungsfreiheit nach Art. 2 Abs. 1 GG.[185] Allerdings statuiert das Recht auf Leben keine Pflicht zum Leben, so dass Art. 2 Abs. 1 S. 1 1. Alt. GG nicht nur die Selbsttötung nicht verbietet, sondern auch das (Selbstbestimmungs-)Recht enthält, am (natürlichen) Sterben nicht gehindert zu werden (passive Sterbehilfe).[186] Mit dem Schutzgut »Leben« (zwischen »noch nicht« und »nicht mehr Leben«) ist jedoch kein naturwissenschaftlich-medizinisch objektiv und exakt definierter und daher für das Verfassungsrecht unzweifelhafter und unumgänglicher Sachverhalt bezeichnet. Jede Festlegung, wann das Leben beginnt und wann es endet, ist immer auch Entscheidung, nicht bloß Erkenntnis. Der verfassungsrechtliche Begriff des Lebens nimmt daher naturwissenschaftliche Erkenntnisse (auch deren Fortschritte) auf, enthält aber eine selbstständige, normativ wertende Entscheidung.[187] Auf den »Wert« des konkreten Lebens kommt es freilich nicht an; eine Unterscheidung zwischen »lebenswertem« und »lebensunwertem« Leben ist ausgeschlossen.[188] Der Grundrechtsgarantie wohnt der Gedanke streng formaler Gleichwertigkeit aller Lebenden inne, der es verbietet, die Zuerkennung des Lebensrechts von irgendeiner anderen Voraussetzung, namentlich von irgendwelchen biologischen oder persönlichen Eigenschaften des Menschen (z.B. Entwicklungsstand, Alter, Geschlecht, Überzeugungen, Religion), abhängig zu machen als von dessen schierer biologisch-physischer Existenz.[189]

184 *Schulze-Fielitz*, in: Dreier I, Art. 2 II Rn. 25.
185 *Schulze-Fielitz*, in: Dreier I, Art. 2 II Rn. 32; *Di Fabio*, in: Maunz/Dürig, Art. 2 Abs. 2 Satz 1 (2004), Rn. 47; *Kunig*, in: v. Münch/Kunig I, Art. 2 Rn. 50; *Sachs*, in: Stern, Staatsrecht IV/1, S. 148; *Müller-Terpitz*, in: HStR VII³, § 147 Rn. 38, 104; *Kahl*, in: HGR V, § 124 Rn. 67; *Hufen*, Staatsrecht II. Grundrechte, 4. Aufl. 2014, § 13 Rn. 5; ebenso, aber unter Ablehnung der Zuordnung zur allgemeinen Handlungsfreiheit *Lorenz*, in: BK, Art. 2 (2012) Rn. 54, 146, 420 (anders aber Rn. 548); a.A. *Fink*, in: HGR IV, § 88 Rn. 47 ff.; *Höfling*, in: Friauf/Höfling, Art. 2 Rn. 13, 190; *Pieroth/Schlink/Kingreen/ Poscher*, Grundrechte. Staatsrecht II, 30. Aufl. 2014, Rn. 419; unentschieden *Jarass*, in: Jarass/Pieroth, Art. 2 Rn. 81.
186 So allg. M.; vgl. *Lorenz*, in: BK, Art. 2 (2012) Rn. 420, 644 ff., 653 ff.; *Schulze-Fielitz*, in: Dreier I, Art. 2 II Rn. 32, 63; *Müller-Terpitz*, in: HStR VII³, § 147 Rn. 39, 101, 104; s. unten Rdn. 120, 130.
187 *Di Fabio*, in: Maunz/Dürig, Art. 2 Abs. 2 Satz 1 (2004) Rn. 17, 23; *Schulze-Fielitz*, in: Dreier I, Art. 2 II Rn. 27; *Murswiek*, in: Sachs, Art. 2 Rn. 141; differenzierend *Müller-Terpitz*, in: HStR VII³, § 147 Rn. 8.
188 BVerfGE 39, 1 (59); 115, 118 (139); *Dürig*, in: Maunz/Dürig, Art. 2 Abs. 2 (1958) Rn. 10 f.; *Di Fabio*, in: Maunz/Dürig, Art. 2 Abs. 2 Satz 1 (2004) Rn. 9, 17; *Kunig*, in: v. Münch/Kunig I, Art. 2 Rn. 44; *Schulze-Fielitz*, in: Dreier I, Art. 2 Abs. 2 Rn. 25; *Lorenz*, in: BK, Art. 2 (2012) Rn. 429 f.; *Sachs*, in: Stern, Staatsrecht IV/1, S. 141.
189 *Müller-Terpitz*, in: HStR VII³, § 147 Rn. 25 f., 58.

Weil das Leben jedes Menschen ein »Höchstwert« der Verfassung ist und die »vitale   54
Basis« der Menschenwürde bildet,[190] ist grundsätzlich ein **weites Schutzbereichsverständnis** geboten,[191] das den Beginn des Lebens frühzeitig ansetzt und das Ende
hinausschiebt. Nach heute überwiegender Auffassung wird das definitive **Ende des
Lebens** mit dem Eintritt des Gesamthirntodes angenommen, mögen auch die Funktionen des Herz-Kreislauf-Systems noch mit medizinischer Hilfe künstlich aufrechterhalten werden.[192] Die Ansicht liegt auch dem Transplantationsgesetz zugrunde
(§ 3 Abs. 1 Nr. 2, Abs. 2 Nr. 2 TPG). Das Gesetz gibt zwar keine – das Grundgesetz
ohnehin nicht bindende – Todesdefinition. Indem es aber die Organentnahme bei
einem hirntoten Spender zulässt, hält es diese auch für verfassungsrechtlich zulässig,
was für die Qualifikation als Eingriff in das Recht auf Leben schwerlich angenommen werden könnte.

Das **Hirntodkriterium** ist freilich nicht unproblematisch. Es wird mit dem unwider-   55
ruflichen Verlust der Wahrnehmungs-, Empfindungs-, Denk- und Entscheidungsfähigkeit des Menschen begründet. Auch könne mit dem vollständigen und irreversiblen Funktionsausfall des Gehirns der Mensch aus sich heraus als psychophysische
Einheit biologisch nicht mehr existieren, weil die Selbststeuerung seiner Organe und
deren Koordinierung zur funktionalen Ganzheit als Lebewesen nicht wiederherstell-
bar sei.[193] Doch die Irreversibilität des Sterbeprozesses kann nicht mit dem Tod
gleichgesetzt werden.[194] Auch das komplette Versagen des Herz-Kreislaufsystems
würde irreversibel zum (Hirn-)Tod führen, wenn dieser Sterbeprozess nicht durch
den Einsatz der Apparativmedizin verzögert würde.[195] Der »point of no return« des
Hirntodes markiert also bei analytischer Betrachtung lediglich den Punkt bzw. die

---

190 BVerfGE 39, 1 (41 f.); 115, 25 (45); 115, 118 (139, 152); *Di Fabio*, in: Maunz/Dürig,
     Art. 2 Abs. 2 Satz 1 (2004) Rn. 9 ff.
191 BVerfGE 39, 1 (36 ff.), auch mit Hinweis auf die Entstehungsgeschichte des Art. 2 Abs. 2
     S. 1 GG im Parlamentarischen Rat, die für die Einbeziehung auch des »keimenden Le-
     bens« spricht; *Di Fabio*, in: Maunz/Dürig, Art. 2 Abs. 2 Satz 1 (2004) Rn. 18.
192 Vgl. m.w.N. *Di Fabio*, in: Maunz/Dürig, Art. 2 Abs. 2 Satz 1 (2004) Rn. 21 f.; *Schulze-
     Fielitz*, in: Dreier I, Art. 2 II Rn. 30; *Starck*, in: v. Mangoldt/Klein/Starck I; Art. 2 Abs. 2
     Rn. 192; *Kunig*, in: v. Münch/Kunig I, Art. 2 Rn. 49; *Wiedemann*, in: Umbach/Clemens,
     Art. 2 II Rn. 295 ff.; *Müller-Terpitz*, in: HStR VII³, § 147 Rn. 32.
193 Wissenschaftlicher Beirat der Bundesärztekammer, Dt. Ärzteblatt 90 (1993), A-2933 ff.;
     dazu juristisch neben den Nachw. in vorst. Fn. *Corell*, in: AK-GG, Art. 2 II Rn. 38
     m.w.N.; *Lorenz*, in: BK, Art. 2 (2012) Rn. 444 f.; *Heun*, JZ 1996, 213 ff.; *Kluth/Sander*,
     DVBl. 1996, 1285, 1286 ff.; *Klinge*, Todesbegriff, Totenschutz und Verfassung, 1996,
     S. 144 ff., 165 ff.; *Isensee*, in: FS Roos, 2000, 583, 585 ff.; *Anderheiden*, KritV 84 (2001),
     353 (367 ff.).
194 Zu Recht *Murswiek*, in: Sachs, Art. 2 Rn. 142, sowie Nachw. in nachf. Fn.
195 Auf den irreversiblen Herz-Kreislaufstillstand als (traditionellem) Todeskriterium abstel-
     lend *Höfling*, in: Friauf/Höfling, Art. 2 (3. Teil) Rn. 65 ff., 72 ff., 78; *ders.*, in: FS Stern,
     2012, 1403 ff.; *Höfling/Rixen*, Verfassungsfragen der Transplantationsmedizin, 1996,
     S. 62 ff.; *Rixen*, Lebensschutz am Lebensende, 1999, S. 23 ff., 288 ff., 343 ff., 390 ff.;
     Schmidt-Jortzig, Wann ist der Mensch tot?, 1999, S. 12 ff., 15 ff., 17 ff.

Grenze der medizinischen Möglichkeiten in dem »biologischen Zusammenhang«[196], dass der Hirn- den Herztod bzw. der Herz- den Hirntod nach sich zieht. Damit spitzt sich die Entscheidung, ob Leben oder Tod vorliegt, auf die Frage zu, ob und inwieweit bei Verwendung medizinisch-technischer Hilfsmittel oder dem Einsatz nicht-menschlicher Organe noch von einer »biologisch-physischen Existenz« gesprochen werden kann, also individuelles Leben im biologischen Sinne eigener reproduktiver Erhaltungsprozesse aktuell oder wenigstens potentiell noch möglich ist.[197] In dem Maße, in dem dies auch bei ausgefallenen Gehirnfunktionen (zukünftig) bejaht werden kann, verliert das Hirntodkriterium seine Validität. Aus verfassungsrechtlicher Sicht wird daher der **völlige Zusammenbruch des gesamten biologischen Organismus als die allgemeine Formel** gelten müssen, die den Tod eines Menschen kennzeichnet.[198] Ihr muss jede Festlegung des Todeszeitpunkts unter den Möglichkeitsbedingungen der apparativ-medizinischen Lebenserhaltung genügen.

56   Der **Beginn des Lebens** liegt unstreitig vor seiner Geburt. Der Lebensschutz des Art. 2 Abs. 2 S. 1 GG beschränkt sich nicht auf geborene Menschen; der Ausschluss pränatalen Lebens wäre mit dem normativen Sinn des Grundrechts und dem Wertgehalt der Würde des Menschen offenkundig nicht vereinbar.[199] Für den Lebensbeginn während des Zeitraums vor der Geburt gibt es indessen aus naturwissenschaftlicher Sicht zahlreiche Anhaltspunkte.[200] Nach der Rechtsprechung des Bundesverfassungsgerichts besteht Leben (in vivo) »jedenfalls« ab der Nidation, also der Einnistung des befruchteten Eies in die Gebärmutter. Jedenfalls dann, so die Begründung, »handelt es sich bei dem Ungeborenen um individuelles, in seiner genetischen Identität und damit in seiner Einmaligkeit und Unverwechselbarkeit bereits festgelegtes, nicht mehr teilbares Leben«, das sich »als Mensch« entwickelt.[201]

57   Ob dies auch für das pränidative Entwicklungsstadium, namentlich schon ab der Befruchtung durch die **Verschmelzung (Fertilisation) von Ei- und Samenzelle** (Zygote), gilt, ist vom Bundesverfassungsgericht zwar als nahe liegend bezeichnet, aber bislang nicht entschieden worden.[202] Aus der normativen Sicht des grundrechtlichen

---

196 *Michael/Morlok*, Grundrechte, 4. Aufl. 2014, Rn. 163.

197 Ähnlich *Di Fabio*, in: Maunz/Dürig, Art. 2 Abs. 2 Satz 1 (2004) Rn. 20, 21.

198 In dieser Richtung auch *Murswiek*, in: Sachs, Art. 2 Rn. 142; *Sachs*, in: Stern, Staatsrecht IV/1, S. 147. – Allerdings reicht der grundrechtliche Lebensschutz unstreitig nicht bis zum Ende aller biochemischen »Lebens«prozesse im Körper; auch beim Toten kann es z.B. noch zu einem Weiterwachsen von Haaren kommen; *Schulze-Fielitz*, in: Dreier I, Art. 2 II Rn. 30 (unhelflich daher die Argumentation in Rn. 31); *Sachs*, in: Stern, Staatsrecht IV/1, S. 147.

199 Grundlegend BVerfGE 39, 1 (36 ff.); 88, 203 (251); *Di Fabio*, in: Maunz/Dürig, Art. 2 Abs. 2 Satz 1 (2004) Rn. 17; *Schulze-Fielitz*, in: Dreier I, Art. 2 II Rn. 26.

200 BVerfGE 39, 1 (37); Überblick möglicher Zeitpunkte bei *Schulze-Fielitz*, in: Dreier I, Art. 2 II Rn. 28; zu normativ-ethischen Zäsuren *Höfling*, in: Friauf/Höfling, Art. 2 (3. Teil) Rn. 47 ff.; *Müller-Terpitz*, in: HStR VII³, § 147 Rn. 15 ff.

201 BVerfGE 39, 1 (37); 88, 203 (251 f.).

202 Siehe ausdrücklich BVerfGE 88, 203 (251).

Lebensschutzes kann indes kein Zweifel bestehen: Aus dieser Sicht ist die Bejahung des menschlichen Lebens buchstäblich »von Anfang an«, also ab der Fertilisation unabdingbar geboten,[203] um die Gefahr einer verfassungsrechtlichen Schutzlosigkeit und eines von vornherein (»ab ovo«) unvollständigen Menschenwürdekonzepts auszuschließen. Gerade wegen dieser Gefahr kann es auf die nach der Befruchtung der Eizelle folgenden, weiteren »Lebens«-Umstände der Zygote nicht ankommen, also auch nicht darauf, ob sie sich in der Gebärmutter natürlich einnistet, künstlich eingesetzt oder in ein extrakorporales Nährmilieu verbracht wird.[204] Der Lebensschutz des Art. 2 Abs. 2 S. 1 GG erstreckt sich daher auf alle Entwicklungsphasen des ge- oder erzeugten (Menschen-)Lebens (ob in vivo oder in vitro)[205] vor der Nidation, der Implantation oder der Verbringung in ein funktionales Äquivalent. Zwar ist naturwissenschaftlich nicht zweifelsfrei geklärt, ob in der befruchteten Eizelle (und ihren totipotenten Zellen) ab der Kernverschmelzung bereits die komplette Potentialität eines Menschen im Sinne eines inhärent festgelegten, sich selbst entfaltenden Entwicklungsprogramms zu einem einmalig-identischen Leben (u.U. auch eineiiger Mehrlinge) enthalten ist. Doch sind es nicht zuletzt die Erkenntnis- und Prognosemöglichkeiten der Präimplantationsdiagnostik (PID), die dafür sprechen, schon hier ein würdefähiges Leben anzunehmen; es kann nur noch mit Gewalt oder durch Entzug der für den Stoffwechsel benötigten Ausgangsstoffe beendet werden.

2. Recht auf körperliche Unversehrtheit

Das Recht auf körperliche Unversehrtheit schützt die **biologisch-physische Existenz**   58
des Menschen **im Sinne seiner Gesundheit und körperlichen Integrität.** Das meint aber nicht nur im physiologischen Sinne die Abwesenheit von Krankheit, Verletzungen und somatischen Funktionsstörungen, sondern auch von Schmerzen und manifesten psychopathischen Zuständen. Grundreferenz aber bleibt der menschliche Körper. Das bloße Wohlbefinden wird nicht geschützt. Damit bleibt der Schutzbereich des Grundrechts hinter dem Gesundheitsbegriff der WHO zurück, der allgemein ei-

---

203 So auch die heute ganz überwiegende Auffassung, vgl. jeweils m.w.N. *Schulze-Fielitz*, in: Dreier I, Art. 2 II Rn. 29; *Starck*, in: v. Mangoldt/Klein/Starck I, Art. 2 Abs. 2 Rn. 192; *Kunig*, in: v. Münch/Kunig I, Art. 2 Rn. 49; *Lorenz*, in: BK, Art. 2 (2012) Rn. 431; *Wiedemann*, in: Umbach/Clemens, Art. 2 II Rn. 294a, b; *Hofmann*, in: Schmidt-Bleibtreu/ Hofmann/Henneke, Art. 2 Rn. 61; *Höfling*, in: Friauf/Höfling, Art. 2 (3. Teil) Rn. 59 f.; *Stern*, Staatsrecht III/1, S. 1057 f.; *Müller-Terpitz*, in: HStR VII³, § 147 Rn. 16, 25; *Fink*, in: HGR IV, § 88 Rn. 17 ff., 20; s. auch die Nachweise bei *Di Fabio*, in: Maunz/Dürig, Art. 2 Abs. 2 Satz 1 (2004) Rn. 24 mit Fn. 4.

204 A.A. *Murswiek*, in: Sachs, Art. 2 Rn. 145a, b, mit einer vor dem Hintergrund der objektiv-rechtlichen Bedeutung des Art. 1 Abs. 1 GG als oberstem Konstitutionsprinzip nicht überzeugenden Unterscheidung zwischen menschlichem Leben und Leben des Menschen; zu dieser Bedeutung der Menschenwürdegarantie in vorliegendem Zusammenhang *Di Fabio*, in: Maunz/Dürig, Art. 2 Abs. 2 Satz 1 (2004) Rn. 28, der daraus allerdings nur einen gewissen Vorwirkungsschutz für das pränidative Leben folgert.

205 *Schulze-Fielitz*, in: Dreier I, Art. 2 II Rn. 29 m.w.N.; *Höfling*, in: Friauf/Höfling, Art. 2 (3. Teil) Rn. 61 f.

nen »Zustand des vollständigen körperlichen, geistigen und sozialen Wohlbefindens« umfasst, geht aber über die allein physische Integrität hinaus. Allerdings gibt Art. 2 Abs. 2 S. 1 2. Alt. GG kein Grundrecht auf Gesundheit.[206] Wohl aber umschließt die Norm auch die »Freiheit zur Krankheit« und damit das Recht, auf Heilung zielende Eingriffe abzulehnen (Patientenautonomie).[207]

3. Recht auf Freiheit der Person

59   Aus der systematischen Zusammenschau von Art. 2 I GG und Art. 104 GG sowie der Entstehungsgeschichte (Rdn. 4) ergibt sich, dass Art. 2 II S. 2 GG lediglich dem Schutz der **körperlichen Bewegungsfreiheit** dient, nicht etwa der Freiheit von jeglicher staatlichen Beeinträchtigung.[208] Doch was damit tatbestandlich genau umfasst wird, ist nicht ganz zweifelsfrei. Unstreitig geschützt wird die Freiheit, den Ort, an dem man sich befindet, zu verlassen und einen beliebigen anderen Ort aufzusuchen, also dort, wo man nicht bleiben will, auch nicht bleiben zu müssen (»**positive Bewegungsfreiheit**«). Das bedeutet aber nicht, »sich unbegrenzt überall aufhalten und überall hinbewegen zu dürfen«.[209] Art. 2 Abs. 2 S. 2 GG gibt keine generelle Mobilitätsgarantie.[210] Das scheint auf jene (zusätzliche) Voraussetzung der (tatsächlichen oder rechtlichen) Zugänglichkeit des anderen Ortes hinauszulaufen, die das Bundesverfassungsgericht insoweit mitführt.[211] Doch kann dies natürlich nicht die Prüfung der Vereinbarkeit von bestimmten rechtlichen Zugangsverboten mit Art. 2 Abs. 2 S. 2 GG ausschließen. Das verbleibende und hier häufig thematisierte Problem einer ausufernden Schutzbereichsbestimmung[212] ist dogmatisch sinnvoll im Zuge der Frage nach dem spezifischen Eingriffstatbestand abzuarbeiten (Rdn. 132–134).

60   Strittig ist, ob auch die Freiheit geschützt ist, jeden anderen beliebigen Ort zu meiden (»**negative Bewegungsfreiheit**«).[213] Die Frage wird relevant bei staatlichen Geboten, an einem bestimmten Ort zu erscheinen. Weil solche Gebote logisch das Bündel unendlich vieler Verbote sind, gleichzeitig einen anderen Ort nach dem eige-

---

206 Vgl. zum Ganzen *Di Fabio*, in: Maunz/Dürig, Art. 2 Abs. 2 Satz 1 (2004), Rn. 55 f.; *Schulze-Fielitz*, in: Dreier I, Art. 2 II Rn. 33 ff.; *Kunig*, in: v. Münch/Kunig I, Art. 2 Rn. 62; *Murswiek*, in: Sachs, Art. 2 Rn. 148 ff.; *Jarass*, in: Jarass/Pieroth, Art. 2 Rn. 83; *Lorenz*, in: BK, Art. 2 (2012) Rn. 449 ff.

207 BVerfGE 128, 282 (300, 304 m.w.N.); 129, 269 (280).

208 BVerfGE 94, 166 (198); 96, 10 (21); 105, 239 (247); *Schulze-Fielitz*, in: Dreier I, Art. 2 II Rn. 98; *Starck*, in: v. Mangoldt/Klein/Starck I, Art. 2 Abs. 2 Rn. 196; *Murswiek*, in: Sachs, Art. 2 Rn. 228; *Kunig*, in: v. Münch/Kunig I, Art. 2 Rn. 73; *Jarass*, in: Jarass/Pieroth, Art. 2 Rn. 112; *Gusy*, in: HGR IV, § 93 Rn. 5.

209 BVerfGE 94, 166 (198); 96, 10 (21).

210 *Schulze-Fielitz*, in: Dreier I, Art. 2 II Rn. 98.

211 BVerfGE 94, 166 (198); auch BVerfGE 96, 10 (21).

212 Vgl. etwa *Di Fabio*, in: Maunz/Dürig, Art. 2 Abs. 2 Satz 2 (2009) Rn. 22 ff.; *Wittreck*, in: HStR VII³, § 151 Rn. 3 ff.; *Gusy*, in: HGR IV, § 93 Rn. 5 f.

213 Zu den unterschiedlichen Auffassungen *Murswiek*, in: Sachs, Art. 2 Rn. 230 ff.; *Sachs*, in: Stern, Staatsrecht IV/1, S. 1089 ff.

nen Willen aufzusuchen,[214] geht es hierbei richtig besehen darum, ob genau dies, also das Verbot, sich nach andernorts zu begeben, auch der Zweck des Gebots ist, mithin wiederum um den Tatbestand des Eingriffs (Rdn. 132–134). Unter dieser Maßgabe fällt auch die negative Bewegungsfreiheit unter den Schutz des Art. 2 Abs. 2 S. 2 GG.

D. Grundrechtsberechtigte und -verpflichtete

I. Grundrechtsberechtigte

1. Art. 2 Abs. 1 GG

a) Natürliche Personen

Träger des (»Jedermann«-)Grundrechts der freien Entfaltung der Persönlichkeit ist **61** zunächst jede **natürliche Person**, gleich welchen Alters und welcher Staatsangehörigkeit, auch Kinder und Minderjährige, ebenso Geisteskranke und unter Betreuung stehende Personen,[215] nicht aber Ungeborene und Verstorbene.[216] Das Grundrecht aus Art. 2 Abs. 1 GG setzt »die Existenz einer wenigstens potentiell oder zukünftig handlungsfähigen Person als unabdingbar voraus«; der postmortale Persönlichkeitsschutz folgt im Schwerpunkt unmittelbar aus Art. 1 Abs. 1 GG (BVerfGE 30, 173 [194]).

Umstritten ist die Grundrechtsträgerschaft von **Ausländern** und Staatenlosen, sofern **62** deren Handlungsfreiheit im sachlichen Umfeld jener speziellen Freiheitsrechte in Rede steht, die nur Deutschen vorbehalten sind (wie Art. 8, 9, 11, 12 GG). In der Sache geht es dabei um die Frage (der Grundrechtskonkurrenz), ob Art. 2 Abs. 1 GG auch **in personeller Hinsicht als Auffanggrundrecht** (Rdn. 9) eingreift.[217] Das Bundesverfassungsgericht bejaht dies, mit weitgehender, allerdings keineswegs einhelliger Zustimmung der Lehre.[218] Die Einwände gründen sich auf nahe liegende grundrechtssystematische Argumente und die Befürchtung, auf diese Weise würden die

---

214 *Murswiek*, in: Sachs, Art. 2 Rn. 231; *Correll*, in: AK-GG, Art. 2 II Rn. 158.
215 BVerfGE 24, 119 (144); 47, 46 (74); 53, 158 (203); 59, 360 (382); 75, 201 (218); 79, 51 (63); 99, 145 (156); st. Rspr.
216 Allg. M.; *Dreier*, in: Dreier I, Art. 2 I Rn. 44, 85; *Starck*, in: v. Mangoldt/Klein/Starck I, Art. 2 Abs. 1 Rn. 42 f.; *Kunig*, in: v. Münch/Kunig I, Art. 2 Rn. 5; *Hillgruber*, in: Umbach/Clemens, Art. 2 I Rn. 234, 237; *Jarass*, in: Jarass/Pieroth, Art. 2 Rn. 6; *Stern*, Staatsrecht IV/1, S. 938.
217 Vgl. *Di Fabio*, in: Maunz/Dürig, Art. 2 Abs. 1 (2001) Rn. 28 ff.; *Starck*, in: v. Mangoldt/Klein/Starck I, Art. 2 Abs. 1 Rn. 44 ff.; *Murswiek*, in: Sachs, Art. 2 Rn. 139 f.; *Hillgruber*, in: Umbach/Clemens, Art. 2 I Rn. 266 ff.
218 BVerfGE 35, 382 (399); 49, 168 (180); 78, 179 (196 f.); 96, 10 (21); 104, 337 (345 f.); m.w.N. *Di Fabio*, in: Maunz/Dürig, Art. 2 Abs. 1 (2001) Rn. 32; *Dreier*, in: Dreier I, Art. 2 I Rn. 45 f.; *Höfling*, in: Friauf/Höfling, Art. 2 Rn. 81 f.; *Sodan*, in: ders., Art. 2 Rn. 8; *Cornils*, in: HStR VII³, § 168 Rn. 49; ablehnend m.w.N. *Starck*, in: v. Mangoldt/Klein/Starck I, Art. 2 Abs. 1 Rn. 44 ff.; *Hillgruber*, in: Umbach/Clemens, Art. 2 I Rn. 273 ff.; *Lorenz*, in: BK, Art. 2 Abs. 1 (2008) Rn. 94 ff.; *Kahl*, Die Schutzergänzungs-

differenzierten Entscheidungen des Verfassunggebers, insbesondere im Hinblick auf die unterschiedlichen Grundrechtsschranken, unterlaufen. Konstruktive Schwierigkeiten bietet daher auch die Anwendung des Art. 2 Abs. 1 GG auf **EU-Ausländer.** Hier tritt allerdings noch der Anwendungsvorrang des unionsrechtlichen Diskriminierungsverbots (Art. 18 AEUV) und der besonderen Diskriminierungsverbote der Grundfreiheiten hinzu. Daraus folgt zwar nicht die Verpflichtung, den Grundrechtsschutz nach Maßgabe des Grundgesetzes im Wege einer interpretatorischen Texterweiterung der Deutschen-Grundrechte auf EU-Ausländer zu erstrecken; dem steht der Wortlaut jener Gewährleistungen unüberwindbar entgegen. Doch dass damit die personelle Reichweite des Art. 2 Abs. 1 GG notwendig einer erweiterten Deutung nach Maßgabe einer Inländergleichbehandlung unterliegt, lässt sich nach der Rechtsprechung des Bundesverfassungsgerichts zur Anwendungserweiterung des Art. 19 Abs. 3 GG auf EU-ausländische Unternehmen (Rdn. 65) nicht mehr durchgreifend in Frage stellen.[219]

b) Juristische Personen

63 Träger der **allgemeinen Handlungsfreiheit** sind nach Maßgabe des Art. 19 Abs. 3 GG auch juristische Personen des Privatrechts (»Art. 2 Abs. 1 in Verbindung mit Art. 19 Abs. 3 GG«). Das betrifft vor allem den Bereich der wirtschaftlichen Betätigungsfreiheit. Erfasst werden sowohl rechtsfähige als auch nicht rechtsfähige Personenvereinigungen (wie AG, GmbH, KG, OHG, e.V.).[220]

64 Ob das **allgemeine Persönlichkeitsrecht** generell auf juristische Personen des Privatrechts anwendbar ist, hat das Bundesverfassungsgericht bislang offen gelassen.[221] Da sich die Anwendbarkeit gemäß Art. 19 Abs. 3 GG »dem Wesen nach« entscheidet, kann die Frage nur nach den einzelnen Schutzgütern differenziert angegangen werden. Wo der Grundrechtsschutz an Eigenschaften, Äußerungsformen oder Beziehungen anknüpft, die nur natürlichen Personen wesenseigen sind, kommt eine kollektive Erstreckung nicht in Betracht. Das ist umso eher der Fall, als der Grundrechtsschutz im Interesse der Menschenwürde gewährt wird, die nur natürliche Personen für sich in Anspruch nehmen können. Nach diesen Grundsätzen scheidet z.B. eine Berufung juristischer Personen auf den Teilgehalt des Verbots der Selbstbezichtigung aus.[222] Dagegen kann ihnen durchaus das Recht am eigenen Wort und Bild, ebenso das

funktion von Art. 2 Abs. 1 Grundgesetz, 2000, S. 22 f.; zurückhaltend auch *Murswiek*, in: Sachs, Art. 2 Rn. 140.

219 Vgl. zur Debatte aus der Zeit vor BVerfGE 129, 78 (94 ff.): *Di Fabio*, in: Maunz/Dürig, Art. 2 Abs. 1 (2001) Rn. 35; *Dreier*, in: Dreier I, Art. 2 I Rn. 17; *Stern*, Staatsrecht IV/1, S. 943 ff.; *Kahl*, in: HGR V, § 124 Rn. 35 ff., jeweils m.w.N.

220 Vgl. BVerfGE 10, 89 (99); 10, 221 (225); 19, 206 (215 f.); 20, 323 (336); 23, 12 (30); 29, 260 (265 f.); 44, 353 (372); 66, 116 (130); 70, 1 (25).

221 Ausdrücklich BVerfGE 95, 220 (242); 106, 28 (42). Anders die zivilgerichtliche Judikatur: BGHZ 78, 24 (25 f.); 78, 274 (278 f.); 81, 75 (78); 98, 95 (97).

222 BVerfGE 95, 220 (242); 118, 168 (203).

Recht auf informationelle Selbstbestimmung zustehen.[223] Zu beachten ist aber, dass juristische Personen lediglich Zweckgebilde der Rechtsordnung sind. Es kann daher immer nur ein spezifisches, auf die jeweilige Funktion bezogenes Bedürfnis für den Schutz einer sozialen Selbstdarstellung in Rede stehen, wie etwa als Wirtschaftsunternehmen. Insofern ist das Schutzniveau im Vergleich zu betroffenen natürlichen Personen wesensgemäß abgesenkt. In diesen Grenzen kommt es in sachlicher Entsprechung zum Ehrenschutz auch in Betracht, die Verteidigung des guten Rufs oder Ansehens eines Wirtschaftsunternehmens auf das allgemeine Persönlichkeitsrecht zu stützen.[224] Die Heranziehung des Art. 1 Abs. 1 GG scheidet allerdings in diesen Fällen stets aus. Überdies ist zu beachten, dass die speziellen Grundrechte des Art. 4, 9, 12 oder 14 GG verwandte Schutzbedürfnisse, etwa vor diffamierender oder verfälschender Darstellung oder vor Ausspähung und Missbrauch von Steuer-, Betriebs- oder Geschäftsgeheimnissen, befriedigen.[225]

Juristische Personen des öffentlichen Rechts, juristische Personen des Privatrechts in 65
ausschließlicher oder mehrheitlicher Trägerschaft des Staates und **ausländische juristische Personen** genießen grundsätzlich nicht den Grundrechtsschutz aus Art. 2 Abs. 1 GG.[226] Anderes kann allerdings für ausländische Unternehmen aus der EU gelten. Nach einem Grundsatzbeschluss des Bundesverfassungsgerichts folgt aus dem Anwendungsvorrang der unionrechtlichen Grundfreiheiten (Art. 26 Abs. 2 AEUV) und des allgemeinen Diskrimierungsverbots eine »Anwendungserweiterung« des Art. 19 Abs. 3 GG mit der Folge, dass sich **juristische Personen aus dem EU-Ausland** ebenso auf die Grundrechtserstreckung berufen können wie inländische juristische Personen (BVerfGE 129, 78 [97]).

2. Art. 2 Abs. 2 S. 1 GG

Träger der Grundrechte auf Leben und körperliche Unversehrtheit ist **jeder lebende** 66
Mensch (natürliche Person), ungeachtet seines Geisteszustands, seiner körperlichen Empfindlichkeit o.ä.[227] Der Grundrechtsschutz endet mit dem Tod.[228] Auch dem **vorgeburtlichen Leben** (Rdn. 56 f.) kommt nicht nur das Lebensrecht, sondern eben-

---

223 Vgl. BVerfGE 106, 28 (42 ff.); 67, 100 (142); 118, 168 (203 f.).

224 Dazu *Di Fabio*, in: Maunz/Dürig, Art. 2 Abs. 1 (2001) Rn. 224; *Dreier*, in: Dreier I, Art. 2 I Rn. 86; *Hillgruber*, in: Umbach/Clemens, Art. 2 I Rn. 243 f.; *Enders*, in: HGR IV, § 89 Rn. 76 f.; BVerwGE 82, 76 (78) für »Personenvereinigungen mit ideeller Zielsetzung«.

225 Vgl. etwa BVerfGE 105, 252 (264 ff.); 105, 279 (293 f.); 67, 100 (142); *Dreier*, in: Dreier I, Art. 2 I Rn. 86; *Kube*, in: HStR VII³, § 148 Rn. 75.

226 *Di Fabio*, in: Maunz/Dürig, Art. 2 Abs. 1 (2001) Rn. 10; *Stern*, Staatsrecht IV/1, S. 939 ff.

227 *Schulze-Fielitz*, in: Dreier I, Art. 2 II Rn. 39; *Jarass*, in: Jarass/Pieroth, Art. 2 Rn. 84; BVerfGE 39, 1 (37): »jedes Leben besitzende menschliche Individuum«.

228 *Di Fabio*, in: Maunz/Dürig, Art. 2 Abs. 2 Satz 1 (2004) Rn. 58.

so das Recht auf körperliche Unversehrtheit zu.[229] Das folgt aus der Parallelität der integritätssichernden Sinnstiftung beider Grundrechte. Umschlossen ist daher nicht nur der natürlich gezeugte oder extrakorporal erzeugte Embryo (nasciturus) innerhalb des Mutterleibs, sondern im Sinne eines intentional weiten Schutzbereichsverständnisses auch der extrakorporal erzeugte Embryo außerhalb des Mutterleibs. Diesem das Recht auf körperliche Unversehrtheit wegen vermeintlich fehlender Körperlichkeit zu versagen, begründete die Gefahr einer dem Wertgehalt der Menschenwürde zuwiderlaufenden Schutzlücke.[230] Die subjektive Berechtigung des nasciturus, d.h. nicht nur die Zuerkennung eines objektiv-rechtlichen Grundrechtsschutzes, hatte das Bundesverfassungsgericht zunächst offen gelassen, später aber implizit bejaht.[231]

67 **Juristische Personen** und Personenvereinigungen kommen als Träger der Grundrechte aus Art. 2 Abs. 2 S. 1 GG nicht in Betracht (Art. 19 Abs. 3 GG).[232]

3. Art. 2 Abs. 2 S. 2 GG

68 Träger des Rechts der Freiheit der Person ist **jede natürliche Person.** Auf juristische Personen und Personenvereinigungen ist das Grundrecht dem Wesen nach nicht anwendbar (Art. 19 Abs. 3 GG).[233]

II. Grundrechtsverpflichtete

69 Die Grundrechte des Art. 2 GG verpflichten ebenso wie fast alle anderen Grundrechte nur die **Träger öffentlicher Gewalt** in allen ihren Erscheinungsformen (Art. 1 Abs. 3 GG),[234] also alle Träger unmittelbarer oder mittelbarer Staatsgewalt bei der Ausübung ihrer Funktionen, sei es Gesetzgebung, Vollziehung oder Rechtsprechung, einschließlich der mit Hoheitsbefugnissen beliehenen Privatpersonen, der verwaltungsprivatrechtlichen Erledigung öffentlicher Aufgaben und der fiskalischen (bedarfsdeckenden oder unternehmerischen) Staatstätigkeit.[235] Privatpersonen werden durch Art. 2 GG nicht verpflichtet. Das Grundrecht entfaltet **keine unmittelbare**

---

229 *Murswiek,* in: Sachs, Art. 2 Rn. 147; *Starck,* in: v. Mangoldt/Klein/Starck I, Art. 2 Abs. 2 Rn. 195; *Kunig,* in: v. Münch/Kunig I, Art. 2 Rn. 61; *Corell,* in: AK-GG, Art. 2 II Rn. 106; *Lorenz,* in: BK, Art. 2 (2012) Rn. 460 ff.; *Müller-Terpitz,* in: HStR VII³, § 147 Rn. 34.

230 *Lorenz,* in: BK, Art. 2 (2012) Rn. 463 ff.; *Corell,* in: AK-GG, Art. 2 II Rn. 107; *Müller-Terpitz,* in: HStR VII³, § 147 Rn. 34. Unklar *Schulze-Fielitz,* in: Dreier I, Art. 2 II Rn. 40; offen *Di Fabio,* in: Maunz/Dürig, Art. 2 Abs. 2 Satz 1 (2004) Rn. 58.

231 Vgl. BVerfGE 39, 1 (41); 88, 203 (252); *Murswiek,* in: Sachs, Art. 2 Rn. 146; *Sachs,* in: Stern, Staatsrecht IV/1, S. 150.

232 BVerfGE 54, 211 (220); BVerfG-K, NJW 1990, 241.

233 *Schulze-Fielitz,* in: Dreier I, Art. 2 II Rn. 100; *Kunig,* in: v. Münch/Kunig I, Art. 2 Rn. 73; *Jarass,* in: Jarass/Pieroth, Art. 2 Rn. 113; *Gusy,* in: HGR IV, § 93 Rn. 4.

234 Vgl. zu Art. 1 Abs. 3 GG *Dürig,* in: Maunz/Dürig, Art. 1 Abs. III (1958) Rn. 100.

235 Grundsätzlich zur »Trias der Grundrechtsverpflichteten« *Horn,* Die grundrechtsunmittelbare Verwaltung, 1999, S. 105 ff.

Drittwirkung. Unberührt bleibt die sog. mittelbare Drittwirkung infolge der Schutzpflichtendimension und der Ausstrahlungswirkung der Grundrechte auf das Privatrecht (Rdn. 71 ff., 77 ff., 82 ff., 87). Hieraus können sich einfachrechtlich begründete Pflichten Privater zur Achtung der grundrechtlichen Schutzgüter ergeben.

E. Subjektiv- und objektiv-rechtliche Gehalte

I. Art. 2 Abs. 1 GG

1. Abwehrcharakter

Wie alle anderen Freiheitsrechte entfaltet auch das Grundrecht des Art. 2 Abs. 1 GG   70
seine Rechtswirkungen »in erster Linie«[236] in der Abwehrrichtung. Die Gewährleistung der umfassenden menschlichen Handlungsfreiheit gilt als der »Prototyp« eines grundrechtlichen Abwehrrechts.[237] Darin zielt der Art. 2 Abs. 1 GG auf den rechtlichen **Freiheitsschutz des Menschen im status negativus**. Das ist ein »Wert an sich«.[238] Der Einzelne wird in seiner allgemeinen Freiheit, sich so zu verhalten, wie er will, durch die Verpflichtung aller staatlichen Gewalt (Art. 1 Abs. 3 GG) gesichert, Beschränkungen seiner Freiheit (»Eingriffe«, Rdn. 88–92) zu unterlassen, die nicht durch hinreichende Gründe gerechtfertigt sind. Darauf hat er einen subjektiv-rechtlichen Anspruch. Ihm ist die Rechtsmacht gegeben, ungerechtfertigte Eingriffe in seine Freiheit abzuwehren. Die umfassende Handlungsfreiheit gibt so das Recht auf »allgemeine Eingriffsfreiheit« (Rdn. 23 f.). In entsprechender Weise wirkt die abwehrrechtliche Funktion des Art. 2 Abs. 1 GG bei jenen engeren Grundrechtstatbeständen, die unter den Schutz des allgemeinen Persönlichkeitsrechts fallen.

2. Objektiv-rechtliche Gehalte

a) Allgemeine Handlungsfreiheit

Neben der abwehrrechtlichen Funktion der Grundrechte können nach allgemeiner   71
Auffassung weitere Rechtswirkungen aus ihrer objektiv-rechtlichen (»wertsetzenden«) Bedeutung folgen.[239] Insoweit ist zwar bei der allgemeinen Handlungsfreiheit wegen der Weite ihres Schutzbereichs Zurückhaltung geboten.[240] Grundsätzlich gilt jedoch auch hier, dass der Staat verpflichtet ist, den Einzelnen (im status positivus) gegen Übergriffe privater Dritter in seine Freiheit zu schützen (vgl. BVerfGE 91, 335 [339]). Dieser **grundrechtlichen Schutzpflicht** kann – im Falle seiner Verletzung – ein subjektiver Schutzanspruch folgen. In Anbetracht der Fülle möglicher Verhaltensweisen

---

236 BVerfGE 7, 198 (1. Leitsatz, 204).
237 *Stern*, Staatsrecht IV/1, S. 923; allg. M.
238 *Alexy*, Theorie der Grundrechte, 2. Aufl. 1994, S. 325; *Schmitt Glaeser*, in: HStR VI², § 129 Rn. 22.
239 Vgl. grundsätzlich BVerfGE 7, 198 (205); 39, 1 (41); 49, 89 (141 f.); 53, 30 (57); 56, 54 (73); 77, 170 (214); 79, 174 (201 f.).
240 *Di Fabio*, in: Maunz/Dürig, Art. 2 Abs. 1 (2001) Rn. 57, 61; *Jarass*, in: Jarass/Pieroth, Art. 2 Rn. 11; *Stern*, Staatsrecht IV/1, S. 928 f.

des Einzelnen und einer ebensolchen Fülle möglicher Freiheitsbeeinträchtigungen durch Verhaltensweisen Dritter kommt jedoch eine verfassungswidrige Verletzung der staatlichen Schutzpflicht kaum in Betracht.[241] Nur unter ganz engen Voraussetzungen kann der hier gegebene weite Einschätzungs-, Wertungs- und **Gestaltungsspielraum des Gesetzgebers** auf die Ergreifung bestimmter Schutzvorkehrungen verengt sein.[242] Die Schwelle markiert das Untermaßverbot.[243]

72   Der Schutzpflichtendimension kann dort eine eindringlichere Bedeutung zukommen, wo die allgemeine Handlungsfreiheit eine Verstärkung durch andere Grundrechtspositionen erfährt.[244] Gleiches gilt für den Bereich der tatbestandlich verfestigten »Innominatsfreiheitsrechte« (Rdn. 29–33), wie etwa beim Schutz der **Privatautonomie (Vertragsfreiheit)**. So verlangt der grundrechtlich gebotene Schutz der Vertragsfreiheit vom Gesetzgeber, einerseits (zugunsten des Gläubigers) rechtsgeschäftliche Gestaltungsmittel zur Verfügung zu stellen, die im Streitfall durchsetzbare Rechtspositionen begründen, andererseits aber auch (zugunsten des Schuldners) korrigierende Vorkehrungen für jene (typisierbaren) Fallgestaltungen zu treffen, die eine strukturelle Unterlegenheit des einen Vertragspartners erkennen lassen.[245] Auch die Gerichte sind – unter Konkretisierung und Anwendung der zivilrechtlichen Generalklauseln (§§ 138, 242 BGB) – zu einer dementsprechenden **Inhaltskontrolle von Verträgen** verpflichtet. Doch darf hier im Hinblick auf das der Privatautonomie »als Selbstbestimmung des Einzelnen im Rechtsleben« (BVerfGE 114, 73 [89]) innewohnende Prinzip der Freiheitsvermutung der Bogen nicht überspannt werden.[246] Den durch Vertrag hergestellten Interessenausgleich hat der Staat grundsätzlich zu respektieren.[247] Zudem besteht auf Seiten des anderen Vertragspartners der Anspruch auf Eingriffsfreiheit. Insofern trifft auch das allgemeine privatrechtliche **Antidiskriminierungsgesetz** auf erhebliche Zweifel.[248] Ebenfalls fraglich erscheint, ob sich staatliche **Warnungen und Hinweise** auf den Gebieten des Verbraucher-, Gesundheits- und Umweltschutzrechts (auch) aus staatlichen Schutzpflichten begründen lassen.[249] Auch das gesetzgeberische Agieren im Bereich der **Wettbewerbsfreiheit** (Kartellrecht, Regulierungsrecht) kann in der Regel allenfalls dann als Ausfluss staatlicher Schutzpflichten

---

241 *Hillgruber*, in: Umbach/Clemens, Art. 2 I Rn. 227 ff.; *Stern*, Staatsrecht IV/1, S. 929 f.
242 Vgl. BVerfGE 77, 170 (215); 88, 203 (254, 262 f.), zur Schutzpflicht aus Art. 2 Abs. 2 S. 1 GG.
243 Vgl. BVerfGE 88, 203 (254); *Isensee*, in: HStR IX³, § 191 Rn. 303 ff.
244 Z.B. durch Art. 6 Abs. 2 S. 2 GG zugunsten des Kindes im Sorgerechtsverfahren: BVerfGE 55, 171 (179).
245 BVerfGE 89, 214 (232); 103, 89 (101); 114, 73 (90); vgl. auch BVerfGE 81, 242 (255); 126, 286 (300 f.); systematisch *Isensee*, in: HStR VII³, § 150 Rn. 97 ff., 100 ff.
246 Kritisch daher *Hillgruber*, in: Umbach/Clemens, Art. 2 I Rn. 111 ff.; *Murswiek*, in: Sachs, Art. 2 Rn. 37a; *Isensee*, in: HStR VII³, § 150 Rn. 113 ff.; *Cornils*, in: HStR VII³, § 168 Rn. 25 f.
247 BVerfGE 103, 89 (100); 114, 73 (90).
248 Ebenso *Dreier*, in: Dreier I, Art. 2 I Rn. 63; *Isensee*, in: HStR VII³, § 150 Rn. 136 ff.
249 A.A. *Stern*, Staatsrecht IV/1, S. 911 m.w.N.

begriffen werden, wenn man Markt und Wettbewerb als Institution durch Art. 2 Abs. 1 GG für geschützt ansieht.[250] Jedenfalls folgt aus einer staatlichen Regelungsmöglichkeit noch nicht sogleich eine dahingehende Regelungspflicht.[251]

Das gilt nicht anders für **selbstgefährdende, riskante Aktivitäten**. Einen prinzipiellen (Grundrechts-)Schutz des Menschen vor sich selbst lässt sich der freiheitlichen Ordnung des Grundgesetzes nicht entnehmen;[252] sie geht von der »freien, sich selbst bestimmenden menschlichen Persönlichkeit als höchstem Rechtswert aus« (BVerfGE 48, 127 [163]; 69, 1 [22]). Das schließt allerdings staatliche Einschränkungen wegen möglicher Folgelasten für die Allgemeinheit oder Gefährdungen Dritter nicht aus.

73

Im Übrigen kommt der allgemeinen Handlungsfreiheit, wie allen Freiheitsrechten, eine **Ausstrahlungswirkung** auf die gesamte einfachrechtliche Ordnung zu. Das betrifft vor allem die Auslegung und Anwendung zivilrechtlicher Vorschriften, kommt aber auch im Sinne einer verfassungsrechtlichen Fundierung verwaltungsrechtlicher Grundsätze zum Tragen (z.B. Anspruch auf Erlaubniserteilung bei Genehmigungsvorbehalten,[253] Begründung einfachrechtlicher subjektiver öffentlicher Rechte, Anspruch auf ermessensfehlerfreies Verwaltungshandeln). Doch bleibt auch insofern wegen der unbestimmten Weite des Schutzbereichs der allgemeinen Handlungsfreiheit nur wenig Raum für eine dezidierte Verkennung verfassungsrechtlicher Maßstäbe (BVerfGE 95, 267 [321]). Die richterliche Anwendung einer nichtigen Rechtsnorm verletzt allerdings Art. 2 Abs. 1 GG.[254]

74

Weitergehende **leistungs- und teilhaberechtliche Ansprüche** sind nur äußerst restriktiv anzuerkennen. Das gilt schon nach den allgemeinen Grundrechtslehren, gilt aber für die allgemeine Handlungsfreiheit – wiederum wegen der Weite ihres Schutzbereichs – im Besonderen.[255] Für die Freiheitsausübung ist zwar die Existenz realer Freiheitsvoraussetzungen wichtig, doch können diese nicht – oberhalb einer Grundsicherung des Existenzminimums – in Grundrechtsansprüche gegen den Staat »umgemünzt« werden.[256] Ein originäres Leistungsrecht auf Bildung oder Ausbildung ist daher ebenso abzulehnen wie auf Errichtung oder Ausbau von (Aus-)Bildungsstätten,

75

---

250 So *Di Fabio*, in: Maunz/Dürig, Art. 2 Abs. 1 (2001) Rn. 116; vgl. auch *Stern*, Staatsrecht IV/1, S. 931 f.

251 *Di Fabio*, in: Maunz/Dürig, Art. 2 Abs. 1 (2001) Rn. 61; ähnlich *Starck*, in: v. Mangoldt/Klein/Starck I, Art. 2 Abs. 1 Rn. 166.

252 *Hillgruber*, in: Umbach/Clemens, Art. 2 I Rn. 118, 153 ff.; *ders.*, Der Schutz des Menschen vor sich selbst, 1992, S. 158 ff.; *Dreier*, in: Dreier I, Art. 2 I Rn. 29; *Lorenz*, in: BK, Art. 2 (2012) Rn. 546 ff. Vgl. aber BVerfGE 58, 208 (224 ff.); 60, 123 (132); 128, 282 (304 ff.).

253 BVerfGE 20, 150 (155); 50, 256 (263); 104, 337 (353); *Stern*, Staatsrecht IV/1, S. 925.

254 Vgl. z.B. BVerfGE 51, 77 (95 f.); 91, 186 (200 f.); *Kunig*, in: v. Münch/Kunig I, Art. 2 Rn. 18a.

255 *Di Fabio*, in: Maunz/Dürig, Art. 2 Abs. 1 (2001) Rn. 57, 63; *Hillgruber*, in: Umbach/Clemens, Art. 2 I Rn. 232 f.; *Murswiek*, in: Sachs, Art. 2 Rn. 38; *Kahl*, in: HGR V, § 124 Rn. 42 f.

256 *Stern*, Staatsrecht IV/1, S. 936.

eines öffentlichen Wegenetzes oder sonstiger Infrastruktureinrichtungen. Auch ein Grundrecht auf Naturschutz gibt es nicht.[257] Indessen folgen aus der Bereitstellung öffentlicher Einrichtungen, wie von Verkehrswegen, oder hinsichtlich öffentlicher Gewässer aus Art. 2 Abs. 1 GG (in Verbindung mit Art. 3 Abs. 1 GG und ggf. anderen Grundrechten) **derivative Teilhaberechte** auf Zugang im Rahmen des (gewidmeten) **Gemeingebrauchs** oder auf Grund besonderer Erlaubnisse, sofern nicht gegen die Beschränkung solcher Nutzungen ohnehin die abwehrrechtliche Dimension zur Geltung kommt.[258]

76 Aus den **organisations- und verfahrensrechtlichen Gehalten** der allgemeinen Handlungsfreiheit hat die Rechtsprechung weitreichende subjektiv-rechtliche Wirkungen erschlossen (s. oben Rdn. 33).

b) Allgemeines Persönlichkeitsrecht

77 Wegen des Einflusses von Art. 1 Abs. 1 GG auf den Schutzbereich des allgemeinen Persönlichkeitsrechts sind hier die aus der objektiv-rechtlichen Bedeutung des Art. 2 Abs. 1 GG fließenden Rechtswirkungen dichter angelegt als bei der allgemeinen Handlungsfreiheit. In Anbetracht der Gefährdungen von Persönlichkeit und Privatheit in der gesellschaftlichen Lebenswirklichkeit betrifft das zumal die Wirkung als **grundrechtliche Schutzpflicht**. Der Staat ist gehalten, den Einzelnen vor Übergriffen nichtstaatlicher Dritter in die Schutzgüter des allgemeinen Persönlichkeitsrechts schützen.[259] Die Aufgabe trifft zuvörderst den Gesetzgeber. Wie er diese erfüllt, liegt grundsätzlich in seiner weiten Gestaltungsfreiheit.[260] Allerdings hat er für ein bestimmtes Maß an positivem Schutz des Persönlichkeitsrechts Sorge zu tragen. Verfehlt er das vom Untermaßverbot gebotene Mindestmaß, entsteht dem Grundrechtsträger ein entsprechender Regelungsanspruch.[261] Gegenüber dem »unantastbaren Kernbereich privater Lebensgestaltung« (Rdn. 114–116) gilt auch insofern eine absolute Schutzverpflichtung. In der Regel tragen die einschlägigen Vorschriften des Zivil- und Strafrechts (z.B. §§ 12, 253 Abs. 2, 823 ff., 1004 BGB; §§ 22 ff. KUG; §§ 12 ff. UrhG; presserechtlicher Gegendarstellungsanspruch nach den Landespressegesetzen;[262] Schutzrechte nach dem Bundesdatenschutzgesetz; §§ 123, 174 ff., 185 ff., 201 ff. StGB) dem grundrechtlichen Schutzgebot ausreichend Rechnung.[263]

257 *Di Fabio*, in: Maunz/Dürig, Art. 2 Abs. 1 (2001) Rn. 58; *Dreier*, in: Dreier I, Art. 2 I Rn. 67; *Lorenz*, in: BK, Art. 2 Abs. 1 (2008) Rn. 50.
258 *Dreier*, in: Dreier I, Art. 2 I Rn. 66; *Stern*, Staatsrecht IV/1, S. 244, 936.
259 BVerfGE 73, 188 (201); 97, 125 (146); 99, 185 (194 f.); 117, 202 (229).
260 BVerfGE 96, 56 (64); 101, 361 (386).
261 *Di Fabio*, in: Maunz/Dürig, Art. 2 Abs. 1 (2001) Rn. 135.
262 Zum verfassungsrechtlichen Gebot eines effektiven Gegendarstellungsrechts BVerfGE 63, 131 (142 f.); 73, 118 (201); 97, 125 (147).
263 *Di Fabio*, in: Maunz/Dürig, Art. 2 Abs. 1 (2001) Rn. 135; *Dreier*, in: Dreier I, Art. 2 I Rn. 94; *Kube*, in: HStR VII³, § 148 Rn. 96; vgl. aber etwa auch BVerfGE 79, 256 (274); 90, 263 (276), zur Verpflichtung des Gesetzgebers, das Recht auf Kenntnis der eigenen

Der Schwerpunkt der Schutzwirkungen des Persönlichkeitsrechts im Verhältnis zwi- 78
schen Privaten liegt daher in den Maßgaben für die Auslegung und Anwendung der
gesetzlichen Schutzinstrumentarien in der richterlichen Rechtspraxis (Schutzpflicht
auf der **Normanwendungsebene,** grundrechtliche **Ausstrahlungswirkung**).[264] Typischerweise begegnen dabei regelmäßig **kollidierende Grundrechtspositionen** Dritter,
und zwar umso unvermittelter, je weniger detailliert das gesetzliche Regelungspro-
gramm ausfällt. Hier gilt es, im Einzelfall »zwischen den einander gegenüberstehenden Grundrechten abzuwägen« (BVerfGE 96, 56 [64]), d.h. den Schutzanspruch des
einen ebenso wie den Freiheitsanspruch des anderen angemessen zu bewerten und
beide zu einem **verhältnismäßigen Ausgleich** zu bringen. Dabei schlägt es sich zugunsten des Persönlichkeitsschutzes nieder, je gravierender die nachteiligen Auswirkungen sind, die die Beeinträchtigung für die engere persönliche Lebensführung
des Betroffenen mit sich bringt. Auch kann das Gewicht des allgemeinen Persönlichkeitsrechts durch Hinzutreten anderer Grundrechtsbelange gestärkt werden.[265] Verfehlen die Gerichte die Maßgaben des grundrechtlichen Schutzgebots, so liegt darin
nicht nur eine Verletzung objektiven Verfassungsrechts, sondern auch ein Verstoß gegen die subjektiven Rechte des Betroffenen.[266]

Von praktisch herausragender Bedeutung sind hier die (»häufig sehr komplexen«[267]) 79
Kollisionslagen zwischen dem persönlichen Ehrenschutz und den Rechten auf Pri-
vatheit, das eigene Bild und eigene Wort einerseits und der Meinungs-, Presse- und
Rundfunkfreiheit (Art. 5 Abs. 1 GG) andererseits,[268] aber auch der Kunstfreiheit,[269]

Abstammung effektiv zu regeln; BVerfGE 85, 386 (401 f.), zum Anspruch auf die Möglichkeit von Fangschaltungen im Telefonverkehr zur Abwehr bedrohender oder belästi-
gender anonymer Anrufe; BVerfGE 117, 202 (225 ff., 227), zur Regelungspflicht eines
Verfahrens, in dem der rechtliche Vater die Abstammung des ihm zugeordneten Kindes
feststellen lassen kann.

264 Einzelheiten: *Di Fabio,* in: Maunz/Dürig, Art. 2 Abs. 1 (2001) Rn. 138 ff.; *Dreier,* in:
Dreier I, Art. 2 I Rn. 97; *Kube,* in: HStR VII³, § 148 Rn. 100 ff.; *Starck,* in: v. Mangoldt/
Klein/Starck I, Art. 2 Abs. 1 Rn. 170 ff.

265 Z.B. durch Art. 6 Abs. 1 und 2 GG gegenüber einer Medienberichterstattung, die sich
auf die spezifische elterliche Hinwendung zu ihren Kindern erstreckt: BVerfGE 101,
361 (386); 119, 1 (24); 120, 180 (199). – Speziell zu den sich aus Art. 1 Abs. 1, Art. 2
Abs. 1 GG ergebenden Schutzpflichten des Staates für das Wohl des Kindes BVerfGE
24, 119 (144); 55, 171 (179); 57, 361 (382); 72, 122 (134); 79, 51 (63); 83, 130 (140);
98, 145 (157, 162 f.); 133, 59 (73 f. Rn. 42 f.).

266 St. Rspr.; BVerfGE 7, 198 (206 f.); 95, 185 (195); 101, 361 (388).

267 *Dreier,* in: Dreier I, Art. 2 I Rn. 97.

268 Zum Ehrenschutz BVerfGE 35, 202 (219 ff.); 54, 129 (136 ff.); 54, 148 (153 ff.); 54,
208 (215 ff.); 82, 272 (281 ff.); 85, 1 (20 ff.); 85, 23 (33 ff.); 93, 266 (290 ff.); 114,
339 (346 ff.); zum Privatheitsschutz BVerfGE 97, 125 (146 ff. – dort auch zur Reichweite des presserechtlichen Gegendarstellungsrechts); 101, 361 (380 ff.); 120, 180 (199 ff.);
120, 274 (197 ff.).

269 BVerfGE 30, 173 (193 ff.); 75, 369 (378 ff.); 119, 1 (20 ff.).

sowie zwischen verschiedenen Persönlichkeitsrechten.[270] Auch im Arbeitsrecht kommt die Bedeutung des allgemeinen Persönlichkeitsrechts, namentlich mit seinen datenschutzrechtlichen Gehalten, erheblich zum Tragen, etwa bei der Behandlung von Personalakten oder bei heimlichen Ton- oder Bildaufnahmen, Telefon- und E-mail-Überwachungen.[271]

80 Während weitergehende **Leistungsrechte** aus dem allgemeinen Persönlichkeitsrecht nicht zu begründen sind, sorgen mannigfaltige **organisations- und verfahrensrechtliche Ableitungen** für eine effektive Verstärkung der abwehrrechtlichen Geltungskraft.[272] Einfachrechtlich geregelte Verfahren zur effektiven Rechtsdurchsetzung[273] gehören ebenso hierher wie – vor allem im Gewährleistungsbereich des informationellen Selbstbestimmungsrechts – Ansprüche auf Löschung und Vernichtung von Daten und Akten, Beweisverwertungsverbote, behördliche Beobachtungs- und Dokumentationspflichten, Auskunfts- und Benachrichtigungspflichten sowie Richtervorbehalte für konkrete Eingriffsmaßnahmen (Rdn. 110).[274]

II. Art. 2 Abs. 2 S. 1 GG

1. Abwehrcharakter

81 Die Freiheitsrechte des Art. 2 Abs. 2 S. 1 GG enthalten zunächst **Abwehrrechte** gegen jede Art von staatlichen Eingriffen. Der Grundrechtsträger kann relevante Beeinträchtigungen (Rdn. 117–122) seiner im Umfang des jeweiligen Schutzbereichs gewährleisteten Rechte auf Leben und körperliche Unversehrtheit abwehren, sofern sie von der öffentlichen Gewalt objektiv zurechenbar verursacht werden.

2. Schutzpflichten

82 Aus Art. 2 Abs. 2 S. 1 GG ergibt sich (in Verbindung mit Art. 1 Abs. 1 S. 2 GG) neben der Abwehrfunktion die objektiv-rechtliche Verpflichtung des Staates, »das Leben und die körperliche Unversehrtheit des Einzelnen zu schützen, das heißt vor al-

---

270 BVerfGE 96, 56 (61, 63); 117, 202 (225 ff., 229 ff.), zur Abwägung des Anspruchs eines Mannes auf Kenntnis seiner Vaterschaft mit den kollidierenden Persönlichkeitsrechten des Kindes und der Mutter.

271 Beispiele: *Jarass*, in: Jarass/Pieroth, Art. 2 Rn. 77.

272 Grundlegend für das informationelle Selbstbestimmungsrecht BVerfGE 65, 1 (44).

273 Z.B. zum Recht eines Mannes auf Kenntnis seiner Vaterschaft: BVerfGE 117, 202 (225 ff.).

274 Vgl. etwa BVerfGE 65, 1 (46); 112, 304 (318 ff.); 113, 29 (57 f., 61); 118, 168 (202); 120, 351 (359 ff.); 120, 274 (331 ff.); 120, 351 (363 f.); 125, 260 (335); 129, 208 (249, 250 f.); 133, 277 (324 Rn. 114); auch z.B. Auskunfts- und Informationsansprüche nach §§ 13 ff. Stasi-Unterlagengesetz. Dazu auch *Rudolf*, in: HGR IV, § 90 Rn. 46 ff.; sowie auf die Nähe zur leistungsrechtlichen Dimension des Persönlichkeitsrechts hinweisend *Dreier*, in: Dreier I, Art. 2 I Rn. 95; *Kube*, in: HStR VII³, § 148 Rn. 98.

lem, auch **vor rechtswidrigen Eingriffen von Seiten anderer** zu bewahren«.[275] Eine Verletzung dieser Pflicht, sich »schützend und fördernd« vor das grundrechtliche Schutzgut zu stellen, kann von den Grundrechtsträgern, etwa im Wege der Verfassungsbeschwerde, geltend gemacht werden.[276] Die Schutzpflicht für Leib und Leben gilt »umfassend« (BVerfGE 39, 1 [42]), d.h. bei jeder Art dem Staat nicht zurechenbarer, aber von ihm präventiv beeinflussbarer Verletzungen oder Gefährdungen der grundrechtlichen Schutzgüter, etwa durch schädliche Umwelteinwirkungen, Gewaltkriminalität, Terrorismus, Technikrisiken, Lebensmittelzusätze, medizinische Maßnahmen und Forschung, Schwangerschaftsabbruch oder auch Epidemien und Naturkatastrophen.[277]

Adressaten der Schutzpflicht sind alle staatliche Gewalt, zuvörderst der **Gesetzgeber;** 83 es gilt der Vorbehalt des Gesetzes.[278] Zwar kommt der Schutzpflicht ein hohes verfassungsrechtliches Gewicht zu und muss sie im Hinblick auf das Schutzgut Leben »besonders ernst genommen werden«.[279] Doch steht dem Gesetzgeber dabei unter Berücksichtigung konkurrierender öffentlicher und privater Belange ein grundsätzlich »weiter Einschätzungs-, Wertungs- und **Gestaltungsspielraum**« zu,[280] den er zumal durch die einschlägigen Schutzvorschriften des Zivil-, des Straf-, des Sozial- oder des Verwaltungsrechts ausfüllt. Die Grenze zieht das Gebot eines Mindestniveaus (**Untermaßverbot**). Soweit Art und Maß der Bedrohung Schutzvorkehrungen erfordern, dürfen sie nicht überhaupt fehlen oder »gänzlich ungeeignet oder völlig unzulänglich« sein.[281] Bei Veränderung der tatsächlichen Umstände kann eine Nachbesserung geboten sein.[282] Dass sich indes eine Schutzpflicht derart konkretisiert, dass

275 BVerfGE 115, 320 (346); st. Rspr., vgl. ferner BVerfGE 39, 1 (41 f.); 46, 160 (164); 49, 24 (53); 49, 89 (141 f.); 53, 30 (57); 56, 54 (73); 77, 170 (214, 229); 77, 381 (402 f.); 79, 174 (201 f.); 85, 191 (212); 88, 203 (251); 90, 145 (195); 115, 118 (152); zur Entwicklung übersichtlich *Stern,* Staatsrecht III/1, S. 937 ff.

276 BVerfGE 46, 160 (165); 56, 54 (80 f.); 77, 170 (214 f.); *Schulze-Fielitz,* in: Dreier I, Art. 2 II Rn. 78; *Kunig,* in: v. Münch/Kunig I, Art. 2 Rn. 55; *Lorenz,* in: BK, Art. 2 (2012) Rn. 518; *Jarass,* in: Jarass/Pieroth, Art. 2 Rn. 91.

277 Vgl. zu Beispielen mit Einzelheiten *Murswiek,* in: Sachs, Art. 2 Rn. 195 ff.; *Di Fabio,* in: Maunz/Dürig, Art. 2 Abs. 2 Satz 1 (2004) Rn. 44 ff.; *Schulze-Fielitz,* in: Dreier I, Art. 2 II Rn. 79 ff.; *Jarass,* in: Jarass/Pieroth, Art. 2 Rn. 97 ff.; *Müller-Terpitz,* in: HStR VII³, § 147 Rn. 80 ff.

278 *Jarass,* in: Jarass/Pieroth, Art. 2 Rn. 92; *Corell,* in: AK-GG, Art. 2 II Rn. 28.

279 BVerfGE 46, 160 (164); auch BVerfGE 39, 1 (42).

280 BVerfGE 56, 54 (80 f.); 77, 170 (214); 79, 174 (202); 85, 191 (212); 92, 26 (46); 96, 56 (64); 109, 190 (237 f.), 244 (247 – Sondervotum *Broß/Osterloh/Gerhardt*); 115, 118 (159 f.).

281 BVerfGE 56, 54 (81); 77, 170 (215); 79, 174 (202); 88, 203 (254, 257 f.), unter Hinweis auf *Isensee,* in: HStR V², § 111 Rn. 165 f. (s. jetzt *ders.,* in: HStR IX³, § 191 Rn. 303 ff.), sowie auf das Verbot, auf den Einsatz des Strafrechts frei zu verzichten; *Di Fabio,* in: Maunz/Dürig, Art. 2 Abs. 2 Satz 1 (2004) Rn. 41; *Lorenz,* in: BK, Art. 2 (2012) Rn. 524, 544; *Sachs,* in: Stern, Staatsrecht IV/1, S. 163 ff.

282 BVerfGE 49, 89 (130 f., 143 f.); 56, 54 (78 f.).

allein eine ganz bestimmte Maßnahme bzw. gesetzliche Regelung verfassungsgemäß ist, wird nur im Ausnahmefall anzunehmen sein,[283] ist aber auch nicht gänzlich fern liegend, wie namentlich die Fälle der Bedrohung des Lebensrechts des Embryos durch (die Regelungen zur) Abtreibung, Präimplantationsdiagnostik, Embryonen- oder Stammzellenforschung eindrücklich aufzeigen.[284] Regelmäßig geht es um, u.U. auch mehrpolige, Konstellationen, in denen zwischen den grundrechtlichen Schutzbelangen einerseits und den durch die Schutzmaßnahmen berührten, (abwehr-)grundrechtlich gewährleisteten Freiheitsinteressen andererseits ein **Ausgleich** gefunden werden muss.

84 Beides, Schutzpflicht (aus Art. 2 Abs. 2 S. 1 GG) und Abwehrrecht (aus Art. 2 Abs. 1 GG), treffen in derselben Person eines Grundrechtsträgers zusammen, wenn es um die Frage geht, ob aus Art. 2 Abs. 2 S. 1 GG eine Verpflichtung des Staates folgt, den Einzelnen **vor sich selbst zu schützen**. Hier darf der Staat zwar die Handlungsfreiheit des Betroffenen im Interesse des Allgemeinwohls oder zum Schutz gefährdeter Dritter unter Wahrung des **Verhältnismäßigkeitsgrundsatzes** beschränken.[285] Eine prinzipielle Pflicht zum Schutz des Grundrechtsträgers vor selbstgefährdenden Handlungen besteht aber nicht (Rdn. 73). So kann der Staat – einerseits – die aktive Sterbehilfe verbieten (§ 216 StGB), hingegen – andererseits – die auf dem eigenen (durch Art. 2 Abs. 2 S. 1 GG geschützten, Rdn. 53) Todeswunsch beruhende passive Sterbehilfe nicht unterbinden.[286] Eine konkrete Schutz- und damit Handlungspflicht erhebt sich erst in dem Moment, in dem der Einzelne das ihn gefährdende Handeln nicht mehr selbstverantwortlich frei steuern kann (z.B. bei Hungerstreik, Suizidversuch).[287] Dem entspricht es, dass Zwangsmaßnahmen der Unterbringung und medizinischen Behandlung gegen den Willen und das Freiheitsrecht des Grundrechtsträgers, Heileingriffe abzulehnen, nur dann ausnahmsweise – auf genügender gesetzlicher Grundlage

283 Vgl. dazu BVerfGE 77, 170 (215).

284 Zur Auseinandersetzung dieser Problemfelder vgl. m.w.N. *Di Fabio*, in: Maunz/Dürig, Art. 2 Abs. 2 Satz 1 (2004) Rn. 30 ff., 44; *Schulze-Fielitz*, in: Dreier I, Art. 2 II Rn. 66 ff., 83; *Murswiek*, in: Sachs, Art. 2 Rn. 215 ff., 223a ff.; *Müller-Terpitz*, in: HStR VII³, § 147 Rn. 59, 78 f., 80 ff.; *Lorenz*, in: BK, Art. 2 (2012) Rn. 594 ff., 623 ff.; aus der Warte des Menschenwürdeschutzes auch *Dreier*, in: Dreier I, Art. 1 I Rn. 79 ff.

285 Vgl. etwa zu Maßnahmen gegen Drogensucht: BVerfGE 90, 145 (171 ff., 183 ff.); gegen Spielsucht (staatliches Wettmonopol am Maßstab des Art. 12 Abs. 1 GG): BVerfGE 115, 276 (308 f.); oder gegen das »Passivrauchen« (Rauchverbot in Gaststätten am Maßstab des Art. 2 Abs. 1, 3 Abs. 1 und 12 Abs. 1 GG): BVerfGE 121, 317 (349 ff., 357 ff.); 130, 131 (144 ff.).

286 *Schulze-Fielitz*, in: Dreier I, Art. 2 II Rn. 63 f., 84 f.; *Jarass*, in: Jarass/Pieroth, Art. 2 Rn. 100; eingehendere Auseinandersetzung bei *Lorenz*, in: BK, Art. 2 (2012) Rn. 642 ff.; *Müller-Terpitz*, in: HStR VII³, § 147 Rn. 101 ff.

287 BVerwGE 82, 45 (49 ff.); *Di Fabio*, in: Maunz/Dürig, Art. 2 Abs. 2 Satz 1 (2004) Rn. 47; *Schulze-Fielitz*, in: Dreier I, Art. 2 II Rn. 85; *Murswiek*, in: Sachs, Art. 2 Rn. 209 ff., jeweils m.w.N.

– zulässig sind, wenn dieser krankheitsbedingt nicht zur Einsicht in seine Krankheit oder in die mit der Behandlung gegebenen Chancen auf Heilung fähig ist.[288]

3. Sonstige objektiv-rechtliche Gehalte

Neben der Schutzpflichtendimension sind dem Art. 2 Abs. 2 S. 1 GG nur in eng be- **85** grenztem Umfang **originäre Ansprüche** auf staatliche Leistung und Förderung zu entnehmen. Aus dem Recht auf Leben (in Verbindung mit Art. 1 Abs. 1 GG und dem Sozialstaatsprinzip) folgt aber ein Anspruch auf Sicherung des lebensnotwendigen Existenzminimums.[289] Für die Annahme weitergehender Leistungsansprüche hingegen, etwa auf ein ökologisches Existenzminimum oder eine medizinische Grundversorgung, gibt der Art. 2 Abs. 2 S. 1 GG wohl keine tragfähige Grundlage.[290] Ebenso wenig lassen sich daraus Ansprüche auf konkrete Gesundheitsleistungen gegen die gesetzlichen Krankenkassen oder auf Kostenerstattung eines nicht zugelassenen Arzneimittels ableiten.[291] Davon unberührt bleibt der **derivative Teilhabeanspruch** (in Verbindung mit Art. 3 Abs. 1 GG) auf gleichen Zugang zu staatlichen oder staatlich organisierten Krankenheil- und Gesundheitsvorsorgeeinrichtungen sowie Kostenübernahmesystemen.[292]

Im Dienste des Grundrechtsschutzes durch **Organisation und Verfahren** hat der **86** Staat auch dafür Sorge zu tragen, dass der Schutz von Leib und Leben in staatlichen Verfahren (der Behörden und Gerichte), etwa durch effektive Anhörungs- und Betei-

---

288 BVerfGE 58, 208 (225 f.); sowie BVerfGE 128, 282 (304 ff.); 129, 269 (280), unter zusätzlicher Anführung des Freiheitsinteresses (Art. 2 Abs. 2 S. 2 GG) des Untergebrachten an seiner Entlassung.

289 BVerwGE 1, 159 (161 f.); 52, 339 (364); *Di Fabio*, in: Maunz/Dürig, Art. 2 Abs. 2 (2004) Rn. 45; *Schulze-Fielitz*, in: Dreier I, Art. 2 II Rn. 96; *Murswiek*, in: Sachs, Art. 2 Rn. 224; *Kunig*, in: v. Münch/Kunig I, Art. 2 Rn. 60; *Jarass*, in: Jarass/Pieroth, Art. 2 Rn. 93.

290 Ebenso *Kunig*, in: v. Münch/Kunig I, Art. 2 Rn. 60; *Starck*, in: v. Mangoldt/Klein/Starck I, Art. 2 Abs. 2 Rn. 211; anders *Murswiek*, in: Sachs, Art. 2 Rn. 225, 227; *Schulze-Fielitz*, in: Dreier I, Art. 2 II Rn. 96; wohl auch *Di Fabio*, in: Maunz/Dürig, Art. 2 Abs. 2 Satz 1 (2004) Rn. 94.

291 BVerfGE 115, 25 (44); BVerfG-K, NJW 1997, 3085. Anders aber für einen – in Verbindung mit der staatlichen Schutzpflicht anzunehmenden – Anspruch auf eine bestimmte, halbwegs erfolgversprechende Behandlungsmethode außerhalb der Schulmedizin, wenn im Falle einer lebensbedrohlichen oder regelmäßig tödlichen Erkrankung eine allgemein anerkannte, medizinischem Standard entsprechende Behandlungsmethode nicht zur Verfügung steht: BVerfGE 115, 25 (45, 49), unter Verweis auch auf BVerfG-K, NJW 2003, 1236 (1237); NJW 2004, 3100 (3101); dazu krit. *Höfling*, in: Friauf/Höfling, Art. 2 (3. Teil) Rn. 151 ff.; *Müller-Terpitz*, in: HStR VII³, § 147 Rn. 105 f.; *Murswiek*, in: HStR IX³, § 192 Rn. 105; s. auch nachfolgende Einschränkungen durch BVerfG-K, NJW 2008, 2700 f.; NJW 2008, 3556 f.

292 *Di Fabio*, in: Maunz/Dürig, Art. 2 Abs. 2 Satz 1 (2004) Rn. 94; *Schulze-Fielitz*, in: Dreier I, Art. 2 II Rn. 96; *Starck*, in: v. Mangoldt/Klein/Starck I, Art. 2 Abs. 2 Rn. 211; *Lorenz*, in: BK, Art. 2 (2012) Rn. 662 ff.

ligungsrechte, Ankündigungs-, Kontroll- und Dokumentationspflichten, angemessen zur Geltung gelangen kann.[293] Das gilt namentlich auch für die Gestaltung der Verwaltungsverfahren zur Genehmigung potentiell gefährlicher (emittierender) Anlagen und Produkte oder raumbedeutsamer Vorhaben, bei fachspezifischen und fachübergreifenden Planungen oder bei medizinischen (Zwangs-)Behandlungen. Allerdings ist auch insoweit dem Gesetzgeber ein breiter Regelungsspielraum gegeben; bestimmte, unmittelbar verfassungsgebotene Verfahrensrechte lassen sich oberhalb einer notwendigen Mindestwirksamkeit nicht begründen. In rein privatrechtlichen Beziehungen ist die objektive Wertentscheidung des Art. 2 Abs. 2 S. 1 GG bei der Auslegung und Anwendung der einschlägigen Regelungswerke zu beachten (**Ausstrahlungswirkung**).

III. Art. 2 Abs. 2 S. 2 GG

87   Art. 2 Abs. 2 S. 2 GG wirkt als klassisches Freiheitsgrundrecht zunächst und in »erster Linie« als **Abwehrrecht**. Darüber hinaus enthält das Grundrecht eine objektive Wertentscheidung für die Freiheit der Person,[294] die den Staat verpflichtet, den Einzelnen auch vor Beeinträchtigungen seiner körperlichen Bewegungsfreiheit durch Dritte zu schützen (**grundrechtliche Schutzpflicht**), etwa vor Geiselnahmen, Straßenblockaden oder sonstigen Freiheitsberaubungen. Dem trägt er vor allem durch die entsprechenden strafrechtlichen Verbotsnormen, aber auch durch zivilrechtliche Sanktionsnormen und durch (polizeiliches, ordnungsbehördliches) Verwaltungshandeln Rechnung. Hinsichtlich der Art und Weise der Erfüllung dieses Schutzauftrags hat der Staat aber einen weiten Einschätzungs- und Gestaltungsspielraum, so dass nicht alle gegenwärtigen Schutzbestimmungen unmittelbar verfassungsgeboten sind.[295] Der überragenden Bedeutung des Art. 2 Abs. 2 S. 2 GG muss zudem auch **verfahrensmäßig** Rechnung getragen werden (BVerfGE 86, 288 [326]), wie zumal in Unterbringungssachen oder in Erkenntnis- und Vollstreckungsverfahren von Freiheitsstrafen. Für Freiheitsentziehungen stellt Art. 104 GG insoweit spezifische Anforderungen. Bei der Auslegung und Anwendung einfachgesetzlicher Vorschriften ist ferner stets die **Ausstrahlungswirkung** des Grundrechts zu beachten (dazu BVerfGE 49, 304 [319 f.]).

---

293 BVerfGE 49, 89 (140 ff.); 53, 30 (65 f.); 128, 282 (311 ff.); 129, 269 (283); *Lorenz*, in: BK, Art. 2 (2012) Rn. 562 ff.; *Sachs*, in: Stern, Staatsrecht IV/1, S. 166 f.

294 BVerfGE 10, 302 (322); *Schulze-Fielitz*, in: Dreier I, Art. 2 II Rn. 113; *Sachs*, in: Stern, Staatsrecht IV/1, S. 1122 ff.

295 *Kunig*, in: v. Münch/Kunig I, Art. 2 Rn. 77; vgl. auch BVerfGE 119, 190 (244 ff., 248 – Sondervotum *Broß/Osterloh/Gerhardt*).

F. Eingriffe und Schranken

I. Art. 2 Abs. 1 GG

1. Eingriffstatbestände

a) Herkömmliche Eingriffe

Der Abwehranspruch aus Art. 2 Abs. 1 GG wird (subsidiär, s. Rdn. 9) jedenfalls **88** durch jene **(klassischen) Eingriffsakte** des Staates ausgelöst, die den Grundrechtsträger als Adressaten gezielt (final) und unmittelbar mit rechtlicher Wirkung betreffen. Das gilt gleichermaßen für die allgemeine Handlungsfreiheit wie für das allgemeine Persönlichkeitsrecht. Um derartige Maßnahmen handelt es sich insbesondere bei jenen (generellen oder individuellen) Geboten oder Verboten (des Gesetzgebers oder der Exekutive), die den Berechtigten im geschützten Freiheitsbereich imperativ zu einem bestimmten Verhalten (Tun, Dulden, Unterlassen) verpflichten, sei es ohne oder mit Erlaubnisvorbehalt. Das schließt u.U. auch die Drohung nachteiliger Rechtsfolgen, wie im Fall sanktionsbewehrter Ge- oder Verbote, sowie die Auferlegung von Geldleistungspflichten (Rdn. 31) ein.[296] Insoweit steht der Charakter namentlich der allgemeinen Handlungsfreiheit als Recht auf »allgemeine Eingriffsfreiheit« (Rdn. 23) außer Zweifel.

b) Eingriffe im weiteren Sinne

aa) Allgemeine Handlungsfreiheit

Was hingegen **nicht regelnde (faktische), nicht beabsichtigte und/oder nur mittelbare Freiheitsbeeinträchtigungen** anbelangt, muss differenziert werden. Unstreitig **89** ist, dass in Anbetracht des umfassenden Schutzbereichs der **allgemeinen Handlungsfreiheit** nicht jeder beliebige staatliche Akt, der sich nur irgendwie in der Lebenswelt des Grundrechtsträgers nachteilig bemerkbar macht, als anfechtbare Freiheitsverkürzung qualifiziert werden kann.[297] Andererseits ist ebenso unbestritten, dass eine Beschränkung des Eingriffstatbestandes auf die vorgenannten klassischen Einwirkungen (Rdn. 88) dem Schutzzweck der Grundrechte im Allgemeinen und der allgemeinen Handlungsfreiheit im Besonderen, zumal im Hinblick auf neuartige Gefährdungslagen, nicht gerecht würde.[298] So ist es grundsätzlich nicht ausgeschlossen, auch bei bloß faktischen, mittelbaren und nicht gewollten Beeinträchtigungen einen Grundrechtseingriff im Sinne einer Verantwortungszurechnung an den Staat zu bejahen. Doch handelt es sich dabei nicht um abstrakt konturierbare Sachverhaltslagen. Gefordert ist daher eine im Einzelfall wertende Beurteilung, ob eine Belastungswir-

---

296 *Dreier*, in: Dreier I, Art. 2 I Rn. 48; *Hillgruber*, in: Umbach/Clemens, Art. 2 I Rn. 130 f.; *Murswiek*, in: Sachs, Art. 2 Rn. 87a.
297 *Murswiek*, in: Sachs, Art. 2 Rn. 81; *Cornils*, in: HStR VII³, § 168 Rn. 75.
298 Vgl. statt vieler *Stern*, Staatsrecht IV/1, S. 242, 925 f. m.w.N., sowie grundsätzlich *Kahl*, in: HGR V, § 124 Rn. 73 ff.

kung[299] von derart **hinreichender Intensität** gegeben ist, dass sie dem Staat nach jenem Ursache-Wirkungszusammenhang, den die Grundrechtsbindung nach Art. 1 Abs. 3 GG voraussetzt, zugerechnet werden kann.[300] Unter diesem Vorbehalt steht die wiederkehrende Formel des Bundesverfassungsgerichts zum Anspruch aus Art. 2 Abs. 1 GG, »durch die Staatsgewalt nicht mit einem Nachteil belastet zu werden, der nicht in der verfassungsmäßigen Ordnung begründet ist« (BVerfGE 9, 83 [88], st. Rspr.).

90   Im Falle einer finalen Beeinträchtigung, mag diese auch »nur« faktisch und/oder mittelbar eintreten, liegt danach regelmäßig ein Eingriff in die allgemeine Handlungsfreiheit vor. Fehlt es an solcher Finalität oder **Intentionalität**, so genügt allerdings auch die **Vorhersehbarkeit** der grundrechtlichen Betroffenheit aus einer objektivierten Perspektive. Auf die Frage kommt es vor allem bei staatlichen Maßnahmen an, die **an Dritte gerichtet** sind, die sich aber auf den Rechts- oder Lebenskreis des Grundrechtsträgers empfindlich auswirken, wie z.B. bei der Erteilung behördlicher Genehmigungen. Sofern nicht ohnehin spezielle Freiheitsrechte oder vom Gesetzgeber eingeräumte subjektive öffentliche Rechte einschlägig sind, ist hier eine Berufung auf Art. 2 Abs. 1 GG zur Begründung einer Abkehrklage (Nachbar-, Drittschutzklage) nicht generell ausgeschlossen.[301] Vor allem wird die **wirtschaftliche Handlungsfreiheit** regelmäßig »durch Maßnahmen betroffen, die auf Beschränkung wirtschaftlicher Entfaltung sowie Gestaltung, Ordnung oder auch Lenkung des Wirtschaftslebens angelegt sind oder sich in diesem Sinne auswirken« (BVerfGE 98, 218 [259 m.w.N.]). Demnach können namentlich auch staatliche Begünstigungen eines Konkurrenten, etwa durch Vergabe von Subventionen, unter Berufung auf die Wettbewerbsfreiheit angegriffen werden.[302] Eine marktbezogene **Informationstätigkeit** des Staates soll hingegen die wirtschaftliche Handlungsfreiheit nicht beeinträchtigen, solange sie sachlich gehalten und absehbar zutreffend ist sowie »nicht in der Zielsetzung und ihren Wirkungen Ersatz für eine staatliche Maßnahme ist, die als Grundrechtseingriff zu qualifizieren wäre« (»funktionales Äquivalent«; BVerfGE 105, 252 [273]). Als ein weiterer Anwendungsfall des Art. 2 Abs. 1 GG kommt der **öffentlich-rechtliche Immissionsabwehranspruch** in Betracht.[303] Ob der Art. 2 Abs. 1 GG auch gegen die Aufhebung **einfachgesetzlicher subjektiver Rechtsposi-**

---

299   *Cornils,* in: HStR VII³, § 168 Rn. 76: »negativer Verhaltensanreiz in Bezug auf eine konkrete Verhaltensalternative«.

300   Vgl. *Di Fabio,* in: Maunz/Dürig, Art. 2 Abs. 1 (2001) Rn. 49; *Dreier,* in: Dreier I, Art. 2 I Rn. 49 f.; *Starck,* in: v. Mangoldt/Klein/Starck I, Art. 2 Abs. 1 Rn. 20; *Kunig,* in: v. Münch/Kunig I, Art. 2 Rn. 18; *Jarass,* in: Jarass/Pieroth, Art. 2 Rn. 10; *Erichsen,* in: HStR VI², § 152 Rn. 79 ff.; *Stern,* Staatsrecht IV/1, S. 926; zurückhaltender *Murswiek,* in: Sachs, Art. 2 Rn. 81 ff.; *Hillgruber,* in: Umbach/Clemens, Art. 2 I Rn. 132 ff.

301   *Jarass,* in: Jarass/Pieroth, Art. 2 Rn. 10.

302   *Di Fabio,* in: Maunz/Dürig, Art. 2 Abs. 1 (2001) Rn. 49, 118; *Dreier,* in: Dreier I, Art. 2 I Rn. 50; *Jarass,* in: Jarass/Pieroth, Art. 2 Rn. 10; *Stern,* Staatsrecht IV/1, S. 927.

303   *Di Fabio,* in: Maunz/Dürig, Art. 2 Abs. 1 (2001) Rn. 49; *Stern,* Staatsrecht IV/1, S. 927 f.

tionen in Stellung gebracht werden kann, ist höchstrichterlich noch nicht zweifelsfrei geklärt.[304]

bb) Allgemeines Persönlichkeitsrecht

Auch die Integrität der durch das **allgemeine Persönlichkeitsrecht** konkret gesicher-   91
ten Schutzgüter kann sowohl durch klassische Eingriffe als auch durch mittelbar faktische Einwirkungen beeinträchtigt sein.[305] Struktur und Inhalt des Persönlichkeitsrechts veranlassen hier keinerlei wertende Einschränkungen. Auch wenn wiederum
nicht schon jede beliebige Betroffenheit als Eingriff zu qualifizieren sein dürfte (Vorbehalt bloßer Bagatellen und sozialüblicher Belästigungen),[306] so würde doch eine
Begrenzung auf imperative Maßnahmen und sonst erheblich intensive Beeinträchtigungen den Persönlichkeitsschutz in vielen anderen, dem Staat zurechenbaren Ge-
fährdungsfällen ins Leere laufen lassen. Offenkundige Beispiele hierfür sind die Fälle
herabsetzender, ehrverletzender Verlautbarungen staatlicher Funktionsträger.[307]
Im Bereich des **staatlichen Informationshandelns,** wie der Warnungen vor Produkten
und Sekten, hat die Rechtsprechung allerdings die Anforderungen an die Eingriffsbetroffenheit empfindlich erhöht.[308] Im Mittelpunkt stehen indessen die vielfältigen
Maßnahmen staatlicher Informationserhebung, -speicherung und -verwendung.[309]
Hier sind alle Formen der schlichten **Kenntnisnahme, der Erhebung, Erfassung,
Sammlung, Aufzeichnung, Speicherung, Sicherstellung, Verknüpfung, Abglei-
chung, Abfrage, Übermittlung, Weitergabe oder Veröffentlichung personenbezogener (privater oder sonst persönlicher, individualisierter oder individualisierbarer)
Daten,** u.U. auch deren Vorenthaltung,[310] als Eingriffe anzusehen.[311] Das Verlan-
gen, persönliche Daten zu offenbaren (Volkszählung, zwangsweise Befragungen), ge-

---

304 Möglicherweise aber dahingehend zu deuten: BVerfGE 51, 77 (89); befürwortend *Burgi,*
     ZG 9 (1994), 341 (359 ff.); *Lorenz,* in: BK, Art. 2 Abs. 1 (2008) Rn. 62; *Stern,* Staats-
     recht IV/1, S. 928.
305 Allg. M.; vgl. *Di Fabio,* in: Maunz/Dürig, Art. 2 Abs. 1 (2001) Rn. 49, 176; *Dreier,* in:
     Dreier I, Art. 2 I Rn. 87, 88; *Starck,* in: v. Mangoldt/Klein/Starck I, Art. 2 Abs. 1 Rn. 20;
     Murswiek, in: Sachs, Art. 2 Rn. 84; *Hillgruber,* in: Umbach/Clemens, Art. 2 I Rn. 139 f.;
     Jarass, in: Jarass/Pieroth, Art. 2 Rn. 53; *Stern,* Staatsrecht IV/1, S. 242.
306 Skeptisch zur Handhabung einer Erheblichkeitsschwelle allerdings *Kube,* in: HStR VII³,
     § 148 Rn. 81.
307 BVerwGE 82, 76 (79 ff.); *Di Fabio,* in: Maunz/Dürig, Art. 2 Abs. 1 (2001) Rn. 171;
     Hillgruber, in: Umbach/Clemens, Art. 2 I Rn. 75.
308 BVerfGE 105, 252 (268 ff.); 105, 279 (294 f.).
309 Zur Unterscheidung im Sinne je eigener, aufeinander aufbauender Eingriffe (und dem-
     zufolge der Notwendigkeit je eigener gesetzlicher Regelung) BVerfGE 130, 151 (184).
310 Vgl. BVerfGE 79, 256 (268 f.); 90, 263 (271).
311 Vgl. im Bereich des informationellen Selbstbestimmungsrechts (Rdn. 50) BVerfGE 65,
     1 (43); 67, 100 (143); 78, 77 (84); 84, 239 (279); 103, 21 (32); 113, 29 (46 f.); 115,
     166 (187 ff.); 115, 320 (342 ff.); 118, 168 (185 f., 204 f.); 120, 351 (361); 120, 378
     (398); 130, 151 (183 ff. – dort das Bild von der »Doppeltür«, die der Gesetzgeber bei
     der Regelung eines behördlichen Datenaustauschs durch je eigene Rechtsgrundlagen für

hört ebenso hierher wie die (offenen oder verdeckten) Informationsgewinnungs-
maßnahmen im Rahmen der Strafverfolgung und Gefahrenabwehr bzw. Gefahrenvorbeugung (Observationen, Einsatz von V-Leuten, heimliche Ton- und Bildauf-
zeichnungen, Anhalten von Briefen Strafgefangener, genetischer Fingerabdruck,
Beschlagnahme von Datenträgern, Videoüberwachung, Rasterfahndung, Überwachung der und Abfrage von Daten der Telekommunikation, automatisierte Erfassung von Kfz-Kennzeichen oder Kontostammdaten, Online-Durchsuchung von
Computern [»Trojaner«] u.a.) einschließlich der damit einhergehenden bzw. nachfolgenden Vorgänge der Datenbereitstellung, -verarbeitung und -übermittlung,[312] sofern nicht im Einzelfall ein spezialgrundrechtlicher Freiheitsschutz, etwa aus Art. 10
oder 13 GG, eingreift. Ebenso hat das Zusammentragen, Speichern und Auswerten
allgemein zugänglicher Informationen über eine Person Eingriffsqualität, wenn sich
daraus eine besondere Gefährdung für die Persönlichkeit des Betroffenen ergibt.[313]
All dem steht es nicht entgegen, wenn ein Dritter, z.B. Telekommunikationsdienst-
leister, zur Aufzeichnung, Speicherung oder Weitergabe der persönlichen Daten verpflichtet wird (BVerfGE 120, 151 [176]). Die Frage nach der jeweiligen **Eingriffsintensität** wird bei der Verhältnismäßigkeitsprüfung relevant (Rdn. 105–113). Kein
Eingriff liegt indessen vor, wenn Daten unmittelbar nach der Erfassung technisch
wieder spurenlos gelöscht werden und anonym bleiben.[314]

c) Beeinträchtigungen von Seiten Privater

92 Faktische Freiheitsbeeinträchtigungen können auch **von Privaten** ausgehen, die ihrerseits im Rahmen ihrer grundrechtlich geschützten Freiheiten handeln. Dagegen
richtet sich zwar nicht die Abwehrfunktion des Art. 2 Abs. 1 GG. Doch kann der
Staat in diesen Fällen unter dem Gesichtspunkt der **grundrechtlichen Schutzpflicht**
aus Art. 2 Abs. 1 GG (s. Rdn. 71 f., 77–79) verpflichtet sein, die Schutzposition des
Betroffenen gegen übermäßige private Einwirkungen zu schützen. Das kommt insbesondere gegenüber den tatsächlichen Gefährdungen der Schutzgüter des allgemeinen Persönlichkeitsrechts zum Tragen, wie sie namentlich in den Auseinandersetzungen des **öffentlichen Meinungskampfes** oder durch die **(Bild-)Berichterstattung in
den Massenmedien** (nicht nur über Prominente) auftreten können, ebenso und zunehmend durch die **Datenerhebungen, -verarbeitungen und -verknüpfungen im
privaten Rechtsverkehr** (Arbeitsverhältnis, Geschäftsbetrieb, Kundenverkehr etc.)
unter Ausnutzung der Möglichkeiten der modernen Informationstechnologie und

---

die Datenübermittlung seitens der auskunftserteilenden Stelle und für den Datenabruf
seitens der auskunftsuchenden Stelle schaffen muss); 133, 277 (316 f. Rn. 93 ff.).

312 Vgl. mit Einzelheiten *Di Fabio*, in: Maunz/Dürig, Art. 2 Abs. 1 (2001) Rn. 176; *Dreier*,
in: Dreier I, Art. 2 I Rn. 87; *Starck*, in: v. Mangoldt/Klein/Starck I, Art. 2 Abs. 1
Rn. 173 ff.; *Jarass*, in: Jarass/Pieroth, Art. 2 Rn. 53a.

313 BVerfGE 120, 351 (361 f.); *Starck*, in: v. Mangoldt/Klein/Starck I, Art. 2 Abs. 1 Rn. 179;
Murswiek, in: Sachs, Art. 2 Rn. 88.

314 BVerfGE 115, 320 (343); 120, 378 (399 m.w.N.).

der neuen Medien.[315] Im Bereich der allgemeinen Handlungsfreiheit kann etwa der Schutz von **Privatautonomie und Vertragsfreiheit** in Fällen erheblich gestörter Vertragsparität korrigierende Eingriffe notwendig machen.[316] Hier ist es zuallererst der Gesetzgeber, der diesen Bedürfnissen durch die Schutzvorschriften des Zivil-, Straf- und Verwaltungsrechts in der Regel ausreichend Rechnung trägt. Allein überhaupt fehlende, gänzlich ungeeignete oder völlig unzureichende Schutznormen könnten als Verletzung des Untermaßverbots grundrechtsrelevant werden. Ein subjektiver Anspruch auf eine ganz bestimmte Schutzregelung kommt im Hinblick auf das dem Gesetzgeber zukommende Gestaltungsermessen allenfalls unter äußerst eng begrenzten Voraussetzungen in Betracht. Die Auslegung und Anwendung solchen Gesetzesrechts hat allerdings die dirigierende Wirkung (**Ausstrahlungswirkung**) der Grundrechte auf die einfachrechtliche Ordnung zu beachten (Rdn. 74, 78). Wird diese Maßgabe verfehlt und beruht eine staatliche Rechtsanwendung, namentlich der Gerichte, auf einer Verkennung der Bedeutung der in einem Konfliktfall betroffenen Handlungsfreiheit oder Persönlichkeitsrechte, kann dagegen das Abwehrrecht des Art. 2 Abs. 1 GG in Stellung gebracht werden.[317]

2. Grundrechtsschranken, Eingriffsrechtfertigung

a) Die Schrankentrias

Die Gewährleistungen des Art. 2 Abs. 1 GG unterliegen nach dessen Halbsatz 2 den Vorbehalten, dass nicht **Rechte anderer** verletzt werden und nicht gegen die **verfassungsmäßige Ordnung** oder das **Sittengesetz** verstoßen wird. Dabei handelt es sich nicht um grundrechtsimmanente Vorbehalte, die von vornherein den Tatbestand des Grundrechts verengen. Die Schranken markieren vielmehr den Unterschied, der zwischen dem Schutz- und dem Garantiebereich bzw. der potentiellen und der aktuellen Reichweite des Grundrechtsschutzes besteht.[318] Sie geben den Rahmen an, innerhalb dessen der Staat zu Grundrechtseingriffen ermächtigt ist und solche Eingriffe gerechtfertigt sein können. Das gilt für die allgemeine Handlungsfreiheit ebenso wie für das allgemeine Persönlichkeitsrecht.[319] Was allerdings das Ausmaß der Be-

93

---

315 Dazu *Kube*, in: HStR VII³, § 148 Rn. 100 ff., 142 ff.

316 Dazu (z.T. kritisch) *Hillgruber*, in: Umbach/Clemens, Art. 2 I Rn. 95 ff.; *Isensee*, in: HStR VII³, § 150 Rn. 133 ff.; *Stern*, Staatsrecht IV/1, S. 930.

317 St. Rspr. seit BVerfGE 7, 198 (206 f.). Vgl. zum Ganzen *Di Fabio*, in: Maunz/Dürig, Art. 2 Abs. 1 (2001) Rn. 134 ff.; *Dreier*, in: Dreier I, Art. 2 I Rn. 62, 97; *Starck*, in: v. Mangoldt/Klein/Starck I, Art. 2 Abs. 1 Rn. 167 ff., 177; *Hillgruber*, in: Umbach/Clemens, Art. 2 I Rn. 141, 222 ff.; *Stern*, Staatsrecht IV/1, S. 928, 245 f.

318 Ganz h.M.; vgl. nur *Di Fabio*, in: Maunz/Dürig, Art. 2 Abs. 1 (2001) Rn. 37; *Stern*, Staatsrecht IV/1, S. 947 ff.; *Cornils*, in: HStR VII³, § 168 Rn. 82.

319 Die Geltung der Schrankentrias des Art. 2 Abs. 1 GG, namentlich der »verfassungsmäßigen Ordnung«, auch für das allgemeine Persönlichkeitsrecht steht heute (anders noch BVerfGE 34, 238 [246]) nicht mehr in Frage; vgl. BVerfGE 97, 228 (269); 99, 185 (195); 101, 361 (387); 106, 28 (48); 114, 339 (347); 117, 202 (227); 120, 180 (199, 201); st. Rspr.

schränkbarkeit anbelangt, so ist zu berücksichtigen, dass das allgemeine Persönlich-
keitsrecht durch die Verbindung mit der Menschenwürdegarantie (»Art. 2 Abs. 1 in
Verbindung mit Art. 1 Abs. 1 GG«) eine Konkretisierung und Verstärkung seines
Schutzanspruchs erfährt. Daher bestehen hier »im Ergebnis« weniger weitgehende
Einschränkungsmöglichkeiten.[320]

94   Im Zentrum steht der Vorbehalt der »**verfassungsmäßigen Ordnung**«. Der Begriff
wird seit dem Elfes-Urteil des Bundesverfassungsgerichts anders als ähnliche Begriffe
in anderen Regelungen des GG (etwa Art. 9 Abs. 2, 18 Abs. 2, 20 Abs. 3, 21 Abs. 2)
extensiv verstanden: als die **Gesamtheit der verfassungsgemäßen Rechtsordnung**,
umfasst also jede formell und materiell mit der Verfassung im Einklang stehende
Norm.[321] In dem Begriff liegt daher nach heute allgemeiner Meinung ein einfacher
Gesetzesvorbehalt:[322] kein zulässiger Eingriff in Art. 2 Abs. 1 GG ohne gesetzliche
Grundlage. Daraus ergibt sich, dass die beiden anderen Schranken praktisch ohne
Bedeutung (geblieben) sind. Die begriffliche Weite und die tatsächliche Durchnor-
mierung der verfassungsmäßigen Ordnung lassen für die »Rechte anderer« und das
»Sittengesetz« kaum einen Anwendungsfall. Problematisch wäre deren selbständige
Heranziehung zur Begründung ansonsten nicht zu rechtfertigender, insbesondere
nicht durch oder aufgrund eines Gesetzes legitimierbarer Grundrechtseingriffe.[323]
Das schließt – in den Grenzen der (ebenfalls grundrechtlich gesicherten, Art. 4 GG)
weltanschaulichen Offenheit und Neutralität des Grundgesetzes – eine Orientierung
des eingreifenden Gesetzgebers ebenso wie der Rechtsanwendung an überpositiven
sittlichen Normen nicht aus. Entsprechendes gilt in Anbetracht kollidierender
(Grund-)Rechte anderer; u.U. kann dazu sogar aus der Schutzpflichtendimension
des betroffenen Grundrechts[324] eine unmittelbare verfassungsrechtliche Verpflich-

---

320 *Dreier*, in: Dreier I, Art. 2 I Rn. 91.

321 BVerfGE 6, 32 (37 ff.); st. Rspr. Eine engere Lesart vertraten noch die Vertreter der heute
     überwundenen Persönlichkeitskernthese (Rdn. 15); dazu *Di Fabio*, in: Maunz/Dürig,
     Art. 2 Abs. 1 (2001) Rn. 39 f.; *Stern*, Staatsrecht IV/1, S. 951 ff.

322 Vgl. nur *Di Fabio*, in: Maunz/Dürig, Art. 2 Abs. 1 (2001) Rn. 38; *Dreier*, in: Dreier I,
     Art. 2 I Rn. 53; *Murswiek*, in: Sachs, Art. 2 Rn. 90; *Jarass*, in: Jarass/Pieroth, Art. 2
     Rn. 17, 58; *Stern*, Staatsrecht IV/1, S. 947 ff.

323 Zur Debatte um den Bedarf einer normativen Konkretisierung m.w.N. *Di Fabio*, in:
     Maunz/Dürig, Art. 2 Abs. 1 (2001) Rn. 38, 44, 46; *Dreier*, in: Dreier I, Art. 2 I Rn. 52,
     59; *Starck*, in: v. Mangoldt/Klein/Starck I, Art. 2 Abs. 1 Rn. 33, 40; *Hillgruber*, in: Um-
     bach/Clemens, Art. 2 I Rn. 206 ff., 210 ff.; *Murswiek*, in: Sachs, Art. 2 Rn. 93, 97 ff.; *Ja-
     rass*, in: Jarass/Pieroth, Art. 2 Rn. 14 f.; *Stern*, Staatsrecht IV/1, S. 948, 967 ff.

324 Für »Rechte anderer« genügen bloße Interessen nicht (*Kunig*, in: v. Münch/Kunig I,
     Art. 2 Rn. 20; *Murswiek*, in: Sachs, Art. 2 Rn. 92; *Jarass*, in: Jarass/Pieroth, Art. 2 Rn. 14;
     Stern, Staatsrecht IV/1, S. 267, 967). Einfachrechtlich eingeräumte subjektive Rechte
     werden schon von der Schranke der verfassungsmäßigen Ordnung erfasst. Unter »Rechte
     anderer« als einer selbständigen Schranke des Art. 2 Abs. 1 GG können daher nur Grund-
     rechte und grundrechtsgleiche Rechte Dritter verstanden werden. Da diese freilich keine
     Drittwirkung im Verhältnis zwischen Privaten entfalten, können sie zur Rechtfertigung

tung bestehen.[325] Im Übrigen aber geben solche verfassungsunmittelbaren Schranken keinen unmittelbaren Eingriffstitel in das allgemeine Freiheitsrecht, sondern bedürfen dazu eines gesetzlichen Aktes der Eingriffsermächtigung.

b) Verfassungsmäßige Ordnung

Dem Vorbehalt der verfassungsmäßigen Ordnung genügt grundsätzlich jede (verfassungsgemäße) Rechtsvorschrift. Daher ist auch von einem **allgemeinen Rechtsvorbehalt** die Rede.[326] Formelle Bundes- und Landesgesetze sind ebenso umfasst wie – auf hinreichender formell-gesetzlicher Grundlage – Rechtsverordnungen und Satzungen, auch Richterrecht,[327] nicht aber Verwaltungsvorschriften. Ein Parlamentsgesetz ist nur erforderlich, soweit dies der demokratische Parlamentsvorbehalt (Wesentlichkeitslehre) verlangt.[328] Dieser wird insbesondere bei den Eingriffslagen in das allgemeine Persönlichkeitsrecht relevant.

Der an die **Voraussetzung der Verfassungsmäßigkeit** gebundene Vorbehalt einer gesetzlichen Grundlage für Grundrechtseingriffe bedeutet, dass nur ein solches Gesetz die Gewährleistungen des Art. 2 Abs. 1 GG zu beschränken bzw. dazu die Ermächtigung zu geben vermag, das formell und materiell, also in jeder Hinsicht, einschließlich der Vereinbarkeit mit Art. 2 Abs. 1 GG, den Anforderungen der Verfassung entspricht. Andernfalls könnte es zu einer Aushöhlung oder einem Leerlaufen der Grundrechtsbindung des Gesetzgebers (Art. 1 Abs. 3 GG) kommen.[329] Freiheitsbeschränkende Gesetze gehören mithin nur dann zur verfassungsmäßigen Ordnung, wenn sie ihrerseits den Schranken genügen, die die Verfassung den Grundrechtsschranken setzt (»**Schranken-Schranken**«). Den Prüfungsmaßstab bildet die gesamte Verfassung, einschließlich des objektiven Verfassungsrechts, das somit zumindest mittelbar freiheitsschützend wirkt. Dazu gehören **in formeller Hinsicht** die Regeln des ordnungsgemäßen Zustandekommens; ein Gesetz bzw. eine untergesetzliche Norm darf nicht gegen die bundesstaatliche **Kompetenzordnung** (Art. 70 ff., 84 ff. GG) verstoßen und muss in dem einschlägigen **Rechtssetzungsverfahren** (für Bundesgesetze: Art. 76 ff. GG) sowie unter Beachtung (der Voraussetzungen) etwaiger Rechtssetzungsvorbehalte (für Rechtsverordnungen etwa nach Art. 80 Abs. 1 und 2 GG) ergangen sein. Es muss das Verbot des Einzelfallgesetzes (Art. 19 Abs. 1 S. 1

95

96

staatlicher Eingriffe nur in ihrer Wirkung als grundrechtliche Schutzpflichten in Betracht kommen (vgl. auch *Murswiek*, in: Sachs, Art. 2 Rn. 91).

325 Zu den Konsequenzen für die gesetzesgebundene Rechtsanwendung grundsätzlich *Horn*, Die grundrechtsunmittelbare Verwaltung, 1999.

326 *Kunig*, in: v. Münch/Kunig I, Art. 2 Rn. 23; *Dreier*, in: Dreier I, Art. 2 I Rn. 53; *Stern*, Staatsrecht IV/1, S. 950; *Kahl*, in: HGR V, § 124 Rn. 79.

327 Soweit sich im Rahmen der verfassungsrechtlichen Grenzen haltend: BVerfGE 34, 269 (280 ff.); 74, 129 (152); BVerfGE 122, 248 (257 ff.); BVerfG v. 24.02.2015 – 1 BvR 472/14, Rn. 35 ff.

328 *Murswiek*, in: Sachs, Art. 2 Rn. 90; *Stern*, Staatsrecht IV/1, S. 263.

329 *Di Fabio*, in: Maunz/Dürig, Art. 2 Abs. 1 (2001) Rn. 40; *Murswiek*, in: Sachs, Art. 2 Rn. 101.

GG) beachten. Das Zitiergebot (Art. 19 Abs. 1 S. 2 GG) findet hier hingegen keine Anwendung (BVerfGE 10, 89 [99]; 28, 36 [46]). Die Anforderungen an die rechtsstaatliche **Bestimmtheit** der Ermächtigung (Grundsatz der Normenklarheit) richten sich nach der Art und der Schwere des Eingriffs; sie sind daher bei Eingriffen in das allgemeine Persönlichkeitsrecht höher anzusetzen als in Fällen, in denen die allgemeine Handlungsfreiheit betroffen ist.[330]

97 In **materieller Hinsicht** muss sich das Eingriffsgesetz neben den absoluten Grenzen der Wesensgehalt- und der Menschenwürdegarantie (Art. 19 Abs. 2, 1 Abs. 1 GG, s. Rdn. 114–116) am Demokratieprinzip und zumal am Rechtsstaatsprinzip messen lassen, namentlich an solchen allgemeinen Verfassungsgrundsätzen wie dem Vertrauensschutzgebot bzw. dem Rückwirkungsverbot (s. auch Rdn. 33)[331] und insbesondere dem Grundsatz der Verhältnismäßigkeit (Übermaßverbot) (unten Rdn. 102–113).

98 Zur verfassungsmäßigen Ordnung zählen nach allgemeiner Auffassung auch die **allgemeinen Regeln des Völkerrechts**. Gemäß Art. 25 GG sind sie (per se verfassungsmäßiger) Bestandteil des Bundesrechts. Kraft ihres Vorrangs vor deutschen Gesetzen bilden sie für diese zugleich auch einen Maßstab im Sinne der Vorbehaltsbedeutung jener verfassungsmäßigen Ordnung. Freiheitsbeschränkungen durch völkerrechtswidrige Gesetze können daher ebenso gegen Art. 2 Abs. 1 GG verstoßen wie belastende gerichtliche Entscheidungen, die auf einer den allgemeinen Regeln des Völkerrechts widersprechenden Vorschrift des innerstaatlichen Rechts oder auch einer mit dem allgemeinen Völkerrecht unvereinbaren Auslegung und Anwendung einer innerstaatlichen Rechtsvorschrift beruhen.[332]

99 Davon abweichend verhält es sich mit den Gewährleistungen der **EMRK**. Auch sie sind zwar Bestandteil des geltenden Bundesrechts, aber nur im Range eines einfachen Bundesgesetzes (Art. 59 Abs. 2 GG). Sie gehören daher zwar formal zur verfassungsmäßigen Ordnung, können aber keinen (Vorbehalts-)Maßstab für freiheitsbeschränkende Gesetze abgeben; die Behauptung einer Verletzung des Art. 2 Abs. 1 GG wegen Verstoßes gegen die EMRK scheidet aus.[333]

---

330 Vgl. – zum informationellen Selbstbestimmungsrecht – BVerfGE 65, 1 (44, 46); 92, 191 (197 f.); 115, 320 (365 f.); 118, 168 (186 ff.); 120, 351 (366); 120, 378 (407 ff.); 130, 151 (202); 133, 277 (336 ff. Rn. 139 ff.); zum »Computer-Grundrecht« BVerfGE 120, 274 (315 f.); s. ferner *Di Fabio*, in: Maunz/Dürig, Art. 2 Abs. 1 (2001) Rn. 182; *Murswiek*, in: Sachs, Art. 2 Rn. 121; *Jarass*, in: Jarass/Pieroth, Art. 2 Rn. 59.

331 Überblick m.z.N. bei *Hillgruber*, in: Umbach/Clemens, Art. 2 I Rn. 167 ff.

332 BVerfGE 112, 1 (22); auch schon BVerfGE 23, 288 (300); 31, 145 (177); 92, 277 (317); 109, 38 (58); BVerfG, EuGRZ 1985, 654 ff.; *Lorenz*, in: BK, Art. 2 Abs. 1 (2008) Rn. 125.

333 *Dreier*, in: Dreier I, Art. 2 I Rn. 54 f.; *Stern*, Staatsrecht IV/1, S. 961 ff.; *Lorenz*, in: BK, Art. 2 Abs. 1 (2008) Rn. 126; *Kahl*, in: HGR V, § 124 Rn. 79. Davon unberührt bleibt die Verpflichtung der deutschen Staatsorgane, bei der Auslegung und Anwendung nationalen Rechts die EMRK und die Entscheidungen des EGMR »zu berücksichtigen«:

Das unmittelbar anwendbare **EU-Recht** hingegen kann grundsätzlich kraft seines   100
Anwendungsvorrangs zur freiheitsbeschränkenden verfassungsmäßigen Ordnung gerechnet werden.[334] Allerdings ist sein Vorrang dann ausnahmsweise nicht mehr verfassungsrechtlich gerechtfertigt – so dass seine Anwendung unter Berufung auf Art. 2 Abs. 1 GG (vorbehaltlich spezieller Freiheitsrechte) abgewehrt werden könnte –, wenn der EU-Rechtsakt entweder (1) ersichtlich außerhalb der auf die EU übertragenen Kompetenzen (ultra vires) oder (2) im nicht übertragbaren Kompetenzbereich der Verfassungsidentität (Art. 23 Abs. 1 Satz 3 i.V.m. 79 Abs. 3 i.V.m. Art. 1 und 20 GG) ergangen ist[335] oder wenn (3) auf der EU-Ebene der vom Grundgesetz als unabdingbar gebotene Grundrechtsschutz generell nicht mehr gewährleistet sein sollte, so dass der Verzicht des Bundesverfassungsgerichts entfiele, unter der Voraussetzung dieses gebotenen Schutzstandards (sekundäres) Unionsrecht nicht mehr am Maßstab der Grundrechte des Grundgesetzes zu überprüfen.[336]

Zu unterscheiden ist die Frage, ob das Unionsrecht auch im Sinne jenes Vorbehalts   101
(als Schranken-Schranke) der verfassungsmäßigen Ordnung eine **Maßstabsnorm** für freiheitsbeschränkende deutsche Gesetze bildet. Insoweit kann das Unionsrecht durchaus freiheitserweiternde Bedeutung erlangen, indem es die Anwendbarkeit einer deutschen Rechtsnorm, die einem Freiheitseingriff zugrunde liegt, wegen Widerspruchs zu einer Norm des unmittelbar anwendbaren (sekundären) Unionsrechts suspendiert. Wenngleich die deutsche Rechtsnorm Bestandteil der verfassungsmäßigen Ordnung bleibt, bedeutete ihre Anwendung, dass der Freiheitseingriff nicht mehr durch eine in der verfassungsmäßigen Ordnung legitimierte Grenze gedeckt wäre.[337] Nach der std. Rspr. des Bundesverfassungsgerichts liegt allerdings die **Zuständigkeit** für die Prüfung, ob die Anwendung einer innerstaatlichen Norm des einfachen Rechts mit einer vorrangigen Vorschrift des Unionsrechts vereinbar ist, nicht beim Bundesverfassungsgericht, sondern in der insoweit nicht durch Art. 100 GG gehinderten Prüfungs- und Verwerfungskompetenz der zuständigen Behörden und Fachgerichte (BVerfGE 114, 196 [220 m.w.N.]), letzten Endes in der durch das Vorabentscheidungsverfahren (Art. 267 AEUV) und die Garantie des gesetzlichen Richters (Art. 101 Abs. 1 GG)[338] gesicherten Rechtsprechungskompetenz des Europäischen Gerichtshofs.

BVerfGE 74, 358 (370); 82, 106 (114); 111, 307 (315 ff.); 120, 180 (200 ff., 208 f.); s. unten Rdn. 152–155.

334 Ähnlich wie hier *Dreier*, in: Dreier I, Art. 2 I Rn. 56 ff.; *Lorenz*, in: BK, Art. 2 Abs. 1 (2008) Rn. 123 f.; *Hillgruber*, in: Umbach/Clemens, Art. 2 I Rn. 197 ff.; *Murswiek*, in: Sachs, Art. 2 Rn. 89; *Höfling*, in: Friauf/Höfling, Art. 2 Rn. 71; *Jarass*, in: Jarass/Pieroth, Art. 2 Rn. 13; *Kahl*, in: HGR V, § 124 Rn. 79; a.A. *Cornils*, in: HStR VII³, § 168 Rn. 84.

335 BVerfGE 89, 155 (188); 113, 273 (296); 123, 267 (353 f.); 126, 286 (302).

336 BVerfGE 73, 339 (376 f., 387); 89, 155 (174 f., 187 f.); 102, 147 (164).

337 Vgl. *Lorenz*, in: BK, Art. 2 Abs. 1 (2008) Rn. 123; *Dreier*, in: Dreier I, Art. 2 I Rn. 58.

338 BVerfGE 73, 339 (366 ff.); 82, 159 (192 ff.).

c) Insbesondere: Verhältnismäßigkeit

102 Dem **Grundsatz der Verhältnismäßigkeit** kommt als Schranke für Freiheitseingriffe dogmatisch wie in der Rechtspraxis die wichtigste Bedeutung zu.[339] Er sichert die materialen (effektiven) Gehalte der Handlungsfreiheit und des Persönlichkeitsrechts, insofern er – sowohl dem grundrechtseingreifenden Gesetz als auch dem gesetzesanwendenden Eingriffsakt im Einzelfall – gebietet, den Freiheitsanspruch des Bürgers nur soweit zu beschränken, wie dies zum Schutz des vom Gesetzgeber verfolgten Zwecks notwendig und zumutbar ist.

103 Das setzt zunächst die Existenz eines schützenswertenswerten öffentlichen Interesses an der Freiheitsbeschränkung, d.h. einen verfassungsrechtlich **legitimen Gemeinwohlbelang** oder die Wahrung der Rechte anderer voraus (z.B. BVerfGE 103, 197 [221]). Die Freiheitsbeschränkung muss weiter **geeignet und erforderlich** sein, um den erstrebten Zweck zu erreichen (z.B. BVerfGE 96, 10 [21]). Der Eingriff ist geeignet, wenn er mit dem Zweck so in sachlichem Zusammenhang steht, dass die Zweckerreichung zumindest gefördert werden kann. Die Erforderlichkeit verlangt, dass kein anderes, gleich geeignetes, aber milderes, d.h. weniger eingreifendes Mittel zur Verfügung steht (z.B. BVerfGE 63, 88 [115]). Hinsichtlich der Eignung obliegt dem Gesetzgeber zwar eine gewisse Darlegungslast.[340] Doch steht ihm hier ebenso wie bei der Beurteilung der Erforderlichkeit ein Einschätzungsspielraum zu, dessen Ausfüllung vom Bundesverfassungsgericht je nach der Eigenart des Sachverhalts und dem Gewicht der auf dem Spiel stehenden Rechtsgüter nur in begrenztem Umfang überprüft wird (vgl. allgemein BVerfGE 50, 290 [332 f.]).

104 Schließlich darf der Eingriff nicht außer Verhältnis zur Bedeutung des mit ihm verfolgten Zwecks stehen und den Betroffenen nicht übermäßig oder unzumutbar belasten (**Verhältnismäßigkeit im engeren Sinne**, z.B. BVerfGE 90, 145 [173]). Der Grundrechtseingriff muss in Maß und Umfang »noch in einem vernünftigen Verhältnis zu den der Allgemeinheit erwachsenen Vorteilen stehen« (BVerfGE 76, 1 [51]); er muss dem Einzelnen zumutbar sein und einer Gesamtabwägung zwischen der Intensität des Eingriffs und dem Gewicht sowie der Dringlichkeit des Gesetzeszwecks standhalten (»adäquate Zweck-Mittel-Relation«).[341] Unter diesen Voraussetzungen hat der Einzelne als gemeinschaftsbezogener und gemeinschaftsgebundener Bürger (BVerfGE 4, 7 [15 f.]) Einbußen seines Freiheitsraums hinzunehmen. Auch insoweit, d.h. in der grundsätzlichen Spannungs- und Abwägungslage zwischen dem Freiheitsanspruch des Einzelnen und den Notwendigkeiten der sozialstaatlichen Ordnung, steht dem Gesetzgeber im Verhältnis zur kontrollierenden Verfassungs-

---

339 Zur verfassungsrechtlichen Herleitung – teils aus dem Rechtsstaatsprinzip, teils aus den Grundrechten, teils aus der Verbindung von beidem – und der insoweit schwankenden Judikatur des BVerfG *Stern*, Staatsrecht III/2, S. 762 ff.; Überblick m.w.N. bei *Dreier*, in: Dreier I, Vorb. Rn. 145.

340 Vgl. grundsätzlich schon BVerfGE 7, 377 (411); ferner z.B. BVerfGE 91, 1 (28 ff.); 102, 127 (221 f.).

341 *Dreier*, in: Dreier I, Vorb. Rn. 149; *Stern*, Staatsrecht IV/1, S. 958.

gerichtsbarkeit ein beachtlicher Gestaltungsspielraum zu. Doch gilt nach wie vor die alte »je-desto«-Maßregel, mit deren Hilfe im Sinne einer **abstufend differenzieren-den Betrachtung**[342] ebenso praktikable wie akzeptable Ausgleichslösungen herbeigeführt werden können: »Je mehr dabei der gesetzliche Eingriff elementare Äußerungsformen der menschlichen Handlungsfreiheit berührt, um so sorgfältiger müssen die zu seiner Rechtfertigung vorgebrachten Gründe gegen den grundsätzlichen Freiheitsanspruch des Bürgers abgewogen werden« (BVerfGE 17, 306 [314]; 20, 150 [159]).

d) Strenge Verhältnismäßigkeitsanforderungen im Bereich des allgemeinen Persönlichkeitsrechts

Der »elastische Maßstab«[343] der Verhältnismäßigkeit führt in der Praxis der richterlichen Abwägungskontrolle im Bereich der allgemeinen, insbesondere wirtschaftlichen Handlungsfreiheit zu eher weiten Regelungsspielräumen des Gesetzgebers,[344] **im Bereich des Persönlichkeits- und Privatsphärenschutzes** hingegen zu enger gezogenen Vorgaben. Das Bundesverfassungsgericht fordert hier in ständiger Rechtsprechung eine »strikte Wahrung« des Verhältnismäßigkeitsgebots.[345] Das Postulat relativiert nicht die Geltung des Gebots für den Schutz der allgemeinen Handlungsfreiheit, sondern formuliert die Konsequenz für seine Anwendung in jenem engeren Freiheitsbereich, in dem der Schutz der persönlichen und privaten Lebensführung des Einzelnen in Frage steht.[346] Hier müssen regelmäßig **besonders wichtige Gründe** vorliegen, die eine Beschränkung des Schutzanspruchs erfordern.   105

Zwar kann die gebotene Abwägung immer nur »unter Würdigung aller persönlichen und tatsächlichen Umstände des Einzelfalles« vorgenommen werden.[347] Doch die Nähe der konkreten Schutzgüter zur Garantie der Menschenwürde (Rdn. 34 f.) gibt   106

---

342 Zum Problem und den Kriterien der wertenden Begründung konkreter Vorrangrelationen *Cornils*, in: HStR VII³, § 168 Rn. 101 ff.

343 *Di Fabio*, in: Maunz/Dürig, Art. 2 Abs. 1 (2001) Rn. 41. Gerade diese Elastizität ruft immer wieder Kritik hervor, die sich zumal an der schwachen Direktionskraft der Formel sowie an der mangelnden Voraussehbarkeit und der Anfälligkeit für subjektive Wertungen und Dezisionismen in der richterlichen Abwägungskontrolle festmachen; vgl. m.w.N. *Dreier*, in: Dreier I, Vorb. Rn. 149. Dem könnte u.a. mit einer Gewichtsverlagerung der verfassungsgerichtlichen Kontrolle auf die Erforderlichkeitsprüfung begegnet werden, wie dies auch die Praxis des EuGH auszeichnet; in dieser Richtung *Pieroth/Schlink/Kingreen/Poscher*, Grundrechte. Staatsrecht II, 30. Aufl. 2014, Rn. 303 ff.; ablehnend *Dreier*, in: Dreier I, Vorb. 149.

344 Vgl. m.w.N. *Stern*, Staatsrecht IV/1, S. 957; *Jarass*, in: Jarass/Pieroth, Art. 2 Rn. 22 ff.; *Murswiek*, in: Sachs, Art. 2 Rn. 108 ff.

345 BVerfGE 27, 344 (351); 32, 373 (379); 34, 205 (210); 34, 238 (248); 35, 35 (39); 35, 202 (220 f.); 65, 1 (44); 96, 56 (61); 120, 224 (239).

346 *Alexy*, Theorie der Grundrechte, 2. Aufl. 1994, S. 329; *Cornils*, in: HStR VII³, § 168 Rn. 100; *Schmitt Glaeser*, in: HStR VI², § 129 Rn. 39.

347 Vgl. etwa BVerfGE 27, 344 (352 ff.); 34, 238 (250); 35, 202 (221).

die Richtung vor, aus der die Abwägung anzugehen ist. Aus Art. 1 Abs. 1 und Art. 19 Abs. 2 GG folgt ein häufig auch als Intimsphäre bezeichneter Kernbereich der Persönlichkeitssphäre, der absoluten Schutz genießt, somit keiner relativierenden Abwägung unterworfen und jeder Einwirkung der öffentlichen Gewalt entzogen ist (Rdn. 114–116).[348] Hiervon ausgehend mündet die strikte Anwendung des Verhältnismäßigkeitsgebots in eine »je-desto«-Beurteilung: Der grundrechtliche Schutz ist »um so intensiver«, je mehr die Intimsphäre des Betroffenen berührt ist, »die als unantastbarer Kernbereich privater Lebensgestaltung gegenüber aller staatlichen Gewalt Achtung und Schutz beansprucht«.[349] Gleichsam umgekehrt folgt daraus auch: Eine sehr intensive Beeinträchtigung sozialer Belange oder Rechte anderer fordert gewichtigere (Abwehr-)Gründe auf Seiten des Grundrechtsträgers,[350] ebenso wie eine nur geringfügige Beeinträchtigung der Persönlichkeits- oder Privatsphäre nicht des Nachweises ganz erheblicher Gemeinschaftsinteressen bedarf.

107 Die Unterscheidung zwischen dem unantastbaren Kernbereich und »nachgelagerten«[351] Bereichen beförderte in der Rechtsprechung die Ausbildung der **Sphärentheorie** (s. Rdn. 16). Sie versucht die Grenzlinie zwischen diesen Bereichen allgemein zu bestimmen. Als maßgebendes Kriterium wird dabei auf den **Sozialbezug** eines Sachverhalts abgestellt. Danach soll die absolut geschützte Intimsphäre verlassen werden, wenn »Handlungen des Menschen in den Bereich eines anderen einwirken …«; grundsätzlich gebe »schon die Berührung mit der Persönlichkeitssphäre eines anderen Menschen einer Handlung den Bezug auf das Soziale, der sie dem Recht zugänglich macht«. Im Übrigen komme es auf die »Art und Intensität« an, aus der der Lebenssachverhalt »aus sich heraus die Sphäre anderer oder Belange der Gemeinschaft berührt«.[352] Um die (absolut geschützte) **Intimsphäre** legt sich damit zunächst eine **Privat- oder Geheimsphäre**, in die nur unter hohen Anforderungen an die Verhältnismäßigkeit eingegriffen werden kann, während Eingriffe in eine äußere Sphäre (**Sozialsphäre**) den »normalen« Eingriffsvoraussetzungen in die allgemeine Handlungsfreiheit unterliegen.[353]

108 Bei der Anwendung dieser Schrankenziehungsregel ist jedoch **Zurückhaltung** geboten. Die Sphären lassen sich kaum hartleibig und verallgemeinerungsfähig voneinander abgrenzen, dürfen daher nicht im Sinne einer »schematischen Stufenordnung« verstanden werden, sondern können allenfalls erste »Anhaltspunkte« bieten.[354] Vor

348 BVerfGE 6, 32 (41); 80, 367 (373 f.); 90, 145 (171); 109, 279 (313); 119, 1 (29); 120, 224 (239); st. Rspr.
349 BVerfGE 89, 69 (82 f.); auch BVerfGE 119, 1 (29 f.).
350 Vgl. z.B. BVerfGE 119, 1 (27).
351 BVerfGE 119, 1 (30); *Di Fabio*, in: Maunz/Dürig, Art. 2 Abs. 1 (2001) Rn. 159.
352 BVerfGE 6, 389 (433); 35, 202 (220); 80, 367 (374, 376 ff.); 109, 279 (314, 319); 120, 224 (239).
353 Vgl. zusammenfassend auch *Murswiek*, in: Sachs, Art. 2 Rn. 104; *Scholz*, AöR 100 (1975), 265 ff.; *Alexy*, Theorie der Grundrechte, 2. Aufl. 1994, S. 327 ff.
354 So jetzt BVerfGE 119, 1 (30). Vgl. auch *Kunig*, in: v. Münch/Kunig I, Art. 2 Rn. 41; *Dreier*, in: Dreier I, Art. 2 I Rn. 93; *Lorenz*, in: BK, Art. 2 Abs. 1 (2008) Rn. 285; *Pod-*

allem aber darf die Sphärentheorie nicht dazu führen, dass sich die konkrete Zuordnung eines Sachverhalts allein nach dem Ob, der Art und der Intensität seiner sozialen oder Dritte betreffenden Bedeutung bemisst.[355] Weist eine dem Schutz des Persönlichkeitsrechts unterfallende Angelegenheit keinerlei Sozialbezug auf, so erscheint es nur selbstverständlich, diese gegen jeden staatlichen Regelungszugriff als absolut geschützt anzusehen: »denn wer sollte etwas einschränken wollen, was weder ihn noch andere, noch Belange der Gemeinschaft in irgendeiner Weise berührt?«[356] Zudem wird auch vom Bundesverfassungsgericht nachdrücklich betont, dass der »Mensch als Person, auch im Kern seiner Persönlichkeit, [...] notwendig *in* sozialen Bezügen« existiert.[357] Somit droht das Kriterium des Sozialbezugs die Unterscheidung zwischen Kernbereich und Abwägungsbereich praktisch aufzuheben.[358] Daher muss der – jeweils die Besonderheiten des konkreten Falles aufnehmenden – Verhältnismäßigkeitsprüfung im Ausgangspunkt (ebenso wie bei der allgemeinen Handlungsfreiheit, o. Rdn. 104 a.E.) eine **positive Konzeption** zugrunde liegen, die das Gewicht des Persönlichkeitsschutzes nicht sogleich im Hinblick auf die Berührung sozialer Tatbestände relativiert und an der Wertigkeit der gefährdeten Belange der Allgemeinheit oder Rechte Dritter ausrichtet, sondern dieses zunächst nach der individuellen (äußerlich erkennbaren) Zweckbedeutung oder Zweckrichtung bemisst, die die Angelegenheit für den persönlichen Lebensbereich des Grundrechtsträgers hat.[359]

Dem entspricht es, wenn und soweit das Bundesverfassungsgericht namentlich im **109** **Bereich des informationellen Selbstbestimmungsrechts** in der Verhältnismäßigkeitsprüfung akkurat darauf abstellt, welches Gewicht die **nachteiligen Wirkungen für die Persönlichkeit** des Betroffenen haben, die auf Grund einer staatlichen Eingriffsmaßnahme drohen oder nicht ohne Grund befürchtet werden müssen.[360] So spricht die **hohe Relevanz oder Vertraulichkeit**, die eine Information für die Persönlichkeit des Betroffenen hat, für eine schwerwiegende Beeinträchtigung.[361] Auch die Art und Weise der **Informationserlangung** schlägt zu Buche: Durch eine Erhebung

---

lech, in: AK-GG, Art. 2 I Rn. 35 ff.; *Di Fabio*, in: Maunz/Dürig, Art. 2 Abs. 1 (2001) Rn. 162; *Stern*, Staatsrecht IV/1, S. 265 f.; *Kahl*, Die Schutzergänzungsfunktion von Art. 2 Abs. 1 Grundgesetz, 2000, S. 8 mit Fn. 38; *Degenhart*, JuS 1992, 361, 364; *Hufen*, Staatsrecht II. Grundrechte, 4. Aufl. 2014, § 11 Rn. 4.

355 Zum Folgenden eingehend *Horn*, in: HStR VII³, § 149 Rn. 72 ff.
356 *Alexy*, Theorie der Grundrechte, 2. Aufl. 1994, S. 328; ebenso *Hillgruber*, in: Umbach/ Clemens, Art. 2 I Rn. 90; *Schmitt Glaeser*, in: HStR VI², § 129 Rn. 36.
357 BVerfGE 80, 367 (374 – Hervorhebung im Original).
358 So auch der Einwand der im Ergebnis unterlegenen vier Richter in der Tagebuch-Entscheidung, BVerfGE 80, 367 (382); vgl. auch *Degenhart*, JuS 1992, 361, 363.
359 Vgl. auch die Kritik von *Di Fabio*, in: Maunz/Dürig, Art. 2 Abs. 1 (2001) Rn. 162; ähnlich *Kube*, in: HStR VII³, § 148 Rn. 87 f.
360 Vgl. BVerfGE 115, 320 (347, 351); 118, 168 (197); 120, 378 (403); für das »Computer-Grundrecht« BVerfGE 120, 274 (322 f.).
361 BVerfGE 109, 279 (353); 113, 29 (47 f.); 115, 320 (348); 118, 168 (197); 120, 378 (402).

ohne Kenntnis des Betroffenen oder vorsorglich ohne ihm zurechenbaren Anlass wird die Persönlichkeit erheblich berührt,[362] ebenso durch das beträchtliche Ausforschungspotential eines heimlichen Zugriffs auf persönlich genutzte informationstechnische Systeme.[363] In der gleichen Weise können sich die Modalitäten der **Informationsverwendung** belastungssteigernd auswirken, wie die weitergehende Verarbeitung und Verknüpfung der erhobenen Informationen, deren Speicherung und Nutzung für Folgeeingriffe in Grundrechte, als Basis für staatliche Auskunftsverlangen bzw. Datenabfragen oder zum Zwecke des behördlichen Datenabgleichs oder Informationsaustausches, zumal wenn damit eine Nutzungsänderung der Daten verbunden ist oder die Gefahr einer Deanonymisierung (im Internet) hervorgerufen wird, sowie auch die damit einhergehenden Erschwernisse, jene Grundrechtsbeeinträchtigungen oder weitere Eingriffsfolgen gerichtlich abwehren zu können.[364] Zur Begründung verweist hier die bundesverfassungsgerichtliche Rechtsprechung wiederholt auch auf die »**Einschüchterungseffekte**« und das »Gefühl des Überwachtwerdens«, die durch solche staatlichen Informationseingriffe ausgelöst werden können; auch deren gegebenenfalls »große Zahl« und »**Streubreite**« trage zur Erhöhung der Eingriffsintensität bei.[365] Die dogmatischen Schwierigkeiten, diese Kriterien auch je individual-grundrechtlich zu verorten, sind allerdings offenkundig und werden mit dem gelegentlichen, diffusen Hinweis auf das »freiheitliche demokratische Gemeinwesen« und die »Gesellschaft ingesamt«, die dadurch ebenso beeinträchtigt würden, nicht überwunden.[366] »Strikt verboten« ist jedenfalls die Speicherung von personenbezogenen Daten auf Vorrat zu gänzlich unbestimmten oder noch nicht bestimmbaren Zwecken,[367] während andererseits bei anonymisierten Daten die Beeinträchtigung geringer ausfällt.[368]

---

362 BVerfGE 107, 299 (321); 109, 279 (353); 115, 320 (353, 355 f.); 118, 168 (199 f.); 120, 378 (402 f., 406); 130, 151 (196). Auch ein »Zusammenwirken« oder die »Addition« von staatlichen Informationsmaßnahmen kann die Eingriffsintensität erhöhen: BVerfGE 112, 304 (319 f.); 133, 277 (322 f. Rn. 111).

363 BVerfGE 120, 274 (322 ff.).

364 BVerfGE 65, 1 (45 f.); 115, 320 (348 ff., 351 ff.); 118, 168 (186, 197 f.); 120, 351 (362, 368 f.); 120, 378 (400 f., 404 ff.); 130, 151 (183, 188 f., 198, 204); 133, 277 (322 ff. Rn. 111 ff.).

365 BVerfGE 113, 29 (46, 53); 113, 348 (383); 115, 166 (188); 115, 320 (354); 120, 378 (398, 402, 430); auch schon BVerfGE 65, 1 (42 f.). Vgl. auch im Kontext der Betroffenheit in Art. 10 GG, etwa durch die Vorratsdatenspeicherung von Telekommunikationsverkehrsdaten: BVerfGE 125, 260 (318, 320, 332, 335).

366 Vgl. BVerfGE 113, 29 (46); 115, 166 (188); 115, 320 (354 f., 356 f.); 120, 378 (403, 430). Zur z.T. heftigen Kritik in der Lit. vgl. m.w.N. *Dreier*, in: Dreier I, Art. 2 I Rn. 87. Ablehnend auch die Sondervoten von *Haas*, BVerfGE 115, 320 (371 ff.), und von *Eichberger*, BVerfGE 125, 260 (380 ff.).

367 BVerfGE 65, 1 (46); 130, 151 (187).

368 BVerfGE 65, 1 (45 ff.); 115, 320 (347, 354).

Die dementsprechend zu bemessene Intensität des Eingriffs für den Grundrechtsträ-   110
ger steuert die Höhe der den Eingriff rechtfertigenden Anforderungen,[369] ohne dass
damit jedoch der angemessene Ausgleich mit dem Gewicht der gegenläufigen Gemeinwohlbelange oder Rechte Dritter sogleich präjudiziert würde. Gegebenenfalls
können **verfahrensrechtliche Schutzvorkehrungen**, wie Aufklärungs-, Auskunfts-
und Löschungspflichten, Kennzeichnungs- und Protokollierungspflichten, Verwen-
dungs- und Verwertungsverbote oder die Normierung von Richtervorbehalten, dazu
dienen, die Vorgabe der Verhältnismäßigkeit zu konkretisieren.[370] Unbeschadet dessen hat das Bundesverfassungsgericht allerdings insbesondere im Bereich der informationellen Selbstbestimmung (und des Art. 10 GG) aus der jeweiligen Intensität
der grundrechtlichen Betroffenheit wiederholt **hohe Eingriffsschwellen** mit zuweilen
erheblich ausdifferenzierten Anforderungen an die gesetzliche Zulässigkeit staatlicher
Informationsmaßnahmen gefolgert.[371] Diese Abwägungen sind in dem Spannungsverhältnis zwischen Freiheit und Sicherheit, das die staatliche Strafverfolgung und
Gefahrenabwehr bzw. Gefahrenvorbeugung in den Bereichen der Kriminalitäts- und
Terrorismusbekämpfung kennzeichnet, nicht ohne Kritik geblieben, sowohl in der
Sache als auch im Hinblick auf den dem Gesetzgeber einzuräumenden Einschät-
zungs- und Gestaltungsspielraum.[372]

Fehl ginge allemal die Vorstellung, die Verfassung enthalte (als Rahmenordnung) in   111
luce für jeden einzelnen Konfliktfall die einzig von ihr akzeptierte Lösung. Die verfassungsrechtlichen Kautelen, die die gebotene Güter- und Interessenabwägung anleiten, führen nicht zu einer vorgegebenen Punktlandung. Mehrfach betont das Bundesverfassungsgericht (im Verhältnis zu Entscheidungen der Fachgerichte), dass eine
Verkennung der Bedeutung und **Tragweite grundrechtlicher Maßstäbe** nicht schon
dann gegeben ist, wenn das Ergebnis auch anders hätte ausfallen können.[373] Der

---

369 Überblick: *Di Fabio*, in: Maunz/Dürig, Art. 2 Abs. 1 (2001) Rn. 179 ff.
370 Vgl. BVerfGE 65, 1 (46); 112, 304 (318 ff.); 113, 29 (57 f., 61); 118, 168 (202); 120,
     351 (361); 120, 274 (331); 120, 351 (363 f.); 133, 277 (324 Rn. 114).
371 Vgl. BVerfGE 100, 313 (384 f. – Telekommunikationsüberwachung); 107, 229 (321 ff.
     – Auskunft über Telekommunikationsverbindungsdaten); 113, 29 (55 ff. – Beschlagnah-
     me von Datenträgern); 113, 348 (386 ff. – Telekommunikationsüberwachung); 115,
     320 (345 ff., 357 ff. – Rasterfahndung); 120, 378 (427 ff. – automatisierte Kfz-Kennzei-
     chenerfassung); 125, 260 (327 ff., 334 ff., 340 ff. – Vorratsdatenspeicherung von Tele-
     kommunikationsverkehrsdaten); 133, 277 (335 ff. Rn. 138 ff.– Antiterrordatei); vgl.
     auch für den Eingriff in das »Computer-Grundrecht« BVerfGE 129, 274 (321 ff., 326 ff.
     – Online-Durchsuchung); andererseits aber auch BVerfGE 115, 166 (191 ff. – Sicherstel-
     lung von Telekommunikationsverbindungsdaten); 129, 208 (243 f. – Telekommunikati-
     onsüberwachung); 130, 151 (188 ff., 197 f., 205 ff. – automatisiertes Auskunftsverfahren
     zur Identifizierung von Telekommunikationsnummern); 133, 277 (322 ff. Rn. 108 ff. –
     Antiterrordatei).
372 So das Sondervotum *Schluckebier*, BVerfGE 125, 260 (264 ff.), zur Vorratsdatenspeiche-
     rung; w.N. aus der Lit. bei *Dreier*, in: Dreier I, Art. 2 I Rn. 93.
373 BVerfGE 101, 361 (388); 120, 180 (200, 208, 209 f.); BVerfG-K, NJW 2011, 740 (741
     Rn. 43) – für den Privatsphärenschutz.

funktionellrechtlichen Zurückhaltung, die das Gericht insofern gegenüber den Fachgerichten übt, korreliert ein materiell-rechtlicher Spielraum, den die Verfassung (dem Gesetzgeber als Erstinterpreten) in der Sache belässt.

112 Das gilt auch für die Reichweite des **Schutzes der Privatsphäre** im Ausgleich mit kollidierenden Grundrechten privater Dritter, wie insbesondere der **Freiheit der Presse** (Rdn. 78 f.). Hier kommt es auf eine Abwägung zwischen dem an der Pressefreiheit des Art. 5 Abs. 1 GG teilhabenden Informationsinteresse der Öffentlichkeit einerseits und dem Privatheitsinteresse des Betroffenen andererseits an. Entsprechend den obigen Grundsätzen (Rdn. 108 f.) sind dabei maßgebend zum einen der **Privatheitswert** eines Sachverhalts und zum anderen dessen **Informationswert** für die Öffentlichkeit. Die Bemessung des Informationswerts wird freilich von dem Umstand etwaiger **Prominenz** beeinflusst.[374] Der Europäische Gerichtshof für Menschenrechte unterscheidet dabei (zu Art. 8 EMRK) zwischen Politikern und sonstigen im öffentlichen Leben oder im Blickpunkt der Öffentlichkeit stehenden Personen sowie gewöhnlichen Privatpersonen.[375] Während bei letzteren die Grenze medialer Berichterstattung enger gezogen sei, falle der Schutz für Personen des öffentlichen Lebens geringer, für Politiker am schwächsten aus.[376] Das Bundesverfassungsgericht begründet dies mit den »**Leitbild- oder Kontrastfunktionen**«, die Idole oder Vorbilder in der Gesellschaft erfüllen und Orientierung bei eigenen Lebensentwürfen bieten.[377] Demzufolge besteht ein die Presseberichterstattung legitimierendes Informationsinteresse der Öffentlichkeit nicht nur daran, ob solche Personen ihre öffentliche Selbstdarstellung und Funktion mit ihrem privaten Gebaren überzeugend in Übereinstimmung halten, also an der Aufdeckung von skandalösen, sittlich oder rechtlich zu beanstandenden Verhaltensweisen. Vielmehr darf grundsätzlich auch über die Normalität des Alltagslebens oder über in keiner Weise anstößige Handlungsweisen prominenter Personen berichtet werden.[378] Das schließt auch eine unterhaltsame Aufmachung nicht aus, wenngleich eine ernsthafte und sachbezogene Erörterung geboten ist.[379] Generell kommt es darauf an, ob die Medienberichterstattung der Meinungsbildung zu Fragen von **allgemeinem Interesse** dienen kann; die Befriedigung »bloßer Neugier« genügt nicht.[380]

113 Allerdings hat auch unter diesen Voraussetzungen der Persönlichkeits- und Privatheitsschutz keineswegs stets zurückzutreten.[381] Das zulässige Maß der Berichterstattung bestimmt sich vielmehr andererseits nach dem situationsbezogenen Umfang

---

374 Zum grundsätzlichen Privatsphärenschutz auch Prominenter s. Rdn. 46.
375 EGMR (IV. Sektion) vom 11.01.2005, Nr. 50774/99, § 27 ff.; EGMR (II. Sektion) vom 17.10.2006, Nr. 71687/01, in: BeckRS 2008, 23749, § 57.
376 Vgl. zusammenfassend BVerfGE 120, 180 (218 f.).
377 BVerfGE 101, 361 (390, 393); 120, 180 (203, 209); BVerfG-K, NJW 2011, 740 (743 Rn. 64).
378 BVerfGE 120, 180 (203 f.).
379 BVerfGE 120, 180 (204 m.w.N.); BVerfG-K, NJW 2012, 763 ff.
380 BVerfGE 34, 269 (283); 101, 361 (391); 120, 180 (204 f.).
381 BVerfGE 120, 180 (205 ff.).

der begründeten Privatheitserwartungen des Betroffenen, mithin nach dem **Grad der Privatheit**, die die Angelegenheit für die Person des Einzelnen hat.[382] Ausschlaggebend ist die Nähe, in der sich der Sachverhalt zum Bereich intimer Vertraulichkeit befindet, wie Momente der Entspannung und des Sich-Gehen-Lassens oder Angaben über Gesundheitszustand und Erkrankung.[383] Auch kommt es auf die Art und Weise der Informationsgewinnung sowie die Situation an, in der die betroffene Person erfasst und dargestellt wird. So spricht es für den Vorrang des Persönlichkeitsschutzes, wenn die Informationen durch Ausnutzung von Heimlichkeit oder beharrliche Nachstellung erlangt worden sind.[384] Der Bundesgerichtshof hat diese Grundsätze in zahlreichen Entscheidungen der jüngeren Zeit präzisiert.[385]

e) Unantastbarer Kernbereich privater Lebensgestaltung

Der letzte unantastbare Kernbereich privater Lebensgestaltung (»Intimsphäre«) ist   114
staatlicher Gewalt und Regelung selbst bei Entgegenstehen höchstgradiger Gemeinschaftsbelange oder Grundrechtsinteressen Dritter schlechthin entzogen; eine **Abwägung nach Maßgabe des Verhältnismäßigkeitsgrundsatzes findet nicht statt.**[386] So haben namentlich staatliche Informationseingriffe in den Kernbereich zu unterbleiben. Soweit dies aus technischen oder praktischen Gründen (im Zuge von Strafverfolgungs- oder Gefahrenabwehrmaßnahmen) nicht möglich ist, sind die Folgen zu beseitigen; kernbereichsrelevante Daten sind sofort zu löschen und dürfen nicht verwendet werden.[387] All dem ist durch entsprechende gesetzliche Vorkehrungen Rechnung zu tragen.

Diesen absoluten Schutz leitet die Rechtsprechung »einerseits aus der Garantie des   115
Wesensgehalts der Grundrechte (Art. 19 Abs. 2 GG), zum anderen ... daraus ab, daß der Kern der Persönlichkeit durch die unantastbare **Würde des Menschen** geschützt wird«.[388] Die doppelte »Absicherung« macht deutlich, dass der private Kern-

---

382 BVerfGE 120, 180 (201, 207) – unter Aufgabe des früher für allein hinreichend gehaltenen Schutzkonzepts der abgestuften Unterscheidung von absoluten und relativen Personen der Zeitgeschichte in §§ 22 f. KUG.
383 Dazu BGH, NJW 2009, 754 ff.; s. auch BVerfGE 119, 1 (34 f.).
384 BVerfGE 120, 180 (205, 207, 215, 216).
385 Vgl. m.w.N. BGHZ 171, 275 ff.; 178, 213 ff.; 180, 114 ff.; 190, 52 ff.; BGH, NJW 2008, 749 ff.; NJW 2008, 3134 ff.; NJW 2008, S. 3138 ff.; NJW 2008, S. 3141 ff.; NJW 2008, S. 3340 ff.; NJW 2009, 754 ff.; NJW 2009, 757 ff.; NJW 2011, 744 f.; NJW 2011, 746 ff.; NJW 2012, 762 f.; NJW 2012, 763 ff.
386 Zu dessen Garantie (gleichermaßen in den Gewährleistungsbereichen des allgemeinen Persönlichkeitsrechts wie des Art. 10 und 13 GG) aus der st. Rspr.: BVerfGE 6, 32 (41); 27, 1 (6); 32, 373 (378 f.); 34, 238 (245); 35, 35 (39); 54, 143 (146); 80, 367 (373); 90, 255 (260); 109, 279 (313); 113, 348 (390 f.); 115, 320 (358 f.); 119, 1 (29); 120, 274 (335); 124, 43 (69 f.); 129, 208 (245 f.).
387 BVerfGE 109, 279 (319 f., 324, 331 f.); 113, 348 (391 f.); 120, 274 (337, 339); 124, 43 (70); 129, 208 (245 f.); 130, 1 (22).
388 BVerfGE 34, 238 (245); 80, 367 (373 f.); auch schon BVerfGE 6, 32 (41).

bereich oder die Intimsphäre eines Menschen nicht auf den Würdeschutz gemäß Art. 1 Abs. 1 GG beschränkt ist.[389] Auch die Zitierung des Art. 1 Abs. 1 GG in der Rechtsgrundlage des allgemeinen Persönlichkeitsrechts (»Art. 2 Abs. 1 in Verbindung mit Art. 1 Abs. 1 GG«) erfolgt nicht dazu, nur dessen Kernbereich zu kennzeichnen, andernfalls sie überflüssig wäre.[390] Das aus Art. 1 Abs. 1 GG folgende Achtungs- und Schutzgebot hat den sozialen Wert- und Achtungsanspruch zum Thema, der dem Menschen als Person an und für sich und in welchem Kontext auch immer zukommt. Im Kontext der – daran anknüpfenden (Rdn. 6, 10) – Entfaltungsfreiheit ist daher der unantastbare Kern in *deren* Tiefe oder »Wesensgehalt« aufzusuchen.

116 Eine generelle, für allgemeine Handlungsfreiheit und allgemeines Persönlichkeitsrecht gleichermaßen geltende und subsumtionsfähige Festlegung dieses Kernbereichs ist freilich bis heute nicht gelungen und scheint auch unmöglich. Es geht um die unerlässlichen Elemente, ohne die von einer der menschlichen Würde gemäßen freiheitlichen Existenz des Einzelnen nicht mehr gesprochen werden könnte. Die Zusammenfassung im Kriterium des »**höchstpersönlichen Charakters**«[391] einer Angelegenheit nimmt sich allerdings recht vage aus. Größere Aussagekraft haben die Umschreibungen des Bundesverfassungsgerichts im Urteil zur akustischen Wohnraumüberwachung (betreffend Art. 13 Abs. 1 GG): Zur Entfaltung der Persönlichkeit im Kernbereich privater Lebensgestaltung gehören »innere Vorgänge wie Empfindungen und Gefühle sowie Überlegungen, Ansichten und Erlebnisse höchstpersönlicher Art«, aber auch gleichsam äußere Vorgänge wie »Gefühlsäußerungen, Äußerungen des unbewussten Erlebens sowie Ausdrucksformen der Sexualität«, ebenso die in vergleichbarer Weise schutzwürdige vertrauliche Kommunikation.[392] Insoweit wird jener »**innerste Bezirk**«[393] oder »Bereich menschlichen Eigenlebens erfaßt, der von Natur aus Geheimnischarakter hat« und daher niemanden anderen etwas angeht, den schon die Mikrozensus-Entscheidung als Schutz vor einer »Entpersönlichung« des Menschen für unantastbar erklärt hat.[394] Der Tagebuch-Fall macht freilich deutlich, dass selbst damit noch keine vollkommen zweifelsfreie Grenzlinie gezogen ist.[395] Nicht zu diesem Kernbereich gehören aber jedenfalls Äußerungen oder Kommunikationsinhalte, die in unmittelbarem Bezug zu strafbaren Handlungen stehen, wie etwa Angaben über die Planung bevorstehender oder Berichte über begangene Straftaten.[396]

---

389 Zu Recht *Geis*, JZ 1991, 112 (115); a.A. *Starck*, in: v. Mangoldt/Klein/Starck I, Art. 2 Abs. 1 Rn. 88 f.

390 So die von *Hillgruber*, in: Umbach/Clemens, Art. 2 I Rn. 92, gezogene Konsequenz.

391 BVerfGE 34, 238 (248); 80, 367 (374); 109, 279 (314); 120, 224 (239).

392 BVerfGE 109, 279 (313 f.); auch BVerfGE 120, 274 (335).

393 BVerfGE 33, 367 (377).

394 BVerfGE 27, 1 (7).

395 Vgl. BVerfGE 80, 367 (376 ff. einerseits, 380 ff. andererseits).

396 St. Rspr.; vgl. BVerfGE 80, 367 (375); 109, 279 (319); 113, 348 (391); 124, 43 (70); 130, 1 (22).

II. Art. 2 Abs. 2 S. 1 GG

1. Eingriffe, Beeinträchtigung

Ein Eingriff in die Rechte auf Leben und körperliche Unversehrtheit ist bei jeder   117
rechtlichen oder faktischen, finalen oder nicht finalen Maßnahme der staatlichen
Gewalt gegeben, durch die zurechenbar die beiden Schutzgüter unmittelbar oder
mittelbar beeinträchtigt werden; es gilt der **weite Eingriffsbegriff**.[397] Eine derartige
Beeinträchtigung setzt nicht notwendig eine tatsächliche Verletzung von Leben und
Gesundheit voraus (Tod bzw. Körperverletzung), sondern kann auch in einer **Gefährdung** der beiden Rechtsgüter liegen. Dabei kommt es auf die Art, die Nähe und
das Ausmaß der Bedrohung und die Irreversibilität der möglichen Verletzung an.[398]

a) Recht auf Leben

Die – seltene – **gezielte, absichtliche Tötungshandlung** (z.B. der polizeiliche Todes-   118
schuss) greift unmittelbar in das Recht auf Leben ein. Dem sind **nicht-finale** (z.B.
fahrlässige Tötung) und **mittelbare** Einwirkungen gleichzusetzen, wenn sie bei normativer Betrachtung **dem Staat zurechenbar** sind. Solcher Zurechnungszusammenhang besteht dann nicht, wenn der Todesfall oder die Lebensgefährdung außerhalb
des Wissens, Wollens oder Billigens der öffentlichen Gewalt liegt, also aus einer selbständig zu verantwortenden Handlung eines Dritten resultiert oder auf einer schick-
salhaften Fügung beruht.[399] Steht nicht ein aktives Tun, sondern ein Dulden oder
Unterlassen des Staates als Ursache in Frage, so kann das nur dann als ein zurechenbarer Eingriff angesehen werden, wenn ähnlich einer Garantenstellung eine
Rechtspflicht zum Handeln besteht.[400] Jenseits klarer einfachgesetzlicher Regelungen
entstehen hier allerdings Abgrenzungsschwierigkeiten zur Verletzung einer grundrechtlichen Schutzpflicht. So wäre zwar z.B. das Verhungernlassen eines Häftlings als
Eingriff, das Gewährenlassen eines Hungerstreiks hingegen als Verletzung der
Schutzpflicht zu werten (Rdn. 84).[401] Ebenso sind die gesetzlichen Regelungen zu
Schwangerschaftsabbruch und Embryonenforschung unter dem Gesichtspunkt der
gebotenen Schutzgewährung für das ungeborene Leben zu würdigen; der Entschluss
der Schwangeren zur Abtreibung oder die verbrauchende Behandlung von Embryonen im medizinischen Forschungslabor ist dem Staat indessen nicht als Eingriff in
das Lebensrecht des Fötus zurechenbar, sofern nicht diese Handlungen in einer

---

397 Vgl. BVerfGE 66, 39 (60); *Schulze-Fielitz*, in: Dreier I, Art. 2 II Rn. 42; *Lorenz*, in: BK,
     Art. 2 (2012) Rn. 468 f.; *Murswiek*, in: Sachs, Art. 2 Rn. 151; *Müller-Terpitz*, in: HStR
     VII³, § 147 Rn. 45.
398 Vgl. BVerfGE 49, 89 (142); *Schulze-Fielitz*, in: Dreier I, Art. 2 II Rn. 43; *Jarass*, in: Ja-
     rass/Pieroth, Art. 2 Rn. 90; *Müller-Terpitz*, in: HStR VII³, § 147 Rn. 36, 42.
399 BVerfG-K, NJW 1999, 3399 (3401); *Di Fabio*, in: Maunz/Dürig, Art. 2 Abs. 2 Satz 1
     (2004) Rn. 35; *Lorenz*, in: BK, Art. 2 (2012) Rn. 468; *Corell*, in: AK-GG, Art. 2 II
     Rn. 54.
400 *Di Fabio*, in: Maunz/Dürig, Art. 2 Abs. 2 Satz 1 (2004) Rn. 34 f.
401 Vgl. zu dem Beispiel *Kunig*, in: v. Münch/Kunig I, Art. 2 Rn. 51.

grundrechtsverpflichteten (unmittelbar oder mittelbar staatlichen) Einrichtung erfolgen.[402] Dagegen soll das gesetzliche Verbot einer Organspende im Rahmen des Transplantationsrechts gegenüber dem potentiellen Organempfänger, dessen Leben sonst gerettet bzw. verlängert werden könnte, einen nicht gezielten, mittelbaren Eingriff darstellen (BVerfG-K, NJW 1999, 3399 [3400 f.]).

119 Im Übrigen können **mittelbar** (ob final oder nicht) verursachte Lebensgefährdungen nur unter bestimmten Voraussetzungen Grundrechtsverletzungen gleich geachtet werden. Bloße Grundrechtsgefährdungen liegen im Allgemeinen noch im Vorfeld verfassungsrechtlicher Erheblichkeit.[403] Nach dem Stand der Rechtsprechung handelt es sich aber dann um eine zurechenbare Grundrechtsbeeinträchtigung, wenn eine Verletzung des Lebens **ernsthaft zu befürchten** ist (BVerfGE 51, 324 [347]), z.B. bei einer Zwangsräumung gegenüber einem suizidgefährdeten Mieter (BVerfGE 52, 214 [220 f.]), bei der Durchführung einer strafgerichtlichen Hauptverhandlung trotz drohenden (weiteren) Schlaganfalls des Beschuldigten (BVerfGE 51, 324 [346 f.]) oder einer konkret lebensgefährdenden medizinischen Behandlung zur Wiederherstellung seiner Verhandlungsfähigkeit (BVerfGE 89, 120 [130]). Entscheidungen im Rahmen der **militärischen Landesverteidigung**, wie der Transport oder die Lagerung von Waffen mit erheblichem Zerstörungspotential, können allenfalls konkret wegen ihrer Gefährlichkeit vor Ort einer Eingriffshandlung gleich zu achten sein, nicht aber im Hinblick auf die diese Entscheidung veranlassenden Gefahren.[404] Dass die Rückwirkungen auf die Bevölkerung aus einem verfassungs- und völkerrechtsgemäßen Einsatz von Waffen zu Verteidigungszwecken nicht an Art. 2 Abs. 1 S. 1 GG gemessen werden können (BVerfGE 77, 170 [221]), wird man entsprechend für den Fall der Tötung von Menschen durch deutsches Militär in einem Verteidigungskrieg anzunehmen haben.[405] Hingegen sind die **Selbstgefährdungspflichten** von Soldaten, Polizisten oder Feuerwehrleuten als verletzungsgleiche und daher rechtfertigungsbedürftige Beeinträchtigungen zu erkennen.[406] Gleiches gilt für den Fall der **Auslieferung oder Abschiebung** eines Menschen, der im Empfangsstaat mit hinreichender Wahrscheinlichkeit der Todesstrafe ausgesetzt ist oder sonst durch die dortige Staatsgewalt getötet werden wird.[407]

---

402 *Schulze-Fielitz*, in: Dreier I, Art. 2 II Rn. 45; *Kunig*, in: v. Münch/Kunig I, Art. 2 Rn. 52; *Lorenz*, in: BK, Art. 2 (2012) Rn. 495; a.A. *Müller-Terpitz*, in: HStR VII³, § 147 Rn. 47.

403 BVerfGE 49, 89 (141); 51, 324 (346 f.); 66, 39 (58).

404 BVerfGE 77, 170 (220 f.); s. auch BVerfGE 66, 39 (57 ff.).

405 So *Sachs*, in: Stern, Staatsrecht IV/1, S. 152.

406 *Di Fabio*, in: Maunz/Dürig, Art. 2 Abs. 2 Satz 1 (2004) Rn. 40; *Sachs*, in: Stern, Staatsrecht IV/1, S. 152 m.w.N.

407 Wie hier *Sachs*, in: Stern, Staatsrecht IV/1, S. 151 f.; *Müller-Terpitz*, in: HStR VII³, § 147 Rn. 46, 49 m.w.N.; *Lorenz*, in: BK, Art. 2 (2012); Rn. 496 f.; a.A. *Murswiek*, in: Sachs, Art. 2 Rn. 183 m.w.N.

Die – bewusste und freiwillige – **Einwilligung** des Grundrechtsträgers in seine ge-   **120**
zielte Tötung schließt zwar eine Grundrechtsbeeinträchtigung aus;[408] sie ist Ausdruck seiner allgemeinen Handlungsfreiheit. Allerdings kann sie vom Gesetzgeber
im Hinblick auf die objektive Pflicht zum Schutz des hochrangigen Rechtsguts Lebens (Rdn. 84) für rechtlich irrelevant und die **aktive Sterbehilfe** daher verboten
werden (§ 216 StGB; vgl. Rdn. 130). Hingegen beruht die Ablehnung einer bloß le-
bensverlängernden medizinischen Behandlung (**passive Sterbehilfe**) auf dem Selbstbestimmungsrecht des Grundrechtsträgers (Rdn. 53), ihn (menschenwürdig) sterben
zu lassen. Hinzu tritt die aus dem Recht auf körperliche Unversehrtheit folgende Befugnis, über die Inanspruchnahme oder Nichtinanspruchnahme medizinischer Behandlung selbst entscheiden zu können. Weil der Staat diese Patientenautonomie
nicht nur ebenso zu schützen, sondern auch zu achten hat, kann er unter effektiver,
insbesondere verfahrensrechtlicher Sicherung der Freiwilligkeit und Authentizität des
Sterbewillens die passive Sterbehilfe zulassen (Rdn. 130).[409] Eine Grundrechtsbein-
trächtigung entfällt schließlich auch bei freiwilliger Einwilligung in mögliche Lebensgefährdungen, wie etwa – nach sorgfältiger Aufklärung – bei gravierenden ärztlichen
Heileingriffen oder im Zuge der Eingehung von Soldaten-, Polizei- oder Feuerwehr-
dienstverhältnissen.

b) Recht auf körperliche Unversehrtheit

Das Recht auf körperliche Unversehrtheit wird zunächst durch **gezielte Eingriffe** des   **121**
Staates betroffen, durch die der Körper oder die Gesundheit eines Menschen beein-
trächtigt wird. Dazu gehören nicht nur die Zufügung von Gesundheitsschäden,
Schmerzen (BVerfGE 56, 54 [73]) und Körperverletzungen im engeren Sinne, wie
z.B. körperliche Strafen und Züchtigungen, Anwendung unmittelbaren Zwangs,
Zwangssterilisationen und -kastrationen, Zwangsernährung oder der Impfzwang
(BVerfGE 9, 78 [79]), die Pflicht zur Röntgenuntersuchung und andere medizinische
Zwangsbehandlungen (auch zu Heilungszwecken, BVerfGE 89, 120 [130]; 128, 282
[300]), sondern auch strafprozessrechtlich begründete Maßnahmen (§ 81a StPO),
wie z.B. Blutentnahme zur DNA-Feststellung (BVerfG-K, NJW 1996, 3071 f.), Liquorentnahme (BVerfGE 16, 194 [198]), Hirnkammerluftfüllung (BVerfGE 17, 108
[115]), Verabreichung von Brechmitteln (BVerfG-K, NStZ 2000, 96), Kürzung der
Haare unter Einsatz von Gewalt (BVerfGE 47, 239 [248]). Bei einer grundsätzlich
möglichen Beeinträchtigung durch Unterlassen erhebt sich wie beim Recht auf Leben (Rdn. 118) die Frage, ob nicht die Schutzpflichtendimension des Art. 2 Abs. 1
S. 1 GG einschlägig ist.

---

408 Ebenso *Di Fabio*, in: Maunz/Dürig, Art. 2 Abs. 2 Satz 1 (2004) Rn. 36; *Jarass*, in: Jarass/
 Pieroth, Art. 2 Rn. 86; *Höfling*, in: Friauf/Höfling, Art. 2 Rn. 93; *Kunig*, in: v. Münch/Ku-
 nig I, Art. 2 Rn. 65; statt eine den Tatbestand des Eingriffs ausschließende wird gelegentlich auch eine den Eingriff rechtfertigende Wirkung der Einwilligung angenommen,
 insofern offen *Schulze-Fielitz*, in: Dreier I, Art. 2 II Rn. 55.
409 Dazu *Müller-Terpitz*, in: HStR VII³, § 147 Rn. 101 ff.; *Schulze-Fielitz*, in: Dreier I, Art. 2
 II Rn. 55 f., 63, jeweils m.w.N.

122 Auch bei **sonstigen Beeinträchtigungen** oder Gefährdungen des Rechts auf körperliche Unversehrtheit stehen eher dessen Rechtswirkungen als Schutzpflicht in Rede, wie bei schädlichen Umwelteinwirkungen, Technikrisiken und -folgebelastungen, Kriminalitäts- und Terrorismusgefahren oder anderen Beeinträchtigungen von Seiten Dritter. Hieraus ergibt sich die Aufgabe, u.U. die Verpflichtung, zur Gefahrenabwehr und Gefahrenvorbeugung.[410] **Ungezielte, mittelbare Beeinträchtigungen** im Sinne des erweiterten Eingriffsbegriffs kommen demgegenüber nur in Betracht, wenn diese dem eigenen Verantwortungsbereich des Staates zugerechnet werden können.[411] Für die Erteilung verwaltungsrechtlicher Genehmigungen für Tätigkeiten, die Gesundheitsrisiken für Dritte mit sich bringen, ist mittlerweile geklärt, dass das Grundrecht in seiner Schutzpflichten-, nicht in seiner Eingriffsabwehrfunktion betroffen ist.[412] Die Unterbindung des Zugangs zu einer an sich verfügbaren Therapiemethode (Organtransplantation), mit der zumindest eine Minderung des Leidens verbunden ist, qualifiziert das Bundesverfassungsgericht hingegen als zurechenbaren Eingriff.[413] Mittelbaren Eingriffscharakter dürfte auch die Pflicht zur Heilbehandlung bei Strafe des Entzugs von staatlichen Leistungen haben, jedenfalls wenn der Betroffene auf die Leistung angewiesen ist.[414]

123 **Keinen Eingriff** stellen nur **rein äußerliche Maßnahmen** dar, die zwar mit einer Berührung des Körpers verbunden sind, denen es aber an einer schmerzgleichen (Ein-)Wirkung fehlt und/oder die als **geringfügige** Belästigung sozialadäquat und daher zumutbar sind.[415] So berühren z.B. bloß äußerliche, schmerzlose Maßnahmen, wie Hirnstrommessungen (vgl. BVerfGE 17, 108 [114 f.]: »harmlos«), der Einsatz eines »Lügendetektors«[416] und andere vergleichbare Behandlungen nach §§ 81a ff. StPO, oder auch die Anordnung, sich die Haare kürzen zu lassen,[417] nicht das Recht auf die Unversehrtheit der körperlichen Substanz. Allerdings muss hier der Gefahr einer allzu weitgehenden Einengung des grundrechtlichen Schutzbereichs vorgebeugt werden.[418] Soweit es indes solchen Maßnahmen um die Ermittlung von personenbezogenen Informationen geht, ist das allgemeine Persönlichkeitsrecht

---

410 Vgl. etwa BVerfGE 49, 89 (140 ff.); 53, 30 (57); 56, 54 (78).
411 BVerfGE 66, 39 (60); BVerfG-K, NJW 1999, 3399 (3401).
412 *Di Fabio*, in: Maunz/Dürig, Art. 2 Abs. 2 Satz 1 (2004) Rn. 67.
413 Vgl. BVerfG-K, NJW 1999, 3399 (3400 f.); ebenso für die Verabreichung von Canabis als Behandlungsmethode: BVerwGE 123, 352 (355 f.).
414 *Schulze-Fielitz*, in: Dreier I, Art. 2 II Rn. 51; *Jarass*, in: Jarass/Pieroth, Art. 2 Rn. 88; *Müller-Terpitz*, in: HStR VII³, § 147 Rn. 48; a.A. *Starck*, in: v. Mangoldt/Klein/Starck I, Art. 2 Abs. 2 Rn. 223, 252.
415 BVerfGE 17, 108 (115); BVerwGE 54, 211 (223); *Di Fabio*, in: Maunz/Dürig, Art. 2 Abs. 2 Satz 1 (2004) Rn. 60; *Kunig*, in: v. Münch/Kunig I, Art. 2 Rn. 64; *Müller-Terpitz*, in: HStR VII³, § 147 Rn. 44.
416 Vgl. BVerfG (Vorprüfungsausschuss), NJW 1982, 375.
417 BVerwGE 46, 1 (7); 103, 99 (101); 125, 85 (88).
418 Deshalb insofern kritisch *Schulze-Fielitz*, in: Dreier I, Art. 2 II Rn. 49 ff.; *Murswiek*, in: Sachs, Art. 2 Rn. 163; *Friauf*, in: Friauf/Höfling, Art. 2 (3. Teil), Rn. 134; *Lorenz*, in: BK, Art. 2 (2012) Rn. 450 f.; *Jarass*, in: Jarass/Pieroth, Art. 2 Rn. 87.

(Art. 2 Abs. 1 i.V.m. Art. 1 Abs. 1 GG) betroffen. Außerhalb des Schutzbereichs der körperlichen Unversehrtheit (s. aber Art. 104 Abs. 1 S. 2 GG) liegen auch Beeinträchtigungen des allein geistig-seelischen und sozialen Wohlbefindens (Rdn. 58), freilich nur soweit, wie psychische oder seelische Einwirkungen nicht zu solchen körperlicher Art werden.[419]

Die **Einwilligung** des Grundrechtsträgers schließt eine Grundrechtsbeeinträchtung   124
aus, sofern diese in bewusster und freier Willensentscheidung erfolgt.[420] Der
(amts-)ärztliche Heileingriff[421] wie auch die Teilnahme an medizinisch-wissenschaftlichen Versuchen setzt daher die Aufklärung über dessen Risiken voraus. Dieses
Selbstbestimmungsrecht hat der Staat durch geeignete Vorkehrungen zu schützen.[422]
Bei freiwillig angetretenem Hungerstreik rechtfertigt sich eine Zwangsernährung ab
dem Stadium fehlender Urteilsfähigkeit aus dem objektiven Wertgehalt des Art. 2
Abs. 2 S. 1 GG.[423]

2. Grundrechtsschranken, Eingriffsrechtfertigung

Nach Art. 2 Abs. 2 S. 3 GG unterliegen die Grundrechte auf Leben und auf körper-   125
liche Unversehrtheit einem einfachen **Gesetzesvorbehalt**. Sie können trotz ihrer hohen Bedeutung »auf Grund eines Gesetzes« beschränkt werden. Das schließt eine Beschränkung unmittelbar durch Gesetz ein.[424] »Gesetz« im Sinne des Vorbehalts
verlangt ein **förmliches Parlamentsgesetz**, das die wesentlichen Eingriffsvoraussetzungen regelt.[425] Das gilt auch dann, wenn konfligierende Grundrechtspositionen
auszugleichen sind, etwa das Recht auf körperliche Unversehrtheit und das elterliche
Erziehungsrecht (Art. 6 Abs. 2 GG) bei Züchtigungsmaßnahmen oder das Recht auf
Leben gegenüber der werdenden Mutter oder medizinischen Forschungsinteressen.
Auch mittelbare Beeinträchtigungen bedürfen der gesetzlichen Grundlage.[426]

Neben dem Bestimmtheits- und dem Zitiergebot (Art. 19 Abs. 1 S. 2 GG) richtet   126
sich die verfassungsrechtliche Zulässigkeit der Beschränkbarkeit ganz zentral nach
dem **Verhältnismäßigkeitsgrundsatz**. Jeder Eingriff in die Grundrechte des Art. 2
Abs. 1 S. 1 GG muss, auf der Ebene des Gesetzes ebenso wie bei dessen Anwendung
im Einzelfall, zur Erreichung des damit verfolgten Ziels geeignet und erforderlich sowie angemessen sein; dabei ist eine strenge Prüfung geboten.[427]

---

419 *Müller-Terpitz*, in: HStR VII³, § 147 Rn. 44.
420 *Di Fabio*, in: Maunz/Dürig, Art. 2 Abs. 2 Satz 1 (2004) Rn. 61; *Schulze-Fielitz*, in: Dreier
     I, Art. 2 II Rn. 55 f., 73; *Jarass*, in: Jarass/Pieroth, Art. 2 Rn. 89.
421 Dazu BVerfGE 52, 131 (171, 173 ff. – Sondervotum); 89, 120 (130); 128, 282 (300).
422 *Lorenz*, in: BK, Art. 2 (2012), Rn. 568 ff.
423 *Di Fabio*, in: Maunz/Dürig, Art. 2 Abs. 2 Satz 1 (2004) Rn. 71.
424 *Schulze-Fielitz*, in: Dreier I, Art. 2 II Rn. 52; *Jarass*, in: Jarass/Pieroth, Art. 2 Rn. 95.
425 BVerfGE 115, 118 (139); *Müller-Terpitz*, in: HStR VII³, § 147 Rn. 55.
426 *Schulze-Fielitz*, in: Dreier I, Art. 2 II Rn. 53; *Jarass*, in: Jarass/Pieroth, Art. 2 Rn. 95.
427 BVerfGE 19, 342 (349); 58, 208 (224); 66, 191 (195).

a) Recht auf Leben

127 Besonders strenge Anforderungen an die Verhältnismäßigkeit bestehen im Fall einer Tötung. Das Rechtsgut Leben stellt in der Verfassungsordnung zwar einen »Höchstwert« dar. Dennoch bleibt es ein relatives Rechtsgut (Rdn. 12); nicht immer kann es gegenüber anderen Rechtsgütern Vorrang beanspruchen (BVerfGE 88, 203 [253 f.]). Doch in seiner hochrangigen Bedeutung ist das Leben zugleich ein unteilbares Rechtsgut.[428] Die Irreversibilität lebensbeendender Maßnahmen verlangt, dass das Recht auf Leben **nur unter engen Voraussetzungen** und nur zum Schutze mindestens ebenso hochrangiger Rechtsgüter beschränkt werden darf. Erforderlich ist in diesem Sinne ein nicht nur abstrakter (Rechtsgüter-)Abgleich, sondern eine konkrete Gewichtung und Abwägung der konfligierenden Rechtsgüter im jeweiligen Kontext.[429] Stets muss das einschränkende Gesetz im Lichte der herausragenden Bedeutung des Lebensgrundrechts gedeutet werden (BVerfGE 115, 118 [152]). Danach können staatliche Tötungshandlungen oder entsprechende Erlaubniserteilungen an Dritte nur als ultima ratio zum Schutze eines überragend wichtigen Individual- oder Gemeinschaftsgut zulässig sein. Die Todesstrafe ist schon verfassungsunmittelbar verboten (Art. 102 GG). Aber auch das sichere Opfer des eigenen Lebens darf der Staat regelmäßig nicht verlangen.[430] Hingegen finden Selbstgefährdungspflichten des Soldaten oder des Polizisten auch im Hinblick auf konkrete Lebensgefahren ihre Rechtfertigung im verfassungsrechtlichen Verteidigungsauftrag (BVerfGE 12, 45 [50 f.]) bzw. im Auftrag zur Bewahrung der inneren Sicherheit. Der gezielte **polizeiliche Todesschuss** (z.B. gegen einen Geiselnehmer) rechtfertigt sich unter der strengen Voraussetzung der ultima ratio aus dem Ziel, ein vergleichbar hohes Rechtsgut zu schützen (das Leben der Geisel zu retten).[431] Solche gesetzlichen Rechtfertigungen von gezielten Tötungsakten können aber nicht nur aus zwingenden Gründen des Lebensschutzes, sondern in bestimmten, gravierenden Bedrohungslagen auch zum Schutze anderer Rechtsgüter Dritter, wie der persönlichen Freiheit (Art. 2 Abs. 2 S. 2 GG) oder der sexuellen Selbstbestimmung, in Betracht kommen, wie auch die Reichweite der strafrechtlichen Notwehr- und Nothilfevorschriften zeigt.[432] **Auslieferung** und **Abschiebung** eines Menschen sind unzulässig, wenn dem Betroffenen durch den Aufnahmestaat aller Voraussicht nach die Tötung oder eine erhebliche Beeinträchtigung seiner körperlichen Unversehrtheit droht.[433] Auch das partielle **Verbot der Or-**

---

428 Vgl. BVerfGE 39, 1 (43); 88, 203 (255).

429 *Di Fabio*, in: Maunz/Dürig, Art. 2 Abs. 2 Satz 1 (2004) Rn. 37; *Müller-Terpitz*, in: HStR VII³, § 147 Rn. 56.

430 *Di Fabio*, in: Maunz/Dürig, Art. 2 Abs. 2 Satz 1 (2004) Rn. 40.

431 *Di Fabio*, in: Maunz/Dürig, Art. 2 Abs. 2 Satz 1 (2004) Rn. 37; *Schulze-Fielitz*, in: Dreier I, Art. 2 II Rn. 62; *Jarass*, in: Jarass/Pieroth, Art. 2 Rn. 98; *Murswiek*, in: Sachs, Art. 2 Rn. 182; *Müller-Terpitz*, in: HStR VII³, § 147 Rn. 63.

432 *Di Fabio*, in: Maunz/Dürig, Art. 2 Abs. 2 Satz 1 (2004) Rn. 37; *Lorenz*, in: BK, Art. 2 (2012) Rn. 481; *Müller-Terpitz*, in: HStR VII³, § 147 Rn. 54.

433 BVerwGE 102, 249 (259); 114, 379 (382); *Schulze-Fielitz*, in: Dreier I, Art. 2 II Rn. 60.

ganspende hat das Bundesverfassungsgericht für verfassungsrechtlich unbedenklich angesehen (BVerfG-K, NJW 1999, 3399 [3401 f.])

Regelmäßig ist der **Einfluss der Würde des Menschen** zu beachten (BVerfGE 115, **128** 118 [152]). Alles menschliche Leben besitzt Menschenwürde (BVerfGE 39, 1 [41]). Der Zusammenhang lässt zwar den grundrechtlichen Lebensschutz nicht im Menschenwürdeschutz aufgehen, andernfalls dessen gesetzliche Einschränkbarkeit (Art. 2 Abs. 2 S. 3 GG) undenkbar wäre (Rdn. 12). Doch folgt daraus, dass der Staat menschliches Leben nicht als bloßes Objekt seines Handelns opfern darf. Er muss auch im Falle einer Tötung die aus der Menschenwürde fließende Subjektstellung des Einzelnen, seinen Wert- und Achtungsanspruch bewahren und schützen.[434] Nach der Rechtsprechung des Bundesverfassungsgerichts schließt dies eine gesetzliche Ermächtigung aus, die Passagiere und die Besatzung eines entführten und zur Angriffswaffe gegen am Boden lebende Menschen umfunktionierten Verkehrsflugzeugs durch dessen Abschuss vorsätzlich zu töten (BVerfGE 115, 118 [153 f.]). Die Entscheidung ist mit guten Gründen vielfach kritisiert worden.[435] Im Mittelpunkt steht – abgesehen von dem Prognoseproblem der entsprechenden Lageeinschätzung im realen Fall – die Frage, ob der Abschuss des Flugzeugs in der durch den Terrorakt erzeugten und ausweglosen Lage der unmittelbaren Lebensgefahr sowohl für die Menschen am Boden als auch für die unbeteiligten Flugzeuginsassen letztere wahrlich zum Objekt eines staatlichen Handelns macht, das »die Achtung des Wertes vermissen lässt, der jedem Menschen um seiner selbst willen, kraft seines Personseins, zukommt« (BVerfGE 115, 118 [153]).

Äußerst umstritten sind die verfassungsrechtlichen Konsequenzen aus dem Recht auf **129** Leben und dem Achtungsanspruch der Menschenwürde im Hinblick auf den Schutz des **vorgeburtlichen Lebens**. Die Frage nach den Grenzen der gesetzlichen Zulassung von Schwangerschaftsabbrüchen und der Verwendung von Embryonen zur medizinisch-wissenschaftlichen Forschung erhebt sich allerdings nicht unter dem Gesichtspunkt der Rechtfertigung von dem Staat zurechenbarer Eingriffe, sondern betrifft die Anforderungen an die ihn treffenden grundrechtlichen Schutzpflichten (Rdn. 56 f., 83). Modellen einer Güter- und Interessenabwägung, die – jenseits der Rechtfertigung einer Abtreibung zur Abwehr einer Gefahr für Leib und Leben der Schwangeren – im Ergebnis auf einen erheblich abgesenkten (»abgestuften«) Lebens- und Würdeschutz des noch ungeborenen, aber im Werden befindlichen Lebens hinauslaufen, ist allerdings unter den Prämissensetzungen des Verfassungsstaates für den

434 Vgl. dazu *Di Fabio*, in: Maunz/Dürig, Art. 2 Abs. 2 Satz 1 (2004) Rn. 15.
435 Statt vieler *Isensee*, AöR 131 (2006), 173, 192 f.; *Hillgruber*, JZ 2007, 209, 216 f.; *Merkel*, JZ 2007, 373, 379 ff.; *Murswiek*, in: Sachs, Art. 2 Rn. 182a m.w.N.; *Lorenz*, in: BK, Art. 2 (2012) Rn. 492 f.; *Müller-Terpitz*, in: HStR VII³, § 147 Rn. 62 m.w.N.; grundsätzlich *Depenheuer*, Selbstbehauptung des Rechtsstaats, 2. Aufl. 2008.

Höchstwert Leben und die Absolutheit der Menschenwürde mit erheblicher Skepsis zu begegnen.[436]

130   Kaum weniger schwierige und umstrittene Fragen wirft der Schutz des lebensgrundrechtlichen Selbstbestimmungsrechts **am Lebensende** auf. Zweifelsfrei ist allein, dass alle Erscheinungsformen der Sterbehilfe, die nicht auf einer autonomen Entscheidung des Sterbenden beruhen, verfassungsrechtlich unzulässig sind.[437] Doch selbst der gegebene – freiwillige, bewusste und authentische – Sterbewunsch trifft auf eine komplexe grundrechtliche Konstellation. So ist die Einwilligung in eine Tötungshandlung durch Dritte (**aktive Sterbehilfe**) ebenso wenig von Art. 2 Abs. 2 S. 1 1. Alt. GG gewährleistet wie ein Recht auf Selbsttötung (Rdn. 53, 120), sondern allenfalls Ausdruck der allgemeinen Handlungsfreiheit. Gegenüber dieser aber erhebt sich nicht nur der objektiv-grundrechtliche Auftrag des Staates zur Bewahrung des Rechtsguts Leben, sondern auch die individualisierte Schutzpflicht für das Leben und für die – unverfälschte und unbeeinflusste – Autonomie des Sterbewilligen. Für den Gesetzgeber öffnet sich hier ein Abwägungsspielraum, in dem er die auf selbstbestimmtes Verlangen hin erfolgende Tötung durch Dritte, wie in § 216 StGB geschehen, verbieten kann. Verfassungsrechtlich zwingend vorgegeben ist das indessen nicht.[438] Denn zugleich ist es dem Staat verwehrt, dem Individuum eine Pflicht zum Weiterleben aufzuerlegen (Rdn. 53). Das wirkt sich zumal auf der Frage nach der Zulässigkeit der **passiven Sterbehilfe** durch Abbruch der Heilbehandlung sowie des **assistierten Suizids** aus. Hier ist der Staat nicht nur berechtigt, sondern nach überwiegender Auffassung verpflichtet, die abwägenden Gewichtungen anders zu setzen und dem individuellen Schutz- und Achtungsanspruch auf ein selbstbestimmtes (menschenwürdiges) Sterbenlassen bzw. Sterbenkönnen bei letaler Erkrankung (u.U. auch bei schwerstem Leiden oder gravierenden Körperschädigungen) den Vorrang einzuräumen. Lebens- wie Autonomieschutz gebieten es dabei allerdings in besonderer Weise, durch geeignete Anforderungen in jedem Einzelfall sicherzustellen, dass die Freiwilligkeit und Authentizität des Todeswunsches gewahrt ist. Im Hinblick darauf kann auch die organisierte und/oder gewerblich betriebene Tötungshilfe untersagt werden.[439]

---

436   Zu diesen Fragen m.w.N. *Schulze-Fielitz*, in: Dreier I, Art. 2 II Rn. 66 ff.; *Dreier*, in: Dreier I, Art. 1 I Rn. 68 ff., 79 ff.; *Lorenz*, in: BK, Art. 2 (2012) Rn. 594 ff., 623 ff.; *Höfling*, in: Friauf/Höfling, Art. 2 (3. Teil) Rn. 176 ff.; *Müller-Terpitz*, in: HStR VII³, § 147 Rn. 80 ff.

437   *Schulze-Fielitz*, in: Dreier I, Art. 2 II Rn. 65.

438   H.M.; vgl. *Schulze-Fielitz*, in: Dreier I, Art. 2 II Rn. 32, 64, 85; *Murwiek*, in: Sachs, Art. 2 Rn. 212a; *Jarass*, in: Jarass/Pieroth, Art. 2 Rn. 100; *Lorenz*, in: BK, Art. 2 (2012) Rn. 649 ff.; *Müller-Terpitz*, in: HStR VII³, § 147 Rn. 103.

439   Vgl. zum Ganzen m.w.N. *Schulze-Fielitz*, in: Dreier I, Art. 2 II Rn. 32, 63; *Lorenz*, in: BK, Art. 2 (2012) Rn. 653 ff., 657 ff.; *Müller-Terpitz*, in: HStR VII³, § 147 Rn. 101 ff., 104; unter besonderer Akzentuierung des Selbstbestimmungsrechts aus der Menschenwürdegarantie des Art. 1 Abs. 1 GG *Dreier*, in: Dreier I, Art. 1 I Rn. 154; *Hufen*, Staatsrecht II. Grundrechte, 4. Aufl. 2014, § 10 Rn. 59.

b) Recht auf körperliche Unversehrtheit

Die Rechtfertigung von Eingriffen in das Recht auf körperliche Unversehrtheit be- 131
misst sich regelmäßig nach der »je-desto«-Formel des Verhältnismäßigkeitsgrundsatzes. So sind **strafprozessuale Eingriffsmaßnahmen** in die körperliche Unversehrtheit
in Abhängigkeit von der Schwere des Eingriffs, des Tatverdachts und des verfolgten
Delikts zulässig.[440] Folter, sonstige erniedrigende Behandlungen und Körperstrafen
sind allerdings im Hinblick auf Art. 1 Abs. 1 und Art. 104 Abs. 1 S. 2 GG prinzipiell unzulässig (vgl. Rdn. 161).[441] **Impfzwang** (BVerfGE 9, 78 [79]) und Zwangs-
heilungen aller Art lassen sich nur bei weit überwiegenden Gesundheitsgefahren für
die Allgemeinheit rechtfertigen; im Übrigen ist auch eine »Freiheit zur Krankheit«[442]
(aus Art. 2 Abs. 1 GG) zu beachten (vgl. BVerfGE 58, 208 [226], oben Rdn. 58). Allgemein gilt, das an die Rechtfertigung einer Körperverletzung umso höhere Anforderungen zu stellen sind, je mehr sie sich als lebensgefährdend oder lebens(zeit)verkür-
zend darstellt.[443]

III. Art. 2 Abs. 2 S. 2 GG

1. Eingriffe

Ein Eingriff in die körperliche Bewegungsfreiheit liegt vor allem in jeder **Freiheits-** 132
entziehung. Sie ist dadurch gekennzeichnet, dass die – tatsächlich und rechtlich an
sich gegebene – körperliche Bewegungsfreiheit einer Person ohne oder gegen ihren
Willen durch staatliche Maßnahmen (rechtliche Anordnung oder tatsächlicher Vollzug) nach jeder Richtung hin, also allseitig aufgehoben wird.[444] Auf den Zweck einer
solchen (rechtlichen oder tatsächlichen) Hinderung, einen bestimmten Ort zu verlassen, kommt es nicht an.[445] Hierunter fallen namentlich die Freiheitsstrafe,[446] die
vorläufige Festnahme, neben der Strafhaft die sonstigen Fälle der Haft und des Ar-

440 BVerfGE 16, 194 (202); 27, 211 (218 f.); 47, 239 (248); 51, 324 (350).
441 *Di Fabio*, in: Maunz/Dürig, Art. 2 Abs. 2 Satz 1 (2004) Rn. 79 f.; *Schulze-Fielitz*, in:
    Dreier I, Art. 2 II Rn. 72; *Jarass*, in: Jarass/Pieroth, Art. 1 Rn. 19; differenzierter gegen-
    über einer Tabuisierung (für den Fall der präventiven Folter zum Schutz des Lebensrechts
    einer Geisel) *Herdegen*, in: Maunz/Dürig, Art. 1 Abs. 1 (2001) Rn. 45, 90; *Dreier*, in:
    Dreier I, Art. 1 I Rn. 133 f. (»Würdekollision«; »dilemmatische Situation«); *Wittreck*,
    DÖV 2003, 873, 879 ff.; *Brugger*, Der Staat 35 (1996), 67, 79 ff.; *ders.*, JZ 2000, 165 ff.;
    Schmitt Glaeser, in: FS Isensee, 2007, S. 507 ff.; *Isensee*, in: HStR IX³, § 191 Rn. 313 f.;
    weitere Nachweise bei *Sachs*, in: Stern, Staatsrecht IV/1, S. 174 Fn. 292.
442 *Jarass*, in: Jarass/Pieroth, Art. 2 Rn. 101.
443 *Di Fabio*, in: Maunz/Dürig Art. 2 Abs. 2 Satz 1 (2004) Rn. 53.
444 BVerfGE 94, 166 (198); 105, 239 (248); *Di Fabio*, in: Maunz/Dürig, Art. 2 Abs. 2 Satz 2
    (2009) Rn. 22; *Gusy*, in: HGR IV, § 93 Rn. 16.
445 *Schulze-Fielitz*, in: Dreier I, Art. 2 II Rn. 101; *Gusy*, in: HGR IV, § 93 Rn. 17.
446 BVerfGE 14, 174 (186); 29, 312 (316); 86, 288 (326); 90, 145 (172).

restes, die Sicherungsverwahrung und Unterbringung in geschlossenen Anstalten (auch im sog. offenen Vollzug) sowie die polizeiliche Ingewahrsamnahme.[447]

133   Sonstige **Freiheitsbeschränkungen** sind von geringerer Intensität und zielen – gegen oder ohne Willen des Betroffenen – auf den Ausschluss der Möglichkeit, einen bestimmten Ort, der ihm an sich (tatsächlich und rechtlich) zugänglich ist, aufzusuchen oder sich dort aufzuhalten.[448] Allerdings bedarf es insoweit einer Abgrenzung zu solchen Maßnahmen, gegen die das Grundrecht ersichtlich nicht Stellung bezieht und daher Art. 2 Abs. 2 S. 2 GG nicht beeinträchtigen. Das betrifft zumal solche Beeinträchtigungen der Bewegungsfreiheit, die sich als bloß mittelbare Folge oder Nebenwirkung von auferlegten Rechtspflichten ganz anderer Art oder Zweckrichtung darstellen.[449] Die Gewährleistung der körperlichen Bewegungsfreiheit umfasst nicht die Freiheit von jeglicher Pflicht zu körperlicher Bewegung.[450] Um einen grundrechtlichen Rechtfertigungsbedarf nach Art. 2 Abs. 2 S. 2 GG auszulösen, muss sich die Eingriffsmaßnahme daher zumindest auch gegen die Fortbewegungsfreiheit als solche richten, also **wenigstens tendenziell die Absicht** verfolgen, die Person **im Hinblick auf eine bestimmte andere Örtlichkeit** daran zu hindern, ihren gegenwärtigen Aufenthaltsort zu verändern.

134   Demnach sind Verbote, einen bestimmten Ort aufzusuchen oder dort zu bleiben, ebenso wie Gebote, sich an einen anderen Ort zu begeben oder diesen zu verlassen, als sonstige Freiheitsbeschränkung zu qualifizieren, wenn sie ähnlich wie eine Freiheitsentziehung als solche beabsichtigt sind. Das ist zumindest immer dann der Fall, wenn die Maßnahme mit (der Möglichkeit) der Androhung oder **Anwendung unmittelbaren Zwangs** verbunden ist.[451] Beispielsfälle sind hier die Vorführung zu amtlichen Untersuchungen oder sonstigen Amtshandlungen bei einer Behörde oder einem Gericht, das Mitnehmen zur Dienststelle (Sistierung), der Verbringungsgewahrsam zur Durchsetzung von Betreuungs- oder Aufenthaltsverboten, auch die Durchsuchung

---

447   Zu diesen und weiteren Fallgruppen *Schulze-Fielitz*, in: Dreier I, Art. 2 II Rn. 101; *ders.*, in: Dreier III, Art. 104 Rn. 20; *Wittreck*, in: HStR VII³, § 151 Rn. 19 f.; *Gusy*, in: HGR IV, § 93 Rn. 12 ff. Zur Sicherungsverwahrung BVerfGE 109, 133 (156); 109, 190 (236); 128, 326 (372); zum sog. Sicherheitsgewahrsam zum eigenen Schutz des Betroffenen BVerfGE 90, 145 (172) m.w.N.

448   BVerfGE 105, 239 (248); *Gusy*, in: HGR IV, § 93 Rn. 16.

449   Zum Problem *Gusy*, in: v. Mangoldt/Klein/Starck III, Art. 104 Rn. 18; *ders.*, in: HGR IV, § 93 Rn. 10, 17 f.; *Murswiek*, in: Sachs, Art. 2 Rn. 232 f.; *Wiedemann*, in: Umbach/Clemens, Art. 2 II Rn. 386; *Schulze-Fielitz*, in: Dreier I, Art. 2 II Rn. 104 f.; *Jarass*, in: Jarass/Pieroth, Art. 2 Rn. 114; *Sachs*, in: Stern, Staatsrecht IV/1, S. 1097 f.; auch *Wittreck*, in: HStR VII³, § 151 Rn. 10, 22.

450   *Pieroth/Schlink/Kingreen/Poscher*, Grundrechte. Staatsrecht II, 30. Aufl. 2014, Rn. 444.

451   Vgl. BVerfGE 22, 21 (26); 105, 239 (247): Schutz »vor Verhaftung, Festnahme und ähnlichen Maßnahmen unmittelbaren Zwangs«; vgl. auch *Kunig*, in: v. Münch/Kunig I, Art. 2 Rn. 76; *Murswiek*, in: Sachs, Art. 2 Rn. 234; *Sodan*, in: ders., Art. 2 Rn. 34, sowie *Schulze-Fielitz*, in: Dreier I, Art. 2 II Rn. 104, *Jarass*, in: Jarass/Pieroth, Art. 2 Rn. 114.

Horn

einer Person und der polizeiliche Platzverweis.[452] Andere Maßnahmen hingegen, die lediglich bei Gelegenheit oder als immanente Folge einer ganz anderen Zielsetzung zur Notwendigkeit einer nicht gewollten Ortsveränderung führen, greifen nicht in die Freiheit der Person ein. Das gilt namentlich für **behördliche Verhaltensanordnungen**, deren Befolgung einen körperlichen Ortswechsel bedingt, wie Vorladungen aller Art (z.b. zum Verkehrsunterricht), Verpflichtungen zum Besuch des Amtsarztes, behördliche Meldepflichten oder die Pflicht zum Schulbesuch, ebenso für (eigentlich umschützende) Betretungsverbote fremder Grundstücke oder die Pflicht zur Beachtung von Verkehrsregeln.[453] Auch das Aufhalten von einreisenden Asylsuchenden im Transitbereich eines Flughafens stellt keine Freiheitsbeschränkung dar, sondern dient der Feststellung ihrer Asylberechtigung.[454] Bei einem **bloß kurzfristigen** Anhalten einer Person (z.b. bei einer Verkehrskontrolle oder zur Identitätsfeststellung) handelt es sich wohl ebenso wenig schon um eine Freiheitsbeschränkung.[455]

Die freiwillige **Einwilligung** des Betroffenen schließt eine Freiheitsbeschränkung aus (BVerfGE 105, 239 [248]). 135

2. Grundrechtsschranken, Eingriffsrechtfertigung

Eingriffe in das Recht der Freiheit der Person bedürfen der Grundlage in einem 136
förmlichen Gesetz. Das folgt aus Art. 2 Abs. 2 S. 3 und Art. 104 Abs. 1 S. 1 GG.
Eine Beschränkung unmittelbar durch Gesetz wird abgelehnt.[456] Die elementare Bedeutung der körperlichen Bewegungsfreiheit stellt nicht nur an die Bestimmtheit des Gesetzes detaillierte Anforderungen,[457] sondern verlangt auch eine besonders strenge Prüfung des **Verhältnismäßigkeitsprinzips**. Eingriffe, vor allem Freiheitsentziehungen, können nur aus »besonders gewichtigen Gründen«[458] wie z.B. den »Schutz der

---

452 Zu diesen und anderen Beispielen *Schulze-Fielitz*, in: Dreier I, Art. 2 II Rn. 102, 104; *Murswiek*, in: Sachs, Art. 2 Rn. 240; *Sachs*, in Stern, Staatsrecht IV/1, S. 1098; *Gusy*, in: HGR IV, § 93 Rn. 17; *Wittreck*, in: HStR VII³, § 151 Rn. 23 (a.A. zum Platzverweis ebd., Rn. 26).

453 Vgl. mit weiteren Beispielen *Schulze-Fielitz*, in: Dreier I, Art. 2 II Rn. 105; *Starck*, in: v. Mangoldt/Klein/Starck I, Art. 2 Abs. 2 Rn. 196; *Murswiek*, in: Sachs, Art. 2 Rn. 233, 239, 241; *Sachs*, in: Stern, Staatsrecht IV/1, S. 1097 f.

454 BVerfGE 94, 166 (198 f.); a.A. *Correll*, in: AK-GG, Art. 2 II Rn. 164; *Wittreck*, in: HStR VII³, § 151 Rn. 24.

455 *Kunig*, in: v. Münch/Kunig I, Art. 2 Rn. 78; *Murswiek*, in: Sachs, Art. 2 Rn. 240; *Schulze-Fielitz*, in: Dreier I, Art. 2 II Rn. 105; a.A. *Sachs*, in: Stern, Staatsrecht IV/1, S. 1098; *Wittreck*, in: HStR VII³, § 151 Rn. 23.

456 *Schulze-Fielitz*, in: Dreier I, Art. 2 II Rn. 106; *Starck*, in: v. Mangoldt/Klein/Starck I, Art. 2 Abs. 2 Rn. 198; *Di Fabio*, in: Maunz/Dürig, Art. 2 Abs. 2 Satz 2 (2009) Rn. 42; krit. *Wittreck*, in: HStR VII³, § 151 Rn. 27 Fn. 129.

457 Dazu *Schulze-Fielitz*, in: Dreier III, Art. 104 Rn. 31 ff.; *Wittreck*, in: HStR VII³, § 151 Rn. 28.

458 BVerfGE 22, 180 (219); 58, 208 (224); 66, 191 (195); 70, 297 (307); 90, 145 (172); 117, 71 (95 f.); besonders zur Sicherungsverwahrung gefährlicher Straftäter zum »Schutz

Allgemeinheit« vor Straftätern gerechtfertigt sein (näher Art. 104 Rdn. 56 ff.). Jede Form von Freiheitsentziehung unterliegt zudem dem Richtervorbehalt des Art. 104 Abs. 2 GG.

G. Verhältnis zu anderen Grundgesetzbestimmungen, insbesondere Grundrechtskonkurrenzen

I. Art. 2 Abs. 1 GG

137 Im Verhältnis **zu anderen Freiheitsrechten** wirkt der Art. 2 Abs. 1 GG als Auffanggrundrecht, d.h. **subsidiär und supplementär** (oben Rdn. 9). Seine Schutzgewähr kommt nicht in Betracht, soweit spezielle Freiheitsrechte einschlägig sind, greift mithin (nur, aber) dann ein, soweit anderer Grundrechtsschutz nicht bereitsteht. Die Abgrenzung bestimmt sich nach herkömmlicher Auffassung danach, ob eine Beeinträchtigung im sachlichen Schutzbereich eines speziellen Grundrechts gegeben, also ein anderes Freiheitsrecht **tatbestandlich einschlägig** ist.[459] Nach weitergehender Auffassung ist auf den **thematischen Regelungsbereich** abzustellen.[460] Der Unterschied wird relevant bei Grundrechtstatbeständen mit immanenten Schranken, wie der Versammlungsfreiheit des Art. 8 Abs. 1 GG (»friedlich und ohne Waffen«). Zustimmung verdient die restriktivere Auffassung.[461] Fällt ein Verhalten wohl in den thematischen Zusammenhang, wegen der begrenzenden Schutzbereichsmerkmale aber nicht in den Schutzbereich eines besonderen Freiheitsrechts (z.B. bei unfriedlichen Versammlungen), bedeutet die insofern vorgenommene Ausgrenzung aus dem Grundrechtsschutz eine klare, am Wortlaut ablesbare Entscheidung des Verfassunggebers. Ein Rückgriff auf Art. 2 Abs. 1 GG unterläuft diese Entscheidung; dessen lückenfüllende (Auffang-)Funktion steht hier gar nicht in Rede. Anderes muss indessen im Hinblick auf die neuere Lehre **von den engeren grundrechtlichen Gewährleistungsgehalten** (Rdn. 26) gelten. Hierbei geht es nicht um geschriebene, sondern allein um interpretatorisch vorgenommene Verengungen besonderer Freiheitsbereiche. Insoweit kommt die Reservefunktion des Art. 2 Abs. 1 GG zum Tragen und unterwirft das vom speziellen Grundrechtsschutz ausgeklammerte Verhalten wenigstens seinem verfassungsrechtlichen Prüfprogramm.[462] Vor **Zwangsmitgliedschaften** in öffentlich-rechtlichen Verbänden schützt nach vorzugswürdiger Auffassung nicht Art. 9 Abs. 1 GG, sondern (nur) Art. 2 Abs. 1 GG (Rdn. 32). Ein Rückgriff auf Art. 2 Abs. 1

höchster Verfassungsgüter« BVerfGE 109, 133 (156 ff.); 109, 190 (235 ff., 239 ff.); 128, 326 (372 ff.); 129, 37 (46).

459 Vgl. *Murswiek*, in: Sachs, Art. 2 Rn. 137; *Hillgruber*, in: Umbach/Clemens, Art. 2 I Rn. 248.

460 *Di Fabio*, in: Maunz/Dürig, Art. 2 Abs. 1 (2001) Rn. 26 f.; *Jarass*, in: Jarass/Pieroth, Art. 2 Rn. 3; *Starck*, in: v. Mangoldt/Klein/Starck I, Art. 2 Abs. 1 Rn. 49; *Lorenz*, in: BK, Art. 2 Abs. 1 (2008) Rn. 75.

461 Vgl. *Kahl*, Die Schutzergänzungsfunktion von Art. 2 Abs. 1 Grundgesetz, 2000, S. 19 ff.

462 Zu Recht *Kahl*, Die Schutzergänzungsfunktion von Art. 2 Abs. 1 Grundgesetz, 2000, S. 21 f.; *ders.*, Der Staat 43 (2004), 167, 188; *ders.*, AöR 131 (2006), 579, 611 ff.

GG scheidet aber jedenfalls aus, wenn es an einem speziellem Grundrechtsschutz fehlt, weil der staatliche Eingriff in das besondere Freiheitsrecht gerechtfertigt ist.[463]

Keine Subsidiarität besteht im Verhältnis **zu den Gleichheitsrechten**; Art. 2 Abs. 1 **138** und Art. 3 Abs. 1 GG können durch ein und dieselbe Maßnahme – aus unterschiedlichen Gründen – nebeneinander verletzt sein.[464]

Die Grundsätze gelten gleichermaßen für die allgemeine Handlungsfreiheit wie für **139** das allgemeine Persönlichkeitsrecht. Zwar ist das **allgemeine Persönlichkeitsrecht** gegenüber der allgemeinen Handlungsfreiheit in seiner von vornherein engeren tatbestandlichen Anlage immer (grundrechtsinterne) lex specialis.[465] Als selbstständiges Teil-Grundrecht aus Art. 2 Abs. 1 GG (Rdn. 14–19) wirkt es jedoch gegenüber anderen Freiheitsrechten grundsätzlich ebenso subsidiär und supplementär. In Anbetracht seiner konkreten Schutzpositionen steht es zu diesen allerdings in **Idealkonkurrenz**. Das macht thematisch begründete Spezialitätsverhältnisse in beide Richtungen denkbar. So entfällt etwa der allgemeine Privatshärenschutz aus Art. 2 Abs. 1 in Verbindung mit Art. 1 Abs. 1 GG, soweit der besondere Privatsphärenschutz aus Art. 10 oder 13 GG eingreift oder der Schutz des forum internum von Glaubens- und Gewissensfreiheit (Art. 4 Abs. 1 GG) in Rede steht.[466] Im Fall der informationellen Selbstbestimmung ist ein vorrangiger Freiheitsschutz aus Art. 9 Abs. 1, 10 Abs. 1, 12 Abs. 1 oder 14 Abs. 1 GG möglich. Umgekehrt kann ein aus dem allgemeinen Persönlichkeitsrecht abgeleiteter »eigenständiger Freiheitsbereich mit festen Konturen«[467] anderweitigen Grundrechtsschutz verdrängen oder vervollständigen. So bietet im Fall der auf Geräten gespeicherten Telekommunikationsverbindungsdaten nicht Art. 10 Abs. 1 GG, sondern das informationelle Selbstbestimmungsrecht den einschlägigen Grundrechtsschutz; die Privatheit des innerfamiliären Umgangs, namentlich die Hinwendung der Eltern zu ihren Kindern, wird vorrangig durch das allgemeine Persönlichkeitsrecht, nicht durch Art. 6 GG geschützt.[468] Im Verhältnis der Idealkonkurrenz befinden sich auch die einzelnen »Rechte« des allgemeinen Persönlichkeitsrechts zueinander.[469] Für die verfestigten Gewährleistungen der allgemeinen Handlungsfreiheit gilt im Grunde nichts anderes.

---

463 *Dreier*, in: Dreier I, Art. 2 I Rn. 98; *Kunig*, in: v. Münch/Kunig I, Art. 2 Rn. 12, 88; *Murswiek*, in: Sachs, Art. 2 Rn. 137; *Hillgruber*, in: Umbach/Clemens, Art. 2 I Rn. 250.

464 *Di Fabio*, in: Maunz/Dürig, Art. 2 Abs. 1 (2001) Rn. 24; *Starck*, in: v. Mangoldt/Klein/Starck I, Art. 2 Abs. 1 Rn. 61; *Kunig*, in: v. Münch/Kunig I, Art. 2 Rn. 88; *Murswiek*, in: Sachs, Art. 2 Rn. 137; *Jarass*, in: Jarass/Pieroth, Art. 2 Rn. 4.

465 *Starck*, in: v. Mangoldt/Klein/Starck I, Art. 2 Abs. 1 Rn. 17; *Murswiek*, in: Sachs, Art. 2 Rn. 64; *Jarass*, in: Jarass/Pieroth, Art. 2 Rn. 38; *Kube*, in: HStR VII³, § 148 Rn. 35.

466 *Horn*, in: HStR VII³, § 149 Rn. 21 ff.

467 BVerfGE 115, 166 (187).

468 BVerfGE 101, 361 (385 f.).

469 Vgl. BVerfGE 120, 274 (311 ff.), zum Recht auf die Gewährleistung der Integrität und Vertraulichkeit informationstechnischer Systeme im Verhältnis zum Schutz der Privatsphäre und des informationellen Selbstbestimmungsrechts.

140   Die grundsätzliche Subsidiarität schließt weder aus, dass Art. 2 Abs. 1 GG (vor allem in der Ausprägung des allgemeinen Persönlichkeitsrechts) im Einzelfall **ergänzend** zu in besonderen Grundrechten – z.B. in Art. 5 Abs. 1 GG –[470] gründenden Freiheitspositionen hinzutritt, noch dass umgekehrt ein Spezialgrundrecht – z.B. Art. 6 Abs. 1 und 2 GG –[471] den Schutz aus Art. 2 Abs. 1 GG **verstärkt**. Insgesamt steht der Art. 2 Abs. 1 GG zu den anderen Grundrechten des Grundgesetzes in einem eigentümlich komplexen Verhältnis, in dem er vielschichtige Auffang-, Schutzergänzungs- und Schutzvermittlungsfunktionen erfüllt.[472]

II. Art. 2 Abs. 2 S. 1 GG

141   Die Freiheitsrechte des Art. 2 Abs. 2 S. 1 GG stehen zu den anderen Freiheitsrechten grundsätzlich im Verhältnis einer **Idealkonkurrenz**. Dem Art. 2 Abs. 1 GG geht Art. 2 Abs. 2 S. 1 GG, soweit sein Schutzbereich reicht, als Spezialgrundrecht vor. Das Recht auf Leben erfährt durch Art. 1 Abs. 1 GG eine normimmanente Ergänzung, ohne dass es dadurch den absoluten Schutz der Menschenwürde teilt; es steht neben diesem als ein selbstständiges Grundrecht. Die Abschaffung der Todesstrafe (Art. 102 GG) setzt Eingriffen in das Recht auf Leben eine verfassungsunmittelbare Schranke. Das Recht auf körperliche Unversehrtheit findet einen speziellen Schutz bei Freiheitsbeschränkungen durch Art. 104 Abs. 1 S. 2 GG.

III. Art. 2 Abs. 2 S. 2 GG

142   Mit seinem spezifisch auf die körperliche Bewegungsfreiheit bezogenen Schutzbereich steht das Recht auf Freiheit der Person selbstständig neben anderen Freiheitsrechten. Es tritt mithin zu diesen in **Idealkonkurrenz** und kann gleichzeitig verletzt sein, wie z.B. bei Freiheitsbeschränkungen im Zusammenhang mit Versammlungen (Art. 8 GG). Die verfahrensrechtlichen Bedingungen bei Freiheitsbeschränkungen und Freiheitsentziehungen nach Art. 104 GG ergänzen die Schutzintensität des Art. 2 Abs. 2 S. 2 GG. Im Verhältnis zu Art. 11 GG ist Art. 2 Abs. 2 S. 1 GG wegen des engeren Schutzecks lex specialis.[473]

H. Internationale und europäische Aspekte

I. Art. 2 Abs. 1 GG

1. Kaum parallele Auffanggewährleistungen

143   Die mit der Positivierung des Art. 2 Abs. 1 GG als allgemeines Freiheitsrecht verbundene Vorstellung von der lückenschließenden (Auffang-)Funktion (Rdn. 9)

---

470   Vgl. etwa BVerfGE 35, 35 (36).
471   Vgl. etwa BVerfGE 101, 361 (385 f.).
472   Einzelheiten bei *Kahl*, in: HGR V, § 124 Rn. 90 f.; *Starck*, in: v. Mangoldt/Klein/Starck I, Art. 2 Abs. 1 Rn. 49 ff.; *Stern*, Staatsrecht IV/1, S. 188 ff., 978 ff.
473   Ebenso *Jarass*, in: Jarass/Pieroth, Art. 2 Rn. 111 m.w.N.; a.A. *Schulze-Fielitz*, in: Dreier I, Art. 2 II Rn. 120: Vorrang von Art. 11 GG.

nimmt im internationalen und innereuropäischen Rechtsvergleich eher eine **Ausnahmestellung** ein.[474] Eine der umfassenden, unbenannten Gewährleistung des Art. 2 Abs. 1 GG annähernd vergleichbare Garantie der freien Entfaltung der Persönlichkeit findet sich auf der Ebene der internationalen Menschenrechtskataloge gar nicht, in anderen nationalen Verfassungen nur selten. Vorherrschend sind punktuelle, d.h. sachlich benannte Freiheitsverbürgungen, die – wenn auch zuweilen in weitem Umfang – einzelne Aspekte und Ausprägungen der allgemeinen Handlungsfreiheit und des Persönlichkeitsrechts unter Schutz stellen.

Die **Allgemeine Erklärung der Menschenrechte** anerkennt etwa die Stellung eines   144
jeden als Rechtsperson (Art. 6 AEMR), den Schutz des Privatlebens und der persönlichen Ehre (Art. 12 AEMR) oder die Ausreisefreiheit (Art. 13 Abs. 2 AEMR). Ähnliche Verbürgungen enthält der **Internationale Pakt über bürgerliche und politische Rechte** (Art. 16, 17, 12 Abs. 2 IPbpR).

Auch die **Europäische Menschenrechtskonvention** (EMRK) sieht kein allgemeines   145
Freiheitsrecht vor. In der weiten – freilich kasuistisch ausgeformten – Interpretation durch den Europäischen Gerichtshof für Menschenrechte umfasst jedoch das Recht auf Privatleben gemäß Art. 8 EMRK weite Bereiche dessen, was innerstaatlich durch Art. 2 Abs. 1 GG geschützt wird. Demnach geht das konventionsrechtliche Schutzgut »Privatleben« über den engeren Bereich privater Lebensgestaltung hinaus, ist also nicht auf einen »inneren Kreis« der persönlichen Lebensführung beschränkt, sondern will das Recht des Einzelnen sichern, seine Persönlichkeit ohne Einmischung von außen zu entwickeln und zu verwirklichen, »vorrangig« in seinen Beziehungen zu seinen Mitmenschen.[475] Umfasst sind daher sowohl interne wie externe Gehalte, die die menschliche Persönlichkeit (1) in ihrer Identität und Individualität, (2) in ihrer körperlichen und geistig-seelischen Integrität, (3) in ihrer Informationshoheit über die eigenen (privaten) Angelegenheiten[476] und (4) in ihrer persönlichkeitsrelevanten Interaktion zu anderen Menschen unter Schutz stellen.[477] Aber eine weitergehende, über diesen besonders persönlichkeitsnahen Bereich hinausreichende Reservefunktion als Auffanggrundrecht erfüllt der Art. 8 EMRK nicht.[478]

---

474 *Dreier*, in: Dreier I, Art. 2 I Rn. 12, 18; *Richter*, in: Dörr/Grote/Marauhn, EMRK/GG, Kap. 9 Rn. 5; *Stern*, Staatsrecht IV/1, S. 985 f.; *Kahl*, in: HGR V, § 124 Rn. 18.
475 Vgl. EKMR, EuGRZ 1978, 199 ff., § 55; EGMR (III. Sektion), NJW 2004, 2647 ff., § 50; *Marauhn/Thorn*, in: Dörr/Grote/Marauhn, EMRK/GG, Kap. 16 Rn. 26 m.w.N.
476 Dazu aus der jüngeren Rspr. des EGMR vor allem die Caroline-Entscheidung, NJW 2004, 2647 ff.
477 Zu dieser Systematisierung *Wiederin*, in: HGR VII/1, § 190 Rn. 35 ff., 40 ff.; vgl. ferner *Grabenwarter/Pabel*, Europäische Menschenrechtskonvention, 5. Aufl. 2012, § 22 Rn. 6 ff.; *Marauhn/Meljnik*, in: Dörr/Grote/Marauhn, EMRK/GG, Kap. 16 Rn. 26 ff.
478 *Richter*, in: Dörr/Grote/Marauhn, EMRK/GG, Kap. 9 Rn. 82 ff.; *Marauhn/Meljnik*, in: ebd., Kap. 16 Rn. 19; *Kahl*, in: HGR V, § 124 Rn. 23 ff.; *Grabenwarter/Pabel*, Europäische Menschenrechtskonvention, 5. Aufl. 2012, § 22 Rn. 1 f.; EGMR (2009) Nrn. 16072/06 und 27809/08, § 41 – Friend u.a.

146   Die Verfassung der **Vereinigten Staaten von Amerika** enthält ebenfalls kein allgemeines Freiheitsrecht. Doch ist das »right of privacy« sowohl für einen effektiven Privatsphären- und Persönlichkeitsschutz wie auch für einen Schutz dem nahe stehender Handlungsfreiräume des Einzelnen fruchtbar gemacht worden.[479]

147   Der Blick in den **europäischen Verfassungsraum** ergibt ein heterogenes Bild.[480] Die Verfassung der Republik Frankreich von 1958 erklärt in ihrer Präambel die französische Erklärung der Menschen- und Bürgerrechte von 1789 und damit auch die Art. 4 und 5 der Erklärung, die entstehungsgeschichtlich zu den Vorbildern des Art. 2 Abs. 1 GG gezählt werden können (Rdn. 3), zu ihrem Bestandteil. Hierin erkennt die französische Verfassungsrechtsprechung ein im Verfassungsrang stehendes, unbegrenztes subjektives Recht auf umfassenden Schutz der menschlichen Handlungsfreiheit.[481] Ähnlich verhält es sich mit Art. 12 Abs. 1 der Verfassung Luxemburgs von 1868. Hingegen sind zumeist unter dem Einfluss des Art. 2 Abs. 1 GG entstanden die Grundrechte auf freie Entfaltung der Persönlichkeit in den Verfassungen Griechenlands (Art. 5 Abs. 1), Portugals (Art. 26 Abs. 1) und Spaniens (Art. 10 Abs. 1). Gleiches gilt für manche nach 1989/1990 erlassenen oder reformierten Verfassungen Ost- und Ostmitteleuropas, z.B. von Estland (Art. 19 Abs. 1), Georgien (Art. 16) und der Ukraine (Art. 23). Andere ost- und westeuropäische Verfassungsordnungen ähneln sich dagegen in der Praxis, nur bestimmte Aspekte der Handlungsfreiheit und des Persönlichkeitsschutzes in einzelgrundrechtlichen Verbürgungen zu gewährleisten.[482]

148   Auch im **österreichischen Verfassungsrecht** gibt es keine positivrechtliche Normierung eines allgemeinen Freiheitsrechts bzw. einer allgemeinen Handlungsfreiheit.[483] Die zentrale grundrechtliche Norm für den Schutz der Privatsphäre bildet Art. 8 EMRK, der in Österreich seit dem Beitritt zur Konvention im Jahre 1958 Verfassungsrang hat. Daneben gilt das 1978 in das Verfassungsrecht aufgenommene Grundrecht auf Datenschutz nach § 1 Datenschutzgesetz (i.d.F. von 2000), wonach jedem das Recht auf Geheimhaltung der ihn betreffenden personenbezogenen Daten eingeräumt ist, soweit er daran ein schutzwürdiges Interesse hat.[484] Ungeachtet dessen haben Rechtslehre und Rechtspraxis zumindest für den prozessualen Bereich Rechtspositionen entwickelt, die die Existenz einer allgemeinen Handlungsfreiheit im Sinne einer allgemeinen Eingriffsfreiheit (Recht auf Abwehr rechtswidriger Pflichten) implizieren. So kann zum einen Beschwerde zum Verwaltungsgerichtshof

---

479   Vgl. m.w.N. *Dreier*, in: Dreier I, Art. 2 I Rn. 18; *Stern*, Staatsrecht IV/1, S. 988.

480   Eingehend *Kukk*, Verfassungsgeschichtliche Aspekte zum Grundrecht der allgemeinen Handlungsfreiheit (Art. 2 Abs. 1 GG), 2000, S. 34 ff.; *Kahl*, in: HGR V, § 124 Rn. 14 ff.

481   *Kahl*, in: HGR V, § 124 Rn. 14.

482   Überblick bei *Stern*, Staatsrecht IV/1, S. 987 f.

483   Vgl. *Schäffer*, in: HGR VII/1, § 186 Rn. 35 f.; *Richter*, in: Dörr/Grote/Marauhn, EMRK/GG, Kap. 9 Rn. 16.

484   Vgl. dazu *Wiederin*, in: HGR VII/1, § 190 Rn. 28 ff. (Privatsphäre), 128 ff. (Datenschutz).

mit der Behauptung erhoben werden, in subjektiven Rechten verletzt oder in der eigenen Rechtssphäre belastet zu sein (Art. 131 Abs. 1 Ziff. 1 B-VG), zum anderen Verfassungsbeschwerde zum Verfassungsgerichtshof, mit der die Verletzung eigener Rechte durch die Anwendung formell oder materiell verfassungswidriger Normen (insbesondere Gesetze, Verordnungen) gerügt werden kann (Art. 144 B-VG).[485] Im Verbund mit einer weitreichenden Auslegung des Gleichheitsgrundsatzes und des darin enthaltenen Wilkürverbots (Art. 7 B-VG, Art 2 StGG)[486] führt dies zu einem Rechtsschutzsystem, das im praktischen Ergebnis der Auffangfunktion einer allgemeinen Handlungsfreiheit nahezu gleichkommt. Die Zielsetzung der lückenlosen Korrigierbarkeit fehlerhafter Staatsakte wird zudem unterfangen durch den aus dem rechtsstaatlichen Grundprinzip hergeleiteten Anspruch auf effektiven Rechtsschutz.[487]

Dem **schweizerischen Bundesverfassungsrecht** ist die verfassungstextliche Gewähr-   149
leistung einer allgemeinen Handlungsfreiheit ebenfalls unbekannt. Teilgehalte eines Freiheitsrechts auf selbstbestimmte Entfaltung der Persönlichkeit werden vom Anspruch auf Achtung der persönlichen Freiheit und der Privatsphäre aus Art. 10 Abs. 2 und Art. 13 BV 1999 – zuvor als ungeschriebene, richterrechtlich ausgeformte Verfassungsrechte – gesichert. Die beiden Gewährleistungen werden zwar in ihrer Verbindung als allgemeines und subsidiäres Grundrecht gedeutet, sind aber tatbestandlich auf die elementaren Aspekte der Persönlichkeitsentfaltung beschränkt. Hinzu treten allerdings zum einen die Wirkungen, die Art. 8 EMRK in der Schweiz aus dem Gesichtspunkt unmittelbar und vorrangig anwendbaren (Vertrags-)Völkerrechts entfaltet. Zum anderen hat auch hier, ähnlich wie in Österreich, die Rechtspraxis zu einer gerichtlichen Beschwerdefähigkeit von individuellen Belastungen gefunden, die aus einer Verletzung »verfassungsmäßiger Rechte«, namentlich einem Verstoß gegen den Gesetz- und Verhältnismäßigkeitsgrundsatz (Art. 5 BV 1999) oder das Vertrauensschutzprinzip (Art. 9 BV 1999), herrühren. Zudem kommt der Gleichheitsgrundsatz bzw. das Willkürverbot (Art. 8 BV 1999) als Auffanggrundrecht in Betracht. So ist insgesamt auch die schweizerische Rechtslage im Ergebnis der Geltung und Durchsetzbarkeit einer grundrechtlich verbürgten allgemeinen Handlungsfreiheit vergleichbar.[488]

Dem **Europäischen Unionsrecht** muss ein Grundrecht im Stil der allgemeinen   150
Handlungsfreiheit fremd sein und bleiben, solange es als supranationale Rechtsordnung dem Prinzip der begrenzten Einzelermächtigung (Art. 5 EGV) gehorcht. Die vom Europäischen Gerichtshof gemäß Art. 6 Abs. 2 EUV als allgemeine Grundsätze

---

485 *Merli*, JBl. 1994, 233, 236 ff.; *Richter*, in: Dörr/Grote/Marauhn, EMRK/GG, Kap. 9 Rn. 17 f.

486 *Pöschl*, in: HGR VII/1, § 192 Rn. 4 ff., 15, 31 ff.

487 *Schäffer*, in: HGR VII/1, § 200 Rn. 7 ff.; *Richter*, in: Dörr/Grote/Marauhn, EMRK/GG, Kap. 9 Rn. 18.

488 Eingehend zum Ganzen *J. P. Müller*, Grundrechte in der Schweiz, 1999, S. 42 ff.; *Richter*, in: Dörr/Grote/Marauhn, EMRK/GG, Kap. 9 Rn. 11 ff.

des Gemeinschaftsrechts anerkannten europäischen Grundrechte dienen der Freiheitssicherung des Unionsbürgers gegenüber der in ihren von den Mitgliedstaaten übertragenen Kompetenzen handelnden europäischen Hoheitsgewalt. Im Vordergrund stehen daher die wirtschaftliche Betätigungs- und Wettbewerbsfreiheit, während sich ein generelles Auffanggrundrecht, das alle menschlichen Betätigungen auch unionsgrundrechtlich schützt, nicht annehmen lässt.[489] Dementsprechend weist auch die EU-Grundrechte-Charta keine Garantie der allgemeinen Handlungsfreiheit oder eine vergleichbare Auffangklausel im Sinne einer lückenlosen Grundrechtsgewähr auf. Indessen enthält der Katalog der Charta manche Einzelgrundrechte, die sich sachlich mit Gewährleistungsgehalten der allgemeinen Handlungsfreiheit und des Persönlichkeitsschutzes nach Art. 2 Abs. 1 GG decken, so das Recht auf Achtung des Privatlebens (Art. 7 GRC),[490] den Datenschutz (Art. 8 GRC)[491] und die unternehmerische Freiheit (Art. 16 GRC); das Recht auf Freiheit und Sicherheit (Art. 6 GRC) gewährleistet wie Art. 5 EMRK (und Art. 2 Abs. 2 S. 2 GG) lediglich die körperliche Bewegungsfreiheit.[492] Die unionsrechtlichen Grundfreiheiten spielen hingegen wegen ihrer speziellen Ausrichtung auf den grenzüberschreitenden Wirtschafts- und Personenverkehr im gemeinsamen Markt unter dem Aspekt ihrer Bedeutung für eine allgemeine Handlungsfreiheit des Unionsbürgers keine Rolle.[493]

2. Konventions- und unionsrechtliche Einwirkungen

151   Für die weitere Frage, ob und inwieweit einschlägige völker- oder europarechtliche Freiheitsgewährleistungen auf die grundgesetzlichen Garantien der allgemeinen Handlungsfreiheit und des allgemeinen Persönlichkeitsrechts einwirken, ist zwischen den Menschenrechten der EMRK und den Grundrechten der EU zu unterscheiden.

152   Dass den materiellen **Garantien der EMRK** in Deutschland innerstaatliche Geltung und unmittelbare Anwendbarkeit zukommt, ist allgemein anerkannt. In der deutschen Rechtsordnung steht die EMRK als völkerrechtlicher Vertrag allerdings anders als in anderen Konventionsstaaten, wie z.B. Österreich, nicht im Verfassungs- oder sonstigem Übergesetzesrang, sondern im Rang des die innerstaatliche Anwendbarkeit bewirkenden Zustimmungsgesetzes (Art. 59 Abs. 2 GG) als **einfaches Bundes-**

---

489 Das lässt auch eine vereinzelte Rede von »allgemeiner Handlungsfreiheit« in der Rspr. des EuGH nicht verkennen; vgl. den Hinweis von *Pernice/Mayer*, in: Grabitz/Hilf, EUV/EGV, nach Art. 6 EUV (2002) Rn. 75, zu EuGH Slg. 1987, 2289 (2338 f. Rn. 15 f., 19); Slg. 1989, 2859 (2924 Rn. 19); Slg. 1989, 3165 (3186 Rn. 16); s. auch EUGH Slg. 2002, I-9011 Rn. 35 ff. Ebenso *Dreier*, in: Dreier I, Art. 2 I Rn. 12; *Kahl*, in: HGR V, § 124 Rn. 20 ff., 26 f.; anders *Richter*, in: Dörr/Grote/Marauhn, EMRK/GG, Kap. 9 Rn. 20; jeweils m.w.N.

490 Grundlegend dazu EuGH Slg. 1994, I-4737.

491 Aus der Rspr. zum europäischen informationellen Selbstbestimmungsrecht jüngst EuGH Slg. 2006, I-4722 ff.; EuGH, EuGRZ 2009, 17 ff.

492 Vgl. auch *Kahl*, in: HGR V, § 124 Rn. 26 ff.

493 Ebenso *Dreier*, in: Dreier I, Art. 2 I Rn. 15.

gesetz.[494] Daher kann die Verletzung einer konventionsrechtlichen Garantie nicht unmittelbar vor dem Bundesverfassungsgericht mit der Verfassungsbeschwerde gerügt werden.[495] Aus dem grundgesetzlichen Prinzip der Völkerrechtsfreundlichkeit (Art. 1 Abs. 2, Art. 24, Art. 25 Abs. 2, Art. 59 Abs. 2 GG) folgt jedoch, dass der Konventionstext und ebenso die Rechtsprechung des Europäischen Gerichtshofs für Menschenrechte auf der Ebene des Verfassungsrechts als Auslegungshilfen für die Bestimmung von Inhalt und Reichweite der Grundrechte und rechtsstaatlichen Grundsätze des Grundgesetzes dienen. Demnach haben die Gewährleistungen der EMRK und die Entscheidungen des Gerichtshofs nicht nur in den Willensbildungsprozess des Gesetzgebers einzufließen, sondern sind auch von den Behörden und Gerichten bei der Gesetzesauslegung und -anwendung gemäß ihrer Bindung an Gesetz und Recht (Art. 20 Abs. 3 GG) **zu berücksichtigen.**[496] »Berücksichtigen« bedeutet keine unreflektierte Adaption, sondern dass die menschenrechtlichen Gehalte der jeweils einschlägigen Konventionsnorm im Rahmen eines aktiven Rezeptionsvorgangs in den Kontext der deutschen Verfassungsordnung »umgedacht« werden müssen, um ihnen möglichst umfassend innerstaatliche Geltung zu verschaffen. Dabei gilt zum einen die Maßgabe einer für das nationale Rechtssystem möglichst schonenden Einpassung. Zum anderen enden die Möglichkeiten der konventionsfreundlichen Berücksichtigung dort, wo der durch das Grundgesetz gewährleistete Grundrechtsschutz eingeschränkt würde oder wo der Auslegung der nationalen Grundrechte durch die anerkannten Methoden der Gesetzesauslegung und Verfassungsinterpretation Grenzen gesetzt werden. Hernach ist es insbesondere die verfassungsrechtliche **Verhältnismäßigkeitsprüfung**, die in Betracht kommt, um die Aspekte und Wertungen der Rechtsprechung des Europäischen Gerichtshofs für Menschenrechte zu berücksichtigen. Dabei ist diese Pflicht zur Heranziehung der EMRK als Auslegungs- und Abwägungshilfe nicht auf solche Judikate begrenzt, die in der konkret anhängigen Streitsache oder sonst in Verfahren gegen die Bundesrepublik Deutschland ergangen sind. Sie erstreckt sich vielmehr nach Art einer zumindest faktischen Präzendenzwirkung auf die gesamte Rechtsprechung des Gerichtshofs.

Nach diesen Maßgaben fließen im Bereich der freien Persönlichkeitsentfaltung zumal die Inhalte und Schranken des **Art. 8 EMRK** in die Auslegung und Anwendung des Art. 2 Abs. 1 GG ein. Mit seinen sich vielfach überschneidenden vier Schutzbereichen (Achtung des Privatlebens, des Familienlebens, der Wohnung und der Korrespondenz) sichert die menschenrechtliche Verbürgung dem Einzelnen jenen Freiheitsraum, der für die Entfaltung seiner Persönlichkeit unabdingbar ist. Mit dieser Beschränkung auf die wesentlichen Ausdrucksformen der Persönlichkeit bleibt der Gewährleistungsumfang des Art. 8 EMRK hinter demjenigen des Art. 2 Abs. 1 GG zurück, geht aber über den Schutz eines bloß eng bemessenen Persönlichkeitskerns hinaus (Rdn. 145). Namentlich der Anspruch auf **Achtung des Privatlebens** 153

---

494 Explizit BVerfGE 74, 358 (370); 82, 106 (114); 111, 307 (317); 128, 326 (367).
495 BVerfGE 74, 102 (128); 111, 307 (317); 128, 326 (367).
496 Hierzu und zum Folgenden grundsätzlich BVerfGE 111, 307 (315 ff.); 128, 326 (366 ff.), jeweils m.w.N.

umschließt nach der Rechtsprechung des Europäischen Gerichtshofs einen weiten, nicht abschießend definierbaren Bereich menschlicher Integrität und Aktivität, letztere indessen nur soweit, wie sie als ein Beitrag zur Verwirklichung der Persönlichkeit erkannt werden kann.[497] Geschützt ist daher zum einen die **persönliche Selbstbestimmung**, mithin – als »aktiv-selbstverwirklichende Komponente« – die Verfügungsbefugnis über die eigene Person und die Gestaltung des eigenen Lebens einschließlich der Beziehungen zu anderen Menschen (in privaten ebenso wie in beruflichen oder geschäftlichen Kontexten). Zum anderen gibt das Recht auf Privatleben als »passive Schutzbereichausprägung« den Anspruch auf Erhalt einer (räumlichen und wie nichträumlichen) **Privatsphäre**, die der staatlichen Beobachtung, Überwachung und Ausforschung grundsätzlich entzogen ist.[498]

154 Im Einzelnen sehen sich die Gewährleistungsinhalte des Art. 8 Abs. 1 EMRK weitestgehend auch durch die (Teil-)Grundrechte (Rdn. 10) des Art. 2 Abs. 1 GG gesichert. Deren Berücksichtigung als Hilfe bei der Anwendung des Art. 2 Abs. 1 GG kann indes im Fall konfligierender Rechtsgüter zu abweichenden Akzentsetzungen in der verhältnismäßigen Abwägung führen. So hat der Europäische Gerichtshof für Menschenrechte das konventionsrechtliche Verhältnis zwischen **Privatsphärenschutz** und **Pressefreiheit** (Art. 10 EMRK) abweichend von dem bestimmt,[499] wie es zuvor in langjähriger deutscher Rechtsprechung mit dem Konzept eines abgestuften Schutzes für Privatpersonen, relative und absolute Personen der Zeitgeschichte vertreten worden war.[500] Sollte danach vor allem letzteren nur ein verminderter Schutz aus dem allgemeinen Persönlichkeitsrecht zukommen, so betont der Gerichtshof demgegenüber das jedem Menschen grundsätzlich ungeachtet einer sozialen Rolle zukommende Recht auf Wahrung seiner geistigen Integrität. Demnach muss sich aus konventionsrechtlicher Sicht die abwägende Zuordnung der beiden Rechtsgüter prinzipiell an der Frage ausrichten, inwieweit eine Presseveröffentlichung (Bild, Text) auf das Privatleben des Betroffenen bezogen ist oder eine Angelegenheit zum Thema macht, an der ein legitimes allgemeines Interesse zum Zwecke der öffentlichen Meinungsbildung besteht. Differenzierungen, wie namentlich im Fall der Berichterstattung über Politiker oder Prominente, sind dadurch nicht ausgeschlossen, müssen

---

497 Vgl. EGMR (2009) Nrn. 16072/06 und 27809/08, § 41 – Friend u.a. (Verbot der Fuchsjagd mit Hunden); dazu *Richter*, in: Dörr/Grote/Marauhn, EMRK/GG, Kap. 9 Rn. 82; *Grabenwarter/Pabel*, Europäische Menschenrechtskonvention, 5. Aufl. 2012, § 22 Rn. 6; vgl. auch EGMR (2014) Nr. 49327/11 – Gough (Nacktwandern in der Öffentlichkeit); sowie schon EKMR (1976) Nr. 6825/74 – X. (Hundehaltung); *Kahl*, in: HGR V, § 124 Rn. 25.

498 *Marauhn/Thorn*, in: Dörr/Grote/Marauhn, EMRK/GG, Kap. 16 Rn. 26, 27 ff. Zum Schutzbereich des Rechts auf Achtung des Privatlebens s. ferner umfassend *Grabenwarter/Pabel*, Europäische Menschenrechtskonvention, 5. Aufl. 2012, § 22 Rn. 1 ff.; *Peters/Altwicker*, Europäische Menschenrechtskonvention, 2. Aufl. 2012, § 26.

499 Aus der hierzu zahlreich ergangenen Rspr.: EGMR, NJW 2004, 2647 ff.; NJW 2006, 591 ff.; (GK) NJW 2012, 1053 ff.; (GK) NJW 2014, 1058 ff.; NJW 2014, 1645 ff.

500 Vgl. noch BVerfGE 101, 361 (391 ff.), unter Würdigung der entsprechenden zivilrechtlichen Judikatur zu §§ 22, 23 KUG.

sich aber innerhalb dieser Rahmenvorgabe rechtfertigen. Diesen Grundsätzen haben sich die deutschen Gerichte in ihrer nachfolgenden Rechtsprechung weitgehend angenähert.[501]

Andererseits hebt der Europäische Gerichtshof für Menschenrechte in ständiger Rechtsprechung, auch in Bezug auf Art. 8 und Art. 10 EMRK, den **Beurteilungsspielraum** hervor, der den Staaten und staatlichen Gerichten bei der Gestaltung der nationalen Rechtslage und insbesondere bei der verhältnismäßig abwägenden Würdigung eines Falles konfligierender Rechtspositionen zukommt. Im Hinblick darauf erkannte das Gericht wiederholt, dass die jüngere deutsche Rechtsprechungspraxis zum Ausgleich von Pressefreiheit und Privatsphärenschutz mit den konventionsrechtlichen Anforderungen in Einklang stehe.[502] Besonders weit ist der staatliche Beurteilungsspielraum dann, wenn sich in der streitbefangenen Frage zwischen den Mitgliedstaaten des Europarats keine konsensuale Handhabung feststellen lässt. Deswegen verneinte der Gerichtshof eine Verletzung von Art. 8 Abs. 1 EMRK etwa in den Fällen der deutschen Rechtsprechung zum Inzestverbot und zur Vaterschaftsanfechtung durch den biologischen Vater.[503]

Hinsichtlich der Frage, welche Aus- und Einwirkungen die **EU-Grundrechte** auf Art. 2 Abs. 1 GG entfalten, kann zunächst festgehalten werden, dass dem zumal durch Art. 7 und 8 GRC gewährleisteten Recht auf Achtung des Privatlebens mindestens die **gleiche Bedeutung** und **Tragweite** zukommt wie der entsprechenden **konventionsrechtlichen Garantie** des Art. 8 EMRK (Art. 52 Abs. 3, Art. 53 GRC).[504] Daher ist diese wie auch die dazu ergangene Rechtsprechung des Europäischen Gerichtshofs für Menschenrechte bei der Auslegung und Anwendung der Art. 7 und 8 GRC ebenso **zu berücksichtigen** wie bei der Bestimmung von Inhalt und Reichweite des Art. 2 Abs. 1 GG.[505] Das schließt indessen nicht aus, dass die Grundrechte der Charta im Einzelfall auch einen weitergehenden Schutz als die Konvention bieten (Art. 52 Abs. 3 S. 2 GRC).

Im Weiteren bedarf die Frage nach der Bedeutung der Charta-Grundrechte für Art. 2 Abs. 1 GG der näheren Abschichtung im komplexen Gefüge des **Verhältnisses von EU-Grundrechten** und **nationalen Grundrechten**.[506] Ausgangspunkt muss die Feststellung sein, dass ein EU-grundrechtlicher Einfluss auf Art. 2 Abs. 1 GG nur in dessen Anwendungsbereich in Betracht kommen kann. Dieser ist allemal eröffnet, wenn ein Handeln der deutschen öffentlichen Gewalt **außerhalb der Durchführung**

155

156

157

---

501 Vgl. BVerfGE 114, 339 (350 ff.); 120, 180 (196 ff.); BGHZ 171, 275 ff.; *Kube*, in: HStR VII³, § 148 Rn. 91 ff.; s. auch oben Rdn. 112 f. m.w.N.
502 EGMR, NJW 2012, 1053 ff.; NJW 2014, 1645 ff.
503 EGMR, NJW 2013, 215 ff.; EGMR (2012) Nrn. 45071/09 und 23338/09; EGMR (2013) Nr. 26610/09.
504 Vgl. auch *Kahl*, in: HGR V, § 124 Rn. 27.
505 EuGH Slg. 2002, I-9011 Rn. 29.
506 Vgl. zum Folgenden m.w.N. *Jarass*, GRC, Art. 53 Rn. 8 ff.; *Borowsky*, in: Meyer, GRC, Art. 53 Rn. 14a ff.

von Unionsrecht in Rede steht. Obgleich hier eine Bindung der deutschen Hoheitsgewalt an EU-Grundrechte wegen fehlender Anwendbarkeit (Art. 51 Abs. 1 GRC) ausscheidet, kann die Völker- und Europarechtsfreundlichkeit des Grundgesetzes dazu veranlassen, die EU-Grundrechte nebst der einschlägigen Rechtsprechung des Gerichtshofs der EU als Auslegungshilfe bei der Interpretation des Art. 2 Abs. 1 GG heranzuziehen.

158   Anders liegen die Dinge, wenn im Einzelfall neben EU-Grundrechten auch Grundrechte des Grundgesetzes zur Anwendung gelangen können. Das kommt dann in Betracht, wenn und soweit der mitgliedstaatlichen **Durchführung von Unionsrecht** eigene Gestaltungsspielräume eingeräumt oder belassen sind; bei zwingend umzusetzendem Unionsrecht hingegen wird das nationale Grundrecht, sofern es überhaupt anwendbar ist, kraft des Anwendungsvorrangs des Unionsrechts verdrängt.[507] Soweit in diesen Fällen **Überschneidungen** der beiden Gewährleistungen auftreten (»doppelte Grundrechtsbindung«), kann der Grundrechtsträger nach dem Prinzip der Meistbegünstigung grundsätzlich den weitergehenden (auch nationalen) Grundrechtsschutz beanspruchen. Hier einen generellen Vorrang des EU-Grundrechts anzunehmen, setzte sich in Widerspruch zu Art. 53 GRC, wonach die GrundrechteCharta den Schutz durch die nationalen Grundrechte weder einschränken noch beseitigen soll.[508] Dies gilt allerdings nur soweit, wie dem weder der Vorrang *sonstigen* Unionsrechts (und im Blick darauf auch nicht das Gebot zur unionsrechtskonformen Auslegung nationalen Rechts) noch die Reichweite entgegensteht, die die Anwendbarkeit des EU-Grundrechts beansprucht.[509] In Fällen mehrpoliger Grundrechtskollision, in denen konfligierende Rechtspositionen verschiedener Grundrechtsträger aufeinandertreffen, wie z.B. die Freiheit der Presse und der Schutz der Privatsphäre, soll indes den EU-Grundrechten der Vorrang zukommen.[510] In dem Maße jedoch, in dem der Verdrängung der nationalen Grundrechte durch eine unionsrechtskonforme Auslegung begegnet werden kann, steht auch in diesen Fällen der Art. 2 Abs. 1 GG unter dem Einfluss der EU-Grundrechte.[511]

---

507   Unter dem letzten Vorbehalt der vom Grundgesetz gebotenen »generellen Gewährleistung des unabdingbaren Grundrechtsstandards«: BVerfGE 89, 155 (175); 102, 147 (164).

508   *Jarass*, GRC, Art. 53 Rn. 11; *Borowsky*, in: Meyer, GRC, Art. 53 Rn. 14; a.A. wohl *Dreier*, in: Dreier I, Art. 1 III Rn. 20.

509   Dazu jüngst EuGH, NJW 2013, 1215 ff. – Melloni; NJW 2013, 1415 ff. – Åkerberg Fransson.

510   So *Jarass*, GRC, Art. 53 Rn. 13 m.w.N.

511   Da die EU-Grundrechte ihrerseits dem Einfluss der gemeinsamen Verfassungsüberlieferungen der Mitgliedstaaten unterliegen (Art. 52 Abs. 4 GRC) und keine Änderungen oder Einschränkungen der nationalen Grundrechtsgewährleistungen bewirken (Art. 53 GRC), ergeben sich vielfältige wechselseitige »Anpassungs- und Amalgamierungsprozesse« (*Dreier*, in: Dreier I, Vorb. Rn. 54), die zudem im Verbund mit den Einwirkungen der ERMK-Gewährleistungen insgesamt das ebenso komplexe wie problemträchtige Phänomen des »Grundrechtsschutzes im Mehrebenensystem« hervorrufen.

Von diesen Fallgestaltungen ist die Frage nach einer europarechtskonformen Inter- 159
pretation des Art. 2 Abs. 1 GG zu unterscheiden, die sich aus der Erstreckung des
Auffanggrundrechts auf **EU-Ausländer** im Bereich der an sich thematisch einschlägigen Deutschen-Grundrechte erhebt. Diese vom Diskriminierungsverbot des Unionsrechts (Art. 18 AEUV) gebotene Erweiterung (Rdn. 62) legt die Konsequenz nahe,
in diesen Fällen das Niveau des Grundrechtsschutzes aus Art. 2 Abs. 1 GG europarechtskonform nach Maßgabe des je einschlägigen speziellen Freiheitsrechts zu bestimmen.[512]

II. Art. 2 Abs. 2 S. 1 GG

Auf der **internationalrechtlichen** Ebene ist das **Recht auf Leben** als Menschenrecht 160
anerkannt (vgl. Art. 3 AEMR, Art. 6 IPbpR). Auch die regionalen Menschenrechtspakte weisen entsprechende Gewährleistungen auf (vgl. Art. 2 EMRK, Art. 4
AMRK, Art. 4 AfrMRCh). Das Recht auf Leben gilt als ius cogens und gehört auch
zum Mindeststandard des völkerrechtlichen Fremdenrechts. Im Zentrum der internationalrechtlichen Schutzrichtung steht dabei die Zurückdrängung der Todesstrafe.[513] In der Kinderschutz-Konvention vom 20. November 1989 wird ausdrücklich
auch das angeborene Recht des Kindes auf Leben betont (Art. 6). Indessen sind die
Stellung des ungeborenen Lebens und die damit verbundenen Rechtsfragen kein
vorrangiges Thema. Auch der Europäische Gerichtshof für Menschenrechte hat bislang die Unterschutzstellung des ungeborenen Lebens unter Art. 2 Abs. 1 EMRK
mit Hinweis auf einen fehlenden europäischen Konsens offen gelassen,[514] ebenso die
Kommission.[515] Die Biomedizin-Konvention des Europarats vom 4. April 1997
geht in der Zulassung von Embryonenforschung, Gentechnik und Organtransplantation wesentlich weiter als es die deutsche Verfassungsrechtslage erlaubt und ist daher von Deutschland bislang nicht ratifiziert.[516] Auch die entscheidenden Fragen zur
Sterbehilfe am Ende des Lebens sind vom Europäischen Gerichtshof für Menschenrechte bislang nicht entschieden. Im Fall *Pretty* ist ein Recht auf Sterben lediglich dahingehend verneint worden, dass ein staatliches Verbot der aktiven Sterbehilfe keinen Verstoß gegen die Konvention begründet.[517] Wieweit hingegen ein Staat
derartige Formen der »Hilfe zum Sterben« zulassen darf, ist ausdrücklich offen gelassen.[518]

---

512 *Dreier,* in: Dreier I, Art. 2 I Rn. 17 m.w.N.; *Kahl,* in: HGR V, § 124 Rn. 40.
513 Vgl. 6. und 13. ZP zur EMRK von 1983 bzw. 2002 sowie die weiteren Hinweise bei
  Sachs, in: Stern, Staatsrecht IV/1, S. 129.
514 EGMR, EuGRZ 1992, 484 (488 – Rn. 66); (GK), EuGRZ 2005, 568 ff.; (IV. Sektion),
  EuGRZ 2006, 389 ff.; (GK), NJW 2008, 2013 f.
515 Vgl. *Alleweldt,* in: Dörr/Grote/Marauhn, EMRK/GG, Kap. 10 Rn. 14 ff.
516 *Schulze-Fielitz,* in: Dreier I, Art. 2 II Rn. 8.
517 EGMR, NJW 2002, 2851 ff.
518 EGMR, NJW 2002, 2851 § 41; zum assistierten Suizid EGMR, NJW 2013, 2953 ff.; *Alleweldt,* in: Dörr/Grote/Marauhn, EMRK/GG, Kap. 10 Rn. 30, 84, 90 ff.

161   Das Recht auf **körperliche Unversehrtheit** ist in den Texten der Menschenrechtserklärungen mit Ausnahme des Art. 4 AfrMRCh nicht mit gleicher Eindeutigkeit
aufzufinden (vgl. Art. 3 AEMR, Art. 9 Abs. 1 IPbpR, Art. 5 Abs. 1 EMRK, Art. 7
Abs. 1 AMRK). In spezifischer Weise werden jedoch die Anwendung von Folter
sowie grausame und unmenschliche Behandlung oder Strafe als menschenrechts-
widrig verboten (vgl. Art. 5 AEMR, Art. 7 S. 1 IPbpR, Art. 3 EMRK, Art. 5 Abs. 2
AMRK, Art. 5 S. 2 AfrMRCh, sowie die Folterkonventionen der UN und des Europarates).[519] Die konventionsrechtliche Rechtsprechung des Europäischen Gerichtshofs für Menschenrechte handelt indessen neuerdings wiederholt von einem »Recht
auf physische Integrität«, das je nach Intensität der Eingriffsbetroffenheit entweder
aus Art. 3 EMRK oder aus Art. 8 EMRK hergeleitet wird.[520]

162   Im Recht der **Europäischen Union** finden sich die Rechte auf Leben und körperliche
Unversehrtheit in Art. 2 und Art. 3 Abs. 1 der Grundrechte-Charta. In der Rechtsprechung des EuGH sind die Gewährleistungen bislang nicht nachhaltig entfaltet
worden.[521] Indessen ergibt der Vergleich der **europäischen Verfassungsordnungen**,
dass die beiden Grundrechte nahezu durchweg nationalstaatlich garantiert werden.[522] Das Schutzniveau weist freilich gerade zu den Grenzfragen, wie Abtreibung,
Embryonenforschung und Organtransplantation, zuweilen erhebliche Unterschiede
auf.[523]

III. Art. 2 Abs. 2 S. 2 GG

163   Das Recht auf Freiheit der Person ist **internationalrechtlich** durch Art. 3 (Garantie
der Freiheit [und Sicherheit]) und Art. 9 AEMR (Schutz vor willkürlicher Festnahme und Haft) anerkannt. Ausführlichere Regelungen zu Freiheitsentziehungen enthalten vor allem Art. 9 IPbpR sowie ähnlich Art. 7 AMRK und Art. 6 AfrMRCh.[524]

164   Auch die Gewährleistung des Rechts auf »Freiheit und Sicherheit« durch Art. 5
EMRK weist detailliert ausgeformte Konkretisierungen auf. Im Mittelpunkt steht
der Schutz vor willkürlicher Freiheitsentziehung. Das Verbot der Willkür meint und
verlangt hier, dass jede Freiheitsentziehung auf einer gesetzlichen Grundlage beruhen
muss, die sich materiell im Rahmen der in der Gewährleistung aufgeführten Sachgründe hält und formell den dort aufgestellten verfahrensrechtlichen Anforderungen
genügt.[525] Insoweit weisen die Garantiegehalte des Art. 5 EMRK und Art. 2 Abs. 2

---

519   *Sachs*, in: Stern, Staatsrecht IV/1, S. 130 ff.

520   *Richter*, in: Dörr/Grote/Marauhn, EMRK/GG, Kap. 9 Rn. 30, 88 m.w.N.; vgl. auch insoweit zu Art. 8 EMRK *Marauhn/Thorn*, ebd., Kap. 16 Rn. 33; zu Art. 3 EMRK *Bank*,
ebd., Kap. 11 Rn. 39 ff., 93 f.

521   *Schulze-Fielitz*, in: Dreier I, Art. 2 II Rn. 9.

522   Umfassende Nachweise bei Sachs, in: *Stern*, Staatsrecht IV/1, S. 134 ff.

523   Vgl. die Hinweise bei *Schulze-Fielitz*, in: Dreier I, Art. 2 II Rn. 13 ff.

524   *Sachs*, in: Stern, Staatsrecht IV/1, S. 1076.

525   *Bröhmer*, in: HGR VI/1, § 139 Rn. 46; Einzelheiten bei *Dörr*, in: Dörr/Grote/Marauhn,
EMRK/GG, Kap. 13 Rn. 132 ff.

Horn

S. 2 i.V.m. Art. 104 GG zwar weitgehende Übereinstimmungen auf.[526] Dennoch haben vor allem die jüngeren Fälle der (nachträglichen) Sicherungsverwahrung deutlich gemacht, dass und in welchem Maße die Prüfung der Verhältnismäßigkeit, die unter dem Grundgesetz die materielle Rechtfertigung von Freiheitsentziehungen im Wesentlichen steuert, die konventionsrechtlich abschließend gelisteten und vom Europäischen Gerichtshof für Menschenrechte ausdifferenzierten Gründe für zulässige Freiheitsentziehungen unbedingt berücksichtigen muss.[527]

Im Bereich der **Europäischen Union** beschränkt sich Art. 6 der Grundrechte-Charta **165** ebenso wie Art. 3 AEMR darauf, jeder Person das Recht auf Freiheit und Sicherheit zuzusprechen, ohne dass dem weitere Konkretisierungen hinzutreten. Über die Inkorporationsklausel des Art. 53 Abs. 3 S. 1 GRC finden jedoch die detaillierten Regelungen des Art. 5 EMRK Anwendung. Zudem ist in allen **Verfassungen der Mitgliedstaaten der Europäischen Union** die Freiheit der Person mit weitgehend gleichem Schutzniveau wie im Grundgesetz garantiert.[528]

I. Prozessuale Fragen

Aus dem Begriff der **allgemeinen Handlungsfreiheit** gemäß Art. 2 Abs. 1 GG als **166** Recht auf allgemeine Eingriffsfreiheit (Rdn. 23 f.) ergeben sich weitreichende rechtspraktische Konsequenzen. Das Grundrecht entfaltet eine »**umfassende prozessuale Hebelwirkung**«[529]. Es eröffnet die gerichtliche Rügefähigkeit eines jeden freiheitsbeschränkenden Aktes der staatlichen Gewalt mit der (substantiierten) Behauptung, dieser stünde mit den Regeln der verfassungsmäßigen Ordnung nicht im Einklang. Jedermann kann vor den Fachgerichten (Art. 19 Abs. 4 GG; § 42 Abs. 2 VwGO) ebenso wie im Wege der Verfassungsbeschwerde (Art. 93 Abs. 1 Nr. 4a GG) geltend machen, eine seine Handlungsfreiheit beeinträchtigende Maßnahme verstoße gegen einzelne (auch objektive) Verfassungsbestimmungen oder allgemeine Verfassungsgrundsätze wie den Gesetzmäßigkeitsgrundsatz oder das Verhältnismäßigkeitsprinzip und verletze daher sein Grundrecht aus Art. 2 Abs. 1 GG.[530] Die Lückenlosigkeit des materiellen Freiheitsschutzes, die Art. 2 Abs. 1 GG gewährleistet, wird so durch die Lückenlosigkeit des gerichtlichen Rechtsschutzes effektiv unterfangen. Entspre-

526 *Dörr*, in: Dörr/Grote/Marauhn, EMRK/GG, Kap. 13 Rn. 132.
527 Dazu vor allem EGMR, NJW 2010, 2495 (2498 ff.); sodann BVerfGE 128, 326 (374 ff. [zum sog. Abstandsgebot im Hinblick auf die Wertungen des Art. 7 Abs. 1 EMRK] und 378 ff.); zusammenfassend *Dörr*, in: Dörr/Grote/Marauhn, EMRK/GG, Kap. 13 Rn. 161 ff.; Allgemein zur Berücksichtigungspflicht oben Rdn. 152.
528 Vgl. die Nachweise bei *Sachs*, in: Stern, Staatsrecht IV/1, S. 1077 f.
529 *Stern*, Staatsrecht III/1, S. 1495; *ders.*, Staatsrecht IV/1, S. 894, 921 f.; *Hillgruber*, in: Umbach/Clemens, Art. 2 I Rn. 43.
530 Zu dieser Konsequenz s. schon BVerfGE 6, 32 (41); m.w.N. BVerfGE 91, 335 (339); 130, 76 (108 ff.); vgl. ferner *Di Fabio*, in: Maunz/Dürig, Art. 2 Abs. 1 (2001) Rn. 12, 64 ff.; *Dreier*, in: Dreier I, Art. 2 I Rn. 42 f.; *Lorenz*, in: BK, Art. 2 Abs. 1 (2008) Rn. 178 ff.; *Höfling*, in: Friauf/Höfling, Art. 2 Rn. 85 ff.

chendes gilt für die Geltendmachung der Versagung eines aus der grundrechtlichen Schutzpflichtendimension gebotenen Schutzes gegen Freiheitseingriffe Dritter.[531]

167   Dass sich damit der Rechtsbehelf der Verfassungsbeschwerde tendenziell zur allgemeinen Gesetz- und Verfassungsmäßigkeitskontrolle erweitert, begründet keinen prinzipiellen Einwand. Allerdings ist die verfassungsgerichtliche Rechtsprechungskompetenz funktionell-rechtlich auf die Kontrolle der »**Verletzung spezifischen Verfassungsrechts**«[532] beschränkt. Das fordert gegenüber dem Gesetzgeber wie gegenüber den Rechtsanwendungsorganen, insbesondere den Fachgerichten, die verfassungsrechtliche Präzisierung des Kontrollmaßstabes und der Kontrolldichte.[533]

J.   Deutsche und europarechtliche Leitentscheidungen

I.   Art. 2 Abs. 1 GG – Allgemeine Handlungsfreiheit

168   BVerfGE 6, 32 ff. – Elfes; BVerfGE 10, 89 ff. – (Großer) Erftverband; BVerfGE 20, 150 ff. – Veranstaltung von Sammlungen; BVerfGE 38, 281 ff. – Arbeitnehmerkammern; BVerfGE 50, 290 ff. – Mitbestimmungsgesetz; BVerfGE 54, 143 ff. – Taubenfütterungsverbot; BVerfGE 55, 159 ff. – Falknerjagdschein; BVerfGE 59, 275 ff. – Schutzhelm; BVerfGE 70, 1 ff. – Preisgestaltung im Gesundheitswesen; BVerfGE 72, 200 ff. – Rückwirkungsverbot; BVerfGE 75, 108 ff. – Künstlersozialversicherungsgesetz; BVerfGE 80, 137 ff. – Reiten im Walde; BVerfGE 89, 214 ff. – Bürgschaftsverträge; BVerfGE 90, 145 ff. – Cannabis; BVerfGE 91, 335 ff. – Zustellung einer im Ausland erhobenen Klage; BVerfGE 92, 191 ff. – Personalienangabe; BVerfGE 95, 267 ff. – Altschulden; BVerfGE 96, 375 ff. – Sterilisation; BVerfGE 97, 271 ff. – Hinterbliebenenrente II; BVerfGE 97, 332 ff. – Kindergartengebühren; BVerfGE 98, 218 ff. – Rechtschreibreform; BVerfGE 99, 145 ff. – Kinderrückführungsanträge; BVerfGE 103, 197 ff. – Pflegeversicherung I; BVerfGE 104, 337 ff. – Schächten; BVerfGE 105, 17 ff. – Sozialpfandbrief; BVerfGE 109, 96 ff. – Alterssicherung für Landwirte; BVerfGE 113, 29 ff. – Beweisverwertungsverbot; BVerfGE 115, 25 ff. – Gesetzliche Krankenversicherung; BVerfGE 117, 163 ff. – Erfolgshonorare; BVerfGE 126, 286 ff. – Honeywell; BVerfGE 128, 193 ff. – Dreiteilungsmethode; BVerfGE 130, 76 – Privatisierung des Maßregelvollzugs.

EuGH Slg. 1987, 2289 ff. – Rau; EuGH Slg. 1989, 2859 ff. – Hoechst; EuGH Slg. 1989, 3165 ff. – Dow; EuGH Slg. 2002, I-9011 – Roquette Frères.

---

531   *Murswiek*, in: Sachs, Art. 2 Rn. 56.
532   St. Rspr. seit BVerfGE 1, 418 (420); 18, 84 (92 f.).
533   Zum Problem *Voßkuhle*, in: v. Mangoldt/Klein/Starck III, Art. 93 Rn. 35 ff., 54 ff.; *Di Fabio*, in: Maunz/Dürig, Art. 2 Abs. 1 (2001) Rn. 67 ff.; *Cornils*, in: HStR VII[3], § 168 Rn. 89 ff.; speziell zur Kontrolle richterlicher Gesetzesbindung und der Grenzen richterlicher Rechtsfortbildung jüngst BVerfGE 122, 248 (257 ff.); BVerfG v. 24.02.2015 – 1 BvR 472/14, Rn. 35 ff.

II. Art. 2 Abs. 1 i.V.m. Art. 1 Abs. 1 GG – Allgemeines Persönlichkeitsrecht

BVerfGE 27, 1 ff. – Mikrozensus; BVerfGE 27, 344 ff. – Ehescheidungsakten; 169
BVerfGE 34, 238 ff. – Tonband; BVerfGE 34, 269 ff. – Soraya; BVerfGE 35, 202 ff.
– Lebach; BVerfGE 47, 46 ff. – Sexualerziehung; BVerfGE 54, 148 ff. – Eppler;
BVerfGE 54, 208 ff. – Böll; BVerfGE 65, 1 ff. – Volkszählung; BVerfGE 67, 213 ff.
– Anachronistischer Zug; BVerfGE 79, 256 ff. – Kenntnis der eigenen Abstammung;
BVerfGE 80, 367 ff. – Tagebuch; BVerfGE 92, 191 ff. – Personalienangabe;
BVerfGE 95, 220 ff. – Aufzeichnungspflicht; BVerfGE 96, 56 ff. – Vaterschaftsaus-
kunft; BVerfGE 96, 171 ff. – Stasi-Fragen; BVerfGE 97, 228 ff. – Kurzberichterstat-
tung; BVerfGE 99, 185 ff. – Scientology; BVerfGE 101, 106 ff. – Akteneinsichts-
recht; BVerfGE 101, 361 ff. – Caroline von Monaco I; BVerfGE 103, 21 ff. –
Genetischer Fingerabdruck I; BVerfGE 104, 373 ff. – Ausschluss von Doppelnamen;
BVerfGE 106, 28 ff. – Mithörvorrichtung; BVerfGE 109, 279 ff. – Akustische
Wohnraumüberwachung; BVerfGE 113, 29 ff. – Beschlagnahme von Datenträgern;
BVerfGE 114, 339 ff. – »IM-Sekretär«; BVerfGE 115, 1 ff. – Transsexuellengesetz;
BVerfGE 115, 166 ff. – Telekommunikationsverbindungsdaten; BVerfGE 115,
320 ff. – Rasterfahndung; BVerfGE 117, 202 – Vaterschaftsfestellung; BVerfGE
117, 244 ff. – Cicero; BVerfGE 118, 168 ff. – Kontostammdaten; BVerfGE 119,
1 ff. – Roman »Esra«; BVerfGE 119, 309 ff. – Fernsehaufnahmen im Gericht;
BVerfGE 120, 180 ff. – Caroline von Monaco II; BVerfGE 120, 224 ff. – Inzestver-
bot; BVerfGE 120, 274 ff. – Integrität informationstechnischer Systeme; BVerfGE
120, 378 ff. – Automatisierte Kennzeichenüberwachung; BVerfGE 121, 69 ff. – Elterliche Umgangspflicht; BVerfGE 121, 175 ff. – Transsexuelle; BVerfGE 123, 90 ff.
– Mehrfachnamen; BVerfGE 125, 260 ff. – Vorratsdatenspeicherung; BVerfG-K,
NJW 2011, 740 – Carolines Tochter; BVerfGE 128, 109 ff. – Transsexuelle;
BVerfGE 130, 151 ff. – Identifikation von Telekommunikationsnummern;
BVerfGE 133, 59 ff. – Sukzessivadoption; BVerfGE 133, 277 ff. – Antiterrordatei.

EuGH Slg. 1969, 419 ff. – Stauder; EuGH Slg. 1994, I-4737 ff. – Gesundheits-
daten; EuGH Slg. 2006, I-4722 ff. – Fluggastdaten; EuGH, EuGRZ 2009, 17 ff. –
Vorratsdatenspeicherung; EuGH, NVwZ 2014, 857 ff. – Recht auf Vergessenwer-
den; EuGH, NJW 2014, 2169 ff. – Vorratsdatenspeicherung.

EKMR, EuGRZ 1978, 199 ff. – Brüggemann (sexuelle Entfaltungsfreiheit und Reform des Schwangerschaftsabbruchsrechts); EGMR, EuGRZ 1993, 65 ff. – Nemitz
(Informationsschutz von Geschäftsräumen); EGMR, RJD 2000-II – Amann (personenbezogene Daten in Sicherheitskartenregister); EGMR, NJW 2004, 2647 ff. –
Caroline v. Hannover (Schutz des Privatlebens, Recht am Bild); EGMR, EuGRZ
2007, 415 ff. – Copland (Überwachung privater E-Mail- und Internetnutzung);
EGMR, NJW 2008, 3409 ff. – Wieser und Bicos Beteiligungen GmbH (Schutz
elektronisch gespeicherter Daten in einer Anwaltskanzlei); EGMR, NJW 2012,
1053 ff. – Caroline von Hannover (Schutz des Privatlebens, Recht am Bild);
EGMR, NJW 2013, 215 – Stübing (Inzestverbot); EGMR, NJW 2014, 607 ff. –
Södermann (Recht auf Privatheit); EGMR, NJW 2014, 1058 ff. – Axel Springer AG

(Schutz des Privatlebens, Recht am Bild); NJW 2014, 1645 ff. – Caroline von Hannover (Schutz des Privatlebens, Recht am Bild).

III. Art. 2 Abs. 2 GG

1. Art. 2 Abs. 2 S. 1 GG

170 BVerfGE 16, 194 ff. – Liquorentnahme; BVerfGE 39, 1 ff. – Schwangerschaftsabbruch I; BVerfGE 46, 160 ff. – Schleyer; BVerfGE 49, 89 ff. – Kalkar I; BVerfGE 51, 324 ff. – Verhandlungsfähigkeit des Angeklagten; BVerfGE 53, 30 ff. – Mülheim-Kärlich; BVerfGE 56, 54 ff. – Fluglärm; BVerfGE 77, 170 ff. – Lagerung chemischer Waffen; BVerfGE 85, 191 ff. – Nachtarbeitsverbot; BVerfGE 88, 203 ff. – Schwangerschaftsabbruch II; BVerfGE 91, 1 ff. – Entziehungsanstalt; BVerfGE 115, 25 – Leistungen der gesetzlichen Krankenversicherung; BVerfGE 115, 118 ff. – Luftsicherheitsgesetz; BVerfG-K NJW 1999, 3399 – Transplantationsgesetz; BVerfGE 128, 282 ff. – Zwangsbehandlung im Maßregelvollzug; 129, 269 ff. – Zwangsbehandlung im Maßregelvollzug.

EGMR, EuGRZ 1979, 162 ff. – Tyrer (Prügelstrafe); EGMR, EuGRZ 1989, 314 ff. – Soering (Auslieferung bei drohender Todesstrafe); EGMR, EuGRZ 1992, 484 ff. – Open Door (Schutz ungeborenen Lebens); EGMR, NJW 2001, 1991 ff. – Ogur (Tötung durch Sicherheitskräfte); EGMR, NJW 2002, 2851 ff. – Pretty (Beihilfe zum Suizid); EGMR, EuGRZ 2005, 568 ff. – Vo (Schutz ungeborenen Lebens); EGMR, EuGRZ 2006, 389 ff. – Evans (Schutz ungeborenen Lebens); EGMR, EuGRZ 2007, 150 ff. – Jalloh (Einsatz von Brechmitteln); EGMR (GK), NJW 2008, 2013 ff. – Evans (Schutz ungeborenen Lebens); EGMR, EuGRZ 2008, 466 ff. – Gäfgen (Folterverbot); EGMR, EuGRZ 2008, 582 ff. – Storck (Ungewollte Behandlung in Privatklinik), EGMR, NJW 2013, 2953 ff. – Koch (Assistierter Suizid).

2. Art. 2 Abs. 2 S. 2 GG

171 BVerfGE 45, 187 ff. – Lebenslange Freiheitsstrafe; BVerfGE 94, 166 – Asylrecht im Flughafenverfahren; BVerfGE 105, 239 ff. – Richtervorbehalt; BVerfGE 109, 133 ff. – Langfristige Sicherungsverwahrung; BVerfGE 109, 190 ff. – Nachträgliche Sicherungsverwahrung; 117, 71 ff. – Strafrestaussetzung; BVerfGE 128, 326 ff. – Nachträgliche Sicherungsverwahrung.

EGMR, EuGRZ 1976, 221 ff. – Engel u.a. (Freiheitsentziehung von Militärpersonen); EGMR, EuGRZ 1983, 633 ff. – Guzzardi (Festhalten eines Mafia-Verdächtigen auf einer Insel); EGMR, EuGRZ 1996, 577 ff. – Amuur (Verletzung des Rechts auf Freiheit in Transitzone eines Flughafens); EGMR, EuGRZ 2005, 463 ff. – Öcalan (Festnahme auf fremdem Territorium); EGMR, EuGRZ 2008, 582 ff. – Storck (Freiheitsentziehung bei ungewollter Behandlung in Privatklinik); EGMR, NJW 2010, 2495 ff. – M. (Sicherungsverwahrung); EGMR, NVwZ 2014, 43 ff. – Ostendorf (präventive Ingewahrsamnahme); EGMR, NJW 2014, 369 ff. – Radu (Unterbringung nach fehlerhafter Verurteilung).

K. Literaturauswahl

Art. 2 Abs. 1 GG: *v. Arnault*, Strukturelle Fragen des allgemeinen Persönlichkeits-   172
rechts, ZUM 1996, S. 286 ff.; *Baldus*, Der Kernbereich privater Lebensgestaltung,
JZ 2008, S. 218 ff.; *Britz*, Freie Entfaltung durch Selbstdarstellung, 2007; *Burgi*,
Das Grundrecht der freien Persönlichkeitsentfaltung durch einfaches Gesetz, ZG 9
(1994), S. 341 ff.; *Cornils*, Allgemeine Handlungsfreiheit, in: HStR, 3. Aufl., Bd.
VII, 2009, § 168; *Degenhart*, Die allgemeine Handlungsfreiheit des Art. 2 I GG,
JuS 1990, S. 161 ff.; *ders.*, Das allgemeine Persönlichkeitsrecht, Art. 2 I i.V.mit
Art. 1 I GG, JuS 1992, S. 361 ff.; *Duttge*, Freiheit für alle oder allgemeine Hand-
lungsfreiheit?, NJW 1997, S. 3353 ff.; *Enders*, Schutz der Persönlichkeit und der Privatsphäre, in: HGR IV, 2011, § 89; *Erichsen*, Allgemeine Handlungsfreiheit, in:
HStR VI, 2. Aufl. 2001, § 152; *Geis*, Der Kernbereich des Persönlichkeitsrechts, JZ
1991, S. 112 ff.; *Grimm*, Persönlichkeitsschutz im Verfassungsstaat, in: Karlsruher
Forum 1996: Schutz der Persönlichkeit, 1997, S. 3 ff.; *Höfling*, Vertragsfreiheit,
1991; *Horn*, Schutz der Privatsphäre, in: HStR, 3. Aufl., Bd. VII, 2009, § 149; *Hub-
mann*, Das Persönlichkeitsrecht, 2. Aufl. 1967; *Hufen*, Schutz der Persönlichkeit und
Recht auf informationelle Selbstbestimmung, in: FS 50 Jahre BVerfG, 2001, Bd. II,
S. 127 ff.; *Isensee*, Privatautonomie, in: HStR, 3. Aufl., Bd. VII, 2009, § 150; *ders.*,
Grundrecht auf Ehre, in: FS Kriele, 1997, S. 5 ff.; *Jarass*, Das allgemeine Persönlichkeitsrecht im Grundgesetz, NJW 1989, S. 857 ff.; *Kahl*, Die Schutzergänzungsfunktion von Art. 2 Abs. 1 Grundgesetz, 2000; *ders.*, Die allgemeine Handlungsfreiheit,
in: HGR V, 2013, § 124; *Kube*, Persönlichkeitsrecht, in: HStR, 3. Aufl., Bd. VII,
2009, § 148; *Lorenz*, Allgemeine Handlungsfreiheit und unbenannte Freiheitsrechte,
in: FS Maurer, 2001, S. 213 ff.; *Merten*, Das Recht auf freie Entfaltung der Persönlichkeit. Art. 2 I GG in der Entwicklung, JuS 1976, S. 345 ff.; *Pieroth*, Der Wert der
Auffangfunktion des Art. 2 Abs. 1 GG, AöR 115 (1990), S. 33 ff.; *Poscher*, Menschenwürde und Kernbereichsschutz, JZ 2009, S. 269 ff.; *Rohlf*, Der grundrechtliche
Schutz der Privatsphäre, 1980; *Rudolf*, Recht auf informationelle Selbstbestimmung,
in: HGR IV, 2011, § 90; *Schmitt Glaeser*, Schutz der Privatsphäre, in: HStR VI,
2. Aufl. 2001, § 129; *Scholz*, Das Grundrecht der freien Entfaltung der Persönlichkeit in der Rechtsprechung des Bundesverfassungsgerichts, AöR 100 (1975),
S. 80 ff., 265 ff.; *Schwarz*, Das Postulat lückenlosen Grundrechtsschutzes und das
System grundgesetzlicher Freiheitsgewährleistung, JZ 2000, S. 126 ff.; *Stern*, Der
Schutz der Persönlichkeit und Privatsphäre, in: ders., Das Staatsrecht der Bundesrepublik Deutschland, Bd. IV/1, 2006, § 99; *ders.*, Die allgemeine Handlungsfreiheit, in: *ders.*, Das Staatsrecht der Bundesrepublik Deutschland, Bd. IV/1, 2006,
§ 104.

Art. 2 Abs. 2 GG: *Anderheiden*, »Leben« im Grundgesetz, KritV 84 (2001),
S. 353 ff.; *Dreier*, Stufungen des vorgeburtlichen Lebensschutzes, ZRP 2002,
S. 377 ff.; *ders.*, Grenzen des Tötungsverbotes, JZ 2007, S. 261 ff., 317 ff.; *Fink*,
Recht auf Leben und körperliche Unversehrtheit, in: HGR IV, 2011, § 88; *Grabitz*,
Freiheit der Person, in: HStR VI, 2. Aufl. 2001, § 130; *Gusy*, Freiheitsentziehung
und Grundgesetz, NJW 1992, S. 457 ff.; *ders.*, Freiheit der Person, in: HGR IV,
2011, § 93; *Hermes*, Das Grundrecht auf Schutz von Leben und Gesundheit, 1987;

Höfling, Forum: »Sterbehilfe« zwischen Selbstbestimmung und Integritätsschutz, JuS 2000, S. 111 ff.; *Lorenz*, Recht auf Leben und körperliche Unversehrtheit, in: HStR VI, 2. Aufl. 2001, § 128; *ders.*, Aktuelle Verfassungsfragen der Euthanasie, JZ 2009, S. 57 ff.; *Müller-Terpitz*, Recht auf Leben und körperliche Unversehrtheit, in: HStR, 3. Aufl., Bd. VII, 2009, § 147; *Sachs*, Der Schutz der physischen Existenz, in: Stern, Das Staatsrecht der Bundesrepublik Deutschland, Bd. IV/1, 2006, § 98; *ders.*, Die Freiheit der Bewegung, in: Stern, Das Staatsrecht der Bundesrepublik Deutschland, Bd. IV/1, 2006, § 106; *Starck*, Der verfassungsrechtliche Schutz des ungeborenen menschlichen Lebens, JZ 1993, S. 816 ff.; *Steiner*, Der Schutz des Lebens durch das Grundgesetz, 1992; *Wittreck*, Freiheit der Person, in: HStR, 3. Aufl., Bd. VII, 2009, § 151.

Artikel 3 [Gleichheitssatz – Gleichberechtigung]

(1) Alle Menschen sind vor dem Gesetz gleich.

(2) Männer und Frauen sind gleichberechtigt. Der Staat fördert die tatsächliche Durchsetzung der Gleichberechtigung von Frauen und Männern und wirkt auf die Beseitigung bestehender Nachteile hin.

(3) Niemand darf wegen seines Geschlechtes, seiner Abstammung, seiner Rasse, seiner Sprache, seiner Heimat und Herkunft, seines Glaubens, seiner religiösen oder politischen Anschauungen benachteiligt oder bevorzugt werden. Niemand darf wegen seiner Behinderung benachteiligt werden.

A. Vorbilder und Entstehungsgeschichte

1 Die ideengeschichtlichen Grundlagen des allgemeinen Gleichheitssatzes sowie der speziellen Diskriminierungsverbote des Art. 3 Abs. 3 reichen bis in die Antike zurück. Sowohl in der griechischen wie in der römischen Philosophie lässt sich eine enge Verbindung von rechtsethischen Gerechtigkeitspostulaten einerseits und Vorstellungen individueller, sozialer und politischer Gleichheit andererseits nachweisen[1]. Im Mittelalter wurde dieses Gedankengut unter dem Einfluss von Kirche und Ständewesen wieder zurückgedrängt. Erst die kirchengeschichtlichen Umwälzungen des frühen 16. Jahrhunderts führten zu einer Renaissance des so verstandenen Gleichheitsideals[2].

---

1 Siehe *Platon*, Politeia, 8, 557-63; *Aristoteles*, Nikomachische Ethik, 1130b 30 ff.; 1131a 22 ff.; siehe dazu eingehend *Heun*, in: Dreier, GG, Art. 3 Rn. 2.

2 Vgl. die Art. 3, 4 u. 9 der 12 Artikel der Bauern vom März 1525, abgedruckt in: *Blickle*, Die Revolution von 1525 (1993), S. 321 ff.

In der Folgezeit wurde es naturrechtlich ausgeformt[3] und bereitete damit den Boden für die Forderungen der Aufklärung nach staatsbürgerlicher Gleichheit und Abschaffung des Privilegienwesens[4]. Die Französische Revolution markierte sodann den Beginn des zunächst primär vom Bürgertum forcierten Kampfes um rechtliche und politische Gleichstellung, wie sie in Art. 1 der Erklärung der Menschenrechte von 1789 zum Ausdruck kommt: »Die Menschen sind und bleiben von Geburt an frei und gleich an Rechten.«[5] Art. 3 der gescheiterten Verfassung von 1793 postulierte die »Gleichheit vor dem Gesetz« noch vor den liberalen Freiheitsrechten.

Die Formel von der Gleichheit aller Staatsbürger vor dem Gesetz fand im 19. Jahr-   2
hundert Eingang in zahlreiche Verfassungen deutscher Länder[6]. Später bestimmte Art. 109 der Weimarer Reichsverfassung: »Alle Deutschen sind vor dem Gesetze gleich. Männer und Frauen haben grundsätzlich dieselben staatsbürgerlichen Rechte und Pflichten. Öffentlich-rechtliche Vorrechte oder Nachteile der Geburt oder des Standes sind aufzuheben.« In diesem Kontext wurde erstmals die Bindung auch des Gesetzgebers im Sinne der Rechtssetzungsgleichheit diskutiert[7].

Unter dem Eindruck von nationalsozialistischer Willkürherrschaft, Rassenwahn und   3
verlorenem Krieg ergänzte der Parlamentarische Rat[8] diese Garantien für das Grundgesetz der Bundesrepublik um die speziellen Diskriminierungsverbote des Art. 3 Abs. 3 Satz 1 und erhob den Gleichheitssatz zum Menschenrecht. Außerdem war man der Auffassung, dass über Art. 1 Abs. 3 auch Rechtssetzungsgleichheit gewährleistet war[9]. Die Gleichberechtigung von Mann und Frau wurde erst nach intensiver Diskussion in Art. 3 Abs. 2 festgeschrieben, um das verfassungsrechtliche Verständnis des Verbots einer diesbezüglichen Bevorzugung oder Benachteiligung im Sinne des Art. 3 Abs. 3 zu präzisieren[10]. Nach der Wiedervereinigung wurde Art. 3 im Jahr 1994 zum ersten und bislang einzigen Mal geändert. Es wurden die Absätze 2 und 3 jeweils um den heutigen zweiten Satz betreffend die Förderung der Gleichberechtigung von Mann und Frau bzw. das Verbot der Benachteiligung von Behinderten erweitert.

---

3 Siehe *Hobbes*, Leviathan (1651), Teil 1, Kap. 13 ff.; *Locke*, Two Treatises of Government (1689/90), Buch II, Kap. 2 §§ 4 ff.; weitere Nachweise bei *Heun*, in: Dreier, GG, Art. 3 Rn. 3.
4 Grundlegend *Montesquieu*, De l'Esprit des Lois (1748), Buch 8, Kap. 3.
5 Siehe auch Art. 6 der Erklärung von 1789: »Das Gesetz ... muss für alle gleich sein«.
6 Siehe *Sachs*, in Stern/Sachs/Dietlein, Staatsrecht, Band IV/2, 1444 ff.; siehe ferner Art. 137 III der Paulskirchenverfassung 1849.
7 Befürwortend *Kaufmann*, VVDStRL 3 (1927), 2 ff. sowie *Leibholz*, Die Gleichheit vor dem Gesetz, 1925, S. 30 ff.; ablehnend *Nawiasky*, VVDStRL 3 (1927), 25 ff. Siehe dazu sowie zu den gesellschaftspolitischen Hintergründen auch *Boysen*, in: von Münch/Kunig, GG, Art. 3 Rn. 6.
8 Näher zu den Beratungsabläufen *Heun*, in: Dreier, GG, Art. 3 Rn. 7.
9 Vgl. Parl. Rat V, S. 142.
10 Siehe *Böttger*, Das Recht auf Gleichheit und Differenz, 1990, S. 160 ff.; zur Historie eingehend *Sachs*, in Stern/Sachs/Dietlein, Staatsrecht, Band IV/2, 1599 ff.

Englisch   269

B. Grundsätzliche Bedeutung

4   Der allgemeine Gleichheitssatz stellt eines der tragenden Konstitutionsprinzipien der freiheitlich-demokratischen Verfassung dar[11]. Er nimmt als wertungsoffenes Grundrecht (Rdn. 19) **Gerechtigkeitsvorstellungen** der Verfassung und des Gesetzgebers in sich auf und erschließt sowie strukturiert deren gleichheitsrechtliche Dimension[12]. Dabei hält Art. 3 Abs. 1 alle drei Gewalten, vornehmlich aber den Gesetzgeber zur Reflektion über allgemeingültige Gerechtigkeitsmaßstäbe und zu deren folgerichtiger Umsetzung an. Nach ständiger Rspr. des BVerfG gebietet der Gleichheitssatz eine »stete Orientierung am Gerechtigkeitsgedanken«[13], obschon das BVerfG selbst sich zunächst nur zu einer Willkürkontrolle befugt sah.

5   In der Tat liegt in der Willkürfreiheit der Ausübung von Staatsgewalt nicht zuletzt vor dem Hintergrund der historischen Erfahrungen, die das Grundgesetz geprägt haben, ein zentrales gleichheitsrechtliches Anliegen. Der Gewährleistungsgehalt des Art. 3 Abs. 1 geht aber richtigerweise noch darüber hinaus; das Gleichheitsgrundrecht ist auch **privilegien- und diskriminierungsfeindlich**. Es strahlt in dieser Funktion auf alle Regelungsbereiche der gesamten Rechtsordnung aus. Rechtspraktisch zeigt sich dies daran, dass sich etwa jede dritte amtlich veröffentlichte Entscheidung des BVerfG zumindest auch mit gleichheitsrechtlichen Fragestellungen befasst; diese Häufigkeit lässt sich für kein anderes Grundrecht feststellen.

6   Deutlich ist in der jahrzehntelangen Rspr. des BVerfG auch geworden, dass der Gleichheitssatz spätestens unter der Geltung des Grundgesetzes seine überkommene Affinität zur staatsbürgerlichen Gleichheit in Abkehr vom mittelalterlichen Ständewesen[14] transzendiert hat[15]. Ein wesentlicher Aspekt grundrechtlicher Gleichheitsgewähr ist heute die Verwirklichung **sozialstaatlicher Ideale** im Bereich der Leistungs- wie auch der Eingriffsverwaltung, ansatzweise sogar im Privatrechtsverkehr und hier insbesondere im Arbeitsrecht. Es wäre jedoch verfehlt, daraus eine verfassungsrechtliche Dichotomie von Freiheit und Gleichheit konstruieren zu wollen (näher Rdn. 34 ff.)[16]. Der Gleichheitssatz ist liberalen bzw. meritokratischen Gerechtigkeitsvorstellungen ebenso zugänglich wie Erwägungen sozialen Ausgleichs und solidarischer Lastentragung; er verlangt das Messen nach gleichem Maß, legt selbiges aber nicht fest. Die Dominanz sozialstaatlicher Gerechtigkeitsanliegen ist vielmehr die Folge des teils verfassungsrechtlich geforderten, teils politisch gewollten Wohlfahrtsstaatsmodells, das seinen Anknüpfungspunkt im Grundgesetz in Art. 20 Abs. 1 findet.

---

11 Siehe BVerfGE 6, 257 (265).
12 Siehe *Böckenförde*, VVDStRL 47 (1989), 95; *Kaufmann*, VVDStRL 3 (1927), 2 (10); *Zippelius*, VVDStRL 47 (1989) 7 (10 ff.).
13 Seit BVerfGE 3, 58 (135) st. Rspr.; siehe auch *Robbers*, Gerechtigkeit als Rechtsprinzip, 1980, S. 163.
14 Siehe noch Art. 137 der Paulskirchenverfassung von 1849; Art. 109 WRV.
15 Siehe aber auch schon *Montesquieu*, De l'Esprit des Lois (1748), Buch 5, Kap. 5.
16 Siehe zur dahingehenden Diskussion eingehend *Pöschl*, Gleichheit vor dem Gesetz, 2008, S. 547 ff. m.w.N.

Die **Differenzierungsverbote des Art. 3 Abs.** 3 wiederum haben – mit Ausnahme 7
des zusätzlich auch noch in Art. 3 Abs. 2 verankerten Gebots der Gleichberechtigung
der Geschlechter – in der Verfassungsrechtspraxis bislang keine große Bedeutung erlangt[17]; sie führen ein »Schattendasein«[18]. Dies ist im Wesentlichen ihrer Verhaftung
im historischen Kontext der nationalsozialistischen Unrechtsherrschaft und des verlorenen Krieges geschuldet. Dessen Folgen waren relativ schnell überwunden, die faschistischen Ideologien diskreditiert, so dass die Formen der Diskriminierung, denen
Art. 3 Abs. 3 entgegentreten sollte, bislang kaum akut geworden sind. Das Verbot
der Unterscheidung wegen politischer Anschauungen hat aber immerhin in der Auseinandersetzung mit rechts- und vor allem mit linksextremen Strömungen eine gewisse Bedeutung behalten; auch gab die Wiedervereinigung Anlass zur schärferen
Konturierung der Diskriminierung wegen der Heimat. Zudem sind die Wertungen
des Art. 3 Abs. 3 in jüngerer Zeit wiederholt in die Beurteilung von gesetzlichen Differenzierungen in Bezug auf die sexuelle Orientierung eingeflossen[19]. Eigenständige
Breitenwirkung könnten die Differenzierungsverbote derzeit aber nur bei stärkerer
Entfaltung eines Verbotes auch der mittelbaren Diskriminierung (vgl. Rdn. 85 ff.)
erhalten; diesbezüglich legt das BVerfG aber große Zurückhaltung an den Tag.

Intensiv beschäftigt hat das BVerfG seit jeher das zusätzlich auch noch in Art. 3 8
Abs. 2 verankerte Gebot der **Gleichberechtigung der Geschlechter**. In den ersten
beiden Jahrzehnten nach Inkrafttreten des Grundgesetzes stand dabei noch der Abbau rechtlicher Ungleichbehandlung – vornehmlich zum Nachteil der Frau – im
Vordergrund. In der Folge hat sich die Diskussion hin zur Frage der Verfassungsmäßigkeit von Fördermaßnahmen zugunsten von Frauen zwecks Überwindung von
patriarchalischen Strukturen in Arbeitsleben und Gesellschaft verlagert. Daneben
geraten zunehmend auch verdeckte Formen der rechtlichen Schlechterstellung von
Frauen durch scheinbar neutrale, aber mittelbar diskriminierende Differenzierungen
in den Fokus des Art. 3 Abs. 2 und 3. Zunehmend werden die darum rankenden
Streitfragen aber nicht mehr im verfassungsrechtlichen, sondern im europarechtlichen Kontext (Rdn. 185 ff.) des Art. 157 AEUV sowie der gemeinschaftsrechtlichen Gleichbehandlungsrichtlinien entschieden.

C. Gewährleistungsgehalte

I. Allgemeiner Gleichheitssatz, Art. 3 Abs. 1

1. Rechtssetzungsgleichheit

Entsprechend den Vorstellungen des Parlamentarischen Rates (Rdn. 3) ist allgemein 9
anerkannt, dass Art. 3 Abs. 1 neben der Rechtsanwendungs- auch die Rechtsset-

---

17 Eingehend die Übersicht bei *Sachs*, HStR VIII, 3. Aufl. 2010, § 182 Rn. 78 ff.
18 Siehe Sondervotum *Simon*, BVerfGE 63, 266 (310).
19 Siehe BVerfGE 124, 199 (220); 126, 400 (419); 131, 239 (256 f.); 133, 59 (98); 133,
   377 (408); *Wolff*, in Kischel/Masing (Hrsg.), Unionsgrundrechte und Diskriminierungsverbote im Verfassungsrecht, 2012, 121, 129 ff.

zungsgleichheit umfasst[20]. Gleichheitsrechtlich gebunden ist insofern in erster Linie der parlamentarische Gesetzgeber in Bund und Ländern. Daneben hat auch die Verwaltung die Anforderungen an Rechtssetzungsgleichheit zu wahren, soweit sie abstrakt-generelle Normsetzung durch den Erlass von Rechtsverordnungen oder Satzungen praktiziert[21].

10   Gewährleistungsgehalt und Prüfungsstruktur des allgemeinen Gleichheitssatzes in seiner Anwendung auf die Gesetzgebung zählen zu den umstrittensten Fragen der Grundrechtsdogmatik. Bis heute haben sich in der Spruchpraxis des BVerfG und erst recht in der Literatur gerade hinsichtlich der grundsätzlichen Herangehensweise noch keine einheitlichen Maßstäbe herausgebildet. Das BVerfG hat in st. Rspr. die Formel geprägt, Art. 3 Abs. 1 gebiete, »wesentlich Gleiches gleich und wesentlich Ungleiches ungleich zu behandeln.«[22] Vielfach wird hierauf aufbauend für eine zweistufige Prüfungsstruktur plädiert[23]: In einem ersten Schritt sei lediglich eine Ungleichbehandlung oder – ausnahmsweise – eine problematisch erscheinende Gleichbehandlung eines Grundrechtsträgers (Rdn. 102 ff. und 23) im Verhältnis zu einer anderen Person bzw. Personengruppe festzustellen[24]; wobei sich diese auch aus der Ungleichbehandlung von zwei verschiedenen Sachverhalten ergeben könne[25]. In einem zweiten Schritt müsse geprüft werden, ob die divergierende (oder übereinstimmende) Behandlung gerechtfertigt werden könne bzw. ob relevante bzw. »wesentliche« Unterschiede (oder Gemeinsamkeiten) zwischen den beiden Vergleichsgruppen bestünden. Diese zweite Stufe, d.h. die Vergleichbarkeitsprüfung wird dabei überwiegend als Prüfung von Rechtfertigungsgründen verstanden[26]. Art. 3 Abs. 1 verbürgt ausgehend von diesem Ansatz grundsätzlich die gesetzliche Normierung gleicher Rechtsfolgen für jedermann, so dass jede Ungleichbehandlung eo ipso rechtfertigungsbedürftig ist[27]. Richtigerweise fordert Art. 3 Abs. 1 indes nicht

---

20 Ständige Rspr. seit BVerfGE 1, 14 (52); siehe ferner *Pieroth/Schlink*, Grundrechte, 30. Aufl. 2014, Rn. 460; Rüfner, BK, Art. 3 Abs. 1 Rn. 163 ff.

21 Vgl. *Osterloh/Nußberger*, in: Sachs, GG, Art. 3 Rn. 115; wohl auch *Rüfner*, BK, Art. 3 Abs. 1 Rn. 110; *Starck*, vM/K/S, Art. 3 Abs. 1 Rn. 263.

22 BVerfGE 122, 210 (230); 112, 268 (279); 116, 164 (180); 129, 49 (68).

23 So etwa *Boysen*, in: von Münch/Kunig, GG, Art. 3 Rn. 53 m.w.N.; *Heun*, in: Dreier: GG, Art. 3 Rn. 24.

24 Vertreter dieses Ansatzes sind allerdings vielfach bemüht, das Verbot der Gleichbehandlung von wesentlich Ungleichem durch Umdeutung der Problemstellung auf einen Anwendungsfall des Differenzierungsverbots zurückzuführen, siehe *Sachs*, in Stern/Sachs/Dietlein, Staatsrecht, Band IV/2, 1477 ff., m.w.N.; *Boysen*, in: von Münch/Kunig, Art 3 Rn. 64; *Jarass*, in: Jarass/Pieroth, Art. 3 Rn. 8; dazu kritisch *Rüfner*, BK, Art. 3 Abs. 1 Rn. 9 f.

25 Siehe *Jarass*, in: Jarass/Pieroth, GG, Art. 3 Rn. 7; *Boysen*, in: von Münch/Kunig, GG, Art. 3 Rn. 53.

26 Exemplarisch BVerfGE 132, 72 (82 ff.); *Boysen*, in: von Münch/Kunig, GG, Art. 3 Rn. 53.

27 Siehe dazu auch *Alexy*, Theorie der Grundrechte, 3. Aufl. 1996, S. 373; *Borowski*, Grundrechte als Prinzipien, 2. Aufl. 2007, S. 422; *Koller*, ARSP-Beiheft 56 (1994), 79 (85); *Kempny/Reimer*, Die Gleichheitssätze, 2012 49 ff.

Englisch

Gleichbehandlung schlechthin[28]. Stattdessen ist mit einer zweiten Meinungsgruppe anzunehmen, dass Differenzierungen wie auch deren Unterlassung dem Regelungsgegenstand angemessen sein müssen, d.h. sie müssen sich sachbereichsbezogen auf einen vernünftigen Grund zurückführen lassen. Nur insoweit dies nicht der Fall ist, besteht Rechtfertigungsbedarf[29]. Der allgemeine Gleichheitssatz gewährleistet damit in erster Linie die gleichmäßige Umsetzung sachgerechter Leitmaximen staatlichen Handelns (Rdn. 16 ff.) sowie Abwägungsrationalität (Rdn. 26 ff.). Dieser Sichtweise neigt tendenziell auch das BVerfG zu[30]. Es hat diese Ansätze jedoch bislang nicht zu einer kohärenten gleichheitsrechtlichen Dogmatik ausgebaut. Im Einzelnen sind dazu die folgenden Feststellungen zu treffen:

a) Traditionelles Willkürverbot und »neue Formel«

Unter dem prägenden Einfluss von *Leibholz*[31] ist das Gebot der Rechtssetzungs- 11
gleichheit in den ersten Jahrzehnten der Rspr. des BVerfG als bloßes **Willkürverbot** interpretiert worden[32]. Danach war der Gleichheitssatz erst dann verletzt, »wenn sich ein vernünftiger, sich aus der Natur der Sache ergebender oder sonstwie sachlich einleuchtender Grund für die gesetzliche Differenzierung oder Gleichbehandlung nicht finden lässt.«[33] Damit verbunden war die Feststellung, es bleibe grundsätzlich dem Gesetzgeber überlassen, die Merkmale zu bestimmen, nach denen Sachverhalte als hinreichend gleich oder ungleich anzusehen seien[34]. Teilweise formulierte das BVerfG auch, ein Verstoß gegen Art. 3 Abs. 1 sei nur bei »evidenter« Unsachlichkeit der Regelung anzunehmen[35]. Erst dann werde in verfassungswidriger Weise wesentlich Gleiches ungleich bzw. wesentlich Ungleiches gleich behandelt[36]. Unter Geltung des Willkürverbotes beschränkten sich die Anforderungen des Art. 3 Abs. 1 an den Gesetzgeber folglich darauf, mit einer bestimmten Gleich- oder Ungleichbehandlung ein legitimes Ziel in geeigneter Weise zu verfolgen. Die Notwendigkeit, Angemessenheit und Folgerichtigkeit einer Differenzierung waren hingegen der verfassungsrechtlichen Kontrolle entzogen.

---

28 Siehe auch BVerfGE 118, 1 (26): Dem Gesetzgeber ist durch Art. 3 I GG nicht jede Differenzierung verwehrt.
29 Siehe *Epping/Hillgruber*, BeckOK GG, Art. 3 Rn. 24 f.
30 Siehe etwa BVerfGE 71, 39 (58); 76, 256 (329); 93, 386 (397); 121, 317 (369).
31 *Leibholz*, Die Gleichheit vor dem Gesetz, 2. Aufl. 1959, S. 72 ff.
32 Vgl. die Rspr.-Nachweise bei *Leibholz/Rinck/Hesselberger*, GG, Art. 3 Rn. 27 f.
33 Grundlegend BVerfGE 1, 14 (52); nachfolgend etwa BVerfGE 89, 132 (141); 113, 167 (214); 117, 302 (311).
34 So etwa BVerfGE 13, 225 (228); 34, 252 (256); 49, 148 (165).
35 Vgl. BVerfGE 12, 326 (333); 14, 142 (150); 19, 101 (115); 23, 135 (143); 52, 277 (281); 89, 132 (141 f.).
36 BVerfGE 1, 14 (52).

12 Nicht zuletzt unter dem Eindruck anhaltender Kritik des Schrifttums[37] kreierte der Erste Senat des BVerfG im Jahr 1980 in Abkehr von einem bloßen Willkürverbot die sog. »**Neue Formel**«: Seither wird der Gleichheitssatz auch dann als verletzt angesehen, »wenn eine Gruppe von Normadressaten im Vergleich zu anderen Normadressaten anders behandelt wird, obwohl zwischen beiden Gruppen keine Unterschiede von solcher Art und solchem Gewicht bestehen, dass sie die ungleiche Behandlung rechtfertigen könnten.«[38] Nachfolgend wurde daraus eine »strenge Bindung an Verhältnismäßigkeitserfordernisse« in der gleichheitsrechtlichen Prüfung abgeleitet[39]. Der Zweite Senat hat diesen Prüfungsmaßstab inzwischen ebenfalls übernommen[40]. Hinsichtlich des Verbotes, wesentlich Ungleiches gleich zu behandeln, hält das BVerfG hingegen an der Geltung eines bloßen Willkürverbotes fest[41].

13 Inwieweit mit der »neuen Formel« im Verhältnis zur Willkürprüfung nicht nur eine Einschränkung des Beurteilungsspielraums des Gesetzgebers, sondern auch eine andere **Prüfungsstruktur** verbunden ist, hat die Rspr. bislang noch nicht geklärt. Insbesondere hat das BVerfG bislang eine Festlegung dazu vermieden, ob und ggf. inwieweit die »neue Formel« Parallelen zum freiheitsrechtlichen Übermaßverbot aufweist. Ausdrücklich hat das Gericht eine solche dreistufige Verhältnismäßigkeitsprüfung hinsichtlich Eignung, Erforderlichkeit und Angemessenheit einer Ungleichbehandlung bislang erst zweimal durchgeführt[42]. Überwiegend wurde hingegen lediglich eine angemessene Relation zwischen dem Grad der Verschiedenheit und dem Ausmaß der Ungleichbehandlung gefordert[43]. Dies deutet darauf hin, dass nach der Vorstellung des BVerfG ein eigenständiges gleichheitsrechtliches Verständnis des Verhältnismäßigkeitsgrundsatzes greift, wonach dieser anders als das Willkürverbot nicht nur hinsichtlich des »ob«, sondern auch bezüglich des »wie viel« einer Ungleichbehandlung eine rational nachvollziehbare Begründung verlangt. In der Literatur werden unterschiedliche Standpunkte vertreten[44].

---

37 Vgl. etwa *Hesse*, AöR 109 (1984), 174 (186 ff.); *Kloepfer*, Gleichheit als Verfassungsfrage, 1980, S. 54 ff.

38 BVerfGE 55, 72 (88); seither st. Rspr. des Ersten Senats, vgl. BVerfGE 82, 126 (146); 84, 133 (157); 87, 1 (36); 95, 39 (45); 102, 41 (54); 117, 272 (300 f.); 110, 412 (432); 112, 50 (67); 132, 372 (388).

39 Vgl. BVerfGE 88, 87 (96); 89, 15 (22); 89, 365 (375); 90, 46 (56); 99, 367 (388).

40 Vgl. BVerfGE 105, 73 (110 f.); 107, 27 (45); 110, 412 (431); 113, 167 (214 f.).

41 Besonders deutlich BVerfGE 118, 1 (26 f.); vgl. zuvor zB auch BVerfGE 108, 52 (67 f.); 109, 96 (123); 115, 381 (389).

42 Vgl. BVerfGE 113, 167 (231 ff.); BVerfG BGBl. 2015, 4, Rn. 130 ff.l.

43 Vgl. BVerfGE 58, 369 (373 f.); 89, 365 (377 f.). Vgl. auch *Kirchhof*, HStR VIII, 3. Aufl. 2010, § 181 Rn. 74 ff.

44 Vgl. zum Streitstand *Brüning*, JZ 2001, 669 ff.; *Boysen*, in: von Münch/Kunig, GG, Art. 3 Rn. 103 ff.; *Huster*, Rechte und Ziele, 1993, S. 61 ff. u. 176 ff.; *dens.*, JZ 1994, 541 ff.; *Kirchhof*, HStR VIII, 3. Aufl. 2010, § 181 Rn. 74 ff., 232 ff.; *Hillgruber*, HStR IX, 3. Aufl. 2011, § 201 Rn. 9; *Lübbe-Wolff*, Die Grundrechte als Eingriffsabwehrrechte, 1988, S. 258 ff.; *Rüfner*, BK, Art. 3 Abs. 1 Rn. 96 ff.

Englisch

Die mit der »neuen Formel« nach alledem verbundenen Unschärfen der grundrecht- 14
lichen Gewährleistung von Rechtssetzungsgleichheit werden zudem noch dadurch
ausgeweitet, dass jene Formel das Willkürverbot in der Rspr. des BVerfG nicht vollständig verdrängt hat. Vielmehr sollen sich aus dem allgemeinen Gleichheitssatz je
nach Regelungsgegenstand und Differenzierungsmerkmalen unterschiedliche Grenzen für den Gesetzgeber ergeben, die vom bloßen Willkürverbot bis zu einer strengen Bindung an Verhältnismäßigkeitserfordernisse im Sinne der »neuen Formel«
reichen können[45]. Neben diesen beiden Extremen kann insbesondere auch ein mitt-
lerer Prüfungsmaßstab Anwendung finden: Es genügt dann zwar laut BVerfG nicht
jeder sachlich einleuchtende Grund für eine Differenzierung den Anforderungen des
Art. 3 Abs. 1, wohl aber reichen hinreichend sachbezogene, nach Art und Gewicht
vertretbare Gründe aus[46]. Jüngst hat das BVerfG zu erkennen gegeben, dass es möglicherweise generell über eine Willkürprüfung im herkömmlichen Sinne hinauszuge-
hen gedenkt. Hierfür spricht die Feststellung, Differenzierungen bedürften »stets der
Rechtfertigung durch Sachgründe, die dem Differenzierungsziel und dem Ausmaß
der Ungleichbehandlung angemessen sind.«[47] Dessen ungeachtet liefert der vom
BVerfG formulierte Gedanke einer »**abgestuften Kontrolldichte**« und einer damit
verbundenen unterschiedlichen Weite des gesetzgeberischen Gestaltungsspielraums[48]
einen zusätzlichen Anhaltspunkt dafür, dass seitens des Gerichts mit der »neuen Formel« im Regelfall keine zusätzlichen Prüfungsschritte im Sinne des für staatliche Eingriffe in Freiheitsrechte geltenden Übermaßverbotes assoziiert werden.

Richtigerweise müsste für die Entscheidung zwischen einer bloßen Willkürprüfung 15
und der alternativen »strengen Bindung an Verhältnismäßigkeitserfordernisse« nach
den verschiedenartigen gleichheitsrechtlichen Gewährleistungen differenziert werden
(eingehend Rdn. 16 ff.): Das bloße Willkürverbot sollte nur Anwendung finden, soweit dem Gesetzgeber ein politischer Gestaltungsspielraum hinsichtlich der Festlegung eines sachgerechten Maßstabs bzw. Anknüpfungspunktes für die *gleichmäßige*
Zuteilung von Rechten und Pflichten bzw. Begünstigungen oder Belastungen zukommt. Abweichungen von einer folgerichtigen Entfaltung dieses Maßstabs sollten
hingegen einer vollen Verhältnismäßigkeitskontrolle unterzogen werden. Schließlich
wäre gleichheitsrechtlich zu verlangen, dass die gesetzgeberische Abwägung widerstreitender Belange in verschiedenen, aber wertungsmäßig vergleichbaren Konstellationen in sich folgerichtig und widerspruchsfrei ist. Davon zu unterscheiden ist jeweils die Frage der verfassungsgerichtlichen Kontrolldichte hinsichtlich der je
einschlägigen Prüfungsmaßstäbe (dazu Rdn. 136 ff.).

---

45 Vgl. BVerfGE 88, 87 (96 f.); 92, 53 (68); 110, 274 (291); 112, 164 (174); 116, 164
   (180); 122, 210 (230 f.); 123, 111 (119 f.).
46 Vgl. BVerfGE 91, 346 (364); 99, 367 (390).
47 BVerfGE 129, 49 (68); 130, 131 (142).
48 Vgl. BVerfGE 88, 87 (96 f.).

Englisch

b) Folgerichtige Umsetzung sachgerechter Verteilungsmaßstäbe

16 Der Gesetzgeber hat sich unbeschadet eines häufig bestehenden politischen Wertungsspielraums grundsätzlich am Gerechtigkeitsgedanken zu orientieren[49]. Dabei sind die entsprechenden Erwägungen an den Besonderheiten des zu regelnden Lebensbereichs auszurichten, die jeweiligen Gerechtigkeitsmaßstäbe also bereichsspezifisch zu gewinnen[50]. Das gesetzliche Regelungskonzept muss in diesem Sinne »**sachgerecht**« sein[51].

17 Hinsichtlich der Bedeutung speziell des Gleichheitssatzes für die grundsätzliche Gewährleistung bereichsspezifisch angemessener Differenzierungen sind zwei Grundkonstellationen zu unterscheiden. Einerseits existieren – etwa im Ordnungsrecht und im Strafrecht – gesetzliche Regelungen, die zu unterschiedlich intensiven Eingriffen in Freiheitsrechte Anlass geben können, wobei jeder individuelle Eingriff eine notwendige Bedingung für die Verwirklichung des gesetzgeberischen Eingriffszweckes ist. Hinsichtlich der Differenzierung nach »ob« und Ausmaß eines Eingriffs sind dann unter Sachgerechtigkeitsaspekten keine über die freiheitsrechtliche Verhältnismäßigkeitsprüfung hinausgehenden gleichheitsrechtlichen Vorgaben erforderlich[52]. Denn hier stellt schon die Begrenzungswirkung der Freiheitsgrundrechte sicher, dass die Maßnahme nicht unverhältnismäßig von dem allen Bürgern bzw. Deutschen gleichermaßen garantierten[53] Recht auf Freiheit von staatlicher Intervention abweicht. Schon freiheitsrechtlich wird damit ein vernünftiger Grund für allfällige Differenzierungen verlangt. Eines zusätzlichen, gleichheitsrechtlich verankerten Sachgerechtigkeitsmaßstabes für Richtung und Ausmaß der Intervention bedarf es nicht, weil dieser keine über die gesetzgeberische Abwägung von Freiheitsgrundrecht und Eingriffszweck hinausgehende Schutzwirkung entfalten könnte[54]. Hier kann sich die gleichheitsrecht-

---

49 Siehe BVerfGE 4, 7 (18); 4, 219 (244); seither st. Rspr., siehe etwa auch BVerfGE 93, 386 (397); 110, 141 (167) m.w.N.; 118, 1 (27).

50 Siehe BVerfGE 9, 338 (349 f.); 71, 39 (58); 76, 256 (329); 84, 239 (268); 103, 310 (318); 107, 257 (270) m.w.N.; *Mellinghoff*, in: FS Bareis, 2005, S. 171 (177); *Zippelius*, VVDStRL 47 (1989), 73; *Kirchhof*, HStR VIII, 3. Aufl. 2010, § 181 Rn. 19.

51 Siehe BVerfGE 3, 288 (338); 4, 144 (155); 9, 213 (222); st. Rspr., vgl. auch BVerfGE 115, 381 (389) m.w.N.; siehe ferner *K. Tipke*, Steuergerechtigkeit, 1981, S. 37.

52 Dazu eingehend *Englisch*, Wettbewerbsgleichheit im grenzüberschreitenden Handel, 2008, S. 89 ff. Ähnlich *Starck*, vM/K/S, Art. 3 Abs. 1 Rn. 300 m.w.N. Entgegen den dortigen Ausführungen lässt sich jedoch aus der jeweiligen freiheitsgrundrechtlichen Rechtfertigung von vergleichbare Sachverhalte betreffenden Maßnahmen nicht schon ohne weiteres auf ihre Vereinbarkeit mit dem Gleichheitssatz schließen, soweit dieser auch Wertungskonsistenz in der Abwägung verlangt.

53 Siehe *Kirchhof*, HStR VIII, 3. Aufl. 2010, § 181 Rn. 61 und 70; *Sachs*, Verfassungsrecht II – Grundrechte, 2. Aufl. 2003, B 3, Rn. 1; *Rüfner*, BK, Art. 3 Abs. 1 Rn. 66; *Schachtschneider*, VVDStRL 47 (1989), 81.

54 Siehe BVerfGE 79, 212 (218); siehe auch *Kirchhof*, HStR VIII, 3. Aufl. 2010, § 181 Rn. 21. A.A. wohl *Wernsmann*, Verhaltenslenkung in einem rationalen Steuersystem, 2005, S. 235 f.

liche Prüfung vielmehr sogleich auf den Aspekt der Wahrung von Wertungskonsistenz bzw. Folgerichtigkeit der gesetzgeberischen Abwägung von Grundrecht und Eingriffsinteresse im Verhältnis zur Regelung ähnlich gelagerter Sachverhaltskonstellationen (Rdn. 26 ff.) konzentrieren. Beispielhaft ist diesbezüglich die Entscheidung des BVerfG zum Nachtarbeitsverbot nur im Bäckereigewerbe im Unterschied zu allen übrigen Gewerbezweigen[55].

Anders verhält es sich hingegen, wenn die Auferlegung allgemeiner öffentlicher Lasten in Rede steht, die Freiheitsrechte zwar tangiert, hinsichtlich derer vom Gesetzgeber aber eine kollektive anstelle einer je individuellen Verantwortung für das Erreichen des Eingriffszwecks angenommen wird. Paradigmatisch ist die Auferlegung von Steuern zwecks Erzielung eines bestimmten Steueraufkommens oder die Einberufung von Wehrpflichtigen zur Gewährleistung einer wirksamen Landesverteidigung[56]. Die Inanspruchnahme einer ganz bestimmten Einzelperson lässt sich dann regelmäßig schon deshalb unabhängig von dem damit verbundenen Ausmaß des Freiheitseingriffs als notwendig begründen, weil sie für sich genommen ohnehin noch nicht zur vollen Verwirklichung des überindividuellen Eingriffszwecks genügt und weil der Verweis auf die alternative Heranziehung Dritter wegen deren hieraus folgender Grundrechtsbetroffenheit kein milderes Mittel darstellt; und auch die freiheitsrechtliche Angemessenheitsprüfung ist damit auf eine Kernbereichsgewährleistung zurückgenommen. Die gleichheitsrechtliche Dimension einer sachgerechten, an vernünftigen Kriterien ausgerichteten Pflichten- oder Lastenzuteilung ist daher nicht schon abschließend durch die freiheitsrechtlich strukturierte Abwägung von Eingriffswirkung und Eingriffszweck vorgegeben. Stattdessen bedarf es zusätzlich und meist sogar in erster Linie[57] der gleichheitsrechtlichen Verankerung eines Sachgerechtigkeitskriteriums, das über das »ob« der Inpflichtnahme des Einzelnen und ggf. bei abstufbaren Rechtsfolgen in einem weiteren Schritt über das »wie« gleichmäßiger Inanspruchnahme des Betroffenen entscheidet. Dasselbe gilt erst recht bei der grds. ebenfalls keiner effektiven freiheitsrechtlichen Kontrolle unterworfenen Zuerkennung von Berechtigungen bzw. bei der Zuteilung von staatlicherseits gewährten Begünstigungen. Exemplarisch ist insoweit die Verteilung von Ämtern oder die Gewährung von Subventionen. | 18

Allerdings gibt Art. 3 Abs. 1 nicht selbst den Maßstab vor, an dem ein Gebot sachgerechter Gleichbehandlung oder Ungleichbehandlung auszurichten ist. Je nach Regelungsbereich werden unterschiedliche Gerechtigkeitsideale den rechtsethisch fundierten Vorstellungen der Rechtsgemeinschaft[58] bzw. der jeweiligen politischen | 19

---

55 BVerfGE 23, 50 (61); vgl. auch BVerfGE 104, 337 (355).
56 Da es sich beim Wehrdienst um eine sog. »Grundpflicht« handelt, kommt nach zutreffender Ansicht eine freiheitsrechtliche Überprüfung ohnehin nicht in Betracht, vgl. *Hofmann*, VVDStRL 41 (1983), 42 (76 f.).
57 Siehe zum Steuerrecht BVerfGE 84, 239 (268 f.).
58 Siehe BVerfGE 42, 64 (72).

Mehrheit entsprechen[59]. In diesem Sinne ist die Forderung nach Rechtssetzungs-gleichheit **wertungsoffen**[60]. Für die Festlegung des Sachgerechtigkeitsmaßstabs gilt stets nur das Willkürverbot[61]. Die jeweilige bereichsspezifische Konkretisierung durch den Gesetzgeber unterliegt gleichwohl gewissen verfassungsrechtlich justiziablen Schranken[62]. Gerechtigkeitsqualität erlangt ein Differenzierungskriterium nur, wenn es die »Natur«[63] bzw. das »Wesen«[64] des zu regelnden Sachgebietes berücksichtigt[65] und dabei die objektive Werteordnung des Grundgesetzes[66] beachtet. Zu Recht hat das BVerfG betont, dass der dem demokratisch legitimierten Gesetzgeber zuzugestehende Wertungsspielraum bei der Bestimmung des Vergleichsmaßstabes »zunächst und vor allem aus den in den Grundrechten konkretisierten Wertentscheidungen und den fundamentalen Ordnungsprinzipien des Grundgesetzes« heraus begrenzt wird[67]. Insbesondere sind auch die Wertungen der Diskriminierungsverbote des Art. 3 Abs. 3 zu berücksichtigen (Rdn. 88). Es ist auch nicht ausgeschlossen, dass sich in bestimmten Regelungsbereichen im Lichte verfassungsrechtlicher Wertungen nur ein einziger Zuteilungsmaßstab als sachgerecht erweist. So dürfte beispielsweise das Bedürfnisprinzip als fundamentales Sachgerechtigkeitskriterium unbeschadet der Notwendigkeit weiterer, Spielräume eröffnender Konkretisierung im Recht der Sozialhilfeleistungen alternativlos sein.

20   Voraussetzung für eine auf Sachgerechtigkeitserwägungen gründende Operationalisierung des Gleichheitssatzes ist somit die Identifizierung eines die gleichheitsrechtliche Prüfung anleitenden, bereichsspezifisch sachgerechten **tertium comparationis** als Vergleichsmaßstab zur Bestimmung von Vergleichbarkeit bzw. von Vorliegen und Ausmaß einer eventuellen Unvergleichbarkeit der einander gegenübergestellten Sach-

---

59   Siehe *Böckenförde*, VVDStRL 47 (1989), 95. Insoweit ist daher *Heun*, in: Dreier, GG, Art. 3 Rn. 29, zuzustimmen, dass sich die Auswahl und v.a. die Konkretisierung des Sachgerechtigkeitsmaßstabs nicht strikt auf individuelle Würdigkeitsmerkmale beschränkt, sondern »externe« Ziele der Gestaltung der Gesellschafts-, Sozial- oder Wirtschaftsordnung ebenfalls Berücksichtigung finden können.

60   Siehe *Osterloh/Nußberger*, in: Sachs, GG, Art. 3 Rz. 5 ff.; *Perelman*, Rechtstheorie 10 (1979), 386 (390); *Sachs*, Verfassungsrecht II – Grundrechte, 2. Aufl. 2003, B 3 Rn. 13.

61   Siehe *Kirchhof*, HStR VIII, 3. Aufl. 2010, § 181 Rn. 213; *Sachs*, in Stern/Sachs/Dietlein, Staatsrecht, Band IV/2, 1518.

62   A.A. wohl *Peine*, Systemgerechtigkeit, S. 234 f.

63   Siehe BVerfGE 9, 338 (349); 93, 386 (397).

64   *Leibholz*, Die Gleichheit vor dem Gesetz, 2. Aufl. 1959, S. 45.

65   Siehe *Osterloh/Nußberger*, in: Sachs, GG, Art. 3 Rn. 102 f.: »Sachgerechtigkeit bedeutet präzise Wahrnehmung und gerecht differenzierende Würdigung der Wirklichkeit«.

66   Grundlegend BVerfGE 7, 198 (205); seither st. Rspr. Siehe dazu auch *Kirchhof*, HStR VIII, 3. Aufl. 2010, § 181 Rn. 22.

67   BVerfGE 42, 64 (72 f.); ebenso *Huber*, Konkurrenzschutz im Verwaltungsrecht, 1991, S. 522; *Ipsen*, VVDStRL 47 (1989), 88; *Zippelius*, VVDStRL 47 (1989), 7 (27); noch strenger – und damit wohl zu weitgehend – *Starck*, vM/K/S, Art. 3 Abs. 1 Rn. 16.

verhalte oder Personengruppen[68]. Die insoweit maßgeblichen Prinzipien können regelmäßig sowohl induktiv aus dem vorhandenen Normenbestand[69] als auch deduktiv unter Berücksichtigung übergeordneter verfassungsrechtlicher Vorgaben sowie ggf. auch aus historischen Materialien hergeleitet werden. Mitunter werden sie auch im Gesetz selbst oder seiner Präambel explizit zum Ausdruck gebracht. Der für die Gewinnung dieser Leitmaximen zu analysierende Regelungsbereich ergibt sich dabei jeweils sowohl aus dem äußeren wie aus dem inneren System[70] von Gesetzesbestimmungen, in das die gleichheitsrechtlich zu beurteilende Norm eingebettet ist: Das beurteilende gleichheitsrechtlich beachtliche, den Vergleichsmaßstab vorgebende sachgerechte Leitprinzip für die Zuerkennung von Berechtigungen bzw. die Zuteilung von Begünstigungen oder für die Auferlegung von Lasten bzw. Verpflichtungen muss als allgemeingültiges Prinzip zumindest für alle diejenigen Tatbestände gelten, die der Gesetzgeber um der Verwirklichung eines einheitlichen Regelungsanliegens willen schon äußerlich in einem Gesetz zusammenfasst. Soweit Begünstigungs- oder Belastungsgrund fundamental übereinstimmen und damit einen bestimmten Normenbestand hinreichend trennscharf von andersartigen Regelungskomplexen abgrenzen, kommt aber auch eine gesetzesübergreifende Bestimmung des für die Vergleichbarkeitsprüfung relevanten Sachgerechtigkeitsmaßstabs in Betracht. Eine unterschiedliche Entwicklungsgeschichte der jeweiligen Gesetze hindert dies ebensowenig wie ihre formale Zuordnung zu bestimmten Ordnungsbereichen, solange dies nicht auch – was freilich vielfach der Fall sein wird – unterschiedliche Wertungsmaßstäbe zur Folge hat[71].

So gilt etwa gegenwärtig als Leitprinzip im Sozialrecht das Bedürfnisprinzip[72], im **21** Steuerrecht bei Finanzzwecksteuern das Leistungsfähigkeitsprinzip[73], im Wahlrecht u.a. das Prinzip der Erfolgswertgleichheit[74] und im Wehrdienstrecht vor Abschaffung der allgemeinen Wehrpflicht das Tauglichkeitsprinzip[75], jeweils einschließlich etwaiger Konkretisierungen durch ebenfalls bereichsspezifisch gültige Unterprinzipien. Hingegen würde das gleichheitsrechtliche Gebot einer *gleichmäßigen* Entfaltung sachgerechter Maßstäbe grundlegend verfehlt, könnte der Gesetzgeber die Schaffung

---

68 Siehe *Pieroth/Schlink*, Grundrechte, 30. Aufl. 2014, Rn. 463 ff.; skeptisch *Payandeh*, AöR 2011, 578 (589 ff.), jedoch teilweise mit Bsp. aus dem Bereich der Rdn. 17.

69 Vgl. etwa BVerfGE 122, 39 (56 f.). Kritisch *Boysen*, in: von Münch/Kunig, GG, Art. 3 Rn. 89.

70 Siehe zur Begrifflichkeit *Canaris*, Systemdenken und Systembegriff in der Jurisprudenz, 2. Aufl. 1983, S. 19, 34 f. u. 40.

71 Zu pauschal daher BVerfG (K) NJW 2010, 1943 (1946); BVerwGE 150, 44 (61) wonach Art. 3 Abs. 1 kein verfassungsrechtliches Gebot enthalte, ähnliche Sachverhalte in verschiedenen Ordnungsbereichen mit anderen systematischen und sozialgeschichtlichen Zusammenhängen gleich zu regeln.

72 Siehe BVerfGE 59, 52 (59 f.).

73 Siehe BVerfGE 93, 121 (135); 99, 216 (232); 105, 73 (125); 116, 164 (180); 135, 126 (144); BVerfG NVwZ 2015, 288 (290 f.); st. Rspr.

74 Siehe BVerfGE 16, 130 (139 f.); 120, 82 (103); 121, 266 (296).

75 Siehe BVerwGE 122, 331 (335).

beliebig kleinteiliger »Subsysteme« mit vorgeblich je eigener Teleologie und eigenständigen Sachgerechtigkeitsmaßstäben für sich beanspruchen[76].

22   Der allgemeine Gleichheitssatz verbürgt somit gegenüber dem Gesetzgeber das Grundrecht auf **gleichmäßige Behandlung** entsprechend den Vorgaben eines im vorstehenden Sinne sachgerechten Maßstabs[77]. Das BVerfG spricht insoweit vor allem im Steuerrecht von der *folgerichtigen* Umsetzung der einmal getroffenen gesetzgeberischen Grundentscheidung für ein bestimmtes sachgerechtes Leitprinzip[78]. Gerade darin kommt die gleichheitsrechtliche Dimension der systemprägenden bereichsspezifischen Gerechtigkeitserwägungen zum Ausdruck. Die Gegenauffassung, die für den Vergleich einzelner Belastungs- oder Begünstigungswirkungen ohne Rückanbindung an übergeordnete Maßstäbe plädiert[79], negiert das besondere (Rdn. 18) Gerechtigkeitsanliegen und damit den gleichheitsrechtlichen Eigenwert einer bezogen auf die gesamte Gemeinschaft der potenziell Begünstigten bzw. Pflichtigen gleichmäßigen Zuteilung der in Rede stehenden Leistungen bzw. Belastungen[80]. Könnte der Gesetzgeber wie von der Gegenauffassung vertreten ohne besonderen Rechtfertigungsbedarf bald diesem, bald jenem Gesichtspunkt für die Verteilung den Vorzug geben, sofern nur jeweils dessen prinzipielle Tragfähigkeit erwiesen wäre, so verlöre das Verteilungsprogramm seine prinzipielle, von Art. 3 Abs. 1 GG eingeforderte Gerechtigkeitsqualität. Die den Einzelnen treffende Belastung bzw. die ihm zuteil werdende Begünstigung ließe sich im Verhältnis der Staatsbürger zueinander, d.h. intersubjektiv in der Gruppe potenziell Betroffener nicht länger als gerecht oder doch zumindest gerechtfertigt bewerten. Abzulehnen ist vor diesem Hintergrund ferner auch die ständige Rspr. des BVerfG (Rdn. 12), wonach eine Gleichbehandlung von Personengruppen oder Sachverhalten tendenziell nur anhand des traditionellen Willkürverbotes überprüfbar sei, wohingegen eine Ungleichbehandlung im Regelfall den

---

76   Vgl. BVerfGE 122, 210 (241 ff.); *Tipke*, BB 2007, 1525 (1529). Zu Recht kritisch auch *Zacher*, AöR 93 (1968), 341 (357).

77   Für den Bereich der Besteuerung sehr deutlich BVerfGE 84, 239 (269 ff.); siehe auch BVerfGE 39, 316 (327): gleichmäßige Gewährung eines Kinderzuschusses zur Rente anhand eines sachgerechten, in concreto sozialstaatlich inspirierten Zuteilungsmaßstabs; i.E. ähnlich BVerfGE 132, 72 (82 ff. Rz. 23 ff.). Wie hier auch *Becker*, in: FS 50 Jahre Bundessozialgericht, 2004, 77 (87 f.); *Gusy*, NJW 1988, 2505 (2508); *Leisner*, Kontinuität als Verfassungsprinzip, 2002, 227, 232; *Morgenthaler*, in: Mellinghoff/Palm (Hrsg.), Gleichheit im Verfassungsstaat, 2008, 51 (64); *Osterloh*, in: Sachs, GG, Art. 3 Rn. 98 ff. Siehe ferner – allerdings mit problematischer Unterscheidung nach »internen« und »externen« Zwecken – *Huster*, Rechte und Ziele, 1993, S. 361 ff.

78   Siehe BVerfGE 99, 280 (290); 105, 73 (126); 107, 27 (47); 117, 1 (31); 121, 108 (119 f.); relativierend jedoch BVerfGE 123, 111 (120 f.).

79   Siehe insbes. *Heun*, in: Dreier, GG, Art. 3 Rn. 29; *Dann*, Der Staat 2010, 630 (633 f.); *Kischel*, AöR 124 (1999), 174 (176); *Lepsius*, JZ 2009, 260; *Boysen*, in: von Münch/Kunig, GG, Art. 3 Rn. 89; *Ipsen*, Staatsrecht II, 17. Aufl. 2014, Rn. 821.

80   Vgl. *Boysen*, in: von Münch/Kunig, GG, Art. 3 Rn. 89: Art. 3 Abs. 1 werde für bloße System- bzw. Rechtskritik operationalisiert.

strengeren Anforderungen der »Neuen Formel« unterliegen soll[81]. Denn Gleich- wie Ungleichbehandlung sind gleichermaßen an dem je einschlägigen Leitprinzip auf ihre Gleichheitssatzkonformität hin zu messen.

Aus den vorstehenden Ausführungen folgt (in den Konstellationen der Rdn. 18) notwendig eine Zweistufigkeit der »materiellen«, d.h. auf dem Gebot einer gleichmäßig-sachgerechten Behandlung fußenden gleichheitsrechtlichen Prüfung[82]: Auf der ersten Stufe ist festzustellen, ob die in Rede stehende Gleich- oder Ungleichbehandlung den Vorgaben eines dem jeweiligen Regelungssystem erkennbar zugrunde liegenden sachgerechten Leitprinzips entspricht. Dieses kann bei abstufbaren Rechtsfolgen, namentlich bei der Gewährung oder Einforderung von Geldleistungen nicht nur eine Differenzierung, sondern zumindest tendenziell auch deren Ausmaß vorgeben. Führt die darauf gründende **Entsprechungsprüfung**[83] zu einem positiven Ergebnis, so kann kein Gleichheitssatzverstoß festgestellt werden. Es kommt also nicht zu einer Verhältnismäßigkeitsprüfung[84]. Dasselbe gilt mit umgekehrten Vorzeichen, wenn die gesetzgeberische Regelung – was in der Rechtssetzungspraxis kaum je vorkommen dürfte – jegliche Orientierung an einem sachgerechten Zuteilungsmaßstab vermissen lässt: Hier begründet jede rechtliche Benachteiligung ohne weiteres einen Gleichheitssatzverstoß, ohne dass es noch einer Verhältnismäßigkeitsprüfung bedürfte (s. auch Rdn. 128).

23

Lässt sich hingegen eine Gleich- oder Verschiedenbehandlung innerhalb eines Regelungsbereichs nicht auf die konsequente Umsetzung eines systemprägenden, sachgerechten Leitprinzips zurückführen, ist eine Durchbrechung des in Art. 3 Abs. 1 verankerten Gebotes gleichmäßig sachgerechter Behandlung festzustellen. Da der Gleichheitssatz keinen schon verfassungsrechtlich allgemeingültig festgelegten Schutzbereich aufweist, sollte dies nicht als Eingriff[85], sondern als prima facie-**Verstoß** gegen gleichheitsrechtliche Anforderungen bezeichnet werden. Er führt dann nicht zu einer Verletzung des Art. 3 Abs. 1, wenn die Bereichsausnahme[86] einen legitimen Zweck verfolgt und im Hinblick darauf geeignet, erforderlich und angemessen ist[87]. In diesen Konstellationen hat also die Heranziehung des Verhältnismäßigkeitsgrundsatzes

24

---

81 Im Ergebnis ablehnend auch *Stern*, in: FS Dürig, 1990, S. 207 ff.
82 Siehe *Huster*, JZ 1994, 541 ff.; a.A. *Heun*, in: Dreier, GG, Art. 3 Rn. 29; *Lübbe- Wolff*, Grundrechte als Eingriffsabwehrrechte, 1988, S. 18 u. 258.
83 Siehe zur Terminologie *Huster*, Rechte und Ziele, 1993, S. 174; *Sachs*, JuS 1997, 124 (129). Vgl. auch *Leibholz*, DVBl. 1951, 193 (195).
84 A.A. *König*, JuS 1995, 313 (315); *Manssen*, Staatsrecht II, Rn. 848 f; *Robbers*, DÖV 1988, 749 (750 f.); wie hier ablehnend *Pöschl*, Gleichheit vor dem Gesetz, 2008, S. 200 ff.; *Vogel*, VVDStRL 47 (1989), 66; *Sachs*, in Stern/Sachs/Dietlein, Staatsrecht, Band IV/2, 1538.
85 So aber *Kloepfer*, Gleichheit als Verfassungsfrage, 1980, S. 54 ff. Siehe nunmehr auch BVerfGE 123, 186 (225), wo von der »Eröffnung des Schutzbereichs« des Art. 3 Abs. 1 die Rede ist.
86 Nicht notwendig die Ungleichbehandlung als solche; a.A, aber bei generell skeptischer Grundhaltung *Kempny/Reimer*, Die Gleichheitssätze, 2012, 143 f.
87 Siehe BVerfGE 85, 238 (244); BVerfG, BStBl. II 2015, 50 (67).

im herkömmlichen Sinne in der gleichheitsrechtlichen Prüfung ihre Berechtigung[88]. Denn der konsequenten Beachtung eines als bereichsspezifisch sachgerecht zu erachtenden Leitprinzips für die Zuweisung von vorteilhaften oder nachteiligen Rechtspositionen kommt kraft ihrer Verankerung in Art. 3 Abs. 1 ein verfassungsrechtlicher Eigenwert zu, der in praktische Konkordanz mit *punktuell* gegenläufigen Zielen zu bringen ist. Der hier vertretene Ansatz verkennt auch nicht, dass kollidierende »externe« Zwecke letztlich ebenfalls Gerechtigkeitszwecke sind[89]. Sie sind aber gerade kein Maßstab für eine *bereichsspezifisch gleichmäßige* Begünstigungszuteilung oder Lastenausteilung, und stehen deshalb zu diesem originär gleichheitsrechtlichen Anliegen im Widerspruch[90].

25   Die vorstehenden Erwägungen kommen in der **Rechtsprechung des BVerfG** nur unvollkommen zum Ausdruck. Speziell die »Neue Formel« des BVerfG verdeckt, dass an das Vorliegen eines »sachlich vertretbaren Unterscheidungsgesichtspunktes von hinreichendem Gewicht«[91] je nach der Zuordnung zur ersten oder zur zweiten Prüfungsstufe unterschiedliche Anforderungen zu stellen sind: Ist der Unterscheidungsgesichtspunkt Ausdruck eines dem jeweiligen Regelungsbereich adäquaten Sachgerechtigkeitsmaßstabes, so ist er schon deshalb als hinreichend gewichtig anzusehen. Weicht er hingegen von einem solchen, grundsätzlich gleichmäßig zu entfaltenden bereichsspezifischen Leitprinzip ab, muss die gesetzgeberische Gewichtung einer Prüfung anhand des Verhältnismäßigkeitsgrundsatzes standhalten. Zumindest missverständlich ist daher auch die vom BVerfG praktizierte pauschale Gleichsetzung der »Neuen Formel« mit einer Prüfung der Verhältnismäßigkeit der in Rede stehenden Differenzierung[92].

c) **Folgerichtigkeit wertender Gewichtung**

26   Gleichheitsrechtlich geboten ist ferner Folgerichtigkeit bei der wertenden Gewichtung einander widerstreitender Belange in der Abwägung. Gefordert ist ein hinreichendes Maß an **Wertungs- und Begründungsrationalität**[93]. Allerdings ist es im Ausgangspunkt der Gesetzgeber, der im Rahmen der je einschlägigen verfassungs-

---

88 Ähnlich *Huster*, Rechte und Ziele, 1993, S. 164 ff., 225 ff.; *Rüfner*, BK, Art. 3 Abs. 1 Rn. 97; *Sachs*, in: GS Tettinger, 2007, S. 137 (140 ff.); *Sachs*, in Stern/Sachs/Dietlein, Staatsrecht, Band IV/2, 1567 a.A. beispielsweise *Boysen*, in: von Münch/Kunig, GG, Art. 3 Rn. 100 f.; *Kirchhof*, HStR VIII, 3. Aufl. 2010, § 181 Rn. 75; *Schwarz*, JuS 2009, 315 (318 f.).
89 Siehe *Kischel*, in: BeckOK GG, Rn. 38.1.
90 Dies übersieht die Kritik von *Heun*, in: Dreier, GG, Art. 3 Rn. 29.
91 Siehe BVerfGE 93, 386 (401); 104, 74 (87); 105, 73 (126); 107, 27 (46 ff.); 118, 1 (28); 120, 1 (29, 45).
92 Siehe BVerfGE 105, 73 (110 f.); 110, 274 (291); 112, 164 (174); 116, 164 (180); st. Rspr.
93 Siehe *Kirchhof*, HStR VIII, 3. Aufl. 2010, § 181 Rn. 209; *Osterloh/Nußberger*, in: Sachs, GG, Art. 3 Rn. 98; a.A. *Peine*, Systemgerechtigkeit, 1986, S. 180 ff. u. 287 ff.; *Kischel*, AöR 124 (1999), 174 ff.; skeptisch *Heun*, in: Dreier, GG, Art. 3 Rn. 37; ablehnend

rechtlichen Vorgaben darüber bestimmt, mit welcher Wertigkeit die von ihm verfolgten Interessen der Allgemeinheit in die Verhältnismäßigkeitsprüfung eingehen[94]. Dabei kommt ihm im Regelfall ein **politisches Ermessen** zu. Hat der Gesetzgeber jedoch einmal die betroffenen Interessen bewertet, darf er ihnen nicht in einem anderen normativen Kontext trotz je übereinstimmender Betroffenheit ein unterschiedliches Gewicht beimessen[95]. Auch die Notwendigkeit des politischen Kompromisses entbindet nicht von diesem gleichheitsrechtlich verankerten Gerechtigkeitsanliegen[96] So deutlich hat das BVerfG dies allerdings erst vor kurzem in seinen Entscheidungen zum Rauchverbot (Rdn. 27) formuliert. Zuvor wurde das Folgerichtigkeitsgebot vornehmlich im Steuerrecht als gleichheitsrechtliche Grenze der Gestaltungsfreiheit des Gesetzgebers herangezogen (vgl. Rdn. 126), ohne jedoch terminologisch zwischen der konsequenten Umsetzung des bereichsspezifischen Sachgerechtigkeitsmaßstabes einerseits und der konsequenten Gewichtung von punktuell gegenläufigen Belangen in Abwägungsprozessen andererseits zu differenzieren.

Das Gebot folgerichtiger Wertung und Gewichtung in der Abwägung wird insbesondere dann relevant, wenn die in Rede stehende gesetzliche Regelung einen Eingriff in ein Freiheitsrecht darstellt[97]. Speziell bei der Gefahrenabwehr muss eine übereinstimmende Betroffenheit aller abwägungsrelevanten Gesichtspunkte hinsichtlich bestimmter Gefährdungspotenziale auch eine identische Eingriffsrichtung und Eingriffsintensität nach sich ziehen[98]. Erst recht nicht hinnehmbar ist es gleichheitsrechtlich, wenn in der Vergleichskonstellation trotz höher zu gewichtenden Eingriffsinteresses das betroffene Freiheitsrecht stärker geschont wird. Nichts anderes gilt aber letztlich auch für Vorschriften, die (in den Konstellationen der Rdn. 18) eine Durchbrechung eines gleichheitsrechtlichen Leitprinzips bewirken[99]. Auch insoweit ist gleichheitsrechtlich eine folgerichtige Gewichtung der kollidierenden Belange angezeigt. Auf derartigen Erwägungen beruht etwa auch die gleichheitsrechtliche Prüfung, ob bei Begünstigungen unter Abkehr vom bereichsspezifischen Leitprinzip der Kreis der von der Maßnahme Begünstigten »sachgerecht« abgegrenzt ist bzw. die Privilegierung gleichheits- und zweckgerecht ausgestaltet ist[100]. 27

Degenhart, Systemgerechtigkeit und Selbstbindung des Gesetzgebers als Verfassungspostulat, 1976, S. 49 ff.
94 BVerfGE 121, 317 (360, 377 f.).
95 BVerfGE 121, 317 (360 ff.).
96 Siehe BVerfGE 130, 131 (143 f.).
97 Siehe BVerfGE 23, 50 (61) – Nachtarbeitsverbot nur im Backgewerbe; BVerfGE 89, 69 (89 ff.); 90, 145 (195 ff.) – unterschiedliche Konsequenzen von Cannabis- und Alkoholkonsum; BVerfGE 130, 131 – Rauchverbot.
98 Siehe BVerfGE 121, 317 (360); 130, 131 (143 ff.) – unterschiedliche Geltung eines Rauchverbotes in der Gastronomie. Ablehnend *Dann*, Der Staat, 2010, 630 (634 f.).
99 Siehe BVerfGE 105, 73 (123 f.).
100 Siehe etwa BVerfGE 17, 210 (216); 110, 274 (293); 117, 1 (32) m.w.N.; 118, 79 (101).

28 Abgemildert wird das strenge Folgerichtigkeitsgebot zum einen durch die Befugnis des Gesetzgebers, im Rahmen des verfassungsrechtlich Zulässigen einen **System-wechsel** zu beschließen und dabei neue Konzepte zunächst probe- und schrittweise einzuführen[101]. Zum anderen darf er seinen Erwägungen in begrenztem Maße auch **typisierende Annahmen** zur jeweiligen Betroffenheit der abwägungsrelevanten Faktoren zugrunde legen[102]. Eigenständige Bedeutung kommt der Forderung nach folgerichtiger Abwägung im Vergleich zu anderen Regelungen oder Regelungslücken im Übrigen nur dann zu, wenn die beanstandete Regelung nicht schon bei isolierter Betrachtung eine unverhältnismäßige Beeinträchtigung des jeweils einschlägigen Grundrechts bewirkt. Anderenfalls geht ein etwaiger Verstoß gegen die gleichheits-rechtlichen Anforderungen an Wertungskonsistenz schon in der Verletzung des be-troffenen Freiheitsrechts bzw. der einschlägigen materiell-gleichheitsrechtlichen An-forderungen mit auf[103].

29 Noch nicht abschließend geklärt ist, ob das Folgerichtigkeitsgebot jeweils nur inner-halb eines gesetzestechnisch oder sachlich abgegrenzten Regelungsbereichs wirk-mächtig ist oder dem Gesetzgeber auch eine **systemübergreifende Abstimmung** sei-ner Regelungskonzepte abverlangt. Als Mindestmaß hat das BVerfG konsistente Gewichtung innerhalb ein und desselben Gesetzes gefordert[104]. Es hat diese Forde-rung aber auch schon gesetzesübergreifend auf Vorschriften innerhalb ein und dessel-ben Ordnungsbereichs erstreckt, der anhand eines einheitlichen Regelungszwecks ab-gegrenzt werden kann[105]. Hingegen sollte nach der früheren ständigen Rspr. des BVerfG der Gesetzgeber durch Art. 3 Abs. 1 nicht dazu verpflichtet sein, ähnliche Sachverhalte in verschiedenen Ordnungsbereichen mit anderen systematischen Zu-sammenhängen gleich zu regeln[106]. Später hat das BVerfG dies jedoch ausdrücklich offen gelassen[107].

30 Im Steuerrecht wiederum wird schon seit längerem ein Junktim zwischen dem sozi-alhilferechtlich gewährleisteten und dem steuerlich zu verschonenden Existenzmini-mum hergestellt[108]. Dies beruht allerdings auf der Besonderheit, dass sich hier schon das je bereichsspezifische Leitprinzip – steuerliches Leistungsfähigkeitsprinzip[109] auf der einen, sozialhilferechtliches Bedürftigkeitsprinzip[110] auf der anderen Seite – spie-gelbildlich zueinander verhalten: Wer bedürftig ist, kann nicht leistungsfähig sein.

101 Siehe BVerfGE 102, 254 (311 f.); 113, 167 (234 f.); 125, 1 (18); st. Rspr.
102 Siehe unten bei Rdn. 146 ff.
103 Exemplarisch BVerfGE 59, 336 (357 ff.) – Ladenschlussregelung für Friseurbetriebe.
104 Siehe BVerfGE 121, 317 (362 f.).
105 Siehe BVerfGE 43, 13 (21): System der gesetzlichen Sozialversicherung; vgl. auch BVerfG (K) NJW 2008, 3489 (Disziplinarrecht und Strafrecht).
106 Siehe BVerfGE 11, 283 (293); 40, 121 (139 f.); 43, 13 (20 f.).
107 Siehe BVerfGE 85, 176 (186).
108 Siehe BVerfGE 82, 60 (85 f.); 87, 153 (169 f.); 99, 246 (259); 107, 27 (48); 112, 268 (281); 120, 125 (154 ff.).
109 Siehe BVerfGE 99, 216 (232); 105, 73 (125);122, 210 (230 f.).
110 Siehe BVerfGE 59, 52 (59 f.).

Aus diesem Zusammenhang lässt sich nicht ohne weiteres auf ein generelles Gebot folgerichtiger Gewichtung auch in der Abwägung widerstreitender Belange über die Grenzen verschiedener Regelungsbereiche hinweg schließen.

Richtigerweise ist zu differenzieren: Gesetzliche Wertungen eines bestimmten Rege- 31 lungsbereichs dürfen in anderen normativen Zusammenhängen nicht unberücksichtigt bleiben, sofern die Interessenlage bzw. die in Ausgleich zu bringenden Belange jeweils dieselben sind. Dies ist jedoch zuvörderst aus dem rechtsstaatlichen Gebot abzuleiten, die Rechtsordnung widerspruchsfrei auszugestalten[111]; dieses Gebot kann dann gleichheitsrechtlich bzgl. des Gebotes sachgerechter Konkretisierung des jeweiligen Verteilungsmaßstabes eine Rolle spielen. Hingegen kann das gleichheitsrechtliche Gebot folgerichtiger Wertung und Gewichtung in der Abwägung widerstreitender Prinzipien oder Ziele nur gegenüber demselben Legislativorgan[112] und nur innerhalb eines Ordnungsbereichs Geltung beanspruchen, dem ein einheitliches Leitprinzip bzw. Regelungsanliegen zugrunde liegt. Denn selbiges bietet den notwendigen Bezugspunkt für eine vergleichende Betrachtung unterschiedlicher oder undifferenzierter Abweichungen von der »Norm«. Allerdings ist dabei stets auf die innere Ordnung systemprägender Prinzipien, nicht aber auf das »äußere System« der gesetzestechnischen Anordnung oder Unterteilung einzelner Tatbestände abzustellen[113]. Wie das BVerfG zutreffend festgestellt hat, kann eine gesetzesübergreifende Betrachtung daher nicht a priori ausgeschlossen werden.

d) Systemwidrigkeit

Die Rechtsfigur der Systemwidrigkeit ist insbes. in der frühen Rspr. des BVerfG gele- 32 gentlich herangezogen worden, um zunächst das Willkürverbot und später auch die »Neue Formel« stärker zu konturieren. Demnach begründet die Systemwidrigkeit einer Regelung für sich genommen noch keine Verfassungswidrigkeit. Denn die Systemkonformität einer Regelung ist kein unmittelbar verfassungsrechtlich relevantes Kriterium[114]. Eine Systemwidrigkeit ist aber nach Ansicht des BVerfG ein Indiz für einen Verstoß gegen den allgemeinen Gleichheitssatz. Es komme dann entscheidend darauf an, ob die Abweichung vom System sachlich hinreichend gerechtfertigt sei[115]. Dafür wiederum hat das BVerfG auf seine allgemeinen Maßstäbe rekurriert, also entweder entsprechend dem Willkürverbot jeden sachlichen Grund ausreichen lassen[116] oder aber gefordert, die Durchbrechung des Ordnungsprinzips müsse in ihrem Gewicht der Intensität der Abweichung entsprechen[117].

---

111 Siehe BVerfGE 26, 327 (335 f.); 98, 83 (100 ff.); 98, 106 (125 ff.); 108, 169 (181 f.).
112 Unbeachtlich sind daher insbes. auch rechtsvergleichende Hinweise auf abweichende Regelungen in ausländischen Rechtsordnungen, siehe BVerfGE 122, 210 (245).
113 Siehe BVerfGE 105, 73 (128); siehe auch BVerfGE 116, 164 (181).
114 BVerfGE 59, 36 (49).
115 Siehe BVerfGE 9, 20 (28); 24, 174 (181); 59, 36 (49); 81, 156 (207); 85, 238 (247); 104, 74 (87); 118, 1 (28); st. Rspr. Siehe dazu auch *Rüfner*, BK, Art. 3 Abs. 1 Rn. 38.
116 Siehe z.B. BVerfGE 9, 20 (28).
117 Siehe BVerfGE 59, 36 (49).

33 Der Topos der Systemwidrigkeit ist insofern missverständlich, als unter einem juristischen System gemeinhin die Ordnung des jeweiligen Rechtsstoffes anhand konsequent angewendeter und widerspruchsfrei aufeinander abgestimmter Prinzipien bzw. Regelungsziele zu verstehen ist. Unter dieser Prämisse wäre es jedoch nicht möglich zu bestimmen, welche Einzelregelungen in einem Normenkomplex zu Teilen des Systems und welche zu dessen Durchbrechungen zählen[118], solange sie sich nur jeweils folgerichtig in das System einfügen. Das BVerfG bezieht sich mit dem Begriff des »Systems« indes enger nur auf die »Grundregeln« des jeweiligen Regelungsbereichs[119], also auf die fundamentalen bzw. »systemprägenden« Leitprinzipien. Der so verstandenen Systemwidrigkeit kommt aber gleichwohl keine eigenständige gleichheitsrechtliche Bedeutung zu: Sie stellt nur die Umschreibung einer rechtfertigungsbedürftigen Abweichung vom grundsätzlich gleichmäßig zu entfaltenden, bereichsspezifischen Sachgerechtigkeitsmaßstab dar (Rdn. 23 f.).

e) Rechtliche und faktische Gleichheit

34 Ob bestimmte Personengruppen oder Sachverhalte vom Gesetzgeber in grundrechtserheblicher Weise gleich oder ungleich behandelt werden, hat die Rspr. des BVerfG zu Recht stets anhand eines Vergleichs der für das jeweilige Vergleichspaar einschlägigen Rechtsfolgen beurteilt[120]. Davon zu unterscheiden ist die – zulässige – Würdigung des Gewichts einer Ungleichbehandlung anhand ihrer faktischen Auswirkungen im Rahmen der Rechtfertigungsprüfung[121]. Einzig im Kontext der verfassungsrechtlichen Ableitung des Gebotes, Bedürftigen durch staatliche Leistungen in gleicher Weise Zugang zu gerichtlichem und außergerichtlichem Rechtsschutz zu verschaffen wie den übrigen Bürgern, judiziert das BVerfG nicht eindeutig und beruft sich neben dem Sozialstaatsprinzip gelegentlich – unnötigerweise – auch auf den Grundsatz der Gleichbehandlung[122]. In der Literatur wiederum wird ebenfalls nur vereinzelt dafür plädiert, dem allgemeinen Gleichheitssatz ein Prinzip »faktischer Gleichheit« zu entnehmen[123], um insbesondere sozialstaatliche Ziele solidarischer Lastentragung und einer Angleichung der Lebensverhältnisse gleichheitsrechtlich zu effektuieren.

35 Ein entsprechendes gleichheitsrechtliches Gebot stünde aber in einem unauflöslichen Widerspruch zu den freiheitsgrundrechtlichen Garantien individueller persönlicher und ökonomischer Entfaltung[124]. Es kann nicht durch Art. 3 Abs. 1 prinzipiell ge-

---

118 Siehe die Kritik bei *Kischel*, AöR 124 (1999), 174 (193 ff.); *Payandeh*, AöR 2011, 578 (589 ff.); *Kempny/Reimer*, Die Gleichheitssätze, 2012, 136 f.

119 Deutlich BVerfGE 9, 20 (28); vgl. auch BVerfGE 60, 16 (39 f.).

120 Siehe *Huster*, in: Friauf/Höfling, GG, Art. 3 Rn. 27 ff. m.w.N.; *Starck*, vM/K/S, Art. 3 Abs. 1 Rn. 3 ff. m.w.N.; *Sachs*, in Stern/Sachs/Dietlein, Staatsrecht, Band IV/2, 1476.

121 Siehe BVerwGE 149, 279 (284).

122 Siehe BVerfGE 2, 336 (340); 78, 104 (117 f.); 122, 39 (48 ff.).

123 Siehe *Alexy*, Theorie der Grundrechte, 1994, S. 382 ff.; *Borowski*, Grundrechte als Prinzipien, 2. Aufl. 2007, S. 438 u. 452 f. Dezidiert a.A. *Starck*, VVDStRL 47 (1989), 79 f.; letztlich ablehnend auch *Heun*, in: Dreier, GG, Art. 3 Rn. 68.

124 Siehe *Calliess*, in: Jahrbuch junger Zivilrechtswissenschaftler 2000, 2001, S. 85 (104).

boten sein, was nach den Wertungen der Freiheitsrechte prinzipiell ausgeschlossen ist. Nicht ein vermeintliches Postulat faktischer Gleichheit, sondern die Auswahl und Konkretisierung des bereichsspezifischen Verteilungsmaßstabs für vom Staat gewährte Begünstigungen oder staatlich auferlegte Belastungen anhand sozialstaatlicher Erwägungen gewährleistet in bestimmten Teilrechtssystemen einen sozialen Ausgleich[125]. Dabei werden häufig freiheitsrechtlich inspirierte Gerechtigkeitsideale mit solchen sozialer Gerechtigkeit konkurrieren. Dieses Spannungsverhältnis ist in den verfassungsrechtlich vorgegebenen Grenzen durch eine im demokratischen Diskurs gebildete politische Entscheidung des Gesetzgebers aufzulösen; sie unterliegt wie oben dargelegt (Rdn. 19) nur einer Vertretbarkeits- bzw. Willkürkontrolle. Eine der Ausgestaltung der Verteilungsentscheidung vorausliegende Verpflichtung zur Unterstützung Bedürftiger wiederum, d.h. originäre Leistungsansprüche, lassen sich nicht gleichheitsrechtlich (siehe auch Rdn. 110), sondern nur anhand der Art. 1 Abs. 1, 20 Abs. 1 begründen.

Die Dialektik verfassungsrechtlicher Gewährleistungen gründet daher nicht grund- **36** rechtsdogmatisch in den Postulaten von Freiheit und Gleichheit[126], sondern auf dem Gegensatz von Freiheit und Sozialstaatsprinzip. Der Gleichheitssatz gewährleistet lediglich, dass eine demokratisch legitimierte Positionsbestimmung zwischen diesen beiden Polen für alle Rechtssubjekte gleichermaßen Geltungskraft gewinnt[127].

2. Rechtsanwendungsgleichheit

a) Gleichmäßigkeit und Folgerichtigkeit

Das schon im Wortlaut der historisch tradierten Formulierung des Art. 3 Abs. 1 ange- **37** legte Grundrecht der Rechtsanwendungsgleichheit zielt in erster Linie auf **Gleichheit durch Gesetzmäßigkeit**[128] der Verwaltung und auch der Rechtsprechung. Im demokratischen Rechtsstaat ist es ausweislich des Art. 20 Abs. 3 in erster Linie das Gesetz, welches die Richtschnur für das Verwaltungshandeln und seine Kontrolle durch die Gerichte bildet. Im Bereich der gesetzlich gebundenen Verwaltung geht die grundrechtliche Forderung nach gleichmäßiger, konsequenter und privilegienfeindlicher Rechtsanwendung daher im rechtsstaatlichen Gebot der Gesetzesbindung von Verwaltung und Gerichten auf.

Wird das Gesetz (nur) im Einzelfall zu Lasten des Betroffenen unrichtig angewendet, **38** liegt darin gleichwohl ein Verstoß nicht nur gegen die objektiven Verfassungsprinzi-

---

125 Zutreffend *Huster*, in: Friauf/Höfling, GG, Art. 3 Rn. 105 ff.; *Zacher*, AöR 93, (1968), 344 (360 f.); *Axer*, VVDStRL 68 (2009), 177 (207 u. 213 f.); *Nickel*, KritJ 2009, Beiheft 1, 159 (170); *Boysen*, in: v. Münch/Kunig, GG, Art. 3 Rn. 49; vgl. aus der Rspr. beispielsweise BVerfGE 113, 167 (229 f.).

126 So aber *Zippelius*, VVDStRL 47 (1989), 7 (16 ff.).

127 Siehe *Lindner*, Theorie der Grundrechtsdogmatik, 2005, S. 400.

128 Siehe *Isensee*, Die typisierende Verwaltung, 1976, S. 133 f.; *Kirchhof*, in: FS 75 Jahre Reichsfinanzhof – Bundesfinanzhof, 1993, S. 285 ff.

pien des Art. 20, sondern regelmäßig auch eine Verletzung der grundrechtlich garantierten Rechtsanwendungsgleichheit[129]. Könnte dies ohne weiteres im Wege der Verfassungsbeschwerde gerügt werden drohte freilich das BVerfG zur Superrevisionsinstanz zu werden. Es findet daher im Regelfall nur eine Willkürkontrolle statt (Rdn. 164 f.). Bei einem dauerhaften Auseinanderfallen von Verwaltungsvollzug und gesetzlichen Vorgaben kann sich außerdem auch umgekehrt die gesetzeskonforme Behandlung im Einzelfall als gleichheitsrechtlich problematisch erweisen. Es stellt sich dann die Frage eines Anspruchs auf »Gleichbehandlung im Unrecht« (Rdn. 45 f.). Ist das Vollzugsdefizit vom Gesetzgeber zu verantworten, kann daraus die Verfassungswidrigkeit schon der zugrunde liegenden gesetzlichen Bestimmungen resultieren (Rdn. 47 ff.).

39 Von größerer Relevanz ist das Gebot der Rechtsanwendungsgleichheit in den Fällen, in denen der Verwaltung oder ausnahmsweise auch den Gerichten durch das Gesetz **Entscheidungsspielräume** eingeräumt worden sind. Dazu zählt zum einen das Rechtsfolgen- oder Auswahlermessen, zum anderen auf der Tatbestandsseite der ausnahmsweise anzunehmende Beurteilungsspielraum bei der Konkretisierung unbestimmter Rechtsbegriffe[130]. Das BVerfG hat klargestellt, dass an die Handhabung derartiger Spielräume keine grundsätzlich anderen gleichheitsrechtlichen Anforderungen zu stellen sind als an den Gesetzgeber; insbesondere hat es auch diesbezüglich die »neue Formel« für einschlägig erachtet[131]. Weder vollziehende Gewalt noch Gerichte dürfen bei der Ausübung ihrer Entscheidungsbefugnisse zu einer dem Gesetzgeber verwehrten Differenzierung oder Gleichbehandlung gelangen. Dasselbe gilt schließlich auch für den Bereich der gesetzesfreien Verwaltungstätigkeit[132].

40 Die Ermessensausübung durch Verwaltung oder Gerichte muss sich daher an sachlich begründeten Erwägungen ausrichten; sie darf nicht willkürlich[133], sondern muss **sachgerecht** sein[134]. Diese Forderung deckt sich allerdings bei gesetzlich eröffneten Beurteilungs- oder Ermessensspielräumen regelmäßig mit dem rechtsstaatlichen Gebot, von den damit einhergehenden Befugnissen nur entsprechend dem gesetzlich vorgegebenen Ermessenszweck Gebrauch zu machen[135]. Art. 3 Abs. 1 geht insoweit inhaltlich nicht über die durch Art. 20 Abs. 3 vorgegebene Gesetzmäßigkeit auch der Ermessensbetätigung hinaus. Anders verhält es sich nur in den gesetzlich nicht geregelten Bereichen der Leistungs- und Fiskalverwaltung. So kann hier etwa – nur – der allgemeine Gleichheitssatz dem Subventionsgeber gebieten, ein gleichheitsgerechtes Ver-

---

129 Siehe BVerfGE 53, 30 (48); 72, 1 (5); *Sachs*, in Stern/Sachs/Dietlein, Staatsrecht, Band IV/2, 1519; *Heun*, in: Dreier, GG, Art. 3 Rn. 56 und 62; unklar *Boysen*, in: v. Münch/Kunig, GG, Art. 3 Rn. 36.
130 Siehe dazu BVerfGE 70, 230 (239 ff.).
131 Siehe BVerfGE 74, 129 (149).
132 Siehe BVerwGE 55, 349 (351); *Starck*, vM/K/S, Art. 3 Abs. 1 Rn. 267 m.w.N.
133 Siehe BVerfGE 48, 210 (226).
134 Siehe BVerfGE 54, 277 (296); 116, 1 (13).
135 Siehe BVerfGE 18, 353 (363); 64, 261 (274); *Starck*, vM/K/S, Art. 3 Abs. 1 Rn. 266.

teilungs- bzw. Auswahlprogramm zu erstellen[136]. In jedem Fall aber vermittelt Art. 3 Abs. 1 dem Einzelnen einen Anspruch auf eine in diesem Sinne pflichtgemäße Ermessensausübung[137].

Daneben sind vollziehende und rechtsprechende Gewalt vor allem im Bereich der anlassbezogenen Eingriffsverwaltung – etwa im Polizei- und Sicherheitsrecht – gehalten, wertungsmäßig vergleichbare Interessenkonflikte im Rahmen eines ihnen zustehenden Beurteilungs- oder Ermessensspielraums auch in gleichbleibender Weise zu entscheiden[138] (zu den Grenzen aufgrund Bundesstaatsprinzip und richterlicher Unabhängigkeit siehe Rdn. 51). Für dieses gleichheitsrechtlich fundierte Folgerichtigkeitsgebot hat sich im Kontext des Verwaltungshandelns der Begriff der **Selbstbindung** eingebürgert: Eine dauernde Verwaltungspraxis muss in jedem Einzelfall folgerichtig durchgehalten werden[139]; von ihr darf nicht ohne sachlichen Grund abgewichen werden[140]. 41

Bestehen allerdings im Einzelfall Besonderheiten, so ist eine Abweichung nicht nur zulässig, sondern je nach deren Gewichtigkeit unter Umständen auch geboten[141]. Ein solcher »atypischer«, einer differenzierten Behandlung zugänglicher Sachverhalt ist demnach immer dann anzunehmen, wenn er sich nicht mehr mit den der Verwaltungspraxis zugrunde liegenden Annahmen hinsichtlich der typischerweise betroffenen Rechtsgüter bzw. Belange oder hinsichtlich des typischen Ausmaßes ihrer jeweiligen Betroffenheit deckt. 42

Auf den vorstehenden Erwägungen basiert auch die von der h.M. vertretene Lehre einer mittelbaren Außenwirkung von ermessensleitenden **Verwaltungsvorschriften**[142]. Selbige sind danach regelmäßig als konstitutiv für eine bestimmte Verwaltungspraxis anzusehen, indizieren bzw. antizipieren diese also[143]. Hingegen erlaubt 43

---

136 Siehe BVerwGE 104, 220 (223).
137 Siehe BVerfGE 116, 1 (13); enger BVerwG NVwZ 2012, 1416 (1417).
138 Siehe BVerwG NVwZ 2014, 1583 (1584), m.w.N.
139 Siehe *Osterloh/Nußberger*, in: Sachs, GG, Art. 3 Rn. 117 f.; *Boysen*, in: von Münch/Kunig, GG, Art. 3 Rn. 78.
140 Siehe BVerfGE 73, 280 (299 f.); 111, 54 (108); ausführlich *Sachs*, in: Stelkens/Bonk/Sachs, VwVfG, § 40 Rn. 103 ff. u. 215 ff.; *Seibert*, in: FG 50 Jahre BVerwG, 2005, S. 535 ff.; siehe ferner die Diskussion anlässlich der 40. Jahrestagung der VDStRL: *Scheuing*, VVDStRL 40 (1982), 153 ff.; *Hoffmann-Riem*, VVDStRL 40 (1982), 187 ff.; *Raschauer*, VVDStRL 40 (1982), 240 ff.
141 Siehe BVerwG DÖV 1979, 793; *Heun*, in: Dreier, GG, Art. 3 Rn. 58; *Möstl*, in: Erichsen/Ehlers, Allgemeines Verwaltungsrecht, 14. Aufl. 2010, § 20 Rn. 21.
142 Siehe BVerfGE 116, 135 (153 f.); BVerwGE 35, 159 (161); 104, 220 (223); *Dörr*, DÖV 2001, 1014 (1017); zum derzeitigen Diskussionsstand *Maurer*, Allgemeines Verwaltungsrecht, 18. Aufl. 2011, § 24 Rn. 31; kritisch *Axer*, Normsetzung der Exekutive in der Sozialversicherung, 2000, S. 186 f.; *Ossenbühl*, Verwaltungsvorschriften und Grundgesetz, 1968, S. 502 ff.; *Vogel*, VVDStRL 24 (1966), 125 (156 ff.).
143 Siehe *Boysen*, in: v. Münch/Kunig, GG, Art. 3 Rn. 79; *Starck*, vM/K/S, Art. 3 Abs. 1 Rn. 269 m.w.N.

Englisch 289

es der allgemeine Gleichheitssatz nicht, den Verwaltungsvorschriften eine Außenwirkung auch unabhängig von der tatsächlich geübten Praxis zuzuerkennen[144]. Das Postulat der Rechtsanwendungsgleichheit knüpft an die tatsächliche Handhabung des Verwaltungsermessens gegenüber dem Bürger an, nicht an die innerbehördlichen Vorgaben übergeordneter Verwaltungsstellen. Ist die Verwaltungsvorschrift veröffentlicht worden, kommt aber evtl. die Gewährung von Vertrauensschutz in Betracht[145]. Im Übrigen gilt auch hier, dass sich die Bindungswirkung nicht auf besonders gelagerte Fälle erstreckt[146].

44 Gleichbehandlung kann außerdem nicht mehr verlangt werden, wenn die bisherige Verwaltungspraxis erkennbar für die Zukunft aufgegeben und durch eine abweichende Handhabung ersetzt werden soll[147]. Die Neuorientierung muss allerdings aus willkürfreien, sachlichen Gründen erfolgen[148]. Als solche kommen zum einen neue Erkenntnisse oder Veränderungen betreffend die tatsächliche bzw. konkrete Betroffenheit der abzuwägenden Belange in Betracht. Zum anderen kann die Änderung der Verwaltungspraxis auf einer veränderten abstrakten Gewichtung der widerstreitenden Interessen beruhen, sofern sich selbige ebenfalls innerhalb der gesetzlichen und rechtsstaatlichen Grenzen der Ermessensausübung bewegt. Aspekte des Vertrauensschutzes können eine Übergangsregelung seitens der Verwaltung gebieten[149].

b) »Gleichheit im Unrecht«

45 Steht die Verwaltungspraxis im Widerspruch zum Gesetz, streitet das rechtsstaatliche Prinzip der Gesetzmäßigkeit der Verwaltung gegen das gleichheitsrechtliche Erfordernis der Gleichbehandlung wertungsmäßig vergleichbarer Fälle. Die höchstrichterliche Praxis nimmt in derartigen Konstellationen einen absoluten **Vorrang des Gesetzmäßigkeitsgebotes** an[150], was mit der plakativen Formel »keine Gleichheit im Unrecht« umschrieben wird[151]. Der im Einzelfall gesetzmäßig Behandelte kann sich nicht darauf berufen, dass die Verwaltung in Vergleichsfällen gesetzeswidrig verfährt. Zur Begründung wird teils angeführt, dass es die Verwaltung anderenfalls in der

---

144 Siehe BVerwGE 86, 55 (58 f.); BVerwG NVwZ 1982, 101 (102); *Starck*, in: vM/K/S, Art. 3 Abs. 1 Rn. 269 u. 272.

145 Siehe BVerwGE 35, 159 (162 f.); weitergehend *Hey*, Steuerplanungssicherheit als Rechtsproblem, 2002, S. 680 ff.

146 Siehe BVerwGE 15, 196 (202 f.); 44, 72 (75); 70, 127 (142); 85, 163 (167).

147 Siehe BVerwGE 70, 127 (136); ebenso *Heun*, in: Dreier, GG, Art. 3 Rn. 41; *Osterloh/Nußberger*, in: Sachs, GG, Art. 3 Rn. 118; *Rüfner*, BK, Art. 3 Abs. 1 Rn. 176; *Starck*, vM/K/S, Art. 3 Abs. 1 Rn. 268.

148 Siehe BVerwGE 55, 349 (352); 104, 220 (223); *Sachs*, in Stern/Sachs/Dietlein, Staatsrecht, Band IV/2, 1520; evtl. strenger *Kempny/Reimer*, Die Gleichheitssätze, 2012 123.

149 Siehe auch BVerwGE 104, 220 (223); 126, 33 (51 ff.).

150 Siehe BVerfGE 50, 142 (166); 111, 54 (108); BVerwGE 92, 153 (157).

151 Grundlegend *Dürig*, M/D, Art. 3 Abs. 1 Rn. 179 ff.; siehe ferner *Boysen*, in: v. Münch/Kunig, GG, Art. 3 Rn. 81 m.w.N.; *Sachs*, in: Stelkens/Bonk/Sachs, VwVfG, § 40 Rn. 117; *Maurer*, HStR IV, 3. Aufl. 2006, § 79 Rn. 127 f.

Hand hätte, sich an die Stelle des Gesetzgebers zu setzen und dessen Regelungen nach eigenem Gutdünken außer Kraft zu setzen[152]. Teils wird darauf verwiesen, das Verfassungsgut der Gesetzmäßigkeit der Verwaltung rechtfertige die Ungleichbehandlung[153].

Indes ist hier eine differenziertere Betrachtungsweise geboten[154]. Die Problematik **46** wird nur akut, wenn die Verwaltung erkennbar an ihrer rechtswidrigen Verwaltungspraxis festhalten will und lediglich im Einzelfall gesetzmäßig vorgeht; nur bei grundsätzlich unveränderter Beibehaltung der bisherigen verwaltungsseitigen Wertungen und Einschätzungen kommt nämlich die gleichheitsrechtliche Selbstbindung zum Tragen (vgl. Rdn. 44). Die singuläre Durchsetzung des Rechts in einem Einzelfall ist dann aber nicht dazu angetan, einen signifikanten Beitrag zur Rückkehr zu gesetzmäßigen Verhältnissen zu leisten; sie bedeutet jedoch für den Betroffenen eine empfindliche Beeinträchtigung seiner individuellen Grundrechtsposition aus Art. 3 Abs. 1. Auch auf deren Wahrung wird der Richter durch Art. 20 Abs. 3, 97 Abs. 1 GG verpflichtet[155]. Dem Grundsatz der Gesetzmäßigkeit der Verwaltung ist daher im Wesentlichen nur dann der Vorrang einzuräumen, wenn die missachtete Norm selbst hochrangige Rechtsgüter schützt, die zusätzlich in die Abwägung einzustellen sind und hinter denen der Gleichbehandlungsanspruch im konkreten Einzelfall zurücktreten muss[156].

c) Verbot struktureller Vollzugsdefizite

In zwei Grundsatzentscheidungen aus dem Bereich des Steuerrechts[157] hat das **47** BVerfG eine Verbindung zwischen einer dem Gesetzgeber zuzurechnenden flächendeckenden Ungleichmäßigkeit im Verwaltungsvollzug und der gleichheitsrechtlichen Beurteilung der zu vollziehenden materiell-rechtlichen Norm hergestellt. Der Gesetzgeber muss demnach dafür Sorge tragen, dass die Steuerpflichtigen nicht nur rechtlich gleichmäßig besteuert werden, sondern seitens der Finanzverwaltung auch tatsächlich gleichmäßig belastet werden können. Die gesetzliche Ausgestaltung des Steuerverfahrens und die damit verbundenen verwaltungsseitigen Möglichkeiten der steuerlichen Kontrolle müssen einen gleichheitsgerechten Vollzug der materiellen Steuernorm ermöglichen, ohne übermäßigen Ermittlungsaufwand der Finanzbehörden zu erfordern[158]. Mit Art. 3 Abs. 1 nicht zu vereinbaren sind daher in den Verantwortungs-

---

152 Siehe *Heun*, in: Dreier, GG, Art. 3 Rn. 61; *Huster*, in: Friauf/Höfling, GG, Art. 3 Rn. 115; *Randelzhofer*, JZ 1973, 536 (541 f.).
153 Siehe *F. Kirchhof*, in: FS Merten, 2007, 109 (115 ff.); *Kempny/Reimer*, Die Gleichheitssätze, 2012, 68.
154 So auch *Blanke*, Vertrauensschutz im deutschen und europäischen Verwaltungsrecht, 2000, S. 274; *P. Kirchhof*, HStR VIII, 3. Aufl. 2010, § 181 Rn. 207; *Ossenbühl*, HStR V, 2. Aufl. 2007, § 104 Rn. 67.
155 Zutreffend *Arndt*, in: FS Armbruster, 1976, S. 233 (239).
156 Ähnlich *P. Kirchhof*, HStR V, 2. Aufl. 2000, § 125 Rn. 88.
157 BVerfGE 84, 239 (272 ff.); 110, 94 (112 ff.).
158 Siehe BVerfGE 110, 94 (115).

bereich des Gesetzgebers fallende Erhebungsregeln, die erkennbar ineffizient sind und sich darum strukturell gegenläufig zu den Erfordernissen eines gleichmäßigen Gesetzesvollzugs verhalten. Bei einem solchen sog. **strukturellen Vollzugsdefizit** stellt sich der Mangel an Rechtsanwendungsgleichheit somit letztlich als Verletzung des Gebotes der Rechtssetzungsgleichheit dar, die rechtliche und tatsächliche Belastungsgleichheit gewährleisten muss, und führt darum zur Verfassungswidrigkeit der zu vollziehenden Norm.

48   Im Einzelnen hat das BVerfG ein strukturelles Vollzugsdefizit unter **zwei Voraussetzungen** angenommen: Erstens muss die unzureichende verfahrensrechtliche Flankierung der materiell pflichtbegründenden Norm dazu führen, dass letztere weitgehend nicht durchgesetzt werden kann[159]. Das kann entweder auf einer gesetzlichen Beschränkung der regulär bestehenden Handlungsmöglichkeiten der Verwaltung oder auf dem Verzicht auf die Schaffung adäquater verfahrensrechtlicher Mechanismen bzw. Kontrollbefugnisse beruhen. Lässt sich hingegen das materiell-rechtliche Gesetz von vornherein nicht in verfassungskonformer Weise gleichmäßig vollziehen, so verstößt es schon deshalb gegen den Gleichheitssatz, weil es den Besonderheiten der zu regelnden Materie nicht gerecht wird und darum als unsachgerecht zu erachten ist. Allerdings hat das BVerfG speziell bei grenzüberschreitenden Sachverhalten in einem Kammerbeschluss zu erkennen gegeben, dass etwaige völkerrechtliche Schranken für Vollzugs- oder Ermittlungsmaßnahmen im Ausland grundsätzlich nicht dem deutschen Gesetzgeber anzulasten seien[160]. Zweitens muss der Gesetzesvollzug nach Auffassung des BVerfG vom Gesetzgeber entweder bewusst auf Ineffektivität angelegt worden sein, oder es muss sich ihm zumindest aufdrängen, dass sich das Ziel der Gleichheit im Belastungserfolg mit dem gesetzlich vorgesehenen Instrumentarium seitens der Verwaltung prinzipiell nicht erreichen lässt[161]. Dies soll auch noch nachträglich der Fall sein können, so dass die pflichtbegründende Norm bei fortdauernder Untätigkeit des Gesetzgebers von diesem Zeitpunkt an verfassungswidrig wird.

49   Das BVerfG hat offen gelassen, ob sich diese Maßstäbe auch auf andere Teilrechtssysteme jenseits des Steuerrechts übertragen lassen[162]. Richtigerweise ist dies zu bejahen, denn auch in anderen Regelungsbereichen zielt der Grundsatz der gleichmäßigen Lastenverteilung auch und gerade auf Gleichheit im tatsächlichen Belastungserfolg. So verlangt etwa die Wehrgerechtigkeit, dass diejenigen, die nach den gesetzlichen Bestimmungen für den Wehrdienst zur Verfügung stehen, tatsächlich hierzu herangezogen werden[163]. Unter ausdrücklicher Berufung auf die Rspr. des BVerfG zum strukturellen Vollzugsdefizit hat das BVerwG daher festgestellt, die Wehrpflicht könne

159   Siehe BVerfGE 84, 239 (272); 110, 94 (112 f.).
160   Siehe BVerfG (K) HFR 2008, 852 (853).
161   Siehe BVerfGE 84, 239 (272).
162   Siehe BVerfGE 113, 167 (250 f.) – Risikostrukturausgleich zwischen den gesetzlichen Krankenkassen.
163   Siehe BVerwGE 122, 331 (337 ff.) – Wehrgerechtigkeit; siehe dazu auch BVerfGE 12, 45 (51).

verfassungsrechtlich keinen Bestand haben, wenn eine Verletzung der Wehrgerechtigkeit infolge ihrer ungleichmäßigen Durchsetzung auf andauernder Untätigkeit des Gesetzgebers beruht[164].

Im Übrigen darf es für die Frage einer Verletzung des Art. 3 Abs. 1 durch den Gesetzgeber entgegen dem BVerfG nicht darauf ankommen, ob sich diesem eine von ihm zu verantwortende flächendeckende Gleichheitswidrigkeit des Gesetzesvollzugs aufdrängen musste, weil der Grundrechtsschutz des Einzelnen nicht unter dem Vorbehalt der Bösgläubigkeit der Staatsgewalt steht. Dieser Umstand kann daher allenfalls für die sich aus dem Gleichheitssatzverstoß ergebenden Konsequenzen eine Rolle spielen (Rdn. 172 f.).   50

3. Immanente Schranken der Gleichheitsgewähr im Bundesstaat

Es ist gesicherte Erkenntnis, dass jeder Träger öffentlicher Gewalt den Gleichheitssatz **nur innerhalb seines eigenen Zuständigkeitsbereichs** zu beachten hat[165]. Daher implizieren unterschiedliche gesetzliche Regelungen verschiedener Bundesländer[166] oder Gebietskörperschaften[167] keine Verletzung des Art. 3 Abs. 1. Dasselbe gilt mit Blick auf eine etwaige unterschiedliche Auslegung und Anwendung derselben Rechtsvorschriften durch die Behörden verschiedener Träger öffentlicher Gewalt[168]. Nur innerhalb des Kompetenzbereichs ein und derselben Landesverwaltung muss grundsätzlich ein einheitlicher Verwaltungsvollzug sichergestellt werden[169]. Die Rechtspflege ist schon wegen der Unabhängigkeit der Richter konstitutionell uneinheitlich[170].   51

Speziell die Bundesstaatlichkeit steht damit in einem immanenten Spannungsverhältnis zu Bestrebungen einer bundesweiten Angleichung des Rechts zwecks Gewährleistung einer einheitlichen Wirtschafts-, Sozial- und Gesellschaftsordnung. Dabei verleiht die in den letzten Jahrzehnten zu beobachtende erhebliche Zunahme einer Landesgrenzen überschreitenden Mobilität der Bundesbürger dem Anliegen der bundesweiten Rechts- und Wirtschaftseinheit besonderes Gewicht. Jedenfalls in ihrer Ausprägung als objektive Wertmaßstäbe von Verfassungsrang können der Gleichheitssatz im Verbund mit der Freizügigkeitsgarantie des Art. 11 Abs. 1 daher eine **Rechtsangleichung** durch den Bund oder durch kooperatives Zusammenwirken der   52

---

164 Siehe BVerwGE 122, 331 (340 f.).
165 Siehe BVerfGE 21, 54 (68); 76, 1 (73); 79, 127 (158); 134, 1 (21); BVerfG NVwZ 2015, 582 (587); *Dittmann*, in: FS Dürig, 1990, S. 236 ff.; *Sachs*, in Stern/Sachs/Dietlein, Staatsrecht, Band IV/2, 1499 ff.; *Boysen*, in: v. Münch/Kunig, GG, Art. 3 Rn. 67; *Osterloh/Nußberger*, in: Sachs, GG, Art. 3 Rn. 81.
166 Siehe BVerfGE 10, 354 (371); 32, 346 (360); 51, 43 (58 f.); 108, 282 (309).
167 Siehe BVerfGE 21, 54 (68); 79, 127 (158).
168 Vgl. BVerfGE 21, 87 (91); 75, 329 (347).
169 Siehe BVerfGE 76, 1 (77).
170 Siehe BVerfGE 87, 273 (278); *Sachs*, in Stern/Sachs/Dietlein, Staatsrecht, Band IV/2, 1504; *Boysen*, in: von Münch/Kunig, GG, Art. 3 Rn. 91; differenzierend *Kirchhof*, HStR VIII, 3. Aufl. 2010, § 181 Rn. 35.

Länder zwingend erforderlich machen[171]. Dies gilt vor allem hinsichtlich derjenigen Lebenssachverhalte, die schon ihrer Natur nach wegen ihrer Auswirkungen auf Mobilitätswillige über die Ländergrenzen hinausgreifen[172]. Hier muss dann der Bund im Bereich der konkurrierenden Gesetzgebung von seinen Kompetenzen nach Art. 72 Abs. 2 Gebrauch machen. Gelingt dies nicht oder fällt die Materie in die ausschließliche Zuständigkeit der Länder, sind diese angehalten, Staatsverträge abzuschließen oder sich auf Mustergesetze zu verständigen[173].

53   Des weiteren gestattet das föderale Prinzip jedenfalls dann keine Bevorzugung der »**Landeskinder**« allein um ihrer regionalen Verbundenheit mit dem jeweiligen Bundesland willen, wenn durch die Ungleichbehandlung eine für alle Staatsbürger gleichermaßen gewährleistete Rechtsposition hinsichtlich der übrigen Betroffenen entwertet würde. Dies gilt mit Blick auf Art. 12 vor allem im Recht der in staatlicher Verantwortung betriebenen Berufsausbildung[174]. Neben dem allgemeinen Gleichheitssatz ergibt sich die Forderung nach Gleichbehandlung hier auch aus Art. 33 Abs. 1; je nach den Umständen des Einzelfalls kann in einer Landeskinderklausel zudem ein Verstoß gegen das Diskriminierungsverbot des Art. 3 Abs. 3 in Gestalt einer Bevorzugung bzw. Benachteiligung wegen der Heimat liegen[175]. Hingegen ist es gleichheitsrechtlich nicht zu beanstanden, wenn die Länder nur ihren Einwohnern bestimmte Vergünstigungen zukommen lassen, hinsichtlich derer kein grundrechtlich fundiertes, allen Staatsbürgern gleichermaßen zustehendes Teilhaberecht besteht[176].

4. Gleichheitsgewähr im Spannungsfeld von supranationalem und nationalem Recht

54   Infolge der Einwirkung des supranationalen Rechts der EU und des EWR auf die nationale Rechtsordnung[177] können sich zwei miteinander verwandte, besondere gleichheitsrechtliche Problemstellungen ergeben:

55   Erstens kann sich aufgrund Unionsrechts die Notwendigkeit ergeben, bestimmte nationale Rechtsvorschriften bei grenzüberschreitenden Sachverhalten unangewendet zu lassen, weil die durch sie erzeugten Belastungen im Widerspruch zu vorrangigen primärrechtlichen Bestimmungen des AEUV bzw. des EWRV stehen[178]. Dies kann

---

171 A.A. *Starck*, vM/K/S, Art. 3 Abs. 1 Rn. 247.
172 Siehe BVerfGE 33, 303 (355 ff.) – Zulassung zum Hochschulstudium; a.A. *Boysen*, Gleichheit im Bundesstaat, 2005, S. 171 ff.: rein freiheitsrechtliche Problematik.
173 Siehe *Bethge*, AöR 110 (1985), 169 (215 ff.).
174 BVerfGE 33, 303 (352 ff.); 134, 1 (21 ff.) vgl. auch OVG NRW DVBl. 1983, 1115 f.
175 Eingehend *Gallwas*, in: FS Maunz, 1971, S. 103 ff.
176 Siehe BVerwG NVwZ 1983, 223 f.
177 Grundlegend EuGH Slg. 1964, 1253 (1269 f.) – Costa/E.N.E.L.; vgl. auch *Oppermann/Classen/Nettesheim*, Europarecht, 6. Aufl. 2014, 145 ff.
178 Siehe EuGH Slg. 1978, 629, Rn. 14 ff. – Simmenthal, aus europarechtl. Warte; BVerfGE 73, 339 (375) und BVerfGE 123, 267 (398) aus verfassungsrechtlicher Warte.

insbesondere die Konsequenz der unmittelbar anwendbaren Grundfreiheiten des Art. 26 Abs.
2 AEUV sein, soweit der EuGH sie als Beschränkungsverbote interpretiert und dem Bestimmungsmitgliedstaat die Akzeptanz abweichender, häufig niedrigerer Standards des Herkunftslandes vorschreibt[179]. Will der deutsche Gesetzgeber hier für rein innerstaatliche Vorgänge an seinen autonom gesetzten Vorgaben festhalten, so ist er nach Auffassung des EuGH daran unionsrechtlich nicht gehindert[180]. Die Folge ist jedoch eine sog.»Inländerdiskriminierung«[181] oder – genauer – die »**umgekehrte Diskriminierung**«[182] rein innerstaatlicher Sachverhalte. Dem gleichzuachten ist der europarechtliche Zwang, begünstigende bzw. entlastende Sondervorschriften jedenfalls für grenzüberschreitende Vorgänge, nicht notwendig aber auch für ihr rein innerstaatliches Pendant zu schaffen. Dies kann die Folge der vorstehend beschriebenen grundfreiheitlichen Vorgaben sein, es kann sich aber auch aus sekundärrechtlichen Direktiven des EU-Richtlinienrechts ergeben[183].

Kontrovers erörtert wird in diesem Zusammenhang, ob der allgemeine Gleichheits- 56 satz einer solchen umgekehrten Diskriminierung entgegensteht. Während die wohl h.M. im Schrifttum dies grds. bejaht[184], steht die deutsche Rspr. – anders als etwa der österreichische VerfGH[185] – dieser These ganz überwiegend ablehnend oder jedenfalls skeptisch gegenüber[186]. Überwiegend wird Art. 3 Abs. 1 schon nicht für anwendbar gehalten, da die Ungleichbehandlung aus dem Zusammentreffen von Vorschriften zweier unterschiedlicher Normgeber resultiere, ähnlich wie im Bund-Länder-Verhältnis (Rdn. 51)[187]. Dem ist allerdings entgegenzuhalten, dass anders als

179 Exemplarisch EuGH Slg. 1987, 1227 – Reinheitsgebot für Bier.; kritisch beispielsweise *Englisch*, Wettbewerbsgleichheit im grenzüberschreitenden Handel, 2008, S. 234 ff. m.w.N.
180 Siehe EuGH Slg. 1992, I-6685, Rn. 10 ff.; kritisch beispielsweise Generalanwalt *Poiares Maduro*, Schlussanträge Slg. 2004, I-8027 – Carbonati Apuani Srl gegen Comune di Carrara Rn. 52 ff.
181 Siehe *Hammerl*, Inländerdiskriminierung, 1997, S. 23 ff.; *Lackhoff/Raczinski*, EWS 1997, 109 f.; *Lengauer*, in: Griller, Die europäische Wirtschaftsverfassung, 2007, S. 251 f.
182 Grundlegend *Epiney*, Umgekehrte Diskriminierungen, 1995, S. 19 ff.; vgl. *dies.*, in: Calliess/Ruffert, EUV/EGV, Art. 12 Rn. 27.
183 Siehe beispielsweise Art. 1 Abs. 1 iVm Art. 5 der Mutter-Tochter-RL 2011/96/EU und darauf aufbauend § 43b EStG: Quellensteuerfreiheit ist nur für grenzüberschreitende Gewinnausschüttungen im europäischen Kapitalgesellschaftskonzern gewährleistet.
184 Siehe *Epiney*, Umgekehrte Diskriminierungen, 1995, S. 280 ff.; *Heun*, in: Dreier, GG, Art. 3 Rn. 11; *Osterloh/Nußberger*, in: Sachs, GG, Art. 3 Rn. 71; *Rieger*, DÖV 2006, 685 ff.; *Riese/Noll*, NVwZ 2007, 516 (520 f.); *Schilling*, JZ 1994, 8 (10 ff.); a.A. *Fastenrath*, JZ 1987, 170 ff.; *König*, AöR 118 (1993), 591 (599 f.); *Papier*, JZ 1990, 253 (260).
185 Siehe ÖstVerfGH, EuZW 2001, 219 ff.
186 Siehe BGH NJW 1996, 595 (599); BVerwGE 140, 276 (286 ff.); offengelassen in BVerfG (K) NJW 1990, 1033; BGHZ 108, 342 (346).
187 Siehe VGH Mannheim, NJW 1996, 72 (74); *Fastenrath*, JZ 1987, 170 ff.; *König*, AöR 118 (1993), 591 (599 f.).

im Gefüge föderaler Kompetenzabgrenzungen weiterhin beide Vergleichsgruppen der Hoheitsgewalt ein und desselben Normgebers unterliegen, der lediglich im grenzüberschreitenden Kontext ein bestimmtes Belastungsniveau nicht *über*schreiten, wohl aber unterschreiten darf. Richtigerweise mangelt es aber regelmäßig an der Vergleichbarkeit des begünstigten grenzüberschreitenden Vorgangs einerseits und der innerstaatlichen Parallelvorgänge andererseits, weil der nationale Gesetzgeber im letztgenannten Kontext weiterhin autonom seine nationalstaatlichen Kompetenzen wahrnimmt, im Übrigen aber heteronom die ihn bindenden unionsrechtlichen Vorgaben umsetzt[188]. Eine inkonsistente Gewichtung derselben Belange kann ihm daher grds. nicht zum Vorwurf gemacht werden. Insbesondere geht es zu weit, dem Gesetzgeber die abstrakten, in hohem Maße konkretisierungsbedürftigen Vorgaben des Unionsprimärrechts über die insoweit unspezifischen Zustimmungsgesetze zum AEUV in all ihren (faktisch durch die EuGH-Judikatur entwickelten) Konsequenzen zuzurechnen[189].

57   Etwas anderes gilt jedoch dann, wenn ein deutsches Regierungsmitglied einer EU-rechtlichen Harmonisierungsmaßnahme im Rat zugestimmt hat, die über die schon unmittelbar aus dem Primärrecht sich ergebenden Anforderungen hinausgeht. Dann muss sich der nationale Gesetzgeber die unionsrechtliche Wertung als eigene zurechnen lassen[190]. In der Folge ist eine umgekehrte Diskriminierung als gleichheitssatzwidrig anzusehen, sofern nicht ausnahmsweise sachliche Gründe für die Vorenthaltung einer Begünstigung oder für strengere Anforderungen gerade nur bei rein innerstaatlichen Sachverhalten bestehen[191]. Im Übrigen kann sich aus einer freiheitsrechtlichen Abwägung ergeben, dass vor dem Hintergrund einer europarechtlich erzwungenen Durchlöcherung bestimmter nationaler Standards deren unveränderte Aufrechterhaltung in rein innerstaatlichen Konstellationen unverhältnismäßig ist[192].

58   Nach ähnlichen Grundsätzen hat zweitens auch die gleichheitsrechtliche Beurteilung von Ungleichbehandlungen zu erfolgen, die sich daraus ergeben können, dass ein dem Regelungszweck nach einheitliches Sachgebiet unionsrechtlich **nur teilweise harmonisiert** ist. Exemplarisch ist diesbezüglich die Vergabe öffentlicher Aufträge oberhalb und unterhalb bestimmter Schwellenwerte[193]. Auch hier wird zum Teil bezweifelt, ob der Gesetzgeber eine daraus resultierende Differenzierung nach bestimmten unionsrechtlich festgelegten, prima facie sachfremden Gesichtspunkten überhaupt zu verant-

---

188 Vgl. *Albers*, JZ 2008, 708 (713).
189 So aber *Gundel*, DVBl. 2007, 269 (272); *Pünder*, VerwArch 2004, 38 (60); *Schilling*, JZ 1994, 8 (10); vgl. demgegenüber BVerfG v. 30.06.2009 – 2 BvE 2/08 u.a., unter C.I.2.e)aa) der Gründe.
190 Vgl. in diesem Zusammenhang auch BVerfG v. 30.06.2009 – 2 BvE 2/08 u.a., unter C.II.1.a)cc) der Gründe, BVerfGE 123, 267 (373 ff.); zu pauschal daher die Ablehnung durch BGHZ 131, 107 (120).
191 Siehe zu einer derartigen Konstellation BGHZ 108, 342 (346).
192 Siehe *Albers*, JZ 2008, 708 (714).
193 Dazu eingehend *Englisch*, VerwArch 2007, 410 ff. m.w.N.

worten hat[194]. Letztlich kann hier aber nichts anderes gelten als in den Fällen einer sekundärrechtlich provozierten umgekehrten Diskriminierung: Hat das deutsche Regierungsmitglied im Rat zugestimmt, bedarf es sachlicher Gründe jenseits der sich daraus ergebenden europarechtlichen Zwänge, um die Ungleichbehandlung gleichheitsrechtlich zu legitimieren. Allerdings wird der Anwendungsbereich von Sekundärrecht der Union häufig aus sachlichen Erwägungen heraus begrenzt sein, die auch im Gestaltungsermessen des nationalen Gesetzgebers gelegen hätten.

5. Gleichheit in der Zeit

a) Stichtagsregelungen

Eine von einem bestimmten *Stichtag* an geltende gesetzliche Neuregelung oder geän-   59
derte Verwaltungspraxis behandelt ansonsten gleich gelagerte Sachverhalte ungleich.
Dürig sprach diesbezüglich von der Zeit als »offener Flanke« der Gleichheit[195]. Im
Extremfall werden sachlich wie zeitlich eng beisammen liegende Vorgänge gänzlich
unterschiedlich behandelt.

Die Möglichkeit einer politischen Neubewertung von Sachverhalten ist dem Demo-   60
kratieprinzip freilich immanent; in der Diskontinuität der Legislaturperioden[196]
kommt dies besonders deutlich zum Ausdruck. Auch die vollziehende Gewalt kann
im Rahmen von Beurteilungs- und Ermessensspielräumen zu einer veränderten Einschätzung hinsichtlich der Risiken oder der Zweckmäßigkeit eines bestimmten Vor-
gehens gelangen; dies wird ebenfalls häufig die Folge einer Veränderung des politischen Umfelds sein. Daraus allein resultiert nach zutreffender, obschon umstrittener
Ansicht noch kein Konflikt mit dem Gleichheitssatz[197]; speziell der Gesetzgeber ist
nicht etwa durch Grundsätze gleichheitsrechtlicher Folgerichtigkeit auch nur prinzipiell an frühere Grundentscheidungen gebunden[198].

Dessen ungeachtet bedarf es mit Blick auf die Garantien des Art. 3 Abs. 1 eines sach-   61
lichen Grundes dafür, warum die Neuregelung dann nicht auch rückwirkend für alle
schon bisher verwirklichten oder in Gang gesetzten Sachverhalte in Kraft gesetzt
wird[199]. Erst recht gilt dies, wenn die Änderung der Rechtslage mit neuen Erkenntnissen bzw. mit der Korrektur früherer Prognosen, die sich als ganz oder teilweise

---

194 Vgl. *Pietzcker*, Die Zweiteilung des Vergaberechts, 2001, S. 46 f. u. 49; offen gelassen in
BVerfGE 116, 135 (159 f.).
195 *Dürig*, M/D, Art. 3 Abs. I vor Rn. 194 u. Rn. 200 ff.
196 Eingehend *Achterberg*, Parlamentsrecht, 1984, S. 208 ff.
197 Siehe BVerfGE 118, 1 (28): »Die Abweichung von der bisherigen Systematik führt [für
sich genommen] nicht zu einem Verstoß gegen den allgemeinen Gleichheitssatz.«; siehe
ferner *Englisch/Plum*, StuW 2004, 342 (344 ff.) m.w.N.; *Heun*, in: Dreier, GG, Art. 3
Rn. 40; *Sachs*, in Stern/Sachs/Dietlein, Staatsrecht, Band IV/2, 1557 f.; a.A. *Leisner*, Kontinuität als Verfassungsprinzip, 2002, S. 204 ff.
198 So ausdrücklich BVerfG NJW 2009, 48 (53); ähnlich bereits BVerfGE 113, 167 (223).
199 Siehe *Heun*, in: Dreier, GG, Art. 3 Rn. 55; a.A. *Boysen*, in: von Münch/Kunig, GG,
Art. 3 Rn. 94.

unzutreffend erwiesen haben, begründet wird. Das BVerfG hat vom Gesetzgeber dementsprechend verlangt, dass die Einführung des Stichtags überhaupt und die Wahl des Zeitpunkts im Hinblick auf den geregelten Sachverhalt **sachlich vertretbar** sein müssten[200]. Dabei hat es allerdings einen »beträchtlichen Einschätzungsspielraum« zugestanden[201].

62   Diese großzügige Haltung vermag nicht durchgehend zu überzeugen. Führt die Neuregelung zu einer Verschärfung der Rechtslage, werden vor allem rechtsstaatlich und freiheitsrechtlich fundierte **Vertrauensschutzaspekte** die Entscheidung über die Einführung einer Stichtagsregelung und deren nähere Ausgestaltung beeinflussen und den Spielraum des Gesetzgebers erheblich reduzieren[202]. Die nach altem Recht bereits vollständig abgewickelten Fälle sind regelmäßig keiner Neuregelung mehr zugänglich[203], und auch im Übrigen kann wirksamer Dispositionsschutz eine Übergangsregelung gebieten[204]. Davon abgesehen wird eine nachträgliche Rechtsfolgenänderung für bereits endgültig abgeschlossene Rechtsverhältnisse auch wegen der mit einem Wiederaufgreifen verbundenen Fülle praktischer und evtl. budgetärer Schwierigkeiten nur ausnahmsweise um der Wahrung hochrangiger Belange in Betracht kommen[205].

63   In den übrigen Konstellationen einer Stichtagsregelung ist wegen der damit verbundenen Ausnahme bestimmter »Altfälle« vom neuen Regelungskonzept ein legitimer Grund hierfür zu verlangen, der die zeitliche Zäsur erforderlich macht und in seinem Gewicht den damit verbundenen Nachteilen mindestens entspricht. Nur insoweit kann dem Gesetzgeber dann ein Einschätzungs- und Wertungsspielraum zukommen. Kaum zu rechtfertigen ist damit insbesondere ein permanentes »Hin und Her« in Gesetzgebung oder Verwaltungspraxis, welches den Eindruck der Beliebigkeit und Maßstabslosigkeit vermittelt[206].

b) Gestufter Systemwechsel

64   Als offene Flanke der Gleichheit erweist sich die zeitliche Dimension von Neuregelungen daher eher unter dem Aspekt des **gestuften Übergangs** vom alten zum neuen Recht: Unternimmt der Gesetzgeber die Neuordnung eines komplexen Sach-

---

200 Grundlegend BVerfGE 13, 31 (38); st. Rspr., siehe etwa BVerfGE 122, 151 (178 f., m.w.N.).

201 BVerfGE 44, 1 (21); 118, 79 (107 f.).

202 Siehe etwa BVerfGE 107, 257 (274); *Osterloh/Nußberger*, in: Sachs, GG, Art. 3 Rn. 114.

203 BVerfGE 11, 139 (145 f.); 31, 275 (292 ff.); 94, 241 (258); 95, 64 (86 f.); 105, 17 (37).

204 BVerfGE 11, 139 (145 f.); 14, 288 (297 f.); 74, 129 (155 ff.); 94, 241 (259); 95, 64 (86 ff.); 105, 17 (36).

205 Siehe auch BVerfGE 44, 1 (20 ff.).

206 Siehe dazu beispielsweise FG Düsseldorf EFG 2002, 457 (458 f.) und nachfolgend BFH/NV 2003, 471 (472).

verhalts oder Rechtssystems, so kann dies aus verschiedenen Gründen ein schrittweises Vorgehen erfordern. Wie das BVerfG zu Recht festgestellt hat, muss es dem Gesetzgeber grundsätzlich erlaubt sein, eine konzeptionelle Reform in mehreren Stufen zu verwirklichen, um die organisatorischen und etwaige finanziellen Folgen jeweils zu begrenzen bzw. um zunächst in einem Teilbereich Erfahrungen zu sammeln[207]. Während dieser Übergangszeit kann dem Gesetzgeber nicht der Vorwurf inkonsequenter oder widersprüchlicher Wertung von abwägungsrelevanten Faktoren gemacht werden, nur weil eine Neubewertung vorerst nur in Teilbereichen stattgefunden hat. Das gleichheitsrechtliche Folgerichtigkeitsgebot wird damit zeitweise relativiert[208].

Dies gilt jedoch nur, wenn der Gesetzgeber tatsächlich zu erkennen gibt, eine neue 65 Ausrichtung des Systems anzustreben. Insbesondere dann, wenn bei im Übrigen unveränderten Grundentscheidungen eine von diesen abweichende Belastungsentscheidung lediglich in einem schmalen Teilbereich verwirklicht wird, bedarf es greifbarer Anhaltspunkte für die Einbettung in ein nach und nach zu verwirklichendes neues Grundkonzept[209]. Außerdem darf ein solcher »Kompromisszustand« nicht dauerhaft beibehalten werden. Generelle Feststellungen zur Angemessenheit des Übergangszeitraums lassen sich zwar nicht treffen; doch dürften zwei volle Legislaturperioden als äußerste Grenze anzusehen sein.

II. Besondere Differenzierungsverbote, Art. 3 Abs. 3 Satz 1

Die besonderen Differenzierungsverbote des Art. 3 Abs. 3 S. 1 sind in hohem Maße 66 durch die Erfahrungen der nationalsozialistischen Willkürherrschaft und die Folgen des verlorenen Krieges geprägt: Rassenwahn, auf »arische« Abstammung gründende Hybris und die Verfolgung Andersgläubiger oder politisch Andersdenkender sollten künftig ebenso ausgeschlossen sein wie eine Benachteiligung der zahlreichen Heimatvertriebenen. Daneben hatten der »totale Krieg« und die Aufbauleistungen der ersten Nachkriegsjahre entgegen den nationalsozialistischen Vorstellungen endgültig zu einer Emanzipation zahlreicher Frauen von der tradierten Rolle der Mutter und Hausfrau geführt und damit dem jahrhundertealten Postulat der Gleichberechtigung von Mann und Frau starken Auftrieb gegeben.

1. Differenzierungsverbot

Die besonderen Gleichheitsgarantien des Art. 3 Abs. 3 konkretisieren und verstärken 67 den allgemeinen Gleichheitssatz des Art. 3 Abs. 1, indem sie der Gestaltungsfreiheit des Gesetzgebers engere Grenzen setzen[210]. Mit dem **Verbot von Bevorzugungen oder Benachteiligungen** zielt Art. 3 Abs. 3 dabei nach nahezu einhelliger Auffassung

---

207 BVerfGE 85, 80 (91); 87, 1 (41); 89, 365 (379 f.).
208 Insoweit zutreffend Sondervotum *Bryde*, BVerfGE 121, 317 (380).
209 Siehe BVerfGE 122, 210 (242).
210 BVerfGE 21, 329 (343); BVerfGE 121, 241 (254).

auf ein Differenzierungsverbot[211]. Denn nahezu jede Differenzierung bewirkt auch eine Besser- bzw. Schlechterstellung von jeweils anhand der verpönten Kriterien definierten Personengruppen. Selbst wo dies nicht der Fall ist, kann sie doch leicht zur Stigmatisierung von Minderheiten führen; paradigmatisch hierfür ist eine Politik der Rassentrennung. Dem steht aber schon die enge Verbindung des Art. 3 Abs. 3 zur Idee der unterschiedslos unantastbaren Würde jedes Menschen entgegen, wie sie in Art. 1 Abs. 1 garantiert wird[212]. Wenn im Folgenden auch von **Diskriminierungsverboten** die Rede ist, so ist dies dem Umstand geschuldet, dass nach zutreffender Ansicht auch solche Differenzierungen verboten sein können, die trotz Anknüpfung an andere als die verpönten Merkmale des Art. 3 Abs. 3 im Ergebnis gleichwohl (mittelbar) zu einer Schlechterstellung bestimmter anhand dieser Merkmale gebildeter Personengruppen führen (vgl. Rdn. 85 ff.)[213].

2. Garantiefunktion

68 Von grundlegender Bedeutung für die Reichweite und das verfassungsrechtliche Gewicht der besonderen Differenzierungsverbote des Art. 3 Abs. 3 ist ihre **rechtsdogmatische Einordnung** als Anknüpfungsverbote, Begründungsverbote[214] oder Gebote rechtlicher Gleichstellung. Die Diskussion setzt herkömmlich beim Wortlaut der Formulierung eines Verbots von Differenzierungen »wegen« bestimmter Merkmale an; im Einzelnen wird Folgendes vertreten:

69 Nach einer Theorie handelt es sich um strikte **Anknüpfungsverbote**. Jede rechtliche Differenzierung, die offen an eines der Merkmale des Art. 3 Abs. 3 oder »verdeckt« an eine seiner Verwirklichungsformen bzw. spezifischen Begleitmerkmale[215] anknüpft[216], ist vorbehaltlich der Rechtfertigung durch kollidierendes Verfassungsrecht untersagt[217]. Demgegenüber sei nicht Art. 3 Abs. 3, sondern der allgemeine Gleichheitssatz berührt, wenn eine Rechtsfolgendifferenzierung von Kriterien abhänge, die zwar besonders häufig oder typischerweise, aber nicht ausschließlich bei einer Personengruppe vorkommen, die sich anhand eines der verpönten Merkmale definieren lässt[218]. Ein solches Anknüpfungsverbot impliziert, dass zwischen den gleichzustellenden Personengruppen nach verfassungsrechtlicher Wertung keine rechtserhebli-

211 Siehe BVerfGE 96, 288 (302); *Dürig*, M/D, Art. 3 Abs. 3 Rn. 1; *Heun*, in: Dreier, GG, Art. 3 Rn. 119 m.w.N.; *Starck*, vM/K/S, Art. 3 Abs. 3 Rn. 366.
212 Siehe *Dürig*, M/D, Art. 3 Abs. 3 Rn. 1; *Starck*, vM/K/S, Art. 3 Abs. 3 Rn. 367.
213 Siehe dazu auch *Ipsen*, Staatsrecht II, 17. Aufl. 2014, Rn. 845 f.
214 Zur Terminologie siehe *Sachs*, Grenzen des Diskriminierungsverbotes, 1987, S. 421 ff.
215 Siehe beispielsweise BVerfG (K) NZA 2011, 857 (858): »Soweit eine Regelung an Schwangerschaft oder Mutterschaft anknüpft, differenziert sie unmittelbar nach dem Geschlecht.«
216 Siehe dazu *Sachs*, HStR VIII, 3. Aufl. 2010, § 182 Rn. 29.
217 So insbesondere *Rüfner*, BK, Art. 3 Abs. 2 und Abs. 3 Rn. 560 f.; *Sachs*, Grenzen des Diskriminierungsverbots, 1987, S. 428 ff. m.w.N.; *Boysen*, in: v. Münch/Kunig, GG, Art. 3 Rn. 131 f.
218 Siehe *Sachs*, HStR VIII, 3. Aufl. 2010, § 182 Rn. 32 u. 95 ff.

chen tatsächlichen Unterschiede bestehen. Es verträgt sich darum an sich nicht mit einem Vergleichbarkeitsvorbehalt. Versuche, es gleichwohl um ein negatives Tatbestandsmerkmal »logischer« oder »natürlicher« Unvergleichbarkeit anzureichern[219], bergen die Gefahr einer signifikanten Abschwächung der Schutzwirkungen des Art. 3 Abs. 3, weil sie Bereichsausnahmen schaffen, die keiner Verhältnismäßigkeitskontrolle mehr unterliegen.

Demgegenüber steht Art. 3 Abs. 3 nach dem Modell eines bloßen **Begründungsver** 70 **botes** von vornherein nur der Begründung einer Regelung mit empirisch nicht belegten Stereotypen entgegen, die dem verpönten Merkmal zugeschrieben werden[220]. Außerdem verbietet es die Begründung einer merkmalsbezogenen Differenzierung um ihrer selbst willen; dies wird teilweise auch gesondert als »*Finalitätsverbot*« bezeichnet[221]. Hingegen hindert Art. 3 Abs. 3 nach dieser Interpretation die Verwendung verpönter Differenzierungsmerkmale nicht, wenn es dafür irgendeinen sachlichen Grund gibt. Eine mittelbare Diskriminierung (Rdn. 85 ff.) ist nach diesem Ansatz nur relevant, wenn es dem Gesetzgeber unter Anknüpfung an andere als die verpönten Merkmale in Wahrheit darum ging, im Wesentlichen eine bestimmte Personengruppe entgegen Art. 3 Abs. 3 zu bevorzugen oder zu benachteiligen[222]. Auf der Grundlage eines solchen Verständnisses der Diskriminierungsverbote ist ferner kein Raum mehr für eine Rechtfertigungsprüfung, da bei Vorliegen eines sachlichen Grundes schon der Diskriminierungsvorwurf entfällt. Die dogmatische Struktur des Art. 3 Abs. 3 entspräche damit im Ergebnis einem modifizierten Willkürverbot[223].

Anhand einiger jüngerer Judikate des BVerfG[224] kann schließlich als dritte Kategorie 71 eine Konzeption des Art. 3 Abs. 3 als **Gebot rechtlicher Gleichstellung** identifiziert werden. Danach ist das Differenzierungsverbot Ausdruck der verfassungsrechtlichen Anerkennung rechtlicher Statusgleichheit von Angehörigen verschiedener, anhand der verpönten Differenzierungsmerkmale gebildeter Personengruppen. Folglich gewährleistet Art. 3 Abs. 3 grundsätzlich, dass sich die dort aufgeführten personenbezogenen Merkmale nicht auf den rechtlichen Status der Person auswirken. Positiv formuliert wird die gleichberechtigte Teilhabe an staatsbürgerlichen Rechten und staatlicherseits gewährten Begünstigungen garantiert sowie die besondere Inpflichtnahme durch Träger öffentlicher Gewalt untersagt. Wie im Modell eines Anknüpfungsverbotes ist dieser Ansatz nicht mit einem Vergleichbarkeitsvorbehalt kompatibel, weil er der rechtlichen Statusgleichheit einen Wert an sich, unabhängig von den tatsächlich be-

---

219 So *Sachs*, HStR VIII, 3. Aufl. 2010, § 182 Rn. 35 f.; *Boysen*, in: v. Münch/Kunig, GG, Art. 3 Rn. 137.

220 Siehe *Heun*, in: Dreier, GG, Art. 3 Rn. 125; *Starck*, vM/K/S, Art. 3 Abs. 3 Rn. 379; tendenziell gl.A., aber mit strengeren Anforderungen *Pieroth/Schlink*, Grundrechte, 30. Aufl. 2014, Rn. 481 f. u. 488.

221 So insbes. *Dürig*, M/D, Art. 3 Abs. 3 Rn. 134 ff.

222 Siehe *Heun*, in: Dreier, GG, Art. 3 Rn. 124.

223 Zutreffend *Sachs*, Grenzen des Diskriminierungsverbots, 1987, S. 289.

224 Siehe insbes. BVerfGE 85, 191 (206 f.); 92, 91 (109); 113, 1 (15 f.); 114, 357 (364); BVerfGE 121, 241 (254).

stehenden Verschiedenheiten, zumisst. Es besteht jedoch Raum für eine Durchbrechung um der Verwirklichung gegenläufiger Prinzipien von Verfassungsrang willen im Rahmen gesetzgeberischer Präferenzwertungen, und vorbehaltlich strikter Wahrung des Verhältnismäßigkeitsgrundsatzes. Im Unterschied zu einem strikten Anknüpfungsverbot ist eine Abweichung von Art. 3 Abs. 3 somit nicht nur im Hinblick auf kollidierendes Verfassungsrecht möglich; außerdem ist dieses Modell nicht auf eine unmittelbare Anknüpfung an verpönte Merkmale beschränkt.

72 Das BVerfG hat in seiner **Rechtsprechung** zum Charakter der besonderen Gleichheitsgarantien des Art. 3 Abs. 3 bis heute noch keine klare Linie gefunden; es lassen sich nur gewisse Tendenzen ausmachen. Anfangs wurde das darin enthaltene Differenzierungsverbot teilweise als bloßes Begründungsverbote interpretiert. Der Gesetzgeber verletze dessen Vorgaben nur, wenn ein *kausaler Zusammenhang* zwischen einem der in Art. 3 Abs. 3 aufgeführten Gründe und der Benachteiligung oder Bevorzugung gegeben sei.[225]. Aus der Formulierung »wegen« ergebe sich, dass nur die bezweckte Benachteiligung oder Bevorzugung verboten sei, nicht aber ein Nachteil oder ein Vorteil, der die Folge einer ganz anders intendierten Regelung sei[226]. Schon seinerzeit fanden sich aber auch Entscheidungen, die eher in Richtung eines strikten Anknüpfungsverbotes gingen[227]. Daneben machte das BVerfG teilweise auch nur terminologische Anleihen bei der Theorie vom Anknüpfungsverbot, praktizierte aber in der Sache ein Begründungsverbot[228].

73 Die Entscheidung BVerfGE 85, 191 (206 f.) betreffend das Verbot der Differenzierung nach dem Geschlecht markierte sodann eine starke Hinwendung zum strikten Anknüpfungsverbot. Es soll nicht länger darauf ankommen, ob eine Regelung auf eine nach Art. 3 Abs. 3 verbotene Ungleichbehandlung angelegt ist. Der letztgenannte Standpunkt hat sich zu einer ständigen Rspr. verfestigt[229]. Endgültig überwunden ist die Lehre vom Begründungsverbot in der Rspr. des BVerfG aber noch nicht. So hat es noch vor weniger als 10 Jahren fomuliert, dass neben einer Anknüpfung an das Geschlecht auch eine Rechtfertigung von Differenzierungen anhand dieses Kriteriums unzulässig sei[230], obwohl der letztgenannte Gesichtspunkt nur bei einem Begründungsverbot relevant werden dürfte. Eher an die Strukturen eines Begründungsverbotes erinnert auch eine Entscheidung zur Benachteiligung wegen der Herkunft oder der Heimat[231]. Im Schrifttum wird gelegentlich für eine flexible Handhabung unter Berücksichtigung des Schutzzwecks des jeweiligen Diskriminierungsverbots plädiert[232].

225 Grundlegend BVerfGE 2, 266 (286); siehe ferner BVerfGE 19, 119 (126); 39, 334 (368); 75, 40 (70) m.w.N.
226 BVerfGE 75, 40 (70).
227 Siehe BVerfGE 5, 17 (22); 23, 258 (262); 52, 369 (374); 64, 135 (157).
228 Exemplarisch BVerfGE 39, 334 (368); 75, 40 (70).
229 Siehe beispielsweise BVerfGE 96, 288 (302); 102, 41 (53); 107, 257 (269).
230 Siehe BVerfGE 121, 241 (254).
231 BVerfGE 116, 96 (129 f.).
232 *Osterloh/Nußberger*, in: Sachs, GG, Art. 3 Rn. 254 u. 291.

Nach hier vertretener Ansicht ist dem Verständnis des Art. 3 Abs. 3 als Gebot der 74 Gleichstellung im rechtlichen Status nicht zuletzt auch im Lichte der jüngeren Entwicklung der Rspr. des BVerfG der Vorzug zu geben. Für die verbotene Differenzierung wegen des Geschlechts folgt dies schon aus der ausdrücklichen Hervorhebung des Gleichberechtigungsgebotes in Art. 3 Abs. 2. Wie das BVerfG selbst festgestellt hat, enthält Art. 3 Abs. 2 hinsichtlich der Frage, ob eine Regelung Frauen wegen ihres Geschlechts zu Unrecht benachteiligt, keine weitergehenden oder spezielleren Anforderungen als Art. 3 Abs. 3[233]. Bei systematischer Auslegung ist es naheliegend, dass die besonderen Gleichheitsgarantien das Art. 3 Abs. 3 dann auch hinsichtlich der übrigen Differenzierungskriterien auf rechtliche Statusgleichheit abzielen. Anders als ein bloßes Begründungsverbot entspricht dieser Ansatz auch dem durch die Historie belegten Sinn und Zweck des Art. 3 Abs. 3, nicht schon jegliches Motiv für die Verwendung eines an sich verpönten Differenzierungsmerkmals genügen zu lassen, das nach dem jeweiligen Zeitgeist nicht als willkürlich angesehen werden kann[234].

Zugleich erkennt dieses Modell aber an, dass es sich bei der Gewährung rechtlicher 75 Statusgleichheit zwar um einen hochrangigen, nicht jedoch um einen absolut gesetzten Verfassungswert handelt. Das Konzept erlaubt daher den Ausgleich mit anderen Werten von Verfassungsrang[235] und muss nicht wie die Lehre vom Anknüpfungsverbot auf unscharfe Vergleichbarkeitsvorbehalte zurückgreifen, die keinerlei Verhältnismäßigkeitskontrolle gestatten. Schließlich vermag nur der hier präferierte Ansatz die vom BVerfG[236] bereits angenommene Rechtsfigur mittelbarer Diskriminierung (vgl. Rdn. 86 ff.) überzeugend in Art. 3 Abs. 3 zu integrieren.

Unbeschadet der vorstehenden Kontroverse besteht Einigkeit dahingehend, dass sich 76 das in Art. 3 Abs. 3 normierte Verbot einer Bevorzugung oder Benachteiligung nur auf eine **rechtliche Ungleichbehandlung** bezieht[237]. Hingegen ist eine nur faktisch stärkere Betroffenheit bestimmter Personengruppen von einheitlich geltenden Regelungen nicht über ein Diskriminierungsverbot, sondern primär freiheitsgrundrechtlich abzuwehren[238]. Anders als Art. 3 Abs. 2 kann den Gleichheitsverbürgungen des Art. 3 Abs. 3 Satz 1 auch kein Fördergebot bzw. kein Gebot des Abbaus tatsächlich bestehender Nachteile entnommen werden[239].

---

233 So ausdrücklich BVerfGE 85, 191 (206 f.); a.A. *Ipsen*, Staatsrecht II, 17. Aufl. 2014, Rn. 835.
234 Dazu eingehend *Sachs*, Grenzen des Diskriminierungsverbots, 1987, S. 328 ff.
235 Siehe auch BVerfGE 85, 191 (207); 92, 91 (109); 114, 357 (364); BVerfG NVwZ 2008, 987 (988).
236 Besonders weitgehend BVerfGE 113, 1 (15 f.); BVerfGE 121, 241 (254 f.).; vgl. auch *König/Peters*, in: Dörr/Grote/Marauhn, EMRK/GG Konkordanzkommentar, Kap. 21 Rn. 55.
237 Siehe BVerfGE 85, 191 (206 f.); 104, 373 (393); BVerfG NVwZ 2008, 987 (988); *Heun*, in: Dreier, GG, Art. 3 Rn. 117; *Starck*, vM/K/S, Art. 3 Abs. 3 Rn. 366.
238 Siehe dazu auch BVerfGE 104, 337 (353 ff.).
239 Siehe BVerfGE 64, 135 (156).

3. Verpönte Differenzierungsmerkmale

77 Das **Geschlecht** kennzeichnet die Eigenschaft eines Menschen als Mann oder Frau. Die Unterscheidung richtet sich nach den körperlichen Geschlechtsmerkmalen der betreffenden Person. Dies gilt um der Eindeutigkeit der Zuordnung willen auch bei Formen somatischer Intersexualität[240], die jedoch verdeutlichen, dass im äußersten Falle ein Geschlechtswechsel möglich ist[241]. Selbiger und weniger weitreichende Formen der Intersexualität sind vor Diskriminierung nicht durch Art. 3 Abs. 3, sondern nach Maßgabe des Art. 3 Abs. 1 im Lichte der Wertungen der Art. 1 Abs. 1, 2 Abs. 1 geschützt. Nicht dem Merkmal des Geschlechts zuzuordnen ist ferner die sexuelle Orientierung eines Menschen, mag sie auch in ähnlicher Weise wie das Geschlecht selbst identitätskonstituierend sein[242].

78 **Abstammung** bezeichnet die natürliche biologische Beziehung eines Menschen zu seinen Vorfahren[243]. Die Erwähnung in Art. 3 Abs. 3 richtet sich etwa gegen »Sippenhaft« im weitesten Sinne ebenso wie gegen »Vetternwirtschaft« im öffentlichen Dienst[244]. Im Übrigen ist das Differenzierungsverbot jedoch mit Blick auf die Institutsgarantie des Art. 6 Abs. 1 teleologisch zu reduzieren: Ist eine bestimmte Bevorzugung Ausdruck des besonderen staatlichen Schutzes der Familie, so kann sie nicht als Verstoß gegen Art. 3 Abs. 3 qualifiziert werden[245]. Das BVerfG hat dies missverständlich in die Worte gefasst, ein Anspruch auf Waisenrente »beruhe seinem Wesen nach auf Abstammung« und tangiere Art. 3 Abs. 3 daher nicht[246].

79 Unter den Begriff der **Rasse** fällt jede Gruppe von Menschen mit gemeinsamen, tatsächlich oder auch nur vermeintlich biologisch vererbbaren Eigenschaften[247]. Art. 3 Abs. 3 verbietet damit etwa eine Differenzierung nach Kategorien wie »Farbige«, »Zigeuner« oder (im Sinne nationalsozialistischer Ideologie) Juden[248].

---

240 Siehe dazu BVerfGE 49, 286 (298 f.) – Transsexuelle.

241 Weitergehend *Sachs*, HStR VIII, 3. Aufl. 2010, § 182 Rn. 42.

242 Ganz h.M.; siehe BVerfGE 131, 239 (255 ff.); 133, 377 (408); *Sachs*, HStR VIII, 3. Aufl. 2010, § 182 Rn. 42; *Starck*, vM/K/S, Art. 3 Abs. 3 Rn. 384; kritisch *Wasmuth*, Der Staat 41 (2002), 47 (62 f.).

243 BVerfGE 9, 124 (128 f.).

244 Siehe *Dürig*, M/D, Art. 3 Abs. 3 Rn. 46 f.

245 Im Ergebnis gl.A. *Osterloh/Nußberger*, in: Sachs, GG, Art. 3 Rn. 291 f.; *Starck*, vM/K/S, Art. 3 Abs. 3 Rn. 386.

246 Siehe BVerfGE 9, 201 (205); kritisch *Dürig*, M/D, Art. 3 Abs. 3 Rn. 42.

247 Siehe *Boysen*, in: v. Münch/Kunig, GG, Art. 3 Rn. 175; *Osterloh/Nußberger*, in: Sachs, GG, Art. 3 Rn. 293.

248 Vgl. BVerfGE 23, 98 (107) – Unwirksamkeit der Ausbürgerung von Juden im »Dritten Reich«; siehe auch *Sachs*, in Stern/Sachs/Dietlein, Staatsrecht, Band IV/2, 1716 und 1730.

Die **Sprache** wird von Art. 3 Abs. 3 als identitätsprägendes Merkmal erfasst und be- **80** zieht sich darum nach einhelliger Ansicht auf die Muttersprache eines Menschen[249]. Dabei kann es sich auch um einen Dialekt handeln[250]. Das dahingehende Differenzierungsverbot schützt davor, dass eine bestimmte Muttersprache nachteilige oder begünstigende Rechtsfolgen nach sich zieht. Hingegen verpflichtet Art. 3 Abs. 3 den Staat nicht zur Kompensation sprachbedingter faktischer Nachteile für Ausländer[251]; entbindet mit anderen Worten nicht von der Notwendigkeit einer – auch sprachlichen – Integration in den von der deutschen Sprache dominierten nationalen Kulturkreis. Keinen Verstoß gegen Art. 3 Abs. 3 bewirkt daher die Bevorzugung der deutschen Sprache als Amts-, Gerichts- oder Schulsprache[252]. Allenfalls eine mittelbare Diskriminierung ist mit dem Kriterium deutscher Sprachkenntnisse als Einstellungsvoraussetzung im öffentlichen Dienst verbunden; sie ist jedenfalls durch das Eignungserfordernis des Art. 33 Abs. 2 S. 1 gerechtfertigt[253]. In gleicher Weise benachteiligt zwar eine exklusive staatliche Förderung nur des Deutschen als Fremdsprache Menschen mit Deutsch als Muttersprache, was jedoch durch das Bestreben nach Integration nichtdeutschsprachiger Zuwanderer gerechtfertigt werden kann[254].

Die Aufnahme des Merkmals der **Heimat** in den Katalog des Art. 3 Abs. 3 diente **81** dem besonderen Schutz von Flüchtlingen und Vertriebenen nach dem 2. Weltkrieg und bezieht sich auf die durch Geburt oder Ansässigkeit vermittelte örtliche Herkunft[255]. Auf eine emotionale Beziehung zu einem geographisch begrenzten Raum sollte insofern entgegen dem BVerfG[256] nicht abgestellt werden[257]; wohl aber auf die Persönlichkeitsprägung durch ein bestimmtes regionales Umfeld[258], die regelmäßig eine länger während Ansässigkeit voraussetzt. Knüpft eine Differenzierung

---

249 Vgl. *Heun*, in: Dreier, GG, Art. 3 Rn. 130; *Osterloh/Nußberger*, in: Sachs, GG, Art. 3 Rn. 298; *Sachs*, HStR VIII, 3. Aufl. 2010, § 182 Rn. 45; *Sacksofsky*, in: Umbach/Clemens, GG, Art. 3 Abs. 2 u. 3 S. 1 Rn. 321 f.
250 Vgl. *Jarass*, in: Jarass/Pieroth, GG, Art. 3 Rn. 123; *Starck*, vM/K/S, Art. 3 Abs. 3 Rn. 389.
251 Vgl. BVerfGE 64, 135 (156 f.); *Heun*, in: Dreier, GG, Art. 3 Rn. 130. A.A. *Starck*, vM/ K/S, Art. 3 Abs. 3 Rn. 382 u. 392; *Osterloh/Nußberger*, in: Sachs, GG, Art. 3 Rn. 300. Anders auch BVerfG (K) NJW 2004, 1095; die Entscheidung differenziert jedoch nicht hinreichend zwischen mittelbarer Diskriminierung in Gestalt faktisch häufigerer rechtlicher Betroffenheit und bloß faktischen Nachteilen.
252 Vgl. *Starck*, vM/K/S, Art. 3 Abs. 3 Rn. 392.
253 BVerfGE 39, 334 (368) hat die Problematik stattdessen durch Rückgriff auf das Modell eines Begründungsverbots gelöst; ähnlich *Heun*, in: Dreier, GG, Art. 3 Rn. 130.
254 Siehe auch *Langenfeld*, Integration und kulturelle Identität zugewanderter Minderheiten, 2001, S. 446 ff.
255 Siehe BVerfGE 5, 17 (22); 23, 258 (262); 107, 257 (269); *Sachs*, in Stern/Sachs/Dietlein, Staatsrecht, Band IV/2, 1733 f.
256 BVerfGE 102, 41 (53).
257 Wie hier *Osterloh/Nußberger*, in: Sachs, GG, Art. 3 Rn. 295.
258 Dies muss nicht notwendig während Kindheit und Jugend geschehen; zu eng *Jarass*, in: Jarass/Pieroth, GG, Art. 3 Rn. 124.

an den aktuellen Wohnsitz oder gewöhnlichen Aufenthaltsort an, liegt darin folglich kein Verstoß gegen Art. 3 Abs. 3[259]. Ebenfalls nicht unmittelbar unter Berufung auf Art. 3 Abs. 3 zu beanstanden ist eine Differenzierung nach der Staatsangehörigkeit[260]. Allerdings unterliegt eine Differenzierung nach diesem regelmäßig unverfügbaren persönlichen Merkmal strengen Rechtfertigungsanforderungen, die sich den für Art. 3 Abs. 3 geltenden annähern können[261]. Im Übrigen ist vor dem geschichtlichen Hintergrund der Einfügung des Merkmals der Heimat in die Aufzählung des Art. 3 Abs. 3 davon auszugehen, dass eine mittelbare Diskriminierung nicht von dieser Bestimmung erfasst werden soll[262].

82   **Herkunft** meint die von den Vorfahren hergeleitete soziale Verwurzelung, nicht hingegen die in den eigenen Lebensumständen begründete Zugehörigkeit zu einer bestimmten sozialen Schicht[263]. Die Nennung in Art. 3 Abs. 3 soll soziale Durchlässigkeit und Chancengleichheit garantieren[264]. Das Diskriminierungsverbot allein kann diese Aufgabe heute freilich kaum noch erfüllen; es bedürfte insbesondere mit Blick auf das Bildungswesen einer Ergänzung nach dem Vorbild des Art. 3 Abs. 2 S. 2.

83   Die Merkmale **Glaube** und **religiöse Anschauung** lassen sich nicht überschneidungsfrei voneinander abgrenzen[265]. Sie sind wie die Religionsfreiheit des Art. 4 Abs. 1 in einem weiten Sinn zu verstehen, der insbesondere auch die areligiöse oder antireligiöse Weltanschauung mit umfasst[266]. Hingegen ist eine Differenzierung wegen einer bestimmten Gewissensentscheidung nicht von Art. 3 Abs. 3 erfasst, sondern an Art. 3 Abs. 1 zu messen[267]. Im Übrigen schützt das Diskriminierungsverbot nicht nur innere Einstellungen, sondern gerade auch deren Manifestation durch die Zugehörigkeit zu einschlägigen Gruppierungen oder durch die Äußerung bzw. das Kenntlichmachen der entsprechenden Überzeugungen[268]. Ansonsten liefe Art. 3 Abs. 3 insoweit leer, denn die nicht geäußerte innere Einstellung ist in aller Regel schon mangels Erforschbarkeit rechtsunerheblich[269]. Schließlich enthalten die nach Art. 140 fortgeltenden staatskirchenrechtlichen Bestimmungen der Art. 136 ff. WRV zahlrei-

259 Siehe BVerfGE 38, 128 (35); 48, 281 (287).
260 Siehe BVerfGE 51, 1 (30); 90, 27 (37).
261 Siehe BVerfGE 130, 240 (255); Miley, NVwZ 2013, 687 (689 ff.).
262 Siehe BVerfGE 107, 257 (269); unklar *Sachs*, HStR VIII, 3. Aufl. 2010, § 182 Rn. 53.
263 Siehe BVerfGE 9, 124 (129).
264 *Heun*, in: Dreier, GG, Art. 3 Rn. 132.
265 Siehe *Dürig*, M/D, Art. 3 Abs. 3 Rn. 94.
266 Ganz h.M., siehe *Heun*, in: Dreier, GG, Art. 3 Rn. 133; *Osterloh/Nußberger*, in: Sachs, GG, Art. 3 Rn. 302; *Starck*, vM/K/S, Art. 3 Abs. 3 Rn. 402 m.w.N.
267 Siehe *Dürig*, M/D, Art. 3 Abs. 3 Rn. 103; *Sachs*, HStR VIII, 3. Aufl. 2010, § 182 Rn. 50; *Starck*, vM/K/S, Art. 3 Abs. 3 Rn. 402; a.A. *Osterloh/Nußberger*, in: Sachs, GG, Art. 3 Rn. 302.
268 Siehe *Osterloh/Nußberger*, in: Sachs, GG, Art. 3 Rn. 303; *Sachs*, HStR VIII, 3. Aufl. 2010, § 182 Rn. 51; vgl. auch BVerwGE 81, 22 (24).
269 Siehe *Dürig*, M/D, Art. 3 Rn. 116 (zu politischen Anschauungen).

che Differenzierungserlaubnisse, die Art. 3 Abs. 3 aus Gründen der Spezialität verdrängen[270].

Ähnliches ist für das Verbot der Differenzierung wegen der **politischen Anschau-**   84
ungen festzustellen. Als politisch sind zunächst alle diejenigen Überzeugungen zu charakterisieren, die sich auf die maßgeblichen inhaltlichen Direktiven für die Staatstätigkeit oder auf Einzelfragen staatlichen Eingreifens oder staatlicher Leistungsgewährung beziehen. Darüber hinaus sind auch grundsätzliche Anschauungen zur Organisation des Staates und seiner Untergliederungen sowie zur Legitimation, Ausübung und Kontrolle der Staatsgewalt mit einbezogen[271]. Eine Grenze wird jedoch durch die Wertungen der Art. 9 Abs. 2 und 21 Abs. 2 markiert: Politische Einstellungen, die den aktiven Kampf gegen die freiheitliche demokratische Grundordnung propagieren, sind von den Garantien des Art. 3 Abs. 3 ausgenommen[272]. Entgegen dem BVerfG[273] ist ferner auch hinsichtlich der politischen Anschauungen nicht nur die innere Einstellung, sondern auch deren Manifestation durch Gruppenzugehörigkeit oder politische Äußerungen dem Schutz des Art. 3 Abs. 3 unterstellt[274]. Dies gilt grundsätzlich auch für sog. politische Beamte[275]; etwas anderes kann sich insoweit nur aus der Spezialität des Art. 33 Abs. 5 (hergebrachte Grundsätze des Berufsbeamtentums) ergeben[276].

4. Mittelbare Diskriminierung

Unter einer **mittelbaren Diskriminierung** ist die signifikant überproportionale *recht-*   85
liche Betroffenheit einer bestimmten, anhand eines nach Art. 3 Abs. 3 verpönten Kriteriums gebildeten Personengruppe von einer an sich »neutralen« Differenzierung zu verstehen. Inwieweit Art. 3 Abs. 3 neben der unmittelbaren Diskriminierung durch tatbestandliche Anknüpfung an ein verpöntes Differenzierungsmerkmal auch eine so verstandene mittelbare Diskriminierung untersagt, ist umstritten[277]. Insbes. die Ver-

---

270 Siehe dazu *Heun*, in: Dreier, GG, Art. 3 Rn. 133; eingehend *Heckel*, Gleichheit oder Privilegien?, 1993, S. 1 ff.
271 Siehe auch *Sachs*, HStR VIII, 3. Aufl. 2010, § 182 Rn. 52.
272 Siehe BVerfGE 13, 46 (49). Ausführlich *Dürig*, M/D, Art. 3 Abs. 3 Rn. 120 ff.; a.A. *Starck*, vM/K/S, Art. 3 Abs. 3 Rn. 413.
273 Siehe BVerfGE 39, 334 (368); relativierend BVerfGE 124, 300 (338).
274 Siehe Sondervotum *Simon*, BVerfGE 63, 266 (304). Zustimmend etwa *Heun*, in: Dreier, GG, Art. 3 Rn. 134; *Sachs*, HStR VIII, 3. Aufl. 2010, § 182 Rn. 52.
275 A.A. *Starck*, vM/K/S, Art. 3 Abs. 3 Rn. 415.
276 Siehe BVerfGE 7, 155 (170 f.); zu weitgehend aber BVerfG (K) NVwZ 1994, 477 (477).
277 Ablehnend *Heun*, in: Dreier, GG, Art. 3 Rn. 125; *Kischel*, BeckOK, GG, Art. 3 Rn. 215; *Rüfner*, in: FS Friauf, 1996, S. 331 (333 ff.) m.w.N.; *Sachs*, HStR VIII, 3. Aufl. 2010, § 182 Rn. 95 f.; befürwortend *Jarass*, in: Jarass/Pieroth, GG, Art. 3 Rn. 119; *Osterloh/Nußberger*, in: Sachs, GG, Art. 3 Rn. 255 ff.; *Fehling*, FS Würtenberger, 2013, 669 (681 ff.).

fechter strikter Anknüpfungsverbote sprechen sich konsequenterweise gegen die Einbeziehung auch der mittelbaren Diskriminierung aus[278].

86   Die **Rechtsprechung** des BVerfG hat bislang keine klare Linie entwickelt. Das Gericht hält zwar terminologisch seit BVerfGE 85, 191 (206 f.) an der Charakterisierung der Diskriminierungsverbote als Anknüpfungsverbote fest, hat sich aber sukzessive für eine Berücksichtigung auch der mittelbaren Diskriminierung im Rahmen des Art. 3 Abs. 3 geöffnet. Während die erste derartige Entscheidung noch unmittelbar Bezug auf parallele Entwicklungen in der Rspr. des EuGH nahm[279], wurde das entsprechende Verbot fortan eigenständig entwickelt[280]. Auch hat das BVerfG in Senatsbesetzung bislang zwar nur zur mittelbaren Diskriminierung wegen des Geschlechts Stellung genommen, aber deren Einbeziehung in den Gewährleistungsgehalt nur in einem Fall mit den Besonderheiten des Art. 3 Abs. 2 begründet[281]. In der jüngsten dazu ergangenen Entscheidung heißt es stattdessen generalisierend, Art. 3 Abs. 3 sei einschlägig, wenn ein vom Gesetzgeber gewähltes Differenzierungskriterium in der gesellschaftlichen Wirklichkeit sich weitgehend nur auf eine Gruppe im Sinne einer faktischen Benachteiligung auswirke, deren Ungleichbehandlung nach Art. 3 Abs. 3 GG strikt verboten ist[282]. Andererseits wurde zwischenzeitlich eine mittelbare Diskriminierung in Bezug auf das verpönte Merkmal der »Heimat« unter Hinweis auf dessen entstehungsgeschichtlich belegten Zweck abgelehnt[283].

87   Welches **Ausmaß** eine häufigere rechtliche Betroffenheit erreichen muss, um den Charakter einer mittelbaren Diskriminierung zu erhalten, hat das BVerfG bislang noch nicht eindeutig festgestellt. Es hat aber zu erkennen gegeben, dass insoweit keine isolierte Betrachtung hinsichtlich des prozentualen Anteils der durch ein bestimmtes, nach Art. 3 Abs. 3 als Differenzierungskriterium verpöntes Persönlichkeitsmerkmal charakterisierten Personen nur unter den Begünstigten oder nur unter den nachteilig Betroffenen angestellt werden darf[284]. Stattdessen ist zu verlangen, dass die Angehörigen einer anhand eines in Art. 3 Abs. 3 genannten Merkmals gebildeten Personengruppe in einer der durch das Gesetz scheinbar merkmalsneutral gebildeten Gruppen deutlich unterrepräsentiert und zugleich in der anderen erheblich überrepräsentiert sind[285]. Dabei hat das BVerfG in der letztgenannten Hinsicht einen – empirisch belegten – Anteil von über 75 % als rechtserhebliche Disparität an-

---

278   So vor allem *Sachs*, HStR VIII, 3. Aufl. 2010, § 182 Rn. 96; *Sachs*, in Stern/Sachs/Dietlein, Staatsrecht, Band IV/2, 1646 f.; *Boysen*, in: v. Münch/Kunig, GG, Art. 3 Rn. 144 und 163.

279   Siehe BVerfGE 97, 35 (43 f.).

280   Siehe BVerfGE 104, 373 (393); 113, 1 (15); BVerfG NVwZ 2008, 987 (988).

281   Siehe BVerGE 113, 1 (15 f.); zustimmend *Heun*, in: Dreier, GG, Art. 3 Rn. 125.

282   Siehe BVerfGE 121, 241 (254 f.).

283   Siehe BVerfGE 107, 257 (269 f.).

284   Anders wohl – ausgehend von der (freilich nicht eindeutigen) EuGH-Judikatur – *Fehling*, FS Würtenberger, 2013, 669 (675 f.).

285   Siehe BVerfGE 97, 35 (43 f.); anders aber BVerfGE 126, 29 (54): Überrepräsentation in der benachteiligten Gruppe soll genügen – zweifelhaft.

gesehen[286]. Dieser Prozentsatz dürfte selbst bei dem ausweislich des Art. 3 Abs. 2 in besonderem Maße auf Gleichberechtigung auch in der gesellschaftlichen Wirklichkeit angelegten Verbot der Differenzierung nach dem Geschlecht[287] die Untergrenze für die Annahme einer mittelbaren Diskriminierung bilden.

Letztlich sollte die Diskussion um die Verankerung eines Vebotes auch der mittelbaren Diskriminierung in Art. 3 Abs. 3 nicht überbewertet werden. Auf der einen Seite gestehen seine Verfechter zu, dass bei mangelnder Anknüpfung an ein verpöntes Differenzierungskriterium geringere Rechtfertigungsanforderungen an Ungleichbehandlungen zu stellen sind[288]. Auf der anderen Seite will die Gegenansicht die objektive Wertentscheidung des Art. 3 Abs. 3 in die Prüfung des allgemeinen Gleichheitssatzes einfließen lassen, wenn die Verwendung eines nicht in Art. 3 Abs. 3 genannten Unterscheidungsmerkmals von seinen rechtstatsächlichen Auswirkungen her einer nach dieser Vorschrift verbotenen Diskriminierung nahekommt[289].   88

III. Gleichberechtigung von Frauen und Männern, Art. 3 Abs. 2

Bei Art. 3 Abs. 2 handelt es sich um eine spezielle gleichheitsrechtliche Gewährleistung, die insbesondere den Gesetzgeber bei Regelungen mit geschlechtsspezifischem Bezug in seiner Gestaltungsfreiheit stärker als der allgemeine Gleichheitssatz beschränkt[290]. Dieses Grundrecht wird durch die einschlägigen Diskriminierungsverbote im AEUV und in den EU-Gleichbehandlungsrichtlinien (Rdn. 186 f.) nicht verdrängt, sondern nur ergänzt[291]: Soweit der Geltungsbereich der Unionsrechtsvorgaben reicht, setzt sich der jeweils strengere Nichtdiskriminierungsstandard durch. Außerdem kommt eine Normenkontrolle durch das BVerfG nicht mehr in Betracht, wenn die mutmaßlich gleichheitswidrige Norm bereits wegen Verstoßes gegen ein EU-Diskriminierungsverbot unanwendbar ist[292]. Der Grundsatz der einheitlichen Geltung des Unionsrechts[293] steht der hier vertretenen Auffassung **paralleler Geltung nationaler und europarechtlicher Diskriminierungsverbote** nicht entgegen, da letztere im Bereich der Geschlechterdiskriminierung nur Mindestanforderungen aufstellen[294] und darüber hinaus eine »kompensatorische« Bevorzugung speziell von   89

---

286 Siehe BVerfGE 121, 241 (257).
287 Siehe BVerfGE 85, 191 (206).
288 Siehe *Osterloh/Nußberger*, in: Sachs, GG, Art. 3 Rn. 256.
289 Siehe *Rüfner*, BK, Art. 3 Abs. 2 und Abs. 3 Rn. 563 ff.; *Sachs*, HStR VIII, 3. Aufl. 2010, § 182 Rn. 96.
290 Siehe BVerfGE 85, 191 (206).
291 Siehe dazu auch BVerfGE 85, 191 (203 ff.).
292 Siehe BVerfGE 85, 191 (203 ff.); *Osterloh/Nußberger*, in: Sachs, GG, Art. 3 Rn. 268.
293 Siehe EuGH Slg. 1991, I-415, Rn. 26 – Zuckerfabrik; EuGH Slg. 1996, I-1029, Rn. 33 – Brasserie du pêcheur.
294 Siehe insbes. Art. 27 Abs. 1 der GleichbehandlungsRL 2006/54/EG: »Die Mitgliedstaaten können Vorschriften erlassen oder beibehalten, die im Hinblick auf die Wahrung des Gleichbehandlungsgrundsatzes günstiger als die in dieser Richtlinie vorgesehenen Vorschriften sind.«

Frauen und die damit einhergehende Benachteiligung von Männern zwar zulassen, aber nicht gebieten[295]. Die Zulässigkeit solcher »positiver Förderung« beurteilt sich damit weiterhin (auch) anhand des Art. 3 Abs. 2.

90 Höchst kontrovers und ideologiebeladen wird denn auch diskutiert, inwieweit Art. 3 Abs. 2 nicht nur auf Gleichberechtigung der Geschlechter, sondern darüber hinaus auf **tatsächliche Gleichstellung von Mann und Frau** abzielt. Kristallisationspunkt der Debatte ist das Verhältnis des Art. 3 Abs. 2 zu den Differenzierungsverboten des Art. 3 Abs. 3. Das Meinungsspektrum beginnt auf der einen Seite mit einer restriktiven Auslegung des Art. 3 Abs. 2 S. 1 als Gebot nur rechtlicher, nicht tatsächlicher Gleichheit, während Art. 3 Abs. 2 S. 2 ein (bloßes) Staatsziel der Angleichung der Lebensverhältnisse von Männern und Frauen normiere, das sich nicht über das Differenzierungsverbot des Art. 3 Abs. 3 hinwegsetzen dürfe[296]. Am anderen Ende des Spektrums wird vertreten, Art. 3 Abs. 2 enthalte insgesamt ein Fördergebot zur Gleichstellung von Frauen in Wirtschaft und Gesellschaft, auf das sich – nur – Frauen berufen könnten, und das Differenzierungen unter Verdrängung des Art. 3 Abs. 3 gebiete[297].

91 Dazwischen finden sich eine Vielzahl vermittelnder Standpunkte wie etwa das im Einzelnen unterschiedlich akzentuierte Konzept eines individualrechtlichen, aber gruppenbezogenen »Dominierungsverbotes« oder Gebotes effektiver Chancengleichheit[298], das eine mittelbare wie unmittelbare Diskriminierung zu Lasten von Frauen untersagt, eine rechtliche Besserstellung aber erlaubt, wobei ein Ausgleich zu Art. 3 Abs. 3 überwiegend durch die Herstellung »praktischer Konkordanz« mittels des Verhältnismäßigkeitsgrundsatz erfolgen soll. Eine Reihe pragmatisch eingestellter Autoren[299] orientiert sich im Wesentlichen an der Rspr. des BVerfG[300] und auch des EuGH[301] und lässt eine rechtliche Bevorzugung von Frauen nur in sehr engen Grenzen zu.

---

295 Siehe insbes. Art. 157 AEUV, Art. 3 RL 2006/54/EG.

296 Siehe *Boysen*, in: v. Münch/Kunig, GG, Art. 3 Rz. 161 f.; *Scholz*, M/D, Art. 3 Abs. 2 Rn. 59 ff.; *Starck*, vM/K/S, Art. 3 Abs. 2 Rn. 309 ff.

297 Siehe *Eckertz-Höfer*, AK-GG, Art. 3 Abs. 2 u. 3 Rz. 41 f. u. 77 ff.; noch weitergehend *Slupnik*, Die Entscheidung des Grundgesetzes für Parität im Geschlechterverhältnis, 1988, S. 85 ff.: Garantie faktischer Geschlechterparität. Siehe demgegenüber BVerfGE 104, 373 (394).

298 Siehe *Ebsen*, in: Benda u.a., HbVerfR I, 2. Aufl. 1994, § 8 Rn. 42 ff.; *Heun*, in: Dreier, GG, Art. 3 Rn. 102 f.; *König*, DÖV 1995, 837 (845); *Kokott*, NJW 1995, 1049 (1050); *Rüfner*, BK, Art. 3 Abs. 2 u. 3 Rn. 711 f.; *Sacksofsky*, Das Grundrecht auf Gleichbehandlung, 1991, S. 312 ff.; *Schweizer*, Der Gleichberechtigungssatz, 1998, S. 128 ff.

299 Siehe *Jarass*, in: Jarass/Pieroth, GG, Art. 3 Rn. 78 ff.; *Osterloh/Nußberger*, in: Sachs, GG, Art. 3 Rn. 258 ff.; *Rüfner*, BK, Art. 3 Abs. 2 u. 3 Rn. 710 ff.

300 Siehe insbes. BVerfGE 74, 163 (180); 85, 191 (207); 89, 276 (285); 92, 91 (112); 104, 373 (393); 113, 1 (15); 121, 241 (254 f.).

301 Siehe insbes. EuGH Slg. 1995, I-3051, Rn. 16 ff. – Kalanke; Slg. 1997, I-6363, Rn. 26 ff. – Marshall; Slg. 2000, I-1875, Rn. 30 ff. – Badeck; Slg. 2004, I-8807, Rn. 20 ff. – Briheche.

Nach hier vertretener Ansicht entspricht eine zurückhaltende, aber nicht gänzlich 92 restriktive Interpretation des Art. 3 Abs. 2 am besten der Entstehungsgeschichte der Norm[302] und ist auch bei systematischer Auslegung mit Blick auf die Vermeidung von Widersprüchen zum Differenzierungsverbot des Art. 3 Abs. 3 überzeugend. Die Vorschriften des Art. 3 Abs. 2 S. 1 und des Art. 3 Abs. 3 beeinflussen sich danach wechselseitig: Einerseits geht Art. 3 Abs. 2 S. 1 nicht über die **Gewährleistung einer Gleichstellung im Recht** hinaus[303], andererseits sind beide Gleichheitsgarantien im Bereich der mittelbaren Diskriminierung durch einen relativ expansiven Ansatz gekennzeichnet (Rdn. 86 f.). Die Anknüpfung an nicht geschlechtsspezifische Differenzierungskriterien bedarf demnach schon dann der Rechtfertigung, wenn dadurch in der Rechtswirklichkeit ein Geschlecht eine signifikante, empirisch belegbare rechtliche Benachteiligung erfährt.

Das Fördergebot des Art. 3 Abs. 2 S. 2 wiederum erlaubt zwar keine individuelle Be- 93 vorzugung unter direkter Anknüpfung an die Eigenschaft als Mann oder Frau. Es ist mit Charakter und Stellung des Art. 3 Abs. 2 S. 1 u. Abs. 3 als hochrangiges Individualgrundrecht nicht zu vereinbaren, die rechtliche Statusgleichheit im Sinne »gleicher Berechtigung« dem Ziel faktischer, gruppenbezogener Ergebnisgleichheit zu opfern[304]. Das gilt namentlich auch für Quotenregelungen betreffend die Leitungsgremien von Unternehmen der Privatwirtschaft. Gefordert sind vielmehr primär Maßnahmen zur Herstellung von **Chancengleichheit**[305]. Als Staatszielbestimmung untersagt Art. 3 Abs. 2 S. 2 damit zunächst staatliche Maßnahmen, die zu einer Verfestigung überkommener Rollenverteilungen führen und dadurch zu einer höheren Belastung oder zu sonstigen Nachteilen für Frauen beitragen[306]. Außerdem verpflichtet die Vorschrift ähnlich wie Art. 3 Abs. 3 S. 2 (Rdn. 100) den Staat auf die Schaffung bzw. Einforderung[307] transparenter Entscheidungsabläufe, geeigneter organisatorischer Vorkehrungen und u.U. auch unparteiischer Kontrolle etwa durch Gleichstellungsbeauftragte, um mit den vorfindlichen Sozialisierungsmustern einhergehende Benachteiligungen – wie zB männliche Seilschaften oder persönliche Vorurteile bzw. Präferenzen von Entscheidungsträgern – aufzudecken und damit zu beseitigen[308]. Dies betrifft nicht nur das Arbeits- und Berufsleben, sondern etwa auch

---

302 Siehe dazu *Osterloh/Nußberger*, in: Sachs, GG, Art. 3 Rn. 226 ff.
303 Siehe *Sachs*, in Stern/Sachs/Dietlein, Staatsrecht, Band IV/2, 1625 ff. Die in diesem Kontext verwendete Formulierung »faktische Gleichberechtigung« in BVerfGE 74, 163 (179 f.) ist indes ein Widerspruch in sich und zumindest missverständlich.
304 Siehe *Huster*, AöR 118, 112 (123 ff.); *Starck*, vM/K/S, Art. 3 Abs. 2 Rn. 310 ff.; *Ossenbühl*, NJW 2012, 417 (419); ansatzweise auch *Boysen*, in: v. Münch/Kunig, GG, Art. 3 Rn. 161 ff.; a.A. *Pfarr*, Quoten und Grundgesetz, 1988, S. 181; *Eichenhofer*, in FS Pfarr, 2010, 281 (289 f.).
305 Wie hier *Rüfner*, BK, Art. 3 Abs. 2 u. 3 Rn. 694 ff. m.w.N.; *Sachs*, in Stern/Sachs/Dietlein, Staatsrecht, Band IV/2, 1695; *Scholz*, M/D, Art. 3 Abs. 2 Rn. 65; *Osterloh/Nußberger*, in: Sachs, GG, Art. 3 Rn. 282; kritisch *Eichenhofer*, in FS Pfarr, 2010, 281 (287 ff.).
306 Siehe BVerfGE 85, 191 (207).
307 Siehe BVerfGE 89, 276 (285 ff.) zu § 611a BGB.
308 Siehe auch *Sachs*, HStR VIII, 3. Aufl. 2010, § 182 Rn. 145.

das Bildungs- und Hochschulwesen, wo Erfolg und Chancen der Höherqualifizierung vielfach noch maßgeblich vom Wohlwollen einzelner (Hochschul-)Lehrer abhängen.

94 Darüber hinaus fordert und legitimiert Art. 3 Abs. 2 S. 2 **staatliche Leistungen** (wie etwa eine flächendeckende, qualifizierte und kostengünstige Kinderbetreuung) und staatliche Lenkung (wie etwa Ansprüche auf flexible Umwandlung von Teilzeit- in Vollzeitarbeitsplätze und umgekehrt), die in der gesellschaftlichen Wirklichkeit überwiegend typischen Bedürfnissen von Frauen zugute kommen und damit auf faktische Chancengleichheit abzielen[309]. Mitzubedenken und ggf. durch flankierende Maßnahmen abzumildern ist dabei aber stets das Risiko, dass sich derartige Rahmenbedingungen gerade wegen ihrer faktisch überproportional häufigen Inanspruchnahme durch Frauen auch als Einstellungs- und Karrierehindernis erweisen können[310].

95 Ähnliches ist etwa auch für den Bereich der Einstellung und Beförderung im öffentlichen Dienst festzustellen. Hier darf bei sonst gleicher Qualifikation und Eignung (vgl. Art. 33 Abs. 2) auf rechtlich – obschon evtl. nicht faktisch – geschlechtsneutrale, personenbezogene Kriterien wie etwa die Übernahme der Kinderbetreuung abgestellt werden, die einen gewissen Kompensationsbedarf nahelegen. Erhebliche Bedenken bestehen demgegenüber hinsichtlich absoluter oder auch nur »flexibler« bzw. leistungsabhängiger **Einstellungs- bzw. Beförderungsquoten**[311]. Denn sie diskriminieren die betroffenen Männer allein wegen ihres Geschlechts definitiv und unentrinnbar, ohne dass es darauf ankäme, ob die konkret bevorzugte Frau zuvor tatsächlich kompensationsbedürftige Nachteile erlitten hat, oder ob dies hinsichtlich des benachteiligten Mannes auszuschließen ist. Freilich wird Art. 3 Abs. 2 insoweit weitgehend von den Vorgaben des Europarechts überlagert (Rdn. 189 f.); der EuGH hat derartige Quoten unter dem Vorbehalt sog. »sozialer Öffnungsklauseln« gebilligt[312].

96 Art. 3 Abs. 2 S. 2 statuiert mit Blick auf die vorstehenden Fördermaßnahmen nicht nur ein Staatsziel[313], sondern auch **grundrechtliche Schutzpflichten**[314]. Soweit dies

---

309 Siehe auch BVerfGE 85, 191 (206 f.); 104, 373 (393); *Rüfner*, BK, Art. 3 Abs. 2 u. 3 Rn. 722.
310 Siehe BVerfGE 109, 64 (89 ff.); *Sachs*, Jb. Univ. Augsburg 1990, S. 209.
311 Siehe zur Uneinigkeit in der Gemeinsamen Verfassungskommission bzgl. flexibler Quoten BT-Drs. 12/6000, S. 50. Eingehend und m.w.N. *Rüfner*, BK, Art. 3 Abs. 2 u. 3 Rn. 747 ff.; *Sachs*, ZG 2012, 52; *Osterloh/Nußberger*, in: Sachs, GG, Art. 3 Rn. 286 ff.; *Ossenbühl*, NJW 2012, 417 (419 f.).
312 Siehe EuGH Slg. 1997, I-6363, Rn. 26 ff. – Marschall; Slg. 2000, I-1875, Rn. 30 ff. – Badeck; *Brandt/Thiele*, AG 2011, 180 (182 ff.). Kritisch *Starck*, JZ 2000, 670 ff.; *Sachs*, DVBl. 1998, 184 f.
313 Dieser Mindestgehalt ist allgem. anerkannt, siehe *Sachs*, in Stern/Sachs/Dietlein, Staatsrecht, Band IV/2, 1692; *Ossenbühl*, NJW 2012, 417 (418); *Rüfner*, BK, Art. 3 Abs. 2 und 3 Rn. 686; *Scholz*, M/D, Art. 3 Abs. 2 Rn. 60; *Starck*, vM/K/S, Art. 3 Abs. 2 Rn. 311.
314 Siehe BVerfGE 88, 203 (260); 89, 276 (286); *Osterloh/Nußberger*, in: Sachs, GG, Art. 3 Rn. 261 *Sachs*, in Stern/Sachs/Dietlein, Staatsrecht, Band IV/2, 1697 f.; dem steht nicht

zu einer mittelbaren Diskriminierung von Männern führt, kann selbige angesichts der nicht geschlechtsspezifischen Zielsetzung, insbes. als Maßnahme zur Förderung der Vereinbarkeit von Berufstätigkeit und Familie, unter Verweis auf Art. 3 Abs. 2 S. 2 sowie auf Art. 20 Abs. 1 legitimiert werden[315]. Das Förderverbot ist damit eine Grundlage für die Überwindung »struktureller Diskriminierung«. Es gebietet aber vornehmlich die Modifizierung der benachteiligenden Strukturen und nicht die nach Geschlechtszugehörigkeit *typisierende bzw. gruppenbezogene Kompensation* von überwiegend Frauen betreffenden faktischen Nachteilen für die persönliche, berufliche und wirtschaftliche Entwicklung[316]. Soweit die Ausgestaltung von Organisation und Verfahren hierfür nicht ausreichen, sind solche Nachteile *individuell* auszugleichen, um größtmögliche Chancengleichheit unter Wahrung rechtlicher Statusgleichheit zu gewährleisten.

Zulässig bleibt in engen Grenzen eine unmittelbar an das Geschlecht anknüpfende   97 Bevorzugung als Maßnahme der Frauenförderung nur da, wo sie nicht mit persönlichen Rechtsnachteilen für die Angehörigen des je anderen Geschlechts verbunden ist und darum den Kernbereich rechtlicher Statusgleichheit unangetastet lässt. Dies gilt insbesondere für die Repräsentation in Beratungs- und Aufsichtsgremien in der öffentlichen Verwaltung[317].

IV. Verbot der Benachteiligung von Behinderten, Art. 3 Abs. 3 Satz 2

Der 1994 ins Grundgesetz aufgenommene Art. 3 Abs. 3 S. 2[318] verbietet Benachtei-   98 lungen wegen einer Behinderung. Ausgehend von der Entstehungsgeschichte des Art. 3 Abs. 3 S. 2 ist unter einer **Behinderung** mindestens jede Auswirkung einer nicht nur vorübergehenden Funktionsbeeinträchtigung des betroffenen Menschen zu verstehen, die auf einem regelwidrigen körperlichen, geistigen oder seelischen Zustand beruht[319]. Das BVerfG hat zu Recht hervorgehoben, dass es sich bei einer Behinderung um eine Eigenschaft handelt, die anders als die in Art. 3 Abs. 3 S. 1 bezeichneten Merkmale die Lebensführung für den Betroffenen im Verhältnis zum Nichtbehinderten *unabhängig von gesellschaftlichen Einstellungen zu diesem Merkmal* grundsätzlich schwieriger macht[320]. Was als regelwidriger Zustand anzusehen ist, kann gleichwohl nur aus dem jeweiligen gesamtgesellschaftlichen Kontext heraus be-

---

entgegen, dass nach den Vorstellungen der Gemeinsamen Verfassungskommission kein Individualanspruch auf ein bestimmtes staatliches Handeln eingeräumt werden sollte (vgl. BT-Drs. 12/6000, S. 50). Ablehnend *Di Fabio*, AöR 122 (1997), 404 (441 ff.).

315 Insoweit wie hier *Starck*, vM/K/S, Art. 3 Abs. 2 Rn. 315 ff.; vgl. auch BVerfGE 92, 91 (109) – Freistellung von der Feuerwehrdienstpflicht.

316 Tendenziell a.A. BVerfGE 74, 163 (180); BVerfGE 85, 191 (207).

317 Siehe die überzeugende Differenzierung bei *Rüfner*, BK, Art. 3 Abs. 2 u. 3 Rn. 795 ff.

318 Zur Entstehungsgeschichte vgl. *Sachs*, RdJB 1996, 154 (156 f.).

319 Siehe BVerfGE 96, 288 (301).

320 Siehe BVerfGE 96, 288 (302); siehe auch *Rüfner*, BK, Art. 3 Abs. 2 und 3 Rn. 872.

stimmt werden[321]. In einer auf unbeschränkte Mobilität angelegten, individualistischen und zunehmend komplexeren Gesellschaft können daher auch altersbedingte Einschränkungen körperlicher oder geistiger Fitness als Behinderung im Sinne des Art. 3 Abs. 3 S. 2 anzusehen sein, wenn ihre Folgen so gravierend sind, dass sie bei einem jungen Erwachsenen ebenso zu qualifizieren wären[322]. Das Lebensalter selbst ist jedoch keine Behinderung.

99 Art. 3 Abs. 3 S. 2 untersagt nicht jegliche Differenzierung zwischen Behinderten und Nichtbehinderten, sondern nur eine an die Behinderung anknüpfende **Benachteiligung**[323]. Benachteiligung ist jede nachteilige Ungleichbehandlung im Vergleich zu Nichtbehinderten[324]. Dazu zählt auch jeder nur Behinderte im Unterschied zu Nichtbehinderten treffende Ausschluss von Entfaltungs- und Betätigungsmöglichkeiten durch gesetzliche oder verwaltungsseitige Vorgaben[325]. Eine etwaige Kompensation hierfür vermag die Beeinträchtigung des mit Art. 3 Abs. 3 S. 2 verbundenen Integrationsanliegens entgegen BVerfGE 96, 288 (303) nicht zu beseitigen, sondern kann allenfalls die Beurteilung der Verhältnismäßigkeit einer mit kollidierendem Verfassungsrecht begründeten Rechtfertigung beeinflussen[326]. Ein prinzipielles Benachteiligungsverbot mit eng begrenzten Rechtfertigungsmöglichkeiten muss konsequenterweise auch für das ungeborene Leben im Zusammenhang mit einem Schwangerschaftsabbruch gelten[327]. Zwar ist der Integrationszweck des Art. 3 Abs. 3 S. 2 dadurch nicht berührt, wohl aber die ihm zugrundeliegende fundamentale Bestätigung der schon dem Art. 1 Abs. 1 zu entnehmenden verfassungsrechtlichen Anerkennung gleicher menschlicher Würde.

100 Nach der Schutzrichtung des Art. 3 Abs. 3 S. 2, der auf die Beseitigung rechtlicher Hürden für eine Angleichung der Verhältnisse von Nichtbehinderten und Behinderten abzielt, sind auch **mittelbare Benachteiligungen** entsprechend den für Differenzierungen wegen des Geschlechts geltenden Grundsätzen (s. Rdn. 86 f.) untersagt. Art. 3 Abs. 3 S. 2 geht also über ein bloßes Anknüpfungsverbot hinaus[328]. Hingegen

---

321 Siehe auch *Heun*, in: Dreier, GG, Art. 3 Rn. 136: maßgeblich für die Annahme einer Behinderung sind die negativen Folgen der Funktionsbeeinträchtigung für die gesellschaftliche Partizipation.

322 Wie hier *Boysen*, in: v. Münch/Kunig, GG, Art. 3 Rn. 194; a.A. *Heun*, in: Dreier, GG, Art. 3 Rn. 136; zweifelnd *Osterloh/Nußberger*, in: Sachs, GG, Art. 3 Rn. 309.

323 Siehe BVerfGE 96, 288 (302 f.).

324 Siehe BVerfGE 99, 341 (357).

325 Siehe BVerfGE 96, 288 (303), freilich mit Unschärfen in der Abgrenzung zur mittelbaren Diskriminierung.

326 Siehe auch *Heun*, in: Dreier, GG, Art. 3 Rn. 138.

327 Wie hier *Heun*, in: Dreier, GG, Art. 3 Rn. 137 m.w.N. und mit zutreffenden Ausführungen auch zur Präimplantationsdiagnostik; ebenso *Rüfner*, BK, Art. 3 Abs. 2 u. 3 Rn. 880; *Starck*, vM/K/S, Art. 3 Abs. 3 Rn. 421; a.A. *Osterloh/Nußberger*, in: Sachs, GG, Art. 3 Rn. 308 Fn. 782; *Jarass*, in: Jarass/Pieroth, GG, Art. 3 Rn. 149.

328 So auch *Heun*, in: Dreier, GG, Art. 3 Rn. 138; *Jarass*, in: Jarass/Pieroth, GG, Art. 3 Rn. 130; *Osterloh/Nußberger*, in: Sachs, GG, Art. 3 Rn. 311; *Umbach*, in: Umbach/Cle-

stellt er kein Fördergebot auf, begründet also schon dem Wortlaut nach weder originäre Leistungsrechte[329] noch eine dahingehende Staatszielbestimmung[330]. Das Fehlen rechtlicher Differenzierung im Verhältnis zu Nichtbehinderten bzw. die faktisch belastenderen Auswirkungen einer Regelung auf Behinderte können daher nicht als Verstoß gegen Art. 3 Abs. 3 S. 2 gerügt werden[331]. Ist etwa der Zugang zu einer öffentlichen Einrichtung mangels Barrierefreiheit dem Behinderten tatsächlich nicht möglich, besteht aus Art. 3 Abs. 3 S. 2 allein kein Leistungsanspruch auf behindertengerechte Umgestaltung[332]; dies ist eine Frage sozialstaatlichen Leistungsrechts. Resultieren die den Behinderten treffenden Nachteile indes aus einer rechtlichen Differenzierung, kann sich eine Verpflichtung zu besonderen Fördermaßnahmen ergeben, wenn ansonsten eine ungerechtfertigte, weil unverhältnismäßige mittelbare Diskriminierung zu konstatieren wäre. So darf ein behinderter Bewerber im öffentlichen Dienst nur dann mangels gesundheitlicher Eignung iSd Art. 33 Abs. 2 abgelehnt werden, wenn dies durch zwingende dienstliche Bedürfnisse gerechtfertigt ist und eine behindertengerechte Ausstattung oder Umgestaltung des Dienstpostens dem Dienstherrn aus organisatorischen, technischen oder finanziellen Gründen unmöglich bzw. unzumutbar ist[333]. Das Benachteiligungsverbot zugunsten Behinderter verlangt schließlich in verfahrensmäßiger Hinsicht, Entscheidungen im Zusammenhang mit einer Behinderung substantiiert zu begründen[334].

Eine durch Art. 3 Abs. 3 S. 2 nicht gebotene, aber zugelassene **Bevorzugung** von **101** Behinderten muss sich am Ziel einer Angleichung der Verhältnisse von Nichtbehinderten und Behinderten orientieren; gestattet sind somit nur auf die möglichst weitgehende Integration von Behinderten sowie auf die Kompensation behinderungsbedingter Nachteile gerichtete Begünstigungen. Vielfach wird dabei eine Behinderung schon nach Art. 3 Abs. 1 im Rahmen des je bereichsspezifischen Sachgerechtigkeitsmaßstabs zu berücksichtigen sein, etwa bei der steuerlichen Leistungsfähigkeit, der sozialrechtlichen Bedürftigkeit oder der wehrdienstrechtlichen Tauglichkeit. Eines Rückgriffs auf Art. 3 Abs. 3 S. 2 bedarf es dann nicht. Die verfassungsrechtliche Zu-

---

mens, GG, Art. 3 Abs. 3 S. 2 Rn. 408. Vgl. auch Schweizer BGer v. 16.12.2008, EuGRZ 2009, 42.

329 Siehe *Rüfner*, BK, Art. 3 Abs. 2 u. 3 Rn. 872; so wohl auch BVerfGE 96, 288 (303). A.A. *Beaucamp*, DVBl. 2002, 997 (1000 f.).

330 A.A. die h.M., siehe *Jarass*, in: Jarass/Pieroth, GG, Art. 3 Rn. 142; *Rüfner*, BK, Art. 3 Abs. 2 u. 3 Rn. 884; *Scholz*, M/D, Art. 3 III Rn. 174; *Starck*, vM/K/S, Art. 3 Abs. 3 Rn. 417.

331 A.A. wohl BVerfGE 128, 138 (156).

332 Siehe *Starck*, vM/K/S, Art. 3 Abs. 3 Rn. 419; *Sachs*, in Stern/Sachs/Dietlein, Staatsrecht, Band IV/2, 1775; zweifelnd *Osterloh/Nußberger*, in: Sachs, GG, Art. 3 Rn. 306: »Grenzfall«.

333 Siehe in diesem Zusammenhang auch BVerfG (K) v. 10.12.2008 – 2 BvR 2571/07; a.A. *Starck*, vM/K/S, Art. 3 Abs. 3 Rn. 419: wegen geringerer Eignung schon keine Benachteiligung.

334 Siehe BVerfGE 96, 288 (310); zum Grundrechtsschutz durch Verfahren siehe auch Einf. Rdn. 68 ff.

lässigkeit einer rechtlichen Besserstellung von Behinderten wird derzeit daher vor allem bei Einstellungen in den öffentlichen Dienst relevant; die regelmäßig vorgesehene Bevorzugung bei im Übrigen gleicher Qualifikation im Sinne des Art. 33 Abs. 2 ist durch Art. 3 Abs. 3 S. 2 gedeckt.

D. Grundrechtsberechtigte und -verpflichtete

I. Grundrechtsberechtigte

102   Der allgemeine Gleichheitssatz des Art. 3 Abs. 1 ist im Grundgesetz als Menschenrecht formuliert. Grundrechtsberechtigt ist daher jede **natürliche Person** unabhängig von ihrer Staatsangehörigkeit[335] oder ihrem Wohnort[336]. Daneben kommen auch **inländische juristische Personen des Privatrechts** als Grundrechtsträger in Betracht. Denn Art. 3 Abs. 1 ist wie in Art. 19 Abs. 3 vorausgesetzt seinem Wesen nach auf juristische Personen anwendbar[337]. Dies gilt auch für nichtrechtsfähige Personenvereinigungen[338]. Die Grundrechtsberechtigung hat jedoch nicht zur Folge, dass natürliche und juristische Personen in allen Regelungsbereichen nach den dafür je geltenden Sachgerechtigkeitsmaßstäben bzw. Eingriffskriterien als vergleichbar anzusehen wären[339]. Nach Ansicht des BVerfG kann zudem die Kontrolldichte zwischen Willkürverbot und strikter »Verhältnismäßigkeit« im Sinne der »neuen Formel« bei juristischen Personen bzw. Personenvereinigungen auch in Abhängigkeit vom Grad ihrer Eigenständigkeit im Verhältnis zu den dahinterstehenden natürlichen Personen variieren[340].

103   Nach der Konzeption des Art. 19 Abs. 3 nicht grundrechtsberechtigt sind **ausländische juristische Personen**[341]. Im Anwendungsbereich des Unionsrechts müssen sich europäische Gesellschaften im Sinne des Art. 54 AEUV und andere juristische Personen mit statuarischem oder Verwaltungssitz innerhalb der EU jedoch wie inländische juristische Personen auf den nationalen Gleichheitssatz berufen können; das Inlandskriterium ist unanwendbar[342]. **Juristische Personen des öffentlichen Rechts** sind bezüglich des Art. 3 Abs. 1 nicht grundrechtsfähig, soweit sie nicht ausnahms-

---

335   Siehe BVerfGE 51, 1 (22); *Sachs*, in Stern/Sachs/Dietlein, Staatsrecht, Band IV/2, 1493 f.

336   Siehe BVerfGE 43, 1 (6).

337   Siehe BVerfGE 3, 383 (390); 95, 267 (313); st. Rspr. Siehe auch *Stern*, Staatsrecht III/1, S. 1128 f. Staatsrecht IV/2, S. 1495 ff.

338   Siehe *Boysen*, in: v. Münch/Kunig, GG, Art. 3 Rn. 26; *Heun*, in: Dreier, GG, Art. 3 Rn. 45 m.w.N.

339   Siehe BVerfGE 41, 126 (183 ff.); *Sachs*, in Stern/Sachs/Dietlein, Staatsrecht, Band IV/2, 1496.

340   Siehe BVerfGE 99, 367 (389).

341   Siehe BVerfGE 23, 229 (236); *Heun*, in: Dreier, GG, Art. 3 Rn. 45; *Starck*, vM/K/S, Art. 3 Abs. 1 Rn. 240.

342   BVerfGE 129, 78 (97). Ausführlich *Wernsmann*, Jura 2000, 657 ff.; *Boysen*, in: v. Münch/Kunig, GG, Art. 3 Rn. 27. Ablehnend *Sachs*, in: Sachs, GG, Art. 19 Rn. 55 m.w.N.

weise der öffentlichen Gewalt als mit eigenen Rechten ausgestattet gegenüberstehen[343]. Für sie gilt aber das objektive Willkürverbot (Rdn. 124)[344].

Die **besonderen Gleichheitsrechte** des Art. 3 Abs. 2 und Abs. 3 sind ebenfalls als   104
Menschenrechte gewährt und stehen darum allen natürlichen Personen zu; dies ergibt sich aus den nicht weiter eingeschränkten Formulierungen »niemand« bzw.
»Männer und Frauen«[345]. Allerdings können sich darauf grds. nur diejenigen Personen berufen, die als Merkmalsträger von einer verpönten Differenzierung betroffen sind[346]. Dies folgt aus dem Sinn und Zweck der Diskriminierungsverbote, rechtliche Statusgleichheit zu gewährleisten bzw. – im Falle des Art. 3 Abs. 3 S. 2 –
rechtliche Hürden für die Integration der Betroffenen abzubauen. Sind Dritte Adressaten einer Norm, die Differenzierungen auf Basis eines der in Art. 3 Abs. 3 genannten Kriterien vorsieht, kann das Diskriminierungsverbot bei ihnen – nur – als objektiver Wertmaßstab im Rahmen einer gleichheitsrechtlichen Prüfung nach Art. 3
Abs. 1 Berücksichtigung finden[347]. Das gilt auch bei einer Benachteiligung oder Bevorzugung juristischer Personen in Anknüpfung an das Geschlecht oder andere in
Art. 3 Abs. 3 genannte Merkmale ihrer Mitglieder[348]. Ausnahmsweise können sich
juristische Personen oder Vereinigungen auch unmittelbar auf Art. 3 Abs. 3 berufen,
sofern danach Differenzierungen wegen der Äußerung religiöser, weltanschaulicher
oder politischer Überzeugungen verboten sind (Rdn. 83 f.) und die juristische Person Träger des damit je korrespondierenden Freiheitsgrundrechts ist[349].

II. Grundrechtsverpflichtete

Der allgemeine Gleichheitssatz bindet ungeachtet seines Wortlauts **alle öffentliche**   105
Gewalt[350]. Dies spiegelt sich in der Unterteilung nach Rechtssetzungs- und Rechtsanwendungsgleichheit wider. Dasselbe lässt sich für die besonderen Gleichheitsrechte
des Art. 3 Abs. 2 und Abs. 3 feststellen[351]. Im Übrigen begrenzt der Gleichheitssatz
zwar nur die Gestaltungsfreiheit und das Ermessen deutscher Hoheitsträger. Dies
schließt jedoch nicht aus, dass Maßnahmen ausländischer Hoheitsträger gleichheitsrechtlich relevant sein können[352].

---

343 Dies betrifft Religionsgesellschaften, Rundfunkanstalten und Hochschulen, vgl.
    BVerfGE 15, 256 (262); 19, 1 (5); 30, 112 (119 f.).
344 Siehe BVerfGE 113, 167 (262) m.w.N.
345 Siehe *Osterloh/Nußberger*, in: Sachs, GG, Art. 3 Rn. 238; *Starck*, vM/K/S, Art. 3 Abs. 3
    Rn. 373.
346 Siehe BVerfGE 114, 357 (366).
347 Siehe BVerfGE 37, 217 (244); 114, 357 (366).
348 Siehe *Starck*, vM/K/S, Art. 3 Abs. 2 Rn. 308 u. 374.
349 Siehe *Osterloh/Nußberger*, in: Sachs, GG, Art. 3 Rn. 238; weitergehend *Heun*, in: Dreier,
    GG, Art. 3 Rn. 117; *Dürig*, M/D, Art. 3 Abs. III Rn. 163 ff.: wenn Zusammenschluss
    und Betätigung wegen der in Art. 3 Abs. 3 genannten Merkmale erfolgen.
350 Grundlegend BVerfGE 1, 14 (52); st. Rspr.
351 Siehe BVerfGE 89, 191 (206) zu Art. 3 Abs. 2; *Dürig*, M/D, Art. 3 Abs. III Rn. 170.
352 Siehe BVerfGE 110, 412 (439 f.).

106 **Privatrechtssubjekte** sind grds. nicht direkt an den allgemeinen Gleichheitssatz oder an die Diskriminierungsverbote des Art. 3 gebunden[353]. Die Gegenansicht unmittelbarer Drittwirkung[354] hat sich zu Recht nicht durchgesetzt. Allerdings unterliegt der Gesetzgeber im Zivilrecht ebenso wie in den übrigen Rechtsgebieten nach Art. 1 Abs. 3 gleichheitsrechtlichen Vorgaben[355]. Darüber hinaus müssen auch die Zivilgerichte bei der Anwendung der Gesetze, bei der wertenden Konkretisierung von Generalklauseln[356] und bei der Rechtsfortbildung Art. 3 als Teil der objektiven Werteordnung der Verfassung beachten[357]. Von besonderer Bedeutung ist dies für die Fundierung des von der Rspr. entwickelten allgemeinen Gleichbehandlungsgrundsatzes im Arbeitsrecht[358]. Ferner erhalten einige der Differenzierungsverbote des Art. 3 Abs. 3 nunmehr über das Allgemeine Gleichbehandlungsgesetz (AGG) auch – einfachgesetzliche – Geltungskraft in Teilen des Privatrechts[359].

107 Handelt der Staat in den Formen des Privatrechts – sog. **Fiskalverwaltung** – so ist er nach zutreffender Ansicht des BVerfG hierbei an die Grundrechte und insbes. an Art. 3 Abs. 1 gebunden[360]. Vergabeverfahren haben sich deshalb prinzipiell am sachgerechten Maßstab der Wirtschaftlichkeit auszurichten; davon abweichende Sekundärzwecke können nur verfolgt werden, wenn sie legitim sind und keine unverhältnismäßigen Nachteile bewirken[361]. Bedient sich die Verwaltung der Organisationsformen des Privatrechts, so ist die Bindung an den Gleichheitssatz differenziert zu würdigen: Sind allein ein oder mehrere Hoheitsträger an der juristischen Person des Privatrechts beteiligt, ist grds. von einer Bindung an den Gleichheitssatz auszugehen[362]. Hingegen sind die sog. gemischt-wirtschaftlichen Unternehmen, die zumindest auch Erwerbszwecke verfolgen und an denen sowohl die öffentliche Hand als

---

353 Siehe BVerfG (K) FamRZ 1989, 1047; *Boysen*, in: v. Münch/Kunig, GG, Art. 3 Rn. 47, 50; *Heun*, in: Dreier, GG, Art. 3 Rn. 70; *Rüfner*, BK, Art. 3 Abs. 1 Rn. 193; *Starck*, vM/ K/S, Art. 3 Rn. 291, 351 u. 376; Bzgl. Art. 3 Abs. 3 offen gelassen in BVerfGE 121, 241 (255).

354 Siehe BAG NJW 1973, 77 f. zu Art. 3 Abs. 2; siehe ferner die Nachw. bei *Dürig*, M/D, Art. 3 Abs. I Rn. 505 ff.

355 Siehe BVerfGE 82, 126 (146 ff.); *Sachs*, HStR VIII, 3. Aufl. 2010, § 182 Rn. 142; *Stern*, Staatsrecht III/1, S. 1565 ff.

356 Siehe BVerfGE 7, 198 (206); Sondervotum *Hirsch* u.a., BVerfGE 52, 131 (172 f.); *Rüfner*, BK, Art. 3 Abs. 1 Rn. 195.

357 Eingehend *Starck*, vM/K/S, Art. 3 Rn. 290 ff. m.w.N.; a.A. *Schwabe*, Die sogenannte Drittwirkung, 1971, S. 149 ff.

358 Instruktiv BAGE 118, 1 (14 f.); siehe ferner *Raab*, FS Kreutz, 2010, 317 (327 ff.).

359 Siehe dazu eingehend *König/Laskowski*, in: Rust/Falke, AGG, 2007, Einl. Rn. 351 ff.; siehe ferner *Maier-Reimer*, NJW 2006, 2577 ff.

360 Siehe BVerfGE 98, 365 (395); *Sachs*, in Stern/Sachs/Dietlein, Staatsrecht, Band IV/2, 1498 f.; *Boysen*, in: v. Münch/Kunig, GG, Art. 3 Rn. 43; a.A. zuvor etwa noch *Dürig*, M/D, Art. 3 Abs. I Rn. 490.

361 Siehe BVerfGE 116, 135 (159 ff.); ausführlich *Englisch*, VerwArch 2007, 410 (422).

362 Siehe BGH NJW 2004, 1031.

auch Private beteiligt sind, bei ihrer Bedarfsdeckung entgegen BVerfG[363] nicht unmittelbar selbst an den Gleichheitssatz gebunden[364]. Stattdessen ist der öffentliche Anteilseigner verpflichtet, seine Beteiligungsrechte grundrechtskonform zur Geltung zu bringen[365].

E. Subjektive und objektiv-rechtliche Gehalte

I. Abwehr gleichheitswidriger Belastung

Wie alle anderen Grundrechte auch ist Art. 3 Abs. 1 zuvörderst als **subjektives Abwehrrecht** konzipiert, in concreto gegen eine gleichheitswidrige staatliche Behandlung[366]. Der allgemeine Gleichheitssatz richtet sich dabei nicht lediglich gegen die Art und Weise staatlichen Handelns, er ist kein bloß »modales« Abwehrrecht[367]. Er untersagt vielmehr unsachgerechte Regelungen, die sich weder auf ein bereichsspezifisch gültiges Leitprinzip der Verteilungsgerechtigkeit stützen noch als dessen Durchbrechung verhältnismäßig gerechtfertigt werden können (Rdn. 16 ff.). Daneben ermöglicht es der allgemeine Gleichheitssatz dem Einzelnen, gegen eine inkonsistente, wertungswidersprüchliche Abwägung seiner verfassungsrechtlich garantierten oder einfachgesetzlich eingeräumten Rechte (Rdn. 26 ff.) vorzugehen. Art. 3 Abs. 1 begründet daher ein *materielles* Abwehrrecht[368]. Modalen Charakter erhält der allgemeine Gleichheitssatz lediglich, wenn man zutreffend auch eine Gleichbehandlung im Unrecht nicht a priori aus seinem Gewährleistungsgehalt ausnimmt (Rdn. 46). **108**

Alle gleichheitsrechtlichen Garantien des Art. 3 setzen als Abwehrrechte zudem implizit voraus, dass ihre Verletzung sich rechtlich nachteilig auf den jeweiligen Grundrechtsträger auswirkt[369]. Dieses **Nachteilserfordernis** ergibt sich aus dem insoweit mit allen übrigen Grundrechten übereinstimmenden Zweck des Art. 3, der Staatsgewalt zum *Schutz des Bürgers* verbindliche Grenzen zu ziehen. Wer von staatlicher Willkür, von einer nicht zu legitimierenden ungleichmäßigen Behandlung oder von staatlicher Diskriminierung begünstigt oder jedenfalls nicht tangiert ist, bedarf dieses Schutzes nicht (s. allerdings auch Rdn. 115). Das gilt auch für Verstöße gegen das **109**

363 Siehe BVerfGE 128, 226 (246).
364 Wie hier *Ehlers*, in: Erichsen, Allgemeines Verwaltungsrecht, 14. Aufl. 2010, § 3 Rn. 93 ff.; *Puhl*, VVDStRL 60 (2001), 456 (478); a.A. *Stern*, Staatsrecht III/1, S. 1421 f.; *Starck*, vM/K/S, Art. 1 Abs. 3 Rn. 231.
365 Siehe *Pieroth/Schlink*, Grundrechte, 30. Aufl. 2014, Rn. 187.
366 Siehe *Starck*, vM/K/S, Art. 3 Abs. 1 Rn. 229 m.w.N.
367 A.A. insbes. *Sachs*, Grenzen des Diskriminierungsverbots, 1987, S. 27 ff.; siehe jetzt allerdings auch *dens.*, in: Stern, Staatsrecht III/1, S. 652.
368 So i.E. auch *P. Kirchhof*, HStR V, 2. Aufl. 2000, § 124 Rn. 274 ff.; *Osterloh/Nußberger*, in: Sachs, GG, Art. 3 Rn. 38.
369 Siehe BVerfGE 67, 239 (244), anders noch BVerfGE 18, 38 (46). Wie hier *Jarass*, in: Jarass/Pieroth, GG, Art. 3 Rn. 9 ff.; *Rüfner*, BK, Art. 3 Abs. 1 Rn. 158; *Boyens*, in: v. Münch/Kunig, GG, Art. 3 Rn. 63; a.A. *Kischel*, in: BeckOK GG, Art. 3 Rn. 19; *Sachs*, in: FS Friauf, 1996, S. 309 ff.

Englisch 319

Gebot folgerichtiger Wertung in der Abwägung[370]. Dies schließt es indes nicht aus, in einem Verfahren der konkreten Normenkontrolle eine ungerechtfertigte Privilegierung auch zu Lasten eines Begünstigten für gleichheitssatzwidrig zu erklären, da Art. 3 Abs. 1 dann in seiner Ausprägung als objektive Wertentscheidung der Verfassung zur Kontrolle heranzuziehen ist[371]. Für die Feststellung eines Nachteils ist im Übrigen isoliert auf die angegriffene Regelung oder Maßnahme abzustellen; eine etwaige Kompensation durch anderweitige Vorteile ist erst im Rahmen der Rechtfertigung zu prüfen[372].

II. Teilhabe an gleichheitswidrig vorenthaltener Begünstigung

1. Grundsätze

110   Der allgemeine Gleichheitssatz begründet als relatives, auf den Vergleich mit der Behandlung anderer angelegtes Grundrecht ohne absoluten bzw. präformierten Schutzbereich **keine originären Leistungsansprüche**[373]. Dies gilt auch für die besonderen Gleichheitsgarantien des Art. 3 Abs. 2 S. 1 und Abs. 3[374]. Schließlich lassen sich auch aus dem Fördergebot des Art. 3 Abs. 2 S. 2 keine zwingenden Leistungspflichten des Staates ableiten; dem Gesetzgeber kommt auch insoweit ein weites Gestaltungsermessen zu.

111   Art. 3 kann jedoch **derivative Teilhaberechte** begründen, weil er den gleichheitswidrigen Begünstigungsausschluss verbietet[375]. Wenn *und solange* der Staat bestimmte öffentliche Einrichtungen wie etwa Hochschulen bereitstellt oder gewisse staatliche Leistungen wie beispielsweise Subventionen vergibt, besteht ein Anspruch auf gleichheitsgerechten Zugang bzw. gleichheitssatzkonforme Leistungsgewährung[376]. Dabei haben Gesetzgeber bzw. Verwaltung den jeweiligen Maßstab so zu wählen, dass er eine gerechte Verteilung der vorhandenen Kapazitäten oder Mittel gewährleistet. Dafür kann speziell bei nicht grundrechtssensiblen Subventionen neben dem eigentlichen Zuteilungskriterium ergänzend auf das Prioritätsprinzip (»Windhundprinzip«) zurückgegriffen werden, nicht aber auf – willkürliche – Losentscheide nach dem Zufallsprinzip[377].

---

370   Siehe allerdings BVerfG NJW 2008, 2409 (2418 f.) – Rauchverbot, wonach bei mangelnder Folgerichtigkeit der Eingriff in Art. 12 Abs. 1 im Lichte gleichheitsrechtlicher Betrachtung unverhältnismäßig sein soll; auf diese Weise wird das Nachteilserfordernis umgangen; zu Recht kritisch Sondervotum *Masing*, a.a.O., S. 2421 f.

371   Unbefriedigend daher insoweit BVerfGE 67, 239 (244).

372   Siehe *Osterloh/Nußberger*, in: Sachs, GG, Art. 3 Rn. 84.

373   Siehe *Boysen*, in: v. Münch/Kunig, GG, Art. 3 Rn. 113 f.; *Sachs*, in Stern/Sachs/Dietlein, Staatsrecht, Band IV/2, 1485; *Davy*, VVDStRL 68 (2009), 122 (140).

374   Siehe *Kirchhof*, HStR VIII, 3. Aufl. 2010, § 181 Rn. 186.

375   Siehe BVerfGE 110, 412 (431); BVerfG NJW 2008, 2409 (2418).

376   Siehe BVerfGE 33, 303 (338 ff.); *Murswiek*, HStR IX, 3. Aufl. 2000, § 192 Rn. 73 ff.; *Osterloh/Nußberger*, in: Sachs, GG, Art. 3 Rn. 53.

377   Eingehend *Dürig*, M/D, Art. 3 Abs. I Rn. 229 ff.

Ein derivatives Teilhaberecht ist bedingt durch den Fortbestand bzw. die Aufrecht- 112
erhaltung des öffentlichen Leistungsangebots. Dem Gesetzgeber steht darum regelmäßig als Alternative zur Ausdehnung der Begünstigung auch deren gänzliche Abschaffung frei, um den Gleichheitssatzverstoß zu beseitigen[378]. Anders kann es sich
ausnahmsweise mit Blick auf freiheitsgrundrechtliche Vorgaben zur Schaffung von
Leistungen bzw. Kapazitäten verhalten. Steht ein gleichheitswidriger Begünstigungsausschluss für bereits abgeschlossene oder ins Werk gesetzte Sachverhalte in Rede,
kann seiner Beseitigung durch allseitige Versagung der Begünstigung außerdem der
Vertrauensschutz der bislang Bessergestellten entgegenstehen[379].

2. Besonderheiten bei per se gleichheitswidriger Begünstigung

Ein derivativer Teilhabeanspruch kann über Art. 3 nur geltend gemacht werden, wenn 113
gerade der **Begünstigungsausschluss als solcher den Verstoß gegen den Gleichheitssatz begründet.** Dies ist der Fall, wenn die Begünstigung entweder entsprechend einem bereichsspezifisch sachgerechten Leitprinzip zugeteilt wird, das jedoch hinsichtlich des benachteiligten Grundrechtsträgers nicht konsequent verwirklicht wird; oder
wenn sie sich als gerechtfertigte Abweichung von einem solchen Maßstab darstellt, bei
der lediglich der begünstigte Personenkreis zu Lasten des benachteiligten Grundrechtsträgers nicht folgerichtig abgegrenzt ist[380]. Exemplarisch hierfür sind die anhand
adäquater Zuteilungskriterien gewährte Subvention respektive die gerechtfertigte Ver-
schonungssubvention (beispielsweise Steuervergünstigung). Derartigen Fallgruppen
gleichzuachten ist die nicht folgerichtige, wertungswidersprüchliche Versagung einer
als Ausnahme sachlich begründeten und Dritten konstant gewährten Verschonung
von an sich gesetzlich angeordneten Eingriffen in ein Freiheitsgrundrecht.

Hingegen bietet der allgemeine Gleichheitssatz des Art. 3 Abs. 1 regelmäßig keine 114
subjektiv-rechtliche Grundlage für die Abwehr oder gar Beanspruchung von **per se
ungerechtfertigten Privilegien**, die Dritten unter punktueller Verletzung des Gebotes gleichmäßig-sachgerechter Zuteilung staatlicher Leistungen oder Lasten durch
Gesetz oder seitens der Verwaltung zuerkannt werden[381]. Akzeptiert man mit dem
BVerfG, dass der im Ausgangspunkt wertungsoffene Gleichheitssatz durch bereichsspezifische Leitprinzipien bzw. Zuteilungsmaßstäbe sachgerecht zu konkretisieren ist
(Rdn. 16 ff.)[382], dann stellt eine bloß punktuelle, sachlich nicht begründbare Abweichung vom jeweils bereichsspezifisch einschlägigen Maßstab nicht die gleichmäßige
und damit gleichheitssatzkonforme Besteuerung der weit überwiegenden Zahl der

---

378 Sehr deutlich BVerfGE 60, 16 (42 f.); vgl. auch *Sachs*, in: Stern, Staatsrecht III/1,
S. 749 f. Zu den prozessualen Konsequenzen vgl. Rdn. 169 ff.
379 Siehe BVerfGE 29, 283 (303); 55, 100 (112 f.).
380 Siehe zu diesem Erfordernis BVerfGE 93, 319 (350); 110, 274 (299); 116, 164 (182).
381 Eingehend *Englisch*, NJW 2009, 894 (896) m.w.N.; a.A. *Wernsmann*, Das gleichheitswidrige Steuergesetz, 2000, S. 134 ff.
382 Speziell zum Steuerrecht siehe beispielsweise BVerfGE 99, 216 (232); 105, 73 (125);
116, 164 (180); BVerfG NJW 2009, 48 (50).

maßstabsgetreu behandelten Grundrechtsträger in Frage. Dasselbe gilt für punktuell gewährte Privilegien entgegen einer ständigen Verwaltungspraxis – *insofern* also gilt uneingeschränkt ein Verbot der Gleichstellung im Unrecht[383].

115 Indes dürfen gesetzlich vorgesehene, gleichheitswidrige Privilegien Dritter nicht ein qualitatives und quantitatives Ausmaß erreichen, das die Geltung des bereichsspezifisch sachgerechten Leitprinzips selbst in Frage stellt[384]. So büßt beispielsweise eine Steuer, bei der sich die Bemessungsgrundlage nicht einmal prinzipiell an einer gleichmäßigen Erfassung steuerlicher Leistungsfähigkeit ausrichtet, ihre Gerechtigkeitsqualität gegenüber jedermann ein und darf nicht erhoben werden[385]. Ist die flächendeckende, ungerechtfertigte Privilegierung Dritter auf ein vom Gesetzgeber zu verantwortendes Vollzugsdefizit zurückzuführen, hat dies ebenfalls die Nichtigkeit des nicht gleichmäßig zu vollziehenden materiellen Rechts zur Folge (Rdn. 47 ff.).

III. Chancengleichheit

116 Der allgemeine Gleichheitssatz verbürgt nicht generell die sog. »Chancengleichheit« bzw. **Gleichheit von Start- und Rahmenbedingungen**[386]. Vielmehr handelt es sich auch insoweit um eine mögliche bereichsspezifische Konkretisierung dieses wertungsoffenen Grundrechts, die ihre wesentlichen Impulse aus anderen Verfassungsnormen erhält[387]. Allerdings gewährleisten die Differenzierungsverbote des Art. 3 Abs. 2 S. 1 und Abs. 3 um der Sicherstellung rechtlicher Statusgleichheit willen (Rdn. 71 u. 74 f.)im Grundsatz strikte rechtliche Egalität auch hinsichtlich des Zugangs zu staatlichen Leistungen oder Einrichtungen, die für bildungsbezogenen, beruflichen, wirtschaftlichen oder sonstigen Erfolg von Bedeutung sind[388]. Bei Art. 3 Abs. 1 hingegen ist zwischen zwei entgegengesetzten Ausprägungen der Chancengleichheit zu differenzieren:

117 Zum einen kann es darum gehen, eine **faktische Ungleichheit** an materiellen und vor allem immateriellen Entfaltungsmöglichkeiten durch Defizite kompensierende staatliche Leistungen, Chancengleichheit fördernde Einrichtungen sowie deren Organisation zu **reduzieren**. Dies ist ein vornehmlich dem Sozialstaatsprinzip zuzuordnendes Anliegen, das speziell im Bereich der berufsbezogenen Ausbildung durch Art. 12 verstärkt wird[389]. Der allgemeine Gleichheitssatz enthält hierzu – anders als Art. 3

---

383 Exemplarisch VGH Mannheim, NVwZ 1987, 1013.
384 Siehe BVerfG BStBl II 2015, 50 (64).
385 Siehe BVerfGE 117, 1 (29 f.); siehe ferner zur Wehrgerechtigkeit BVerwGE 122, 331 (340 f.).
386 Siehe *Starck*, vM/K/S, Art. 3 Abs. 1 Rn. 33 u. 36.
387 Siehe *Osterloh/Nußberger*, in: Sachs, GG, Art. 3 Rn. 57 ff.; *Stein*, AK GG, Art. 3 Abs. 1 Rn. 71 ff.
388 Siehe auch BVerfGE 89, 276 (287 f.) zum Sonderfall mittelbarer Drittwirkung.
389 Siehe *Starck*, vM/K/S, Art. 3 Rn. 35; Axer, VVDStRL 68 (2009), 177 (208 ff.). Die Angleichung der Bildungschancen kann getrost als eine der zentralen Herausforderungen auch noch der modernen Gesellschaft bezeichnet werden.

Abs. 2 S. 2 (Rdn. 93) – keine Vorgaben[390], sondern nimmt im Gegenteil die jeweiligen verfassungsrechtlichen und politischen Wertungen in sich auf. Selbige bestimmen insbesondere die Maßstäbe, anhand derer sich ausgehend von der Grundentscheidung für bestimmte Einrichtungen oder Leistungen ein derivatives Teilhaberecht (Rdn. 111) begründen lässt.

Zum anderen muss mitunter umgekehrt aus bestimmten verfassungsrechtlichen 118
Wertungen heraus eine bestimmte Ausgangslage gerade hingenommen werden und darf nicht durch staatliche Intervention verfälscht werden. Derartige Vorgaben können sich primär aus den Freiheitsgrundrechten oder aus dem Demokratieprinzip ergeben: Im Recht der **berufsrelevanten Prüfung** verbürgt Art. 12 Abs. 1 iVm Art. 3 Abs. 1 grds. so weit als möglich eine Gleichbehandlung der Prüflinge[391]. Eine Kompensation bis zur Prüfung nicht ausgeglichener Leistungsdefizite ist wegen deren Bedeutung für den Berufszugang unzulässig. Sie ist vielmehr nur insoweit gleichheitsrechtlich erlaubt und auch geboten, als äußere Einflüsse die üblichen Rahmenbedingungen der Prüfung zum Nachteil des Prüflings verändern[392] oder dieser zwar im Sinne der Prüfungsanforderungen leistungsfähig, aber im diesbezüglich Nachweis behindert ist[393]. Chancengleichheit ist dabei auch organisatorisch sicherzustellen. Bedenklich wäre es daher beispielsweise, wenn bei berufsqualifizierenden Prüfungen allein oder überwiegend auf mündliche Leistungen in einem nicht anonymisierten Verfahren abgestellt würde, bei dem die Gesamtheit der Kandidaten von einer Vielzahl verschiedener Prüfer examiniert würde.

Art. 3 Abs. 1 verbürgt nach zutreffender Ansicht ferner die Chancengleichheit der 119
Parteien im Wettstreit politischer Konzepte durch strikte bzw. »formale« Gleichbehandlung[394], wohingegen die wahlrechtliche Chancengleichheit eine spezielle Ausprägung in Art. 38 Abs. 1 – auf Landesebene ggf. iVm Art. 28 Abs. 1 S. 2 – gefunden hat[395]. In ähnlicher Weise garantiert Art. 12 Abs. 1 die **Wettbewerbsgleichheit** mit-

---

390 A.A. *Kirchhof,* HStR VIII, 3. Aufl. 2010, § 181 Rn. 258.

391 Eingehend *Starck,* vM/K/S, Art. 3 Abs. 1 Rn. 37 f.

392 Vgl. BVerwGE 94, 64 (66 ff.) – Baulärm; BVerwG DVBl. 1994, 1364 (1365 f.) – Kreislaufkollaps des Mitprüflings.

393 Vgl. VGH BW NVwZ 1994, 598 (599 f.); zweifelhaft Hess. VGH NJW 2006, 1608 – Legasthenie/Juristische Staatsprüfung.

394 Das BVerfG judiziert uneinheitlich, siehe beispielsweise BVerfGE 104, 14 (19 f.); 111, 54 (104); BVerfGE 135, 259 (285) einerseits (Art. 3 Abs. 1 iVm Art. 21); BVerfGE 82, 322 (337); 91, 262 (269) andererseits (Art. 21 iVm Demokratieprinzip). Wie hier *Starck,* vM/K/S, Art. 3 Abs. 1 Rn. 40; Klein, M/D, Art. 21 Rn. 305; a.A. *Osterloh/Nußberger,* in: Sachs, GG, Art. 3 Rn. 60 f. (Art. 21 iVm Art. 38).

395 Siehe BVerfGE 82, 322 (337); 99, 1 (8 ff.) m.w.N.; anders bei Wahlen zum Europaparlament, siehe BVerfGE 135, 259, Rn. 46: Art. 3 Abs. 1. Siehe auch den Überblick bei *Kißlinger,* Das Recht auf politische Chancengleichheit, 1998, 27 ff.

einander konkurrierender Wirtschaftsakteure. Staatliche Eingriffe in den freien Wettbewerb sind daher rechtfertigungsbedürftig[396].

IV. Schutzpflicht

120   Mit der h.M. ist festzustellen, dass dem allgemeinen Gleichheitssatz grds. keine grundrechtlichen Schutzpflichten[397] entnommen werden können[398]. Dies müsste wegen der Ausrichtung des Gleichheitssatzes auf rechtliche Gleich- oder Ungleichbehandlung darauf hinauslaufen, den Einzelnen staatlicherseits auf eine gerechte, gleichmäßige und widerspruchsfreie Ausgestaltung seiner Privatrechtsverhältnisse zu verpflichten. Dies wäre jedoch unvereinbar mit dem verfassungsrechtlichen Menschenbild, wonach sich jeder Mensch in Freiheit selbst bestimmt und entfaltet[399], so dass er seine Mitmenschen grundsätzlich auch willkürlich und inkonsequent gleich oder ungleich behandeln kann. Denn auch diesen steht es frei, sich im Hinblick darauf andere Vertragspartner zu suchen. Art. 3 Abs. 1 kommt daher im Allgemeinen nur die flankierende Bedeutung zu, den Staat und insbes. den Zivilrechtsgesetzgeber auf die gleichheitssatzkonforme Erfüllung freiheitsgrundrechtlich begründeter Schutzpflichten zu verpflichten[400].

121   Anders muss dies jedoch beurteilt werden, wenn Privatrechtsakteure dem Einzelnen organisiert oder in einer besonderen sozialen Machtposition gegenübertreten und dadurch eine Zwangslage erzeugen, die der Wirkung rechtsverbindlicher Maßnahmen im Staat/Bürger-Verhältnis nahekommt[401]. Mangels adäquater Ausweichmöglichkeiten der Betroffenen auf andere potenzielle Vertragspartner ist hier durch Gesetzgeber und Verwaltung eine gleichheitskonforme Behandlung sicherzustellen. Ergänzend ist hierzu auch die Rspr. bei der fallgruppenspezifischen Konkretisierung von Generalklauseln, bei der Ausfüllung von Beurteilungsspielräumen und äußerstenfalls durch richterliche Rechtsfortbildung berufen. So ist etwa der allgemeine Gleichbehandlungsgrundsatz im individualvertraglichen Arbeitsrecht[402] sowie bei der Normsetzung der Tarifvertragsparteien[403] Ausdruck gleichheitsrechtlicher Schutzpflichten. Insbesondere ist staatlicherseits in derartigen Konstellationen auch die Beachtung der Diskriminierungsverbote des Art. 3 Abs. 3 zu gewährleisten. So sind etwa öffentlich or-

---

396 Eingehend *Englisch*, Wettbewerbsgleichheit im grenzüberschreitenden Handel, 2008, S. 520 ff. m.w.N. auch zur Gegenauffassung, die die Wettbewerbsneutralität in Art. 3 Abs. 1 verankert sieht.

397 Siehe zu grundrechtlichen Schutzpflichten generell *Dreier*, Dimensionen der Grundrechte, 1993, S. 41 ff.; sowie Einleitung Rdn. 47 ff.

398 Siehe *Isensee*, HStR V, 3. Aufl. 2011, § 191 Rn. 222–224; *Kischel*, BeckOK GG, Art. 3 Rn. 91; *Osterloh/Nußberger*, in: Sachs, GG, Art. 3 Rn. 67.

399 Siehe BVerfGE 45, 187 (227); 115, 118 (153).

400 Siehe *Osterloh/Nußberger*, in: Sachs, GG, Art. 3 Rn. 67.

401 Siehe auch *Rüfner*, BK, Art. 3 Abs. 1 Rn. 193; *Jarass*, in: Jarass/Pieroth, GG, Art. 3 Rz. 13; jeweils zur eng verwandten Frage mittelbarer Drittwirkung.

402 Siehe BAGE 118, 268 (273) m.w.N.

403 Siehe BAGE 111, 8 (13 ff.); 119, 41 (45).

ganisierte Boykottaufrufe wegen eines verpönten Differenzierungsmerkmals (beispielsweise »Kauft nicht bei Juden«) zu unterbinden.

Im Regelfall freilich ergeben sich aus Art. 3 Abs. 2 S. 1 und Abs. 3 aus den zum allgemeinen Gleichheitssatz angeführten Gründen keine staatlichen Schutzpflichten. 122
Gegen private Borniertheit muss der Staat grundsätzlich nicht vorgehen; die Regelungen des AGG sind darum mindestens jenseits des arbeitsrechtlichen Anwendungsbereichs nicht etwa verfassungsrechtlich, sondern nur durch EU-Richtlinien (vgl. Rdn. 187) vorgegeben. Demgegenüber bestehen auf Grundlage des Fördergebots nach Art. 3 Abs. 2 S. 2 weiterreichende Schutzpflichten zur Durchsetzung der Gleichberechtigung von Mann und Frau[404].

V. Objektiv-rechtliche Funktion

Das Grundgesetz hat in seinem Grundrechtsabschnitt objektive Grundentschei- 123
dungen getroffen, die für alle Bereiche des Rechts gelten[405]. Das dem allgemeinen Gleichheitssatz zu entnehmende prinzipielle Gebot folgerichtiger, konsequent durchgehaltener Wertungen stellt damit für alle Hoheitsträger auch jenseits seiner grundrechtlichen Geltung eine **verfassungskräftige Direktive** dar. Beispielsweise sind daher sowohl die Schließung von planwidrigen Gesetzeslücken im Wege der Analogie als auch die systematisch-teleologische Auslegung ein Ausfluss gleichheitsrechtlicher Anforderungen an juristische Methodik[406]. Demgegenüber kommt dem Gebot gleichmäßiger Verteilung von Begünstigungen und Belastungen vornehmlich als subjektives öffentliches Recht Bedeutung zu.

In Gestalt des sog. **objektiven Willkürverbots** erlangt das gleichheitsrechtliche Fol- 124
gerichtigkeitkeitsgebot auch im Verhältnis von Hoheitsträgern untereinander Bedeutung. Es ist insoweit allerdings nicht nur in Art. 3 Abs. 1 verankert, sondern zugleich ein Element des das Grundgesetz beherrschenden Grundsatzes der Rechtsstaatlichkeit[407]. Davon zu unterscheiden ist die Heranziehung eines »objektiven Willkürverbots« bei der verfassungsgerichtlichen Kontrolle von Gerichtsentscheidungen. Willkürlich ist ein Richterspruch nach ständiger Rspr. des BVerfG dann, wenn er unter keinem denkbaren Aspekt rechtlich vertretbar ist und sich daher der Schluss aufdrängt, dass er auf sachfremden Erwägungen beruht[408]. Darin schwingt zwar die Verletzung rechtsstaatlicher Grundsätze mit[409]; zugleich liegt wegen krasser Geset-

---

404 Siehe BVerfGE 88, 203 (260); 89, 276 (286).
405 Siehe BVerfGE 81, 242 (254); st. Rspr.
406 Siehe auch *Canaris*, Die Feststellung von Lücken im Gesetz, 1. Aufl. 1964, S. 71 ff.; *Larenz*, Methodenlehre der Rechtswissenschaft, 1991, S. 334.
407 Siehe BVerfGE 86, 148 (251) m.w.N.
408 Siehe BVerfGE 42, 64 (73); 70, 93 (98); 86, 59 (63 f.); BVerfG (K) NJW 2009, 1197 (1198) m.w.N.
409 Kritisch daher Sondervotum *Geiger*, BVerfGE 42, 64 (80).

zeswidrigkeit aber auch ein evidenter Verstoß gegen das Grundrecht auf Rechtsanwendungsgleichheit vor[410].

F. Rechtfertigung von Grundrechtsverstößen

I. Allgemeiner Gleichheitssatz

1. Rechtsdogmatische Einordnung und Prüfungsfolge

125 Ein Teil der Literatur[411] konzipiert Art. 3 Abs. 1 jedenfalls in seiner Ausprägung der Rechtssetzungsgleichheit als **innenrechtstheoretisches Grundrecht**[412], und auch das BVerfG praktiziert gelegentlich ein solches Verständnis des allgemeinen Gleichheitssatzes[413]: Danach unterliegt selbiger keinen von außen an ihn herangetragenen Einschränkungsmöglichkeiten, weil die Prüfung der etwaigen Rechtfertigung einer Ungleich- oder Gleichbehandlung in der Feststellung eines Verstoßes gegen Art. 3 Abs. 1 mit aufgehen soll: Wenn die gesetzliche Differenzierung oder deren Fehlen im Hinblick auf die gleichen und ungleichen Merkmale der davon betroffenen Personengruppen oder Sachverhalte als willkürlich bzw. unangemessen erscheine, sei der Gleichheitssatz verletzt.

126 Das BVerfG hat indes vor allem im Zusammenhang mit dem von ihm postulierten Gebot einer folgerichtigen Umsetzung der vom Gesetzgeber selbst getroffenen Grundentscheidung für bestimmte Maßstäbe steuerlicher Lastengleichheit eine alternative Dogmatik des Art. 3 Abs. 1 entwickelt. Vom Folgerichtigkeitsgebot kann danach – nur – bei Vorliegen gewichtiger bzw. besonderer Gründe abgewichen werden[414]. Dies impliziert eine **außenrechtstheoretische Betrachtungsweise**, die mittels einer Rechtfertigungsprüfung feststellt, ob der Gesetzgeber gleichheitsrechtliche Ideale mit divergierenden Zielsetzungen in praktische Konkordanz gebracht hat[415]. Auch in zahlreichen Judikaten zur gesetzlichen oder verwaltungsseitigen Typisierung finden sich ambivalente Formulierungen, die auf die Notwendigkeit eines verhältnismäßigen Ausgleichs zwischen einer konsequenten Orientierung an individueller Begünstigungs- oder Belastungsgerechtigkeit einerseits und Erfordernissen der Verwaltungspraktikabilität andererseits hindeuten[416].

---

410 Differenzierend *Sachs*, in Stern/Sachs/Dietlein, Staatsrecht, Band IV/2, 1521 ff.

411 Siehe *Huber*, Konkurrenzschutz im Verwaltungsrecht, 1988, S. 520; *Kirchhof*, HStR VIII, 3. Aufl. 2010, § 181 Rn. 288 ff.; *Lübbe-Wolff*, Die Grundrechte als Eingriffsabwehrrechte, 1988, S. 255 ff.; *Müller*, VVDStRL 47 (1989), 37 (41).

412 Zur Unterscheidung zwischen innenrechtstheoretischem und außenrechtstheoretischem Verständnis der Grundrechte näher *Alexy*, Theorie der Grundrechte, 1985, S. 249 ff.; *Borowski*, Grundrechte als Prinzipien, 1998, S. 29 ff.; *Riechelmann*, Struktur des verfassungsrechtlichen Bestandsschutzes, 2. Aufl. 2008, S. 56 ff.

413 Exemplarisch BVerfGE 71, 39 (58 ff.).

414 Siehe BVerfGE 99, 88 (95); 99, 280 (290); 107, 27 (47); st. Rspr.

415 Sehr deutlich jüngst BVerfG, BStBl. II 2015, 50 (72); siehe auch *Sachs*, in Stern/Sachs/Dietlein, Staatsrecht, Band IV/2, 1486 f.

416 Siehe BVerfGE 48, 227 (236); 71, 146 (157); 84, 348 (364); 113, 167 (236).

Die Wechselhaftigkeit in der Rspr. des BVerfG zeugt von der Notwendigkeit einer 127
den einzelnen Gewährleistungsgehalten entsprechenden Differenzierung, ohne dass
dies freilich seitens des BVerfG bislang hinreichend klar zum Ausdruck gebracht
worden wäre. Entnimmt man dem allgemeinen Gleichheitssatz zutreffend sowohl
ein »materielles« Gebot der konsequenten Entfaltung von bereichsspezifisch sachgerechten Maßstäben zur Festlegung individueller Berechtigungen oder Verpflichtungen als auch ein »formelles« Gebot folgerichtiger und widerspruchsfreier Abwägung
bei der Auflösung von Prinzipien- bzw. Zielkonflikten, so ist hinsichtlich der Rechtfertigungsmöglichkeiten wie folgt zu unterscheiden:

Mangelt es einem Teilrechtssystem – ganz ausnahmsweise – schon an einer grund- 128
sätzlichen Ausrichtung an sachgerechten Maßstäben bzw. Kriterien individueller Be-
günstigungs- oder Belastungsgerechtigkeit, so ist dies gleichbedeutend mit staatlicher
Willkür[417]. Eine Rechtfertigung scheidet diesbezüglich aus. Lässt sich hingegen die
Orientierung des betreffenden Ordnungsbereichs an bereichsspezifisch sachgerechten
Leitprinzipien erkennen und wird von diesen lediglich punktuell in einzelnen Normen oder Beziehungen abgewichen, so kann dieser Verstoß gegen Art. 3 Abs. 1 gerechtfertigt sein. Denn dem gleichheitsrechtlichen Gebot gleichmäßiger Behandlung
nach sachgerechten Maßstäben ist zwar ein verfassungsrechtlicher Eigenwert zuzuerkennen, der aber ähnlich wie die freiheitsgrundrechtlichen Garantien nicht absolut
gesetzt ist. Dagegen spricht auch nicht der fehlende Gesetzesvorbehalt in Art. 3
Abs. 1, da dessen Fehlen lediglich der vom BVerfG überwundenen historischen Prämisse einer Bindung des Gesetzgebers an Art. 3 Abs. 1 nur in Gestalt des Willkürverbotes geschuldet ist[418].

Was schließlich das Gebot konsistenter Abwägung widerstreitender Prinzipien und 129
Ziele in Abwägungsvorgängen innerhalb ein und desselben Regelungsbereiches anbelangt, so handelt es sich um ein auch rechtsstaatlich fundiertes Rationalitätspostu-
lat[419]. Irrationale bzw. widersprüchliche Wertungen lassen sich nicht rechtfertigen,
sondern können allenfalls als Übergangsphänomen während der Umstellung auf ein
neues Regelungskonzept kurzzeitig hinnehmbar sein (Rdn. 64 f.).

2. Legitime Rechtfertigungsgründe

Als Rechtfertigungsgründe für Abweichungen vom Gebot gleichmäßiger Entfaltung 130
eines bereichsspezifischen Leitprinzips – also etwa des steuerrechtlichen Leistungs-
fähigkeitsprinzips, des wehrdienstrechtlichen Tauglichkeitsprinzips etc. – kommen
grundsätzlich jedes Rechtsgut von Verfassungsrang und jedes sonstige, verfassungsrechtlich legitime Ziel in Betracht. Das BVerfG betont regelmäßig den **großen Gestaltungsspielraum** des Gesetzgebers bei der Verfolgung von wirtschafts-, sozial-,
umwelt- oder gesellschaftspolitischen Förder- und Lenkungszielen unter Durchbre-

---

417 So andeutungsweise BVerfGE 117, 1 (28 f.); vgl. auch BVerfGE 132, 372 (388 ff.).
418 Siehe *Sachs*, in Stern/Sachs/Dietlein, Staatsrecht, Band IV/2, 1549 f. und 1556; i.E. eben-
     so *Kempny/Reimer*, Die Gleichheitssätze, 2012, 102.
419 Siehe *Tipke*, StuW 2007, 201 (205).

chung des Folgerichtigkeitsgebotes[420]. Die Verfassungswidrigkeit einer Regelung kann allerdings nicht schon deshalb toleriert werden, weil ihre Anwendung zeitlich begrenzt ist[421].

131 Seit jeher umstritten ist, inwieweit auch **fiskalische Aspekte** ein Abgehen vom gleichheitsrechtlichen Ideal gleichmäßiger Begünstigung bzw. Belastung rechtfertigen können. Die Rspr. des BVerfG lässt diesbezüglich noch keine klare Linie, aber eine zunehmend restriktive Tendenz erkennen. Vor allem bis zur Jahrhundertwende wurde angenommen, finanzielle Erwägungen seien gerade bei Leistungsgesetzen zulässig[422], könnten andererseits aber auch Maßstabsabweichungen im Abgabenrecht rechtfertigen[423]. Das Bestreben u.a. nach Begrenzung finanzieller Folgen rechtfertige jedenfalls die nur stufenweise Reform einer gleichheitswidrigen Rechtslage[424]. Unlängst hat das BVerfG aber auch geäußert, die Verfassungsbindung des Gesetzgebers stünde nicht unter einem generellen Vorbehalt des Möglichen[425]. Das fiskalische Bemühen, Ausgaben zu sparen, reiche in aller Regel nicht aus, um eine differenzierende Behandlung verschiedener Personengruppen zu rechtfertigen[426]. Speziell im Steuerrecht sollen Haushaltszwänge keine willkürliche Mehrbelastung Einzelner (mehr) rechtfertigen[427].

132 Die in jüngerer Zeit erkennbare Zurückhaltung gegenüber einer Rechtfertigung aufgrund finanzieller Aspekte ist zu begrüßen. Nicht anders als begrenzte Kapazitäten muss der Staat auch begrenzte finanzielle Mittel nach gleichmäßigen, sachgerechten Maßstäben zur Verteilung bringen; auf der anderen Seite muss er seinen Mittelbedarf durch gleichmäßige Inanspruchnahme aller Pflichtigen decken[428]. Der staatliche Finanzrahmen oder -bedarf ist gerade Bezugspunkt gleichheitsrechtlicher Vorgaben und taugt darum nicht als Rechtfertigungsgrund für ihre Missachtung[429]. Budgetäre Grenzen der Möglichkeiten verfassungsmäßigen gesetzgeberischen Handelns können demnach allenfalls im Rahmen differenzierender Bestimmung der Rechtsfolgen der Verfassungswidrigkeit des Gesetzes zu berücksichtigen sein[430]. Im Übrigen dürfen Begünstigungen, die das Gebot sachgerechter Verteilung *durchbrechen*, ohne weiteres aus fiskalischen Erwägungen heraus wieder abgeschafft werden[431].

---

420 Siehe BVerfGE 17, 210 (216); 93, 319 (350); 99, 280 (296); 118, 79 (101). Kritisch *Sachs*, in Stern/Sachs/Dietlein, Staatsrecht, Band IV/2, 1556.
421 Siehe BVerfGE 71, 364 (394).
422 Siehe BVerfGE 75, 40 (72); 87, 1 (45).
423 Siehe BVerfGE 27, 57 (66).
424 Siehe BVerfGE 87, 1 (45); ähnlich BVerfGE 43, 13 (22. f).
425 Siehe BVerfGE 105, 73 (132).
426 Siehe BVerfGE 93, 386 (402).
427 Siehe BVerfGE 116, 164 (182); 122, 210 (233); 135, 126 (150 f.).
428 Siehe *Tipke*, in: FS Raupach, 2006, S. 177 (178 f.).
429 Siehe BVerfGE 122, 210 (233); *Drüen*, StuW 2008, 3 (11 f.).
430 Siehe BVerfGE 105, 73 (132).
431 Siehe BVerfGE 81, 108 (118).

Ebenfalls zunehmend restriktiv verhält sich das BVerfG zur Möglichkeit einer **Kom-** 133
pensation von bei isolierter Betrachtung gleichheitswidrigen Vor- oder Nachteilen
durch Regelungen, die sich konkret oder typischerweise gegenläufig auswirken[432]. In
der älteren Rspr. wurde noch angenommen, eine mögliche Kompensation müsse
schon bei der Frage, ob überhaupt eine Ungleichbehandlung vorliege, in einem »Ge-
samtvergleich« berücksichtigt werden[433]. Auch waren alle zumindest typischerweise
zusammentreffenden Vor- bzw. Nachteile einer saldierenden Betrachtungsweise zugänglich, unabhängig von ihrem systematischen Zusammenhang[434]. Demgegenüber
ordnet das BVerfG die Kompensation von Gleichheitswidrigkeiten nunmehr der
Rechtfertigungsebene zu und verlangt ein Mindestmaß an gegenseitiger Abstimmung
zwischen ausgleichsbedürftigen Nachteilen einerseits und begünstigenden Ausgleichs-
wirkungen andererseits[435].

Die gleichheitsrechtlichen Anforderungen an konsequent sachgerechte Verteilung 134
von Rechten oder Pflichten müssen gegen die punktuell kollidierenden Rechtfertigungsgründe abgewogen werden. Hierbei ist dem Gesetzgeber regelmäßig ein Wertungsspielraum im Abwägungsvorgang zuzugestehen. Im Steuerrecht hat das BVerfG
allerdings in ständiger Rspr. ein zusätzliches Begründungserfordernis[436] postuliert:
Eine Rechtfertigung für Abweichungen vom Maßstab gerechter Lastenverteilung
durch Förder- und Lenkungszwecke soll nur in Betracht kommen, wenn Förde-
rungs- und Lenkungsziele von **erkennbaren gesetzgeberischen Entscheidungen** getragen, namentlich mit hinreichender Bestimmtheit tatbestandlich vorgezeichnet
sind[437]. In jüngerer Zeit hat es diese Forderung dahingehend abgeschwächt, dass sich
die extrafiskalische Zielsetzung dem Gesetzestext, den Gesetzesmaterialien oder zumindest dem Gesamtzusammenhang des Gesetzes entnehmen lassen müssten[438]. Dadurch soll verhindert werden, dass eine missglückte Fiskalzwecknorm im Nachhinein
als Lenkungsnorm ausgegeben wird[439], ohne dass der dazu berufene Gesetzgeber die
Wünschbarkeit des denkbaren Lenkungsziels reflektiert und einer Bewertung von
dessen Gewicht im Verhältnis zu Belangen der Belastungsgerechtigkeit vorgenom-

---

432 Siehe dazu auch *Haller*, Die Verrechnung von Vor- und Nachteilen im Rahmen von
 Art. 3 I GG, 2007, S. 303 ff.; *Hey*, AöR 128 (2003), 226 (241 ff.).
433 BVerfGE 12, 151 (167); 29, 221 (237); 84, 348 (362 f.); 96, 1 (8 f.).
434 Exemplarisch BVerfGE 96, 1 (8 f.); so wohl auch *Jarass*, in: Jarass/Pieroth, GG, Art. 3
 Rn. 11.
435 Siehe BVerfGE 105, 73 (112 f.); 116, 164 (187); siehe auch bereits BVerfGE 83, 395
 (401 f.). Zustimmend *Osterloh/Nußberger*, in: Sachs, GG, Art. 3 Rn. 99.
436 So die zutreffende Charakterisierung durch *Kischel*, in: Mellinghoff/Palm (Hrsg.), Gleichheit im Verfassungsstaat, 2008, 175 (187).
437 Siehe BVerfGE 93, 121 (147 f.); BVerfGE 99, 280 (296); BVerfGE 105, 73 (112 f.);
 BVerfGE 110, 274 (293); BVerfGE 116, 164 (182); BVerfGE 123, 111 (126). So auch
 Kirchhof, in: GS Trzaskalik, 2005, 395 (403).
438 Siehe BVerfGE 135, 126 (151 f.); BVerfG HFR 2014, 1111 (1113).
439 Zutreffend *Birk*, in: Lehner (Hrsg.), Reden zum Andenken an Klaus Vogel, 2010, 17
 (37).

men hätte[440]. Verfassungspolitisch ist dies ein erwägenswertes Anliegen. Gemessen am geltenden Verfassungsrecht geht eine solche Forderung jedoch zu weit[441]; das Gesetzgebungsverfahren ist darauf nicht angelegt: Es sieht kein gesondertes Verfahren für den Austausch einer Begründung vor; dies wäre aber zu erwarten, wenn die Verfassungsmäßigkeit einer Norm allein von ihrer Begründung durch den Gesetzgeber abhängen könnte. Zu Recht hat diese Rechtsprechungslinie daher bislang keinen Eingang in die Judikatur des BVerfG jenseits des Steuerrechts gefunden[442]; sie sollte generell aufgegeben werden.

3. Verhältnismäßigkeitsprüfung und Kontrolldichte

135 Nach der in dieser Kommentierung vertretenen Auffassung[443] besteht für eine **Verhältnismäßigkeitsprüfung** im Rahmen des Art. 3 Abs. 1 nur Anlass, wenn der Gesetzgeber einen bereichsspezifisch sachgerechten Verteilungsmaßstab punktuell durchbrechen will[444]. Dabei spielt es keine Rolle, ob ihm diese Leitprinzipien bzw. einzelne Ausprägungen verfassungsrechtlich vorgegeben sind oder ob sie von ihm in den Grenzen des Willkürverbotes selbst gewählt wurden (Rdn. 19). Stets bedürfen Abweichungen vom Gebot folgerichtiger bzw. *gleichmäßiger* Umsetzung des jeweiligen Sachgerechtigkeitsmaßstabes wegen der damit verbundenen Beeinträchtigung des je bereichsspezifischen Gerechtigkeitsideals einer verhältnismäßigen Rechtfertigung. Dass dieses Grundrecht auf gleichmäßige Behandlung im Verhältnis zu allen anderen Rechtsunterworfenen hinsichtlich des jeweiligen Maßstabs überwiegend der gesetzgeberischen Konkretisierung bedarf, steht dem nicht entgegen, zumal auch der Schutzbereich einiger Freiheitsgrundrechte normgeprägt ist (vgl. beispielsweise Art. 14 Rdn. 11). Nicht das Differenzierungskriterium[445], sondern die Abweichung vom prinzipiell folgerichtig umzusetzenden Leitprinzip muss also im Hinblick auf das damit verfolgte Ziel geeignet, notwendig und angemessen sein. Speziell die Notwendigkeit eines **angemessenen Ausgleichs** bringt die »neue Formel« (Rdn. 12) nur unvollkommen zum Ausdruck, weil sie nicht hinreichend zwischen einer dem bereichsspezifischen Sachgerechtigkeitsideal *entsprechenden* Differenzierung einerseits und einer dieses gleichheitsrechtliche Leitprinzip *durchbrechenden* Differenzierung

---

440 S. auch BVerfGE 93, 121 (147).
441 Wie hier *Tappe*, Die Begründung von Steuergesetzen, Habil. 2012; *Kischel*, BeckOK, GG, Art. 3 Rn. 51 m.w.N.; anders noch die Voraufl. Befürwortend hingegen *Robbers*, DÖV 1988, 749 (756); *Schoch*, DVBl. 1988, 863 (878 f.); *Becker*, FS 50 Jahre Bundessozialgericht, 2004, 77 (89).
442 Siehe BVerfGE 85, 238 (245); 93, 386 (402); 123, 111 (126); 130, 131 (144).
443 Wie hier insbes. auch *Rüfner*, BK, Art. 3 Rn. 97; tendenziell gl.A. auch *Huster*, in: Friauf/Höfling, GG, Art. 3 Rn. 78 ff.
444 Davon zu unterscheiden ist die »formelle« gleichheitsrechtliche Kontrolle von Abwägungsvorgängen auf ihre Wertungskonsistenz, die eine zumindest bereichspezifisch gleichbleibende Gewichtung widerstreitender Rechte und Ziele im Rahmen der Verhältnismäßigkeit i.e.S. gewährleistet, vgl. Rdn. 26 ff.
445 So aber *Heun*, in: Dreier, GG, Art. 3 Rn. 27.

andererseits unterscheidet (Rdn. 23 f.). Infolgedessen tritt auch in der Literatur vielfach die genaue Struktur der Abwägung nicht klar hervor[446].

Soweit eine genuine Verhältnismäßigkeitsprüfung gefordert ist, ist dem Gesetzgeber 136 bzgl. der beiden Rationalitätspostulate der Eignung und Erforderlichkeit ähnlich wie bei den Freiheitsgrundrechten ein prognostischer **Einschätzungsspielraum zuzugestehen.** Dieser erstreckt sich sowohl auf die Zwecktauglichkeit als auch auf die Erforderlichkeit der Differenzierung. Die Prognose muss aber jeweils vertretbar, sie darf nicht offensichtlich fehlsam sein[447]. Insbesondere bei komplexen Materien darf der Gesetzgeber zunächst Konzepte erproben[448]; er muss aber bei Erkennbarkeit einer Fehlprognose zeitnah nachbessern[449].

Der Gesetzgeber und im Bereich der nicht gesetzesgebundenen Leistungsverwaltung 137 (insbes. im Subventionsrecht) auch die vollziehende Gewalt unterliegen in solchen Kollisionsfällen folglich einem **Optimierungsgebot**[450], aber grds. basierend auf ihren Einschätzungen und Wertungen. Das BVerfG darf diesbezüglich nicht an die Stelle des Gesetzgebers treten. Nicht hinsichtlich der gleichheitsrechtlichen Anforderungen, wohl aber hinsichtlich der im verfassungsrechtlichen System der Gewaltenteilung angezeigten Kontrollbefugnisse hat also die Formel des BVerfG ihre Berechtigung, wonach »nicht zu untersuchen [ist], ob der Gesetzgeber die zweckmäßigste und gerechteste Lösung gefunden hat, sondern nur, ob er die verfassungsrechtlichen Grenzen seiner Gestaltungsfreiheit eingehalten hat.«[451]

Hinsichtlich der damit angesprochenen Kontrolldichte verfassungsgerichtlicher 138 Überprüfung hat das BVerfG im Zuge der Konkretisierung seiner »Neuen Formel« der Gleichheitssatzprüfung (Rdn. 13 f.) eine Reihe von Kriterien für deren Abstufung entwickelt. Allerdings betont das BVerfG in st. Rspr., dass sich die Maßstäbe hierfür nicht abstrakt und allgemein, sondern nur bezogen auf die jeweils betroffenen unterschiedlichen Sach- und Regelungsbereiche bestimmen ließen[452]. Von Bedeutung sind nach seiner Rspr. aber regelmäßig zum einen der Bezug der vom Gesetzgeber gewählten Differenzierungskriterien zu persönlichen bzw. identitätsprä-

---

446 Vgl. *Boysen*, in: v. Münch/Kunig, GG, Art. 3 Rn. 54. 29; *Osterloh*, in: Sachs, GG, Art. 3 Rn. 22; *Stein*, AK GG, Art. 3 Abs. 1 Rn. 52 ff.; unpräzise bleibt auch *Heun*, in: Dreier, GG, Art. 3 Rn. 29 trotz grds. Akzeptanz der o.g. Unterscheidung.
447 Vgl. BVerfGE 30, 250 (263); 113, 167 (252); 116, 164 (182); 118, 1 (24); näher *Englisch*, Wettbewerbsgleichheit im grenzüberschreitenden Handel, 2008, S. 191.
448 Siehe BVerfGE 78, 249 (288); *Osterloh/Nußberger*, in: Sachs, GG, Art. 3 Rn. 97.
449 Siehe BVerfGE 113, 167 (234 f.).
450 A.A. BVerfGE 118, 79 (101 f.); *Osterloh*, in: Sachs, GG, Art. 3 Rn. 95. Dem BVerfG, a.a.O., ist – nur – insoweit zuzustimmen, als dass ein Optimierungsgebot nicht schon bzgl. der Auswahl und Konkretisierung des Sachgerechtigkeitsmaßstabes besteht. Dies kommt insbes. in steuerrechtl. Entscheidungen des BVerfG auch deutlich zum Ausdruck, vgl. BVerfGE 93, 121 (135); 105, 73 (126); 117, 1 (30).
451 BVerfGE 71, 364 (384); 81, 108 (117 f.); st. Rspr.
452 Siehe BVerfGE 75, 108 (157); 88, 5 (12 f.); 93, 319 (348 f.); 105, 73 (111); 126, 400 (416); 132, 179 (188); st. Rspr.

Englisch

genden Merkmalen der Betroffenen, zum anderen die freiheitsrechtliche Dimension der in Rede stehenden Gleich- oder Ungleichbehandlung[453]. Daneben sind ergänzend in jüngerer Zeit vereinzelt auch sozialstaatliche Erwägungen angesprochen worden[454].

139 Im Einzelnen hat das BVerfG zum **Kriterium des Personenbezugs** ausgeführt: Da der Grundsatz, dass alle Menschen vor dem Gesetz gleich sind, in erster Linie eine ungerechtfertigte Verschiedenbehandlung von Personen verhindern soll, unterliegt der Gesetzgeber bei einer Ungleichbehandlung von Personengruppen regelmäßig einer strengen Bindung[455]. Diese ist umso enger, je mehr sich die personenbezogenen Merkmale den in Art. 3 Abs. 3 genannten annähern[456]. Hingegen unterliegt eine Ungleichbehandlung allein nach sachbezogenen Kriterien lediglich dem Willkürverbot[457], wenn sie nicht als mittelbare Ungleichbehandlung individuell betroffener Personen zu würdigen ist[458]. Letzteres kommt insbesondere auch im Fall einer gesetzlichen Differenzierung zwischen verschiedenen juristischen Personen in Betracht, soweit selbige gemäß Art. 19 Abs. 3 dem Schutz des allgemeinen Gleichheitssatzes unterfallen[459]. Bei verhaltensbezogenen Unterscheidungen hängt das Maß der Bindung davon ab, inwieweit die Betroffenen in der Lage sind, durch ihr Verhalten die Verwirklichung der Merkmale zu beeinflussen, nach denen unterschieden wird[460]. In je stärkerem Maße dies der Fall ist, desto eher ist die Kontrolldichte auf ein Willkürverbot zurückzunehmen. Eine Ungleichbehandlung von Personengruppen, die nicht an personengebundene Merkmale anknüpft, soll demgegenüber die Kontrolle anhand des mittleren, zwischen Willkürverbot und strenger Verhältnismäßigkeit angesiedelten Prüfungsmaßstabs nahelegen[461].

140 Die Personenbezogenheit einer Regelung erlaubt zwar keine trennscharfe Abgrenzung zwischen den drei vom BVerfG benannten Stufen[462]. Denn letztlich lässt sich

---

453 Siehe auch die ausführliche Übersicht bei *Sachs*, in Stern/Sachs/Dietlein, Staatsrecht, Band IV/2, 1530 ff.; zu Parallelen, aber auch Unterschieden in der Rspr. des US Supreme Court siehe *Heun*, EuGRZ 2002, 319.

454 Siehe BVerfGE 126, 29 (47 f.); siehe auch das Sondervotum der Richter *Gaier, Masing* und *Baer*, BVerfG BGBl. 2015, 4, Rz. 5.

455 Siehe BVerfGE 88, 87 (96 f.); 90, 46 (56); 91, 346 (362 f.); 95, 267 (316 f.); 100, 195 (205); 103, 310 (318 f.); 116, 135 (161).

456 Siehe BVerfGE 88, 87 (96 f.); 99, 367 (388); 124, 199 (220); 129, 49 (69); 130, 240 (254); 131, 239 (256); BVerfG BStBl. II 2015, 50 (66). Siehe dazu auch *Sachs*, in Stern/ Sachs/Dietlein, Staatsrecht, Band IV/2, 1726.

457 Siehe BVerfGE 55, 72 (89 f.); 60, 329 (346); 83, 1 (23); 118, 1 (27).

458 Siehe BVerfGE 88, 87 (96); 89, 15 (22); 92, 53 (69); 99, 367 (388); 101, 54 (101); 108, 52 (68); 118, 79 (100 f.).

459 Siehe BVerfGE 99, 367 (389).

460 Siehe BVerfGE 95, 267 (316); 98, 365 (389); 99, 367 (388); 129, 49 (69).

461 Siehe BVerfGE 89, 365 (375 f.).

462 Kritisch auch *Hesse*, in: FS Lerche, 1993, S. 121 (124); *Payandeh*, AöR 2011, 578 (588).

Englisch

jede Differenzierung als solche zwischen Personengruppen darstellen. Sieht man die vom BVerfG entwickelte Stufenfolge aber nur als grobe Orientierung an, die markante Punkte eines gleitenden Prüfungsmaßstabes beschreibt, so bietet vor allem die Nähe des im Gesetz verwendeten Differenzierungsmerkmals zu nicht bzw. schwer veränderlichen oder verfassungsrechtlich geschützten Persönlichkeitsmerkmalen durchaus Anhaltspunkte für die im Einzelfall zu praktizierende Kontrolldichte[463]. Dasselbe gilt für die sozialstaatlichen Erwägungen, die das BVerfG in jüngerer Zeit gelegentlich als weiteren für die Strenge der Prüfung beachtlichen Gesichtspunkt mit angeführt hat. Dessen ungeachtet sollten nach hier vertretener Auffassung die vorstehenden Erwägungen primär für die Gewichtung gleichheitsrechtlicher Belange in der Abwägung mit kollidierenden Zielsetzungen (Rdn. 24) von Bedeutung sein. Die gerichtliche Kontrolldichte sollten sie nur hinsichtlich der Zuerkennung von gesetzgeberischen Prognosespielräumen und Wertungsermessen beeinflussen. Daher sind auch bei reduzierter Kontrolldichte richtigerweise stets der Verhältnismäßigkeitsgrundsatz und das Gebot folgerichtiger Wertung und Gewichtung von Rechten und Zielen in der Abwägung zu beachten; eine Zurücknahme auf eine reine Willkürprüfung ist entgegen der »Stufentheorie« des BVerfG (Rdn. 14 ff.) nicht angezeigt.

Daneben sind dem Gesetzgeber nach ständiger Rspr. des BVerfG umso engere Gren- **141** zen hinsichtlich einer tatbestandlichen Differenzierung gesetzt, je stärker sich die Ungleichbehandlung von Personen oder Sachverhalten auf die Ausübung grundrechtlich geschützter Freiheiten nachteilig auswirken kann[464]. Dieses **freiheitsgrundrechtliche Kriterium** war schon in der früheren Rspr. angelegt, wonach an die gewährende Staatstätigkeit generell geringere gleichheitsrechtliche Anforderungen zu stellen seien als im Eingriffsrecht[465]. Das BVerfG hat nunmehr auch eine Verbindung zum Kriterium des Personenbezugs hergestellt[466]: Ein ungleiches Maß an Einwirkung auf freiheitsgrundrechtlich geschützte Verhaltensweisen unterliege prima facie gerade mit Blick auf die historisch überkommene strikte Egalität individueller Grundrechtsberechtigung[467] in besonderem Maße gleichheitsrechtlichen Bedenken. Es wird ferner vorgebracht, dass die Beeinträchtigung von Freiheitsrechten durch ge-

---

463 Siehe *Wendt*, FS Stern, 2012, 1553 (1561 f.); *Britz*, NJW 2014, 346 (348).

464 Siehe BVerfGE 74, 9 (24); 88, 5 (12); 89, 15 (22 f.); 90, 46 (56); 97, 271 (290 f.); 99, 341 (355 f.); 103, 242 (258); 105, 73 (110 f.); 112, 164 (174); 122, 210 (230); 126, 29 (48).

465 Siehe BVerfGE 49, 280 (283); 78, 104 (121); relativierend jetzt BVerfGE 110, 412 (436). Zustimmend *Heun*, in: Dreier, GG, Art. 3 Rn. 38; *Kokott*, in: FS 50 Jahre BVerfG, Bd. II, 2001, S. 127 (145 f.); ablehnend *Rüfner*, BK, Art. 3 Rn. 108. Zu Recht differenzierend *Kirchhof*, HStR, 3. Aufl. 2010, § 181 Rn. 205.

466 So BVerfGE 121, 317 (369 f.).

467 Siehe dazu näher bei Rdn. 29; Abstufungen bestehen nur im Verhältnis der Deutschengrundrechte zu der als Menschenrecht ausgestalteten allgemeinen Handlungsfreiheit des Art. 2 Abs. 1; vgl. *Englisch*, Wettbewerbsgleichheit im grenzüberschreitenden Handel, 2008, S. 91 ff.

Englisch 333

setzliche Differenzierungen sich notwendig auf das grundrechtliche Gewicht der Differenzierungswirkungen für die Betroffenen auswirken müsse[468].

142 Dagegen ist einzuwenden, dass ein Eingriff in Freiheitsgrundrechte primär Anlass zu einer freiheitsrechtlichen Verhältnismäßigkeitsprüfung geben muss[469]. Dem besonderen Kontrollbedarf wird hier also schon durch die Freiheitsgrundrechte Rechnung getragen (Rdn. 17). Demgegenüber begründet die evtl. hohe Intensität eines Eingriffs in Freiheitsrechte nicht generell eine Vermutung für das Vorliegen eines Gleichheitssatzverstoßes und damit für einen besonderen Kontrollbedarf, oder gar für ein besonderes Gewicht gleichheitsrechtlicher Belange. Wer als Mörder zu lebenslanger Freiheitsstrafe verurteilt wird, erleidet im Unterschied zum unbescholtenen Bürger einen intensiven Grundrechtseingriff, ohne dass diese Konsequenz des Schuldprinzips gleichheitsrechtlich zu beanstanden wäre. Umgekehrt können lenkungspolitische Erwägungen bei der Vergabe öffentlicher Aufträge den Anspruch der Bieter auf Gleichbehandlung in eklatanter Weise beeinträchtigen, obschon deren Freiheitsrechte hierdurch nicht betroffen sind[470]; eine bloße Willkürprüfung greift hier zu kurz[471].

143 Wo allerdings gerade eine prinzipiell gleichheitswidrige Differenzierung kausal für eine freiheitsgrundrechtliche Beeinträchtigung wird – etwa eine Abweichung von der folgerichtigen Beachtung des vergaberechtlichen Wirtschaftlichkeitsprinzips durch Einfügen einer in die Religionsfreiheit des Art. 4 Abs. 1 eingreifenden »Scientology-Klausel« in Vergabebedingungen – muss dies eine besondere Strenge der gleichheitsrechtlichen Prüfung nach sich ziehen[472]. Dies hat jedoch nicht über eine Variierung der Kontrolldichte, sondern durch eine Verstärkung des Gewichts des gleichheitsrechtlichen Sachgerechtigkeitsmaßstabs um die betroffenen freiheitsrechtlichen Belange in der Abwägung mit den widerstreitenden Lenkungsinteressen im Rahmen der gleichheitsrechtlichen Verhältnismäßigkeitsprüfung zu geschehen[473].

144 Dasselbe gilt für die jüngst geäußerte Feststellung, im Steuerrecht könne **das Ausmaß bzw. die Intensität der** mit einer Verschonungsregelung bewirkten **Ungleichbehandlung** zu einer strengeren Kontrolle der Förderziele durch das BVerfG führen[474]. Tiefe und Breite eines gesetzgeberischen Verstoßes gegen das Gebot gleichmäßiger Lastenausteilung spielen (erst) für die Gewichtung von Art. 3 Abs. 1 in der Abwägung mit widerstreitenden, die Ungleichbehandlung stützenden Belangen (Rdn. 24)

---

468 Siehe *Osterloh/Nußberger*, in: Sachs, GG, Art. 3 Rn. 94.
469 So auch *Boysen*, in: v. Münch/Kunig, GG, Art. 3 Rn. 108.
470 Zutreffend BVerfGE 116, 135 (160); a.A. *Puhl*, VVDStRL 60 (2001), 456 (482).
471 Anders BVerfGE 116, 135 (160 f.).
472 Siehe auch BVerfGE 133, 59 (87) – Sukzessivadoption; 134, 1 (20) – Hochschulzugang; *Britz*, NJW 2014, 346 (349).
473 Zur Verhältnismäßigkeitsprüfung siehe näher bei Rdn. 24 u. 135 ff.
474 Siehe BVerfG BStBl. II 2015, 50 (67); siehe auch schon *Schwarz*, JuS 2009, 315 (317).

eine Rolle[475]. Im Übrigen hätte dies für sämtliche Regelungsbereiche zu gelten; eine gleichheitsrechtliche Sonderdogmatik für das Steuerrecht ist abzulehnen[476].

Schließlich ist vom BVerfG auch vereinzelt postuliert worden, jedenfalls im Steuer- **145** recht seien nur die **zentralen Fragen gerechter Belastungsverteilung** einer Folgerichtigkeitsprüfung unter Einschluss des Verhältnismäßigkeitsgrundsatzes zu unterziehen, wohingegen die »darüber hinausgehende« Tatbestandsausgestaltung nur anhand des Willkürverbotes gleichheitsrechtlich gewürdigt werden könne[477]. Dies lässt sich aber mit der bisherigen Rspr. nicht in Einklang bringen; insbes. können auch Regelungen in Randbereichen eines Rechtsgebietes einen Personenbezug aufweisen und die Betroffenen schwerwiegend in ihren Freiheitsrechten beeinträchtigen.

4. Besonderheiten der Typisierung

Jede gesetzliche Regelung muss notwendigerweise verallgemeinern[478]. Der Gesetz- **146** geber wird insbesondere bei der Ordnung von Massenerscheinungen von einem Gesamtbild ausgehen, das sich aus den ihm vorliegenden Erfahrungen ergibt[479]. Eine tatbestandliche Schematisierung bzw. **Generalisierung** derjenigen Gesichtspunkte, die für die Verwirklichung eines bestimmten Sachgerechtigkeitsmaßstabs als maßgeblich anzusehen sind, ist gleichheitsrechtlich nicht zu beanstanden. Der Gesetzgeber konkretisiert auf diese Weise den Vergleichsmaßstab, das tertium comparationis, und abstrahiert damit von all denjenigen Umständen des Einzelfalls, die insoweit irrelevant sind. Beispielsweise werden im Recht der Sozialhilfe und der gesetzlichen Krankenversicherung Leistungen bei wirtschaftlicher Notlage bzw. im Krankheitsfall entsprechend der Hilfsbedürftigkeit des Betroffenen erbracht, und es wird grds. nicht danach gefragt, inwieweit diese Situation von ihm schuldhaft bzw. vermeidbar herbeigeführt wurde.

Von der gesetzlichen Generalisierung zu unterscheiden ist jedoch die gesetzliche **Ty-** **147** **pisierung**[480]. Sie liegt vor, wenn tatsächliche Unterschiede keinen Niederschlag im gesetzlichen Tatbestand finden, obwohl sie um der Verwirklichung des die Regelung tragenden Rechtsprinzips bzw. Ziels willen oder zur Wahrung der Verhältnismäßigkeit der Rechtsfolgenanordnung Beachtung finden müssten[481]. Der Gesetzgeber sieht hier von ihrer Berücksichtigung ab, weil sie typisierend als gegeben bzw. nicht

---

475 So zutreffend BVerfGE 15, 313 (318).
476 Dazu eingehend *Hey*, StuW 2015, 3 (6 ff.) m.w.N.
477 Vgl. BVerfG BB 2009, 1408 (1409).
478 BVerfGE 84, 348 (359 f.); 105, 73 (127).
479 Siehe BVerfGE 11, 245 (254); 78, 214 (227).
480 Zumindest im Ansatz wie hier *Britz*, Einzelfallgerechtigkeit versus Generalisierung, 2008, S. 38 ff.; *Boysen*, in: v. Münch/Kunig, GG, Art. 3 Rn. 111; *Heun*, in: Dreier, GG, Art. 3 Rn. 34; *Huster*, Rechte und Ziele, 1993, S. 257 ff.; *Osterloh/Nußberger*, in: Sachs, GG, Art. 3 Rn. 105 f. A.A. *Starck*, in: Link, Der Gleichheitssatz im modernen Verfassungsstaat, 1982, S. 51 (59).
481 Andeutungsweise auch *Kirchhof*, HStR VIII, 3. Aufl. 2010, § 181 Rn. 129 f.

gegeben unterstellt werden. Handelt es sich um rechnerische oder sonst abstufbare Größen, kann vom Gesetzgeber auch eine bestimmte Höhe oder Ausprägung als typisch angenommen bzw. *pauschaliert* werden. Eine solche Vorgehensweise ist entgegen einiger Entscheidungen des BVerfG keine bloße Vorbedingung oder Begleiterscheinung abstrakt-genereller Regelung durch Gesetz[482]. Sie stellt vielmehr eine Abweichung von der konsequenten gesetzlichen Umsetzung des je bereichsspezifisch sachgerechten Leitprinzips dar und bedarf daher der Rechtfertigung. Letztlich erkennt das auch das BVerfG an, wenn es etwa im Sozial- oder Steuerrecht feststellt, die gesetzliche Typisierung dürfe »ein gewisses Maß nicht übersteigen« und sodann aus dem **Verhältnismäßigkeitsgrundsatz** deren gleichheitsrechtliche Grenzen herleitet[483].

148 Zu Recht fordert das BVerfG zunächst, dass die Typisierung überhaupt erforderlich ist[484]. Hat sie wie regelmäßig eine Vereinfachung des Gesetzesvollzugs zum Ziel[485], so müssen ohne sie erhebliche verwaltungstechnische Schwierigkeiten entstehen, die nicht durch einfachere, die Betroffenen weniger belastende Regelungen behoben werden können[486]. Sodann müssen die Zwecke der Typisierung in rechtem Verhältnis zu den damit verbundenen Einbußen an gleichheitsrechtlich verbürgter Einzelfallgerechtigkeit stehen, wie sie durch individuelle Anwendung des relevanten Sachgerechtigkeitsmaßstabs gewährleistet wäre[487]. Regelmäßig dürfen durch eine Typisierung im Einzelfall auftretende Härten und Ungerechtigkeiten nur eine verhältnismäßig kleine Zahl von Personen betreffen und es darf der Verstoß gegen den Gleichheitssatz auch dann nicht sehr intensiv sein[488]. Anderenfalls muss eine besondere **Härteklausel** oder Billigkeitsregelung für solche atypischen Extremfälle vorgesehen sein[489]. Der gesetzgeberische Spielraum für Typisierungen ist außerdem enger, wenn neben Art. 3 Abs. 1 noch weitere verfassungsrechtliche Vorgaben für eine Berücksichtigung individueller Verhältnisse streiten[490].

149 Stets muss der Gesetzgeber sich realitätsgerecht am typischen Fall orientieren; er darf für eine gesetzliche Typisierung keinen atypischen Fall als Leitbild wählen[491]. Sind

482 So aber beispielsweise BVerfGE 84, 348 (359 f.); 91, 228 (241); 105, 73 (127); 107, 1 (14).
483 Exemplarisch BVerfGE 117, 1 (31).
484 Siehe BVerfGE 71, 146 (157).
485 Siehe beispielsweise BVerfGE 17, 337 (354); 44, 283 (288); 60, 16 (48); 82, 60 (102); 97, 103 (117); 100, 104 (134).
486 Siehe BVerfGE 84, 348 (364).
487 Siehe BVerfGE 113, 167 (236); BVerfGE 120, 1 (29 f.); 133, 377 (413).
488 Siehe BVerfGE 9, 20 (31 ff.); 26, 265 (275 f.); 45, 376 (390); 60, 16 (50 f.); 63, 119 (129); 71, 39 (50); 84, 348 (359 f.); 91, 93 (115); 100, 138 (174); st. Rspr.
489 Siehe BVerfGE 18, 186 (191); 27, 375 (385); 38, 61 (92); 60, 16 (39 f. u. 50 ff.); 68, 155 (173 f.).
490 Siehe BVerfGE 133, 377 (413) m.w.N.
491 Siehe BVerfGE 112, 268 (280 f.); 116, 164 (182 f.); *Osterloh/Nußberger*, in: Sachs, GG, Art. 3 Rn. 108.

die zu erfassenden Fallkonstellationen in der Lebenswirklichkeit zu heterogen, muss entweder ganz auf die Typisierung verzichtet werden, oder das Gesetz muss feiner abgestufte, obschon immer noch typisierende Differenzierungen treffen[492]. Unbestimmte Billigkeitsklauseln genügen hier regelmäßig nicht mehr dem Gesetzesvorbehalt[493].

Für die Frage der Zumutbarkeit einer Typisierung aus Gründen der **Verwaltungspraktikabilität** ist dabei auch von Bedeutung, welchen Aufwand die Verwaltung betreiben müsste, um Einzelfallgerechtigkeit zu gewährleisten[494]. Das Anliegen der Gewährleistung von Rechtsanwendungsgleichheit[495] geht in diesem Gesichtspunkt mit auf. Im Steuerrecht darf dabei auch berücksichtigt werden, dass eine Beweiserhebung im Einzelfall möglichst nicht teurer werden sollte als der jeweils in Rede stehende Steuerbetrag[496]. Vermeidet oder vermindert eine typisierende Regelung Ausforschungen der Privatsphäre und damit verbundene Eingriffe in Persönlichkeitsrechte, so ist der Typisierungsspielraum des Gesetzgebers größer, weil der Vereinfachungszweck zusätzlich an Gewicht gewinnt[497]. Erst recht gilt dies für widerlegbare Typisierungen oder Pauschalierungen, selbst wenn sie mit einer Beweislastumkehr verbunden sind. 150

Eine **erleichterte Rechtfertigung** nimmt das Bundesverfassungsgericht ferner für den Fall an, dass eine Typisierung sich *zugunsten* von Personen auswirkt, die bei genauerer Umsetzung des bereichsspezifischen Leitgedankens nicht in den Genuss des gesetzlich eingeräumten Vorteils gekommen wären[498]. Dieser Standpunkt überzeugt nicht. Eine un(sach)gerechte Privilegierung ist gleichheitsrechtlich nicht weniger zu beanstanden als eine ebensolche Diskriminierung[499]. Zu pauschal ist schließlich auch die Ansicht des BVerfG, der Gesetzgeber könne bei der erstmaligen Regelung oder bei grundlegenden Reformen komplexer Sachverhalte zunächst während einer angemessenen Zeit Erfahrungen sammeln und solange noch gröber typisieren als später[500]. Gerechtfertigt ist dies vielmehr nur insoweit, als der besondere Einarbeitungsaufwand der Verwaltung dem Anliegen der Verwaltungspraktikabilität vorübergehend besonderes Gewicht verleihen sollte. Im Übrigen aber darf der Gesetzgeber in solchen Fällen lediglich einstweilen in stärkerem Maße Generalklauseln sowie Beurteilungs- und Ermessensspielräume vorsehen und die Konkretisierung seines Regelungsziels eher als sonst zulässig auf die vollziehende Gewalt delegieren. 151

---

492 Siehe BVerfGE 68, 155 (173).
493 Siehe BVerfGE 78, 214 (228 f.).
494 Siehe BVerfGE 129, 49 (72 f.).
495 Siehe *Kirchhof*, HStR VIII, 3. Aufl. 2010, § 181 Rn. 131 ff.; *Osterloh/Nußberger*, in: Sachs, GG, Art. 3 Rn. 108.
496 Siehe BVerfGE 78, 214 (229).
497 Siehe BVerfGE 101, 297 (311); *Kirchhof*, in: FS Tipke, 1995, 27 (42 ff.).
498 Siehe BVerfGE 2, 266 (286); 17, 1 (23 f.); 103, 310 (319); st. Rspr.
499 Siehe *Sachs*, in Stern/Sachs/Dietlein, Staatsrecht, Band IV/2, 1569 f.
500 Siehe BVerfGE 33, 171 (179); 43, 291 (321); 75, 108 (162); 100, 59 (101); st. Rspr.; siehe aber auch BVerfGE 71, 364 (393 f.).

Englisch 337

II. Besondere Differenzierungsverbote

152 Bei den besonderen Differenzierungsverboten des Art. 3 Abs. 3 stellt sich die Frage nach der Rechtfertigungsmöglichkeit nicht, wenn man sie als bloße Begründungsverbote oder als absolute Anknüpfungsverbote versteht. Ersterenfalls ist die Prüfung von vornherein nur als modifiziertes, einstufiges Willkürverbot konzipiert (Rdn. 70)[501]. Letzterenfalls lassen sich Grenzen des Geltungsanspruchs nur innenrechtstheoretisch im Wege teleologischer Reduktion, durch Vergleichbarkeitsvorbehalte oder mit Blick auf verfassungsrechtliche Spezialitätsverhältnisse etwa zu Art. 6 Abs. 5 oder Art. 12a Abs. 1 herleiten[502].

153 Fasst man die besonderen Gleichheitsgarantien hingegen wie das BVerfG als **relative Anknüpfungsverbote** oder – genauer – als prinzipielle Gebote rechtlicher Gleichstellung auf (Rdn. 71), können Ausnahmen infolge einer *Abwägung* mit kollidierendem Verfassungsrecht[503] oder mit widerstreitenden Prinzipien von Verfassungsrang[504] gerechtfertigt sein. Es gilt also auch insoweit der Verhältnismäßigkeitsgrundsatz[505]; die Differenzierungsverbote werden damit wie andere vorbehaltlos gewährleistete Grundrechte behandelt[506].

154 Auch angesichts der besonderen Nähe der Gewährleistungen des Art. 3 Abs. 3 zur Menschenwürdegarantie des Art. 1 Abs. 1 und ihrem daraus resultierenden hohen abstrakten Rang kann eine **unmittelbare Diskriminierung bzw. Privilegierung** – falls überhaupt – nur ganz ausnahmsweise gerechtfertigt werden[507]. In Betracht kommt vor allem eine Kompensation von zuvor erlittener *rechtlicher* Benachteiligung, die an dasselbe verpönte Merkmal anknüpfte wie die nunmehr gewährte ausgleichende Begünstigung[508]. Speziell eine an das Geschlecht anknüpfende Differenzierung kann insbesondere wegen biologischer Unterschiede gerechtfertigt sein[509], wenn dies mit Blick auf den Regelungszweck zwingend erforderlich ist[510]. Hingegen widersprach die frühere Berücksichtigung auch von »arbeitsteiligen« Unterschieden zwischen den Geschlechtern durch das BVerfG[511] schon abstrakt dem Ziel der Gleichstellungs-

---

501 Siehe auch *Ipsen*, Staatsrecht II, 17. Aufl. 2014, Rn. 856.

502 Siehe *Sachs*, HStR VIII, 3. Aufl. 2010, § 182 Rn. 35 f. u. 153 ff.; siehe zum lex-specialis-Verhältnis bzgl. Art. 12a Abs. 1 auch BVerfGE 92, 91 (112).

503 Siehe BVerfGE 85, 191 (207); 92, 91 (109); 114, 357 (364).

504 Siehe BVerfG NVwZ 2008, 987 (989); *Rüfner*, BK, Art. 3 Abs. 2 und 3 Rn. 574 f.

505 Siehe BVerfGE 121, 241 (254 ff.); tendenziell gl.A. *Pieroth/Schlink*, Grundrechte, 30. Aufl. 2014, Rn. 488.

506 Siehe *Jarass*, in: Jarass/Pieroth, GG, Art. 3 Rn. 135; *Huster* AöR 118 (1993), 109 (111); *Osterloh/Nußberger*, in: Sachs, GG, Art. 3 Rn. 254.

507 Vgl. *Boysen*, in: v. Münch/Kunig, GG, Art. 3 Rn. 135 ff.

508 Siehe *Rüfner*, BK, Art. 3 Abs. 2 und 3 Rn. 577.

509 Vom BVerfG wird dies offenbar – zu Unrecht – als immanente Grenze des Geltungsanspruchs von Art. 3 Abs. 2 S. 1 bzw. Abs. 3 aufgefasst, siehe BVerfGE 114, 357 (364).

510 Einen Grenzfall stellt BVerfGE 107, 150 (172 ff.) dar: rechtliche Zuordnung des nichtehelichen Kindes zur Mutter.

511 Siehe etwa BVerfGE 63, 181 (194); 74, 163 (179).

garantie und hätte daher richtigerweise nicht als legitimer Rechtfertigungsgrund herangezogen werden dürfen[512].

Auch im Übrigen darf nicht leichthin die Verhältnismäßigkeit einer ausdrücklichen   155
merkmalsgruppenspezifischen Differenzierung angenommen werden, wenn als Alternative ein genauer auf den Regelungszweck zugeschnittenes Differenzierungskriterium in Betracht kommt, das dann lediglich zu einer mittelbaren Diskriminierung (iSd. Rdn. 85 ff.) führt. Denn eine solche macht die Anwendung bzw. Nichtanwendung der Regelung nicht unentrinnbar von bestimmten höchstpersönlichen Merkmalen oder elementar schutzwürdigen Entscheidungen freier Persönlichkeitsentfaltung abhängig[513]. Der mit einer **mittelbaren Diskriminierung** evtl. verbundene Verstoß gegen Art. 3 Abs. 3 (Rdn. 85 ff.) – ggf. iVm Art. 3 Abs. 2 S. 1 (Rdn. 92) – wiegt daher weniger schwer und kann eher gerechtfertigt werden[514]. Nach der zutreffenden Ansicht des BVerfG genügen bei einer mittelbaren Diskriminierung – vorbehaltlich der Eignung und Erforderlichkeit der Maßnahme – hinreichende sachliche Gründe für die Differenzierung[515]. Strengere Anforderungen sind allerdings bei einer mittelbaren Benachteiligung von Frauen zu stellen, wenn selbige auf rechtlichen und biologischen Umständen der Mutterschaft beruht und darum einer unmittelbaren Diskriminierung wegen des Geschlechts sehr nahe kommt[516].

Bloße Gründe der **Verwaltungspraktikabilität** erlauben keine gemessen am Rege-   156
lungszweck pauschalere Differenzierung unter unmittelbarer Anknüpfung an verpönte Merkmale[517]. Die Differenzierungsverbote des Art. 3 Abs. 3 verbieten damit tendenziell die gesetzlich typisierende Zuschreibung bestimmter Eigenschaften oder Umstände zu bestimmten Personengruppen iSd Art. 3 Abs. 3 und erfordern stattdessen eine einzelfallorientierte Würdigung aller relevanten Umstände durch die zuständige Verwaltung[518].

Speziell eine mittelbare **Diskriminierung wegen des Geschlechts** infolge gesetzlicher   157
Regelungen oder staatlicher Maßnahmen, die trotz geschlechtsneutraler – und individualbezogener – Differenzierungskriterien faktisch ganz überwiegend Frauen zugute kommen, kann durch das Fördergebot des Art. 3 Abs. 2 S. 2 gerechtfertigt sein.

---

512 Wie hier *Boysen*, in: v. Münch/Kunig, GG, Art. 3 Rn. 164; *Starck*, vM/K/S, Art. 3 Abs. 2 Rn. 327.
513 Vgl. dazu *Sachs*, HStR VIII, 3. Aufl. 2010, § 182 Rn. 140.
514 Siehe *Osterloh/Nußberger*, in: Sachs, GG, Art. 3 Rn. 256; *Fehling*, FS Würtenberger, 2013, 669 (685 f.).
515 Vgl. BVerfGE 113, 1 (20); ebenso *Heun*, in: Dreier, GG, Art. 3 Rn. 104; *Jarass*, in: Jarass/Pieroth, GG, Art. 3 Rn. 96.
516 Siehe BVerfGE 132, 72 (97 f.).
517 Inakzeptabel daher BVerfGE 87, 1 (48).
518 Siehe BVerfGE 92, 91 (109 f.) – Feuerwehrdienstpflicht für Frauen; BVerfGE 104, 337 (355) – Schächterlaubnis für muslimische Metzger; BVerwGE 94, 82 (83 ff.) – Teilnahme muslimischer Mädchen am koedukativen Sportunterricht. siehe ferner BVerfGE 133, 377 (413) m.w.N.

Englisch

Demgegenüber kommt eine unmittelbare Diskriminierung von Männern in Gestalt rein geschlechtsspezifisch gewährter Vorteile für Frauen entgegen der h.M. regelmäßig nicht in Betracht. Insbesondere sind Frauenquoten jedenfalls für den Zugang zum Beruf verfassungswidrig.

G. Verhältnis zu anderen Grundgesetzbestimmungen

I. Spezialitätsverhältnisse zwischen Gleichheitsrechten

158 Die **besonderen Differenzierungsverbote** des Art. 3 Abs. 2 S. 1 und Abs. 3 gehen dem allgemeinen Gleichheitssatz vor (Rdn. 67 u. 89)[519]. Lässt sich eine nach jenen Bestimmungen grundsätzlich untersagte Diskriminierung ausnahmsweise rechtfertigen, so kann sie auch nicht im Widerspruch zu Art. 3 Abs. 1 stehen[520]. Das gilt auch für die mittelbare Diskriminierung, soweit sie von Art. 3 Abs. 3 erfasst wird (Rdn. 85 ff.). Steht eine vom Gesetzgeber vorgenommene Differenzierung mit einer anderen, ihrem Anwendungsbereich nach einschlägigen besonderen Gleichheitsgarantie in Einklang, dann ist grundsätzlich ebenfalls kein Raum mehr für eine Prüfung am Maßstab des Art. 3 Abs. 1[521]. Zu nennen sind hier die Art. 6 Abs. 1 u. Abs. 5 zu entnehmenden Diskriminierungsverbote, die »für alle gleichen« öffentlichen Dienstleistungspflichten iSd Art. 12 Abs. 2, die Garantie der gleichen staatsbürgerlichen Rechte und Pflichten des Art. 33 Abs. 1 und die Wahlrechtsgleichheit des Art. 38 Abs. 1 S. 1. Ebenfalls zu dieser Kategorie zählen die besonderen Differenzierungsgebote des Art. 33 Abs. 2 betreffend den Zugang zu öffentlichen Ämtern. Ein Spezialitätsverhältnis besteht indes jeweils nur insoweit als dieselben Vergleichspaare in Rede stehen[522]. Für einen Prüfung am Maßstab des allgemeinen Gleichheitssatzes besteht ferner kein Anlass, wenn die beanstandete Maßnahme ein spezielles Gleichheitsrecht verletzt[523].

159 Die vorstehenden Grundsätze gelten schließlich auch im Verhältnis zwischen den besonderen Differenzierungsverboten des Art. 3 Abs. 2 u. 3 einerseits und anderen, (noch) spezielleren Differenzierungsverboten oder -geboten andererseits[524]. Letztere verdrängen die besonderen Gleichheitsgarantien des Art. 3 Abs. 2 und 3, soweit ihr persönlicher und sachlicher Anwendungsbereich reicht. In diesem Sinne spezieller sind daher Art. 33 Abs. 3 sowie die Verankerung der Wehrpflicht nur für Männer in Art. 12a Abs. 1; nach Ansicht des BVerfG auch Art. 6 Abs. 5 im Verhältnis zum Ver-

519 Siehe *Sachs*, in Stern/Sachs/Dietlein, Staatsrecht, Band IV/2, 1577 f.
520 Siehe *Sachs*, HStR VIII, 2. Aufl. 2010, § 182 Rn. 17; relativierend *Boysen*, in: v. Münch/Kunig, GG, Art. 3 Rn. 117.
521 Siehe BVerGE 9, 237 (248 f.) bzgl. des Verhältnisses zu Art. 6 Abs. 1. Missverständlich BVerGE 59, 128 (156); dazu kritisch *Osterloh/Nußberger*, in: Sachs, GG, Art. 3 Rn. 77.
522 Siehe BVerfGE 9, 237 (248 f.); *Osterloh/Nußberger*, in: Sachs, GG, Art. 3 Rn. 78.
523 Siehe BVerfGE 6, 55 (71); 16, 203 (208).
524 Siehe BVerfGE 124, 300 (338).

bot der Differenzierung wegen der Abstammung[525]. Keinen Vorrang vor Art. 3 Abs. 2 genießen hingegen die in Art. 6 Abs. 1 enthaltenen Institutsgarantien betreffend Ehe und Familie; Eheleute und Eltern sind auch als solche gleichberechtigt[526]. Eine Ausnahme stellt der besondere Schutz der Mutter nach Art. 6 Abs. 4 dar.

Mit Blick auf die Sonderregeln zum **Schutz von Ehe und Familie** in Art. 6[527] hat   160
das BVerfG allerdings entschieden, dass diese den allgemeinen Gleichheitssatz nicht stets und unbedingt verdrängen. Art. 3 Abs. 1 soll ausnahmsweise anwendbar bleiben, wenn der »spezifische Schutzgedanke des allgemeinen Gleichheitssatzes gegenüber der zu prüfenden Norm die stärkere sachliche Beziehung« aufweist[528]. Allerdings ist die objektive Wertentscheidung des jeweils einschlägigen Absatzes des Art. 6 dann im Rahmen des Art. 3 Abs. 1 zu berücksichtigen[529]. Diese Grundsätze haben ihre Berechtigung – nur – dann, wenn der mögliche Verstoß gegen Art. 6 auf der gesetzgeberischen Wahl des bereichsspezifischen Verteilungsmaßstabs beruht. Es ist dann primär die Vertretbarkeit dieser bereichsspezifischen Konkretisierung allgemeiner gleichheitsrechtlicher Anforderungen an die Sachgerechtigkeit der Zuteilung von Begünstigungen oder Belastungen im Lichte des Art. 6 zu würdigen.

II. Verhältnis zu Freiheitsgrundrechten

Zwischen den Gleichheitsrechten des GG und dessen Freiheitsgrundrechten besteht   161
kein Ausschlussverhältnis[530]. Jeder Akt der öffentlichen Gewalt zeichnet sich in bestimmter Hinsicht durch Differenzierungen oder deren Fehlen aus und könnte darum einer gleichheitsrechtlichen Kontrolle unterworfen werden; daneben kommt vor allem im Bereich der Eingriffsverwaltung und -gesetzgebung vielfach eine Beeinträchtigung von Freiheitsgrundrechten in Betracht. In derartigen Konstellationen erweist es sich als zweckmäßig, mit der freiheitsgrundrechtlichen Prüfung zu beginnen, wenn die fragliche Regelung bzw. Maßnahme nicht mit der Zuteilung von Berechtigungen, Begünstigungen oder öffentlichen Lasten befasst ist. Denn in diesen Fällen kommt dem Gleichheitssatz allenfalls die Bedeutung zu, die im Rahmen der freiheitsrechtlichen Verhältnismäßigkeitsprüfung vorgenommene Abwägung einer Kontrolle auf Wertungskonsistenz im Vergleich mit ähnlich gelagerten Sachverhalten zu unterziehen (Rdn. 17 f.).

Anderenfalls, also etwa bei der Vergabe von kontingentierten Studienplätzen oder im   162
materiellen Steuerrecht steht hingegen regelmäßig die gleichheitsrechtliche Prüfung im Vordergrund. Denn der mit einer Belastung oder einer unterbliebenen Begüns-

---

525 Siehe BVerfGE 8, 210 (221); 26, 265 (272); a.A. *Starck*, vM/K/S, Art. 3 Rn. 424 m.w.N.: uneheliche Geburt keine Modalität der Abstammung.
526 Siehe BVerGE 3, 225 (242); 10, 59 (66 ff.); *Heun*, in: Dreier, GG, Art. 3 Rn. 141.
527 Insbes. enthält auch Art. 6 Abs. 1 einen besonderen Gleichheitssatz in Gestalt des Verbots der Diskriminierung von Ehe und Familie, vgl. BVerfGE 76, 1 (72); 114, 316 (333).
528 BVerfGE 13, 290 (296 f.); 65, 104 (112); 75, 348 (357).
529 Siehe BVerfGE 17, 210 (217); 65, 104, (112); 75, 382 (393); 87, 234 (255 f.).
530 *Heun*, in: Dreier, GG, Art. 3 Rn. 140.

tigung etwa verbundene Eingriff in Freiheitsgrundrechte gewinnt seine Legitimität vor allem durch die gleichmäßig-sachgerechte Ausgestaltung der Begünstigungs- oder Belastungsregelungen[531], wohingegen der freiheitsrechtliche Verhältnismäßig- keitsgrundsatz hier meist nur noch als Wesensgehaltsgarantie iSd Art. 19 Abs. 2 ei- nen eigenständigen Schutz bietet. Dies schließt es nicht aus, die vom Gesetzgeber als bereichsspezifisches Leitprinzip gewählte, für die gleichheitsrechtliche Folgerichtig- keitsprüfung grds. maßstabsbildende Sachgerechtigkeitswertung bzw. deren Konkre- tisierungen einer Kontrolle auf verfassungsrechtliche Vertretbarkeit auch im Lichte objektiver freiheitsgrundrechtlicher Wertvorgaben zu unterziehen (Rdn. 19).

163   Eine gemeinsame bzw. zusammengefasste Prüfung von Gleichheits- und Frei- heitsrechten, wie sie vom BVerfG gelegentlich praktiziert wird[532], ist hingegen nur angezeigt, wenn der freiheitsgrundrechtliche Eingriff mit einer Abweichung vom ge- nerellen Zuteilungsmaßstab und damit einem Verstoß auch gegen materiell-gleich- heitsrechtliche Vorgaben einhergeht (Rdn. 18).

H. Prozessuale Fragen

I. Kontrolle von Gerichtsentscheidungen

164   Die Gerichte sind durch Art. 3 Abs. 1 in erster Linie auf die Wahrung von **Rechts- anwendungsgleichheit** verpflichtet. Es ist ihnen verwehrt, bestehendes Recht zu- gunsten oder zu Lasten einzelner Personen nicht anzuwenden[533]. Ausgehend hiervon könnte aber jede unzutreffende Auslegung oder Anwendung des Gesetzes als Gleich- heitssatzverstoß mit einer Verfassungsbeschwerde gerügt werden. Da das BVerfG je- doch nicht als Superrevisionsinstanz fungiert[534], beschränkt es sich in diesen Fällen in ständiger Rspr. zu Recht auf eine bloße Willkürprüfung[535]. Nur wenn die Rechts- anwendung oder das dazu eingeschlagene Verfahren unter keinem denkbaren Ge- sichtspunkt rechtlich vertretbar ist und sich daher der Schluss aufdrängt, dass die Entscheidung auf sachfremden und damit willkürlichen Erwägungen beruht, wird das BVerfG sie wegen Verletzung von Art. 3 Abs. 1 aufheben[536].

165   **Gerichtliche Willkür** ist insbesondere dann anzunehmen, wenn eine offensicht- lich einschlägige Norm nicht berücksichtigt oder in krasser Weise missdeutet wird[537]. Auf einen spezifisch gleichheitsrechtlichen Bezug der gesetzlichen Regelung selbst kommt es dabei ebenso wenig an wie auf ein etwaiges Verschulden des Richters[538]. Von einer willkürlichen Missdeutung kann hingegen nicht gesprochen werden, wenn

---

531 BVerfGE 84, 239 (268); 93, 121 (134); *P. Kirchhof*, HStR VIII, 3. Aufl. 2010, § 181
     Rn. 77.
532 Siehe BVerfGE 30, 292 (312 u. 327); 59, 336 (349 ff.).
533 Siehe BVerfGE 66, 331 (335 f.); 71, 354 (362).
534 Siehe BVerfGE 7, 198 (207).
535 Eine Angemessenheitsprüfung schließt BVerfGE 89, 1 (14) ausdrücklich aus.
536 Siehe BVerfGE 4, 1 (7); 80, 48 (51); 108, 129 (137 f.); 112, 185 (215 f.).
537 Siehe BVerfGE 87, 273 (279); 89, 1 (13 f.); 96, 189 (203).
538 Siehe BVerfGE 80, 48 (51); 89, 1 (13 f.).

das Gericht sich mit der Rechtslage eingehend auseinandersetzt und seine Auffassung nicht jeden sachlichen Grundes entbehrt[539].

Keinen Verstoß gegen das Gebot der Rechtsanwendungsgleichheit bewirkt allerdings   **166** die Auslegung von Bundesrecht durch das jeweils sachlich zuständige Bundesgericht oder im Falle von Landesrecht auch durch ein Oberverwaltungsgericht. Da deren Präjudizien dann regelmäßig im gesamten räumlichen Geltungsbereich des jeweiligen Gesetzes Beachtung finden, wird das Recht fortan gleichmäßig – unrichtig – angewendet; Art. 3 Abs. 1 läuft insoweit leer. Es bliebe dann nur der Rückgriff auf Freiheitsgrundrechte, soweit die gerichtlich bestätigte Maßnahme in solche Grundrechte des Betroffenen eingreift.

Erweiterte verfassungsgerichtliche Kontrollmöglichkeiten bestehen zudem, wenn das   **167** Fachgericht eigene **Wertungen von spezifisch gleichheitsrechtlicher Relevanz** vornimmt. Gelangt ein Gericht im Wege der Auslegung gesetzlicher Vorschriften zu einer dem Gesetzgeber verwehrten Differenzierung, die eine Verletzung des Gebotes der Rechtssetzungsgleichheit darstellen würde, so nimmt das BVerfG eine Überprüfung der Entscheidung anhand der dafür geltenden Maßstäbe (Rdn. 12) vor[540]. Dasselbe gilt für die Lückenfüllung durch Analogie oder Rechtsfortbildung[541] sowie generell für jede fehlerhafte Rechtsanwendung, die auf einer grundsätzlich unrichtigen Anschauung materiell-gleichheitsrechtlicher Sachgerechtigkeitserwägungen beruht[542].

Änderungen – zumal der höchstrichterlichen – Rechtsprechung unterliegen nach zu-   **168** treffender Auffassung des BVerfG keinen gleichheitsrechtlichen Beschränkungen; eine **Selbstbindung** an frühere Entscheidungen besteht nicht[543]. Allerdings kann der rechtsstaatlich und freiheitsrechtlich fundierte Grundsatz des Vertrauensschutzes ausnahmsweise die übergangsweise Fortgeltung einer ständigen Rspr. gebieten[544]. Davon ist insbes. dann auszugehen, wenn die geänderten Rechtsprechungsgrundsätze im Wege der Rechtsfortbildung entwickelt wurden und damit einen eigenständigen, nur noch begrenzt an vorgefundene gesetzliche Wertungen anknüpfenden normativen Charakter aufweisen[545]. Vertrauensschutz ist auch dann zu gewähren, wenn die

---

539 Siehe BVerfGE 87, 273 (278 f.); 96, 189 (203).
540 Siehe BVerfGE 58, 369 (374); 70, 230 (240); 84, 197 (199); 99, 129 (139); 101, 239 (269).
541 Siehe BVerfGE 112, 164 (174); 115, 51 (62 ff.).
542 Siehe BVerfGE 56, 139 (144); 81, 347 (357 f.).
543 Siehe BVerfGE 19, 38 (47); siehe auch schon BVerfGE 4, 1 (5 ff.), wo nur die Selbstbindung an eine ständige Praxis der revisionsgerichtlichen Beibehaltung eines in einem Rechtsstreit einmal eingenommenen Rechtsstandpunktes erwogen wurde; a.A. beispielsweise *Dürig*, M/D, Art. 3 Abs. I Rn. 402 ff.; *Leisner*, Kontinuität als Verfassungsprinzip, 2002, S. 199 ff. u. 615 ff.
544 Siehe BGH NJW 1996, 924 (925); BAG NJW 2006, 3161 (3165); BFHE 220, 129 (147 f.); ablehnend *Maurer*, HStR III, 2. Aufl. 1996, § 60 Rz. 106 ff.
545 Siehe BFHE 220, 129 (151); *Buchner*, in: GS Dietz, 1973, S. 175 (192); vgl. auch BVerfGE 74, 129 (152).

Enttäuschung schutzwürdigen Vertrauens auf die Kontinuität der Rechtsprechung angesichts der bereits getroffenen Dispositionen und unter Berücksichtigung der Belange auch des Prozessgegners eine unzumutbare Härte bedeuten würde[546].

II. Nichtigkeits- oder Unvereinbarkeitserklärung

169   Verletzt eine gesetzliche Bestimmung den allgemeinen Gleichheitssatz, so müsste sie nach den jeweils einschlägigen Bestimmungen des BVerfGG (§§ 78, 82 Abs. 1, 95 Abs. 3) an sich für nichtig erklärt werden; eine **Unvereinbarkeitserklärung** wird in den §§ 31 Abs. 2, 79 Abs. 1 BVerfGG nur als ungeschriebene Ausnahme anerkannt. Beruht die Verfassungswidrigkeit der Norm aber ausschließlich auf der Verletzung des Art. 3 Abs. 1, so gilt nach der ständigen Rspr. des BVerfG ein umgekehrtes Regel-Ausnahme-Verhältnis: Regelfolge ist die Unvereinbarkeit, während Nichtigkeit die Ausnahme darstellt[547]. Zur Begründung wird angeführt, dass dem Gesetzgeber regelmäßig verschiedene Möglichkeiten offenstehen, den Verfassungsverstoß zu beseitigen[548]: Die gleichheitswidrig vorenthaltene Begünstigung oder Belastung kann grds. gleichheitskonform auf die bislang zu Unrecht davon ausgeschlossenen Personen bzw. Sachverhalte ausgedehnt werden, sie kann aber auch abgeschafft werden, oder die Behandlung beider Vergleichspaare wird einander angeglichen[549].

170   Allerdings bliebe die gesetzgeberische Entscheidungsfreiheit auch bei einer Nichtigkeitserklärung noch weitgehend gewahrt[550], da eine rückwirkende Neuregelung hierdurch nicht generell ausgeschlossen wird[551]. Auch hat das BVerfG inzwischen klargestellt, dass Nichtigkeits- und Unvereinbarkeitserklärung im Regelfall für die Zukunft wie auch für die Vergangenheit die gleiche **Wirkung** haben[552]: Gerichte und Verwaltung dürfen die gleichheitswidrige Norm in dem sich aus der Entscheidungsformel ergebenden Umfang nicht mehr anwenden. Laufende Verfahren sind auszusetzen[553]. Der Gesetzgeber ist ferner berechtigt und verpflichtet, den verfassungswidrigen Zustand unverzüglich und rückwirkend für den gesamten Zeitraum zu beseitigen, auf den sich die Unvereinbarkeitserklärung bezieht[554]. Bereinigt der Gesetzgeber den Verfassungsverstoß nicht in angemessener Frist, dann müssen die Gerichte die bei ihnen anhängigen Rechtsstreitigkeiten fortführen und verfassungs-

---

546   Siehe BAG NJW 2006, 3161 (3165).
547   Siehe BVerfGE 110, 94 (138 ff.) m.w.N.
548   Siehe BVerfGE 99, 280 (298); 105, 73 (133); 117, 1 (69); 111, 115 (146); 122, 210 (246 f.) st. Rspr.
549   Siehe *Kirchhof*, HStR V, 2. Aufl. 2000, § 124 Rn. 272.
550   Kritisch daher *Sachs*, NVwZ 1982, 657 ff.; *Stern*, BK, Art. 93 Rn. 282.
551   Siehe BVerfGE 7, 89 (93 f.); siehe auch BVerfGE 81, 228 (239).
552   Explizit BVerfGE 37, 217 (261); bestätigt in BVerfGE 55, 100 (110); 61, 319 (356).
553   Siehe BVerfGE 37, 217 (261); 55, 100 (110); 92, 53 (73 f.); 93, 386 (403); 105, 73 (134); 107, 27 (58); 122, 210 (246 f.).
554   Vgl. BVerGE 82, 126 (155); 87, 153 (178); 99, 280 (298); 105, 73 (134); 110, 94 (138); st. Rspr.

konform entscheiden[555], d.h. von der Nichtigkeit der betreffenden Bestimmung ausgehen.

Die bloße Unvereinbarkeitserklärung trägt jedoch einigen **praktischen Bedürfnissen**   171
Rechnung: In der Frühzeit der Rspr. des BVerfG erlaubte sie die Bejahung der Entscheidungserheblichkeit einer Vorlage iSd Art. 100 bei gleichheitswidrigem Begünstigungsausschluss[556], weil für den Fall der Nichtigkeit der Begünstigungsnorm zuvor angenommen worden war, der Kläger des Ausgangsverfahrens könne auch bei Bejahung eines Gleichheitssatzverstoßes nicht obsiegen[557]. Dieser formalistische Standpunkt konnte freilich schon seinerzeit nicht überzeugen[558]. Inzwischen werden **Verfassungsbeschwerden und Normenkontrollanträge** zu Recht generell schon dann zugelassen, wenn eine Besserstellung des Grundrechtsträgers durch eine künftige Neuregelung nicht offensichtlich ausgeschlossen ist[559].

Heute liegt die eigentliche Rechtfertigung der Unvereinbarkeitserklärung vornehm-   172
lich in der mit ihr verbundenen Möglichkeit des BVerfG, für eine Übergangszeit ausnahmsweise die **Fortgeltung** der gleichheitswidrigen Norm[560] oder eine **Übergangsregelung**[561] anzuordnen. Da dies auch bei gleichheitswidrigen Belastungen angezeigt sein kann, hat das BVerfG die ursprüngliche Beschränkung der Unvereinbarkeitserklärung auf den gleichheitswidrigen Begünstigungsausschluss[562] stillschweigend aufgegeben[563].

Die ausnahmsweise Fortgeltung von gleichheitswidrigen Gesetzesbestimmungen   173
kommt vor allem dann in Betracht, wenn ansonsten ein Zustand einträte, der von der verfassungsmäßigen Ordnung noch weiter entfernt ist als der bisherige[564]. Entgegen BVerfGE 61, 319 (356 f.)[565] genügt dafür jedoch nicht ohne weiteres die **Rechtsunsicherheit**, die eine Unvereinbarkeitserklärung bei den Betroffenen erzeugt. Es muss vielmehr im Einzelnen dargelegt werden, warum Aspekten der Planungssicherheit ein größeres Gewicht als gleichheitsrechtlichen Erwägungen zukommen soll. Muss der Gesetzgeber grundrechtliche Schutzpflichten beachten, so dass ein vollständiger Verzicht auf damit zusammenhängende und gleichheitswidrig ausgestaltete Belastungen oder Einschränkungen verfassungswidrig wäre, muss grds. ebenfalls übergangsweise

---

555 Siehe BVerfGE 82, 126 (155).
556 Siehe *Rüfner*, BK, Art. 3 Abs. 1 Rn. 125.
557 Siehe BVerfGE 15, 121 (125 f.).
558 Kritisch *Dürig*, M/D, Art. 3 Abs. I Rn. 360 ff.
559 Siehe BVerfGE 49, 1 (7 ff.); 121, 108 (115 f.); *Rüfner*, BK, Art. 3 Abs. 1 Rn. 125 u. 127;
     noch weitergehend *Desens*, AöR 113 (2008), 404 (428 ff.) auf Basis einer innenrechts-
     theoretischen Sicht des Art. 3 Abs. 1 (dazu Rdn. 125).
560 Siehe BVerfGE 61, 319 (356 f.); *Boysen*, in: v. Münch/Kunig, GG, Art. 3 Rn. 114.
561 Siehe BVerfGE 73, 40 (101 f.); 121, 317 (376 f.); 122, 210 (247).
562 Siehe BVerGE 8, 28 (37).
563 Siehe beispielsweise BVerfGE 85, 191 (211 f.); 103, 242 (269 f.); 122, 210 (247); anders
     noch *Heun*, in: Dreier, GG, Art. 3 Rn. 54.
564 Siehe BVerfGE 37, 217 (261); 61, 319 (356); 92, 53 (73).
565 Ebenso BVerfGE 73, 40 (101 f.).

deren fortdauernde Anwendbarkeit angeordnet werden[566]. Schließlich hat das BVerfG wiederholt bei **haushaltswirtschaftlich bedeutsamen Steuerrechtsnormen** im Interesse verlässlicher Finanz- und Haushaltsplanung die weitere Anwendbarkeit verfassungswidriger Normen während eines Übergangszeitraums für gerechtfertigt erklärt[567].

174   Eine Unvereinbarkeitserklärung kann sich ferner auch dann als notwendig erweisen, wenn die Ausweitung einer Begünstigung zwar ausnahmsweise als verfassungsrechtlich zwingend erscheint, aber durch eine (Teil-)Nichtigkeitserklärung gesetzestechnisch nicht zu bewirken ist[568]. Das BVerfG hat dann vereinzelt auch eine übergangsweise Ausdehnung der Begünstigung auf die benachteiligte Gruppe bis zur Neuregelung durch den Gesetzgeber angeordnet, wenn die anderenfalls für die Betroffenen bestehenden Unsicherheiten gravierende Auswirkungen hätten, die spätere Ausdehnung durch den Gesetzgeber sehr wahrscheinlich ist und zudem die fiskalischen Auswirkungen überschaubar sind[569].

175   Auf die Nichtigkeit der gleichheitswidrigen Norm wird nach alledem nur in einigen eng umgrenzten Konstellationen erkannt. Die **Ausdehnung einer Begünstigung** durch (Teil-)Nichtigkeitserklärung der gleichheitswidrig ausgrenzenden Tatbestände bzw. Tatbestandsmerkmale kommt insbes. in Betracht, wenn sich die Rechtsfolgen auf die Vergangenheit beschränken und einer Beseitigung der Verfassungswidrigkeit durch eine generelle Aufhebung der Begünstigung der Vertrauensschutz der bislang Bessergestellten entgegensteht[570]. Entsprechend, aber auch mit Wirkung für die Zukunft verfährt das BVerfG, wenn sicher anzunehmen ist, dass der Gesetzgeber die Begünstigung auf alle nach Art. 3 zu berücksichtigenden Gruppen unverändert erstreckt haben würde[571]. Dafür kann insbesondere sprechen, dass die gleichheitswidrige Norm Teil eines umfassenderen Regelungssystems ist, an dem der Gesetzgeber erkennbar festhalten will und in das sich nur die Erstreckung der Begünstigung folgerichtig einfügt[572]. Im Übrigen ist hier um der Gestaltungsfreiheit des Gesetzgebers willen Zurückhaltung geboten, sofern sich die verfassungsrechtliche Notwendigkeit

---

566 Siehe beispielsweise BVerfG NJW 2008, 2409 (2419); siehe aber auch BVerfGE 85, 191 (212 f.).

567 Siehe BVerfGE 87, 153 (178 ff.); 93, 121 (148 f.); 105, 73 (134); siehe aber auch BVerfGE 122, 210 (246 f.).

568 Siehe BVerfGE 82, 126 (154 ff.); 105, 73 (133 f.); *Desens*, AöR 113 (2008), 404 (414); *Rüfner*, BK, Art. 3 Abs. 1 Rn. 129 m.w.N.

569 Siehe BVerfGE 121, 108 (132 f.).

570 Siehe BVerfGE 29, 283 (303); 55, 100 (113 f.); 99, 69 (83); ähnlich BVerfGE 37, 217 (261).

571 Siehe BVerfGE 8, 28 (37); 27, 391 (399); 85, 191 (211 f.); 88, 87 (101 ff.); ablehnend *Heun*, in: Dreier, GG, Art. 3 Rn. 54.

572 Siehe BVerfGE 21, 329 (337 f.); 22, 163 (174 f.); *P. Kirchhof*, HStR V, 2. Aufl. 2000, § 124 Rn. 273 m.w.N.

einer Begünstigung der bislang ausgeschlossenen Gruppe nicht schon aus anderen Bestimmungen des GG ergibt[573].

Die **Beseitigung einer gleichheitswidrigen Belastung** durch Nichtigkeitserklärung **176** bleibt ebenfalls auf wenige Ausnahmen beschränkt. Im Abgabenrecht hat das BVerfG dahingehend judiziert, wenn die fragliche Abgabe in keiner denkbaren Ausgestaltung mit allen maßgeblichen verfassungsrechtlichen Anforderungen in Einklang gebracht werden konnte[574]. Ein strukturelles Vollzugsdefizit (vgl. Rdn. 47 ff.) hat die Nichtigkeit der materiell-rechtlichen Regelung zur Folge, wenn eine nachträgliche Beseitigung der Verfassungswidrigkeit durch die Umgestaltung materieller und verfahrensrechtlicher Normen nicht mehr möglich ist[575].

I. Internationale und europäische Aspekte

Nachfolgend werden nur die praktisch besonders bedeutsamen gleichheitsrechtlichen **177** Gewährleistungen des europäischen Unionsrechts sowie der EMRK erörtert. Daneben finden sich auf internationaler Ebene Diskriminierungsverbote insbesondere im Internationalen Pakt über bürgerliche und politische Rechte (IPbpR 1966), im Internationalen Pakt über wirtschaftliche, soziale und kulturelle Rechte (IPwskR 1966) sowie in diversen UN-Menschenrechtskonventionen[576].

I. Unionsrechtliche Gleichheitsgarantien

1. Der allgemeine Gleichheitssatz

Der allgemeine Gleichheitssatz findet weder im EU-Vertrag noch im AEUV aus- **178** drückliche Erwähnung. Er ist aber in Art. 20 an die Spitze der gleichheitsrechtlichen Bestimmungen der Grundrechte-Charta der EU gesetzt worden[577]; selbige hat seit dem Vertrag von Lissabon den Rang von Unionsprimärrecht (vgl. Art. 6 Abs. 1 EUV)[578]. Der EuGH hat zudem schon früh aus den geschriebenen Diskriminierungsverboten des damaligen EG-Vertrages ein allgemeines Gleichbehandlungsgebot hergeleitet[579]. Dieses sei ein »fundamentales Prinzip«[580] bzw. ein »wesentlicher Grund-

---

573 Siehe beispielsweise BVerfGE 22, 349 (361); *Pieroth/Schlink*, Grundrechte, Rn. 485 m.w.N. – kein originäres Gleichheitsproblem.
574 Siehe BVerfGE 92, 91 (121).
575 Siehe BVerfGE 110, 94 (138 ff.).
576 Dazu näher *König/Peters*, in: Dörr/Grote/Marauhn, EMRK/GG Konkordanzkommentar, Kap. 21 Rn. 9; *McKolgan*, European Human Rights Law Review 8 (2003), 157 ff.; siehe auch Einl. Rdn. 197 ff.
577 Siehe dazu eingehend *Sachs*, in: Tettinger/Stern, Europäische Grundrechte-Charta, 2006, Art. 20 Rn. 1 ff.; *Jarass*, Charta der Grundrechte der EU, 2. Auflage 2013, Art. 20 Rn. 1 ff.
578 Siehe *Calliess*, in: Calliess/Ruffert, EUV/AEUV, Art. 1 GRCh Rn. 1; *Streinz*, in: Streinz, EUV/AEUV, GR-Charta Vorbem Rn. 6.
579 Grundlegend EuGH Slg. 1977, 1753, Rn. 7 – Ruckdeschel; seither st. Rspr.
580 EuGH Slg. 2005, I-8911, Rn. 23 f. – Kommission/Portugal.

satz«[581] des Unionsrechts, das auch auf die keinem besonderen Diskriminierungsverbot unterliegenden Bereiche der Unionstätigkeit ausstrahle[582]. Inzwischen hat
sich der Gerichtshof auch wiederholt zum **Grundrechtscharakter des allgemeinen
Gleichheitssatzes** bekannt[583].

179   Darauf berufen können sich nicht nur natürliche, sondern auch juristische Personen[584]. Als allgemeiner Rechtsgrundsatz des Unionsrechts[585] bindet der Gleichheitssatz in erster Linie die Unionsorgane bei der Ausübung ihrer jeweiligen Kompetenzen[586]. Im Anwendungsbereich des Unionsrechts ist er darüber hinaus auch
von den Mitgliedstaaten zu beachten[587]. Auf beiden Ebenen verbürgt der allgemeine
Gleichheitssatz Rechtssetzungsgleichheit ebenso wie Rechtsanwendungsgleichheit[588].
Eine Gleichbehandlung im Unrecht wird vom EuGH allerdings ausgeschlossen[589].

180   Seinem **Gewährleistungsgehalt** nach wird der allgemeine Gleichheitssatz vom
EuGH dahingehend verstanden, dass vergleichbare Sachverhalte nicht unterschiedlich und unterschiedliche Sachverhalte nicht gleich behandelt werden dürfen, sofern
eine solche Behandlung nicht objektiv gerechtfertigt ist[590]. Bei der Handhabung
dieses Maßstabes im Einzelfall lässt es die Rspr. des EuGH jedoch an Stringenz mis-
sen. In seiner frühen Rspr. gab der Gerichtshof mehrfach zu erkennen, dass er den
Gleichbehandlungsgrundsatz lediglich als Willkürverbot handhabe. Bestand ein objektiver Grund für eine Differenzierung, so wurde eine Verletzung des Gleichbe-

---

581 EuGH Slg. 2002, I-2569, Rn. 79 – Omega Air.
582 Siehe *Tridimas*, The General Principles of EU Law, 2. ed. 2006, S. 60.
583 Siehe EuGH Slg. 2000, I-2737, Rn. 37 f. – Karlsson; Slg. 2002, I-11915, Rn. 31 f. – Ca-
     ballero; Slg. 2006, I-7569, Rn. 37 – Alonso; Slg. 2010 I-8489, Rn. 63 – Chatzi;
     EU:C:2013:661, Rn. 76 – Schaible.
584 Siehe EuGH Slg. 1977, 1795, Rn. 14 ff. – Moulins et Huileries; Slg. 1994, I-5555,
     Rn. 30 ff. – Winzersekt; Slg. 1998, I-1023, Rn. 81 ff. – T. Port; EuGH v. 13.03.2014 –
     C-599/12 (Jetair und BTWE Travel4you), Rn. 53; EuGH v. 26.11.2013 – C-50/12 P
     (Kendrion), Rn. 63.
585 Siehe EuGH Slg. 1997, I-1847, Rn. 17 – Bakers of Nailsea; EuGH v. 22.05.2014 –
     C-356/12 (Glatzel), Rn. 43; EuGH v. 17.10.2013 – C-101/12 (Schaible), Rn. 76.
586 Siehe EuGH Slg. 1984, 4209 – Sermide; EuGH v. 22.05.2014 – C-356/12 (Glatzel),
     Rn. 41; EuGH v. 17.10.2013 – C-101/12 (Schaible), Rn. 78; Kischel, EuGRZ 1997, 1
     (6) m.w.N.
587 Siehe EuGH Slg. 2002, I-11915, Rn. 31; Slg. 2006, I-7569, Rn. 35; EuGH v.
     22.05.2014 – C-356/12 (Glatzel), Rn. 41; EuGH v. 17.10.2013 – C-101/12 (Schaible),
     Rn. 78; *Wallrab*, Die Verpflichteten der Gemeinschaftsgrundrechte, 2004, S. 51 ff.
588 Siehe *Odendahl*, in: Heselhaus/Nowak, HdB der Europäischen Grundrechte, § 43 Rn. 17
     m.w.N. aus der Rspr. des EuGH.
589 Siehe EuGH Slg. 1985, 2225, Rn. 14 m.w.N. – Williams; EuGH Slg. 2011, I-1541,
     Rn. 73 ff. – Agencja Wydawnicza Technopol; Slg. 2011, I-10947, Rn. 62 f., m.w.N. –
     Rank Group.
590 St. Rspr., siehe EuGH Slg. 2005, I-6451, Rn. 115 – Alliance for Natural Health; Slg.
     2005, I-10423, Rn. 63 – ABNA; Slg. 2010 I-8301, Rn. 55 – Akzo Nobel Chemicals;
     EU:C:2013:661, Rn. 78 – Schaible); EU:C:2014:350, Rn. 43 – Glatzel.

handlungsgrundsatzes abgelehnt[591]. Der Gerichtshof greift inzwischen zwar nicht mehr auf die Rechtsfigur des Willkürverbotes zurück[592]. Indes rekurriert er nach wie vor oftmals zur Bestimmung der objektiven Vergleichbarkeit zweier Personengruppen oder Sachverhalte unmittelbar auf den konkreten Gesetzeszweck der differenzierenden Regelung und praktiziert damit in der Sache nach wie vor eine bloße Willkürprüfung[593]. In anderen Urteilen allerdings untersucht der EuGH, ob sich eine Differenzierung als konsequente Umsetzung eines bereichsspezifisch sachgerechten Vergleichsmaßstabes darstellt, und verlangt anderenfalls eine Rechtfertigung für die Ungleichbehandlung[594]. Im Übrigen versteht der EuGH das Verbot der Gleichbehandlung von Ungleichem weit; vereinzelt hat er schon unterschiedliche Belastungswirkungen einheitlich geltender Regelungen für gleichheitsrechtlich rechtfertigungsbedürftig erachtet[595].

Im Rahmen einer etwaigen Rechtfertigungsprüfung besteht seitens des Gerichtshofes keine dogmatische Klarheit zur Bedeutung des Grundsatzes der **Verhältnismäßigkeit**. In einer Reihe von Entscheidungen begnügt sich der EuGH mit der Feststellung, dass nachvollziehbare und legitime Gründe für die Ungleichbehandlung vergleichbarer Sachverhalte bzw. Personen bestehen[596]. Damit wird allerdings die Trennung zwischen einer ersten Stufe objektiver Vergleichbarkeitsbestimmung und dem nachfolgenden Schritt der Rechtfertigungsprüfung im Ergebnis bedeutungslos[597]. Gelegentlich findet sich aber auch die Feststellung, eine Ungleichbehandlung vergleichbarer Personen oder Sachverhalte könne nur durch das Vorliegen objektiver Unterschiede »von einigem Gewicht« gerechtfertigt werden[598]. Vor allem in Konstellationen, die eine Affinität zu speziellen Diskriminierungsverboten wie Art. 19 oder Art. 40 Abs. 2 AEUV aufweisen, hat der Gerichtshof schließlich auch noch darüber hinausgehende Ansätze zur Prüfung von Erforderlichkeit und Angemessenheit einer auf legitime Gründe gestützten Abweichung von der eigentlich gebotenen Gleichbe-

181

591 Siehe EuGH Slg. 1982, 2745, Rn. 11 u. 13 – Edeka; Slg. 1982, 2885, Rn. 22 – Kind/ EWG.
592 Sehr deutlich EuGH Slg 2008, I-9895, Rn. 58 – Arcelor; EuGH v. 22.05.2014 – C-356/12 (Glatzel), Rn. 43; EuGH v. 17.10.2013 – C-101/12 (Schaible), Rn. 77; vgl. auch *Odendahl*, in: Heselhaus/Nowak, HdB der Europäischen Grundrechte, § 43 Rn. 26.
593 Exemplarisch EuGH Slg. 2004, I-11893, Rn. 71 – Swedish Match; Slg. 2004, I-11825, Rn. 69 – Arnold André.
594 Siehe beispielsweise EuGH Slg. 1977, 1753, Rn. 8 – Ruckdeschel; Slg. 2006, I-403, Rn. 96 – IATA; EuGH Slg. 2008, I-9895, Rn. 46 – Arcelor.
595 Siehe EuGH Slg. 2006, I-6331, Rn. 35 – Egenberger, zu Art. 34 Abs. 2 EG als bereichsspezifischem Ausdruck des allgemeinen Gleichheitssatzes.
596 Siehe EuGH Slg. 1990, I-435, Rn. 27 ff. – Wuidart; Slg. 2005, I-331, Rn. 21 f. – Heinecken.
597 Siehe *Schwarze*, Europäisches Verwaltungsrecht, S. 568.
598 Siehe beispielsweise EuGH Slg. 1985, 131, Rn. 8 – Finsider; Slg. 2003, I-5197, Rn. 115 – Connect Austria.

handlung erkennen lassen[599]. Dabei wurde gelegentlich auch auf die für Freiheitsrechte maßgebliche Verhältnismäßigkeitsprüfung verwiesen[600].

182 Begreift man den allgemeinen Gleichheitssatz mit dem EuGH als Individualgrundrecht, dessen Geltungskraft gemäß Art. 6 Abs. 3 EUV und Art. 52 Abs. 4 GrCh insbes. anhand der Verfassungstraditionen der Mitgliedstaaten[601] näher zu bestimmen ist, so sollte sich der Gewährleistungsgehalt nicht grundlegend von demjenigen des Art. 3 Abs. 1 unterscheiden (Rdn. 16 ff.). Es ist demnach zunächst danach zu fragen, ob die jeweilige Gleich- oder Ungleichbehandlung einem nach den Maßstäben der europarechtlichen Werteordnung legitimen Verteilungsprinzip entspricht; mit dessen Identifikation steht zugleich fest, inwieweit die einander gegenübergestellten Personengruppen oder Fallkonstellationen vergleichbar sind[602]. Abweichungen vom Grundprinzip bedürfen sodann der verhältnismäßigen Rechtfertigung[603]. Daneben sollte auch ein formelles Gebot konsistenter Gewichtung je identischer betroffener Belange in der gesetzgeberischen Abwägung angenommen werden[604], das auch dann zu beachten ist, wenn es sich nicht um Abweichungen von allgemeingültigen Verteilungsmaßstäben, sondern um Eingriffe in die unionsrechtlichen Freiheitsgrundrechte handelt.

183 Verstößt ein Unionsrechtsakt gegen den allgemeinen Gleichheitssatz, so hat dies grds. seine **Nichtigkeit** zur Folge[605]. Im Falle eines gleichheitswidrigen Begünstigungsausschlusses tendiert der EuGH jedoch in ähnlicher Weise wie das BVerfG zu einer bloßen **Unvereinbarkeitserklärung**[606]. Gelegentlich ist hier ohne besondere Begründung zugleich die Fortgeltung der betreffenden Norm bis zu einer Neuregelung und die gleichzeitige Ausdehnung auf die bislang gleichheitswidrig ausgeschlossene Personengruppe als Übergangsregelung angeordnet worden[607].

184 Treffen der Gesetzgeber oder die Verwaltung eines **Mitgliedstaates** eine gleichheitssatzwidrig begünstigende Regelung, so hat es der EuGH seit jeher für geboten gehalten, die Begünstigung ohne weiteres auf die Mitglieder der bislang benachteiligten Gruppe zu erstrecken[608]. Im Kontext des speziellen Diskriminierungsverbots des

599 Siehe EuGH Slg. 1986, 1651, Rn. 38 – Johnston; Slg. 1999, I-7403, Rn. 26 – Sirdar; Slg. 2000, I-2737, Rn. 44 f. – Karlsson; Slg 2008, I-9895, Rn. 47 u. 59 – Arcelor.
600 Siehe den Verweis auf EuGH Slg. 1989, 2609, Rn. 17 f. in EuGH Slg. 2000, I-2737, Rn. 45.
601 Siehe dazu *Hölscheidt*, in: Meyer, EU-Grundrechtecharta, Art. 20 Rn. 3 f.
602 Siehe *Sachs*, in: Tettinger/Stern, Europäische Grundrechte-Charta, Art. 20 Rn. 22.
603 Siehe *Kingreen*, in: Ehlers, Europäische Grundrechte und Grundfreiheiten, § 22 Rn. 7 f.
604 So i.E. auch EuGH Slg. 2004, I-7655, Rn. 30 ff. – Spanien/Kommission (insbes. Rn. 35).
605 Siehe EuGH Slg. 2006, I-6331, Rn. 45 – Egenberger.
606 Siehe EuGH Slg. 1977, 1795, Rn. 28 – Moulins.
607 Siehe EuGH Slg. 1988, 3443, Rn. 25 – van Landschoot, siehe auch *Odendahl*, in: Heselhaus/Nowak, HdB der Europäischen Grundrechte, § 43 Rn. 37.
608 Siehe EuGH Slg. 2002, I-11915, Rn. 42 f. m.w.N. – Caballero; Slg. 2006, I-7569, Rn. 45 f. – Alonso; Slg. 2008, I-105, Rn. 38 – Navarro; EuGH, Rs. C-309/06, Rn. 62 f.

Art. 157 AEUV hat der EuGH außerdem entschieden, dass es dem nationalen Gesetzgeber verwehrt sei, diese »Gleichstellung nach oben« nachträglich durch eine »Gleichstellung nach unten« in Gestalt der rückwirkenden Aufhebung der Begünstigung zu beseitigen[609]. Der EuGH geht offenbar davon aus, dass dies auch bei Verstößen gegen den allgemeinen Gleichheitssatz gelten soll[610]. Diese weitreichende Beschneidung der Gestaltungsfreiheit des mitgliedstaatlichen Gesetzgebers ist zur Durchsetzung des Gleichbehandlungsgebotes nicht angezeigt und daher abzulehnen[611]. Sie muss aber gegenwärtig bei der Frage, ob ein Vorabentscheidungsverfahren beim EuGH neben einer Vorlage an das BVerfG iSd Art. 267 AEUV erforderlich ist, Berücksichtigung finden[612].

2. Besondere Diskriminierungsverbote

Das Unionsprimärrecht enthält eine Reihe spezieller Diskriminierungsverbote, die   185
teils ausdrücklich als solche formuliert sind, teils bestimmten Vertragsbestimmungen vom EuGH im Wege der Auslegung entnommen werden. Sie lassen sich sämtlich auf drei Grundformen verbotener Diskriminierung zurückführen:

Zunächst zu nennen ist das Verbot der **Diskriminierung aus Gründen der Staats-**   186
angehörigkeit, das in allgemeiner Form in Art. 18 AEUV niedergelegt ist und sich in Art. 21 Abs. 2 GrCh wiederfindet[613]. Spezielle und in ihrem jeweiligen Geltungsbereich vorrangig anwendbare Ausprägungen dieses Verbotes enthalten das allgemeine Freizügigkeitsrecht des Art. 21 Abs. 1 AEUV[614], die Wahlrechtsgleichheit bei Kommunalwahlen gemäß Art. 22 Abs. 1 AEUV, die sog. Grundfreiheiten der Art. 45 Abs. 2 AEUV (Arbeitnehmerfreizügigkeit), Art. 49 Abs. 2 AEUV (Niederlassungsfreiheit) sowie Art. 56 Abs. 1 AEUV (Dienstleistungsfreiheit)[615]. Darüber hinaus sind den vorstehend genannten Grundfreiheiten sowie der Warenverkehrsfreiheit iSd Art. 34 f., 95 Abs. 1 u. 110 AEUV und der Kapitalverkehrsfreiheit des Art. 63 AEUV[616] auch ein Verbot der **Schlechterstellung des grenzüberschreitenden Wirt-**

- Marks & Spencer; *Rengeling/Szczekalla*, Grundrechte der Europäischen Union, 2004, Rn. 882; a.A. *Sachs*, in: Tettinger/Stern, Europäische Grundrechte-Charta, Art. 20 Rn. 26 f.

609 Siehe EuGH Slg. 1994, I-4435, Rn. 14 ff. – Avdel Systems.

610 Siehe die unterschiedslose Inbezugnahme in EuGH Slg. 2007, I-5149, Rn. 39 – Jonkman.

611 Wie hier *Hölscheidt*, in: Meyer, EU-Grundrechtecharta, Art. 20 Rn. 33.

612 Siehe dazu näher *Englisch*, in: Schön/Beck, Zukunftsfragen des deutschen Steuerrechts, 2009, S. 39 (82 f.).

613 Trotz seines weiter gefassten Wortlauts soll Art. 12 EG im Fall einer etwaigen Ungleichbehandlung zwischen Angehörigen der Mitgliedstaaten und Drittstaatsangehörigen keine Anwendung finden, siehe EuGH, Rs. C-22/08, Rn. 52 – Vatsouras.

614 Siehe EuGH Slg. 2007, I-6849, Rn. 86 ff. m.w.N. – Schwarz und Gootjes-Schwarz; siehe aber auch den Rekurs auf Art. 12 EG in EuGH, C-158/07, Rn. 35 ff. – Förster.

615 Siehe EuGH Slg. 1974, 1299, Rn. 10 – van Binsbergen; st. Rspr.

616 Siehe EuGH Slg. 2008, I-123, Rn. 41 f. – Jäger; st. Rspr.

schaftsverkehrs im Binnenmarkt gegenüber vergleichbaren aber rein mitgliedstaatsinternen Vorgängen zu entnehmen[617]. Schließlich enthält der AEUV ein Gebot der **Gleichbehandlung von Männern und Frauen**, flankiert durch ein Gebot effektiver Gleichstellung der Geschlechter. Verankert sind diese Vorgaben in den Art. 3 Abs. 3 EUV, 8 AEUV sowie in der Spezialvorschrift des Art. 157 AEUV (Arbeitsentgelt); auch Art. 23 GrCh enthält eine dahingehende Bestimmung.

187   Neben diversen Einzelvorschriften im unionsrechtlichen **Sekundärrecht** konkretisieren ferner einige EU-Richtlinien rechtsgebietsübergreifend die vorstehend genannten Diskriminierungsverbote und fügen ihnen weitere hinzu. Querschnittscharakter weisen insbes. Art. 16 Abs. 1 Buchst. a der DienstleistungsRL 2006/123/EG sowie diverse Gleichbehandlungsrichtlinien[618] auf. Soweit sich letztere auf die Ermächtigungen in Art. 19 bzw. Art. 157 Abs. 3 AEUV stützen[619], verpflichten sie die Mitgliedstaaten im Rahmen ihres je unterschiedlich weit gezogenen Anwendungsbereichs (insbes. Zugang zu Ausbildung und Beschäftigung, Arbeitsbedingungen, betriebliche Systeme der sozialen Sicherheit und z.T. auch Leistungen der Daseinsvorsorge), wirksame Vorkehrungen gegen eine Diskriminierung sowohl durch öffentliche Stellen als auch durch Privatpersonen und private Vereinigungen zu treffen. **Verpönte Differenzierungsmerkmale** sind dabei Geschlecht, Rasse, ethnische Herkunft, Religion, Weltanschauung, Alter, Behinderung und sexuelle Ausrichtung.

188   Ungeachtet aller im Detail bestehenden Unterschiede, die hier im Einzelnen nicht dargelegt werden können, lassen sich einige gemeinsame Charakteristika der vorstehend genannten Diskriminierungsverbote feststellen. So wird eine **Diskriminierung** vom EuGH generell dann angenommen, wenn entweder unterschiedliche Vorschriften auf vergleichbare Situationen angewandt werden oder wenn dieselbe Vorschrift auf unterschiedliche Situationen angewandt wird[620].

189   Hinzu kommen muss bei der **unmittelbaren Diskriminierung**, dass eine Differenzierung anhand des jeweils verpönten persönlichen bzw. personenbezogenen Merkmals erfolgt bzw. trotz insoweit bestehender signifikanter Unterschiede unterbleibt. Keine einheitliche Linie bietet die Rspr. aber bislang in der Frage, ob sich die Bestimmung der Vergleichbarkeit an den jeweiligen Regelungszielen zu orientieren hat,

---

617 Siehe EuGH Slg. 1998, I-1897, Rn. 23 – Safir; st. Rspr.
618 Siehe RL 79/7/EWG zur schrittweisen Verwirklichung des Grundsatzes der Gleichbehandlung von Männern und Frauen im Bereich der sozialen Sicherheit; RL 2010/41/EU zur Verwirklichung des Grundsatzes der Gleichbehandlung von Männern und Frauen, die eine selbstständige Erwerbstätigkeit ausüben; RL 2000/43/EG zur Anwendung des Gleichbehandlungsgrundsatzes ohne Unterschied der Rasse oder der ethnischen Herkunft; RL 2000/78/EG zur Festlegung eines allgemeinen Rahmens für die Verwirklichung der Gleichbehandlung in Beschäftigung und Beruf; RL 2006/54/EG zur Verwirklichung des Grundsatzes der Chancengleichheit und Gleichbehandlung von Männern und Frauen in Arbeits- und Beschäftigungsfragen.
619 RL 2000/43/EG; RL 2000/78/EG; RL 2006/54/EG.
620 Siehe EuGH Slg. 2008, I-4143, Rn. 13 m.w.N. – Wood; st. Rspr.

so dass die Notwendigkeit einer zusätzlichen Rechtfertigungsprüfung an sich entfällt[621], ob sie anhand des jeweiligen Regelungskontextes zu bestimmen ist[622], oder ob das jeweilige Diskriminierungsverbot hierfür eigenständige Wertungen bereithält[623]. Richtigerweise ist regelmäßig letzteres anzunehmen. Eine Rechtfertigung wird vom EuGH bei der unmittelbaren Diskriminierung im Rahmen der Grundfreiheiten nur aus den im AEUV ausdrücklich genannten Rechtfertigungsgründen zugelassen[624]. Bei den übrigen Diskriminierungsverboten wird hingegen die Möglichkeit einer objektiven Rechtfertigung aus legitimen Gründen unter Verhältnismäßigkeitsvorbehalt für zulässig erachtet[625]. Sie kann sich insbesondere auch aus dem Bestreben der faktischen Gleichstellung durch positive Fördermaßnahmen (»affirmative action«) ergeben[626].

Schon frühzeitig hat der EuGH neben der unmittelbaren auch die **mittelbare Diskriminierung** wegen der Staatsangehörigkeit[627] oder wegen des Geschlechts beanstandet. Dabei hat es der EuGH im Kontext der auf die Staatsangehörigkeit bezogenen Diskriminierungsverbote ausreichen lassen, wenn eine staatliche Maßnahme dem äußeren Anschein bzw. der Lebenserfahrung nach geeignet ist, sich tatsächlich überwiegend auf EU- Ausländer nachteilig auszuwirken[628]. Hingegen wurde für die Annahme einer mittelbaren Diskriminierung wegen des Geschlechts ein statistischer Nachweis verlangt, dass ein Geschlecht in der durch ein bestimmtes Differenzierungskriterium begünstigten Personengruppe im Vergleich zu seiner Präsenz in der benachteiligten Vergleichsgruppe signifikant unterrepräsentiert ist[629]. Das Verbot mittelbarer Diskriminierung hat auch Eingang in die DienstleistungsRL[630] und in die Gleichbehandlungsrichtlinien gefunden. Letztere untersagen prinzipiell jegliche Differenzierung anhand dem Anschein nach neutraler Vorschriften, Kriterien oder Verfahren, welche Personen einer bestimmten Rasse, eines bestimmten Geschlechts etc. in besonderer Weise gegenüber Personen einer anderen Ausprägung des jeweiligen Merk-

190

---

621 Besonders deutlich in EuGH Slg. 2007, I-2555, Rn. 28 f. einerseits und Rn. 35 f. andererseits – Talotta (zu Art. 43 EG).
622 Siehe EuGH Slg. 1995, I-225, Rn. 31 ff. – Schumacker (zu Art. 39 EG).
623 Siehe EuGH, Slg. 1986, 875, Rn. 11 – John Walker (zu Art. 90 EG); EuGH, Slg. 1999, I-2865, Rn. 17 – Angestelltenbetriebsrat (zu Art. 141 EG).
624 Siehe EuGH Slg. 1995, I-4165, Rn. 37 – Gebhard; st. Rspr.
625 Siehe EuGH Slg. 1986, 1651, Rn. 38 – Johnston; EuGH Slg. 2002, I-4961, Rn. 62 ff. – Brunnhofer; Slg. 2003, I-11613, Rn. 31 – Avello.
626 Siehe Art. 141 Abs. 4 EG; Art. 3 RL 2006/54/EG; zu den Grenzen vgl. EuGH Slg. 1995, I-3051, Rn. 21 ff. – Kalanke.
627 Grundlegend EuGH Slg. 1973, 153, Rn. 11 – Sotgiu.
628 Siehe EuGH Slg. 1991, I-3905, Rn. 32 – Factortame; Slg. 1996, I-2617, Rn. 20 – O'Flynn; Slg. 1996, I-4307, Rn. 20 – Kommission/Belgien; Slg. 2000, I-8081, Rn. 57 f. – Ferlini.
629 Siehe EuGH Slg. 1999, I-623, Rn. 59 – Seymour-Smith; Slg. 2007, I-573, Rn. 38 f. – Voß.
630 Siehe Art. 16 (1) a DienstleistungsRL 2006/123/EG.

mals benachteiligen können[631]. Damit bedarf es seitdem auch für die mittelbare Diskriminierung wegen des Geschlechts keines statistischen Nachweises mehr[632]. Eine mittelbare Diskriminierung kann durch objektive, von dem verpönten Differenzierungskriterium unabhängige Erwägungen gerechtfertigt werden, sofern sie auch den Verhältnismäßigkeitsgrundsatz wahrt[633].

191   Die unmittelbar im AEUV selbst niedergelegten speziellen Gleichheitsgarantien binden sowohl die **Mitgliedstaaten** als auch die Organe der **Union**[634]. Lediglich Art. 157 Abs. 1 AEUV ist ebenso wie die Vorgaben der Gleichbehandlungsrichtlinien nur an die Mitgliedstaaten gerichtet. Im Verhältnis zu den Mitgliedstaaten sind alle Diskriminierungsverbote unmittelbar anwendbar[635] und vorrangig vor entgegenstehendem nationalen Recht zu beachten.

192   Hingegen entfalten die Diskriminierungsverbote des AEUV grds. keine unmittelbare bzw. »horizontale« **Drittwirkung** zwischen Privaten[636]. Etwas anderes gilt nach Ansicht des EuGH nur für den Abschluss von Kollektivverträgen mit Blick auf die damit verbundene, behördenähnliche Ausübung normativer und sozioökonomischer Macht[637]. Eine generelle Bindungswirkung auch gegenüber Privaten soll darüber hinaus nach zweifelhafter Rspr. des EuGH der Gewährleistung von Arbeitnehmerfreizügigkeit nach Art. 45 AEUV[638] sowie der Garantie gleicher Entlohnung von Männern und Frauen nach Art. 157 Abs. 1 AEUV[639] zukommen. Die Gleichbe-

---

631 Siehe beispielsweise Art. 2 Abs. 2 Buchst. b RL 2000/43/EG; Art. 2 Abs. 2 Buchst. b RL 2000/78/EG; Art. 2 Abs. 1 Buchst. b RL 2006/54/EG.

632 Selbiger sollte aber generell nur dann entbehrlich sein, wenn die Tendenz zur relativ häufigeren Betroffenheit von nachteiligen Rechtsfolgen bzw. zum relativ häufigeren Ausschluss von positiven Rechtsfolgen evident ist.

633 Siehe EuGH Slg. 2005, I-2119, Rn. 54 – Bidar (zur mittelbaren Diskriminierung ausländischer Staatsangehöriger); EuGH Slg. 2003, I-12575, Rn. 82 ff. – Schönheit (zur mittelbaren Diskriminierung von Frauen). Ebenso die Gleichbehandlungsrichtlinien, siehe beispielsweise Art. 2 Abs. 1 Buchst. b RL 2006/54/EG.

634 Siehe zur Bindung auch der Gemeinschaftsorgane EuGH Slg. 1982, 1409, Rn. 21 – Schul (zu Art. 110 AEUV); Slg. 2005, I-6451, Rn. 47 – Alliance for Natural Health (zu Art. 34 AEUV); *Zazoff*, Der Unionsgesetzgeber als Adressat der Grundfreiheiten, 2011, 70 ff., m.w.N.; ablehnend zu den Grundfreiheiten *Kingreen*, in: Calliess/Ruffert, EUV/AEUV, AEUV Art. 34–36 Rn. 109.

635 Siehe EuGH, Slg. 1993, I-5145, Rn. 34 – Collins (zu Art. 12 EG); EuGH Slg. 1976, 455, Rn. 21 ff. – Defrenne II (zu Art. 141 EG); *Ehlers*, Jura 2001, 266 (267) m.w.N. (Grundfreiheiten).

636 Siehe EuGH, Slg. 1987, 3801, Rn. 30 – VVR (zu Art. 28 EG); *Streinz*, in: Streinz, EUV/AEUV, Art. 18 AEUV Rn. 43; zurückhaltend auch *Rossi*, EuR 2000, 197 (216 f.).

637 Siehe EuGH, Slg. 2007, I-779, Rn. 33 f. m.w.N. – ITWF.

638 Siehe EuGH Slg. 2000, I-4139, Rn. 30 ff. – Angonese.

639 Siehe EuGH Slg. 1976, 455, Rn. 39 – Defrenne.

handlungsrichtlinien hingegen bedürfen stets der Umsetzung in nationales Recht, weil sie grds. nicht zu Lasten Dritter unmittelbar angewendet werden dürfen[640].

Berechtigte sind in erster Linie natürliche Personen, wobei der persönliche Gel- 193 tungsbereich z.T. auf Unionsbürger iSd Art. 9 S. 2 EUV begrenzt ist. Auf die Verbote der Diskriminierung wegen der Staatsangehörigkeit können sich zudem auch juristische Personen des Privatrechts iSd Art. 54 AEUV berufen[641], soweit sie dem sachlichen Geltungsbereich nach betroffen sein können. Bei ihnen tritt an die Stelle der Staatsangehörigkeit ihr Sitz im Sinne des Art. 54 AEUV, der ihre Zugehörigkeit zur Rechtsordnung eines Mitgliedstaates bestimmt[642].

Verstoßen Maßnahmen eines nationalen Gesetzgebers gegen die Diskriminierungs- 194 verbote, müssen entsprechend den Darlegungen zum allgemeinen Gleichheitssatz (Rdn. 184) Vergünstigungen auf die Mitglieder der bislang davon ausgeschlossenen Personengruppe erstreckt werden[643]. In diskriminierender Weise belastende Gesetzesbestimmungen sind unanwendbar[644]. Dasselbe ist für eine diskriminierende Verwaltungspraxis der Mitgliedstaaten festzustellen[645].

II. Die Diskriminierungsverbote der EMRK

Die EMRK enthält keinen allgemeinen Gleichheitssatz, sondern lediglich **Diskrimi-** 195 **nierungsverbote**[646]. Gemäß Art. 14 EMRK ist der Genuss der in der Konvention anerkannten Rechte und Freiheiten ohne Diskriminierung zu gewährleisten. Dieses Diskriminierungsverbot enthält zugleich eine nicht abschließende Aufzählung verpönter Differenzierungskriterien, namentlich das Geschlecht, die Rasse, die Hautfarbe, die Sprache, die Religion, die politische oder sonstige Anschauung, die nationale oder soziale Herkunft, die Zugehörigkeit zu einer nationalen Minderheit, Eigentums- bzw. Vermögensverhältnisse und die Geburt[647]. Letztlich ist aber jede Diskriminierung aufgrund status- bzw. personenbezogener Merkmale untersagt[648]. In

---

640 Siehe EuGH, Slg. 1986, 723, Rn. 48 – Marshall l; Slg. 1994, I-3325, Rn. 19 ff. – Faccini Dori; kritisch *Craig*, European Law Review 2009, S. 349 ff.
641 Siehe EuGH Slg. 1993, I-5145, Rn. 30 f. – Collins (zu Art. 12 EG); Slg. 1998, 2521, Rn. 16 ff. – Clean Car Autoservice (zu Art. 39 EG); siehe ferner Art. 48, 55 EG. Ohne weiteres gilt dies auch für die nicht personenbezogenen Grundfreiheiten, siehe beispielsweise EuGH Sgl. 1988, 4233 – Drei Glocken GmbH (zu Art. 28 EG).
642 Siehe EuGH Slg. 2006, I-11949, Rn. 22 – Denkavit Internationaal.
643 Siehe EuGH Slg. 2007, I-5149, Rn. 37 u. 39 – Jonkman.
644 Siehe EuGH Slg. 2003, I-11585, Rn. 49 – Grilli; st. Rspr.
645 Siehe EuGH Slg. 2003, I-13555, Rn. 43 f. – Neri.
646 Siehe *Odendahl*, in: Heselhaus/Nowak, HdB der Europäischen Grundrechte, § 43 Rn. 8; relativierend *König/Peters*, in: Dörr/Grote/Marauhn, EMRK/GG Konkordanzkommentar, Kap. 21 Rn. 1.
647 Eingehend zur Interpretation der einzelnen Diskriminierungsmerkmale *König/Peters*, in: Grote/Marauhn, EMRK/GG Konkordanzkommentar, Kap. 21 Rn. 135 ff.; *Schweizer*, IntKommEMRK, Art. 14 Rn. 76 ff.
648 Siehe *Schweizer*, IntKommEMRK, Art. 14 Rn. 17.

Art. 1 Abs. 1 des 12. ZP EMRK werden diese Gleichheitsgewährleistungen zwar auf jegliche gesetzlich eingeräumten Rechte sowie auf das Verwaltungshandeln erstreckt. Auch diese Vorschrift stellt aber mangels positiver Ausrichtung auf ein Gebot zur Anwendung sachgerechter Verteilungsmaßstäbe keinen allgemeinen Gleichheitssatz dar[649]. Im Übrigen hat Deutschland das 12. ZP EMRK zwar unterzeichnet, bislang aber noch nicht ratifiziert.

196   Einen Verstoß gegen Art. 14 EMRK können sowohl natürliche als auch juristische Personen[650] geltend machen. Der sachliche **Geltungsbereich** wird durch die Akzessorietät zu den übrigen Konventionsrechten begrenzt[651]. Es sind nur Maßnahmen überprüfbar, die den Schutzbereich eines in der EMRK oder in einem vom jeweils beklagten Staat ratifizierten Zusatzprotokoll genannten Rechts zumindest berühren[652]. Dies wird vom EGMR relativ großzügig angenommen[653]. In diesem Rahmen schützt Art. 14 EMRK vor einer Diskriminierung sowohl durch die Verwaltung als auch von Seiten des Gesetzgebers[654]. Allerdings kann der EGMR mitgliedstaatliche Normen im Falle eines Verstoßes gegen das Diskriminierungsverbot nicht aufheben, sondern **nur den Verstoß feststellen**. Es obliegt dann gemäß Art. 46 EMRK dem nationalen Gesetzgeber, die Diskriminierung zu beseitigen.

197   Als grundsätzlich verbotene **Diskriminierung** sieht der EGMR die Ungleichbehandlung von Personen oder Personengruppen in vergleichbaren Situationen an, sofern die Differenzierung auf einer Anknüpfung an persönliche Merkmale beruht[655]. Eine solche Differenzierung ist jedoch dann nicht diskriminierend, wenn sie aus objektiven und vernünftigen Gründen gerechtfertigt ist, weil die Ungleichbehandlung ein legitimes Ziel verfolgt und der Verhältnismäßigkeitsgrundsatz gewahrt ist[656]. Dabei

---

649 A.A. *Grabenwarter*, EMRK, Rn. 1; *Rengeling/Szczekalla*, Grundrechte der Europäischen Union, 2005, Rn. 886.

650 Siehe Art. 34 EMRK: »nichtstaatliche Organisationen und Personengruppen«; siehe etwa EGMR A 301, Rn. 49 – The Holy Monasteries; ECHR 2001-VI, Rn. 89 – VGT Verein.

651 Siehe *Grabenwarter*, EMRK, § 26 Rn. 2.

652 Siehe EGMR EuGRZ 1975, 298 – Belgischer Sprachenfall; EuGRZ 1985, 567, Rn. 71 – Abdulaziz; ECHR 2002-I, 345, Rn. 27 – Fretté; EGMR, Nr. 43546/02, Rn. 47 ff. – E.B; NVwZ 2010, 823, Rn. 45 – Löffelmann; EGMR Nr. 44585/10, Rn. 41 – Axel Springer AG; EGMR Nr. 30078/06, Rn. 124 f. – Konstatin Markin.

653 Siehe *Grabenwarter*, EMRK, § 26 Rn. 3 m.w.N.; *König/Peters*, in: Dörr/Grote/Marauhn, EMRK/GG Konkordanzkommentar, Kap. 21 Rn. 31 f. Exemplarisch ist EGMR NVwZ 2011, 31 – Manenc.

654 Siehe EGMR ECHR 1999-III, Rn. 86 ff. – Chassagnou; EGMR NVwZ 2012, 221, Rn. 56 – Kiyutin; *König/Peters*, in: Dörr/Grote/Marauhn, EMRK/GG Konkordanzkommentar, Kap. 21 Rn. 22 m.w.N.

655 Siehe EGMR v. 28.07.2005, MMR 2008, 29, Rn. 69 – Alatulkkila; EGMR v. 04.03.2014, NVWZ 2015, 277 (287), Rn. 27 f. – The Church of Jesus Christ of Latter-Day Saints; st. Rspr.

656 Siehe EGMR EuGRZ 1985, 513, Rn. 38 – Rasmussen; EGMR v. 04.03.2014, NVWZ 2015, 277 (279), Rn. 28 – The Church of Jesus Christ of Latter-Day Saints; st. Rspr.

kommt es auch darauf an, ob sich ein bestimmter gemeineuropäischer Mindeststandard feststellen lässt[657].

Allerdings sind in der Handhabung dieses Prüfungsmaßstabes ähnliche Schwankungen zwischen ein- und zweistufiger Prüfung festzustellen wie in derjenigen des EuGH zum allgemeinen Gleichheitssatz (Rdn. 180 f.)[658]. Insbesondere bleibt unklar, inwieweit die gesetzgeberischen Motive schon auf Ebene der Vergleichbarkeit oder erst im Rahmen einer Rechtfertigungsprüfung zu berücksichtigen sind. Richtigerweise ist die Vergleichbarkeit im Kontext eines Diskriminierungsverbotes wie dem des Art. 14 EMRK unwiderlegbar zu vermuten, und die Motivforschung sollte erst auf der Rechtfertigungsebene einsetzen[659]. Bei einer Differenzierung nach bestimmten »suspekten Merkmalen« wird die Vergleichbarkeit der Situation der jeweils begünstigten und benachteiligten Personengruppe denn auch regelmäßig vermutet, außerdem werden insoweit »sehr schwerwiegende Gründe« für die Rechtfertigung der Ungleichbehandlung verlangt[660]. Zu den suspekten Merkmalen zählen insbes. das Geschlecht[661], die nichteheliche Geburt[662], die nationale Herkunft[663] und die sexuelle Orientierung[664] einer Person. Der EGMR hat jüngst auch generell davon gesprochen, dass bei »besonders verletzlichen Personengruppen«, die in der Vergangenheit unter erheblicher Diskriminierung gelitten hätten, ein besonders hohes Schutzniveau bzw. strenge Anforderungen an eine Rechtfertigung gälten[665]. **198**

Neben der unmittelbaren Diskriminierung aufgrund der tatbestandlichen Anknüpfung an ein personenbezogenes Differenzierungsmerkmal hat der EGMR in den letzten Jahren gelegentlich auch eine **mittelbare Diskriminierung** für konventionswidrig erachtet[666]. Sie soll vorliegen, wenn sich eine nach sachbezogenen Kriterien differenzierende Maßnahme faktisch in unverhältnismäßiger Weise nachteilig auf ei- **199**

---

657 Siehe EGMR NVwZ 2012, 221, Rn. 65 – Kiyutin; *Grabenwarter*, EMRK, § 26 Rn. 12 m.w.N.
658 Kritisch *Sachs*, in: Tettinger/Stern, Europäische Grundrechte-Charta, Art. 21 Rn. 9.
659 A.A. *König/Peters*, in: Dörr/Grote/Marauhn, EMRK/GG Konkordanzkommentar, Kap. 21 Rn. 121.
660 Siehe dazu generell *Grabenwarter*, EMRK, § 26 Rn. 13 ff.; *Schweizer*, IntKomm- EMRK, Art. 14 Rn. 18 ff.
661 Siehe EGMR EuGRZ 1985, 567, Rn. 78 – Abdulaziz; ECHR 1997-I, Rn. 39 – van Raalte; ECHR 2002-IV, Rn. 39 – Willis.
662 Siehe EGMR EuGRZ 1979, 454, Rn. 28 ff. – Marckx; ECHR 2000-II, Rn. 49 – Mazurek. Dies gilt auch für eine Diskriminierung eines Elternteils, siehe EMGR EuGRZ 2010, 42, Rn. 51 – Zaunegger.
663 Siehe EGMR ECHR 1996-IV, Rn. 42 – Gaygusuz; ECHR 2003-X, Rn. 46 ff. – Poirrez.
664 Siehe EGMR ECHR 1999-VI, Rn. 89 f. – Smith and Grady; ECHR 2003-I, Rn. 45 – L.u.V.; EGMR, Nr. 43546/02, Rn. 91 – E.B; EGMR NVwZ 2011, 1375, Rn. 108 – Alekseyev.
665 Siehe EGMR NVwZ 2012, 221, Rn. 63 – Kiyutin.
666 Siehe EGMR, Nr. 24746/94, Rn. 154 – Jordan; EGMR 17209/02, Rn. 75 ff. – Adami; vgl. auch EGMR, Nr. 43546/02, Rn. 74.

ne bestimmte Personengruppe auswirkt. Der Beschwerdeführer kann dabei durch Vorlage verlässlicher und aussagekräftiger Statistiken eine Vermutung für die diskriminierenden Auswirkungen neutral formulierter Regelungen begründen[667]. Soweit der EGMR allerdings im Rahmen der Rechtfertigungsprüfung fordert, es dürften legitimerweise nur solche objektiven Differenzierungskriterien Anwendung finden, die den bislang Benachteiligten in höherem Maße die Aussicht auf eine günstigere Behandlung sichern[668], wandelt er das Diskriminierungsverbot in ein Fördergebot um. Dafür geben Konventionstext und -kontext des Art. 14 EMRK jedoch nichts her[669]. Über den Wortlaut des Art. 14 EMRK hinaus hat der EGMR außerdem eine Diskriminierung auch dann angenommen, wenn Personen ohne objektive und vernünftige Rechtfertigung gleich behandelt werden, obwohl sie sich jeweils in einer signifikant unterschiedlichen Situation befinden[670].

J. Deutsche und europarechtliche Leitentscheidungen

I. Art. 3 Abs. 1

200 **Allgemein:** BVerfGE 1, 14 (52) – Südweststaat; BVerfGE 3, 225 (240 ff.) – Ehe- und Familienrecht; BVerfGE 6, 84 – Sperrklausel; BVerfGE 10, 59 – Elterliche Gewalt; BVerfGE 37, 217 – Staatsangehörigkeit von Kindern; BVerfGE 55, 72 – Präklusion; BVerfGE 88, 87 – Transsexuelle; BVerfGE 101, 54 (101 ff.) – Schuldrechtsanpassungsgesetz; BVerfGE 122, 39 – Rechtsschutzgleichheit; BVerfGE 130, 131 – Rauchverbot; BVerwGE 122, 331 – Wehrgerechtigkeit.

Steuer- und Abgabenrecht: BVerfGE 6, 55 (70) – Steuergerechtigkeit; BVerfGE 21, 12 – Allphasenumsatzsteuer; BVerfGE 61, 319 (342 ff.) – Ehegattensplitting; BVerfGE 74, 182 – Einheitswert; BVerfGE 82, 60 (86 ff.) – Familienexistenzminimum; BVerfGE 84, 239 – strukturelles Vollzugsdefizit; BVerfGE 105, 73 – Rentenbesteuerung; BVerfGE 107, 27 – Doppelte Haushaltsführung; BVerfGE 117, 1 – Erbschaftssteuer; BVerfGE 120, 1 – Gewerbesteuerfreiheit; BVerfGE 122, 201 – Pendlerpauschale; BVerfGE 133, 377 – Ehegattensplitting/eingetragene Lebenspartnerschaft; BVerfG BStBl. II 2015, 50 – Erbschaftsteuer.

Arbeitsrecht: BVerfGE 52, 369 – Hausarbeitstag; BVerfGE 82, 126 – Kündigungsfristen für Arbeiter; BVerfGE 85, 191 – Nachtarbeitsverbot; BVerfGE 89, 276 – Geschlechtsbezogene Diskriminierung.

---

667 Siehe EGMR EuGRZ 2009, 90, Rn. 188 f. – Roma von Ostrava; zustimmend Koch/Nguyen, EuR 2010, 364 (375 f.).

668 Siehe EGMR EuGRZ 2009, 90, Rn. 199 ff. – Roma von Ostrava (Zugang zur Regelschule).

669 Zutreffend *Heyden/von Ungern-Sternberg*, EuGRZ 2009, 81 (86 ff.); a.A. wohl *König/Peters*, in: Dörr/Grote/Marauhn, EMRK/GG Konkordanzkommentar, Kap. 21 Rn. 100 f.

670 Siehe EGMR ECHR 2000-IV, Rn. 44 – Thlimmenos; ECHR 2002-III, Rn. 88 – Pretty; EGMR, Nr. 6339/05 Rn. 73 – Evans.

Englisch

Sozialrecht: BVerfGE 74, 9 – Arbeitsförderungsgesetz 1979; BVerfGE 74, 163 – Rentenalter; BVerfGE 75, 108 – Künstlersozialversicherung; BVerfGE 87, 1 – Trümmerfrauen; BVerfGE 130, 240 – Erziehungsgeld.

Wirtschaftsrecht: BVerfGE 13, 225 – Bahnhofsapotheken; BVerfGE 64, 229 – Sparkassen; BVerfGE 98, 49 – Sozietätsverbot; BVerfGE 99, 367 – Montanmitbestimmung.

Ausbildungs- und Prüfungsrecht: BVerfGE 33, 303 (332 ff. –) – numerus clausus I; BVerfGE 75, 40 (71 ff.) – Ersatzschulen; BVerfGE 134, 1 – Landeskinderklausel.

Recht des öffentlichen Dienstes: BVerfGE 26, 163 – Besoldungsgleichheit; BVerfGE 17, 122 – Wiedergutmachung im öffentlichen Dienst; BVerfGE 98, 365 (384 ff.) – Altersversorgung; BVerfGE 124, 199 – Hinterbliebenenversorgung/eingetragene Lebenspartnerschaft.

Strafrecht: BVerfGE 10, 234 (246 ff.) – Platow-Amnestie; BVerfGE 66, 199 (205 ff.) – Strafvollzug.

II. Art. 3 Abs. 2

BVerfGE 3, 225 (239 ff.) – Begriff der »Gleichberechtigung«; BVerfGE 17, 1 (8 ff.)   **201**
– Waisenrente; BVerfGE 39, 169 (185 f.) – Witwenrente; BVerfGE 74, 163 – Altersgrenze für Altersruhegeld; BVerfGE 85, 191 (207) – Nachtarbeitsverbot; BVerfGE 89, 276 (285) – privatrechtliches Arbeitsverhältnis; BVerfGE 104, 373 (393 ff.) – Familiendoppelnamen; BVerfGE 126, 29 – mittelbare Diskriminierung bei Differenzierung nach Arbeitnehmergruppen; BVerfGE 132, 72 – Arbeitsmarktintegration als Elterngeldvoraussetzung.

III. Art. 3 Abs. 3

BVerfGE 2, 266 (286) – Notaufnahmegesetz; BVerfGE 75, 40 (69 f.) – Ersatzschulen;   **202** BVerfGE 92, 91 – Feuerwehrabgabe; BVerfGE 96, 288 – Einschulung Behinderter; BVerfG BGBl. I 2015, 429 – Kopftuchverbot.

IV. Gemeinschaftsrechtliche Gleichheitsgrundsätze

Allgemeiner Gleichheitssatz: EuGH Slg. 1977, 1753 – Ruckdeschel; EuGH Slg.   **203** 1988, 3443 – van Landschoot; EuGH Slg. 2000, I-2737 – Karlsson; EuGH Slg. 2004, I-7655 – Spanien/Kommission; EuGH Slg. 2005, I-1042 – ABNA; EuGH Slg. 2006, I-403 – IATA; EuGH v. 18.12.2008, C-127/07 – Arcelor.

Spezielle Diskriminierungsverbote: EuGH Slg. 1973, 153 – Sotgiu; EuGH Slg. 1976, 455 – Defrenne II; EuGH, Slg. 1986, 723 – Marshall I; EuGH Slg. 1999, I-623 – Seymour-Smith; EuGH Slg. 2000, I-4139 – Angonese; EuGH Slg. 2005, I-2119 – Bidar; EuGH Slg. 2007, I-5149 – Jonkman.

V. Art. 14 EMRK

204   EGMR EuGRZ 1975, 298 – Belgischer Sprachenfall; EGMR EuGRZ 1985, 567 – Abdulaziz; EGMR EuGRZ 1985, 513 – Rasmussen; EGMR ECHR 2000-IV, 263 – Thlimmenos; EGMR EuGRZ 2009, 90 – Roma von Ostrava; EGMR NVwZ 2011, 737 – Lautsi.

K. Literaturauswahl

205   **Art. 3 Abs. 1:** *v. Arnim, H.-H.*, Der strenge und der formale Gleichheitssatz, DÖV 1984, 85; *Bleckmann, A.*, Der allgemeine Gleichheitssatz beim Zusammenwirken des Europäischen Gemeinschaftsrechts mit dem nationalen Recht, NJW 1985, 2856; *Dann, P.*, Verfassungsgerichtliche Kontrolle gesetzgeberischer Rationalität, Der Staat 49, 630; *Englisch, J.*, Wettbewerbsgleichheit im grenzüberschreitenden Handel: mit Schlussfolgerungen für indirekte Steuern, 2008; *Englisch*, Folgerichtiges Steuerrecht als Verfassungsgebot, Festschrift für Joachim Lang, Gestaltung der Steuerrechtsordnung, 2010; *Gusy, C.*, Der Gleichheitssatz, NJW 1988, 2505; *Isensee, J.*, Die typisierende Verwaltung, 1976; *Jarass, H.*, Die Folgerungen der neueren Rechtsprechung des BVerfG für die Prüfung von Verstößen gegen Art. 3 I GG, NJW 1997, 2545; *Kempny/Reimer*, Die Gleichheitssätze, 2012; *Kirchhof, P.*, Die Verschiedenheit der Menschen und die Gleichheit vor dem Gesetz, 1996; *Ossenbühl, F.*, Selbstbindungen der Verwaltung, DVBl. 1981, 857; *Osterloh, L.*, Der verfassungsrechtliche Gleichheitssatz: Entwicklungslinien der Rechtsprechung des Bundesverfassungsgerichts, EuGRZ 2002, 309; *Payandeh, M*: Das Gebot der Folgerichtigkeit, AöR 126 (2011) 578; *Petersen, N.*, Gesetzgeberische Inkonsistenz als Beweiszeichen, AöR 138 (2013), 108; *Podlech, A.*, Gehalt und Funktionen des allgemeinen verfassungsrechtlichen Gleichheitssatzes, 1971; *Robbers, G.*, Der Gleichheitssatz, DÖV 1988, 749; *Sachs, M.*, Die Maßstäbe des allgemeinen Gleichheitssatzes – Willkürverbot und sogenannte neue Formel, JuS 1997, 124; *Schmidt, R.*, Die Bindung des Gesetzgebers an den Gleichheitssatz (Art. 3 I GG) in der Rechtsprechung des BVerfG, 1963; *Schoch, F.*, Der Gleichheitssatz, DVBl. 1988, 863; *Stern, K.*, Das Gebot zur Ungleichbehandlung, FS Dürig, 1990, 207; *Tipke, K.*, Steuergerechtigkeit in Theorie und Praxis, 1981; *Wendt, R.*, Der Gleichheitssatz, NVwZ 1988, 778; *Wendt, R.*, Die Weiterentwicklung der »Neuen Formel« bei der Gleichheitsprüfung in der Rechtsprechung des Bundesverfassungsgerichts, FS Stern, 2012, 1553; *Zippelius, R./Müller, G.*, Der Gleichheitssatz, VVDStRL 47 (1989), 7 bzw. 37.

Art. 3 Abs. 2: *Di Fabio, U.*, Die Gleichberechtigung von Mann und Frau, AöR 1997, 404; *Ebsen, I.*, Gleichberechtigung von Männern und Frauen, in: HdbVerfR, § 8, 263; *Heckel, M.*, Art. 3 III GG – Aspekte des besonderen Gleichheitssatzes, FS Düring 1990, 241; *Herdegen, M.*, Die Aufnahme besonderer Vorschriften zugunsten behinderter Personen in das Grundgesetz, VSSR 1992, 245; *Laubinger, H.-W.*, Die »Frauenquote« im Öffentlichen Dienst, VerwArch 87 (1996), 305 u. 473; *Mengel, H.-J.*, Maßnahmen »Positiver Diskriminierung« und Grundgesetz, JZ 1982, 530;

Nipperdey, H. C., Gleicher Lohn der Frau für gleiche Leistung, 1951; *Pfarr, H./ Fuchsloch, C.*, Verfassungsrechtliche Beurteilung von Frauenquoten, NJW 1988, 2201; *Sachs, M.*, Das Grundrecht der Behinderten aus Art. 3 Abs. 3 Satz 2 GG, RdJB 1996, 154.

Artikel 4 [Glaubens- und Gewissensfreiheit – Kriegsdienst mit der Waffe]

(1) Die Freiheit des Glaubens, des Gewissens und die Freiheit des religiösen und weltanschaulichen Bekenntnisses sind unverletzlich.

(2) Die ungestörte Religionsausübung wird gewährleistet.

(3) Niemand darf gegen sein Gewissen zum Kriegsdienst mit der Waffe gezwungen werden. Das Nähere regelt ein Bundesgesetz.

A. Vorbilder und Entstehungsgeschichte

I. Entwicklung bis 1949

1. Religions- und Weltanschauungsfreiheit

Historisch kann zunächst nur von einer Entwicklung der **Religionsfreiheit** gesprochen   1
werden. Denn bis zur Aufklärung wurde Glaube nur als christlicher gedacht; auch danach war nicht-religiöse Weltanschauung von rechtlichen Freiheitsgewährleistungen
zunächst nicht umfasst. Inzwischen garantiert Art. 140 GG i.V.m. Art. 137 Abs. 7
WRV die Gleichstellung von Religions- und Weltanschauungsgemeinschaften; Art. 4
Abs. 1 GG bezieht als Freiheitsrecht ausdrücklich auch **Weltanschauungen** ein.

Die Entwicklung in Deutschland wurde von der durch die Reformation ausgelösten   2
Glaubensspaltung und dem dadurch bewirkten Verhältnis zwischen Staat und Kirche
nachhaltig bestimmt. Das Heilige Römische Reich Deutscher Nation erschien bis
zur Glaubensspaltung von seiner Einheit mit der Kirche geprägt; individuelle Glaubensfreiheit, welche Abweichlern (Häretikern) hätte zukommen können, war nicht
ernsthaft vorstellbar. Die Reformation beschleunigte die Herausbildung von Territorien mit unabhängiger Landeshoheit, so dass die Einheit von »Staat«, Gesellschaft
und (altem oder neuem) Glauben erhalten blieb – jetzt allerdings jeweils auf territorialer Ebene. Rechtlich fand diese Verfassungsstruktur ihren Ausdruck im Grundsatz
cuius regio, eius religio und im **ius reformandi**, d.h. im Recht der Landesherren
und Reichsstädte, die Religion ihrer Untertanen verbindlich zwischen altem Bekenntnis und »Augsburger Bekenntnis« zu bestimmen (*Augsburger Religionsfrieden*
vom 25. September 1555); § 24 des Religionsfriedens gewährte Andersgläubigen das
Recht, (unter Zahlung einer Abgabe bei Mitnahme der Habe) in ein Territorium

derselben Konfession abzuwandern. Damit war ein Mittel geschaffen, die konfessionelle Einheit der Territorien zu wahren, aber noch kein individuelles Recht auf **Glaubensfreiheit** intendiert. Im Gegenteil verdeutlichte das ius reformandi geradezu den antiindividualistischen und letztlich auf konfessionellem Zwang beruhenden Grundzug des Augsburger Religionsfriedens; es wurde demgemäß sowohl von der reformatorischen als auch von der römisch-katholischen Theologie gestützt. Im *Westfälischen Frieden* brachte der *Vertrag von Osnabrück* 1648 unter Beibehaltung des Ausschlusses aller übrigen Bekenntnisse die Anerkennung der calvinistischen Konfession als gleichberechtigt. Das ius reformandi wurde durch die Festsetzung des »Normaljahres« 1624 beschränkt, die Zulassung weiterer Bekenntnisse durch den Landesherrn ermöglicht sowie das **ius emigrandi** durch das Recht zur Hausandacht ergänzt (**devotio domestica simplex**).

3   Damit war in erster Linie ein modus vivendi zum Zwecke friedlicher **Koexistenz der Konfessionen** geschaffen worden. Doch zeigten sich auch erste Ansätze der rechtlichen Anerkennung eines konfessionellen Pluralismus und einer Blickrichtung auf das Individuum. Eine Sichtweise, wonach Glaubensfreiheit individuell und unabhängig von konfessionellen Mehrheits- und staatlichen Machtverhältnissen zu gewähren sei, konnte sich allerdings erst mit der *Säkularisierung* der Territorialstaaten durchsetzen, da konfessioneller Pluralismus ein überkonfessionelles Staatsverständnis voraussetzt. Für diesen Wandel war neben den Ideen der Aufklärung der *Toleranzgedanke* grundlegend, der vor allem in Preußen zunehmend die Religionspolitik beherrschte und den Weg zu einer Gewährleistung der **Glaubensfreiheit als individuelles Freiheitsrecht** ebnete.

Allgemeines Landrecht für die Preußischen Staaten von 1794:[1]

§ 1 II 11. Die Begriffe der Einwohner des Staats von Gott und göttlichen Dingen, der Glaube, und der innere Gottesdienst, können kein Gegenstand von Zwangsgesetzen seyn.

§ 2 II 11. Jedem Einwohner im Staate muß eine vollkommene Glaubens- und Gewissensfreyheit gestattet werden.

§ 3 II 11. Niemand ist schuldig, über seine Privatmeinungen in Religionssachen Vorschriften vom Staate anzunehmen.

§ 4 II 11. Niemand soll wegen seiner Religionsmeinungen beunruhigt, zur Rechenschaft gezogen, verspottet, oder gar verfolgt werden.

§ 5 II 11. Auch der Staat kann von einem einzelnen Unterthan die Angabe: zu welcher Religionspartey sich derselbe bekenne, nur alsdann fordern, wenn die Kraft und Gültigkeit gewisser bürgerlichen Handlungen davon abhängt.

Für ihre wertvolle Unterstützung bei der Bearbeitung dieser Kommentierung für die Neuauflage des Grundrechte-Kommentars danke ich herzlich Frau Monika Zikeli.

1 Text: Allgemeines Landrecht für die Preußischen Staaten von 1794. Textausgabe, 1970, S. 543 f.

§ 6 II 11. Aber selbst in diesem Falle können mit dem Geständnisse abweichender Meinungen nur diejenigen nachtheiligen Folgen für den Gestehenden verbunden werden, welche aus seiner, dadurch, vermöge der Gesetze, begründeten Unfähigkeit zu gewissen bürgerlichen Handlungen oder Rechten von selbst fließen.

§ 27 II 11. Sowohl öffentlich aufgenommene, als bloß geduldete Religions- und Kirchengesellschaften müssen sich, in allen Angelegenheiten, die sie mit andern bürgerlichen Gesellschaften gemein haben, nach den Gesetzen des Staats richten.

§ 28 II 11. Diesen Gesetzen sind auch die Obern, und die einzelnen Mitglieder, in allen Vorfällen des bürgerlichen Lebens unterworfen.

§ 29 II 11. Soll denselben, wegen ihrer Religionsmeinungen, eine Ausnahme von gewissen Gesetzen zu statten kommen: so muß dergleichen Ausnahme vom Staate ausdrücklich zugelaßen seyn.

§ 30 II 11. Ist dieses nicht geschehen: so kann zwar der Anhänger einer solchen Religionsmeinung etwas gegen seine Ueberzeugung zu thun nicht gezwungen werden;

§ 31 II 11. Er muß aber die nachtheiligen Folgen, welche die Gesetze mit ihrer unterlassenen Beobachtung verbinden, sich gefallen lassen.

Die Entwicklung fand einen vorläufigen Höhepunkt in der **Frankfurter Reichsverfassung** von 1848/49, welche die individuelle Glaubens- und Gewissensfreiheit (§ 144 Abs. 1), die Kultusfreiheit (§ 145 Abs. 1) und die religiöse Vereinigungsfreiheit (§ 147 Abs. 3) normierte. Den nunmehr *individualistischen* Ansatz unterstrich die Abschaffung der Staatskirche (§ 147 Abs. 2). **4**

Verfassung des Deutschen Reichs vom 28. März 1849:²

§ 144. Jeder Deutsche hat volle Glaubens- und Gewissensfreiheit.

Niemand ist verpflichtet, seine religiöse Ueberzeugung zu offenbaren.

§ 145. Jeder Deutsche ist unbeschränkt in der gemeinsamen häuslichen und öffentlichen Uebung seiner Religion.

Verbrechen und Vergehen, welche bei Ausübung dieser Freiheit begangen werden, sind nach dem Gesetze zu bestrafen.

§ 146. Durch das religiöse Bekenntniß wird der Genuß der bürgerlichen und staatsbürgerlichen Rechte weder bedingt noch beschränkt. Den staatsbürgerlichen Pflichten darf dasselbe keinen Abbruch thun.

§ 147. Jede Religionsgesellschaft ordnet und verwaltet ihre Angelegenheiten selbstständig, bleibt aber den allgemeinen Staatsgesetzen unterworfen.

Keine Religionsgesellschaft genießt vor andern Vorrechte durch den Staat; es besteht fernerhin keine Staatskirche.

---

2 Text: *E. R. Huber*, Dokumente zur deutschen Verfassungsgeschichte 1, S. 375, 391.

Neue Religionsgesellschaften dürfen sich bilden; einer Anerkennung ihres Bekenntnisses durch den Staat bedarf es nicht.

§ 148. Niemand soll zu einer kirchlichen Handlung oder Feierlichkeit gezwungen werden.

5   Wenngleich die Frankfurter Reichsverfassung nicht in Kraft trat, erfolgte doch eine Teilrezeption in Länderverfassungen.

Verfassungsurkunde für den Preußischen Staat vom 31. Januar 1850:[3]

Art. 12. Die Freiheit des religiösen Bekenntnisses, der Vereinigung zu Religionsgesellschaften (Art. 30 und 31) und der gemeinsamen häuslichen und öffentlichen Religionsübung wird gewährleistet. Der Genuß der bürgerlichen und staatsbürgerlichen Rechte ist unabhängig von dem religiösen Bekenntnisse. Den bürgerlichen und staatsbürgerlichen Pflichten darf durch die Ausübung der Religionsfreiheit kein Abbruch geschehen.

Art. 13. Die Religionsgesellschaften, so wie die geistlichen Gesellschaften, welche keine Korporationsrechte haben, können diese Rechte nur durch besondere Gesetze erlangen.

Art. 14. Die christliche Religion wird bei denjenigen Einrichtungen des Staats, welche mit der Religionsübung im Zusammenhange stehen, unbeschadet der im Art. 12 gewährleisteten Religionsfreiheit zum Grunde gelegt.

6   An die Konzeption der Frankfurter Reichsverfassung knüpfte **Art. 135 WRV** mit seiner Statuierung der Bekenntnis-, Kultus- und religiösen Vereinigungsfreiheit an.

Verfassung des Deutschen Reichs vom 11. August 1919:

Art. 135. Alle Bewohner des Reichs genießen volle Glaubens- und Gewissensfreiheit. Die ungestörte Religionsübung wird durch die Verfassung gewährleistet und steht unter staatlichem Schutz. Die allgemeinen Staatsgesetze bleiben hiervon unberührt.

7   In der Auslegung wurden diese Teilgehalte – bei Betonung ihres Zusammenhangs – unterschieden. Zudem schrieb Art. 137 Abs. 1 WRV den säkularen Charakter der Weimarer Republik dem Grunde nach verfassungsrechtlich fest. Spätestens jetzt konnte Religionsfreiheit nicht mehr als bloße Folge staatlich gewährter Toleranz verstanden werden.

2. Gewissensfreiheit

8   Während die *geisteswissenschaftliche* Beschäftigung mit dem Phänomen des Gewissens bis in die antike Philosophie und deren Rezeption in der mittelalterlichen Scholastik zurückreicht und in der Philosophie *Kants* und *Hegels* kulminierte,[4] ist die

---

3 Text: *E. R. Huber*, Dokumente zur deutschen Verfassungsgeschichte 1, S. 501, 502.
4 Darstellung bei *Mückl*, in: BK (2008), Art. 4 Rn. 31–48; philosophiegeschichtlich *Kittsteiner*, Die Entstehung des modernen Gewissens.

Entwicklung der Gewissensfreiheit als *rechtliche* Gewährleistung aufs engste mit der Glaubensfreiheit verknüpft.

Solange in den Territorien eine jeweils herrschende Religion bestand, stellte sich die 9
abweichende Auffassung Einzelner nicht als gleichberechtigter Glaube dar, sondern als der Toleranz bedürftige Ausübung einer individuellen dissentierenden Gewissensentscheidung.[5] Diese Vorstellung änderte sich erst mit der **Durchsetzung eines überkonfessionellen Staatsverständnisses** und der damit einhergehenden Anerkennung eines individuellen Grundrechts auf Glaubensfreiheit. Entsprechend trat seit dem ausgehenden 18. Jahrhundert neben die Glaubensfreiheit die Gewissensfreiheit als selbständiges und gleichberechtigtes Grundrecht,[6] das seinen Hauptanwendungsfall zwar nach wie vor in individuellen und von der Mehrheit abweichenden *glaubensgeleiteten* Entscheidungen des Einzelnen fand, jedoch nicht mehr zwingend an eine *religiöse* Motivation gebunden war. Auch Art. 135 S. 1 WRV nennt Glaubens- und Gewissensfreiheit in einem Atemzug.

3. Recht auf Kriegsdienstverweigerung

Das Recht auf Verweigerung des Kriegsdienstes aus Gewissensgründen ist als grund- 10
rechtliche Gewährleistung **ohne historisches Vorbild**, wenngleich das Phänomen bereits aus dem Mittelalter und der frühen Neuzeit bekannt ist; einschlägige Konflikte wurden im Preußen des 18. Jahrhunderts zugunsten der Nichtheranziehung der Mennoniten zum Kriegsdienst gelöst.

Bemerkenswert erscheint jedenfalls, dass Art. 4 Abs. 3 GG 1949 als Bestandteil des 11
Grundgesetzes verabschiedet wurde, obwohl der Bestimmung zu diesem Zeitpunkt noch der Anwendungsfall in Gestalt einer allgemeinen **Wehrpflicht** fehlte und die Wiederbewaffnung der Bundesrepublik Deutschland noch nicht abzusehen war.[7]

---

5 Demgemäß sprach Art. V § 34 IPO (*Instrumentum Pacis Osnabrugense*; Friedensvertrag von Osnabrück als innenpolitischer Teil des Westfälischen Friedens von 1648) davon, dass diejenigen Untertanen, denen im Jahre 1624 zu keinem Zeitpunkt die öffentliche oder private Religionsausübung zustand, mit Nachsicht geduldet und nicht daran gehindert werden sollen, sich in vollständiger Gewissensfreiheit in ihren Häusern ihrer Andacht ohne jede Nachforschung und ohne jede Beeinträchtigung privat zu widmen (»*patienter tolerentur et conscientia libera domi devotioni suae sine inquisitione aut turbatione privatim vacare*«). Text des IPO in deutscher Übersetzung bei *Buschmann*, Kaiser und Reich 2, S. 15 ff. – Dazu *Link*, Kirchliche Rechtsgeschichte, S. 95 ff.; *Mückl*, in: BK (2008), Art. 4 Rn. 16; *v. Campenhausen*, in: HbStR VII, S. 597, 605 f.; *Böckenförde*, VVDStRL 28 (1970), 33, 36 ff.

6 So § 144 Abs. 1 der Verfassung des Deutschen Reiches vom 28. März 1849: »Jeder Deutsche hat volle Glaubens- und Gewissensfreiheit.«; ferner bereits § 2 II 11 ALR: »Jedem Einwohner im Staate muß eine vollkommene Glaubens- und Gewissensfreyheit gestattet werden.«.

7 Die Einführung der allgemeinen Wehrpflicht erfolgte zunächst auf einfach-gesetzlicher Grundlage durch das WehrpflichtG v. 21.07.1956 (BGBl. I S. 651), während die verfassungsrechtliche Verankerung erst durch Einfügung des Art. 12a GG 1968 (G. v. 24.06.1968, BGBl. I S. 709) erfolgte. – Durch das G zur Änderung wehrrechtlicher Vor-

II. Entstehungsgeschichte im Parlamentarischen Rat

12 Während Art. 6 des Herrenchiemseer Entwurfs sich noch auf eine knappe Gewährleistung der Freiheit von Glaube, Gewissen und Überzeugung sowie der ungestörten
Religionsausübung beschränkte,

Art. 6 Herrenchiemseer Entwurf: [8]

(1) Glaube, Gewissen und Überzeugung sind frei.

(2) Der Staat gewährleistet die ungestörte Religionsausübung.

13 lag dem Grundsatzausschuss zu dessen fünfter Sitzung am 29. September 1949 folgende wesentlich umfangreichere Fassung des späteren Art. 4 (in der damaligen Zäh-
lung Art. 8) zur Beratung vor:[9]

(1) Die Freiheit des Glaubens, des Gewissens und der Überzeugung ist unverletzlich.

*(2) Die ungestörte Religionsausübung wird im Rahmen der allgemeinen Gesetze ge-
währleistet.*

*(3) Niemand darf gezwungen werden, an einer kirchlichen Handlung oder Feierlich-
keit oder religiösen Übungen teilzunehmen oder eine religiöse Eidesformel zu benutzen.*

*(4) Niemand ist verpflichtet, seine religiöse Überzeugung zu offenbaren. Nach der
Zugehörigkeit zu einer Religionsgesellschaft darf nur gefragt werden, wenn davon
Rechte und Pflichten abhängen oder wenn eine gesetzlich angeordnete statistische Er-
hebung es erfordert.*

14 Damit lehnten sich die Absätze 1 und 2 an **Art. 135 WRV** an, während die Absätze 3 und 4 der Regelung in **Art. 136 Abs. 3 und 4 WRV** entsprachen, dessen Inkorporation ebenso wie die Inkorporation der weiteren Weimarer Kirchenartikel zum
damaligen Zeitpunkt im Parlamentarischen Rat noch nicht thematisiert wurde. Der
Unterscheidung zwischen dem *forum internum* und dem *forum externum* wurde in
Absatz 1 – in Gestalt einer Aufnahme des religiösen und weltanschaulichen Bekenntnisses – auf Grund einer Stellungnahme von *Richard Thoma*[10] Rechnung getragen;
dieser hatte darauf hingewiesen, dass die Freiheit des Glaubens und der Überzeu-

---

schriften (WehrrechtsänderungsG) v. 28.04.2011 (BGBl. I S. 678) wurde die allgemeine
Wehrpflicht mit der Maßgabe ausgesetzt, dass sie im Falle einer Feststellung des Span-
nungs- oder Verteidigungsfalles wieder aufleben soll; vgl. dazu den Gesetzentwurf der Bundesregierung (Dt. Bundestag, Drucksache 17/4821) sowie *J. Ipsen*, Stellungnahme zum
Gesetzentwurf [Dt. Bundestag, Ausschussdrucksache 17(12)550].

8 PR-Akten, Bd. II, S. 580.

9 Text bei *v. Doemming/Füsslein/Matz*, JöR 1 (1951), 73. – Zur Entstehungsgeschichte ferner
Mückl, in: BK (2008), Art. 4 Rn. 1–7; *Wenckstern*, in: Umbach/Clemens I, Art. 4 I, II
Rn. 6–17.

10 »Kritische Würdigung« vom 25. Oktober 1948; Nachw. bei *v. Doemming/Füsslein/Matz*,
JöR 1 (1951), 74.

gung dem Grunde nach nicht antastbar sei, wohl aber die Freiheit des Bekenntnisses.[11]

Intensive und kontroverse Diskussionen rief der Antrag der CDU/CSU-Fraktion 15 hervor, den **Vorbehalt »im Rahmen der allgemeinen Gesetze«** in Absatz 2 zu streichen; er wurde vom Abgeordneten *Süsterhenn* damit begründet, man »lege Wert darauf, die ungestörte Religionsausübung in der Verfassung ausdrücklich festzulegen, und zwar so, daß dieses Recht nicht durch einen allgemeinen Gesetzesvorbehalt aufgeweicht werden kann«. Die sich hieran anschließende Diskussion, in der manche nachmals zu den Schranken des Art. 4 Abs. 1 und 2 GG vertretene Auffassungen anklangen, verdeutlicht, dass der Parlamentarische Rat weder zum Grundrecht der Religions- und Weltanschauungsfreiheit noch zur Gewissensfreiheit ein klares **Schrankenkonzept** vertrat und der Schrankenproblematik allgemein nur geringes Gewicht beimaß.[12] Angesprochen wurde in der Diskussion unter anderem der später als »Schrankenleihe« bezeichnete Gedanke einer Übertragung der Schranken des Grundrechts auf freie Entfaltung der Persönlichkeit (jetzt Art. 2 Abs. 1 GG), dem der Abgeordnete *von Mangoldt* den Gedanken der Spezialität des Art. 4 GG entgegen hielt.

Waren **staatskirchenrechtliche Fragen** im eigentlichen Sinne – d.h. Regelungen über 16 das Verhältnis zwischen Staat und Kirchen bzw. Religionsgemeinschaften – einer Anregung des Herrenchiemseer Konvents folgend zunächst bewusst ausgeklammert worden, so wurde das Staatskirchenrecht infolge kirchlicher Eingaben spätestens seit der 24. Sitzung vom 23. November 1948 im Grundsatzausschuss thematisiert. Da jedoch keine Einigung dahin erzielt werden konnte, derartige Regelungen bereits im Rahmen des Grundrechts auf Religions- und Weltanschauungsfreiheit zu treffen, beschränkte man sich auf die Aufnahme der religiösen **Vereinigungsfreiheit** als Absatz 1 Satz 2 in den Entwurf, während die Arbeit am späteren Art. 4 GG sowie die Diskussionen um staatskirchenrechtliche Regelungen in der Verfassung fortan parallel und unabhängig voneinander verliefen. Dieses Verfahren mündete bekanntlich in den in der 22. Sitzung des Hauptausschusses vom 8. Dezember 1948 beschlossenen Kompromiss einer **Inkorporationslösung**, die zu diesem Zeitpunkt allerdings Art. 136 WRV noch nicht umfasste.[13] Gleichzeitig hatte Art. 4 GG in erster Lesung des Hauptausschusses (abgesehen von der später gestrichenen religiösen Vereinigungsfreiheit in Absatz 1 Satz 2 und den ebenfalls gestrichenen Absätzen 3 und 4

---

11 Vgl. zur Unterscheidung der äußeren und inneren Seite der Religions- und Gewissensfreiheit (*forum internum* und *forum externum*) die Ausführungen des Abg. *Süsterhenn* in der 24. Sitzung des Grundsatzausschusses vom 23. November 1948, PR-Akten, Bd. 5/II, S. 623; auch wiedergegeben bei *v. Doemming/Füsslein/Matz*, JöR 1 (1951), 74.

12 Darstellung der Diskussion bei *v. Doemming/Füsslein/Matz*, JöR 1 (1951), 74 f.; ferner *Wenckstern*, in: Umbach/Clemens I, Art. 4 I, II Rn. 11.

13 Zur Entstehungsgeschichte der Staatskirchenartikel *v. Doemming/Füsslein/Matz*, JöR 1 (1951), 899 ff.; ferner *Hollerbach*, in: Blumenwitz u.a. (Hg.), Konrad Adenauer und seine Zeit, S. 367 ff.; *v. Campenhausen*, in: v. Mangoldt/Klein/Starck III, Art. 140 Rn. 2–7.

des Entwurfs) bereits weitgehend seine endgültige Gestalt erhalten,[14] während in der nachfolgenden zweiten und dritten Lesung nur noch untergeordnete Änderungen erfolgten.

17   Demgegenüber erfolgte die **Aufnahme von Art. 136 WRV in Art. 140 GG** erst auf Vorschlag des Redaktionsausschusses buchstäblich »in letzter Minute« und ohne weitere Aussprache; über die Motive hierfür ist man auf Vermutungen angewiesen.[15] Konsequenterweise wurden in der vierten Lesung des Hauptausschusses das religiöse Vereinigungsrecht in Absatz 1 Satz 2 und die dem Art. 136 Abs. 3 und 4 WRV entsprechenden Absätze 3 und 4 des Entwurfs gestrichen.[16] Der Umstand, dass zu diesem Zeitpunkt die Streichung des ursprünglichen Gesetzesvorbehalts in Absatz 2 längst beschlossen und die Gründe für die Aufnahme von Art. 136 WRV in Art. 140 GG alles andere als klar sind, dürfte somit dafür sprechen, dass jedenfalls der *Parlamentarische Rat* Art. 136 Abs. 1 WRV nicht als Schrankenklausel für Art. 4 Abs. 1 und 2 GG ansah.

18   Die Entstehung des Grundrechts auf **Kriegsdienstverweigerung aus Gewissensgründen** verlief hiervon unabhängig.[17] Es war in der Ursprungsfassung noch nicht enthalten. Die SPD-Fraktion beantragte in der 26. Sitzung des Grundsatzausschusses vom 30. November 1948 die Aufnahme folgender Bestimmung:

> »*Jedermann ist berechtigt, aus Gewissensgründen den Kriegsdienst mit der Waffe zu verweigern.*«

19   Diese Bestimmung wurde vom Hauptausschuss in folgender Formulierung angenommen:[18]

> »*(5) Niemand darf gegen sein Gewissen zum Kriegsdienst mit der Waffe gezwungen werden. Das Nähere bestimmt ein Gesetz.*«

20   Eine Änderung erfuhr diese Bestimmung sodann lediglich in Satz 2 (»Das Nähere regelt ein Bundesgesetz«). Der Aufnahme dieses Grundrechts lagen unterschiedliche **Motive** zugrunde, welche von den Erfahrungen des Dritten Reiches und der Anerkennung einer besonderen Gewissensnot[19] bis hin zu einem edukatorischen Effekt für die Eigenverantwortlichkeit des Einzelnen[20] reichten. Andererseits wurde auch kategorische **Ablehnung** artikuliert, nicht zuletzt in der Rede des Abgeordneten

---

14   Erste Lesung in der 17. Sitzung des Hauptausschusses vom 3. Dezember 1948; Nachw. dazu und zu den nachfolgenden beiden Lesungen bei *Wenckstern*, in: Umbach/Clemens I, Art. 4 I, II Rn. 14 ff.

15   *Borowski*, Glaubens- und Gewissensfreiheit, S. 503.

16   57. Sitzung des Hauptausschusses vom 5. Mai 1949.

17   Dazu *Brunn*, in: Umbach/Clemens I, Art. 4 III Rn. 98 m.w.N.

18   Erste Lesung in der 17. Sitzung des Hauptausschusses vom 3. Dezember 1948.

19   So der Abg. *Schmid* (Nachw. bei *v. Doemming/Füsslein/Matz*, JöR 1 [1951], 77 f.).

20   So der Abg. *Eberhard* (Nachw. bei *v. Doemming/Füsslein/Matz*, JöR 1 [1951], 77 f.).

Heuß, der den Zusammenhang zwischen allgemeiner Wehrpflicht und der zu schaffenden Demokratie betonte – »Die allgemeine Wehrpflicht ist das legitime Kind der Demokratie, seine Wiege stand in Frankreich« – und einen »Massenverschleiß des Gewissens« befürchtete.[21]

B. Grundsätzliche Bedeutung

I. Religions- und Weltanschauungsfreiheit

Den religions- und weltanschauungsbezogenen Freiheitsgarantien des Grundgesetzes   21
kommt vor dem Hintergrund des mühsamen Entwicklungswegs, der diesbezüglich in den vergangenen Jahrhunderten zurückzulegen war, hoher Rang zu; er wird verstärkt durch die Erfahrung, dass weltweit nach wie vor Verfolgungsmaßnahmen gegen Menschen und Institutionen wegen ihrer religiösen oder weltanschaulichen Auffassungen stattfinden. Im Übrigen besteht Übereinstimmung darüber, dass die Religions- und Weltanschauungsfreiheit ebenso wie die Gewissensfreiheit in untrennbarem Konnex zur menschlichen **Persönlichkeit**[22] und **Würde**[23] stehen und als konstitutive Elemente des demokratischen Verfassungsstaates besonderes Gewicht haben.[24]

Im Vergleich zur Weimarer Reichsverfassung ist die Religions- und Weltanschau-   22
ungsfreiheit im Grundgesetz deutlich verstärkt worden;[25] auch aus diesem Grunde muss sie im Rahmen der rechtsstaatlichen Ordnung theoretisch und praktisch optimal entfaltet werden. Das setzt allerdings eine adäquate Konkretisierung der von der Verfassung vorgegebenen Regelungen im Blick auf ihren **Schutzbereich** und gleichermaßen ihre normativen **Schranken** voraus. Angesichts ihres Ranges sollten die religions- und weltanschauungsbezogenen Freiheitsrechte keinesfalls in kleine Münze geschlagen und damit auf längere Sicht entwertet werden. Ein rechtsdogmatisch fragwürdiger Umgang mit der Religions- und Weltanschauungsfreiheit könnte sich für deren reale Wirkkraft im Rechtsleben der Bundesrepublik Deutschland auf die Dauer rechtspolitisch kontraproduktiv auswirken. Insofern liegen die Dinge nicht anders als im übrigen deutschen Religionsrecht, dessen künftige Tragweite sich angesichts zunehmender religiöser und weltanschaulicher Pluralisierung auf längere Sicht nicht am Beharrungsvermögen *institutioneller* Aspekte entscheiden dürfte, sondern vor allem durch die **gesellschaftliche Akzeptanz** der einschlägigen Regelungen bestimmt

---

21 Zweite Lesung des Hauptausschusses in der 43. Sitzung vom 18. Januar 1949; wiedergegeben bei *v. Doemming/Füsslein/Matz,* JöR 1 (1951), 77; ferner Parlamentarischer Rat, Verhandlungen des Hauptausschusses Bonn 1948/49, S. 545.
22 BVerfGE 32, 98, 107; *Starck,* in: v. Mangoldt/Klein/Starck I, Art. 4 Rn. 77.
23 BVerfGE 12, 45, 53 f.; 32, 98, 108; 33, 23, 29; *Herzog,* in: Maunz/Dürig (1988), Art. 4 Rn. 1, 11 ff., 53; *Zippelius,* in: BK (1989), Art. 4 Rn. 56.
24 *Zippelius,* in: BK (1989), Art. 4 Rn. 20, 64, 74.
25 BVerfGE 33, 23, 31; *Starck,* in: v. Mangoldt/Klein/Starck I, Art. 4 Rn. 7; *Herzog,* in: Maunz/Dürig (1988), Art. 4 Rn. 25, 27.

wird – nicht zuletzt, soweit sie sich in politischen Mehrheiten realisiert.[26] Akzeptanz aber erwächst bekanntlich nicht zuletzt aus sachlicher **Plausibilität**.

23 Gegenüber einer seit den 1960er Jahren wirksamen Tendenz, das Grundrecht auf Religions- und Weltanschauungsfreiheit zu überhöhen und ihm insbesondere auch gegenüber den durch Art. 140 GG inkorporierten Regelungen tendenziell den Vorrang einzuräumen,[27] ist zu betonen, dass die auf Religion und Weltanschauung bezogenen Vorschriften – wie die anderen Regelungen des Grundgesetzes auch – in ihrer Qualität als **integrale Bestandteile der Gesamtverfassung** zu betrachten und zu entfalten sind. Deren Funktion einer Herstellung und Sicherung angemessener staatlicher Ordnung im Wandel der gesellschaftlichen Lebensumstände lässt sich allerdings, was den Bereich von Religion und Weltanschauung anbelangt, nicht von den nachhaltigen Veränderungen der einschlägigen realen Verhältnisse im Laufe der vergangenen Jahrzehnte abkoppeln. Insoweit kann der Wandel traditioneller religiöser Strukturen pauschalierend mit den Stichworten **religiöse Pluralisierung** der Gesellschaft bei gleichzeitiger Tendenz zur **Entkirchlichung** der Bevölkerung im Blick auf die beiden großen Konfessionen, **Diversifizierung** der in Deutschland aktiven Religionsgemeinschaften und weltanschaulichen Gemeinschaften sowie zunehmende **Individualisierung** der religiösen und weltanschaulichen Auffassungen zusammengefasst werden.

24 Eine solche Entwicklung setzt einerseits die freiheitliche Offenheit der religiösen und weltanschaulichen Sphäre als solche Gefährdungen aus und verstärkt in dieser Hinsicht das **Bedürfnis nach Schutz**; sie erhöht gleichzeitig aber auch im allgemeinen Rechtsleben das **Konfliktpotential** religiöser und weltanschaulicher Phänomene[28] und legt insofern die Frage nach den **Grenzen freier Entfaltung** nahe. Sachdienlich lassen sich einschlägige Fragen nicht mehr ohne weiteres aus der Perspektive und mit dem Problembewusstsein der ersten Jahrzehnte der Bundesrepublik Deutschland betrachten, welche jedenfalls äußerlich noch von einer gewissen Homogenität in der religiösen Grundstruktur geprägt waren. Als es weithin um »bekannte und bewährte«

---

26 Zu Recht verweist *Tomuschat* (in: Schlette [Hg.], Religionskritik in interkultureller und interreligiöser Sicht, S. 145, 157 f.) in religionsrechtlichem Kontext darauf, es sei »auch das Verfassungsrecht ... auf einen andauernden Konsens in der Bevölkerung als dem Träger des pouvoir constituant angewiesen«.
27 Dazu näher m.w.N. *Kästner*, JöR NF 27 (1978), 239, 275 ff.
28 Dieser Problematik widmete sich die Jahrestagung der Vereinigung der Deutschen Staatsrechtslehrer 2008 mit ihrem Ersten Beratungsgegenstand »Religiöse Freiheit als Gefahr?« anhand der Berichte von *Sacksofsky*, VVDStRL 68 (2009), S. 7 ff., sowie *Möllers*, ebendort, S. 47 ff. – Der 68. Dt. Juristentag (21.–24.09.2010) behandelte die verwandte Thematik »Neue Religionskonflikte und staatliche Neutralität – Erfordern weltanschauliche und religiöse Entwicklungen Antworten des Staates?« Hierzu auch die Beiträge von *Korioth/Augsberg*, JZ 2010, 828, sowie *H. Weber*, NJW 2010, 2475. – Vgl. zur Problematik ferner *Kästner*, ZevKR 60 (2015), 1. – Speziell zum **Islam** in Deutschland und zur einschlägigen Rspr. seit 2000 *Bock*, NVwZ 2007, 1250 (Öffentliches Recht); *ders.*, NZA 2011, 1201 (Arbeitsrecht); *ders.*, NJW 2012, 122 (Familienrecht).

Religionen bzw. Weltanschauungen ging, mochte eine Tendenz zur Entgrenzung religiöser und weltanschaulicher Freiheit noch als faktisch relativ unschädlich durchgehen; sie steht aber umso stärker in Frage, je konfliktträchtiger sich das Spektrum der religiösen und weltanschaulichen Phänomene darstellt. Ältere Entscheidungen des *Bundesverfassungsgerichts*, auf welche im Kontext der Religions- und Weltanschauungsfreiheit in Rechtsprechung und wissenschaftlicher Literatur noch häufig Bezug genommen wird, sind deshalb jeweils kritisch auf ihre dogmatischen und faktischen Prämissen sowie auf ihre fortbestehende Plausibilität hin zu prüfen.

II. Gewissensfreiheit und Kriegsdienstverweigerung aus Gewissensgründen

Die Gewissensfreiheit des Art. 4 Abs. 1 GG statuiert eine für den sozialen Rechts-   25
staat eminent wichtige Verbürgung, die eigenständig neben der Religions- und Weltanschauungsfreiheit steht. Ihren besonderen Rang erhält die Gewissensfreiheit als Ausdruck der **Menschenwürde**, die für die Verfassungsordnung des Grundgesetzes von konstitutiver Bedeutung ist:[29] Der Mensch, der vom Recht in seiner *Persönlichkeit*, als Subjekt und nicht Objekt, ernst genommen wird, ist eben deshalb auch in seinem Individualgewissen zu achten.[30] Dies folgt nicht minder aus dem **Freiheitsprinzip**, das mit der Gewährleistung der Gewissensfreiheit in gegenseitiger Bedingtheit verknüpft ist.[31]

Freilich ist damit zugleich das Grundproblem der Gewissensfreiheit angesprochen: 26
Es entstehen unweigerlich **Spannungslagen** zwischen der Anerkennung des Einzelnen als sittlich-moralischer Persönlichkeit,[32] welche die Verantwortung für ihr eigenes Tun trägt, einerseits und der demokratisch legitimierten **Rechtsordnung** andererseits, die gegenüber den Rechtsunterworfenen einen allgemeinen Geltungsanspruch erhebt;[33] darüber hinaus stellt sich die Frage, inwieweit sich das Gewissen des einzelnen Staatsbürgers im Einzelfall nicht nur gegenüber *gesetzlich* statuierten, sondern auch *vertraglich* vereinbarten Verpflichtungen durchsetzt. Grundsätzliche Spannungslagen ergeben sich im Übrigen im Kontext *politisch* umstrittener staatlicher Grundsatzentscheidungen, was unter dem Stichwort des »zivilen Ungehorsams« etwa die Auseinandersetzungen der Vergangenheit über die sogenannte Nachrüstung[34] oder um die friedliche Nutzung der Kernenergie verdeutlichten. Abgesehen von solchen

---

29 *Bethge*, in: HbStR VI, S. 435, 436; ähnlich *Kokott*, in: Sachs, Art. 4 Rn. 90.

30 Zu dieser identitätswahrenden Funktion des Gewissens grundlegend *Luhmann*, AöR 90 (1965), 264 ff.; daran anknüpfend BVerfGE 78, 391, 395.

31 *Sustar*, Gewissensfreiheit, S. 16; ferner *Bethge*, in: HbStR VII, S. 663, 683 f.

32 *Herdegen*, in: HbStKirchR I, S. 481, 482; ferner *Borowski*, Glaubens- und Gewissensfreiheit, S. 553.

33 Dazu *Böckenförde*, VVDStRL 28 (1970), 33, 33 f.; ferner *Bethge*, in: HbStR VII, S. 663, 683 ff.

34 Vgl. dazu die Beiträge in *Nickel/Sievering* (Hg.), Gewissensentscheidung und demokratisches Handeln. Kritisch *Herdegen*, in: HbStKirchR I, S. 481, 484 ff.; *Bethge*, in: HbStR VII, S. 663, 694 ff. – Zur Problematik des *zivilen Ungehorsams Franke*, AöR 114 (1989), 40 ff.

zugleich den politisch-demokratischen Prozess berührenden Fällen tendiert die Gewissensfreiheit dazu, »inflationäre Züge« anzunehmen,[35] indem sie auch in alltäglichen Situationen bemüht wird, um sich der Geltung der allgemeinen Rechtsordnung zu entziehen.[36]

27   Derartige gewissensbedingte Konflikte entwickeln vielfach eine nicht zu unterschätzende Sprengkraft insoweit, als hier nicht nur der Geltungsanspruch demokratisch geschaffener Normen in Frage gestellt wird, sondern darüber hinaus rechtlich geschützte **Interessen anderer Rechtssubjekte bzw. der Allgemeinheit** betroffen sind. Dieser Grundkonflikt ist als »Paradoxon des Gewissens« zusammengefasst worden als der »Umstand, daß das Gewissen als letztentscheidende Instanz sozialen Verhaltens keine Ordnung garantiert, die gesellschaftserhaltend ist, und daß die Organe (Repräsentanten) der Gesellschaft als letztentscheidende Instanz sozialen Verhaltens keine Ordnung garantieren, die dem Einzelnen eine moralische Existenz ermöglicht«.[37] Die damit skizzierte Spannungslage ist allerdings mit der Existenz des Grundrechts auf Gewissensfreiheit zwangsläufig vorgegeben und als solche nicht eliminierbar. Sie findet eine rechtsdogmatisch dem Grunde nach akzeptable Auflösung als »**situative Normdurchbrechung**«, wonach die Geltung der Rechtsnorm im Allgemeinen unberührt bleibt und nur situativ – d.h. bezogen auf den konkreten Grundrechtsträger und seine konkrete Gewissensausübung – von der Einhaltung der Norm entbindet.[38] Allerdings wird damit das Grundproblem nicht gelöst, dass die situative Normdurchbrechung dann nicht mehr »situativ« ist, wenn sie zum **Massenphänomen** wird und dadurch die Rechtsordnung, auf der sie beruht und deren Schutz sie intendiert, gerade in Frage stellt. Aus diesem Befund resultieren verschiedene Versuche, das Grundrecht der Gewissensfreiheit entweder auf *Schutzbereichsebene* – etwa durch eine restriktive Fassung des Begriffs des Gewissens, die Beschränkung auf das *forum internum* oder die Errichtung verfahrensmäßiger Hürden bei seiner Geltendmachung – oder auf *Schrankenebene* zu begrenzen.

28   Das **Grundrecht auf Kriegsdienstverweigerung aus Gewissensgründen** stellt sich als *lex specialis* und *paradigmatischer Anwendungsfall* der allgemeinen Gewissensfreiheit des Art. 4 Abs. 1 GG dar,[39] indem es einerseits angesichts der besonderen individuellen Belastung des Zwangs zum Töten und Getötet-Werden beim Kriegsdienst in besonderer Beziehung zur Garantie der **Menschenwürde** steht und andererseits ein **Staatsverständnis** zum Ausdruck bringt, wonach der Staat grundsätzlich bereit ist,

---

35 *Bethge*, in: HbStR VII, S. 663, 694.
36 Kasuistik dazu bei *Mager*, in: v. Münch/Kunig I, Art. 4 Rn. 65.
37 *Podlech*, Grundrecht der Gewissensfreiheit, S. 27; *ders.*, in: Nickel/Sievering (Hg.), Gewissensentscheidung und demokratisches Handeln, S. 10, 13 f. Dazu auch *Bethge*, in: HbStR VII, S. 663, 666.
38 BVerwG, DVBl. 2005, 1455.
39 *Bethge*, in: HbStR VII, S. 663, 698.

im Konfliktfall unter bestimmten Voraussetzungen sein Selbsterhaltungsinteresse hinter die geistig-moralische Integrität des Einzelnen zurückzustellen.[40]

Zwar kann Art. 4 Abs. 3 GG nicht als Grundsatzentscheidung für die Zulässigkeit der allgemeinen **Wehrpflicht** verstanden werden; die Norm bedeutet vielmehr die vorsorgliche und antizipierte Reaktion auf deren 1949 zumindest für möglich gehaltene spätere Einführung.[41] Gleichwohl stehen nach Einführung einer allgemeinen Wehrpflicht Wehrdienst und Ersatzdienst in einem Regel-Ausnahme-Verhältnis.[42]   29

C. Schutzbereiche

I. Religions- und Weltanschauungsfreiheit

1. Das Erfordernis staatlicher Definition

Der Schutzbereich des Grundrechts auf Religions- bzw. Weltanschauungsfreiheit wird maßgeblich durch die unbestimmten Rechtsbegriffe »Religion« und »Weltanschauung« bestimmt, deren Konkretisierung in der praktischen Rechtsanwendung Probleme aufwirft. Das insoweit bestehende Dilemma liegt auf der Hand: Eine zu enge Definition droht die religiöse bzw. weltanschauliche Freiheit weitgehend schutzlos zu stellen. Dies wäre mit ihrem hohen verfassungsrechtlichen Rang unvereinbar; das *Bundesverfassungsgericht* hat insoweit bereits früh und seither wiederholt darauf hingewiesen, dass das Grundrecht in enger **Beziehung zur Menschenwürde** als dem obersten Wert im System der Grundrechte stehe und daher eine **extensive Auslegung** erfordere.[43] Andererseits gäbe das staatliche Recht seinen Regelungsanspruch auf, wenn es dem einzelnen Interessenten überlassen bliebe, abschließend zu definieren, ob er sich erfolgreich auf dieses Grundrecht berufen kann. Differenziert man den subjektivierenden Ansatz nicht hinreichend, so kann das Grundrecht auf freie Religionsausübung zu einem *allgemeinen Freiheitsrecht* mutieren[44] und sich dann effizient dazu eignen, den **Normbefolgungsanspruch des allgemeinen Rechts** unter Verweis auf individuelle Verhaltensmaximen in Frage zu stellen – wirksamer als Art. 2 Abs. 1 GG, dem immerhin ein *eindeutiger Schrankenvorbehalt* beigefügt ist. Abgesehen von der   30

---

40 BVerfGE 12, 45, 54; 28, 248, 260; 48, 127, 163; 69, 1, 22 f.
41 Zum insofern »unpolitischen« Gehalt des Art. 4 Abs. 3 GG *Herdegen*, in: HbStKirchR I, S. 505, 506.
42 *Mückl*, in: BK (2008), Art. 4 Rn. 191.
43 BVerfGE 24, 236, 246; 32, 98, 106; 35, 366, 376; 44, 37, 49 f.; 83, 341, 354 ff. – Ebenso *M. Heckel*, Religionsfreiheit, S. 670, 671 f., 674 f., 677, 700, 749, 759, 769, 792, 850; *ders.*, Der Besondere Gleichheitssatz, S. 907; *ders.*, Die Kirchen im Medienrecht, S. 1021.
44 Zur Problematik *Kästner*, JZ 1998, 974 ff. – Kritisch einer extensiven bzw. »offenen« Interpretation gegenüber auch *Herzog*, in: Maunz/Dürig (1988), Art. 4 Rn. 16 f., 105; *Zippelius*, in: BK (1989), Art. 4 Rn. 44 ff., 84 ff., 106; *Muckel*, Religiöse Freiheit und staatliche Letztentscheidung, S. 8 ff., 21, 33, 53 ff., 61, 63 f., 80 f., 82 ff., 88 f., 114 f., 128 f.; *Isensee*, ZRP 1996, 10, 11 ff.; *Jestaedt*, Journal für Rechtspolitik 3 (1995), 237, 250 ff.

drohenden Nivellierung der Schrankensystematik der Grundrechte[45] schwinden dann konkrete rechtliche Kategorien in dem Maße, in welchem die gesellschaftliche Pluralisierung in religiöser und weltanschaulicher Hinsicht fortschreitet.

31   Das gilt erst recht, wenn – wie in der Entscheidung des *Bundesverfassungsgerichts* bezüglich einer Genehmigung zum Schächten – auf einen bloßen (relativ diffusen) »speziellen **Freiheitsgehalt des Grundrechts** der Religionsfreiheit« Bezug genommen wird, welcher ein anderes Grundrecht *verstärke*.[46] Diese Methodik dürfte, sofern sie sich fortsetzt, geeignet sein, den Anwendungsbereich der Religions- und Weltanschauungsfreiheit unkontrolliert zu erweitern, ohne dass ihre normativen Konturen im Einzelfall geklärt würden.

32   Ein Grundrecht, auf das man sich systembedingt tendenziell missbräuchlich berufen könnte, würde auf längere Sicht diskreditiert.[47] Überdies stellt ein unkritischer Umgang mit dem Schutzbereich der Religions- und Weltanschauungsfreiheit Ordnungsprinzipien in Frage, welche im Interesse von Rechtsstaatlichkeit und Rechtssicherheit im Grundgesetz verankert sind. Nach Maßgabe der geltenden Verfassung hat der soziale Rechtsstaat seine Funktionen auch in der religiösen und weltanschaulichen Sphäre zu erfüllen, die zwar zu Recht ein besonders hohes Maß an Freiheit genießt, deshalb jedoch den Beschränkungen der allgemeinen Rechtsordnung keineswegs schlechthin entzogen ist. Die Bedeutung staatlicher Ordnungsaufgaben wächst dabei in dem Maße, in welchem sich das gesellschaftliche **Konfliktpotential von Religionen und Weltanschauungen** erhöht. Das Grundrecht auf Religions- und Weltanschauungsfreiheit tendiert in hohem Maße dazu, mit sonstigen Regelungen der rechtsstaatlichen Verfassung in Spannung zu geraten. Denn es dürften sich nur wenige Lebenssachverhalte finden lassen, welche man keinesfalls – mit entsprechender Argumentation – zu religiösen oder weltanschaulichen Motiven in Beziehung setzen könnte.

33   Das gilt keineswegs nur im Blick auf »neue Religionen«. Eine signifikante Überdehnung des Grundrechts auf Religions- und Weltanschauungsfreiheit hat insoweit auch die 1997 in einer juristischen Ausbildungszeitschrift veröffentlichte Auffassung dargestellt, es seien **staatliche Vollzugsmaßnahmen gegen einen Asylbewerber** nach bestandskräftiger Ablehnung seines Asylantrags als **Eingriff in die Religionsausübungsfreiheit einer Kirchengemeinde** zu werten, welche »Kirchenasyl« gewähre. Denn der Kirchengemeinde werde damit der Adressat ihrer religiös motivierten Fürsorge entzogen: »Die angegriffenen polizeilichen Maßnahmen führten dazu, daß die Kirchengemeinde … nicht länger den von ihr aus religiösen Gründen für notwendig gehaltenen Beistand leisten konnte. In der staatlicherseits erzwungenen Beendigung des

---

45 Hierzu auch *Kokott*, in: Sachs, Art. 4 Rn. 14, unter Verweis auf *Fleischer*, Der Religionsbegriff des Grundgesetzes, S. 1, 24 ff.; zur Schrankenproblematik *Starck*, in: v. Mangoldt/Klein/Starck I, Art. 4 Rn. 14 ff. und 84 ff.

46 BVerfGE 104, 337, 346 – Hervorhebungen nicht im Urteil.

47 Zutreffend *Starck*, in: v. Mangoldt/Klein/Starck I, Art. 4 Rn. 179. Bereits früh hat auch das *Bundesverfassungsgericht* die staatliche Gewalt gemahnt, einem Missbrauch der Religionsfreiheit zu wehren: BVerfGE 12, 1, 4.

Kirchenasyls liegt somit ein Eingriff in die Religionsfreiheit der Kirchengemeinde.«[48] Hier wurde (überdies unter Verkennung der einschlägigen innerkirchlichen Regelungen) vermutlich die – möglicherweise einschlägige – **Gewissensfreiheit** einzelner an der Gewährung von »Kirchenasyl« beteiligter Personen mit der **Religionsausübungsfreiheit** der Kirchengemeinde verwechselt.

Auch im Religionsrecht tragen offene oder diffuse Tatbestände auf längere Sicht keineswegs zu rechtsstaatlich stabilen Verhältnissen bei; eher ist das Gegenteil zu erwarten. Denn wirksamer Schutz vor Rechtsbeeinträchtigungen kann umso eher gewährt werden, je deutlicher sich die rechtlichen Konturen des zu sichernden Sachbereichs darstellen. **Eindeutige Tatbestände** ermöglichen Berechenbarkeit und damit Rechtssicherheit. Sie verhindern Verstöße gegen die **Gleichheit** der Rechtssubjekte vor dem Gesetz, welche unweigerlich drohen, wenn eine missbräuchliche Inanspruchnahme begünstigender Rechtsvorschriften ermöglicht wird. Eine hinreichende tatbestandliche Konkretisierung des Grundrechts auf Religions- und Weltanschauungsfreiheit ist im Übrigen erst recht angezeigt, weil das Grundrecht als **objektive Auslegungsmaxime** auch auf das einfache Recht ausstrahlt und dessen Anwendung maßgeblich beeinflusst.[49] 34

In seiner viel zitierten »Lumpensammlerentscheidung«[50] hat das *Bundesverfassungsgericht* mit der Bezugnahme auf das **Selbstverständnis** des kirchlichen Verbandes, der sich auf das Grundrecht berief, den Schutzbereich nachhaltig geöffnet: 35

> »Bei der Würdigung dessen, was im Einzelfall als Ausübung von Religion und Weltanschauung zu betrachten ist, darf das Selbstverständnis der Religions- und Weltanschauungsgemeinschaften nicht außer Betracht bleiben. Zwar hat der religiös-neutrale Staat grundsätzlich verfassungsrechtliche Begriffe nach neutralen, allgemeingültigen, nicht konfessionell oder weltanschaulich gebundenen Gesichtspunkten zu interpretieren. Wo aber in einer pluralistischen Gesellschaft die Rechtsordnung gerade das religiöse oder weltanschauliche Selbstverständnis wie bei der Kultusfreiheit voraussetzt, würde der Staat die den Kirchen, den Religions- und Weltanschauungsgemeinschaften nach dem Grundgesetz gewährte Eigenständigkeit und ihre Selbständigkeit in ihrem eigenen Bereich verletzen, wenn er bei der Auslegung der sich aus einem bestimmten Bekenntnis oder einer Weltanschauung ergebenden Religionsausübung deren Selbstverständnis nicht berücksichtigen würde.«[51]

Damit stand die Frage nach der Berücksichtigung des jeweiligen individuellen religiösen oder weltanschaulichen Selbstverständnisses bei der Bestimmung des Schutz- 36

---

48 *Grote/Kraus*, Der praktische Fall – Öffentliches Recht: Kirchenasyl, in: JuS 1997, 345, 347.
49 BVerfGE 32, 98, 109 f.; 33, 23, 31, 33 f.; 53, 366, 401; 83, 341, 357 ff.
50 BVerfGE 24, 236 ff.
51 BVerfGE 24, 236, 247 f.

bereiches von Art. 4 Abs. 1 und 2 GG[52] im Raum.[53] Allerdings lässt sich der Judikatur des *Bundesverfassungsgerichts* nicht deutlich entnehmen, wie weit aus seiner Sicht eine »Berücksichtigung« im konkreten Einzelfall tatsächlich gehen« soll bzw. muss. Im Gegenteil hat das Gericht in seiner weiteren Judikatur zu Recht klargestellt, dass ein Rückgriff auf das Selbstverständnis Betroffener bzw. Interessierter seine **Grenze in der Verfassung und in der diesbezüglichen staatlichen Auslegungs- und Definitionsbefugnis** finden muss.

So wurde in der Entscheidung zur Teilnahme bekenntnisfremder Schüler am Religionsunterricht einer anderen Konfession[54] darauf hingewiesen, es werde zwar gemäß Art. 7 Abs. 3 S. 2 GG der Religionsunterricht in Übereinstimmung mit den Grundsätzen der Religionsgemeinschaften erteilt, doch präge und umgrenze der verfassungsrechtliche Begriff des Religionsunterrichtes diese inhaltliche Bestimmungsmacht. Das Bestimmungsrecht dürfe nicht dazu führen, dass ein daraus resultierender Unterricht nicht mehr dem Begriff des Religionsunterrichtes im Sinne der Verfassung entspreche. Der Staat sei »nicht verpflichtet, jede denkbare Definition der Religionsgemeinschaften als verbindlich anzuerkennen. Die Grenze ist durch den Verfassungsbegriff ›Religionsunterricht‹ gezogen«.[55]

37 Trotz der Offenheit der unbestimmten Rechtsbegriffe »Religion« und »Weltanschauung« und der damit zweifellos verbundenen Schwierigkeiten einer Konkretisierung[56] ist festzuhalten, dass das Grundrecht auf Religions- und Weltanschauungsfreiheit keinen blankettartigen Charakter aufweist und in seinem Schutzbereich einer individuellen Beliebigkeit und bloß behaupteter religiös-weltanschaulicher Betroffenheit keineswegs offensteht. Es hat vielmehr derjenige, der sich auf das Grundrecht beruft, jeweils nachvollziehbar darzulegen, dass in seiner Rechtssphäre eine religiöse oder weltanschauliche Position *im Sinne des Grundgesetzes* betroffen und somit der Tatbestand einschlägiger Normen erfüllt ist. Für die Prüfung des diesbezüglich objektiv vorliegenden Sachverhalts ist das in der Sache erkennende **staatliche Gericht** zustän-

---

52 Dazu BVerfGE 24, 236, 247 f.; 53, 366, 401; 83, 341, 356. – Aus der Literatur (jeweils m.w.N.) *Morlok*, Selbstverständnis als Rechtskriterium, S. 78 ff., 212 f., 442 ff.; *M. Heckel*, Religionsfreiheit, S. 689 ff.; kritisch *Muckel*, Religiöse Freiheit und staatliche Letztentscheidung, S. 5 ff. und passim.
53 Gleichgelagert stellt sich die Problematik beim *religiösen Selbstbestimmungsrecht* (Art. 140 GG i.V.m. Art. 137 Abs. 3 WRV) dar; hierzu BVerfGE 70, 138 ff. (Bindung der Arbeitsgerichte an das kirchliche Selbstverständnis im Blick auf Loyalitätspflichten der Arbeitnehmer).
54 BVerfGE 74, 244 ff.
55 BVerfGE 74, 244, 252.
56 Beispielsweise bezüglich der Eigenschaft der »Scientology-Kirche« als Religionsgemeinschaft, die in der Rechtsprechung uneinheitlich beurteilt worden ist: verneinend BAG, NJW 1996, 413; bejahend BGHZ 78, 274, 278; offen gelassen durch BVerwGE 105, 313. Allgemein zu den maßgeblichen Kriterien *Badura*, Der Schutz von Religionen und Weltanschauungen durch das Grundgesetz, S. 59 f.

dig.[57] Da dem säkularen Staat und seinen Instanzen die Maßstäbe und mithin letztlich die Kompetenz für eine Dezision darüber fehlen, inwieweit *tatsächlich* – im theologischen bzw. religionswissenschaftlichen usw. Sinne – eine »Religion« oder »Weltanschauung« vorliegt, kann es insoweit lediglich um eine Dezision darüber gehen, ob ein Sachverhalt als »religiös« oder »weltanschaulich« im Sinne der Verfassung vom Staat anzuerkennen ist. Zwar mögen sich konkrete religiöse bzw. weltanschauliche Bezüge vielfach einer Beweisbarkeit im strengen Sinne verschließen; doch ist für die dem Gericht darzulegende religionsbezogene Tatsachengrundlage zumindest **Plausibilität** zu verlangen.[58] Insoweit trifft denjenigen, der sich auf Art. 4 Abs. 1 und 2 GG beruft, die **Darlegungslast**; die schlichte Berufung auf behauptete Glaubensinhalte reicht nicht aus.[59]

Auch das *Bundesverfassungsgericht* hat in der »Bahá'í-Entscheidung«[60] die Konkretisierung staatlicher Rechtsbegriffe ausdrücklich den dazu berufenen staatlichen Instanzen zugewiesen, was der erste Leitsatz bündig verdeutlicht: 38

> *»Allein die Behauptung und das Selbstverständnis, eine Gemeinschaft bekenne sich zu einer Religion und sei eine Religionsgemeinschaft, können für diese und ihre Mitglieder die Berufung auf die Freiheitsgewährleistung des Art. 4 Abs. 1 und 2 GG nicht rechtfertigen; vielmehr muß es sich auch tatsächlich, nach geistigem Gehalt und äußerem Erscheinungsbild, um eine Religion und Religionsgemeinschaft handeln. Dies im Streitfall zu prüfen und zu entscheiden, obliegt – als Anwendung einer Regelung der staatlichen Rechtsordnung – den staatlichen Organen, letztlich den Gerichten.«*

Im Übrigen betont das Gericht in dieser Entscheidung zu Recht, dass den zuständigen staatlichen Stellen im Rahmen ihrer Definitionsaufgabe keine freie Bestimmungsmacht zukomme; durch sie sei vielmehr der von der Verfassung gemeinte oder vorausgesetzte, dem Sinn und Zweck der grundrechtlichen Verbürgung entsprechende Begriff der Religion zugrunde zu legen. Als Anhaltspunkte dafür, ob es sich im konkreten Fall um eine Religion bzw. Religionsgemeinschaft handelt, können nach Ansicht des Gerichts »die allgemeine Lebenswirklichkeit«, die »Kulturtradition« und das »allgemeine wie auch religionswissenschaftliche Verständnis«[61] dienen.   39

---

57 BVerfG, NJW 1995, 2477, 2478.
58 *v. Campenhausen*, in: HbStR VII, S. 597, 641 m.w.N.; *Geis*, RdJB 1995, 373, 376 f.; *Jestaedt*, Journal für Rechtspolitik 1995, 237, 252; zur Parallelproblematik einer Berufung auf die Gewissensfreiheit *Kästner*, ZevKR 37 (1992), 127, 142. – BVerwGE 45, 224, 234: »Eine extensive Interpretation des Art. 4 GG – extensiv hinsichtlich der Rechtsfolgen – schließt ... die Notwendigkeit ein, bei den tatsächlichen Voraussetzungen strenge Anforderungen zu stellen und ... ein Mindestmaß von Nachprüfbarkeit zu verlangen.« Vgl. ferner etwa BVerfGE 24, 236, 249 f.; 35, 366, 376; BVerwGE 41, 261, 268; 42, 128, 132.
59 BVerwGE 94, 82.
60 BVerfGE 83, 341 ff.
61 Kritisch hierzu *Isak*, Das Selbstverständnis der Kirchen und Religionsgemeinschaften, S. 64.

40   Grundsätzlich abzulehnen ist eine **Verengung des Schutzbereichs** durch Kriterien, welche auf ein **kulturelles Herkommen** Bezug nehmen, etwa im Sinne »gewisser übereinstimmender sittlicher Grundanschauungen der heutigen Kulturvölker«.[62] Denn hierdurch würde gerade die Kernqualität der verfassungsrechtlichen Verbürgung – der Schutz auch neuartiger bzw. vom »mainstream« abweichender Auffassungen – a limine in Frage gestellt. Art. 4 Abs. 1 und 2 GG erfasst nicht nur bisher bekannte oder etablierte Glaubenshaltungen.[63] Der Religions- und Weltanschauungsfreiheit wächst ihr verfassungsrechtlicher Rang vielmehr gerade daraus zu, dass sie die religiöse bzw. weltanschauliche Überzeugung (und gegebenenfalls auch den religiösen Irrtum) des *einzelnen* Grundrechtsträgers gewährleistet, welcher in seiner Individualität von Verfassungs wegen ernst genommen wird.[64] Der grundrechtliche Schutz kommt mithin auch unkonventionellen religiösen oder weltanschaulichen Überzeugungen zu – die ihrer vor allem bedürfen. Denn »mehrheitsfähige« Auffassungen werden der geschichtlichen Erfahrung nach in der Regel nicht in demselben Maße staatlich bzw. gesellschaftlich gefährdet sein wie vereinzelte; gerade letztere bedürfen deshalb eines effektiven grundrechtlichen Schutzes. Das *Bundesverfassungsgericht* hat in diesem Sinne bereits in der »Gesundbeterentscheidung«[65] dargelegt, dass die Glaubensfreiheit nicht nur den Mitgliedern »anerkannter« Religionsgemeinschaften gewährleistet sei, sondern gleichermaßen den Angehörigen anderer religiöser Vereinigungen.

41   Überlegungen, die auf den **ordre public** bzw. eine weithin anerkannte **kulturelle Adäquanz** tatsächlicher religiöser oder weltanschaulicher Verhaltensweisen Bezug nehmen, sind mithin nicht für den *Schutzbereich*, möglicherweise allerdings für die Konkretisierung von **Schranken** der Religions- und Weltanschauungsfreiheit von Belang.

42   Der Tatbestand des Art. 4 Abs. 1 und 2 GG setzt nach alledem in der Regel auch nicht voraus, dass dem grundrechtlichen Schutz unterstellte Auffassungen bzw. Verhaltensweisen **korporativ** vertreten bzw. praktiziert werden[66]. Allerdings reicht nach Maßgabe einzelner Bestimmungen des »einfachen« Rechts die **individuelle Perspektive** möglicherweise nicht, um konkrete Rechtsfolgen eintreten zu lassen. Das gilt beispielsweise für Ausnahmen vom tierschutzrechtlichen *Verbot des Schächtens*. § 4a Abs. 2 TierSchG erklärt – der Schutzintention dieses Gesetzes nach zu Recht – die Erteilung einer Ausnahmegenehmigung nur dann für zulässig, wenn zwingende Vorschriften *bestimmter Religionsgemeinschaften*, mithin eine jeweils *korporative* religiöse Sichtweise, diese Ausnahme rechtfertigen.[67]

---

62 BVerfGE 24, 236, 246. Vgl. zur Kritik an einer »Kulturadäquanzformel« auch *Fehlau*, JuS 1993, 441, 443.

63 BVerfGE 33, 23, 28 f.

64 Dazu auch *Müller-Volbehr*, DÖV 1995, 301, 303 f.

65 BVerfGE 32, 98, 106.

66 Vgl. auch Rdn. 47, 59 und 70. – Anders *Classen*, Religionsrecht, S. 37; *Mückl*, in: BK (2008), Art. 4 Rn. 92.

67 Zutreffend BVerwGE 99, 1, 4 ff. – Anders wohl auf der Basis eines spezifischen Verständnisses von »Religionsgemeinschaft« BVerfGE 104, 337, 354 f.

2. »Religion« und »Weltanschauung«

Seinen zutreffenden Hinweis auf die staatliche Definitionskompetenz für verfas- 43
sungsrechtliche Begriffe hat das *Bundesverfassungsgericht* später im Blick auf Weltanschauungen bzw. Weltanschauungsgemeinschaften ausdrücklich bekräftigt.[68] Allerdings ist es eine gerichtliche **Definition** dessen, was unter einem Bekenntnis bzw.
einer Religion oder Weltanschauung verfassungsrechtlich konkret zu verstehen sei,
bislang im Wesentlichen schuldig geblieben. Dies ist von der Sache her verständlich
und bis zu einem gewissen Grade unvermeidbar. Freilich wären Ansätze einer deutli-
cheren Konturierung für die Rechtspraxis hilfreich, die angesichts des gesellschaftlichen Wandels im Bereich von Religion und Weltanschauung mit Schwierigkeiten
der Anwendung von Art. 4 Abs. 1 und 2 GG konfrontiert wird.

Mit dem Auftreten religiöser bzw. weltanschaulicher Gemeinschaften, welche nicht 44
mehr in das traditionelle Raster einer Religionsgemeinschaft passen, aber den Schutz
des Art. 4 Abs. 1 und 2 GG begehren, hat sich die Komplexität tatbestandlicher Eingrenzung im Einzelfall zweifellos erhöht. Daraus dürfte es sich erklären, dass die Gerichte der Definitionsproblematik tendenziell ausweichen. So hat das *Bundesverwaltungsgericht* in seiner Entscheidung zur Zulässigkeit öffentlicher Warnungen vor
»Jugendsekten«[69] zugunsten der »Transzendentalen Meditation« die Anwendbarkeit
von Art. 4 Abs. 1 und 2 GG zunächst unterstellt[70] und sodann geprüft, ob die beanstandete Warnung auch den strengen Anforderungen an die Rechtfertigung eines
Eingriffs in das Grundrecht auf Religions- und Weltanschauungsfreiheit genüge.
Gleichermaßen hat beispielsweise das *Verwaltungsgericht Hamburg*[71] bezüglich der
»Scientology-Kirche« die Frage nach der Anerkennung als Religions- oder Weltanschauungsgemeinschaft offengelassen und die sich daraus ergebenden rechtlichen Probleme hypothetisch abgehandelt.[72]

Während sich das *Bundesverfassungsgericht*, wie erwähnt, bisher noch nicht veranlasst 45
sah, »Religion« oder »Weltanschauung« konkret zu definieren, stellte das *Bundesverwaltungsgericht* in einer Entscheidung zur Zulässigkeit öffentlicher finanzieller Förderung eines privaten Vereins mit der satzungsmäßigen Aufgabe, vor »neuen Religionen« zu warnen,[73] zwar fest, dass es im Rahmen von Art. 4 Abs. 1 und 2 GG einer
klaren **Abgrenzung zwischen Religion und Weltanschauung** nicht bedürfe, da die
Weltanschauung der Religion in diesem Grundrecht rechtlich gleichgestellt sei.
Gleichwohl unternahm es den Versuch einer Definition. Unter Religion und Weltanschauung sei eine mit der Person des Menschen verbundene **Gewissheit über
bestimmte Aussagen zum Weltganzen sowie zur Herkunft und zum Ziel des
menschlichen Lebens** zu verstehen; dabei lege die *Religion* eine den Menschen über-

---

68 BVerfG (1. Kammer des 1. Senats), NVwZ 1993, 358.
69 BVerwGE 82, 76 ff.
70 BVerwGE 82, 76, 82.
71 VG Hamburg, NVwZ 1991, 806 ff.
72 Für die »Scientology-Kirche« ebenso OVG Lüneburg, NdsVBl. 1996, 56.
73 BVerwGE 90, 112 ff.

schreitende und umgreifende (»transzendente«) Wirklichkeit zugrunde, während sich die *Weltanschauung* auf innerweltliche (»immanente«) Bezüge beschränke.[74]

46 Dieses an sich auf den Religions- bzw. Weltanschauungsbegriff des Grundrechts auf Religions- und Weltanschauungsfreiheit bezogene **Abgrenzungskriterium der Transzendenz bzw. Immanenz** diente dem *Bundesverwaltungsgericht* dann auch im Rechtsstreit um die Genehmigung einer privaten Grundschule nach dem pädagogischen Konzept von L. Ron Hubbard (»Scientology-Kirche«)[75] zur Unterscheidung zwischen einer Bekenntnis- und einer Weltanschauungsschule im Sinne von Art. 7 Abs. 5 GG. Die dort verwendeten Begriffe seien mit denen des Art. 4 GG deckungsgleich, was darauf beruhe, dass *private Bekenntnis- oder Weltanschauungsschulen* der Sicherung des Elternrechts auf religiöse Erziehung dienen sollten. Das religiöse Bekenntnis einerseits und die Weltanschauung andererseits setzten gleichermaßen ein alle Lebensbereiche umfassendes, geschlossenes Weltbild voraus; sie unterschieden sich nur dadurch, dass das religiöse Bekenntnis durch die Gottbezogenheit der Weltsicht geprägt sei, die bei einer Weltanschauungsschule fehle. Eine Weltanschauung sei gekennzeichnet durch die Ordnung der Weltsicht nach umfassenden Prinzipien, welche aller Erkenntnis vorgeordnet seien, sowie durch ihre Rückbezüglichkeit auf den Menschen, der als erkennendes Subjekt teilhabe an einer ganzheitlichen Welt-, Lebens-, Sinn- und Werteordnung; Sinnhaftigkeit und Werthaltigkeit dieser subjektiv vorgeordneten Wahrheit forderten als Überzeugung vom Menschen Verbindlichkeit auch im Sinne einer Handlungsanleitung. Dieses Verständnis hat das *Bundesverwaltungsgericht* sodann zu einem **verfassungsrechtlichen Begriff der Weltanschauung** weiterentwickelt:

> *Als Weltanschauung würden »solche Gedankensysteme bezeichnet, die sich mit einer Gesamtsicht der Welt oder doch mit einer Gesamthaltung zur Welt bzw. zur Stellung des Menschen in der Welt befassen ... Ein Gedankensystem, das im Sinne dieser grundrechtlichen Gewährleistung Weltanschauung sein will, wird sich mit Fragen nach dem Sinnganzen der Welt und insbesondere des Lebens der Menschen in dieser Welt befassen und zu sinnentsprechenden Werturteilen hinführen. Die aus der individuellen Wahrheitsüberzeugung von der Sinn- und Wertordnung erwachsenen subjektiv verbindlichen Gewißheiten sind es, die den besonderen Schutz des Art. 4 GG genießen und seinen Schutzbereich aus dem anderer Grundrechte herausheben ... An das notwendig von Subjektivität geprägte Gedankensystem dürfen zwar in Bezug auf den gegenständlichen Umfang einer solchen ganzheitlichen Sicht wie auch hinsichtlich seiner inneren Konsistenz keine besonders hohen Anforderungen gestellt werden. Denn erkenntniskritisch gesehen läßt sich Weltanschauung auch als bloßer Versuch bezeichnen, die Welt aus einer sinnvollen Gesamtkonzeption zu verstehen. Bei allen gebotenen Abstrichen an deren Vollkommenheit ist für Gedankensysteme als Weltanschauung aber dennoch wenigstens eine hinreichende Konsistenz, eine ähnliche Geschlossenheit und Breite vorauszusetzen, wie sie den im abendländischen Kulturkreis bekannten Religio-*

---

74 BVerwGE 90, 112, 115 f.
75 BVerwGE 89, 368 ff.

nen zu eigen ist ... Dafür spricht neben dem allgemeinen Sprachverständnis die Gleichstellung von Religion und Weltanschauung, wie sie in Art. 4 Abs. 1 GG als Gewährleistung der ›Freiheit des religiösen und weltanschaulichen Bekenntnisses‹ zum Ausdruck kommt. Vor allem aber ist diese enge Auslegung im Interesse einer klaren Abgrenzung des Schutzbereichs des Art. 4 GG von anderen Grundrechten geboten, die, wie z.B. Art. 2 und Art. 5 GG, weitergehende Einschränkungen zulassen und sich daher einer ausufernden Überhöhung als Folge fließender Übergänge zu Art. 4 GG widersetzen. Überzeugungen zu einzelnen Teilaspekten des Lebens – z.B. zum Gedanken der Toleranz – mögen im Einzelfall zwar Ausdruck einer weltanschaulichen Gesamtkonzeption sein; ohne die Einbettung in einen entsprechenden Zusammenhang vermögen sie hingegen den Begriff Weltanschauung nicht auszufüllen.«[76]

Im Gegensatz zur Vorinstanz[77] stellte das *Bundesverwaltungsgericht* im Übrigen zutreffend klar, dass das Vorhandensein einer Weltanschauung nicht notwendigerweise von der **Existenz einer zur Weltanschauung passenden Weltanschauungsgemeinschaft** als Bekenntnisgemeinschaft abhänge. Das Erfordernis der »Vergesellschaftung« der Weltanschauung ergebe sich nicht zwingend aus Art. 4 GG. Denn dieses Grundrecht sei Ausdruck der in Art. 1 Abs. 1 GG garantierten Menschenwürde, so dass bei der Auslegung des Art. 4 Abs. 1 GG die **Eigenverantwortlichkeit des Individuums in Glaubensangelegenheiten** in den Blick zu nehmen sei. Deshalb werde die individuelle Glaubensüberzeugung auch geschützt, wenn sie von den »offiziellen« Lehren religiöser oder weltanschaulicher Vereinigungen abweiche.   47

Zu Recht hat das *Bundesverwaltungsgericht* überdies in der Entscheidung unter Verweis auf die erforderliche Abgrenzung zum Schutzbereich anderer Grundrechte dezidiert für eine **enge Auslegung der Begriffe »Religion« und »Weltanschauung«** plädiert und sich damit jedenfalls im Ansatz einem auf extensive Auslegung gerichteten Verständnis des Grundrechts versagt.   48

3. Differenzierter Schutzbereich

Verbreiteter Meinung nach sollen die beiden ersten Absätze des Art. 4 GG in ihren religiösen Bezügen als **einheitliches Grundrecht** aufzufassen sein, das die **gesamte religiös motivierte Lebensführung** unter Schutz stellt[78]. Allerdings ist ein solches Verständnis bereits vom normativ differenzierten Inhalt des Art. 4 Abs. 1 GG her in Frage zu stellen. Denn diese Vorschrift gewährleistet neben der Freiheit des Glaubens sowie des religiösen und weltanschaulichen Bekenntnisses die **Gewissensfreiheit als**   49

---

76 BVerwGE 89, 368, 370 f.
77 VGH München, NVwZ 1991, 1101 ff.
78 BVerfGE 24, 236, 247 f.; 32, 98, 106. Kritisch zu Recht u.a. *Mager*, in: von Münch/Kunig I, Art. 4 Rn. 17 unter Verweis darauf, dass sich der Schutzbereich des Grundrechts auf Religionsfreiheit hiernach zu einer allgemeinen Handlungsfreiheit für religiös oder weltanschaulich motiviertes Verhalten zu entwickeln droht, was nicht zuletzt im Blick auf die unterschiedlichen Schranken der Freiheitsrechte mit dem System der Grundrechte schwerlich vereinbar ist. In diesem Sinne bereits früher *Kästner*, JZ 1998, 974, 979.

eigenständiges Grundrecht.[79] Damit ist nicht nur die Bildung des Gewissens im *forum internum* geschützt, sondern gleichermaßen seine Realisierung im praktischen Leben. Grundlage der Gewissensentscheidung ist zwar nicht immer, aber doch in vielen Fällen die religiöse bzw. weltanschauliche Überzeugung. Nimmt man an, bereits das Grundrecht auf Religions- und Weltanschauungsfreiheit schütze jegliches religiös bzw. weltanschaulich motivierte Verhalten, so bleibt insoweit weithin kein Raum mehr für eine unterscheidbare *Gewissensfreiheit*. Demzufolge findet man denn auch nicht selten in einschlägigen Bezugnahmen einen pauschalen Verweis auf die »Glaubens- und Gewissensfreiheit«.

50   Eine Zusammenfassung der Komponenten des Art. 4 Abs. 1 und 2 GG zu einem »Gesamtgrundrecht« entspricht im Übrigen weder der *Entwicklungsgeschichte* der Religionsfreiheit noch der diesbezüglichen Diskussion im Parlamentarischen Rat. Abgesehen hiervon ist es auch aus sachlichen Gründen angebracht, zwischen den verschiedenen in Art. 4 Abs. 1 und 2 GG enthaltenen normativen Bestandteilen zu differenzieren;[80] denn die *Grundrechtsträgerschaft*, der *Gegenstand des Schutzes* sowie das Bedürfnis nach effizienten normativen *Schranken* stellen sich in den einzelnen Bezügen der Vorschrift unterschiedlich dar: Während einen **Glauben** im Sinne des Absatzes 1 – ebenso wie ein Gewissen – nur eine natürliche, nicht hingegen eine juristische Person entwickeln kann,[81] steht die Freiheit der **Religionsausübung** (Abs. 2) auch Religionsgemeinschaften als solchen zu. Die Gewährleistung freier Ausübung in Abs. 2 bezieht sich (anders als die Garantien des ersten Absatzes) nur auf *Religion*, nicht aber auf *Weltanschauung*.[82] Im Übrigen tendieren am ehesten Akte tätiger Religionsausübung (Absatz 2) dazu, mit rechtsstaatlichen Ordnungsprinzipien in Kollision zu geraten; sie erzeugen damit das Bedürfnis nach wirksamen gesetzlichen Schranken. Glaube und Bekenntnis (Absatz 1) als solche hingegen entfalten in der Regel keinen rechtlich relevanten offensiven Charakter über die Individualsphäre hinaus.

4. Glaube

51   Glaube im Sinne des Art. 4 Abs. 1 GG bildet sich im *forum internum* und umschließt somit die Gesamtheit der auf Religion bzw. Weltanschauung bezogenen inneren Gedanken, Überlegungen und Überzeugungen.[83] In der Sicht der staatlichen Verfassung umfasst er auch die »**Negation**«, also religiöse Skepsis oder den dezidierten **Unglauben**.[84]

---

79 Dazu u. Rdn. 109–134.
80 Hierzu *Herzog*, in: Maunz/Dürig (1988), Art. 4 Rn. 5 ff., 64 ff., 99 ff.; *Kästner*, ZevKR 60 (2015), 1, 10 ff.
81 Anders *Zippelius*, in: BK (1989), Art. 4 Rn. 72, soweit es um den Zusammenschluss geht.
82 Ebenso *Zippelius*, in: BK (1989), Art. 4 Rn. 71, 103; weitergehend BVerfGE 24, 236, 246.
83 *Muckel*, in: Friauf/Höfling I, Art. 4 Rn. 20; *Zippelius*, in: BK (1989), Art. 4 Rn. 32; *Herzog*, in: Maunz/Dürig (1988), Art. 4 Rn. 66.
84 *M. Heckel*, Religionsfreiheit, S. 673, 712 f., 768.

Da insoweit das jeweilige individuelle Selbstverständnis eine ausschlaggebende Rolle   52
spielt, können **formale Definitionen** allenfalls dem prinzipiellen *Verständnis des Phänomens* dienen, sie helfen aber im Einzelfall letztlich nicht weiter. In diesem Sinne ist
Glaube etwa als die »Überzeugungen von der Stellung des Menschen in der Welt
und seiner Beziehung zu höheren Mächten und tieferen Seinsschichten«[85] verstanden worden. In dieselbe Richtung zielt auch die Annahme, die Glaubensfreiheit garantiere »nach ihrem geistesgeschichtlichen Gehalt nicht das Fürwahrhalten jedes beliebigen Meinungsinhalts, sondern nur Glauben in jenem engeren Sinn, den Kant
fides sacra genannt hat, nämlich die Annehmung der Grundsätze einer Religion«.[86]
Jedenfalls ist davon auszugehen, dass dem Glauben, wie ihn Art. 4 Abs. 1 GG versteht, eine ethische oder metaphysische – möglicherweise aus einer Gottesvorstellung
gespeiste – Vorstellung zugrunde liegt.[87] Mit den Komplexen »Religion« und »Weltanschauung« hat die Glaubensfreiheit Inhalte, die letztlich auf »eine mit der Person
des Menschen verbundene Gewissheit über bestimmte Aussagen zum Weltganzen
sowie zur Herkunft und zum Ziel des menschlichen Lebens«[88] Bezug nehmen. Insoweit ist es im säkularen und pluralistischen Verfassungsstaat von besonderer Wich-
tigkeit, dass das rechtliche Verständnis des Glaubensbegriffs für religiöse und weltanschauliche **Pluralität** offen gehalten wird.

Der grundgesetzliche Glaubensschutz ist als **umfassend** zu verstehen. Er unterliegt   53
weder wertenden Kategorien noch einer Abwägung nach qualifizierenden Kriterien.
Vielmehr ergibt sich aus der offen gehaltenen Gewährleistung und deren transzen-
dentaler Ausformung,[89] dass es in der freien Disposition des Grundrechtsberechtigten selbst steht, nach welchen individuellen Maßstäben er welche Glaubensinhalte
für sich wählt und wie diese möglicherweise mit denen ebenso Überzeugter in einer
Gemeinschaft zusammenwirken können.[90]

Bereits die **Bildung der Glaubensüberzeugung** wird verfassungsrechtlich geschützt,   54
was auch hierzu möglicherweise erforderliche Hilfsmittel einschließt. Im Übrigen
werden **das Haben und das Betätigen des Glaubens** gewährleistet. Insoweit bedingen sich Glaubens- und Bekenntnisfreiheit wechselseitig; trennscharfe Übergänge
sind schwer festzumachen. Regelmäßig wird – was allerdings für den Verfassungsbegriff des Glaubens nicht erforderlich ist – individuell ein Glaube gewonnen und
angenommen, der zuvor bereits anderweitig praktiziert und publiziert wurde, mithin
bekannt ist.

---

85 *Stein/Frank*, StR, S. 263.
86 *Zippelius*, in: BK (1989), Art. 4 Rn. 32.
87 *Herzog*, in: Maunz/Dürig (1988), Art. 4 Rn. 66.
88 BVerwGE 90, 112, 115.
89 BVerwGE 90, 112.
90 *Mückl*, in: BK (2008), Art. 4 Rn. 72.

5. Bekenntnis

55 Während durch die *Meinungsfreiheit* aus Art. 5 Abs. 1 S. 1 GG das Verbreiten von Meinungen im allgemeinen geschützt wird, garantiert die Bekenntnisfreiheit ebendiesen Schutz speziell für glaubensmäßige Auffassungen und kann insoweit als **Spezialgrundrecht gegenüber Art. 5 Abs. 1 GG** angesehen werden.[91] Inhaltlich korrespondiert sie notwendigerweise mit der *Glaubensfreiheit*, doch unterscheiden sich die Verhaltensmodalitäten der beiden Gewährleistungen dem Grunde nach insofern, als sich die *Glaubensfreiheit* auf das forum internum bezieht, während die *Bekenntnisfreiheit* das Kommunizieren dieses Glaubens im forum externum erfasst.

56 Zur **Art und Weise der Glaubensverkündung** trifft die Vorschrift keine Regelungen; es kommt daher jedes Mittel – Wort, Schrift,[92] Ton, Bild – zur Verwirklichung der Bekenntnisfreiheit in Betracht; auch kann die Kundgabe der religiösen Meinung konkludent oder zeichenhaft erfolgen.[93] Verfassungsrechtlich vorausgesetzt wird allerdings, dass das Bekenntnis nicht unter *Einsatz unlauterer Mittel* (Gewalt, List oder Drohung) erfolgt;[94] die geistig-intellektuelle Ebene darf bei der Ausübung der Bekenntnisfreiheit mithin nicht verlassen werden. Insbesondere gilt dies für die Fälle der **Glaubenswerbung**. Auch die religiöse und weltanschauliche *Mission* – einschließlich der Abwerbung Andersgläubiger – ist Teil der Bekenntnisfreiheit.[95]

57 »Bekenntnis« vollzieht sich nicht selten symbolhaft – beispielsweise im **Tragen unmittelbar religionsbezogener Kleidung** (Kopftücher, Burkas, Turbane o.ä.), bisweilen auch im **Aufstellen religiöser Symbole** (etwa am Arbeitsplatz); diesbezüglich ergeben sich nicht nur in Deutschland,[96] sondern im Blick auf die EMRK auch in anderen europäischen Ländern Rechtsprobleme.[97] Demgegenüber scheiden in diesem Zusammenhang Bekleidungen von vornherein aus, die nur *mittelbar* religiösen

---

91 *Herzog,* in: Maunz/Dürig (1988), Art. 4 Rn. 82.

92 Zum Schutzbereich der Bekenntnisfreiheit und ihren Schranken im Blick auf fundamentalistische bzw. extremistische religiöse Bekenntnisschriften OLG Stuttgart, in: Die Justiz 2011, S. 338; Entscheidungsbesprechung in NJW-Spezial 2011, S. 505.

93 *Mückl,* in: BK (2008), Art. 4 Rn. 91.

94 *Kokott,* in: Sachs, Art. 4 Rn. 33.

95 BVerfGE 12, 1, 3; *Morlok,* in: Dreier I, Art. 4 Rn. 84.

96 Zu einschlägigen Fragen im Arbeitsrecht etwa BAG, NJW 2003, 1685, 1686 f. (religiös motiviertes Tragen eines Kopftuchs durch eine Verkäuferin), bestätigt durch BVerfG, NJW 2003, 2815; BAG, NZA-RR 2011, 162 (Abmahnung wegen des Tragens eines Kopftuchs in einer städtischen Kindertagesstätte); LAG Hamm, Urteil vom 17.02.2012 – 18 Sa 867/11, LAGE, Art. 4 GG Nr. 8 (Untersagung des Tragens eines Kopftuchs im evangelischen Krankenhaus); ArbG Berlin, NZA-RR 2012, 627 (Diskriminierung im Bewerbungsverfahren wegen der Ankündigung, das Kopftuch auch während der Arbeitszeit als auszubildende Zahnarzthelferin nicht ablegen zu wollen). – Zum Islam in der Rspr. der Arbeitsgerichte *Bock,* NZA 2011, 1201. – Vgl. auch u. Rdn. 179 mit Fn. 393.

97 Dazu EGMR v. 04.12.2008 – *Dogru,* Az. 27058/05; EGMR v. 04.12.2008 – *Kervanci,* Az. 31645/04; EGMR v. 30.06.2009 – *Aktas u.a.,* Az. 43563/08, 14308/08, 29134/08, 18527/08; EGMR v. 30.06.2009 – *Singh,* Az. 25463/08, 27561/08; EGMR v. 23.02.2010

Charakter aufweisen, etwa weil sie in erster Linie eine politische oder gesellschaftliche Auffassung widerspiegeln sollen oder Ausdrucksweise einer sittlichen Grundhaltung sind. Geht man weiter davon aus, dass das Wesensmerkmal der *Bekenntnisfreiheit* in Abgrenzung zur *Glaubensfreiheit* in der beabsichtigten **Außenwirkung** liegt, so fällt das Tragen weltanschaulich akzentuierter Kleidung auch dann nicht unter die Bekenntnisfreiheit, wenn hierdurch »nur« ein religiöses Gebot, an welches sich der Träger bzw. die Trägerin gebunden fühlt, beachtet wird, ohne dass es auf eine *Wahrnehmung seitens der Umwelt* entscheidend ankäme. Insoweit kommt an Stelle der Bekenntnisfreiheit die Freiheit ungestörter **Religionsausübung** zur Anwendung.[98] Entscheidend ist in diesem Zusammenhang die jeweilige Motivation des Grundrechtsträgers bzw. der Grundrechtsträgerin.

Anwendungsfälle der Bekenntnisfreiheit stellen auch Kundgaben des Glaubens auf akustischem Wege wie christliches **Glockengeläut**[99] oder ein **muslimischer Gebetsruf**[100] dar. 58

Das **Bekennen durch die Tat** verleiht der grundrechtlichen Garantie in erhöhtem Maße Raum; deshalb ist im religiös-weltanschaulichen Bereich das Bedürfnis, glaubensbezogene *Gemeinschaften* zu gründen, besonders ausgeprägt. Insoweit weist die religiöse und weltanschauliche **Vereinigungsfreiheit** enge Bezüge zur Bekenntnisfreiheit auf.[101] Auch die erkennbare individuelle **Zugehörigkeit zu einer Religions- bzw. Weltanschauungsgemeinschaft** – ebenso wie gegebenenfalls die Aufhebung dieser Zugehörigkeit – hat deshalb bekenntnishaften Charakter. Allerdings ist eine solche »Gemeinschaftsbezogenheit«, wie bereits dargelegt, nicht Voraussetzung der Qualifikation einer Überzeugung als »religiös«.[102] Auch die Äußerung von Glaubensüberzeugungen, welche nicht an eine diesbezügliche Gemeinschaft gebunden sind, kann deshalb den Tatbestand des »Bekenntnisses« im Sinne von Art. 4 Abs. 1 GG erfüllen. 59

6. Religionsausübung

Im Blick auf Art. 4 Abs. 2 GG stellt sich die Frage, was unter **Religionsausübung** als Rechtsbegriff zu verstehen ist. Bezieht man dieses Tatbestandsmerkmal auf die definitionsgemäß inhaltlich offene Kategorie des »Glaubens« in Absatz 1, so würde das Grundrecht auf freie Religionsausübung, wie schon gesagt, im Ergebnis nicht viel 60

– *Ahmet Arslan u.a.*, Az. 41135/98; EGMR v. 15.01.2013 – *Eweida u.a.*, Az. 48420/10, 59842/10, 51671/10, 36516/10 [Kreuz am Arbeitsplatz].
98 Zutreffend *Muckel*, in: Friauf/Höfling I, Art. 4 Rn. 25.
99 BVerfGE 24, 236, 246.
100 *Guntau*, ZevKR 43 (1998), 369; *Muckel*, NWVBl. 1998, 1.
101 *Mager*, in: v. Münch/Kunig I, Art. 4 Rn. 26.
102 Vgl. auch Rdn. 42, 47 und 70. – Anders *Classen*, Religionsrecht, S. 37; *Mückl*, in: BK (2008), Art. 4 Rn. 92.

mehr bedeuten als eine spezifisch akzentuierte Zweitauflage des Grundrechts auf freie Entfaltung der Persönlichkeit (Art. 2 Abs. 1 GG) – ohne dass freilich dessen Schranken anwendbar wären. Erst recht droht diese Konsequenz, wenn man auch die **Negation jeglichen Glaubens** als *Religionsausübung* anzuerkennen bereit ist;[103] wäre diese Bewertung zutreffend, so hätte der Rechtsbegriff schlechterdings jegliche Konturen verloren. Eine konkrete »**positive**« **religiöse Qualifikation** der betreffenden Verhaltensweisen ist im Kontext von Art. 4 Abs. 2 GG deshalb unabdingbar.

61 In diesem Zusammenhang kann nicht als Regel davon ausgegangen werden, dass alles, was von einzelnen natürlichen oder juristischen Personen unter religiösem Etikett bzw. mit religiöser Motivation vollzogen wird, ohne Weiteres auch den Tatbestand der »Religionsausübung« im Sinne der Verfassung erfüllt;[104] erst recht ist nicht vom allgemeinen religiös qualifizierten Status einer Religionsgemeinschaft auf die konkrete religionsrechtliche Tatbestandsmäßigkeit aller ihrer Verhaltensweisen zu schließen.[105] Selbstverständlich dürfen Religionsgemeinschaften nach Maßgabe ihres Selbstverständnisses aktiv in der gesellschaftlichen Öffentlichkeit präsent sein und zu politischen, sozialen oder wirtschaftlichen Tagesfragen Stellung nehmen, diesbezügliche Veranstaltungen organisieren usw. Insofern bewegen sie sich dann, soweit es sich nicht um *genuin bekenntnisbezogene* Kundgaben oder Veranstaltungen handelt,[106] allerdings zunächst im Schutzbereich der Grundrechte auf **Meinungsfreiheit**,[107] auf **Versammlungsfreiheit**[108] usw. und nehmen aus verfassungsrechtlicher Sicht nicht mit stärkerer oder minderer Rechtsstellung am öffentlichen Leben teil als andere gesellschaftlich wirksame Verbände auch. Ein Rückgriff auf die jeweiligen spezifisch einschlägigen Grundrechtsgewährleistungen mit ihren qualifizierten Tatbestandsvoraussetzungen und Schrankenvorbehalten bedeutet weder für Einzelne noch für Religionsgemeinschaften eine fragwürdige Minderung selbstbestimmter Entfaltung; sie trägt vielmehr der Tatsache Rechnung, dass die Verfassung für unterschied-

---

103 So *M. Heckel*, Religionsfreiheit, S. 768.
104 Ebenso die Rechtslage nach Art. 9 EMRK; *Blum*, Gedanken-, Gewissens- und Religionsfreiheit, S. 69 f.
105 Es kann deshalb beispielsweise, wie *Herzog*, in: Maunz/Dürig (1988), Art. 4 Rn. 106, zu Recht bemerkt, nicht jede der Einnahmeerzielung dienende Tätigkeit der Kirchen und Religionsgemeinschaften als Religionsausübung im Sinne von Art. 4 Abs. 2 GG anerkannt werden. So ist der Betrieb einer **Photovoltaikanlage auf dem Dach eines kirchlichen Gebäudes**, wenngleich er der Erzielung von Einnahmen für die betreffende Kirchengemeinde dient, nicht als Religionsausübung im Sinne des Grundrechts auf Religionsfreiheit anzusehen; zutreffend VGH Bad.-Württ., NVwZ-RR 2012, 222.
106 Vgl. auch u. Rdn. 234–240.
107 Vgl. zur Abgrenzung der Bekenntnisfreiheit von der allgemeinen Meinungsfreiheit auch *Starck*, in: v. Mangoldt/Klein/Starck I, Art. 4 Rn. 153 ff.; zur Kategorie des Politischen im Kontext des Handelns einer religiösen oder weltanschaulichen Gruppierung *Herzog*, in: Maunz/Dürig (1988), Art. 4 Rn. 96.
108 *Zippelius*, in: BK (1989), Art. 4 Rn. 104; anders *v. Campenhausen*, in: HbStR VII, S. 597, 653.

liche Sachverhalte auch differenzierte Regelungen zur Verfügung stellt – zur Sicherung der Freiheit der Grundrechtsträger gleichermaßen wie zur Wahrnehmung der Schutzaufgaben des sozialen Rechtsstaats. Dieses in der Verfassung angelegte System wird pauschalierend eingeebnet, wenn man sonstige Grundrechte a limine zugunsten der **Religionsfreiheit** für unanwendbar erklärt, sofern ein rechtserhebliches Verhalten *auch* auf einer nach außen hin mehr oder minder deutlichen *religiösen Motivation* beruht.

Eine Prävalenz der Religionsfreiheit ist der Rechtspraxis zwar in der »Lumpen-   62
sammlerentscheidung«[109] mit der Autorität des *Bundesverfassungsgerichts* nachhaltig nahegelegt worden. Doch sprechen historische, systematische und teleologische Gesichtspunkte dafür, das Grundrecht auf freie Religionsausübung anderen verfassungsrechtlichen Gewährleistungen nur dann als lex specialis vorzuordnen, wenn es um **Kultushandlungen und Glaubensbetätigungen im engeren Sinne** geht. Auch unter religionsverfassungsrechtlichen Aspekten ist mit einer derart restriktiven Auslegung **kein inakzeptabler Verlust an Freiheit** für die Religionsgemeinschaften verbunden. Denn deren religionsbezogene Maßnahmen können, auch wenn sie von Art. 4 Abs. 2 GG (in einschränkender Betrachtung) nicht erfasst werden, als »eigene Angelegenheiten« nach Maßgabe von **Art. 140 GG i.V.m. Art. 137 Abs. 3 WRV** verfassungsrechtlich geschützt sein – allerdings dieser Norm zufolge ausdrücklich nur »innerhalb der Schranke der für alle geltenden Gesetze«.

Erforderlich dafür, dass ein Verhalten »Religionsausübung« im Sinne von Art. 4   63
Abs. 2 GG bedeutet, ist mithin ein konkreter, nicht nur peripherer, sondern genuiner und nachhaltiger **Bezug zum jeweiligen religiösen Bekenntnis**. Das erfasst selbstverständlich den **Kultus** im eigentlichen Sinne, darüber hinaus aber auch sonstige **konkret religionsbezogene Verhaltensweisen**, welche nach den maßgeblichen religiösen Kategorien für eine adäquate Praktizierung des jeweiligen Glaubens geboten sind. Welche Tatbestände insoweit in Betracht kommen, hängt von den Verhaltensgrundsätzen des betreffenden religiösen Bekenntnisses ab. Das *Bundesverfassungsgericht* hat einschlägige Aspekte geschützter Religionsausübung angesprochen:[110]

> *»Zur Religionsausübung gehören … nicht nur kultische Handlungen und Ausübung sowie Beachtung religiöser Gebräuche wie Gottesdienst, Sammlung kirchlicher Kollekten, Gebete, Empfang der Sakramente, Prozession, Zeigen von Kirchenfahnen, Glockengeläute, sondern auch religiöse Erziehung, freireligiöse und atheistische Feiern sowie andere Äußerungen des religiösen und weltanschaulichen Lebens.«*

Eine **Erleichterung der Lebensführung unter Beachtung religiöser Gebote** fördert   64
zwar die Realisierung des Individualgrundrechts auf Religions- und Weltanschauungsfreiheit; sie kann gleichwohl allein deshalb noch nicht dem Normprogramm des

---

109 BVerfGE 24, 236.
110 BVerfGE 24, 236, 246.

Art. 4 Abs. 1 und 2 GG zugerechnet werden, sofern man den Schutzbereich dieses Grundrechts nicht völlig der Konturenlosigkeit anheimgeben will.[111] Demgemäß statuiert Art. 4 Abs. 1 und 2 GG keine Pflicht des Gesetzgebers, das gesellschaftliche Leben in einer konkreten Weise auszugestalten,[112] die eine durch den Glauben oder die Weltanschauung vorgeschriebene individuelle Lebensführung erleichtert.[113]

7. Einzelfälle

a) Schächten

65   Als grundrechtlich geschützte Religionsausübung ist **rituelles Schächten** anzusehen, welches auf einer Vorschrift der Religionsgemeinschaft über ein **Gebot des Schächtens** beruht (§ 4a Abs. 2 Nr. 2 TierSchG Alternative 1).[114]

66   Demgegenüber wird, wenn es lediglich um ein religiöses **Verbot des Verzehrs nicht geschächteten Fleisches** geht, mit der Versagung einer Ausnahmegenehmigung zum Schächten weder gebietend noch verbietend auf die individuelle Religionsausübung eingewirkt. Insoweit führt die Erteilung einer Genehmigung zum Schächten lediglich zu einer Modifizierung der die individuelle Fleischversorgung betreffenden tatsächlichen Gegebenheiten; sie *erleichtert* dann zweifellos dem einzelnen Gläubigen die Einhaltung des religiösen Verzehrverbotes und damit die individuelle religionsbezogene Lebensführung, doch ist, wie bereits dargelegt, ein Anspruch hierauf dem Grundrecht auf Religions- und Weltanschauungsfreiheit nicht immanent.

67   Das *Bundesverwaltungsgericht* hat dies – ebenso wie bereits 1986 der *Bundesrat* im Verlauf des Verfahrens zur Änderung des Tierschutzgesetzes (Anrufung des Vermittlungsausschusses)[115] – ebenso gesehen.[116] Dieser Bewertung neigte im Ansatz wohl

---

111   Zutreffend OVG Hamburg, NVwZ 1994, 592, 593. Anderer Ansicht *Traulsen*, ZevKR 48 (2003), 198, 200 f.

112   Bei der Erfüllung von Schutzpflichten, soweit sie bestehen, kommt dem Gesetzgeber ohnehin ein weiter Gestaltungsspielraum zu; BVerfGE 92, 26, 46; 96, 56, 64 f. m.w.N.

113   Ebenso wenig kann der Einzelne verlangen, dass seine Überzeugung zum Maßstab der Gültigkeit allgemeiner Gesetze oder ihrer Anwendung gemacht wird; BVerfGE 67, 26, 37.

114   Rechtsvergleich zum Schächten in Deutschland, den Niederlanden und der Türkei bei *Köpernik*, ZRP 2011, 243. – In Durchführung europäischen Rechts (Art. 4 Abs. 4 VO (EG) Nr. 1099/2009 des Rates v. 24.09.2009 [Amtsblatt Nr. L 303 v. 18.11.2009, S. 1] darf Schächten seit 01.01.2013 nur noch in Schlachthöfen erfolgen (§ 12 Abs. 2 VO zum Schutz von Tieren im Zusammenhang mit der Schlachtung oder Tötung [Tierschutz-Schlachtverordnung] v. 20.12.2012 [BGBl. I S. 2982]).

115   Dt. Bundestag, Drucksache 10/5523, S. 1.

116   BVerwGE 99, 1, 7 f. Ebenso bereits vorher das *VG Gelsenkirchen*, NWVBl. 1993, 118, und das *OVG Hamburg*, NVwZ 1994, 592. Zustimmend *Brandhuber*, NVwZ 1994, 561, 563; *Trute*, Jura 1996, 462, 465 f. Kritisch *Kuhl/Unruh*, DÖV 1994, 644, 646; *Müller-Volbehr*, JuS 1997, 224, 227; *Mayer*, NVwZ 1997, 561, 562; *Caspar*, ZRP 1998, 441, 442; *Lorz/Metzger*, Tierschutzgesetz, Kommentar, § 4a Rn. 24.

auch das *Bundesverfassungsgericht* in seiner einschlägigen Entscheidung[117] zu (»auch wenn das Schächten selbst nicht als Akt der Religionsausübung verstanden wird …«).[118]

b) Religionsbezogene Bekleidung öffentlicher Amtsträger

Der religiös motivierte Wunsch von **Erzieherinnen in öffentlichen Kindergärten** so- **68** wie von **Lehrern im allgemeinen Unterricht** öffentlicher Schulen, ihren Dienst mit religionsbezogener Bekleidung zu versehen, wird vom Schutzbereich des Grundrechts auf Religionsfreiheit erfasst. Das galt in der Vergangenheit für ein »bhagwantypisches« Gewand,[119] und es gilt für christliche Ordensbekleidung, die jüdische Kippah sowie für muslimische Kopftücher.[120]

Das religiös motivierte **Tragen von Kopftüchern** hat jedenfalls religiösen Bekennt- **69** nischarakter, obgleich ein Kopftuch als solches an sich kein spezifisch religiöses Symbol darstellt. Denn nach Maßgabe der derzeit in Deutschland herrschenden Kleidungsgewohnheiten wird den meisten Betrachtern die explizit *religiöse* Motivation und Aussage des Tragens von Kopftüchern durch jüngere muslimische Frauen sofort deutlich sein, zumal diese Tücher in spezifischer Art und Weise gebunden werden. Auch eine solche Art, sich äußerlich sichtbar als praktizierende Muslimin zu erkennen zu geben, genießt als **Akt religiösen Bekennens** grundrechtlichen Schutz aus Art. 4 Abs. 1 GG. Denn Musliminnen tragen das Kopftuch, um als Frauen den Anforderungen des Koran gerecht zu werden, wie sie ihn verstehen und als zwingende Verhaltensanforderung ernst nehmen.

Ein solches Verhalten ist nach gegenwärtig in der *Rechtspraxis* überwiegend vertrete- **70** ner und zutreffender Ansicht nicht nur als religiöses Bekenntnis zu werten, sondern weitergehend überdies als grundrechtlich geschützte **Religionsausübung**.[121] Dieser Schutz besteht ungeachtet der Tatsache, dass es sich bei dem Verständnis des Koran, welches dem Tragen von Kopftüchern zugrunde liegt, um eine spezifische Auffassung handelt, welche nicht von allen Musliminnen geteilt wird. Denn das Grundrecht der Religionsfreiheit ist, wie bereits dargelegt, auf *individuelle Glaubensentscheidungen* gemünzt, nicht nur auf die Bejahung »mehrheitsfähiger« Glaubenssätze.[122] Deshalb spielt es für die grundrechtliche Gewährleistung prinzipiell keine Rolle, ob

---

117 Dazu *Kästner*, JZ 2002, 491.
118 BVerfGE 104, 337, 346.
119 Dazu BVerwG, NVwZ 1988, 937; OVG Hamburg, NVwZ 1986, 406; VGH München, NVwZ 1986, 405.
120 Zum religiös motivierten Tragen eines Kopftuchs durch Lehrerinnen an öffentlichen Schulen *Kästner*, in: FS M. Heckel, S. 359 ff. – Zu einschlägigen Fragen bei Erzieherinnen in öffentlichen Kindergärten BAG, NZA-RR 2011, 162; im Blick auf die EMRK *Haupt*, Verfassungsfragen zum muslimischen Kopftuch von Erzieherinnen in öffentlichen Kindergärten, S. 227 ff.
121 BVerfGE 24, 236, 245 ff.; 32, 98, 106 f.; 33, 23, 28.
122 BVerfGE 32, 98, 106; 33, 23, 28 f.; 93, 1, 17, 24.

das praktizierte Verständnis der einschlägigen heiligen Schriften von theologischen Autoritäten als zutreffend bestätigt wird bzw. in welchem Maße die betreffende religiöse Überzeugung in der jeweiligen Religionsgemeinschaft institutionell gefordert oder tatsächlich von anderen Gläubigen geteilt wird. Ob »liberal« denkende Musliminnen bzw. Muslime das Tragen von Kopftüchern als religiös zwingend geboten ansehen oder diese Verhaltensweise als »fundamentalistisch« kritisieren, ist im Lichte der Verfassung mithin nicht von Belang – ebenso wenig wie die Frage, ob im **Ausland** Musliminnen das Tragen von Kopftüchern in öffentlichen Institutionen gerade wegen seines religiösen Bekenntnischarakters explizit verboten ist.

71   Genießt der Wunsch, als Lehrperson auch im allgemeinen öffentlichen Unterricht religionsbezogene Bekleidung zu tragen, nach alledem grundrechtlichen Schutz aus Art. 4 GG,[123] so besagt dies allerdings nicht ohne Weiteres, dass eine solche Verhaltensweise in jeglichem rechtlich geordnetem Kontext ohne Beschränkungen hingenommen werden muss. Verfassungsrechtlich zweifellos gewährleistet ist die Entscheidung öffentlicher Bediensteter, als **Privatpersonen** in der Öffentlichkeit religionsbezogene Kleidung zu tragen, sofern sie dies aus religiösen Gründen als für sich verbindlich betrachten. Fraglich ist demgegenüber, wie weit der diesbezügliche staatsbürgerliche Status **innerhalb der Funktionen des öffentlichen Dienstes** reicht. Die diesbezügliche Problematik spitzt sich im religiös und weltanschaulich sensiblen Bereich der öffentlichen Schule besonders zu; sie kann aber auch für **andere Bereiche des öffentlichen Dienstes** (Polizei, Gerichtsbarkeit, Standesämter usw.) potentiell virulent werden. Auf der Ebene der EMRK sind in der Türkei Kopftücher von Soldatinnen Gegenstand gerichtlicher Entscheidung gewesen.[124]

72   Sachdienlich ist das Problem religionsbezogener Bekleidung öffentlicher Bediensteter in Ausübung ihres Amtes nicht vom **Schutzbereich** des Grundrechts auf Religions- und Weltanschauungsfreiheit her zu lösen. Denn selbstverständlich bleibt der staatsbürgerliche Status auch nach einem Eintritt in den öffentlichen Dienst dem Grunde nach erhalten; der überkommene Verweis auf »besondere Gewaltverhältnisse« bzw. »Sonderrechtsverhältnisse« kann insoweit zu Recht als überwunden gelten. Doch unterliegt die Grundrechtsausübung in Ausübung öffentlicher Ämter gewissen **Schranken**, die dem *Beamtenrecht* innewohnen, nicht zuletzt aber auch auf *institutionelle Bindungen* des Staates im Kontext von Religion- und Weltanschauung (etwa das Prinzip der Neutralität) oder auf seine Aufgabe zurückgehen, bestimmte seiner Zuständigkeit unterliegende Funktionsbereiche *sachgerecht* zu regeln sowie dort *Konflikte und rechtliche Kollisionen* nach Möglichkeit zu vermeiden.[125] Das *Bundesverfassungsgericht* hat die Möglichkeit diesbezüglicher Beschränkungen für den Bereich der öffentlichen Schule prinzipiell bestätigt, eine Herleitung aus allgemeinen beamten-

---

123   BVerfGE 108, 282, 297; *Merten*, in: FS Stern, S. 987, 995; *v. Campenhausen*, in: HbStR VII, S. 597, 631.

124   EGMR v. 09.10.2001 – *Köse*, Az. 36594/97; EGMR v. 04.05.2002 – *Isik*, Az. 39071/97; EGMR v. 04.06.2002 – *Usta*, Az. 39070/97.

125   Dazu näher m.w.N. *Kästner*, in: FS M. Heckel, S. 359 ff.

rechtlichen Prinzipien (etwa *Eignung*) aber abgelehnt[126] und sie einer **Dezision des Gesetzgebers** vorbehalten.[127]

c) Wirtschaftliche und religiöse Betätigung

Das *Bundesverwaltungsgericht* hat in seiner Entscheidung zur Zulässigkeit öffent- 73
licher finanzieller Förderung eines privaten Vereins mit der satzungsmäßigen Aufgabe,
vor »neuen Religionen« zu warnen,[128] konsistente Grundsätze für eine verfassungsrechtlich angemessene **Zuordnung wirtschaftlicher zu religiöser bzw. weltanschaulicher Betätigung** entwickelt.

*Es stellte fest, dass der Schutz einer Gemeinschaft durch das Grundrecht auf Religions-
und Weltanschauungsfreiheit nicht bereits dann entfalle, wenn sich die Gemeinschaft
»überwiegend« wirtschaftlich betätige. Eine Religions- oder Weltanschauungsgemeinschaft müsse, um über den rein spirituellen Zusammenhalt hinaus als Verband bestehen zu können, ein Minimum an organisatorischer Struktur aufweisen; dazu benötige
sie finanzielle Mittel. In welcher Weise sie ihre Finanzverhältnisse gestalte, habe sie
kraft ihres verfassungsrechtlich gewährleisteten Selbstbestimmungsrechts grundsätzlich
selbst zu entscheiden (Art. 140 GG i.V.m. Art. 137 Abs. 3 WRV). Neben den traditionellen Finanzierungsformen der Erhebung von Steuern oder von Mitgliedsbeiträgen
habe sie auch die Möglichkeit, für Güter oder Dienstleistungen mit unmittelbar religiösem oder weltanschaulichem Bezug (so etwa für Unterricht in den Lehren der Gemeinschaft) Entgelte zu verlangen, wie es bei den in der Öffentlichkeit als »Jugendreligionen« bekannt gewordenen neuen religiösen Bewegungen der Fall sei. Der
Schutz des Grundrechts könne mithin nicht bereits wegen einer »Kommerzialisierung«
des religiösen oder weltanschaulichen Bekenntnisses entfallen, möge die Gemeinschaft
auch bei ihrer diesbezüglichen Betätigung wegen des den religiösen oder weltanschaulichen Bezug überlagernden Gewinnstrebens den im Wirtschaftsleben allgemein geltenden Gesetzen unterworfen sein. Dies gelte auch dann, wenn die wirtschaftliche Betätigung der Gemeinschaft eine solche Bedeutung erlange, dass die gemeinschaftliche
Pflege der Religion bzw. Weltanschauung in den Hintergrund trete, wenn also die geschäftlichen Interessen der Gemeinschaft ihre sonstigen Aktivitäten überwögen. Hingegen werde das Grundrecht missbraucht und entfalte keine Schutzwirkung, wenn religiöse bzw. weltanschauliche Lehren lediglich als Vorwand für eine Verfolgung
wirtschaftlicher Ziele dienten, wenn die Gemeinschaft mithin in Wahrheit ausschließlich wirtschaftliche Interessen verfolge, welche mit ideellen Zielen bloß verbrämt seien.*

---

126 BVerfGE 108, 282, 307.
127 BVerfGE 108, 282, 303, 309; kritisch gegenüber der Statuierung eines Gesetzesvorbehalts
   die Richter *Jentsch, Di Fabio* und *Mellinghoff,* S. 314 ff. – Zu dieser Entscheidung m.w.N.
   Kästner, JZ 2003, 1178.
128 BVerwGE 90, 112 ff.

74 Nach Maßgabe dieser Kriterien, welche lebensnahe und angemessene Resultate ermöglichen, können sich Religionsgemeinschaften ungeachtet einer intensiven wirtschaftlichen Betätigung dem Grunde nach auf Art. 4 Abs. 1 und 2 GG berufen. Doch kann in Einzelfällen durchaus anderes gelten, wie die Entscheidung des *Bundesarbeitsgerichts* zur »Scientology-Kirche« verdeutlicht hat.[129] Deren Rechtscharakter ist nach wie vor nicht endgültig geklärt; die Gerichte neigten in der Vergangenheit dazu, die Frage nach der Einordnung der Lehren von L. Ron Hubbard als Religion oder Weltanschauung offenzulassen.[130] Das *Bundesarbeitsgericht* stellte fest, dass die »Scientology-Kirche Hamburg e.V.« nicht als Religions- oder Weltanschauungsgemeinschaft im Sinne von Art. 4 Abs. 1 und 2 bzw. Art. 140 GG i.V.m. Art. 137 Abs. 3 WRV anzusehen sei, da ihre Lehren nur als Vorwand für die Verfolgung wirtschaftlicher Ziele dienten; die »Scientology-Kirche« sei als kommerzielles Unternehmen einzustufen.

d) Religiöse bzw. weltanschauliche Vereinigungsfreiheit

75 In seiner »Bahá'í-Entscheidung« hat das *Bundesverfassungsgericht* zu Recht bekräftigt, dass die Religionsfreiheit im Sinne des Art. 4 Abs. 1 und 2 GG auch die diesbezügliche **Vereinigungsfreiheit** umfasse, »wie sie sich aus dieser Bestimmung in Verbindung mit den einschlägigen, durch Art. 140 GG einbezogenen Weimarer Kirchenartikeln ergibt«.[131]

Zwar sei die Vereinigungsfreiheit in Art. 4 Abs. 1 und 2 GG nicht mehr ausdrücklich genannt. Aus der Entstehungsgeschichte dieser Vorschrift gehe aber hervor, dass auch die religiöse Vereinigungsfreiheit von der Religionsfreiheit umfasst sein solle; ein entsprechender Satz 2 in Art. 4 Abs. 1 GG sei lediglich zur Vermeidung einer Doppelgewährleistung nach Aufnahme der »Weimarer Kirchenartikel« in das Grundgesetz gestrichen worden. Es habe jedenfalls dem Willen des Verfassungsgebers entsprochen, die religiöse Vereinigungsfreiheit zu garantieren; deren Platzierung in den inkorporierten Artikeln der Weimarer Reichsverfassung dürfe nicht dazu führen, diesem Recht den Zusammenhang mit der grundrechtlich gewährleisteten Religionsfreiheit abzusprechen.[132]

76 Diese Garantie eröffnet nach Maßgabe der erwähnten und dem Grunde nach überzeugenden Rechtsprechung die Freiheit, sich aus gemeinsamem Glauben zu einer Religions- oder Weltanschauungsgemeinschaft zusammenzuschließen und zu organisieren – auf dem Boden der staatlichen *Rechtsordnung* und nicht lediglich als rein

129 BAG, NJW 1996, 143 ff.
130 OVG Münster, NVwZ 1997, 302 ff.; OVG Lüneburg, NdsVBl. 1996, 56; für eine Klassifizierung der »Scientology-Kirche« als Weltanschauungsgemeinschaft OVG Hamburg, NVwZ 1995, 498 ff.
131 BVerfGE 83, 341, 354. Zu dieser Entscheidung auch *Flume*, JZ 1992, 238 ff.; *Jeand'Heur*, Jus 1992, 830 ff.; *Schockenhoff*, NJW 1992, 1013 ff.
132 BVerfGE 83, 341, 354 f.

geistige Kultgemeinschaft. Allerdings besteht kein Anspruch auf eine bestimmte **Rechtsform** – etwa die des rechtsfähigen Vereins oder einer sonstigen Form der juristischen Person; gewährleistet ist die Möglichkeit einer irgendwie gearteten rechtlichen Existenz einschließlich der Teilnahme am allgemeinen Rechtsverkehr. Dem entspricht es, dass Art. 140 GG i.V.m. Art. 137 Abs. 4 WRV den Religionsgesellschaften die Möglichkeit garantiert, die **Rechtsfähigkeit** nach den *Vorschriften des bürgerlichen Rechts* zu erwerben. Diese Normen sind – wie von jedermann – auch von den Religions- und Weltanschauungsgemeinschaften zu beachten. Es ist daher rechtlich nicht bedenklich, wenn eine Gemeinschaft bzw. eine ihrer Gliederungen infolge einer glaubensbedingten spezifischen Organisation eine bestimmte Rechtsform nicht erlangen kann, die sie erstrebt. Allerdings gebietet es die religiöse und weltanschauliche Vereinigungsfreiheit, bei der Auslegung und Handhabung des einschlägigen Rechts das **Selbstverständnis** der Religions- oder Weltanschauungsgemeinschaft zu berücksichtigen, soweit es in dem Bereich der durch Art. 4 Abs. 1 GG als unverletzlich gewährleisteten Glaubens- und Bekenntnisfreiheit wurzelt und sich in der durch Art. 4 Abs. 2 GG geschützten Religionsausübung verwirklicht. Das bedeutet, dass die betreffende Religions- oder Weltanschauungsgemeinschaft **Gestaltungsspielräume**, die das dispositive Recht eröffnet, voll ausschöpfen kann; zu ihren Gunsten sind überdies – soweit erforderlich – auch bei der **Anwendung zwingender Vorschriften** des Bürgerlichen Gesetzbuchs Auslegungsspielräume zu nutzen, soweit dies mit der Sicherheit des Rechtsverkehrs und den Rechten anderer vereinbar ist.

Der Sache nach geht es insoweit um die objektive Wirkung der Grundrechte, die über Generalklauseln und auslegungsfähige Begriffe auch die bürgerliche Rechtsordnung gestalten. Entgegen der Ansicht der Vorinstanzen hat das *Bundesverfassungsgericht* zu Recht die Auffassung vertreten, es lasse sich der Grundsatz der **Vereinsautonomie** des Bürgerlichen Gesetzbuchs dahin interpretieren, dass die Eigenart religiöser Vereine bei ihrer inneren Organisation berücksichtigt werden könne – insbesondere was die Zustimmungsbedürftigkeit von Satzungsänderungen und die Frage der Auflösung des Vereins angehe. Nach Maßgabe des religiösen Selbstverständnisses ist insoweit auch eine Organisation rechtlich möglich, welche der Eigenart des betreffenden Vereins als **Teilgliederung einer hierarchisch gegliederten Religionsgemeinschaft** Rechnung trägt. Sofern die Vereinsautonomie eingeschränkt werden soll, muss dies der Sicherung der Einordnung des Vereins in die Religionsgemeinschaft *im Rahmen der religionsrechtlichen Verknüpfung* dienen – beispielsweise der Wahrung der Identität der Glaubenslehre oder grundlegender glaubensbedingter Lebensführungspflichten. 77

Zu beachten bleibt bei der Betrachtung dieser Entscheidung, dass die in Streit stehenden Vorschriften nur die **innere Organisationsstruktur** betrafen; vereinsrechtliche Vorschriften, welche im Interesse der **Sicherheit und Klarheit des Rechtsverkehrs** *nach außen wirkende* Angelegenheiten bzw. Rechtsverhältnisse zwingend regeln, waren nicht Gegenstand des Verfahrens. 78

e) Werbung für den eigenen Glauben

79 Glaubensfreiheit bedeutet nach dem Grundgesetz mehr als bloße *Toleranz* bzw. Duldung religiöser oder irreligiöser Überzeugungen. Eingeschlossen ist vielmehr auch das **Recht auf Werbung für den eigenen Glauben** – einschließlich der Abwerbung von einem fremden Glauben.[133]

f) Staatliche Anerkennung kirchlicher Feiertage

80 Das Grundrecht auf Religions- und Weltanschauungsfreiheit vermittelt Religionsgemeinschaften oder ihren Gläubigen keinen Anspruch gegenüber dem Staat auf **Anerkennung bestimmter kirchlicher Feiertage** und ihrer ganztägigen Ausweisung als Tage der Arbeitsruhe.[134]

g) Namensrecht

81 Das Interesse der Römisch-katholischen Kirche, einer irreführenden Verwendung der Begriffe »römisch-katholisch« bzw. »katholisch« entgegenzutreten, ist vom *Bundesverfassungsgericht* dem Schutzbereich des Art. 4 Abs. 1 und 2 GG zugerechnet worden; dem gleichermaßen verfassungsrechtlich qualifizierten Wunsch eines anderen religiösen Verbandes, sich so zu bezeichnen, können deshalb Schranken gezogen werden.[135]

h) Pflicht zur Ableistung eines Eides

82 Art. 4 Abs. 1 GG schützt auch eine Glaubensüberzeugung, welche einen ohne Anrufung Gottes geleisteten **Eid** aus religiösen Gründen ablehnt.[136]

i) Gerichtliche Entscheidungen in religionsbezogenen Rechtsstreitigkeiten

83 Eine Verletzung des Grundrechts aus Art. 4 Abs. 1 und 2 GG kann nicht allein daraus hergeleitet werden, dass ein staatliches Gericht in einem **Rechtsstreit zwischen zwei Religionsgemeinschaften über Eigentum, Besitz oder Nutzung eines für den Gottesdienst bestimmten Gebäudes** entscheidet und sein Urteil zur Folge hat, dass die unterliegende Partei das streitige Recht verliert. Das Grundrecht der Religionsfreiheit entzieht solche Streitfälle zwischen Religionsgemeinschaften nicht der staatlichen Gerichtsbarkeit; es schützt daher auch nicht vor den Folgen des Unterliegens in einem solchen Rechtsstreit. Eine Verletzung des Art. 4 Abs. 2 GG durch das gerichtliche Urteil kommt jedoch dann in Betracht, wenn im Rechtsstreit die Rechtmäßigkeit oder Wirksamkeit einer anderen staatlichen Maßnahme zu beurteilen war, durch welche in die Eigentums-, Besitz- oder Nutzungsverhältnisse an dem Streit-

---

133 BVerfGE 12, 1, 3 f.
134 BVerfG, NJW 1995, 3378, 3379.
135 BVerfG, NJW 1994, 2346 f.
136 BVerfGE 33, 23, 29 f.; 79, 69, 76.

objekt eingegriffen wurde und von der eine durch das gerichtliche Urteil nicht behobene *Beeinträchtigung der ungestörten Religionsausübung* ausgehen kann. Im Übrigen bezieht sich der Gewährleistungsgehalt der Religionsausübungsfreiheit nur auf Güter, welche dem Grundrechtsträger nach Maßgabe von Zuweisungsakten der bürgerlichen Rechtsordnung zustehen (die ihrerseits den verfassungsrechtlichen Vorgaben entsprechen muss).[137]

j) Inhaltliche Anforderungen an grundrechtlich geschützte religiöse Unterweisung

Die **Vermittlung und Ausübung einer geistigen Technik** ohne bestimmte gedankliche Inhalte oder die Gewährung bloßer **Lebenshilfe** wird nicht von Art. 4 Abs. 1 und 2 GG geschützt; wohl aber unterfällt die **Glaubens- bzw. Mitgliederwerbung** dem Schutzbereich.[138]   84

k) Sondernutzung an öffentlichen Straßen

Eine als Sondernutzung qualifizierte **Straßenbenutzung** kann eine grundrechtlich geschützte Betätigung der Religionsfreiheit darstellen,[139] sofern der religiöse Bezug plausibel ist.[140]   85

l) Individuelle Gebete in der öffentlichen Schule außerhalb der Unterrichtszeit

Ein muslimischer Schüler ist nach Maßgabe der ihm zustehenden Religionsfreiheit prinzipiell berechtigt, während des Besuchs einer öffentlichen Schule außerhalb der Unterrichtszeit ein Gebet zu verrichten. Doch wird dieses Recht ggf. durch Erfordernisse einer **Wahrung des Schulfriedens** beschränkt.[141]   86

---

137 BVerfG, NJW 1992, 2812 ff.
138 BVerwGE 82, 76, 78 (»Transzendentale Meditation«).
139 BVerwG, NJW 1997, 406 (»Scientology-Kirche«); VG Köln, Beschluss vom 05.06.2012
      – 18 L 694/12, BeckRS 2012, 55270 (Verteilung kostenloser Exemplare des Koran durch
      Salafisten).
140 Dies wurde vom VG Bayreuth (Urteil vom 24.07.2012 – B 1 K 11.572, BeckRS 2012,
      55073) in Bezug auf einen in Wunsiedel geplanten »Rudolf-Heß-Gedenkgottesdienst«
      verneint.
141 BVerwGE 141, 223. – Zur Problematik auch *Neumann,* jurisPR-BVerwG 3/2012
      Anm. 6; *Korioth/Augsberg,* JZ 2010, 828, 832 f.; *Rohe,* BayVBl. 2010, 257; *Zimmermann,*
      NJ 2010, 245 (Urteilsanmerkung); *ders.,* LKV 2010, 394; *Scholz,* DRiZ 2010, 400;
      Schaefer, VerwArch 2012, 136; *Enders,* JZ 2012, 363 (Urteilsanmerkung); *Hufen,* JuS
      2012, 663; *Rubin,* JURA 2012, 718; *Muckel,* JA 2012, 235; *Skrzypczak/Hörich,* LKV
      2012, 449.

m) Religiös motivierte Beschneidung einwilligungsunfähiger Knaben

87 Eine Beschneidung männlicher Kinder[142] erfüllt, wie das Landgericht Köln in einer Entscheidung vom 7. Mai 2012[143] im Ansatz zutreffend festgestellt hat, an sich den Tatbestand einer strafbaren **Körperverletzung** (§ 223 Abs. 1 StGB),[144] welche allerdings durch Einwilligung gerechtfertigt sein kann. Wenn die Eltern eine solche für ihr einwilligungsunfähiges Kind erklären und sich diesbezüglich nach Maßgabe von Art. 4 Abs. 1 und 2 GG i.V.m. Art. 6 Abs. 2 GG auf ihr **religiöses Erziehungsrecht** berufen, ergibt sich eine Spannungslage mehrerer verfassungsrechtlicher Gewährleistungen; es stellt sich im Ergebnis die Frage nach der Reichweite der am Kindeswohl zu orientierenden elterlichen **Personensorge**. Auf die insoweit konstatierte Rechtsunsicherheit hat der Deutsche Bundestag[145] mit der Aufnahme einer – nicht allein auf religiöse Beweggründe begrenzten – speziellen Regelung in das Bürgerliche Ge-

---

142 Die einschlägige Rechtsprechung hatte sich über das Strafrecht hinaus auch mit sonstigen rechtlichen Aspekten der Beschneidung zu befassen. Vgl. etwa OVG Lüneburg, FEVS 44, 465 (Beihilfe für eine private Feier aus Anlass der Taufe oder Beschneidung); OVG Lüneburg, NJW 2003, 3290 (Übernahme der Kosten der Beschneidung durch den Träger der Sozialhilfe); LG Frankenthal, MedR 2005, 243 (Haftung bei behandlungsfehlerhafter ritueller Beschneidung eines Neunjährigen); OLG Frankfurt, NJW 2007, 3580 (einen Schmerzensgeldanspruch begründende Verletzung des allgemeinen Persönlichkeitsrechts eines einwilligungsunfähigen Kindes durch die Veranlassung der Beschneidung seitens des nicht sorgeberechtigten Vaters ohne Zustimmung der sorgeberechtigten Mutter).

143 LG Köln, NJW 2012, 2128; vorgehend AG Köln, Urteil vom 21.09.2011 – 528 Ds 30/11, BeckRS 2012, 13648.

144 Ebenso *Valerius*, Kultur und Strafrecht, S. 151 f.; *Fischer*, StGB, 61. Aufl., 2014, § 223 Rn. 11; ablehnend unter Verweis auf den Aspekt der Sozialadäquanz *Exner*, Sozialadäquanz im Strafrecht, S. 168 ff., 190.

145 Dt. Bundestag (Wissenschaftliche Dienste), Nr. 16/12 v. 29.06.2012 (Aktueller Begriff – Beschneidung und Strafrecht); Dt. Bundestag, Drucksache 17/10331 (Antrag der Fraktionen der CDU/CSU, SPD und FDP); Dt. Bundestag, Drucksache 17/11295 (Gesetzentwurf der Bundesregierung); Dt. Bundestag, Drucksache 17/11430 (Gesetzentwurf verschiedener Bundestagsabgeordneter); *Radtke*, Stellungnahme gegenüber dem Rechtsausschuss vom 23.11.2012 zu BT-Drs. 17/11295, BT-Drs. 17/11430 sowie BT-Drs. 17/11815 für die öffentliche Anhörung am 26.11.2012 [http://www.zwangsbeschnei dung.de/archiv/experten-rechtsausschuss-26-11-2012/Stellungnahme_Radtke.pdf]; Dt. Bundestag, Drucksache 17/11800 (Beschlussempfehlung des Rechtsausschusses); Dt. Bundestag, Drucksache 17/11814 (Bericht des Rechtsausschusses); Dt. Bundestag, Drucksache 17/11815 (Änderungsantrag); Dt. Bundestag, Drucksache 17/11816 (Änderungsantrag); Dt. Bundestag, Drucksache 17/11835 (Änderungsantrag).

setzbuch[146] reagiert und damit die Problematik zumindest für die Rechtspraxis[147] vorerst gelöst.[148]

8. Die »negative« Religions- und Weltanschauungsfreiheit

a) Allgemeines

Im Grundrecht auf Religions- und Weltanschauungsfreiheit unausweichlich auch **88** vorgegeben ist die Freiheit, nicht zu glauben, nicht zu bekennen und nicht zu einer Religionsausübung gezwungen zu werden; denn jede »positive« religiöse bzw. weltanschauliche Glaubensentscheidung beinhaltet spiegelbildlich die Negation entgegenstehender Auffassungen.[149]

---

146 G über den Umfang der Personensorge bei einer Beschneidung des männlichen Kindes v. 20.12.2012 (BGBl. I S. 2749):

§ 1631d BGB

(1) Die Personensorge umfasst auch das Recht, in eine medizinisch nicht erforderliche Beschneidung des nicht einsichts- und urteilsfähigen männlichen Kindes einzuwilligen, wenn diese nach den Regeln der ärztlichen Kunst durchgeführt werden soll. Dies gilt nicht, wenn durch die Beschneidung auch unter Berücksichtigung ihres Zwecks das Kindeswohl gefährdet wird.

(2) In den ersten sechs Monaten nach der Geburt des Kindes dürfen auch von einer Religionsgesellschaft dazu vorgesehene Personen Beschneidungen gemäß Absatz 1 durchführen, wenn sie dafür besonders ausgebildet und, ohne Arzt zu sein, für die Durchführung der Beschneidung vergleichbar befähigt sind.

147 Aus der Diskussion etwa *Rohe*, JZ 2007, 801, 802, 805; *Schwarz*, JZ 2008, 1125; *Jerouschek*, NStZ 2008, 313; *ders.*, in: FS Dencker, S. 171 ff.; *Putzke*, in: FS Herzberg, S. 669 ff.; *ders.*, MedR 2008, 268; *ders.*, NJW 2008, 1568; *ders.*, MedR 2012, 229 (Rezension); *ders.*, MedR 2012, 621; *ders.*, RuP 48 (2012), 138; *Zypries*, RuP 48 (2012), 139; *Herzberg*, JZ 2009, 332; *ders.*, ZIS 2010, 471; *ders.*, MedR 2012, 169; *Zähle*, AöR 134 (2009), 434, 441 ff.; *Fateh-Moghadam*, RW 1 (2010), 115; *Valerius*, JA 2010, 481, 484 f.; *ders.*, Kultur und Strafrecht, S. 149 ff.; *Exner*, Sozialadäquanz im Strafrecht, insbes. S. 36 ff., 168 ff., 189 f.; *Jorzig*, in: Arbeitsgemeinschaft Rechtsanwälte im Medizinrecht e.V. (Hg.), 25 Jahre Arbeitsgemeinschaft – 25 Jahre Arzthaftung, S. 177 ff.; *Dettmeyer/Parzeller/Laux/Friedl/Zedler/Bratzke*, ArchKrim 227 (2011), 85; *Rox*, JZ 2012, 806 (Urteilsanmerkung); *Krüper*, ZJS 2012, 547 (Urteilsanmerkung); *Peglau*, jurisPR-StrafR 15/2012 Anm. 2; *Kreß*, MedR 2012, 682 (Urteilsanmerkung); *Hassemer*, ZRP 2012, 179; *Wiater*, NVwZ 2012, 1379; *Klinkhammer*, Deutsches Ärzteblatt 31-32/109 (2012), 1538; *Beulke/Dießner*, ZIS 2012, 338; *Spickhoff*, FamRZ 2012, 1423 (Urteilsanmerkung); *Kempf*, JR 2012, 436 (Urteilsanmerkung); *Muckel*, JA 2012, 636; *Lack*, ZKJ 2012, 336.

148 Zum Gesetzentwurf bzw. zur endgültigen Regelung etwa *Ring/Olsen-Ring*, FPR 2012, 522 (vergleichend mit der Rechtslage in Schweden); *Büscher*, DRiZ 2012, 330; *Ehrmann*, DRiZ 2012, 331; *Walter*, JZ 2012, 1110; *Rixen*, NJW 2013, 257.

149 Nicht überzeugend deshalb der kritische Ansatz von *Hellermann*, Die sogenannte negative Seite der Freiheitsrechte, Berlin 1993.

89   Ausdrücklichen verfassungsrechtlichen Ausdruck hat dieses Prinzip in **Art. 7 Abs. 3 S. 3 GG** gefunden. Die Vorschrift gewährleistet, dass ein Lehrer nicht gegen seinen Willen verpflichtet werden darf, Religionsunterricht zu erteilen. Eine bereits eingestellte Lehrkraft darf demgemäß wegen ihrer diesbezüglichen Weigerung keine beamtenrechtlichen **Nachteile** erfahren. Diesen individualrechtlichen Konsequenzen des Grundrechts auf religiöse und weltanschauliche Freiheit steht allerdings die mit der staatlichen Schulhoheit einhergehende Aufgabe der Schulverwaltung gegenüber, die für einen ordnungsgemäßen Unterricht an öffentlichen Schulen erforderlichen organisatorischen Voraussetzungen zu gewährleisten. Sofern hiernach auf einer bestimmten Stelle eine Lehrkraft mit der Bereitschaft zur Erteilung von Religionsunterricht benötigt wird, kann deshalb die einschlägige Weigerung der Amtsinhaberin bzw. des Amtsinhabers ein beamtenrechtlich relevantes dienstliches Bedürfnis für die **Versetzung auf eine andere Stelle** begründen.[150] Ebenso kann bei der Einstellung von Lehrpersonal, zu dessen Aufgaben die Erteilung von Religionsunterricht gehören soll, eine entsprechende **Bereitschaft als Eignungsmerkmal** im Sinne von Art. 33 Abs. 2 GG berücksichtigt werden.[151] Wenn in Art. 7 Abs. 3 S. 3 GG klargestellt wird, es dürfe kein Lehrer gegen seinen Willen verpflichtet werden, *Religionsunterricht* zu erteilen, so gilt das darin zum Ausdruck gebrachte Postulat der Freiwilligkeit in religiösen bzw. weltanschaulichen Bezügen erst recht über den Religionsunterricht hinaus für die **Vermittlung spezifischer religiöser bzw. weltanschaulicher Inhalte im sonstigen Unterricht.**

90   Differenzierte Gewährleistungen des Rechts auf »negative« Bekenntnisfreiheit bzw. ein Verbot des Zwanges zu religionsbezogenen Verhaltensweisen sind darüber hinaus in **Art. 140 GG i.V.m. Art. 136 Abs. 3 und 4 WRV** normiert.[152]

b)   Verhältnis zur »positiven« Religions- und Weltanschauungsfreiheit

91   Das *Bundesverfassungsgericht* hatte in seiner Rechtsprechung der »negativen« Komponente des Grundrechts auf Religions- und Weltanschauungsfreiheit zunächst zu Recht Raum gegeben[153] und darauf hingewiesen, dass die **»negative« Religionsfreiheit im Verhältnis zur »positiven« gleichwertig** sei und keineswegs Dominanz beanspruchen könne.[154] Dieser überzeugende Ansatz wurde allerdings im »Kruzifix-Beschluss«[155] in Frage gestellt; ihm lag unter anderem die prinzipielle Annahme zugrunde, der einzelne Grundrechtsträger könne aus seiner »negativen« Religions- und Weltanschauungsfreiheit einen Anspruch darauf ableiten, andere an der »positiven«

150   *v. Campenhausen/Unruh*, in: v. Mangoldt/Klein/Starck III, Art. 140/Art. 136 WRV Rn. 30 f.

151   BVerwG, NJW 1989, 921 f.; *v. Campenhausen/Unruh*, in: v. Mangoldt/Klein/Starck III, Art. 140/Art. 136 WRV Rn. 31.

152   Vgl. u. Rdn. 97–101 und 248.

153   So beispielsweise BVerfGE 41, 29, 49.

154   BVerfGE 52, 223, 245 ff.

155   BVerfGE 93, 1; dazu sogleich näher unter Rdn. 93–96.

Ausübung ihres diesbezüglichen Grundrechts bzw. den Staat an der Wahrnehmung hoheitlicher Kompetenzen mit religiösen oder weltanschaulichen Bezügen zu hindern; davon soll allenfalls im Rahmen einer Abwägung der angeblich kollidierenden Rechtspositionen abzusehen sein.

Demgegenüber ist die begrenzte Tragweite der »negativen« Religions- und Welt-   92
anschauungsfreiheit zu betonen. Sie vermittelt dem Grundrechtsträger lediglich ein Recht darauf, *persönlich* gegenüber religiösen oder weltanschaulichen Phänomenen auf Distanz zu gehen, nicht aber die Freiheit zur **Einflussnahme auf fremdes religions- oder weltanschauungsbezogenes Verhalten.**[156] Dem kann auch die Argumentation nicht abhelfen, es könne einen abwehrfähigen Eingriff in die eigene Grundrechtsposition bedeuten, der persönlichen Überzeugung zuwider einer physischen oder psychischen *Konfrontation mit fremden religiösen oder weltanschaulichen Überzeugungen* ausgesetzt zu sein. Denn diese Annahme überdehnt den Schutzbereich des Grundrechts auf Religions- und Weltanschauungsfreiheit. Das deutsche Verfassungsrechts gewährt keinen Schutz vor Lebenssituationen, in welchen sich der Einzelne gezwungen sieht, Ausdrucksformen abweichender religiöser oder weltanschaulicher Ansichten zur Kenntnis zu nehmen und dadurch gegebenenfalls die eigene Auffassung in Frage stellen zu lassen.[157] Die Vielfalt individueller Überzeugungen führt in einer pluralistischen Gesellschaft unausweichlich zur Konfrontation mit Meinungen, Einflüssen und Verhaltensweisen, welche mit persönlichen religiösen oder weltanschaulichen Wertungen nicht in Übereinstimmung stehen; diese Grundtatsache gehört sozusagen zum »allgemeinen Lebensrisiko« in der Bundesrepublik Deutschland. Diesem Pluralismus geben die Grundrechte explizit Raum und versuchen, ihn von Rechts wegen adäquat zu organisieren. Demgemäß ist dem Grundrecht auf Religions- und Weltanschauungsfreiheit **kein Anspruch auf Schutz vor einer Konfrontation mit fremden Glaubensbekundungen, kultischen Handlungen und religiösen Symbolen** zu entnehmen,[158] **solange hierdurch nicht spezifische rechtlich geschützte Interessen des einzelnen oder der Allgemeinheit konkret beeinträchtigt werden** – ebenso wie etwa auch Art. 6 Abs. 2 GG dem Grunde nach keine Grundlage für ein Verlangen von Eltern darstellt, den ihrer Personensorge anvertrauten Kindern staatlicherseits eine religiös und weltanschaulich sozusagen »keimfreie« Lebensumwelt zu verschaffen.

---

156 Ebenso *M. Heckel*, Religionsfreiheit, S. 667.
157 Ebenso *v. Campenhausen/de Wall*, Staatskirchenrecht, S. 74 f. – Nicht eindeutig insoweit *M. Heckel*, Religionsfreiheit; vgl. dort einerseits S. 761, 771, 811, 826 Anm. 294 und S. 849, andererseits S. 851, 852, 854 f.
158 BVerfGE 93, 1, 16. Ebenso für den Schulbereich *Spies*, NVwZ 1993, 637, 638. Anders im Ansatz wohl VGH Baden-Württemberg, NVwZ 1998, 309, mit der Bewertung, es könne ein Schüler »in seiner durch Art. 4 Abs. 1 GG garantierten (negativen) Glaubens- und Bekenntnisfreiheit ... durch die Vorschriften über die Teilnahmepflicht am Ethikunterricht ... berührt sein«.

93   Dem wurde der zu Recht vielkritisierte[159] »**Kruzifix-Beschluss**«[160] nicht gerecht, mit welchem das *Bundesverfassungsgericht* § 13 Abs. 1 S. 3 der Schulordnung für die Volksschulen in Bayern vom 21.06.1983[161] (mit der normativen Anordnung, in den öffentlichen Volksschulen Bayerns in jedem Klassenzimmer ein Kreuz anzubringen) für verfassungswidrig erklärte.

Dieses Ergebnis leitete die Mehrheit des Ersten Senats im Wesentlichen von folgenden Erwägungen her: Art. 4 Abs. 1 GG schütze die Glaubensfreiheit. Die Entscheidung für oder gegen einen Glauben sei danach Sache des Einzelnen, nicht des Staates. Der Staat dürfe ihm einen Glauben weder vorschreiben noch verbieten. Zur Glaubensfreiheit gehöre die Freiheit, einen Glauben zu haben sowie nach den eigenen Glaubensüberzeugungen zu leben und zu handeln. Insbesondere gewährleiste sie die freie Teilnahme an kultischen Handlungen, die ein Glaube vorschreibe oder in denen er Ausdruck finde. Dem entspreche umgekehrt die Freiheit, kultischen Handlungen eines nicht geteilten Glaubens fernzubleiben; davon umfasst seien auch die Symbole, in denen sich ein Glaube oder eine Religion darstellten. Art. 4 Abs. 1 GG überlasse es dem Einzelnen, zu entscheiden, welche religiösen Symbole er anerkenne und verehre bzw. welche er ablehne. In einer Gesellschaft, die unterschiedlichen Glaubensüberzeugungen Raum gebe, bestehe für den Einzelnen zwar kein Anspruch darauf, von fremden Glaubensbekundungen, kultischen Handlungen und religiösen Symbolen verschont zu bleiben. Davon zu unterscheiden sei aber eine vom Staat geschaffene Lage, in welcher der Einzelne dem Einfluss eines bestimmten Glaubens, den Handlungen, in welchen dieser sich manifestiere, und den Symbolen, in denen er sich darstelle, ohne Ausweichmöglichkeiten ausgesetzt sei. Dem trage auch Art. 140 GG i.V.m. Art. 136 Abs. 4 WRV dadurch Rechnung, dass er einen Zwang zur Teilnahme an religiösen Übungen ausdrücklich verbiete.

Sei ein Kreuz bzw. Kruzifix an der Wand des Klassenzimmers angebracht, so sei für den einzelnen Schüler keine Ausweichmöglichkeit gegeben; er könne sich dem Anblick dieses zentralen christlichen Symbols nicht entziehen, wenn er es als Belastung empfinde. Einen **Grundrechtseingriff** *leitete das Gericht daraus ab, Kreuze in den Klassenräumen führten in Verbindung mit der allgemeinen Schulpflicht dazu, dass die Schüler während des Unterrichts von Staats wegen und ohne Ausweichmöglichkeit mit diesem Symbol konfrontiert seien und gezwungen würden, »unter dem Kreuz« zu lernen. Dadurch unterscheide sich die Anbringung von Kreuzen in Klassenzimmern von der im Alltagsleben häufig auftretenden Konfrontation mit religiösen Symbolen der verschiedensten Glaubensrichtungen. Nach Dauer und Intensität wirkten sich Kreuze in Unterrichtsräumen stärker aus als* **Kreuze in Gerichtssälen.** *Das Kreuz sei Symbol einer bestimmten religiösen Überzeugung und nicht etwa lediglich Ausdruck der vom Christentum mitgeprägten abendländischen Kultur. Eine Einwirkung auf die Schüle-*

---

159   Dazu m.w.N. *Kästner,* ZevKR 41 (1996), 241.
160   BVerfGE 93, 1 ff. – Die Bezeichnung »Kruzifix-Beschluss«, die sich eingebürgert hat, ist an sich zu eng, da sich die Entscheidung auch auf Kreuze ohne Korpus bezieht.
161   BayVSO, GVBl. 1983, S. 597.

rinnen und Schüler könne ihm nicht abgesprochen werden. Es habe »appellativen Charakter« und weise die von ihm symbolisierten Glaubensinhalte als vorbildhaft und befolgungswürdig aus. Dies geschehe gegenüber Personen, die auf Grund ihrer Jugend in ihren Anschauungen noch nicht gefestigt und daher einer mentalen Beeinflussung besonders leicht zugänglich seien. Daher sei in der staatlich angeordneten Anbringung eines Kreuzes in jedem Klassenzimmer ein Eingriff in das Grundrecht auf Religionsfreiheit in seiner »negativen« Dimension zu sehen.

Nach Maßgabe der skizzierten argumentativen Eckpunkte des Beschlusses könnte   94
das Grundrecht der Religions- und Weltanschauungsfreiheit in seinen »negativen«
Bezügen tendenziell ein schier uferloses Abwehrpotential individueller Beliebigkeit
gegen den allgemeinen Geltungsanspruch der normativen Ordnung entfalten. Da
wohl kaum gesellschaftliche Lebensbereiche bestehen dürften, in denen sich letztlich
keinerlei religiöse bzw. weltanschauliche Bezüge herstellen lassen, könnte Art. 4
Abs. 1 und 2 GG in diesem Verständnis tatsächlich zu einer Art »Obergrundrecht«
werden – was das *Bundesverfassungsgericht* in seiner Entscheidung zum **Kreuz im Gerichtssaal**[162] zu Recht noch ausdrücklich abgelehnt hatte. Art. 4 Abs. 1 und 2 GG
garantiert die Freiheit zur individuellen religiösen bzw. weltanschaulichen Selbstbestimmung. Manifestationen abweichender religiöser bzw. weltanschaulicher Auffassungen entfalten insoweit grundrechtliche Relevanz nicht bereits auf Grund ihrer
bloßen Existenz, die in der pluralistischen Gesellschaft ohnehin selbstverständlich,
allgegenwärtig und unausweichlich ist, sondern erst dann, wenn sie auf den garantierten Freiheitsbereich – beispielsweise durch Zwang oder psychische Manipulation
– *konkret belastend* einwirken. Die schlichte Präsenz von Kreuzen oder Kruzifixen in
Schulräumen führt indes nicht zu einer solchen Situation, da, was die persönliche
Haltung zu solchen christlichen Symbolen angeht, die Entscheidungsfreiheit des einzelnen Schülers bzw. der einzelnen Schülerin – und gleichermaßen der Lehrpersonen, die in einem mit einem Kreuz versehenen Raum zu unterrichten haben[163] –
durch die bloße *optische Konfrontation* nicht beeinträchtigt wird. Insofern verhält es
sich im schulischen Bereich nicht anders als im Alltagsleben, in welchem allenthalben und prinzipiell unausweichlich unterschiedlichste Ausdrucksformen fremder
Auffassungen zur Kenntnis zu nehmen sind und eine individuelle Auseinandersetzung damit nahelegen. Dieser Notwendigkeit, gegenüber gesellschaftlichen Phänomenen einen – gegebenenfalls dezidiert ablehnenden – eigenen Standpunkt zu entwickeln, enthebt das Grundrecht auf Religions- und Weltanschauungsfreiheit auch
in seiner »negativen« Dimension nicht.[164]

Mithin besteht, solange der Unterricht unter Beachtung der allgemein bestehenden   95
religionsverfassungsrechtlichen Begrenzungen (vor allem des Neutralitätsprinzips)
abgehalten wird und nicht den Charakter staatlich veranstalteter religiöser bzw. welt-

---

162 BVerfGE 35, 366, 373 ff.
163 Dazu VGH Bayern, KirchE 55 (2010), 3 ff.; *Kokott,* in: Sachs, Art. 4 Rn. 53.
164 Dazu *Merten,* in: FS Stern, S. 987 ff.; *Müller-Volbehr,* JZ 1995, 996, 999; *Kästner,* ZevKR
      41 (1996), 241, 260 ff.; *Isensee,* ZRP 1996, 10.

anschaulicher Indoktrination annimmt, auch kein Anspruch darauf, gegen **Inhalte des Unterrichts an öffentlichen Schulen** vorgehen zu können, gegen den – beispielsweise im Blick auf **Sexualkundeunterricht** oder auch **Ethikunterricht** – aus religiösen oder weltanschaulichen Gründen individuelle Bedenken bestehen mögen. Der Bereich der öffentlichen Schule ist wie kaum ein anderes gesellschaftliches Umfeld der Existenz unterschiedlicher religiöser bzw. weltanschaulicher Anschauungen der Schülerinnen und Schüler sowie der Lehrkräfte ebenso ausgesetzt wie einer Anhäufung potentiell religions- oder weltanschauungsbezogener Aspekte des Lehrstoffes – von der Geschichte über den Deutsch-Unterricht bis hin zu den naturwissenschaftlich geprägten Fächern. Sollte insoweit der Einzelne von Verfassungs wegen tatsächlich einen Anspruch darauf geltend machen können, vor religiösen oder weltanschaulichen Motiven, welche er persönlich nicht bejaht, schlechterdings verschont zu bleiben, so fänden weite Bereiche des öffentlichen Schulunterrichts unweigerlich unter dem Damoklesschwert potentieller Grundrechtseingriffe und der diesbezüglichen Rechtsschutzmöglichkeiten statt. Damit wäre die verfassungsrechtlich verankerte staatliche Schulhoheit mitsamt ihren Erziehungs- und Bildungszielen in Frage gestellt; ein freier geistiger Austausch im Unterricht würde ebenso unmöglich wie die schlichte »darstellende« Information über religiöse und weltanschauliche Fragen oder Vorverständnisse, welche im Unterrichtsstoff mehr oder minder immanent stets vorzufinden sind.

96 Der Feststellung, ob bzw. inwieweit im Einzelfall tatsächlich eine grundrechtlich relevante **Beeinträchtigung** besteht, ist – wie in der übrigen Rechtsordnung, so auch im Wirkungsbereich der Religions- und Weltanschauungsfreiheit – ein **objektiver Maßstab** zugrunde zu legen. Subjektive Empfindlichkeiten, mögen sie auch aus der eigenen Glaubensüberzeugung gespeist und insofern durchaus nachvollziehbar sein, scheiden als Grundlage für ein rechtliches Verdikt aus.[165] Es bestünde andernfalls die Gefahr, die innerhalb des pluralistischen Gemeinwesens systembedingte und unverzichtbare offene geistige Auseinandersetzung nach Maßgabe subjektiver Empfindlichkeiten auf die Ebene der Justiz zu verlagern, die damit von vornherein überfordert wäre.

c) Art. 140 GG i.V.m. Art. 136 Abs. 3 und 4 WRV

97 Das »Schweigerecht« des Art. 140 GG i.V.m. Art. 136 Abs. 3 WRV stellt eine spezielle Ausprägung der »negativen« Bekenntnisfreiheit dar;[166] es wäre deshalb auch ohne ausdrückliche textliche Verankerung in Art. 136 Abs. 3 WRV grundrechtlich

---

165 Anders *M. Heckel*, Religionsfreiheit, S. 690, 854, der von einer Maßgeblichkeit des individuellen Selbstverständnisses (der »subjektiven Konstitution, Sensibilität und Reaktion« bzw. »der Überzeugung und Empfindsamkeit der betroffenen Personen«) für die Frage nach dem Vorliegen eines Grundrechtseingriffs ausgeht.

166 *Borowski*, Glaubens- und Gewissensfreiheit, S. 591 ff.

geschützt.[167] Zugleich korrespondiert es mit dem **Recht auf informationelle Selbstbestimmung.** Hinsichtlich der Schutzwirkung sind zwei Ebenen zu unterscheiden:

Das Recht, die eigene religiöse bzw. weltanschauliche Überzeugung zu **verschweigen** und – damit zusammenhängend – das **Verbot diesbezüglicher staatlicher Fragen** gilt unbedingt und ausnahmslos;[168] es ist allerdings im Rahmen von Art. 4 Abs. 3 GG nach Maßgabe der materiellen **Beweislast des Kriegsdienstverweigerers** relativiert.[169]   98

Dagegen ist das Schweigerecht hinsichtlich der *objektiven* Tatsache der rechtlichen **Zugehörigkeit (oder Nichtzugehörigkeit) zu einer Religionsgemeinschaft** nach Maßgabe von Art. 140 GG i.V.m. Art. 136 Abs. 3 S. 2 WRV beschränkt;[170] es handelt sich dabei um eine verfassungsunmittelbare Schranke des Grundrechts auf religiöse und weltanschauliche Freiheit.[171] Wegen der Relevanz der Religionszugehörigkeit ergeben sich staatliche Fragerechte beispielsweise in den Bereichen des Familienrechts, des Vormundschaftsrechts, des Erbrechts, des Stiftungsrechts, des Anstaltsrechts, im Schulrecht, im Hochschulrecht und im Steuerrecht.   99

Der Schutzbereich von Art. 140 GG i.V.m. Art. 136 Abs. 3 S. 2 WRV umfasst allerdings nicht sämtliche Interessen, welche darauf gerichtet sind, die persönliche religiöse oder weltanschauliche Zugehörigkeit bzw. Überzeugung nicht bekannt werden zu lassen. Art. 136 Abs. 3 WRV vermittelt deshalb keine über das allgemeine **Datenschutzrecht** hinausgehenden Ansprüche gegenüber Dritten (etwa Presseunternehmen[172]), die Weiterverbreitung ihrer Kenntnisse über individuelle religiöse Überzeugungen zu unterlassen.   100

In Art. 140 GG i.V.m. Art. 136 Abs. 4 WRV liegt eine zusätzliche **Konkretisierung** der auch in »negativer« Hinsicht bereits durch Art. 4 Abs. 1 und 2 GG umfassend geschützten Religionsfreiheit vor.[173] Von einer gänzlichen Funktionsentleerung[174] der Vorschrift ist deshalb aber nicht auszugehen.   101

---

167 Allgemeine Ansicht; statt anderer *Zippelius*, in: BK (1989), Art. 4 Rn. 99; *v. Campenhausen/Unruh*, in: v. Mangoldt/Klein/Starck III, Art. 140/Art. 136 WRV Rn. 35; *Starck*, in: v. Mangoldt/Klein/Starck I, Art. 4 Rn. 24 und 144.

168 So bereits *Anschütz*, Die Verfassung des Deutschen Reichs, Art. 136 Anm. 4 (S. 625 f.): Nach der subjektiven Glaubensüberzeugung zu fragen »ist der Staat niemals und unter keinen Umständen befugt«. Dazu auch *Globig*, ZRP 2002, 107, 108.

169 *Ehlers*, in: Sachs, Art. 140/Art. 136 WRV Rn. 7; kritisch *Kokott*, in: Sachs, Art. 4 Rn. 102 ff. m.w.N.

170 Dazu BVerfGE 30, 415, 426; 41, 29, 49; 46, 266, 267; 49, 375, 376; 65, 1, 39; *v. Campenhausen/Unruh*, in: v. Mangoldt/Klein/Starck III, Art. 140/Art. 136 WRV Rn. 35.

171 *Starck*, in: v. Mangoldt/Klein/Starck I, Art. 4 Rn. 144.

172 OLG München, NVwZ 1994, 203.

173 *v. Campenhausen/Unruh*, in: v. Mangoldt/Klein/Starck III, Art. 140/Art. 136 WRV Rn. 41; *Borowski*, Glaubens- und Gewissensfreiheit, S. 593.

174 So wohl *Morlok*, in: Dreier III, Art. 140/Art. 136 WRV Rn. 21 m.w.N.

d) Einzelfälle

aa) **Konfessionsangabe auf der Lohnsteuerkarte sowie Datenspeicherung zur steuerlichen Identifikationsnummer**

102 Die Konfessionsangabe auf der Lohnsteuerkarte stellt einen »klassischen« Anwendungsfall der Grenzen des Schweigerechts nach Art. 140 GG i.V.m. Art. 136 Abs. 3 WRV dar, weil die **Erhebung von Kirchensteuern** Erkenntnisse über die zugrunde liegende *mitgliedschaftliche* Verpflichtung voraussetzt. Da der Staat gemäß Art. 140 GG i.V.m. Art. 137 Abs. 6 WRV eine ordnungsgemäße kirchliche Besteuerung zu gewährleisten hat, ist nach Maßgabe von Art. 140 GG i.V.m. Art. 136 Abs. 3 S. 2 WRV der Vermerk der Konfessionszugehörigkeit auf der Lohnsteuerkarte berechtigt.[175] Umgekehrt verstößt auch die Pflicht, die **Nichtmitgliedschaft in einer Religionsgemeinschaft**, welche zur Erhebung von Kirchensteuern berechtigt ist, durch Striche auf der Lohnsteuerkarte kenntlich zu machen, nicht gegen das Schweigerecht.[176] Gleichermaßen ist die Zuteilung der **Identifikationsnummer** für steuerliche Zwecke sowie die in diesem Zusammenhang erfolgte Speicherung der rechtlichen Zugehörigkeit zu einer steuererhebenden Religionsgemeinschaft und des Datums des Ein- bzw. Austritts rechtlich nicht zu beanstanden.[177]

bb) **Statistische Erhebungen**

103 Eine **Volkszählung** beinhaltet eine gesetzlich angeordnete statistische Erhebung im Sinne von Art. 140 GG i.V.m. Art. 136 Abs. 3 S. 2 WRV; in ihrem Rahmen darf deshalb auch die Frage nach der Religionszugehörigkeit gestellt werden.[178] Weder nach ihrer Zweckbestimmung noch nach den Modalitäten ihrer Erhebung (vor allem wegen fehlender baldiger Anonymisierung) ist demgegenüber die Frage nach der Religionszugehörigkeit nach Maßgabe der **Bestimmungen des Sicherheitspakets II** rein statistischer Natur.[179]

cc) **Konfessionsangabe bei der Aufnahme in ein öffentliches Krankenhaus**

104 Verfassungsrechtlich unproblematisch ist die Frage nach der Religionszugehörigkeit bei der Aufnahme in ein öffentliches Krankenhaus, sofern die Antwort jeder bzw. jedem Betroffenen freigestellt wird und dazu dient, eine Inanspruchnahme der nach

---

175 BVerfGE 49, 375, 376.

176 BVerfG, NVwZ 2001, 909. – Der EGMR sah in seinem U. v. 17.02.2011 – *Wasmuth*, Az. 12884/03 –, NVwZ 2011, 1503, in einer verpflichtenden Angabe auf der Lohnsteuerkarte, aus welcher die Nichtmitgliedschaft in einer steuererhebenden Religionsgemeinschaft hervorgeht, weder einen Verstoß gegen Art. 9 EMRK noch einen solchen gegen Art. 8 EMRK.

177 BFH, DStR 2012, 283. Dazu auch *Steinhauff*, jurisPR-SteuerR 14/2012 Anm. 1.

178 BVerfGE 65, 1, 39 f.; *v. Campenhausen*, ZevKR 41 (1996), 129, 131; *ders.*, in: HbStR VII, S. 597, 631 f. – Ablehnend *Daleki*, JZ 1983, 60, 63; *Günther*, DÖV 1984, 456, 457 f.

179 Insoweit zutreffend *Globig*, ZRP 2002, 107.

Art. 140 GG i.V.m. Art. 141 WRV verfassungsrechtlich garantierten **Anstaltsseelsorge** zu ermöglichen;[180] in diesem Rahmen bedeutet die Befragung lediglich ein verfassungsrechtlich unbedenkliches *Angebot* des Krankenhausträgers an den Patienten, nach eigener Dezision durch Beantwortung der Frage vom Grundrecht auf religiöse und weltanschauliche Freiheit Gebrauch zu machen.[181]

dd) Der religiöse Eid

Ausdrücklich normiert in Art. 140 GG i.V.m. Art. 136 Abs. 4 WRV ist das Verbot, 105 die Benutzung einer *religiösen* Eidesform zu erzwingen. Allerdings kann auch ein staatlicher Zwang, unter **Benutzung einer nichtreligiösen Eidesformel** zu schwören, einen Eingriff in die individuelle Glaubens- oder Gewissensfreiheit darstellen, obwohl – wie das *Bundesverfassungsgericht* zu Recht festgestellt hat – der ohne Anrufung Gottes geleistete Eid keinen religiösen oder in anderer Weise transzendenten Bezug aufweist.[182] Der Gesetzgeber hat hierauf reagiert, indem er die **eidesgleiche Bekräftigung** bereitstellte (§ 66d StPO und § 484 ZPO), die keine besondere Glaubhaftmachung der Gewissensbindung erfordert. Es ist kein Grund ersichtlich, diese Möglichkeit nicht auch auf sonstige rechtlich vorgesehene Eidesleistungen zu erstrecken – auch auf den **Amtseid**, wenngleich bestimmte öffentliche Ämter eine vollkommene Identifizierung mit den der Verfassung zugrunde liegenden Wertungen voraussetzen, welche eine kategorische Eidesverweigerung im Prinzip nicht zulassen.[183]

ee) »Offizielle« Gebete in öffentlichen Einrichtungen

Im Bereich der Schule erweisen sich gewisse religions- bzw. weltanschauungsbedingte 106 Spannungslagen zwischen verschiedenen Grundrechten bzw. Grundrechtsträgern schlechterdings als unvermeidbar. Diesen Spannungslagen unter Rückgriff auf die von Art. 140 GG i.V.m. Art. 136 Abs. 4 WRV besonders geschützte »negative« Dimension der religiösen und weltanschaulichen Freiheit zu begegnen, birgt die Gefahr in sich, den notwendigen Ausgleich mit der gleichermaßen geschützten »positiven« Seite dieses Grundrechts zu verfehlen.[184] Im Blick auf ein **Schulgebet in der öffentlichen Schule** ist deshalb aus Art. 4 Abs. 1 und 2 GG ebenso wie aus Art. 140 GG

---

180 BVerfGE 46, 266, 267; BVerwG, DÖV 1976, 273; *Ehlers*, in: Sachs, Art. 140/Art. 136 WRV Rn. 7; *Mager*, in: von Münch/Kunig II, Art. 140 Rn. 20 und 90; *v. Campenhausen*, in: HbStR VII, S. 597, 631 f. m.w.N.; *Frommer/Dillmann*, BayVBl. 1972, 405.

181 In diesem Sinne auch *v. Campenhausen/Unruh*, in: v. Mangoldt/Klein/Starck III, Art. 140/Art. 136 WRV Rn. 39.

182 BVerfGE 33, 23, 29 f.; 47, 144, 145; 79, 69, 75 f.; *v. Campenhausen/Unruh*, in: v. Mangoldt/Klein/Starck III, Art. 140/Art. 136 WRV Rn. 42 m.w.N. – Kritisch *Stolleis*, JuS 1974, 770 ff.; *Herdegen*, in: HbStKirchR I, S. 481, 499 f.

183 So noch BVerfGE 33, 23, 31; eher distanziert der Verweis hierauf in BVerfGE 79, 69, 77.

184 Hierzu *Kästner*, AöR 123 (1998), 408, 438, 440; *ders.*, ZevKR 41 (1996), 241, 266 ff. m.w.N.

i.V.m. Art. 136 Abs. 4 WRV zwar das Recht abzuleiten, unter Berufung auf die eigene religiöse bzw. weltanschauliche Überzeugung die *persönliche Teilnahme* zu verweigern – keineswegs aber ein Anspruch darauf, dass das Schulgebet schlechterdings unterbleibt.[185] Zu Recht hat demgemäß das *Bundesverfassungsgericht* entschieden, dass ein freiwilliges Schulgebet, welches dem dissentierenden Schüler eine zumutbare Form der *Nichtteilnahme* ermöglicht, verfassungsrechtlich zulässig ist.[186] Nichts anderes gilt für ein freiwilliges **Tischgebet in einem kommunalen Kindergarten**.[187]

ff) Befehl »Helm ab zum Gebet«

107   Mit diesem Befehl, der im Rahmen des militärischen Zeremoniells des Großen Zapfenstreichs gegeben wird, wird kein verfassungsrechtlich bedenklicher Zwang zur Teilnahme an einer religiösen Handlung ausgeübt. Der Befehl soll vielmehr nur die aus Art. 4 Abs. 1 und 2 GG gebotene **Achtung der Soldaten vor der Religionsausübung der Betenden** gewährleisten.[188] Unter Berücksichtigung des explizit *traditionell-rituellen* Charakters des Großen Zapfenstreichs und der insoweit fehlenden spezifisch religiösen Akzentuierung dürfte die formelle Anordnung eines Gebets im militärischen Zeremoniell auch mit dem Grundsatz staatlicher religiöser und weltanschaulicher **Neutralität** zu vereinbaren sein.[189] Dem Grunde nach liegt die Problematik ähnlich wie beim Schulgebet im staatlichen Unterricht – bei allerdings fehlender *Freiwilligkeit der Teilnahme* im militärischen Rahmen.

gg) Mitwirkungspflicht des Arbeitgebers beim Einzug der Kirchensteuer

108   Mit der Mitwirkung beim Steuereinzug einschließlich der **Kirchensteuer** kommt der Arbeitgeber einer normativ statuierten Verpflichtung nach, welche durch die staatliche Verantwortung für ein ordnungsgemäßes kirchliches Steuerwesen nach Art. 140 GG i.V.m. Art. 137 Abs. 6 WRV bedingt ist. Soweit darin (zufolge der im Einzug der Kirchensteuer liegenden finanziellen Förderung der betreffenden Religionsgemeinschaft) die »negative« Religionsfreiheit des Arbeitgebers betroffen wird,[190] ist diese Grundrechtsbeeinträchtigung deshalb im Ergebnis gerechtfertigt.

---

185 So aber HessStGH, ESVGH 16, 1, 8. Vgl. dazu *Kästner*, ZevKR 41 (1996), 241, 267; gegen ein Verständnis der »negativen« Religionsfreiheit als Verhinderungsrecht zu Recht auch *Huster*, Die ethische Neutralität des Staates, S. 174 ff., 176.

186 BVerfGE 52, 223.

187 VG Gießen, NJW 2003, 1265.

188 Zutreffend *v. Campenhausen/Unruh*, in: v. Mangoldt/Klein/Starck III, Art. 140/Art. 136 WRV Rn. 44; *Wolf*, NJW 1987, 36. Anders *Kiskalt*, NJW 1986, 2479.

189 Insoweit im Ergebnis unklar *Ehlers*, in: Sachs, Art. 140/Art. 136 WRV Rn. 8.

190 *Anke/Zacharias*, DÖV 2003, 140, 143 ff. sehen bereits den Schutzbereich nicht berührt.

II. Gewissensfreiheit

Eine Bestimmung des Schutzbereichs der Gewissensfreiheit muss an der **Abgrenzung**   109
zur Religions- und Weltanschauungsfreiheit ansetzen.[191] Zwar sind beide nicht nur historisch aufs engste verknüpft, es sind darüber hinaus heute – zumal angesichts der zunehmenden Pluralisierung der deutschen Gesellschaft – sehr häufig religiöse oder weltanschauliche Überzeugungen, welche die individuelle Gewissensbildung maßgeblich bestimmen. Indes ist nach geltendem Verfassungsrecht aus mehreren Gründen klar zwischen Religions- und Weltanschauungsfreiheit einerseits und Gewissensfreiheit andererseits zu differenzieren: Die Gewissensfreiheit ist in Art. 4 Abs. 1 GG nicht nur als **selbständiges Grundrecht** gewährleistet,[192] sie schützt auch – anders als die Religions- und Weltanschauungsfreiheit – **nur natürliche Personen**,[193] nicht hingegen juristische Personen oder Gruppen.[194] Schließlich unterliegen beide Grundrechte verschiedenen **Schranken**, da nach dessen klarem Wortlaut Art. 140 GG i.V.m. Art 136 Abs. 1 WRV, der nach in dieser Kommentierung vertretener Auffassung eine Schranke der Religions- und Weltanschauungsfreiheit statuiert, auf die Gewissensfreiheit nicht anwendbar ist.

1. Begriff des »Gewissens«

Die Schwierigkeit der Konkretisierung des Begriffs des Gewissens als Rechtsbegriff   110
besteht darin, dass »Gewissen« dem Grunde nach eine vor- und außerrechtliche Kategorie darstellt,[195] deren Klärung seit langem mit verschiedensten Ansätzen und un-

---

191 Zur Gewissensfreiheit monografisch *Herdegen*, Gewissensfreiheit und Normativität des positiven Rechts, 1989; *Bayer*, Das Grundrecht der Religions- und Gewissensfreiheit, 1997; *Filmer*, Das Gewissen als Argument im Recht, 2000; aus der älteren Lit. *Mock*, Gewissen und Gewissensfreiheit, 1983; *Klier*, Gewissensfreiheit und Psychologie, 1978; *Freihalter*, Gewissensfreiheit, 1973; *Stein*, Gewissensfreiheit in der Demokratie, 1971; *Podlech*, Das Grundrecht der Gewissensfreiheit und die besonderen Gewaltverhältnisse, 1969; *Scholler*, Das Gewissen als Gestalt der Freiheit, 1962; *ders.*, Die Freiheit des Gewissens, 1958; aus strafrechtlicher Sicht *Höcker*, Das Grundrecht der Gewissensfreiheit und seine Auswirkungen im Strafrecht, 2000.

192 Statt anderer *Podlech*, Grundrecht der Gewissensfreiheit, S. 20 ff.; *Herzog*, DVBl. 1969, 718; *Böckenförde*, VVDStRL 28 (1970), S. 33, 46, 50; *Bethge*, in: HbStR VII, S. 663, 671 f. – Dazu im Übrigen *Seewald-Renner*, Der Gewissensbegriff in Gesetzgebung und Rechtsprechung, S. 10 ff. m.w.N.

193 BVerwGE 7, 189, 195; 64, 196, 199; *Scholler*, Die Freiheit des Gewissens, S. 179; *Brinkmann*, Grundrecht und Gewissen im Grundgesetz, S. 132; *Bäumlin*, VVDStRL 28 (1970), 3, 18; *Böckenförde*, VVDStRL 28 (1970), 33, 65; *Seewald-Renner*, Der Gewissensbegriff in Gesetzgebung und Rechtsprechung, S. 73 ff.; *Bethge*, in: HbStR VI, S. 435, 439: »prototypisch individuelles Grundrecht«. – Kritisch *Häberle*, VVDStRL 28 (1970), 110, 111 f., 117 f. (Aussprache); *Stein*, Gewissensfreiheit in der Demokratie, S. 47 f.

194 *Marcic*, VVDStRL 28 (1970), S. 113 (Aussprache), spricht im Blick auf ein »kollektives Gewissen« zutreffend von einer contradictio in adiecto.

195 *Dürig*, JZ 1967, 426, 429; *A. Arndt*, NJW 1968, 979 (Anm.); *Böckenförde*, VVDStRL 28 (1970), S. 33, 66; vgl. auch *Bethge*, in: HbStR VII, S. 663, 666.

terschiedlichen Resultaten unternommen wird.[196] Angesichts der Divergenzen der Resultate und fehlender spezifischer Sachkompetenz des *Juristen* zur Auflösung dieser fachwissenschaftlichen Kontroversen können einschlägige Erkenntnisse allenfalls ansatzweise in die Rechtsanwendung einfließen.[197] In rechtlicher Hinsicht geht es demgegenüber in erster Linie um die von dem Einzelnen tatsächlich empfundene Gewissensbindung sowie – als deren Konsequenz – um hierauf beruhende Gewissensentscheidungen in konkreten Lebenszusammenhängen. Die rechtliche Perspektive zielt mithin nicht auf die Erfassung des Phänomens des Gewissens bzw. seines »Wesens«, sondern auf den angemessenen Umgang mit Faktoren, welche in der gesellschaftlichen Wirklichkeit von den jeweiligen Rechtssubjekten individuell als gewissensbestimmend empfunden und in ihrem Verhalten wirksam werden.[198] Dem kann nur ein inhaltlich nicht vordefinierter Gewissensbegriff gerecht werden; für die Rechtsanwendung führt deshalb eine Auseinandersetzung mit theologischen und philosophischen Lehren über **Begriff, Wesen und Ursprung des Gewissens** nicht weiter.[199]

a) »Gewissen« als Rechtsbegriff

111 Vonnöten ist eine sachangemessene und praktikable Vorstellung davon, was »Gewissen« bzw. »Gewissensentscheidung« als Rechtsbegriffe im konkreten Normzusammenhang und Einzelfallbezug jeweils besagen. Denn es existiert **kein einheitlicher Rechtsbegriff des »Gewissens«.** Je nach Normzusammenhang tritt er vielmehr in verschiedener Akzentuierung und damit in unterschiedlicher Problematik auf.[200] Das gilt insbesondere für die Gewährleistung der Gewissensfreiheit in Art. 4 Abs. 1 GG einerseits und für Normen andererseits, in denen statuiert wird, dass der Abgeordnete (nur) seinem Gewissen unterworfen sei,[201] oder welche auf »gewissenhaftes«

---

196 Literaturnachweise in der Auswahlbibliographie von *Blühdorn*, in: ders. (Hg.), Das Gewissen in der Diskussion, S. 489 ff. Zu den unterschiedlichen Ansätzen *Borowski*, Glaubens- und Gewissensfreiheit, S. 551 ff. m.w.N.

197 Das vermerkt zutreffend BVerfGE 12, 45, 55.

198 BVerfGE 12, 45, 54; *Böckenförde*, VVDStRL 28 (1970), S. 33, 66. – Dem entspricht es, dass dem Gewissen allgemein zwei Grundfunktionen zugesprochen werden, die sich freilich ergänzen und überlagern: Es tritt dem Einzelnen als (vorausschauende) Verhaltensweisung entgegen oder aber als (rückschauende) Verhaltenskontrolle. Hierzu *Seewald-Renner*, Der Gewissensbegriff in Gesetzgebung und Rechtsprechung, S. 87 ff. m.w.N.; *Reiner*, in: Blühdorn (Hg.), Das Gewissen in der Diskussion, S. 285 ff., 314 ff. Soweit es um die Freiheit individuellen Verhaltens geht, hat die Rechtsordnung fast ausschließlich die Spannungslage zwischen dem normativ Gesollten und dem (vorausschauend) als persönlich geboten bzw. untragbar Empfundenen im Blick.

199 Zutreffend BVerfGE 12, 45, 54 f. Dazu *Witte*, AöR 87 (1962), 155, 157 ff.; *Podlech*, AöR 88 (1963), 185, 209 ff. Aus neuerer Zeit *Borowski*, Glaubens- und Gewissensfreiheit, S. 551 f.

200 Darauf wies zu Recht *Bäumlin*, VVDStRL 28 (1970), S. 146 f. (Aussprache), hin.

201 Art. 38 Abs. 1 S. 2 GG; hier bezieht sich die Nennung des Gewissens auf die Freistellung des Abgeordneten von »Aufträgen und Weisungen«. Die Vorschrift dient somit nicht

Verhalten o.ä. verweisen: im Amtsrecht von Funktionsträgern der verfassungsrechtlichen Ebene, im Beamtenrecht, im Richterrecht, im Gerichtsverfassungs- und Prozessrecht, im Arztrecht usw.[202]

Das *Bundesverfassungsgericht* hat das Gewissen im Rechtssinne definiert als   112

> *»ein (wie immer begründbares, jedenfalls aber) real erfahrbares seelisches Phänomen …, dessen Forderungen, Mahnungen und Warnungen für den Menschen unmittelbar evidente Gebote unbedingten Sollens sind«.*[203]

Eine ähnliche Umschreibung hat das Gericht für den Begriff der **Gewissensentschei-**   113
dung entwickelt:

> *»Als eine Gewissensentscheidung ist … jede ernste sittliche, d.h. an den Kategorien von ›Gut‹ und ›Böse‹ orientierte Entscheidung anzusehen, die der Einzelne in einer bestimmten Lage als für sich bindend und unbedingt verpflichtend innerlich erfährt, so daß er gegen sie nicht ohne ernste Gewissensnot handeln könnte.«*[204]

Etwas knapper formuliert das *Bundesverwaltungsgericht*, wenn es den Begriff des Ge-   114
wissens als

> *»eine im Inneren vorhandene Überzeugung von Recht und Unrecht und die sich daraus ergebende Verpflichtung zu einem bestimmten Handeln oder Unterlassen«*[205]

bestimmt oder wenn es darlegt, eine Gewissensentscheidung sei   115

> *»eine ernste, sittliche und für den Betreffenden als innerer Zwang verbindliche Entscheidung …, gegen die er nicht ohne ernste Gewissensnot handeln kann«.*[206]

Diese Formeln verdeutlichen, dass es nach dem Grundgesetz weder darum geht, das   116
Phänomen des Gewissens als solches zu erfassen, noch um den Schutz *bestimmter*,
von ihm inhaltlich vorausgesetzter Entwürfe verantwortbaren Verhaltens; im Sinne
der Verfassung anerkennungsfähig und damit gewährleistet ist vielmehr **jede Gewis-**
sensentscheidung in ihrer Individualität. Auf die Quellen bzw. die Motive der Gewissensentscheidung kommt es rechtlich nur an, soweit sich daraus Rückschlüsse auf
das Vorliegen einer Gewissensentscheidung im Rechtssinne sowie auf deren *Ernsthaf-*

---

dem Schutz der Person des einzelnen Abgeordneten, sondern dem Schutz der Funktion
der Volksvertretung (dazu *Morlok*, in: Dreier I, Art. 4 Rn. 96).

202 Überblick über einschlägige Vorschriften bei *Seewald-Renner*, Der Gewissensbegriff in
Gesetzgebung und Rechtsprechung, S. 4 ff.

203 BVerfGE 12, 45, 54.

204 BVerfGE 12, 45, 55; BVerfGE 23, 191, 205; 48, 127, 173; BVerfG, NJW 1993, 445;
ebenso BVerwG, DVBl. 2005, 1455; die Formel hat in der Kommentarliteratur Billigung
und Rezeption gefunden; vgl. etwa *Morlok*, in: Dreier I, Art. 4 Rn. 93; *Germann*, in: Ep-
ping/Hillgruber, Art. 4 Rn. 87.

205 BVerwGE 23, 98, 98; fast übereinstimmend bereits vorher BVerwGE 7, 242, 246, und
9, 97, 97.

206 BVerwGE 9, 97, 97 f.; ähnlich BVerwGE 23, 98, 98.

tigkeit ziehen lassen. Rechtlich ist dieser materiell offene Gewissensbegriff alternativlos,[207] da nur er die Freiheit des Bürgers effektiv sichert und der Säkularität des heutigen Staates Rechnung trägt, der sich nicht nur einer Bewertung von Fragen der Religion und Weltanschauung, sondern auch der von individuellen ethisch-moralischen Lebensentwürfen enthält.[208]

117 Spannungen zwischen Individualgewissen und gesellschaftlicher Ordnung sind im religiös und weltanschaulich neutralen Rechtsstaat richtigerweise nicht durch *inhaltliche Beschränkungen* des Gewissensbegriffs zu lösen – etwa durch eine staatliche Prüfung im Einzelfall, ob eine Frage »gewissensfähig« ist, ob also die Berufung des Einzelnen auf sein Gewissen der Sache nach als gerechtfertigt erscheint oder nicht.[209] Insofern ist der Gewissensbegriff zutreffend als »formal« bezeichnet worden,[210] da er einen **Rahmenbegriff** darstellt, welcher individuell nach Maßgabe der persönlichen Auffassung ausgefüllt werden kann; in Parallele zur Religions- und Weltanschauungsfreiheit ist mithin das **Selbstverständnis des einzelnen Grundrechtsträgers** von maßgeblicher Bedeutung. Zwar wird damit dem Grunde nach einer Individualisierung gesellschaftlich wirksamer sittlicher Wertvorstellungen der Weg geebnet; doch liegt die freiheitsgewährleistende Funktion der Gewissensfreiheit im demokratischen Verfassungsstaat gerade darin begründet, dass sich durch sie auch diejenigen geschützt sehen, welche als »Außenseiter« mit gesellschaftlich vorherrschenden Auffassungen innerlich nicht konform gehen.[211] Die damit aufgeworfene Frage der **Wahrung des Geltungsanspruchs der allgemeinen Rechtsordnung** ist nicht durch eine materiale Rückbindung des *Gewissensbegriffs* zu lösen, sondern durch eine angemessene Konkretisierung der *Schranken* des Grundrechts der Gewissensfreiheit.

b) »Gewissensnot« als Schwelle zur Aktivierung der Gewissensfreiheit

118 Davon unberührt bleibt die Notwendigkeit der Bestimmung einer Schwelle, ab welcher bloße **Gewissensbedenken** (im Sinne einer schlichten individuellen Auffassung, eines Für-Richtig-Haltens[212]) in einen **Gewissenszwang**[213] umschlagen; erst dieser aktiviert den Schutzbereich der Gewissensfreiheit. Dass eine solche Schwelle zwingend zu fordern ist, wird nicht nur durch die zitierten Formeln der Rechtsprechung vorgezeichnet, sondern auch durch den Schutzzweck der Gewissensfreiheit, als Ausfluss der Menschenwürde die Existenz des Einzelnen als sittlich-moralische Persönlichkeit zu garantieren. Insofern ist ein konkreter **existenzieller Bezug zur Persön-**

---

207 Zutreffend *Böckenförde*, VVDStRL 28 (1970), S. 33, 66 f. Kritisch *Brinkmann*, Grundrecht und Gewissen im Grundgesetz, S. 9 Fn. 2.

208 *Herdegen*, in: HbStKirchR I, S. 481, 484; *Borowski*, Glaubens- und Gewissensfreiheit, S. 554, der von einem »neutralen Gewissensbegriff« spricht.

209 Dazu *Podlech*, Grundrecht der Gewissensfreiheit, S. 30.

210 *Borowski*, Glaubens- und Gewissensfreiheit, S. 554.

211 Zutreffend *Böckenförde*, VVDStRL 28 (1970), S. 33, 59.

212 *Kaufmann*, AcP 161 (1962), 289, 307 Fn. 96.

213 BVerwGE 66, 138, 138 f.; *Böckenförde*, VVDStRL 28 (1970), S. 33, 64 f.

lichkeit vorausgesetzt,[214] der weder (um ein »Leerlaufen« der Gewährleistung zu verhindern) zu eng noch (um das Gewissen nicht zur »kleinen Münze« werden zu lassen) zu weit gefasst werden darf. Es muss dem Einzelnen um die sittlich-moralische Integrität und um die Vermeidung einer ansonsten zu erwartenden seelischen Not gehen – ohne dass allerdings auf ein im Falle gewissenswidrigen Verhaltens zu erwartendes oder zumindest mögliches *Eintreten pathologischer Zustände* abzustellen wäre – etwa im Sinne nachhaltiger Persönlichkeitsstörungen. Ein derartiger existenzieller Bezug ist **tatbestandliche Voraussetzung** für eine Inanspruchnahme der Gewissensfreiheit, worauf schon aufgrund des ansonsten drohenden Missbrauchs des Grundrechts nicht verzichtet werden kann.

Probleme wirft allerdings die **Feststellung dieser Voraussetzung durch eine staatliche Instanz** auf, welche hierüber im Einzelfall zu entscheiden berufen ist. Denn es geht dabei nicht – wie vielfach im Kontext anderer Grundrechtsgewährleistungen – um äußerlich wahrnehmbare Fakten, sondern um ein subjektives Moment, das sich sowohl hinsichtlich der Tatsache seines prinzipiellen Vorliegens als auch seiner Intensität nach schwer veranschaulichen lässt;[215] den Aspekten der *verfahrensmäßigen* Geltendmachung der konkreten Gewissensentscheidung kommt deshalb hohes Gewicht zu.

c) Abgrenzung zur Religions- und Weltanschauungsfreiheit bei religiös motivierten Gewissensentscheidungen

Der existenzielle Bezug zur Persönlichkeit des Grundrechtsträgers ist auch ein entscheidendes Merkmal für die Abgrenzung zur Religions- und Weltanschauungsfreiheit.[216] Wenngleich die für eine rechtlich geschützte Gewissensentscheidung relevanten Gründe nicht religiös oder weltanschaulich fokussiert sein müssen,[217] erweist doch die Entscheidungspraxis der Gerichte die häufige **Maßgeblichkeit religiöser Motive** – in Übereinstimmung mit der Lehre einer *gesellschaftlich verbreiteten* Religionsgemeinschaft bzw. einer Gemeinschaft, welche als *Minderheit* bewusst den herrschenden Überzeugungen entgegen tritt, oder auch als *individuelle* »dissentierende« Glaubensentscheidung. In diesen Fällen kommt es – nicht zuletzt unter dem Aspekt der insoweit (soweit man Art. 140 GG i.V.m. Art. 136 Abs. 1 WRV als Gesetzesvorbehalt betrachtet) differenzierten *Schrankenfrage* – darauf an, ob das **Bekenntnis** einer Religion oder Weltanschauung im Sinne von Art. 4 Abs. 1 GG bzw. **Religionsausübung** im Sinne von Art. 4 Abs. 2 GG vorliegt oder ob eine Betätigung der **Gewissensfreiheit** gegeben ist. Geht es um religiös oder weltanschaulich motivierte Handlungen, die zugleich als Ausübung der Gewissensfreiheit erscheinen können, so ist letztere dann als *lex specialis* gegenüber der Religions- und Weltanschauungsfrei-

119

120

---

214 Allgemeine Ansicht; vgl. *Herdegen*, in: HbStKirchR I, S. 481, 482.
215 Vgl. auch *Kokott*, in: Sachs, Art. 4 Rn. 23.
216 Dazu *Germann*, in: Epping/Hillgruber, Art. 4 Rn. 88.
217 *Herdegen*, in: HbStKirchR I, S. 481, 481 f.

heit zu betrachten, wenn die betreffende Handlung im angesprochenen Sinne existenzielle Bezüge zur Persönlichkeit des die Handlung Ausübenden aufweist.[218]

121 Neben religiös bzw. weltanschaulich motivierten Gewissensentscheidungen stehen Haltungen, denen ein religiöser oder weltanschaulicher Bezug deshalb fehlt, weil die Begründung, die der Einzelne seiner Entscheidung gibt, die begrifflichen Voraussetzungen einer Religion oder Weltanschauung nicht erfüllt – insbesondere weil insoweit keine **kohärente Gesamtsicht** vorliegt. Eine solche ist **für eine schutzwürdige Gewissensentscheidung nicht vorauszusetzen;**[219] das folgt aus dem *Verbot inhaltlicher Bewertung* sowie aus dem *Schutzzweck* der Gewissensfreiheit, die auch Personen zugute kommt, welche nicht in der Lage sind, sich eine kohärente Sicht der Welt zu eigen zu machen. Denn die Herkunft des individuellen Maßstabs ist, wie bereits gesagt, rechtlich für das Vorliegen einer geschützten Gewissensentscheidung dem Grunde nach irrelevant. Problematisch erscheint es daher, von einer »**Auffangfunktion**« der Gewissensfreiheit für Fälle zu sprechen, die nicht zweifelsfrei der Religionsfreiheit zugeordnet werden können;[220] denn für erstere ist der genannte existenzielle Bezug unabdingbar,[221] für letztere jedoch nicht.

d) Darlegungslast

122 Wenngleich somit religiös oder weltanschaulich bedingte Motivationen gleichberechtigt neben solchen nicht-religiöser oder nicht-weltanschaulicher Art stehen, ist nicht zu verkennen, dass die Geltendmachung einer Gewissensentscheidung regelmäßig leichter fallen wird, wenn auf dem Boden einer Religion oder Weltanschauung argumentiert wird. Aus Gründen der Gleichbehandlung und des Schutzzwecks der Gewissensfreiheit, gerade auch den »Außenseiter« zu schützen, der sich gegen geläufige gesellschaftliche Anschauungen wendet, dürfen deshalb die **Anforderungen an die plausible Darlegung** nicht zu hoch angesetzt und insbesondere die Gewissensgründe nicht einer **Rationalitätsprüfung** unterzogen werden.[222] Eine Grenze ist allerdings dann erreicht, wenn sich die **Begründung** als **widersprüchlich** erweist – etwa wenn alternativ mehrere sich gegenseitig ausschließende Gewissensgründe bemüht werden.

---

218 Nach anderer Auffassung sollen hier Religions- und Gewissensfreiheit in Realkonkurrenz kumulativ nebeneinander anwendbar sein. Dem kann zugestimmt werden, solange sich im effektiven Schutzniveau angesichts der unterschiedlichen Schranken die *Gewissensfreiheit* durchsetzt.

219 Ebenso *Germann*, in: Epping/Hillgruber, Art. 4 Rn. 88.

220 So aber *Morlok*, in: Dreier I, Art. 4 Rn. 97; ebenso *Walter*, in: Grothe/Marauhn, Kap. 17 Rn. 21.

221 *Germann*, in: Epping/Hillgruber, Art. 4 Rn. 88.

222 *Kokott*, in: Sachs, Art. 4 Rn. 24.

2. Gewissensfreiheit und Schutz des »forum externum«

Die Systematik des Art. 4 Abs. 1 und 2 GG, der in Abs. 1 Glaube, Gewissen sowie **123** religiöses und weltanschauliches Bekenntnis nennt, in Abs. 2 hingegen lediglich die freie *Religionsausübung* garantiert, könnte dafür sprechen, die Gewissensfreiheit nicht im Sinne einer *Gewissensausübungsfreiheit* auch auf das **forum externum** zu erstrecken. Geschützt wären dann nur das Bilden und Innehaben eines Gewissens sowie dessen Bekenntnis im Sinne einer Kundbarmachung. Diese früher und auch heute teilweise vertretene Ansicht[223] wäre zwar geeignet, das *Konfliktpotential* der Gewissensfreiheit zwischen individueller Werthaltung und normativer Ordnung drastisch zugunsten letzterer zu reduzieren.[224] Sie verbietet sich indes aus mehreren Gründen: Reduzierte man den Schutzbereich der Gewissensfreiheit auf das **forum internum**,[225] würde dies gegen den Schutzzweck dieser Gewährleistung verstoßen und ihren Wesenskern aushöhlen; denn ein lebendiges Gewissen drängt es geradezu zur Umsetzung in den persönlichen Lebensvollzug. »Das Gewissen, das lediglich für sich Entscheidungen treffen darf, ohne sie auch in der Welt verwirklichen zu können, muss ebenso verkümmern wie der Glaube, der nicht bekannt werden darf«.[226] In Gewissenskonflikten verwirklicht sich die sittlich-moralische Integrität des Einzelnen nicht primär im Haben und Bekennen des Gewissens, sondern in dessen Vollzug. Die Freiheit des Gewissens muss deshalb neben dem Innehaben gewissensgeleiteter Überzeugungen notwendig auch die **Freiheit der diesbezüglichen Betätigung** umfassen.[227] Eine solche Erstreckung der Gewissensfreiheit auf das forum externum hat das *Bundesverfassungsgericht* denn auch ausdrücklich anerkannt:

> *»Das Grundgesetz hat in Art. 4 Abs. 1 GG die Freiheit des Gewissens und seiner Entscheidungen, in denen sich die autonome sittliche Persönlichkeit unmittelbar äußert, als unverletzlich anerkannt … Die von der Verfassung gewährleistete Gewissensfreiheit umfaßt nicht nur die Freiheit, ein Gewissen zu haben, sondern grundsätzlich auch die*

---

223 *Scholler,* Freiheit des Gewissens, S. 131 ff., 193 f. (abweichend *ders.,* DÖV 1969, 526, 529); *Kaufmann,* AcP 161 (1962), 289, 299 f.; *Bettermann,* VVDStRL 28 (1970), S. 128 f. (Aussprache); differenzierend *Zippelius,* in: BK (1989), Art. 4 Rn. 44 ff.; *Eiselstein,* DÖV 1984, 794.

224 Dazu auch *Kokott,* in: Sachs, Art. 4 Rn. 92.

225 Auch im Blick auf das *forum internum* ist allerdings ein Schutz der Gewissensfreiheit keineswegs überflüssig, wenn etwa die Praktiken totalitärer Regime in Betracht gezogen werden; dazu *Kokott,* in: Sachs, Art. 4 Rn. 91.

226 *Keim,* Schule und Religion, S. 121.

227 BVerfGE 48, 127, 163; 78, 391, 395; BVerwGE 105, 73, 77; BVerwG, DVBl. 2005, 1455; *Hamel,* in: Bettermann/Nipperdey/Scheuner (Hg.), Die Grundrechte IV/1, S. 37, 52 f.; *Brinkmann,* Grundrecht und Gewissen im Grundgesetz, S. 99 ff.; *Herzog,* DVBl. 1969, 718, 719; *Stein,* Gewissensfreiheit in der Demokratie, S. 51 f.; *Bäumlin,* VVDStRL 28 (1970), S. 3, 15 f.; *Böckenförde,* VVDStRL 28 (1970), S. 33, 50 ff., 64; *Bethge,* in: HbStR VII, S. 663, 677 ff.; *Kokott,* in: Sachs, Art. 4 Rn. 92; *Germann,* in: Epping/Hillgruber, Art. 4 Rn. 89.

Freiheit, von der öffentlichen Gewalt nicht verpflichtet zu werden, gegen Gebote und Verbote des Gewissens zu handeln …«.[228]

124   Zu klären bleibt allerdings die Reichweite einer solchen Freiheit gewissensbestimmten Verhaltens. Teilweise wird eine Beschränkung auf ein **Recht zur Unterlassung gegenüber staatlichen Geboten** vertreten, während ein **Recht auf »positive« Vornahme gewissensgeleiteter Handlungen** abgelehnt wird. Hinter dieser Ansicht steht die Vorstellung, dass die Gewissensfreiheit als Grund zur »situativen Normdurchbrechung« ihre Rechtfertigung (nur) darin finde, dem Einzelnen Schutz vor Situationen der Gewissensnot zu gewähren, die ihm ohne eigenes Zutun durch Verhaltensgebote seitens des Staates »aufgedrängt« werden. Zieht man indes den Schutzzweck der Gewissensfreiheit in Betracht, Einzelne davor zu schützen, gegen ihr Gewissen handeln zu müssen,[229] so kann auch ein Recht auf gewissensgeleitetes *positives* Tun nicht ausgeschlossen werden; denn das Gewissen kann dem Einzelnen phänomenologisch nicht nur *verbietend*, sondern auch *gebietend* gegenübertreten. Insoweit ist zuzugeben, dass die Anerkennung eines Rechts auf »positive« Vornahme gewissensgeleiteter Handlungen – quasi eine allgemeine »Gewissens-Handlungsfreiheit« – geeignet sein kann, das Konfliktpotential der Gewissensfreiheit zu erhöhen und den Geltungsanspruch der allgemeinen Rechtsordnung zu mindern. Hier wirkt sich indes regulierend aus, dass vielfach zumutbare **Verhaltensalternativen** bestehen, auf welche der Grundrechtsträger zur Vermeidung des Gewissenskonflikts verwiesen werden kann. Sofern solche Alternativen noch nicht vorhanden sind, kann der Gesetzgeber verpflichtet sein, zumutbare Alternativen zu schaffen,[230] sofern einschlägige Spannungslagen nicht nur vereinzelt, sondern mit einer gewissen Häufigkeit auftreten. Verbleibende Konflikte mit der allgemeinen Rechtsordnung sind auf der Schrankenebene zu lösen.

125   Der hiernach gewährte Schutz gewissensgeleiteten Verhaltens ist stets ein **Schutz des Individualverhaltens** desjenigen, der sich auf die Gewissensfreiheit beruft. Nicht gewährleistet ist demgegenüber ein Anspruch darauf, dass das **Verhalten Anderer** der persönlichen Gewissenshaltung entspricht bzw. staatlicherseits eine mit der individuellen Auffassung konforme **Rechtslage** geschaffen wird.[231] Der Einzelne kann daher, sofern *sein* Verhalten nicht betroffen ist, unter Berufung auf seine Gewissensfreiheit die Geltung oder den verfassungsgerechten Vollzug eines von der persönlichen Gewissenshaltung her missbilligten Gesetzes nicht in Frage stellen.[232] Gleiches gilt –

---

228 BVerfGE 78, 391, 395, unter Verweis auf *Böckenförde*, VVDStRL 28 (1970), S. 33, 53.
229 *Germann*, in: Epping/Hillgruber, Art. 4 Rn. 90.
230 Dazu BVerwG, DVBl. 2005, 1455; *Herdegen*, in: HbStKirchR I, S. 481, 482 f.
231 Zum einschlägigen Beschluss des VG Hamburg, NJW 2012, 2536 (Kein Anspruch auf Untersagung eines blasphemischen Bühnenstücks), zu Recht zustimmend *Muckel*, JA 2013, 72.
232 BVerfGE 67, 26, 37 (Unterlassungsklage gegen die Krankenkasse betreffend die Finanzierung nicht medizinisch indizierter Schwangerschaftsabbrüche); ebenso BVerwGE 105, 73, 78; BVerwG, DVBl. 2005, 1455. Dazu *Rühl*, Das Grundrecht auf Gewissensfreiheit im politischen Konflikt, S. 265 ff.; *Germann*, in: Epping/Hillgruber, Art. 4 Rn. 90.

wegen des Fehlens einer *unmittelbaren* Relation zum eigenen Verhaltensbereich – für eine Weigerung, **Abgabenpflichten oder sonstige finanzielle Verbindlichkeiten** zu erfüllen, weil die Verwendung der Mittel durch den Staat bzw. sonstige Empfänger nicht den eigenen Gewissensvorstellungen entspricht.[233]

3. »Positive« und »negative« Freiheit

Ebenso wie die Religions- und Weltanschauungsfreiheit weist die Gewissensfreiheit eine »positive« und eine »negative« Dimension auf. Sie schützt in »positiver« Hinsicht das Recht, ein Gewissen zu bilden, es zu bekennen und auszuüben, sowie als »negative« Gewissensfreiheit die individuelle Möglichkeit, ein Gewissen nicht entwickeln, sich nicht zu seinem Gewissen bekennen und nicht in bestimmten Situationen diesem Gewissen gemäß handeln zu müssen.   126

4. Verfahrensmäßige Geltendmachung der Gewissensfreiheit

Wenngleich im Rahmen einer gerichtlichen Entscheidung über die Tragweite einer geltend gemachten Gewissensbindung die »Richtigkeit« der individuellen Überzeugung bzw. ihre Konformität mit in der Gesellschaft überwiegend vertretenen Vorstellungen kein taugliches Entscheidungskriterium sein kann,[234] verbieten es doch andererseits der verfassungsrechtliche **Gleichheitssatz**[235] und der allgemeine **Geltungsanspruch der Rechtsordnung**, die Befolgung verpflichtenden geltenden Rechts individuellem Gutdünken anheimzugeben. Insoweit statuiert das Grundrecht der Gewissensfreiheit kein Recht der Beliebigkeit, sondern einen *normativ abgegrenzten* individuellen Freiheitsbereich.[236] Deshalb kann die bloße **Behauptung**, eine Gewissensentscheidung gegen die Befolgung einer Rechtsnorm getroffen zu haben, im Zweifel nicht als ausschlaggebend anerkannt werden.[237] Zwar hat die vorgetragene persönliche Auffassung des Betroffenen indizielle Bedeutung;[238] doch sind – nicht zuletzt im Sinne des erforderlichen Schutzes vor Missbrauch und damit vor Diskre-   127

---

233 *Germann*, in: Epping/Hillgruber, Art. 4 Rn. 90.3 f. mit weiteren Beispielen. Vgl. auch BVerfG, NJW 1993, 455 f. und BVerfG, NJW 2003, 2600, wo zutreffend maßgeblich darauf abgestellt wird, dass die Erhebung von Steuern allgemein zur Deckung des Staatshaushalts und somit *zweckneutral* erfolgt. Aus der neueren Rspr. zum Ausschluss einer Steuerverweigerung aus Gewissensgründen etwa BFH, BFH NV 2012, 735 [BFH, II B 70/11] (die dagegen erhobene Verfassungsbeschwerde wurde nicht zur Entscheidung angenommen [BVerfG, B. v. 06.06.2012 – 1 BvR 570/12]); BVerfG, B. v. 06.06.2012 – 1 BvR 503/09 (Verwendung von Steuermitteln für militärische Zwecke).

234 *A. Arndt*, Dt. Bundestag (2. Wahlperiode), Sten. Ber. Bd. 31, S. 8838; *Böckenförde*, VVDStRL 28 (1970), S. 33, 69 f.

235 BVerfGE 48, 127, 166; *Bethge*, in: HbStR VII, S. 663, 693.

236 *Podlech*, in: Nickel/Sievering (Hg.), Gewissensentscheidung und demokratisches Handeln, S. 10, 16; *Bethge*, in: HbStR VII, S. 663, 673 f.

237 (Im Kontext der allgemeinen Wehrpflicht) BVerwGE 55, 217, 219; 65, 57, 60.

238 *Bethge*, in: HbStR VII, S. 663, 674.

ditierung des Grundrechts – gewissensbezogene Darlegungen im Streitfalle auf ihre rechtliche Konsistenz und Tragweite hin zu überprüfen.

128   Hier stellen sich entsprechende Probleme wie bei den Rechtsbegriffen »Religion« und »Weltanschauung«: Auch die Begriffe des Gewissens bzw. der Gewissensentscheidung bedürfen im Rahmen der Rechtsanwendung einer **Konkretisierung durch staatliche Instanzen.**[239] Dieser grundsätzliche Befund[240] stößt – im Vergleich zur Religions- und Weltanschauungsfreiheit – im Rahmen der Gewissensfreiheit auf besondere und angesichts der jeweiligen Individualität der Gewissensentscheidung erhöhte Schwierigkeiten. Dies gilt zumal in der Situation des »Dissenters« dann, wenn die Gewissensentscheidung zwar religiös oder weltanschaulich motiviert wird, in der konkreten Frage jedoch von der Beurteilung der Religions- oder Weltanschauungsgemeinschaft abweicht, welcher sich der Abweichende grundsätzlich zugehörig fühlt.

129   Auch im Kontext der Gewissensfreiheit sind die Gerichte hiernach zu Entscheidungen aufgerufen, die den Konflikt zwischen der geltend gemachten individuellen Gewissensbindung einerseits und dem Geltungsanspruch der normativen Ordnung andererseits[241] angemessen zu lösen haben: Sie müssen – erstens – feststellen, ob die behauptete Entscheidung überhaupt dem *Rechtsbegriff* entspricht; geschützt sind, wie bereits dargelegt, nicht bereits bloße **Gewissensbedenken**, sondern nur ein bestehender **Gewissenszwang.**[242] Und es gilt – zweitens – zu klären, ob die Dinge vom *Tatsächlichen* her so liegen, wie sie der Betreffende im Prozess darstellt. Insgesamt sind die Gerichte in einschlägigen Fällen mit einer prekären und für alle Beteiligten vielfach unbefriedigenden Aufgabe konfrontiert, die im vorliegenden Rahmen nur in einigen wenigen Aspekten angedeutet werden kann. Schwierigkeiten ergeben sich vor allem im Hinblick auf die **Beweisfähigkeit** des Gewissens und die Frage der materiellen **Beweislast.**

130   Gewissensentscheidungen werden nicht abstrakt, sondern in bestimmte Situationen hinein getroffen.[243] Die von dem Einzelnen als für das individuelle Verhalten maßgeblich erachteten Kriterien werden dabei wesentlich durch die realen Umstände und Sachgegebenheiten beeinflusst, unter denen sie wirksam werden sollen,[244] und sie können sich im Wandel des gesellschaftlichen Umfelds auch selbst ändern. Dies vermittelt jeder Gewissensentscheidung eine gewisse *Relativität*, die es im Prozess dem Richter erschwert, sich der wahren Sachlage zu vergewissern. Eine weitere Quelle von Problemen liegt darin, dass es bei dem Nachweis der Gewissensentscheidung nicht um ein äußerlich wahrnehmbares Faktum geht, sondern um ein subjektives

---

239   *Bethge,* in: HbStR VII, S. 663, 674 f.; *Borowski,* Glaubens- und Gewissensfreiheit, S. 554.

240   Zur diesbezüglichen *religionsrechtlichen* Problematik *Kästner,* ZevKR 34 (1989), 260.

241   Dazu allgemein *Kästner,* ZevKR 37 (1992), 127.

242   *Böckenförde,* VVDStRL 28 (1970), S. 33, 64 f.; BVerwGE 66, 138, 138 f.

243   BVerfGE 12, 45, 55.

244   Dazu *Ryffel,* Das Naturrecht, S. 57 ff.

Moment.[245] Das Gewissen bildet und artikuliert sich im *forum internum*, und es verbleibt auch dort; nur seine **Konsequenzen** dringen nach außen.[246] Insofern liegen die Dinge nicht anders als bei einer behaupteten *religiösen* Bindung; auch hier kann im rechtserheblichen Zweifelsfall gerichtlich nicht mit Sicherheit aufgeklärt werden, ob der Betreffende diese von ihm behauptete Bindung im Glauben tatsächlich nachvollzieht.[247] Die damit im Prozess von der Beweislage her gegebenen Schwierigkeiten sind offensichtlich.[248] Fragwürdig bleibt in diesem Zusammenhang der Versuch, die Probleme mit einem Rückgriff auf die **allgemeine Glaubwürdigkeit** der betreffenden sich auf eine Gewissensentscheidung berufenden Person zu lösen,[249] da dies darauf hinauslaufen würde, letztlich der bloßen *Behauptung* einer Gewissensentscheidung ausschlaggebendes Gewicht einzuräumen. Der Glaubwürdigkeit kann deshalb lediglich Bedeutung als **Indiz** zukommen.[250]

Während sich die Gewissensentscheidung als solche weitgehend einer objektiven 131
Nachprüfbarkeit entzieht, gilt dies nicht von vornherein für **äußere Faktoren** im Lebensbereich des Betreffenden, welche auf die behauptete Gewissensentscheidung eingewirkt haben – etwa für den Lebensweg, für Einflüsse anderer Menschen oder für die religiöse oder weltanschauliche Prägung. Sie haben zwar den Staat nicht im Sinne einer *Bewertung* zu interessieren, doch können sie indizielle Bedeutung für das Vorliegen der angeblich darauf beruhenden Gewissensentscheidung haben.[251] Deshalb ist insofern die Darlegung von konkreten Anhaltspunkten zu verlangen, die eine gewisse Objektivierung der behaupteten Überzeugung ermöglichen.[252] Letztlich kann es nicht um einen *Beweis* im eigentlichen Sinne gehen, sondern nur darum, ob die **Behauptung der Gewissensentscheidung** nach Maßgabe der Persönlichkeit des Betreffenden und der von ihm dargelegten äußeren Umstände dem Gericht **plausibel**

---

245 BVerwGE 13, 171, 171 f.; 14, 146, 150; *Herzog*, DVBl. 1969, 718, 720; *Böckenförde*, VVDStRL 28 (1970), S. 33, 70.
246 Vgl. dazu auch *v. Zezschwitz*, JZ 1970, 233, 236.
247 Dazu BVerwGE 42, 128, 132.
248 Dazu *Böckenförde*, VVDStRL 28 (1970), S. 33, 70; *M. Klein*, Beweis und Gewissen, S. 73 ff.; *Otto*, Personale Freiheit und soziale Bindung, S. 125 ff.; am Beispiel des Rechts zur Kriegsdienstverweigerung aus Gewissensgründen *Kokott*, in: Sachs, Art. 4 Rn. 110 ff.
249 *v. Zezschwitz*, JZ 1970, 233, 236 ff., 240; *Mock*, Gewissen und Gewissensfreiheit, S. 149.
250 BVerwGE 30, 358, 360 f.; 55, 217, 218 f. Weitergehend (im Sinne eines stärkeren Abhebens auf die allgemeine Glaubwürdigkeit und Ehrlichkeit des Betreffenden) die ältere Rechtsprechung: BVerwGE 7, 242, 249; 9, 97, 98 f.; 9, 100, 102; 13, 171, 172; 14, 146, 150; 23, 98, 100.
251 *v. Zezschwitz*, JZ 1970, 233, 235 f.
252 BVerwGE 41, 261, 268; 45, 224, 234 f.; im Kontext des Art. 4 Abs. 3 GG BVerwGE 70, 216, 221; 70, 222, 224 ff.

erscheint.[253] Auch insofern ist die Parallelität zur Beweisproblematik bei einer geltend gemachten *religiösen* Bindung[254] deutlich.

132   Auszugehen ist in jedem Fall vom **Vorbringen** des Betreffenden, dem es obliegt, sich zur Gewissensentscheidung zu erklären und diese näher zu konkretisieren.[255] In Anbetracht des besonderen Individualbezugs der Gewissensentscheidung spielen hierbei – so signifikant sie in Zweifelsfällen auch sein können – nicht nur äußere Vorgänge[256] eine Rolle, sondern insbesondere auch die **Persönlichkeit** des Betreffenden, das **Alter**, die **Intelligenz** und der **Bildungsgrad**[257] sowie die **allgemeine Lebensführung.**[258] Immanent ist der Gewissensentscheidung in juristischem Verständnis die Bereitschaft des Betreffenden, nach den von ihm als zwingend empfundenen Kategorien zu handeln, auch wenn dies **Nachteile** mit sich bringt.[259] Davon ging bereits das *Allgemeine Landrecht für die Preußischen Staaten von 1794* aus, wenn es demjenigen, der gesetzlichen Pflichten aus religiösen Erwägungen heraus nicht nachkommen wollte, zwar konzedierte, er könne »etwas gegen seine Ueberzeugung zu thun nicht gezwungen werden«,[260] jedoch gleichzeitig statuierte, er müsse »die nachtheiligen Folgen, welche die Gesetze mit ihrer unterlassenen Beobachtung verbinden, sich gefallen lassen«.[261] Die Entschlossenheit, eine individuelle Gewissensentscheidung auch unter Opfern in die Tat umzusetzen, kann Gegenstand gerichtlicher Sachverhaltsaufklärung sein;[262] sofern sie sich im Prozess verifizieren lässt, kann eine solche

---

253   Davon geht die der Verfassungsbeschwerde unter Verweis auf »das Grundrecht aus Art. 4 Abs. 1 GG« im wesentlichen stattgebende Entscheidung BVerfGE 35, 366, 376, aus, wenn es dort heißt, die Beschwerdeführer hätten »dazu ernstliche, einsehbare Erwägungen vorgetragen«. Vgl. im Übrigen statt anderer *Herzog*, DVBl. 1969, 718, 720; *Bethge*, in: HbStR VII, S. 663, 705 f. – Verfehlt daher BVerwG, DVBl. 2005, 1455, für die gewissensbedingte Verweigerung eines Befehls, der eine Unterstützungshandlung für den Irak-Krieg 2003 betraf, durch einen Berufssoldaten; da das Gericht die Ernsthaftigkeit der Gewissensentscheidung des Soldaten, der sich hierzu auf die Völkerrechtswidrigkeit des Irak-Krieges und bestimmter Unterstützungshandlungen der Bundeswehr berief, bejaht hatte, war die Frage, ob der Irak-Krieg und die genannten Unterstützungshandlungen *tatsächlich* völkerrechtswidrig waren, irrelevant; dazu *Germann*, in: Epping/Hillgruber, Art. 4 Rn. 91. Nachweise zur überwiegend kritischen Aufnahme dieser Entscheidung in der Literatur bei *Kokott*, in: Sachs, Art. 4 Rn. 102 Fn. 348.

254   Dazu *v. Campenhausen*, in: HbStR VII, S. 597, 641 f. m.w.N.

255   BVerwGE 9, 97, 99 f.; 14, 146, 149; *Scheuner*, DÖV 1961, 201, 205; *Böckenförde*, VVDStRL 28 (1970), S. 33, 65 f.; *Bäumlin*, VVDStRL 28 (1970), S. 101 (Aussprache); *v. Zezschwitz*, JZ 1970, 233, 240.

256   VG Freiburg, DÖV 1961, 227.

257   BVerwGE 9, 97, 98.

258   *Scheuner*, DÖV 1961, 201, 205.

259   *Luhmann*, AöR 90 (1965), 257, 284; *Böckenförde*, VVDStRL 28 (1970), S. 33, 71; *Scheuner*, ZevKR 15 (1970), 242, 253.

260   § 30 II 11 ALR.

261   § 31 II 11 ALR.

262   BVerwGE 14, 146, 147.

Bereitschaft zu konsequentem Verhalten als **Indiz für die Ernsthaftigkeit** der behaupteten Gewissensentscheidung wirken.[263]

Über diese *verfahrensrechtliche* Bedeutung hinaus eröffnet das Erfordernis der gewis-   133
sensbezogenen Opferbereitschaft auch einen Ansatz, in konkreten Problemkonstellationen sachlich zu annehmbaren Lösungen zu gelangen. Das gilt beispielsweise für
den Fall gewissensbedingter **Verweigerung zivilrechtlich geschuldeter Vertragserfüllung.** Hier ist es dem Betreffenden jedenfalls dann, wenn der drohende Gewissenskonflikt bei Vertragsabschluss vorauszusehen war, zuzumuten, die nach bürgerlichem
Recht für *Nicht- bzw. Schlechterfüllung* vorgesehenen Konsequenzen zu tragen.[264]
Auch kann es bei Nichterfüllung zivil- oder arbeitsrechtlicher Pflichten unter Berufung auf das Gewissen zumutbar sein, sich aus dem Vertrags- oder Arbeitsverhältnis
zu lösen.[265]

5. Einzelfälle

Zu denken ist etwa – wie teilweise bereits angesprochen – an eine zivil- bzw. arbeits-   134
rechtliche **Leistungsverweigerung aus Gewissensgründen,**[266] eine gewissensbedingte
Weigerung, einen vorgeschriebenen **Eid** zu leisten[267] oder einer ärztlich indizierten
Blutübertragung zuzustimmen,[268] die Weigerung eines Anwalts, vor Gericht eine **Ro-
be** zu tragen,[269] eines Gynäkologen zur **Beteiligung am allgemeinen ärztlichen Not-
falldienst,**[270] eines Kriminalbeamten, eine **Dienstwaffe** zu tragen,[271] die Mitteilung
eines Kriminalbeamten an den Dienstherrn, nie von der Dienstwaffe gegenüber Menschen Gebrauch zu machen,[272] die Weigerung eines Berufssoldaten, einen militärischen **Befehl** im Zusammenhang mit dem Irak-Krieg 2003 zu befolgen,[273] oder einer
GmbH, deren sämtliche Gesellschafter sowie der Geschäftsführer der Glaubensgemeinschaft der Zeugen Jehovas angehörten, gemäß dem **Bundesleistungsgesetz** einen Lastkraftwagen zur Verfügung zu stellen,[274] die Weigerung von Studierenden

---

263 *Luhmann*, AöR 90 (1965), 257, 284 f.; *Böckenförde*, VVDStRL 28 (1970), S. 33, 71.
264 *Herzog*, in: Maunz/Dürig (1988), Art. 4 Rn. 147; *Steiner*, JuS 1982, 157, 164. – Vgl.
     auch u. Rdn. 183.
265 *Kokott*, in: Sachs, Art. 4 Rn. 100.
266 Dazu *Konzen/Rupp*, Gewissenskonflikte im Arbeitsverhältnis, 1990; *S. Bauer*, Gewissens-
     schutz im Arbeitsverhältnis, 2004; BAG, NJW 2011, 3319 (Kündigung wegen Arbeits-
     verweigerung auf Grund eines glaubensbedingten Gewissenskonflikts); *Scholl*, BB 2012,
     53; *Krause*, JA 2012, 706; *Büchner*, ZfL 2012, 40).
267 BVerfGE 33, 23.
268 BVerfGE 32, 98.
269 BVerfGE 28, 21, 23.
270 BVerwGE 41, 261.
271 BVerwGE 56, 227.
272 VG Sigmaringen, NVwZ 1991, 199.
273 BVerwG, DVBl. 2005, 1455.
274 BVerwGE 64, 196.

der Naturwissenschaften zur **Teilnahme an Tierversuchen**[275], die Ablehnung der **Zwangsmitgliedschaft in einer Jagdgenossenschaft** durch einen Grundstückseigentümer, welcher die Jagd prinzipiell ablehnt,[276] oder an Fälle der bereits angesprochenen **Abgabenverweigerung aus Gewissensgründen.**[277]

III. Kriegsdienstverweigerung aus Gewissensgründen

135   Das Recht zur Kriegsdienstverweigerung aus Gewissensgründen stellt eine eigenständige[278] und **gegenüber der allgemeinen Gewissensfreiheit spezielle Regelung** für einen tatbestandlich eng gefassten Lebensbereich dar, mit welcher zudem in Gestalt der Dienstpflichten des Art. 12a Abs. 2 und 3 GG konkrete belastende Rechtsfolgen einer Betätigung des Gewissens verknüpft sind. Hiernach begründet die Gewissensentscheidung nach Art. 4 Abs. 3 GG **kein Recht zur situativen Normdurchbrechung** im Sinne der Freistellung von einer allgemeinen Rechtspflicht; ihr ist vielmehr die – einfach-gesetzlich durch das WPflG,[279] KDVG[280] und ZDG[281] aktualisierte – Möglichkeit zur Verpflichtung zu den in Art. 12a Abs. 2 und 3 GG genannten Ersatzdiensten immanent. Daher kann eine Gewissensentscheidung, welche auch die Erfüllung dieser Ersatzpflichten verweigert (sog. »**Totalverweigerung**«), nicht auf Art. 4 Abs. 3 GG gestützt werden.[282]

136   Umstritten[283] ist demgegenüber, ob die Totalverweigerung durch die **allgemeine Gewissensfreiheit** des Art. 4 Abs. 1 GG geschützt wird, was das *Bundesverfassungsgericht* in ständiger Rechtsprechung verneint.[284] Allerdings wird die Gewissensentscheidung auch dann, wenn man eine Berufung des Totalverweigerers auf Art. 4 Abs. 1 GG zulässt, regelmäßig eine **Schranke** im kollidierenden Verfassungsrecht, insbesondere dem *Grundsatz der Wehrgerechtigkeit*, finden.[285]

---

275 BVerfG, NVwZ 2000, 909; BVerwGE 105, 73; VGH München, NVwZ-RR 1989, 549.

276 Vgl. u. Rdn. 201.

277 Vgl. o. Rdn. 125.

278 *Starck*, in: v. Mangoldt/Klein/Starck I, Art. 4 Rn. 161.

279 Wehrpflichtgesetz i.d.F. der Bekanntmachung v. 16. September 2008 (BGBl. I S. 1886), zuletzt geändert durch Art. 4 des G. v. 14. Juni 2009 (BGBl. I S. 1229).

280 G. über die Verweigerung des Kriegsdienstes mit der Waffe aus Gewissensgründen (KDVG) v. 09.08.2003 (BGBl. I S. 1593), zuletzt geändert durch Art. 2 des G. v. 14.06.2009 (BGBl. I S. 1229).

281 G. über den Zivildienst der Kriegsdienstverweigerer (ZDG) i.d.F. der Bekanntmachung v. 17.05.2005 (BGBl. I S. 1346), zuletzt geändert durch Art. 7 des G v. 14.06.2009 (BGBl. I S. 1229).

282 Allg. Auffassung; *Kokott*, in: Sachs, Art. 12a Rn. 30 m.w.N.

283 Zum Streitstand m.w.N. *Mückl*, in: BK (2008), Art. 4 Rn. 190, und *Kokott*, in: Sachs, Art. 4 Rn. 115 f.

284 BVerfGE 19, 135, 138; 23, 127, 132; BVerfG, NJW 2000, 3269.

285 Zutreffend *Jarass*, in: Jarass/Pieroth, Art. 12a Rn. 6; *Starck*, in: v. Mangoldt/Klein/Starck I, Art. 4 Rn. 172.

Art. 4 Abs. 3 GG ist nur dann lex specialis zur Gewissensfreiheit des Art. 4 Abs. 1   137
GG, wenn sich die Gewissensentscheidung auf den Tatbestand »Kriegsdienst mit
Waffen« bezieht.[286] Individuelle gewissensbegründete Entscheidungen innerhalb eines Wehrdienst- oder Soldatenverhältnisses, die nicht diesen tatbestandlichen Bezugspunkt aufweisen, sind deshalb nach Maßgabe der allgemeinen Gewissensfreiheit
des Art. 4 Abs. 1 GG zu beurteilen.[287]

Das Recht auf Kriegsdienstverweigerung aus Gewissensgründen stellt in mehrfacher   138
Hinsicht einen paradigmatischen Anwendungsfall der allgemeinen Gewissensfreiheit
des **Art. 4 Abs. 1 GG** dar.[288] Zunächst betrifft es mit der vom Soldaten geforderten
Bereitschaft, zu töten und getötet zu werden, eine ernste Gewissensfrage, die einerseits in besonderer Weise die physische und moralische Integrität des Einzelnen und
damit seine Würde betrifft,[289] andererseits aber auch mit der Verteidigungsfähigkeit
und -bereitschaft ein elementares Interesse des Staates, welches an die Wurzeln seiner
Staatlichkeit und Selbstbehauptung rührt.[290] Ferner löst Art. 4 Abs. 3 GG in Verbindung mit Art. 12a Abs. 2 und 3 GG den Konflikt zwischen individueller Gewissensentscheidung und allgemeiner Pflichtbindung gerade dadurch, dass die Rechtsordnung dem Einzelnen eine **alternative Möglichkeit der Pflichterfüllung** anbietet, die
im Falle ihrer »Lästigkeit« zudem in verfahrensmäßiger Hinsicht ein Indiz für die
Ernsthaftigkeit der Gewissensentscheidung darstellen kann.[291]

Probleme des Rechts auf Kriegsdienstverweigerung aus Gewissensgründen sind auf   139
der Ebene des *Schutzbereichs* vor allem mit den Tatbestandsmerkmalen des »Kriegsdienstes mit der Waffe« und des »Gewissens« verknüpft; auf der Ebene des *Verfahrens*
bereitet die Feststellung einer einschlägigen Gewissensentscheidung Schwierigkeiten.

1. »Kriegsdienst mit Waffen«

Würde man den Wortlaut des Art. 4 Abs. 3 GG diesbezüglich ernst nehmen, be-   140
schränkte sich die Möglichkeit, von diesem Grundrecht Gebrauch zu machen, auf
die **Situation des eingetretenen Kriegsfalles**, in welcher der Soldat tatsächlich von

---

286 Zum Verhältnis zur Gewissensfreiheit des Art. 4 Abs. 1 GG auch *Morlok*, in: Dreier I,
     Art. 4 Rn. 175; *Herdegen*, in: HbStKirchR I, S. 505, 511 f.
287 BVerwG, DVBl. 2005, 1455, für die gewissensbedingte Verweigerung eines Befehls, der
     eine Unterstützungshandlung für den Irak-Krieg 2003 betraf, durch einen Berufssol-
     daten. – Anders *Mückl*, in: BK (2008), Art. 4 Rn. 141, 182, der einen Rückgriff auf
     Art. 4 Abs. 1 GG generell ausschließt und den Schutz des Soldaten abschließend in Art. 4
     Abs. 3 GG verortet.
288 *Bethge*, in: HbStR VII, S. 663, 698; *Brunn*, in: Umbach/Clemens, Art. 4 III Rn. 99.
289 Weitergehende Schutzgutbestimmung bei *Morlok*, in: Dreier I, Art. 4 Rn. 178, der den
     Zweck des Art. 4 Abs. 3 GG gerade in dem mit der Einbindung in die strenge militäri-
     sche Befehlshierarchie verbundenen Schutz vor »fremdbestimmter«, weil nicht autonom
     verantworteter Waffenführung sieht. Dem folgend *Walter*, in: Grothe/Marauhn, Kap. 17
     Rn. 33; dagegen zu Recht *Mückl*, in: BK (2008), Art. 4 Rn. 187 mit Fn. 700.
290 Dazu BVerfGE 69, 1, 22; ferner *Mückl*, in: BK (2008), Art. 4 Rn. 181.
291 *Kokott*, in: Sachs, Art. 4 Rn. 114.

der Waffe zum Töten Gebrauch machen muss bzw. tatsächlich dem Risiko des Getötetwerdens ausgesetzt ist.[292] Aus dem systematischen Zusammenhang mit dem später in das Grundgesetz eingefügten Art. 12a GG ergibt sich jedoch, dass dieses Tatbestandsmerkmal *weit* im Sinne von »Dienst in den Streitkräften« zu verstehen ist.[293] Damit umfasst Art. 4 Abs. 3 GG auch die **Wehrdienstverweigerung in Friedenszeiten**,[294] was ständiger Rechtsprechung des *Bundesverfassungsgerichts* entspricht: So sei diese Erstreckung

> *»auch sinnvoll – nicht nur, weil der Staat kein Interesse daran haben kann, Wehrpflichtige mit der Waffe auszubilden, die im Kriegsfall die Waffenführung verweigern werden, sondern auch vom Standpunkt des Einzelnen aus, dem eine Ausbildung nicht aufgezwungen werden darf, die einzig den Zweck hat, ihn zu einer Betätigung vorzubereiten, die er aus Gewissensgründen ablehnt.«*[295]

141   Eine Einschränkung erfährt dieses weite Verständnis allerdings dadurch, dass der solchermaßen umschriebene »Dienst in den Streitkräften« ein solcher mit »Waffen« sein muss. Angesichts der Formen moderner Kriegführung fasst das *Bundesverfassungsgericht* hierunter nur solche »Tätigkeiten, die in einem nach dem Stand der jeweiligen Waffentechnik unmittelbaren **Zusammenhang zum Einsatz von Kriegswaffen** stehen«,[296] und betont, dass Art. 4 Abs. 3 »nicht zur Verweigerung des Kriegsdienstes schlechthin, sondern nur zur Verweigerung des Kriegsdienstes mit der Waffe« berechtige.[297] Das danach maßgebliche Abgrenzungskriterium der *Unmittelbarkeit* weist naturgemäß eine nicht unerhebliche Unschärfe auf,[298] die sich in der Literatur in einer umfangreichen Kasuistik von Tätigkeiten, die als »Dienst mit der Waffe« anzusehen sind, und solchen, für welche dies nicht gelten soll, niedergeschlagen hat[299] und auch nicht durch das Postulat eines »weiten Begriffsverständnis(ses) des Waffen-

---

292   *Kokott*, in: Sachs, Art. 4 Rn. 104, weist zutreffend darauf hin, dass es sich bei einem solchen Krieg nach Art. 26 GG zulässigerweise nur um einen *Verteidigungskrieg* handeln könnte.

293   So auch *Germann*, in: Epping/Hillgruber, Art. 4 Rn. 104.

294   Allgemeine Meinung; vgl. nur *Kokott*, in: Sachs, Art. 4 Rn. 107; *Morlok*, in: Dreier I, Art. 4 Rn. 180; *Mückl*, in: BK (2008), Art. 4 Rn. 188.

295   BVerfGE 12, 45, 56; 48, 127, 164; 80, 354, 358. – Normativ findet diese Auffassung eine Bestätigung durch den erst später eingefügten Art. 12a Abs. 2 S. 2 GG, der davon ausgeht, dass der Ersatzdienst bereits im Frieden gilt; dazu *Morlok*, in: Dreier I, Art. 4 Rn. 180.

296   BVerfGE 69, 1, 56 (Hervorhebung nicht im Original); ebenso bereits BVerfGE 12, 45, 56 f.; dazu *Herdegen*, in: HbStKirchR I, S. 505, 512 f.

297   BVerfGE 69, 1, 56.

298   Kritisch daher auch *Mückl*, in: BK (2008), Art. 4 Rn. 189.

299   Dazu *Kokott*, in: Sachs, Art. 4 Rn. 108; *Morlok*, in: Dreier I (2. Aufl.), Art. 4 Rn. 164; *Mückl*, in: BK (2008), Art. 4 Rn. 189; *Starck*, in: v. Mangoldt/Klein/Starck I, Art. 4 Rn. 164.

dienstes« gemildert wird.[300] Indes kommt dieser Abgrenzung unter der geltenden Rechtslage praktische Bedeutung nicht zu, da Kriegsdienstverweigerer nach Art. 12a Abs. 2 GG nur zu einem Ersatzdienst außerhalb der Streitkräfte – und außerhalb des ebenfalls bewaffneten Bundesgrenzschutzes (jetzt: Bundespolizei) – verpflichtet werden dürfen.[301]

2. »Gewissen«

Hinsichtlich des Tatbestandsmerkmals des *Gewissens* besteht zwar Übereinstimmung   142
darin, dass der Begriff des Gewissens in Art. 4 Abs. 3 GG **mit demjenigen des Art. 4 Abs. 1 GG identisch** ist.[302] Umstritten ist jedoch die Tragweite der danach zu fordernden Gewissensentscheidung im Hinblick auf eine »**situationsbedingte**« Kriegsdienstverweigerung – mithin die Frage, ob der Kriegsdienst nur *schlechthin* oder möglicherweise auch in bestimmten *Modalitäten* verweigert werden darf. Das *Bundesverfassungsgericht* ist bereits früh von der Unzulässigkeit einer situationsbedingten Kriegsdienstverweigerung ausgegangen:

> »*Die Entscheidung muß sich ihrem Inhalt nach gegen den Waffendienst schlechthin richten; sie ist insoweit eine generelle, ›absolute‹ Entscheidung. Gemeint ist das Gewissensverbot, Waffen, gleichviel welcher Art, zu führen; das Gewissen verbietet ein Tun, das unmittelbar darauf gerichtet ist, mit – den jeweils zur Verwendung kommenden – Waffen Menschen im Kriege zu töten. Nur in der Vorstellung, dies tun zu müssen, liegt nach dem Grundgesetz für den Einzelnen die schwere innere Belastung, die es rechtfertigt, seine ablehnende Gewissensentscheidung anzuerkennen, obwohl sie zur Verweigerung einer in Verfassung und Gesetz allgemein auferlegten staatsbürgerlichen Pflicht führt und damit – wenigstens vordergründig – zu den Interessen des Staates in Widerstreit tritt.*«[303]

Daher soll derjenige das Grundrecht nicht in Anspruch nehmen können, der geltend   143
macht, sein Gewissen verbiete ihm lediglich die »Teilnahme an bestimmten Kriegen, etwa am Kriege gegen bestimmte Gegner, unter bestimmten Bedingungen, in bestimmten historischen Situationen, mit bestimmten Waffen«.[304] In der Literatur

---

300 So *Herdegen*, in: HbStKirchR I, S. 505, 512; ebenso *Starck*, in: v. Mangoldt/Klein/Starck I, Art. 4 Rn. 164.

301 Zutreffend *Herdegen*, in: HbStKirchR I, S. 505, 513; ferner *Starck*, in: v. Mangoldt/Klein/Starck I, Art. 4 Rn. 168.

302 *Böckenförde*, VVDStRL 28 (1970), S. 33, 74; *Morlok*, in: Dreier I, Art. 4 Rn. 181.

303 BVerfGE 12, 45, 56 f. – Dem Bundesverfassungsgericht folgend *Starck*, in: v. Mangoldt/Klein/Starck I, Art. 4 Rn. 170; *Kokott*, in: Sachs, Art. 4 Rn. 109; *Germann*, in: Epping/Hillgruber, Art. 4 Rn. 108.3; *Muckel*, in: Friauf/Höfling I, Art. 4 Rn. 81. Anders *Morlok*, in: Dreier I, Art. 4 Rn. 181; *Mückl*, in: BK (2008), Art. 4 Rn. 193; ferner das Sondervotum der Richter *Mahrenholz* und *Böckenförde*, BVerfGE 69, 1, 57 f., 77 ff.

304 BVerfGE 12, 45, 57. Dies entsprach auch der früheren Gesetzeslage des § 1 KDVG v. 28. Februar 1983 (BGBl. I S. 203; gleich lautend § 25 WPflG v. 1956), wonach die Möglichkeit der Ableistung eines Zivildienstes als Ersatzdienst nur demjenigen eröffnet wurde, der sich aus Gewissensgründen »der Beteiligung an *jeder* Waffenanwendung zwi-

wird daher teilweise ein Widerspruch zu den Ausführungen in derselben Entscheidung konstatiert, wonach eine Gewissensentscheidung stets »angesichts einer bestimmten Lage getroffen« werde und ihrem Wesen nach immer »situationsbezogen« sei;[305] daraus wird auf die Zulässigkeit auch einer situationsbezogenen Kriegsdienstverweigerung geschlossen. Da der Wortlaut des Art. 4 Abs. 3 S. 1 GG insofern nicht eindeutig ist, kommt es auf *systematische und teleologische Erwägungen* an, die im Ergebnis gegen die Zulässigkeit einer situationsbedingten Kriegsdienstverweigerung sprechen: So ergibt sich aus Art. 12a Abs. 2 S. 3 GG, wonach die Möglichkeit eines Ersatzdienstes vorgesehen werden muss, die in keinem Zusammenhang mit den Verbänden der Streitkräfte und des Bundesgrenzschutzes (jetzt: Bundespolizei) steht, dass Rechtsfolge einer situationsbedingten Kriegsdienstverweigerung die Ableistung eines uneingeschränkten Ersatzdienstes und nicht eines situationsbedingt beschränkten Wehrdienstes ist. Auch würde ein derartiger situationsbedingt beschränkter Wehrdienst die ebenfalls verfassungsrechtlich geschützte jederzeitige **Einsatzfähigkeit der Bundeswehr** beeinträchtigen.[306] Daher ist mit dem *Bundesverfassungsgericht* davon auszugehen, dass Art. 4 Abs. 3 GG eine *situationsbedingte* Kriegsdienstverweigerung nicht erfasst; letztere kann allerdings nach Maßgabe von Art. 4 Abs. 1 GG dem Schutz der allgemeinen Gewissensfreiheit unterfallen.[307]

3. Verfahrensfragen

144   Im Rahmen des Rechts auf Kriegsdienstverweigerung nach Art. 4 Abs. 3 S. 1 GG stellt sich gegenüber der allgemeinen Gewissensfreiheit des Art. 4 Abs. 1 GG das Problem verfahrensmäßiger Verifizierung in gesteigerter Intensität. Zu Recht hat insoweit das *Bundesverfassungsgericht* im Blick auf das **Verfassungsgebot staatsbürgerlicher Pflichtengleichheit** – in seiner speziellen Ausprägung als *Wehrgerechtigkeit* – die Verpflichtung des Gesetzgebers betont, »Vorsorge zu treffen, daß nur derjenige von der Erfüllung der Wehrpflicht als einer gemeinschaftsbezogenen Pflicht hohen Ranges freigestellt wird, der nach Art. 4 Abs. 3 Satz 1 GG eine Gewissensentscheidung gegen den Kriegsdienst mit der Waffe getroffen hat«.[308] Insofern wird zutreffend auf die besondere **Verfahrensabhängigkeit** des Rechts auf Kriegsdienstverweigerung aus Gewissensgründen Bezug genommen.[309] Dem entsprechend ist der Regelungsvorbehalt des Art. 4 Abs. 3 S. 2 GG nicht als *Gesetzesvorbehalt* zu verstehen, der zur Be-

---

schen den Staaten widersetzt« (Hervorhebung vom *Verf.*). Diese Einschränkung ist in § 1 des derzeit geltenden KDVG v. 9. August 2003 (BGBl. I S. 1593) entfallen. Vgl. *Kokott*, in: Sachs, Art. 4 Rn. 109.

305   BVerfGE 12, 45, 55.

306   Ebenso *Starck*, in: v. Mangoldt/Klein/Starck I, Art. 4 Rn. 170.

307   *Starck*, in: v. Mangoldt/Klein/Starck I, Art. 4 Rn. 171.

308   BVerfGE 69, 1, 24; ferner bereits BVerfGE 48, 127, 168 f. Kritisch zur Figur der Wehrgerechtigkeit *Herdegen*, in: HbStKirchR I, S. 505, 510 f.; *ders.*, Gewissensfreiheit, S. 218 ff.

309   *Morlok*, in: Dreier I (2. Aufl.), Art. 4 Rn. 175; *Herdegen*, in: HbStKirchR I, S. 505, 506.

grenzung des Grundrechts ermächtigt, sondern als *Ausgestaltungsvorbehalt* zur Regelung eines sachgerechten, geeigneten und zumutbaren Anerkennungsverfahrens.[310] Der Anspruch auf Durchführung eines solchen Verfahrens besteht ungeachtet der   145 durch das Wehrrechtsänderungsgesetz vom 28.04.2011 erfolgten **Aussetzung der Wehrpflicht**[311] weiterhin.[312] Nach Maßgabe der aktuellen Rechtsprechung des Bundesverwaltungsgerichts ist ein diesbezügliches Rechtsschutzbedürfnis **Berufssoldaten und Soldaten auf Zeit im Sanitätsdienst der Bundeswehr** auch vor Beendigung ihres Dienstverhältnisses zuzuerkennen.[313]

Das Anerkennungsverfahren hat in den einschlägigen gesetzlichen Grundlagen und   146 in der Verwaltungspraxis in den vergangenen Jahrzehnten mehrfache Änderungen erlebt, die im Ergebnis auf eine Verminderung der Darlegungslast des Kriegsdienstverweigerers hinausliefen. Als Indiz für die erforderliche Ernsthaftigkeit der diesbezüglichen Gewissensentscheidung ist vom *Bundesverfassungsgericht* früher nicht zu Unrecht auf die **längere Dauer des Ersatzdienstes** Bezug genommen worden, der insoweit gegenüber dem Wehrdienst gewissermaßen eine »lästige Alternative« darstellte.[314] Geht man davon aus, dass die **Durchführung einer angemessenen Gewissensprüfung** nicht nur eine *Befugnis* der zuständigen Behörden darstellt, sondern in Anbetracht der zu wahrenden Wehrgerechtigkeit zugleich deren verfassungsrechtliche *Pflicht*, so begegnet es Bedenken, dass nach inzwischen geltendem Recht aufgrund der Angleichung der Dauer von Wehr- und Ersatzdienst[315] nicht nur das Indiz der »lästigen Alternative« entfallen ist, sondern eine **mündliche Anhörung** des Kriegsdienstverweigerers zudem nach § 6 Abs. 1 S. 2 KDVG im Ermessen des zuständigen Bundesamtes für den Zivildienst steht.[316]

---

310 BVerfGE 69, 1, 25; vgl. bereits vorher 48, 127, 163.

311 Vgl. o. Rdn. 11 mit Fn. 7.

312 Zutreffend *Germann*, in: Epping/Hillgruber, Art. 4 Rn. 115a (Stand 01.01.2013).

313 Anders die st. Rspr. seit 1985 (BVerwGE 72, 241), welche durch Urteile v. 22.02.2012 aufgegeben wurde: BVerwGE 142, 48, sowie BVerwG, ArbuR 2012, 182 (red. Leitsatz [BVerwG, Urteil vom 22.02.2012, 6 C 31.11]). Dazu *Neumann*, jurisPR-BVerwG 15/2012 Anm. 2; zur bisherigen Rspr. *Bier*, jurisPR-BVerwG 4/2010 Anm. 6.

314 BVerfGE 69, 1, 25.

315 § 5 Abs. 1a S. 1 WPflG i.d.F. der Bekanntmachung v. 16. September 2008 (BGBl. I S. 1886), zuletzt geändert durch Art. 4 des G v. 14. Juni 2009 (BGBl. I S. 1229) einerseits; § 24 Abs. 2 ZDG i.d.F. der Bekanntmachung v. 17. Mai 2005 (BGBl. I S. 1346), zuletzt geändert durch Art. 7 des G v. 14. Juni 2009 (BGBl. I S. 1229).

316 *Burkiczak*, BayVBl. 2005, 70; vgl. ferner *Germann*, in: Epping/Hillgruber, Art. 4 Rn. 114.2.

D. Grundrechtsberechtigte und -verpflichtete

I. Grundrechtsberechtigte

1. Religions- und Weltanschauungsfreiheit

147   Die Religions- und Weltanschauungsfreiheit in ihren Ausformungen als Glaubens-, Bekenntnis- und Ausübungsfreiheit schützt den Grundrechtsberechtigten in seiner religiösen bzw. weltanschaulichen *Identität*.[317] Bei der Bestimmung der Grundrechtsträger der in Art. 4 Abs. 1 und 2 GG garantierten Rechte ist daher danach zu differenzieren, in welcher Gestalt sich jeweils die Religions- oder Weltanschauungsfreiheit äußert.

148   In jedem Fall sind **natürliche Personen** vom Grundrechtsschutz voll umfasst. Deutsche und Ausländer sowie Staatenlose sind gleichermaßen geschützt.[318] Auch Kindern und Jugendlichen steht die Religions- und Weltanschauungsfreiheit zu, wobei es – ungeachtet dessen, dass auch im Einflussbereich von Religion und Weltanschauung prinzipiell das **Sorgerecht der Eltern** für ihre minderjährigen Kinder maßgebend bleibt[319] – angesichts der Besonderheit dieser Sphäre nach den allgemeinen Grundsätzen der **Grundrechtsmündigkeit** auf die persönliche Reife und Einsichtsfähigkeit ankommt.[320] Danach muss zwar keine komplette, gefestigte Gesamtsicht vorhanden sein, doch ist ein hinreichender Grad an sittlicher Einsicht zu fordern.[321]

> *Das Gesetz über die religiöse Kindererziehung*[322] *von 1921, das als Bundesrecht fortgilt,*[323] *stuft die Verfügungsbefugnis von Kindern und Jugendlichen über die eigene religiöse Identität nach dem Alter ab. Ab dem 12. Lebensjahr darf ein Kind nicht mehr entgegen seinem Willen in einem bestimmten Bekenntnis erzogen werden, ab dem 14. Lebensjahr darf es eigenständig entscheiden, welchem Bekenntnis es angehören will. Das Gesetz steht dem elterlichen Erziehungsrecht nicht entgegen; auch die teilweise abweichenden Regelungen einzelner Bundesländer sind verfassungskonform.*[324]

149   Nach Maßgabe von Art. 4 Abs. 2 GG besteht auch über den Tod des Individuums hinaus ein **postmortaler Grundrechtsschutz** insoweit fort, als religiös motivierte Anordnungen des Verstorbenen über die Bestattung zu beachten sind.[325]

---

317 *Muckel*, in: Friauf/Höfling I, Art. 4 Rn. 12.
318 *Starck*, in: v. Mangoldt/Klein/Starck I, Art. 4 Rn. 71.
319 *Kokott*, in: Sachs, Art. 4 Rn. 8; *Mager*, in: von Münch/Kunig, GG I, Art. 4 Rn. 33.
320 *Mückl*, in: BK (2008), Art. 4 Rn. 59.
321 BVerwGE 9, 97, 100 f.
322 Gesetz über die religiöse Kindererziehung, zuletzt geändert durch G. v. 17. Dezember 2008 (BGBl. I S. 2586).
323 *Jestaedt*, in: HbStKirchR II, S. 371, 389 f.
324 *Borowski*, Glaubens- und Gewissensfreiheit, S. 367.
325 BVerwG, NJW 2844, 2845 f.; *Zacharias*, ZevKR 48 (2003), 149, 152 f.; *Classen*, Religionsrecht, S. 74 f.

Während natürliche Personen umfassend geschützt werden, ist im Blick auf **Per-** 150
sonenmehrheiten bzw. **Gemeinschaften** zu differenzieren. Einen **Glauben** im Sinne
der Bezogenheit auf das forum internum kann nur eine natürliche Person haben.[326]
Allerdings wird Glaube zumeist in Gemeinschaft bekannt und ausgeübt. Geht es um
die – positive und negative[327] – **Bekenntnisfreiheit** und um die Freiheit der ungestörten **Religionsausübung**, so können auch juristische Personen Grundrechtsschutz
geltend machen.[328] Dies gilt für Religionsgemeinschaften unbeschadet der Tatsache,
dass sich ihre Stellung in der Verfassungsordnung maßgeblich auch durch Art. 140
GG i.V.m. den inkorporierten Vorschriften der WRV bestimmt – einschließlich der in
Art. 140 GG i.V.m. Art. 137 Abs. 5 WRV statuierten Möglichkeit, sich als **Körper-**
schaften des öffentlichen Rechts zu verfassen, womit aber keine institutionelle Inkorporation in den Bereich der mittelbaren Staatsverwaltung verbunden ist (Art. 140 GG
i.V.m. Art. 137 Abs. 1 WRV). Grundrechte, sofern sie ihrem Wesen nach auf juristische Personen anwendbar sind, gelten mithin nach Maßgabe von Art. 19 Abs. 3 GG
auch für Religionsgemeinschaften mit dem Status von Körperschaften des öffentlichen Rechts. Das ist für das Grundrecht der Religions- und Weltanschauungsfreiheit im Blick auf das Bekenntnis (Art. 4 Abs. 1 GG) und die Religionsausübung
(Art. 4 Abs. 2 GG) der Fall.

Neben körperschaftlich organisierten Religionsgemeinschaften und solchen des Pri- 151
vatrechts können sich auf die Bekenntnis- und die Religionsausübungsfreiheit auch
Vereinigungen berufen, die sich lediglich **partiell** der Pflege des religiösen Lebens ihrer Mitglieder widmen, ebenso **selbständige Einrichtungen von Religionsgemein-**
schaften wie Schulen, Heime oder Stiftungen.[329] Über den Wortlaut des Art. 19
Abs. 3 GG hinaus sind ferner **nicht rechtsfähige Vereine** vom Grundrechtsschutz
umfasst, soweit sie Träger von Rechten und Pflichten sein können.[330]

2. Gewissensfreiheit

Das Gewissen ist wie der Glaube *höchstpersönlicher Natur* und daher natürlichen Per- 152
sonen vorbehalten. Auf **juristische Personen** kann die Gewissensfreiheit mithin nicht
angewendet werden.[331]

Kinder und Jugendliche sind von der Gewissensfreiheit geschützt, soweit sie nach 153
Maßgabe ihrer **Einsichtsfähigkeit** in der Lage sind, Gewissensentscheidungen zu
treffen und zu vertreten, selbst wenn ihre Entscheidungen noch nicht auf gefestigten
sozialen Mustern und Vorstellungen beruhen.[332]

---

326 *Rüfner*, in: HbStR IX, S. 731, 763.
327 Anders *Mager*, in: von Münch/Kunig, GG I, Art. 4 Rn. 34 im Blick auf die negative Bekenntnisfreiheit.
328 BVerfGE 24, 236, 246 f; 44, 103, 104.
329 BVerfGE 24, 236, 246 f; 70, 138, 160 f.
330 *Rüfner*, in: HbStR IX, S. 731, 767 f.
331 *Germann*, in: Epping/Hillgruber, Art. 4 Rn. 93.
332 *Mückl*, in: BK (2008), Art. 4 Rn. 59.

3. Kriegsdienstverweigerung aus Gewissensgründen

154   Das Recht auf Kriegsdienstverweigerung schützt nur **natürliche Personen**. Es können sich – wofür nicht zuletzt ein Rückschluss aus Art. 12a Abs. 1 GG spricht[333] – auch **Ausländer und Staatenlose** darauf berufen, soweit es nach seinem Anwendungsbereich für sie in Betracht kommt. Für **Personengemeinschaften** gilt das Grundrecht nicht, ebenso wenig für **juristische Personen**, da Kriegsdienst eine individuell und höchstpersönlich zu erfüllende Verpflichtung darstellt.[334]

155   Für die **Grundrechtsmündigkeit** ist prinzipiell das vollendete 18. Lebensjahr maßgeblich, da die Dienstpflicht nach Maßgabe von Art. 12a Abs. 1 GG zu diesem Zeitpunkt einsetzt. Allerdings kann das Grundrecht aus Art. 4 Abs. 3 GG bereits vor Eintritt der Volljährigkeit *geltend gemacht* werden; Eltern oder gesetzlichen Vertretern ist es versagt, die Entscheidung des Betreffenden für oder gegen die Wahrnehmung des Kriegsdienstes abzuändern.[335]

II. Grundrechtsverpflichtete

1. Religions- und Weltanschauungsfreiheit

a) Grundrechtsbindung der öffentlichen Gewalt

156   Adressat der Gewährleistungen des Art. 4 Abs. 1 und 2 GG sind nach Maßgabe von Art. 1 Abs. 3 GG die **Träger unmittelbarer und mittelbarer öffentlicher Gewalt** in sämtlichen Funktionen der Legislative, Exekutive oder Judikative im Bund sowie in den Ländern.

b) Grundrechtsbindung von Religions- und Weltanschauungsgemeinschaften?

157   Eine Grundrechtsbindung von Religions- und Weltanschauungsgemeinschaften über Art. 1 Abs. 1 GG und Art. 9 Abs. 3 GG hinaus ist prinzipiell auch dann abzulehnen, wenn sie den Status von **Körperschaften des öffentlichen Rechts** innehaben.[336] Ihre kategorische Zuordnung zu den Trägern mittelbarer staatlicher Verwaltung griffe zu kurz, da sie trotz der körperschaftlichen Verfasstheit zufolge des Prinzips der **Trennung von Staat und Kirche** nicht dem staatlichen, sondern dem gesellschaftlichen Bereich zuzurechnen sind.[337] Sie üben deshalb **in ihren eigenen Angelegenheiten** (Art. 140 GG i.V.m. Art. 137 Abs. 3 WRV) **keine öffentliche Gewalt** im Sinne von Art. 19 Abs. 4 GG aus.[338]

158   Adressaten des Grundrechts aus Art. 4 Abs. 1 und 2 GG sind die Religions- und Weltanschauungsgemeinschaften allerdings, soweit sie als vom Staat **Beliehene** ho-

---

333   *Mager*, in: v. Münch/Kunig, GG I, Art. 4 Rn. 67.
334   *Germann*, in: Epping/Hillgruber, Art. 4 Rn. 103.
335   *Herzog*, in: Maunz/Dürig (1988), Art. 4 Rn. 45.
336   Dazu näher m.w.N. *Kästner*, JuS 1977, 715.
337   BVerfGE 18, 385, 386 f.; 55, 207, 230.
338   Dazu *Kästner*, Staatliche Justizhoheit und religiöse Freiheit, S. 106 ff.

heitliche Funktionen erfüllen[339] – etwa bei der Erhebung von **Kirchensteuer**,[340] bei der Wahrnehmung staatlicher Aufgaben im **Schulwesen** oder wenn sie nach Maßgabe der Bestattungsgesetze der Länder **kirchliche Friedhöfe** betreiben.[341]

c) **Drittwirkung von Grundrechten**

Vorstellbar sind **Grundrechtskollisionen unter Privaten**, welche nach Maßgabe der 159 insoweit bestehenden staatlichen Schutzpflicht jeweils durch Abwägung der widerstreitenden Güter zu einem schonenden Ausgleich zu bringen sind;[342] insoweit können die Rechte aus Art. 4 Abs. 1 und 2 GG insbesondere im Rahmen der Interpretation wertausfüllungsbedürftiger Rechtsbegriffe in das »einfache« Gesetzesrecht hineinwirken.[343] Erst recht trifft den Staat eine entsprechende Schutzverpflichtung, wenn zwischen Privaten die **Menschenwürde** verletzt und insoweit innerste Wertgehalte des menschlichen Lebens beeinträchtigt werden.[344]

2. **Gewissensfreiheit**

Auch im Rahmen der Gewissensfreiheit ist Adressat des Grundrechts in erster Linie 160 die **staatliche Gewalt** in allen ihren Erscheinungsformen.

Als problematisch hat sich die Frage erwiesen, inwieweit von einer Geltung der Ge- 161 wissensfreiheit in **Privatrechtsbeziehungen** auszugehen ist, insbesondere ob der Einzelne die Erbringung vertraglicher Verpflichtungen verweigern oder sich aus der Vertragsbindung lösen kann, weil er inzwischen davon ausgeht, die Vertragserfüllung nicht (mehr) mit dem Gewissen vereinbaren zu können. Auch hier handelt es sich um die allgemeine Frage nach der »Drittwirkung der Grundrechte«, deren Lösung jeweils im Einzelfall zu erfolgen hat.[345]

3. **Kriegsdienstverweigerung aus Gewissensgründen**

Grundrechtsadressat des Rechts auf Kriegsdienstverweigerung aus Gewissensgründen 162 ist **allein der Staat**, da es nur ihm in seiner Funktion als Träger der Landesverteidigung möglich ist und obliegt, den einschlägigen Grundrechtsschutz zu verwirklichen.

---

339 *Starck*, in: v. Mangoldt/Klein/Starck I, Art. 4 Rn. 131.
340 BVerfGE 19, 206, 217 f.; *Hammer*, Rechtsfragen der Kirchensteuer, S. 140 ff.
341 Dazu *Kästner*, Staatliche Justizhoheit und religiöse Freiheit, S. 117 f. m.w.N.; *v. Campen-hausen/de Wall*, Staatskirchenrecht, S. 188 f.
342 *Muckel*, in: Friauf/Höfling I, Art. 4 Rn. 78. – Beispielsweise im Mietrecht hinsichtlich der Zulässigkeit einer Parabolantenne zum Empfang religiöser Sender: BGH, NJW 2008, 216; LG Frankfurt, Beschluss vom 04.08.2011 – 2-11 T 86/11.
343 *Herzog*, in: Maunz/Dürig (1988), Art. 4 Rn. 88. – Kritisch *Mager*, in: v. Münch/Kunig I, Art. 4 Rn. 39; *Mückl*, in: BK (2008), Art. 4 Rn. 116.
344 *Herzog*, in: Maunz/Dürig (1988), Art. 4 Rn. 53.
345 Vgl. auch o. Rdn. 133.

E. Subjektive und objektiv-rechtliche Gehalte

I. Religions- und Weltanschauungsfreiheit

1. Abwehrrechtliche Gehalte

163 Gewährleistet ist in erster Linie ein **Abwehrrecht** gegen ungerechtfertigte Eingriffe in den »freien« Glauben (Abs. 1), in das »freie« religiöse oder weltanschauliche Bekenntnis (Abs. 1) bzw. in die »ungestörte« Religionsausübung (Abs. 2 GG).[346] Die Religions- und Weltanschauungsfreiheit erschöpft sich allerdings nicht in dieser elementarer Grundrechtsfunktion.[347]

2. Leistungsrechtliche Gehalte

164 Leistungsansprüche auf staatliche Maßnahmen zur **Schaffung positiver Rahmenbedingungen** für die individuelle religiöse oder weltanschauliche Entfaltung sind aus dem Grundrecht prinzipiell nicht abzuleiten,[348] ebenso wenig ein Recht auf vom Staat zu organisierende Lebensumstände, die in einem bestimmten – vom Grundrechtsträger selbst konkretisierbaren – Ausmaß religiöse Bezüge aufweisen.[349] Erst recht vermittelt das Grundrecht seinem Träger nicht **religions- oder weltanschauungsbezogene Gestaltungsbefugnisse** im Blick auf Tätigkeitsfelder, welche von Rechts wegen der Zuständigkeit anderer Rechtssubjekte unterstehen – beispielsweise dem Staat als Veranstalter des öffentlichen *Schulunterrichts* bzw. (im Blick auf die Ausstattung der

---

346 *Mückl*, in: BK (2008), Art. 4 Rn. 126 m.w.N.; *Starck*, in: v. Mangoldt/Klein/Starck I, Art. 4 Rn. 18, 21; *Morlok*, in: Dreier I, Art. 4 Rn. 115.

347 Dazu *M. Heckel*, in: GS Schnur, 1997, S. 205 ff. m.w.N.; *Pagels*, Schutz- und förderpflichtrechtliche Aspekte der Religionsfreiheit, S. 49 ff.

348 BVerfG, NJW 1995, 2477, 2478: Es verleihe »Art. 4 Abs. 1 GG … dem einzelnen und den religiösen Gemeinschaften … grundsätzlich keinen Anspruch darauf, ihrer Glaubensüberzeugung mit staatlicher Unterstützung Ausdruck zu verleihen«. So auch die Rspr. des EGMR zu Art. 9 EMRK: EGMR v. 18.09.2007 – *Griechische Kirchengemeinde München und Bayern e.V.*, Az. 52336/99, NVwZ 2008, 766 (Ls.): Kein Anspruch aus Art. 9 EMRK auf Ermöglichung der Religionsausübung durch **Überlassung eines Kirchengebäudes** durch den Staat an eine Religionsgemeinschaft. Vgl. ferner OVG Rheinland-Pfalz, DÖV 2009, 772, bestätigt durch BVerwG, DÖV 2011, 367 (**Sonderurlaub zu religiösen Zwecken**); OVG Berlin-Brandenburg, NJW 2012, 3116 (kein Anspruch auf **Untersagung religionsbezogener Karikaturen**). – *Starck*, in: v. Mangoldt/Klein/Starck I, Art. 4 Rn. 18; *v. Campenhausen/de Wall*, Staatskirchenrecht, S. 65 f.; *Herzog*, in: Maunz/Dürig (1988), Art. 4 Rn. 108; *Muckel*, in: Friauf/Höfling I, Art. 4 Rn. 47; *Voßkuhle*, EuGRZ 2010, 537 (zur »**Verrechtlichung**« religiöser Konflikte).

349 Aus der Gewährleistung der Religionsfreiheit kann deshalb nicht ein sozialhilferechtlicher Anspruch auf die Übernahme unverhältnismäßiger Mehrkosten für die **Unterbringung in einem religiös bzw. weltanschaulich ausgerichteten Altenheim** (BVerwG, NJW 1983, 2586; anders VGH Baden-Württemberg, ZevKR 25 (1980), 90, mit zustimmender Anmerkung von *Stolleis*) oder ein Anspruch auf Sozialhilfe für die Kosten einer aus religiösen Gründen gewünschten **Auslandsbestattung** (SG Lüneburg, Urteil vom 12.05.2011 – S 22 SO 19/09, BeckRS 2011, 75619) abgeleitet werden.

Schulen) den öffentlichen Schulträgern, soweit nicht Art. 7 Abs. 3 GG den Religionsgemeinschaften mit der *Garantie des Religionsunterrichts* entsprechende (Mit-)Gestaltungsbefugnisse eröffnet.

So sind die Regelungen zum »Geistlichenprivileg« im Wehr- und Zivildienstrecht 165 nicht durch Art. 4 Abs. 1 und 2 GG geboten, sondern als eine darüber hinausgehende »Vergünstigung« seitens des Bundesgesetzgebers anzusehen.[350] Eine Glaubensgemeinschaft hat aus Art. 4 Abs. 1 und 2 GG auch keinen Anspruch darauf, im **Rundfunk** zu Wort zu kommen oder berücksichtigt zu werden.[351] Ebenso wenig besteht ein Anspruch auf Herstellung oder Gewährleistung der materiellen **Voraussetzungen der Religionsausübung**, also auch kein Anspruch auf Bereitstellung oder Erhaltung konkreter, zur Ausübung von Religion und Weltanschauung bestimmter Räumlichkeiten (hier: eines Kirchengebäudes).[352] Des Weiteren besteht kein Anspruch darauf, dass der Staat durch seine Gerichte eine – auch scharfe – von einer anderen Religionsgemeinschaft geäußerte **öffentliche Kritik** an der Tätigkeit einer Religionsgemeinschaft unterbindet. Insoweit gelten vielmehr die allgemeinen Regeln des Zivilrechts für Persönlichkeitsverletzungen.[353] Auch folgt aus Art. 4 Abs. 1 GG für Einzelne und für religiöse Gemeinschaften grundsätzlich kein Anspruch auf **staatliche Unterstützung bei der Vermittlung ihrer Glaubensüberzeugung**.[354] Es ergibt sich daraus auch kein Anspruch von Religionsgemeinschaften oder Einzelnen gegen den Staat, *bestimmte* **kirchliche Feiertage** ganztägig als Tage der Arbeitsruhe auszuweisen und Arbeitnehmer von einer in einem Arbeitsvertrag eingegangenen Arbeitsverpflichtung freizustellen.[355]

In gewisse staatliche Institutionen wird der Einzelne existentiell besonders stark eingebunden, ohne dies immer nach Maßgabe individueller Willensentscheidung steuern zu können; dies gilt insbesondere für **spezifische verwaltungsrechtliche Verhältnisse** etwa in der Bundeswehr, in öffentlichen Schulen oder in Strafanstalten.[356] Für solche Bereiche steht fest, dass der Staat verpflichtet ist, angemessene **Möglichkeiten einer aktiven Betätigung der individuellen Glaubensüberzeugung** und der Verwirklichung der autonomen Persönlichkeit auf weltanschaulich-religiösem Gebiet sicherzustellen.[357] Dies ist vom *Bundesverfassungsgericht* zu Recht auch im (ansonsten

166

350 BVerwGE 61, 152, 155.
351 BVerwG, NVwZ 1986, 379.
352 BVerfG, NJW 1992, 2812; BVerfGE 99, 100, 127 (Art. 4 Abs. 1 und 2 GG entfalte insoweit keinen über Art. 140 GG i.V.m. Art. 138 Abs. 2 WRV hinausgehenden Schutz bzw. vermittle keine darüber hinausgehenden Leistungsrechte).
353 BVerfG, NVwZ 1994, 159.
354 BVerfGE 93, 1, 16.
355 BVerfG, NJW 1995, 3378 (zur Streichung des Buß- und Bettages aus dem Kreis der staatlich anerkannten Feiertage); dazu näher *Kästner*, in: HbStKirchR II, S. 337, 347 f.
356 *Mückl*, in: BK (2008), Art. 4 Rn. 132 mit dem Beispiel des Strafgefangenen- und des Soldatenverhältnisses.
357 BVerfGE 41, 29, 49; für Strafanstalten BVerfG, NStZ 1988, 573.

durchaus kritikwürdigen) »Kruzifix-Beschluss«[358] ausdrücklich hervorgehoben worden:

> »Art. 4 Abs. 1 GG beschränkt sich ... nicht darauf, dem Staat eine Einmischung in die Glaubensüberzeugungen, -handlungen und -darstellungen Einzelner oder religiöser Gemeinschaften zu verwehren. Er erlegt ihm vielmehr auch die Pflicht auf, ihnen einen Betätigungsraum zu sichern, in dem sich die Persönlichkeit auf weltanschaulich-religiösem Gebiet entfalten kann, und sie vor Angriffen oder Behinderungen von Anhängern anderer Glaubensrichtungen oder konkurrierender Religionsgruppen zu schützen«.[359]

167 Für den Bereich der öffentlichen **Schule** vermittelt Art. 4 Abs. 1 GG allerdings, wie das *Bundesverfassungsgericht* zutreffend betont hat, keinen *uneingeschränkten* Anspruch darauf, individuelle Glaubensüberzeugungen im Rahmen des staatlichen Wirkungskreises zu betätigen. Soweit die Schule im Einklang mit der Verfassung dafür Raum lässt, wie beim *Religionsunterricht*, beim *Schulgebet* und bei anderen religions- bzw. weltanschauungsbezogenen Veranstaltungen, müssen diese strikt vom **Prinzip der Freiwilligkeit** geprägt sein und Andersdenkenden zumutbare, nicht diskriminierende **Ausweichmöglichkeiten** offenlassen.[360] Individuelle **Gebete in der Schule außerhalb der Unterrichtszeit** sind, wie bereits gesagt, als Akte freier Religionsausübung zuzulassen, soweit dem nicht die Aufrechterhaltung der Schulordnung entgegensteht.[361] Als Komplementärberechtigung zum Zulassungsanspruch der Religionsgemeinschaften in staatlich abgeschlossenen Anstalten im Sinne von **Art. 140 GG i.V.m. Art. 141 WRV** (z.B. Strafanstalten, Bundeswehr, u.ä.) muss der Staat den Grundrechtsträgern dort ihre Grundrechtsausübung insoweit ermöglichen, als dem nicht andere höher zu gewichtende Verfassungsrechte entgegenstehen.[362] Der Gesetzgeber ist diesem leistungsrechtlichen Gehalt der Religions- und Weltanschauungsfreiheit durch den Erlass von **Schutznormen** teilweise nachgekommen.[363]

3. Schutzrechtliche Gehalte

168 Die in der Verfassung gewährleisteten Grundrechte statuieren nicht nur individuelle *Abwehransprüche* sowie – partiell – *Leistungsansprüche* der jeweiligen Grundrechtsträger, sie verpflichten die Träger öffentlicher Gewalt vielmehr auch, das Mögliche zu tun, um nach Maßgabe des jeweiligen Normbereichs einen möglichst ungestörten und effizienten Gebrauch der Grundrechte zu gewährleisten.[364] Daraus resultiert un-

---

358 BVerfGE 93, 1, im Anschluss an die Entscheidung zur christlichen Gemeinschaftsschule, BVerfGE 41, 29, 49, sowie zum Schulgebet, BVerfGE 52, 223, 241.
359 BVerfGE 93, 1, 16.
360 BVerfGE 93, 1, 24.
361 Vgl. dazu o. Rdn. 86.
362 *v. Campenhausen/de Wall*, Staatskirchenrecht, S. 199.
363 Strafanstalten: §§ 21 S. 3, 53–55 StVollzG; Bundeswehr: § 36 SG; Zivildienst: § 38 ZDG.
364 *Badura*, Der Schutz von Religion und Weltanschauung durch das Grundgesetz, S. 87 f.

ter anderem die Aufgabe des Staates, im Rahmen des Zumutbaren *Schutzvorkehrungen* dagegen zu treffen, dass in seinem Einflussbereich vorhersehbare Grundrechtsbeeinträchtigungen durch Dritte stattfinden werden.

Auch Art. 4 Abs. 1 und 2 GG enthält eine solche **Schutzpflicht zugunsten der** 169 **Grundrechtsträger.**[365] Institutionalisiert im »einfachen Recht« hat der Gesetzgeber diese Aufgabe durch §§ 166 ff. StGB[366] und in Gestalt der §§ 823, 1004 BGB (Religionsausübung als Aspekt des allgemeinen Persönlichkeitsrechts).[367] In Einzelfällen hat der Staat die Möglichkeit, unter Rückgriff auf die **polizeiliche Generalklausel** seiner Schutzpflicht zugunsten von Religion und Weltanschauung durch die allgemeinen Polizeibehörden nachzukommen.[368]

Die staatliche Schutzpflicht aus Art. 4 Abs. 1 und 2 GG kann sich auch zugunsten 170 von Mitgliedern im internen Bereich einer Religions- oder Weltanschauungsgemeinschaft entfalten, soweit **Beeinflussungs- und Disziplinierungsversuche innerhalb der Gemeinschaft** die Menschenwürde verletzen.[369] Schutz in solchen eng umgrenzten Fällen wird insbesondere durch Strafgesetze (z.B. gegen Freiheitsberaubung, Nötigung und Körperverletzung) gewährleistet.

4. Organisations- und verfahrensrechtliche Gehalte

Die Religions- und Weltanschauungsfreiheit bedarf zu ihrer vollen Verwirklichung 171 einer Bereitstellung von Organisations- und Verfahrensmöglichkeiten seitens des Staates.[370]

Zum organisationsrechtlichen Gehalt des Art. 4 Abs. 1 und 2 GG zählt die staatliche 172 Verpflichtung, den Religions- und Weltanschauungsgemeinschaften **Organisationsformen** bereitzustellen, die sie nicht unangemessen in ihrem Recht auf Religions- und Weltanschauungsfreiheit einschränken. Religiöse und weltanschauliche Vereinigungen müssen sich als selbständige Rechtspersönlichkeiten bilden und als solche

---

365 BVerfGE 93, 1, 16 (grundsätzlich); 41, 29, 49 (bereits angedeutet); 102, 370, 393; 108, 282, 300; BVerwGE 105, 73, 78; *M. Heckel*, in: GS Schnur, 1997, S. 205, 214 ff.; *Borowski*, Glaubens- und Gewissensfreiheit, S. 623 ff.; *Pagels*, Schutz- und förderpflichtrechtliche Aspekte der Religionsfreiheit, S. 123 ff. – Zur Schutzpflicht aus Art. 4 Abs. 1 und 2 GG (und dem Bezug zu Art. 140 GG i.V.m. Art. 139 WRV) näher *Couzinet/Weiss*, ZevKR 54 (2009), 34, 48 ff. m.w.N.

366 Dazu *Borowski*, Glaubens- und Gewissensfreiheit, S. 624 ff.

367 Vgl. auch *Morlok*, in: Dreier I, Art. 4 Rn. 168; *Kokott*, in: Sachs, Art. 4 Rn. 85.

368 BVerwG, NJW 1999, 304; *Borowski*, Glaubens- und Gewissensfreiheit, S. 626 f.

369 BVerfGE 12, 1, 4; *Zippelius*, in: BK (1989), Art. 4 Rn. 80; *Herzog*, in: Maunz/Dürig (1988), Art. 4 Rn. 50.

370 Dazu *Starck*, in: v. Mangoldt/Klein/Starck I, Art. 4 Rn. 45 ff.; *Borowski*, Glaubens- und Gewissensfreiheit, S. 652 ff.; *Magen*, Körperschaftsstatus und Religionsfreiheit, S. 218 ff.; *M. Heckel*, in: GS Schnur, 1997, S. 205, 218 f.; *Couzinet/Weiss*, ZevKR 54 (2009), 34, 48 m.w.N.

auftreten können.[371] In erster Linie ist dabei an den *religiösen Verein* bzw. die *vereins-rechtlich organisierte Religionsgemeinschaft* zu denken,[372] doch können auch andere Formen der privatrechtlichen Vereinigung gewählt werden. Allerdings besteht **kein Anspruch auf eine bestimmte Rechtsform.** Den Religions- und Weltanschauungs-gemeinschaften ist nach Maßgabe von Art. 140 GG i.V.m. Art. 137 Abs. 4 WRV die Möglichkeit eines Erwerbs der **Rechtsfähigkeit** nach den Vorschriften des bürgerli-chen Rechts garantiert.[373]

173   Durch Art. 140 GG i.V.m. Art. 137 Abs. 5 WRV ist mit dem **Status als Körper-schaft des öffentlichen Rechts** für Religions- und Weltanschauungsgemeinschaf-ten[374] verfassungsrechtlich eine Form der Organisation zur Verfügung gestellt wor-den, welche die durch Art. 4 Abs. 1 und 2 GG gewährleistete Freiheit entfaltet und erleichtert.[375] Die ungeschriebenen verfassungsrechtlichen Voraussetzungen zum Er-werb dieses Status werden durch die Religions- und Weltanschauungsfreiheit dahin-gehend begrenzt, dass über *Rechtstreue* hinaus keine *Staatsloyalität* verlangt werden darf.[376]

174   Eine verfahrensrechtliche Konsequenz der »negativen« Religions- und Weltanschau-ungsfreiheit zieht das staatliche **Kirchenaustrittsrecht**, welches mit Wirkung für den staatlichen Bereich – zufolge des religiösen Selbstbestimmungsrechts allerdings auch nur für diesen[377] – die Möglichkeit des Austritts aus einer Religionsgemeinschaft ge-währleistet.[378] Der Austritt muss von Verfassungs wegen **unmittelbare Wirkung** ent-falten, wenngleich die **Kirchensteuerpflicht** aus praktischen Gründen noch bis zum Ende des auf den Austritt folgenden Monats andauern darf.[379] Soweit das Mitglied einer *vereinsrechtlich* organisierten Religionsgemeinschaft austreten will, kann es

---

371 BVerfGE 83, 341, 354 ff.
372 Zur Unterscheidung *Borowski*, Glaubens- und Gewissensfreiheit, S. 654 f.
373 BVerfGE 83, 341, 355 f. – Vgl. zur religiös-weltanschaulichen *Vereinigungsfreiheit* näher o. Rdn. 59 und 75–78.
374 Für Letztere nach Maßgabe von Art. 140 GG i.V.m. Art. 137 Abs. 7 WRV.
375 BVerfGE 102, 370, 393; *Magen*, Körperschaftsstatus und Religionsfreiheit, S. 198 ff., 207 ff., 218 ff.; *Heinig*, Öffentlich-rechtliche Religionsgesellschaften, S. 265 f. m.w.N.
376 BVerfGE 102, 370, 395 f. (»Grundrechtliche Freiheit vom Staat aus betrachtet, for-male Freiheit.«); dazu *v. Campenhausen*, ZevKR 46 (2001), 165, 175 f.
377 Die Frage, inwieweit ein »**isolierter**« Austritt aus der Kirche in ihrer Eigenschaft als Kör-perschaft des öffentlichen Rechts unter Verbleib in der Glaubensgemeinschaft nach dem Selbstverständnis der jeweiligen Kirche möglich ist, entzieht sich dem staatlichen Zuständigkeitsbereich; sie kann deshalb auch nicht Gegenstand einer staatlich dokumen-tierten Austrittserklärung sein. BVerwGE 144, 171; dazu auch *Neumann*, jurisPR-BVerwG 24/2012 Anm. 4.
378 BVerfGE 30, 415, 423 f.; 44, 37, 53; BFH, NVwZ 1999, 1149 f.; *v. Campenhausen/de Wall*, Staatskirchenrecht, S. 151 ff.; *Classen*, Religionsrecht, S. 122.
379 BVerfGE 44, 37, 53 ff.; 67 f.; 55, 32, 36; anders noch BVerwGE 35, 90, 92 f.

nicht an die bis zu zweijährige **Kündigungsfrist des § 39 Abs. 2 BGB** gebunden sein; ihm ist ein außerordentliches Kündigungsrecht einzuräumen.[380]

5. Weitere objektiv-rechtliche Gehalte

Das Grundgesetz konstituiert in seinem Grundrechtsabschnitt auch eine **objektive Wertordnung**;[381] im Blick auf die Religions- und Weltanschauungsfreiheit sind daraus das Prinzip staatlicher Neutralität und der Paritätsgrundsatz sowie eine Ausstrahlungswirkung auf das einfache Recht abzuleiten.   175

a) Prinzip staatlicher Neutralität

Das *Bundesverfassungsgericht* hat im »Kruzifix-Beschluss« – insoweit zutreffend[382] – bekräftigt, dass das Grundrecht der Religions- und Weltanschauungsfreiheit eine der normativen Grundlagen für das Prinzip staatlicher **Neutralität** in religiöser bzw. weltanschaulicher Hinsicht darstellt: 176

> *»Aus der Glaubensfreiheit des Art. 4 Abs. 1 GG folgt ... der Grundsatz staatlicher Neutralität gegenüber den unterschiedlichen Religionen und Bekenntnissen. Der Staat, in dem Anhänger unterschiedlicher oder gar gegensätzlicher religiöser und weltanschaulicher Überzeugungen zusammenleben, kann die friedliche Koexistenz nur gewährleisten, wenn er selber in Glaubensfragen Neutralität bewahrt. Er darf daher den religiösen Frieden in einer Gesellschaft nicht von sich aus gefährden. Dieses Gebot findet seine Grundlage nicht nur in Art. 4 Abs. 1 GG, sondern auch in Art. 3 Abs. 3, Art. 33 Abs. 1 sowie Art. 140 GG i.V.m. Art. 136 Abs. 1 und 4 und Art. 137 Abs. 1 WRV. Sie verwehren die Einführung staatskirchlicher Rechtsformen und untersagen die Privilegierung bestimmter Bekenntnisse ebenso wie die Ausgrenzung Andersgläubiger. Auf die zahlenmäßige Stärke oder die soziale Relevanz kommt es dabei nicht an. Der Staat hat vielmehr auf eine am Gleichheitssatz orientierte Behandlung der verschiedenen Religions- und Weltanschauungsgemeinschaften zu achten. Auch dort, wo er mit ihnen zusammenarbeitet oder sie fördert, darf dies nicht zu einer Identifikation mit bestimmten Religionsgemeinschaften führen.«*[383]

b) Paritätsgrundsatz

Eine Konsequenz des Prinzips der staatlichen Neutralität und seine Ergänzung bedeutet der Grundsatz der **Parität**.[384] Diesem zufolge muss der Staat alle Kirchen, Religions- und Weltanschauungsgemeinschaften sowie ihre Angehörigen rechtlich   177

---

380 Zutreffend *Starck*, in: v. Mangoldt/Klein/Starck I, Art. 4 Rn. 46; dazu auch *Borowski*, Glaubens- und Gewissensfreiheit, S. 677 f. m.w.N.

381 BVerfGE 7, 198, 205; 73, 261, 269; st. Rspr.

382 Zustimmend auch etwa *Starck*, in: v. Mangoldt/Klein/Starck I, Art. 4 Rn. 22; *Morlok*, in: Dreier I, Art. 4 Rn. 161.

383 BVerfGE 93, 1, 16 f.

384 Ähnlich *Morlok*, in: Dreier I, Art. 4 Rn. 167.

(nicht faktisch-nivellierend) gleichbehandeln.[385] Neben Art. 140 GG i.V.m. Art. 137 Abs. 1 WRV, Art. 3 Abs. 3 GG sowie Art. 33 Abs. 3 GG beruht der Paritätsgrundsatz nicht zuletzt auch auf Art. 4 Abs. 1 und 2 GG.[386]

c) Ausstrahlung auf die Anwendung »einfachen« Rechts

178   Die Bedeutung des Grundrechts der Religions- und Weltanschauungsfreiheit muss in religions- bzw. weltanschauungsbezogenem Kontext angemessen in die Anwendung einfachen Rechts einfließen. Insbesondere bei der **Auslegung von Generalklauseln und unbestimmten Rechtsbegriffen** hat der Gesetzesanwender gemäß Art. 1 Abs. 3 GG derjenigen von mehreren Auslegungsmöglichkeiten den Vorzug zu geben, welche die verfassungsrechtlichen Gewährleistungen am besten verwirklicht.[387] Dass dies auch im Kontext von Art. 4 Abs. 1 und 2 GG gilt, hat das *Bundesverfassungsgericht* bereits in der »Lumpensammlerentscheidung« im Blick auf die Auslegung des Begriffs der »guten Sitten« in § 1 UWG entfaltet.[388]

179   Auch soweit **gewerbe-, versammlungs-, vereins-, straßen-, sozial- oder steuerrechtliche Vorschriften** ausgelegt werden, kann das Grundrecht auf Religions- und Weltanschauungsfreiheit von Belang sein.[389] Im **Baurecht** sind konkrete religiöse Bezüge baulicher Vorhaben bei der Entfaltung von § 34 BauGB zu berücksichtigen,[390] im **Schulrecht** bei Ermessensentscheidungen über eine Befreiung vom Unterricht aus religiösen Gründen[391] in die Abwägung einzustellen.[392] Im privatrechtlich gestalteten Bereich des **Arbeitsrechts** ist im Konfliktfall die Religions- und Weltanschauungs-

---

385 BVerfGE 19, 1, 6 ff.; 19, 206, 216; 108, 282, 299 f.; *Hesse*, ZevKR 3 (1953/54), 188, 194; *M. Heckel*, Gleichheit oder Privilegien?, S. 72.

386 *M. Heckel*, Gleichheit oder Privilegien?, S. 3; *Classen*, Religionsrecht, S. 54, 86 f.

387 BVerfGE 19, 1, 5; 41, 65, 86.

388 BVerfGE 24, 236, 244. – Allgemein *Muckel*, in: Friauf/Höfling I, Art. 4 Rn. 77.

389 BVerwG, NVwZ 1995, 473; BVerwG, NJW 1997, 406 – Zur Bedeutung glaubensbedingter Anforderungen für die Auslegung des Grundsatzes der *Vereinsautonomie* im Blick auf religiöse Vereine BVerfGE 83, 341, 356 ff.

390 BVerwG, NJW 1992, 2170; *Mückl*, in: BK (2008), Art. 4 Rn. 140 m.w.N.

391 Dem Grunde nach kein Recht der Eltern anzuerkennen, ihre Kinder aus religiösen Gründen dem auf der allgemeinen Schulpflicht beruhenden **Unterricht in der öffentlichen Schule** zu entziehen; insoweit zutreffend *Mager*, in: von Münch/Kunig I, Art. 4 Rn. 50 m.w.N. zu einschlägigen Konfliktfällen. – Das gilt auch für den koedukativen **Schwimmunterricht**, soweit dabei für Mädchen die Möglichkeit besteht, eine muslimischen Bekleidungsvorschriften gerecht werdende Kleidung (»Burkini«) zu tragen: VGH Hessen, NVwZ 2013, 159, bestätigt durch BVerwG, NVwZ 2014, 81; dazu *Muckel*, JA 2013, 74. Im gleichen Sinne OVG Bremen, NVwZ-RR 2012, 842. – Auch ein Anspruch auf **Befreiung von einzelnen Schulveranstaltungen**, deren Inhalt mit religiösen Vorstellungen der Eltern kollidiert, ist prinzipiell abzulehnen, sofern der Unterricht im Einklang mit den verfassungsgemäßen staatlichen Erziehungszielen erteilt wird. BVerwG, NVwZ 2014, 237 (**Kinofilm** »Krabat«); zur (abweichenden) Entscheidung der Vorinstanz (OVG NRW, DÖV 2012, 323) zustimmend *Muckel*, JA 2012, 477.

392 BVerfG, DVBl. 2003, 999; BVerwGE 94, 82.

freiheit ausreichend – allerdings auch unter Wahrung ihrer Schranken – zu berücksichtigen.[393] Das Familiengericht darf die Eignung zur Ausübung der elterlichen Gewalt in **Familiensachen** nicht von der Religion eines Elternteils abhängig machen, wobei Besonderheiten einer Glaubensgemeinschaft, die das Kindeswohl gefährden können, allerdings berücksichtigungsfähig sind.[394]

Teilweise hat der Gesetzgeber der Ausstrahlungswirkung religiöser Freiheitsrechte bereits durch entsprechende normative **Berücksichtigungsklauseln** Rechnung getragen.[395] Insofern bedarf es dann keines konkreten Rückgriffs auf Art. 4 Abs. 1 und 2 GG mehr.   180

II. Gewissensfreiheit

Die durch Art. 4 Abs. 1 GG gewährleistete Gewissensfreiheit stellt vor allem ein **Abwehrrecht** gegenüber staatlichen Eingriffen dar.[396]   181

Sie entfaltet sich aber auch in einem allgemeinen staatlichen **Wohlwollensgebot** gegenüber demjenigen, der sich auf sein Gewissen beruft.[397] Dieser begrenzt »leistungsrechtliche« Gehalt des Art. 4 Abs. 1 GG ist allerdings darauf beschränkt, bei der abwägenden Auflösung von verfassungsrechtlichen Konflikten Beachtung zu finden. Aus ihm lässt sich mithin keineswegs ableiten, dass der Grundrechtsträger seine Überzeugungen »zum Maßstab der Gültigkeit genereller Rechtsnormen oder ihrer   182

---

393 BAG, NJW 2003, 1685 (**Tragen eines Kopftuchs durch eine Verkäuferin**), bestätigt durch BVerfG, NJW 2003, 2815; BAG, NZA-RR 2011, 162 (**Tragen eines Kopftuchs in einer städtischen Kindertagesstätte**); BAG, NJW 2011, 3319 (**Arbeitsverweigerung auf Grund eines glaubensbedingten Gewissenskonflikts**); LAG Hamm, NZA-RR 2011, 640 (»**Jesus hat sie lieb**« am Telephon in einem Call-Center); LAG Hamm, Urteil vom 17.02.2012 – 18 Sa 867/11, LAGE, Art. 4 GG Nr. 8 (**Tragen eines Kopftuchs im evangelischen Krankenhaus**); ArbG Berlin, NZA-RR 2012, 627 (**Diskriminierung im Bewerbungsverfahren** wegen der Ankündigung, das Kopftuch auch während der Arbeitszeit als auszubildende Zahnarzthelferin nicht ablegen zu wollen). – Zu religions- bzw. gewissensbedingten arbeitsrechtlichen Konfliktlagen *Konzen/Rupp*, Gewissenskonflikte im Arbeitsverhältnis, 1990; *Bauer*, Gewissensschutz im Arbeitsverhältnis, 2004; *Thüsing*, NJW 2003, 405; *Wege*, Religion im Arbeitsverhältnis, S. 107 ff. und passim; *Wenzel*, Religionsbedingte Konflikte im Arbeitsleben, S. 45 ff.; *Bock*, NZA 2011, 1201; *Hunold*, AuA 2011, 344; *Preis*, KuR 2011, 33; *Boemke*, jurisPR-ArbR 1/2012 Anm. 2; *Scholl*, BB 2012, 53; *Krause*, JA 2012, 706; *Büchner*, ZfL 2012, 40.
394 BayObLG, NJW 1976, 2017; OLG Frankfurt, FamRZ 1994, 920, 921; OLG Celle, NJW 1995, 792; OLG Hamburg, FamRZ 1996, 684; OLG Oldenburg, NJW 1997, 2962. – Vgl. auch *Starck*, in: v. Mangoldt/Klein/Starck I, Art. 4 Rn. 142.
395 Dazu auch *Mückl*, in: BK (2008), Art. 4 Rn. 149 ff.
396 *Morlok*, in: Dreier I, Art. 4 Rn. 115; *Mager*, in: von Münch/Kunig I, Art. 4 Rn. 60; *Muckel*, in: Friauf/Höfling I, Art. 4 Rn. 63 f.; *ders.*, NJW 2000, 689.
397 BVerfGE 23, 127, 134; BVerwGE 105, 73, 78; *Muckel*, NJW 2000, 689, 690.

Anwendung« machen darf.[398] Einen typischen Anwendungsfall stellt die **gewissensgeleitete Handlung oder Unterlassung** dar, welche möglicherweise eine *Strafbarkeit* nach sich zieht (»situative Normdurchbrechung«[399]). In solchen Konstellationen kann der Gesetzgeber nach Maßgabe des leistungsrechtlichen Gehalts von Art. 4 Abs. 1 GG verpflichtet sein, zumutbare *Alternativen* zu schaffen, sofern entsprechende Gewissenskonflikte mit einer gewissen Häufigkeit auftreten.[400] Die Abwägung zwischen individuellem Gewissensdruck einerseits und Bedeutung des Strafanspruchs für die staatliche Ordnung andererseits muss bei der **Strafzumessung** im Strafverfahren Beachtung finden.[401] Insoweit stellt das Grundrecht der Gewissensfreiheit zugleich eine wertentscheidende Grundsatznorm[402] mit objektiv-rechtlichem Gehalt und Ausstrahlungswirkung auf die Anwendung und Auslegung »einfachen« Rechts dar, sofern dieses Spielräume eröffnet.[403]

183   Von der Ausstrahlungswirkung sind die Fälle zu unterscheiden, in welchen Kollisionen zwischen der Gewissensfreiheit und anderen Rechten auftreten, die nur durch Herstellung praktischer Konkordanz und nicht durch Auslegung aufgelöst werden können.[404] Insoweit kommt vor allem in privatrechtlichen Verhältnissen der **Vertragsfreiheit** und der **Vertragstreue** hohes Gewicht zu; regelmäßig darf deshalb nicht unter Verweis auf Art. 4 Abs. 1 GG eine Vertragserfüllung verweigert werden. Insoweit hat die Gewissensentscheidung im Vorfeld der Verpflichtung ihren Platz.[405] Es ist dem Betreffenden dann zuzumuten, die nach dem bürgerlichen Recht für Nicht- bzw. Schlechterfüllung vorgesehenen Konsequenzen zu tragen,[406] es sei denn, dass die fraglichen Pflichten vorher nicht absehbar waren und jetzt zu einem unauflösbaren Gewissenskonflikt führen. Auch diese Situation wird allerdings in der Regel nicht zu einer Befreiung von der Verpflichtung zur Vertragserfüllung, sondern lediglich zum *Erfordernis eines angemessenen Ausgleichs* der Interessen führen.

---

398   BVerfGE 67, 26, 37; BVerwGE 105, 73, 78; *Muckel,* in: Friauf/Höfling I, Art. 4 Rn. 63.

399   Vgl. dazu auch Rdn. 27, 217 und 227.

400   Dazu BVerwGE 127, 302, 371; *Herdegen,* in: HbStKirchR I, S. 481, 482 f.

401   BVerfGE 23, 127, 134.

402   St. Rspr.; BVerfGE 21, 362, 371 f. (allgemein); 23, 127, 134 (in Bezug auf Art. 4 Abs. 1 GG).

403   *Kokott,* in: Sachs, Art. 4 Rn. 96; *Herdegen,* in: HbStKirchR I, S. 481, 492 f.; *Mager,* in: von Münch/Kunig I, Art. 4 Rn. 60. – Zur Gewissensfreiheit im Rahmen von Arbeitsverhältnissen *Bauer,* Gewissensschutz im Arbeitsverhältnis, S. 75 ff.; *Rupp,* NVwZ 1991, 1033, 1037 f.

404   Dazu auch *Muckel,* in: Friauf/Höfling I, Art. 4 Rn. 78 f.; *Morlok,* in: Dreier I, Art. 4 Rn. 171. Ausführliche Darstellung von Einzelfällen bei *Mückl,* in: BK (2008), Art. 4 Rn. 136 ff. m.w.N.

405   *Bosch/Habscheid,* JZ 1954, 213; *Steiner,* JuS 1982, 157, 164; *Starck,* in: v. Mangoldt/Klein/Starck I, Art. 4 Rn. 137 f.

406   Vgl. o. Rdn. 133.

III. Recht auf Kriegsdienstverweigerung

Das Recht auf Kriegsdienstverweigerung aus Art. 4 Abs. 3 GG beinhaltet ein **Ab-** 184
wehrrecht gegenüber der staatlichen Heranziehung zum Dienst mit der Waffe. Dem
Grundrecht ist ein **verfahrensrechtlicher Gehalt** zu eigen,[407] dem zufolge nach Maß-
gabe von Art. 4 Abs. 3 Satz 2 GG ein am Grundgesetz zu messendes *Verfahren zur
Feststellung einer Kriegsdienstverweigerung aus Gewissensgründen* gesetzlich auszuge-
stalten ist. Dieser Verpflichtung hat der Gesetzgeber dem Grunde nach durch den
Erlass des Kriegsdienstverweigerungsgesetzes[408] Rechnung getragen, wenngleich in
Einzelfragen verfassungsrechtliche Zweifel bestehen.[409]

F. Eingriffe und Schranken

I. Eingriffe

1. Religions- und Weltanschauungsfreiheit

a) Vorliegen eines Eingriffs im Allgemeinen

Im freiheitlichen Staat sind Eingriffe in die Religionsfreiheit nach dem »*klassischen*« 185
Eingriffsbegriff – als durch finale, unmittelbare und imperative Rechtsakte bewirkte
Beeinträchtigungen[410] – eher selten.[411] Darunter fallen **Verbote** von durch Art. 4
Abs. 1 und 2 GG geschütztem Verhalten sowie **Gebote**, die ein vom Einzelnen abge-
lehntes religiöses Verhalten vorschreiben,[412] ebenso wie negative **Folgen**, die an ein
geschütztes Verhalten geknüpft werden.[413]

Als Beispiel wären etwa die staatliche Verpflichtung eines Schülers zum Besuch einer 186
nicht dessen Bekenntnis entsprechenden **Bekenntnisschule**[414] oder das Verbot zu
nennen, als Lehrerin islamischen Glaubens im Unterricht ein **Kopftuch** zu tragen.[415]
Wenn man im letztgenannten Fall wie im Sondervotum der Richter *Jentsch, Di Fabio*
und *Mellinghoff* bereits einen **Eingriff** verneint,[416] wird der Schutzbereich der
Religionsfreiheit für Beamte a limine im Sinne der alten Vorstellung von »Sonder-

---

407 BVerfGE 69, 1, 25; *Muckel*, in: Friauf/Höfling I, Art. 4 Rn. 77; *Brunn*, in: Umbach/Cle-
     mens, Art. 4 III Rn. 176 f.; *Mückl*, in: BK (2008), Art. 4 Rn. 198; *Starck*, in: v. Man-
     goldt/Klein/Starck I, Art. 4 Rn. 179 f.
408 G über die Verweigerung des Kriegsdienstes mit der Waffe aus Gewissensgründen
     (KDVG) v. 09.08.2003 (BGBl. I S. 1593), geändert durch Art. 2 des G v. 14.06.2009
     (BGBl. I S. 1229).
409 Vgl. o. Rdn. 146.
410 Zum Eingriffsbegriff statt anderer *Pieroth/Schlink*, StR II, Rn. 238.
411 Zutreffend *Classen*, Religionsrecht, S. 76.
412 *Starck*, in: v. Mangoldt/Klein/Starck I, Art. 4 Rn. 81; *Muckel*, in: Friauf/Höfling I, Art. 4
     Rn. 49 ff.
413 BVerfG, NJW 2009, 2190, 2195.
414 BVerfGE 41, 29, 47 f.
415 BVerfGE 108, 282, 294, 298; *Morlok*, in: Dreier I, Art. 4 Rn. 120.
416 BVerfGE 108, 314, 315, 319.

rechtsverhältnissen« begrenzt, wie sie inzwischen zu Recht als überwunden gelten können; eher ist davon auszugehen, dass es sich um einen durch entgegenstehende beamten- und religionsverfassungsrechtliche Aspekte *gerechtfertigten* Eingriff handelt.[417]

187   Der *»moderne« Eingriffsbegriff* sieht demgegenüber von den strengen Voraussetzungen des *»klassischen«* Begriffs ab und lässt es genügen, dass ein zurechenbares staatliches Handeln dem Betroffenen ein geschütztes Verhalten unmöglich macht oder erschwert.[418] Nach dieser neueren Auffassung kann ein Eingriff auch durch **mittelbare oder faktische Einwirkungen** auf Grundrechte[419] erzeugt werden, insbesondere wenn diese sich wegen ihrer Finalität oder ihrer tatsächlichen Effekte konkret *grundrechtsbehindernd* auswirken. Um den Begriff nicht uferlos werden zu lassen, ist allerdings eine gewisse **Erheblichkeit** der Grundrechtsbeeinträchtigung zu fordern.[420]

188   Dennoch bleibt dieses Verständnis sehr weit und wird vielfach nicht dazu führen, bereits auf der **Eingriffsebene** eine verfassungswidrige Grundrechtsverletzung auszuschließen; im Einzelfall erforderliche Einschränkungen müssen dann gegebenenfalls auf der Ebene der **Grundrechtsschranken** vorgenommen werden.

b)   Grundrechtseingriff durch visuelle Konfrontation mit religiösen Phänomenen?

189   Die bereits angesprochene Entscheidung des *Bundesverfassungsgerichts* zur **Anbringung von Kreuzen bzw. Kruzifixen** in den Räumen bayerischer Schulen[421] war nicht nur durch ein sehr weites Verständnis vom *Schutzbereich* der (»negativen«) Religionsfreiheit geprägt, sondern auch durch eine dogmatisch nicht überzeugende Antwort des Gerichts auf die Frage nach einem *Grundrechtseingriff*.[422] Auch wenn man im Falle der staatlich veranlassten Ausstattung öffentlicher Schulräume mit Kreuzen bzw. Kruzifixen Art. 4 Abs. 1 und 2 GG im Anschluss an das Gericht als tatbestandlich an sich einschlägig betrachtet, ist hierdurch jedenfalls ein Grundrechtseingriff nicht so unproblematisch gegeben, wie dies die Gründe des Beschlusses nahelegen. Geht man von der *»klassischen«* Definition eines Grundrechtseingriffs aus, so ist ein solcher im Falle der Konfrontation der Schülerinnen und Schüler mit Wandkreuzen bzw. Wandkruzifixen von vornherein insoweit fraglich, als kein finales und unmittelbares Staatshandeln vorliegt, welches rechtliche Wirkungen zeigt und notfalls mit Befehl und Zwang durchsetzbar ist. Das Bundesverfassungsgericht schien denn auch auf *faktische Grundrechtsbeeinträchtigungen* im Sinne des »modernen« Eingriffsbegriffs Bezug zu nehmen, wenn es in seinem Beschluss die »fehlende Ausweichmöglichkeit« und die »Unvermeidbarkeit der Begegnung mit dem Kreuz« hervorhob.

---

417   S. dazu näher bereits o. Rdn. 71–72.
418   *Pieroth/Schlink*, StR II, Rn. 253.
419   Dazu BVerwGE 82, 76.
420   Zutreffend *Pieroth/Schlink*, StR II, Rn. 252 ff.; *Borowski*, Glaubens- und Gewissensfreiheit, S. 449.
421   BVerfGE 93, 1.
422   Dazu *Kästner*, ZevKR 41 (1996), 241, 262 ff.

Doch sind Zweifel an der dogmatischen Konsistenz dieser Sichtweise angebracht. 190
Denn das Gericht interpretierte, um eine *konkrete psychische Einflussnahme* auf die
Schülerinnen und Schüler und damit eine faktische Grundrechtsbeeinträchtigung zu
verdeutlichen, das Kreuz explizit als zentrales Sinnbild des Christentums und verwarf
dessen (vom Freistaat Bayern hervorgehobene) Wertung als *Ausdruck abendländischer
Kulturtradition* mit der Erwägung, eine solche Betrachtung liefe dem Selbstverständnis des Christentums zuwider und käme einer Profanisierung des Kreuzes gleich.
Mit dieser Deutung indes ebnete das Bundesverfassungsgericht nicht nur die durchaus vielschichtige fachtheologische Diskussion unangemessen ein, es stellte sich überdies bereits dem Grunde nach in Widerspruch zu seiner eigenen bisherigen Rechtsprechung. Denn diese war von der zutreffenden Erkenntnis ausgegangen, dass es in
einem religiös und weltanschaulich neutralen Gemeinwesen nicht Sache des Staates
sein kann, über die Glaubensinhalte der christlichen Bekenntnisse zu befinden.[423]
Im Übrigen steht bei staatlicher Anbringung von Wandkreuzen in öffentlichen
Schulen nicht das Kreuz in seiner explizit *religiösen* Verwendung durch die Kirchen
zur Diskussion, sondern vielmehr seine *Benutzung durch den Staat.* Verwenden indes
staatliche Instanzen das Kreuz als Symbol,[424] so wird man – bis zur Grenze fehlender
Plausibilität – rechtlich das als maßgebend erachten müssen, was *diese* aus »säkularer« Perspektive damit bezwecken und ausdrücken wollen, nicht hingegen die Sichtweise, unter welcher die Kirchen das Kreuz betrachten bzw. nach Auffassung des
Bundesverfassungsgerichts richtigerweise zu betrachten haben. Im vorliegenden Zusammenhang ging es um die staatliche Anbringung von Kreuzen bzw. Kruzifixen in
– vom Gericht ehedem ausdrücklich als prinzipiell verfassungsgemäß gebilligten[425]
– christlichen Gemeinschaftsschulen; in diesem lokalen und sachlichen Kontext
sprach alles für die Plausibilität der Darlegung des Freistaats Bayern, er nehme mit
dem Kreuz in den Klassenräumen ausschließlich Bezug auf die **Rolle des Christentums als prägender Kultur- und Bildungsfaktor** in der Geschichte des abendländischen Kulturkreises.[426] Denn welches Symbol überhaupt, wenn nicht das Kreuz,
sollte einer *christlichen* Gemeinschaftsschule angemessen sein – auch bei »säkularer«
Akzentuierung dieses Attributs nach Maßgabe der einschlägigen Rechtsprechung des
Bundesverfassungsgerichts? Eine nachdrückliche **Betonung missionarischer Effekte** im
vorliegenden Zusammenhang unterstellte dem Staat letztlich eine bewusst verfassungswidrige Motivation bei der Ausgestaltung seiner öffentlichen Schulen. Denn
spezifisch bekenntnisgeprägte Glaubensinhalte mit missionarischer Tendenz gehören, wie das *Bundesverfassungsgericht* in seiner Judikatur zur christlichen Gemein-

---

423 BVerfGE 41, 65, 84.
424 EGMR v. 18.03.2011 – *Lautsi u.a.*, Az. 30814/06, NVwZ 2011, 737 m. Anm. *Fremuth.*
   – Zur Problematik *Hofmann*, NVwZ 2009, 74; *Augsberg/Engelbrecht*, JZ 2010, 450;
   Waldhoff, KuR 2011, 153; *Heinig*, ZevKR 57 (2012), 82; *de Wall*, JURA 2012, 960.
425 BVerfGE 41, 65.
426 So auch in ihrem Sondervotum die Richter *Seidl, Söllner* und *Haas*, BVerfGE 93, 25,
   27.

schaftsschule zu Recht betont hat,[427] abgesehen vom Religionsunterricht nicht zu den legalen Erziehungszielen der öffentlichen Schule, die strikt an das *Prinzip staatlicher Neutralität* gebunden ist.

191 Im Übrigen hätte durch die Anbringung von Kreuzen oder Kruzifixen in Klassenzimmern allenfalls dann ein **faktischer Grundrechtseingriff** bewirkt werden können, wenn die »negative« Glaubensfreiheit[428] nichtchristlicher Schülerinnen oder Schüler hierdurch tatsächlich *nicht nur unerheblich* beeinträchtigt worden wäre. Insoweit ging das *Bundesverfassungsgericht* davon aus, dass dem Kreuz eine Einwirkung auf die Schüler nicht abgesprochen werden könne; es habe *appellativen* Charakter und weise die von ihm symbolisierten Glaubensinhalte als vorbildhaft und befolgungswürdig aus – gegenüber Personen, die auf Grund ihrer Jugend einer mentalen Beeinflussung besonders leicht zugänglich seien. Demgegenüber war das Gericht in der Entscheidung über **Kreuze im Bereich der Gerichtsbarkeit** noch durchaus realistisch davon ausgegangen, dass »das bloße Vorhandensein eines Kreuzes ... weder eine eigene Identifizierung mit den darin symbolhaft verkörperten Ideen oder Institutionen noch ein irgendwie geartetes aktives Verhalten« verlange.[429] Was den »appellativen Charakter« des Kreuzes angeht, ist in der literarischen Diskussion im Übrigen zu Recht darauf hingewiesen worden, dass sich ein »Appell« definitionsgemäß in einer Anregung oder in einem Aufruf erschöpft. Als solcher ist er aber keinesfalls als **Grundrechtseingriff** zu werten, da er als »Appell« die grundrechtliche Selbstbestimmung des Empfängers gerade voraussetzt und lediglich versucht, sie in ihrer Ausübung zu *beeinflussen*, ohne sie zu *beschränken*.[430] Das *Bundesverfassungsgericht* hat im Übrigen selbst betont, dass mit der Anbringung eines Kreuzes an sich **kein Zwang zur Identifikation** einhergehe.[431] Anhaltspunkte dafür, dass das Kreuzessymbol in bayerischen Schulen eine Bekehrung hätte herbeiführen sollen oder dass es tatsächlich wie eine Zwangsbekehrung wirkte, lagen offensichtlich auch dem Gericht nicht vor. Damit freilich bleibt fraglich, inwiefern eine bloße visuelle Konfrontation als Eingriff in die »negative« Glaubensfreiheit von Schülerinnen bzw. Schülern zu werten sein sollte.

c) »Faktische« bzw. »mittelbare« Beeinträchtigungen im Übrigen

192 Ansonsten wurde der Eingriffs-Charakter hoheitlicher Maßnahmen im Rahmen der Religions- und Weltanschauungsfreiheit als Problem vornehmlich bei gerichtlichen Entscheidungen virulent, welche sich auf **Warnungen vor Religionen bzw. Welt-**

---

427 BVerfGE 41, 29.
428 Dieser Begriff hat sich inzwischen eingebürgert; kritisch mit durchaus bedenkenswerten Erwägungen *Mager,* in: von Münch/Kunig I, Art. 4 Rn. 18.
429 BVerfGE 35, 366, 375.
430 *Isensee,* ZRP 1996, 10, 14; *Merten,* in: FS Stern, S. 1002.
431 BVerfGE 93, 1, 20.

anschauungen bezogen.[432] Rechtsstreitigkeiten solcher Art haben sich vor allem in zwei Grundmustern ergeben: Einerseits bei Veröffentlichung kritischer Bewertungen **direkt durch staatliche Stellen**, andererseits im Blick auf **staatliche Unterstützung privater Vereine** mit dem satzungsgemäßen Ziel, die Öffentlichkeit über religiöse oder weltanschauliche Phänomene aufzuklären bzw. vor diesen zu warnen. Fälle der zuletzt genannten Art sind dadurch gekennzeichnet, dass eine konkrete Beeinträchtigung der betroffenen Religions- bzw. Weltanschauungsgemeinschaft – wenn überhaupt – in der Regel erst durch das *Verhalten Dritter* zustande kommt. Eine durch die Warnungen bewirkte Sensibilisierung der Öffentlichkeit kann Auswirkungen auf den Mitgliederbestand und damit auf die religiösen Entfaltungsmöglichkeiten der Gemeinschaft haben. Fraglich ist indes, ob staatliches Verhalten, das solche »Drittbeeinträchtigung«[433] auslöst, noch dem grundrechtsrelevanten Bereich zuzurechnen ist.

Grundlegend war insoweit ein Urteil des *Bundesverwaltungsgerichts* im Fall »Transzendentale Meditation«.[434] Die hiergegen erhobene Verfassungsbeschwerde wurde von der Ersten Kammer des Ersten Senats des *Bundesverfassungsgerichts* mangels hinreichender Erfolgsaussichten nicht zur Entscheidung angenommen. In diesem Nichtannahmebeschluss setzte sich die Kammer ausführlich mit der Argumentation des *Bundesverwaltungsgerichts* auseinander und bestätigte sie in ihren Grundzügen. Hieran anknüpfend hat das *Bundesverwaltungsgericht* dann auch – dem Grunde nach bestätigt vom *Bundesverfassungsgericht*[435] – in einem Rechtsstreit bezüglich der Osho-Bewegung entschieden, dass die Bundesregierung öffentlich vor Gefahren warnen dürfe, welche vom Wirken einer Religions- oder Weltanschauungsgemeinschaft ausgingen.[436] **193**

Bezüglich der Frage, ob Äußerungen der Bundesregierung über bestimmte religiöse Verbände überhaupt einen **Eingriff in den Schutzbereich von Art. 4 Abs. 1 und 2 GG** bewirken können, stellte das *Bundesverwaltungsgericht* in seiner Entscheidung in Sachen »Transzendentale Meditation« recht lapidar fest, es bedürfe keiner näheren Darlegung, dass derartige öffentliche Äußerungen des Staates nicht zuletzt wegen der mit ihnen in Anspruch genommenen Staatsautorität für die Ausbreitung der angesprochenen Religions- oder Weltanschauungsgemeinschaft und ihre Rolle in der religiös-weltanschaulichen Auseinandersetzung, mithin für den grundrechtlich geschützten Freiheitsraum, schwerwiegende Folgen haben könnten. Solche Folgen seien, soweit sie das Verhalten der gewarnten Öffentlichkeit beträfen, beabsichtigt und im **194**

---

432 Vgl. insoweit zur EMRK EKMR v. 04.03.1998 – *Keller*, Az. 36283/97; EGMR v. 06.11.2008 – *Leela Förderkreis e.V. u.a.*, Az. 58911/00.
433 *Sachs*, in: Sachs, vor Art. 1 Rn. 64.
434 BVerwGE 82, 76.
435 BVerfGE 105, 279; die Entscheidung bestätigte den Grundansatz des *Bundesverwaltungsgerichts*, bewertete allerdings *einzelne staatliche Äußerungen* als Verletzung des Neutralitätsprinzips und unverhältnismäßig.
436 BVerwG, NJW 1991, 1770.

Übrigen vorhergesehen und in Kauf genommen. Sie müssten daher mit ihrem vollen Gewicht dem Staat zugerechnet und wegen ihrer freiheitsmindernden Bedeutung als Grundrechtseingriffe behandelt werden.[437] Im Beschluss der Ersten Kammer des Ersten Senats des *Bundesverfassungsgerichts*, mit dem die in diesem Zusammenhang erhobene Verfassungsbeschwerde wegen mangelnder Erfolgsaussichten nicht zur Entscheidung angenommen wurde,[438] blieb letztlich offen, ob nach Auffassung des Gerichts die Warnung durch die Bundesregierung als **Grundrechtseingriff** zu bewerten sei; es wurde lediglich festgestellt, die angegriffene Äußerung sei auch dann von Verfassungs wegen nicht zu beanstanden, wenn sie als Eingriff in die Religions- bzw. Weltanschauungsfreiheit der Beschwerdeführerin zu qualifizieren sein sollte. So verfuhr dann auch das *Bundesverwaltungsgericht* in seiner Entscheidung betreffend die Osho-Bewegung[439] sowie im Jahr 1993, als über den Parallelfall der Warnung durch eine Landesregierung judiziert wurde.[440]

195   Ausführlich ging hingegen das *Bundesverwaltungsgericht* in einer weiteren Entscheidung[441] auf die Problematik des Grundrechtseingriffs ein. Hier wurde über eine Klage der Osho-Bewegung gegen die öffentliche finanzielle Förderung eines privaten Vereins entschieden, welcher satzungsgemäß das Ziel verfolgte, »die Öffentlichkeit über die Gefahren religiöser und ideologischer Missbräuche« aufzuklären, und in diesem Zusammenhang auch die Osho-Bewegung namentlich genannt hatte. Das Gericht stellte zunächst fest, dass eine Förderung des privaten Vereins durch die Bundesregierung auf Seiten der betroffenen Religions- bzw. Weltanschauungsgemeinschaften zu einer Behinderung ihrer Ausbreitung und zu einer Schwächung ihrer Rolle in der religiös-weltanschaulichen Auseinandersetzung führe – also **Nachteile** innerhalb des grundrechtlich geschützten Freiheitsraums mit sich bringe. An diesen Effekt knüpfe die Förderung durch die Bundesregierung bewusst an; sie erfolge in Kenntnis des Umstandes, dass der Verein die religiösen oder weltanschaulichen Verbände namentlich anspreche, vor deren Aktivitäten er warne. Es sei daher nicht zweifelhaft, dass es der Bundesregierung bei der Förderung auch und gerade auf diese Warnungen ankomme. Die Tatsache, dass die nachteiligen Wirkungen der Förderung die Betroffenen erst – mittelbar – über das entsprechende *Verhalten des Geförderten* erreichten, falle deshalb nicht ins Gewicht, weil das von der Bundesregierung verfolgte Handlungsziel den Geschehensablauf unabhängig von der Länge der Kausalkette zu einer einheitlichen **grundrechtsbeeinträchtigenden** Handlung zusammenfasse. Die Zielrichtung des staatlichen Handelns bzw. die damit verfolgte Absicht sei ein tragendes Kriterium für den Grundrechtseingriff. Im vorliegenden Sachzusammenhang werde die Finalität auch nicht durch die Überlegung ausgeschlossen, dass die Förderung sich nicht direkt gegen einzelne Religions- oder Weltanschauungsgemeinschaften und deren religiöse oder weltanschauliche Betätigung

---

437 BVerwGE 82, 76, 79.
438 BVerfG, NJW 1989, 3269.
439 BVerwG, NJW 1991, 1770.
440 BVerwG, NVwZ 1994, 162.
441 BVerwGE 90, 112 ff.

wende, sondern lediglich die **Information und Aufklärung der Öffentlichkeit** über bestimmte, von den »neuen« Religionen ausgehende Gefahren für das Allgemeinwohl bezwecke. Es sei zwar richtig, dass der Zweck der Fördermaßnahme schon erfüllt sei, wenn die Arbeit des Vereins die ihr zugedachten Wirkungen in der Öffentlichkeit entfalte. Doch ergäben sich Nachteile für die betroffenen Religions- oder Weltanschauungsgemeinschaften deshalb nicht nur mehr oder minder zufällig; sie seien vielmehr das zwangsläufige und sichere Ergebnis, gleichsam die »Kehrseite« der erstrebten Beeinflussung der Öffentlichkeit. Folglich stehe die Beeinträchtigung des durch Art. 4 Abs. 1 und 2 GG geschützten Lebensbereiches mit den primären Wirkungen des Verwaltungshandelns in einem derart engen Sachzusammenhang, dass die Maßnahme der Bundesregierung – bei objektiver, die Gesamtumstände einbeziehender Betrachtung – auch als auf sie gerichtet erscheine.[442]

In der Literatur ist diese Judikatur des *Bundesverwaltungsgerichts* zu Recht im We- **196** sentlichen auf Zustimmung gestoßen.[443] Auch »**faktische**« **Beeinträchtigungen**, die auf das imperative Element und damit auch auf die Durchsetzbarkeit mittels Befehl und Zwang verzichten und nicht »Eingriffe« im strengen Sinne darstellen, können unter bestimmten Umständen grundrechtswidrig sein, was auch das *Bundesverfassungsgericht* in einer Entscheidung zu negativen staatlichen Bewertungen der Osho-Bewegung bekräftigte:

> »*Das Grundgesetz hat den Schutz vor Grundrechtsbeeinträchtigungen nicht an den Begriff des Eingriffs gebunden oder diesen inhaltlich vorgegeben. Die genannten Äußerungen hatten in Bezug auf die Beschwerdeführer eine **mittelbar faktische Wirkung**. Als **Beeinträchtigungen des Grundrechts aus Art. 4 Abs. 1 und 2 GG** sind aber auch sie von Verfassungs wegen nur dann nicht zu beanstanden, wenn sie sich verfassungsrechtlich hinreichend rechtfertigen lassen*«.[444]

Die Tatsache, dass eine konkrete Beeinträchtigung des Grundrechts erst durch das **197** Hinzutreten Dritter bewirkt wird, ändert nichts, sofern diese Wirkung der öffentlichen Gewalt zuzurechnen ist. Hiervon ist dann auszugehen, wenn die mittelbare Beeinträchtigung beabsichtigt bzw. vorhergesehen und in Kauf genommen wird. Diese in der Rechtsprechung des *Bundesverwaltungsgerichts* wirklichkeitsbezogen und praktikabel entwickelte Konzeption präzisiert zwei bereits »traditionelle« Bestimmungskriterien des Grundrechtseingriffs, nämlich **Finalität** und **Erheblichkeit**, und ergänzt sie

---

442 BVerwGE 90, 112, 119 ff.
443 Statt anderer *Badura*, JZ 1993, 37 (Anm.), der klarstellend von »informalen, eingriffsgleichen Grundrechtsbeeinträchtigungen« spricht (S. 38); ausführlich zur Problematik m.w.N. *Discher*, JuS 1993, 463.
444 BVerfGE 105, 279, 300 f. (Hervorhebungen nicht im Original). – Die Entscheidung erging 2002 auf eine Verfassungsbeschwerde von Vereinen der Osho-Bewegung gegen den bereits angesprochenen Beschluss des *Bundesverwaltungsgerichts* (BVerwG, NJW 1991, 1770) hin.

durch ein speziell auf staatliche Informationsakte zugeschnittenes Kriterium – die **Inanspruchnahme staatlicher Autorität.**[445]

198   Eine explizite Erheblichkeit bzw. eine Qualität als schwerwiegend oder nachhaltig ist mit dem *Bundesverwaltungsgericht* dann nicht zu fordern, wenn eine Grundrechtsbeeinträchtigung **zielgerichtet** vorgenommen wird oder der handelnde Träger öffentlicher Gewalt den maßgeblichen **Wirkungszusammenhang** beherrscht. Das Kriterium der **Schwere der Beeinträchtigung** dient dazu, bei Einwirkungen auf die grundrechtlich geschützte Freiheitssphäre grundrechtsrelevante Akte von solchen ohne Grundrechtsrelevanz zu unterscheiden. Solchen Einwirkungen stehen die »klassischen« Grundrechtseingriffe mit Regelungscharakter gegenüber, die angesichts der *gezielten* Verkürzung grundrechtlicher Freiheit *unabhängig von der Schwere* des Eingriffs rechtlich abgewehrt werden können. Für **gezielte »faktische« Grundrechtsbeeinträchtigungen** sollte nichts anderes gelten.[446]

2. Gewissensfreiheit

199   Ein Eingriff in die Gewissensfreiheit ist gegeben, wenn die Gewissensbetätigung des Einzelnen durch den Staat behindert wird. *Schutzbereich* und *Eingriff* sind bei der Gewissensfreiheit in besonders engem Maße aufeinander bezogen.[447] Ein Eingriff in die Gewissensfreiheit ist dann nicht gegeben, wenn der Betroffene über eine **Handlungsalternative** verfügt, die er ohne Gewissensnot ausüben kann. Hier kommt es darauf an, ob ihm die Alternative **zumutbar** ist.[448] Dabei ist die Zumutbarkeit der Alternative jeweils im Einzelfall im Hinblick auf das Gewicht der konkret anwendbaren Schranken zu bestimmen.[449] Wenn eine zumutbare Handlungsalternative besteht, tritt von vornherein kein *rechtlich relevanter* Gewissenskonflikt auf, so dass es an einem Eingriff in das Grundrecht fehlt.

200   Zumutbar ist eine Handlungsalternative regelmäßig dann, wenn der Betreffende den subjektiv empfundenen Gewissenskonflikt selbst hervorgerufen hat, sofern er nicht einen **Anspruch auf das zum Konflikt führende Verhalten** hat.[450] Aus diesem Grund kann ein Student der Medizin oder Tiermedizin, der aus Gewissensgründen **Tierversuche** ablehnt, nicht auf ein anderes Studium verwiesen werden, da ansonsten das *Recht auf freie Berufswahl* (Art. 12 Abs. 1 S. 1 GG) verkannt würde.[451] Anders ist der Fall eines Arztes zu beurteilen, der sich auf eine Stellenausschreibung bewirbt, welche ausdrücklich die **Bereitschaft zur Vornahme von Schwangerschaftsabbrüchen** voraussetzt, sich dann aber an der fraglichen Tätigkeit aus Gewissens-

---

445   So zu Recht *Heintzen*, VerwArch 81 (1990), 532, 548 f.; zustimmend auch *Kokott*, in: Sachs, Art. 4 Rn. 86 ff.

446   Zutreffend BVerwGE 90, 112, 121.

447   Dazu auch *Mager*, in: v. Münch/Kunig I, Art. 4 Rn. 54.

448   BVerwGE 89, 260, 264; 127, 302, 329; *Jarass*, in: Jarass/Pieroth, Art. 4 Rn. 48.

449   *Mager*, in: v. Münch/Kunig I, Art. 4 Rn. 54.

450   *Mager*, in: v. Münch/Kunig I, Art. 4 Rn. 54; vgl. auch *Muckel*, NJW 2000, 689, 690.

451   Anders zu Unrecht VGH Mannheim, NJW 1984, 1832, 1834.

gründen gehindert sieht;[452] denn mit der Bewerbung hat sich der Betreffende bereits selbst in Widerspruch zu seiner Gewissensentscheidung gesetzt.[453]

Die **Zwangsmitgliedschaft in einer Jagdgenossenschaft** stellt, da sie plausible und legitime gesetzgeberische Ziele verfolgt, gegenüber dem die Jagd prinzipiell ablehnenden Eigentümer eines zu einem gemeinschaftlichen Jagdbezirk gehörenden Grundstücks keinen verfassungswidrigen Eingriff in die Gewissensfreiheit oder in den Schutz des Eigentums dar.[454] **201**

3. Kriegsdienstverweigerung aus Gewissensgründen

Ein Eingriff in den Schutzbereich[455] liegt immer dann vor, wenn jemand gegen sein Gewissen zur Teilnahme am Kriegsdienst **gezwungen** oder wenn eine Verweigerung **sanktioniert** wird. **202**

Praktisch relevant wird dabei in erster Linie der Fall, dass ein **bereits eingezogener Soldat** den Kriegsdienst verweigert und in der Übergangszeit bis zur Anerkennung nach §§ 1, 5 KDVG nicht vom Dienst freigestellt bzw. disziplinarrechtlich belangt wird. Da Art. 4 Abs. 3 GG seine Rechtsfolgen nur dann entfalten kann, wenn dessen Tatbestandsvoraussetzungen gegeben sind, ist das *Vorliegen einer echten Gewissensentscheidung* unabdingbar, was indes eine entsprechende **Feststellung** voraussetzt.[456] Da in diesen Fällen zum fraglichen Zeitpunkt das Vorliegen der einschlägigen Voraussetzungen des Rechts zur Kriegsdienstverweigerung noch nicht geklärt ist, entfaltet dieses lediglich gewisse **Vorwirkungen**. Angesichts der Verfahrensabhängigkeit des Grundrechts aus Art. 4 Abs. 3 GG liegt mithin noch kein Eingriff vor;[457] die widerstreitenden Interessen sind aber auf Grund der Vorwirkungen des Grundrechts nach dem Prinzip der praktischen Konkordanz zu einem möglichst schonenden *Ausgleich* zu bringen. Deshalb ist der Antragsteller für die Dauer des Prüfungsverfahrens nach Möglichkeit in eine Abteilung ohne direkten Dienst an der Waffe zu versetzen. Auch einem Kriegsdienstverweigerer, dessen Berechtigung sich nach Durchführung des Anerkennungsverfahrens im Ergebnis herausstellt, ist es zumutbar, für eine Übergangszeit *waffenlosen* Dienst in der Bundeswehr leisten zu müssen, zumal der »Ernst- **203**

---

452 BVerwGE 89, 260, 264 f.
453 *Mager*, in: v. Münch/Kunig I, Art. 4 Rn. 54.
454 BVerfG, NVwZ 2007, 808; *Mager*, in: von Münch/Kunig I, Art. 4 Rn. 65. – Von einem Rechtsverstoß ging demgegenüber im Verfahren Herrmann gegen Deutschland (Az. 9300/07) im Ergebnis der EGMR aus, dessen Fünfte Sektion zunächst als Kammer mit E. v. 20.01.2011 feststellte, dass keine Verletzung von Art. 9 EMRK vorliege, dann aber in Gestalt der Großen Kammer mit E. v. 26.06.2012 auf eine Verletzung von Art. 1 Prot. Nr. 1 zur EMRK (Schutz des Eigentums) erkannte, Art. 9 EMRK allerdings nicht mehr prüfte.
455 Zu einem aus **Art. 9 EMRK** abgeleiteten Recht auf Kriegsdienstverweigerung vgl. EGMR v. 17.07.2012 – *Tarhan*, Az. 9078/06.
456 BVerfGE 49, 127, 166 ff.; s. dazu auch *Herzog*, in: Maunz/Dürig (1988), Art. 4 Rn. 205 f.
457 Anders BVerfGE 28, 243, 260 f.; wie hier *Morlok*, in: Dreier I (2. Aufl.), Art. 4 Rn. 183; zweifelnd *Kokott*, in: Sachs, Art. 4 Rn. 140; vgl. auch BVerfGE 69, 1, 24 f.

fall« des Gewissenskonflikts, die Pflicht zum Töten, sich in dieser Situation noch nicht realisieren kann. Jedenfalls muss allerdings die **Dauer des Prüfungsverfahrens** so kurz wie möglich gehalten werden.

II. Schranken

1. Religions- und Weltanschauungsfreiheit

204   Es ist zu Recht allgemein anerkannt, dass das Grundrecht auf Religions- und Weltanschauungsfreiheit in der deutschen Verfassungsordnung[458] nicht grenzenlos gewährleistet sein kann.[459] Diese im Prinzip selbstverständliche Erkenntnis steht auch im Einklang mit der verfassungsgeschichtlichen Tradition: Bereits die *Frankfurter Reichsverfassung* vom 28. März 1849,[460] die *Verfassungsurkunde für den Preußischen Staat* vom 31. Januar 1850[461] und die *Verfassung des Deutschen Reichs* vom 11. August 1919[462] hatten ausdrücklich den Vorbehalt artikuliert, dass die Religionsfreiheit nicht von einer Erfüllung der allgemeinen staatsbürgerlichen Pflichten entbinde. Der jetzt maßgebende Text von Art. 4 GG enthält allerdings als solcher eine diesbezügliche ausdrückliche Einschränkung nicht mehr und gibt damit in Konfliktfällen auf die stets virulente Frage nach der Reichweite der Religions- und Weltanschauungsfreiheit keine konkrete Antwort.

205   Eine **Restriktion des Schutzbereichs** von Art. 4 Abs. 1 und 2 GG, um inakzeptable Rechtsverletzungen auszuschalten, ist unter methodischen Gesichtspunkten abzulehnen.[463] Gleiches gilt für eine »**Schrankenleihe**« aus anderen Grundrechten[464] oder

---

458 Das gilt auch für die EMRK. Vgl. EGMR v. 13.11.2008 – *Mann Singh*, Az. 24479/07, DÖV 2009, 168 (Passphoto mit Turban).

459 Vgl. statt anderer *Herzog*, in: Maunz/Dürig (1988), Art. 4 Rn. 111; *M. Heckel*, Religionsfreiheit, S. 649, 650, 748 f., der allerdings S. 749 davon ausgeht, es sei die Religionsfreiheit »in den Kernzonen des Glaubens« nicht beschränkbar.

460 § 146: »Durch das religiöse Bekenntniß wird der Genuß der bürgerlichen und staatsbürgerlichen Rechte weder bedingt noch beschränkt. Den staatsbürgerlichen Pflichten darf dasselbe keinen Abbruch thun.«

461 Art. 12 S. 3: »Den bürgerlichen und staatsbürgerlichen Pflichten darf durch die Ausübung der Religionsfreiheit kein Abbruch geschehen.«.

462 Art. 135: »Alle Bewohner des Reichs genießen volle Glaubens- und Gewissensfreiheit. Die ungestörte Religionsübung wird durch die Verfassung gewährleistet und steht unter staatlichem Schutz. Die allgemeinen Staatsgesetze bleiben hiervon unberührt.« – Art. 136 Abs. 1: »Die bürgerlichen und staatsbürgerlichen Rechte und Pflichten werden durch die Ausübung der Religionsfreiheit weder bedingt noch beschränkt.«.

463 Ebenso im Ergebnis *Starck*, in: v. Mangoldt/Klein/Starck I, Art. 4 Rn. 7, 31, 45, 84 ff.; insoweit widersprüchlich *M. Heckel*, Religionsfreiheit, S. 750 ff. mit Anm. 169 einerseits und S. 687 f., 748, 751 (keine Deckung krasser Gesetzesverstöße durch das Grundrecht) andererseits.

464 So auch *Starck*, in: v. Mangoldt/Klein/Starck I, Art. 4 Rn. 7, 45, 85 f., und *M. Heckel*, Religionsfreiheit, S. 826 Anm. 294; für einen Rückgriff hingegen *Herzog*, in: Maunz/Dürig (1988), Art. 4 Rn. 90, 114 ff.

die **Annahme eines ungeschriebenen allgemeinen Gesetzesvorbehalts.**[465] Systematisch verfehlt ist der Versuch, die **Schrankenklausel des Art. 140 GG i.V.m. Art. 137 Abs. 3 WRV** im Rahmen der korporativen Religionsfreiheit auf Art. 4 GG zu erstrecken.[466]

a) Beschränkung (nur) durch verfassungsimmanente Schranken

Die Rechtspraxis geht, dem *Bundesverfassungsgericht* folgend, davon aus, dass **Grenzen nur »verfassungsimmanent«** in Grundrechten anderer oder in sonstigen in der Verfassung geschützten Rechtsgütern gezogen seien.[467]   206

An erster Stelle handelt es sich dabei um die **Grundrechte Dritter.**[468] Zwischen den   207
jeweils betroffenen Rechtsgütern ist dann ein möglichst schonender Ausgleich im Wege praktischer Konkordanz herbeizuführen; auch das beschränkende Verfassungsgut wird insoweit seinerseits wieder durch die Religionsfreiheit beschränkt. Schwierigkeiten ergeben sich allerdings dabei, zu bestimmen, ob – und gegebenenfalls welche – **Rechtsgüter über den Grundrechtskanon hinaus** in der Verfassung geschützt werden. Die Erfahrung zeigt, dass sich im Rahmen der gängigen Schrankenbestimmung eine dogmatisch fragwürdige Argumentation als erforderlich erweist, sofern in Einzelfällen Grundrechtsbeschränkungen als geboten erscheinen, ein diesbezüglicher normativer Ansatz aber nicht explizit in der *Verfassung* enthalten ist; verwiesen sei dazu beispielshalber auf die Problemfälle des religiös motivierten Schächtens und auf die insoweit früher investierte – allerdings inzwischen durch Art. 20a GG überholte – intellektuelle Energie für eine *Verortung des Tierschutzes* im Grundgesetz.[469] Zu weitgehend erscheint es jedenfalls, aus **Kompetenznormen** aufgrund der darin ausgedrückten »grundsätzlichen verfassungsrechtlichen Anerkennung und Billigkeit«[470] des geregelten Gegenstands verfassungsimmanente Schranken zu entnehmen.[471] Solange eine Kompetenznorm vom Gesetzgeber auch ohne Grundrechtseingriff verwirklicht werden kann, ist das Prinzip der Einheit der Verfassung nicht betroffen.[472]

Von der Rechtsprechung sind als *verfassungsimmanente Schranken der Religionsfreiheit*   208
anerkannt worden **Art. 6 Abs. 2 S. 1 GG, Art. 7 Abs. 1 GG**[473] sowie Art. 140 GG

---

465 So aber *Borowski*, Glaubens- und Gewissensfreiheit, S. 526 ff.
466 So aber *Jarass*, in: Jarass/Pieroth, Art. 4 Rn. 29; *Krings*, ZaöRV 58 (1998), 147, 148, 174.
467 BVerfGE 28, 243, 260 f.; 33, 23, 29 ff.; 52, 223, 246 f.; 108, 282, 297; st. Rspr.; ebenso *Germann*, in: Epping/Hillgruber, Art. 4 Rn. 47.3; *Morlok*, in: Dreier I, Art. 4 Rn. 127; *Borowski*, Glaubens- und Gewissensfreiheit, S. 505 ff.
468 BVerfGE 41, 29, 50 f., 41, 88, 107; 52, 223, 247; 108, 282, 297; st. Rspr.
469 Dazu m.w.N. auch *Muckel*, Religiöse Freiheit und staatliche Letztentscheidung, S. 19 f. und 251 f.
470 BVerfGE 53, 30, 56.
471 *Stern*, StR III/2, S. 582 ff.; *Pieroth/Schlink*, StR II, Rn. 328.
472 *Muckel*, NJW 2000, 689, 691.
473 BVerfGE 108, 282, 301.

i.V.m. **Art. 136 Abs. 3 S. 2 WRV** und **Art. 137 Abs. 6 WRV** hinsichtlich der Eintragung der Religionszugehörigkeit auf der Lohnsteuerkarte.[474] **Art. 7 Abs. 2 GG**, der den Erziehungsberechtigten das Recht gibt, über die Teilnahme ihres Kindes am Religionsunterricht zu entscheiden, schränkt insoweit die Religionsfreiheit des Kindes ein.[475]

209   Darüber hinaus kann die – auch »negative« – **Religionsfreiheit anderer Personen** eine Grenze darstellen,[476] ebenso das sich daraus wie aus der Menschenwürdegarantie ergebende verfassungsrechtliche **Toleranzgebot**.[477]

210   Auch bei einer Grundrechtsbeschränkung auf Grund verfassungsimmanenter Schranken ist stets eine **gesetzliche Eingriffsgrundlage** erforderlich.[478]

b)   Art. 140 GG i.V.m. Art. 136 Abs. 1 WRV als Schranke

211   Normative Schranken der Religions- und Weltanschauungsfreiheit werden somit nach herrschender Auffassung bereits im Ansatz (und nicht erst in ihren konkreten Konturen im Einzelfall) aufgrund einer richterlichen Dezision ermittelt – oder auch abgelehnt. Damit droht religiöse und weltanschauliche Freiheit dem allgemeinen verfassungsstaatlichen Rechtssystem als solchem letztlich nicht mehr eingeordnet, sondern vorgeordnet zu werden. Diese Tendenz hat sich etwa in der Rechtsprechung des *Bundesverfassungsgerichts* zum adäquaten Umgang mit religiös motivierten Überzeugungs-Straftätern erwiesen; in rechtsstaatlich und rechtspolitisch problematischer Weise ist darin die **Strafrechtsordnung** partiell relativiert worden.[479]

212   Eine – auch in der Rechtsprechung jedenfalls ansatzweise aufgegriffene[480] – konkret begrenzende Funktion entfaltet Art. 140 GG i.V.m. **Art. 136 Abs. 1 WRV**, indem die Vorschrift auf den grundsätzlichen **Vorrang der staatsbürgerlichen Pflichten** auch im Kontext *religiöser* Freiheit (nicht des Grundrechts auf Gewissensfreiheit[481]) verweist und insofern ausdrücklich das geltende Recht – unabhängig davon, ob es konkret auf Verfassungsgüter bezogen ist oder auch nicht – als Schranke des Grundrechts auf Religionsfreiheit statuiert.[482] Die allgemeine staatsbürgerliche **Rechts-**

---

474 BVerfGE 49, 375, 376.
475 *Wenckstern*, in: Umbach/Clemens I, Art. 4 Rn. 85; *Classen*, Religionsrecht, S. 72.
476 BVerfGE 52, 223, 241.
477 BVerfGE 32, 98, 108; 41, 29, 51.
478 *Morlok*, in: Dreier I, Art. 4 Rn. 128; *Mückl*, in: BK (2008), Art. 4 Rn. 164.
479 So im »Gesundbeterfall«, BVerfGE 32, 98, 108 f.
480 So BVerwGE 112, 227, 231 f.
481 *Kästner*, JZ 1998, 974, 980 m.w.N.; a.A. *Herdegen*, HbStKirchR I, S. 481, 496.
482 Statt anderer m.w.N. *Muckel*, Religiöse Freiheit und staatliche Letztentscheidung, S. 224 ff., 230 ff.; *ders.*, NWVBl. 1998, 1, 3 f.; *Kästner*, JZ 1998, 974, 982; *ders.*, JZ 2002, 491, 493 f.; *ders.*, ZevKR 60 (2015), 1, 18 ff.; *M. Heckel*, Religionsfreiheit, S. 755 f.; *Herdegen*, HbStKirchR I, S. 481, 496; *v. Campenhausen*, HbStR VI (1989), § 136 Rn. 82; (a.A. jetzt *ders./Unruh*, in: v. Mangoldt/Klein/Starck III, Art. 140/Art. 136 WRV Rn. 6); *Zippelius*, in: BK (1989), Art. 4 Rn. 89; *Ehlers*, in: Sachs, Art. 140/136

befolgungspflicht ist »Apriori des modernen Staates und damit die Grundpflicht par excellence«.[483] Freilich darf dies nicht kategorisch im Sinne des noch für die Weimarer Verfassung formulierten Satzes »Staatsgesetz geht vor Religionsgebot«[484] verstanden werden, der im Übrigen bereits damals nicht im Sinne eines uneingeschränkten einfachen Gesetzesvorbehalts zu verstehen war.[485] Dem Grunde nach zu Recht hat das *Bundesverfassungsgericht* in diesem Zusammenhang darauf hingewiesen, dass Art. 136 WRV »im Lichte der gegenüber früher (vgl. Art. 135 S. 3 WRV) erheblich verstärkten Tragweite des Grundrechts der Glaubens- und Gewissensfreiheit auszulegen« sei.[486] Insoweit haben sich nach Maßgabe der geltenden Verfassung die Gewichte zwischen staatlicher Regelungsmacht und Reichweite des Grundrechtsschutzes gewiss verschoben. Allerdings ist dies nicht aus dem Fehlen eines ausdrücklichen Gesetzesvorbehalts in Art. 4 Abs. 1 und 2 GG zu folgern,[487] sondern aus der allgemein verstärkten Wirkungskraft der Grundrechte im System des Grundgesetzes, wie sie in der Rechtsprechung des *Bundesverfassungsgerichts* zur »**Wechselwirkung**« zwischen beschränktem Grundrecht und beschränkendem Gesetz[488] zutreffend entfaltet worden ist.[489]

Demgegenüber vertritt das *Bundesverfassungsgericht* die Auffassung, es lasse sich die Frage, welche staatsbürgerlichen Pflichten im Sinne des Art. 136 Abs. 1 WRV gegenüber dem Grundrecht auf religiöse und weltanschauliche Freiheit mit staatlichem Zwang durchgesetzt werden dürfen, unter dem Grundgesetz von vornherein ausschließlich nach Maßgabe der in *Art. 4 GG* getroffenen Wertentscheidung beantwor-   213

WRV Rn. 4; *Preuß*, in: AK-GG, Art. 140 Rn. 38; *Jarass*, in: Jarass/Pieroth, Art. 4 Rn. 29; *Guntau*, ZevKR 43 (1998), 369, 381; *Lenz*, Vorbehaltlose Freiheitsrechte, S. 28 ff.

483 *Bethge*, HbStR VII, S. 663, 690. Hierzu auch *Kästner*, ZevKR 37 (1992), 127, 147; *ders.*, JZ 2002, 491, 493; *Muckel*, Religiöse Freiheit und staatliche Letztentscheidung, S. 230; BVerwGE 112, 227, 231.

484 *Anschütz*, Die Verfassung des Deutschen Reichs, Art. 135 Anm. 6 (S. 621 f.).

485 Vgl. *Ebers*, Staat und Kirche, S. 165 f. Allerdings hat bereits die WRV in Art. 135 S. 3 nur den »allgemeinen Staatsgesetzen« beschränkende Wirkung zugesprochen, worauf *Anschütz*, Die Verfassung des Deutschen Reichs, Art. 135 Anm. 6 (S. 621 f.), ausdrücklich hinwies; es handelte sich insofern um die individualrechtliche Parallelbestimmung zur Schranke des für alle geltenden Gesetzes, welche dem kirchlichen Selbstbestimmungsrecht in Art. 137 Abs. 3 WRV gezogen wurde.

486 BVerfGE 33, 23, 31. Weitergehend wohl *v. Campenhausen*, in: HbStR VII, S. 648 f., wenn er die Auffassung vertritt, es werde Art. 136 Abs. 1 WRV »von dem gegenüber früher erheblich verstärkten Grundrecht der Glaubens- und Gewissensfreiheit überlagert«.

487 So aber die weitergehende Argumentation des *Bundesverfassungsgerichts*, BVerfGE 33, 23, 31.

488 BVerfGE 7, 198, 208 f.; 72, 278, 289; st. Rspr.

489 Bereits von diesem Ansatz her dürfte eine inakzeptable Aushöhlung der Verfassungsgarantie religiöser Freiheit durch ein Verständnis von Art. 140 GG i.V.m. Art. 136 Abs. 1 WRV als Schrankenklausel von vornherein ausgeschlossen sein; dazu auch *Kästner*, JZ 2002, 491, 493.

ten.[490] Angesichts des Fehlens eines Schrankenvorbehalts in Art. 4 Abs. 1 und 2 GG könnten den dortigen Grundrechtsgarantien Grenzen nur durch andere Bestimmungen des Grundgesetzes gezogen werden;[491] insbesondere dürfe der Staat in Wahrnehmung der ihm von der Grundrechtsordnung auferlegten Schutzaufgabe die an sich vorbehaltlos gewährleistete Religions- und Weltanschauungsfreiheit zum **Schutz der Grundrechte anderer Bürger** einschränken.[492]

214   Die Schlussfolgerung des *Bundesverfassungsgerichts*, Art. 140 GG i.V.m. Art. 136 Abs. 1 WRV werde »nach Bedeutung und innerem Gewicht im Zusammenhang der grundgesetzlichen Ordnung von Art. 4 Abs. 1 GG überlagert«,[493] und es sei folglich jede hierauf beruhende Einschränkung der religiösen Freiheit durch einfaches Gesetz abzulehnen, überzeugt umso weniger, als sie sich mit der übrigen einschlägigen Rechtsprechung kaum vereinbaren lässt. Zutreffend bewertet das Gericht die über Art. 140 GG inkorporierten Normen durchweg als **vollgültiges Verfassungsrecht**.[494] Dem widerspricht es, dass das Gericht den in **Art. 136 Abs. 1 WRV** enthaltenen Gesetzesvorbehalt hiervon ausnehmen will, zumal es den Vorbehalt des **Art. 136 Abs. 3 S. 2 WRV** ausdrücklich auf Art. 4 Abs. 1 GG erstreckt[495] und ohne weiteres eine Verknüpfung von Art. 4 Abs. 1 und 2 GG mit Art. 140 GG i.V.m. **Art. 137 Abs. 2 WRV** bejaht.[496] Umgekehrt bedient sich das Bundesverfassungsgericht zu Recht auch bei der Bestimmung des Schutzbereichs von Art. 4 Abs. 1 und 2 GG einer Argumentation aus dem *Zusammenhang mit den inkorporierten Vorschriften*, wenn es die Einbeziehung der religiösen **Vereinigungsfreiheit** aus der Entstehungsgeschichte der religionsrechtlichen Normen begründet.[497] Eine überzeugende Erklärung für den in der Rechtsprechung des Bundesverfassungsgerichts unübersehbaren Selbstwiderspruch zwischen der Anerkennung der inkorporierten Vorschriften der WRV einschließlich ihres Zusammenhangs mit Art. 4 Abs. 1 und 2 GG einerseits und der »Überlagerungsthese« andererseits fehlt bislang. Der Hinweis darauf jedenfalls, Art. 4 GG sei als eigenständige Grundrechtsverbürgung aus dem Zusammenhang

490 BVerfGE 33, 23, 30 ff.; Kritik an der daraus folgenden »freischwebende(n) Güterabwägung« zu Recht bei *Stolleis*, JuS 1974, 773.
491 BVerfGE 28, 243, 260 f.; 33, 23, 29, 30 f.; 52, 223, 246 f.; st. Rspr.
492 BVerwGE 82, 76, 82 f.
493 BVerfGE 33, 23, 31.
494 BVerfGE 19, 206, 219; 19, 226, 236; 44, 59, 69; 53, 366, 400; 66, 1, 22; 70, 138, 167; st. Rspr.
495 BVerfGE 46, 266, 267; 49, 375, 376; 65, 1, 39.
496 BVerfGE 83, 341, 354 f.
497 BVerfGE 83, 341, 354 f. Das Gericht verweist zutreffend darauf, dass die ursprüngliche ausdrückliche Nennung der religiösen Vereinigungsfreiheit im Entwurf zum späteren Art. 4 GG mit Hinweis auf die *Übernahme des Art. 137 Abs. 2 WRV* gestrichen wurde. Hieraus könne dann aber keinesfalls auf einen mangelnden Willen des Verfassungsgebers zur Gewährleistung der religiösen Vereinigungsfreiheit geschlossen werden, sondern die Streichung erkläre sich allein aus der Absicht der Vermeidung einer (textlichen) Doppelgewährleistung.

der Weimarer Kirchenartikel gelöst worden,[498] lässt sich mit der Entstehungsgeschichte der Vorschrift nicht vereinbaren.[499]

Gleichwohl hat das *Bundesverfassungsgericht* in der Ablehnung einer Wirkung von   215
Art. 136 Abs. 1 WRV als Gesetzesvorbehalt Zustimmung erfahren.[500] Sie beruhte
teilweise auf der – bereits die nach 1919 geltende Rechtslage verfehlenden – irrigen
Annahme,[501] in der Vorschrift liege ein **uneingeschränkter Gesetzesvorbehalt** vor,
welcher tendenziell von der Religionsfreiheit nichts mehr übrig ließe;[502] ferner ist
auf die Nichtübernahme der Schrankenklausel des Art. 135 S. 3 WRV in das Grundgesetz Bezug genommen worden.[503] Prinzipiell verfehlt erscheint es, die Inkorporation von Art. 136 WRV in das Grundgesetz als »Redaktionsversehen« abzutun und
daraus zu folgern, Art. 136 Abs. 1 WRV komme *schlechthin* nicht als Schrankenvorbehalt für Art. 4 Abs. 1 und 2 GG in Betracht.[504] Denn ungeachtet der im Einzelnen unklaren und für die Schrankenproblematik, wie bereits dargelegt, generell unergiebigen *Entstehungsgeschichte* des Art. 140 GG[505] ist Art. 136 Abs. 1 WRV
vollgültiges Verfassungsrecht geworden und in seiner Tragweite mithin im Wege objektiver Verfassungsauslegung zu konkretisieren.

Die in der Rechtsprechung des Bundesverfassungsgerichts – wie teilweise jedenfalls   216
früher auch im Ausland[506] – betonte prinzipielle **Freistellung des Grundrechts auf
Religionsfreiheit von den Normbefolgungsansprüchen des allgemeinen Rechts** hatte ihre Wurzeln und möglicherweise auch noch ihre Berechtigung in Zeiten ausgeprägter religiöser bzw. weltanschaulicher *Homogenität* der deutschen Gesellschaft,
als sich die meisten gegenwärtig virulenten Probleme im Kontext des Art. 4 Abs. 1

---

498 So BVerfGE 33, 23, 30 f.
499 Hierzu näher *Muckel*, Religiöse Freiheit und staatliche Letztentscheidung, S. 226 ff.
500 *Maurer*, ZevKR 49 (2004), 311, 330; *Morlok*, in: Dreier I, Art. 4 Rn. 124, sowie *ders.*,
     in: Dreier III, Art. 140/Art. 136 WRV Rn. 12; *Kokott*, in: Sachs, Art. 4 Rn. 120 ff.; *Isak*,
     Das Selbstverständnis der Kirchen und Religionsgemeinschaften, S. 255 ff.; *Fischer/Groß*,
     DÖV 2003, 932, 934 ff.; weitere Nachweise bei *Muckel*, Religiöse Freiheit und staatliche
     Letztentscheidung, S. 16 f., 224 ff.
501 Zu Recht ablehnend insoweit auch *Zippelius*, in: BK (1989), Art. 4 Rn. 89.
502 So etwa *Isak*, Das Selbstverständnis der Kirchen und Religionsgemeinschaften, S. 255;
     ferner *Morlok*, in: Dreier III, Art. 140 GG/136 WRV Rn. 19 mit Anm. 37; *Maurer*,
     ZevKR 49 (2004), 311, 323 f.
503 *Hollerbach*, HbStR VI, S. 471, 483; *Badura*, HbStKirchR I, S. 211, 215; *ders.*, Schutz
     von Religion und Weltanschauung, S. 31; *Maurer*, ZevKR 49 (2004), 311, 326.
504 So aber *Mückl*, in: BK (2008), Art. 4 Rn. 5; *Walter*, in: Grote/Marauhn, Kap. 17
     Rn. 117; ferner *Morlok*, in: Dreier I, Art. 4 Rn. 20.
505 Vgl. o. Rdn. 15 und 17.
506 Der *US Supreme Court* verfolgte ebenfalls jahrzehntelang im Blick auf die praktische
     Tragweite der individuellen Religionsfreiheit gegenüber kollidierenden Verhaltensanforderungen des allgemeinen Rechts eine dezidiert grundrechtsbetonte Linie; seit Mitte der
     1980er Jahre indes ist insoweit eine zunehmend restriktive Judikatur festzustellen. Hierzu
     näher *Krings*, ZaöRV 58 (1998), 147, 148 ff.; *Fülbier*, Religionsfreiheit in der Bundesrepublik, S. 249 ff.

und 2 GG – auch im Parlamentarischen Rat – kaum absehen ließen. Inzwischen allerdings ändert sich die Situation in der Bundesrepublik Deutschland zunehmend und legt durchaus eine kritische Bestandsaufnahme tradierter Vorstellungen nahe.[507] Konsequenterweise gewinnt die Auffassung an Akzeptanz, dass Art. 140 GG i.V.m. Art. 136 Abs. 1 WRV als Gesetzesvorbehalt für das Grundrecht auf religiöse und weltanschauliche Freiheit in Betracht kommt. Im *Ergebnis* werden in vielen Fällen allerdings beträchtliche Abweichungen zum Ansatz des *Bundesverfassungsgerichts* nicht auftreten. Denn nicht anders als bei sonstigen Grundrechtsschranken ist, wie schon gesagt, auch beim Rückgriff auf Art. 140 GG i.V.m. Art. 136 Abs. 1 WRV eine **»Wechselwirkung« zwischen einschränkendem Gesetz und Grundrecht** zu beachten.[508]

c) Einzelfälle

aa) Strafrecht

217 Religiöse und weltanschauliche Freiheit entbindet nicht von einer Beachtung der geltenden **Strafgesetze**.[509] Jedenfalls die straflose Begehung eines *Tätigkeitsdelikts* aus religiösen oder weltanschaulichen Motiven erscheint ausgeschlossen;[510] allenfalls bei einem *Unterlassungsdelikt* mag eine plausible religiöse bzw. weltanschauliche Motivation die gebotene Handlung im Einzelfall ausnahmsweise als *unzumutbar* erscheinen lassen.

bb) Vertragliche Pflichten

218 Eindeutig ist die rechtlich bindende Wirkung allgemeiner **vertraglicher Pflichten**, selbst wenn der Verpflichtete insoweit einen Zusammenhang zu Sachverhalten herstellt, welche möglicherweise seiner religiösen oder weltanschaulichen Überzeugung zuwiderlaufen. Allerdings wird sich in einschlägigen Fällen vielfach die Problematik

---

507 Hierzu *Kästner*, JZ 1998, 974 ff.

508 BVerfGE 7, 198, 208 f.; 72, 278, 289; st. Rspr. – Zur Relevanz der »Wechselwirkungslehre« für die Schranken der Religionsfreiheit *M. Heckel*, Religionsfreiheit, S. 756 f.; *Starck*, in: v. Mangoldt/Klein/Starck I, Art. 4 Rn. 89; *Zippelius*, in: BK (1989), Art. 4 Rn. 89; *Kästner*, JZ 1998, 974, 982; *ders.*, JZ 2002, 491, 493; *Guntau*, ZevKR 43 (1998), 369, 381.

509 Zutreffend *Starck*, in: v. Mangoldt/Klein/Starck I, Art. 4 Rn. 44, 96 ff. – Im Ansatz fragwürdig erscheint deshalb BVerfGE 32, 98, 108 f.; hier wäre ein akzeptables Ergebnis statt auf der grundrechtlichen Ebene eher auf der des einfachen Strafrechts (in der Frage der Zumutbarkeit) herbeizuführen gewesen.

510 Ebenso *Ehlers*, in: Sachs, Art. 140/136 WRV Rn. 5. – Nach der neueren Rspr. des Bundesgerichtshofs schließen religiöse oder kulturelle Motive das Mordmerkmal der »Heimtücke« oder »niedrige Beweggründe« nicht ohne weiteres aus, wenn es auf Grund eines Lebenswandels und einer damit verbundenen vermeintlichen Verletzung der Familienehre zur Tötung kommt; BGH, NStZ 2010, 589 (**»Ehrenmord«**).

der Grundrechtsschranken bereits deshalb nicht stellen, weil von vornherein die Frage nach dem Schutzbereich von Art. 4 Abs. 1 und 2 GG zu verneinen ist.[511]

So vermittelt Art. 4 Abs. 1 und 2 GG einer Kirchengemeinde kein Recht darauf, ei-   219
nen nach bürgerlich-rechtlichen Vorschriften rechtmäßig zustande gekommenen
Stromlieferungsvertrag zu brechen und die Bezahlung von Strom zu verweigern,
welcher in Kernkraftwerken erzeugt wurde.[512]

cc) Schächten

Auch nach der Neufassung des Art. 20a GG,[513] durch welche die Belange des Tier-   220
schutzes konkret in den Verfassungstext aufgenommen wurden, ist im Kontext religiös motivierten Schächtens die Frage des Verhältnisses zwischen dem Grundrecht auf
Religionsfreiheit einerseits und dem **Verbot betäubungslosen Schlachtens warmblü-
tiger Tiere** in § 4a Abs. 1 TierSchG andererseits nicht erledigt.[514] Das *Bundesverfassungsgericht*[515] hat sich der Problematik allerdings leider durch einen Rückgriff auf
Art. 2 Abs. 1 GG, der in seiner Funktion als Schutznorm für die *Berufsfreiheit* des
nicht-deutschen Beschwerdeführers »durch den speziellen Freiheitsgehalt des
Grundrechts der Religionsfreiheit aus Art. 4 Abs. 1 und 2 GG verstärkt« werde,[516] in
grundrechtsdogmatisch nicht überzeugender Weise[517] weitgehend entzogen. Soweit
im Einzelfall der Schutzbereich von Art. 4 Abs. 1 und 2 GG erfasst wird, kommt § 4a
TierSchG als **gesetzliche Schranke** im Sinne von Art. 140 GG i.V.m. Art. 136 Abs. 1
WRV in Betracht.[518]

dd) Religionsausübung und Immissionsschutzrecht

Liturgisches Glockenläuten, das als solches grundrechtlich geschützte Religionsaus-   221
übung der Kirchen darstellt, wird durch Grundrechte der von der Geräuschemission
Betroffenen beschränkt. Es muss sich insofern in den durch das *Bundes-Immissions-
schutzgesetz* konkretisierten Grenzen halten.[519] Ist dies der Fall, steht ihm nicht die

---

511 Zutreffend *Muckel*, Religiöse Freiheit und staatliche Letztentscheidung, S. 256 f. Hierzu
     näher auch *Kästner*, JZ 1998, 974.
512 BVerfG, NJW 1983, 32.
513 BGBl. 2002 I S. 2862. Hierzu *Obergfell*, NJW 2002, 2296.
514 BVerwGE 127, 183, 186 f. mit Besprechung durch *Traulsen*, NuR 2007, 800 ff.
515 BVerfGE 104, 337 ff.
516 BVerfGE 104, 337, 346.
517 Vgl. zur Kritik im Einzelnen m.w.N. *Kästner*, JZ 2002, S. 491.
518 BVerwGE 112, 227, 231; das *Bundesverfassungsgericht* hat sich (BVerfGE 104, 337) zwar
     auf diese Entscheidung des *Bundesverwaltungsgerichts* bezogen, zu dessen dezidierten Dar-
     legungen in der Schrankenfrage aber – von seinem grundrechtsdogmatischen Ausgangs-
     punkt her durchaus konsequent – nicht Stellung genommen.
519 BVerwGE 68, 62; zum Zeitschlagen vgl. BVerwG, NJW 1992, 2779.

»negative« oder »positive« Religionsfreiheit von Nachbarn entgegen, welche liturgisches Läuten als solches aus religiösen oder weltanschaulichen Motiven ablehnen.[520]

ee) Bereich der öffentlichen Schule

222   Zu grundrechtlichen Spannungslagen im Kontext der Religions- und Weltanschauungsfreiheit kommt es häufig im Bereich der Schule. So kann die auf Art. 7 Abs. 1 GG beruhende Pflicht zum Schulbesuch und damit auch zur **Teilnahme am allgemeinen Unterricht** mit der Religionsfreiheit von Schülern oder Schülerinnen bzw. mit dem diesbezüglichen religiösen Erziehungsrecht der Eltern (Art. 6 Abs. 2 GG) in Konflikt geraten.[521]

223   Abgesehen von individualrechtlichen Konflikten ergeben sich aus den unterschiedlichen religions- bzw. weltanschauungsbezogenen Auffassungen und Interessen der Beteiligten (Schüler und Eltern) im Bereich der öffentlichen Schule unausweichlich Spannungslagen, was die Frage einer religiösen bzw. weltanschaulichen **Akzentuierung des staatlich verantworteten Unterrichts** anbelangt. Grundlegend haben zum adäquaten Umgang mit diesbezüglichen Problemen drei schulbezogene Entscheidungen des *Bundesverfassungsgerichts* aus dem Jahr 1975[522] Stellung genommen. Das Gericht erklärte die **christliche Gemeinschaftsschule** im Grundsatz für verfassungsgemäß und ging dabei zutreffend davon aus, dass unterschiedlichen Erwartungshaltungen von Eltern oder Schülern an eine vorhandene bzw. fehlende religiöse oder weltanschauliche Prägung des öffentlichen Schulunterrichts und daraus gegebenenfalls erwachsenden Konflikten keineswegs durch eine schlichte Eliminierung solcher Bezüge aus der öffentlichen Schule Rechnung zu tragen sei; denn eine absolute Lösung dieser Art könnte wiederum diejenigen Eltern in ihrer Religionsfreiheit bzw. in ihrem religiösen oder weltanschaulichen Erziehungsrecht beeinträchtigen, welche in gewissem Umfang eine religiös oder weltanschaulich akzentuierte Erziehung ihrer Kinder wünschten. Für eine Berücksichtigung solcher Bedürfnisse im Rahmen einer »christlichen Gemeinschaftsschule« lasse die Verfassung Raum, solange diese Schule lediglich ein »*Minimum an Zwangselementen*« enthalte, *keinen missionarischen Charakter* aufweise und *keine Verbindlichkeit christlicher Glaubensinhalte* postuliere; sie müsse jedenfalls auch für andere religiöse und weltanschauliche Inhalte und Werte offen sein.[523]

224   Im Ergebnis nahm dies – »säkularisierend« – auf die Rolle des Christentums als in der abendländischen Geschichte bislang prägender *Kultur- und Bildungsfaktor* Bezug und lief auf eine Distanzierung des staatlichen Funktionsbereiches von den mit dem Christentum verbundenen *Glaubenswahrheiten* hinaus; diese Rechtsprechung trug dem säkularen und religiös bzw. weltanschaulich neutralen Charakter des demokrati-

---

520   VGH Bad.-Württ., BWGZ 2012, 681.
521   Vgl. dazu o. Rdn. 179 mit Fn. 391.
522   BVerfGE 41, 29 ff.; 41, 65 ff.; 41, 88 ff.; ausführlich dazu *Hollerbach*, AöR 106 (1981), 218, 259 ff.
523   BVerfGE 41, 29, 49 ff.

schen Verfassungsstaates unter dem Grundgesetz angemessen Rechnung. Auf ähnlicher Linie lag die **Schulgebetsentscheidung** des *Bundesverfassungsgerichts.*[524] Auch hier war das Gericht – wie vordem bei der Beurteilung der verfassungsrechtlichen Zulässigkeit im Blick auf ein **Kreuz im Gerichtssaal**[525] – zu Recht bemüht, eine zwischen den verfassungsrechtlich geschützten Interessen vermittelnde Lösung zu finden. Diese Judikatur beruhte maßgeblich auf der Erkenntnis, dass der »negativen« Komponente der Religions- und Weltanschauungsfreiheit vor der »positiven« grundsätzlich kein Vorrang zukommt, sondern in Kollisionsfällen ein schonender Ausgleich unter Beachtung des Toleranzgebotes gefunden werden muss. In der Regel legt dies einen Kompromiss nahe.

ff) Wehrdienst und Zivildienst

Die Pflicht, Wehrdienst und im Falle der Verweigerung des Kriegsdienstes aus Gewissensgründen Zivildienst zu leisten, verletzt die Rechte des Pflichtigen aus Art. 4 Abs. 1 und 2 GG nicht.[526]   225

2. Gewissensfreiheit

Auf die Gewissensfreiheit kann Art. 140 GG i.V.m. **Art. 136 Abs. 1 WRV** angesichts   226
des klaren Wortlauts nicht angewandt werden,[527] wenngleich dies teilweise vorgeschlagen worden ist;[528] es bleibt deswegen dabei, dass für diese **nur verfassungsimmanente Schranken** in Betracht kommen. Die Auffassung, der zufolge die Schranken von Art. 2 Abs. 1 GG – insbesondere die verfassungsmäßige Ordnung – heranzuziehen sein sollen,[529] ist auch hier aus systematischen Gründen abzulehnen.

Bei der Gewissensfreiheit, die jede beliebige Verhaltensweise erfassen kann, ist das   227
Konfliktpotential freilich besonders ausgeprägt, ein zwischen verschiedenen Verfassungsgütern abwägender Ausgleich andererseits schwer möglich; ein »Gewissen, soll es irgendwie im Abwägungsverfahren auf einen gemeinwohlverträglichen Stand gebracht werden, ist kein Gewissen mehr«.[530] Da allerdings die Gewissensfreiheit nur dem *Einzelnen* einen Freiraum, nicht gegen sein Gewissen handeln zu müssen, eröffnen soll, stellen die **Freiheitsrechte Dritter** eine Grenze dar; einen den eigenen Vorstellungen entsprechenden Einfluss auf das Handeln Dritter zu nehmen, ist nicht mehr von Art. 4 Abs. 1 GG geschützt.[531] Nicht zuletzt konkretisieren sich die Grundrechte Dritter in **Normen des Strafrechts**, die dem Schutz verfassungsrecht-

524 BVerfGE 52, 223.
525 BVerfGE 35, 366.
526 BVerfG, NVwZ 1987, 676; BVerfG, NVwZ 1990, 1064.
527 *Mückl,* in: BK (2008), Art. 4 Rn. 168.
528 *Herdegen,* in: HbStKirchR I, S. 481, 496 f.
529 *Herzog,* in: Maunz/Dürig (1988), Art. 4 Rn. 154.
530 *Rupp,* NVwZ 1991, 1033, 1036.
531 BVerfGE 67, 26, 37. – Bejahend zum behördlichen Verbot einer »Gehsteigberatung« vor Schwangerschaftskonfliktberatungsstellen VGH Bad.-Württ., DÖV 2013, 80.

lich geschützter Rechtsgüter dienen; ein Verstoß gegen Strafgesetze ist deswegen auch unter Berufung auf das Gewissen nicht *sanktionslos* möglich. Die Gewissensbindung des Täters kann freilich im Einzelfall bei der Bemessung der Schuld und damit der Strafe eine Rolle spielen.[532]

3. Kriegsdienstverweigerung aus Gewissensgründen

228   Art. 4 Abs. 3 S. 2 GG enthält keinen *Gesetzesvorbehalt*, sondern einen **Ausgestaltungsvorbehalt** zur Regelung eines sachgerechten, geeigneten und zumutbaren Anerkennungsverfahrens.[533] Das Recht zur Kriegsdienstverweigerung aus Gewissensgründen ist mithin vorbehaltlos gewährleistet; eine Einschränkung kommt nur durch **verfassungsimmanente Schranken** in Betracht.[534] Als solche wird insbesondere die verfassungsrechtliche **Grundentscheidung für eine wirksame militärische Verteidigung der Bundesrepublik Deutschland** angesehen, die das *Bundesverfassungsgericht* aus einer Gesamtschau der Art. 12a, 73 Nr. 1, 87a und 115b GG ableitet.[535] Dies ist freilich mit der Erwägung bestritten worden,[536] dass sich aus Ermächtigungs-, Organisations- und Kompetenznormen keine »verfassungsrechtliche Grundentscheidung« ableiten lasse.[537]

229   Die Sicherung seines eigenen Bestandes bedeutet die herausragende Pflicht eines Staates, der seine Existenz gerade dadurch begründet, dass er seinen Bürgern nach innen und nach außen Schutz vor Gefahren gewährt.[538] Diese Existenzsicherung ließe sich möglicherweise auch durch eine *Freiwilligenarmee* gewährleisten, in der mit einer deutlich geringeren Anzahl von Konfliktfällen um die Kriegsdienstverweigerung zu rechnen wäre;[539] doch wurde im Grundgesetz die Entscheidung für eine Realisierung der Landesverteidigung auf der Grundlage der allgemeinen *Wehrpflicht* getroffen. Gleichzeitig hat allerdings die Verfassung selbst durch die Statuierung des Rechts auf Kriegsdienstverweigerung einen **Vorrang des individuellen Gewissens** vor der grundsätzlichen Pflicht, sich an der Landesverteidigung zu beteiligen, angeordnet.[540] Demgemäß begegnet es verfassungsrechtlichen Bedenken, dieses Recht unter

---

532   *Mager*, in: v. Münch/Kunig, Art. 4 Rn. 63.

533   BVerfGE 69, 1, 25; vgl. bereits vorher 48, 127, 163.

534   BVerfGE 28, 243, 259 ff.; *Herzog*, in: Maunz/Dürig (1988), Art. 4 Rn. 193 ff.

535   BVerfGE 28, 243, 261; 48, 127, 159 f.; 69, 1, 21; verneinend *Kokott*, in: Sachs, Art. 4 Rn. 142.

536   Vgl. etwa das Sondervotum der Richter *Mahrenholz* und *Böckenförde*, BVerfGE 69, 1, 57 ff.

537   Sondervotum der Richter *Mahrenholz* und *Böckenförde*, BVerfGE 69, 57, 59 ff.; *Kokott*, in: Sachs (5. Aufl. 2009), Art. 4 Rn. 136; *Herdegen*, in: HbStKirchR I, S. 505, 508.

538   *Kokott*, in: Sachs, Art. 4 Rn. 142.

539   *Kokott*, in: Sachs, Art. 4 Rn. 143; zweifelnd auch *Muckel*, in: Friauf/Höfling I, Art. 4 Rn. 84.

540   BVerfGE 28, 243, 260; 69, 1, 22 f.; *Morlok*, in: Dreier I, Art. 4 Rn. 188; *Herdegen*, in: HbStKirchR I, S. 505, 505.

Verweis auf die **Bedürfnisse einer effektiven Landesverteidigung** endgültig zu beschränken.

Als relevante verfassungsimmanente Schranke ist **Art. 3 Abs. 1 GG** anzusehen. Wer   230
sich aufgrund einer persönlichen Gewissensentscheidung zum Kriegsdienst außerstande sieht, darf nicht gegenüber demjenigen *bevorzugt* werden, der – ebenfalls nach
Maßgabe einer Gewissensentscheidung – zum gegenteiligen Ergebnis kommt; erst
recht ist es im Rahmen der staatsbürgerlichen Pflichtengleichheit ausgeschlossen,
eine **missbräuchliche Berufung auf das Grundrecht** anzuerkennen, welcher keine
echte Gewissensentscheidung zugrunde liegt.[541] Ein wirksames **Verfahren zur Überprüfung der Voraussetzungen** zulässiger Kriegsdienstverweigerung ist deshalb unverzichtbar.

G. Verhältnis zu anderen Grundgesetzbestimmungen, insbesondere Grundrechtskonkurrenzen

I. Verhältnis zu anderen Grundgesetzbestimmungen im Allgemeinen

Eine Prävalenz der – vom Schutzbereich her als umfassend verstandenen – Religions-   231
freiheit ist der Rechtspraxis zwar in der »Lumpensammlerentscheidung« mit der Autorität des *Bundesverfassungsgerichts* nachhaltig nahegelegt worden. Doch sprechen
historische, systematische und teleologische Gesichtspunkte dafür, das Grundrecht
auf freie Religionsausübung anderen verfassungsrechtlichen Gewährleistungen nur
dann als lex specialis vorzuordnen, wenn es um **Kultus- oder Glaubenshandlungen**
im engeren Sinne geht.[542] Auch unter religionsverfassungsrechtlichen Aspekten ist
mit einer derart restriktiven Auslegung kein inakzeptabler Verlust an Freiheit für die
Religionsgemeinschaften verbunden. Denn deren religionsbezogene Maßnahmen
sind, auch wenn sie von Art. 4 Abs. 2 GG (in einschränkender Betrachtung) nicht erfasst werden, als »eigene Angelegenheiten« nach Maßgabe von Art. 140 GG i.V.m.
Art. 137 Abs. 3 WRV verfassungsrechtlich geschützt – allerdings dieser Norm zufolge ausdrücklich nur »innerhalb der Schranke der für alle geltenden Gesetze.«

Gegenüber der **allgemeinen Handlungsfreiheit** nach Art. 2 Abs. 1 GG besteht Spezia-   232
lität,[543] wobei freilich, wie dargelegt, die Religionsfreiheit nicht als »allgemeine Handlungsfreiheit mit religiösem Anstrich« fehlinterpretiert werden darf; es ist genau auf
die Schutzbereichsbegrenzungen zu achten.[544]

Die **Gleichheitsgarantien** aus Art. 3 Abs. 3 und Art. 33 Abs. 3 GG stehen zu Art. 4   233
GG in Idealkonkurrenz. Verstöße gegen Art. 3 Abs. 3 oder Art. 33 Abs. 3 GG bedeuten regelmäßig zugleich eine Verletzung des Grundrechts auf Religions- und

---

541 BVerfGE 69, 1, 24.
542 Für eine restriktive Auslegung des Grundrechts auf freie Religionsausübung auch *Herzog*,
     in: Maunz/Dürig (1988), Art. 4 Rn. 101 ff.; vgl. zur Problematik ferner *Zippelius*, in:
     BK (1989), Art. 4 Rn. 44 ff.
543 BVerfGE 17, 302, 306.
544 Vgl. dazu o. Rdn. 30–42 und 49–50.

Weltanschauungsfreiheit.[545] Der Schutzbereich der Gleichheitsgarantien reicht aber insofern weiter, als danach auch eine *Bevorzugung wegen des Glaubens* untersagt ist.[546]

234 Von besonderer Bedeutung ist die Abgrenzung der Bekenntnisfreiheit (Art. 4 Abs. 1 GG) zur **Meinungsfreiheit** nach Art. 5 Abs. 1 S. 1 GG. »Bekenntnis« und Meinungsäußerung sind einander strukturell ähnlich; die Abgrenzung hat nach dem Inhalt der geäußerten Meinung zu erfolgen. Nur soweit der Inhalt der Äußerung vom Bekenntnis geprägt ist,[547] ist die Bekenntnisfreiheit als lex specialis gegenüber Art. 5 Abs. 1 S. 1 GG vorrangig[548] (aber gleichwohl mit anderen verfassungsgeschützten Belangen – etwa dem allgemeinen Persönlichkeitsrecht von in einer **Predigt** namentlich zitierten Personen – angemessen abzugleichen[549]). Sofern in diesem Sinne ein *Bekenntnis* über die **Presse** oder den **Rundfunk** kundgetan wird, gilt Art. 4 Abs. 1 GG; bei bloßer *Berichterstattung* über religiöse Sachverhalte ist hingegen Art. 5 Abs. 1 Satz 2 GG einschlägig.[550]

235 Für die Abgrenzung zur **Wissenschaftsfreiheit** (Art. 5 Abs. 3 GG) kommt es darauf an, auf welche Weise der religions- bzw. weltanschauungsbezogene Gegenstand behandelt wird. Art. 5 Abs. 3 GG greift durch, soweit dies nach wissenschaftlichen Methoden geschieht, wobei die gewonnen Erkenntnisse letztlich immer auch unter dem *Vorbehalt der Falsifizierbarkeit* stehen. Demgegenüber ist Art. 4 Abs. 1 GG einschlägig, wenn eine subjektive *Überzeugung von der religiösen bzw. weltanschaulichen Wahrheit* bestimmend ist.[551]

236 Das elterliche Recht, die **religiöse Kindererziehung** betreffend, wird durch Art. 6 Abs. 2 Satz 1 GG und Art. 4 Abs. 1 und 2 GG parallel gewährleistet.[552]

237 Die Regelungen zum **Religionsunterricht** (Art. 7 Abs. 2 u. 3 GG) sind, was das Recht der Schulorganisation sowie die einschlägigen Rechte der Eltern und Lehrer betrifft, leges speciales gegenüber Art. 4 Abs. 1 und 2 GG.[553] Auch die **Privatschulfreiheit** nach Art. 7 Abs. 4 u. 5 GG ist vorrangig.[554]

238 Komplexer ist die Verhältnisbestimmung bei der **Versammlungsfreiheit** (Art. 8 GG). Hier wird teilweise *Idealkonkurrenz* vorgeschlagen – mit der Folge, dass jeweils nach

---

545 BVerfGE 79, 69, 75 f.; *Starck*, in: v. Mangoldt/Klein/Starck I, Art. 4 Rn. 151.
546 *Mager*, in: v. Münch/Kunig I, Art. 4 Rn. 91.
547 Vgl. auch o. Rdn. 55 und 61.
548 BVerfGE 32, 98, 107; BVerwG, NVwZ 2011, 1278; *Herzog*, in: Maunz/Dürig (1988), Art. 4 Rn. 18; *Starck*, in: v. Mangoldt/Klein/Starck I, Art. 4 Rn. 153 f.
549 BVerwG, NVwZ 2011, 1278.
550 *Starck*, in: v. Mangoldt/Klein/Starck I, Art. 4 Rn. 155.
551 *Mager*, in: v. Münch/Kunig I, Art. 4 Rn. 88.
552 BVerfGE 41, 29, 47 f.; 52, 223, 235 f.; 93, 1, 17; *Mager*, in: v. Münch/Kunig I, Art. 4 Rn. 24; *Coester-Waltjen*, in: v. Münch/Kunig I, Art. 6 Rn. 128.
553 Vgl. dazu auch o. Rdn. 89 und 164.
554 *Starck*, in: v. Mangoldt/Klein/Starck I, Art. 4 Rn. 148 ff.

der Zielrichtung des Eingriffs zu unterscheiden ist; für nicht religionsgerichtete Beschränkungen religiöser Versammlungen sei demnach lediglich Art. 8 GG mit den dort möglichen Schranken heranzuziehen.[555] Von anderen wird Art. 4 Abs. 1 und 2 GG als vorrangig angesehen.[556] In Konsequenz der in der vorliegenden Kommentierung vertretenen Auffassung stärker konturierter Schutzbereiche von Art. 4 Abs. 1 und 2 GG[557] erscheint es angezeigt, im Falle von Versammlungen generell Art. 8 GG anzuwenden; Art. 4 Abs. 2 GG ist nur dann vorrangig, wenn eine *Versammlung zu genuin religiösen Zwecken* abgehalten wird oder sich konkret als *Religionsausübung* darstellt, wie es bei Versammlungen zu kultischen Zwecken – etwa Gottesdiensten oder Prozessionen – der Fall ist.[558]

Die religiöse **Vereinigungsfreiheit** ist Bestandteil der *Bekenntnisfreiheit* sowie der Freiheit ungestörter *Religionsausübung*[559] und durch Art. 4 Abs. 1 und 2 GG[560] in seiner Verknüpfung mit Art. 140 GG i.V.m. Art. 137 Abs. 2 WRV gewährleistet.[561] Art. 9 Abs. 1 GG tritt dahinter als lex generalis zurück.[562] **Art. 9 Abs. 2 GG** ist allerdings auch auf die religiöse Vereinigungsfreiheit anwendbar (was auch nach der *Streichung des »Religionsprivilegs« des § 2 Abs. 2 Nr. 3 VereinsG*[563] für die Rechtspraxis noch von Belang ist[564]). Dies beruht nach der hier vertretenen Ansicht ohne weiteres auf der Schrankenklausel des Art. 140 GG i.V.m. Art. 136 Abs. 1 WRV.[565] Auch die herrschende Auffassung bejaht die Anwendung von Art. 9 Abs. 2 GG[566] aus der Erwägung heraus, dass die über Art. 140 GG inkorporierten Normen nicht unbeschränkt seien; die Vorschrift wird als das religiöse Selbstbestimmungsrecht be-

239

555 *Herzog*, in: Maunz/Dürig (1988), Art. 4 Rn. 96; vgl. auch *Zippelius*, in: BK (1989), Art. 4 Rn. 104, der beide Grundrechte für parallel anwendbar hält, die Einschränkungsmöglichkeiten von Art. 8 GG im Licht der »wertsetzenden Bedeutung des Art. 4« freilich auf schwerwiegende Gründe begrenzt.
556 *Kokott*, in: Sachs, Art. 4 Rn. 150; *Mager*, in: v. Münch/Kunig I, Art. 4 Rn. 87.
557 S. dazu o. Rdn. 49–50.
558 Vgl. auch o. Rdn. 61.
559 Vgl. o. Rdn. 59, 75–78 und 214.
560 Anders *Ehlers*, in: Sachs, Art. 140 GG/137 WRV Rn. 3, mit der Auffassung, Art. 137 Abs. 2 WRV sei lex specialis.
561 BVerfGE 83, 341, 354 f.
562 *v. Campenhausen*, in: HbStR VI, S. 369, 425; *Kokott*, in: Sachs, Art. 4 Rn. 142; *Mager*, in: v. Münch/Kunig I, Art. 4 Rn. 87; *Morlok*, in: Dreier I, Art. 4 Rn. 90, 191; *Starck*, in: v. Mangoldt/Klein/Starck I, Art. 4 Rn. 157. Anders *Herzog*, in: Maunz/Dürig (1988), Art. 4 Rn. 97, der – wie im Verhältnis zu Art. 8 Abs. 1 GG – von Idealkonkurrenz ausgeht und je nach Zielrichtung des Eingriffs unterscheidet.
563 G v. 04.12.2001, BGBl. I S. 3319. – Dazu *Schmieder*, VBlBW 2002, 146.
564 Vgl. etwa OVG Bremen, NVwZ-RR 2012, 64.
565 Vgl. dazu o. Rdn. 211–216.
566 BVerwGE 37, 344, 363 f.; 105, 117, 121; BVerwG, Buchholz 402.45 Nr. 44; *v. Campenhausen*, in: HbStR VII, S. 597, 649, 653; *Starck*, in: v. Mangoldt/Klein/Starck I, Art. 4 Rn. 49, 157; *Planker*, DÖV 1997, 101, 103, 106. Anders *Alberts*, ZRP 1996, 60.

schränkendes »für alle geltendes Gesetz« im Sinne des Art. 137 Abs. 3 S. 1 WRV angesehen.[567]

240   Auch berufliche Tätigkeiten mit religiösem Bezug oder zur wirtschaftlichen Förderungen von Religionsgemeinschaften unterfallen zunächst der **Berufsfreiheit** nach Art. 12 Abs. 1 GG. Das Grundrecht auf Religionsfreiheit ist aber dann spezieller, wenn sich der gewählte Beruf auch als religiöses *Bekenntnis* darstellt, wie es bei Geistlichen oder Ordensleuten der Fall ist.[568]

II. Verhältnis zu den über Art. 140 GG inkorporierten Artikeln der Weimarer Reichsverfassung

241   Für die **Tragweite des institutionellen Religionsrechts** ist die Frage nach dem Verhältnis von Art. 4 Abs. 1 und 2 GG zu den über Art. 140 GG inkorporierten Bestimmungen von maßgebender Bedeutung. Traditionell erschien das institutionelle *Eigengewicht der in Art. 140 GG bezeichneten Normen* im Wesentlichen unangefochten; es wurde lediglich vereinzelt – namentlich im Kontext eines kategorischen Trennungs- und Neutralitätsverständnisses[569] – zugunsten einer stärkeren Akzentuierung der individuellen Religionsfreiheit in Frage gestellt. Inzwischen hat sich eine Diskussion über Stellung und Funktion der inkorporierten Weimarer Bestimmungen entwickelt, welche zwischen den Polen eines primär *institutionellen* »**Staatskirchenrechts**« und eines *grundrechtlich* inspirierten »**Religionsverfassungsrechts**« angesiedelt erscheint.[570] Ein diesbezüglicher Wandel der Terminologie als solcher erscheint zwar nicht als rechtlich unbedingt notwendig, er könnte aber die *paritätische* Fokussierung der über Art. 140 GG inkorporierten Normen auf sämtliche in Deutschland wirkenden Religions- und Weltanschauungsgemeinschaften möglicherweise klarer verdeutlichen als der Begriff »Staatskirchenrecht«. Doch erscheint es verfehlt, damit prinzipiell *grundrecht*bezogene Folgerungen zu verknüpfen. Zwar vertritt das *Bundesverfassungsgericht* zu Recht die Auffassung, dass die über Art. 140 GG inkorporierten Normen »funktional auf die Inanspruchnahme und Verwirklichung des Grundrechts der Religionsfreiheit angelegt« sind.[571] Doch greift eine undifferenzierte *grundrechtliche* Rekonstruktion der inkorporierten Normen zu kurz; denn sie wird der Tatsache nicht gerecht, dass ihnen darüber hinaus ein von Art. 4 Abs. 1 und 2 GG nicht erfasster **institutioneller Eigengehalt** innewohnt.[572]

---

567 BVerwGE 37, 344, 363 f.; *Kokott*, in: Sachs, Art. 4 Rn. 151.

568 *Starck*, in: v. Mangoldt/Klein/Starck I, Art. 4 Rn. 158.

569 So vor allem *Renck*, BayVBl. 1999, 70, 73 f.; *Fischer*, Trennung von Staat und Kirche, passim.

570 Beiträge hierzu in: *Heinig/Walter* (Hg.), Staatskirchenrecht oder Religionsverfassungsrecht?, 2007, insb. *Huster*, ebd., S. 107 ff.; vgl. ferner *Korioth*, in: FS Badura, S. 727 ff.

571 BVerfGE 102, 370, 387. Insoweit zum Körperschaftsstatus *Heinig*, Öffentlich-rechtliche Religionsgesellschaften, 2003, sowie *Magen*, Körperschaftsstatus und Religionsfreiheit, 2004.

572 Zutreffend *Huster*, in: Heinig/Walter (Hg.), Staatskirchenrecht oder Religionsverfassungsrecht?, 2007, S. 107, 128; *Korioth*, in: FS Badura, 2004, S. 727, 743.

1. Subjektiv-rechtlicher Gehalt der über Art. 140 GG inkorporierten Bestimmungen

Voraussetzung eines grundrechtlichen Gehalts der über Art. 140 GG inkorporierten 242
Bestimmungen wäre jedenfalls deren Qualifizierung als **subjektives Recht**,[573] wobei
der konkrete Inhalt eines solchen Rechts (Eingriffsabwehr, Teilhabe, Leistung und
insbesondere Gewährung staatlichen Schutzes)[574] dahingestellt sei. Grundsätzlich
besitzen die über Art. 140 GG inkorporierten Bestimmungen *keine eindimensionale
Rechtsnatur bzw. Wirkrichtung*, da neben dem objektiv-institutionellen Gehalt Bereiche verbleiben, welche sich entweder bereits dem Wortlaut nach offensichtlich als
Gewährung subjektiver Rechte erweisen oder jedenfalls einer dahin gehenden Auslegung fähig sind. Doch bleibt gleichwohl die Frage, inwieweit entsprechende subjektive Rechte **grundrechtliche oder zumindest grundrechtsgleiche Natur** haben und
wie sich ihr Verhältnis zu Art. 4 Abs. 1 und 2 GG darstellt.

Bereits dem Wortlaut nach ergibt sich eine Qualität als subjektives Recht für das reli- 243
giöse Selbstbestimmungsrecht aus **Art. 137 Abs. 3 WRV**, dessen Garantie freier Ordnung und Verwaltung der eigenen Angelegenheiten der Religionsgemeinschaften eine »notwendige, rechtlich selbständige Gewährleistung« der zur grundrechtlich
abgesicherten Wahrnehmung der betreffenden Aufgaben »unerläßlichen Freiheit der
Bestimmung über Organisation, Normsetzung und Verwaltung« darstellt.[575] Das
schließt es aus, das religiöse Selbstbestimmungsrecht lediglich als Teil der von der kollektiven Seite des Art. 4 Abs. 1 und 2 GG geschützten Religionsfreiheit und insoweit
als weithin deklaratorisch zu betrachten.[576] Gleichermaßen ist die Kirchengutsgaran-
tie des **Art. 138 Abs. 2 WRV** in ihrer Schutzwirkung als subjektives (Abwehr-)Recht
der jeweiligen Religionsgemeinschaften zu betrachten.[577] Versteht man unter *Freiheitsrechten* Rechte, welche die Aufgabe haben, »die Freiheitssphäre des einzelnen vor
Eingriffen der öffentlichen Gewalt zu sichern«,[578] so kommt den genannten Vorschriften eine derartige freiheitsrechtliche Natur zu, ohne dass damit freilich zugleich
eine Aussage über einen *grundrechtlichen Charakter* verbunden wäre.

---

573 Zum subjektiv-rechtlichen Charakter der über Art. 140 GG inkorporierten Bestimmun-
     gen *Ehlers*, in: Sachs, Art. 140 Rn. 3; *Hollerbach*, in: HbStR VI, S. 471, 549; *Mückl*, in:
     HbStR VII, S. 711, 781.
574 Allgemein dazu *Jarass*, in: Merten/Papier (Hg.), HGR, Bd. II, § 38 Rn. 15 ff., 22 ff.
575 BVerfGE 42, 312, 332; 53, 366, 401; 66, 1, 20; 70, 138, 164; 72, 278, 289; *Mückl*, in:
     HbStR VII, S. 711, 759; *Badura*, Der Schutz von Religion und Weltanschauung durch
     das Grundgesetz, S. 17, 46 f.; *v. Campenhausen/Unruh*, in: v. Mangoldt/Klein/Starck III,
     Art. 140/Art. 137 WRV Rn. 27 f.
576 So aber *Morlok*, in: Dreier I, Art. 4 Rn. 85, sowie *ders.*, in: Dreier III, Art. 140/Art. 137
     WRV Rn. 45; *Jarass*, in: Jarass/Pieroth, Art. 140/Art. 137 WRV Rn. 8; bereits früher
     Listl, Das Grundrecht der Religionsfreiheit in der Rechtsprechung der Gerichte der Bun-
     desrepublik Deutschland, S. 372 ff., sowie *ders.*, in: HbStKirchR I (1. Aufl. 1974),
     S. 363, 402 ff.
577 *Kästner*, in: HbStKirchR I, S. 891, 895 f.
578 So die Definition der Abwehrfunktion der Grundrechte durch BVerfGE 7, 198, 204.

244 Dem stehen Normen gegenüber, deren Qualität als subjektive Rechte sich zwar nicht ausdrücklich aus ihrem Wortlaut ergibt, jedoch aus einer teleologischen Auslegung unter Anlehnung an den Grundsatz der *Schutznormtheorie* gefolgert werden kann, die vor allem im Verwaltungsrecht zur Qualifikation einer zunächst rein objektiv-rechtlichen Norm als (zugleich) subjektives Recht herangezogen wird.[579] Daher gewährt etwa **Art. 141 WRV** ein subjektives Recht der Religionsgemeinschaften auf Zulassung zur Vornahme religiöser Handlungen in den dort genannten Anstalten, da die Zulassungspflicht des Art. 141 WRV gerade dazu dient, den Religionsgemeinschaften diese ihnen ansonsten nicht ohne weiteres zugänglichen Betätigungsräume zu öffnen. Eine entsprechende Auslegung ist auch für **Art. 139 WRV** vorzunehmen, soweit diese Garantie im Wege einer Konkretisierung der Schutzdimension des Grundrechts auf Religionsfreiheit das religiöse Wirken der Religionsgemeinschaften an Sonn- und Feiertagen gewährleistet;[580] dies wurde vom Bundesverfassungsgericht in seiner Grundsatzentscheidung vom 01.12.2009 zum Berliner Ladenöffnungsgesetz erfreulicherweise deutlich klargestellt.[581] Eine solche Sichtweise steht letztlich auch im Einklang mit der verbreiteten Tendenz zu einer (Re-)Subjektivierung objektiv-rechtlicher institutioneller Garantien.[582] Allerdings wird dabei der originär *freiheitsrechtliche* Wirkungsbereich insofern überschritten, als es auch um *Teilhabe an staatlichen Leistungen* bzw. *Gewährung staatlichen Schutzes* geht. Nach den genannten Grundsätzen gewährt ferner **Art. 137 Abs. 5 Satz 2 WRV** bei Erfüllung der Verleihungsvoraussetzungen ein subjektives Recht auf Verleihung des Körperschaftsstatus, da dieser jedenfalls auch der Entfaltung der *Religionsfreiheit* der betreffenden Religionsgemeinschaften dient.[583] Insbesondere eine Betrachtung der **Grundrechte als Organisations- und Verfahrensrechte** hat für die grundrechtliche Neuinterpretation des religiösen Körperschaftsstatus Bedeutung entfaltet, soweit dieser als Konkretisierung eines aus Art. 4 Abs. 1 und 2 GG folgenden Auftrags zur *Bereitstellung geeigneter Rechtsformen* zur Entfaltung des geschützten Wirkens von Religionsgemeinschaften gesehen wurde.[584] Gerade am Beispiel des religiösen Körperschaftsstatus erweisen sich andererseits die Grenzen einer undifferenziert freiheits- bzw. subjektiv-recht-

579 *Bühler*, Die subjektiven öffentlichen Rechte und ihr Schutz in der deutschen Verwaltungsrechtsprechung; aus der verwaltungsrechtlichen Literatur etwa *Sodan/Ziekow*, VwGO, § 42, Rn. 386 ff.
580 Dazu auch *Couzinet/Weiss*, ZevKR 54 (2009), 34, 49 m.w.N.
581 BVerfGE 125, 39, 79 ff., wonach die grundrechtliche Schutzpflicht aus Art. 4 Abs. 1 und 2 GG durch den objektiv-rechtlichen Schutzauftrag des Art. 139 WRV *konkretisiert* wird. *Mosbacher*, NVwZ 2010, 537, sah darin »das neue Sonntagsgrundrecht«; kritisch demgegenüber *Classen*, JZ 2010, 144 (Anmerkung).
582 Dazu *Dreier*, in: ders., GG, Vorbemerkung vor Art. 1, Rn. 95 m.w.N.
583 BVerfGE 102, 370, 387, 393.
584 *Magen*, Körperschaftsstatus und Religionsfreiheit, 2004, S. 198 ff., 207 ff., 218 ff. und passim; ähnlich *Heinig*, Öffentlich-rechtliche Religionsgesellschaften, 2003, S. 265 ff. und passim.

lichen Deutung, soweit mit dem Körperschaftstatus aus staatlicher Sicht *Gemeinwohlerwartungen* an die Religionsgemeinschaften verbunden sind.[585]

Die weitergehende Frage nach einer spezifisch **grundrechtlichen Qualität** der über Art. 140 GG inkorporierten Bestimmungen stellt sich von vornherein nur für solche Bestimmungen, die zumindest auch subjektive Rechte gewähren. Relevant wird diese Frage insbesondere für die **Verfassungsbeschwerdefähigkeit** entsprechender Normen, da nach Art. 93 Abs. 1 Nr. 4a GG i.V.m. § 90 Abs. 1 BVerfGG eine Verfassungsbeschwerde allein auf die Darlegung der Verletzung in einem Grundrecht oder einem dort aufgezählten grundrechtsgleichen Recht gestützt werden kann (dazu unten 4.). Während vom Bundesverfassungsgericht und der überwiegenden Lehre eine Grundrechtsqualität der über Art. 140 GG inkorporierten Bestimmungen generell abgelehnt wird,[586] bejaht ein Teil der Literatur eine solche jedenfalls für Bestimmungen, welche subjektive Rechte gewähren – teilweise allerdings unter der einschränkenden Qualifizierung als »grundrechtsähnlich«.[587] Obwohl die restringierenden verfassungsprozessualen Konsequenzen der herrschenden Auffassung bei materieller Betrachtung durchaus fragwürdig erscheinen,[588] spricht dafür jedenfalls, dass Art. 93 Abs. 1 Nr. 4a GG ein **formeller Begriff der Grundrechte** zugrunde liegt.[589] Während die *grundrechtsgleichen Rechte* abschließend aufgezählt sind, ist der Verweis auf die *Grundrechte* in Anknüpfung an die Überschrift des ersten Abschnitts des Grundgesetzes (»Die Grundrechte«) zu verstehen; die prozessuale Gleichstellung der »grundrechtsgleichen Rechte« beschränkt sich auf die enumerative Aufzählung und beruht somit letztlich auch auf einer *formellen* Qualifikation.[590] Hiernach bleibt für eine gleichstellende Einbeziehung von über Art. 140 GG inkorporierten Bestimmungen kein Raum, auch soweit diese subjektive Rechte gewähren.[591] Die Begriffsschöpfung der »grundrechtsähnlichen« Rechte vermag diese formale Hürde nicht zu

245

---

585 So *Kirchhof,* in: HbStKirchR I, S. 651, 667 ff.; *Hillgruber,* NVwZ 2001, 1347, 1350.

586 BVerfGE 19, 129, 135; 19, 206, 218; 125, 39, 74; st. Rspr. – Aus der Literatur etwa *Jarass,* in: ders./Pieroth, Art. 140 Rn. 2; *Korioth,* in: Maunz/Dürig, GG, Art. 140/Art. 137 WRV Rn. 22. – Zum Streitstand *Borowski,* Glaubens- und Gewissensfreiheit, S. 324 ff.

587 *Ehlers,* in: Sachs, GG, Art. 140 Rn. 2. Die Grundrechtsqualität des religiösen Selbstbestimmungsrechts bejahen *Magen,* in: Umbach/Clemens, GG, Art. 140 Rn. 22, und *Morlok,* in: Dreier I, Art. 4 Rn. 109.

588 Die Aussage, das religiöse Selbstbestimmungsrecht komme »der Substanz nach« einem Grundrecht »gleich« (*Isensee,* HbStKirchR, Bd. II, S. 665, 725; vgl. auch *Magen,* in: Umbach/Clemens, GG, Art. 140 Rn. 22; *Morlok,* in: Dreier I, Art. 4 Rn. 97), überzeugt sachlich, führt freilich prozessual nicht weiter.

589 *Stern,* in: BK, Zweitbearbeitung, Stand 1982, Art. 93 Rn. 624; zur Begrifflichkeit ferner *Sachs,* in: Stern, StR, Bd. III/1, S. 358 ff.; *Dreier,* in: ders., GG, Vorbemerkung vor Art. 1, Rn. 63.

590 Zum abschließenden Charakter *Sachs,* in: Stern, StR, Bd. III/1, S. 366.

591 So im Ergebnis auch *Korioth,* in: Maunz/Dürig, GG, Art. 140 Rn. 14.

überwinden[592] – zumal nicht hinreichend klar sein dürfte, wann ein subjektives Recht zu einem »grundrechtsähnlichen« wird.

2. Verhältnis zwischen Art. 4 Abs. 1 und 2 GG und den inkorporierten Bestimmungen

246   Hiervon zu trennen ist die Frage, wie sich die über Art. 140 GG inkorporierten Bestimmungen rechtlich zu Art. 4 Abs. 1 und 2 GG verhalten, insbesondere ob – und gegebenenfalls welche – Bestimmungen im konkreten Fall **Anwendungsvorrang** genießen.[593] Prinzipiell ist festzuhalten, dass die inkorporierten Bestimmungen auch dann nicht zu Grundrechten werden, wenn sich ihr Schutzbereich mit demjenigen des Art. 4 Abs. 1 und 2 GG überschneiden sollte; denn Lebenssachverhalte, für welche eine solche Kongruenz festzustellen ist, erfahren stets grundrechtlichen Schutz aus Art. 4 Abs. 1 und 2 GG. Im Übrigen ist das Konkurrenzverhältnis angesichts der Verschiedenheit der einzelnen inkorporierten Bestimmungen für jede Norm der Art 136 ff. WRV gesondert zu bestimmen.[594] Eine gewisse »Konzentrationswirkung« in faktischer Hinsicht entfaltet insoweit allerdings die gegenwärtig verbreitete Auffassung vom Schutzbereich des Art. 4 Abs. 1 und 2 GG, bei der das vom Bundesverfassungsgericht in ständiger Rechtsprechung zugrunde gelegte und in der Literatur weithin geteilte Verständnis inzwischen zur Ausweitung der Religionsfreiheit zu einem tendenziell umfassenden Grundrecht auf Schutz religiös bzw. weltanschaulich motivierter Entfaltung geführt hat.[595]

247   In seiner Entscheidung zum Anspruch der Gemeinschaft der Zeugen Jehovas auf Zuerkennung der Rechte einer Körperschaft des öffentlichen Rechts[596] hat das *Bundesverfassungsgericht*, wie vorstehend bereits angesprochen,[597] den religiösen Körperschaftsstatus des **Art. 137 Abs. 5 WRV** auf die Verwirklichung der *Religionsfreiheit*

592 *Sachs*, in: Stern, StR, Bd. III/1, S. 366, verwendet im Gegenteil – in Abwehr einer drohenden Aushöhlung der abschließenden Enumeration des Art. 93 Abs. 1 Nr. 4a GG – den Begriff des »grundrechtsähnlichen« Rechts gerade in Abgrenzung zum »grundrechtsgleichen«.

593 Dazu *Borowski*, Glaubens- und Gewissensfreiheit, 2006, S. 298 ff., 302 ff.; *Bock*, Das für alle geltende Gesetz und die kirchliche Selbstbestimmung, S. 133 ff.

594 Zur Notwendigkeit einer differenzierenden Sicht auch *Mückl*, in: BK (2008), Art. 4 Rn. 177.

595 Dazu *v. Campenhausen/de Wall*, Staatskirchenrecht, S. 52 ff. m.w.N. – Vgl. hierzu auch o. Rdn. 49–50.

596 BVerfGE 102, 370 ff. – Dazu *Korioth*, in: FS Badura, S. 727 ff.; *ders.*, in Heinig/Walter (Hg.), Staatskirchenrecht oder Religionsverfassungsrecht?, S. 39, 64 ff.; *Grzeszick*, in Heinig/Walter (Hg.), Staatskirchenrecht oder Religionsverfassungsrecht?, S. 131, 132 ff.; *Walter*, Religionsverfassungsrecht, S. 537 ff.; *Huber*, in Heinig/Walter (Hg.), Staatskirchenrecht oder Religionsverfassungsrecht?, S. 156, 162 ff. – Vgl. zur neueren Rechtspraxis auch VG Mainz, NVwZ-RR 2012, 417.

597 Vgl. Rdn. 241 und 244.

der betreffenden Religionsgemeinschaft bezogen[598] und an den Beginn seiner Ausführungen die von konkreten Bestimmungen abstrahierende These gestellt: »Die Gewährleistungen der Weimarer Kirchenartikel sind funktional auf die Inanspruchnahme und Verwirklichung des Grundrechts der Religionsfreiheit angelegt«.[599] Diese Aussage differenziert allerdings nicht zwischen den einzelnen inkorporierten Tatbeständen.

Art. 136 WRV konkretisiert eindeutig bestimmte *Aspekte der »negativen« Religions-*   248
freiheit (Abs. 3 und 4)[600] und statuiert für die Inanspruchnahme des Grundrechts auf Religions- und Weltanschauungsfreiheit einen ausdrücklichen *Schrankenvorbehalt* (Abs. 1).[601]

Demgegenüber weisen die in **Art. 137 WRV** enthaltenen Normen einerseits Bezüge   249
zur korporativen Religionsfreiheit und zur religiösen Vereinigungsfreiheit[602] auf, die auch von Art. 4 Abs. 1 und 2 GG geschützt sind;[603] andererseits stellt Art. 137 Abs. 3 WRV eine freiheitsrechtliche Verbürgung dar, deren Verhältnis zu Art. 4 Abs. 1 und 2 GG nach wie vor nicht restlos geklärt ist;[604] in Art. 137 Abs. 1, 5 und 6 WRV sind Bestimmungen normiert, welche jedenfalls dem Grunde nach *institutionelle Sachverhalte* betreffen. Gerade **Art. 137 Abs. 1 WRV** als tragende Säule des *Trennungsprinzips* hat – unbeschadet seiner Verbindung zur Religionsfreiheit – einen über Art. 4 Abs. 1 und 2 GG hinausgehenden Eigengehalt bewahrt. Liegt der Kern des Trennungsprinzips und ebenso des *Neutralitätsprinzips* darin, dass damit eine Aussage über das Verhältnis zwischen dem Staat und der individuellen sowie korporativen Religionsausübung im öffentlichen bzw. staatlichen Bereich getroffen wird, so ist diese Aussage sicherlich funktional »auf die Inanspruchnahme und Verwirklichung des Grundrechts der Religionsfreiheit angelegt«[605] – und zwar in »positiver« wie »negativer« Hinsicht. Indes wird damit eine Wirkdimension des Art. 4 Abs. 1 und 2 GG angesprochen, die aus diesem Grundrecht allein nicht gewonnen werden kann. Insofern fügen die institutionellen Gehalte des Trennungs- und Neutralitätsprinzips der Religions- und Weltanschauungsfreiheit etwas Eigenständiges hinzu – nämlich die Dimension des *Öffentlichen*,[606] welche als solche sowohl zur *Verwirklichung* als auch zur *Beschränkung*

---

598 BVerfGE 102, 370, 387, 393. – Kritisch *Hillgruber*, NVwZ 2001, 1347; *Grzeszick*, in Heinig/Walter (Hg.), Staatskirchenrecht oder Religionsverfassungsrecht?, S. 131, 149 f.

599 BVerfGE 102, 370, 387, unter Berufung auf BVerfGE 42, 312, 322. – Zustimmend *Morlok*, in Heinig/Walter (Hg.), Staatskirchenrecht oder Religionsverfassungsrecht?, S. 185, 190 f.

600 Vgl. dazu näher o. Rdn. 97–101.

601 Dazu o. Rdn. 211–216.

602 *Huber*, in: Heinig/Walter (Hg.), Staatskirchenrecht oder Religionsverfassungsrecht?, S. 156, 165 f.

603 Dazu auch *Mückl*, in: BK (2008), Art. 4 Rn. 65 f.

604 Vgl. beispielsweise *Walter*, Religionsverfassungsrecht, S. 540 f.

605 BVerfGE 102, 370, 387.

606 Ebenso *Korioth*, in: Heinig/Walter (Hg.), Staatskirchenrecht oder Religionsverfassungsrecht?, S. 39, 65.

der Religionsfreiheit führen kann. Dies gilt erst recht für **Art. 141 WRV**, der gleichsam einen inneren Bereich der Staatsorganisation zur institutionalisierten Ausübung von Religion öffnet. Der Schutzbereich des religiösen Selbstbestimmungsrechts nach Maßgabe von **Art. 137 Abs. 3 WRV** umfasst Aspekte, die auch Gegenstand der durch Art. 4 Abs. 1 und 2 GG geschützten kollektiven bzw. korporativen Religionsfreiheit sind; er geht aber insoweit darüber hinaus, als er diese institutionell-organisatorisch ergänzt und überdies – etwa im Hinblick auf kirchliche Grundstücksverwaltung[607] – Materien erfasst, die bereits im Ansatz nicht Teil der von Art. 4 Abs. 1 und 2 GG geschützten Religionsausübung sind.[608] Insofern besteht hinsichtlich des *Schutzbereichs* gegenüber Art. 4 Abs. 1 und 2 GG eine partielle Kongruenz.[609] Im Blick auf die *Schranken* hingegen ist jedenfalls dann von einer Divergenz auszugehen, wenn man mit dem *Bundesverfassungsgericht* den in Art. 136 Abs. 1 WRV statuierten Gesetzesvorbehalt verwirft und davon ausgeht, dass das Grundrecht auf Religions- und Weltanschauungsfreiheit lediglich verfassungsimmanent begrenzbar sei – denn das »für alle geltende Gesetz« im Sinne von Art. 137 Abs. 3 WRV umfasst auch »einfaches« Gesetzesrecht. Hiernach bietet es sich an, bei Erfüllung der in Art. 137 Abs. 3 WRV normierten Tatbestandsvoraussetzungen das religiöse Selbstbestimmungsrecht als **lex specialis** gegenüber dem Grundrecht aus Art. 4 Abs. 1 und 2 GG anzusehen.[610] Der religiös motivierte *Sonn- und Feiertagsschutz* erfährt seine konkrete Gestalt aus **Art. 139 WRV**, stellt sich darüber hinaus aber gleichzeitig als Konkretisierung einer dem Grunde nach aus Art. 4 Abs. 1 und 2 GG resultierenden grundrechtlichen *Schutzpflicht* dar.[611]

250   Insgesamt ist nach alledem vor einer pauschalen Betrachtung zu warnen. Zwar lassen sich manche der traditionellen staatskirchenrechtlichen Rechtsinstitute *teilweise* im Sinne einer grundrechtlichen Gewährleistungsdimension rekonstruieren; doch ver-

---

607 Dazu *v. Campenhausen/Unruh*, in: v. Mangoldt/Klein/Starck III, Art. 140/Art. 137 WRV Rn. 27.

608 Ebenso *Mückl*, in: BK (2008), Art. 4 Rn. 177; zum institutionellen Eigengehalt des Art. 137 Abs. 3 und 5 WRV ferner *Huber*, in: Heinig/Walter (Hg.), Staatskirchenrecht oder Religionsverfassungsrecht?, S. 156, 166.

609 Wie hier *Korioth*, in: Maunz/Dürig (2003), Art. 140/Art. 137 WRV Rn. 21. – Anders *Borowski*, Glaubens- und Gewissensfreiheit, S. 306 f., der den gesamten Schutzbereich des Art. 137 Abs. 3 WRV zugleich von Art. 4 Abs. 1 und 2 GG umfasst sieht; ebenso *Morlok*, in: Dreier I, Art. 4 Rn. 109.

610 Ebenso *Ehlers*, in: Sachs, Art. 140 Rn. 2; *Korioth*, in: Maunz/Dürig (2003), Art. 140/Art. 137 WRV Rn. 21. – Lediglich von »Schrankenspezialität« geht *Morlok*, in: Dreier I, Art. 4 Rn. 109, und *ders.*, in: Dreier III, Art. 140 Rn. 32, aus; ebenso *ders.*, in Heinig/Walter (Hg.), Staatskirchenrecht oder Religionsverfassungsrecht?, S. 185, 203. – Anders (»Idealkonkurrenz«) *Huber*, in Heinig/Walter (Hg.), Staatskirchenrecht oder Religionsverfassungsrecht?, S. 156, 166 f.

611 BVerfGE 125, 39, 77 ff. – Dazu auch *Couzinet/Weiss*, ZevKR 54 (2009), 34, 50 ff., 53 ff. m.w.N.

bleibt ihnen regelmäßig ein hiermit nicht zu erfassender **institutioneller »Überhang«**.[612]

H. Internationale und europäische Aspekte

Das deutsche Religionsrecht weist in mehrfacher Hinsicht europäische Dimensionen[613] auf: Einerseits sieht sich die spezifische deutsche Rechtslage im Vergleich der verschiedenen in Europa vorhandenen Modelle zur Regelung des Verhältnisses von Staat und Religion bzw. Religionsgemeinschaften[614] einem gewissen *Rechtfertigungsdruck* ausgesetzt. Andererseits wird bei einem solchen Vergleich aber auch ein gewisser **gemeineuropäischer Grundkonsens des Verhältnisses von Staat und Religionsgemeinschaften** deutlich, der auf gemeinsamen verfassungsgeschichtlichen Traditionen und Entwicklungen beruht und dem Grunde nach auf Säkularität und Neutralität des Staates bei gleichzeitiger Optimierung religiöser Freiheit ausgerichtet ist. Ein Vergleich der »Systeme« mündet letztlich in die idealtypische Unterscheidung von Staatskirchen-, Trennungs- und Kooperationsmodellen.[615] Über das jeweilige einzelstaatliche Religionsrecht hinaus treten auf einer zweiten und dritten Ebene **völkerrechtliche Normen** bzw. **supranationale Vorschriften des Europarechts** hinzu – nämlich die *Europäische Menschenrechtskonvention* vom 4. November 1950[616] und das (primäre und sekundäre) *Recht der Europäischen Union* als Europarecht im engeren Sinne; daraus ergeben sich jeweils Auswirkungen auf die Auslegung und die Anwendbarkeit des mitgliedstaatlichen Religionsrechts. Alle drei Ebenen sind miteinander verwoben. Die europarechtlichen Rechtsquellen entfalten nicht nur Aus-

251

---

612 Ebenso *Isensee,* Essener Gespräche 25 (1991), 113; *Huster,* in: Heinig/Walter (Hg.), Staatskirchenrecht oder Religionsverfassungsrecht?, S. 107, 128; *Korioth,* in: FS Badura, S. 743; im Ergebnis auch *Grzeszick,* in: Heinig/Walter (Hg.), Staatskirchenrecht oder Religionsverfassungsrecht?, S. 131, 141 ff.

613 Die folgenden Darlegungen beruhen – aktualisiert – auf der Kommentierung von *Kästner,* in: BK (2010), Art. 140 Rn. 161 ff. – Zum Ganzen auch *Walter,* Religionsverfassungsrecht, S. 329 ff.; *Mückl,* in: HbStR VII, S. 711, 743 ff.

614 Rechtsvergleichende Darstellungen bei *Mückl,* Europäisierung des Staatskirchenrechts (England, Frankreich, Deutschland, Spanien); *Bloss,* Cuius religio (Großbritannien, Frankreich, Spanien, Deutschland); *von Ungern-Sternberg,* Religionsfreiheit in Europa (Großbritannien, Frankreich, Deutschland); *Walter,* Religionsverfassungsrecht (Frankreich, Deutschland; ferner USA); vgl. ferner die Beiträge in: *Robbers* (Hg.), Staat und Kirche in der europäischen Union; *Kreß* (Hg.), Religionsfreiheit als Leitbild. – Zusammenfassend *v. Campenhausen/de Wall,* Staatskirchenrecht, S. 339 ff. (dort auch Nachweise zu Einzeldarstellungen einzelner religionsrechtlicher Systeme); ferner *Hammer,* DÖV 2006, 542.

615 Dazu *Robbers,* in: ders. (Hg.), Staat und Kirche in der Europäischen Union, S. 630 f.; *Mückl,* Europäisierung des Staatskirchenrechts, S. 59 ff.

616 Konvention zum Schutze der Menschenrechte und Grundfreiheiten v. 04.11.1950 (BGBl. 1952 II S. 686).

wirkungen auf das jeweilige staatliche Religionsrecht, sie empfangen vielmehr ihrerseits von diesem auch wesentliche Impulse für ihre Auslegung und Anwendbarkeit. Einer im Wege der Rechtsvergleichung gewonnenen Gesamtbetrachtung erwächst zwar nicht die Qualität einer *Rechtsquelle* des deutschen Religionsrechts, aber jedenfalls die einer zusätzlichen **Rechtserkenntnisquelle**.[617]

I. Europäische Menschenrechtskonvention

252   Die Europäische Menschenrechtskonvention stellt einen völkerrechtlichen Vertrag nebst diversen Zusatzprotokollen dar, der zwischen den mittlerweile 41 Mitgliedstaaten des Europarates geschlossen wurde.[618] Sie statuiert gegen die Mitgliedstaaten gerichtete Rechte, welche in einem Beschwerdeverfahren vor dem Europäischen Gerichtshof für Menschenrechte in Straßburg (früher: Europäische Kommission für Menschenrechte) geltend gemacht werden können.[619] Ziel der Europäischen Menschenrechtskonvention ist es, einen menschenrechtlichen *Mindeststandard* in den Mitgliedsstaaten zu gewährleisten – (im Gegensatz zum Gemeinschafts- und Unionsrecht) hingegen nicht, eine Vergemeinschaftung bestimmter Kompetenzfelder im Mehrebenensystem und eine damit verbundene **Rechtsvereinheitlichung bzw. -angleichung** herbeizuführen. Gemäß Art. 59 Abs. 2 S. 1 GG gilt die Europäische Menschenrechtskonvention – was freilich nicht unbestritten ist[620] – im Range des sie transformieren-

---

617   Zur Europäischen Menschenrechtskonvention als »privilegierte Rechtserkenntnisquelle« für die Grundrechtssprechung des EuGH *Grote*, in: Grote./Marauhn, EMRK/GG, Kap. 1, Rn. 50. Dies gilt auch, nachdem der **Vertrag von Lissabon** am 01.12.2009 in Kraft getreten ist. So erhebt Art. 6 Abs. 1 Satz 1 EUV i.d.F. des Vertrags von Lissabon nicht nur die *Charta der Grundrechte der Europäischen Union* v. 07.12.2000 in der am 12.12.2007 in Straßburg angepassten Fassung in *normativen Rang*, sondern Art. 6 Abs. 3 EUV n.F. erklärt in Positivierung der bisherigen Rechtsprechung des EuGH, dass die »Grundrechte, wie sie in der Europäischen Konvention zum Schutz der Menschenrechte und Grundfreiheiten gewährleistet sind und wie sie sich aus den gemeinsamen Verfassungsüberlieferungen der Mitgliedstaaten ergeben«, als »allgemeine Grundsätze« »Teil des Unionsrechts« sind. Zudem ist in Art. 6 Abs. 2 EUV n.F. der Beitritt der Europäischen Union zur EMRK festgeschrieben. Dies ändert allerdings nichts daran, dass zukünftig die maßgebliche Rechtsquelle für die Unionsgrundrechte nach Art. 6 Abs. 1 Satz 1 EUV n.F. in der *Charta der Grundrechte der Europäischen Union* zu sehen sein wird (so auch *Ehlers*, in: ders., Europäische Grundrechte, § 14 Rn. 2, 11; dazu, dass der Vertrag von Lissabon hier keine grundsätzlichen Veränderungen vorgenommen, sondern die bisherigen Entwicklungen fortgeschrieben hat, *Walter*, in: Ehlers, Europäische Grundrechte, § 1 Rn. 53).

618   Zu den damit verbundenen Auslegungsfragen *Grabenwarter/Pabel*, EMRK, § 3, Rn. 2 ff.; *von Ungern-Sternberg*, Religionsfreiheit, S. 43 f.

619   Zum entstehungsgeschichtlichen Hintergrund der Europäischen Menschenrechtskonvention *Grabenwarter/Pabel*, EMRK, § 1, Rn. 1; *Grote*, in: Grote/Marauhn, EMRK/GG, Kap. 1, Rn. 7 ff.

620   Nachweise hierzu bei *Walter*, Religionsverfassungsrecht, S. 399 Fn. 297 ff.; *Giegerich*, in: Grote/Marauhn, EMRK/GG, Kap. 2, Rn. 47 ff.

den Gesetzes,[621] das heißt als »einfaches« Gesetzesrecht.[622] Damit stellt sie zwar weder einen unmittelbaren Prüfungsmaßstab für das *Bundesverfassungsgericht* dar, noch kann eine Verletzung ihrer Bestimmungen durch Verfassungsbeschwerde gemäß Art. 93 Abs. 1 Nr. 4a GG geltend gemacht werden;[623] doch sind ihre Verbürgungen nach ständiger Rechtsprechung des *Bundesverfassungsgerichts* von allen staatlichen deutschen Behörden und Gerichten zu beachten,[624] ebenso wie das Bundesverfassungsgericht die Europäische Menschenrechtskonvention als **Rechtserkenntnisquelle zur Auslegung grundgesetzlicher Vorschriften** heranzieht.[625] Angesichts der erwähnten europarechtlichen Bezüge ist dies nicht nur für die **Grundrechte**, sondern auch für das über Art. 140 GG inkorporierte **Religionsrecht der Weimarer Reichsverfassung** von Belang.

Auf Grund ihrer spezifischen Zielsetzung enthält die Europäische Menschenrechtskonvention keine unmittelbaren Aussagen über das institutionelle Verhältnis des Staates zu den Religionsgemeinschaften. Vielmehr geht sie von der **Vielgestaltigkeit der mitgliedstaatlichen religionsrechtlichen Modelle** aus, wie sie bereits im Jahr 1950 vorgefunden wurde, und beeinflusst diesen Befund jedenfalls solange nicht, als religionsrechtliche Bestimmungen der jeweiligen Staaten nicht zu einer Verletzung der von Art. 9 EMRK gewährleisteten Religionsfreiheit führen. Allerdings führen die zu Art. 9 EMRK jedenfalls ansatzweise entwickelte **korporative Religionsfreiheit** sowie das **Verbot der Diskriminierung aus religiösen Gründen** gemäß Art. 14 EMRK durchaus zu Konsequenzen.[626] Gewisse Grundaussagen über die Zuordnung von Staat und Religionsgemeinschaften ergeben sich ferner aus der **Rechtsprechung der Konventionsorgane**; denn die Feststellung einer Verletzung der Religionsfreiheit kann nicht losgelöst von den Prinzipien des institutionellen Religionsrechts getroffen werden, welche teils den genannten Bestimmungen der Europäischen Menschenrechtskonvention, teils einem wertenden **Vergleich mitgliedstaatlicher religionsrechtlicher Modelle** zu entnehmen sind. Innerhalb dieser Grundaussagen akzeptieren die Konventionsorgane jedoch alle in den Mitgliedstaaten vorhandenen religionsrecht-

253

---

621 Gesetz v. 07.08.1952 (BGBl. II S. 685).
622 BVerfGE 74, 358, 370; 82, 106, 114; 111, 307, 316 f. Dazu m.w.N. *Frowein*, in: HbStR VII, S. 731, 736; *Giegerich*, in: Grothe/Marauhn, EMRK/GG, Kap. 2, Rn. 42 ff.; *Grabenwarter/Pabel*, EMRK, § 3 Rn. 6.
623 *Giegerich*, in: Grote/Marauhn, EMRK/GG, Kap. 2, Rn. 42 mit Nachweisen aus der Rechtsprechung des Bundesverfassungsgerichts.
624 BVerfGE 111, 307, 323: »Berücksichtigung der Gewährleistungen der Europäischen Menschenrechtskonvention und der Entscheidungen des Gerichtshofs im Rahmen methodisch vertretbarer Gesetzesauslegung«. Zu dieser »konventionskonformen« Auslegung bereits BVerfGE 74, 358, 370.
625 BVerfGE 111, 307, 317; zusammenfassend *Giegerich*, in: Grote/Marauhn, EMRK/GG, Kap. 2, Rn. 45 f.
626 Dazu *Walter*, Religionsverfassungsrecht, S. 329.

lichen Modelle.[627] Methodisch stellt das Recht der Europäischen Menschenrechtskonvention im Wesentlichen *case law* dar, welches die Konventionsorgane aus ihren Entscheidungen gewinnen. Schon daraus folgt, dass ein »**System**« des Religionsrechts **der Europäischen Menschenrechtskonvention** im eigentlichen Sinne nicht besteht; ein solches kann allenfalls ansatzweise aus der – zudem disparaten und sich fortentwickelnden – Rechtsprechung erschlossen werden.[628]

1. Art. 9 EMRK als individuelles Recht auf Religionsfreiheit

254   Art. 9 EMRK, der die Überschrift »Gedanken-, Gewissens- und Religionsfreiheit« trägt und sich in der Formulierung an Art. 18 der Allgemeinen Erklärung der Menschenrechte vom 10. Dezember 1948 anlehnt,[629] lautet in der bereinigten und nicht-amtlichen deutschen Übersetzung wie folgt:[630]

---

627   *Walter*, in: Grote/Marauhn, EMRK/GG, Kap. 17 Rn. 11; *Hillgruber*, DVBl. 1999, 1155, 1176 f.; Nr. 45 des Kommissionsberichts zu EKMR v. 23.10.1990 – *Darby*, Series A: Judgement und Decisions 187.

628   *Walter*, in: Grote/Marauhn, EMRK/GG, Kap. 17 Rn. 11, weist zutreffend darauf hin, dass die Rspr. der Konventionsorgane in hohem Maße von den Zufälligkeiten des vorliegenden Fallmaterials abhängt. So war etwa die frühe Rspr. der Europäischen Kommission für Menschenrechte stark geprägt durch religiöse *Konfliktlagen im Strafvollzug* einerseits und durch das Vorgehen des griechischen Staates gegenüber der Gemeinschaft der Zeugen Jehovas sowie durch die damit verbundenen *Probleme des Schutzes religiöser Minderheiten* andererseits.

629   Zum völkerrechtlichen Schutz religiöser Minderheiten und ihrer Mitglieder *Wolfrum*, in: Grote/Marauhn (Hg.), Religionsfreiheit – Völker- und verfassungsrechtliche Perspektiven, S. 53 ff.; *Frowein*, ebd., S. 73, 75 ff.

630   Zitierte Fassung abrufbar unter http://www.echr.coe.int/NR/rdonlyres/F45A65CD-38BE-4FF7-8284-EE6C2BE36FB7/0/Convention_DEU.pdf – Amtlich ist demgegenüber gem. Art. 59 Abs. 4 EMRK allein die *englische und französische Fassung* (*Grabenwarter/Pabel*, EMRK, § 5 Rn. 2); diese lauten (abrufbar unter http://www.echr.coe.int/ECHR/EN/Header/Basic+Texts/The+Convention+and+additional+protocols/The+European+Convention+on+Human+Rights/): Article 9: Freedom of thought, conscience and religion (1) Everyone has the right to freedom of thought, conscience and religion; this right includes freedom to change his religion or belief and freedom, either alone or in community with others and in public or private, to manifest his religion or belief, in worship, teaching, practice and observance. (2) Freedom to manifest one's religion or beliefs shall be subject only to such limitations as are prescribed by law and are necessary in a democratic society in the interests of public safety, for the protection of public order, health or morals, or for the protection of the rights and freedoms of others. – Article 9: Liberté de pensée, de conscience et de religion (1) Toute personne a droit à la liberté de pensée, de conscience et de religion; ce droit implique la liberté de changer de religion ou de conviction, ainsi que la liberté de manifester sa religion ou sa conviction individuellement ou collectivement, en public ou en privé, par le culte, l'enseignement, les pratiques et l'accomplissement des rites. (2) La liberté de manifester sa religion ou ses convictions ne peut faire l'objet d'autres restrictions que celles qui, prévues par la loi, constituent des mesures nécessaires, dans une société démocratique, à la sécurité publi-

(1) Jede Person hat das Recht auf Gedanken-, Gewissens- und Religionsfreiheit; dieses Recht umfaßt die Freiheit, seine Religion oder Weltanschauung zu wechseln, und die Freiheit, seine Religion oder Weltanschauung einzeln oder gemeinsam mit anderen öffentlich oder privat durch Gottesdienst, Unterricht oder Praktizieren von Bräuchen und Riten zu bekennen.

(2) Die Freiheit, seine Religion oder Weltanschauung zu bekennen, darf nur Einschränkungen unterworfen werden, die gesetzlich vorgesehen und in einer demokratischen Gesellschaft notwendig sind für die öffentliche Sicherheit, zum Schutz der öffentlichen Ordnung, Gesundheit oder Moral oder zum Schutz der Rechte und Freiheiten anderer.

Die Gewährleistung des Art. 9 Abs. 1 EMRK dient zuvörderst dem **Schutz der individuellen Religionsfreiheit** vor staatlichen Übergriffen. Damit ist, wie die explizite Nennung der Gedankenfreiheit zeigt, zunächst das **forum internum** geschützt, insbesondere vor staatlicher Indoktrination;[631] daraus können erste Schlüsse auf Prinzipien des konventionsrechtlichen Religionsrechts gezogen werden, da der Schutz vor staatlicher Indoktrination entsprechende **Neutralitätspflichten des Staates** impliziert.[632] Der Schutz des forum internum wird dadurch verstärkt, dass dieses nicht den Möglichkeiten einer Beschränkung nach Maßgabe von Art. 9 Abs. 2 EMRK unterliegt. Die Konventionsorgane haben bislang auf eine nähere Definition des Begriffs der **Religion** verzichtet,[633] was nicht zuletzt daran liegen dürfte, dass (was Art. 9 Abs. 2 EMRK ausdrücklich zu entnehmen ist) der in Absatz 1 gewährleistete Schutz gleichermaßen die **Weltanschauungsfreiheit** umfasst. Teilweise wird gleichsam als »Minimalerfordernis« eine »coherent view on fundamental problems« genannt,[634] während man das Vorliegen einer Religion im Übrigen pragmatisch einer *Plausibilitätsprüfung* unterzieht.[635]

255

que, à la protection de l'ordre, de la santé ou de la morale publiques, ou à la protection des droits et libertés d'autrui.

631 *Walter*, in: Grote/Marauhn, EMRK/GG, Kap. 17 Rn. 15; *Grabenwarter/Pabel*, EMRK, § 22 Rn. 99; *von Ungern-Sternberg*, Religionsfreiheit, S. 45 f.
632 *Walter*, in: Grote/Marauhn, EMRK/GG, Kap. 17 Rn. 134 f.
633 *Walter*, in: Grote/Marauhn, EMRK/GG, Kap. 17 Rn. 34 m.w.N. dazu, dass die Konventionsorgane verschiedentlich das Vorliegen einer »Religion« und damit die Eröffnung des Schutzbereichs offen gelassen haben, indem sie den Fall entweder auf einer anderen rechtlichen Grundlage entschieden oder unmittelbar auf Art. 9 Abs. 2 EMRK zurückgegriffen und eine Rechtfertigung des Eingriffs bejaht haben; dazu ferner *Grabenwarter/Pabel*, EMRK, § 22 Rn. 100. Vertiefend zum Begriff des religiösen Bekenntnisses von *Ungern-Sternberg*, Religionsfreiheit, S. 50 ff.
634 EKMR v. 10.03.1981 – *X gegen Deutschland*, DR 24, 137, 138; dazu *Walter*, in: Grote/Marauhn, EMRK/GG, Kap. 17 Rn. 36.
635 Zu letzterem *Walter*, Religionsverfassungsrecht, S. 349 f.

256 Art. 9 Abs. 1 EMRK schützt neben dem forum internum auch die **Freiheit der Religionsausübung**.[636] Zwar spricht der Wortlaut explizit nur vom »Bekennen«, doch werden im Folgenden die wichtigsten Formen der Religionsausübung genannt; dass diese Aufzählung nicht abschließend ist, lässt sich dem Wortlaut des Absatzes 1 (»umfaßt«) entnehmen. Ähnlich der Vorgehensweise des *Bundesverfassungsgerichts* zu Art. 4 Abs. 1 und 2 GG operieren die Konventionsorgane mit einem *einheitlichen* Schutzbereich der Religionsausübungsfreiheit,[637] fassen diesen jedoch tendenziell enger;[638] insbesondere kommt dem **Selbstverständnis des Grundrechtsträgers** zur Bestimmung dessen, was als Religionsausübung geschützt ist, in der Rechtsprechung der Konventionsorgane nicht die gleiche Bedeutung zu wie in der herrschenden deutschen Lehre und Rechtsprechung.[639] Neben der »positiven« Religionsfreiheit umfasst der Schutzbereich des Art. 9 Abs. 1 EMRK auch die »**negative**« **Religionsfreiheit**, also die Freiheit, keine religiöse Überzeugung haben und bekennen zu müssen.[640] Über die negatorische Funktion der Religionsfreiheit nach Art. 9 Abs. 1 EMRK hinaus ist in der Rechtsprechung der Konventionsorgane jedenfalls in Grundzügen auch ein daraus resultierender **Schutz vor Blasphemie** anerkannt worden.[641]

2. Art. 9 EMRK und der Schutz kollektiver bzw. korporativer religiöser Freiheit

257 Dass Art. 9 Abs. 1 EMRK die **kollektive Religionsausübung** gewährleistet, ergibt sich bereits aus dem Wortlaut (»Religion oder Weltanschauung einzeln oder gemeinsam mit anderen … zu bekennen«).[642] Fraglich erscheint demgegenüber, inwieweit die Vorschrift auch die **korporative Religionsfreiheit** schützt, welche möglicherweise als – von der individuellen Religionsfreiheit abgeschichtetes – *Recht der Religionsgemeinschaften* die Grundlage für ein konventionsrechtliches **religiöses Selbstbestimmungsrecht** nach dem Muster von Art. 140 GG i.V.m. Art. 137 Abs. 3 WRV abge-

---

636 *von Ungern-Sternberg*, Religionsfreiheit, S. 45, 46 ff.; *Grabenwarter/Pabel*, EMRK, § 22 Rn. 102; *Walter*, in: Grote/Marauhn, EMRK/GG, Kap. 17 Rn. 47; *Frowein*, in: ders./Peukert, EMRK, Art. 9 Rn. 16 f.

637 *Walter*, Religionsverfassungsrecht, S. 354.

638 *Blum*, Gedanken-, Gewissens- und Religionsfreiheit, S. 92; *H. Weber*, ZevKR 45 (2000), 109, 147.

639 *Mückl*, Europäisierung des Staatskirchenrechts, S. 433.

640 EGMR v. 18.02.1999 – *Buscarini u.a.*, Reports of Judgments and Decisions 1999-I = NJW 1999, 2957 (Regelung des Staates San Marino, wonach alle Abgeordneten einen Eid auf die Heilige Schrift abzulegen hatten). Dazu *Grabenwarter/Pabel*, EMRK, § 22 Rn. 104; *Frowein*, in: ders./Peukert, EMRK, Art. 9 Rn. 8; *Mückl*, Europäisierung des Staatskirchenrechts, S. 431.

641 EGMR v. 20.09.1994 – *Otto-Preminger-Institut*, Series A: Judgement und Decisions 295-A, Ziff. 47. Dazu *Walter*, in: Grote/Marauhn, EMRK/GG, Kap. 17 Rn. 80 f.; *Frowein*, in: ders./Peukert, EMRK, Art. 9 Rn. 10; *ders.*, in: Grote/Marauhn (Hg.), Religionsfreiheit – Völker- und verfassungsrechtliche Perspektiven, S. 73, 84 f.

642 *Walter*, Religionsverfassungsrecht, S. 369.

ben könnte.[643] Der normative Befund des Art. 9 Abs. 1 EMRK als solcher ist für die Beantwortung dieser Frage insofern unergiebig, als die dort garantierte kollektive Religionsausübung auch als *Summe einzelner (individueller) Religionsausübungen* ohne spezifisch *institutionelle* Dimension verstanden werden kann.[644] Andererseits folgt aus Art. 34 Satz 1 EMRK, der das Recht zur Individualbeschwerde auch »nichtstaatlichen Organisationen« zuspricht, dass *Religionsgemeinschaften* Träger der in der Europäischen Menschenrechtskonvention gewährten Rechte sein können – was mangels Ausübung staatlicher Hoheitsgewalt auch für deutsche Religionsgemeinschaften mit dem Status von Körperschaften des öffentlichen Rechts zu gelten hat.[645] Die einschlägige Rechtsprechung der Konventionsorgane stellt sich als stark durch Einzelfälle geprägt dar und erschwert insofern eine Systematisierung.[646] Insgesamt finden sich hinsichtlich der **Anerkennung einer korporativen Reichweite des Art. 9 Abs. 1 EMRK** unterschiedliche Argumentationslinien.

Während die Europäische Kommission für Menschenrechte in einer frühen Ent- 258 scheidung die Berechtigung von Korporationen aus Art. 9 EMRK noch verneint hatte,[647] rückte sie von dieser Auffassung in zwei Entscheidungen aus den Jahren 1976 und 1979 ab.[648] Das erstgenannte Verfahren betraf einen dänischen Pastor, der sich aus Gewissensgründen gegen eine Maßnahme seiner Kirche (der dänischen Staatskirche) wandte. Die Europäische Kommission für Menschenrechte sprach das Recht zur Entscheidung der streitbefangenen theologischen Frage der *Kirche* zu – und da-

---

643 Dazu *de Wall*, in: Renzikowski (Hg.), Die EMRK im Privat-, Straf- und Öffentlichen Recht, S. 235, 237 ff.; *Grabenwarter*, in: FS Rüfner, S. 147 ff.; *Blum*, Gedanken-, Gewissens- und Religionsfreiheit, S. 170 ff.; *Bleckmann*, Selbstbestimmungsrecht der Kirchen, S. 27 ff.; *Conring*, Korporative Religionsfreiheit, S. 333 ff.

644 Zutreffend *de Wall*, in: Renzikowski (Hg.), Die EMRK im Privat-, Straf- und Öffentlichen Recht, S. 235, 238.

645 Dazu allgemein *Grabenwarter/Pabel*, EMRK, § 17 Rn. 5; *Röben*, in: Grote/Marauhn, EMRK/GG, Kap. 5 Rn. 32. – Die Europäische Menschenrechtskonvention kennt zwar keine Art. 19 Abs. 3 GG vergleichbare Vorschrift, die eine grundsätzliche Grundrechtsträgerschaft juristischer Personen explizit anordnen würde; gleichwohl kann eine solche Grundrechtsträgerschaft neben Art. 34 Satz 1 EMRK auch aus Art. 1 ZP (Zusatzprotokoll zur Konvention zum Schutze der Menschenrechte und Grundfreiheiten v. 20.03.1952) erschlossen werden, der ein Recht auf Achtung ihres Eigentums explizit auch »juristischen Personen« zuspricht. – Die *Grundrechtsträgerschaft von Religionsgemeinschaften* wurde ausdrücklich anerkannt in EGMR v. 16.12.1997 – *Katholische Kirche von Canea*, Reports of Judgements and Decisions 1997-VIII, Ziff. 31; EGMR v. 27.06.2000 – *Cha'are Shalom ve Tsedek*, Reports of Judgments and Decisions 2000-VII, Ziff. 72.

646 *de Wall*, in: Renzikowski (Hg.), Die EMRK im Privat-, Straf- und Öffentlichen Recht, S. 235, 248; *Walter*, in: Grote/Marauhn, EMRK/GG, Kap. 17 Rn. 11.

647 EKMR v. 17.12.1968 – *Church of X*, Collections of Decisions 29, 70, 75; dazu *Conring*, Korporative Religionsfreiheit, S. 340 f.

648 EKMR v. 08.03.1976 – *X gegen Dänemark*, Decisions and Reports 5, 157; EKMR v. 05.05.1979 – *X und Church of Scientology*, Decisions and Reports 16, 68 – Ausführliche Darstellung der Rechtsprechung der Konventionsorgane bei *Conring*, Korporative Religionsfreiheit, S. 340 ff.

mit dem Kläger die Möglichkeit ab, dieser gegenüber seine Gewissens- bzw. Religionsfreiheit geltend zu machen;[649] überdies wurde der Schutz des Art. 9 EMRK auf das Recht der Kirche erstreckt, ihre Religion zu manifestieren, den Gottesdienst zu organisieren und auszuüben sowie Religionsausübung und Gehorsam zu lehren.[650] Wenngleich dieses Recht der Kirche nur vermittelt über ihre Mitglieder zugestanden wurde (»through the rights granted to its members«), sind hier doch bereits wesentliche Inhalte korporativer Religionsfreiheit bzw. eines religiösen Selbstbestimmungsrechts der Kirche erkennbar. Im Jahr 1979 wurde die **Herleitung von Rechten der Religionsgemeinschaft aus Art. 9 Abs. 1 EMRK** auf der Grundlage der Rechte ihrer Mitglieder durch den Gedanken der *Repräsentation* präzisiert; ihr wurde zugestanden, die Rechte aus Art. 9 Abs. 1 EMRK »in its own capacity as a representative of its members« innezuhaben und ausüben zu können.[651] Unklar blieb an dieser Formel allerdings, ob damit *eigenständige Rechte der Religionsgemeinschaften* anerkannt werden sollten oder lediglich deren Möglichkeit umschrieben wurde, aus Art. 9 EMRK resultierende Rechte der Mitglieder im Wege der *Prozessstandschaft* im eigenen Namen geltend zu machen.[652] Im letzteren Fall könnten die Rechte der Religi-

---

649 EKMR v. 08.03.1976 – *X gegen Dänemark*, Decisions and Reports 5, 157, 158: »The Commission therefore holds that freedom of religion within the meaning of Art. 9 (1) of the Convention does not include the right of clergyman, in his capacity of a civil servant in a State church system, to set up conditions for baptising, which are contrary to the directives of the highest administrative authority within that church, i.e. the Church Minister«.

650 EKMR v. 08.03.1976 – *X gegen Dänemark*, Decisions and Reports 5, 157, 158: »A church is an organised religious community based on identical or at least substantially similar views. Through the rights granted to its members under Art. 9, the church itself is protected in its right to manifest its religion, to organise and carry out worship, teaching practice and observance, and it is free to act out and enforce uniformity in these matters«.

651 EKMR v. 05.05.1979 – *X und Church of Scientology*, Decisions and Reports 16, 68, 70. – Vgl. insoweit ferner EKMR v. 19.03.1981 – *Omkarananda und Divine Light Zentrum*, Decisions and Reports 25, 105, 117; EGMR v. 27.06.2000 – *Cha'are Shalom ve Tsedek*, Reports of Judgments and Decisions 2000-VII, Ziff. 72 unter Verweis auf EGMR v. 16.12.1997 – *Canea Catholic Church*, Reports of Judgments and Decisions 1997-VIII, Ziff. 31.

652 Dazu *Walter*, in: Grote/Marauhn, EMRK/GG, Kap. 17 Rn. 91; *Conring*, Korporative Religionsfreiheit, S. 353; *Vachek*, Religionsrecht der Europäischen Union, S. 209 ff. – – Zur Unklarheit trägt die Entscheidung EKMR v. 13.03.1986 – *Vereniging Rechtswinkels Utrecht*, Decisions and Reports 46, 200, 202, bei, in welcher die Teile der Formel »in its own capacity« und »as a representative of its members« abweichend von der bisherigen Rechtsprechung in ein Entweder-Oder-Verhältnis gesetzt werden (»either in its own capacity or as a representative of its members«). – Hiernach für eine *eigenständige* Grundrechtsträgerschaft der Religionsgemeinschaften *Grabenwarter*, EMRK, § 17 Rn. 84; *ders.*, in: FS Rüfner, S. 147, 148; *Frowein*, in: Frowein/Peukert, EMRK, Art. 9 Rn. 8; *Blum*, Gedanken-, Gewissens- und Religionsfreiheit, S. 170 ff. – Für eine *prozessstandschaftliche* Auslegung hingegen *Vachek*, Religionsrecht der Europäischen Union, S. 210.

Kästner

onsgemeinschaften nicht weiter reichen als die Summe der (kollektiven) Religionsfreiheit ihrer einzelnen Mitglieder.[653]

Entscheidungen der Europäischen Kommission für Menschenrechte aus dem Jahr 1989[654] und des Europäischen Gerichtshofs für Menschenrechte aus dem Jahr 2000[655] enthalten demgegenüber Ausführungen, die als **Anerkennung eines religiösen Selbstbestimmungsrechts von Religionsgemeinschaften** verstanden werden können.[656] Die erwähnten – möglicherweise auf eine Prozessstandschaft der Religionsgemeinschaften hindeutenden Formeln – finden sich in der Entscheidung des Europäischen Gerichtshofs für Menschenrechte nicht (was darauf beruhen kann, dass ihr Individualbeschwerden natürlicher Personen zugrunde lagen).[657] Ob der

259

---

653 Dazu *Söbbeke-Krajewski*, Religionsrechtlicher Acquis Communautaire, S. 162 f.

654 EKMR v. 06.09.1989 – *Rommelfanger*, Az. 12242/86, DR 1962, 151.

655 EGMR v. 26.10.2000 – *Hasan und Chaush*, Az. 30985/96, Reports of Judgments and Decisions 2000-XI, Ziff. 60: »The Court recalls that religious communities traditionally and universally exist in the form of organised structures ... Participation in the life of the community is thus a manifestation of one's religion, protected by Article 9 of the Convention. Where the organisation of the religious community is at issue, Article 9 of the Convention must be interpreted in the light of Article 11, which safeguards associative life against unjustified State interference. Seen in this perspective, the believers' right to freedom of religion encompasses the expectation that the community will be allowed to function peacefully, free from arbitrary State intervention. Indeed, the autonomous existence of religious communities is indispensable for pluralism in a democratic society and is thus an issue at the very heart of the protection which Article 9 affords. It directly concerns not only the organisation of the community as such but also the effective enjoyment of the right to freedom of religion by all its active members. Were the organisational life of the community not protected by Article 9 of the Convention, all other aspects of the individual's freedom of religion would become vulnerable«.

656 Dazu *Grabenwarter/Pabel*, EMRK, § 22 Rn. 107; *ders.*, in: FS Rüfner, S. 147, 149 ff.; *Walter*, in: Grote/Marauhn, EMRK/GG, Kap. 17 Rn. 92; *ders.*, Religionsverfassungsrecht, S. 377 ff.; *Mückl*, Europäisierung des Staatskirchenrechts, S. 434; *Robbers*, HbStKirchR, Bd. I, S. 315, 316 f.; *Bleckmann*, Selbstbestimmungsrecht der Kirchen, S. 27 ff. und passim; *Muckel*, DÖV 2005, 191, 195; im Ergebnis auch *Blum*, Gedanken-, Gewissens- und Religionsfreiheit, S. 175 ff.; *de Wall*, in: Renzikowski (Hg.), Die EMRK im Privat-, Straf- und Öffentlichen Recht, S. 235, 248 ff.; *ders.*, ZevKR 45 (2000), 157, 166; *H. Weber*, ZevKR 45 (2000), 109, 148 f. Ablehnend demgegenüber *Vachek*, Religionsrecht der Europäischen Union, S. 408 f. – Zum Ganzen ferner *Söbbeke-Krajewski*, Religionsrechtlicher Acquis Communautaire, S. 163 ff., 166 ff.

657 Vgl. demgegenüber EGMR v. 13.12.2001 – *Metropolitan Church of Bessarabia u.a.*, Az. 45701/99, Reports of Judgments and Decisions 2001-XII, wo das Urteil in Sachen *Hasan und Chaush* zustimmend zitiert (Ziff. 118) und gleichzeitig – da Beschwerdeführer eine Religionsgemeinschaft war – unter Verweis auf EGMR v. 27.06.2000 – *Cha`are Shalom ve Tsedek*, Reports of Judgments and Decisions 2000-VII, Ziff. 72 – eine auf eine prozessstandschaftliche Geltendmachung mitgliedstaatlicher Rechte hindeutende Formulierung verwendet wird (Ziff. 101: »The Court reiterates at the outset that a Church or ecclesiastical body may, as such, exercise on behalf of its adherents the rights guaranteed by Article 9 of the Convention«). – Die Ausführungen der Entscheidung EGMR v. 26.10.2000

Gerichtshof in dieser Entscheidung ein eigenständiges Selbstbestimmungsrecht der Religionsgemeinschaften vergleichbar mit Art. 140 GG i.V.m. Art. 137 Abs. 3 WRV sanktioniert hat, bedarf differenzierter Betrachtung.[658] Zwar erkennt er eine über die bloße Summe individueller Religionsausübung hinausreichende *korporative Komponente* an, indem er betont, dass Religionsgemeinschaften herkömmlicher- und üblicherweise in der Form »organisierter Strukturen« bestehen, und Art. 9 EMRK im Hinblick auf diese organisatorische Komponente zugleich im Lichte der *Vereinigungsfreiheit* des Art. 11 EMRK interpretiert. Darauf deutet auch die Bemerkung hin, dass die »autonome« Existenz von Religionsgemeinschaften für den Pluralismus in einer demokratischen Gesellschaft notwendig sei.[659] Andererseits sieht der Europäische Gerichtshof für Menschenrechte die *Funktionsfähigkeit der Religionsgemeinschaft* auf die *Religionsfreiheit der Einzelnen* hingeordnet.[660] Dafür, dass die korporative Dimension der Religionsfreiheit weniger als eigen- oder gar selbständiges Recht der Religionsgemeinschaften und eher als »Schlussstein« der **Entfaltung individueller Religionsfreiheit** gesehen wird, spricht überdies die Aussage, es würden dann, wenn nicht auch die organisatorische Dimension der Gemeinschaft geschützt wäre, alle anderen Aspekte der individuellen Religionsfreiheit verwundbar. Nach alledem ist davon auszugehen, dass der *Europäische Gerichtshof für Menschenrechte* zwar eine **korporative Religionsfreiheit** und darin verortet **Elemente eines religiösen Selbstbestimmungsrechts** der Religionsgemeinschaften anerkennt,[661] diese jedoch in einer dienenden Funktion auf die Verwirklichung der (individuellen oder kollektiven) *Religionsfreiheit der Einzelnen* bezieht.[662] Dem entspricht es, dass der Gerichtshof in einer Entscheidung aus dem Jahr 2001 eine Ausprägung der individuellen Religionsfreiheit (»right to manifest one's religion«) in ihrer »kollektiven Dimension« (»in its collective dimension«) in der Möglichkeit sieht, Rechtsschutz für die Gemeinschaft

– *Hasan und Chaush* – werden vom Europäischen Gerichtshof für Menschenrechte seither in st. Rspr. zitiert (zuletzt EGMR v. 22.01.2009 – *Holy Synod of the Bulgarian Orthodox Church (Metropolitan Inokentiy)* u.a., abrufbar unter http://hudoc.echr.coe.int/sites/eng/Pages/search.aspx#{%22fulltext%22:[%22Holy%20Synod%20of%20Bulgarian%22], %22documentcollectionid%22:[%22COMMITTEE%22,%22DECISIONS%22,%22 COMMUNICATEDCASES%22,%22CLIN%22,%22ADVISORYOPINIONS%22,%22 REPORTS%22,%22RESOLUTIONS%22]}.

658 Dazu *Walter*, in: Grote/Marauhn, EMRK/GG, Kap. 17 Rn. 91 f.

659 *Söbbeke-Krajewski*, Religionsrechtlicher Acquis Communautaire, S. 167; *Grabenwarter*, in: FS Rüfner, S. 147, 149.

660 *Walter*, in: Grote/Marauhn, EMRK/GG, Kap. 17 Rn. 100; ferner *Meyer-Ladewig*, EMRK, Art. 9 Rn. 1.

661 So insbesondere die *religiöse Vereinigungsfreiheit* als Recht der Religionsgemeinschaften, sich zu gründen, Rechtsfähigkeit zu erlangen und selbst über ihre Organisation und ihre religiösen Leiter zu bestimmen, ferner das Recht zur *Festlegung der Glaubensinhalte und deren Ausdrucksformen*. – *Walter*, in: Grote/Marauhn, EMRK/GG, Kap. 17 Rn. 97 ff., 100; *Grabenwarter/Pabel*, EMRK, § 22 Rn. 107; *de Wall*, in: Renzikowski (Hg.), Die EMRK im Privat-, Straf- und Öffentlichen Recht, S. 235, 248 f.; zur Gründung bereits *Frowein*, ZaöRV 46 (1986), 249, 255 f.

662 Ebenso *Walter*, in: Grote/Marauhn, EMRK/GG, Kap. 17 Rn. 92.

(»community«), ihre Mitglieder (»its members«) und ihr Vermögen (»its assets«) zu erhalten.[663]

Insgesamt ist festzustellen, dass die Rechtsprechung des *Europäischen Gerichtshofs für*   260
Menschenrechte im Hinblick auf ein eigenständiges religiöses Selbstbestimmungsrecht der Religionsgemeinschaften in einer gewissen Schwebelage bzw. Widersprüchlichkeit verharrt, indem von ihm einerseits typische Elemente eines eigenständigen und von der kollektiven Religionsfreiheit als Summe der Rechte Einzelner abgeschichteten Selbstbestimmungsrechts anerkannt werden, indem er diese andererseits aber sowohl prozessual als auch materiell durchweg an die (individuelle oder kollektive) Religionsfreiheit der Einzelnen anbindet.[664] Da der Europäische Gerichtshof für Menschenrechte allerdings die **Beschwerdefähigkeit von Religionsgemeinschaften** vermittels der prozessstandschaftlichen Konstruktion tendenziell weit fasst, kann jedenfalls im Ergebnis durchaus von der partiellen Anerkennung eines von Religionsgemeinschaften einklagbaren Selbstbestimmungsrechts gesprochen werden. Die Anknüpfung an eine Prozessstandschaft erscheint angesichts ihrer dogmatischen Unschärfe als fragwürdig; andererseits ermöglicht gerade diese Unschärfe den »Spagat« zwischen einer prinzipiellen Ausrichtung am individuellen Grundrecht auf Religionsfreiheit einerseits und der Anerkennung von – durch Religionsgemeinschaften einklagbaren – Elementen eines Selbstbestimmungsrechts andererseits.[665]

3. Grundprinzipien des konventionsrechtlichen Religionsrechts?

Wenngleich das institutionelle Religionsrecht nicht Regelungsgegenstand der Euro-   261
päischen Menschenrechtskonvention ist, lassen sich doch aus der Rechtsprechung zu Art. 9 EMRK und zum Verbot religiöser Diskriminierung nach Art. 14 EMRK gewisse **Grundprinzipien eines konventionsrechtlichen Religionsrechts** erschließen. Dieses erscheint geprägt von einem doppelten Pluralismus: Einerseits von der grundsätzlichen *Hinnahme der unterschiedlichen religionsrechtlichen Modelle der Mitglied-*

---

663 EGMR v. 13.12.2001 – *Metropolitan Church of Bessarabia u.a.*, Reports of Judgments and Decisions 2001-XII, Ziff. 118.

664 *de Wall*, in: Renzikowski (Hg.), Die EMRK im Privat-, Straf- und Öffentlichen Recht, S. 235, 249, 252 – Besonders deutlich EGMR v. 13.12.2001 – *Metropolitan Church of Bessarabia u.a.*, Reports of Judgments and Decisions 2001-XII, wo einerseits der Rechtsschutz für das kirchliche Vermögen (»its assets«) als Schutzgegenstand des Art. 9 EMRK anerkannt wird, andererseits aber zur Begründung der Beschwerdefähigkeit der Religionsgemeinschaft erneut eine prozessstandschaftliche Konstruktion bemüht wird (Ziff. 101: »The Court reiterates at the outset that a Church or ecclesiastical body may, as such, *exercise on behalf of its adherents* the rights guaranteed by Article 9 of the Convention«). – Hervorhebung nicht im Original.

665 *de Wall*, in: Renzikowski (Hg.), Die EMRK im Privat-, Straf- und Öffentlichen Recht, S. 235, 255, sieht Art. 9 EMRK in der Auslegung durch den Europäischen Gerichtshof für Menschenrechte als »solide Basis für einen Schutz der Religionsgemeinschaften vor ungerechtfertigten Eingriffen in ihr Selbstbestimmungsrecht« und als »Grundlage einer gemeinsamen Rechtskultur im Religionsverfassungsrecht«.

staaten[666] als vorgegebene Rahmenbedingungen,[667] solange sie nicht zu den Gewährleistungen der Europäischen Menschenrechtskonvention in Widerspruch stehen[668] – und andererseits von dem in den Mitgliedstaaten bestehenden gesellschaftlichen *Pluralismus an religiösen und areligiösen bzw. weltanschaulichen Überzeugungen*, der als wesentliches Merkmal einer Demokratie betrachtet wird.[669] Hieraus resultiert das Prinzip staatlicher **Neutralität**,[670] welches freilich bereits aufgrund seiner jeweiligen Rückbindung an verschiedene religionsrechtliche Modelle bislang kaum scharfe Konturen erfahren hat, sondern eher dazu dient, die Rolle des Staates im Sinne eines »neutralen und unparteilichen Organisators der Ausübung verschiedener Religionen und Glaubensüberzeugungen«[671] als Voraussetzung funktionierender pluralistischer demokratischer Systeme zu begründen.[672] Untrennbar verbunden mit dieser staatli-

---

666 *Frowein*, in: Grote/Marauhn (Hg.), Religionsfreiheit – Völker- und verfassungsrechtliche Perspektiven, S. 73, 78.
667 Dazu *Hillgruber*, DVBl. 1999, 1155, 1176; *Grabenwarter/Pabel*, EMRK, § 22, Rn. 96; *Walter*, in: Grote/Marauhn, EMRK/GG, Kap. 17, Rn. 72; *Goerlich*, NJW 2001, 2862, 2863.
668 *Frowein*, in: Grote/Marauhn (Hg.), Religionsfreiheit – Völker- und verfassungsrechtliche Perspektiven, S. 73, 78 mit Beispielen aus der Rspr., in welchen Konventionsorgane nicht bereit waren, sämtliche Konsequenzen eines staatskirchlichen Systems zu akzeptieren (EKMR v. 23.10.1990 – *Darby*, Series A: Judgement und Decisions A 187: Kirchensteuerpflicht gegenüber der schwedischen Staatskirche; EGMR v. 18.02.1999 – *Buscarini u.a.*, Reports of Judgments and Decisions 1999-I: Pflicht eines Abgeordneten zum Eid auf die Heilige Schrift); dazu auch *Grabenwarter/Pabel*, EMRK, § 22, Rn. 96. – Vgl. auch EGMR v. 26.09.1996 – *Manoussakis u.a.*, Reports of Judgments and Decisions 1996-IV: Eine in Griechenland bestehende Praxis, nicht-orthodoxen Religionsgemeinschaften den Bau von Räumlichkeiten zur Religionsausübung zu verbieten, als Verstoß gegen Art. 9 EMRK; dazu *Walter*, in: Grote/Marauhn, EMRK/GG, Kap. 17, Rn. 73.
669 EGMR v. 25.05.1993– *Kokkinakis*, Series A: Judgement und Decisions 260-A, Ziff. 31: »As enshrined in Article 9 (Art. 9), freedom of thought, conscience and religion is one of the foundations of a ›democratic society‹ within the meaning of the Convention. It is, in its religious dimension, one of the most vital elements that go to make up the identity of believers and their conception of life, but it is also a precious asset for atheists, agnostics, sceptics and the unconcerned. The pluralism indissociable from a democratic society, which has been dearly won over the centuries, depends on it«. Dazu *Walter*, in: Grote/Marauhn, EMRK/GG, Kap. 17, Rn. 11; *Grabenwarter/Pabel*, EMRK, § 22, Rn. 95.
670 *Walter*, Religionsverfassungsrecht, S. 393 ff.; *ders.*, in: Grote/Marauhn, EMRK/GG, Kap. 17, Rn. 133; *Hillgruber*, DVBl. 1999, 1155, 1176 f.; *Grabenwarter*, in: FS Rüfner, S. 147, 156.
671 *Grabenwarter*, in: FS Rüfner, S. 147, 156.
672 EGMR v. 13.12.2001 – *Metropolitan Church of Bessarabia u.a.*, Reports of Judgments and Decisions 2001-XII, Ziff. 116: »However, in exercising its regulatory power in this sphere and in its relations with the various religions, denominations and beliefs, the State has a duty to remain neutral and impartial … Accordingly, the role of the authorities in such circumstances is not to remove the cause of tension by eliminating pluralism, but to ensure that the competing groups tolerate each other«; ebenso EGMR v. 26.10.2000

chen Aufgabe ist das Prinzip der **Säkularität**[673] und der grundsätzlichen **Parität der Religionsgemeinschaften**, welche in staatskirchlichen Systemen jedoch dahingehend modifiziert erscheint, dass eine gewisse privilegierte Stellung von *Staatskirchen* als zulässig angesehen wird,[674] solange dies nicht zu einer Diskriminierung einzelner Grundrechtsträger führt.[675]

II. Europäisches Unionsrecht

1. Allgemeines

Das Recht der Europäischen Union[676] unterscheidet sich vom Recht der Europäischen Menschenrechtskonvention durch seine Supranationalität,[677] d.h. die Europäische Union nimmt die ihr von den Mitgliedern übertragenen Kompetenzen eigenverantwortlich durch gemeinschaftsrechtliche Rechtsetzung, Vollzug und Rechtsprechung wahr. Dem Ziel, in den der Europäischen Union zustehenden Kompetenzbereichen ein möglichst hohes Integrationsniveau zu erreichen, dient der *Anwendungsvorrang* des Gemeinschaftsrechts gegenüber mitgliedstaatlichem Recht[678] und die *Rechtsvereinheitlichung bzw. -angleichung.*[679] Hieraus resultieren grundlegende Unterschiede zu den religionsrechtlichen Vorgaben der Europäischen Menschenrechtskonvention. Während Letztere lediglich einen menschenrechtlichen *Mindeststandard* statuiert, der sich, wie bereits dargelegt, auf die Mitgliedstaaten nur punktuell durch Entscheidungen der Konventionsorgane anlässlich konkreter Rechtsfälle auswirkt, erreicht das Gemeinschaftsrecht eine deutlich höhere Breiten- und Tiefenwirkung; denn es entfaltet Wirkung auf das mitgliedstaatliche Recht nicht nur über die religionsrechtlich relevanten **Bestimmungen des Primärrechts** und die **Rechtsprechung des Europäischen Gerichtshofs**, sondern wirkt über das

262

– *Hasan und Chaush*, Reports of Judgments and Decisions 2000-XI, Ziff. 78. – *Walter*, in: Grote/Marauhn, EMRK/GG, Kap. 17, Rn. 135, spricht von einer staatlichen »Ausgleichsfunktion«; ähnlich *Meyer-Ladewig*, EMRK, Art. 9, Rn. 13.

673 *Grabenwarter*, in: FS Rüfner, S. 147, 156.

674 *de Wall*, in: Renzikowski (Hg.), Die EMRK im Privat-, Straf- und Öffentlichen Recht, S. 235, 250.

675 *Frowein*, in: Grote/Marauhn (Hg.), Religionsfreiheit – Völker- und verfassungsrechtliche Perspektiven, S. 73, 79 f.; *ders.*, in: ders./Peukert, EMRK, Art. 9, Rn. 2.

676 Zu beachten ist, dass Art. 1 EUV i.d.F. des Vertrags von Lissabon die bisherige *Europäische Gemeinschaft* und *Europäische Union* zu einer einheitlichen und Rechtspersönlichkeit genießenden (vgl. Art. 47 EUV n.F.) *Europäischen Union* zusammenführt. Zur bisherigen »Architektur« der Europäischen Union *Streinz*, Europarecht (8. Aufl.), Rn. 82 ff., 133, zur aktuellen Rechtslage *ders.*, Europarecht (9. Aufl.), Rn. 89 und 136 ff.

677 Dazu *Streinz*, Europarecht, Rn. 129 ff.; *Zuleeg*, in: von der Groeben/Schwarze, EUV/EGV, EG Art. 1, Rn. 6 f.; *König*, in: Schulze/Zuleeg/Kadelbach, Europarecht, § 2, Rn. 3.

678 Dazu statt anderer *Ehlers*, in: Schulze/Zuleeg/Kadelbach, Europarecht, § 11, Rn. 8 ff., 39 ff.

679 Dazu *Remien*, in: Schulze/Zuleeg/Kadelbach, Europarecht, § 14, Rn. 2 f.

von den Gemeinschaftsorganen erlassene und überwiegend von den Mitgliedstaaten noch umzusetzende **Sekundärrecht** *modifizierend* auf das mitgliedstaatliche Recht ein.[680] Dieses Phänomen einer mehrfach gestuften Normenhierarchie wird teilweise mit dem der politikwissenschaftlichen Diskussion entstammenden Begriff »**Mehr-ebenensystem**« umschrieben.[681] Fraglich ist indes, ob diese prinzipiell treffende Rechtsfigur auch die Auswirkungen des Gemeinschaftsrechts auf das mitgliedstaatliche Religionsrecht zutreffend erfasst, da insofern **kein Rechtsverbund** im engeren Sinne bzw. **kein »Komplementärrecht«** vorhanden ist; es handelt sich vielmehr um zwei parallele und funktional verschiedene Einflussschienen des Gemeinschaftsrechts auf das Religionsrecht der Mitgliedstaaten einerseits und des mitgliedstaatlichen Religionsrechts auf das Gemeinschaftsrecht andererseits.[682] Zentrale Frage ist jedenfalls – ebenso wie in bundesstaatlichen Systemen – die *Verteilung der Kompetenzen* auf die einzelnen Ebenen, die sich im religionsrechtlichen Kontext in erster Linie im Blick auf die *Rechtsetzung* stellt.

263   Hierzu ist zunächst festzuhalten, dass die Europäische Union **keine ausdrücklichen Regelungskompetenzen für das Religionsrecht** innehat.[683] Dies folgt nicht nur im Gegenschluss aus den primärrechtlichen Regelungen mit religionsrechtlichem Gehalt, sondern in erster Linie daraus, dass nach dem für die Kompetenz der Gemeinschaft grundlegenden **Prinzip der begrenzten Einzelermächtigung**,[684] das im deutschen Verfassungsrecht seine Grundlage in Art. 23 Abs. 1 Satz 1 GG findet, diesbezügliche Kompetenzen nicht übertragen sind.[685] Damit ist es zwar der Europäischen Union verwehrt, Fragen des Religionsrechts als solche zu regeln oder gar ein gegenüber dem nationalen Recht *vorrangiges* gemeinschaftsrechtliches Religionsrecht zu schaffen. Doch ist der Gemeinschaftsgesetzgeber in der Lage, innerhalb seiner bestehenden Kompetenzen Normen zu erlassen, die auch Auswirkungen auf Religionsgemeinschaften und ihr Wirken haben.[686]

---

680 *König*, in: Schulze/Zuleeg/Kadelbach, Europarecht, § 2, Rn. 1.

681 So etwa *Heinig*, Öffentlich-rechtliche Religionsgesellschaften, S. 405; *ders.*, in: Müller-Graff/Schneider (Hg.), Kirchen und Religionsgemeinschaften in der Europäischen Union, S. 125, 137 ff.

682 Kritisch daher auch *Mückl*, Europäisierung, S. 563 f.

683 *Walter*, Religionsverfassungsrecht, S. 404; *Heinig*, Öffentlich-rechtliche Religionsgesellschaften, S. 380 f. – Derartige Kompetenzen werden auch nicht durch den am 01.12.2009 in Kraft getretenen Vertrag von Lissabon begründet.

684 Dazu im vorliegenden Zusammenhang *Mückl*, Europäisierung, S. 409; *Bloss*, Cuius religio, S. 260; allgemein *Calliess*, in: ders./Ruffert, EUV/AEUV, Art. 5 EUV, Rn. 6 ff.; *Zuleeg*, in: von der Groeben/Schwarze, EUV/EGV, EG Art. 5, Rn. 2; *König*, in: Schulze/Zuleeg/Kadelbach, Europarecht, § 2, Rn. 5 f.; *H. Weber*, NVwZ 2011, 1485.

685 Vgl. zu den Zuständigkeiten der Europäischen Union Art. 2 bis 6 des *Vertrags über die Arbeitsweise der Europäischen Union* (AEUV) v. 09.05.2008 (ABl. Nr. C 115 S. 47).

686 *Walter*, Religionsverfassungsrecht, S. 404; *Mückl*, Religions- und Weltanschauungsfreiheit, S. 22 f.; *Bloss*, Cuius religio, S. 260 f.; *Heinig*, Öffentlich-rechtliche Religionsgesellschaften, S. 390; *de Wall*, ZevKR 52 (2007), 310, 315. – Zum funktionalen Charakter der Kompetenzzuweisungen der früheren Art. 2 und 3 EGV (vgl. jetzt Art. 2 bis 6

Zu Recht ist in diesem Zusammenhang auf den **Querschnittscharakter** sowohl des 264
mitgliedstaatlichen Religionsrechts als auch des Gemeinschaftsrechts hingewiesen
worden:[687] Während sich das *staatliche Religionsrecht* auf die von ihm spezifisch betroffenen Rechtssubjekte – Religionsgemeinschaften – bezieht und in den Grenzen
seiner Normativität tendenziell sämtliche mit deren Tätigkeit verbundene Rechtsfragen erfasst, nimmt das *Gemeinschaftsrecht* nach Maßgabe seiner nach wie vor primär
wirtschaftlichen Integrationsziele (vgl. den nunmehr um weitere Ziele ergänzten
Art. 3 EUV n.F.)[688] konkrete *Tätigkeiten beliebiger Rechtssubjekte* zum Anknüpfungspunkt, sofern diese für die genannten Integrationsziele, insbesondere die Verwirklichung des Binnenmarktes, relevant sind.[689] Soweit sich *Religionsgemeinschaften* in
diesen Bereichen betätigen, unterfallen auch sie (etwa im Hinblick auf arbeitsrechtliche Schutz- oder Antidiskriminierungsvorschriften) der entsprechenden primärrechtlichen Gemeinschaftskompetenz und können entweder unmittelbar oder vermittelt über Umsetzungsakte des mitgliedstaatlichen Gesetzgebers Adressaten hierauf
gestützter Rechtsvorschriften sein; eine generelle **Bereichsausnahme für das Wirken
der Religionsgemeinschaften** besteht nicht.[690] Insoweit stellen (primäres und sekundäres) Gemeinschaftsrecht und mitgliedstaatliches Religionsrecht zwar zwei bereits
im Ansatz verschiedene und nebeneinander bestehende Rechtsmaterien dar,[691] doch
werden damit punktuelle oder auch nachhaltige Einwirkungen auf die mitgliedstaat-
lich geregelte Rechtsstellung und Betätigungsmöglichkeit von Religionsgemeinschaften keineswegs ausgeschlossen.

Das kann sich für die Religionsgemeinschaften durchaus **freiheitsfördernd** auswir- 265
ken. Doch entspricht es der Systemlogik der gemeinschaftsrechtlichen Integrationsziele eher, dass die Ausübung entsprechender gemeinschaftsrechtlicher Kompetenzen
auf die Normadressaten tendenziell **nivellierend** wirkt und insofern geeignet ist,
spezifische Rechtsstellungen, die das mitgliedstaatliche Recht den Religionsgemeinschaften auf Grund ihrer Eigenart einräumt, gewissermaßen einzuebnen oder zu re-
lativieren.[692] Wenn das Gemeinschaftsrecht gleichwohl *Besonderheiten der Religions-*

AEUV), die sich nicht auf konkrete Sachgebiete beschränken (*materielle Kompetenzzuweisungen*), *König*, in: Schulze/Zuleeg/Kadelbach, Europarecht, § 2 Rn. 7; *Mückl*, Europäisierung, S. 411.

687 *Waldhoff*, JZ 2003, 978, 981 f.; *Mückl*, Europäisierung, S. 412; *Schlüter*, ZevKR 52
(2007), 325, 328.

688 Dazu auch die Charakterisierung bei *Waldhoff*, JZ 2003, 978, 980: »Zweckverbände wirtschaftlicher Integration« (ohne Hervorhebung im Original).

689 *Walter*, Religionsverfassungsrecht, S. 405. – Der Begriff »Binnenmarkt« ersetzt zukünftig
den bislang ebenfalls verwendeten Begriff des »Gemeinsamen Marktes«.

690 Zutreffend *Heinig*, Öffentlich-rechtliche Religionsgesellschaften, S. 391.

691 *Robbers*, in: HbStKirchR I, S. 315, 318: Gemeinschaftsgesetzgeber als »kirchenindifferen-
ter Normgeber«; ferner *Bausback*, EuR 2000, 261, 264 f.

692 Kritisch zu einer gewissen hieraus resultierenden »Abwehrhaltung« der deutschen religionsrechtlichen Literatur *Walter*, Religionsverfassungsrecht, S. 405 f., der demgegenüber
die Gestaltungsspielräume hervorhebt, die den Mitgliedstaaten in den gemeinschaftsrechtlichen Rechtsetzungsverfahren zur Verfügung stehen.

gemeinschaften achtet, beruht dies bislang mithin weniger auf prinzipieller »Systematik« eines gemeinschaftsrechtlichen Religionsrechts als vielmehr auf einer Einwirkung einzelner Mitgliedstaaten bzw. der Kirchen auf den Prozess gemeinschaftsrechtlicher Rechtsetzung.

266   Damit rücken die **Schranken der Ausübung gemeinschaftsrechtlicher Rechtsetzungsakte** in den Blick, denen die Gemeinschaftsorgane gegenüber Religionsgemeinschaften als (unmittelbaren oder mittelbaren) Regelungsadressaten unterliegen und die als *Kompetenzausübungsschranken* bezeichnet werden können.[693] Weitergehend ist in der Literatur insbesondere von *Stefan Mückl* unter Berufung auf den Rechtsgrundsatz »nemo plus iuris transferre potest quam ipse habet«[694] der *ultra-vires*-Gedanke dahingehend ins Spiel gebracht worden, dass eine gemeinschaftsrechtliche Kompetenz zur Regelung der Angelegenheiten von Religionsgemeinschaften schon deshalb nicht bestehen könne, weil die Mitgliedstaaten selbst über entsprechende Kompetenzen nicht verfügten und diese somit auch nicht auf die Europäische Union übertragen könnten.[695] Dieser Ansatz begegnet Zweifeln aus mehreren Gründen:[696] Zunächst spricht aus gemeinschaftsrechtlicher Perspektive dagegen, dass danach zur Bestimmung jeglicher gemeinschaftsrechtlicher Kompetenz neben den einschlägigen Verträgen stets auch die Verfassungen bzw. Übertragungsakte der einzelnen Mitgliedstaaten heranzuziehen wären,[697] was ein Kompetenzniveau des »kleinsten gemeinsamen Nenners« zur Folge hätte. Im Übrigen erwachsen gegen den Grundansatz der erwähnten Auffassung Bedenken aus der mitgliedstaatlichen (deutschen) Rechtslage; denn nach Maßgabe der staatlichen **Rechtshoheit im religionsrechtlichen Bereich** ist der Staat nicht bereits deshalb an der Regelung von Angelegenheiten der Religionsgemeinschaften gehindert, weil es ihm *a limine* an einer entsprechenden Kompetenz fehlt, sondern vielmehr deshalb, weil seiner prinzipiellen Regelungskompetenz verfassungsrechtliche *Grenzen* gesetzt sind – vor allem durch die *Gewährleistung des religiösen Selbstbestimmungsrechts* nach Maßgabe von Art. 140 GG i.V.m. Art. 137 Abs. 3 WRV und im Übrigen durch die religionsrechtlichen Grundsätze der *Neutralität, Säkularität und Parität*. Auch Art. 23 Abs. 1 Satz 1 GG spricht nicht für eine andere Sicht,[698] soweit es danach gemäß der »Solange«-Rechtsprechung des Bundesverfassungsgerichts[699] für eine Kompetenzüber-

---

693   Zum Begriff *König*, in: Schulze/Zuleeg/Kadelbach, Europarecht, § 2 Rn. 27.

694   Dig. 50, 17, 54.

695   *Mückl*, Europäisierung, S. 416 ff., 424 ff.; *ders.*, Religions- und Weltanschauungsfreiheit, S. 29 ff.; im Ansatz bereits *Bleckmann*, Selbstbestimmungsrecht der Kirchen, S. 7. Dieser Gedanke kann sich zudem auf die Qualifikation von Grundrechten als »negative Kompetenznormen« stützen; dazu *Pieroth/Schlink*, StR II, Rn. 91 ff. (so auch explizit *Mückl*, Europäisierung, S. 421; kritisch *Walter*, Religionsverfassungsrecht, S. 409).

696   Dazu *Walter*, Religionsverfassungsrecht, S. 407 ff.

697   Ähnlich *Walter*, Religionsverfassungsrecht, S. 408.

698   Zu dieser Argumentation *Heinig*, Öffentlich-rechtliche Religionsgesellschaften, S. 393.

699   BVerfGE 73, 339, 378 ff.; 89, 155, 174 f.; 102, 147, 164; ferner bereits BVerfGE 37, 271, 280 f.

tragung ausreicht, dass die Europäische Union einen dem Grundgesetz »im wesentlichen vergleichbaren Grundrechtsschutz gewährleistet«. Dies bezieht sich zwar unmittelbar nur auf den Schutz der *Grundrechte*, muss aber angesichts seiner freiheitsrechtlichen Bezüge gleichermaßen für das *religiöse Selbstbestimmungsrecht* des Art. 140 GG i.V.m. Art. 137 Abs. 3 WRV gelten. Insofern sind gemeinschaftsrechtliche oder gemeinschaftsrechtlich induzierte **Eingriffe in das religiöse Selbstbestimmungsrecht** zulässig, solange der gemeinschaftsrechtliche Schutz »im wesentlichen« dem Schutzniveau des Art. 140 GG i.V.m. Art 137 Abs. 3 WRV entspricht bzw. in den Worten des Art. 23 Abs. 1 Satz 1 GG diesem »vergleichbar« ist.[700]

Dem folgenden Überblick über die primärrechtlichen Vorschriften mit religions-rechtlichem Gehalt[701] wird die Rechtslage nach Inkrafttreten des **Vertrags von Lissabon** am 01.12.2009 zugrunde gelegt,[702] d.h. der **Vertrag über die Europäische Union (EUV)** in der Fassung des Vertrags von Lissabon vom 13. Dezember 2007[703] und der **Vertrag über die Arbeitsweise der Europäischen Union (AEUV)** vom 9. Mai 2008.[704] Lediglich ergänzend wird auf das bis dahin geltende Recht und die früheren Rechtsgrundlagen eingegangen.[705]   267

2. Primärrechtliche Kompetenzausübungsschranken

a) Wahrung der nationalen Identität (Art. 4 Abs. 2 Satz 1 EUV n.F.)

Gemäß Art. 4 Abs. 2 Satz 1 EUV n.F. (früher Art. 6 Abs. 3 EUV) »achtet« die Euro-   268
päischen Union die nationale Identität ihrer Mitgliedstaaten.[706] Diese Vorschrift

---

700 Ebenso im Ergebnis *Heinig*, Öffentlich-rechtliche Religionsgesellschaften, S. 393.
701 Zusammenfassende Darstellung zum früheren EUV und EGV bei *Hölscheidt/Mund*, EuR 2003, 1083 ff.
702 Vertrag von Lissabon zur Änderung des Vertrags über die Europäische Union und des Vertrags zur Gründung der Europäischen Gemeinschaft v. 13.12.2007, Amtsblatt Nr. C 306 v. 17.12.2007. – Zu den mit dem Vertrag von Lissabon verbundenen Veränderungen allgemein *Streinz*, Europarecht, Rn. 61 ff.; *ders.*, FPR 2010, 481; *Schwarze*, EuR 2009, 9 ff.; *H. Weber*, NVwZ 2011, 1485.
703 ABl. Nr. C 306 S. 1.
704 ABl. Nr. C 115 S. 47.
705 Vertrag über die Europäische Union (EUV) v. 07.02.1992 (BGBl. II S. 1252), zuletzt geändert durch den Vertrag über den Beitritt der Republik Bulgarien und Rumäniens zur Europäischen Union v. 25.04.2005 (BGBl. II S. 1146); Vertrag zur Gründung der Europäischen Gemeinschaft (EGV) i.d.F. des Vertrages über die Europäische Union v. 07.02.1992 (BGBl. II S. 1252), zuletzt geändert durch den Vertrag über den Beitritt der Republik Bulgarien und Rumäniens zur Europäischen Union v. 25.04.2005 (BGBl. II S. 1146).
706 Art. 4 Abs. 4 Satz 1 EUV n.F. geht über den früheren Art. 6 Abs. 3 EUV in zweifacher Hinsicht hinaus: Während nach der früheren Rechtslage pauschal die »nationale Identität der Mitgliedstaaten« Gegenstand der Achtungspflicht wahr, wird diese in der Neufassung auf diejenige Identität konkretisiert, die in den *grundlegenden politischen und verfassungsmäßigen Strukturen der Mitgliedstaaten* zum Ausdruck kommt, was gerade für das deut-

dient dem Schutz der Staatlichkeit und Souveränität der Mitgliedstaaten[707] und soll ferner einen **Mindestbestand an gesellschaftlichen Werten** garantieren, der jeweils das Wesen und Selbstverständnis eines Mitgliedstaates prägt.[708] Umstritten ist, ob die geforderte »Achtung« nur einen Ausgleich mit gemeinschaftsrechtlichen Interessen im Konfliktfall verlangt[709] oder weitergehend einen absoluten und mit einem mitgliedstaatlichen Abwehr- bzw. Unterlassungsanspruch gekoppelten Schutz gewährt.[710] Überwiegend anerkannt ist allerdings zu Recht, dass die Merkmale, nach welchen die nationale Identität eines Mitgliedstaates zu bestimmen ist, tendenziell *restriktiv* zu fassen sind,[711] da ansonsten die gemeinschaftsrechtlichen Integrationsziele gefährdet, wenn nicht gar vereitelt würden.[712] Im Wesentlichen besteht Übereinstimmung darüber, dass gerade die Ausgestaltung des Verhältnisses von Staat und Religionsgemeinschaften in besonderem Maße die nationale Identität zu prägen geeignet ist; denn insoweit besteht – jeweils als Konsequenz geschichtlicher Entwicklungen und Prägungen – europaweit eine besondere Vielgestaltigkeit;[713] beispielsweise sei für Großbritannien auf die Existenz der anglikanischen *Staatskirche* und für Frankreich auf die Tradition der *Laizität* verwiesen.[714] Allerdings ist auch bei der Konkretisierung der insofern prägenden Merkmale eine restriktive Betrachtung angebracht; nicht sämtliche Einzelheiten des mitgliedstaatlichen Religionsrechts wirken bestimmend für die jeweilige »nationale Identität«.[715] Jedenfalls dürften Art. 4

---

sche Religionsverfassungsrecht als Teil des materiellen (und formellen) Verfassungsrechts Bedeutung hat. Zweitens lässt nun bereits der systematische Kontext des Art. 4 Abs. 2 Satz 1 EUV n.F. im Rahmen der Zuständigkeitsregelungen den Charakter der Norm als *Kompetenzregelung bzw. -schranke* erkennen.

707 *Puttler*, in: Calliess/Ruffert, EUV/AEUV, Art. 4 EUV Rn. 8 ff.
708 *Beutler*, in: von der Groeben/Schwarze, EUV/EGV, EU Art. 6 Rn. 201; *Puttler*, in: Calliess/Ruffert, EUV/AEUV, Art. 4 EUV Rn. 8 ff.; *Waldhoff*, JZ 2003, 978, 985.
709 So *Heinig*, Öffentlich-rechtliche Religionsgesellschaften, S. 423.
710 Für die Unwirksamkeit einer gegen Art. 6 Abs. 3 EUV a.F. (= Art. 4 Abs. 2 Satz 1 EUV n.F.) verstoßenden Maßnahme *Beutler*, in: von der Groeben/Schwarze, EUV/EGV, EU Art. 6 Rn. 206; für eine Unterlassungspflicht auch *Heintzen*, in: FS Listl, S. 29, 36. Für eine durch die Unionsorgane strikt zu beachtende Rechtspflicht *Puttler*, in: Calliess/Ruffert, EUV/AEUV, Art. 4 EUV Rn. 22, die allerdings eine Berufung auf Art. 4 Abs. 2 EUV »nur für Extremsituationen nach Ausschöpfung der Vorabentscheidungsverfahren« in Betracht zieht. – Vgl. zum Problem auch *Mückl*, Europäisierung, S. 414.
711 Dazu *Puttler*, in: Calliess/Ruffert, EUV/AEUV, Art. 4 EUV Rn. 14.
712 *Söbbeke-Krajewski*, Religionsrechtlicher Acquis Communautaire, S. 312 f.; *Mückl*, Europäisierung, S. 414; *de Wall*, ZevKR 50 (2005), 383, 388; *Puttler*, in: Calliess/Ruffert, EUV/AEUV, Art. 4 EUV Rn. 14.
713 *Mückl*, Europäisierung, S. 415; *ders.*, Religions- und Weltanschauungsfreiheit, S. 29; *Puttler*, in: Calliess/Ruffert, EUV/AEUV, Art. 4 Rn. 14.
714 Zu Letzterem *Graf Vitzthum*, EuR 2002, 1, 3.
715 Zutreffend *Walter*, Religionsverfassungsrecht, S. 412 f.; *Söbbeke-Krajewski*, Religionsrechtlicher Acquis Communautaire, S. 315 f.; aus Sicht des deutschen Verfassungsrechts *Brenner*, in: v. Campenhausen (Hg.), Deutsches Staatskirchenrecht zwischen Grundgesetz und EU-Gemeinschaft, S. 43, 53 f.

Abs. 2 Satz 1 EUV n.F. die – prinzipiell »staatsübergreifend« anerkannten – Prinzipien der **Neutralität, Säkularität und Parität**[716] unterfallen, ferner für einzelne Mitgliedstaaten das dort bestehende Modell der **Staatskirche**. Insgesamt wirkt Art. 4 Abs. 2 Satz 1 EUV n.F. mithin eher als *Grenzlinie*, deren Überschreiten dann, wenn sich das Gemeinschaftsrecht auf punktuelle Übergriffe in religionsrechtliche Materien beschränkt, allenfalls in Ausnahmefällen in Betracht kommt.[717] Nicht übersehen werden darf freilich, dass Art. 4 Abs. 2 Satz 1 EUV n.F. für die Bestimmung der identitätsprägenden Elemente nunmehr maßgeblich auf die **verfassungsmäßigen Strukturen** abstellt, so dass entscheidend die Strukturen des deutschen Religionsverfassungsrechts sind, wie sie sich als Teil des materiellen Verfassungsrechts aus dem Grundgesetz ergeben. Die Frage, ob mit dieser Neufassung dem mitgliedstaatlichen Religionsverfassungsrecht als Kompetenzausübungsschranke tendenziell eine höhere *Durchsetzungskraft* zukommt, wird in dieser Allgemeinheit zwar zu verneinen sein. Mit der Neufassung und dem damit verbundenen vorrangigen Blick auf die mitgliedstaatlichen Verfassungsstrukturen dürfte jedoch der Nachweis leichter fallen, dass eine mitgliedstaatliche Regelung auch dann als identitätsprägend anzuerkennen sein kann, wenn sie – wie etwa ein staatskirchliches System – mit »staatsübergreifend« anerkannten Prinzipien des Religionsrechts, insbesondere den Grundsätzen der Neutralität, Säkularität und Parität, nicht oder nur schwer vereinbar sein sollte.

b) Das Gemeinschaftsgrundrecht der Religionsfreiheit

Da die Europäische Union (und früher die Europäische Gemeinschaft) bis zum Inkrafttreten des Vertrags von Lissabon nicht über einen geschriebenen und normativ verbindlichen **Grundrechtskatalog** verfügte,[718] hat der Europäische Gerichtshof – beginnend mit einer Entscheidung aus dem Jahr 1969 – rechtsfortbildend die Existenz von Grundrechten der Gemeinschaft anerkannt,[719] welche er in wertender Rechtsvergleichung[720] einerseits den mitgliedstaatlichen Grundrechtsordnungen, andererseits den Verbürgungen der Europäischen Menschenrechtskonvention ent- **269**

---

716 Aufzählung von Strukturmerkmalen des deutschen Religionsrechts bei *Mückl*, Religions- und Weltanschauungsfreiheit, S. 27 f.; restriktiver *Walter*, Religionsverfassungsrecht, S. 413.

717 Ähnlich *Mückl*, Europäisierung, S. 416.

718 Vgl. demgegenüber nunmehr die **Charta der Grundrechte der Europäischen Union**, feierlich proklamiert am 07.12.2000 (Amtsblatt Nr. C 303 v. 14.12.2007). Die Grundrechte-Charta wurde mit Inkrafttreten des Vertrags von Lissabon am 01.12.2009 Teil des (bindenden) Primärrechts; vgl. Art. 6 Abs. 1 EUV n.F.: »Die Union erkennt die Rechte, Freiheiten und Grundsätze an, die in der Charta der Grundrechte der Europäischen Union v. 07.12.2000 in der am 12.12.2007 in Straßburg angepassten Fassung niedergelegt sind; die Charta der Grundrechte und die Verträge sind rechtlich gleichrangig«. Zu den damit verbundenen Neuerungen *F. Mayer*, EuR 2009, 87.

719 Grundlegend EuGH v. 12.11.1969 – Rs. 29-69, Slg. 1969, 419; dazu *Scheuing*, in: Schulze/Zuleeg/Kadelbach, Europarecht, § 6, Rn. 23; *Zuleeg/Kadelbach*, in: Schulze/Zuleeg/Kadelbach, § 8, Rn. 6, 23 f.

720 Zur wertenden Rechtsvergleichung *Mückl*, Europäisierung, S. 440 m.w.N.

nahm.[721] Eine normative Grundlage hatte diese Rechtsprechung seit dem **Vertrag von Maastricht** in Art. 6 Abs. 2 EUV a.F. gefunden, wonach die Union die Grundrechte achtet, wie sie in der am 4. November 1950 in Rom unterzeichneten Europäischen Konvention zum Schutze der Menschenrechte und Grundfreiheiten gewährleistet sind und wie sie sich aus den gemeinsamen Verfassungsüberlieferungen der Mitgliedstaaten als allgemeine Grundsätze des Gemeinschaftsrechts ergeben. Zu diesen Grundrechten gehörte – was seit einer einschlägigen Entscheidung des Europäischen Gerichtshofs aus dem Jahr 1976 unbestritten war[722] – auch die **Religionsfreiheit**.

270 Nach dieser maßgeblich vom Europäischen Gerichtshof entwickelten Konzeption sollten die Gemeinschaftsgrundrechte sowohl die Gemeinschaftsorgane beim Erlass von Recht der Gemeinschaft als auch die Mitgliedstaaten bei dessen Umsetzung und Anwendung binden[723] und dabei primär negatorisch als *Abwehrrechte* wirken.[724] Wenn das Gemeinschaftsgrundrecht der Religionsfreiheit, soweit es auch Religionsgemeinschaften zusteht, betroffen war, musste deshalb der Gemeinschaftsgesetzgeber bei der Wahrnehmung einer Gemeinschaftskompetenz mit religionsrechtlichem Bezug **Ausnahmeklauseln** zur Berücksichtigung besonderer Rechte der betroffenen Religionsgemeinschaften vorsehen.[725]

271 Für die Bestimmung der **Reichweite des Gemeinschaftsgrundrechts der Religionsfreiheit** war anerkannt, dass dieses einerseits aus dem Gewährleistungsgehalt von Art. 9 EMRK zu bestimmen sei, andererseits aus einer wertenden Zusammenschau der einschlägigen mitgliedstaatlichen Gewährleistungen. Ein derartiger Rechtsvergleich erwies und erweist nach wie vor, dass sämtliche Mitgliedstaaten ein Grundrecht auf Religionsfreiheit kennen, das neben einem »positiven« und »negativen« *Individualrecht* auch religiöse *Diskriminierungsverbote* sowie eine *korporative Dimension* und *Elemente eines religiösen Selbstbestimmungsrechts* der Religionsgemeinschaften umfasst;[726] insoweit sind auch Religionsgemeinschaften hieraus berechtigt. Aller-

---

721 Zu den Rechtserkenntnisquellen *Streinz*, Europarecht, Rn. 740; *Kingreen*, in: Calliess/Ruffert, EUV/EGV, Art. 6 EUV Rn. 33; allgemein *Beutler*, in: von der Groeben/Schwarze, EUV/EGV, EU Art. 6 Rn. 55 ff.

722 EuGH v. 27.10.1976 – Rs. 130-75, Slg. 1976, 1589 – *Prais.* – Dazu *Pernice*, JZ 1977, 777; *Beutler*, in: von der Groeben/Schwarze, EUV/EGV, EU Art. 6, Rn. 83; *Bloss*, Cuius religio, S. 253 f.; *Robbers*, HbStKirchR, Bd. I, S. 315, 319 f.; *Mückl*, Europäisierung, S. 428 ff.; zur Entwicklung *Söbbeke-Krajewski*, Religionsrechtlicher Acquis Communautaire, S. 83 ff.

723 *Streinz*, Europarecht, Rn. 750 ff.; *Beutler*, in: von der Groeben/Schwarze, EUV/EGV, EU Art. 6, Rn. 49, 68 f.

724 *Beutler*, in: von der Groeben/Schwarze, EUV/EGV, EU Art. 6, Rn. 65.

725 *Mückl*, Europäisierung, S. 421 f.

726 *Bloss*, Cuius religio, S. 270; *Robbers*, in: HbStKirchR I, S. 315, 319 f.; *Mückl*, Europäisierung, S. 437; *Heinig*, Öffentlich-rechtliche Religionsgesellschaften, S. 428 ff.; *de Wall*, ZevKR 50 (2005), 383, 393 f.; *Bernsdorff*, in: Meyer, EU-GRCharta, Art. 10 Rn. 13. Auf die »Zweispurigkeit« des europäischen Religionsrechts mit grundrechtlichen und in-

dings ergeben sich nach Maßgabe eines europäischen Systemvergleichs und der Rechtsprechung zu Art. 9 EMRK aus dem Gemeinschaftsgrundrecht der Religionsfreiheit **keine Vorgaben für eine bestimmte Ausgestaltung des Verhältnisses von Staat und Religionsgemeinschaften** – weder auf Gemeinschaftsebene noch auf der Ebene der Mitgliedstaaten. Im Übrigen können die einschlägigen mitgliedstaatlichen Gewährleistungen und Art. 9 EMRK nicht undifferenziert bzw. linear als Rechtserkenntnisquellen übernommen werden; sie sind vielmehr, wie bereits gesagt, einer *wertenden* Betrachtung zu unterziehen, welche davon auszugehen hat, dass die Grundrechte der Gemeinschaft deren Organe gleichermaßen binden als auch eine *Verwirklichung der Integrationsziele* ermöglichen wollen.[727] Grundsätzlich darf das Schutzniveau des Gemeinschaftsgrundrechts der Religionsfreiheit in seiner abwehrrechtlichen Dimension aufgrund der Rechtsmacht der Europäischen Gemeinschaft, für die Mitgliedstaaten verbindliches einheitliches Recht zu setzen, nicht substantiell hinter dem Schutzniveau der mitgliedstaatlichen Verbürgungen zurückbleiben; für Deutschland ergibt sich dies in verfassungsrechtlicher Sicht bereits aus Art. 23 Abs. 1 Satz 1 GG.

Nachdem mit Inkrafttreten des Vertrags von Lissabon am 01.12.2009 die **Charta** **272** **der Grundrechte der Europäischen Union** (GRCh) verbindlicher Teil des Primärrechts wurde (vgl. Art. 6 Abs. 1 EUV n.F.) und diese im Bereich der Gemeinschaftsgrundrechte zukünftig die maßgebliche Rechtsquelle darstellt,[728] ist für das Gemeinschaftsgrundrecht der Religionsfreiheit nunmehr vorrangig auf Art. 10 GRCh (Gedanken-, Gewissens- und Religionsfreiheit) abzustellen, dessen Abs. 1 wie folgt lautet:

Jede Person hat das Recht auf Gedanken-, Gewissens- und Religionsfreiheit. Dieses Recht umfasst die Freiheit, die Religion oder Weltanschauung zu wechseln, und die Freiheit, seine Religion oder Weltanschauung einzeln oder gemeinsam mit anderen öffentlich oder privat durch Gottesdienst, Unterricht, Bräuche und Riten zu bekennen.

Wurden die Grundrechte der Charta bisher bereits teilweise von Gemeinschaftsorga- **273** nen und mitgliedstaatlichen Gerichten als *Rechtserkenntnisquelle* herangezogen,[729] so erlangen sie nunmehr mit Art. 6 Abs. 1 EUV n.F. einerseits den *Rang verbindlichen Primärrechts*, stehen jedoch nach Art. 6 Abs. 3 EUV n.F. gleichberechtigt neben den bisherigen, aus den mitgliedstaatlichen Gewährleistungen und der Europäischen

---

stitutionellen Bezügen weist zutreffend *Waldhoff*, in: Calliess/Ruffert, EUV/AUEV, Art. 10 GRCh Rn. 5, hin; vgl. dazu ferner *Mückl*, Europäisierung, S. 427. – *Pernice*, JZ 1977, 777, 780, bewertete bereits 1977 in der Rechtssache *Prais* (EuGH v. 27.10.1976) die Religionsfreiheit nicht nur als Individualrecht, sondern auch als Grundlage für die Bestimmung des Verhältnisses der EG zu den Religionsgemeinschaften und als deren korporatives Recht.

727 Dazu *Mückl*, Europäisierung, S. 439 f.
728 Ebenso *Ehlers*, in: ders., Europäische Grundrechte, § 14 Rn. 2.
729 Nachweise bei *Kingreen*, in: Calliess/Ruffert, EUV/EGV, Art. 6 EUV Rn. 41 in Fn. 113 f.; ferner *Beutler*, in: von der Groeben/Schwarze, EUV/EGV, EU Art. 6 Rn. 44.

Menschenrechtskonvention gewonnenen Gemeinschaftsgrundrechten.[730] Da der Schutzbereich des Art. 10 Abs. 1 GRCh fast wörtlich mit Art. 9 Abs. 1 EMRK übereinstimmt, wird das Inkrafttreten des Vertrags von Lissabon letztlich nicht zu Veränderungen im Inhalt des Gemeinschaftsgrundrechts der Religionsfreiheit führen,[731] zumal die Grundrechtecharta im Wesentlichen den in den Mitgliedstaaten gewachsenen grundrechtlichen *aquis communautaire* zusammenfasst und insofern als »Konzentrat der Verfassungsüberlieferungen der Mitgliedstaaten« bzw. Ausdruck ihrer »völkerrechtlichen Bindung an die EMRK« bezeichnet werden kann.[732] Bleiben somit auch weiterhin in der Sache die oben zu Art. 9 EMRK entwickelten Grundsätze maßgeblich, so ist doch angesichts der nunmehr ausdrücklichen normativen Geltungsanordnung eine höhere Durchsetzungs- und Direktivkraft gegenüber Rechtsetzungsakten der Gemeinschaft zu erwarten.

c) Art. 17 AEUV (Religiöse und weltanschauliche Gemeinschaften)

274   Art. 17 AEUV enthält nunmehr auch ausdrückliche Regelungen zu religiösen und weltanschaulichen Gemeinschaften; diese lauten:

(1) Die Union achtet den Status, den Kirchen und religiöse Vereinigungen oder Gemeinschaften in den Mitgliedstaaten nach deren Rechtsvorschriften genießen, und beeinträchtigt ihn nicht.

(2) Die Union achtet in gleicher Weise den Status, den weltanschauliche Gemeinschaften nach den einzelstaatlichen Rechtsvorschriften genießen.

(3) Die Union pflegt mit diesen Kirchen und Gemeinschaften in Anerkennung ihrer Identität und ihres besonderen Beitrags einen offenen, transparenten und regelmäßigen Dialog.

275   Art. 17 Abs. 1 und 2 AEUV gehen auf die dem am 2. Oktober 1997 unterzeichneten Vertrag von Amsterdam von den vertragsschließenden Parteien beigegebene Er-

---

730   Art. 6 Abs. 3 EUV n.F.: »Die Grundrechte, wie sie in der Europäischen Konvention zum Schutz der Menschenrechte und Grundfreiheiten gewährleistet sind und wie sie sich aus den gemeinsamen Verfassungsüberlieferungen der Mitgliedstaaten ergeben, sind als allgemeine Grundsätze Teil des Unionsrechts«.

731   Ebenso *Mückl*, Europäisierung, S. 439; zur korporativen Dimension des Grundrechts der Religionsfreiheit nach Art. 10 Abs. 1 GRCh *Hobe*, in: FS Rüfner, S. 317, 319; *Söbbeke-Krajewski*, Religionsrechtlicher Acquis Communautaire, S. 158 ff. – Die Grundrechte der GRCh enthalten keine differenzierten Schrankenklauseln (vgl. die einheitliche Schrankenregelung in Art. 52 Abs. 1 GRCh), weshalb auch nach Verbindlichwerden des Art. 10 GRCh gemäß Art. 52 Abs. 3 Satz 1 GRCh die qualifizierte Schrankenregelung des Art. 9 Abs. 2 EMRK erhalten geblieben ist (vgl. *Bernsdorff*, in: Meyer, EU-GRCharta, Art. 10 Rn. 14). Zur Schrankenproblematik auch *Beutler*, in: von der Groeben/Schwarze, EUV/EGV, EU Art. 6, Rn. 136; *Hobe*, in: FS Rüfner, S. 317, 320 ff.

732   Zutreffend *Ehlers*, in: ders., Europäische Grundrechte, § 14 Rn. 25.

klärung Nr. 11 zum Status der Kirchen und weltanschaulichen Gemeinschaften[733] zurück; diese lautete:[734]

Die Europäische Union achtet den Status, den Kirchen und religiöse Vereinigungen oder Gemeinschaften in den Mitgliedstaaten nach deren Rechtsvorschriften genießen, und beeinträchtigt ihn nicht. Die Europäische Union achtet den Status von weltanschaulichen Gemeinschaften in gleicher Weise.

Dieser Erklärung kam im Gegensatz zu den den Verträgen beigefügten Protokollen, die nach Art. 311 EGV Vertragsbestandteil waren, keine rechtliche Verbindlichkeit zu.[735] Doch hat sie in der Vergangenheit erhebliche Wirkungen teils politischer, teils rechtlicher Art entfaltet. In *politischer* Hinsicht hat die dem Gemeinschaftsrecht teilweise attestierte »Kirchenblindheit«[736] spätestens mit der Verabschiedung dieser Erklärung ein Ende gefunden; denn damit wurde die Rolle anerkannt, welche die Kirchen und andere Religionsgemeinschaften im gesellschaftlichen und politischen Leben auf mitgliedstaatlicher und zunehmend auch auf Gemeinschaftsebene spielen.[737] *Rechtliche* Wirkung entfaltete die Kirchenerklärung als *soft law* im Rahmen der **Vertragsauslegung**, die sich nach völkerrechtlichen Grundsätzen vollzieht.[738] Dementsprechend hat der *Europäische Gerichtshof* verschiedentlich Erklärungen zu Verträgen zur Auslegung primärrechtlicher Bestimmungen herangezogen. Darüber hinaus fand die Kirchenerklärung Berücksichtigung im Rechtsetzungsverfahren der Richt-

276

733 Vertrag von Amsterdam zur Änderung des Vertrags über die Europäische Union, der Verträge zur Gründung der Europäischen Gemeinschaften sowie einiger damit zusammenhängender Rechtsakte v. 02.10.1997, Amtsblatt Nr. C 340 v. 10.11.1997.

734 Zur Entstehung der Kirchenerklärung, die maßgeblich von deutscher Seite initiiert und beeinflusst wurde, *Vachek*, Religionsrecht der Europäischen Union, S. 125 ff.; *Grzeszick*, ZevKR 48 (2003), 284, 285 f.

735 *Walter*, Religionsverfassungsrecht, S. 410; *Schmalenbach*, in: Calliess/Ruffert, EUV/EGV, Art. 311 EGV, Rn. 4; *Waldhoff*, JZ 2003, 978, 984; *Heintzen*, in: FS Listl, S. 29, 31 f.

736 *Robbers*, HbStKirchR, Bd. I, S. 315, 318, spricht von »staatskirchenrechtsblinden Regelungen« der Europäischen Union; daran anknüpfend *Waldhoff*, JZ 2003, 978, 980; *Brenner*, in: v. Campenhausen (Hg.), Deutsches Staatskirchenrecht zwischen Grundgesetz und EU-Gemeinschaft, S. 43, 57.

737 *Heinig*, Öffentlich-rechtliche Religionsgesellschaften, S. 418; *Bloss*, Cuius religio, S. 259.

738 *Bloss*, Cuius religio, S. 258 f.; *Heinig*, Öffentlich-rechtliche Religionsgesellschaften, S. 419; *Waldhoff*, JZ 2003, 978, 984 f.; *Heintzen*, in: FS Listl, S. 29, 32; *Grzeszick*, ZevKR 48 (2003), 284, 288 ff. – Vgl. ferner Art. 31 Abs. 2 des Wiener Übereinkommens über das Recht der Verträge (WVRK), wonach die Auslegung eines Vertrags außer dem Vertragswortlaut samt Präambel und Anlagen auch »jede sich auf den Vertrag beziehende Übereinkunft, die zwischen allen Vertragsparteien anlässlich des Vertragsabschlusses getroffen wurde« (lit. a) und »jede Urkunde, die von einer oder mehreren Vertragsparteien anlässlich des Vertragsabschlusses abgefasst und von den anderen Vertragsparteien als eine sich auf den Vertrag beziehende Urkunde angenommen wurde« (lit. b), umfasst.

linie 2000/78/EG (Antidiskriminierungsrichtlinie) vom 27. November 2000.[739] Mit Inkrafttreten des Vertrags von Lissabon sind die Kirchenerklärung in der Fassung des Art. 17 AEUV und die »Dialogklausel« des Abs. 3 **verbindliches Primärrecht** geworden und somit normativ fundiert.[740] Ferner ist in der Dialogklausel des Art. 17 Abs. 3 AEUV eine weitere »Aufwertung« der Kirchen und anderen Religionsgemeinschaften zu sehen, da mit deren ausdrücklicher Qualifizierung als *Dialogpartner der Gemeinschaft* ihre allgemeine gesellschaftliche und politische Bedeutung und ihr Beitrag zur Verwirklichung des Gemeinwohls anerkannt wird[741] – was freilich im Gegenzug auch entsprechende Erwartungen seitens der Europäischen Union begründen kann.[742] Ob Art. 17 Abs. 3 AEUV weitergehend ein konkretes **Recht der Religionsgemeinschaften auf Verfahrensbeteiligung** zu entnehmen ist,[743] erscheint allerdings fraglich.

277   Die nunmehr in Art. 17 AEUV auch normativ verbindlich erfolgte Anerkennung des in den Mitgliedstaaten verbürgten Rechtsstatus von Religionsgemeinschaften unterstützt eine Auslegung von Art. 4 Abs. 2 Satz 1 EUV n.F. (= Art. 6 Abs. 3 EUV), wonach die Rechtsstellung der Religionsgemeinschaften nach mitgliedstaatlichem (Verfassungs-)Recht grundsätzlich geeignet ist, die jeweilige »**nationale Identität**« zu prägen.[744] Sie bestätigt darüber hinaus die bereits erörterte Auslegung des Gemeinschaftsgrundrechts der Religionsfreiheit, der zufolge dieses eine korporative Dimension und Elemente eines religiösen Selbstbestimmungsrechts enthält,[745] welche in ihrer abwehrrechtlichen Funktion von den Gemeinschaftsorganen nicht lediglich *zu*

---

739   RL 2000/78/EG des Rates v. 27.11.2000 zur Festlegung eines allgemeinen Rahmens für die Verwirklichung der Gleichbehandlung in Beschäftigung und Beruf, Amtsblatt Nr. L 303 v. 02.12.2000, S. 16. – Der 24. Erwägungsgrund dieser RL lautet wie folgt: »Die Europäische Union hat in ihrer der Schlussakte zum Vertrag von Amsterdam beigefügten Erklärung Nr. 11 zum Status der Kirchen und weltanschaulichen Gemeinschaften ausdrücklich anerkannt, dass sie den Status, den Kirchen und religiöse Vereinigungen oder Gemeinschaften in den Mitgliedstaaten nach deren Rechtsvorschriften genießen, achtet und ihn nicht beeinträchtigt und dass dies in gleicher Weise für den Status von weltanschaulichen Gemeinschaften gilt …«. Dazu *Grzeszick*, ZevKR 48 (2003), 284, 295.

740   *Walter*, Religionsverfassungsrecht, S. 415 f.

741   *Bernsdorff*, in: Meyer, EU-GRCharta, Art. 10 Rn. 13a: Religionsgemeinschaften »nicht mehr nur Akteure der Zivilgesellschaft«; *de Wall*, ZevKR 50 (2005), 383, 386 f.

742   In diesem Sinne weist *Triebel*, ZevKR 49 (2004), 644, 648 f. zutreffend darauf hin, dass die Dialogklausel im Zusammenhang der Bemühungen der Gemeinschaft um eine verstärkte Partizipation der »organisierten Zivilgesellschaft« zu sehen ist; dazu das Weißbuch »Europäisches Regieren« der Europäischen Kommission v. 25.07.2001 [KOM(2001) 428 endgültig], Amtsblatt Nr. C 287 v. 12.10.2001, S. 1.

743   So *Mückl*, Europäisierung, S. 457 f.; *Bloss*, Cuius religio, S. 260.

744   *Grzeszick*, ZevKR 48 (2003), 284, 292; so auch *Waldhoff*, in: Calliess/Ruffert, EUV/AEUV, Art. 17 AEUV, Rn. 6 mit dem Hinweis, dass dies aber nicht zwingend ist.

745   Ebenso *Bloss*, Cuius religio, S. 259; *Mückl*, Europäisierung, S. 456 f.; restriktiver *Grzeszick*, ZevKR 48 (2003), 293, nach dem es dafür an hinreichenden gemeinsamen Verfassungsüberlieferungen der Mitgliedstaaten fehlt.

achten, sondern weitergehend *nicht zu beeinträchtigen* sind. Nach alledem konnte die Kirchenerklärung in ihrer Funktion als **interpretationsverstärkend und struktursichernd** beschrieben werden.[746] War sie bislang allerdings angesichts ihrer nur mittelbaren rechtlichen Relevanz mit den übrigen gemeinschaftsrechtlich geschützten Interessen in Einklang zu bringen, so konnte sie insofern in ihrer rechtlichen Wirkungsweise nicht zu Unrecht mit derjenigen von **Staatszielbestimmungen** nach deutschem Verfassungsrecht verglichen werden,[747] weshalb ihr die Eigenschaft einer echten Kompetenzausübungsschranke abgesprochen wurde.[748] Die nunmehr normativ fundierte Geltung des Art. 17 AEUV und die systematische Parallelität zur Achtungspflicht des Art. 4 Abs. 2 Satz 1 EUV n.F. führen zu einer abweichenden Beurteilung; Art. 17 AEUV ist als **echte Kompetenzausübungsschranke** anzusehen, die zudem als Spezialfall bzw. besondere Ausprägung der auf die nationale Identität bezogenen Kompetenzausübungsschranke des Art. 4 Abs. 2 Satz 1 EUV n.F. betrachtet werden kann. Damit wird der **Umfang der Achtungspflicht** problematisch, da sich allein aus der anerkannten bestands- bzw. strukturschützenden Tendenz keine Aussage darüber ergibt, ob auch *konkrete Regelungen oder Gestaltungen des mitgliedstaatlichen Religionsrechts* geschützt sind. Insoweit steht daher künftig eine Klärung an, inwieweit hier – in Anlehnung an Rechtsfiguren des geltenden Verfassungsrechts – (absolute) *Kernbereiche* oder aber Bereiche existieren, die einer abwägenden *Beschränkung* durch sonstige gemeinschaftsrechtlich geschützte Rechtsgüter oder Interessen offenstehen.

Unverändert bleibt demgegenüber auch nach Inkrafttreten des Vertrags von Lissabon 278 die Ausrichtung der Kirchenerklärung an der **Wahrung des jeweiligen mitgliedstaatlichen religionsrechtlichen status quo,**[749] so dass der künftige Art. 17 AEUV weder eine *Homogenisierung der einschlägigen staatlichen Rechtsbestände* erzwingt noch es den Religionsgemeinschaften eines bestimmten Mitgliedstaates ermöglicht, sich ihrem Staat gegenüber auf eine potentiell *qualifiziertere Rechtsstellung* zu berufen, welche den Religionsgemeinschaften nach Gemeinschaftsrecht oder dem Recht anderer Mitgliedstaaten zukommen mag.[750]

d) Subsidiaritätsprinzip (Art. 5 Abs. 1 Satz 2 EUV n.F.)

Zwar kommt grundsätzlich auch dem Subsidiaritätsprinzip des Art. 5 Abs. 1 Satz 2 279 EUV n.F. (= Art. 5 Abs. 2 EGV) die Funktion einer Kompetenzausübungsschranke zu.[751] Doch dürfte diese im *religionsrechtlichen* Kontext eher selten zur Anwendung

746 *Mückl,* Europäisierung, S. 455 f.; *Bloss,* Cuius religio, S. 259: Wirkung im Ergebnis »integrationshemmend und status quo-erhaltend bzw. -konfirmierend«; *Grzeszick,* ZevKR 48 (2003), 284, 298, betont den bestandsschützenden Aspekt.
747 So *Walter,* Religionsverfassungsrecht, S. 411.
748 *Walter,* Religionsverfassungsrecht, S. 411.
749 *Bloss,* Cuius religio, S. 259.
750 Ebenso *Grzeszick,* ZevKR 48 (2003), 284, 298.
751 *König,* in: Schulze/Zuleeg/Kadelbach, Europarecht, § 2, Rn. 28 ff.

kommen, da angesichts des wirtschaftlich orientierten Querschnittscharakters des Gemeinschaftsrechts regelmäßig nicht die Frage im Vordergrund stehen wird, ob eine religionsrechtliche Regelung auf *Gemeinschaftsebene* oder nicht besser auf *mitgliedstaatlicher Ebene* zu treffen ist. Maßgeblich ist zuvörderst, ob für die Normierung insgesamt eine gemeinschaftsrechtliche Zuständigkeit besteht. Ist dies der Fall, etwa im Blick auf Regelungen des Arbeits- oder des Diskriminierungsschutzes, so entfalten punktuelle Folgewirkungen für das Religionsrecht keine kompetenzrechtliche Relevanz.[752]

3. Primärrechtliche Kompetenzzuweisungen mit mittelbar religionsrechtlichem Bezug

a) Bekämpfung von Diskriminierung (Art. 19 AEUV)

280   Nach Art. 19 Abs. 1 AEUV (= Art. 13 Abs. 1 EGV) kann der Rat »im Rahmen der durch die Verträge auf die Union übertragenen Zuständigkeiten« geeignete Vorkehrungen treffen, um **Diskriminierungen u.a. aus Gründen der Religion** zu bekämpfen. Art. 19 Abs. 1 AEUV entfaltet keine unmittelbare bzw. horizontale Wirkung, sondern ist *Ermächtigungsgrundlage für Sekundärrechtsakte;*[753] die Vorschrift begründet bereits dem Wortlaut nach keine allgemeine Kompetenz zur Bekämpfung von Diskriminierung, sondern setzt »auf die Gemeinschaft übertragene Zuständigkeiten« voraus. Art. 19 Abs. 1 AEUV ist somit *akzessorisch* zu diesen Sachkompetenzen, etwa des Wirtschafts- und Arbeitsrechts.[754] Die Vorschrift stellt mithin eine Kompetenzgrundlage des Gemeinschaftsrechts dar, welche – ohne unmittelbar Kompetenzen auf dem Gebiet des Religionsrechts zu begründen – mittelbare Folgewirkungen auf dieses zeitigt. Für das kirchliche Arbeitsrecht von Relevanz ist die auf Art. 13 Abs. 1 EGV gestützte Richtlinie 2000/78/EG (*Antidiskriminierungsrichtlinie*) vom 27. November 2000.[755]

b) Sozialpolitik (Art. 151 ff. AEUV), Kultur (Art. 167 AEUV) und Bildung (Art. 165 AEUV)

281   Art. 153 AEUV (= Art. 137 EGV) ermächtigt – gegenständlich beschränkt – zum Erlass von Sekundärrechtsakten auf den Gebieten des individuellen und kollektiven

---

752 Gegen eine Heranziehung des Subsidiaritätsprinzips im vorliegenden Zusammenhang auch *Waldhoff*, JZ 2003, 978, 981; *Mückl*, Europäisierung, S. 423 f.; *Heinig*, Öffentlich-rechtliche Religionsgesellschaften, S. 421; *Heintzen*, in: FS Listl, S. 29, 35.

753 *Epiney*, in: Calliess/Ruffert, EUV/AEUV, Art. 19 AEUV, Rn. 1; *Waldhoff*, JZ 2003, 978, 982.

754 Im Grundsatz nicht umstritten; vgl. etwa *Heinig*, Öffentlich-rechtliche Religionsgesellschaften, S. 385: »geschriebene Annexkompetenz«. – Probleme in der Detailauslegung wirft allerdings der uneinheitliche primärrechtliche Sprachgebrauch (»Befugnisse«, »Zuständigkeiten«, »Anwendungsbereich«) auf; dazu *Waldhoff*, JZ 2003, 978, 982 f.; *Mückl*, Europäisierung, S. 444.

755 Dazu u. Rdn. 290.

Arbeitsrechts und des Rechts der sozialen Sicherung, welche das mitgliedstaatliche für Religionsgemeinschaften geltende **Arbeitsrecht** überformen können.[756] Derartige Sekundärrechtsakte, die aus deutscher Sicht als »für alle geltende Gesetze« grundsätzlich geeignet sind, das religiöse Selbstbestimmungsrecht nach Maßgabe von Art. 137 Abs. 3 WRV zu beschränken, haben im Sinne einer Wechselwirkung die Gewährleistung des *gemeinschaftsrechtlichen* Selbstbestimmungsrechts zu beachten, soweit es aus dem Gemeinschaftsgrundrecht der Religionsfreiheit folgt; das kann zur Notwendigkeit von **Ausnahmeklauseln** in entsprechenden Sekundärrechtsakten führen.[757]

Demgegenüber ermächtigt Art. 167 AEUV (= Art. 151 EGV) zur Förderung der **Kulturen der Mitgliedsstaaten.** Zur Wahrung seiner tatbestandlichen Konturen und in Abgrenzung zu den Merkmalen, welche nach Art. 4 Abs. 2 Satz 1 EUV n.F. (= Art. 6 Abs. 3 EUV) die »nationale Identität« eines Mitgliedsstaates bestimmen, kann unter dem Kulturbegriff des Art. 167 AEUV nicht das gesamte System des Verhältnisses der Mitgliedstaaten zu »ihren« Religionsgemeinschaften verstanden werden; Art. 167 AEUV liegt vielmehr ein engerer Kulturbegriff zugrunde, unter den etwa der Denkmalschutz sowie künstlerische Tätigkeiten und Veranstaltungen der Religionsgemeinschaften fallen.[758] Ist allerdings insofern der Schutzbereich des Art. 167 AEUV eröffnet, verstößt auch eine **Förderung von Religionsgemeinschaften** nicht gegen höherrangiges Gemeinschaftsrecht[759] (insbesondere auch nicht gegen das gemeinschaftsrechtliche *Neutralitätsprinzip*[760]), soweit sich der Anknüpfungspunkt der gemeinschaftsrechtlichen Maßnahmen nicht als subjektsbezogen (Religionsgemeinschaften), sondern als tätigkeits- bzw. gegenstandsbezogen (Vorhandensein förderungswürdiger »Kultur« im Sinne des Art. 167 AEUV) darstellt. Gleiches gilt für die **Förderung von Bildungseinrichtungen der Religionsgemeinschaften** nach Art. 165 AEUV (= Art. 149 EGV), welche allerdings nach Maßgabe von Art. 165 Abs. 1 AEUV »unter strikter Beachtung der Verantwortung der Mitgliedstaaten für die Lehrinhalte und die Gestaltung des Bildungssystems sowie der Vielfalt ihrer Kulturen und Sprachen« zu geschehen hat.

c) Wettbewerbs- und Beihilfenrecht (Art. 101 ff., 107 AEUV)

Maßgeblich für das Eingreifen des nunmehr in den Art. 101 ff., 107 AEUV (= Art. 81 ff., 87 EGV) enthaltenen europäischen Wettbewerbs- und Beihilfenrechts ist das **Vorliegen eines »Unternehmens«**, worunter jede selbständig wirtschaftlich tätige Einheit unabhängig von ihrer Rechtsform und ihrer Finanzierung verstanden wird

282

283

756 Übersicht über die gemeinschaftsrechtlichen Kompetenzen im Sozialbereich bei *Schlüter*, ZevKR 52 (2007), 325, 332 ff.
757 *Mückl*, Europäisierung, S. 447.
758 *Heinig*, Öffentlich-rechtliche Religionsgesellschaften, S. 425; *Mückl*, Europäisierung, S. 447; zum Kulturbegriff des Art. 151 EGV (= Art. 167 AEUV) allgemein *Kotzur*, in: Schulze/Zuleeg/Kadelbach, Europarecht, § 38, Rn. 15 f.
759 *Mückl*, Europäisierung, S. 449.
760 Dazu *Robbers*, HbStKirchR, Bd. I, S. 315, 319.

(funktionaler Unternehmensbegriff).[761] Wirtschaftliche Tätigkeit als solche setzt keinen Erwerbs- oder Gewinnzweck voraus; sie liegt bereits dann vor, wenn Leistungen und Güter auf einem Markt ausgetauscht werden.[762] Deshalb kann auch eine nicht gewinnorientierte Organisation ein wirtschaftlich tätiges Unternehmen im Sinne der genannten Vorschriften darstellen, wenn sie auf einem Markt mit anderen – gewinnorientierten – Unternehmen im Wettbewerb steht.[763] Dieser *tätigkeitsbezogene* Anknüpfungspunkt hat zur Folge, dass Religionsgemeinschaften nicht ohne weiteres aus dem Anwendungsbereich der Art. 101 ff., 107 AEUV herausfallen; sie sind vielmehr davon stets dann erfasst, wenn ihre konkreten Tätigkeiten funktional als *wirtschaftliche Betätigung eines Unternehmens* (wiederum im funktionalen Sinne) zu bewerten sind.[764] Darunter fallen zweifellos **erwerbswirtschaftliche Betätigungen von Religionsgemeinschaften** im eigentlichen Sinne (etwa Klosterbrauereien, landwirtschaftliche Betriebe, Verlage und Druckereien);[765] andererseits gilt dies nicht für **spezifisch religiöse Betätigungen** auf den Gebieten von Gottesdienst, Seelsorge, religiöser Unterweisung, theologische Forschung und Ausbildung, Glaubenswerbung und Mission[766] sowie für **diakonische und karitative Leistungen**, soweit diese selbstlos erbracht werden und nicht *wirtschaftliche Leistungen am Markt* bedeuten.[767]

284   Probleme kann die Betätigung von Religionsgemeinschaften und Kirchen bzw. von diesen zugehörigen Rechtsträgern auf dem Gebiet der **Diakonie und Caritas** aufwer-

---

761 *Beljin*, in: Schulze/Zuleeg/Kadelbach, Europarecht, § 28, Rn. 56; *H. Weber*, ZevKR 50 (2005), 419, 423 m.w.N.
762 *Mückl*, Europäisierung, S. 450.
763 *H. Weber*, ZevKR 50 (2005), 419, 423.
764 *Mückl*, Europäisierung, S. 520; *Walter*, Religionsverfassungsrecht, S. 439.
765 *H. Weber*, ZevKR 50 (2005), 419, 430 f.; *Mückl*, Europäisierung, S. 519 mit weiteren Beispielen.
766 So zu Recht *H. Weber*, ZevKR 50 (2005), 419, 431.
767 *Mückl*, Europäisierung, S. 521 f.; *H. Weber*, ZevKR 50 (2005), 419, 431. – Vgl. dazu Nr. 30 der Mitteilung der Kommission »Leistungen der Daseinsvorsorge in Europa« v. 20.09.2000, KOM(2000) 0580 endgültig: »Generell werden nach der Rechtsprechung des Gerichtshofs … viele Tätigkeiten von Einrichtungen, die weitgehend soziale Aufgaben ohne Gewinnabsicht erfüllen und deren Zweck nicht in der Ausübung einer gewerblichen Tätigkeit besteht, von den wettbewerbs- und binnenmarktrechtlichen Vorschriften der Gemeinschaft in der Regel nicht erfasst. Darunter fallen diverse nichtwirtschaftliche Tätigkeiten von Einrichtungen wie Gewerkschaften, politischen Parteien, Kirchen und religiösen Gemeinschaften, Verbraucherverbänden, wissenschaftlichen Gesellschaften, Wohlfahrtseinrichtungen sowie Schutz- und Hilfsorganisationen. Sobald eine derartige Einrichtung jedoch bei der Erfüllung eines Gemeinwohlauftrags wirtschaftliche Tätigkeiten aufnimmt, sind hierauf die gemeinschaftsrechtlichen Vorschriften nach Maßgabe der Grundsätze dieser Mitteilung und unter Berücksichtigung des besonderen sozialen und kulturellen Umfelds, in dem die betreffenden Tätigkeiten ausgeübt werden, anzuwenden. Die Kommission wird in solchen Fällen im Zusammenhang mit eher allgemeinen Überlegungen zum Gebrauch ihres Ermessensspielraums ebenso prüfen, ob sie auf Grund ihrer gesetzlichen Verpflichtungen aus dem EG-Vertrag gegebenenfalls tätig werden muss, weil Interessen der Gemeinschaft berührt werden«.

fen, sofern hier Dienstleistungen erbracht werden, mit denen die Einrichtungen im Wettbewerb zu anderen – kommerziellen – Trägern stehen,[768] etwa beim Betrieb von kirchlichen Krankenhäusern, Altenheimen usw.[769] Fragen des Wettbewerbs- bzw. Kartellrechts im Sinne der Art. 101 ff. AEUV (= Art. 81 ff. EGV) sind insoweit bislang nicht relevant geworden. Doch kann das **Beihilfenverbot der Art. 107 ff. AEUV** (= Art. 87 ff. EGV), nach dem wettbewerbsverzerrende mitgliedsstaatliche Beihilfen unzulässig sind,[770] zur Anwendung kommen, wenn Träger entsprechender Einrichtungen eine staatliche Förderung oder Bezuschussung im weitesten Sinne erfahren. Allerdings existieren Ansatzpunkte, um diakonische und karitative Betätigung entweder bereits aus dem *Tatbestand* des Art. 107 AEUV herauszunehmen oder aber von *gerechtfertigten* und somit zulässigen Beihilfen auszugehen.[771] Dem entsprechend ist nahezu allgemein anerkannt, dass staatliche **Leistungen an Träger diakonischer und karitativer Einrichtungen** keine unzulässigen Beihilfen im Sinne der Art. 107 ff. AEUV (bzw. der Vorgängerregelungen der Art. 87 ff. EGV) darstellen; die Begründung hierfür variiert freilich.

Es kann bereits (tatbestandlich) am Vorliegen einer Beihilfe im Sinne des Art. 107 **285** Abs. 1 AEUV (= Art. 87 Abs. 1 EGV) fehlen, wenn die staatliche Begünstigung eine *marktgerechte Gegenleistung* für die Leistung einer Einrichtung auf dem Gebiet der Wohlfahrtspflege darstellt;[772] das gilt insbesondere, soweit der Staat bzw. staatliche Sozialleistungsträger alle Leistungserbringer nach gleichen Grundsätzen in der gesetzlich oder in sonstiger Weise festgeschriebenen Form vergüten.[773] Umstritten ist demgegenüber die rechtliche Bewertung, wenn der staatlichen Leistung keine konkrete Gegenleistung gegenübersteht, sondern diese den Trägern entsprechender Ein-

---

768 *H. Weber*, ZevKR 50 (2005), 419, 432.

769 Dazu *Berger*, Die staatliche Finanzierung der kirchlichen Wohlfahrtspflege und das europäische Beihilfeverbot; *Stürz*, Die staatliche Förderung der christlichen karitativen Kirchentätigkeit im Spiegel des europäischen Beihilferechts; *Mückl*, Europäisierung, S. 521 ff.; *Walter*, Religionsverfassungsrecht, S. 439 ff.; *Vachek*, Religionsrecht der Europäischen Union, S. 364 ff.; *H. Weber*, ZevKR 50 (2005), 419, 430 ff.; *ders.*, ZevKR 47 (2002), 221, 242 ff.; *ders.*, in: v. Campenhausen (Hg.), Deutsches Staatskirchenrecht zwischen Grundgesetz und EU-Gemeinschaft, S. 95 ff.; *Schwarz*, EuR 2002, 192; *Patt*, EuR 2006, 577.

770 Zum Beihilfenbegriff *Beljin*, in: Schulze/Zuleeg/Kadelbach, Europarecht, § 28, Rn. 43 ff.; im vorliegenden Kontext *H. Weber*, ZevKR 50 (2005), 419, 421 f.; *Walter*, Religionsverfassungsrecht, S. 443.

771 Zu dieser Abschichtung von Tatbestands- und Rechtfertigungsebene *H. Weber*, ZevKR 50 (2005), 419, 432, der darauf hinweist, dass bei Verneinung des Tatbestandes des Art. 107 AEUV (= Art. 87 EGV) bereits die Notifizierungspflicht des Art. 108 Abs. 3 AEUV (= Art. 88 Abs. 3 EGV) entfällt, während bei Vorliegen der tatbestandlichen Voraussetzungen die Zulässigkeit der Beihilfe von der Kommission im dazu vorgesehenen Verfahren zu bestimmen ist (zum Verfahren *Beljin*, in: Schulze/Zuleeg/Kadelbach, Europarecht, § 28, Rn. 132 ff., sowie Rn. 82 ff. zu den Rechtmäßigkeitsvoraussetzungen).

772 *Mückl*, Europäisierung, S. 452 m.w.N.

773 *H. Weber*, ZevKR 50 (2005), 419, 433.

richtungen oder Unternehmen allgemein zur *Erfüllung von Gemeinwohlverpflichtungen* gewährt werden.[774] Hierzu hat der Europäische Gerichtshof im Jahr 2003 entschieden, dass eine staatliche Maßnahme nicht unter die Beihilfevorschriften fällt, soweit sie als »Ausgleich anzusehen ist, der die Gegenleistung für Leistungen bildet, die von den Unternehmen, denen sie zugutekommt, zur Erfüllung gemeinwirtschaftlicher Verpflichtungen erbracht werden, so dass diese Unternehmen in Wirklichkeit keinen finanziellen Vorteil erhalten …«.[775] Ferner hat der Europäische Gerichtshof bereits im Jahr 2001 ausgesprochen, dass – allerdings bezogen auf die Ausnahmeklausel des damaligen Art. 86 Abs. 2 EGV (heute Art. 106 Abs. 2 AEUV) – auch nichtkommerzielle Verbände der freien Wohlfahrtspflege »Unternehmen« sein können, die im Sinne von Art. 86 Abs. 2 EGV (heute Art. 106 Abs. 2 AEUV) *mit Dienstleistungen von allgemeinem wirtschaftlichem Interesse betraut* sind.[776] Kombiniert man diese Aussage mit der zuvor zitierten Altmark Trans-Entscheidung,[777] so erscheint es möglich, in der genannten Konstellation bereits das tatbestandliche Vorliegen einer Beihilfe im Sinne des Art. 107 Abs. 1 AEUV (= Art. 87 Abs. 1 EGV) zu verneinen; insoweit muss dann der Weg über eine *Rechtfertigung* bzw. Ausnahme nach Art. 106 Abs. 2 AEUV (= Art. 86 Abs. 2 EGV) nicht beschritten werden.[778]

286   Das Vorliegen einer Beihilfe ist auch zu verneinen, wenn die staatliche Leistung im Sinne des Art. 107 Abs. 1 AEUV (= Art. 87 Abs. 1 EGV) bereits nicht geeignet ist, den Handel zwischen den Mitgliedstaaten zu beeinträchtigen, was für die meisten Wohlfahrtseinrichtungen mit rein lokalem Einzugsgebiet gelten dürfte,[779] oder wenn die Förderung die *de minimis-Grenze* von 100.000 € in drei Jahren nicht überschreitet.[780] Eine Rechtfertigung und damit ausnahmsweise Zulässigkeit staatlicher Leistungen, die den Beihilfetatbestand erfüllen, kann schließlich insbesondere nach

---

774 Dazu *H. Weber*, ZevKR 50 (2005), 419, 433 ff.
775 EuGH v. 24.07.2003 – Rs. C-280/00, Slg. 2003, I-7747 – *Altmark Trans GmbH*, Rn. 87.
776 EuGH v. 25.10.2001 – Rs. C-475/99, Slg. 2001, I-8089 – *Ambulanz Glöckner*, Rn. 51 ff. – Dazu *H. Weber*, in: v. Campenhausen (Hg.), Deutsches Staatskirchenrecht zwischen Grundgesetz und EU-Gemeinschaft, S. 81, 97 f. – Zu den damit verbundenen Folgefragen, insbesondere derjenigen, wann ein Unternehmen in diesem Sinne mit entsprechenden Dienstleistungen »betraut« ist, *H. Weber*, ZevKR 50 (2005), 419, 434 ff.; *Walter*, Religionsverfassungsrecht, S. 441 f. Richtigerweise wird man insoweit neben staatlichen *Hoheitsakten* wie der Verleihung öffentlich-rechtlicher Konzessionen oder gesetzlicher Anordnung auch eine *vertragliche Verpflichtung* für möglich halten müssen. Ausreichend ist beispielsweise die Aufnahme eines Krankenhauses in einschlägige Bedarfspläne oder der in Sozialgesetzen vorgesehene Vorrang der freien Träger; ebenso *Walter*, Religionsverfassungsrecht, S. 441 f.; *Mückl*, Europäisierung, S. 524 f.
777 EuGH v. 24.07.2003 – Rs. C-280/00, Slg. 2003, I-7747.
778 Ebenso *H. Weber*, ZevKR 50 (2005), 419, 434 ff. – Für eine »Rechtfertigungslösung« demgegenüber *Walter*, Religionsverfassungsrecht, S. 443 f.; *Mückl*, Europäisierung, S. 522 ff.
779 *v. Campenhausen/de Wall*, Staatskirchenrecht, S. 362.
780 *H. Weber*, ZevKR 50 (2005), 419, 437.

Art. 107 Abs. 3 lit. d AEUV (= Art. 87 Abs. 3 lit. d EGV) (»Beihilfen zur Förderung der Kultur und der Erhaltung des kulturellen Erbes, soweit sie die Handels- und Wettbewerbsbedingungen in der Union nicht in einem Maß beeinträchtigen, das dem gemeinsamen Interesse zuwiderläuft«) oder aber nach Art. 106 Abs. 2 AEUV (= Art. 86 Abs. 2 EGV) erfolgen,[781] wonach Unternehmen, die »mit Dienstleistungen von allgemeinem wirtschaftlichem Interesse betraut« sind, unter die Vorschriften des (früheren) EGV (nur) fallen, »soweit die Anwendung dieser Vorschriften nicht die Erfüllung der ihnen übertragenen besonderen Aufgabe rechtlich oder tatsächlich verhindert«. Zwar können nach der bereits erwähnten Rechtsprechung grundsätzlich auch kirchliche Wohlfahrtsträger derartige Unternehmen darstellen;[782] vorrangig zu prüfen ist jedoch stets, ob es nicht bereits am *Vorliegen einer Beihilfe* im Sinne des Art. 107 Abs. 1 AEUV (= Art. 87 Abs. 1 EGV) fehlt.

Es ist die Frage aufgeworfen worden, ob der staatliche **Kirchensteuereinzug** in 287 Deutschland als verbotene Beihilfe im Sinne des Art. 107 Abs. 1 AEUV (= Art. 87 Abs. 1 EGV) zu werten sei. Dies ist zu verneinen, weil die Kirchensteuer sachlich die Qualität eines gemeinschaftsrechtlich unbedenklichen Mitgliedsbeitrags hat, für dessen Erhebung durch den Staat von den Kirchen zudem ein *kostendeckendes Entgelt* gezahlt wird. Deshalb fehlt es auch dann am Vorliegen einer – unzulässigen – Beihilfe, wenn die Kirchen aus Kirchensteuermitteln ihnen zugehörige Rechtsträger des diakonischen und karitativen Bereichs fördern.[783] Schließlich stellen auch die **Staatsleistungen** im Sinne des Art. 138 Abs. 1 WRV keine nach Art. 107 Abs. 1 AEUV unzulässigen Beihilfen dar, da sie auf historischen Rechtstiteln beruhen, die den Empfängern entsprechende Ansprüche verleihen.[784]

4. Sekundärrechtliche Vorschriften mit religionsrechtlicher Relevanz

Im Blick auf sekundärrechtliche Vorschriften mit religionsrechtlicher Relevanz beste- 288 hen zur *Berücksichtigung einer besonderen Betroffenheit von Religionsgemeinschaften* verschiedene Möglichkeiten: Bereits die primärrechtliche Rechtsgrundlage kann Religionsgemeinschaften vom Geltungsbereich der zu erlassenden Sekundärrechtsakte ausnehmen. Ist dies nicht der Fall, können in den Sekundärrechtsakten Ausnahmeklauseln *abschließend* enthalten sein – mit der Folge einer gegebenenfalls bestehenden zwingenden Umsetzungspflicht – oder die Mitgliedstaaten zum Erlass von Ausnahmeklauseln *ermächtigt* werden. Diese entscheiden im letztgenannten Fall nach Maßgabe ihres eigenen Rechts über das »Ob« und das »Wie« derartiger Ausnahmen.

---

781 Dazu *Mückl*, Europäisierung, S. 522 ff.; *H. Weber*, in: v. Campenhausen (Hg.), Deutsches Staatskirchenrecht zwischen Grundgesetz und EU-Gemeinschaft, S. 81, 99 f.
782 Vgl. o. Rdn. 283 mit Fn. 767.
783 *H. Weber*, ZevKR 50 (2005), 419, 440.
784 *H. Weber*, ZevKR 50 (2005), 419, 441.

289 Als im vorliegenden Kontext wichtige Sekundärrechtsakte kommen vor allem[785] in Betracht: Die Richtlinie 2000/78/EG des Rates vom 27.11.2000 zur Festlegung eines allgemeinen Rahmens für die Verwirklichung der Gleichbehandlung in Beschäftigung und Beruf (**Antidiskriminierungsrichtlinie**),[786] die Richtlinie 95/46/EG des Europäischen Parlaments und des Rates vom 24.10.1995 zum Schutz natürlicher Personen bei der Verarbeitung personenbezogener Daten und zum freien Datenverkehr (**Datenschutzrichtlinie**),[787] die Richtlinie 93/119/EG des Rates vom 22.12.1993 über den Schutz von Tieren zum Zeitpunkt der Schlachtung oder Tötung (**Tierschutzrichtlinie**)[788] und die Richtlinie 97/36/EG des Europäischen Parlaments und des Rates vom 30.06.1997 zur Änderung der Richtlinie 89/552/EWG des Rates zur Koordinierung bestimmter Rechts- und Verwaltungsvorschriften der Mitgliedstaaten über die Ausübung der Fernsehtätigkeit (**Fernsehrichtlinie**).[789] Systematisch handelt es sich bei diesen Sekundärrechtsakten um *Diskriminierungsverbote*, um *Ausnahmeklauseln* aus Gründen der Religion und Weltanschauung oder um *Teilhaberechte an öffentlichen Einrichtungen*.[790]

a) Richtlinie 2000/78/EG (Antidiskriminierungsrichtlinie)

290 Von Bedeutung für das kirchliche Arbeitsrecht ist die auf der Grundlage des früheren Art. 13 EGV (jetzt Art. 19 AEUV) erlassene Antidiskriminierungsrichtlinie vom 27. November 2000,[791] deren umfassenden Diskriminierungsverboten in Art. 4 Abs. 1 eine allgemeine **Tendenzschutzklausel** sowie in Art. 4 Abs. 2 eine **Ausnahme-**

---

785 Weitere Materien mit religionsrechtlicher Relevanz bei *Bloss*, Cuius religio, S. 251 f.; vgl. insoweit ferner *Söbbeke-Krajewski*, Religionsrechtlicher Acquis Communautaire, S. 177 ff.; zum mittlerweile auch in der Rechtspraxis erheblich relevanten Vergaberecht *Winkel*, Kirche und Vergaberecht; *Mückl*, Europäisierung, S. 486 ff.

786 Amtsblatt Nr. L 303 v. 02.12.2000, S. 16.

787 Amtsblatt Nr. L 281 v. 23.11.1995, S. 31.

788 Amtsblatt Nr. L 340 v. 31.12.1993, S. 21.

789 Amtsblatt Nr. L 202 v. 30.07.1997, S. 60.

790 *Bloss*, Cuius religio, S. 261; *Mückl*, Religions- und Weltanschauungsfreiheit, S. 9 f.; *Waldhoff*, JZ 2003, 978, 981.

791 RL 2000/78/EG des Rates v. 27.11.2000 zur Festlegung eines allgemeinen Rahmens für die Verwirklichung der Gleichbehandlung in Beschäftigung und Beruf, Amtsblatt Nr. L 303 v. 02.12.2000, S. 16. Die Richtlinie wurde in das deutsche Recht umgesetzt durch das Allgemeine GleichbehandlungsG (AGG) v. 14.08.2006 (BGBl. I S. 1897), zuletzt geändert durch G v. 05.02.2009 (BGBl. I S. 160). – Aus der sehr umfangreichen Literatur hierzu Reichegger, Auswirkungen der Richtlinie 2000/78/EG; Triebel, Europäisches Religionsrecht; Mohr, Schutz vor Diskriminierungen; Kehlen, Europäische Antidiskriminierung; Kummer, Umsetzungsanforderungen; Thüsing, JZ 2004, 172; Joussen, RdA 2003, 32; Schliemann, NZA 2003, 407; ders., in: FS Richardi, S. 959 ff.; Reichold, NZA 2001, 1054; Walter, Religionsverfassungsrecht, S. 427 ff.; Mückl, Europäisierung, S. 467 ff., 505 ff.; de Wall, ZevKR 50 (2005), 383, 398 ff.; ders., ZevKR 52 (2007), 310, 317 ff.; Link, ZevKR 50 (2005), 403, 410 ff.; Heinig, in: Haratsch u.a. (Hg.), Religion und Weltanschauung im säkularen Staat, S. 215, 230 ff.

klausel für Kirchen und andere Religionsgemeinschaften[792] gegenübergestellt wird.[793] Denn im kirchlichen Arbeitsrecht gerät der vom Gemeinschaftsrecht bezweckte Diskriminierungsschutz in ein Spannungsverhältnis zu der auch primärrechtlich relevanten korporativen Religionsfreiheit der Religionsgemeinschaften und zu deren religiösem Selbstbestimmungsrecht.[794] Zu Recht räumt das Bundesverfassungsgericht[795] den Religionsgemeinschaften eine über bloßen *Tendenzschutz* hinausgehende Gewährleistung der Entfaltung ihres Selbstverständnisses ein,[796] indem ihre Einstellungsvoraussetzungen und Loyalitätsanforderungen[797] dem religiösen Selbstbestimmungsrecht des Art. 137 Abs. 3 WRV unterstellt werden.[798]

Art. 4 Abs. 2 der Antidiskriminierungsrichtlinie bewirkt in diesem Zusammenhang zunächst, dass Religionsgemeinschaften die Einstellung weiterhin von der **Zugehö-** 291

---

792 Art. 4 Abs. 2 der Richtlinie 2000/78/EG lautet wie folgt:
»Die Mitgliedstaaten können in Bezug auf berufliche Tätigkeiten innerhalb von Kirchen und anderen öffentlichen oder privaten Organisationen, deren Ethos auf religiösen Grundsätzen oder Weltanschauungen beruht, Bestimmungen in ihren zum Zeitpunkt der Annahme dieser Richtlinie geltenden Rechtsvorschriften beibehalten oder in künftigen Rechtsvorschriften Bestimmungen vorsehen, die zum Zeitpunkt der Annahme dieser Richtlinie bestehende einzelstaatliche Gepflogenheiten widerspiegeln und wonach eine Ungleichbehandlung wegen der Religion oder Weltanschauung einer Person keine Diskriminierung darstellt, wenn die Religion oder die Weltanschauung dieser Person nach der Art dieser Tätigkeiten oder der Umstände ihrer Ausübung eine wesentliche, rechtmäßige und gerechtfertigte berufliche Anforderung angesichts des Ethos der Organisation darstellt. Eine solche Ungleichbehandlung muss die verfassungsrechtlichen Bestimmungen und Grundsätze der Mitgliedstaaten sowie die allgemeinen Grundsätze des Gemeinschaftsrechts beachten und rechtfertigt keine Diskriminierung aus einem anderen Grund.
Sofern die Bestimmungen dieser Richtlinie im übrigen eingehalten werden, können die Kirchen und anderen öffentlichen oder privaten Organisationen, deren Ethos auf religiösen Grundsätzen oder Weltanschauungen beruht, im Einklang mit den einzelstaatlichen verfassungsrechtlichen Bestimmungen und Rechtsvorschriften von den für sie arbeitenden Personen verlangen, dass sie sich loyal und aufrichtig im Sinne des Ethos der Organisation verhalten«.
793 Zur Systematik *Mückl*, Europäisierung, S. 509; *Walter*, Religionsverfassungsrecht, S. 430.
794 *Söbbeke-Krajewski*, Religionsrechtlicher Acquis Communautaire, S. 299 ff.
795 Grundlegend BVerfGE 70, 138, 162 ff.; zur einschlägigen Rechtsprechung des BVerfG und des BAG näher *v. Campenhausen/de Wall*, Staatskirchenrecht, S. 179 ff.
796 Dazu *Schliemann*, in: v. Campenhausen (Hg.), Deutsches Staatskirchenrecht zwischen Grundgesetz und EU-Gemeinschaft, S. 115.
797 Zu kirchlichen Loyalitätsobliegenheiten im Lichte der Rspr. des EGMR *Plum*, NZA 2011, 1194.
798 Zutreffend *v. Campenhausen/de Wall*, Staatskirchenrecht, S. 179 f.; *Walter*, Religionsverfassungsrecht, S. 428 f., 544 ff.; *Heinig*, in: Müller-Graff/Schneider (Hg.), Kirchen und Religionsgemeinschaften in der Europäischen Union, S. 125, 131 f.; *Schliemann*, in: v. Campenhausen (Hg.), Deutsches Staatskirchenrecht zwischen Grundgesetz und EU-Gemeinschaft, S. 113, 115 f.

rigkeit zu einer bestimmten Religion oder Weltanschauung abhängig machen dürfen, sofern das »nach der Art dieser Tätigkeiten oder der Umstände ihrer Ausübung eine wesentliche, rechtmäßige und gerechtfertigte berufliche Anforderung angesichts des Ethos der Organisation darstellt«. Allerdings enthält die Antidiskriminierungsrichtlinie weder Kriterien für eine Bestimmung dessen, was das »Ethos« einer Organisation ausmacht, noch solche für eine Beantwortung der Frage, wann in der Konfessionszugehörigkeit eine »wesentliche« Anforderung zu sehen ist; diese Probleme werden an den – die Richtlinie umsetzenden – mitgliedstaatlichen *Gesetzgeber* weitergegeben. Ist dieser den Grundsätzen der Neutralität und Säkularität verpflichtet, setzt die adäquate Antwort eine hinreichende **Berücksichtigung des Selbstverständnisses der betreffenden Religionsgemeinschaften** voraus.[799] Danach ist auch die Frage zu beantworten, welche anderen »öffentlichen oder privaten Organisationen, deren Ethos auf religiösen Grundsätzen oder Weltanschauungen beruht«, sich auf die Ausnahmebestimmung des Art. 4 Abs. 2 der Antidiskriminierungsrichtlinie berufen können; dazu zählen verselbständigte **Rechtsträger der Diakonie und Caritas**, welche den Kirchen nach den mitgliedstaatlichen Kriterien zugehörig sind.[800]

292   Art. 4 Abs. 2 der Antidiskriminierungsrichtlinie ermöglicht es, nach Maßgabe des mitgliedstaatlichen Rechts eine Behandlung von Religionsgemeinschaften vorzusehen, welche deutlich über den in manchen Mitgliedstaaten bestehenden schlichten *Tendenzschutz* hinausgeht und die die am religiösen Selbstbestimmungsrecht orientierten **Grundsätze des deutschen Arbeitsrechts im religiösen Bereich** beachtet.[801] Dem entspricht überdies Art. 4 Abs. 2 (Unter-Abs. 2) der Antidiskriminierungsrichtlinie, wonach die »Kirchen und anderen öffentlichen oder privaten Organisationen, deren Ethos auf religiösen Grundsätzen oder Weltanschauungen beruht«, ihrem Selbstverständnis entsprechende **Loyalitätspflichten** begründen können,[802] welche allerdings im Einklang mit den staatlichen verfassungsrechtlichen Bestimmungen und Rechtsvorschriften stehen müssen. Dieser Befund erscheint in der Literatur teilweise unter Verweis auf das Tatbestandsmerkmal der *wesentlichen, rechtmäßigen und gerechtfertigten beruflichen Anforderung* relativiert, woraus – dem Grunde nach durchaus zu Recht – ein **gemeinschaftsrechtlicher Mindestschutz vor religiöser Diskriminierung**

---

799   Im Ergebnis ebenso *Mückl*, Europäisierung, S. 510 f., der ferner zutreffend auf die Notwendigkeit einer Auslegung im Lichte der *Amsterdamer Kirchenerklärung* hinweist, auf welche im 24. Erwägungsgrund (vgl. oben Fn. 701) der Antidiskriminierungsrichtlinie Bezug genommen wird.

800   BVerfGE 70, 138, 162 m.w.N.; *Mückl*, Europäisierung, S. 510.

801   Der Schutz des religiösen Selbstbestimmungsrechts durch Art. 4 Abs. 2 der Antidiskriminierungsrichtlinie wirkt insofern nicht unmittelbar, sondern vermittelt über das *nationale Recht*, worauf zu Recht *de Wall*, ZevKR 50 (2005), 383, 400 hinweist.

802   Dazu etwa EKMR v. 06.09.1989 – *Rommelfanger*, Az. 12242/86, DR 1962, 151; EGMR v. 23.09.2010 – *Obst*, Az. 425/03, NZA 2011, 277; EGMR v. 23.09.2010 – *Schüth*, Az. 1620/03, NZA 2011, 279; EGMR v. 03.02.2011 – *Siebenhaar*, Az. 18136/02, NZA 2012, 199. Zur einschlägigen Rspr. des EGMR *Plum*, NZA 2011, 1194.

abgeleitet wird,[803] der sich in seiner praktischen Reichweite etwa an der konkreten Funktion betroffener Arbeitnehmer innerhalb der Religionsgemeinschaft orientieren soll. Auch wenn man den prinzipiellen Ansatz dieser Auffassung bejaht, gilt es zu bedenken, dass sowohl das Kriterium der »Wesentlichkeit« als auch die Qualifizierung entsprechender Funktionen innerhalb einer Religionsgemeinschaft vom Gemeinschaftsrecht inhaltlich nicht konkretisiert werden (und – unbeschadet einer Plausibilitätskontrolle – von säkularen Instanzen auch nicht konkretisiert werden **können**); mithin kommt insoweit – über das mitgliedstaatliche Recht – maßgeblich doch das **Selbstverständnis** der entsprechenden Organisationen zum Zuge. Zudem verdeutlicht gerade die in Art. 4 Abs. 2 (Unter-Abs. 2) der Antidiskriminierungsrichtlinie **ausdrücklich** normierte Möglichkeit der Begründung von Loyalitätsverpflichtungen, dass die Richtlinie eine selbständige innere Ordnung von Kirchen und anderen Religionsgemeinschaften entsprechend ihrem jeweiligen Selbstverständnis prinzipiell durchaus akzeptiert.

Besondere Probleme wirft Art. 4 Abs. 2 der Antidiskriminierungsrichtlinie dann auf, **293** wenn ein Arbeitgeber des religiösen Bereichs eine aus seinem religiösen Selbstverständnis resultierende und eine Ungleichbehandlung bewirkende Maßnahme trifft, die nicht unmittelbar an der *Konfessionszugehörigkeit* anknüpft – so etwa, wenn eine Religionsgemeinschaft die Einstellung einer Bewerberin oder eines Bewerbers im Hinblick auf die *sexuelle Orientierung* verweigert.[804] Hier scheint statt der Ausnahmeklausel des Art. 4 Abs. 2 allenfalls die allgemeine Tendenzschutzklausel in Art. 4 Abs. 1 anwendbar zu sein, welche allerdings einer Ungleichbehandlung deutlich höhere Hürden entgegensetzt.[805] Indes ist dieses Verständnis bereits dem Wortlaut nach nicht überzeugend, da Art. 4 Abs. 2 auf das umfassendere Merkmal der »*Religion*« und nicht nur auf die – formale – Religionszugehörigkeit abstellt. Mithin ist eine Ungleichbehandlung »wegen der Religion« auch zulässig, um sicherzustellen, dass Bedienstete nicht gegen wichtige **religiöse Überzeugungen und Verhaltensgrundsätze** der Kirchen und anderen Religionsgemeinschaften verstoßen, mögen diese auch in Spannung zu anderweitigen (nichtreligiösen) Schutzprinzipien der Antidiskriminierungsrichtlinie stehen.[806]

803 *Walter*, Religionsverfassungsrecht, S. 430 f.; Heinig, in: Haratsch u.a. (Hg.), Religion und Weltanschauung im säkularen Staat, S. 215, 240.
804 Zu dieser Problematik *Walter*, Religionsverfassungsrecht, S. 431; *Mückl*, Europäisierung, S. 511.
805 Nach Art. 4 Abs. 1 der Antidiskriminierungsrichtlinie stellt eine Ungleichbehandlung wegen eines Merkmals, das im Zusammenhang mit einem der in Artikel 1 genannten Diskriminierungsgründe steht, nur dann keine Diskriminierung dar, wenn das betreffende Merkmal »aufgrund der Art einer bestimmten beruflichen Tätigkeit oder der Bedingungen ihrer Ausübung eine wesentliche und entscheidende berufliche Anforderung darstellt, sofern es sich um einen rechtmäßigen Zweck und eine angemessene Anforderung handelt«.
806 *Mückl*, Europäisierung, S. 511 f.; Link, ZevKR 50 (2005), 403, 415. – Anders *Walter*, Religionsverfassungsrecht, S. 431 f.; Heinig, in: Haratsch u.a. (Hg.), Religion und Weltanschauung im säkularen Staat, S. 215, 241.

b) Weitere Beispiele für Ausnahmeklauseln

294   Art. 5 Abs. 2 der **Tierschutzrichtlinie** vom 22.12.1993[807] stellte die Mitgliedstaaten für den Bereich der Schlachtung von Tieren, bei welcher aufgrund religiöser Riten besondere Schlachtmethoden angewandt werden, von zwingenden Auflagen zum Schutz der Tiere (Art. 5 Abs. 1 der Richtlinie) frei. Insoweit überließ sie ihnen die Entscheidung über die **Zulässigkeit des religiösen Schächtens** und damit die Abwägung, ob den Belangen der (mitgliedstaatlichen) Religionsfreiheit oder den Belangen des Tierschutzes das höhere Gewicht einzuräumen ist.[808] Insoweit hat sich inzwischen in Gestalt der Verordnung (EG) Nr. 1099/2009 des Rates vom 24.09.2009[809] eine Änderung ergeben, der in Deutschland durch § 12 Abs. 2 der Tierschutz-Schlachtverordnung vom 20.12.2012[810] Rechnung getragen worden ist.[811]

295   Art. 8 Abs. 2 lit. d der **Datenschutzrichtlinie**[812] regelt eine Ausnahme von Art. 8 Abs. 1 dieser Richtlinie, wonach die Mitgliedstaaten eine **Verarbeitung personenbezogener Daten**, aus denen u.a. religiöse Überzeugungen hervorgehen können, zu untersagen haben, dahingehend, dass eine »religiös ausgerichtete Stiftung, Vereinigung oder sonstige Organisation« – mithin auch eine Religionsgemeinschaft – unter bestimmten Voraussetzungen auch Daten mit entsprechenden religiösen Bezügen verarbeiten darf. Ferner ermächtigt Art. 8 Abs. 4 der Richtlinie die Mitgliedstaaten, über Art. 8 Abs. 2 hinausgehende Ausnahmen aus Gründen eines »wichtigen öffentlichen Interesses« vorzusehen. Hintergrund der letztgenannten Bestimmung ist der **Einzug der Kirchensteuer** in Deutschland durch staatliche Behörden,[813] der faktisch unmöglich gemacht würde, wäre eine Weitergabe personenbezogener Daten mit Angaben über die Religionszugehörigkeit nicht zulässig.[814] Während Art. 8 Abs. 2 lit. d der Datenschutzrichtlinie die Verarbeitung personenbezogener Daten mit religiösem Bezug unter bestimmten Voraussetzungen *endgültig* vom Verbot des Art. 8 Abs. 1 ausnimmt und damit dem Selbstbestimmungsrecht der Religionsgemeinschaften Rechnung trägt, enthält Art. 8 Abs. 4 der Richtlinie eine bloße *Ermächtigung an die Mitgliedstaaten*; sie ist, wie bereits gesagt, in erster Linie den Modalitäten des deut-

---

807   Richtlinie 93/119/EG des Rates v. 22.12.1993 über den Schutz von Tieren zum Zeitpunkt der Schlachtung oder Tötung, Amtsblatt Nr. L 340 v. 31.12.1993, S. 21.

808   *Bloss*, Cuius religio, S. 263 f.; *Mückl*, Europäisierung, S. 464.

809   Amtsblatt Nr. L 303 v. 18.11.2009, S. 1.

810   BGBl. I S. 2982.

811   Vgl. auch o. Rdn. 65 mit Fn. 114.

812   Richtlinie 95/46/EG des Europäischen Parlaments und des Rates v. 24.10.1995 zum Schutz natürlicher Personen bei der Verarbeitung personenbezogener Daten und zum freien Datenverkehr, Amtsblatt Nr. L 281 v. 23.11.1995, S. 31.

813   Demgemäß stellt der 35. Erwägungsgrund der Präambel der Richtlinie klar: »Die Verarbeitung personenbezogener Daten durch staatliche Stellen für verfassungsrechtlich oder im Völkerrecht niedergelegte Zwecke von staatlich anerkannten Religionsgesellschaften erfolgt ebenfalls im Hinblick auf ein wichtiges öffentliches Interesse.«

814   *Walter*, Religionsverfassungsrecht, S. 425 f.; *Vachek*, Religionsrecht der Europäischen Union, S. 357 ff.

schen Kirchensteuereinzugs geschuldet;[815] nach zutreffender Auffassung wird sie insoweit als bloße *Ausgestaltung* nicht von Art. 137 Abs. 6 WRV erfasst und ist auch nicht Teil der »nationalen Identität« im Sinne des Art. 4 Abs. 2 Satz 1 EUV n.F. (= Art. 6 Abs. 3 EUV).[816]

c) Richtlinie 97/36/EG (Fernsehrichtlinie)

Im Gegensatz zu den erörterten Normen stellt Art. 11 Abs. 5 der **Fernsehricht-** 296 **linie**,[817] wonach u.a. die **Unterbrechung der Übertragung von Gottesdiensten** durch Werbung oder Teleshopping untersagt ist, weniger eine Ausnahmeklausel als vielmehr einen Ausdruck positiver *Pflege religiöser Belange* dar;[818] denn dort werden die in den Mitgliedstaaten bestehenden Teilhabemöglichkeiten der Religionsgemeinschaften an Fernsehübertragungen durch einen gemeinschaftsrechtlichen Mindeststandard abgesichert und insoweit zugleich als Elemente öffentlichen religiösen Wirkens anerkannt.[819]

5. Grundstrukturen des gemeinschaftsrechtlichen Religionsrechts

Nach alledem beruht das gemeinschaftsrechtliche Religionsrecht, sofern überhaupt 297 von einem solchen gesprochen werden kann, wesentlich auf dem Religionsrecht der Mitgliedstaaten und den zu Art. 9 EMRK entwickelten Grundsätzen. **Neutralität, Säkularität** und **Parität** sind als Grundlagen zu betrachten,[820] ferner die Gewährleistung der **Religionsfreiheit** mit korporativen Elementen und solchen eines religiösen Selbstbestimmungsrechts.[821]

Diese Prinzipien werden durch das Primärrecht in mehrfacher Hinsicht ergänzt bzw. 298 auch modifiziert: Zunächst durch eine **fehlende gemeinschaftsrechtliche Kompetenz zur unmittelbaren Regelung religionsrechtlicher Sachverhalte**, sodann durch einen deutlichen **Schwerpunkt der gemeinschaftsrechtlichen Regelungsziele auf**

---

815 Kritisch zur Primärrechtskonformität des Art. 8 Abs. 4 der Datenschutzrichtlinie unter Verweis auf die gemeinschaftsrechtliche Religionsfreiheit *H. Weber*, ZevKR 47 (2002), 221, 232.
816 Ebenso *Walter*, Religionsverfassungsrecht, S. 426 m.w.N.; *Mückl*, Religions- und Weltanschauungsfreiheit, S. 27.
817 Richtlinie 97/36/EG des Europäischen Parlaments und des Rates v. 30.06.1997 zur Änderung der Richtlinie 89/552/EWG des Rates zur Koordinierung bestimmter Rechts- und Verwaltungsvorschriften der Mitgliedstaaten über die Ausübung der Fernsehtätigkeit, Amtsblatt Nr. L 202 v. 30.07.1997, S. 60.
818 Zutreffend *Mückl*, Europäisierung, S. 465 f.
819 *Bloss*, Cuius religio, S. 267.
820 Ebenso *Robbers*, HbStKirchR, Bd. I, S. 315, 319 f., der zudem das Gebot zu »positiver Toleranz« gegenüber religiösen Überzeugungen nennt; ebenso *ders.*, in: Robbers (Hg.), Staat und Kirche in der Europäischen Union, S. 629, 634. Zum Grundsatz der Parität ferner *Mückl*, Europäisierung, S. 472 f. Zum säkularen Charakter der Europäischen Union *de Wall*, ZevKR 52 (2007), 310, 313 f.
821 *de Wall*, ZevKR 52 (2007), 310, 316.

wirtschaftlichen Sachverhalten mit entsprechender Nivellierung bzw. Ausblendung sonstiger Interessen und Belange, und schließlich durch eine starke **Betonung des Gleichheitsschutzes bzw. des Schutzes vor Diskriminierung** im Gemeinschaftsrecht,[822] die tendenziell einer besonderen Berücksichtigung einzelner Interessen bzw. Interessengruppen widerstreitet. Diese Grundzüge finden eine Bestätigung durch das *Binnenrecht der EU*,[823] insbesondere das Beamtenstatut[824] und die Satzung der europäischen Schulen;[825] daraus wird allerdings zugleich deutlich, dass die Europäische Union hier nicht das Konzept einer *distanzierenden* Neutralität verfolgt, sondern bereit ist, der bzw. dem Einzelnen auch in ihren Organisationen und Einrichtungen einen **Raum für die Entfaltung individueller Religiosität** zu eröffnen.[826]

6. Entwicklung eines europäischen Religionsrechts?

299   Die Frage, ob sich ein spezifisches »europäisches Religionsrecht« entwickelt hat[827] oder ob ein solches zumindest in der Entwicklung begriffen ist, muss differenziert beantwortet werden:[828]

300   *Zu bejahen* ist die Frage insofern, als das Gemeinschaftsrecht unter maßgeblichem Einfluss der Europäischen Menschenrechtskonvention als Rechtserkenntnisquelle seine ausschließliche Fokussierung auf die wirtschaftlichen Integrationsziele überwunden hat und zunehmend bereit ist, das **Religionsrecht der Mitgliedstaaten** und eine darin begründete **Rechtsstellung der Kirchen und anderen Religionsgemeinschaften** sowie deren öffentliches Wirken als komplementären und die Ausübung von Kompetenzen möglicherweise beschränkenden Belang anzuerkennen.

301   *Zu verneinen* ist sie demgegenüber insofern, als das europäische Religionsrecht bereits aufgrund der fehlenden Gemeinschaftskompetenz kein zusammenhängendes

---

822   Dazu im Vergleich zum deutschen Verfassungsrecht *Classen*, EuR 2008, 627, 633 ff.; *de Wall*, ZevKR 52 (2007), 310, 316 f.: Diskriminierungsbekämpfung als »Kernanliegen der Gemeinschaft«.

823   Dazu *H. Weber*, ZevKR 47 (2002), 221, 226 f.

824   Verordnung Nr. 31 (EWG) 11 (EAG) über das Statut der Beamten und über die Beschäftigungsbedingungen für die sonstigen Bediensteten der Europäischen Wirtschaftsgemeinschaft und der Europäischen Atomgemeinschaft (ABl. P 45 v. 14.06.1962, S. 1385); gemäß Art. 1d der derzeit geltenden Fassung ist bei der Anwendung dieses Statuts jede Diskriminierung u.a. auf Grund der Religion oder der Weltanschauung verboten; nach Art. 26 Abs. 4 darf die Personalakte keinerlei Angaben u.a. über die religiösen Aktivitäten und Überzeugungen des Beamten enthalten.

825   *Mückl*, Europäisierung, S. 461 m.w.N.

826   *Mückl*, Europäisierung, S. 460; *ders.*, Religions- und Weltanschauungsfreiheit, S. 18; *Walter*, Religionsverfassungsrecht, S. 420.

827   Dazu im Überblick *Herbolsheimer*, KuR 2012, 81.

828   *de Wall*, ZevKR 52 (2007), 310, 316, erkennt zumindest »Elemente eines Religionsrechts«; dazu ferner *ders.*, ZevKR 47 (2002), 205, 205 f.

Kästner

und einer eigenen Systematik folgendes Rechtsgebiet ist und sein kann,[829] sondern auf einer **Öffnung den jeweiligen mitgliedstaatlichen religionsrechtlichen Ordnungen gegenüber** beruht, welche in ihren gemeinsamen Grundstrukturen auf das Gemeinschaftsrecht ein- und in dieses hineinwirken und somit als eigentlicher **Kern des europäischen Religionsrechts** anzusehen sind. Allerdings beruhen die religionsrechtlichen Ordnungen der Mitgliedstaaten auf jeweils unterschiedlichen historischen, politischen und religiösen Entwicklungen und Traditionen, deren Gemeinsamkeiten nicht oder allenfalls am Rande auf einer vereinheitlichenden Wirkung europäischen Rechts beruhen, sondern eher auf gemeineuropäischen Verfassungstraditionen.

Gerade die integrative Systemlogik des Gemeinschaftsrechts[830] erschwert die Herausbildung eines geschlossenen religionsrechtlichen Systems, da das Gemeinschaftsrecht allenfalls punktuell mit dem mitgliedstaatlichen Religionsrecht in Berührung kommt bzw. auf dieses einwirkt.[831] Wenn überhaupt von einem gemeinschaftsrechtlichen religionsrechtlichen System gesprochen werden kann, dann von einem **System der Kompetenzausübungsschranken** als Gegenpol zu einer Integrationslogik, welche stets der latenten Gefahr einer unkontrollierten Eigendynamik unterliegt. Dieses »System« eines gemeinschaftsrechtlichen Religionsrechts ist im größeren Kontext der **Wahrung der Eigenstaatlichkeit und nationalen Identität der Mitgliedstaaten** einerseits[832] und des Wandels der Europäischen Union von einer reinen Wirtschafts- zu einer **Wertegemeinschaft** andererseits zu sehen,[833] was seinen auf Gemeinschaftsebene bereits bislang prägnantesten Ausdruck in Art. 6 Abs. 3 EUV a.F. (heute Art. 4 Abs. 2 Satz 1 EUV n.F.) gefunden hat und nunmehr mit Inkrafttreten des Vertrags von Lissabon verstärkt wird durch den neuen zweiten Erwägungsgrund der Präambel[834] und den neu eingefügten Art. 2 EUV n.F., welcher – systematisch noch vor den Zielen der Europäischen Union – deren grundlegende Werte normiert.[835]

302

---

829 Zutreffend *de Wall*, ZevKR 52 (2007), 310, 314; *v. Campenhausen/de Wall*, Staatskirchenrecht, S. 359.
830 Dazu *Bloss*, Cuius religio, S. 289.
831 Dazu *Walter*, Religionsverfassungsrecht, S. 455.
832 Zu der daraus folgenden Forderung nach Berücksichtigung der Religionsgemeinschaften im Rahmen der gemeinschaftsrechtlichen Rechtssetzung *Mückl*, Europäisierung, S. 474.
833 Zu Letzterem *Söbbeke-Krajewski*, Religionsrechtlicher Acquis Communautaire, S. 31 ff., sowie S. 41 ff. zur geschichtlichen Entwicklung; *de Wall*, ZevKR 47 (2002), 205, 216 f.; *ders.*, ZevKR 52 (2007), 310, 313.
834 Der Präambel des EUV wurde ein neuer *zweiter Erwägungsgrund* eingefügt, der dem ersten Erwägungsgrund des Verfassungsvertrages entspricht. Dort wird genannt das »kulturelle, religiöse und humanistische Erbe Europas«, »aus dem sich die unverletzlichen und unveräußerlichen Rechte des Menschen sowie Freiheit, Demokratie, Gleichheit und Rechtsstaatlichkeit als universelle Werte entwickelt haben«.
835 Zu den Werten der Europäischen Union nach Art. 2 EUV n.F. zählen die Achtung der *Menschenwürde, Freiheit, Demokratie, Gleichheit* und *Rechtsstaatlichkeit* sowie die *Wahrung der Menschenrechte*, insbesondere der Rechte von Minderheiten (Art. 2 Satz 1 EUV n.F.). Diese Werte sollen in einer Gesellschaft bestehen, »die sich durch Pluralismus, Nichtdis-

I. Prozessuale Fragen

I. Religions- und Weltanschauungsfreiheit

1. Verfassungsbeschwerde

303 Das Grundrecht auf Religions- und Weltanschauungsfreiheit kann wie jedes andere Grundrecht und die grundrechtsgleichen Rechte im Wege der Verfassungsbeschwerde geltend gemacht werden (Art. 93 Abs. 1 Nr. 4a GG, §§ 13 Nr. 8a, 90 Abs. 1 BVerfGG). Dies gilt nicht nur in Bezug auf die individuelle, sondern auch auf die korporative Religions- und Weltanschauungsfreiheit. **Beschwerdeführer** können demnach alle Grundrechtsträger von Art. 4 Abs. 1 und 2 GG sein, wozu auch Religions- und Weltanschauungsgemeinschaften mitsamt ihren Untergliederungen und rechtlich selbständigen Einrichtungen[836] gehören.[837]

304 Als Beschwerdeführer von Art. 4 Abs. 1 und 2 GG in Form des Individualgrundrechts kommen auch **Jugendliche** in Betracht, soweit sie die *Religionsmündigkeit*[838] und insoweit auch die *Prozessfähigkeit* erlangt haben.[839]

305 Im Rahmen der Verfassungsbeschwerde können auch die durch **Art. 140 GG** inkorporierten Normen der Weimarer Reichsverfassung geltend gemacht werden, soweit sie vom Gewährleistungsgehalt des Art. 4 Abs. 1 und 2 GG umfasst sind.[840] Bezüglich der diesbezüglichen verfassungsprozessualen Reichweite im Einzelnen divergiert die Rechtsprechung der Senate des *Bundesverfassungsgerichts* allerdings.[841]

306 Der – nach Maßgabe von § 14 Abs. 1 BVerfGG regelmäßig häufiger zuständige – *Erste Senat* verneint seit dem Elfes-Urteil[842] bisher im Rahmen von Verfassungsbeschwerden eine von der Verletzung subjektiver Grundrechtsnormen – wie Art. 4 Abs. 1 und 2 GG – gelöste Prüfung der Verletzung *objektiven* Verfassungsrechts; ein Verstoß allein gegen Art. 140 GG i.V.m. den Weimarer Kirchenartikeln könnte insoweit nicht zur Begründetheit der Verfassungsbeschwerde führen.

307 Der *Zweite Senat* zieht demgegenüber auch nicht grundrechtliche bzw. nicht grundrechtsgleiche Bestimmungen des Grundgesetzes als solche zur Prüfung einer dem

---

kriminierung, Toleranz, Gerechtigkeit, Solidarität und die Gleichheit von Männern und Frauen auszeichnet« (Art. 2 Satz 2 EUV n.F.). Der Union können zudem nur Staaten beitreten, die diese Werte achten und fördern (Art. 49 EUV n.F.).

836 Vergleiche dazu o. Rdn. 150–151.

837 BVerfGE 19, 129, 132; 53, 366, 387 f. m.w.N.; st. Rspr.; *Ruppert*, in: Umbach/Clemens/Dollinger, BVerfGG, § 90 Rn. 44; *Kokott*, in: Sachs, Art. 4 Rn. 10.

838 § 5 RelKErzG vom 15.07.1921 (RGBl. 1921, 939). Siehe dazu bereits o. Rdn. 148.

839 BVerfGE 1, 87, 89. *Ruppert*, in: Umbach/Clemens/Dollinger, BVerfGG, § 90 Rn. 49; *Bethge*, in: Maunz/Schmidt-Bleibtreu/Klein/Bethge, BVerfGG, § 90 (Februar 2007) Rn. 171.

840 Dazu auch *Kästner*, Staatliche Justizhoheit und religiöse Freiheit, S. 56 f.; *Weber*, HbStKirchR II, S. 1047, 1069 ff.

841 Dazu ausführlich *Borowski*, Glaubens- und Gewissensfreiheit, S. 332 ff. m.w.N.

842 BVerfGE 6, 32.

Grunde nach zulässigen Verfassungsbeschwerde heran, die mithin die Feststellung einer (alleinigen) **Verletzung objektiver Verfassungsnormen** zum Ergebnis haben kann.[843] Nach Maßgabe dieser im Interesse möglichst weitreichender praktischer Verwirklichung religionsverfassungsrechtlicher Garantien begrüßenswerten – in der Literatur freilich auch kritisierten[844] – Rechtsprechung, die das Grundrecht auf Religions- und Weltanschauungsfreiheit zum »Einstieg« in die Prüfung der Verfassungsbeschwerde ausreichen lässt, kann deshalb die Frage des Verhältnisses zwischen den Rechten aus Art. 4 Abs. 1 und 2 GG und den Rechten aus Art. 140 GG i.V.m. den Weimarer Kirchenartikeln letztlich offen bleiben.[845]

2. Sonstige prozessuale Fragen

Die Begriffe »Religion« und »Weltanschauung« sind unbestimmt, weshalb sich in gerichtlichen Verfahren ein **Beweisproblem** ergeben kann. Das erkennende staatliche Gericht ist zuständig für die Entscheidung, ob der Schutzbereich eröffnet ist. Es hat dabei eine **Plausibilitätsprüfung** anzustellen, wobei die Darlegungslast denjenigen trifft, der sich auf Art 4 Abs. 1 und 2 GG beruft.[846]   **308**

Der praktische Schwerpunkt prozessualer Geltendmachung liegt auf dem **Verwaltungsprozess.**[847] In ihm sind die Religions- und Weltanschauungsgemeinschaften in Gestalt ihrer konkreten Rechtsträger nach Maßgabe von § 61 Nr. 1 Var. 2 VwGO (juristische Personen) bzw. § 61 Nr. 2 VwGO (Vereinigungen, soweit ihnen ein Recht zustehen kann) *beteiligtenfähig.* Die *Klagebefugnis* (§ 42 Abs. 2 VwGO) ergibt sich aus Art. 4 Abs. 1 und 2 GG. Sie kann darüber hinaus aus den durch Art. 140 GG inkorporierten Artikeln der Weimarer Reichsverfassung abgeleitet werden, soweit diese *subjektive Rechte* gewährleisten.[848] Auch *Staatskirchenverträge* beinhalten je nach Ausgestaltung subjektive Rechte im Kontext der Religions- und Weltanschauungsfreiheit.[849]   **309**

843 BVerfGE 42, 312, 325 f.; 46, 73, 85 (implizit); 53, 366, 390; 57, 220, 241; 70, 138, 162; 99, 100, 119; 102, 370, 384; insofern geht der Zweite Senat von einer ständigen Rechtsprechung aus. Ebenso *Starck,* in: v. Mangoldt/Klein/Starck I, Art. 4 Rn. 80.
844 *Stark,* in: Umbach/Clemens/Dollinger, BVerfGG, § 95 Rn. 6; *Borowski,* Glaubens- und Gewissensfreiheit, S. 336 ff. m.w.N.
845 So ausdrücklich BVerfGE 46, 73, 85. Zu diesem Verhältnis vergleiche o. Rdn. 246–250.
846 Siehe dazu o. Rdn. 37 m.w.N.
847 Zu den Einzelheiten einer Abgrenzung der Rechtswege und der Frage der Justitiabilität in kirchlichen Angelegenheiten ausführlich *Ehlers,* in: Schoch/Schmidt-Aßmann/Pietzner, VwGO, § 40 (September 2003) Rn. 106 ff., 472 ff., *Kästner,* Staatliche Justizhoheit und religiöse Freiheit, S. 52 ff., 139 ff.
848 Vgl. dazu o. Rdn. 242–244 – Zum Meinungsstand *Couzinet/Weiss,* ZevKR 54 (2009), 34, 40 f. anhand von Art. 140 GG i.V.m. Art. 139 WRV.
849 Dazu OVG Mecklenburg-Vorpommern, NVwZ 2000, 948; *de Wall,* ZevKR 45 (2000), 626 ff.; *Ehlers,* ZevKR 46 (2001), 286, 302; *Heinig/Morlok,* KuR 2001, 25, 27; *Westphal,* Die Garantie der Sonn- und Feiertage als Grundlage subjektiver Rechte, S. 182 ff. – An-

II. Gewissensfreiheit

310 In Bezug auf den unbestimmten Rechtsbegriff des »Gewissens« ergeben sich entsprechende Definitionsprobleme wie hinsichtlich der Begriffe »Religion« und »Weltanschauung«.[850] Hier hat das erkennende staatliche Gericht eine **Plausibilitätsentscheidung** nach Maßgabe der Persönlichkeit des Betreffenden und der dargelegten einschlägigen Anhaltspunkte zu treffen.[851]

III. Recht auf Kriegsdienstverweigerung

311 Beim Recht auf Kriegsdienstverweigerung handelt es sich um ein *verfahrensorientiertes Grundrecht*.[852] Wird das Grundrecht auf Kriegsdienstverweigerung im Wege der Verfassungsbeschwerde geltend gemacht, ist deshalb insbesondere die **Erschöpfung des Rechtsweges** von Belang; §§ 9 und 10 KDVG i.V.m. §§ 68 ff., 40 und 42 VwGO sehen gegen einen Ablehnungsbescheid im Verfahren der Anerkennung als Kriegsdienstverweigerer Widerspruch und Anfechtungsklage vor.[853]

312 Ist der Rechtsweg erschöpft, steht in Bezug auf die Geltendmachung von Art. 4 Abs. 3 GG im Rahmen einer Verfassungsbeschwerde die **Prozessfähigkeit** auch Minderjährigen zu, soweit sie ihr Recht auf Kriegsdienstverweigerung im verwaltungsrechtlichen Verfahren geltend machen können[854] und ihnen insofern die nötige Einsichtsfähigkeit von Gesetzes wegen zugestanden wird.[855]

J. Deutsche und europarechtliche Leitentscheidungen

I. Religions- und Weltanschauungsfreiheit

313 BVerfGE 12, 1–5 – Tabak-Beschluss; BVerfGE 24, 236–252 – Lumpensammler-Entscheidung; BVerfGE 32, 98–111 – Gesundbeter; BVerfGE 33, 23–42; 79, 69–79 – Eidespflicht; BVerfGE 35, 366–376 – Kreuz im Gerichtssaal; BVerfGE 41, 29–64; 41, 65–88; 41, 88–121 – Christliche Gemeinschaftsschule; BVerfGE 44, 37–59; 44, 59–70 – Kirchenaustritt; BVerfGE 52, 223–255 – Schulgebet; BVerfGE 70, 138–173 – Kirchliches Arbeitsrecht; BVerfGE 74, 244–256 – Teilnahme am Religionsunterricht; BVerfGE 83, 341–362 – Bahá'í; BVerfGE 93, 1–37 – Kreuz bzw. Kruzifix in der öffentlichen Schule; BVerfGE 104, 337–356 – Schächten; BVerfGE 105, 279–312 – Staatliche Warnung vor Jugendsekten (Osho); BVerfGE 108,

---

ders *Korioth*, in: Maunz/Dürig (2003), Art. 140/Art. 137 WRV Rn. 18 f. – Insgesamt zum Diskussionsstand m.w.N.: *Unruh*, ZevKR 52 (2007), 1, 17 ff.

850 Ausführlicher dazu o. Rdn. 43–48 und 111–117 m.w.N.
851 Vgl. o. Rdn. 122 und 131–132.
852 Dazu o. Rdn. 144–146, 184 und 203.
853 Vgl. zur neueren (geänderten) Rspr. des Bundesverwaltungsgerichts bezüglich des Rechtsschutzbedürfnisses von Berufssoldaten und Soldaten auf Zeit im Sanitätsdienst der Bundeswehr o. Rdn. 145 mit Fn. 313.
854 Siehe § 9 Abs. 2 i.V.m. § 2 Abs. 4 und 5 KDVG.
855 BVerfGE 28, 243, 254 f.

282–340 – muslimisches Kopftuch einer Lehrerin; BVerfGE 125, 39-103 – Schutzpflicht des Gesetzgebers für Sonn- und Feiertage.

BVerwGE 82, 76–97; 90, 112–127 – Warnung vor Jugendsekten; BVerwGE 89, 368–383 – Weltanschauungsschule; BVerwGE 94, 82–94 – Befreiung vom koedukativen Sportunterricht aus religiösen Gründen; BVerwGE 99, 1–9; 112, 227–236; 127, 183–187 – Schächten; BVerwGE 109, 40–59 – Kreuz bzw. Kruzifix in der öffentlichen Schule; BVerwGE 116, 359–364; 121, 140–152; 131, 242–251 – muslimisches Kopftuch einer Lehrerin; BVerwG, NVwZ 2014, 81–86 – Befreiung vom koedukativen Schwimmunterricht aus religiösen Gründen; BVerwG, NVwZ 2014, 237–243 – Teilnahme am allgemeinen Unterricht (»Krabat«).

II. Gewissensfreiheit

BVerwGE 105, 73–89 – Teilnahme an Tierversuchen; BVerwGE 127, 302–374 – 314
Gewissensfreiheit von Soldaten.

III. Kriegsdienstverweigerung aus Gewissensgründen

BVerfGE 12, 45–61 – Situationsunabhängige Kriegsdienstverweigerung; BVerfGE 315
19, 135–138; 23, 127–135 – Ersatzdienstverweigerung; BVerfGE 28, 243–264 –
Kriegsdienstverweigerung vor rechtskräftiger Anerkennung; BVerfGE 48, 127–206 –
Wehrpflicht; BVerfGE 69, 1–92 – Kriegsdienstverweigerungs-Neuordnungsgesetz;
BVerfGE 78, 391–398 – Bestrafung wegen Dienstflucht; BVerfGE 80, 354–360 –
Totalverweigerung.

BVerwGE 66, 138–139 – Anerkennung als Kriegsdienstverweigerer; BVerwGE 70, 216–22 – Anerkennung bei »Altverfahren«; BVerwGE 142, 48–58 – Rechtsschutzbedürfnis von Berufssoldaten und Soldaten auf Zeit im Sanitätsdienst der Bundeswehr vor Beendigung ihres Dienstverhältnisses.

IV. Rechtsprechung europäischer Gerichte

EuGH v. 27.10.1976 – Rs. 130–75, Slg. 1976, 1589 – *Prais* – Berücksichtigung der 316
religiösen Überzeugung eines Bewerbers bei der Auswahl für den öffentlichen
Dienst.

EGMR v. 25.05.1993 – *Kokkinakis*, Series A: Judgement und Decisions 260-A –
Bestrafung wegen Missionierung; EGMR v. 26.10.2000 – *Hasan und Chaush*, Reports of Judgments and Decisions 2000-XI – Staatliche Eingriffe in die interne
Organisation einer Religionsgemeinschaft; EGMR v. 13.12.2001 – *Metropolitan
Church of Bessarabia u.a.*, Reports of Judgments and Decisions 2001-XII – Staatliche
Anerkennung als Religionsgemeinschaft; EGMR v. 10.11.2005 – *Leyla Şahin*,
Nr. 44774/98, EuGRZ 2006, 28–32 – Ausschluss von der Universität wegen des
Tragens eines Kopftuches; EGMR v. 18.03.2011 – *Lautsi u.a.*, Az. 30814/06,
NVwZ 2011, 737–743 – Aufhängen von Kreuzen bzw. Kruzifixen in Klassenzimmern (Italien).

K. Literaturauswahl

317 *Alberts, Hans W.*, Das Verbot von Weltanschauungs- und Religionsgemeinschaften, ZRP 1996, S. 60; *Anke, Hans Ulrich/Zacharias, Diana*, Das Kirchenlohnsteuereinzugsverfahren aus der Sicht des Verfassungsrechts, DÖV 2003, S. 140; *Arndt, Adolf*, Erstbestrafung von Ersatzdienstverweigerern, NJW 1968, S. 979; *Augsberg, Ino/Engelbrecht, Kai*, Staatlicher Gebrauch religiöser Symbole im Licht der Europäischen Menschenrechtskonvention – Zur Entscheidung des EGMR vom 03.11.2009 in der Rechtssache Lautsi –, JZ 2010, S. 450; *Badura, Peter*, Der Schutz von Religion und Weltanschauung durch das Grundgesetz – Verfassungsfragen zur Existenz und Tätigkeit der neuen »Jugendreligionen«, 1989; *ders.*, Zur Rechtmäßigkeit des Eingriffs (Förderung eines privaten Vereins) in das Grundrecht auf Religionsfreiheit im Wege der Öffentlichkeitsarbeit gegen die Osho-Bewegung, JZ 1993, S. 37; *ders.*, Staatskirchenrecht als Gegenstand des Verfassungsrechts, in: Listl/Pirson (Hg.), Handbuch des Staatskirchenrechts der Bundesrepublik Deutschland, Bd. I, 2. Aufl. 1994, § 6, S. 211; *Bäumlin, Richard*, Das Grundrecht der Gewissensfreiheit, VVDStRL 28 (1970), S. 3; *Bauer, Saskia*, Gewissensschutz im Arbeitsverhältnis, 2004; *Bausback, Winfried*, Religions- und Weltanschauungsfreiheit als Gemeinschaftsgrundrecht, EuR 2000, S. 261; *Bayer, Klaus Dieter*, Das Grundrecht der Religions- und Gewissensfreiheit, 1997; *Beljin, Saša*, Beihilfenrecht, in: Schulze/Zuleeg/Kadelbach (Hg.), Europarecht, 2. Aufl., 2010, § 28, S. 1486; *Berger, Anja Gitta*, Die staatliche Finanzierung der kirchlichen Wohlfahrtspflege und das europäische Beihilfeverbot, 2007; *Bernsdorff, Norbert*, Kommentierung des Art. 10 EU-GRCh, in: Meyer (Hg.), Kommentar zur Charta der Grundrechte der Europäischen Union, 4. Aufl., 2014; *Bethge, Herbert*, Gewissensfreiheit, in: Isensee/Kirchhof (Hg.), Handbuch des Staatsrechts der Bundesrepublik Deutschland, Bd. VII: Freiheitsrechte, 3. Aufl., 2009, § 158, S. 663; *Beulke, Werner/Dießner, Annika*, »(…) ein kleiner Schnitt für einen Menschen, aber ein großes Thema für die Menschheit« – Warum das Urteil des LG Köln zur religiös motivierten Beschneidung von Knaben nicht überzeugt, ZIS 2012, S. 338; *Beutler, Bengt*, Kommentierung des Art. 6 EUV, in: von der Groeben/Schwarze (Hg.), Kommentar zum Vertrag über die Europäische Union und zur Gründung der Europäischen Gemeinschaft, 6. Aufl., 2003; *Bleckmann, Albert*, Von der individuellen Religionsfreiheit des Art. 9 EMRK zum Selbstbestimmungsrecht der Kirchen, 1995; *Bloss, Lasia*, Cuius religio – EU ius regio?, 2008; *Blühdorn, Jürgen (Hg.)*, Das Gewissen in der Diskussion, 1976; *Blum, Nikolaus*, Die Gedanken-, Gewissens- und Religionsfreiheit nach Art. 9 der Europäischen Menschenrechtskonvention, 1990; *Bock, Wolfgang*, Das für alle geltende Gesetz und die kirchliche Selbstbestimmung, 1996; *ders.*, Der Islam in der aktuellen Entscheidungspraxis des Öffentlichen Rechts, NVwZ 2007, S. 1250; *ders.*, Der Islam in der aktuellen Entscheidungspraxis der Arbeitsgerichte, NZA 2011, S. 1201; *ders.*, Der Islam in der Entscheidungspraxis der Familiengerichte, NJW 2012, S. 122; *Böckenförde, Ernst-Wolfgang*, Das Grundrecht der Gewissensfreiheit, VVDStRL 28 (1970), S. 33; *Boemke, Burkhard*, Anmerkung zu LArbG Hamm 4. Kammer, Urteil vom 20.04.2011 – 4 Sa 2230/10, jurisPR-ArbR 1/2012 Anm. 2; *Borowski, Martin*, Die Glaubens- und Gewissensfreiheit des Grundgesetzes, 2006; *Bosch, Friedrich Wilhelm/Habscheid, Walther J.*, Vertragspflicht und

Gewissenskonflikt, JZ 1954, S. 213; *Brandhuber, Klaus*, Die Problematik des Schächtens im Lichte der aktuellen Rechtsprechung, NVwZ 1994, S. 561; *Brenner, Michael*, Die Kirchen als Körperschaften des öffentlichen Rechts zwischen Grundgesetz und Gemeinschaftsrecht, in: von Campenhausen (Hg.), Deutsches Staatskirchenrecht zwischen Grundgesetz und EU-Gemeinschaft, 2003, S. 43; *Brinkmann, Karl*, Grundrecht und Gewissen im Grundgesetz, 1965; *Brunn, Bernd*, Kommentierung des Art. 4 III GG, in: Umbach/Clemens (Hg.), Grundgesetz: Mitarbeiterkommentar und Handbuch, Bd. I, 2002; *Büchner, Bernward*, Apotheker im Gewissenskonflikt – Gibt es ein Recht, die Abgabe nidationshemmender Arzneimittel zu verweigern?, ZfL 2012, S. 40; *Büscher, Ralf*, Die geplante Neuregelung fügt sich in das bisherige System ein, DRiZ 2012, S. 330; *Burkiczak, Christian*, Zur Verfassungswidrigkeit des neu geregelten Kriegsdienstverweigerungsrechts, BayVBl. 2005, S. 70; *Buschmann, Arno*, Kaiser und Reich, Bd. 2, 2. Aufl., 1994; *Calliess, Christian*, Kommentierung des Art. 5 EUV, in: ders./Ruffert (Hg.), EUV/AEUV-Kommentar, 4. Aufl., 2011; *von Campenhausen, Axel Frhr.*, Religionsfreiheit, in: Isensee/Kirchhof (Hg.), Handbuch des Staatsrechts der Bundesrepublik Deutschland, Bd. VII: Freiheitsrechte, 3. Aufl., 2009, § 157, S. 597; *ders.*, Religionsfreiheit, in: Isensee/Kirchhof (Hg.), Handbuch des Staatsrechts der Bundesrepublik Deutschland, Bd. VI: Freiheitsrechte, 1989, § 136, S. 369; *ders.*, Entwicklungstendenzen im kirchlichen Gliedschaftsrecht, ZevKR 41 (1996), S. 129; *ders.*, Körperschaftsstatus der Kirchen und Religionsgemeinschaften: Zum Urteil des Bundesverfassungsgerichts zu den Zeugen Jehovas, ZevKR 46 (2001), S. 165; *ders./Unruh, Peter*, Kommentierung des Art. 140 GG, in: von Mangoldt/Klein/Starck (Hg.), Kommentar zum Grundgesetz, 6. Aufl., Bd. III, 2010; *ders./de Wall, Heinrich*, Staatskirchenrecht, 4. Aufl., 2006; *Caspar, Johannes*, Tierschutz in die Verfassung? – Gründe, Gegengründe und Perspektiven für einen Art. 20b GG, ZRP 1998, S. 441; *Classen, Claus Dieter*, Religionsrecht, 2006; *ders.*, Freiheit und Gleichheit im öffentlichen und im privaten Recht – Unterschiede zwischen europäischem und deutschem Grundrechtsschutz?, EuR 2008, S. 627; *ders.*, Anmerkung zur Entscheidung des BVerfG vom 01.12.2009 (Az.: BvR 2857/07), JZ 2010, S. 144; *Coester-Waltjen, Dagmar*, Kommentierung des Art. 6 GG, in: von Münch/Kunig (Hg.), Grundgesetz-Kommentar, Bd. I, 6. Aufl., 2012; *Conring, Hans-Tjabert*, Korporative Religionsfreiheit in Europa, 1998; *Couzinet, Daniel/Weiss, Andreas*, Das Verhältnis von Art. 4 GG zu Art. 140 GG i.V.m. Art. 139 WRV, ZevKR 54 (2009), S. 34; *Daleki, Wolfgang*, Bundesstatistik über Religionszugehörigkeit, JZ 1983, S. 60; *Dettmeyer, Reinhard/Parzeller, Markus/Laux, Johannes/Friedl, Hannah/Zedler, Barbara/Bratzke, Hansjürgen*, Medizinische und rechtliche Aspekte der Genitalverstümmelung bzw. Beschneidung – Teil II: Die rituelle Zirkumzision, ArchKrim 227 (2011), S. 85; *Discher, Thomas*, Mittelbarer Eingriff, Gesetzesvorbehalt, Verwaltungskompetenz: Die Jugendsekten-Entscheidungen, JuS 1993, S. 463; *von Doemming, Klaus-Berto/Füsslein, Rudolf Werner/Matz, Werner*, Entstehungsgeschichte der Artikel des Grundgesetzes, JöR NF 1 (1951), S. 1; *Dürig, Günter*, Art. 103 III GG und die »Zeugen Jehovas«, JZ 1967, S. 426; *Ebers, Godehard Josef*, Staat und Kirche im neuen Deutschland, 1930; *Ehlers, Dirk*, Problemstellungen des Vertragskirchenrechts, ZevKR 46 (2001), S. 286; *ders.*, Kommentierung des Art. 140 GG, in: Sachs (Hg.), Grundgesetz, 6. Aufl., 2011; *ders.*, Allgemeine

Lehren der Unionsgrundrechte, in: Ehlers (Hg.), Europäische Grundrechte und Grundfreiheiten, 3. Aufl., 2009, § 14, S. 443; *ders.*, Verhältnis des Unionsrechts zu dem Recht der Mitgliedstaaten, in: Schulze/Zuleeg/Kadelbach (Hg.), Europarecht, 2. Aufl., 2010, § 11, S. 449; *Ehrmann, Georg*, Nachhaltige Schwächung der Kinderrechte, DRiZ 2012, S. 331; *Eiselstein, Claus*, Das »forum externum« der Gewissensfreiheit – ein Weg in die Sackgasse, DÖV 1984, S. 794; *Enders, Christoph*, Anmerkung zur Entscheidung des BVerwG vom 30.11.2011 – 6 C 20/10 – Zur Frage der Verrichtung von Gebeten an Schulen außerhalb der Unterrichtszeit, JZ 2012, S. 363; *Epiney, Astrid*, Kommentierung des Art. 19 AEUV, in: Calliess/Ruffert (Hg.), EUV/AEUV-Kommentar, 4. Aufl., 2011; *Exner, Thomas*, Sozialadäquanz im Strafrecht – Zur Knabenbeschneidung, 2011; *Fateh-Moghadam, Bijan*, Religiöse Rechtfertigung? Die Beschneidung von Knaben zwischen Strafrecht, Religionsfreiheit und elterlichem Sorgerecht, RW 1 (2010), S. 115; *Fehlau, Meinhard*, Die Schranken der freien Religionsausübung, JuS 1993, S. 441; *Filmer, Fridtjof*, Das Gewissen als Argument im Recht, 2000; *Fischer, Erwin*, Trennung von Staat und Kirche: Die Gefährdung der Religions- und Weltanschauungsfreiheit in der Bundesrepublik, 3. Aufl., 1984 (4. Aufl., 1993, unter dem Titel »Volkskirche ade!«); *Fischer, Kristian/Groß, Thomas*, Die Schrankendogmatik der Religionsfreiheit, DÖV 2003, S. 932; *Fischer, Thomas*, Kommentierung von § 223 StGB, in: ders., Strafgesetzbuch mit Nebengesetzen, 61. Auflage 2014; *Fleischer, Thomas*, Der Religionsbegriff des Grundgesetzes, 1989; *Flume, Werner*, Vereinsautonomie und kirchliche oder religiöse Vereinigungsfreiheit und das Vereinsrecht, JZ 1992, S. 238; *Franke, Dietrich*, Gewissensfreiheit und Demokratie – Aktuelle Probleme der Gewissensfreiheit, AöR 114 (1989), S. 7; *Freihalter, Gerd U.*, Gewissensfreiheit, 1973; *Fremuth, Michael Lysander*, Anmerkung zu EGMR (Große Kammer), Urt. v. 18.03.2011 – 30814/06 (Lautsi u.a./Italien), NVwZ 2011, S. 741; *Frommer, Hartmut/Dillmann, Lothar*, Die Frage nach der Religionszugehörigkeit bei der Aufnahme in öffentliche Krankenhäuser, BayVBl. 1972, S. 405; *Frowein, Jochen Abr.*, Kommentierung von Art. 9 EMRK, in: ders./Peukert (Hg.), Europäische Menschenrechtskonvention, 3. Aufl., 2009; *ders.*, Religionsfreiheit und internationaler Menschenrechtsschutz, in: Grote/Marauhn (Hg.), Religionsfreiheit zwischen individueller Selbstbestimmung, Minderheitenschutz und Staatskirchenrecht – Völker- und verfassungsrechtliche Perspektiven, 2001, S. 73; *ders.*, Freedom of Religion in the Practice of the European Commission and Court of Human Rights, ZaöRV 46 (1986), S. 249; *ders.*, Übernationale Menschenrechtsgewährleistungen und nationale Staatsgewalt, in: Isensee/Kirchhof (Hg.), Handbuch des Staatsrechts der Bundesrepublik Deutschland, Bd. VII: Normativität und Schutz der Verfassung – Internationale Beziehungen, 1992, § 180, S. 731; *Fülbier, Ulrich*, Die Religionsfreiheit in der Bundesrepublik Deutschland und den Vereinigten Staaten von Amerika unter spezieller Berücksichtigung der jeweiligen Methodik der Verfassungsinterpretation, 2003; *Geis, Max-Emanuel*, Geheime Offenbarung oder Offenbarungseid? – Anmerkungen zum »Kruzifix-Beschluß« des Bundesverfassungsgerichts, RdJB 1995, S. 373; *Germann, Michael*, Kommentierung des Art. 4 GG, in: Epping/Hillgruber (Hg.), Beck'scher Online-Kommentar zum Grundgesetz, Stand: 01.03.2014; *Giegerich, Thomas*, Wirkung und Rang der EMRK in den Rechtsordnungen, in: Grote/Marauhn (Hg.), EMRK/GG-Konkordanzkommentar, 2006,

Kap. 2, S. 61; *Globig, Klaus*, Die Lohengrin-Klausel des Grundgesetzes, ZRP 2002, S. 107; *Goerlich, Helmut*, Religionspolitische Distanz und kulturelle Vielfalt unter dem Regime des Art. 9 EMRK, NJW 2001, S. 2862; *Grabenwarter, Christoph*, Die korporative Religionsfreiheit nach der Menschenrechtskonvention, in: Muckel (Hg.), Festschrift für Wolfgang Rüfner, 2003, S. 147; *ders./Pabel, Katharina*, Europäische Menschenrechtskonvention, 5. Aufl., 2012; *Grote, Rainer/Kraus, Dieter*, Der praktische Fall – Öffentliches Recht: Kirchenasyl, JuS 1997, S. 345; *ders.*, Entstehungs- und Rezeptionsgeschichte der EMRK, in: ders./Marauhn (Hg.), EMRK/GG-Konkordanzkommentar, 2006, Kap. 1, S. 9; *Grzeszick, Bernd*, Die Kirchenerklärung zur Schlussakte des Vertrags von Amsterdam, ZevKR 48 (2003), S. 284; *ders.*, Verfassungstheoretische Grundlagen des Verhältnisses von Staat und Religion, in: Heinig/Walter (Hg.), Staatskirchenrecht oder Religionsverfassungsrecht?, 2007, S. 131; *Günther, Monika*, Erhebung der Religionszugehörigkeit in einem neuen Volkszählungsgesetz, DÖV 1984, S. 456; *Guntau, Burkhard*, Der Ruf des Muezzin in Deutschland – Ausdruck der Religionsfreiheit?, ZevKR 43 (1998), S. 369; *Hamel, Walter*, Glaubens- und Gewissensfreiheit, in: Bettermann/Nipperdey/Scheuner (Hg.), Die Grundrechte, Bd. IV, Halbband 1, 2. Aufl., 1972, S. 37; *Hammer, Felix*, Rechtsfragen der Kirchensteuer, 2002; *ders.*, Das Verhältnis von Staat und Kirchen in Europa zwischen staatskirchlichen Privilegien und weltanschaulich neutraler Distanz, DÖV 2006, S. 542; *Hassemer, Winfried*, Zwar & Aber – Zwischenruf zum Beschneidungsrecht, ZRP 2012, S. 179; *Haupt, Katharina*, Verfassungsfragen zum muslimischen Kopftuch von Erzieherinnen in öffentlichen Kindergärten, 2010; *Heckel, Martin*, Gleichheit oder Privilegien? – Der Allgemeine und der Besondere Gleichheitssatz im Staatskirchenrecht, 1993; *ders.*, Religionsfreiheit: Eine säkulare Verfassungsgarantie, in: ders., Gesammelte Schriften, Bd. IV, 1997, S. 647; *ders.*, Rechtscharakter und Funktionen der Religionsfreiheit, in: Morsey u.a. (Hg.), Gedächtnisschrift für Roman Schnur, 1997, S. 205; *Heinig, Hans Michael/Morlok, Martin*, Der vertragliche Sonn- und Feiertagsschutz als subjektives Recht der Kirchen, Kirche und Recht (KuR) 2001, S. 25; *ders.*, Öffentlich-rechtliche Religionsgesellschaften, 2003; *ders./Walter, Christian* (Hg.), Staatskirchenrecht oder Religionsverfassungsrecht?, 2007; *ders.*, Art. 13 EGV und die korporative Religionsfreiheit nach dem Grundgesetz, in: Haratsch u.a. (Hg.), Religion und Weltanschauung im säkularen Staat, 2001, S. 215; *ders.*, Die Stellung der Kirchen und Religionsgemeinschaften in der europäischen Rechtsordnung, in: Müller-Graff/Schneider (Hg.), Kirchen und Religionsgemeinschaften in der Europäischen Union, 2003, S. 125; *ders.*, Gerichtliche Auseinandersetzung um Kreuz und Kopftuch im öffentlichen Raum – Thesen und Beobachtungen, ZevKR 57 (2012), S. 82; *Heintzen, Markus*, Staatliche Warnungen als Grundrechtsproblem, VerwArch 81 (1990), S. 532; *ders.*, Die Kirchen im Recht der Europäischen Union, in: Isensee/Rees/Rüfner (Hg.), Festschrift für Joseph Listl, 1999, S. 29; *Hellermann, Johannes*, Die sogenannte negative Seite der Freiheitsrechte, 1993; *Herbolsheimer, Volker*, Gibt es ein Religionsrecht der Europäischen Union? Religionsrechtliche Kompetenzen der EU, KuR 2012, S. 81; *Herdegen, Matthias*, Gewissensfreiheit und Normativität des positiven Rechts, 1989; *ders.*, Gewissensfreiheit, in: Listl/Pirson (Hg.), Handbuch des Staatskirchenrechts der Bundesrepublik Deutschland, Bd. I, 2. Aufl., 1994, § 15, S. 481; *Herzberg, Rolf*

Dietrich, Rechtliche Probleme der rituellen Beschneidung, JZ 2009, S. 332; *ders.*, Religionsfreiheit und Kindeswohl – Wann ist die Körperverletzung durch Zirkumzision gerechtfertigt?, ZIS 2010, S. 471; *ders.*, Steht dem biblischen Gebot der Beschneidung ein rechtliches Verbot entgegen?, MedR 2012, S. 169; *Herzog, Roman*, Die Freiheit des Gewissens und der Gewissensverwirklichung, DVBl. 1969, S. 718; *ders.*, Kommentierung des Art. 4 GG, in: Maunz/Dürig (Hg.), Grundgesetz, Kommentar, Stand 1988; *Hesse, Konrad*, Schematische Parität der Religionsgesellschaften nach dem Bonner Grundgesetz?, ZevKR 3 (1953/54), S. 188; *Hillgruber, Christian*, Staat und Religion, DVBl. 1999, S. 1155; *ders.*, Der Körperschaftsstatus von Religionsgemeinschaften – Objektives Grundverhältnis oder subjektives Grundrecht, NVwZ 2001, S. 1347; *Hobe, Stephan*, Die Verbürgung der Religionsfreiheit in der EU-Grundrechtecharta, in: Muckel (Hg.), Festschrift für Wolfgang Rüfner, 2003, S. 317; *Höcker, Ralf*, Das Grundrecht der Gewissensfreiheit und seine Auswirkungen im Strafrecht, 2000; *Hölscheidt, Sven/Mund, Eva*, Religionen und Kirchen im europäischen Verfassungsverbund, EuR 2003, S. 1083; *Hofmann, Hans*, Religiöse Symbole in Schule und Öffentlichkeit – Stand der Entwicklung der Landesgesetzgebung und Rechtsprechung nach der Richtungsentscheidung des BVerfG von 2003, NVwZ 2009, S. 74; *Hollerbach, Alexander*, Zur Entstehungsgeschichte der staatskirchenrechtlichen Artikel des Grundgesetzes, in: Blumenwitz u.a. (Hg.), Konrad Adenauer und seine Zeit, Bd. 2, 1976, S. 367; *ders.*, Das Staatskirchenrecht in der Rechtsprechung des Bundesverfassungsgerichts (II), AöR 106 (1981), S. 218; *ders.*, Grundlagen des Staatskirchenrechts, in: Isensee/Kirchhof (Hg.), Handbuch des Staatsrechts der Bundesrepublik Deutschland, Bd. VI: Freiheitsrechte, 1989, § 138, S. 471; *Huber, Peter M.*, Die korporative Religionsfreiheit und das Selbstbestimmungsrecht nach Art. 137 Abs. 3 WRV einschließlich ihrer Schranken, in: Heinig/Walter (Hg.), Staatskirchenrecht oder Religionsverfassungsrecht?, 2007, S. 156; *Hufen, Friedhelm*, Grundrechte: Religionsfreiheit in der Schule – Islamisches Gebet in öffentlicher Schule –, JuS 2012, S. 663; *Hunold, Wolf*, Arbeitnehmer- versus Arbeitgebergrundrechte – Verweigerung aus Glaubensgründen, AuA 2011, S. 344; *Huster, Stefan*, Die ethische Neutralität des Staates, 2002; *ders.*, Die Bedeutung des Neutralitätsgebots für die verfassungstheoretische und verfassungsrechtliche Einordnung des Religionsrechts, in: Heinig/Walter, Staatskirchenrecht oder Religionsverfassungsrecht?, 2007, S. 107; *Ipsen, Jörn*, Stellungnahme zum Gesetzentwurf [Dt. Bundestag, Ausschussdrucksache 17(12)550]; *Isak, Axel*, Das Selbstverständnis der Kirchen und Religionsgemeinschaften und seine Bedeutung für die Auslegung staatlichen Rechts, 1994; *Isensee, Josef*, Verfassungsstaatliche Erwartungen an die Kirche, in: Essener Gespräche zum Thema Staat und Kirche 25 (1991), S. 104; *ders.*, Die karitative Betätigung der Kirchen und der Verfassungsstaat, in: Listl/Pirson (Hg.), Handbuch des Staatskirchenrechts der Bundesrepublik Deutschland, Bd. II, 2. Aufl., 1995, § 59, S. 665; *ders.*, Bildersturm durch Grundrechtsinterpretation, ZRP 1996, S. 10; *Jarass, Hans*, Kommentierung des Art. 4 GG, in: Jarass/Pieroth (Hg.), Grundgesetz für die Bundesrepublik Deutschland: Kommentar, 12. Aufl., 2012; *ders.*, Kommentierung des Art. 12a GG, in: Jarass/Pieroth (Hg.), Grundgesetz für die Bundesrepublik Deutschland: Kommentar, 12. Aufl., 2012; *ders.*, Kommentierung des Art. 140 GG/Art. 137 WRV, in: Jarass/Pieroth (Hg.), Grundgesetz für die Bundesrepublik Deutschland:

Kommentar, 12. Aufl., 2012; *ders.*, Funktionen und Dimensionen der Grundrechte, in: Merten/Papier (Hg.), Handbuch der Grundrechte in Deutschland und Europa, Bd. II, 2006, § 38, S. 625; *Jeand'Heur, Bernd,* Jus divinum oder BGB: Eintragung von Religionsgemeinschaften in das Vereinsregister?, JuS 1992, S. 830; *Jerouschek, Günter,* Beschneidung und das deutsche Recht – Historische, medizinische, psychologische und juristische Aspekte, NStZ 2008, S. 313; *ders.*, Beschneidung – Heileingriff, religiöses Gebot oder strafbare Körperverletzung?, in: Degener/Heghmanns (Hg.), Festschrift für Friedrich Dencker, 2012, S. 171; *Jestaedt, Matthias,* Das elterliche Erziehungsrecht im Hinblick auf Religion, in: Listl/Pirson (Hg.), Handbuch des Staatskirchenrechts der Bundesrepublik Deutschland, Bd. II, 2. Aufl., 1995, § 52, S. 371; *ders.*, Das Kreuz unter dem Grundgesetz. Möglichkeiten und Grenzen für die Anbringung von Kreuzen in Unterrichtsräumen staatlicher Pflichtschulen, Journal für Rechtspolitik 3 (1995), S. 237; *Jorzig, Alexandra,* Die Zirkumzision im Spannungsfeld zwischen Glaubenstradition und Strafrecht, in: Arbeitsgemeinschaft Rechtsanwälte im Medizinrecht e.V. (Hg.), 25 Jahre Arbeitsgemeinschaft – 25 Jahre Arzthaftung, 2011, S. 177; *Joussen, Jacob,* Die Folgen der europäischen Diskriminierungsverbote für das kirchliche Arbeitsrecht, RdA 2003, S. 32; *Kästner, Karl-Hermann,* Die Geltung von Grundrechten in kirchlichen Angelegenheiten, JuS 1977, S. 715 (auch in: Mikat [Hg.], Kirche und Staat in der neueren Entwicklung, 1980, S. 474); *ders.*, Die Entwicklung des Staatskirchenrechts seit 1961, JöR NF 27 (1978), S. 239; *ders.*, »Säkulare« Staatlichkeit und religionsrechtliche Ordnung in der Bundesrepublik Deutschland. Bemerkungen zur Tragweite des Säkularitätsprinzips für die Definition religionsbezogener Tatbestandsmerkmale staatlichen Rechts, ZevKR 34 (1989), S. 260; *ders.*, Staatliche Justizhoheit und religiöse Freiheit, 1991; *ders.*, Individuelle Gewissensbindung und normative Ordnung, ZevKR 37 (1992), S. 127; *ders.*, Die Verfassungsgarantie des kirchlichen Vermögens, in: Listl/Pirson (Hg.), Handbuch des Staatskirchenrechts der Bundesrepublik Deutschland, Bd. I, 2. Aufl., 1994, § 32, S. 891; *ders.*, Der Sonntag und die kirchlichen Feiertage, in: Listl/Pirson (Hg.), Handbuch des Staatskirchenrechts der Bundesrepublik Deutschland, Bd. II, 2. Aufl., 1995, § 51, S. 337; *ders.*, Lernen unter dem Kreuz? Zur Zulässigkeit religiöser Symbole in staatlichen Schulen nach der Entscheidung des BVerfG vom 16. Mai 1995, ZevKR 41 (1996), S. 241; *ders.*, Das Grundrecht auf Religions- und Weltanschauungsfreiheit in der neueren höchstrichterlichen Rechtsprechung, AöR 123 (1998), S. 408; *ders.*, Hypertrophie des Grundrechts auf Religionsfreiheit? Über das Verhältnis der Religions- und Weltanschauungsfreiheit zum Geltungsanspruch des allgemeinen Rechts, JZ 1998, S. 974; *ders.*, Religiös akzentuierte Kleidung des Lehrpersonals staatlicher Schulen. Verfassungsrechtliche Erwägungen zum Wunsch einer Muslimin, den Dienst als Lehrerin an öffentlichen Schulen des Landes Baden-Württemberg aus religiösen Gründen ausschließlich mit Kopftuch zu versehen, in: ders./Nörr/Schlaich (Hg.), Festschrift für Martin Heckel, 1999, S. 359; *ders.*, Das tierschutzrechtliche Verbot des Schächtens aus der Sicht des Bundesverfassungsgerichts, JZ 2002, S. 491; *ders.*, Anmerkung zu BVerfG, Urteil vom 24.09.2003 – 2 BvR 1436/02 –, JZ 2003, S. 1178; *ders.*, Kommentierung des Art. 140 GG, in: Dolzer/Waldhoff/Graßhof (Hg.), Bonner Kommentar zum Grundgesetz, Drittbearbeitung, Stand 2010; *ders.*, Religionsfreiheit in Zeiten des religiösen

Pluralismus, ZevKR 60 (2015), S. 1; *Kaufmann, Horst*, Die Einrede der entgegenstehenden Gewissenspflicht, AcP 161 (1962), S. 289; *Kehlen, Detlef*, Europäische Antidiskriminierung und kirchliches Selbstbestimmungsrecht, 2003; *Keim, Wolfgang*, Schule und Religion, 1967; *Kempf, Claudia*, Anmerkung zu LG Köln, Urt. v. 07.05.2012 – 151 Ns 169/11, JR 2012, S. 436; *Kingreen, Thorsten*, Kommentierung des Art. 6 Abs. 2 EUV, in: Calliess/Ruffert (Hg.), EUV/EGV-Kommentar, 3. Aufl., 2007; *Kirchhof, Paul*, Die Kirchen und Religionsgemeinschaften als Körperschaften des öffentlichen Rechts, in: Listl/Pirson (Hg.), Handbuch des Staatskirchenrechts der Bundesrepublik Deutschland, Bd. I, 2. Aufl., 1994, § 22, S. 651; *Kiskalt, Hans*, Helm ab zum Gebet, NJW 1986, S. 2479; *Kittsteiner, Heinz D.*, Die Entstehung des modernen Gewissens, 1995; *Klein, Martin*, Beweis und Gewissen, 1972; *Klier, Gerhard*, Gewissensfreiheit und Psychologie, 1978; *Klinkhammer, Gisela*, Pro & Kontra: Religiöse Beschneidungen, Deutsches Ärzteblatt 31/32/109 (2012), S. 1538; *König, Doris*, Gesetzgebung, in: Schulze/Zuleeg/Kadelbach (Hg.), Europarecht, 2. Aufl., 2010, § 2, S. 81; *Köpernik, Kristin*, Die Rechtslage zum Schlachten in Deutschland, den Niederlanden und der Türkei, ZRP 2011, S. 243; *Kokott, Juliane*, Kommentierung des Art. 4 GG, in: Sachs (Hg.), Grundgesetz, 6. Aufl., 2011; *Konzen, Horst/Rupp, Hans Heinrich*, Gewissenskonflikte im Arbeitsverhältnis. Leistungsverweigerung und Gewissensfreiheit im Vertragsrecht, 1990; *Korioth, Stefan*, Kommentierung des Art. 140 GG, in: Maunz/Dürig u.a. (Hg.), Grundgesetz, Stand 2003; *ders.*, Vom institutionellen Staatskirchenrecht zum grundrechtlichen Religionsverfassungsrecht? Chancen und Gefahren eines Bedeutungswandels des Art. 140 GG, in: Brenner/Huber/Möstl (Hg.), Festschrift für Peter Badura, 2004, S. 727; *ders.*, Die Entwicklung des Staatskirchenrechts in Deutschland seit der Reformation, in: Heinig/Walter (Hg.), Staatskirchenrecht oder Religionsverfassungsrecht?, 2007, S. 39; *ders./Augsberg, Ino*, Neue Religionskonflikte und staatliche Neutralität – Erfordern weltanschauliche und religiöse Entwicklungen Antworten des Staates?, JZ 2010, S. 828; *Kotzur, Markus*, Kultur, Forschung und Technologie, in: Schulze/Zuleeg/Kadelbach (Hg.), Europarecht, 2. Aufl., 2010, § 38, S. 2020; *Krause, Rüdiger*, Kündigung wegen Arbeitsverweigerung aus Glaubensgründen, JA 2012, S. 706; *Kreß, Hartmut*, Anmerkung zu LG Köln, Urt. v. 07.05.2012 – 151 Ns 169/11 (AG Köln), MedR 2012, S. 682; *Krings, Günter*, Supreme Court gegen Kongreß, ZaöRV 58 (1998), S. 147; *Krüper, Julian*, Entscheidungsanmerkung zu LG Köln, Urt. v. 07.05.2012 – 151 Ns 169/11 (AG Köln, Urtl. v. 21.09.2011 – 528 Ds 30/11), ZJS 2012, S. 547; *Kuhl, Thomas/Unruh, Peter*, Religionsfreiheit versus Tierschutz – Anmerkungen zum Schächten, DÖV 1994, S. 644; *Kummer, Pierre M.*, Umsetzungsanforderungen der neuen arbeitsrechtlichen Antidiskriminierungsrichtlinie (RL 2000/78/EG), 2003; *Lack, Katrin*, Rechtliche Überlegungen zur religiös motivierten Beschneidung von Jungen im Kindesalter, ZKJ 2012, S. 336; *Lenz, Sebastian*, Vorbehaltlose Freiheitsrechte, 2006; *Link, Christoph*, Kirchliche Rechtsgeschichte, 2. Aufl., 2010; *ders.*, Antidiskriminierung und kirchliches Arbeitsrecht, ZevKR 50 (2005), S. 403; *Listl, Joseph*, Das Grundrecht der Religionsfreiheit in der Rechtsprechung der Gerichte der Bundesrepublik Deutschland, 1971; *ders.*, Glaubens-, Gewissens-, Bekenntnis- und Kirchenfreiheit, in: Friesenhahn/Scheuner (Hg.), Handbuch des Staatskirchenrechts der Bundesrepublik Deutschland, Bd. I, 1. Aufl., 1974, § 8, S. 363; *Lorz, Albert/*

Metzger, Ernst, Tierschutzgesetz. Kommentar, 6. Aufl., 2008; *Luhmann, Niklas,* Die Gewissensfreiheit und das Gewissen, AöR 90 (1965), S. 257; *Magen, Stefan,* Körperschaftsstatus und Religionsfreiheit, 2004; *Mager, Ute,* Kommentierung des Art. 4 GG, in: von Münch/Kunig (Hg.), Grundgesetz-Kommentar, Bd. I, 6. Aufl., 2012; *dies.,* Kommentierung des Art. 140 GG, in: von Münch/Kunig (Hg.), Grundgesetz-Kommentar, Bd. II, 6. Aufl., 2012; *Maurer, Hartmut,* Die Schranken der Religionsfreiheit, ZevKR 49 (2004), S. 311; *Mayer, Franz C.,* Der Vertrag von Lissabon und die Grundrechte, EuR 2009, S. 87; *Mayer, Matthias.* Religionsfreiheit und Schächtverbot, NVwZ 1997, S. 561; *Merten, Detlef,* Der »Kruzifix-Beschluß« des Bundesverfassungsgerichts aus grundrechtsdogmatischer Sicht, in: Burmeister u.a. (Hg.), Festschrift für Klaus Stern, 1997, S. 987; *Meyer-Ladewig, Jens,* Europäische Menschenrechtskonvention, Handkommentar, 3. Aufl., 2011; *Mock, Erhard,* Gewissen und Gewissensfreiheit, 1983; *Möllers, Christoph,* Religiöse Freiheit als Gefahr?, VVDStRL 68 (2009), S. 47; *Mohr, Jochen,* Schutz vor Diskriminierungen im Europäischen Arbeitsrecht, 2004; *Morlok, Martin,* Selbstverständnis als Rechtskriterium, 1993; *ders.,* Kommentierung des Art. 4 GG, in: Dreier (Hg.), Grundgesetz, Kommentar, Bd. I, 2. Aufl., 2004; *ders.,* Kommentierung des Art. 4 GG, in: Dreier (Hg.), Grundgesetz, Kommentar, Bd. I, 3. Aufl., 2013; *ders.,* Kommentierung des Art. 140 GG, in: Dreier (Hg.), Grundgesetz, Kommentar, Bd. III, 2. Aufl., 2008; *ders.,* Die korporative Religionsfreiheit und das Selbstbestimmungsrecht nach Art. 140 GG/ Art. 137 Abs. 3 WRV einschließlich ihrer Schranken, in: Heinig/Walter (Hg.), Staatskirchenrecht oder Religionsverfassungsrecht?, 2007, S. 185; *Mosbacher, Wolfgang,* Das neue Sonntagsgrundrecht – am Beispiel des Ladenschlusses, NVwZ 2010, S. 537; *Muckel, Stefan,* Religiöse Freiheit und staatliche Letztentscheidung, 1997; *ders.,* Streit um den muslimischen Gebetsruf, NWVBl. 1998, S. 1; *ders.,* Kommentierung des Art. 4 GG, in: Friauf/Höfling (Hg.), Berliner Kommentar zum Grundgesetz, 26. Ergänzungslieferung 2009; *ders.,* Die Grenzen der Gewissensfreiheit, NJW 2000, S. 689; *ders.,* Die Rechtsstellung der Kirchen und Religionsgemeinschaften nach dem Vertrag über eine Verfassung für Europa, DÖV 2005, S. 191; *ders.,* Verbot des rituellen Gebets in der Schule, JA 2012, S. 235; *ders.,* Befreiung von der Teilnahme an einer Schulveranstaltung aus religiösen Gründen – Kinofilm »Krabat«, JA 2012, S. 477; *ders.,* Strafbarkeit eines Arztes wegen religiös motivierter Knabenbeschneidung, JA 2012, S. 636; *ders.,* Kein Anspruch eines Privaten auf Untersagung eines blasphemischen Bühnenstücks – »Gólgota Picnic«, JA 2013, S. 72; *ders.,* Keine Befreiung einer muslimischen Schülerin vom koedukativen Schwimmunterricht, JA 2013, S. 74; *Mückl, Stefan,* Religions- und Weltanschauungsfreiheit im Europarecht, 2002; *ders.,* Europäisierung des Staatskirchenrechts, 2005; *ders.,* Kommentierung des Art. 4 GG, in: Dolzer/Waldhoff/Graßhof (Hg.), Bonner Kommentar zum Grundgesetz, Viertbearbeitung, Stand 2008; *ders.,* Grundlagen des Staatskirchenrechts, in: Isensee/Kirchhof (Hg.), Handbuch des Staatsrechts der Bundesrepublik Deutschland, Bd. VII: Freiheitsrechte, 3. Aufl., 2009, § 159, S. 711; *Müller-Volbehr, Jörg,* Das Grundrecht der Religionsfreiheit und seine Schranken, DÖV 1995, S. 301; *ders.,* Religionsfreiheit und Tierschutz – Zur Zulässigkeit religiös motivierten Schächtens, JuS 1997, S. 223; *Neumann, Werner,* Anmerkung zu BVerwG 6. Senat, Urteil vom 30.11.2011 – 6 C 20/10, jurisPR-BVerwG 3/2012 Anm. 6; *ders.,* Anmerkung zu BVerwG 6. Senat, Urteil vom 22.02.2012 – 6 C 11/11, jurisPR-BVerwG 15/2012 Anm. 2; *ders.*, Anmerkung zu BVerwG 6. Senat, Urteil vom 26.09.2012 – 6 C 7/12, jurisPR-BVerwG 24/2012 Anm. 4; *Nickel, Egbert/Sievering, Ulrich O. (Hg.)*, Gewissensentscheidung und demokratisches Handeln, 1984; *Obergfell, Eva Inés*, Ethischer Tierschutz mit Verfassungsrang. Zur Ergänzung des Art. 20a GG um »drei magische Worte«, NJW 2002, S. 2296; *Otto, Hansjörg*, Personale Freiheit und soziale Bindung, 1978; *Pagels, Carsten*, Schutz- und förderpflichtrechtliche Aspekte der Religionsfreiheit, 1999; *Patt, Christopher*, Finanzielle Zuwendungen an Religionsgemeinschaften sowie deren Untergliederungen und EG-Beihilferecht, EuR 2006, S. 577; *Peglau, Jens*, Anmerkung zu LG Köln 1. Kleine Strafkammer, Urteil vom 07.05.2012 – 151 Ns 169/11, jurisPR-StrafR 15/2012 Anm. 2; *Pernice, Ingolf*, Religionsrechtliche Aspekte im Europäischen Gemeinschaftsrecht, JZ 1977, S. 777; *Pieroth, Bodo/Schlink, Bernhard*, Grundrechte, 28. Aufl., 2012; *Planker, Markus*, Das Vereinsverbot – einsatzbereites Instrument gegen verfassungsfeindliche Glaubensgemeinschaften?, DÖV 1997, S. 101; *Plum, Martin*, Kirchliche Loyalitätsobliegenheiten im Lichte der Rechtsprechung des EGMR, NZA 2011, S. 1194; *Podlech, Adalbert*, Der Gewissensbegriff im Rechtsstaat, AöR 88 (1963), S. 185; *ders.*, Das Grundrecht der Gewissensfreiheit und die besonderen Gewaltverhältnisse, 1969; *ders.*, Leben nach der Ordnung des Staates oder dem eigenen Gewissen, in: Nickel/Sievering (Hg.), Gewissensentscheidung und demokratisches Handeln, 1984, S. 10; *Preis, Ulrich*, Religionsfreiheit im Arbeitsverhältnis zwischen säkularem Staat, Freiheitsrechten und Diskriminierungsverboten, KuR 2011, S. 33; *Preuß, Ulrich*, Kommentierung des Art. 140 GG, in: Denninger/Hoffmann-Riem/Schneider/Stein (Hg.), Alternativkommentar zum Grundgesetz, 3. Aufl., Stand 2001; *Puttler, Adelheid*, Kommentierung des Art. 4 EUV, in: Calliess/Ruffert (Hg.), EUV/AEUV-Kommentar, 4. Aufl., 2011; *Putzke, Holm*, Die strafrechtliche Relevanz der Beschneidung von Knaben – Zugleich ein Beitrag über die Grenzen der Einwilligung in Fällen der Personensorge, in: ders./Hardtung/Hörnle, Merkel u.a., Festschrift Herzberg, 2008, S. 669; *ders.*, Rechtliche Grenzen der Zirkumzision bei Minderjährigen – Zur Frage der Strafbarkeit des Operateurs nach § 223 des Strafgesetzbuches, MedR 2008, S. 268; *ders.*, Juristische Positionen zur religiösen Beschneidung, NJW 2008, S. 1568; *ders.*, Rezension zu: Sozialadäquanz im Strafrecht. Zur Knabenbeschneidung, von Thomas Exner, in: MedR 2012, S. 229; *ders.*, Recht und Ritual – ein großes Urteil einer kleinen Strafkammer – Besprechung zu LG Köln, Urt. v. 07.05.2012 – w>151 Ns 169/11 –, MedR 2012, 680 –, MedR 2012, S. 621; *ders.*, Ist die religiöse Beschneidung Körperverletzung? Pro: Die rituelle Beschneidung von Jungen ist rechtswidrig!, RuP 48 (2012), S. 138; *Radtke, Henning*, Stellungnahme gegenüber dem Rechtsausschuss vom 23.11.2012 zu BT-Drs. 17/11295, BT-Drs. 17/11430 sowie BT-Drs. 17/11815 für die öffentliche Anhörung am 26.11.2012, http://www.zwangsbeschneidung.de/archiv/experten-rechtsausschuss-26-11-2012/Stellungnahme_Radtke.pdf; *Reichegger, Heidi*, Die Auswirkungen der Richtlinie 2000/78/EG auf das kirchliche Arbeitsrecht unter Berücksichtigung von Gemeinschaftsgrundrechten als Auslegungsmaxime, 2005; *Reichold, Hermann*, Europa und das deutsche kirchliche Arbeitsrecht, NZA 2001, S. 1054; *Remien, Oliver*, Rechtsangleichung im Binnenmarkt, in: Schulze/Zuleeg/Kadelbach (Hg.), Europarecht,

2. Aufl., 2010, § 14, S. 537; *Renck, Ludwig,* Zum Stand des Bekenntnisverfassungs-
rechts in der Bundesrepublik, BayVBl. 1999, S. 70; *Ring, Gerhard/Olsen-Ring,* Line,
Das schwedische Gesetz über die Beschneidung von Jungen aus dem Jahre 2001 –
Vorbildcharakter für eine deutsche Regelung?, FPR 2012, S. 522; *Rixen, Stephan,*
Das Gesetz über den Umfang der Personensorge bei einer Beschneidung des männ-
lichen Kindes, NJW 2013, S. 257; *Robbers, Gerhard,* Europarecht und Kirchen, in:
Listl/Pirson (Hg.), Handbuch des Staatskirchenrechts der Bundesrepublik Deutsch-
land, Bd. I, 2. Aufl., 1994, § 9, S. 315; *ders.,* Staat und Kirche in der Europäischen
Union, in: ders. (Hg.), Staat und Kirche in der Europäischen Union, 2. Aufl., 2005,
S. 629; *Röben, Volker,* Grundrechtsberechtigte und -verpflichtete, in: Grote/Marauhn
(Hg.), EMRK/GG-Konkordanzkommentar, 2006, Kap. 5, S. 231; *Rohe, Mathias,*
Muslime in der Schule, BayVBl. 2010, S. 257; *ders.,* Islamisierung des deutschen
Rechts?, JZ 2007, S. 801; *Rox, Barbara,* Anmerkung zu LG Köln, Urteil v. 07.05.2012
– 151 Ns 169/11, JZ 2012, S. 806; *Rubin, Hannah,* Das islamische Gebet in der Schu-
le, JURA 2012, S. 718; *Rüfner, Wolfgang,* Grundrechtsträger, in: Isensee/Kirchhof
(Hg.), Handbuch des Staatsrechts der Bundesrepublik Deutschland, Bd. IX: All-
gemeine Grundrechtslehren, 3. Aufl., 2011, § 196, S. 731; *Rühl, Ulli F. H.,* Das
Grundrecht auf Gewissensfreiheit im politischen Konflikt, 1987; *Rupp, Hans Heinrich,* Verfassungsprobleme der Gewissensfreiheit, NVwZ 1991, S. 1033; *Ruppert,
Stefan,* Kommentierung des § 90 BVerfGG, in: Umbach/Clemens/Dollinger (Hg.),
Bundesverfassungsgerichtsgesetz, Mitarbeiterkommentar und Handbuch, 2. Aufl.,
2005; *Ryffel, Hans,* Das Naturrecht, 1944; *Sacksofsky, Ute,* Religiöse Freiheit als Ge-
fahr?, VVDStRL 68 (2009), S. 7; *Schaefer, Jan Philipp,* Die religiöse Neutralität des
Staates im öffentlichen Raum – Dargestellt am Beispiel des Gebetsraums im Schulgebäude –, VerwArch 2012, S. 136; *Scheuing, Dieter,* Rechtsstaatlichkeit, in: Schulze/
Zuleeg/Kadelbach (Hg.), Europarecht, 2. Aufl., 2010, § 6, S. 261; *Scheuner, Ulrich,*
Der Schutz der Gewissensfreiheit im Recht der Kriegsdienstverweigerer, DÖV 1961,
S. 201; *ders.,* Die verfassungsmäßige Verbürgung der Gewissensfreiheit, ZevKR 15
(1970), S. 242; *Schliemann, Harald,* Europa und das deutsche kirchliche Arbeits-
recht, NZA 2003, S. 407; *ders.,* Kirchliches Selbstbestimmungsrecht und Europäi-
scher Tendenzschutz, in: Annuss/Picker/Wissmann (Hg.), Festschrift für Reinhard
Richardi, 2007, S. 959; *ders.,* Das kirchliche Arbeitsrecht zwischen Grundgesetz und
Gemeinschaftsrecht, in: von Campenhausen (Hg.), Deutsches Staatskirchenrecht zwi-
schen Grundgesetz und EU-Gemeinschaft, 2003, S. 113; *Schlüter, Bernd,* Zur aktuel-
len Lage des Religionsrechts in der Europäischen Union, ZevKR 52 (2007), S. 310;
Schmalenbach, Kirsten, Kommentierung des Art. 311 EGV, in: Calliess/Ruffert (Hg.),
EUV/EGV-Kommentar, 3. Aufl., 2007; *Schmieder, Sandra,* Der Schutz religiös-welt-
anschaulicher Vereinigungen – die Abschaffung des Religionsprivilegs, VBlBW 2002,
S. 146; *Schockenhoff, Martin,* Vereinsautonomie und Autonomie kirchlicher Vereine,
NJW 1992, S. 1013; *Scholl, Bernd,* Leistungsverweigerung des Arbeitnehmers aus
Glaubens- und Gewissensgründen – Zugleich Besprechung von BAG, Urteil vom
24.02.2011 – 2 AZR 636/09, BB 2012, S. 53; *Scholler, Heinrich,* Die Freiheit des
Gewissens, 1958; *ders.,* Das Gewissen als Gestalt der Freiheit, 1962; *ders.,* Gewissen,
Gesetz und Rechtsstaat, DÖV 1969, S. 526; *Scholz, Peter,* Islamisches Ritualgebet in
der Schule? – Berliner Realität, »theologische Falle« und Plädoyer für den Staat,

DRiZ 2010, S. 400; *Schwarz, Kyrill-A.*, Die karitative Tätigkeit der Kirchen im Spannungsfeld von nationalem Recht und Gemeinschaftsrecht, EuR 2002, S. 192; *ders.*, Verfassungsrechtliche Aspekte der religiösen Beschneidung, JZ 2008, S. 1125; *Schwarze, Jürgen*, Der Reformvertrag von Lissabon, EuR 2009, S. 9; *Seewald-Renner, Ingo*, Der Gewissensbegriff in Gesetzgebung und Rechtsprechung seit 1945, 1972; *Skrzypczak, Josephine/Hörich, Carsten*, Verbot öffentlichen Betens in der Schule?, LKV 2012, S. 449; *Söbbeke-Krajewski, Markus*, Der religionsrechtliche Acquis Communautaire der Europäischen Union, 2006; *Spickhoff, Andreas*, Anmerkung zu LG Köln 1. Kleine Strafkammer, Urteil v. 07.05.2012 – 151 Ns 169/11, FamRZ 2012, S. 1423; *Spies, Axel*, Verschleierte Schülerinnen in Frankreich und Deutschland, NVwZ 1993, S. 637; *Starck, Christian*, Kommentierung des Art. 4 GG, in: von Mangoldt/Klein/Starck (Hg.), Kommentar zum Grundgesetz, Bd. I, 6. Aufl., 2010; *Stein, Ekkehart*, Gewissensfreiheit in der Demokratie, 1971; *Steiner, Udo*, Der Grundrechtsschutz der Glaubens- und Gewissensfreiheit (Art. 4 I, II GG), JuS 1982, S. 157; *Steinhauff, Dieter*, Anmerkung zu BFH 2. Senat, Urteil vom 18.01.2012 – II R 49/10, jurisPR-SteuerR 14/2012 Anm. 1; *Stolleis, Michael*, Eidesszwang und Glaubensfreiheit, JuS 1974, S. 770; *Streinz, Rudolf*, Europarecht, 8. Auflage, 2008; *ders.*, Europarecht, 9. Aufl., 2012; *ders.*, Der Vertrag von Lissabon – eine Verfassung für Europa, FPR 2010, S. 481; *Stürz, Katharina*, Die staatliche Förderung der christlichen karitativen Kirchentätigkeit im Spiegel des europäischen Beihilferechts, 2008; *Sustar, Alois*, Gewissensfreiheit, 3. Aufl., 1969; *Thüsing, Gregor*, Vom Kopftuch als Angriff auf die Vertragsfreiheit, NJW 2003, S. 405; *ders.*, Religion und Kirche in einem neuen Anti-Diskriminierungsrecht, JZ 2004, S. 172; *Tomuschat, Christian*, Die Menschenrechte und die Religionen, in: Schlette (Hg.), Religionskritik in interkultureller und interreligiöser Sicht, 1998, S. 145; *Traulsen, Christian*, Betäubungsloses Schlachten nach islamischem Ritus in Deutschland, ZevKR 48 (2003), S. 198; *ders.*, Zum verfassungsrechtlichen Rahmen für einfach-gesetzliche Regelungen über das Schächten, NuR 2007, S. 800; *Triebel, Matthias*, Der Kirchenartikel im Verfassungsentwurf des Europäischen Konvents, ZevKR 49 (2004), S. 644; *ders.*, Das europäische Religionsrecht am Beispiel der arbeitsrechtlichen Anti-Diskriminierungsrichtlinie 2000/78/EG, 2005; *Trute, Hans-Heinrich*, Das Schächten von Tieren im Spannungsfeld von Tierschutz und Religionsausübungsfreiheit, JURA 1996, S. 462; *von Ungern-Sternberg, Antje*, Religionsfreiheit in Europa, 2008; *Unruh, Peter*, Die Kirchen und der Sonntagsschutz, ZevKR 52 (2007), S. 1; *Vachek, Marcel*, Das Religionsrecht der Europäischen Union im Spannungsfeld zwischen mitgliedstaatlichen Kompetenzreservaten und Art. 9 EMRK, 2000; *Valerius, Brian*, Die Berücksichtigung kultureller Wertvorstellungen im Strafrecht, JA 2012, S. 481; *ders.*, Kultur und Strafrecht – Die Berücksichtigung kultureller Wertvorstellungen in der deutschen Strafrechtsdogmatik, 2011; *Vitzthum, Wolfgang Graf*, Die Identität Europas, EuR 2002, S. 1; *Voßkuhle, Andreas*, Religionsfreiheit und Religionskritik – Zur Verrechtlichung religiöser Konflikte, EuGRZ 37 (2010), S. 537; *Waldhoff, Christian*, Kirchliche Selbstbestimmung und Europarecht, JZ 2003, S. 978; *ders.*, Kommentierung des Art. 10 GRCh, in: Calliess/Ruffert (Hg.), EUV/AEUV-Kommentar, 4. Aufl., 2011; *ders.*, Kommentierung des Art. 17 AUEV, in: Calliess/Ruffert (Hg.), EUV/AUEV-Kommentar, 4. Aufl., 2011; *ders.*, Das Kreuz als Rechtsproblem, KuR 2011,

S. 153; *de Wall, Heinrich*, Europäisches Staatskirchenrecht, ZevKR 45 (2000), S. 157; *ders.*, Subjektive Rechte aus Staatskirchenverträgen, ZevKR 45 (2000), S. 626; *ders.*, Neue Entwicklungen im Europäischen Staatskirchenrecht, ZevKR 47 (2002), S. 205; *ders.*, Von der individuellen zur korporativen Religionsfreiheit – die Rechtsprechung zu Art. 9 EMRK, in: Renzikowski (Hg.), Die EMRK im Privat-, Straf- und Öffentlichen Recht, 2004, S. 235; *ders.*, Das Religionsrecht der EU, ZevKR 50 (2005), S. 383; *ders.*, Zur aktuellen Lage des Religionsrechts in der Europäischen Union, ZevKR 52 (2007), S. 310; *ders.*, Die Lautsi-Entscheidungen des Europäischen Gerichtshofs für Menschenrechte, JURA 2012, S. 960; *Walter, Christian*, Religionsverfassungsrecht, 2006; *ders.*, Religions- und Gewissensfreiheit, in: Grote/Marauhn (Hg.), EMRK/GG-Konkordanzkommentar, 2006, Kap. 17, S. 817; *ders.*, Geschichte und Entwicklung der Europäischen Grundrechte und Grundfreiheiten, in: Ehlers (Hg.), Europäische Grundrechte und Grundfreiheiten, 3. Aufl., 2009, § 1, S. 1; *Walter, Tonio*, Der Gesetzentwurf zur Beschneidung – Kritik und strafrechtliche Alternative, JZ 2012, S. 1110; *Weber, Hermann*, Rechtsschutz der Kirchen durch staatliche Gerichte, in: Listl/Pirson (Hg.), Handbuch des Staatskirchenrechts der Bundesrepublik Deutschland, Bd. II, 2. Aufl., 1995, § 72, S. 1047; *ders.*, Die Religionsfreiheit im nationalen und internationalen Verständnis, ZevKR 45 (2000), S. 109; *ders.*, Geltungsbereiche des primären und sekundären Europarechts für die Kirchen, ZevKR 47 (2002), S. 221; *ders.*, Die Kirchen und das Europäische Subventionsrecht, ZevKR 50 (2005), S. 419; *ders.*, Religionsrecht und Religionspolitik der EU, NVwZ 2011, S. 1485; *ders.*, Die karitative Tätigkeit der Kirchen zwischen Grundgesetz und Gemeinschaftsrecht, in: von Campenhausen (Hg.), Deutsches Staatskirchenrecht zwischen Grundgesetz und EU-Gemeinschaft, 2003, S. 81; *ders.*, Änderungsbedarf im deutschen Religionsrecht?, NJW 2010, S. 2475; *ders.*, Religionsrecht und Religionspolitik der EU, NVwZ 2011, S. 1485; *Wege, Donat*, Religion im Arbeitsverhältnis. Freiheitsgarantien und Diskriminierungsschutz in Kooperation, 2007; *Wenckstern, Manfred*, Kommentierung des Art. 4 I, II GG, in: Umbach/Clemens (Hg.), Grundgesetz, Mitarbeiterkommentar und Handbuch, Bd. I, 2002; *Wenzel, Eva-Maria*, Religionsbedingte Konflikte im Arbeitsleben, 2008; *Westphal, Katharina*, Die Garantie der Sonn- und Feiertage als Grundlage subjektiver Rechte?, 2003; *Wiater, Patricia*, Rechtspluralismus und Grundrechtsschutz: Das Kölner Beschneidungsurteil, NVwZ 2012, S. 1379; *Winkel, Burghard*, Kirche und Vergaberecht, 2004; *Witte, Franz Werner*, Der Gewissenbegriff des Artikels 4 Absatz 3 des Grundgesetzes, AöR 87 (1962), S. 155; *Wolf, Rüdiger*, Nochmals – Helm ab zum Gebet, NJW 1987, S. 36; *Wolfrum, Rüdiger*, Der völkerrechtliche Schutz religiöser Minderheiten und ihrer Mitglieder, in: Grote/Marauhn (Hg.), Religionsfreiheit zwischen individueller Selbstbestimmung, Minderheitenschutz und Staatskirchenrecht – Völker- und verfassungsrechtliche Perspektiven, 2001, S. 53; *Zacharias, Diana*, Islamisches und deutsches Bestattungsrecht im Widerstreit, ZevKR 48 (2003), S. 149; *Zähle, Kai*, Religionsfreiheit und fremdschädigende Praktiken, AöR 134 (2009), S. 434; *von Zezschwitz, Friedrich*, Das Gewissen als Gegenstand des Beweises, JZ 1970, S. 233; *Zimmermann, Ralph*, Anmerkung zu VG Berlin, Urteil vom 29.09.2009 – VG 3 A 984.07 –, NJ 2010, S. 245; *ders.*, Gesetzesvorbehalt für schulordnungsrechtliche Maßnahmen gegen religiöse Äußerungen von Schülern?,

LKV 2010, S. 394; *Zippelius, Reinhold*, Kommentierung des Art. 4 GG, in: Dolzer/ Vogel (Hg.), Bonner Kommentar zum Grundgesetz, Drittbearbeitung, Stand 1989; *Zuleeg, Manfred*, Kommentierung des Art. 5 EGV, in: von der Groeben/Schwarze (Hg.), Kommentar zum EU-/EG-Vertrag, 6. Aufl., 2003; *ders.*, Kommentierung des Art. 1 EGV, in: von der Groeben/Schwarze (Hg.), Kommentar zum EU-/EG-Vertrag, 6. Aufl., 2003; *ders./Kadelbach, Stefan*, Individuelle Rechte und Pflichten, in: Schulze/Zuleeg/Kadelbach (Hg.), Europarecht, 2. Aufl., 2010, § 8, S. 306; *Zypries, Brigitte*, Ist die religiöse Beschneidung Körperverletzung? Contra: Lassen wir die Kirche im Dorf!, RuP 48 (2012), S. 139.

Artikel 5 [Kommunikations- und Medienfreiheit, Kunst- und Wissenschaftsfreiheit]

(1) Jeder hat das Recht, seine Meinung in Wort, Schrift und Bild frei zu äußern und zu verbreiten und sich aus allgemein zugänglichen Quellen ungehindert zu unterrichten. Die Pressefreiheit und die Freiheit der Berichterstattung durch Rundfunk und Film werden gewährleistet. Eine Zensur findet nicht statt.

(2) Diese Rechte finden ihre Schranken in den Vorschriften der allgemeinen Gesetze, den gesetzlichen Bestimmungen zum Schutze der Jugend und in dem Recht der persönlichen Ehre.

(3) Kunst und Wissenschaft, Forschung und Lehre sind frei. Die Freiheit der Lehre entbindet nicht von der Treue zur Verfassung.

A. Vorbilder und Entstehungsgeschichte

I. Entwicklung außerhalb Deutschlands

1 Meinungs- und Pressefreiheit standen seit der Zeit der Aufklärung mit ihrem individualistischen Menschenbild im Zentrum der Forderungen nach bürgerlichen Freiheitsrechten.[1] Der Wunsch, die Entscheidungen der Regierenden kritisch zu hinterfragen, gehört zu den Grundbedürfnissen des »*homo politicus*« und ist deshalb als Teil der
Menschenwürde heute als Menschenrecht anerkannt. Zahlreiche politische wie litera-
rische Texte formulieren das Bedürfnis nach freier Rede, frei von Sanktionen der Obrigkeit (»Sire, geben Sie Gedankenfreiheit«[2]). Die Verweigerung von Gedanken- und
Meinungsfreiheit, oftmals verbunden mit fehlender Glaubensfreiheit, führte häufig
zur Resignation oder Auswanderung. Die Anfänge ihrer verfassungsrechtlichen Realisierung fanden die Freiheitsgedanken zunächst in England, Frankreich und den
USA.

2 Der Ruf nach freier Meinungsäußerung wurde im **England** des 17. Jh. laut, wo er
u.a. in John Miltons einflussreicher Streitschrift »*Areopagitica*« (1644) für Pressefreiheit ohne Zensur seinen Niederschlag fand. Eine frühe gesetzgeberische Fixierung
des Gedankens freier Kommunikation (»*freedom of the press*«) findet sich in der
»*Virginia Declaration of Rights*«, die vom Konvent von Virginia am 12. Juni 1776
verabschiedet wurde.[3] Die Deklaration hatte maßgeblichen Einfluss auf die Formulierung der ersten zehn Zusatzartikel zur Verfassung der Vereinigten Staaten von
Amerika von 1776, der »*Bill of Rights*«.[4] *Amendment I* verbietet dem Kongress, die
Meinungsäußerungs- oder die Pressefreiheit zu verkürzen,[5] setzt diese Freiheiten
mithin als gegeben voraus. Ausstrahlungswirkung hatte die Virginia Declaration of
Rights darüber hinaus auf die französische Erklärung der Menschenrechte (»*Déclaration des Droits de l'Homme et du Citoyen*«) vom 26. August 1789. Artikel 11 erklärte

---

1 Zur Ideengeschichte von Art. 5 GG vgl. *Stern*, Staatsrecht IV/1, S. 1378 ff.
2 *F. Schiller*, Don Carlos, Marquis de Posa in den Mund gelegt.
3 Article 12: »*That the freedom of the press is one of the greatest bulwarks of liberty and can never
be restrained but by despotic governments.*«.
4 Beschlossen am 25. September 1789 vom amerikanischen Kongress und bis zum 15. Dezember 1791 von elf Bundesstaaten ratifiziert.
5 »*Congress shall make no law (…) or abridging the freedom of speech, or of the press (…)*«.

die freie Äußerung von Meinungen und Gedanken zu einem der kostbarsten Menschenrechte. Festgestellt wurde, jeder Bürger könne frei reden, schreiben und drucken, allerdings mit der Einschränkung »vorbehaltlich seiner Verantwortlichkeit für den Missbrauch dieser Freiheit in den durch Gesetz bestimmten Fällen.«[6]

II. Entwicklung in Deutschland bis zur Revolution 1848/49

Die freiheitlichen Gedanken der amerikanischen Unabhängigkeitsbewegung und insbesondere der französischen Revolution wirkten auch auf Deutschland. Indem Zeitungen und sonstige Blätter breiteren Bevölkerungskreisen Eindrücke über Ereignisse und Ideen der französischen Revolution lieferten, entwickelten sie ein publizistisches Selbstbewusstsein im Hinblick auf die Beeinflussung »öffentlicher Meinung«. Die Forderung nach »Pressfreiheit«, »Denkfreiheit«, »Gedankenfreiheit« bzw. »Gewissensfreiheit« bezog sich in erster Linie auf die **Begrenzung der Zensur**, die von den Fürsten mehr oder weniger willkürlich ausgeübt wurde.[7] Spätestens in der Zeit des Vormärz wurde »**Pressfreiheit**« zu einem Oberbegriff für dieses Spektrum individueller Freiheiten.[8]

Durch eine scharfe Zensur während der Herrschaft **Napoleons** (1806–1813) wurde die Presse in Deutschland zur Anpassung an die herrschenden Machtverhältnisse gezwungen. Als wichtiges Ereignis in der deutschen Pressegeschichte wird der Aufruf des Königs von Preußen Friedrich Wilhelm III. »An Mein Volk!« (1813) in einer Zeitung gewertet, in dem dieser alle Stände zum Kampf gegen Napoleon zu mobilisieren suchte, lag doch darin die obrigkeitliche Anerkennung, dass der Presse auch eine politische Aufgabe im nationalen Interesse zukommt. Nach den Befreiungskriegen und unter dem Einfluss liberaler Tendenzen wurde durch die **Deutsche Bundesakte** (08.06.1815) gem. Art. XVIII d) die Bundesversammlung (d.h. die Fürsten und freien Städte) aufgefordert, sich »mit Abfassung gleichförmiger Verfügungen über die Preßfreiheit und die Sicherstellung der Rechte der Schriftsteller und Verleger gegen den Nachdruck« zu beschäftigen. In etwa einem Drittel der deutschen Territorien wurde bis etwa 1818 die polizeiliche Vorzensur durch das System einer an gesetzliche Vorschriften gebundenen Nachzensur abgelöst. Zu den Fürsten, die von sich aus die Zensur aufhoben, gehörten Großherzog Karl August von Sachsen-Weimar (1816) und König Wilhelm I. von Württemberg (1817). »Pressfreiheit« verband sich in dieser Zeit untrennbar mit der Forderung nach dem »Rechtsstaat«. In den **Karlsbader Beschlüssen** vom 20. September 1819, die ein zeitlich befristetes Notstandsgesetz begründeten, legten die deutschen Fürsten auf Betreiben von Metternich fest, Schriften weiter zu zensieren. Erst als Folge der revolutionären Ereignis-

3

4

---

6 »*La libre communication des pensées et des opinions est un droit les plus précieux de l'homme: tout citoyen peut donc parler, écrire, imprimer librement, sauf à répondre de l'abus de cette liberté, dans les cas déterminés par la loi.*«.
7 *Stöber*, S. 100 ff., bietet einen Überblick zu Praxis und Rechtsvorschriften der Zensur in Deutschland vom 15. bis 18. Jh.
8 *Schneider*, Presse, S. 914.

se von 1848 gelangte das Recht auf freie Meinungsäußerung in die Verfassungen der meisten deutschen Staaten.

5   Zur Untermauerung der Forderung nach Pressefreiheit dienten historisch vor allem drei Begründungsweisen: der Bezug auf die Gnade des Fürsten, das Prinzip gesellschaftlicher Zweckmäßigkeit und der menschenrechtliche Ansatz.[9] Während die Gnadentheorie in der zweiten Hälfte des 19. Jh. ihre Bedeutung einbüßte, waren die Lehren von der Verschränkung von Zweckmäßigkeits- und Freiheitsgesichtspunkten bis in die Weimarer Zeit hinein einflussreich. Ihre Zwiespältigkeit lag freilich darin, die Pressefreiheit nicht nur zu legitimieren, sondern zugleich die Rationalität für ihre Beschränkung zu liefern. Der dritte naturrechtliche Begründungsstrang als subjektives Menschenrecht ging auf die Aufklärung zurück.

III. Paulskirchenverfassung

6   Deutschland hinkte der Entwicklung in anderen europäischen Ländern und in den USA hinterher. Die Enttäuschung hierüber war eine der Ursachen der Märzrevolution von 1848. Eine erste schriftliche Fixierung der Meinungs- und der Pressefreiheit findet sich dann in der Paulskirchenverfassung vom 28. März 1849. Geschützt wurde dort das Recht jedes Deutschen, durch Wort, Schrift und bildliche Darstellung seine Meinung frei zu äußern (Art. IV § 143). Dieses Recht war eingebettet in die Unverletzlichkeit der Freiheit der Person, so dass es nicht durch willkürliche Verhaftung unterlaufen werden konnte. Fortschrittlich war die Paulskirchenverfassung im Hinblick auf die eigenständige Normierung der Pressefreiheit neben der Meinungsfreiheit. Die Pressefreiheit durfte »unter keinen Umständen und in keiner Weise durch vorbeugende Maßregeln beschränkt oder aufgehoben werden«.

7   Es verdient Beachtung, dass das Verfassungsdokument die **Kunst- und die Meinungsfreiheit** in Verbindung setzte, indem die Meinung auch durch »bildliche Darstellung« geäußert werden konnte, weshalb sich von einer »künstlerischen Meinungsfreiheit« sprechen lässt.[10]

8   In der Paulskirchenverfassung fanden sich bereits die **Freiheit der Wissenschaft** und »ihre Lehre«. Diese Formulierung ist über die Weimarer Reichsverfassung nahezu unverändert bis ins Grundgesetz gelangt. Zu ihren geistesgeschichtlichen Grundlagen gehört die vorausgehende preußische Universitätsreform, die weit über Preußen hinaus auf Deutschland prägend wirkte. Sie war den Prinzipien Wilhelm von Humboldts verpflichtet: der Einheit von Forschung und Lehre, der freien und unabhängigen Suche nach Wahrheit sowie der Gemeinschaft von Lehrenden und Lernenden.[11]

9   Wenn der Grundrechtsabschnitt der Paulskirchenverfassung auch bereits 1851 wieder außer Kraft gesetzt worden war, so wirkten seine Ideen doch fort. Hierzu gehör-

---

9 *Schneider*, Presse, S. 916 f.
10 *Hufen*, § 33 Rn. 1.
11 *Oppermann*, in: HdBStR VI, § 145 Rn. 2; *Hufen*, § 34 Rn. 1 f.

te, dass die Zensur nicht wieder eingeführt wurde. Daran änderte auch das Reichspressgesetz von 1874 nichts, wenn auch die Beschlagnahme von Druckschriften möglich blieb und insbesondere das Redaktionsgeheimnis mangels Pressefreiheit nur unzureichend geschützt war.

Stellvertretend für weitere Verfassungsdokumente in Deutschland im 19. Jh. ist auf   **10**
die **Preußische Verfassung** von 1850 hinzuweisen, welche die Wissenschaftsfreiheit (»Die Wissenschaft und ihre Lehre ist frei«) in Art. 20 noch vor der Meinungsfreiheit (Art. 27) garantierte. Der hohe Stellenwert der Wissenschaftsfreiheit war dem übergeordneten Leitbild einer Aufgabenteilung zwischen Universität und Staat verpflichtet, das der Reform der Friedrich-Wilhelms-Universität (1810) zu Grunde lag.[12] Nach der betreffenden Bestimmung wurde jedem Preußen das Recht eingeräumt, »durch Wort, Schrift, Druck und bildliche Darstellung seine Meinung frei zu äußern.« Ausdrücklich wurde verboten, die Zensur einzuführen, andere Beschränkungen sollten nur »im Wege der Gesetzgebung« zulässig sein.

IV. Weimarer Reichsverfassung

1. Wortlaut

Die Weimarer Reichsverfassung (WRV) von 1819 garantierte nicht ausdrücklich die   **11**
Pressefreiheit als solche; auch findet die Informationsfreiheit noch keine Erwähnung. Art. 118 WRV, der sich auf den Schutz Deutscher beschränkte, gewährte diesen das Recht, innerhalb der Schranken der allgemeinen Gesetze ihre »Meinung durch Wort, Schrift, Druck oder in sonstiger Weise frei zu äußern«. Konkrete Ausnahmen hiervon enthielt der weitere Wortlaut.[13]

In textlicher Trennung von der Meinungsfreiheit wurde in Art. 142 WRV die »Kunst,   **12**
die Wissenschaft und ihre Lehre« als frei normiert. Hervorzuheben ist, dass der Staat nicht nur dazu verpflichtet wurde, diese Rechtsgüter zu schützten, sondern darüber hinaus auch »an ihrer Pflege« teilzunehmen.

2. Systematik

Art. 118 WRV wurde als Auffanggrundrecht gegenüber anderen Rechten gesehen,   **13**
wie der Freiheit von Kunst und Wissenschaft (Art. 142 WRV), der Glaubens- und Gewissensfreiheit (Art. 135 WRV), der Versammlungs- und Vereinigungsfreiheit (Art. 123 f.), dem Recht auf wahrheitsgetreue Parlamentsberichterstattung (Art. 30 WRV) und der Gesinnungsfreiheit der Beamten (Art. 130 Abs. 2 WRV). Die Pressefreiheit galt als Ausprägung der Meinungsäußerungsfreiheit, ebenso die Freiheit der Lichtspiele. Grundsätzlich war die Freiheit der Medienwahl bei der Meinungskund

---

12 Vgl. *Thieme*, S. 8 ff.
13 »Eine Zensur findet nicht statt, doch können für Lichtspiele durch Gesetz abweichende Bestimmungen getroffen werden. Auch sind zur Bekämpfung der Schund- und Schmutzliteratur sowie zum Schutze der Jugend bei öffentlichen Schaustellungen und Darbietungen gesetzliche Maßnahmen zulässig.« (Art. 118 Abs. 2 WRV).

gabe anerkannt (vgl. die Formulierung »oder in sonstiger Weise«). Dies galt allerdings nicht für den Rundfunk, der nach herrschender Auffassung in der Lehre nicht von Art. 118 WRV erfasst wurde.[14]

3. Deutschenrechte

14   Entgegen der frühen naturrechtlichen Interpretation, wurde in der Weimarer Zeit der Menschenrechtscharakter der Meinungsfreiheit in weiten Teilen der deutschen Staatsrechtslehre abgelehnt, u.a. unter Hinweis auf die international unterschiedlichen Regelungen in den einzelnen Staaten.[15]

15   Das Recht auf freie Meinungsäußerung war nur Deutschen, d.h. natürlichen Personen mit deutscher Staatsangehörigkeit, verfassungsrechtlich gewährt.[16] Ausländer wurden durch einfache Spezialgesetze (Pressgesetz, Vereinsgesetz) geschützt. Diese Auffassung galt allerdings nicht nur für die Freiheit der Meinungsäußerung, sondern entsprach der damals herrschenden Anschauung, die Grundrechte als Ausfluss der Staatsangehörigkeit zu betrachten. Unter Ablehnung naturrechtlicher Theorien dominierte die Auffassung, die individuelle Meinungsfreiheit diene dazu, das allgemeine Geistesleben zu fördern.[17]

4. Begriff der Meinungsäußerung

16   Unter der Weimarer Reichsverfassung wurde teilweise vertreten, als Meinungsäußerung seien nur Stellungnahmen zu verstehen, die in irgendeiner Weise »allgemeingültig« seien.[18] Hiergegen gab es zwar Widerspruch, doch verneinten selbst einige Befürworter einer weiteren Auslegung die Anwendbarkeit des Art. 118 WRV auf Äußerungen lediglich gefühlsmäßiger oder unterhaltender Art, ferner für musikalische Aufführungen. Gefordert wurde jedenfalls eine meinungsbildende Tendenz, die ggf. auch rein tatsächlichen Mitteilungen zukommen konnte.[19]

5. Allgemeine Gesetze

17   Der heutigen Regelung entsprechend nannte bereits die Weimarer Reichsverfassung die »allgemeinen Gesetze« als Schranke der Meinungsäußerung. Die Frage, was darunter zu verstehen sei, gehörte zu den großen Kontroversen der damaligen Zeit. In Übereinstimmung mit einer sich herausbildenden herrschenden Meinung sah schließlich auch das Reichsgericht 1930 als »allgemein« all jene Gesetze an, »die sich nicht gegen eine bestimmte Meinung als solche richten, die nicht eine Meinung als

---

14   A.A. *Häntzschel*, S. 656. Vgl. im Übrigen die Übersicht bei *Fessmann*, S. 124 ff.
15   Vgl. *Häntzschel*, S. 652.
16   *Häntzschel*, S. 652 f. m.w.N. auch zu abweichenden Ansichten.
17   *Häntzschel*, S. 652.
18   Vgl. *Häntzschel*, S. 655.
19   *Häntzschel*, S. 655.

solche verbieten.«[20] Allgemeine Gesetze mussten mithin ein Verhalten zum Gegenstand haben, das die Grenzen des rein Geistigen überschritt, indem es in den Bereich des Handelns ausgriff und dabei Rechtsgüter beeinträchtigte.[21] Als klassisches rechtsgeschichtliches Beispiel eines nicht-allgemeinen Gesetzes galt in der Weimarer Zeit rückblickend das »Sozialistengesetz« von 1878.

6. Drittwirkung

Die Weimarer Reichsverfassung erkannte erstmals nicht nur im Staat, sondern auch   18
in Privatsubjekten Gegenkräfte der Freiheit. Dementsprechend erstreckte sich die
verfassungsrechtliche Meinungsfreiheit auch auf private Rechtsbeziehungen, bei denen eine Seite die andere beherrschte.[22] Dies galt insbesondere für das Arbeitsrecht.
Die Meinungsfreiheit entfaltete insoweit – anders als heute unter dem Grundgesetz
– **direkte Drittwirkung.**

7. Zensurverbot

Die Weimarer Reichsverfassung verbot nach herrschender Auffassung nur die **Vor-**   19
zensur.[23] Unbestritten war jedenfalls, dass Zensur jede staatliche Maßnahme ist, die
eine geistige Kundgabe schlechthin unter Erlaubnisvorbehalt stellt.

Ausdrückliche **Ausnahmen** vom Zensurverbot kannte die Weimarer Reichsverfas-   20
sung zum einen für Lichtspiele, im Gegensatz zur – verbotenen – Theaterzensur.[24]
Die strengere Behandlung der Lichtspiele erfolgte zum einen wegen der unterstellten
größeren Breitenwirkung bei Verbreitung der Filmkopien. Zum anderen erschien
die Zensur von Filmen als der für die Filmwirtschaft schonendere Eingriff im Vergleich zu Beschlagnahme und Vernichtung der Kopien im Wege der Nachzensur.[25]
Auch für Lichtspiele galt der Grundsatz, dass die Meinungsäußerung als solche nicht
unterdrückt werden durfte und Beschränkungen nur durch »allgemeine Gesetze« zulässig waren.[26] Eine zweite Ausnahme bestand zur Bekämpfung von »Schund- und
Schmutzliteratur«. Insoweit handelte es sich ebenfalls nur um eine Ausnahme des
Zensurverbots, nicht jedoch von Art. 118 Abs. 1 WRV. Als »Schund« – eine verfassungsrechtliche oder einfachgesetzliche Definition fehlte – galt eine Schrift, wenn sie

---

20 4. Strafsenat vom 24. Mai 1930, JW. 1930 S. 268 f. Zusammenfassung des damaligen
    Meinungsstandes bei *Stern*, Staatsrecht IV/1, S. 1444 ff.
21 *Häntzschel*, S. 660.
22 Diese Bestimmung war im Regierungsentwurf zur Weimarer Verfassung noch nicht enthalten. Sie wurde im Verfassungsausschuss auf Antrag der SPD-Abgeordneten *H. Sinzheimer*
    und *M. Quarck* hinzugefügt.
23 *Häntzschel*, S. 665 m.w.N.
24 Der ursprüngliche Entwurf des Art. 118 hatte noch ein allgemeines Zensurverbot vorgesehen.
25 *Häntzschel*, S. 668 Fn. 39.
26 Vgl. § 1 Abs. 2 Lichtspielgesetz vom 12. Mai 1920: »(…) einer politischen, sozialen, religiösen, ethischen oder Weltanschauungstendenz als solcher nicht versagt werden darf«.

»nicht nur minderwertig, sondern (…) wertlos in jeder Hinsicht« war.[27] Eine dritte Ausnahme gab es zum Schutz der Jugend bei öffentlichen Schaustellungen und Darbietungen.[28]

V. Nationalsozialismus

21   In der Zeit der nationalsozialistischen Unrechtsherrschaft wurden nicht nur die Grundrechte außer Kraft gesetzt, sondern darüber hinaus durch verschiedene perfide Methoden nahezu alle Möglichkeiten freier Meinungsbildung und Meinungsäußerung sowie freier wissenschaftlicher und künstlerischer Betätigung unterbunden. Mit der auf der Grundlage von Art. 48 Abs. 2 WRV erlassenen »**Notverordnung zum Schutze von Volk und Staat**«[29] wurden die Grundrechte der WRV beseitigt. Des Weiteren sah das **Ermächtigungsgesetz**[30] vor, dass von der Reichsregierung beschlossene Reichsgesetze von der Reichsverfassung abweichen konnten, was die Aufhebung bzw. faktische Aufsage der Weimarer Reichsverfassung bedeutete.

22   Die Bürgerliche Presse wurde im »Reichskulturkammergesetz« der **Reichspressekammer** unterstellt, d.h. in der Presse durfte nur tätig werden, wer der Reichspressekammer angehörte, wodurch dem Regime unliebsame Personen von der Pressearbeit ausgeschlossen werden konnten.[31] Nach Auflösung der Reichsrundfunkkammer übernahm das Reichsministerium für Volksaufklärung und Propaganda die Kontrolle über den Rundfunk. Entsprechend mussten Mitarbeiter des Rundfunks der **Reichsrundfunkkammer** (aufgelöst 1939) als Mitglieder angehören. »Fortschrittlich« anmutende Entscheidungen der Gerichte zur Unpfändbarkeit von Rundfunkgeräten[32] oder die Anerkennung eines »Rechts des Mieters auf Antenne«[33] dienten lediglich der Verbreitung der NS-Propaganda. Das Abhören ausländischer Sender war seit Kriegsbeginn verboten.[34] Die Verbreitung von abgehörten Nachrichten ausländischer Sender konnte mit dem Tod bestraft werden.

23   Auch wenn es insgesamt nicht zu der von NS-Juristen geforderten Schaffung eines systematischen »nationalsozialistischen Rundfunkrechts«[35] kam, wurden doch die

---

27 *Häntzschel*, S. 667 Fn. 42 m.w.N.
28 Zu einer entsprechenden gesetzlichen Regelung ist es in der Weimarer Zeit nicht gekommen.
29 Verordnung des Reichspräsidenten zum Schutze des Deutschen Volkes vom 04.02.1933 (RGBl. 1933 I, S. 35).
30 Art. 2 Ermächtigungsgesetz vom 24.03.1933 (RGBl. I 1933, S. 141).
31 Das RMVP konnte gem. § 1 RKKG (Reichskulturkammergesetz vom 22.09.1933) alle Angehörigen seines Zuständigkeitsbereichs in öffentlichen Körperschaften zusammenfassen. Das Hoheitsrecht des RMVP wurde von der Reichskulturkammer ausgeübt.
32 Vgl. OLG Frankfurt a.M. JW 1934, 1432, Nr. 7 zu § 811 Nr. 1 ZPO. Dies galt indes nicht für Juden, vgl. AG Schöneberg JW 1938, 1917, Nr. 71.
33 *H.G. Pridat-Guzatis*, Das Recht auf die Hochantenne. Die Richtlinien der Reichsrundfunkkammer für Außenluftleiter, JW 1935, 2703 ff.
34 Verordnung über außerordentliche Rundfunkmaßnahmen (RGBl. 1939 I, S. 1683).
35 Vgl. *Bley*, insbes. S. 36 ff.

überlieferten Rechtsbegriffe – etwa des Fernmeldeanlagengesetzes (FAG)[36] entsprechend **uminterpretiert**. »Rundfunkanlagen« sollten demnach bestimmungsgemäß der Sendung und dem Empfang »deutschen Kulturguts« dienen.[37] Maßgeblich war dabei die »kulturpolitische Hoheit« des Staates.[38] Um »innerhalb der Kultur schädliche Kräfte zu bekämpfen und wertvolle zu fördern«, so die amtliche Begründung zum Reichskulturkammergesetz, sei es »notwendig, die Schaffenden auf allen ihren Gebieten unter der Führung des Reichs zu einer einheitlichen Willensbildung zusammenzufassen.«[39] Entgegen dem Postulat der »Rundfunkeinheit« blieb es im Übrigen bei einer letztlich nicht geklärten Kompetenzüberschneidung zwischen dem Reichspostministerium und dem Reichspropagandaministerium, wodurch es – einem allgemeinen Prinzip des NS-Staates folgend – Hitler umso leichter gelang, unterschiedliche Institutionen gegeneinander auszuspielen.

Wie die Meinungsfreiheit und die Freiheiten der Medien wurden auch die Wissen-   24
schafts- und die Kunstfreiheit in der Zeit des Nationalsozialismus zerstört.[40] Besonders in Verbindung mit der Judenverfolgung führte dies zur Emigration zahlreicher Wissenschaftler und Künstler aus Deutschland. Die Kunst wurde der NS-Propaganda dienstbar gemacht, gegen das Regime gerichtete Äußerungen gnadenlos unterdrückt; sei es durch die Diffamierung nicht konformer Kunstwerke als »entartete Kunst«, sei es durch die Verbrennung unliebsamer Bücher. An die Stelle kritischer Kunst trat seichte Unterhaltung, die insbesondere den Kriegsalltag vergessen lassen sollte.

VI. Entstehungsgeschichte des Grundgesetzes

1. Nachkriegsdeutschland

Nach dem Krieg wurden in den westlichen Besatzungszonen die Grundrechte zu-   25
nächst in den Verfassungen der Länder und dann 1949 im Grundgesetz wiederhergestellt. Die Länderverfassungen wie das Grundgesetz sind durch die Erfahrung des nationalsozialistischen Unrechtsregimes mitgeprägt. So betonten beispielsweise einige Landesverfassungen in Reaktion auf das NS-Verbot des Abhörens ausländischer Sender die Rundfunkfreiheit als passive Empfangsfreiheit und es wurde erstmals in Deutschland die Informationsfreiheit normiert.

2. Landesverfassungen

Die Landesverfassungen[41] enthielten grundsätzlich die **Meinungs- und die Presse-**   26
freiheit. Einige Verfassungen wiesen darauf hin, dass die Meinungsfreiheit auch in

---

36 Gesetz über Fernmeldeanlagen vom 14.01.1928 (RGBl. I 1928, S. 8).
37 *Bley*, S. 36.
38 *Bley*, S. 40.
39 *Bley*, S. 40 m.w.N.
40 *Oppermann*, in: HdBStR VI, § 145 Rn. 8.
41 Die Bestimmungen der Landesverfassungen werden im Folgenden zitiert nach der Zusammenstellung von *Wegener*, Die neuen deutschen Verfassungen (1947).

Dienstverhältnissen nicht beschränkt werden dürfe.[42] Wer eine Meinung äußert, dürfe »durch niemanden« benachteiligt werden.[43] Wurde in einer Fassung die Zensur nicht als solche verboten, sondern lediglich die Pressezensur,[44] fanden sich demgegenüber auch Formulierungen, denen zufolge »jede Zensur« unzulässig war.[45] Vereinzelt wurden die Ausnahmen der WRV wieder aufgegriffen für »Lichtspiele« und »zur Bekämpfung von Schund und Schmutz sowie zum Schutze der Jugend bei öffentlichen Darbietungen«.[46]

27 Teilweise wurde die **Informationsfreiheit** gewährt, wenn auch nicht als solche bezeichnet, sondern umschrieben, etwa mit den Worten »Jedermann hat das Recht, sich über die Meinung anderer frei zu unterrichten. Die Kenntnisnahme von Mitteilungen, die für die Öffentlichkeit bestimmt sind, darf nicht verwehrt werden.«[47] Teilweise wurde ausdrücklich das »Abhören« von Rundfunksendern für zulässig erklärt.[48]

28 Die **Rundfunkfreiheit** wurde in den Landesverfassungen nach dem Krieg noch nicht erwähnt. Angesichts der ganz überwiegenden Anerkennung der Rundfunkzensur in der Weimarer Staatsrechtslehre bestanden 1946/47 in den Westzonen kaum konkrete Vorstellungen über eine eigenständige »Rundfunkfreiheit«.

29 Demgegenüber fanden sich die Freiheiten der **Kunst, der Wissenschaft und der Lehre.**[49] Zum Teil war deren Ausübung allerdings nur »innerhalb der Schranken des für alle geltenden Gesetzes« zulässig.[50] Eine Vorwegnahme von Werk- und Wirkfreiheit bietet die Verfassung des Landes Hessen mit der Formulierung: »Niemand darf in seinem wissenschaftlichen oder künstlerischen Schaffen und in der Verbreitung seiner Werke gehindert werden.«[51] In seltenen Fällen fand die Wissenschafts- und die Kunstfreiheit ihre Grenzen, falls die Werke »gegen die Sittlichkeit oder gegen die guten Sitten« verstießen.[52] Ausnahmecharakter hatte auch die Bestimmung, dass der Staat an der Pflege von Kunst und Wissenschaft teilnehme.[53]

---

42 Art. 11 Verfassung des Landes Hessen v. 18.12.1946; vgl. Art. 15 Abs. 1 Landesverfassung der Freien Hansestadt Bremen v. 21.10.1947.
43 So Art. 9 Verfassung für Rheinland-Pfalz v. 24.05.1947.
44 Art. 11 Hessen (1946).
45 Art. 10 Abs. 1 Rheinland-Pfalz (1947).
46 Art. 10 Abs. 2 Verfassung des Landes Baden v. 28.05.1947.
47 Art. 11 Verfassung von Württemberg-Baden v. 30.11.1946.
48 Art. 15 Abs. 3 Bremen (1947); Art. 112 Verfassung von Bayern v. 08.12.1946; Art. 13 Hessen (1946).
49 *Oppermann*, in: HdBStR VI, § 145 Rn. 9.
50 Z.B. Art. 12 Württemberg-Baden (1946).
51 Art. 20 Hessen (1946).
52 Art. 12 Abs. 1 Baden (1947).
53 Art. 11 Bremen (1947); ebenso Art. 13 Verfassung der Provinz Sachsen-Anhalt v. 10.01.1947.

Nicht grundsätzlich anders als in den Westzonen lauteten die Verfassungsbestim- 30
mungen zur Meinungsfreiheit in den Ländern der **sowjetischen Zone**. So hieß es in
Art. 3 Abs. 3 der Verfassung des Landes Thüringen von (1946): »Die Grenzen der
Staatsgewalt liegen in der Anerkennung der Freiheit der Person, der Glaubens- und
Gewissensfreiheit, der Freiheit der Meinungsäußerung und der Freiheit der Wissenschaft und ihrer Lehre. Nur im Rahmen allgemeiner Gesetze können diese Freiheiten beschränkt werden.« Abweichend waren Formulierungen wie die in Art. 6, derzufolge »jede Bekundung nationalen und religiösen Hasses und jede Rassenhetze«
verboten war und auf das strengste bestraft werde. Eine andere Verfassung bekunde-
te, die geistige Arbeit, das Recht der Urheber, der Erfinder und der Künstler genös-
sen den »Schutz und die Fürsorge der Provinz«.[54]

3. Gesamtbefund

Gegenüber Art. 118 WRV erweitert das Grundgesetz den Schutzbereich in mehr- 31
facher Hinsicht: das »Deutschen-Grundrecht« wurde zum »Jedermann-Grundrecht«.
Zum Recht der freien Meinungsäußerung kam flankierend das Grundrecht auf
Informationsfreiheit hinzu. Das Grundgesetz kennt im Gegensatz zur Weimarer
Reichsverfassung ein allgemeines, alle Medien übergreifendes Zensurverbot. Das
Recht der freien Meinungsäußerung sowie die Freiheit der Medien unterliegen den
Schranken der allgemeinen Gesetze, den gesetzlichen Bestimmungen zum Schutz
der Jugend und dem Recht der persönlichen Ehre.

In der Entstehungsgeschichte des Grundgesetzes[55] wird deutlich, dass sowohl indivi- 32
dualrechtliche als auch soziale Elemente in die Normierung des Art. 5 GG eingeflossen sind, die jeweils enge Bezüge zum Demokratie-, Rechtsstaats- und Sozialstaatsprinzip aufweisen.[56] Insgesamt stehen die Grundrechte des Art. 5 GG in einer
liberalen Tradition, wenn auch Missbrauchsgefahren durchaus gesehen wurden und
abgewehrt werden sollten.[57]

4. Entstehung

Da es sich bei Art. 5 GG um eine der zentralen Normen der Verfassung handelt, 33
wurde ihr Inhalt sowohl im **Konvent von Herrenchiemsee** als auch in den verschiedenen Ausschüssen des **Parlamentarischen Rates** und im Plenum behandelt.[58] In
den Ausschüssen konnte soweit Einigkeit erzielt werden, dass im Plenum kein Anlass

---

54 Art. 13 Sachsen-Anhalt (1947).
55 *Clemens/Zöbeley*, in: Umbach/Clemens, Art. 5, Rn. 11–28; *Grote/Wenzel*, in: Grote, R./
     Marauhn (Hrsg.): EMRK/GG, Kap. 18, Rn. 5–7; *Stern*, Staatsrecht IV/1, S. 1384 f.,
     1389 f., 1441 f., 1460 f., 1527.
56 Vergl. *Hoffmann-Riem*, S. 69.
57 *Hoffmann-Riem*, S. 71.
58 Die Darstellung nimmt Bezug auf folgende Dokumente in der Zusammenstellung von
     Clemens/Zöbeley, in: Umbach/Clemens, Art. 5, Rn. 11 f.: Konvent von Herrenchiemsee:
     HChProt. GSA 1. Lesung, 5. Sitzung v. 19.08.1948 (Prot. Bl. 131, 142); 2. Lesung, 7. Sit-

zu weiterer Erörterung verblieb.[59] Im Folgenden wird auf einige Kernprobleme themenbezogen eingegangen.

a) Jedermann-Recht

34 Die Abkehr vom Deutschengrundrecht der WRV wurde bereits vom Konvent von Herrenchiemsee beschlossen. Art. 7 HChE wies zukunftsweisend die Formulierung als **Menschenrecht** auf.

b) Meinungsfreiheit

35 Anders als in der Weimarer Reichsverfassung wurde im Laufe der Verhandlungen die Beschränkung der Meinungsfreiheit auf öffentliche Meinungsäußerungen aufgegeben.[60] Gerade die privat geäußerte Meinung sollte künftig grundrechtlichen Schutz erfahren.

36 Die drei ausdrücklich aufgezählten Äußerungsformen »Wort, Schrift und Bild« wurden aus der WRV übernommen, allerdings unter Aufgabe des als überflüssig angesehenen Aspekts der presserechtlichen Meinungsverbreitung mittels »Druck«.

37 Der Allgemeine Redaktionsausschuss strich den Zusatz »unverletzlich«, mit dem die Meinungsfreiheit versehen war, um der gegen den Verfassungsstaat gerichteten Propaganda entgegenwirken zu können. Die Einzelheiten der Beschränkungsmöglichkeiten sollten durch ein Pressegesetz geregelt werden. Der Ausschuss für Grundsatzfragen (GSA) sprach sich dafür aus, einen Zwang zur Offenbarung politischer Überzeugungen zu verbieten.[61] Dieses Verbot entfiel jedoch im abschließenden Vorschlag des Allgemeinen Redaktionsausschusses.

---

zung v. 21.08.1948 (Prot. Bl. 183, 188); HChBer. Darst. Teil S. 22; Entwurf S. 62 (Art. 7).

Parlamentarischer Rat:

– Grundsatzausschuss (GSA): 1. Lesung, 5. Sitzung v. 29.09.1948 (StenProt.Bl. 46–52); 6. Sitzung v. 05.10.1948 (StenProt.Bl. 7–8); 2. Lesung, 25. Sitzung v. 24.11.1948 (StenProt.Bl. 1–47, 53–58); 26. Sitzung v. 30.11.1948 (StenProt.Bl. 89–92); 27. Sitzung v. 01.12.1948 (StenProt.Bl. 4 ff.); 32. Sitzung v. 11.01.1949 (StenProt.Bl. 33–49).

– Allgemeiner Redaktionsausschuss (AllgRedA): Sitzungen v. 16.11., 13.12., 18.12.1948; 25.01., 02.05.1949 (Drucks. Nr. 282, 370, 394, 543).

– Hauptausschuss (HptA): 1. Lesung, 17. Sitzung v. 01.12.1948 (StenBer. S. 210); 2. Lesung, 43. Sitzung v. 18.01.1949 (StenProt.Bl. 6–11); 3. Lesung, 47. Sitzung v. 08.02.1949 (StenProt.Bl. 51–55); 4. Lesung, 57. Sitzung v. 05.05.1949 (StenProt.Bl. 15–17).

Parlamentarischer Rat, Plenum: 2. Lesung, 9. Sitzung v. 06.05.1949 (StenBer. S. 176); 3. Lesung, 10. Sitzung v. 08.05.1949 (StenBer. S. 204).

59 *Hoffmann-Riem*, S. 70 f.
60 Art. 8 GSA-Entwurf (5. Sitzung).
61 GSA, 27. Sitzung.

Der dann als Art. 6 vom Hauptausschuss ohne Diskussion angenommene Entwurf 38
wurde vom Allgemeinen Redaktionsausschuss in verschiedenen Punkten geändert.
Insbesondere wurde der Begriff »Meinungsäußerung« mit der Überlegung gestrichen, dieser Begriff sei bereits von der Meinungsverbreitung erfasst.

c) Informationsfreiheit

Die Informationsfreiheit war neben der Meinungsfreiheit von Anfang an in den Ent-   39
würfen enthalten (Art. 7 HChE). Im Hintergrund standen die Erfahrungen in der
NS-Zeit. Nun sollte jedermann berechtigt sein, sich über die Meinungen anderer zu
unterrichten. Demgemäß sollte es keine Beschränkungen des Rundfunkempfangs
und des Bezugs von Druckwerken geben. Durch den Grundsatzausschuss wurde die
Informationsfreiheit allerdings auf »allgemein zugängliche Quellen« beschränkt.[62]
Weiterhin wurde der Ausdruck »freie« Unterrichtung gestrichen, um das etwaige
Missverständnis auszuschließen, es werde ein Anspruch auf unentgeltliche Informationserlangung begründet.[63]

d) Pressefreiheit

Bereits Art. 7 Abs. 2 HChE enthielt das Recht der Presse, über das öffentliche Leben   40
zu berichten. Einzige Beschränkung des Grundrechts war die Pflicht zu wahrheitsgemäßer Berichterstattung. Der Grundsatzausschuss wollte die Pressefreiheit auf das
»allgemeine Interesse« beziehen.[64] Im Verlauf der weiteren Verhandlungen verwarf
der Allgemeine Redaktionsausschuss die ausdrückliche Bindung der Presse an das
Gebot zur wahrheitsgemäßen Berichterstattung wieder. Die Frage, ob nur die wahrheitsgemäße Berichterstattung grundrechtlichen Schutz erfahren sollte, wurde in den
folgenden Beratungen kontrovers erörtert. Der Grundsatzausschuss plädierte für
den Erhalt des Wahrheitsgebots im Sinne einer positiven Verpflichtung.[65] Zudem
verwarf er ein zuvor diskutiertes Recht der Presse auf Informationen von öffentlichen
Stellen, das nötigenfalls durch einfaches Presserecht geregelt werden sollte.[66] War der
Entwurf durch den Hauptausschuss ohne Diskussion angenommen worden, so verzichtete der Allgemeine Redaktionsausschuss schließlich doch auf die Wahrheitspflicht
der Presse, mit der Erwägung, dass auch bei anderen Grundrechten keine Pflichten
vorgesehen seien.

e) Rundfunkfreiheit

Angesichts der Anerkennung der Rundfunkzensur durch die Weimarer Staatsrechts-   41
lehre verwundert es nicht, dass die Landesverfassungen nach dem Krieg die Rundfunkfreiheit nicht erwähnten und dass diese auch bei der Entstehung des Grund-

---

62 Art. 8 Abs. 2 GSA-Entwurf (5. Sitzung).
63 GSA, 25. Sitzung.
64 Art. 8 Abs. 3 GSA-Entwurf (5. Sitzung).
65 GSA, 25. Sitzung.
66 GSA, 26. Sitzung.

gesetzes nicht von Anfang an mit einbezogen wurde. Erst der Grundsatzausschuss führt die Medien Rundfunk und Film in die Entwürfe ein.[67] Dem Wortlaut nach handelte es sich – im Gegensatz zur passiven Empfangsfreiheit in manchen frühen Länderverfassungen – um eine Veranstalterfreiheit. Erst in einer späten Sitzung des Grundsatzausschusses unterbreitete *Hermann von Mangoldt* den Vorschlag, aufgrund der Erfahrungen im NS-Staat und zur effektiven Sicherung der Freiheit und Überparteilichkeit des Rundfunks eine verfassungsrechtliche Regelung zu treffen, derzufolge die Sendeanlagen durch unabhängige Rundfunkanstalten betrieben werden sollten. Er konnte sich mit seiner Auffassung nicht gegen die Abgeordneten *Heuss* und *Süsterhenn* durchsetzen, die es nicht für ratsam angesehen hatten, in dieser Frage einer künftigen Rundfunkgesetzgebung vorzugreifen.[68]

f) Filmfreiheit

42 Die Freiheit des Films wurde ebenso wie die des Rundfunks erst vom Grundsatzausschuss in die Entwürfe eingefügt,[69] worüber – anders als bei der Rundfunkfreiheit – keine Diskussion stattfand.

g) Zensur

43 Die Formulierungen zum Zensurverbot variierten im Entstehungsprozess des Grundgesetzes ganz erheblich. Dabei ging es nicht nur um die sprachliche Fassung, sondern vor allem um die Frage, welche Medien vom Zensurverbot umfasst sein sollten. Der Allgemeine Redaktionsausschuss erweiterte das Zensurverbot auf das Theater und auf öffentliche Vorträge. Die Zensur von Filmen indessen wurde zu diesem Zeitpunkt noch nicht ausgeschlossen. Der Ausdruck »Zensur« wurde durch den engeren Begriff »Vorzensur« ersetzt. Die Einzelheiten der Zensurregelungen blieben umstritten. Der Grundsatzausschuss einigte sich schließlich auf die Formulierung: »Eine Zensur von Rundfunk und Presse findet nicht statt.«[70]

h) Schranken

44 Die Schrankenregelung des Art. 5 Abs. 2 GG entsprach keineswegs von Anfang an dem heutigen Wortlaut und durchlief eine kontroverse Diskussion. Zunächst engte der Gesamtausschuss die Schrankenbestimmungen gegenüber der Weimarer Reichsverfassung ein,[71] die lediglich die Schranken der »allgemeinen Gesetze« gekannt hatte. Als Schranken wurden nun vorgesehen: die allgemeinen Bestimmungen zum Schutze der Jugend, die Pflicht zur Verfassungstreue, die Strafgesetze und das Recht der persönlichen Ehre. Der Grundsatzausschuss dehnte die Schrankenbestimmungen auf den Missbrauch und die Gewährleistung des Rechtsschutzes vor den ordentli-

---

67 Art. 8 Abs. 3 GSA-Entwurf (5. Sitzung).
68 32. Sitzung des GSA.
69 Art. 8 Abs. 3 GSA-Entwurf (5. Sitzung).
70 GSA, 25. Sitzung.
71 Art. 8 GSA-Entwurf, 5. Sitzung.

chen Gerichten aus.[72] Demgegenüber tilgte der Grundsatzausschuss die Bindung der Meinungsäußerung an die Verfassungstreue.[73] Die daraufhin vorgesehene Formulierung »allgemeine Vorschriften der Strafgesetze« griff auf einen früheren Entwurf zurück.[74] Der Allgemeine Redaktionsausschuss wandte sich später gegen die seiner Auffassung nach unnötigen Vorschriften des Grundsatzausschusses über den Rechtsmissbrauch, indem er auf die allgemeinen Vorschriften des Zivil- und Strafrechts hinwies, sowie gegen die Rechtsschutzgewährleistung.

Die Schranke der »**allgemeinen Gesetze**« wurde schließlich vom Allgemeinen Redaktionsausschuss eingefügt, wobei auf das Begriffsverständnis der Weimarer Staatsrechtslehre Bezug genommen wurde. Der Hauptausschuss sprach sich gegen die Missbrauchs-Schranke bei der Pressefreiheit aus[75] und lehnte Regelungen zum gerichtlichen Verfahren in der vorgesehenen Form ab, um behördliche Sanktionen u.a. gegen jugendgefährdende Filme auch vor dem Ergehen einer gerichtlichen Entscheidung zu ermöglichen.   45

i) Kunst- und Wissenschaftsfreiheit

Der grundrechtliche Schutz von Kunst- und Wissenschaft war von Anfang an unbestritten. Art. 15 Abs. 1 HChE übernahm Art. 142 Satz 1 WRV, demzufolge Kunst, Wissenschaft und Lehre frei sind, zunächst in einer eigenständigen Bestimmung. Die Formulierung der WRV wurde schließlich weitgehend unverändert als Art. 5 Abs. 3 Satz 1 GG übernommen.   46

Die **Beschränkungen** dieser Freiheiten waren allerdings Gegenstand grundsätzlicher Erörterungen. Art. 15 Abs. 2 HChE hatte noch vorgesehen, dass zum Schutz des menschlichen Zusammenlebens die Nutzung wissenschaftlicher Erfindungen und technischer Einrichtungen unter staatliche Aufsicht gestellt, beschränkt oder untersagt werden konnte. Der Grundsatzausschuss verwarf diese Einschränkung, verpflichtete indes seinerseits die Lehre auf die **Treue zur Verfassung**.[76] Dies geschah mit Hinweis auf Einschätzungen, denen zufolge in der Weimarer Republik einzelne Hochschullehrer ihr Amt zu antirepublikanischer Propaganda genutzt hätten. Konstruktive Kritik am Verfassungsstaat sollte freilich nicht ausgeschlossen werden. Indes wurden Zweifel geäußert, ob es richtig sei, einen bestimmten Berufsstand per Verfassung gleichsam der Illoyalität zu verdächtigen. Der Hauptausschuss verzichtete in erster Lesung auf die Bindung der Wissenschaftsfreiheit an die Verfassungstreue.[77] Dagegen votierte der Allgemeine Redaktionsausschuss für eine entsprechende Treuepflicht bezüglich der Schul- und Hochschullehrer. Grundsatzausschuss und Hauptausschuss präferierten dessen ungeachtet den ursprünglichen Entwurf des Hauptausschusses der ersten   47

---

72 GSA, 25. Sitzung.
73 GSA, 25. Sitzung.
74 GSA-Entwurf, 5. Sitzung.
75 HptA, 2. Lesung.
76 Art. 10 Abs. 2 GSA, 6. Sitzung.
77 HptA, 1. Lesung des Art. 7.

Lesung.[78] Nur eine knappe Mehrheit fand schließlich im Plenum des Parlamentarischen Rates das Gebot der Verfassungstreue als Schrankenbestimmung (Art. 5 Abs. 3 Satz 2 GG).

j) Schlussredaktion

48   Nach den geschilderten Diskussionen nahm der Hauptausschuss nur noch sprachlich formale Änderungen an Schutzbereich und Schranken vor.[79] Der Allgemeine Redaktionsausschuss gestaltete den von ihm gestrafften Text zu zwei Absätzen. Diese Umformulierung stellte die finale Version des späteren Art. 5 Abs. 1 und 2 GG dar. In den weiteren Lesungen wurde die Formulierung insoweit nicht weiter erörtert. Außerdem fügte der Allgemeine Redaktionsausschuss einen Abs. 3 bei: die Freiheit von Kunst-, Wissenschaft, Forschung und Lehre.

VII. Entwicklungen nach Erlass des Grundgesetzes

1. Keine Änderungen am Wortlaut des Art. 5 GG

49   Art. 5 GG wurde seit Inkrafttreten des Grundgesetzes **nicht verändert**. Die im Rahmen der Wiedervereinigung beschlossene Verfassungsreform führte zwar zu verschiedenen Änderungen des Grundgesetzes, ließ indessen die Grundrechte des Art. 5 GG unberührt. Nichts anderes gilt im Hinblick auf mögliche Rückwirkungen zusätzlicher Garantien in den Verfassungen der neuen Bundesländer. Dennoch hat sich die Interpretation von Art. 5 GG seit Inkrafttreten des Grundgesetzes im Sinne eines technisch bedingten **Verfassungswandels** geändert, insbesondere was die Einbeziehung des Multimediabereichs in den Grundrechtsschutz des Art. 5 Abs. 1 GG betrifft.

2. Verfassung der DDR

50   Die Verfassungsentwicklung in der DDR nahm einen völlig anderen Weg als in der in der Bundesrepublik Deutschland.[80] Zwar formulierte Art. 27 der DDR-Verfassung von 1968/74 das Recht, »seine Meinung frei und öffentlich zu äußern«. Dieses Recht galt allerdings nur für **Bürger der DDR**. Vor allem aber hatte die Meinungsäußerung schon dem Wortlaut nach »den Grundsätzen dieser Verfassung gemäß« zu erfolgen und war damit den Prämissen der **marxistisch-leninistischen Ideologie** in der Deutung der SED unterworfen. Die von der SED verbindlich festgelegten gesellschaftlichen Interessen bildeten – will man hier die Diktion der Staatsrechtslehre anwenden – die immanenten Schranken der Grundrechte. Die Meinungsfreiheit und die in Abs. 2 angeführte »Freiheit der Presse, des Rundfunks und des Fernsehens« waren nicht als subjektive Rechte gegen den Staat konzipiert. In der Verfassungs-

---

78 GSA, 32. Sitzung und HptA, 2. Lesung.
79 HptA (3. Lesung).
80 Einzelheiten zur damaligen Interpretation bei *Mampel*, Die sozialistische Verfassung der Deutschen Demokratischen Republik, 3. Aufl. 1997.

wirklichkeit zogen regimekritische Äußerungen häufig staatliche Repressionen nach sich.

Kunst, Wissenschaft und Forschung wurden in der Verfassung von 1968/74 nicht   51
einmal mehr vom Wortlaut her garantiert. Eine entsprechende Formulierung der ersten Verfassung der DDR war entfallen.[81] Vor diesem Hintergrund konnten von der DDR-Verfassung nach der deutschen Wiedervereinigung keine ideellen Impulse auf die weitere Entwicklung des deutschen Medienrechts ausgehen.

3. Landesverfassungen und Wiedervereinigung

Der Beitritt der »neuen Länder« in den Geltungsbereich des Grundgesetzes gemäß   52
Art. 23 a.F. GG statt des Weges über Art. 146 a.F. GG führte zur Geltung der Grundrechte des Grundgesetzes auch in den **neuen Bundesländern.** Allerdings nutzten mehrere Bundesländer die Chance, in ihrer neuen Landesverfassung die Rechtsprechung des BVerfG zu Art. 5 GG zu berücksichtigen und die Freiheiten der Medien über das im Grundgesetz Gewährte hinaus zu erweitern.[82] So finden sich neben Presse-, Rundfunk- und Filmfreiheit weitere Medienformen mit einbezogen, etwa die Freiheit des »Fernsehens«, die Freiheit »der **anderen Medien«**[83] oder »anderer Massenmedien«[84]. Zudem wird teilweise die Grundversorgung durch den öffentlichrechtlichen Rundfunk sowie die Ausgewogenheit der Verbreitungsmöglichkeiten zwischen privaten und öffentlichrechtlichen Veranstaltern garantiert.[85]

B. Grundsätzliche Bedeutung/Schlagworte

I. Schutz des Geistes- und Kulturlebens

Art. 5 GG schützt die Kommunikation einschließlich der Medien, die Kunst und   53
die Wissenschaft. Damit werden wesentliche Grundlagen des deutschen Geistes- und Kulturlebens primär vor Eingriffen des Staates, in vielfältiger Weise jedoch zudem gegen gesellschaftliche Freiheitsminderungen abgeschirmt. Im Folgenden wird versucht, die in Art. 5 GG genannten Grundrechte nicht lediglich als zufälliges Konglomerat, sondern als Teile eines aufeinander bezogenen Gesamtkonzepts zu interpretieren.

---

81 Einzelheiten wie auch zum weiteren Verlauf *Heintzen*, in: HdBStR IX, § 218.
82 Einzelheiten bei *Hoffman-Riem*, S. 80 ff.
83 Art. 11 Abs. 2 S. 1 thürLVerf. Zu den Unterschieden näher *Fechner* in: Linck u.a. (Hrsg).: Die Verfassung des Freistaats Thüringen, Art. 11 Rn. 7 ff.
84 Art. 19 Abs. 2 S. 1 brandLVerf.
85 Art. 12 thürLVerf. Einzelheiten bei *Fechner* in: Linck u.a. (Hrsg).: Die Verfassung des Freistaats Thüringen, Art. 12, Rn. 14.

II. Die einzelnen Schutzaspekte des Art. 5 GG

1. Kommunikationsgrundrechte und Medienfreiheit

54   Bereits die Grundrechte innerhalb des Abs. 1 können entweder als wenn auch aufeinander bezogene, so doch voneinander getrennte Grundrechte interpretiert werden[86] oder sie werden unter dem Begriff **Kommunikationsfreiheiten** zusammengefasst.[87]

55   Teil der Kommunikationsfreiheit sind jedenfalls die Meinungsäußerungsfreiheit und
die Informationsfreiheit. Zu den Kommunikationsfreiheiten in einem weiteren
Sinne sind darüber hinaus die Freiheiten der Medien oder die Medienfreiheit zu
rechnen.[88] Meinungs- und Informationsfreiheit sind dieser Auffassung zufolge die
allgemeinen Kommunikationsgrundrechte, Rundfunk-, Presse- und Filmfreiheit die
spezielleren Kommunikationsgrundrechte.[89] Wird lediglich die Meinungs- und die
Informationsfreiheit der Kommunikationsfreiheit zugeordnet, so wird verkannt, dass
Presse und Rundfunk seit jeher als Massenkommunikationsmittel bezeichnet werden
und der Begriff der Kommunikation lediglich eine Mitteilung erfordert, keinen Austausch.

56   Die früher einfachen Abgrenzungen zwischen den einzelnen in Art. 5 Abs. 1 GG
aufgeführten Kommunikationsformen sind durch die Konvergenz der Medien oftmals nicht mehr überzeugend. Wie eine Interpretation der Norm sich entwickeln
wird, ist noch nicht abzusehen. Daher können an vielen Stellen lediglich Vorschläge
für eine zukunftsfähige Interpretation vorgelegt werden.

57   Unverkennbar ist, dass die Meinungs- und die Informationsfreiheit in erster Linie die
individuellen Formen der Meinungsäußerung (außerhalb oder durch die Medien)
und der Meinungs- wie Medienrezeption schützt, wohingegen der überwiegend institutionell erarbeitete Inhalt der **Massenmedien** von der Medienfreiheit erfasst wird.
Die klassische Unterscheidung von Individual- und Massenkommunikation behält
zumindest ansatzweise ihre Bedeutung. Diese Zuordnung hat konkrete Auswirkungen. Der Leserbriefschreiber kann sich demzufolge auf die Meinungsäußerungsfreiheit, nicht aber auf die Pressefreiheit berufen. Die Online-Presse ist der Pressefreiheit
zuzuordnen, nicht der Meinungsäußerungsfreiheit.[90]

58   Das Grundgesetz erwähnt ausdrücklich die Presse, den Rundfunk und den Film.
Diese Dreiheit ist indessen rein historisch bedingt, so dass sämtliche – auch unge-
nannten – Formen medialer Betätigung von Art. 5 Abs. 1 Satz 2 GG erfasst werden.

---

86   Vergl. *Hoffmann-Riem*, S. 87; *Manssen*, Rn. 341.
87   Vergl. *Schüller*, in: Dörr/Kreile/Cole, S. 102. Der Begriff wird teilweise im Singular ver-
     wendet, so schreibt *Hoffmann-Riem* von »einem zentralen Grundrecht der Kommunikati-
     onsfreiheit«, S. 73, vergl. S. 89.
88   Z.B. *Hufen*, vor § 25 Rn. 1 f.
89   *Schüller*, in: Dörr/Kreile/Cole, S. 102.
90   Näher s.u. Rdn. 145.

Es liegt daher nahe, die im Grundgesetz aufgeführten Medienfreiheiten im Zeitalter der Medienkonvergenz als ein einheitliches **Grundrecht der »Medienfreiheit«** zu verstehen.[91] Dieser Ansatz entspricht der internationalen Entwicklung, unterscheidet doch beispielsweise Art. 11 der Charta der Grundrechte der EU innerhalb der Medienfreiheit nicht zwischen unterschiedlichen Medienformen.

Das Grundrecht der Medienfreiheit bezieht sich auf alle grundsätzlich an die Allgemeinheit oder einen größeren Rezipientenkreis, regelmäßig einseitig gerichteten Angebote. Dies sind traditionell die Massenmedien.[92] Die Massenmedialität darf indessen nicht als definitorisches Erfordernis verstanden werden. Beispielsweise hat das BVerfG Werkszeitungen, die lediglich unternehmensintern verteilt werden, in den Schutzbereich der Pressefreiheit einbezogen.[93] Besser dürfte es daher sein, die Medienfreiheit als Freiheit journalistischer und publizistischer Tätigkeit zu umschreiben, die durch einen grundsätzlich offenen Adressatenkreis charakterisiert ist,[94] unabhängig von der technischen Form der Publikation. Die frühere Unterscheidung in verkörperte Presse und unverkörperten Rundfunk vermag nicht mehr zu überzeugen. Die Ausgrenzung der Online-Presse aus der Pressefreiheit leuchtet nicht ein, da auch sie institutionell geschützt sein muss. Presse wie Rundfunk können auch im Internet betrieben werden.[95]

59

Ein einheitlicher Begriff der Medienfreiheit hat grundsätzliche Vorteile[96] gegenüber den herkömmlichen drei Worten »Presse, Rundfunk und Film«. Jedwede neue mediale Betätigung wird ohne weiteres vom Begriff der Medienfreiheit erfasst. Zudem wird dadurch eine widerspruchsfreie Interpretation erleichtert.

60

2. Zensurfreiheit

Kein eigenständiges Grundrecht stellt die »Zensurfreiheit« des Art. 5 Abs. 1 Satz 3 GG dar. Sie schützt die Medien gegen eine Vorlagepflicht an staatliche Stellen im

61

---

91 Diesen Begriff verwenden mittlerweile auch das BVerfG NJW 2003, 1787 (1793) und der BGH NJW 2014, 2276; *Stern*, Staatsrecht IV/1, S. 1511; *Fechner*, Medienrecht, 3. Kap. Rn. 100; ders., Die Medienfreiheit, in FS Dittman, 2015; *Clemens*, in Umbach/ Clemens, Art. 5 Rn. 34; *Ladeur*, in: Hamburger Kommentar, S. 105; *Hoffmann-Riem*, S. 87; *Kübler*, S. 65; ablehnend *Schiwy*, in: Büscher/Dittmer/Schiwy, 2. Teil, 13 Kap. Rn. 22; a.A.: Möllers, Pressefreiheit im Internet, AfP Grabewarter spricht von Medienfreiheiten, *Grabenwarter*, in Maunz/Dürig Art 5 I Rn. 3.
92 »Freiheit publizistischer Vermittlung durch ein Massenmedium«, *Hoffmann- Riem*, S. 176.
93 BVerfGE 95, 28 (34).
94 *Ladeur* spricht von unbestimmtem Adressatenkreis, Hamburger Kommentar, S. 109.
95 S. z.B *Starck*, in: v. Mangoldt/Klein/Starck I, Art. 5 Rn. 100, demzufolge das Internet trotz der dem Rundfunkbegriff unterfallenden Verbreitungsart von seiner Nutzung her gesehen »jedenfalls nicht diejenige Spezies von Rundfunk« ist, »die der Rechtsprechung des BVerfG unterfällt«.
96 Kritisch offenbar *Pieroth/Schlink*, Rn. 591.

Vorfeld von Veröffentlichungen (Vorzensur) und stellt daher eine Schranke für den das Grundrecht beschränkenden Gesetzgeber dar (»Schranken-Schranke«).

3. Kunstfreiheit

62   Besondere Probleme bereitet die Umschreibung des Kunstbegriffs. Von den Einzelheiten abgesehen besteht Einigkeit, dass die Kunstfreiheit in umfassender Weise die künstlerische Betätigung schützt, sowohl das Werkschaffen unterschiedlichster Art als auch die Verbreitung von Kunst an die Rezipienten.

4. Wissenschaftsfreiheit

63   Die Wissenschaftsfreiheit umfasst die Freiheit der Forschung und der Lehre. Die Wissenschaftsfreiheit schützt nicht nur den einzelnen Wissenschaftler, sondern darüber hinaus die Hochschulen als solche gegen staatliche Eingriffe und wird daher auch als »Grundrecht der Hochschulen«[97] bezeichnet.

III.   Unterschiede und Gemeinsamkeiten des Art. 5 GG

1.   Unterschiede zwischen den Grundrechten des Abs. 1 und des Abs. 3

64   Eine grundsätzliche dogmatische Zäsur zwischen den Kommunikationsgrundrechten und der Freiheit von Wissenschaft und Kunst ergibt sich aus der **Schrankenregelung** des Art. 5 Abs. 2 GG. Während die Kommunikationsgrundrechte durch »allgemeine Gesetze« eingeschränkt werden können, handelt es sich bei der Wissenschafts- und bei der Kunstfreiheit um sog. geschlossene Grundrechte, d.h. eine Einschränkung durch den Gesetzgeber ist nur möglich, wenn andere Grundrechte oder Werte von Verfassungsrang durch das geschlossene Grundrecht gefährdet werden und aufgrund einer Abwägung zurückzutreten haben. Da Grundrechte ohne Gesetzesvorbehalt sehr selten sind, kommen der Kunst- und der Wissenschaftsfreiheit in Kollisionsfällen ganz besonderes Gewicht zu.

65   Der Schwerpunkt der Kommunikationsfreiheiten liegt auf dem alltäglichen Gedankenaustausch, die Medienfreiheiten haben Information und Unterhaltung der Allgemeinheit im Blickfeld, wohingegen bei der Kunstfreiheit ganz die Persönlichkeit des schöpferisch tätigen Menschen im Vordergrund steht und bei der Wissenschaftsfreiheit die Persönlichkeit des einzelnen Forschers sowie sein institutioneller Rahmen.

2.   Gemeinsamkeiten von Abs. 1 und Abs. 3

66   Handelt es sich auch um eine Neuerung des Grundgesetzgebers, die Kunst- und die Wissenschaftsfreiheit mit den Kommunikationsfreiheiten in einem Artikel zu normieren, so wurden doch schon unter der WRV von der Literatur die Gemeinsamkei-

---

97   *Thieme*, S. 106.

ten gesehen.[98] Das Kunstschaffen ebenso wie die Forschung sind zwar Vorgänge, die sich weithin im Inneren des Menschen abspielen, dennoch sind auch sie auf Kommunikation angewiesen, sowohl hinsichtlich des »Input« als auch bei der Weitergabe und Verbreitung von Kunstwerken und der wissenschaftlichen Lehre. Die Kunstfreiheit würde in wesentlichen Aspekten verkürzt, wenn der Künstler nicht die Möglichkeit hätte, seine Werke gegenüber Anderen oder der Öffentlichkeit darzustellen und von der Freiheit zur Lehre verbliebe nichts ohne Rezipienten. Große Teile von Wissenschaft und Kunst stellen sich als kommunikative und vielfach mediale Betätigungen dar. Deutlich wird dies an Mischformen wie der Karikatur in der Tageszeitung oder dem Bericht des Forschers im Fernsehen.

3. Kommunikative Aspekte von Kunst und Wissenschaft

Kunst und Wissenschaft stehen sich auch untereinander näher als auf den ersten Blick   67
zu vermuten. Mögen im Einzelnen unterschiedliche Methoden zur Anwendung kommen, so sind doch beide Grundrechte **Freiheitsgrundrechte**, die Art. 2 Abs. 1 GG ausgestalten und letztlich von der **Menschenwürde** des Art. 1 Abs. 1 GG durchdrungen sind. Beide Grundrechte sind in starkem Maße auf die **Persönlichkeit des Grundrechtsträgers** ausgerichtet. Bei der Kunstfreiheit ist es die künstlerisch-schöpferische Persönlichkeit, die im Regelfall nach einer Mitteilung ihrer Leistungen an die Allgemeinheit drängt, oftmals politisch oder gesellschaftlich wirken möchte und nicht zuletzt vielfach auch wirtschaftlich auf die Rezeption ihrer Leistungen angewiesen ist und bei der Wissenschaftsfreiheit die Persönlichkeit des Wissenschaftlers, der ebenfalls kreativ denken muss und seine Forschung in der Lehre verbreitet. Kunst und Wissenschaft sind daher auch kommunikative Phänomene,[99] besonders qualifizierte Formen des geistigen Austauschs.[100]

IV. Art. 5 GG als Kulturgrundrecht

1. Bezug der Freiheiten des Art. 5 GG zur Kultur

Die Medien sind in großem Umfang Vermittler von Kultur. Faktisch basiert ein gro-   68
ßer Teil der Kulturrezeption der Bevölkerung nicht auf unmittelbarem Erleben in Theatern, Museen usw., sondern auf medialer Vermittlung. Die Übertragung kultureller Ereignisse, Berichte von Ausstellungen, die Ausstrahlung von künstlerisch bedeutungsvollen Filmen usw. betreffen die Kulturvermittlung durch die Medien. In vielen Fällen sind es sogar die Medien selbst, in denen kreativ künstlerisch gearbeitet wird.

---

98 *Oppermann*, in: HdBStR VI, § 145 Rn. 25 f.
99 *Arnauld*, in: HdBStR VI, § 146 Rn. 16; *Scholz*, in: Maunz/Dürig, Art. 5 Abs. III, Rn. 13; *Oppermann*, in: HdBStR VI, § 145 Rn. 26; ablehnend *Sönke Schulz*, Änderungsfeste Grundrechte, S. 326.
100 *Schiwy*, in: Büscher/Dittmer/Schiwy, Teil 2, 13. Kap. Rn. 10.

69 Die kulturelle Bedeutung der Kunstfreiheit bedarf keiner Erläuterung, aber auch die Zuordnung der Wissenschaft zur Kultur ist seit langem anerkannt.[101]

70 Alle Grundrechte des Art. 5 GG schützen letztlich das **freie Geistesleben** in Deutschland, das Grundlage und Kern jeden kulturellen Lebens ist. Zutreffend wird Art. 5 GG daher als **geistig-kommunikatives Urgrundrecht**, als Grundpfeiler einer freiheitlichen Kommunikationsverfassung bezeichnet.[102] Die durch die Gemeinsamkeit kommunikativer Sinnvermittlung geprägten Grundrechte des Art. 5 GG sind dadurch in das System der staatlichen Kulturverfassung integriert.[103]

2. Verfassungsrechtlicher Kulturbegriff

71 Wird Art. 5 GG als »**Kulturgrundrecht**« umschrieben, so fragt sich, warum nicht schon der Verfassungsgeber diese Bezeichnung gewählt hat. Die deutsche Verfassung verwendet den Begriff der Kultur nicht, wie sie auch kein ausdrücklich geschriebenes **Kulturstaatsprinzip** kennt.[104] Der Verfassungsgeber war nach dem Zweiten Weltkrieg bestrebt, die Länder mit starken eigenen Befugnissen auszustatten, um die neue staatliche Ordnung vom nationalsozialistischen Zentralismus abzusetzen. Mit dieser Form horizontaler Gewaltenteilung wäre es unvereinbar gewesen, wenn der Verfassungsgeber in einem der letzten den Ländern weithin uneingeschränkt verbliebenen Kompetenzbereichen, der Kultur, dem »Hausgut der Länder«, Beschränkungen vorgenommen hätte und seien diese auch lediglich verbaler Natur. Die kompetenzielle Zuständigkeit der Bundesländer für die Angelegenheiten der Kultur sollte daher nicht durch die Verwendung dieses Begriffs in der Bundesverfassung ausgehöhlt werden.[105]

72 Desungeachtet finden sich zahlreiche Normen mit Kulturbezug im Grundgesetz.[106] Das BVerfG hat den Kulturstaat als Staatszielbestimmung anerkannt[107] und darüber hinaus lässt sich wohl auch ein entsprechender Verfassungsauftrag annehmen.[108]

---

101 Insofern wegweisend *Thomas Oppermann*: Kulturverwaltungsrecht.
102 *Stern*, Staatsrecht IV/1, S. 1379, 1509.
103 *Oppermann*, in: HdBStR VI, § 145 Rn. 23; *Kübler*, S. 72 f. m.w.N.
104 Ausdrücklich gegen ein in der Verfassung ungeschrieben enthaltenes Kulturstaatsprinzip *Schiwy*, in: Büscher/Dittmer/Schiwy, Teil 2, 13. Kap. Rn. 36. Allg. *Volkmann*, DVBl. 2005, 1061. *Starck*, in: v. Mangoldt/Klein/Starck I, Art. 5 Rn. 294 postuliert, dem Begriff könnten keine weiteren rechtlichen Verbürgungen entnommen werden.
105 Vergl. *Häberle*, Verfassungslehre als Kulturwissenschaft, 2. Aufl., S. 23 ff. Wohl aber findet sich das Kulturstaatsprinzip verschiedentlich in den Landesverfassungen, Art. 86 bwLVerf; Art. 141 bayLVerf; Art. 34 brandLVerf; Art. 62 hessL-Verf; Art. 16 m-vLVerf; Art. 18 nrwLVerf; Art. 40 rhplLVerf; Art. 36 saarlLVerf; Art. 11 sächsLVerf; Art. 36 s-anhLVerf; Art. 30 thürLVerf.
106 Wie z.B. Art. 4, Art. 6 Abs. 2, Art. 7 GG.
107 BVerfGE 36, 321 (331); E 35, 79 (114).
108 *Scholz*, in: Maunz/Dürig, Art. 5 Abs. III, Rn. 8.

3. Kulturbegriff des Europarechts

Zu einer Bestätigung der These führt ein Vergleich mit dem europäischen Kultur- 73
begriff. Dieser ist einerseits weit gefasst, umfasst mithin nicht nur die »Hochkultur«,[109] auf der anderen Seite ist der europäische Kulturartikel (Art. 167 AEUV)[110]
von den vorausgehenden Bildungsartikeln getrennt.[111]

4. Freiheit der kulturellen Betätigung als übergeordnete Funktion des Art. 5 GG

Die **Gemeinsamkeiten des Art. 5 GG** sind bisher kaum beachtet worden.[112] Wird 74
nach einer gemeinsamen Funktion dieser Grundrechte gefragt, so liegt diese in einer
Entfaltung des kulturellen Lebens, weshalb hier vorgeschlagen wird, Art. 5 GG als
das Kulturgrundrecht des Grundgesetzes zu interpretieren.[113] Ein Kulturgrundrecht
ist nicht identisch mit einem Kulturartikel, der auch kompetenzrechtliche Aussagen
treffen und möglicher Weise weitere Aspekte des kulturellen Lebens umfassen müsste.

Art. 5 GG ist der Artikel mit der größten Bedeutung für das kulturelle Leben.[114] 75
Ausdrücklich leitet das BVerfG das Einstehen des Staates für die Wissenschaft aus
seinem Verständnis als Kulturstaat ab.[115] Das Kulturstaatsprinzip wird nicht zuletzt
durch freie Kommunikation verwirklicht.[116] Somit kommt Art. 5 Abs. 3 GG eine
zentrale Rolle im System der grundgesetzlichen Kulturverfassung zu.[117]

5. Interpretatorische Konsequenzen

Die Einordnung des Art. 5 GG als zumindest kulturbezogenes Grundrecht erleich- 76
tert die Interpretation, z.B. wenn es um den Umfang des Schutzbereichs oder die
Grundrechtsträgerschaft geht. Vor allem lassen sich objektivrechtliche Folgerungen
ableiten, die allerdings weniger im Bereich konkreter Garantieren als im Hinblick
auf die Ausrichtung staatlicher Leitentscheidungen liegen. Allerdings ist auch insoweit die Kompetenzverteilung zwischen Bund und Ländern zu beachten.

---

109 *Fechner*, in: von der Groeben, Europäisches Unionsrecht, 7. Aufl., vor Art. 167 Rn. 15.
110 Art. 167 AEUV.
111 Die Bildung wird herkömmlich dem Kulturbegriff des deutschen Rechts zugeordnet, *Oppermann*, Kulturverwaltungsrecht, S. 29 ff.; zum europäischen Kulturbegriff *Oppermann/ Classen/Nettesheim*, § 36 Rn. 59 f.
112 Zu anderen Versuchen einer Zusammenfassung unter den Oberbegriff »Geistesfreiheit« o.ä. s. *Löffler/Ricker*, 6. Kap., Rn. 8a.
113 In Anlehnung an den Kulturartikel des Europarechts in Art. 167 AEUV, siehe dazu *Fechner*, in: von der Groeben, Europäisches Unionsrecht, 7. Aufl., Art. 167 Rn. 1 ff.
114 Zur kulturellen Dimension des Art. 5 GG auch *Stern*, Staatsrecht IV/1, S. 1382, der indessen einen gemeinsamen Oberbegriff für nicht möglich hält.
115 BVerfGE 35, 79 (113).
116 Vergl. *Bernard*, S. 90.
117 *Scholz*, in: Maunz/Dürig, Art. 5 Abs. III, Rn. 7.

77   Vorzubeugen gilt der Vermutung, diese Interpretation könne zu einer Verkürzung des Schutzbereichs führen, beispielsweise nur noch Ausprägungen einer wie immer definierten »Hochkultur« dienen. Vielmehr wir damit lediglich die besondere Bedeutung kultureller Betätigung hervorgehoben und für Abwägungsvorgänge mit besonderem Gewicht versehen.

78   Ein Missverständnis wäre es schließlich, alle schützenswerten kulturellen Aspekte unter Art. 5 GG fassen zu wollen. Von Art. 5 GG ist der kreativ-schöpferische Bereich umfasst, mithin die »kulturelle Betätigung«, nicht hingegen der Schutz kultureller Objekte, der dem Denkmalschutz- und dem Kulturgüterschutzrecht obliegt.[118] Insoweit kommt dem Kulturstaatsprinzip insbes. bei Abwägungsvorgängen eine unerlässliche, die individualrechtlichen Garantien des Art. 5 ergänzende Funktion zu.

C. Schutzbereiche

I. Meinungsfreiheit

1. Einordnung der Meinungsfreiheit in die Kommunikationsgrundrechte

79   Die Meinungsfreiheit ist das Recht des Einzelnen, eigene Ansichten ungehindert von staatlichem Einfluss zu äußern. Damit stellt sie in erster Linie ein Individualrecht dar, dessen Gegenstück die Informationsfreiheit ist, das Recht, sich ungehindert aus allgemein zugänglichen Quellen zu unterrichten. Im Verhältnis zur Medienfreiheit weist die Meinungsfreiheit einen eigenen Schutzbereich auf, ist mithin auch dann eröffnet, wenn eine Meinung in einem Massenmedium kundgetan wird. Darüber hinaus können sich auch öffentlichrechtliche Rundfunkanstalten auf die Meinungsfreiheit berufen, sofern ein funktionaler Zusammenhang zwischen Meinungsfreiheit und Rundfunkfreiheit besteht.[119]

2. Begriff der Meinung

80   Der Begriff »Meinung« lässt sich nicht überzeugend definieren, auch die Umschreibungsversuche des BVerfG bleiben ungenau.[120] Einigkeit besteht, dass der Begriff der Meinung weit zu interpretieren ist.[121] Es werden Meinungen aller Art[122] und auch die Berichterstattung umfasst.[123] Die Meinungsfreiheit ist von ihrem Sinn und Zweck her primär auf den Prozess der demokratischen Willensbildung ausgerich-

---

118   Zur Bedeutung des Kulturstaatsprinzips im Recht des Kulturgüterschutzes *Odendahl,* Kulturgüterschutz, 2005, S. 280 ff.

119   *Grabenwarter,* in Maunz/Dürig Art. 5 Abs. 1 Rn. 41.

120   *Ipsen,* Rn. 413 ff. mit Darlegung der methodischen Mängel.

121   *Wendt,* in: von Münch/Kunig, Art. 5 Rn. 8; *Kannengießer,* in: Schmidt-Bleibtreu u.a., Art. 5 Rn. 3; BVerfGE 61, 1 (9).

122   Einzelheiten und ausführliche Nachweise bei *Stern,* Staatsrecht IV/1, S. 1379; *Clemens,* in: Umbach/Clemens, Art. 5 Rn. 61.

123   *Herzog,* in: Maunz/Dürig, Art. 5 Abs. I, II Rn. 53, 55.

tet.[124] Politische Meinungskundgaben stehen daher im Zentrum des Schutzbereichs.[125] Doch sind Meinungen außerhalb des politischen Bereichs gleichermaßen geschützt.[126] Hierzu zählen insbesondere Auffassungen zu gesellschaftlichen Ereignissen und wirtschaftlichen Verhältnissen sowie über einzelne Personen und deren Verhalten. Geschützt sind mithin auch Meinungen über triviale Gegenstände des täglichen Lebens, auch und gerade wenn »die Mehrheit« anders denkt. Unzweifelhaft fallen auch Fragen wegen ihrer Bedeutung für eine freie und öffentliche Meinungsbildung in den Schutzbereich.[127]

Auf den Wert oder Unwert einer Meinung kommt es nicht an,[128] ebenso wenig wie   81
auf die Qualität der einer Meinung zugrunde liegenden Quellen. Geschützt wird die
Kommunikation nicht um ihres Inhalts, sondern um ihrer selbst willen.[129]

3. Meinungsbildung

Der Schutzbereich der Meinungsfreiheit umfasst zunächst die Freiheit des Einzelnen   82
zur Meinungsbildung. Könnte und dürfte der Bürger sich seine Meinung nicht frei
bilden, würde eine fundierte Meinungsäußerung verunmöglicht. Insofern ist die Meinungsfreiheit auf die Informationsfreiheit angewiesen, beide bedingen sich gegenseitig.[130] Durch das Grundrecht ist schließlich die freie Bildung einer öffentlichen Meinung gewährleistet.[131]

4. Meinungsäußerung

Geschützt ist vor allem die Meinungsäußerung,[132] weshalb auch von Kommunika-   83
torfreiheit gesprochen wird.[133] Wenn auch die Alternativen »frei zu äußern und zu
verbreiten« nicht im Sinne fest umrissener Tatbestandsmerkmale voneinander ge-

---

124 Vergl. *Bethge*, in: Sachs, Art. 5 Rn. 46 f.
125 Darüber hinaus wird z.T. ein grundsätzliches Recht auf politische Betätigung gefolgert, *Antoni*, in: Hömig, GG, Art. 5 Rn. 8.
126 *Clemens*, in: Umbach/Clemens, Art. 5 Rn. 61; BVerfGE 30, 336 (352 f.); E 68, 226 (233); E 71, 162 (175).
127 BVerfGE 85, 23 (31); *Herzog*, in: Maunz/Dürig, Art. 5 Abs. I, II Rn. 55b; *Hufen*, § 25 Rn. 9; *Hoffmann-Riem*, S. 91; Mansseen, Rn. 344.
128 *Herzog*, in: Maunz/Dürig, Art. 5 Abs. I, II Rn. 55e; *Clemens*, in: Umbach/Clemens, Art. 5 Rn. 63; *Kannengießer*, in: Schmidt-Bleibtreu u.a., Art. 5 Rn. 4; *Antoni*, in: Hömig, GG, Art. 5 Rn. 4; *Bethge*, in: Sachs, Art. 5 Rn. 25; BVerfGE 33, 1 (14) »Strafgefangenen-Entscheidung«; E 85, 1 (15) »Bayer Aktionäre«; vergl., auch zur Bezeichnung *Fechner*, Entscheidungen zum Medienrecht, Nr. 35.
129 *Hoffmann-Riem* formuliert S. 75, Kommunikation sei »ein Wert in sich«.
130 *Schulze-Fielitz*, in: Dreier, Art. 5 Abs. 1, 2 Rn. 67.
131 BVerfGE 8, 112; *Antoni*, in: Hömig, GG, Art. 5 Rn. 8. Ob damit etwas Zusätzliches zu den Medienfreiheiten gewonnen wird, bleibt im Dunkeln.
132 *Kannengießer*, in: Schmidt-Bleibtreu u.a., Art. 5 Rn. 4; *Clemens*, in: Umbach/Clemens, Art. 5 Rn. 65.
133 *Schulz*, in: Hamburger Kommentar, S. 150; *Hoffmann-Riem*, S. 90.

trennt werden können,[134] so ist die Äußerung doch der erste Schritt vor der Verbreitung. Ausdrücklich erwähnt die Norm die Meinungsäußerung »in Wort, Schrift und Bild«. Diese Aufzählung ist keinesfalls abschließend, sondern beispielhaft zu verstehen.[135] Sind Plakate, Transparente, sonstige Druckerzeugnisse, Werbeslogans usw. noch ohne Weiteres unter den Wortlaut zu subsumieren, so sind doch auch Meinungsäußerungen in Form von Liedern und Pantomimen vom Sinn und Zweck der Norm her vom Schutzbereich erfasst. Aussagen enthalten können bestimmte Kleidungsstücke und Zeichen wie »Sticker«, selbst wenn sie nur von bestimmten Gruppen verstanden werden. Umfasst sind zudem anonyme Bewertungen im Internet, beispielsweise von Lehrern durch ihre Schüler oder von Ärzten durch Patienten.[136] Hierdurch wird zwar die Durchsetzung zivilrechtlicher Ansprüche erschwert, indes nicht die Strafverfolgung wegen Ehrschutzdelikten ausgeschlossen.[137] Neue Ausdrucksformen wie Flashmobs können ebenso vom Schutzbereich der Meinungsfreiheit erfasst sein[138] wie reiner Softwarecode, sofern die Meinungsäußerung in einer Form vorliegt, die an sich für den Menschen ohne technische Hilfsmittel unverständlich ist und der Code hierbei zur Vermittlung dient (Beispiel: QR-Code).[139] Ebenfalls in den Schutzbereich der Meinungsfreiheit kann die bloße Mitteilung einer fremden Meinung oder Tatsachenbeauptung sein, ohne dass sich der Mitteilende diese zu Eigen machen muss.[140] Schließlich ist das Setzen eines Hyperlinks eine Meinungsäußerung, wenn auf meinungsrelevante Inhalte verwiesen wird.[141] Als Ort der Meinungsäußerung kommt grundlegend jeder Ort in Betracht, an dem sich der Äußernde tatsächlich aufhält.[142]

5. Meinungsverbreitung

84   Eng mit der Meinungsäußerung zusammen hängt die Freiheit der Meinungsverbreitung. Sinn und Zweck der Meinungsäußerungsfreiheit würde konterkariert, wenn der Äußernde nicht die Möglichkeit hätte, seine Meinung Dritten zugänglich zu machen. Sämtliche denkbaren Varianten der Meinungsverbreitung sind geschützt, mithin auch in E-Mails, Chatforen, sozialen Netzwerken und »virtuellen Welten« (wobei sich in diesem Fall nicht der Avatar sondern lediglich der dahinter stehende Mensch auf die Meinungsfreiheit berufen kann). Heute noch unbekannte Formen der Meinungsverbreitung werden ebenfalls dem Schutzbereich des Art. 5 Abs. 1 GG zu unterstellen sein.

---

134 *Wendt*, in: von Münch/Kunig, Art. 5 Rn. 17; *Pieroth/Schlink*, Rn. 600.
135 *Pieroth/Schlink*, Rn. 600; *Manssen*, Rn. 352.
136 BGH U. v. 22.06.2009 »spickmich.de«.
137 BGH AfP 2014, S. 451 ff. »Arztportal«.
138 *Grabenwarter*, in Maunz/Dürig Art. 5 Abs. 1 GG Rn 92.
139 *Grabenwarter*, in Maunz/Dürig Art. 5 Abs. 1 GG Rn 93.
140 BVerfG NJW-RR 2010, 470.
141 *Schulz*, in: Hamburger Kommentar, S. 151. BVerfG-K NJW 2012, (1206).
142 BVerfG Urteil 22.02.2011, Az: 1 BvR 699/06.

Durch die Kommunikationsfreiheiten wird nicht nur die **Wahl des Ortes und der** 85
Zeit der Äußerung garantiert, sondern darüber hinaus die Wahl der Ausdrucksform,
des Adressatenkreises und gegebenenfalls des Mediums der Vermittlung.[143] Da andere von der Meinung überzeugt werden sollen, ist auch die Wirkung der Meinungsäußerung vom Schutzbereich erfasst,[144] d.h. geschützt ist auch, dass die Meinung
beim Empfänger ankommen kann.[145] Die Grenze des Schutzbereichs verläuft erst
dort, wo dem anderen die eigene Meinung aufgezwungen werden soll.

6. Werturteile und Tatsachenbehauptungen

a) Schutz von Tatsachenbehauptungen?

Aus dem Schutzbereich ausgenommen werden vom BVerfG und von einigen Auto- 86
ren sog. **Tatsachenbehauptungen.**[146] Tatsachenbehauptungen sind Äußerungen, die
der Überprüfung mit Mitteln des Beweises grundsätzlich zugänglich sind, unabhängig von der Frage, ob der Beweis im konkreten Fall tatsächlich erbracht werden
kann.[147] Dieser Ansicht zufolge werden nur Werturteile von der Meinungsäußerungsfreiheit erfasst, das sind Äußerungen, die ein Element der Stellungnahme, des
Meinens enthalten[148] oder, wie es das BVerfG »sprachlich unschön«[149] ausdrückt,
des »Dafürhaltens«.

Diese Auffassung überzeugt nicht. Tatsachenmitteilungen und Werturteile lassen 87
sich – im Verfassungsrecht –[150] kaum jemals von einander trennen.[151] So stellt bei
Nachrichten schon die Auswahl der Information eine Wertung dar. Eine weitere
Wertung liegt in der Reihenfolge oder Platzierung der Informationen. Keine Tatsa-
chenbehauptung lässt sich ohne Wertung übermitteln, da auch die Art der Darstellung wertende Elemente enthält.[152] Schließlich sind Informationen über Tatsachen

---

143 Vergl. *Hoffmann-Riem,* S. 89.
144 *Wendt,* in: von Münch/Kunig, Art. 5 Rn. 12; *Kannengießer,* in: Schmidt-Bleibtreu u.a.,
 Art. 5 Rn. 4; *Clemens,* in: Umbach/Clemens, Art. 5 Rn. 65; Vergl. *Hoffmann-Riem,*
 S. 93 f., 98; BVerfGE 93, 266 (289); E 61, 1 (7); E 7, 198 (210) »Lüth«.
145 BVerfGE 33, 1 (14) »Strafgefangenen-Entscheidung«; *Pieroth-Schlink,* Rn. 602. Der
 Übermittlungsvorgang als solcher ist indessen über die Telekommunikationsfreiheit des
 Art. 10 GG geschützt.
146 BVerfGE 61, 1 (8 f.).
147 Vergl. *Kannengießer,* in: Schmidt-Bleibtreu u.a., Art. 5 Rn. 3; BVerfGE 94, 1 (8); E 90,
 241 (247) »Auschwitzlüge«; *Fechner,* Entscheidungen zum Medienrecht, Nr. 33.
148 *Kannengießer,* in: Schmidt-Bleibtreu u.a., Art. 5 Rn. 4; *Antoni,* in: Hömig, GG, Art. 5
 Rn. 5; *Bethge,* in: Sachs, Art. 5 Rn. 25; BVerfGE 7, 198 (210) »Lüth«; E 71, 162 (179).
149 *Hufen,* § 25, Rn. 6.
150 Anders ist dies hinsichtlich der zivilrechtlichen Ansprüche auf Gegendarstellung und Berichtigung; zum Aufbau *Fechner,* Fälle und Lösungen zum Medienrecht, 2. Aufl.,
 S. 332 f.
151 Schulze-Fielitz, in: Dreier, Art. 5 Abs. 1, 2 Rn. 6; so aber *Pieroth/Schlink,* Rn. 597, dag.
 Kannengießer, in: Schmidt-Bleibtreu u.a., Art. 5 Rn. 3.
152 *Ipsen,* Rn. 416; *Wendt,* in: von Münch/Kunig, Art. 5 Rn. 9.

unabdingbare Voraussetzung für die Meinungsbildung.[153] Somit werden **auch Tatsachenbehauptungen** und schlichte Nachrichten vom Schutzbereich erfasst.[154]

b) Unwahre Tatsachenbehauptungen

88   Die Meinungsäußerungsfreiheit besteht unabhängig davon, ob die Äußerung rational oder emotional begründet oder grundlos ist und ob sie von anderen für nützlich oder schädlich, wertvoll oder wertlos gehalten wird. Einer weit verbreiteten und auch vom BVerfG vertretenen Ansicht zufolge werden allerdings **bewusst unwahre Tatsachenbehauptungen** aus dem Schutzbereich ausgenommen.[155] Anschaulich ist dies beispielsweise im Fall der »Ausschwitzlüge«, bei der historisch eindeutig belegte Tatsachen in Abrede gestellt werden.[156] In anderen Fällen wird der Beweis schwerer zu führen sein. Verbleiben Zweifel, kann die Äußerung jedenfalls nicht aus dem Schutzbereich ausgeklammert werden, sondern muss allenfalls auf Schrankenebene zurücktreten.[157]

89   Einer abweichenden Ansicht zufolge spielt der Wahrheitsgehalt einer Behauptung generell erst auf Schrankenebene eine Rolle.[158] Eine Wahrheitspflicht ergebe sich nicht aus der Verfassung, weshalb unwahre Behauptungen in den Schutzbereich der Meinungsfreiheit fielen, wenn auch regelmäßig in der Abwägung mit kollidierenden Rechten Dritter zurückstehen müssten.[159]

90   Überzeugend ist die Argumentation, die auch vom BVerfG vertreten wird, derzufolge bewusst unwahre Äußerungen wie beispielsweise ein erfundenes Interview[160] zu einer »wirklichen Meinungsbildung« nichts beitragen können.[161] Gleiches gilt für bewusst unwahre Zitate.[162] Demgegenüber sind möglicherweise **irrtümliche Äußerungen geschützt.**[163] Bei rein spekulativen Tatsachenbehauptungen, die nicht zweifelsfrei unwahr sind, ist der Schutzbereich der Meinungsfreiheit zwar grundsätzlich

---

153   *Hoffmann-Riem*, S. 90 f.
154   *Clemens*, in: Umbach/Clemens, Art. 5 Rn. 61; *Schulz*, in: Hamburger Kommentar, S. 150, *Müller-Franken*, in: Meinungsfreiheit im freiheitlichen Staat, S. 32.
155   BVerfGE 90, 241 (247 ff.) »Auschwitzlüge«; *Stern*, Staatsrecht IV/1, S. 1473; *Clemens*, in: Umbach/Clemens, Art. 5 Rn. 61, 186; *Fechner*, Entscheidungen zum Medienrecht, Nr. 33; *Manssen*, Rn. 345.
156   BVerfGE 90, 241.
157   *Schulz*, in: Hamburger Kommentar, S. 150. Ebenso fallen rechtswidrig beschaffte wahre Tatsachen in den Schutzbereich des Art. 5 Abs. 1 S. 1 GG; *Clemens*, in: Umbach/Clemens, Art. 5 Rn. 62, 189; BVerfGE 66, 116 (137) »Springer/Wallraff«.
158   *Ipsen*, Rn. 418; *Hufen*, § 25 Rn. 8.
159   *Wendt*, in: von Münch/Kunig, Art. 5 Rn. 10.
160   BVerfGE 34, 269 (283) »Soraya«.
161   BVerfGE 34, 269 (283 ff.); E 90, 241 (249) »Auschwitzlüge«; *Clemens*, in: Umbach/Clemens, Art. 5 Rn. 61, 186; *Kannengießer*, in: Schmidt-Bleibtreu u.a., Art. 5 Rn. 3; *Bethge*, in: Sachs, Art. 5 Rn. 28.
162   BVerfGE 54, 208 (219).
163   *Pieroth/Schlink*, Rn. 599.

eröffnet,[164] allerdings wird in Abwägungsvorgängen häufig das Gegenrecht prävalieren, insbes. ein entgegenstehendes Persönlichkeitsrecht.[165]

c) Wirtschaftswerbung

Umstritten ist, ob die reine Wirtschaftswerbung der Meinungsfreiheit unterfällt. Einer Ansicht zufolge ist die rein kommerzielle Werbung nicht über Art. 5 GG geschützt.[166] Bei Wirtschaftswerbung finde eine geistige Auseinandersetzung gerade nicht statt, da dem Verbraucher lediglich Kaufimpulse vermittelt würden.[167] Teilweise wird differenziert, ob die Werbung **meinungsbildend**, oder ob sie lediglich kommerziellen Charakter hat.[168]   91

Der Gegenansicht zufolge, die auch vom BVerfG vertreten wird, umfasst der Schutzbereich der Meinungsäußerungsfreiheit **Werbung allgemein**.[169] Da hinsichtlich der Meinungsfreiheit nicht auf den Zweck der Äußerung abgestellt werden darf, würde die Ausgrenzung der Wirtschaftswerbung nicht überzeugen.[170] Dies gilt grundsätzlich auch für **Schockwerbung**, wobei jedenfalls auf Schrankenebene ekelerregende, furchteinflößende oder jugendgefährdende Bilder ausgeschlossen werden können.[171]   92

7. Kritik

a) Warentests

Warentests unterfallen der Meinungsfreiheit,[172] solange es sich nicht um Schmähkritik handelt. Zudem darf der Begriff des Warentests nicht dazu missbraucht werden, einer Meinungsäußerung einen ihr nicht zukommenden objektiven Anschein zu geben. Warentests müssen daher **neutral, objektiv und sachkundig** sein.[173]   93

---

164 So auch *Hoffmann-Riem*, S. 91.
165 *Clemens*, in: Umbach/Clemens, Art. 5 Rn. 190. Zu beachten ist zudem event. der Wahrheitsbeweis des § 186 StGB.
166 *Kannengießer*, in: Schmidt-Bleibtreu u.a., Art. 5 Rn. 4; BVerfGE 40, 371 (382); E 60, 215 (231 f.); wobei allerdings eine Ausnahme dann zugelassen wird, wenn die Werbung einen meinungsbildenden oder wertenden Charakter aufweist.
167 *Ipsen*, Rn. 422.
168 *Schulz*, in: Hamburger Kommentar, S. 151; *Kannengießer*, in: Schmidt-Bleibtreu u.a., Art. 5 Rn. 4; *Bethge*, in: Sachs, Art. 5 Rn. 25a; BVerfGE 71, 162 (175); *Hoffmann-Riem*, S. 91 f.
169 BVerfGE 71, 162 (175); *Stern*, Staatsrecht IV/1, S. 1396 f.; *Wendt*, in: von Münch/Kunig, Art. 5 Rn. 11.
170 *Hufen*, § 25 Rn. 9.
171 BVerfGE 107, 275 (281 ff.) »Benetton II«.
172 *Kannengießer*, in: Schmidt-Bleibtreu u.a., Art. 5 Rn. 4.
173 Vergl. BGH NJW 1976, 620 (622).

b) Boykottaufrufe

94 Vom Schutzbereich werden auch die gewerbeschädigende Kritik und Boykottaufrufe erfasst.[174] Die **Grenze** verläuft dort, wo die eigene Meinung mit Hilfe besonderer **Druckmittel** oder mit **Gewalt** durchgesetzt werden soll,[175] beispielsweise wenn mit dem Abbruch der wirtschaftlichen Beziehungen gedroht wird wie in der »Blinkfüer-Entscheidung«.[176] Anderer Ansicht zufolge wird die Ausübung von Druck zur Durchsetzung einer Meinung erst auf Schrankenebene berücksichtigt und nicht schon aus dem Schutzbereich ausgenommen.[177]

c) Kritik an Personen

95 Kritik an Personen, die deren Persönlichkeitsrecht verletzt, sind ebenfalls dem Schutzbereich der Meinungsäußerungsfreiheit zuzuordnen. Zulässig ist selbst eine **scharfe und abwertende Kritik**, die mit übersteigerter Polemik vorgetragen oder ironisch formuliert ist.[178] Wenn der Äußernde keine eigennützigen Ziele verfolgt, sondern sein Beitrag dem geistigen Meinungskampf in einer die Öffentlichkeit wesentlich berührende Frage betrifft, spricht eine **Vermutung für die Zulässigkeit der Äußerung**.[179] Harsche Kritik ist vor allem dann zulässig, wenn sich der Äußernde seinerseits gegen einen Angriff zur Wehr setzt (»Gegenschlag«).[180] Die Zulässigkeit solcher Äußerungen kann jedoch erst nach einer Abwägung im Einzelfall entschieden werden. Als unzulässiger Eingriff in das Persönlichkeitsrecht ist aber beispielsweise der Vergleich von Massentierhaltung mit dem Holocaust zu werten, da hierin eine Herabsetzung der Juden liegt.[181] Die Grenze zulässiger Kritik kann auch überschritten werden, wenn Tatsachenbehauptungen etwa mit zusätzlichen Kommentaren oder Vermutungen versehen werden, da es hierdurch zu einer verzerrten Darstellung des urspünglich Äußernden kommen kann.[182]

d) Schmähkritik

96 Die Grenze zulässiger Kritik ist dort erreicht, wo nicht mehr eine inhaltliche Auseinandersetzung, sondern lediglich die Diffamierung einer anderen Person Grund

174 *Wendt*, in: von Münch/Kunig, Art. 5 Rn. 14; *Antoni*, in: Hömig, GG, Art. 5 Rn. 6; *Bethge*, in: Sachs, Art. 5 Rn. 37; BVerfGE 62, 230 (244 ff.).
175 BVerfGE 25, 256 (264 f.) »Blinkfüer«; E 62, 230 (245); *Antoni*, in: Hömig, GG, Art. 5 Rn. 6; *Bethge*, in: Sachs, Art. 5 Rn. 37a; *Pieroth/Schlink*, Rn. 601.
176 BVerfGE 25, 256 »Blinkfüer« näher unten Rdn. 409.
177 *Hufen*, § 25 Rn. 11.
178 BGH NJW 2007, 686 (688) »Terroristentochter«.
179 A.a.O.
180 *Hoffmann-Riem*, S. 120.
181 BVerfG-K NJW 2009, 3089 ff. und EGMR 08.11.2012, PETA ./. Deutschland Nr. 43481/09, Z. 49.
182 EGMR 2.2.201, Ruczový Panter O.S. ./. Tschechien, Nr. 20 204/08, Z. 32.

der Äußerung ist.[183] Schmähkritik und Formalbeleidigungen fallen daher nicht in den Schutzbereich der Meinungsfreiheit.[184]

8. Diskurs

Über die Äußerung der Meinung hinaus ist der die **Interaktion** zwischen Äußern-   97
dem und Rezipienten, mithin die Kommunikation insgesamt geschützt.[185]

9. Negative Meinungsfreiheit

Der Schutzbereich der Meinungsfreiheit umfasst schließlich die umgekehrte Form   98
der Freiheitsausübung, seine Meinung nicht äußern zu müssen oder überhaupt keine Meinung zu haben oder zu äußern.[186] Schon gar nicht kann jemand dazu gezwungen werden, eine fremde Meinung als eigene auszugeben.[187]

Allerdings sind nicht alle Formen, in denen eine Person mit einer Meinung in Ver-   99
bindung gebracht wird, über die negative Meinungsfreiheit zu lösen. Hoheitliche Warnhinweise auf Produkten (z.B. vor den Gefahren des Rauchens auf Zigarettenschachteln) fallen **nicht** unter die **negative Meinungsfreiheit**, weil nicht der Eindruck entsteht, es handle sich um die Auffassung des Produzenten.[188] Die negative Meinungsfreiheit kann auch nicht gegenüber der Erhebung rein statistischer Daten z.B. im Rahmen einer Volkszählung ins Feld geführt werden,[189] insoweit ist das Recht auf informationelle Selbstbestimmung betroffen.[190]

10. Kein Leistungsrecht

Zum abwehrrechtlichen Aspekt der Meinungsäußerungsfreiheit tritt **kein leis-**   100
tungsrechtlicher Aspekt hinzu. So besteht kein Anspruch des Einzelnen gegen den Staat auf Gewährleistung einer Zuhörerschaft oder auf Gehör durch öffentliche Stel-

183 Vergl. *Kannengießer*, in: Schmidt-Bleibtreu u.a., Art. 5 Rn. 5.
184 BVerfGE 82, 272 (283 f.); *Wendt*, in: von Münch/Kunig, Art. 5 Rn. 14a; *Clemens*, in: Umbach/Clemens, Art. 5 Rn. 61, 159; *Kannengießer*, in: Schmidt- Bleibtreu u.a., Art. 5 Rn. 5; *Bethge*, in: Sachs, Art. 5 Rn. 33; *Hoffmann-Riem*, S. 119.
185 *Schulz*, in: Hamburger Kommentar, S. 151.
186 *Schmidt-Jortzig*, in: HdBStR VII, § 162, Rn. 31.
187 *Pieroth/Schlink*, Rn. 603.
188 BVerfGE 95, 173 (182); *Wendt*, in: von Münch/Kunig, Art. 5 Rn. 18; *Bethge*, in: Sachs, Art. 5 Rn. 38b; *Kannengießer*, in: Schmidt-Bleibtreu u.a., Art. 5 Rn. 4; *Pieroth/Schlink*, Rn. 604.
189 *Wendt*, in: von Münch/Kunig, Art. 5 Rn. 18; *Clemens*, in: Umbach/Clemens, Art. 5 Rn. 64, 66; vielmehr kann das Recht auf informationelle Selbstbestimmung, das vom BVerfG aus dem allgemeinen Persönlichkeitsrecht abgeleitet wurde, betroffen sein BVerfGE 65, 1 (41) »Volkszählung«.
190 *Stern*, Staatsrecht IV/1, S. 1399.

len.[191] Ein Leistungsanspruch besteht vor allem nicht gegen die Medien. Es gibt kein Recht auf Zugang zu den Massenmedien, um die eigene Meinung verbreiten zu können.[192] »Offene Kanäle« sind zwar verschiedentlich landesgesetzlich normiert, sie sind indessen nicht verfassungsrechtlich geboten, weshalb es keine staatliche Pflicht zur Einrichtung und Finanzierung offener Kanäle gibt.[193]

II. Informationsfreiheit

1. Die Informationsfreiheit im Gefüge der Kommunikationsgrundrechte

101   Die Informationsfreiheit des Art. 5 Abs. 1. Satz 1, 2. Halbs. GG ist das notwendige Gegenstück zur Meinungsäußerungsfreiheit und die Grundlage der nachfolgenden Medienfreiheiten. Damit sich eine Meinung bilden kann, ist die Rezeption von Informationen und anderen Auffassungen erforderlich. Insoweit ist die Informationsfreiheit keine Folge, sondern Voraussetzung der Meinungsfreiheit.[194] Diese Feststellung darf indessen nicht darüber hinwegtäuschen, dass die Informationsfreiheit nicht lediglich eine Vorstufe der Meinungsfreiheit ist, sondern ein eigenes Grundrecht, das gleichwertig neben der Meinungsfreiheit steht.[195]

102   Die Informationsfreiheit ist zunächst ein rein subjektives Recht. Die Informationsfreiheit ist das Recht, Informationen grundsätzlich ohne staatliche Beeinträchtigung rezipieren zu können. Art. 5 Abs. 1 S. 1, 2. Alt. GG wird vor allem im Hinblick auf die Konvergenz der Medien als umfassende Empfangs- oder Rezipientenfreiheit interpretiert.[196] Voraussetzung ist lediglich, dass es sich um eine »allgemein zugängliche Quelle« handelt.

2. Begriff der Informationsquelle

103   Der Begriff der Informationsquelle, der Art. 5 Abs. 1 Satz 1 zugrunde liegt, ist weit zu verstehen.[197] **Quelle von Informationen** kann jeder denkbare Träger von Gedankeninhalten sein.[198] Die Bildung einer Meinung ist nur dann möglich, wenn man

---

191 *Herzog*, in: Maunz/Dürig, Art. 5 Abs. I, II Rn. 63; *Wendt*, in: von Münch/Kunig, Art. 5 Rn. 19; *Antoni*, in: Hömig, GG, Art. 5 Rn. 7; *Bethge*, in: Sachs, Art. 5 Rn. 26a; Bay-ObLG, NJW 1969, 1127.

192 *Herzog*, in: Maunz/Dürig, Art. 5 Abs. I, II Rn. 65.

193 *Herzog*, in: Maunz/Dürig, Art. 5 Abs. I, II Rn. 65a.

194 *Herzog*, in: Maunz/Dürig, Art. 5 Abs. I, II Rn. 82; vergl. *Bethge*, in: Sachs, Art. 5 Rn. 24.

195 *Bethge*, in: Sachs, Art. 5 Rn. 51; BVerfGE 27, 71 (81 f.); *Hufen*, § 26 Rn. 4.

196 *Hoffmann-Riem*, S. 147.

197 Tautologisch mutet die Definition an, derzufolge Informationsquellen Träger von Informationen sind, die geeignet und bestimmt sind, der Allgemeinheit Informationen zu verschaffen; *Hoffmann-Riem*, S. 147.

198 *Herzog*, in: Maunz/Dürig, Art. 5 Abs. I, II Rn. 87; *Starck*, in: v. Mangoldt/Klein/Starck, Art. 5 Rn. 42; *Wendt*, in: von Münch/Kunig, Art. 5 Rn. 22; *Bethge*, in: Sachs, Art. 5 Rn. 54; *Manssen*, Rn. 355.

sich aus allen erreichbaren Quellen informieren kann.[199] Die Wahl der Informationsquelle ist einer der wichtigsten Aspekte der Informationsfreiheit.[200]

In aller erster Linie zielt die Vorschrift auf die **Massenkommunikationsmittel** Presse und Rundfunk. Informationsquellen sind darüber hinaus jedoch auch Flugblätter, Wirtschaftswerbung sowie individuelle Formen des Kommunikationsaustauschs wie Gespräche, Briefe, Telefonanrufe usw.[201] Geschützt ist auch der Zugang zu Informationsquellen, die außerhalb Deutschlands liegen.[202]

104

3. Keine inhaltlichen Kriterien

Der Inhalt der Information ist unerheblich, staatliche Stellen dürfen nicht differenzieren, ob es sich um »gute« oder »schlechte« Informationen handelt oder welche Qualität der Recherche diesen zugrunde liegt. Die Informationsfreiheit ist nicht auf politische Informationen beschränkt, sondern umfasst alle Arten von Informationen bis hin zu trivialster Unterhaltung. Bei der Informationsfreiheit wird nicht (wie von machen Autoren bei der Meinungsfreiheit) zwischen Tatsachen und Meinungen unterschieden, da beide gleichermaßen für die Information des Einzelnen von Bedeutung sind.

105

4. Allgemein zugängliche Quellen

Eine verfassungsimmanente Schranke der Informationsfreiheit ergibt sich aus dem Wortlaut der Norm. Die Unterrichtung ist nur aus »**allgemein zugänglichen Quellen**« zulässig. Allgemein zugänglich ist die Quelle, wenn sie dazu geeignet und bestimmt ist, der Allgemeinheit, also einem nicht bestimmbaren Personenkreis, Informationen zu vermitteln.[203]

106

Ob eine Quelle allgemein zugänglich ist, entscheidet sich allein an den objektiven Gegebenheiten.[204] Regelmäßig kann die Zugänglichkeit der Informationsquelle von demjenigen bestimmt werden, der sie eröffnet und unterhält.[205] Ob eine Quelle nur mit erheblichem technischem Aufwand zugänglich ist, spielt keine Rolle.[206] Werden

107

---

199 *Herzog*, in: Maunz/Dürig, Art. 5 Abs. I, II Rn. 82.
200 Vergl. *Starck*, in: v. Mangoldt/Klein/Starck I, Art. 5 Rn. 40.
201 *Manssen*, Rn. 355.
202 *Wendt*, in: von Münch/Kunig, Art. 5 Rn. 23.
203 Vergl. *Herzog*, in: Maunz/Dürig, Art. 5 Abs. I, II Rn. 90; *Wendt*, in: von Münch/Kunig, Art. 5 Rn. 23; *Clemens*, in: Umbach/Clemens, Art. 5 Rn. 52; *Starck*, in: v. Mangoldt/Klein/Starck I, Art. 5 Rn. 45; BVerfGE 27, 71 (83 f.); E 33, 52 (65); E 90, 27 (32) »Parabolantenne«.
204 *Herzog*, in: Maunz/Dürig, Art. 5 Abs. I, II Rn. 90; *Bethge*, in: Sachs, Art. 5 Rn. 55; *Starck*, in: v. Mangoldt/Klein/Starck I, Art. 5 Rn. 44.
205 *Hoffmann-Riem*, S. 151 nennt dies das Bestimmungsrecht des Kommunikators.
206 A.A. *Hoffmann-Riem*, S. 151.

Informationsquellen, die bisher verborgen waren, durch neue technische Möglichkeiten allgemein zugänglich, so sind auch diese geschützt.[207]

108 Allgemein zugängliche Quellen sind **Schadensereignisse** wie Feuersbrünste, Hochwasserkatastrophen und Verkehrsunfälle. Diese Interpretation scheitert nicht an der Notwendigkeit, Neugierige, die die Rettungsarbeiten behindern, abzuhalten. Insoweit muss auf allgemeine Gesetze, z.B. die polizeiliche Generalklausel, zurückgegriffen werden.[208] Geschützt ist nicht nur die Unterrichtung aus der Informationsquelle, sondern auch an der Informationsquelle.[209] Daran kann der gleichheitskonforme Zugang etwa zu öffentlichen Sitzungen abgeleitet werden. Weitere Beispiele für allgemein zugängliche Quellen sind Ausstellungen, Museen, Flugblätter, Leuchtschriften,[210] ausländische Rundfunksender[211] und das Internet,[212] auch bei Angeboten ausländischer Server und schließlich auch die öffentliche Meinung selbst,[213] z.B. im Rahmen von demoskopischen Befragungen.[214]

109 Um eine allgemein zugängliche Quelle kann es sich auch dann handeln, wenn zu einem gegebenen Zeitpunkt aus formalen Gründen lediglich ein **bestimmter Personenkreis** Zugang hat, sofern die Allgemeinheit nicht grundsätzlich ausgeschlossen ist. Eine solche Konstellation ergibt sich bei Bibliotheken, die den Zugang vom Vorliegen einer Bibliothekskarte abhängig machen. Dabei handelt es sich lediglich um Modalitäten des Informationszugangs.[215]

110 Von vorne herein aus dem Schutzbereich fallen Informationsquellen, die **nicht für die Allgemeinheit bestimmt** sind. Dies sind zunächst private Aufzeichnungen und nicht zur Veröffentlichung bestimmte private oder betriebliche Informationen,[216] Telefongespräche[217] und Postsendungen an bestimmte Personen.[218] Hinzu kommen

---

207 *Hufen*, § 26 Rn. 7, der das Beispiel des Satelliten nennt.

208 *Schmidt-Jortzig*, in: HdBStR VII, § 162, Rn. 38; *Starck*, in: v. Mangoldt/Klein/Starck I, Art. 5 Rn. 47.

209 *Herzog*, in: Maunz/Dürig, Art. 5 Abs. I, II Rn. 87; *Wendt*, in: von Münch/Kunig, Art. 5 Rn. 22; *Hoffmann-Riem*, S. 148.

210 *Herzog*, in: Maunz/Dürig, Art. 5 Abs. I, II Rn. 92.

211 *Wendt*, in: von Münch/Kunig, Art. 5 Rn. 24; *Clemens*, in: Umbach/Clemens, Art. 5 Rn. 52; BVerfGE 90, 27 (32).

212 *Kannengießer*, in: Schmidt-Bleibtreu u.a., Art. 5 Rn. 9; *Bethge*, in: Sachs, Art. 5 Rn. 54; *Starck*, in: v. Mangoldt/Klein/Starck I, Art. 5 Rn. 45.

213 Einschließlich der Meinungsumfrage, um an die öffentliche Meinung zu gelangen, *Herzog*, in: Maunz/Dürig, Art. 5 Abs. I, II Rn. 93.

214 Vergl. *Herzog*, in: Maunz/Dürig, Art. 5 Abs. I, II Rn. 94; *Starck*, in: v. Mangoldt/Klein/Starck I, Art. 5 Rn. 48.

215 *Pieroth/Schlink*, Rn. 628.

216 *Wendt*, in: von Münch/Kunig, Art. 5 Rn. 25; *Kannengießer*, in: Schmidt-Bleibtreu u.a., Art. 5 Rn. 9; BVerfGE 66, 116 (137) »Springer/Wallraff«; *Fechner*, Entscheidungen zum Medienrecht, Nr. 46.

217 *Ipsen*, Rn. 431.

218 *Wendt*, in: von Münch/Kunig, Art. 5 Rn. 25; BVerfGE 18, 310 (315).

E-Mails und Äußerungen in sozialen Netzwerken, die nicht an die Allgemeinheit gerichtet sind. Weiterhin zählen zu den nicht allgemein zugänglichen Quellen von Behörden verwaltete Informationen, insbes. Behördenakten.[219] Keine allgemein zugängliche Quelle ist der Polizeifunk. Auf § 176 GVG gestützte sitzungspolizeiliche Maßnahmen sind ebenfalls unproblematisch, da die Gerichtsverhandlung keine allgemein zugängliche Quelle ist.[220]

5. »Unterrichten«

Der Wortlaut »unterrichten« erfasst nicht nur das Lesen und das Sehen, sondern auch andere Formen der Informationsaufnahme wie Ertasten, Riechen oder Schmecken.[221] Neben der aktiven Informationsbeschaffung wird die schlichte **Entgegennahme von Informationen**, die Informationsaufnahme bis hin zum »Berieselnlassen« oder der Annahme einer nicht bestellten Postsendung als geschützt anzusehen sein.[222] Das Speichern von Informationen gehört ebenfalls zum Schutzbereich.[223]   111

Die Unterrichtung muss »**ungehindert**« möglich sein, das bedeutet, frei von rechtlich angeordneter oder faktisch verhängter staatlicher Abschneidung, Verhinderung oder unzumutbarer Verzögerung.[224]   112

6. Negative Informationsfreiheit

Die negative Informationsfreiheit kann als das Recht umschrieben werden, Informationen nicht rezipieren zu müssen bzw. nach eigenem Wunsch **auswählen** zu können. Inwieweit das Grundrecht auch einen Schutz dagegen schafft, Informationen, insbesondere Werbung, **nicht aufgedrängt** zu bekommen,[225] ist verfassungsrechtlich noch nicht hinreichend ausgelotet. Gibt es auch verschiedene einfachgesetzliche Regelungen zum Schutz gegen aufgedrängte Werbung, so werden solche Normen doch regelmäßig auf das allgemeine Persönlichkeitsrecht des Art. 2 Abs. 1 i.V.m. Art. 1 Abs. 1 GG gestützt.[226] Ein Schutz vor Wirtschaftswerbung im öffentlichen Raum, deren Rezeption der Einzelne ebenso wenig verhindern kann wie vor der auf einem geteilten Bildschirm, wurde vom Bundesverfassungsgericht bisher nicht erörtert und hat daher keine praktische Bedeutung erlangt. Zumindest gegen subliminale Wer-   113

---

219 *Stern*, Staatsrecht IV/1, S. 1408; *Wendt*, in: von Münch/Kunig, Art. 5 Rn. 25; *Clemens*, in: Umbach/Clemens, Art. 5 Rn. 53.

220 *Hoffmann-Riem*, S. 152; *Manssen*, Rn. 357; a.A. *Pieroth/Schlink*, Rn. 609, 629.

221 *Schmidt-Jortzig*, in: HdBStR VII, § 162 Rn. 35.

222 *Wendt*, in: von Münch/Kunig, Art. 5 Rn. 26; *Bethge*, in: Sachs, Art. 5 Rn. 53; *Herzog*, in: Maunz/Dürig, Art. 5 Rn. 95; *Hufen*, § 26 Rn. 7; BVerfGE 27, 71 (82).

223 *Starck*, in: v. Mangoldt/Klein/Starck I, Art. 5 Rn. 51.

224 *Wendt*, in: von Münch/Kunig, Art. 5 Rn. 27; *Clemens*, in: Umbach/Clemens, Art. 5 Rn. 55.

225 *Stern*, Staatsrecht IV/1, S. 1408; *Wendt*, in: von Münch/Kunig, Art. 5 Rn. 26; *Bethge*, in: Sachs, Art. 5 Rn. 57a; *Pieroth/Schlink*, Rn. 610.

226 Vergl. *Hufen*, § 26 Rn. 10.

bung und aufgedrängte Werbung, die dazu führt, dass elementare Leistungen z.B. öffentliche Transportmittel nicht mehr ohne direkte Konfrontation mit Werbung genutzt werden können, dürften gesetzgeberisches Handeln wenn nicht erfordern, so doch zumindest erlauben.[227] Dies gilt auch gegenüber Spams.[228]

7. Kein Leistungsrecht auf Informationsbereitstellung

114 Die Informationsfreiheit gibt als solche **kein Recht auf Bereitstellung von Informationen** durch den Staat.[229] Ebensowenig lässt sich ein Anspruch gegen eine Behörde auf Informationserteilung auf die Informationsfreiheit stützen,[230] schon gar nicht ein Recht auf kostenlose Unterrichtung.[231] Darüber hinaus enthält Art. 5 Abs. 1 S. 1, 2. Alt. GG kein Grundrecht auf »Zugänglichmachen«,[232] keine staatliche Stelle hat die Pflicht, Informationsquellen einzurichten oder aufrechtzuerhalten.[233] Die Informationsfreiheit ist ein reines Abwehrrecht.[234] Das Informationsfreiheitsgesetz des Bundes stellt somit keine Konkretisierung des Grundrechts der Informationsfreiheit dar.[235] Demgegenüber ist verfassungsrechtlich überprüfbar, wenn eine Informationsquelle, die bisher allgemein zugänglich war, durch Hoheitsakt für die Allgemeinheit gesperrt wird.[236]

8. Informationsinteresse der Allgemeinheit

a) Bedeutung

115 Das Informationsinteresse der Allgemeinheit ist nicht ausdrücklich in Art. 5 GG erwähnt, wird allerdings in vielen medienrechtlichen Fällen bei der Grundrechtsabwägung angeführt. Es wird dabei wie ein ausformuliertes **Grundrecht** behandelt, der Presse- oder Rundfunkfreiheit an die Seite gestellt und meist gegenüber dem allgemeinen Persönlichkeitsrecht zur Abwägung gebracht.

---

227 Vergl. *Hoffmann-Riem*, S. 154 f.

228 *Schüller*, in: Dörr/Kreile/Cole, S. 88. Sie sind einfachgesetzlich in § 7 UWG geregelt.

229 *Ipsen*, Rn. 433. Vergl. aber das »Informationsinteresse der Allgemeinheit« im nachfolgenden Abschnitt.

230 Wohl aber beinhaltet Art. 3 Abs. 1 GG ein Recht auf gleichheitskonforme Informationspolitik der Behörden gegenüber den Medien. Zum Demokratieprinzip *Herzog*, in: Maunz/Dürig, Art. 5 Abs. I, II Rn. 101.

231 *Wendt*, in: von Münch/Kunig, Art. 5 Rn. 28; *Kannengießer*, in: Schmidt-Bleibtreu u.a., Art. 5 Rn. 10; *Starck*, in: v. Mangoldt/Klein/Starck I, Art. 5 Rn. 53.

232 *Hufen*, § 26 Rn. 9.

233 *Hoffmann-Riem*, S. 157 f.

234 A.A. wohl *Herzog*, in: Maunz/Dürig, Art. 5 Abs. I, II Rn. 101; *Wendt*, in: von Münch/Kunig, Art. 5 Rn. 28; *Bethge*, in: Sachs, Art. 5 Rn. 59a.

235 Es gibt keine »Informationszugangsfreiheit«, *Stern*, Staatsrecht IV/1, S. 1418; *Ipsen*, Rn. 433, a.A. wohl *Wendt*, in: von Münch/Kunig, Art. 5 Rn. 28.

236 Vergl. *Bethge*, in: Sachs, Art. 5 Rn. 55 f.; *Herzog*, in: Maunz/Dürig, Art. 5 Abs. I, II Rn. 103; *Clemens*, in: Umbach/Clemens, Art. 5 Rn. 52.

b) Begriff des Informationsinteresses

Das Informationsinteresse der Allgemeinheit umschreibt die Befugnis der Öffent-   116
lichkeit, über alle wichtigen politischen, gesellschaftlichen und anderen Ereignisse
von zeitgeschichtlicher Bedeutung informiert zu werden.

c) Dogmatische Verankerung

Aus der Rechtsprechung des Bundesverfassungsgerichts geht nicht klar hervor, in   117
welchem der in Art. 5 GG genannten Grundrechte das Informationsinteresse der
Allgemeinheit zu verorten ist. Es wird entweder der Pressefreiheit, der Rundfunkfreiheit oder der Meinungsäußerungsfreiheit zugeordnet.[237]

Da das Informationsinteresse der Allgemeinheit nicht nur im Zusammenhang mit   118
der Presse oder ausschließlich im Zusammenhang mit dem Rundfunk Wirkung entfaltet, so stellt eine Zuordnung zu einer dieser Freiheiten von vorne herein eine unzulässige Verkürzung dieses Rechtsinstituts dar. Tatsächlich ist das Informationsinteresse der Allgemeinheit, auch wenn es die Medienfreiheit ergänzt und von den
Medien ins Feld geführt werden kann, nicht ein Recht der Medien, sondern ein
Recht, das dem **Schutz der Öffentlichkeit** dient. Damit erscheint eine Zuordnung
des Informationsinteresses der Allgemeinheit zur **Informationsfreiheit** dogmatisch
passender. Dieser hier vertretenen Interpretation zufolge beinhaltet die Informationsfreiheit das Recht des Einzelnen, sich aus allgemein zugänglichen Quellen ungehindert zu unterrichten ebenso wie das Recht der Allgemeinheit, über wichtige Vorgänge informiert zu werden. Das Informationsinteresse ist die kollektive Form der
Informationsfreiheit.[238] Selbstverständlich können sich die Vertreter der Medien
selbst auf das Informationsinteresse der Allgemeinheit berufen, das insoweit in Abwägungsvorgängen die Medienfreiheit verstärkt.

d) Inhalt

Der Inhalt des Informationsinteresses der Allgemeinheit bezieht sich auf alle Arten   119
von Informationen, unabhängig von deren Inhalt und Qualität. Besonders stark ausgestaltet ist das Informationsinteresse der Allgemeinheit hinsichtlich politischer und
geschichtlicher Ereignisse, weitere Aspekte sind allerdings nicht ausgeschlossen.

e) Eigenständigkeit des Informationsinteresses der Allgemeinheit gegenüber dem Mediengrundrecht

Kommt dem Informationsinteresse regelmäßig eine die Mediengrundrechte verstär-   120
kende Funktion zu, so kann doch in besonders gelagerten Fällen das Informationsinteresse der Allgemeinheit **unabhängig** von Presse- oder Rundfunkfreiheit zur Anwendung kommen. Dies kann bei Meinungsäußerungen im Internet der Fall sein,

---

237 BVerfGE 101, 361 ff.; E 35, 202 ff.; BVerfG NJW 1997, 2669.
238 Zu diesem Ansatz *Fechner/Popp*, AfP 2006, 213; *Fechner*, Medienrecht, 3. Kap.
     Rn. 104 ff.

die nicht pressemäßig erfolgen, beispielsweise bei der Veröffentlichung von Messergebnissen oder durch »Laienjournalisten«. Im Extremfall kann sich auch ohne Beteiligung der Medien ein Anspruch auf Veröffentlichung von Akten durch eine Behörde oder auf Informationserteilung ergeben, wenn ein erhebliches Informationsinteresse der Allgemeinheit besteht.

III. Medienfreiheit

1. Herkömmliche und künftige Interpretation

121   Der Wortlaut des Art. 5 Abs. 1 GG unterscheidet die drei Medienformen Presse, Rundfunk und Film. Das Zusammenwachsen der Medienformen, die **Konvergenz der Medien**, erschwert ein stringente Abgrenzung der unterschiedlichen Medienformen mehr und mehr, so dass insbesondre Unklarheit herrscht, wie Multimediaangebote grundrechtlich abgesichert sind. Die Unterscheidung der Medienformen ist auch künftig von Bedeutung, da die Rechtsprechung des BVerfG die im GG genannten Freiheiten **unterschiedlich interpretiert** hat. Differenzierungen bleiben zweifelsohne hinsichtlich des einfachen Gesetzesrechts erforderlich, insbes. im Hinblick auf die Zulassungspflicht für die Veranstaltung privaten Rundfunks. Verfassungsrechtlich ist eine Abgrenzung von Presse- und Rundfunkfreiheit nur insoweit erforderlich, als der öffentlichrechtliche Rundfunk durch die Rechtsprechung des BVerfG aufgrund des Postulats der »dienenden Freiheit« und dessen Funktionsauftrags Besonderheiten aufweist.

122   Angesichts der Übergangssituation des Medienrechts wird im Folgenden – soweit ersichtlich erstmals – der Versuch unternommen, auf der Grundlage der herkömmlichen und im Grundgesetz vorgesehenen Unterscheidung der Medienformen die **Gemeinsamkeiten des »Grundrechts der Medienfreiheit«** herauszuarbeiten und die Medienfreiheit als solche zu kommentieren.

2. Pressebegriff

a) Herkömmliches Begriffsverständnis

123   Die verfassungsrechtliche Abgrenzung zwischen Presse und Rundfunk erfolgte traditionell danach, ob es sich um einen **verkörperten oder unverkörperten** an die Allgemeinheit gerichteten geistigen Inhalt handelte. Insbesondere in der wissenschaftlichen Literatur versteht man daher unter Presse alle zur Verbreitung an einen unbestimmten Personenkreis geeigneten und bestimmten **Druckerzeugnisse**.[239] Unter diese Begriffsbestimmung fallen nicht nur periodische Druckwerke wie Zeitungen oder Zeitschriften, sondern auch Bücher und sonstige Druckerzeugnisse wie Werbebroschüren, Plakate und Flugblätter.[240] Diese Auffassung knüpft an die **Her-**

---

239   Z.B. *Jarass*, in: Jarass/Pieroth, Art. 5 Rn. 25.
240   *Stern*, Staatsrecht IV/1, S. 1530; *Hoffman-Riem*, S. 181 f.

stellungstechnik an.[241] Das Herstellungsverfahren kann jedoch angesichts der Konvergenz der Medien ebenso wenig wie die Verkörperung eine überzeugende Abgrenzung liefern.

Überzeugender ist demgegenüber die vom BVerfG geprägte Auffassung, die primär   124
auf die **institutionelle Eigenständigkeit der Presse** abstellt und daher die Presse schützt, damit sie ihrer Aufgabe im Kommunikationsprozess nachkommen kann und zwar von der Beschaffung von Informationen bis zur Verbreitung von Nachrichten und Meinungen.[242]

b) Vergleich mit dem Pressebegriff in den Landesmediengesetzen

Immer wieder werden für die Interpretation des verfassungsrechtlichen Pressebegriffs   125
die Begriffsbestimmungen in den Landespressegesetzen herangezogen. Sinnvoll kann dies sein, soweit dem technischen Wandel in den Landespressegesetzen Rechnung getragen wird,[243] sie mithin verfassungskonkretisierend,[244] **schutzbereichserweiternd** eingesetzt werden.

Die Landespressegesetze gehen von der herkömmlichen Vorstellung aus, derzufolge   126
die Presse durch verkörperte Produkte gekennzeichnet ist und verlangen dementsprechend, dass Druckwerke »mittels der Buchdruckerpresse oder eines sonstigen zur Massenherstellung geeigneten Vervielfältigungsverfahrens« hergestellt werden und zur Verbreitung bestimmt sind.[245] Da sich aus einer Übertragung dieses Ansatzes eine Verengung des Schutzbereichs der Pressefreiheit ergeben würde, ist sie mit dem Prinzip vom Vorrang der Verfassung nicht vereinbar. Dies vor allem im Hinblick auf Online-Zeitungen, die von einigen Autoren aus der Pressefreiheit ausgeschlossen und lediglich die darin enthaltenen Auffassungen der Meinungsfreiheit unterstellt werden. Folgte man dieser Auffassung, würden Internet-Zeitungen nicht vom institutionellen Schutz der Pressefreiheit erfasst, was einer Gesamtbetrachtung des Art. 5 Abs. 1 GG nicht gerecht wird. Im Übrigen beziehen die Landespressegesetze auch Bild- und Tonträger in ihren Anwendungsbereich mit ein. Verfassungsrechtlich sind Bildträger indessen über die speziellere Filmfreiheit geschützt.

3. Rundfunkbegriff

a) Einfachgesetzlicher Rundfunkbegriff

Was Rundfunk ist, lässt sich der Verfassung nicht direkt entnehmen. Die Heranzie-   127
hung des einfachgesetzlichen Rundfunkbegriffs des § 2 RStV für die verfassungs-

---

241 Vergl. z.B. *Manssen*, Rn. 361.

242 BVerfGE 85, 1 (12); Kritisch gegenüber beiden Auffassungen *Ipsen*, Rn. 442.

243 *Pieroth/Schlink*, Rn. 611.

244 *Stern*, Staatsrecht IV/1, S. 1528.

245 § 6 PresseG (Musterpressegesetz in der Textsammlung von Fechner/Meyer mit sämtlichen abweichenden Bestimmungen der einzelnen Bundesländer).

rechtliche Interpretation ist problematisch,[246] da beiden von vornherein ein **unterschiedlicher Bedeutungsgehalt** zukommt. Wer Rundfunk betreiben will, bedarf der Zulassung gemäß dem Rundfunkstaatsvertrag und den Landesrundfunkgesetzen. Die Zulassungspflicht macht eine klare Abgrenzung des Rundfunks gegenüber anderen medialen Betätigungsformen erforderlich. Dies gilt umso mehr, als Telemedien gemäß § 4 TMG zulassungs- und anmeldefrei sind. Der Unterschied zwischen verfassungsrechtlichem und einfachgesetzlichem Rundfunkbegriff hat noch an Tiefe gewonnen, seit **europarechtliche Begriffsvorgaben**[247] in § 2 Abs. 1 Satz 1 RStV umgesetzt worden sind. Rundfunk wird dort als ein linearer Informations- und Kommunikationsdienst umschrieben, was einer rein technischen Betrachtungsweise entspricht, die dem an inhaltlichen Vorgaben orientierten deutschen Rundfunkrecht zuvor fremd war. Die europarechtlich geprägte einfachgesetzliche Ausformung des Rundfunkbegriffs kann den verfassungsrechtlichen Rundfunkbegriff nicht in verbindlicher Weise festlegen.

b) Verfassungsrechtlicher Rundfunkbegriff

128 Der Rundfunkbegriff ist in traditionell-verfassungsrechtlicher Hinsicht dadurch bestimmt, dass er **einseitig gerichtet** ist und sich an eine **Vielzahl von Empfängern** richtet.[248] Durch seine einseitige Orientierung unterscheidet sich der Rundfunk damit von Formen der Individualkommunikation, aber auch von rundfunkähnlichen Angeboten, die mit einem Austausch von Informationen einhergehen. Der Begriff der **Darbietung** war auch bisher (im Gegensatz zum einfachen Gesetzesrecht) kein für den verfassungsrechtlichen Rundfunkbegriff relevantes Kriterium.[249] Teilweise wird zusätzlich der elektronische Verbreitungsweg über eine **räumliche Distanz** als Unterscheidungsmerkmal des Rundfunks angegeben.[250] Die Form der Verbreitung kann allerdings kein Unterscheidungsmerkmal mehr sein.[251] Eine inhaltliche Definition des Rundfunks würde bestimmte Inhalte von vornherein ausschließen und entspricht daher nicht dem Grundgesetz.[252]

129 Das Bundesverfassungsgericht hebt als Charakteristikum des Rundfunks auf die **Aktualität, Breitenwirkung und Suggestivkraft der bewegten Bilder** ab.[253] Ob diese und die damit verbundene **Meinungsbildungsrelevanz** bei nicht-linearen, nicht-darbietungsmäßigen Angeboten im Internet z.B. Nachrichten zum Abrufen mit bewegten Bildern weniger stark ausgeprägt ist bzw. demnächst sein wird als beim herkömmlichen Rundfunk, mag allerdings bezweifelt werden.

---

246 Vergl. *Bernard*, S. 32 f.
247 Richtlinie über audiovisuelle Medieninhalte vom 11.12.2007, ABl. 2007, L 332, 27.
248 Zu den einzelnen Begriffsmerkmalen *Gersdorf*, Rn. 88 ff.
249 *Castendyk/Böttcher*, MMR 2008, 13, 15.
250 *Jarass*, in: Jarass/Pieroth, Art. 5 Rn. 36.
251 *Klaes*, ZUM 2009, 135, 137.
252 *Starck*, in: v. Mangoldt/Klein/Starck I, Art. 5 Rn. 95.
253 Vergl. *Klaes*, ZUM 2009, 135, 141; *Schütz*, MMR 2009, 228, 230 f.

4. Begriff des Films

a) Filmfreiheit als Teil der Medienfreiheit

Art. 5 Abs. 1 Satz 2 GG gewährleistet neben der Presse- und der Rundfunkfreiheit 130 auch die »Freiheit der Berichterstattung« durch Film. Der Filmfreiheit kommt im Hinblick auf **Kino- und Videofilme** eigenständige Bedeutung zu. Ihre Erwähnung erscheint aus heutiger Sicht eine historische Zufälligkeit. Da Filme, die wenigstens ein Mindestmaß an künstlerischem Gestaltungswillen aufweisen, der **Kunstfreiheit** unterfallen,[254] Art. 5 Abs. 1 S. 2, 3. Alt. GG daher hauptsächlich auf berichterstattende Filme anzuwenden ist, wird die Filmfreiheit teilweise als eine heute weitgehend bedeutungslose Garantie angesehen,[255] was indessen der Bedeutung des Films als Medienform nicht gerecht wird.[256]

Jedenfalls liefert die ausdrückliche Erwähnung der Filmfreiheit eine Interpretations- 131 hilfe im Hinblick auf ein umfassendes Grundrecht zum Schutz des Medienschaffens. Indem der Verfassungsgeber die zum Zeitpunkt des Erlasses des Grundgesetzes bekannten und gebräuchlichen Äußerungsformen der Medien erwähnt, wird deutlich, dass alle unterschiedlichen Formen medialer Verbreitung verfassungsrechtlichen Schutz genießen sollen.

b) Traditionelle Begriffsbestimmungen

Ebensowenig wie die anderen in Art. 5 Abs. 1 GG aufgeführten Formen der Kom- 132 munikation ist die Filmfreiheit dort definiert. Im Sinn einer Interpretation, die für den Verfassungswandel offen ist, muss der historische Begriff des Films zur Entstehungszeit der Norm von seinem heutigen Bedeutungsgehalt geschieden werden. Ursprünglich wurde der Film als ein **chemisch-optischer Bildträger** definiert – meist verbunden mit einer Tonspur –, der in der Öffentlichkeit vorgeführt wird.[257] Angesichts der technischen Entwicklung vermag diese Umschreibung nicht mehr zu überzeugen. Ob es sich um einen chemisch-optischen oder einen anderen Bildträger handelt, ist eine technische Frage, die letztlich für den Schutzbereich nicht maßgeblich sein kann. Unabhängig vom Material bleibt die Bestimmung des Films als Bilderreihen, die **zur Projektion bestimmt** sind[258] bzw. durch eine andere Person als dem Zuschauer selbst vorgeführt werden.[259] Andere Bildträger können dieser Ansicht zufolge durch öffentliche Aufführung später unter die Filmfreiheit fallen.[260] Einfachgesetzlich mögen solche Umschreibungen hilfreich sein. Wird etwa auf den Ort des

---

254 *Bullinger*, in: HdBStR VI, § 142 Rn. 83; *Lewke*, in: Schiwy/Schütz/Dörr, S. 146.
255 *Kübler*, S. 67; *Manssen*, Rn. 383; *Jarass*, in: Jarass/Pieroth, Art. 5 Rn. 49.
256 Vergl. *Stern*, Staatsrecht IV/1, S. 1566.
257 *Manssen*, Rn. 380.
258 *Fink*, in: Spindler/Schuster, C. Rn. 52; *Pieroth/Schlink*, Rn. 625.
259 Vergl. *Ladeur*, in: Hamburger Kommentar, S. 142.
260 *Starck*, in: v. Mangoldt/Klein/Starck I, Art. 5 Rn. 168.

Abspielens abgestellt,[261] so ermöglicht dies jugendschutzrechtliche Zugangskontrollen.

133   Überzeugender als die formalen Kriterien wie Material, Projektion oder Ort des Abspielens sind **inhaltliche Vorgaben.** Dieser Auffassung zufolge ist der Filmfreiheit im Zweifel all das zuzuordnen, was der Anfertigung und Verbreitung eines Films dient, unabhängig von der Verkörperung oder Art und Ort der Wiedergabe.[262] Ein Videofilm ist daher ebenso von der Filmfreiheit umfasst wie ein Internet-Film.[263] Lediglich wenn ein Film im Rundfunk gezeigt wird, ist (nach herkömmlicher Vorstellung) darauf die Rundfunkfreiheit anzuwenden, ebenso auf Filme, die von vornherein ausschließlich für den Rundfunk produziert werden.

5. Begriff der Medien

134   Das **Grundrecht der Medienfreiheit** umfasst **alle** in Art. 5 Abs. 1 GG aufgeführten **Medienformen** und schließt mediale Tätigkeit im **Multimediabereich** mit ein. Medial in diesem Sinne sind alle an die Allgemeinheit oder zumindest an einen offenen Personenkreis gerichteten Angebote. Die Online-Zeitung ist davon ohne Weiteres erfasst, ein Blog unterfällt ihr dann, wenn er meinungsbildenden Inhalt hat und institutionellen Charakter aufweist.

6. Einzelaspekte des Schutzbereichs

a) Freiheit zur Gründung und Leitung von Medienunternehmen

135   Die Medienfreiheit garantiert das Recht eines jeden, Presse-[264] oder Rundfunkunternehmen zu gründen oder Medienunternehmen, die im Internet tätig werden. Ebenso ist die Entscheidung geschützt, Filme zu produzieren.

136   Aus der Zuordnung zur Medienfreiheit folgt nicht, dass die **Aufnahme von Medientätigkeit** zulassungsfrei sein muss. Allerdings ergibt sich die Zulassungsfreiheit der Presse[265] und journalistisch-redaktionell gestalteter Multimediaangebote[266] (im Gegensatz zum Privatrundfunk) aus einer rechtshistorischen Betrachtung, dienten doch Zulassungsbefugnisse immer wieder der direkten oder indirekten Einflussnahme des Staates auf publizistische Inhalte.

---

261 Offenbar auch für die verfassungsrechtliche Abgrenzung zum Rundfunk *Manssen*, Rn. 380.

262 *Jarass*, in: Jarass/Pieroth, Art. 5 Rn. 40. Auf den Ort des Vorführens stellt aber etwa *Hoffmann-Riem* ab, S. 182.

263 Vergl. *Stern*, Staatsrecht IV/1, S. 1568.

264 BVerfGE 97, 125 (144).

265 § 2 Muster-PresseG (abgedruckt bei Fechner/Mayer Nr. 19 mit abweichenden Bestimmungen der einzelnen Landespressegesetze).

266 § 54 RStV.

b) Tendenzschutz/Programmautonomie

Teil der Medienfreiheit ist die Befugnis, die **politische und weltanschauliche Aus-** 137
richtung seines Presseorgans, Privatsenders oder Multimediaangebots festzulegen
und zu verwirklichen. Der Tendenzschutz steht dem Medienunternehmer zu, der
das **wirtschaftliche Risiko** trägt. Er richtet sich gegen staatliche Einflussnahmen auf
die politische oder weltanschauliche Ausrichtung des Medienorgans und müsste
geprüft werden, wenn gesetzliche Vorgaben ein pluralistisches Meinungsspektrum
verlangen würden. Doch auch gegenüber nicht-staatlichen Einflüssen wirkt der Tendenzschutz, insbesondere kommt dem Betriebsrat kein Recht zur Festlegung der
Tendenz des Medienunternehmens zu.[267]

Besondere Wirkungen entfaltet der Tendenzschutz im Verhältnis des Verlegers zum 138
einzelnen Redakteur. Ein Redakteur oder Journalist kann sich nicht auf eine »innere
Pressefreiheit« oder »**innere Medienfreiheit**« berufen,[268] vielmehr hat er die Vorgaben seines Verlegers in parteipolitischer, gesellschafts-, bildungspolitischer und in
glaubensmäßiger Hinsicht zu beachten.

Im Rundfunk ist meist von **Programmautonomie** die Rede. Das ist die Freiheit der 139
Rundfunkanbieter vor staatlichem Einfluss auf den Inhalt der Sendungen und zwar
auch vor indirekten Beeinträchtigungen.[269]

Filmproduktionsfirmen können, ähnlich wie Presseunternehmer und private Rund- 140
funksender, Tendenzschutz für sich in Anspruch nehmen, d.h. die politische, gesellschaftliche und weltanschauliche Zielrichtung ihrer Filme festlegen.

c) Umfang der Medienfreiheit

Von der Medienfreiheit umfasst sind alle **Arten der Betätigung** von der Sammlung 141
von Informationen über deren Verarbeitung bis hin zu ihrer Verbreitung.[270] Der Inhalt der Medienerzeugnisse ist für den Schutzbereich unerheblich. Meinungsäußerungen wie Tatsachenmitteilungen sind gleichermaßen geschützt. Eine Inhaltskontrolle von Presseerzeugnissen durch den Staat verbietet sich von vorne herein, weshalb
die »Regenbogenpresse« wie die »seriöse Presse« geschützt ist. Die Ernsthaftigkeit der
Darstellung kann allerdings auf Schrankenebene Berücksichtigung finden.

Die weite Interpretation trifft auch für die anderen Medien zu. Der Wortlaut des 142
Art. 5 Abs. 1 GG nennt zwar nur die »Freiheit der **Berichterstattung** durch Rundfunk und Film«. Diese Beschränkung wird der Bedeutung der Medienfreiheit, wie

---

267 BVerfGE 52, 283 (296) »Tendenzbetrieb« bez. der Pressefreiheit; allerdings nicht hinsichtlich äußerer Arbeitsbedingungen wie Arbeitszeitregelungen; BVerfG AfP 2000,
82 ff.
268 Vergl. *Bullinger*, in: HdBStR VI, § 142 Rn. 62; a.A. *Groß*, Rn. 117.
269 *Gersdorf*, Rn. 134; vergl. *Hesse*, Rn. 37 ff.
270 Vergl. bez. der Presse *Groß*, Rn. 78, bez. des Rundfunks *Gersdorf*, Rn. 120.

sie sich durch die Rechtsprechung des BVerfG entwickelt hat, nicht gerecht, will man nicht gar von einem Redaktionsversehen sprechen.[271] Die Rundfunkfreiheit ist nicht auf die Nachrichtenübermittlung beschränkt, sondern kann als umfassende Programmfreiheit verstanden werden.[272] Ebenso ist jede Vermittlung von Inhalten durch das Medium Film von der Filmfreiheit gedeckt,[273] nicht nur die »Wochenschau« im Kino, auf die hin das Grundrecht einmal ausgelegt gewesen sein mag.

d) Vertraulichkeit der Redaktionsarbeit

143   Geschützt ist insbesondere das Sammeln und redaktionsmäße Bearbeiten von Informationen. Diese Betätigungen müssen von staatlichem Einfluss unabhängig ausgeübt werden können. Sie sind nicht auf die Redaktionsräume beschränkt; geschützt ist ebenso die Aktentasche des reisenden Journalisten. Hinzu kommen Durchsuchungs- und Beschlagnahmeverbote, die einfachgesetzlich ausnormiert sind, jedoch letztlich nur das verfassungsrechtlich Gewährte konkretisieren.

e) Informantenschutz

144   In engem Zusammenhang mit dem Redaktionsgeheimnis schützt Art. 5 Abs. 1 GG das **Vertrauensverhältnis der Medien zu ihren Informanten**.[274] Der Informantenschutz hat nicht zum Ziel, Informanten, die selbst einer Straftat verdächtig sind, vor dem Zugriff der Strafverfolgungsbehörden zu bewahren. Geschützt sind vielmehr die Medien, die grundsätzlich einer Überwachung ihrer Kontakte zu Informanten entzogen und insbesondere nicht verpflichtet sind, ihre Informanten zu nennen. Verfassungsrechtlich unzulässig sind zudem Durchsuchungen und Beschlagnahmen in Medienunternehmen, wenn sie ausschließlich oder vorwiegend dem Zweck dienen, die Person eines Informanten zu ermitteln.[275] Durch den Informantenschutz wird potentiellen Informanten signalisiert, dass sie sich Journalisten gegenüber offenbaren können, ohne strafrechtliche Folgen befürchten zu müssen. Damit soll letztlich die **Funktionsfähigkeit der Medien** sichergestellt werden.

f) Zeugnisverweigerungsrecht von Journalisten

145   Der Informantenschutz erfährt seine Ergänzung durch ein **verfassungsrechtlich garantiertes Zeugnisverweigerungsrecht**. Einfachgesetzlich ist ein Zeugnisverweigerungsrecht in § 53 StPO normiert, soweit es um die berufsmäßige Vorbereitung, Herstellung oder Verbreitung von periodischen Druckwerken oder Rundfunksen-

---

271   Von einer bewussten Entscheidung des Verfassungsgebers geht *Hochhuth*, S. 8 aus.

272   *Fink*, in: Spindler/Schuster, C. Rn. 41; *Ipsen*, Rn. 454.

273   *Ipsen*, Rn. 462.

274   Zur Unterscheidung von Redaktionsgeheimnis und Informantenschutz BVerfG NJW 2003, 1787 »Aufklärung schwerer Straftaten«.

275   BVerfG NJW 2007, 1117 »Cicero«.

Fechner

dungen geht.[276] § 53 Abs. 1 Nr. 5 StPO normiert ein Zeugnisverweigerungsrecht allerdings nur, soweit es sich um Beiträge, Unterlagen und Mitteilungen für den redaktionellen Teil handelt. Der Anzeigenteil einer Zeitung ist mithin nicht vom Wortlaut der Norm erfasst. In einem Fall, in dem es um den Auftraggeber einer Chiffreanzeige ging, stellte das Bundesverfassungsgericht klar, dass sich das Zeugnisverweigerungsrecht aus der Pressefreiheit direkt ergibt und auch dann bestehen kann, wenn es keine einfachgesetzliche Ausprägung gefunden hat. Daher ergänzt das verfassungsrechtliche Zeugnisverweigerungsrecht das strafprozessuale Zeugnisverweigerungsrecht nicht automatisch, sondern setzt eine Begründung über die Medienfreiheit im Einzelfall voraus.[277]

g) Verbreitung rechtswidrig erlangter Informationen

Die Verbreitung rechtswidrig erlangter Materialien kann von der Pressefreiheit gedeckt sein.[278] Dürften rechtswidrig erlangte Informationen nicht verbreitet werden, sieht das BVerfG eine Gefahr für die **Kontrollaufgabe der Presse**, zu deren Funktionen es auch gehört, auf Missstände von öffentlicher Bedeutung hinzuweisen. Allerdings ist die Veröffentlichung rechtswidrig erlangter Informationen nur dann zulässig, wenn es sich um **eine die Öffentlichkeit wesentlich berührende Frage** handelt, der gegenüber der Rechtsbruch eine eindeutig untergeordnete Bedeutung hat.[279] Die rechtswidrige Beschaffung von Informationen wird hingegen durch die Pressefreiheit nicht gerechtfertigt. Zudem kann die Veröffentlichung als solche aufgrund anderer Aspekte unzulässig sein, z.B. wenn darin eine Verletzung des Persönlichkeitsrechts oder ein Landesverrat liegen würde.

146

h) Schutz von Werbung

Schützt die Medienfreiheit in erster Linie den redaktionellen Inhalt eines Medienangebots, so bezieht sie sich doch auch auf den **Anzeigenteil** einer Zeitung oder Zeitschrift, auf die Rundfunk- und die Bannerwerbung im Internet. Zwar will eine Redaktion mit der Werbung regelmäßig keine eigene Meinung verbreiten, doch gehört die Veröffentlichung von Anzeigen zu den typischen Aufgaben der Presse[280] wie auch des Privatrundfunks und der anderen Medienanbieter und stellt für sie eine wesentliche Einnahmequelle dar, so dass die Tendenz eines Medienangebots indirekt durch das Verbot von Anzeigen gesteuert werden könnte. Mithin gilt der **Grundsatz der Unteilbarkeit der Medienfreiheit**, demzufolge der gesamte Inhalt eines Medien-

147

---

276 Eine entsprechende Vorschrift für den Zivilprozess findet sich in § 383 Abs. 1 Nr. 5 ZPO. § 53a StPO erweitert den Kreis der geschützten Personen auf Hilfstätigkeiten in den Medien, worauf sich insbesondere freie Mitarbeiter berufen können.

277 BVerfGE 64, 108 (114) »Chiffreanzeigen«, bez. der Pressefreiheit.

278 Bez. der Presse BVerfGE 66, 116 (137) »Springer/Wallraff«, siehe auch BGH vom 30.09.2014, AZ: 27 O 719/10.

279 BVerfGE 66, 116 (133) »Springer-Wallraff«; *Schulz*, in: Hamburger Kommentar, S. 145.

280 BVerfGE 21, 271 (279).

angebots von der Medienfreiheit umfasst ist.[281] Private Sender sind in gesteigertem Maße auf Werbeeinnahmen angewiesen. Der Schutzbereich der Rundfunkfreiheit bezieht sich daher auch auf Werbesendungen.

i) Negative Medienfreiheit

148   Ein Bestandteil des Schutzbereichs der Medienfreiheit ist die sog. negative Medienfreiheit. Sie ermöglicht es dem Medienunternehmer, **Unerwünschtes nicht zu veröffentlichen**. In vielen Fällen wird sich die negative Medienfreiheit als Teil des Tendenzschutzes darstellen. Indessen gibt es Fälle, in denen auch Veröffentlichungsverlangen, die mit der Tendenz des Medienunternehmens vereinbar sind, vom Verleger zurückgewiesen werden. Die negative Medienfreiheit bezieht sich sowohl auf Leserbriefe als auch auf Anzeigen politischer Parteien.[282] Die negative Pressefreiheit wurde selbst dann für anwendbar gehalten, wenn es sich um eine Zeitung handelt, die eine regionale Monopolstellung inne hat.[283]

j) Fördermaßnahmen

149   Die Medienfreiheit enthält **kein Leistungsrecht** des Einzelnen gegen den Staat. Dies gilt insbesondere für Auskunftsansprüche der Medien, die einfachgesetzlich in den Landespressegesetzen,[284] im RStV[285] und in den Informationsfreiheitsgesetzen geregelt und die nicht grundrechtlich garantiert sind.[286] Bei freiwilliger Auskunftserteilung des Staates, beispielsweise in Pressekonferenzen, garantiert die Medienfreiheit i.V.m. Art. 3 Abs. 1 GG einen **diskriminierungsfreien Zugang** aller Journalisten. Der Gleichheitssatz ist auch bei **staatlicher Förderung** von Presse- und anderen Medienunternehmen zu beachten.[287]

k) Auskunftsanspruch

150   Nach Auffassung des BVerwG gewährt die Medienfreiheit einen verfassungsunmittelbaren presserechtlichen Auskunftsanspruch, sofern ein einfach gesetzlicher Auskunftsanspruch ist jedoch als Minimalstandard ausgeprägt.[288] Das Bundesverwaltungsgericht übersieht jedoch, dass ein presserechtlicher Auskunftsanspruch bei

---

281   Bisher ist lediglich von einem Grundsatz der Unteilbarkeit der Pressefreiheit die Rede; vergl. *Löffler/Ricker* 5. Kap, Rn. 7 – Anzeigenblätter sind ebenfalls vom Schutz erfasst, *Ladeur*, in: Hamburger Kommentar, S. 110; BGHZ 157, 55.

282   Für den Rundfunk gibt es Vorgaben für Wahlwerbesendungen, § 42 Abs. 2 RStV.

283   BVerfGE 42, 53 (62); E 48, 271 (278).

284   § 4 MusterPresseG in der Textsammlung von Fechner/Meyer mit Nachweis der einzelnen landesgesetzlichen Formulierungen.

285   §§ 9a, 55 Abs. 3 RStV.

286   *Ipsen*, Rn. 447; *Pieroth/Schlink*, Rn. 616; a.A. *Ladeur*, in: Hamburger Kommentar, S. 108.

287   BVerfGE 80, 124 (131 ff.) »Postzeitungsdienst«.

288   BVerwG NVwZ 2013, 1006.

verfassungskonformer Auslegung des Informationsfreiheitsgesetzes bereits aus diesem gegeben ist und damit für einen verfassungsunmittelbaren Auskunftsanspruch aus Art. 5 Abs. 2 Satz 1 GG allenfalls in absoluten Ausnahmetatbeständen Raum.[289]

7. Besonderheiten des öffentlichrechtlichen Rundfunks

a) Ausgestaltung des Schutzbereichs durch das BVerfG

Die Medienfreiheit ist auch auf öffentlichrechtliche Rundfunkanstalten anwendbar, soweit es um die Rechte der Rundfunkjournalisten geht.[290] Was die Rundfunkanstalt selbst betrifft, gibt es umfangreiche Ausnahmen, die vom BVerfG in den »Rundfunkentscheidungen«[291] aus der Verfassung abgeleitet wurden. Ging es zunächst vor allem um die Sicherung der Eigenständigkeit des öffentlichrechtlichen Systems gegenüber staatlichen Zugriffen, so trat mit der Entwicklung der technischen Möglichkeiten ab den achtziger Jahren des zwanzigsten Jahrhunderts die Abgrenzung gegenüber den privaten Rundfunksendern zunehmend in den Vordergrund.   151

b) Rundfunkfreiheit als »dienende Freiheit«

Das BVerfG legte von Anfang an fest, dass der Rundfunk als modernes Instrument der Meinungsbildung weder dem Staat noch einer gesellschaftlichen Gruppe ausgeliefert werden darf.[292] Art. 5 Abs. 1 GG garantiert die Freiheit auch des öffentlichrechtlichen Rundfunks vor staatlicher Beherrschung und Einflussnahme.[293] Dennoch ist die Rundfunkfreiheit nicht mit einem individualrechtlichen Freiraum gleichzusetzen. Das Grundrecht der Rundfunkfreiheit wird vom BVerfG als »**dienende Freiheit**«[294] interpretiert, d.h. sie ist nicht zum Zweck der Persönlichkeitsentfaltung oder Interesseverfolgung einesIndividuums eingeräumt worden, sondern hat der **freien individuellen und öffentlichen Meinungsbildung** zu dienen.[295] Um dies zu gewährleisten, hat der Gesetzgeber eine **positive Ordnung** zu schaffen, die sicherstellt, dass die Vielfalt der Meinungen in umfassender Weise im Rundfunk zum Ausdruck kommen kann. Er hat diesbezüglich einen weiten Ausgestaltungsvorbehalt.[296]   152

c) Grundversorgungs- und Funktionsauftrag

Den öffentlichrechtlichen Rundfunkanstalten kommt der Rechtsprechung des BVerfG zufolge die Aufgabe der Grundversorgung zu, die mittlerweile vom Begriff   153

---

289 *Fechner*, Krischok, Pelz, AfP 2014.
290 Vergl. *Manssen*, Rn. 370.
291 Zusammenstellung bei *Fechner*, Entscheidungen zum Medienrecht, Nr. 52 ff.
292 BVerfGE 12, 205 (262).
293 Vergl. BVerfGE 12, 205 (263).
294 Zur Diskussion um den Begriff der »dienenden Freiheit« *Hesse*, Rn. 46 *Stern*, Staatsrecht IV/1, S. 1704.
295 BVerfGE 74, 297 (323); E 87, 181 (197).
296 Einzelheiten bei *Gersdorf*, Rn. 70 ff.

des Funktionsauftrags abgelöst worden ist. **Grundversorgung** bedeutet, dass im Prinzip dafür Sorge getragen sein muss, dass für die **Gesamtheit der Bevölkerung** Programme angeboten werden, die umfassend und in der vollen **Breite des klassischen Rundfunkauftrags** informieren, und dass **Meinungsvielfalt** in der verfassungsrechtlich gebotenen Weise gesichert ist.[297] Grundversorgung ist nicht im Sinne einer Mindestversorgung zu verstehen, sie umfasst vielmehr sämtliche Inhalte, die für die Allgemeinheit von Interesse sind, von Nachrichten über Informationssendungen bis hin zu reiner Unterhaltung. Der Begriff des **Funktionsauftrags**, der von der neueren Rechtsprechung des BVerfG verwendet wird, akzentuiert stärker die Aufgabenstellung des öffentlichrechtlichen Rundfunks in der Gesellschaft und löst ihn damit stärker von wirtschaftlichen Überlegungen. Das BVerfG hat indessen keine Verkürzung des Grundversorgungsauftrags vorgenommen. In welcher Weise die Rundfunkanstalten ihren Funktionsauftrag erfüllen, unterliegt ihrer Programmautonomie, d.h. sie haben insoweit eine **Beurteilungsprärogative**.[298]

154 Außerhalb ihres Funktionsauftrags stehen die Rundfunkanstalten grundsätzlich nicht besser als die privaten Anbieter. Soweit allerdings der Funktionsauftrag der öffentlichrechtlichen Anstalten reicht, ist der Staat verpflichtet, die Grundversorgung durch den öffentlichrechtlichen Rundfunk nicht zuletzt in finanzieller Hinsicht zu gewährleisten.

d) Bestands- und Entwicklungsgarantie

155 Die »Bestands- und Entwicklungsgarantie« des öffentlichrechtlichen Rundfunks bedeutet, dass die öffentlichrechtlichen Rundfunkanstalten nicht nur in ihrem momentanen Bestand gesichert sind, sondern dass sie ihre Angebote auch den **technischen Entwicklungen anpassen** dürfen. Solche Formen der Betätigung können vom Grundversorgungsbegriff umfasst sein, ist dieser doch der technischen Entwicklung anzupassen, wie sich aus der **Garantie der »dynamischen Grundversorgung«** ergibt.[299]

e) Finanzierungsgarantie

156 Aus der Aufgabe des öffentlichrechtlichen Rundfunks in der Demokratie, für eine pluralistische Meinungsbildung zu sorgen, ergibt sich zwingend, dass der Staat für die **Funktionsfähigkeit** des öffentlichrechtlichen Rundfunks in finanzieller Hinsicht Sorge zu tragen hat. Eine indirekte Einflussnahme des Staates über die Finanzierung der Rundfunkanstalten wird durch die Rundfunkbeiträge verhindert. 2013 wurde die frühere Rundfunkgebühr durch den Rundfunkbeitrag abgelöst. Anknüpfungspunkte für den Rundfunkbeitrag sind die Wohnung und die Betriebsstätte, während die Rundfunkgebühr noch an das Bereithalten eines Rundfunkempfangsgerätes ge-

---

297 BVerfGE 74, 297 (325).
298 Einzelheiten *Hoffmann-Riem*, S. 241.
299 BVerfGE 83, 238 (298); E 90, 60 (91).

bunden war. Der Rundfunkbeitrag stellt keine Steuer dar, sondern wird von den Radio- und Fernsehteilnehmern selbst aufgebracht.[300]

Um auch hinsichtlich der **Beitragsanpassung** einen Einfluss des Staates auszuschließen, ist zwischen der Bedarfsanmeldung der Rundfunkanstalten und der Entscheidung durch die Landesparlamente die Kommission zur Ermittlung des Finanzbedarfs (**KEF**) zwischengeschaltet, ein staatsunabhängiges Expertengremium. Die KEF darf nicht ein bloßes Hilfsinstrument der Ministerpräsidentenkonferenz sein.[301] Die Möglichkeiten der Landesparlamente, vom Gebührenvorschlag der KEF zu Lasten der Rundfunkanstalten abzuweichen, sind sehr eng begrenzt, insbesondere ist eine ausführliche Begründung hierfür erforderlich.[302]   157

Über die genannten Grundstrukturen hinaus macht die Verfassung keine Vorgaben hinsichtlich der Rundfunkfinanzierung. Zulässig wären mithin auch **andere Finanzierungsmodelle**.[303] Verfassungsrechtlich zulässig ist die gegenwärtige Praxis einer **Mischfinanzierung**, die neben dem Rundfunkbeitrag auch aus Werbeeinnahmen, Lizenzgebühren und Merchandisingeinnahmen besteht. Zwingend ist allerdings, dass der Rundfunkbeitrag die **Hauptfinanzierungsquelle** des öffentlichrechtlichen Rundfunks darstellt, damit nicht inhaltsfremde gesellschaftliche Einflüsse – durch die Werbeindustrie – einen dominierenden Einfluss auf den Inhalt des Rundfunks nehmen können.[304]   158

f) Garantie des öffentlichrechtlichen Rundfunks im dualen System

Das BVerfG hat schon früh dem Gesetzgeber die Möglichkeit eingeräumt, private Rundfunkveranstalter zuzulassen und damit eine sog. **duale Rundfunkordnung** zu schaffen, indessen hat es strenge Vorgaben für ein solches Modell aufgestellt, durch die die öffentlichrechtlichen Anstalten vor der privaten Konkurrenz geschützt werden. Insbesondere muss die Grundversorgung in einer dualen Rundfunkordnung gewährleistet bleiben und eine **Aushöhlung des öffentlichen Programmauftrags verhindert** werden. Die weiteren Vorgaben sind inhaltlicher Natur. Verlangt wird ein **Mindestmaß an inhaltlicher Ausgewogenheit und Sachlichkeit**, was einer Ausuferung privaten Rundfunks Grenzen setzt und die Forderung nach einer – wenn auch begrenzten – **Staatsaufsicht** über die Privatanbieter umschließt.[305]   159

---

300 Zur heftig umstrittenen Frage, ob der Rundfunkbeitrag faktisch eine Steuer darstellt, *Anna Terschüren*, Die Reform der Rundfunkfinanzierung in Deutschland, 2013.

301 BVerfGE 90, 60 »Rundfunkgebühren I«.

302 BVerfG NJW 2008, 838 ff. »Rundfunkgebühren II«.

303 Etwa indexgestützte Berechnungsmethoden BVerfG NJW 2008, 838 ff. »Rundfunkgebühren II«.

304 BVerfGE 87, 181 (199) »Hessen 3«.

305 BVerfGE 57, 295 (325 f.) »FRAG«.

g) Zukunft des Schutzbereichs für den öffentlichrechtlichen Rundfunk

160   Die rasche technische Entwicklung und das veränderte Rezeptionsverhalten könnten eine **Neuinterpretation des Rundfunkbegriffs** erforderlich machen. In Betracht kommen im Wesentlichen zwei Alternativen. Entweder der Funktionsauftrag des öffentlichrechtlichen Rundfunks wird angesichts der geänderten Rundfunklandschaft relativiert, insbes. beschnitten. Im Ergebnis käme dem gleich, wenn der öffentlichrechtliche Rundfunk auf seinen gegenwärtigen Aufgabenbereich beschränkt bliebe, während sich das Rezeptionsverhalten ändert. Diese Situation erschiene im Hinblick auf eine zuverlässige Versorgung der Bevölkerung insbes. mit qualitativ hochwertigen, d.h. sorgfältig recherchierten Informationen nicht sachgerecht. Will man die zutreffenden Gründe des BVerfG für einen öffentlichrechtlichen Rundfunk in die Zukunft retten, bleibt nichts, als den Funktionsauftrag der Anstalten vom Rundfunkbegriff zu lösen und in den Multimediabereich hinein zu öffnen. Allerdings müsste die Funktion eines öffentlichrechtlichen Informationsangebots dann neu bestimmt werden, insbes. im Hinblick auf eine Abgrenzung gegenüber anderen Medienanbietern, die nicht von einem »Medienbeitrag« profitieren können. Ob das BVerfG diesen – konsequenten – Weg einschlagen und ihn dem Gesetzgeber öffnen wird, bleibt abzuwarten.

8. Besonderheiten Film

a) Filmherstellung

161   Vom Schutzbereich der Filmfreiheit als Unterform der Medienfreiheit ist der gesamte Bereich der **Filmproduktion** von staatlichem Einfluss freizuhalten. Dies betrifft vorbereitende Tätigkeiten wie der Rechteerwerb, das Schreiben des Drehbuchs, das Anwerben von Schauspielern, das Anmieten von Sets usw. Die Medienfreiheit ist bei der Abwägung mit anderen Rechten zu berücksichtigen, beispielsweise bei der Erteilung einer Sondernutzungserlaubnis bei Filmaufnahmen auf öffentlicher Straße.

162   Kurzfilme und experimentelle Formen des Films sind ebenso geschützt wie der klassische Kinofilm. Wie in den anderen Bereichen der Medien auch sind Inhalt und Qualität des Films für die Eröffnung des grundrechtlichen Schutzbereichs ohne Belang. Staatlicher Kunst- und Kulturdirigismus sollen hierdurch von vorne herein ausgeschlossen werden.

b) Filmförderung

163   Ein aus dem Grundrecht der Filmfreiheit ableitbarer Anspruch auf Filmförderung besteht nicht.[306] Fördert der Staat den Film dennoch, macht er von seiner Kulturstaatlichkeit Gebrauch.[307] Eine **inhaltliche Einflussnahme** ist dem Staat auch bei der Filmförderung **versagt**. Aus diesem Grund hat das Filmförderungsgesetz des

---

306 *Ipsen*, Rn. 465.
307 *Stern*, Staatsrecht IV/1, S. 1572.

Bundes (FFG) eine Filmförderungsanstalt vorgesehen, die als bundesunmittelbare rechtsfähige Anstalt des öffentlichen Rechts organisiert ist (§ 1 FFG) und eine Vergabekommission, die aus Mitgliedern besteht, die auf dem Gebiet des Filmwesens sachkundig sind. Diese sind an Aufträge und Weisungen nicht gebunden und dürfen nicht parteiisch entscheiden (§ 7 f. FFG).

c) Filmverbreitung

Alle nach der Produktion erforderlichen Schritte zur Verbreitung des Filmwerks sind 164
ebenfalls durch die Filmfreiheit geschützt. Der Schutz bezieht sich auf die **Werbung
für den Film**,[308] die Herstellung von Kopien, die Vergabe von Lizenzen, die Distribution von Filmen an die Lichtspieltheater und schließlich die **Vorführung** des Films
selbst. Von der Filmfreiheit ist schließlich neben dem Filmexport auch der **Filmimport** umfasst, da sich die Filmfreiheit nicht nur auf die Produktion von Filmen
bezieht, sondern zudem die Freiheit beinhaltet, Filme ohne staatliche Einmischung
zu zeigen.

9. Besonderheiten Multimediaangebote

Multimediale Betätigungen sind vom Wortlaut des Art. 5 Abs. 1 Satz 2 GG nicht er- 165
fasst. Dass heißt nicht, das die »Neuen Medien« grundrechtlich ungeschützt wären.
Der Verfassungsgeber konnte den Multimediabereich zur Zeit der Entstehung des
Grundgesetzes noch nicht berücksichtigen. Einen politischen Anlass zur Erweiterung
des Wortlauts gab es bisher nicht. Die Interpretation des Art. 5 Abs. 1 Satz 2 GG als
eines einheitlichen Grundrechts der Medienfreiheit spricht dafür, den **Multimediabereich uneingeschränkt in den Schutzbereich der Medienfreiheit einzubeziehen.**
Geschützt werden sollen sämtliche Formen medialer Betätigung.[309] Der technische
Weg der Verbreitung kann insoweit keine schutzbereichsverkürzende Rolle spielen.
Dieses Ergebnis wird gestützt durch einen Blick auf die **Landesverfassungen** einiger
neuer Bundesländer.[310] Diese können selbstverständlich keine verbindliche Interpretation des Grundgesetzes liefern, zeigen jedoch, dass die Einbeziehung des Multimediabereichs in das Terzett der traditionellen Medien keinen Bruch darstellt. Vielmehr garantieren diese Landesverfassungen nur das ausdrücklich, was nach Sinn und
Zweck des Grundgesetzes ohnehin durch das Grundrecht der »Medienfreiheit« geschützt ist.

Abzugrenzen ist die Medienfreiheit von der **Meinungsfreiheit.** Der Schutzbereich 166
der Medienfreiheit setzt ein an die Allgemeinheit gerichtetes Angebot voraus, das
meinungsbeeinflussend wirken kann und das durch eine gewisse organisatorische
Struktur gekennzeichnet ist. Für eine spontane Äußerung in einem Forum ist daher

---

308 *Ipsen*, Rn. 465.
309 Vergl. *Schüller*, in: Dörr/Kreile/Cole, S. 99; *Starck*, in: v. Mangoldt/Klein/Starck I, Art. 5
Rn. 163.
310 *Fechner* in: Linck u.a. (Hrsg.): Die Verfassung des Freistaats Thüringen, Art. 11
Rn. 23 ff.

die Meinungsfreiheit einschlägig, für die **Online-Zeitung** die Medienfreiheit.[311] Vielfach wird Online-Zeitungen lediglich die Meinungsfreiheit zuerkannt, da es sich nicht um verkörperte Medienformen handele.[312] Diese Auffassung ist leicht zu widerlegen. Wäre nur die Meinungsfreiheit einschlägig, so würden die institutionellen Schutzaspekte für die Online-Zeitungen wie Redaktionsgeheimnis, Informantenschutz, verfassungsrechtliches Zeugnisverweigerungsrecht etc. ohne sachlichen Grund entfallen.

IV. Kunstfreiheit

1. Kunstbegriff

a) Definitionsgebot oder Definitionsverbot?

167   Der Begriff der Kunst wird vom Grundgesetz ebenso wenig definiert wie die anderen von der Norm geschützten Betätigungsformen. Bei der Kunstfreiheit ist die Begriffsumschreibung allerdings mit besonderen Schwierigkeiten verbunden. Einerseits ist eine Bestimmung des Schutzbereichs der Kunstfreiheit – wie bei anderen Grundrechten auch – unumgänglich.[313] Auf der anderen Seite ist eine Definition von Kunst nicht nur schwer oder unmöglich,[314] sondern dem Staat letztlich untersagt. Eine staatliche Begriffsabgrenzung wäre immer in Gefahr, »**Nicht-Kunst**« aus dem Schutzbereich der Kunstfreiheit auszuschließen. Die Erfahrungen aus der Zeit des Nationalsozialismus, der sich dünkte, aufgrund inhaltlicher Kriterien »entartete Kunst« aus dem Kunstbegriff ausgrenzen zu können, veranlassen dazu, in einem Rechtsstaat äußerste **Sorgfalt** bei der Umschreibung des Kunstbegriffs walten zu lassen.

b) Kunstbegriffe des Bundesverfassungsgerichts

168   Im Bewusstsein dieser Verantwortung hat das Bundesverfassungsgericht den verfassungsrechtlichen Kunstbegriff unter Berücksichtigung der der Kunst allein eigenen Strukturmerkmale bestimmt und dabei im Laufe seiner Rechtsprechung weiter geöffnet. In der grundlegenden »Mephisto- Entscheidung«[315] hat das BVerfG ganz auf den Schaffensprozess der Kunst abgestellt und sich einer Beurteilung des Ergebnisses dieses Prozesses enthalten. Als das Wesentliche der künstlerischen Betätigung hat es die »**freie schöpferische Gestaltung**« angesehen, »in der **Eindrücke, Erfahrungen,**

---

311   *Fink*, in: Spindler/Schuster, C. Rn. 38 will das Internet grundsätzlich aus dem Rundfunkbegriff ausklammern, ordnet Rn. 31 f. die massenhafte Verbreitung von Meinungen der Pressefreiheit als »Auffanggrundrecht« zu.

312   Gegen eine Einbeziehung der elektronischen Presse in die Pressefreiheit *Castendyk/Böttcher*, MMR 2008, 13, 15.

313   *Ipsen* sieht Rn. 502 ein »Definitionsgebot«, ebenso *Starck*, in: v. Mangoldt/Klein/Starck I, Art. 5 Rn. 298.

314   *Pieroth/Schlink*, Rn. 659.

315   BVerfGE 30, 173 »Mephisto«, s.u. Teil J Rdn. 435 ff.

Erlebnisse des Künstlers durch das Medium einer bestimmten Formensprache zu unmittelbarer Anschauung gebracht werden«.[316]

Dieser Definition zufolge sind drei Merkmale für die künstlerische Betätigung charakteristisch: Bezüglich des Entstehungsprozesses wird auf die Eigenständigkeit künstlerischen Wirkens abgestellt, das ganz wesentlich von der Persönlichkeit des Künstlers geprägt ist. Von Maschinen generierte Bilder oder Musik sind daher nicht als solche Kunst. Ebenso wenig sind reine Nachahmungen Kunst, selbst wenn sie im Ergebnis einen künstlerischen Eindruck erwecken mögen. Hier zeigt sich wiederum, dass nicht das Kunstwerk selbst, sondern der schöpferische Gestaltungsvorgang geschützt ist. Das Bundesverfassungsgericht geht noch einen Schritt weiter, wenn es verlangt, dass es Eindrücke, Erfahrungen und Erlebnisse des Künstlers sind, die zur Anschauung gebracht werden müssen. Dies setzt voraus, dass nicht mechanisch gearbeitet z.B. ein Motiv immer wieder in derselben Weise wiedergegeben wird, wenn damit keine inhaltliche Auseinandersetzung verbunden ist. Dieser Teil der Kunstdefinition des BVerfG wird auch als **materialer Kunstbegriff** bezeichnet. 169

Erforderlich ist zweitens, dass diese Ausdrucksformen zu einer »unmittelbaren Anschauung« gebracht werden. Der rein interne Vorgang künstlerischen Empfindens oder der künstlerischen Fantasie ist mithin nicht ausreichend, solange keine wahrnehmbare Umsetzung stattgefunden hat. Es gilt mithin wie im Urheberrecht: Die Idee als solche ist nicht geschützt. 170

Drittes Kriterium der »Mephisto-Entscheidung« ist das »Medium einer bestimmten Formensprache«. Zumindest nachfolgende Entscheidungen zeigen, dass mit diesem »**formalen Kunstbegriff**« nicht bestimmte Werktypen gemeint sind, sondern allenfalls ein gewisses methodisches Handwerkszeug, an das allerdings keine hohen Anforderungen gestellt werden dürfen. 171

War die »Mephisto-Entscheidung« noch stark durch materiale und formale Merkmale bestimmt, erweitert das BVerfG mit der Entscheidung »Anachronistischer Zug« die Begriffsbestimmung im Sinne eines »**offenen Kunstbegriffs**«, der nicht an eine der »klassischen Formen künstlerischer Äußerungen« gebunden ist, sondern dem die unterschiedlichsten Darstellungsformen unterfallen.[317] Kennzeichen einer künstlerischen Äußerung kann es auch sein, dass es wegen der Mannigfaltigkeit ihres Aussagegehalts möglich ist, der Darstellung im Wege einer fortgesetzten Interpretation immer weiterreichende Bedeutungen zu entnehmen. 172

c) Weite des Kunstbegriffs

Charakteristikum des Kunstbegriffs ist nicht das Vorliegen einer bestimmten Kunstgattung, sondern die Interpretationsoffenheit der Kunst. Auszugehen ist daher von einem weiten Kunstbegriff.[318] Selbst ungewöhnliche Ausdrucksformen wie ein Hap- 173

---

316 BVerfGE 30, 173 (188 f.) »Mephisto«.
317 BVerfGE 67, 213 (227) »Anachronistischer Zug«; s.u. Teil J Rdn. 439 f.
318 BVerfGE 67, 213 (225 ff.).

pening oder ein Duftereignis können Kunst sein.[319] Ebensowenig wie bei den Kommunikationsfreiheiten darf nach der Qualität oder gar dem »Wahrheitsgehalt« einer künstlerischen Aussage gefragt werden. Subjektives Kunstempfinden darf bei der Prüfung des Schutzbereichs keine Rolle spielen. Pornografische Romane[320] sind ebenso wie Karikaturen, die Symbole des Staates verächtlich machen[321] vom Schutzbereich der Kunstfreiheitsgarantie umfasst.

174 Dieser weite Kunstbegriff verlagert die Probleme aus dem Schutzbereich auf die **Schrankenebene,** kann doch auch die Kunstfreiheit nicht schrankenlos gewährleistet sein. Indessen soll der weite Schutzbereich der Gefahr begegnen, missliebige Kunstäußerungen aus dem Schutz der Kunstfreiheitsgarantie zu drängen und damit die Notwendigkeit einer verfassungsrechtlichen Rechtfertigung im konkreten Fall entfallen zu lassen.

2. Werkbereich und Wirkbereich

175 Der Schutzbereich der Kunstfreiheit erfasst nicht nur den Werkbereich künstlerischen Schaffens, d.h. die **künstlerische Betätigung** als solche, sondern darüber hinaus auch die **Darbietung und Verbreitung des Kunstwerks.** Der »Wirkbereich«, in dem der Öffentlichkeit Zugang zu dem Kunstwerk verschafft wird, ist notwendige Ergänzung des Werkbereichs. Kunst ist auf Wirkung hin angelegt, im Regelfall auf Wirkung auf die Zeitgenossen. Der Wirkbereich kann jedenfalls vom Künstler selbst geltend gemacht werden.[322]

3. Kein Schutz von Kunstwerken und Denkmälern

176 Die Kunstfreiheit ist das Grundrecht, das in umfassender Weise das kreative Schaffen des Menschen schützt und die Verbreitung der so gewonnen Ergebnisse ermöglicht. Im Vordergrund des Schutzes steht der **künstlerisch tätige Mensch,** nicht das Kunstwerk. Der Denkmalschutz und der Kulturgüterschutz sind nicht Schutzgegenstand der Kunstfreiheit. Durch sie bedingte Grundrechtseingriffe lassen sich daher lediglich über das Kulturstaatsprinzip rechtfertigen. Würden auch Goethes Werke der Kunstfreiheit unterstellt,[323] so hieße dies, die Funktion der Grundrechte zu verkennen. Wenn das verfassungsrechtliche allgemeine Persönlichkeitsrecht mit dem Tod des Rechtsträgers erlischt und selbst das Schutzbedürfnis der Menschenwürde in dem Maße schwindet, in dem die Erinnerung an den Verstorbenen verblasst,[324] kann die Kunstfreiheit kaum in die Ewigkeit wirken. § 64 UrhG, demzufolge Werke

---

319 *Pieroth/Schlink,* Rn. 662.
320 BVerfGE 83, 130 (138 ff.) »Muzenbacher«.
321 BVerfGE 81, 278 ff. Urinieren auf die Bundesflagge.
322 Zur Ausdehnung auf Kunstmittler s. unten Teil D, Rdn. 215 ff.
323 *Starck,* in: v. Mangoldt/Klein/Starck I, Art. 5 Rn. 290.
324 BVerfGE 30, 173 (196) »Mephisto« Einzelheiten unten Rdn. 435 ff. (in dieser Entscheidung ging es nicht um die Kunstfreiheit von Klaus Mann, der zum Zeitpunkt der Entscheidung schon 20 Jahre tot war!).

70 Jahre nach dem Tod des Urhebers gemeinfrei werden, wäre andernfalls verfassungswidrig. Art. 5 Abs. 3 GG ist keine Schutznorm gegen die Verwendung von klassischen Musikstücken als Werbemelodie und keine Garantie für »werkgetreue« Theateraufführungen.[325] Die Kunstfreiheit ist das **Grundrecht der lebenden Künstler.**

4. Kunstförderung

Der Schutzbereich der Kunstfreiheit wirkt auch im Bereich der staatlichen Kunstförderung. Inhaltlichen Einfluss könnte der Staat durch die Förderung ihm politisch genehmer Kunst ausüben, wodurch nicht geförderte Kunst benachteiligt würde. Daher obliegt dem Staat auch bezüglich der Kunst eine politische **Neutralitätspflicht.** Eine Mittelvergabe »nach dem Gießkannenprinzip« ist indessen nicht sachgerecht, beispielsweise bei der Stipendienvergabe an Künstler. Um eine Preisvergabe unabhängig vom politischen Wohlverhalten des Preisträgers zu machen, werden in der Praxis sachverständige, indessen staatsunabhängige Jurys eingesetzt. Eine formale Kontrolle muss dem Staat allerdings verbleiben, soweit es sich um die Verwendung von Steuergeldern handelt. 177

V. Wissenschaftsfreiheit

1. Forschung und Lehre als Teil des Wissenschaftsbegriffs

Der Schutzbereich der Wissenschaftsfreiheit bildet eine Einheit, auch wenn der Wortlaut der Norm »Wissenschaft, Forschung und Lehre« als separate Begriffe nennt. »Wissenschaft« bildet den Oberbegriff zu »Forschung« und »Lehre« und verbindet beide miteinander. Die **Einheit von Forschung und Lehre** im Sinne Wilhelm von Humboldts ist das Wesensmerkmal der wissenschaftlichen Hochschule.[326] Die getrennte Auflistung von Forschung und Lehre betont die Bedeutung der beiden Formen wissenschaftlicher Betätigung: die Suche nach wissenschaftlicher Erkenntnis auf der einen Seite und deren Weitergabe auf der anderen Seite. Das Forschungsgespräch, die Debatte über neue wissenschaftliche Thesen, macht die Überlappung beider Bereich deutlich, sollen doch neue Erkenntnisse in die Lehre einfließen und umgekehrt aus der Diskussion mit den Lernenden Impulse für die Forschung resultieren. Selbstverständlich gibt es Forschung, die nicht unmittelbar in eine lehrende Tätigkeit umgesetzt wird und dennoch verfassungsrechtlichen Schutz genießt. Demgegenüber fällt die Lehre, die nicht forschungsgestützt ist, regelmäßig nicht unter den Schutzbereich der Wissenschaftsfreiheit, was insbesondere für den Schulunterricht gilt. 178

Rein politisches Handeln ist auch dann keine Wissenschaft, wenn eine wissenschaftliche Motivation behauptet wird, da sich die Wissenschaft in der Findung und Verkündung der als wahr erkannten Tatsachen erschöpft.[327] Der Wissenschaftsbegriff 179

---

325 Insoweit ist vor allem die Kunstfreiheit des Regisseurs zu beachten.
326 *Oppermann*, in: HdBStR VI, § 145 Rn. 37.
327 BVerfGE 5, 85 (146) »KPD-Verbot«; E 90, 1 (12 f.).

ist **politisch neutral**, hinsichtlich der Ideen **pluralistisch, offen** für die Korrektur ständig möglicher Irrtümer und **autonom**, d.h. frei von geistigen oder materiellen Bindungen.[328]

2. Forschungsbegriff

180   **Forschung** ist dem BVerfG zufolge »**alles was nach Inhalt und Form als ernsthafter Versuch zu Ermittlung der Wahrheit** anzusehen ist«, »die Tätigkeit mit dem Ziel, in systematischer, methodischer und nachprüfbarer Weise neue Erkenntnisse zu gewinnen«.[329] Aus dem Merkmal der **Ernsthaftigkeit** wird ein gewisser **Kenntnisstand** abgeleitet, der in der Regel auf einem wissenschaftlichen Studium beruht.[330] Das Merkmal der »**Planmäßigkeit**« erfordert ein methodisch geordnetes Denken.[331] Schließlich schützt die Wissenschaftsfreiheit gerade nicht Erkenntnisse als solche, sondern – ähnlich wie die Kunstfreiheit – einen Vorgang, eine Tätigkeit; den Versuch, die Wahrheit zu ermitteln. Dieser Versuch ist nur dann glaubhaft, wenn er **ergebnisoffen**, nicht mit einer vorgefassten Meinung unternommen wird, d.h. wenn die gefundenen Ergebnisse ständig wieder kritisch infrage gestellt werden.[332]

181   Die Suche nach Argumenten zur Untermauerung politischer Ideologien oder religiöser Glaubensvorstellungen kann somit nicht der Forschungsfreiheit unterfallen. Zu beachten sind weiterhin die Gesetze der Logik und im naturwissenschaftlichen Bereich die Wiederholbarkeit von Versuchen.

3. Gegenstände der Forschung

182   Geschützt sind **alle Forschungsaktivitäten**, einschließlich der vorbereitenden und unterstützenden Tätigkeiten.[333] Hinsichtlich der Gegenstände von Forschung gibt es keine Beschränkungen. Für die Schutzbereichszuweisung darf nicht danach gefragt werden, ob es sich um »sinnvolle« oder »sinnlose« Forschung handelt.[334] Sowohl die Grundlagenforschung als auch die angewandte, Zweck- oder Auftragsforschung sind erfasst.[335] Allerdings ist bei Auftragsforschung gegen Bezahlung die Unabhängigkeit des Wissenschaftlers gefährdet.[336]

183   Die Wissenschaftsfreiheit bezieht sich auch auf die einzelne **Ressourcenentscheidung**, z.B. die Auswahl der Mitarbeiter und der verwendeten Bücher und Geräte. Besteht kein Anspruch auf eine bestimmte Ausstattung, so ergibt sich doch aus der

---

328   Vergl. *Oppermann*, in: HdBStR VI, § 145 Rn. 10.
329   BVerfGE 35, 79 (112) »Hochschul-Urteil«; E 47, 327 (367).
330   BVerfGE 35, 79 (109 ff.).
331   *Pieroth/Schlink*, Rn. 670.
332   *Pieroth/Schlink*, Rn. 670.
333   *Kannengießer*, in: Schmidt-Bleibtreu u.a., Art. 5 Rn. 30.
334   Eine Beschränkung des Schutzbereichs auf »erlaubtes Verhalten« (so offenbar *Pieroth/ Schlink*, Rn. 676) entspricht der Schrankensystematik des Art. 5 Abs. 3 GG nicht.
335   *Oppermann*, in: HdBStR VI, § 145 Rn. 41; *Thieme*, S. 91; *Hufen*, § 34 Rn. 13.
336   *Hufen*, § 34 Rn. 13.

Verpflichtung des Hochschullehrers zu forschen wenigstens der Anspruch auf eine **elementare Grundausstattung**[337] und darüber hinaus auf **willkürfreie** Berücksichtigung bei der **Verteilung der vorhandenen Mittel**.[338]

Der einzelne Wissenschaftler ist hinsichtlich seiner Forschung nicht auf das Fach be-   184
schränkt, das sich aus seiner Berufungsvereinbarung oder der Bezeichnung seiner Professur ergibt und er darf auch hierfür ihm von der Hochschule zur Verfügung gestellte Ressourcen nutzen.[339] Ein Hochschullehrer darf auch außerhalb des Dienstes (privat) forschen und darf hierin nicht durch Nebentätigkeitsvorschriften eingeengt werden.[340]

Eine Pflicht von Hochschullehrern zur **Veröffentlichung** von Forschungsergebnissen   185
wäre mit der Wissenschaftsfreiheit nicht vereinbar,[341] beispielsweise wenn er den missbräuchlichen Einsatz seiner Entdeckungen befürchtet. Entscheidet sich der Wissenschaftler für die Publikation, so ist diese, wenn es sich um ein urheberrechtlich geschütztes Werk handelt,[342] sein geistiges Eigentum, das unter dem Schutz des Art. 14 Abs. 1 GG steht, weshalb er einen Vertrag zur Veröffentlichung mit einem Verlag schließen darf.[343] Die Veröffentlichung von Forschungsergebnissen ist eine dienstliche Tätigkeit (wenn auch keine Dienstpflicht), die daher nicht dem Nebentätigkeitsrecht unterliegt.[344]

Organisatorische Maßnahmen im Rahmen der Forschung wie Schwerpunktbildun-   186
gen sind an einer Hochschule verfassungsrechtlich unbedenklich, soweit nicht der einzelne Wissenschaftler zwangsweise einem Schwerpunkt zugeordnet und dadurch von jeder Ressource ausgeschlossen wird.[345]

4. Lehrfreiheit

Art. 5 Abs. 3 schützt die wissenschaftliche Lehre, das ist die wissenschaftlich fundier-   187
te **Vermittlung von Erkenntnissen, der aus eigener Forschung gewonnenen Ergebnisse**.[346] Der Hochschullehrer hat das Recht, Stoffauswahl, Didaktik und Ablauf der Lehrveranstaltung zu bestimmen.[347] Nicht geschützt sind lediglich politische Äußerungen von Hochschullehrern in Vorlesungen.[348] Als **Lehrveranstaltung** sind sämtliche Formen der Lehre geschützt, etwa Seminare und Kolloquien. Begleitmaterialien

---

337 *Thieme*, S. 94 spricht von »bescheidener Grundausstattung«.
338 *Oppermann*, in: HdBStR VI, § 145 Rn. 22.
339 *Thieme*, S. 91.
340 *Thieme*, S. 81.
341 *Thieme*, S. 92; *Hufen*, § 34 Rn. 9.
342 Was nicht immer der Fall ist, siehe BGH GRUR 1981, 352 ff. »Staatsexamen«.
343 *Thieme*, S. 92.
344 *Lux-Wesener/Kamp* in: Hartmer/Detmer, IIX Rn. 64 f.; *Thieme* S. 92.
345 *Thieme*, S. 94.
346 BVerfGE 35, 79 (112); *Wendt*, in: von Münch/Kunig, Art. 5 Rn. 102.
347 BVerfGE 55, 37 (68); *Thieme*, S. 85.
348 *Thieme*, S. 86.

sind ebenso grundrechtsrelevant wie das Vorlesungsmanuskript.[349] Lehrbücher und Lernsoftware sind vom Schutzbereich umfasst, darüber hinaus wird teilweise auch die Publikation von Forschungsergebnissen der Lehrfreiheit zugerechnet.[350]

188   Zur Lehre gehört auch die wissenschaftliche **Prüfung** und zwar sowohl hinsichtlich des Austauschs wissenschaftlicher Ansichten im Prüfungsgespräch als auch die nachfolgende Beurteilung.[351] Unzulässig wäre es daher, wenn staatlicherseits Durchfallquoten festgelegt würden, beispielsweise um die Bewerberzahl für bestimmte Berufe zu reglementieren.

189   Zulässig ist die **Organisation des Lehrbetriebs** durch die zuständigen Hochschulorgane, insbes. die Festlegung von Studien- und Prüfungsordnungen, die von den Hochschullehrern zu beachten sind. Zudem ist die Planung und Durchführung der Lehre hinsichtlich Ort und Zeit und die Aufteilung des Lehrstoffes auf unterschiedliche Veranstaltungen und Dozenten grundsätzlich zulässig, wobei willkürliche Schlechterstellungen mit dem Verfassungsrecht unvereinbar wären. Selbst die Festlegung von Mindestlehrdeputaten ist verfassungskonform, soweit ausreichend Zeit für die eigene Forschung verbleibt.[352] Die Lehrfreiheit enthält ein gewisses Maß an leistungsrechtlichen Aspekten, soweit es um die sachgemäße Durchführung von Lehre durch Hochschulangehörige geht. So ist ein Hörsaal mit den gängigen technischen Hilfsmitteln zur Verfügung zu stellen. Zu beachten sind jedoch Üblichkeit und Machbarkeit an der jeweiligen Einrichtung.[353]

190   Dennoch garantiert Art. 5 Abs. 3 Satz 1 GG Wissenschaftlern und Lehrenden die Mitwirkung im wissenschaftsorganisatorischen Gesamtgefüge. Die Mitwirkungsgarantie erstreckt sich auf alle wissenschaftsrelevanten Entscheidungen, zu welchen auch Entscheidungen über die Organisationsstruktur oder den Haushalt gehören.[354]

D. Grundrechtsberechtigte und -verpflichtete

I. Grundrechtsberechtigte

1. Meinungs- und Informationsfreiheit

a) Jedermann-Grundrechte

191   Auf die Grundrechte der Meinungs- wie der Informationsfreiheit[355] kann sich »jeder« berufen, d.h. nicht nur Deutsche und EU-Staatsbürger, sondern auch **Ausländer** allgemein. Unerheblich ist nicht nur die Staatsangehörigkeit, sondern auch der

---

349 *Thieme*, S. 85.
350 *Wendt*, in: von Münch/Kunig, Art. 5 Rn. 102.
351 *Thieme*, S. 85.
352 *Thieme*, S. 89; *Oppermann* HdBStR IV, § 145 S. 831.
353 *Thieme*, S. 87.
354 BVerfG NJW 2014, 2856.
355 Keine Unterschiede hinsichtlich des Kreises der Grundrechtsberechtigten sieht *Hoffmann-Riem*, S. 155.

Aufenthaltsort dieser Personen, weshalb auch Äußerungen, die im Ausland formuliert wurden und die im Inland rezipiert werden können, z.B. im Internet, dem Schutz unterliegen.

b) Minderjährige

Die Meinungsäußerungsfreiheit ist nicht an die Volljährigkeit gebunden. Maßgeblich sind keine äußeren Merkmale, wie ein bestimmtes Alter. Argumentiert wird teilweise, auf eine **Grundrechtsmündigkeit** komme es überhaupt nicht an, da diese keine Verankerung in der Verfassung finde.[356] Dieser Auffassung zufolge sind Kinder jeden Alters Grundrechtsträger,[357] soweit die Fähigkeit zur Grundrechtswahrnehmung nicht ausgebildet ist, ist der Grundrechtsschutz ein virtueller und kein aktueller.[358]   192

Da mit der Grundrechtsmündigkeit die Wahrnehmung des Grundrechts auch ohne Einwilligung der Eltern, gegebenenfalls sogar gegen deren Willen möglich ist, steht Art. 5 Abs. 1 GG in einem Spannungsverhältnis zum **elterlichen Erziehungsrecht** des Art. 6 GG. Bei der Interpretation ist die Norm im Gesamtgefüge der Verfassung zu sehen, wonach Heranwachsende schon frühzeitig für geistige Auseinandersetzungen befähigt werden sollen, damit sie zu eigenständigen Persönlichkeiten heranwachsen können, was nicht zuletzt zur verantwortungsvollen Wahrnehmung ihrer politischen Rechte erforderlich ist. Insbesondere im schulischen Alltag muss sich dieses Recht bewähren, wie es auch gerade dort im Interesse eines ungestörten Lehrbetriebs Grenzen geben muss.   193

Erforderlich bzw. ausreichend ist daher eine »geistig-physische Fähigkeit zur Meinungsbildung und -äußerung«.[359] Da somit auf die individuellen Fähigkeiten des Einzelnen abgestellt werden muss, ist ein Rückgriff auf einfachgesetzliche Altersgrenzen verfassungsrechtlich nicht verbindlich. Lediglich einen Anhaltspunkt kann das Gesetz über die religiöse Kindererziehung (§ 5 Satz 2 RKEG) bieten, demzufolge jedem Kind nach Vollendung des 14. Lebensjahrs die Entscheidung darüber zusteht, zu welchem religiösen Bekenntnis es sich halten will. Stellt sich heraus, dass ein Kind schon vor dieser Zeit die Fähigkeit zur Meinungsbildung und -äußerung besitzt, so ist es bereits zu einem früheren Zeitpunkt Grundrechtsträger.[360]   194

Die Grundrechtsmündigkeit ist bei der **Informationsfreiheit** keinesfalls später anzusetzen als bei der Meinungsfreiheit, da es schwieriger ist sich eine Meinung zu bilden und diese zu formulieren als Informationen zu rezipieren.   195

---

356 *Ipsen*, Rn. 410; *Hufen*, § 26 Rn. 11.
357 *Schmidt-Jortzig*, in: HdBStR VII, § 162 Rn. 16.
358 *Ipsen*, Rn. 410.
359 *Wendt*, in: von Münch/Kunig I, Art. 5 Rn. 5.
360 *Herzog*, in: Maunz/Dürig, Art. 5 Abs. I, II Rn. 23.

c) Juristische Personen

aa) Inländische juristische Personen

196   Inländische juristische Personen können sich gemäß Art. 19 Abs. 3 GG auf die Meinungsäußerungsfreiheit berufen, soweit diese »ihrem Wesen nach« auf sie anwendbar ist. Werden Meinungen lediglich im Geist eines Menschen gebildet, so können sich in der Auseinandersetzung der Auffassungen doch auch juristische Personen auf dieses Grundrecht berufen.[361]

197   Demgegenüber kann die **Informationsfreiheit** nur ausnahmsweise »ihrem Wesen nach« auf juristische Personen Anwendung finden, wenn diese Einrichtung geschaffen haben, mit denen Informationen gesammelt werden.[362]

bb) Nicht rechtsfähige Personenvereinigungen

198   Nicht rechtsfähige Personenvereinigungen können sich auf die Meinungsäußerungsfreiheit berufen,[363] da sie z.T. lediglich aus historisch-politischen Gründen keine juristischen Personen sind.

cc) Ausländische juristische Personen

199   Ausländische juristische Personen können sich nicht auf Art. 19 Abs. 3 GG und damit grundsätzlich auch nicht auf die Meinungsäußerungsfreiheit berufen, weshalb entsprechende Informationssperren im staatlichen Interesse zulässig sein können.

dd) Staatliche Stellen und Funktionsträger

200   Staatliche Funktionsträger können sich nicht auf die Meinungsfreiheit berufen.[364] Mag es auch Konstellationen geben, in denen eine ähnliche Wertung wie bei Privaten naheliegt, z.B. wenn eine Behörde von den Medien verleumdet wird, so können solche Einzelfälle doch keine Änderung der Grundrechtswirkung rechtfertigen. Falsch wäre indessen die Vorstellung, der Staat dürfe in keiner Weise medial tätig werden. Zulässig ist eine **staatliche Öffentlichkeitsarbeit** und Informationspolitik, um auf staatliche Einrichtungen, ihre Tätigkeit und darauf bezogene Rechte der Bürger hinzuweisen, vor allem aber, um die Bevölkerung vor Gefahren, insbesondere vor Gesundheitsgefahren zu warnen.[365]

---

361 *Stern*, Staatsrecht IV/1, S. 1424 f.; *Schmidt-Jortzig*, in: HdBStR VII, § 162 Rn. 17.

362 *Starck*, in: v. Mangoldt/Klein/Starck I, Art. 5 Rn. 181; ohne Einschränkung *Hufen*, § 26 Rn. 11.

363 *Stern*, Staatsrecht IV/1, S. 1428; *Hoffmann-Riem*, S. 95.

364 Zu Sonderfällen indessen *Stern*, Staatsrecht IV/1, S. 1426 f.

365 BVerfGE 105, 252 »Glykol« (Warnung vor verpanschtem Wein); E 105, 279 »Osho« (Warnung vor Jugendsekten); *Groß*, Rn. 82; *Bullinger*, in: HdBStR VI, § 142 Rn. 50, auch zur Frage einer staatlichen Tageszeitung.

2. Medienfreiheit

a) Medienunternehmer und -unternehmen

Träger des Grundrechts der Medienfreiheit sind alle Unternehmer und Unternehmen, 201
die Medienprodukte herstellen. Dies sind sowohl Verleger von Zeitungen, Zeitschriften, Büchern etc., als auch die Veranstalter von Rundfunksendungen.[366] Zu nennen
sind weiterhin Filmproduzenten, unabhängig davon, ob es sich um den Unternehmer
eines großen Filmstudios, eine juristische Person z.b. eine Aktiengesellschaft oder auch
eine Einzelperson handelt, die Filme auf eigene Kosten und ohne Gewinnerzielungsabsicht z.b. für das Internet herstellt. Eine Gewinnerzielungsabsicht ist indes auch
kein Ausschlussgrund. Der »Youtuber« ist jedenfalls erfasst. Bietet ein Unternehmer
Medienprodukte der Allgemeinheit an, ist er ebenfalls Träger des Grundrechts der
Medienfreiheit.

b) Gründer von Medienunternehmen

Träger der Medienfreiheit sind auch diejenigen, die ein Medienorgan zu gründen be- 202
absichtigen, d.h. einen Presseverlag, einen Privatrundfunksender, eine Filmproduktion oder ein Multimediaunternehmen.

Die ursprüngliche Auffassung des BVerfG, ein Anspruch Privater aus der Rundfunk- 203
freiheit bestehe angesichts der »Sondersituation des Rundfunks« gegenüber der Presse nicht, trägt heute nicht mehr. Aus diesem Grund hat das BVerfG bestätigt, dass sich
private Sender auf die Rundfunkfreiheit berufen können[367] und auch diejenigen, die
Rundfunksendungen veranstalten, insbesondere einen Privatrundfunksender gründen
möchten.[368] Zutreffender Weise wird die Rundfunkfreiheit daher als **potentielles Jedermann-Grundrecht** bezeichnet,[369] das grundsätzlich auch Privaten die Veranstaltung von Rundfunk ermöglicht und insbes. von Bewerber für Rundfunklizenzen geltend gemacht werden kann.[370]

c) Öffentlichrechtliche Rundfunkanstalten

Träger der Rundfunkfreiheit sind historisch gesehen in erster Linie die öffentlich- 204
rechtlichen Rundfunkanstalten. Zwar sind Grundrechte grundsätzlich Abwehrrechte
des Bürgers gegen den Staat und können mithin nicht von öffentlichrechtlichen
Körperschaften geltend gemacht werden. Ausnahmsweise sind Rundfunkanstalten
grundrechtsfähig, da sie selbst »unmittelbar dem durch die Grundrechte geschützten
Lebensbereich zuzuordnen sind«.[371] Zudem sind die Rundfunkanstalten keine staat-

---

366 *Ipsen*, Rn. 450.
367 BVerfGE 97, 298; *Fechner*, Entscheidungen zum Medienrecht, Nr. 66.
368 BVerfGE 95, 220 (234); *Pieroth/Schlink*, Rn. 621; *Jarass*, in: Jarass/Pieroth, Art. 5
   Rn. 40.
369 *Ipsen*, Rn. 453.
370 *Gersdorf*, Rn. 126.
371 BVerfGE 31, 314 (322); *Fechner*, Entscheidungen zum Medienrecht, Nr. 53.

lichen Verwaltungsträger.[372] Da sich die Rundfunkfreiheit ursprünglich nur in den Rundfunkanstalten verwirklichen konnte, müssen gerade diese dazu befugt sein, den Freiraum gegenüber staatlichen Zugriffen zu bewahren. Daraus erklärt sich, dass die Rundfunkfreiheit grundsätzlich das einzige Grundrecht ist, auf das sich öffentlich-rechtliche Rundfunkanstalten berufen können.

d) Landesmedienanstalten

205   Landesmedienanstalten befinden sich, ähnlich wie die Rundfunkanstalten selbst, in einer **Doppelstellung**. Sie sind einerseits staatliche Behörden, andererseits müssten sie ihre Aufsichtsfunktionen ausüben können, ohne dass sich dies inhaltlich als staatlicher Einfluss auswirken dürfte. Daher wird einerseits argumentiert, Landesmedienanstalten könnten nicht Grundrechtsträger sein, da sie nicht selbst Rundfunk betreiben.[373] Demgegenüber kann eine Berufung auf die Rundfunkfreiheit wohl dann und nur **ausnahmsweise** angenommen werden, wenn die Landesmedienanstalten durch staatliche Weisung zu einer inhaltlichen Einflussnahme auf das Programm privater Rundfunkveranstalter veranlasst werden sollten.[374]

e) Medienmitarbeiter

206   Träger des Grundrechts der Medienfreiheit sind weiterhin alle in den Medien tätigen Personen. Damit knüpft das Grundrecht an eine bestimmte Tätigkeit und an eine Zugehörigkeit zu einer bestimmten gesellschaftlichen Institution an.[375] Erforderlich ist mithin eine organisatorische Verbindung zu den geschützten Tätigkeiten.[376] Auf die Medienfreiheit kann sich jeder berufen, der Informationen sammelt, um diese nach eigener Bearbeitung oder Wertung einem Kreis von Personen zugänglich zu machen, sie verarbeitet und (massen)medial weitergibt. Dies sind **Redakteure und Journalisten** in Presse, Funk und Fernsehen, einschließlich der freien Mitarbeiter. Träger des Grundrechts der Filmfreiheit sind darüber hinaus alle **Filmschaffenden**.[377] Das sind nicht nur diejenigen, die am Herstellungsprozess beteiligt sind, sondern auch der Drehbuchautor, der Regisseur, die Schauspieler etc. Der Filmverleiher indessen ebenso wenig wie der Presse- Grossist und sonstige Hilfsfunktionen. Schließlich sind die Mitarbeiter von »Online-Zeitungen« – der hier vertretenen Auffassung zufolge – Grundrechtsträger der Medienfreiheit. Die Abgrenzung von »Medienmitarbeitern« und »**Laienjournalisten**« wird immer schwieriger. Das formale Vorliegen eines Presseausweises kann ebensowenig maßgeblich sein wie die Größe

---

372 *Gersdorf*, Rn. 124.
373 *Stern*, Staatsrecht IV/1, S. 1734 f.; *Starck*, in: v. Mangoldt/Klein/Starck I, Art. 5 Rn. 184.
374 Bejahend *Pieroth/Schlink*, Rn. 620; vergl. *Gersdorf*, Rn. 127; *Hoffmann-Riem*, S. 95; *Schulz*, in: Hamburger Kommentar, S. 149.
375 Bez. der Pressefreiheit vergl. *Ipsen*, Rn. 435.
376 Bez. der Pressefreiheit *Manssen*, Rn. 367.
377 *Ipsen*, Rn. 461.

der Redaktion. Klare Kriterien für die Abgrenzung gibt es bisher nicht. Eine gewisse Professionalität könnte Voraussetzung für die Privilegierungen durch die Medienfreiheit sein. Der ehrenamtlich tätige Mitarbeiter einer Vertreterzeitschrift wird gewiss ebensowenig auszuschließen sein wie der Blogger, der seine Informationsseite durch Werbung finanziert. Sind die Einzelheiten noch auszuloten und gilt es, die Rechtsprechung des BVerfG zu dieser Frage abzuwarten, so ist im Zweifel der Schutzbereich des Grundrechts weit auszulegen.[378]

f) Hilfsfunktionen

Einer Entscheidung des BVerfG zufolge sind auch **Presse-Grossisten** Grundrechts-   **207** träger der Pressefreiheit, sofern die Verbreitung von Presseprodukten in enger organisatorischer Bindung an die Presse erfolgt, für das Funktionieren einer freien Presse notwendig ist und wenn sich die staatliche Regulierung dieser Tätigkeit zugleich einschränkend auf die Meinungsverbreitung auswirken würde.[379] Die Entscheidung des BVerfG überzeugt nicht. Ein Presseunternehmen selbst ist ohne Weiteres geschützt, soweit es seine Presseinhalte vermittelt. Der Konstruktion des BVerfG bei der Kunstfreiheit entsprechend[380] kann auch von einem »Wirkbereich« der Pressefreiheit – wie der Medienfreiheiten insgesamt – gesprochen werden. Der Presse-Grossist selbst kann sich hingegen nur auf die Berufsfreiheit des Art. 12 GG berufen.[381]

Grundsätzlich zuzustimmen ist daher der Auffassung, derzufolge Grundrechtsträger   **208** der Pressefreiheit nur diejenigen Presseangehörigen sind, die unmittelbar am redaktionellen Teil mitarbeiten.[382] Nicht »im Pressewesen tätig« sind Informanten und Personen, die sich lediglich ausnahmsweise der Presse zur Verbreitung von Meinungen bedienen, wie Leserbriefschreiber.[383] Jedenfalls erstreckt sich der Schutz der Pressefreiheit nicht auf inhaltsferne Hilfstätigkeiten,[384] beispielsweise den Papierlieferanten und den Drucker (zu beachten ist aber, dass die Pressefreiheit des Verlegers tangiert wäre, wenn z.B. die Lieferung von Papier staatlicherseits kontingentiert würde um inhaltlichen Einfluss zu nehmen, wie dies in nationalsozialistischer Zeit geschehen ist). So leuchtet es auch nicht ein, den Zeitungsausträger an der Pressefreiheit Anteil haben zu lassen.[385]

Keine Grundrechtsträger der Rundfunkfreiheit sind gesellschaftliche Gruppen, die   **209** in einem Rundfunkrat vertreten sein möchten, wenn das einschlägige Landesrund-

---

378 Einzelheiten siehe Fechner, Die Medienfreiheit, in FS Dittmann 2015.
379 BVerfGE 77, 346 (353 ff.) »Presse-Grosso«; *Stern*, Staatsrecht IV/1, S. 1542.
380 In der »Mephisto-Entscheidung« BVerfGE 33, 1 (189) unten Rdn. 435 ff.
381 A.A. wohl alle bisherigen Interpreten.
382 *Manssen*, Rn. 367.
383 So aber *Hoffmann-Riem*, S. 195.
384 BVerfGE 77, 346 (354); vergl. *Pieroth/Schlink*, Rn. 613.
385 So aber *Hoffmann-Riem*, S. 195.

funkgesetz oder der Rundfunkstaatsvertrag, der die Zusammensetzung des Rundfunkrats regelt, dies nicht vorsieht.[386]

210 Soweit **Kabelnetzbetreiber** Programmpakete eigenständig und nach publizistischen Maßstäben zusammenstellen, können auch sie sich auf die Rundfunkfreiheit berufen.[387]

g) Minderjährige

211 Minderjährige können Träger des Grundrechts der Pressefreiheit sein.[388] Im demokratischen Staat ist es wichtig, dass Jugendliche schon frühzeitig mit der Nutzung der medialen Möglichkeiten nicht nur auf Rezipientenseite vertraut gemacht werden. Relevanz hat dies insbesondere für die Gestaltung und Herausgabe von **Schülerzeitungen**, die im Gegensatz zu Schulzeitungen von den Schülern selbst herausgegeben werden und ihren Schutz vor Zensur,[389] nicht zuletzt auch im Internet.[390] Als groben Anhaltspunkt wird man sich auch hier an der 14-Jahres-Regelung des Gesetzes über die religiöse Kindererziehung (§ 5 RKEG) orientieren können. Grundrechtsfähigkeit und Grundrechtsmündigkeit laufen hier wie bei der Meinungsfreiheit parallel.

212 Soweit ersichtlich, wurde die Grundrechtsfähigkeit Jugendlicher bezüglich der Rundfunkfreiheit bisher nicht erörtert, wohl weil hierfür kein praktischer Anlass bestand. Angesichts vereinfachter technischer Möglichkeiten kann diese Frage aktuell werden. Es spricht nichts dagegen, die Rundfunkfreiheit auch auf Minderjährige anzuwenden. Den Überlegungen zur Pressefreiheit parallel wird man die Grundrechtsfähigkeit jedenfalls ab einem Alter von 14 Jahren für anwendbar halten müssen. Von Relevanz wäre dies beispielsweise für die Veranstalter eines Schülerrundfunksenders.

3. Kunstfreiheit

a) Künstler

213 Träger der Kunstfreiheit ist jeder, der selbst künstlerisch tätig ist. Der weit gezogene Schutzbereich der Kunstfreiheit hat auch Auswirkungen auf die Grundrechtsträgerschaft. Unzweifelhaft kann die Grundrechtsträgerschaft nicht lediglich auf »ausgebildete« oder »anerkannte« Künstler beschränkt sein.[391] Eine solche Voraussetzung würde dem Wesen künstlerischer Betätigung zuwider laufen, können doch auch der Autodidakt und der »Spontankünstler« Gedanken und Gefühle mit künstlerischen Mitteln ausdrücken. Ein wichtiges Indiz ist das subjektive Empfinden künstlerischer

---

386 Vergl. *Hoffmann-Riem*, S. 195 f.
387 *Gersdorf*, Chancengleicher Rundfunk, S. 97; vergl. *Wille/Schulz/Buch*, in: Hahn/Vesting, § 51b RStV Rn. 14; *Ladeur*, in: Hamburger Kommentar, S. 130 ff.
388 *Bullinger*, in: HdBStR VI, § 142 Rn. 20.
389 *Groß*, Rn. 97.
390 BGH U.v. 22.06.2009 »spickmich.de«.
391 Vergl. *Pieroth/Schlink*, Rn. 663.

Betätigung, das allerdings widerleglich ist, wenn der Wille zu künstlerischem Ausdruck ganz offensichtlich hinter anderen Intentionen zurücktritt, insbesondere wenn sich die Betätigung auf ein unselbstständiges Nachamen oder auf rein kommerzielle Aspekte reduziert und die künstlerische Absicht nur vorgeschoben wird. So weit der Schutzbereich der Kunstfreiheit reicht, ist derjenige, der sich in dieser Weise betätigt, Träger des Grundrechts der Kunstfreiheit, unabhängig von Dauer und Regelmäßigkeit seiner Betätigung und unabhängig von der Qualität seiner künstlerischen Hervorbringung.

Träger des Grundrechts der Kunstfreiheit können auch **Minderjährige** sein. Eine feste Altersgrenze gibt es hier ebenso wenig wie bei den Freiheitsrechten des Art. 5 Abs. 1 GG. Indessen wird man künstlerische Ausdrucksfähigkeit in vielen Fällen auch Kindern unter 14 Jahren zusprechen müssen. Produktiv künstlerisch-schöpferisch tätig sein können auch **Geisteskranke**, wie anerkannte Sammlungen von Werken Geisteskranker belegen.[392] Schließlich sind reproduzierende Künstler wie Schauspieler und Musiker Träger des Grundrechts,[393] da sie nicht lediglich reproduzieren, sondern selbst künstlerischen Ausdruck in ihre Darbietungen legen.   214

b) Kunstmittler und andere am Kunstleben Beteiligte

Neben den künstlerisch Tätigen sind der »Mephisto-Entscheidung« des BVerfG zufolge auch diejenigen von der Kunstfreiheit geschützt, die mit der Vermittlung von Kunst befasst sind. Zu nennen sind Verleger, Galeristen, Veranstalter von Kunstmessen, Theater usw.   215

Ob das BVerfG sich über die Konsequenzen dieser Interpretation im Klaren war, steht zu bezweifeln, da sonst jeder, der mit Kunstvermittlung zu tun hat, sich auf die Kunstfreiheit berufen könnte. Allermindestens hätte das BVerfG die Grundrechtsträgerschaft auf Kunstmittler lebender Künstler beschränken müssen, da sonst jeder Altwarenhändler, der ab und an mit Ölbildern handelt, Träger des Grundrechts der Kunstfreiheit wäre. Gerade im Fall »Mephisto« war der Autor des Romans, Klaus Mann, zum Zeitpunkt der Entscheidung bereits verstorben. Eine Ansicht lehnt daher mit guten Gründen zur Gänze ab, dass Verleger, Produzenten, Schallplattenhersteller oder Veranstalter von Theateraufführungen Träger der Kunstfreiheit sein können.[394]   216

Zweifellos ist der einzelne Künstler hinsichtlich des »Wirkbereichs« seiner Kunst geschützt. Er kann sich auf die Verletzung seiner Kunstfreiheit berufen, wenn die Distribution seiner Kunst behindert wird. Der **Kunstmittler** selbst kann sich hingegen nicht auf die Kunstfreiheit berufen, da er **nicht selbst künstlerisch tätig** ist. Er kann   217

---

392 Sammlung *Prinzhorn*; Musée de l'Art Brut in Lausanne; vgl. *Leo Navratil*, Schizophrenie und Sprache – Schizophrenie und Kunst. Zur Psychologie der Dichtung und des Gestaltens, 4. Aufl. 1976.
393 *Arnauld*, in: HdBStR VI, § 146 Rn. 20.
394 *Hufen*, § 33 Rn. 13, 22.

sich daher lediglich auf die **Berufsfreiheit** des Art. 12 Abs. 1 GG berufen; wenn er mit seiner Produktion eine eigene Meinung ausdrücken will, auch auf die Meinungsäußerungsfreiheit. Auf die Kunstfreiheit kann er sich allerdings dann berufen, wenn er selbst an der künstlerischen Darstellungsweise Anteil hat, z.B. durch die Zusammenstellung von Bildern für eine Ausstellung oder durch die künstlerisch-gestalterische Ausstattung eines Buches und auch, wenn er erst die Voraussetzung für künstlerische Betätigung schafft.

218   Die Einordnung des Art. 5 GG als Kulturgrundrecht ändert nichts an diesem Ergebnis. Zwar steht die Verbreitung von Kunst im Zentrum kultureller Betätigung. Dies ändert nichts daran, dass Art. 5 Abs. 3 GG die künstlerische Betätigung schützt. Insoweit ist daran zu erinnern, dass die Kunstfreiheit ergänzt wird durch das **Kulturstaatsprinzip**. Soweit es um eine Beeinträchtigung von Kunstmittlern durch staatliche Eingriffe geht, muss die Interpretation der einschränkenden Norm unter Beachtung dieses Prinzips erfolgen.

219   Reine Hilfsfunktionen haben ebenfalls nicht am Grundrecht der Kunstfreiheit teil, z.B. ein Souffleur oder Tontechniker,[395] ebensowenig der Kunstkritiker. Der Kunstrezipient kann sich ebenfalls nicht auf die Kunstfreiheit berufen,[396] wohl aber auf die Informationsfreiheit.

c) Juristische Personen

220   Justische Personen können grundsätzlich nicht Träger des Grundrechts der Kunstfreiheit sein, da die Kunst einen starken Menschenwürdegehalt aufweist. Kreatives Schaffen setzt immer einen Menschen als Künstler voraus. Indessen können sich juristische Personen auf die Kunstfreiheit berufen, soweit sie den institutionellen Rahmen für das Kunstschaffen bieten, weshalb neben juristischen Personen des Privatrechts wie Bühnen und Galerien auch juristische Personen des öffentlichen Rechts wie Landestheater und städtische Museen für berechtigt angesehen werden.[397] Dies kann allerdings immer nur gelten, wenn und soweit diese Institutionen die **Voraussetzungen für Kunstschaffen** bieten. Dies ist in einem Museum regelmäßig nicht der Fall, sofern dort nicht künstlerische Aktionen durchgeführt werden, wohl aber bei Kunst- und Musikhochschulen. Selbst Rundfunkanstalten können sich auf die Kunstfreiheit berufen, wenn sie Sendungen künstlerischen Inhalts ausstrahlen,[398] beispielsweise ein Konzert des Radiosinfonieorchesters.

395 *Hufen*, § 33 Rn. 22.
396 *Arnauld*, in: HdBStR VI, § 146 Rn. 23; *Hufen*, § 33 Rn. 22.
397 *Hufen*, § 33 Rn. 23.
398 *Hufen*, § 33 Rn. 23.

4. Wissenschaftsfreiheit

a) Wissenschaftler an Hochschulen

Die Wissenschaftsfreiheit ist in erster Linie ein Individualgrundrecht[399] und zwar ein 221
Menschenrecht. Träger der Wissenschaftsfreiheit ist jeder, der wissenschaftlich tätig
ist oder wissenschaftlich tätig werden will.[400]

Träger des Grundrechts kann auch der Forscher sein, der nicht in der Lehre tätig ist, 222
z.B. in einem Forschungsinstitut, wenn er auf der Grundlage wissenschaftlicher Methodik arbeitet. Umgekehrt reicht die reine Wissensvermittlung nicht aus, ein reiner
»Lehrprofessor« wäre nicht Träger der Wissenschaftsfreiheit.[401]

Die Wissenschaftsfreiheit ist hinsichtlich des Hochschultyps und der darin wahr- 223
genommenen Aufgabe **funktionsspezifisch abgestuft.**[402] Primär sind diejenigen akademischen Forscher und Lehrer geschützt, die aufgrund einer Habilitation oder einem
gleichwertigen Nachweis qualifizierter Forschungsleistung mit der selbständigen Vertretung eines wissenschaftlichen Fachs in Forschung und Lehre betraut sind.[403] Hieraus resultiert auch der besondere Status der **beamteten Professoren,** die unversetzbar,
auch innerhalb des Dienstes weisungsfrei[404] und vorgesetztenfrei sind.[405] Als Abwehrrecht können sie die Wissenschaftsfreiheit auch gegenüber Organen der eigenen
Universität geltend machen.[406]

Wissenschaftler sind in ihrer Person Träger des Grundrechts und für ihre Tätigkeit 224
eigenverantwortlich. Tendenzen, die Wissenschaftsfreiheit und damit auch die Eigenverantwortlichkeit in universitären Gremien zu kollektivieren oder Leitungsträ-
gern zu übertragen, sind mit den verfassungsrechtlichen Vorgaben unvereinbar.[407]

Zum Kreis der Grundrechtsträger gehören nicht nur Hochschullehrer, sondern auch 225
andere **Hochschulangehörige,** soweit sie **eigenständig** mit Forschungs- und Lehrauf-
gaben betraut sind. Dies gilt jedenfalls grundsätzlich für Honorarprofessoren und
Lehrbeauftragte. Bei Assistenten ist zu unterscheiden zwischen Aufgaben, die sie
nach Weisung auszuführen haben und eigenständigen Forschungen. Für letzteres gilt
die Forschungsfreiheit uneingeschränkt, z.B. bei der Anfertigung einer Dissertations-
schrift. Hinsichtlich ihrer Lehrveranstaltungen sind sie ebenfalls weithin Träger des
Grundrechts der Lehrfreiheit, da sie insoweit Teil des Wissenschaftsbetriebs sind.
Demgegenüber sind Einschränkungen aufgrund der Verantwortlichkeit des vorgesetzten Hochschullehrers für die Qualität der Ausbildung der Studierenden erfor-

---

399 *Thieme*, S. 73.
400 BVerfGE 35, 79 (112) s.u. Rdn. 442 ff.; E 88, 129 (136); E 90, 1 (12).
401 Vergl. *Kempen*, in: Hartmer/Detmer, I Rn. 88.
402 *Oppermann*, in: HdBStR VI, § 145 Rn. 34; *Pieroth/Schlink*, Rn. 672.
403 *Oppermann*, in: HdBStR VI, § 145 Rn. 34 unter Verweis auf BVerfGE 35, 79 (124 ff.).
404 *Thieme*, S. 82 f.
405 *Kempen*, in: Hartmer/Detmer, I Rn. 16.
406 BVerwG NJW 1997, 1996 ff.
407 *Kempen*, in: Hartmer/Detmer, I Rn. 30.

derlich. Eingeschränkt ist die Unabhängigkeit wissenschaftlicher Mitarbeiter zudem, soweit sie Serviceleistungen gegenüber dem Hochschullehrer zu erbringen haben, dem sie zugeordnet sind.[408]

b) Studierende

226 Studierende können Träger des Grundrechts der Wissenschaftsfreiheit sein, auch wenn sie sich erst in der wissenschaftlichen Ausbildung befinden. Dabei wird weniger das Studium als solches geschützt sein als die Anfertigung der einzelnen wissenschaftlichen Arbeit.[409] Ein Recht auf Mitentscheidung über Inhalt und Methode von Lehrveranstaltungen oder Studienfächern ist demgegenüber zu verneinen.[410] Studierende können sich in umso stärkerem Maße auf die Wissenschaftsfreiheit berufen, je mehr Vorbildung sie erworben haben und auf dieser Grundlage wissenschaftlich tätig sind.[411] Dies ist auch im Prüfungsrecht zu beachten, weshalb abweichende Meinungen nicht als falsch gewertet werden dürfen, soweit sie nicht unlogisch oder praxisuntauglich sind. Der **Lehrfreiheit** komplementär können sich Studierende auf die Lernfreiheit berufen, insbes. hinsichtlich der eigenverantwortlichen Gestaltung des Studiums,[412] die indessen primär in der Berufsfreiheit des Art. 12 Abs. 1 GG verortet wird.[413]

c) Lehrer und Angestellte

227 Keine Grundrechtsträger sind Lehrer an Schulen, auch nicht die Schulen selbst, die mithin Weisungen ihrer Vorgesetzten wie Schulaufsichtsbehörden und Ministerien hinzunehmen haben.[414] Entsprechendes gilt für Dozenten anderer Bildungseinrichtungen, die lediglich der Wissensvermittlung dienen. Doch auch soweit in Hochschulen Schuleinrichtungen eingegliedert sind, wie Krankenpflegeschulen oder Sprachkurse für Ausländer, besteht hierfür kein Grundrechtsschutz aus Art. 5 Abs. 3 GG.[415] Keine Grundrechtsträger sind darüber hinaus alle im Hochschulbetrieb tätigen Personen, die nicht selbst inhaltlich wissenschaftlich arbeiten, beispielsweise Pedellen, Krankenschwestern in der Universitätsklinik, Bibliothekare und Verwaltungsangestellte.

d) Sonstige Wissenschaftler

228 Träger der Wissenschaftsfreiheit können Forscher sein, die nicht in eine Hochschule eingegliedert sind. Einen großen Unterschied macht es allerdings, in welchem Ver-

---

408 *Thieme*, S. 81.
409 *Thieme*, S. 99.
410 *Thieme*, S. 101.
411 BVerfGE 55, 37 (67 f.); *Manssen*, Rn. 408.
412 *Kempen*, in: Hartmer/Detmer, I Rn. 98.
413 *Oppermann*, in: HdBStR VI, § 145 Rn. 40.
414 *Oppermann*, in: HdBStR VI, § 145 Rn. 30; *Thieme*, S. 90; *Manssen*, Rn. 406.
415 *Thieme*, S. 90.

hältnis zum Staat die Institution steht, der der Grundrechtsträger angehört. So kann das Mitglied eines staatlichen Forschungsinstituts, das staatliche Vorgaben bei der Forschung zu beachten hat, sich nicht im gleichen Maße auf die Forschungsfreiheit berufen wie ein Hochschulangehöriger.[416]

Letztlich kann auch der nicht in eine Institution eingegliederte »**Privatgelehrte**« sich   229
auf die Wissenschaftsfreiheit berufen. Nicht ausreichend ist hierfür die Einschätzung des Einzelnen, »wissenschaftlich« tätig zu sein. Erforderlich ist darüber hinaus die Kenntnis und Anwendung wissenschaftlicher Methodik. Zwar können wissenschaftliche Methoden nicht auf das vorhandene Instrumentarium beschränkt werden, da andernfalls eine Fortentwicklung der Wissenschaft kaum möglich wäre, allerdings ist die Beachtung der grundlegenden Methoden der Wissenschaft unabdingbar. Hierzu gehört die **Ergebnisoffenheit**, weshalb die Suche nach Argumenten zur Untermauerung politischer Ideologien oder religiöser Glaubenssätze nicht der Wissenschaftsfreiheit unterfallen kann. Strittig ist in diesem Zusammenhang, inwieweit sich **Theologen** auf die Wissenschaftsfreiheit berufen können. Insoweit ist zu differenzieren, inwieweit bestimmte Aussagen als »ewige Wahrheiten« verkündet werden, womit sie dem ergebnisoffenen Wissenschaftsbegriff nicht unterfallen und inwieweit theologische Fragestellungen mit wissenschaftlichen Methoden erforscht werden.[417] In vielen Fällen wird die Kenntnis und Anwendung der anerkannten Methoden der Wissenschaft zu fordern sein, insbesondere wenn es sich um ressourcenverbrauchende Wissenschaft handelt.[418]

e) Universitäten

Neben dem einzelnen Wissenschaftler ist auch die Universität selbst Träger des   230
Grundrechts der Wissenschaftsfreiheit. Zwar sind die Universitäten Körperschaften des öffentlichen Rechts und als solche nicht Grundrechtsträger, indessen findet wissenschaftliche Arbeit hauptsächlich in den Universitäten statt und die Universitäten bieten Grundlage und Raum für diese Betätigung.[419] Daher kann die Universität als solche gegen Eingriffe des Staates vorgehen, sowohl wenn der einzelne in ihr tätige Wissenschaftler betroffen ist, als auch, wenn sie als Institution durch staatliche Eingriffe beeinträchtigt wird, beispielsweise durch die Streichung von Studiengängen oder die Zusammenlegung von Fakultäten. Insoweit lässt sich die Wissenschaftsfreiheit als »**Grundrecht der deutschen Universität**« verstehen.[420] Strittig ist, ob die ein-

---

416 *Thieme*, S. 76.
417 *Thieme*, S. 78.
418 Z.B. bei der Ausgrabung unwiederbringlicher archäologischer Substanz. Dazu *Fechner*, JZ 1992, 777 ff.
419 *Oppermann*, in: HdBStR VI, § 145 Rn. 35.
420 Diese Formulierung stammt von Rudolf Smend; *Oppermann*, in: HdBStR VI, § 145 Rn. 6; *Herzog*, in: Maunz/Dürig, Art. 5 Abs. I, II Rn. 11; *Kempen*, in: Hartmer/Detmer, I Rn. 22.

zelnen Fakultäten bzw. Fachbereiche selbst Grundrechtsträger sein können.[421] Dies wird jedenfalls anzunehmen sein, wenn durch Verkürzung ihrer Rechte oder finanzielle Einschnitte z.B. der Hochschulleitung die Tätigkeit ihrer Mitglieder in unverhältnismäßiger Weise erschwert wird.

f) Fachhochschulen

231 Die Grundrechtsträgerschaft von Fachhochschulen ist umstritten. Teilweise wird behauptet, die üblicherweise an Fachhochschulen durchgeführte anwendungsbezogene Forschung sei grundsätzlich aus dem Schutzbereich der Wissenschaftsfreiheit ausgeklammert, weshalb die Forschung an Fachhochschulen allenfalls am Rande eine Rolle spiele und stärker eingeschränkt werden könne als universitäre Forschung.[422] Da sich Fachhochschulen zunehmend mit Forschung beschäftigen, lässt sich insoweit nicht mehr generalisieren, vielmehr muss im Einzelfall geprüft werden, inwieweit selbständig Forschung betrieben wird.[423] Die Professoren von Fachhochschulen können sich, sofern sie selbst forschen, auch auf die Lehrfreiheit berufen.[424]

g) Andere Bildungseinrichtungen

232 Andere Bildungseinrichtungen außer Universitäten und Hochschulen können nur dann Träger des Grundrechts der Wissenschaftsfreiheit sein, wenn in ihnen wissenschaftsbasierte Lehre stattfindet. Dies trifft für Privathochschulen[425] meistens zu, ebenfalls für Wissenschaftsorganisationen außerhalb der Hochschulen[426] nicht jedoch für Berufsakademien, Schulen usw.

II. Grundrechtsverpflichtete

233 Grundrechtsadressaten der Freiheitsgrundrechte des Art. 5 GG sind **alle Stellen, die hoheitliche Befugnisse ausüben.** Dies gilt ausnahmslos und auch für »besondere Näheverhältnisse«, in denen der Bürger weithin in staatliche Institutionen eingeordnet ist. Die frühere Vorstellung von »besonderen Gewaltverhältnissen«, in denen die Grundrechte keine Gültigkeit haben, ist seit der »Strafgefangenen-Entscheidung« des BVerfG[427] überholt. Die Meinungsfreiheit gilt daher grundsätzlich auch in der Schule

421 Vergl. *Antoni*, in: Hömig, GG, Art. 5 Rn. 29; bejahend *Oppermann*, in: HdBStR VI, § 145 Rn. 33.
422 *Kempen*, in: Hartmer/Detmer, I Rn. 17; differenzierend *Wiedmann*, in: Haug (Hrsg.), 1 Rn. 63; *Manssen*, Rn. 409; ähnlich *Hufen*, § 34 Rn. 18; vergl. BVerfGE 65, 323 (359).
423 Allgemein zur angewandten Forschung *Oppermann*, in: HdBStR VI, § 145 Rn. 28.
424 *Oppermann*, in: HdBStR VI, § 145 Rn. 38.
425 *Oppermann*, in: HdBStR VI, § 145 Rn. 35; *Pieroth/Schlink*, Rn. 672.
426 *Oppermann*, in: HdBStR VI, § 145 Rn. 48 ff., 60; *Jarass*, in: Jarass/Pieroth, Art. 5 Rn. 125; zu Einzelheiten s. *Classen*, Wissenschaftsfreiheit außerhalb von Hochschulen, 1994.
427 BVerfGE 33, 1 ff. »Strafgefangenen-Entscheidung«; weitere Beispiele bei *Schmidt-Jortzig*, in: HdBStR VII, § 162 Rn. 64.

und im Wehrdienstverhältnis. Anerkannt ist allerdings, dass in diesen Fällen eines »besonderen Näheverhältnisses« stärkere Einschränkungen der Grundrechte des Bürgers möglich sein müssen als außerhalb dieser Bereiche.[428] Dies gilt nicht zuletzt für »whistleblowing« von Behördenmitarbeitern.[429]

In diesem Zusammenhang ist darauf hinzuweisen, dass die öffentlichrechtlichen **234** Rundfunkanstalten auch Grundrechtsadressaten sein können[430] und zwar hinsichtlich des Einzugs des Rundfunkbeitrages, für die ihnen hoheitliche Befugnisse eingeräumt sind[431] und hinsichtlich der Chancengleichheit politischer Parteien bei der Zuteilung von Sendezeit für Wahlwerbesendungen.[432] Ihnen kommt daher eine Doppelrolle im grundrechtlichen Spannungsfeld zu.[433]

E. Subjektive und objektiv-rechtliche Gehalte

I. Artikel 5 als Individualgrundrecht

1. Subjektiv-rechtlicher Gehalt

Art. 5 GG ist in aller erster Linie ein Individualgrundrecht.[434] Dies gilt für die Kom- **235** munikationsgrundrechte einschließlich der Medienfreiheit ebenso wie für die Kunst- und die Wissenschaftsfreiheit. Es handelt sich um **Freiheitsgrundrechte**, die das allgemeine Freiheitsgrundrecht des Art. 2 Abs. 1 GG konkretisieren und dem Einzelnen einen Freiraum einräumen sollen, in dem er sich frei von staatlichem Einfluss kommunikativ, medial, künstlerisch und wissenschaftlich betätigen kann. Letztlich wurzeln diese Freiheitsgrundrechte in der Menschenwürde des Art. 1 Abs. 1 GG.

2. Objektiv-rechtliche Gehalte der Individualgrundrechte

Unverkennbar ist, dass Art. 5 Abs. 1 GG zugleich objektiv-rechtliche Gehalte auf- **236** weist. Die Kommunikationsgrundrechte dienen nicht nur dem einzelnen Grundrechtsträger, vielmehr sollen sie eine meinungsplurale Willensbildung des Einzelnen wie auch der Öffentlichkeit sicherstellen.[435] Meinungsäußerungs- und Informationsfreiheit sind die **Grundlagen demokratischer Willensbildung**, da eine Meinungsbildung ohne Meinungsaustausch kaum denkbar ist. Daher wurde Art. 5 Abs. 1 GG als Paradebeispiel für multifunktionale Grundrechtswirkungen bezeichnet.[436] Die objektiv-rechtlichen Gehalte sind zudem im Rahmen der Wechselwirkungslehre bei

---

428 Vergl. *Stern*, Staatsrecht IV/1, S. 1438 ff.
429 *Grabenwarter*, in Maunz/Dürig Art 5 Abs. 1 GG, Rn. 184.
430 Zum Ganzen: *Herrmann/Lausen*, Rundfunkrecht, § 7 Rn. 27.
431 § 4 Abs. 5, 7 und § 7 Abs. 5, 6 RGebStV.
432 *Hoffmann-Riem*, S. 197.
433 *Bettermann*, NJW 1969, 1323 ff.
434 Trotz der Formulierung nicht vom Grundrechtsberechtigten, sondern vom Schutzbereich her, *Pieroth/Schlink*, Rn. 592.
435 *Schmidt-Jortzig*, in: HdBStR VII, § 162 Rn. 11.
436 Vergl. *Stern*, Staatsrecht IV/1, S. 1419.

der Auslegung der sich aus den allgemeinen Gesetzen ergebenden Schranken zu berücksichtigen.[437]

II. Objektiv-rechtliche Garantien des Art. 5 GG

1. Institut der freien Medien

a) Institut der freien Presse

237   Die Garantie des »Instituts freie Presse« beinhaltet die Pflicht des Staates, Gefahren abzuwehren, die einem freien Pressewesen aus der Bildung von **Meinungsmonopolen** erwachsen können. Der Gesetzgeber kann Medienfusionen beschränken[438] und hat dann einzuschreiten, wenn sich eine Konzentration von Presseorganen in der Weise herausbilden würde, dass eine unabhängige Meinungsbildung nicht mehr möglich wäre.[439] Geschützt ist durch die Einrichtungs- oder Institutsgarantie mithin nicht der einzelne Pressemitarbeiter, sondern das freie Pressewesen als solches, das gegenüber einer Monopolbildung zu schützen ist.[440] Zudem müssen gesetzliche **Vorkehrungen gegen eine vorherrschende Meinungsmacht** geschaffen werden.[441] Unzulässig sind allerdings staatlich verfügte Auflagenbegrenzungen, da diese die Informationsfreiheit verkürzen.[442]

b) Institutgarantie des Rundfunks

238   Dem »Institut Freie Presse« vergleichbar lässt sich ein »Institut Freier Rundfunk« vertreten. Zu beachten ist allerdings, dass die Rundfunkfreiheit durch die Existenz des öffentlichrechtlichen Rundfunks geprägt ist, der per se binnenpluralistisch strukturiert ist. Da der öffentlichrechtliche Rundfunk durch eine Bestands- und Entwicklungsgarantie verfassungsrechtlich geschützt ist, kann sich ein Meinungsmonopol unter dem bestehenden System nicht ergeben.

c) Crossmediale Institutionsgarantie

239   Bisher wird insbesondere das Institut der freien Presse als isolierte Garantie behandelt. Damit wird übersehen, dass über die institutionelle Garantie der einzelnen Medienformen hinaus die Meinungspluralität auch gegen crossmediale Fusionen zu schützen ist. Aufgabe des Staates ist es, gegen eine Verflechtung von Meinungsmacht über die einzelnen Medienformen hinweg vorzugehen, sofern sich monopolartige Strukturen bilden. Insofern erscheint es gerechtfertigt, von einem **Institut der freien Medien** zu sprechen.

---

437 *Hoffmann-Riem*, S. 34.
438 Einzelheiten *Ladeur*, in: Hamburger Kommentar, S. 113 ff.
439 *Bethge*, in: Sachs, Art. 5 Rn. 58; BVerfGE 20, 162 (176) »Spiegel«.
440 BVerfGE 20, 162 (175) »Spiegel«.
441 *Hoffmann-Riem*, S. 73 m.w.N. von BVerfG-Entscheidungen.
442 *Bethge*, in: Sachs, Art. 5 Rn. 58.

2. Informationsfreiheit

Die Informationsfreiheit weist eine objektivrechtliche Komponente auf, die den 240
Staat zur Sicherung eines Mindestmaßes an **pluralen Informationsquellen** verpflichtet. Der Staat ist verpflichtet, für die Freiheit, insbesondere auch die Staatsfreiheit,
des Kommunikationsprozesses Sorge zu tragen.[443] Darüber hinaus wird z.T. eine Rezeptionschancengerechtigkeit gefordert.[444] Dieser staatliche Auftrag geht über den
Bereich der Telekommunikation hinaus, für den Art. 87f GG eine ausdrückliche verfassungsrechtliche Gewährleistung normiert. Erwogen wird darüber hinaus z.T. eine
Pflicht des Staats, die Voraussetzungen insbes. technischer Art für einen Informationsaustausch zu schaffen.[445]

3. Kommunikative Chancengleichheit

Diskutiert wird, wie weit sich über die anerkannten Institutsgarantien hinaus noch 241
weitere Pflichten des Staates aus Art. 5 Abs. 1 GG ergeben. Allgemeine Formulierungen dürften unproblematisch sein, beispielsweise, dass der Gesetzgeber dazu aufgerufen ist, eine Medienordnung zu schaffen, in der die Verwirklichung der in Art. 5
GG garantierten Grundrechte grundsätzlich möglich erscheint. Insoweit sind staatsfreie und meinungsplurale Medienangebote erforderlich. Darüber hinaus wird der
Staat für verpflichtet angesehen, eine mediale Chancengleichheit zu garantieren.

Unter dem Stichwort »**Chancengleichheit in den Medien**« werden drei unterschied- 242
liche Aspekte diskutiert. Zum ersten die Frage, ob alle Inhalte gleichermaßen in den
Medien präsentiert werden müssen. Zweitens, ob alle Bürger grundsätzlich die
Chance haben müssen, alle Informationen rezipieren zu können und drittens, ob
Anbieter chancengleichen Zugang zu den Rezipienten haben müssen.

Die erste Frage ist grundsätzlich zu verneinen, da die **Neutralitätspflicht des Staates** 243
einen Einfluss auf den Medieninhalt grundsätzlich verbietet. Ausnahmen gibt es vor
allem im öffentlichrechtlichen Rundfunk mit dem Gebot der Meinungspluralität.[446]
Die dritte Frage ist grundsätzlich zu bejahen, was z.B. für Kabelnetzbetreiber von
Relevanz ist. Die zweite Frage ist umstritten.

Einer Auffassung zufolge wird aus Art. 5 Abs. 1 GG ein Handlungsgebot des Staates 244
für eine bestimmte Medienordnung abgeleitet. Dieser Ansatz verlangt eine Interpretation aus der Einbindung des Art. 5 GG in die Gesamtverfassung, insbes. das Demokratie-, Rechtsstaats- und Sozialstaatsgebot aber auch das Kulturstaatsprinzip.[447]
In stichwortartiger Zusammenfassung wurden die Medien daher schon zur »öffentlichen Aufgabe« erklärt.[448] Hieraus wird die Forderung erhoben, durch entsprechen-

---

443 *Bethge*, in: Sachs, Art. 5 Rn. 58.
444 *Hoffmann-Riem*, S. 156 f.
445 *Bethge*, in: Sachs, Art. 5 Rn. 58; *Starck*, in: v. Mangoldt/Klein/Starck I, Art. 5 Rn. 54.
446 Daher zu Recht kritisch *Bullinger*, in: HdBStR VI, § 142 Rn. 149 ff.
447 *Hoffmann-Riem*, S. 70, 209.
448 Vergl. *Hoffman-Riem*, S. 209 f.

de gesetzliche Bestimmungen kommunikative Chancengleichheit bzw. Chancengerechtigkeit zu sichern,[449] um so eine »Zwei-Klassen-Informationsgesellschaft« zu verhindern. Diese Forderung kann sich auf das Sozialstaatsprinzip stützen, aus dem ein Auftrag an den Staat zur Herstellung einer freiheitlichen und funktionsfähigen »Kommunikationsverfassung« abgeleitet wird.[450] Die Forderung nach kommunikativer Chancengleichheit wird vor allem dort gestellt, wo der Staat früher die technologischen Voraussetzungen für Kommunikationsprozesse angeboten hat, dies aber – aufgrund europäischer Rechtsvorgaben – nun privaten Anbietern überlassen muss, wie das im Bereich der Telekomiunikation der Fall war. Insoweit kommt dem Staat aus seiner »Privatisierungsfolgenverantwortung« die Pflicht zu, die kommunikative Chancengleichheit der Nutzer beim Zugang zu diesen Techniken zu gewährleisten.[451]

245 Gegen die Vorstellung lässt sich allerdings einwenden, dass durch eine solche Inpflichtnahme des Staates zwingend ein Einfluss auf die Medieninhalte verbunden ist, woraus leicht eine Steuerung der Meinung möglich ist und dass es demgegenüber vorzugwürdig ist, die einschlägigen Rechtsvorschriften im Licht der Meinungsfreiheit auszulegen.[452] Diskutiert wird eine Handlungspflicht des Staates im Hinblick auf einen diskriminierungsfreien Transport aller Daten im Internet, unabhängig von Inhalt, Dienst, Herkunft oder Ziel unter dem Stichwort »Netzneutralität«.[453]

4. Pressefreiheit

246 Die objektiv-rechtliche Dimension der Pressefreiheit wird als Grundlage des **Presseordnungsrechts** angegeben, mit seiner Festlegung der Verantwortlichkeit der Presse nach außen, mit der Impressumpflicht, Pflicht zur Benennung verantwortlicher Redakteure etc.[454] Die »**Polizeifestigkeit des Presserechts**« lässt sich ebenfalls hieraus begründen.[455]

5. Rundfunkfreiheit

247 Die Rundfunkfreiheit stellt bezüglich der Frage nach dem objektivrechtlichen Gehalt eine Besonderheit dar. Sie ist das einzige Grundrecht innerhalb des Art. 5 GG, bei dem die subjektive Gewährleistung hinter den objektiv-rechtlichen Aspekten zurück-

449 *Hoffmann-Riem*, S. 74.
450 *Hoffmann-Riem*, S. 73, 205.
451 *Hoffmann-Riem*, S. 101.
452 *Stern*, Staatsrecht IV/1, S. 1430.
453 So erstmals in § 1 Abs. 8 Thüringer Landesmediengesetz: dazu *Fechner/Arnhold*, Meinungsvielfalt, Anbietervielfalt und Angebotsvielfalt – Medienkonzentration im neuen Thüringer Landesmediengesetz auf dem Prüfstand der Rundfunkfreiheit, in: ThürVBl 2014, S. 285.
454 *Ladeur*, in: Hamburger Kommentar, S. 106.
455 *Ladeur*, in: Hamburger Kommentar, S. 107.

tritt.[456] Diese Besonderheit ergibt sich aus dem Postulat des BVerfG, es handele sich bei der Rundfunkfreiheit um eine »dienende Freiheit«.[457] Damit ist gemeint, dass die sich aus der Rundfunkfreiheit ergebenden subjektiven Rechte nicht zum Zweck der Persönlichkeitsentfaltung, sondern im Interesse des freien Kommunikationsprozesses gewährt werden.[458] Zwar wird der dienende Aspekt von einigen Autoren auch für die Pressefreiheit behauptet.[459] Das ist indessen allenfalls ansatzweise insoweit zutreffend, als alle Kommunikationsfreiheiten eine Funktion in der Demokratie haben. Demgegenüber hat die Rundfunkfreiheit vom BVerfG im Hinblick auf die Aufgaben des öffentlichrechtlichen Rundfunks eine gesonderte Ausformung erfahren.[460] Dieser dienende Aspekt verdrängt allerdings die individuellen Aspekt nicht oder – insbes. seit der Einführung privaten Rundfunks – nicht mehr.[461]

Der Gesetzgeber hat im Rundfunkbereich ein Mindestmaß an Verantwortung für das Gesamtprogramm und ist insbesondere dazu verpflichtet, dem Grundsatz des Jugendschutzes hinreichend Rechnung zu tragen.[462] Seine Verantwortung bezieht sich auch auf die Weiterverbreitung von Rundfunksendungen, weshalb er Leitgrundsätze für Kabelnetze verbindlich zu machen hat, die eine freie und umfassende Meinungsbildung gewährleisten.[463] Zudem hat der Gesetzgeber für Diskriminierungsfreiheit bei der Übertragung von Rundfunksendungen durch Kabel und Satellit, bei der Bündelung von Rundfunksendungen und von Zugangsdiensten zu sorgen,[464] so dass alle Inhalte die gleiche Chance haben, die Allgemeinheit zu erreichen.[465]   **248**

6. Filmfreiheit

Insbes. hinsichtlich der Filmförderung hat der Staat für grundrechtskonforme Strukturen zu sorgen.[466] So kann man angesichts der Neutralitätspflicht des Staates die Förderung nicht einer Behörde überlassen, vielmehr müssen Sachverständige einbezogen werden.   **249**

7. Kunstfreiheit

Aus der Bedeutung der Kunst für den Kulturstaat werden häufig konkrete Förderpflichten des Staates abgeleitet. Solche Forderungen lassen häufig nicht nur die Zuständigkeitsverteilung zwischen Bund und Ländern außer Acht, sondern formulieren   **250**

---

456 *Ipsen*, Rn. 455, 457.
457 BVerfGE 74, 297 (323 f.); E 87, 181 (197).
458 Vergl. *Gersdorf*, Rn. 122.
459 So z.B. *Hoffmann-Riem*, S. 190.
460 Zur »Privatisierungsfolgenverantwortung« des Staates *Hoffmann-Riem*, S. 189.
461 Vergl. zur Fragestellung *Gersdorf*, Rn. 65 ff.
462 *Manssen*, Rn. 375.
463 Vergl. *Wille/Schulz/Buch*, in: Hahn/Vesting, § 51b RStV Rn. 14.
464 *Ladeur*, in: Hamburger Kommentar, S. 133.
465 *Wille/Schulz/Fach-Petersen*, in: Hahn/Vesting, § 52 RStV Rn. 80.
466 Vergl. *Ladeur*, in: Hamburger Kommentar, S. 142.

rechtspolitische Wünschbarkeiten.[467] Tatsächlich geht die verfassungsrechtlich-kulturstaatliche Interpretation der Kunstfreiheit dahin, ein Umfeld zu schaffen, in dem Kunstäußerungen möglich sind. Hierzu wird etwa der **Kulturföderalismus** gezählt, der zu einem pluralen Kunstleben beiträgt.[468]

8. Wissenschaftsfreiheit

251   Die Wissenschaftsfreiheit weist einen starken objektivrechtlichen Gehalt auf. Allerdings sind die Einzelheiten umstritten. In Art. 5 Abs. 3, 2. Alt. GG liegt jedenfalls eine Wertentscheidung, die den Staat zur Ausgestaltung einer **freien Wissenschaft** und deren Förderung verpflichtet.[469] An dieser Wertentscheidung haben sich Organisationsnormen von Hochschulgesetzen auf ihre Verfassungsmäßigkeit hin prüfen zu lassen.[470] Darüber hinaus ist der Staat zu Schutz und Pflege der Wissenschaft verpflichtet.[471]

252   Über die Frage, ob sich aus der Wissenschaftsfreiheit darüber hinaus eine institutionelle Garantie im Sinne eines »**Grundrechts der deutschen Universität**«[472] ableiten lässt, ist heftig gestritten worden.[473] Für die Ablehnung waren häufig rechtspolitische Überlegungen maßgeblich, die Befürchtung, eine institutionelle Garantie könne Reformen verhindern. Das BVerfG hat allerdings klargestellt, dass der Gesetzgeber verpflichtet ist, bisherige Organisationsformen kritisch zu beobachten und zeitgemäß zu reformieren.[474] Bezüglich neuer organisatorischer Strukturen hat der Gesetzgeber eine Einschätzungsprärogative und einen Prognosespielraum.[475] Daher wird die institutionelle Garantie heute ab und an für praktisch bedeutungslos bezeichnet.[476] Dies dürfte zu kurz greifen. Das BVerfG sieht den Staat verpflichtet, für ein funktionierendes Hochschulwesen zu sorgen.[477] Aus dieser Feststellung können institutionelle wie finanzielle Forderungen abgeleitet werden. Garantiert ist damit die Einrichtung von Hochschulen und bestimmte Strukturen wie die akademische Selbstverwaltung im Inneren und ein gewisses Maß an Autonomie nach außen, die sicherstellt, dass sie dem unmittelbaren Einfluss des Staates entzogen sind.[478]

---

467   Zu Recht kritisch auch *Arnauld*, in: HdBStR VI, § 146 Rn. 28.

468   *Arnauld*, in: HdBStR VI, § 146 Rn. 35 f.

469   BVerfGE 35, 79 (113); E 111, 333 (359); *Manssen*, Rn. 414.

470   Vergl. *Thieme*, S. 75.

471   *Oppermann*, in: HdBStR VI, § 145 Rn. 20.

472   Z.B. *Oppermann*, in: HdBStR VI, § 145 Rn. 18. Siehe auch Teil D Rdn. 230.

473   Zu den Einzelheiten *Kimminich*, in: HdBWissR, Bd. 1, S. 125 ff., 132 ff.; *Thieme*, S. 75.

474   BVerfGE 35, 79 (116).

475   *Kannengießer*, in: Schmidt-Bleibtreu u.a., Art. 5 Rn. 30; BVerfGE 67, 202 (207 f.); E 88, 203 (262).

476   *Hufen*, § 34 Rn. 38.

477   BVerfGE 35, 79 (114, 116); E 67, 202 (207 f.); vergl. *Oppermann*, in: HdBStR VI, § 145 Rn. 21; *Thieme*, S. 75; *Kempen*, in: Hartmer/Detmer, I Rn. 39, 41.

478   *Oppermann*, in: HdBStR VI, § 145 Rn. 18 f., 54; *Wiedmann*, in: Haug (Hrsg.), Rn. 53.

Die Wissenschaftsfreiheit schreibt nicht einen bestimmten Hochschultyp vor. Viel- 253
mehr ist der **Gesetzgeber weithin frei**, wie er das Hochschulwesen insgesamt ordnet
und welche innere Struktur er ihm im Einzelnen zugrunde legt. Allerdings hat er
den verfassungsrechtlichen Rahmen einzuhalten, der sich aus der Garantie der Wissenschaftsfreiheit selbst ergibt. Die Ausgestaltung muss so erfolgen, dass das Grundrecht der Wissenschaftsfreiheit möglichst intensiv zur Entfaltung gebracht wird.[479]

Der Staat muss darüber hinaus personelle, organisatorische und finanzielle Mittel 254
bereitstellen, um einen freien Wissenschaftsbetrieb zu ermöglichen[480] Aus dieser objektivrechtlichen Gewährleistung folgt allerdings kein subjektives Recht auf eine bestimmte Mittelzuweisung, kein originäres Leistungsrecht auf Bereitstellung weiterer
Mittel, wohl aber ein **Teilhaberecht** auf angemessene Berücksichtigung bei der Verteilung der vorhandenen Mittel.[481] Erforderlich ist jedenfalls auch eine Mindestaus-
stattung für den einzelnen Hochschullehrer bereitzustellen, die ihm erst ermöglicht,
überhaupt wissenschaftliche Lehre und Forschung zu betreiben.[482]

9. Mittelbare Drittwirkung

Die Grundrechte des Art. 5 GG wirken nicht lediglich als Abwehrrechte der Grund- 255
rechtsberechtigten gegen den Staat, sondern auch zwischen den Grundrechtsträgern.
Diese »**Ausstrahlungswirkung**« des Art. 5 GG auf das Zivilrecht lässt sich als Auswirkung seines objektiv-rechtlichen Gehalts verstehen.[483] Zwar hat das BVerfG eine
unmittelbare Drittwirkung der Grundrechte verneint, es hat allerdings wegen der
Einheit der Rechtsordnung angenommen, dass die Grundrechte auch im Zivil-
rechtsverhältnis Anwendung finden können und zwar über die wertausfüllungsbe-
dürftigen **Generalklauseln**, die als **Einbruchstellen der Grundrechte in das Zivilrecht** fungieren.[484] Dieser Rechtsprechung kommt insbesondere im Medienrecht
große Bedeutung zu und hat aufgrund der Anwendung in zahlreichen Einzelfällen zu
einer so intensiven Durchdringung medienrechtlicher Sachverhalte mit den Grundrechten geführt, dass faktisch von einer unmittelbaren Drittwirkung der Grundrechte
in diesem Bereich gesprochen werden kann.[485]

Typisch ist die Kollision eines Mediengrundrechts mit dem **allgemeinen Persönlich-** 256
keitsrecht des Art. 2 Abs. 1 i.V.m. Art. 1 Abs. 1 GG, wenn beispielsweise durch einen Medienbericht in das Persönlichkeitsrecht eines »Medienopfers« eingegriffen

---

479 *Thieme*, S. 76.
480 BVerfGE 35, 79 (113 f.).
481 Vergl. BVerwGE 52, 339; a.A. *Scholz*, in: Maunz/Dürig, Art. 5 Abs. III Rn. 177.
482 BVerfGE 43, 242, 285.
483 *Stern*, Staatsrecht IV/1, S. 1431; *Hoffmann-Riem*, S. 100; *Ladeur*, in: Hamburger Kom-
    mentar, S. 101, 117.
484 BVerfGE 7, 198 ff. »Lüth«. Einzelheiten unten Rdn. 407.
485 So offenbar *Fink*, in: Spindler/Schuster, C. Rn. 27; *Ipsen*, Rn. 424 verneint demgegen-
    über eine Drittwirkung, spricht aber statt dessen von einer »Ausstrahlungswirkung auf
    das Privatrecht«.

wurde. In einem solchen Fall sind die widerstreitenden Grundrechte gegeneinander zur Abwägung zu bringen, wobei keiner Grundrechtsposition von vorne herein der Vorrang gegenüber der anderen zukommt.[486] Medienrechtlich relevant ist ebenso die Kollision der Informationsfreiheit eines Mieters, der eine Parabolantenne an der Mietwohnung anbringen möchte mit der Eigentumsfreiheit des Vermieters.[487]

F. Eingriffe und Schranken

I. Eingriffe

1. Meinungsfreiheit

257   Ein Eingriff in die Meinungsäußerungsfreiheit ist zu bejahen, wenn dem Bürger die Bildung oder Äußerung einer Meinung durch eine staatliche Maßnahme verunmöglicht oder erschwert wird. Es kann sich um unterschiedliche Formen von Verboten und Auflagen handeln, die früher als »Maulkorberlasse« bezeichnet wurden.[488] Beispiele sind Vorschriften, die Richtern oder Beamten politische Zurückhaltung auferlegen.[489] In diesen Fällen kann die Meinung zumindest in Bezug auf das ausgeübte Amt nicht in vollem Umfang wahrgenommen werden.

258   Darüber hinaus gibt es **faktische Beeinträchtigungen** wie das Übertönen und das zwangsweise Zerstreuen der Zuhörerschaft oder das Entfernen von Plakaten.[490] Das Abhören der Meinungsäußerungen, deren Fixierung auf Tonträger oder Berichte über die Kommunikation können einschüchternd auf den Grundrechtsträger wirken.[491] Ein Eingriff ist schließlich die fehlerhafte Auslegung von Meinungsäußerungen durch Gerichte. Mehrdeutige Äußerungen sind grundsätzlich so auszulegen, dass das Grundrecht der Meinungsäußerung möglichst wenig eingeschränkt wird.[492]

259   Kein Eingriff in die Meinungsäußerungsfreiheit stellt es demgegenüber dar, wenn der Bürger nicht die Zuhörerschaft hat, die er sich wünscht.

---

486   Zur Prüfung von Grundrechten im Drittwirkungsverhältnis, *Fechner*, Medienrecht, 3. Kap. Rn. 31.

487   BVerfGE 90, 27 (36) »Parabolantenne«; *Bethge*, in: Sachs, Art. 5 Rn. 59; *Fechner*, Medienrecht, Kap. 3 Rn. 33, 89; *Kannengießer*, in: Schmidt-Bleibtreu u.a., Art. 5 Rn. 9. Zum Fall der Anbringung eines politischen Plakats an der Außenseite einer Mietwohnung *Clemens*, in: Umbach/Clemens, Art. 5 Rn. 67.

488   *Herzog*, in: Maunz/Dürig, Art. 5 Abs. I, II Rn. 76.

489   Z.B. § 39 DRiG; § 53 BBG; vergl. BVerfG NJW 1983, 2691.

490   *Stern*, Staatsrecht IV/1, S. 1422; *Hoffmann-Riem*, S. 97.

491   *Herzog*, in: Maunz/Dürig, Art. 5 Abs. I, II Rn. 74 ff.

492   BVerfGE 93, 266 (296). Dies gilt für Unterlassungsansprüche, die in die Zukunft gerichtet sind, hingegen nicht; BVerfG NJW 2006, 207 ff., »Stolpe«, ebenso wenig für Gegendarstellungsansprüche BVerfG DVBl 2008, 313 (316).

2. Informationsfreiheit

Ein Eingriff in die Informationsfreiheit ist gegeben, wenn die Möglichkeit zur Rezep- **260** tion einer allgemein zugänglichen Quelle durch staatliche Maßnahmen verunmöglicht oder auch nur zeitlich verzögert oder anderweitig erschwert wird.[493] Beispiele sind Störsender[494] oder die staatliche Erfassung und Registrierung der Informationsquellen des Bürgers.[495]

Da das Grundgesetz den Schutzbereich der Informationsfreiheit lediglich auf »all- **261** gemein zugängliche Quellen« eröffnet, liegt kein Eingriff vor, wenn eine nicht allgemein zugängliche Quelle der Allgemeinheit nicht geöffnet wird.[496] Einen Eingriff stellt es demgegenüber dar, wenn eine bisher allgemein zugängliche Quelle durch eine staatliche Maßnahme in eine nicht allgemein zugängliche Quelle umgewandelt wird.

3. Medienfreiheit

Eingriffe in die Medienfreiheit sind hinsichtlich sämtlicher Aspekte des Schutz- **262** bereichs der Presse- und Rundfunkfreiheit denkbar, etwa Maßnahmen, durch die die Gründung von Presse- oder Rundfunkunternehmen behindert würden, wie auch jede Erschwerung des Zugangs zu journalistischen Berufen. Grundrechtlich relevante Eingriffe sind Einblicke des Staates in die Redaktionsarbeit, insbes., um über Informanten der Medien Kenntnis zu erlangen. Abhörmaßnahmen, Durchsuchungen und Beschlagnahmen stellen massive Eingriffe in die Medienfreiheit dar.

Würde ein Medienunternehmer durch eine staatliche Maßnahme zur Wiedergabe ei- **263** ner bestimmten Meinung gezwungen, so wäre dies ebenso ein Eingriff in die Medienfreiheit wie wenn er gezwungen würde, die Meinungen pluralistisch wiederzugeben – etwa dem binnenpluralistischen Modell des öffentlichrechtlichen Rundfunks vergleichbar.[497] Ein Eingriff in die Medienfreiheit liegt beispielsweise auch in den Vorschriften über die Gegendarstellung in den Presse-, Landesrundfunk- und Landesmediengesetzen, da sie sich auf Art und Inhalt der Rundfunksendungen auswirken.[498]

Beim öffentlichrechtlichen Rundfunk sind Eingriffe vor allem dann gegeben, wenn **264** in die Kompetenzen des Rundfunkrats eingegriffen und so eine staatsfreie und pluralistische Meinungswiedergabe im öffentlichrechtlichen Rundfunk verhindert oder eingeschränkt würde.

---

493 *Hoffmann-Riem*, S. 155.
494 *Hoffmann-Riem*, S. 155.
495 *Pieroth/Schlink*, Rn. 628.
496 *Hoffmann-Riem*, S. 159.
497 Zu den Vielfaltsanforderungen bez. des Privatrundfunks s. §§ 25 ff. RStV.
498 *Beater*, Rn. 107; *Ipsen*, Rn. 485; *Ladeur*, in: Hamburger Kommentar, S. 141; zur verfassungsrechtlichen Überprüfung der Fristen BVerfGE 63, 131 (141 ff.).

265 Ein Eingriff in die Medienfreiheit kann schließlich auch bei einem positiven Handeln des Staates anzunehmen sein, wenn ein Unternehmen staatlich subventioniert wird und die Konkurrenten dadurch wirtschaftliche Nachteile erleiden. Dies gilt vor allem hinsichtlich der Filmfreiheit.

266 Zu beachten ist allerdings, dass nicht jede gesetzliche Vorgabe, die auf die Medienfreiheit verkürzende Wirkung ausübt, einen Eingriff darstellt. Vielmehr obliegt es insbesondere im Bereich des Rundfunks dem Gesetzgeber, die Grundzüge der Medienordnung auszugestalten.[499]

4. Kunstfreiheit

267 Eingriffe in die Kunstfreiheit sind alle staatliche Maßnahmen, die das Kunstschaffen verunmöglichen oder staatlichem Einfluss in Bezug auf den Inhalt aussetzen. Dies trifft zu für Verbote, bestimmte Kunstrichtungen auszuüben oder einen künstlerischen Beruf überhaupt zu ergreifen.

268 **Indirekte Eingriffe** in die Kunstfreiheit sind z.B. die Rückforderung einer Subvention für einen geförderten künstlerischen Film oder die staatliche Warnung vor einem Film.[500] Werden Filme nur für eine bestimmte Altersgruppe zugelassen oder dürfen sie überhaupt nicht vor Kindern und Jugendlichen vorgeführt werden, so liegt hierin ebenfalls ein Eingriff. Mittelbare Beeinträchtigungen können sich zudem aus den verschiedensten Rechtsgebieten wie Steuerrecht, Baurecht, Straßenrecht etc. ergeben.[501] Die zivil-rechtlichen Sanktionen wie Schadensersatz, Gegendarstellung und Auflagen zur Schwärzung stellen ebenfalls Eingriffe in die Kunstfreiheit dar.[502]

5. Wissenschaftsfreiheit

269 Eingriffe in die Wissenschaftsfreiheit sind insbesondere staatliche Versuche, die Wahl und Ausgestaltung von Forschungsthemen zu beeinflussen. Ein Eingriff in die Wissenschaftsfreiheit ist nicht nur bei staatlichen Maßnahmen anzunehmen, die die Rechte des einzelnen Wissenschaftlers beeinträchtigen, sondern auch dann, wenn die Hochschulen als solche in der Ausübung und Ermöglichung wissenschaftlicher Betätigung beeinträchtigt werden. Somit ist auch die Schließung von Hochschulen[503] und die Streichung von Studiengängen am Grundrecht des Art. 5 Abs. 3 GG zu messen, ebenso wie die Entmachtung von Hochschulgremien durch staatlich eingesetzte Funktionsträger.

270 **Keinen Eingriff** in die Wissenschaftsfreiheit stellt es dar, wenn dem Wissenschaftler nicht die von ihm geforderten finanziellen Mittel zugestanden werden.

---

499 *Gersdorf,* Rn. 84; vergl. *Hoffmann-Riem,* S. 190 f.
500 *Hufen,* § 33 Rn. 25.
501 *Hufen,* § 33 Rn. 26.
502 *Hufen,* § 33 Rn. 25.
503 Allerdings besteht kein Schutz des einzelnen Wissenschaftlers gegen die Schließung seiner Forschungseinrichtung BVerfGE 85, 360 (382).

II. Schranken

1. Schrankentypen

Art. 5 GG enthält zwei grundsätzlich unterschiedliche Schrankenregelungen. Während die Kommunikationsgrundrechte des Abs. 1 GG einem **qualifizierten Gesetzesvorbehalt** unterliegen, sind die Kunst- und die Wissenschaftsfreiheit als »geschlossene Grundrechte« grundsätzlich **schrankenlos** gewährleistet. 271

Die früher vertretene Auffassung, derzufolge die Schrankenregelung des Abs. 2 GG auch auf die Kunst- und die Wissenschaftsfreiheit Anwendung findet, ist nicht mehr vertretbar.[504] Dies bereits aufgrund der systematischen Interpretation, hätte doch der Verfassungsgeber die Schrankenregelung den Grundrechten des Abs. 3 nachstellen können. Darüber hinaus würde eine solche Interpretation der besonderen Bedeutung der Kunst- und der Wissenschaftsfreiheit nicht gerecht. 272

2. »Allgemeine Gesetze« als Schranke der Kommunikationsgrundrechte

Dem Wortlaut des Art. 5 Abs. 2 GG zufolge finden die Kommunikationsfreiheiten ihre Schranken zunächst »in den **Vorschriften der allgemeinen Gesetze**«. Gegenüber einem einfachen Gesetzesvorbehalt, der eine Einschränkung durch jedes Gesetz zulässt, handelt es sich um einen qualifizierten Gesetzesvorbehalt, da nur ein »allgemeines Gesetz« dazu geeignet ist, die in Abs. 1 aufgeführten Grundrechte einzuschränken. Durch die Beschränkung auf »allgemeine Gesetze« soll sichergestellt werden, dass der Gesetzgeber die Kommunikationsgrundrechte nicht durch Schrankenregelungen aushöhlt und sie nur noch als leere Hülsen im Wortlaut der Verfassung verbleiben, ohne noch ihrer Funktion gerecht werden zu können. 273

a) Begriff des allgemeinen Gesetzes

Dem BVerfG zufolge sind Gesetze allgemein, die sich nicht gegen die Äußerung einer Meinung als solche richten, vielmehr dem Schutz eines schlechthin, ohne Rücksicht auf eine bestimmte Meinung zu schützenden Rechtsguts dienen, das gegenüber der Betätigung der Meinungsfreiheit grundsätzlich den Vorrang hat.[505] Das BVerfG kombiniert somit die schon unter der Weimarer Reichsverfassung entwickelte »Sonderrechtslehre« und die »Abwägungslehre«. Der **Sonderrechtslehre** zufolge darf sich ein Gesetz nicht gegen eine Meinung als solche wenden, während bei der **Abwägungslehre** ein Gesetz nur dann ein allgemeines ist, wenn das geschützte Rechtsgut gegenüber der Meinungsfreiheit vorrangig ist.[506] Abs. 2 stellt mithin die Meinungsneutralität einschränkender Gesetze sicher.[507] Kein allgemeines Gesetz liegt daher 274

---

504 *Groß*, Rn. 114.
505 BVerfGE 62, 230 (243 f.) »Denkzettel-Aktion«; E 28, 191 (200) »Pätsch«.
506 Vergl. *Manssen*, Rn. 388 f.; *Pieroth/Schlink*, Rnr. 638.
507 *Pieroth/Schlink*, Rn. 638 mit der Differenzierung zwischen Meinungsmissionierung und Meinungsdiskriminierung; *Kübler*, S. 71.

auch dann vor, wenn lediglich den Medien, nicht aber jedermann, bestimmte Verhaltensweisen untersagt werden.[508]

275 **Beispiele**[509] für allgemeine Gesetze sind die Normen des Straßenrechts, soweit Sondernutzungserlaubnisse verlangt werden. Allerdings ist zu beachten, dass politische Werbung im Straßenverkehr zum Gemeingebrauch zählt. Lediglich Informationstische, Plakatständer etc. können dem Vorbehalt einer Sondernutzungserlaubnis unterstellt werden.[510] Der »kommunikative Gemeingebrauch« ist gerade ein wesentliches Element des Straßenrechts. Zu erwähnen sind zudem Gesetze, die der Vielfaltssicherung dienen,[511] z.B. §§ 25 ff. RStV.

276 Es verbleiben problematische Fälle, die sich kaum als »allgemeine Gesetze« bezeichnen lassen, wie § 86a StGB. Ein Teil der rechtswissenschaftlichen Literatur geht mit dem BVerfG davon aus, dass solche Äußerungen, wie beispielsweise auch die »Auschwitzlüge«, schon gar nicht in den Schutzbereich der Meinungsfreiheit fallen.[512] Dieser Auffassung zufolge handelt es ich nicht um ein Schrankenproblem. Demgegenüber wird argumentiert, diese Gesetze richteten sich sehr wohl gegen eine bestimmte Meinung. Da die Meinungsfreiheit grundsätzlich Äußerungen unabhängig von ihrem Wahrheitsgehalt umfasst, muss das Problem auf Schrankenebene gelöst werden. Eine Beschränkung von Kommunikationsfreiheiten wird auch unter Berufung auf kollidierendes Verfassungsrecht für möglich gehalten.[513] Dieser Auffassung ist mit folgender Begründung zuzustimmen. Wenn schon geschlossene Grundrechte durch andere Grundrechte und Werte von Verfassungsrang beschränkt werden können, so muss das erst recht für Grundrechte mit Gesetzesvorbehalt gelten. Bei den genannten Beispielen sind das friedliche Zusammenleben der Bürger und das Gebot der Völkerverständigung Werte von Verfassungsrang, die gegenüber der Meinungsfreiheit den Vorrang erheischen.

277 Einen Schritt weiter als in der Entscheidung »Auschwitzlüge« geht das BVerfG in der »Wunsiedel-Entscheidung«, in der es § 130 Abs. 4 StGB mit dem Grundgesetz für vereinbar erklärt. Diese Norm stellt unter bestimmten Voraussetzungen Äußerungen unter Strafe, die die nationalsozialistische Gewalt- und Willkürherrschaft billigen, verherrlichen oder rechtfertigen. Damit ist der Schutzzweck des § 130 Abs. 4 StGB nicht inhaltsoffen und allgemein gestaltet, weshalb die Norm kein allgemeines Gesetz, sondern Sonderrecht darstellt. Das BVerfG lässt ausdrücklich für Bestimmungen, die der propagandistischen Gutheißung der nationalsozialistischen Willkürherr-

---

508 BVerfGE 21, 271 (280) »Südkurier«. Kritisch zur Begrifflichkeit des BVerfG *Hoffmann-Riem*, S. 103 f.
509 Katalog bei *Schulz*, in: Hamburger Kommentar, S. 156.
510 *Hoffmann-Riem*, S. 137.
511 Zu Einzelheiten s. *Hoffmann-Riem*, S. 206 f.
512 BVerfGE 90, 241 (247), »Auschwitzlüge«; kritisch auch *Stern*, Staatsrecht IV/1, S. 1453.
513 *Manssen*, Rn. 401; *Kübler*, S. 72.

schaft Grenzen setzen, eine Ausnahme vom Allgemeinheitserfordernis in Art. 5 Abs. 2 GG zu.[514]

Partei- und Vereinsverbote, auch wenn sie sich gegen eine bestimmte Meinung rich- 278 ten, sind ausdrücklich über die Sondervorschriften des Art. 9 Abs. 2 und Art. 21 Abs. 2 und 3 GG gerechtfertigt.[515]

b) Jugend- und Ehrschutz als eigenständige Kategorien?

Als Schranke der Kommunikationsgrundrechte werden neben den allgemeinen Ge- 279 setzen die »gesetzlichen Bestimmungen zum Schutze der Jugend« und das »Recht der persönlichen Ehre« angeführt. In welchem Verhältnis die einzelnen Elemente dieser **Schrankentrias** stehen, ist umstritten. Eine Auffassung in der Literatur ist der Über- zeugung, dass es sich bei den Schranken um einander überschneidende Kreise han- delt, die grundsätzlich voneinander unabhängig sind.[516] Noch weitergehend wird gesagt, die Bestimmungen des Jugend- und des Ehrschutzes seien gerade keine all- gemeinen Gesetze, sondern ein die Rechtsgüter der Kommunikationsfreiheiten ein- schränkendes Sonderrecht, weshalb sie ausdrücklich erwähnt werden müssten.[517] Demgegenüber steht die Auffassung, die die Erwähnung des Jugend- und des Ehr- schutzes für überflüssig hält,[518] da beide in allgemeinen Gesetzen ausformuliert sind, der Jugendschutz im Jugendschutzgesetz bzw. Jugendmedienschutzstaatsvertrag und der Ehrschutz in den Ehrdelikten der §§ 185 ff. StGB.[519]

Die Erwähnung des Jugendschutzes und des Ehrschutzes ist jedenfalls dann nicht 280 entbehrlich, wenn man darin eine Hervorhebung dieser besonders wichtigen Schutz- güter sieht sowie einen **Auftrag an den Gesetzgeber**, zum Schutz dieser besonders ge- fährdeten Rechtsgüter tätig zu werden.[520] Der Schutz der Ehre steht dabei lediglich stellvertretend für den gesamten Bereich des allgemeinen Persönlichkeitsrechts.[521]

c) Schranken-Schranken

aa) Zensurverbot

Das Zensurverbot des Art. 5 Abs. 1. S. 3 GG erscheint aus systematischer Sicht zu- 281 nächst als weiteres Grundrecht. Tatsächlich handelt es sich dabei um eine Vorgabe

---

514 BVerfG K & R 2010, 648.
515 *Pieroth/Schlink*, Rn. 648.
516 *Herzog*, in: Maunz/Dürig, Art. 5 Abs. I, II Rn. 244; *Stern*, Staatsrecht IV/1, S. 1442 f.
517 *Ipsen*, Rn. 472; *Schmidt-Jortzig*, in: HdBStR VII, § 162 Rn. 59; vergl. *Beater*, Rn. 112; *Pieroth/Schlink*, Rn. 635.
518 Vergl. *Hoffmann-Riem*, S. 110.
519 *Löffler/Ricker*, 11. Kap., Rn. 12; vergl. *Manssen*, Rn. 387.
520 *Fink*, in: Spindler/Schuster, C. Rn. 59; vergl. *Starck*, in: v. Mangoldt/Klein/Starck I, Art. 5 Rn. 209.
521 *Schulz*, in: Hamburger Kommentar, S. 157, Rn. 56 ff.; zum allgemeinen Persönlichkeits- recht, *Fechner*, Medienrecht, 4. Kap.

an den Gesetzgeber, die dieser bei der Ausgestaltung von Schranken zu beachten hat, um eine sog. Schranken-Schranke.[522] Das Zensurverbot verbietet staatliche Maßnahmen, durch die die Herstellung oder Verbreitung von Geisteswerken von behördlicher Vorprüfung und Genehmigung ihres Inhalts abhängig gemacht wird, die sog. **Vorzensur**. Eine Vorzensur wäre anzunehmen, wenn Medienmitarbeiter verpflichtet würden, ihre Beiträge vor der Veröffentlichung einer staatlichen Stelle zur vorherigen Genehmigung vorzulegen.[523] Maßnahmen der Vorzensur sind verboten, da ihre bloße Existenz das Geistesleben beeinträchtigen könnte. Darüber hinaus sind auch andere einschränkende Maßnahmen staatlicher Gewalt, die vor der Herstellung oder Verbreitung eines Geisteswerks eingreifen, verboten.[524]

282   Da das Zensurverbot somit kein Recht i.S.d. Art. 5 Abs. 1 GG ist, sind auch die Schranken des Art. 5 Abs. 2 GG auf das Zensurverbot nicht anwendbar.[525] Selbst der ausdrücklich in Art. 5 Abs. 2 GG aufgeführte Jugendschutz und der Ehrschutz rechtfertigen keine Maßnahmen, die als Vorzensur wirken.[526] Das BVerfG geht daher von einer »absoluten Eingriffsschranke« aus.[527] Neuere Überlegungen fordern darüber hinaus eine Ausweitung des Zensurverbots auf das Internet gegenüber einer präventiven, staatlichen Überwachung.[528]

283   Die Frage, ob die Vorlagepflicht vor Jugendfreigabe[529] sich als unzulässige Vorzensur darstellt, lässt sich leicht mit dem Hinweis darauf entkräften, dass sich die Pflicht lediglich auf Filme bezieht, die auch vor Kindern oder Jugendlichen vorgeführt werden sollen, wohingegen Filme, bei denen dies von vorne herein nicht der Fall ist, d.h., die nur vor Erwachsenen gezeigt werden sollen, keiner Vorlagepflicht unterliegen.

284   Das Zensurverbot erstreckt sich allerdings **nicht** auf die sog. **Nachzensur**. Dabei handelt es sich um nachträgliche Eingriffe des Staates bei der Verbreitung bereits veröffentlichter Medien. Insoweit unterliegen die Schranken des Art. 5 Abs. 2 GG keiner weiteren Beschränkung. Dies gilt grundsätzlich auch bei Multimediainhalten, die sogleich nach ihrer Veröffentlichung ausgefiltert werden.[530] Die Nachzensur ist nicht nur zulässig, sondern erscheint erforderlich, um den Jugend- und den Ehrschutz gewährleisten zu können.[531]

---

522 *Stern*, Staatsrecht IV/1, S. 1603; *Schmidt-Jortzig*, in: HdBStR VII, § 162 Rn. 55; *Pieroth-Schlink*, Rn. 593.
523 BVerfGE 47, 198 (236 f.) E 73, 118 (166).
524 BVerfGE 47, 199 (236).
525 *Ipsen*, Rn. 492.
526 Vergl. *Hoffmann-Riem*, S. 140.
527 BVerfGE 33, 52 (53).
528 *Grabenwarter*, in Maunz/Dürig, Art. 5 Abs. 1, Rn. 119.
529 § 14 JuSchG.
530 Zu den Problemen im Einzelnen *Stern*, Staatsrecht IV/1, S. 1608 ff.
531 *Ipsen*, Rn. 495.

bb) Wechselwirkungslehre

Alle Schranken-Schranken, die für die Grundrechte allgemein gelten,[532] kommen 285 auch im Rahmen des Art. 5 Abs. 2 GG zur Anwendung. Dies gilt für das **Verbot von Einzelfallgesetzen** in Art. 19 Abs. 1 Satz 1 GG, das **Zitiergebot** des Art. 19 Abs. 1 Satz 2 GG und für die **Wesensgehaltsgarantie** des Art. 19 Abs. 2 GG. Von besonderer Bedeutung im Rahmen der Kommunikationsgrundrechte ist die Wechselwirkungslehre. Die Wechselwirkungslehre wurde vom BVerfG im Rahmen der Meinungsäußerungsfreiheit in der Lüth-Entscheidung erstmals angewendet. Sie besagt, dass ein Gesetz, das ein Grundrecht einschränkt, im Lichte des betreffenden Grundrechts auszulegen und in seiner das Grundrecht beschränkenden Wirkung selbst wieder einzuschränken ist.[533] Die Wechselwirkungslehre hat für die Auslegung Bedeutung, beschränkt jedoch auch den Gesetzgeber beim Erlass von Normen, der sich bei einschränkenden Gesetzen der »wertschätzenden Bedeutung des Grundrechts« bewusst sein muss. Die Wechselwirkungslehre ist daher eine für die Kommunikationsgrundrechte entwickelte besondere Ausprägung des Grundsatzes der Verhältnismäßigkeit in einem engeren Sinne.[534]

cc) Schranken außerhalb des Art. 5 GG

Außerhalb des Art. 5 GG gibt es Normen des Grundgesetzes, die als Schranken des 286 Grundrechts des Art. 5 Abs. 1 GG wirken. Dies gilt für Art. 17a GG, der eine Beschränkung der Meinungsfreiheit im Rahmen des Wehr- und Ersatzdienstes zulässt. Betroffen ist allerdings lediglich die Meinungsäußerungsfreiheit.

d) Rechte Dritter

Nicht als Schranke im grundrechtlichen Sinne, indessen ebenfalls die Medienfreiheit 287 einschränkend, können sich Rechte Dritter, insbesondere das **allgemeine Persönlichkeitsrecht** auswirken.[535] Zu einem unmittelbaren Eingriff wird das allgemeine Persönlichkeitsrecht allerdings dann, wenn entsprechende Verkürzungen der Medienfreiheit gesetzlich normiert oder durch Urteilsspruch für verbindlich erklärt werden. Beispiel für eine solche Normierung ist das Recht auf Gegendarstellung, das in den Pressegesetzen und im Rundfunkstaatsvertrag enthalten ist.[536]

---

532 Siehe Einführung von *Klaus Stern* in diesem Kommentar.

533 BVerfGE 7, 198 (209) »Lüth«; der Begriff geht zurück auf *Oppermann*, Gutachten für den 51. DJT 1976, S. 48 ff.

534 »Frühform des Übermaßverbots bezogen auf die Meinungsfreiheit«, *Ipsen*, Rn. 488, 490.

535 Vergl. *Hoffmann-Riem*, S. 110 ff.; *Pieroth/Schlink*, Rn. 640 messen der Wechselwirkungslehre dieselbe Bedeutung zu wie dem Grundsatz der verfassungskonformen Auslegung, der jedoch primär die Verfassungsmäßigkeit von Normen verhindern soll.

536 § 10 MPresseG (in der Textsammlung Fechner/Mayer), § 56 RStV, sowie Landesrundfunk- und Landesmediengesetze.

3. Meinungsfreiheit

288   Eingriffe in die Meinungsfreiheit sind verfassungsrechtlich gerechtfertigt, wenn sie den Schranken des Art. 5 Abs. 2 GG entsprechen. Zulässig sind Gesetze, die die Meinungsäußerung zum Schutz eines anderen Rechtsguts beeinträchtigen. Dies ist der Fall hinsichtlich der Volksverhetzung in § 133 StGB, die bestimmte Meinungsäußerungen im Hinblick auf ein friedliches Zusammenleben der Bevölkerung strafrechtlich sanktioniert. Ruf und Ehre des Staates sind – entgegen den Grundsätzen der wehrhaften Demokratie – gegenüber der Meinungsäußerungsfreiheit hingegen nachrangig, weshalb von einer »Staatsschutzlücke« gesprochen wurde.[537]

289   Zulässig sind Beschränkungen der Meinungsfreiheit in sog. **Sonderstatusverhältnissen**, um die Funktionsfähigkeit der Einrichtung zu erhalten. Einschränkungen sind indessen immer nur auf Grund eines Gesetzes möglich.[538] Insbesondere in der Schule ist zu beachten, dass die Schüler schon frühzeitig lernen sollen, ihre Grundrechte wahrzunehmen. Beschränkungen der Meinungsfreiheit sind daher nur zulässig, um den Schulfrieden zu erhalten und den ordnungsgemäßen Ablauf des Unterrichts zu gewährleisten.

290   **Beamte** haben sich den Beamtengesetzen gemäß bei ihren politischen Äußerungen besonderer Zurückhaltung zu befleißigen. Dies zum einen, um die Erledigung dienstlicher Angelegenheiten nicht zu gefährden, vor allem aber, um das Vertrauen der Allgemeinheit in eine unparteiische Amtsführung nicht zu gefährden.[539] In besonderer Weise gilt dies für Richter. Allerdings muss die Meinungsäußerung möglich sein, wenn kein Bezug zum Dienst gegeben ist, insbesondere, wenn nicht im Zusammenhang mit der Meinungsäußerung auf das ausgeübte Amt hingewiesen wird.

4. Informationsfreiheit

291   Regelungen, die die Verbreitung von Massenmedien beschränken, greifen häufig in die Freiheit der Rezipienten zur Nutzung der von ihnen gewünschten Medieninhalte ein. Dies gilt beispielsweise für jugendschutz-rechtliche Bestimmungen, die den Zugang zu jugendgefährdenden Schriften und Medieninhalten über den zu schützenden Personenkreis hinaus auch für Erwachsene behindern oder ganz ausschließen.

292   Um ein »allgemeines Gesetz« i.S. des Abs. 2 handelt es sich immer nur dann, wenn nicht eine bestimmte Information oder bestimmte Informationsquelle unterdrückt wird. Zulässig sind Regelungen, die im Interesse anderer Rechtsgüter vorgenommen werden, etwa zum Schutze der Jugend. Diese Vorgaben und die besondere Bedeutung der Informationsfreiheit in der Demokratie sind beispielsweise bei Antenneverboten im Denkmalrecht zu berücksichtigen.[540] Hinsichtlich des Jugendschutzes ist

---

537 *Hochhuth*, S. 354 ff.

538 BVerfGE 33, 1 ff. »Strafgefangenen-Entscheidung«.

539 *Hoffmann-Riem*, S. 131.

540 BVerfG NJW 1992, 2412; vergl. *Eberl/Kapteina/Kleeberg/Martin*, Entscheidungen zum Denkmalrecht, 2005, 1.1 Nr. 4, Anm. *Eberl* zu Nr. 5, sowie 1.2 Nr. 2.

Fechner

zu beachten, dass Jugendliche auch lernen müssen, mit verschiedensten Informationen umzugehen, so dass die Umschreibung des Jugendschutzes letztlich eine Frage des demokratisch legitimierten Gesetzgebers ist. Verfassungsrechtlich gerechtfertigt sind solche Eingriffe lediglich, wenn der Gesetzgeber die Informationsfreiheit in verhältnismäßiger Weise einschränkt.

Die Beschränkung **ausländischer Medien** kann verfassungsrechtlich gerechtfertigt   293
sein, beispielsweise zur Aufrechterhaltung des nationalen Jugendschutzes. Unzulässig ist indessen aufgrund des europäischen Herkunftslandsprinzips in der Richtlinie über audiovisuelle Mediendienste (Art. 2a AVMD), Sendungen aus anderen EU-Mitgliedstaaten Beschränkungen zu unterwerfen, von engen Ausnahmen abgesehen. Damit sind strengere nationale Bestimmungen beispielsweise des Jugendschutzes gegenüber Sendungen aus anderen EU-Mitgliedstaaten faktisch wirkungslos.

5. Medienfreiheit

a) Landespressegesetze

Die Presse ist durch zahlreiche gesetzliche Bestimmungen in ihrer Grundrechtsaus-   294
übung beschränkt. Dies gilt insbesondere für die Landespressegesetze, die die Pressetätigkeit bestimmten formalen Voraussetzungen unterwirft. Zu nennen sind die Impressumpflicht, die Benennung verantwortlicher Redakteure sowie die Aufdeckung der wirtschaftlichen Einflussnahmen auf das Presseunternehmen.[541] Angesichts der Notwendigkeit, den durch die Medien Geschädigten die Möglichkeit zur Rechtsverfolgung einzuräumen, erscheinen diese Vorgaben gerechtfertigt. Demgegenüber kann von einer inhaltlichen Beeinträchtigung der Pressefreiheit durch die in den Landespressegesetzen angeordnete journalistische Sorgfaltspflicht kaum gesprochen werden, da eine staatliche Sanktionierung bei Zuwiderhandlung gegen dieses Gebot nicht vorgesehen ist. Demgegenüber dürfen Verwaltung und Polizei nicht in die publizistische Tätigkeit eingreifen (»**Polizeifestigkeit des Presserechts**«).[542]

b) Rundfunkstaatsvertrag und Landesmediengesetze

Die bedeutungsvollste Einschränkung des privaten Rundfunks ist die **Ungleichbe-**   295
handlung gegenüber dem öffentlichrechtlichen Rundfunk. So haben sich die privaten Rundfunksender selbst zu finanzieren, während der öffentlichrechtliche Rundfunk hinsichtlich seines Funktionsauftrags durch Beiträge finanziert wird. Darüber hinaus hat das BVerfG verschiedene Voraussetzungen für die Veranstaltung von Privatrundfunk aufgestellt, die vom Gesetzgeber zu beachten sind und die sich teilweise als Beschränkungen der Rundfunkfreiheit darstellen. Dies gilt für die Voraussetzung, derzufolge der Gesetzgeber jedenfalls ein Mindestmaß an inhaltlicher Ausgewogenheit der Programme, der Sachlichkeit und der gegenseitigen Achtung zu gewährleisten hat. Eine verfassungskonforme Schranke ist die Zulassungspflicht für den pri-

---

541 §§ 7, 8, 11, 15 MusterPresseG (in der Textsammlung von Fechner/Meyer).
542 *Löffler/Ricker*, 10. Kap., Rn. 4.

vaten Rundfunk, die vor allem die kontinuierliche Aufrechterhaltung einmal zugelassener Privatsender sicherstellen und zur Meinungspluralität beitragen soll.

296   Die **Programmgrundsätze** sind so allgemein gehalten, dass sie zwar bestimmte Darstellungen ausschließen, indessen keinen inhaltlich lenkenden Einfluss ausüben können. Vielmehr muss davon ausgegangen werden, dass der Gesetzgeber den Rahmen des verfassungsrechtlich Zulässigen mit den gegenwärtigen Regelungen des Rundfunkstaatsvertrags noch nicht voll ausgelotet hat.

297   Private Rundfunksender können sich auf die Tendenzautonomie wie Presseverlage berufen. Aus diesem Grund stellt es einen erheblichen Eingriff in die Rundfunkfreiheit dar, wenn die Meinungspluralität auch innerhalb eines Privatsenders durch den Rundfunkräten ähnliche Gremien sichergestellt werden soll.[543] Solche Maßnahmen sind im Interesse der **Meinungspluralität** innerhalb der Demokratie verfassungsrechtlich gerechtfertigt.

c) Straftatbestände

298   Verfassungsrechtlicher Rechtfertigung bedürfen jedenfalls die Normen des Strafgesetzbuchs, die sich als Eingriff in die Medienfreiheit darstellen.[544] Neben den allgemeinen strafrechtlichen Normen wie Volksverhetzung (§ 130 StGB), Anleitung zu Straftaten und Gewaltdarstellungen (§ 131 StGB) sowie die Beschimpfung von religiösen und weltanschaulichen Bekenntnissen (§ 166 StGB) sind an dieser Stelle vor allem die Presseinhaltsdelikte einschlägig, wie der sog. publizistische Landesverrat in § 95 StGB. Allgemeine Gesetze, die von den Medien zu beachten sind, stellen die Ehrschutzdelikte der §§ 185 ff. StGB dar. Zu beachten ist insbes. die Bestrafung wegen der Äußerung nicht nachweislich wahrer persönlichkeits- rechteverletzender Tatsachen gem. § 186 StGB.[545]

299   Noch nicht in vollem Umfang verfassungsrechtlich ausgelotet sind Strafbestimmungen wie § 201a StGB, der die Verletzung des höchstpersönlichen Lebensbereichs durch Bildaufnahmen unter Strafe stellt. Bei der Anwendung dieser Norm ist die Medienfreiheit zu beachten.

d) Kunsturhebergesetz – Recht am eigenen Bild

300   Als weitere Schranke der Medienfreiheit ist das KUG zu nennen. Auf den ersten Blick scheint es sich beim »Recht am eigenen Bild« des § 22 KUG um eine rein zivilrechtliche Norm zu handeln. Tatsächlich ist es eine staatliche Ordnungsvorschrift, wie sich aus der Strafandrohung des § 33 Abs. 1. KUG ergibt. Durch die Rechtsprechung des Europäischen Gerichtshofs für Menschenrechte[546] und deren Berücksich-

---

543   § 32 RStV.

544   Einzelheiten zum Medienstrafrecht *Fechner*, Medienrecht, 6. Kap, Rn. 92 ff.

545   Zu beachten ist allerdings der Rechtfertigungsgrund des § 196 StGB, der eingreift, wenn die journalistische Sorgfaltspflicht beachtet wurde.

546   EGMR NJW 2004, 2647.

tigung in der nationalen höchstrichterlichen Rechtsprechung[547] stellt sich das Recht am eigenen Bild als durchaus gewichtige Schranke der Medienfreiheit dar. Durften früher »absolute Person der Zeitgeschichte« ohne Einwilligung abgebildet werden, so gilt das nur noch für Abbildungen Prominenter, insbesondere Politiker in offizieller Funktion, nicht jedoch in Alltagssituationen. In den übrigen Fällen der Abbildung Prominenter ist eine Abwägung zwischen der Medienfreiheit und dem allgemeinen Persönlichkeitsrecht im jeweiligen Einzelfall vorzunehmen. Die Veröffentlichung eines Bildnisses ist nur zulässig, wenn eine Einwilligung vorliegt oder wenn das Bild ein Ereignis von zeitgeschichtlicher Bedeutung illustriert, wobei sich die zeitgeschichtliche Bedeutung auch aus dem begleitenden Text ergeben kann.[548]

e) Gerichtsverfassungsgesetz

Eine vieldiskutierte Schranke der Rundfunkfreiheit stellt § 169 Satz 2 GVG dar, **301** demzufolge während einer Gerichtsverhandlung keine Fernsehaufnahmen zulässig sind. Da nicht die Medien als solche aus dem Gerichtssaal ausgeschlossen werden und da der Gesetzgeber die Persönlichkeitsrechte der Verfahrensbeteiligten zu wahren hat, ist diese Einschränkung der Rundfunkfreiheit[549] verfassungsgemäß. Das BVerfG hat allerdings im Hinblick auf das Informationsinteresse der Allgemeinheit eine Berichterstattung vor dem Beginn der Sitzung und in den Sitzungspausen für zulässig erachtet.[550] In der Praxis hat sich die »Poollösung« bewährt, bei der ein Kamerateam Aufnahmen vor der Verhandlung und in den Verhandlungspausen anfertigen darf und dann das ungeschnittene Material den anderen Medienvertretern kostenlos zur eigenen Verwertung anbietet.

f) Besonderheiten des öffentlichrechtlichen Rundfunks

aa) Finanzierung

Eingriffe in die Rundfunkfreiheit des öffentlichrechtlichen Rundfunks sind nur dann **302** gerechtfertigt, wenn sie den **Funktionsauftrag** des öffentlichrechtlichen Rundfunks nicht beeinträchtigen und sich nicht als staatliche Beeinflussung des Inhalts der Sendungen darstellen. Unzulässig wäre es beispielsweise, wenn dem öffentlichrechtlichen Rundfunk die Möglichkeit zur Werbefinanzierung entzogen würde, ohne eine ausreichende Finanzierungsalternative zur Verfügung zu stellen. Unzulässig ist es bereits, wenn die Bundesländer ohne ausreichende Begründung vom Vorschlag der KEF zur Gebührenerhöhung nach unten abweichen.[551]

---

547 BGH AfP 2007, 121.
548 Einzelheiten *Fechner*, Medienrecht, 4. Kap.
549 *Ladeur* geht von einer Einschränkung der Presse- bzw. Informationsfreiheit aus, Hamburger Kommentar, S. 111.
550 BVerfGE 103, 44 (67 f.) »Fernsehaufnahmen im Gerichtssaal«.
551 BVerfG NJW 2008, 838 ff. »Rundfunkgebühren II« s.u. Rdn. 430.

bb) Entscheidungsfreiheit

303 Unzulässig sind darüber hinaus alle anderen Maßnahmen, die die inhaltliche Entscheidungsfreiheit der Rundfunkanstalt beeinträchtigen. Damit ist eine staatliche Aufsicht über den öffentlichrechtlichen Rundfunk nicht per se ausgeschlossen, sie muss allerdings unter Beachtung der grundrechtlichen Vorgaben ausgeübt werden.

304 Die Entscheidungsfreiheit des öffentlichrechtlichen Rundfunks ist auch im Hinblick auf den Kündigungsschutz der Rundfunkmitarbeiter zu beachten. Da Rundfunkanstalten für die Vielfalt der zu vermittelnden Programminhalte einzustehen haben, kommt ihnen das Recht zu, bei der Auswahl, Einstellung und Beschäftigung der Rundfunkmitarbeiter frei zu entscheiden, die bei der Gestaltung der Programme mitwirken. Wenn es sich hinsichtlich des öffentlichrechtlichen Rundfunks insoweit auch nicht um eine Tendenzautonomie handelt, kann diese Freiheit doch stärker sein als der arbeitsrechtliche Bestandsschutz.[552]

cc) Neue Formen der Betätigung

305 Eine häufig diskutierte Frage ist die, inwieweit eine Betätigung des öffentlichrechtlichen Rundfunks im **Online-Bereich** beeinträchtigt werden darf. Dies gilt z.B. hinsichtlich des zeitlich beschränkten Angebots bestimmter Telemedien.[553] Vor allem die Pflicht, Telemedien einem Dreistufentest zu unterziehen,[554] ist unter Berücksichtigung der Bestands- und Entwicklungsgarantie auszulegen.

6. Kunstfreiheit

306 Eingriffe in die Kunstfreiheit können ausschließlich durch entgegenstehende Grundrechte oder Werte von Verfassungsrang gerechtfertigt sein. Zu nennen sind Regelungen, die die Menschenwürde zu schützen bestimmt sind. Der Rechtsprechung des BVerfG zufolge muss die Kunstfreiheit in einem solchen Fall immer gegenüber der **Menschenwürde** zurücktreten.[555] In allen anderen Kollisionsfällen ist eine Abwägung erforderlich. Eine Grenze des »guten Geschmacks« ist verfassungsrechtlich allerdings irrelevant.[556]

307 Eine klassische Beschränkung der Kunstfreiheit ergibt sich aus dem **Jugendschutz.** Diese Beschränkung bedarf besonderer Begründung, da der Jugendschutz nicht in der Verfassung ausdrücklich ausnormiert ist. Die Erwähnung des Jugendschutzes in Art. 5 Abs. 2 GG formuliert lediglich eine Grundrechtsschranke. Allerdings lässt sich der Jugendschutz aus dem Recht der Kinder und Jugendlichen auf eine ungestörte körperlich-seelische Entwicklung in Art. 2 Abs. 1 GG sowie dem elterlichen Erziehungsrecht in Art. 6 Abs. 1 GG ableiten, das nicht zuletzt das Recht umfasst, die

---

552 BVerfGE 59, 231 (257 ff.) »Freie Rundfunkmitarbeiter«.
553 § 11d Abs. 2 Nr. 2 RStV.
554 § 11f Abs. 4 RStV.
555 BVerfGE 75, 369 (380) »Strauß-Karikatur«.
556 *Hufen*, § 33 Rn. 28.

von den Kindern und Jugendlichen rezipierten Medieninhalte zu bestimmen (bis zur Grenze der Informationsfreiheit der Jugendlichen, die insoweit jedoch erheblicher Einschränkung unterliegt).[557]

Die lange geführte Diskussion eines Vorrangs des Jugendschutzes vor der Kunstfrei- 308 heit oder auch umgekehrt, kann richtiger Auffassung zufolge nicht in der einen oder der anderen Richtung beendet werden. Vielmehr ist eine Abwägung im Einzelfall erforderlich, wobei die Schwere der Jugendgefährdung maßgeblich zu berücksichtigen ist. Die Kunstfreiheit wiegt bei Abwägungsvorgängen umso schwerer, je stärker ihr Kernbereich, der Werkbereich betroffen ist, wohingegen der Wirkbereich leichter eingeschränkt werden kann.[558]

Immer wiederkehrende Konfliktfälle ergeben sich aus der Kollision der Kunstfreiheit 309 mit **Interessen des Staates**, insbesondere wenn Symbole des Staates karikiert oder verunglimpft werden. Auch in diesen Fällen ist eine Abwägung erforderlich, wobei die Kunstfreiheit meist noch in Verbindung mit der Meinungsfreiheit, gerade was staatskritische Darstellungen anbelangt, ihren typischen Anwendungsbereich findet. Dies heißt allerdings nicht, dass der Staat wehrlos jedweder destruktiven Kritik preisgegeben wäre, wie schon die Elemente der wehrhaften Demokratie im Grundgesetz belegen. Da ein freiheitlicher Staat gerade durch die Zulassung von Kritik charakterisiert ist, wird die Grenze erst dort zu ziehen sein, wo nicht mehr Kritik an einzelnen Vorgängen oder Politikern geübt, sondern die freiheitlich-demokratische Grundordnung als solche in Frage gestellt wird. Im Hinblick auf die Außenwirkung des Staates wird die Völkerverständigung als erhebliches Kriterium für eine Beschränkung der Kunst zu beachten sein, bei besonders schweren Beeinträchtigungen auch das Ansehen des Staates nach außen. Wie schwierig die Grenzziehung hier im Einzelfall ist, zeigt das Beispiel der satirischen Verwendung von Kennzeichen verfassungswidriger Organisationen. Es geht dabei um nationalsozialistische Symbole, von denen sich der Verwender durch die satirische Darstellung ausdrücklich distanziert, z.B. ein Hakenkreuz, das in einen gezeichneten Papierkorb geworfen wird oder wenn es wie ein zerbröckelnder Stein dargestellt wird. Lässt sich mit guten Gründen die Anwendbarkeit des § 86a StGB in diesen Fällen begründen, da diese Symbole in der Bevölkerung generell keine Rolle mehr spielen sollen, sieht das BVerfG die Verwendung solcher Kennzeichen in satirischen Darstellungen nicht grundsätzlich dem Schutz der Kunstfreiheit entzogen.[559]

Regelmäßig nicht durch die Kunstfreiheit zu rechtfertigen sind Eingriffe in **Grund-** 310 **rechte Dritter**.[560] Auch der Künstler hat bei seiner Betätigung das Leben und die Gesundheit von Menschen zu beachten und darf fremdes Eigentum nicht beschädi-

---

557 BVerfGE 83, 130 (139 f.) »Josefine Mutzenbacher« s.u. Rdn. 441.
558 *Zöbeley*, in: Umbach/Clemens Art. 5 Rnr. 259.
559 BVerfGE 82, 1 (4 ff.) »Hitler-T-Shirt«.
560 Offenbar schon beim Schutzbereich *Pieroth/Schlink*, Rn. 665, s. jedoch 666.

gen.[561] Sind mehrere Interpretationen einer Kunstäußerung möglich, so ist die zu wählen, die fremde Rechte – z.B. das Persönlichkeitsrecht – nicht beeinträchtigt.[562]

7. Wissenschaftsfreiheit

a) Beschränkungen der Forschung

311   Die Wissenschaftsfreiheit ist wie die Kunstfreiheit ein vorbehaltlos gewährleistetes Grundrecht. Dennoch ist es wie diese nicht schrankenlos, wenn auch wiederum die Schranken des Art. 5 Abs. 2 GG aus systematischren Gründen nicht anwendbar sind.[563] Allerdings kann die Wissenschaftsfreiheit durch **entgegenstehende Grundrechte oder Werte von Verfassungsrang** beschränkt sein, was jeweils eine Verfassungskonkretisierung im Einzelfall erforderlich macht.[564]

312   Besonders schwerwiegend sind Eingriffe thematischer Natur. Hierzu zählen **Forschungsverbote**, z.B. im Embryonenschutz- und im Stammzellengesetz.[565] Eine »Zivilklausel«, der zufolge Forschung »nur zur zivilen Nutzung« betrieben werden darf, würde die Eigenverantwortlichkeit des Wissenschaftlers negieren.

313   Eine durch Art. 1 Abs. 1 oder Art. 2 Abs. 2 GG verfassungsrechtlich gerechtfertigte Schranke der Forschungsfreiheit sind Experimente mit Menschen – auch mit Zustimmung des Betroffenen –, wenn dadurch die Menschenwürde verletzt oder der Mensch erheblichen Gefahren ausgesetzt wird.[566]

314   Ein inhaltlicher Eingriff stellen **Tierschutzvorschriften** dar. Seit der Einführung von Art. 20a GG liegt eine Verfassungsnorm vor, mit der eine Abwägung möglich erscheint. In der Praxis stellte sich die Frage, ob Tierversuche von Studierenden unter Berufung auf die Gewissensfreiheit verweigert werden dürfen. Das BVerwG löste den Fall nach den Vorgaben der praktischen Konkordanz: zwar bestehe eine Pflicht der Studierenden zur Teilnahme am betreffenden Praktikum, indessen sind die Hochschullehrer aufgefordert, zu prüfen, ob es andere Methoden geben kann, die zum didaktischen Erfolg führen, ohne die Studierenden in Gewissenszweifel zu bringen.[567]

315   **Geistiges Eigentum**, das über Art. 14 Abs. 1 GG geschützt ist,[568] darf nicht unter Berufung auf die wissenschaftliche Tätigkeit verletzt werden.[569] Urheberrechte dürfen ebenso wenig missachtet werden wie Patente.

---

561 BVerfGE NJW 1984, 1293 ff. »Sprayer von Zürich«.

562 BVerfGE 67, 213 (230); E 93, 266 (296) »Soldaten sind Mörder«.

563 Vergl. *Manssen*, Rn. 411.

564 *Oppermann*, in: HdBStR VI, § 145 Rn. 27.

565 *Hufen*, § 34 Rn. 21.

566 *Thieme*, S. 80.

567 *Thieme*, S. 79; BVerwG DÖV 1998, 424 ff.

568 Einzelheiten *Fechner*, Geistiges Eigentum und Verfassung, 152 ff., 192 ff.

569 *Thieme*, S. 80.

Archivdaten dürfen aus persönlichkeitsrechtlichen Aspekten vor einer Veröffentlichung geschützt werden.[570] Archäologische Fundstellen dürfen aus Gründen des Denkmalschutzes (Kontexterhaltung) in gewissem Umfang auch gegen wissenschaftliche Ausgrabungen geschützt werden, ein Ergebnis, das ohne Annahme eines Kulturstaatsprinzips kaum zu begründen sein dürfte.[571]

316

Veröffentlichungspflichten stellen zwar keinen inhaltlichen, indessen einen erheblichen methodischen Eingriff in die Wissenschaftsfreiheit dar. Ist es grundsätzlich Aufgabe des Forschers, die Ergebnisse seiner Forschungen um der wissenschaftlichen Redlichkeit willen zu publizieren und damit überprüfbar und nutzbar zu machen, so kann es doch gewichtige Gründe geben, dies im Einzelfall nicht zu tun, z.B. wenn der Wissenschaftler von einer Veröffentlichung Gefahren für die Allgemeinheit oder das Objekt seines Forschens befürchten muss. Dies gilt z.B. für Forschungen, die sich für Gewaltanwendungen missbrauchen lassen oder die Veröffentlichung von Lebensräumen gefährdeter Tiere oder von Fundstellen archäologischer Objekte, wenn mit der Veröffentlichung die Gefahr der Ausrottung oder Zerstörung verbunden ist. Zulässig sind hingegen vertragliche Absprachen, insbesondere im Zusammenhang mit der Gewährung von Drittmitteln, die eine freiwillige Verpflichtung zur Veröffentlichung beinhalten.

317

Eine Reihe von Beschränkungen landesrechtlich-beamtenrechtlicher Natur bedürfen der Analyse und Abwägung im Einzelfall. Dies gilt für das Erfordernis von Nebentätigkeitsgenehmigungen, sofern diese in direktem Zusammenhang mit der wissenschaftlichen Arbeit stehen, wie auch für Residenzpflichten.

318

Da ein Anspruch auf eine bestimmte **Ausstattung** auch für den beamteten Wissenschaftler nicht besteht, stellt nicht nur eine geringe Ausstattung, sondern auch eine Reduzierung der Ausstattung im Rahmen allgemeiner haushaltsrechtlicher Umstellungen keinen Eingriff in die Wissenschaftsfreiheit dar. Etwas Anderes würde gelten, wenn einem Wissenschaftler, um ihn in inhaltlicher Weise zu beeinflussen, Ressourcen entzogen würden. Dies gilt nicht nur bei politischen oder thematischen Einflussnahmen, sondern auch dann, wenn versucht wird, ihm eine andere Lehrform aufzuzwingen, etwa wenn aufgrund einer Evaluierung von Seiten der Fakultäts- oder Universitätsleitung eine Änderung der Notengebung oder eine andere Form der didaktischen Präsentation gefordert würde.[572]

319

Bei Berufungsentscheidungen stellt ein Abweichen von der Vorschlagsliste wohl noch keinen Eingriff dar,[573] wohl aber die Ernennung eines Dritten durch den Minister.[574] Problematisch ist weiterhin die Akkreditierung durch private Akkreditie-

320

---

570 Vergl. *Hufen*, § 34 Rn. 45.
571 *Fechner*, JZ 1992, 777 ff.
572 Vergl. *Pieroth/Schlink*, Rn. 679.
573 BVerfGE 15, 256 (264).
574 *Hufen*, § 34 Rn. 23.

rungsagenturen.[575] Eine zwangsweise Umstellung auf Bachelor- und Masterstudiengänge wäre unzulässig.[576]

b) Die »Treue zur Verfassung« und andere Beschränkungen der Lehre

321   Eine grundrechtsimmanente Schranke hinsichtlich der Lehre ergibt sich aus dem Wortlaut des Art. 5 Abs. 3 Satz 2 GG, demzufolge die Freiheit der Lehre nicht von der Treue zur Verfassung entbindet. Sie ist eine Ausprägung des Prinzips der **wehrhaften Demokratie**.[577] Hinter der aus Art. 5 Abs. 3 S. 2 GG abzuleitenden Pflicht zur Verfassungstreue steht der Vorwurf an die Hochschullehrer der Weimarer Zeit, durch ihre Lehrvorträge den Zusammenbruch der Weimarer Reichsverfassung bewirkt zu haben.[578]

322   Teilweise wird behauptet, diese Schranke habe neben der der allgemeinen Gesetze keine eigenständige Bedeutung, der Verfassungsgeber habe die Bedeutung der Verfassungskritik der Hochschullehrer überschätzt.[579]

323   Vorzugswürdig ist demgegenüber die Auffassung, der zufolge es sich um eine der Wissenschaftsfreiheit immanente **Missbrauchsschranke**,[580] um eine Konkretisierung der dienstrechtlichen Verpflichtung zur Loyalität gegenüber der freiheitlich-demokratischen Grundordnung handelt,[581] die ihre Bedeutung auch in der Gegenwart nicht eingebüßt hat. Der Hochschullehrer darf sein Amt und den ihm durch das Grundrecht gewährten Freiraum nicht dazu missbrauchen, die fundamentalen Wertvorstellungen des Grundgesetzes böswillig zu bekämpfen, wohingegen sachliche wissenschaftliche Kritik an der Verfassung zulässig ist.[582]

324   Beschränkungen der Lehre ergeben sich darüber hinaus vor allem aus **praktischen Erfordernissen**, wie der sinnvollen Organisation des Lehrbetriebs, z.B. in Studien- und Prüfungsplänen. Hinsichtlich der Lehrdeputate ist zu beachten, das die Forschung und andere Aufgaben der Hochschullehrer mit der Lehre in einem tragbaren Verhältnis stehen müssen.[583]

---

575   *Hufen*, § 34 Rn. 48.
576   Vergl. *Hufen*, § 34 Rn. 50.
577   *Oppermann*, in: HdBStR VI, § 145 Rn. 32; *Scholz*, in: Maunz/Dürig, Art. 5 Abs. III, Rn. 199.
578   Vergl. *Thieme*, S. 89.
579   *Thieme*, S. 89.
580   *Ipsen*, Rn. 536.
581   *Jarass*, in: Jarass/Pieroth, Art. 5 Rn. 133; *Manssen*, Rn. 407.
582   *Oppermann*, in: HdBStR VI, § 145 Rn. 32.
583   *Oppermann*, in: HdBStR VI, § 145 Rn. 31.

G. Verhältnis zu anderen Grundgesetzbestimmungen, insbesondere Grundrechtskonkurrenzen

I. Verhältnis der Grundrechte des Art. 5 GG zueinander

1. Meinungsfreiheit

a) Verhältnis zur Informationsfreiheit

Meinungsfreiheit und Informationsfreiheit schützen die beiden Seiten des Kommunikationsvorgangs: die Abgabe und die Aufnahme von Informationen. Beide sind daher im Regelfall leicht voneinander abzugrenzen und stehen nebeneinander, auch wenn sie beide auf ein und denselben Sachverhalt anwendbar sind. Das gilt beispielsweise für die Wiedergabe von Meinungen in einer Versammlung, bei der der Äußernde sich auf die Meinungsfreiheit, die Rezipienten auf die Informationsfreiheit berufen können und die Rolle von Äußerndem und Informationsempfänger ständig wechseln kann. 325

b) Verhältnis zur Medienfreiheit

Einer Ansicht nach ist die Pressefreiheit[584] ebenso wie die Rundfunkfreiheit lex specialis gegenüber der **Meinungsfreiheit**.[585] Demzufolge sind Artikel in einer Zeitung von der Pressefreiheit gedeckt, wie Kommentare im Rundfunk durch die Rundfunkfreiheit. Diese Ansicht, der zunächst das BVerfG gefolgt ist,[586] kann für sich ins Feld führen, dass alle Tätigkeiten, die für die Pressetätigkeit von Relevanz sind, dem spezifischen Grundrecht der Pressefreiheit zuzuordnen sind und – angesichts des Stellenwerts, den die Presse im demokratischen Gemeinwesen einnimmt – einem besonders starken Schutz unterliegen. 326

Eine andere Auffassung, die vor allem in der neueren Rechtsprechung des BVerfG zum Ausdruck kommt, ist der Schutzbereich der Pressefreiheit nur berührt, wenn es um die im Pressewesen tätigen Personen in Ausübung ihrer Funktion, um ein Presseerzeugnis selbst, um seine institutionell-organisatorischen Voraussetzungen und Rahmenbedingungen sowie um die Institution einer freien Presse überhaupt geht.[587] Die in Presse und Rundfunk enthaltenen Meinungen werden demgegenüber durch die Meinungsfreiheit geschützt.[588] Folgt man dieser Auffassung, müssen im Rahmen der Medienfreiheit die Kriterien der Meinungsfreiheit den eigentlichen Prüfungsmaßstab bilden. Wie das BVerfG das Verhältnis von Meinungs- und Medienfreiheit 327

---

584 *Herzog*, in: Maunz/Dürig, Art. 5 Abs. I, II Rn. 153; wohl auch *Stern*, Staatsrecht IV/1, S. 1485.

585 *Herzog*, in: Maunz/Dürig, Art. 5 Abs. I, II Rn. 204.

586 BVerfGE 62, 230 (243).

587 BVerfGE 85, 1 (11).

588 *Clemens*, in: Umbach/Clemens, Art. 5 Rn. 34; *Kannengießer*, in: Schmidt-Bleibtreu u.a., Art. 5 Rn. 12; *Ladeur*, in: Hamburger Kommentar, S. 108; *Starck*, in: v. Mangoldt/Klein/ Starck I, Art. 5 Rn. 62 f.; BVerfGE 85, 1 (12); E 86, 122 (128); E 95, 28 (34); E 97, 391 (400).

im Einzelnen bestimmt, ist offen.[589] Ungeklärt ist insbesondere die Einordnung des »Laienjournalisten«. Vieles spricht für die Einordnung in die Medienfreiheit, da nur so auch Recherche etc. verfassungsrechtlichen Schutz erfahren.[590]

c) Verhältnis zur Kunstfreiheit

328   Die Kunstfreiheit gemäß Art. 5 Abs. 3 GG ist lex specialis zu Art. 5 Abs. 1, S. 1 GG.[591] Sie ist als geschlossenes Grundrecht stärker geschützt als die Kommunikationsfreiheiten. Neben Art. 5 Abs. 3 GG kann Art. 5 Abs. 1 GG nicht zur Anwendung kommen, da zwischen beiden Normen keine Idealkonkurrenz, sondern Gesetzeskonkurrenz besteht.[592] Teilweise lässt das BVerfG die schwierige Einschätzung, ob im konkreten Fall Kunst vorliegt, offen, wenn zumindest die »schwächere« Meinungsfreiheit verletzt ist.[593] Auf jeden Fall ist eine klare Zuordnung zu einem der beiden Schutzbereiche erforderlich. So können satirische Meinungsäußerungen Kunst sein, sind es aber nicht immer.[594] Im ersteren Fall ist das Grundrecht der Kunstfreiheit des Abs. 3 lex specialis, da dieses ein geschlossenes Grundrecht ist, im zweiten Fall greift lediglich Abs. 1.[595]

329   Folgt man der Auffassung, der zufolge die Verbreitung von Kunst nicht der Kunstfreiheit unterfällt – wie es jedoch das BVerfG in der Mephisto- Entscheidung annimmt – so sind die Kommunikationsfreiheiten des Art. 5 Abs. 1 GG einschlägig[596] bzw. die Berufsfreiheit gemäß Art. 12 GG. Eine Zuweisung zu Abs. 1 ist zudem plausibel, wenn die Meinungsäußerung im Vordergrund steht und künstlerische Elemente lediglich zu diesem Zweck instrumentalisiert werden.[597]

d) Verhältnis zur Wissenschaftsfreiheit

330   Die Freiheit der wissenschaftlichen Lehre ist der **Meinungsfreiheit** verwandt, da sie auch einen Schutz des kommunikativen Austauschs beinhaltet. Indessen hat sie einen besonderen Inhalt und ist daher lex specialis,[598] weshalb die Schranken des Abs. 2 nicht anwendbar sind.[599] Die Wissenschaftsfreiheit ist allerdings nur einschlä-

---

589   *Clemens*, in: Umbach/Clemens, Art. 5 Rn. 34; BVerfGE 102, 347 (359).

590   Kahl, Elektronische Presse und Bürgerjournalismus, 2013, passim.

591   *Stern*, Staatsrecht IV/1, S. 1488; *Clemens*, in: Umbach/Clemens, Art. 5 Rn. 35.

592   *Scholz*, in: Maunz/Dürig, Art. 5 Abs. III Rn. 13, 50.

593   BVerfGE 68, 226 (233); E 87, 209 (233); E 102, 347 (369).

594   *Herzog*, in: Maunz/Dürig, Art. 5 Abs. I, II Rn. 80d; *Clemens*, in: Umbach/Clemens, Art. 5 Rn. 63, 166, 237; BVerfGE 86, 1 (9).

595   Bez. eines satirischen Werbeplakats, das nicht Kunst war, BGH NJW 2007, 689 ff. »Lafontaine«.

596   *Scholz*, in: Maunz/Dürig, Art. 5 Abs. III, Rn. 13; vergl. *Hufen*, § 33 Rn. 13.

597   *Ipsen*, Rn. 523 f., der im Fall »Anachronistischer Zug« Art. 5 Abs. 1 GG für einschlägig hält.

598   *Stern*, Staatsrecht IV/1, S. 1488.

599   *Oppermann*, in: HdBStR VI, § 145 Rn. 26.

gig, wenn die Meinungsäußerung von dem Bemühen um Wahrheit getragen ist, wohingegen die Meinungsäußerungsfreiheit auch einschlägig ist, wenn leichtfertig Äußerungen getan werden, nach einer Ansicht sogar, wenn bewusst unwahre Inhalte geäußert werden.[600] Nur scheinbar wissenschaftliche Publikationen, die die grundlegenden Methoden wissenschaftlichen Arbeitens negieren, sind daher nur über die Meinungsfreiheit geschützt.[601]

2. Informationsfreiheit

Die Informationsfreiheit steht zur Meinungsfreiheit und zur Medienfreiheit in ei-   331
nem Abhängigkeitsverhältnis.[602] Ohne Meinungsfreiheit und ohne Medienfreiheit läuft die Informationsfreiheit leer, wie die Medien ihren Sinn verlieren, wenn sie nicht rezipiert werden können.

Sofern man aus der Presse- und der Rundfunkfreiheit selbst Informationsrechte ab-   332
leitet – was überwiegend abgelehnt wird – kann zwischen diesen Grundrechten und der Informationsfreiheit Gesetzeskonkurrenz bestehen.[603] Teilweise wird die Pressefreiheit deswegen als Spezialfall der Informationsfreiheit angesehen.[604] Tatsächlich handelt es sich hingegen um eigenständige Grundrechte.

3. Informationsinteresse der Allgemeinheit

Nach der hier vertretenen Auffassung, derzufolge das Informationsinteresse der All-   333
gemeinheit grundrechtsgleiche Wirkung entfaltet,[605] ist das Informationsinteresse der Allgemeinheit die ins Kollektive übertragene Informationsfreiheit. Doch auch wenn man sie – wie das BVerfG dies tut – aus der Presse- oder der Rundfunkfreiheit ableitet, ist ihr Verhältnis zu den übrigen Gewährleistungen des Art. 5 GG abzugrenzen.

Das Informationsinteresse der Allgemeinheit steht selbständig neben der **Medienfrei-**   334
heit und hat diese verstärkende Wirkung. Soweit es um Medienäußerungen geht – die der Rechtsprechung des BVerfG zufolge unter die Meinungsäußerungsfreiheit und nicht unter die Medienfreiheit fallen – hat das Informationsinteresse der Allgemeinheit die Meinungsfreiheit verstärkende Funktion.

Eine Übertragung des Informationsinteresses der Allgemeinheit auf die **Kunstfrei-**   335
heit wurde bisher, soweit ersichtlich, noch nicht überlegt. Denkbar wäre es, ein »Interesse der Allgemeinheit an der Zugänglichkeit von Kunst« zu postulieren. Dies würde den Wirkbereich des Künstlers verstärken und käme Kunstvermittlern zugute.

---

600 *Thieme*, S. 77.
601 *Ipsen*, Rn. 532 f.
602 *Bethge*, in: Sachs, Art. 5 Rn. 62 spricht von »sozialer Interdependenz«.
603 *Bethge*, in: Sachs, Art. 5 Rn. 63.
604 *Pieroth/Schlink*, Rn. 616.
605 S.o. Teil C.

336 Im Verhältnis zur **Wissenschaftsfreiheit** kann das Informationsinteresse der Allgemeinheit eine unmittelbare Rolle spielen, wenn auch dies soweit ersichtlich, bisher nicht untersucht wurde. Das Informationsinteresse geht hier auf Kenntniserlangung von Forschungsergebnissen, Allerdings ist diesbezüglich die Wissenschaftsfreiheit mit dem Recht, Forschungsergebnisse nicht publizieren zu müssen ebenso zu beachten wie das Eigentumsrecht der Wissenschaftler in Gestalt des Urheberrechts.[606]

4. Medienfreiheit

a) Verhältnis zur Kunstfreiheit

337 Art. 5 Abs. 3 GG deckt der Auffassung des BVerfG gemäß das **Kunstverbreitungsrecht** ab und kommt für den Verleger neben der Pressefreiheit aus Art. 5 Abs. 1 S. 1 GG zur Anwendung.[607] Anderer – hier vertretener – Auffassung zufolge ist auf den Kunstmittler lediglich die Medienfreiheit bzw. Art. 12 GG anwendbar.

338 Sofern es sich um einen künstlerisch gestalteten Film handelt, hat die Kunstfreiheit gegenüber der Filmfreiheit den Vorrang, da Abs. 3 als schrankenlos gewährtes Grundrecht ausgestaltet ist.[608]

b) Verhältnis zur Wissenschaftsfreiheit

339 Die Wissenschaftsfreiheit ist gegenüber der Medienfreiheit vorrangig, soweit es um Publikationen von Wissenschaftlern geht. Berichten die Medien von sich aus über wissenschaftliche Ereignisse oder Theorien, ist hingegen lediglich Art. 5 Abs. 1 S. 2 GG einschlägig. Beim Hochschulrundfunk können beide Grundrechte sich verstärkend zur Anwendung gelangen.[609]

5. Kunst- und Wissenschaftsfreiheit

340 Art. 5 Abs. 3 GG ist lex specialis zu Art. 5 Abs. 1 GG.[610] Allerdings kann die Kunstfreiheit auch die Funktion haben, Grundrechte des Art. 5 Abs. 1 GG zu verstärken.

341 Kunst- und Wissenschaftsfreiheit stehen ihrerseits auf gleichem Rang und sind voneinander unabhängig anzuweden. Allerdings gibt es auch Fälle, in denen beide Grundrechte nebeneinander zur Anwendung kommen können,[611] beispielsweise bei künstlerischen Darstellungen wissenschaftlicher Zusammenhänge oder soweit an

---

606 Die einfach gesetzliche Regelung findet sich in § 38 UrhG Abs. 4.

607 *Zöbeley,* in: Umbach/Clemens, Art. 5 Rn. 225; BVerfGE 30, 173 (193). Zur abweichenden Auffassung von *Scholz,* s. Maunz/Dürig, Art. 5 Abs. III Rn. 13, 50.

608 *Ipsen,* Rn. 463.

609 Einzelheiten siehe Ralph Zimmermann: Hochschukrundfunk, 2013.

610 *Starck,* in: v. Mangoldt/Klein/Starck I, Art. 5 Rn. 289; *Schmidt-Jortzig,* in: HdBStRVII, § 162 Rn. 45; BVerfGE 30, 173 (200); E 75, 369 (377); *Scholz,* in: Maunz/Dürig, Art. 5 Abs. III Rn. 10, 50.

611 *Hufen,* § 33 Rn. 24.

wissenschaftlichen Hochschulen Kunst betrieben wird, so innerhalb des Fachs Architektur.[612]

II. Verhältnis von Art. 5 GG zu anderen Grundrechten

1. Vorbemerkungen

Die **Kommunikationsfreiheiten** stehen im Zentrum des demokratischen Gemeinwe-   342
sens. Sie sind unmittelbarer Ausfluss der Menschenwürde und spezielle Freiheitsgrundrechte. Aufgrund ihrer besonderen Bedeutung im Prozess der demokratischen Willensbildung kommt ihnen besonderes Gewicht im Verhältnis zu anderen Grundrechten zu, weshalb beispielsweise berufsmäßige Äußerungen in den Medien über Art. 5 Abs. 1 GG und nicht lediglich über Art. 12 GG Schutz erfahren.

2. Verhältnis zu allgemeinen Grundrechten

a) Verhältnis zur Menschenwürde des Art. 1 GG

Sämtliche Grundrechte des Art. 5 GG sind unmittelbar Ausfluss der Menschenwür-   343
de[613] und unveräußerliche Menschenrechte.[614] Sind sie auch gegenüber Art. 1 Abs. 1 GG lex specialis,[615] so ist doch die Menschenwürde vor allem bei der Auslegung dieser Grundrechte zu beachten. Insbesondere die Meinungsäußerung ist ein grundlegendes menschliches Bedürfnis. Allerdings darf bei dem Art. 5 GG verstärkenden Aspekt der Menschenwürde nicht verkannt werden, dass auch das stärkste Gegenrecht zu den Medienfreiheiten – das allgemeine Persönlichkeitsrecht – unmittelbar in der Menschenwürde wurzelt (Art. 2 Abs. 1 i.V.m. Art. 1 Abs. 1 GG). Soweit die Menschenwürde durch Medieninhalte beeinträchtigt wird, findet dem BVerfG zufolge keine Abwägung statt, da bei Eingriffen in den durch Art. 1 Abs. 1 GG geschützten Kern menschlicher Ehre immer eine schwerwiegende Beeinträchtigung des Persönlichkeitsrechts vorliegt.[616]

b) Verhältnis zum allgemeinen Freiheitsgrundrecht des Art. 2 Abs. 1 GG

Die Grundrechte des Art. 5 GG sind allesamt Freiheitsrechte und damit lex specialis   344
gegenüber Art. 2 Abs. 1 GG.[617] Da die Kommunikationsgrundrechte ebenso wie die Kunst- und die Wissenschaftsfreiheit keine Deutschengrundrechte sind, ist ein Rückgriff auf Art. 2 Abs. 1 GG auch bei Ausländern nicht erforderlich. Hinsichtlich

---

612 *Thieme*, S. 103.
613 *Schiwy*, in: Büscher/Dittmer/Schiwy, Teil 2, Kap. 13, Rn. 12.
614 *Kübler*, S. 79 ff.; s.a. Teil H Rdn. 374 ff.
615 Ohne Begründung *Kannengießer*, in: Schmidt-Bleibtreu u.a., Art. 5 Rn. 34.
616 BVerfGE 75, 369 (380) »Strauß-Karikatur«.
617 Vergl. *Kannengießer*, in: Schmidt-Bleibtreu u.a., Art. 5 Rn. 34; *Bethge*, in: Sachs, Art. 5 Rn. 48a; *Schmidt-Jortzig*, in: HdBStR VII, § 162 Rn. 45; *Herzog*, in: Maunz/Dürig, Art. 5 Abs. I, II Rn. 32a.

der Interpretation der besonderen Freiheitsgrundrechte, darf der sich aus Art. 2 Abs. 1 GG ergebende Freiheitsaspekt nicht unberücksichtigt bleiben.

3. Verhältnis zu den übrigen Grundrechten

a) Verhältnis zum Allgemeinen Persönlichkeitsrecht des Art. 2 Abs. 1 i.V.m. Art. 1 Abs. 1 GG

345   Verschiedene Aspekte des allgemeinen Persönlichkeitsrechts stellen einen spezifischen Schutz der Meinungsfreiheit dar. Die Spontaneität des gesprochenen Wortes, die über das verfassungsrechtliche allgemeine Persönlichkeitsrecht geschützt ist (und in Normen wie § 201 StGB einfachgesetzlich ausgestaltet ist), unterstützt die Meinungsfreiheit in nicht unerheblicher Weise, da Meinungen nur dann spontan geäußert werden können, wenn sich der Sprechende keiner Aufzeichnung seines gesprochenen Wortes gewärtig sein muss. Dennoch ist das allgemeine Persönlichkeitsrecht insoweit vorrangig. Entsprechendes gilt für das Recht am gesprochenen Wort und für den aus dem allgemeinen Persönlichkeitsrecht abgeleiteten Schutz gegen Entstellung und Unterschieben von Äußerungen. Volksbefragungen, mit denen statistische Angaben z.B. zu Wohnung und Arbeitsplatz ermittelt werden, werden nicht von der negativen Meinungsfreiheit erfasst, sondern von einer Ausprägung des allgemeinen Persönlichkeitsrechts, dem Recht auf informationelle Selbstbestimmung.[618] Schließlich ist das Grundrecht auf Gewährleistung der Vertraulichkeit und Integrität informationstechnischer Systeme[619] hier anzuführen, durch das ein Einblick in elektronisch gespeicherte Kommunikation (»Online-Durchsuchungen«) dem Staat grundsätzlich auch dann verwehrt ist, wenn es sich nicht um einen Eingriff innerhalb einer Wohnung handelt, die über Art. 13 GG geschützt ist und auch nicht um den durch Art. 10 GG geschützten Übermittlungsvorgang.[620]

b) Leben und körperliche Unversehrtheit, Art. 2 Abs. 2 GG

346   Leben und körperliche Unversehrtheit sind gegenüber den Rechten des Art. 5 GG vorrangig, z.B. wäre der in den Lehrbüchern erörterte »Mord auf offener Bühne« nicht durch die Kunstfreiheit zu rechtfertigen.[621]

c) Verhältnis zum Gleichheitsgrundsatz des Art. 3 GG

347   Der Gleichbehandlungsgrundsatz des Art. 3 Abs. 1 GG ist sowohl bei staatlichen Formen der **Medienförderung** (z.B. Informationserteilung an Medienvertreter, Zugang zu Pressekonferenzen der Polizei, Rundfunkzulassung) als auch bei der Kunstförderung zu beachten. In diesen Fällen ist die Medienfreiheit bzw. die Kunstfreiheit in Verbindung mit dem Gleichheitsgrundsatz anzuwenden. Bei der Kunstfreiheit ist

---

618   BVerfGE 65, 1 (41 ff.) »Volkszählung«; *Manssen*, Rn. 344.
619   BVerfG NJW 2008, 822.
620   Einzelheiten s. *Horn*, Rdn. 49 ff.; *Fechner*, Medienrecht, 4. Kap. Rn. 17 ff.
621   *Hufen*, § 33 Rn. 31.

allerdings anerkannt, dass eine vollkommen gleichheitskonforme Förderung (nach dem »Gießkannenprinzip«) häufig nicht sinnvoll wäre, weshalb der Gleichheitssatz bei der Kunstförderung weniger stark wirkt als die Pflicht zu staatlicher Neutralität.

Das Gleichheitsgrundrecht kann auch in Kombination mit der **Wissenschaftsfrei-**   348
heit herangezogen werden, insbesondere wenn es um die Zuteilung knapper Ressourcen geht. In diesem Bereich sind allerdings meist wissenschaftsimmanente Kriterien vorrangig. Insbesondere stößt eine qualitative Bewertung wissenschaftlicher Ergebnisse für eine Zuteilung von Ressourcen wie Forschungsgeldern oder Mitarbeitern schnell an die Grenzen der Wissenschaftsfreiheit.

d) Verhältnis zur Religionsfreiheit des Art. 4 GG

aa) Meinungsfreiheit

Grundsätzlich ist die Glaubensfreiheit des Art. 4 Abs. 1 GG lex specialis gegenüber   349
der Meinungsfreiheit.[622] Das Bekennen eines Glaubens ist zentraler Gehalt des Grundrechts der Glaubensfreiheit, die Äußerung einer Meinung tritt hinter der Religionsausübung zurück.[623] Art. 4 GG ist zudem als geschlossenes Grundrecht stärker ausgestaltet als Art. 5 Abs. 1 GG. Demgegenüber gibt es allgemeine Meinungsäußerungen, die auch Themen des Art. 4 GG beinhalten, ohne dass sie mit einem Bekenntnis verbunden wären, beispielsweise wenn in einer Talkshow in abstrakter Weise über Religion diskutiert wird. In diesen Fällen ist Art. 5 GG anwendbar.[624]

bb) Informationsfreiheit

Die Teilnahme an einer religiösen Zusammenkunft ist ebenfalls vom Schutzbereich   350
der Religionsfreiheit des Art. 4 Abs. 1 GG umfasst. Wer sich jedoch auf einer religiösen Veranstaltung lediglich über Glaubensinhalte informieren möchte, kann sich auf die Informationsfreiheit berufen.[625]

cc) Kunstfreiheit/Wissenschaftsfreiheit

Glaubensfreiheit und **Kunstfreiheit** stehen gleichwertig nebeneinander. Sie stehen in   351
Idealkonkurrenz zueinander, was am Beispiel der sakralen Kunst deutlich wird.[626]
Die Kunstfreiheit kann selbstverständlich auch in Fällen kritischer Auseinanderset-

---

622 *Kannengießer*, in: Schmidt-Bleibtreu u.a., Art. 5 Rn. 34; *Schmidt-Jortzig*, in: HdBStR VII, § 162 Rn. 45; BVerfGE 32, 98 (107); *Herzog*, in: Maunz/Dürig, Art. 5 Abs. I, II Rn. 33.

623 *Stern*, Staatsrecht IV/1, S. 1401 hält beim Tragen von Kopftuch, Schleier etc. beide Grundrechte nebeneinander für anwendbar.

624 *Kannengießer*, in: Schmidt-Bleibtreu u.a., Art. 5 Rn. 34; *Wendt*, in: von Münch/Kunig I, Art. 5 Rn. 115.

625 *Herzog*, in: Maunz/Dürig, Art. 5 Abs. I, II Rn. 96.

626 *Scholz*, in: Maunz/Dürig, Art. 5 Abs. III Rn. 50.

zung mit religiösen Fragen oder Überzeugungen herangezogen werden. Dies wird verneint, wenn Religion oder Anhänger der Religion gedemütigt werden.[627]

352   Entsprechendes gilt für die **Wissenschaftsfreiheit**. Zu einer Idealkonkurrenz kommt es hier vor allem bei theologischen Fakultäten, kirchlichen Hochschulen und der Mitwirkung der Kirchen bei der Besetzung theologischer Lehrstühle.[628]

e) Verhältnis zur Versammlungsfreiheit des Art. 8 GG

aa) Meinungsfreiheit

353   Einer Ansicht nach ist Art. 8 GG lex specialis zu Art. 5 Abs. 1 GG. Danach soll es sich bei einer **Versammlung** um die kollektive Variante der Meinungsfreiheit handeln. Lediglich bei Meinungsäußerungen vor Beginn oder ohne Zusammenhang mit der Versammlung ist anstatt oder neben Art. 8 GG auch Art. 5 GG zu prüfen. Sämtliche Maßnahmen gegen die Versammlung selbst müssen hingegen anhand von Art. 8 GG beurteilt werden.[629]

354   Der Gegenmeinung zufolge stehen Art. 5 Abs. 1 GG und Art. 8 GG selbständig nebeneinander, d.h. in Idealkonkurrenz.[630] Kommunikative Inhalte von Versammlungen sind demzufolge nach Art. 5 Abs. 1 S. 1 GG zu beurteilen.[631]

355   Teilweise wird in der Literatur differenziert: Soweit es um Meinungsäußerungen in oder auf Versammlungen geht, müsse zwischen der inhaltlichen Seite und der Art und Weise der Meinungskundgabe unterschieden werden. Ersteres ist eine Frage von Art. 5 Abs. 1 GG, letzteres des Art. 8 Abs. 1 GG.[632] Herzog differenziert am Beispiel eines Versammlungsverbots, ob dieses wegen der auf der Versammlung geäußerten Meinungen verboten wird, was zur Folge hat, dass nur die Meinungsfreiheit einschlägig ist, oder wegen einer Gefährdung von Menschen, die von der Versammlung ausgeht oder die die Versammlungsteilnehmer bedroht, z.B. die Gefahr der Ausbreitung einer Seuche, ein Fall, in dem lediglich die Versammlungsfreiheit herangezogen werden kann.[633]

356   Überzeugend ist eine Zuordnung nach dem **Schwerpunkt der Freiheitsbetätigung**. Handelt es sich um eine Meinungsäußerung, ist diese Nach Art. 5 Abs. 1 Satz 1 GG geschützt, unabhängig davon, ob sie auf einer Versammlung geäußert wird oder nicht. Erschöpft sich die Meinungsäußerung hingegen in der Teilnahme an der Versammlung selbst, so ist die Versammlungsfreiheit das speziellere Grundrecht. Äuße-

---

627   *Hufen*, § 33 Rn. 51.

628   *Scholz*, in: Maunz/Dürig, Art. 5 Abs. III, Rn. 181.

629   *Clemens*, in: Umbach/Clemens, Art. 5 Rn. 37.

630   *Stern*, Staatsrecht IV/1, S. 1490.

631   *Kannengießer*, in: Schmidt-Bleibtreu u.a., Art. 5 Rn. 34; *Schmidt-Jortzig*, in: HdBStR VII, § 162 Rn. 47; *Herzog*, in: Maunz/Dürig, Art. 5 Abs. I, II Rn. 34; *Bethge*, in: Sachs, Art. 5 Rn. 48; BVerfGE 82, 236 (258); E 90, 241 (250); E 111, 147 (154).

632   *Dietel/Gintzel/Kniesel*, Versammlungsgesetz, § 1 Rn. 130.

633   *Herzog*, in: Maunz/Dürig, Art. 5 Abs. I, II Rn. 39.

rungen, die aufgrund des Grundsatzes der Meinungsneutralität des Staates nicht nach Art. 5 Abs. 2 GG unterbunden werden können, dürfen jedenfalls nicht Anlass für versammlungsbeschränkende Maßnahmen sein.[634]

bb) Kunstfreiheit

Ist eine Versammlung insgesamt Ausdruck künstlerischen Gestaltungswillens (wie   357 dies beim »Anachronistischen Zug«[635] der Fall war) oder kommt es auf einer Versammlung zu künstlerischen Äußerungen, so ist die Kunstfreiheit einschlägig.[636] Regelmäßig hat die Kunstfreiheit in diesen Fällen eine die Versammlungsfreiheit verstärkende Funktion und umfasst einen weiteren Bereich der Betätigung, etwa hinsichtlich der Vorbereitung der Kunstäußerung. Soweit es zu versammlungsspezifischen Störungen oder Gefährdungen kommt, werden allerdings die Schranken des Art. 8 Abs. 1 GG auch in diesen Fällen für anwendbar gehalten.[637]

f) Verhältnis zur Vereins- und Koalitionsfreiheit des Art. 9 GG

Die Vereinsfreiheit des Art. 9 Abs. 1 GG wie auch die Koalitionsfreiheit des Art. 9   358 Abs. 3 GG sind lex specialis zu Art. 5 Abs. 1 S. 1 GG.[638] Kommunikationsvorgänge innerhalb eines Vereins sind somit vom Grundrecht der Vereins- bzw. Koalitionsfreiheit erfasst. Lediglich soweit der Schutzbereich des Art. 9 Abs. 3 GG nicht betroffen ist, bleibt Raum für die Anwendung des Art. 5 GG.[639]

g) Verhältnis zum Telekommunikationsgeheimnis des Art. 10 GG

Das **Brief-, Post- und Fernmeldegeheimnis**, das auch zu einem Grundrecht des Te-   359 lekommunikationsgeheimnisses zusammengefasst werden kann, garantiert in spezifischer Weise den Austausch von Meinungen und geht, soweit es sich um Eingriffe des Staates in Übermittlungsvorgänge handelt, der Meinungsfreiheit vor[640] oder ergänzt diese.[641]

h) Verhältnis zur Berufsfreiheit des Art. 12 GG

aa) Meinungsfreiheit

Meinungsäußerungen im Rahmen beruflicher Tätigkeit unterliegen einer Ansicht   360 nach selbst dann ausschließlich Art. 12 Abs. 1 GG, wenn sie Elemente der Mei-

---

634 *Dietel/Gintzel/Kniesel*: Versammlungsgesetz, § 1 Rn. 130.
635 BVerfGE 67, 213 s.u. Rdn. 439.
636 *Kannengießer* in: Schmidt-Bleibtreu u.a., Art. 5 Rn. 34.
637 *Dietel/Gintzel/Kniesel*, Versammlungsgesetz, § 1 Rn. 132.
638 *Clemens*, in: Umbach/Clemens, Art. 5 Rn. 38; *Starck*, in: v. Mangoldt/Klein/Starck I, Art. 5 Rn. 281; BVerfGE 28, 295 (310).
639 *Clemens*, in: Umbach/Clemens, Art. 5 Rn. 38; BVerfGE 42, 133 (138 f.).
640 A.A. *Schulz*, in: Hamburger Kommentar, S. 147.
641 *Stern*, Staatsrecht IV/1, S. 1491.

nungskundgabe umfassen wie beispielsweise bei Wirtschaftswerbung.[642] Einer anderen Ansicht zufolge ist Art. 5 Abs. 1 Satz 1 GG zumindest zusätzlich heranzuziehen, wenn über den beruflichen Raum hinausgehende wertende bzw. meinungsbildende Elemente in Frage stehen.[643] Im Zweifel sollten beide Grundrechte in einander gegenseitig verstärkender Weise herangezogen werden.

bb) Medienfreiheit

361   In Konkurrenz zur Berufsfreiheit ist die Medienfreiheit einer Ansicht zufolge das speziellere Grundrecht. So umfasst die Pressefreiheit auch die berufsrechtliche Seite des Pressewesens.[644] Einer anderen Ansicht zufolge besteht bei journalistischer Berufstätigkeit Idealkonkurrenz von Pressefreiheit und Berufsfreiheit.[645] Eine Folge beider Ansichten ist, dass Ausländer sich bei medialer Betätigung auf das Menschenrecht des Art. 5 Abs. 1 GG berufen können und nicht auf den schwächeren Schutz des Art. 2 Abs. 1 GG verwiesen sind, der angewendet werden müsste, wenn Art. 12 Abs. 1 GG das einschlägige Grundrecht wäre.[646]

362   Umstritten ist, ob die Rundfunkfreiheit auch die Gründung privater Rundfunksender umfasst. Folgt man dieser Auffassung, die sich mit guten Gründen auf den individualrechtlichen Schutzaspekt dieses Grundrechts stützten lässt, stellt sich die Rundfunkfreiheit des Art. 5 Abs. 1 S. 2, 2. Alt. GG als vorrangig gegenüber der Berufsfreiheit des Art. 12 Abs. 1 GG dar.[647]

cc) Kunstfreiheit

363   Die **berufsmäßige Ausübung von Kunst** ist der Kunstfreiheit zuzuordnen, mithin hat Art. 5 Abs. 3 GG als geschlossenes Grundrecht Vorrang vor der Berufsfreiheit. Hinsichtlich der wirtschaftlichen Verwertung der Kunstwerke eines Künstlers werden Art. 12 und 14 GG überwiegend als in Idealkonkurrenz zur Kunstfreiheit stehend angesehen. Das hat zur Folge, dass die Betätigung nicht an der Schrankenregelung des Art. 5 Abs. 2 GG gemessen werden darf, sondern an der des Art. 5 Abs. 3 GG.[648] Der hier vertretenen Auffassung zufolge kann der Verwerter von Kunst lediglich Art. 12 GG geltend machen.

---

642   *Clemens*, in: Umbach/Clemens, Art. 5 Rn. 41; BVerfGE 40, 371 (382).

643   *Clemens*, in: Umbach/Clemens, Art. 5 Rn. 41; *Starck*, in: v. Mangoldt/Klein/Starck I, Art. 5 Rn. 25, 287; BVerfGE 71, 162 (175).

644   *Herzog*, in: Maunz/Dürig, Art. 5 Abs. I, II Rn. 141; *Starck*, in: v. Mangoldt/Klein/Starck I, Art. 5 Rn. 70.

645   *Herzog*, in: Maunz/Dürig, Art. 5 Abs. I, II Rn. 35, 142.

646   *Herzog*, in: Maunz/Dürig, Art. 5 Abs. I, II Rn. 142 f.

647   Vergl. *Ipsen*, Rn. 453.

648   *Scholz*, in: Maunz/Dürig, Art. 5 Abs. III Rn. 50.

dd) Wissenschaftsfreiheit

Gleiches wie bei der Kunstfreiheit gilt für die Wissenschaftsfreiheit, kann sich doch **364**
auch der Wissenschaftler hinsichtlich beruflicher Beschränkungen nicht nur auf
Art. 12 GG, sondern darüber hinaus auf Art. 5 Abs. 3 GG berufen, wodurch seine
Rechtsposition vor allem hinsichtlich der Schranken gestärkt wird.[649] Dieser Vorrang kann allerdings nur gegenüber Eingriffen geltend gemacht werden, die sich auf
die wissenschaftliche Betätigung auswirken. Bei der Befristung des Arbeitsvertrags eines Forschers geht daher Art. 12 Abs. 1 GG gegenüber Art. 5 Abs. 3 GG als sachnä-
her vor.[650] Studierende können sich hingegen primär auf Art. 12 GG berufen, da
die freie Wahl der Ausbildungsstätte das Recht einschließt, die gewählte Ausbildungsstätte zu nutzen, also z.B. dort wissenschaftlich zu studieren.[651]

i) Verhältnis zum Grundrecht der Unverletzlichkeit der Wohnung in Art. 13 GG

Die Unverletzlichkeit der Wohnung vor staatlichen Einblicken bezieht sich auch auf **365**
den Austausch von Meinungen in einem Kernbereich privater Lebensgestaltung und
ist daher lex specialis gegenüber der Meiungsfreiheit.

Die Pressefreiheit kann in Idealkonkurrenz zu Art. 13 GG stehen, was den Schutz **366**
der Geschäfts- bzw. **Redaktionsräume** angeht.[652] Soweit es sich um Eingriffe handelt, die nicht mit medieninhaltlicher Betätigung zu tun haben, ist lediglich Art. 13
GG anwendbar, beispielsweise wenn Hoheitsträger sich Zutritt zu Redaktionsräumen verschaffen, weil dort ein Feuer ausgebrochen ist.

j) Verhältnis zur Eigentumsfreiheit, Art. 14 GG

aa) Medienfreiheit

Art. 14 GG und Art. 5 Abs. 1 GG stehen nebeneinander, wenn Eingriffe in die Me- **367**
dienfreiheit zugleich die wirtschaftliche Betriebsgrundlage als das »Erworbene« tangieren.[653]

Meinungsäußerungen können, wenn sie sich als **geistige Schöpfungen** darstellen **368**
und eine gewisse Schöpfungshöhe aufweisen, **urheberrechtlich geschützt** sein. Bei
Zeitungsartikeln, die reine Kurzmeldungen überschreiten, ist das ebenso der Fall wie
bei Büchern, Rundfunkbeiträgen, Filmen und Multimediawerken, die den Voraussetzungen des § 2 UrhG entsprechen. Das Nutzungsrecht an solchen Werken ist als
geistiges Eigentum von Art. 14 Abs. 1 Satz 1 GG erfasst und verfassungsrechtlich

---

649 *Scholz*, in: Maunz/Dürig, Art. 5 Abs. III Rn. 180.
650 *Zöbeley*, in: Umbach/Clemens, Art. 5 Rn. 226; BVerfGE 85, 360 (382).
651 *Thieme*, S. 99; *Oppermann*, in: HdBStR VI, § 145 Rn. 40.
652 *Bethge*, in: Sachs, Art. 5 Rn. 89a.
653 Bez. der Pressefreiheit *Bethge*, in: Sachs, Art. 5 Rn. 89a.

geschützt.[654] Der Gesetzgeber darf mithin solche Nutzungsrechte nicht ohne Beachtung des Art. 14 Abs. 1 GG verkürzen.[655]

369   Die Eigentumsfreiheit von Verlegern aus Art. 14 Abs. 1 GG ist betroffen, wenn Bibliotheksgesetze die kostenlose Ablieferung von **Pflichtexemplaren** an die Nationalbibliothek oder eine Landesbibliothek verlangen. Sind derartige Regelungen auch grundsätzlich mit dem Grundrecht der Eigentumsfreiheit vereinbar, so ist das dann nicht der Fall, wenn es sich um ein Werk handelt, das mit großem finanziellem Aufwand und in kleiner Auflage hergestellt worden ist. In einem solchen Ausnahmefall wird die sonst entschädigungslos hinzunehmende Inhalts- und Schrankenbestimmung ausgleichspflichtig.[656]

bb) Kunstfreiheit

370   Die Kunstfreiheit rechtfertigt regelmäßig keinen Zugriff auf fremdes Eigentum. Unproblematisch ist der zivilrechtliche Lehrbuchfall der Eigentumserlangung gem. § 950 BGB an einer Serviette des Gastwirts durch künstlerische Bemalung. Hingegen muss die Kunstfreiheit zurücktreten bei der Bestrafung eines »Graffitikünstlers« wegen Sachbeschädigung.[657]

k) Verhältnis zum Petitionsrecht, Art. 17 GG

371   Das Petitionsrecht des Art. 17 GG ist lex specialis zu Art. 5 Abs. 1 S. 1 GG und zwar auch dann, wenn in der Petition eine Meinung geäußert wird.[658]

l) Verhältnis zum Parteienverbot, Art. 21 Abs. 2 GG

372   Wird eine Partei verboten, so hat das grundsätzlich keine Auswirkung auf die Meinungsäußerungsfreiheit. Ein Parteienverbot hindert den Einzelnen nicht, weiterhin Ansichten der verbotenen Partei zu vertreten.[659] Eine Einschränkung der Meinungsfreiheit ist erst dann möglich, wenn eine Förderung der verfassungsfeindlichen Organisation vorliegt.[660]

---

654 BVerfGE 31, 229 (238 ff.) »Schulbücher«.
655 Einzelheiten bei *Fechner*, Geistiges Eigentum und Verfassung, S. 198 ff.
656 BVerfGE 58, 137 (144 ff.) »Pflichtexemplar«.
657 *Hufen*, § 33 Rn. 28.
658 *Starck*, in: v. Mangoldt/Klein/Starck I, Art. 5 Rn. 288; a.A. *Stern*, Staatsrecht IV/1, S. 1492.
659 *Clemens*, in: Umbach/Clemens, Art. 5 Rn. 43.
660 *Clemens*, in: Umbach/Clemens, Art. 5 Rn. 41; BVerfGE 25, 44 (57 ff.); E 25, 64 (68); E 25, 69 (77).

m) Redefreiheit der Abgeordneten

Werden von Abgeordneten Meinungen im Parlament vertreten, so greift der beson-   373
dere Schutz der Redefreiheit der Abgeordneten aus Art. 38 Abs. 1 S. 2 GG und
Art. 5 Abs. 1 GG kommt nicht zur Anwendung.[661]

H. Europäische und internationale Aspekte

I. Übersicht

Im Europa- wie im Völkerrecht spielen die in Art. 5 GG aufgeführten Freiheiten   374
eine große Rolle. Mögen die Formulierungen auch unterschiedlich sein, so zeigen
die Ausformungen in den verschiedenen Menschenrechtsabkommen doch, dass es
sich bei der Meinungsfreiheit um ein allgemein anerkanntes **Menschenrecht** handelt.
Hierin zumindest durch die Interpretation eingeschlossen ist die Medienfreiheit.
Kunst und Wissenschaft sind bisher völkerrechtlich lediglich indirekt über die Meinungsfreiheit geschützt. Demgegenüber erwähnt die Europäische Grundrechtecharta
sie ausdrücklich.

II. EMRK

1. Art. 10 EMRK

Die wichtigste im Zusammenhang mit Art. 5 GG zu nennende völkerrechtliche   375
Norm ist Art. 10 EMRK.[662] Sie bietet nicht nur Vergleichsmöglichkeiten, vielmehr
hat sie über die Rspr. des EGMR Einfluss insbes. auf das nationale Medienrecht genommen.[663]

Art. 10 Abs. 1 S. 1 EMRK enthält eine allgemein formulierte Gewährleistung der   376
Meinungsfreiheit. Diese erfährt ihre Konkretisierung in Abs. 1 S. 2 durch das Recht
auf Empfang und Weitergabe von Informationen und Ideen. Eine Sondervorschrift
gilt gem. Abs. 1 S. 3 für Hörfunk-, Fernseh- und Kinounternehmen. Abs. 2 schließlich enthält die Voraussetzungen für Beschränkungen der Meinungsfreiheit.

Art. 10 EMRK ist weiter als die Informationsfreiheit des Art. 5 Abs. 1 S. 1, 2. Alt.   377
GG, da in dieser völkerrechtlichen Norm generell die Freiheit zum Empfang von
Nachrichten oder Ideen geschützt ist, wohingegen das Grundgesetz lediglich die Un-
terrichtung aus allgemein zugänglichen Quellen schützt. Die Möglichkeit, individu-

---

661 *Starck*, in: v. Mangoldt/Klein/Starck I, Art. 5 Rn. 24.

662 Europäische Konvention zum Schutze der Menschenrechte und der Grundfreiheiten v.
04.11.1950 in der Fassung der Neubekanntmachung v. 17.05.2002 (BGBl II S. 1054),
Konvention in Kraft getreten am 03.09.1953, auch für die Bundesrepublik Deutschland.

663 Insbes. im Hinblick auf die Stärkung des Persönlichkeitsrechts. EGMR, Urt. v.
24.06.2004, RJD 2004-VI = NJW 2004, 2647 »Caroline von Hannover/Deutschland«
und in Reaktion auf diese Entscheidung BGH AfP 2007, 121 »Von Hannovers im Ski-
urlaub«, *Fechner*, Entscheidungen zum Medienrecht, Nr. 13, 15.

elle Meinungsäußerungen zu rezipieren, wird daher nur über Art. 10 EMRK geschützt, der insofern als wichtige **Ergänzung des Art. 5 GG** gesehen wird.[664] Zu Art. 10 EMRK gibt es eine ausgedehnte Rechtsprechung des EGMR, aus der die essentielle Bedeutung der Meinungs- und Pressefreiheit sowohl für die Demokratie als auch für die Verwirklichung des einzelnen Menschen folgt.[665]

2. Schutzbereich

378   Jede natürliche und juristische Person des Privatrechts kann sich auf die Meinungsfreiheit berufen, die auch bei wirtschaftlichen Aktivitäten und Werbung Anwendung findet.[666] Geschützt ist **jede Form der Kommunikation** und auch die **Wahl des Mediums**.[667] Inhaltlich fallen sowohl Tatsachen- als auch Meinungsäußerungen in den Schutzbereich, wobei es insoweit auf eine meinungsbildende Tendenz nicht ankommt.[668] Schutzwürdig sind grundsätzlich auch extreme Meinungsäußerungen, die »verletzen, schockieren oder beunruhigen«.[669] Hilfstätigkeiten der Meinungsäußerung werden jedenfalls insoweit vom Schutzbereich erfasst, als sie direkt der Produktion von Nachrichten und Meinungen sowie der Vermittlung an die Adressaten dienen (z.B. der Verleger).[670]

379   Den **Massenmedien** (Presse, Rundfunk), die in Art. 10 EMRK nicht ausdrücklich genannt werden, kommt in der Demokratie eine Wächterfunktion zu, indem sie Informationen und Ideen, an denen ein Informationsinteresse der Allgemeinheit besteht, verbreiten und dabei auch Stellung beziehen.[671] Aus ihrer Rolle als öffentlicher »Watchdog« ergibt sich für die Presse auch ein Quellenschutz.[672] Der Einzelne hat das Recht, sich aus allgemein zugänglichen Informationsquellen zu informieren.[673]

380   Staatsbedienstete können sich ebenfalls auf Art. 10 berufen.[674] Ihnen darf aber seitens des Staates eine Pflicht zur Mäßigung und Zurückhaltung auferlegt werden, die an Abs. 2 zu messen ist.[675]

---

664 *Hoffmann-Riem*, S. 148.
665 U.a. EGMR, Urt. v. 07.12.1976, 5493/72 – Handyside/Vereinigtes Königreich. *Grote/ Wenzel*, in: Grote, R./Marauhn: EMRK/GG, Kap. 18 Rn. 12.
666 EGMR, Urt. v. 24.02.1994, 15450/89 – Casado Coca/Spanien.
667 *Grote/Wenzel*, in: Grote, R./Marauhn: EMRK/GG, Kap. 18 Rn. 39.
668 EGMR, Urt. v. 21.07.2005, 23472/03 – Grinberg/Russland. *Grote/Wenzel*, in: Grote, R./ Marauhn: EMRK/GG, Kap. 18 Rn. 28; *Grabenwarter*, § 23 Rn. 5.
669 EGMR, Urt. v. 07.12.1976, 5493/72 – Handyside/Vereinigtes Königreich. Zu rassistischen Äußerungen: *Grote/Wenzel* in: Grote, R./Marauhn: EMRK/GG, Kap. 18 Rn. 35.
670 *Grote/Wenzel*, in: Grote, R./Marauhn: EMRK/GG, Kap. 18 Rn. 43 m.w.N.
671 *Grote/Wenzel*, in: Grote, R./Marauhn: EMRK/GG, Kap. 18 Rn. 17 ff.; *Grabenwarter*, § 23 Rn. 7 ff.
672 EGMR, Urt. v. 27.03.1996, RJD 1996-II – Goodwin/Vereinigtes Königreich.
673 *Grote/Wenzel*, in: Grote, R./Marauhn: EMRK/GG, Kap. 18 Rn. 50; *Grabenwarter*, § 23 Rn. 5 f.
674 *Grote/Wenzel*, in: Grote, R./Marauhn: EMRK/GG, Kap. 18 Rn. 53.
675 EGMR, Urt. 26.09.1995, Serie A 323 = EuGRZ 1995, 590 – Vogt/Deutschland.

3. Schwerpunkt: Abwehrrecht

Kennzeichnend ist die Funktion als Abwehrrecht gegen den Staat (*status negativus*). 381
Daneben kann der Staat aber auch verpflichtet sein, Meinungsäußerungen zu ermöglichen (*status positivus*), etwa dadurch, dass er sich schützend vor ein Presseunternehmen stellt, das Angriffen Privater ausgesetzt ist.[676]

4. Eingriffe

Als Eingriffe in die Meinungsfreiheit kommen staatliche »Formvorschriften, Bedin- 382
gungen, Einschränkungen oder Strafdrohungen« in Betracht (Art. 10 Abs. 2
EMRK).[677] Im Sinne eines weiten Eingriffsbegriffs fallen hierunter grundsätzlich alle
Beeinträchtigungen, auch wenn sie nicht finaler Art sind.

5. Schranken gem. Art. 10 Abs. 2

Ein Eingriff verletzt die Konvention, wenn er nicht gem. Abs. 2 gerechtfertigt ist. 383
Gerechtfertigt ist er nur, wenn er »**gesetzlich vorgesehen**« ist, außerdem einem in
der Schrankenbestimmung genannten **Ziel dient** und schließlich »**notwendig in einer demokratischen Gesellschaft**« ist, d.h. für den Eingriff ein dringendes gesellschaftliches Bedürfnis[678] besteht. Der Gesetzesvorbehalt fordert indes kein Parlamentsgesetz. Es genügt ein Gesetz im materiellen Sinne, das hinreichend klar und
bestimmt ist und sonstige rechtsstaatliche Mindestanforderungen erfüllt.[679] Zu den
zulässigen **Zielen der Beschränkung** gehören (1) die nationale Sicherheit, territoriale
Unversehrtheit oder die öffentliche Sicherheit, (2) die Aufrechterhaltung der Ordnung oder Verhütung von Straftaten, (3) die Gesundheit und die Moral, (4) der gute
Ruf oder die Rechte anderer, (5) die Verhinderung der Verbreitung vertraulicher Informationen sowie (6) die Wahrung der Autorität und der Unparteilichkeit der
Rechtsprechung.[680]

Hinsichtlich der **Eingriffsintensität** gelten nach der Rspr. des EGMR bei den einzel- 384
nen Eingriffszielen jeweils unterschiedliche Zugeständnisse an die Einschätzungsprärogative des Staates. Entsprechend der Vielfalt der rechtskulturellen Ordnungen in
den Mitgliedstaaten, ist der staatliche Spielraum für Eingriffe zum Schutz der Moral
und religiöser Gefühle am weitesten. Dagegen unterliegen Meinungsbeiträge, die
das Informationsinteresse der Öffentlichkeit, kontroverse gesellschaftliche Themen
und den politischen Prozess berühren, einer höheren Kontrolldichte des EGMR.[681]

---

676 EGMR, Urt. v. 16.03.2000, RJD 2000-III – Özgür Gündem/Türkei.
677 Dazu *Grote/Wenzel*, in: Grote, R./Marauhn: EMRK/GG, Kap. 18 Rn. 62 ff.; *Grabenwarter*, § 23 Rn. 13 ff.
678 *Grote/Wenzel*, in: Grote, R./Marauhn: EMRK/GG, Kap. 18 Rn. 95. Zur Verhältnismäßigkeit auch Grabenwarter, § 23 Rn. 30.
679 *Grote/Wenzel*, in: Grote, R./Marauhn: EMRK/GG, Kap. 18 Rn. 78 ff.
680 Näher: *Grote/Wenzel*, in: Grote, R./Marauhn: EMRK/GG, Kap. 18 Rn. 86 ff.; *Fink/Cole/
Kleber*, Rn. 224 ff.
681 *Grote/Wenzel*, in: Grote, R./Marauhn: EMRK/GG, Kap. 18 Rn. 100 ff., 106 ff.

Letzteres gilt umso mehr, wenn die Äußerungen über die Presse oder andere Massenmedien verbreitet werden.[682] Die Medien treffen gewisse Sorgfaltspflichten. Im Rahmen der journalistischen Sorgfaltspflicht unterscheidet der EGMR zwischen Tatsachenbehauptungen und Werturteilen.[683] Bei ehrenrührigen Tatsachenbehauptungen muss der Journalist grundsätzlich deren Richtigkeit prüfen.[684] Insgesamt dürfen die Sorgfaltspflichten aber nicht überspannt werden.

385   Geht es im Übrigen um den Ehrenschutz staatlicher Repräsentanten und von Politikern, so muss dieser mit dem Interesse an einer offenen Diskussion gesellschaftlich relevanter Probleme abgewogen werden.[685] Angehörige dieses Personenkreises haben mehr Kritik zu dulden als private Personen.[686]

6. Kunst und Wissenschaft

386   Die Kunst- und Wissenschaftsfreiheit erfährt in der EMRK **keine ausdrückliche Erwähnung**. Allerdings ist die Meinungsäußerung mit künstlerischen Mitteln bzw. als wissenschaftliche Äußerung durch Art. 10 EMRK geschützt.[687] Soweit künstlerische Äußerungen, die nicht zugleich politische Anliegen verfolgen, mit der öffentlichen Moral kollidieren, bestehen beträchtliche staatliche Spielräume der Beschränkung.[688]

III. Charta der Grundrechte

1. Recht auf freie Meinungsäußerung

387   Für die Europäische Gemeinschaft sind Art. 11 und 13 der Charta der Grundrechte der EU[689] zu beachten. Art. 11 Abs. 1 GrCh gewährt unmittelbar das **Recht auf freie Meinungsäußerung**, einschließlich der Meinungsfreiheit und der Freiheit, Informationen und Ideen ohne behördliche Eingriffe und ohne Rücksicht auf Staatsgrenzen zu empfangen und weiterzugeben. In Abs. 2 werden ausdrücklich die **Medien** erwähnt, deren Pluralität geachtet wird. Art. 13 erklärt Kunst und Forschung für frei, darüber hinaus wird die akademische Freiheit geachtet.

---

682 *Grote/Wenzel*, in: Grote, R./Marauhn: EMRK/GG, Kap. 18 Rn. 133 ff.
683 *Stern*, in: Tettinger/Stern, GrCh, Art. 11 Rn. 40.
684 Dazu EGMR, Urt. v. 21.01.1999, RJD 1999-I = NJW 1999, 1315 Nr. 54 – Fressoz u. Roire/Frankreich.
685 EGMR v. 01.07.1997, NJW 1999, 1321 Nr. 21 – Oberschlick/Österreich.
686 *Grabenwarter*, § 23 Rn. 39.
687 Zu Freiheit von Wissenschaft und Kunst: *Grote/Wenzel*, in: Grote, R./Marauhn: EMRK/GG, Kap. 18 Rn. 23, 126 ff.
688 *Grote/Wenzel*, in: Grote, R./Marauhn: EMRK/GG, Kap. 18 Rn. 127 f.
689 Gegenstand der Verweisung in Art. 6 Abs. 1 Änderungen des Vertrags über die Europäische Union und des Vertrags zur Gründung der Europäischen Gemeinschaft – Lissabonner Vertrag.

2. Vergleich mit der EMRK

Die europarechtliche Norm des Art. 11 Abs. 1 GrCh deckt sich bezüglich der Mei- 388
nungs- und Informationsfreiheit mit der völkerrechtlichen Regelung des Art. 10
Abs. 1 EMRK,[690] hingegen enthält er nicht die Schrankenvorbehalte des Art. 10
Abs. 2 EMRK, eben so wenig wie die Medienfreiheit die Beschränkungen des
Art. 10 Abs. 1 Satz 3 EMRK kennt.

3. Medienfreiheit

Die Freiheit der Medien wird ausdrücklich von Art. 11 Abs. 2 GrCh erwähnt. Es 389
handelt sich dabei um ein selbständiges Grundrecht und nicht lediglich um eine
Ausprägung der Meinungsfreiheit.[691] Die Charta geht von einem übergeordneten
Medienbegriff aus – ohne mediale Spezifikationen. Damit entfallen die aus dem GG
bekannten begrifflichen Abgrenzungsprobleme und es wird der Konvergenz der Medien Rechnung getragen.[692]

4. Die Pluralität der Medien »zu achten«

Direkte Normadressaten des Art. 11 GrCh sind nur die Mitgliedstaaten, da die EU 390
mangels Zuständigkeit im Kulturbereich, wie sich aus Art. 167 Abs. 2 AEUV ergibt,
nur befugt ist, die Zusammenarbeit der Mitgliedstaaten zu fördern.[693] Daher die
vorsichtige Formulierung des Art. 11 GrCh, derzufolge die Medienpluralität **nicht**
»gewährt« wird, sondern »zu achten« ist.

Die Pluralität des Presse- und Rundfunkwesens ist ein zulässiges Ziel der Beschrän- 391
kung der Meinungsfreiheit.[694] Aus dem Pluralitätsgebot folgern manche Autoren eine Orientierung auf ein duales Rundfunksystem.[695]

---

690 *Stern*, in: Tettinger/Stern, GrCh, Art. 11 Rn. 24 ff.

691 Vergl. auch hinsichtlich der Rechtsprechung des EGMR bei *Stern*, in: Tettinger/Stern,
     GrCh, Art. 11 Rn. 37.

692 Die Fortschrittlichkeit und Zukunftsfähigkeit des Ansatzes unterstreicht *Stern*, in: Tettin-
     ger/Stern, GrCh, Art. 11 Rn. 31. Dagegen die Erforderlichkeit einer besonderen Rege-
     lung des Rundfunks betonend: *Stock*, Medienfreiheit in der EU-Grundrechtscharta:
     Art. 10 EMRK ergänzen und modernisieren!, 2000.

693 *Stern*, in: Tettinger/Stern, GrCh, Art. 11 Rn. 33; *Fechner*, in: von der Groeben, Europäi-
     sches Unionsrecht, Art. 167 Rn. 2 ff.

694 *Stern*, in: Tettinger/Stern, GrCh, Art. 11 Rn. 32 m.w.N., u.a. auf EGMR, Urt. v.
     24.11.1993, Serie A 276 = EuGRZ 1994, 549 – Informationsverein Lentia u.a./Öster-
     reich.

695 So *Stern*, in: Tettinger/Stern, GrCh, Art. 11 Rn. 34 m.w.N.

5. Schutzbereich

392 Die Medienfreiheit wird von Art. 11 Abs. 2 GrCh weit gedacht. Sie schützt daher neben der Presse auch öffentlichrechtliche und private Rundfunkveranstalter,[696] wie auch Multimediaanbieter.[697]

6. Schranken

393 Im Gegensatz zu Art. 10 Abs. 1 Satz 3 und Abs. 2 EMRK kennt Art. 11 GrCh keinen ausdrücklichen Schrankenvorbehalt. Es gilt jedoch die allgemeine Schrankenbestimmung des Art. 52 GrCh,[698] aus dem sich vor allem ein Gesetzesvorbehalt für Grundrechtseingriffe ergibt.

7. Kunst

394 Kunst im Sinne Art. 13 GrCh ist der grundsätzlich frei gedachte schöpferische Gestaltungsprozess.[699] Allerdings wird die Kunstfreiheit lediglich aus der Gedankenfreiheit und der Meinungsäußerungsfreiheit **abgeleitet** und kann den **Einschränkungen** des Art. 10 EMRK unterworfen werden.[700]

8. Forschung und akademische Freiheit

395 Die Charta verwendet den Begriff der Wissenschaft nicht, der im Grundgesetz durch die Einheit von Forschung und Lehre geprägt ist. Allerdings werden durch die Charta nur Mindeststandards gegenüber den Mitgliedstaaten festgelegt, deren Verfassungstradition mit zu berücksichtigen ist. Forschung und akademische Freiheit, die sich nicht in der Lehre erschöpft, bleibt, wie die Ausgestaltung der Medien, dem Schutz durch die Mitgliedstaaten überlassen, was durch die Formulierung »achten« betont wird.[701]

IV. AEMR

396 Gem. Art. 19 der Allgemeinen Erklärung der Menschenrechte (AEMR) vom 10.12.1948[702] hat jeder das Recht auf Meinungsfreiheit und freie Meinungsäußerung. Eingeschlossen ist die Freiheit, Meinungen ungehindert anzuhängen sowie

---

696 *Stern*, in: Tettinger/Stern, GrCh, Art. 11 Rn. 42, 44.
697 Vergl. *Stern*, in: Tettinger/Stern, GrCh, Art. 11 Rn. 46.
698 Zur Schrankenproblematik: *Stern*, in: Tettinger/Stern, GrCh, Art. 11 Rn. 47–53.
699 *Kempen*, in: Tettinger/Stern, GrCh, Art. 13 Rn. 10 f.
700 Erläuterungen des Präsidiums des mit der Ausarbeitung der Charta beauftragten Konvents vom 11.10.2000 zu Art. 13. Vgl. *Jarass*, EU-Grundrechte, § 18 Rn. 2.
701 *Kempen*, in: Tettinger/Stern, GrCh, Art. 13 Rn. 14 ff., unter Einbeziehung der Verfassungstraditionen der Mitgliedstaaten (Rn. 17–21) und Berücksichtigung des Zusammenhangs mit internationalen Verträgen (Rn. 22–24).
702 Resolution 217 A (III) der Generalversammlung der Vereinten Nationen vom 10.12.1948. *Stern*, StR IV/1, § 108, S. 1494 f.

über Medien jeder Art und ohne Rücksicht auf Grenzen Informationen und Gedankengut zu suchen, zu empfangen und zu verbreiten.

V. IPbpR

Art. 19 des Internationalen Pakts über bürgerliche und politische Rechte v. 19.12.1966 (IPbpR)[703] ist im Vergleich zu Art. 5 GG von besonderem Interesse, da er die **Meinungs-** und die **Kunstfreiheit** miteinander verbindet. Formuliert wird das Recht auf »unbehinderte Meinungsfreiheit«.[704] Das Recht auf freie Meinungsäußerung schließt dem Wortlaut der Norm zufolge die Freiheit ein, ohne Rücksicht auf Staatsgrenzen Informationen und Gedankengut jeder Art in Wort, Schrift oder Druck, durch Kunstwerke oder andere Mittel eigener Wahl sich zu beschaffen, zu empfangen und weiterzugeben.   397

Die Ausübung der in Abs. 2 vorgesehenen Rechte ist mit Pflichten und mit einer besonderen Verantwortung verbunden. Sie kann daher bestimmten, gesetzlich vorgesehenen **Einschränkungen** unterworfen werden, die erforderlich sind, um die Rechte oder den Ruf anderer zu wahren, für den Schutz der nationalen Sicherheit, der öffentlichen Ordnung (»*ordre public*«), der Volksgesundheit oder der öffentlichen Sittlichkeit.   398

I. Prozessuale Fragen

I. Verfassungsbeschwerde

Beschwerdegegenstand einer Verfassungsbeschwerde im Medienbereich ist wegen der kompetenziellen Zuständigkeit der Länder gem. Art. 70 GG meist **Landesrecht** (z.B. RGebStV, RStV, LPresseG), im Rundfunkbereich meist das Zustimmungsgesetz des jeweiligen Landes zum Rundfunkänderungsstaatsvertrag (RÄndStV). Allerdings können Beschwerdegegenstand selbst bei Bundesverfassungsbeschwerden gem. Art. 93 Abs. 1 Nr. 4a GG, § 90 Abs. 1 BVerfGG auch Landesgesetze sein.[705]   399

Die Landesrundfunkanstalten können ebenfalls Verfassungsbeschwerde erheben.   400

Bei Beschwerden gegen Äußerungen in Presse, Rundfunk und Internet ist der Zivil- und Strafrechtsweg offen. Bei Straftaten ist zunächst eine Verurteilung abzuwarten. Einschlägig können beispielsweise die Äußerungsdelikte sein (§§ 185, 186, 187 StGB).   401

---

703 IPbpR, BGBl 1973 II S. 1534, in Kraft getreten am 23.03.1976, für die Bundesrepublik Deutschland ebenfalls am 23.03.1976, mit Ausnahme von Art. 41, der am 23.03.1976 und für die Bundesrepublik Deutschland am 28.03.1979 in Kraft getreten ist.

704 Überblick bei *Fink/Cole/Keber*, Rn. 212 ff.

705 *Lechner/Zuck*, Kommentar BVerfGG, § 90 Rn. 124.

402 Bei Verfassungsbeschwerden bezüglich der Rundfunkbeitragshöhe stellt das BVerfG gem. § 95 Abs. 1, 3 BVerfGG die **Verfassungswidrigkeit** einer Norm fest und tenoriert grundsätzlich deren **Nichtigkeit**. Soweit die Nichtigerklärung zu schwer erträglichen Folgen führen würde, kann sich das Gericht auf die Feststellung der Verfassungswidrigkeit beschränken.[706] § 35 BVerfGG räumt dem BVerfG die Möglichkeit ein, für verfassungswidrig erklärten Rechtsnormen eine **befristete Weitergeltung** auszusprechen und dem Gesetzgeber Fristen für eine Neuregelung zu setzen.[707]

II. Ausstrahlungswirkung des Art. 5 GG im Zivilprozess und Urteilsverfassungsbeschwerde

403 Die hauptsächliche prozessuale Bedeutung haben die Grundrechte des Art. 5 GG in Zivilverfahren. Es handelt sich dabei im Wesentlichen um die Ansprüche auf Unterlassung, Gegendarstellung, Berichtigung, Schadensersatz und Geldentschädigung.[708]

404 Werden die zivilrechtlichen Ansprüche in gerichtlichen Entscheidungen konkretisiert, so liegt in einem Urteil oder Beschluss ein Eingriff in die Medienfreiheit, wenn das einschlägige Grundrecht nicht hinreichend beachtet wurde. Sofern es sich um ein letztinstanzliches Urteil handelt, ist die **Urteilsverfassungsbeschwerde** einschlägig.

405 Das BVerfG ist allerdings auf eine Kontrolle von Gerichtsentscheidungen auf die Verletzung spezifischen Verfassungsrechts beschränkt.

J. Leitentscheidungen

I. Rechtsprechung zu Art. 5 GG

406 Zu allen Grundrechten des Art. 5 GG gibt es eine ausufernde Rechtsprechung, wobei die Leitentscheidungen des BVerfG für die Interpretation von besonderer Bedeutung sind.[709] Am Grundrecht der Meinungsfreiheit hat das BVerfG Grundzüge der Grundrechtdogmatik entwickelt. Die Rundfunkfreiheit ist erst durch die Rundfunkentscheidungen des BVerfG ausgestaltet worden, indem dem Gesetzgeber ausführliche Vorgaben für die Ausgestaltung der Rundfunkordnung gemacht wurden.

---

706 *Lechner/Zuck*, Kommentar BVerfGG, § 95 Rn. 22 ff.
707 *Lechner/Zuck*, Kommentar BVerfGG, § 35 Rn. 14.
708 Zu den Anspruchsvoraussetzungen *Fechner*, Medienrecht, 4. Kap., zum Anspruchsaufbau *Fechner/Rösler/Schipanski*, Fälle und Lösungen zum Medienrecht, 3. Aufl. 2012, S. 330 ff.
709 Eine Zusammenstellung der wichtigsten Entscheidungen zu Art. 5 Abs. 1 GG mit den Kernaussagen der Gerichte findet sich bei *Frank Fechner*: Entscheidungen zum Medienrecht, 2010, 2. Auflage.

II. Meinungsfreiheit[710]

1. Lüth

Die »Lüth-Entscheidung«[711] aus dem Jahr 1958 ist nicht nur für die Meinungsfrei- 407
heit konstituierend, sondern hat darüber hinaus die Grundrechtsdogmatik als solche
grundlegend geprägt, vor allem hinsichtlich der **Wirkung der Grundrechte im Zivilrecht** und die Anwendung der **Wechselwirkungslehre.**[712] Der Hamburger Senats-
direktor Lüth forderte als Vorsitzender des Hamburger Presseclubs dazu auf, den
Film »Unsterbliche Geliebte« des Regisseur Veit Harlan nicht zu besuchen, da dieser
im Dritten Reich mit dem Film »Jud Süß« hervorgetreten war. Gegen die Verurteilung auf Unterlassung durch das Landgericht Hamburg erhob Lüth mit Erfolg Verfassungsbeschwerde.

Das BVerfG erkannte in dieser Entscheidung, dass das Grundrecht des Art. 5 Abs. 1 408
GG nicht nur das Äußern einer Meinung als solches schützt, sondern auch das geistige Wirken durch die Meinungsäußerung. Ein **Boykottaufruf** verstößt nicht gegen
die guten Sitten i.S.d. § 826 BGB, wenn sie durch die Meinungsäußerungsfreiheit
verfassungsrechtlich gerechtfertigt ist. Dies war im Fall Lüth anzunehmen, da er
nicht über das nach den Umständen Zulässige hinausgegangen war.

2. Blinkfüer

Die Blinkfüer-Entscheidung[713] setzte die Lüth-Entscheidung fort. Ein Boykottaufruf 409
ist zwar von der Meinungsäußerungsfreiheit gedeckt, darf indessen nicht mit wirtschaftlichen Machtmitteln durchgesetzt werden. 1961, wenige Wochen nach dem
Bau der Mauer, versandten zwei Verlagshäuser ein Rundschreiben an sämtliche Zei-
tungs- und Zeitschriftenhändler in Hamburg mit der Aufforderung, sich vom Ver-
trieb von Zeitschriften zu distanzieren, die »ostzonale Rundfunk- und Fernsehpro-
gramme« abdruckten. Begründet wurde dies mit »rücksichtslosen Gewaltakten« in
der damaligen Ostzone und mit der dortigen Nutzung der Medien als Propagan-
dainstrument. Bei Zuwiderhandlung drohten die Verlage, die Geschäftsbeziehungen
mit den Händlern abzubrechen. Hiergegen wandte sich – letztlich mit Erfolg – der
Herausgeber der Wochenzeitung »Blinkfüer«.

---

710 Ergänzend ist auf die Rechtsprechung des EGMR zu verweisen. Einige Leitentscheidungen sind: EGMR, U. v. 07.12.1976, Serie A 24 – Handyside/Vereinigtes Königreich
(Schulbuch); EGMR, U. v. 08.07.1986, Serie A 103 = EuGRZ 1986, 424 Lingens/Ös-
terreich (Kritik an Politikern); EGMR, U. v. 20.11.1989, Serie A 165 = EuGRZ 1996,
302 – markt intern Verlag GmbH und Klaus Beermann/Deutschland (Werbefreiheit);
EGMR, Urt. v. 24.11.1993, Serie A 276 = EuGRZ 1994, 549 – Informationsverein Len-
tia u.a./Österreich (Rundfunkfreiheit); EGMR, U. v. 23.09.1994, Serie A 298 = NStZ
1995, 237 – Jersild/Dänemark (Berichterstattung über rassistische Äußerungen Dritter).
711 BVerfGE 7, 198.
712 S. oben Rdn. 285.
713 BVerfGE 25, 256 (264 f.).

410   Das BVerfG stellte fest, dass ein **Boykottaufruf**, dem eine bestimmte Meinungskundgabe zugrunde liegt, durch Art. 5 Abs. 1 Satz 1 GG insbesondere dann geschützt ist, wenn er als Mittel des geistigen Meinungskampfes in einer die Öffentlichkeit wesentlich berührenden Frage eingesetzt wird. Dies gilt auch, wenn der Verrufer zu dem Boykottierten in einem beruflichen, gewerblichen oder sonstigen geschäftlichen Konkurrenzverhältnis steht und selbst, wenn der wirtschaftlich Stärkere einen solchen geistigen Meinungskampf führt. Ein Boykottaufruf wird durch das Grundrecht der freien Meinungsäußerung dann **nicht geschützt**, wenn er nicht nur auf geistige Argumente gestützt wird, sondern sich solcher Mittel bedient, die den Angesprochenen die Möglichkeit nimmt, ihre Entscheidung in voller innerer Freiheit und ohne **wirtschaftlichen Druck** zu treffen.[714]

III. Informationsfreiheit

1. Parabolantenne

411   Der hohe Stellenwert der Informationsfreiheit wird deutlich in der Entscheidung »Parabolantenne«[715], die zudem die mittelbare Drittwirkung der Grundrechte im Bereich der Medien veranschaulicht. Es ging um die Frage, ob ein ausländischer Mieter, der sein Heimatprogramm nur mittels einer Parabolantenne und nicht über Kabel empfangen konnte, eine solche Antenne gegen den Willen des Eigentümers an der Mietwohnung anbringen darf.

412   In der Entscheidung stellte das BVerfG klar, dass ein **ausländisches Rundfunkprogramm**, das in Deutschland empfangen werden kann, eine **allgemein zugängliche Informationsquelle** im Sinne der Informationsfreiheit ist.[716] Im Streitfall konnte sich die Informationsfreiheit des Mieters gegenüber dem Eigentumsgrundrecht des Vermieters durchsetzen.

2. Fernsehaufnahmen im Gerichtssaal

413   Eine weitere grundlegende Entscheidung betrifft die Zulässigkeit von Fernsehaufnahmen im Gerichtssaal.[717] Wie auch in einigen vergleichbaren Entscheidungen ging es um die Verfassungsmäßigkeit des § 169 Satz 2 GVG, der Ton-Filmaufnahmen von Gerichtsverhandlungen zum Zwecke der öffentlichen Vorführung oder Veröffentlichung ihres Inhalts für unzulässig erklärt. In seiner Entscheidung stellte das BVerfG zunächst fest, dass ein Recht auf Eröffnung einer Informationsquelle nicht aus der Informationsfreiheit folgt. § 169 S. 2 GVG ist daher verfassungsgemäß, allerdings sind Ton- und Bewegtbildaufnahmen **vor Beginn und nach Ende**

---

714 BVerfGE 20, 256.
715 BVerfGE 90, 27, zuletzt BVerfG vom 13.03.13 NJW 2013, 2180.
716 BVerfGE 90, 27 (32 f.).
717 BVerfGE 103, 44.

der Verhandlung sowie aus den Sitzungspausen zulässig, da sie nicht von diesem Verbot erfasst werden.[718]

IV. Pressefreiheit

1. Chiffre-Anzeigen

In der Entscheidung »Chiffre-Anzeigen«[719] ging es um den Schutzbereich der Presse- 414 freiheit sowie um das Zeugnisverweigerungsrecht von Presseangehörigen. Nachdem in einer Tageszeitung eine Chiffre-Anzeige erschienen war, die nach Ansicht der Steuerberaterkammer mit den Standesrichtlinien unvereinbar war, wurde ein berufsgerichtliches Verfahren eingeleitet, in dessen Verlauf der Sachbearbeiter in der Anzeigenabteilung des Verlags als Zeuge vernommen werden sollte. Er verweigerte die Aussage, woraufhin das Amtsgericht gegen ihn ein Ordnungsgeld, ersatzweise Ordnungshaft festsetzte. Die letztlich von ihm hiergegen erhobene Verfassungsbeschwerde hatte zwar keinen Erfolg, dennoch erweiterte das BVerfG die Pressefreiheit in dieser Entscheidung nicht unerheblich.

Zunächst stellte das BVerfG fest, dass das Grundrecht der Pressefreiheit auch den 415 **Anzeigenteil** von Presseerzeugnissen umfasst, da der Anzeigenteil für die Erfüllung der Kommunikationsaufgabe der Presse ebenso Bedeutung hat wie für die Erhaltung ihrer wirtschaftlichen Grundlagen als wesentliche Voraussetzung ihrer Unabhängigkeit.[720] Noch wichtiger war die Feststellung des BVerfG, dass die Verweigerung des Zeugnisses im Einzelfall auch dann zulässig sein kann, wenn keiner der einfachrechtlich geregelten Tatbestände erfüllt ist, wenn sich aber die Einschränkung des Zeugniszwangs unter Berücksichtigung des Grundsatzes der Verhältnismäßigkeit **unmittelbar aus dem Grundrecht der Pressefreiheit** ergibt. Dies hängt allerdings von der Bedeutung des in Frage stehenden Beitrags für die öffentliche Meinungsbildung ab.[721]

2. Spiegel

In der »Spiegel-Entscheidung«[722] ging es um den Schutzbereich der Pressefreiheit in 416 Gestalt des **Redaktionsgeheimnisses** und des **Informantenschutzes**, sowie um die Durchsuchung und Beschlagnahme in Presseräumen. Anlass hierzu war ein Artikel im Nachrichtenmagazin »Der Spiegel«, der sich mit der Verteidigungsfähigkeit der Bundeswehr auseinandersetzte und auch Bilder von neuen Waffen zeigte. Hierauf wurde ein Ermittlungsverfahren gegen den Herausgeber und einige Redakteure des Nachrichtenmagazins eingeleitet, in dessen Verlauf es zur Durchsuchung der Redaktion kam, die einen Monat lang andauerte und mit der Sicherstellung und Beschlag-

---

718 Vgl. BVerfGE 103, 44 (66 f.).
719 BVerfGE 64, 108.
720 BVerfGE 64, 108 (114).
721 BVerfGE 64, 108 (118).
722 BVerfGE 20, 162.

nahme von Materialien verbunden war. Dieser auch politisch damals viel beachtete Fall gab dem BVerfG Anlass, den Schutzbereich der Pressefreiheit näher zu bestimmen.

417   Das BVerfG stellte zunächst die Aufgabe der freien Presse in der repräsentativen Demokratie dar, in der sie als ständiges Verbindungs- und Kontrollorgan zwischen dem Volk und seinen gewählten Vertretern steht. Daher müssen sich Presseunternehmen im gesellschaftlichen Raum frei bilden können.[723] Die Pressefreiheit ist nicht nur ein subjektives Grundrecht für die im Pressewesen tätigen Personen, sondern zugleich eine objektiv-rechtliche Garantie des **Instituts »Freie Presse«**, aus der eine Pflicht des Staates resultiert, Gefahren abzuwehren, die einem freien Pressewesen aus der Bildung von Meinungsmonopolen erwachsen könnte. Zur Pressefreiheit gehört insbesondere der Schutz des Vertrauensverhältnis zwischen Presse und privaten Informanten, das Redaktionsgeheimnis. Es ist insbesondere bei Durchsuchungen und Beschlagnahmen zu beachten. Dieses Vertrauensverhältnis ist eine wesentliche Voraussetzung für die **Funktionsfähigkeit der freien Presse**. Da im konkreten Fall ein ausreichender Verdacht für eine strafbare Handlung bestand und bei Abwägung alle Gesichtspunkte kein verfassungswidriges Vorgehen der öffentlichen Gewalt festgestellt werden konnte, wies das BVerfG die Verfassungsbeschwerde zurück.

3. Cicero

418   Wiederum mit der Durchsuchung und Beschlagnahme bei Presseangehörigen hatte sich das BVerfG 2007 in der »Cicero-Entscheidung«[724] zu befassen. Bei der in diesem Fall verfassungsrechtlich zu bewertenden Durchsuchung in den Redaktionsräumen des Politikmagazins »Cicero« lag nicht ein Strafverfahren gegen einen Journalisten zugrunde, vielmehr war die Durchsuchung unter anderem angeordnet worden, um Aufzeichnungen über die Kontakte des Journalisten zu Mitarbeitern des Bundeskriminalamts aufzufinden und gegebenenfalls zu beschlagnahmen, aus denen sich ergibt, aus welcher Quelle der Journalist Informationen aus einem Bericht des Bundeskriminalamts erhalten hatte, der nur für den Dienstgebrauch bestimmt gewesen war. In diesem Fall stellte das BVerfG fest, dass die Anordnung der Durchsuchung der Redaktion und die Beschlagnahme der dort gefundenen Beweismittel verfassungsrechtlich nicht gerechtfertigt gewesen waren. **Durchsuchungen und Beschlagnahmen** in einem Ermittlungsverfahren gegen Presseangehörige sind dem BVerfG zufolge verfassungsrechtlich unzulässig, wenn sie ausschließlich oder vorwiegend dem Zweck dienen, die **Person des Informanten** zu ermitteln.[725] Aufgrund des verfassungsrechtlich gewährleisteten Informantenschutzes müssen die strafprozessualen Normen über Durchsuchung und Beschlagnahme dahingehend ausgelegt werden, dass die bloße Veröffentlichung eines Dienstgeheimnisses durch einen Journalisten nicht ausreicht, um einen Verdacht der Beihilfe des Journalisten zum Geheimnisver-

---

723 BVerfGE 20, 162 (174).
724 BVerfGE U. v. 27.02.2007, NJW 2007, 1117.
725 BVerfG NJW 2007, 1117, 1120.

rat zu begründen. Erforderlich wären vielmehr spezifische tatsächliche Anhaltspunkte für das Vorliegen einer vom Geheimnisträger bezweckten Veröffentlichung des Geheimnisses und damit einer beihilfefähigen Haupttat.[726]

V. Rundfunkfreiheit

1. Bedeutung der Leitentscheidungen für die Rundfunkordnung

Das BVerfG hat zahlreiche Leitentscheidungen zum Rundfunkrecht erlassen. Ein   419
Kreis von ca. neun Entscheidungen des BVerfG werden allerdings als konstituierend für die Rundfunkordnung angesehen und aus diesem Grund inoffiziell durchnummeriert. Diese Entscheidungen haben das Rundfunkrecht geprägt, wie kaum ein anderes Rechtsgebiet durch einige wenige Entscheidungen geprägt worden ist.

2. Deutschland-Fernsehen-GmbH

1960 wurde von der Bundesrepublik Deutschland die »Deutschland-Fernsehen-   420
GmbH« gegründet, nach der die erste Rundfunkentscheidung[727] benannt wird. Als Aufgabe der Gesellschaft war die Veranstaltung von Fernsehsendungen vorgesehen gewesen, »die den Rundfunkteilnehmern in ganz Deutschland und im Ausland ein umfassendes Bild Deutschlands vermitteln sollen«. Durch die Gründung der Deutschland-Fernsehen-GmbH sahen sich einige Bundesländer in ihren verfassungsmäßigen Rechten verletzt und strengten einen Bund-Länder-Streit gem. Art. 93 Abs. 1 Nr. 3 GG, §§ 13 Nr. 7, 68 ff. BVerfGG an, mit dem sie Erfolg hatten. Das BVerfG hat in dieser ersten Fernsehentscheidung bereits wesentliche Weichen gestellt, die die Rundfunkordnung noch heute prägen. Unterschieden wurde zwischen dem **sendetechnischen Bereich** des Rundfunks, für den der **Bund** gem. Art. 73 Nr. 7 GG die Gesetzgebungskompetenz besitzt während die Befugnis, die Organisation der Veranstaltung und die innere Organisation der Veranstalter von Rundfunksendungen der Kompetenz der **Bundesländer** zusteht wie auch zum Erlass von Vorschriften in Bezug auf die **Sendungen** selbst.[728] Daher hatte der Bund durch die Gründung der Deutschland-Fernsehen-GmbH gegen Art. 30 i.V.m. Art. 83 ff. GG verstoßen.[729]

Im Weiteren wird die Bedeutung des Rundfunks in der Demokratie umschrieben,   421
derzufolge der Rundfunk ebenso wie die Presse zu den »unentbehrlichen modernern Massenkommunikationsmitteln zählt, durch die die öffentliche Meinung mitgebildet wird, wobei sich diese nicht auf Nachrichtensendungen, politische Kommentare usw. beschränkt. Daher ist der Rundfunk als einem neben der Presse stehenden, mindestens gleich bedeutsamen, unentbehrlichen Massenkommunikationsmittel und Faktor der öffentlichen Meinungsbildung die institutionelle Freiheit nicht weni-

---

726 BVerfG NJW 2007, 1117, 1120.
727 BVerfGE 12, 205.
728 BVerfGE 12, 205 (225).
729 BVerfGE 12, 205 (242).

ger wichtig als für die Presse.[730] Bereits in dieser frühen Entscheidung aus dem Jahr 1961 begründet das BVerfG die Sondersituation im Bereich des Rundfunkwesens gegenüber der Presse mit der relativ großen Zahl von selbstständigen, miteinander konkurrierenden Presseerzeugnissen, während im Bereich des Rundfunks sowohl aus technischen Gründen als auch mit Rücksicht auf den außergewöhnlichen finanziellen Aufwand für die Veranstaltung von Rundfunkdarbietungen die Zahl der Rundfunkveranstalter verhältnismäßig klein bleiben müsse. Aus diesem Grund müssen die Rundfunkanstalten dem staatlichen Einfluss entzogen sein oder dürfen höchstens einer beschränkten staatlichen Rechtsaufsicht unterworfen sein. Der **Rundfunk** darf **weder dem Staat noch einer gesellschaftlichen Gruppe ausgeliefert** werden.[731] Die Veranstalter von Rundfunkdarbietungen müssen daher so organisiert werden, dass die unterschiedlichen gesellschaftlichen Kräfte in ihren Organen Einfluss haben und im Gesamtprogramm zu Wort kommen können und dass für den Inhalt des Gesamtprogramms Leitgrundsätze verbindlich gemacht werden, die ein Mindestmaß von inhaltlicher Ausgewogenheit, Sachlichkeit und gegenseitiger Achtung gewährleisten. Hierfür hat der Gesetzgeber zu sorgen. Art. 5 GG hindert zwar nicht, dass auch Vertretern des Staates in den Organen ein angemessener Anteil eingeräumt wird. Dagegen schließt Art. 5 GG aus, dass der Staat unmittelbar oder mittelbar eine Anstalt oder Gesellschaft beherrscht, die Rundfunksendungen veranstaltet.[732]

3. Umsatzsteuer

422   In der Entscheidung »Umsatzsteuer« oder »Mehrwertsteuer«, der zweiten Rundfunkentscheidung,[733] stellte das BVerfG fest, dass die **Rundfunkanstalten**, obwohl sie juristische Personen des öffentlichen Rechts sind, die **Rundfunkfreiheit** geltend machen können. Dies ist bei den Rundfunkanstalten ausnahmsweise der Fall, da sie unmittelbar dem durch die Grundrechte geschützten Lebensbereich zuzuordnen sind.[734] Im Zusammenhang mit der konkreten Frage, ob auch Rundfunkanstalten unternehmerisch tätig sind und daher mehrwertsteuerpflichtig, stellte das BVerfG fest, dass dies nicht der Fall ist, sie vielmehr öffentlichrechtliche Aufgaben erfüllen. Auch ist die »Gebühr«, aus der der Rundfunk finanziert wird, nicht Gegenleistung für eine Leistung, sondern »Mittel zur Finanzierung der Gesamtveranstaltung« des Rundfunks.[735]

---

730 BVerfG 12, 205 (261).
731 BVerfG 12, 205 (262).
732 BVerfG 12, 205 (263).
733 BVerfGE 31, 314.
734 BVerfGE 31, 314 (322).
735 BVerfGE 31, 314 (330).

4. FRAG

Um die Einführung des privaten Rundfunks ging es in der Entscheidung »FRAG« 423
oder »Privatfunk im Saarland«, der dritten Rundfunkentscheidung.[736] Das Saarland
hatte 1964 als erstes Bundesland ein Rundfunkgesetz geschaffen, das die Veranstaltung privaten Rundfunks zuließ. Als eine freie Rundfunkgesellschaft in Gründung
(FRAG) eine Konzession zur Veranstaltung von Hörfunk beantragte, lehnte die Landesregierung die Erteilung einer Konzession ab, da sie befürchtete, der Saarländische
Rundfunk würde andernfalls in ernste Existenzschwierigkeiten geraten. Im nachfolgenden Rechtsstreit wurde dem BVerfG diese Frage im Wege der konkreten Normenkontrolle gemäß Art. 100 Abs. 1 GG vorgelegt, der die gesetzlichen Regelungen
für nicht ausreichend hielt.

Ausgangspunkt des BVerfG ist die Erkenntnis, dass es sich bei der Rundfunkfreiheit 424
um eine »**dienende Freiheit**« handelt, die der Aufgabe dient, freie und umfassende
Meinungsbildung durch den Rundfunk zu gewährleisten. Für die Veranstaltung privater Rundfunksendungen bedarf es daher einer gesetzlichen Ausgestaltung, die sicherstellt, dass die Vielfalt der bestehenden Meinungen im Rundfunk in möglichster
Breite und Vollständigkeit Ausdruck findet und das auf diese Weise umfassende Information geboten wird.[737] Wie der Gesetzgeber diese Aufgabe erfüllt, ist grundsätzlich Sache seiner eigenen Entscheidung, allerdings hat er insbesondere Vorkehrungen
zu treffen, die sicherstellen, dass der Rundfunk nicht einer oder einzelnen gesellschaftlichen Gruppen ausgeliefert wird, dass die unterschiedlichen gesellschaftlichen
Kräfte im Gesamtprogramm zu Wort kommen und dass die Freiheit der Berichterstattung unangetastet bleibt.[738] Die zuvor durch Knappheit der Sendefrequenzen
und den hohen finanziellen Aufwand für die Veranstaltung von Rundfunksendungen
bedingte Sondersituation des Rundfunks war im Zuge der modernen Entwicklung
entfallen.[739] Die **Veranstaltung privaten Rundfunks** ist daher möglich, sofern der
Gesetzgeber die Grundlinien der Rundfunkordnung festlegt, wobei er die Wahl zwischen einer binnenpluralen oder einer außenpluralistischen Vielfaltssicherung hat.
Entscheidet er sich für ein außenpluralistisches Modell, so obliegt den einzelnen Veranstaltern nicht, für eine Ausgewogenheit ihrer Programme zu sorgen, doch bleiben
sie zu sachgemäßer, umfassender und wahrheitsgemäßer Information und zu einem
Mindestmaß an gegenseitiger Achtung verpflichtet. Ebenfalls zu den erforderlichen
gesetzlichen Regelungen privaten Rundfunks gehört dieser Entscheidung zufolge die
Normierung einer begrenzten Staatsaufsicht, sowie eine »am Gleichheitssatz orientierte Zugangsregelung«[740]

---

736 BVerfGE 57, 295.
737 BVerfGE 57, 295 (320).
738 BVerfGE 57, 295 (322).
739 BVerfGE 57, 322.
740 BVerfGE 57, 326 f.

5. Niedersachsen

425   Die vierte Rundfunkentscheidung, auch »Niedersachsen« nach dem Landesrundfunkgesetz genannt, dessen Verfassungsmäßigkeit es zu beurteilen galt, befasst sich detaillierter mit der Ausgestaltung des **Rundfunkauftrags**.[741] In dieser Entscheidung legt das BVerfG dar, dass in der dualen Rundfunkordnung die unerlässliche »**Grundversorgung**« Sache der öffentlichrechtlichen Anstalten ist.[742] Dies entlastet die privaten Anbieter. Solange und soweit die Wahrnehmung der Grundversorgung durch den öffentlichrechtlichen Rundfunk wirksam sichergestellt ist, werden an die Breite des Programmangebots und die Sicherung gleichgewichtiger Vielfalt im privaten Rundfunk nicht gleich hohe Anforderungen gestellt wie an den öffentlichrechtlichen Rundfunk.[743] Besonderes Augenmerk legt das BVerfG auf die Ausgestaltung des Zugangs zum Rundfunk, die nicht dazu dienen darf, dass staatliche Behörden Einfluss auf den Inhalt der Programme erlangen können.[744]

6. Baden-Württemberg

426   In der fünften Rundfunkentscheidung, die nach dem zu beurteilenden Landesmediengesetz »Baden-Württemberg« genannt wird, hatte das BVerfG den Umfang der Grundversorgung zu umschreiben, insbesondere im Hinblick auf neue technische Möglichkeiten.[745] **Grundversorgung** bedeutet dem BVerfG in dieser Entscheidung zufolge, dass im Prinzip dafür Sorge getragen sein muss, dass für die Gesamtheit der Bevölkerung Programme angeboten werden, die umfassend und in der vollen Breite des klassischen Rundfunkauftrags informieren, und das Meinungsvielfalt in der verfassungsrechtlich gebotenen Weise gesichert ist.[746] Doch auch in den Bereich jenseits der Grundversorgung, in dem ein Wettbewerb zu gleichen Bedingungen zwischen dem öffentlichrechtlichen und dem privaten Rundfunk stattfindet, darf der Gesetzgeber Angebote nicht privaten Anbietern vorbehalten. Insbesondere darf der Gesetzgeber nicht öffentlich-rechtliche Regional- und Lokalprogramme verbieten, wodurch eine wirksame publizistische Konkurrenz zu einem wesentlichen Teil oder gänzlich unterbunden würde.[747] Auch »**rundfunkähnliche Kommunikationsdienste**« sind in den Schutzbereich der Rundfunkfreiheit einbezogen, um dem öffentlichrechtlichen Rundfunk eine Anpassung an veränderte Umstände zu ermöglichen.[748] Bereits in diesem Beschluss zeigt das BVerfG, dass der Gesetzgeber verpflichtet ist, die hinreichende Finanzierung der geschützten Programme zu ermöglichen, wobei nicht einzelne Formen der Finanzierung geschützt sind, wenn nur die

---

741 BVerfGE 73, 118.
742 BVerfGE 73, 118 (157).
743 BVerfGE 73, 118 (158 f.).
744 BVerfGE 73, 118 (183).
745 BVerfGE 74, 297.
746 BVerfGE 74, 297 (325).
747 BVerfGE 74, 297 (333).
748 BVerfGE 74, 297 (351, 354).

Tätigkeit der öffentlichrechtlichen Anstalten insgesamt hinreichend gesichert ist. Zulässig ist eine Beschränkung oder der gänzliche Ausschluss von Werbung durch den Gesetzgeber, wenn er die Finanzierung auf andere Weise sichert.[749]

7. Nordrhein-Westfalen

Der Baden-Württemberg-Beschluss findet seine konsequente Fortsetzung in der Entscheidung »Nordrhein-Westfalen«, die auch als sechste Rundfunkentscheidung gezählt wird und in der die **Bestands- und Entwicklungsgarantie** des öffentlichrechtlichen Rundfunks aus der Rundfunkfreiheit abgeleitet wurde.[750] In diesem Urteil stellt das BVerfG klar, dass der Begriff der Grundversorgung weder eine Mindestversorgung darstellt, auf die der öffentlichrechtliche Rundfunk beschränkt ist noch eine Aufgabenteilung in dem Sinne vornimmt, dass der öffentlichrechtliche für den informierenden und bildenden, der private Rundfunk für den unterhaltenen Teil des Programmangebots zuständig wäre. Vielmehr muss sichergestellt sein, dass die öffentlichrechtlichen Rundfunkanstalten für die Gesamtheit der Bevölkerung Programme anbieten, die umfassend und in der vollen Breite des klassischen Rundfunkauftrags informieren, und dass im Rahmen dieses Programmangebots Meinungsvielfalt in der verfassungsrechtlich gebotenen Weise hergestellt wird.[751]

427

8. Hessen 3

Mit **Rundfunkfinanzierung** und Werbung hatte sich die siebte Rundfunkentscheidung im Zusammenhang mit dem dritten Fernsehprogramm des hessischen Rundfunks zu befassen, in dem auch Werbung ausgestrahlt werden sollte.[752] Diese Fragestellung machte ein genaueres Eingehen des BVerfG auf die **Werbung** im Rundfunk erforderlich. Das BVerfG sieht von der Werbefinanzierung programm- und vielfaltsverengende Zwänge ausgehen, weshalb die Gebührenfinanzierung die dem öffentlichrechtlichen Rundfunk gemäße Art der Finanzierung sei.[753] Andere Finanzierungsquellen, wie auch Werbeeinnahmen sind zulässig, solange sie die Gebührenfinanzierung nicht in den Hintergrund drängen. Entscheidet sich der Gesetzgeber für eine Mischfinanzierung, so darf die Werbung nach Zeit, Dauer und Häufigkeit begrenzt oder auch ganz untersagt werden.[754] Jedenfalls hat der Gesetzgeber alles zu finanzieren, was zur Aufrechterhaltung der Grundversorgung unterlässlich ist. Die Grundversorgung begrenzt allerdings nicht das Tätigkeitsfeld der öffentlichrechtlichen Rundfunkanstalten, vielmehr haben sie Anspruch auf finanzielle Mittel, soweit sie sich im Rahmen des zur Wahrung ihrer Funktion Erforderlichen halten.[755]

428

---

749 BVerfGE 74, 297 (342).
750 BVerfGE 83, 238.
751 BVerfGE 83, 238 (297 f.).
752 BVerfGE 87, 181.
753 BVerfGE 87, 181 (199).
754 BVerfGE 87, 181 (200).
755 BVerfGE 87, 181 (203).

Die Finanzierung der Rundfunkanstalten muss so bemessen sein, dass sie grundsätzlich auch die Veranstaltung **regionaler Programme** erlaubt.[756]

9. Rundfunkgebühren I

429   War in den vorausgegangenen Entscheidungen verschiedentlich auf die Frage der Finanzierung des öffentlichrechtlichen Rundfunks einzugehen gewesen, so befasst sich die Entscheidung Rundfunkgebühren I, die achte Rundfunkentscheidung, erstmals eingehend mit dem Verfahren der Rundfunkgebührenfestsetzung.[757] In diesem Zusammenhang hebt das BVerfG hervor, dass die Gebührenfestsetzung nicht zu Zwecken der Programmlenkung oder der Medienpolitik benutzt werden darf. Für die Gebührenfestsetzung gelten vielmehr die Grundsätze der **Programmneutralität** und der Programmakzessorität. Dies war hinsichtlich der **KEF** problematisch, die als bloßes Hilfsinstrument der Ministerpräsidentenkonferenz ins Leben gerufen worden war. Dieses Gremium zur Ermittlung des Finanzbedarfs der Rundfunkanstalten muss unabhängig und politikfrei zusammengesetzt sein.[758] Bereits in dieser Entscheidung stellte das BVerfG dar, dass die Abweichung des Gesetzgebers von der Bedarfsfeststellung der KEF möglich ist, dies allerdings der Begründung bedürfe, wobei im Wesentlichen nur Gesichtspunkte des Informationszugangs und der angemessenen Belastung der Rundfunkteilnehmer in Betracht kämen.[759]

10. Rundfunkgebühren II

430   Ihre unmittelbare und konsequente Fortsetzung findet die erste Rundfunkgebührenentscheidung in der neunten Rundfunkentscheidung »Rundfunkgebühren II«, die 2007, über zehn Jahre nach der ersten Gebührenentscheidung ergangen ist.[760] Trotz der raschen technischen Entwicklung nahm das BVerfG keine Änderung an den Aufgaben der öffentlichrechtlichen Anstalten oder deren Funktionsauftrag vor. Vielmehr wurde eine »**Garantie funktionsgerechter Finanzierung**« statuiert. Hinsichtlich der Festsetzung der Rundfunkgebühr wurde wiederholt, dass diese frei von medienpolitischen Zwecksetzungen erfolgen muss. Die Gebührenentscheidung darf nicht das Ziel verfolgen, die Konkurrenzfähigkeit des öffentlich-rechtlichen Rundfunks im Verhältnis zum privaten Rundfunk zu schwächen oder gar auf den Programminhalt Einfluss zu nehmen. Die Kontrolle der KEF ist keine politische, sondern eine fachliche Aufgabe. Für **Abweichungen von der Bedarfsfeststellung der KEF** kommen wiederum nur eng umrissene Gründe in Betracht.

---

756 BVerfGE 87, 181 (204).
757 BVerfGE 90, 60.
758 BVerfGE 90, 103.
759 BVerfGE 90, 103 f.
760 BVerfG NJW 2008, 838 ff.

11. ZDF-Verwaltungsrat

Im Urteil des Bundesverfassungsgerichts aus dem Jahr 2014 »ZDF-Verwaltungsrat« 431
musste der Einfluss von Staatsvertretern auf die Aufsichtsgremien der öffentlich-
rechtlichen Rundfunkanstalt ZDF geklärt werden. Das Gericht stellte in dieser
Entscheidung klar, dass die Aufsichtsgremien (Rundfunkrat und Verwaltungsrat gleichermaßen) **nicht mehr als ein Drittel durch Staatsvertreter** oder staatsnahe Mitglieder besetzt werden dürfen. Grundlage dieser Feststellung war die in Art. 5 Abs. 1
Satz 2 GG verankerte Vielfaltssicherung im Rundfunk, als deren Ausfluss die Staats-
ferne angesehen wurde. Der Vielfaltssicherung im öffentlichrechtlichen Rundfunk
kommt angesichts der dualen Rundfunkordnung eine besondere Bedeutung zu, da
diese Sender als Gegengewicht zu den privaten Rundfunkanbietern ein nicht an
marktwirtschaftlichen Überlegungen ausgerichtetes Leistungsangebot hervorzubringen haben. Aus diesem Grund müssen bei der Bestellung der Gremienmitglieder
möglichst unterschiedliche Gruppen berücksichtigt werden, die letztlich nicht als
Vertreter ihrer Gruppe, sondern als Sachwalter der Allgemeinheit und unabhängig
von den Staatsorganen tätig werden sollen. Der Forderung nach einem gänzlichen
Ausschluss von Staatsvertretern, wie dies im abweichenden Votum eines Richters gefordert wird, folgt das BVerfG hingegen nicht. Es reicht, dass eine Beeinflussung der
Berichterstattung durch staatliche und staatsnahe politische Akteure zur Durchsetzung eigener Interessen, insbesondere parteipolitischer Agenden verhindert wird. Zu
den Staatsvertretern werden nicht nur Mitglieder einer Regierung, sondern auch Abgeordnete, politische Beamte, Wahlbeamte in Leitungsfunktionen wie Bürgermeister
und Landräte, Vertreter der Kommunen sowie Parteipolitiker gerechnet. Lediglich
Hochschulangehörige und Richter unterfallen diesem Personenkreis nicht, da sie
nicht in staatlich-politischen Entscheidungszusammenhängen stehen, die vom Wettbewerb um Amt und Mandat geprägt sind. Neben der Anzahl staatsnaher Mitglieder
in den Aufsichtsgremien stellt das BVerfG auch Anforderungen an die Benennung
und an die persönlichen Voraussetzungen der staatsfernen Mitglieder, nicht zuletzt
im Hinblick auf deren persönliche Freiheit und Unabhängigkeit. Besonderen Wert
legt das BVerfG auf die Weisungsfreiheit der Gremienmitglieder, was verhindern
soll, dass sie in intransparenter Weise von außen unter Druck geraten und unsachli-
chen Einflussnahmen ausgesetzt sind.[761]

12. Kurzberichterstattung

Als weitere Leitentscheidung, wenn auch außerhalb des Kanons der Entscheidungen 432
zu den Grundlagen der Rundfunkordnung, ist das Urteil zur Kurzberichterstattung
anzuführen.[762] Das BVerfG hatte die Verfassungsmäßigkeit eines unentgeltlichen
Rechts auf Fernsehkurzberichterstattung zu beurteilen. Das BVerfG erkannte, dass
ein gesetzliches Kurzberichterstattungsrecht das Grundrecht der Berufsfreiheit einschränkt, wenn es sich um beruflich erbrachte Leistungen handelt. Diese Einschrän-

---

761 Stephan Ory u.a. (Hrsg.): Das Urteil des BVerfG zum ZDF-Staatsvertrag, 2014.
762 BVerfGE 97, 228.

kung sieht es allerdings durch vernünftige Erwägungen des Gemeinwohls für gerechtfertigt, die in der Gewährleistung freier Informationstätigkeit und freien Informationszugangs liegen.[763] Allerdings ist die Einschränkung der Berufsfreiheit **unverhältnismäßig**, wenn die gesetzliche Regelung eine **unentgeltliche Kurzberichterstattung** vorsieht.[764]

13. Europarechtliche Leitentscheidungen

433   Aus den zahlreichen Entscheidungen des EuGH zum Rundfunkrecht sollen hier lediglich einige wenige zentrale Weichenstellungen herausgegriffen werden. Bereits 1974 hat der EuGH in der Entscheidung »**Sacchi**« den Rundfunk als Dienstleistung eingeordnet und damit dem Regime der europäischen Dienstleistungsfreiheit unterstellt, während in den Mitgliedstaaten, insbesondere bei den deutschen Bundesländern, die Vorstellung vorgeherrscht hatte, der Rundfunk sei als Teil der Kultur dem europarechtlichen Zugriff entzogen.[765] Das dies nicht ein umfassender Zugriff ist, belegt die Entscheidung »**Coditel**« aus dem Jahr 1980, derzufolge die Grundsätze des freien Dienstleistungsverkehrs die Anwendung nationaler Rechtsvorschriften zum Schutz des geistigen Eigentums nicht verbieten, sofern diese nicht als Mittel willkürlicher Diskriminierung missbraucht werden.[766] Einige weitere Entscheidungen betreffen die Anwendung der Richtlinie über audiovisuelle Medieninhalte (zuvor EG-Fernsehrechtlinie).[767]

VI. Filmfreiheit

434   Die Rechtsprechung des BVerfG zur Filmfreiheit spielt gegenüber der zur Presse- und Rundfunkfreiheit nur eine untergeordnete Rolle. Als Leitentscheidung sei hier der Beschluss zum Film »**Tanz der Teufel**« genannt, der sich mit der Einziehung eines Films mit Gewaltdarstellungen zu befassen hatte.[768] Die Besonderheit dieses Falles lag darin, dass ein Film, der im Kennzeichnungsverfahren der freiwilligen Selbstkontrolle der Filmwirtschaft (FSK) zur Kennzeichnung vorgelegt worden war, durch die Staatsanwaltschaft eingezogen wurde. Das BVerfG beanstandete, dass dem beschwerdeführenden Vertreiber des Films keine Gelegenheit gegeben worden war, Schnitte anzubringen, um den Film kennzeichnungsfähig zu machen oder von dessen Verbreitung Abstand zu nehmen. Da die Verbreitung des Films ohne diese Möglichkeit verhindert worden war, komme diese Maßnahme einer Zensur gleich und verstoße gegen Art. 5 Abs. 1 S. 3 GG.[769]

---

763   BVerfGE 97, 228 (252 ff.).
764   BVerfGE 97, 228 (260).
765   EuGH Slg. 1974, 411.
766   EuGH Slg. 1980, 881.
767   Eine kurze Übersicht siehe *Fechner*, Entscheidungen zum Medienrecht, S. 401 ff.
768   BVerfGE 87, 209.
769   BVerfGE 87, 209 (233).

VII. Kunstfreiheit

1. Mephisto

Die nach wie vor wichtigste Entscheidung zur Kunstfreiheit ist der »Mephisto«-Be-   435
schluss aus dem Jahr 1971, in der es galt, den Umfang der Kunstfreiheit zu untersuchen. Zu entscheiden war, ob der von Klaus Mann geschriebene Roman »Mephisto.
Roman eine Karriere« veröffentlicht werden durfte. Dagegen hatte sich der Adoptiv-
sohn von Gustav Gründgens gewandt, dessen Adoptivvater als Vorbild des Protagonisten des Romans gedient hatte, der im Roman mit den Nationalsozialisten paktiert, um
Karriere zu machen. Die Besonderheit des Sachverhalts bestand darin, dass Gründgens
zum Zeitpunkt der Entscheidung bereits verstorben war und das allgemeine Persönlichkeitsrecht mit dem Tod des Rechtsträgers erlischt. Hier konnte jedoch aus der
Menschenwürde direkt vorgegangen werden, die allerdings in dem Maße schwindet,
in dem die Erinnerung an den Verstorbenen verblasst, weshalb im Laufe der Zeit das
Interesse an der Nichtverfälschung des Lebensbildes abnimmt.[770]

Hinsichtlich der Kunstfreiheit ist zunächst der Versuch des BVerfG beachtenswert,   436
den **Kunstbegriff** des Art. 5 Abs. 3 S. 1 GG zu umschreiben. Das Wesentliche der
künstlerischen Betätigung ist danach »die freie schöpferische Gestaltung, in der Eindrücke, Erfahrungen, Erlebnisse des Künstlers durch das Medium einer bestimmten
Formensprache zu unmittelbarer Anschauung gebracht werden«.[771]

Von grundlegender Bedeutung ist weiterhin die Unterscheidung des BVerfG zwi-   437
schen dem **Werkbereich** der Kunst, der künstlerischen Betätigung und der Darbietung und Verbreitung des Kunstwerks, dem »**Wirkbereich**«.[772] Im Wirkbereich der
Kunst wird auch ein Verleger tätig, da er eine unentbehrliche Mittlerfunktion zwischen Künstler und Publikum ausübt, ohne die ein Werk der erzählenden Kunst keine Wirkung in der Öffentlichkeit entfalten könnte, weshalb er sich ebenfalls auf
Art. 5 Abs. 3 S. 1 GG berufen kann.[773]

Da zum Zeitpunkt der Entscheidung die Erinnerung an Gründgens noch nicht ver-   438
blasst war, war die Veröffentlichung des Romans zum damaligen Zeitpunkt unzulässig.

2. Anachronistischer Zug

In der Entscheidung »Anachronistischer Zug« hatte das BVerfG Gelegenheit, den   439
Kunstbegriff weiterzuentwickeln.[774] Zu entscheiden war die Frage, ob sich die Veranstalter einer besonderen Form von Straßentheater auf die Kunstfreiheit berufen
konnten, bei dem ein Konvoi von Fahrzeugen und Fußgängern in verschiedenen

---

770 BVerfGE 30, 173 (196).
771 BVerfGE 30, 173 (188 f.).
772 BVerfGE 30, 173 (189).
773 BVerfGE 30, 173 (191), a.A. siehe oben Rdn. 215 ff.
774 BVerfGE 67, 213.

Städten anhielt, damit u.a. Szenen gespielt werden konnten, bei denen der bayerische Ministerpräsident schauspielerisch in die Nähe der Nationalsozialisten gerückt wurde. Aufgrund dieses Sachverhalts erkannte das BVerfG, dass sich die Kunstfreiheitsgarantie nicht durch einen für alle Äußerungsformen künstlerischer Betätigung gleichermaßen gültigen allgemeinen Begriff umschreiben lässt. Neben bestimmten Werktypen gibt es auch künstlerische Äußerungen, bei denen es wegen der Mannigfaltigkeit ihres Aussagegehalts möglich ist, der Darstellung im Wege einer fortgesetzten Interpretation immer weiterreichende Bedeutung zu entnehmen. Dieses Merkmal eines **offenen Kunstbegriffs** erfüllte der »Anachronistische Zug«.[775]

440   Ist die Kunst auch vorbehaltlos gewährleistet, so findet sie doch ihre Grenzen unmittelbar in anderen Bestimmungen der Verfassung, weshalb eine schwerwiegende Beeinträchtigung des Persönlichkeitsrechts nicht durch die Kunstfreiheit gerechtfertigt werden kann.[776]

3. Mutzenbacher

441   Bei dem Roman »Josephine Mutzenbacher« handelte es sich um einen pornografischen Roman, der von der Bundesprüfstelle als schwer jugendgefährdend eingestuft und daher indiziert worden war.[777] Dieser Beschluss des BVerfG wird hier als Leitentscheidung angeführt, weil er die Weite der Schutzbereichsinterpretation des BVerfG exemplarisch belegt. Allerdings ist eine Abwägung der Kunstfreiheit mit dem Jugendschutz möglich, der in dieser Entscheidung als Rechtsgut von Verfassungsrang herausgearbeitet wird, das im elterlichen Erziehungsrecht des Art. 6 Abs. 2 S. 1 GG und im Recht der Kinder und Jugendlichen auf Entfaltung ihrer Persönlichkeit in Art. 2 Abs. 1 GG verankert ist. Allerdings darf der Gesetzgeber den Jugendschutz nicht gegenüber der Kunstfreiheit verabsolutieren, vielmehr müssen **Kunstfreiheit und Jugendschutz** mit dem Ziel der Optimierung zu einem angemessenen **Ausgleich** gebracht werden.[778]

VIII. Wissenschaftsfreiheit

1. Hochschul-Urteil

442   Im Hochschulurteil aus dem Jahr 1973 äußerte sich das BVerfG in grundsätzlicher Weise zur **Wissenschaftsfreiheit**.[779] Der Entscheidung zugrunde lagen Verfassungsbeschwerden zahlreicher Professoren und Dozenten gegen Bestimmungen des Vorschaltgesetzes für ein niedersächsisches Gesamthochschulgesetz, die die Mitwirkung der verschiedenen Gruppen der Hochschulangehörigen an der Selbstverwaltung der wissenschaftlichen Hochschulen in Niedersachsen regeln sollten. Geplant war eine

---

775 BVerfGE 67, 227.
776 BVErfGE 67, 228.
777 BVerfGE 83, 130.
778 BVerfGE 83, 130 (143).
779 BVerfGE 35, 79 »Hochschul-Urteil«.

Entscheidungsbefugnis von wissenschaftlichen Mitarbeitern und Studierenden neben den Hochschullehrern bei Entscheidungen über Forschung und Lehre (Drittelparität i.S. einer »**Gruppenuniversität**« im **Gegensatz zur** »**Ordinarienuniversität**«).

Auf der Grundlage einer ausführlichen Darstellung der Entwicklung der deutschen   443
Universität von den Vorstellungen Wilhelm von Humboldts bis hin zur »Struktur- und Organisationskrise der Universität« der sechziger Jahre mit der Forderung nach wirksamer Mitbestimmung aller Hochschulangehörigen in den Kollegialorganen der Selbstverwaltung, arbeitet das BVerfG die Garantie der Wissenschaftsfreiheit aus. Die Wissenschaftsfreiheit schützt zunächst als Abwehrrecht die wissenschaftliche Betätigung gegen staatliche Eingriffe und steht jedem zu, der wissenschaftlich tätig ist oder tätig werden will.[780] Dieser Freiraum des Wissenschaftlers ist bei Beachtung der Treuepflicht gem. Art. 5 Abs. 3 S. 2 GG vorbehaltlos geschützt und garantiert »absolute Freiheit von jeder Ingerenz öffentlicher Gewalt«. In diesen Freiraum fallen vor allem »die auf wissenschaftlicher Eigengesetzlichkeit beruhenden Prozesse, Verhaltensweisen und Entscheidungen beim Auffinden von Erkenntnissen, ihrer Deutung und Weitergabe«. Art. 5 Abs. 3 GG schützt nicht eine bestimmte Auffassung von Wissenschaft oder eine bestimmte Wissenschaftstheorie. Die Freiheitsgarantie des Art. 5 Abs. 3 GG erstreckt sich »auf jede **wissenschaftliche Tätigkeit, d.h. auf alles, was nach Inhalt und Form als ernsthafter planmäßiger Versuch zur Ermittlung der Wahrheit anzusehen ist**«.

Über den abwehrrechtlichen Aspekt hinaus enthält die Wissenschaftsfreiheit eine   444
Wertentscheidung, die das Einstehen des Staates, »der sich als **Kulturstaat** versteht« für die Idee einer freien Wissenschaft fordert und ihn verpflichtet, schützend und fördernd einer Aushöhlung der Freiheitsgarantie vorzubeugen, weshalb er die personellen, finanziellen und organisatorischen Mittel sowie **funktionsfähige Institutionen** bereitzustellen hat. Insoweit enthält die Wissenschaftsfreiheit ein Teilhaberecht an staatlichen Leistungen. Doch auch soweit der Wissenschaftler an einem mit öffentlichen Mitteln eingerichteten und unterhaltenen Wissenschaftsbetrieb Teil hat, muss jedenfalls der »Kernbereich wissenschaftlicher Betätigung grundsätzlich der Selbstbestimmung des einzelnen Grundrechtsträger vorbehalten bleiben«.

Die Garantie der Wissenschaftsfreiheit schreibt keine bestimmte Organisationsform   445
des Wissenschaftsbetriebs an Hochschulen vor, vielmehr steht es dem Gesetzgeber zu, innerhalb der grundrechtlichen Grenzen die Organisation der Hochschule nach seinem Ermessen zu ordnen und den »Zeitbedürfnissen gemäß« zu gestalten. Der Gesetzgeber hat dabei zum einen den Trägern des Individualrechts soviel Freiheit wissenschaftlicher Betätigung zu gewähren wie möglich, auf der anderen Seite darf er durch seine Gestaltung nicht die Gefahr der Funktionsunfähigkeit oder der Beeinträchtigung des für die wissenschaftliche Betätigung der Mitglieder erforderlichen Freiheitsraumes herbeiführen.

---

780 BVerfGE 15, 256 (263).

446 Aus dieser Interpretation des Art. 5 Abs. 3 S. 1 GG leitet das BVerfG ab, dass zwar das organisatorische System einer »Gruppenuniversität«, in der die unterschiedlichen Interessen der einzelnen Gruppen von Hochschulmitgliedern berücksichtigt werden, mit dem Grundgesetz vereinbar ist, jedoch muss der herausgehobenen **Stellung der Hochschullehrer** Rechnung getragen werden. Bei Entscheidungen, die unmittelbar die Lehre betreffen, muss der Gruppe der Hochschullehrer maßgeblicher Einfluss verbleiben, d.h. sie müssen über die Hälfte der Stimmen verfügen. Entscheidungen, die unmittelbar Fragen der Forschung oder die Berufung von Hochschullehrern betreffen, muss der Gruppe der Hochschullehrer ein weitergehender, ausschlaggebender Einfluss vorbehalten bleiben.

447 Ist diese Entscheidung auch nicht unumstritten geblieben (wie schon die abweichenden dissenting opinions verraten), so prägt sie doch das Hochschulrecht bis heute.

2. Mitwirkung von Wissenschaftlern an Leitungsorganen der Hochschule

448 2014 hatte das Bundesverfassungsgericht die sich aus der Wissenschaftsfreiheit ergebenden Mitwirkungsbefugnisse von Wissenschaftlern an organisatorischen Maßnahmen innerhalb einer Hochschule zu klären.[781] In dieser Entscheidung stellt das Bundesverfassungsgericht der Wissenschaftsfreiheit als Individualgrundrecht Art. 5 Abs. 3 Satz 1 GG als wertentscheidende Grundsatznorm an die Seite. Hieraus leitet das Gericht ab, dass der Staat für funktionsfähige Institutionen eines freien universitären Wissenschaftsbetriebs zu sorgen hat. Insbesondere muss er durch geeignete organisatorische Maßnahmen sicherstellen, dass das individuelle Grundrecht der freien wissenschaftlichen Betätigung soweit wie möglich unangetastet bleibt. Hierzu zählt auch, dass die Wissenschaftler durch ihre Vertretung in Hochschulorganen Gefährdungen der Wissenschaftsfreiheit abwehren und ihre fachliche Kompetenz zur Verwirklichung der Wissenschaftsfreiheit in die Organisation einbringen können. Der Gesetzgeber muss für die Organisation der Wissenschaftsfreiheit mithin ein Gesamtgefüge in der Weise schaffen, dass Gefahren für die Freiheit von Lehre und Forschung vermieden werden. Die durch die Wissenschaftsfreiheit garantierte Mitwirkung von Wissenschaftlern innerhalb des wissenschaftsorganisatorischen Gesamtgefüges einer Hochschule erstreckt sich dabei auf alle wissenschaftsrelevanten Entscheidungen. Dies sind zum einen Entscheidungen über konkrete Forschungsvorhaben oder Lehrangebote, darüber hinaus aber auch über die Planung der weiteren Entwicklung der Hochschule und auch alle den Wissenschaftsbetrieb prägenden Entscheidungen über die Organisationsstruktur und den Haushalt. Um dies zu gewährleisten, müssen die kollegialen Selbstverwaltungsorgane ebenso an der Bestellung und Abberufung des Leitungsorgans mitwirken können wie an deren wissenschaftlichen Entscheidungen. Diese vom Gesetzgeber zu gewährleistenden Mitwirkungsbefugnisse beziehen sich auch auf grundlegende ökonomische Entscheidungen wie diejenige über den Wirtschaftsplan einer Hochschule, da Forschung und Lehre auf die wirtschaftlichen Ressourcen angewiesen sind.

---

781 BVerfG Beschluss vom 24.06.2014 – NJW 2014, 2856.

K. Literaturauswahl

I. Vorbilder und Entstehungsgeschichte

Bausch, Hans, Rundfunkpolitik nach 1945, Teil 1 und Teil 2, 1980; *Bley, Kurt,* Über   449
die Grundlagen des Rundfunkrechts, Berlin 1935; *Diller, Ansgar,* Rundfunkpolitik
im Dritten Reich, 1980; *Eisenhardt, Ulrich,* Die kaiserliche Aufsicht über den Buch-
druck, Buchhandel und Presse im Heiligen Römischen Reich deutscher Nation
(1496–1806), 1970; *Fessmann, Ingo,* Rundfunk und Rundfunkrecht in der Weimarer Republik, 2001; *Frei, Norbert/Schmitz, Johannes.,* Journalismus im Dritten Reich,
4. Aufl., 2011; *Gusy, Christoph,* Die Weimarer Reichsverfassung, 1997; *Häntzschel,
Kurt,* Das Recht der freien Meinungsäußerung, in: Anschütz, Gerhard/Thoma, Richard: Handbuch des Deutschen Staatsrechts, Bd. II, 1932, S. 650 ff.; *Lerg, Winfried
B.,* Rundfunk in der Weimarer Republik, 1980; *Mampel, Siegfried,* Die sozialistische
Verfassung der Deutschen Demokratischen Republik, 3. Aufl. 1997; *Rieder, Bernd,*
Die Zensurbegriffe des Art. 118 Abs. 2 der Weimarer Reichsverfassung und des
Art. 5 Abs. 1 Satz 3 des Bonner Grundgesetzes, 1970; *Rothenbücher, Karl,* Das Recht
der freien Meinungsäußerung, VVDStRL 4 (1928), S. 6 ff.; *Schneider, Franz,* Presse,
Pressefreiheit, Zensur, in: Brunner, Otto/Conze, Werner/Koselleck, Reinhart (Hrsg.):
Geschichtliche Grundbegriffe. Historisches Lexikon zur politisch-sozialen Sprache in
Deutschland, Bd. 4, 1978, S. 899 ff.; *Smend, Rudolf,* Das Recht der freien Meinungs-
äußerung, VVDStRL 4 (1928), S. 44 ff.; *Stöber, Rudolf,* Deutsche Pressegeschichte.
Von den Anfängen bis zur Gegenwart. 2. Aufl., 2005; *Stuiber, Heinz-Werner,* Medien
in Deutschland, Bd. 2, Rundfunk 1. Teil, 1998, S. 243 ff.; *Schwartländer, Johannes/
Willoweit, Dietmar* (Hrsg.), Meinungsfreiheit – Grundgedanken und Geschichte in
Europa und USA, 1986; *Wegener, Wilhelm,* Die neuen deutschen Verfassungen,
1947.

II. Medienrecht (und zu Art. 5 GG im Allgemeinen)

Beater, Axel, Medienrecht, 2007; *Bullinger, Martin,* Freiheit von Presse, Rundfunk,   450
Film, in: Isensee/Kirchhof (Hrsg.): Handbuch des Staatsrechts, Bd. VII, 3. Aufl.
2008; *Büscher, Wolfgang/Dittmer, Stefan/Schiwy, Peter* (Hrsg.), Gewerblicher Rechtsschutz, Urheberrecht, Medienrecht. Kommentar, 3. Auflage Juli 2015; *Dörr, Dieter/
Kreile, Johannes/Cole, Mark D. (Hrsg.),* Handbuch Medienrecht. Recht der elektro-
nischen Massenmedien, 2. Auflage 2010; *Fechner, Frank,* Medienrecht, 16. Auflage
2015; *Fechner, Frank,* Entscheidungen zum Medienrecht, 2. Auflage 2010; *Fechner,
Frank,* Fälle und Lösungen zum Medienrecht, 3. Auflage 2012; *Hoffmann-Riem,
Wolfgang,* Kommunikationsfreiheiten. Kommentierungen zu Art. 5 Abs. 1 und 2 so-
wie Art. 8 GG, 2002; *Kapries, Frank U.,* Die Schranken der Grundrechte des Art. 5
Abs. 1 GG, 2005; *Kübler, Friedrich,* Medien, Menschenrechte und Demokratie. Das
Recht der Massenkommunikation, 2008; *Nessel, Thomas,* Das grundgesetzliche Zen-
surverbot, 2004; *Paschke, Marian/Berlit, Wolfgang/Meyer, Claus (Hrsg.),* Hamburger
Kommentar Gesamtes Medienrecht, Baden-Baden, 2. Auflage 2012; *Schiwy, Peter/
Schütz, Walter J./Dörr, Dieter,* Medienrecht. Lexikon für Praxis und Wissenschaft,
5. Auflage 2009; *Spindler, Gerald/Schuster, Fabian (Hrsg.),* Recht der elektronischen

Medien, Kommentar, 2. Auflage 2011; *Wenzel, Egbert*, Das Recht der Wort- und Bildberichterstattung. Handbuch des Äußerungsrechts, 5. Aufl. 2003.

III. Einzelne Grundrechte

1. Meinungsfreiheit

451 *Hochhuth, Martin*, Die Meinungsfreiheit im System des Grundgesetzes, 2007; *Müller-Franken, Sebastian*, Meinungsfreiheit im freiheitlichen Staat, 2013.

2. Informationsfreiheit

452 *Köppen, Oliver M.*, Das Grundrecht der Informationsfreiheit unter besonderer Berücksichtigung der neuen Medien, 2004.

3. Pressefreiheit

453 *Damm, Renate*, Presserecht 3. Aufl. 1998; *Groß, Rolf*, Presserecht, 3. Aufl. 1999; *Soehring, Jörg/Hoene, Verena*, Presserecht, 5 Auflage 2013; *Löffler, Martin/Ricker, Reinhardt*, Handbuch des Presserechts, 6. Auflage 2013; *Stöckel, Heinz*, Presserecht, 10. Aufl. 2007.

4. Rundfunkfreiheit

454 *Bernard, Claudia*, Rundfunk als Rechtsbegriff, 2001; *Gersdorf, Hubertus*, Grundzüge des Rundfunkrechts, 2003; *Gersdorf, Hubertus*, Chancengleicher Zugang zum digitalen Fernsehen, 1998; *Hahn, Werner/Vesting, Thomas*, Beck'scher Kommentar zum Rundfunkrecht, 3. Auflage 2012; *Herrmann, Güter/Lausen, Matthias*, Rundfunkrecht. Fernsehen und Hörfunk mit Neuen Medien, 2. Aufl. 2004; von *Herget, Harald*, Rundfunk & Grundgesetz, 2005; *Hesse, Albrecht*, Rundfunkrecht, 3. Aufl. 2003; *Ory, Stephan*, Gebührenurteil 2.0 – Ein Update aus Karlsruhe, AfP 2007, 401 ff.; *Reinwald, Gerhard*, Kommunikationsinhalt und Grundgesetz, 2004; *Schmidt-Husson, Franck*, Rundfunkfreiheit für die Deutsche Welle?, 2006; *Schütz, Raimund*, Kommunikationsrecht, 2. Auflage 2013; *Wulff, Carsten*, Rundfunkkonzentration und Verfassungsrecht, 2000.

5. Wissenschaftsfreiheit

455 *Flämig, Christian u.a. (Hrsg.)*, Handbuch des Wissenschaftsrechts, Bd. 1/2, Württemberg, 2001; 2. Aufl. 1996; *Hartmer, Michael/Detmer, Hubert*, Hochschulrecht, 2. Auflage 2010; *Haug, Volker (Hrsg)*, Das Hochschulrecht in Baden-Württemberg, 2001 2. Auflage 2009; *Thieme, Werner*, Deutsches Hochschulrecht, 3. Aufl. 2004.

IV. Internationale und europäische Aspekte

456 *Blumenwitz, Dieter*, Die Meinungs- und Informationsfreiheit nach Art. 19 des Internationalen Pakts über bürgerliche und politische Rechte, in: Festschrift für F. Ermacora, 1988, S. 67 ff.; *Breunig, Christian*, Kommunikationsfreiheiten. Ein internatio-

naler Vergleich, 1994; *Britz, Gabriele*, Die Freiheit der Kunst in der europäischen Kulturpolitik, EuR 2004, S. 1 ff.; *Bühler, Margit*, Einschränkung von Grundrechten nach der Europäischen Grundrechtecharta, 2005; *Fink, Udo/Cole, Marc D./Keber, Tobias*, Europäisches und Internationales Medienrecht, 2008; *Grabenwarter, Christoph/Pabel, Katharina*, Europäische Menschenrechtskonvention. 5. Aufl. 2011; *von der Groeben, Hans/Schwarze, Jürgen/Hatje, Armin (Hrsg.)*, Europäisches Unionsrecht, Bd. 3, 7. Aufl. 2015; *Grote, Rainer/Wenzel, Nicola*, Die Meinungsfreiheit, in: Grote/ Marauhn (Hrsg.): EMRK/GG. Konkordanzkommentar zum europäischen und deutschen Grundrechtsschutz, 2. Aufl. 2013; *Heitsch, Christian*, Die Verordnung über den Zugang zu Dokumenten der Gemeinschaftsorgane und Mitgliedstaaten zu EG-Rechtsakten, 2003; *Holoubek, Michael*, § 195 Kommunikationsfreiheit, in: Merten, D./Papier, H.-J. (Hrsg.): Handbuch der Grundrechte in Deutschland und Europa. Bd. VII/1. Grundrechte in Österreich, 2009; *Jarass, Hans Dieter*, EU-Grundrechte, § 16. Meinungsäußerungs- sowie Informationsfreiheit und Medienfreiheit, 2005, S. 188 ff.; *Kugelmann, Dieter*, Der Schutz privater Individualkommunikation nach der EMRK, EuGRZ 2003, S. 16 ff.; *Malinverni, Giorgio*, § 216 Meinungs-, Medien- und Informationsfreiheit, in: Merten, D./Papier, H.-J. (Hrsg.): Handbuch der Grundrechte in Deutschland und Europa. Bd. VII/2. Grundrechte in der Schweiz und in Liechtenstein, 2007; *Meyer-Ladewig, Jens*, Europäische Menschenrechtskonvention – EMRK. Handkommentar, 3. Aufl. 2011; *Stern, Klaus*, Art. 11 GRC, in: Tettinger/Stern (Hrsg.): Europäische Grundrechte-Charta, Kölner Gemeinschafts-Kommentar, 2006.

Artikel 6 [Schutz der Ehe und Familie]

(1) Ehe und Familie stehen unter dem besonderen Schutze der staatlichen Ordnung.

(2) ¹Pflege und Erziehung der Kinder sind das natürliche Recht der Eltern und die zuvörderst ihnen obliegende Pflicht. ²Über ihre Betätigung wacht die staatliche Gemeinschaft.

(3) Gegen den Willen der Erziehungsberechtigten dürfen Kinder nur auf Grund eines Gesetzes von der Familie getrennt werden, wenn die Erziehungsberechtigten versagen oder wenn die Kinder aus anderen Gründen zu verwahrlosen drohen.

(4) Jede Mutter hat Anspruch auf den Schutz und die Fürsorge der Gemeinschaft.

(5) Den unehelichen Kindern sind durch die Gesetzgebung die gleichen Bedingungen für ihre leibliche und seelische Entwicklung und ihre Stellung in der Gesellschaft zu schaffen wie den ehelichen Kindern.

A. Vorbilder und Entstehungsgeschichte

I. Verfassungs-, entwicklungs- und ideengeschichtliche Zusammenhänge

Neue Wirklichkeiten, Wertewandel und veränderte gesellschaftliche Normalitäten 1
bedingen »Gewissheitsverluste im juristischen Denken«.[1] Sie provozieren begriffskri-

---

1 *Haverkate*, Gewissheitsverluste im juristischen Denken. Zur politischen Funktion der juristischen Methode, 1977.

tische Dekonstruktionen und normative Rekonstruktionen, schaffen aus Unsicherheiten neue Narrative und wirken nicht selten polarisierend. Das gilt für kaum eine Institution mehr als für die von Ehe und Familie.[2] Die bürgerliche Ehe ist nicht mehr die allein typische, gar ausschließliche (moralisch gesollte oder gesellschaftlich erwartete), sondern nur noch eine »Normalform« für das Zusammenleben eines Paares. Der Familienbegriff hat sich nicht minder gewandelt. Alleinerziehende Elternteile, nichteheliche Lebensgemeinschaften mit Kindern oder die viel zitierten »patchwork families« sind heute gelebter Alltag, den die Verfassung – und ihre Interpreten – weder ignorieren noch unkritisch zur Norm erheben darf/dürfen. Einer Pluralisierung der Lebensformen korrespondiert eine Pluralisierung der Familienformen.[3] Der Schutz von Ehe und Familie, seinerseits noch ein junges Grundrecht[4], ist geprägt von nachhaltiger Dynamik, die durch die Rechtsprechung des EGMR, die EMRK und internationalrechtliche Entwicklungen noch zusätzliche Impulse erfährt[5].

2   Doch bei allen gesellschaftlichen Wandlungen des Instituts der Ehe[6], hat sich auch ein Mindestmaß institutioneller Zusammengehörigkeit im Familienverband als stabiles Kontinuum moderner Gesellschaften erwiesen. Die Wurzeln des institutionellen Schutzes der Ehe liegen schon in der Antike (der Schutz der Hausgemeinschaft, des »oikos« in Griechenland, die Ausgestaltung des »matrimonium« im römischen Recht, beide bei allen Unterschieden der Nachwuchssicherung verpflichtet).[7] In christlich-religiösem Kontext wurde die Ehe zu einer »Institution der Schöpfungsordnung«, die sich »bei allen Völkern« und zu »allen Zeiten finde« und deshalb »vor-

---

2 Zur historischen Entwicklung der Ehe *Stern*, Staatsrecht IV/1, S. 338 ff.; *Ipsen*, in: HStR VII, § 154 Rn. 1 und 2; *Gordon*, Das Wesen der Ehe. Die wechselnden Auffassungen vom Wesen der Ehe im Wandel der Verfassungsepochen des 20. Jahrhunderts, 1978; *Reinhart*, Fortentwicklung des Ehe- und Familienrechts durch das Grundgesetz und die Rechtsvergleichung, in: Mußgnug (Hrsg.), Rechtsentwicklung unter dem Bonner Grundgesetz, 1990, S. 165 ff.

3 *Beck-Gernsheim*, Was kommt nach der Familie? Einblicke in neue Lebensformen, 2. Aufl. 2000.

4 *Hufen*, Staatsrecht II, 4. Aufl. 2014, § 16 Rn. 1.

5 Dazu etwa Anagnostou (Hrsg.), The European Court of Human Rights: Implementing Strasbourg's Judgements on Domestic Policy, 2013; *Mellech*, Die Rezeption der EMRK sowie der Urteile des EGMR in der französischen und deutschen Rechtsprechung, 2012; *Schulze*, das deutsche Kindschafts- und Abstammungsrecht und die Rechtsprechung des EGMR, 2012.

6 *Strätz*, Ehe und Familie als Institute des bürgerlichen Rechts – eine Bestandsaufnahme im Hinblick auf die rechtliche und faktische Gleichstellung nichtehelicher Lebensgemeinschaften, Essener Gespräche zum Thema Staat und Kirche 35 (2001), S. 13 ff.

7 *Gröschner*, in: Heun/Honecker/Morlok/Wieland (Hrsg.), Evangelisches Staatslexikon. Neuausgabe 2006, S. 381 ff., 381; *ders.*, in: Dreier, Bd. I (Vorauflage), Art. 6 Rn. 9 f.; *Schwab*, Zur Geschichte des verfassungsrechtlichen Schutzes von Ehe und Familie, in: FS Bosch, 1976, S. 893 ff.; ausführlich auch *Holzhauer*, Krise und Zukunft der Ehe, JZ 2009, S. 492 ff.

gegebene Grundform menschlichen Zusammenlebens« sei.[8] Für die katholische Lehre kommt der sakramentale Charakter der Ehe hinzu. Der individuelle Schutz der Ehepartner ist ein Kind der Aufklärung. Neben der *Lockeschen* Trias von Leben, Freiheit und Eigentum formte der Schutz der persönlichen Lebensgestaltung früh einen zentralen menschenrechtlichen Autonomieanspruch.[9] Bis zur rechtlichen Positivierung blieb es dennoch ein weiter Weg.

Weder die Virginia Bill of Rights noch die Französische Erklärung der Menschen- und Bürgerrechte enthalten Aussagen zu Ehe und Familie als grund- oder menschenrechtlich geschützte Sphären. Gleiches gilt für die großen, klassisch liberalem Denken verpflichteten Verfassungstexte des Konstitutionalismus im 19. Jh.[10] Dem Verfassungsentwurf der Paulskirche ging es ebenso wie der preußischen Verfassung um die (obligatorische) Zivilehe, nicht den Grundrechtsschutz.[11] Dennoch blieb für das 19. Jh. die Vorstellung von Ehe und Familie als Nucleus von Staat und Gesellschaft ein klassisches bürgerliches Ideal[12], das mit einer Fülle rechtlicher und gesellschaftlicher Erwartungen konfrontiert und dessen rechtliches Schutzbedürfnis gesellschaftlich konkretisiert war.[13] In vielem war das Familienrecht eine Art normativer »Säkularisierung christlicher Tradition«.[14] Eine wichtige Entwicklung der Familie begleitet aber den Prozess der Industrialisierung. Die soziale Frage des 19. Jh. – zu denken ist etwa an die aufkeimende katholische Soziallehre mit ihrem Subsidiaritätsdenken – hatte immer – auch in der Generationenperspektive – die »Familiengerechtigkeit« zu ihrem Gegenstand. Die vorindustrielle Großfamilie, vornehmlich gedacht als mehr oder weniger autarke Wirtschaftseinheit, wandelt sich schrittweise zur »Emotionseinheit« der Kleinfamilie, die ihre Mitglieder seelisch stärkt, ihnen privaten Halt gibt und Miteinander in der Schutzsphäre des Privaten ermöglicht.[15] Damit schimmert

3

---

8 Das Zitat von *H. Schwendenwein*, Das neue Kirchenrecht, 1983, S. 354, findet sich bei *Gröschner*, in: Dreier, Bd. I (Vorauflage), Art. 6 Rn. 7.
9 *Hofmann*, Menschenrechtliche Autonomieansprüche, JZ 1992, S. 165 ff.; *Marauhn/Meljnik*, in: Grote/Marauhn, EMRK/GG, Kap. 16 Rn. 1.
10 Etwa in den USA oder Frankreich, vgl. *Hufen*, Staatsrecht II, 4. Aufl. 2014, § 16 Rn. 1.
11 *Hufen*, Staatsrecht II, 4. Aufl. 2014, § 16 Rn. 1; *Fuhrmann*, Die Diskussion über die Einführung der fakultativen Zivilehe in Deutschland und Österreich seit Mitte des 19. Jahrhunderts, 1998; entwicklungsgeschichtliche Nachweise auch bei *Grüneisl*, Die obligatorische Zivilehe nach neuem Recht, 2000. Die obligatorische Zivilehe gehörte auch zu den hochstrittigen Fragen im »Kulturkampf« zwischen dem *Bismarck*-Reich und der katholischen Kirche, siehe Clark/Kaiser (Hrsg.), Kulturkampf in Europa im 19. Jahrhundert, 2003; *Lill*, Kulturkampf, in: Erler (Hrsg.), Handwörterbuch zur Deutschen Rechtsgeschichte, 1978, S. 1246 ff.
12 *Michael/Morlok*, Grundrechte, Rn. 248.
13 *Büchler*, Kulturelle Vielfalt und Familienrecht. Die Bedeutung kultureller Identität für die Ausgestaltung europäischer Familienrechtsordnungen – am Beispiel islamischer Rechtsverständnisse, in: Berichte der Deutschen Gesellschaft für Völkerrecht 43 (2008), S. 215 ff., 218.
14 *Michael/Morlok*, Grundrechte, Rn. 248.
15 *Brosius-Gersdorf*, in: Dreier, Bd. I, Art. 6 Rn. 2.

eine wichtige grundrechtliche Perspektive (Persönlichkeitsrechte, »right to privacy«, »Freiheit vom Staat«) auf.

4 Erstmals in Deutschland und Europa regeln Art. 119 bis 122 WRV unter der Überschrift »Das Gemeinschaftsleben« den umfassenden verfassungsrechtlichen und damit auch grundrechtlichen[16] Schutz von Ehe, Familie, Elternschaft, Mutterschaft, unehelichen Kindern und Jugendlichen.[17] Auffällig ist das verbale Pathos, mit der Artikel 119 Abs. 1 WRV die Familie in der Ehe begründet sah und die Gemeinwohlorientierung beider beschwor: »Die Ehe steht als Grundlage des Familienlebens und der Erhaltung und Vermehrung der Nation unter dem besonderen Schutz der Verfassung.«[18] Heute sind Ehe und Familie ihres Bezugs auf das »bonum commune« gewiss nicht vollständig entkleidet, aber gerade erstere hat sich weit stärker zum vertraglichen Institut entwickelt, das der Verwirklichung der privaten Interessen des Paares und individueller Lebensgestaltung dient.[19] Doch gerade weil Freiheitsverwirklichung durch den Einzelnen und Gemeinwohlorientierung für den Verfassungsstaat keine Antinomien sind, führt diese Tendenz nicht zu einer grundsätzlichen Scheidung, sondern eher zu Perspektivenwechseln, neuen Wahrnehmungsmustern und neuen Narrativen.

5 Nach der totalitären Vereinnahmung von Ehe und Familie durch den Nationalsozialismus – zu denken ist insbesondere an die Nürnberger Rassengesetzgebung[20] – war deren Schutz einerseits ein wichtiges Verfassungsanliegen für das werdende Grundgesetz[21], andererseits – wie bei den Debatten zur WRV – ein spannungsbelasteter Topos. Der Grund liegt auf der Hand. Was verfassungsstaatlich gedacht Institution des Rechts und ziviler Vertrag ist, hat für die großen Religionsgemeinschaften grundlegenden Glaubenscharakter[22] und war überdies parteipolitisch hoch umstritten. Deshalb

---

16 Die Grundrechtsbestimmungen der WRV hatten aber nur Programmsatzcharakter, so auch Art. 119 WRV, vgl. *Anschütz*, Die Verfassung des deutschen Reichs, 14. Aufl. 1933 (Nachdruck 1960), Art. 119 WRV Anm. 3.

17 *Brosius-Gersdorf*, in: Dreier, Bd. I, Art. 6 Rn. 4 f.; *Mager*, Einrichtungsgarantien, 2003, S. 194.

18 Diesen ausdrücklichen Bezug zu Reproduktivität und Bevölkerungspolitik haben die Väter und Mütter des Grundgesetzes vor dem unmittelbaren Hintergrund der Ideologisierung durch das NS-Regime nicht übernommen; *Roellecke*, Kommen Kinder aus der Klinik?, NJW 2002, S. 2539 ff.

19 *Strätz*, Ehe und Familie als Institute des bürgerlichen Rechts – eine Bestandsaufnahme im Hinblick auf die rechtliche und faktische Gleichstellung nichtehelicher Lebensgemeinschaften, Essener Gespräche zum Thema Staat und Kirche 35 (2001), S. 13 ff., 19.

20 Erstrebt war die »Reinerhaltung der Familie« im Geist einer »völkischen Rechtsordnung«, dazu *Rüthers*, Die unbegrenzte Auslegung, 3. Aufl. 1988, S. 400.

21 Zumal das neue GG, wie es bei *Hofmann*, in: Schmidt-Bleibtreu/Hofmann/Hopfauf (Vorauflage), Art. 6 Rn. 1 heißt, sich »in Abkehr von der Allstaatlichkeit des Nationalsozialismus und im Gegensatz zum internationalen Sozialismus« zur Eigenständigkeit und Selbstverantwortlichkeit des Menschen auch in den Lebensbereichen von Ehe und Familie bekennen sollte.

22 *Hufen*, Staatsrecht II, 4. Aufl. 2014, § 16 Rn. 1.

hatte der Verfassungskonvent von Herrenchiemsee den Themenkomplex Ehe, Familie und Elternrecht nicht vorgesehen. Das Konsenspotential wurde für gering erachtet.[23] Dem steuerten letztlich vor allem die Kirchen entgegen.[24] Im Parlamentarischen Rat trat die CDU-Fraktion für eine explizite Garantie von Ehe und Familie ein[25] und verwies auf die internationale Dimension: den UN-Entwurf für die AEMR.[26] Hier wie auch mit Blick auf die Menschenwürde stand das Völkerrecht Pate für innerverfassungsstaatliche Konstitutionalisierungsprozesse.[27] So konnte schließlich Konsens über das Ob des Schutzes erzielt werden, wohingegen mit Blick auf das Wie (Schutz lediger Mütter, Schutz nichtehelicher Kinder) Details streitig blieben und Art. 6 GG diese sehr bewusst einfachgesetzlicher Ausgestaltung respektive richterrechtlicher Fortentwicklung überließ – und damit ebenso bewusst die Tür für Wandel offen ließ.

II. Die Normentwicklung unter dem Grundgesetz, der staatenübergreifende Wirkungszusammenhang

Das Ehe- und Familienverfassungsrecht des GG hat ebenso große Konstanz wie   6 Konsistenz bewiesen. Der Wortlaut von Art. 6 GG blieb seit 1949 unverändert.[28] Er bot und bietet die tragfähige Grundlage, neue Wirklichkeiten zu verarbeiten – was auf einfachgesetzlicher Ebene häufig genug geschah.[29] Diese neuen Wirklichkeiten haben zu Pluralisierungen und Fragmentierungen geführt. Das Idealbild von »unauflöslicher Ehe« und »bürgerlicher Kleinfamilie«, bestehend aus Eltern und Kindern[30], war in der frühen Bundesrepublik normatives Programm und ein Stück weit auch

---

23 Zudem sollte das GG ohnehin Provisorium und die Klärung solch strittiger Grundsatzfragen einer späteren Verfassung (vgl. Art. 146 GG a.F.) vorbehalten bleiben, *Dreier*, Grundlagen und Grundzüge des staatlichen Verfassungsrechts: Deutschland, in: v. Bogdandy/Cruz Villalón/Huber, Ius Publicum Europaeum, Bd. I, § 1 Rn. 34; *Seiler*, in: BK, Art. 6 I Rn. 43 ff.; *Kröger*, Die Entstehung des Grundgesetzes, NJW 1989, S. 1318 ff., 1323; *Scheffler*, Ehe und Familie, in: Bettermann/Nipperdey/Scheuner, Die Grundrechte, Bd. IV/1, 1960, S. 246 f.
24 *Schlink/Poscher*, Der Verfassungskompromiss zum Religionsunterricht, 2000, S. 17 ff. m.w.N.
25 SPD und FDP blieben kritisch. Zum einen zeitige eine bloße Erwähnung von Ehe und Familie keine unmittelbaren Rechtsfolgen, zum anderen seien soziale und kulturelle Fragen Länderangelegenheiten. Siehe Parl. Rat V, S. 806, 808 f.; Einzelheiten bei *Höfling*, Elternrecht, in: HStR VII, § 155 Rn. 4; *Schmid*, Die Familie in Art. 6 des Grundgesetzes, 1989, S. 264 ff.
26 Parl Rat V, S. 642.
27 Zu diesen Wechselwirkungen *Kotzur*, Weltrechtliche Bezüge in nationalen Verfassungstexten. Die Rezeption verfassungsstaatlicher Normen durch das Völkerrecht, in: Rechtstheorie 39 (2008), S. 191 ff.
28 *Hufen*, Staatsrecht II, 4. Aufl. 2014, § 16 Rn. 2; *Brosius-Gersdorf*, in: Dreier, Bd. I, Art. 6 Rn. 20.
29 Das Lebenspartnerschaftsgesetz ist nur das prominenteste unter vielen Beispielen, siehe *Marauhn/Meljnik*, in: Grote/Marauhn, EMRK/GG, Kap. 16 Rn. 7.
30 *v. Coelln*, in: Sachs, Art. 6 Rn. 15.

noch soziale Realität.[31] Die Sozialisationsbedingungen und damit auch die Strukturen von Ehe und Familie haben sich seither tiefgreifend gewandelt.[32] Geburtenrückgang, Single-Eltern, nichteheliche Lebensgemeinschaften und gleichgeschlechtliche Lebenspartnerschaften, kinderlose Doppelverdiener-Ehen, Stief- und Adoptivfamilien beschreiben nur einige wesentliche unter den vielfachen Phänomenen des Wandels. Mit ihnen einher geht auch ein Wandel im Selbst-, vor allem aber Vorverständnis der Norminterpreten.[33] Die notwendige Dynamik einer im Sinne *H. Hellers* »wirklichkeitswissenschaftlich« zu begreifenden Verfassung nicht mit schnelllebigem Zeitgeist[34] zu verwechseln, ist die zentrale Herausforderung bei der Norminterpretation, die immer auch staatenübergreifende Interpretationskriterien mit einzubeziehen hat.[35]

7 Das Grundgesetz mit seinem Präambelpostulat, »in einem vereinten Europa dem Frieden der Welt zu dienen« war niemals eine isolierte Verfassung, sondern in den Wirkungszusammenhang der anderen europäischen – und auch außereuropäischen Verfassungen – eingebunden.[36] Der unter dem Grundgesetz zu beobachtende Verfassungswandel ist auch europäisch mitbedingt und mitbegrenzt, in gewisser Weise überstaatlich eingebettet und aufgefangen. Art. 8 Abs. 1 und Art. 12 EMRK in der Auslegung durch den EGMR[37], heute Art. 7 und 9 GRC – letztere jedenfalls als Rechtserkenntnisquellen – liefern Auslegungskriterien auch für das GG[38]. Die rechtsvergleichende Grundrechtsauslegung[39] fördert Verfassungsdialoge[40] zwischen

31 *Peuckert*, Familienformen im sozialen Wandel, S. 20 ff.; *Brosius-Gersdorf*, in: Dreier, Bd. I, Art. 6 Rn. 22.
32 Allg. *Nave-Herz*, Familie Heute. Wandel der Familienstrukturen und Folgen für die Erziehung, 2002.
33 *Esser*, Vorverständnis und Methodenwahl in der Rechtsfindung, 1972; *Gadamer*, Wahrheit und Methode, 5. Aufl. 1986, S. 281 ff.
34 Zum Zeitgeist-Begriff *Schulze-Fielitz*, Das Bundesverfassungsgericht in der Krise des Zeitgeists, in: AöR 122 (1997), S. 1 ff., 2 ff.
35 Das ist auch bei der Debatte um Gehalte »kultureller Identität« von Ehe und Familien mitzuberücksichtigen; vgl. *Uhle*, Freiheitlicher Verfassungsstaat und »kulturelle Identität«, 2004, S. 505; *Hofmann*, in: Schmidt-Bleibtreu/Hofmann/Hopfauf (Vorauflage), Art. 6 Rn. 5.
36 Ausführlich *Seiler*, in: BK, Art. 6 I Rn. 27 f.
37 Weiterführende Nachweise bei *Marauhn/Meljnik*, in: Grote/Marauhn, EMRK/GG, Kap. 16 Rn. 38 ff.
38 BVerfG NJW 2009, S. 1133: Übertragung der Vormundschaft auf die Großeltern (mit Bezugnahme auf Art. 8 EMRK).
39 Rechtsprechungsbeispiele geben etwa BVerfGE 57, 250 (275), 64, 135 (157), 74, 102 (128); 74, 328 (370), 80, 244 (255), 95, 96 (140); BVerfG NJW 2004, S. 3407 ff.; vgl. auch *Albert/Widmaier*, Die EU-Charta der Grundrechte und ihre Auswirkungen auf die Rechtsprechung/Zu den Beziehungen zwischen EuGH und EGMR, EuGRZ 2000, S. 497 ff.
40 *Stone/Sweet*, Constitutional Dialogues in the European Community, in: Slaughter/Stone Sweet/Weiler (Hrsg.), The European Courts and National Courts: Doctrine and Jurispru-

den am Interpretationsprozess Beteiligten, insbesondere den Gerichten – bis hin zu einem zwischengerichtlichen *Wettbewerb* um die besten Argumente, die schlüssigsten dogmatischen Konzeptionen.[41] Wandelt sich der europäische Grundrechtsschutz, so kann dies auch zum Wandel des Grundgesetzes, respektive zum Auslegungswandel im Lichte des europäischen Verfassungsrechts führen.[42] Einer Nivellierung ist das BVerfG immer erfolgreich entgegen getreten.[43] Gemeineuropäische Standards[44] und der gesamteuropäische Kontext spielen vor allem aufgrund der Auslandsbezüge von Ehen und Familien heute eine große Rolle.[45]

B. Grundsätzliche Bedeutung – Schlagworte

I. Die Trias der Schutzgüter: Ehe, Familie und Erziehung

In seiner Menschenbild-Judikatur versteht das BVerfG den Menschen als eigenständig und gemeinschaftsgebunden zugleich.[46] In der menschlichen Würde (Art. 1 Abs. 1 GG) begründet liegt die Eigenständigkeit und Selbstverantwortlichkeit der Person. Von der Würde her ist die »autonome sittliche Persönlichkeit«[47] bezeichnet, deren Schutz der moderne Verfassungsstaat als den Endzweck aller Staatlichkeit begreift. Diese Eigenständigkeit und Selbstverantwortlichkeit des Menschen wirkt prägend auch im Bereich von Ehe und Familie.[48] Es ist nicht mehr die »Erhaltung und Vermehrung der Nation« nach Art. 119 Abs. 1 WRV, es ist nicht die Reproduktion

8

---

dence, 1998, S. 305; *Häberle*, Europäische Verfassungslehre, 7. Aufl. 2011, S. 624; *ders.*, Theorieelemente eines allgemeinen juristischen Rezeptionsmodells, JZ 1992, S. 1033 ff.

41 *Alter*, Explaining National Court Acceptance of European Court Jurisprudence, in: Slaughter/Stone Sweet/Weiler (Hrsg.), The European Courts and National Courts: Doctrine and Jursiprudence, 1998, S. 241 ff.

42 *Michael/Morlok*, Grundrechte, Rn. 251.

43 Mit Hinweisen etwa zur *Solange-* und zur *Görgülü*-Rspr. *Kotzur*, Kooperativer Grundrechtsschutz – eine Verfassungsperspektive für Europa, in: JöR 55 (2007), S. 337 ff.

44 *Häberle*, Gemeineuropäisches Verfassungsrecht, EuGRZ 1991, S. 261 ff.

45 Zu nennen sind das Aufenthaltsrecht, die Anerkennung von im Ausland geschlossenen Ehen, die Achtung des Familienlebens der europäischen (Markt-)Bürger bei Wahrnehmung ihrer Grundfreiheiten, vgl. etwa *Meyer-Ladewig*, EMRK, 3. Aufl. 2011, Art. 8 Rn. 64 ff.; *Michael/Morlok*, Grundrechte, Rn. 251; BVerfGE 62, 323 (330); EuGH, Rs. C-370/90, Slg. 1992, I-4265, Rn. 19 ff. – *Die Königin/Singh*; Rs. C-60/00, Slg. 2002, I-6279, Rn. 41 – *Carpenter*.

46 BVerfGE 4, 7 (15 f.); 36, 174 (188); 45, 187 (228); 50, 290 (353 f.); 65, 1 (44); *Häberle*, Das Menschenbild im Verfassungsstaat, 4. Aufl. 2008, S. 47 ff.; *Becker*, Das »Menschenbild des Grundgesetzes« in der Rechtsprechung des Bundesverfassungsgerichts, 1996, S. 41 ff.; *Böckenförde*, Das Bild vom Menschen in der Perspektive der heutigen Rechtsordnung, in: ders., Recht, Staat, Freiheit, 1991, S. 58 ff.

47 BVerfGE 9, 167 (171); 12, 45 (53).

48 BVerfGE 6, 71; 24, 119; *Hofmann*, in: Schmidt-Bleibtreu/Hofmann/Hopfauf (Vorauflage), Art. 6 Rn. 1.

der Gesellschaft, die der Staat zweckhaft schützt[49]; er stellt sich vielmehr schützend vor jene Bereiche eigenständig-selbstverantworteter Lebensgestaltung, die für die Ordnung des Gemeinwesens besonders wesentlich sind, ohne dass das Gemeinwesen sie vereinnahmen dürfte.[50] Damit sind Gemeinwohlorientierung und Gemeinschaftsbezug von Ehe und Familie nicht etwa vollständig geleugnet, sondern in jener Spannung von Individuum und Gemeinschaft verortet, die das grundgesetzliche Menschenbild bestimmt: in der »Gemeinschaftsbezogenheit und Gemeinschaftsgebundenheit der Person, ohne dabei deren Eigenwert anzutasten.[51]

9   Die drei zentralen Schutzgüter aus Art. 6 GG, Ehe, Familie und Erziehung, sind deshalb als *Freiräume* und *Verantwortungssphären* zu begreifen.[52] Ehe und Familie gehören zu den privatesten Räumen.[53] Sie bieten dem Individuum Rückzugsmöglichkeiten – auch aus seinen öffentlichen, jedenfalls öffentlich wahrnehmbaren Rollen[54]: Intimität, Solidarität, emotionales Geborgensein, ungestörte Kommunikation (mit dem greifbaren Kontext zu Art. 13 GG), alles in allem ein umfassendes »right to be let alone«.[55] In diesem Freiraum ist aber zugleich die Freiheit zur Wahrnehmung von Verantwortung mit angelegt. Es geht zum einen um die solidarische Mitverantwortung, das Einstehen für den Partner; es geht zum anderen um die Erziehungsverantwortung für die Kinder. Diesem Verständnis verantworteter Freiheit korrespondiert die Normstruktur von Art. 6 Abs. 1 GG mit ihrer dreifachen Schutzdimension institutioneller, individueller und wertentscheidender Art. Sie verbietet einseitige In-

---

49 So *Michael/Morlok*, Grundrechte, Rn. 252 mit dem treffenden Hinweis, dass andernfalls zeugungsunfähige oder zeugungsunwillige Eheleute dem solchermaßen teleologisch verengten Schutzbereich nicht unterfielen.

50 *Hesse*, Grundzüge, Rn. 457. Beispiele der ideologischen Vereinnahmung gibt die Verfassung der DDR vom 30. Mai 1949, etwa die Frau als »Bürgerin und Schaffende« (Art. 18 Abs. 5), Nachweise bei *Brosius-Gersdorf*, in: Dreier, Bd. I, Art. 6 Rn. 23.

51 BVerfGE 4, 7 (15 f.). Es geht um das Zugleich von »personaler« Bedeutung für den Einzelnen und »transpersonaler« Bedeutung für die politische Gemeinschaft, *Ipsen*, in: HStR VII, § 153 Rn. 89; *Häberle*, Verfassungsschutz der Familie – Familienpolitik im Verfassungsstaat, 1984, S. 1.

52 Für den Verantwortungsgedanken allg. *Jonas*, Das Prinzip Verantwortung, 1979; *Saladin*, Verantwortung als Staatsprinzip, 1984; *Schubert*, Das »Prinzip Verantwortung« als verfassungsstaatliches Rechtsprinzip, 1998.

53 Schon BGHZ 1, 87 (90): »Die Ehe ist engste Lebensgemeinschaft«; Ferner BVerfGE 21, 329 (353); mit Bezug auf Art. 1 Abs. 1 und 2 Abs. 1 GG BVerfGE 35, 202 (220); siehe auch *Gusy*, JA 1986, S. 183 ff.

54 Zugleich verdichtet sich der öffentliche Diskurs über solche öffentlich wahrnehmbare Rollen (wie Geschlechter, Autonomie, Verantwortung): *Büchler*, Kulturelle Vielfalt und Familienrecht. Die Bedeutung kultureller Identität für die Ausgestaltung europäischer Familienrechtsordnungen – am Beispiel islamischer Rechtsverständnisse, in: Berichte der Deutschen Gesellschaft für Völkerrecht 43 (2008), S. 215 ff., 218.

55 In seinem berühmten Dissent in Eisenstadt, 405 U.S. S. 442, zitiert Justice *Brandeis* die Entscheidung Olmstead v. United States, 277 U.S. S. 438, 478 (1928) mit den Worten: »The right to be let alone (is) the most comprehensive of rights and the right most valued by civilized men.«.

terpretationen des Art. 6 GG sowohl in einem individualistisch-subjektivierenden als auch in einem institutionalistisch-objektivierenden Sinne.[56]

Das Besondere der Verfassungsgarantien von Ehe, Familie und Elternrecht ist dabei   10
ihre inter- oder transpersonale Seite der Freiheit. Anders als die klassischen individuellen Freiheitsrechte finden sie ihren Schutzgegenstand nicht im Handeln oder Zustand einer einzelnen Person, sondern im Verhältnis von Personen, in Personenbezie-
hungen.[57] Ihr Schutzgut ist das menschliche Zusammenleben in seiner privatesten
Form und doch zugleich als Grundlage politischer Gemeinschaftsbildung. Dass in
der Familie häufig zuerst Zugehörigkeit erfahren wird, dass dort Inklusions- und Ex-
klusionsmechanismen erlernt werden, hat für das Gemeinschaftsbildende im Sinne
von *E. Renans* »täglichem Plebiszit«[58] durchaus ambivalente Konsequenzen.

II. Die Trias der Schutzdimensionen: Institutsgarantie, Freiheitsrecht, wertentscheidende Grundsatznorm

Seit BVerfGE 6, 55 wird, mit weitgehender Zustimmung durch das Schrifttum,   11
Art. 6 Abs. 1 GG eine Schutztrias aus Institutsgarantie, Freiheitsrecht und wertentscheidender Grundsatznorm entnommen.[59] Dass damit nicht nur ein programmatischer Gehalt, sondern verbindliches Verfassungsrecht konstituiert ist, hat das Gericht
in derselben Entscheidung festgeschrieben (LS 5). Die Bindungswirkung muss aber
je nach Schutzdimension differenziert entfaltet werden.[60] Auch insoweit wirkt Art. 6
Abs. 1 GG im Sinne einer »multifunktionalen Modellnorm«[61] – für den ausgestaltenden Gesetzgeber wie für den interpretierenden Normanwender.

Ehe, Familie und auch das Erziehungsrecht sind Institute oder Einrichtungen.[62] Mit   12
dieser Gewährleistung ist die Sicherung eines »Normkerns des Ehe- und Familienrechts«, gerichtet gegen vollständige Aufhebung oder wesentliche Umgestaltung ver-

---

56 *Brosius-Gersdorf,* in: Dreier, Bd. I, Art. 6 Rn. 33 f.
57 So *Mager,* Einrichtungsgarantien, 2003, S. 195.
58 What is a Nation? (Qu'est-ce qu'une nation?), Vorlesung an der Sorbonne, 11 March
    1882, in: Eley/Grigor Suny (Hrsg.) Becoming National: A Reader, 1996, S. 41 ff.; allg.
    Häberle, Verfassung als öffentlicher Prozess, 3. Aufl. 1998.
59 *Jarass/Pieroth,* Art. 6 Rn. 1; *Antoni,* in: Hömig, Art. 6 Rn. 2; *Coester-Waltjen,* in: v. Münch/
    Kunig, Bd. I, Art. 6 Rn. 1; *v. Coelln,* in: Sachs, Art. 6 Rn. 19; *Badura,* in: Maunz/Dürig,
    Art. 6 Rn. 6 ff.; weitere Nachweise bei *Zuck,* NJW 2009, S. 1449 ff., 1452; frühe Kritik
    zum Begriff der »wertentscheidenden Grundsatznorm bei *Goerlich,* Wertordnung und
    Grundgesetz, 1973, S. 113 ff.; ausführlich zum Wertentscheidungsgehalt *Rensmann,* Wert-
    ordnung und Verfassung, 2007, S. 62 ff.
60 BVerfGE 9, 237 (248); 22, 93 (98); 24, 119 (135); 31, 58 (67); 55, 114 (126); 61, 18
    (25); 62, 323 (329); 76, 1 (41); 80, 81 (92 f.); *Cornils,* Die Ausgestaltung der Grundrech-
    te, 2005, S. 339.
61 *Rensmann,* Wertordnung und Verfassung, 2007, S. 62.
62 Zur Terminologie *Schmitt,* Freiheitsrechte und Institutsgarantien, in: Verfassungsrechtliche
    Aufsätze (1931), 2. Aufl. 1973, S. 140 ff.; *Mainzer,* Die dogmatische Figur der Einrich-
    tungsgarantie, 2003; *Mager,* Einrichtungsgarantien, 2003; *Stern,* Staatsrecht III/1, § 68.

bunden.[63] Die institutionelle Seite reichert das BVerfG um eine weitreichende Bild-Metaphorik an: vor Beeinträchtigung geschützt seien »bestimmende Merkmale des Bildes von Ehe und Familie«, die der Verfassung zugrunde liege.[64] Dabei verrät die ihrerseits bildhafte »Sprache vom Bild«, dass der Normkern und die ihn prägenden Strukturen weniger eindeutig und ausschließlich sind, als das ein traditionelles Institutsverständnis nahelegen mag. Auch das Institut ist vom übergreifenden Leitbild individueller Freiheitsentfaltung – allerdings in ihren überindividuellen Bezügen – bestimmt und deshalb von struktureller Dynamik geprägt.[65] Einen Ausschließlichkeitsanspruch, die Ehe als »Monopol rechtlich geordneter Geschlechtsgemeinschaft« zu verstehen, sichert Art. 6 GG nicht.[66] Sie bleibt ein »positiv geprägter Lebensentwurf in frei wählbarer Alternativität zu anderen Lebensentwürfen«[67] – Entwurf, nicht *Gegenentwurf*.

13   In bewusster Abkehr vom bloßen Programmsatzcharakter der WRV hat das BVerfG Ehe, Familie und elterliche Erziehung von Anfang an als Freiheitsrechte konzipiert.[68] Gemeint ist zunächst der »status negativus« mit seiner Verpflichtung aller staatlichen Gewalt (vgl. Art. 1 Abs. 3 GG), Eingriffe in den Schutzbereich von Ehe, Familie und elterlicher Erziehung zu unterlassen.[69] Mit dem negatorischen Freiheitsrecht verbunden ist das Prinzip der staatsfreien Selbstorganisation von Ehe und Familie in wechselseitiger Verantwortlichkeit und Rücksichtnahme.[70] Das Zusammenleben der Ehepartner und Familienmitglieder in »familiärer Eigengesetzlichkeit« wird gerade durch ein an den Staat gerichtetes Zurückhaltungsgebot ermöglicht.[71] Die leistungsrechtliche Seite ist damit aber keineswegs an den Rand gedrängt.

14   Das »Besondere« des Schutzanspruchs, unter den Art. 6 Abs. 1 GG Ehe und Familie stellt, interpretiert das BVerfG weder als konkreten Anspruch auf spezifische staatliche Leistungen[72] noch als Intensivierung der Instituts- oder Grundrechtsqualität, sondern als Ausdruck besonderer Wertqualität.[73] Anders als die allen Freiheitsgrundrechten innewohnende Schutzpflichtendimension, durchbricht diese besondere Wertqualität die Bipolarität von Grundrechtsberechtigtem und Grundrechtsverpflichtetem

63 BVerfGE 6, 55 (72).
64 BVerfGE 76, 1 (49); *Becker*, Das »Menschenbild des Grundgesetzes« in der Rechtsprechung des Bundesverfassungsgerichts, 1996, S. 24; *Cornils*, Die Ausgestaltung der Grundrechte, 2005, S. 340.
65 Ebd., S. 342.
66 So aber noch *Pirson*, in: BK (Vorauflage), Art. 6 Rn. 17; demgegenüber BVerfGE 82, 60 (80 f.); 105, 313 (345).
67 *Cornils*, Die Ausgestaltung der Grundrechte, 2005, S. 370.
68 BVerfGE 6, 55 (71).
69 BVerfGE 80, 81 (92); *Brosius-Gersdorf*, in: Dreier, Bd. I, Art. 6 Rn. 36.
70 BVerfGE 80, 81 (92); *Cornils*, Die Ausgestaltung der Grundrechte, 2005, S. 347; *Gröschner*, in: Dreier, Bd. I, Art. 6 Rn. 32.
71 *v. Coelln*, in: Sachs, Art. 6 Rn. 20.
72 BVerfGE 82, 60 (81); 39, 316 (326).
73 *Seiler*, in: BK, Art. 6 I Rn. 109.

und macht, nicht zuletzt im Sinne eines generellen Diskriminierungsverbotes zugunsten von Ehe und Familie[74], die Beachtung der grundgesetzlichen Schutzgehalte für die gesamte Rechtsordnung verbindlich.[75]

C. Institutionelle Garantien, objektive Wertentscheidungen und grundrechtliche Schutzbereiche

I. Der Schutz von Ehe und Familie (Art. 6 Abs. 1 GG)

1. Ehe

a) Der Ehebegriffe: Definitionsmerkmale, partnerschaftlicher Konsens und hoheitliche Mitwirkung

aa) Definitionsmerkmale

Das Grundgesetz definiert die Begriffe von Ehe und Familie nicht, sondern setzt sie   15
als »besondere Form(en) menschlichen Zusammenlebens« voraus.[76] Dieses Vorausgesetzt-Sein ist aber nicht als etwas von jeher und für immer unveränderlich Vorgegebenes, als ein naturrechtliches »a priori«[77], sondern als ein lebensweltliches Phänomen zu verstehen, das zwar seinerseits wertgeprägt und an gesellschaftliche Erwartungen gebunden, aber bei aller Selbstverständlichkeit seines »so Seins« dynamischem Wandel unterworfen ist.[78] Für das BVerfG stand die gesellschaftliche Selbstverständlichkeit der Ehe in so hohem Maße außer Frage, dass es in seinen ersten beiden Entscheidungen zum Thema auf jede definitorische Festlegung verzichtete.[79] Seit BVerfGE 10, 59 (66) spricht das Gericht, in seinen Nuancierungen durchaus differenzierend, von der »Vereinigung eines Mannes mit einer Frau zu einer auf Dauer angelegten Lebensgemeinschaft, begründet auf freiem Entschluss unter Mitwirkung des Staates, in der Mann und Frau in gleichberechtigter Partnerschaft zueinander stehen und über die Ausgestaltung ihres Zusammenlebens frei entscheiden

---

74 BVerfGE 99, 216 (232).
75 BVerfGE 6, 55 (72); 24, 119 (135); 31, 58 (67); *Brosius-Gersdorf*, in: Dreier, Bd. I, Art. 6 Rn. 36–37; *Kingreen*, Jura 1997, S. 401 ff., 402. Die Gefahr, auf diese Weise »überkommene Lebensformen zu überschätzen«, »neue Lebensformen zu unterschätzen«, sieht *Richter*, in: AK-GG (Vorauflage), Art. 6 Rn. 11a, und warnt vor der »Konservierung überholter Leitbilder«.
76 BVerfGE 105, 313 (345); vgl. auch *Sodan*, in: ders., Art. 6 Rn. 3 m.w.N.
77 Gerade frühe Gerichtsentscheidungen argumentieren indes oft mit der »naturgegebenen Ordnung« (etwa BGHZ 18, 13 (20 f.), bis hin zum Leitbild der »Hausfrauenehe«, BAGE 14, 21 (25).
78 Dieser Wandel lässt sich in der Rechtsprechung des BVerfG etwa zum Zerrüttungsprinzip oder zum Lebenspartnerschaftsgesetz exemplarisch nachvollziehen. Das Gericht löst sich immer stärker von den Vorgaben überkommener Lebensformen und dem traditionalen Moment, Nachweise bei *Zuck*, NJW 2009, S. 1449 ff., 1450; allg. *Leisner*, Kontinuität als Verfassungsprinzip, 2002.
79 BVerfGE 3, 225 und BVerfGE 6, 55; *Zuck*, NJW 2009, S. 1449 ff., 1450.

können.«[80] Die ursprüngliche Qualifikation der Vereinigung als »unauflöslich«[81] – einen tatsächlichen Gehalt implizierend, der normativ gar nicht einlösbar wäre[82] – wich später dem Attribut grundsätzlich »unauflösbar«[83], die Möglichkeit der Scheidung einschließend.

16   Die so skizzierte Ehe ist »soziales Phänomen« und »rechtsgeprägte Form« zugleich.[84] Die Rechtsprägung macht sie zur bürgerlichen Ehe, einem »Produkt der Rechtsordnung«, das »ohne Eherecht nicht denkbar« wäre.[85] Auch wenn es sich bei Art. 6 GG um ein normgeprägtes[86], d.h. durch einfach-gesetzliche Bestimmungen mitkonturiertes Grundrecht handelt, griffe ein schlichter Rückgriff auf diese schon aus normhierarchischen Gründen zu kurz.[87] Die Normprägung ist vielmehr der Verfassung selbst und damit auch ihren Interpreten überantwortet. Das will der »Leitbild-Begriff« zum Ausdruck bringen. Mit der Entwicklung der oben skizzierten dreifachen Schutzdimension hat das Bundesverfassungsgericht einen wesentlichen Teil der Normprägung geleistet und zugleich einen Ausgestaltungsauftrag an den Gesetzgeber weitergeleitet, den dieser angesichts sich beständig ändernder gesellschaftlicher Rahmenbedingungen immer neu einzulösen hat.[88] Das Leitbild hat sich dabei als ein durchaus »offenes« erwiesen.

17   Die Verschiedengeschlechtlichkeit ist konstitutives Ehemerkmal. Gleichgeschlechtliche Partnerschaften begreift das BVerfG mit der h.M. als ein aliud zur Ehe und postuliert deshalb bei deren konkreter Ausgestaltung ein – indes immer geringer werdendes – »Abstandsgebot«.[89] Denselben Weg beschreitet der EuGH.[90] Der EGMR unterstellt gleichgeschlechtliche Lebensgemeinschaften dem Schutz aus Art. 8 EMRK, sei es dem Schutzgut Familie oder Privatleben zugeordnet.[91] Art. 12 EMRK, der das Recht der Eheschließung ausdrücklich *für* Männer und Frauen garantiert, formuliert

---

80 BVerfGE 10, 59 (66). *Benedict* qualifiziert diese Voraussetzungen als »Partnerschaftliche Exklusivität«, »Prinzip der Heterosexualität«, »Solennitäts-Prinzip« sowie »Unauflöslichkeit-im-Prinzip-Prinzip«, *Benedict*, Die Ehe unter dem besonderen Schutz der Verfassung – Ein vorläufiges Fazit, JZ 2013, S. 478 f.

81 BVerfGE 10, 59 (66).

82 *Michael/Morlok*, Grundrechte, Rn. 252.

83 BVerfGE 53, 224 (245).

84 *Cornils*, Die Ausgestaltung der Grundrechte, 2005, S. 354.

85 *Kingreen*, Nichteheliche Lebensgemeinschaft, 1995, S. 49.

86 Grundlegend *Häberle*, Die Wesensgehaltgarantie des Art. 19 Abs. 2 GG, 3. Aufl. 1983, S. 180 ff.; weiterhin *Lerche*, Übermaß und Verfassungsrecht, 1961, S. 98 ff.; *Hesse*, Grundzüge, Rn. 303 ff.

87 BVerfGE 31, 58 (69); *v. Coelln*, in: Sachs Art. 6 Rn. 4.

88 Vgl. *Cornils*, Die Ausgestaltung der Grundrechte, 2005, S. 351 f.

89 BVerfGE 105, 313 (351), wobei dieses »Abstandsgebot« in der neueren Rechtsprechung an Kontur weiter verliert; dazu *Gade/Thiele*, Ehe und eingetragene Lebenspartnerschaft: Zwei namensverschiedene Rechtsinstitute gleichen Inhalts?, DÖV 2013, S. 147 ff.

90 EuGH, Rs. C-249/96, Slg. 1998, I-621, Rn. 35 – *Grant/South West Trains Ltd.*

91 *Michael/Morlok*, Grundrechte, Rn. 255, unter Verweis auf *Grabenwarter/Rabel*, EMRK, 5. Aufl. 2012, § 22 Rn. 16 und *Peters/Altwickler*, EMRK, 2. Aufl. 2012, § 27 Rn. 1.

einen gemeineuropäischen Mindeststandard und sollte deshalb – jedenfalls nach derzeitigem Entwicklungsstand der mitgliedstaatlichen Rechtsordnungen – auch auf die Eheschließung *zwischen* Männern und Frauen beschränkt bleiben.[92]

Die Zeugungsfähigkeit der Partner ist keine Voraussetzung der Ehe. Auch ein sonstig   18
zwingender Konnex mit Reproduktion verbietet sich sowohl mit Blick auf die zeugungsunfähigen als auch die zeugungsunwilligen Eheleute.[93] Die Eheschließungsfähigkeit Transsexueller ist von BVerfG[94] und EGMR[95] zu Recht mit großem Nachdruck anerkannt.

Wenngleich nicht »unauflöslich«, so ist die Ehe auf Dauer angelegt (§ 1353 Abs. 1   19
S. 1 BGB). Ein freies Kündigungsrecht der Partner oder gar eine »Ehe auf Zeit« (so von der damaligen CSU-Politikerin *G. Pauli* im Jahre 2007 provokant vorgeschlagen) wären kaum vereinbar mit der weitreichenden und folgenschweren gesetzlichen Ausgestaltung des Rechtsinstituts der Ehe. Gesellschaft wie Eheleute stellen an die Ehe hohe Stabilitätserwartungen. Deshalb muss auch die künftige Ausgestaltung des Eherechts auf Aufrechterhaltung der Ehe abzielen.[96] Etwas anderes würde weder den individuellen Schutzinteressen der Ehepartner noch der transpersonalen Dimension der Ehe gerecht.[97]

Im Falle des Scheiterns einer Ehe muss deren Auflösung durch Scheidung in einem   20
rechtlich geordneten Verfahren aber möglich sein. Die säkularisierte Ehe kann eine lebenslange Bindung aus sich selbst heraus nicht begründen. Die Ehegatten müssen vielmehr ihre Eheschließungsfreiheit wiedererlangen können.[98] Umgekehrt unterfallen auch sog. »gestörte« Ehen, in denen die Lebensgemeinschaft aus welchen Gründen auch immer nicht praktiziert wird, dem Schutz von Art. 6 GG.[99] Mitunter können sich schwierige Abgrenzungsprobleme zu nicht mehr schutzwürdigem, da bewusstem Gestaltungsmissbrauch ergeben. Inwieweit das für die Scheinehe gilt, die

---

92 Wiederum *Michael/Morlok*, Grundrechte, Rn. 252. In diesem Sinne entschied auch der EGMR bereits am 17.10.1986: »the right to marry guaranteed by Article 12 (Art. 12) refers to the traditional marriage between persons of opposite biological sex«; EGMR FHO-effR 38 Nr. 863 – *Rees.*

93 Ausführlich zu den Aspekten der Verschiedengeschlechtlichkeit der Ehe *Seiler*, in: BK, Art. 6 I Rn. 56 ff.

94 BVerfGE 115, 1; 116, 243; siehe schon E 49, 286 (300); weiterhin *Pauly*, Sperrwirkungen des verfassungsrechtlichen Ehebegriffs, NJW 1997, S. 1955 ff. Dies gilt selbst dann, wenn als »kleine Lösung« alternativ eine eingetragene Lebenspartnerschaft möglich wäre, BVerfGE 128, 109.

95 EGMR NJW-RR 2004, S. 289, 294 – *Goodwin/Vereinigtes Königreich*; ferner EGMR RJD 1999-IX, S. 305 ff. – *Salgueiro da Silva/Portugal*; vgl. auch BVerfGE 116, 243 (247); EuGH, Rs. C-117/01, Slg. 2004, I-541, Rn. 33 f. – *K.B./National Health Service Pensions Agency u.a.*

96 BVerfGE 53, 224 (245 ff.); 55, 134 (141 f.).

97 Dazu auch oben Rdn. 8.

98 BVerfGE 53, 224.

99 Vgl. BVerfGE 55, 134 (142); BVerfG (K) FamRZ 2004, S. 1949.

zwar gestaltungsmissbräuchlich geschlossen und daher gem. §§ 1310 Abs. 1 S. 2 HS 2, 1314 Abs. 2 Nr. 5 BGB aufhebbar, aber auch gem. § 1315 Abs. 1 S. 1 Nr. 5 BGB heilbar ist, bleibt umstritten.[100] Nur offensichtliche – in der Praxis nur schwer beweisbare – Missbrauchsfälle sollten ausgeschlossen werden.

bb) Partnerschaftlicher Konsens und staatlicher Mitwirkungsakt

21   Rechtlich konstruiert wird die bürgerliche Ehe durch Vertragsschluss. Ihr Modell ist die partnerschaftliche Konsensualentscheidung.[101] Sie beruht auf dem freien Entschluss und dem übereinstimmenden Willen von Mann und Frau.[102] Ob für den ehelichen Konsens ein konstitutiver staatlicher Mitwirkungsakt erforderlich ist, wird strittig diskutiert.[103] Für die Formenstrenge standesamtlicher Beurkundung gemäß §§ 1310 ff. BGB sprechen das Erfordernis von Rechtsklarheit und Publizität sowie die Pflicht zur Prüfung von Ehefähigkeit und Ehehindernissen.[104] Anderseits kennt der moderne Gewährleistungsstaat durchaus auch andere Instrumente, um dem Rechnung zu tragen.[105] Für Auslandsehen weist insoweit Art. 13 Abs. 3 EGBGB den Weg.

22   Eine wichtige Reform brachte das PersonenstandsrechtsreformG vom 12. Februar 2007.[106] Seitdem 1. Januar 2009 können Ehen auch ohne staatliche Beteiligung geschlossen werden. Die obligatorische Zivilehe im engen Sinne entfällt durch die Streichung der §§ 67, 67a PersonenstandsG. Damit wird die nur kirchlich geschlossene oder sonst rein religiös begründete (dazu wären auch die sogenannten Imam-Ehen zu rechnen) Ehe möglich, bleibt aber aus dem Blickwinkel des staatlichen Rechts einschließlich Art. 6 Abs. 1 GG irrelevant und ist deshalb wie eine nichteheliche Lebensgemeinschaft zu behandeln.[107]

---

100 Die überwiegende Meinung nimmt einen Schutz an: *Pieroth/Schlink/Kingreen/Poscher*, Rn. 692. m.w.N.; offen gelassen in BVerwGE 56, 174 (180); allg. *Lumpp*, Die Scheinehenproblematik, 2006.

101 *Zuck*, NJW 2009, S. 1449 ff., 1449: »unter Opportunitätsgesichtspunkten jederzeit auflösbare Zweckgemeinschaft«; *Coester-Waltjen*, in: v. Münch/Kunig, Bd. I, Art. 6 Rn. 10 m.w.N. In seiner frühen Rechtsprechung maß der BGH dem Ehevertrag – mit Blick auf § 48 Abs. 2 S. 2 EheG a.F. – eine freilich höhere sittliche Dimension zu. Die Ehe »werde durch das feierliche Eheglöbnis, durch die auf höherer Ebene als andere Verträge gelegene gegenseitige Verpflichtung zu lebenslänglicher Verbundenheit begründet«, BGHZ 1, 87 (90); siehe auch BGHZ 18, 13 (19).

102 BVerfGE 29, 166 (176); 62, 323 (331); *Brosius-Gersdorf*, in: Dreier, Bd. I, Art. 6 Rn. 61.

103 Vgl. *Michael/Morlok*, Grundrechte, Rn. 252.

104 BVerfGE 36, 146 (165); 62, 323 (331).

105 *Michael/Morlok*, Grundrechte, Rn. 252 mit Blick auf die allgemeine Privatisierungsdebatte.

106 BGBl. 2007 I S. 122; dazu *Schwab*, Kirchliche Trauung ohne Standesamt, FamRZ 2008, S. 1121 ff.

107 *von Coelln*, in: Sachs, Art. 6 Rn. 14; *Schwab*, Kirchliche Trauung ohne Standesamt, FamRZ 2008, S. 1121 ff.

b) Die Eheschließungs- und Eheführungs- bzw. Ehegestaltungsfreiheit

Art. 6 Abs. 1 GG gewährleistet »das Recht oder die Freiheit, die Ehe mit einem   23
selbstgewählten Partner einzugehen«.[108] Das gilt auch für Ehen mit »ungünstiger
Prognose«.[109] Diese Freiheit ist zugleich grundrechtliche Freiheit und auf Gegenseitigkeit der Ehepartner gerichtetes institutionelles Strukturmerkmal. Sie ist als individuelle Freiheit der »Freiheit zur Ermöglichung von ehelicher Partnerschaft« um ihrer
selbst willen, als transpersonale Freiheit um des Instituts der Ehe als solcher willen
geschützt. Die Eheschließungsfreiheit bliebe aber weithin »leere Hülse«, wäre nicht
auch die Freiheit zur Ausgestaltung der Ehe vom Schutzzweck her umfasst.

aa) Die Eheschließungsfreiheit

Der Eheschließungsfreiheit korrespondiert eine staatliche Schutzpflicht gegen   24
Zwangsehen einerseits, gegen erzwungenen Eheverzicht andererseits – etwa in Form
sogenannter Zölibatsklauseln (letzteres ist strittig).[110] Die Eheschließungsfreiheit bedarf zu ihrer Effektivität auch formaler wie prozeduraler Absicherung. So dürfen
übertrieben strenge Formalia der Eheschließung die Eheschließungsfreiheit nicht generell konterkarieren (vgl. §§ 110 ff. BGB).[111] Ob der Eheschließungsfreiheit auch
die Scheidungsfreiheit korrespondiert, bleibt umstritten[112]; vom Schutzzweck der
Norm her gedacht ist das wohl abzulehnen[113] und die Scheidungsfreiheit auf das
Recht zur freien Entfaltung der Persönlichkeit zu stützen. Nach der Scheidung lebt
die Eheschließungsfreiheit aber wieder auf und entfaltet Schutz für Folgeehen.[114]
Problematisch erscheint in diesem Kontext auch der Wegfall der Hinterbliebenen-
versorgung bei Wiederheirat.[115]

---

108 BVerfGE 29, 166 (175), 31, 58 (67); 105, 313 (342); 112, 50 (65); *Ipsen*, in: HStR VII,
     § 154 Rn. 23; *Brosius-Gersdorf*, in: Dreier, Bd. I, Art. 6 Rn. 61.
109 BVerfGE 31, 58 (84); weitere Nachweise bei *von Coelln*, in: Sachs, Art. 6 Rn. 23; *Coester-
     Waltjen*, in: v. Münch/Kunig, Bd. 1, Art. 6 Rn. 21; *Robbers*, in: v. Mangoldt/Klein/Starck,
     Bd. I, Art. 6 Rn. 61. Praktisch wäre eine solche Prognose auch kaum rechtlich handhab-
     bar, geschweige denn durch Standesbeamte oder Gerichte überprüfbar.
110 Nachweise zum Diskussionsstand: *Jarass/Pieroth*, Art. 6 Rn. 3a; *Kingreen*, Jura 1997,
     S. 401 ff., 402; *Coester-Waltjen*, in: v. Münch/Kunig, Bd. I, Art. 6 Rn. 24.
111 BVerfGE 31, 58 (69 f.) – sog. Spanierbeschluss; hier nimmt das BVerfG in keineswegs
     selbstverständlicher Deutlichkeit auf Art. 12 EMRK und Art. 16 Abs. 1 S. 1 AEMR Be-
     zug; ferner E 62, 323 (339).
112 Ablehnend *Hillgruber*, Der Schutz des Menschen vor sich selbst, 1992, S. 149 ff.; *Ipsen*,
     in: HStR VII, § 154 Rn. 50 f.; offen in BVerfG (K) NJW-RR 2007, S. 577 ff.; befürwor-
     tend *Mager*, Einrichtungsgarantien, 2003, S. 205; siehe auch *Rauscher*, Leidet der Schutz
     der Ehescheidungsfreiheit unter der VO Brüssel II?, in: FS Geimer, 2002, S. 883 ff.
113 In Fortsetzung dazu BVerfG NJW 2009, S. 979 – Aus grundgesetzlichem Schutz von
     Ehe und Familie folgt kein Recht auf Beendigung der ehelichen Gemeinschaft durch Sui-
     zid eines Ehepartners.
114 BGH FamRZ 2007, S. 109; *Badura*, in: Maunz/Dürig, Art. 6 Rn. 29, 45.
115 *Coester-Waltjen*, in: v. Münch/Kunig, Bd. I, Art. 6 Rn. 26, 38 und 50.

bb) Die Eheführungs- bzw. Ehegestaltungsfreiheit

25   Unter der Freiheit zur Eheführung und Ehegestaltung versteht das Bundesverfassungsgericht eine immateriell-persönliche sowie eine materiell-wirtschaftliche Freiheit, die nicht zuletzt auch die Aufgaben- und Rollenverteilung in der Ehe betrifft.[116] Im Sinne eines »individualistischen Eheverständnisses« muss der Staat sich der Vorformulierung oder Perpetuierung von strikten Leitbildern enthalten, wobei der individuellen Freiheit der Ehepartner durch konfligierende Grundrechte und kollidierendes Verfassungsrecht ihrerseits Grenzen gesetzt sind.[117] Materiell von herausragender Bedeutung sind die Bestimmungen des Ehegüterrechts und der finanziellen Beziehungen.[118] Von wirtschaftlichen wie persönlichen Interessen geprägt ist die Wohnsitzwahl.[119] Die wichtigste persönliche Freiheit ist die Entscheidung für, aber auch gegen Kinder (positive und negative »Fortpflanzungsfreiheit«).[120] Von ihr umfasst ist auch die Freiheit, sich moderner Techniken der Fortpflanzungsmedizin zu bedienen, soweit ihr nicht anderweitig grundrechtliche Grenzen gesetzt sind.[121]

26   Da die Ehe gleichberechtigte Partnerschaft ist, ist das Gleichberechtigungsgebot zu berücksichtigen (gleichberechtigte Gestaltungsfreiheit).[122] Dagegen verstießen etwa die Stichentscheid- und Vertretungsregelungen in §§ 1629 Abs. 1 und 1628 a.F. BGB sowie die Namensregelungen in § 1355 Abs. 2 BGB a.F. (die Wahl des Ehenamens ist, wenngleich vorrangig durch das Allg. Persönlichkeitsrecht geschützt, Teil

---

116   BVerfGE 39, 169 (183); 48, 327 (338); 66, 84 (94); 68, 256 (268); 105, 1 (10); gegen eine Festschreibung überkommener Rollenverteilungsmuster BVerfGE 87, 234 (358), auch bezogen auf Art. 3 Abs. 2 GG; *Brosius-Gersdorf*, in: Dreier, Bd. I, Art. 6 Rn. 66; *Ipsen*, in: HStR VII, § 154 Rn. 39.

117   *v. Coelln*, in: Sachs, Art. 6 Rn. 26; *Robbers*, in: v. Mangoldt/Klein/Starck, Bd. I, Art. 6 Rn. 75.

118   BVerfGE 53, 257 (296).

119   Nachweise bei *v. Coelln*, in: Sachs, Art. 6 Rn. 26. Teilweise ist umstritten, ob manche der wirtschaftlichen Freiheiten nur zu Art. 2 Abs. 1 GG, die Ehewohnung allein dem Schutz von Art. 11 GG unterstellt ist. Eine gemeinsame Ehewohnung ist nicht erforderlich, eine »Wochenendehe«, steuerlich begünstigt durch die doppelte Haushaltsführung, ins freie Belieben der Partner gestellt. Regelungen, die Ehepaare aus finanziellen Gründen zum Getrenntleben zwängen, verstießen gegen den Schutzzweck von Art. 6 Abs. 1 GG, vgl. BVerfGE 87, 234 (260), sowie *Brosius-Gersdorf*, in: Dreier, Bd. I, Art. 6 Rn. 92.

120   *Ramm*, Die Fortpflanzung – ein Freiheitsrecht?, JZ 1989, S. 861 ff.

121   Der Präimplantationsdiagnostik sind solche Grenzen etwa durch Art. 1 Abs. 1 GG gesetzt, *Dreier*, in: ders., Bd. I, Art. 1 I Rn. 95 ff.; umfassend zu Fragen der Reproduktion und der assistierten Reproduktion *Brosius-Gersdorf*, in: Dreier, Bd. I, Art. 6 Rn. 108 mit zahlreichen weiteren Nachweisen. Zu der Frage, inwieweit diese Kosten von den Krankenkassen zu tragen sind, *Brosius-Gersdorf*, Leistungen der gesetzlichen Krankenversicherung für Maßnahmen der künstlichen Befruchtung, DÖV 2010, 465.

122   BVerfGE 103, 89 (101); 105, 1 (12). Das gilt auch für das Scheidungs- und Scheidungsfolgenrecht, Nachweise bei *v. Coelln*, in: Sachs, Art. 6 Rn. 28.

ehelicher Gestaltungsfreiheit).[123] Da die Ehegatten aber – wie ausgeführt – in ihrer selbstgewählten Rollenverteilung frei sind und es kein vorgeprägtes einheitliches Ehemodell gibt, kann Art. 3 Abs. 2 GG auch nicht mit emanzipatorischem Übereifer zu einem innerehelichen Strukturprinzip umgedeutet werden – solange die gewählte Gestaltungsform auf gleichberechtigt freier Entscheidung der Partner beruht. Deshalb bedarf auch jede Eheform, in der ein Partner zugunsten der Kindererziehung auf eine berufliche Betätigung verzichtet, der nachdrücklichen Anerkennung.[124] Die Gleichwertigkeit der Arbeit beider Partner, gleich, ob es sich um häusliche oder berufliche Arbeit handelt, ist – z.B. renten- oder steuerrechtlich – zu berücksichtigen.[125]

c) Folgewirkungen der Ehe

Die mit der Ehe begründete Solidar- und Verantwortungsgemeinschaft zeitigt Folgewirkungen auch über die Beendigung der Ehe hinaus. Plastisch spricht das BVerfG von einer »fortwirkenden personalen Verantwortung der Ehegatten«.[126] Relevant wird diese etwa mit Blick auf die Rentengewährung, den nachehelichen Unterhalt oder den Versorgungsausgleich. Seit Januar 2008 findet, bedingt durch das Unterhaltsrechtsänderungsgesetz vom 21. Dezember 2007[127], das Prinzip der nachehelichen Eigenverantwortung der einstigen Partner stärkere Betonung als früher.[128] Als Folgewirkungen der Ehe und (Folge-)Wirkungen familiärer Verbundenheit können auch das gesetzliche Erbrecht und Pflichtteilsrecht der Ehegatten, der Kinder und der Eltern begriffen werden.[129]

27

---

123 Vgl. BVerfGE 78, 38 (49); 84, 9 (21); allg. *Heuer*, Neue Entwicklungen im Namensrecht, 2006; in einer jüngeren Entscheidung – BVerfGE 123, 90 – hielt das BVerfG die gesetzgeberische Beschränkungen mit Blick auf »Ehedoppelnamen« und »Beinamen« mit dem Grundgesetz vereinbar.

124 Praktische Anreize für die Väter, zumindest teilweise die Kinderbetreuung zu übernehmen, wurden durch die Einführung sog. »Vätermonate« geschaffen, wonach das Elterngeld für 14 statt 12 Monate gezahlt wird, wenn sich beide Partner an der Kinderbetreuung beteiligen; dazu *Müller-Terpitz*, Vätermonate und Kindergartenpflicht – wie viel Staat verträgt die Familie?, JZ 2006, S. 991, 992. Die Verfassungsmäßigkeit dieser »Vätermonate« bejahend BVerfG NJW 2012, S. 216.

125 *Hofmann*, in Schmidt-Bleibtreu/Hofmann/Hopfauf (Vorauflage), Art. 6 Rn. 33.

126 BVerfGE 71, 364 (385); 80, 170 (180).

127 BGBl. 2007 I S. 3189.

128 *Viefhues/Mleczko*, Das neue Unterhaltsrecht 2008, 2. Aufl., 2008; *Börger*, Das neue Unterhaltsrecht – ein Überblick, ZAP 2008, Fach 11, S. 895 ff.; *Born*, NJW 2008, S. 1 ff.; *ders*, Betreuungsunterhalt nach neuem Recht – die ersten Erfahrungen, FF 2009, S. 92 ff.; *Schwab*, Koinzidenz – Zur gegenwärtigen Lage der Unterhaltsreform, FamRZ 2007, S. 1053 ff.; *Borth*, Der Gesetzentwurf der Bundesregierung zur Reform des Unterhaltsrechts, FamRZ 2006, S. 813 ff.

129 Vgl. *Coester-Waltjen*, in: von Münch/Kunig, Bd. I, Art. 6 Rn. 40; für weitere Folgewirkungen bis hin zur Totenfürsorge als »Vorrecht« der Ehegatten *Schmitt-Kammler/v. Coelln*, in: Sachs, Art. 6 Rn. 44.

d) Nichteheliche Lebensgemeinschaften

28   Für zunächst gemischtgeschlechtliche nichteheliche Lebensgemeinschaften, die trotz (jedenfalls teilweise) fehlenden rechtlichen Bindungswillens der Partner faktisch Verantwortungs- und Einstehensgemeinschaften sind, hat das Zivilrecht vielfältige Anerkennungsformen gefunden und rechtliche Schutzansprüche entwickelt.[130] Das BVerfG umschreibt sie als »Lebensgemeinschaft zwischen Mann und Frau, die auf Dauer angelegt ist, daneben keine weitere Lebensgemeinschaft weiterer Art zulässt und sich durch innere Bindungen auszeichnet, die gegenseitiges Eintreten der Partner füreinander begründen«.[131] Es betont aber zugleich, dass der grundgesetzliche Ehebegriff nicht erweiternd auf sie hin ausgelegt werden kann, weil die wechselseitige Solidarität nur auf freiwilliger Basis, nicht aber rechtlicher Bindung beruht.[132]

29   So wenig Art. 6 Abs. 1 GG den nichtehelichen Lebensgemeinschaften als Modell partnerschaftlichen Zusammenlebens mit Monopolanspruch entgegensteht, so wenig unterfallen sie seinem Schutz. Ihre freiheitsrechtliche Verankerung finden sie vielmehr in Art. 2 Abs. 1 GG.[133] Da sie gerade auf einen rechtlich formalisierten Gründungsakt verzichten, ist ihr Entstehungszeitpunkt häufig ebenso schwer feststellbar wie es die expliziten Vereinbarungen oder impliziten Erwartungen der Partner sind, die ihnen zugrunde liegen.[134] Einerseits ist zu beachten, dass sich die Partner bewusst gegen jede Form rechtlicher Bindung, sei es die Ehe, sei es ein Partnerschaftsvertrag, entschieden haben und ihnen deshalb weder ein »Gebundensein« oktroyiert werden sollte noch ein eheähnlicher Schutzbedarf besteht.[135] Andererseits kann ein punktueller Schutzbedarf des Schwächeren gerade in den Bereichen, in denen keine Spezifika der Ehe betroffen sind, nicht vollständig ausgeschlossen werden.[136] Eine Vaterschaftsvermutung nach § 1592 Nr. 1 BGB in seiner Neufassung begründet die

---

130   Nachweise bei *Zuck*, NJW 2009, S. 1449 ff., 1451; *Kingreen*, Die verfassungsrechtliche Stellung der nichtehelichen Lebensgemeinschaften im Spannungsfeld von Freiheits- und Gleichheitsrechten, 1995; *Schreiber*, Die nichteheliche Lebensgemeinschaft, 2. Aufl. 2000; *Burhoff*, Handbuch der nichtehelichen Lebensgemeinschaft, 3. Aufl. 2009.

131   BVerfG NJW 1993, S. 643 ff., 645; BGH NJW 1993, S. 999 ff., 1001; *Ruland*, Wohl dem, der ein Verhältnis hat – das BVerfG und die eheähnliche Gemeinschaft, NJW 1993, S. 2855; *Zuck*, NJW 2009, S. 1449 ff.

132   BVerfGE 9, 20 (34 f.); 36, 146 (165); 112, 50 (65).

133   BVerfGE 87, 234 (267).

134   *Steiner*, Die Ehe im Verwaltungsrecht, FamRZ 1994, S. 1289 ff.; *Tzaschel*, Vereinbarungen bei nichtehelichen Lebensgemeinschaften, 5. Aufl. 2010.

135   Gegen »generelle, allgemein-nivellierende Regelungen« daher überzeugend *v. Coelln*, in: Sachs, Art. 6 Rn. 43; *Badura*, in: Maunz/Dürig, Art. 6 Rn. 56 f.

136   Nachweise bei *Robbers*, in: v. Mangoldt/Klein/Starck, Bd. I, Art. 6 Rn. 44; *Brudermüller*, in: Palandt, Einl. v. § 1297, Rn. 10 ff.: kein gesetzliches Erbrecht, kein gemeinschaftliches Testament gem. §§ 2265 ff., teilweise Besserstellungen im Mietrecht (§ 563 BGB), bei Beendigung der Partnerschaft u.U. gesellschaftsrechtliche Rückabwicklungsregelungen nach §§ 730 ff. BGB (siehe BGH NJW-RR 1996, S. 1473), bereicherungsrechtliche Rückabwicklungsregelungen u.U. möglich, wenn der Fortbestand der Lebensgemeinschaft ausdrücklicher Zweck der Leistung war.

nichteheliche Lebensgemeinschaft nicht.[137] Den verschiedengeschlechtlichen nicht ehelichen Lebensgemeinschaften entsprechen die partnerschaftsähnlichen gleichgeschlechtlichen Lebensgemeinschaften; der Schutz letzterer kann nicht weitergehen als der ersterer.[138]

e) Gleichgeschlechtliche Lebenspartnerschaften

Das Gesetz über die Eingetragene Lebenspartnerschaft (Lebenspartnerschaftsgesetz – LPartG)[139] ermöglicht nach Maßgabe seines § 1 Abs. 1 S. 1 die formelle Begründung einer gleichgeschlechtlichen Lebenspartnerschaft. Wechselseitige Fürsorge und Unterstützung, gemeinsame Lebensgestaltung und Verantwortung füreinander sind die eheähnlichen Parameter der Partnerschaft (§ 2 LPartG). Die Regelungen betreffen unter anderem das Namensrecht (gemeinsamer Lebenspartnerschaftsname), eheähnliche Sorgfaltspflichten der Partner, Unterhaltspflichten, den Vermögensstand (vergleichbar dem ehelichen Güterstand) und weitere vermögensrechtliche Wirkungen, sorgerechtliche Befugnisse der Lebenspartner, erbrechtliche Ansprüche (gesetzliches Erbrecht), schließlich Regelungen im Falle des Getrenntlebens oder des Scheiterns der Partnerschaft.[140] Auch das Verhältnis von Lebenspartnerschaft und Ehe ist regelungsbedürftig (vgl. §§ 1306, 1316 Abs. 1 Nr. 1 BGB).[141]   30

Die Verfassungsmäßigkeit des LPartG wurde (und wird) immer wieder mit dem Argument bezweifelt, es öffne unter Nichtbeachtung des besonderen Eheschutzes das Institut der Ehe weitgehend für Gleichgeschlechtliche und unterlaufe so den »beson-   31

---

137 *v. Coelln*, in: Sachs, Art. 6 Rn. 43.

138 BVerfGE 87, 234 (264); BVerfG (K) NJW 2005, S. 1709; BGHZ 121, 116; weitere Hinweise zur verwaltungs-, arbeits- und sozialgerichtlichen Rechtsprechung wiederum bei *v. Coelln*, in: Sachs, Art. 6 Rn. 43.

139 Vom 16.02.2001 (BGBl. 2001 I S. 226), umfassend geändert durch das Gesetz zur Überarbeitung des Lebenspartnerschaftsgesetzes vom 15.12.2004 (BGBl. 2004 I, S. 3396), jetzt gültig in der Fassung vom 20. Juni 2014 (BGBl. 2014 I, S. 786).

140 Monographische Aufbereitungen z.b. von *Schüffner*, Eheschutz und Lebenspartnerschaft, 2007; *Muscheler*, Das Recht der eingetragenen Lebenspartnerschaft, 2. Aufl. 2004; *Wellenhofer*, Die eingetragene Lebenspartnerschaft, 2003. Aus der Fülle der sonstigen Lit.: *Pawlowski*, Zur Einführung gesetzlicher Regelungen für eingetragene (gleichgeschlechtliche) Lebenspartnerschaften, JZ 2000, S. 765 ff.; *Mayer*, Das Gesetz zur Beendigung der Diskriminierung gleichgeschlechtlicher Gemeinschaften – Lebenspartnerschaften, ZEV 2001, S. 169 ff.; *Löhnig*, Das neue Lebenspartnerschaftsgesetz (LPartG) für gleichgeschlechtliche Partnerschaften, JA 2001, S. 650 ff.; *v. Arnauld/Platter*, Die eingetragene Lebenspartnerschaft, Jura 2002, S. 411 ff.; *Sachs*, Rechtsförmige Lebenspartnerschaften für Menschen gleichen Geschlechts – Verfassungsgebot oder Verfassungsverstoß?, JR 2001, S. 45 ff. (47); *Burgi*, Schützt das Grundgesetz die Ehe vor der Konkurrenz anderer Lebensgemeinschaften?, in: Der Staat 2000, S. 487 ff.; *Stern*, Staatsrecht IV/1, S. 486 ff., jeweils mit zahlreichen weiteren Nachweisen.

141 *Leipold*, Die neue Lebenspartnerschaft aus erbrechtlicher Sicht, insbesondere bei zusätzlicher Eheschließung, ZEV 2001, S. 218 ff.

deren« institutionellen Schutzgehalt aus Art. 6 Abs. 1 GG.[142] Dem ist das BVerfG mit überzeugenden Argumenten entgegengetreten. Der Gesetzgeber sei nicht gehindert, für gleichgeschlechtliche Paare Rechte und Pflichten vorzusehen, die denen der Ehe gleich oder sehr nahe kämen.[143] Insbesondere bewirke das Gesetz keine unzulässige Erosion des Instituts »Ehe«, weil diese nur verschiedengeschlechtlichen, nicht gleichgeschlechtlichen Partnern offenstehe.[144] Treffend denkt das Gericht das Institut von seinen eigenen Schutz- und Freiheitsfunktionen her und wertet es nicht als ein Monopol gegen andere Formen lebensgemeinschaftlicher Freiheitsgestaltung.[145] Das »Leitbild« ist kein »Gegenbild«.[146] Der besondere Schutz der Ehe gebietet deren Förderung, nicht die Schlechterstellung von – nur vermeintlichen – »Konkurrenzmodellen«. Ob diese schutzwürdig sind, ist nicht ex negativo vom Institut der Ehe her, sondern ex positivo aufgrund deren Funktion als Einstands- und Verantwortungsgemeinschaft in ihren individuellen und transpersonalen Bezügen zu entscheiden.[147] Insofern bleibt das vom BVerfG postulierte »Abstandsgebot« der gleichgeschlechtlichen Partnerschaft (E 105, 313 (350)) eine fragwürdige Inkonsequenz seiner eigenen Argumentationslogik.[148]

32 Damit ist keineswegs gesagt, dass eine gleichgeschlechtliche Partnerschaft in gleicher oder ähnlicher Weise geschützt werden muss wie eine Ehe.[149] Bestimmend sind

---

142 *v. Coelln*, in: Sachs, Art. 6 Rn. 6; *Sachs*, Rechtsförmige Lebenspartnerschaften für Menschen gleichen Geschlechts – Verfassungsgebot oder Verfassungsverstoß?, JR 2001, S. 45 ff.; *Tettinger*, Kein Ruhmesblatt für »Hüter der Verfassung«, JZ 2002, S. 1146; zur Diskussion siehe auch *Kirchhof*, Lebenspartnerschaftsgesetz und Grundgesetz, FPR 2001, S. 436; *Krings*, Die »eingetragene Lebenspartnerschaft« für gleichgeschlechtliche Paare, ZRP 2000, S. 409 ff.; *Langenfeld*, Der Vertrag der eingetragenen Lebenspartnerschaft, ZEV 2002, S. 8 ff.; *Lindenberg/Micker*, Die Vereinbarkeit des Lebenspartnerschaftsgesetzes mit Art. 6 Abs. 1 GG, DÖV 2003. S. 707 ff.
143 BVerfGE 104, 51 (Eilverfahren); BVerfGE 105, 313 (Hauptsacheentscheidung).
144 BVerfGE 133, 377 (411 f.); siehe auch *Stern*, Staatsrecht IV/1, S. 490.
145 So auch *Michael/Morlok*, Grundrechte, Rn. 253.
146 Anders *Hofmann*, in: Schmidt-Bleibtreu/Hofmann/Hopfauf (Vorauflage), Art. 6 Rn. 19 mit Hinweisen auf *Braun*, Das Lebenspartnerschaftsgesetz auf dem Prüfstand – BVerfG NJW 2002, 2543, JuS 2003, S. 21 ff.; *ders.*, Ehe und Familie am Scheideweg, 2002, S. 59 ff.; *Schwab*, Eingetragene Lebenspartnerschaft – Ein Überblick, FamRZ 2001, S. 385 ff.; *Diederichsen*, Homosexuelle – von Gesetzes wegen?, NJW 2000, S. 1841 ff.; *Finger*, Die registrierte Lebenspartnerschaft – Überblick über die Neuregelung und kritische Bestandsaufnahme, MDR 2001, S. 199 ff.; *Kaiser*, Das Lebenspartnerschaftsgesetz, JZ 2001, S. 617 ff.
147 Das gilt es auch zum Maßstab zu nehmen, wenn immer wieder die Verletzung des Gleichheitssatzes durch eine »doppelte Ungleichbehandlung« bzgl. nichtehelicher Lebensgemeinschaften und sonstigen Lebensgemeinschaften behauptet wird, dazu *Hofmann*, in: Schmidt-Bleibtreu/Hofmann/Hopfauf (Vorauflage), Art. 6 Rn. 21.
148 Ebd.
149 Zur Rechtsentwicklung seit 2001 und einer stärkeren Annäherung von Ehe und Lebenspartnerschaft siehe die Nachweise bei *v. Coelln*, in: Sachs, Art. 6 Rn. 6: BT-Dr 15/3445, S. 1, Gesetz. v. 15.12.2004 u. 06.02.2005. Zu § 9 LPartG – Stiefkindadoption – wird

vielmehr die originären Schutzzwecke des Miteinanders in der Lebenspartnerschaft; bestimmt ist weiterhin die diskriminierungsfreie Verwirklichung verantworteter Freiheit.[150] Soweit das Adoptions- und Kindschaftsrecht betroffen ist, muss das Kindeswohl oberste Prämisse bleiben.[151] Dass die staatliche Anerkennung gleichgeschlechtlicher Lebenspartnerschaften die verfassungsrechtlichen Grundlagen des – wie auch immer – überkommenen Familienrechts erodiere, kann schon vor dem Hintergrund einer Entkoppelung von ehelicher und familiärer Gemeinschaft nicht überzeugen.[152] Die mitunter geforderte vollständige verfassungsrechtliche Gleichstellung von Ehe und gleichgeschlechtlichen Partnerschaften ist eine verfassungspolitische Option[153], aber keine rechtliche Notwendigkeit.[154] Art. 79 Abs. 3 GG stünde ihr nicht entgegen. Praktisch ist diese Gleichstellung durch die neuere Rechtsprechung des BVerfG deutlich vorangetrieben worden.[155] Einzig im Adoptionsrecht besteht nach wie vor ein grundlegender Unterschied.[156]

verwiesen auf die Bedenken des EGMR FamRZ 2003, S. 149 ff., 150, sowie bei *Schlütter,* Die erbrechtliche Stellung eines Kindes nach Adoption durch den anderen Lebenspartner einer gleichgeschlechtlichen Lebenspartnerschaft aus verfassungsrechtlicher Sicht, FF 2005, S. 234 ff.

150 *Mayer,* Das Gesetz zur Beendigung der Diskriminierung gleichgeschlechtlicher Gemeinschaften – Lebenspartnerschaften, ZEV 2003, S. 707 spricht insoweit treffend von einem »Gesetz zur Beendigung der Diskriminierung gleichgeschlechtlicher Lebensgemeinschaften«.

151 Idealisierend ist der Zusammenhang von Kindeswohl und familiärer Bindung, den das BVerfG in E 75, 201 (219) herstellt: »Es entspricht grundsätzlich dem Kindeswohl, wenn sich ein Kind in der Obhut seiner Eltern befindet, denn die Erziehung und Betreuung eines minderjährigen Kindes durch Mutter und Vater innerhalb einer harmonischen Gemeinschaft gewährleistet am ehesten, dass das Kind zu einer eigenverantwortlichen Persönlichkeit heranwächst.«.

152 So aber *Hofmann,* in: Schmidt-Bleibtreu/Hofmann/Hopfauf (Vorauflage), Art. 6 Rn. 22; seine Überlegung, die Privilegierung von Ehe und Familie beruhe vor allem auf bevölkerungspolitischen Erwägungen, in denen zugleich soziale und politische Erwartungen zum Ausdruck kämen, greift schlicht zu kurz.

153 So etwa Bundesjustizministerin *Zypries,* in: SZ vom 25. Juni 2009, S. 10; weiterhin *Möller,* Der Ehebegriff des Grundgesetzes und die gleichgeschlechtliche Ehe, DÖV 2005, S. 64 ff.

154 Auf alle Regelungen, die explizit das Vorhandensein einer »Ehe« verlangen, kann sich eine eingetragene Lebenspartnerschaft nicht stützen. Zum Thema siehe auch *Stüber,* Kein Familienzuschlag für Lebenspartner?, NJW 2006, S. 1774 ff.; *Hufen,* BVerwG: Öffentliches Recht – Beamtenrecht, JuS 2006, S. 948 ff. Weitere Beispiele etwa zum Erbschaftsteuerrecht, Steuerrecht oder der Hinterbliebenenfürsorge finden sich bei *v. Coelln,* in: Sachs, Art. 6 Rn. 6.

155 Über die Verfassungswidrigkeit des Ausschlusses eingetragener Lebenspartnerschaften vom Ehegattensplitting entschied das BVerfG in BVerfGE 133, 377, hinsichtlich der Differenzierung bei Erbschafts- und Schenkungssteuer in BVerfGE 126, 400, bei der Grunderwerbsteuer in NJW 2012, 2719 und bezüglich der Sukzessivadoption in BVerfGE 133, 59. Mit dem Fazit, das LPartG insgesamt aufzuheben und die Ehe gleichgeschlechtlicher Paare zuzulassen *Bömelburg,* Die eingetragene Lebenspartnerschaft – ein überholtes Rechtsinstitut?, NJW 2012, S. 2753, 2758.

156 Zur ausdrücklichen Zulässigkeit der Sukzessivadoption BVerfGE 133, 59.

f) Eheschließungen mit Auslandsbezug

33 Eheschließungen mit Auslandsbezug sind in offenen (Migrations-)Gesellschaften heute fast alltägliche Rechtswirklichkeit. Dass die Eheschließungsfreiheit aus Art. 6 Abs. 1 GG auch Ausländern gewährt ist, wertet das BVerfG als menschenrechtliche Selbstverständlichkeit.[157] Beim Eheschluss mit einem anderen als einem deutschen Staatsangehörigem (i.S.v. Art. 116 GG) greift das deutsche IPR. Es gelten prinzipiell die materiellen Ehevoraussetzungen des Verlobten-Heimatrechts, die durchaus strenger sein können als das deutsche Recht (Art. 13 EGBGB).[158] Varianten der nicht standesamtlich beurkundete Eheschließungen in Deutschland mit Ausländerbeteiligung sind in der Regel unwirksam (Art. 13 Abs. 3 S. 1 und S. 2 EGBGB).[159] Ist eine Ehe aber nach dem Heimatrecht der Brautleute wirksam, kann sie u.U. in den Schutz von Art. 6 Abs. 1 GG einbezogen werden.[160] Gleiches gilt für im Ausland nach den Formvorschriften des dort gültigen Rechts geschlossene Ehen. Strittig ist, ob es für eine solche Schutzbereichserstreckung auf die gelebte personale Gemeinschaft und die Willensübereinstimmung der Ehepartner oder deren Bestreben nach öffentlicher Anerkennung ihrer Verbindung als Ehe – also auf das Innenverhältnis oder das Außenverhältnis – ankommt.[161]

34 Grenzen der Berücksichtigung fremden Rechts bei der Eheschließung setzt der ordre public.[162] Zum ordre public rechnet der oben erläuterte Konsensualcharakter der Ehe. Sie muss auf dem freien Entschluss und dem übereinstimmenden Willen von Mann und Frau beruhen.[163] Weiterhin meint Art. 6 Abs. 1 GG, soweit in Deutschland geschlossen, nur die Einehe. Wie weit der Schutz von Ausländern bzw. im Ausland geschlossener Mehrehen reicht, ist nicht unproblematisch.[164] Einer generellen

---

157 BVerfGE 62, 323 (329).
158 Vgl. BVerfGE 31, 58 (79 f.); 62, 323 (331).
159 Zur neugeschaffenen Möglichkeit des rein religiösen Eheschlusses und seinen rechtlichen Konsequenzen oben Rdn. 21 f.
160 BVerfGE 62, 323 ff.
161 BVerfGE 62, 323, (332).
162 *Jayme*, »Talaq« nach iranischem Recht und deutscher ordre public, IPRax 1989, S. 223 ff.; *Bolz*, Verstoß der Ehefrau nach islamischem Recht und deutscher ordre public, NJW 1990, S. 620 ff.; *Henrich*, Elterliche Sorge in den islamischen Rechten und ordre public, IPRax 1993, S. 81 ff.; *ders.*, Scheidung wegen Unterhaltsverweigerung nach islamischem Recht, IPRax 1995, S. 166 f.; *Herfarth*, Scheidung nach religiösem Recht durch deutsche Gerichte, IPRax 2000, S. 101 ff.; *Rauscher*, Talaq und deutscher ordre public, IPRax 2000, S. 391 ff.; *ders.*, Iranischrechtliche Scheidung auf Antrag der Ehefrau vor deutschen Gerichten, IPRax 2005, S. 313 ff.; *Krüger*, Grundprobleme des islamischen Fetwa-Wesens, in: Ebert/Hanstein (Hrsg.), Beiträge zum iranischen Recht III, 2003, S. 9 ff.; *Pauli*, Islamisches Familien- und Erbrecht und ordre public, 1994.
163 BVerfGE 29, 166 (176); 62, 323 (331); oben Rdn. 21 f.
164 *Cullmann*, Die Behandlung polygamer Ehen im internationalen Privatrecht von England, Frankreich und Deutschland, 1976; *Bachmann*, Dürfen Moslems bei uns eine polygame Ehe eingehen?, StAZ 1975, S. 195.

heimatrechtlichen Eheschließungsfreiheit für Polygamie steht aber der ordre public entgegen.[165] Gleiches muss für die sog. Handschuhehe (auch Stellvertreterhochzeit) gelten.[166] Gemeint ist damit eine Eheschließung, bei der einer der Verlobten nicht persönlich anwesend ist, sondern durch einen Bevollmächtigten (auch Ehevormund) vertreten wird. Dem steht nicht nur die Eheschließungsfreiheit aus Art. 6 Abs. 1 GG, sondern auch das Allg. Persönlichkeitsrecht (Art. 1 Abs. 1 i.V.m. Art. 2 Abs. 1 GG) entgegen.

Schließlich unterfällt von seinem Schutzzweck her auch eine nach deutschem Recht   35
wirksame, nach ausländischem Recht aber nicht formgültige Ehe oder sonst unwirksame Ehe Art. 6 Abs. 1 GG. Solche Ehen mit beschränktem Wirkungskreis werden auch als »hinkende Ehen« bezeichnet.[167]

2. Familie

a) Eine funktionelle Bestimmung der Familie

Einen konsistenten Familienbegriff zu definieren, erweist sich als außerordentlich   36
schwierig. Der wirtschaftliche und soziale Wandel der europäischen Staaten im ausgehenden 19. und im 20. Jahrhundert hat nachhaltige strukturelle Veränderungen der Familienkonzepte bedingt.[168] Die mehrere Generationen umspannende Großfamilie als Wirtschaftseinheit, oft in häuslicher Gemeinschaft verbunden, ist zur »Zwei-Generationen-Kernfamilie«, bestehend aus Eltern und Kindern, geschrumpft. Bedingt durch steigende Scheidungsraten, nichteheliche und gleichgeschlechtliche Lebensgemeinschaften, alleinerziehende Eltern etc. hat aber auch die Kernfamilie keinen Modellcharakter.[169] Angesichts der möglichen Formenvielfalt liefert ein *funktioneller* Ansatz die griffigsten Abgrenzungskriterien.[170] Die Schlüsselfunktion von Familie ist die Sorge für und die Erziehung von Kindern (»Familie ist, wo Kinder

---

165 Vgl. BVerwGE 71, 228 (230); BVerfGE 76, 1 (41 f.); *Coester-Waltjen*, in: v. Münch/Kunig, Bd. I, Art. 6 Rn. 22 f.; siehe auch *Rauscher*, Familienrecht, Rn. 38.

166 *Jonas*, Über die Gültigkeit von Handschuhehen, StAZ 1959, S. 253 ff.; *Jacobs*, Die Handschuhehe – Inhalt und Herkunft einer Eheschließungsform, StAZ 1992, S. 5 ff.

167 *Jochem*, Die persönlichen Rechtsbeziehungen der Ehegatten in einer »hinkenden« Ehe – ein Sonderproblem?, FamRZ 1964, S. 392 ff.; *Dorenberg*, Hinkende Rechtsverhältnisse im internationalen Familienrecht, 1976.

168 *Fernandes Fortunato*, EuR 2008, S. 27 ff., 30 ff. *Gerlach*, Familie und staatliches Handeln, 1996.

169 Die Metapher von der »Patchwork-Familie« (*Sebag-Montefiore*, A Family Patchwork, 1987) macht die neue Formenvielfalt sinnfällig, liefert aber noch keine eindeutigen rechtlichen Abgrenzungskriterien.

170 Vgl. *Morlok*, Selbstverständnis als Rechtskriterium, 1993, S. 99 ff.; von einer »Sozialisationsfunktion« der Familie spricht *Kaufmann*, Zukunft der Familie im vereinten Deutschland, 1995, S. 66 ff.

sind«).[171] Weder ein verheiratetes noch ein unverheiratetes Paar allein bilden eine Familie.[172]

37   Diesem Leitbild entspricht auch die gleichermaßen eingängige wie schlichte Definition des BVerfG: Familie ist die »umfassende Gemeinschaft von Eltern und Kindern«.[173] Damit ist eine hinreichend offene Formulierung gefunden, um dem Funktionsschutz als Lebens- und Erziehungsgemeinschaft, auch Generationengemeinschaft gerecht zu werden und dem grundrechtsausgestaltenden Familienrechts-Gesetzgeber einen Orientierungsrahmen zu vermitteln.[174] An anderer Stelle konkretisiert das BVerfG seinen familiären »Gemeinschaftsbegriff« zur »Beistandsgemeinschaft«[175]; die Familie ist – der Ehe ähnlich, aber von der Ehegemeinschaft strikt zu scheiden – Verantwortungs- und Solidargemeinschaft. Beruht sie auf einer Ehe, so besteht diesbezüglich ein enger funktioneller Zusammenhang; eine rechtliche Bindung der Familie an die Ehe ist damit aber nicht begründet.[176]

38   Der Verfassungsgeber des Jahres 1949 hatte angesichts des konkreten politisch-sozialen und wirtschaftlichen Kontexts die bürgerliche Kleinfamilie (heute auch Kernfamilie) vor Augen.[177] Diese ist auch, aber nicht in erster Linie, Wirtschaftseinheit. Sie ist vor allem emotionale Einheit, ein Ort der individuellen Selbstentfaltung und des kommunikativen Miteinanders.[178] Die Familie ist schließlich Ort der kulturellen Sozialisation. Ihre Sozialisationsleistung liegt in der »soziokulturellen Geburt«, in der Erziehung, der Beeinflussung und sozialen Kontrolle aller Familienmitglieder in der Generationenperspektive.[179]

---

171   Bezogen auf die Europäische Sozialcharta heißt es etwa in den »Conclusions« des European Committee for Social Rights, in englischer und französischer Sprache präsentiert auf der Homepage des Europarates (http://www.coe.int/.), Conclusions XIV-1, Art. 16 (Niederlande), S. 574: »the key function of the family – to look after and to bring up children«; dazu auch *Fernandes Fortunato*, EuR 2008, S. 27 ff., 31; *Birk*, European Social Charta, in: Blanpain (Hrsg.), International Encyclopedia for Labor Law and Industrial Relations, 2007, S. 425.

172   Nachweise zu dieser im Kontext von GG wie EMRK h.M. bei *Marauhn/Meljnik*, in: Grote/Marauhn, EMRK/GG, Kap. 16 Rn. 40; a.A. *Sachs*, Verfassungsrecht II. Grundrechte, B 6 Rn. 15.

173   BVerfGE 10, 59 (66).

174   *Brosius-Gersdorf* in: Dreier, Bd. I, Art. 6 Rn. 100; *Hofmann*, in: Schmidt-Bleibtreu/Hofmann/Hopfauf (Vorauflage), Art. 6 Rn. 29.

175   BVerfGE 57, 170 (178); 80, 81 (95).

176   Dazu unten Rdn. 42.

177   BVerfGE 10, 59 (66); 80, 81 (90); die Enge dieses Begriffs beklagt *Steiger*, in: VVDStRL 45 (1987), S. 55 ff., 79; *Schmid*, Die Familie in Art. 6 des GG, 1989, S. 29; allg. *Stoy*, Familie heute, 1973; *Beer*, Familie – Auslauf- oder Zukunftsmodell?, 2005; mit rechtsvergleichendem Blick auf die Schweiz *Büchler/Vetterli*, Ehe, Partnerschaft, Kinder, 2007.

178   BVerfGE 57, 170 (178).

179   *Schmid*, Die Familie in Art. 6 des GG, 1989, S. 199 unter Bezug auf *Claessens*, Familie und Wertsystem, 1972, S. 79 ff.; als weitere Familienfunktionen neben der Sozialisation benennt *Schmid* (S. 199 ff.) die Reproduktion, die Statuszuweisung, die Regeneration,

Ein weiteres, jedenfalls für das BVerfG strukturprägendes Merkmal des Familien- 39 begriffs sei nicht verschwiegen: das Subsidiaritätsprinzip. Die Eigenständigkeit und Selbständigkeit der Familie als Grundlage von Staat und Gesellschaft ist deshalb so entschieden, weil so die kleinere Einheit wirken, politische Gemeinschaft von unten nach oben aufgebaut werden kann. Erst wenn die Mittel dieser »kleineren Einheit« versagen, soll und darf mit den dann unausweichlichen staatlichen Mitteln eingegriffen werden.[180]

b) Geschützte Familienformen

Problematisch bleibt, inwieweit neben der Kleinfamilie auch andere Familienformen 40 geschützt sind: die mehrere Generationen umspannende Großfamilie, die Pflege-, Stief- und Adoptivfamilie, die »single parent family« (ein Elternteil plus Kind) oder auch Geschwister, die ohne Eltern zusammenleben.[181] Das frühe verfassungsgerichtliche Leitbild der »umfassenden Gemeinschaft von Eltern und Kindern«[182] gibt den Orientierungsrahmen für Abgrenzungsfragen vor. Familie ist auch die Gemeinschaft von Eltern mit ihren Stief-, Adoptiv- oder Pflegekindern.[183] Gleiches gilt für Mütter mit nichtehelichen Kindern,[184] spätestens seit der Abschaffung von § 1589 Abs. 2 BGB a.F. auch für Väter mit nichtehelichen Kindern.[185] Unverheiratete Elternpaare mit Kindern werden als sogenannte faktische Familien geschützt.[186] In diese Schutzwirkung sind auch gleichgeschlechtliche Elternpaare eingebunden, da konstitutives Moment der Familie weder die Ehe noch die sexuelle Orientierung der Eltern, son-

---

den Spannungsausgleich, das Gruppenleben, die Versorgung, die Konsumtion und die Produktion. Zugleich begreift sie die Familie als Schranke ehelicher Sexualität (S. 200). Die Kommunikation sollte heute eigene Erwähnung finden, zumal im Internet-Zeitalter eine wichtige Aufgabe der Familie darin besteht, das privat-intime vor einer kommunikativen Selbstentäußerung im world wide web zu bewahren; siehe in diesem Kontext auch *Schmitt Glaeser*, Big Brother is watching you – Menschenwürde bei RTL 2, ZRP 2000, S. 395 ff. Auch Einzelprobleme wie der Familienlasten- und Familienleistungsausgleich (dazu *Brosius-Gersdorf*, in: Dreier, Bd. I, Art. 6 Rn. 130), Fragen familiärer Haftung – »Eltern haften für ihre Kinder!« oder ausländerrechtliche Bezüge lassen sich am besten unter funktionellen Gesichtspunkten lösen.

180 BVerfGE 10, 59 (83); BVerfGE 57, 170 (178) spricht von Familienautonomie; dazu m.w.N. *Mager*, Einrichtungsgarantien, 2003, S. 209. Für diese Eingriffe gilt der Verhältnismäßigkeitsgrundsatz daher in besonders strengem Maße, zuletzt BVerfG NJW 2015, S. 48.

181 Zum Meinungsspektrum *Brosius-Gersdorf*, in: Dreier, Bd. I, Art. 6 Rn. 105–113; systemtheoretisch angeleitet *Schmid*, Die Familie in Art. 6 des GG, 1989, S. 180 ff.

182 Nochmals BVerfGE 10, 59 (66).

183 BVerfGE 18, 97 (105); 80, 81 (90); 68, 176 (187); 79, 51 (59); Nachweise ferner bei *Stern*, Staatsrecht IV/1, S. 397.

184 BVerfGE 18, 97 (105 f.); 80, 81 (90).

185 BVerfGE 45, 104 (123); 79, 203 (211); vgl. auch E 79, 256 (267); 108, 82 (112).

186 Umfassende Nachweise aus Rechtsprechung und Literatur bei *Stern*, Staatsrecht IV/1, S. 400.

dern allein die Eltern-Kind-Bindung ist. Geschützt ist ferner die Beziehung eines Elternteils zu einem ehelichen Kind.[187] Nichts anderes kann für Ehepaare mit Kindern nur eines der Gatten, etwa aus einer früheren Ehe, gelten.[188]

41 Nicht unter den Familienbegriff fällt ein Paar allein, gleich ob verheiratet oder nicht verheiratet, gleich ob verschiedengeschlechtlich oder gleichgeschlechtlich. Hier fehlt es ebenso wie bei elternlosen Geschwistern, die gemeinsam leben, an dem generationenübergreifenden Moment der Eltern-Kind-Bindung, das die Familie zu einer Art faktischem, d.h. gelebtem »Generationenvertrag«[189] macht.[190] Der Generationenvertragsgedanke ließe sich indes durchaus auf die Mehrgenerationenfamilie im Sinne einer Großeltern-Enkel-Gemeinschaft übertragen.[191] So tendiert etwa der EGMR (Art. 8 EMRK), die Dynamik und Formenvielfalt des »Familienlebens« aufgreifend, zu einem weiten Familienbegriff.[192] Insgesamt hängt der Familienbegriff stark von faktischen Elementen ab[193], er ist lebensweltliches Phänomen und daher weniger rechts- als wirklichkeitsbestimmt.[194] So wie sich gerade in der Familie gesellschaftlicher Wandel vollzieht, die Familie gesellschaftlichen Wandel verarbeitet und ihm nicht selten seinen Anstoß gibt, ist auch der Familienbegriff ein dynamisch-evolutiver. Entwicklungstendenzen weisen, begünstigt vom Völkerrecht, etwa auf eine Stärkung der Kinderrechte hin.[195]

---

187 *Jarass/Pieroth*, Art. 6 Rn. 4.

188 BVerfGE 79, 256 (267).

189 So *Häberle*, Europäische Verfassungslehre, 7. Aufl. 2011, S. 2, 162, 297 und öfter.

190 Umfassende Nachweise bei *v. Coelln*, in: Sachs, Art. 6 Rn. 16; zu den durch die Fortpflanzungsmedizin ermöglichten Familienkonstellationen *Robbers*, in: v. Mangoldt/Klein/Starck, Bd. I, Art. 6 Rn. 79. Das Zusammenleben elternloser Geschwister als »Restfamilie« – die Elterngeneration als familienbegründendes Moment noch mitgedacht – wird zum Teil als Familie gewertet: *Brosius-Gerdsdorf*, in: Dreier, Bd. I, Art. 6 Rn. 79; *Coester-Waltjen*, in: v. Münch/Kunig, Bd. I, Art. 6 Rn. 11.

191 *Baszus*, Der Topos von der »Großfamilie«, 2006.

192 *Brosius-Gersdorf*, in: Dreier, Bd. I, Art. 6 Rn. 69; *Marauhn/Meljnik*, in: Grote/Marauhn, EMRK/GG, Kap. 16 Rn. 38 ff. Und jedenfalls bei der Entscheidung über die Auswahl eines Vormunds oder Ergänzungspflegers müssen nahe Verwandte, wie insbesondere die Großeltern, vorrangig berücksichtigt werden. Auch deren familiäre Bindung sind von Art. 6 Abs. 1 GG geschützt, BVerfG NJW 2014, S. 2853.

193 So ist etwa auch die Zugehörigkeit zu zwei Familien möglich, BVerfGE 108, 82 (112).

194 *Frowein/Peukert*, EMRK, Art. 8 Rn. 15; *Marauhn/Meljnik*, in: Grote/Marauhn, EMRK/GG, Kap. 16 Rn. 38.

195 Sozialpädagogisches Institut im SOS-Kinderdorf e.V. (Hrsg.), Kinderschutz, Kinderrechte, Beteiligung – für das Wohlbefinden von Kindern Sorgen, 2007. Kinderrechte finden sich jetzt auch in Art. 24 GRC, dazu *Hölscheidt*, in: Meyer, Grundrechtecharta, 4. Aufl. 2014, Art. 24 Rn. 1 ff.; *McGlynn*, Rights for Children? The Potential Impact of the European Charter of Fundamental Rights, EPL 8 (2002), S. 387 ff.

c) Das Verhältnis von Ehe und Familie

Die Begriffe von Ehe und Familie sind entkoppelt.[196] Das mag zwar schon das addi- 42
tiv-gleichrangige Nebeneinander »Ehe *und* Familie« vom Wortlaut her nahelegen[197],
doch der Verfassungsgeber sah – zeitgebunden und zeitbedingt – die Ehe noch als
Vorstufe der Familie an.[198] Ist aber der Normbereich in so hohem Maße lebensweltlich geprägt wie der der Familie, so darf lebensweltlicher Wandel für seine Konturierung nicht außer Acht bleiben.[199] Der EGMR gibt mit seiner Auslegung von Art. 8
EMRK nicht nur methodologisch ein wichtiges Vorbild, dessen kulturelle Aneig-
nung unter dem Grundgesetz auch dank gewichtiger Stimmen aus der Wissenschaft
gelungen ist.[200] Ungeachtet aller sozialen Veränderungen bestand überdies von Anfang an ein entscheidender Unterschied in der Schutzrichtung von Ehe und Familie,
der einem rechtlichen wie tatsächlichen Konnex entgegensteht. Während auch die
kinderlose Ehe geschützt wird, ist die kinderlose Familie – jedenfalls in der Definition des BVerfG – schon begrifflich nicht denkbar.[201] Familie ist »wo Kinder sind« –
das gilt auch für die faktischen (nichtehelichen Familien) und unabhängig von der
Verschieden- oder Gleichgeschlechtlichkeit des Ehepaares. Weil die Familie als wesentlicher Bestandteil der Privatrechtsordnung zu schützen ist – gerade das verlangt
ihr besonderer Schutz[202] – hat der Gesetzgeber bei seiner Ausgestaltung die Entkoppelung von Ehe und Familie zu beachten.

II. Das Elternrecht – die elterliche Erziehungsverantwortung (Art. 6 Abs. 2 und 3)

Art. 6 Abs. 2 GG ist die Rechtsgrundlage des Elternrechts[203]. Dieses Recht wird, in 43
Übernahme einer Formulierung aus Art. 120 WRV, als »natürlich« gekennzeichnet.
Ob damit ein schlichtes lebensweltliches Faktum beschrieben oder ein naturrecht-
licher Anspruch erhoben wird, scheint zunächst uneindeutig.[204] Noch BVerfGE 60,

---

196 Ausführlich *Seiler*, in: BK, Art. 6 I Rn. 74 ff.

197 *v. Münch*, Ehe und Familie, in: HdBVerfR, 2. Aufl. 1994, § 9 Rn. 4; *Coester-Waltjen*, in: von Münch/Kunig, Bd. I, Art. 6 Rn. 4.

198 *von Coelln*, in: Sachs, Art. 6 Rn. 15. Die Idee, dass die Familie in »quasi-natürlichem Fortschreiten« aus der Ehre erwachse, ein fast organisches Zusammenhang bestehe, war auch in der Kommentarliteratur zur WRV gängiger Topos. Siehe *Wieruszowski*, Art. 119. Ehe, Familie, Mutterschaft, in: Nipperdey (Hrsg.), Die Grundrechte und Grundpflichten der Reichsverfassung, Bd. II, Art. 118–147, 1930, S. 72 ff., 75, auf den *Mager*, Einrichtungsgarantien, 2003, S. 194, verweist.

199 *Brosius-Gersdorf*, in: Dreier, Bd. I, Art. 6 Rn. 98.

200 Vgl. *Wingen*, Nichteheliche Lebensgemeinschaften, 1984, S. 93 ff.; weitere Nachweise da-zu bei *Brosius-Gersdorf*, in: Dreier, Bd. I, Art. 6 Rn. 43; *Michael/Morlok*, Grundrechte, Rn. 249.

201 Mit etwas anderer Stoßrichtung *von Coelln*, in: Sachs, Art. 6 Rn. 15.

202 *Hesse*, Grundzüge, Rn. 458.

203 Ebd. Rn. 459.

204 *Jestaedt*, in: BK, Art. 6 Abs. 2 und 3 Rn. 92 ff. jeweils mit umfassenden Nachweisen.

79 (88) nimmt Bezug auf ein natürliches Recht, das den Eltern nicht vom Staat verliehen, sondern von diesem als vorgegebenes Recht anerkannt werde. Jede naturrechtliche Überhöhung läuft aber nicht nur Gefahr, die Frage »Welches Naturrecht?« (das christliche, das rationalistische etc.) offen lassen zu müssen, sondern erliegt auch der Fehlvorstellung substanzhaften Vorgegebenseins. Das Charakteristikum »natürlich« hat eine andere, dreifache Stoßrichtung. Es nimmt empirisch-beschreibend Bezug auf einen »biologisch-psychologisch-sozialen Durchschnittsbefund«[205]; es leitet aus diesem Befund eine Rechte- und Pflichtenstellung ab, die zur »natürlichen Elternverantwortung« wird[206]; und weil dieser Befund auf eine universelle Bedürfnisnatur des Menschen abstellt, ist das Elternrecht universelles Menschenrecht, in Art. 6 Abs. 2 S. 1 GG kulturell-partikulär realisiert.[207]

44 Das Elternrecht ist zugleich fremdnütziges Recht der Kinder[208] und eigennütziges Recht der Eltern. Die Eltern können in den vorgegebenen gesetzlichen Grenzen selbst Erziehungsgehalte und Erziehungsmaßstäbe festlegen und so ihrem Allgemeinen Persönlichkeitsrecht Ausdruck geben.[209] Als »Herrschaftsrecht« sollte das erzieherische Einwirken der Eltern nicht bezeichnet werden, da sein Ziel nicht die »Fremdbestimmung«, sondern die Hinführung zur »Selbstbestimmung« in verantworteter Freiheit ist.[210] Die mit einem solchen Hinführen notwendig verbundene elterliche Gewalt ist nicht Selbstzweck, sondern Mittel zum Erziehungszweck.[211]

45 Weil den Eltern die (primäre) Erziehungsverantwortung in ihrem eigenen Freiheitsinteresse und in den Interessen ihrer Kinder nicht entzogen werden darf, besteht Schutz vor ideologischer Instrumentalisierung der Erziehung durch den Staat (»Erziehungsdiktatur«).[212] Ziel, jedenfalls Formalziel jeder Erziehung ist die Hinführung zur Mündigkeit. Erziehungsziele[213], die für den schulischen Erziehungsauftrag Maß-

---

205 *Ossenbühl*, Erziehungsrecht, S. 46.
206 BVerfGE 24, 119, (144); *Jestaedt*, BK, Art. 6 Abs. 2 und 3, Rn. 29 ff.; siehe auch *Böckenförde*, Elternrecht, S. 70; *Ossenbühl*, Erziehungsrecht, S. 46.
207 Zu diesem Universalitätsverständnis *Kotzur*, Theorieelemente des universellen Menschenrechtschutzes, 2001, S. 328 ff.
208 BVerfG (K) EuGRZ 2007, S. 235, 237; an anderer Stelle bezeichnet das BVerfG die Eltern als »natürliche Sachwalter für die Erziehung des Kindes«, BVerfGE 34, 165 (184).
209 BVerfGE 10, 59 (76); 101, 361 (386); BVerfG FGPrax 2009, S. 63 – Vornamenswahl der Eltern; *Schmitt-Kammler/v. Coelln*, in: Sachs, Art. 6 Rn. 47.
210 Anders *v. Coelln*, in: Sachs, Art. 6 Rn. 53 m.w.N.
211 Nichts anderes will das Kindeswohlprinzip als prägender Leitgedanke des gesamten Kindschaftsrechts zum Ausdruck bringen, allg. *Jeand'Heur*, Verfassungsrechtliche Schutzgebote zum Wohl des Kindes und staatliche Interventionspflichten aus der Garantienorm des Art. 6 Abs. 2 S. 2 GG, 1993.
212 BVerfGE 4, 52 (57); 47, 46 (69 f.); 52, 223 (235 f.); 56, 363 (381 ff.); 59, 360 (376 ff.); 60, 79 (88); 84, 168 (179).
213 *Häberle*, Erziehungsziele und Orientierungswerte im Verfassungsstaat, 1981; *Evers*, Die Befugnis des Staates zur Festlegung von Erziehungszielen in der pluralistischen Gesellschaft, 1979.

stabsfunktion entfalten, können die Eltern zwar nicht binden, ihnen aber orientierende Anregung geben. Dort, wo der Staat sein Wächteramt (Art. 6 Abs. 2 S. 2 GG) wahrnimmt, wirken sie mitbestimmend auf seine Wächterfunktion. Ein eigenständiger staatlicher Erziehungsauftrag ist mit dieser Funktion aber nicht verbunden.[214]

Dem Erziehungsrecht der Eltern korrespondiert eine Erziehungspflicht. Diese hat **46** der Verfassungsgeber als echte Grundpflicht gegenüber der Gemeinschaft formuliert und ist damit zugleich seiner Schutzpflicht gegenüber den Kindern nachgekommen.[215] Grundrecht und Grundpflicht sind unlösbar miteinander verbunden und aufeinander bezogen.[216] Mit der Pflichtenbindung kommt letztendlich auch der Gemeinschaftsbezug der Erziehung zum Ausdruck. Elterliche Erziehungsverantwortung ist immer auch Verantwortung *in der* und *für die* politische Gemeinschaft.

Träger des Erziehungsrechts sind die leiblichen Eltern. Auch darauf verweist das »na- **47** türliche Recht«. Aus Gründen des Kindeswohls darf der Rechtsträgerkreis nicht zu eng gefasst werden.[217] Auch der Mutter eines nichtehelichen Kindes steht das Elternrecht zu.[218] Gleiches gilt, jedenfalls bis zur wirksamen Anfechtung der Ehelichkeit, auch für den Scheinvater.[219] Der rechtliche Vater ist Grundrechtsträger aus Art. 6 Abs. 2 S. 1.[220] Bei einer durch Anerkennung begründeten Vaterschaft hängt die Intensität des verfassungsrechtlichen Schutzes davon ab, ob die rechtliche Vaterschaft auch sozial gelebt wird.[221]

Weil Adoptiveltern in den umfassenden elterlichen Pflichtenkreis einrücken, kann es **48** für sie weniger auf das natürliche Band im Sinne der Blutsverwandtschaft als auf das nicht minder »natürliche« Einstehen-Wollen für ihr angenommenes Kind ankommen.[222] Schwächer ist demgegenüber die Bindung von Pflegeltern, es sei denn, die Pflegschaft bleibt von langer Dauer. Im Kollisionsfall muss aber das Recht der Pflegeltern hinter das der natürlichen Eltern zurückfallen. Heute unterfällt auch, nicht zuletzt unter dem Einfluss der EMRK, der Vater des nichtehelichen Kindes dem ver-

---

214 *Schmitt-Kammler/v. Coelln*, in: Sachs, Art. 6 Rn. 66.
215 So *Gröschner*, in: Dreier, Bd. I (Vorauflage), Art. 6 Rn. 101.
216 BVerfGE 24, 135 (138); *Hofmann*, in: Schmidt-Bleibtreu/Hofmann/Hopfauf (Vorauflage), Art. 6 Rn. 40.
217 Vom spezifischen Schutzzweck und der implizierten natürlichen Bindung her können aber nicht alle Erziehungsberechtigten wie etwa bei Art. 7 Abs. 2 GG gemeint sein, siehe dort Rn. 37. Umfassende Nachweise zum Folgenden bei *Brosius-Gersdorf*, in: Dreier, Bd. I, Art. 6 Rn. 103; *v. Coelln*, in: Sachs, Art. 6 Rn. 48: nicht zum Kreis der Geschützten gehören jedenfalls Großeltern, Vormünder, Pfleger, Heimerzieher, Babysitter u.ä.
218 BVerfGE 24, 119 (135); 56, 363 (382); 84, 168 (179); 92, 158 (177). Das berücksichtigt § 1774 BGB n.F.
219 BVerfGE 24, 119 (136).
220 BVerfG (K) FamRZ 2008, S. 960; BVerfG NJW 2009, S. 423: Feststellung der biologischen Vaterschaft; ebd., S. 425: Verkennung des Elternrechts im Vaterschaftsanfechtungsverfahren.
221 BVerfGE NJW 2014, S. 2853.
222 BVerfGE 24, 119 (150).

fassungsrechtlichen Elternbegriff.[223] Im Falle der Scheidung besteht das Elternrecht grundsätzlich unabhängig vom Sorgerecht fort.[224]

49   Ein großes Problem bei der Bestimmung der Elterneigenschaft stellt das Auseinanderfallen von genetischer und biologischer Elternschaft dar. Doppel-, Drei- oder gar Vierfach-Elternschaften sind denkbar. Die Regelungsverantwortung trifft hier den Gesetzgeber.[225]

50   Das staatliche Wächteramt (Art. 6 Abs. 2 S. 2 GG) und seine spezifische Konkretisierung in Art. 6 Abs. 3 GG begrenzen den Garantiebereich des Elternrechts.[226] Art. 6 Abs. 3 formuliert aber, positiv gewendet, ein Grundrecht der Erziehungsberechtigten: gegen deren Willen dürfen Kinder nur dann von den Erziehungsberechtigten getrennt werden, wenn die Erziehungsberechtigten versagen oder eine Verwahrlosung aus sonstigen Gründen droht (qualifizierter Gesetzesvorbehalt). Die Erziehungsberechtigten sind grundrechtlich also gegen die Trennung von ihren Kindern geschützt – zum Beispiel einer Trennung zum Zwecke staatlicher »Zwangserziehung«, wie sie im Nationalsozialismus üblich war und noch immer in totalitären Systemen jedweder Provenienz üblich ist.[227]

51   Der Begriff Trennung stellt auf das rein Faktische ab. Nach Wortlaut und Entstehungsgeschichte ist die »tatsächliche Herausnahme der Kinder aus der Familie« oder, anders formuliert, »die tatsächliche Trennung« bei grundsätzlichem Fortbestand der Eltern-Kind-Beziehung und der darauf beruhenden Rechte und Pflichten gemeint.[228] Damit hat das Grundgesetz die entscheidende Prämisse seines Familienschutzes formuliert. Dessen »Zentrum« bildet »die Lebensgemeinschaft von Eltern und Kindern«.[229] Erst bei Versagen der Erziehungsberechtigten (durch anhaltende

---

223 BVerfG NJW 2009, S. 423: Feststellung der biologischen Vaterschaft; ebd., S. 425: Verkennung des Elternrechts im Vaterschaftsanfechtungsverfahren.

224 *Köhler*, Die Sorgerechtsregelung bei Ehescheidung seit 1945, 2007. Zu denken ist etwa an weitgehende Umgangsrechte; BVerfG NJW-RR 2009, S. 721 – Übertragung des Aufenthaltsbestimmungsrechts im vorläufigen Rechtsschutzverfahren.

225 Anschauliche Beispiele bei *von Coelln*, in: Sachs, Art. 6 Rn. 48: Ist die Mutter die Gebärende, die Eispenderin, die Embryonenspenderin? Das »mater semper certa est« gilt längst nicht mehr. Ist Vater der Samenspender? Gibt es eine Vaterschaft kraft Anscheins der Abstammung oder macht erst die gesetzliche Feststellung zum Vater. Vgl. zu alldem auch BVerfGE 24, 119 (136); 92, 158 (178); *Höfling*, in: HStR VII, § 155 Rn. 68–75.

226 Früher *Gröschner*, in: Dreier, Bd. I (Vorauflage), Art. 6 Rn. 119, der sich für die dogmatische Einordnung als Grundrechtschranke ausspricht. Elterliche Erziehungsziele seien über grundrechts- und verfassungsimmanente Schranken nicht definierbar. Jetzt *Brosius-Gersdorf* in: Dreier, Bd. I, Art. 6 Rn. 172, der sachliche Schutzbereich von Art. 6 Abs. 2 S. 2 sei schon gar nicht »für Handlungen, die nicht dem Kindeswohl dienen, eröffnet«.

227 Vgl. BVerfGE 24, 119 (142).

228 BVerfGE 24, 119 (139); 31, 194 (209); *Badura*, in: Maunz/Dürig, Art. 6 Rn. 141; *Brosius-Gersdorf*, in: Dreier, Bd. I, Art. 6 Rn. 192; für die Entstehungsgeschichte JöR 1 (1951), S. 99 ff.

229 *v. Münch*, Ehe und Familie, in: HdBVerfR, 2. Aufl. 1994, § 9 Rn. 16.

Nichterfüllung ihrer Erziehungspflicht[230]) oder Verwahrlosung der Kinder aus anderen Gründen[231] kann diese Lebensgemeinschaft die elementaren Schutzbedürfnisse des Kindes nicht mehr garantieren und muss deshalb aufgelöst werden[232]. Das Erziehungsrecht geht damit praktisch auf den Staat über, der nach angemessenen Alternativen (z.B. eine Pflege- oder Adoptivfamilie) sucht. Vorrangig müssen allerdings unterstützende und auf (Wieder-)Herstellung eines verantwortlichen Elternverhaltens gerichtete Maßnahmen ergriffen werden.[233]

Nur kurze und vorübergehende Maßnahmen unterfallen schon begrifflich nicht der 52 Trennung, die Perpetuierung impliziert. Paralleles gilt für Umgangsregelungen oder Sorgerechtsübertragungen nach der Scheidung.[234] Sie wollen gerade nicht das Trennende verfestigen, sondern im Rahmen der Trennung des Elternpaares das Bestmögliche an elterlicher Bindung zu beiden Elternteilen aufrechterhalten. Im Übrigen wirken das staatliche »Wächteramt« aus Art. 6 Abs. 2 S. 2 GG und seine Konkretisierung in Art. 6 Abs. 3 GG als Schranke oder institutionelle Begrenzung des Elternrechts und werden deshalb im Schrankenkontext vorgestellt.[235]

III. Der Mutterschutz (Art. 6 Abs. 4 GG)

Art. 6 Abs. 4 GG konkretisiert das grundgesetzliche Sozialstaatsprinzip (Art. 20 53 Abs. 1 GG)[236]. Mit dem sozialen Moment in einem weiteren Sinne ist auch jener Gemeinschaftsbezug hergestellt, der Schutz und die Fürsorge der Gemeinschaft voraussetzen.[237] Solchen systematischen Zusammenhang zugrunde legend, wertet das

---

230 *Brosius-Gersdorf*, in: Dreier, Bd. I, Art. 6 Rn. 196.

231 *Jarass/Pieroth*, Art. 6 Rn. 41; das Kindeswohl muss »nachhaltig gefährdet« sein, so BVerfGE 60, 79 (91). Hierbei setzt die Annahme einer nachhaltigen Gefährdung des Kindes voraus, dass bereits ein Schaden des Kindes eingetreten ist oder eine Gefahr gegenwärtig in einem solchen Maße besteht, dass sich bei ihrer weiteren Entwicklung eine erhebliche Schädigung mit ziemlicher Sicherheit voraussehen lässt, BVerfG NJW 2014, S. 2936, 2937.

232 BVerfG FD-FamR 2009, 285174 – zum Umfang der Sachverhaltsaufklärung bei Sorgerechtsentziehung.

233 BVerfG NJW 2015, S. 48.

234 BVerfGE 31, 194 (210); für ausländerbehördliche Maßnahmen mit Blick auf Begrenzung des Familiennachzugs vgl. BVerfGE 76, 1 (48).

235 Dazu unten Rdn. 86 ff.

236 BVerfGE 32, 273 (279); BVerfG (K) NVwZ 1997, S. 54, 55; *Aubel*, Der verfassungsrechtliche Mutterschutz, 2003, S. 90 und öfter; *Schleicher*, Mutterschutz und Grundgesetz, BB 1985, S. 340 ff.

237 Anschaulich *Badura*, in: Maunz/Dürig, Art. 6 Rn. 150: »Der verfassungsrechtliche Schutzauftrag ist unmittelbar der Mutter und mittelbar dem Kind zugewandt, in einem weiteren Sinn liegt ihm auch die Vorstellung zugrunde, dass Mutterschaft und Kinderbetreuung eine Leistung sind, die auch im Interesse der Gemeinschaft liegt und deren Anerkennung verlangt. In dieser Betrachtung tritt der Zusammenhang des Art. 6 Abs. 4 mit dem besonderen Schutzgebot für Ehe und Familie (Art. 6 Abs. 1) deutlicher zu Tage. Der Staat muss denjenigen Gefahren entgegentreten, die für das ungeborene Leben in

BVerfG die Norm im Sinne eines objektiv-rechtlichen Schutzgebotes oder Schutzauftrags[238], obwohl der Wortlaut primär einen individual-leistungsrechtlichen Charakter nahelegt.[239] Der Mutterschutz ist damit eine sozialpolitische Aufgabe, zu deren Erfüllung dem Gesetzgeber ein weiter Gestaltungsspielraum verbleibt.[240] Losgelöst von Ehe und Familie, geht es ausschließlich um Schwangerschaft und Mutterschaft,[241] geschützt ist die Mutter »als solche«[242]. Aus diesem Grunde entfällt die Grundrechtsberechtigung nicht, wenn durch Fehlgeburt oder Kindstod die Betreuung eines Kindes nicht mehr stattfindet.[243]

54 Für die so umrissene Lebenswirklichkeit des »Mutter Werdens« und »Mutter Seins« wirkt Art. 6 Abs. 4 GG nicht als bloßer Programmsatz, sondern als bindender Auftrag für den Gesetzgeber, der auf Schutz und Fürsorge gerichtet ist.[244] Besonders schutzbedürftig ist die Lebenssituation von Schwangerschaft, Niederkunft und Stillzeit.[245] Einfachgesetzlich hat der Gesetzgebungsauftrag bereits vielfache Konkretisierungen gefunden, etwa im Mutterschutz-, Kündigungsschutz- oder allgemein im Arbeitsrecht.[246] Vollständig erfüllt ist er damit noch längst nicht.[247] Angedeutet seien nur einige Problemstichworte wie z.B. unzureichende Berücksichtigung von Erziehungszeiten im Rentenrecht, die faktischen Folgen von Kündigungsschutzvorschriften während einer Schwangerschaft, die Kosten für die Betreuung und Erziehung der Kinder, die flächendeckende Versorgung mit Kinderkrippen oder Kindertagesstätten (zugespitzt zum »Recht auf einen Kindergartenplatz«)[248] oder die Förderung beruflicher Qualifikationsmöglichkeiten für junge Mütter (auch die Wiedereingliederung in das Arbeitsleben).[249]

---

den gegenwärtigen und absehbaren realen Lebensverhältnissen der Frau und der Familie begründet liegen und der Bereitschaft zum Austragen des Kindes entgegenwirken.«.

238 BVerfGE 60, 68 (74); 85, 360 (372); *Brosius-Gersdorf*, in: Dreier, Bd. I, Art. 6 Rn. 210.
239 Dazu unten Rdn. 71.
240 BVerfGE 109, 64 (87).
241 Vgl. etwa BVerfGE 32, 273 (277); 85, 360 (372); BVerfG NJW 1994, S. 785, 786.
242 BVerfGE 76, 1 (48).
243 *Badura*, in: Maunz/Dürig, Art. 6 Rn. 153.
244 BVerfGE 32, 273 (277); 109, 64 (87); *Stern*, Staatsrecht IV/1, S. 542.
245 Vgl. ebd.
246 BVerfGE 85, 360 (372); *von Coelln*, in: Sachs, Art. 6 Rn. 80.
247 Zum generellen »Optimierungsgedanken« unten Fn. 292, 308.
248 Zur Frage etwaiger Ersatzansprüche OVG Koblenz, Urteil vom 28.05.2014 – 7 A 10276/14 sowie *Pauly/Beutel*, Ersatzansprüche bei verwehrter Förderung in Kindertagesstätten, DÖV 2013, S. 445 ff., die im Ergebnis davon ausgehen, dass Betreuungsplätze nicht verfassungsfester Gewährleistungsbestandteil sind, sondern durch den Gesetzgeber so genommen werden können, wie sie gegeben wurden, solange insgesamt eine Fördersituation besteht, mit der der Gesetzgeber seiner objektivrechtlichen Schutzverpflichtung genügt (S. 447).
249 *Brosius-Gersdorf*, in: Dreier, Bd. I, Art. 6 Rn. 219–222. m.w.N.; *Höfling*, in: HStR VII, § 155 Rn. 39.

Sinn und Zweck der Vorschrift ist es, besondere – indes nicht alle[250] – Belastungen 55
auszugleichen, die mit der Schwangerschaft und Mutterschaft verbunden sind.[251]
Deshalb enthält Art. 6 Abs. 4 GG Grundsatzentscheidungen[252], die den Gesetzgeber
bei der Normkonkretisierung anleiten und daneben die Exekutive bei der Norm-
anwendung und -auslegung sowie die Judikative bei der Normdurchsetzung (die
wiederum einen Interpretationsprozess voraussetzt) binden. Grund für eine solche
Anleitung und Bindung ist nicht nur der individuelle (Diskriminierungs-)Schutz der
Mutter, sondern eine auf Gemeinwohl und Gemeinwesen hin orientierte Schutzdimension. Die Bereitschaft, für ein Kind zu sorgen und Verantwortung zu übernehmen, bleibt keine bloße Privatangelegenheit, sondern liegt im Interesse der Gemeinschaft.[253] Den Staat in schützende und fürsorgende Pflicht zu nehmen, wird nicht
nur mit Blick auf den demografischen Wandel[254] zum Gebot der Generationengerechtigkeit.[255] Art. 6 Abs. 4 GG ist allerdings nur dann einschlägiger Prüfungsmaßstab, wenn eine staatliche Maßnahme ausschließlich Mütter betreffen soll.[256]

IV. Die Gleichstellung unehelicher Kinder (Art. 6 Abs. 5 GG)

Dass die Lebenssituation nichtehelicher Kinder in materieller wie immaterieller Hin- 56
sicht häufig eine schlechtere ist als die ehelicher Kinder, war für den Verfassungsgeber des Jahres 1949 in noch weit höherem Maße Erfahrungswissen, als das im 21.
Jh. gelten mag.[257] Eine besondere Schutzbedürftigkeit besteht aber allen gesellschaftlichen Wandlungsprozessen (und Fortschritten) zum Trotz noch heute. In ihrer
ursprünglichen Konzeption hatte das BVerfG die Bestimmung als bindenden Gesetzgebungsauftrag (»sind … zu schaffen«) und, ebenso wie Abs. 1 bis 4, als verfassungsrechtliche Wertentscheidung (»wertentscheidende Grundsatznorm«) gedeutet.[258] Nachdem der Gesetzgeber fast 20 Jahre lang untätig geblieben war, forderte
ihn das BVerfG in einer verfassungspolitisch wegweisenden Entscheidung unmissver-

---

250 BVerfGE 60, 68 (74); 75, 348 (361).
251 BVerfGE 60, 68 (74); weitere Nachweise bei *Badura*, in: Maunz/Dürig, Art. 6 Rn. 146.
252 St. Rspr., aus jüngere Zeit etwa BVerfGE 109, 64 (87).
253 BVerfGE 88, 203 (258). Die Bezugnahme auf die Gemeinschaft, nicht den Staat, ver-
    deutlicht aber auch, dass »Ehe und Familie und, eingebettet in diese Grundformen des
    Gemeinschaftslebens, die Mutterschaft vom Staat zu schützen und zu fördern sind, aber
    ihre eigentliche Lebensordnung nicht dem Staat verdanken«, so *Badura*, in: Maunz/Dü-
    rig, Art. 6 Rn. 145.
254 *Baer*, Demografischer Wandel und Generationengerechtigkeit, in: VVDSDRL 68 (2009),
    S. 290 ff., 314 ff.; *Kluth*, Demografischer Wandel und Generationengerechtigkeit, in:
    ebd., S. 246 ff., 279 ff.
255 *Genosko*, Generationengerechtigkeit als Herausforderung der Sozialpolitik, 2006; his-
    torisch *Barkensiek* (Hrsg.), Generationengerechtigkeit?, 2006.
256 BVerfGE 87, 1 (41 f.); 94, 241 (259).
257 Vgl. die Nachweise bei *Badura*, in: Maunz/Dürig, Art. 6 Rn. 179.
258 BVerfGE 8, 210 (LS 2 und 3); 17, 148 (155); 22, 163 (172); später BVerfGE 44, 1 (18);
    84, 168 (185); 118, 45 (62); *Brosius-Gersdorf*, in: Dreier, Bd. I, Art. 6 Rn. 224; *Badura*,
    in: Maunz/Dürig, Art. 6 Rn. 178.

ständlich auf, die Defizite bis zum Ende der 5. Legislaturperiode des Deutschen Bundestages (20.10.1969) zu beseitigen.[259] Unter dem Druck aus Karlsruhe erging am 19.08.1969 das »Gesetz über die rechtliche Stellung der unehelichen Kinder«.[260] Im einfachen Gesetzesrecht wurde der Begriff »unehelich« aufgrund seiner pejorativen Konnotation durch den Terminus »nichtehelich« ersetzt.[261] Seit 1998 ist die etwas sperrigere Formulierung »Kinder nicht miteinander verheirateter Eltern« gebräuchlich.[262]

57   Seit der Erfüllung des Gesetzgebungsauftrages wird Art. 6 Abs. 5 GG, der zugleich spezielle Konkretisierung des Sozialstaatsprinzips (Art. 20 Abs. 1 GG) ist[263], als »besondere Ausprägung des allgemeinen Gleichheitssatzes und Schutznorm zugunsten nichtehelicher Kinder« und damit als Grundrechtsnorm verstanden.[264] Sein Inhalt ist gerichtet auf die Schaffung gleicher (gesellschaftlicher Rahmenbedingungen für eheliche und nichteheliche Kinder.[265] Einerseits meint Gleichgestellung keine schematische Gleichheit.[266] Andererseits kann zur Beseitigung faktischer Nachteile auch eine (punktuelle) Besserstellung nichtehelicher Kinder (positive Diskriminierung) nicht ausgeschlossen werden.[267] Ist das »Ob« der Gleichstellung dem Gesetzgeber zwingend vorgegeben, verbleibt ihm Ausgestaltungsfreiheit beim »Wie«, »soweit verschiedene verfassungsmäßige Lösungsmöglichkeiten zur Verfügung stehen.«[268]

58   Die Auswirkungen der dreifachen Schutzdimension (Gesetzgebungsauftrag, wertentscheidende Grundsatznorm, Grundrecht) aus Art. 6 Abs. 5 sind weitreichend. Zu nennen ist die Ausstrahlungswirkung auf das Privatrecht, insbesondere das Recht der Verwandtschaft, das Erb- und das Unterhaltsrecht.[269] Wichtige Vereinheitlichungen im geltenden Unterhaltsrecht (seit 01.01.2008) folgen aus dem Unterhaltsrechts-

---

259   BVerfGE 25, 167 (180).

260   BGBl. 1969 I S. 1243.

261   BGBl. 1979 I S. 1061, 1070.

262   Siehe *von Coelln*, in: Sachs, Art. 6 Rn. 85. Das neue Kindschaftsrecht fasst alle Kinder ohne Differenzierung nach ehelichem oder nichtehelichem Status zusammen, was eine sachlich unterschiedliche Behandlung etwa im Erbrecht aber nicht vollständig ausschließt (ebd. Rn. 92).

263   BVerfGE 26, 44 (61 f.).

264   BVerfGE 74, 33 (38); 85, 80 (87).

265   Der Schutz ist dabei nicht auf minderjährige Kinder beschränkt, was z.B. für das Erbrecht wichtige Konsequenzen hat, vgl. *Gröschner*, in: Dreier, Bd. I (Vorauflage), Art. 6 Rn. 152 unter Verweis auf BVerfGE 44, 1 (19 f.). Weiterhin BVerfGE 56, 363 (384 f.); 84, 168 (185).

266   BVerfGE 17, 280 (284). Abweichungen zu Ungunsten des nichtehelichen Kindes bedürfen aber der Begründung, BVerfGE 74, 33 (39); 84, 168 (185); 85, 80 (88); 107, 150 (183); 118, 45 (62).

267   BVerfGE 17, 280 (284 ff.); 25, 167 (183); 85, 80 (87).

268   BVerfGE 85, 80 (88); weitere Nachweise bei *Gröschner*, in Dreier, Bd. I (Vorauflage), Art. 6 Rn. 148.

269   *Schmitt-Kammler/v. Coelln*, in: Sachs, Art. 6 Rn. 92; BVerfG ZEV 2009, S. 134 – verfassungswidriger Pflichtteilrechtsausschluss des nichtehelichen Kindes; BVerfG FD-ErbR

änderungsgesetz vom 21.12.2007.[270] Eigenständige Erwähnung verdient weiterhin das Menschenrecht des nichtehelichen Kindes auf Kenntnis der eigenen Abstammung.[271] Neben Art. 6 Abs. 5 GG ist dieser identitätsrelevante Anspruch aufgrund seiner persönlichkeitsrechtlichen Dimension auch in Art. 1 Abs. 1 GG i.V.m. Art. 2 Abs. 1 GG verankert und damit nicht auf nichteheliche Kinder begrenzt.[272] Umgekehrt hat auch der (nichteheliche) Vater ein persönlichkeitsrechtlich begründetes Recht auf Kenntnis der Abstammung seines Kindes.[273]

D. Subjektive und objektiv-rechtliche Gehalte, die objektiv-wertentscheidende Dimension

I. Die dreifache Schutzdimension von Art. 6 Abs. 1 GG: Institutsgarantie, Freiheitsrecht, wertentscheidende Grundsatznorm

Art. 6 Abs. 1 GG entfaltet sowohl mit Blick auf das Schutzgut »Ehe« als auch auf   59
das Schutzgut »Familie« drei interdependente Schutzdimensionen.[274] Die Bestimmung ist Institutsgarantie, wertentscheidende Grundsatznorm und Grundrecht auf Schutz vor Eingriffen des Staates.[275]

1. Institutsgarantie

Mag die institutionelle Interpretation der Ehe mitunter auch als historisch überholt   60
kritisiert werden[276], so darf doch gerade die freiheitssichernde, zugleich die soziale Wirklichkeit einbindende Kraft des institutionellen Denkens im Sinne *M. Haurious* nicht unterschätzt werden.[277] Wenn das BVerfG die ehe- und familienrechtlichen

---

2009, 275377 – Ausschluss nichtehelicher Kinder vom Erb- und Pflichtteilrecht (Heirat der Eltern nach dem 30.06.1997).

270 BGBl. 2007 I S. 3189; dazu *Born*, NJW 2008, S. 3 ff.

271 BVerfGE 79, 256 (268 f.); 90, 263.

272 Siehe auch *Hölscheidt*, in: Meyer, Grundrechtecharta, 4. Aufl. 2014, Art. 24 Rn. 33 ff.

273 Etwa BVerfGE 117, 202 (226); BVerfG NJW 2009, S. 423 – Feststellung der biologischen Vaterschaft; Nachweise jeweils bei *v. Coelln*, in: Sachs, Art. 6 Rn. 93; *Muscheler/Bloch*, Das Recht auf Kenntnis der genetischen Abstammung und der Anspruch des Kindes gegen die Mutter auf Nennung des leiblichen Vaters, FPR 2002, S. 339 ff.; *Stern*, Staatsrecht IV/1, S. 575. Von Seiten des europäischen und internationalen Menschenrechtsschutzes wird der Anspruch unterfüttert durch Art. 3 Abs. 2 Kinderrechtskonvention und Art. 24 Abs. 3 GRC, dazu wiederum *Hölscheidt*, in: Meyer, Grundrechtecharta, 4. Aufl. 2014, Art. 24 Rn. 33 ff.

274 Vgl. oben Rdn. 11.

275 BVerfGE 31, 58 (67); 62, 323 (329); 105, 313 (345).

276 *Büchler*, Kulturelle Vielfalt und Familienrecht. Die Bedeutung kultureller Identität für die Ausgestaltung europäischer Familienrechtsordnungen – am Beispiel islamischer Rechtsverständnisse, in: Berichte der Deutschen Gesellschaft für Völkerrecht 43 (2008), S. 215 ff., 247.

277 Grundlegend *Häberle*, Die Wesensgehaltgarantie des Art. 19 Abs. 2 Grundgesetz, 3. Aufl. 1983, S. 104 ff.

Vorschriften am Ehe- und Familienbild[278] des Grundgesetzes orientiert und gerade dessen Ordnungskern[279] gegen Aufhebung und Beeinträchtigungen schützen will, denkt es von der gelebten Ehewirklichkeit, der »Lebenswelt« der Ehe her. Der Bestand der privatrechtlichen Einrichtungen von Ehe und Familie ist gewährleistet, ihre Strukturprinzipien sind festgeschrieben[280], damit aber nicht der Lebenswelt entrückt, sondern in Dynamik ihrerseits strukturell eingebunden.

61 So lässt sich ein Zweck der Institutionsgarantie umschreiben, der weit weniger auf statische Perpetuierung hinzielt, als das dem Institutionenbegriff immanent zu sein scheint.[281] Die Institution will einen normativen Rahmen schaffen, der von komplexen Detailvertragsgestaltungen entlastet und gegenüber Dritten Rechtsklarheit und Rechtssicherheit schafft. Sie hat eine Entlastungs-, eine Ordnungs- und eine Klarstellungsfunktion.[282]

2. Wertentscheidende Grundsatznorm und Förderpflicht

62 Wenn von Wertentscheidung die Rede ist, findet die Wertqualität der Norm Hervorhebung. Sie weist über die institutionelle und auch über die grundrechtliche Dimension hinaus, will das gesamte Ehe- und Familienrecht durchdringen.[283] Dem entspricht eine Pflicht zum Schutz und zur Förderung.[284] Indes steht jede Förder-

---

278 Vgl. BVerfGE 6, 55 (72); 76, 1 (41); 80, 81 (92); 105, 313 (344).

279 BVerfGE 10, 59 (66); 31, 58 (69 f.); *v. Coelln* in: Sachs, Art. 6 Rn. 27: Dieser Ordnungskern wird häufig als eine Art institutioneller Wesensgehalt gewertet. Problematisch ist, inwieweit der Ordnungskern dem Verfassungswandel unterliegt. Wenn die abgebildete aber nicht nur normativ geformte, sondern auch lebensweltlich bedingte Ordnung ist, unterliegt auch sie den dynamischen Veränderungsprozessen der Lebenswelt. In diesem – nicht absolut zu verstehenden Rahmen – hat der Gesetzgeber den »Ordnungskern« zu beachten, außerhalb dessen ist weitergehender Raum für gesetzgeberische Zweckerwägungen. Beispiele zu Umfang und Grenzen des »Ordnungskerns« gibt *v. Coelln*, ebd., Rn. 28 f. Unproblematisch sind das Gleichberechtigungsgesetz aus dem Jahre 1957, die Einführung des Zerrüttungsprinzips im Scheidungsrecht mit den trennungsrechtlichen und unterhaltsrechtlichen Folgeregelungen oder die Einführung des Versorgungsausgleichs. Der Ordnungskern wird weiterhin gewahrt durch das heutige eheliche Güterrecht oder die beschränkten Möglichkeiten der Ehelichkeitsanfechtung.

280 BVerfGE 15, 328 (332); 53, 224 (245); 80, 81 (92).

281 Historisch stellt sich das freilich anders da: für *Mager*, Einrichtungsgarantien, 2003, S. 201, erinnert »der Verweis auf den alters her überkommenen, vom allgemeinen Rechtsbewusstsein getragenen Ordnungskern« vor allem »an den Rechtsinstitutsbegriff der historischen Rechtsschule, wie er auch der Lehre von den Einrichtungsgarantien der Weimarer Reichsverfassung zugrunde lag.«.

282 *Robbers*, in: v. Mangoldt/Klein/Starck, Bd. I, Art. 6 Rn. 11, *v. Coelln*, in: Sachs, Art. 6, Rn. 27.

283 *Brosius-Gersdorf*, in: Dreier, Bd. I, Art. 6 Rn. 130.

284 *Hesse*, Grundzüge, Rn. 458; *v. Coelln*, in: Sachs, Art. 6 Rn. 30, 32 ff. mit instruktiven Beispielen.

pflicht unter dem »Vorbehalt des Möglichen«.[285] Auf der anderen Seite ist aber auch das sog. Untermaßverbot zu beachten.[286]

Mit der Förderpflicht sind zahlreiche weitere Einzelprobleme verbunden. So korres- **63** pondiert ihr ein Benachteiligungsverbot im Verhältnis zu Nichtverheirateten und Nichtfamilien.[287] Nachteil kann dabei auch die Versagung eines Vorteils sein.[288] Das wird gerade beim Gebot einer familiengerechten Ausgestaltung des Steuerrechts deutlich. Die geminderte finanzielle Leistungsfähigkeit durch den notwendigen Kindesunterhalt muss berücksichtigt werden.[289] In diesem Kontext hat das BVerfG bisherige Regelungen über die steuerliche Berücksichtigung von Kinderbetreuungskosten, über den Abzugsbetrag von hauswirtschaftlichen Beschäftigungsverhältnissen, über den Haushaltsfreibetrag oder über die Zusammenveranlagung teils für verfassungswidrig erklärt.[290] Das Existenzminimum muss einkommensteuerrechtlich für sämtliche Familienmitglieder frei bleiben.[291] Untersagt ist überdies jede Form der Diskriminierung, die belastend an die Existenz einer Ehe anknüpfen will.[292] Ob steuerrechtliche Modelle des Ehegattensplittings in der bisher praktizierten Form eine Ideallösung darstellen, ist mit manchem Fragezeichen zu versehen.[293]

Das Fördergebot ist neben dem Steuerrecht auch in vielen anderen Rechtsgebieten **64** relevant. Zu denken ist etwa an den sozialrechtlichen Familienlastenausgleich.[294] Heute wird eher von Familienleistungsausgleich als von Familienlastenausgleich ge-

---

285 BVerfGE 106, 166 (177); 107, 205 (213); 110, 412 (436); 112, 50 (65 f.).

286 *Michael,* Die drei Argumentationsstrukturen des Grundsatzes der Verhältnismäßigkeit – Zur Dogmatik des Über- und Untermaßverbotes und der Gleichheitssätze, JuS 2001, S. 148 ff.

287 BVerfGE 9, 237 (247); 107, 205 (215); 109, 96 (125).

288 BVerfGE 12, 151 (167); 82, 60 (80); 99, 216 (232).

289 BVerfGE 81, 363 (376); 107, 27 (49): keine steuerliche Benachteiligung; ausführlich zum Kindergeld *v. Coelln,* in: Sachs, Art. 6 Rn. 35. BVerfGE 99, 216 (232): keine steuerliche Benachteiligung von Ehegatten gegenüber Ledigen, von Eltern gegenüber Kinderlosen, von ehelichen gegenüber anderen Erziehungsgemeinschaften.

290 BVerfGE 99, 216 (235 ff.): Die Regelungen seien nicht immer ausreichend, um bestehende Benachteiligungen zu mindern. Dazu und zu weiteren steuerrechtlichen Einzelfällen bei *v. Coelln,* in: Sachs, Art. 6 Rn. 38.

291 BVerfGE 82, 60 (83 ff.); 82, 198 (206 f.); 87, 153 (169); 89, 346 (353); 91, 93 (115); 99, 216 (232 f.); 99, 246 (259 f.); 107, 27 (49); 110, 412 (433); in seiner Rechtsprechung verweist der Bundesfinanzhof zudem auf die Menschenwürde (Art. 1 Abs. 1 GG), siehe BFHE 180, 551 (554); 206, 260 (263).

292 BVerfGE 15, 328; 99, 216 (232). Art. 3 Abs. 1 GG wird durch Art. 6 Abs. 1 GG konkretisiert, BVerfGE 12, 180 (194); 18, 257 (269); 103, 242 (253).

293 *Löhr/Serwe,* Das Ehegattensplitting auf dem Prüfstand. Verfassungsrecht – Unionsrecht – EMRK, 2011.

294 BVerfGE 106, 166 (168); 107, 205 (213); 108, 52 (74); 110, 412 (436); 111, 160 (172); *Söllner,* JZ, 2004, 938 ff.

sprochen.[295] Die Förderpflicht besagt aber nicht, dass anderen Lebensgemeinschaften jede finanzielle Förderung versagt werden soll oder muss.[296] Nur dürfen Verheiratete nicht allein wegen ihrer Ehe schlechter gestellt werden. Dass die umfassenden rechtlichen Bindungen de facto auch Nachteile gegenüber den nicht Gebundenen mit sich bringen, liegt auf der Hand.[297]

3. Freiheitsrecht

65   Art. 6 Abs. 1 GG ist ein Freiheitsrecht. Es sichert den Grundrechtsträgern eine freie Gestaltung von Ehe und Familie nach innen.[298] Für den Staat resultiert daraus die Verpflichtung, verfassungsrechtlich nicht gerechtfertigte Eingriffe in die Freiheitssphäre von Ehe und Familie, in ihre individuellen und transpersonalen[299] Freiräume zu unterlassen.[300] Ein positives Recht auf Scheidung[301] ist indes nicht Teil der ehelichen Freiheitssphäre, sondern der allgemeinen Handlungsfreiheit (Art. 2 Abs. 1 GG).

66   Institutionelle und freiheitsrechtliche Seite bedingen einander. Der Schutzauftrag, der für den Staat aus dem institutionell-objektiven Rahmen folgt, ist kein grundlegend anderer als der, den ihm auch die Schutzpflichtenseite des Freiheitsgrundrechts auferlegt. Hier wie dort hat er Ehe und Familie auch vor ungerechtfertigten Einwirkungen Dritter zu bewahren. Die wertentscheidende Grundsatznorm geht weiter.[302] Sie greift über die allgemeine Schutzpflichtenkonstruktion hinaus, wirkt weitergehend und »optimierend«.[303]

---

295   *Felix*, Kindergeldrecht, 2005. Weitere Beispiele zum Fördergebot im Rentenrecht und in den sonstigen Rechtsgebieten bei *v. Coelln*, in: Sachs, Art. 6 Rn. 41 f.

296   BVerfGE 82, 6 (15); 84, 168 (184).

297   BVerfGE 22, 100 (105).

298   Das ist zugleich eine spezifische Sicherung des »Right to Privacy«, d.h. der Entfaltungsfreiheit im privaten Lebensbereich, die über den Schutzrahmen von Art. 2 Abs. 1 hinaus geht (BVerfGE 42, 234 (236); 57, 170 (178)). Das Recht wirkt hauptsächlich als Abwehrrecht gegen staatliche Eingriffe (siehe etwa BVerfGE 6, 55, (76); 6, 386 (388); 55, 114 (126 f.); 81, 1 (6)). Geschützt ist das ungestörte Zusammenleben in Ehe und Familie (BVerfGE 10, 59 (67); 80, 81 (92)); siehe auch BVerfGE 105, 1 (10); 112, 332 (352).

299   Das BVerfG betont immer wieder, Ehe und Familie seien als »Einheit«, die Individuen als »Mitglieder dieser Gemeinschaften« und damit transpersonal geschützt, E 17, 38 (59); 78, 38 (49); 76, 1 (44 f.); 79, 203 (211).

300   St. Rspr. seit BVerfGE 6, 55 (71 ff.); vgl. etwa BVerfGE 32, 260 (267); 55, 114 (126 f.); 66, 84 (93 f.); 68, 256 (267 f.); 105, 313 (344 ff.); *Brosius-Gersdorf* in: Dreier, Bd. I, Art. 6 Rn. 66.

301   So aber für Art. 7 GRC *Jarass*, EU-Grundrechte, 2005, § 14 Rn. 6.

302   Zu positivem Fördergebot und negativem Beeinträchtigungsverbot für den Staat vgl. BVerfGE 6, 55 (76); 112, 50 (65); 87, 1 (35); 11, 64 (69); 105, 313 (346); BVerfG (K) FamRZ 2004, S. 1949.

303   Vgl. etwa *Kingreen*, Jura 1997, S. 401, 404 f.; *Burgi*, Schützt das Grundgesetz die Ehe vor der Konkurrenz anderer Lebensgemeinschaften?, Der Staat, 2000, S. 487 ff., 496; *Kirchhof*, Der besondere Schutz der Familie in Art. 6 Abs. 1 des Grundgesetzes, AöR

II. Das Elternrecht aus Art. 6 Abs. 2 GG und 3 GG: Freiheitsrecht und institutionelle Pflichtenbindung

Das Recht der Eltern zur Pflege und Erziehung ihrer Kinder ist klassisches Abwehr-   67
recht gegen staatliche Eingriffe (status negativus), das alle staatliche Gewalt (Art. 1
Abs. 3 GG) unmittelbar bindet.[304] Als »natürliches Recht« erhebt es, gestützt durch
völkervertragliche Garantien[305], universellen Geltungsanspruch und gehört zu jenem
Kanon unveräußerlicher Rechte, die nach Art. 1 Abs. 2 GG die Grundlage jeder
menschlichen Gemeinschaft bilden.[306]

Dem Elternrecht korrespondiert jedoch, anders als bei allen anderen Grundrechten,   68
eine institutionelle Pflichtenbindung.[307] Grundrecht und Grundpflicht sind unlösbar verbunden.[308] Die Pflicht, obgleich sie faktisch dem Kind zugute kommt, besteht rechtlich gegenüber dem Staat, dem Art. 6 Abs. 2 S. 2 ein ausdrückliches
»Wächteramt« zuschreibt.[309] Im Innenverhältnis von Eltern und Kind entfaltet die
Pflichtenbindung Horizontalwirkung[310], die der einfache Gesetzgeber nicht zuletzt
in Ansprüchen der Kinder gegen ihre Eltern zu konkretisieren versucht und vielfach
konkretisiert hat (nicht etwa nur im Unterhaltsrecht)[311]. Im Recht und in der Pflicht
der Eltern spiegelt sich deren natürliche Verantwortung wider.[312] Was die schulische
Erziehung (Art. 7 GG) angeht, sind Staat und Eltern in kooperative Verantwortung
genommen.[313]

---

129 (2004), S. 542 ff., 559; *Cornils*, Die Ausgestaltung der Grundrechte, 2005, S. 385.
Abgestufte Schutzwirkungen sind möglich, vgl. BVerfGE 80, 81 (90 ff.), so etwa beson-
dere Begünstigungen zugunsten kinderreicher Familien (Nachweise bei *Stern*, Staatsrecht
IV/1, S. 449). Zur Funktion als »Optimierungsgebot« bereits oben Rdn. 54.

304 BVerfGE 4, 52 (57); 7, 320 (323); 24, 119 (138); 31, 194 (204 f.); 47, 46 (70); 56,
     363 (381); 61, 358 (371); aus jüngerer Zeit 107, 104 (108); *Badura*, in: Maunz/Dürig,
     Art. 6 Rn. 97; *Brosius-Gersdorf* in: Dreier, Bd. I, Art. 6 Rn. 155; *v. Coelln*, in: Sachs,
     Art. 6 Rn. 30, 47; *Hofmann*, in: Schmidt-Bleibtreu/Hofmann/Hopfauf (Vorauflage),
     Art. 6 Rn. 40; *Stern*, Staatsrecht IV/1, S. 580.
305 Unten Rdn. 105 ff.
306 Vgl. auch BVerfGE 74, 102 (124).
307 *Brosius-Gersdorf* in: Dreier, Bd. I, Art. 6 Rn. 156; *Randelzhofer*, in: Merten/Papier, Hand-
     buch der Grundrechte, Bd. II, § 37 Rn. 30.
308 BVerfGE 34, 135 (138); BVerfG NJW 2008, S. 1287, 1288.
309 *Randelzhofer*, in: Merten/Papier, Handbuch der Grundrechte, Bd. II, § 37 Rn. 30 mit
     zahlreichen weiteren Nachweisen; ebenso *Stern*, Staatsrecht III/2, S. 1041.
310 Das BVerfG spricht von einem drittnützigen Recht, das im Interesse des Kindes besteht
     (BVerfG (K) EuGRZ 2007, S. 235, 237).
311 Zu den Vorsorgepflichten für die Existenzgrundlagen des Kindes (insbesondere den Un-
     terhaltspflichten) vgl. BVerfGE 31, 194 (207); 68, 256 (267); 99, 216 (231); 108, 52,
     (72); 113, 88 (109 f.).
312 *Brosius-Gersdorf* in: Dreier, Bd. I, Art. 6 Rn. 155.
313 Die Kennzeichnung »Elternverantwortung« gebraucht das BVerfG seit E 24, 119 (143);
     so auch BVerfGE 107, 150 (169); 108, 82 (102). Jeder, der neben Eltern oder Schule
     Einfluss auf die Erziehung nehmen will, bedarf der Zustimmung der Eltern, vgl.

69   Art. 6 Abs. 2 S. 1 enthält somit ein Bündel von Rechten und Pflichten, die im Innen- und Außenverhältnis wirken. Das Elternrecht und der ihm implizite Elternstatus haben folglich auch den Charakter einer Institutsgarantie.[314] Einer relativierenden Veränderung der wesentlichen Garantien durch den ausgestaltenden Gesetzgeber sind eindeutige Grenzen gezogen; die elterliche Erziehung als solche ist geschützt, allerdings im drittnützigen Interesse der Kinder. Deshalb gibt das Kindeswohl dem Gesetzgeber seinen Orientierungsmaßstab vor.[315]

70   Schließlich wirkt Art. 6 Abs. 2 S. 1 als wertentscheidende Grundsatznorm, die über das tripolare Rechtsverhältnis von Staat, Eltern und Kindern hinaus die gesamte Rechtsordnung durchwirkt und den Gesetzgeber wiederum bei der einfachrechtlichen Ausgestaltung in die Pflicht nimmt.[316] Das hat vor allem Relevanz bei ausländerrechtlichen Nachzugsrechten oder Ausweisungsfragen.[317]

BVerfGE 24, 119 (143); 47, 46 (69 f.). Eine staatlichen »Ausfallverantwortung« greift dann, wenn die Eltern aus welchen Gründen auch immer ihrer Erziehungsverantwortung nicht mehr gerecht werden können, siehe dazu *Coester-Waltjen*, in: von Münch/Kunig, Bd. I, Art. 6 Rn. 84; schließlich noch Rn. 38 und 57 zu Art. 7 GG. Die Grundrechte der Eltern aus Art. 6 II 1 GG können hierbei das Recht einschließen, im Rahmen der gesetzlichen Vorschriften aus den betreffenden öffentlichen Schulen die konkrete einzelne Schule auszuwählen, die das Kind besuchen soll, OVG Münster, Urt. v. 21.02.2013 – 19 A 160/12.

314   *Höfling*, in: HStR VI, § 155 Rn. 11 f.; *Stern*, Staatsrecht IV/1, S. 511 m.w.N.

315   BVerfGE 84, 168 (180); 64, 180 (189); 92, 158 (178); zu alldem auch *v. Coelln*, in: Sachs, Art. 6 Rn. 50. Zur Problematik des Kindeswohls in mehrpoligen Grundrechtsbeziehungen siehe die viel diskutierte *Görgülü*-Entscheidung des BVerfG (E 111, 307) mit ihrem insoweit sinnvollen »konfrontativen Kooperationsangebot« an den EGMR; aus der Literatur: *Britz*, Bedeutung der EMRK für nationale Verwaltungsgerichte und Behörden – Erweiterte Bindungswirkung nach EuGH, Slg. 2002, I-6279 – Carpenter?, NVwZ 2004, S. 173 ff.; *Klein*, Zur Bindung staatlicher Organe an Entscheidungen des Europäischen Gerichtshofs für Menschenrechte, JZ 2004, S. 1176 ff.; *Benda*, Die Bindungswirkung von Entscheidungen des Europäischen Gerichtshofs für Menschenrechte, AnwBl. 2005, S. 602 ff.; *Cremer*, Zur Bindungswirkung von EGMR-Urteilen, EuGRZ 2004, S. 683 ff.; *Frowein*, Die traurigen Missverständnisse. Bundesverfassungsgericht und Europäischer Gerichtshof für Menschenrechte, in: Liber Amicorum Delbrück, 2005, S. 279 ff.; *Gruppl/Stelkens*, Zur Berücksichtigung der Gewährleistungen der Europäischen Menschenrechtskonvention bei der Auslegung deutschen Rechts, DVBl. 2005, S. 133 ff.; *Meyer-Ladewig/Petzold*, Die Bindung deutscher Gerichte an Urteile des EGMR – Neues aus Straßburg und Karlsruhe, NJW 2005, S. 15 ff.; *Mückl*, Kooperation oder Konfrontation – Das Verhältnis zwischen Bundesverfassungsgericht und Europäischem Gerichtshof für Menschenrechte, in: Der Staat 44 (2005), S. 403 ff.

316   BVerfGE 4, 52 (57); 21, 132 (138).

317   *v. Coelln*, in: Sachs, Art. 6 Rn. 50; BVerfG NVwZ 2009, S. 387: Aufenthaltsrechtliche Bedeutung des Umgangsrechts; BVerfG NVwZ 2009, S. 246: Erteilung einer Niederlassungserlaubnis aus humanitären Gründen; OVG Saarlouis NVwZ-RR 2009, S. 306: Aufenthaltserlaubnis zum Zwecke des Familiennachzugs; umfassende Nachweise bei *Renner*, Ehe und Familie im Zeichen neuer Zuwanderungsregeln, NVwZ 2004, S. 792 ff. Zur

III. Der Mutterschutz aus Art. 6 Abs. 4: subjektivrechtliche und objektivrechtliche Dimensionen

Da Art. 6 Abs. 4 GG das Sozialstaatsgebot aus Art. 20 Abs. 1 GG bereichsspezifisch   71
konkretisiert und im Kontext der institutionellen Garantie von Ehe und Familie formuliert, versteht das Bundesverfassungsgericht die Vorschrift vorrangig als objektivrechtliches Schutzgebot.[318] Damit ist ein Gesetzgebungsauftrag verbunden, der den gesetzgeberischen Gestaltungsspielraum im Sinne eines durch die Legislative zu erfüllenden Optimierungsgebotes einschränkt. Gefordert ist, so *R. Alexy*, »dass etwas in einem relativ auf die rechtlichen und tatsächlichen Möglichkeiten möglichst hohen Maße realisiert wird.«[319] Besonders optimierungsrelevant sind das Arbeitsrecht, das Urlaubs- oder Rentenrecht.[320] Wie der Ehe- und Familienschutz bringt auch der Mutterschutz eine »verfassungsrechtliche Wertentscheidung« zum Ausdruck, »die für den gesamten Bereich des privaten und öffentlichen Rechts verbindlich ist« (wertentscheidende Grundsatznorm).[321]

Darüber hinaus wird auch die Grundrechtsqualität von Art. 6 Abs. 4 GG aner-   72
kannt.[322] Da als Leistungsrecht[323] nicht etwa gegenüber dem Staat, sondern gegenüber der »Gemeinschaft« formuliert, bleibt der Anspruchsinhalt im Ungenauen.[324]
Die Formel von der »politischen Gemeinschaft« im Sinne einer Solidar- und Verantwortungsgemeinschaft für *res* und *salus publica* meint, soziologisch konzipiert, eine soziale Einheit, deren Glieder ursprünglich und natürlich so fest miteinander verbunden sind, dass bei allen unvermeidbaren Auseinandersetzungen die ursprüngliche

---

Bedeutung der Unionsbürgerschaft nach der aktuellen Rechtsprechung des EuGH in diesem Zusammenhang *Wendel*, Aufenthalt als Mittel zum Zweck: zu Grund und Grenzen derivativer Aufenthaltsrechte Drittstaatsangehöriger, DÖV 2014, S. 133 ff.

318 BVerfGE 60, 68 (74); für einen primären Grundrechtsgehalt *Robbers*, in: v. Mangoldt/Klein/Starck, Bd. I, Art. 6 Rn. 281.

319 *Alexy*, Theorie der Grundrechte, 2. Aufl. 1994, S. 75 f.; *ders.*, Rechtssystem und praktische Vernunft, in: Rechtstheorie, 18 (1987), S. 405 ff., 407; zu alldem auch *Sommermann*, Staatsziele und Staatszielbestimmungen, 1997, S. 360 ff.; *Luthe*, Optimierende Sozialgestaltung, 2001. Negativ gewendet besagt das positiv formulierte Optimierungsgebot, dass jedenfalls »Anspruchsebenen elementaren Schutzes und elementarer Fürsorge nicht unterschritten werden dürfen«, *Höfling*, in: HStR VII, § 155 Rn. 14.

320 Siehe etwa BVerfGE 85, 360 (372); weitere Nachweise bei *Brosius-Gersdorf*, in: Dreier, Bd. I, Art. 6 Rn. 141.

321 BVerfGE 32, 273 (277); 47, 1 (20); 52, 357 (365).

322 BVerwGE 47, 23 (27); Nachweise bei: *v. Coelln*, in: Sachs, Art. 6 Rn. 84; *Brosius-Gersdorf*, in: Dreier, Bd. I, Art. 6 Rn. 143; *Coester-Waltjen*, in: v. Münch/Kunig, Bd. I, Art. 6 Rn. 105; *Stern*, Staatsrecht IV/1, S. 541, 544.

323 Vgl. *Badura*, in: Maunz/Dürig, Art. 6 Rn. 151; *Burgi*, in: Friauf/Höfling, Art. 6 Rn. 3.

324 »Dass das Grundgesetz, anders als Art. 119 Abs. 3 WRV, nicht den Schutz und die Fürsorge des Staates anruft«, so *Badura*, in: Maunz/Dürig, Art. 6 Rn. 145, »mag eine Distanzierung von der Rechtszerstörung des Staates in der vorangegangenen Diktatur seinen Grund haben.«

Bindung niemals in Frage gestellt wird.[325] Einen juristisch fassbaren Anspruchsgegner verkörpert eine solche Gemeinschaft nicht. Im demokratischen Verfassungsstaat ist es vor allem der demokratisch legitimierte Gesetzgeber, der die politische Gemeinschaft effektuiert, ihre ursprünglichen Bindungskräfte legislativ unterfüttert und ihr Integrationspotential normativ zu realisieren hilft. Dogmatisch muss das Leistungsrecht aus Art. 6 Abs. 4 GG daher auf einen Verschaffungsanspruch oder ein Forderungsrecht gegen den Gesetzgeber heruntergebrochen werden.[326] Er ist verpflichtet, den Müttern gerichtlich durchsetzbare Schutz- und Fürsorgeansprüche zu vermitteln.[327]

IV. Die Gleichstellung unehelicher Kinder aus Art. 6 Abs. 5 GG: vom Gesetzgebungsauftrag zur gleichheitsrechtlichen Begrenzung gesetzgeberischer Gestaltungsfreiheit

73 Art. 6 Abs. 5 ist Gesetzgebungsauftrag, Grundrecht und wertentscheidende Grundsatznorm.[328] Seit BVerfGE 25, 167 wird die Vorschrift insbesondere »als besondere Ausprägung des allgemeinen Gleichheitssatzes und Schutznorm zugunsten nichtehelicher Kinder« gewertet. Sie ist unmittelbar anwendbare Bestimmung und markiert eine zwingende Grenze gesetzgeberischer Gestaltungsfreiheit.[329]

E. Grundrechtsberechtigte und -verpflichtete

I. Art. 6 Abs. 1 GG

74 Die Eheschließungsfreiheit aus Art. 6 Abs. 1 GG gilt in gleicher Weise für Deutsche (Art. 116 GG), Ausländer und Staatenlose. Sie ist universelles Menschenrecht und betrifft als solches einen für alle Menschen gleichermaßen existenziellen Bereich persönlicher Lebensgestaltung; zudem deutet Art. 6 Abs. 1 GG auch von seinem Wortlaut her keine Beschränkung an.[330] Da menschenwürderadiziert, können Träger des Grundrechts nur natürliche Personen sein.[331]

II. Art. 6 Abs. 2 GG

75 Grundrechtsträger aus Art. 6 Abs. 2 GG (Jedermannsrecht) sind die Eltern, selbst dann, wenn sie nicht volljährig sind, und das je einzeln. Die Gemeinschaftsbindung besteht nur bei der Ausübung des Elternrechts.[332] Sein Anknüpfungspunkt ist die

---

325 Klassisch *Tönnies*, Gemeinschaft und Gesellschaft, 8. Aufl. 1935, S. 8 ff., 407 ff.; siehe auch *Frankenberg*, Die Verfassung der Republik, 1997, S. 77 ff.
326 *Brosius-Gersdorf* in: Dreier, Bd. I, Art. 6 Rn. 211; *v. Coelln*, in: Sachs, Art. 6 Rn. 84; *Stern*, Staatsrecht IV/1, S. 560.
327 Vgl. BVerfGE 56, 363; *Robbers*, in: v. Mangoldt/Klein/Starck, Bd. I, Art. 6 Rn. 281.
328 Einzelheiten dazu oben Rdn. 70.
329 BVerfGE 25, 167 (185 ff.); *Jarass/Pieroth*, Art. 6 Rn. 53.
330 BVerfGE 31, 58 (67 f.); 62, 323 (329); 80, 81 (91).
331 BVerfGE 13, 290 (298).
332 BVerfGE 47, 46 (76); 37, 217 (244); 114, 357 (371).

biologische Elternschaft, in deren Rahmen alle Formen von Eltern-Kind-Beziehungen umfasst sind.[333] Überdies ist eine erweiternde Auslegung auf Adoptiveltern etc. hin möglich.[334]

III. Art. 6 Abs. 3 GG

Gegenüber dem Kreis der grundrechtsberechtigten Eltern aus Art. 6 Abs. 2 ist der Kreis der Grundrechtsträger nach Art. 6 Abs. 3 GG auf die Erziehungsberechtigten hin erweitert. Dieser Begriff bestimmt sich nach den Vorschriften des bürgerlichen Rechts. Gemeint sind alle Träger des Sorgerechts (z.B. Eltern, Adoptiveltern, nichteheliche Mutter, überlebende Stiefelternteile, Vormund, Pfleger und Pflegeeltern innerhalb ihrer jeweils gesetzlich begründeten Zuständigkeiten).[335] Nicht umfasst wird der neue Ehepartner eines Elternteils. 76

IV. Art. 6 Abs. 4 GG

Art. 6 Abs. 4 GG ist ebenfalls ein Jedermannsgrundrecht.[336] Die Norm ist vor allem leistungsrechtlich zu verstehen, vorbehaltlos gewährleistet, aber durch kollidierende Verfassungsgüter beschränkbar.[337] Grundrechtsträgerin ist jede, auch die werdende, Mutter.[338] Das schließt die nichteheliche Mutter selbstverständlich ein.[339] Anknüpfungspunkt des Mutterschutzes ist die biologisch begründete Fähigkeit zur Mutterschaft und die damit verbundene besondere Schutzbedürftigkeit, z.B. während der Schwangerschaft oder der Stillzeit. Daher sind zwar Ersatz- oder Leihmütter (§ 1591 BGB) umfasst, nicht aber »soziale« Mütter wie Adoptiv-, Pflege- oder Stiefmütter.[340] Ein Blick sei auf die Problemkonstellationen geworfen, die sich bei der Leihmutterschaft, d.h. beim Auseinanderfall von genetischer und biologischer Mutterschaft ergeben. Der Schutz aus Art. 6 Abs. 4 GG wirkt hier vom Schutzzweck der Norm her gerade zugunsten der biologischen (Leih-)Mutter, die genetische Mutter kann sich allenfalls auf das Elternrecht aus Art. 6 Abs. 2 GG berufen. Ob auch das werdende Kind den Grundrechtsschutz aus Art. 6 Abs. 4 GG genießt, ist strittig.[341] 77

V. Art. 6 Abs. 5 GG

Rechtsträger des grundrechtlich gewährten Gleichstellungsauftrages sind die nichtehelichen Kinder. Eine Unterscheidung nach der Staatsangehörigkeit wird bei die- 78

---

333 BVerfGE 92, 53 (58); siehe auch 24, 119 (150); 99, 216 (232).
334 Für Einzelheiten siehe oben Rdn. 67 ff.
335 *Brosius-Gersdorf*, in: Dreier, Bd. I, Art. 6 Rn. 225; *v. Coelln*, in: Sachs, Art. 6 Rn. 77.
336 BVerfGE 111, 176.
337 *Jarass/Pieroth*, Art. 6 Rn. 52.
338 BVerfGE 55, 154 (157 f.); 88, 203 (253).
339 BVerfGE 76, 1 (48).
340 *Brosius-Gersdorf*, in: Dreier, Bd. I, Art. 6 Rn. 113.
341 Dagegen die h.M., Nachweise bei *Stern*, Staatsrecht IV/1, S. 557; befürwortend *Coester-Waltjen*, in: von Münch/Kunig, Bd. I, Art. 6 Rn. 7, ebenfalls mit weiteren Nachweisen.

sem Menschenrecht nicht getroffen. Ebensowenig – aber im Unterschied zu Art. 6 Abs. 3 GG – beschränkt sich der Schutz auf minderjährige Kinder.[342]

F. Schranken und Eingriffe

I. Vorbemerkung

79   Wie bei allen Institutsgarantien verläuft auch bei Ehe, Familie und Elternrecht die Abgrenzung zwischen gewollter und gesollter Ausgestaltung auf der einen Seite, rechtfertigungsbedürftigem Eingriff auf der anderen Seite fließend. Generell hat der Gesetzgeber im Grundrechtsbereich eine doppelte Funktion: Er wirkt begrenzend und ausgestaltend. Die Verfassung setzt seine ausgestaltende Tätigkeit als selbstverständlich voraus und das umso mehr, als sie von der spezifischen Normprägung ihrer Begriffe ausgeht.[343] Bedient sich das BVerfG darüber hinaus des Begriffs *Leitbild*, gibt es dem Ausgestaltungsprozess den *anleitenden* Rahmen vor. Welches Leitbild die einzelnen gewährleisteten »Lebensordnungen« *prägt*, gewinnt für die fließenden Abgrenzungsprozesse *prägende* Bedeutung. Für die Ehe ist es die »Rechtsformgarantie im Dienste der individuellen Freiheiten« der Eheleute; für die Familie ist es die »verfassungsrechtliche Anerkennung einer spezifischen Personenmehrheit als Anknüpfungspunkt für Selbstbestimmung, Privatsphäre, Schutz und Förderung«; für die elterliche Verantwortung ist es die »Rechtsstellungsgarantie im Dienste der selbstverantwortlichen Wahrnehmung der Erziehungsaufgaben durch Mutter und/oder Vater.«[344]

II. Die Eheschließungs- und Ehegestaltungsfreiheit aus Art. 6 Abs. 1 GG

80   Die Eheschließungs- und Gestaltungsfreiheit aus Art. 6 Abs. 1 GG ist vorbehaltlos gewährleistet.[345] Schon aufgrund des eigenständigen Charakters der Freiheit und ihres transpersonalen Bezugs[346] verbietet sich ein Rückgriff auf die Schrankentrias aus Art. 2 Abs. 1 GG.[347] Wie bei allen vorbehaltlosen Grundrechtsverbürgungen können sich Schranken aus kollidierendem Verfassungsrecht ergeben.[348] Aus der spezifischen Normprägung der bürgerlichen Ehe und aufgrund ihres institutionellen Charakters folgen indes noch weitergehende Einschränkungsmöglichkeiten, die zwar nicht unmittelbar aus dem einfachen Recht herzuleiten, wohl aber in den Strukturprinzipien des Art. 6 Abs. 1 GG selbst begründet sind.[349] Damit ist dem instituts-

---

342   *Brosius-Gersdorf*, in: Dreier, Bd. I, Art. 6 Rn. 152.
343   *Häberle*, Die Wesensgehaltgarantie des Art. 19 Abs. 3 GG, 3. Aufl. 1983, S. 180 f.
344   So überzeugend *Mager*, Einrichtungsgarantien, 2003, S. 223.
345   BVerfGE 31, 58 (69); 24, 119 (135).
346   Oben Rdn. 8.
347   Ebenso *Brosius-Gersdorf*, in: Dreier, Bd. I, Art. 6 Rn. 50.
348   *v. Coelln*, in: Sachs, Art. 6 Rn. 21.
349   BVerfGE 31, 58 (69); *Brosius-Gersdorf*, in: Dreier, Bd. I, Art. 6 Rn. 50.

ausgestaltenden Gesetzgeber ein strukturgeprägter Ausgestaltungsspielraum eröffnet.[350]

Zu den genannten Strukturprinzipien gehören nach Auffassung des BVerfG zuförderst das Prinzip der Einehe (Bigamieverbot)[351] und das Inzestverbot.[352] Im Falle des Familiennachzugs von Ausländerinnen hat das BVerfG in der Bigamie indes keinen ordre public-Verstoß gesehen und sie geduldet.[353] Das Inzestverbot wird vor allem mit medizinischen und genetischen Argumenten aufrechterhalten.[354] Weitergehende Eheverbote – z.B. die Schwägerschaft – wurden mit dem Eheschließungsrechtsgesetz vom 04.05.1998 aufgehoben.[355] **81**

Zölibatsklauseln bei Beschäftigungsverhältnissen, seien sie nach privatem oder öffentlichem Dienstrecht ausgestaltet, sind unzulässig.[356] Unzulässig sind auch Heiratsklauseln bzw. Wiederverheiratungsklauseln in erbrechtlichen Regelungen.[357] Als wertentscheidende Grundsatznorm wirkt Art. 6 Abs. 1 generell auch in Privatrechtsbeziehungen hinein.[358] Auch die Eheschließungsfreiheit von Strafgefangenen ist gewährleistet und nicht etwa durch ein Sonderstatusverhältnis (besonderes Gewaltverhältnis) beschränkt.[359] Sind Ausländer am Eheschluss beteiligt, gelten die Maßgaben aus Art. 13 EGBGB. **82**

350 Etwa BVerfGE 15, 328 (332).
351 BVerfGE 10, 59 (66); 29, 166 (176); 31, 58 (69).
352 Im heutigen Verständnis ein Verbot der Doppel- und Nächstverwandtenehe, BVerfGE 36, 46 (166 f.); bestätigt in BVerfG NJW 2008, S. 1137 ff.
353 BVerfG 71, 228 (230 f.).
354 BVerfG NJW 2008, S. 1137 ff.: nicht zu Unrecht fragt ein Sondervotum nach der Validität dieser Überlegungen und vermutet ein traditionales Verständnis, das jedenfalls eine Strafbewährung nicht rechtfertige.
355 BGBl. I S. 833; Nachweise bei *Brosius-Gersdorf*, in: Dreier, Bd. I, Art. 6 Rn. 53 f., sowie *Bosch*, Neuordnung oder nur Teilreform des Eheschließungsrechts?, NJW 1998, S. 2004 ff.; *ders.*, Die geplante Neuregelung des Eheschließungsrechts. Zustimmung und kritische Anmerkungen, FamRZ 1997, S. 65 ff.; zur alten Rechtslage *Böhmer*, Sind noch alle Eheverbote zeitgemäß?, StAZ 1991, S. 125 ff.
356 Nachweise bei *v. Coelln*, in: Sachs, Art. 6 Rn. 24; *Gröschner*, in: Dreier, Bd. I (Vorauflage), Art. 6 Rn. 56; das muss jedenfalls solange gelten, als es sich nicht um konfessionsbezogene Ämter handelt. Der priesterliche Zölibat für den katholischen Klerus ist schon aufgrund von Art. 140 GG i.V.m. Art. 137 Abs. 3 GG zu bejahen, vgl. *Pirson*, in: BK (Vorauflage), Art. 6 Rn. 60.
357 Nachweise bei *Stern*, Staatsrecht IV/1, S. 494.
358 BVerfGE 28, 324 (346 ff.); 29, 1 (8 ff.); 29, 57 (65 ff.); 29, 71 (78 ff.); einen jüngeren Kammerbeschluss (NJW 200, 2495), der im Rahmen einer Erbfolgeregelung eines Fürstenhauses der Testierfreiheit den Vorrang vor der Eheschließungsfreiheit einräumt, kritisiert *Gröschner*, in: Dreier, Bd. I (Vorauflage), Art. 6 Rn. 58, zu Recht als »vorrepublikanisch«.
359 BVerfGE 33, 1 (11); Nachweise bei *Robbers*, in: v. Mangoldt/Klein/Starck, Bd. I, Art. 6 Rn. 52; allg. *Hesse*, Grundzüge, Rn. 322 ff.; *Loschelder*, Vom besonderen Gewaltverhältnis zur öffentlich-rechtlichen Sonderbindung, 1982.

83 Sonderprobleme ergeben sich, auch unter Einfluss des Europarechts, bei Fragen der Ausweisung und des Familiennachzugs. Das Ausländergesetz in der Fassung von 1965 und 1990 war in seiner Verfassungsmäßigkeit umstritten.[360] Heute ersetzen das Aufenthaltsgesetz vom 30.07.2004 sowie die Aufenthaltsverordnung die alte Regelung.[361] Ergänzend hinzu tritt die »Familienzusammenführungs-Richtlinie« (2003/86/EG).[362] Beachtung finden muss auch die Freizügigkeitsrichtlinie (2004/38/EG), umgesetzt durch das Freizügigkeitsgesetz/EU vom 30.07.2004.[363] So sind Sonderregelungen für EU-Bürger (angenähert ist auch die Rechtsstellung von Bürgern aus assoziationsberechtigten Drittstaaten) und deren Familienangehörige geschaffen.[364] Den Familiennachzug regeln §§ 27–36 Aufenthaltsgesetz, Vorschriften zur Ausweisung sind in §§ 53 ff. Aufenthaltsgesetz enthalten.

84 Der Grundtenor der Rechtslage lässt sich wie folgt zusammenfassen: Art. 6 Abs. 1 und Abs. 2 GG vermittelt Nichtdeutschen regelmäßig keinen Anspruch, ihre eheliche und/oder familiäre Gemeinschaft gerade in Deutschland zu realisieren.[365] Das Menschenrecht aus Art. 6 Abs. 1 und 2 GG ist erst dann verletzt, wenn es dem Familienangehörigen entweder nicht möglich oder nicht zumutbar ist, dem ausländischen Partner ins Ausland zu folgen.[366] Kann dagegen die Lebensgemeinschaft des Kindes deutscher Staatsangehörigkeit mit seinem ausländischen Vater nur in Deutschland realisiert werden, weil das Verlassen Deutschlands dem Kind aufgrund des dortigen Wohnortes der Mutter nicht zugemutet werden kann, treten einwanderungspolitische Belange regelmäßig hinter der Pflicht, die Familie zu schützen, zu-

---

360 Nachweise etwa bei *Robbers*, HdBVerfR, 2. Aufl. 1994, § 11 Rn. 57 ff. Zum Verstoß von § 33 S. 1 Aufenthaltsgesetz a.F. gegen Art. 3 Abs. 3 S. 1 GG siehe BVerfGE 114, 357 (364 ff.).

361 *Schmitt-Kammler/v. Coelln*, in: Sachs, Art. 6 Rn. 22; *Huber*, Das Zuwanderungsgesetz, NVwZ 2005, S. 1 ff.

362 Siehe EuGH FamRZ 2006, S. 1177; dazu *Thym*, Europäischer Grundrechtsschutz und Familienzusammenführung, NJW 2006, S. 3249; *Hailbronner*, Die Richtlinie zur Familienzusammenführung, FamRZ 2005, S. 1 ff. Die Unionsbürgerschaft verbietet nach der Rechtsprechung des EuGH auch den faktischen Zwang zur Ausreise aus dem Unionsgebiet, dies allerdings nur dann, wenn deren Kernbereich betroffen ist – Nachweise bei *Wendel*, Aufenthalt als Mittel zum Zweck: zu Grund und Grenzen derivativer Aufenthaltsrechte Drittstaatsangehöriger, DÖV 2014, S. 35 ff.

363 *Hailbronner*, Neue Richtlinie zur Freizügigkeit der Unionsbürger, ZAR 2004, S. 259 ff. Ergänzend kann auf Unionsebene die sog. Dublin-Verordnung (VO [EU] 604/2013 zu beachten sein, welche die Zuständigkeit des jeweiligen Mitgliedstaates für Asylanträge regelt. Deren Art. 16 erklärt die Zusammenführung der Familie zum Regelfall, wenn bestimmte Abhängigkeitsverhältnisse bestehen und gewährleistet so die Achtung des Grundsatzes der Einheit der Familie – dazu BVerfG NVwZ 2014, S. 1511.

364 Einzelheiten bei *v. Coelln*, in: Sachs, Art. 6 Rn. 22.

365 BVerfGE 76, 1 (41 ff.); 80, 81 (92).

366 BVerfG NJW 1994, S. 31, 55; BVerfG (K) NVwZ 2006, S. 682 f.

Kotzur

rück.[367] Auf die Maßstäbe von Art. 8 EMRK und Art. 7 GRC sei ergänzend verwiesen.[368]

Überdies müssen bei der Auslegung von Vorschriften des Aufenthaltsgesetzes, insbesondere der Anwendung von Ermessensvorschriften, die Wertungen aus Art. 6 Abs. 1 GG beachtet werden (»im Lichte-Interpretation«). Von hoher Relevanz ist das bei Härtefallregelungen (etwa im Sinne von § 36 Aufenthaltsgesetz).[369] Abstufungen in der Schutzintensität sind durchaus möglich. Maßgabe ist dabei stets die tatsächliche Verbundenheit der Familienmitglieder und die gelebte Familiengemeinschaft. Scheinehen (»Green-Card-Ehen«) zur Umgehung asyl- oder aufenthaltsrechtlicher Vorschriften sollten keinen Schutz genießen.[370] Die Ausweisung eines straffällig gewordenen Ausländers der 2. Generation verstößt, auch unter würdigender Einbeziehung von Art. 8 EMRK und der dazu ergangenen Rechtsprechung des EGMR, nicht gegen Art. 6 GG.[371]

III. Art. 6 Abs. 2 S. 2 GG – das Wächteramt des Staates

Über die Betätigung des Elternrechts wacht, so Art. 6 Abs. 2 S. 2 GG nicht frei von Pathos, die staatliche Gemeinschaft. Sie ist zur Ausübung ihres »Wächteramtes« nicht nur berechtigt, sondern verpflichtet.[372] Pflichtbegründender Schutzzweck der Norm sind die spezifischen Schutz- und Fürsorgebedürfnisse der Kinder, die ihrerseits in der universellen Bedürfnisnatur des Menschen und seiner unveräußerlichen Würde (Art. 1 Abs. 1 GG) kulturanthropologisch verwurzelt sind.[373] Die grundrechtliche Pflichtenbindung des Elternrechts und das staatliche Wächteramt korrespondieren einander.[374] Staatliche Korrektur kann nur dort gerechtfertigt sein, wo die Eltern bei der Wahrnehmung ihrer originären Erziehungsverantwortung[375] – sei

85

86

---

367 BVerfG NVwZ 2013, S. 1207, 1208.
368 Nachweise bei *Bernsdorff*, in: Meyer, Grundrechtecharta, 4. Aufl. 2014, Art. 7 Rn. 14 ff.; *Fahrenhorst*, Sorge- und Umgangsrecht nach der Ehescheidung und die Europäische Konvention zum Schutze der Menschenrechte und Grundfreiheiten, FamRZ 1988, S. 238 ff.
369 Dazu und zum Folgenden *v. Coelln*, in: Sachs, Art. 6 Rn. 22; siehe auch BVerfGE 76, 1 (LS 2); BVerfG (K) FamRZ 2004, S. 356, 357.
370 BVerfGE 76, 1 (42 f.); BVerfG (K) DVBl. 2003, S. 1260.
371 BVerfG (K) NVwZ 2004, S. 852, 853.
372 BVerfGE 24, 119 (144); 60, 79 (88).
373 *Häberle*, in: HStR II, § 22; *Enders*, Die Menschenwürde in der Verfassungsordnung, 1997; *Aoyagi*, Die Achtung des Individuums und die Würde des Menschen, 1996.
374 Die »grammatikalisch missglückte Transformation eines Nebensatzes aus Art. 120 WRV« in einen Hauptsatz beklagt *Gröschner*, in: Dreier, Bd. I (Vorauflage), Art. 6 Rn. 116, unter Berufung auf *Ossenbühl*, Erziehungsrecht, S. 67, weil sie dieses Korrespondenzverhältnis gerade nicht mit hinreichender Eindeutigkeit zum Ausdruck bringe.
375 Neben den engen Eingriffsbefugnissen des Staates aus dem Wächteramt sind die Eltern in Ausübung des Elternrechts frei, *v. Coelln*, in: Sachs, Art. 6 Rn. 72, unter Verweis auf BVerfGE 24, 119 (138).

es verschuldet oder unverschuldet – weithin versagen und den zentralen Erziehungsmaßstab, die Orientierung am Kindeswohl, verfehlen.[376]

87 Einen eigenen Erziehungsauftrag vermittelt das Wächteramt der »staatlichen
Gemeinschaft« nicht. Darin unterscheidet es sich maßgeblich von der staatliche Erziehungsverantwortung im Bereich der Schule (Art. 7 Abs. 1 GG) und sonstigen grundrechtlichen Schutz- und Förderungspflichten zur Unterstützung der Elternverantwortung.[377] Dank der Konkretisierung durch Art. 6 Abs. 3 GG, vor allem aber
durch einfaches Gesetzesrecht, wo die letzte Konsequenz der »Trennung« nicht in
Rede steht, bleibt die »wachende« staatliche Gemeinschaft nicht auf eine Kontrollverantwortung beschränkt, sondern hat auch die Möglichkeit zu Interventionen zugunsten eines schutzbedürftigen Kindes.[378]

88 Grundrechtsdogmatisch ist das staatliche Wächteramt Schranke des Elterngrund-
rechts respektive Beschränkung des »Instituts Elternrecht«.[379] Die Schranke/Be-
schränkung kann – unter einfachen Gesetzesvorbehalt gestellt[380] und an strengen
Verhältnismäßigkeitskriterien gemessen – staatliche Eingriffe in das Elternrecht
rechtfertigen, wenn sie für das Kindeswohl unabdingbar sind.[381] Dafür gibt es eine
– leider – reiche Palette von Beispielen zu missbilligenden Elternverhaltens: Unterbunden sind strafbare Handlungen der Eltern gegen ihr Kind (Misshandlungen, Ver-
hungern lassen)[382] und solches Tun, das Grenzen von Pflege und Erziehung sprengt
oder konterkariert. Weder zwingt die Pflichtenbindung der Eltern diese zur Eheschließung[383] noch endet sie mit der Trennung oder der Scheidung.[384]

89 Der elterlichen Pflichtenbindung korrespondiert ein – in gewisser Weise horizontal
wirkendes – Grundrecht des Kindes. Es richtet sich zunächst gegen den Staat und
verlangt nach einfachgesetzlicher Ausgestaltung der Lebenssphären von Pflege und
Erziehung.[385] Es entfaltet aber auch für die Eltern-Kind-Beziehung und die Durchsetzung von Fürsorgeansprüchen bzw. »Kinderrechten« (siehe Art. 24 GRC) im Rahmen dieses Verhältnisses Relevanz. Hier wie dort bildet das Kindeswohl die zentrale
Leitidee.[386]

---

376 *Badura*, in: Maunz/Dürig, Art. 6 Rn. 139.
377 Ebd.
378 BVerfGE 24, 119 (120, 144), BVerfG NJW 2015, S. 48.
379 Siehe oben Rdn. 68 f.
380 *Jestaedt*, in: BK, Art. 6 Rn. 201.
381 *Jarass/Pieroth*, Art. 6 Rn. 40. Zulässig ist nach diesem Maßstab beispielsweise die Verweigerung eines Umgangsrechts, wenn durch Bekanntwerden des Aufenthaltsorts der Mutter
 Übergriffe aus der rechtsextremen Szene drohen, in welcher der Vater nach wie vor aktiv
 ist, BVerfG FamRZ 2013, S. 433.
382 BVerfGE 99, 145 (156 f.).
383 BVerfGE 56, 363 (384).
384 BVerfGE 31, 194 (205); 68, 256 (267).
385 BVerfG NJW 2008, S. 1287, 1288 f.
386 So *Robbers*, in: v. Mangoldt/Klein/Starck, Bd. I, Art. 6 Rn. 145; *Stern*, Staatsrecht IV/1,
 S. 587; aus der verfassungsgerichtlichen Rechtsprechung BVerfGE 102, 370 (393).

Mit Heranwachsen des Kindes ist im Rahmen der Eltern-Kind-Beziehung auch des-   **90**
sen kindliches Persönlichkeitsrecht angemessen (altersgerecht) zu berücksichtigen.[387]
Staatliche Schutzmaßnahmen greifen Raum, wenn es zu Kollisionen zwischen El-
ternhandeln und Kindeswohl kommt. Ein wichtiges Schutzinstrument, das dem Verhältnismäßigkeitsprinzip Rechnung trägt, ist die Ergänzungspflegschaft.[388] Eine Garantie bestmöglicher Erziehung, auch ein »Erziehungsoptimierungsgebot« kann und
will das staatliche Wächteramt nicht sein.[389] Eine Art »Führerschein für Eltern«, wie
er angesichts schwerwiegender Fälle von Erziehungsversagen, Missbrauch und Verwahrlosung, aber auch angesichts zunehmender Erziehungsverantwortung im »global
village«[390] des 21. Jahrhunderts immer wieder diskutiert wird[391], kann der Staat
nicht verlangen. Er kann nur, wo eine erhebliche Gefährdung des Kindeswohl droht,
schwerwiegendes Fehlverhalten der Eltern unterbinden.[392]

Das räumt der »staatlichen Gemeinschaft« – konstituiert durch die drei staatlichen   **91**
Gewalten, aber keine weiter ausgreifende »Gemeinschaft« wie die in Art. 6 Abs. 4
ohne das einschränkende Attribut »staatlich« bezeichnete – zwar keinen eigenständigen Erziehungsauftrag[393], aber eine »treuhänderische Reserveverantwortung« für die
Erziehung ein.[394] Sie wird, was ihren restriktiv determinierten »Reservecharakter«
ausmacht, erst bei nachhaltiger Gefährdung des Kindes relevant.[395] Für Feststellung
des Elternrechtsmissbrauchs bedarf es, weil der grundrechtsrelevante Lebensbereich
sowohl der Eltern als auch des Kindes betroffen ist, einer gesetzlichen Grundlage.[396]

---

387 Grundrechtsmündigkeit bedeutet für den je relevanten Teil gerade eine Verdrängung
   des Elternrechts (vgl. BVerfGE 59, 360 (367 f.)).
388 BVerfGE 72, 122 (135); 75, 201 (215); BVerfG (K) FamRZ 2003, S. 921; BVerfG (K)
   FamRZ 2006, S. 1261.
389 BVerfG (K) NJW 2006, S. 1723.
390 Zu den neuen Gefährdungslagen der Informationsgesellschaft, zu den verschwimmenden
   Grenzen zwischen »öffentlich« und »privat« bei Facebook, Twitter und ähnlichen Inter-
   net-Plattformen, die auch neue erzieherische Herausforderungen bieten siehe *Marauhn/
   Meljnik*, in: Grote/Marauhn, EMRK/GG, Kap. 16 Rn. 10 ff.
391 Zur Diskussion *Tschöpe-Scheffler*, Konzepte der Elternbildung – eine kritische Übersicht,
   2005.
392 BVerfGE 107, 104 (118).
393 Alles andere würde seiner Neutralität widersprechen und der Gefahr einer Erziehungsdiktatur Vorschub leisten. Außerhalb seiner schulischen Erziehungsverantwortung (Art. 7
   Abs. 1) darf der Staat nicht ohne in besondere Weise ermächtigenden Grund »Erzieher«
   werden.
394 Zur Terminologie *Ossenbühl*, Das elterliche Erziehungsrecht im Sinne des GG, 1981,
   S. 68; *Thiel*, Der Erziehungsauftrag des Staates, 2000, S. 60.
395 BVerfGE 24, 119 (144 f.); 60, 79 (91); BVerfG (K) FamRZ 2008, S. 492. Für eine ausführliche Übersicht zu möglichem Fehlverhalten siehe noch *Jestaedt*, in: BK, Art. 6 Abs. 2
   und 3, Rn. 190.
396 BVerfGE 107, 104 (120); *Jarass/Pieroth*, Art. 6 Rn. 40.

Wird das Kindeswohl durch Kompetenzkonflikte zwischen den Elternteilen gefährdet (vgl. § 1628 BGB), kann sich das »Wächter«- in ein »Schlichteramt« wandeln.[397]

IV. Art. 6 Abs. 3 GG – die Spezifizierung des Wächteramtes

92 Art. 6 Abs. 3 GG spezifiziert die Grundrechtsschranke des staatlichen Wächteramtes, wenn es um die »ultima ratio«, die Trennung gegen den Willen der Erziehungsberechtigten geht. Zugleich wirkt diese besondere Form der Ausübung des staatlichen Wächteramtes (»stärkster Eingriff«[398]) mit ihrem qualifizierten Gesetzesvorbehalt[399] als Schranken-Schranke. Auch bei der Trennung des Kindes von der Familie geht es um die Ausübung des staatlichen Wächteramtes, nur wird der Wächter zum Akteur.[400]

93 Die Eingriffsintensität erfordert den strengsten Verhältnismäßigkeitsmaßstab.[401] Eine nachhaltige Nichterfüllung von Erziehungspflichten, die zur Gefahr der Verwahrlosung führt, ist notwendig.[402] Auf ein Verschulden kommt es, weil auch hier alleiniger Maßstab das Kindeswohl sein muss, nicht an. Nur in Extremfällen können nach Maßgabe des Verhältnismäßigkeitsprinzips die aus dem staatlichen Wächteramt herrührenden »Reservebefugnisse« das Elternrecht vollständig verdrängen.[403] In der Praxis sucht der Staat, wenn die elterliche Erziehungsverhinderung respektive das Erziehungsversagen – verschuldet oder nicht – eintritt, zunächst nach einer Ersatzfamilie.[404] Bei dauerhafter Verhinderung oder Versagen (Prognoseentscheidung) sind Pflegefamilien oder Adoptionsfamilien wichtige Alternativen zu einer Heimunterbringung.[405] Vorrangig kann auch eine Unterbringung bei Verwandten in Betracht kommen.[406]

---

397 *v. Coelln*, in: Sachs, Art. 6 Rn. 69a, verweisend auf *Jestaedt*, DVBl. 1997, S. 693 ff., 696, und *Scholz*, FPR 1998, S. 62 ff., 70 f. einerseits, *Coester*, Elternautonomie und Staatsverantwortung bei der Pflege und Erziehung von Kindern, FamRZ 1996, S. 1181, 1182 andererseits.

398 BVerfGE 60, 79 (89). Vgl. auch BVerfGE 107, 104 (118); BVerfG (K) FamRZ 2006, S. 385; BVerfG FamRZ 2014, S. 907; EGMR NJW 2004, S. 3401.

399 BVerfGE 24, 119 (136 ff.); 76, 1 (48).

400 BVerfGE 24, 119 (138); vgl. *Jestaedt*, BK, Art. 6 Abs. 2/Abs. 3 Rn. 215 ff.

401 Das Übermaßverbot ist strikt zu beachten, BVerfGE 60, 79 (89); 79, 51 (60). Derselbe Maßstab ist anzuwenden, wenn es um das Umgangsrecht der Eltern mit ihrem in einer Pflegefamilie lebenden Kind geht, BVerfG NJW 2013, S. 1867.

402 *Höfling*, in: HStR VII, § 155 Rn. 49 f.

403 BVerfGE 24, 119 (147 ff.); BVerfG FD-FamR 2009, 285174 – zum Umfang der Sachverhaltsaufklärung bei Sorgerechtsentziehung.

404 *Stern*, Staatsrecht IV/1, S. 590.

405 Ebd., S. 591.

406 BVerfG NZFam 2014, S. 1091, 1094.

V. Art. 6 Abs. 4 GG – der Fürsorgeanspruch der Mutter

Art. 6 Abs. 4 GG hat auch den Charakter eines subjektiven Leistungsrechts.[407] Es **94** gilt gleichermaßen für Deutsche wie Nicht-Deutsche (Art. 116 GG). Der Förderungsanspruch besteht gegenüber dem Gesetzgeber. Explizite Schranken sind zwar nicht formuliert, aber wie bei allen anderen Leistungsrechten wirken nicht nur entgegenstehendes Verfassungsrecht, sondern auch der Vorbehalt des Möglichen, beschränkend.

VI. Art. 6 Abs. 5 – der grundrechtliche Gleichberechtigungsanspruch nichtehelicher Kinder

Auch Art. 6 Abs. 5 GG wirkt nicht nur als Gesetzgebungsauftrag und wertentschei- **95** dende Grundsatznorm, sondern auch als vorbehaltlos gewährtes Grundrecht (Gleichheitsrecht). Es hat den Charakter eines Menschenrechts und ist nicht auf deutsche Staatsangehörige begrenzt.[408] Wie jedes vorbehaltlos gewährte Recht ist die Norm durch kollidierende Verfassungsgüter beschränkbar.

G. Verhältnis zu anderen Grundgesetzbestimmungen, insbesondere Grundrechtskonkurrenzen

Art. 6 Abs. 1 GG bedeutet im Verhältnis zu Art. 2 Abs. 1 GG eine »Verstärkung«[409], **96** was die Seite der individuellen Freiheitsentfaltung, ein aliud, was den konkreten institutionellen Freiheitsbezug angeht.[410] In beiden Fällen geht Art. 6 Abs. 1 GG im Wege der Spezialität vor. Demgegenüber ist die Entscheidung, eine nichteheliche oder eine gleichgeschlechtliche Lebensgemeinschaft einzugehen ebenso wie die negative Freiheit, unverheiratet zu bleiben, allgemeine Entfaltungsfreiheit und allein von Art. 2 Abs. 1 GG geschützt.[411] In der grundrechtlich geschützten Wohnung (Art. 13 Abs. 1 GG) haben Ehe und Familie ihren räumlich-gegenständlich geschützten Bereich.[412]

---

407 BVerwGE 47, 23 (27) sowie oben Rdn. 63.
408 BVerfGE 25, 167 (181 ff.); weitere Nachweise bei *Badura*, in: Maunz/Dürig, Art. 6 I Rn. 13.
409 BVerfGE 42, 234 (236); 57, 170 (178).
410 Dass jedes Freiheitsgrundrecht immer auch eine institutionelle Seite hat, steht auf einem anderen Blatt, dazu bereits oben Rdn. 60 f. unter Verweis auf die Arbeiten von *Häberle*. Zu den freiheits- und gleichheitsrechtlichen Konkurrenzen auch *Hofmann*, in: Schmidt-Bleibtreu/Hofmann/Hopfauf (Vorauflage), Art. 6 Rn. 64.
411 BVerfGE 56, 363 (384); 82, 6 (16); 87, 234 (267); 105, 313 (346 f.); *Dreier*, in: ders. Bd. I, Art. 2 I Rn. 67; *Freytag*, Lebenspartnerschaftsgesetz, Eheschutzgebot und Differenzierungsverbot, DÖV 2002, S. 445 ff., 447.
412 Verwiesen sei etwa auf die Definition der Wohnung als Familienwohnung im Sinne von § 8 Abs. 2 Nr. 4 SGB VII, dazu *Hofmann*, in: Schmidt-Bleibtreu/Hofmann/Hopfauf (Vorauflage), Art. 6 Rn. 26 m.w.N.

97 Im Verhältnis zum allgemeinen Gleichheitssatz aus Art. 3 Abs. 1 GG bedeutet der »besondere Schutz« aus Art. 6 Abs. 1 GG ebenfalls eine »Verstärkung« oder »Verschärfung«[413]. Das führt aber zu keiner generellen Spezialität von Art. 6 Abs. 1 GG, sondern zu einem sachspezifischen Differenzierungsgebot. Bei größerer Sachnähe bleibt der allgemeine Gleichheitssatz anwendbar.[414] Gleiches gilt, wenn zwei von Art. 6 Abs. 1 geschützte Rechtspositionen in einen gleichheitsrechtlich relevanten Widerstreit geraten, etwa im Verhältnis der Ehegatten zueinander[415] oder im Verhältnis der Erst- zu einer Zweit- oder Folgeehe.[416] Da das Ehebild des Grundgesetzes von einer gleichberechtigten Partnerschaft ausgeht, ist die institutionelle Rahmenordnung der Ehe von Art. 3 Abs. 2 GG (bis hin zum Namensrecht) mitbestimmt.[417]

98 Elterliche und staatliche Erziehungsverantwortung (Art. 6 Abs. 2 S. 1 GG einerseits, Art. 7 Abs. 1 GG andererseits) stehen gleichgeordnet nebeneinander. Geschützt sind je eigene Erziehungsträger mit je eigenen Erziehungszielen. Eine Segmentierung in besondere Bereiche staatlicher und elterlicher Erziehungsverantwortung wird nicht vorgenommen.[418] Die staatliche Schulgestaltung hat elterliche Erziehungsrechte angemessen zu berücksichtigen, darf den »Gesamtplan« elterlicher Erziehung nicht ignorieren.[419] Das so umschriebene Kooperations- oder Konkordanzmodell zwischen elterlicher und schulischer Erziehung[420] schließt Konfliktlagen (z.B. im Hin-

---

413 BVerfGE 18, 257 (269); 29, 71 (79); 76, 1 (72 f.); dazu und zum Folgenden *Brosius-Gersdorf*, in: Dreier, Bd. 1, Art. 6 Rn. 235.

414 BVerfGE 13, 290 (296).

415 BVerfGE 12, 151 (165).

416 BVerfGE 66, 84 (94).

417 BVerfGE 3, 225 (242); 47, 85 (100); weitere Nachweise bei *Gröschner*, in: Dreier, Bd. I (Vorauflage), Art. 6 Rn. 84. Dort findet sich auch der wichtige Hinweis, dass die Strafbarkeit der »Vergewaltigung in der Ehe« (Neufassung von § 177 StGB seit dem 01.04.1998) lange überfälliger Ausdruck gleichberechtigter Partnerschaft ist.

418 *Stern*, Staatsrecht IV/I, S. 602, 605.

419 BVerfGE 34, 165 (182 f.); 59, 360 (378 f.); *Brosius-Gersdorf*, in: Dreier, Bd. I, Art. 7 Rn. 239. Die Lit. fordert teilweise einen prinzipiellen Vorrang des elterlichen Erziehungsrechts, siehe *Roth*, Die Grundrechte Minderjähriger, 2003, S. 146; vorher schon *Ossenbühl*, Das elterliche Erziehungsrecht im Sinne des Grundgesetzes, 1981, S. 117.

420 Vgl. *Jestaedt*, in: BK, Art. 6 Rn. 343. Demgegenüber will *Schmitt-Kammler*, in: Sachs (Vorauflage), Art. 7, Rn. 36, das staatliche Erziehungsmandat im weltanschaulich-religiös-politischen Bereich eng interpretieren und dann Art. 7 Abs. 1 als lex specialis zu Art. 6 Abs. 2 S. 1 werten. Das hätte die Konsequenz, dass das elterliche Erziehungsrecht sich nicht auf den schulischen Bereich erstreckt (so ausdrücklich anders BVerfGE 34, 165 (182 f.). Art. 7 Abs. 1 GG könnte somit nie zu einem Eingriff in das Elternrecht führen, sondern wäre dessen verfassungsunmittelbare Begrenzung. Mit dieser Lösung sind zwar ungewisse Abwägungen und Bereichsabgrenzungen vermieden (vgl. auch *Huster*, Die ethische Neutralität des Staates, 2002, S. 278 ff.), zugleich entsteht aber eine wirklichkeitsfremde Segmentierung der Erziehungsverantwortung, die letztlich sowohl für die Praxis als auch für die Theoriebildung zu kurz greift.

blick auf das »home schooling«[421]) aber nicht aus. Sie gilt es im Wege praktischer Konkordanz in Ausgleich zu bringen.[422]

Bezogen auf Art. 2 Abs. 1 GG verkörpert Art. 6 Abs. 2 S. 1 GG eine vorrangige **99** Konkretisierung des allgemeinen Entfaltungsrechts.[423] Auch bezogen auf Art. 6 Abs. 1 GG besteht ein Verhältnis der Spezialität.[424] Hinsichtlich der Festlegung des religiösen Bekenntnisses der Kinder tritt Art. 4 Abs. 1 GG neben Art. 6 Abs. 2 GG.[425] Das Bestimmungsrecht aus Art. 7 Abs. 2 GG konkretisiert sowohl die Elternrechte aus Art. 6 Abs. 2 S. 1 GG als auch die Rechtspositionen aus Art. 4 Abs. 1 und 2 GG.[426]

Über die Betätigung der elterlichen Erziehung wacht nach Art. 6 Abs. 2 S. 2 die **100** staatliche Gemeinschaft. Art. 6 Abs. 3 GG ist die spezielle Konkretisierung des staatlichen Wächteramtes. Das bestätigt ein Blick auf die Schrankenregelung: Für Art. 6 Abs. 2 S. 2 GG gilt der allgemeine Vorbehalt des Gesetzes, für Art. 6 Abs. 3 GG ein qualifizierter Gesetzesvorbehalt.[427] Bezogen auf Art. 6 Abs. 1 GG ist Art. 6 Abs. 3 GG lex specialis. Der besondere Schutz wandelt sich in die – seinerseits durch Art. 6 Abs. 1 GG freiheitlich begrenzte und verhältnismäßig limitierte – Wächterrolle. Die Schutzverantwortung findet in der Kontrollverantwortung ihr konkretisierendes Pendant.[428]

Art. 6 Abs. 4 GG konkretisiert in seiner objektiv-rechtlichen Dimension das Sozial- **101** staatsprinzip und ist insoweit staatszielausfüllende lex specialis.[429] Als Diskriminierungsverbot wirkt Art. 6 Abs. 4 GG über Art. 3 Abs. 1 GG hinaus.[430] Und auch gegenüber Art. 3 Abs. 2 hat die Norm den Charakter einer lex specialis. Sie erlaubt Bevorzugen im Verhältnis von Mann und Frau, soweit nicht an die Geschlechterrolle, sondern an die Mutterschaft angeknüpft wird. Besonders prägnante Beispiele sind

---

421 Art. 7 Rdn. 15.

422 *Hebeler/Schmidt*, Schulpflicht und elterliches Erziehungsrecht – Neue Aspekte eines alten Themas?, NVwZ 2005, 1368, S. 1369 f., sowie Art. 7 Rdn. 72. Vereinbar mit Art. 6 Abs. 2 S. 1 GG ist in diesem Zusammenhang eine landesrechtliche Strafnorm, die die dauernde Entziehung eines Kindes von der Schulpflicht sanktioniert, BVerfG DÖV 2015, S. 116.

423 BVerfGE 24, 119 (151).

424 BVerfGE 4, 52 (57); 24, 119 (151); 31, 194 (204).

425 *Gröschner*, in: Dreier, Bd. I (Vorauflage), Art. 7 Rn. 155; siehe auch BVerfG NJW 2002, S. 206; *Ohler/Weiß*, Glaubensfreiheit vs. Schutz von Ehe und Familie, NJW 2002, S. 194. Ausführlich zu der rechtlichen Einordnung der religiösen Beschneidung in diesem Zusammenhang *Isensee*, Grundrechtliche Konsequenz wider geheiligte Tradition, Der Streit um die Beschneidung, JZ 2013, S. 317 ff.

426 Art. 7 Rdn. 76.

427 *Jarass/Pieroth*, Art. 6 Rn. 40.

428 BVerfGE 31, 194 (204).

429 BVerfGE 32, 273 (279); *Badura*, in: Maunz/Dürig, Art. 6 Rn. 151; *Aubel*, Der verfassungsrechtliche Mutterschutz, 2003, S. 234.

430 BVerfGE 65, 104 (113).

der Mutterschaftsurlaub – der eine Elternzeit für den Vater nicht ausschließt –, das Mutterschaftsgeld oder der Schutz vor einem Verlust des Arbeitsplatzes während der Schwangerschaft, Entbindungs- und Stillzeit etc.[431]

102 Wie Art. 6 Abs. 4 ist auch Art. 6 Abs. 5 Konkretisierung des allgemeinen Gleichheitssatzes (Art. 3 Abs. 1)[432] und lex specialis zum Sozialstaatsprinzip.[433] Aus ihr resultiert eine sozialstaatlich wie gleichheitsrechtlich (positive Diskriminierung) motivierte allgemeine Förderpflicht des Gesetzgebers[434] sowie ein explizites Benachteiligungsverbot.[435] Keine Spezialität besteht zu Art. 3 Abs. 2 GG.[436]

H. Der Schutz von Ehe und Familie in seinen vergleichenden, europäischen und internationalen Bezügen

I. Ehe und Familie im europäischen (Verfassungs-)Rechtsvergleich

103 In den europäischen Verfassungs- und Rechtsordnungen existieren vielfache Gemeinsamkeiten und gemeineuropäische[437] Standards mit Blick auf das Ehe- und Familienrecht.[438] Ehe und Familienleben gehören zur »kulturellen« Identität Europas, sind Element europäischer Rechtskultur.[439] Ausdruck einer gemeineuropäischen Kongruenz im Prinzipiellen ist etwa Art. 159 Abs. 3 ZGB (Schweiz), der die Ehe als »Beistandsgemeinschaft« konzipiert.[440] Das darf über – häufig konfessionell bedingte – Unterschiede im Detail nicht hinwegtäuschen. So stellen Art. 41 Verf. Irland und Art. 29 Verf. Italien in katholischer Tradition ausdrücklich darauf ab, dass die

---

431 Vgl. BVerfGE 32, 273 (277); 85, 360 (372); BSGE 56, 8 (9 ff.); BSGE 52, 357 (365); 56, 8 (9 ff.); EuGH NJW 2002, S. 123 ff.; *Hesse*, Grundzüge, Rn. 436, Fn. 79 betont unter Verweis auf BVerfGE 74, 163 (180) und 85, 191 (207), dass der Gesetzgeber zu einer Ungleichbehandlung dann befugt sei, »wenn er einen sozialstaatlich motivierten typischen Ausgleich von Nachteilen anordnet, die ihrerseits auf biologische Unterschiede zurückgehen«.
432 BVerfGE 17, 280 (283 ff.); 74, 33 (38); 84, 168 (184).
433 BVerfGE 24, 44 (61 f.).
434 Vgl. BVerfGE 22, 163 (173).
435 BVerfGE 17, 148 (153 ff.); 96, 56 (65).
436 BVerfGE 26, 265 (272 f.).
437 Sie reflektieren »gemeineuropäisches Verfassungs«- bzw. »Grundrechte-Recht« im Sinne von *Häberle*, Gemeineuropäisches Verfassungsrecht, EuGRZ 1991, S. 261 ff.; *ders.* Europäische Verfassungslehre, 7. Aufl. 2011, S. 330 et passim.
438 Einen umfassenden rechtsvergleichenden Überblick gibt *Räther*, Der Schutz der gleich- und verschiedengeschlechtlichen Lebensgemeinschaften in Europa, 2003.
439 *Häberle*, Europäische Rechtskultur, 1994 (TB 1997).
440 *Biaggini*, Grundlagen und Grundzüge des staatlichen Verfassungsrechts: Schweiz, in: v. Bogdandy/Cruz Villalón/Huber, Ius Publicum Europaeum, Bd. I, § 10 Rn. 94; umfassend zur Garantie von Ehe und Familie (gem. Art. 14 Schweizer BV) *Schweizer*, Recht auf Ehe und Familie, in: Merten/Papier, Handbuch der Grundrechte, Bd. VII/2, § 213; für Österreich *Wiederin*, Schutz der Privatsphäre, in: Merten/Papier, Handbuch der Grundrechte, Bd. VII/1, § 190, Rn. 54 ff.

Familie aus der Ehe hervorgehe.[441] Die obligatorische Zivilehe ist teils auf Verfassungsebene, teils einfachgesetzlich postuliert, aber keineswegs europäisches Gemeingut und mit Blick auf das universelle Menschenrecht der Religionsfreiheit durchaus fragwürdig.[442]

Das deutsche Landesverfassungsrecht ist – mit Ausnahme der Verfassungen von Ba- **104** den-Württemberg, Hamburg, Mecklenburg-Vorpommern, Niedersachsen und Schleswig-Holstein – reich an Aussagen zu Ehe und Familie einschließlich der Erziehungsziele. Während die älteren Texte häufig ein hohes Pathos wagen[443], gestalten sich neuere Texte – nicht zuletzt in den neuen Ländern – sprachlich sachlicher und lassen gewandelte gesellschaftspolitische Leitbilder erkennen.[444]

II. Ehe und Familie im Kontext des partikulär-europäischen Menschenrechtsschutzes

Für den europäischen Grundrechtsraum haben Art. 8 EMRK (Recht auf Achtung **105** des Privat- und Familienlebens) sowie 12 EMRK (Recht auf Eheschließung) Leitbildcharakter.[445] Sie bilden den menschenrechtlichen Ausgangspunkt zur Entwicklung eines (gemein-)europäischen Familienrechts.[446] Die innovative Rechtsprechung des EGMR legt einen weiten Familienbegriff zugrunde[447] und hat vor allem Ehe und Familie entkoppelt. Der Schutz aus Art. 8 EMRK steht auch solchen »faktischen Beziehungen« zu, »bei denen die Parteien zusammenleben, ohne verheiratet zu sein.«[448] Indes haben sowohl der EuGH als auch der EGMR in ihrer Rechtsprechung an der Verschiedengeschlechtlichkeit als konstitutivem Merkmal des Ehebegriffs festgehal-

---

441 *Bergmann/Ferid*, Internationales Ehe- und Kindschaftsrecht (Loseblattsammlung); *Rengeling*, Grundrechtsschutz in der Europäischen Gemeinschaft, 1993, S. 98 ff.; *Tettinger/Gerlings*, EuR 2005, S. 419, 423 und 433 f.

442 In diesem Sinne auch *Robbers*, in: v. Mangoldt/Klein/Starck, Bd. I, Art. 6 Rn. 43.

443 Beispiele geben Art. 125 Abs. 1 Verf. Bayern: Kinder als »das köstlichste Gut eines Volkes«; Art. 24 Verf. Rheinland-Pfalz: Kinder als »das kostbarste Gut der Familie und des Volkes«.

444 So stellen Art. 12 Abs. 2 Verf. Berlin und Art. 26 Abs. 2 Verf. Brandenburg neben der Ehe und Familie auch »andere auf Dauer angelegte Lebensgemeinschaften« unter besonderen Schutz; vgl. dazu *Gröschner*, in: Dreier, Bd. I (Vorauflage), Art. 6 Rn. 29; allg. *Häberle*, Die Verfassungsbewegung in den fünf neuen Bundesländern, in: JöR 41 (1993), S. 69 ff. (mit Textanhängen); fortgeführt in JöR 42 (1994), S. 149 ff., und JöR 43 (1995), S. 355 ff.

445 Für eine präzise Übersicht *Oppermann*, Europarecht, 6. Aufl. 2014, § 17 Rn. 51 f.

446 *Martiny*, Europäisches Familienrecht – Utopie oder Notwendigkeit? RabelsZ 59 (1995), S. 419 ff.; *Pintens*, Grundgedanken und Perspektiven der Europäisierung des Familien- und Erbrechts, FamRZ 2003, S. 329 ff., 499 ff.; Freitag/Leible/Sippel/Wanitzek (Hrsg.), Internationales Familienrecht für das 21. Jahrhundert. FS U. Spellenberg, 2006.

447 Er ist nicht auf die nach deutschem Verständnis typische Kleinfamilie beschränkt, bezieht, drei Generationen umfassend, auch Enkel und Großeltern mit ein, EGMR EuGRZ 1979, S. 454, 458; *Frowein*, in: Frowein/Peukert, EMRK, Art. 8 Rn. 16.

448 EGMR FamRZ 1995, S. 110.

ten.[449] Der institutionelle Schutzrahmen für verschiedengeschlechtliche nichteheliche Lebensgemeinschaften bleibt auf europäischer Ebene noch weithin unkonturiert.[450] Art. 9 GRC gewährleistet das Recht, eine Ehe einzugehen, und das Recht, eine Familie zu gründen, bindet beide Garantien aber an das mitgliedstaatliche Recht.[451] Die Eheschließungsfreiheit setzt die Ehe dabei als Institut voraus, ohne sie insgesamt zu schützen.[452]

106   Art. 7 GRC kontextualisiert den Schutz des Familienlebens mit dem Privatheitsschutz sowie dem Wohnungs- und Kommunikationsgrundrecht. So kommt zum Ausdruck, dass Familie nicht nur eine Solidar- sondern auch eine Kommunikationsgemeinschaft formt und kommunikatives Miteinander in der Freiheitssphäre des Privaten ermöglicht.[453] Davon umfasst sind auch Elternrechte (Umgang beider Elternteile mit den Kindern)[454], während das Recht der Kinder auf Kontakt zu den Eltern in Art. 24 Abs. 3 GRC eigenständige Verbürgung findet.[455] Art. 14 Abs. 3, 2. Alt. GRC schreibt als lex specialis zu den sonstigen Elternrechten im Zusammenhang mit dem »Recht auf Bildung« auch das elterliche Erziehungsrecht, gleichsam als Gegengewicht zu dem staatlichen Gestaltungsrecht im Schulbereich, fest.[456] Für die »Sozialunion« ist neben dem rechtlichen und wirtschaftlichen auch der soziale Schutz der Familie Gewährleistungsnotwendigkeit (Art. 33 Abs. 1 GRC). Das bestätigt die Europäische Sozialcharta (Teil I Nr. 8, 16, 17, 19; Teil II, Art. 8, 16, 17, 19) mit ihre Forderungen nach Sozial- und Familienleistungen, steuerlichen Erleichterungen bis hin zum Bau familiengerechter Wohnungen.[457] Spezifischen Eltern- und Mutterschutz (Schutz vor Entlassung »in einem mit der Mutterschaft zusammenhängenden Grund«, Mutterschafts- und Elternurlaub) garantiert Art. 33 Abs. 2 GRC.[458] Der

---

449 EGMR ÖJZ 1991, S. 173, 175; EuGH DVBl. 2001, S. 1199, EuGH, Rs. C-249/96, Slg. 1998, I-621, Rn. 38 – *Grant/South West Trains Ltd.*

450 Vgl. *Kingreen*, in: Calliess/Ruffert, EUV/AEUV, Art. 6 EUV Rn. 108.

451 Einzelheiten bei *Tettinger*, in: ders./Stern, Europäische Grundrechte-Charta, 2006, Art. 9 Rn. 13 ff.

452 *Bernsdorff*, in: Meyer, Grundrechtecharta, 4. Aufl. 2014, Art. 9 Rn. 12 f.; teilweise abweichend *Jarass*, EU-Grundrechte, § 14 Rn. 2.

453 BVerfGE 76, 1 (51); *Michael/Morlok*, Grundrechte, Rn. 248; zur Systematik *Tettinger*, in: ders./Stern, Europäische Grundrechte-Charta, 2006, Art. 7 Rn. 4.

454 *Jarass*, EU-Grundrechte, § 12 Rn. 20; BVerfG FÜR 2008, S. 238 m. Anm. Huber – Zwangsumgang.

455 *Ennuschat*, in: Tettinger/Stern, Europäische Grundrechte-Charta, 2006, Art. 24 Rn. 19 ff.

456 *Kempen*, in: Tettinger/Stern, Europäische Grundrechte-Charta, 2006, Art. 14 Rn. 5 ff.; *Bernsdorff*, in: Meyer, Grundrechtecharta, 4. Aufl. 2014, Art. 14 Rn. 18 ff.

457 *Baer*, Demografischer Wandel und Generationengerechtigkeit, in: VVDStRL 68 (2009), S. 290 ff., 317; *Fernandes Fortunato*, EuR 2008, S. 27 ff.

458 *Jarass*, EU-Grundrechte, § 12 Rn. 20; *Riedel*, in: Meyer, Grundrechtecharta, 4. Aufl 2014, Art. 33 Rn. 14, 17 ff.; *Tettinger*, in: ders./Stern, Europäische Grundrechte-Charta, 2006, Art. 33 Rn. 12 ff.

Aufenthalt von Familienangehörigen spielt im Rahmen des Europäischen Binnenmarktes und des Unionsbürgerrechts eine maßgebliche Rolle.[459]

III. Ehe und Familie im Kontext des universellen Menschenrechtsschutzes

Universelle Momente im Schutz von Ehe und Familie dokumentieren – bei aller   **107** kulturellen Partikularität – zahlreiche völkerrechtliche Texte.[460] Das Ehe- bzw. Familiengründungsrecht »ohne Beschränkung durch Rasse, Staatsbürgerschaft oder Religion« erwähnt Art. 16 Nr. 1 AEMR. Nr. 3 würdigt die Familie als »natürliche und grundlegende Einheit der Gesellschaft«. Diesen Sprachduktus aufgreifend, stellen Art. 23 Abs. 1 IPbpR und Art. 10 Nr. 1 IPwskR die Familie als »natürliche Kernzelle der Gesellschaft« unter staatlichen wie – horizontal – gesellschaftlichen Schutz. Solchem Schutzanspruch weiß sich auch die Präambel der UN-Kinderrechtskonvention von 1989 verpflichtet.[461]

I. Prozessuale Fragen

Das Grundrecht aus Art. 6 Abs. 1 GG ist im Wege der Verfassungsbeschwerde   **108** durchsetzbar. Gleiches gilt für das Elternrecht aus Art. 6 Abs. 2 GG. Letzteres hat aber noch weitergehende verfahrensrechtliche Wirkungen. Der Gesetzgeber muss prozedurale Regelungen schaffen, die die grundrechtliche Stellung des betroffenen Kindes hinreichend berücksichtigen. So ist etwa der ausnahmslose Ausschluss eines leiblichen Vaters vom Anfechtungsrecht auf Vaterschaftsanerkennung verfassungswidrig.[462] Ebenso verfassungsbeschwerdefähig ist der in Art. 6 Abs. 3 GG enthaltene grundrechtliche Schutzanspruch. Auch der Anspruch aus Art. 6 Abs. 4 GG kann – gerichtet gegen den Gesetzgeber – mit der Verfassungsbeschwerde durchgesetzt werden.[463] Als wertentscheidende Grundsatznorm durchdringt Art. 6 GG als solcher auch das gesamte Prozessrecht, insbesondere das Ehe- und Familienprozessrecht sowie die einschlägigen Regelungen der freiwilligen Gerichtsbarkeit.

---

459 EuGH, Rs. C-370/90, Slg. 1992, I-4265, Rn. 19 ff. – *Die Königin/Singh*; Rs. C-60/00, Slg. 2002, I-6279, Rn. 41 – *Carpenter* sowie wiederum *Wendel*, Aufenthalt als Mittel zum Zweck: zu Grund und Grenzen derivativer Aufenthaltsrechte Drittstaatsangehöriger, DÖV 2014, S. 133 ff.

460 Ausführlich dokumentiert in *Palm-Risse*, Der völkerrechtliche Schutz von Ehe und Familie, 1990; zum Spannungsverhältnis von Universalität und kultureller Partikularität *Kotzur*, Theorieelemente des internationalen Menschenrechtsschutzes, 2001, S. 328 ff.; *ders.*, Der Europäische Gerichtshof für Menschenrechte: Ein regionaler Akteur im Dienste universeller Menschenrechte, in: v. Hoffmann (Hrsg.), Universalität der Menschenrechte, 2009, S. 41 ff.

461 Für das Inkrafttreten in der BRD BGBl. 1992 II S. 121 und 990.

462 Nachweise bei *Hofmann*, in: Schmidt-Bleibtreu/Hofmann/Hopfauf (Vorauflage), Art. 6 Rn. 42a.

463 Vgl. BVerfGE 56, 54 (70).

109   Gestützt auf Art. 8 EMRK ist auch ein Verfahren zum europäischen Gerichtshof für Menschenrechte möglich.[464] Auf Ebene des Unionsrechts hat der Schutz von Familiensachen in jüngerer Zeit ebenfalls weitergehende prozessuale Absicherung erfahren. Der »Raum der Freiheit, der Sicherheit und des Rechts«[465] umfasst auch die justizielle Zusammenarbeit in Zivilsachen (Art. 81 AEUV). Von hoher Relevanz sind bestimmte eilbedürftige Familiensachen (siehe auch die Brüssel II und IIa-Verordnung), die Entscheidungen über elterliche Sorge oder die Kindesentziehung betreffen.[466] Im Rahmen des Vorabentscheidungsverfahrens sind seit dem 01.03.2008 Eilentscheidungen des EuGH möglich (siehe Art. 23a Satzung EuGH bzw. Art. 104b Verfahrensordnung EuGH).

J. Deutsche und europarechtliche Leitentscheidungen

110   BVerfGE 6, 55 – Steuersplitting/Zusammenveranlagung; BVerfGE 8, 210 – zur Bedeutung von Art. 6 Abs. 5 GG; BVerfGE 9, 20 – nichteheliche Lebensgemeinschaft I; BVerfGE 10, 59 – elterliche Gewalt; BVerfGE 17, 280 – zu § 1708 BGB a.f.; BVerfGE 24, 119 – Adoption I; BVerfGE 25, 167 – Nichtehelichkeit; BVerfGE 31, 58 – Spanierbeschluss; BVerfGE 37, 121 – Mutterschaftsgeld I; BVerfGE 53, 224 – Ehescheidung; BVerfGE 76, 1 – Familiennachzug; BVerfGE 80, 81 – Erwachsenenadoption; BVerfGE 82, 6 – nichteheliche Lebensgemeinschaft; BVerfGE 82, 60 – Familienexistenzminimum I; BVerfGE 87, 153 – Familienexistenzminimum II; BVerfGE 87, 234 – Nichteheliche Lebensgemeinschaft III; BVerfGE 88, 203 – Schwangerschaftsabbruch II; BVerfGE 91, 93 – Familienexistenzminimum III; BVerfGE 92, 158 – nichtehelicher Vater; BVerfGE 99, 216 – Familienlastenausgleich II; BVerfGE 99, 246 – Kinderexistenzminimum; BVerfGE 103, 242 – Pflegeversicherung III; BVerfGE 105, 1 – Familien- und Erwerbsarbeit; BVerfGE 105, 313 – Lebenspartnerschaftsgesetz; BVerfGE 107, 150 – Sorgerecht; BVerfGE 108, 82 – Rechte des leiblichen Vaters; BVerfGE 108, 351 – Ehegattensplitting und Zweitehe; BVerfGE 109, 64 – Mutterschaftsgeld II; BVerfGE 112, 268 – Kinderbetreuung II; BVerfGE 112, 332 – Pflichtteil; BVerfGE 117, 316 – Künstliche Befruchtung; BVerfGE 117, 202 – heimliche Vaterschaftstests; BVerfGE 118, 45 – gleicher Betreuungsunterhalt; BVerfGE 128, 109 – Eheschließungsfähigkeit Transsexueller; BVerfGE 133, 59 – Sukzessivadoption durch gleichgeschlechtliche Paare; BVerfGE 133, 377 – Ausschluss eingetragener Lebenspartnerschaften vom Ehegattensplitting.

---

464   Auf die Rspr. *Görgülü* (BVerfGE 111, 307) wurde bereits verwiesen, oben Rdn. 69. Ausführlicher zu ehe- und familienrechtlichen Problemen in der Rechtsprechung des EGMR *Kielmannsegg*, AVR 46 (2008), S. 273 ff.

465   Zum Begriff *Möstl*, Die staatliche Garantie für die öffentliche Sicherheit und Ordnung, 2002, S. 557 ff., 618 ff.; Pache (Hrsg.), Die Europäische Union – Ein Raum der Freiheit, der Sicherheit und des Rechts?, 2005; *Streinz*, Europarecht, 9. Aufl. 2012, Rn. 992 ff.

466   *Kohler/Pintens*, Familienrechtliche Entwicklungen in der EU und im Europarat, FamRZ 2008, S. 1669, 1670 f.

BVerfG NJW 2008, S. 1137 – Inzest; BVerfG NJW 2008, S. 1287 – Durchsetzung der Umgangspflicht; BVerfG NJW 2008, S. 3117 – Fortbestand der Ehe bei Transsexuellen.

K. Literaturauswahl

Alber, S., Das Recht auf Schutz des Familienlebens im Aufenthaltsrecht, in: FS Ress, 2005, S. 371 ff.; *Altrogge, A.*, Das Urteil des BVerfG zur zwangsweisen Durchsetzung der Umgangspflicht und die Ordnungsmittel des FamFG, FPR 2009, S. 34 ff.; *Aubel, T.*, Der verfassungsrechtliche Mutterschutz, 2003; *Axer, P.*, Die Familie zwischen Privatrecht, Sozialrecht und Steuerrecht, in: Mellinghoff, R., (Hrsg.), Steuern im Sozialstaat, 2006, S. 175 ff.; *Badura, P.*, Ehe und Familie stehen unter dem besonderen Schutz der staatlichen Ordnung (Art. 6 Abs. 1 GG), in: Bitburger Gespräche, Jahrbuch 38 (2001), S. 87 ff.; *Bdeiwi, S.*, Beischlaf unter Verwandten: Reform und Gesetzgebung seit 1870, 2014; *Benedict, J.*, Die Ehe unter dem besonderen Schutz der Verfassung – Ein vorläufiges Fazit, JZ 2013, S. 477 ff.; *Berens, P.*, Der Grundrechtsschutz der Familie, 2004; *Böckenförde, E.-W.*, Elternrecht – Recht des Kindes – Recht des Staates, in: Essener Gespräche zum Thema Staat und Kirche 14 (1980), S. 54 ff.; *Born, W.*, Das neue Unterhaltsrecht, NJW 2008, S. 1 ff.; *Breitenmoser, S.*, Der Schutz der Privatsphäre gem. Art. 8 EMRK, 1986; *Brötel, A.*, Der Anspruch auf Achtung des Familienlebens, 1991; *Bruns, M.*, Lebenspartner und die betriebliche Altersversorgung, NZA 2009, S. 596 ff.; *v. Campenhausen, A.*, Verfassungsgarantie und sozialer Wandel – Das Beispiel von Ehe und Familie, in: VVDStRL 45 (1987), S. 7 ff.; *Caroni, M.*, Privat- und Familienleben zwischen Menschenrecht und Migration. Eine Untersuchung zu Bedeutung, Rechtsprechung und Möglichkeiten von Art. 8 EMRK im Ausländerrecht, 1999; *Coester, M.*, Das Kindeswohl als Rechtsbegriff, 1983; *Coester-Waltjen, D.*, Grundgesetz und EMRK im deutschen Familienrecht, Jura 2007, S. 914 ff.; *Deutscher Bundestag*, Abschlussbericht der Enquete-Kommission »Demographischer Wandel«, 2002; *Dieckmann, A.*, Bemerkungen zum Beschluss des Bundesverfassungsgerichts vom 28.01.1969, 1 BvR 26/66, betreffend die Neuordnung des Unehelichenrechts, FamRZ 1969, S. 297 ff.; *Dietlein, J.*, Der Schutz nichtehelicher Lebensgemeinschaften in den Verfassungen und Verfassungsentwürfen der neuen Länder, DtZ 1993, S. 136 ff.; *Di Fabio, U.*, Der Schutz von Ehe und Familie: Verfassungsentscheidung für die vitale Gesellschaft, NJW 2003, S. 993 ff.; *Dorsch, G.*, Die Konvention der Vereinten Nationen über die Rechte des Kindes, 1994; *Eggen, B.*, Gleichgeschlechtliche Lebensgemeinschaften. Erste Ergebnisse einer Untersuchung im Rahmen des Mikrozensus, in: Schneider, N. F./Matthias-Bleck, H. (Hrsg.), Elternschaft heute, 2002, S. 215 ff.; *Enders, Ch.*, Das Recht auf Kenntnis der eigenen Abstammung, NJW 1989, S. 881 ff.; *Erichsen, H.-U.*, Elternrecht – Kindeswohl – Staatgewalt, 1985; *Favier, M.*, Die gemeinsame rechtliche Elternschaft von eingetragenen Lebenspartnerschaften durch die Annahme eines Kindes, 2014; *Fernandes Fortunato, S.*, Internationaler Schutz der Familie am Beispiel der Europäischen Sozialcharta, EuR 2008, S. 27 ff.; *Fieseler, G./Herboth, R.*, Recht der Familie und Jugendhilfe, 6. Aufl. 2005; *Franzius, Ch.*, Bonner GG und Familienrecht, 2005; *Friauf, K. H.*, Verfassungsgarantie und sozialer Wandel – Das Beispiel von Ehe und Familie, NJW 1986, S. 2595 ff.; *Gade, G./Thiele, Ch.*, Ehe und eingetragene Lebenspartnerschaft: Zwei namensverschiedene Rechtsinstitute gleichen Inhalts?, DÖV 2013, S. 142 ff.; *Gardner, R. A.*, The Parental Alienation Syndrome. A Guide for Mental Health and Legal Professionals, 1992; *Gerlach, I.*, Familie und staatliches Handeln, 1996; *Groh, Th.*, Nächster Halt: Karlsruhe – Endstation Straßburg – Die Bedeutung des BVerfG und des EGMR für die Entscheidung umgangsrechtlicher Streitigkeiten, FPR 2009, S. 153 ff.; *Grziwotz, H.*, Nichteheliche Lebensgemeinschaft, 4. Aufl. 2006; *Gusy, Ch.*, Der Grundrechtsschutz von Ehe und Familie, JA 1986, S. 183 ff.; *Häberle, P.*, Verfassungsschutz der Familie – Familienpolitik im Verfassungsstaat, 1984; *Heiß, H./Castellanos, H. A.*, Gemeinsame Sorge und Kindeswohl nach neuem Recht, 2013; *Herzog, R.*, Schutz von Ehe und Familie durch die Verfassung, Bitburger Gespräche, Jahrbuch 19 (1988), S. 15 ff.; *Höfling, W.*, Elternrecht, in: HStR, Bd. VII, § 155, S. 477 ff.; *Hohmann-Dennhardt, Ch.*, Kindeswohl und Elternrecht – Rechtsverhältnis von Eltern und Kindern, FPR 2008, S. 476 f.; *Idel, S. W.*, Der Familienbegriff grund- und einfachgesetzlicher Normen, 2005; *Ipsen, J.*, Ehe und Familie, in: HStR, Bd. VII, § 154, S. 431 ff.; *Jeand'Heur, B.*, Verfassungsrechtliche Schutzgebote zum Wohl des Kindes und staatliche Interventionspflichten aus der Garantienorm des Art. 6 Abs. 2 Satz 2 GG, 1993; *Jestaedt. M.*, Staatliche Rollen in der Eltern-Kind-Beziehung, DVBl. 1997, S. 693 ff.; *Kaufmann, F.-X.*, Zukunft der Familie im vereinten Deutschland, 1995; *Graf v. Kielmannsegg, Sebastian*, Jenseits von Karlsruhe. Das deutsche Familienrecht in der Straßburger Rechtsprechung, AVR 46 (2008), S. 273 ff.; *Kingreen, Th.*, Das Grundrecht von Ehe und Familie, Jura 1997, S. 401 ff.; *ders.*, Die verfassungsrechtliche Stellung der nichtehelichen Lebensgemeinschaften im Spannungsfeld von Freiheits- und Gleichheitsrechten, 1995; *Kotzur, H.*, Kollisionsrechtliche Probleme christlichislamischer Ehen, 1988; *Langmeyer, A. N.*, Sorgerecht, Coparenting und Kindeswohl. Eltern Sein in nichteheliche Lebensgemeinschaften, 2015; *Lumpp, S.*, Die Scheinehenproblematik, 2006; *Mager*, Einrichtungsgarantien, 2003, 14. Kapitel: Die Verfassungsgarantien von Ehe, Familie und Elternverantwortung, S. 195 ff.; *Muscheler, K.*, Das Recht der eingetragenen Lebenspartnerschaft, 2. Aufl. 2004; *Nagel, T.*, Das islamische Recht, 2001; *Ossenbühl, F.*, Das elterliche Erziehungsrecht im Sinne des Grundgesetzes, 1981; *Pabst, S.*, Die Entscheidungszuständigkeit und Beachtung ausländischer Rechtshängigkeit in Ehesachen mit Europabezug. Grundrechtsprobleme und Grundrechtsschutz, 2009; *Papier, H.-J.*, Ehe und Familie in der neueren Rechtsprechung des BVerfG, NJW 2002, S. 2129 ff.; *Pauli, H.-G.*, Islamisches Familien- und Erbrecht und ordre public, 1994; *Pechstein, M.*, Familiengerechtigkeit als Gestaltungsgebot für die staatliche Ordnung, 1994; *Peschel-Gutzeit, L. M.*, Die geschichtliche Entwicklung der Vaterstellung im deutschen Recht seit 1900, FRP 2005, S. 167 ff.; *Peuckert, R.*, Das Leben der Geschlechter. Mythen und Fakten zu Ehe, Partnerschaft und Familie, 2015; *Pfistner, S.*, Benachteiligung von Eltern bei der bestehenden Beamtenbesoldung, NVwZ 2008, S. 1195 ff.; *Rakete-Dombek, I.*, Umgang um jeden Preis? Pflicht zum Umgang nur für Kinder, FPR 2008, S. 492 ff.; *Rauscher, Th.*, Familienrecht, 2. Aufl. 2008; *ders.*, Shari'a, Islamisches Familienrecht der sunna und shi'a, 1987; *Rixen, S.*, Das Ende der Ehe? – Neukonturierung der Bereichsdogmatik von Art. 6 Abs. 1 GG: ein Signal des spanischen Verfassungsgerichts, JZ 2013, S. 864 ff.; *Schmid, V.*, Die Familie in Art. 6 des Grundgesetzes, 1989; *Schmitt Glaeser, W.*, Das elterliche Erziehungsrecht in staatlicher Reglementierung, 1980; *Schmitz, E. M.*, Mutterschutz und Mutterpflichten, 1992; *Scholz, R.*, Kindschaftsrechtsreform und Grundgesetz, FPR 1998, S. 62 ff.; *Schüffner, M.*, Eheschutz und Lebenspartnerschaft, 2007; *Schumann, E.*, Die nichteheliche Familie. Reformvorschläge für das Familienrecht, 1998; *Schwab, D.*, Zur Geschichte des verfassungsrechtlichen Schutzes von Ehe und Familie, in: FS F. W. Bosch, 1976, S. 893 ff.; *Shirvani, F.*, Die sozialstaatliche Komponente des Ehe- und Familiengrundrechts, NZS 2009, S. 242 ff.; *Steiger, H.*, Verfassungsgarantie und sozialer Wandel – das Beispiel von Ehe und Familie, in: VVDStRL 45 (1987), S. 55 ff.; *Tettinger, P. J.*, Der grundgesetzliche gewährleistete besondere Schutz von Ehe und Familie, in: Essener Gespräche zum Thema Staat und Kirche 14 (2001), S. 117 ff.; *ders./Geerlings, J.*, Ehe und Familie in der deutschen Grundrechtsordnung, EuR 2005, S. 419 ff.; *Theile, J.*, Transsexualität im Familienrecht. Eine vergleichende Untersuchung der rechtlichen Anerkennung des Geschlechtswechsels und ihrer Rechtsfolgen insbesondere auf die Ehe und Lebenspartnerschaft im deutschen, englischen und französischen Recht, 2013; *Uhle, A.* Zur Disposition gestellt? Der besondere Schutz von Ehe und Familie zwischen Verfassungsanspruch und Verfassungswirklichkeit, 2014; *Wiemann, R.*, Sexuelle Orientierung im Völker- und Europarecht. Zwischen kulturellem Relativismus und Universalismus, 2013; *Wittenborg, N.*, Das gemeinsame Sorgerecht nicht verheirateter Eltern, 2003; *Wohn, A.*, Medizinische Reproduktionstechniken und das neue Abstammungsrecht, 2001; *Wolff, H. A.*, Ehe und Familie in Europa, EuR 2005, S. 721 ff.; *Zacher, H. F.*, Elternrecht, in: HStR, Bd. VI, § 134, S. 265 ff.; *Zimmermann, P.*, Der Grundsatz der Familieneinheit im Asylrecht der Bundesrepublik Deutschland und der Schweiz, 1991; *Zippelius, R.* Verfassungsgarantie und sozialer Wandel – das Beispiel von Ehe und Familie, DÖV 1986, S. 805 ff.; *Zuck, R.*, Die verfassungsrechtliche Gewährleistung der Ehe im Wandel des Zeitgeistes, NJW 2009, S. 1449 ff.; *Zuleeg, M.*, Verfassungsgarantie und sozialer Wandel – das Beispiel von Ehe und Familie, NVwZ 1986, S. 800 ff.

Artikel 7 [Schule und Religionsunterricht]

(1) Das gesamte Schulwesen steht unter der Aufsicht des Staates.

(2) Die Erziehungsberechtigten haben das Recht, über die Teilnahme des Kindes am Religionsunterricht zu bestimmen.

(3) [1]Der Religionsunterricht ist in den öffentlichen Schulen mit Ausnahme der bekenntnisfreien Schulen ordentliches Lehrfach. [2]Unbeschadet des staatlichen Aufsichtsrechtes wird der Religionsunterricht in Übereinstimmung mit den Grundsätzen der Religionsgemeinschaften erteilt. [3]Kein Lehrer darf gegen seinen Willen verpflichtet werden, Religionsunterricht zu erteilen.

(4) [1]Das Recht zur Errichtung von privaten Schulen wird gewährleistet. [2]Private Schulen als Ersatz für öffentliche Schulen bedürfen der Genehmigung des Staates und unterstehen den Landesgesetzen. [3]Die Genehmigung ist zu erteilen, wenn die privaten Schulen in ihren Lehrzielen und Einrichtungen sowie in der wissenschaftlichen Ausbildung ihrer Lehrkräfte nicht hinter den öffentlichen Schulen zurückstehen und eine Sonderung der Schüler nach den Besitzverhältnissen der Eltern nicht gefördert wird. [4]Die Genehmigung ist zu versagen, wenn die wirtschaftliche und rechtliche Stellung der Lehrkräfte nicht genügend gesichert ist.

(5) Eine private Volksschule ist nur zuzulassen, wenn die Unterrichtsverwaltung ein besonderes pädagogisches Interesse anerkennt oder, auf Antrag von Erziehungsberechtigten, wenn sie als Gemeinschaftsschule, als Bekenntnis- oder Weltanschauungsschule errichtet werden soll und eine öffentliche Volksschule dieser Art in der Gemeinde nicht besteht.

(6) Vorschulen bleiben aufgehoben.

Kotzur 731

A. Vorbilder und Entstehungsgeschichte

I. Verfassungs-, entwicklungs- und ideengeschichtliche Zusammenhänge

1 »Non vitae, sed scholae discimus« (»Nicht für das Leben, sondern für die Schule lernen wir«) lautet *Senecas* berühmte Kritik am römischen Bildungssystem, vor allem an den Philosophenschulen seiner Zeit.[1] Erst etwa im 13. Jahrhundert n. Chr. hat sich die heute gebräuchliche Umkehrung »Nicht für die Schule, für das Leben lernen wir« herausgebildet und damit neuerlich jene Spannungslage von theoretischer Gelehrsamkeit und praktischer (Aus-)Bildungsrelevanz akzentuiert, die schon in der Antike nicht reine Privatsache, sondern Angelegenheit der politischen Gemeinschaft (der polis, der res publica) war. Bis hin zum staatlich verfassten Schulwesen modernen Zuschnitts blieb es aber noch ein langer Weg.[2] Eine wichtige Wegmarkierung bildeten die Dom-, Kloster- und Stiftsschulen unter kirchlicher Herrschaft: Die Schule war (nicht nur religiöse) Bildungsstätte des Klerus. In nachreformatorischer Zeit kam es zwar zur Verstaatlichung des Schulwesens in den protestantischen Territorien, der Einfluss der Kirche hatte hier aber ebenso Fortbestand wie in den katholischen Ländern.[3]

2 § 1 II 12 Preuß. ALR von 1794 ordnete die Schulen als »Veranstaltungen des Staates ein«[4], Art. 23 der Preußischen Verfassung von 1850 betonte das Moment staatlicher Aufsicht. Dieser Aufsichtsbegriff lieferte *Anschütz* den Anknüpfungspunkt für seine bekannte Definition, wonach Aufsicht das dem Staat über die Schule ausschließlich zustehende administrative Bestimmungsrecht sei, allerdings keine einheitliche Gewalt, sondern der Inbegriff verschiedenartiger, teils spezifisch aufsichtlicher, teils leitender, teils unmittelbar verwaltender Funktionen.[5] Dieser Ansatz ist leitend geblieben für die Formulierung und die spätere Auslegung von Art. 144 WRV, der

---

1   *Seneca*, Epistulae morales ad Lucilium, 106, 12; zur etymologischen Ableitung des Lehnwortes »Schule« aus der lateinischen »schola« *Kluge*, Etymologisches Wörterbuch der deutschen Sprache, 25. Aufl. 2011, S. 829.

2   *Jestaedt*, in: HStR VII, § 50 Rn. 3 ff.; *Starck*, Schule und Verfassung, 1977.

3   Vgl. dazu *Brosius-Gersdorf*, in: Dreier, Bd. I, Art. 7 Rn. 1 f.; allg. zur Geschichte der Schulreform 1680 bis 2000 *Kemper*, Schule und bürgerliche Gesellschaft, 1990.

4   Vgl. *Fröse*, Deutsche Schulgesetzgebung (1763–1952), 1953.

5   *Anschütz*, Die Verfassungsurkunde für den Preußischen Staat, Bd. I, 1912, S. 417; dazu auch *Thiel*, in: Sachs, Art. 7 Rn. 21.

schließlich das gesamte Schulwesen der Aufsicht des Staates unterstellte.[6] Art. 7 Abs. 1 GG ist seine wortgleiche, entwicklungsgeschichtlich konsequente Fortschreibung.[7] Für den freiheitlichen Verfassungsstaat bildet Schule den grundrechtsgesicherten Raum für Bildung und Erziehung, für Dialog und Reflexion, die den Einzelnen zum aktiven Gebrauch seiner Freiheiten – nicht zuletzt zur freien Wahlentscheidung – als »mündiger Staatsbürger« befähigen sollen.[8] Das Schulwesen wirkt so als institutioneller Integrationsfaktor,[9] ohne dass damit – gar im Sinne platonischer Erziehungsdiktatur – eine Vereinnahmung des Einzelnen verbunden sein darf. Will Europa »eine in höchstem Maße wettbewerbsfähige Wissensgesellschaft« bleiben respektive (erst noch) werden[10], so sind Bildung und Ausbildung ihre wichtigsten Ressourcen und die (staatliche) Schule gewinnt eine notwendig europäische Dimension.

II. Entstehung und Entwicklung der Norm

Die Weimarer Verfassung enthielt detaillierte Regelungen über das Schulwesen und die Ausgestaltung der Schulen (Art. 143 bis Art. 149).[11] Das Grundgesetz formt indes kein geschlossenes Regelungssystem aus[12], sondern beschränkt sich in Art. 7 GG auf wenige wesentliche Aspekte und Leitlinien. Alle übrigen Grundsatz- und Detailfragen sind im bundesrepublikanischen Bildungsföderalismus[13] den Ländern als Trägern der Kulturhoheit überantwortet. Und selbst dieses zurückhaltende Regelungskonzept war im Parlamentarischen Rat nicht unumstritten. Nach dem Willen der großen Fraktionen sollte angesichts der heftigen Debatten um den naturrechtlichen Charakter des Erziehungsrechts und die religiös-sittliche Erziehung der Kinder das

3

---

6 *v. Campenhausen*, Erziehungsauftrag und staatliche Schulträgerschaft, 1967, S. 20 f.
7 Vgl. dazu *Thiel*, in: Sachs, Art. 7 Rn. 21; *Brosius-Gersdorf*, in: Dreier, Bd. I, Art. 7 Rn. 6 ff.
8 Weiterführend Jach (Hrsg.), 50 Jahre Grundgesetz und Schulverfassung, 2000; zum Missbrauch der Schule in der Zeit des Nationalsozialismus *Hufen*, Staatsrecht II, § 32 Rn. 2.
9 *Langenfeld*, Integration und kulturelle Identität zugewanderter Minderheiten: eine Untersuchung am Beispiel des allgemeinbildenden Schulwesens in der Bundesrepublik Deutschland, 2001; in diesem Sinne auch BVerwGE 147, 362, 366. Die Segregation sozialer oder ethnischer Gruppen, z.B. in bestimmten Stadtteilschulen, konterkariert dieses Integrationsziel, dazu *Kersten*, DÖV 2007, S. 50 ff.; zum Spannungsfeld von kultureller Differenz und Integration *Wißmann*, Kulturelle Differenz und Prozeduren der Integration als Gegenstand der Grundrechtsdogmatik, RdJB 2008, S. 153 ff.
10 Conclusions of the Presidency, European Council (Lisbon), March 23–24, 2000 (SN100/00), Punkt 5; *Bleicher*, Auf dem Weg in die Wissensgesellschaft, 2002; *Creytz*, Verfassungsfragen des Bildungsrechts in der Wissensgesellschaft, 2003.
11 *Hofmann*, in: Schmidt-Bleibtreu/Hofmann/Hopfauf (Vorauflage), Art. 7 Rn. 1.
12 BVerfGE 26, 228 (238).
13 *Hesse*, Grundzüge, Rn. 460; *Oppermann*, in: HStR VI (Vorauflage), § 135 Rn. 26 ff.; *Glotz/Faber*, Grundgesetz und Bildungswesen, in: HdBVerfR, 2. Aufl. 1994, § 28, Rn. 14 ff.; *v. Campenhausen*, Erziehungsauftrag und staatliche Schulträgerschaft, 1967; *Müller*, Das Recht der freien Schule nach dem Grundgesetz, 2. Aufl. 1982; aus der Rspr.: BVerfGE 6, 309 (355 ff.); 34, 165 (181 ff.); 59, 360 (377).

Schulwesen – ebenso wie das Elternrecht[14] – ungeregelt bleiben.[15] Das Bestimmungsrecht der Eltern hinsichtlich des religiös-weltanschaulichen Charakters der Schule wurde letztlich abgelehnt[16], der Charakter der staatlichen Regelschule nach Bestimmung durch die Länder – Art. 176 Abs. 1 und 2 WRV gibt hier das Vorbild – beibehalten. Die Durchsetzung des Gesetzesvorbehalts im Schulrecht, seit den 60er Jahren immer wieder angemahnt und durch die Rechtsprechung schrittweise durchgesetzt, gehört zu den wichtigen rechtsstaatlichen Innovationen.[17] In der, nicht zuletzt durch Migrationsphänomene, notwendig werdenden Neuorientierung im Verhältnis von Christentum und Islam gewinnen die säkularen bildungs- und schulverfassungsrechtlichen Positionen des BVerfG drängende Aktualität – gerade weil das Toleranzgebot eine »missionarische Schule«, gleich durch welche Religions- oder Weltanschauungsgemeinschaft propagiert, ausschließt.[18] Die Schule in der Demokratie muss immer auch ein Ort der Toleranz sein.

B. Grundsätzliche Bedeutung

4   Das GG gibt – institutionell wie individualrechtlich – nur den bildungsverfassungsrechtlichen Rahmen für das Schulrecht vor, ohne mit Art. 7 ein systematisch geschlossenes Regelungssystem zu schaffen.[19] Das entspricht der Kulturhoheit der Länder. Allerdings spricht sich das GG eindeutig für ein duales Schulsystem aus. Staatliche Schulen und Privatschulen stehen bei freier Schulwahl gleichberechtigt nebeneinander. Die Rechtsstellung ausländischer und internationaler Schulen in Deutschland, vice versa die Rechtsstellung deutscher Schulen im Ausland, formt ein Sonderproblem.[20]

---

14 Früh *Maurer*, Das Elternrecht und die Schule, 1962; *Schmitt-Kammler*, Elternrecht und schulisches Erziehungsrecht nach dem Grundgesetz, 1983.

15 *Dreier*, Grundlagen und Grundzüge des staatlichen Verfassungsrechts: Deutschland, in: v. Bogdandy/Cruz Villalón/Huber, Ius Publicum Europaeum, Bd. I, § 1 Rn. 35.

16 Heftige schulpolitische Auseinandersetzung darüber, ob die staatliche Regelschule Bekenntnisschule oder Gemeinschaftsschule sein sollte, mündeten in der Kompromissformel von der »Gemeinschaftsschule christlicher Prägung«, vgl. *Badura*, in: Maunz/Dürig, Art. 7 Rn. 50. Ob christlich hier im Sinne eines religiösen Bekenntnisses oder einer generellen kulturellen Grundierung zu verstehen ist, bleibt konkretisierungsbedürftig.

17 BVerfGE 34, 165 (192 f.); 41, 251 (259 f.); 45, 400 (417 f.); 47, 46 (78 f.); 58, 257 (268 f.). Vgl. im Hinblick auf die Einführung der Gemeinschaftsschule *Winands*, DÖV 2011, S. 47 ff.

18 BVerfGE 52, 223 (251); Oebbecke (Hrsg.), Muslimische Gemeinschaften in Deutschland, 2003. Vgl. dazu auch *Korioth/Augsberg*, JZ 2010, S. 829 ff., 832 f.; *Thormann*, DÖV 2011, S. 953 f. attestiert dem deutschen Schulwesen eine »nicht allzu weitgehende Toleranz« gegenüber dem Islam.

19 BVerfGE 6, 309 (354 f.); 75, 40 (61); für eine interdisziplinäre »Theorie des Bildungsrechts« *Lindner*, DÖV 2009, S. 310 ff.; ferner *Sodan*, in: ders., Art. 7 Rn. 1.

20 *Poscher/Neupert*, Die Rechtsstellung ausländischer und internationaler Schulen unter dem Grundgesetz – Verfassungsrechtliche Aufforderungen an die Internationalisierung des Privatschulangebots, RdJB 2005, S. 244 ff.; für die umgekehrte Konstellation deutscher Aus-

Ein explizites »Recht auf Bildung«[21], wie es in völkerrechtlichen Texten seit der 5
AEMR immer wieder gefordert wird[22], formuliert das GG weder in Art. 7 noch an
anderer Stelle. Es ist von Art. 7 GG aber letztlich »mitgedacht«, zugleich im Sozialstaatsprinzip verankert[23] und durch den Gleichheitsgrundsatz in einen Rechtsanspruch auf gleichen Zugang zu den differenzierten (schulischen) Bildungsangebo-
ten übersetzt. Auf landes(verfassungs)rechtlicher Ebene finden sich ebenfalls, und
hier auch ausdrückliche, Varianten des Bildungsrechts. Art. 7 GG steht weiterhin für
einen eigenen Erziehungs- und Bildungsauftrag des Staates.[24] Sein Abs. 1 ist der
konsequente Verfassungsauftrag zur Schaffung eines leistungsfähigen öffentlichen
und zur nicht minder effektiven Überwachung des privaten Schulwesens.[25] In welchem Umfang der staatliche Erziehungsauftrag Wertevermittlung erlaubt und sich
an (konstitutionell) vorgegebenen Erziehungszielen orientieren darf, bleibt für den
religiös-weltanschaulich neutralen Verfassungsstaat umstritten und fordert letztlich
eine »praktische Konkordanz« (*K. Hesse*) von Orientierung und selbstbestimmter
Freiheit.[26] Ein Mindestmaß an Erziehungszielen und Orientierungswerten (und damit »Verfassungspädagogik«) ist aber schon deshalb notwendig, weil erst sie die Entfaltung selbstbestimmter Freiheit ermöglichen, konsensbildend wirken und deshalb
Basisbedingungen der Verfassung des Pluralismus bleiben.[27]

C. Institutionelle Garantien und grundrechtliche Schutzbereiche

I. Institutionelle Garantien

1. Die Institution der öffentlichen Schule (Art. 7 Abs. 1)

a) Schulbegriff

Der Begriff des Schulwesens setzt den der Schule voraus. Schule ist eine organisierte, 6
dauerhafte Einrichtung, in der unabhängig vom Lehrer- und Schülerwechsel in einer
Mehrzahl von Gegenständen (typischerweise aufgeteilt in allgemein- oder berufsbildende Fächer) bestimmte Bildungs- und Erziehungsziele verfolgt werden. Dies geschieht durch planmäßig erziehende (zumeist lehrplangebundene), gemeinsame Un-

---

landsschulen *Jutzi*, Die deutschen Schulen im Ausland: eine Untersuchung der Zuständigkeitsverteilung zwischen dem Bund und den Ländern nach dem Grundgesetz für die Bundesrepublik Deutschland, 1977.
21 *Clevinghaus*, Recht auf Bildung (Grundlagen und Inhalt), 1973; von »Bildungsverfassungsrecht« spricht *Richter*, Bildungsverfassungsrecht: Studien zum Verfassungswandel im Bildungswesen, 1973.
22 Unten Rdn. 82 f.
23 BVerfGE 33, 303 (331); *Hofmann*, in: Schmidt-Bleibtreu/Hofmann/Hopfauf (Vorauflage), Art. 20 Rn. 38.
24 BVerfGE 34, 165 (182 f.); 47, 46 (71 f.); *Stern*, Staatsrecht IV/I, S. 601.
25 *Jarass*, Zum Grundrecht auf Bildung und Ausbildung, DÖV 1995, S. 674 ff., 677.
26 Unten Rdn. 27 f.
27 *Häberle*, Verfassungslehre als Kulturwissenschaft, 2. Aufl. 1998, S. 760.

terweisung.[28] Gebräuchlich ist der umfassende Begriff der öffentlichen Schule, der auf die Schulträgerschaft durch eine juristische Person des öffentlichen Rechts (Land, Gemeinden etc.) abstellt. Aber auch Privatschulen können die Kriterien des Schulbegriffs erfüllen. Schultypen wie die bekenntnisfreien und Bekenntnis- sowie die Weltanschauungsschulen konstituieren »Schule«. Indes setzt der Begriff weder das Bestehen einer Schulpflicht noch ein bestimmtes Lebensalter der Lernenden voraus.[29] Auch berufsbildende Ausbildungsstätten, bei denen der Anteil an allgemeinbildenden Fächern in den Hintergrund treten kann, aber nicht vollständig fehlen darf, gelten als Schulen.[30] Für den verfassungsrechtlichen Schulbegriff des GG wird schließlich noch der Kontext zu Art. 12 GG relevant: Der Schulabschluss ist die am weitesten verbreitete Bedingung für die Aufnahme eines Berufs, Schule deshalb die Institution, die einen entsprechenden Schulabschluss vermitteln kann. Das gilt unproblematisch für staatliche Schulen und private Ersatzschulen. Für private Ergänzungsschulen, an denen die Schulpflicht nicht erfüllt werden kann, entscheidet das Kriterium eines staatlich anerkannten Abschlusses.[31]

7   Im Sinne einer Negativabgrenzung qualifizieren Einrichtungen, die nicht auf eine gewisse Dauer angelegt sind, auch nicht als Schule (z.B. punktuelle Lehrgänge, einzelne Vortragsreihen). Ebensowenig fallen solche Einrichtungen, die kein zusammenhängendes Unterrichtsangebot vorhalten (wie Volkshochschulen) oder die keinen allgemeinbildenden Unterricht anbieten (wie Sonntagsschulen, Koranschulen) unter den Schulbegriff. Ob Kindergärten, Vorschulkindergärten, Kinderhorte oder Kindertagesstätten Schulen sind, hängt von der konkreten Ausgestaltung des Betreuungs- und Lehrangebotes ab.[32]

---

28 *Langenfeld*, in: Heun/Honecker/Morlok/Wieland (Hrsg.), Evangelisches Staatslexikon, Neuausgabe 2006, S. 2104 m.w.N.; allg. *Müller*, Das Recht der Freien Schule nach dem Grundgesetz, 2. Aufl. 1982. Vorbild ist die häufig zitierte Def. bei *Heckel*, Deutsches Privatschulrecht, 1955, S. 218. Weitere Belege für die Rezeption dieser Def. bei *Sodan*, in: ders., Art. 7 Rn. 2; *Brosius-Gersdorf*, in: Dreier, Bd. I, Art. 7 Rn. 31, die ihrerseits einen funktionalen Schulbegriff zu Grunde legt, *dies.*, Rn. 34 ff.

29 BVerfGE 75, 40 (77); für *Gröschner*, in: Dreier, Bd. I (Vorauflage), Art. 7 Rn. 26 ist die Schulpflicht letztlich tiefster »Legitimationsgrund der Schulaufsicht«. Das ist insoweit überzeugend, als der Staat seinen Bildungs- und Erziehungsauftrag nur dann wirksam wahrnehmen kann, wenn er eine allgemeine Schulpflicht einführt (vgl. auch BVerwG 94, 82 (84)). Konstitutiv für den Schulbegriff als solchen wirkt sie aber nicht.

30 BVerwG NVwZ 1987, S. 680.

31 Vgl. *Uhle*, in: Epping/Hillgruber, Art. 7 Rn. 7. Für *Brosius-Gesdorf*, in: Dreier, Bd. I, Art. 7 Rn. 116 stellen Ergänzungsschulen keine Schulen im verfassungsrechtlichen Sinne dar.

32 *Thiel*, in: Sachs, Art. 7 Rn. 8 f.; *Hömig*, in: ders./Seifert, Art. 7 Rn. 2; *Beaucamp*, LKV 2014, S. 346; vgl. ferner *Hillgruber*, Der deutsche Kulturstaat und der muslimische Kulturimport, JZ 1999, S. 538 ff., 546 mit der überaus bedenklichen Erwägung eines »christlichen Kulturvorbehalts«.

b) Schulwesen

Der Begriff des Schulwesens meint die Untergliederung in Schularten und Schulstu-   8
fen.[33] Bei den Schularten ist zunächst zwischen öffentlichen[34] und privaten Schulen
zu unterscheiden. Kriterium der öffentlichen Schule ist weder ihr Bildungsauftrag
noch der allgemeine Status ihres Trägers[35], sondern der besondere Status der einrichtenden Gebietskörperschaft oder sonstigen juristischen Person des öffentlichen
Rechts.[36] Öffentliche Schulen sind daher ausschließlich solche der Länder, der Kommunen und kommunalen Gebietskörperschaften, auch der Kammern.[37] Privatschulen sind demgegenüber alle solchen, die nicht auf einen Einrichtungsakt der Gebietskörperschaften oder Kammern zurückgeführt werden können.

Weitere typisierende Unterscheidungen bieten sich an: allgemein- und berufsbilden-   9
de Schulen, Pflicht- oder Wahlschulen, mit Blick auf Art. 7 Abs. 3 bekenntnisfreie
und Bekenntnisschulen.[38] Schularten sind die Grund-, Haupt- und Realschulen, die
Gymnasien, die Gesamtschulen, neuerdings auch die »Gemeinschaftsschulen« (ge-
startet als ein Pilotprojekt des Berliner Senats),[39] die Berufs- und Berufsfachschulen,
die Sonderschulen und die Schulen des Zweiten Bildungsweges (Kolleg, Abendgym-
nasium, Abendrealschule)[40]. Die Grundschule ist dabei als egalitäre Einheitsschule

---

33 *Langenfeld*, in: Heun/Honecker/Morlok/Wieland (Hrsg.), Evangelisches Staatslexikon,
Neuausgabe 2006, S. 2104; eine durch Hoheitsträger erfolgte Empfehlung für eine bestimmte Schulart ist gerichtlich nur eingeschränkt überprüfbar, VG Saarlouis NVwZ-RR
2008, S. 791 f.

34 Dies ist der im Schulrecht gebräuchliche umfassende Begriff. § 3 Abs. 2 HambSchulG
spricht demgegenüber von »staatlicher Schule«.

35 Schulen von Religionsgemeinschaften können auch dann, wenn diese Gemeinschaften einen öffentlich-rechtlichen Status haben, nicht als öffentliche Schulen qualifiziert werden,
siehe *Hollerbach*, in: HStR VI, § 140 Rn. 35 m.w.N.

36 Dazu zählt etwa auch die von der Europäischen Patentorganisation getragene Europäische
Schule (München), VGH München DVBl. 1989, S. 1276; *Thiel*, in: Sachs, Art. 7
Rn. 10.

37 Vgl. *Badura*, in: Maunz/Dürig, Art. 7 Rn. 11; *Boysen*, in: v. Münch/Kunig, Art. 7 Rn. 50.

38 *Hofmann*, in: Schmidt-Bleibtreu/Hofmann/Hopfauf (Vorauflage), Art. 7 Rn. 9; *Thiel*, in:
Sachs, Art. 7 Rn. 7 ff. Für die Abschaffung öffentlicher Bekenntnisschulen *Thormann*,
DÖV 2011, S. 950 f.

39 Damit sind die nunmehr in mehreren Bundesländern eingeführten Schulen angesprochen,
an denen als Alternative zum mehrgliedrigen Schulsystem mit äußerer Differenzierung nach
der vierten Jahrgangsklasse ein längeres gemeinsames Lernen vorgesehen ist. Sie sind nicht
zu verwechseln mit den Gemeinschaftsschulen i.S.d. Art. 7 Abs. 5 (dazu Rdn. 59 ff.). Kritisch zur Usurpation des Rechtsbegriffs und zur geplanten Einführung in Nordrhein-Westfalen *Winands*, DÖV 2011, S. 45 ff., 51. Die Einführung sollte in Nordrhein-Westfalen als
Schulversuch erfolgen, entsprach jedoch nicht den entsprechenden Voraussetzungen nach
Landesrecht, OVG Münster NWVBl. 2011, S. 436 f. Näheres zum Institut des Schulversuchs in *Winands*, Der Schulversuch – Historische Entwicklung und geltendes Recht,
2014.

40 *Stein/Roell*, Handbuch des Schulrechts, 2. Aufl. 1992, S. 26 ff.

konzipiert, die Gemeinschaftsschule will ein längeres sowohl gemeinsames als auch individuelles Lernen von der ersten Klasse bis zum Abitur ermöglichen. Das GG hat das Einheitsschulprinzip der WRV (Art. 146 Abs. 1 S. 2) zwar nicht ausdrücklich übernommen, geht von einer gemeinsamen öffentlichen Grundschule aus (Art. 7 Abs. 5, Art. 7 Abs. 3 GG), die »private Volksschule« nach Art. 7 Abs. 5 bleibt Ausnahme.[41] Auf diese Weise sollen einkommens- und besitzunabhängige Strukturen im Bereich des Elementarunterrichts sichergestellt werden. Im Übrigen muss auch ein differenziertes (auch leistungsdifferenziertes[42]) System schulischer Qualifikationsmöglichkeiten eröffnet sein.[43] Daran ändert auch die partielle Einführung der Gemeinschaftsschulen nichts.

10 Die Schulstufen formen derzeit ein dreigliedriges System aus Primarstufe (Klasse 1 bis 4 bzw. 6), Sekundarstufe I (Klassen 5 bzw. 7 bis 10) und Sekundarstufe II (Klassen 11 bis 12 bzw. 13). Den Schulstufen sind die jeweiligen Schultypen zugeordnet.

11 Auch die Ganztagsschule ist eine mögliche Gestaltungsform, solange das Elternrecht auf außerschulische Erziehung nicht vollständig ausgehöhlt wird.[44] Zum soeben definierten verfassungsrechtlichen Begriff von Schule und Schulwesen gehören auch alle mit dem Schulzweck in einem unmittelbaren Sachzusammenhang stehenden Einrichtungen und Veranstaltungen: etwa Schulmusik, Schultheater, Schulwerkstätten, schulische Sportwettkämpfe, schulische Mensen etc.[45] Das Hochschulwesen ist nicht mit eingeschlossen.[46] Hier (und nur hier) gilt Art. 5 Abs. 3 GG. Eine verfassungsrechtlich abgesicherte Lehrfreiheit an den Schulen kennt das GG nicht.[47] Die pädagogische Freiheit des Lehrpersonals kann aber einfachgesetzlich gewährleistet sein.

---

41 *Ipsen*, Staatsrecht II, Rn. 370.

42 *Mannhart*, Die Förderung von hochbegabten Kindern und Jugendlichen nach deutschem Recht, 1999.

43 *Jach*, Schulvielfalt als Verfassungsgebot, 1991. Das BVerfG hat sich deutlich dagegen verwehrt, die »Kinder übermäßig lange in einer Schule mit undifferenziertem Unterricht festzuhalten«, E 34, 165 (186 f.); siehe auch BVerwGE 104, 1 (8); *Huber*, Erziehungsauftrag und Erziehungsmaßstab der Schule im freiheitlichen Verfassungsstaat, BayVBl. 1994, S. 545 ff., 547; *Bryde*, Neuere Entwicklungen im Schulrecht, DÖV 1982, S. 661, 665; früh *Ossenbühl*, Schule im Rechtsstaat, DÖV 1977, S. 801, 809. Vor allem das Abitur muss Qualifikationsnachweis zur Studierfähigkeit an einer Hochschule bleiben, vgl. BVerfGE 53, 185 (202).

44 *Geis*, in Friauf/Höfling, Art. 7 Rn. 38; *Tettinger/Ennuschat*, Offene Ganztagsschule im Primarbereich (Gutachten), 2003; *Guckelberger*, RdJB 2006, S. 11 ff.; *Schmahl*, DÖV 2006, S. 885; *Boysen*, in: v. Münch/Kunig, Art. 7 Rn. 48 m.w.N., weitergehend *Bumke*, Die Ganztagsschule, NVwZ 2005, S. 519; für einen Gesamtüberblick *Broosch*, Ganztagsschule und Grundgesetz: das Verhältnis des Elternrechts zur staatlichen Schulaufsicht und seine Konsequenzen für die Verfassungsmäßigkeit einer Schulreform, 2007.

45 Zum Schulfunk BVerfGE 83, 238 (240 f.).; zu Tanzschulen BVerwGE 23, 347 (348 f.).

46 BVerfGE 37, 314 (320); *Stern*, in: FS Herzog, 2009, S. 507 ff., 513 ff.

47 *Pieroth*, DVBl. 1994, S. 949 ff., 958 f.; *Niehues*, Die Entwicklung des Schulrechts in den Jahren 1999–2000, NVwZ, 2001, S. 872 ff., 875; *Weiler*, Wissenschaftsfreiheit des Lehrers im politischen Unterricht: Dokumentation und Kritik politischer Justiz und Rechtslehre

c) Schulpflicht

Die Schulpflicht[48], wenngleich kein konstitutives Element des Schulbegriffs, ist für   12
das deutsche Schulwesen prägend.[49] Da sie in die Freiheitsgrundrechte von Eltern,
Schülern und auch Privatschulanbietern eingreift, bedarf sie einer verfassungsrechtlichen Legitimationsgrundlage.[50] Ein Mindestmaß an Bildung ist Voraussetzung politischer Einheits- und staatlicher Gemeinschaftsbildung; sie ist Voraussetzung zur
Sozialisation des Individuums in Gesellschaft und Rechtsordnung[51]; sie ist Voraussetzung für den selbstbestimmt-mündigen, zugleich sozial- und gemeinschaftsgebundenen Bürger, den das Menschenbild des GG zugrunde legt.[52] In den Grenzen des
Verhältnismäßigkeitsgrundsatzes konturiert die Schulpflicht somit Integrations-
voraussetzungen *in der* und *für die* politische Gemeinschaft; sie will das selbstbestimmte Individuum zugleich zur eigenverantwortlichen Lebensführung (einschließlich der
eigenständigen Schaffung der Lebensgrundlagen durch Ausübung eines Berufs) befähigen. Zu diesem Zwecke hat der Staat schulische Bildungsstätten vorzuhalten und

---

zum grundgesetzlichen Bildungsauftrag der wissenschaftlichen Verfassungstreue in der
Schule, 1979.

48 Aus der Lit.: *Dünchheim*, Die »Kultur des Blaumachens« und der Schulzwang nach dem
neuen Schulgesetz NRW, NWVBl 2007, S. 134 ff.; *Hufen*, Staatsrecht II, § 32 Rn. 37;
Rux/Niehues, Schulrecht, Rn. 129 ff.; *Spiegler*, Kann Ordnungswidrigkeit Bildung sein?,
RdJB 2005, S. 71 ff.; *Hannemann/Münder*, Schulpflichtverletzung der Erziehungsberechtigten und Einschränkung der elterlichen Sorge, RdJB 2006, S. 244 ff. Zur Verfassungskonformität der Einführung einer Kindergartenpflicht s. *Beaucamp*, LKV 2014, S. 344 ff.;
Brosius-Gersdorf, in: Dreier, Bd. I, Art. 7 Rn. 26, 32 m.w.N.; *Hofmann*, in: Schmidt-Bleib-
treu/Hofmann/Henneke, Art. 7 Rn. 6 m.w.N.

49 Nach strittiger Auffassung indes nicht zwingend: so *Beaucamp*, DVBl. 2009, S. 220 ff.; anders *Gröschner*, in: Dreier, Bd. I (Vorauflage), Art. 7 Rn. 26: »genetischer Zusammenhang
zwischen Schulpflicht und staatlicher Aufsicht«. In der Tat bestünde die Gefahr, dass bei
lediglich freiwilligem Schulbesuch oder unkontrolliertem häuslichen Unterricht der Bil-
dungs- und Erziehungsauftrag der Schule leerliefe. Deshalb wird die Schulpflicht sogar
teilweise als verfassungsrechtliche Grundpflicht verortet: *Hofmann*, in: HStR V, § 114
Rn. 19; *Isensee*, Die verdrängten Grundpflichten des Bürgers, DÖV 1982, S. 609 ff., 617.
Eine Beurlaubung vom Schulbesuch wegen einer geplanten Urlaubsreise kommt jedenfalls
nicht ohne weitere Gründe in Betracht, siehe VGH Mannheim NVwZ-RR 2005,
S. 721 f.

50 Zu weitgehend *Bärmeier*, Über die Legitimität staatlichen Handelns unter dem Grundgesetz der Bundesrepublik Deutschland: die Unvereinbarkeit staatlichen Schulehaltens
mit den Verfassungsprinzipien der »Staatsfreiheit« und der »Verhältnismäßigkeit«, 1992.

51 *Robbers*, in: v. Mangoldt/Klein/Starck, Bd. I, Art. 7 Rn. 63, 223; *Thiel*, in: Sachs, Art. 7
Rn. 14 m. zahlreichen w. N.

52 BVerfGE 4, 7 (15 f.); 36, 174 (188); 45, 187 (227); 50, 290 (353 f.); 65, 1 (44); *Häberle*,
Das Menschenbild im Verfassungsstaat, 4. Aufl. 2008, S. 47 ff.; *Becker*, Das »Menschenbild
des Grundgesetzes« in der Rechtsprechung des Bundesverfassungsgerichts, 1996, S. 41 ff.
Böckenförde, Das Bild vom Menschen in der Perspektive der heutigen Rechtsordnung, in:
ders., Recht, Staat, Freiheit, 1991, S. 58 ff.

zu kontrollieren. Der staatlichen Schulpflicht korrespondiert eine staatliche Schulverantwortung.[53]

13   Historisches Vorbild der heutigen Schulpflicht ist Art. 145 WRV. Er gestaltete die allgemeine Schulpflicht als Schulbesuchspflicht aus. Es war vor allem die Einheitsschulbewegung des 19. Jh., die eine Zusammenfassung aller schulpflichtigen Kinder in einer für alle – unabhängig jeder sozialen Schichtung – gemeinsamen Grundschule forderte.[54] Der Schulpflicht wohnt damit ein – im Sinne der »sozialen Demokratie« *H. Hellers* – egalitäres Moment inne. Auch wenn das GG das Einheitsschulprinzip der WRV nicht ausdrücklich übernommen hat, findet es in Art. 7 Abs. 4 S. 3 und Abs. 5 normativen Widerklang. Die gemeinsame öffentliche Grundschule wird als selbstverständlich vorausgesetzt.[55] Von der Schulpflicht zu unterscheiden ist die Unterrichtsteilnahmepflicht an weiterführenden Schulen. Hier besteht keine Schulpflicht mehr.[56]

14   Der Schulpflicht korrespondiert ein freiheits- wie gleichheitsrechtlich gestützter Anspruch auf Zulassung.[57] Ob dieser Anspruch so weit reicht, eine staatliche Pflicht zur Schaffung der entsprechenden Kapazitäten zu begründen, ist umstritten. Das BVerfG, anknüpfend an Art. 3 GG sowie das Sozialstaatsprinzip, sieht nur ein Recht auf gleichen Zugang zu bereits vorhandenen Einrichtungen gewährleistet.[58] Ähnlich argumentieren Landesverfassungsgerichte selbst dann, wenn die Landesverfassungen ein noch weiterreichendes »Recht auf Bildung« verbürgen.[59] Der auch in der sonstigen leistungsrechtlichen Judikatur vielberufene »Vorbehalt des Möglichen« wird hier impliziert.[60] Aber jedenfalls dann, wenn über den Einzelfall hinaus eine hinreichende Versorgung mit gemeinsamen wie differenzierten schulischen Bildungseinrichtungen nicht mehr gesichert ist, schlägt der Gleichbehandlungs- in einen Gewährleistungsanspruch um. Ein genereller Anspruch auf kostenlose Schülerbeför-

---

53 *Robbers*, in: v. Mangoldt/Klein/Starck, Bd. I, Art. 7 Rn. 31; *Rux*, Die pädagogische Freiheit des Lehrers, 2002, S. 27.

54 *Thiel*, in: Sachs, Art. 7 Rn. 11; für die Entwicklungsgeschichte siehe auch *Kösling*, Die privaten Schulen gem. Art. 7 IV, V GG, 2005, S. 75.

55 *Thiel*, in: Sachs, Art. 7 Rn. 12.

56 *Jestaedt*, Grundrechtsschutz vor staatlich aufgedrängter Ansicht, in: FS Listl, 1999, S. 259 ff., 287.

57 BVerfG NVwZ 1977, S. 781.

58 Nachweise bei *Thiel*, in: Sachs, Art. 7 Rn. 11; *Richter*, in: AK GG, Art. 7 Rn. 38; *Hufen*, Staatsrecht II, § 32 Rn. 14. Vgl. zum durch den allgemeinen Gleichheitssatz belassenen weiten Gestaltungsspielraum für den Gesetzgeber im Rahmen der Schülerbeförderung VGH Kassel NVwZ-RR 2010, S. 890 f. Ein Gesetz, das eine sachlich nicht begründbare Ungleichbehandlung von Schülern nach Schultypen hinsichtlich der zu leistenden Eigenbeteiligung an den Beförderungskosten vorsieht, überschreitet indes diesen Spielraum und ist damit rechtswidrig, RhPfVerfGH NVwZ-RR 2011, S. 217 ff.

59 BerlVerfGH JR 2008, S. 104 ff., 105; OVG Lüneburg NdsVBl. 2008, S. 109 ff., 110; BrandVerfG NVwZ 2001, S. 912.

60 Allg. *Mehde*, Grundrechte unter dem Vorbehalt des Möglichen, 2000.

derung ist mit der staatlichen Schulverantwortung nicht verbunden[61], wohl aber eine Pflicht zur Unterstützung bei der Beförderung zur nächstliegenden geeigneten Schule.[62]

Den Beginn und die Dauer der Schulpflicht legen die Länder durch Gesetz fest.[63] **15** Das Landesrecht orientiert sich dabei zumeist an § 2 des Hamburger Abkommens der Kultusministerkonferenz vom 28. Oktober 1964. Fraglich ist in diesem Kontext, ob ein grundrechtlich gestützter Anspruch auf altersunabhängige, begabungsgerechte Einschulung besteht.[64] Die in jüngerer Zeit häufiger erhobenen Forderungen, der häuslichen Unterweisung (»home schooling«)[65] wieder einen größeren Stellenwert einzuräumen, sind zurückzuweisen. Eine Schulpflichtverweigerung, gestützt z.b. auf die Religionsfreiheit (Art. 4 Abs. 1 GG) oder das elterliche Erziehungsrecht (Art. 6 Abs. 2), läuft nicht nur den oben[66] skizzierten Legitimationsgrundlagen der Schulpflicht zuwider, sondern eröffnet auch den Raum zu vereinseitigender Erziehung, die wissenschaftlich erwiesene Tatsachen ebenso ausblendet wie die soziale Wirklichkeit.[67] Zu Recht hat der VGH München das Argument klagender Eltern zurück-

---

61 VG Schleswig NVwZ-RR 2008, S. 399 ff. Ein solcher ergibt sich auch nicht aus Unionsrecht, VGH Kassel NVwZ-RR 2013, S. 417 ff. Auch Schüler mit geistiger Behinderung hätten laut SG Karlsruhe, Urteil v. 28.11.2014 – S 1 SO 515/14 weder nach dem SGB, der EinglHV noch aus Art. 7 Abs. 4 einen Anspruch auf Kostenübernahme zur Beförderung zu einer Schule mit besonderem inklusiven Profil, wenn eine näher liegende Schule für Geistigbehinderte zur Verfügung stehe. Dies ist allerdings mit Art. 24 UN-Behindertenrechtskonvention schwerlich zu vereinbaren. Aus diesem folgt ein Anspruch auf inklusive Beschulung in Regelschulen ohne Finanzierungsvorbehalt, *Brosius-Gersdorf*, in: Dreier, Bd. I, Art. 7 Rn. 65 f. m.w.N. Vgl. zum Aufwendungsersatz für einen selbst beschafften schulischen Integrationshelfer BVerwGE 145, 1.

62 *Thiel*, in: Sachs, Art. 7 Rn. 11; *Zeiss*, Schülerbeförderung – tickende Zeitbombe im ÖPNV?, BayVBl. 2007, S. 198. Für den Fall des Besuchs einer Schule in einem anderen Bundesland vgl. VGH München DÖV 2011, S. 616. Zur Kostenerstattung für die Beförderung zu einer Grundschule in privater Trägerschaft mit besonderer bilingualer Ausrichtung vgl. OVG Lüneburg NJOZ 2014, S. 535 ff.

63 BVerfGE 34, 165 (187). Dies trifft auch auf die Frage zu, wo die Schulpflicht jeweils zu erfüllen ist. Vgl. zur Europarechtskonformität der in den meisten Bundesländern bestehenden Regelungen, nach denen der Schulpflicht im jeweiligen Bundesland des elterlichen Wohnsitzes nachzugehen ist *Kreuter*, DÖV 2013, S. 937 ff.

64 So *Hobe*, Gibt es ein Grundrecht auf begabungsgerechte Einschulung? – Zur Verfassungsmäßigkeit der Stichtagsregelung des § 42 Abs. 2 des Schulgesetzes Schleswig-Holstein (SchulG-SH), DÖV 1996, S. 190; a.A. OVG Schleswig NVwZ-RR 1995, S. 664; Nachweise bei *Thiel*, in: Sachs, Art. 7 Rn. 12.

65 Aus der Lit.: *Edel*, Schulfreie Bildung – Die Vernachlässigung schulfreier Bildungskonzepte in Deutschland, 2007; *Spiegler*, Home Education in Deutschland. Hintergründe – Praxis – Entwicklung, 2007; *ders.*, Kann Ordnungswidrigkeit Bildung sein?, RdJB 2005, S. 71 ff.; *Brosius-Gersdorf*, in: Dreier, Bd. I, Art. 7 Rn. 72 f.

66 Rdn. 12.

67 Das Entziehen anderer von der Schulpflicht ist in einigen Bundeländern unter Strafe gestellt. Der Bundesgesetzgeber hat mit Erlass von § 171 StGB nicht abschließend von seiner

gewiesen, die von ihnen gewollte christliche Erziehung werde »durch staatliche flächenübergreifende Erziehung zur Emanzipation, zum Darwinismus und zur Esoterik im Kern zersetzt.«[68]

16   Die sensible Grenzziehung im Spannungsfeld zwischen staatlichem Erziehungsauftrag auf der einen und Glaubensfreiheit sowie elterlichem Erziehungsrecht auf der anderen Seite fordert den Staat in einer zunehmend pluralistischen Gesellschaft stetig heraus.[69] Der Streit um die Befreiung einer muslimischen Schülerin vom koedukativen Schwimmunterricht unter Hinweis auf islamische Bekleidungsvorschriften[70] steht dabei beispielhaft für ein breites Konfliktfeld.[71] Auch in der Schule ist der Staat von der Achtung der Grundrechte der Schüler und ihrer Eltern nicht enthoben.[72] Aber weder Art. 4 Abs. 1, Art. 8 Abs. 1[73] noch Art. 6 Abs. 2 GG können einen uneingeschränkten grundrechtlichen Anspruch auf »Freiheit von der Schulpflicht« vermitteln. Dies hat das BVerwG jüngst in seiner »Burkini«-Entscheidung noch einmal stärker pointiert und dabei eine Akzentverschiebung im Rahmen seiner Rechtsprechung

---

konkurrierenden Kompetenz aus Art. 74 Abs. 1 GG Gebrauch gemacht, weshalb die Länder sich diesbezüglich auf die Landeszuständigkeit nach Art. 72 Abs. 1 GG stützen können, BVerfG NJW 2015, S. 44. Sie greifen als Ausdruck verfassungsimmanenter Schranken in zulässiger Weise in die Rechte aus Art. 6 Abs. 2 GG und Art. 4 Abs. 1 GG ein, *ebd.*, S. 46 f. Ebenso *Boysen*, in: v. Münch/Kunig, Art. 7 Rn. 40 m.w.N.

68   VGH München NVwZ-RR 2007, S. 763 ff. Ebenso nochmals VGH München NVwZ-RR 2010, S. 606 ff.; BVerwG NVwZ 2010, S. 525 f. Siehe auch *Achilles*, RdJB 2004, S. 222 ff.

69   Vgl. dazu etwa *Korioth/Augsberg*, JZ 2010, S. 828 ff.

70   BVerwGE 147, 362.

71   Weitere Bsp. aus der jüngeren Vergangenheit bieten BVerwGE 141, 223 (islamisches Gebet auf dem Schulflur); dazu: *Brosius-Gersdorf*, in: Dreier, Bd. I, Art. 7 Rn. 69; kritisch: *Beaucamp*, LKV 2013, S. 537 ff.; und bereits zuvor *Korioth/Augsberg*, JZ 2010, S. 828 ff., 833; BVerwG NVwZ 2014, S. 237 ff. (Vorführung des Films »Krabat«); dazu *Huster*, DÖV 2014, S. 860 ff.; *Uhle*, NVwZ 2014, S. 541 ff.; VGH München NVwZ 2014, S. 1109 ff. (Teilnahme am Unterricht mit Gesichtsschleier); dazu: *Brosius-Gersdorf*, in: Dreier, Bd. I, Art. 7 Rn. 69; kritisch: *Beaucamp/Beaucamp*, DÖV 2015, S. 179 f.; vgl. dazu auch m.w.N. *Uhle*, in: Epping/Hillgruber, Art. 7 Rn. 31; OVG Bremen NordÖR 2014, S. 92 ff. (Befreiung von einer Klassenfahrt).

72   Dies stellt das BVerwGE 147, 362, 368, treffend klar. Diese Absage an ein Modell »kompetenzieller Abschichtung«, nach der der Staat im schulischen Bereich keinerlei Verpflichtungen durch Art. 4 Abs. 1 unterliege, begrüßend: *Uhle*, NVwZ 2014, S. 545. *Huster*, DÖV 2014, S. 860 ff., 863 f. befürwortet hingegen ein Abschichtungsmodell, nach dem der Staat im Rahmen seines Bildungs- und Erziehungsauftrags in der Schule keine Abwägung mit den Rechten der Schüler und Eltern vornehme müsse, wenn er seine Maßnahmen auf neutrale Weise begründen könne. Ähnlich *Boysen*, in: v. Münch/Kunig, Art. 7 Rn. 39. Allg. dazu *Brosius-Gersdorf*, in: Dreier, Bd. I, Art. 7 Rn. 57 f. m.w.N.

73   Die Teilnahme an einer Demonstration vermag das Fernbleiben vom Unterricht in der Regel nicht zu entschuldigen, wenn sich das mit der Demonstration geförderte Anliegen ebenso nachhaltig außerhalb der Unterrichtszeit verfolgen lässt, VG Hamburg NVwZ-RR 2012, S. 892 ff.

vorgenommen.[74] Danach kann ein Anspruch auf Befreiung vom Schulunterricht aus religiösen oder weltanschaulichen Gründen nur noch in Ausnahmefällen in Betracht kommen, d.h. bei Vorliegen einer nicht mit Hilfe einer allseits akzeptablen Kompromisslösung[75] abzuwendenden Beeinträchtigung »besonders gravierender Intensität«.[76] Liege eine solche vor, müsse eine Einzelfallabwägung zwischen den widerstreitenden Positionen vorgenommen werden, wobei auch in diesem Fall Art. 7 Abs. 1 GG nicht notwendig zurückzutreten habe. Unterhalb dieser Schwelle, d.h. in den übrigen »Standardkonstellationen«, seien Beeinträchtigungen in Rechtspositionen der Schüler und Eltern bereits auf »abstrakt-genereller« Konkurrenzebene zugunsten des staatlichen Bildungs- und Erziehungsauftrags von Art. 7 GG mit »einberechnet« (»grundrechtliches Zwei-Stufen-Modell«, so *Uhle*[77]).[78]

Eine vollumfängliche Rücksichtnahme aller partikularen Weltanschauungs- und   17
Glaubensüberzeugungen könnte den Staat bei der Gestaltung des Unterrichts vor unlösbare Aufgaben stellen, will dieser seinen integrativen Anspruch nicht gänzlich aushöhlen.[79] Der Integrationsauftrag gebietet, die Schüler der unterschiedlichen Glaubens- und Weltanschauungsrichtungen auf eine gemeinsame Gestaltung des staatsbürgerlichen Zusammenlebens in einer pluralistischen Gesellschaft vorzubereiten. Dies schließt mitunter die Förderung der Bereitschaft mit ein, der Konfrontati-

---

74 In einer früheren Entscheidung hatte das BVerwG (E 94, 82 ff.) die Befreiung vom koedukativen Sportunterricht mit Rücksicht auf Art. 4 Abs. 1 zwar als letztes Mittel erachtet. Dem Befreiungsantrag sei jedoch zu entsprechen, wenn kein nach Geschlechtern getrennter Sportunterricht angeboten werde, wozu das Gericht die Schule im Rahmen des organisatorisch Zumutbaren im Konfliktfall noch für verpflichtet hielt. In der Burkini-Entscheidung befand das BVerwG (E 147, 362 (376 f.)) nunmehr, dass eine Abweichung vom koedukativen Unterrichtsmodell dem schulgesetzlich vorgesehenen, fachlichen Konzept eines gemeinsamen Unterrichts von Mädchen und Jungen in gravierender Weise zuwiderlaufe, weshalb dies nicht als Kompromisslösung seitens der Schule akzeptiert werden müsse.
75 Vgl. hierzu auch OVG Bremen NordÖR, S. 92 ff.
76 BVerwGE 147, 362. In diesem Fall hatte die Klägerin nicht überzeugend dargelegt, warum ihr die Teilnahme am Schwimmunterricht nicht mit einem in muslimischen Kreisen weitgehend als religionskonform angesehenen Burkini zuzumuten gewesen wäre. Es bedurfte deshalb keiner weitergehenden Abwägung.
77 *Uhle*, NVwZ 2014, S. 541 ff., 545. *Barczak*, NVwZ 2014, S. 1556 ff., spricht von einem »Drei-Stufen-Modell«, wobei er auf die Perspektive der Schule im Verfahren zur Beantragung einer Unterrichtsbefreiung abstellt.
78 BVerwGE 147, 362 (368). Die Unterrichtsbefreiung dürfe »nicht als routinemäßige Option der Konfliktauflösung fungieren […], die in jedem Fall ergriffen werden müsste, in dem auf Grund des Unterrichts Einzelnen eine Beeinträchtigung religiöser Positionen drohe«. Dies liefe nämlich »auf einen prinzipiellen Nachrang des staatlichen Bildungs- und Erziehungsauftrags hinaus, indem sie diesen für Minderheiten – zwar nicht mit Wirkung gegenüber allen Beteiligten, aber doch bezogen auf sich selbst – disponibel machte«.
79 BVerwGE 147, 362 (368). Vgl. in diesem Sinne auch *Boysen*, in: v. Münch/Kunig, Art. 7 Rn. 46: »am Ende [könnte] […] überhaupt nichts mehr unterrichtet werden, was nicht aus ›Zahlen und Figuren‹ besteht«.

on mit mehrheitlich als unverfänglich angesehenen Verhaltensweisen von Mitmenschen und dem damit verbundenen Ausschnitt aus der Lebenswirklichkeit – wie im Streit um die Teilnahme am koedukativen Schwimmunterricht dem Anblick von Männern und Jungen in Badebekleidung – standzuhalten, auch wenn diese den eigenen Überzeugungen widersprechen mögen.[80] Dem wäre der Boden entzogen, wenn unter Berufung auf Art. 4 Abs. 1 oder Art. 6 Abs. 2 eine Abgrenzung zum Klassenverband in jedem Konfliktfall gerechtfertigt werden könnte.[81]

18   Auf Grundlage der gleichen Ausgangserwägungen wie in seiner »Burkini«-Entscheidung wies das BVerwG – in diesem Fall nach Durchführung einer Abwägung auf der zweiten Stufe – auch die Klage ab, welche die Eltern eines Schülers, der nach den Glaubensgrundsätzen der Zeugen Jehovas erzogen wird, erhoben hatten. Darin wandten sie sich gegen die Ablehnung eines Antrags auf Befreiung von einer Unterrichtsstunde, in der den Schülern der Film »Krabat« vorgeführt werden sollte, welcher sich mit dem Praktizieren schwarzer Magie befasst. Ihr Glaube gebiete es, sich von »bösen Geistermächten« fernzuhalten, weshalb der Junge einem solchen Film nicht ausgesetzt werden dürfe.[82] Der Fall verdeutlicht, welch weitgehende Einschränkungen dem Wirkungsraum des staatlichen Bildungs- und Erziehungsauftrags durch religiös motivierte Tabuisierungstendenzen auferlegt werden könnten. Von besonderer Bedeutung für ein friedliches und von gegenseitiger Toleranz getragenes Zusammenleben in einer pluralistischen Gesellschaft ist der kritische, potentiell konsensbildende Diskurs auch und gerade über solche Wertanschauungen und Erscheinungsformen menschlichen Handelns, denen der Einzelne selbst ablehnend gegenübersteht. Damit ließe sich ein entsprechend gefordertes »Konfrontationsverbot«[83] schwerlich vereinbaren.

19   Die beiden Entscheidungen des BVerwG sind im Ergebnis zu begrüßen.[84] Es hätte dazu jedoch nicht der neuartigen dogmatischen Begründung im Sinne eines »grundrechtlichen Zwei-Stufen-Modells« bedurft, das keinen (verfassungs-)gesetzlichen Niederschlag findet.[85] Die Schrankensystematik bietet eine Methode, in deren Rahmen die besondere Bedeutung des staatlichen Bildungs- und Erziehungsauftrags hinreichende Berücksichtigung finden kann und die zugleich eine einzelfallgerechte Entscheidung ermöglicht.[86] Eine Lösung von Standardkonstellationen bereits auf

---

80 BVerwGE 147, 362 (378). Zur Bedeutung der Schule als Beitrag zur Erfüllung der staatlichen »Pflichtaufgabe« zur »freiheitsgerechten Integration«, die wiederum eine gesamtgesellschaftliche Aufgabe darstelle *Uhle*, NVwZ 2014, S. 541 ff., 544.
81 BVerwGE 147, 362 (368, 378).
82 BVerwG NVwZ 2014, S. 237.
83 *Ebd.*, S. 242.
84 Anders unter Bezugnahme auf einen »funktionalen Schulbegriff« *Brosius-Gersdorf,* in: Dreier, Bd. I, Art. 7 Rn. 74.
85 *Uhle*, NVwZ 2014, S. 541 ff., 545 f.
86 *Ebd.*

abstrakt-genereller Ebene droht hingegen naheliegende Kompensationsmöglichkeiten auszublenden.[87]

2. Das Institut der Schulaufsicht (Art. 7 Abs. 1)

Art. 7 Abs. 1 GG unterstellt im Sinne einer organisationsrechtlichen Norm und   20
Schrankenregelung das gesamte Schulwesen der staatlichen Aufsicht.[88] Häufig wird
dafür der Terminus »Schulhoheit« verwendet. Eng verbunden mit diesem Aufsichts-
konzept ist aber auch die Idee einer staatlichen (Gewährleistungs-)Verantwortung[89]
für das (Aus-)Bildungswesen, dessen qualitative Mindeststandards durch ein hinreichendes Maß an Kontrolle zu sichern sind.[90] Treffender sollte daher nicht von staatlicher »Schulhoheit«, sondern von staatlicher »Schulverantwortung« gesprochen werden.[91] Das schließt Freiräume zur Selbstgestaltung auch an öffentlichen Schulen nicht
vollständig aus. Entscheidend ist nur, dass es hier bei der staatlichen (Letzt-)Verant-
wortlichkeit für Unterrichtsformen und -inhalte bleibt.[92]

Das BVerwG und, ihm folgend, das BVerfG definieren Schulaufsicht als die »Gesamt-   21
heit der staatlichen Befugnisse zur Organisation, Planung, Leitung und Beaufsichti-
gung des Schulwesens«.[93] Dieser weite, die staatliche Schulverantwortung begründende Aufsichtsbegriff konturiert in Abgrenzung zum Elternrecht aus Art. 6 Abs. 2 GG
einen »staatlichen Gestaltungsbereich«, der weiterhin die organisatorische Gliederung
der Schule, die Formulierung von Lehrinhalten (Lehrplänen) sowie von pädagogisch-

---

87 Dagegen steht *Huster*, DÖV 2014, S. 860 ff., mit seinem bereits zitierten Abschichtungsmodell. *Barczak*, NVwZ 2014, S. 1556 ff., 1557, begrüßt das Konfliktlösungsmodell des
   BVerwG, »welches dem Irrweg eines hypertrophen subjektiven Grundrechtsverständnisses
   einen Riegel vorschiebt, […] vollumfänglich«.
88 *Michael/Morlok*, Grundrechte, 4. Aufl. 2014, Rn. 258; allg. *Müller*, Schulische Eigenverantwortung und staatliche Aufsicht: eine Untersuchung der Möglichkeiten und Grenzen
   schulischer Eigenverantwortung unter Geltung des Grundgesetzes, 2006.
89 Grundlegend zum Begriff *Voßkuhle*, Die Beteiligung Privater an der Wahrnehmung öffentlicher Aufgaben und staatliche Verantwortung, in: VVDStRL 62 (2003), S. 266 ff.;
   Schmidt-Aßmann, Das Allgemeine Verwaltungsrecht als Ordnungsidee, 2. Aufl. 2004,
   S. 172; *Weiß*, Beteiligung Privater an der Wahrnehmung öffentlicher Aufgaben, DVBl.
   2002, S. 1167 ff. Kommt der Staat der Gewährleistungsverantwortung etwa im Rahmen
   der Lehrmittelbereitstellung nicht nach, kann einer Lehrkraft, die sie aus eigenen Mitteln
   hilfsweise beschafft, ein Anspruch auf Kostenerstattung gegenüber dem Schulträger zustehen, OVG Münster NVwZ-RR 2013, S. 759 ff.; BAG NJW 2013, S. 2923 f.
90 Etwa bis hin zu den Qualitätsstandards des Unterrichtsmaterials, dazu *Rehborn*, Rechtsfragen der Schulbuchprüfung, 1986.
91 So überzeugend *Gröschner*, in: Dreier, Bd. I (Vorauflage), Art. 7 Rn. 37 ff.; allg. *Saladin*,
   Verantwortung als Staatsprinzip, 1984; *Schubert*, Das »Prinzip Verantwortung« als verfassungsstaatliches Rechtsprinzip, 1998.
92 *Brückelmann*, Die verfassungsrechtlichen Grenzen von Freiräumen zur Selbstgestaltung
   an öffentlichen Schulen, 2000, S. 82 ff.; *Müller*, Schulische Eigenverantwortung und staatliche Aufsicht, 2006; *Berger*, Autonomie im Bildungswesen, 2002, S. 75 ff.
93 BVerwGE 6, 101 (104); 18, 38 (39); 47, 201 (204); BVerfGE 47, 46 (80) und st. Rspr.

didaktischen Programmen, die Festlegung von Lehrzielen und von Kriterien zu deren Erreichung umfasst.[94] Ihm stehen die Kontrollbefugnisse der Schulaufsichtsbehörden als Schulaufsicht im engeren Sinne gegenüber.[95]

a) **Schulhoheit bzw. Schulverantwortung, insbes. die Formulierung von Erziehungszielen**

aa) **Schulverantwortung als Gewährleistungs- und Gestaltungsverantwortung**

22   Der weite Aufsichtsbegriff lässt sich zurückführen auf den von *G. Anschütz* für die Preußische Verfassung formulierten, von der WRV rezipierten Begriff von der »Gesamtheit der dem Staate an der Schule und über die Schule zustehenden Rechte«.[96] Der staatliche Erziehungsauftrag ist damit vorausgesetzt.[97] Das Grundgesetz hat diesen untechnischen Aufsichtsbegriff übernommen – er wurde im Parlamentarischen Rat nicht näher thematisiert[98] – und damit die Chance der produktiven textlichen Fortschreibung der »Aufsicht« zur »Verantwortung« im Sinne einer *Gestaltungs-* und *Gewährleistungs*verantwortung ungenutzt verstreichen lassen.[99]

23   Eine Fülle solcher Gestaltungsbefugnisse kann wie folgt typisiert werden: zum einen die Planungsbefugnisse bezogen auf das Schulsystem insgesamt (Bestimmung der Schulträger, Schularten und Schulstufen; Festlegung von Lehrzielen und Lerninhalten, von Prüfungsanforderungen und Bewertungskriterien; Zulassung von Schulbüchern; Errichtung, Schaffung oder Aufhebung von Schulbezirken;[100] Einrichtung von Förderstufen – BVerfGE 34, 165 (182) –; Einführung der gymnasialen Oberstufe; Schaffung selbstständiger Oberstufenschulen – BVerfGE 45, 400 (415 f.) und 53, 185 (196 f.) –; Gestaltung und Ausstattung der Schulgebäude etc.)[101]; sodann die Planungsbefugnisse, die mit der Organisation und Leitung einzelner Schulen zusam-

---

94 BVerfGE 34, 165 (182); 45, 400 (415); 59, 360 (377) und st. Rspr. Er orientiert sich damit nicht an den klassischen Kategorien der Fach- und der Rechtsaufsicht. Aus der Lit.: *Badura*, in: Maunz/Dürig, Art. 7 Rn. 47; *Robbers*, in: v. Mangoldt/Klein/Starck, Bd. I, Art. 7 Rn. 68 ff.; *Stern*, Staatsrecht IV/I, S. 601; *Langenfeld*, Aktivierung von Bildungsressourcen durch Verwaltungsrecht, Die Verwaltung 40 (2007), S. 347 ff., 352.

95 Vgl. *Brosius-Gersdorf*, in: Dreier, Bd. I, Art. 7 Rn. 44.

96 *Anschütz*, Die Verfassungsurkunde für den Preußischen Staat, Bd. I, 1912, S. 414 f.

97 *Thiel*, Der Erziehungsauftrag des Staates in der Schule: Grundlagen und Grenzen staatlicher Erziehungstätigkeit im öffentlichen Schulwesen, 2000.

98 JöR 1 (1951), S. 102 ff.

99 Vgl. *Jach*, Schulvielfalt als Verfassungsgebot, 1991, S. 18 ff.

100 Nach BVerfG NJW 2013, S. 2813 f., ist auch die Schulsprengelpflicht verfassungsrechtlich nicht zu beanstanden. Jedoch müssten Ausnahmeregelungen der zunehmenden Einräumung eigenständiger Profilbildungen der Schulen Rechnung tragen.

101 Etwa BVerfGE 51, 268 (289); BVerwG DÖV 1979, 1911; eine weit ins Detail ausgreifende Übersicht bei *Uhle*, in: Epping/Hillgruber, Art. 7 Rn. 20; *Brosius-Gersdorf*, in: Dreier, Bd. I, Art. 7 Rn. 48; *Boysen*, in: v. Münch/Kunig, Art. 7 Rn. 53; *Richter*, in: AK-GG, Art. 7 Rn. 19; *Thiel*, in Sachs, Art. 7 Rn. 17.

menhängen (Schließung[102], Verlegung, Zusammenfassung, Nichterrichtung einer Schule[103]; Bestimmung der Lehrer; Aufnahme von Schülern; Klasseneinteilung; Versetzung; Zeugniserteilung; Schulverweis[104]; Lehr- und Lernmittelauswahl vor Ort; Ordnungsmaßnahmen[105]).[106]

Schulverantwortung setzt aber auch die Grenzen staatlicher Gestaltungsbefugnisse   24 voraus. Letztere müssen sich ihrerseits an verfassungsrechtlichen Vorgaben auch außerhalb von Art. 7 Abs. 1 GG – seien sie institutioneller oder grundrechtlicher Natur – messen lassen.[107] Soweit gestaltende (z.b. schulorganisatorische) Maßnahmen den aufsichtlichen Rahmen aus Art. 7 Abs. 1 GG, respektive die grundrechtlichen Grenzen staatlicher Gestaltung überschreiten, können sich die Schüler zur Abwehr auf ihre Grundrechte berufen (auch auf Art. 2 Abs. 1 GG). Bei Grundrechtsunmündigkeit der Schüler können die Eltern die Grundrechtsverletzung geltend machen.[108]

---

102 Zur Klagebefugnis von Eltern gegen die Schließung einer Schule vgl. OVG Münster NVwZ-RR 2013, S. 843 ff.

103 Zur Zulässigkeit von Bürgerbegehren, z.b. bezogen auf die Festlegung von Schulstandorten, siehe OVG Münster NVwZ 1997, S. 816: Entscheidungsmaßstab sind hier die landesrechtlichen Vorschriften. S. auch VGH Mannheim DÖV 2014, S. 983.

104 Alle Ordnungsmaßnahmen richten sich nach Landesrecht. Vgl. aus der jüngeren Rspr. etwa OVG Koblenz NVwZ-RR 2013, S. 963 ff. (Handel mit »Legal Highs«); OVG Lüneburg NJOZ 2013, S. 620 ff. (Tritte gegen den Kopf eines am Boden liegenden Mitschülers); VGH München NVwZ-RR 2013, S. 149 ff. (Zuweisung eines Zweitklässlers an eine andere Grundschule wegen wiederholten Fehlverhaltens); VGH München NVwZ-RR 2012, S. 599 f. (Bedrohung mit einem Klappmesser); OVG Lüneburg NVwZ-RR 2010, S. 394 ff. (nicht ernst gemeinte Ankündigung eines Amoklaufs im Internet). Zu den Aufklärungs- und Dokumentationspflichten der Schule im Rahmen der Ermittlung des Sachverhalts: VGH München BayVBl 2013, S. 118 ff. Vgl. zu einem Schulbetretungsverbot wegen Masernverdachts eines Schülers nach IfSG: BVerwGE 142, 205 (205 ff.).

105 Insbesondere das Online-Verhalten von Schülern spielt in diesem Rahmen eine immer größer werdende Rolle. Vgl. dazu aus der Rspr. etwa: VGH München NJOZ 2010, S. 1592 ff. (verschärfter Verweis nach Eröffnung eines Internet-Diskussionsforums über einen Lehrer, der darin anonymen Beschimpfungen und Beleidigungen ausgesetzt wurde); VGH Mannheim NVwZ-RR 2011, S. 647 ff. (eintägiger Schulausschluss nach Beleidigungen in einem Internetblog); VG Köln MMR 2012, S. 275 f. (Überweisung eines Schülers in eine Parallelklasse nach Mobbing bei StudiVZ und Facebook); VG Düsseldorf, Beschluss v. 11.05.2011 – 18 L 669/11 (zweiwöchiger Unterrichtsausschluss nach Veröffentlichung eines Videos von einer Schlägerei zwischen Mitschülern auf Facebook). Näher dazu *Steenhoff*, NVwZ 2013, S. 1190 ff.

106 *Oppermann*, Gutachten C, S. 47 ff.; *Brosius-Gersdorf*, in: Dreier, Bd. I, Art. 7 Rn. 48.

107 *Rux*, Die pädagogische Freiheit des Lehrers, 2002, S. 35.

108 *Thiel*, in: Sachs, Art. 7 Rn. 18; zu Fragen der Grundrechtsberechtigung im Schulverhältnis unten Rdn. 63 ff.

bb) Der Erziehungsauftrag, die Formulierung von Erziehungszielen

25   Der staatlichen Schulverantwortung unterfällt auch ein Unterricht, der sich an jenen Erziehungszielen ausrichtet, die für den staatlichen Erziehungsauftrag (Integrationsfunktion in der politischen Gemeinschaft; Erziehung zum mündigen Bürger in der Demokratie) grundlegend sind.[109] Ein Vorbild für den Typus verfassungsstaatlicher Erziehungsziele gibt Art. 148 WRV. Wie weit die Kompetenz zur Festlegung von Erziehungszielen in einem weltanschaulich-religiös neutralen, freiheitlichen Staat und seiner pluralistischen Gesellschaft reicht, ist umstritten.[110] Eine »Erziehungsdiktatur« nach dem Muster platonischer Philosophenschulen scheidet, wie oben bereits angeklungen, ebenso aus wie eine völlige erzieherische Neutralität oder Distanz des Staates, da Freiheitlichkeit die Ermöglichung von Freiheit, d.h. die Erziehung zu Freiheit und Toleranz[111], auch ein werbendes Eintreten für die Grundwerte und die Essenz der Verfassung (Art. 1 Abs. 1 GG, Art. 20 GG, Art. 79 Abs. 3 GG) erfordert. Es gilt dabei weiterhin zu bedenken, dass der staatliche Erziehungsauftrag ein eigenständiger, nicht lediglich vom elterlichen Erziehungsrecht abgeleiteter ist.[112]

26   Unproblematisch bleibt die Vermittlung von Wissen und Fertigkeiten nach dem Stand von Forschung und Technik.[113] Die Vermittlung weltanschaulich sensibler Unterrichtsinhalte, vor allem die Vermittlung von Werten, ist demgegenüber begrenzt und nur in strenger Orientierung an Freiheitlichkeit und Pluralismus mög-

---

109 *Häberle*, Erziehungsziele und Orientierungswerte im Verfassungsstaat, 1981, S. 37 f., S. 46 f. (Typologie von Erziehungszielen); *Evers*, Die Befugnis des Staates zur Festlegung von Erziehungszielen in der pluralistischen Gesellschaft, 1979; Mauermann/Weber (Hrsg.), Erziehungsauftrag der Schule, 1978; *Boysen*, in: v. Münch/Kunig, Art. 7 Rn. 41 m.w.N.; *Uhle*, in: Epping/Hillgruber, Art. 7 Rn. 21; für ein auf die Bildungsaufgabe der Schule beschränkten »akzessorischen Erziehungsauftrag« *Brosius-Gersdorf*, in: Dreier, Bd. I, Art. 7 Rn. 25 ff. Kritisch aus der Perspektive der Systemtheorie *Roellecke*, Erziehungsziele und Auftrag der Staatsschule, in: FS Faller, 1984, S. 187 ff.; *ders.*, Zum Verhältnis von Recht und Erziehung, in: FS Geiger, 1989, S. 342 ff.

110 *Huhm*, Kreativität und Schule: Risiken derzeitiger Lehrpläne für die freie Entfaltung der Kinder; Verfassungswidrigkeit staatlicher Regelungen von Bildungszielen und Unterrichtsinhalten vor dem Hintergrund neuerer Erkenntnisse der Gehirnforschung, 1990; *Dittmann*, in: VVDStRL 54 (1995), S. 47; für eine verfassungstheoretische Grundlegung vgl. *Huster*, Die ethische Neutralität des Staates, 2002, S. 250 ff.

111 BVerfGE 47, 46 (LS 2 und 74 ff.); Enders/Kahlo (Hrsg.), Toleranz als Ordnungsprinzip?, 2007.

112 *Schmitt-Kammler*, Elternrecht und schulisches Erziehungsrecht nach dem Grundgesetz, 1983, S. 31; *Böckenförde*, Elternrecht – Recht des Kindes – Recht des Staates, in: Essener Gespräche zum Thema Staat und Kirche 14 (1980), S. 54 ff., 84; darauf Bezug nehmend *Pieroth*, DVBl. 1994, S. 949 ff., 951.

113 Das umfasst etwa auch einen faktenvermittelnd-aufklärenden Sexualkundeunterricht, BVerfGE 47, 46.

lich.[114] Damit verbietet sich von vornherein ein generell werthaltiger Unterricht, vor allem eine Werteindoktrination.[115] Insbesondere ist, abgesehen von Art. 7 Abs. 5 GG, eine Vermittlung von Glaubensinhalten bestimmter Religionsgemeinschaften ausgeschlossen.[116] Dass religiös-weltanschauliche Inhalte in den Unterricht einfließen, der kulturprägende Einfluss der Religionen (in Europa vor allem des Christentums, des Judentums, aber auch des Islam) eine wichtige Referenzgrundlage bildet, soll nicht etwa im Sinne »kulturblinder Neutralität« unterbunden werden.[117] Dies muss aber in darstellender und informierender Art geschehen, ohne einen absoluten Wahrheitsanspruch zu erheben oder gar für eine spezifische Glaubensrichtung zu werben.[118] Die Werterziehung ohne Neutralitätsverletzung mag eine »schwierige Balance«[119] erfordern, für die Erziehung *im* und *zum* freiheitlichen Verfassungsstaat ist sie aber unabdingbar.[120]

b) Die Schulaufsicht i.e.S.: Rechtsaufsicht und Fachaufsicht

Mit der Schulaufsicht im engeren oder technischen Sinne ist die staatliche Kontrollbefugnis angesprochen. Das in der Praxis wohl wichtigste Element dieser Befugnis ist die Fachaufsicht bezogen auf den Kernbereich staatlicher Gestaltungsbefugnisse im Unterrichts- und Prüfungswesen der öffentlichen Schulen; in anderen Worten: die Fachaufsicht über die »inneren Angelegenheiten« der öffentlichen Schulen.[121] Die fachliche Kontrolle von Lehrenden und Lehre dient der Qualitätssicherung ebenso wie der Freiheitssicherung, d.h. dem Schutz von Schüler- und Eltern(grund)rechten.[122] Als schwierig erweisen sich sinnvolle aufsichtsrechtliche Grenzziehungen im

27

---

114 Vgl. BVerfGE 34, 165 (183); 47, 46 (72); 93, 1 (21 f.); *Dittmann*, in: VVDStRL 54 (1995), S. 47 ff.; *Bothe*, in: VVDStRL 54 (1995), S. 8 ff., 36; *Stern*, Staatsrecht IV/I, S. 607.

115 *Loschelder*, Grenzen staatlicher Wertevermittlung in der Schule, FS Listl, 1999, S. 349 ff., 360 ff.; *Mückl*, Verfassungswidriger Ethikunterricht?, VBlBW 1998, S. 86 ff.

116 *Korioth*, Islamischer Religionsunterricht und Art. 7 III GG. Zu den Voraussetzungen religiöser Vielfalt in der öffentlichen Pflichtschule, NVwZ 1997, S. 1041 ff., 1042.

117 Vgl. dazu auch *Korioth/Augsberg*, JZ 2010, S. 832.

118 *Thiel*, in: Sachs, Art. 7 Rn. 27 m.w.N. und dem treffenden Hinweis, dass werthaltige Erziehungsziele, die diese Grenzen überschreiten, verfassungswidrig sein können. Problemfelder bezeichnen darüber hinaus das Schulgebet (BVerfGE 52, 223; dazu *Badura*, in: Maunz/Dürig, Art. 7 Rn. 18), das Kruzifix in Klassenzimmern (BVerfGE 93, 1; dazu *Goerlich*, NVwZ 1995, S. 1184 ff.; BVerwGE 109, 40; EGMR NVwZ 2011, S. 737 ff.) oder die christliche Gemeinschaftsschule (BVerfGE 41, 29; 41, 65; 41, 88, dazu *Brosius-Gersdorf*, in: Dreier, Bd. I, Art. 7 Rn. 80 m.w.N.).

119 *Böckenförde*, Diskussionsbeitrag, in: VVDStRL 54 (1995), S. 125 ff.

120 Zur grundsätzlichen Bedeutung der staatlichen Neutralitätspflicht *Korioth/Augsberg*, JZ 2010, S. 829 ff.

121 Vgl. *Uhle*, in: Epping/Hillgruber, Art. 7 Rn. 19.

122 *Robbers*, in: v. Mangoldt/Klein/Starck, Bd. I, Art. 7 Rn. 90; *Hofmann*, in: Schmidt-Bleibtreu/Hofmann/Hopfauf (Vorauflage), Art. 7 Rn. 4. Das reicht hin bis zur Überprüfung der charakterlichen Eignung von Lehrkräften, OVG Lüneburg DVBl. 1954, S. 225.

Spannungsfeld von pädagogischer Eigen- und Letztverantwortlichkeit des Lehrers und dessen dienstlicher Weisungsgebundenheit. Gerade in diesem Kontext wird mitunter eine Beschränkung der Fachaufsicht auf eine reine Rechtsaufsicht gefordert, um der Eigenverantwortung von Schulen und Lehrenden größeren Raum zu geben.[123] Einer solchen vollständigen Reduzierung steht indes das Grundprinzip staatlicher Schulverantwortung gegenüber[124]; bei allen Abgrenzungs- und Abwägungsschwierigkeiten führt auch hier nur die Rechtsfigur der »praktischen Konkordanz« (*K. Hesse*) zu sachgerechten Lösungen.

28   Nur im Falle einer eigenständigen äußeren Schulverwaltung ist der Staat auf die Rechtsaufsicht beschränkt. Das ist bei Privatschulen aufgrund der in Art. 7 Abs. 4 und 5 GG gewährleisteten Privatschulautonomie der Fall. Die Rechtsaufsicht betrifft hier im Wesentlichen die Einhaltung der Genehmigungstatbestände.[125] Einen Sonderfall bilden auch die staatlichen Schulen in kommunaler Trägerschaft. Diese Trägerschaft macht die staatliche Schulverantwortung aber nicht zu einer kommunalen Selbstverwaltungsangelegenheit.[126] Weist eine landesrechtliche Regelung den Gemeinden Schulangelegenheiten (in begrenztem Umfang) als eigene zu, so genügt das nur dann den Maßstäben aus Art. 7 Abs. 1 GG, wenn die staatliche Schulaufsicht in ihrem Kern unangetastet bleibt und der staatlichen Behörde die Letztentscheidung (in Form eines Ersetzungsbescheides) zusteht.[127]

c) Wesentlichkeitstheorie und Parlamentsvorbehalt im Bereich der Schulaufsicht

29   Da alle staatlichen Gestaltungsbefugnisse als Aufsicht im weiteren Sinne ebenso wie die Fach- und Rechtsaufsicht im engeren Sinne die grundrechtlich geschützte Freiheitssphäre von Lehrenden, Lernenden und Eltern betreffen, d.h. grundrecht*swesentlich* sind, bedürfen sie einer gesetzlichen Grundlage.[128] Der parlamentarische Gesetzgeber selbst hat über die maßgeblichen Grundlagen der Schulorganisation und die

---

123 Vgl. *Hofmann*, in: Schmidt-Bleibtreu/Hofmann/Hopfauf (Vorauflage), Art. 7 Rn. 7; *J. Müller*, DVBl. 2006, S. 878 ff.; *Köller*, Kommunalisierung der Schulaufsicht, RdJB 2005, S. 27 ff.

124 BVerfGE 59, 360 (389).

125 *Müller*, Das Recht der Freien Schulen nach dem Grundgesetz, 2. Aufl. 1982, S. 80 ff. Staatlich angeordnete Vergleichsarbeiten und Unterrichtsbesuche dürften etwa von der Rechtsaufsicht nicht gedeckt sein, *Vogel*, DÖV 2008, S. 901 ff.

126 Viel zitiert ist das Wort von *Anschütz*, Die Verfassungsurkunde für den Preußischen Staat, Bd. I, 1912, S. 412, wonach die Gemeinde der Schule ein Haus baue, »Herr im Hause« aber der Staat bleibe (etwa bei *Brosius-Gersdorf*, in: Dreier, Bd. I, Art. 7 Rn. 51, die dieser Formel jedoch kritisch gegenübersteht, *dies.*, Rn. 52).

127 BVerfGE 26, 228 (239); 78, 331 (340 f.); BVerwG DÖV 1977, S. 755; *Hofmann*, in: Schmidt-Bleibtreu/Hofmann/Hopfauf (Vorauflage), Art. 7 Rn. 14.

128 *Schulze-Fielitz*, in: Dreier, Bd. II, Art. 20 (Rechtsstaat) Rn. 110; *Lerche*, Bayerisches Schulrecht und Gesetzesvorbehalt, 1981, S. 58 ff.

Ausbildungsinhalte zu entscheiden.[129] Die Rechtsprechung hat zahlreiche Anwendungsfälle des Parlamentsvorbehalts konturiert: Einführung einer obligatorischen Förderstufe[130], Fragen des Schulausschlusses[131], die gymnasiale Oberstufenreform[132], die Ausgestaltung des Sexualkundeunterrichts.[133] In diesem Kontext müssen weiterhin die Probleme der Rechtschreibreform[134] und – nun neuerlich aktuell – des islamischen Kopftuchs in der Schule[135] Erwähnung finden.

3. Das Institut des Religionsunterrichts als ordentliches Lehrfach, Art. 7 Abs. 3 S. 1 und 2 GG

Art. 7 Abs. 3 GG weist den Religionsunterricht an öffentlichen Schulen als ordentliches Lehrfach aus und unterstellt ihn staatlicher Aufsicht. Es handelt sich insoweit um eine institutionelle Gewährleistung.[136] Diese erfolgt indes nach Maßgabe zweier subjektiver Rechte[137]: S. 1 gibt den Religionsgemeinschaften einen Anspruch auf ein »ordentliches Lehrfach« und nimmt den Staat in die Gewährleistungsverantwortung dafür. Da die Ausgestaltungsverantwortung aber weithin bei den Religionsgemeinschaften verbleibt, garantiert ihnen S. 2 das subjektive Recht, das Lehrfach nach ihren je eigenen Glaubensgrundsätzen inhaltlich zu bestimmen. Die Institution »Reli-

30

---

129 BVerfGE 47, 46; 58, 257 (268 ff.); *Hofmann*, in: Schmidt-Bleibtreu/Hofmann/Hopfauf (Vorauflage), Art. 7 Rn. 7.

130 BVerfGE 34, 165.

131 BVerfGE 41, 251; 58, 257.

132 BVerfGE 45, 400.

133 BVerfGE 47, 46 (81 f.); BVerwGE 64, 308 (309 f.); *Schulze-Fielitz*, in: Dreier, Bd. II, Art. 20 (Rechtsstaat) Rn. 11.

134 Hier hat sich das BVerfG gegen einen Gesetzesvorbehalt ausgesprochen, BVerfGE 98, 218; Nachweise bei *Schulze-Fielitz*, in: Dreier, Bd. II, Art. 20 (Rechtsstaat) Rn. 117; *Kopke*, Rechtschreibreform auf dem Erlasswege, JZ 1995, S. 874 ff.; *Bauer/Möllers*, Die Rechtschreibreform vor dem Bundesverfassungsgericht, JZ 1999, S. 697 ff.; *Gärditz*, Zehn Jahre Rechtschreibreform – Eine Billanz, NJW 2005, S. 3531 ff.

135 BVerfGE 108, 282; VGH Mannheim DÖV 2009, S. 85. Das BVerfG hat mit seinem umstrittenen Beschluss v. 27.01.2015 – 1 BvR 471/10 den Gestaltungsspielraum des Gesetzgebers in dieser Hinsicht einschränkend konkretisiert (Näheres dazu unten, Rn. 75). Ob landesrechtliche Regelungen, nach denen Schüler sich so zu verhalten haben, dass die Schule ihre Aufgaben erfüllen und ihr Bildungsziel erreichen kann, als Rechtsgrundlage herangezogen werden kann, um einem muslimischen Mädchen die Teilnahme am Unterricht mit einem Gesichtsschleier zu verbieten (so der VGH München NVwZ 2014, S. 1110), ist mit Rücksicht auf den Bestimmtheitsgrundsatz zweifelhaft.

136 *Hollerbach*, in: HStR, § 140 Rn. 34; *Link*, Handbuch des Staatskirchenrechts, Bd. II, S. 503; a.A. *Korioth*, Islamischer Religionsunterricht und Art. 7 III GG. Zu den Voraussetzungen religiöser Vielfalt in der öffentlichen Pflichtschule, NVwZ, 1997, S. 1041 ff., 1044: Es gehe um die bloße Verpflichtung des Staates, den Religionsunterricht als Angebot vorzuhalten, und insoweit um eine Durchbrechung der prinzipiellen Trennung von Staat und Religionsgemeinschaften; vgl. auch *Jarass/Pieroth*, Art. 7 Rn. 10.

137 *Mückl*, Staatskirchenrechtliche Regelungen zum Religionsunterricht, in: AöR 122 (1997), S. 513 ff., 520.

gionsunterricht« ist (bloße) Voraussetzung grundrechtlicher Freiheitsbetätigung und wird deshalb im Kontext der grundrechtlichen Gewährleistungen erörtert.[138]

4. Die Garantie der Privatschule und das Privatschulwesen, Art. 7 Abs. 4 GG

a) Die institutionellen Garantiegehalte in ihrer freiheitssichernden Funktion

31   Das GG garantiert die Privatschule als Institution.[139] Das meint nicht nur die Errichtung von Privatschulen, sondern auch die Sicherstellung deren Betriebs und den Schutz ihres Bestandes.[140] Der Privatschulbegriff wird häufig negativ definiert: private Schulen sind all die, die keine öffentlichen sind.[141] Da der Begriff der öffentlichen Schule selbst nicht unumstritten ist, führt eine Abgrenzung nach der Trägerschaft zu trennschärferen Ergebnissen. Privatschulen sind Schulen in freier Trägerschaft, das heißt Schulen, die nicht von Ländern, Kommunen oder Kammern, sondern in erster Linie von natürlichen oder juristischen Personen des Privatrechts betrieben werden.[142] Eine Abgrenzungsunschärfe bleibt aber auch bei der trägerschaftlichen Anknüpfung nicht aus. Auch juristische Personen des öffentlichen Rechts können nach »Tradition und Systematik« des Art. 7 Abs. 1 GG als private Schulträger zu beurteilen sein, wenn sie selbst »keine öffentliche Schulverantwortung tragen«.[143] Das sind in paradigmatischer Weise die Kirchen respektive die öffentlichen Religionsgemeinschaften.[144]

32   Nicht allein aufgrund der fehlenden formalen Eindeutigkeit sollten, jedenfalls ergänzend, materielle Kriterien herangezogen werden, die für die Propria des Privatschulwesens stehen und über die institutionelle Garantie hinaus die grundrechtliche Privatschulfreiheit legitimieren.[145] Eine besonders pointierte Formulierung gelingt dem BVerfG: Art. 7 Abs. 4 S. 1 GG will »die Freiheit im Schulwesen verwirklichen«.[146]

---

138 Dazu unten Rdn. 38.
139 BVerfGE 6, 309 (355); 75, 40 (61 f.); *Pieroth/Schlink/Kingreen/Poscher*, Rn. 735; *Lemper*, Privatschulfreiheit: zur Genese, Praxis und Chance eines Grundrechtes, 1989; *Pieroth*, Die staatliche Privatschulfinanzierung vor dem Bundesverfassungsgericht: eine Dokumentation, 1988; *Kösling*, Die private Schule gemäß Art. 7 Abs. 4, 5 GG: eine Untersuchung zu den Ersatzschulen und Ergänzungsschulen unter besonderer Berücksichtigung eines verfassungsrechtlich determinierten Schulbegriffes im Sinne des Art. 7 GG, 2005. Die einzelne Schule hat dagegen weder einen sich unmittelbar aus der Verfassung ergebenden Anspruch auf Subventionierung noch genießt sie Bestandsschutz *Boysen*, in: v. Münch/Kunig, Art. 7 Rn. 91 f. m.w.N.
140 BVerfGE 75, 40 (62 f.).
141 So etwa *Jarass/Pieroth*, Art. 7 Rn. 25; entschieden gegen eine reine Negativbestimmung *Thiel*, in: Sachs, Art. 7 Rn. 61.
142 *Müller*, Das Recht der Freien Schulen nach dem Grundgesetz, 2. Aufl. 1982; *Brosius-Gersdorf*, in: Dreier, Bd. I, Art. 7 Rn. 42.
143 Vgl. *Uhle*, in: Epping/Hillgruber, Art. 7 Rn. 73 m.w.N.
144 Ebd. m.w.N.; ferner *Jarass/Pieroth*, Art. 7 Rn. 27.
145 *Thiel*, in: Sachs, Art. 7 Rn. 61.
146 BVerfGE 27, 195 (200).

Die privaten Schulanbieter sollen gerade – gewiss im Rahmen der verfassungsrechtlich vorgezeichneten Maßstäbe – eigene Erziehungsziele formulieren, eigenständige Wertorientierungen vermitteln, eigenständige Lehrinhalte und Lehrmethoden formulieren und erproben.[147] Staatlicher Druck hinsichtlich der pädagogischen Konzeption ist deshalb unzulässig.[148] Wenngleich die öffentliche Schule der Regelfall bleibt, bedeutet die Gewährleistung des Privatschulwesens die eindeutige Absage an ein staatliches Schulmonopol.[149] Der »Verfassung des Pluralismus«[150] adäquat ist ein sicher nicht vollständig staatsfreier, an die Integrationsaufgaben der Schule gebundener, aber zur Freiheitsgestaltung einladender »schulischer Pluralismus«.[151]

Die institutionelle Garantie des Privatschulwesens lässt die staatliche Organisationsgewalt auf dem Gebiet des Schulwesens als solche unangetastet.[152] So darf der Staat neben Privatschulen auch neue öffentliche Schulen errichten, dürfen Staat und Privat in einen »Bildungswettbewerb« treten. **33**

b) Die Differenzierung in Ersatz- und Ergänzungsschulen

Art. 7 Abs. 4 GG differenziert hinsichtlich zweier Arten von Privatschulen. Zum einen geht es um die als Ersatz für öffentliche Schulen eingerichteten Ersatzschulen, zum anderen um Ergänzungsschulen ohne Ersatzfunktion. Nach BVerfGE 27, 195 (201 f.)[153] sind Ersatzschulen Privatschulen, »die nach dem mit ihrer Errichtung verfolgten Gesamtzweck als Ersatz für eine in dem Land vorhandene oder grundsätzlich vorgesehene öffentliche Schule dienen sollen.« Das ist der entscheidende Unterschied zu den Ergänzungsschulen, für die, so das BVerfG ebd., »vergleichbare öffentliche Schulen in der Regel nicht bestehen und in denen der Schulpflicht nicht genügt werden kann.«[154] Allein wegen anders konzipierter Erziehungsformen und Erziehungsinhalte dürfen Ersatzschulen nicht verhindert werden.[155] **34**

---

147 BVerfGE 27, 195 (200 f.); 88, 40 (46); 90, 107 (114).
148 BVerfGE 90, 107 (125).
149 BVerfGE 27, 195 (207).
150 So der Titel zu *Häberles* »Studien zur Verfassungstheorie der offenen Gesellschaft«, 1990.
151 BVerfGE 27, 195 (202); 90, 107 (116).
152 BVerfGE 37, 314 (319); BVerwG NVwZ 2007, S. 958; *Thiel*, in: Sachs, Art. 7 Rn. 61.
153 Bestätigt durch BVerfGE 75, 40 (76); 90, 128 (139).
154 Siehe auch *Thiel*, in: Sachs, Art. 7 Rn. 62 m.w.N. Ein Beispiel für Ersatzschulen sind etwa Waldorfschulen (BVerfGE 90, 128 (139 f.). Ergänzungsschulen sind vorwiegend berufsbildende Schulen, vgl. z.B. *Boysen*, in: v. Münch/Kunig, Art. 7 Rn. 89. Die Genehmigungspflichten und Bindungen aus Art. 7 Abs. 4 S. 3 und 4 gelten nur für Ersatzschulen, BVerfGE 90, 107 (121).
155 BVerfGE 34, 165 (197 f.); 88, 40 (46 f.); 90, 107 (114). *Vogel*, Zur Genehmigung von Ersatzschulen, DÖV 2008, S. 895 ff.

II. Grundrechtliche Gewährleistungen

1. Das Recht der Erziehungsberechtigten aus Art. 7 Abs. 2 GG

a) Grundrechtscharakter und Grundrechtsdimensionen i.S.d. Statuslehre (nach G. Jellinek)

35   Art. 7 Abs. 2 GG ist ausdrücklich als subjektives Recht formuliert (»haben das Recht«).[156] Seine systematische Stellung innerhalb von Art. 7 GG (norminterne oder normimannente Systematik) erweist sich als aufschlussreich. Unmittelbar auf die Regelung der staatlichen Schulverantwortung in Abs. 1 folgend wird die elterliche Erziehungsverantwortung thematisiert und auf die Teilnahme des Kindes am Religionsunterricht hin konkretisiert. Erzieherische Schul- und Elternverantwortung[157] sind zwar grundsätzlich die beiden Seiten ein und derselben Medaille. Wo der Staat aber zur religiös-weltanschaulichen Neutralität verpflichtet ist[158], wird die grundrechtsgestützte Präponderanz der elterlichen Erziehungsverantwortung zur notwendigen Folge. Die »Erziehungskooperation« zwischen Staat und Eltern ist nicht diffuses Konstrukt, sondern grundrechtlich präzise konturiert.

36   Damit sind zugleich die Prämissen zur Bestimmung des mehrdimensionalen Grundrechtsstatus formuliert. Art. 7 Abs. 2 GG gibt den Erziehungsberechtigten ein klassisch staatsgerichtetes Abwehrrecht (status negativus). Die staatliche Bestimmungsbefugnis zur Teilnahme am Schulunterricht (Abs. 1) ist dadurch freiheitsrechtlich beschränkt. Zugleich konkretisiert Art. 7 Abs. 2 GG als lex specialis die Elternverantwortung aus Art. 6 Abs. 2 GG[159] und eröffnet gestalterische Mitwirkungsmöglichkeiten der Eltern (resp. Erziehungsberechtigten) in der Schule. Art. 7 Abs. 2 GG ist auch Mitwirkungs- und Gestaltungsrecht (status positivus und status activus). Das strenge Separationsmodell der Weimarer Zeit, das dem Staat einen weitreichenden Erziehungsanspruch einräumte und das Elternrecht allzu rudimentär behandelte, wird auch insoweit überwunden.[160]

b) Grundrechtsberechtigte und Grundrechtsinhalte

37   Art. 7 Abs. 2 GG fasst den Kreis der Grundrechtsberechtigten weiter als Art. 6 Abs. 2 GG, da er allein auf die Erziehungsverantwortung abstellt und keine »natürlichen Elternrechte« impliziert. Wer Erziehungsberechtigter ist, bestimmt sich nach

---

156   Schon aufgrund hinreichender Rechtssicherheit – gerade mit Blick auf das für die Schule nicht bekannte Innenverhältnis von Erziehungsberechtigten und Kindern – kann die Abmeldung nur ausdrücklich, nie konkludent erfolgen, *Link*, Handbuch des Staatskirchenrechts, Bd. II, S. 478.
157   Respektive Verantwortung der sonst Erziehungsberechtigten.
158   *Huster*, Die ethische Neutralität des Staates, 2002.
159   *Thiel*, in: Sachs, Art. 7 Rn. 51; *Robbers*, in v. Mangold/Klein/Stark, Bd. I, Art. 7 Rn. 105.
160   *Schmitt-Kammler*, Elternrecht und schulisches Erziehungsrecht nach dem Grundgesetz, 1983, S. 50, 58; *Thiel*, in: Sachs, Art. 7 Rn. 37.

den Personensorgeregelungen des BGB.[161] Diese sind im Lichte von Art. 6 Abs. 2 GG verfassungskonform auszulegen.[162] Die verfassungskonforme Auslegung ist insbesondere hinsichtlich jener familienrechtlichen Regelungen beachtlich, die festlegen, ob das Sorge- und damit das Bestimmungsrecht im Interesse des Kindeswohls einzeln oder gemeinsam wahrzunehmen ist. Das Bestimmungsrecht der Erziehungsberechtigten besteht aber nur solange, bis das Kind die Religionsmündigkeit erreicht.[163] Diese bestimmt sich ihrerseits nach den Vorschriften des RelKErzG.[164] Mit Vollendung des 14. Lebensjahres endet das Recht der Bekenntnisbestimmung und der Unterwerfung unter einen bestimmten schulischen Unterricht.

Der Begriff des Religionsunterrichts ist identisch mit dem aus Abs. 3 S. 1 und 2. Er **38** meint die als ordentliches Lehrfach angebotene, inhaltlich aber von den Religionsgemeinschaften zu bestimmende Unterweisung in den jeweiligen Glaubenslehren.[165] Gegenstand des Religionsunterrichts ist ein religiöses Bekenntnis, keine allgemeine Religionskunde.[166] Der Religionsunterricht bleibt somit nicht neutral, sondern verlangt Identifikation. Es geht ihm jedenfalls auch um den Wahrheitsanspruch dessen, was gelehrt und geglaubt werden soll, folglich um eine »konfessionelle Positivität«.[167]

---

161 Ob der Erziehungsberechtigte selbst einem Bekenntnis zugehört oder gar Angehöriger eben des Bekenntnisses ist, um dessen Religionsunterricht es geht, ist völlig unerheblich, so explizit *Gröschner*, in: Dreier, Bd. I (Vorauflage), Art. 7 Rn. 87 (anders *Maunz*, in: ders./Dürig (Vorauflage), Art. 7 Rn. 30).

162 *Jarass/Pieroth*, Art. 7 Rn. 20.

163 Die teilweise vertretene Auffassung, das Abmelderecht liege unabhängig von den Altersgrenzen des RelKErzG allein bei den Eltern, kann schon aus dem normativen Zusammenhang mit Art. 4 GG heraus nicht überzeugen, umfangreiche Nachweise bei *Link*, Handbuch des Staatskirchenrechts, Bd. II, S. 476. Die Trennung zwischen einem eigenständigen Bestimmungsrecht des Kindes im Innenverhältnis zu den Eltern und der bis zum 18. Lebensjahr fortbestehenden Elternverantwortung im Außenverhältnis kann schon deshalb nicht überzeugen, da das Auseinanderfallen innerfamiliäre Konfliktlagen schafft oder verschärft, gar Rechtsstreitigkeiten provoziert. Zum Problemkreis noch *Würtenberger*, Religionsmündigkeit, in: FS Obermayer, 1986, S. 113 ff.; *Umbach*, Grundrechts- und Religionsmündigkeit im Spannungsfeld zwischen Kindes- und Elternrecht, in: FS Geiger, 1989, S. 359 ff. Mit berechtigten Zweifeln an der Wirksamkeit abweichender landesrechtlicher Regelungen, die Kindern ein Bestimmungsrecht erst mit Volljährigkeit einräumen *Brosius-Gersdorf*, in: Dreier, Bd. I, Art. 7 Rn. 83 m.w.N.

164 *Jestaedt*, Handbuch des Staatskirchenrechts, Bd. II, S. 386.

165 *Brosius-Gersdorf*, in: Dreier, Bd. I, Art. 7 Rn. 84; *Jarass/Pieroth*, Art. 7 Rn. 13; siehe auch BVerwG NJW 1973, S. 1815: Weil der Religionsunterricht ordentliches Lehrfach ist, ist er auch versetzungserheblich. Erforderlich ist aber ein auf Wissensvermittlung angelegter Unterricht, keine bloße Glaubensunterweisung, BVerfGE 74, 244 (252 f.).

166 *Geis*, in: Friauf/Höfling, Art. 7 Rn. 49; *Frisch*, Grundsätzliche und aktuelle Aspekte der grundgesetzlichen Garantie des Religionsunterrichts, DÖV 2004, S. 462 ff.

167 BVerfGE, 74, 244 (252 f.) in Anlehnung an die berühmte Formulierung von *Anschütz*. Das schließt ökumenischen Religionsunterricht nicht aus: BVerfGE 74, 244 (253 f.). Problematisch bliebe ein multireligiöser Unterricht ohne Bekenntnischarakter.

39   Ob Art. 7 Abs. 2 GG analog auch auf den Ethikunterricht (als Ersatz- oder Ergän-
zungsunterricht) Anwendung finden soll, ist umstritten, vom Normzweck her aber
abzulehnen. Weil es dem Religionsunterricht immer auch um die Vermittlung religiöser Wahrheitsansprüche geht, darf ihn der religiös neutrale Verfassungsstaat nur
ermöglichen, aber nicht verbindlich setzen. Der Ethikunterricht will im Gegensatz
dazu keine Wahrheitsansprüche vermitteln, sondern in kritischer Reflektion eben
dieser Wahrheitsansprüche ganz unterschiedliche Weltanschauungsmodelle und
Ethikkonzepte vorstellen. Solche wissensbasierte Reflektion verpflichtend zu machen, wird von der staatlichen Schulverantwortung umfasst.[168]

2. Die Rechte aus Art. 7 Abs. 3 GG

a) Die Rechte aus Art. 7 Abs. 3 S. 1 und 2 GG

aa) Die Grundsatzfragen

40   Art. 7 Abs. 3 GG garantiert institutionell den Religionsunterricht als ordentliches
Lehrfach[169], vermittelt aber im wesentlichen subjektive Rechte der Religionsgemeinschaften. »Religionsgemeinschaft« im Sinne von Art. 7 Abs. 3 GG ist gleichbedeutend mit »Religionsgesellschaft« im Sinne von Art. 136 ff. WRV.[170] Es handelt sich
um einen dauerhaften, organisierten Personenzusammenschluss mit festliegenden
Glaubensinhalten und dem Anspruch auf deren Befolgung nach außen.[171]

41   Art. 7 Abs. 3 S. 1 verbürgt ein subjektives öffentliches Recht der Religionsgemeinschaften auf die Einrichtung von Religionsunterricht.[172] Ob die Verbürgung – was

---

168 *Heimann*, Ethikunterricht im religiös und weltanschaulich neutralen Staat, ZevKR 2003,
S. 17 ff.; *Engelbrecht*, RdJB 2006, S. 362 ff.; allg. *Erwin*, Verfassungsrechtliche Abforde-
rungen an das Schulfach Ethik/Philosophie, 2001; nach *Brosius-Gersdorf*, in: Dreier, Bd.
I, Art. 7 Rn. 49 f. m.w.N., sei die Verpflichtung zur Teilnahme am Ethikunterricht nur
dann gerechtfertigt, wenn er für alle eingeführt werde, d.h. nicht allein für diejenigen,
die sich auf Grundlage von Art. 7 Abs. 2 GG vom Religionsunterricht abgemeldet hätten.
169 *Werner*, Verfassungsrechtliche Fragen des Ersatzunterrichts zum Religionsunterricht,
1998; *Hildebrandt*, Das Grundrecht auf Religionsunterricht: eine Untersuchung zum
subjektiven Rechtsgehalt des Art. 7 Abs. 3 GG, 2000; Heckel (Hrsg.), Der Rechtsstatus
des Religionsunterrichts im pluralistischen Verfassungssystem, 2002. Weil der Religionsunterricht ordentliches Lehrfach ist, sind auch Benotungen zulässig. Ablehnend *Brosius-
Gersdorf*, in: Dreier, Bd. I, Art. 7 Rn. 87.
170 Einzelheiten bei *v. Campenhausen/Unruh*, in: v. Mangoldt/Klein/Starck, Bd. III, Art. 137
WRV Rn. 19 ff.
171 BVerwG 110, 326 (342), wiederum unter Anschluss an die berühmte Definition von *Anschütz*; vgl. auch *Hesse*, Handbuch des Staatskirchenrechts, Bd. I, S. 521 ff., 534.
172 BVerwG 123, 49; *Boysen*, in: v. Münch/Kunig, Art. 7 Rn. 74 m.w.N.; *Hillgruber*, Der
deutsche Kulturstaat und der muslimische Kulturimport, JZ, 1999, S. 538 ff., 545; zur
religiösen Bildung in Kindertagesstätten *de Wall*, Religiöse Bildung in Kindertagesstätten
im Spannungsfeld von Erziehungsrecht und -auftrag, staatlicher Neutralität und Religionsfreiheit, RdJB 2007, S. 548 ff.

der Wortlaut offen lässt – darüber hinaus auch ein Individualrecht der Eltern bzw. der Schüler auf Einrichtung von Religionsunterricht umfasst, ist strittig.[173] Für den Religionsunterricht als ordentliches Lehrfach hat der Staat die infrastrukturellen Voraussetzungen zu schaffen. Das gilt in sachlicher wie personeller Hinsicht einschließlich der Übernahme der entstehenden Kosten. Personell muss sich die Religionsgemeinschaft mit den Lehrpersonen einverstanden erklären[174], sachlich die inhaltliche Ausgestaltung des Religionsunterrichts billigen.[175] Bezogen auf die personellen wie die Sachmittel wirkt Art. 7 Abs. 3 S. 1 GG als Gestaltungsrecht, bezogen auf die Kosten als Leistungsrecht.

In concreto verpflichtet Art. 7 Abs. 3 S. 1 GG den Staat auch dazu, den Religions- 42 unterricht diskriminierungsfrei als selbstständige Pflicht-, nicht nur als Wahllehrveranstaltung anzubieten.[176] Diese Pflicht wird ferner durch Art. 4 Abs. 1 GG und Art. 6 Abs. 2 GG grundrechtlich gestützt: Nur wenn Religionsunterricht angeboten wird, haben die Schülerinnen und Schüler die Möglichkeit, sich die Inhalte ihres Glaubens lernend anzueignen und haben Eltern im Rahmen ihres kooperativ mit dem Staat wahrgenommenen Erziehungsauftrags die Möglichkeit, ihren Kindern eine pädagogisch »lege artis« aufbereitete Vermittlung von Glaubenslehren zukommen zu lassen.[177] Damit ist nicht ausgeschlossen, dass Religionsgemeinschaften auf Religionsunterricht auch verzichten können.[178] Ebenso kann die Veranstaltung von Religionsunterricht aus schulorganisatorischen Gründen von einer gewissen Schülermindestzahl abhängig gemacht werden.[179] Bekenntnisfreie Schulen sind von der Pflicht zur Einrichtung von Religionsunterricht ausgenommen[180], Schulen in privater Trä-

173 Ablehnend BVerfGE 74, 244 (253); *Brosius-Gersdorf*, in: Dreier, Bd. I, Art. 7 Rn. 90; befürwortend BGHZ 34, 20 (21); *Heckel*, Bekenntnisunterricht – ein Gebot der Bekenntnisfreiheit?, JZ 2000, S. 563 f., 563; weitere Nachweise bei *Thiel*, in: Sachs, Art. 7 Rn. 44.
174 Religionsunterricht ist durch entsprechend ausgebildete Lehrkräfte im öffentlichen Dienst zu erteilen. Dazu kann z.B. Geistlichen ein Lehrauftrag erteilt werden.
175 *Brosius-Gersdorf*, in: Dreier, Bd. I, Art. 7 Rn. 99 m.w.N. Ein allgemeines kirchliches Recht auf Miterziehung in der Schule existiert indes (schon aufgrund von Art. 4 Abs. 1 GG) nicht, *Pieroth*, DVBl. 1994, S. 948 ff., 961.
176 BVerfGE 74, 244 (251 f.).
177 Allg. *Hildebrandt*, Das Grundrecht auf Religionsunterricht, 2000.
178 *Korioth*, Islamischer Religionsunterricht und Art. 7 III GG. Zu den Voraussetzungen religiöser Vielfalt in der öffentlichen Pflichtschule, NVwZ 1997, S. 1041 ff., 1044; *Oebbecke*, Reichweite und Voraussetzungen der grundgesetzlichen Garantie des Religionsunterrichts, DVBl. 1996, S. 336 ff., 339. Hier wird u.U. wieder die Streitfrage relevant, ob anstelle der Religionsgemeinschaften Eltern oder Schüler einen Anspruch auf Erteilung des Religionsunterrichts geltend machen können (dazu oben Rdn. 41).
179 *Thiel*, in: Sachs, Art. 7 Rn. 46; *Pieroth/Schlink/Kingreen/Poscher*, Rn. 730; a.A. *Brosius-Gersdorf*, in: Dreier, Bd. I, Art. 7 Rn. 94.
180 *Thiel*, in: Sachs, Art. 7 Rn. 49 m.w.N.; Gemeinschaftsschulen sind keine bekenntnisfreien Schulen.

gerschaft von der Garantie des Art. 7 Abs. 3 S. 1 und 2 GG ausdrücklich nicht umfasst.[181]

bb) Fragen des Ethikunterrichts

43 Zur Einführung eines neutralen Ethikunterrichts sind die Länder unmittelbar aus
Art. 7 Abs. 1 GG befugt[182], nicht aber verpflichtet.[183] Das Fach kann entweder (als
ordentliches Wahlpflichtfach) für alle Schülerinnen und Schüler oder als Ersatzfach
für alle, die nicht am Religionsunterricht teilnehmen, eingeführt werden.[184]

44 Ein neutraler Ethikunterricht hat über philosophische Fragen, Werte- und Normfra-
gen, vergleichende Religionswissenschaften oder Weltanschauungsfragen zu informieren.[185] Materialer Ethikunterricht im Sinne eines Weltanschauungsunterrichts, der
Wertvermittlung, gar Indoktrination jenseits der oben[186] genannten verfassungsstaatlich gebotenen Erziehungsziele will, ist dem weltanschaulich neutralen Staat versagt.
Seiner Schulverantwortung entspricht vielmehr, die Schülerinnen und Schüler in die
Lage zu versetzen, sich selbst Werte zu bilden und mit Wertfragen kritisch reflektie-
rend auseinanderzusetzen.[187] Bei der Ausgestaltung wie bei der personellen Betreuung des Ethikunterrichts ist daher ein hohes Maß an Sorgfalt geboten.[188]

cc) Fragen des islamischen Religionsunterrichts

45 Die umstrittene Frage islamischen Religionsunterrichts[189], der sehr wohl im staatlichen Integrationsinteresse liegt und für die Bindungskräfte einer multi-religiösen

---

181 *Badura*, in: Maunz/Dürig, Art. 7 En. 73; *Robbers* in: v. Mangoldt/Klein/Starck, Bd. I,
Art. 7 Rn. 128.

182 BVerwGE 107, 75; dazu auch *Bader*, Ist ein verpflichtender Ethikunterricht zulässig?,
DÖV 1999, S. 452 ff.; *Heckmann*, Verfassungsmäßigkeit des Ethikunterrichts, BVerfG
DVBl. 1998, 1344, JuS 1999, S. 228 ff.; *Brosius-Gersdorf*, in: Dreier, Bd. I, Art. 7
Rn. 49 f.; *d'Heur/Korioth*, Grundzüge des Staatskirchenrechts, 2000, Rn. 316.

183 Eine Pflicht gegenüber den Eltern ergibt sich ebenso wenig aus Art. 6 Abs. 2, Art. 7
Abs. 3 oder Art. 3 Abs. 3 GG, vgl. VGH Mannheim DVBl. 2013, S. 520 ff. und
BVerwG DÖV 2014, S. 930 ff.

184 *Rennert*, Entwicklungen in der Rechtsprechung zum Schulrecht, DVBl. 2001, S. 504 ff.,
512. Wenn der Ethikunterricht als ein dem Religionsunterricht gleichwertiges ordentliches
Lehrfach ausgestaltet wird, ist heute auch die Ersatzfachlösung weithin akzeptiert. Früher
wurde hierin zum Teil eine unzulässige Sanktion für die Wahrnehmung eines Grundrechts
gesehen, zusammenfassend etwa *Thiel*, in: Sachs, Art. 7 Rn. 54; *Niehues*, Die Entwicklung
des Schulrechts in den Jahren 1999-2000, NVwZ 2001, S. 872 ff., 875.

185 *Erwin*, Verfassungsrechtliche Anforderungen an das Schulfach Ethik, Philosophie, 2001;
Unruh, DÖV 2007, S. 625 ff.

186 Rdn. 25 f.

187 *Badura*, in: Maunz/Dürig, Art. 7 Rn. 78; *Jarass/Pieroth*, Art. 7 Rn. 21.

188 Vgl. BVerfG (K) NVwZ 2008, S. 72, 73 f.

189 *Spriewald*, Rechtsfragen im Zusammenhang mit der Einführung von islamischem Religionsunterricht als ordentliches Lehrfach an deutschen Schulen, 2003; *Emenet*, Verfas-

Gesellschaft eine große Rolle spielen kann[190], ist für Berlin entschieden.[191] Damit ist aber nur der Ausnahmefall des Art. 141 GG, nicht der Regelfall aus Art. 7 Abs. 3 GG höchstrichterlich geklärt.[192] Dass die kontroverse Diskussion sich allzu sehr auf die formale Statusfrage der »Religionsgemeinschaft« konzentrierte, findet zu Recht Kritik.[193] Materiell entscheidend ist, dass die betreffende Gemeinschaft die Gewähr für die Einhaltung der fundamentalen Verfassungsprinzipien (Art. 79 Abs. 3 GG) bietet.[194] Dies islamischen Religionsgemeinschaften pauschal abzusprechen, ist ebenso wenig hinnehmbar wie unkritisch akklamierte Multireligiosität. Die Deutsche Islam-Konferenz (2006 bis 2015) hat hier wichtige Fortschritte gemacht, die Kriterien für eine Gleichstellung islamischer mit anderen Religionsgemeinschaften formuliert und einem in vielfachen Modellversuchen schon erprobten islamischen Religionsunterricht den Weg geebnet.[195] Als erste Bundesländer haben Nordrhein-Westfalen (seit 2012)[196] und Niedersachsen (seit 2013)[197] nunmehr den islamischen Religionsunterricht als ordentliches Schulfach eingeführt.

dd) Volksbegehren »Pro Reli« – Religion als ordentliches Lehrfach in Berlin

Da Berlin in den Anwendungsbereich von Art. 141 GG fällt[198], wird dort seit 2006   **46** für die Klassenstufen 7 bis 10 das Fach *Ethik* als ordentliches Lehrfach angeboten. Der Religionsunterricht (bzw. Weltanschauungsunterricht) kann – wie seit 1948 üb-

---

sungsrechtliche Probleme einer islamischen Religionskunde an öffentlichen Schulen: dargestellt anhand des nordrhein-westfälischen Schulversuchs »Islamische Unterweisung«, 2003; *Günther*, Zur Zulässigkeit der Errichtung privater Volksschulen als Bekenntnisschulen religiös-ethnischer Minderheiten nach Art. 7 Abs. 5 GG: am Beispiel einer islamischen Grundschule, 2006; *Kreß*, Islamischer Religionsunterricht zwischen Grundsatzproblem und neuen Rechtsunsicherheiten, ZRP 2010, S. 14 ff.

190 *Korioth*, Islamischer Religionsunterricht und Art. 7 III GG. Zu den Voraussetzungen religiöser Vielfalt in der öffentlichen Pflichtschule, NVwZ 1997, S. 1041.

191 BVerwGE 110, 326 (331 ff.).

192 Jedenfalls dort, wo Art. 7 Abs. 3 GG nicht anwendbar ist, kann der Begriff »Religionsgemeinschaft« weit ausgelegt werden.

193 So bereits *Gröschner*, in: Dreier, Bd. I (Vorauflage), Art. 7 Rn. 93.

194 BVerfGE 102, 370 mit Blick auf die »Zeugen Jehovas«.

195 Vgl. dazu *Thormann*, DÖV 2011, S. 946 f. Dass bisher mancher Versuch einer gerichtlichen Durchsetzung ohne Erfolg blieb (etwa OVG Münster NVwZ-RR 2004, S. 493 ff.) stand dem nicht entgegen. Zahlreiche weitere Nachweise bei *Thiel*, in: Sachs, Art. 7 Rn. 42; allg. *Emenet*, Verfassungsrechtliche Probleme einer islamischen Religionskunde an öffentlichen Schulen, 2003.

196 Vgl. Art. 1 des Siebten Schulrechtsänderungsgesetzes v. 22.12.2011 (GV.NRW.2011 S. 728).

197 In Niedersachsen erfolgte die Einführung nach Maßgabe der §§ 124 ff. NSchulG und wird in Kooperation mit einem zu diesem Zweck eingesetzten Beirat, bestehend aus den muslimischen Verbänden DITIB und Schura, umgesetzt, vgl. dazu die Vereinbarung über die Bildung eines Beirats für den islamischen Religionsunterricht in Niedersachsen vom 17.01.2011 und Nds. Landtag, Drs. 16/4648, S. 2.

198 Unten Rdn. 81.

lich – ab der ersten Klasse zusätzlich auf freiwilliger Basis besucht werden. Das Volksbegehren »Pro Reli« wollte diese Regelung durch das klassische Modell eines konfessionell getrennten Wahlpflichtfachangebots Religion/Ethik ab der ersten Klassenstufe ersetzen. Der Volksentscheid fand am 26. April 2009 statt. Dabei wurde das notwendige Quorum von 25 Prozent der Stimmberechtigten verfehlt. Überdies lehnten die Abstimmenden den Gesetzesentwurf ab.[199]

ee) Aufsichtsfragen

47   Der Religionsunterricht wird in Übereinstimmung mit den Grundsätzen der Religionsgemeinschaft erteilt (Abs. 3 S. 2 GG).[200] Eine gewisse Kooperation zwischen Staat und Kirche deutet sich an. Das aber geschieht unbeschadet staatlicher Aufsicht. Damit enthält Art. 7 Abs. 3 S. 2 GG eine – angesichts der staatlichen Schulverantwortung letztlich selbstverständliche – Beschränkung der inhaltlichen Bestimmungsmacht der Religionsgemeinschaften.[201] Dennoch ist diese Bestimmungsmacht aufsichtsrechtlich nicht irrelevant, der Religionsunterricht unterliegt vielmehr einer doppelten, nämlich der staatlichen und einer eigenen kirchlichen Schulaufsicht.[202] Im Umfang der inhaltlichen Bestimmungsbefugnis der Religionsgemeinschaften ist etwa auch die Dienstaufsicht über das Lehrpersonal eingeschränkt.[203]

48   Bedenklich wäre jedenfalls, würde die staatliche Aufsicht allein auf den organisatorischen Bereich verengt.[204] Die grundlegenden verfassungsstaatlichen Erziehungsziele haben auch für den Religionsunterricht zu gelten. Diesbezüglich muss dem Staat eine Letztkontrollbefugnis eröffnet bleiben, um freiheitsgefährdender Indoktrination jedweder Provenienz Einhalt gebieten zu können.[205] Die Bedeutung von Kirchenverträgen und Konkordaten sei in diesem Kontext nur als Merkposten erwähnt.

---

199 Siehe *Renck*, NJ 2009, S. 156 f.

200 Gefordert wird eine Übereinstimmung nicht mit jeder, sondern nur mit den zentralen Glaubenslehren (vgl. schon Art. 149 Abs. 1 S. 3 WRV). Die Bestimmung dieser Grundsätze bleibt im Einzelfall schwierig.

201 *v. Campenhausen*, Neue Religionen im Abendland, Staatskirchenrechtliche Probleme der Muslime, der Jugendsekten und der sogenannten destruktiven religiösen Gruppen, ZevKR 1980, S. 135 ff., 147.

202 Gegen die Annahme eines Aufsichtsrechts auf Seiten der Religionsgemeinschaften *Brosius-Gersdorf*, in: Dreier, Bd. I, Art. 7 Rn. 100 m.w.N.

203 *Hemmrich*, in: v. Münch/Kunig (Vorauflage), Art. 7 Rn. 30.

204 Nachweise dazu bei *Thiel*, in: Sachs, Art. 7 Rn. 58.

205 *Pieroth*, Die verfassungsrechtliche Zulässigkeit einer Öffnung des Religionsunterrichts, ZevKR 1993, S. 189 ff., 193; *Korioth*, Islamischer Religionsunterricht und Art. 7 III GG. Zu den Voraussetzungen religiöser Vielfalt in der öffentlichen Pflichtschule, NVwZ 1997, S. 1041 ff., 1044; *Mückl*, Staatskirchenrechtliche Regelungen zum Religionsunterricht, in: AöR 122 (1997), S. 513 ff., 553; *Hillgruber*, Der deutsche Kulturstaat und der muslimische Kulturimport, JZ 1999, S. 538 ff., 547.

b) Das Recht aus Art. 7 Abs. 3 S. 3 GG

Art. 7 Abs. 3 GG, der aufgrund seiner systematischen Stellung nur für öffentliche 49
Schulen gilt und nicht etwa mit Blick auf Privatschulen eine unmittelbare Drittwirkung postuliert – Verbot einer Verpflichtung zur Erteilung von Religionsunterricht
–, sichert dem Lehrpersonal den Freiraum, keinen Religionsunterricht erteilen zu
müssen. Freiheitsrechtlich konkretisiert die Norm die Glaubens- und Gewissensfreiheit aus Art. 4 Abs. 1 GG, gleichheitsrechtlich die Diskriminierungsverbote aus
Art. 3 Abs. 3 GG und 33 Abs. 3 GG.[206] Das Direktionsrecht des Dienstherrn ist insofern eingeschränkt, die Dienstpflicht des Lehrers im Interesse seiner Religionsfreiheit begrenzt. Die Verweigerung der Erteilung von Religionsunterricht darf schon
aus grundrechtlichen Gründen keinem Begründungserfordernis unterworfen werden. Art. 140 GG i.V.m. Art. 136 Abs. 3 S. 1 WRV, wonach niemand zur Offenbarung seiner religiösen Überzeugung verpflichtet ist, tritt verstärkend hinzu.[207]

3. Das Recht aus Art. 7 Abs. 4 S. 1 GG

a) Die grundrechtlichen Schutzdimensionen der Privatschulfreiheit

Die Privatschulfreiheit[208] vermittelt zunächst ein klassisches liberales Abwehrrecht 50
(status negativus) gegen alle staatliche Gewalt im Privatschulwesen.[209] Es richtet sich
vor allem gegen Freiheitsverletzungen im Bereich der staatlichen Aufsicht. Ein weiterer Freiheitsgehalt liegt in der Ermöglichung anderweitig gesicherter grundrechtlicher Freiheit. Art. 7 Abs. 4 S. 1 GG reichert das elterliche Erziehungsrecht aus
Art. 6 Abs. 2 GG an. Anstelle der öffentlichen Schule können die Eltern zur Erfüllung der Schulpflicht eine Privatschule wählen, die den Maßgaben aus Art. 7 Abs. 4
S. 3 GG entspricht.[210] Auf diese Wiese ermöglicht die Privatschulfreiheit die Erfüllung selbstbestimmter elterlicher Erziehungsverantwortung. Sie macht die staatliche
Schulpflicht damit auch »verhältnismäßig«, weil sie für deren Erfüllung varianten-rei-
che Alternativen zur Verfügung stellt.

Das BVerfG entnimmt Art. 7 Abs. 4 S. 1 GG überdies eine staatliche Pflicht zum 51
Schutz und zur Förderung der Privatschulen, die aufgrund der grundgesetzlichen
Kompetenzordnung den Landesgesetzgeber trifft.[211] Die Schutz- und Förderpflicht

---

206 BVerfGE 74, 244 (251 f.); BVerwG 42, 346 (351 f.); *Robbers*, in: v. Mangoldt/Klein/
   Starck, Bd. I, Art. 7 Rn. 162; *Brosius-Gersdorf*, in: Dreier, Bd. I, Art. 7 Rn. 101 f.
207 *Link*, Handbuch des Staatskirchenrechts, Bd. II, S. 471; *Robbers*, in: v. Mangoldt/Klein/
   Starck, Bd. I, Art. 7 Rn. 164.
208 *Badura*, in: Maunz/Dürig, Art. 7 Rn. 109.
209 *Brosius-Gersdorf*, in: Dreier, Bd. I, Art. 7 Rn. 107.
210 BVerfGE 34, 165 (198).
211 BVerfGE 75, 40 (62 f.); 90, 107 (115); BVerwGE 79, 154 (156). Wird der Landesgesetzgeber aufgrund der Schutz- und Förderpflicht tätig, unterliegt er dem Gleichbehandlungsgebot aus Art. 3 Abs. 1 GG, BVerfGE 75, 40 (LS 3); 90, 107 (126). Problematisch
   sind Landeskinderklauseln in Privatschulgesetzen, Nachweise etwa bei *Jach*, Zur Zulässigkeit von Landeskinderklauseln im Privatschulrecht, DÖV, 1995, S. 925 ff. Zur Einrich-

erstarkt erst dann zu einer konkreten Handlungspflicht, wenn ohne staatliche Intervention der Bestand der Privatschule als Institution – nicht etwa einer konkreten Privatschule – gefährdet wäre.[212] Die Höhe des Förderanspruchs ist durch den Gesetzgeber zu konkretisieren.[213] Die Förderung darf davon abhängig gemacht werden, dass sich die Schule pädagogisch bewährt hat.[214] In all dem kommt auch der sozialstaatliche Gehalt der Norm zum Ausdruck.[215] Darüber hinaus bestätigt die Schutz- und Förderpflicht aber einmal mehr, dass vielen der Freiheitsrechte auch eine leistungsrechtliche Dimension innewohnt.[216] Allerdings steht die Förderpflicht ihrerseits unter dem Vorbehalt des Möglichen. So kann z.B. weder eine volle Kostenübernahme noch eine (generelle) Bevorzugung im Vergleich mit öffentlichen Schulen verlangt werden.[217]

b) Die Privatschulaufsicht

52 Die Privatschulfreiheit macht die Privatschule nicht zu einer staatsfreien Schule.[218] Art. 7 Abs. 1 GG erstreckt die staatliche Aufsicht auf das gesamte Schulwesen. Da die Privatschulen aufgrund ihrer Privatschulfreiheit autonom sind, beschränkt sich

---

tung eines vorläufigen Genehmigungsverfahrens ist der Landesgesetzgeber nicht verpflichtet, vgl. OVG Magdeburg LKV 2014, S. 563. Auch ausländischen Staaten kann ein Anspruch auf Förderung zustehen, wenn sie eine Privatschule in Deutschland betreiben. Die Förderung dient einem hoheitlichen Zweck und unterliegt deshalb nach dem Völkerrecht der Vollstreckungsimmunität, BGH NJW-RR 2014, S. 1088. Dies soll hingegen nicht für die Lohnansprüche der an einer entsprechenden Schule angestellten Lehrer gelten, BAG NJW 2013, S. 2461 ff.

212 Nachweise bei *Thiel*, in: Sachs, Art. 7 Rn. 64.

213 BVerfGE 90, 107 (117). Dem Gesetzgeber kommt dabei ein Gestaltungs- und Einschätzungsspielraum zu. Nach SächsVerfG SächsVBl. 2014, S. 83, entfalte die Förderpflicht darüber hinaus einen prozeduralen Grundrechtsschutz. Danach müsse die Bestimmung der Leistungen insbesondere hinsichtlich der Höhe in einem transparenten und sachgerechten Verfahren erfolgen.

214 BVerfGE 90, 107 (118). Die mit einer solchen Bewährungsphase verbundenen Wartefristen sind hinzunehmen, weil sie einen legitimen Zweck haben. Der Einsatz öffentlicher Mittel hängt schon aufgrund der Grundsätze von Wirtschaftlichkeit und Sparsamkeit der öffentlichen Haushaltsführung von einem Erfolgsnachweis ab (Solidaritätsprüfung). Zunächst sei es daher, so das BVerfG, dem Träger oder Gründer der Privatschule zuzumuten, sich durch finanzielle und ideelle Eigenleistungen zu engagieren (ebd., 117 f.). Die Wartefrist dürfe jedoch nicht wie eine »faktische Errichtungssperre« wirken (ebd., 120) und zuletzt SächsVerfG, SächsVBl. 2014, S. 83. Vgl. zur Aufschiebung einer dem Grunde nach bewilligten Förderung, um die Erfüllung mit der jeweiligen Haushaltslage abzustimmen, VGH München BayVBl. 2011, S. 407 ff.

215 BVerfGE 75, 40 (65). Zur sozialstaatlichen Dimension gehört nicht zuletzt eine gesicherte Existenzgrundlage für die Lehrenden.

216 *Müller*, Leistungsrechte im Normbereich einer Freiheitsgarantie: untersucht an der staatlichen Förderung freier Schulen, 1982.

217 BVerfGE 75, 40 (68).

218 BVerfGE 27, 195 (200) sowie oben Rdn. 28.

die staatliche Aufsicht auf eine Rechtsaufsicht mit dem Privatschulträger als deren Adressat.[219] Bei Ergänzungsschulen ist die Rechtsaufsicht als Gesetzmäßigkeitskontrolle zu begreifen; bei Ersatzschulen wacht der Staat ferner darüber, ob die weitergehenden Voraussetzungen des Art. 7 Abs. 4 S. 3 und 4 GG erfüllt sind.[220]

c) **Die Genehmigung und staatliche Anerkennung von Ersatzschulen**

Ersatzschulen bedürfen nach Art. 7 Abs. 4 S. 2 GG der Genehmigung. Schutzzweck   53
dieser »Kontrollerlaubnis« ist der Schutz der Allgemeinheit vor unzureichend qualifizierten Schulen.[221] Die Voraussetzungen für die Erteilung der Genehmigung formuliert Art. 7 Abs. 4 S. 3, die Versagungsgründe S. 4 GG. Die Entscheidung über Genehmigung oder Versagung der Ersatzschule ist nach dem klaren Wortlaut der Normgrundlagen eine gebundene Entscheidung ohne Ermessensspielraum.[222]

Damit besteht ein grundrechtlicher Anspruch auf Genehmigung, wenn die Lehrzie-   54
le, die Einrichtungen, die wissenschaftliche Ausbildung der Lehrkräfte (didaktisch und fachwissenschaftlich), sonstige Qualifikationserfordernisse etc. nicht hinter denen an öffentlichen Schulen »zurückstehen«.[223] Mit dieser Formulierung ist eine Gleichwertigkeit, keine Gleichartigkeit impliziert.[224] Da Privatschulen nach Art. 7 Abs. 4 S. 2 GG den Landesgesetzen unterstehen, ist die Ausgestaltung des Genehmigungsverfahrens, nicht aber die Formulierung der Genehmigungsvoraussetzungen dem Landesgesetzgeber überantwortet.[225] An die zwingenden und abschließend formulierten grundgesetzlichen Kriterien für eine Genehmigung oder Versagung ist er dabei gebunden.

Gerade mit Blick auf die Lehrziele ist die private Ersatzschule nicht staatsfrei. So   55
zählt BVerwGE 90, 1 zu den Lehrzielen einer privaten Ersatzschule auch die an

---

219 *Brosius-Gersdorf,* in: Dreier, Bd. I, Art. 7 Rn. 45. Das gilt auch für Aufsichtsmaßnahmen im Unterrichtsbereich. Vgl. dazu kritisch im Hinblick auf die Praxis *Vogel,* DÖV 2008, S. 895 ff., 902 f.

220 Vgl. *Ogorek,* DÖV 2010, S. 341 ff., 349 m.w.N.

221 BVerfG 27, 195 (203). Zudem müssen sich Eltern wie Schüler sicher sein, dass Schulen, an denen die staatliche Schulpflicht erfüllt werden kann, qualitativen Mindeststandards genügen.

222 Überzeugend *Brosius-Gersdorf,* in: Dreier, Bd. I, Art. 7 Rn. 113.

223 Nachweise bei *Thiel,* in: Sachs, Art. 7 Rn. 68; *Badura,* in: Maunz/Dürig, Art. 7 Rn. 111; *Robbers,* in: v. Mangold/Klein/Stark, Bd. I, Art. 7 Rn. 188. Die Voraussetzungen sind dabei als Ausnahme zur Gründungsfreiheit tendenziell eng auszulegen, *Vogel,* DÖV 2008, S. 895 ff., 903.

224 *Boysen,* in: v. Münch/Kunig, Art. 7 Rn. 95; *Brosius-Gesdorf,* in: Dreier, Bd. I, Art. 7 Rn. 120; *Vogel,* DÖV 2008, S. 895 ff., 897 ff., mit berechtigter Kritik an der Praxis, in der die Genehmigung häufig von Voraussetzungen abhängig gemacht wird, die verfassungsrechtlich nicht vorgesehen sind (ebd., S. 902).

225 *Thiel,* in: Sachs, Art. 7 Rn. 67 m.w.N.

öffentlichen Schulen vorgeschriebenen Erziehungsziele.[226] Das ist schon deshalb konsequent, weil an Ersatzschulen die Schulpflicht erfüllt werden kann und so eine Gleichwertigkeit anzustreben ist. Die staatliche Schulverantwortung wirkt also stärker in den Bereich der Ersatz- als in den der Ergänzungsschulen hinein.[227] Für die staatliche Subventionierung von Ersatzschulen gilt das zu den Privatschulen allgemein Gesagte.[228] Vor allem muss die wirtschaftliche und rechtliche Stellung der Lehrkräfte hinreichend gesichert sein (Art. 7 Abs. 4 S. 4 GG).

56   Nach Art. 7 Abs. 4 S. 3 GG darf auch an privaten Ersatzschulen eine Sonderung der Schüler nach den Besitzverhältnissen nicht erfolgen. Das egalitäre Moment staatlicher Schulverantwortung erhebt damit ausdrücklichen Geltungsanspruch. Allerdings schließt das Sonderungsverbot die Erhebung eines (sozialverträglich gestaffelten) Schulgeldes nicht grundsätzlich aus[229], ebenso wenig das Recht auf freie Schülerauswahl.[230]

57   Von der bloßen Genehmigung ist die staatliche Anerkennung zu unterscheiden. Anerkennung bedeutet die Ausstattung mit hoheitlichen Befugnissen (etwa die Erteilung von Zugangsberechtigungen, die Verleihung von Berufsbezeichnungen, sonstige Öffentlichkeitsrechte mit Außenwirkung). Diese Ausstattung erhebt die privaten Ersatzschulen in den Rang von Beliehenen.[231] Die Ausgestaltung der Anerkennung obliegt wiederum dem Landesgesetzgeber. Dieser ist dabei an den Gleichheitssatz gebunden. Ein Anspruch genehmigter Privatschulen auf Anerkennung besteht nicht.[232] Über das Rechtsinstitut der Anerkennung darf jedoch nicht die Gestaltungsfreiheit der Ersatzschulen gänzlich ausgehöhlt werden. Vor diesem Hintergrund ist die Praxis einiger Länder kritisch zu betrachten, die Anerkennung von der Erfüllung tief in die profilbildende Autonomie der Unterrichtsgestaltung eingreifender

---

226 Diese können auch durch eine Schule mit monoedukativer Ausrichtung erfüllt werden, BVerwG 145, 363; dazu *Lassahn/Butler*, NVwZ 2013, S. 1202 ff.

227 Was indes nicht zu einer vollständigen Relativierung der privatschultypischen, insbesondere pädagogischen Freiheit führen darf, BVerfGE 27, 195 (200 f.). Verfassungsrechtlich nicht zu beanstanden ist es etwa, wenn Schüler der vierten Jahrgangsstufe schulaufsichtliche Leistungsprüfungen unterzogen werden und dabei allein die Ergebnisse in den Fächern Deutsch und Rechnen als Referenz dienen, um die (Nicht-)Erreichung der Lehrziele festzustellen, BVerfG NVwZ 2011, S. 1384 ff.

228 Oben Rdn. 27.

229 Vgl. hierzu den VGH Mannheim DÖV 2013, S. 694: »Ein plausibler und gewichtiger Anhaltspunkt dafür, dass ein gestaffeltes Schulgeld keine Sonderungswirkung hat, ist gegeben, wenn sich durch die Erhebung von Schulgeld die relative ›Armutsrisikoquote‹ nicht erhöht.«

230 BVerfGE 75, 40 (64 f.); 90, 107 (119); *Pieroth/Schlink/Kingreen/Poscher*, Rn. 736.

231 BVerfGG 27, 195 (204); *Thiel*, in: Sachs, Art. 7 Rn. 71. Kritisch im Hinblick auf die mit der Beleihung einhergehenden Einschränkung der Privatschulautonomie *Ogorek*, DÖV 2010, S. 341, 346 f.

232 BVerfGE 27, 195 (206); dazu *Uhle*, in Epping/Hillgruber, Art. 7 Rn. 88 m.w.N. A.A. hinsichtlich der Anerkennung von Abschlusszeugnissen *Ogorek*, DÖV 2010, S. 341, 348.

Voraussetzungskataloge (die etwa die Angleichung von Aufnahme- und Versetzungs-
bedingungen sowie Lehrplänen an diejenigen der staatlichen Schulen einschließen)
abhängig zu machen.[233]

d) Ergänzungsschulen

Ergänzungsschulen bleiben, da sie nicht als Ersatz für öffentliche Schulen dienen, 58
vom Genehmigungserfordernis aus Art. 7 Abs. 4 S. 2 GG befreit.[234] Ein Anzeigever-
fahren genügt. Ob die Länder kraft eigener Kompetenz darüber hinaus ein Genehmigungsverfahren vorsehen dürfen, ist strittig.[235]

e) Insbesondere: Die Zulassung privater Volksschulen (Art. 7 Abs. 5 GG)

Besonders restriktiv zu handhaben ist die Zulassung privater Volksschulen (als 59
Grundschulen in privater Trägerschaft[236]) aufgrund der grundgesetzlichen Leitidee
egalitären Elementarunterrichts.[237] Zwei Varianten sieht Art. 7 Abs. 5 GG vor: ein
durch die Unterrichtsverwaltung anerkanntes besonderes pädagogisches Interesse
(aa) oder einen Antrag der Erziehungsberechtigten zur Errichtung einer Gemein-
schafts-, Bekenntnis- oder Weltanschauungsschule, allerdings nur unter der Voraussetzung, dass eine öffentliche Volksschule dieser Art nicht besteht (bb).[238]

233 *Ogorek*, DÖV 2010, S. 341 ff.; *Brosius-Gesdorf*, in: Dreier, Bd. I, Art. 7 Rn. 127 m.w.N.
Vgl. jedoch VGH Mannheim, Urteil v. 23.10.2012 – 9 S 2188/11.
234 *Brosius-Gesdorf*, in: Dreier, Bd. I, Art. 7 Rn. 113 m.w.N.; *Vogel*, Noch einmal – Verfassungsrechtliche Probleme von Ergänzungsschulen, RdJB 2005, S. 114 ff.
235 Vgl. dazu *Brosius-Gesdorf*, in: Dreier, Bd. I, Art. 7 Rn. 117 m.w.N.
236 Nach BVerfGE 88, 40 (45 f.) geht es um eine von der Gesamtheit aller Schüler besuchte
Grundschule. Ob auch Hauptschule und Förderstufe dazugehören, ist fraglich, insbesondere angesichts der schulorganisatorischen Reformen jüngerer Zeit. Ausführliche Nachweise dazu *Thiel*, in: Sachs, Art. 7 Rn. 72; *Boysen*, in: v. Münch/Kunig, Art. 7 Rn. 98;
Robbers, in: v. Mangoldt/Klein/Starck, Bd. I, Art. 7 Rn. 227. Vgl. auch OVG Lüneburg,
Beschluss v. 08.07.2014 – 2 OB 148/14 zum Verhältnis von Art. 7 Abs. 5 zu Abs. 4
GG, wonach ein die Befreiung von der Schulpflicht rechtfertigender Besuch einer Privatschule bezogen auf die ersten vier Schuljahre nur dann gerechtfertigt werden könne, wenn
die Voraussetzungen des Art. 7 Abs. 5 GG erfüllt sei. Ferner: »Eine Schule, welche
[…] dem Konzept staatlicher Grundschulen entsprechend nur die ersten vier Klassen umfasst, kann wegen der Vorgaben des Art. 7 Abs. 5 von vornherein nur in Gestalt einer Ersatzschule betrieben werden; für die Einrichtung einer Ergänzungsschule bleibt daneben
kein Raum.«
237 Prägnant formuliert BVerfGE 88, 40 (49 f.): »eine sozialstaatlichem und egalitär-demo-
kratischem Gedankengut verpflichtete Absage an Klassen, Stände und sonstige soziale
Schichtungen«.
238 Im Übrigen gelten die Voraussetzungen von Art. 7 Abs. 4 S. 2 bis 4, vgl. BVerfGE 88,
40 (47); mit anderer Akzentuierung noch BVerwGE 75, 275 (277).

aa) Variante 1: Das besondere pädagogische Interesse

60 Mit dem »besonderen pädagogischen Interesse« sind nicht spezifische Interessen der Schulträger, der Erziehungsberechtigten oder der Unterrichtsverwaltung gemeint. Das BVerfG (E 88, 40 (50 f.) fordert vielmehr ein »öffentliche(s) Interesse an der Erprobung und Fortentwicklung pädagogischer Konzepte« sowie, spezifizierend, ein »Interesse an der angemessenen pädagogischen Betreuung spezieller Schülergruppen, welchen das öffentliche Schulwesen (in seinem tatsächlichen Zustand) keine hinreichenden Angebote macht oder machen kann«.[239] Es muss also eine sinnvolle Alternative zum bestehenden öffentlichen Schulangebot zu erwarten sein. Für das Vorliegen des besonderen pädagogischen Interesses trägt der Antragsteller die Darlegungslast (BVerfGE 88, 40 (51)).

bb) Variante 2: Die bestimmte religiöse oder weltanschauliche Ausrichtung auf Antrag der Erziehungsberechtigten

61 Mit der Möglichkeit privater Bekenntnisschulen[240] findet das elterliche Erziehungsrecht (Art. 6 Abs. 2 GG) in religiös-weltanschaulichen Dingen spezifische Konkretisierung. Der neutrale Staat als der, der bekenntnisorientierte Erziehung ermöglicht, und die in ihrer Wertentscheidung grundrechtlich freien Erziehungsberechtigten, die bekenntnisorientierte Erziehung einfordern, stehen einmal mehr in kooperativer Erziehungsverantwortung. Wenn und wo eine öffentliche Volksschule »dieser Art« nicht besteht, muss der Staat sie schaffen. Der Begriff Weltanschauungs- oder Bekenntnisschule ist selbsterklärend und impliziert die religiöse oder weltanschauliche Gebundenheit. Gemeinschaftsschule (als Privatschule heute praktisch weithin irrelevant) meint eine nach Bekenntnissen nicht getrennte christliche oder weltliche Schule. Das verfassungsstaatliche Erziehungsziel der Toleranz gibt dem werbenden Eintreten für das eigene Bekenntnis dabei seine Grenzen vor.[241]

f) Vorschulen

62 Nach Art. 7 Abs. 6 GG bleiben, in Anknüpfung an Art. 147 Abs. 3 WRV, private Vorschulen aufgehoben. Das waren nach Weimarer Lehre nur solche öffentlichen oder privaten Einrichtungen, die als Sondereinrichtungen für den Elementarunterricht Volksschulen ersetzen sollten, um auf diese Weise privilegierten Kindern den späteren Besuch höherer Lehranstalten (Realschule, Gymnasium) zu ermöglichen.[242] »Standesschulen mit elitärem Anspruch« widersprechen dem Ideal chancengleichen Bildungs-

---

239 Vgl. zur gerichtlichen Überprüfbarkeit des Vorliegens eines »besonderen pädagogischen Interesses« OVG Lüneburg, Beschluss v. 08.07.2014 – 2 OB 148/14.

240 Wegen Art. 4 Abs. 1 GG sind damit Schulen »jeglichen Bekenntnisses« gemeint, BVerwGE 90, 1 mit Besprechung durch *Richter*, Privatschulfreiheit für die Grundschulen von Sekten?, NVwZ 1992, 1162 ff.

241 BVerwGE 90, 1 (16), *Oebbecke*, Reichweite und Voraussetzungen der grundgesetzlichen Garantie des Religionsunterrichts, DVBl. 1996, S. 336 ff., 342.

242 *Anschütz*, WRV, Art. 145 Anm. 5; *Thiel*, in: *Sachs*, Art. 7 Rn. 77 ff.

zugangs.[243] In der Praxis spielt die Vorschrift kaum mehr eine Rolle. Insbesondere fallen heutige Einrichtungen zur vorschulischen Erziehung, die den Grundschulen vorgeschaltet sind und der frühen Eingewöhnung in den Schulbetrieb dienen sollen (Vorklassen, Förderklassen, Vorschuleinrichtungen), insgesamt nicht unter Art. 7 Abs. 6 GG.[244]

D. Grundrechtsberechtigte und -verpflichtete

Der organisationsrechtlichen Vorschrift und institutionellen Garantie aus Art. 7 Abs. 1 GG kann nur insoweit ein individualverpflichtender Gehalt entnommen werden, als er zur Grundlage der Schulpflicht gemacht wird.[245] Im Übrigen nimmt er den Staat in Schulverantwortung.[246]   63

Art. 7 Abs. 2 GG berechtigt als Jedermann-Grundrecht die Erziehungsberechtigten. Adressat des Bestimmungsrechts ist nicht die Religionsgemeinschaft, die den Religionsunterricht inhaltlich ausgestaltet, sondern der Staat, der die gesamte Schulverantwortung trägt. Der Staat ermöglicht in dieser Funktion die zugleich positive und negative Religionsfreiheit, ohne selbst seine religiös neutrale Position aufzugeben. Die Entscheidung über die Aufnahme nichtkonfessioneller Schüler obliegt allerdings den Religionsgemeinschaften, weil der Teilnehmerkreis die Unterrichtsgestaltung und das Unterrichtsgespräch mitbeeinflusst.[247] Nach der Religionsmündigkeit können, gestützt auf Art. 4 Abs. 1 GG, die Schüler selbst das Abmelderecht wahrnehmen.   64

Art. 7 Abs. 3 S. 1 GG verbürgt ein subjektives öffentliches Recht der Religionsgemeinschaften auf Einrichtung, S. 2 auf Ausgestaltung des Religionsunterrichts. Ob darüber hinaus auch die Erziehungsberechtigten oder die Schüler selbst Grundrechtsträger sein können, ist umstritten.[248] Grundrechtsverpflichteter ist der Staat, nach der grundgesetzlichen Kompetenzordnung sind es in concreto die Länder. In Konkretisierung der Religionsfreiheit gewährt Art. 7 Abs. 3 S. 3 GG den Lehrenden ein subjektives Recht (Jedermann-Grundrecht).   65

Auch Art. 7 Abs. 4 S. 1 GG gewährleistet ein Jedermann-Grundrecht, das als natürlichen Personen Deutschen wie Nichtdeutschen, darüber hinaus inländischen juristischen Personen (Art. 19 Abs. 3 GG) zusteht.[249] Juristische Personen aus dem EU-Ausland sind den inländischen gleichzustellen (strittig).[250] Dieses subjektive   66

---

243 BVerfGE 88, 40 (55).

244 *Hufen*, Staatsrecht II, § 32 Rn. 34; *Badura*, in: Maunz/Dürig, Art. 7 Rn. 129.

245 Dazu oben Rdn. 12.

246 Oben Rdn. 20 f.

247 BVerfGE 74, 244 (254); BVerwGE 68, 16 (20); *Fischer*, Teilnahme an konfessionsfremdem Religionsunterricht, NJW 1988, S. 879; *Oebbecke*, Reichweite und Voraussetzungen der grundgesetzlichen Garantie des Religionsunterrichts, DVBl. 1996, S. 336 ff., 343.

248 *Thiel*, in: Sachs, Art. 7 Rn. 44 und oben Rdn. 41.

249 BVerwGE 40, 347 (349); *Hömig*, in ders./Seifert, Art. 7 Rn. 13.

250 Nachweise bei *Kotzur*, Der Begriff der inländischen juristischen Person nach Art. 19 Abs. 3 GG im Kontext der EU, DÖV 2001, S. 192 ff.

Recht erstreckt sich auch auf die Gründung privater Volksschulen, allerdings unter den restriktiveren Voraussetzungen aus Art. 7 Abs. 5 GG.[251] Die Verbotsnorm aus Art. 7 Abs. 6 GG bindet im Interesse gleicher Bildungszugangschancen den Staat als Träger der Schulverantwortung.[252]

E. Subjektive und objektiv-rechtliche Gehalte

67   Die Leitnorm des Art. 7 GG, wenngleich systematisch im Grundrechtskatalog verankert, enthält keineswegs nur subjektive Grundrechte, sondern ein Bündel ganz unterschiedlicher Normtypen bis hin zu Auslegungsregeln.[253] Als Einrichtungs- oder institutionelle Garantie qualifiziert Abs. 1 mit der Institution der öffentlichen Schule als solcher unter Einschluss des Instituts der Schulaufsicht.[254] Gleiches gilt für die Einrichtung des Religionsunterrichts als ordentliches Lehrfach in den öffentlichen, nicht-bekenntnisfreien Schulen (Abs. 3 S. 1) und die Garantie der Privatschule (Abs. 4 S. 1). Eng mit den institutionellen sind organisationsrechtliche Vorschriften verknüpft (Abs. 1, Abs. 6, zum Teil auch Abs. 3 S. 1). Grundrechtliche Gewährleistungen enthalten demgegenüber Abs. 2 (das Recht der Erziehungsberechtigten, über die Teilnahme des Kindes am Religionsunterricht zu bestimmen), Abs. 3 S. 2 (das Recht der Religionsgemeinschaften zur personellen und inhaltlichen Bestimmung des Religionsunterrichts), Abs. 3 S. 3 (das Recht der Lehrer, die Erteilung von Religionsunterricht zu verweigern) und schließlich Abs. 4 S. 1 i.V.m. S. 3 (das Recht der Privatschulträger auf Genehmigung). Dabei kann es auch zu Überschneidungen zwischen institutionellen Aspekten und der objektiv-rechtlichen Dimension von Grundrechten kommen.[255]

F. Kompetenzielle, institutionelle und grundrechtliche Grenzen der Schulverantwortung, insbes. Grundrechtseingriffe und Schranken

I. Kompetenzielle Grenzen der Schulverantwortung

1. Kompetenzordnung

68   Wenngleich Art. 91b Abs. 2 GG – Ausdruck kooperativer Verfassungsstaatlichkeit – mit Blick auf die Leistungsfähigkeit des Bildungswesens im internationalen Vergleich

---

251   Oben Rdn. 59.

252   Oben Rdn. 20.

253   BVerfGE 6, 309 (355); 75, 40 (61); *Thiel*, in: Sachs, Art. 7 Rn. 3; *Hofmann*, in: Schmidt-Bleibtreu/Hofmann/Hopfauf (Vorauflage), Art. 7 Rn. 2.

254   BVerwG FamRZ 1981, S. 1098. Zur Terminologie der Institutsgarantie *Schmitt*, Freiheitsrechte und Institutsgarantien, in: Verfassungsrechtliche Aufsätze (1931), 2. Aufl. 1973, S. 140 ff.; *Mainzer*, Die dogmatische Figur der Einrichtungsgarantie, 2003; *Mager*, Einrichtungsgarantien, 2003.

255   Zur Mehrdimensionalität der Grundrechte *Häberle*, Verfassungslehre als Kulturwissenschaft, 2. Aufl. 1998, S. 387 ff.; *Cornils*, Die Ausgestaltung der Grundrechte, 2005, S. 37 ff.

Möglichkeiten des Zusammenwirkens eröffnet,[256] sind unbeschadet dessen die Gesetzgebungs- und Verwaltungsbefugnise durch das Grundgesetz den Ländern im Rahmen ihrer Bildungshoheit überantwortet.[257] Der bundesrepublikanische Bildungsföderalismus garantiert den Ländern weitreichende Gestaltungsfreiheiten und ein ebenso weitreichendes gesetzgeberisches Ermessen bei der Festlegung der Schulorganisation. Gleiches gilt für die Festschreibung von abstrakten Erziehungszielen und Erziehungsprinzipien bzw. die konkrete Bestimmung von Unterrichtsgegenständen und Lehrplänen.[258] Insbesondere Art. 7 Abs. 1 GG darf als Organisationsnorm und institutionelle Garantie nicht in eine Kompetenznorm umgedeutet werden; wo von *staatlicher* Aufsicht über das gesamte Schulwesen die Rede ist, wird die grundgesetzliche Kompetenzordnung vorausgesetzt.

2. Kommunale Selbstverwaltungsgarantie (Art. 28 Abs. 2 GG)

Zwar ist die gemeindliche Schulträgerschaft Teil der kommunalen Selbstverwaltung   69
im Sinne von Art. 28 Abs. 2 GG, da sie das Zusammenleben und Zusammenwohnen in der politischen Gemeinschaft vor Ort nachhaltig betrifft und historisch in langen Traditionszusammenhängen erwachsen ist.[259] Schulträgerschaft und Schulgestaltung im Sinne der staatlichen Schulverantwortung sind aber strikt voneinander zu trennen. Für diese Trennung gibt schon § 1 II 12 ALR das Vorbild aus vorkonstitutioneller Zeit. Sowohl die Länder als auch Gemeinden müssen den verbindlichen Inhalt aus Art. 7 Abs. 1 GG beachten, dürfen die insoweit staatliche Gestaltungsbefugnis als solche nicht in Frage stellen. Anders als nach Art. 144 WRV ist nach Art. 7 Abs. 1 GG eine Beteiligung der Gemeinden an der Schulaufsicht nicht vorgesehen. Auf eine griffige Formel gebracht, garantiert Art. 7 Abs. 1 GG die staatliche

---

256 *Oppermann*, Gemeinsame Bildungs- und Forschungsfinanzierung durch Bund und Länder nach Art. 91b und Art. 104a Grundgesetz, DÖV 1972, S. 591 ff., *Dittmann*, Bildungsplanung als Gemeinschaftsaufgabe, 1975; *Bormann*, Bildungsplanung in der Bundesrepublik Deutschland, 1978; mit Blick auf die Föderalismusreform *Knopp*, Föderalismusreform – Zurück zur Kleinstaaterei? In den Beispielen des Hochschul-, Bildungs- und Beamtenrechts, NVwZ 2006, S. 1216 ff.

257 BVerfGE 6, 309 (354); 75, 40 (66 ff.); *Badura*, in: Maunz/Dürig, Art. 7 Rn. 26; zu den strukturellen Problemen föderaler Wissenschafts- und Bildungspolitik *Oeter/Boysen*, Wissenschafts- und Bildungspolitik im föderalen Staat – ein strukturelles Problem?, RdJB 2005, S. 296 ff.

258 BVerfGE 6, 309 (354 ff.); 75, 40 (66 ff.).

259 BVerfGE 26, 228 (238); 47, 46 (71 f.); *Rennert*, Entwicklungen in der Rechtsprechung zum Schulrecht, DVBl. 2001, S. 504 ff., 505 f.; eine mögliche Kommunalisierung der Schulaufsicht diskutiert *Köller*, Kommunalisierung der Schulaufsicht?, RdJB 2005, S. 27 ff. U.a. zählen zu den Aufgaben der Gemeinden die – in der Regel gemeinsam mit dem Staat zu treffende – Entscheidung über die Einrichtung oder Schließung einer Schule. Zudem setzt Art. 28 Abs. 2 GG ihre effektive Mitwirkung im Rahmen der Schulnetzplanung voraus; eine dies missachtende »Hochzonung« auf die Kreise und Kreisfreien Städte ist unzulässig, BVerfG NVwZ 2015, S. 728 ff.

Schulverantwortung, Art. 28 Abs. 2 GG die kommunale Schulträgerschaft.[260] Beide Verantwortungsbereiche bedingen und begrenzen einander wechselseitig.

3. Religionsunterricht

70 Die institutionelle Garantie des Religionsunterrichts als ordentliches Lehrfach (Art. 7 Abs. 3 GG) ist ihrerseits eine institutionelle Begrenzung der staatlichen Schulverantwortung aus Art. 7 Abs. 1 GG. Das subjektive Recht der Religionsgemeinschaften, das mit der institutionellen Seite einhergeht, wirkt grundrechtlich-begrenzend.[261]

II. Grundrechtliche Grenzen der Schulverantwortung

1. Elternverantwortung

71 Das staatliche Schulgestaltungsrecht ist durch das elterliche Erziehungsrecht (Art. 6 Abs. 2 GG) begrenzt. In Sachen der religiösen Kindererziehung ist dieses Elternrecht in Art. 7 Abs. 2 GG zugleich extensiviert (Erziehungsberechtigte) und spezifiziert. Es wird durch die Möglichkeit der Einrichtung einer Bekenntnisschule auf Antrag der Erziehungsberechtigten (Art. 7 Abs. 5 GG) unterfüttert.

72 Aus alldem folgt eine Gleichordnung von Eltern- und Schulverantwortung, verbunden mit der Anerkennung der elterlichen Verantwortung für den Gesamtplan der Erziehung.[262] Die Elternverantwortung lässt sich insbesondere in die folgenden schulspezifischen Elternrechte ausdifferenzieren: Wahl der Schulform[263], aber kein

---

260 So *Gröschner*, in: Dreier, Bd. I (Vorauflage), Art. 7 Rn. 556; vgl. auch *Jarass/Pieroth*, Art. 7 Rn. 4a m.w.N.; für eine kompetenzielle Aufteilung der inneren Schulangelegenheiten zwischen Kommunen und Ländern *Brosius-Gersdorf*, in: Dreier, Bd. I, Art. 7 Rn. 53 f. Art. 28 Abs. 2 GG steht gesetzlichen Vorgaben zur Mindestzügigkeit von Schulen nicht entgegen, OVG Lüneburg NordÖR 2012, S. 253 ff.

261 Für die Einzelheiten siehe oben Rdn. 40 ff.

262 Dazu oben Rdn. 35, 39 ff.

263 Auch beim Streit innerhalb des Elternpaares darf der Staat nicht an seiner statt entscheiden und gleichsam »treuhänderisch« Elternverantwortung wahrnehmen, siehe BVerfG (K) NJW 2003, S. 1031; BVerfG (K) DVBl. 2002, S. 971. In Baden-Württemberg (Art. 1 der VO des Kultusministeriums zur Änderung schulrechtlicher Vorschriften v. 08.12.2011 (GBl. S. 562)) und Nordrhein-Westfalen (Art. 1 des Vierten Schulrechtsänderungsgesetzes v. 21.12.2010 (GV.NRW.2010 S. 691)) sind die verbindlichen Grundschulempfehlungen kürzlich abgeschafft worden, womit die Eltern nunmehr frei darüber entscheiden können, welche weiterführende Schule ihre Kinder besuchen sollen (vgl. dazu *Brosius-Gersdorf*, in: Dreier, Bd. I, Rn. 61 m.w.N.; für *Boysen*, in: v. Münch/Kunig, Art. 7 Rn. 47 m.w.N. stellen verbindliche Prognoseentscheidungen verfassungswidrige Beschränkungen des Elternrechts dar).

Anspruch auf Zugang zu einer bestimmten Schule[264]; zu einer bestimmten (Profil-)Klasse[265] oder auf Nichtaufnahme eines Schülers in die Klasse des eigenen Kindes[266]; echte Wahlmöglichkeiten für die Eltern durch ein ausreichendes Angebot an differenzierten Schulformen[267]; Informationsrechte der Eltern[268]. Auch kollektive elterliche Mitwirkungsformen und Mitwirkungsbefugnisse sind, ganz im Sinne einer kooperativen Wahrnehmung von staatlicher und elterlicher Erziehungsverantwortung, denkbar. Sie können z.b. landesverfassungsrechtlich eingeräumt werden.[269]

2. Schülergrundrechte

Auch das Schulverhältnis ist grundrechtsgeprägt und eröffnet allen in dieses Verhält-   73
nis Eingebundenen grundrechtlich gesicherte Freiräume, Teilhabemöglichkeiten und
Verfahrensgarantien. Das gilt gerade auch für die Schüler.[270] Schon Art. 1 Abs. 3
GG gebietet eine deutliche Absage an die Lehre von den prinzipiell grundrechtsfrei-

---

264 *Rennert*, Entwicklungen in der Rechtsprechung zum Schulrecht, DVBl., 2001, S. 504 ff., 507. Gleichwohl kann nach Landesrecht ein Anspruch auf ermessensfehlerfreie Auswahlentscheidung im Rahmen der Aufnahmekapazitäten bestehen, vgl. OVG Münster NWVBl. 2013, S. 448 ff. Zudem steht Eltern gegen die Auflösung einer Schule, die ihre Kinder gegenwärtig besuchen oder in naher Zukunft besuchen wollen, grundsätzlich eine Klagebefugnis zu, OVG Münster NVwZ-RR 2013, S. 843 ff. Für den Besuch weiterführender Schulen darf der Staat spezifische (Leistungs-)Anforderungen festlegen, etwa BVerfGE 34, 165 (190); 96, 288 (306); OVG Bautzen, Beschluss v. 09.10.2013 – 2 B 435/13. Zur Regelung der Auswahlkriterien bei erschöpfter Aufnahmekapazität vgl. OVG Hamburg NordÖR 2011, S. 561 f. und OVG Magdeburg NVwZ-RR 2013, S. 998 ff. Bei der Auswahl kann Geschwisterkindern ein Vorrang eingeräumt werden.

265 Die Schule hat ihr Auswahlermessen indes fehlerfrei auszuüben und zur Ermöglichung effektiven Rechtsschutzes Transparenz zu wahren, OVG Lüneburg NdsVBl. 2014, S. 108 ff. (»Laptop-Klasse«). Hingegen haben Eltern im Rahmen der verfügbaren Plätze einen Anspruch auf Unterrichtung ihres Kindes in klassenübergreifenden Sprachkursen, OVG Bautzen LKV 2013, S. 421 ff.

266 Es mangelt insofern am Drittschutz der die Aufnahme regelnden Normen, vgl. VG Stuttgart, Urteil v. 16.11.2011 – 12 K 2286/11; dazu *Barczak*, NVwZ 2014, S. 1556, 1558. Ebenso für die Aufnahme eines vermeintlich ungeeigneten Schülers, *ders.*, Der Übergang von der Grundschule in die Sekundarstufe als Grundrechtsproblem, 2011, S. 228 ff.

267 BVerfGE 45, 400 (416); *Jach*, Schulvielfalt als Verfassungsgebot, 1991.

268 BVerfGE 47, 46 (76); 59, 360 (376 ff.); *Stern*, Staatsrecht IV/I, S. 609; *Rux/Niehues*, Schulrecht, Rn. 572 ff.; *Brosius-Gersdorf*, in: Dreier, Bd. I, Art. 7 Rn. 63. Eine schulische Pflicht zur Auseinandersetzung über die Unterrichtsmethodik und Eignung der Lehrkräfte ist davon nicht erfasst, OVG Lüneburg DVBl. 2013, S. 263 f. und NordöR 2014, S. 354 ff.

269 BVerfGE 59, 360 (381 f.); *Mevissen*, Kampf um schulische Mitbestimmung, 2001. Die dabei erfolgende Anknüpfung der Rechte an das Erziehungsrecht ist verfassungsrechtlich unbedenklich, vgl. OVG Saarlouis NVwR-RR 2014, S. 197 ff.

270 Vgl. zur Rechtsstellung der Schüler den Tagungsbericht zum 2. Deutschen Schulrechtstag von *Große*, Zur Rechtsstellung von Schülerinnen und Schülern – heute und morgen, DÖV 2013, S. 852 ff.

en besonderen Gewaltverhältnissen.[271] Die aus Art. 2 Abs. 1 GG hergeleitete »möglichst ungehinderte Entfaltung der Persönlichkeit« sowie der »Anlagen und Befähigungen« des Kindes ist im Gegenteil ein grundrechtsdeterminiertes Erziehungsziel für den freiheitlichen Verfassungsstaat und ein konstitutives Moment seiner Schulverantwortung.[272] Die Schulorganisation hat diesen Freiheitsorientierungen Rechnung zu tragen. Freiheitsgrenzen, die im Sinne der praktischen Konkordanz zu berücksichtigen sind, ziehen ihrerseits die Funktionsfähigkeit der Verfassungsinstitution Schule und die Erfüllung des staatlichen Bildungsauftrags.[273]

74 Die folgenden Einzelprobleme sind von besonders hoher Relevanz: Den Schülern ist, wenngleich kein explizites Recht auf Bildung[274], so doch ein Recht auf gleichen Zugang zu den schulischen Bildungseinrichtungen (Art. 3 Abs. 1 i.V.m. Art. 2 Abs. 1 bzw. 12 Abs. 1 GG) und innerhalb derer auf Gleichbehandlung beim Zugang zu bestimmten Unterrichtsveranstaltungen gewährt.[275] Die Neutralität der Schule[276] gebietet Rücksichtnahme auch auf die (negative) Religionsfreiheit der Schüler.[277]

---

271 *Hesse*, Grundzüge, 20. Aufl. 1995 (Neudruck 1999), Rn. 322 ff.; *Loschelder*, Vom besonderen Gewaltverhältnis zur öffentlich-rechtlichen Sonderbindung, 1982. Leitentscheidungen sind BVerwGE 1, 260 und BVerfGE 33, 1 (11) – letzteres bezogen auf das besondere Gewaltverhältnis im Strafvollzug.

272 BVerfGE 45, 400 (417); 58, 257 (272); BVerwGE 47, 201 (206); *Stein*, Das Recht des Kindes auf Selbstentfaltung in der Schule, 1967. Inwieweit die Schule der sozialen Sonderung ihrer Schüler, etwa durch Schuluniformen oder die obligatorische Unterrichtung in deutscher Sprache, entgegenwirken darf, ist Abwägungsfrage, vgl. *Hufen*, Staatsrecht II, § 32 Rn. 41; *Brosius-Gersdorf*, in: Dreier, Bd. I, Art. 7 Rn. 64.

273 BVerfGE 34, 48 (49); 93, 1 (16); *Schmitt-Kammler*, In hoc signo – Zur »Schulkreuz-Erkenntnis« des Bundesverfassungsgerichts, FS Friauf, 1996, S. 343 ff., 353.

274 BVerfGE 45, 400 (417); BVerwGE 56, 155 (158). Wichtige Beispiele für Grenzziehungen geben die Verhinderung von Gewalt an der Schule (VG Mainz NVwZ 1988, S. 876; VGH Mannheim NJW 2004, S. 89 und 1058), Rauschgiftmissbrauch bzw. -handel (OVG Koblenz NJW 1996, S. 1690), Verbreitung von Skinhead- oder nationalsozialistischen Symbolen (VG Berlin NVwZ-RR 2002, S. 33), aber auch harmlosere Störungen des Schulfriedens wie anstößige Kleidung, weitere Nachweise bei *Hufen*, Staatsrecht II, § 32, Rn. 43.

275 VG Braunschweig NVwZ-RR 2007, S. 324 ff.; OVG Bautzen LKV 2013, S. 421 ff.

276 *Rathke*, Öffentliches Schulwesen und religiöse Vielfalt: zugleich ein Beitrag zur Dogmatik von Art. 4 Abs. 1 und 2 GG, Art. 7 Abs. 1 GG und der staatlichen Pflicht zu weltanschaulich-religiöser Neutralität, 2005.

277 Prägend die vielkritisierte, nicht in allen Einzelheiten der Methodik und Begründung, aber doch dem Ergebnis nach überzeugende Kruzifix-Beschluss des BVerfG (E 93, 1; die mit Referenz zum Christentum als prägendem »Kultur- und Bildungsfaktor« vertretene Gegenansicht (*Uhle*, in: Epping/Hillgruber, Art. 7 Rn. 33 m.w.N.) ist abzulehnen. Der EGMR hat den Mitgliedstaaten der EMRK in dieser Frage einen weiten Entscheidungsspielraum zugesprochen, NVwZ 2011, S. 737 ff. Bayern hat in Reaktion auf den Beschluss des BVerfG mit der Einführung einer Widerspruchslösung reagiert (dazu: BVerwGE 109, 40; kritisch: *Brosius-Gersdorf*, in: Dreier, Bd. I, Art. 7 Rn. 81 m.w.N.) Vgl. zu diesem Konfliktfeld aus der jüngeren Rspr. ferner BVerwGE 141, 223 (isla-

Die Meinungsfreiheit der Schüler und deren parteipolitische Betätigung – im Sinne diskursiver Auseinandersetzung – müssen grundsätzlich möglich sein.[278] Schülerzeitungen genießen den Schutz der Pressefreiheit, ihrerseits durch die Schulaufsicht verhältnismäßig begrenzt.[279] Nach einer im Jahre 2009 ergangenen Entscheidung des BGH[280] dürfen Schüler ihre Lehrer im Internet benoten. Das Persönlichkeitsrecht eines Lehrers werde dadurch nicht so weitgehend beeinträchtigt, dass die Meinungsfreiheit der Schüler relativiert werden dürfe. Beleidigungen via Internet sind freilich unterbunden[281]. Unter gleichheitsrechtlichen Gesichtspunkten (Art. 3 Abs. 3 S. 2 GG) wäre der generelle Ausschluss einer integrativen Beschulung behinderter Kinder verfassungswidrig.[282]

3. Lehrergrundrechte

Der Grundrechtsbetätigung seitens der Lehrkräfte sind in staatlichen Schulen enge   75
Grenzen gezogen, sofern dies im Unterricht geschieht.[283] Dies ist nicht nur mit der Vorbildfunktion der Lehrkräfte zu begründen, sondern vor allem mit deren schulisch-hoheitlicher Betätigung.[284] Als autoritativ handelnde staatliche Funktionsträger – gleich ob im Beamtenstatus oder nicht – sind auch sie an die Neutralitätspflicht gebunden.[285] Größte öffentliche Aufmerksamkeit hat in diesem Kontext der Streit um das Kopftuch einer muslimischen Lehrerin erregt; dass das BVerfG mit einer Entscheidung aus dem Jahre 2015 seine restriktive Haltung korrigiert hat, sorgt für kontroverse Reaktionen.[286] Ebenso müssen indoktrinierende Meinungsäußerungen,

misches Gebet auf dem Schulflur); 147, 362 (koedukativer Schwimmunterricht); VGH München NVwZ 2014, S. 1109 ff. (Teilnahme am Unterricht mit Gesichtsschleier). Zahlreiche weitere Nachweise zu Unterrichtsbefreiungen aus religiösen Gründen bei *Thiel*, in: Sachs, Art. 7 Rn. 18; ebd. zur Problematik des islamischen Kopftuchs einer Schülerin; *Uhle*, in: Epping/Hillgruber, Art. 7 Rn. 31 m.w.N. zum Tragen einer Burka durch eine Schülerin.
278 Einzelnachweise bei *Rux/Niehues*, Schulrecht, Rn. 595 ff.; zum Recht auf informationelle Selbstbestimmung in der Schule *Hufen*, Staatsrecht II, § 32 Rn. 44.
279 Vgl. BVerfGE 33, 52 (74).
280 BGHZ 181, 328.
281 VGH München NJW 2002, S. 3044.
282 *Keller*, Die Beschulung behinderter Kinder und Jugendlicher, 2008.
283 Vgl. zur Rechtsstellung der Lehrer den Tagungsbericht zum Ersten Deutschen Schulrechtstag von *Kolok*, Zur Rechtsstellung der Lehrer – heute, DÖV 2012, S. 886 ff.
284 Das besondere Obhuts- und Näheverhältnis erfordert auch ein striktes disziplinarisches Vorgehen bei sexuellen Handlungen zwischen Lehrer und Schüler, vgl. OVG Koblenz NVwZ-RR 2012, S. 557 ff. Zur strafrechtlichen Relevanz von Übergriffen eines Vertretungslehrers und Leiters einer nicht zum regulären Unterricht zählenden Arbeitsgemeinschaft BGH NStZ 2012, S. 690 f.
285 *Mückl*, Religionsfreiheit und Sonderstatusverhältnisse – Kopftuchverbot für Lehrerinnen, Der Staat 40 (2001), S. 96 ff., 123.
286 Ein Zurschaustellen von religiös-politisch aussagekräftiger Symbolik dürfe jedenfalls bei hinreichender gesetzlicher Grundlage verboten werden, so BVerfG 108, 282 (314);

parteipolitisches Werben etc. unterbunden werden. Eine mögliche Persönlichkeits-rechtsbeeinträchtigung durch Schülerbenotungen im Internet haben Lehrer hin-zunehmen.[287]

III. Schranken der gewährleisteten Grundrechte

76 Wie alle Grundrechte stehen auch die in Art. 7 GG gewährten unter dem Vorbehalt verfassungsimmanenter Schranken. Das Bestimmungsrecht der Eltern nach Art. 7 Abs. 2 GG findet seine Grenzen im Recht der Schüler auf religiöse Selbstbestim-mung ab dem 14. Lebensjahr.[288] Die Gewährleistung des Religionsunterrichts als ordentliches Lehrfach schließt staatliche Aufsicht nicht aus.[289] Wie weit das sachli-che Bestimmungsrecht der Religionsgemeinschaften geht, ist eine schwierige Abgren-zungsfrage. Die Bindung an verfassungsstaatliche Erziehungsziele mit der äußersten Grenze des Art. 79 Abs. 3 GG zieht dem Bestimmungsrecht aber definitive Grenzen. Art. 7 Abs. 3 S. 3 GG ist wie Art. 4 Abs. 1 GG, den er konkretisiert, vorbehaltlos ge-währleistet. Hier greifen nur verfassungsimmanente Schranken. Die Privatschulfrei-heit (Art. 7 Abs. 4 S. 1 GG) steht unter dem generellen Vorbehalt staatlicher Rechts-aufsicht. Die Freiheit zur Gründung einer privaten Ersatzschule ist überdies einem grundrechtsunmittelbaren Genehmigungsvorbehalt unterstellt (Art. 7 Abs. 4 S. 2 bis 4 GG). Dieser ist für private Volksschulen (Art. 7 Abs. 5 GG) noch angereichert.

VGH Mannheim DÖV 2009, S. 85. Vgl. einschränkend nun das BVerfG NJW 2015, S. 1359 ff., wonach durch Gesetz kein pauschales Verbot erfolgen dürfe, sondern nur für den Fall einer hinreichend konkreten Gefahr der Beeinträchtigung des Schulfriedens oder der staatlichen Neutralität. Ähnlich bereits *Brosius-Gersdorf*, in: Dreier, Bd. I, Art. 7 Rn. 78 m.w.N.; anders *Beaucamp/Beaucamp*, DÖV 2015, S. 177, m.w.N.; in der Begrün-dung abzulehnen *Uhle*, in: Epping/Hillgruber, Art. 7 Rn. 34, indem er dem Kopftuch ei-ne überhöhte politische Symbolkraft zuschreibt. Mit besonderer Berücksichtigung der Frage eines Kopftuchverbots für mit der Ausrichtung islamischen Religionsunterrichts be-traute Lehrkräfte *Winkler*, LKRZ 2013, S. 190 ff. Weitere Nachweise bei *Thiel*, in: Sachs, Art. 7 Rn. 18a Fn. 62; *Frenz*, Verdrehte Religionsfreiheit?, DÖV 2007, S. 690 ff.; *Walter/ v. Ungern-Sternberg*, DVBl. 2008, S. 880 ff.; vergleichende Bezüge zur Rechtsprechung des EGMR bei *Goerlich*, NJW 2001, S. 2862 f.

287 Soeben Rdn. 74. Zu Schadensersatzansprüchen gegen den Dienstherrn wegen Mobbings durch Kollegen vgl. OVG Münster ZBR 2011, S. 316 f.; VG Augsburg, Urteil v. 28.11.2013 – Au 2 K 12.1670. Das VG Osnabrück sprach mit Beschluss v. 15.10.2010 – 1 B 35/10 einem Schulleiter die Antragsbefugnis zum gerichtlichen Vorgehen gegen die Weiterleitung eines Schulinspektionsberichts, in welchem er negativen Bewertungen ausgesetzt gewesen sein soll, an weitere Gremien der Schule ab. Dazu und zur Vereinbar-keit der Veröffentlichung von Schulinspektionsberichten im Internet mit dem allgemei-nen Persönlichkeitsrecht der Lehrkräfte vgl. *Winkler,* JZ 2012, S. 762 ff.
288 Dazu oben Rdn. 37.
289 Oben Rdn. 38.

G. Das Verhältnis zu anderen (Grundgesetz-)Bestimmungen, insbesondere Grundrechtskonkurrenzen

I. Grundrechtskonkurrenzen

Mit Blick auf die Freiheitsrechte ist zunächst die gleichgeordnete Selbstständigkeit 77 von staatlicher Schulverantwortung (Art. 7 Abs. 1 GG) und Elternverantwortung im Sinne des Elternrechts (Art. 6 Abs. 2 GG) zu betonen.[290] Beide gründen in eigenständigen Legitimationsgrundlagen und kontextualisieren den Erziehungsgedanken mit dem »Prinzip Verantwortung« (*H. Jonas*) in der und für die res publica. Eine Segmentierung in besondere Bereiche staatlicher und elterlicher Erziehungsverantwortung wird daher gerade nicht vorgenommen.[291] Staatliche Schulgestaltungsrechte sind durch elterliche Erziehungsrechte dahingehend begrenzt, dass die Schule den »Gesamtplan« elterlicher Erziehung angemessen zu berücksichtigen hat.[292] Damit ist ein Kooperations- oder Konkordanzmodell zwischen elterlicher und schulischer Erziehung umschrieben.[293]

Das Bestimmungsrecht aus Art. 7 Abs. 2 GG konkretisiert sowohl die Elternrechte 78 aus Art. 6 Abs. 2 S. 1 GG als auch die Rechtspositionen aus Art. 4 Abs. 1 und 2 GG.[294] In gleicher Weise ist das Recht der Lehrer aus Art. 7 Abs. 3 S. 3 GG eine Konkretisierung der Glaubens- und Gewissensfreiheit aus Art. 4 Abs. 1 und 2 GG im Schulverhältnis. Gegenüber Art. 140 GG i.V.m Art. 137 Abs. 1 WRV qualifiziert 7 Abs. 3 S. 1 GG als lex specialis.[295] Die schulische Lehre ist strikt von der Hochschule zu trennen; die Lehrfreiheit an Hochschulen ist nicht etwa einer pädagogischen Freiheit der Lehrer grundrechtlich gleichzusetzen. Zu Art. 5 Abs. 3 GG be-

---

290 BVerfGE 41, 29 (44); 47, 46 (72); 52, 223 (236).

291 *Stern*, Staatsrecht IV/I, S. 602, 605.

292 BVerfGE 34, 165 (182 f.); 59, 360 (378 f.). Die Lit. fordert teilweise einen prinzipiellen Vorrang des elterlichen Erziehungsrechts, siehe *Roth*, Die Grundrechte Minderjähriger, 2003, S. 146; vorher schon *Ossenbühl*, Das elterliche Erziehungsrecht im Sinne des Grundgesetzes, 1981, S. 117.

293 Vgl. *Jestaedt*, in: BK, Art. 6 Rn. 343. Demgegenüber will *Thiel*, in: Sachs, Art. 7 Rn. 36, das staatliche Erziehungsmandat im weltanschaulich-religiös-politischen Bereich eng interpretieren und dann Art. 7 Abs. 1 GG als lex specialis zu Art. 6 Abs. 2 S. 1 GG werten. Das hätte die Konsequenz, dass das elterliche Erziehungsrecht sich nicht auf den schulischen Bereich erstreckt (ausdrücklich anders BVerfGE 34, 165 (182 f.)). Art. 7 Abs. 1 GG könnte somit nie zu einem Eingriff in das Elternrecht führen, sondern wäre dessen verfassungsunmittelbare Begrenzung. Mit dieser Lösung sind zwar ungewisse Abwägungen und Bereichsabgrenzungen vermieden (vgl. auch *Huster*, Die ethische Neutralität des Staates, 2002, S. 278 ff.), zugleich entsteht aber eine wirklichkeitsfremde Segmentierung der Erziehungsverantwortung, die letztlich sowohl für die Praxis als auch für die Theoriebildung zu kurz greift (so auch *Burgi*, in: HdbGRe, § 109 Rn. 39). Vgl. zu dieser Frage auch BVerwGE 147, 362 und die entsprechenden Ausführungen in Rn. 15a–d.

294 *Badura*, in: Maunz/Dürig, Art. 7 Rn. 83.

295 *Jarass/Pieroth*, Art. 7 Rn. 10, Art. 140/137 WRV Rn. 2.

steht daher ein Verhältnis der Exklusivität. Bildungseinrichtungen, die weder Schulen noch Hochschulen sind, werden über Art. 12 Abs. 1 GG geschützt.[296]

79   Unter gleichheitsrechtlichen Aspekten folgt aus Art. 3 Abs. 3 S. 2 GG eine spezielle staatliche Verantwortung für behinderte Schüler[297], die durch völkerrechtliche Inklusionsansprüche aus der UN-Behindertenrechtskonvention normativ noch verstärkt wird und vom Schulrechts-Gesetzgeber ein sorgfältiges »screening« des bisherigen Normbestandes verlangt. Anders als die amerikanische Rechtsprechung ist das Bundesverfassungsgericht mit allen Modellen positiver Diskriminierung (»affirmative action«) zugunsten benachteiligter Gruppen – etwa spezifischer Schulquoten für Migrantenkinder – sehr zurückhaltend.[298] Das Schulverhältnis insgesamt ist indes stark vom Moment der Chancengleichheit geprägt.

II.   Grundrechtskonkurrenzen mit Blick auf die Landesverfassungen

80   Enthalten die Landesverfassungen grundrechtliche Garantien, die denen aus Art. 7 GG entsprechen, bestehen sie gemäß Art. 142 GG neben dem GG weiterhin fort. Damit ist auch der Rechtsweg zu den Landesverfassungsgerichten eröffnet. Von besonderer Relevanz wird das etwa im Hinblick auf die Einrichtung des Religionsunterrichts als ordentliches Lehrfach (Art. 7 Abs. 3 S. 1 und 2 GG). Mit unterschiedlicher Akzentuierung gewährleisten auch die Verfassungen der neuen Länder den Religionsunterricht in seiner durch Art. 7 Abs. 3 GG vorgeprägten Form.[299] Brandenburg macht mit dem umstrittenen Unterrichtsfach »LER« eine Ausnahme.[300]

III.   Art. 141 GG, die sog. Bremer Klausel

81   Art. 141 GG schränkt den örtlichen Geltungsbereich von Art. 7 Abs. 3 S. 1 GG ein. Die Gewährleistung des Religionsunterrichts als ordentliches Lehrfach gilt für all die Länder nicht, in denen am 1. Januar 1949 eine andere landesrechtliche Regelung bestand. Dazu gehören die Länder Bremen und Berlin. Die Rechtslage in den neuen

---

296   *Michael/Morlok*, Grundrechte, 4. Aufl. 2014, Rn. 259.

297   BVerfGE 96, 288 (304): »(...) besondere Verantwortung (...) für behinderte Kinder und Jugendliche schulische Einrichtungen bereitzuhalten, die auch ihnen einen sachgerechte schulische Erziehung, Bildung und Ausbildung ermöglichen«; *Reichenbach*, Der Anspruch behinderter Schülerinnen und Schüler auf Unterricht in der Regelschule, 2001, S. 167 ff.; unter besonderer Berücksichtigung der UN-Behindertenrechtskonvention *Brosius-Gersdorf*, in: Dreier, Bd. I, Art. 7 Rn. 65 f.; *Ruxl/Niehues*, Schulrecht, Rn. 715 ff.

298   Siehe *Diederichs*, Schule und Migration: Debatten und Diskriminierungen, in: Heinrich-Böll-Stiftung, Integration 2008.

299   *Thiel*, in: Sachs, Art. 7 Rn. 45; *Schlink*, Religionsunterricht in den neuen Ländern, NJW 1992, S. 1008 ff.

300   Sogleich Rdn. 81.

Ländern ist umstritten.[301] Der Einigungsvertrag enthält insoweit keine klärenden Sonderregelungen. Mit Ausnahme der Thüring. Verf. vom 20.12.1946 – die diesbezüglich schweigt – hatten die alten Verfassungen der Beitrittsländer aus der Zeit von 1949 den Religionsunterricht zwar zugelassen, ihn aber nicht als ordentliches Lehrfach vorgesehen.[302] Von praktischer Relevanz ist der Streit in Brandenburg, das nach §§ 9, 11, 141 seines SchulG statt Religionsunterricht das Fach »Lebensgestaltung-Ethik-Religionskunde« (»LER«) als ordentliches Lehrfach anbietet. In einem vor dem BVerfG ausgetragenen Rechtsstreit hat das Gericht nicht entschieden, sondern einen Vergleichsvorschlag für eine einvernehmliche Regelung unterbereitet.[303] Das BrandSchulG wurde zwischenzeitlich den Vorschlägen angepasst. Der nichtstaatliche Religionsunterricht erfuhr dabei eine Aufwertung.

H. Internationale und europäische Aspekte

I. Völkerrechtliche Bezüge

Gerade weil Bildung Voraussetzung für »Menschenrechtsbildung« ist[304], wurde das »Recht auf Bildung«[305] früh zum Topos des internationalen Menschenrechtsschutzes – und zwar mit einer klassisch freiheitsrechtlichen sowie einer teilhaberechtlichen Stoßrichtung.[306] So spricht Art. 26 AEMR jedem Menschen ein »Recht auf Bildung« zu, das einen unentgeltlichen und obligatorischen Unterricht wenigstens in den Elementar- und Grundschulen umfasst. Wirkt die AEMR nur als »soft law«, so konkretisiert Art. 13 IPwskR die Garantie völkervertragsrechtlich. Er formuliert darüber hinaus zentrale Erziehungsziele, die auf die volle Entfaltung der menschlichen Persönlichkeit und das Bewusstsein um die menschliche Würde hin abzielen. Art. 7 des Internationalen Übereinkommens zur Beseitigung jeder Form von Rassendiskriminierung enthält vergleichbare Erziehungsziele.[307] Im Unterricht gilt es, Vorurteile

82

---

301 *v. Campenhausen*, in: HStR X, § 207; *Fuchs*, Das Staatskirchenrecht der neuen Bundesländer, 1999.

302 *Thiel*, in: Sachs, Art. 141 Rn. 9.

303 BVerfGE 104, 305; zum weiteren Verfahren noch BVerfGE 105, 235; 106, 210; zahlreiche vertiefende Hinweise wiederum bei *Thiel*, in: Sachs, Art. 7 Rn. 45 Fn. 182; *ders.*, in: ebd., Art. 141 Rn. 10 ff.; *Heckel*, Religionsunterricht in Brandenburg, 1998; *Starck*, Religionsunterricht in Brandenburg, Art. 141 GG als Ausnahme von der Regel des Art. 7 Abs. 3 GG, in: FS Listl, 1999, S. 391 ff.; *Link*, »LER« Religionsunterricht und das deutsche Staatskirchenrecht, in: FS Hollerbach, 2001, S. 747 ff.; *Poscher*, Entscheidungs- und nicht ergebnislos – Das verfassungsgerichtliche Verfahren um das Lehrfach Lebensgestaltung – Ethik – Religionskunde (LER), RdJB 2002, S. 380 ff.; *Kotzur*, JZ 2003, S. 73 ff.

304 *Lohrenscheit*, Das Recht auf Menschenrechtsbildung, 2004.

305 So etwa *Söllner*, Studiengebühren und das Menschenrecht auf Bildung, 2007.

306 Sie wird auch mit der Metapher vom Menschenrecht der ersten. bzw. zweiten Generation umschrieben, *Delbrück*, The Right to education on an International Human Right, GYIL 35 (1992), S. 92 ff.

307 BGBl. 1969 II, S. 962; vgl. ebenfalls das Übereinkommen gegen Diskriminierung im Unterrichtswesen, BGBl. 1968 II S. 385.

zu bekämpfen und Verständnis, Duldsamkeit und Freundschaft zwischen den Völkern zu fördern. Auf Vergleichbares stellt schließlich Art. 29 des Übereinkommens über die Rechte des Kindes ab.[308] Die UN-Behindertenrechtskonvention (vgl. etwa deren Art. 7, Art. 9 Abs. 1 lit. a) formuliert anspruchsvolle Inklusionskonzepte, die die Vertragsstaaten schrittweise umzusetzen haben.[309]

II. Europäisches Bildungsverfassungsrecht

83   Das »Recht auf Bildung« rechnet zu den Leitideen des europäischen Bildungsverfassungsrechts, das sich aus den europäischen Verfassungsrechtsordnungen (insbesondere deren gemeinsamen Verfassungsüberlieferungen), dem europäischen Menschenrechtsschutzsystem und dem Unionsrecht speist.[310] Die EU-Mitgliedstaaten regeln das Schulwesen auf Verfassungs- wie auf einfachgesetzlicher Ebene unterschiedlich intensiv und durchaus kulturell heterogen. Auch hier erweist sich Europa als »Einheit in Vielheit«. Manche Übereinstimmungen fallen indes auf. Die religiösweltanschauliche Neutralität der staatlichen Schule ist häufig postuliert.[311] Erziehungsziele leisten, nicht selten auch auf mitgliedstaatlicher, kantonaler oder regionaler Ebene ausbuchstabiert, ihren Beitrag zur Entstehung gemeineuropäischen Rechts.[312] Das Recht auf den kostenlosen Zugang zu öffentlichen Schulen mit seiner individualrechtlichen wie sozialstaatlichen Komponente findet sich ebenso wie die Gewährleistung der Privatschulfreiheit oder das Elternrecht auf freie Schulwahl bis hin zu einem limitierten Recht auf Erteilung häuslichen Unterrichts (home schooling, so Art. 76 Verf. Dänemark; Art. 42 Abs. 2 Verf. Irland).[313] Mit Blick auf die Schulpflicht und ihre Dauer ist die Variationsbreite besonders groß und nicht erst seit der PISA-Studie (Programme for International Student Assessment) stehen die Schul- und Ausbildungssysteme in intensivem (bildungspolitischem) Wettbewerb.[314]

---

308   BGBl. 1992 II S. 122.

309   Siehe auch oben Rdn. 79.

310   *Stefek*, Das Recht auf Bildung in der Europäischen Gemeinschaft, 2006; Jenkner (Hrsg.), Das Recht auf Bildung und die Freiheit der Erziehung in den Europäischen Verfassungen, 1994; für Österreich etwa *Spielbüchler*, Das Grundrecht auf Bildung in Österreich, EuGRZ 1985, S. 437 ff.

311   Art. 24 Verf. Belgien, Art. 43 Abs. 1 Verf. Portugal, Präambel der Verfassung der französischen Republik vom 27.10.1946.

312   Art. 16 Abs. 2 Verf. Griechenland; Art. 27 Abs. 2 Verf. Spanien; Details bei *Häberle*, Verfassungsprinzipien als Erziehungsziele, in: FS H. Huber, 1981, S. 211 ff.; *ders.*, Verfassungslehre als Kulturwissenschaft, 2. Aufl. 1998, S. 758 ff., S. 765 ff. mit spezifischem Blick auf das deutsche Landesverfassungsrecht – berühmt ist etwa Art. 131 Abs. 2 BVerf.: »Aufgeschlossenheit für alles Gute, Wahre und Schöne«.

313   Zahlreiche weitere Nachweise bei *Brosius-Gersdorf*, in: Dreier, Bd. I, Art. 7 Rn. 17.

314   *Rux/Niehues*, Schulrecht, Rn. 119.

Auch das Unionsrecht kennt seit dem Vertrag von Maastricht Kompetenzen im Be- 84
reich der allgemeinen und beruflichen Bildung.[315] Die »eigene Politik« des Art.
166 AEUV ist allerdings auf die berufliche Bildung beschränkt. Hinsichtlich der allgemeinen Bildung sieht Art. 165 AEUV eine Förderung von Aktivitäten der Mitgliedstaaten vor. Eine Harmonisierung von Rechts- und Verwaltungsvorschriften auf
dem Bildungssektor bleibt indes ausgeschlossen (Art. 165 Abs. 4, Art. 166 Abs. 4
AEUV). Der Vertrag von Lissabon hat keine wesentlichen Änderungen mit sich gebracht. Das bildungspolitische Unionshandeln bezieht sich vor allem auf die finanzielle Förderung von Aktions- und Austauschprogrammen. Art. 14 GRC garantiert
das Recht auf Bildung, den Zugang zur beruflichen Aus- und Weiterbildung
(Abs. 1), den unentgeltlichen Pflichtschulunterricht (Abs. 2), die Privatschulfreiheit
und das Elternrecht (Abs. 3).[316] Im Regelungskontext des Verbots von Kinderarbeit
und des Schutzes Jugendlicher am Arbeitsplatz findet sich ein Hinweis auf die Schulpflicht.[317] Für das Europa im weiteren Sinne verbürgt Art. 2 des ersten Zusatzprotokolls zur EMRK ein »Recht auf Bildung«, in der Rechtsprechung des EGMR begrenzt auf die schulische Elementarausbildung.[318]

I. Prozessuale Fragen

Die Grundrechte der Religionsgemeinschaften aus Art. 7 Abs. 3 S. 1 und 2 GG sind 85
sowohl im Verfassungs- wie im Verwaltungsprozess beschwerdefähig.[319]

Ob ein besonderes pädagogisches Interesse zur Errichtung einer privaten Volksschule 86
vorliegt (Art. 7 Abs. 5 GG), ist gerichtlich voll überprüfbar (BVerfGE 88, 40 (56)).
Das Bundesverfassungsgericht räumt dabei den Einrichtenden einen Handlungsspielraum ein, den es vom Normalfall des Beurteilungsspielraums abzugrenzen versucht (BVerfGE 88, 40 (56 ff.)).

J. Leitentscheidungen

BVerfGE 6, 309 – Schulbestimmungen des Reichskonkordats; BVerfGE 34, 165 – 87
Förderstufe; BVerfGE 41, 29 – Simultanschule; BVerfGE 45, 400 – Oberstufenreform; BVerfGE 47, 46 – Sexualkundeunterricht; BVerfGE 58, 257 – Schulentlas-
sung; BVerfGE 59, 360 – Schülerberater; BVerfGE 75, 40 – Privatschulfinanzierung
I; BVerfGE 88, 40 – Private Grundschule; BVerfGE 90, 107 – Waldorfschule/Bay-
ern, Privatschulfinanzierung II; BVerfGE 90, 128 – Privatschulfinanzierung III;

---

315 *Kotzur*, in: Schulze/Zuleeg/Kadelbach, § 38 Rn. 4 ff.
316 *Bernsdorff*, in: Meyer, Art. 14 Rn. 10 ff.; *Kempen*, in: Tettinger/Stern, Art. 14 Rn. 5 ff.
317 *Nußberger*, in: Tettinger/Stern, Art. 32 Rn. 22 ff.; *Rudolf*, in: Meyer, Art. 32 Rn. 13 ff.
318 Vgl. *Seidel*, Handbuch der Grund- und Menschenrechte, 1996, S. 200; *Langenfeld*, Das
    Recht auf Bildung in der Europäischen Menschenrechtskonvention, RdJB 2007,
    S. 412 ff.; allg. *Bannwart-Maurer*, Das Recht auf Bildung und das Elternrecht – Art. 2
    des ersten Zusatzprotokolls zur Europäischen Menschenrechtskonvention, 1975.
319 *Robbers*, in: v. Mangoldt/Klein/Starck, Bd. I, Art. 7 Rn. 123 m.w.N.

BVerfGE 93, 1 – Kruzifix; BVerfGE 98, 218 – Rechtschreibreform; BVerfGE 104, 305 – LER-»Vergleich«; BVerfGE 108, 282 – Islamisches Kopftuch der Lehrerin I. BVerfG NVwZ 2008, S. 72 – Ethik-Unterricht; BVerfG NJW 2015, S. 1359 ff. – Islamisches Kopftuch der Lehrerin II.

BVerwGE 109, 40 – Kruzifix; BVerwGE 123, 49 – Islamischer Religionsunterricht; BVerwGE 141, 223 – Islamisches Gebet auf dem Schulflur; BVerwGE 147, 362 – Burkini.

K. Literaturauswahl

88 *Achilles, H.*, Christlicher Fundamentalismus und Schulpflicht, RdJB 2004, S. 222 ff.; *Anger, Th.*, Islam in der Schule, 2003; *Anders, S.*, Die Schulgesetzgebung der neuen Bundesländer, 1995; *Barczak, T.*, Die Entwicklung des Schulverwaltungs- und Schulverfassungsrechts seit dem Jahr 2010, NVwZ 2014, S. 1556 ff.; *ders.*, Der Übergang von der Grundschule in die Sekundarstufe als Grundrechtsproblem, 2011; *Beaucamp, G.*, Dürfte ein Bundesland die Schulpflicht abschaffen?, DVBl. 2009, S. 220 ff.; *ders.*, Öffentliches Beten als Gefährdung des Schulfriedens, LKV 2013, S. 537 ff.; *ders.*, Die Kindergartenpflicht aus grundrechtlicher Perspektive, LKV 2014, S. 344 ff.; *Beaucamp, G./Beaucamp, J.*, In dubio pro libertate – Überlegungen zur Kopftuch- und Burkaverbotsdebatte, DÖV 2015, S. 174 ff.; *Bock, W.*, Der Islam in der aktuellen Entscheidungspraxis des öffentlichen Rechts, NVwZ 2007, S. 1250 ff.; *Böllhoff, C.*, Die »Partnerschaft« zwischen Staat und Religionsgemeinschaften im Religionsunterricht, 2008; *Bothe, M.*, Erziehungsauftrag und Erziehungsmaßstab der Schule im freiheitlichen Verfassungsstaat, in: VVDStRL 54 (1995), S. 7 ff.; *Broosch, M.*, Ganztagsschule und Grundgesetz, 2007; *Brugger, W./Huster, S. (Hrsg.)*, Der Streit um das Kreuz in der Schule, 1998; *v. Campenhausen, A.*, Erziehungsauftrag und staatliche Schulträgerschaft, 1967; *Coumont, N.*, Muslimische Schülerinnen und Schüler in der öffentlichen Schule, 2008; *dies.*, Islamische Glaubensvorschriften und öffentliche Schule, ZAR 2009, S. 9 ff.; *Dittmann, A.*, Erziehungsauftrag und Erziehungsmaßstab der Schule im freiheitlichen Verfassungsstaat, in: VVDStRL 54 (1995), S. 47 ff.; *Engelbrecht, K.*, Verfassungsrechtliche Fragen der Einführung von Ethikunterricht in den öffentlichen Schulen des Landes Berlin, RdJB 2006, S. 362 ff.; *Erwin, C.*, Verfassungsrechtliche Anforderungen an das Schulfach Ethik/Philosophie, 2001; *Evers, H.-U.*, Verwaltung und Schule, in: VVDStRL 23 (1966), S. 147 ff.; *ders.*, Die Befugnis des Staates zur Festlegung von Erziehungszielen in der pluralistischen Gesellschaft, 1979; *Frisch, M.*, Grundsätzliche und aktuelle Aspekte der grundgesetzlichen Garantie des Religionsunterrichts, DÖV 2004, S. 462 ff.; *Fuß, E.-W.*, Verwaltung und Schule, in: VVDStRL 23 (1966), S. 199 ff.; *Goerlich, H.*, Distanz und Neutralität im Lehrberuf – zum Kopftuch und anderen religiösen Symbolen, NJW 1999, S. 2929 ff.; *ders.*, Krieg dem Kreuz in der Schule?, NVwZ 1995, S. 1184 ff.; *ders.*, Religionspolitische Distanz und kulturelle Vielfalt unter dem Regime des Art. 9 EMRK – zur Kopftuch-Entscheidung des EGMR v. 15.02.2000, NJW 2001, S. 2862 f.; *Guckelberger, A.*, Ganztagsschule und elterliches Erziehungsrecht, RdJB 2006, S. 11 ff.; *Häberle, P.*, Erwartungen an die Pädagogik –

Aus der Sicht des Verfassungsrechts, in: A. Gruschka (Hrsg.), Wozu Pädagogik?, 2. Aufl. 2005, S. 124 ff.; *ders.*, Erziehungsziele und Orientierungswerte im Verfassungsstaat, 1981; *Hildebrandt, U.*, Das Grundrecht auf Religionsunterricht, 2000; *Huber, P. M.*, Erziehungsauftrag und Erziehungsmaßstab der Schule im freiheitlichen Verfassungsstaat, BayVBl 1994, S. 545 ff.; *Hufen, F.*, Der Regelungsspielraum des Landesgesetzgebers im »Kopftuchstreit«, NVwZ 2004, S. 575 ff.; *ders.*, Keine Zukunftsperspektiven für Schulen in freier Trägerschaft?: Rechtsprechung und Realität im Schutzbereich eines bedrohten Grundrechts, 2006; *Huster, S.*, Endlich: Abschichtung statt Abwägung – Neues zum Verhältnis von schulischem Erziehungsauftrag und elterlichem Erziehungsrecht, DÖV 2014, S. 860 ff.; *Isensee, J.*, Die Garantie des Religionsunterrichts im GG, in: Bittner, G. (Hrsg.), Religionsunterricht hat Zukunft, 2000, S. 19 ff.; *Jach, F.-R.*, Schulverfassung und Bürgergesellschaft in Europa, 1999; *Jestaedt, M.*, Schule und außerschulische Erziehung, in: HStR VII, 3. Aufl. 2009, § 156, S. 521 ff.; *Kersten, J*, Segregation in der Schule, DÖV 2007, S. 2007 ff.; *Keller, J./Krampen, I. (Hrsg.),* Das Recht der Schulen in freier Trägerschaft. Handbuch für Praxis und Wissenschaft, 2014; *Korioth, S./Augsberg, I.*, Neue Religionskonflikte und staatliche Neutralität – Erfordern weltanschauliche und religiöse Entwicklungen Antworten des Staates?, JZ 2010, S. 828 ff.; *Kotzur, M.*, Kultur, Forschung und Technologie, in: Schulze, R./Zuleeg, M./Kadelbach, S. (Hrsg.), Europarecht. Handbuch für die deutsche Rechtspraxis, 3. Auflage 2015, § 38, S. 2290 ff.; *ders.*, Der »Vergleich« im verfassungsgerichtlichen Verfahren. Der brandenburgische Streitfall, JZ 2003, S. 73 ff.; *Krampen-Lietzke, S.*, Der Dispens vom Schulunterricht aus religiösen Gründen, 2013; *Kreß, H.*, Islamischer Religionsunterricht zwischen Grundsatzproblemen und neuen Rechtsunsicherheiten, ZRP 2010, S. 14 ff.; *Kreuter, S.*, Schulbesuch im Ausland und europäisches Recht, DÖV 2013, S. 937 ff.; *Kulow, A.-Ch.*, Schulrecht für alle Fälle, 2001; *Landes, K.*, Ein neuer Kulturkampf?: Eine verfassungsrechtliche Untersuchung zum schulrechtlichen Sonderweg Brandenburgs mit Schwerpunkt auf der Auslegung des Art. 141 GG; zugleich ein Beitrag zur Verortung des Art. 7 Abs. 3 Satz 1 im staatskirchenrechtlichen System des Grundgesetzes, 2006; *Lassahn, Ph./Butler, Ph.*, Renaissance der Monoedukation? – Ersatzschulen im Spannungsfeld von privater Freiheit und staatlichem Integrationsauftrag, NVwZ 2013, S. 1202 ff.; *Lindner, J. F.*, Was ist und weshalb brauchen wir eine »Theorie des Bildungsrechts«?, DÖV 2009, S. 306 ff.; *Loschelder, W.*, »… in einem vom Christentum geprägten Lande«. Zur Position des Islam im staatskirchenrechtlichen System des Grundgesetzes, in: FS H. Bethge, 2009, S. 17 ff.; *Müller, J.*, Abschaffung der Fachaufsicht im Schulbereich als Gebot der Zeit?, DVBl. 2006, S. 878 ff.; *Niehues, N./Rux, J.,* Schulrecht, 5. Aufl. 2013; *Ogorek, M.*, Der Schutz anerkannter Ersatzschulen durch das Grundrecht der Privatschulfreiheit, DÖV 2010, S. 341 ff.; *Oppermann, Th.*, Nach welchen rechtlichen Grundsätzen sind das öffentliche Schulwesen und die Stellung der an ihm Beteiligten zu ordnen? Gutachten C, 1976; *ders.*, Schule und berufliche Ausbildung, in: HStR, Bd. VI, 2. Aufl. 2001, § 135, S. 329 ff.; *Pieroth, B.*, Erziehungsauftrag und Erziehungsmaßstab der Schule im freiheitlichen Verfassungsstaat, DVBl. 1994, S. 949 ff.; *Reh, S./Füssel, H.-P. (Hrsg.),* Recht und moderne Schule. Beiträge zu ihrer Geschichte, 2014; *Renck, L.*, »Pro Reli« – Viel Lärm um Nichts. Bemerkung zum gegenwärtigen Streit zum Bekenntnisunterricht in Berlin, NJ 2009, S. 156 f.; *Rux, J.*, Die pädagogische Freiheit des Lehrers, 2002; *ders.*, Aktiv mit dem Schulrecht umgehen, 2008; *Schlink, B./Poscher, R.*, Der Verfassungskompromiss zum Religionsunterricht, 2000; *Schmahl, S.*, Die Ganztagsschule im Spannungsfeld von elterlichem Erziehungsrecht, staatlichem Bildungsauftrag und Kindeswohl, DÖV 2006, S. 885 ff.; *Schmitt-Kammler, A.*, Elternrecht und schulisches Erziehungsrecht nach dem Grundgesetz, 1983; *Steenhoff, H.*, Das Internet und die Schulordnung, NVwZ 2013, S. 1190 ff.; *Stender-Vorwachs, J.*, Erziehung und Bildung an öffentlichen Schulen, VR 2006, S. 15 ff.; *Thormann, M.*, Kreutz, Kopftuch und Bekenntnisschule, DÖV 2011, S. 945 ff.; *Thiel, M.*, Der Erziehungsauftrag des Staates in der Schule, 2000; *Tillmanns, R.*, Die Freiheit der Privatschulen nach dem Grundgesetz, 2006; *Uhle, A.*, Integration durch Schule – Die Urteile des BVerwG in den Verfahren »Burkini« und »Krabat« (6 C 25/12 und 6 C 12/12), NVwZ 2014, S. 541 ff.; *Unruh, P.*, Zur Verfassungsmäßigkeit des obligatorischen Ethikunterrichts, DÖV 2007, S. 625 ff.; *Vogel, J. P.*, Zur Genehmigung von Ersatzschulen – Bemerkungen zur aktuellen Literatur, Rechtsprechung und Gesetzgebung, DÖV 2008, S. 895 ff.; *Walter, Ch./v. Ungern-Sternberg, A.*, Landesrechtliche Kopftuchverbote für Lehrerinnen auf dem Prüfstand des Antidiskriminierungsrechts, DVBl. 2008, S. 880 ff.; *Winands, G.*, Die »Gemeinschaftsschule« in Nordrhein-Westfalen: Grenzen eines Schulversuchs, DÖV 2011, S. 45 ff.; *ders.* Der Schulversuch – Historische Entwicklung und geltendes Recht, 2014; *Winkler, M.*, Schulinspektionsberichte zwischen Feedbackfunktion und Prangerwirkung, JZ 2012, S. 762 ff.; *ders.*, Religionsunterricht mit Kopftuch?, LKRZ 2013, S. 190 ff.; *Wißmann, H.*, Pädagogische Freiheit als Rechtsbegriff, 2002.

Artikel 8 [Versammlungsfreiheit]

(1) Alle Deutschen haben das Recht, sich ohne Anmeldung oder Erlaubnis friedlich und ohne Waffen zu versammeln.

(2) Für Versammlungen unter freiem Himmel kann dieses Recht durch Gesetz oder auf Grund eines Gesetzes beschränkt werden.

A. Grundsätzliche Bedeutung

I. Versammlungsfreiheit als körperliches Sichtbarmachen von Überzeugungen[1]

1 Art. 8 GG beinhaltet die **Garantie des kommunikativen Zusammentritts zu Versammlungen** in der Form der Teilnahme, der Gestaltung oder der Leitung. Geschützt ist unstreitig jede Versammlung, die Ausdruck der Teilnahme der Bürger am demokratischen Gemeinwesen ist – seien es politische, zivilgesellschaftliche, wirt-

---

1 Zu dieser Kennzeichnung: BVerfGE 69, 315, (345) – Brokdorf.

schaftliche, kulturelle, soziale oder ähnliche Themen. Umstritten ist hingegen, ob die Garantie auch Versammlungen schützt, die privaten Meinungsbekundungen oder der Unterhaltung und der Geselligkeit dienen (Rdn. 21).

Der demokratische Staat ist darauf angewiesen, dass die Bürger die zentrale Ord- 2 nungsidee der Versammlungsfreiheit in sich aufnehmen und praktisch realisieren.[2] Insbesondere in Demokratien mit einem parlamentarischen Repräsentativsystem und geringen plebiszitären Mitwirkungsrechten ist die Versammlungsfreiheit in der Form der Demonstrationsfreiheit (Rdn. 100) ein grundlegendes und unentbehrliches Element, um die Volkssouveränität durch Partizipation am Staatsgeschehen und durch Positionierung im Konflikt zwischen den gesellschaftlichen Interessengruppen zu stärken. Sie erweist sich hier als »ein Stachel im Parlamentarismus«.[3] Für das Individuum erfüllt das Demonstrieren unterschiedliche Funktionen. Neben der physisch-demonstrativen Besetzung des öffentlichen Raums, verbunden mit der Bekanntgabe politischer Forderungen (»körperliche Politik«[4]), trägt insbesondere die sinnlich-konkrete Erfahrung der Zusammengehörigkeit mit einer Vielzahl Gleichgesinnter dazu bei, die physische und psychische Haltung der Demonstrierenden zu stärken. Diese Situation signalisiert Geschlossenheit und Entschlossenheit, stärkt den Zusammenhalt der Teilnehmer und mobilisiert sie. Das Individuum löst sich aus seiner Isolation, indem es Teil einer mehr oder weniger großen Interessengruppe wird und öffentlich in den allgemeinen Kommunikationsprozess eingreift. Kennzeichnend für die Versammlungsfreiheit ist somit »das **kollektive Element der Grundrechtsausübung**, da sie Ausdruck gemeinschaftlicher, auf *soziale* – und nicht nur politische – Kommunikation angelegte Entfaltung ist«.[5]

II. Paradigmen »politischer« Versammlungsfreiheit

Der grundlegende Zusammenhang zwischen Versammlungsfreiheit und Demokratie 3 ist anlässlich der friedlichen Revolution des Jahres 1989 bei den Montagsdemonstrationen in Leipzig und Ost-Berlin offenkundig geworden (»Wir sind das Volk!« – »Wir sind *ein* Volk!«). Sie liefern zugleich einen Beleg für die Verbindung der Versammlungsfreiheit mit dem Anspruch, auf den politischen Meinungs- und Willensbildungsprozess Einfluss zu nehmen. Gepaart mit der Forderung nach Meinungsfrei-

---

2 Den aktivbürgerlichen Aspekt des Assoziationsrechts betont hinsichtlich des Frühliberalismus *Quilisch*, Die demokratische Versammlung, 1970, S. 50 ff.; zur Weimarer Verfassung *Schwäble*, Das Grundrecht der Versammlungsfreiheit (Art. 8 GG), 1975, S. 25 ff.

3 Vgl. *Blanke/Sterzel*, Kritische Justiz 14 (1981), 347.

4 Vgl. *J. Warneken*, »Massentritt«. Zur Körpersprache von Demonstrationen im Kaiserreich, in P. Assion, Transformationen der Arbeiterkultur, 1986, S. 65.

5 Den Gedanken der Kommunikation hat das BVerfG, Beschl. v. 17.02.2009 – 1 BvR 2492/08 (Ziff. I. 2. a), DVBl. 2009, 598, unter Bezugnahme auf BVerfGE 69, 315 (342 f.) wiederholt; der Erste Senat konkretisiert diesen Topos aber nicht. Zur »Theorie des kommunikativen Handelns« vgl. *Habermas*, Theorie des kommunikativen Handelns, Bd. 1, Handlungsrationalität und gesellschaftliche Rationalisierung, 1981, S. 370 ff.; *Watzlawick*, Menschliche Kommunikation. Formen, Störungen, Paradoxien, 1969, S. 53 ff.

heit hat die politisch beanspruchte Versammlungsfreiheit hier zugleich ihre grund-
stürzende Kraft gegenüber einem menschenrechtsverweigernden Regime offen-
bart. Erst in der Abendstunde ihrer staatlichen Existenz gewährte die Deutsche Demokratische Republik in Vorbereitung der Wahlen zur Volkskammer im März 1990
ihren Bürgern ein demokratisch fundiertes Versammlungsgesetz.[6] Vergleichbare historische Ereignisse bilden die Kundgebungen der Portugiesen im Gefolge der Nel-
kenrevolution am 25. April 1974 (Revolucão dos Cravos),[7] die dem autoritären
Ständestaat unter den Regierungen des *António de Oliveira Salazar* sowie seines
Nachfolgers *Marcello Caetano* das Ende bereiteten, aber auch die seit 1977 anhalten-
den stummen Proteste der Mütter des Platzes der Mairevolution (»Madres de la Pla-
za de Mayo«) vor dem Sitz des argentinischen Präsidenten gegen die Militärdiktatur
des Generals *Jorge Rafael Videla* (1976–1983), die ihre Kinder »verschwinden ließ«
(»desaparecidos«).[8]

4   Alle diese Protestaktionen haben ihre historischen Wurzeln in der **Französischen Revolution**, die am 5. Oktober 1789 eine hauptsächlich aus Frauen bestehende mehr-
tausendköpfige Versammlung auf den Weg nach Versailles brachte. Äußerer Anlass
hierfür war die teuerungsbedingte Brotknappheit vor allem in Paris.[9] Erst unter diesem Druck der Massen anerkannte *Ludwig XVI.* die eineinhalb Monate zuvor von der
Konstituierenden Nationalversammlung verabschiedete Erklärung der Menschen-
und Bürgerrechte (26. August 1789). Anders als die Meinungsfreiheit (Art. 11 der Erklärung) ist die Versammlungsfreiheit hier nicht ausdrücklich garantiert. Zu nahe war
die Erinnerung an den Sturm auf die Bastille (14. Juli 1789), den blutigen Auftakt
der Revolution – die historische Demonstration für die Macht der Straße, mit der
ein ganzes Regime hinweggefegt wurde. Selbst den Anführern der Revolution, die
dies beabsichtigt hatten, war der Vorgang durchaus unheimlich. Indes gewährleistet
die Erklärung die Freiheit, »alles tun zu dürfen, was einem anderen nicht schadet«
(Art. 4 der Erklärung).

III. Die freiheitszerstörende Kraft »politischer« Versammlungsfreiheit

5   Tatsächlich kann die Kraft, die von einer Großdemonstration ausgeht, auch gegen
die Demokratie gewendet werden.[10] So wird auf die **Erfahrungen der Weimarer Re-**

---

6 GBl 1990 (DDR), S. 145.
7 Vgl. *Dominique de Roux*, Le Cinquième Empire, 1977 (1997).
8 Es wird geschätzt, dass infolge dieser Militärdiktatur insgesamt 20.000 bis 30.000 Menschen umkamen; vgl. den Bericht »Nunca más« der nationalen Kommission über das Verschwinden von Personen http://www.desaparecidos.org/nuncamas/web/english/library/ne
   vagain/nevagain_001.htm.
9 Vgl. *Michelet*, Die Frauen der Revolution, 1984, S. 24; *Bortfeldt*, Die Unvergleichliche Revolution, 1980, S. 171; *Schulin*, Die Französische Revolution, 1988, S. 79.
10 Das BVerfG (E 69, 315 [345]), erkennt die Gefahr, »daß solche Meinungskundgaben de-
   magogisch mißbraucht und in fragwürdiger Weise emotionalisiert werden (können)«, erachtet dies aber »für die grundsätzliche Einschätzung« der Versammlungsfreiheit als nicht
   »maßgebend«.

publik hingewiesen,[11] die mangels Wehrhaftigkeit schwere Ausschreitungen ihrer Feinde hinnehmen musste. Sie nutzten ihre durch eine starke antiinstitutionelle Stoßrichtung gekennzeichneten Kundgebungen dazu, um unter dem Schutz der Garantien der von dem links-liberalen Juristen *Hugo Preuß* ausgearbeiteten Weimarer Reichsverfassung (Art. 123) die Republik zu zersetzen.[12] Seit den Anfängen der ersten deutschen Republik prägten Demonstrationen und demonstrative Aktionen insbesondere in Berlin ihr alltägliches Erscheinungsbild auf den Straßen, die infolge der Novemberrevolution zum öffentlichen politischen Kommunikationsraum geworden waren. Als die entscheidende Wendemarke des Abdriftens in Gewalttätigkeit und Radikalität ist das Jahr 1927 zu markieren, worauf dann im Jahr 1928 eine zunehmende Polarisierung im extrem rechten sowie linken politischen Lager folgte und das Ende der relativen Stabilität der Republik (1925–1928) einleitete.[13] Beide Entwicklungen fanden in den Mai-Unruhen des Jahres 1929 ihren vorläufigen Höhepunkt. In diesen Endjahren der Republik nahm die KPD in ihrer Demonstrationsstrategie gewalttätige Auseinandersetzungen bei Aktionen bewusst in Kauf und degradierte ihre Anhänger damit zur Verfügungsmasse im revolutionären Kampf.[14] Die Wehrverbände, vor allem der Stahlhelm – der Bund der Frontsoldaten des 1. Weltkriegs – und die SA als Wehrverband der NSDAP, trugen durch ihr Demonstrationsverhalten zu einer Militarisierung des öffentlichen Lebens und zu einem reduzierten Verständnis von Politik bei, welches »die politische Kontroverse nur in der Form eines schematisierten Freund-Feind-Denkens« zuließ.[15]

Am 28. Februar 1933, also nur wenige Wochen nach der Machtübernahme Hitlers, suspendierte Reichspräsident Hindenburg, gestützt auf Art. 48 Abs. 2 WRV, die Gewährleistung der Versammlungsfreiheit (Art. 123 WRV) und andere Grundrechtsgarantien der Weimarer Reichsverfassung.[16] Als Begründung diente die Abwehr kommunistischer, staatsgefährdender Gewaltakte. Bereits zuvor hatten die Polizeibehörden aufgrund der Notverordnung vom 19. Dezember 1932 das Recht erhalten, jede öffentliche Veranstaltung durch die Entsendung von Beauftragten zu über-

  6

---

11 Vgl. *Benda*, in: Bonner Kommentar, Art. 8 Rn. 3.
12 *Striefler*, Kampf um die Macht. Kommunisten und Nationalsozialisten am Ende der Weimarer Republik, 1993, S. 203 ff.; *Ehls*, Protest und Propaganda. Demonstrationen in Berlin zur Zeit der Weimarer Republik, 1997, S. 120 ff.
13 Vgl. *Ehls*, Protest und Propaganda. Demonstrationen in Berlin zur Zeit der Weimarer Republik, Berlin 1997, S. 120 ff., 134 ff.
14 Vgl. *H. Weber*, Die Wandlung des deutschen Kommunismus. Die Stalinisierung der KPD in der Weimarer Republik, 2 Bde.,1969, S. 675 ff.; *Flechtheim*, Die KPD in der Weimarer Republik, 1986 (Neuauflage), S. 278 ff.
15 Vgl. *Longerich*, Die braunen Bataillone, Geschichte der SA, 1989, S. 68 f.; vgl. auch *Gaul*, Aufstand der Bilder. Die NS-Propaganda vor 1933, 1990.
16 Verordnung zum Schutz von Volk und Staat vom 28. Februar 1933, abgedr. in *Huber*, Dokumente zur deutschen Verfassungsgeschichte, Bd. 1, Deutsche Verfassungsdokumente 1803–1850, 3. Aufl., 1978, Nr. 530 (S. 663 f.).

wachen und soweit erforderlich aufzulösen.[17] So wurde mit dem Untergang der Republik auch ihr Versammlungsrecht in den Abgrund gerissen. Als Ergebnis der Erfahrungen von Weimar müssen der **Versammlungsfreiheit in der wehrhaften Demokratie** Grenzen gezogen werden: Wenn das Versammlungsrecht gegen die Verfassung gewendet wird, wenn bei Demonstrationen der extremen Rechten und Linken oder religiöser Fanatiker die Würde der Opfer politischer Gewaltregime oder Andersgläubiger verletzt und zum Hass aufgestachelt wird, ist es notwendig, dass die demokratische Zivilgesellschaft ihre Stimme dagegen erhebt.[18]

B. Vorbilder und Entstehungsgeschichte

I. Nordamerikanische Entwicklung

7   Während die Virginia Bill of Rights vom 12. Juni 1776 keine Verbürgung der Versammlungsfreiheit enthielt, garantierte eine Reihe anderer einzelstaatlicher Verfassungen, unter den frühen Dokumenten namentlich diejenigen von Pennsylvania (1776), North Carolina (1776), Vermont (1777) und Massachusetts (1780), das im naturrechtlichen Gedankengut verwurzelte Recht sich zu versammeln, wobei diese Garantie zumeist an eine ordentliche und friedliche Weise ihrer Ausübung geknüpft war.[19] Im **1. Zusatzartikel (1791) der Verfassung der Vereinigten Staaten** – dem einzigen, der den Schutz menschlicher Kommunikation betrifft – heißt es sodann: »Congress shall make no law ... abriding ... the right of the people peaceably to assemble and to petition the government for a redress of grievances.« Damit war wie in den einzelstaatlichen Verfassungen das Versammlungsrecht eng mit dem Recht der Bürger verbunden, eine Petition einzureichen (Rdn. 29).[20] In der Rechtsprechung des Supreme Court bilden die Versammlungsfreiheit und das Petitionsrecht integrale Bestandteile der umfassenden Freiheit kommunikativer Entfaltung, die politische, soziale und kulturelle Meinungsbildung und -äußerung ermöglichen soll.[21]

II. Europäische und deutsche Entwicklungslinien

8   Nach der insoweit ebenfalls schweigsamen Déclaration des droits de l'homme et du citoyen (Rdn. 4) sah **Titel I Abs. 2 der Französischen Verfassung von 1791**[22] das

---

17 Vgl. *Huber*, Deutsche Verfassungsgeschichte, Bd. VII, 1984, S. 1188 f.; *Gusy*, Weimar – die wehrlose Republik?, 1991, S. 212 ff.

18 Vgl. *R. Tillmanns*, Wehrhaftigkeit durch Werthaftigkeit – der ethische Grundkonsens als Existenzvoraussetzung des freiheitlichen Staates, in: Thiel, Wehrhafte Demokratie, 2003, S. 25 ff.

19 Vgl. *Ehrentraut*, Die Versammlungsfreiheit im amerikanischen und deutschen Verfassungsrecht, 1990, S. 19 ff.

20 Vgl. Zu diesem engen Zusammenhang aus der Rspr.: United States v. Cruikshank, 92 U.S. 542 (1875).

21 Vgl. De Jonge v. Oregon, 299 U.S. 353, 364 (1937).

22 Abgedr. in *Pölitz*, Die europäischen Verfassungen, Bd. II, Nachdr. der Ausgabe 1833, 1999, S. 2 ff.

Recht der Bürger vor, sich friedlich und ohne Waffen zu versammeln, eine Gewährleistung, die in der Verfassung von 1793[23] noch einmal wiederholt wurde (Art. 7). Außerhalb Frankreichs kam die Entwicklung des Rechts, sich unter freiem Himmel zu versammeln, im 19. Jahrhundert indes nur allmählich in Gang. So enthielt auch auf deutschem Boden keine der frühkonstitutionellen Verfassungen in Baden, Bayern oder Württemberg eine Garantie der Versammlungsfreiheit.

Vorbildhaft wirkte **Art. 19 der Belgischen Verfassung von 1831**,[24] der das Recht der Belgier schützte, sich friedlich und ohne Waffen zu versammeln. Das einfache Gesetz durfte die Ausübung dieses Rechts keiner vorherigen behördlichen Zustimmung unterwerfen. Versammlungen unter freiem Himmel waren indes ausdrücklich ausgenommen. Als sich Ende Mai 1832 etwa 30.000 nationalliberal gesinnte Studenten und Bürger in der Pfalz zum Hambacher Fest versammelten, führte die Obrigkeit kleinliche Genehmigungsauflagen ein. Nach dem anschließenden Bundesbeschluss durften in keinem Bundesstaat außerordentliche Volksversammlungen oder Volksfeste »ohne vorausgegangene Genehmigung der competenten Behörde« stattfinden.[25]

Erst **§ 161 der Paulskirchenverfassung** (1849) gestand allen Deutschen das Recht zu, sich friedlich und ohne Waffen zu versammeln; einer besonderen Erlaubnis sollte es nicht bedürfen. Volksversammlungen unter freiem Himmel konnten bei dringender Gefahr für die öffentliche Sicherheit und Ordnung verboten werden.[26] Nach der Aufhebung des Grundrechtsteils der Paulskirchenverfassung[27] im Zuge der Reaktion auf die gescheiterte bürgerliche Revolution war die Rechtslage in den deutschen Staaten beispielhaft durch die Verfassungslage in Preußen gekennzeichnet: Die revidierte Verfassung von 1850[28] gewährte im Zeichen der Restauration Versammlungsfreiheit nur in geschlossenen Räumen (Art. 29). Versammlungen unter freiem Himmel dagegen bedurften einer behördlichen Erlaubnis nach Maßgabe der Gesetze. Nach dem **Bundesvereinsgesetz vom 13. Juli 1854**[29] waren die Landesregierungen verpflichtet, Versammlungen staatlich nicht anerkannter Vereine, die sich mit öffentlichen Angelegenheiten beschäftigten, zu überwachen und bei Gefährdung der öffentlichen Sicherheit und Ordnung aufzulösen (§ 5). Die Vereins- und Versamm-

---

23 Abgedr. in *Pölitz*, Die europäischen Verfassungen, Bd. II, Nachdr. der Ausgabe 1833, 1999, S. 21 ff. Hingegen enthielt keine der frühkonstitutionellen Verfassungen in Baden, Bayern oder Württemberg eine Garantie der Versammlungsfreiheit.

24 Abgedr. in *Gosewinkel/Masing*, Die Verfassungen in Europa 1789–1949, 2006, S. 1307 ff.

25 Vgl. Art. 3 des Zweiten Bundesbeschlusses, abgedr. bei *Huber*, Dokumente zur Deutschen Verfassungsgeschichte, Bd. 1, Nr. 43 (S. 121).

26 Vgl. § 161 der Verfassung des Deutschen Reiches vom 28.03.1849, abgedr. in *Huber*, Dokumente zur deutschen Verfassungsgeschichte, Bd. 1, Nr. 108 (S. 375 ff.).

27 Vgl. den Bundesbeschluss über die Aufhebung der Grundrechte des deutschen Volkes vom 23.08.1851, abgedr. in *Huber*, Dokumente zur deutschen Verfassungsgeschichte, Bd. 2, 3. Aufl., 1986, Nr. 2 (S. 2).

28 Abgedr. bei *Huber*, Dokumente zur deutschen Verfassungsgeschichte, Bd. 1, Nr. 194 (S. 501 ff.).

29 Vgl. *Huber*, Dokumente zur deutschen Verfassungsgeschichte, Bd. 1, Nr. 4 (S. 7).

lungsfreiheit für die Angehörigen des Soldatenstandes in Dienstangelegenheiten wurde aufgehoben (§ 6).

1. Das Reichsvereinsgesetz

10   Weder die Verfassung des Norddeutschen Bundes, noch die Verfassung des Deutschen Reiches von 1871 enthielten einen eigenen Grundrechtsteil. Die Grundrechte waren neben den Landesverfassungen weitgehend durch einfache Reichsgesetze gewährleistet, vermochten eine Schutzwirkung angesichts der restriktiven Rechtsprechung aber kaum zu entfalten.[30] Einen bedeutenden Schritt auf dem Weg zu einem freiheitlichen Vereins- und Versammlungswesen stellte das unter der Kanzlerschaft Bülows erlassene **Reichsvereinsgesetz vom 19. April 1908** dar.[31] Damit sollten die bisherigen landesrechtlichen Beschränkungen dieser institutionellen Garantie durch eine reichsgesetzliche Regelung abgebaut werden. »Alle Reichsangehörigen« hatten fortan »das Recht, zu Zwecken, die den Strafgesetzen nicht zuwiderlaufen, Vereine zu bilden und sich zu versammeln« (§ 1 Abs. 1). Damit war es erstmals in der Geschichte des Reichs Frauen gestattet, politischen Vereinen oder Parteien beizutreten und Versammlungen zu besuchen, auch wenn ihnen das Wahlrecht bis 1918 vorenthalten blieb. § 1 Abs. 1 Satz 2 und Abs. 2 sahen Beschränkungen dieses Rechts, auch aus sicherheitspolizeilichen Gründen, vor. Öffentliche Versammlungen unter freiem Himmel und Aufzüge bedurften nach § 7 der Genehmigung der Polizeibehörde. Indes regelte das Reichsvereinsgesetz lediglich das Verhältnis der Vereins- und Versammlungsfreiheit zur Polizei, es blieb also ein reines Polizeigesetz, dem keine politische Funktion innewohnte.[32]

2. Revolution und Weimarer Verfassung

11   Der **Aufruf des Rates der Volksbeauftragten** an das deutsche Volk vom 12. September 1918 (Nr. 2) hob in Deutschland nicht nur den zu Anfang des Weltkriegs verhängten Belagerungszustand auf und setzte damit das Vereins- und Versammlungsgesetz wieder in Kraft, sondern regelte auch in Teilbereichen das Demonstrationsrecht neu. Angehörigen des öffentlichen Dienstes wurde ohne Einschränkung erlaubt, an Demonstrationen teilzunehmen. Die meisten der mit Rechtsnormqualität ausgestatteten Sätze des Aufrufs hatten materiellen Verfassungsrang.[33] Sie blieben während der ganzen Weimarer Republik in Kraft und wurden am 4. März 1919 noch einmal per Gesetz bestätigt.[34]

---

30 Vgl. *Kühne*, in: Merten/Papier, HGR I, § 3 Rn. 82 ff.; positiver ist die Bewertung von *Huber*, HStR I, 1. Aufl. 1987, § 2 Rn. 37.

31 RGBl. 1908, S. 151; *Huber*, Dokumente zur deutschen Verfassungsgeschichte, Bd. 1, Nr. 1 (S. 17 ff.).

32 Vgl. *Kraujuttis*, Versammlungsfreiheit zwischen liberaler Tradition und Funktionalisierung, S. 41.

33 Vgl. *Huber*, Deutsche Verfassungsgeschichte, Bd. 5, Rev. Nachdr. d. 1. Aufl., 1992, S. 732.

34 RGBl. 1919, S. 285.

Nach **Art. 123 WRV** hatten alle Deutschen das Recht, sich ohne Anmeldung oder   12
besondere Erlaubnis friedlich zu versammeln. Umstritten war in den Weimarer Ver-
fassungsberatungen die Versammlungsfreiheit im Hinblick auf Versammlungen unter freiem Himmel. Im Juli 1919 hatte der Berichterstatter des Verfassungsausschusses der Nationalversammlung vorgeschlagen, im zweiten Absatz des Art. 121 (später
123 WRV) die Genehmigungspflicht für Versammlungen unter freiem Himmel aufzuheben. Für Ausnahmefälle (spezielle Reichsgesetze; unmittelbare Gefahr für die öffentliche Sicherheit; Maßnahmen der Notstandsgewalt) sollte jedoch eine Anmeldepflicht, geregelt durch ein Reichsgesetz, in den Text aufgenommen werden.[35] In
dieser Fassung wurde Art. 123 Abs. 1 und 2 am 30. Juli 1919 von der Nationalversammlung angenommen. Nach Inkrafttreten der Verfassung galten die Ausführungs-
bestimmungen des Vereins- und Versammlungsrechts vom 19. April 1908, in abge-
änderter Form, weiter. Demonstrationen mussten daher nicht angemeldet werden,
weil § 7 des Vereins- und Versammlungsrechts aus dem Jahr 1908 gestrichen wurde.
Mit der Verordnung des Reichspräsidenten Hindenburg zum Schutz von Volk und
Staat vom 28. Februar 1933[36] wurde neben weiteren Grundrechten auch die Versammlungsfreiheit außer Kraft gesetzt (Rdn. 6).

3. Nachkriegsverfassungen und Grundgesetz

In die Nachkriegsverfassungen der westdeutschen Länder wurde die Garantie der   13
Versammlungsfreiheit in **Anlehnung an Art. 123 WRV** aufgenommen. So garantiert
die Bayerische Verfassung vom 2. Dezember 1946 allen Bewohnern Bayerns das
Recht, »sich ohne Anmeldung oder besondere Erlaubnis friedlich und unbewaffnet
zu versammeln« (Art. 113). Entsprechende Garantien gingen auch in die weiteren
Landesverfassungen ein, die vor dem Grundgesetz in Kraft traten. In den Verfassungen der Länder der sowjetischen Besatzungszone war die Versammlungsfreiheit, eng
verbunden mit dem Recht auf freie Meinungsäußerung, ebenfalls Teil der grundrechtlichen Gewährleistungen: »Jeder Bürger hat das Recht, innerhalb der Schranken
der Gesetze seine Meinung durch Wort, Schrift, Druck, Bild oder in sonstiger Weise
frei zu äußern und sich an Versammlungen und Demonstrationen zu beteiligen«
(Art. 10 S. 2 Verf. Mecklenburg v. 16. Januar 1947).

Der Parlamentarische Rat knüpfte in seinen Beratungen an Art. 123 WRV an, wobei   14
er jedoch vom beschränkten Gesetzesvorbehalt des Art. 123 Abs. 2 WRV abwich.
Nachdem der im Herrenchiemseer Entwurf vorgesehene beschränkte Gesetzesvorbehalt, der Eingriffe auf Grund der öffentlichen Sicherheit, Sittlichkeit oder Gesundheit für alle Grundrechte ermöglichen sollte, zugunsten von Art. 19 Abs. 1 GG fal-

---

35 Vgl. *Heifron* (Hrsg.), Nationalversammlung, Bd. 6, S. 389 ff.
36 Abgedr. in *Huber*, Dokumente zur deutschen Verfassungsgeschichte, Bd. 1, Nr. 530
    (S. 663 f.).

len gelassen worden war, setzte sich im Parlamentarischen Rat der **allgemeine Gesetzesvorbehalt des Art. 8 Abs. 2 GG** durch.[37]

4. Die Entwicklung des Versammlungsrechts seit 1985

15   Die heftigen Proteste der 68er, aber auch die machtvollen Kundgebungen der 1980er Jahre – in Mutlangen, Gorleben, Brokdorf – machten deutlich, dass der Bürger mehr Demokratie wollte als im Vier-Jahres-Rhythmus zur Wahlurne zu gehen. In der Rechtsprechung des Bundesverfassungsgerichts spielte die Versammlungsfreiheit bis zum Brokdorf-Urteil vom 14. Mai 1985 nahezu keine Rolle.[38] Auch in der Rechtsprechung des Bundesverwaltungsgerichts gab es bis zu diesem Zeitpunkt lediglich drei einschlägige Entscheidungen.[39] Insofern stellt das **Brokdorf-Urteil** des Bundesverfassungsgerichts den Markstein einer liberalen Interpretation der Versammlungsfreiheit nach dem Grundgesetz dar.

16   Unter dem Eindruck terroristischer Aktionen wurde ab Mitte der 80er Jahre das **Versammlungsrecht verschärft**, zunächst durch das Verbot des Tragens von Schutzwaffen (sog. passive Bewaffnung gemäß § 17a VersG) sowie das Verbot, seine Identität im Rahmen von Versammlungen durch eine darauf gerichtete und dazu geeignete Aufmachung unkenntlich zu machen (sog. Vermummungsverbot gemäß § 125 Abs. 2 StGB).[40] Eine weitere Verschärfung erfolgte 1989, als durch Einfügung des § 12a VersG der Polizei die Befugnis zu Bild- und Tonaufnahmen bei Versammlungen erteilt wurde, wenn tatsächliche Anhaltspunkte die Annahme rechtfertigen, dass von Versammlungen erhebliche Gefahren für die öffentliche Sicherheit und Ordnung ausgehen.[41] Um gegen rechtsextremistische Versammlungen, die »an das Gepräge historischer Aufmärsche des NS-Regimes «[42] erinnern, besser einschreiten zu können, fügte der Gesetzgeber im Jahr 2005 in Anknüpfung an die Rechtsprechung des Bundesverfassungsgerichts zum Versammlungsverbot an historisch bedeutsamen Tagen[43] ein Versammlungsverbot an historisch bedeutsamen Örtlichkeiten mit Gedenkstättencharakter in das Versammlungsgesetz ein (§ 15 Abs. 2 – Rdn. 64).[44]

---

37 Vgl. Parl. Rat, in: JöR n.F. 1 (1951) S. 113 ff. (114 ff.); *Depenheuer*, in: Maunz/Dürig, Art. 8 Rn. 27 f.

38 BVerfGE 69, 315 (344) – Brokdorf.

39 BVerwGE 26, 135 – Öffentliche Versammlungen; 42, 79 (85 f.); 64, 55.

40 Vgl. das Gesetz zur Änderung des Strafgesetzbuches und des Versammlungsgesetzes vom 18.07.1985, BGBl I S. 1511.

41 Vgl. das Gesetz zur Änderung des Strafgesetzbuches, der Strafprozessordnung und des Versammlungsgesetzes und zur Einführung einer Kronzeugenregelung bei terroristischen Straftaten vom 9. Juni 1989, BGBl I S. 1059.

42 BT-Drs. 15/5051, S. 1.

43 Vgl. BVerfG (1. Kammer des Ersten Senats), NJW 2001, 1409 (LS 3 und S. 1410); DVBl. 2004, 1230 (1232).

44 Vgl. das Gesetz zur Änderung des Versammlungsgesetzes und des Strafgesetzbuches vom 24.03.2005, BGBl I S. 969; zur Beweislast im Fall eines auf § 15 Abs. 1 VersG gestützten

C. Schutzbereich

Art. 8 GG schützt das **Recht, sich zu versammeln** und zwar sowohl »unter freiem 17
Himmel« (Abs. 2) als auch in geschlossenen Räumen, im Rahmen öffentlicher oder
nichtöffentlicher Veranstaltungen.[45] Die Versammlungsfreiheit ist für eine freiheitlich demokratische Staatsordnung konstituierend[46] und wird »im Vertrauen auf die
Kraft der freien öffentlichen Auseinandersetzung grundsätzlich auch den Gegnern
der Freiheit gewährt«.[47] Vom Schutzbereich erfasst ist auch die **negative Versammlungsfreiheit**,[48] denn staatlich organisierte Massenaufmärsche sind mit dem demokratischen Leitbild der Partizipation des »selbstbewußten Bürgers« (citoyen) am Staat
nicht vereinbar.

I. Der Versammlungsbegriff

1. Zahl der Teilnehmer

Verfassunggeber und Bundesgesetzgeber (VersG) sind – ähnlich wie in Weimar[49] – 18
von einem überkommenen Begriff der Versammlung ausgegangen, ohne ihn zu definieren. Daher ist bereits die Zahl der notwendigen Teilnehmer, die eine Versammlung ausmachen, umstritten. Ganz überwiegend wird sie bei zwei,[50] teilweise bei drei
bis zu sieben Personen[51] angenommen. Es ist nicht ersichtlich, weshalb nicht bereits
zwei Personen ausreichen, um den Schutz der Versammlungsfreiheit zu genießen,
auch wenn sich die praktische und politische Bedeutung des Grundrechts regelmäßig

---

Versammlungsverbots vgl. BVerwG, Urt. v. 26.02.2014 – 6 C 1/13, Rn. 22, NVwZ 2014, 883 ff. mit Anm. von *D. Enzensperger.*
45 Vgl. *Höfling*, in: Sachs, Art. 8 Rn. 13; *Dietel/Gintzel/Kniesel*, Versammlungsgesetz, § 1 Rn. 3, 5; *Schulze-Fielitz*, in: Dreier, GG I, Art. 8 Rn. 15; aus Gründen der Grundrechts-geschichte und der Grundrechtsfunktion des Art. 8 GG unterstellt *Gusy*, in: v. Mangoldt/Klein/Starck, Art. 8 Rn. 33, die negative Versammlungsfreiheit dem Schutz des Art. 2 Abs. 1 GG.
46 BVerfGE 69, 315 (344 f.) – Brokdorf; 128, 226 (250) – Fraport; BVerfG Beschl. v. 20.12.2012 – 1 BvR 2794/10, NVwZ 2013, 570, Rn. 16.
47 BVerfGE 124, 300 (320) – Rudolf Heß Gedenkfeier; BVerfG Beschl. v. 20.12.2012 – 1 BvR 2794/10, NVwZ 2013, 570, Rn. 16.
48 BVerfGE 69, 315 (343); *Schulze-Fielitz*, in: Dreier, GG I, Art. 8 Rn. 39; *Höfling*, in: Sachs, Art. 8 Rn. 28; *Sachs*, in: Stern, Staatsrecht IV/1, S. 1232 f.
49 Vgl. *G. Anschütz*, Die Verfassung des Deutschen Reichs, 13. Aufl., 1930, Art. 123 Anm. 1.
50 Vgl. *Depenheuer*, in: Maunz/Dürig, Art. 8 Rn. 44; *Geis*, in: Friauf/Höfling, Art. 8 Rn. 16; *Höfling*, in: Sachs, Art. 8 Rn. 13; *Schulze-Fielitz*, in: Dreier, GG I, Art. 8 Rn. 24; *Kloepfer*, HStR VII, § 164 Rn. 24; *Prothmann*, Die Wahl des Versammlungsortes, 2013, S. 57 f.; zwei Personen sah auch bereits *Caspar*, Das preußische Versammlungs- und Vereinsrecht, 1894, S. 8, als ausreichend an.
51 Drei Teilnehmer werden als erforderlich angesehen etwa von: *Hoffmann-Riem*, in: AK-GG, Art. 8 Rn. 18; *Hölscheidt*, DVBl. 1987, 666 (667).

erst bei größeren Gruppen entfaltet.[52] Das dem Justinianischen Corpus Juris Civilis entnommene Diktum »tres faciunt collegium«,[53] das wohl das angenommene Erfordernis von drei Teilnehmern für die Bildung einer Gesellschaft stützen soll, erscheint für die Ausübung eines demokratischen Freiheitsrechts nicht angemessen. Ebenso ist eine Orientierung an der im Vereinsrecht für die Vereinsgründung als erforderlich angesehenen Zahl von sieben Mitgliedern (§ 56 BGB) nicht tauglich. Die als bloße Sollvorschrift ausgestaltete vereinsrechtliche Norm soll verhindern, dass unbedeutende Vereine eingetragen werden und ist daher auf das temporäre Ereignis einer Versammlung, die sich durch zeitliche Begrenztheit auszeichnet, nicht übertragbar.[54] Auch mit Blick auf § 56 BGB ist anerkannt, dass mindestens zwei Mitglieder vorhanden sein müssen, da es andernfalls an einem wesentlichen Begriffsmerkmal des Vereins fehlt.[55] Demonstriert hingegen nur eine einzelne Person, so genießt sie zwar ggfs. den Schutz der Meinungsfreiheit, nicht aber der Versammlungsfreiheit.

2. Physische Präsenz

19   Für die Inanspruchnahme des Grundrechts sind ein **körperliches Zusammentreffen** der Teilnehmer und damit ihre physische Präsenz am Versammlungsort erforderlich (Gruppenbildung). An diesem räumlichen Zusammenhang fehlt es, wenn Personen nicht selber auf die Straße gehen, sondern »gemietete« Demonstranten schicken oder in Foren sowie Chat-Rooms des Internet agieren.[56] Diese neuen Formen der Kommunikation sind anderweitig, zumindest durch Art. 2 Abs. 1 GG, geschützt. Die Aufstellung eines Informationsstandes genießt nicht den Schutz der Versammlungsfreiheit, weil ein solches Informationsangebot nicht auf Kommunikation mittels einer eigens zu diesem Zweck veranlassten Gruppenbildung zielt. Der Umstand, dass auf einer Veranstaltung auch Informationen angeboten werden, schließt die Annahme einer Versammlung hingegen nicht zwingend aus.[57]

3. Verbindender Zweck

20   Als unabdingbar für die Inanspruchnahme des Grundrechts gilt ferner, dass die Teilnehmer untereinander durch einen verbindenden Zweck geeint sind.[58] Bereits die Kommentatoren der Vorläuferbestimmung der Weimarer Verfassung gingen davon

---

52 Vgl. *Dietel/Gintzel/Kniesel*, Versammlungsgesetz, § 1 Rn. 18; *Sachs*, in: Stern, Staatsrecht IV/1, S. 1197 f.; vgl. nunmehr Art. 2 des BayVersG (BayGVBl 2008, S. 421): »Eine Versammlung ist eine Zusammenkunft von mindestens zwei Personen …«.
53 Die Stelle lautet: »Neratius Priscus tres faciunt estimat collegium«: »Neratius Priscus erklärt, dass drei ein Kollegium ausmachen.«.
54 Vgl. *Dietel/Gintzel/Kniesel*, Versammlungsgesetz, § 1 Rn. 18.
55 Vgl. *Ellenberger*, in: Palandt, Bürgerliches Gesetzbuch, 71. Aufl. 2012, § 56.
56 Ebenso *Dietel/Gintzel/Kniesel*, Versammlungsgesetz, § 1 Rn. 5; *Sachs*, in: Stern, Staatsrecht IV/1, S. 1198; *Schulze-Fielitz*, in: Dreier, GG I, Art. 8 Rn. 32.
57 BVerwG NVwZ 2007, 1434 = Buchholz 402.44 Nr. 14.
58 Vgl. *Kloepfer*, HStR VII, § 164 Rn. 25 f.; *Depenheuer*, in: Maunz/Dürig, Art. 8 Rn. 46; *Höfling*, in: Sachs, Art. 8 Rn. 14; BVerfGE 69, 315 (343).

aus, dass die Versammlung eine »Personenmehrheit« voraussetze, »welche auf **gemeinsamen, bewussten Zwecken und Zielen**, also auf gemeinsamem Willen (beruhe).«[59] Ein bloßes Zusammentreffen etwa in der Warteschlange bei der Passkontrolle am Flughafen oder an der Kasse im Supermarkt ist angesichts der fehlenden inneren Verbindung der beteiligten Personen nicht als Versammlung zu qualifizieren.[60] Eine kritische Distanz zu den Inhalten der Versammlung oder gar eine ablehnende Gegenposition schließen den Betroffenen nicht aus dem Schutzbereich des Art. 8 GG aus,[61] begründet unter den Abweichlern aber auch keine neue Versammlung.[62] Der Schutz dieses Grundrechts endet jedoch dort, wo es nicht um die – wenn auch kritische – Teilnahme an der Versammlung, sondern um deren Verhinderung geht; Störer können daher ohne eine Verletzung der Versammlungsfreiheit ausgeschlossen werden (§§ 11 Abs. 1, 18 Abs. 3 VersG).[63] Staatsakte, Staatsveranstaltungen und internationale Regierungskonferenzen stellen keine Versammlungen i.S.d. Art. 8 GG dar, weil sie nicht aus der Mitte der Gesellschaft initiiert werden.

4. Inhalt des gemeinsamen Willens: enger, erweiterter und weiter Versammlungsbegriff

Umstritten ist der Inhalt dieses gemeinsamen Willens: Je nachdem, ob die Versamm- 21
lungsfreiheit nur mit dem Zweck gemeinsamer Erörterungen sowie der kollektiven **Meinungsbildung oder -kundgabe** oder auch der »**privaten Persönlichkeitsverwirklichung**«[64] gewährt wird, ergibt sich ein enger oder ein weiter Versammlungsbegriff. Der einengende Versammlungsbegriff, der eine Meinungsbildung oder Meinungs-

59 Vgl. *Delius*, in: Nipperdey, Grundrechte II, S. 138 (144), der an RGSt 21, 78 anknüpft; *Dieckhoff*, Die geschlossene Gesellschaft im deutschen Verwaltungsrecht, 1926, S. 22; *Stier-Somlo*, Reichsvereinsgesetz, 1909, § 1, S. 17 (53).
60 *Prothmann*, Die Wahl des Versammlungsortes, 2013, S. 59.
61 Vgl. *Füßlein*, DVBl. 1954, 553 f.; *Höfling*, in: Sachs, Art. 8 Rn. 14; *Sachs*, in: Stern, Staatsrecht IV/1, S. 1210, der dies selbst für »Störungen« gelten lassen will; BVerfGE 84, 203 (209 f.) – Republikaner; 92, 191 (202 f.) – Personalienabgabe.
62 BVerfGE 92, 191 (203) unter Bezugnahme auf BVerfGE 84, 203 (209).
63 Vgl. BVerfGE 84, 203 (209 f.); *Sachs*, in: Stern, Staatsrecht IV/1, S. 1221; *Höfling*, in: Sachs, Art. 8 Rn. 27.
64 So pronociert *R. Herzog*, in: Maunz/Dürig, Art. 8 (1968) Rn. 3, 5, 41, 43, 60, der damit frühzeitig für ein weites Verständnis der Versammlungsfreiheit unter der Geltung des Grundgesetzes plädiert hat. Das Preußische OVG (20, 432, 438: »Unterhaltung jeglicher Art«) sowie das Reichsgericht (RGSt 21, 71, 72 ff.) vertraten ebenfalls einen weiten Versammlungsbegriff, allerdings knüpft das Reichsgericht an einen solchen weiten Begriff eine Ausweitung der Strafbarkeit bei Versammlungen; *Caspar*, Das preußische Versammlungs- und Vereinsrecht, 1894, S. 9, geht davon aus, dass der für den Begriff der Versammlung maßgebliche gemeinsame Zweck »im Erreichen von Geselligkeit, in Erörterung gemeinsamer materieller oder geistiger Interessen, in Vornahme gemeinsamer Handlungen bestehen« könne, dass aber »das Versammlungsrecht auf die Versammlungen der societas im civilrechtlichen Sinne ebenso wenig Anwendung findet wie auf Versammlungen zum Zwecke des geselligen Umgangs« (S. 56).

kundgabe der Versammlungsteilnehmer für erforderlich hält (»kollektive Aussage«),[65] verengt sich noch weiter, wenn sich die Inhalte der kollektiven Meinungskundgabe auf »öffentliche« oder »politische« Angelegenheiten beziehen müssen, die Versammlungsfreiheit mithin nur als Beitrag zum politischen Diskurs der Gesellschaft in Form eines politischen Teilhaberechts interpretiert wird.[66] Der weite Versammlungsbegriff erfasst hingegen ein breites Spektrum von Veranstaltungen, weil die innere Verbindung sich nicht auf den Versammlungsgegenstand beziehen muss; der Schutzbereich erstreckt sich dann von öffentlichen Versammlungen (in geschlossenen Räumen und unter freiem Himmel) über nicht-öffentliche Veranstaltungen (Parteitage, Kongresse etc.) bis zu sonstigen Veranstaltungen, bei denen es den Teilnehmern um das Zusammenkommen und die Geselligkeit mit bestimmten Personen geht (Volksfeste, Vergnügungsveranstaltungen und öffentliche Massenparties).[67]

a)   Die Auslegung des Versammlungsbegriffs in der Rechtsprechung des Bundesverfassungsgerichts

22   Das Bundesverfassungsgericht, das das bis dahin höchstrichterlich nicht gedeutete Grundrecht der Versammlung erstmals im **Brokdorf-Beschluss** (1985) präzisieren musste, hat den Begriff der Versammlung als »Ausdruck gemeinschaftlicher, auf Kommunikation angelegter Entfaltung« interpretiert, die »vielfältige Formen gemeinsamen Verhaltens bis hin zu nicht verbalen Ausdrucksformen« einschließen

---

65 Vgl. BVerwGE 56, 63 (69) – Sondernutzungsgebühren für parteipolitische Werbung; BVerwGE 72, 35 (38 f.) – Gegenveranstaltung zur Verleihung des Aachener Karlspreises; *Kunig*, in: v. Münch/Kunig, GG I, Art. 8 Rn. 14, 17; *Hoffmann-Riem*, in: AK-GG, Art. 8 Rn. 16; *Geis*, in: Friauf/Höfling, Art. 8 Rn. 19.

66 Vgl. *Jarass*, in: Jarass/Pieroth, GG, Art. 8 Rn. 3; J. *Hofmann*, BayVBl 1987, 97 (104); zu Art. 113 BayVerf ebenso *Wolff*, in: Lindner/Möstel/Wolff, Verfassung des Freistaates Bayern, 2009, Art. 113 Rn. 15 – unter Berufung auf BVerfG (1. Kammer des Ersten Senats), NVwZ 2003, 601 f. – Verbot einer Versammlung am Volkstrauertag, sowie BVerwGE 82, 34 (38) zu Art. 8 GG. Die in Bezug genommene Kammerentscheidung des BVerfG ist indes unergiebig, die Bezugnahme auf die Rechtsprechung des BVerwG verfehlt, da der 7. Senat des BVerwG nur eine »Meinungsbildung und Meinungskundgabe in Gruppenform« verlangt, jedoch – unter Berufung auf BVerfGE 69, 315 (343) – »vielfältige Formen gemeinsamen Verhaltens« als geschützt ansieht (BVerwGE 82, 34, 39). Allerdings hatte das BVerwG nur über Sachverhalte zu entscheiden, die eindeutig als öffentliche Meinungsbildung und -kundgabe zu qualifizieren sind.

67 Befürwortend *Höfling*, in: Sachs, Art. 8 Rn. 18 ff.; *Schulze-Fielitz*, in: Dreier, GG I, Art. 8 Rn. 26; *Depenheuer*, in: Maunz/Dürig, Art. 8 Rn. 50; *Benda*, in: Bonner Kommentar, Art. 8 Rn. 28; *Gusy*, in: v. Mangolt/Klein/Starck, Art. 8 Rn. 18; *J. P. Schneider*, in: Epping/Hillgruber, Art. 8 Rn. 9.1; *Dietel/Gintzel/Kniesel*, Versammlungsgesetz, § 1 Rn. 7; *Müller-Franken*, in: Schmidt-Bleibtreu/Hofmann/Henneke, GG, Art. 8 Rn. 4; *Kraujuttis*, Versammlungsfreiheit zwischen liberaler Tradition und Funktionalisierung, S. 122 f.

könne.[68] Damit könnte auch das bloße bewusste und gewollte Beisammensein von Menschen, etwa aus Gründen der Unterhaltung und der Geselligkeit wie bei Sport- und Musikveranstaltungen, als Kommunikation anzusehen und damit vom Schutzbereich des Art. 8 GG erfasst sein. Daher ist diese Aussage des Gerichts im Sinne eines weit verstandenen Versammlungsbegriffs interpretiert worden. Spätere Formulierungen, die das Versammlungsrecht »(des Grundgesetzes) im Interesse einer gemeinschaftlichen Meinungsbildung und Meinungskundgabe gewährleistet« sehen,[69] deuten indes auf ein engeres Verständnis des Karlsruher Gerichts vom Kommunikationsbegriff hin. Die Kammerentscheidung zu »Fuckparade« und »Loveparade« (2001) legt den Versammlungsbegriff im Sinne »örtlicher Zusammenkünfte mehrerer Personen zwecks gemeinschaftlicher Erörterung und Kundgebung mit dem Ziel der Teilhabe an der öffentlichen Meinungsbildung« aus. Denn »für die Eröffnung des Schutzbereichs des Art. 8 GG« soll es nicht ausreichen, »dass die Teilnehmer bei ihrem gemeinschaftlichen Verhalten durch irgendeinen Zweck miteinander verbunden sind«. Musik- und Tanzereignisse fallen damit ausdrücklich nicht unter den Begriff der Versammlung.[70]

Solche *events* werden auch nicht dadurch zur geschützten Versammlung, dass aus ihrem Anlass Meinungen bekundet werden. Solange die Veranstaltung ihrem Gepräge nach auf **Spaß**, **Tanz** oder **Unterhaltung** angelegt ist und Meinungskundgaben nur Beiwerk bilden (wie etwa beim Public viewing), genießen sie – oftmals schon wegen des Fehlens der begriffsnotwendig erforderlichen Verbindung oder einer *interpersonalen* Kommunikation[71] – nicht den Schutz des Art. 8 GG.[72] Musikalische Einlagen mit mehr oder weniger intensivem Bezug zum meinungsrelevanten Motto der Versammlung gefährden ihren Charakter als Versammlung nicht.[73] Wenn Zweifel über das Schwergewicht der Veranstaltung bestehen, soll der hohe Rang der Versammlungsfreiheit bewirken, dass eine solche »gemischte« Veranstaltung als Versammlung zu behandeln ist.[74]

23

---

68 Vgl. BVerfGE 69, 315 (343); 87, 399 (406) – Versammlungsauflösung.
69 Vgl. BVerfGE 84, 203 (209).
70 Vgl. BVerfG (1. Kammer des Ersten Senats), NJW 2001, 2459 (2460 f.) – »Fuck-Parade«/»Love Parade«; ebenso BVerfGE 104, 92 (104) – Sitzblockaden III; zur Entwicklung dieser Rechtsprechung vgl. *Kraujuttis*, Versammlungsfreiheit zwischen liberaler Tradition und Funktionalisierung, S. 73 ff.
71 Vgl. differenzierend *Kloepfer*, HStR VII, § 164 Rn. 28, 31; *Kunig*, in: v. Münch/Kunig, GG I, Art. 8 Rn. 17.
72 Vgl. BVerfG (1. Kammer des Ersten Senats), NJW 2001, 2469 f.
73 BVerfG (1. Kammer des Ersten Senats), NVwZ 2005, 1055 (1056).
74 BVerfG (1. Kammer des Ersten Senats), NJW 2001, 2459 (2469 f.), BVerwGE 129, 42 = Buchholz 402.44 Nr. 13 = NVwZ 2007, 1431 (1432 f.); hierzu *Kloepfer*, HStR VII, § 164 Rn. 29.

b) Landesgesetzliche Bestätigung des engen Versammlungsbegriffs (Art. 2 BayVersG)

24   Eine einengende Bestimmung des Begriffs der Versammlung, die auf der Linie der Rechtsprechung des Bundesverfassungsgerichts liegt,[75] hat im Jahr 2008 der bayerische Gesetzgeber im **Bayerischen Versammlungsgesetz**[76] kodifiziert (Art. 2). Es zeugt als bundesweit erstes Landesgesetz von der neuen Kompetenz, die durch die Föderalismusreform des Jahres 2006[77] den Ländern eröffnet wurde. Danach ist »eine Versammlung eine Zusammenkunft … zur gemeinschaftlichen, überwiegend auf die Teilhabe an der öffentlichen Meinungsbildung gerichtete Erörterung oder Kundgebung. Eine Versammlung ist öffentlich, wenn die Teilnahme nicht auf einen individuellen Personenkreis beschränkt ist« (Abs. 1 und 2).

c) Historische Interpretation

25   Knüpft die Auslegung des Art. 8 GG an die historische Entwicklung des Versammlungsbegriffs an, so weist § 1 Abs. 1 des **Reichsvereinsgesetzes von 1908** (Rdn. 10) auf ein **weites Verständnis** hin, auch wenn der Gesetzgeber sich einer negativen Formulierung bedient hat (»… zu Zwecken, die den Strafgesetzen nicht zuwiderlaufen«). Dieses Reichsgesetz unterscheidet zwischen »öffentlichen Versammlungen zur Erörterung politischer Angelegenheiten (politische Versammlung)« (§ 5) und »Veranstaltungen zu geselligen Zwecken« (§ 17), indem es hieran unterschiedliche Genehmigungs- und Teilnahmevoraussetzungen knüpft. Zwar legt Art. 123 WRV ein Verständnis nahe, wonach Versammlungen bestimmte Zwecke haben müssen, verengt diese Zweckbestimmung aber nicht auf die Erörterung politischer Angelegenheiten.[78] Allerdings ist nicht zu verkennen, dass bereits unter der Geltung des Reichsvereinsgesetzes sowie der Weimarer Verfassung enger definierte Zwecke in Rechtsprechung und Literatur zugrunde gelegt wurden. Danach wurden Versammlungen zwar nicht nach ihrem politischen Charakter in den Schutzbereich des Art. 123 WRV einbezogen, doch wurde es als erforderlich angesehen, dass sie der »Erörterung und Beratung gemeinsamer Angelegenheiten«[79] sowie der »Entgegen-

---

75 Nach *Laubinger/Repkewitz*, VerwArch 2001, 585 (609), hat sich das BVerfG noch nicht zwischen dem engen und dem erweiterten (auch private Meinungskundgebungen sind durch Art. 8 GG geschützt) Versammlungsbegriff entschieden; auch nach *Dietel/Gintzel/Kniesel*, Versammlungsgesetz, § 1 Rn. 12 ist die bisherige Position des BVerfG nicht eindeutig einzuordnen.

76 Vgl. BayVersG v. 22.07.2008, BayGVbl S. 421.

77 Vgl. Gesetz zur Änderung des Grundgesetzes v. 28.08.2006, BGBl. I S. 2034.

78 *H. Delius*, Das öffentliche Vereins- und Versammlungsrecht, 5. Aufl., 1912, § 5 Anm. 1, wonach der Zweck einer Versammlung »an sich ein beliebiger sein« kann; *Friedenthal*, Das Reichsvereinsgesetz, 1908, § 1 Anm. 5.

79 Vgl. PrOVGE 18, 422 (426 f.), in Auslegung des Versammlungsbegriffs der Preußischen Verfassung von 1850 (Art. 29, 30), Lustbarkeiten sind nach dieser Rechtsprechung vom Versammlungsbegriff nicht erfasst; *H. Delius*, Das öffentliche Vereins- und Versammlungsrecht, 5. Aufl., 1912, § 5 Anm. 1; *Arndt*, Die Verfassung des Deutschen Reiches vom

nahme von Meinungsäußerungen«[80] dienen. Die herrschende Lehre definierte den Versammlungsbegriff nach Art. 123 WRV jedoch nur durch die physisch-demonstrative Besetzung des öffentlichen Raums und einen gemeinsam verfolgten Zweck.[81] Vor diesem Hintergrund erscheint die Behauptung nicht nachvollziehbar, dass die historische Auslegung des Begriffs der Versammlung eine enge Auslegung indiziere,[82] zumal sich der Parlamentarische Rat zum Inhalt dieses Grundrechts nicht geäußert hat. Die Erfahrung der Unterdrückung dieses Freiheitsrechts zwischen 1933 und 1945 machten die Deutschen zudem nicht nur bei Versammlungen, die sich auf »öffentliche Angelegenheiten« bezogen, sondern bei Versammlungen schlechthin, auch wenn Versammlungen in öffentlichen Angelegenheiten hiervon in besonderem Maße betroffen waren.

d) Systematische Interpretation

Der Zusammenhang zwischen Art. 8 GG und der Garantie der Meinungsfreiheit   26 (Art. 5 Abs. 1 Satz 1 GG), der von jenen betont wird, die die Funktion der Versammlungsfreiheit allein in der Teilhabe an der »öffentlichen Meinungsbildung« sehen, führt ebenfalls nicht zwingend zu einem engen Versammlungsbegriff. Auch wenn die »grundlegende Bedeutung der Meinungsäußerungsfreiheit für den freiheitlich-demokratischen Staat« offenkundig ist,[83] so wird das Grundrecht des Art. 5 Abs. 1 Satz 1 GG doch nicht auf diese Funktion reduziert.[84] Vielmehr ist es unstreitig, dass es für den Begriff der Meinung nicht darauf ankommt, ob sie sich auf öffentliche oder private Angelegenheiten bezieht.[85] Überdies ist der **systematische Zusammenhang der Versammlungsfreiheit mit der Vereinigungsfreiheit** sehr viel stärker, wie bereits das Reichsvereinsgesetz, aber auch die Gewährleistungen des Art. 11 Abs. 1 EMRK sowie des Art. 12 Abs. 1 EUGrCh belegen, die allesamt im Kern das Recht garantier(t)en, »Vereine zu bilden und sich zu versammeln«. Die Vereinigungsfreiheit

11.08.1919, 1927, Art. 123 Anm. 2; *G. Anschütz*, Die Verfassung des Deutschen Reichs, 13. Aufl., 1930, Art. 123 Anm. 1.

80 Vgl. *Waldecker*, in: Anschütz/Thoma, HdbDStR II, 1932, S. 644; ähnlich *Jellinek*, Verwaltungsrecht, 3. Aufl., 1931, S. 487 f.: eine »zur gemeinsamen freien Meinungsbetätigung räumlich geeinte Personenvielfalt«.

81 Vgl. RGSt 56, 177 (184).

82 In diesem Sinne aber v. Mangoldt/Klein, 2. Aufl., 1957, Art. 8 Anm. III 2; *Zitzmann*, Öffentliche Versammlungen unter freiem Himmel und Aufzüge, 1984, S. 80 f.; *Kunig*, in: v. Münch/ Kunig, GG I, Art. 8 Rn. 17; für Versammlungen unter freiem Himmel auch BVerwGE 26, 135 (137) unter Hinweis auf v. Mangoldt/Klein, 2. Aufl., 1957, Art. 8 Anm. III 2.

83 Vgl. BVerfGE 7, 198 (208) – Lüth.

84 Vgl. BVerfGE 33, 1 (15) – Strafgefangene, die den »umfassenden Charakter dieses Rechts« betont, das »jede Meinung erfassen« soll; ähnlich BVerfGE 57, 295 (319) – 3. Rundfunkentscheidung; 28 (35) – Werkszeitungen.

85 Vgl. *Starck*, in: v. Mangoldt/Klein/Starck, Art. 5 Rn. 22; *Schulze-Fielitz*, in: Dreier, GG I, Art. 5 I, II Rn. 62; *Bethge*, in: Sachs, Art. 5 Rn. 23; *Sodan*, in: Sodan, Art. 5 Rn. 2; *Jarass*, in: Jarass/Pieroth, GG, Art. 5 Rn. 5; *Odendahl*, in: Schmidt-Bleibtreu/Hofmann/Henneke, GG, Art. 5 Rn. 3 und 7.

des Art. 9 GG wird jedoch, ungeachtet ihrer Funktionen für die demokratische Verfassungsordnung, nicht einengend interpretiert. Vielmehr wird ganz überwiegend eine Offenheit und Gleichrangigkeit der Zwecke angenommen, zu deren Verfolgung ein Zusammenschluss zu einer »Vereinigung« möglich ist. Insbesondere wird nicht zwischen politischen und unpolitischen Zwecken unterschieden.[86]

27 Eine andere Beurteilung im Rahmen des Art. 8 GG könnte sich bei der Versammlungsfreiheit letztlich nur daraus ergeben, dass dieses Recht auch unter physischer Inanspruchnahme des öffentlichen Raums ausgeübt werden kann. So sieht denn Art. 9 Abs. 2 GG wegen der Kollisionsträchtigkeit von »Versammlungen unter freiem Himmel« mit den Interessen der Allgemeinheit ausdrücklich einen Gesetzesvorbehalt vor, doch gibt diese Schranke keinen Hinweis darauf, dass solche Versammlungen unter freiem Himmel« öffentliche Angelegenheiten thematisieren müssen. Die Versammlungsfreiheit umfasst vielmehr das **Recht, den öffentlichen Raum für Versammlungen zu nutzen**, soweit er für Zwecke des kommunikativen Gemeingebrauchs gewidmet ist.[87]

e) Rechtsvergleichender Befund

28 Bei der Definition des Schutzbereichs der Versammlungsfreiheit kommt der Grundrechtsvergleichung ein besonderer Stellenwert zu. Denn der Umstand, dass diese Garantie in den nationalen Verfassungskatalogen weltweit – in sehr ähnlichen Formulierungen – verankert ist, lässt auf **übereinstimmende Wertvorstellungen** schließen.[88]

29 aa) Im außereuropäischen Raum ist mit Blick auf die **Rechtsprechung des amerikanischen Supreme Court** festzustellen, dass bei der Auslegung des ersten Zusatzartikels der Verfassung der Idee der republikanischen Regierungsform ein Recht der Bürger entnommen wird, »sich friedlich zu versammeln, um öffentliche Angelegenheiten zu beraten und die Regierung durch Petition um Abstellung von Missständen zu bitten«.[89] In dieser frühen Rechtsprechung des höchsten amerikanischen Gerichts ist die *öffentliche* Funktion der Versammlungsfreiheit kraft ihres Zusammenhangs mit dem Petitionsrecht (Rdn. 7) offenkundig. Auch für das **Schweizer Verfassungs-**

86 Vgl. *Kemper*, in: v. Mangoldt/Klein/Starck, Art. 9 Abs. 1 Rn. 24; auch eine Ausklammerung von Vereinigungen mit wirtschaftlicher Zielsetzung lehnt er zutreffend ab (Art. 9 Abs. 1 Rn. 24 mit FN 131).

87 *Gusy*, in: v. Mangoldt/Klein/Starck, Art. 8 Rn. 45.

88 Vgl. *Sommermann*, in: Merten/Papier HGR I, § 16 Rn. 9.

89 Vgl. United States v. Cruikshank, 92 U.S. 542 (1875): »The right of the people peaceably to assemble for the purpose of petitioning Congress for a redress of grievances, or for anything else connected with the powers or the duties of the national government, is an attribute of national citizenship, and, as such, under the protection of, and guaranteed by, the United States. The very idea of a government, republican in form, implies a right on the part of its citizens to meet peaceably for consultation in respect to public affairs and to petition for a redress of grievances. If it had been alleged in these counts that the object of the defendants was to prevent a meeting for such a purpose, the case would have been within the statute, and within the scope of the sovereignty of the United States«.

recht ist mit Blick auf Art. 22 BV festzustellen, dass eine Versammlung die Kundgabe von Meinungen bezwecken muss. Sinn dieser traditionellen Einschränkung ist der Ausschluss rein unterhaltender oder kommerzieller Veranstaltungen, wie etwa Sport- und Tanzereignisse, Konzerte, Filme und Theater, weil diese Veranstaltungen in der Regel unter dem Schutz anderer Grundrechte stehen.[90]

bb) Im **Schrifttum vieler anderer Staaten** dominiert zwar der Aspekt des engen Zusammenhangs von Versammlungsfreiheit, Meinungsäußerungsfreiheit und demokratischer Regierungsform,[91] ohne dass dies jedoch zu einer Ausgrenzung solcher Formen von Versammlungen führt, die als Foren privater Meinungsbekundung oder der Verwirklichung der Persönlichkeit sowie der Unterhaltung und Geselligkeit dienen. 30

cc) Zwischen diesen beiden Strömungen steht die für die **Interpretation des Versammlungsbegriffs in der französischen Rechtsordnung** bis heute prägende Definition des Commissaire du gouvernement *Michel*, der in seinen Schlussfolgerungen vom 19. Mai 1933 vor dem französischen Staatsrat in der Rechtssache »Benjamin« die Versammlungsfreiheit als »ein vorübergehendes Zusammentreten von Personen zum Zweck des Verständnisses von Ideen und Meinungen und mit dem Ziel der Abstimmung und der Verteidigung von Interessen« beschrieben hat.[92] Die »Versammlung« wird vor diesem Hintergrund durch die Merkmale der organisierten Gruppenbildung und der zeitlichen Begrenzung sowie durch das Anliegen definiert, dem »Austausch von Ideen und nicht dem Vergnügen« zu dienen.[93] Dieses eingegrenzte Ziel der Versammlungsfreiheit schützt nach französischem Rechtsverständnis den Pluralismus der politischen Interessen, ohne jedoch die Meinungsbildung in nichtöffentlichen Angelegenheiten aus dem Schutzbereich der Versammlungsfreiheit auszuschließen. 31

dd) In deutlicher Nähe hierzu steht die **Rechtsprechung des Straßburger Gerichtshofs**, der etwa eine gegen Abtreibungen gerichtete Prozession zu einem Feldaltar als eine Ausübung der Garantie des Art. 11 Abs. 1 EMRK angesehen hat.[94] Diese Gewährleistung schützt öffentliche und private Versammlungen,[95] ohne eine Beschrän- 32

---

90 BGE 127 I 164 (168 Erw. 3b) – Partei der Arbeit betr. WEF Davos; BGE 132 I 49 (56 Erw. 5.3) – A gegen Einwohnergemeinde Bern; *Zimmerli*, in: Merten/Papier, HGR VII/2, § 219 Rn. 13.

91 Vgl. *Mendes/Coelho/Branco*, Curso de Direito Constitucional, 2. Aufl., 2008, S. 393; *Cavino*, in: Mangiameli, Diritto costituzionale, 2008, S. 700 (702).

92 Vgl. die Schlussfolgerungen der Entscheidung, arrêt du Conseil d'Etat, rec. 1933, S. 541 (Sirey 1934, III. 1): »La réunion constitue un groupement momentané de personnes formé en vue d'entendre l'exposé d'idées ou d'opinions, en vue de ce concerter pour la défense d'intérêts«.

93 Vgl. *Diop*, Partis politiques et transition démocratique en Afrique, 2006, S. 134.

94 Vgl. EGMR, Urt. v. 21.06.1988 – Nr. 10126/82, EuGRZ 1989, 522 (524) Rn. 28 ff. – Plattform »Ärzte für das Leben«.

95 Vgl. *Mann/Ripke*, EuGRZ 2004, 128; *Grabenwarter/Pabel*, Europäische Menschenrechtskonvention, 5. Aufl., 2012, § 23 Rn. 68; *Jarass*, EU-Grundrechte, 2005, § 17 Rn. 6.

kung auf bestimmte Inhalte vorzunehmen.[96] Auch im Schrifttum wird bei der Bestimmung des Begriffs der Versammlung im Sinne des Art. 11 Abs. 1 EMRK der »gemeinsame Zweck der kollektiven Meinungsbildung oder der gemeinsamen Kundgabe von Meinungen«, also der Demonstrationscharakter, hervorgehoben.[97] Die »Verfolgung rein gesellschaftlicher Zwecke« wird daher – trotz Annahme eines weiten Versammlungsbegriffs[98] – vom sachlichen Schutzbereich des Art. 11 Abs. 1 EMRK nicht als erfasst angesehen.[99] Die Rechtsprechung des EGMR sieht jede Versammlung, die einen »wesentlichen gesellschaftlichen Charakter« hat, vom Freiheitsrecht des Art. 11 EMRK als umfasst an; eine Jagdgesellschaft soll diesen Schutz nicht genießen.[100] Zufällige Zusammenkünfte fallen erst recht nicht in den Schutzbereich des Art. 11 EMRK.[101] Eine mit dieser Straßburger Judikatur übereinstimmende Auslegung wird im Schrifttum auch hinsichtlich der Garantie des Art. 12 Abs. 1 EUGrCh vertreten, der den Schutz der kollektiven Meinungsbildung und Meinungskundgabe beispielhaft (»insbesondere«) auf politische, gewerkschaftliche und zivilgesellschaftliche Aktivitäten erstreckt, aber dabei von einem weiten Versammlungsbegriff ausgeht.[102]

f) Bewertung

33   Die Rechtsprechung des Bundesverfassungsgerichts zur Reichweite der Versammlungsfreiheit deckt sich im Ergebnis mit der Definition, die »the right of the people

---

96 Vgl. *Meyer-Ladewig*, EMRK, Art. 11 Rn. 4.

97 Vgl. *Grabenwarter/Pabel*, Europäische Menschenrechtskonvention, 5. Aufl., 2012, § 23 Rn. 68; *Rixen*, in: Tettinger/Stern, Art. 12 Rn. 5; EGMR, Urt. v. 10.10.1979 – Nr. 8191/78, Rassemblement Jurassien ./. Schweiz, NJW 1981, 2630 (2631), Rassemblement Jurassien ./. Schweiz ergänzt die vom Versammlungsrecht geschützten »ortsfesten Veranstaltungen« um »öffentliche Demonstrationsmärsche«.

98 Vgl. statt vieler *Grabenwarter/Pabel*, Europäische Menschenrechtskonvention, 5. Aufl., 2012, Rn. 65, 68.

99 Vgl. *Frowein/Peukert*, Art. 11 Rn. 2; i.E. ebenso *Grabenwarter/Pabel*, Europäische Menschenrechtskonvention, 5. Aufl., 2012, § 23 Rn. 68.

100 Vgl. EGMR, Urteil v. 24.09.2009 – Nr. 16072/06 und 27809/08, Countryside Alliance u.a./UK, Rn. 50: »… Article 11 may extend to the protection of an assembly of an essentially social character …«.

101 *Grabenwarter/Pabel*, Europäische Menschenrechtskonvention, 5. Aufl., 2012, § 23 Rn. 68.

102 *Rixen*, in: Tettinger/Stern, Art. 12 Rn. 5; *Pünder*, in: Ehlers, Europäische Grundrechte und Grundfreiheiten, 4. Aufl. 2014, § 17 Rn. 37; *Bernsdorff*, in: Meyer, (Hrsg.), Charta der Grundrechte der Europäischen Union, 4. Aufl. 2014, Art. 12 Rn. 16; *Jarass*, GRCh, 2. Aufl. 2013, Art. 12 Rn. 6, 50, unter Verweis auf EGMR, Urteil v. 24.09.2009 – Nr. 27809/08; *Rengeling/Szczekalla*, Grundrechte in der Europäischen Union, 2004, § 18 Rn. 737 ff., vertreten die Auffassung, dass »ein wie auch immer gearteter kommunikativer Austausch der Zuschauer/Zuhörer« … jedenfalls in der Regel auch bei kommerziellen Konzerten stattfinden (dürfte), weshalb auch solchen Veranstaltungen der Schutz des Art. 12 Abs. 1 EUGrCh »prima facie« zukommen müsse.

peaceably to assemble« nach dem ersten Zusatzartikel der amerikanischen Verfassung in der Auslegung durch den Supreme Court erfahren hat. Diese Konzeption scheint von der Rousseauschen Versammlungsdemokratie angeleitet zu sein, die freilich im Rahmen der Formen direkter demokratischer Partizipation auf einen tugendhaften Bürger und nicht den eigeninteressierten Nutzenmaximierer baut: »Je besser der Staat verfasst ist, desto mehr siegen im Denken der Bürger die öffentlichen Anliegen vor den privaten ... In einem gut geführten Staat eilt jeder gleichsam auf Flügeln zu den Versammlungen ...«.[103] Gestützt wird der **enge Versammlungsbegriff** aber auch durch die Diskurstheorie des Rechts, die den »gesuchte(n) interne(n) Zusammenhang zwischen Volkssouveränität und Menschenrechten ... im normativen Gehalt eines *Modus der Ausübung politischer Autonomie* (sieht), der ... erst durch die Kommunikationsform diskursiver Meinungs- und Willensbildung« als »gesichert« gilt.[104] Diese Auslegung im Zeichen der Wahrheitssuche und Wahrheitsfindung durch den Kampf der Meinungen und den Austausch von Informationen sichert die Balance zwischen Stabilität und friedlichem Wandel in der offenen Gesellschaft, verkürzt aber auch zugleich den abwehrrechtlichen Gehalt der Versammlungsfreiheit, der dem Recht, sich zu versammeln, als einer »natürlichen« Freiheit entnommen werden kann.[105]

Dieser **republikanischen Engführung des Versammlungsbegriffs** ist ein »kaum ob- 34
jektivierbarer Nützlichkeitsvorbehalt« vorgeworfen worden, der »zu viel Raum für subjektive Einschätzungen der Gerichte über den Wert bestimmter Kommunikationsformen im öffentlichen Raum (lasse).«[106] Doch darf nicht verkannt werden, dass sonstige Formen von Versammlungen, die sich nicht den öffentlichen Angelegenheiten zuwenden, dem Schutz der allgemeinen Handlungsfreiheit (Art. 2 Abs. 1 GG) unterfallen, sofern sie nicht als religiöse Veranstaltungen von der Garantie des speziellen Grundrechts der Freiheit der Religionsausübung (Art. 4 Abs. 2 GG) oder hinsichtlich anderer grundrechtsspezifischer Emanationen von einem anderen Grundrecht erfasst werden (Rdn. 82–83). Allerdings ist der Schutz von »unpolitischen« Versammlungen nach Art. 2 Abs. 1 GG der gegenüber Art. 8 Abs. 2 GG ungleich weiteren und damit – vor allem bei kollidierenden Rechten Dritter – freiheitsmindernden Begrenzungen der Schrankentrias unterworfen. Dies erscheint bei Vergnügungsveranstaltungen (Musik- und Tanzereignisse, Public viewing, aber auch beim sog. »Flash Mob«) hinnehmbar, doch stellen sich Fragen mit Blick auf Versammlungen, die keinen Spaßfaktor aufweisen, aber auch keine Angelegenheiten des Gemeinwesens – wie etwa Politik, Kultur oder die Zivilgesellschaft – betreffen.

---

103 Vgl. *Rousseau*, Vom Gesellschaftsvertrag oder Grundlagen des politischen Rechts, Übersetzung des Originals von 1762, 1. Aufl. 2000, S. 126.
104 Vgl. *Habermas*, Faktizität und Geltung, 2. Aufl., 1992, S. 133 – Hervorhebung im Original.
105 Vgl. BVerfGE 69, 315 (343), das diesen Aspekt indes umgehend mit dem Aspekt der »Teilhabe am politischen Prozeß« verknüpft.
106 Vgl. *Rixen*, in: Tettinger/Stern, Art. 12 Rn. 5.

35 Zum Lackmustest für den engen Versammlungsbegriff des Bundesverfassungsgerichts wird die Frage, ob auch ein bewusstes und gewolltes Beisammensein von Menschen, das dem Zweck der **Bildung und Äußerung von Meinungen außerhalb dieses politisch-demokratischen Diskurses** dient, in den Schutzbereich des Kommunikationsgrundrechts[107] des Art. 8 Abs. 1 GG einzubeziehen ist.[108] Der 7. Senat des Bundesverwaltungsgerichts vertritt in ständiger Rechtsprechung die Auffassung, dass »Art. 8 GG … das ungehinderte Zusammenkommen mit anderen Personen zum Zwecke der gemeinsamen Meinungsbildung und Meinungsäußerung (kollektive Aussage)« schützt; indes hatte das Gericht bisher nur über Versammlungen zu entscheiden, die eindeutig im Spektrum der öffentlichen Meinungsbildung liegen.[109] Die Frage einer versammlungsrechtlichen Privilegierung[110] solcher Zusammentreffen stellt sich etwa bei Demonstrationen, die von Firmenangehörigen mit Blick auf private arbeitsrechtliche Belange veranstaltet werden.[111] Soll in solchen Fallkonstellationen der individualrechtliche – also abwehrrechtliche – Gehalt der Versammlungsfreiheit ausreichend effektiv bleiben, so erscheint die **Einbeziehung privater Meinungsbekundungen** in den Schutzbereich des Art. 8 Abs. 1 GG geboten.[112]

5. Demonstrationsfreiheit

36 Die Versammlungsfreiheit hat auch bei Annahme eines hier befürworteten weiten Versammlungsbegriffs ihre vorrangige Bedeutung als Demonstrationsfreiheit. Bereits

---

107 Diesen Terminus verwendet auch jüngst wieder BVerfG, Beschl. v. 17.02.2009 – 1 BvR 2492/08, DVBl. 2009, 598.

108 Vgl. *Kloepfer*, HStR VII, § 164 Rn. 26; *Müller-Franken*, in: Schmidt-Bleibtreu/Hofmann/Henneke, GG, Art. 8 Rn. 11; *Kunig*, in: v. Münch/Kunig, GG I, Art. 8 Rn. 14. Diese Auslegung deckt mit der von *Waldecker*, in: Anschütz/Thoma, HdbDStR II, 1932, S. 644, zu Art. 123 WRV vertretenen Auffassung, der von dieser Garantie neben den Meinungsäußerungen auch die »Erörterung und Beratung … privater, öffentlicher oder politischer Angelegenheiten« geschützt ansah, Vergnügungsveranstaltungen aus dem Schutzbereich der Versammlungsfreiheit jedoch ausschloss.

109 BVerwGE 56, 63 (69) – Sondernutzungsgebühren für parteipolitische Werbung; BVerwGE 72, 35 (38 f.) – Gegenveranstaltung zur Verleihung des Aachener Karlspreises; die Rechtsprechung der vorinstanzlichen Verwaltungsgerichte ist indes uneinheitlich: vgl. *Kraujuttis*, Versammlungsfreiheit zwischen liberaler Tradition und Funktionalisierung, S. 82 ff.

110 So entfällt bei einer öffentlichen Versammlung i.S.d. §§ 14, 15 VersG die Erlaubnispflicht nach § 29 Abs. 2 StVO (BVerwGE 82, 34 (39 ff.); nach dieser Vorschrift ist für alle Veranstaltungen, bei denen öffentliche Straßen mehr als verkehrsüblich in Anspruch genommen werden (bspw. Umzüge, Sportveranstaltungen o.ä.) eine Erlaubnis rechtzeitig vorher vom jew. Veranstalter bei der zuständigen Verkehrsbehörde einzuholen.

111 Vgl. VGH Kassel, NJW 1994, 1750 ff., der den Schutzbereich der Versammlungsfreiheit als eröffnet ansah.

112 So auch *Kloepfer*, HStR VII, § 164 Rn. 26; *Müller-Franken*, in: Schmidt-Bleibtreu/Hofmann/Henneke, GG, Art. 8 Rn. 11.

der Parlamentarische Rat bezog sich auf Demonstrationen, die fraglos als Versammlungen behandelt wurden, ohne den Begriff der Versammlung hierauf zu verengen.[113] Die Demonstrationsfreiheit, ein Terminus, der kein Rechtsbegriff ist, auch wenn er nicht selten wie ein solcher verwendet wird, stellt einen Unterfall der Versammlungsfreiheit dar.[114] Im Gegensatz zu Versammlungen, die sich nicht unbedingt als Mittel zur Teilnahme am politischen Willensbildungsprozess verstehen müssen, gelten Demonstrationen als Versuch, die staatliche Willensbildung zu beeinflussen. Der verbindende Zweck der Demonstration ist daher die **Kundgabe von Überzeugungen und Meinungen.** Der enge Versammlungsbegriff des Bundesverfassungsgerichts macht indes eine Unterscheidung zwischen Versammlungsfreiheit und Demonstrationsfreiheit – als Unterfall – überflüssig. Die h.M. sieht die Versammlungsfreiheit und die Meinungsfreiheit als Teilaspekte des einheitlichen Lebenssachverhalts Demonstration an, womit die beiden Grundrechte hinsichtlich Inhalt (Meinung) und Form (Äußerung) selbständig nebeneinander stehen.[115] Nach einer Mindermeinung hat die Demonstrationsfreiheit indes nicht nur eine modale Funktion, sondern ist als Querschnittsgrundrecht für kollektive Freiheitsausübung Spezialgrundrecht in der Form eines spezifischen Kommunikationsgrundrechts mit der Gewährleistung, »durch Kollektivität Meinungsäußerungen potenzieren zu können«[116] (Rdn. 2).

II. Ausprägungen der Versammlungsfreiheit

1. Gestaltungsmöglichkeiten und Verhaltensweisen

Als modales Grundrecht schützt die Versammlungsfreiheit im Zusammenhang mit dem kommunikativen Zusammentritt von Menschen eine Reihe von Gestaltungsmöglichkeiten und Verhaltensweisen, die als Ausprägungen der Versammlungsfreiheit am Schutz des Art. 8 GG teilhaben. Diese grundrechtlichen Befugnisse manifestieren sich teils in der **Teilnahmefreiheit,** teils in der **Veranstaltungsfreiheit,** teils im **Leitungsrecht** (Rdn. 44). 37

Die Gestaltungsfreiheit beinhaltet das Recht der Selbstbestimmung über Ort, Zeitpunkt, Art und Inhalt der Versammlung.[117] Geschützt ist somit die **Freiheit der** 38

---

113 *Matz,* JöR 1, 113 ff.
114 Vgl. *Gusy,* in: v. Mangoldt/Klein/Starck, Art. 8 Rn. 18; *Prothmann,* Die Wahl des Versammlungsortes, 2013, S. 68.
115 Vgl. BVerfGE 82, 236 (258) – Schubart; BVerfGE 90, 241 (246) – Auschwitzlüge; *Gusy,* in: v. Mangoldt/Klein/Starck, Art. 8 Rn. 87; *Höfling,* in: Sachs, Art. 8 Rn. 84; *Hoffmann-Riem,* in: AK-GG, Art. 8 Rn. 68; *Schulze-Fielitz,* in: Dreier, GG I, Art. 8 Rn. 128; *Prothmann,* Die Wahl des Versammlungsortes, 2013, S. 69.
116 Vgl. *Dietel/Gintzel/Kniesel,* Versammlungsgesetz, § 1 Rn. 29 ff., 47.
117 Vgl. BVerfGE 69, 315 (343); vgl. auch BVerfGE 104, 92 (108); vgl. *Höfling,* in: Sachs, Art. 8 Rn. 20: »kein verfassungsrechtlicher numerus clausus von Versammlungstypen« Der amerikanische Supreme Court hat mit Blick auf die Gestaltungsfreiheit der Versammlungsleiter und -teilnehmer die »time, place, and manner«-Lehre entwickelt: vgl. United States v. O'Brien (1968), 391 U.S. 367.

organisatorischen und inhaltlichen Gestaltung. Hinsichtlich der Form der Darstellung besteht Typenfreiheit (Aufzüge, Sitzdemonstrationen, Straßentheater, Menschenketten, Mahnfeuer etc.); auch nicht verbale Äußerungen (Schweigedemonstrationen) sind geschützt, doch muss es sich nach dem engen Versammlungsbegriff des Bundesverfassungsgerichts stets um eine Form der politischen Meinungsäußerung handeln (Rdn. 33). Auch die Aufmachung (Kostümierung, anonymisiertes Auftreten) bestimmen die Versammlungsteilnehmer. Das Recht, nicht erkannt zu werden, ist Bestandteil der Grundrechtsausübung. Das Schutzwaffen- und Vermummungsverbot nach § 17a VersG ist hiermit vereinbar, denn das Verbot, »an derartigen Veranstaltungen in einer Aufmachung (teilzunehmen), die geeignet und den Umständen nach darauf gerichtet ist, die Feststellung der Identität zu verhindern«, soll lediglich verhindern, dass unter dem Schutz eines verdeckten Gesichtes Straftaten begangen werden. Bei Wahrung der Friedlichkeit ist dieses Verbot daher gegenüber Art. 8 GG zu rechtfertigen (Rdn. 75). Gleiches gilt für die Beschränkung durch das Uniformierungsverbot des § 3 VersG (Rdn. 76). In die Selbstbestimmung über Form und Inhalt wird – mit einschüchternder Wirkung – eingegriffen, wenn das Erscheinungsbild einer Demonstration durch starke hauteng begleitende Polizeikräfte verändert wird.[118]

39   Die Veranstalter haben das **Recht auf Darstellung ihres Anliegens in der Öffentlichkeit.** Daher dürfen die Versammlungsbehörden auf das Thema, das Programm, die Rednerauswahl oder sonstige Entscheidungen, die die Gestaltung der Versammlung betreffen, keinen Einfluss nehmen. Im Fall möglicher Kollisionen der Versammlung mit Grundrechten Dritter (etwa die Gewerbefreiheit) haben die Behörden ein gesichertes Nebeneinander der Grundrechtsausübung aller Betroffenen – auch durch die Verfügung beschränkender Maßnahmen (§ 15 Abs. 2 VersG) – sicherzustellen (praktische Konkordanz) und dabei Rechtsgutverletzungen abzuwehren.[119] Als Rechte Dritter gelten auch die Persönlichkeitsrechte Privater, wenn Demonstrationen in unmittelbarer Nähe zu einer Privatwohnung eine physische Drucksituation ohne Rücksicht auf die Privatsphäre erzeugen sollen;[120] dies kann auch bei einer »öffentlichen Gebetsstunde« von Abtreibungsgegnern in unmittelbarer Nähe einer Abtreibungsklinik der Fall sein, wenn diese Versammlung die ambulant behandelten Patientinnen beim Verlassen der Klinik an den Pranger stellt.[121] Die Belange Dritter können die Ordnungsbehörden durch »Auflagen« (§ 15 VersG – Rdn. 66) berücksichtigen, von deren Einhaltung sie die Durchführung der Versammlung abhängig machen. Trotz der zeitlichen Begrenztheit von Versammlungen fallen auch Dauermahnwachen in den Schutzbereich des Grundrechts, sofern kollidierende Rechte Dritter nicht unangemessen beeinträchtigt werden.[122]

---

118 Vgl. OVG Bremen, NVwZ 1990, 1191 f.
119 *Dietel/Gintzel/Kniesel*, Versammlungsgesetz, § 1 Rn. 48; *Schulze-Fielitz*, in: Dreier, GG I, Art. 8 Rn. 93 ff.
120 Vgl. BVerfG (2. Kammer des Ersten Senats), NJW 1987, 3245; OVG Rheinland-Pfalz, NJW 1986, 2659 (2659 f.).
121 Vgl. VG Kassel, ZfL 10 (2001), S. 20 (23 f.) – zu einem Versammlungsverbot.
122 Vgl. *Dietel/Gintzel/Kniesel*, Versammlungsgesetz, § 1 Rn. 53.

Das Grundrecht der Versammlungsfreiheit schützt auch »das Interesse des Veran- 40
stalters, auf einen **Beachtungserfolg** nach seinen Vorstellungen zu zielen, also eine
möglichst große Nähe zu einem symbolhaltigen Ort« zu suchen.[123] Deshalb streben
Kernkraftgegner eine größtmögliche Nähe zum Bauplatz eines Kernkraftwerkes und
Globalisierungsgegner etwa die Nähe zum Ort des G8-Gipfels an; eine solche Ortswahl ist vom Selbstbestimmungsrecht der Versammlungsveranstalter umfasst,[124] sofern es sich um eine öffentliche Sache im Gemeingebrauch handelt.[125] Auch durch
Auflagen – etwa die Verbannung einer Versammlung an den Stadtrand – darf dieses
Ziel einer Versammlung, die öffentliche Aufmerksamkeit auf ein bestimmtes Anliegen zu lenken, nicht konterkariert werden.[126] Ein Anspruch gegen Private auf Überlassung eines Grundstücks besteht hingegen nicht.[127]

Bei **öffentlichen Einrichtungen** begrenzt die Widmung das Maß möglicher Inan- 41
spruchnahme.[128] So sind etwa Demonstrationen auf einer Autobahn (§ 1 Abs. 3
FStG) nicht vom Grundrecht des Art. 8 GG umfasst.[129] Indes handelt es sich bei
der Inanspruchnahme öffentlicher Straßen und Plätze mit Blick auf die von den Ver-
sammlungsteilnehmern genutzte öffentliche Sache weder um Gemeingebrauch[130]
noch um Sondernutzung, sondern um die Ausübung des Grundrechts der Versammlungsfreiheit in seiner abwehrrechtlichen Dimension.[131] Die Sachherrschaft des öffentlichen Eigentümers der von den Veranstaltern gewählten öffentlichen Flächen
und Räume ist mit einer aus Art. 8 Abs. 1 GG fließenden Duldungspflicht belas-

---

123 Vgl. BVerfG (1. Kammer des Ersten Senats), NJW 2007, 2167 (2169) – Heiligendamm,
     unter Verweis auf BVerfGE 69, 315 (323, 365); dort gibt das das BVerfG zweimal die
     Auffassung des VG Schleswig-Holstein wieder, wonach Art. 8 auch das Recht beinhalte,
     »sich dort zu versammeln, wo die Veranstalter es für wünschenswert (halten)«.
124 Vgl. BVerfGE (1. Kammer des Ersten Senats), NJW 2007, 2167 (2169).
125 BVerfGE 128, 226 (251 ff.) – Fraport; BVerfG Beschl. v. 20.12.2012 – 1 BvR 2794/10,
     NVwZ 2013, 570, Rn. 16.
126 Vgl. *Herzog*, in: Maunz/Dürig, Art. 8 (1987) Rn. 79.
127 Vgl. *Depenheuer*, in: Maunz/Dürig, Art. 8 Rn. 63; *Dietel/Gintzel/Kniesel*, Versammlungs-
     gesetz, § 1 Rn. 52; vgl. auch die Rechtsprechung des amerikanischen Supreme Court,
     in: Lloyd Corp. v. Tanner (1976) sowie *Hudgens v. National Labor Relations Board*
     (1976), 424 U.S. 507. In diesen Entscheidungen hat der Supreme Court das Grundrecht
     des Privateigentümers gegenüber der Freiheit der Rede im Rahmen einer Versammlung
     auf privatem Grundbesitz als höherwertig gewichtet.
128 Vgl. OVG Weimar, NJ 1998, 554; *Kraujuttis*, Versammlungsfreiheit zwischen liberaler
     Tradition und Funktionalisierung, S. 139.
129 A.A. *Sachs*, in: Stern, Staatsrecht IV/1, S. 1227, wonach das Recht zur Mitbenutzung
     der im Allgemeingebrauch stehenden Straße das Recht zur erlaubnisfreien Nutzung er-
     fasst, »das auch von Maßgaben eingeschränkter Widmung für besondere Verkehrsformen
     … unabhängig ist.«.
130 Das BVerfG (E 73, 206, 249 – Sitzblockaden I) spricht von »Allgemeingebrauch«.
131 Vgl. *Höfling*, in: Sachs, Art. 8 Rn. 41; *Dietel/Gintzel/Kniesel*, Versammlungsgesetz, § 1
     Rn. 96 (in Rn. 51 f., entnehmen sie dies hingegen der leistungsrechtlichen Dimension
     des Grundrechts; hierzu Rdn. 57).

tet,[132] woraus sich ergibt, dass das **Grundrecht dem öffentlichen Sachenrecht vorgeordnet** ist.[133] Das gilt auch dann, wenn die Botschaft der Versammlung etwa durch das Aufstellen von Gerätschaften – wie Betten und medizinischen Geräten – oder den massiven Einsatz von landwirtschaftlichen Fahrzeugen (Traktoren) verdeutlicht wird und diesen Gegenständen damit eine funktionale Bedeutung für die Versammlung zukommt.

42 Ob die Auswahl einer bestimmten Örtlichkeit für die Durchführung der Demonstration unter dem Aspekt der Wirkungschancen die **rechtliche Verfügungsbefugnis über den Versammlungsort** voraussetzt, ist umstritten. Nach Auffassung des Bundesverwaltungsgerichts begründet Art. 8 GG kein Benutzungsrecht, das nicht schon nach allgemeinen Rechtsgrundsätzen besteht. Deshalb umfasse das Recht der freien Ortswahl nicht das Recht, »fremdes Grundeigentum nach Belieben in Anspruch zu nehmen «[134]. Nach gegenteiliger Auffassung ist die Benutzung öffentlicher Sachen im Gemeingebrauch »Ausübung ›natürlicher‹ Freiheit, weshalb jeder Behinderung der abwehrrechtliche Anspruch aus Art. 8 GG entgegengesetzt werden könne.[135] Geht es um die Überlassung von im **Fiskaleigentum** stehenden Verkehrswegen oder Flächen mit öffentlichem Bestimmungszweck oder von sonstigen Räumlichkeiten im Bereich öffentlicher Sachen im Verwaltungsgebrauch, vermittelt Art. 8 Abs. 1 einen Anspruch auf ermessensfehlerfreie Entscheidung, der mangels anderer Räumlichkeiten im Einzelfall zu einer Ermessensreduzierung auf Null führen kann.[136] Versammlungen auf Grundstücken, die im Eigentum privater Gesellschaften mit staatlicher Beteiligung stehen, führen zu einer unmittelbaren Grundrechtsbindung solcher Unternehmen, wenn sie von der öffentlichen Hand beherrscht werden.[137] Mit Blick auf die **kollidierenden Rechte Dritter** kann ein Selbstbestimmungsrecht des Veranstalters im Sinne einer *absoluten* Verfügungsbefugnis über Ort und Zeit der Versammlung, vor allem dann nicht anerkannt werden, wenn sie »unter freiem Himmel« stattfindet. Vielmehr entfaltet auch insoweit das Kooperationsgebot Wirkungen im Sinne einer Abstimmung und Koordination zwischen Veranstalter und Versammlungsbehörde. Es verpflichtet beide Seiten dazu, einvernehmliche Lösungen zu suchen.[138]

---

132 Vgl. *Höfling*, in: Sachs, Art. 8 Rn. 41.
133 Vgl. *Dietel/Gintzel/Kniesel*, Versammlungsgesetz, § 1 Rn. 51.
134 Vgl. BVerwG, NJW 1993, 609 f. – Bonner Hofgartenwiese.
135 Vgl. *Höfling*, in: Sachs, Art. 8 Rn. 42; so grundsätzlich auch *Dietel/Gintzel/Kniesel*, Versammlungsgesetz, § 1 Rn. 51.
136 Überzeugend *Dietel/Gintzel/Kniesel*, Versammlungsrecht, § 1 Rn. 97 vor dem Hintergrund von BVerwG, NJW 1993, 609.
137 Vgl. BVerfG, Urteil v. 22.02.2011 – 1 BvR 699/06 –, Rn. 45 ff.
138 Vgl. BVerfGE 69, 315 (355 ff.); *Jarass*, in: Jarass/Pieroth, GG, Art. 8 Rn. 23; *Höfling*, in: Sachs, Art. 8 Rn. 49; *Schulze-Fielitz*, in: Dreier, GG I, Art. 8, Rn. 117; *Gusy*, in: v. Mangoldt/Klein/Starck, Art. 8 Rn. 47.

Der Grundrechtsschutz des Art. 8 GG schließt »**den gesamten Vorgang des Sich-** 43
Versammelns« ein, mithin auch den »Zugang zu einer bevorstehenden oder sich bildenden Versammlung«[139] sowie den Abzug bzw. die Abreise der Versammlungsteilnehmer. Staatliche Maßnahmen, die den Zugang kontrollieren, aber auch »exzessive
Observationen und Registrierungen«[140] – etwa mit dem Ziel, die Teilnehmer von
der Präsenz bei künftigen Versammlungen abzuhalten – sind daher am Maßstab des
Art. 8 GG zu messen.[141] Insoweit ist anerkannt, dass Art. 8 Abs. 1 GG die personenbezogenen Daten der Betroffenen bei der Vorbereitung von Demonstrationen
und Versammlungen und während ihrer Durchführung vor staatlicher Ausspähung
(Bild- und Tonaufnahmen, Erstellen von Teilnehmerlisten) schützt, sich mithin gegenüber dem Recht auf informationelle Selbstbestimmung (Art. 2 Abs. 1 GG) als *lex
specialis* erweist (Rdn. 83).[142] Der Schutzbereich des Art. 8 GG ist auch betroffen,
wenn die öffentliche Gewalt in den äußeren und inneren Ablauf eingreift, etwa
durch das Verbot eines Rednerauftritts.[143] Grundrechtsbeschränkende Gesetze und
Verfügungen, die das Verhalten der Teilnehmer oder den Ablauf der Versammlung
reglementieren, sind »stets im Lichte der grundlegenden Bedeutung dieses Grundrechts … auszulegen« (Rdn. 2).[144]

2. Teilnahme, Veranstaltung und Leitung

Vom Schutzbereich der Versammlungsfreiheit wird nicht nur die spontan entstehen- 44
de (Rdn. 45), sondern ebenso die im Voraus geplante Versammlung erfasst. Dann
muss über die Möglichkeit der Teilnahme an der Versammlung hinaus auch Gelegenheit zur Vorbereitung und Organisation der Veranstaltung bestehen, um diese geordnet durchzuführen. Neben der **Teilnahme** verbürgt Art. 8 GG daher als weitere
Teilrechte das **Veranstaltungs- und Leitungsrecht**.[145] Die Teilnahmefreiheit vermittelt das Recht auf Anwesenheit und Beteiligung an der Veranstaltung, etwa durch
Redebeiträge, Beifalls- oder Missfallenskundgebungen. Die Veranstaltungsfreiheit
schützt das Recht zur Vorbereitung und Organisation einer Versammlung, etwa
durch Werbung, Einladung, Raumbeschaffung, Planung etc. Das Leitungsrecht, das
sich aus der Veranstaltungsfreiheit ergibt, verleiht die Befugnis, ordnende Maßnahmen im Rahmen der Durchführung einer Veranstaltung zu ergreifen. Der Leiter ent-

---

139 BVerfGE 84, 203 (209); a.A.: *Sachs*, in: Stern, Staatsrecht IV/1, S. 1221 f. (mit FN 244),
     der solche Beeinträchtigungen unmittelbarer, mittelbarer oder faktischer Art durch »sons-
     tige relevante Grundrechtsbeeinträchtigungen« ohne Ausweitung des Schutzgegenstandes
     erfassen will.
140 Vgl. BVerfGE 69, 315 (349).
141 Vgl. *Höfling*, in: Sachs, Art. 8 Rn. 25 f.
142 Vgl. *Dietel/Gintzel/Kniesel*, Versammlungsrecht, § 1 Rn. 79 ff.
143 BVerfG, DVBl. 2002, 690; DVBl. 2002, 970.
144 Vgl. BVerfGE 69, 315 (349).
145 Vgl. *Schulze-Fielitz*, in: Dreier, GG I, Art. 8 Rn. 31 ff.; *Gusy*, in: v. Mangoldt/Klein/
     Starck, Art. 8 Rn. 30; *Kloepfer*, HStR VII, § 164 Rn. 34; *Sachs*, in: Stern, Staatsrecht
     IV/1, S. 1222; *Höfling*, in: Sachs, GG, Art. 27.

scheidet über den Ablauf, die Unterbrechung, Fortführung und Schließung der Versammlung, er erteilt und entzieht das Wort. Der vom Versammlungsgesetz in den Blick genommene Typ der einheitlichen, organisierten und geleiteten Versammlung darf nicht zu dem Schluss führen, dass andere – nicht organisierte und nicht geplante – Typen nicht den Schutz des Art. 8 GG genießen (Rdn. 45). Sämtliche Teilrechte betreffen indes nur das Zusammentreten zu und das Zusammenbleiben in einer Versammlung. Für alle versammlungsveranlassten Verhaltensweisen gelten die einschlägigen Freiheitsrechte (Rdn. 82 f.), etwa die Meinungsäußerungsfreiheit (Art. 5 Abs. 1 GG), die Freiheit des religiösen Bekenntnisses (Art. 4 Abs. 1 GG) oder die Berufsfreiheit (Art. 12 Abs. 1 GG).

3. Freiheit vom Anmelde- und Erlaubniszwang

45   Die auf ältere Vorbilder zurückgehende Freistellung von Erlaubnispflichten bei der Durchführung einer Versammlung (Art. 19 Belg. Verf. 1831) hat im Grundgesetz – anders als in Art. 123 WRV – keine eigenständige Bedeutung. Denn Art. 8 Abs. 1 GG schützt als eine Freiheitsgarantie, die im Wesentlichen durch eine abwehrrechtliche Dimension geprägt ist,[146] auch ohne diese Wendung vor gesetzlichen Verboten mit Erlaubnisvorbehalt. Friktionen ergeben sich jedoch aus dem Versammlungsgesetz. Nach § 14 Abs. 1 VersG ist die Absicht, eine öffentliche Versammlung unter freiem Himmel oder einen Aufzug zu veranstalten, spätestens 48 Stunden vor Bekanntgabe der zuständigen Behörde anzuzeigen. Der Normkonflikt ist im Wege der verfassungskonformen Auslegung zu lösen: Spontanversammlungen, also Versammlungen, die sich aus einem momentanen Anlass ungeplant und ohne Veranstalter entwickeln, sind somit von der Anmeldepflicht befreit.[147] Eilversammlungen, die im Gegensatz zu Spontanversammlungen zwar geplant sind und einen Veranstalter haben, aber ohne Gefährdung des Versammlungszwecks nicht unter Einhaltung der 48-Stunden-Frist (§ 14 Abs. 1 VersG) angemeldet werden können, sind nach derselben Interpretationsmethode ebenfalls grundrechtlich geschützt (Rdn. 74).[148]

III. Beschränkungen des sachlichen Schutzbereichs: »friedlich und ohne Waffen«

46   Art. 8 Abs. 1 GG gewährleistet das Recht, sich friedlich und ohne Waffen zu versammeln. Unfriedliche Versammlungen oder Versammlungen unter Einsatz von Waffen sind daher aus dem Grundrechtsschutz des Art. 8 Abs. 1 GG ausgeschlossen. Solche Verhaltensweisen sind auch nicht vom Auffanggrundrecht des Art. 2 Abs. 1 GG umfasst.[149] Die bereits in den frühen amerikanischen Verfassungen der Einzelstaaten

---

146   Vgl. BVerfGE 69, 315 (343).
147   BVerfGE 69, 315 (350 f.); 85, 69 (75) – Eilversammlungen.
148   BVerfGE 85, 69 (75).
149   A.A. *Pieroth/Schlink/Kingreen/Poscher*, Grundrechte, Rn. 387 f. (»kriminelles Verhalten«); *Sachs*, in: Stern, Staatsrecht IV/1, S. 1211; wie hier: *Dietel/Gintzel/Kniesel*, Versammlungsgesetz, § 1 Rn. 120; *Gallwas*, JA 1986, 484 (485).

enthaltene Formel ist in ihrer Auslegung seit jeher umstritten.[150] Das Gebot der **Friedlichkeit und Waffenlosigkeit** kann nicht im Sinne der Konfliktlosigkeit oder der strikten Einhaltung der Rechtsordnung interpretiert werden.[151] Denn der Gesetzesvorbehalt des Art. 8 Abs. 2 GG würde seine Bedeutung verlieren, wenn der Geltungsbereich der Grundrechtsgewährleistung von vornherein restriktiv bemessen würde.[152]

1. Friedlichkeit

Der Begriff der Friedlichkeit, den das Grundgesetz nicht definiert, kann in der Verbindung zum Gebot der Waffenlosigkeit daher nur im Sinne eines Verbots schwerwiegender Missbräuche des Grundrechts der Versammlungsfreiheit verstanden werden. Ein bloßer »Widerspruch. mit dem Rechtsfrieden«[153] reicht hierfür nicht aus. Eine Gefährdung der öffentlichen Sicherheit, die die Unversehrtheit der gesamten materiellen Rechtsordnung schützt, macht eine Versammlung nur bei einer Bedrohung bestimmter Rechtsgüter (Leben, körperliche Unversehrtheit, Gegenstände von bedeutendem Wert) unfriedlich.[154] Erforderlich sind somit »**Handlungen von einiger Gefährlichkeit**«.[155] Einer solchen Auslegung folgt auch der EGMR in der Auslegung des Art. 11 Abs. 1 erste Variante EMRK. Danach schützt Art. 11 EMRK »alle Versammlungen, ausgenommen die, bei denen die Organisatoren und Teilnehmer Gewaltabsichten hegen oder in anderer Weise die Grundlagen einer »demokratischen Gesellschaft« ablehnen«.[156] Unfriedlichkeit ist namentlich bei Tumulten, Gewalttätigkeiten und Gefahren für das Leben, die Gesundheit oder bedeutende Sachen[157] anderer, auch anderer Versammlungsteilnehmer, gegeben.[158] In Übereinstimmung mit dieser das verfassungsrechtliche Schutzgut schonenden Auslegung stehen auch

47

---

150 Zur Rechtsprechung des amerikanischen Supreme Court vgl. De Jonge v. Oregon, 299 U.S. 353 (1937).
151 Eine bloße Gesetzwidrigkeit lassen ausreichen: *Jellinek*, Verwaltungsrecht, 3. Aufl., 1931, S. 488 f.; *v. Jan*, Das Vereinsgesetz für das Deutsche Reich, 1931, § 1 Anm. 4.
152 Vgl. BVerfGE 73, 206 (248); *Dietel/Gintzel/Kniesel*, Versammlungsgesetz, § 1 Rn. 139 f.; *Höfling*, in: Sachs, Art. 8 Rn. 30; *Pieroth/Schlink/Kingreen/Poscher*, Grundrechte, Rn. 757 f.
153 Vgl. *v. Jan*, Das Vereinsgesetz für das Deutsche Reich, 1931, § 1 Anm. 4; *Anschütz*, WRV, Art. 123 Rn. 4d; PrOVGE 88, 224 (227).
154 Deutlich *Sachs*, in: Stern, Staatsrecht IV/1, S. 1213.
155 Vgl. BVerfGE 73, 206 (248); 87, 399 (406); *Pieroth/Schlink/Kingreen/Poscher*, Grundrechte, Rn. 759; *Hoffmann-Riem*, in: AK-GG, Art. 8 Rn. 24.
156 EGMR, Urt. v. 21.10.2010 – Nr. 4916/07, 25924/08, 14599/09 (Alekseyev/Russland), Rn. 80, NVwZ 2011, 1375, unter Verweis auf EKMR, 1989, Decisions and Reports [DR], Bd. 60, S. 256 – G./Deutschland; EKMR, 1980, DR, Bd. 21, S. 138 – Christians against Racism and Fascism/Vereinigtes Königreich, sowie EGMR, Urt. v. 23.10.2008 – Nr. 10877/04 Rn. 45; *Ripke*, Europäische Versammlungsfreiheit, 2012, S. 195 ff.
157 BVerfGE 73, 206 (248 f.): »aggressive Ausschreitungen gegen Personen oder Sachen«.
158 Vgl. *Delius*, in: Nipperdey, Grundrechte II, S. 138 (145); *Kempe*, Die heutige Geltung des Reichsvereinsgesetzes vom 19.04.1908, 1926, S. 35.

die tatbestandlichen Voraussetzungen des Versammlungsverbotes (§ 5 Ziff. 3, § 15 VersG) sowie der Versammlungsauflösung (§ 13 Abs. 1 Ziff. 2 VersG), die an einen »**gewalttätigen und aufrührerischen Verlauf**« oder an unmittelbare Gefährdungen der öffentlichen Sicherheit oder Ordnung bei Durchführung der Versammlung oder des Aufzuges anknüpfen.

Bei Versammlungsverboten, wie sie zuletzt in Leipzig (Februar 2015) und sodann in Heidenau (August 2015) wegen eines »Polizeinotstands«[159] erlassen wurden, hat die Versammlungsbehörde nach der Rechtsprechung des Bundesverfassungsgerichts stets zu prüfen, ob ein (echter) polizeilicher Notstand »durch Modifikation der Versammlungsmodalitäten entfallen kann, ohne dadurch den konkreten Zweck der Versammlung zu vereiteln.«[160] Nur wenn die Versammlungsbehörde wegen Erfüllung vorrangiger staatlicher Aufgaben und trotz des Bemühens, ggf. externe Polizeikräfte – einschließlich der Bundespolizei – hinzuziehen, nicht in der Lage ist, die Gefahr abzuwenden, kommt hiernach ein Verbot in Betracht.[161] Schon mit Blick darauf, dass bei einem Polizeinotsand Nichtstörer in Anspruch genommen werden, dies aber als »absolute[r] Ausnahmefall« anzusehen ist,[162] muss ein Versammlungsverbot als *ultima ratio* gerade gegenüber einer friedlichen Versammlung auf Extremfälle beschränkt bleiben.[163] Selbst wenn bei einer *ex ante*-Betrachtung von der Versammlung eine unmittelbare Gefährdung der öffentlichen Sicherheit oder Ordnung ausgehen kann, die Teilnehmer also zu Störern werden, muss die Behörde prüfen, ob anstatt des Versammlungsverbots mildere Maßnahmen (etwa Auflagen) ergriffen werden können.

Einer restriktiven Auslegung folgte auch das Bundesverfassungsgericht auch dann, als es mit Blick auf § 240 StGB zutreffend klargestellt hat, dass der »verfassungsrechtliche Begriff der Unfriedlichkeit … nicht mit dem von der Rechtsprechung entwickelten weiten Gewaltbegriff des Strafrechts gleichgesetzt werden« kann.[164] Daher können auch Sitzblockaden[165] und Blockadeaktionen, bei denen sich die Teilnehmer mit Metallketten an die Pfosten eines Einfahrtstores fixieren, den Schutz des Art. 8

---

159 Vgl. § 7 SächsPolG; weitere Bspe.: § 6 PolG NRW oder § 9 PolG BW.
160 BVerfG, NVwZ 2000, 1406 (1407).
161 BVerfG, NJW 2001, 2069 (2072).
162 *K. Weber*, KommJur 2010, 172 (178).
163 *Ackermann*, Freilaw 2/2015, 81 (87).
164 Vgl. BVerfGE 73, 206 (252 ff.); so auch *Jarass*, in: Jarass/Pieroth, GG, Art. 8 Rn. 8; *Pieroth/Schlink/Kingreen/Poscher*, Grundrechte, Rn. 757 ff.; *Höfling*, in: Sachs, Art. 8 Rn. 33; *Sachs*, in: Stern, Staatsrecht IV/1, S. 1215 f.; *Müller-Franken*, in: Schmidt-Bleibtreu/Hofmann/Henneke, GG, Art. 8 Rn. 24; *Kloepfer*, HStR VII, § 164 Rn. 66, 68, sieht die strafrechtliche Definition des Begriffs der Gewalttätigkeit als »maßgeblich (faktisch aber nicht rechtlich bindend)« an.
165 BVerfGE 73, 206 (257 ff.), stellt auf die Fernziele der Demonstration ab; BVerfGE 91, 1 (14 ff.) unternimmt eine verfassungssystematische Auslegung des § 240 StGB. Nach *Gusy*, in: v. Mangoldt/Klein/Starck, Art. 8 Rn. 79, bedarf es für eine Strafbarkeit »weiterer, positiver Anhaltspunkte«; nach *Kloepfer*, HStR VII, § 164 Rn. 68, 99 ff., ist das Problem der Sitzblockaden »regelmäßig nicht auf der Ebene des Grundrechtsschutzes, son-

Abs. 1 genießen, soweit sie sich auf passiven Widerstand beschränken. Selbst das Ein-lassen von Betonquadern in das Gleisbett wird mit dem Friedlichkeitsgebot als verein-bar angesehen, wenn dies lediglich der Erschwerung des Wegtragens der an die Gleise geketteten Versammlungsteilnehmer dient und der Gleiskörper nicht nachhaltig be-schädigt wird.[166] Doch dürfte die Gewalttätigkeit hier in dem Hinzutreten der phy-sischen Barriere zu sehen sein.[167]

Unfriedlich wird eine Versammlung bereits dann, wenn Tumulte und Gewalttätig-keiten *unmittelbar bevorstehen*; entsprechende Absichtserklärungen genügen.[168] Die Prognose des Eintritts eines solchen Verlaufs darf indes nicht auf bloße Vermutun-gen und verallgemeinernde Bewertungen gestützt werden, sondern muss von der **konkreten Situation** ausgehen.[169] Eine Verletzung des Vermummungsverbots (§ 17a VersG) durch die Versammlungsteilnehmer reicht in verfassungskonformer Aus-legung dieser einfach-gesetzlichen Bestimmung für die Feststellung eines unfriedli-chen Verlaufs nicht aus. Denn die Vermummung als Ausdruck der Freiheit, anonym an einer Versammlung teilzunehmen, kann allein dem Zweck dienen, die Identifikati-on der Teilnehmer durch informationelle polizeiliche Maßnahmen zu erschweren[170] (Rdn. 38). Dasselbe soll bei einem Verstoß gegen das Schutzwaffenverbot (§ 17a VersG) gelten, doch begründet das Mitführen solcher Waffen (Motorradhelme, Le-derkombis) noch stärker die Vermutung eines unfriedlichen Verlaufs (Rdn. 75).[171] Das unfriedliche Verhalten einzelner Teilnehmer, die sich mit ihrem Verhalten aus dem Schutzbereich des Schutzes des Art. 8 Abs. 1 GG begeben, stellt den friedlichen Gesamtcharakter einer Versammlung nicht in Frage,[172] soweit das Verhalten solcher Minderheiten die Veranstaltung nicht dominiert.[173] Wenn nach Lage des Einzelfalls mehr als eine bloße Minderheit der Teilnehmer Ausschreitungen begehen oder die Versammlungsleitung bzw. die Mehrheit der Teilnehmer sich hiermit solidarisieren oder ein solches Verhalten unmittelbar bevorsteht, gilt die Versammlung als unfried-lich.[174]

48

---

dern auf der Ebene der möglichen Grundrechtsschranken zu lösen«; a.A. *Depenheuer*, in: Maunz/Dürig, Art. 8 Rn. 66.

166 OVG Schlesw.-Holstein, NordÖR 2006, 166 (168); *Dietel/Gintzel/Kniesel*, Versamm-lungsgesetz, § 1 Rn. 140.

167 Vgl. BVerfGE 104, 92 (102).

168 BVerfGE 69, 315 (360).

169 Vgl. *Hofmann-Riem*, in: AK-GG, Art. 8 Rn. 25; *Höfling*, in: Sachs, Art. 8 Rn. 35.

170 Vgl. *Höfling*, in: Sachs, Art. 8 Rn. 35; *Benda*, in: BK, Art. 8 Rn. 51 f.: »Nicht schon die Störung des Rechtsfriedens an sich beseitigt die Friedlichkeit«.

171 Vgl. *Benda*, in: BK, Art. 8 Rn. 51; *Sachs*, in: Stern, Staatsrecht IV/1, S. 1217.

172 BVerfGE 69, 315 (361).

173 *Sachs*, in: Stern, Staatsrecht IV/1, S. 1218.

174 *Dietel/Gintzel/Kniesel*, Versammlungsgesetz, § 1 Rn. 142; *Pieroth/Schlink/Kingreen/Poscher*, Grundrechte, Rn. 761.

2. Waffenverbot

49   Das Waffenverbot ist als Konkretisierung des Friedlichkeitsgebots zu verstehen.[175] Da Waffen eine erhebliche Steigerung der Gefahr eines gewaltsamen Verlaufs bewirken, sind sie ohne weiteren Nachweis ihrer Gefährlichkeit mit einer friedlichen Versammlung nicht vereinbar.[176] Der Waffenbegriff des Art. 8 Abs. 1 GG erfasst **alle Waffen im technischen Sinn des § 1 WaffG** (Pistolen, Messer, Schlagringe, chemische Kampfstoffe etc.), aber auch gefährliche Gegenstände, die objektiv zur Verletzung von Personen und zur Beschädigung von Sachen geeignet sind und von ihrem Besitzer subjektiv dazu bestimmt sind (Baseballschläger, Eisenketten und Spazierstöcke sowie Farbbeutel und Eier etc.).[177] Nach anderer Auffassung sind solche gefährlichen Gegenstände bereits durch den Oberbegriff der Friedlichkeit ausgeschlossen.[178] Keine Waffen sind Gegenstände einer Schutzausrüstung (»Schutzwaffen«; »Passivbewaffnung«) wie etwa Helme, Schutzschilde und Gasmasken.

D. Grundrechtsberechtigte und -verpflichtete

I. Natürliche Personen

50   Grundrechtsträger sind in ihrer Eigenschaft als natürliche Personen »alle Deutschen«; als »**Deutschen-Grundrecht**« steht die Versammlungsfreiheit daher nur Deutschen im Sinne des Art. 116 Abs. 1 GG zu. Diese Beschränkung gründet im Verständnis politischer Souveränität, das die Ausübung politisch-staatsbürgerlicher Rechte allein den Staatsangehörigen vorbehält.[179] Ausländer und Staatenlose können sich – neben Art. 11 Abs. 1 EMRK – auf das Auffanggrundrecht des Art. 2 Abs. 1 berufen,[180] sofern man dessen subsidiäre Funktion für Ausländer im Bereich der Deutschen- Grundrechte anerkennt.[181] Indes regelt § 1 VersG unabhängig von diesen grundrechtlichen Distinktionen den Kreis der »Versammlungsberechtigten« in einem umfassenden Sinne. Diese einfach-gesetzliche Öffnung entschärft das Problem der Versammlungsfreiheit für ausländische Unionsbürger,[182] der Relevanz vor allem im Zusammenhang mit der Freizügigkeit gegenüber mitgliedstaatlichen Beschränkungsmaßnahmen zukommt. Eine gemeinschaftsrechtskonforme Fortbildung des Art. 8 GG für die Unionsbürger erscheint vor dem Hintergrund des § 1 VersG nicht erforderlich. Einfach-gesetzliche Verkürzungen des Versammlungsrechts von Unions-

175 BVerfGE 73, 206 (248); 104, 92 (106).
176 Vgl. *Hoffmann-Riem*, in: AK-GG, Art. 8 Rn. 26.
177 *Schulze-Fielitz*, in: Dreier, GG I, Art. 8 Rn. 45 f.; *Gusy*, in: v. Mangoldt/Klein/Starck, Art. 8 Rn. 27; *Geis*, in: Friauf/Höfling, Art. 8 (2004) Rn. 57; *Dietel/Gintzel/Kniesel*, Versammlungsgesetz, § 1 Rn. 143.
178 *Höfling*, in: Sachs, Art. 8 Rn. 38 f.; ihm folgt *Sachs*, in: Stern, Staatsrecht IV/1, S. 1220 m.w.N.
179 *Schulze-Fielitz*, in: Dreier, GG I, Art. 8 Rn. 47.
180 Vgl. *Schulze-Fielitz*, in: Dreier, GG I, Art. 8 Rn. 49; *Höfling*, in: Sachs, Art. 8 Rn. 50.
181 Vgl. *H. Bauer/Kahl*, JZ 1995, 1077 (1081 ff.); a.A. *v. Mutius*, Jura 1988, 30 (33).
182 Hierzu gibt es bisher noch keine Rspr. des EuGH; zu Art. 12 GR-Charta vgl. Rdn. 96.

bürgern anderer Mitgliedstaaten werden in gemeinschaftskonformer Auslegung so überlagert, dass Unionsbürger wie Deutsche behandelt werden.[183]

Träger des Grundrechts aus Art. 8 GG sind auch Minderjährige. Entscheidend für 51 die Feststellung im Einzelfall ist die **Grundrechtsmündigkeit.** Sie kann nach der Einsichtsfähigkeit des Kindes und Jugendlichen in Anlehnung an zivilrechtliche Bestimmungen – etwa § 107 BGB – oder die Teilrechtsmündigkeit des Gesetzes über die religiöse Kindererziehung ermittelt werden.

II. Juristische Personen und nicht-rechtsfähige Personenvereinigungen

Inländische **juristische Personen des Privatrechts und nicht-rechtsfähige Personen-** 52 **vereinigungen** können das kollektive Grundrecht des Art. 8 Abs. 1 GG nach Maßgabe des Art. 19 Abs. 3 GG ebenfalls in Anspruch nehmen; dies gilt aber nur für die Ausübungsformen der Veranstaltung und Leitung, nicht für die Teilnahme.[184] Anwendbar ist dieses Recht auch auf solche Personenvereinigungen, die keine juristischen Personen sind, sofern sie eine festgefügte Struktur haben und auf gewisse Dauer angelegt sind.[185] Nicht organisierte Vereinigungen wie etwa ad hoc Komitees können sich daher nicht auf das Grundrecht des Art. 8 GG berufen. Auf ausländische juristische Personen des Privatrechts sind Art. 11 EMRK sowie § 1 VersG anwendbar.

E. Gewährleistungsdimensionen

I. Institutionelle Garantie?

Art. 8 GG enthält **keine Einrichtungsgarantie.** Zum einen erreichen Demonstratio- 53 nen bzw. Versammlungen als zeitlich begrenzte Veranstaltungen keine institutionelle Eigenständigkeit und keinen Grad organisatorischer Verfestigung wie etwa die Presse oder das öffentlich-rechtliche Rundfunk- und Fernsehwesen.[186] Zum anderen zielt diese grundrechtliche Gewährleistung nicht auf die Sicherung des Fortbestands überkommener Normkomplexe und durch sie geregelter Lebensverhältnisse in ihren wesensbestimmenden Kernelementen ab.[187]

---

183 Vgl. *Schulze-Fielitz,* in: Dreier, GG I, Art. 8 Rn. 52, befürwortet eine »den Wortlaut überschreitende unionsrechtskonforme Rechtsfortbildung auf Verfassungsebene«; *Höfling,* in: Sachs, Art. 8 Rn. 51.
184 Vgl. *Herzog,* in: Maunz/Dürig, Art. 8 (1987) Rn. 34; *Höfling,* in: Sachs, Art. 8 Rn. 52; *Sachs,* in: Stern, Staatsrecht IV/1, S. 1241; a.A. *Kunig,* in: v. Münch/Kunig, GG I, Art. 8 Rn. 11.
185 Vgl. BayVGH, Urt. v. 11.01.1984 – 21 B 28 A 2250, NJW 1984, 2116; *Schulze- Fielitz,* in: Dreier, GG I, Art. 8 Rn. 57; BVerfG, Beschl. v. 17.02.2009 – 1 BvR 2492/08, DVBl. 2009, 598.
186 Vgl. *Dietel/Gintzel/Kniesel,* Versammlungsgesetz, § 1 Rn. 116 f.
187 Vgl. *Sachs,* in: Stern: Staatsrecht IV/1, S. 1272 f.

II. Subjektiv- und objektiv-rechtliche Gehalte

54 Das Bundesverfassungsgericht erkennt im Brokdorf-Beschluss in Art. 8 Abs. 1 GG in einer historischen Interpretation ein Abwehrrecht, also ein **subjektives öffentliches Recht**, das dem Grundrechtsträger zunächst ein Recht auf Selbstbestimmung hinsichtlich der Organisation und Teilnahme an einer Versammlung gibt und zugleich die Polizei und die Versammlungsbehörden verpflichtet, die Grundrechtsbetätigung nicht durch Verbote und beschränkende Verfügungen mehr als durch kollidierende Rechtspositionen erforderlich zu beschränken.[188] Art. 8 GG begründet als klassisches **Abwehrrecht** (Rdn. 45) Unterlassungsansprüche der Grundrechtsberechtigten gegen den Staat.

55 Nach ständiger Rechtsprechung des Bundesverfassungsgerichts stellen die Grundrechte jedoch nicht nur subjektive Abwehrrechte des Einzelnen gegen die öffentliche Gewalt dar, sondern zugleich **objektiv-rechtliche Wertentscheidungen der Verfassung**, die für alle Bereiche der Rechtsordnung gelten und Richtlinien für Gesetzgebung, Verwaltung und Rechtsprechung geben. Es knüpft dann im Brokdorf-Beschluss an diese Rechtsprechung an und wertet Art. 8 Abs. 1 GG als verfassungsrechtliche Grundentscheidung,[189] die in ihrer Bedeutung über den Schutz gegen staatliche Eingriffe hinausreicht; bei allen grundrechtsbeschränkenden Gesetzen und den darauf beruhenden Eingriffen zum Schutz der Rechtspositionen Dritter ist diese verfassungsrechtliche Grundentscheidung zu beachten.[190] Art. 8 Abs. 1 GG strahlt damit auf das einfache Gesetzesrecht aus, das namentlich in den versammlungsrechtlich bedeutenden Bestimmungen des Straf-, Haftungs- und Kostenrechts »im Lichte der Bedeutung dieses Grundrechts gesehen und nach Maßgabe des »besonderen Wertgehalts dieses Rechts« interpretiert werden muss.[191] Strafrechtsnormen (§§ 240, 125, 105 StGB), haftungsrechtliche (§ 830 BGB) und kostenrechtliche Bestimmungen (nach den Kostengesetzen der Länder) würden andernfalls bei extensiver Auslegung – insbesondere der unbestimmten Rechtsbegriffe – die Garantie, sich zu versammeln, unterlaufen.[192] Auch bei teilweise unfriedlich verlaufenden Demonstrationen wirkt der Schutz des Art. 8 GG hinsichtlich straf- und haftungsrechtlicher Maßnahmen fort.[193]

56 Um die effektive Wahrnehmung der Versammlungsfreiheit als Abwehrrecht zu sichern, ist der Staat verpflichtet, »die Grundrechtsausübung vor Störungen und Aus-

---

188 Vgl. BVerfGE 69, 315 (343).

189 Vgl. BVerfGE 69, 315 (343: »Grundentscheidung«; 348).

190 Vgl. BVerfGE 69, 315 (349); *Dietel/Gintzel/Kniesel*, Versammlungsgesetz, § 1 Rn. 112 ff.; *Sachs*, in: Stern: Staatsrecht IV/1, S. 1273 f.

191 So BVerfGE 7, 198 (208),60, 234 (240) – Kredithaie; hierauf verweist BVerfGE 69, 315 (349).

192 Zur Auslegung des Kostenrechts im Lichte der Versammlungsfreiheit vgl. BVerfG (Erste Kammer des Ersten Senats) Beschl. v. 25.10.2007 – 1 BvR 943/02.

193 Vgl. BVerfGE 69, 315 (361) unter Verweis auf BGHSt 32, 165 (169) – Nötigung der Regierung eines Landes – sowie BGHZ 89, 383 (395).

schreitungen Dritter zu schützen«.[194] Der Straßburger Gerichtshof hat in seiner Rechtsprechung festgestellt, dass ein bloßes Unterlassen eines staatlichen Eingriffs dem Schutzkonzept nach Art. 11 EMRK nicht gerecht wird, sondern die Vertragsstaaten verpflichtet sind, alle »geeigneten und angemessenen Maßnahmen zu ergreifen, um den friedlichen Ablauf rechtmäßiger Versammlungen sicherzustellen«.[195] Das grundgesetzliche **Schutzgebot** ergibt sich jedenfalls aus der »grundrechtsfreundlichen Anwendung vorhandener Verfahrensvorschriften« und ist Ausdruck des Kooperationsgebots zwischen Veranstalter und Versammlungsbehörde.[196]

III. Leistungsrechtliche Gehalte?

Über die Schutzpflichten des Staates hinaus kann eine **leistungsrechtliche Dimension** des Art. 8 Abs. 1 GG – etwa in Form einer Förderungspflicht – nicht anerkannt werden.[197] Vielmehr nimmt der Grundrechtsberechtigte in Ausübung »natürlicher« Freiheit faktisch verfügbare Freiheitsräume in Anspruch, ohne, dass dies von einer staatlichen Leistung abhängt. Die Garantie gibt damit auch keinen Anspruch auf Sozialhilfeunterstützung zur Ermöglichung der Teilnahme an einer Versammlung.[198]

F. Eingriffe und Schranken

I. Eingriffe

Der Schutzbereich des Art. 8 Abs. 1 GG ist durch alle finalen oder unbeabsichtigten, unmittelbaren oder mittelbaren, rechtlichen oder tatsächlichen Maßnahmen der öffentlichen Gewalt betroffen, die Beeinträchtigungen des Rechts zum kommunikativen Zusammentritt zu Versammlungen beinhalten. Art. 8 Abs. 1 GG benennt indirekt zwei Eingriffsfälle in Form des Ausschlusses einer Anmelde- oder Erlaubnispflicht. Als manifeste Eingriffe in die Versammlungsfreiheit sind demgegenüber zu nennen: das **Verbot**, die **Auflösung** von Versammlungen und die **Erteilung von Auflagen**. Ermächtigungsgrundlagen für diese stets einzelfallbezogenen Maßnahmen hat der Gesetzgeber in §§ 5 ff. VersG (hinsichtlich öffentlicher Versammlungen in geschlossenen Räumen) sowie in §§ 14 VersG (hinsichtlich öffentlicher Versammlungen unter freiem Himmel) geschaffen.

57

58

---

194 Vgl. Das BVerfG (E 69, 315, 355) lässt bei dieser Formulierung die Herleitung einer Schutzpflicht offen; vgl. aber *Ladeur*, in: Ridder/Breitbach/Rühl/Steinmeier, Versammlungsrecht, Art. 8 Rn. 24; vgl. ferner Österr. Verfassungsgerichtshof VfSlg. 12.501/1990.
195 EGMR, Urteil v. 21.06.1988 – Nr. 10126/82, EuGRZ 1989, 522 (524) Rn. 28 ff.
196 Vgl. BVerfGE 69, 315 (355); BVerfG NVwZ 1998, 835 (836); NJW 2000, 3051 (3052 f.); *Köhler/Dürig-Friedl*, Demonstrations- und Versammlungsrecht, Art. 8 GG Rn. 12.
197 Vgl. *Kraujuttis*, Versammlungsfreiheit zwischen liberaler Tradition und Funktionalisierung, S. 137; *Höfling*, in: Sachs, Art. 8 Rn. 44.
198 BVerwGE 72, 113 (118).

59 Der Eingriff kann auch durch **tatsächliches Verhalten** erfolgen, etwa durch Straßensperren der Polizei oder Kontrollen bei der Anfahrt zu einer Demonstration. Hier wird zu fordern sein, dass dieses tatsächliche Verhalten ein gewisses Gewicht und einen Bezug zur Versammlung hat. Als faktische Eingriffe sind ferner alle informationellen Maßnahmen zu qualifizieren, durch welche Versammlungen mit dem Ziel einer erleichterten Strafverfolgung im Falle von Ausschreitungen observiert, abgehört oder bildlich aufgezeichnet (»videografiert«) werden. Dabei kommt es vor dem Hintergrund des erweiterten Eingriffsbegriffs weder auf subjektive Einstellungen der Behörde[199] noch auf objektive Kriterien der Art und Weise der Durchführung solcher Maßnahmen an. Deshalb ist es für die Eröffnung des Schutzbereichs nicht erforderlich, dass die Behörde eine bestimmte Absicht der Informationsbeschaffung verfolgt oder sie hierbei den Grundsatz der Verhältnismäßigkeit verletzt.[200]

60 Nachfolgend werden die **versammlungsspezifischen Standardeingriffe** »Verbot«, »Auflösung« sowie »Auflage« dargestellt. Weitere gesetzliche Eingriffe infolge der Anmeldepflicht sowie der Bannmeilen- oder ähnlicher Gesetze werden nebst den einschlägigen Regelungen der Feiertagsgesetze der Länder im Unterabschnitt über die »Schranken« behandelt (Rdn. 67).

1. Das Versammlungsverbot

a) Grundnormen (§§ 5 und 15 Abs. 1 VersG)

61 Die Ermächtigung, eine **Versammlung zu verbieten** (§§ 5, 15 VersG), ist auf die Untersagung einer konkret geplanten Versammlung mit dem Ziel gerichtet, ihre Durchführung zu verhindern. Der Verbotstatbestand des § 5 VersG betrifft solche Versammlungen in geschlossenen Räumen, die schon tatbestandlich (»friedlich und ohne Gewalt«) nicht in den Schutzbereich des Art. 8 GG fallen. Für das Verbot einer Versammlung unter freiem Himmel genügt nach § 15 Abs. 1 VersG hingegen bereits die unmittelbare Gefährdung der öffentlichen Sicherheit und Ordnung, doch ist dies namentlich mit Blick auf die öffentliche Ordnung nur unter strikter Wahrung des Grundsatzes der Verhältnismäßigkeit zulässig.[201] Ein Verstoß gegen die gesetzliche Anmeldepflicht allein, also ohne eine zusätzliche – von der Behörde im Rahmen einer Gefahrenprognose zu belegende – Gefährdung für die öffentliche Sicherheit mit der Folge, dass eine Versammlung als unfriedlich zu qualifizieren ist (Rdn. 47), vermag kein Verbot zu rechtfertigen.[202]

62 Aus Gründen der »**öffentlichen Ordnung**« kann eine Versammlung in bestimmten Fällen allerdings dann verboten werden, wenn mildere Maßnahmen – namentlich

---

199 A.A. *Pieroth/Schlink/Kingreen/Poscher*, Grundrechte, Rn. 767 f.
200 Vgl. *Dietel/Gintzel/Kniesel*, Versammlungsgesetz, § 1 Rn. 76 ff.; *Höfling*, in: Sachs, Art. 8 Rn. 57; *Schulze-Fielitz*, in: Dreier, GG I, Art. 8 Rn. 63.
201 Vgl. BVerfGE 69, 315 (353), wonach »eine bloße Gefährdung der öffentlichen Ordnung im allgemeinen nicht genügen wird.«.
202 Vgl. BVerfGE 69, 315 (351); OVG Weimar, NVwZ-RR 2003, 207 (210).

»Auflagen« (Rdn. 66) – zur Gefahrenabwehr nicht ausreichen.[203] Absehbare Verstöße gegen Strafgesetze, insbesondere befürchtete Straftaten in Form von Äußerungsdelikten (etwa §§ 86a, 90a, 90b, 130 StGB), die nicht als Ausdruck von »Unfriedlichkeit« im Sinne von Art. 8 Abs. 1 GG anzusehen sind, können nach diesem grundrechtsschonenden und wechselwirkungsorientierten (Rdn. 66) Maßstab dann nicht zu einem Verbot führen, wenn sie durch Auflagen verhindert werden können.[204] Im Ergebnis kann die »öffentliche Ordnung« als Rechtsgrundlage für ein Verbot nach § 15 Abs. 1 VersG nur dann dienen, wenn nach dem Gesamtcharakter einer Versammlung eine massive Provokation vorliegt und damit *zugleich* beabsichtigt ist, »Einschüchterungseffekte« oder ein »Klima der Gewaltbereitschaft«[205] hervorzurufen. Solchen Wirkungen einer Versammlung, die den offenen und freien Diskurs der Gesellschaft unter den Bedingungen der Toleranz und der Gleichheit bedrohen, kann die Versammlungsbehörde jedenfalls dann durch ein Verbot entgegentreten, wenn der Gesamtcharakter durch die Erteilung von »Auflagen« – etwa hinsichtlich des Verbots der Verwendung von Symbolen (Parolen, Chiffren und Abkürzungen) oder des Mitführens von Kennzeichen verfassungswidriger Organisationen, die den Tatbestand des Staatsschutzdelikts des § 86a StGB erfüllen (Verwendung von Fahnen, Abzeichen, Uniformstücken und Parolen), nicht wirksam beeinflusst werden kann. Die wirksame Verbotsverfügung nimmt als rechtsgestaltender Verwaltungsakt der betroffenen Versammlung den grundrechtlichen Schutz. Maßnahmen zur Durchsetzung der Verbotsverfügung können auf allgemeines Polizeirecht gestützt werden. Das Verbot betrifft die ganze Versammlung.

b) Der Schutz historisch bedeutsamer Tage und Örtlichkeiten

Nach der Rechtsprechung des Bundesverfassungsgerichts »kann die **öffentliche Ordnung** betroffen sein, wenn einem bestimmten Tag ein in der Gesellschaft eindeutiger **Sinngehalt mit gewichtiger Symbolkraft** zukommt, der bei Durchführung eines Aufzuges an diesem Tag in einer Weise angegriffen wird, dass dadurch grundlegende soziale oder ethische Anschauungen in erheblicher Weise verletzt werden.«[206] Mit diesem zu rechtsextremistischen Demonstrationen ergangenen Judikat hat sich das Bundesverfassungsgericht unter einengender Auslegung des Begriffs der »öffentlichen Ordnung« gegen das OVG NW gestellt, welches ein Versammlungsverbot damit begründet hatte, dass ein Bekenntnis zum Nationalsozialismus einen Verstoß gegen die öffentliche Ordnung gemäß § 15 Abs. 1 VersG darstelle.[207]

63

---

203 Vgl. BVerfGE 111, 147 (156 f.) – Inhaltsbezogenes Versammlungsverbot.
204 Vgl. *Schulze-Fielitz*, in: Dreier, GG I, Art. 8 Rn. 93 f.
205 Vgl. BVerfG (1. Kammer des Ersten Senats), NJW 2000, 3051 – Vorläufiger verfassungsgerichtlicher Rechtsschutz bei Versammlungsverbot.
206 BVerfG (1. Kammer des Ersten Senats), NJW 2001, 1409 (1410); DVBl. 2004, 1230 (1232) – Öffentliche Ordnung als Schutzgut für Einschränkungen des Versammlungsrechts.
207 Vgl. ausführlich *Höfling*, in: Sachs, Art. 8 Rn. 68.

64   Der in der Entscheidung zum Ausdruck kommende Rechtsgedanke, der die in Art. 5 Abs. 2 GG normierte Grenzziehung der Allgemeinheit des beschränkenden Gesetzes respektiert, ist nicht nur auf historisch bedeutsame Tage anzuwenden, sondern in gleicher Weise auch auf historisch bedeutsame Örtlichkeiten mit Gedenkstättencharakter übertragbar.[208] Nicht zuletzt als Konsequenz der Kontroverse zwischen dem OVG NW und dem Bundesverfassungsgericht hat der Gesetzgeber in der Regelung des § 15 Abs. 2 VersG hiervon Gebrauch gemacht; sie stellt einen **Anwendungsfall des Verbotstatbestands des § 15 Abs. 1 VersG** dar. Orte von »historisch überregionaler Bedeutung«, die an die Opfer des nationalsozialistischer Gewalt- und Willkürherrschaft erinnern, können durch gesetzliche Bestimmung Gedenkstättenstatus und damit besonderen Schutz erhalten, doch muss bei der Verfügung im Einzelfall stets zu besorgen sein, »dass durch die Versammlung oder den Aufzug die Würde der Opfer beeinträchtigt wird« (§ 15 Abs. 2 Ziff. 2 VersG). Der Schutz historisch bedeutsamer Tage ohne besonderen Ortsbezug ist weiterhin nur bei Gefährdung der öffentlichen Ordnung in Anwendung der Befugnisnorm des § 15 Abs. 1 VersG möglich und zulässig.

2. Die Auflösung einer Versammlung

65   Nicht weniger einschneidend als das Verbot ist die Auflösung einer Versammlung. Diese Maßnahme zielt darauf ab, eine laufende Versammlung faktisch zu beenden oder eine Personenansammlung zu zerstreuen. Denn mit der Auflösung haben sich »alle Teilnehmer … sofort zu entfernen« (§ 13 Abs. 2 VersG). Indem die Versammlung zur bloßen Ansammlung wird, **verliert** sie mithin **den Schutz der Versammlungsfreiheit**.[209] Versammlungen in geschlossenen Räumen können nach § 13 VersG aufgelöst werden.[210] Versammlungen unter freiem Himmel können nach § 15 Abs. 3 VersG unter den Voraussetzungen aufgelöst werden, die für ein Verbot gelten (§ 15 Abs. 1 und 2 VersG). Verbotene Veranstaltungen müssen hingegen zwingend – in der Durchsetzung stets aber unter Beachtung des Verhältnismäßigkeitsprinzips – aufgelöst werden (§ 15 Abs. 4 VersG). Aus diesem Grundsatz ergibt sich zugleich, dass eine Verletzung der Anmeldepflicht die Behörde nicht ipso facto zur Auflösung der Versammlung berechtigt – auch dann nicht, wenn es sich nicht um eine Spontanversammlung (Rdn. 45) oder eine Großdemonstration handelt;

---

208   *Dietel/Gintzel/Kniesel*, Versammlungsgesetz, § 15 Rn. 60.
209   Nach KG Berlin, NvWZ 2000, 468 ff., hat dies zur Folge, dass ggf. Personen, hinsichtlich derer eine Gefährdung von Sicherheitsgütern zu befürchten ist, im Rahmen einer auf Polizeirecht gestützten Ingewahrsamnahme am Weggehen gehindert und festgehalten werden können, ebenso OVG Münster; NVwZ 2001, 1315 f.; *Kniesel/Behrendes*, Polizei – heute 2001, 93 (100 ff.); *Hermanns/Hönig*, NdsVBl. 2002, 205 f.
210   Zur Notwendigkeit einer verfassungskonformen Auslegung des § 13 Abs. 1 Satz 1 Nr. 4 VersG »unter Maßgabe praktischer Konkordanz« vgl. *Dietel/Gintzel/Kniesel*, Versammlungsgesetz, § 13 Rn. 1.

doch kann die Eingriffsschwelle für die Behörde dadurch sinken.[211] Eine Auflösungsverfügung, bei der sodann die Versammlungsteilnehmer durch polizeiliche Einschließung festgehalten werden (»Hamburger Kessel«), widerspricht dem polizeilichen Instrument der Versammlungsauflösung und ist nur dann zulässig, wenn Tatsachen darauf schließen lassen, dass von den Teilnehmern Gefahren für die öffentliche Sicherheit gerade deshalb drohen, weil sie sich entfernen.[212]

3. Die »Auflagen« nach § 15 Abs. 1 und 2 VersG

Die vom Gesetzgeber in § 15 Abs. 1 und 2 VersG vorgesehenen Beschränkungen der   66
vom Veranstalter beabsichtigten Gestaltung der Versammlung hinsichtlich Zeit, Ort sowie der Art und Weise der Durchführung erweisen sich gegenüber dem allgemeinen Verbot als Maßnahmen, die weniger stark in das Freiheitsrecht des Art. 8 GG eingreifen (»Minusmaßnahmen«). Ungeachtet ihrer gesetzlichen Qualifizierung als »Auflage« stellen sie **selbständige Verfügungen** dar.[213] Da die Versammlungen unter freiem Himmel ebenso wie die Aufzüge keiner Erlaubnis bedürfen, ergeht kein Verwaltungsakt, der mit Nebenbestimmungen in Form von Auflagen i.S.d. § 36 Abs. 2 Nr. 4 VwVfG versehen werden könnte. Das von § 15 Abs. 1 VersG gedeckte Verlangen eines Tuns, Duldens oder Unterlassens des Veranstalters ist unter der Voraussetzung zulässig, dass ohne diese Verfügung infolge der Versammlung eine unmittelbare Gefährdung der öffentlichen Sicherheit und Ordnung (Rdn. 61) einträte. Solche Auflagen sind zulässig, wenn einer Versammlung eine spezifische Provokationswirkung zukommt oder ein besonderer Einschüchterungseffekt von ihr zu erwarten ist.[214] Die in § 15 Abs. 2 VersG vorgesehenen Verfügungen ermöglichen es der zuständigen Behörde, von einem Versammlungsverbot abzusehen, wenn sie die nach den ihr erkennbaren Umständen gehegten Zweifel an der Vereinbarkeit der Versammlung mit dem Bestimmungszweck der geschützten Gedenkstätte oder mit der Würde der Opfer durch eine Beeinflussung der Durchführungsmodalitäten ausräumen kann.[215] Obwohl in § 15 Abs. 3 VersG (Rdn. 65) nicht ausdrücklich vorgesehen, können beschränkende Verfügungen auch als milderes Mittel gegenüber einer Auflösung angeordnet werden, wenn sie während einer schon begonnenen Versammlung einen Verzicht auf die Auflösung erlauben.[216] Allerdings darf die Behörde beim Erlass von Auflagen keine zu geringen Anforderungen an die Gefahrenprognose stellen. Bloße Verdachtsmomente oder Vermutungen stellen keine hinreichende

---

211 Vgl. *Kloepfer*, HStR VII, § 164 Rn. 38, der auch ein »automatisches« Versammlungsverbot bei nicht erfolgter Anmeldung ausschließt.

212 Vgl. *Breitbach/Deiselroth/Rühl*, in: Ridder/Breitbach/Rühl/Steinmeier, Versammlungsrecht, § 15 Rn. 307.

213 Vgl. *Dietel/Gintzel/Kniesel*, Versammlungsgesetz, § 15 Rn. 43; *Sachs*, in: Stern, Staatsrecht IV/1, S. 1252.

214 Vgl. BVerfGE 111, 147 (156 f.).

215 Vgl. *dies.*, Versammlungsgesetz, § 15 Rn. 43 f., 95.

216 Vgl. *dies.*, Versammlungsgesetz, § 15 Rn. 138 f.

Grundlage dar. Vielmehr sind »konkrete und nachvollziehbare tatsächliche Anhaltspunkte« erforderlich.[217]

II. Schranken

1. Regelung nach Maßgabe der Beschaffenheit des Versammlungsraums

67   Die Versammlungsfreiheit ist nicht schrankenlos gewährleistet. Die Rechtfertigung von Eingriffen richtet sich danach, ob es sich um eine Versammlung unter freiem Himmel oder um eine Versammlung in geschlossenen Räumen handelt. Ein »**geschlossener Raum**« definiert sich nicht nach dem Vorhandensein eines Daches, sondern danach, ob er **nach den Seiten hin umschlossen** ist.[218] Daher werden Versammlungen in Stadien und untermauerten Innenhöfen hiervon erfasst, während Versammlungen auf nur überdachten Plätzen dem Gesetzesvorbehalt des Art. 8 Abs. 2 GG unterfallen.

68   Nur Versammlungen unter freiem Himmel stehen unter dem **Gesetzesvorbehalt des Art. 8 Abs. 2 GG** (Rdn. 72). Für andere Versammlungen kommt eine Beschränkung nur als **immanente Schranke**, also auf der Grundlage kollidierenden Verfassungsrechts, in Betracht (Rdn. 34). Der Grund für diese historisch vorgeprägte Unterscheidung wird darin gesehen, dass die vorbehaltlose Gewährung »der besonderen Freiheit des Bürgers innerhalb seiner vier Wände Rechnung tragen« soll.[219] Andererseits wird die Notwendigkeit, gerade Versammlungen unter freiem Himmel einzuschränken, mit ihrer besonderen Störanfälligkeit oder zumindest den Interessenkonflikten begründet, die sich aus dem Kontakt einer praktisch unbegrenzten Zahl von Versammlungsteilnehmer mit unbeteiligten Dritten ergeben.[220]

69   Diese Unterscheidung darf mit jener anderen Differenzierung nicht verwechselt werden, die **öffentliche und nicht-öffentliche Versammlungen** im einfach-gesetzlichen Versammlungsrecht voneinander abgrenzt. Der Gesetzesvorbehalt des Art. 8 Abs. 2 GG für Versammlungen unter freiem Himmel hat nicht nur freiheitsbeschränkende Folgen, sondern ermöglicht auch Freiheit, indem er die Grundlage für zahlreiche gesetzliche Maßnahmen zur Ausgestaltung der Versammlung bildet.[221] Sowohl bei der vorbehaltlosen Gewährung als auch bei der Ausgestaltung mit Gesetzesvorbehalt bedarf der staatliche Eingriff einer gesetzlichen Grundlage. Diese ist im Versammlungsgesetz zu finden (Rdn. 79), das zwischen öffentlichen Versammlungen in geschlossenen Räumen (§§ 5–13) und öffentlichen Versammlungen unter freiem Himmel

---

217 BVerfG Beschl. v. 20.12.2012 – 1 BvR 2794/10, NVwZ 2013, 570, Rn. 17.

218 Vgl. *Kunig*, in: v. Münch/Kunig, GG I, Art. 8 Rn. 29; *Hoffmann-Riem*, in: AK-GG, Art. 8 Rn. 56; *Sachs*, in: Stern, Staatsrecht IV/1, S. 1261.

219 Vgl. *Herzog*, in: Maunz/Dürig, Art. 8 (1987) Rn. 91; *Gusy*, in: v. Mangoldt/Klein/Starck, Art. 8 Rn. 54.

220 Vgl. *Höfling*, in: Sachs, Art. 8 Rn. 61; *Gusy*, in: v. Mangoldt/Klein/Starck, Art. 8 Rn. 55.

221 Vgl. *Schulze-Fielitz*, in: Dreier, GG I, Art. 8 Rn. 65.

sowie Aufzügen (§§ 14–20) differenziert, nicht öffentliche Versammlungen mithin ausblendet.

2. Schranken gemäß Art. 17a Abs. 1 GG

Art. 8 GG ist überdies dem Sammel-Gesetzesvorbehalt des Art. 17a Abs. 1 GG un-   70
terworfen, der Angehörige der Streitkräfte und des Ersatzdienstes auch in der Ausübung des Grundrechts der Versammlungsfreiheit beschränkt. Spezielle Einschränkungen der Versammlungsfreiheit sind indes bisher in Gesetze nach Art. 17a GG
nicht aufgenommen worden; das Grundrecht wird aber abgesehen vom Uniformverbot des § 15 Abs. 3 SoldG (Rdn. 76) auch durch das Verbot beschränkt, als Werber
für eine politische Gruppe Ansprachen zu halten (§ 15 Abs. 2 Satz 3 SoldG, § 29
Abs. 2 Satz 2 ZDG).

3. Versammlungen in geschlossenen Räumen

Findet eine Versammlung in geschlossenen Räumen statt, wird sie – unter der Be-   71
dingung der Friedlichkeit und der Waffenlosigkeit – durch ein **vorbehaltloses
Grundrecht** geschützt, in das nur zum Schutz kollidierenden Verfassungsrechts nach
Maßgabe praktischer Konkordanz eingegriffen werden darf. Als grundgesetzliche Begrenzungen dieser Art kommen etwa Art. 2 Abs. 2 Satz 1 GG (Bsp.: Versammlungsauflösung wegen Gefahr für Leib und Leben der Teilnehmer nach § 13 Abs. 1 Nr. 2
zweite Alt. VersG), Art. 5 Abs. 1 GG (Bsp.: Verbot des Ausschlusses von Pressever-
tretern anlässlich einer Versammlung nach § 6 Abs. 2 Hs. 1 VersG) oder Art. 14
Abs. 1 GG (Bsp.: Ausschluss der Inanspruchnahme privater Räumlichkeiten für öffentliche Versammlungen) in Betracht. Nach dem Grundsatz der Spezialität ist es zugleich ausgeschlossen, die Gesetzesvorbehalte anderer Grundrechte auf Art. 8 Abs. 1
GG zu übertragen. Den Ausgleich zwischen Versammlungsfreiheit und entgegenstehendem Verfassungsrecht kann hinsichtlich staatlicher Eingriffe auch der einfache
Gesetzgeber vornehmen, der damit allerdings keinen Gesetzesvorbehalt errichtet.[222]
Soweit das Versammlungsgesetz Regelungen auch für Versammlungen in geschlossenen Räumen enthält, sind sie – wie dies etwa die zweifelsohne dem polizeirechtlichen
Instrumentarium des 19. Jhds. entstammende Verpflichtung des Veranstalters belegt,
in solchen Fällen einen Versammlungsleiter zu bestellen (§ 7 Abs. 1 VersG)[223] – Ausdruck dieser gesetzgeberischen Balancierung widerstreitender Verfassungswerte oder
sie richten sich gegen tatbestandlich nicht durch Art. 8 GG geschützte, also unfriedliche oder bewaffnete Versammlungen (etwa §§ 5 Nr. 2 und 3, 13 Abs. 1 Nr. 2 und 3
VersG).

---

222 Vgl. *Schulze-Fielitz*, in: Dreier, GG I, Art. 8 Rn. 73 mit weit. Nachw.
223 A.A. *Höfling*, in: Sachs: Art. 8 Rn. 81, der in dieser Regelung die Gefahr sieht, dass sie
»dem Selbstbestimmungsrecht der Versammlungsteilnehmer« zuwiderläuft.

4. Versammlungen unter freiem Himmel

a) Allgemeines

72   **Art. 8 Abs. 2 GG** enthält für »Versammlungen unter freiem Himmel« einen einfachen **Gesetzesvorbehalt.** Das formelle Gesetz als unmittelbare (»durch Gesetz«) oder mittelbare (»aufgrund eines Gesetzes«) Eingriffsgrundlage[224] muss dem rechtsstaatlichen Bestimmtheitserfordernis und den Erfordernissen des Art. 19 Abs. 1 GG (Einzelfallgesetzverbot und Zitiergebot[225]) entsprechen. Auch auf den Gesetzesvorbehalt des Art. 8 Abs. 2 GG ist die **Wechselwirkungslehre** anwendbar, nach der der Gesetzgeber bei allen begrenzenden Regelungen die »in Art. 8 GG verkörperte Grundentscheidung zu beachten« hat.[226]

b) Einzelne Begrenzungsgesetze nach Art. 8 Abs. 2 GG

73   Der Gesetzesvorbehalt des Art. 8 Abs. 2 GG wird insbesondere durch das »**Gesetz über Versammlungen und Aufzüge**« (VersG) konkretisiert, das in verschiedenen Regelungen zu einem Vorgehen gegen eine Versammlung als solche ermächtigt (§§ 5 ff., 14 ff.). Als Spezialgesetz geht das VersG dem allgemeinen Polizei- und Ordnungsrecht, aber auch dem Straßenverkehrsrecht[227] grundsätzlich vor. Soweit das VersG keine einschlägigen Normen enthält, wie etwa mit Blick auf das Einschreiten gegen einzelne Störer, ist ein Rückgriff auf die Standardmaßnahmen des Polizeigesetzes möglich (Rdn. 79).

74   aa) Die **Anmeldepflicht** für öffentliche Versammlungen unter freiem Himmel nach § 14 Abs. 1 VersG ist als pauschales Verbot bedenklich und daher nur bei grundrechtskonformer Auslegung durch den Gesetzesvorbehalt des Art. 8 Abs. 2 GG gedeckt (Rdn. 45).[228] So hat das Bundesverfassungsgericht dann auch klargestellt, dass Beschränkungen auf der Grundlage von Art. 8 Abs. 2 »die Gewährleistung des Abs. 1 nicht gänzlich für bestimmte Typen von Veranstaltungen außer Geltung setzen dürfen«.[229] Eine solche Anmeldepflicht ist aber für die Behörden zur logistischen Planung von Großdemonstrationen mit bisweilen mehr als 10.000 Teilnehmern unverzichtbar.[230] **Spontanversammlungen** sind hingegen in grundrechtskonformer

---

224 Vgl. zum (entstehungsgeschichtlichen) Hintergrund *Sachs*, in: Stern, Staatsrecht IV/1, S. 1262 ff.

225 Vgl. *Sachs*, in: Stern, Staatsrecht IV/1, S. 1268 ff.

226 Vgl. BVerfG 69, 315 (348).

227 Vgl. BVerwGE 82, 34 (38).

228 *Schulze-Fielitz*, in: Dreier, GG I, Art. 8 Rn. 83; so nunmehr auch *Jarass*, in: Jarass/ Pieroth, GG, Art. 8 Rn. 22; a.A. *Höfling*, in: Sachs, Art. 8 Rn. 64: »verfassungswidrig«, *Gusy*, in: v. Mangoldt/Klein/Starck, Art. 8 Rn. 36; unentschieden *Jarass*, in: Jarass/Pieroth, GG, Art. 8 Rn. 22.

229 Vgl. BVerfGE 69, 315 (351).

230 Vgl. in diesem Sinne auch BVerfGE 69, 315 (357 ff.); *Kloepfer*, HStR VII, § 164 Rn. 34; a.A. *Geulen*, KJ 1983, 189 (193 f.).

Interpretation von der Anmeldepflicht gänzlich freigestellt, Eilversammlungen jedenfalls von der in § 14 Abs. 1 VersG vorgesehenen 48-Stunden-Frist.[231]

bb) Die **Schutzwaffen- und Vermummungsverbote** (§ 17a VersG) sind – vor allem   75
im Rahmen der Ausnahmevorschrift des § 17a Abs. 3 Satz 2 VersG – gleichfalls verfassungskonform in dem Sinne auszulegen, dass der Verbotstatbestand dann nicht erfüllt ist, wenn Schutzwaffen allein zum Schutz gegen den polizeilichen Einsatz von Tränengas und Wasserwerfern mitgeführt werden und die Vermummung nicht dazu dient, unter ihrem Schutz Straftaten zu begehen (Rdn. 48). Schutzwaffen im technischen Sinne sind Gegenstände, die zur Verteidigung gegen Angriffe dienen und zu diesem Zweck hergestellt wurden. Hierzu gehören insbesondere solche Gegenstände, die regulär bei der Polizei oder dem Militär Verwendung finden (Stahlhelme, Gasmasken und Schutzschilde).[232] Schutzwaffen im nichttechnischen Sinn (etwa Motorradhelme, Industriehelme, Lederbekleidung, Schutzbrillen) werden nur dann vom Tatbestand erfasst, wenn der Täter die Absicht hat, sie zur Abwehr von Vollstreckungshandlungen zu verwenden.[233] Zur Aufmachung, die geeignet ist, die Feststellung der Identität zu verhindern (»Vermummung«), gehört jedes Mittel, mit dem die Unkenntlichmachung oder das Verbergen der Gesichtszüge erreicht wird (z.B. Verkleidung, Maskierung, Bemalung, Bedecken durch Kapuzen und Tücher).[234]

cc) Das **Uniformverbot nach § 3 Abs. 1 VersG** ist vom Bundesverfassungsgericht als   76
rechtlich hinnehmbar bezeichnet worden, wenn das Tragen »gleichartige(r) Kleidungsstücke als Ausdruck einer gemeinsamen politischen Gesinnung« auf solche Kleidung beschränkt werde, die Uniformen oder Uniformteilen gleichartig seien; dies rechtfertigt es mit dem Ziel der Vorschrift, hierdurch ausgelöste »suggestiv-militante Effekte in Richtung auf einschüchternde uniforme militärische Militanz« zu verhindern.[235] Indes steht hinter diesem *generalisierenden* Verbot, welches etwa auch Pazifistengruppen in einheitlicher weißer Kleidung erfasst, ein obrigkeitsstaatliches Denken, das mit einer Ordnung der Freiheit (Art. 8 Abs. 1 GG) nicht vereinbar ist.[236] Der **Gefahr der Uniformierung zur Darstellung einer radikalen politischen Gesinnung** (Bomberjacken, Springerstiefel, gleichfarbige Schnürsenkel etc.), die der Gesetzgeber vor Augen hatte, kann mit behördlichen Maßnahmen, namentlich Auflagen, wirksam begegnet werden.[237] Das Verbot der Teilnahme an einer politischen Veranstaltung »in Uniform«, das in **§ 15 Abs. 3 SoldG** verankert ist, soll die politi-

---

231 *Köhler/Dürig-Friedl*, Demonstrations- und Versammlungsrecht, § 14 VersG Rn. 4.
232 BT-Drs. 10/3580, S. 4.
233 BT-Drs. 10/3580, S. 4.
234 *Meyer*, Das neue Demonstrations- und Versammlungsrecht, 2. Aufl., 1986, § 17a Rn. 3a.
235 Vgl. BVerfG NJW 1982, 1803 (Vorprüfungsausschuss) – Verbotenes Uniformtragen in der Öffentlichkeit.
236 A.A. *Dietel/Gintzel/Kniesel*, Versammlungsgesetz, § 3 Rn. 2, mit Blick auf »die Bedrohlichkeit des Gesamtbildes«.
237 *Höfling*, in: Sachs, Art. 8 Rn. 71; so auch im Ergebnis *Jarass*, in: Jarass/Pieroth, GG, Art. 8 Rn. 19 (Grundsatz der Verhältnismäßigkeit); *Schulze-Fielitz*, in: Dreier, GG I, Art. 8 Rn. 36 f.

sche Neutralität der Bundeswehr – im Sinne ihrer Loyalität gegenüber der politischen Führung – sowie ihre Funktionsfähigkeit sichern.[238] Die Demonstrationsfreiheit von Soldaten und Berufssoldaten,[239] die wie bei Angehörigen anderer Sonderstatusverhältnisse (vor allem Beamte und Schüler) nur zum Zwecke der Aufrechterhaltung der Funktionsfähigkeit der speziellen staatlichen Organisationseinheit beschränkt werden darf,[240] wird durch die Spezialregelung des § 15 Abs. 3 SoldG nicht berührt.

77   dd) Die § 16 VersG ausführenden **Bannmeilengesetze der Länder** und das **Gesetz über befriedete Bezirke für Verfassungsorgane des Bundes** (BefBezG) schränken die Versammlungsfreiheit zum Schutz der Arbeits- und Funktionsfähigkeit der dort genannten Verfassungsorgane (einschließlich des Bundesverfassungsgerichts) sowie zur Wahrung des »demokratischen Willensbildungs- und Entscheidungsprozesses«[241] ein. Der Schutz der Bannmeilenregelungen umfasst indes auch alle im Rahmen ihrer Organautonomie durchgeführten Veranstaltungen wie z.B. Gedenk- oder Feierstunden. Die den Regelungen der Länder nach wie vor zugrunde liegende Annahme einer abstrakten Gefährdung dieser Güter wird – auch im internationalen Vergleich – als empirisch nicht nachweisbar kritisiert und mit Blick auf die gewählte Systematik eines repressiven Verbots mit Befreiungsvorbehalt als verfassungsrechtlich bedenklich verworfen.[242] Die »Bannmeile« zeugt ebenso wie der »befriedete Bezirk« von der Furcht des Gesetzgebers vor der »Diktatur der Straße«, wo doch die Politik die Nähe zum Volk zunehmend suchen müsste.

Das OVG NW ist in einer Entscheidung vom 22. Dezember 1993 von der grundsätzlichen Verfassungsmäßigkeit von Bannkreisen ausgegangen, stellt aber klar, dass bei Entscheidungen über Ausnahmegenehmigungen unter Verhältnismäßigkeitsgesichtspunkten insbesondere der Schutzzweck solcher Bannkreise beachtet werden muss und Ausnahmen zu erteilen sind, wenn dieser nicht gefährdet ist. Zugleich hat das Gericht bereits auf der Grundlage des früheren Bannmeilengesetzes des Bundes vom 6. August 1955 in diesen Fällen eine Ermessensreduzierung auf Null und damit eine Verpflichtung zur Erteilung einer Ausnahmegenehmigung angenommen.[243] Vor diesem Hintergrund begrenzt § 3 BefBezG den Umfang der – vom Gesetzgeber jetzt umbenannten – »befriedeten Bezirke« und das Demonstrationsverbot »auf das aus heutiger Sicht zur Erfüllung des Schutzzweckes unbedingt Notwendige«.[244] Dem Bürger wird nunmehr ein **Anspruch auf Erteilung einer Versammlungsgenehmigung** eingeräumt, »wenn eine Beeinträchtigung der Tätigkeit des Deutschen Bundestages und seiner Fraktionen, des Bundesrates und des Bundesverfassungsgerichts sowie ihrer Organe und Gremien und eine Behinderung des freien Zugangs zu ihren

---

238   Vgl. BVerfGE 57, 29 (36).
239   Vgl. BVerwGE 83, 60 (64).
240   Vgl. aber für Soldaten Art. 17a GG (Rdn. 70).
241   Vgl. BT-Drs. 14/1147, S. 4 (Begründung).
242   Vgl. *Höfling*, in: Sachs, Art. 8 Rn. 72.
243   OVG NW, DVBl. 1994, 541.
244   Vgl. BT-Drs. 14/1147, S. 4 (Begründung).

in dem befriedeten Bezirk gelegenen Gebäuden nicht zu besorgen ist«. Davon ist
»... in der Regel dann auszugehen, wenn die Versammlung oder der Aufzug an einem Tag durchgeführt werden soll, an dem Sitzungen (der geschützten Organe) nicht stattfinden« (§ 3 Abs. 1 Satz 1 und 2 BefBezG). Die Zulassung kann mit Auflagen versehen werden (§ 3 Abs. 1 Satz 3 BefBezG). Auf diese Weise soll die Kollision zwischen der Entscheidungsfreiheit und Funktionsfähigkeit dieser Institutionen einerseits und dem Grundrecht auf Versammlungsfreiheit andererseits geschlichtet werden.

ee) Einem Verbot oder eine Beschränkung von Versammlungen (»Handlungen«;   78
»Veranstaltungen«) an Sonntagen und an bestimmten gesetzlichen Feiertagen mit religiösem Ursprung sowie an den religiösen Feiertagen, die die **Feiertagsgesetze der Länder** »in der Nähe von religiösen Zwecken dienenden Gebäuden und Örtlichkeiten« vorsehen, wenn diese »geeignet sind, den Gottesdienst zu stören« oder die sie zum Schutz »stiller Tage« normieren (bspw. §§ 5, 6 ThürFtG), kann in seiner Bestimmtheit sowie in der vom Gesetzgeber vollzogenen Abwägung zwischen der Freiheit des religiösen Bekenntnisses und dem Schutz des Charakters religiös verwurzelter Tage einerseits und der Versammlungsfreiheit andererseits Verfassungsmäßigkeit bescheinigt werden.[245] Doch sind die Vorschriften verfassungskonform dahin auszulegen, dass hiervon nur Versammlungen unter freiem Himmel erfasst werden,[246] und das Verbot an stillen Tagen auf Versammlungen beschränkt wird, die mit dem Charakter des Feiertags nicht vereinbar sind.[247] Solche Regelungen erscheinen insbesondere dann unbedenklich, wenn von diesen Verboten »aus wichtigen Gründen ... Ausnahmen zugelassen werden (können)« ohne dass dadurch ein Gottesdienst gestört werden darf (§ 7 Abs. 1 ThürFtG).

c) Beschränkungen aufgrund allgemeiner Gesetze

aa) Neben den versammlungsspezifischen oder doch maßgeblich versammlungsbezo-   79
genen Beschränkungen durch Gesetz aufgrund des speziellen Gesetzesvorbehalts des Art. 8 Abs. 2 GG können auch allgemeine, also **nicht versammlungsspezifische Gesetze** die Versammlungsfreiheit wirksam einschränken. Solche Beschränkungen können unter Beachtung des Grundsatzes der **Spezialität** und damit der **Sperrwirkung des Versammlungsgesetzes** (Rdn. 73) auf die Polizeigesetze der Länder, das Straßen-

---

245 So im Ergebnis auch BVerfG (1. Kammer des Ersten Senats), NVwZ 2003, 601 f.; *Kloepfer*, HStR VII, § 164 Rn. 89; a.A. *Höfling*, in: Sachs, Art. 8 Rn. 73.
246 *Kloepfer*, HStR VII, § 164 Rn. 89.
247 So billigt das BVerfG (1. Kammer des Ersten Senats), NVwZ 2003, 601, die Beurteilung des OVG Frankfurt (Oder), das in einengender Auslegung einen »Einmarsch« in den Waldfriedhof in Halbe (Brandenburg) unter dem Motto »Ruhm und Ehre den deutschen Frontsoldaten« »mit dem Charakter des Volkstrauertages als Tag des stillen Gedenkens an die Opfer der beiden Weltkriege und des Nationalsozialismus« als unvereinbar angesehen hat.

verkehrsrecht und das Straßen- und Wegerecht[248] gestützt werden. Das Versammlungsgesetz ist ein Schutzgesetz zugunsten von Versammlungen, weil es staatliche Eingriffe an strengere Anforderungen bindet als das allgemeine Polizeirecht. Das gilt insbesondere für das Verbot und die Auflösung einer Versammlung, die nach § 15 VersG nur bei Vorliegen einer unmittelbaren Gefahr für die öffentliche Sicherheit zulässig sind, während die Polizeigesetze der Länder (etwa § 17 I ASOG-Berlin) eine schlichte Gefahr genügen lassen.

d)   Beschränkungen aufgrund versammlungsspezifischer Landesgesetze

80   Mit dem Inkrafttreten der ersten Stufe der **Föderalismusrefom** im Jahr 2006 ging die Gesetzgebungskompetenz für das Versammlungsrecht vom Bund auf die Länder über. Der bayerische Gesetzgeber, der hiervon Gebrauch gemacht hat (Rdn. 24), schuf im Rahmen seines am 1. Oktober 2008 in Kraft getretenen Regelungswerkes auch neue Eingriffstatbestände. Die Anfertigung der in Art. 9 Abs. 2 BayVersG vorgesehenen Übersichtsaufnahmen (Kamera-Monitor-Übertragungen), die der »Lenkung und Leitung des Polizeieinsatzes« dienen, stellten einen Grundrechtseingriff dar, da auch in Übersichtsaufzeichnungen die Einzelpersonen – durch schlichte Fokussierung – in der Regel individualisierbar erfasst waren. Diese Aufzeichnung sollte unabhängig davon erfolgen, ob der Teilnehmer an einer Versammlung hierzu einen Anlass gegeben hatte. Die maßgebliche Belastung infolge dieser Aufzeichnungen lag darin, dass die gesamten Versammlungsdaten gemäß § 9 Abs. 4 BayVersG auch über die konkrete Versammlung hinaus verfügbar gehalten wurden, unter Umständen sogar zeitlich unbegrenzt. Sie werden damit zu einem Datenvorratsspeicher, auf den über die Aufarbeitung des aufgezeichneten Versammlungsgeschehens hinaus allgemein zur Verfolgung von Straftaten und zur Gefahrenabwehr bei künftigen Versammlungen zurückgegriffen werden kann.

81   Das Bundesverfassungsgericht hat vor diesem Hintergrund im Wege des vorläufigen Rechtsschutzes innerhalb einer Folgenabwägung die Nachteile der **anlasslosen Datenbevorratung** für so gravierend erachtet, dass sie durch den möglichen polizeilichen Rückgriff auf die Übersichtsaufzeichnungen für die Strafverfolgung und die Abwehr künftiger versammlungsspezifischer Gefahren nicht zu rechtfertigen seien. Es hat daher die unverzügliche Auswertung der Daten angeordnet; soweit diese für die Aufgaben der Polizei nicht benötigt werden, »müssen sie spätestens innerhalb von zwei Monaten gelöscht oder zumindest irreversibel anonymisiert werden.«[249] Mit dem am 1. Juni 2010 in Kraft getretenen Gesetz zur Änderung des Bayerischen Versammlungsgesetzes hat der bayerische Gesetzgeber die einstweilen außer Kraft gesetzten Bußgeldvorschriften größtenteils aufgegeben und zahlreiche weitere die Versammlungsfreiheit beschränkenden Vorschriften teils weitgehend abgeändert.[250]

---

248   Zur Straßenreinigung vgl. BVerwGE 80, 158 – Straßenverunreinigung wegen Großdemonstration II.
249   Vgl. BVerfG, Beschl. v. 17.02.2009 – 1 BvR 2492/08 (Ziff. II. 2. b), DVBl. 2009, 598.
250   BayVBl. 2010, 190 ff.

G. Verhältnis zu anderen Grundgesetzbestimmungen und Grundrechtskonkurrenzen

Für das Verhältnis von Art. 8 GG zu anderen Grundrechten ist zu unterscheiden 82
zwischen klassischen Grundrechtskonkurrenzen in Fällen, in denen mehrere betroffene Grundrechte ihre **Schutzwirkung im Verbund** entfalten, und jenen Fällen, in denen ein **Spezialitätsverhältnis** zwischen einzelnen Grundrechten vorliegt. Während in den letztgenannten Konstellationen das Verhältnis regelmäßig nach der *lex specialis*-Regel gelöst wird, findet Art. 8 GG in Konkurrenzverhältnissen nur insoweit Anwendung, als es um den Schutz versammlungsspezifischer Verhaltensweisen geht.

Als *lex specialis* geht Art. 8 GG regelmäßig **Art. 2 Abs. 1 GG** vor. Als Auffanggrund- 83
recht bietet es solchen Versammlungen Schutz, die nicht in den Schutzbereich des Art. 8 GG fallen. Dazu gehört in personeller Hinsicht eine Versammlung von Ausländern, die allerdings über die einfach- gesetzliche Bestimmung des § 1 VersG denselben Schutz wie Art. 8 GG genießt (Rdn. 50). In sachlicher Hinsicht gilt dies für Versammlungen, die sich infolge der Rechtsprechung des Bundesverfassungsgerichts nicht unter den Schutz der Versammlungsfreiheit subsumieren lassen, namentlich reine Vergnügungsveranstaltungen.

Art. 8 GG muss dagegen selbst als *lex generalis* gegenüber der Glaubens- und Religi- 84
onsfreiheit aus **Art. 4 Abs. 1 und 2 GG** zurückstehen, soweit es um Glaubens- und Gewissensinhalte und ihre kollektive Betätigung geht.[251] Dies gilt beispielsweise, wenn als selbständiger Teil einer Versammlung ein Gottesdienst gehalten wird. Hier tritt Art. 8 GG hinter Art. 4 Abs. 2 GG zurück. Das Spezialitätsverhältnis von Art. 4 GG zu Art. 8 GG zeigt sich überdies in § 17 VersG, der Gottesdienste unter freiem Himmel, kirchliche Prozessionen, Bittgänge und Wallfahrten von den Einschränkungen der §§ 14–16 VersG ausnimmt.

Eine Konkurrenz ergibt sich insbesondere im Verhältnis von Art. 8 GG zu **Art. 5** 85
Abs. 1 GG. Legt man den einengenden Versammlungsbegriff zugrunde, so beinhaltet jede Versammlung zugleich die Kundgabe von Meinungen. Art. 8 GG ist jedoch nicht bloß als Erweiterung des Art. 5 Abs. 1 GG in personeller Hinsicht zu verstehen. Vielmehr schützt Art. 8 GG die Versammlung als solche und ihre Organisation, während Art. 5 Abs. 1 GG lediglich die im Rahmen der Versammlung geäußerten Meinungen schützt.[252] Die höheren Anforderungen des **Art. 5 Abs. 2 GG** sind folglich nur auf die Meinungskundgabe, nicht aber auf versammlungsspezifische Verhaltensweisen anwendbar. Grundsätzlich gilt, dass eine nach Art. 5 Abs. 2 GG unzulässige Meinungsäußerung nicht dadurch zulässig wird, dass sie im Rahmen einer

---

251 Vgl. *Schulze-Fielitz*, in: Dreier, GG I, Art. 8 Rn. 127; *Depenheuer*, in: Maunz/Dürig, Art. 8 Rn. 184; für ein Nebeneinander von Religions- und Versammlungsfreiheit *Sachs*, in: Stern, Staatsrecht IV/2, S. 1270 f.; *Gusy*, in: v. Mangoldt/Klein/Starck, Art. 8 Rn. 88.
252 *Schulze-Fielitz*, in: Dreier, GG I, Art. 8 Rn. 128; *Depenheuer*, in: Maunz/Dürig, Art. 8 Rn. 182.

Versammlung geäußert wird; eine zulässige Meinungsäußerung wird indes nicht deshalb unzulässig, weil sie in einer verbotenen Versammlung geäußert wird.[253]

86 Künstlerische oder wissenschaftliche Betätigungen innerhalb einer Versammlung fallen in den Schutzbereich des **Art. 5 Abs. 3 GG**. Für die Versammlung an sich sowie ihre Durchführung ist jedoch Art. 8 GG das maßgebliche Grundrecht. Ist hingegen bereits die Gestaltung der Versammlung als Kunstwerk oder Teil einer künstlerischen Aktivität anzusehen, so steht Art. 5 Abs. 3 GG gegenüber Art. 8 GG im Verhältnis der Spezialität.[254]

87 Während Art. 8 GG eher kurzfristiges und spontanes Verhalten betrifft, schützt Art. 9 GG auf Dauer angelegte und langfristig organisierte Zusammenschlüsse.[255] So kommt es nur in Ausnahmefällen zu einer Konkurrenz der beiden Grundrechte. Dies ist namentlich bei Arbeitskämpfen der Fall. Während die Niederlegung der Arbeit unter **Art. 9 GG** fällt, ist der versammlungsspezifische Teil des Streiks, etwa die Versammlung der Streikenden vor dem Werkstor, nach Art. 8 GG zu beurteilen.

88 In Konkurrenz zu **Art. 21 GG** findet Art. 8 GG insoweit Anwendung, als es bei der Versammlung einer Partei um versammlungsspezifische Aspekte geht. Maßnahmen, die sich gegen die politischen Inhalte und das Wirken einer Partei richten, sind hingegen nach Art. 21 GG zu beurteilen.[256] Dies gilt beispielsweise für die Verkündung eines Wahlprogramms im Rahmen einer Versammlung.

H. Internationale und europäische Aspekte

I. Völkerrechtliche Standards

89 Die Internationalisierung des Grund- und Menschenrechtsschutzes, die sich vor allem in der Schaffung regionaler und universeller Vertragssysteme manifestiert, zeigt sich auch in der Gewährleistung der Versammlungsfreiheit.[257] Bereits die **Allgemeine Erklärung der Menschenrechte** von 1948 enthält in ihrem Art. 20 Abs. 1 das Recht auf Versammlungs- und Vereinigungsfreiheit zu friedlichen Zwecken. Rechtsverbindlich konkretisiert ist dieses Recht auf völkerrechtlicher Ebene durch **Art. 21 S. 1 IPBPR**, der das Recht zur friedlichen Versammlung anerkennt.[258] Art. 21 S. 2 IPBPR unterwirft dieses Recht den gesetzlichen Einschränkungen, die im Interesse

---

253 *Depenheuer,* in: Maunz/Dürig, Art. 8 Rn. 183.

254 Vgl. *Depenheuer,* in: Maunz/Dürig, Art. 8 Rn. 183; *Schulze-Fielitz,* in: Dreier, GG I, Art. 8 Rn. 130; dies ist auch BVerfGE 67, 213, 224 ff. – Anachronistischer Zug – mittelbar zu entnehmen.

255 *Depenheuer,* in: Maunz/Dürig, Art. 8 Rn. 185; *Schulze-Fielitz,* in: Dreier, GG I, Art. 8 Rn. 131; *Gusy,* in: v. Mangoldt/Klein/Starck, Art. 8 Rn. 89.

256 *Gusy,* in: v. Mangoldt/Klein/Starck, Art. 8 Rn. 90; *Depenheuer,* in: Maunz/Dürig, Art. 8 Rn. 187.

257 Vgl. *Lawson,* Encyclopedia of Human Rights, 1996, S. 530 ff.; *Jayawickrama,* The Judicial Application of Human Rights Law, 2002, S. 721 ff.

258 Vgl. *Conte/Davidson/Burchill,* Defining Civil and Political Rights, 2004, S. 65 f.

der nationalen und öffentlichen Sicherheit, der öffentlichen Ordnung, zum Schutz der Volksgesundheit, der öffentlichen Sittlichkeit oder zum Schutz der Rechte und Freiheiten anderer notwendig sind. Auffällig ist, dass der Pakt die Versammlungsfreiheit nicht garantiert, sondern anerkennt. Gleich, ob dieser Formulierung ein naturrechtliches Verständnis oder lediglich pragmatische Gründe zugrunde liegen, schmälert dies nicht die Verpflichtungskraft des Art. 21 IPBPR für die Vertragsstaaten;[259] Individuen können sich jedenfalls insoweit auf diese Garantie berufen, als die Vertragsstaaten das Fakultativprotokoll über die Individualbeschwerde ratifiziert haben.[260] Der Versammlungsbegriff wird im Pakt vorausgesetzt, er erstreckt sich dem Wortlaut nach nur auf friedliche Versammlungen. Die Auslegung des Versammlungsbegriffs ist daher dem Menschenrechtsausschuss der Vereinten Nationen und den Staaten überlassen. Der vertikale Vergleich mit Art. 21 IPBPR belegt die Völkerrechtskonformität der Gewährleistung des Art. 8 GG, vermag aber wegen des auch im Pakt nicht definierten Begriffs der »Versammlung« die Zweifel über die Reichweite der nationalen verfassungsrechtlichen Garantie (Rdn. 21 ff.) nicht aufzulösen.

Die Garantien der Versammlungsfreiheit in den regionalen Vertragssystemen orientieren sich im Wesentlichen an den Formulierungen des IPBPR und der EMRK. So anerkennt **Art. 15 S. 1 der Amerikanischen Menschenrechtskonvention (22.11.1969)** das Recht, sich friedlich und ohne Waffen zu versammeln. Nach Art. 15 S. 2 AMRK darf dieses Recht keinen anderen Einschränkungen unterworfen werden als den vom Gesetzgeber vorgesehenen, die in einer demokratischen Gesellschaft im Interesse der äußeren und inneren Sicherheit oder der öffentlichen Ordnung oder Gesundheit, der Moral oder der Rechte und Freiheiten anderer notwendig sind. Die Rechtsprechung des seit 1970 tätigen Interamerikanischen Gerichtshofs für Menschenrechte in San José hat sich bisher nur in einer Entscheidung mit der Versammlungsfreiheit befasst, so dass diese Gewährleistung im amerikanischen System des Menschenrechtsschutzes noch keine richterliche Interpretation gefunden hat. **90**

Auch die **Afrikanische Charta der Menschenrecht und Rechte der Völker** vom 27. Juni 1981 garantiert in Art. 11 jedermann das Recht, sich frei mit anderen zu versammeln. Die Ausübung dieses Rechts darf nach Art. 11 S. 2 AfrMRCh nur den gesetzlich vorgesehenen Beschränkungen unterworfen werden, insbesondere im Interesse der nationalen und öffentlichen Sicherheit, der Volksgesundheit, der Sittlichkeit und der Rechte und Freiheiten anderer. Die erst am 15. März 2008 in Kraft getretene **Arabische Charta der Menschenrechte** (i.d.F. v. 23.05.2004) garantiert in Art. 24 Ziff. 6 das Grundrecht der Versammlungsfreiheit. Gem. Art. 24 Ziff. 7 ArabMRCh darf diese Garantie nur solchen gesetzmäßigen Einschränkungen unterworfen werden, die im Interesse der nationalen oder der öffentlichen Sicherheit, der **91**

---

259 Vgl. *Kraujuttis*, Versammlungsfreiheit zwischen liberaler Tradition und Funktionalisierung, S. 181.
260 Das Fakultativprotokoll ist – versehen mit einem Vorbehalt – für Deutschland gem. Bek. v. 30.12.1993 (BGBl. 1994 II S. 311) am 25.11.1993 in Kraft getreten.

öffentlichen Ordnung, Gesundheit oder Moral oder zum Schutz der Rechte und Freiheiten anderer notwendig sind.

II. Grundrechtsschutz auf europäischer Ebene

1. EMRK

92 In Europa wurde die Herausbildung einer Grundrechtsgemeinschaft insbesondere durch die im Rahmen des Europarates verabschiedete Europäische Menschenrechtskonvention gefördert. Die EMRK, die in Art. 11 Abs. 1 die Versammlungsfreiheit im Verbund mit der Vereinigungsfreiheit verankert hat,[261] entfaltet mit Blick auf Art. 8 Abs. 1 GG eine **grundrechtskonkretisierende und grundrechtsergänzende Wirkung**,[262] was mit Blick auf den Schutz der vom Deutschen-Grundrecht des Art. 8 Abs. 1 GG nicht erfassten Unionsbürger bereits verdeutlicht wurde (Rdn. 50).

93 Die Stellung der Versammlungsfreiheit in der EMRK im unmittelbaren Zusammenhang der Meinungsfreiheit verdeutlicht den systematischen Zusammenhang der beiden Gewährleistungen und wird auch vom Europäischen Gerichtshof für Menschenrechte betont. Die Versammlungsfreiheit muss danach im Lichte des Art. 10 EMRK ausgelegt werden, denn der Schutz der Meinungsäußerung wird als eines der Ziele der Versammlungsfreiheit angesehen.[263] Dies ist insbesondere dann zu beachten, wenn sich die Einschränkung der Versammlungsfreiheit auf bestimmten Ansichten der Versammlungsteilnehmer gründet. Der Gerichtshof verfolgt insofern eine **weite Auslegung des Versammlungsbegriffs**: Die Freiheit der Versammlung bildet zusammen mit der Meinungsfreiheit die Grundlage einer demokratischen Gesellschaft und darf daher nicht restriktiv ausgelegt werden.[264] Die Garantie schützt daher auch »Demonstrationen [...], die Menschen belästigen oder beleidigen, welche die Ideen oder Anliegen ablehnen, für die dort geworben werden soll« (Gay Pride Parade in Russland).[265] Von Art. 11 Abs. 1 EMRK werden daher auch die Organisatoren einer Versammlung geschützt, selbst wenn sie als juristische Person auftreten.[266]

---

261 Vgl. *Merrills/Robertson*, Human Rights in Europe, 1993, S. 181 ff.; *Villiger*, Handbuch der Europäischen Menschenrechtskonvention (EMRK), 2. Aufl., 1999, Rn. 611 ff.
262 Zu diesen Wirkungen im Allgemeinen *Sommermann*, in: Merten/Papier, HGR I, § 16 Rn. 11.
263 EGMR, Urt. v. 08.12.1999 – Nr. 23885/94, Freedom and Democracy Party (ÖZ-DEP)/Turkey, Rn. 37. Vgl. auch *Ripke*, Europäische Versammlungsfreiheit, 2012, S. 175 f.
264 EGMR, Urt. v. 31.03.2005 – Nr. 38187/97, Adali/Turkey, Rn. 266. *Ripke*, Europäische Versammlungsfreiheit, 2012, S. 180 ff.
265 EGMR, Urt. v. 21.10.2010 – Nr. 4916/07, 25924/08, 14599/09 (Alekseyev/Russland), Rn. 73, NVwZ 2011, 1375, unter Verweis auf EGMR, Urt. v. 20.10.2005 – Nr. 44079/98, Stankov u. die United Macedonian Organisation Ilinden und Ivanov/Bulgaria, Slg. 2001-IX Nr. EUGH-SLG Jahr 2001 Artikel IX, S. 90, Rn 99.
266 EGMR, Urt. v. 10.10.1979 – Nr. 8191/78, Rassemblement Jurassien u. Unité Jurassienne/Schweiz, Rn. 11.

Art. 11 Abs. 1 EMRK stellt in erster Linie ein klassisches Freiheitsrecht (**Abwehr-** **recht**) dar, das Eingriffe des Staates in die Freiheit, sich zu versammeln, im Rahmen des Art. 11 Abs. 2 EMRK beschränkt. Allerdings muss der Staat, wie auch bei anderen Grundrechten, dafür Sorge tragen, dass in der Praxis vom Recht auf Versammlung wirksam Gebrauch gemacht werden kann. Im Einzelnen muss der Staat gewährleisten, dass Personen an einer Demonstration teilnehmen können, ohne Gewalttaten von Gegendemonstranten befürchten zu müssen.[267] Bei der Auswahl der zu treffenden Maßnahmen hat der Staat jedoch einen weiten Beurteilungsspielraum. **94**

Einschränkungen der Versammlungsfreiheit müssen gesetzlich vorgesehen sein, ein legitimes Ziel verfolgen und in einer demokratischen Gesellschaft notwendig sein. Legitime Ziele sind gem. Art. 11 Abs. 2 EMRK die Gewährleistung der nationalen oder öffentlichen Sicherheit, die Aufrechterhaltung der öffentlichen Ordnung, die Verhütung von Straftaten sowie der Schutz der Gesundheit oder Moral und der Schutz von Rechten und Freiheiten anderer.[268] Dies schließt einen Genehmigungsvorbehalt mit ein. Ein generelles Demonstrationsverbot ist dagegen nur bei außergewöhnlichen Umständen und Gefahren zulässig, wenn sie nicht durch weniger einschneidende Maßnahmen gebannt werden können.[269] Eine Einschränkung ist darüber hinaus nicht schon deshalb zulässig, weil es sich bei den Demonstranten um illegale Einwanderer handelt.[270] Eine Bestrafung wegen der Teilnahme an einer Demonstration ist nicht gerechtfertigt, sofern der Betroffene keine strafbaren Handlungen begangen hat.[271] **95**

2. Europäische Grundrechte-Charta

Art. 12 Abs. 1 der Europäischen Grundrechte-Charta **entspricht Art. 11 Abs. 1** **EMRK**. Beide Bestimmungen haben gem. Art. 52 Abs. 3 GRCh die gleiche Bedeutung; Art. 12 Abs. 1 GRCh hat allerdings insoweit eine größere Tragweite, da er nach Art. 51 Abs. 1 GRCh über die Bindung der Organe und Einrichtungen der Union hinaus auch die Durchführung des Unionsrechts durch die Mitgliedstaaten dirigiert.[272] Die Auslegung orientiert sich daher an der Rechtsprechung des EGMR, auch weil sich der EuGH selbst noch nicht eingehend mit der Versammlungsfreiheit als EU-Grundrecht befasst hat. In der Schmidberger-Entscheidung[273] klärt der EuGH anhand der Versammlungsfreiheit lediglich das Verhältnis zwischen den Grundfreiheiten des EG-Vertrages und den EU-Grundrechten. Für Einschränkungen der Ver- **96**

267 EGMR, Urt. v. 20.10.2005 – Nr. 44079/98, United Macedonian Organisation.
268 *Ripke*, Europäische Versammlungsfreiheit, 2012, S. 217 ff.
269 EKMR, EuGRZ 1981, 216 (217).
270 EGMR, Urt. v. 09.04.2002 – Nr. 51346/99, Cisse/France, Rn. 50.
271 Zur Disziplinarstrafe gegen einen Rechtsanwalt vgl. EGMR, Urt. v. 26.04.1991 – Nr. 11800/85, Ezelin/France, Rn. 53.
272 Vgl. »Erläuterungen zur Charta der Grundrechte«, ABl. EG C 303/22; *Bernsdorff*, in: Meyer, Charta der Grundrechte der Europäischen Union, 4. Aufl., 2014, Art. 12, Rn. 19.
273 EuGH, Slg. 2003, I-5694, Rn. 77 ff.

sammlungsfreiheit gilt ebenfalls die allgemeine Regelung des Art. 52 Abs. 3 GRCh, wobei zu beachten ist, dass die Schranken des Art. 11 Abs. 2 EMRK sich nicht vollständig auf die EU übertragen lassen, da sie kein Staat ist,[274] wie ihn die EMRK in Gestalt der Konventionsstaaten vor Augen hat; der Schrankenvorbehalt des Art. 11 Abs. 2 EMRK ist insoweit teleologisch zu begrenzen.[275]

III.   Die Rechtslage in ausgewählten europäischen Staaten

1.   Österreich

97   Das »Staatsgrundgesetz über die allgemeinen Rechte der Staatsbürger für die im Reichsrate vertretenen Königreiche und Länder« vom 21. Dezember 1867, das gem. Art. 149 Abs. 1 BVG als Verfassungsgesetz gilt, garantiert in Art. 12 die Versammlungs- und Vereinsfreiheit.[276] Demnach haben alle Österreicher das Recht sich zu versammeln und Vereine zu bilden, wobei die Ausübung dieser Rechte durch besondere Gesetze geregelt wird. Ergänzt wird diese Gewährleistung durch die Regelung der Ziff. 3 des Beschlusses der provisorischen Nationalversammlung vom 30. Oktober 1918,[277] der über Art. 149 Abs. 1 BVG ebenfalls Verfassungsrang genießt. Gemäß dieser Bestimmung sind »die Ausnahmeverfügungen betreffs des Vereins- und Versammlungsrechtes (…) aufgehoben. Die volle Vereins- und Versammlungsfreiheit ohne Unterschied des Geschlechts ist hergestellt.« Darüber hinaus entfaltet Art. 11 EMRK unmittelbare Wirkung, da die Menschenrechtskonvention in Österreich als Verfassungsrecht gilt. Die **Konkurrenz zwischen Art. 12 StGG und Art. 11 EMRK** wird dahingehend gelöst, dass jeweils diejenige Norm anzuwenden ist, die den weiteren Grundrechtsschutz gewährt.[278] Der Verfassungsgerichtshof schließt aus dem Gesetzesvorbehalt des Art. 12 S. 2 StGG, dass das in Art. 12 S. 1 StGG garantierte Recht auf Versammlungs- und Vereinsfreiheit, anders als Grundrechte mit einem Eingriffsvorbehalt, unter einem Ausführungsvorbehalt steht. Ausführungsbedürftige Grundrechte kommen demnach nur nach Maßgabe der sie konkretisierenden Gesetze zur Anwendung.[279] Für die ausgestaltenden Gesetze gilt folglich, dass jede Verletzung eines solchen einfachen Gesetzes als Verletzung eines der in Art. 12 StGG und Art. 11 EMRK garantierten Rechte anzusehen ist.[280] Allerdings ist anerkannt, dass der Gesetzgeber bei der Ausgestaltung der Versammlungsfreiheit insofern Beschränkungen unterliegt, als er Eingriffe nur nach Maßgabe des Art. 11 Abs. 2 EMRK vornehmen darf.

---

274   Vgl. BVerfGE 89, 155 (184) – Maastricht hinsichtlich der Unionsbürgerschaft; ebenso BVerfGE 89, 155 (188); hinsichtlich der demokratischen Legitimation; vgl. BVerfG, Urt. v. 30.06.2009 – 2 BvE 2/08 – Lissabon, Rn. 276 ff.

275   *Rixen*, in: Tettinger/Stern, Europäische Grundrechte-Charta, 2005, Art. 12, Rn. 15.

276   Vgl. *Hofer-Zeni*, Die Versammlungsfreiheit, in: Machacek/Pahr/Stadler, Grund- und Menschenrechte in Österreich, Bd. II, 1992, S. 349 ff.

277   StGBl 1918, Nr. 3.

278   Vgl. *Potacs*, in: Merten/Papier, HGR VII/1, § 17 Rn. 6.

279   Vgl. *Potacs*, in: Merten/Papier, HGRVII/1, § 17 Rn. 7.

280   VfSlg. 12.155/1989.

Bei der Konkretisierung des Schutzbereichs orientierte sich der Verfassungsgerichts- 98
hof lange Zeit am Versammlungsbegriff des Versammlungsgesetzes von 1953, welches
vor dem Hintergrund des Ausführungsvorbehalts die Versammlungsfreiheit näher ausgestaltet. Der Verfassungsgerichtshof definierte demnach eine Versammlung als Zusammenkunft mehrerer Menschen, welche »in der Absicht veranstaltet wird, die Anwesenden zu einem gemeinsamen Wirken (Debatte, Diskussion, Manifestation usw.)
zu bringen«[281]. Eine derartige Eingrenzung des Schutzbereichs ist jedoch in der neueren Rechtsprechung des Verfassungsgerichtshofs nicht mehr erkennbar. Vielmehr hat
der Gerichtshof schon 1990 festgestellt, dass der im Verfassungsrang stehende Art. 11
EMRK nicht bloß Versammlungen schütze, die in Österreich unter das Versammlungsgesetz fallen, »sondern **alle nach dem üblichen Sprachgebrauch als Versammlungen angesehenen Zusammenkünfte von Menschen** (…), also jede organisierte
einmalige Vereinigung mehrerer Menschen zu einem gemeinsamen Ziel an einem
bestimmten Ort.«[282] Es ist ohnehin nicht davon auszugehen, dass Art. 12 StGG den
Schutzbereich des Art. 11 EMRK in irgendeiner Weise verkürzt, da dies mit dem
Ziel einer völkerrechtsfreundlichen Auslegung unvereinbar und letztlich völkerrechtswidrig abzulehnen wäre.[283]

2. Schweiz

Die Versammlungsfreiheit erhielt in der schweizerischen Bundesverfassung erst im 99
Rahmen der Totalrevision und Neufassung im Jahr 1999[284] ihre verfassungsrechtliche Kodifikation im neugeschaffenen Grundrechtskatalog. Das schweizerische Bundesgericht anerkannte jedoch schon 1970 ausdrücklich die Versammlungsfreiheit als
ungeschriebenes Recht der Verfassung und als Voraussetzung für die Ausübung
politischer Meinungsbildung.[285] Art. 22 Abs. 1 BV lautet nunmehr: »Die Versammlungsfreiheit ist gewährleistet«. Art. 22 Abs. 2 BV garantiert das Recht, Versammlungen zu organisieren, an ihnen teilzunehmen oder ihnen fernzubleiben. Die Formulierung wurde bewusst offen gehalten, um eine Weiterentwicklung durch
Rechtsprechung und internationales Recht zu ermöglichen.[286] Die Garantien des
IPBPR und der EMRK (Rdn. 92), die in der schweizerischen Rechtsordnung unmittelbar Geltung entfalten, gehen nach Ansicht der Bundesgerichts nicht über die Garantien der Bundeserfassung hinaus.[287] Auffällig ist, dass die Teilnahme und die

---

281 VfSlg. 11.651/1988.
282 Vgl. VfSlg 12501/1990: in diesem Fall qualifizierte der VfGH einen »Festakt zur Enthül-
lung des Mahnmales gegen Krieg und Faschismus« als Versammlung i.S. des Art. 11
EMRK. Diesen weiten Versammlungsbegriff vertritt er unter Berufung auf die Entscheidung des EGMR v. 21.06.1988 – Nr. 5/1987/128/179, in der der Straßburger Gerichtshof eine »Prozession zu einem Feldaltar« als Versammlung angesehen hat.
283 Vgl. *Potacs*, in: Merten/Papier, HGR VII/1, § 17 Rn. 17.
284 Vgl. *Biaggini*, in: HIPE, § 10 Rn. 20–28.
285 BGE 96 I 219 (223 ff. Erw. 4) – Nöthiger.
286 Vgl. *Zimmerli*, in: Merten/Papier, HGR VII/2, § 219 Rn. 5.
287 BGE 127 I 164 (172 ff. Erw. 3d, e).

Nichtteilnahme gleichermaßen nach dem Wortlaut des Art. 22 Abs. 2 BV geschützt sind. Im Unterschied zum deutschen Grundgesetz ist die Versammlungsfreiheit in der Bundesverfassung als Jedermann-Grundrecht ausgestaltet, auf das sich somit sowohl Schweizer wie auch Ausländer berufen können. Der Schutz der Versammlungsfreiheit in der Bundesverfassung umfasst grundsätzlich die **Kundgabe von Meinungen als Versammlungszweck**, wobei auch nicht-politische Meinungen erfasst sind, jedoch keine rein kommerziellen oder unterhaltenden Veranstaltungen.[288]

3. Weitere europäische Staaten

100 Im Hinblick auf die Schutzbereichsbegrenzungen weisen die europäischen Verfassungen **große Ähnlichkeit** auf, indem sie überwiegend nur die »friedliche Versammlung« schützen, die »ohne Waffen« veranstaltet wird (z.B. Art. 26 belgV; Art. 40 Abs. 6 irV; Art. 21 spanV). In Frankreich fehlt es an der verfassungsrechtlichen Kodifikation der Versammlungsfreiheit, auch wenn diese durch das Gesetz vom 30. Juni 1881 garantiert wird und heute als allgemeiner Rechtsgrundsatz anerkannt ist.[289] Vor allem in neueren Verfassungen findet sich eine Unterscheidung zwischen der Versammlungsfreiheit und der Demonstrationsfreiheit, der als spezifischer Ausdruck kollektiver Grundrechtsausübung der öffentlichen Meinungsäußerung ein besonderer Stellenwert eingeräumt wird (vgl. Art. 9 ndlV; Art. 45 Abs. 2 portV; Art. 43 Abs. 1 bulgV). Der Großteil der Verfassungen sieht ausdrückliche Schranken für Versammlungen unter freiem Himmel vor, wobei ein qualifizierter Gesetzesvorbehalt wie in Art. 8 Abs. 2 GG selten ist. In aller Regel sind spezifische Gründe für administrativpolizeiliche Beschränkungen genannt (etwa Art. 26 belgV; § 79 dänV; Art. 25 luxV).

101 Ungeachtet des vom einfachen Gesetzgeber in den verschiedenen Rechtsordnungen unterschiedlich ausgestalteten Versammlungsschutzes weisen die ihn bindenden einschlägigen Verfassungsrechtssätze – auch in der Auslegung durch die nationalen Gerichte – auf **übereinstimmende Wertvorstellungen** hin. Sie beruhen auf der Bedeutung der Versammlungsfreiheit als einem unentbehrlichen und grundlegenden Funktionselement eines jeden demokratischen Gemeinwesens.

I. Deutsche und europarechtliche Leitentscheidungen

I. Entscheidungen der deutschen Gerichtsbarkeit

1. Bundesverfassungsgericht

102 BVerfGE 69, 315 – Brokdorf; BVerfGE 73, 206 – Sitzblockaden I; BVerfGE 84, 203 – Republikaner; BVerfGE 87, 399 – Versammlungsauflösung; BVerfGE 90, 241 – Auschwitzlüge; BVerfGE 104, 92 – Sitzblockaden III; BVerfGE 111, 147 – Inhaltbezogenes Versammlungsverbot; BVerfGE 124, 300 – Rudolf Heß Gedenkfei-

---

288 Vgl. *Zimmerli*, in: Merten/Papier, HGR VII/2, § 219 Rn. 13; mit Verweis auf die Kommentierungen zum GG: *Müller*, Grundrechte in der Schweiz, 3. Aufl., 1999, S. 327 f.
289 Vgl. *A. Weber*, Menschenrechte, 2001, S. 499.

er; BVerfGE 128, 226 – Fraport. BVerfG (1. Kammer des Ersten Senats), NJW 2000, 3051 ff. – Vorläufiger verfassungsgerichtlicher Rechtsschutz bei Versammlungsverbot; BVerfG (1. Kammer des Ersten Senats), NJW 2001, 1409 f. – Öffentliche Ordnung als Schutzgut für Einschränkungen des Versammlungsrechts; BVerfG (1. Kammer des Ersten Senats) NJW 2001, 2459 ff. – »Fuck-Parade«/»Love Parade«; BVerfG (1. Kammer des Ersten Senats), NVwZ 2003, 601 f. – Verbot einer Versammlung am Volkstrauertag; BVerfGE, NVwZ 2009, 441 ff. – Bayerisches Versammlungsgesetz; BVerfG Beschl. v. 20.12.2012 – 1 BvR 2794/10, NVwZ 2013, 570.

2. Bundesverwaltungsgericht

BVerwGE 26, 135 – Öffentliche Versammlungen; BVerwGE 56, 63 – Sondernutzungsgebühren für parteipolitische Werbung; BVerwGE 72, 35 – Gegenveranstaltung zur Verleihung des Aachener Karlspreises; BVerwGE 82, 34 – Straßenverkehrsrechtliche Erlaubnis; BVerwG, NJW 1993, 609 f. – Bonner Hofgartenwiese; BVerwG, NVwZ 2014, 883 ff. – Holocaust-Gedenktag.   **103**

II. Entscheidungen des Schweizerischen Bundesgerichts

BGE 127 I 164 – Partei der Arbeit betr. WEF Davos; BGE 132 I 49 – A gegen Einwohnergemeinde Bern.   **104**

III. Entscheidungen des Europäischen Gerichtshofs für Menschenrechte

EGMR, Urteil v. 10.10.1979 – Nr. 8191/78, Rassemblement Jurassien u. Unité Jurassienne/Schweiz; EGMR, Urteil v. 21.06.1988 – Nr. 10126/82, Plattform »Ärzte für das Leben«/Österreich; EGMR, Urteil v. 08.12.1999 – Nr. 23885/94, Freedom and Democracy Party (ÖZDEP)/Turkey; EGMR, Urteil v. 31.03.2005 – Nr. 38187/97, Adali/Turkey; EGMR, Urteil. v. 20.10.2005 – Nr. 44079/98, United Macedonian Organisation Ilinden and Ivanov/Bulgaria; EGMR, Urteil v. 24.09.2009 – Nr. 16072/06 und 27809/08, Countryside Alliance u.a./UK; EGMR, Urt. v. 21.10.2010 – Nr. 4916/07, 25924/08, 14599/09, Alekseyev/Russland.   **105**

J. Literaturauswahl

Dietel, A./Gintzel, K./Kniesel, M., Versammlungsgesetz, Kommentar zum Gesetz über Versammlungen und Aufzüge, 16. Aufl., Köln 2011; *Hofer- Zeni, H.*, Die Versammlungsfreiheit, in: Machacek/Pahr/Stadler (Hrsg.), Grund- und Menschenrechte in Österreich, Bd. II, Kehl 1992; *Kloepfer, M.*, Versammlungsfreiheit, in: Isensee/Kirchhof (Hrsg.), HStR 3. Aufl. 2009, Bd. VII, § 164; *Köhler, G. M./Düring-Friedl*, C., Demonstrations- und Versammlungsrecht, 4. Aufl., München 2001; *Kraujuttis, S.*, Versammlungsfreiheit zwischen liberaler Tradition und Funktionalisierung: zum Begriff der Versammlung im Sinne des Art. 8 Abs. 1 GG, 1. Aufl., Köln 2005; *Mann, Th./Ripke, St.*, Überlegungen zur Existenz und Reichweite eines Gemeinschaftsgrundrechts der Versammlungsfreiheit, EuGRZ 2004, 125; *Merrills, J. G./Robertson, A. H.*, Human Rights in Europe, Manchester 2001, S. 181 ff.; *Potacs, M.*, Recht auf   **106**

Zusammenschluß, in: Merten/Papier (Hrsg.), HGR VII/1, 2014, § 17; *Prothmann, M.*, Die Wahl des Versammlungsortes, 2013; *Rengeling, H.-W./Szczekalla, P.*, Grundrechte in der Europäischen Union, Köln 2004, § 18 C. (S. 567 ff.); *Ridder, H./Breitbach, M./Rühl, U./Steinmeier, F.*, Kommentar Versammlungsrecht, 1. Aufl., Baden-Baden 1992; *Ripke, St.*, Europäische Versammlungsfreiheit, 2012; *Sachs, M.*, Die Freiheit der Versammlung und der Vereinigung, in: Stern (Hrsg.), Das Staatsrecht der Bundesrepublik Deutschland, Band IV/1, 1. Aufl., München 2006, § 107 (S. 1170 ff.); *Villiger, M. E.*, Handbuch der Europäischen Menschenrechtskonvention (EMRK), 2. Aufl., Zürich 1999, Rn. 611 ff.; *Zimmerli, U.*, Versammlungsfreiheit, in: Merten/Papier (Hrsg.), HGR VII/2, 2007, § 219.

Artikel 9 [Vereinigungsfreiheit]

(1) Alle Deutschen haben das Recht, Vereine und Gesellschaften zu bilden.

(2) Vereinigungen, deren Zwecke oder deren Tätigkeit den Strafgesetzen zuwiderlaufen oder die sich gegen die verfassungsmäßige Ordnung oder gegen den Gedanken der Völkerverständigung richten, sind verboten.

(3) Das Recht, zur Wahrung und Förderung der Arbeits- und Wirtschaftsbedingungen Vereinigungen zu bilden, ist für jedermann und für alle Berufe gewährleistet. Abreden, die dieses Recht einschränken oder zu behindern suchen, sind nichtig, hierauf gerichtete Maßnahmen sind rechtswidrig. Maßnahmen nach den Artikeln 12a, 35 Abs. 2 und 3, Artikel 87a Abs. 4 und Artikel 91 dürfen sich nicht gegen Arbeitskämpfe richten, die zur Wahrung und Förderung der Arbeits- und Wirtschaftsbedingungen von Vereinigungen im Sinne des Satzes 1 geführt werden.

A. Vorbilder und Entstehungsgeschichte

Die in Art. 9 Abs. 1 GG geregelte Vereinigungsfreiheit ist ein **historisch spätes** 1 **Grundrecht**[1]. Das gilt auch für den »Sonderfall«[2] der Vereinigungsfreiheit, die Koalitionsfreiheit, die ein »**relativ junges Grundrecht**«[3] ist. Sie ist ein Produkt der geschichtlichen Bedingungen des 19. Jahrhunderts, in dem sich, als Nachklang zur Aufklärung,[4] die Idee der freien Assoziation freier Individuen durchsetzt, die in der

---

1 *Höfling*, in: Sachs, GG, Art. 9 Rn. 1.
2 *Kemper*, in: von Mangoldt/Klein/Starck, GG, Art. 9 Rn. 81.
3 *Cornils*, in: Beck'scher Online-Komm. z. GG, Art. 9 Rn. 38.
4 *Hufen*, Staatsrecht II (Grundrechte), 2014, § 31 Rn. 1.

(politischen) Öffentlichkeit wirksam wird. Das »**Prinzip freier sozialer Gruppenbildung**«[5] bzw. das »**Prinzip freier Assoziation und Selbstbestimmung**«[6], kraft dessen sich Menschen frei assoziieren und nicht in obrigkeitlich vorgegebenen Funktionen und Formen, findet hier seine grundrechtliche Anerkennung in Abwehr namentlich gegen eine ständisch-korporative Gliederung und Kontrolle der Bevölkerung[7]. Dieser auf das Faktum von Geselligkeit und Gemeinschaftssinn referierende »**menschenrechtliche Gehalt der Vereinigungsfreiheit**«[8] (s. auch Rdn. 17) fundiert Art. 9 Abs. 1, aber auch die Koalitionsfreiheit als spezielle Ausprägung der Vereinigungsfreiheit. Es geht demnach um das »**prinzipielle Recht zur autonomen gesellschaftlichen Selbstorganisation**«[9], auch und gerade, soweit es um die Gestaltung der Arbeits- und Wirtschaftsbedingungen (Rdn. 31) geht.

2   Als politik- und ideengeschichtlich folgerichtig[10] erweist sich so die **Paulskirchenverfassung** vom 28. März 1849, die mit § 162 einen verdichteten Gegenentwurf zum herkömmlichen Staats- und Gesellschaftsmodell präsentiert[11]:

> *»Die Deutschen haben das Recht, Vereine zu bilden. Dieses Recht soll durch keine vorbeugende Maßregel beschränkt werden.«*

3   Obgleich die Paulskirchenverfassung nicht in Kraft treten konnte, ging von ihr eine verfassungspolitische Dynamik aus, die sich – wenn auch unter insgesamt restaurativen Vorzeichen – nicht zuletzt in der **preußischen Verfassungsurkunde** vom 31. Januar 1850 niederschlug. Art. 30 der preußischen Verfassungsurkunde regelte[12]:

> *(1) Alle Preußen haben das Recht, sich zu solchen Zwecken, welche den Strafgesetzen nicht zuwiderlaufen, in Gesellschaften zu vereinigen.*

> *(2) Das Gesetz regelt, insbesondere zur Aufrechterhaltung der öffentlichen Sicherheit, die Ausübung des in diesem und in dem vorstehenden Art. 29[13] gewährleisteten Rechts.*

> *(3) Politische Vereine können Beschränkungen und vorübergehenden Verboten im Wege der Gesetzgebung unterworfen werden.*

---

5   BVerfGE 38, 281 (303); 80, 244 (252).
6   BVerfGE 50, 290 (355).
7   Hierzu BVerfGE 38, 281 (303); *Höfling,* in: Sachs, GG, Art. 9 Rn. 2; *Löwer,* in: v. Münch I, GG, Art. 9 Rn. 7.
8   BVerfGE 50, 290 (353).
9   *Scholz,* in: Maunz/Dürig, GG, Art. 9 Rn. 11.
10 Hierzu *Bauer,* in: Dreier I, GG, Art. 9 Rn. 4 f.
11 RGBl. S. 101.
12 PrGS S. 17.
13 Art. 29 regelte die Versammlungsfreiheit: »(1) Alle Preußen sind berechtigt, sich ohne vorgängige obrigkeitliche Erlaubnis friedlich und ohne Waffen in geschlossenen Räumen zu versammeln. (2) Diese Bestimmung bezieht sich nicht auf Versammlungen unter freiem Himmel, welche auch in bezug auf vorgängige obrigkeitliche Erlaubnis der Verfügung des Gesetzes unterworfen sind.«

Art. 30 Abs. 1 der preußischen Verfassungsurkunde von 1850 lässt – bei aller ideengeschichtlichen Differenz – eine gewisse normtextliche, auf die äußere Systematik bezogene Ähnlichkeit zu Art. 9 Abs. 1 und 2 GG erkennen.

Während der **Norddeutsche Bund** vom 16. April 1867[14] und auch die **Reichsverfassung** vom 16. April 1871[15] eine Art. 30 der preußischen Verfassungsurkunde oder gar Art. 9 vergleichbare Bestimmung nicht kannten, hört die Vereinigungsfreiheit mit der Weimarer Republik gewissermaßen auf, ein Grundrecht »auf dem Weg« zu sein. Bereits der Aufruf des Rates der Volksbeauftragten an das deutsche Volk vom 12. November 1918 verkündet »mit Gesetzeskraft« die unbeschränkte Geltung des Vereins- und Versammlungsrechts[16]. Art. 124 der Verfassung des deutschen Reiches vom 11. August 1919 (sog. Weimarer Reichsverfassung – WRV) normiert:[17]   4

> *(1) Alle Deutschen haben das Recht, zu Zwecken, die den Strafgesetzen nicht zuwiderlaufen, Vereine oder Gesellschaften zu bilden. Dieses Recht kann nicht durch Vorbeugungsmaßregeln beschränkt werden. Für religiöse Vereine und Gesellschaften gelten dieselben Bestimmungen.*

> *(2) Der Erwerb der Rechtsfähigkeit steht jedem Verein gemäß den Vorschriften des Bürgerlichen Rechts frei. Er darf einem Verein nicht aus dem Grunde versagt werden, dass er einen politischen, sozialpolitischen oder religiösen Zweck verfolgt.*

Erst in der Weimarer Reichsverfassung verdichtet sich auch die im 19. Jahrhundert entstandene **gewerkschaftspolitische Dynamik** zu einer Grundrechtsposition, die sich als spezifizierte Vereinigungsfreiheit darstellt, also durchaus auf die Vereinigungsfreiheit als allgemeine bezogen bleibt[18]. Art. 159 der Weimarer Reichsverfassung lautet: 5

> *»Die Vereinigungsfreiheit zur Wahrung und Förderung der Arbeits- und Wirtschaftsbedingungen ist für jedermann und für alle Berufe gewährleistet. Alle Abreden und Maßnahmen, welche diese Freiheit einzuschränken oder zu behindern suchen, sind rechtswidrig.«*

In Art. 165 der Weimarer Reichsverfassung heißt es: 6

> *»Die Arbeiter und Angestellten sind dazu berufen, gleichberechtigt in Gemeinschaft mit den Unternehmern an der Regelung der Lohn- und Arbeitsbedingungen sowie an der gesamten wirtschaftlichen Entwicklung der produktiven Kräfte mitzuwirken. Die beiderseitigen Organisationen und ihre Vereinbarungen werden anerkannt.«*

---

14 Bundesgesetzblatt des Norddeutschen Bundes 1867, S. 2.
15 RGBl. S. 63.
16 Aufruf des Rates der Volksbeauftragten an das deutsche Volk (12.11.1918), in: documentArchiv.de (Hrgs.), URL: http://www.documentArchiv.de/wr/1918/rat-der-volksbeauftragten_ar.html, Stand: 22.11.2014.
17 RGBl. S. 1383.
18 Hierzu *Düwell*, RdA 2010, 129 (131).

In den folgenden Absätzen von Art. 165 der Weimarer Reichsverfassung finden sich weitere kollektiv-arbeitsrechtliche Regelungen[19].

7   Die in der Weimarer Reichsverfassung auf Verfassungsebene geschehene Anerkennung der Koalitionsfreiheit war auf unterer verfassungsrechtlicher Ebene bereits mit der **Gewerbeordnung für den Norddeutschen Bund** vom 21.06.1869 erfolgt[20]. Mit ihr wurden alle gegen die Gewerkschaftsbewegung gerichteten Verbote und Strafbestimmungen aufgehoben (vgl. § 152 Gewerbeordnung)[21]. Erstmals auch real eine tragende Rolle kam den Gewerkschaften, insbesondere als Partner des Staates, in der Weimarer Republik zu[22].

8   Die nationalsozialistischen Machthaber setzten mithilfe der Verordnung des Reichspräsidenten zum Schutz von Volk und Staat (sog. **Reichstagsbrandverordnung**) vom 28. Februar 1933 u.a. auch die Vereinigungsfreiheit, wie sie in Art. 124 und Art. 159 WRV garantiert war, »bis auf weiteres außer Kraft«[23]. Nachdem Anfang Mai 1933 die freien Gewerkschaften faktisch aufgelöst und samt ihrem Vermögen in die am 10. Mai 1933 gegründete »Deutsche Arbeitsfront« überführt worden waren,[24] sanktionierte das **Gesetz zur Ordnung der nationalen Arbeit** vom 20. Januar 1934 diese Entwicklung[25] mit der Abschaffung aller Gesetzesvorschriften, die freie Gewerkschaften voraussetzen (s. insbesondere § 65 des Gesetzes zur Ordnung der nationalen Arbeit

---

19 Im Wesentlichen geht es um die Tätigkeit der Arbeiter- und Wirtschaftsräte als »soziale Selbstverwaltungskörper« (Art. 165 Abs. 6 WRV).

20 Bundesgesetzblatt des Norddeutschen Bundes 1869, S. 245.

21 § 152 Abs. 1 GewO lautete: »Alle Verbote und Strafbestimmungen gegen Gewerbetreibende, gewerbliche Gehülfen, Gesellen oder Fabrikarbeiter wegen Verabredungen und Vereinigungen zum Behufe der Erlangung günstiger Lohn- und Arbeitsbedingungen, insbesondere mittelst Einstellung der Arbeit oder Entlassung der Arbeiter, werden aufgehoben.« Abs. 2 lautete: »Jedem Theilnehmer steht der Rücktritt von solchen Vereinigungen und Verabredungen frei, und es findet aus letzteren weder Klage noch Einrede statt.«.

22 *Bender*, in: Collin/Bender/Ruppert/u.a., Regulierte Selbstregulierung im frühen Interventions- und Sozialstaat, S. 53 ff.; *Groh*, in: Collin/Bender/Ruppert/u.a., Regulierte Selbstregulierung im frühen Interventions- und Sozialstaat, S. 33 ff.

23 § 1 S. 2 der Verordnung des Reichspräsidenten zum Schutz von Volk und Staat v. 28.02.1933 (RGBl. I S. 83) – sog Reichstagsbrandverordnung.

24 *Sachße/Tennstedt*, Der Wohlfahrtsstaat im Nationalsozialismus (Geschichte der Armenfürsorge in Deutschland, Bd. 3), 1992, S. 55 m.w.N.

25 Aufschlussreich z.B. auch das Gesetz über Betriebsvertretungen und über wirtschaftliche Vereinigungen v. 04.04.1933 (RGBl. 161) und das Gesetz zur Änderung des Gesetzes über Betriebsvertretungen und über wirtschaftliche Vereinigungen v. 26.09.1933 (RGBl. I S. 667), wonach die oberste Landesbehörde die Wahlen zu den gesetzlichen Betriebsvertretungen zunächst bis zum 30.09.1933, sodann bis zum 31.12.1933 aussetzen konnte. Damit wird der tatsächlichen Entwicklung Rechnung getragen, dass es mangels freier Gewerkschaften auch nichts mehr zu wählen gab, was in § 65 Nr. 4 und 5 des Gesetzes zur Ordnung der nationalen Arbeit v. 20.01.1934 (RGBl. I S. 45, 53) mit der Abschaffung der gesetzlichen Regelungen über die Betriebsvertretungen normativ bestätigt wurde.

vom 20. Januar 1934)[26], namentlich durch die Abschaffung auch von § 152 der Gewerbeordnung, der auf einfach-gesetzlicher Ebene das Koalitionsrecht garantiert hatte (vgl. § 69 Abs. 2 des Gesetzes zur Ordnung der nationalen Arbeit vom 20. Januar 1934)[27]. Das Gesamtensemble der NS-Gesetze, mit dem eine »neue Sozialverfassung«[28] im Sinne des NS-Regimes geschaffen wurde, stellt sich als flächendeckendes implizites Verbot freier Gewerkschaften dar, denn diese werden, ohne explizit von einem Gewerkschaftsverbot zu sprechen, überall dort aus den Normtexten gelöscht, wo sie bisher genannt oder anerkannt waren[29] – so als hätte es sie nie gegeben.

Nachdem bereits in einigen vorgrundgesetzlichen **Landesverfassungen** sowohl die   9
Vereinigungs-[30] wie auch die Koalitionsgründungs-[31] und -betätigungsfreiheit[32] wieder anerkannt worden waren, blieben diese Grundrechtsgarantien in den **Beratungen des Grundgesetzes 1948/49** prinzipiell außer Streit[33]. Kontroversen gab es nur zu Einzelfragen, namentlich zur Frage einer ausdrücklichen Berücksichtigung der sog. negativen Koalitionsfreiheit und des Streikrechts[34]. Beide Punkte wären indes angesichts der schwierigen Abgrenzungen, zulässigen und unzulässigen Verhaltens (z.B. des politischen Streiks) und mittelbaren Koalitionszwanges mit einer umfänglichen Kasuistik verbunden gewesen[35]. Aus diesem Grunde wurde letztlich von einer ausdrücklichen verfassungsrechtlichen Festschreibung abgesehen.

Das Recht, Arbeitskämpfe zu führen, fand mit der Hinzufügung von Art. 9 Abs. 3   10
Satz 3 im Rahmen der sog. **Notstandsgesetzgebung** vom 24. Juni 1968[36] Eingang in den Grundrechtsartikel. Obwohl damit zum ersten Mal die Zulässigkeit von Arbeitskämpfen im Grundgesetz explizit festgeschrieben wurde, wollte der verfassungsändernde Gesetzgeber hinsichtlich der verfassungsrechtlichen Beurteilung einzelner Arbeitsmaßnahmen, insbesondere von Streik und Aussperrung (Rdn. 48 f.), keine

---

26 RGBl. I S. 45 (53).
27 RGBl. I S. 45 (56). – Dazu auch *Bauer*, in: Dreier I, GG, Art. 9 Rn. 9.
28 So § 2 Abs. 3 des Gesetzes über Treuhänder der Arbeit v. 19.05.1933 (RGBl. I S. 285).
29 Ein eindrückliches Beispiel hierfür ist die Änderung des damaligen § 11 Arbeitsgerichtsgesetzes durch § 66 Abs. 3 des Gesetzes zur Ordnung der nationalen Arbeit v. 20.01.1934 (RGBl. I S. 45, 54), der den Gewerkschaften die Möglichkeit der Prozessvertretung nahm.
30 Art. 114 BayVerf; Art. 17 BremVerf, Art. 13 RhldPfVerf.
31 Art. 170 Abs. 1 BayVerf, Art. 36 HessVerf, Art. 66 Abs. 1 RhldPfVerf.
32 Tarifautonomie: Art. 169 Abs. 2 BayVerf, Art. 50 Abs. 2 BremVerf, Art. 29 Abs. 2 HessVerf, Art. 54 Abs. 1 S. 2 RhldPfVerf; Streikrecht: Art. 51 Abs. 3 BremVerf, Art. 29 Abs. 4 HessVerf, Art. 66 Abs. 2 RhldPfVerf.
33 *Bauer*, in: Dreier I, GG, Art. 9 Rn. 10; *Gneiting*, in: Umbach/Clemens, GG, Art. 9 Rn. 87; s. auch JöR n.F. Bd. 1 (1951), S. 116 ff.
34 *Gneiting*, in: Umbach/Clemens, GG, Art. 9 Rn. 87; zusf. zur Entstehungsgeschichte von Art. 9 Abs. 3 *Burkiczak*, Grundgesetz und Deregulierung des Tarifvertragsrechts, 2006, S. 41 ff., 310 ff.
35 *Gneiting*, in: Umbach/Clemens, GG, Art. 9 Rn. 87.
36 BGBl. I S. 709; dazu BT-Drs. V/1879; außerdem *Schäfer*, AöR 93 (1968), 37 (76 ff.).

Veränderung bewirken, so dass Art. 9 Abs. 3 Satz 3 rein deklatorisch-appellative Bedeutung hat[37].

B. Grundsätzliche Bedeutung

11 Die Vereinigungsfreiheit in ihrer allgemeinen (Art. 9 Abs. 1) sowie in ihrer besonderen Form als Koalitionsfreiheit (Art. 9 Abs. 3) folgt dem **Prinzip freier sozialer Gruppenbildung** (Rdn. 1). Ausgehend von dem Faktum, dass Individuen sich in Gemeinschaften verbinden – und zwar nicht zuletzt deshalb, um Einzelinteressen zu bündeln und kollektiv verstärkt zu artikulieren – erweist sich die Vereinigungsfreiheit nicht nur als elementarer Aspekt der Persönlichkeitsentfaltung, sondern zugleich auch als für die Gemeinwesengestaltung zentral bedeutsam (Rdn. 1). Meinungsbzw. (politische) Willensbildungsprozesse in einem freiheitlich-pluralistisch verfassten Gemeinwesen sind auf die Interessenartikulation durch Assoziation der Interessierten angewiesen.

12 Art. 9 umfasst zwei **tatbestandlich verselbständigte Grundrechtsgewährleistungen**. Die allgemeine Vereinigungsfreiheit (Art. 9 Abs. 1) steht neben der besonderen Vereinigungsfreiheit – der sog. Koalitionsfreiheit des Art. 9 Abs. 3 – als Spezialtatbestand (Rdn. 1), der zu Recht als »**Magna Charta des kollektiven Arbeitsrechts**«[38] bezeichnet wird. Art. 9 Abs. 2 GG bezieht sich (nach nicht unbestrittener Auffassung) nur auf die Vereinigungen des Art. 9 Abs. 1 (Rdn. 81, 88), so dass sich auch hinsichtlich der Beschränkbarkeit des Gewährleistungsgehaltes Art. 9 Abs. 3 als eigenständige Gewährleistung erweist.

C. Schutzbereiche

I. Vereinigungsfreiheit

13 **Vereinigung** ist der Oberbegriff für Vereine und Gesellschaften. Vereinigung ist nach der Definition des **§ 2 Abs. 1 Vereinsgesetz**[39], die nach einhelliger Auffassung als mit dem verfassungsrechtlichen Vereinigungsbegriff identisch angesehen wird[40], die Mehrheit natürlicher oder juristischer Personen, die sich für längere Zeit **freiwillig**[41] (vgl. Rdn. 19) zusammengeschlossen und einer organisierten Willensbildung unterworfen hat. Dieser Begriff ist weit zu verstehen[42]. Insbesondere dürfen an die organi-

---

37 Vgl. BVerfGE 84, 212 (225), außerdem *Höfling*, in: Sachs, GG, Art. 9 Rn. 94, näher *Kemper*, Die Bestimmung des Schutzbereiches der Koalitionsfreiheit (Art. 9 Abs. 3 GG), 1989, S. 150 ff.

38 *Zöllner*, AöR 68 (1973), 71 (72).

39 Gesetz zur Regelung des öffentlichen Vereinsrechts (Vereinsgesetz) v. 05.08.1964 (BGBl. I S. 593), zuletzt geändert durch Art. 6 des Gesetzes v. 21.12.2007 (BGBl. I S. 3198); vertiefend hierzu *Lobinger*, GS für Brugger, 2013, 355.

40 *Höfling*, in: Sachs, GG, Art. 9 Rn. 8; *Kannengießer*, in: Schmidt-Bleibtreu u.a., GG, Art. 9 Rn. 9.

41 Hierzu *Kemper*, in: von Mangoldt/Klein/Starck, GG, Art. 9 Rn. 27 ff.

42 *Höfling*, in: Sachs, GG, Art. 9 Rn. 7.

sierte Willensbildung und die zeitliche Dauer keine hohen Anforderungen gestellt werden, so dass auch zeitweilige Zusammenschlüsse, z.b. Bürgerinitiativen, erfasst werden[43]. Sie sind von der »Versammlung« i.S. des Art. 8 Abs. 1 abzugrenzen (s. Rdn. 102).

Es genügt ein **Mindestmaß an zeitlicher Kontinuität und organisatorischer Stabili-** 14 **tät**; damit wird der Unterschied zu der Versammlung im Sinne des Art. 8 Abs. 1 GG markiert[44]. Vor diesem Hintergrund darf das in § 2 Abs. 1 VereinsG genannte Merkmal »Unterworfenheit unter eine organisierte Willensbildung« nicht zu strikt ausgelegt werden; gemeint ist ein Mindestmaß an organisierter Willensbildung[45]. Zur Bildung einer Vereinigung genügt es, wenn sich **mindestens zwei Personen** verbinden[46]. Dahinter steht die Idee der Assoziation (Rdn. 1), der Verbindung von Menschen, die sich zur Verdichtung und Stärkung der Durchsetzung ihrer Interessen verbinden; das trifft auch auf zwei Menschen zu. Einfach-rechtlich geregelte Mindestvoraussetzungen etwa des Vereinsrechts (vgl. §§ 56, 73 BGB: sieben [Mindestmitgliederzahl des Vereins] bzw. drei [Unterschreiten der Mindestmitgliederzahl]) sind für den verfassungsrechtlichen Begriff der »Vereinigung« nicht präjudizierend[47].

Privatrechtliche Stiftungen sind keine Zusammenschlüsse von Personen, sondern 15 »die rechtliche Verselbständigung eines Vermögens zur Erfüllung eines vom Stifter vorgegebenen Zweckes« (§ 81 Abs. 1 S. 2 BGB); sie sind daher keine Vereinigungen[48]. **Öffentlich-rechtliche, dem Staat zuzurechnende Stiftungen** sind aus demselben Grund ebenfalls keine Vereinigungen, abgesehen davon, dass es ihnen am Merkmal der Freiwilligkeit fehlt.

Erfasst werden alle eingetragenen und nicht eingetragenen **Vereine, Personen- und** 16 **auch Kapitalgesellschaften** als Unternehmensträger[49]. Die Vereinigung als Personenverband umfasst nicht nur Verbände natürlicher Personen, wie dies etwa bei Art. 124 Abs. 1 Weimarer Reichsverfassung der Fall ist, der sich nicht auf juristische Personen bezog[50]. Bei letzteren kann jedoch der grundrechtliche Schutz wegen des geringeren Persönlichkeitsbezuges in verfassungsrechtlichen Abwägungen, also im Rahmen der Prüfung der Verhältnismäßigkeit von Eingriffen in die Vereinigungsfreiheit, weniger

---

43 *Höfling*, in: Sachs, GG, Art. 9 Rn. 15; *Löwer*, in: v. Münch I, GG, Art. 9 Rn. 42.
44 *Höfling*, in: Sachs, GG, Art. 9 Rn. 15; *Cornils*, in: Beck'scher Online-Komm. z. GG, Art. 9 Rn. 5; *Steinmeyer*, in: Umbach/Clemens, GG, Art. 9 Rn. 41.
45 *Höfling*, in: Sachs, GG, Art. 9 Rn. 15; *Cornils*, in: Beck'scher Online-Komm. z. GG, Art. 9 Rn. 5.
46 *Scholz*, in: Maunz/Dürig, GG, Art. 9 Rn. 59; *Bauer*, in: Dreier I, GG, Art. 9 Rn. 39; *Höfling*, in: Sachs, GG, Art. 9 Rn. 10; *Cornils*, in: Beck'scher Online- Komm. z. GG, Art. 9 Rn. 5; *Steinmeyer*, in: Umbach/Clemens, GG, Art. 9 Rn. 37.
47 *Höfling*, in: Sachs, GG, Art. 9 Rn. 10.
48 *Höfling*, in: Sachs, GG, Art. 9 Rn. 10; BVerwGE 106, 177.
49 *Höfling*, in: Sachs, Art. 9 Rn. 11; *Cornils*, in: Beck'scher Online-Komm. z. GG, Art. 9 Rn. 6.
50 *Höfling*, in: Sachs, Art. 9 Rn. 12.

intensiv ausfallen[51]. Das BVerfG hat offen gelassen, ob dem Schutzbereich auch größere Kapitalgesellschaften unterfallen[52], wobei sich im Hinblick auf einen eher homöopathisch vorhandenen »personalen Grundzug«[53] Bedenken insbesondere in Fällen juristischer Personen als Anteilseigner ergeben[54]. Auch **Kapitalgesellschaften** unterfallen aber richtigerweise dem Begriff der Vereinigung[55]. Sie stellen auf ökonomisch-finanzielle Kommunikations- und Handlungszusammenhänge fokussierende Zusammenschlüsse dar, in denen sich letztlich durch handelnde Organe und Anteilseigner die Interessen von (natürlichen) Personen in kollektiver Form verdichten und artikuliert werden. Das Prinzip der freien sozialen Gruppenbildung (Rdn. 1, 11) findet auch hier seinen Ausdruck. Sog. Ein- Mann-Gesellschaften stellen keine Vereinigung dar,[56] weil es dazu mindestens zweier Personen bedarf (Rdn. 14).

17   Art. 9 Abs. 1 GG gewährleistet die organisatorische Komponente **kommunikativer Freiheit**[57] (vgl. Rdn. 1). Der Vereinigungsbegriff ist demgemäß hinsichtlich der mit der Vereinigung verfolgten Zwecke offen und nicht etwa auf bestimmte, z.B. politische Zwecke, beschränkt[58]. Art. 9 Abs. 1 impliziert eine »**Zielindifferenz und Zweckoffenheit**«[59] und damit eine »**Freiheit zur Beliebigkeit**«[60], die einer Verengung der Vereinigungsfreiheit auf das Ziel, am politischen Meinungskampf teilzuhaben, entgegensteht. Die Vereinigungsfreiheit ist zwar ein Kommunikationsgrundrecht, das einen freien gesellschaftlichen Meinungs-, Willensbildungs- und Selbstorganisationsprozess abstützt, aber sein normativer Sinne besteht nicht – und schon gar nicht »vor allem«[61] – darin, »der Sicherung eines freiheitlich-demokratischen Kommunikationsprozesses [zu] dienen«[62]. Auch **Sportvereine** sind daher Vereinigungen i.S. des Art. 9 Abs. 1[63].

18   Ob der Zweck, der durch die Vereinigung verfolgt wird, **gesetzlich verboten** ist, führt nicht dazu, dass die Vereinigung von vornherein aus dem Gewährleistungstat-

---

51 *Cornils*, in: Beck'scher Online-Komm. z. GG, Art. 9 Rn. 6.
52 BVerfGE 50, 290 (356); 124, 25 (34).
53 BVerfGE 50, 290 (354); s. auch die Hinweise auf die »personale Komponente« und den »spezielle[n] Solidargedanke[n] eines in Beruf und Glauben verbundenen Kollektivs« in BVerfGE 124, 25 (35 f.).
54 BVerfGE 50, 290 (355 f.).
55 *Steinmeyer*, in: Umbach/Clemens, GG, Art. 9 Rn. 37.
56 *Steinmeyer*, in: Umbach/Clemens, GG, Art. 9 Rn. 37.
57 *Höfling*, in: Sachs, GG, Art. 9 Rn. 4.
58 *Höfling*, in: Sachs, GG, Art. 9 Rn. 4.
59 *Höfling*, in: Sachs, Art. 9 Rn. 4; in diesem Sinne auch *Löwer*, in: v. Münch I, Art. 9 Rn. 8; *Cornils*, in: Beck'scher Online-Komm. z. GG, Art. 9 Rn. 7; s. hierzu auch BVerfGE 38, 281 (303): Art. 9 Abs. 1 gewährleiste das Recht, »sich zu beliebigen Zwecken mit anderen in Vereinen, Verbänden und Assoziationen aller Art zusammenzuschließen«.
60 *Löwer*, in: v. Münch I, GG, Art. 9 Rn. 8.
61 *Scholz*, in: Maunz/Dürig, GG, Art. 9 Rn. 8.
62 *Scholz*, in: Maunz/Dürig, GG, Art. 9 Rn. 8.
63 *Hufen*, Staatsrecht II (Grundrechte), 2014, § 31 Rn. 24.

bestand des Art. 9 Abs. 1 GG heraus fällt[64]; diese Sichtweise wird dem freiheitsoptimierenden Impetus weiter Tatbestandstheorien gerecht (zu Art. 9 Abs. 2 Rdn. 83).

Hoheitlich errichtete Zwangsvereinigungen unterfallen nicht dem Schutz des Art. 9 **19** Abs. 1 GG, und zwar unabhängig davon, ob sie öffentlich-rechtlich oder privatrechtlich organisiert sind; es fehlt an der Freiwilligkeit der Vereinigung[65]. Das gilt etwa auch für kraft Gesetzes (hoheitlich) einzurichtende Personalräte[66] (Rdn. 60). Zu solchen hoheitlich errichteten Zwangsvereinigungen gehören auch Wohn-, Behandlungs-, Betreuungs- und Freizeitgruppen, denen im (Jugend-)**Straf- oder Maßregelvollzug** die Inhaftierten bzw. Untergebrachten zugewiesen bzw. zugeordnet werden[67] (zur Grundrechtsberechtigung der Inhaftierten bzw. Untergebrachten im Hinblick – auch – auf Art. 9 Abs. 1 s. Rdn. 53). Privat errichtete Vereinigungen bleiben indes geschützt, auch wenn der Staat insoweit eine **Zwangsmitgliedschaft** anordnet[68], denn sie sind hinsichtlich ihrer Errichtung eine **freie Assoziation im Sinne des Prinzips freier sozialer Gruppenbildung** (Rdn. 1).

Geschützt wird die Bildung einer Vereinigung einschließlich der zeitlichen, lokalen **20** (Sitz) und modalen Gründungsaspekte (beispielsweise Rechtsform) sowie der Beitritt zu einer Vereinigung und dem Verbleiben in ihr[69]. Geschützt ist auch die sog. **negative Vereinigungsfreiheit**, also die Freiheit, eine Vereinigung nicht zu gründen bzw. ihr nicht beitreten zu müssen[70]. Die negative Vereinigungsfreiheit umfasst das Recht, aus einer Vereinigung wieder auszutreten[71].

Der Schutz vor der **Zwangsmitgliedschaft in öffentlich-rechtlichen Körperschaften 21** soll durch Art. 2 Abs. 1 GG gewährleistet sein[72], ggfs. auch durch Art. 12 Abs. 1[73]. Diese Sichtweise ist, wie die Literatur mehrheitlich betont[74], nicht zwingend, insbesondere verfängt der Einwand nicht, Art. 9 Abs. 1 GG gewähre ja auch kein Recht

---

64 Vgl. *Höfling*, in: Sachs, GG, Art. 9 Rn. 38; s. hierzu auch BVerfGE 80, 244 (253); sowie BVerwGE 134, 275 = NVwZ 2010, 446 (455).
65 *Cornils*, in: Beck'scher Online-Komm. z. GG, Art. 9 Rn. 8.
66 Vgl. BVerfGE 85, 360 (370).
67 S. etwa § 15 Abs. 1 S. 3 und § 16 Abs. 2 S. 1 MRVG NRW, § 7 Abs. 2 Nr. 3, § 67, § 143 Abs. 2, § 201 Nr. 4 (Bundes-)StVollzG, § 10 Abs. 4 Nr. 2, § 18 Abs. 1 und Abs. 2, HessJStVollzG.
68 *Steinmeyer*, in: Umbach/Clemens, GG, Art. 9 Rn. 34 ff.; *Cornils*, in: Beck'scher Online-Komm. z. GG, Art. 9 Rn. 8.
69 *Cornils*, in: Beck'scher Online-Komm. z. GG, Art. 9 Rn. 9; BVerfG, NJW 2009, 2033 (2036).
70 *Cornils*, in: Beck'scher Online-Komm. z. GG, Art. 9 Rn. 10; *Steinmeyer*, in: Umbach/Clemens, GG, Art. 9 Rn. 43.
71 Vgl. BVerfGE 10, 89 (104); 38, 281 (297 f.); 50, 290 (354); BVerfG, NJW 2001, 2617 (2617); BVerfGE 123, 186 (237).
72 Eingehend hierzu *Kluth*, Funktionale Selbstverwaltung, 1997, S. 275 ff.; *Hellermann*, Die sogenannte negative Seite der Freiheitsrechte, 1993, S. 63 ff.
73 *Löwer*, in: v. Münch I, GG, Art. 9 Rn. 28.
74 *Löwer*, in: v. Münch I, GG, Art. 9 Rn. 28 m.w.N.

auf Bildung oder Mitgliedschaft in einer öffentlich-rechtlichen Körperschaft, habe also insoweit auch keinen positiven Grundrechtsgehalt[75]. Ein solches »positives« Vereinigungsrecht in Bezug auf öffentlich-rechtliche Vereinigungen gibt es auch bei Art. 2 Abs. 1 GG nicht.

22   Für die Sichtweise des BVerfG spricht allerdings ein **entstehungsgeschichtliches Argument**[76]. Zur Zeit der Ausarbeitung des Grundgesetzes und auch schon früher bestand eine große Anzahl öffentlich-rechtlicher Körperschaften, die auf dem Beitrittszwang beruhten. Hätte der Verfassungsgeber von 1949 den Schutz durch Art. 9 Abs. 1 auch auf diese erstrecken wollen, so wäre es in Anbetracht der Bedeutung dieser Organisationen nahe liegend gewesen, einen diesbezüglichen besonderen Hinweis zu geben; eine solche Aussage kann aber weder den Beratungen des Verfassungskonvents auf Herrenchiemsee noch denen des parlamentarischen Rates entnommen werden[77]. Angesichts der reichen, nicht zuletzt verwaltungsgerichtlichen Rechtsprechung, die auf der Grundlage des Art. 2 Abs. 1 GG die Tätigkeit von öffentlich-rechtlichen Zwangskorporationen – auf der Normanwendungsebene – vergleichsweise streng kontrolliert[78], ist ein grundrechtlicher Schutz, der sich explizit auf Art. 9 Abs. 1 bezieht, nicht zwingend[79]. Auf der Ebene der Kontrolle der Normsetzung ist allerdings der aus Art. 2 Abs. 1 folgende Schutz gegen Zwangsmitgliedschaften im Ergebnis schwach[80].

23   Art. 9 Abs. 1 schützt **vereinigungsspezifische Betätigungen**, also jedenfalls solche, die sich auf die Vereinsorganisation als solche beziehen[81] (zum **Konzept des Doppelgrundrechts** vgl. Rdn. 57). Das BVerfG spricht von der Selbstbestimmung über die eigene Organisation, das Verfahren ihrer Willensbildung und die Führung ihrer Geschäfte[82]. Weiter gehören hierher die Aufnahme und der Ausschluss von Mitgliedern[83], das Namensrecht[84], die Entscheidung über die Selbstauflösung[85]. Nicht zum Schutzbereich gehören die organisationsunspezifischen Aktivitäten der einzelnen Vereinsmitglieder: »Das Grundrecht kann […] einem gemeinsam verfolgten Zweck keinen weitergehenden Schutz vermitteln als einem individuell verfolgten Interesse […]. Betätigt sich eine Vereinigung im Rechtsverkehr wie Einzelpersonen auch, ist

---

75   *Cornils*, in: Beck'scher Online-Komm. z. GG, Art. 9 Rn. 10.1: s. auch *Höfling*, in: Sachs, GG, Art. 9 Rn. 22.
76   *Sodan*, in: Sodan, Art. 9 Rn. 7.
77   *Sodan*, in: Sodan, Art. 9 Rn. 7.
78   BVerwGE 64, 115; 112, 69; Hess. VGH, NVwZ-RR 2009, 469; *Hufen*, Staatsrecht II (Grundrechte), 4. Aufl. 2014, § 14 Rn. 35 m.w.N.
79   *Sodan*, in: Sodan, Art. 9 Rn. 7.
80   BVerfG, NJW 2001, 2617; BVerfG, NVwZ 2002, 335.
81   BVerfGE 84, 372 (378).
82   BVerfGE 80, 244 (252 f.); BVerfG, NJW 2009, 2033 (2036); BVerfGE 123, 186 (230); BVerfGE 124, 25 (34).
83   BVerfGE 124, 25 (34, 42).
84   BVerfGE 30, 227.
85   *Cornils*, in: Beck'scher Online-Komm. z. GG, Art. 9 Rn. 11.

diese Betätigung grundrechtlich nicht durch Art. 9 Abs. 1 GG geschützt, denn die Vereinigung und ihre Tätigkeit bedürfen insoweit nicht als solche des Grundrechtsschutzes; dieser richtet sich vielmehr nach den materiellen (Individual-)Grundrechten«[86]; s. auch Rdn. 80.

Umstritten ist, ob bzw. inwieweit über den engeren Bereich des Organisations- und 24 Verfahrensrechts hinaus auch nach außen wirkende Tätigkeiten dem Schutz von Art. 9 Abs. 1 unterliegen (»**vereinszweckrealisierendes Außenwirken**«[87])[88]. Man wird dies bejahen können, wenn die nach außen wirkende »externe Betätigung« in engerem Zusammenhang mit dem Bestand und der Organisation der Vereinigung steht, insbesondere der Sicherung ihrer Existenz- und Funktionsfähigkeit dient[89]. Das BVerfG spricht hier eher metaphorisch vom Kernbereich der Vereinstätigkeit[90] (zur Abgrenzung dieser »**Kernbereichsmetaphorik**«[91] von jener, die im Rahmen des Art. 9 Abs. 3 gepflegt wird, Rdn. 42). Zu der insoweit relevanten Tätigkeit gehören beispielsweise auch die Mitgliederwerbung,[92] die Selbstdarstellung (einschließlich der Werbung) nach außen, außerdem das Recht, sich zur beruflichen Tätigkeit in Sozietäten zusammenzuschließen[93].

Nicht vereinsspezifische Tätigkeiten, die dem Gegenstand nach von natürlichen 25 Personen ausgeübt werden können, werden dem jeweils sachlich einschlägigen Grundrecht zugeordnet[94]; die Vereinigung ist insoweit »wie jedermann im Rechtsverkehr tätig«[95]. Dass diese Tätigkeiten in kollektiv organisierter Form ausgeübt werden, verhilft ihnen nicht über die Anwendbarkeit des Art. 9 Abs. 1 zu einem stärkeren grundrechtlichen Schutz als bei der Ausübung durch Einzelpersonen[96].

Zum Gewährleistungstatbestand von Art. 9 Abs. 1 gehört auch die **vereinigungsspe-** 26 **zifische Vertragsfreiheit**[97]. Art. 9 Abs. 1 GG erfasst das Recht, rechtserhebliche Vereinbarungen mit Blick auf die Gründung und Selbstorganisation der Vereinigungen (Gesellschaftsverträge, Vereinsstatute, Satzungen) sowie hinsichtlich der Beziehungen

---

86 BVerfG, Beschl. v. 24.09.2014 – 1 BvR 3017/11 –, Rn. 14.
87 *Höfling*, in: Sachs, GG, Art. 9 Rn. 20; zur Diskussion *Bauer*, in: Dreier I, GG, Art. 9 Rn. 45.
88 Zum Problem BVerfGE 30, 227 (241 f.): s. auch BVerfGE 80, 244 (253), außerdem BVerfGE 83, 238 (339).
89 *Cornils*, in: Beck'scher Online-Komm. z. GG, Art. 9 Rn. 12.
90 BVerfGE 80, 244 (253).
91 *Cornils*, in: Beck'scher Online-Komm. z. GG, Art. 9 Rn. 57.1.
92 *Steinmeyer*, in: Umbach/Clemens, GG, Art. 9 Rn. 54; *Cornils*, in: Beck'scher Online-Komm. z. GG, Art. 9 Rn. 12.
93 *Cornils*, in: Beck'scher Online-Komm. z. GG, Art. 9 Rn. 12; a.A. BVerfGE 54, 237, offengelassen in BVerfGE 98, 49.
94 Vgl. BVerfGE 70, 1 (25); BVerfG, NJW 2000, 1251 (1251).
95 BVerfG, NJW 2000, 1251 (1251).
96 Zur Abgrenzung näher *Cornils*, in: Beck'scher Online-Komm. z. GG, Art. 9 Rn. 13.1.
97 *Cornils*, in: Beck'scher Online-Komm. z. GG, Art. 9 Rn. 14.

der Korporation als solcher zu anderen Rechtsobjekten (man denke an umwandlungs- oder konzernrechtliche Vereinbarungen) schließen zu können[98].

27 Dem **sonstigen rechtsgeschäftlichen Verkehr** (auch und gerade soweit er auf die Verwirklichung des Vereinszwecks gerichtet ist (Unternehmenstätigkeit, Hilfs- und Hauptgeschäfte des Vereins), fehlt der spezifische Bezug zur korporativen Organisation, er ist durch Art. 2 Abs. 1 GG (Allgemeine Vertragsfreiheit) oder soweit es um unternehmerische Tätigkeit geht, durch Art. 12 Abs. 1 GG sowie durch Art. 14 Abs. 1 GG bei einer eigentumsrechtsbezogenen Vertragsfrage geschützt[99].

II. Koalitionsfreiheit

28 Der **Sinn der Koalitionsfreiheit** liegt, wie das BVerfG wiederholt betont hat, wesentlich darin, die Schwäche des einzelnen Arbeitnehmers gegenüber dem Arbeitgeber durch Zusammenschluss in organisierten Interessenvertretungen auszugleichen, um so insbesondere in Tarifverhandlungen zu möglichst sinnvoller Regelung der Arbeits- und Wirtschaftsbedingungen zu gelangen[100] (s. auch Rdn. 35). Die historische Erfahrung, so das BVerfG, belege, dass auf diese Weise eher Ergebnisse erzielt werden könnten, die den Interessen der widerstreitenden Gruppen und dem Gemeinwohl besser gerecht würden als bei einer staatlichen Schlichtung[101]. Art. 9 Abs. 3 überträgt damit die wirtschaftliche bzw. gesellschaftliche Entwicklung »zum großen Teil«[102] – allerdings nicht exklusiv – der **Eigenverantwortung der Koalitionen**[103] (s. auch Rdn. 93).

29 Dies resümiert das **BVerfG** folgendermaßen:

> »Mit der grundrechtlichen Garantie der Tarifautonomie wird ein Freiraum gewährleistet, in dem Arbeitnehmer und Arbeitgeber ihre Interessengegensätze in eigener Verantwortung austragen können. Diese Freiheit findet ihren Grund in der historischen Erfahrung, dass auf diese Weise eher Ergebnisse erzielt werden, die den Interessen der widerstreitenden Gruppen und dem Gemeinwohl gerecht werden, als bei einer staatlichen Schlichtung. Das Grundrecht der Koalitionsfreiheit kann sich unter diesen Umständen aber nicht darauf beschränken, den einzelnen Grundrechtsträger vor staatlichen Eingriffen in individuelle Handlungsmöglichkeiten zu schützen; es hat vielmehr

98 *Cornils*, in: Beck'scher Online-Komm. z. GG, Art. 9 Rn. 14.
99 *Cornils*, in: Beck'scher Online-Komm. z. GG, Art. 9 Rn. 14.
100 BVerfG, NZA 2011, 60 (61); BVerfGE 50, 290 (367); s. auch schon BVerfGE 4, 96 (107 f.):»Geht man nämlich davon aus, dass einer der Zwecke des Tarifvertragssystems eine sinnvolle Ordnung des Arbeitslebens, insbesondere der Lohngestaltung, unter Mitwirkung der Sozialpartner sein soll, so müssen die sich aus diesem Ordnungszweck ergebenden Grenzen der Tariffähigkeit auch im Rahmen der Koalitionsfreiheit wirksam werden. Diese Grenzen der Tariffähigkeit zu ziehen, ist an sich eine Aufgabe des gesetzgeberischen Ermessens.«.
101 BVerfGE 88, 103 (114 f.).
102 BVerfG, NZA 2005, 153 (153 a.E.).
103 *Höfling*, in: Sachs, GG, Art. 9 Rn. 52.

darüber hinaus die Beziehung zwischen Trägern widerstreitender Interessen zum Gegenstand und schützt diese auch insoweit vor staatlicher Einflussnahme, als sie zur Austragung ihrer Interessengegensätze Kampfmittel mit beträchtlichen Auswirkungen auf den Gegner und die Allgemeinheit verwenden.«[104]

Als so genanntes **Doppelgrundrecht** gewährleistet Art. 9 Abs. 3 auch die Existenz und das Betätigungsrecht der Koalition selbst (kollektive Koalitionsfreiheit)[105]. Koalitionen müssen **Vereinigungen** im Sinne des Art. 9 Abs. 1 GG sein. Unklar ist allerdings das vom Grundgesetz geforderte Maß der organisatorischen Verfestigung, namentlich im Hinblick auf die Dauer. Ad-hoc-Koalitionen ohne Anknüpfung an eine schon bestehende – dauerhafte – Koalition werden danach nicht geschützt, wohl aber Kampfbündnisse von Außenseitern mit tariffähigen Verbänden[106]. 30

Der verfassungsrechtlich definierte Koalitionszweck besteht darin, die Arbeits- und Wirtschaftsbedingungen zu wahren und zu fördern. **Arbeitsbedingungen** sind alle Bedingungen, durch die die Leistung abhängiger Arbeit berührt wird, also namentlich Lohnhöhe, Arbeitszeit, Urlaub, Arbeitsschutz, Vorgaben für das Personalbemessungssystem[107]. **Wirtschaftsbedingungen** sind die für Arbeitgeber und Arbeitnehmer bedeutsamen allgemeinen wirtschafts- und sozialpolitischen Verhältnisse, beispielsweise Bedingungen am Arbeitsmarkt (Beschäftigungsquote, Arbeitslosigkeit), Einführung neuer Technologien, Beteiligung am Produktionsvermögen[108]. Die Begriffe (»Arbeits- und Wirtschaftsbedingungen«) sind »zeitoffen«[109], also fortbildungsfähig im Hinblick auf die realen Veränderungen des Arbeits- und Wirtschaftslebens. 31

Nicht zu den Arbeits- und Wirtschaftsbedingungen gehören steuer- und sozialversicherungsrechtliche Regelungsprobleme; sie entziehen sich koalitionsmäßiger Aushandlung[110]. Sie können aber von den Koalitionspartnern zum Motiv oder zum Anknüpfungspunkt tarifvertraglicher Regelung gemacht werden, wie es umgekehrt dem Staat nicht verwehrt ist, die diesbezügliche Gesetzgebungskompetenz (Art. 74 Abs. 1 Nr. 12 GG) mit Blick auf tarifvertragliche Normierungen auszuüben. Das betriebsrentenrechtliche Versorgungsverhältnis ist nach dem derzeit praktizierten (und einfach-gesetzlich ausgeformten, vgl. § 17 BetrAVG) Verständnis Annex des Arbeitsver- 32

---

104 BVerfGE 88, 103 (114 f.).
105 BVerfGE 84, 212 (224); 92, 365 (393); 100, 271 (282); BVerfG, NZA 2005, 153 (153 a.E.). – Krit. zu diesem Ansatz *Höfling*, in: Sachs, GG, Art. 9 Rn. 25 f.
106 *Jarass*, in: Jarass/Pieroth, GG, Art. 9 Rn. 33; *Cornils*, in: Beck'scher Online- Komm. z. GG, Art. 9 Rn. 44; *Kemper*, in: von Mangoldt/Klein/Starck, GG, Art. 9 Rn. 86.
107 BVerfGE 94, 268 (283); *Höfling*, in: Sachs, GG, Art. 9 Rn. 54.
108 BVerfGE 94, 268 (283); *Höfling*, in: Sachs, GG, Art. 9 Rn. 54.
109 *Höfling*, in: Sachs, GG, Art. 9 Rn. 55; vgl. auch BAG, NJW 1978, 2114 (2115).
110 *Wallerath*, Handbuch des Staatsrechts, Bd. IV, 3. Aufl. 2006, § 94 Rn. 32, der allerdings Lenkungsabgaben wie die Ausbildungsplatzabgabe zu den Arbeits- und Wirtschaftsbedingungen i.S. des Art. 9 Abs. 3 S. 1 rechnet.

hältnisses, der sich erst nach dessen Ende aktualisiert und daher Teil der Arbeits- und Wirtschaftsbedingungen des Art. 9 Abs. 3 S. 1[111].

33 Die Vereinigung muss beide Aspekte (**Arbeits- und Wirtschaftsbedingungen**) – zumindest auch – verfolgen. Reine Wirtschaftsverbände, denen (was zumindest denkbar wäre) ein Bezug zu den Arbeitsbedingungen fehlt, sind danach keine Koalition, man denke etwa an Verbrauchervereinigungen oder Kartelle, sie fallen unter Art. 9 Abs. 1[112]. Angesichts der Weite des Begriffs »Wirtschaftsbedingungen« wird allerdings im Regelfall eine hinreichende Überschneidung zu den Arbeitsbedingungen vorliegen. Zu den Koalitionen gehören auch Dach- bzw. Spitzenverbände der Arbeitnehmer (z.B. DGB) und Arbeitgeber (z.B. BDA)[113].

34 Vereinigungen lassen sich nur dann dem Koalitionsbegriff zuordnen, wenn sie gegnerfrei organisiert sind, d.h. entweder nur Arbeitgeber oder nur Arbeitnehmer einschließen[114]. Überdies müssen sie von der jeweiligen Gegenseite unabhängig (gegnerunabhängig) sein, was im Regelfall durch eine überbetriebliche Organisation indiziert wird, ohne dass dies verfassungsrechtliche Bedingung des Koalitionsbegriffs wäre[115]. Die geltenden Regelungen zur **Unternehmensmitbestimmung** widersprechen dem Gebot der Gegnerunabhängigkeit nicht[116].

35 Der verfassungsrechtliche Koalitionsbegriff richtet weniger strenge Anforderungen an die Koalition als der **Koalitionsbegriff des unterverfassungsrechtlichen (kollektiven) Arbeitsrechts**[117], insbesondere wenn dieser Bedingungen für die Tariffähigkeit aufstellt[118]. Das betrifft namentlich die hinreichende Durchsetzungsfähigkeit (Verbandsmacht, soziale Mächtigkeit) der Koalition, welche zwar nach der arbeitsgerichtlichen Rechtsprechung für die Fähigkeit, Tarifauseinandersetzungen zu führen und Tarifverträge zu schließen gefordert, nicht hingegen für den verfassungsrechtlichen Koalitionsbegriff maßgeblich ist[119]. Das BVerfG führt dementsprechend aus, dass alle Anforderungen an die Tariffähigkeit unzulässig seien, »die erheblich auf die Bildung und Betätigung einer Koalition zurückwirken, diese unverhältnismäßig einschränken und zur Aushöhlung der durch Art. 9 Abs. 3 gesicherten freien Koalitionsbildung und -betätigung führen. Durchsetzungsfähigkeit gegenüber dem sozialen Gegenspieler zur Teilnahme an einer **sinnvollen Ordnung des Arbeitslebens** kann nicht bedeu-

---

111 BAGE 121, 321 = NZA 2007, 1371 (1374).
112 *Höfling*, in: Sachs, GG, Art. 9 Rn. 55; *Cornils*, in: Beck'scher Online-Komm. z. GG, Art. 9 Rn. 47; *Jarass*, in: Jarass/Pieroth, GG, Art. 9 Rn. 34.
113 *Höfling*, in: Sachs, GG, Art. 9 Rn. 55.
114 *Höfling*, in: Sachs, GG, Art. 9 Rn. 56; *Cornils*, in: Beck'scher Online-Komm. z. GG, Art. 9 Rn. 49; *Kannengießer*, in: Schmidt-Bleibtreu u.a., GG, Art. 9 Rn. 24.
115 *Höfling*, in: Sachs, GG, Art. 9 Rn. 56 f.; *Cornils*, in: Beck'scher Online-Komm. z. GG, Art. 9 Rn. 49.
116 BVerfGE 50, 290 (373 ff.).
117 *Höfling*, in: Sachs, GG, Art. 9 Rn. 58.
118 BAG, NZA 2011, 289.
119 *Höfling*, in: Sachs, GG, Art. 9 Rn. 58.

ten, dass die Arbeitnehmer-Koalition die Chance des vollständigen Sieges haben muss. Es muss nur erwartet werden, dass sie vom Gegner überhaupt ernstgenommen wird, dass die Regelung der Arbeitsbedingungen nicht einem Diktat der einen Seite entspringt, sondern ausgehandelt wird, wobei dann die unterschiedliche Stärke ins Gewicht fällt. Ob eine solche Durchsetzungsfähigkeit angenommen werden kann, muss bei jeder Koalition nach ihrer konkreten Situation im Einzelfall beurteilt werden«[120].

Auch **nichttariffähige Koalitionen** unterfallen demgemäß dem Schutz von Art. 9 Abs. 3 GG; das gilt auch für die fehlende Bereitschaft zum Arbeitskampf[121]. Demnach sind auch sog. OT-Mitgliedschaften von Arbeitgebern in Arbeitgeberverbänden, d.h. Mitgliedschaften von Arbeitgebern, die keine Tarifverträge abschließen, umfasst[122]. Um sachfremde Einflüsse auf Tarifverhandlungen und Tarifergebnisse auszuschließen, ist für die Wirksamkeit einer solchen Mitgliedschaft eine hinreichende Trennung der Mitgliedschaftsbereiche im Arbeitgeberverband notwendig[123]. Die restriktiveren Anforderungen des einfachen Tarifrechts an die Tariffähigkeit, die diesen Anforderungen nicht genügenden Koalitionen die Hauptbetätigung, nämlich die Tarifautonomie, verwehren, sind richtigerweise als Eingriffe in Art. 9 Abs. 3 zu qualifizieren (vgl. Rdn. 72, 88)[124].   **36**

Geschützt sind **die individuell Berechtigten** hinsichtlich der Gründung einer Koalition und hinsichtlich des Beitritts zu ihr sowie hinsichtlich des Verbleibs in der Koalition sowie hinsichtlich der Teilnahme an der geschützten Koalitionstätigkeit[125]. Die individuelle Koalitionsfreiheit erstreckt sich auch auf das Recht des einzelnen Gewerkschaftsmitglieds, im Betrieb neue Mitglieder zu werben; dies darf nicht nur die Gewerkschaft als solche[126].   **37**

Unter dem Gesichtspunkt der **negativen Koalitionsfreiheit** garantiert Art. 9 Abs. 3 auch das Recht, einer Koalition fernzubleiben oder aus ihr wieder auszutreten[127]. Das bedeutet, vermittelt über Art. 9 Abs. 3 S. 2 (Rdn. 77), dass jede privatrechtliche Vereinbarung, die einen Arbeitgeber verpflichtet, auf Dauer Mitglied eines Arbeitgeberverbandes zu bleiben, seine negative Koalitionsfreiheit verletzt[128].   **38**

---

120 BVerfGE 58, 233 (249) – Hervorhebungen hinzugefügt; bestätigend BAG, NJW 2011, 1386 (1388).
121 *Höfling*, in: Sachs, GG, Art. 9 Rn. 58.
122 BAGE 119, 103; 127, 27; 130, 264; BVerfGK 18, 252 = NZA 2011, 60; vertiefter zum Blitzaustritt/-wechsel statt vieler: *Willemsen/Mehrens*, NJW 2009, 1916; *Höpfner*, ZfA 2009, 541.
123 BAGE 130, 264; BVerfGK 18, 252 = NZA 2011, 60.
124 Vgl. *Höfling*, in: Sachs, GG, Art. 9 Rn. 62.
125 *Höfling*, in: Sachs, GG, Art. 9 Rn. 63.
126 BVerfGE 28, 295.
127 *Cornils*, in: Beck'scher Online-Komm. z. GG, Art. 9 Rn. 54.
128 BAGE 119, 275 = NJW 2007, 622.

39   Die **Erstreckung von Tarifnormen auf Außenseiter** durch Allgemeinverbindlicherklärung (§ 5 TVG) oder mit einer Rechtsverordnung nach dem Arbeitnehmer-Entsendegesetz (Rdn. 93), auch der mittelbar faktische Zwang, Tarifnormen in individuellen Arbeitsverhältnissen anzuwenden, berühren den Schutzgehalt der negativen
Koalitionsfreiheit nicht, wenn und soweit von diesen Maßnahmen nicht ein hinreichend erheblicher faktischer Beitrittsdruck ausgeht[129]. Ob dieser Beitrittsdruck hinreichend erheblich ist, hängt von einer die ökonomische Lage realistisch einschätzen-
den Bewertung ab[130] (s. auch Rdn. 77). Verneint wird ein solcher **Beitrittsdruck** etwa
für die Nachwirkung gemäß § 4 Abs. 5 TVG[131], Tariftreue-Regelungen[132] oder die
Nachbindung nach § 3 Abs. 3 TVG[133].

Art. 9 Abs. 3 in seiner Bedeutung als negative Koalitionsfreiheit gewährt **generell kein
Recht** des einzelnen Arbeitnehmers oder Arbeitgebers oder der Koalition, von staatlichen Regelungen der Arbeits- und Wirtschaftsbedingungen **verschont zu bleiben**[134].
Das bezieht sich auch auf die Erstreckung von Tarifnormen, die nicht unter Verweis
auf Art. 9 Abs. 3 GG, also bereits mangels Tatbestandlichkeit dieser Vorschrift abgewehrt werden können[135].

40   Zum Schutzbereich gehört auch die **Koalitionsbetätigungsfreiheit**[136]. Art. 9 Abs. 3
garantiert den Koalitionen insoweit das Recht, alle Tätigkeiten auszuüben, die für die
Erhaltung und Sicherung der Koalition notwendig sind. Dazu gehören insbesondere
die auf den Bestand der Organisation als solche gerichteten Tätigkeiten, z.B. die Wahl
der Organisationsform, die Satzungsautonomie, die Mitgliederwerbung[137] sowie auch
Maßnahmen zur Aufrechterhaltung der Geschlossenheit nach innen und nach außen,
also auch die Möglichkeit des Ausschlusses aus der Gewerkschaft[138]. Auch die gerichtliche Vertretung sowie die außergerichtliche (Rechts-)Beratung ist eine koalitionsmäßige Betätigung i.S. des Art. 9 Abs. 3[139].

41   Darüber hinaus ist das **Recht zu spezifisch koalitionsmäßiger Betätigung** geschützt.
Geschützt sind demnach Tätigkeiten, die sich auf die Wahrung und Förderung der
Arbeits- und Wirtschaftsbedingungen richten[140]. Für andere als solche koaliti-
ons(zweck)spezifischen Tätigkeiten greift Art. 9 Abs. 3 nicht, hier bleibt es beim

---

129 BVerfGE 116, 202 = NJW 2007, 51 (53) m.w.N.
130 Vgl. *Höfling/Rixen*, RdA 2007, 360 (364 f.).
131 BVerfG, NZA 2000, 947 (947 f.).
132 BVerfGE 116, 202.
133 BAGE 131, 176, Rn. 37 ff., 40 ff.; hierzu *Höpfner*, NJW 2010, 2173.
134 *Cornils*, in: Beck'scher Online-Komm. z. GG, Art. 9 Rn. 54.
135 *Cornils*, in: Beck'scher Online-Komm. z. GG, Art. 9 Rn. 54.
136 *Cornils*, in: Beck'scher Online-Komm. z. GG, Art. 9 Rn. 55.
137 Vertiefter hierzu BAGE 135, 1; 129, 145; *Arnold*, NZA 2009, 716; *Schwarze*, RdA 2010,
     115.
138 BVerfGE 100, 214 (222 ff.).
139 BVerfGE 88, 5 (15); BVerfG, NJW 1995, 3377 (3377).
140 *Höfling*, in: Sachs, GG, Art. 9 Rn. 64.

Schutz durch andere einschlägige Grundrechte (vgl. Rdn. 25). Soweit folgt die Grundrechtsberechtigung der Koalition auch nicht aus Art. 9 Abs. 3 GG, sondern richtet sich nach dem Maßstab des Art. 19 Abs. 3[141].

Der Schutz der Koalitionsbetätigung aus Art. 9 Abs. 3 GG beschränkt sich nicht nur **42** auf einen »**Kernbereich**«, wie dies der älteren Rechtsprechung des BVerfG entnommen worden war[142]. Das BVerfG hat im Hinblick auf Art. 9 Abs. 3 diese Redeweise ausdrücklich korrigiert und den Schutz des Grundrechts auf alle koalitionsspezifischen Tätigkeiten bezogen[143]. Geschützt ist also nicht nur ein Tätigwerden in Bezug auf oder in Ausübung der Tarifautonomie. Es geht um die im gesamten Bereich der Arbeits- und Wirtschaftsbedingungen anfallenden Fragen[144].

Ein zentrales Element der Koalitionsbetätigungsfreiheit ist die **Tarifautonomie**, also **43** die Freiheit der Koalitionen, untereinander Tarifverträge zu schließen. Das Grundgesetz räumt den Koalitionen das gegenüber staatlichen Regelungen prinzipiell vorrangige, aber nicht das alleinige (Rdn. 28, 93 a.E.) Recht zur Regelung der Arbeits- und Wirtschaftsbedingungen ein:

Gemeint ist mit dem Kürzel »**Tarifautonomie**« insbesondere, aber nicht nur die Re- **44** gelung durch Tarifvertrag; denkbar sind auch sonstige Kollektivvereinbarungen von Gewerkschaften und Arbeitgeberverbänden bzw. einzelnen Arbeitgebern[145]. Die Tarifautonomie ist »darauf angelegt, die strukturelle Unterlegenheit der einzelnen Arbeitnehmer beim Abschluss von Arbeitsverträgen durch kollektives Handeln auszugleichen und damit ein annähernd gleichgewichtiges Aushandeln der Löhne und Arbeitsbedingungen zu ermöglichen«[146]. Tarifautonomie impliziert die Freiheit von staatlicher Ingerenz in den Prozess des Aushandelns entsprechender vertraglicher Regelungen, hiervon sollen die Tarifvertragsparteien »nach dem Willen des Grundgesetzes frei sein«[147]. Die Tarifautonomie beinhaltet die Freiheit zur Fortbildung des bestehenden Tarifvertragssystems[148], ohne aber ein »**Rückschrittsverbot**« bzw. eine auf kollektivarbeitsrechtliche Regelungen bezogene Nichtveränderungsgarantie zu implizieren[149].

Die in Art. 9 Abs. 3 GG geschützte Tarifautonomie enthält zwar ein (ggf. ein- **45** schränkbares) Recht darauf, dass die vertragliche Regelung als rechtliche geachtet wird. Tarifautonomie impliziert aber keinen Anspruch darauf, dass der Tarifvertrag

---

141 *Sachs*, Verfassungsrecht II (Grundrechte), 2. Aufl. 2003, Abschn. B 9 Rn. 15.
142 Zur Rechtsprechungsgeschichte *Höfling*, in: Sachs, GG, Art. 9 Rn. 71 ff.; *Bauer*, in: Dreier I, GG, Art. 9 Rn. 85 f.
143 BVerfGE 93, 352 (360); 100, 214 (222). – Hierzu *Cornils*, in: Beck'scher Online-Komm. z. GG, Art. 9 Rn. 57.
144 *Cornils* in: Beck'scher Online-Komm. z. GG, Art. 9 Rn. 57.
145 Vgl. *Cornils* in: Beck'scher Online-Komm. z. GG, Art. 9 Rn. 61 f.
146 BVerfGE 84, 212 (229).
147 BVerfGE 94, 268 (283).
148 Vgl. BVerfGE 20, 312 (317).
149 *Höfling*, in: Sachs, Art. 9 GG Rn. 85; *Dietlein*, in: Sachs, Staatsrecht IV/1, S. 2055.

zwingende Wirkung hat. Bei der einfach-rechtlichen Regelung des § 4 Abs. 1 TVG[150] handelt es sich nicht um den einfachgesetzlichen Nachvollzug eines durch Art. 9 Abs. 3 GG vorgegebenen Gewährleistungsinhalts, sondern um eine einfachgesetzliche Ausgestaltung (zu dieser Rdn. 69 ff.) des Art. 9 Abs. 3 GG, die für die Wahrnehmung der Tarifautonomie nicht unerlässlich ist (Rdn. 70)[151]. Entsprechendes gilt für eine Veränderung des **Günstigkeitsprinzips** (§ 4 Abs. 3 TVG), etwa in dem Sinne, dass auch die Sicherheit des Arbeitsplatzes Berücksichtigung finden würde[152], oder für eine Änderung vor § 77 Abs. 3 BetrVG dergestalt, dass Tarifverträge keinen Vorrang mehr von Betriebsvereinbarungen haben[153].

46   Wenn vom **prinzipiellen Vorrang der Tarifautonomie** vor staatlichen Regelungen die Rede ist (vgl. Rdn. 28, 93 a.E.), dann ist gemeint, dass sich der Staat in diesem Betätigungsfeld grundsätzlich – also vorbehaltlich rechtfertigungsbedürftiger Ausnahmen – einer Einflussnahme enthält und die Regelungen zu den Arbeits- und Wirtschaftsbedingungen zum großen Teil den Koalitionen überlässt[154]. Damit einher geht allerdings nicht ein absolutes Verbot des Eindringens in diesen Bereich[155].

47   Geschützt sind auch sog. **Firmentarifverträge**, so dass nicht auf beiden Seiten eine Koalition vertreten sein muss. Das Tätigwerden einer Koalition ist geschützt, notwendig ist es aber nicht, dass sie ihren tarifautonomiebezogenen Kontakt gerade zu einer anderen (Gegner) Koalition pflegt[156]. Verträge in Ausübung der Tarifautonomie, namentlich Tarifverträge, können Regelungen zu allen Arbeits- und Wirtschaftsbedingungen enthalten[157]. Dabei ist zu bedenken, dass sich die **Arbeitswelt fortentwickelt** (Rdn. 31), so dass die traditionell in Tarifverträgen enthaltenen Gegenstände nur einen Anhaltspunkt dafür abgeben, welche Regelungsaspekte überhaupt in Frage kommen[158]. Gegenstand tariflicher Regelungen können auch unternehmerische Entscheidungen sein[159]. Man denke an die Standortfrage eines Unternehmens,[160] bei der sich die wirtschaftliche unternehmerische und die soziale/sozialpolitische Seite nicht sinnvoll voneinander trennen lassen (wobei das, was sinnvoll bzw. vernünftig ist, grund-

---

150 »Die Rechtsnormen des Tarifvertrags, die den Inhalt, den Abschluß oder die Beendigung von Arbeitsverhältnissen ordnen, gelten unmittelbar und zwingend zwischen den beiderseits Tarifgebundenen, die unter den Geltungsbereich des Tarifvertrags fallen. Diese Vorschrift gilt entsprechend für Rechtsnormen des Tarifvertrags über betriebliche und betriebsverfassungsrechtliche Fragen.«.
151 *Höfling*, in: Sachs, GG, Art. 9 Rn. 93a.
152 *Höfling*, in: Sachs, Art. 9 Rn. 93b; *Höfling/Burkiczak*, NJW 2005, 469 (471 f.).
153 *Höfling*, in: Sachs, Art. 9 Rn. 93b; *Burkiczak*, Grundgesetz und Deregulierung des Tarifvertragsrechts, 2006, S. 198 ff.; hierzu auch *Sodan*, JZ 1998, 421 (427 ff.).
154 *Cornils*, in: Beck'scher Online-Komm. z. GG, Art. 9 Rn. 61 a.E.
155 *Cornils*, in: Beck'scher Online-Komm. z. GG, Art. 9 Rn. 61 a.E.
156 *Cornils*, in: Beck'scher Online-Komm. z. GG, Art. 9 Rn. 63.
157 *Höfling*, in: Sachs, GG, Art. 9 Rn. 87.
158 *Höfling*, in: Sachs, GG, Art. 9 Rn. 88.
159 *Cornils*, in: Beck'scher Online-Komm. z. GG, Art. 9 Rn. 64 a.E.
160 *Cornils*, in: Beck'scher Online-Komm. z. GG, Art. 9 Rn. 64 a.E.

sätzlich von den Koalitionen entschieden wird). In personeller Hinsicht bezieht sich die Normsetzungsbefugnis der Tarifparteien nur auf die jeweils eigenen Mitglieder, die sog. **Außenseiterbindung** von Tarifnormen können Gewerkschaften bzw. Arbeitgeberverbände nicht herbeiführen. Dies setzt eine staatliche Anordnung voraus, z.b. durch Allgemeinverbindlicherklärung (§ 5 TVG) oder Erstreckung vermittels Rechtsverordnung (vgl. § 7 AEntG[161]), hierzu Rdn. 39, 93.

Zur Koalitionsbetätigungsfreiheit gehören auch die Zwangsmittel in der Tarifaus- 48
einandersetzung, namentlich der **Arbeitskampf (Streik)**[162]. Entscheidend ist hier der Grundsatz der Verhältnismäßigkeit,[163] der vom BAG ins Zentrum der arbeitskampfrechtlichen Dogmatik gerückt wurde[164]. Arbeitskampfmaßnahmen müssen **ultima ratio** sein, nachdem alle anderen Verständigungsmöglichkeiten ausgeschöpft sind, was voraussetzt, dass überhaupt Verhandlungen aufgenommen wurden[165]. Der **Ultima-Ratio-Gedanke** gilt auch für die Durchführung des Streiks bzw. allgemein die Dosierung von Arbeitskampfmitteln; die Tarifparteien trifft auch die gleichsam nachgehende Pflicht, den Arbeitsfrieden wiederherzustellen. D.h., die eskalierenden Effekte des Einsatzes der ultima ratio müssen wieder eingefangen, abgefedert, abgemildert werden.

Dass der Arbeitskampf zur Koalitionsbetätigungsfreiheit gehört, ist für den Streik 49
auf Arbeitnehmerseite allgemein anerkannt, sofern es um den Abschluss von Tarifverträgen (u.a. Firmentarifverträgen, Verbandstarifverträgen) geht, und der Streik erforderlich ist (Rdn. 48), um die Tarifautonomie sicherzustellen[166]. Die **Einordnung arbeitgeberseitiger Kampfmaßnahmen** ist, sieht man von vereinzelter Kritik in der Literatur ab, jedenfalls für das BVerfG und die ihr entsprechende herrschende Meinung unproblematisch[167]. Danach ist die sog. **Abwehraussperrung** als Kampfmittel des Arbeitgebers zulässig, soweit sie zur Herstellung der Kampf- bzw. Verhandlungsparität erforderlich ist[168].

Nicht zulässig soll nach überwiegender Auffassung der sog. **politische Streik** sein, 50
der dadurch charakterisiert ist, dass er sich nicht gegen den Tarifvertragspartner rich-

---

161 Arbeitnehmer-Entsendegesetz (AEntG) v. 20.04.2009 (BGBl. I S. 799), zuletzt geändert durch Art. 6 TarifautonomiestärkungsG vom 11.08.2014 (BGBl. I S. 1348).
162 Zur Rechtsprechungsgeschichte *Höfling*, in: Sachs, GG, Art. 9 Rn. 95 ff.; *Kemper*, in: von Mangoldt/Klein/Starck, GG, Art. 9 Rn. 168 ff.; Überblick bei *Kersten*, Neues Arbeitskampfrecht.
163 BAGE 48, 195 (200 ff.) = NJW 1985, 2548; *Höfling*, in: Sachs, GG, Art. 9 Rn. 99; *Jarass*, in: Jarass/Pieroth, GG, Art. 9 Rn. 53.
164 BAGE 23, 292 = NJW 1971, 1668.
165 Instruktiv im Hinblick auf den Streik von Bediensteten in Kindertagesstätten ArbG Kiel, Urt. v. 18.05.2009 – ö.D. 4 Ga 23b/09 –, juris, Rn. 87.
166 BVerfGE 92, 365 (393 f.); s. auch BVerfGE 88, 103 (114); BAGE 105, 5 (10) = NZA 2003, 866; *Cornils*, in: Beck'scher Online-Komm. z. GG, Art. 9 Rn. 67.
167 *Cornils*, in: Beck'scher Online-Komm. z. GG, Art. 9 Rn. 68 m.w.N.
168 BVerfGE 84, 121 (224); näher hierzu *Kemper*, in: von Mangoldt/Klein/Starck, GG, Art. 9 Rn. 173 ff.

tet, sondern darauf, politische Entscheidungsprozesse auf (gesamt-)staatlicher Ebene zu beeinflussen[169]. Abgesehen davon, dass diese Sichtweise der insbesondere in den romanischen Ländern verbreiteten Sicht auf die Koalitionsfreiheit nicht entspricht, also **aus internationaler Perspektive** fragwürdig ist, ist zu bedenken, dass Art. 9 Abs. 3 Satz 1 nach seinem Wortlaut den Ausschluss des politischen Streiks nicht nahe legt. Vielmehr kommt man zu dieser Ansicht nur dann, wenn man die Regelung der Arbeitsbedingungen in Ausübung der Tarifautonomie zum Hauptzielpunkt der Koalitionsbetätigungsfreiheit macht. Das Streikrecht ist dann nur legitim zur Durchsetzung tariflich regelbarer Ziele. Eine solche Sichtweise widerspricht indes dem Umstand, dass die Koalitionsfreiheit ein »Sonderfall« (Rdn. 1) der allgemeinen Vereinigungsfreiheit ist. So gesehen ließe sich argumentieren, dass die Koalitionen als Vereinigungen, soweit es um Arbeits- und Wirtschaftsbedingungen geht, sich auch im politischen Raum positionieren dürfen, und zwar auch dann, wenn es an einem konkret definierbaren Arbeitgeber auf der Gegenseite fehlt.

51   Sog. wilde, d.h. nicht von einer Gewerkschaft im Rechtssinne geführte **nichtorganisierte Streiks**[170] bzw. **Sympathie- oder Solidaritätsstreiks**[171], die von vornherein aus dem Schutzbereich des Art. 9 Abs. 3 herausfallen, sind umstritten[172]. Das Bundesarbeitsgericht hat in einer erkennbar stärker als früher schrankendogmatisch geprägten Argumentation den sog. Unterstützungsstreik als vom Schutzbereich des Art. 9 Abs. 3 Satz 1 GG erfasst angesehen[173].

52   Art. 9 Abs. 3 GG erfasst auch **sonstige Mittel des Arbeitskampfes**[174]. Art. 9 Abs. 3 lässt sich auch der »Grundsatz der freien Arbeitskampfmittelwahl«[175] zuordnen. Man denke z.B. an einen Boykott, die Betriebsblockade oder andere produktionshindernde Maßnahmen[176], etwa die Methode des sog. »Flash-Mob«[177]. Der Grund-

---

169 *Höfling*, in: Sachs, GG, Art. 9 Rn. 106; *Jarass*, in: Jarass/Pieroth, GG, Art. 9 Rn. 40; nach *Scholz*, in: Maunz/Dürig, GG, Art. 9 Rn. 376 ist der politische Streik Art. 20 Abs. 4 zuzuordnen.

170 Vgl. BAGE 58, 343 (349) = NZA 1988, 883; s. hierzu *Dietlein*, in: Stern, Staatsrecht IV/1, S. 2063.

171 Vgl. BAGE 48, 160 (169) = NZA 1985, 504; s. hierzu *Dietlein*, in: Stern, Staatsrecht IV/1, S. 2062 f.

172 *Jarass*, in: Jarass/Pieroth, GG, Art. 9 Rn. 40; s. auch *Cornils*, in: Beck'scher Online-Komm. z. GG, Art. 9 Rn. 70 zu den Implikationen für die Frage Eingriff/Schranke.

173 BAGE 123, 134 = NZA 2007, 1055; dazu *Hayen/Ebert*, AuR 2008, 19 ff.; *Cornils*, in: Beck'scher Online-Komm. z. GG, Art. 9 Rn. 70.

174 *Cornils*, in: Beck'scher Online-Komm. z. GG, Art. 9 Rn. 71.

175 *Treber*, Aktiv produktionsbehindernde Maßnahmen, 1996, S. 394.

176 *Cornils*, in: Beck'scher Online-Komm. z. GG, Art. 9 Rn. 71.

177 Hierbei kaufen zahlreiche Personen zur Blockade des Kassenbereichs in bestreikten Filialen eines Unternehmens Pfennigartikel oder packen Einkaufswagen voll und lassen sie stehen, vgl. (zulässige Arbeitskampfmaßnahme) LAG Bln-Bbg, NZA-RR 2009, 149; BAG, NJW 2010, 631; BVerfG, Nichtannahmebeschluss vom 26.03.2014 – 1 BvR 3185/09 –, juris; kritisch hierzu: *Otto*, RdA 2010, 135; *Säcker/Mohr*, JZ 2010, 440; luzi-

satz der Verhältnismäßigkeit ist auch bei sog. »Flash-Mobs« zu beachten[178], insb. wenn es um Leistungen der Daseinsvorsorge (z.B. Gesundheitsversorgung und Pflege, insb. Krankenhäuser, Alten- und Pflegeeinrichtungen, Bestattung, Feuerwehr, Verkehrswege, Kommunikationsinfrastruktur einschl. Post und Internet, Kinderbetreuung, Wasserver- und -entsorgung, Abfallbeseitigung) geht[179]. Dazu können auch Festsetzungen (Freiheitsberaubungen) von Unternehmensleitern gehören (man denke an entsprechende Praktiken in Frankreich), die **jedenfalls prima facie grundrechtlich geschützt** sind, also vorbehaltlich der Frage, ob hier nicht eine Grenze der tatbestandlich gewährten Grundrechtsfreiheit auf Schrankenebene aktualisiert werden muss[180].

D. Grundrechtsberechtigte und -verpflichtete

I. Grundrechtsberechtigte

1. Vereinigungsfreiheit

Art. 9 Abs. 1 schützt **natürliche sowie inländische juristische Personen** (insoweit 53 unstreitig gemäß Art. 19 Abs. 3 GG)[181] als Gründer oder Mitglieder von Vereinigungen[182]. Auch wenn sich natürliche Personen in einer verschärften Abhängigkeit von einem Träger öffentlicher Gewalt befinden (früher: »**besonderes Gewaltverhältnis**«) können sie sich – selbstverständlich –[183] auf Art. 9 Abs. 1 berufen. Das gilt etwa für Strafgefangene, im Maßregelvollzug Untergebrachte oder sonst in behördlichem Gewahrsam sich befindende Menschen, aber auch Schülerinnen und Schüler[184].

---

de Analyse bei *Kersten*, Neues Arbeitskampfrecht, S. 66 ff., 80 ff.; s. ferner *Rüthers/Höpfner*, JZ 2010, 261; Lembke, NZA 2014, 471.

178 BAG, NJW 2010, 631 (632); kritisch zur tendenziell arbeitgebernachteiligen Anwendung des Verhältnismäßigkeitsgrundsatzes *Säcker/Mohr*, JZ 2010, 440; *Giesen*, in: Rieble/Junker/ders. (Hrsg.), Neues Arbeitskampfrecht?, S. 95 (102).

179 *Herbert*, ZTR 2014, 639 (640 f.); *Hufen*, NZA 2014, 1237 (1239).

180 Das BVerfG, NJW 2014, 1874 (1875 a.E.) hat offengelassen, ob strafbare Handlungen von vornherein vom Schutzbereich der Koalitionsfreiheit ausgenommen sind.

181 *Scholz*, in: Maunz/Dürig, GG, Art. 9 Rn. 47, 55.

182 *Löwer*, in: v. Münch I, GG, Art. 9 Rn. 19.

183 Seit BVerfGE 33, 1.

184 Zur Vereinigungsfreiheit in der Schule beispielhaft § 45 Abs. 4 SchulG v. 15.02.2005 (GV. NRW. S. 102), zuletzt geändert durch Artikel 3 des Gesetzes vom 17. Juni 2014 (GV. NRW. S. 336): »Die Schülerinnen und Schüler können sich in ihrer Schule in Schülergruppen zusammenschließen. Dieses Recht kann von der Schulleitung eingeschränkt werden, soweit die Sicherung des Bildungs- und Erziehungsauftrags der Schule es erfordert. Die Schulkonferenz regelt Grundsätze über die Betätigung von Schülergruppen und die Benutzung schulischer Einrichtungen. Den Schülergruppen sollen Räume und sonstige schulische Einrichtungen unentgeltlich zur Verfügung gestellt werden.«

54   Mit **juristischen Personen** sind im grundrechtlichen Sinne rechtsfähige wie nicht-rechtsfähige Vereinigungen gemeint,[185] und zwar grundsätzlich unabhängig davon, ob es sich hierbei um Gesellschaftsformen des ausländischen Privatrechts handelt (z.B. »Ltd.«).

55   Die Inländereigenschaft – auch jene nach ausländischem Privatrecht gegründeter Gesellschaften – hängt von ihrem **Sitz** ab,[186] d.h. davon, ob ihr **tatsächlicher Verwaltungsmittelpunkt** auf deutschem Staatsgebiet liegt[187]. Trotz Sitzes in Deutschland fehlt es an der Inländereigenschaft, wenn die juristische Person unter einem vom Ausland aus erfolgenden Beherrschungseinfluss steht, bei Kapitalgesellschaften also etwa dann, wenn die Mehrheit der stimmberechtigten Kapitalanteile in den Händen von Ausländern (oder Staatenlosen)[188] liegt.[189]

56   **Juristische Personen des öffentlichen Rechts** nehmen regelmäßig staatliche Kompetenzen wahr, so dass sie sich nicht auf das Grundrecht aus Art. 9 Abs. 1 berufen können (s. aber Rdn. 62)[190].

57   Die Frage, ob juristische Personen sich selbst vereinigungsbildend betätigen können, ist von der Frage zu unterscheiden, ob eine ggfs. als juristische Person organisierte Vereinigung sich für ihren Bestand und ihre Betätigung auf Art. 9 Abs. 1 berufen kann[191]. Personenvereinigungen sind hiernach sowohl kollektivrechtlich (Gewährleistung von Bestand und freier Betätigung, Rdn. 23) als auch individualrechtlich in ihrer Freiheit geschützt, untereinander Vereinigungen (Dachverbände) zu gründen[192]. Nach Ansicht des BVerfG schützt Art. 9 Abs. 1 wegen des engen Zusammenhangs von individueller und kollektiver Vereinigungsfreiheit auch die Vereinigung als solche (»**Doppelgrundrecht**«)[193]. Die Grundrechtsberechtigung der Vereinigungen ergibt sich danach nicht erst aus Art. 19 Abs. 3 GG. Art. 19 Abs. 3 GG kommt erst dann im Zusammenwirken mit den einschlägigen allgemeinen Freiheitsrechten ins Spiel, wenn die Aktivitäten der Vereinigungen geschützt werden, mit denen sie nach außen in Verfolgung der Vereinszwecke tätig wird[194] (vgl. Rdn. 24). Eine Kaufhaus-AG genießt für die Durchführung der Hauptversammlung unmittelbar den Schutz nach Art. 9 Abs. 1 GG; die Geschäftstätigkeit in den Kaufhäusern ist über Art. 12 Abs. 1

---

185 *Scholz*, in: Maunz/Dürig, GG, Art. 9 Rn. 55.
186 *Löwer*, in: v. Münch I, GG, Art. 9 Rn. 19.
187 *Scholz*, in: Maunz/Dürig, GG, Art. 9 Rn. 55.
188 *Scholz*, in: Maunz/Dürig, GG, Art. 9 Rn. 55 a.E.
189 *Löwer*, in: v. Münch I, GG, Art. 9 Rn. 19.
190 *Löwer*, in: v. Münch I, GG, Art. 9 Rn. 20; *Bauer*, in: Dreier I, GG, Art. 9 Rn. 37.
191 *Löwer*, in: v. Münch I, GG, Art. 9 Rn. 19.
192 *Steinmeyer*, in: Umbach/Clemens, GG, Art. 9 Rn. 24.
193 Hierzu *Bauer*, in: Dreier I, GG, Art. 9 Rn. 34 ff.; *Cornils*, in: Beck'scher Online- Komm. z. GG, Art. 9 Rn. 3; *Löwer*, in: v. Münch I, GG, Art. 9 Rn. 23; vgl. BVerfGE 80, 244 (253); BVerfG, Beschl. v. 10.06.2009, 1 BvR 825/08, 1 BvR 831/08, Rn. 37; BVerfGE 123, 186 (237); BVerfGE 124, 25 (34).
194 BVerfG, NZA 2005, *Cornils*, in: Beck'scher Online-Komm. z. GG, Art. 9 Rn. 3.

in Verbindung mit Art. 19 Abs. 3 GG geschützt[195]. Im Lichte des EU-Rechts bezieht sich Art. 19 Abs. 3 GG auch auf Unternehmen mit Sitz im EU-Ausland[196].

Art. 9 Abs. 1 ist ein sog. **Deutschen-Grundrecht**[197], d.h. geschützt ist jeder Deut- **58** sche im Sinne des Art. 116 Abs. 1 GG[198]. **EU-Ausländer** sind nur im Ergebnis, also im Hinblick auf die Intensität des Grundrechtsschutzes gleichgestellt[199], sie dürfen sich also nicht direkt auf Art. 9 Abs. 1 berufen, wohl aber auf Art. 2 Abs. 1[200]. Bei einer Vereinigung (etwa einem Verein), die aus Deutschen und (EU-)Ausländern besteht, ist »nach gewichtetem Beherrschungseinfluss«[201] zu unterscheiden. D.h., die Mitgliedschaft von Ausländern ohne beherrschenden Einfluss belässt den Verein im Schutzbereich des Art. 9 Abs. 1[202]. Wird der Verein hingegen wegen der Zusammensetzung seiner Leitungsorgane und/oder wegen der Größe des Anteils der Mitglieder, die Ausländer sind, von diesen kontrolliert, kann der Verein sich nicht auf den Schutz von Art. 9 Abs. 1 berufen, er unterfällt nur dem Schutz des § 1 Abs. 1 VereinsG[203]. Insofern steht der Bestand des Vereins nur unter der Garantie gesetzmäßiger Eingriffe (Art. 20 Abs. 3)[204]. Ein Dachverband, dem überwiegend sog. Ausländervereine angehören, ist selbst sog. Ausländerverein, der über Art. 9 Abs. 2 hinaus, nämlich nach Maßgabe von § 14 Abs. 1 VereinsG, verboten werden muss[205].

Auch **Minderjährige** sind, entsprechend den allgemeinen Regeln, grundrechts- **59** mündig, wobei nach den einzelnen Gehalten der Vereinigungsfreiheit unterschieden werden muss[206] (s. beispielhaft zur Schule Rdn. 53). Soweit unbeschränkte Geschäftsfähigkeit vorausgesetzt wird, erweist sich dies im Hinblick auf den Persönlichkeitsschutz des Minderjährigen als verfassungsimmanente Begrenzung der Vereinigungsfreiheit[207]. Soweit Freiheitsbereiche in Rede stehen, in denen rechtsgeschäftliche Bindungen keine Rolle spielen, ist nach allgemeinen Regeln auf die Fähigkeit abzu-

---

195 *Sachs*, Verfassungsrecht II (Grundrechte), 2. Aufl. 2003, Abschn. B 9 Rn. 15.
196 BVerfGE 129, 78 (zu Art. 14 GG).
197 *Löwer*, in: v. Münch I, GG, Art. 9 Rn. 11; *Steinmeyer*, in: Umbach/Clemens, GG, Art. 9 Rn. 20.
198 *Cornils*, in: Beck'scher Online-Komm. z. GG, Art. 9 Rn. 4.
199 Vgl. *Kemper*, in: von Mangoldt/Klein/Starck, GG, Art. 9 Rn. 65.
200 BVerfG, NVwZ 2000, 1281 f.; allg. BVerfGE 35, 382 (393); 78, 179 (196); zur Kritik dieses Ansatzes *Löwer*, in: v. Münch I, GG, Art. 9 Rn. 12 ff. m.w.N.; zum im Ergebnis gleichen Schutz für Ausländer s. auch *Bauer*, in: Dreier I, GG, Art. 9 Rn. 31.
201 *Löwer*, in: v. Münch I, GG, Art. 9 Rn. 15.
202 *Löwer*, in: v. Münch I, GG, Art. 9 Rn. 15.
203 *Löwer*, in: v. Münch I, GG, Art. 9 Rn. 15.
204 *Löwer*, in: v. Münch I, GG, Art. 9 Rn. 15.
205 BVerwG, NVwZ 1995, 587 ff.; BVerfG, NVwZ 2000, 1281 ff. – Gleiches gilt für sog. Ausländische Vereine (Vereine mit Sitz im Ausland), auf die gemäß § 15 Abs. 1 S. 1 VereinsG § 14 VereinsG entsprechende Anwendung findet.
206 *Löwer*, in: v. Münch I, GG, Art. 9 Rn. 17; *Hufen*, Staatsrecht II (Grundrechte), 2014, § 31 Rn. 9.
207 *Löwer*, in: v. Münch I, GG, Art. 9 Rn. 17 unter Verweis auf BVerfGE 72, 155 ff.

stellen, im Bereich des Grundrechtsthemas einsichtsfähig zu handeln[208]. Als Anhaltspunkt empfiehlt sich die Anlehnung an die sog. Religionsmündigkeit,[209] wonach die staatlich zu respektierende personale Autonomie in der Frage der Religionszugehörigkeit an die Vollendung des 14. Lebensjahres anknüpft[210]. Entscheidungen über die Vereinigungsfreiheit werden selten von vergleichbarer existenzieller Bedeutung sein, wie die Frage der Religionszugehörigkeit, so dass es vertretbar erscheint, diese Altersgrenze erst recht dann heranzuziehen, wenn es um biographisch weniger nachhaltige Entscheidungen geht[211].

2. Koalitionsfreiheit

60 Träger der kollektiven Koalitionsfreiheit sind die **Koalitionen** (Rdn. 28 ff.). Träger der individuellen Koalitionsfreiheit kann jeder **Berufsangehörige** sein[212], also jeder der einen Beruf im Sinne des Art. 12 Abs. 1 GG ausübt. Das sind nicht nur Arbeitnehmer, sondern auch Beamte[213], Richter, Soldaten sowie Auszubildende,[214] auch Personalratsmitglieder in ihrer Arbeitnehmereigenschaft[215] (nicht in ihrer Funktion als Personalratsmitglieder, Rdn. 19) sowie privatrechtliche Personenvereinigungen, etwa Gesellschaften als Unternehmensträger auf der Arbeitgeberseite[216]. Art. 9 Abs. 3 – hier verstanden als individuelle Koalitionsfreiheit – ist seinem Wesen nach auf solche juristische Personen im rechtstechnischen Sinne anwendbar (Art. 19 Abs. 3 GG)[217].

208 *Löwer*, in: v. Münch I, GG, Art. 9 Rn. 17.
209 *Scholz*, in: Maunz/Dürig, Art. 9 Rn. 53; *Löwer*, in: v. Münch I, GG, Art. 9 Rn. 17.
210 Vgl. § 5 S. 1 und S. 2 des Gesetzes über die religiöse Kindererziehung v. 15.07.1921 (RGBl. S. 939), zuletzt geändert durch Art. 63 des Gesetzes v. 17.12.2008 (BGBl. I S. 2586, 2728): »Nach der Vollendung des vierzehnten Lebensjahrs steht dem Kind die Entscheidung darüber zu, zu welchem religiösen Bekenntnis es sich halten will. Hat das Kind das zwölfte Lebensjahr vollendet, so kann es nicht gegen seinen Willen in einem anderen Bekenntnis als bisher erzogen werden.«
211 *Löwer*, in: v. Münch I, GG, Art. 9 Rn. 17.
212 *Bauer*, in: Dreier I, GG, Art. 9 Rn 67; *Höfling*, in: Sachs, GG, Art. 9 Rn. 112.
213 Vgl. § 52 Beamtenstatusgesetz (BeamtStG) – amtliche Überschrift:»Mitgliedschaft in Gewerkschaften und Berufsverbänden« – (entspricht dem früheren § 57 BRRG):»Beamtinnen und Beamte haben das Recht, sich in Gewerkschaften oder Berufsverbänden zusammenzuschließen. Sie dürfen wegen Betätigung für ihre Gewerkschaft oder ihren Berufsverband nicht dienstlich gemaßregelt oder benachteiligt werden.« Auf Bundesebene s. § 116 BBG n.F. (= § 91 BBG a.F.). Es handelt sich um einen hergebrachten Grundsatz des Beamtenrechts, *Schnellenbach*, Beamtenrecht in der Praxis, 7. Aufl. 2011 § 6 Rn. 29 m.w.N.
214 Gemeint ist die Berufsausbildung i.S. der §§ 4 ff. BBiG, keine Auszubildenden sind daher Schüler und Studierende, *Höfling*, in: Sachs, GG, Art. 9 Rn. 112.
215 *Cornils*, in: Beck'scher Online-Komm. z. GG, Art. 9 Rn. 41.
216 *Cornils*, in: Beck'scher Online-Komm. z. GG, Art. 9 Rn. 41.
217 *Cornils*, in: Beck'scher Online-Komm. z. GG, Art. 9 Rn. 41.

Im Unterschied zur Vereinigungsfreiheit des Art. 9 Abs. 1 ist die Koalitionsfreiheit **61** **nicht auf Deutsche** im Sinne des Art. 116 Abs. 1 **beschränkt**[218]. Art. 9 Abs. 3 gewährt ein Menschenrecht[219]. Sie erfasst also auch Ausländer sowie Ausländer-Koalitionen[220]. Richtigerweise sind ausländische juristische Personen nicht geschützt: Zwar mag Art. 9 Abs. 3 in der Konzeption des sog. Doppelgrundrechts auch Koalitionen als ganzes schützen (Rdn. 30) und insoweit auch Art. 19 Abs. 3 verdrängen. Allerdings ist dieser Verdrängungseffekt nur partiell, als er vom Erfordernis dispensiert, für juristische Personen i.S. des Art. 19 Abs. 3 eine Vergleichbarkeit (»Wesensgleichheit«) zu Individuen herzustellen, die sich auf Art. 9 Abs. 3 S. 1 berufen können. Eine Dispens vom Erfordernis »inländisch« liegt darin nicht[221].

Juristische Personen des öffentlichen Rechts sind wie auch bei Art. 9 Abs. 1 nicht **62** aus Art. 9 Abs. 3 grundrechtsberechtigt[222]. Das gilt auch für die Tarifgemeinschaft der Länder (TdL) als Tarifgemeinschaft öffentlich-rechtlicher Gebietskörperschaften[223]. Dies gilt auch für Rundfunkanstalten im Hinblick auf ihre aus Art. 5 Abs. 1 S. 2 folgende Stellung[224] oder für Innungen bzw. Innungsverbände, soweit sie einfachgesetzlich (§ 54 Abs. 3 Nr. 1, § 82 S. 2 Nr. 3 HwO) als tariffähig anerkannt sind[225]. Allerdings hat das BVerfG die Grundrechtsberechtigung einer Orthopädietechnik-Innung aus Art. 2 Abs. 1 GG anerkannt,[226] weil bei ihr die Elemente privater kollektiver Interessenwahrnehmung als vorherrschend qualifiziert wurden. Ob man auf der Grundlage dieses funktionalen Ansatzes auch zu einer Grundrechtsberechtigung im Hinblick auf Art. 9 Abs. 3 kommen kann, ist fraglich[227]; sie dürfte davon abhängen, ob man die einfachgesetzliche Ausgestaltung, die die juristische Person des öffentlichen Rechts gefunden hat, so interpretieren kann, dass – zumindest auch – die materiell private Funktion einer Koalition i.S. des Art. 9 Abs. 3 S. 1 wahrgenommen werden soll.

II. Grundrechtsverpflichtete

Für die Grundrechtsverpflichtung gelten die **allgemeinen Regeln,** d.h., alle Stellen, **63** die den drei Teilstaatsgewalten zugeordnet werden können, sind an die Grundrechte (vgl. Art. 1 Abs. 3) und damit auch an Art. 9 Abs. 3 gebunden. Diese **Grundrechtsbindung** trifft auch und gerade die Rechtsprechung, die namentlich bei der Rege-

---

218 *Cornils*, in: Beck'scher Online-Komm. z. GG, Art. 9 Rn. 42.
219 *Löwer*, in: v. Münch I, GG, Art. 9 Rn. 102; *Bauer*, in: Dreier I, GG, Art. 9 Rn. 67.
220 *Bauer*, in: Dreier I, Art. 9 Rn. 70; *Cornils*, in: Beck'scher Online-Komm. z. GG, Art. 9 Rn. 42.
221 *Löwer*, in: v. Münch I, GG, Art. 9 Rn. 104; *Cornils*, in: Beck'scher Online- Komm. z. GG, Art. 9 Rn. 52; *Bauer*, in: Dreier I, GG, Art. 9 Rn. 70.
222 *Cornils*, in: Beck'scher Online-Komm. z. GG, Art. 9 Rn. 43.
223 *Höfling*, in: Sachs, GG, Art. 9 Rn. 114.
224 BVerfGE 59, 231 (259 f.).
225 *Cornils*, in: Beck'scher Online-Komm. z. GG, Art. 9 Rn. 43.
226 BVerfGE 70, 1 (15 ff.).
227 Bejahend *Cornils*, in: Beck'scher Online-Komm. z. GG, Art. 9 Rn. 43.

lung des Arbeitskampfrechts in die Rolle eines Ersatzgesetzgebers geraten ist (Rdn. 73 f.). Grundrechtsverpflichtet sind auch mehrheitlich in öffentlicher Hand befindliche privatrechtliche Rechtsträger[228]. Unter dem Aspekt der sog. Drittwirkung (Rdn. 76 f.) kann sich im Ergebnis eine Grundrechtsbindung materiell Privater ergeben[229].

E. Subjektive und objektiv-rechtliche Gehalte

64   Charakteristisch für Art. 9 Abs. 1 und insbesondere für Art. 9 Abs. 3 ist die »**Mehrschichtigkeit des Gewährleistungsinhalts**«[230], die es vornehmlich bei Art. 9 Abs. 3 erforderlich macht, die objektiv-rechtlichen Dimensionen nicht gegen die »klassisch« abwehrrechtliche Dimension auszuspielen[231]. Erinnert sei an die Klarstellung im Mitbestimmungsurteil des BVerfG: »Nach ihrer Geschichte und ihrem heutigen Inhalt sind sie« – die Grundrechte – »in erster Linie individuelle Rechte, Menschenrechte und Bürgerrechte, die den Schutz konkreter, besonders gefährdeter Bereiche menschlicher Freiheit zum Gegenstand haben. Die Funktion der Grundrechte als objektiver Prinzipien besteht in der prinzipiellen Verstärkung ihrer Geltungskraft«[232]. Hinzu kommt, dass über Tragfähigkeit und Tragweite der objektiv-rechtlichen Grundrechtsdimensionen bislang keine abschließende Einigkeit erzielt werden konnte[233]. Auch das verlangt Vorsicht im Umgang mit objektiv-rechtlich angelegten Argumenten.

65   Die subjektiv-rechtliche Seite der in Art. 9 garantierten Grundrechte bezieht sich insbesondere auf die **Abwehrfunktionen der Grundrechte**, d.h., dass die Grundrechtsberechtigten das Unterlassen bzw. das Beseitigen aller Eingriffe in den Gewährleistungstatbestand verlangen dürfen (dazu auch unter F.). Staatliche Beeinträchtigungen der Vereinigungsfreiheit, auf die sich die Abwehrfunktion bezieht, sind sämtliche belastenden, also den Gewährleistungstatbestand verkürzenden Regelungen und Maßnahmen[234], die von der Gründungs- bis zur Auflösungsphase in allen Stadien der Grundrechtsausübung denkbar sind[235]. Neben Vereinsverboten kommt etwa der Beitrittszwang, das Verbot über die Behinderung des Beitritts oder die präventive Kontrolle z.B. durch ein Konzessionssystem bzw. durch Anerkennungs- und Genehmigungspflichten[236] in Betracht, ferner die Reglementierung der Mitglieder-

---

228 Vgl. BVerfG, NJW 1990, 1783; BVerfG, Beschl. v. 18.05.2009 – 1 BvR 1731/05 –, Rn. 17.
229 *Bauer*, in: Dreier I, GG, Art. 9 Rn. 50.
230 *Dietlein*, in: Stern, Staatsrecht IV/1, S. 2015.
231 Vgl. *Dietlein*, in: Stern, Staatsrecht IV/1, S. 2017.
232 BVerfGE 50, 290 (337).
233 *Bauer*, in: Dreier I, GG, Art. 9 Rn. 64 a.E.
234 *Sachs*, Verfassungsrecht II (Grundrechte), 2. Aufl. 2003, Abschn. B 9 Rn. 16; *Sodan*, in: Sodan, Art. 9 Rn. 11.
235 *Cornils*, in: Beck'scher Online-Komm. z. GG, Art. 9 Rn. 17.
236 BVerfG, NVwZ 2003, 855 (856) – zu Waffenrecht und Schießsportverbänden.

werbung. Auch nachrichtendienstliche Ausforschung, Unterwanderung oder Observation von Vereinigungen durch staatliche Stellen gehören hierher[237].

Als Eingriffe in Art. 9 Abs. 3 kommen alle **Beeinträchtigungen der Koalitionsfrei-** 66 **heit**, gleich ob sie die individuelle oder die kollektive Koalitionsfreiheit betreffen (zum Konzept des Doppelgrundrechts Rdn. 30), in Betracht. Neben imperativen, also in Rechtsform kommunizierten Eingriffen, kommt jeder faktisch-mittelbare, namentlich schlicht hoheitlicher Eingriff in Frage[238]. Ein solcher kann etwa in der Einrichtung einer Arbeitnehmerkammer als öffentlich-rechtliche Zwangskörperschaft liegen, soweit dadurch die koalitionsspezifische Betätigung erschwert oder unmöglich gemacht wird[239].

Eingriffe kommen insbesondere im Hinblick auf die **Tarifautonomie** in Betracht. 67 Hierbei ist an staatliche Lohnregelungen zu denken, namentlich Lohnunter- bzw. Lohnobergrenzen, die den Korridor des tarifvertraglich Normierbaren begrenzen. Dementsprechend stellt die Regelung eines gesetzlichen Mindestlohns im Tarifautonomiestärkungsgesetz v. 11.08.2014 (BGBl. I S. 1348) einen Eingriff dar[240]. Ein Eingriff liegt auch vor, wenn kraft Gesetzes Arbeitsverhältnisse von wissenschaftlichem Personal entgegen tarifvertraglicher Regelungen befristet werden[241]. Eingriffscharakter haben auch **Tarifkonkurrenzregeln**, die den Vorrang des einen Tarifvertrags vor dem anderen anordnen. Beeinträchtigungen liegen auch darin, dass die geltenden deutschen Tarifverträge für bestimmte Bereiche des Arbeitslebens ausgeschlossen werden (s. dazu Rdn. 75). Abgesehen davon sind Eingriffe in die Koalitionsfreiheit von der Gründung bis zur Auflösung von Koalitionen denkbar, so dass – ähnlich wie bei der Vereinigungsfreiheit – Maßnahmen des Staates, die in imperativrechtsförmiger oder sonstiger Weise die Freiheit der Koalition berühren, relevant sind (Rdn. 65).

Entscheidend für einen Eingriff, soweit es um die Tarifautonomie bzw. die negative 68 Koalitionsfreiheit geht, ist, dass von der dem Staat zurechenbaren Intervention ein **hinreichend erheblicher Druck** ausgeht, einer Koalition beizutreten bzw. sich in einer Weise zu verhalten, die im Effekt einem erfolgten Beitritt zu einer Koalition entspricht (dazu schon oben Rdn. 39).

---

237 *Cornils*, in: Beck'scher Online-Komm. z. GG, Art. 9 Rn. 17.
238 *Sachs*, Verfassungsrecht II (Grundrechte), 2. Aufl. 2003, Abschn. B 9 Rn. 39.
239 *Cornils*, in: Beck'scher Online-Komm. z. GG, Art. 9 Rn. 77; anders BVerfGE 38, 281 (298).
240 Vgl. *Picker*, RdA 2014, 25 (29), der von Eingriffsrechtfertigung spricht; *Fischer*, ZG 2008, 31 (38); *Sittard*, NZA 2010, 1160 f., die zwar die Bedeutung des Außerkraftsetzens bestehender, niedrigere Löhne festsetzender, Tarifverträge betonen, spätestens mit Auslaufen der Übergangsregelung des § 24 I 1 MiLoG dürfte diese Voraussetzung aber auch für das Tarifautonomiestärkungsgesetz gelten. A.A. wohl *Engels*, JZ 2008, 490, der gesetzliche Mindestlöhne als Ausgestaltung der Koalitionsfreiheit qualifiziert.
241 BVerfGE 94, 268.

69 Sowohl in Bezug auf Art. 9 Abs. 1 als auch hinsichtlich des Art. 9 Abs. 3 hält die Rechtsprechung und ihr folgend die überwiegende Lehre **Ausgestaltungen** des jeweiligen Gewährleistungstatbestandes (Schutzbereichs) für zulässig[242]. Bestehende Rechtsformen und einfachrechtliche Normenkomplexe des Vereins- und Gesellschaftsrechts haben als solche keinen Verfassungsrang[243]. Insofern besteht von Verfassungs wegen kein Anspruch auf unveränderten Bestand der einfachrechtlichen Lage (zu Art. 9 Abs. 3 s. Rdn. 44).

70 Bei dem schillernden Begriff der Ausgestaltung geht es der Sache nach um die Normierung von Strukturen, die ein rechtsverbindliches Agieren erst ermöglichen[244]. Gedacht ist insbesondere an das Bereitstellen von Rechtsformen oder Vertragsregeln, die ein verlässliches, im Rahmen der Rechtsordnung verbindliches Kommunizieren möglich machen; insofern ist ein **Mindestmaß** an rechtsförmlichen Gestaltungsmöglichkeiten geboten[245] (Rdn. 76). Es handelt sich um einen **objektiv-rechtlichen Gehalt**, der den traditionell überkommenen Kategorien der Einrichtungs-, Instituts- oder institutionellen Garantie nicht zugeordnet werden sollte, weil diese historisch überlebten Problemkontexten entstammen, die unter den heutigen Bedingungen allenfalls geringen erkenntnisfördlichen Gehalt haben[246]. Zu den objektiv-rechtlichen Gehalten gehört auch die **Schaffung und Erhaltung eines Tarifvertragssystems**, also eines Rechtsrahmens, in dem die Koalitionsfreiheit, namentlich die Tarifautonomie, zu effektiver Geltung gelangen kann[247] bzw. funktionsfähig wird und bleibt (Rdn. 88).

71 In der Sache geht es damit vor allem um die **Koordination gegenläufiger grundrechtlicher Geltungsansprüche**, die erforderlich ist, weil sich eine Vielzahl von Privaten auf Art. 9 Abs. 3 GG beruft. Das macht ein »**Koalitionskontaktrecht**« nötig, das die Konkurrenz der Geltungsansprüche ordnet. Gerade letzteres verdeutlicht, dass es mit einer im Vordringen befindlichen neueren Ansicht angemessen ist, Akte der Ausgestaltung als Eingriffe zu qualifizieren bzw. die Ausgestaltung als eingriffsgleich einzuordnen[248]. Das ist etwa dann der Fall, wenn der Staat bei der Mindestlohn-Normierung zwar an Tarifverträge anknüpft (Rdn. 39, 93), allerdings nur (»**repräsentati-**

---

242 Zusf. *Steinmeyer*, in: Umbach/Clemens, GG, Art. 9 Rn. 25 ff.; s. auch *Höfling*, in: Sachs, GG, Art. 9 Rn. 36.

243 BVerfG, NJW 2001, 2617 (2617 a.E.).

244 *Höfling*, in: Sachs, GG, Art. 9 Rn. 6; *Cornils*, in: Beck'scher Online-Komm. z. GG, Art. 9 Rn. 75.

245 *Sachs*, Verfassungsrecht II (Grundrechte), 2. Aufl. 2003, Abschn. B 9 Rn. 25; *Höfling*, in: Sachs, GG, Art. 9 Rn. 36; *Sodan*, in: Sodan, GG, Art. 9 Rn. 8 a.E.; *Dietlein*, Staatsrecht IV/1, S. 2021: »normative Ausübungshilfen«.

246 Vgl. *Bauer*, in: Dreier I, GG, Art. 9 Rn. 65; *Löwer*, in: v. Münch I, Art. 9 Rn. 30; *Kemper*, in: von Mangoldt/Klein/Starck, GG, Art. 9 Rn. 84.

247 *Cornils*, in: Beck'scher Online-Komm. z. GG, Art. 9 Rn. 75.

248 *Cornils*, in: Beck'scher Online-Komm. z. GG, Art. 9 Rn. 62.1, 75; ausf. *Cornils*, Die Ausgestaltung der Grundrechte, 2005, S. 401 ff.

ven«) **Tarifverträgen** den Vorrang einräumt[249]. Die Feststellung der Repräsentativität (§ 7 Abs. 2 AEntG) bzw. die Auswahlentscheidung bei mehreren Anträgen auf Allgemeinverbindlicherklärung (§ 7 Abs. 3 AEntG) bedürfen im Lichte von Art. 9 Abs. 3 S. 1 eingehender Begründung, um nachvollziehen zu können, ob »mit besonderer Sorgfalt«[250] gehandelt wurde.

Die Ausgestaltung – und dies **gilt auch für die allgemeine Vereinigungsfreiheit** des Art. 9 Abs. 1 – führt dazu, dass bestimmte Rechtsformen zur Verfügung gestellt und zugleich andere denkbare Rechtshandlungsformen ausgeschlossen werden[251]. Außerdem ist die Koordination gegenläufiger grundrechtlicher Geltungsansprüche damit verbunden, dass die Geltungsansprüche der einen hinter denen der anderen zurücktreten müssen, z.B. bei der **Tarifkonkurrenz** (Rdn. 67, 75). Dementsprechend lässt sich in der neueren Rechtsprechung des BVerfG auch erkennen, dass unter Beibehaltung der Rhetorik von der Ausgestaltung eine Annäherung an eine schrankendogmatische Herangehensweise erfolgt[252]. 72

Generell gilt, dass der Gesetzgeber dafür sorgen muss, dass – nicht zuletzt im Rahmen des **Arbeitskampfrechts** – hinreichend dicht programmierte Rechtsnormen vorliegen, die erkennen lassen, dass der Gesetzgeber den Interessenwiderstreit der Koalitionen, der sich im Arbeitskampf zuspitzt, substantiell normiert – d.h. nach Maßgabe transparenter Wertungen strukturiert und austariert – hat. Dass dies derzeit im Arbeitskampfrecht der Fall ist, lässt sich schwerlich behaupten. Theoretisch konsequent ist es daher, die im Wesentlichen **richterrechtliche Durchnormierung** namentlich des Arbeitskampfrechts als Verstoß gegen Art. 9 Abs. 3 S. 1 in seiner objektivrechtlichen Dimension zu qualifizieren[253]. Das BVerfG geht nicht so weit[254] sondern billigt den Arbeitsgerichten gleichsam ein Notrecht zur Grundrechtsausgestaltung zu[255]. So saniert das BVerfG die rechtspolitische Untätigkeit des Gesetzgebers, der sich an das »heiße Eisen« einer gesetzlichen Regelung des Arbeitskampfrechts nicht herantraut, zumal das Ergebnis eines solchen Gesetzesprojektes vermutlich eine Vielzahl dilatorischer Formelkompromisse wäre, womit die Feinaustarierung wiederum bei den Arbeitsgerichten läge. Die Sichtweise des BVerfG mag, pragmatisch betrachtet, klug sein, dogmatisch stringent ist sie nicht, zumal für den Einsatz von Beamten – also dann, wenn es nicht um Private (Arbeitgeber- oder Arbeitnehmer-Koalitionen) geht – das Wesentlichkeitsgebot durch parlamentsgesetzliche Regelungen gebieten soll: 73

249 Vgl. § 7 Abs. 2 und 3 AEntG v. 20.04.2009 (BGBl. I S. 799), zuletzt geändert durch Art. 6 TarifautonomiestärkungsG vom 11.08.2014 (BGBl. I S. 1348).
250 So § 7 Abs. 3 AEntG zur Auswahlentscheidung bei mehreren Anträgen auf Allgemeinverbindlicherklärung.
251 Vgl. *Cornils*, in: Beck'scher Online-Komm. z. GG, Art. 9 Rn. 19 ff.
252 Vgl. *Cornils*, in: Beck'scher Online-Komm. z. GG, Art. 9 Rn. 35, 85.1.
253 Zur Kritik *Höfling/Engels*, ZG 2008, 250 ff.; ausf. *Engels*, Verfassung und Arbeitskampfrecht, 2008, insb. S. 311 ff. (zur Rolle des BAG als Ersatzgesetzgeber).
254 BVerfGE 84, 212 (226 f.); 88, 103 (116).
255 Die Bundesregierung sieht unter Verweis auf die Rspr. von BAG und BVerfG keinen Handlungsbedarf, vgl. BT-Drs. 16/10003, S. 5 (Nr. 15 und Nr. 16).

der Staat befinde sich in einer Doppelrolle als Arbeitgeber und hoheitliche Aufgaben wahrnehmender Akteur[256].

74 Allerdings wird man dann für die **quasi-rechtsetzerische Tätigkeit der Arbeits-gerichte**, insbesondere des BAG, mindestens vergleichbare – wenn nicht strengere –[257] Maßstäbe wie für den Gesetzgeber zugrunde legen müssen. Die Gerichte sind ebenso wie der Gesetzgeber Grundrechtsadressaten (Art. 1 Abs. 3)[258]. Die dogmatischen Konstruktionen insbesondere des BAG müssen also vor allem den Erfordernissen des Verhältnismäßigkeitsprinzips gerecht werden, denen auch der Gesetzgeber genügen muss (Rdn. 92).

75 Das gilt insbesondere im Hinblick auf den früher vom BAG entwickelten und zwischenzeitlich aufgegebenen **Grundsatz der Tarifeinheit**, der nicht zuletzt auch für das Arbeitskampfrecht folgenreich gewesen ist[259]. Danach konnte immer nur der Tarifvertrag gelten, der dem Betrieb räumlich, betrieblich und persönlich am nächsten steht (Spezialitätsprinzip), was sowohl bei **Tarifkonkurrenz** (Geltung mehrerer Tarifverträge in denselben Arbeitsverhältnissen) als auch bei **Tarifpluralität** (Geltung mehrerer Tarifverträge in verschiedenen Arbeitsverhältnissen in demselben Betrieb) zu beachten ist[260] (s. auch Rdn. 67, 72). Die vom BAG angeführten Gründe der Rechtssicherheit und der Art. 9 Abs. 3 innewohnenden Ordnungsfunktion konnten nicht überzeugen, denn es war unter Verhältnismäßigkeitsgesichtspunkten nicht erkennbar,[261] dass die Verdrängung von Tarifverträgen ein zur Erreichung der genannten Ziele erforderliches Instrument ist[262]. In der Sache geht es um bloße Praktikabilitätserwägungen,[263] die zu Unrecht als verfassungsrechtlich geboten ausgewiesen wurden bzw. werden. Auf die Kritik hat das BAG bekanntlich mit einer Rechtsprechungsänderung reagiert und den Grundsatz der Tarifeinheit als ungerechtfertigten Eingriff in die individuelle und kollektive Koalitionsfreiheit des Art. 9 Abs. 3 GG aufgegeben[264]. Eine rechtspolitisch diskutierte gesetzliche Nachfolgeregelung zur Wiederherstellung der Tarifeinheit ist daher ebenfalls abzulehnen[265]. Arbeitskampfrechtliche Probleme, die sich durch Tarifpluralität unter Verhältnismäßigkeits- und

---

256 BVerfGE 88, 103 (116). – Zur Kritik *Höfling*, in: Sachs, GG, Art. 9 Rn. 96 f.
257 *I. Schmidt*, FS für Richardi, 2007, S. 765 (769).
258 Dazu *I. Schmidt*, FS für Richardi, 2007, S. 765 (769).
259 *Hanau*, RdA 2008, 98 ff.
260 Hierzu s. BAG, SAE 1977, 56; DB 1990, 129; DB 1990, 2527; BAGE 44, 191 = DB 1984, 1303; EzA § 4 TVG Geltungsbereich Nr. 10; BAGE 98, 263 = NZA 2002, 1406; BAG, RdA 2003, 375; s. auch Sächs. LAG, NZA 2008, 59 (63 ff.) m.w.N.
261 *Engels*, RdA 2008, 331 (335).
262 Dazu *Franzen*, RdA 2008, 193 ff.
263 *Franzen*, in: Erfurter Kommentar zum Arbeitsrecht, 14. Aufl. 2014, § 4 TVG Rn. 70.
264 BAG, NZA 2010, 645; BAG, NZA 2010, 778; BAG, NZA 2010, 1068; hierzu *Boemke*, JuS 2010, 1112. *Kersten*, Neues Arbeitskampfrecht, S. 45 ff. (Überblick über verschiedene Vorschläge); *Adam*, DZWIR 2011, 221.
265 *Jacobs*, ZRP 2010, 199; *Konzen*, JZ 2010, 1036; *Bayreuther*, DB 2010, 2223; *Löwisch*, RdA 2010, 263; *Bepler*, Verhandlungen des 70. DJT, 2014, Band I, Gutachten B

Paritätsgesichtpunkten ergeben können, sind auch im Arbeitskampfrecht und nicht im Tarifvertragsrecht zu lösen[266].

Zu den subjektiv-rechtlichen Gehalten gehört auch der **Anspruch auf Schutz gegen** 76 **Private** (z.B. übermächtige Verbände)[267], die die Ausübung der allgemeinen Vereinigungsfreiheit[268] bzw. der Koalitionsfreiheit etwa durch (wirtschaftliche) Pressionen erschweren oder verunmöglichen[269]. Insoweit besteht eine **Ausstrahlungswirkung** auf das Privatrecht[270]. Subjektiv rechtlicher Gehalt besteht auch darin, dass die Grundrechtsträger einen Anspruch darauf haben, dass die Rechtsformen, die zur Ausübung der Vereinigungs- und Koalitionsfreiheit nötig sind, jedenfalls in einem Mindestmaß vom Gesetzgeber zur Verfügung gestellt werden (Rdn. 70)[271].

Eine Spezialregelung stellt **Art. 9 Abs. 3 S. 2** dar, der – traditionell gesprochen – die 77 **unmittelbare Drittwirkung**[272] der (nach neuerlich wieder vertretener Ansicht: nur der individuellen)[273] Koalitionsfreiheit anordnet, also deren Geltung auch in Privatrechtsverhältnissen durch eine Nichtigkeitssanktion absichert (s. auch Rdn. 38). Maßnahmen im Sinne der Bestimmung sind einseitige faktische oder rechtliche Handlungen und Unterlassungen[274]. Entscheidend kommt es darauf an, dass der Handelnde die Wirkung der Maßnahme gewollt hat[275]. Unzulässig können z.b. **Differenzierungsklauseln**, kraft derer Arbeitgeber verpflichtet werden, tarifgebundenen Arbeitnehmern höhere Leistungen zu gewähren als nicht tarifgebundenen[276]. Allerdings ist der (vorgebliche) Beitrittsdruck (und damit die mögliche Beeinträchtigung der negativen Koalitionsfreiheit) differenziert zu betrachten, er darf nicht einfach unterstellt werden (vgl. Rdn. 39). In diesem Sinne hat nun auch das BAG die sog. einfache Differenzierungsklausel, welche die Mitgliedschaft in der Gewerkschaft zum anspruchsbegründenden Tatbestandsmerkmal macht, den Arbeitgeber jedoch nicht hindert, auch Nichtmitgliedern arbeitsvertraglich gleiche Leistungen zu gewähren, als zulässig

---

S. 88 ff.; *Reichold*, NJW 2014, 2534 (2537); *Richardi*, NZA 2014, 1233 ff.; a.A. *Wolf*, ZRP 2010, 199; RdA 2010, 315.

266 *Lobinger*, JZ 2014, 810 (818); hierzu auch *Greiner*, NJW 2010, 2977; *Spielberger*, NJW 2011, 264, *Greiner*, NZA 2015, 769 (772).

267 *Höfling*, in: Sachs, GG, Art. 9 Rn. 29; *Jarass*, in: Jarass/Pieroth, GG, Art. 9 Rn. 13 a.E.

268 *Cornils*, in: Beck'scher Online-Komm. z. GG, Art. 9 Rn. 15.

269 *Sachs*, Verfassungsrecht II (Grundrechte), 2. Aufl. 2003, Abschn. B 9 Rn. 26.

270 *Jarass*, in: Jarass/Pieroth, GG, Art. 9 Rn. 16.

271 Insoweit kann man von einer »auxiliären leistungsrechtlichen Dimension« sprechen, so *Höfling*, in: Sachs, GG, Art. 9 Rn. 6; s. auch *Dietlein*, Staatsrecht IV/1, S. 2021: »normative Ausübungshilfen«.

272 *Löwer*, in: v. Münch I, GG, Art. 9 Rn. 106; *Kannengießer*, in: Schmidt-Bleibtreu u.a., GG, Art. 9 Rn. 43; *Bauer*, in: Dreier I, GG, Art. 9 Rn. 88 f.; *Kemper*, in: von Mangoldt/Klein/Starck, GG, Art. 9 Rn. 184 ff.

273 *Höfling/Burkiczak*, RdA 2004, 263 ff.; *Höfling*, in: Sachs, GG, Art. 9 Rn. 125a m.w.N.

274 *Höfling*, in: Sachs, GG, Art. 9 Rn. 124; *Löwer*, in: v. Münch I, GG, Art. 9 Rn. 109.

275 *Löwer*, in: v. Münch I, GG, Art. 9 Rn. 109.

276 BAGE 20, 175 (218 f.); *Höfling*, in: Sachs, GG, Art. 9 Rn. 125.

anerkannt[277]. Unzulässige Maßnahmen nach Art. 9 Abs. 3 S. 2 sind z.b. sog. **Closed-shop- Systeme**, wonach nur Gewerkschaftsangehörige eingestellt werden[278].

78   **Originäre Ansprüche auf staatliche Leistungen** sind aus Art. 9 Abs. 1 ebenso wenig herleitbar wie aus Art. 9 Abs. 3 GG. Art. 9 Abs. 1 lässt sich **kein Leistungsrecht im Sinne eines Grundrechts auf Förderung** (Subvention) entnehmen[279]. Allerdings haben die Vereinigungen i.S. des Art. 9 Abs. 1 aus Art. 3 Abs. 1 einen Anspruch auf gleichmäßige Förderungsentscheidungen, ohne dass Art. 9 Abs. 1 aber originär leistungsanspruchsbegründend wirken würde[280].

79   Teilhaberechte als **derivative Leistungsrechte** sind hinsichtlich des Art. 9 Abs. 1 und auch des Art. 9 Abs. 3 vorstellbar, wenn es etwa um die Teilhabe an politischen Entscheidungsprozessen geht[281]. Schließlich haben beide Grundrechtspositionen auch eine **organisations- und verfahrensrechtliche Dimension**, die namentlich bei der Gestaltung von Verfahren verlangen, dass der Ablauf im Sinne des Grundrechts erfolgt[282].

F. Eingriffe und Schranken

80   Was als **Eingriff** gilt, hängt wesentlich von der Schutzdimension ab, die in Rede steht (s. insbesondere zu Eingriffen, die die subjektivrechtliche Abwehrfunktion aktivieren, Rdn. 65 ff.). Ob Eingriffe hinzunehmen, also gerechtfertigt sind, hängt von den Schranken ab, denen das Grundrecht als prima-facie-Garantie von Freiheit ausgesetzt werden kann. Ein Rauchverbot ist kein Eingriff in die Betätigungsfreiheit des Vereins und der Vereinsmitglieder (Rdn. 23)[283].

81   **Art. 9 Abs. 2** erfasst nur das unmittelbar gegen die kollektive Freiheit der Vereinigungen, mittelbar auch gegen deren Mitglieder gerichtete **Vereinsverbot**, nicht sonstige Eingriffe in die Vereinigungsfreiheit[284]. Voraussetzung ist, dass es sich wirklich um Vereine im Rechtssinne – und nicht um Parteien i.S. des Art. 21 GG – handelt[285]. Hinsichtlich des Schutzgutes gleichartige, aber geringer belastende Maßnahmen als das Verbot (sog. Minusmaßnahmen) werden von der Rechtfertigung durch die Verbotsgründe mit erfasst (Erst-Recht-Schluss)[286].

---

277 BAG, NZA 2009, 1028; BAG, NZA 2011, 920.
278 *Höfling*, in: Sachs, GG, Art. 9 Rn. 125; vgl. BAGE 94, 169 = BB 2000, 2311; BA- GE 88, 38 = NJW 1999, 2691.
279 *Löwer*, in: v. Münch I, GG, Art. 9 Rn. 29.
280 *Löwer*, in: v. Münch I, GG, Art. 9 Rn. 29; *Kannengießer*, in: Schmidt-Bleibtreu u.a., GG, Art. 9 Rn. 13.
281 *Bauer*, in: Dreier I, GG, Art. 9 Rn. 65 (zu Art. 9 Abs. 1).
282 *Hufen*, Staatsrecht II (Grundrechte), 2014, § 31 Rn. 20 (zu Art. 9 Abs. 1).
283 BVerfG, Beschl. v. 24.09.2014 – 1 BvR 3017/11 –, Rn. 15.
284 *Cornils*, in: Beck'scher Online-Komm. z. GG, Art. 9 Rn. 22.
285 BVerwG, NVwZ 1997, 66 ff.
286 *Cornils*, in: Beck'scher Online-Komm. z. GG, Art. 9 Rn. 22.

Anderen Schutzzwecken dienende Beschränkungen können nur auf verfassungsimma- **82**
nente Schranken gestützt werden, sofern sie nicht von Art. 9 Abs. 2 gedeckt sind. In jedem Fall bedürfen sie aber einer verfassungsrechtlichen Grundsätzen, namentlich dem
Verhältnismäßigkeitsprinzip genügenden gesetzlichen Grundlage[287]. Die allgemeine
Vereinigungsfreiheit des Art. 9 Abs. 1 steht ebenso wenig wie die Koalitionsfreiheit
des Abs. 3 unter einem generellen **Gemeinwohlvorbehalt**[288].

Art. 9 Abs. 2 ist **Schrankenvorbehalt**, nicht Schutzbereichsgrenze, die Vorschrift defi- **83**
niert also nicht eine Tatbestandsausnahme (Rdn. 18). Ein Vereinsverbot wirkt daher
erst, sobald es zu einer behördlichen Anordnung des Vereinsverbotes gekommen ist
(vgl. § 3 Abs. 1 Vereinsgesetz), sie wirkt konstitutiv[289]. Die Verbotstatbestände des
Abs. 2 sind abschließend, so dass ein Vereinigungsverbot aus anderen Gründen grundsätzlich ausscheidet[290]. Auch für Vereinsverbote gilt der Verhältnismäßigkeitsgrundsatz[291]; er gilt generell für andere Eingriffe in die Vereinigungsfreiheit[292]. Die Verbotsverfügung selbst soll i.d.R. nur aus Gründen der Rechtssicherheit klarstellen, dass eine
Vereinigung einen bzw. mehrere Verbotsgründe erfüllt. Der Grundsatz der Verhältnismäßigkeit ist daher ausschließlich auf Tatbestandsebene und nicht auf Rechtsfolgenseite zu berücksichtigen.[293] Unverhältnismäßig ist ein Verbot des Zusammenschlusses
eines Anwalts mit Ärzten und Apothekern[294] sowie ein Kontrahierungszwang bei
sehr kleinen Versicherungsvereinen auf Gegenseitigkeit, nicht aber ein Kündigungs-
verbot[295]. Maßgeblicher Zeitpunkt für die gerichtliche Überprüfung eines Vereinsverbotes ist der Zeitpunkt des Verfügungserlasses.[296]

Ob eine Vereinigung Strafgesetzen zuwiderläuft, hängt mangels Straffähigkeit der **84**
Korporation selbst davon ab, ob ein hinreichender Zurechnungszusammenhang zum
Mitgliederverhalten bejaht werden kann[297]. Dabei ist irrelevant, ob es bereits zu einer
strafrechtlichen Verurteilung gekommen ist, ausreichend ist vielmehr das Hervor-

---

287 *Höfling*, in: Sachs, GG, Art. 9 Rn. 40; *Bauer*, in: Dreier I, GG, Art. 9 Rn. 59.
288 Dazu *Cornils*, in: Beck'scher Online-Komm. z. GG, Art. 9 Rn. 22 mit Verweis auf problematische Rechtsprechung des BVerfG.
289 BVerwGE 47, 330 (351); *Cornils*, in: Beck'scher Online-Komm. z. GG, Art. 9 Rn. 23;
Sodan, in: *Sodan*, GG, Art. 9 Rn. 12 a.E.; *Kannengießer*, in: Schmidt- Bleibtreu u.a.,
GG, Art. 9 Rn. 17 a.E.
290 *Cornils*, in: Beck'scher Online-Komm. z. GG, Art. 9 Rn. 24.
291 BVerfGE 30, 227 (243), BVerwGE 37, 344 (361 f.).
292 *Jarass*, in: Jarass/Pieroth, GG, Art. 9 Rn. 21 ff.
293 *Cornils*, in: Beck'scher Online-Komm. z. GG, Art. 9 Rn. 24; BVerwG, NVwZ 2010,
446 (455); NVwZ-RR 2012, 648 (656); NVwZ 2013, 870 (875); BVerwG NVwZ
2013, 521 (525).
294 BGH, NJW 2013, 2674 (2682 f.).
295 *Jarass*, in: Jarass/Pieroth, GG, Art. 9 Rn. 23; BVerfGE 124, 25 (37, 42 f.).
296 BVerwG, Beschl. v. 24.02.2010 – 6 A 6/08 –, juris, Rn. 39; BVerwG, NVwZ 2005,
1435.
297 *Höfling*, in: Sachs, GG, Art. 9 Rn. 43 u.a. m.V.a. BVerwG NVwZ 2010, 446.

rufen, Ermöglichen oder Erleichtern von Straftaten[298]. Mit **Strafgesetzen** im Sinne des Art. 9 Abs. 2 sind nur allgemeine Kriminalstrafgesetze gemeint, nicht spezifisch gegen vereinsmäßige Betätigungen gerichtete Strafnormen, erst recht nicht bloße Ordnungswidrigkeitsbestimmungen. »Verfassungsmäßige Ordnung« ist im Unterschied zu Art. 2 Abs. 1 GG eng zu verstehen und gleichbedeutend mit **freiheitlich-demokratischer Grundordnung**[299]. Die freiheitlich-demokratische Grundordnung umfasst verschiedene menschenrechtlich-rechtsstaatliche sowie parlamentarisch-demokratische Strukturprinzipien des GG, die das BVerfG in der ersten Parteienverbots-Entscheidung formuliert hat[300] und die einfachgesetzlich weitgehend rezipiert wurden, etwa in § 92 Abs. 2 StGB[301] und § 4 Abs. 2 BVerfSchG[302].[303] Die Vereinigung muss sich aktiv und aggressiv-kämpferisch bzw. fortlaufend gegen die verfas-

---

298 *Jarass*, in: Jarass/Pieroth, GG, Art. 9 Rn. 18; BVerwGE 134, 275 Rn. 18; BVerwG, NVwZ 2013, 870, Rn. 50 f.

299 BVerwGE 47, 330 (352); *Steinmeyer*, in: Umbach/Clemens, GG, Art. 9 Rn. 72; *Hufen*, Staatsrecht II (Grundrechte), 2007, § 31 Rn. 15.

300 BVerfGE 2, 1 (12 f.); auch BVerfGE 69, 315 (345 f.); BVerwG, NVwZ 2010, 446 (451).

301 § 92 Abs. 2 StGB lautet: »Im Sinne dieses Gesetzes sind Verfassungsgrundsätze
  1. das Recht des Volkes, die Staatsgewalt in Wahlen und Abstimmungen und durch besondere Organe der Gesetzgebung, der vollziehenden Gewalt und der Rechtsprechung auszuüben und die Volksvertretung in allgemeiner, unmittelbarer, freier, gleicher und geheimer Wahl zu wählen,
  2. die Bindung der Gesetzgebung an die verfassungsmäßige Ordnung und die Bindung der vollziehenden Gewalt und der Rechtsprechung an Gesetz und Recht,
  3. das Recht auf die Bildung und Ausübung einer parlamentarischen Opposition,
  4. die Ablösbarkeit der Regierung und ihre Verantwortlichkeit gegenüber der Volksvertretung,
  5. die Unabhängigkeit der Gerichte und
  6. der Ausschluß jeder Gewalt- und Willkürherrschaft.«

302 § 4 Abs. 2 BVerfSchG lautet: »Zur freiheitlichen demokratischen Grundordnung im Sinne dieses Gesetzes zählen:
  a) das Recht des Volkes, die Staatsgewalt in Wahlen und Abstimmungen und durch besondere Organe der Gesetzgebung, der vollziehenden Gewalt und der Rechtsprechung auszuüben und die Volksvertretung in allgemeiner, unmittelbarer, freier, gleicher und geheimer Wahl zu wählen,
  b) die Bindung der Gesetzgebung an die verfassungsmäßige Ordnung und die Bindung der vollziehenden Gewalt und der Rechtsprechung an Gesetz und Recht,
  c) das Recht auf Bildung und Ausübung einer parlamentarischen Opposition,
  d) die Ablösbarkeit der Regierung und ihre Verantwortlichkeit gegenüber der Volksvertretung,
  e) die Unabhängigkeit der Gerichte,
  f) der Ausschluß jeder Gewalt- und Willkürherrschaft und
  g) die im Grundgesetz konkretisierten Menschenrechte.«

303 Ergänzend nennt BVerfGE 2, 1 (12 f.) noch (im Zusammenhang mit dem »Recht auf verfassungsmäßige Bildung und Ausübung der Opposition«) »das Mehrparteienprinzip und die Chancengleichheit für alle politischen Parteien«.

sungsmäßige Ordnung richten, wenn gleich dies nicht Gewaltanwendung oder sonstige Rechtsverletzungen impliziert[304]. Ein Verbot kann beispielsweise ergehen, »wenn eine Vereinigung in Programm, Vorstellungswelt und Gesamtstil eine Wesensverwandtschaft mit dem Nationalsozialismus aufweist«[305].

Völkerverständigung bezieht sich auf Aktivitäten im Sinne des Art. 26 Abs. 1 oder 85 vergleichbar schwerwiegende völkerrechtliche Aktivitäten, die zudem in aggressiv-kämpferischer Weise realisiert werden müssen (Unterstützung einer terroristischen Gruppe im Ausland[306]; Berichterstattung eines Fernsehsenders über die verbotene kurdische PKK[307]; Unterstützung einer terroristischen Organisation durch humanitäre Hilfeleistungen bei gleichzeitiger Identifikation mit den von der Organisation ausgehenden Gewalttaten[308])[309].

Eine auf § 3 Abs. 1 Vereinsgesetz gestützte **Auflösungsverfügung** kann ohne Verstoß 86 gegen das Grundgesetz auch schon vor Eintritt der Bestandskraft vollzogen und strafbewehrt werden[310].

Außerhalb von Art. 9 Abs. 2 GG kommt eine Beschränkung von Art. 9 Abs. 1 nur 87 nach Maßgabe verfassungsimmanenter Schranken (sog. **kollidierendes Verfassungsrecht**) in Betracht[311]. Aufgrund der Annahme des BVerfG, dass namentlich aus Art. 9 Abs. 2 GG eine Sperrwirkung folgt, dürften verfassungsimmanente Beschränkungen der Vereinigungsfreiheit nur noch aus anderen Gründen als dem in Art. 9 Abs. 2 GG abschließend konkretisierten Schutzzweck in Betracht kommen[312], beispielsweise zum Schutz der Wettbewerbsfreiheit (also etwa durch Fusionsverbote)[313]. Denkbar sind auch Gründe der Gefahrenabwehr,[314] jedenfalls dann, wenn es um den Schutz von Leib und Leben (Art. 2 Abs. 1 S. 1) geht.

---

304 M.w.N. BVerwGE 134, 275, Rn. 44.
305 BVerwG, NVwZ-RR 2000, 70 (71); BVerwG, NVwZ-RR 2009, 803 (804); BVerwGE 134, 275 Rn. 44.
306 BVerwG, NVwZ 2005, 1435.
307 BVerwG, NVwZ 2010, 459.
308 BVerwG, NVwZ-RR 2012, 648.
309 *Cornils*, in: Beck'scher Online-Komm. z. GG Art. 9 Rn. 28.
310 BVerfGE 80, 244 (254).
311 *Höfling*, in: Sachs, GG, Art. 9 Rn. 40; *Cornils*, in: Beck'scher Online-Komm. z. GG, Art. 9 Rn. 31; *Steinmeyer*, in: Umbach/Clemens, Art. 9 Rn. 84; BVerfGE 124, 25 (36); BGH, NJW 2013, 2674, Rn. 82; zur »Sperrwirkung« des Art. 9 Abs. 2 GG jedenfalls wenn es um die »Berufung auf ungeschriebene verfassungsimmanente Schranken als Rechtfertigung für sonstige Maßnahmen zum Schutz der freiheitlichen demokratischen Grundordnung« geht, BVerfGE 111, 147 (158).
312 *Cornils*, in: Beck'scher Online-Komm. z. GG, Art. 9 Rn. 31.
313 *Cornils*, in: Beck'scher Online-Komm. z. GG, Art. 9 Rn. 31.
314 Vgl. – zum Waffenrecht – BVerfG, NVwZ 2003, 855 (856).

88   Art. 9 Abs. 2 findet richtigerweise auf Art. 9 Abs. 3 **keine Anwendung**[315]. Art. 9 Abs. 3 ist vorbehaltslos, nicht aber schrankenlos gewährleistet[316]. Eine Rechtfertigung von Eingriffen sowie von eingriffsgleich zu bewertenden Ausgestaltungen (Rdn. 72) ist nämlich nur im Hinblick auf **verfassungsimmanente Beschränkungsgründe** möglich[317]. Da ebenso wie bei Art. 9 Abs. 1 auch bei Art. 9 Abs. 3 kein genereller Gemeinwohlvorbehalt gilt[318], kommt hier nur kollidierendes Verfassungsrecht (verfassungsimmanente Beschränkung) in Betracht[319]. Dazu gehören Grundrechte Dritter[320] – etwa die Koalitionsfreiheit Dritter[321], die Berufsfreiheit (Art. 12 Abs. 1)[322] oder Art. 2 Abs. 2 S. 1[323], soweit es z.b. um Gesundheitseinrichtungen geht[324]. Einen allgemeinen bzw. pauschalen Infrastruktursicherungs-[325] bzw. »Daseinsvorsorge«-Vorbehalt gibt es nicht[326]. Die »**Funktionsfähigkeit**«[327] der Tarifautonomie als objektivrechtlich in Art. 9 Abs. 3 GG mitgarantierter Regelungszweck[328], die an das Sozialstaatsprinzip gekoppelte – und insoweit kritisierte –[329] Bekämpfung der (Massen-)Arbeitslosig-

---

315   *Scholz*, in: Maunz/Dürig, GG, Art. 9 Rn. 337; außerdem *Höfling*, in: Sachs, GG, Art. 9 Rn. 126 m. Nachw. zur abweichenden (vorgeblich) h.M. im Schrifttum.

316   BVerfGE 84, 212 (228); 100, 271 (283), 103, 293 (306).

317   *Höfling*, in: Sachs, GG, Art. 9 Rn. 126 ff.; *Bauer*, in: Dreier I, GG, Art. 9 Rn. 98 ff.

318   Offenbar a.A. *Sodan*, in: Sodan, GG, Art. 9 Rn. 30.

319   *Höfling*, in: Sachs, GG, Art. 9 Rn. 127 f.; *Kannengießer*, in: Schmidt-Bleibtreu u.a., GG, Art. 9 Rn. 36.

320   *Bauer*, in: Dreier I, GG, Art. 9 Rn. 94, 99; *Cornils*, in: Beck'scher Online- Komm. z. GG, Art. 9 Rn. 89.1.

321   BVerfGE 84, 212 (228); dazu auch *Bauer*, in: Dreier I, GG, Art. 9 Rn. 98.

322   Vgl. BVerfGE 103, 293 (307), BAGE 64, 284 (295) = NZA 1990, 886.

323   *Bauer*, in: Dreier I, GG, Art. 9 Rn. 94.

324   *Pieroth/Schlink*, Rn. 821 weisen auf die Funktionsfähigkeit von Feuerwehren, Krankenhäusern und anderen lebenswichtigen Betrieben hin, die durch Arbeitskämpfe gefährdet sein müsse – was entsprechende tatsächliche Ausführungen und auf der rechtsbegrifflichen Ebene Erläuterungen dazu verlangt, was »Funktionsfähigkeit« meint (dazu Rdn. 89). *Sodan*, in: Sodan, GG, Art. 9 Rn. 30, will das Streikrecht für Krankenhauspersonal ausschließen, wenn andernfalls die Gesundheit stationär behandelter Patienten gefährdet wird. Angesichts der zunehmenden Öffnung der Krankenhäuser für die ambulante Versorgung scheint diese Differenzierung nicht zwingend. Eher könnte man nach Akutpatienten (die häufig stationär versorgt werden) und elektiven Behandlungen (die ohne Schaden für den Patienten in gewissen Grenzen umterminiert werden können) unterscheiden.

325   Zur Diskussion am Beispiel der »Bahnstreiks« *Scholz*, FS Buchner, 2009, 827 (831 ff.); *ders.*, FS für Battis, 2014, 577 ff.

326   Zu einer differenzierten Regelung *Franzen/Thüsing/Waldhoff*, ZG 2012, 349 ff.

327   BVerfGE 84, 212 (229); 92, 365 (395); dazu *Kannengießer*, in: Schmidt-Bleibtreu u.a., GG, Art. 9 Rn. 28.

328   Zur Gefahr, dass dieser objektive Gehalt des Art. 9 Abs. 3 möglicherweise gegen Art. 9 Abs. 3 als Freiheitsrecht ausgespielt wird, *Cornils*, in: Beck'scher Online- Komm. z. GG, Art. 9 Rn. 99.1; ausf. *Cornils*, Die Ausgestaltung der Grundrechte, 2005, S. 406 ff.

329   *Sodan/Zimmermann*, ZFA 2008, 526 (552 f.).

keit[330], die finanzielle Stabilität der Sozialversicherung[331] oder auch Art. 33 Abs. 5 GG hinsichtlich des Streikverbots für Beamte, Richter und Soldaten[332]. Nach der neueren EGMR-Rspr.[333], lässt sich ein Streikverbot nur für solche Beamte begründen, die funktional an der Ausübung hoheitlicher Befugnisse (vgl. Art. 11 Abs. 2 S. 2 EMRK) beteiligt sind; angesichts des gefestigten Sinns von Art. 33 Abs. 5 GG lässt sich die Verfassungsbestimmung nicht im Lichte von Art. 11 EMRK, der nur im Rang eines einfachen Bundesgesetzes gilt, konventionskonform auslegen, so dass der Gesetzgeber aufgerufen ist, den zwar nicht normenhierarchisch, aber völkerrechtlich relevanten Normwiderspruch zu beheben[334].

Auch die »**Funktionsfähigkeit** einer neutralen und allein nach rechtsstaatlichen Ge-   **89** sichtspunkten handelnden **öffentlichen Verwaltung**«[335] bzw. die »staatliche Neutralität und das öffentliche Vertrauen in die Objektivität und gemeinwohlorientierte Ausführung der Amtsgeschäfte können beeinträchtigt werden, wenn sich eine Gewerkschaft den – hier sogar räumlich zu verstehenden – Bereich staatlicher Aufgabenerfüllung zur Durchsetzung ihrer politischen Forderungen zu Nutze zu machen versucht«[336], so das BVerfG zum gewerkschaftlich veranlassten Auslegen von Unter-

---

330 BVerfGE 100, 271 (284) und BVerfGE 103, 293 (307): Massenarbeitslosigkeit; 116, 202 (223): Arbeitslosigkeit; s. dazu schon BVerfGE 21, 245 (251) – zum Arbeitsvermittlungsmonopol der damaligen Bundesanstalt für Arbeitsvermittlung und Arbeitslosenversicherung: Aufgabe des Arbeitsvermittlungsmonopols ist es, »einerseits die Arbeitslosigkeit durch den Nachweis offener Stellen und andererseits den Mangel an Arbeitskräften der Wirtschaft und Verwaltung zu vermeiden und zu beheben (§§ 38, 39 AVAVG). Damit dient es einem Gemeinschaftswert; dessen Schutzbedürftigkeit ist für die industrielle Massengesellschaft allgemein anerkannt und von der jeweiligen sonstigen Gesellschafts- oder Wirtschaftspolitik unabhängig. (…) Dieser Gemeinschaftswert hat auch offenbar einen so hohen Rang, daß er insbesondere im Hinblick auf das Sozialstaatsprinzip den Vorzug vor dem Freiheitsanspruch des Einzelnen, der den Beruf des selbständigen Arbeitsvermittlers wählen möchte, verdient. Denn daß die Arbeitslosigkeit auf der einen Seite und der Mangel an Arbeitskräften auf der anderen Seite gemindert und behoben werden, ist für das ganze Volk von entscheidender Bedeutung und gehört zu der dem Staat obliegenden, ihm durch das Gebot der Sozialstaatlichkeit vom Grundgesetz auch besonders aufgegebenen Daseinsvorsorge.«.
331 Vgl. BVerfGE 103, 293 (307); krit. hierzu *Rixen*, Sozialrecht als öffentliches Wirtschaftsrecht, 2005, S. 308 ff.
332 Vgl. BVerfGE 8, 1 (7); 44, 249 (264); BVerwGE 73, 97 (102); BGHZ 70, 277 (279); s. auch Hamb. OVG, NJW 1989, 605; Hess. VGH, NVwZ 1990, 386; hierzu *Kemper*, in: von Mangoldt/Klein/Starck, GG, Art. 9 Rn. 190 ff.
333 EGMR, NZA 2010, 1525, »Demir und Baykara«; EGMR, NZA 2010, 1423, »Enerji Yapi-Yol Sen«.
334 BVerwGE 149, 117 = NVwZ 2014, 736, Rn. 34 ff., 55 ff.; *Schaks*, NVwZ 2014, 743 f.; *Seifert*, KritV 2009, 357; *Polakiewicz/Kessler*, NVwZ 2012, 841; gegen ein Streikrecht aus Art. 11 EMRK OVG Münster, NVwZ 2012, 890; OVG Lüneburg, NdsVBl 2012, 266; zur Kritik *Kersten*, Neues Arbeitskampfrecht, S. 7 ff.
335 BVerfG (2. Kammer des Ersten Senats), NZA 2007, 394 (395 f.).
336 BVerfG, NZA 2007, 394 (396).

schriftenlisten in Polizeidienststellen. Es wird allerdings nicht hinreichend klar, worin genau die verfassungsrechtliche Anknüpfung liegen soll, d.h., welche Norm des Grundgesetzes die **Funktionsfähigkeit der öffentlichen Verwaltung** garantiert und welche sie überdies an **politische Neutralität** knüpft. Außerdem erscheint es zweifelhaft, das Auslegen von Unterschriftenlisten einer Gewerkschaft im Ergebnis dem Staat in der Weise zurechnen, dass er dadurch seine Neutralität und die von ihr abhängende Funktionsfähigkeit der Verwaltung in Frage stelle. Man könnte im Gegenteil auch zu der Annahme kommen, dass die Ausübung von grundrechtlicher Freiheit im staatlichen Binnenraum die Neutralität des Staates nicht berührt, weil er die Inhalte grundrechtlicher Freiheit sich nicht dadurch zu eigen macht, dass er sie achtet.

90 Das BVerfG zieht sich hier letztlich auf seine im Verfassungsbeschwerdeverfahren zurückgenommene Prüfbefugnis zurück (Rdn. 108) und räumt dem Fachgericht im Ergebnis einen Einschätzungsspielraum ein, der dem des Gesetzgebers, funktional betrachtet, nicht unähnlich ist (vgl. Rdn. 93). Wenn das BVerfG seinen Respekt gerade vor der »fachgerichtlichen Tatsachenbewertung«[337] äußert, dann »übersieht« es, dass die Tatsachenbewertung nur so zutreffend sein kann, wie die vorgängig zu bestimmenden verfassungsrechtlichen Bewertungsnormen korrekt bestimmt wurden. Genau das ist hier im Hinblick auf das vermeintlich kollidierende **Gut von Verfassungsrang** fraglich. Im Ergebnis baut das BVerfG jedenfalls seine in BVerfGE 94, 268 (284) angekündigte Linie weiter aus: »Ob der Gesetzgeber weitergehende« – nämlich über die Grundrechte Dritter bzw. andere mit Verfassungsrang ausgestattete Rechte gestützte – »Regelungsbefugnisse zum Schutz sonstiger Rechtsgüter hat, braucht hier nicht entschieden zu werden«[338]. Das BVerfG formuliert solche Rechtsgüter und lässt offenbar zunehmend eine **recht lockere Anbindung an den Verfassungstext** genügen. Gleichwohl: Dies sollte (wie bei der Entscheidung zu den Unterschriftenlisten in einer Polizeidienststelle) – und darf – nicht in einem Kammerbeschluss geschehen[339]. Dass es gleichwohl geschieht, verstärkt die bedenkliche Tendenz[340], die Kammern des BVerfG zumindest bereichsspezifisch immer mehr in die Funktion der Senate einrücken zu lassen[341].

91 Die Religionsfreiheit bzw. der **Respekt vor dem kirchlichen Selbstbestimmungsrecht** (Art. 4 Abs. 1 und 2 i.V.m. Art. 140 i.V.m. § 137 Abs. 3 S. 1 WRV) kann ein Grund sein[342], ein ansonsten auf den Tarifvertrag fokussierendes System zu modifizieren[343]. In diesem Zusammenhang sind auch die Einschränkungen insb. des Ar-

---

337 BVerfG, NZA 2007, 394 (396).
338 BVerfGE 94, 268 (284); s. auch BVerfGE 84, 214 (228).
339 Allg. hierzu *Rixen*, NVwZ 2000, 1364 ff.
340 *Sodan*, NVwZ 2009, 545 (548).
341 Zum Problem allg. *Höfling/Rixen*, AöR 125 (2000), 613 (633 ff.).
342 Vgl. BVerfGE 57, 220 (245 ff.).
343 Vgl. 10 ff. AEntG v. 20.04.2009 (BGBl. I S. 799) zu den Arbeitsbedingungen in der Pflegebranche; s. dazu die Begr. zu § 12 Abs. 1 AEntG v. 20.04.2009 (BGBl. I S. 799) im Ausschussbericht, BT-Drs. 16/11669.

beitskampfes in kirchlichen Einrichtungen zu sehen[344]. Auch unionsrechtlich vorgegebene Ziele kommen – vermittelt über die »Umschaltnorm« des Art. 23 GG – als verfassungsimmanente Beschränkungsgründe in Frage[345].

Die Beschränkung der Koalitionsfreiheit muss dem **Grundsatz der Verhältnismäßig-** **92** keit genügen[346]. Hierbei wird man, soweit es um Eingriffe in die Tarifautonomie geht, um so eher eine Rechtfertigung annehmen können, je weniger es um einen typischerweise tariflich geregelten Gegenstand geht[347]. Schärfere Rechtfertigungslasten, also ein besonders hohes Gewicht der eingriffslegitimierenden Gründe, sind dort geboten, wo der Gesetzgeber in existierende Tarifverträge eingreift, also deren Regelungen durch staatliche Regelungen verdrängt[348]. Allerdings ist zu bedenken, dass die scheinbare Schärfe des Verhältnismäßigkeitsprinzips durch einen besonders weiten Einschätzungs- und Prognosespielraum relativiert wird, den das BVerfG dem Gesetzgeber zuordnet[349] (Rdn. 93).

Insbesondere im Hinblick auf die **Bekämpfung der Arbeitslosigkeit** (Rdn. 88) kann **93** es danach gerechtfertigt sein, sog. Lohnabstandsklauseln vorzusehen, also gesetzliche Regelungen, die befristet Zuschüsse für Arbeitsbeschaffungsmaßnahmen an die Vereinbarung untertariflicher Entgelte knüpfen[350]. Ebenso kann es gerechtfertigt sein, kraft Gesetzes nicht nur existenzsichernde, sondern auch »minimalgerechte« **Mindestlöhne** festzusetzen bzw. gesetzlich einen Mechanismus festzulegen, der eine entsprechende Festsetzung durch untergesetzliche Normen gestattet[351]. Der Sozialstaat ist nicht von vornherein nur auf die »Verhinderung grob unangemessener ›Hungerlöhne‹ in Tarifverträgen«[352] und jenseits von ihnen festgelegt (vgl. § 138 Abs. 2 BGB und § 291 Abs. 1 S. 1 Nr. 3 StGB; s. auch § 233 StGB)[353]. Wenn es dem Ge-

---

344 Vgl. hierzu BAG, NZA 2013, 437; BAG, NZA 2013, 448. – Zur Umsetzung im Bereich der EKD das Arbeitsrechtsregelungsgrundsätzegesetz (ARGG-EKD) v. 13.11.2013, ABl. EKD 2013, S. 420 (www.kirchenrecht-ekd.de), im Bereich der kath. Kirche die geänderte (Muster-)Rahmen-KODA-Ordnung i.d.F. v. 24.11.2014 (www.dbk.de), die in den einzelnen (Erz-)Diözesen noch umgesetzt werden muss.

345 Vgl. im Hinblick auf staatlich festgesetzte Mindestlöhne *Bayreuther*, NJW 2009, 2006 (2010); ablehnend *Sodan/Zimmermann*, NJW 2009, 2001 (2005 f.); dies., ZFA 2008, 526 (573 ff., 579 ff.).

346 BVerfGE 94, 268 (287).

347 *Cornils*, in: Beck'scher Online-Komm. z. GG, Art. 9 Rn. 90.1.

348 *Cornils*, in: Beck'scher Online-Komm. z. GG, Art. 9 Rn. 90.1.

349 Hinweis auf den »im Bereich arbeitsrechtlicher Regelungen« bestehenden »großen Gestaltungsspielraum« bei BVerfG, NZA 2005, 153 (154); s. außerdem BVerfGE 103, 293 (307) m.w.N.

350 BVerfGE 100, 271.

351 *Bayreuther*, NJW 2009, 2006 ff.; *Sittard*, NZA 2009, 346 ff.

352 *Sodan/Zimmermann*, NJW 2009, 2001 (2006); dies., ZFA 2008, 526 (548 ff.); in diesem Sinne auch *Fischer*, ZG 2008, 31 (insb. 38 ff.).

353 Zum sog. Lohnwucher *Rixen*, in: Ignor/Rixen (Hrsg.), Handbuch Arbeitsstrafrecht. Personalverantwortung als Strafbarkeitsrisiko, 2. Aufl. 2008, § 8 Rn. 5 ff. 29 ff.; *Rixen*: in: Eicher/Spellbrink (Hrsg.), SGB II, Kommentar, 3. Aufl. 2013, § 10 Rn. 79 ff.

Rixen

setzgeber um »minimalgerechte« Löhne geht, muss aber deutlich werden – und zwar unter Beachtung des **gesetzgeberischen Einschätzungs- und Prognoseermessens** –[354], dass unter den gegebenen Umständen (einschließlich bestehender und realistischerweise abzusehender bzw. zustande kommender Tarifverträge) ein geeigneteres Mittel als das der gesetzlich gestatteten Mindestlohnfestsetzung durch den Staat nicht zur Verfügung steht[355]. Eine Regelung wird umso eher verfassungsgemäß sein, je mehr sie sich – dem Gedanken der Verhältnismäßigkeit gerecht werdend (Rdn. 92) – bemüht, die Koalitionen in eine solche staatliche Definition von Mindestlöhnen einzubeziehen[356], etwa in der Weise, dass tarifvertraglich geregelte Mindestlöhne kraft staatlicher Anordnung generalisiert werden[357]. Nicht jeder wirtschaftspolitische Glaubenssatz, der staatlichen Mindestlöhnen entgegengehalten wird, hat im Übrigen Verfassungsrang. Auch die Idee des Vorrangs von Tarifverträgen (u.a. bei der Mindestlohn-Normierung) ist verfassungsrechtlich nicht in Stein gemeißelt, sondern nur ein Prinzip, dessen Geltungsreichweite sich im Filter der Verhältnismäßigkeitsprüfung reduzieren kann (vgl. Rdn. 28). Auch in diesem Bereich gilt: Art. 9 Abs. 3 verleiht den Tarifvertragsparteien »zwar ein Normsetzungsrecht, aber **kein Normsetzungsmonopol**«[358].

94 In diesem Zusammenhang ist auch das Tarifautonomiestärkungsgesetz v. 11.08.2014 zu sehen. Es enthält Regelungen für einen flächendeckenden gesetzlichen Mindestlohn, für die Erleichterung der Allgemeinverbindlicherklärung von Tarifverträgen und die Ausweitung des AEntG auf alle Branchen[359]. In der Literatur sind flächendeckende Mindestlöhne verfassungsrechtlich umstritten: teilweise werden sie u.a. als Verletzung der Koalitionsfreiheit[360], teilweise als zulässig[361] angesehen, wobei eine positive Einschätzung auch von deren Zwecksetzung zur Sicherung des Existenzminimums[362] abhängig gemacht wird[363]. Als rechtfertigende Güter von Verfassungsrang ist aber auch an die Grundrechte der Arbeitnehmer und Gemeinwohlbelange wie den

---

354 Grdl. *Meßerschmidt*, Gesetzgebungsermessen, 2000.
355 Hierzu *Engels*, JZ 2008, 490 ff.
356 Vgl. etwa § 7 AEntG v. 20.04.2009 (BGBl. I S. 799), zuletzt geändert durch Art. 6 TarifautonomiestärkungsG vom 11.08.2014 (BGBl. I S. 1348).
357 Vgl. § 3 AEntG v. 20.04.2009 (BGBl. I S. 799), zuletzt geändert durch Art. 6 TarifautonomiestärkungsG vom 11.08.2014 (BGBl. I S. 1348).
358 BVerfGE 94, 268 (284); BVerfG, NZA 2005, 153 (154).
359 *Nielebock*, ArbuR 2014, 188; Übersicht über die Neuerungen im Tarifautonomiestärkungsgesetz v. 11.08.2014 bei *Lakies*, ArbRAktuell 2014, 343; *Spielberger/Schilling*, NJW 2014, 2897; *Jöris/v. Steinau-Steinrück*, BB 2014, 2101; (zum Gesetzesentwurf bereits *Lakies*, ArbRAktuell 2014, 189; *Däubler*, NJW 2014, 1924).
360 *Sittard*, NZA 2010, 1160; Fischer, ZG 2008, 31.
361 *Waltermann*, Verhandlungen des 68. DJT, 2010, Band I, Gutachten B S. 99; *Engels*, JZ 2008, 490.
362 *Sittard*, NZA 2010, 1160 (1162); Fischer, ZG 2008, 31 (41).
363 *Grzeszick*, ZRP 2014, 66 (66).

Schutz angemessener Arbeitsbedingungen oder sozialstaatliche Regulierung zu denken[364]. Kraft Rückläufigkeit der Bindung über Tarifverträge in den vergangenen Jahren und des dadurch entstandenen »Funktionsdefizits« der Tarifautonomie soll die subsidiäre Schutzfunktion des Gesetzgebers gerade zum Tragen kommen und eine Mindestlohngesetzgebung legitimieren[365]. Europarechtlich wird ebenfalls teils ein Verstoß eines gesetzlichen Mindestlohns gegen die Entsenderichtlinie 96/71/EG gesehen[366], teils aber auch gerade auf dessen Gebotenheit unter Bezugnahme auf das ILO-Übereinkommen oder Art. 4 ESC[367] verwiesen[368]. Im Hinblick auf die konkrete Ausgestaltung des Tarifautonomiestärkungsgesetzes v. 11.08.2014 ist in verfassungs-, europa- und völkerrechtlicher Hinsicht insbesondere noch auf die möglicherweise unzureichende Abstimmung der kumulierenden Regelungen zu allgemeinem gesetzlichen Mindestlohn, Tariflohnerstreckung nach AEntG und Allgemeinverbindlichkeitserklärung[369] einerseits und auf die vorgesehenen Ausnahmen vom Mindestlohn für Jugendliche, spezielle Praktika und Langzeitarbeitslose andererseits hinzuweisen[370]: namentlich geht es bei Letzteren um eine möglicherweise vorliegende unzulässige, sachlich nicht gerechtfertigte Diskriminierung und damit um einen Verstoß gegen Art. 3 GG, Art. 20 GRC und Art. 21 GRC[371]. Unabhängig von allen rechtlichen Bedenken darf durchaus kritisch gesehen werden, ob die schon mit dem Titel erklärte und durch die Gesetzesbegründung bestätigte Zielsetzung des Gesetzes – »die Stärkung der Tarifautonomie«[372] – mit diesem auch in tatsächlicher Hinsicht erreicht werden kann[373]. Der ohnehin große gesetzgeberische Gestaltungsspielraum vergrößert sich, wenn zwangsläufig ausländische Rechtsordnungen berührt werden[374].

Ob **Tariftreue-Regelungen**, die bei der Vergabe öffentlicher Aufträge ein bestimmtes   95
Lohnniveau garantieren sollen, mit dem BVerfG[375] – gerade gemessen an den Anforderungen der Verhältnismäßigkeit – vor dem Grundgesetz Bestand haben, ist zweifelhaft,[376] zumal in die grundgesetzliche(aber auch die landesverfassungsrecht-

---

364 *Lakies*, ArbRAktuell 2014, 3 (5); *Picker*, RdA 2014, 25 (28).
365 *Lakies*, ArbRAktuell 2014, 3 (5); *Waltermann*, NJW 2010, 801 (801); *Picker*, RdA 2014, 25 (27 f.).
366 *Sittard*, NZA 2010, 1160.
367 *Körner*, NZA 2011, 425.
368 *Di Fabio*, RdA 2012, 262 (265).
369 *Lobinger*, JZ 2014, 810 (817 f.).
370 *Nielebock*, ArbuR 2014, 188 (190); *Lakies*, ArbRAktuell 2014, 189 (190); *Grzeszick*, ZRP 2014, 66; *Däubler*, NJW 2014, 1924 (1925).
371 *Lakies*, ArbRAktuell 2014, 189 (190).
372 BT-Drs. 18/2010 (neu) v. 02.07.2014.
373 *Reichold*, NJW 2014, 2534; *Lobinger*, JZ 2014, 810.
374 Vgl. BVerfGE 92, 26 (41 f.); dazu auch *Löwer*, in: v. Münch I, Art. 9 Rn. 101 (»Auslandsberührung«).
375 BVerfGE 116, 202; übertragend auf den Pflegesektor *Hänlein*, Externer Vergleich und ortsübliche Vergütung in der stationären Pflege, S. 31 ff.
376 Verneinend *Höfling/Rixen*, RdA 2007, 360 ff.

liche)[377] Betrachtung die – freilich differenziert zu bewertende –[378] abweichende EU-rechtliche Bewertung von Tariftreue-Regelungen einfließen muss[379].

96 Eine letzte Grenze der Einschränkbarkeit definiert für die von Art. 9 Abs. 3 S. 1 geschützten Arbeitskämpfe (Rdn. 48 f.) die Bestimmung des **Art. 9 Abs. 3 S. 3.** Die Vorschrift ordnet an, dass sich die in der Bestimmung genannten Notstandsmaßnahmen nicht gegen Arbeitskämpfe richten dürfen[380], also nicht zum Ziel haben dürfen, Arbeitskämpfe auszuschließen oder zu beenden, wobei eine Behinderung als Nebenfolge nicht ausreicht[381]. Soweit es also nicht um die aufgeführten Notstandsmaßnahmen geht, sind Beschränkungen der Koalitionsfreiheit möglich,[382] d.h., im Notstandsfall gilt das, was auch in der Normallage gilt.[383]

G. Verhältnis zu anderen Grundgesetzbestimmungen

97 Art. 9 Abs. 1 und Art. 9 Abs. 3 sind nicht nebeneinander anwendbar; Art. 9 Abs. 3 ist als besondere Ausprägung des Art. 9 Abs. 1 vorrangig anzuwendende **lex specialis**[384]. Die allgemeine Handlungsfreiheit (Art. 2 Abs. 1 GG) tritt hinter Art. 9 Abs. 1 und 3 zurück[385]; zur Anwendbarkeit von Art. 2 Abs. 1 auf Ausländer s. Rdn. 58.

98 Die **religiöse Vereinigungsfreiheit** wird nicht durch Art. 9 Abs. 1, sondern durch Art. 4 Abs. 1 und Abs. 2 i.V.m. Art. 140 und Art. 137 Abs. 2 WRV garantiert[386], sofern es sich um **Religions- bzw. Weltanschauungsgemeinschaften** (Art. 137 Abs. 7 WRV) handelt (zu religiösen Vereinen Rdn. 99)[387]. Der Vorrang der Religions- bzw. Weltanschauungsfreiheit hängt nicht von der öffentlich-rechtlichen Verfasstheit der jeweiligen Gemeinschaft ab (arg. Art. 140 i.V.m. Art. 137 Abs. 2 WRV). Das Verbot eines Vereins, der eine Religionsgemeinschaft ist, prüft das BVerfG am Maßstab von Art. 4 Abs. 1 und 2 GG[388].

---

377 BayVerfGH, BayVBl 2008, 626 = DÖV 2008, 820.
378 *Hanau*, NZA 2008, 751.
379 EuGH, NJW 2008, 3485 (»Rüffert«).
380 *Höfling*, in: Sachs, GG, Art. 9 Rn. 141.
381 *Löwer*, in: v. Münch I, GG, Art. 9 Rn. 115.
382 *Sodan*, in: Sodan, GG, Art. 9 Rn. 31 a.E.
383 *Bauer*, in: Dreier I, GG, Art. 9 Rn. 96; *Löwer*, in: v. Münch I, GG, Art. 9 Rn. 93.
384 *Bauer*, in: Dreier I, GG, Art. 9 Rn. 29; *Steinmeyer*, in: Umbach/Clemens, GG, Art. 9 Rn. 12.
385 Vgl. BVerfGE 1, 264 (274); *Steinmeyer*, in: Umbach/Clemens, GG, Art. 9 Rn. 13.
386 BVerfGE 83, 341 (354 ff.).
387 BVerfGE, 83, 341 (355): »Der Gewährleistungsinhalt der religiösen Vereinigungsfreiheit umfasst die Freiheit, aus gemeinsamem Glauben sich zu einer Religionsgesellschaft zusammenzuschließen und zu organisieren.«
388 Beispielhaft: BVerwG, NVwZ 2003, 986 ff.; BVerfG, NJW 2004, 47 ff.; zum Problemkreis *Pieroth/Kingreen*, NVwZ 2001, 841 ff.; s. auch EGMR, NVwZ 2009, 509 (510), der die Religionsfreiheit (Art. 9 EMRK) »unter Heranziehung von Art. 11 EMRK« (Vereinigungsfreiheit) auslegt, dazu *Weber*, NVwZ 2009, 503 (503 f.).

Das Verhältnis von Art. 4 Abs. 1 und 2 zu Art. 9 Abs. 1 bei sog. **religiösen Vereinen,** 99
die nur einzelne religiöse bzw. weltanschauliche Zwecke verfolgen,[389] ist unklar. Das
BVerfG hat hierzu ausgeführt:

>»*Das Grundrecht aus Art. 4 Abs. 1 und 2 GG steht nicht nur Kirchen, Religions-
und Weltanschauungsgemeinschaften zu, sondern auch Vereinigungen, die sich nicht
die allseitige, sondern nur die partielle Pflege des religiösen oder weltanschaulichen Lebens ihrer Mitglieder zum Ziel gesetzt haben. Voraussetzung dafür ist aber, daß der
Zweck der Vereinigung gerade auf die Erreichung eines solchen Zieles gerichtet ist.
Das gilt ohne weiteres für organisatorisch oder institutionell mit Kirchen verbundene
Vereinigungen wie kirchliche Orden, deren Daseinszweck eine Intensivierung der ge-
samtkirchlichen Aufgaben enthält. Es gilt aber auch für andere selbständige oder unselbständige Vereinigungen, wenn und soweit ihr Zweck die Pflege oder Förderung eines religiösen Bekenntnisses oder die Verkündung des Glaubens ihrer Mitglieder ist.
Maßstab für das Vorliegen dieser Voraussetzungen kann das Ausmaß der institutionellen Verbindung mit einer Religionsgemeinschaft oder die Art der mit der Vereinigung
verfolgten Ziele sein*«[390].

Das spricht dafür, auch auf religiöse Vereine mit starkem Bezug zur Erreichung 100
religiöser Ziele Art. 4 Abs. 1 und 2 und nicht Art. 9 Abs. 1 anzuwenden. Allerdings
wird es in der Praxis nur sehr schwer festzustellen sein, ob der »Zweck der Vereinigung gerade auf die Erreichung eines solchen Zieles gerichtet ist«. Das spricht dafür,
die Schutzbereiche von Art. 9 Abs. 1 und Art. 4 Abs. 1 und 2 schärfer gegeneinander
zu profilieren und generell bei religiösen Vereinen die Geltung von Art. 9 Abs. 1 anzunehmen[391].

Die Vereinigungsfreiheit ist neben der **Meinungsäußerungs- und -verbreitungsfrei-** 101
heit des Art. 5 Abs. 1 GG als *lex specialis* anzusehen[392], sofern es um die Äußerung
und Verbreitung gerade durch die Vereinigung geht[393]. Öffentlich-rechtlich verfasste
Rundfunkanstalten können sich, wenn sie sich freiwillig Vereinigungen anschließen
(etwa der Europäischen Rundfunkunion), insoweit nicht auf Art. 9 Abs. 1 berufen,
wohl aber auf Art. 5 Abs. 1 S. 2[394]. Gleiches gilt für freiwillige Zusammenschlüsse
von **Universitäten**, die nach Art. 5 Abs. 3 S. 1 geschützt sein können[395]. Ebenso sind
wissenschaftliche Vereinigungen von Art. 5 Abs. 3 S. 1 geschützt[396], **Akademien**

389 *Kemper*, in: von Mangoldt/Klein/Starck, GG, Art. 9 Rn. 39.
390 BVerfGE 24, 236 (246 f.) – Hervorhebungen hinzugefügt.
391 *Kemper*, in: von Mangoldt/Klein/Starck, GG, Art. 9 Rn. 39.
392 Vgl. BVerfGE 28, 295 (310); 42, 133 (139).
393 *Steinmeyer*, in: Umbach/Clemens, GG, Art. 9 Abs. 1, 2 Rn. 15.
394 *Löwer*, in: v. Münch I, GG, Art. 9 Rn. 20, meint, sie könnten sich »auf Art. 5 Abs. 1« berufen.
395 Vgl. *Löwer*, in: v. Münch I, GG, Art. 9 Rn. 20.
396 *Hufen*, Staatsrecht II (Grundrechte), 2014, § 31 Rn. 12.

hingegen dann nicht[397], wenn sie auf einem staatlichen Gründungsakt beruhen (vgl. Rdn. 19).

102   Soweit es nur um Versammlungen als sog. **Augenblicksverbände** geht (vgl. Rdn. 13 a.E.), findet anstelle von Art. 9 Abs. 1 die Bestimmung des Art. 8 Abs. 1 GG Anwendung[398]. In seinem Regelungsbereich verdrängt Art. 21 die Bestimmung des Art. 9 Abs. 1 GG[399].

103   Für andere als **spezifisch koalitionsmäßige Betätigungen** richtet sich der Grundrechtsschutz aus den jeweils einschlägigen anderweitigen Grundrechtsnormen (zum nur beschränkten Schutz der Außenaktivitäten vgl. Rdn. 24 f., 41). Im Zusammenhang mit Arbeitskämpfen können für Kundgebungen und Aufzüge Art. 5 und Art. 8 zur Anwendung kommen, allerdings ist das BVerfG der Ansicht, auf Koalitionen und ihre Mitglieder finde nicht Art. 5 Abs. 1 S. 1, sondern Art. 9 Abs. 3 Anwendung, Art. 9 Abs. 3 sei hier *lex specialis*[400]. Grundsätzlich ist Art. 21 Abs. 1 bis 3 spezieller als Art. 9 Abs. 1 GG, allerdings überschneiden sich die Regelungen hinsichtlich der Parteiengründungsfreiheit, die auch von Art. 9 Abs. 1 GG geschützt wird[401], so dass Beeinträchtigungen der **Parteiengründungsfreiheit** richtigerweise im Wege der Verfassungsbeschwerde durch Rüge einer Verletzung von Art. 9 Abs. 1 GG geltend gemacht werden können[402]. Für von den genannten Vorschriften nicht erfasste Korporationen wie z.B. der sog. **Rathausparteien** verbleibt es beim Grundrechtsschutz des Art. 9 Abs. 1[403].

H.   Internationale und europäische Bezüge

104   Die **Vereinigungsfreiheit** ist in fast allen Mitgliedstaaten der EU Teil der jeweiligen Verfassung[404]. Die Freiheit, Gewerkschaften – als besondere Vereinigungen – zu

---

397   Vgl. etwa Art. 1 des Staatsvertrages über die Berlin-Brandenburgische Akademie der Wissenschaften, die (in der Rechtsform der Körperschaft des öffentlichen Rechts) eine gemeinsame Einrichtung der Länder Berlin und Brandenburg ist (vgl. das Berliner Zustimmungsgesetz v. 08.07.1992, GVBl. S. 226).

398   *Jarass*, in: Jarass/Pieroth, GG, Art. 9 Rn. 2; *Steinmeyer*, in: Umbach/Clemens, GG, Art. 9 Abs. 1, 2 Rn. 16; *Bauer*, in: Dreier I, GG, Art. 9 Rn. 103.

399   Vgl. BVerfGE 2, 1 (13), 25, 69 (78); *Höfling*, in: Sachs, GG, Art. 9 Rn. 47; *Bauer*, in: Dreier I, Art. 9 Rn. 43.

400   BVerfGE 28, 295 (310).

401   *Kemper*, in: von Mangoldt/Klein/Starck, GG, Art. 9 Rn. 35 m.w.N.

402   *U. Stelkens*, Die politische Partei – Eine Institution des Zivilrechts?, in: Bertschi u.a. (Hrsg.), Demokratie und Freiheit, 1999, S. 95 (107).

403   Vgl. BVerfGE 78, 350 (358); BVerwGE 74, 176 (188); *Höfling*, in: Sachs, GG, Art. 9 Rn. 47; *Kemper*, in: von Mangoldt/Klein/Starck, GG, Art. 9 Rn. 37.

404   Art. 27 Verf. Belgien; § 78 Verf. Dänemark; Art. 48 Verf. Estland; Art. 13 Abs. 2 Verf. Finnland; Art. 12 Verf. Griechenland; Art. 40 Abs. 6 Buchst. c) Verf. Irland; Art. 18 Verf. Italien; Art. 102 Verf. Lettland; Art. 35 Verf. Litauen; Art. 26 Verf. Luxemburg; Art. 42 Verf. Malta; Art. 8 Verf. Niederlande; Art. 12 StGG (Österreich), Art. 11 EMRK (öst-VerfG); Art. 58 Verf. Polen; Art. 46 Verf. Portugal; Kap. 2 § 1 Nr. 5 Verf. Schweden;

gründen, geht entscheidend auf Art. 23 Abs. 4 der politisch bedeutsamen, aber nicht rechtlich bindenden Allgemeinen Menschenrechtserklärung von 1948 zurück, wonach jeder das Recht hat, »to form and join trade unions for the protection of his interests«[405]. Die auch auf die Gründung von **Gewerkschaften** bezogene Vereinigungsfreiheit wird durch Art. 11 EMRK und Art. 12 EU-Grundrechtecharta geschützt[406]. Dies geschieht zudem in Art. 23 Nr. 4 der Allgemeinen Menschenrechtserklärung und in Art. 22 Abs. 1 des Internationen Paktes über bürgerliche und politische Rechte sowie in Art. 8 Abs. 1 des Internationalen Paktes über wirtschaftliche, soziale und kulturelle Rechte.

Art. 28 der EU-Grundrechtcharta entspricht der **Koalitionsfreiheit** des Grundgesetzes[407]. Art. 28 der EU-Grundrechtecharta bezieht sich u.a. auf Art. 6 der Europäischen Sozialcharta (EuSozCh)[408] des Europarates sowie auf die Gemeinschaftscharta   105

Art. 22 Verf. Spanien; Art. 3 Verf. Tschechien i.V.m. Art. 20 Tschech. Deklaration der Grundrechte und -freiheiten; Art. 29 Verf. Slowakei; Art. 42 Verf. Slowenien; Art. VIII Verf. Ungarn; Human Rights Act (1998) i.V.m. Art. 11 EMRK (Vereinigtes Königreich); Art. 21 Verf. Zypern.

405 Dazu *Källström*, in: Eide et al. (eds.), The Universal Declaration of Human Rights: A Commentary, 2. Aufl. 1993, S. 357 ff. (insb. S. 359 f.). – Prominente deutsche Übersetzungen sprechen nicht von »Gewerkschaften«, sondern von »Berufsvereinigungen«, sorgen also schon auf der Ebene der Übersetzung für sozialpartnerschaftliche Parität, vgl. die vom Beck-Verlag verantwortete Textausgabe »Sartorius II: Internationale Verträge – Europarecht«, Nr. 19 (Stand der Übersetzung: Sept. 1977). Nur eine sehr unidiomatische Übersetzung, die die spezifische Bedeutung von »trade union« ignoriert, kann »trade union« im Sinne einer auf den wirtschaftlichen Handel (»trade«) bezogenen (Interessen-)Vereinigung verstehen und so den Weg ebnen für die »Berufsvereinigungen«. Ohne entsprechendes »sozialpartnerschaftliches« Vorverständnis gelingt das indes nicht. Dafür dürften auch nicht die französische oder die spanische Version der Menschenrechtserklärung sprechen, die von »syndicats« bzw. »sindicatos« sprechen, was auch Arbeitgebervereinigungen erfassen kann (vgl. auch die amtliche Überschrift zu Art. 28 der schweizerischen Bundesverfassung – »liberté syndicale« –, womit, wie die Bestimmung zeigt, im konkreten Kontext nicht nur die Gewerkschaftsfreiheit gemeint ist). Ein derart weites Verständnis ist aber bei Art. 23 Abs. 4 der Allgemeinen Erklärung der Menschenrechte aus systematischen Gründen ausgeschlossen, denn der ganze Artikel bezieht sich auf abhängige Arbeit, wie nicht zuletzt der Verweis auf die Arbeitslosigkeit in Art. 23 Abs. l verdeutlicht.

406 *Rixen*, in: Tettinger/Stern (Hrsg.), Kölner Gemeinschaftskommentar zur Europäischen Grundrechte-Charta, 2015, Art. 12 Rn. 1 ff.; *Mann*, in: Heselhaus/Nowak (Hrsg.), Handbuch der Europäischen Grundrechte, 2006, § 28 Rn. 1 ff.

407 Näher *Rixen*, in: Tettinger/Stern (Hrsg.), Kölner Gemeinschaftskommentar zur Europäischen Grundrechte-Charta, 2015, Art. 28 Rn. 1 ff.; *Hilbrandt*, in: Heselhaus/Nowak (Hrsg.), Handbuch der Europäischen Grundrechte, 2006, § 35. Rn. 30 ff.; *Engels*, ZESAR 2008, 475 ff.

408 Genau genommen Art. 6 Nr. 4 EuSozCh: »Um die wirksame Ausübung des Rechtes auf Kollektivverhandlungen zu gewährleisten, verpflichten sich die Vertragsparteien: (…) das Recht der Arbeitnehmer und Arbeitgeber auf kollektive Maßnahmen einschließlich

---

der sozialen Grundrechte der Arbeitnehmer[409], die ihrerseits auf der EuSozCh aufbaut. Als weitere Referenznorm ist auch hier Art. 11 EMRK zu nennen. Dort wird jedoch in erster Linie die Versammlungs- und die Vereinigungsfreiheit gewährleistet, »einschließlich des Rechts, zum Schutze ihrer Interessen Gewerkschaften zu bilden und diesen beizutreten«. Außerdem ist auf Art. 8 Abs. 1 des Internationalen Paktes über wirtschaftliche, soziale und kulturelle Rechte zu verweisen, denn dort wird u.a. auch das Streikrecht garantiert.

106   Die **Verfassungen der Mitgliedstaaten**, die für die Konkretisierung des EU-Verfassungsrechts eine wichtige Auslegungshilfe sind,[410] enthalten vielfach Grundrechte, die Art. 28 GRCh gleichen. Das Recht auf Kollektivverhandlungen und Kollektivmaßnahmen wird teilweise als Recht der Gewerkschaften (so z.B. in Griechenland) garantiert, teilweise als Recht der Arbeitnehmer (so bspw. in Lettland, Litauen oder Spanien), teilweise auch als Recht der Arbeitgeber (so etwa für Kampfmaßnahmen in Spanien), teilweise als Recht nur der Arbeitgebervereinigungen (so etwa in Estland und Schweden). Teilweise wird das Subjekt des Streikrechts nicht genannt (so z.B. in Frankreich, Portugal, Slowakei oder Tschechien)[411]. In Portugal wird die Aussperrung durch die Verfassung verboten (Art. 57 Abs. 4 Port. Verf.).

---

des Streikrechts im Falle von Interessenkonflikten, vorbehaltlich etwaiger Verpflichtungen aus geltenden Gesamtarbeitsverträgen.« Die EuSozCh als völkerrechtlicher Vertrag verpflichtet nur die Vertragsparteien, ihr nationales Recht anzupassen, ohne unmittelbar Individualrechtspositionen zu gewähren (so jedenfalls die überwiegende Ansicht, vgl. für Deutschland BAG, NZA 2004, 971, 974; *Neubeck*, Die Europäische Sozialcharta und deren Protokolle, 2002, S. 164 ff., 181 ff.). Man kann von einem »Aschenbrödeldasein« der EuSozCh (zumindest in Deutschland) sprechen, so *Stern*, HGrR I, § 1 Rn. 71; s. dazu auch *Kohte*, in: FS für Birk, 2008, 417 ff. In den Niederlanden wirkt Art. 6 Nr. 4 EuSozCh als unmittelbar geltendes Recht und bildet den Kern der nationalen Regelungen zum Streikrecht, *Tilstra*, Grenzen aan het Stakingsrecht – Het Nederlandse rechtsordeel over collectieve actie van werknemers getoetst aan het Europees Sociaal Handvest, 1994, S. 181 ff.

409   KOM (89) 248 endg, insb. Nr. 12 und 13: »Die Arbeitgeber und Arbeitgebervereinigungen einerseits und die Arbeitnehmervereinigungen andererseits haben das Recht, unter den Bedingungen der einzelstaatlichen Rechtsvorschriften, Tarifverträge auszuhandeln und abzuschließen.« (Nr. 12) »Das Recht, bei Interessenkonflikten Kollektivmaßnahmen zu ergreifen, schließt, vorbehaltlich der Verpflichtungen aufgrund der einzelstaatlichen Regelungen und Tarifverträge, das Streikrecht ein.« Die Gemeinschaftscharta wurde von 11 Staats- und Regierungschefs (ohne Großbritannien) am 09.12.1989 angenommen, *Schulz*, Grundlagen und Perspektiven einer Europäischen Sozialpolitik, 2003, S. 58. Es handelt sich um eine politische Erklärung, kein rechtlich bindendes Dokument, vgl. *Europarat* (Hrsg.), Die Europäische Sozialcharta, 2002, S. 7.

410   Dazu der Hinweis in Art. 6 Abs. 3 EU-Vertrag auf die »gemeinsamen Verfassungsüberlieferungen der Mitgliedstaaten«.

411   Art. 29 Abs. 5 Verf. Estland; Präambel der Verf. Frankreich von 1958 i.Vm. Abs. 7 der Präambel der franz. Verf. von 1946; Art. 23 Abs. 1 und 2 Verf. Griechenland; Art. 39 Abs. 3, Art. 40 Verf. Italien; Art. 108 Verf. Lettland; Art. 51 Verf. Litauen; Art. 59 Verf. Polen; Art. 56 Abs. 3 und 4, Art. 57 Verf. Portugal; Kap. 2 § 14 Verf. Schweden; Art. 37

Seit Inkrafttreten des Vertrages von Lissabon am 01.12.2009 stellen die Regelungen **107** der EU-Grundrechtecharta und damit auch Art. 12 und Art. 28 EU-Grundrechtecharta bindendes Primärrecht dar[412]. Der nach dem Vertrag von Lissabon vorgesehene Beitritt der EU zur EMRK (Art. 6 Abs. 2 EU-Vertrag), wird die Einheit des europäischen Grundrechtsraums ebenfalls befördern.

I. Prozessuale Fragen

Für Art. 9 Abs. 1 und 3 gilt in verfassungsprozessualer Hinsicht, dass ihre präsumti- **108** ve Verletzung nach Erschöpfung des fachgerichtlichen Rechtswegs vor dem BVerfG im Wege der **Verfassungsbeschwerde** geltend gemacht werden kann (Art. 93 Abs. 1 Nr. 4a GG, § 13 Nr. 8a, §§ 90, 92 ff. BVerfGG). Bereits im fachgerichtlichen Verfahren muss auf die grundrechtliche Bedeutung des Streitgegenstandes hingewiesen werden, um dem **Grundsatz der Subsidiarität der Verfassungsbeschwerde** zu genügen. Im Hinblick auf die Vereinigungsfreiheit können dies Verfahren vor den Verwaltungsgerichten, den ordentlichen Gerichten für Strafsachen oder z.B. auch für Registersachen sein. Das BVerfG bemüht hier die bekannte – auf Art. 9 Abs. 3 hin modifizierte – Formel aus BVerfGE 18, 85 (92 f.), dass das Fachgericht Bedeutung und Tragweite von Art. 9 Abs. 3 verkannt haben müsse, so dass Verfassungsrecht noch nicht verletzt sei, wenn eine Entscheidung am einfachen Recht gemessen objektiv fehlerhaft ist[413]. Die Kontrollintensität kann so fallspezifisch dosiert werden (vgl. Rdn. 90).

Art. 9 Abs. 3 (vgl. Rdn. 76 f.) wirkt zudem als Interpretationsimpuls bei der Aus- **109** legung und Anwendung privatrechtlicher Beziehungen, als die sich vor allem individualarbeitsrechtliche Beziehungen dem Grunde nach darstellen[414]. Namentlich bei der Konkretisierung unbestimmter Gesetzesbegriffe oder bei der Auslegung sog. Generalklauseln, aber z.B. auch bei der Anwendung von § 823 oder § 1004 BGB[415], kann der semantische Sinn von Art. 9 Abs. 3 den normativen Sinn einer gesetzlichen oder vertraglichen Regelung – eben: grundrechtsorientiert – verändern. Auch Art. 9

Verf. Slowakei; Art. 28 Abs. 2, Art. 77 Verf. Slowenien; Art. 28 Abs. 2, Art. 37 Verf. Spanien; Art. 3 Verf. Tschechische Republik i.V.m. Art. 27 Abs. 4 Deklaration der Grundrechte und -freiheiten; Art. XVII Verf. Ungarn; Art. 26 Abs. 2, 27 Verf. Zypern.

412 Lediglich das (ungeschriebene) Grundrecht auf Durchführung einer kollektiven Maßnahme (insbesondere Streikrecht), nicht hingegen das Recht auf Kollektivverhandlungen, war bereits vor Inkrafttreten des Vertrags von Lissabon anerkannt, EuGH Slg. 2007, I-10779 = NZA 2008, 124, Rn. 44 (»Viking Line«); EuGH, Slg 2007, I-11767 = NZA 2008, 159, Rn. 91 (»Laval«).

413 Beispielhaft: BVerfG, NZA 1994, 34 (34); BVerfG, NZA 2007, 394 (395) – jew. m.w.N.

414 S. die Übersicht bei *Friedrich*, in: Umbach/Clemens, GG, Anhang zu Art. 9 (Grundrechtsgeltung im Arbeitsrecht), Rn. 1 ff.

415 BAGE 91, 210 = NJW 1999, 3281 (3284) m.w.N.

Abs. 1 kann, etwa bei der Auslegung von Vereinssatzungen, als Interpretationsimpuls wirksam werden[416].

J. Deutsche und europarechtliche Leitentscheidungen

110   BVerfGE 4, 96 – Hutfabrikant; BVerfGE 10, 89 – Erftverband; BVerfGE 18, 18 – Hausgehilfinnenverband; BVerfGE 28, 295 – Mitgliederwerbung I; BVerfGE 30, 227 – Vereinsname; BVerfGE 38, 281 – Arbeitnehmerkammern; BVerfGE 42, 133 – Wahlwerbung; BVerfGE 44, 322 – Allgemeinverbindlicherklärung I; BVerfGE 50, 290 – Mitbestimmung; BVerfGE 51, 77 – Personalrat; BVerfGE 55, 7 – Allgemein-verbindlicherklärung II; BVerfGE 57, 220 – Bethel; BVerfGE 58, 233 – Deutscher Arbeitnehmerverband; BVerfGE 70, 1 – Orthopädietechniker-Innungen; BVerfGE 80, 244 – Vereinsverbot; BVerfGE 84, 212 – Aussperrung; BVerfGE 84, 372 – Lohnsteuerhilfeverein; BVerfGE 88, 5 – Gewerkschaftliche Beratungshilfe; BVerfGE 88, 103 – Streikeinsatz von Beamten; BVerfGE 92, 26 – Zweitregister; BVerfGE 92, 365 – § 116 AFG; BVerfGE 93, 352 – Mitgliederwerbung II; BVerfGE 94, 268 – Wissenschaftliches Personal; BVerfGE 99, 69 – Kommunale Wählervereinigungen; BVerfGE 100, 214 – Gewerkschaftsausschluss; BVerfGE 100, 271 – Lohnabstands-klauseln; BVerfGE 103, 293 – Anrechnung von Urlaubstagen; BVerfGE 116, 202 – Tariftreue. BVerfG, NJW 1995, 3377 f. – Koalitionsbegriff; BVerfG, NJW 2001, 2617 – Genossenschaftlicher Prüfungsverband; BVerfG, NVwZ 2002, 335 – Indus-trie- und Handelskammer; BVerfGE 124, 25 – Kontrahierungszwang im Basistarif für kleinere private Versicherungsvereine auf Gegenseitigkeit. EuGH, Slg. 2007, I-10779 = NZA 2008, 124, – »Viking Line«; EuGH, Slg 2007, I-11767 = NZA 2008, 159, – »Laval«. EGMR, NVwZ 2006, 65 – Ablehnung der Eintragung eines Vereins; EGMR, NVwZ 2009, 509 – Verleihung der Rechtsfähigkeit an eine Religi-onsgemeinschaft.

K. Literaturauswahl

111   *Adam*, Abschied von der Tarifeinheit, DZWIR 2011, 221; *Arnold*, Gewerkschafts-werbung – auch per E-Mail zulässig!, NZA 2009, 716; *Bayreuther*, Gesetzlich ange-ordnete Tarifeinheit: Verfassungsrechtliche Diskussion, DB 2010, 2223; *Bayreuther*, Einige Anmerkungen zur Verfassungsmäßigkeit des Arbeitnehmer-Entsendegesetzes und des Mindestarbeitsbedingungengesetzes 2009, NJW 2009, 2006; *Bepler*, Ver-handlungen des 70. DJT, 2014, Band I, Gutachten B: Stärkung der Tarifautonomie. Welche Änderungen des Tarifvertragsrechts empfehlen sich?; *Boemke*, Arbeitsrecht: Grundsatz der Tarifeinheit, JuS 2010, 1112; *Collin/Bender/Ruppert/u.a.*, Regulierte Selbstregulierung im frühen Interventions- und Sozialstaat, 2012; *Burkiczak*, Grund-gesetz und Deregulierung des Tarifvertragsrechts, 2006; *Cornils*, Die Ausgestaltung der Grundrechte, 2005; *Däubler*, Der gesetzliche Mindestlohn- doch eine unend-liche Geschichte?, NJW 2014, 1924; *Di Fabio*, Nationales Arbeitsrecht im Span-nungsfeld von Grundgesetz und Grundrechtecharta, RdA 2012, 262; *Düwell*, Das

---

416 BVerfG, NJW 1991, 2626 (2626).

Erbe von Weimar: Unser Arbeitsrecht und seine Gerichtsbarkeit, RdA 2010, 129; *Engels,* Verfassung und Arbeitskampfrecht, 2008; *Engels,* Verfassungsrechtliche Determinanten staatlicher Lohnpolitik, JZ 2008, 490; *Engels,* Die verfassungsrechtliche Dogmatik des Grundsatzes der Tarifeinheit, RdA 2008, 331; *Engels,* Das Gemeinschaftsgrundrecht auf Durchführung kollektiver Maßnahmen – eine Skizze, ZESAR 2008, 475; *Fischer,* Gesetzlicher Mindestlohn, sozialrechtlich garantiertes Mindesteinkommen und Grundgesetz, ZG 2008, 31; *Franzen/Thüsing/Waldhoff,* Ein Gesetzentwurf zur Regelung des Arbeitskampfes im Bereich der Daseinsvorsorge, ZG 2012, 349; *Giesen,* Erweiterte Kampfbefugnisse und Ausweitung des Arbeitskampfrisikos, in: Rieble/Junker/Giesen (Hrsg.), Neues Arbeitskampfrecht?, 2010, S. 95; *Greiner,* Atypische Arbeitskampfmittel und Kampfpluralität – Welche Verteidigungsmittel bleiben?, NJW 2010, 2977; *Greiner,* Das Tarifeinheitsgesetz, NZA 2015, 769; *Grzeszick,* Ausnahmen vom gesetzlichen Mindestlohn: Verfassungsrechtlich zulässiger Kompromissweg?, ZRP 2014, 66; *Hänlein,* Externer Vergleich und ortsübliche Vergütung in der stationären Pflege, 2010; *Hellermann,* Die sogenannte negative Seite der Freiheitsrechte, 1993; *Herbert,* Flashmob im öffentlichen Dienst – ein »stumpfes Schwert« in den Händen der Gewerkschaft, ZTR 2014, 639; *Hilbrandt,* Rechte der Arbeitnehmerinnen und Arbeitnehmer, in: Heselhaus/Nowak (Hrsg.), Handbuch der Europäischen Grundrechte, 2006, § 35; *Höfling/Burkiczak,* Die unmittelbare Drittwirkung gemäß Art. 9 Abs. 3 Satz 2 GG, RdA 2004, 263; *Höfling/Engels,* Grundrechtsausübung unter richterlichem Gemeinwohlvorbehalt? Zur gesetzgeberischen Verantwortung im Arbeitskampfrecht, ZG 2008, 250; *Höfling/Rixen,* Tariftreue oder Verfassungstreue? Von der »gewährleistungsstaatlichen« Relativierung des Grundrechtsschutzes am Beispiel der Tariftreue-Entscheidung des BVerfG, RdA 2007, 360; *Höpfner,* Blitzaustritt und Blitzwechsel in die OT-Mitgliedschaft, ZfA 2009, 541; *Höpfner,* Die unbegrenzte Nachbindung an Tarifverträge, NJW 2010, 2173; *Hufen,* Gesetzliche Tarifeinheit und Streiks im Bereich der öffentlichen Infrastruktur: Der verfassungsrechtliche Rahmen, NZA 2014, 1237; *Kersten,* Neues Arbeitskampfrecht, 2010; *Jacobs,* Tarifeinheit gesetzlich regeln?, ZRP 2010, 199; *Jöris/v. Steinau-Steinrück,* Der gesetzliche Mindestlohn, BB 2014, 2101; *Kluth,* Funktionale Selbstverwaltung, 1997; *Körner,* Mindestlohnanforderungen im internationalen Arbeitsrecht, NZA 2011, 425; *Konzen,* Die Kodifikation der Tarifeinheit im Betrieb, JZ 2010, 1036; *Lakies,* Allgemeiner gesetzlicher Mindestlohn mit Ausnahmen ab 2015, ArbRAktuell 2014, 343; *Lakies,* Das »Tarifautonomiestärkungsgesetz«: Der Mindestlohn ist auf dem Weg, ArbRAktuell 2014, 189; *Lakies,* Die »schwarz-rote« Lohnregulierung nach der Koalitionsvereinbarung, ArbRAktuell 2014, 3; *Lembke,* Arbeitskampfrecht – Quo vadis?, NZA 2014, 471; *Lobinger,* Mindestlohn und Menschenwürde, GS für Brugger, 2013, 355; *Lobinger,* Stärkung oder Verstaatlichung der Tarifautonomie?, JZ 2014, 810; *Löwisch,* Tarifeinheit – Was kann und soll der Gesetzgeber tun?, RdA 2010, 263; *Nielebock,* Gesetz zur Stärkung der Tarifautonomie, ArbuR 2014, 188; *Otto,* Das konturlose Arbeitskampfrecht des BAG Vom Arbeitskampf als *ultima ratio* zur nahezu unbeschränkten Kampffreiheit?, RdA 2010, 135; *Picker,* Niedriglohn und Mindestlohn, RdA 2014, 25; *Polakiewicz/Kessler,* Das Streikverbot für deutsche BeamtInnen – Die Bedeutung der Rechtsprechung des EGMR für deutsche Gerichte, NVwZ 2012, 841; *Reichold,* Stärkung in

Tiefe und Breite – wie viel Staat verkraftet die Tarifautonomie?, NJW 2014, 2534; *Richardi*, Tarifeinheit als Placebo für ein Arbeitskampfverbot, NZA 2014, 1233; *Rüthers/Höpfner*, Über die Zulässigkeit von Flashmobs als Arbeitskampfmaßnahme, JZ 2010, 261; *Säcker/Mohr*, Das neue Arbeitskampfrecht: Das Ende der Friedlichkeit und die Relativierung absolut geschützter Rechte, JZ 2010, 440; *Scholz*, Bahnstreik und Verfassung, FS für Herbert Buchner, 2009, 827; *Scholz*, Öffentlicher Dienst und Daseinsvorsorge: Verfassungsimmanente Schranken des Arbeitskampfs, FS für Ulrich Battis, 2014, 577; Schwarze, Gewerkschaftswerbung per E-Mail – Besprechung des Urteils des BAG v. 20.01.2009 – 1 AZR 515/08, RdA 2010, 115; *Seifert*, Recht auf Kollektivverhandlungen und Streikrecht für Beamte, KritV 2009, 357; *Sittard*, Verfassungs- und europarechtliche Anmerkungen zu den Mindestlohnbeschlüssen des Deutschen Juristentags, NZA 2010, 1160; *Sodan/Zimmermann*, Tarifvorrangige Mindestlöhne versus Koalitionsfreiheit – Die Neufassungen des Mindestarbeitsbedingungengesetzes und des Arbeitnehmer-Entsendegesetzes, NJW 2009, 2001; *Spielberger*, Die Arbeitskampfrisikolehre und das Ende der Tarifeinheit, NJW 2011, 264; *Spielberger/Schilling*, Das Gesetz zur Regelung eines allgemeines Mindestlohns, NJW 2014, 2897; *Treber*, Aktiv produktionsbehindernde Maßnahmen, 1996; *Waltermann*, Mindestlohn oder Mindesteinkommen?, NJW 2010, 801; *Waltermann*, Verhandlungen des 68. DJT, 2010, Band I, Gutachten B: Welche arbeits- und sozialrechtlichen Regelungen empfehlen sich im Hinblick auf die Zunahme neuer Beschäftigungsformen und die wachsende Diskontinuität von Erwerbsbiografien; *Willemsen/Mehrens*, Die Rechtsprechung des BAG zum »Blitzaustritt« und ihre Auswirkungen auf die Praxis, NJW 2009, 1916; *Wolf*, Tarifeinheit gesetzlich regeln?, ZRP 2010, 199; RdA 2010, 315.

Artikel 10 [Brief-, Post- und Fernmeldegeheimnis]

(1) Das Briefgeheimnis sowie das Post- und Fernmeldegeheimnis sind unverletzlich.

(2) [1]Beschränkungen dürfen nur auf Grund eines Gesetzes angeordnet werden. [2]Dient die Beschränkung dem Schutze der freiheitlichen demokratischen Grundordnung oder des Bestandes oder der Sicherung des Bundes oder eines Landes, so kann das Gesetz bestimmen, dass sie dem Betroffenen nicht mitgeteilt wird und dass an die Stelle des Rechtsweges die Nachprüfung durch von der Volksvertretung bestellte Organe und Hilfsorgane tritt.

A. Vorbilder und Entstehungsgeschichte

I. Vorbilder

1 Die historischen Vorbilder des in Art. 10 GG gewährleisteten Brief-, Post- und Fernmeldegeheimnisses lassen sich auf **zwei unterschiedliche Schutzkonzepte** zurückführen[1]. Dabei ging es zum einen um den Schutz der Vertraulichkeit der Kommunikation vor (der staatlichen Post als) dem Kommunikationsmittler selbst (**Postgeheimnis**), zum anderen um den Schutz vor der postfremden Exekutive, das heißt anderen staatlichen Stellen, die zur Strafverfolgung, der Gefahrenabwehr, aber auch der politischen Repression den Briefverkehr überwachen wollten (**Briefgeheimnis**). In der rechtshistorischen Entwicklung lag der Akzent mal mehr auf dem einen, mal mehr auf dem anderen Aspekt.

2 In Deutschland geht die erste verfassungsrechtliche Absicherung des Briefgeheimnisses auf die **Verfassungsurkunde des Kurfürstentums Hessen** vom 5. Januar 1831 zurück[2]. Im gleichen Jahr garantierte die **Verfassung Belgiens** von 1831 in Art. 22 »Le secret des lettres est inviolable«. Letztere Bestimmung ist in § 142 der **Paulskirchenverfassung** rezipiert worden[3], hat in wortgleicher Übersetzung aber auch Eingang in Art. 33 der **Verfassungsurkunde für den Preußischen Staat** gefunden[4]. Gerichtet war das Briefgeheimnis gegen die postfremde Exekutive und sollte sich allein auf den Schutz der durch die Post beförderten Briefe beschränken[5].

3 In der Kaiserzeit wurde die Unverletzlichkeit des Briefgeheimnisses in § 5 des Gesetzes über das Postwesen des Deutschen Reiches von 1871 RPostG[6] garantiert. Die weitere Entwicklung ist durch eine dogmatische Umdeutung des § 5 RPostG bestimmt. Das in § 5 statuierte Briefgeheimnis wurde zunehmend als **Pflicht der staatlichen Post** gedeutet, die Vertraulichkeit der Kommunikation zu gewährleisten und

---

1 *Gusy*, in: v. Mangoldt/Klein/Starck I, Art. 10 Rn. 2; ausführlich zu den historischen Vorbildern *Badura*, in: BK, Art. 10 (2014) Rn. 4 ff.; *Bizer*, in: AK I, Art. 10 Rn. 2 ff.; *Hadamek*, Art. 10 GG und die Privatisierung der Deutschen Bundespost, S. 52 ff.
2 Dessen § 38 lautete: »Das Briefgeheimniß ist auch künftig unverletzt zu halten. Die absichtliche unmittelbare oder mittelbare Verletzung desselben bei der Postverwaltung soll peinlich bestraft werden.« (*Huber*, Dokumente zur deutschen Verfassungsgeschichte I, S. 243).
3 »Das Briefgeheimnis ist gewährleistet. Die bei strafgerichtlichen Untersuchungen und in Kriegsfällen notwendigen Beschränkungen sind durch die Gesetzgebung festzustellen« (*Huber*, Dokumente zur deutschen Verfassungsgeschichte I, S. 391).
4 *Huber*, Dokumente zur deutschen Verfassungsgeschichte I, S. 486.
5 *Badura*, in: BK, Art. 10 (2014) Rn. 8.
6 Gesetz über das Postwesen des Deutschen Reiches vom 28. Oktober 1871, RGBl. S. 347.

diese Verpflichtung als »Postgeheimnis« bezeichnet. In dieser neuen Terminologie war zwischen einem an die Post gerichteten Gebot der Wahrung der Vertraulichkeit der Kommunikation (Postgeheimnis) und dem Schutz der Vertraulichkeit der Kommunikation vor der postfremden Exekutive (Briefgeheimnis) zu unterscheiden[7]. Im Zuge der weiteren technischen Entwicklung wurden Post- und Briefgeheimnis um das Telegrafengeheimnis ergänzt[8], das auch den Schutz des Telefonverkehrs[9] umfasste.

Diese Begrifflichkeit liegt auch **Art. 117 WRV** zu Grunde, der die Unverletzlichkeit 4
des Briefgeheimnisses sowie des Post-, Telegrafen- und Fernsprechgeheimnisses schützte. Während das Postgeheimnis die Post zur Geheimhaltung der ihr anvertrauten Sendungen verpflichtete, sollte das Briefgeheimnis vor dem Zugriff Dritter auf alle Briefe im engeren Sinne schützen, die nicht notwendigerweise im Gewahrsam der Post sein mussten[10].

Durch § 1 der VO des Reichspräsidenten zum Schutz von Volk und Staat vom 28. Fe- 5
bruar 1933 (RGBl. I S. 89) wurde Art. 117 WRV außer Kraft gesetzt. Art. 8 DDR-Verfassung 1949 garantierte das Post- sowie Art. 31 Abs. 1 DDR-Verfassung 1968 das Post- und Fernmeldegeheimnis[11], die aber in der Verfassungswirklichkeit u.a. durch die Überwachungsmaßnahmen des Ministeriums für Staatssicherheit weitgehend leer liefen[12].

II. Entstehungsgeschichte

Der **Parlamentarische Rat** knüpfte an das Vorbild des Art. 117 WRV an[13]. Im Ein- 6
klang mit dem damaligen Sprachgebrauch trat der Begriff Fernmeldegeheimnis an die Stelle des »Telegraphen- und Fernsprechgeheimnisses«.

Im Zuge der **Notstandsgesetzgebung** wurden die Eingriffsbefugnisse aus Gründen 7
des Staats- und Verfassungsschutzes durch Abs. 2 S. 2 erweitert und zugleich die Rechtsweggarantie durch Einfügung des Art. 19 Abs. 4 S. 3 GG beschränkt[14]. Dafür gaben die Besatzungsmächte ihre bislang im Deutschlandvertrag festgeschriebenen Abhörvorbehalte auf, die zuvor weitgehend unkontrollierte Überwachungsmaßnah-

---

7 *Gusy*, in: v. Mangoldt/Klein/Starck I, Art. 10 Rn. 2.

8 § 3 Telegraphen-Ordnung für das Deutsche Reich v. 21.06.1872, RGBl. S. 213; § 8 des Gesetzes über das Telegraphenwesen vom 6. April 1892, RGBl. S. 467.

9 So RGSt 19, 55.

10 *Gusy*, in: v. Mangoldt/Klein/Starck I, Art. 10 Rn. 3; *Anschütz*, Die Verfassung des Deutschen Reichs, Art. 117 Anm. 1.

11 Von dem Gesetzesvorbehalt wurde durch § 18 des Gesetzes über das Post- und Fernmeldewesen vom 29.11.1985 (GBl. I 345, 348) Gebrauch gemacht.

12 Vgl. Bericht des Bundesbeauftragten für die Unterlagen des Staatssicherheitsdienstes der ehemaligen DDR, BT-Drs. 14/1300, 47.

13 *Gusy*, in: v. Mangoldt/Klein/Starck I, Art. 10 Rn. 3; ausführlich zur Entstehungsgeschichte *Badura*, in: BK, Art. 10 (2014) Abschn. I; siehe ferner *Matz*, JöR n.F. 1 (1951), 1 (125 ff.).

14 *Hermes*, in: Dreier I, Art. 10 Rn. 5.

men ermöglicht hatten[15]. Die Verfassungsmäßigkeit des Art. 10 Abs. 2 S. 2 GG (unten Rdn. 103) ist vom BVerfG 1970 in der ersten Abhörentscheidung bestätigt und in weiteren Entscheidungen bekräftigt worden[16].

B. Grundsätzliche Bedeutung

I. Überblick über die Systematik der Norm

8   Art. 10 Abs. 1 GG enthält nach dem textlichen Befund mit dem Brief-, dem Post- und dem Fernmeldegeheimnis drei grundrechtliche Gewährleistungen. Diese sind aber letztlich nur Ausprägungen eines **einheitlichen Grundrechts**, das die **Vertraulichkeit der privaten Fernkommunikation**[17] garantiert (unten Rdn. 19 f.).

9   Schutzgut des Art. 10 GG ist die **Privatsphäre**[18]. Das Grundrecht gewährleistet die freie Entfaltung der Persönlichkeit durch einen privaten, vor der Öffentlichkeit verborgenen Austausch von Kommunikation und schützt damit zugleich die Würde des Menschen[19]. Von den anderen geschriebenen und ungeschriebenen Grundrechten mit der gleichen Zielrichtung (Art. 13 GG, Art. 2 Abs. 1 i.V.m. Art. 1 Abs. 1 GG) unterscheidet sich Art. 10 GG durch seinen spezifischen Schutzgegenstand. Die Norm schützt die Vertraulichkeit der Individualkommunikation, die wegen ihrer räumlichen Distanz zwischen den Beteiligten auf Übermittlung durch Dritte angewiesen ist[20]. Damit begegnet das Grundrecht der Gefahr für die Vertraulichkeit der Mitteilung, die sich aus der Einschaltung eines Übermittlers ergibt. Art. 10 GG will die Bedingungen einer freien Fernkommunikation aufrechterhalten[21]. Insbesondere soll (durch das Fernmeldegeheimnis) vermieden werden, dass der Meinungs- und Informationsaustausch (mittels Telekommunikationsanlagen) **deswegen unterbleibt oder nach Form und Inhalt verändert verläuft**, weil die Beteiligten damit rechnen müssen, dass staatliche Stellen sich in die Kommunikation einschalten und Kenntnisse über die Kommunikationsbeziehung oder Kommunikationsinhalte gewinnen[22]. Den Brief-, Post- und Fernmeldeverkehr zu überwachen, wurde den staatlichen Behörden[23] bis zur Privatisierung des Post- und Telekommunikationswesens durch die Beförderungs- und Übermittlungsmonopole der staatlich betriebenen Post erleichtert[24]. Nach der Privatisierung sind auch die Nachfolgeunternehmen der Deutschen Bundespost nicht mehr unmittelbar an Art. 10 GG gebunden. Vermeint-

---

15   Art. 5 Abs. 2 Deutschlandvertrag (BGBl. 1955 II S. 305).
16   BVerfGE 30, 1 ff.; 67, 157 (171 ff.); 100, 313 (358 ff.).
17   BVerfGE 115, 166 (182); *Jarass*, in: Jarass/Pieroth, Art. 10 Rn. 1.
18   BVerfGE 85, 386, 395 f.; siehe auch BVerfGE 67, 157 (171).
19   BVerfGE 113, 348 (391); 110, 33 (53); 67, 157 (171).
20   BVerfGE 115, 166 (166); 106, 28 (36); 85, 386 (396).
21   BVerfGE 129, 208 (241) zum Fernmeldegeheimnis.
22   BVerfGE 129, 208 (241); 100, 313 (359).
23   BVerfGE 85, 386 (396).
24   BVerfGE 85, 386 (396).

liche Schutzlücken lassen sich aber über die Schutzpflichtdimension des Brief- und Fernmeldegeheimnisses auffangen (unten Rdn. 56).

Die in Art. 10 Abs. 1 GG geschützten Grundrechte sind nicht vorbehaltlos ge- 10 währleistet, sondern stehen gemäß Art. 10 Abs. 2 S. 1 GG unter einem **einfachen Gesetzesvorbehalt.** Gesetze, die diesen Gesetzesvorbehalt ausfüllen, unterliegen einem Rechtsregime von Schranken-Schranken, die richterrechtlich in Anlehnung an die Volkszählungsentscheidung fortentwickelt worden sind (unten Rdn. 69). Gelockert werden die Schranken-Schranken durch Art. 10 Abs. 2 S. 2 GG. Dieser geht auf die Notstandsgesetzgebung zurück und gestattet es, bei Eingriffen zu Zwecken des Staats- und Verfassungsschutzes, dem Betroffenen die Beschränkung nicht mitzuteilen und an die Stelle des Rechtsweges eine Nachprüfung durch von der Volksvertretung bestellte Organe treten zu lassen (unten Rdn. 101).

II. Entwicklungstendenzen und tatsächliche Veränderungen

Seit dem Inkrafttreten des Grundgesetzes haben sich im Realbereich des Art. 10 GG 11 bedeutende Veränderungen vollzogen. Post- und Fernmeldedienstleistungen wurden bis 1989 durch die Deutsche Bundespost als staatliche Verwaltungsaufgabe wahrgenommen. Dieser standen weitreichende Beförderungs- und Übermittlungsmonopole zu, die durch die europarechtliche Liberalisierungs- und Deregulierungspolitik schrittweise überwunden wurden: Im Zuge der Postreform I wurde die Deutsche Bundespost 1989 zunächst **formell privatisiert** und in die drei Teilsondervermögen Deutsche Bundespost Postbank, Postdienst und Telekom aufgespalten[25]. 1994 kam es im Zuge der Postreform II zu einer **materiellen Privatisierung.** Die Sondervermögen wurden in Aktiengesellschaften umgewandelt und die frühere Monopolstruktur in eine Wettbewerbsordnung überführt. Allerdings standen der Deutschen Post AG im Bereich der Briefbeförderung bis Ende 2007 weiterhin Monopolrechte zu (§ 51 PostG). Von den Anteilen an den Nachfolgeunternehmen hat sich der Bund schrittweise getrennt. Gegenwärtig belaufen sich die dem Bund zuzurechnenden Anteile an der Telekom-AG auf 31,9 % und an der Deutschen Post AG auf 21 %. Grundrechtsdogmatisch wirft die Privatisierung die Fragen der Grundrechtsverpflichtung der Nachfolgeunternehmen (unten Rdn. 54), ihrer eigenen Grundrechtsberechtigung (*Brüning*, Art. 19 Rdn. 76 ff.) und die nach dem Fortbestand des Postgeheimnisses auf (unten Rdn. 38). Folge der Privatisierung ist zudem eine Aufwertung der grundrechtlichen Schutzpflichten, die bei der Ausgestaltung des Rechtsverhältnisses zwischen privaten Nachrichtenmittlern und den Nutzern zu beachten sind (unten Rdn. 56). Entsprechende Verpflichtungen ergeben sich darüber hinaus aber bereits aus dem europäischen Sekundärrecht, in dem die Vertraulichkeit der Fernkommunikation durch die verschiedenen Datenschutzrichtlinien abgesichert wird (unten Rdn. 142).

---

25 Gesetz über die Neustrukturierung der Deutschen Bundespost v. 06.06.1989, BGBl. I S. 1025.

12   Noch nicht abschließend bewältigt sind die Konsequenzen, die mit der **Entwicklung der Nachrichtentechnik und dem Nutzerverhalten** für die Dogmatik und den Stellenwert des Art. 10 GG verbunden sind[26]. Die seit 1980 einsetzende Digitalisierung der Nachrichtentechnik und das Internet haben bereits bestehende Kommunikationsmedien verbilligt und ubiquitär verfügbar gemacht (Mobilfunk) sowie ganz neue Kommunikationsformen geschaffen (E-Mail, SMS, Internet-Chat, Twitter, voice-over-ip). Damit hat die Relevanz der (Fern-)Kommunikation für die freie Entfaltung der Persönlichkeit sowohl quantitativ wie qualitativ zugenommen[27]. Die neuen Techniken erlauben es, soziale Beziehungen vergleichsweise mühelos auch über große Distanzen zu pflegen. Zudem vollziehen sich vor allem unter jüngeren Nutzern wachsende Anteile des Soziallebens in virtuellen Räumen (z.B. Web 2.0)[28], bei denen die durch Art. 10 GG geschützte Individualkommunikation oftmals nur schwer von der nicht geschützten Massenkommunikation zu unterscheiden ist (unten Rdn. 43).

13   Die Chancen, die die neuen Kommunikationsformen für den Aufbau wirtschaftlicher, wissenschaftlicher und persönlicher Beziehungen über beliebige Distanzen bieten, haben aber auch eine Kehrseite, sofern die Technik in den Dienst krimineller Aktivitäten gestellt wird. Dabei geht es einmal um die eigentliche **Internetkriminalität**, d.h. die Begehung von Straftaten unmittelbar mit Hilfe der Technik, wie beispielsweise das Erschleichen von Zugangsdaten über gefälschte Webseiten oder E-Mails (Phishing). Letztlich noch bedeutsamer und bedrohlicher ist die **Koordinierung krimineller Aktivitäten**. Dabei ermöglichen eine verdeckte Kommunikation und der Austausch von Knowhow und Propaganda über das Internet auch kleinen Gruppen, effektiv zusammenzuarbeiten, was der Organisierten Kriminalität und terroristischen Vereinigungen zugutekommen kann[29].

14   Dem wiederum gegenläufig hat die Digitalisierung bislang ungeahnte Möglichkeiten der Überwachung und der sozialen **Kontrolle** der Kommunikation eröffnet, die sowohl von den staatlichen Sicherheitsorganen, z.T. aber auch von Privaten genutzt werden können. Da digital vermittelte Kommunikation zahlreiche Spuren hinterlässt[30], beschränken sich die Kontrollmöglichkeiten nicht nur auf den Zugriff auf die Kommunikationsinhalte, sondern erlauben es auch, durch die Auswertung der äußeren Umstände der Telekommunikation (z.B. Aufzeichnung des Ortes und der Zeit einer Verbindung, Erfassung der Standortkennung eines Mobilfunkgerätes) fast lückenlose Persönlichkeitsprofile zu erstellen. Der Aufbau entsprechender Überwachungsstruk-

---

26 Siehe auch *Pagenkopf*, in: Sachs, Art. 10 Rn. 6; zuletzt *Schwabenbauer*, AöR 137 (2012), 1 ff.

27 *Bizer*, in: AK I, Art. 10 Rn. 14; siehe auch BVerfGE 120, 274 (307); Sondervotum Schluckebier BVerfGE 125, 260 (372).

28 Siehe auch BVerfGE 107, 299 (319).

29 Anschaulich BVerfGE 125, 260 (317, 322, 343); siehe auch Sondervotum Schluckebier BVerfGE 125, 260 (371).

30 *Kugelmann*, EuGRZ 2003, 16.

turen ist zunächst mit einem erheblichen finanziellen und technischen Aufwand verbunden. Einmal ins Werk gesetzt, ermöglichen sie dann aber eine äußerst effektive und weite Teile des Soziallebens umfassende Überwachung zu geringen Grenzkosten, weil diese in weiten Teilen automatisiert erfolgen kann.

Durch die Enthüllungen des ehemaligen US-Geheimdienstmitarbeiters Edward   15
Snowden sind erst im Sommer 2013 bislang ungeahnte **Überwachungsaktivitäten der amerikanischen National Security Agency (NSA) sowie des Britischen Geheimdienstes** in Deutschland publik geworden[31]. Aus verfassungsrechtlicher Sicht wirft dies die Frage nach der Schutzpflichtdimension des Art. 10 GG auf (unten Rdn. 57), aus völkerrechtlicher und europarechtlicher Sicht dagegen die nach der Durchsetzung von im IPbpR, der EMRK sowie den ungeschriebenen Grundsätzen des Unionsrechts verbürgten Abwehrrechten (unten Rdn. 115, 124, 141).

Dem skizzierten Bedeutungszuwachs der Fernkommunikation trägt die Rechtspre-   16
chung des Bundesverfassungsgerichts durch eine **tendenziell strenge und restriktive Interpretation des Art. 10 GG** Rechnung. Ein wichtiger Schlüssel zum Verständnis der Rechtsprechung ist die sog. **Einschüchterungsthese**, die neuerdings auch vom EuGH geteilt wird[32]. Diese basiert auf der Annahme, dass das Wissen um eine (potentiell mögliche heimliche) Kontrolle der Telekommunikation ein diffuses Gefühl der Überwachung erzeugen und von der Freiheitswahrnehmung abhalten kann[33]. Bei Art. 10 GG musste dazu allerdings **kein dogmatischer Sonderweg** der Grundrechtsinterpretation beschritten werden. Vielmehr stützt sich die Rechtsprechung auf die Grundsätze, die ursprünglich für Eingriffe in das Grundrecht auf informationelle Selbstbestimmung entwickelt worden sind[34]. Daneben nimmt sie aber auch Anleihen an die jüngere Rechtsprechung zu Art. 13 GG und dem Schutz des Kernbereichs der Persönlichkeitsentfaltung vor (unten Rdn. 70).

Die damit verbundene **Konvergenz der Grundrechtsdogmatik** beruht auf der in   17
weiten Teilen vergleichbaren Interessen- und Gefährdungslage bei Eingriffen in die grundrechtlich geschützte Privatsphäre, die auch nach weitgehend einheitlichen Antworten verlangt. So ist die verbindende Klammer der Eingriffe in die Grundrechte zum Schutz der Privatsphäre in der Regel deren Heimlichkeit, die nach wirksamen organisatorischen und verfahrensrechtlichen Sicherungen sowie letzten Tabuzonen in Gestalt eines sog. Kernbereichsschutzes verlangt[35]. Kritisch ist der Rechtsprechung aber entgegenzuhalten, dass sie die Unterschiede zwischen den verschiedenen Grundrechten zum Schutz der Privatsphäre über das sachlich gebotene Maß einebnet (unten Rdn. 98). Zumindest unbefriedigend ist auch, dass der Einschüchte-

---

31 Statt vieler nur *Schmahl*, JZ 2014, 220 ff.
32 EuGH NJW 2014, 2169, Rn. 37.
33 Vgl. etwa BVerfGE 125, 260 (332); 115, 320 (354 f.); 113, 29 (46); 65, 1 (42).
34 BVerfGE 65, 1 (43 ff.); dazu statt vieler *Sodan*, in: Sodan, Art. 10 Rn. 11.
35 Siehe BVerfGE 120, 274 (331).

rungseffekt nach wie vor einer sozialpsychologischen Validierung harrt[36]. Die Einschüchterungsthese ist zudem nur schwerlich mit der Erkenntnis zu vereinbaren, dass persönliche Daten in weitem Umfang dem Internet anvertraut werden und die Nutzung der neueren Kommunikationsformen ungeachtet der jüngeren Überwachungsskandale keinesfalls abgenommen, sondern stetig zugenommen hat. Dessen ungeachtet bemüht sich das Bundesverfassungsgericht in seiner Rechtsprechung im Sinne praktischer Konkordanz darum, den hohen Wert einer freien Kommunikation mit der Effektivität der Strafverfolgung und Gefahrenabwehr zum Ausgleich zu bringen[37]. Auf dieser Linie liegt etwa auch die Entscheidung zur Vorratsdatenspeicherung. Deren Rechtsgrundlagen wurden zwar für nichtig erklärt, zugleich hat das BVerfG in den Urteilsgründen aber einen Weg gewiesen, wie eine Vorratsdatenspeicherung unter Beachtung rechtsstaatlicher Grundsätze implementiert werden könnte (unten Rdn. 69 ff.; zur unionsrechtlichen Dimension unten Rdn. 138, 144).

18 Als Antwort auf die Gefährdungen, die mit der grenzüberschreitenden Kriminalität, u.a. im Bereich der Drogenkriminalität, vor allem aber mit dem internationalen Terrorismus verbunden sind, werden Aufgaben der Strafverfolgung, aber auch der Gefahrenabwehr zunehmend auf die europäische und internationale Ebene verlagert[38]. Die **Europäisierung und Internationalisierung der Gewährleistung der inneren Sicherheit** war von einem Ausbau des europäischen Grundrechtsschutzes begleitet, der im Bereich der durch Art. 10 GG geschützten Vertraulichkeit der Fernkommunikation vor allem durch die Rechtsprechung des EGMR zu Art. 8 EMRK forciert worden ist (s.u. Rdn. 116). Wie das aktuelle Beispiel der Nichtigkeitserklärung der Richtlinie zur Vorratsdatenspeicherung (RL 2006/24/EG) demonstriert, zeigt nunmehr aber auch der EuGH die deutliche Bereitschaft, den mittlerweile in Art. 6 Abs. 2 EUV positivierten europäischen Grundrechtsschutz gegen den Europäischen Gesetzgeber in Stellung zu bringen (unten Rdn. 137, 144).

C. Schutzbereiche

19 Die **interne Abgrenzung** der Schutzbereiche des Art. 10 GG, vor allem aber die Abgrenzung zwischen Brief- und Postgeheimnis, sind umstritten. Diese Abgrenzungsschwierigkeiten sind zum einen Folge des Bedeutungswandels, den das Brief- und Postgeheimnis zunächst auf einfachgesetzlicher Ebene im Kaiserreich (oben Rdn. 3), jüngst aber vor allem im Zuge der Postreform erfahren haben (oben Rdn. 11).

---

36 Zuletzt kritisch etwa auch die Sondervoten Schluckebier und Eichberger BVerfGE 125, 260 (366, 381).
37 Vgl. etwa BVerfGE 125, 260 (323), wonach eine Rekonstruktion gerade der Telekommunikationsverbindungen für eine effektive Strafverfolgung und Gefahrenabwehr von besonderer Bedeutung ist.
38 Siehe dazu etwa *Petri*, in: Lisken/Denninger, Hdb. des Polizeirechts, 5. Aufl. 2012, A Rn. 98 ff.; speziell zur Globalisierung der TK-Überwachung *Bizer*, in: AK I, Art. 10 Rn. 26 ff.

Die praktische Bedeutung des Meinungsstreits darf indes nicht überschätzt **20** werden[39]. Zum einen sind an die grundrechtsinterne Abgrenzung der drei Gewähr-leistungsgehalte weder auf Ebene der Schranken noch auf Ebene der Schranken-Schranken unterschiedliche Rechtsfolgen geknüpft. Zum anderen besteht in Rechtsprechung wie in der Literatur Einigkeit, dass Art. 10 GG einen lückenlosen Schutz der Vertraulichkeit der individuellen Fernkommunikation gewährleistet, gleich ob dieser über das früher im Vordergrund stehende Postgeheimnis oder über das Briefbeziehungsweise das Fernmeldegeheimnis vermittelt wird. Angesichts der weitgehend übereinstimmenden dogmatischen Grundstrukturen der drei Gewährleistungen sprechen daher ungeachtet der rechtshistorischen Entwicklung die besseren Gründe dafür, Art. 10 GG als ein **einheitliches Grundrecht** zu deuten[40]. Gerichtet ist das Grundrecht auf den Schutz der **Vertraulichkeit individueller (Fern-)Kommunikation**, die wegen der räumlichen Distanz zwischen den Beteiligten auf eine **Übermittlung durch Dritte** angewiesen ist. Dieses Grundrecht wird in Anknüpfung an das jeweilige Medium der Kommunikation durch die drei Gewährleistungen des Brief-, Post- und Fernmeldegeheimnisses bereichsspezifisch ausdifferenziert. Alle drei basieren aber auf gemeinsamen dogmatischen Grundlagen.

I. Gemeinsame dogmatische Grundlagen

Der Schutz ist in erster Linie auf Vertraulichkeit der eigentlichen **Kommunikations-** **21** **inhalte** gerichtet[41]. Ebenso sind aber auch die **äußeren Umstände** der Kommunikation, also Ort, Zeit, die Beteiligten sowie die Art und Weise der Kommunikation geschützt[42]. Dieser Ausweitung des Schutzgehaltes bedarf es aus zwei Gründen: Zum einen kann bereits die Kenntnis der näheren Umstände Rückschlüsse auf den Inhalt der Kommunikation zulassen[43]. Zum anderen wird die Freiheit der Kommunikation durch die Ausforschung der näheren Umstände der Kommunikation u.U. sogar noch empfindlicher berührt als durch die Ausforschung der eigentlichen Kommunikationsinhalte[44]. Denkbar ist dies z.B., indem durch den Zugriff auf die Standortkennung eines mobilen Endgerätes individuelle Bewegungsprofile erstellt werden. Schutz besteht nicht nur vor einer unmittelbaren staatlichen Datenerhebung, sondern ebenso, wenn Kommunikationsmittler ohne jeden Entscheidungsfreiraum unbedingt zur Speicherung von Daten verpflichtet sind[45].

---

39 Siehe auch *Durner*, in: Maunz/Dürig, Art. 10 (2010) Rn. 46.
40 So *Jarass*, in: Jarass/Pieroth, Art. 10 Rn. 1; *Manssen*, Grundrechte, Rn. 555; *Schoch*, Jura 2011, 194 (195); siehe auch *Schmidt*, in: Umbach/Clemens I, Art. 10 Rn. 49 Fn. 59; a.A. aber etwa *Löwer*, in: v. Münch/Kunig I, Art. 10 Rn. 12.
41 BVerfGE 130, 151 (179); 124, 43 (54); 113, 348 (364) jeweils zum Fernmeldegeheimnis.
42 BVerfGE 113, 348 (365); 124, 43 (54); 120, 274 (307); 125, 260 (304, 309); 129, 208 (241); 130, 151 (179).
43 BVerfG NJW 2007, 351 (353); BVerfGE 115, 166 (183).
44 BVerfGE 125, 260 (319 f.); siehe auch BVerfGE 113, 348 (365).
45 BVerfGE 125, 260 (305); 107, 299 (313 f.).

22 Welchen **Inhalt** und welchen **Anlass** eine Kommunikation hat, ist irrelevant. Die Kommunikation ist also gleichermaßen und unabhängig davon geschützt, ob mit ihr private, geschäftliche oder politische Zwecke verfolgt werden[46].

Der Schutz ist nicht auf die früher von der Deutschen Bundespost angebotenen Dienste und Technologien beschränkt, sondern umfasst sämtliche mit Hilfe der **verfügbaren Telekommunikationstechniken verfolgten Übermittlungen** von Informationen[47].

23 Geschützt ist allein die **Vertraulichkeit der Nutzung des Kommunikationsmediums**, nicht hingegen das Vertrauen der Kommunikationspartner zueinander[48]. Aus diesem Grund ist der Schutzbereich des Art. 10 GG nicht berührt, wenn einer der Teilnehmer der Kommunikation einen Dritten über die Inhalte der Kommunikation informiert[49].

24 Unter dem Schutz des Art. 10 GG steht auch der wirkliche oder auch nur vermeintliche **Missbrauch** der Kommunikationseinrichtung[50]. Ein Missbrauch(-sverdacht) stellt lediglich einen Grund dar, in Art. 10 GG auf der Grundlage einer gesetzlichen Ermächtigungsgrundlage einzugreifen, um den Verdacht aufzuklären.

25 Abzulehnen ist die Existenz sog. **immanenter Schranken**, die sich aus betrieblichen Erfordernissen, etwa dem ordnungsgemäßen Gebrauch von Fernmeldeeinrichtungen ergeben können. Auch insoweit bedarf es hinreichend bestimmter und normenklarer Ermächtigungsgrundlagen[51].

26 Art. 10 GG beschränkt sich auf den Schutz der **Individualkommunikation**[52]. Ein Übermittlungsvorgang steht daher nur dann unter dem Schutz des Art. 10 GG, wenn er an einen bestimmten Empfänger gerichtet ist. Die Abgrenzung zwischen Individualkommunikation und Massenkommunikation bestimmt sich allein aus Sicht des Adressaten, irrelevant ist hingegen der Inhalt der Kommunikation. An einen unbestimmten Personenkreis gerichtete Postwurfsendungen scheiden damit ebenso aus dem Schutzbereich des Briefgeheimnisses aus, wie an die Allgemeinheit gerichtete Rundfunksendungen oder an jedermann adressierte Inhalte des Internets nicht durch das Fernmeldegeheimnis geschützt sind (unten Rdn. 43).

27 In **zeitlicher** Hinsicht endet der durch Art. 10 GG vermittelte Schutz, wenn die Sendung bzw. unkörperliche Nachricht den Adressaten erreicht hat und damit nicht

---

46 BVerfGE 124, 43 (54); 106, 28 (36); 100, 313 (358); 67, 157 (172).
47 BVerfGE 106, 28 (36).
48 BVerfGE 106, 28 (37).
49 BVerfGE 106, 28 (37); 85, 386 (399) jeweils zum Fernmeldegeheimnis.
50 BVerfGE 85, 386 (398 f.) für das Fernmeldegeheimnis; *Jarass*, in: Jarass/Pieroth, Art. 10 Rn. 10.
51 BVerfGE 85, 386 (397).
52 Siehe auch *Hermes*, in: Dreier I, Art. 10 Rn. 15, 32, 39.

mehr den besonderen Zugriffsmöglichkeiten einer durch Dritte vermittelten Fernkommunikation ausgesetzt ist[53].

In **räumlicher** Hinsicht bedarf es eines hinreichenden territorialen Bezugs, um den 28 Schutzbereich des Art. 10 GG auch in Auslandssachverhalten zu aktivieren[54]. Hiervon ist jedenfalls dann auszugehen, wenn die Telekommunikation mithilfe auf deutschem Boden stationierter Empfangsanlagen aufgezeichnet und auf deutschem Boden ausgewertet wird[55].

II. Briefgeheimnis

Im Zuge der Postreform hat das Briefgeheimnis eine bedeutende **Aufwertung** erfahren. Vor der Reform wurde es im Herrschaftsbereich der Deutschen Bundespost hingegen durch das frühere, nunmehr aber obsolet gewordene Postgeheimnis verdrängt (unten Rdn. 38)[56].

29

Das Briefgeheimnis schützt den brieflichen Verkehr der Einzelnen untereinander gegen eine Kenntnisnahme der öffentlichen Gewalt von dem **Inhalt** des Briefes[57], ebenso aber auch gegen die Kenntnisnahme der **äußeren Umstände** des Briefverkehrs[58]. Unter **Brief** ist jede die mündliche Kommunikation ersetzende Mitteilung in beliebiger Schrift- und Vervielfältigungsart zu verstehen[59]. Um den Schutz nicht leerlaufen zu lassen, schließt der Schutzbereich auch solche Sendungen ein, bei denen nicht feststellbar ist, ob sie **Mitteilungen enthalten**, dies aber nicht auszuschließen ist, weil die Sendung durch besondere Vorkehrungen vor der Kenntnisnahme durch Dritte gesichert wurde[60].

30

Unter dem Schutz des Briefgeheimnisses stehen nicht nur verschlossene, sondern **auch offene** Sendungen, wie beispielsweise Postkarten[61]. Der Verzicht auf besondere Schutzvorkehrungen gegen die Kenntnisnahme durch die Beförderer der Sendung

31

---

53 Vgl. BVerfGE 124, 43 (54); 120, 274 (307 f.); 115, 166 (183 ff.); *Gusy*, in: v. Mangoldt/Klein/Starck I, Art. 10 Rn. 28.
54 Ausdrücklich offen gelassen aber in BVerfGE 100, 313 (364); a.A. und für eine generelle, wenn auch etwa hinsichtlich der Schutzpflichten modifizierte Bindung aber *Bäcker*, K&R 2014, 556 (560 f.).
55 BVerfGE 100, 313 (363 f.).
56 *Schmidt*, in: Umbach/Clemens I, Art. 10 Rn. 60.
57 BVerfG BeckRS 2011, 55884, Rn. 19; BVerfGE 67, 157 (171); 33, 1 (11).
58 BVerfG BeckRS 2011, 55884, Rn. 19; *Pagenkopf*, in: Sachs, Art. 10 Rn. 12; BVerfGE 85, 386 (396) zum Fernmeldegeheimnis.
59 *Pagenkopf*, in: Sachs, Art. 10 Rn. 12.
60 *Hermes*, in: Dreier I, Art. 10 Rn. 30; *Badura*, in: BK, Art. 10 (2014) Rn. 48.
61 *Gusy*, in: v. Mangoldt/Klein/Starck I, Art. 10 Rn. 27; *Löwer*, in: v. Münch/Kunig I, Art. 10 Rn. 16; *Durner*, in: Maunz/Dürig, Art. 10 (2010) Rn. 68; a.A. aber *Pagenkopf*, in: Sachs, Art. 10 Rn. 12.

impliziert nicht, dass die Mitteilung generell zur Kenntnisnahme bestimmt ist und somit kein Geheimnis mehr verkörpert[62].

32 **Außerhalb** des Schutzbereichs stehen hingegen Sendungen **ohne einen individuellen Kommunikationsinhalt**, wie der Versand von Katalogen, Zeitungen oder Zeitschriften. Konstitutiv für das Briefgeheimnis ist zudem die Adressierung an einen **individuellen Empfänger**, womit nicht individuell adressierte Werbe- und sonstige Wurfsendungen aus dem Schutzbereich herausfallen[63]. Vom Fernmeldegeheimnis ist das Briefgeheimnis durch das Kriterium der **Körperlichkeit** der Übermittlung abzugrenzen (unten Rdn. 40)[64].

33 In **zeitlicher Hinsicht** setzt der Schutz mit der Übergabe der Sendung durch den Absender an den Beförderer ein und endet, wenn die Sendung den Adressaten erreicht[65]. Dass der Adressat lediglich Mitgewahrsam erlangt hat, reicht nicht aus, so dass eine Sendung auch nach Eingang im Postfach weiterhin unter dem Schutz des Briefgeheimnisses steht[66].

34 Keine Rolle für den Schutz durch das Briefgeheimnis spielt, **wer die Sendung übermittelt**[67]. Solange das Postgeheimnis noch galt, wurde dagegen das Briefgeheimnis für Sendungen im Herrschaftsbereich der Deutschen Bundespost bzw. ihrer Nachfolgeunternehmen vom Postgeheimnis als der spezielleren Regelung verdrängt[68]. Wie sich das Verhältnis von Brief- und Postgeheimnis nach der Postreform darstellt, ist von der Frage abhängig, welche Bedeutung dem Postgeheimnis nach der materiellen Privatisierung der ehemaligen Deutschen Bundespost und dem Fortfall mittlerweile aufgegebener Monopolrechte ihrer Nachfolgeunternehmen noch zukommen kann. Da das Postgeheimnis richtigerweise gegenstandslos geworden ist (unten Rdn. 38), übernimmt das Briefgeheimnis weitgehend seinen Schutz, vermeintliche Schutzlücken (unten Rdn. 39) werden durch den Rückgriff auf Art. 2 Abs. 1 i.V.m. Art. 1 Abs. 1 GG geschlossen.

III. Postgeheimnis

35 Das Postgeheimnis hat nach allgemeiner Auffassung im Zuge der Postreform einen **Bedeutungswandel** erfahren. Nach der hier vertretenen Auffassung ist es sogar gegenstandslos geworden (unten Rdn. 38).

36 Historischer Ausgangspunkt des Postgeheimnisses in der Wende vom 19. zum 20. Jahrhundert war zunächst **allein die Verpflichtung der Post** und ihrer Bediens-

---

62 So aber *Pagenkopf*, in: Sachs, Art. 10 Rn. 12; BVerwGE 6, 299 (300).
63 *Schmidt*, in: Umbach/Clemens I, Art. 10 Rn. 59.
64 *Jarass*, in: Jarass/Pieroth, Art. 10 Rn. 4.
65 *Hermes*, in: Dreier I, Art. 10 Rn. 35.
66 So BVerwGE 79, 110 (115) zum Postgeheimnis.
67 *Jarass*, in: Jarass/Pieroth, Art. 10 Rn. 7 f.
68 *Schmidt*, in: Umbach/Clemens I, Art. 10 Rn. 60; *Schmitt Glaeser*, in: HdbStR VI, § 129 Rn. 62.

teten, nicht in das Geheimnis postalisch übermittelter Nachrichten einzudringen und die konkrete Postbenutzung sowie ihre Art und Weise Dritten, gleich ob Privaten oder Behörden, nicht zu offenbaren. Rechtfertigender Grund hierfür lag in der besonderen Staatsnähe und der Monopolstellung der Post für Postdienstleistungen[69]. Schutz vor der postfremden Exekutive bot hingegen das Briefgeheimnis. Wohl unter dem Eindruck bzw. als Reaktion auf den NS-Überwachungsstaat (oben Rdn. 5)[70] wurde der Kreis der Adressaten des Postgeheimnisses unter der Herrschaft des Grundgesetzes über den der staatlichen Post hinaus auch auf die postfremde Exekutive, die Rechtsprechung wie die Gesetzgebung ausgedehnt[71].

Vor der Postreform entsprach es damit allgemeiner Auffassung, dass das Postgeheim- 37 nis i.S.d. Art. 10 GG umfassend die Vertraulichkeit aller durch Einrichtungen der durch die **staatliche Post** abzuwickelnden Transport- und Kommunikationsvorgänge, insbesondere den Inhalt von Briefen, Paketen und Warensendungen jeglicher Art schütze[72]. Damit reichte der durch das Postgeheimnis vermittelte Schutzumfang geringfügig über den des Briefgeheimnisses hinaus, weil auch offene Warensendungen geschützt waren[73]. Angesichts des Zusammenhangs zwischen dem Brief- und dem Postgeheimnis bestand hingegen weitgehend Einigkeit, dass Bankdienstleistungen der Deutschen Bundespost nicht am Schutz des Postgeheimnisses teilhaben sollten[74].

Wie sich die in mehreren Etappen vollzogene **formelle und materielle Privatisierung** 38 **des Postwesens** (oben Rdn. 11) auf den Schutzumfang des Postgeheimnisses ausgewirkt hat, wird unterschiedlich beurteilt. Das Meinungsspektrum reicht von der Auffassung, das Postgeheimnis sei mit der Postreform II obsolet geworden[75], bis hin zu der Annahme, das Postgeheimnis knüpfe nunmehr an die Leistungen privater Postunternehmer an und schütze generell die Erbringung von Postdienstleistungen, d.h. die körperliche Übermittlung von Informationen und Kleingütern durch ein auf massenhaften Verkehr angelegtes Transportnetz[76]. Gegen die letztere Auffassung ist einzuwenden, dass das Postgeheimnis historisch untrennbar mit der Monopolstellung und der Staatsnähe der staatlichen Post verbunden war (oben Rdn. 36). Gerade deshalb vermag es aber umgekehrt auch nicht zu überzeugen, bereits mit dem Inkrafttreten der Postreform II vom Fortfall des Postgeheimnisses auszugehen. Zwar sind die Nachfolger des Sondervermögens Deutsche Bundespost keine Hoheitsträ-

---

69 Siehe etwa *Hadamek*, Art. 10 GG und die Privatisierung der Deutschen Bundespost, S. 56 f.
70 Siehe auch *Durner*, in: Maunz/Dürig, Art. 10 (2010) Rn. 15.
71 *Badura*, in: BK, Art. 10 (2014) Rn. 25; BVerfGE 67, 157 (171 f.); 85, 386 (396).
72 BVerwGE 113, 208 (210); *Hermes*, in: Dreier I, Art. 10 Rn. 47.
73 Siehe auch *Gusy*, in: v. Mangoldt/Klein/Starck I, Art. 10 Rn. 33.
74 *Gusy*, in: v. Mangoldt/Klein/Starck I, Art. 10 Rn. 33; *Durner*, in: Maunz/Dürig, Art. 10 (2010) Rn. 72.
75 *Hermes*, in: Dreier I, Art. 10 Rn. 49; *Rottmann*, APT (1994), 193 (196).
76 So etwa *Sodan*, in: Sodan, Art. 10 Rn. 4; *Jarass*, in: Jarass/Pieroth, Art. 10 Rn. 4; *Löwer*, in: v. Münch/Kunig I, Art. 10 Rn. 17.

ger, sondern üben gem. Art. 87f Abs. 2 S. 1 GG privatwirtschaftliche Tätigkeiten aus. Wenn die rechtfertigenden Gründe für das Postgeheimnis die Monopolstellung sowie die besondere Staatsnähe der staatlichen Postverwaltung gewesen sind, musste das Postgeheimnis die Postreform aber zumindest solange überdauern, wie für die Nachfolgeunternehmen der Deutschen Bundespost weiterhin besondere Monopolrechte galten und der Bund an diesen die Anteilsmehrheit hielt[77]. Im Monopolbereich bestand daher auch nach der Postreform II eine besondere Gefährdungslage, die den Fortbestand des Postgeheimnisses rechtfertigte, zumal der Text des Art. 10 GG unverändert geblieben ist. Nach Verlust der Anteilsmehrheit des Bundes an den Nachfolgeunternehmen sowie dem Auslaufen ihrer Monopolrechte (oben Rdn. 11) ist das Postgeheimnis aber nunmehr gegenstandslos geworden[78].

39 Nennenswerte **Schutzlücken** sind mit der hier vertretenen Konzeption nicht verbunden. Wo Postdienstleistungen durch private Postunternehmen erbracht werden, greift weitgehend der Schutz des Briefgeheimnisses ein. Soweit offene Warensendungen nicht vom Schutz des Briefgeheimnisses, wohl aber vom Schutz des früheren Postgeheimnisses gedeckt sind, bleibt es bei dem Schutz, der gem. Art. 2 Abs. 1 i.V.m. Art. 1 Abs. 1 GG durch das Grundrecht der informationellen Selbstbestimmung vermittelt wird[79].

IV. Fernmeldegeheimnis

40 Von aktuell größter Bedeutung der in Art. 10 GG geschützten Kommunikationsfreiheiten ist das Fernmeldegeheimnis. Es dient der freien Entfaltung der Persönlichkeit durch einen Kommunikationsaustausch mit Hilfe des Fernmeldeverkehrs[80]. Entscheidend für die Abgrenzung zum Post- und Briefgeheimnis ist die **Unkörperlichkeit** der Übermittlung[81]. Für diese ist kennzeichnend, dass die ausgesendeten Zeichen am Empfangsort erst wieder erzeugt werden müssen[82].

41 In anderen Bestimmungen des Grundgesetzes ist der früher übliche Begriff des Fernmeldewesens durch den der **Telekommunikation** ersetzt worden (Art. 73 Abs. 1 Nr. 7, 80 Abs. 2, 87f Abs. 1, Abs. 2 S. 2 GG). Dies lässt aber nicht den Umkehrschluss zu, der Schutz durch das Fernmeldegeheimnis beschränke sich allein auf die Fernkommunikation mit Hilfe der früher von der Deutschen Bundespost genutzten Technologien und angebotenen Fernmeldeleistungen. Vielmehr erstreckt sich das Grundrecht entwicklungsoffen auch auf **sämtliche (neuere) Techniken der Telekom-**

---

77 *Möstl*, Grundrechtsbindung öffentlicher Wirtschaftstätigkeit, S. 175, 188 ff.; siehe ferner *Bizer*, in: AK I, Art. 10 Rn. 46 f.
78 Siehe auch *Badura*, in: BK, Art. 10 (2014) Rn. 37.
79 Siehe auch *Hermes*, in: Dreier I, Art. 10 Rn. 49.
80 BVerfGE 106, 28 (35 f.).
81 BVerfGE 130, 151 (179); 125, 260 (309); 124, 43 (54).
82 BVerfGE 46, 120 (143); siehe auch BVerfGE 115, 166 (182); 120, 274 (306 f.).

munikation[83]. Geschützt durch das Fernmeldegeheimnis ist die Vertraulichkeit aller Kommunikationsvorgänge, die sich der Telekommunikationstechnik unter Nutzung einer entsprechenden Anlage und der darauf bezogenen Dienstleistungen eines Dritten bedienen[84].

Hierzu gehören unstreitig der **Telefon**-, der **Telefax**-, der **Telegramm**-, **Fernmelde**- 42
verkehr sowie der Nachrichtenaustausch via **SMS**[85]. Ohne Relevanz für den Schutz ist es, wie groß die technischen Anstrengungen sein müssen, in die Vertraulichkeit der Kommunikation einzudringen, weshalb auch der für technische Experten vergleichsweise einfach zu überwachende **E-Mail-Verkehr** erfasst ist[86].

In Abgrenzung zur Rundfunkfreiheit (*Fechner*, Art. 5 Rdn. 128, 134) muss es sich 43
aber um **Individualkommunikation** handeln. Diese angesichts neuer Technologien von der Massenkommunikation abzugrenzen, bereitet nicht unerhebliche Schwierigkeiten[87]. Ein sinnvolles Abgrenzungskriterium kann hier letztlich nur sein, ob eine Nachricht individuell so adressiert wird, dass sie eigenständig in einen dem Empfänger zugeordneten Herrschaftsbereich gelangt. Um Individualkommunikation handelt es sich damit jedenfalls beim **E-Mail-Verkehr**, da die elektronische Nachricht auf dem Server zum Abruf durch den Empfänger hinterlegt wird. Keine Rolle kann dagegen spielen, ob individuell adressierte Nachrichten nur an einen oder eine ganze Vielzahl von Empfängern gerichtet sind. Nicht der Individualkommunikation zuzuordnen ist die Veröffentlichung und der Abruf von Daten auf einer **Homepage** im frei zugänglichen Internet. Gleiches gilt aber auch für das Einstellen und den Abruf von Daten in **sozialen Netzwerken**, sofern diese – wenn auch nach vorheriger Anmeldung – zur allgemeinen Nutzung offen stehen. Wer Daten in ein solches soziales Netzwerk einstellt (z.B. Xing, Facebook, Myvz, Studivz, Instagram), kommuniziert nicht mit einem individuell abgrenzbaren Personenkreis, sondern richtet sich an die Allgemeinheit. Aus einem anderen Grund außerhalb des Art. 10 GG stehen aber auch Daten in sozialen Netzwerken, die lediglich zum Abruf durch einen individuell bestimmten Personenkreis freigegeben sind. Hier wird allein die Möglichkeit des Zugriffs eröffnet, ohne dass die Mitteilung bereits den Herrschaftsbereich des Empfängers verlassen hat und in Richtung auf die Empfänger auf den Weg gebracht wurde. Schutz beim Zugriff auf entsprechende Inhalte kann daher nicht durch Art. 10 GG, sondern allein nach Maßgabe des Art. 2 Abs. 1 i.V.m. Art. 1 Abs. 1 GG beste-

---

83 BVerfGE 115, 166 (182); 106, 28 (36); 124, 43 (54); 129, 208 (241); BVerfG NJW 2007, 351 (353).

84 BVerfGE 106, 28 (37).

85 Vgl. etwa *Schmidt*, in: Umbach/Clemens I, Art. 10 Rn. 64; *Jarass*, in: Jarass/Pieroth, Art. 10 Rn. 5.

86 BVerfGE 125, 260 (311); 124, 43 (54 ff.); BVerfGE 120, 274 (307); a.A. aber *Pagenkopf*, in: Sachs, Art. 10 Rn. 14a.

87 Instruktiv *Gusy*, in: v. Mangoldt/Klein/Starck I, Art. 10 Rn. 43 ff.; s. auch *Bäcker*, Rensen/Brink (Hrsg.), Linien der Rechtsprechung des Bundesverfassungsgerichts, 2009, S. 99 (104 ff.).

hen. Beim **Chat** muss danach differenziert werden, ob der Chatroom Dritten oder nur den Kommunizierenden nach vorheriger Anmeldung offen steht[88].

44   Irrelevant für den Schutz ist die konkrete **Art der Übermittlung** (Kabel oder Funk, analoge oder digitale Übermittlung) ebenso wie die **Ausdrucksform** (z.b. Übermittlung von Sprache, Bildern, Tönen, Zeichen oder sonstigen Daten)[89].

Nach den allgemeinen für Art. 10 GG geltenden Grundsätzen (oben Rdn. 21) gilt der Schutz sowohl für den **Inhalt** der Telekommunikation als auch für die **näheren Umstände** des Telekommunikationsvorganges. Hierzu gehören Ort, Zeit, die Beteiligten, die Dauer sowie Art und Weise einer Kommunikation[90]. Irrelevant ist es, ob die Daten unmittelbar durch staatliche Stellen erhoben werden oder die Speicherung durch **private Diensteanbieter** erfolgt, die ohne Handlungsspielraum als Hilfspersonen für die Aufgabenerfüllung durch staatliche Behörden in Anspruch genommen werden[91]. Da das Internet sowohl als Mittel der Individual- wie auch der Massenkommunikation genutzt werden kann, muss bereits die Speicherung der den Internetzugang betreffenden Daten einen Eingriff in Art. 10 Abs. 1 GG begründen. Um die Massenkommunikation auszugrenzen, müsste andernfalls entgegen der Schutzfunktion des Grundrechts an den Inhalt der jeweils übermittelten Informationen angeknüpft werden[92]. Über den Schutz der Inhalts- und Verbindungsdaten hinaus erstreckt sich die Schutzwirkung des Art. 10 GG aber auch auf den **Informations- und Datenverarbeitungsprozess**, der sich an die Kenntnisnahme von geschützten Kommunikationsvorgängen anschließt, und den Gebrauch, der von den erlangten Kenntnissen gemacht wird[93]. Verbindungsdaten können allerdings nur insoweit geschützt werden, als sie beim Nachrichtenmittler oder beim Endnutzer aus einer laufenden Verbindung erhoben werden. Nach Abschluss der Kommunikation besteht für die Daten in der Sphäre des Endnutzers hingegen nicht mehr die besondere Gefährdungslage, Daten zu Zwecken der Fernkommunikation Dritten anvertrauen zu müssen, so dass der Schutzbereich des Art. 10 GG in zeitlicher Hinsicht entsprechend einzugrenzen ist (unten Rdn. 47). Nicht durch Art. 10 Abs. 1 GG, sondern allein durch Art. 2 Abs. 1 i.V.m. Art. 1 Abs. 1 GG ist die Vertraulichkeit der jeweiligen Umstände der Bereitstellung von Telekommunikationsdienstleistungen wie etwa die Zuordnung der von den Diensteanbietern vergebenen Telekommunikationsnummern zu bestimmten Anschlussinhabern geschützt[94]. Statische IP-Adressen sind daher nicht vom Schutzbereich des Art. 10 Abs. 1 GG umfasst. Abweichendes gilt hin-

---

88 *Bethge*, in: Sachs, Art. 5 Rn. 90b.
89 BVerfGE 120, 274 (307); 106, 28 (36); 115, 166 (182 f.).
90 Vgl. etwa BVerfGE 125, 260 (309).
91 BVerfGE 125, 260 (311).
92 BVerfGE 125, 260 (311).
93 BVerfGE 113, 348 (365); 110, 33 (68 ff.); 100, 313 (359).
94 BVerfGE 130, 151 (179 f., 184).

gegen für dynamische IP-Adressen, weil diese nur durch den Zugriff auf konkrete Kommunikationsvorgänge ermittelt werden können[95].

Wenn Art. 10 GG die Privatheit auf Distanz gewährleisten will[96], überzeugt es nicht, die Feststellung der Geräte- und Kartennummer durch sog. **IMSI-Catcher**, die eine Funkzelle simulieren (§ 100i Abs. 1 Nr. 1 StPO), auszunehmen[97]. Durch den Einsatz dieser neuartigen Überwachungstechnik wird nicht allein die Bereitschaft zur Nutzung eines Mobilfunkgerätes beeinträchtigt, was für sich betrachtet nicht ausreichen kann, um von einem Eingriff in Art. 10 GG auszugehen. Vielmehr knüpft die Überwachung durch den IMSI-Catcher an die Empfangsbereitschaft an, die für das Zustandekommen der Kommunikation genauso konstitutiv ist, wie der unstreitig unter dem Schutz des Art. 10 GG stehende Versuch, eine Telekommunikationsverbindung aufzubauen[98]. Damit muss Art. 10 GG bei der Ausforschung der Empfangsbereitschaft zumindest dann Vorwirkung entfalten, wenn der Überwachungsvorgang unmittelbar an das Endgerät anknüpft[99]. 45

Der Schutz endet nicht am Endgerät der Telekommunikationsanlage, sondern kann **auch durch Zugriff am Endgerät** erfolgen, beispielsweise indem an diesem ein Abhörgerät installiert wird[100]. Von der Vertraulichkeit des zur Nachrichtenübermittlung eingesetzten Kommunikationsmediums, die durch Art. 10 GG geschützt ist, ist das personengebundene Vertrauen in den Kommunikationspartner zu unterscheiden. Durch ein heimliches Mithörenlassen kann daher nicht Art. 10 GG, sondern allein das Recht am gesprochenen Wort des anderen Kommunikationsteilnehmers verletzt werden (unten Rdn. 63)[101]. 46

In **zeitlicher Hinsicht** endet der Schutz mit dem Abschluss des Übermittlungsvorganges, d.h. sobald die Nachricht beim Empfänger angekommen ist. Nach diesem Zeitpunkt besteht nicht die spezifische Gefährdungslage eines den Kontroll- und Einwirkungsmöglichkeiten des Teilnehmers entzogenen Übertragungsvorganges[102]. Vielmehr hat es der Empfänger selbst in der Hand, die in seinem Herrschaftsbereich befindlichen Daten zu schützen. Der Schutz vor einem Zugriff nach Abschluss des Übermittlungsvorganges wird daher nicht mehr durch Art. 10 GG, sondern durch andere Grundrechte zum Schutz der Privatsphäre vermittelt[103]. 47

---

95 BVerfGE 130, 151 (181 f.).
96 So BVerfG NJW 2007, 351 (353) im Anschluss an *Gusy*, in: v. Mangoldt/Klein/Starck I, Art. 10 Rn. 19.
97 So aber BVerfG NJW 2007, 351 (353).
98 Zum Schutz der Kommunikationsanbahnung BVerfGE 120, 274 (307).
99 BGH NJW 2001, 1587; NJW 2003, 2034 (235); *R.P. Schenke*, AöR 125 (2000), 1 (20 f.); *Gercke*, MMR 2003, 453 (455).
100 BVerfGE 120, 274 (307); 115, 166 (187); 106, 28 (38).
101 BVerfGE 106, 28 (39).
102 BVerfGE 115, 166 (186).
103 BVerfGE 115, 166 (186).

48 In Anwendung der oben genannten Grundsätze ist bei der Überwachung des E-Mail-Verkehrs[104] wie folgt zu differenzieren: Bei einer Überwachung durch Zugriff auf die Mailbox des Providers liegt ein Eingriff in Art. 10 GG vor[105]. Ob der Empfänger bereits vom Eingang oder Inhalt Kenntnis gewonnen hat, spielt dabei keine Rolle[106]. Beim Zugriff auf dem Endgerät muss sich die Überwachung dagegen allein an Art. 2 Abs. 1 i.V.m. Art. 1 Abs. 1 GG sowie gegebenenfalls hinsichtlich einer vorhergehenden Durchsuchung an Art. 13 GG messen lassen[107].

D. Grundrechtsberechtigte und -verpflichtete

I. Grundrechtsberechtigung

49 Art. 10 GG schützt die **Partner eines Kommunikationsvorganges**. Dies sind der Absender sowie der vom Absender festgelegte Empfänger[108]. Nicht grundrechtsberechtigt ist hingegen die Einrichtung, die die Kommunikation übermittelt. Richtigerweise und entgegen der Auffassung des BVerfG war hiervon auch für die staatliche Post keine Ausnahme zu machen (unten Rdn. 51).

50 Da Art. 10 GG kein Deutschengrundrecht ist, sind **alle natürlichen Personen** grundrechtsberechtigt, einschließlich Minderjährige und Betreute[109]. Besonderheiten sind bei diesen Personengruppen allein hinsichtlich der Grundrechtsmündigkeit zu beachten (*Stern*, Einleitung Rdn. 101).

51 Für **juristische Personen** bestimmt sich die Grundrechtsberechtigung nach Art. 19 Abs. 3 GG. Trotz des Bezugs zum Persönlichkeitsschutz können sich auf Art. 10 GG auch inländische juristische Personen[110] sowie Personenvereinigungen des Privatrechts berufen. Nach allgemeinen Grundsätzen stehen hingegen ausländische juristi-

---

104 Vgl. nur *Zimmermann*, JA 2014, 321 ff.
105 Wird eine E-Mail (auch) zu dem Zweck versendet, eine in ihr versteckte Schadsoftware auf das Computersystem des Empfängers einzuschleusen, tritt der von Art. 10 GG geschützte Kommunikationsaspekt insoweit in den Hintergrund. Ob sich in der E-Mail ein tatsächlich zur Wahrnehmung des Adressaten gedachter kommunikativer Inhalt befindet, spielt dabei keine Rolle. Die Schadsoftware, die versteckt mitversendet wird, ist jedenfalls nicht zur Kenntnisnahme des Adressaten gedacht. Aus diesem Grund fällt der E-Mail-Versand nicht in den Schutzbereich des Art. 10 GG, soweit durch ihn Schadsoftware auf den Computer des Adressaten gelangen soll. Vgl. hierzu *Soiné*, MMR 2015, 22 (23 f.).
106 BVerfGE 124, 43 (55 f., 58).
107 *Bizer*, in: AK I, Art. 10 Rn. 67; *Hermes*, in: Dreier I, Art. 10 Rn. 44 f.; *Jarass*, in: Jarass/Pieroth, Art. 10 Rn. 5; s. BVerfGE 124, 43 (57).
108 *Gusy*, in: v. Mangoldt/Klein/Starck I, Art. 10 Rn. 47; *Jarass*, in: Jarass/Pieroth, Art. 10 Rn. 10.
109 *Gusy*, in: v. Mangoldt/Klein/Starck I, Art. 10 Rn. 47; *Durner*, in: Maunz/Dürig, Art. 10 (2010) Rn. 100 f.
110 BVerfGE 100, 313 (356).

sche Personen außerhalb des Schutzbereichs[111]. Prinzipiell gilt dies auch für juristische Personen des öffentlichen Rechts. Eine Ausnahme ist hiervon allein für die öffentlich-rechtlichen Rundfunkanstalten zu machen. Da diese unter dem Schutz der Rundfunkfreiheit des Art. 5 Abs. 1 S. 2 GG stehen[112], die Rundfunkfreiheit aber auf die Vertraulichkeit der Informationsbeschaffung angewiesen ist, erstreckt sich die Grundrechtsträgerschaft auch auf Art. 10 GG[113]. Entsprechendes muss aber auch für andere juristische Personen des öffentlichen Rechts gelten, sofern sich diese ausnahmsweise auf Grundrechte berufen können[114]. Abzulehnen war es hingegen, die frühere öffentlich-rechtliche Post in den Kreis der Grundrechtsträger einzubeziehen[115], weil diese nicht als Sachwalterin der Partner des Kommunikationsvorganges angesehen werden konnte.

II. Grundrechtsverpflichtete

Der Schutz des Art. 10 GG ist gegenüber **allen staatlichen Stellen** gewährleistet[116]. Die aktuelle Bedeutung liegt aber vor allem im Schutz vor den **staatlichen Sicherheitsbehörden**[117]. Adressaten sind aber auch Untersuchungsausschüsse[118]. 52

Bis zu deren Privatisierung gehörte zu den Grundrechtsverpflichteten die **staatlich betriebene**, d.h. öffentlich-rechtlich organisierte Post[119]. Da sich der Staat durch eine Privatisierung nicht seinen grundrechtlichen Bindungen entziehen kann (Art. 1 Abs. 3 GG), hat hieran die formelle Privatisierung durch die Postreform I zunächst nichts geändert. Nach der Postreform II ist die Grundrechtsbindung der Nachfolgeunternehmen ausgelaufen, nachdem diese nicht mehr überwiegend staatlich beherrscht werden und auch nicht mehr über Monopolrechte verfügen (oben Rdn. 38)[120]. 53

---

111 BVerfGE 100, 313 (364); zu den europarechtlich bedingten Modifikationen des Art. 19 Abs. 3 GG siehe aber *Brüning*, Art. 19 Rn. 46.
112 Ständige Rechtsprechung, vgl. etwa BVerfGE 31, 314 (322); 59, 231 (254); 78, 101 (102 f.).
113 BVerfGE 107, 299 (310); *Sodan*, in: Sodan, Art. 10 Rn. 9.
114 Vgl. BVerfGE 15, 256 (262) für Universitäten und Fakultäten; BVerfGE 75, 192, 196 für Religionsgemeinschaften, die als Körperschaften des öffentlichen Rechts organisiert sind.
115 So aber BVerfGE 67, 157 (172); 85, 386 (396); dagegen überzeugend *Hermes*, in: Dreier I, Art. 10 Rn. 28.
116 BVerfGE 67, 157 (171 f.).
117 BVerfGE 85, 386 (396).
118 *Jarass*, in: Jarass/Pieroth, Art. 10 Rn. 1a.
119 BVerfGE 85, 386 (396); BVerwGE 113, 208 (210).
120 BVerwGE 113, 208 (211); *Jarass*, in: Jarass/Pieroth, Art. 10 Rn. 1a; a.A. aber unter Hinweis auf die Entscheidung des Verfassungsgesetzgebers für eine Aufgabenprivatisierung des Post- und Telekommunikationssektors in Art. 87f GG etwa *Müller-Terpitz*, NWVBl. 1999, 292 (294 f.); differenzierend *von Arnauld*, DÖV 1998, 437 (450 ff.).

54   Nicht durch Art. 10 GG unmittelbar verpflichtet sind **private Kommunikations-mittler**, die nunmehr an die Stelle des früheren Staatsunternehmens getreten sind. Mit dem Fortfall der unmittelbaren Grundrechtsbindung der staatlichen Post als Kommunikationsmittler war gleichwohl keine substantielle Einbuße im Geheimnisschutz verbunden. Einmal sind die privaten Unternehmen einfachgesetzlich zur Wahrung des Post- und Telekommunikationsgeheimnisses verpflichtet (§ 39 Abs. 2 PostG, § 88 Abs. 2 S. 1 TKG), wobei es sich um zwingende Vorgaben des europäischen Sekundärrechts handelt (unten Rdn. 142). Zudem entfaltet Art. 10 GG nach den allgemeinen Grundrechtslehren eine Ausstrahlungswirkung auf privatrechtliche Beziehungen (*Stern*, Einleitung Rdn. 42 ff.), die durch die Schutzpflichtdimension des Grundrechts vermittelt wird (unten. Rdn. 56).

E. Subjektive und objektiv-rechtliche Gehalte

55   Art. 10 GG enthält in erster Linie ein **klassisches Abwehrrecht**, das gegen die Kenntnisnahme des Inhalts und der näheren Umstände der (Tele-)Kommunikation durch den Staat schützt[121]. Diesem Ziel dienen auch die **verfahrens- und organisationsrechtlichen Sicherungen**, die das BVerfG zum Teil richterrechtlich als Schranken-Schranken entwickelt hat (unten Rdn. 86).

56   Die wichtigste Konkretisierung der über die Abwehrfunktion hinausgehenden objektiv-rechtlichen Gehalte ist die **Schutzpflichtdimension** des Art. 10 GG (allgemein dazu *Stern*, Einleitung Rdn. 47 ff.). Diese verpflichtet den Staat, private Dritte, insbesondere aber die privaten Kommunikationsmittler, daran zu hindern, in die Vertraulichkeit der Kommunikation einzudringen[122]. Die Schutzpflichtdimension des Art. 10 GG schließt damit eine Lücke, die sich nach der Privatisierung der früheren Deutschen Bundespost ergeben hat[123]. Ausfluss dieser Schutzpflicht ist beispielsweise ein jedenfalls dem Grunde nach anzuerkennender Anspruch des Nutzers gegen den Betreiber von Telekommunikationsdienstleistungen, Verbindungsdaten zu löschen[124]. Verfassungsrechtlich geboten können aber auch verfahrensrechtliche Sicherungen sein. Im Bereich der Telekommunikation wird die Schutzpflicht einfachgesetzlich durch §§ 88 ff. TKG, im Bereich des Postwesens hingegen durch §§ 39 ff. PostG umgesetzt. Sie ist darüber hinaus aber bereits sekundärrechtlich fundiert (unten Rdn. 142). Grenzen kann Art. 10 GG aber auch den im Grundsatz legitimen Interesse des Dienstherren bzw. Arbeitgebers setzen, vermeintliche Missbräuche des Diensttelefons aufzuklären[125].

---

121   BVerfGE 106, 28 (37).
122   BVerfGE 106, 28 (37); BVerfG NJW 2007, 3055; *Zippelius/Würtenberger*, Deutsches Staatsrecht, § 28 Rn. 9.
123   *Schoch*, Jura 2011, 194 (196).
124   BVerfG NJW 2007, 3055.
125   BVerfG NJW 1992, 815 f. allerdings nicht unter Hinweis auf Art. 10 GG, sondern auf das durch Art. 2 Abs. 1 GG i.V.m. Art. 1 Abs. 1 GG geschützte Recht am eigenen Wort.

Schenke

Die **Abhörmaßnahmen amerikanischer und britischer Dienste** (oben Rdn. 15) akti- 57
vieren die Schutzpflichtdimension des Art. 10 GG. Ein Grund, warum die Pflicht
des Staates, sich schützend und fördernd vor die Grundrechte zu stellen, bei Gefährdungen durch die ausländische öffentliche Gewalt nicht gelten soll, ist nicht ersichtlich. Indes ist gerade in auswärtigen Angelegenheiten das staatliche Ermessen, wie
die Schutzpflicht zu erfüllen ist, besonders weit gespannt[126]. Damit können aus der
Schutzpflichtdimension jenseits vollständiger (außen-)politischer Untätigkeit keine
konkreten Handlungsaufträge abgeleitet werden[127] (unten zu völker- und europarechtlichen Ansatzpunkten Rdn. 115, 124, 141).

Da Art. 10 GG allein die Vertraulichkeit der privaten Fernkommunikation schützt, 58
bietet die Norm **keine Grundlage für Leistungsansprüche**, die auf das Zustandekommen der brieflichen Kommunikation bzw. Telekommunikation selbst gerichtet
sind. Werden eine Beförderung von Briefen, die Übermittlung von Telefongesprächen verhindert oder eine bestehende Verbindung unterbrochen, so kann dies allein
den Schutzbereich anderer Grundrechte, insbesondere Art. 5 Abs. 1 S. 1 GG, bei
der Kommunikation zwischen Familienangehörigen aber auch Art. 6 GG, als Auffanggrundrecht die allgemeine Handlungsfreiheit (Art. 2 Abs. 1 GG) sowie die Freiheit der Berufsausübung der Diensteanbieter berühren[128]. Leistungsansprüche auf
die Bereitstellung von **Infrastruktur zur Fernkommunikation** können sich allein aus
der Gewährleistungspflicht des Art. 87f Abs. 1 GG ergeben[129].

Angesichts des hohen Rangs des Grundrechts[130] kommt der **verfassungskonformen** 59
Auslegung Art. 10 GG einschränkender Gesetze besondere Bedeutung zu. Das
grundrechtseinschränkende Gesetz ist aus der Erkenntnis der grundlegenden Bedeutung des Fernmeldegeheimnisses und so in seiner grundrechtsbegrenzenden
Wirkung selbst wieder im Lichte des Grundrechts auszulegen[131]. Defizite einer Ein-
griffsnorm, die den Anforderungen an die Normenklarheit und Normenbestimmtheit (unten Rdn. 72) nicht gerecht wird, können hingegen nicht im Wege einer verfassungskonformen Auslegung beseitigt werden[132].

F. Eingriffe und Rechtfertigung

I. Eingriffe

Eingriffe in Art. 10 GG sind Kehrseite bzw. Spiegelbild seines Schutzbereichs. Ein 60
Eingriff in Art. 10 GG liegt jedenfalls vor, wenn sich ein Grundrechtsverpflichteter

---

126 BVerfGE 55, 349 (364 f.).
127 *Schmahl*, JZ 2014, 220 (221).
128 Siehe auch *Gusy*, in: v. Mangoldt/Klein/Starck I, Art. 10 Rn. 57; SachsAnhVerfG LKV
    2015, 33 (37).
129 *Hermes*, in: Dreier I, Art. 10 Rn. 91.
130 BVerfGE 67, 157 (171).
131 BVerfGE 107, 299 (315).
132 BVerfGE 100, 313 (396).

Kenntnis vom Inhalt oder den **Umständen** einer nach Art. 10 GG geschützten Kommunikation verschafft[133]. Dabei spielt es keine Rolle, ob sich die staatlichen Stellen selbst unmittelbar Kenntnis verschaffen oder privatrechtlich organisierte Telekommunikationsunternehmen hoheitlich dazu verpflichten, die Daten zu übermitteln[134]. Ein schwerwiegender Eingriff ist insbesondere die Überwachung und Aufzeichnung der Telekommunikation[135]. Dagegen fehlt es bei der **strategischen Überwachung der Telekommunikation** an einem Eingriff, soweit Telekommunikationsvorgänge zwischen deutschen Anschlüssen ungezielt und allein technikbedingt wieder spurlos ausgesondert werden. Nicht in Abrede gestellt wird der Eingriff hingegen, sofern erfasste Daten nicht sofort bestimmten Personen zugeordnet werden können[136].

61 Da Art. 10 GG eine spezielle Ausprägung des Grundrechts auf informationelle Selbstbestimmung ist, kann auch auf Ebene des Eingriffs an die im Bereich des Art. 2 Abs. 1 i.V.m. Art. 1 Abs. 1 GG entwickelte Dogmatik angeknüpft werden. Einen eigenständigen Eingriff stellt folglich auch die **Speicherung** dar[137]. Dies gilt unabhängig davon, ob die Speicherung unmittelbar selbst durch staatliche Stellen erfolgt oder die Daten staatlich veranlasst und ohne Handlungsspielraum durch private Diensteanbieter gespeichert werden[138]. Eingriffscharakter hat auch die **nachträgliche Zweckänderung** einmal erhobener Daten. Hierzu zählt insbesondere die Weitergabe der Daten an andere staatliche Stellen[139], einschließlich der Nutzung zu Beweiszwecken im gerichtlichen Verfahren[140]. Nichts anderes kann aber auch für die Verwendung der Daten durch die erhebende Stelle für andere Zwecke als diejenigen gelten, die das zur Kenntnisnahme ermächtigende Gesetz festgelegt hat[141]. Jede Folgeverwendung von Daten, die einmal in Form eines Eingriffs in Art. 10 Abs. 1 GG erhoben worden sind, bleibt daher stets an diesem Grundrecht zu messen[142]. Einen eigenständigen Eingriff stellt auch die Eingrenzung der Mitteilungspflicht bei heimlichen Überwachungsmaßnahmen dar[143].

62 Ein Eingriff in Art. 10 GG liegt auch dann vor, wenn in die Vertraulichkeit der Kommunikation aus **betrieblichen Notwendigkeiten** eingegriffen wird, beispielsweise bei der Öffnung unzustellbarer Sendungen[144]. Da Art. 10 GG keine Leistungs-

133 BVerfGE 129, 208 (241); 120, 274 (307); 113, 348 (364 f.); 107, 299 (313); 100, 313 (366).
134 BVerfGE 107, 299 (313).
135 BVerfGE 129, 208 (240); 113, 348 (382).
136 BVerwG DVBl. 2014, 1253 (1254).
137 BVerfGE 100, 313 (366).
138 BVerfGE 125, 260 (311).
139 BVerfGE 113, 348 (365); 110, 33 (68 ff.); 100, 313 (360).
140 BVerfGE 85, 386 (399); BGHSt 56, 127 (132 f.).
141 BVerfGE 100, 313 (360).
142 BVerfGE 125, 260 (313).
143 BVerfGE 129, 208 (238); 100, 313 (365, 398 f.); 109, 279 (364).
144 *Jarass*, in: Jarass/Pieroth, Art. 10 Rn. 12.

ansprüche vermittelt, scheidet ein Eingriff aus, wenn die **Kommunikation verhindert oder unterbrochen** wird (oben Rdn. 58)[145].

Art. 10 GG schützt nicht das Vertrauen in den Kommunikationspartner, sondern al- 63
lein die Vertraulichkeit der Nutzung des zur Nachrichtenübermittlung eingesetzten
technischen Mittels. Daher bietet Art. 10 GG keinen Schutz davor, dass eine staatliche Stelle unter einer Legende eine Telekommunikationsbeziehung zu einem Grundrechtsträger aufnimmt (Hörfalle). Ebenso wenig ist der Gewährleistungsbereich beeinträchtigt, wenn ein **Gesprächspartner Dritte mithören** lässt[146]. Hiervon betroffen
ist hingegen das Recht am eigenen Wort als Ausprägung des allgemeinen Persönlichkeitsrechts des anderen Gesprächsteilnehmers[147].

Über die Vertraulichkeit der Nachrichtenübermittlung können nur beide Gesprächs- 64
partner gemeinsam verfügen, weshalb ein Teilnehmer nicht wirksam für den anderen
auf den Schutz des Fernmeldegeheimnisses **verzichten kann**. Werden Verbindungsdaten auf Betreiben des Empfängers mit einer Fangschaltung aufgezeichnet, liegt
hierin folglich ein Eingriff in das Fernmeldegeheimnis des Anrufers[148]. Konsequenzen hat dies auch für die Abrechnung privater Gespräche auf einem Diensttelefon:
Die Verbindungsdaten privater Gespräche dürfen allein in einer Weise erhoben werden, die eine Identifizierung des Kommunikationspartners ausschließt[149]. Eine den
Eingriff ausschließende Einwilligung ist nur wirksam, wenn sie frei erteilt wurde,
d.h. ohne unzulässigen Druck erfolgt ist. Daran fehlt es, wenn ein Gefangener in die
Überwachung nur eingewilligt hat, um eine unberechtigte Vorenthaltung oder verzögerte Aushändigung von Verteidigerpost zu vermeiden[150].

II. Schranken

Nach Art. 10 Abs. 2 S. 1 GG dürfen Beschränkungen nur **auf Grund eines Gesetzes** 65
angeordnet werden. Dies bedeutet nicht, dass Rechtsverordnungen als Rechtsgrundlage für Eingriffe in Art. 10 GG ohne Weiteres ausscheiden[151]. Letztere müssen aber
nach Maß und Richtung im Parlamentsgesetz hinreichend vorgezeichnet sein[152].
Sinnvoll kann die so ermöglichte Arbeitsteilung zwischen Parlamentsgesetzgeber und
dem Verordnungsgeber insbesondere zur näheren Konkretisierung betriebsbedingter
Notwendigkeiten im Postwesen wie der Telekommunikation sein, wovon der Gesetz-

145 *Hermes*, in: Dreier I, Art. 10 Rn. 91; siehe auch SachsAnhVerfG LKV 2011, 33 (37).
146 *Jarass*, in: Jarass/Pieroth, Art. 10 Rn. 13.
147 BVerfG NJW 1992, 815; *Jarass*, in: Jarass/Pieroth, Art. 10 Rn. 13.
148 BVerfGE 85, 386 (398 f.); 130, 151 (179).
149 *Jarass*, in: Jarass/Pieroth, Art. 10 Rn. 30.
150 BVerfG NStZ-RR 2012, 60 (61).
151 BVerwGE 6, 299 (301).
152 BVerfGE 85, 386 (402 ff.); *Löwer*, in: v. Münch/Kunig I, Art. 10 Rn. 30; *Bizer*, in: AK
I, Art. 10 Rn. 78.

geber etwa in §§ 18, 41 PostG sowie in §§ 41a, 110 Abs. 2 TKG Gebrauch gemacht hat[153].

66   Im Unterschied zur WRV kann Gesetz im Sinne des Art. 10 Abs. 2 S. 1 GG **auch ein Landesgesetz** sein. Anwendungsfälle finden sich z.T. in den Polizeigesetzen der Länder[154], die zu Zwecken der Gefahrenabwehr sowie der Gefahrenvorsorge eine Überwachung und Aufzeichnung der Telekommunikation erlauben[155]. Selbst wenn bereits von einer Strafbarkeit auszugehen ist, bleibt es dem Landesgesetzgeber nicht verwehrt, im Landespolizeirecht eine präventive Überwachungsmöglichkeit zu verankern[156]. Beschränkungen des Telekommunikationsgeheimnisses auch unmittelbar durch Gesetz steht Art. 10 Abs. 2 S. 1 GG nicht entgegen[157].

67   An dem Erfordernis einer hinreichend normenklaren Ermächtigungsgrundlage ist auch in **Sonderrechtsverhältnissen**, wie etwa dem Strafgefangenverhältnis oder dem Rechtsverhältnis von Untersuchungshäftlingen, festzuhalten. In diesen Fällen mögen weitreichende Kontroll- und Überwachungsmöglichkeiten sachlich geboten und verhältnismäßig sein. Dies ändert aber nichts daran, dass Eingriffe in Art. 10 GG nur auf Grundlage eines förmlichen Parlamentsgesetzes zulässig sein können[158]. Die Übergangsfrist, die dem Gesetzgeber durch das BVerfG zur Herstellung eines verfassungskonformen Zustandes eingeräumt wurde, ist mittlerweile abgelaufen[159].

68   Gleiches gilt für Grundrechtseingriffe, die **betriebsbedingten Notwendigkeiten** geschuldet sind (oben Rdn. 25). Auch bei diesen konnte auf eine gesetzliche Grundlage nur für eine Interimszeit verzichtet werden[160].

III. Schranken-Schranken

69   Um der wachsenden Bedeutung der Fernkommunikation für die Persönlichkeitsentfaltung Rechnung zu tragen (oben Rdn. 12), sind an Gesetze, die zu Eingriffen in den Schutzbereich des Art. 10 GG legitimieren, **hohe Anforderungen** zu stellen[161].

70   Der Sache nach besteht in der Rechtsprechung des BVerfG erkennbar die Tendenz, sich an den Kriterien zu orientieren, die ursprünglich im **Volkszählungsurteil**[162] zur Konkretisierung der verfassungsrechtlichen Anforderungen an Eingriffe in das aus

---

153 *Löwer*, in: v. Münch/Kunig I, Art. 10 Rn. 30.
154 So etwa §§ 23 f. PolG BW; Art. 34a BayPAG; § 25a ASOG Bln; § 33b Bbg PolG; §§ 10b ff. HbgGDatPol; § 15a Hess SOG; § 34a SOG M-V; §§ 33 ff. Nds SOG; § 31 POG Rh-Pf; § 28b SaarlPolG; § 185a LVwG SH; §§ 34a f. ThürPAG.
155 Dazu *Schenke*, AöR 125 (2000), 1 ff.
156 SachsAnhVerfG LKV 2015, 33 (35).
157 BVerfGE 125, 260 (313).
158 BVerfGE 33, 1 (11 f.).
159 BVerfGE 33, 1 (13).
160 BVerfGE 85, 386 (400 ff.).
161 Siehe auch BVerfGE 120, 274 (307).
162 BVerfGE 65, 1 (44).

Art. 2 Abs. 1 i.V.m. Art. 1 Abs. 1 GG abgeleitete Grundrecht auf informationelle Selbstbestimmung entwickelt wurden[163]. Hierzu zählen die hinreichende Normenklarheit der Regelung (unten Rdn. 72), deren Verhältnismäßigkeit (unten Rdn. 77) sowie das Erfordernis hinreichender organisatorischer und verfahrensrechtlicher Vorkehrungen zum Schutz des Grundrechts (unten Rdn. 86). In Anlehnung an die Rechtsprechung zu Art. 13 GG[164] müssen beschränkende Normen, die zu Eingriffen in Art. 10 GG ermächtigen, ferner Vorkehrungen zum Schutz des Kernbereichs privater Lebensgestaltung enthalten (unten Rdn. 97). Nach den allgemeinen Regeln sind das Zitiergebot (Art. 19 Abs. 1 S. 2 GG – unten Rdn. 95) sowie die Wesensgehaltsgarantie (Art. 19 Abs. 2 GG – unten Rdn. 100) zu beachten. Woraus sich verfassungsrechtliche Anforderungen an einen Eingriff ableiten, lässt sich im Einzelnen nicht immer trennscharf abgrenzen. Überschneidungen können sich insbesondere hinsichtlich des Verhältnismäßigkeitsgrundsatzes und des Grundrechtsschutzes durch Organisation und Verfahren ergeben.

Zu den **relevantesten Gesetzen**, die Art. 10 GG einschränken[165], zählen neben dem   71
G 10 (unten Rdn. 107) Normen im Bereich der Strafverfolgung, des Strafvollzugs sowie der Gefahrenabwehr. Zu nennen sind hier die Regelungen über die repressive Postbeschlagnahme (§§ 99, 100 StPO) sowie die repressive Telekommunikationsüberwachung (§ 100a, g, i StPO[166]). Die Sicherstellung und Beschlagnahme von E-Mails auf dem Mailserver des Providers ist nach Maßgabe der §§ 94 ff. StPO zulässig[167]. Auf dem Gebiet des Strafvollzugs sind §§ 29 ff. StVollzG hervorzuheben, die Ermächtigungsgrundlagen für Kontrollen des Brief-, Fernsprech- und Telegrammverkehrs enthalten. Regelungen zur Überwachung und Aufzeichnung der Telekommunikation zur Gefahrenabwehr und im Vorfeld von Straftaten sind z.T. auch in den Polizeigesetzen der Länder vorgesehen (so z.B. Art. 34a BayPAG, oben Fn. 154). Weiter ist in diesem Bereich das Zollfahndungsdienstgesetz (ZFdG) zu nennen, das in §§ 23a ff. ZFdG eine Telekommunikations- und Postüberwachung zur Verhütung und Unterbindung der Proliferation von Kriegswaffen durch das Zollkriminalamt gestattet. Die umstrittene und vom EuGH mittlerweile für unwirksam erklärte Richtlinie zur Vorratsdatenspeicherung (RiLi 2006/24/EG, siehe unten Rdn. 144) wurde in §§ 113a, b TKG umgesetzt. Die §§ 113a, b TKG hatte das BVerfG seinerseits mit Urteil vom 02.03.2010 wegen eines Verstoßes gegen Art. 10 Abs. 1 GG für verfassungswidrig und nichtig erklärt.[168]

---

163 So explizit BVerfGE 100, 313 (359); 110, 33 (53); 124, 43 (56 f.); 125, 260 (310).
164 BVerfGE 109, 279 (313 ff.).
165 Vgl. dazu eingehend *Badura*, in: BK, Art. 10 (2014) Rn. 61 ff.
166 Soweit nach § 100g StPO Verkehrsdaten im Sinne des § 113a TKG erhoben werden dürfen, ist dieser durch das BVerfG für verfassungswidrig und nichtig erklärt worden. BVerfG, Urt. v. 02.03.2010, BGBl. I S. 272.
167 BVerfGE 124, 43 ff.
168 BVerG, Urt. v. 02.03.2010, BGBl. I S. 272.

1. Normenbestimmtheit und Normenklarheit

72   Das rechtsstaatliche Gebot der Normenbestimmtheit und der Normenklarheit erfüllt eine **dreifache Funktion**[169]: Es soll sicherstellen, dass der betroffene Bürger sich auf ihn möglicherweise belastende Maßnahmen einstellen kann, die Verwaltung für ihr Verhalten steuernde und begrenzende Handlungsmaßstäbe vorfindet und zuletzt die Gerichte eine Rechtskontrolle durchführen können. Der Anlass, der Zweck und die Grenzen des Eingriffs müssen daher in der Ermächtigung bereichsspezifisch, präzise und normenklar festgelegt werden[170]. Defizite einer zu unbestimmten und zu weit gefassten Norm können auch nicht im Wege einer am Verhältnismäßigkeitsgrundsatz orientierten restriktiven verfassungskonformen Auslegung beseitigt werden[171].

73   Die **konkreten Anforderungen** an die Bestimmtheit und Klarheit der Norm richten sich nach der Art und der Schwere des Eingriffs. Um diese zu bestimmen, kommt es nicht auf die Zielrichtung der Maßnahme, sondern allein auf deren Art und die von der Maßnahme ausgehenden Wirkungen an[172]. Wie auch sonst für das rechtsstaatliche Bestimmtheitsgebot anerkannt ist, hängen die Anforderungen an die Bestimmtheit von den Eigenarten des betroffenen Sachbereichs ab[173]. Etwaige Bestimmtheitsdefizite können auch nicht durch das Erfordernis einer richterlichen Anordnung geheilt bzw. kompensiert werden[174].

74   Im Bereich der **Strafverfolgung** kann an den Verdacht einer verwirklichten Straftat angeknüpft werden, bei Eingriffen zu Zwecken der **polizeilichen Gefahrenabwehr** an eine Gefahr[175]. Dem Gebot der Normenklarheit vermögen aber auch Eingriffe in Art. 10 GG zu Zwecken der **Straftatenverhütung** sowie zur **Vorsorge zur Verfolgung von Straftaten** zu genügen. Der Gesetzgeber hat dann aber die den Anlass bildenden Straftaten sowie die Anforderungen an die Verdachtsprognose so bestimmt zu umschreiben, dass das Risiko einer Fehlprognose in dem Rahmen verbleibt, der auch für Maßnahmen der Strafverfolgung und Gefahrenabwehr als verfassungsrechtlich hinnehmbar erscheint. Dazu muss er zumindest an Tatsachen anknüpfen, die auf die Planung solcher Straftaten schließen lassen. Dabei darf er sich auch der Verwendung unbestimmter Rechtsbegriffe bedienen[176].

75   Die Regeln des rechtfertigenden Notstandes (§ 34 StGB) sowie die polizeilichen Generalklauseln[177] genügen diesen Bestimmtheitsanforderungen nicht. Ebenso erhebli-

---

169   BVerfGE 113, 348 (375); 110, 33 (53 ff.).
170   BVerfGE 113, 348 (375); 100, 313 (359 f., 372); 110, 33 (53).
171   Vgl. auch SachsAnhVerfG LKV 2015, 33 (36).
172   BVerfGE 110, 33 (55).
173   Vgl. etwa BVerfGE 93, 213 (238); 110, 370 (396); *Leisner,* in: Sodan, Art. 20 Rn. 55.
174   BVerfGE 113, 348 (381).
175   BVerfGE 110, 33 (55).
176   BVerfGE 110, 33 (56).
177   *Gusy,* in: v. Mangoldt/Klein/Starck I, Art. 10 Rn. 71; *Jarass,* in: Jarass/Pieroth, Art. 10 Rn. 18.

chen rechtsstaatlichen Bedenken ist § 99 StPO für die Postkontrolle[178] und war § 119 StPO a.F. für die Untersuchungshaft[179] ausgesetzt.

Wichtige Konsequenz der Ausdehnung des Eingriffsbegriffs auf nachträgliche Zweck- 76
änderungen ist (oben Rdn. 61), dass das Erfordernis einer normenklaren, bereichsspezifischen Regelung ebenso für die **Weitergabe und die weitere Auswertung** einmal erhobener Daten gilt[180]. Übermittlungsvorschriften bedürfen daher einer hinreichend
sicher erschließbaren Kennzeichnung der Empfangsbehörden sowie Regeln, die die
Übermittlung auf deren jeweiligen spezifischen Aufgabenbereich konzentrieren[181].

2. Verhältnismäßigkeit

Auch im Bereich des Art. 10 GG gelten die allgemeinen Regeln des Verhältnismäßig- 77
keitsgrundsatzes. Das einschränkende Gesetz muss ein legitimes Anliegen des Allgemeinwohls verfolgen, zur Erreichung des Gesetzeszweckes geeignet, erforderlich sowie verhältnismäßig im engeren Sinne sein[182]. Die Prüfungsdichte hängt von der
Tiefe des Grundrechtseingriffs ab. Damit unterliegt eine vorsorglich anlasslose Datenspeicherung besonders strengen Anforderungen[183], muss aber nicht generell unverhältnismäßig sein[184]. Ihre Rechtfertigungsfähigkeit setzt aber voraus, dass die Speicherung nicht direkt durch staatliche Stellen erfolgt, die Kommunikationsinhalte nicht
erfasst werden und den Diensteanbietern die Speicherung der von ihren Kunden auf-
gerufenen Internetseiten grundsätzlich untersagt ist[185]. Für weitere anlasslose Daten-
sammlungen bleibt daneben kein Raum[186]. Verhältnismäßig muss nicht nur das einschränkende Gesetz, sondern auch die konkrete Einzelfallmaßnahme sein[187].

a) Angesichts der Hochrangigkeit des Schutzgutes können Eingriffe in Art. 10 GG 78
von vornherein **nur legitimiert werden**, wenn der Gesetzgeber seinerseits den Schutz
wichtiger hochrangiger Gemeinschaftsgüter verfolgt[188]. Hierzu zählen insbesondere
der legitime öffentliche Zweck der Aufklärung und Verfolgung schwerer Straftra-

178 *Groß*, in: Friauf/Höfling, Art. 10 Rn. 39.
179 BVerfGE 57, 170 (182 ff.) – Sondervotum; *Hermes*, in: Dreier I, Art. 10 Rn. 84; *Löwer*, in: v. Münch/Kunig I, Art. 10 Rn. 39; *Gusy*, in: v. Mangoldt/Klein/Starck I, Art. 10 Rn. 89; a.A. aber BVerfGE 57, 170 (177 ff.).
180 BVerfGE 110, 33 (70); 100, 313 (359 f.).
181 BVerfGE 110, 33 (70).
182 Exemplarisch BVerfGE 100, 313 (359, 373).
183 BVerfGE 125, 260 (317).
184 BVerfGE 125, 260 (318).
185 BVerfGE 125, 260 (324).
186 BVerfGE 125, 260 (324).
187 BVerfGE 124, 43 (66); *Jarass*, in: Jarass/Pieroth, Art. 10 Rn. 21.
188 BVerfGE 100, 313 (373).

ten[189], die Verhinderung von Straftaten[190], allgemein die Gefahrenabwehr[191] ebenso wie die Strafverfolgungsvorsorge[192] sowie die Aufgaben der Nachrichtendienste[193]. Die Speicherung personenbezogener Daten »auf Vorrat zu unbestimmten und noch nicht bestimmbaren Zwecken« ist hingegen »strikt verboten«[194].

79 b) Auf Gesetzesebene genügt es zur Bejahung der **Eignung**, wenn die abstrakte Möglichkeit der Zweckerreichung besteht, die zugelassenen Maßnahmen also nicht von vornherein untauglich sind[195] bzw. die Zweckerreichung gefördert wird[196]. Der Eignung steht nicht entgegen, dass sich potentielle Zielpersonen einer Überwachung von Inhaltsdaten u.U. durch den Einsatz von Verschlüsselungstechniken zu entziehen vermögen[197]. Gleiches gilt entgegen einer verschiedentlich geäußerten Ansicht für ein staatliches Verbot des Einsatzes nicht lizenzierter Kryptoverfahren[198]. Ebenso irrelevant ist der Einwand, eine Vorratsdatenspeicherung sei untauglich, weil Kriminelle die Speicherung etwa durch die Nutzung von Internetcafés oder falsch angemeldeten Prepaid-Handys leicht umgehen könnten[199].

80 c) Die **Erforderlichkeit** entfällt, wenn der verfolgte Zweck ebenso gut mit Mitteln erreichbar ist, die die Betroffenen weniger belasten. Dabei ist allerdings zu berücksichtigen, ob mögliche Alternativmaßnahmen nicht mit einem unvertretbaren Aufwand verbunden sind und ihrerseits nicht zu vergleichsweise stärkeren Belastungen, insbesondere für andere Grundrechtsträger, führen[200]. Der Gesetzgeber hat aus diesem Grund für Eingriffe in Art. 10 GG Subsidiaritätsklauseln vorzusehen (siehe etwa §§ 100a Abs. 1 Nr. 3, 100g Abs. 1 S. 1, 2 StPO). Ob einer konkreten Überwachungsmaßnahme deren mangelnde Erforderlichkeit entgegensteht, kann in der Regel aber erst durch eine Abwägung im Einzelfall festgestellt werden. Nicht möglich ist es hingegen, eine abstrakte Reihenfolge zwischen Eingriffen in Art. 10 GG und möglichen alternativen Überwachungsmaßnahmen festzulegen[201]. Der Erforderlichkeit einer Vorratsdatenspeicherung steht nicht entgegen, dass eine Speicherung der Telekommunikationsdaten auch nur im Einzelfall und für die Zukunft angeordnet werden könnte, da das sog. **Quick-Freezing** keinen Zugriff auf Daten

---

189 BVerfGE 125, 260 (316); 124, 43 (61, 63 f.); 107, 299 (316); siehe auch BGHSt 56, 127 (136).
190 BVerfGE 100, 313 (395).
191 BVerfGE 125, 260 (316).
192 BVerfGE 110, 33 (55).
193 BVerfGE 125, 260 (316).
194 BVerfGE 125, 260 (316 f.).
195 BVerfGE 100, 313 (373); 125, 260 (317 f.).
196 BVerfGE 125, 260 (318 f.).
197 BVerfGE 100, 313 (374) unter Hinweis auf Verbreitung derartiger Techniken, die sich in der Regel auf dauerhafte Kommunikationsbeziehungen beschränkten.
198 So aber *Bizer*, in: AK I, Art. 10 Rn. 82; *Bizer*, DuD 1996, 5 (11).
199 BVerfGE 126, 260 (317 f.).
200 BVerfGE 107, 299 (317).
201 BVerfGE 107, 299 (318).

ermöglicht, die bereits vor der Anordnung angefallen sind[202]. Durch den Grundsatz der Erforderlichkeit kann hingegen eine zeitliche Eingrenzung oder die Beschränkung der Beweiserhebung bzw. Informationsgewinnung auf bestimmte Kommunikationsinhalte geboten sein[203].

d) Auf **Ebene der Verhältnismäßigkeit im engeren Sinne** ist zu prüfen, ob die Schwere der Einbuße an grundrechtlich geschützter Freiheit nicht in einem unangemessenen Verhältnis zu den Gemeinwohlzwecken steht, denen die Grundrechtsbeschränkung dient[204]. Wie schwer der Eingriff wiegt, hängt u.a. vom Umfang der erhobenen Daten (Inhaltsdaten oder Verkehrsdaten), der Ausgestaltung der Eingriffsschwellen, der Streubreite des Eingriffs, den drohenden Nachteilen, der Anonymität, der Anlasslosigkeit oder Verdachtsbindung des Eingriffs, dem Risiko des Missbrauchs der erhobenen Daten, dem Niveau der Datensicherheit sowie den Rechtsschutzmöglichkeiten ab[205]. Bei der anlasslosen Vorratsdatenspeicherung handelt es sich um einen besonders schweren Eingriff, weil die Daten bei umfassender und automatisierter Ausweitung Rückschlüsse zulassen, die bis in die Intimsphäre hineinreichen können[206]. Schon mit Blick auf die Heimlichkeit der Überwachung ist daher vor allem im Bereich der Überwachung der Telekommunikation von schwerwiegenden Eingriffen auszugehen, die nur verhältnismäßig im engeren Sinne sind, wenn auch die Gegenbelange entsprechend gewichtig sind. Für Eingriffe zu Zwecken der **Strafverfolgung** bedarf es für die Erfassung von Verbindungsdaten einer Straftat von erheblicher Bedeutung und eines konkreten Tatverdachtes, der auf Tatsachen beruhen muss. Richtet sich die Maßnahme nicht gegen den Beschuldigten selbst, sondern gegen bloße Nachrichtenmittler, muss auf Grund von bestimmten Tatsachen anzunehmen sein, dass diese für den Beschuldigten bestimmte oder von ihm herrührende Mitteilungen entgegennehmen, weitergeben oder dass der Beschuldigte den Anschluss nutzt[207]. Geringere Anforderungen sind hingegen an die Sicherstellung und Beschlagnahme von E-Mails auf dem Mailserver des Providers zu stellen, sofern der Zugriff offen und außerhalb eines laufenden Kommunikationsvorgangs erfolgt[208]. Überwachungsmaßnahmen, die nicht beim konkreten Tatverdacht, sondern bereits im **Vorfeld** ansetzen, sind nicht generell unzulässig. Allerdings muss das Rechtsgut überragend wichtig sein, wenn bereits Planungshandlungen im Verbund mit der Voraussetzung tatsächlicher Anhaltspunkte als Schwelle für die Übermittlung von Daten genügen sollen[209]. Als nicht ausreichend hat das BVerfG die Bekämpfung im Ausland begangener Geldfälschungen angesehen[210].

---

202 BVerfGE 125, 260 (318).
203 BVerfGE 124, 43 (67); 125, 260 (333).
204 BVerfGE 107, 299 (318); siehe auch BVerfGE 100, 313 (375 f.); 113, 348 (382).
205 BVerfGE 125, 260 (318 ff.); 124, 43 (62 ff.); 113, 348 (382 ff.).
206 BVerfGE 125, 260 (319).
207 BVerfGE 107, 299 (322 f.).
208 BVerfGE 124, 43 (65).
209 BVerfGE 113, 348 (386 f.).
210 BVerfGE 100, 313 (384 f.).

82   Hohe Anforderungen stellt das BVerfG an die Übermittlungsschwelle zum staatlichen Zugriff auf **Verbindungsdaten**, die auf **Vorrat von den privaten Diensteanbietern gespeichert** sind. Eine Verwendung der Daten soll nur für überragend wichtige Aufgaben des Rechtsgüterschutzes in Betracht kommen. Im Bereich der Strafverfolgung bedarf es dazu eines durch bestimmte Tatsachen begründeten Verdachts einer schweren Straftat. Bei der Gefahrenabwehr und für die Erfüllung der Aufgaben der Nachrichtendienste sind Abruf und Nutzung nur bei Vorliegen tatsächlicher Anhaltspunkte für eine konkrete Gefahr für Leib, Leben oder Freiheit einer Person, für den Bestand oder die Sicherheit des Bundes oder eines Landes oder für eine gemeine Gefahr zulässig[211]. Der Verhältnismäßigkeitsgrundsatz gebietet einen besonderen Schutz von Vertrauensbeziehungen, wofür sich die Einrichtung von »Filtern« bei der Datenübermittlung anbietet[212].

83   Da die Übermittlung von Daten mit einem neuen eigenständigen Grundrechtseingriff verbunden ist, stellt der Verhältnismäßigkeitsgrundsatz auch Anforderungen an die **Weitergabe von Daten**. Bei Daten, die aus einer strategischen Überwachung der Telekommunikation gewonnen wurden, soll eine Übermittlung zu Zwecken der Strafverfolgung nicht unterhalb der Schwelle zulässig sein, die sonst für Eingriffe in die Telekommunikation nach § 100a StPO gilt[213].

84   Der Auffassung, die Verwendung von Daten für andere Zwecke als die der ursprünglichen Erhebung sei generell nur zulässig, sofern die Daten auch für den Sekundärzweck hätten erhoben werden können (**Konzept des hypothetischen Ersatzeingriffs**)[214], ist zu widersprechen. Vielmehr muss es mit Rücksicht auf die grundrechtlichen Schutzpflichten bereits ausreichen, wenn eine Nutzung der Daten zu dem jeweiligen Zweck verfassungsrechtlich zu legitimieren ist, selbst wenn für den hypothetischen Ersatzeingriff entsprechend höhere Schwellen festgelegt sind. Zulässig kann eine Umwidmung freilich nur sein, wenn hierfür eine hinreichend normenklare Regelung besteht.

85   Ebenfalls mit Blick auf die grundrechtlichen Schutzpflichten nicht zu überzeugen vermag es, von einem **generellen Verwertungsverbot** auszugehen, sofern Daten unter Verletzung von Art. 10 GG erhoben wurden[215]. Auch hier bedarf es einer Abwägung zwischen einer Perpetuierung bzw. Intensivierung des Grundrechtseingriffs, die mit einer Nutzung der Daten verbunden ist, und entgegenstehenden Interessen und Belangen[216].

---

211 BVerfGE 125, 260 (261, 328 ff.).

212 BVerfGE 125, 260 (334, 356).

213 BVerfGE 100, 313 (394 f.); dort auch zu den Anforderungen an die Übermittlung zu Zwecken der Straftatenverhinderung.

214 So aber BVerfGE 110, 33 (73 f.); 100, 313 (360, 389); 109, 279 (375 f.); 125, 260 (333).

215 So aber *Jarass*, in: Jarass/Pieroth, Art. 10 Rn. 24.

216 Instruktiv *Würtenberger/Heckmann*, Polizeirecht in Baden-Württemberg, Rn. 655 ff.

Sehr zweifelhaft ist es, ob sich dem Verhältnismäßigkeitsgrundsatz das **Verbot einer** »**Vorratsgesetzgebung**« entnehmen lässt[217]. Vom SachsAnhVerfG wird dies aus dem Erfordernis abgeleitet, der Gesetzgeber müsse eine verantwortliche Abwägungs- entscheidung treffen[218]. Hier wird übersehen, dass es dem Gesetzgeber möglich sein muss, technische Innovationen zu antizipieren, soweit die Belastungen, die mit dem Eingriff vorgesehen sind, hinreichend klar absehbar und tatbestandlich vorgezeichnet sind. Richtigerweise ist dies im Übrigen eine Frage, die nicht den Verhältnismäßig- keits-, sondern eher den Bestimmtheitsgrundsatz betrifft.

3. Organisatorische und verfahrensrechtliche Sicherungen

Die Notwendigkeit des Grundrechtsschutzes durch Organisation und Verfahren 86 leuchtet bei Eingriffen in Art. 10 GG besonders ein, weil diese den Betroffenen in aller Regel zunächst nicht mitgeteilt werden können, ohne den Zweck der Maßnah- me zu gefährden. Um die mit der **Heimlichkeit** verbundene Schwere des Eingriffs aufzufangen, bedarf es daher besonderer organisations- und verfahrensrechtlicher Si- cherungen, die die materiellen Eingriffsvoraussetzungen ergänzen.

Bei deren Konkretisierung orientiert sich die Rechtsprechung an den im **Volkszäh-** 87 **lungsurteil** entwickelten Vorgaben[219]. Relevanz kommt diesen nicht nur für den Pri- märeingriff, sondern auch für den Informations- und Datenverarbeitungsprozess zu, der sich an die Kenntnisnahme von geschützten Kommunikationsvorgängen an- schließt, sowie an den Gebrauch, der von den erlangten Kenntnissen gemacht wird[220].

a) Die wichtigste Ausprägung der Verfahrensdimension des Art. 10 GG ist ein An- 88 spruch der Grundrechtsträger, über **sie betreffende Überwachungsmaßnahmen** (**nachträglich**) in Kenntnis gesetzt zu werden. Vom BVerfG wird dieser Anspruch als »spezifisches Datenschutzrecht« verstanden und parallel aus der Rechtsschutzgarantie des Art. 19 Abs. 4 GG abgeleitet[221], die bei heimlichen Maßnahmen ohne nachträg- liche Kenntniserlangung leer laufen müsste. Richtigerweise ergibt sich der Anspruch aber bereits aus einem Umkehrschluss aus Art. 10 Abs. 2 S. 2 GG[222].

Die Durchsetzung und die Modalitäten der Ausübung des Anspruchs stehen aller- 89 dings unter dem **Gesetzesvorbehalt des Art. 10 Abs. 2 S. 1 GG.** Ausnahmen von der Benachrichtigungspflicht sind auf das unbedingt Erforderliche zu beschränken[223]. So- fern der Zweck des Eingriffs durch die Mitteilung der Überwachung gefährdet wäre,

---

217 Vgl. *Roggan*, LKV 2015, 14 (16 f.).
218 SachsAnhVerfG LKV 2015, 33 (37); zustimmend *Roggan*, LKV 2015, 14 (16 f.).
219 BVerfGE 124, 43 (56 f.); 115, 166 (189); 100, 313 (359).
220 BVerfGE 100, 313 (359).
221 BVerfGE 100, 313 (361); 125, 260 (335 ff.); 129, 208 (238).
222 *Jarass*, in: Jarass/Pieroth, Art. 10 Rn. 24.
223 BVerfGE 129, 208 (251).

genügt es, den Betroffenen erst später von dem Eingriff zu benachrichtigen[224]. Zu den legitimen Belangen, die einen Anspruch auf Mitteilung ausschließen können, gehören der Schutz von Informationsquellen, die Gefährdung der Aufgabenwahrnehmung, aber auch übergreifende Nachteile für das Wohl des Bundes oder eines Landes, z.B. bei einer Beteiligung fremder Nachrichtendienste oder der Spionageabwehr, die Gefährdung von Leib und Leben einer Person sowie die Vertiefung des Grundrechtseingriffs durch die Benachrichtigung, wenn die Maßnahme keine weiteren Folgen gehabt hat[225]. Unterbleiben kann eine Benachrichtigung von Personen, die nur zufällig von einer Ermittlungsmaßnahme betroffen sind, weil die Benachrichtigung ihnen gegenüber den Eingriff sogar noch vertiefen könnte und anzunehmen ist, dass sie kein Interesse an der Benachrichtigung haben[226]. Wenn die nachträgliche Benachrichtigung des Betroffenen zurückgestellt wird, muss die fehlende Möglichkeit zur persönlichen Wahrnehmung seiner berechtigten Interessen durch die richterliche Kontrolle kompensiert werden[227]. Abweichendes gilt bei nur unerheblicher Betroffenheit und fehlendem Interesse an der Benachrichtigung[228].

90   b) Bei Ermittlungsmaßnahmen, die einen schwerwiegenden Grundrechtseingriff bewirken, kann verfassungsrechtlich eine vorbeugende Kontrolle durch eine unabhängige Instanz geboten sein. Bei einer Vorratsdatenspeicherung soll zur Gewährleistung effektiven Rechtsschutzes eine Abfrage oder Übermittlung der Daten daher grundsätzlich unter **Richtervorbehalt** zu stellen sein[229]. Dem ist freilich entgegenzuhalten, dass im Normtext des Art. 10 GG im Unterschied zu Art. 13 Abs. 2 GG eben gerade kein entsprechender Vorbehalt angelegt ist, sodass sich die entsprechende Forderung gegen die klare Wertentscheidung des Verfassungsgebers hinwegsetzt[230].

91   c) Wegen der Schwere des Grundrechtseingriffs und der Möglichkeit, einen Anspruch auf Mitteilung und damit auch den in Art. 19 Abs. 4 GG verbürgten gerichtlichen Rechtsschutz dauerhaft auszuschließen, gebietet Art. 10 GG zudem eine **Kontrolle durch unabhängige und an keine Weisung gebundene staatliche Organe und Hilfsorgane.** Diese muss hinreichend wirksam sein. Bei der konkreten Ausgestaltung steht dem Gesetzgeber aber ein erheblicher Gestaltungsspielraum zu[231]. Entsprechende Regelungen finden sich auf Bundesebene beispielsweise in § 101 Abs. 4 S. 1 Nr. 3 StPO und auf Landesebene in Art. 34c Abs. 5 BayPAG.

92   d) Neue Akzente hat das BVerfG in dem Urteil zur Vorratsdatenspeicherung mit den Forderungen nach einem **hinreichenden Schutzniveau vor Missbrauchsrisiken** sowie **wirksamen Sanktionen bei Rechtsverletzungen** gesetzt. Im Ergebnis muss ein Stan-

---

224 BVerfGE 100, 313 (361); 129, 208 (250 f.).
225 Vgl. im Einzelnen BVerfGE 100, 313 (397 f.); 125, 260 (335 ff.); 129, 208 (251).
226 BVerfGE 125, 260 (337); 129, 208 (251).
227 BVerfGE 129, 208 (239).
228 BVerfGE 125, 260 (337).
229 BVerfGE 125, 260 (337).
230 Siehe auch *Schoch*, Jura 2011, 194 (203).
231 BVerfGE 100, 313 (361 f.).

dard gewährleistet sein, der unter spezifischer Berücksichtigung der Telekommunikationsverkehrsdatenspeicherung ein besonders hohes Maß an Sicherheit gewährleistet und den sich weiter entwickelnden Stand der Fachdiskussion berücksichtigt. Bei Ausgestaltung des Sanktionenregimes steht dem Gesetzgeber dagegen ein weiter Gestaltungsspielraum zu[232].

e) Um die Zweckbindung der Daten zu gewährleisten, sind durch Eingriffe in Art. 10 **93** GG erhobene Daten entsprechend zu **kennzeichnen**[233]. Dies gilt insbesondere bei einer Vorratsdatenspeicherung[234]. Dagegen soll eine Kennzeichnung von Daten, die durch die Sicherstellung und Beschlagnahme von auf dem Mailserver des Providers gespeicherten E-Mails erhoben wurden, entbehrlich sein[235].

f) Daten, die weder für die festgelegten Zwecke noch für den Rechtsschutz weiter **94** benötigt werden, sind zu **löschen**[236]. Neben der Verfahrensdimension des Art. 10 GG ergibt sich dies bereits aus dem Verhältnismäßigkeitsgrundsatz.

4. Zitiergebot

Da Art. 10 Abs. 1 GG nicht vorbehaltlos gewährleistet ist, ist für Eingriffe das Zi- **95** tiergebot des Art. 19 Abs. 1 S. 2 GG zu beachten. Die **Warn- und Besinnungsfunktion** beschränkt sich nicht auf die erstmalige Grundrechtseinschränkung, sondern wird bei jeder Veränderung der Eingriffsvoraussetzungen bedeutsam, die zu neuen Grundrechtseinschränkungen führt[237]. Damit muss das Gesetz, das eine Weitergabe durch einen Eingriff in Art. 10 GG erhobener Daten vorsieht, das Grundrecht zitieren, ebenso wie die Nutzung und Verwendung solcher Daten nur zulässig ist, wenn das Gesetz, das die Nutzung entsprechender Daten zum Gegenstand hat, das Zitiergebot beachtet.

Konsequenzen hat dies vor allem für die **präventivpolizeiliche Überwachung** der Te- **96** lekommunikation. Auf Grundlage der Landespolizeigesetze müssen Eingriffe in Art. 10 GG von vornherein ausscheiden, wenn das Grundrecht nicht in den Katalog der eingeschränkten Grundrechte aufgenommen wurde[238]. Das gilt nicht nur für den Primäreingriff, sondern in gleicher Weise auch für eine präventivpolizeiliche Nutzung von Daten, die rechtmäßig etwa auf Grundlage strafprozessualer Ermächtigungsgrundlagen erhoben wurden. Keine Geltung soll das Zitiergebot dagegen für die Datenverwendung im gerichtlichen Verfahren beanspruchen, sofern Art. 19 Abs. 1 S. 2

---

232 BVerfGE 125, 260 (325 ff., 339 f., 348 ff.).
233 BVerfGE 100, 33 (75); 100, 313 (360 f.).
234 BVerfGE 125, 260 (333).
235 BVerfGE 124, 43 (74) unter Hinweis auf die Zweckbindung des strafprozessualen Ermittlungsverfahrens und die Möglichkeit, die Herkunft der Daten im Strafverfahren nachzuverfolgen.
236 BVerfGE 100, 313 (362); 125, 260 (333).
237 BVerfGE 113, 348 (366).
238 *Schenke*, AöR 125 (2000), 1 (26).

GG bereits bei der Erhebungsnorm beachtet wurde und sich durch die Datenverwendung lediglich ein mit der Datenerhebung verbundener Zweck verwirklicht[239].

5. Schutz des Kernbereichs

97   In Anlehnung an seine Rechtsprechung zu Art. 13 GG[240] verlangt das BVerfG, dass ein grundrechtsbeschränkendes Gesetz bei der Erfassung der Kommunikationsinhalte Vorkehrungen zum Schutz personenbezogener Daten enthalten muss, die sich auf den **Kernbereich höchstpersönlicher Lebensgestaltung** beziehen[241]. Abgeleitet wird dieses Erfordernis aus der Unantastbarkeit der Menschenwürde (Art. 1 Abs. 1 GG). Mit der Kernbereichsdoktrin erweckt das BVerfG indes Erwartungen, die es im Rahmen des Art. 10 GG praktisch nicht einlösen kann. Da die Menschenwürde keiner Relativierung zugänglich ist, müsste der Schutz des Kernbereichs jeder Abwägung entzogen sein, was konsequent auch durch größte Schwierigkeiten, dies in der Vollzugspraxis zu gewährleisten, nicht infrage gestellt werden dürfte. Hinter dieser Forderung bleibt die Rechtsprechung indes zurück[242]. Zwar hat eine Überwachung (grundsätzlich) zu unterbleiben, sofern tatsächliche Anhaltspunkte für die Erfassung derartiger Inhalte bestehen[243]. Zudem soll das Risiko, in den Kernbereich einzugreifen, nur bei einem besonders hohen Rang des gefährdeten Rechtsgutes und einer durch konkrete Anhaltspunkte gekennzeichneten Lage hinzunehmen sein, die auf einen unmittelbaren Bezug zur zukünftigen Begehung von Straftaten schließen lässt[244]. Gleichwohl soll es verfassungsrechtlich nicht gefordert sein, den Zugriff wegen des Risikos einer Kernbereichsverletzung auf der **Erhebungsphase** von vornherein zu unterlassen. Dies gilt, sofern kernbereichsbezogene Kommunikationsinhalte mit Inhalten verknüpft werden, die dem Ermittlungsziel unterfallen, um so eine Überwachung zu verhindern. In diesen Fällen verlagert sich der Schutz in die sog. **Auswertungsphase**. Dort bedarf es gesetzlicher Vorkehrungen zur Löschung der Daten, um eine weitere Speicherung und Verwertung zu verhindern[245]. Außerhalb des Kernbereichs stehen Kommunikationsinhalte, die einen unmittelbaren Bezug zu konkreten strafbaren Handlungen haben.

98   Ungeachtet des Bedeutungszuwachses, den Art. 10 GG in jüngerer Zeit erfahren hat (oben Rdn. 12), ebnet die Übertragung der Kernbereichsrechtsprechung aus dem

---

239 BVerfGE 130, 1 (38 ff.).
240 BVerfGE 109, 279 (311 ff., 314 ff.).
241 BVerfGE 129, 208 (245 ff.); 124, 43 (69 f.); 113, 348 (390 f.); BGHSt 56, 127 (135); s. auch SachsAnhVerfG LKV 2015, 33 (35).
242 Wenig konsequent etwa BVerfGE 129, 208 (248) mit dem Hinweis auf die Schwierigkeiten, einen umfassenden Kernbereichsschutz bei automatischer Aufzeichnung zu gewährleisten. Die Verankerung des Konzepts in der Menschenwürde ernst zu nehmen, würde es gebieten, auf eine automatische Aufzeichnung zu verzichten; ähnlich relativierend siehe auch SachsAnhVerfG 2015, 33 (36); kritisch *Roggan*, LKV 2015, 14 (16).
243 BVerfGE 129, 208 (245).
244 BVerfGE 113, 348 (392).
245 BVerfGE 113, 348 (391 f.); 129, 208 (245 ff.).

Schenke

Bereich des Art. 13 GG die **Differenzierungen ein, die zwischen beiden Grundrechten bereits im Verfassungstext angelegt** sind. Wenn der Verfassungsgeber im Bereich des Art. 10 GG auf Art. 13 GG entsprechende Schutzvorkehrungen verzichtet hat[246], kann diese Grundentscheidung nicht richterrechtlich korrigiert werden. Entgegen verschiedentlich geäußerter Kritik ist es damit verfassungsrechtlich nicht zu beanstanden, dass der strafprozessuale Schutz des Kernbereichs im Bereich des Art. 10 GG durch § 100a Abs. 4 StPO hinter den Schutzvorkehrungen zurückbleibt, die nach § 100c Abs. 4 StPO für Eingriffe in Art. 13 GG vorgesehen sind[247]. Auf einfachgesetzlicher Ebene dienen dem Schutz des Kernbereichs ferner die in § 160a StPO normierten Beweiserhebungs- und Beweisverwertungsverbote zum Schutz von Berufsgeheimnisträgern[248].

Sofern eine Überwachungsmaßnahme den Kernbereich privater Lebensgestaltung berührt, können die erhobenen Daten auch nicht als **Ermittlungs- oder Spurenansatz** dienen[249].   99

6. Wesensgehaltsgarantie

Bislang noch nicht aktuell gewordene Grenzen vermag Eingriffen in Art. 10 GG zuletzt die Wesensgehaltsgarantie des Art. 19 Abs. 2 GG zu ziehen[250]. Eine Vorratsspeicherung von Telekommunikationsdaten, wie sie Gegenstand der nunmehr vom EuGH für ungültig erklärten RiLi 2006/24/EG war (unten Rdn. 144), gerät hiermit zumindest solange noch nicht in Konflikt, wie der Zugang zu den gespeicherten Daten streng reglementiert ist, insbesondere der Inhalt nicht gespeichert wird und die Speicherungsdauer zeitlich begrenzt ist[251].   100

7. Art. 10 Abs. 2 S. 2 GG

Art. 10 Abs. 2 S. 2 GG, der durch Art. 19 Abs. 4 S. 3 GG ergänzt wird, wurde im Zuge der Notstandsgesetzgebung in das Grundgesetz eingefügt (oben Rdn. 7). Regelungsgegenstand der Verfassungsänderung ist eine **Lockerung der Schranken-Schranken** für Eingriffe in Art. 10 GG zu Zwecken des Staats- und Verfassungsschutzes. Nach allgemeinen Grundsätzen (oben Rdn. 88 f.) steht dem von einer Überwachungsmaßnahme Betroffenen ein Anspruch zu, jedenfalls dann nachträglich von einer heimlichen Überwachungsmaßnahme in Kenntnis gesetzt zu werden, wenn dies ohne Beeinträchtigung des Zwecks der Maßnahme möglich ist und andere höher-   101

---

246 Siehe auch BVerfGE 113, 348 (391).
247 So auch *Bär*, MMR 2008, 215 (217); siehe auch *Gusy*, NdsVBl. 2006, 65; nunmehr BVerfGE 129, 208 (246 ff.); kritisch aber *Baum/Schantz*, ZRP 2008, 137 (138); *Puschkel/Singelnstein*, NJW 2008, 113 (114).
248 Dazu kritisch *Puschkel/Singelnstein*, NJW 2008, 113 (117).
249 BVerfGE 129, 208 (249).
250 Siehe auch *Löwer*, in: v. Münch/Kunig I, Art. 10 Rn. 29.
251 BVerfGE 125, 260 (322); siehe hierzu aber kritisch *Gercke*, in: Roggan/Kuschta, Hdb. zum Recht der Inneren Sicherheit, S. 145 (177).

rangige Rechtsgüter nicht beeinträchtigt sind. Bedeutung kommt dem Mitteilungsanspruch vor allem für die Rechtsweggarantie des Art. 19 Abs. 4 GG zu, die ohne Kenntnis von der Überwachungsmaßnahme praktisch leerlaufen muss[252]. Der Wortlaut des Art. 10 Abs. 2 S. 2 GG gestattet es, den Mitteilungsanspruch auszuschließen und an die Stelle des Rechtsweges die Nachprüfung durch von der Volksvertretung bestellte Organe und Hilfsorgane treten zu lassen, sofern die Beschränkung dem Schutze der freiheitlichen demokratischen Grundordnung oder des Bestandes oder der Sicherung des Bundes oder eines Landes dient.

102   Der Begriff der **freiheitlichen demokratischen Grundordnung** ist wie die anderen Staatsnotstandvorbehalte im Kontext des Art. 10 Abs. 2 S. 2 GG nicht anders als bei Art. 11 GG auszulegen (dazu *Blanke*, Art. 11 Rdn. 36).

103   Die umstrittene Verfassungsmäßigkeit der Vorschrift ist vom BVerfG in der G 10-Entscheidung von der Mehrheitsmeinung auf Grundlage einer **restriktiven verfassungskonformen Auslegung** des Art. 10 Abs. 2 S. 2 GG bejaht worden[253]: Danach soll eine nachträgliche Benachrichtigung nicht nur zulässig, sondern mit Rücksicht auf den Grundsatz der Verhältnismäßigkeit verfassungsrechtlich gefordert sein, wenn eine Gefährdung des Zweckes der Überwachungsmaßnahmen und eine Gefährdung des Schutzes der freiheitlichen demokratischen Grundordnung oder des Bestandes oder der Sicherung des Bundes oder eines Landes ausgeschlossen werden kann[254]. Von der in Art. 10 Abs. 2 S. 2 GG eröffneten Möglichkeit darf zudem nur Gebrauch gemacht werden, wenn konkrete Umstände den Verdacht eines verfassungsfeindlichen Verhaltens rechtfertigen[255] und dieser Verdacht nur durch Eingriffe in Art. 10 GG aufgeklärt werden kann[256]. Zulässig ist ein Vorgehen nach Art. 10 Abs. 2 S. 2 GG zudem nur gegen Personen, die in den konkreten Verdacht der genannten Art geraten sind, einschließlich Nachrichtenmittlern.

104   Das »**Ersatzverfahren**« nach Art. 10 Abs. 2 S. 2 GG muss materiell und verfahrensmäßig der gerichtlichen Kontrolle gleichwertig sein[257]. Dies gebietet u.a. die Sach- und Rechtskunde des innerhalb oder außerhalb des Parlaments gebildeten Kontrollorgans, seine Weisungsfreiheit, dessen feste Berufung auf eine bestimmte Zeit sowie eine ausreichende Personalausstattung. Gegenständlich muss sich die Kontrolle auf den gesamten Prozess der Datenerfassung und Datenverwertung beziehen[258].

105   Ob es sich bei Art. 10 Abs. 2 S. 2 GG um **verfassungswidriges Verfassungsrecht** handelt[259], ist wesentlich davon abhängig, ob die Vorschrift tatsächlich einer verfassungskonformen Auslegung zugänglich ist. Da nach allgemeinen Grundsätzen der

252 BVerfGE 30, 1 (16).
253 BVerfGE 30, 1 (17 ff.).
254 BVerfGE 30, 1 (21).
255 BVerfGE 67, 157 (179 f.).
256 BVerfGE 67, 157 (177).
257 BVerfGE 30, 1 (23).
258 BVerfGE 100, 313 (401 f.).
259 Siehe beispielsweise *Rupp*, NJW 1971, 275 ff.; *Häberle*, JZ 1971, 145 ff.

systematischen Interpretation die niederrangige Norm im Einklang mit höherrangigen Normen auszulegen ist, ist bei der Interpretation des Art. 10 Abs. 2 S. 2 GG die Ewigkeitsgarantie des Art. 79 Abs. 3 GG zu berücksichtigen. Diese schließt (entgegen der Mehrheitsmeinung) den Verhältnismäßigkeitsgrundsatz ein, der zu den verfassungsfesten Grundsätzen des Art. 1 und 20 GG zählt[260]. Soweit bei der gebotenen verfassungskonformen Auslegung des Art. 10 Abs. 2 S. 2 GG eine Benachrichtigung des Betroffenen dauerhaft ausgeschlossen ist, ist hiermit weder eine Verletzung der Menschenwürdegarantie noch des Gewaltenteilungsgrundsatzes verbunden[261].

Auf Grundlage der verfassungskonformen Auslegung des BVerfG ging auch der **106** EGMR weder von einem Verstoß gegen Art. 8 noch gegen Art. 13 EMRK aus[262].

Von den in Art. 10 Abs. 2 S. 2 GG eröffneten Möglichkeiten macht das **Gesetz zur** **107** **Beschränkung des Brief-, Post- und Fernmeldegeheimnisses (G 10) Gebrauch**[263], dessen Verfassungskonformität umstritten ist[264] und das bereits mehrfach nachgebessert werden musste, weil durchgeführte Änderungen den verfassungsrechtlichen Vorgaben widersprachen[265]. Kritisch an der aktuellen Fassung sind u.a. Einschränkungen bei der Kennzeichnungspflicht gem. § 4 Abs. 3 G 10[266] sowie bei der Mitteilungspflicht nach § 12 Abs. 1 S. 3 G 10 zu sehen[267]. Ebenso wenig kann wohl von einer Gleichwertigkeit der Kontrolle durch die Kommission mit der gerichtlichen Kontrolle ausgegangen werden[268].

G. Grundrechtskonkurrenzen

Die Abgrenzung zwischen Art. 10 GG und anderen Gewährleistungen zum Schutz **108** der Privatsphäre darf in ihrer Bedeutung nicht überschätzt werden, da die Rechtsprechung des BVerfG von einer weitgehenden **Konvergenz der Grundrechte zum Schutz** **der Privatsphäre** ausgeht (oben Rdn. 16 f.). Praktische Relevanz kann ihr aber dann zukommen, wenn ein beschränkendes Gesetz das betroffene Grundrecht nicht zitiert.

Art. 13 GG schützt auch die Vertraulichkeit der innerhalb der **Wohnung** stattfin- **109** denden Kommunikation[269]. Wird in deren Vertraulichkeit durch die Überwachung der Telekommunikation eingedrungen, tritt Art. 13 GG hinter Art. 10 GG als der spezielleren Gewährleistung zurück[270]. Mit dem Abschluss des postalischen Über-

---

260 *Haratsch*, in: Sodan, Art. 79 Rn. 37; a.A. aber BVerfGE 30, 1 (25).

261 BVerfGE 30, 1 (24 ff.); *W.-R. Schenke*, in: BK, Art. 19 Abs. IV (2009) Rn. 128.

262 EGMR EuGRZ 1979, 278 ff.

263 Zuletzt geändert durch Gesetz v. 06.06.2013, BGBl. I S. 1482.

264 Vgl. zuletzt *Bäcker*, K&R 2014, 556 ff.

265 So zuletzt BVerfGE 100, 313 (375 ff.).

266 »Verfassungsrechtlich zweifelhaft« *Roggan*, in Roggan, G-10-Gesetz, § 4 Rn. 7 f.

267 *Roggan*, in Roggan, G-10-Gesetz, § 12 Rn. 1, 6; *Wollweber*, ZRP 2001, 213 (215).

268 *Gusy*, in: v. Mangoldt/Klein/Starck I, Art. 10 Rn. 99; vgl. auch *Roggan*, in Roggan, G-10-Gesetz, § 14 Rn. 1.

269 BVerfGE 120, 274 (310); 109, 279 (309, 327).

270 BVerfGE 100, 313 (358); 107, 299 (312).

mittlungsvorganges endet der durch Art. 10 GG vermittelte Schutz, sodass allein Art. 13 GG zur Anwendung kommt. Vor einer Online-Durchsuchung eines Computers bietet Art. 10 GG nur insoweit Schutz, als die Kommunikation selbst überwacht wird[271]. Im Übrigen greift das aus Art. 2 Abs. 1 i.V.m. Art. 1 Abs. 1 GG abgeleitete Grundrecht auf Gewährleistung der Vertraulichkeit und Integrität informationstechnischer Systeme ein (*Horn*, Art. 2 Rdn. 51)[272].

110   Das in **Art. 2 Abs. 1 i.V.m. Art. 1 Abs. 1 GG** verankerte **allgemeine Persönlichkeitsrecht** wird durch Art. 10 GG als lex specialis verdrängt[273]. Ebenso die speziellere Vorschrift ist Art. 10 GG im Verhältnis zu der in Art. 2 Abs. 1 i.V.m. Art. 1 Abs. 1 GG verankerten informationellen Selbstbestimmung[274]. Soweit personenbezogene Daten durch Eingriff in Art. 10 GG erhoben worden sind, bleibt dieser auch für die weitere Nutzung und Verarbeitung der Daten Prüfungsmaßstab[275]. Nach Abschluss des Vermittlungsvorganges sind Verbindungsdaten, die sich im Herrschaftsbereich der Kommunikationspartner befinden, allein nach Maßgabe des Art. 2 Abs. 1 i.V.m. Art. 1 Abs. 1 GG geschützt[276].

111   **Freiheitsgrundrechte** treten neben den Schutz des Art. 10 GG, sofern in deren Ausübung kommuniziert wird[277]. Damit ist Gesetzeskonkurrenz zwischen Art. 10 GG und der Pressefreiheit (Art. 5 Abs. 1 S. 1 GG)[278], der Rundfunkfreiheit (Art. 5 Abs. 1 S. 2 Var. 2 GG)[279] und der in Art. 12 GG geschützten Berufsfreiheit denkbar[280]. Dagegen geht Art. 10 GG als speziellere Gewährleistung der in Art. 2 Abs. 1 GG geschützten allgemeinen Handlungsfreiheit vor[281]. Die Gewährleistung der freien Meinungsäußerung aus Art. 5 Abs. 1 GG tritt hingegen hinter Art. 10 GG zurück, soweit der Eingriff allein in der staatlichen Wahrnehmung und gegebenenfalls in Verarbeitung der mit Mitteln der Telekommunikation geäußerten Meinungen liegt[282].

---

271 BVerfGE 120, 274 (307); siehe auch SachsAnhVerfG LKV 2015, 33 (37).
272 BVerfGE 120, 274 (314 ff.).
273 BVerfGE 67, 157 (171).
274 BVerfGE 124, 43 (56); 113, 348 (358); 110, 33 (53); 100, 313 (358).
275 BVerfGE 125, 260 (313): »Jede Folgeverwendung von Daten, die einmal in Form eines Eingriffs in Art. 10 Abs. 1 GG erhoben worden sind, bleibt stets an diesem Grundrecht zu messen«. Nicht nachvollziehbar ist daher, warum BVerfGE 130, 1 (35) die Verwendung von aus einer Wohnraumüberwachung gewonnenen Daten am allgemeinen Persönlichkeitsrecht des Art. 2 Abs. 1 i.V.m. Art. 1 Abs. 1 GG messen will.
276 BVerfGE 115, 166 (183 ff.); 120, 274 (307 f.).
277 *Bizer*, in: AK I, Art. 10 Rn. 117.
278 BVerfGE 100, 313 (365).
279 BVerfGE 107, 299 (310).
280 BVerfG NJW 2007, 2752 (2753).
281 BVerfGE 67, 157 (171); 110, 33 (53); *Starck*, in: v. Mangoldt/Klein/Starck I, Art. 2 I Rn. 73.
282 BVerfGE 113, 348 (364); *Schulze-Fielitz*, in: Dreier I, Art. 5 Rn. 315.

H. Internationale und europäische Aspekte

Der Schutz der privaten Fernkommunikation, den Art. 10 GG auf Ebene des deut- 112
schen Verfassungsrechts verbürgt, ist mit jeweils unterschiedlicher Akzentuierung
auch Gegenstand von Garantien des internationalen und europäischen Grund- und
Menschenrechtsschutzes sowie von Richtlinien des europäischen Sekundärrechts. Besonderes Gewicht wird im Folgenden auf Art. 8 EMRK gelegt, zu dem mittlerweile
eine umfangreiche Rechtsprechung des EGMR vorliegt[283]. An diese knüpft nunmehr auch der EuGH in seiner zweiten Entscheidung zur Vorratsdatenspeicherung
an (unten Rdn. 138).

I. Völkerrechtlicher Menschenrechtsschutz

Nach Art. 12 der am 10.12.1948 verkündeten **Allgemeinen Erklärung der Men-** 113
schenrechte (AEMR) darf niemand willkürlichen Eingriffen in sein Privatleben, seine
Familie, seine Wohnung und seinen Schriftverkehr oder Beeinträchtigungen seiner
Ehre und seines Rufes ausgesetzt werden. Eine entsprechende Gewährleistung enthält
auch der **Internationale Pakt über bürgerliche und politische Rechte (IPbpR)**[284] in
Art. 17 Abs. 1[285]. Die klassische Abwehrfunktion der beiden Gewährleistungen wird
in Art. 12 S. 2 AEMR und Art. 17 Abs. 2 IPbpR um eine **Schutzpflichtdimension** ergänzt, die einen Anspruch auf rechtlichen Schutz gegen solche Eingriffe oder Beeinträchtigungen garantiert.

Der IPbpR gehört zu den vertragsvölkerrechtlichen Verpflichtungen, auf die in der 114
Präambel der Grundrechtecharta Bezug genommen wird[286]. Damit erlangt Art. 17
IPbpR jedenfalls potentiell als Rechtserkenntnisquelle auch eine **mittelbare Bedeu-**
tung für die Auslegung des Art. 7 EU-Charta (s.u. Rdn. 133).

Substantiellen Schutz vermag der völkerrechtliche Menschenrechtsschutz gegen **Ab-** 115
hörmaßnahmen amerikanischer und britischer Dienste nicht zu verbürgen, da sich
weder die Vereinigten Staaten von Amerika noch das Vereinigte Königreich dem In-
dividualbeschwerdeverfahren des (Ersten) Fakultativprotokolls zum IPbpR unterworfen haben. Ein theoretisch mögliches Staatenbeschwerdeverfahren nach Art. 41
IPbpR vermag dagegen letztlich nur politische, aber keine rechtliche Durchschlagskraft zu entfalten[287].

---

283 Vgl. etwa die Zusammenstellung bei *Breitenmoser*, Praxis des Europarechts – Grundrechtsschutz, S. 49 ff.
284 Vom 16. Dezember 1966 (BGBl. 1973 II S. 1534).
285 *Bernsdorff*, in: Meyer, GR-Charta, Art. 7 Rn. 4; exemplarisch aus Entscheidungspraxis
des UN-Menschenrechtsausschusses No. 903/2000.
286 *Präsidium des Konvents*, Vermerk zum Entwurf der Charta der Grundrechte der Europäischen Union – Charte 4473/00, S. 2.
287 Äußerst instruktiv hierzu *Schmahl*, JZ 2014, 220 (222).

II. Europäische Menschenrechtskonvention

116   Nach dem Vorbild von Art. 12 S. 1 AEMR garantiert Art. 8 EMRK das Recht jeder Person auf Achtung ihres Privat- und Familienlebens, ihrer Wohnung und ihrer Korrespondenz. Der durch Art. 8 EMRK garantierte **Schutz der privaten Fernkommunikation** ist nicht deckungsgleich mit dem des Art. 10 GG, sondern überschneidet sich in Teilen mit Art. 13 GG sowie Art. 2 Abs. 1 i.V.m. Art. 1 GG (unten Rdn. 119). Im Ergebnis geht das durch die EMRK in diesem Bereich verbürgte Schutzniveau aber nicht über das Grundgesetz hinaus. Die eigentliche Bedeutung des Art. 8 EMRK ist daher weniger im innerstaatlichen Kontext, sondern in der Bedeutung der EMRK als Rechtserkenntnisquelle für den Grundrechtsschutz gegenüber den Organen der Europäischen Union zu suchen (Art. 6 Abs. 2 EUV).

1. Schutzbereich

117   Art. 8 EMRK garantiert das Recht jeder Person auf Achtung ihrer **Korrespondenz**. Der Begriff Korrespondenz ist weit auszulegen[288] und umfasst den Schutz der Gewährleistung der Vertraulichkeit aller privaten, aber auch nicht-privaten beruflichen Mitteilungen[289]. Unter Korrespondenz ist jedenfalls der Briefverkehr zu verstehen[290]. Unter dem Schutz des Art. 8 EMRK steht aber auch der **Telefonverkehr**[291], obwohl dies nicht unmittelbar vom Wortlaut der Konvention gedeckt ist (engl.: correspondence, frz.: correspondance). Um den Telefonverkehr, aber auch neuere Kommunikationsmedien wie beispielsweise E-Mail und SMS einzubeziehen, bietet sich eine erweiterte Auslegung des Begriffs der Korrespondenz oder der Rückgriff auf den Schutz des Privatlebens an. Der Gerichtshof kombiniert beide Ansätze und stützt sich parallel auf die Achtung der Korrespondenz und des Privatlebens[292]. Damit gilt der Schutz entwicklungsoffen und technikneutral auch für die Überwachung des **E-Mail-Verkehrs**[293] sowie anderer neuer Techniken der Fernkommunikation wie SMS, Pager[294] oder Telefax[295]. Ebenso ist die Kommunikation in virtuellen Chatrooms umfasst, sofern diese nicht frei zugänglich sind[296]. Nicht geschützt sind hingegen Homepages,

---

288   Vgl. nur *Grabenwarter*, EMRK, § 22 Rn. 23.
289   EGMR NJW 1993, 718 (719); EuGRZ 2007, 415 (418).
290   EGMR EuGRZ 1984, 147 (149); NJW 1992, 1873 (1874).
291   EGMR EuGRZ 1979, 278 (284); EuGRZ 1985, 17 (20); StV 1998, 683; ÖJZ 2001, 71; NJW 2010, 2111.
292   EGMR EuGRZ 1979, 278 (284); StV 1998, 683. Mit Hilfe dieser »Doppelgleisigkeit« versucht der EGMR vermutlich Schutzlücken für die berufliche Kommunikation zu vermeiden, die sich für den Telefonverkehr bei einem isolierten Rückgriff auf den Schutz des Privatlebens ergeben könnten.
293   EGMR EuGRZ 2007, 415 (418).
294   EGMR, Urt. v. 22.10.2002 – 47114/99, Rn. 16 ff.
295   *Kugelmann*, EuGRZ 2003, 16 (21 f.).
296   Ohne diese Einschränkung aber *Kugelmann*, EuGRZ 2003, 16 (22); *Breitenmoser*, Praxis des Europarechts – Grundrechtsschutz, S. 72.

Newsgroups und Blogs im frei zugänglichen Internet[297]. Bei Telefongesprächen zwischen Familienangehörigen ist neben der Korrespondenzfreiheit auch der Schutz des Familienlebens berührt[298].

In den Schutzbereich einzubeziehen sind nicht nur die **Kommunikationsinhalte**, sondern auch die **näheren Umstände** der Telekommunikation, wie beispielsweise der Zeitpunkt und die Dauer einer Verbindung[299]. Schutz vermittelt Art. 8 EMRK im Unterschied zu Art. 10 GG aber auch vor der Überwachung der Internetnutzung[300]. **118**

In **zeitlicher Hinsicht** beschränkt sich der Schutz nicht auf den eigentlichen Übermittlungsvorgang, sondern dauert auch nach dessen Abschluss fort[301], sodass auch eine Briefbeschlagnahme beim Empfänger in die Korrespondenzfreiheit eingreift[302]. **119**

Eingeschlossen in den Schutz ist auch die **Speicherung, Verarbeitung und weitere Verwendung** von Daten, die durch einen Eingriff in Art. 8 Abs. 1 EMRK erhoben worden sind[303]. **120**

Aus Art. 8 EMRK **grundrechtsberechtigt** sind nicht nur natürliche, sondern ebenso juristische Personen[304]. Zu beachten ist Art. 8 EMRK auch in besonderen Gewaltverhältnissen, wie beispielsweise in öffentlichen Dienstverhältnissen[305] oder im Strafgefangenenverhältnis[306]. **Grundrechtsverpflichtet** ist die öffentliche Gewalt. **121**

Art. 8 EMRK ist in erster Linie ein staatsgerichtetes **Abwehrrecht**. Darüber hinaus können sich aus der Norm aber auch **staatliche Schutzpflichten** ergeben, die darauf gerichtet sind, die Achtung der in Art. 8 EMRK garantierten Rechte in den Beziehungen zwischen Privatpersonen zu gewährleisten[307]. Anwendungsfälle dieser Schutzpflichten sind insbesondere die Geheimhaltungspflichten der Diensteanbieter und Netzbetreiber, die in der Telekommunikations-Datenschutzrichtlinie sekundärrechtlich vorgegeben sind (unten Rdn. 142). Die Abwehrfunktion des Art. 8 EMRK wird ferner durch **organisatorische und verfahrensrechtliche Garantien** komplettiert (unten Rdn. 129)[308]. **122**

---

297 *Grabenwarter*, EMRK, § 22 Rn. 24.
298 EGMR Series A-226, 6 (25); wohl auch EGMR EuGRZ 1979, 278 (284).
299 EGMR EuGRZ 1985, 17 (23); ÖJZ 2002, 911 (912).
300 EGMR EuGRZ 2007, 415 (418).
301 EGMR NJW 1993, 718 f.; ÖJZ 1993, 532 (553); *Grabenwarter*, EMRK, § 22 Rn. 23.
302 EGMR NJW 1993, 718 (719).
303 EGMR EuGRZ 2007, 415 (419); siehe auch EGMR ÖJZ 2001, 71 (73).
304 Vgl. *Grabenwarter*, EMRK, § 22 Rn. 4; siehe auch EGMR, Urt. v. 16.04.2002 – 37971/97, Rn. 40 f.
305 EGMR EuGRZ 2007, 415.
306 EGMR ÖJZ 1997, 584; EuGRZ 1984, 147.
307 EGMR NJW 2005, 3767 (3768); *Frowein/Peukert*, in: EMRK-Kommentar, Art. 8 Rn. 35.
308 *Grabenwarter*, EMRK, § 22 Rn. 1, 34; *Gusy*, FG Hilger, 2003, S. 117 (131 f.).

123   Abweichend von Art. 10 GG weist Art. 8 EMRK auch eine **leistungsrechtliche Dimension** auf, die vor der Zurückbehaltung und Verzögerung von Briefen[309] sowie vor dem Unleserlichmachen einzelner Passagen[310] schützt. Das in Art. 10 EMRK garantierte Recht auf freie Meinungsäußerung wird im Zusammenhang mit dem Briefverkehr durch Art. 8 EMRK verdrängt[311].

124   Im Unterschied zu den europäischen Datenschutzrichtlinien kennt die EMRK **keine Bereichsausnahmen** für die Gewährleistung der öffentlichen Sicherheit, die Landesverteidigung, den Staatsschutz und die Strafverfolgung (unten Rdn. 142). Vielmehr vermag die Verfolgung solcher Zwecke einen Eingriff in Art. 8 Abs. 1 EMRK zu legitimieren, sofern die Schranken-Schranken des Art. 8 Abs. 2 EMRK respektiert werden (unten Rdn. 126 ff.). Damit bietet Art. 8 EMRK einen Ansatzpunkt, sich gegen die Überwachungsmaßnahmen britischer Dienste zur Wehr zu setzen[312].

2. Eingriff

125   Spiegelbildlich zum Schutzbereich wird in Art. 8 EMRK u.a. durch die Briefkontrolle, die Briefzensur, die Festlegung von Quoten für Briefe im Gefängnis[313] sowie durch **Telefonabhörmaßnahmen**[314] eingegriffen. Ebenso stellen **Hausdurchsuchungen**, in deren Verlauf als Briefverkehr zu wertende Dokumente eingesehen werden, einen Eingriff in die Korrespondenzfreiheit dar[315]. Auch stellt das bloße Bestehen eines Gesetzes einen Eingriff in den Schutzbereich des Art. 8 Abs. 1 EMRK dar, wenn es den Hoheitsträger zur Telekommunikationsüberwachung ermächtigt. Dies begründet der EGMR damit, dass bereits das Bestehen eines solchen Gesetzes für alle, die in den Anwendungsbereich des Gesetzes fallen, die Gefahr einer Überwachung impliziert[316]. Die Speicherung und Weitergabe der aus einer Überwachung der Korrespondenz gewonnenen Daten ist ein Eingriff in Art. 8 Abs. 1 EMRK[317]. Entgegen einer vereinzelt gebliebenen Entscheidung des EGMR kann es für den Eingriff keine Rolle spielen, ob die überwachte Handlung strafbar ist[318]. Darüber hinaus wird – anders als im Anwendungsbereich des Art. 10 GG – auch die Verhinderung und

---

309   EGMR EuGRZ 1984, 147 (149).

310   EGMR NJW 1992, 1873 (1874).

311   *Esser*, Auf dem Weg zu einem europäischen Strafverfahrensrecht, S. 317; EGMR EuGRZ 1984, 147 (149 f., 153).

312   Ausführlich *Schmahl*, JZ 2014, 220 (227 f.).

313   EGMR, Urt. v. 29.01.2002 – 37328/97, Rn. 87, 91, wonach 2–3 Briefe in der Woche ausreichend sein sollen.

314   EGMR EuGRZ 1979, 278 (284); EuGRZ 1985, 17 (20); ÖJZ 1990, 564 (565); StV 1998, 683; EuGRZ 1992, 300 (301); ÖJZ 2001, 71.

315   EGMR NJW 1993, 718 (719).

316   EGMR NJW 2010, 2111 (2112).

317   EGMR EuGRZ 2007, 415 (419); siehe auch EGMR ÖJZ 2001, 71 (73).

318   So aber wohl EGMR EuGRZ 1992, 300 (301), womit die Ebene der Rechtfertigung unzulässig mit der Eingriffsebene vermischt wird.

Verzögerung der Kommunikation als Eingriff in den Schutzbereich des Art. 8 Abs. 1 EMRK verstanden[319].

3. Rechtfertigung

Die Garantien des Art. 8 Abs. 1 EMRK sind nicht schrankenlos gewährleistet, son- 126 dern stehen gem. Art. 8 Abs. 2 EMRK unter einem Gesetzesvorbehalt. Als **Schranken-Schranken** bestimmt Art. 8 Abs. 2 EMRK, dass der Eingriff in einer demokratischen Gesellschaft notwendig sein muss, um eines der dort genannten Ziele zu verfolgen[320].

Der **Gesetzesvorbehalt** des Art. 8 Abs. 2 EMRK verlangt, dass die angegriffene Maß- 127 nahme eine Grundlage im nationalen Recht hat, stellt aber auch Anforderungen an die inhaltliche Qualität des Gesetzes. Dieses muss der betreffenden Person zugänglich sein, diese in die Lage versetzen, die Konsequenzen des Gesetzes für sie vorauszusehen, und mit den Grundsätzen der Rechtsstaatlichkeit übereinstimmen[321].

Der Begriff des Gesetzes i.S.d. Art. 8 Abs. 2 EMRK beschränkt sich nicht auf Geset- 128 ze im formellen Sinne, sondern schließt schon mit Blick auf die Tradition des common-law ebenso Gesetze im materiellen Sinne ein. Damit kann auch **ungeschriebenes Recht** eine ausreichende Ermächtigungsgrundlage darstellen[322]. Bei Auslegung und Anwendung der Gesetze hat der Gerichtshof den Beurteilungsspielraum der staatlichen Behörden und der Gerichte zu respektieren[323].

Zum Schutz der Korrespondenzfreiheit stellt der Gerichtshof an die Vorhersehbar- 129 keit, die dem Bestimmtheitsgebot im deutschen Verfassungsrecht entspricht, **erhöhte Anforderungen**. Hierbei gilt, dass gerade bei geheimen Eingriffen die Anforderungen an die Klarheit und Präzision der gesetzlichen Grundlage umso höher sind[324]. Dies schließt die Einräumung von Ermessensspielräumen zwar nicht aus, allerdings muss das Gesetz das Ausmaß des behördlichen Ermessens und die Art seiner Ausübung mit ausreichender Klarheit angeben, um mögliche Missbräuche auszuschließen[325]. Dazu gehört zu benennen, wer kontrolliert werden kann, welche Stellen über die Kontrolle entscheiden und zu regeln, in welcher Art und Weise, für welche Dauer und aus welchen Gründen die Kontrolle, die im Einzelfall zu begründen ist, durchgeführt werden kann[326]. Dies gilt insbesondere für geheime Überwachungsmaßnahmen, ganz besonders für die Überwachung der Telekommunikation. Hier

---

319 *Jarass*, EU-GRCh, Art. 7 Rn. 50.
320 EGMR StV 1998, 683.
321 EGMR StV 1998, 683; ÖJZ 1990, 564 (565).
322 EGMR StV 1998, 683; ÖJZ 1990, 564 (565).
323 EGMR NJW 2006, 1495 (1496); ÖJZ 1990, 564 (565); ÖJZ 2001, 71.
324 *Jarass*, EU-GrCH, Art. 7 Rn. 52.
325 EGMR ÖJZ 1990, 564 (566).
326 EGMR EuGRZ 1992, 535 (539); ÖJZ 1997, 584 (584 f.); EGMR, Urt. v. 23.09.1998
     – 115/1997/899/1111, Rn. 37; Urt. v. 28.09.2000 – 25498/94, Rn. 78 ff.; Urt. v.
     26.07.2001 – 39920/98, Rn. 26.

muss das innerstaatliche Recht detaillierte **verfahrens- und organisationsrechtliche** Regelungen enthalten. Hierzu zählen die Bestimmung, wer überwacht werden darf, ein Richtervorbehalt, die zeitliche Befristung der Maßnahme, ein Verfahren zur Aufstellung eines Berichts über die abgehörten Gespräche und zur Übermittlung der Aufzeichnungen an Gericht und Verteidiger sowie eine Regelung, unter welchen Umständen Aufzeichnungen auch wieder zu löschen sind[327]. Aufgrund ihrer Eingriffsintensität hat der Gesetzgeber darüber hinaus sicherzustellen, dass eine Telekommunikationsüberwachung nur bei Vorliegen eines »sehr schwerwiegenden Grundes« durchgeführt wird. Ein solcher ist bei der Annahme eines begründeten Verdachts gegeben, dass der Betroffene »in schwere kriminelle Machenschaften« verwickelt ist[328]. Diese vom EGMR entwickelten Anforderungen an Eingriffe, die in einem speziellen Zusammenhang mit der Telekommunikationsüberwachung stehen, sind auf andere, weniger eingriffsintensive Maßnahmen nicht ohne Weiteres anwendbar[329].

130   Die in Art. 8 Abs. 2 EMRK genannten Ziele für die Rechtfertigung eines Eingriffs sind **autonome, gemeineuropäische Begriffe**, die nicht unter Rückgriff auf spezifisch nationale Begriffsbildungen definiert werden können. Die Ziele sind weit zu verstehen, ein Eingriff kann auch mehrere Ziele verfolgen. Beispielsweise ist der Gerichtshof bei der Überprüfung des G 10 gleichermaßen vom Schutz der nationalen Sicherheit, der Sicherung der Ordnung wie der Verhütung von strafbaren Handlungen ausgegangen[330].

131   Die Wendung, der Eingriff müsse in einer demokratischen Gesellschaft zur Verwirklichung der in Art. 8 Abs. 2 EMRK benannten Ziele notwendig sein, verweist auf den **Verhältnismäßigkeitsgrundsatz**[331], wobei den Vertragsstaaten ein gewisser Beurteilungsspielraum zuzubilligen ist[332].

132   Im Bereich der Korrespondenzfreiheit muss im innerstaatlichen Recht ausreichender **Schutz gegen Missbrauch** vorhanden sein, was wirksame und effektive Kontrollmöglichkeiten für den Betroffenen voraussetzt[333]. Bei Hausdurchsuchungen muss etwa der Verfasser oder der Adressat der gesuchten Dokumente angegeben werden.

---

327   EGMR ÖJZ 2001, 71 (72); ÖJZ 1990, 564 (66 f.); ÖJZ 1999, 510 (511); EGMR, Urt. v. 18.02.2003 – 58496/00, Rn. 30 ff.

328   EGMR NJW 2010, 2111 (2113).

329   So betrifft beispielsweise die Überwachung eines Kraftfahrzeugs mittels GPS lediglich die Bewegung in der Öffentlichkeit und greift weniger stark in die Privatsphäre des Betroffenen ein. Daher beschränkte der EGMR in diesem Fall seine Prüfung auf die allgemeinen Grundsätze zum angemessenen Schutz vor willkürlichen Eingriffen, EGMR NJW 2011, 1333 (1336).

330   EGMR EuGRZ 1979, 278 (284 f.).

331   Vgl. etwa EGMR NJW 2013, 3081 (3082); NJW 2006, 1495 (1497); NJW 1993, 718 (719).

332   EGMR NJW 2006, 1495 (1497).

333   EGMR EuGRZ 1979, 278 (285).

Schenke

Besonders hohe Anforderungen sind bei der Überwachung des Brief- und Fernmeldeverkehrs von Anwälten zu beachten[334]. Die Kontrolle des Briefverkehrs Gefangener ist gerechtfertigt, wenn in Dokumenten gewalttätige oder sonstige kriminelle Handlungen angedroht werden oder zu solchen aufgefordert wird[335]. Gleiches gilt, wenn zweckmäßige formale Regelungen zur Kontrolle des Brief- und Telefonverkehrs in Gefängnissen nicht eingehalten werden[336]. Eine Beschränkung der Telefongespräche Inhaftierter ist insbesondere zulässig, wenn eine schriftliche Kommunikation möglich ist[337].

III. Grundrechtecharta

Weitgehend wortgleich mit Art. 8 Abs. 1 EMRK ist in Art. 7 EU-Charta das Recht   133
jeder Person auf Achtung ihres Privat- und Familienlebens, ihrer Wohnung sowie ihrer Kommunikation garantiert. Nach den Erläuterungen des Präsidiums des Konvents entsprechen die in Art. 7 EU-Charta garantierten Rechte denen des Art. 8 EMRK[338]. Um der technischen Entwicklung Rechnung zu tragen, wurde der Begriff der Korrespondenz aber durch den der **Kommunikation** ersetzt. Damit wird klargestellt, dass sich der Schutz der Kommunikationsfreiheit entwicklungsoffen auch auf alle neueren technischen Formen der privaten Fernkommunikation, wie beispielsweise per E-Mail oder per SMS, erstreckt[339]. Die Verpflichtung, Daten über Kommunikationsvorgänge zu speichern, greift in Art. 7 EU-Charta ein. Für das Vorliegen eines Eingriffs ist irrelevant, ob die betreffenden Informationen über das Privatleben sensiblen Charakter haben oder ob die Betroffenen durch den Eingriff Nachteile erlitten haben könnten[340]. Einen zusätzlichen Eingriff stellt der Zugang staatlicher Behörden zu den Daten dar[341].

Ungeachtet der Anpassung an den modernen Sprachgebrauch bestimmen sich Be   134
deutung und Tragweite des Art. 7 EU-Charta gem. Art. 53 Abs. 3 EU-Charta nach den Vorgaben des Art. 8 EMRK. Damit ist Schutzgegenstand der in Art. 7 EU-Charta garantierten Achtung der Kommunikation die **private Fernkommunikation**[342]. Nach dem Vorbild des Art. 8 EMRK dürfte sich der Gewährleistungsgehalt des Art. 7 EU-Charta nicht auf eine reine Abwehrfunktion beschränken. Zu den weiteren, leistungsrechtlichen Gehalten gehören Schutzpflichten zur Wahrung des Kommunikationsgeheimnisses zwischen Privaten[343] sowie in begrenztem Umfang auch Ansprüche auf

334 EGMR NJW 1993, 718 (719); StV 1998, 683 (684).
335 EGMR EuGRZ 1984, 147 (152 f.).
336 EGMR, Urt. v. 29.01.2002 – 37328/97 Rn. 93; *Grabenwarter*, EMRK, § 22 Rn. 48.
337 EGMR, Urt. v. 29.01.2002 – 37328/97 Rn. 92.
338 *Präsidium des Konvents* (a.a.O. Fn. 286), S. 10.
339 *Jarass*, EU-Grundrechte, § 12 Rn. 44; *Rengeling/Szczekalla*, Grundrechte in der Europäischen Union, Rn. 664; *Kingreen*, in: Callies/Ruffert, EUV/EGV, Art. 7 GRCh Rn. 10.
340 EuGH NJW 2014, 2169, Rn. 33.
341 EuGH NJW 2014, 2169, Rn. 35.
342 Siehe auch *Bernsdorff*, in: Meyer, GR-Charta, Art. 7 Rn. 24.
343 *Jarass*, EU-Grundrechte, § 12 Rn. 49.

Anbahnung von Kommunikation, wie sie auch durch Art. 8 EMRK gewährleistet sind (oben Rdn. 123).

135   Einmal durch Eingriff in Art. 7 EU-Charta erhobene Daten berühren zugleich den **Schutzbereich des Art. 8 EU-Charta.** Dieser garantiert in Abs. 1 jeder Person das Recht auf Schutz der sie betreffenden personenbezogenen Daten und sieht in Abs. 2 S. 1 einen Schrankenvorbehalt vor. Demnach dürfen personenbezogene Daten nur nach Treu und Glauben und für festgesetzte Zwecke und mit Einwilligung der betroffenen Person oder auf einer sonstigen gesetzlich geregelten legitimen Grundlage verarbeitet werden. Prozedurale und organisatorische Sicherungen finden sich in Abs. 2 S. 2 sowie Abs. 3. Nach Abs. 2 S. 2 hat jede Person das Recht, Auskunft über die betreffenden Daten zu erhalten und die Berichtigung der Daten zu erwirken. Abs. 3 garantiert, dass die Einhaltung dieser Bestimmungen durch eine unabhängige Stelle überwacht wird. Nach den Erläuterungen des Präsidiums stützt sich Art. 8 EU-Charta auf ein ganzes Bündel von Rechtsakten, zu denen neben Art. 8 EMRK auch die europäische Datenschutzrichtlinie (unten Rdn. 142) zählt[344] und was eine sekundärrechtskonforme Auslegung des Primärrechts gebietet[345].

136   Im Unterschied zur Rechtsprechung des BVerfG, wonach Art. 10 GG auch für weitere Verarbeitungsschritte das Grundrecht auf informationelle Selbstbestimmung (Art. 2 Abs. 1 GG i.V.m. Art. 1 Abs. 1 GG) als lex specialis verdrängt (oben Rdn. 110), prüft der EuGH auch in seiner jüngsten Entscheidung zur Vorratsdatenspeicherung Art. 8 parallel zu Art. 7 EU-Charta, sodass beide Grundrechte in **Idealkonkurrenz**[346] zueinander stehen[347].

137   Nach allgemeinen Grundsätzen ist Art. 7 EU-Charta nicht vorbehaltlos gewährleistet, sondern kann nach Maßgabe des Art. 51 Abs. 1 EU-Charta **beschränkt** werden. Die legitimen Einschränkungen entsprechen denen, die auch Art. 8 EMRK gestattet[348]. Damit kann auch insoweit an die bisherige Rechtsprechung des EGMR angeknüpft werden. Beschränkungen sind unter Beachtung seiner Schranken-Schranken auch bei Art. 8 EU-Charta zulässig.

138   Richterrechtlich konturiert worden sind der Schutzgehalt und das **Schrankenregime** der Art. 7, 8 EU-Charta durch die **zweite Entscheidung des EuGH zur Vorratsdatenspeicherung**, die die RiLi 2006/24/EG für ungültig erklärt hat[349]. Dabei wurde eine Verletzung des **Wesensgehalts** der Art. 7, 8 EU-Charta verneint, da die

---

344   *Präsidium des Konvents* (a.a.O. Fn. 286), S. 10.
345   *Schmahl*, JZ 2014, 220 (223).
346   So bereits EUGH EUZW 2010, 939 Rn. 47, 52. Auch hier ging der EUGH implizit davon aus, dass Art. 7 und 8 EU-Charta in Idealkonkurrenz zueinander stehen.
347   Kritisch *Wolff*, DÖV 2014, 608 (609); Jarass hält dies jedenfalls für »nicht zwingend« *Jarass*, Eu-GRCh, Art. 8 Rn. 4.
348   *Präsidium des Konvents* (a.a.O. Fn. 286), S. 10.
349   EuGH NJW 2014, 2169 ff. Die erste Entscheidung (EuGH EuR 2009, 528 ff.) hatte dagegen allein die kompetenzrechtliche Einordnung der Richtlinie zum Gegenstand, ohne die grundrechtliche Einordnung zu thematisieren.

Richtlinie keinen Zugriff auf den Inhalt der elektronischen Kommunikation gestatte und die Richtlinie Vorschriften zum Datenschutz und zur Datensicherheit enthalte (Rn. 39 f.). Ebenso **legitim** sei das Ziel der Richtlinie, zur Bekämpfung schwerer Kriminalität und somit letztlich zur öffentlichen Sicherheit beizutragen (Rn. 41 ff.). Bei der anschließenden **Verhältnismäßigkeitsprüfung**, die im Unterschied zur deutschen Dogmatik ohne Prüfung der Angemessenheit auskommt und sich damit auf die Geeignetheit und Erforderlichkeit beschränkt (Rn. 46), unterwirft der EuGH die Richtlinie mit Rücksicht auf die Bedeutung des Grundrechts sowie Ausmaß und Schwere des Eingriffs einer »strikten Kontrolle« (Rn. 48). Nicht beanstandet wurde die Geeignetheit, wohl aber die **Erforderlichkeit** der Maßnahme. Danach müssen sich Ausnahmen vom Schutz personenbezogener Daten und dessen Einschränkungen auf das **absolut Notwendige** beschränken. Die beschränkende Unionsregelung müsse **klare und präzise Regeln** für die Tragweite und die Anwendung der fraglichen Maßnahme vorsehen. Außerdem müsse sie über ausreichende Garantien verfügen, die einen **Schutz vor Missbrauchsrisiken** sowie vor jedem unberechtigten Zugang und jeder unberechtigten Nutzung ermöglichen[350]. Beanstandet wurden dann u.a. die Streuweite des Eingriffs (Rn. 56 ff.), der Verzicht auf Vorschriften zum Schutz von Berufsgeheimnissen (Rn. 58) sowie auf materiell- und verfahrensrechtliche Voraussetzungen für den Zugang der zuständigen nationalen Behörden zu den Daten und deren spätere Nutzung (Rn. 61)[351]. So fehle es beim Datenzugriff an einer vorherigen Kontrolle durch ein Gericht oder eine unabhängige Verwaltungsstelle (Rn. 62). Weiterhin sei die Speicherdauer zu unspezifisch geregelt (Rn. 63 f.). Nur unzureichend gewährleistet sei die Datensicherheit bei den Anbietern, denen die Richtlinie keine hinreichenden technischen und organisatorischen Maßnahmen für ein besonders hohes Schutz- und Sicherheitsniveau vorschreibe. Zudem könnten die Daten auch außerhalb des Unionsgebiets gespeichert werden, was sie der in Art. 8 Abs. 3 EU-Charta geforderten Kontrolle durch eine unabhängige Stelle entziehe (Rn. 68).

In der Literatur ist die zweite EuGH Entscheidung ganz überwiegend begrüßt und **139** als ein vielversprechendes Signal für den europäischen Grundrechtsschutz gewertet worden[352]. Zumindest hinter die Absage der Entscheidung daran, datenschutzrechtliche Defizite auf Ebene des Sekundärrechts durch das nationale Recht zu beseitigen, ist indes ein **vorsichtiges Fragezeichen** zu setzen. Je enger sich der europäische Grundrechtsschutz auf Ebene des Primärrechts verdichtet, desto geringer fallen nicht nur die Gestaltungsspielräume für den EU-Gesetzgeber, sondern auch die Möglichkeiten der nationalen Parlamente aus, den Datenschutz im Einklang mit ihren jeweiligen rechtskulturellen Erfahrungen auszugestalten. Das wirft Fragen nach der demokratischen Legitimation des Europäischen Richterrechts auf[353], die auf Primär-

---

350 EuGH NJW 2014, 2169, Rn. 54.
351 Instruktiv *Wolff*, DÖV 2014, 608 (610).
352 Vgl. etwa *Durner*, DVBl. 2014, 712 (715); *Kühling*, NVwZ 2014, 681 (682).
353 Im Ansatz so auch *Simitis*, NJW 2014, 2158 (2159); *Kühling*, NVwZ 2014, 681 (684 f.).

rechtsebene weitaus ernster zu nehmen sind als das vermeintliche Legitimationsdefizit des EU-Gesetzgebers auf sekundärrechtlicher Ebene.

IV. Ungeschriebene Grundsätze

140   Gem. Art. 6 Abs. 2 EUV achtet die Union die Grundrechte, wie sie in der EMRK gewährleistet sind und wie sie sich aus den gemeinsamen Verfassungsüberlieferungen der Mitgliedstaaten als allgemeine Rechtsgrundsätze ergeben. Bereits 1980 hat der EuGH anerkannt, dass die **Gewährleistung des Art. 8 EMRK** und damit auch der Anspruch auf Achtung des Briefverkehrs Bestandteil des Gemeinschaftsrechts ist[354]. Als besonders schutzwürdig ist vom Gerichtshof ferner die Vertraulichkeit des Schriftverkehrs zwischen Anwalt und Mandant eingestuft worden[355]. Auch nach Inkrafttreten des Vertrags von Lissabon, der die Grundrechtecharta in den Rang des Primärrechts erhoben hat, sind die ungeschriebenen Grundsätze mit Blick auf das »Opt Out« des Vereinigten Königreichs sowie Polens[356] von der Anwendbarkeit der Grundrechtecharta weiterhin von bleibender Bedeutung. Insoweit hat der EuGH klargestellt, dass das »Opt Out« die Bindung an die ungeschriebenen Grundsätze des Unionsrechts unberührt lässt[357].

141   Ob aus ihnen **Abwehrrechte gegenüber den Abhörmaßnahmen britischer Dienste** abgeleitet werden können, hängt von der umstrittenen Frage der Anwendbarkeit der EU-Grundrechte in Bereichen ab (*Stern*, Einleitung Rdn. 204 ff.), die sekundärrechtlich – hier in Gestalt der verschiedenen Datenschutzrichtlinien (unten Rdn. 142) – vorgeprägt sind. Mit Blick auf die Bereichsausnahmen der Richtlinien (unten Rdn. 142) die für die Tätigkeit der Sicherheitsbehörden gelten, dürfte dies auf Grundlage der Rechtsprechung des BVerfG zu verneinen[358], auf Grundlage der Rechtsprechung des EuGH[359] hingegen tendenziell zu bejahen sein[360].

V. Europäisches Sekundärrecht

142   Die **Datenschutzrichtlinie** (RiLi 95/46/EG) enthält detaillierte Vorgaben zum Schutz personenbezogener Daten, die durch die Telekommunikations-Datenschutzrichtlinie und die Datenschutzrichtlinie für Elektronische Kommunikation bereichsspezifisch ergänzt und konkretisiert worden sind[361]. Von großer praktischer Bedeu-

---

354   EuGH Slg. 1980, 2033 (2056).
355   EuGH Slg. 1982, 1575 (1610) allerdings ohne expliziten Bezug auf Art. 8 EMRK.
356   ABl. EU 2010, Nr. C 83, 313.
357   EuGH Slg. 2011-I, 13991 (Rn. 116 ff.).
358   BVerfGE 133, 277 (316).
359   EuGH DVBl. 2013, 577 (578 f.).
360   Zum Ganzen sehr instruktiv *Schmahl*, JZ 2014, 220 (223 ff.).
361   RiLi 95/46/EG des Europäischen Parlaments und des Rates vom 24.10.1995 zum Schutz natürlicher Personen bei der Verarbeitung personenbezogener Daten und zum freien Datenverkehr, ABl. L 281 v. 23.11.1995, 31; RiLi 97/66/EG des Europäischen Parlaments und des Rates vom 15.12.1997 über die Verarbeitung personenbezogener Daten und

tung sind die Bereichsausnahmen der Richtlinien, die insbesondere die Gewährleistung der öffentlichen Sicherheit, die Landesverteidigung, den Staatsschutz und die Strafverfolgung von ihrem Anwendungsbereich ausnehmen[362]. Regelungsziel speziell der Telekommunikations-Datenschutzrichtlinie ist es, die Vertraulichkeit der Kommunikation in öffentlichen Telekommunikationsnetzen im Verhältnis zum Betreiber und sonstigen Dritten zu gewährleisten. Aus grundrechtlicher Sicht geht es mit den Datenschutzrichtlinien damit primär um die Umsetzung der sowohl in Art. 10 GG, aber auch in Art. 8 EMRK verankerten **Schutzpflichten** (oben Rdn. 56, 122). Nicht beschränkt wird hingegen das Recht der Mitgliedstaaten, die Telekommunikation zum Schutz der öffentlichen Sicherheit, der Landesverteidigung oder für die Anwendung strafrechtlicher Vorschriften zu überwachen (Art. 1 Abs. 3 TK-Datenschutzrichtlinie, Begründungserwägung Nr. 11).

Der zunächst auf die Mitgliedstaaten beschränkte Geltungsbereich der Datenschutzrichtlinien wird durch Art. 286 Abs. 1 EG im Wege einer »geltungserweiternden Verweisung«[363] auch auf ihre Organe und Einrichtungen selbst ausgedehnt und ist damit Bestandteil des **Primärrechts** geworden. 143

Im Unterschied zu den oben genannten Richtlinien zielte die Richtlinie zur **Vorratsdatenspeicherung** (RiLi 2006/24/EG)[364] nicht auf einen verstärkten Schutz der Freiheit und Vertraulichkeit der Telekommunikation ab, sondern verpflichtete die Diensteanbieter, Verbindungsdaten zu speichern, sodass diese nach Maßgabe des nationalen Rechts zu Zwecken der Ermittlung, Feststellung und Verfolgung von schweren Straftaten zur Verfügung stehen. Die Richtlinie ist mittlerweile unmittelbar[365] Gegenstand zweier Entscheidungen des EuGH geworden. Die erste, 2009 ergangene Entscheidung beschränkte sich auf die kompetenzrechtliche Einordnung, wobei Art. 95 EG als Rechtsgrundlage gebilligt wurde[366]. Zwischenzeitlich hatte das BVerfG die deutschen Umsetzungsvorschriften für verfassungswidrig und ungültig erklärt (oben Rdn. 17), zugleich aber betont, dass eine Vorratsdatenspeicherung nicht per se im Widerspruch zum Grundgesetz stehen müsse. In seiner zweiten, durch zwei Vor- 144

den Schutz der Privatsphäre im Bereich der Telekommunikation, ABl. L 24 v. 30.01.1998, 1; RiLi 2002/58/EG des Europäischen Parlaments und des Rates vom 12.07.2002 über die Verarbeitung personenbezogener Daten und den Schutz der Privatsphäre in der elektronischen Kommunikation, ABl. L 201 v. 31.07.2002, 37.
362 Art. 3 Abs. 2 Datenschutzrichtlinie; Art. 1 Abs. 2 EG-Telekommunikations-Datenschutzrichtlinie; Art. 1 Abs. 3 Datenschutzrichtlinie für Elektronische Kommunikation.
363 *Mehde*, in: Heselhaus/Nowak, Hdb. der Europäischen Grundrechte, § 21 Rn. 19.
364 RiLi 2006/24/EG des europäischen Parlaments und des Rates v. 15.03.2006 über die Vorratsspeicherung von Daten, ABl. L 105 v. 13.04.2006, 54.
365 Mittelbar hatte sich der EuGH mit der Richtlinie aber auch in dem Vertragsverletzungsverfahren gegen Schweden und Österreich zu befassen, in dem die Nichtumsetzung als Verstoß gegen das Unionsrecht bewertet wurde (EuGH Slg. 2010-I, 14 ff.). Zur weiteren Historie siehe *Roßnagel*, MMR 2014, 372 f.
366 EuGH DVBl. 2009, 371 (372); kritisch hierzu *Terhechte*, EuZW 2009, 199 (201 f.); *Simitis*, NJW 2009, 1782 (1785 ff.); *Durner*, DVBl. 2014, 712 (713).

abscheidungsverfahren initiierten Urteil stellte der EuGH dann 2014 die Ungültigkeit der Richtlinie wegen einer Verletzung der Art. 7 und 8 EU-Charta fest (oben Rdn. 138). Die Kommission hat sich bislang noch nicht positioniert, ob sie einen weiteren Anlauf zur Verabschiedung einer neuen Richtlinie nehmen will. Auch wenn in der Entscheidung hohe Hürden aufgestellt werden, dürfte der Weg zu einer EU-Charta-konformen Neufassung jedoch keinesfalls kategorisch verbaut sein[367].

I. Prozessuale Fragen

145   Bei Eingriffen in Art. 10 GG werden die allgemeinen Rechtsbehelfe z.T. durch Sonderzuweisungen modifiziert (z.B. § 101 Abs. 7 S. 2 StPO[368]; Art. 34c Abs. 1 S. 1, 34 Abs. 4 S. 2, 24 Abs. 1 S. 3 BayPAG i.V.m. FamFG). Im Regelfall wird ein Rechtsschutz mangels Kenntnis des Eingriffs erst möglich sein, wenn die Maßnahme bereits abgeschlossen und der Betroffene **nachträglich informiert wird** (z.B. § 101 Abs. 5, 6 StPO). Das Rechtsschutzbedürfnis für die nachträgliche gerichtliche Kontrolle der erledigten Maßnahmen ist dann regelmäßig zu bejahen[369]. Bei der Festlegung des richtigen Zeitpunktes der Mitteilung der Telefonüberwachung nach § 12 Abs. 1, 2 G 10 an den Betroffenen steht der G 10-Kommission ein nur begrenzt überprüfbarer Beurteilungsspielraum zu[370].

146   Bei heimlichen Überwachungsmaßnahmen besteht die Möglichkeit der **Verfassungsbeschwerde** (Art. 93 Abs. 1 Nr. 4a GG i.V.m. §§ 13 Nr. 8a, 90 ff. BVerfGG) unmittelbar gegen das Gesetz[371]. Von der eigenen und gegenwärtigen Betroffenheit ist bereits auszugehen, wenn der Beschwerdeführer darlegen kann, dass er mit einiger Wahrscheinlichkeit durch die auf den angegriffenen Rechtsnormen beruhenden Maßnahmen in seinen Grundrechten berührt wird. Auf den vorrangig zu beschreitenden fachgerichtlichen Rechtsschutz kann er mangels Kenntnis von der Maßnahme nicht verwiesen werden[372]. Hieran ändert auch eine gesetzlich vorgesehene nachträgliche Bekanntgabe dann nichts, wenn von ihr aufgrund von Ausnahmetatbeständen abgewichen werden kann[373]. § 9 Abs. 2 S. 3 G 10 a.F. (= § 15 Abs. 5 S. 1 G 10 n.F.) gehört nicht zum Rechtsweg im Sinne des § 90 Abs. 2 S. 1 BVerfGG[374].

---

367   So auch *Durner*, DVBl. 2014, 712 (714); *Priebe*, EuZW 2014, 456 (457); *Simitis*, NJW 2014, 2158 (2160); zurückhaltender *Kühling*, NVwZ 2014, 681 (683); *Wolff*, DÖV 2014, 608 (610 f.); a.A. aber *Roßnagel*, MMR 2014, 372 (375).

368   Hierzu BGH NJW 2009, 454.

369   Siehe auch BVerfGE 96, 27 (38 ff.).

370   BVerwGE 130, 180 (194 ff.).

371   BVerfGE 30, 1 ff.; 67, 157 (169 f.); 100, 313 (354); 113, 348 (362); 125, 260 (305).

372   Siehe BVerwG DVBl. 2014, 1253 ff., wonach der bloße Verdacht, Gegenstand der strategischen Überwachung geworden zu sein, noch kein feststellungsfähiges Rechtsverhältnis i.S.d. § 43 Abs. 1 VwGO begründen soll.

373   BVerfGE 113, 348 (362); 109, 279 (307).

374   BVerfGE 67, 157 (171).

Auch in Bereichen, in denen Beschränkungen des Art. 10 GG in Rede stehen, die 147
unionsrechtlich determiniert sind, tritt das BVerfG bislang in eine verfassungsrechtliche Prüfung ein. Der scheinbare Widerspruch zu dem Grundsatz, dass staatliche Rechtsvorschriften, die zwingende Vorgaben einer Richtlinie in deutsches Recht umsetzen, grundsätzlich unzulässig sind[375], lässt sich in zweierlei Hinsicht auflösen: Unproblematisch zulässig bleibt die Verfassungsbeschwerde, soweit der Gesetzgeber bei der Umsetzung von Unionsrecht Gestaltungsfreiheit hat. Bei Richtlinien, die einen zwingenden Inhalt haben, kann vorgetragen werden, die Richtlinie sei unionsrechtswidrig und im Wege einer Vorlage durch das BVerfG an den EuGH nach Art. 267 AEUV für nichtig zu erklären. Nach einer Nichtigkeitserklärung wäre dann der Weg für eine Überprüfung der angegriffenen Vorschriften am Maßstab der deutschen Grundrechte eröffnet. Eine Prüfung am Maßstab des Grundgesetzes soll unter diesen Voraussetzungen jedenfalls »nicht von vornherein ausgeschlossen sein«[376].

Verletzt eine angegriffene Norm Art. 10 GG, ist sie vom BVerfG im Verfassungs- 148
beschwerdeverfahren unter Feststellung der Grundrechtsverletzung für nichtig zu erklären (§ 95 Abs. 1 S. 1, Abs. 3 S. 1 BVerfGG). Eine **bloße Unvereinbarkeitserklärung** kommt in Betracht, wenn die sofortige Ungültigkeit der beanstandeten Norm dem Schutz überragender Güter des Gemeinwohls die Grundlage entziehen würde und eine Abwägung mit den betroffenen Grundrechten ergibt, dass der Eingriff für eine Übergangszeit hinzunehmen ist[377]. Bei der Entscheidung zur Vorratsdatenspeicherung hat das BVerfG diesen Weg nicht beschritten[378]. Die Nichtigkeitserklärung hat der Erhebung von Telekommunikationsdaten und deren Übermittlung zum Zweck der Strafverfolgung während der Geltungsdauer und nach Maßgabe der einstweiligen Anordnung vom 11.03.2008 nicht nachträglich die Rechtsgrundlage entzogen[379].

J. Deutsche und Europäische Leitentscheidungen

EGMR EuGRZ 1979, 278 – Klass; EGMR EuGRZ 1985, 17 – James Malone; 149
EGMR ÖJZ 1990, 564 – Kruslin und Huvig; EGMR NJW 1993, 718 – Niemitz; EGMR StV 1998, 683 – Kopp/Schweiz; EGMR EuGRZ 2007, 415 – Copland.

EuGH Slg. 1980, 2033 – National Panasonic; NJW 2014, 2169 – Vorratsdaten II.

BVerfGE 30, 1 – Abhörurteil; BVerfGE 33, 1 – Strafgefangene; BVerfGE 65, 1 – Volkszählung; BVerfGE 67, 157 – G10; BVerfGE 85, 386 – Fangschaltungen;

---

375 Vgl. nur BVerfGE 130, 151 (177); 125, 260 (306) mit dem Hinweis bzw. Vorbehalt, dass die Rechtsprechung des Europäischen Gerichtshofs einen wirksamen Schutz der Grundrechte generell gewährleiste, der dem des Grundgesetzes im Wesentlichen gleich zu erachten sei.
376 BVerfGE 130, 151 (177 f.); 125, 260 (307).
377 Vgl. BVerfGE 130, 151 (210 f.).
378 Vgl. BVerfGE 125, 260 (363 f.); kritisch hierzu die Sondervoten Schluckebier und Eichberger BVerfGE 125, 260 (379, 384 f.).
379 BGHSt 56, 127 ff.

BVerfGE 100, 313 – Telekommunikationsüberwachung; BVerfGE 106, 28 – Verwertungsverbot bei Telefonaufzeichnung; BVerfGE 107, 299 – Verbindungsdaten; BVerfGE 110, 33 – Zollkriminalamt; BVerfGE 113, 348 – Telekommunikationsüberwachung Niedersachsen; BVerfGE 115, 166 – Verbindungsdaten; BVerfGE 120, 274 – Computergrundrecht; BVerfGE 121, 1 – Vorratsdatenspeicherung; BVerfGE 124, 43 – E-Mail-Beschlagnahme; BVerfGE 125, 260 – Vorratsdatenspeicherung; BVerfGE 129, 208 – Neuregelung der Telekommunikationsüberwachung; BVerfGE 130, 151 – dynamische IP-Adressen.

K. Literaturauswahl

150 *von Arnauld*, Grundrechtsfragen im Bereich von Postwesen und Telekommunikation, DÖV 1998, 437; *Bäcker*, Die Vertraulichkeit der Internetkommunikation, in: Rensen/Brink (Hrsg.), Linien der Rechtsprechung des Bundesverfassungsgerichts, 2009, S. 99 ff.; *Durner*, Anm. zu EuGH, Urteil vom 08.04.2014 – C-293/12 und C-594/12 – Digital Rights Ireland, Seitlinger u.a., DVBl. 2014, 712 ff.; *Esser*, Auf dem Weg zu einem europäischen Strafverfahrensrecht, 2002, S. 145 ff.; 317 ff.; *Grabenwarter*, EMRK, § 22; *Hadamek*, Art. 10 GG und die Privatisierung der Deutschen Bundespost, 2002; *Kaysers*, Die Unterrichtung Betroffener über die Beschränkungen des Brief-, Post- und Fernmeldegeheimnisses, AöR 129 (2004), 121; *Kühling*, Der Fall der Vorratsdatenspeicherungsrichtlinie und der Aufstieg des EuGH zum Grundrechtsgericht, NVwZ 2014, 681; *Möstl*, Grundrechtsbindung öffentlicher Wirtschaftstätigkeit, 1999; *Müller-Terpitz*, Die wirtschaftliche Betätigung von Kammern im Bereich der Telekommunikation, NWVBl. 1999, 292; *Roßnagel*, Neue Maßstäbe für den Datenschutz in Europa. Folgerungen aus dem EuGH-Urteil zur Vorratsdatenspeicherung, MMR 2014, 372; *Schenke*, Verfassungsrechtliche Probleme der präventiven Überwachung der Telekommunikation, AöR 125 (2000), 1; *Schmahl*, Effektiver Rechtsschutz gegen Überwachungsmaßnahmen ausländischer Geheimdienste?, JZ 2014, 220; *Schwabenbauer*, Kommunikationsschutz durch Art. 10 GG im digitalen Zeitalter, AöR 137 (2012), 1; *Sievers*, Der Schutz der Kommunikation im Internet durch Art. 10 des Grundgesetzes, 2002; *Simitis*, NJW 2014, 2158; *Wolff*, Anm. zum Urteil des Europäischen Gerichtshofs vom 08.03.2014 zur Vorratsdatenspeicherung, DÖV 2014, 608; *Zimmermann*, Der strafprozessuale Zugriff auf die E-Mails, JA 2014, 321.

Artikel 11 [Freizügigkeit]

(1) Alle Deutschen genießen Freizügigkeit im ganzen Bundesgebiet.

(2) Dieses Recht darf nur durch Gesetz oder auf Grund eines Gesetzes und nur für die Fälle eingeschränkt werden, in denen eine ausreichende Lebensgrundlage nicht vorhanden ist und der Allgemeinheit daraus besondere Lasten entstehen würden oder in denen es zur Abwehr einer drohenden Gefahr für den Bestand oder die freiheitliche demokratische Grundordnung des Bundes oder eines Landes, zur Bekämpfung von Seuchengefahr, Naturkatastrophen oder besonders schweren Unglücksfällen, zum Schutze der Jugend vor Verwahrlosung oder um strafbaren Handlungen vorzubeugen, erforderlich ist.

A. Grundsätzliche Bedeutung

1   Das Grundrecht der Freizügigkeit schützt die **persönliche Bewegungsfreiheit**.[1] Das Recht auf den freien »Zug« ist Ausdruck der Autonomie des Individuums, sich an Orten eigener und freier Wahl aufhalten zu können. Die grundgesetzlich anerkannte Garantie selbstbestimmter Lebensführung bildet ein konstitutives Element einer Verfassung der Freiheit in einer pluralistisch offenen Gesellschaft. Die Garantie des freien »Abzugs« als auch des freien »Zuzugs« strahlt in zahlreiche grundrechtlich geschützte Lebensbereiche aus und ist Bedingung ihrer eigenverantwortlichen Gestaltung, etwa für Wohnung, Familie, religiöse, kulturelle und politische Betätigung, Beruf und Eigentum.[2]

2   Namentlich die Erfahrungen der Diktaturen des 20. Jhds. und die durch diese Unrechtsregime gesetzten Folgen in Form von Vertreibungen, Deportationen, Abschiebungen, Zwangsumsiedlungen und Aussiedlungen, vor allem in den Jahren zwischen 1939 und 1949, markieren die **historische und politische Bedeutung** dieses Grundrechts.[3] Unter dem Eindruck dieser Geschehnisse hat der Parlamentarische Rat die Freizügigkeit nicht nur im Sinne eines in der nationalen Verfassungstradition stehenden Rechts der Bundesbürger verstanden, innerhalb des Bundesgebietes ihren »Aufenthalt und Wohnsitz zu nehmen«, sondern diese Verbürgung durch die Worte »alle

---

1   So: BGH LM § 839 (C) BGB NR. 5; *Ziekow*, Über Freizügigkeit und Aufenthalt, S. 461, kleidet dies in die (etwas artifizielle) Formel, wonach das Rechts geschützt ist, »die Stelle der Erdoberfläche innerhalb des Bundesgebietes, die der Betreffende tangieren möchte, frei zu wählen.« *Merten*, Der Inhalt des Freizügigkeitsrechts, S. 45 ff., 52 ff., bestreitet hingegen, dass die Bewegungsfreiheit Teil der Freizügigkeit ist und unterstellt sie, da er Art. 2 Abs. 2 Satz 2 »als bloßes Abwehrrecht« nur auf Freiheitsentziehungen bezieht, dem Schutz des Art. 2 Abs. 1 GG.

2   Vgl. *Randelzhofer*, in: Bonner Kommentar, Art. 11 Rn. 9.

3   Die »kalte Vertreibung« infolge des Versailler Vertrages und der von ihm verfügten Gebietsabtretungen des Deutsche Reiches betraf bis 1939 etwa 1,5 Millionen Deutsche. Die Flucht und Vertreibung von 12 bis 14 Millionen Deutschen aus den deutschen Ostgebieten und aus deutschsprachigen Regionen außerhalb Deutschlands am Ende des Zweiten Weltkriegs stellten die größte Zwangsmigration in der europäischen Geschichte dar. Vgl. etwa http://er zwungenewege.z-g-v.de/Vertreibung/deutsche/deutsche.htm (Zugriff: 17.09.2014).

Deutschen«[4] als ein Recht auf Einreise ausgestaltet.[5] Die Eingriffssituationen (Rdn. 22 ff.) zeigen, dass das Grundrecht des Art. 11 GG seine Bedeutung inzwischen zunehmend bei präventiven freiheitsbeschränkenden Maßnahmen (Rdn. 26, 42) entfaltet. Die nicht sonderlich reiche Rechtsprechung des Bundesverfassungsgerichts und der Verwaltungsgerichte zu diesem Grundrecht macht zugleich deutlich, dass die Freizügigkeit in der deutschen Rechtsordnung ein voll verwirklichtes Recht ist.

B. Vorbilder und Entstehungsgeschichte

In seiner Entwicklung erscheint das Recht auf Freizügigkeit mit der territorialen und religiösen Zerklüftung der deutschen Lande eng verknüpft. Doch stellt die **Magna Charta Libertatum vom 15. Juli 1215**, die *Johann Ohneland* seinen Lehnsmännern bestätigte, einen für die gesamte europäisch-atlantische Rechtsentwicklung maßgeblichen Bezugspunkt auch mit Blick auf die Freizügigkeit dar. Denn in Art. 41 hat sie »alle(n) Kaufleute(n) … sicheres Geleit« zugesichert, vor allem in England »zu bleiben und durchzureisen, sowohl zu Lande als auch zu Wasser« und regelmäßig »ohne alle schlimmen Zölle«. Art. 42 der Magna Charta verbürgt jedermann – mit Ausnahme der rechtmäßig Inhaftierten und Geächteten sowie in Kriegszeiten der feindlichen Ausländer – das Ein- und Ausreiserecht, vorbehaltlich der dem englischen König geschuldeten Treue und der in Kriegszeiten im öffentlichen Interesse zulässigen Einschränkungen. 3

Die deutsche Verfassungsgeschichte weist auf verschiedene Wurzeln des Grundrechts hin: Zum einen hatte die Freizügigkeit **wirtschaftliche Gründe**,[6] wie bereits § 1 des Landfriedens von 1548 belegt, der die Pflicht jedes Reichsstandes verankerte, »des anderen Untertanen … frei sicher und ungehindert wandern, ziehen und werben zu lassen.« Hieraus entwickelte sich allmählich das Recht aller Reichsbürger auf uneingeschränkte Erwerbsfähigkeit in allen Reichsländern. Selbst nach der endgültigen Anerkennung der Freizügigkeit innerhalb der durch die Deutsche Bundesakte von 1815 (Art. XVIII lit. b Nr. 1) völkerrechtlich verbundenen deutschen Staaten[7] war 4

---

4 Vgl. die Stellungnahme des Vors. Schmid zur Einbeziehung der Deutschen der Ostzone in der 44. Sitzung des Hauptausschusses, in: ParlRat – Verh. HA, S. 573 (auch JöR n.F. 1 [1951], S. 130 f.), und die Stellungnahme des Abg. Seebohm zu den Volksdeutschen i.S.d. Art. 116 Abs. 1 GG, in: ParlRat – Verh. HA, S. 574 (auch JöR n.F. 1 [1951], S. 131).
5 Vgl. die vom Hauptausschuss der Parl. Rates in zweiter Lesung beschlossene Fassung, in: Parl. Rat VII Nr. 5, S. 202 (212); auch JöR n.F. 1 (1951), S. 131.
6 Vgl. *Ziekow*, Über Freizügigkeit und Aufenthalt, S. 123 ff.
7 Diese Garantie des Art. XVIII der Deutschen Bundesakte lautet: »Die verbündeten Fürsten und freien Städte kommen überein, den Unterthanen der deutschen Bundesstaaten folgende Rechte zuzusichern: … b) Die Befugniß 1) des freien Wegziehens aus einem deutschen Bundesstaat in den anderen, der erweislich sie zu Unterthanen annehmen will …«. Die Freizügigkeit innerhalb des einzelstaatlichen Territoriums blieb durch die Bundesakte ungeregelt; vgl. hierzu *H.-J. Strauch*, Die Freizügigkeit im Wandel der Zeiten, Diss. Heidelberg 1954, S. 15 ff.

auch der Abzug der Freien regelmäßig durch die Zahlung einer Nachsteuer belastet.[8] Der Augsburger Religions- und Landfrieden von 1555, durch den das Reich die Religionshoheit an die Territorien verlor, macht sodann die **religiösen Ursprünge** der Freizügigkeit deutlich:[9] Der Untertan musste hiernach die Religion seiner Obrigkeit annehmen (ius reformandi), wenn er nicht von dem ihm eingeräumten Recht der Abwanderung Gebrauch machte (ius emigrandi). Der Westfälische Friede gestand die »potestas eundi et negotiandi« für das gesamte Reich zu. Auch diese verschiedenen rechtlichen Grundlagen entfalteten eine Wirkung indes nur für wenige Privilegierte.

5   Einen **staatsbürgerlichen Impuls**[10] erhielt die Freizügigkeit schließlich durch Art. I § 3 Abs. II des Gesetzes betreffend die Grundrechte des deutschen Volkes v. 27. Dezember 1848, der als § 133 in die Frankfurter Reichsverfassung v. 28. März 1849 aufgenommen wurde. Seine Formulierung »Jeder Deutsche hat das Recht, an jedem Ort des Reichsgebietes seinen Aufenthalt und Wohnsitz zu nehmen, Liegenschaften jeder Art zu erwerben und darüber zu verfügen, jeden Nahrungszweig zu betreiben …«, blieb zwar wie die übrige Reichsverfassung bloßes Programm, hat aber als Modell für die Weimarer Nationalversammlung (Art. 111 WRV) und sodann für den Parlamentarischen Rat sowie die Auslegung der Freiheit des Art. 11 GG durch das Bundesverfassungsgericht[11] eine modellhafte Wirkung entfaltet. Die Formel ist eine legislatorische Reaktion auf den historischen Befund, dass sich in den ersten beiden Dritteln des 19. Jhds. die obrigkeitliche Einflussnahme auf Migrationsbewegungen von der Abzugs- auf die Zuzugsseite verlagert hatte.[12] Einen Nachhall fand sie bereits in Art. 3 der Verfassung des Norddeutschen Bundes (1867), der – sodann als Art. 3 der Verfassung des Deutschen Reiches (1871) – ein »gemeinsames Indigenat« vorsah »mit der Wirkung, daß der Angehörige (Untertan, Staatsbürger) eines jeden Bundesstaates in jedem anderen Bundesstaat als Inländer zu behandeln um demgemäß zum festen Wohnsitz, zum Gewerbebetrieb, zu öffentlichen Ämtern, zum Erwerb von Grundstücken, zur Erlangung des Staatsbürgerrechts und zum Genuß aller sonstigen bürgerlichen Rechte unter denselben Voraussetzungen wie der Einheimische zuzulassen …« war. Erst das Freizügigkeitsgesetz v. 1. November 1867[13] beseitigte weitgehend die zahlreichen Hindernisse und verwirklichte bei einem fehlenden Grundrechtskatalog auf der Bundesebene eine grundrechtliche Position durch

---

8 Vgl. *J.H. Wernher*, Abhandlung vom Abzug oder Nachsteuer, Abschloss, Detract etc., 1781; *Jahreiss*, Das Prinzip der Freizügigkeit nach dem Grundgesetz unter besonderer Berücksichtigung der Frage: Stellt die Freizügigkeit ein vorstaatliches oder ein staatsgesetzliches Grundrecht dar?, Diss. München 1953, S. 11 ff. (12).

9 Vgl. hierzu *Ziekow*, Über Freizügigkeit und Aufenthalt, S. 82 ff.

10 Zur Entwicklung der Freizügigkeit im Rahmen einer »Bürgerrechts-, Aufenthalts- und Heimatgesetzgebung« vgl. *Ziekow*, Über Freizügigkeit und Aufenthalt, S. 152 ff., 211 ff.

11 Vgl. die an § 133 Abs. 1 RV 1849 angelehnte Bestimmung des Schutzbereichs durch BVerfGE 2, 266 (273) – Notaufnahme.

12 Vgl. *Ziekow*, Über Freizügigkeit und Aufenthalt, S. 457.

13 BGBl. 1867, S. 55 ff.

einfache Bundesgesetzgebung.[14] Es bestand nach dem 1. Januar 1871 als Reichsgesetz fort.

Nachdem das Freizügigkeitsrecht auf gesamtstaatlicher Ebene in Deutschland erst- **6** mals in Art. 111 der Weimarer Reichsverfassung vom 11. August 1919 – und zwar in engem Zusammenhang mit der Garantie der Freiheit der Auswanderung (Art. 112 WRV) – kodifiziert worden war, fand sie unter Begrenzung auf die bayerischen Staatsangehörigen und das bayerische Staatsgebiet auch Eingang in die Verfassungsurkunde des Freistaates Bayern vom 14. August 1919 (§ 14).[15] Im nationalsozialistischen Staat infolge der kollektiven Vereinnahmung des Individuums faktisch außer Kraft gesetzt,[16] wurde diese Garantie nach dem Weimarer Vorbild noch vor Inkrafttreten des Grundgesetzes in eine Reihe von Landesverfassungen der Nachkriegszeit aufgenommen.[17] Die Entstehung der Ursprungsfassung des Art. 11 GG geht auf den **Parlamentarischen Rat** zurück,[18] nachdem der Konvent von Herrenchiemsee unter Hinweis auf die »gegenwärtigen Zustände« ausdrücklich darauf verzichtet hatte, »die Freizügigkeit zum Grundrecht zu erheben«.[19] Die vom Redaktionsausschuss für den Grundsatzausschuss ausgearbeitete erste Fassung des Grundrechts auf Freizügigkeit

---

14 § 1 des Gesetzes über die Freizügigkeit (BGBl. 1867, S. 55 ff.) lautete: »Jeder Bundesangehörige hat das Recht, innerhalb des Bundesgebietes:
   1) an jedem Orte sich aufzuhalten oder niederzulassen, wo er eine eigene Wohnung oder ein Unterkommen sich zu verschaffen im Stande ist;
   2) an jedem Orte Grundeigenthum aller Art zu erwerben;
   3) umherziehend oder an dem Orte des Aufenthalts, beziehungsweise der Niederlassung, Gewerbe aller Art zu betreiben, unter den für Einheimische geltenden gesetzlichen Bestimmungen.
   In der Ausübung dieser Befugnisse darf der Bundesangehörige, soweit nicht das gegenwärtige Gesetz Ausnahmen zuläßt, weder durch die Obrigkeit seiner Heimath, noch durch die Obrigkeit des Ortes, in welchem er sich aufhalten oder niederlassen will, gehindert oder durch lästige Bedingungen beschränkt werden. Keinem Bundesangehörigen darf um des Glaubensbekenntnisses willen oder wegen fehlender Landes- oder Gemeindeangehörigkeit der Aufenthalt, die Niederlassung, der Gewerbebetrieb oder der Erwerb von Grundeigenthum verweigert werden.«
15 Vgl. zu dieser erstmaligen Erwähnung in einer Landesverfassung GVBl. Bayern 1919, 531 ff.
16 Vgl. *Ziekow*, Über Freizügigkeit und Aufenthalt, S. 313 ff. (320), der ausführt, dass nach 1933 »bald Einigkeit darüber (bestand), daß beide Grundrechte (scil. Art. 111 und 112 WRV) nicht mehr in Geltung standen.« Im Juni 1935 wurde die Arbeitsdienstpflicht dekretiert (Reichsarbeitsdienstgesetz v. 26.06.1935); es bestand eine dirigistische Arbeitsverwaltung, die bruchlos in die Zwangsarbeit während des Krieges überging.
17 Vgl. Weitgehend wortgleich mit Art. 111 WRV waren: Art. 109 Abs. 1 Sätze 1 und 2 BayVerf 1946) sowie Art. 15 Abs. 1 Verf. Rh.-Pfalz; nur partiell wortgleich: Art. 6 HessVerf (1946); Art. 9 Abs. 1 Satz 1 Verf. Saarland (1947); Art. 18 Verf. Bremen (1947).
18 Zur Entstehungsgeschichte innerhalb des Parlamentarischen Rates vgl. *Ziekow*, Über Freizügigkeit und Aufenthalt, S. 401 ff.
19 Vgl. den darstellenden Teil des Berichts über den Verfassungskonvent auf Herrenchiemsee vom 10. bis 23.08.1948, in: ParlRat II Nr. 14, S. 504 (515); JöR n.F. 1 (1951), S. 128.

(16.11.1948) entsprach bereits dem späteren Art. 11 Abs. 1 GG.[20] Der Hauptausschuss beschloss in seiner zweiten Lesung die Anwendbarkeit der Bestimmung auf »alle Deutschen« und verwarf damit eine Begrenzung auf »Bundesangehörige« (Rdn. 2, 17).[21] Schließlich entschied er sich in dritter und vierter Lesung auch für eine Kasuistik des Gesetzesvorbehalts des Absatzes 2,[22] was auf den besonderen Stellenwert dieses Freiheitsrechts in der Wertordnung des Grundgesetzes hinweist.[23] Ausgenommen blieb hiervon insbesondere der als zu weitgehend empfundene[24] Vorschlag, Einschränkungen zur Abwehr einer schweren Gefährdung der öffentlichen Sicherheit zuzulassen, und zwar auch mit Blick auf Naturkatastrophen.[25]

7   1968 wurde im Rahmen der **Notstandsgesetzgebung** die Möglichkeit einer Beschränkung auch »auf Grund eines Gesetzes« in Art. 11 Abs. 2 GG eingeführt; zugleich wurden die Fälle der »Abwehr einer drohenden Gefahr für den Bestand oder die freiheitliche demokratische Grundordnung des Bundes oder eines Landes« sowie die Bekämpfung von »Naturkatastrophen oder besonders schweren Unglücksfällen« in den Katalog der Schranken eingeführt.[26]

C. Schutzbereich

I. Begriff der Freizügigkeit

8   Die Freizügigkeit schützt – in partieller Anknüpfung an die rechtskonkretisierenden deutschen Vorläuferverfassungen (Rdn. 5) – den Anspruch des Grundrechtsträgers, »unbehindert durch die deutsche Staatsgewalt an jedem Ort innerhalb des Bundesgebietes Aufenthalt und Wohnsitz zu nehmen«.[27] Dabei handelt es sich freilich wiederum nur um ein ausfüllungsbedürftiges Blankett.[28] Freizügigkeit gewährleistet freien Abzug sowie freien Zuzug und damit die Fortbewegung[29], als *negative* Freizü-

---

20 Vgl. Art. 5 Abs. 1, in: Drs. 88, ParlRat V/1 Nr. 6, S. 88 (auch JöR n.F. 1 [1951], S. 128).

21 Vgl. die Ausführungen des Vors. Schmid in der 44. Sitzung des Hauptausschusses des Parl. Rates, JöR n.F. 1 (1951), S. 130 f.; *Hailbronner*, HStR VII, § 152 Rn. 13.

22 Vgl. die detaillierte Darstellung bei *Randelzhofer*, in: Bonner Kommentar, Art. 11 Rn. 8 ff.

23 Vgl. *Randelzhofer*, in: Bonner Kommentar, Art. 11 Rn. 16; *Kunig*, in: v. Münch/Kunig, Art. 11 Rn. 5, sieht in Art. 11 GG auch eine »objektive Wertentscheidung«.

24 Vgl. 36. Sitzung des Ausschusses für Grundsatzfragen, in: ParlRat V/2 Nr. 47, S. 1038 (1042); JöR n.F. 1 (1951), S. 132; statt dessen wurde auf Begrenzungen nach dem Vorbild des Gesetzes über die Freizügigkeit zurückgegriffen.

25 Vgl. 36. Sitzung des Ausschusses für Grundsatzfragen, in: ParlRat V/2 Nr. 47, S. 1038 (1044 f.); JöR n.F. 1 (1951), S. 132.

26 Vgl. Siebzehntes Gesetz zur Ergänzung des Grundgesetzes v. 24.06.1968, BGBl. I, S. 709, § 1 Nr. 3.

27 Vgl. BVerfGE 2, 266 – Leitsatz 1 (273).

28 Vgl. *Ziekow*, Über Freizügigkeit und Aufenthalt, S. 456 f.

29 Vgl. *Kunig*, Jura 1990, 306 (309); *Pieroth*, Das Grundrecht der Freizügigkeit, JuS 1985, 83 – unter Verweis auf BVerfGE 80, 137 (146) – Reiten im Walde.

gigkeit auch die Freiheit des Bleibens (ein »Bleibe-Recht«[30]). Dieses in Schrifttum und Rechtsprechung anerkannte Recht zu verbleiben,[31] vermittelt indes kein »eigenständiges Recht auf Heimat im Sinne des mit dem gewählten Wohnsitz dauerhaft verbundenen städtebaulichen und sozialen Umfelds«.[32] Geschützt ist ferner die Freiheit zur Einwanderung und zur Einreise in das Bundesgebiet.[33] Unter Einwanderung ist die Grenzüberschreitung zu Zwecken der ständigen Wohnsitzverlegung in das Bundesgebiet, unter Einreise die Grenzüberschreitung zu Besuchszwecken zu verstehen. Das **Recht**, zum Zweck eines Aufenthalts oder zur Gründung eines Wohnsitzes in das Bundesgebiet **einzureisen**, prägt geradezu die ansonsten eher spärliche Rechtsprechung des Bundesverfassungsgerichts im Bereich des Art. 11 GG. Die Ausreisefreiheit wird nach h.M. vom Schutzbereich des Art. 11 Abs. 1 GG hingegen nicht erfasst[34] (Rdn. 13); ebenso wenig schützt Art. 11 Abs. 1 GG die Benutzung bestimmter Fortbewegungsmittel oder die Inanspruchnahme bestimmter Verkehrswege.

1. Zuzugsfreiheit

Drei Formen der Ausübung des Rechts auf Freizügigkeit werden herkömmlich hinsichtlich des freien Zuzugs unterschieden: die (1) interterritoriale/interföderale Freizügigkeit von einem deutschen Land zum anderen, (2) die interkommunale Freizügigkeit von Gemeinde zu Gemeinde sowie (3) die interlokale Freizügigkeit innerhalb

9

---

30 Vgl. *Merten*, Der Inhalt des Freizügigkeitsrechts, S. 41; herrschende Meinung: vgl. *Hailbronner*, HStR VII, § 152 Rn. 38, 41; dies lässt sich indirekt auch aus BVerfG, HFR 1981, 579, entnehmen. A.A.: *Durner*, in: Maunz/Dürig, Art. 11 Rn. 88 ff.
31 BVerfG, Urt. v. 17.12.2013 – 1 BvR 3139/08, 1 BvR 3386/08, Rn. 254 f. – Garzweiler I/II, NVwZ 2014, 211 ff. mit weit.Nachw. auf Rechtsprechung und Literatur.
32 Vgl. BVerfG, Urt. v. 17.12.2013 – 1 BvR 3139/08, 1 BvR 3386/08, Rn. 263 – Garzweiler I/II, NVwZ 2014, 211 ff.; noch offen gelassen in BVerfG Beschl. v. 20.02.2008 – 1 BvR 2722/06, NVwZ 2008, 780, Rn. 91 f.; bereits zuvor hatte *Durner*, in: Maunz/Dürig, Art. 11 Rn. 92, 123 eine »Aufladung« des Art. 11 Abs. 1 GG durch ein »Heimatkonzept« kritisiert, dem ein »eigenständiger juristischer Erkenntniswert« fehle; auch *Wollenschläger*, in: Dreier, GG I, Art. 11 Rn. 39, sieht ein Recht auf Heimat nicht als ein Schutzgut des Art. 11 GG an. A.A. *Baer*, NVwZ 1997, S. 27 (30 ff.); nach *Merten*, Der Inhalt des Freizügigkeitsrechts, S. 39 ff., kann ein »Recht auf Heimat« gegenüber faktischen Grundrechtseingriffen nur aktiviert werden, wenn sie »in ihrer Zielsetzung und Wirkung« einem klassischen Grundrechtseingriff gleichkommen; so wohl auch *Randelzhofer*, in: Bonner Kommentar, Art. 11 Rn. 55; *Hailbronner*, HStR VII, § 152 Rn. 44, 46, der Art. 11 GG ein Recht auf Heimat entnimmt, den diffusen Begriff aber nicht für abgrenzbar hält; *Eisert*, Das Menschenrecht auf die Heimat in der Landesverfassung von Baden-Württemberg, 1991, S. 113 ff. Aus dem positiven Recht auf Aufenthaltswahl leiten *Ziekow*, Über Freizügigkeit und Aufenthalt, S. 480, sowie *Gusy*, in: v. Mangoldt/Klein/Starck, Art. 11 Rn. 34, hingegen ein Recht auf die Heimat her.
33 Vgl. BVerfGE 2, 266 ff. – Freizügigkeit für Deutsche in der sowjetischen Besatzungszone; BVerfGE 110, 177 ff. Das BVerfG beruft sich dabei auf die Entstehungsgeschichte des Grundrechts.
34 Vgl. BVerfGE 6, 32 (35) – Elfes.

der Gemeinde.[35] Indes kann diese bereits im unitarischen Bundesstaat der Weimarer Republik (Art. 111 WRV) obsolete[36] Unterscheidung allenfalls das Verständnis einzelner Emanationen der Freizügigkeit anleiten. Der Schutz der interterritorialen Freizügigkeit, also des Zugs über die Grenzen der deutschen Länder hinweg, impliziert – auch vor dem Hintergrund des fehlenden finalen Bezugs der Freizügigkeit (Rdn. 12) – die **Maßstäblichkeit des Art. 11 Abs. 1 GG für föderalistisch bedingte Behinderungen** des freien Zugs, etwa durch das Bestehen einer Pflichtmitgliedschaft in der Ärzteversorgung eines deutschen Landes, die der der Gründung einer ärztlichen Praxis vorgelagert ist.[37] Das Problem liegt hier allerdings darin, einen Eingriff nachzuweisen.[38]

2. Aufenthaltsfreiheit

10 Nicht jede Fortbewegung ist vom Schutzbereich des Art. 11 GG in der Ausformung des Rechts »Aufenthalt zu nehmen« umfasst, sondern nur eine solche, die sich als eine Veränderung des Aufenthaltsortes und damit als Fortbewegung im Sinne eines **Ortswechsels** qualifizieren lässt.[39] Andernfalls wäre durch Art. 2 Abs. 2 Satz 2 GG einerseits und Art. 11 Abs. 1 GG andererseits dasselbe Recht geschützt.[40] Die Garantie, jeden Ort aufzusuchen oder zu verlassen (Art. 2 Abs. 2 Satz 2 GG),[41] einerseits und Art. 11 Abs. 1 GG andererseits müssen daher nach herrschender Auffassung so abgegrenzt werden, dass ein rationale Entscheidung darüber möglich und nachvollziehbar wird, welches der beiden *schrankendivergenten* Grundrechte einschlägig ist.[42] Mit diesem Ziel setzt ein Teil des Schrifttums – in historischer Anlehnung

---

35 Vgl. *Merten*, Der Inhalt des Freizügigkeitsrechts, S. 30 ff. (40); ihm folgend *Kunig*, in: v. Münch/Kunig, GG I, Art. 11 Rn. 12; *Hailbronner*, HStR VII, § 152 Rn. 42 ff. Die Zuzugsfreiheit ist vom Bundesverfassungsgericht – wenn auch nicht abschließend (*Ziekow*, Über Freizügigkeit und Aufenthalt, S. 439 f.) – im Sinne der Gewährleistung interpretiert worden, »von Land zu Land, von Gemeinde zu Gemeinde innerhalb des Bundesgebietes« zu ziehen.

36 Vgl. *Ziekow*, Über Freizügigkeit und Aufenthalt, S. 292.

37 Vgl. BVerfGE 10, 354 (357) – Bayerische Ärzteversorgung, in der eine »Berührung« des Art. 11 Abs. 1 GG verneint wird.

38 So auch *Ziekow*, Über Freizügigkeit und Aufenthalt, S. 440 f., 476.

39 Vgl. *Randelzhofer*, in: Bonner Kommentar, Art. 11 Rn. 27 f.; *Hailbronner*, HStR VII, § 152 Rn. 38, 41; *Pieroth*, JuS 1985, 83.

40 *Baldus*, in: Epping/Hillgruber, Art. 11 Rn. 33, nimmt hingegen eine Idealkonkurrenz zwischen Art. 11 Abs. 1 GG und Art. 2 Abs. 2 Satz 2 GG an. – Eine ähnliche Abgrenzungsproblematik ist bereits hinsichtlich Art. 111 und Art. 114 WRV zu verzeichnen.

41 Vgl. zu diesem Verständnis *Grabitz*, in: Isensee/Kirchhof, HStR VI, 1. Aufl. 1989, § 130 Rn. 4; *Gusy*, NJW 1992, 457 (458); *Kunig*, in: v. Münch/Kunig, GG I, Art. 2 Rn. 74.

42 Vgl. *Ziekow*, Über Freizügigkeit und Aufenthalt, S. 408 ff. (423 f., 611), der die »Nebeneinanderanwendbarkeit der Grundrechtstatbestände (als) die Regel, die Verdrängung eines eigentlich erfüllten Tatbestandes (als) die legitimationsbedürftige Ausnahme« ansieht. Die Ausnahme kann vor dem Hintergrund der unterschiedlichen Schranken des Art. 2 Abs. 2 Satz 2 GG und des Art. 11 Abs. 2 gerechtfertigt werden. Damit wird der Tatbestand beider

an das Freizügigkeitsgesetz 1867 (Rdn. 5) – für die Anwendbarkeit des Art. 11 Abs. 1
GG »**ein wenn auch für kürzere Dauer bestimmtes Zustandsverhältnis**« voraus; dies
werde »noch nicht durch die bloß flüchtige Berührung des örtlichen Bereiches begründet.«[43] Das Verweilen an einem Ort sei vielmehr nur dann als erfüllt anzusehen, wenn
der Aufenthalt »von einiger Dauer«[44] im Sinne eines mehr als flüchtigen Aufenthalts
sei,[45] mindestens »eine Übernachtung« umfasse[46] oder von einer »Bedeutung« sei,
die jedenfalls einen Parkspaziergang,[47] die flüchtige Besichtigung eines Denkmals[48]
oder eine Einkaufsfahrt[49] übersteige.

Wegen der Willkürlichkeit der Ergebnisse ist das Kriterium der Dauer zur Feststel- **11**
lung des Verhältnisses zwischen Art. 2 Abs. 2 Satz 2 und Art. 11 Abs. 1 GG teilweise
als ungeeignet verworfen worden.[50] Von anderer Seite wird dem Merkmal der Dauer
nur eine indizielle Bedeutung beigelegt und eine Gesamtbewertung unter dem Aspekt
von »**Dauer oder Bedeutung**«[51] bzw. »unter zeitlichen, räumlichen und finalen Gesichtspunkten«[52] vorgenommen. Eine weitere Ansicht setzt bei der Abgrenzung von
Art. 11 Abs. 1 GG und Art. 2 Abs. 2 Satz 2 GG an der Bestimmung des Schutzbereichs des **Art. 2 Abs. 2 Satz 2 GG** an und sieht hiervon alle »**Bewegungen innerhalb des Lebenskreises des Bürgers**« als erfasst an. Wenn sich die Inanspruchnahme
von Bewegungsfreiheit innerhalb des alltäglichen Lebenskreises des Grundrechtsberechtigten hält, ist hiernach der sachliche Schutzbereich des Art. 2 Abs. 2 Satz 2 GG
eröffnet.[53] Soweit dieser Schutz reicht, gilt somit Art. 2 Abs. 2 Satz 2 GG gegenüber
Art. 11 Abs. 1 GG als ausschließlich anwendbarer Tatbestand (Rdn. 44; Art. 2

Grundrechte keineswegs mit Blick auf die Grundrechtsschranken ausgelegt: vgl. zu einer
solchen von der h.L. abgelehnten Interpretationsmethode *Ziekow*, Über Freizügigkeit und
Aufenthalt, S. 429 ff. (434 ff.).
43 Vgl. *Merten*, Der Inhalt des Freizügigkeitsrechts, S. 45.
44 Vgl. *dens.*, a.a.O., S. 52.
45 *Rittstieg*, in: AK-GG, Art. 11 Rn. 32; *Hailbronner*, HStR VII, § 152 Rn. 41: »Ortswechsel
von einiger Bedeutung und Dauer«; *E. Rasch*, Polizei und Grundrechte, DVBl. 1987,
194 (196): »Mindestverweildauer«.
46 Vgl. *Merten*, Der Inhalt des Freizügigkeitsrechts, S. 52; *Jarass*, in: Jarass/Pieroth, GG,
Art. 11 Rn. 2.
47 So *Kunig*, in: v. Münch/Kunig, GG I, Art. 11 Rn. 13.
48 Vgl. *Merten*, Der Inhalt des Freizügigkeitsrechts, S. 52.
49 Vgl. *Hailbronner*, HStR VII, § 152 Rn. 41.
50 Vgl. *Randelzhofer*, in: Bonner Kommentar, Art. 11 Rn. 26; *Pieroth*, JuS 1985, 83; *Grabitz*,
in: Isensee/Kirchhof, HStR VI, 1. Aufl. 1989, § 130 Rn. 9; *Kunig*, in: v. Münch/Kunig,
GG I, Art. 11 Rn. 14; *Pieroth*, JuS 1985, 83; *Ziekow*, Über Freizügigkeit und Aufenthalt,
S. 236, 464 ff.
51 Vgl. *Pieroth/Schlink/Kingreen/Poscher*, Grundrechte, Rn. 859.
52 *Kunig*, in: v. Münch/Kunig, GG I, Art. 11 Rn. 13; *Hailbronner*, HStR VII, § 152 Rn. 41.
53 So zuerst *Randelzhofer*, in: Bonner Kommentar, Art. 11 Rn. 27 ff.; ihm folgten etwa: *Ziekow*, Über Freizügigkeit und Aufenthalt, S. 465 ff.; *Gusy*, in: v. Mangoldt/Klein/Starck,
Art. 11 Rn. 28, der das »örtlich begriffene Verlassen des Lebenskreises« als primäres Abgrenzungskriterium bezeichnet; *Durner*, in: Maunz/Dürig, Art. 11 Rn. 82.

Rdn. 142).[54] Diese Lebenskreis-Formel weist indes durch den Bezug auf den »unmittelbaren Bewegungsspielraum der beliebigen Flüchtigkeit«[55] einen gleichfalls stark blankettartigen Gehalt auf, der sich nur durch die Ermittlung jener Tatsachen und Umstände ausfüllen lässt, welche den persönlichen Lebenskreis des Grundrechtsberechtigten im Einzelfall prägen.[56] Insgesamt schließen sich die genannten Kriterien zur Eingrenzung der beiden Schutzbereiche nicht aus, sondern ergänzen sich, gleich ob sie am Schutzgehalt des Art. 2 Abs. 2 Satz 2 oder des Art. 11 Abs. 1 GG ansetzen.[57] Dies gilt ungeachtet des Streits über das Spezialitätsverhältnis zwischen Art. 11 Abs. 1 GG und Art. 2 Abs. 2 Satz 2 GG (Rdn. 44).

12 Art. 11 Abs. 1 GG schützt die Freizügigkeit ohne Rücksicht auf den Zweck des Zuges, weist also **keinen finalen Bezug** auf (Zweckneutralität). Das Recht auf Aufenthalt setzt daher keine Sesshaftigkeit, keinen festen Wohnsitz und keine Sozialnützlichkeit voraus, so dass sich auch Obdachlose auf die Garantie des Art. 11 GG berufen können.[58] Art. 11 Abs. 1 GG ist mithin auch ein »Grundrecht für Stadtstreicher«.[59]

---

54 Vgl. *Gusy*, in: v. Mangoldt/Klein/Starck, Art. 11 Rn. 65; von einem Verhältnis der Spezialität des Art. 2 Abs. 2 Satz 2 GG (statt der Exklusivität) gehen hingegen *Pieroth*, JuS 1985, 87, sowie *Ziekow*, Über Freizügigkeit und Aufenthalt, S. 465 ff., aus.
55 *Ziekow*, Über Freizügigkeit und Aufenthalt, S. 466.
56 So bereits *Tiemann*, NVwZ 1987, 10 (13). Bemerkenswert ist insoweit, dass *Ziekow*, a.a.O., S. 464, der »Einführung der Voraussetzung der Übernachtung als tatbestandsbegrenzendes Element ... den Vorzug der *Eindeutigkeit*« attestiert, auch wenn er sie umgehend als heuristisch unbrauchbar verwirft.
57 So wohl auch *Sachs*, in: Stern: Staatsrecht IV/1, S. 1137 f., der in einer »Gesamtbetrachtung« in die Interpretation der Aufenthaltsnahme nach Art. 11 Abs. 1 GG neben zeitlichen, räumlichen und zweckbezogenen Gesichtspunkten, »in ihrer Kombination, aber auch je für sich« zusätzlich die »Chiffre des ›Lebenskreises‹ im Sinne der Trennung alltäglicher Ortsveränderungen innerhalb desselben von den darüber hinausweisenden mit besonderer Bedeutung« einbeziehen will. Diese einebnende Auffassung darf allerdings nicht außer Acht lassen, dass sich die Lebenskreis-Theorie gegenüber allen bisherigen Kriterien zur Bestimmung des »Aufenthalts« gerade abzugrenzen versucht und der »Kombination für sich genommen untauglicher Kriterien« jeden heuristischen Wert abspricht: so etwa Ziekow, Über Freizügigkeit und Aufenthalt, S. 465. Für eine »Gesamtwürdigung« auch *Durner*, in: Maunz/Dürig, Art. 11 Rn. 82; vgl. auch *Gusy*, in: v. Mangoldt/Klein/Starck, Art. 11 Rn. 28, der neben dem primären Abgrenzungskriterium des »Verlassens des Lebenskreises ... subsidiär auf das (zeitliche) Kriterium der Verlegung des Wohnsitzes oder Aufenthaltsortes« abstellt.
58 VGH Kassel, NVwZ 1986, 860 (861); *Pieroth*, JuS 1985, 83; *Hailbronner*, HStR VII, § 152 Rn. 48; *Baldus*, in: Epping/Hillgruber, Art. 11 Rn. 3; a.A. BVerwGE 3, 308 (313).
59 Vgl. *Mußmann*, VBlBW 1986, 52 (56).

3. Ausreise- und Auswanderungsfreiheit[60]

Die Freizügigkeit ist »im Bundesgebiet« gewährt. Dieses Gebiet meint den Geltungs- **13** bereich des Grundgesetzes, seit dem 3. Oktober 1990 einschließlich des früheren Gebiets der DDR. Das Recht zur Auswanderung sah der Parlamentarische Rat vom Grundrecht der Freizügigkeit als nicht umfasst an.[61] Das Bundesverfassungsgericht hat im Elfes-Urteil auch unter Hinweis auf diese Entstehungsgeschichte in Art. 11 GG **kein »Grundrecht auf freie Ausreise aus dem Bundesgebiet«** gesehen.[62] Indes stand es auch für den Parlamentarischen Rat außer Frage, dass Auswanderungen weder verhindert noch vollkommen unterbunden werden sollten. Doch traf er eine eindeutige Entscheidung gegen die ausdrückliche Verbürgung der Auswanderungsfreiheit,[63] wie sie in Art. 112 Abs. 1 WRV explizit verankert war. Damit handelt es sich – vor dem Hintergrund der deutschen verfassungsgeschichtlichen Entwicklung – um eine bewusste Lücke im Kanon der Grundrechte,[64] die nicht durch eine erweiternde Auslegung des Art. 11 Abs. 1 im Lichte des »Menschenwürdegehalts gerade der Ausreisefreiheit« geschlossen werden kann.[65] Denn sie entbehrt auch ohnedies nicht eines angemessenen grundrechtlichen Schutzes, der über die allgemeine Handlungsfreiheit nach Art. 2 Abs. 1 GG gesichert werden kann.[66] Die sich hieraus ergebende Folge der Unterwerfung der Ausreisefreiheit unter die Schrankentrias des Art. 2 Abs. 1 GG ist systematisch möglicherweise nicht befriedigend, verfassungsrechtlich aber nicht zu beanstanden.[67] Denn die einfach-gesetzliche Ausgestaltung der Ausreisefreiheit, namentlich durch das Passgesetz (§§ 6, 7) oder durch Eingriffe in die Vermögens-

---

60 Von der Auswanderung unterscheidet sich die Ausreise, die von vornherein mit dem Ziel der Rückkehr in das Staatsgebiet erfolgt; vgl. *Merten*, Der Inhalt des Freizügigkeitsrechts, S. 114 ff. Doch ist eine rechtliche Unterscheidung zwischen Ausreise- und Auswanderungsfreiheit mangels freizügigkeitsrechtlicher Relevanz des Zwecks des Zuges nicht geboten.

61 Vgl. den bei *Ziekow*, Über Freizügigkeit und Aufenthalt, S. 407, dokumentierten Befund.

62 Vgl. BVerfGE 6, 32 (34). Die dort getroffene Feststellung des BVerfG, dass im Parlamentarischen Rat »über die Ausreisefreiheit … nicht gesprochen« worden sei, ist nur verständlich, wenn die Ausreisefreiheit von der Auswanderungsfreiheit unterschieden wird.

63 In der 5. Sitzung des Grundsatzausschusses am 29.09.1948, Der Parlamentarische Rat 1948–49 V: Ausschuss für Grundsatzfragen, Nr. 6 (S. 102), wandte die Ausschussmehrheit gegen die Aufnahme eines ausdrücklichen Auswanderungsrechts ein, dass Massenauswanderung gerade der arbeitsfähigen Altersklassen die sozialen Lasten für die Verbleibenden weiter steigern würden.

64 So auch *Merten*, Der Inhalt des Freizügigkeitsrechts, S. 109 ff.; *Randelzhofer*, in: Bonner Kommentar, Art. 11 Rn. 82.

65 Vgl. *Wollenschläger*, in: Dreier, GG I, Art. 11 Rn. 31; anders noch *Pernice*, in: Dreier, GG I (2. Aufl. 2004), Art. 11 Rn. 15 sowie *Hesse*, Verfassungsrecht, Rn. 3711; als Urheber der Kritik an der fehlenden Verbürgung der Ausreise- oder Auswanderungsfreiheit in Art. 11 GG gilt *Dürig*, in: Maunz/Dürig, Art. 11 Rn. 106.

66 Vgl. BVerfGE 6, 32 (36); *Badura*, Staatsrecht, C 90; *Gnatzy*, in: Schmidt-Bleibtreu/Hofmann/Henneke, GG, Art. 11 Rn. 24.

67 So im Ergebnis auch *Merten*, Der Inhalt des Freizügigkeitsrechts, S. 112 ff., mit der Begründung, die unterschiedlichen Schrankenvorbehalte seien gerechtfertigt, weil von Aus-

mitnahmefreiheit in Form einer Nachsteuer (Rdn. 15), lassen keine Versagungsgründe erkennen, die den gebotenen Menschenwürdestandard unterschreiten.[68] Die Problematik wird zudem dadurch entschärft, dass **Art. 2 Abs. 2 des 4. ZP EMRK** jeder Person die Ausreisefreiheit (Rdn. 55) und **Art. 45 Abs. 1 EUGRCh** den Unionsbürgern die Ausreisefreiheit aus dem eigenen Mitgliedstaat (Rdn. 57) garantieren.

14 Das **binnenmarktrelevante Freizügigkeitsrecht** des AEU-Vertrages und seine beiden Ausprägungen in Gestalt der Arbeitnehmerfreizügigkeit und der Niederlassungsfreiheit (45 ff., 49 ff. AEUV) sowie das allen Unionsbürgern im Rahmen der Unionsbürgerschaft zustehende **allgemeine Freizügigkeitsrecht** (Art. 21 AEUV[69]), das durch Art. 45 Abs. 1 EUGrCh unionsrechtlich noch verstärkt wird (Rdn. 57), begründen völkerrechtlich auch für alle Deutschen ein *unmittelbar* (supranational) anwendbares Ausreise- bzw. Auswanderungsrecht.[70] Auf rein innerstaatlich bestimmte Sachverhalte der Freizügigkeit – ohne grenzüberschreitenden Bezug – sind die Gewährleistungen des Unionsrechts allerdings nicht einschlägig.[71]

4. Vermögensmitnahmefreiheit

15 Die Gewährleistung der Freizügigkeit erschöpft sich nicht in der Verlagerung der »nackten« Existenz.[72] Eine solche Annahme ließe das Grundrecht leerlaufen und würde es überdies aus seinen Bezügen zum Recht auf selbstbestimmte Lebensführung lösen. Nicht nur persönliche Habe, sondern auch berufsbezogenes Eigentum ist von der Mitnahmefreiheit geschützt. Zielgerichtete eigentumsbezogene Beschrän-

---

wanderung und Ausreise größere Gefahren als von der Einwanderung und Einreise ausgingen; *Randelzhofer*, in: Bonner Kommentar, Art. 11 Rn. 84.

68 So auch *Ziekow*, Über Freizügigkeit und Aufenthalt, S. 496 f.

69 Vgl. hierzu die Richtlinie 2004/38/EG über das Recht der Unionsbürger und ihrer Familienangehörigen, sich im Hoheitsgebiet der Mitgliedstaaten frei zu bewegen und aufzuhalten (ABl. 2004 L 158/77; berichtigte Fassung in ABl. 2004 L 229/35).

70 Strittig: Eine unmittelbare Geltung des Art. 21 AEUV – und erst recht der Freizügigkeitsrechte nach Art. 45 ff. sowie Art. 49 ff. AEUV (binnenmarktrelevante Freizügigkeit) – nimmt wegen des grundrechtlichen Charakters der Freizügigkeit zutreffend *Kluth*, in: Calliess/Ruffert, Art. 21 Rn. 9, an; a.A. *Pagenkopf*, in: Sachs, Art. 11 Rn. 9.

71 Wegen der sachlichen Begrenzung des Art. 11 Abs. 1 GG auf das Bundesgebiet und der *hinzutretenden* Garantie der grenzüberschreitenden Freizügigkeit gemäß den Bestimmungen des Unionsrechts ist – entgegen *Pagenkopf*, in: Sachs, Art. 11 Rn. 9 – daher auch kein Raum für eine »gemeinschaftskonforme Auslegung« des Art. 11 Abs. 1 GG. Eine solche gemeinschaftskonforme Auslegung könnte sich allenfalls bei solchen einfach-gesetzlichen Vorschriften der deutschen Rechtsordnung als notwendig erweisen, die – auch in Konkretisierung der Schranken nach Art. 11 Abs. 2 GG – die unionsrechtlich begründete Freizügigkeit im Sinne einer Ausreise- bzw. Auswanderungsfreiheit beschränken.

72 Umstritten: wie hier *Kunig*, in: v. Münch/Kunig, GG I, Art. 11 Rn. 17, unter Verweis auf *Pieroth*, JuS 1985, 84, der allerdings nur das Mitnehmen der persönlichen Habe von Art. 11 GG als geschützt ansieht; a.A. etwa *Jarass*, in: Jarass/Pieroth, GG, Art. 11 m. weit. Nachw., der aber zumindest »bei einer Beschränkung der Mitnahme persönlichen Eigentums« eine mittelbare Beeinträchtigung sieht.

kungen der Zuzugs- und Wegzugsfreiheit greifen somit in den Schutzbereich des Art. 11 Abs. 1 GG ein.[73] Das **Recht auf Mitnahme des beweglichen Vermögens**[74] wird durch die Genesis der Freizügigkeit als Mittel der wirtschaftlichen Integration[75] als auch durch systematische Erwägungen – namentlich das Erfordernis einer »ausreichenden Lebensgrundlage« als Schranke nach Art. 11 Abs. 2 GG – gestützt. Darin zeigt sich zugleich der enge Zusammenhang der Freizügigkeit mit der Marktgesellschaft.[76] Betriebliche Produktionsmittel sind hiervon im Gegensatz zur Auffassung des Bundesgerichtshofs[77] nicht ausgeschlossen.[78] Für die Zulassung der Berufsaufnahme am neuen Ort ist Art. 12 GG grundsätzlich *lex specialis*, desgleichen Art. 14 GG für den Eigentumserwerb am neuen Ort. Art. 11 GG bleibt aber neben Art. 14 GG anwendbar, sofern es um eigentumsbezogene Beschränkungen der Zugangs- oder Wegzugsfreiheit geht; für wirtschaftliche Aktivitäten am neuen Ort wirkt er fort, sofern sie Einschränkungen wegen des Zuzugs unterworfen werden; er erstarkt damit zum Anspruch auf Gleichbehandlung mit den Ortsansässigen und tritt neben Art. 3 Abs. 1 GG.[79]

5. Wohnsitznahme

Spezieller als der Begriff des Aufenthalts, der die gesamte natürliche Bewegungsfreiheit erfasst, ist der Terminus der »Wohnung«. Ziel des freien Zugs kann es sein, sich an dem neuen Ort ständig oder für längere Zeit, also nicht nur vorübergehend, niederzulassen.[80] Das **Recht zur Wohnsitzbegründung** an jedem inländischen Ort war schon von jeher Bestandteil der Freizügigkeit. Wer sich an einem Ort eine Wohnung nimmt, um sich ständig oder für längere Zeit niederzulassen und nicht nur vorübergehend zu bleiben, begründet dort gemäß § 7 BGB seinen Wohnsitz. Der Begriff Wohnsitz ist weit auszulegen; auch ein Büro oder eine Arztpraxis kann eine Wohnung im Sinne des Art. 11 Abs. 1 GG sein.[81] Die Einbeziehung der Wohnsitznahme in das Freizügigkeitsrecht weist zugleich darauf hin, dass die Aufenthaltsänderung

16

73 *Kunig*, in: v. Münch/Kunig, GG I, Art. 11 Rn. 17; *Durner*, in: Maunz/Dürig, Art. 11 Rn. 85, 120, verweist hingegen auf den rein eingriffsbezogenen Aspekt des Rechts zur Mitnahme der Habe.
74 Vgl. *Merten*, Der Inhalt des Freizügigkeitsrechts, S. 61 ff.; *Rittstieg*, in: AK-GG, Art. 11 Rn. 37.
75 Vgl. *Ziekow*, Über Freizügigkeit und Aufenthalt, S. 229 ff., 232 ff.
76 Vgl. *Rittstieg*, in: AK-GG, Art. 11 Rn. 4, 13e.
77 BGH VerwRspr. 5 (1953), 686 (690) = JR 1953, 296.
78 Umstritten: wie hier *Hailbronner*, HStR VII, § 152 Rn. 57 f.; *Merten*, Der Inhalt des Freizügigkeitsrechts, S. 63; *Randelzhofer*, in: Bonner Kommentar, Art. 11 Rn. 46 ff.; *Rittstieg*, in: AK-GG, Art. 11 Rn. 2; *Ziekow*, Über Freizügigkeit und Aufenthalt, S. 474 f.; *Kunig*, in: v. Münch/Kunig, GG I, Art. 11 Rn. 17; a.A. *Wollenschläger*, in: Dreier, GG I, Art. 11 Rn. 33 m. weit. Nachw.
79 Vgl. *Kunig*, in: v. Münch/Kunig, GG I, Art. 11 Rn. 17; *Ziekow*, a.a.O., S. 470 ff., 474 f.; ähnlich *Hailbronner*, HStR VII, § 152, Rn. 57 f.; *Bethge*, AöR 110 (1985), S. 169 (214).
80 Vgl. etwa *Pieroth/Schlink/Kingreen/Poscher*, Grundrechte, Rn. 857.
81 *Hailbronner*, HStR VII, § 152 Rn. 39; *Pagenkopf*, in: Sachs, Art. 11 Rn. 15.

auch rechtliche Implikationen hat. Geschützt ist auch die Begründung mehrerer Wohnsitze.[82] Im Rahmen des Schutzes der wirtschaftlichen Freizügigkeit garantiert Art. 11 Abs. 1 GG das Recht, Zweigniederlassungen zu errichten.[83]

D. Grundrechtsberechtigte

17 Grundrechtsberechtigte des Freizügigkeitsrechts des Art. 11 Abs. 1 GG sind die **Deutschen im Sinne des Art. 116 GG**, mithin nicht nur die deutschen Staatsangehörigen.[84] Die Erweiterung über die »Bundesangehörigen« hinaus sollte nach dem Willen des Parlamentarischen Rates im Sinne des gesamtdeutschen Vertretungsanspruchs (*C. Schmid*) das Recht auf Einreise und Einwanderung den außerhalb des Bundesgebietes lebenden Deutschen gewährleisten (Rdn. 6). Nachdem die deutsche Einheit vollendet ist, wirkt diese Garantie zugunsten der Deutschen i.S.d. Art. 116 GG fort.[85] Mobilitätssachverhalte von **Ausländern** im Bundesgebiet werden, sofern nicht spezielle Grundrechte eingreifen (Art. 4 Abs. 1 und 2, Art. 5 Abs. 1 Satz 1 und Abs. 3 Satz 1, Art. 6 GG), nur über die allgemeine Handlungsfreiheit nach Art. 2 Abs. 1 GG geschützt.[86] Sie entfaltet zumindest hinsichtlich ihres Minimalstandards, nämlich der Freiheit von rechtswidrigen Eingriffen, eine Auffangfunktion,[87] gewährt aber kein Recht auf Einreisefreiheit.[88] Auch soweit **Angehörige der Mitgliedstaaten der Europäischen Union** aufgrund des AEU-Vertrages (Art. 21, 45 ff., 49 ff. AEUV) Freizügigkeit im Bundesgebiet – einschließlich der Einreise in die Bundesrepublik Deutschland – genießen, werden sie nicht Träger des Grundrechts aus Art. 11 Abs. 1 GG.[89] Die Rechtsgrundlage ihres Aufenthalts bilden die unionsrechtlichen Bestim-

---

82 Vgl. BVerfG, DVBl. 1993, 601 (602).

83 Vgl. *Hailbronner*, HStR VII, § 152 Rn. 39; HStR Bd. VII, § 152, S. 332 ff.; *Ziekow*, Über Freizügigkeit und Aufenthalt, S. 479 f.; *Pagenkopf*, in: Sachs, Art. 11 Rn. 15.

84 Vgl. *Hailbronner*, HStR VII, § 152 Rn. 69.

85 Vgl. *Ziekow*, Über Freizügigkeit und Aufenthalt, S. 486; *Rittstieg*, in: AK-GG, Art. 11 Rn. 11, 38; *Kunig*, in: v. Münch/Kunig, GG I, Art. 11 Rn. 16, sieht allerdings ein solches Recht auf Einreise bzw. Einwanderung vom Wortlaut des Art. 11 Abs. 1 GG nicht gedeckt an.

86 Vgl. BVerfGE 35, 382 (399) – Ausländerausweisung; BVerfG Beschl. v. 10.08.2007 – 2 BvR 535/06, NVwZ 2007, 1300, Rn. 14; *Ziekow*, Über Freizügigkeit und Aufenthalt, S. 515 ff.; vgl. auch BVerwGE 56, 245 (258).

87 Vgl. *Ziekow*, a.a.O., S. 522, der so eine Schutznivellierung zwischen dem Deutschen-Grundrecht des Art. 11 Abs. 1 GG und der allgemeinen Handlungsfreiheit für innerstaatliche Mobilitätsvorgänge von Deutschen einerseits und Ausländern andererseits auszuschließen versucht.

88 Vgl. BVerfGE 76, 1 (71) – Familiennachzug; *Heintzen*, in: Merten/Papier, HGR II, § 50 Rn. 47 und 53 m.w.Nachw.; kritisch *Durner*, in: Maunz/Dürig, Art. 11 Rn. 63, der auch dem Art. 2 Abs. 1 GG eine extraterritoriale Schutzwirkung zuerkennen will.

89 Vgl. *Dreier*, in: Dreier, GG I, Art. 2 I Rn. 17; *Gnatzy*, in: Schmidt-Bleibtreu/Hofmann/Henneke, GG, Art. 11 Rn. 9. Eine erweiterte Auslegung des Art. 11 Abs. 1 GG oder eine Analogie hinsichtlich der Unionsbürger als Deutsche i.S.d. Art. 11 Abs. 1 GG befürworten hingegen *Drathen*, Deutschengrundrechte im Lichte des Gemeinschaftsrechts, 1994, S. 91 ff.; *Schulz*, Freizügigkeit für Unionsbürger, 1997, S. 333 ff.; zu weiteren Nachweisen

mungen über die Freizügigkeit, die es ihnen als Unionsbürgern erlauben, ihr Herkunftsland zu verlassen, um sich – ohne wirtschaftliche Ziele (Art. 21 AEUV, 45 Abs. 1 EUGrCh) oder zur Ausübung einer wirtschaftlichen Tätigkeit (45 ff., 49 ff. AEUV) – in das Gebiet eines anderen Mitgliedstaates zu begeben und sich dort aufzuhalten.[90] In der deutschen Rechtspraxis sind sie damit bei freizügigkeitsbezogenen Maßnahmen, thematisch im Schutzbereich des Art. 2 Abs. 1 GG, im Ergebnis – vor allem mittels einer unionsrechtlich induzierten Interpretation des Verhältnismäßigkeitsprinzips – wie die Träger des Grundrechts des Art. 11 Abs. 1 GG zu behandeln.[91]

Auch **Minderjährige** sind Träger des Grundrechts der Freizügigkeit nach Art. 11 **18** Abs. 1 GG. Ihre Grundrechtsmündigkeit ist aber in der Regel durch das elterliche Sorgerecht überlagert. Nach § 1631 Abs. 1 BGB haben die Eltern das Recht, den Aufenthalt des Kindes zu bestimmen. Seine Grenze findet das elterliche Sorgerecht am Kindeswohl (§ 1666 BGB). Auch Minderjährige sind fähig, das Grundrecht des Art. 11 Abs. 1 GG auszuüben, soweit ihnen nach ihrer geistig-seelischen Entwicklung *Grundrechtsmündigkeit* mit Blick auf die Wahrnehmung des Freizügigkeitsrechts zuzuerkennen ist.[92]

Inländische juristische Personen sind nach Art. 11 Abs. 1 GG i.V.m. Art. 19 Abs. 3 **19** GG grundrechtsberechtigt. Daraus folgt für Wirtschaftsunternehmen das Recht zur freien Wahl ihres Sitzes innerhalb des Bundesgebietes, sei es in Form der Verlagerung oder der Beibehaltung. Ob die juristische Person aus einem Zusammenschluss von Deutschen oder Ausländern besteht oder ob sie gar vom Ausland beherrscht wird, ist unerheblich. Die juristische Person ist gemäß der Sitztheorie als »inländische« zu behandeln und der grundrechtliche Schutzbereich anwendbar, wenn sich ihr effektiver Verwaltungssitz in der Bundesrepublik Deutschland befindet.[93]

über den Meinungsstand vgl. *Wollenschläger*, in: Dreier, GG I, Art. 11 Rn. 40 mit Fn 155.

90 Vgl. EuGH, Rs. C-415/93, Slg. 1995, I-4921, Rn. 94 ff. – Bosman; *Brechmann*, in: Calliess/Ruffert, Art. 45 Rn. 45; *Becker*, in: Ehlers, Europäische Grundrechte und Grundfreiheiten, 4. Aufl. (2014), § 9 Rn. 19 ff.

91 Dieses Ergebnis wird auch durch § 1 des Gesetzes über Einreise und Aufenthalt von Staatsangehörigen der Mitgliedstaaten der Europäischen Wirtschaftsgemeinschaft (BGBl. I 1969, 927) sowie das Gesetz über die Einreise und den Aufenthalt von Ausländern im Bundesgebiet (AuslG – BGBl. I 1990, 1354, 1356) bestätigt. Vgl. ferner *Benjes*, Die Personenverkehrsfreiheiten, S. 158 ff.; *Heintzen*, in: Merten/Papier, HGR II, § 50 Rn. 45 ff.; so wohl auch *Gusy*, in: v. Mangoldt/Klein/Starck, Art. 11 Rn. 45, wonach »die Merkmale ›Deutsche‹ bzw. ›inländisch‹ EU- Bürgern nicht (entgegengehalten)« werden dürfen.

92 So auch *Randelzhofer*, in: Bonner Kommentar, Art. 11 Rn. 61, der auf die Parallele zu Art. 4 GG verweist.

93 Vgl. *Ziekow*, Über Freizügigkeit und Aufenthalt, S. 525 (528).

E. Gewährleistungsdimensionen

20 Art. 11 GG zeichnet sich durch einen **abwehrrechtlichen Charakter** aus. Er verleiht damit einen negatorischen Anspruch gegen jede Art staatlicher Beeinträchtigung der persönlichen Bewegungsfreiheit, sei sie unmittelbar, mittelbar oder faktisch.[94] Adressat des Anspruchs sind alle Träger hoheitlicher Gewalt; auch Art. 11 GG entfaltet mithin keine unmittelbare Drittwirkung. Die Rechtsprechung hat eine **mittelbare Drittwirkung** indes mehrfach anerkannt, die sich aus der Freizügigkeit als einem Element der objektiven Wertordnung ergibt. So hat der BGH die im Rahmen einer Scheidungsvereinbarung getroffene Abrede, wonach einer der Geschiedenen seinen Wohnsitz an einen anderen Ort verlegen soll, als sittenwidrig angesehen, da hierdurch das Grundrecht auf Freizügigkeit ungebührlich eingeschränkt werde.[95] In allgemeinerer Weise hält das BAG die vertragliche oder tarifvertragliche Verpflichtung eines Arbeitnehmers zur Begründung eines Wohnsitzes am Arbeitsort »unter dem Gesichtspunkt der Grundrechte auf freie Entfaltung der Persönlichkeit und auf Freizügigkeit« nur dann für gerechtfertigt, wenn ihr ein durch die Besonderheit des Arbeitsverhältnisses begründetes berechtigtes Interesse des Arbeitgebers zugrunde liege;[96] indes dürften solche Wohnsitzklauseln nur dann als nichtig anzusehen sein, wenn im Einzelfall ein legitimer Grund für die Beschränkung nicht erkennbar ist.[97]

21 Art. 11 GG weist **keinen leistungsrechtlichen Gehalt** auf und gibt mithin keinen Anspruch gegen die öffentliche Hand auf Leistungen, die einen Ortswechsel praktisch erst ermöglichen.[98] Abzulehnen ist vor dem Hintergrund des abwehrrechtlichen Charakters des Art. 11 Abs. 1 GG eine Interpretation, die der Garantie der Freizügigkeit ein »Grundrecht auf Mobilität«[99] zu unterstellen versucht.[100] Auch ein Anspruch auf »koordinierte Regelungen« im Bundesstaat folgt hieraus nicht.[101]

---

94 Vgl. *Wollenschläger*, in: Dreier, GG I, Art. 11 Rn. 43; *Kunig*, in: v. Münch/Kunig, GG I, Art. 11, Rn. 5.
95 Vgl. BGH, Urteil v. 26.04.1972 – IV ZR 18/71, NJW 1972, 1414; kritisch *Merten*, NJW 1972, 1799; *Ziekow*, Über Freizügigkeit und Aufenthalt, S. 580 m.w.Nachw.
96 Vgl. BAG, NZA 2007, 343 ff.
97 Vgl. *Rittstieg*, in: AK-GG, Art. 11 Rn. 45; kritisch zur Rechtsprechung über die Drittwirkung des Art. 11 GG insgesamt *Durner*, in: Maunz/Dürig, Art. 11 Rn. 110, der eine Korrektur rechtsgeschäftlichen Handelns insbesondere bei »massiv gestörter Vertragsparität« oder beim »Einsatz unzulässigen Drucks« als notwendig erachtet.
98 Vgl. *Gusy*, in: v. Mangoldt/Klein/Starck, Art. 11 Rn. 49; *Durner*, in: Maunz/Dürig, Art. 11 Rn. 94; *Jarass*, in: Jarass/Pieroth, GG, Art. 11 Rn. 9, der zutreffend einen Eingriff bejaht, wenn mittels der staatlichen Ausgestaltung der Sozialhilfe der Aufenthalt an einem bestimmten Ort verhindert werden soll; OVG Bremen Beschl. v. 24.11.2008 – S2 B 558/08, S2 B 559/08 zu § 22 Abs. 3 SGB II – Erstattung von Umzugskosten.
99 So *Ronellenfitsch*, DAR 1992, 321 ff.; *ders.*, JöR 44 (1996), 167 ff.
100 Ebenso *Durner*, in: Maunz/Dürig, Art. 11 Rn. 93; *Giegerich*, in: Dörr/Grote/Marauhn, Kap. 26 Rn. 44.
101 Vgl. *Kunig*, in: v. Münch/Kunig, GG I, Art. 11 Rn. 19; *Wollenschläger*, in: Dreier, GG I, Art. 11 Rn. 62.

F. Eingriffe und Schranken

I. Eingriffe

Das Freizügigkeitsrecht wird durch **rechtliche oder faktische**, aber auch durch **finan-** 22
ziell-fiskalische Behinderungen belastet. Die »klassischen« Fälle der Beschränkung
der Freizügigkeit durch imperative, unmittelbare und finale Eingriffe in Form des
Abzugs- und des Zuzugsverbots, sind ohne Zweifel an Art. 11 Abs. 1 GG zu messen.
Daher schützt die Freizügigkeit ethnische oder soziale Gruppen vor Zwangsumsiedlungen und generell vor staatlichem Umsiedlungsdruck.[102]

Auch **nichtklassische Eingriffe** können einen Reaktionsanspruch des Art. 11 GG 23
auslösen. Um jedoch nicht jede Erschwerung der Ausübung des im Schutzbereich des
Art. 11 Abs. 1 GG erfassten Verhaltens als Eingriff zu qualifizieren, können Schutz-
bereichsbeeinträchtigungen »mittelbarer oder faktischer« Art nur dann als Grundrechtseingriffe angesehen werden, wenn sie »in ihrer Zielsetzung und Wirkung« einem
klassischen Eingriff gleichkommen.[103] Der faktische Eingriff muss sich also durch eine dem Gebot oder Verbot vergleichbare Zwangswirkung auszeichnen, die bei objektiver Betrachtung zum Ziehen oder Nichtziehen zwingt;[104] teilweise wird sogar die Finalität des staatlichen Handelns als das »am ehesten tragfähige Kriterium für die
Feststellung des Vorliegens eines rechtfertigungsbedürftigen Eingriffs in die Freizügigkeit« angesehen.[105] Genehmigte Lärmbeeinträchtigungen eines Flughafens«, die
die Gesundheit oder die Eigentumsnutzung nicht in verfassungswidriger Weise betreffen, können nicht als Eingriff in das Recht auf Freizügigkeit gewertet werden, zumal wenn ein solcher nicht bezweckt ist.[106]

Die Erhebung einer **Grunderwerbssteuer** auf verkaufte Eigenheime, die nicht auf 24
selbstgenutzte Folgeobjekte angerechnet werden kann, stellt ebenfalls keinen mittelbar-faktischen Eingriff in das Recht der Freizügigkeit dar.[107] **Planungsrechtliche**
Beschränkungen in Gestalt der Bauverbote werden nicht vom Schutzbereich des
Art. 11 Abs. 1 GG erfasst,[108] da die Freizügigkeit von vornherein durch solche pla-
nungsrechtlichen Vorgaben im Rahmen formell und materiell verfassungsmäßiger
Gesetze beschränkt ist,[109] doch ist die Qualifizierung von Planungen, die im Zusammenhang mit Umsiedlungen im Braunkohlenbergbau stehen – umstritten. Teilweise

---

102 *Baer*, NVwZ 1997, 27 (29); *Rittstieg*, in: AK-GG, Art. 11 Rn. 31.
103 Vgl. BVerfGE 105, 252 (273); 105, 279 (300 f.); 110, 177 (191).
104 Vgl. *Ziekow*, Über Freizügigkeit und Aufenthalt, S. 545.
105 Vgl. *Durner*, in: Maunz/Dürig, Art. 11 Rn. 114, 123; *Weber-Dürler*, VVDStRL 57
    (1998), S. 57 (88 ff.).
106 BVerfG Beschl. v. 20.02.2008 – 1 BvR 2722/06, NVwZ 2008, 780, Rn. 94.
107 So zutreffend *Durner*, in: Maunz/Dürig, Art. 11 Rn. 112.
108 Vgl. *Baer*, NVwZ 1997, 27 (30); *Gusy*, in: v. Mangoldt/Klein/Starck, Art. 11 Rn. 29;
    Gnatzy, in: Schmidt-Bleibtreu/Hofmann/Henneke, GG, Art. 11 Rn. 19.
109 *Gusy*, in: v. Mangoldt/Klein/Starck, Art. 11 Rn. 49, spricht davon, dass solche »allgemei-
    nen Regelungen nicht den Grundrechtsschutz selbst, sondern lediglich dessen Vorausset-
    zungen« betreffen.

werden Umsiedlungen für Großvorhaben als Eingriff in die negative Freizügigkeit angesehen, also in das Recht, den Aufenthalt an einem frei gewählten Ort zu behalten, mithin als »Planungen, die faktisch zum Abzug nötigen«;[110] teilweise wird bereits eine Berührung des Schutzbereichs des Art. 11 Abs. 1 GG bei Planungen verneint, »die für bestimmte Bereiche eine Nutzung erzwingen«.[111] Das Bundesverfassungsgericht hat im Fall *Garzweiler I/II* entschieden, dass »sich der Schutzbereich von Art. 11 Abs. 1 GG nicht auf die Abwehr staatlicher Maßnahmen zur Regelung der Bodennutzung erstreckt, die letztlich zur unfreiwilligen Aufgabe des Wohnsitzes führen.« Unter Hinweis auf Entstehungsgeschichte, Schutzzweck und Systematik des Art. 11 GG hat es ausgeführt, dass Regelungen zur Bodenordnung oder Bodennutzung »jedenfalls dann nicht den Schutzbereich von Art. 11 Abs. 1 GG (berühren), wenn sie allgemein gelten und nicht gezielt die Freizügigkeit bestimmter Personen oder Personengruppen treffen sollen [...]. Das Grundrecht auf Freizügigkeit berechtigt (daher) nicht dazu, an Orten im Bundesgebiet Aufenthalt zu nehmen und zu verbleiben, an denen Regelungen zur Bodenordnung oder Bodennutzung einem Daueraufenthalt entgegenstehen und so bereits den Zuzug ausschließen oder einschränken oder, wenn sie erst nachträglich aufgestellt werden, letztlich zum Wegzug zwingen.«[112] Als spezialgesetzliches Grundrecht ist für die Betroffenen einer solchen Planung Art. 14 GG einschlägig, der nach Abs. 3 eine Enteignung mit Blick auf ein Vorhaben rechtfertigt, das ein Gemeinwohlziel im Sinne des Art. 14 Abs. 3 Satz 1 GG fördern soll.[113]

25   Fiskalische Zwänge sind stets die effektivsten Instrumente zur Behinderung des freien Zugs gewesen (Rdn. 4). Das Prinzip der **Lastenfreiheit** ist vor diesem Hintergrund mit Blick auf das Niederlassungsrecht innerhalb des Freistaats Bayern bereits in § 14 Abs. 2 BayVerf 1919 ausdrücklich kodifiziert worden. Nur solche Abgaben greifen in den Schutzbereich des Art. 11 Abs. 1 GG ein, die wegen des Weg- oder Zuzugs erhoben werden. Die Erhebung einer **Zweitwohnungssteuer** greift nicht in den Schutzbereich der Freizügigkeit ein, weil sie nur *anlässlich*, aber nicht wegen des

---

110 Vgl. *Baer*, NVwZ 1997, 32.

111 Vgl. BbgVerfG, LKV 1998, 395 (406); BbgVerfG, ZfB 2002, 45 ff.; zustimmend *Durner*, in: Maunz/Dürig, Art. 11 Rn. 123, »fehlt es an dem erforderlichen finalen Element der freizügigkeitsbezogenen Tendenz«; im Ergebnis ebenso *Rittstieg*, in: AK-GG, Art. 11 Rn. 31.

112 BVerfG, Urt. v. 17.12.2013 – 1 BvR 3139/08, 1 BvR 3386/08, Rn. 256 ff. – Garzweiler I/II, NVwZ 2014, 211 ff.; vgl. hierzu *Gnatzy*, in: Schmidt-Bleibtreu/Hofmann/Henneke, GG, Art. 11 Rn. 19. Anders EGMR, Entscheidung vom 25. Mai 2000 – Nr. 46346/99 (Noack) –, LKV 2001, S. 69 (71 f.), der die durch den Braunkohlentagebau Horno bedingten Umsiedlungen als einen Eingriff sowohl in das Recht auf Achtung des Privat- und Familienlebens aus Art. 8 EMRK als auch in das im Protokoll Nr. 4 zur Konvention zum Schutze der Menschenrechte und Grundfreiheiten verbürgte Freizügigkeitsrecht gesehen hat.

113 BVerfG, Urt. v. 17.12.2013 – 1 BvR 3139/08, 1 BvR 3386/08, Rn. 268 ff. – Garzweiler I/II, NVwZ 2014, 211 ff.; so auch *Rittstieg*, in: AK-GG, Art. 11 Rn. 31.

Zuzugs erhoben wird;[114] solange diese Abgabe nicht eine ähnliche Wirkung wie ein striktes Verbot des Nehmens von Aufenthalt oder Wohnsitz hat, ist sie daher mit Art. 11 Abs. 1 GG vereinbar.[115] Sie erschwert ebenso wie die Grunderwerbssteuer möglicherweise die Ausübung des Freizügigkeitsrechts in mittelbar-faktischer Weise, zielt aber nicht auf einen Eingriff in dieses Grundrecht.[116]

Das **Vorenthalten einer Sozialhilfeleistung**, die an die Wahl des Wohnortes an- **26** knüpft, kann einen Eingriff in das Grundrecht der Freizügigkeit darstellen.[117] Der in den Polizei- und Sicherheitsgesetzen der Länder vorgesehene punktuell und zeitlich begrenzte **Platzverweis** ist nach überwiegender Auffassung nicht als Eingriff in die persönliche Bewegungsfreiheit anzusehen, weil diese Maßnahme den freien Zug nicht mit dem erforderlichen Gewicht beeinträchtigt;[118] damit liegt nur ein Eingriff in die allgemeine Handlungsfreiheit vor.[119] Bei längerfristigen **Aufenthaltsverboten**, namentlich zur Bekämpfung der offenen Drogenszene oder zum Schutz von Veranstaltungen vor gewaltbereiten Personen, ist ein solcher Eingriff jedoch anzunehmen,[120] sofern insoweit nicht auf die polizeiliche Generalklausel zurückgegriffen wird, die freizügigkeitsbeschränkende Gefahrenabwehrmaßnahmen ermöglicht.[121] Gleiches gilt für einen längerfristigen polizeilichen Wohnungsverweis aufgrund häusliche Gewalt.[122]

---

114 Vgl. *Koops*, Zur Verfassungsmäßigkeit der sog. Kommunalen Zweitwohnungssteuer, Diss. Hamburg 1980, S. 66 ff.; *Kunig*, in: v. Münch/Kunig, GG I, Art. 11 Rn. 20 – Abgaberecht; *Durner*, in: Maunz/Dürig, Art. 11 Rn. 119; BVerfGE 65, 325 (357) – Zweitwohnungssteuer, zieht allerdings den Gedanken der Freizügigkeit innerhalb der Prüfung des Art. 3 Abs. 1 GG heran. Einen Eingriff in Art. 11 Abs. 1 GG durch die Zweitwohnungssteuer bejaht hingegen *v. Arnim*, StuW 1982, 53 (65).

115 BVerfG Beschl. v. 17.02.2010 – 1 BvR 529/09, NVwZ 2010, 1022, Rn. 30, 56 ff.

116 Vgl. *Durner*, in: Maunz/Dürig, Art. 11 Rn. 119.

117 Vgl. BVerfGE 111, 177 – Erziehungsgeld für Ausländer; OVG Bremen Beschl. v. 24.11.2008 – S2 B 558/08, S2 B 559/08 zu § 22 Abs. 3 SGB II. Das OVG Bremen schließt einen solchen Eingriff jedoch aus, da der Gesetzgeber mit der Regelung des zu § 22 Abs. 3 SGB II keine nachteiligen Folgen an die Ausübung des Grundrechts der Freizügigkeit verknüpfe, sondern für sie vielmehr unter bestimmten Voraussetzungen öffentliche Leistungen gewähre.

118 *Kunig*, in: v. Münch/Kunig, GG I, Art. 11 Rn. 20 – Polizeiliche Maßnahmen; *Gnatzy*, in: Schmidt-Bleibtreu/Hofmann/Henneke, GG, Art. 11 Rn. 27; LT Bad.- Württ. Drs. 14/3165 (Gesetz zur Änderung des Polizeigesetzes), S. 66 (zu § 27a Abs. 1 PolG).

119 VGH BW, Beschluss v. 04.10.2002, 1 S 1963/02 – Punk-Szene.

120 So VGH BW, NVwZ-RR 1997, 225; NVwZ 2003, 115 f.; ihm folgt LT BW, Drs. 14/3165 (Gesetz zur Änderung des Polizeigesetzes), Art. 3 Abs. 5 hinsichtlich des in Art. 1 Nr. 12 und 38 des Artikelgesetzes geregelten Platzverweises (§§ 27a Abs. 2, 84a PolG). *Wollenschläger*, in: Dreier, GG I, Art. 11 Rn. 29.

121 Vgl. *Kunig*, in: v. Münch/Kunig, GG I, Art. 11 Rn. 20 – Polizeiliche Maßnahmen; OVG Bremen, NVwZ 1999, 314 (315); dagegen LT Bad.-Württ. Drs. 14/3165 (Gesetz zur Änderung des Polizeigesetzes), S. 102.

122 *Wollenschläger*, in: Dreier, GG I, Art. 11 Rn. 29, m. weit. Nachw.

27 **Residenzpflichten**, die Beamte, Rechtsanwälte und Notare dazu verpflichten, ihren Wohnsitz so zu nehmen, dass ihre Aufgaben nicht beeinträchtigt werden (§ 74 Abs. 1 BBG, § 27 BRAO, § 26 PatAnwO, §§ 10 Abs. 2, 38 BNotO), greifen nicht in Art. 11 Abs. 1 GG ein,[123] sondern sind an den spezialgesetzlichen Regelungen des Art. 33 Abs. 5 GG bzw. Art. 12 Abs. 1 GG zu messen.[124] Die Pflicht von Soldaten, Wehrpflicht- und Zivildienstleistenden, in militärischen oder dienstlichen Unterkünften zu wohnen (§ 18 SoldG, § 31 ZDG), geht über eine bloße Residenzpflicht hinaus[125] und stellt einen selbständigen – durch Art. 17a GG gedeckten – Eingriff in das Freizügigkeitsrecht dar.

28 Das Aufenthaltsbestimmungsrecht im Rahmen einer vom Vormundschaftsgericht angeordneten **rechtlichen Betreuung** nach §§ 1896, 1906 f. BGB ist am Maßstab des Art. 2 Abs. 2 Satz 2 GG zu messen. Die im Aufgabenkreis der Aufenthaltsbestimmung liegende Befugnis des Betreuers, den Aufenthalt des Betreuten rechtsverbindlich festzulegen und ihn nötigenfalls auch in einem Heim unterzubringen, führt im Ergebnis zum zwangsweisen Festhalten einer Person.[126] Freizügigkeit setzt indes körperliche Bewegungsfreiheit voraus,[127] so dass das Freizügigkeitsrecht bei Freiheitsbeschränkungen nicht einschlägig ist. Dies gilt auch dann, wenn die Folgen von Freiheitsbeschränkungen oder -entziehungen den Fortzug vom bisherigen Wohn- und Aufenthaltsort verhindern.[128]

29 Die in § 12 Abs. 1 Satz 2 AuslG vorgesehene Möglichkeit, die **Aufenthaltsgenehmigung von Ausländern** räumlich zu beschränken, stellt keinen Eingriff in Art. 11 Abs. 1 GG dar, da es als Deutschen-Grundrecht nicht einschlägig ist. Gleiches gilt für die Praxis der Ausländerbehörden, die **Aufenthaltsgestattung von Asylsuchenden**

---

123 Umstritten: wie hier *Kunig*, in: v. Münch/Kunig, GG I, Art. 11 Rn. 20 – Residenzpflichten; *Hailbronner*, HStR VII, § 152 Rn. 61; a.A. *Grete*, Die Verfassungsmäßigkeit berufsrechtlicher Residenzpflichten der deutschen Rechtsordnung, 1999, S. 117 ff.; *Pieroth/Schlink/Kingreen/Poscher*, Grundrechte, Rn. 869; *Jarass*, in: Jarass/Pieroth, GG, Art. 11 Rn. 7; *Durner*, in: Maunz/Dürig, Art. 11 Rn. 111, der von einem Eingriff in Art. 11 Abs. 1 GG ausgeht, aber eine Rechtfertigung durch die immanente Schranke des Art. 33 Abs. 5 GG bzw. eine verfassungskonforme Auslegung der fakultativen Residenzpflicht des § 10 Abs. 2 BnotO erwägt.
124 Vgl. BVerfGE 65, 116 (125) – Residenzpfilcht für Patentanwälte; BGH, DNotZ 1984, 772 ff. mit Anm. *Piehler*.
125 Vgl. *Gusy*, in: v. Mangoldt/Klein/Starck, Art. 11 Rn. 64.
126 Vgl. *Schwab*, in: Münchener Kommentar, BGB, 6. Aufl., 2012, § 1896 Rn. 76; BayObLG, FamRZ 1999, 1300 (1301); nach OLG Köln, NJW-RR 1997, 451, ist der Betreuer bei der Erfüllung seiner Aufgaben zur »Bestimmung des Wohnsitzes des Betroffenen« bei der Wahl des Aufenthaltsortes (Heimplatz usw.) nicht frei. Er hat vielmehr den Wünschen des Betreuten, an einem bestimmten Ort wohnen zu wollen, zu entsprechen, soweit dies nicht dem Wohl des Betreuten zuwiderläuft.
127 Vgl. *Gusy*, in: v. Mangoldt/Klein/Starck, Art. 11 Rn. 25; *Kunig*, in: v. Münch/Kunig, GG I, Art. 2 Rn. 78 – Unterbringung.
128 Vgl. *Wollenschläger*, in: Dreier, GG I, Art. 11 Rn. 66; *Randelzhofer*, in: Bonner Kommentar, Art. 11 Rn. 143; *Gusy*, in: v. Mangoldt/Klein/Starck, Art. 11 Rn. 25.

räumlich auf den Bezirk der Ausländerbehörde zu beschränken (§ 56 AsylVG). Die sich aus den völkerrechtlichen Verträgen ergebenden Verpflichtungen (Rdn. 50 ff.) hat die Bundesrepublik Deutschland daher unter Beachtung des den Ausländern zustehenden Grundrechts der allgemeinen Handlungsfreiheit (Art. 2 Abs. 1 GG) zu erfüllen.

II. Schranken

1. Parlamentsvorbehalt

Art. 11 Abs. 2 GG verfügt, dass Verhaltensweisen, die in den Schutzbereich des Art. 11 Abs. 1 GG fallen, nur **durch Gesetz oder aufgrund eines Gesetzes** »eingeschränkt« werden dürfen. Auch eine volle Beschränkung mit dem Ergebnis einer Suspendierung der Freizügigkeit ist – unter Beachtung des Wesensgehaltes (Art. 19 Abs. 2 GG) und des Grundsatzes der Verhältnismäßigkeit – hiervon umfasst.[129] »Gesetz« meint das Gesetz im formellen Sinne und umfasst auch entsprechendes Landesrecht.[130] Eine Beschränkung des Grundrechts ist daher nur unmittelbar durch das Parlamentsgesetz oder durch Rechtsverordnung auf der Grundlage einer formell-gesetzlichen Grundlage (Art. 80 Abs. 1 Satz 2 GG) zulässig. 30

Für **Angehörige der Streitkräfte und des Ersatzdienstes** kann eine Beschränkung des Freizügigkeitsrechts gemäß Art. 17a GG erfolgen. Obwohl auch hierfür der Parlamentsvorbehalt gilt, hat das Bundesverwaltungsgericht die Auffassung vertreten, dass das Grundrecht aus Art. 11 Abs. 1 GG für Soldaten »bereits nach der im Grundgesetz festgelegten Wehrverfassung durch die gesetzlich begründeten Pflichten der Soldaten im Rahmen der Erfordernisse des militärischen Dienstes beschränkt« werde.[131] Ein solches Sonderregime für die Streitkräfte ist abzulehnen, da selbst bei einer Anerkennung immanenter Schranken, die über Art. 11 Abs. 2 GG hinaus die Freizügigkeit beschränken können (Rdn. 30), der Vorbehalt des Gesetzes gilt.[132] 31

2. Bundes- und Landesgesetzgebung

Formell-gesetzliche Beschränkungen der Freizügigkeit können nach Art. 11 Abs. 2 GG vom Bundes- oder Landesgesetzgeber erlassen werden. Zwar verfügt der Bund nach Art. 73 Nr. 3 GG über die ausschließliche Gesetzgebungskompetenz hinsichtlich der Materie »Freizügigkeit«, die auch nicht über eine Ermächtigung der Länder gemäß Art. 71 GG geschmälert wurde, doch haben die Rechtspraxis der meisten Länder und die überwiegende Auffassung in Rechtsprechung und Literatur anerkannt, 32

---

129 Vgl. BVerfGE 2, 266 (284); *Durner*, in: Maunz/Dürig, Art. 11 Rn. 132.
130 Vgl. BVerwGE 11, 133 (135); *Randelzhofer*, in: Bonner Kommentar, Art. 11 Rn. 142; *Hailbronner*, HStR VII, § 152 Rn. 78; *Jarass*, in: Jarass/Pieroth, GG, Art. 11 Rn. 11; *Ziekow*, Über Freizügigkeit und Aufenthalt, S. 561; *Durner*, in: Maunz/Dürig, Art. 11 Rn. 126.
131 BVerwG, NVwZ 1996, 474.
132 So auch *Durner*, in: Maunz/Dürig, Art. 11 Rn. 127.

dass Art. 11 Abs. 2 GG **Beschränkungen auch durch Landesgesetze** ermöglicht.[133] Dies hat Bedeutung für den Bereich des landesgesetzlichen Gefahrenabwehrrechts sowie für die Katastrophen- und Brandschutzgesetzgebung der Länder.[134] Die polizeirechtlichen Generalklauseln und die landesgesetzlichen Bestimmungen über längerfristige Aufenthaltsverbote sowie über die Evakuierung bei Unglücks- und Katastrophenfällen[135] bilden hierfür die wichtigsten Belege.

3. Der limitierte Einschränkungsvorbehalt des Art. 11 Abs. 2 GG

33 Der Verfassungsgeber hat sich bewusst gegen einen allgemeinen Gesetzesvorbehalt und damit gegen die Lösung der Weimarer Reichsverfassung (Art. 111 Satz 2[136]) entschieden (Rdn. 6). Der **qualifizierte Gesetzesvorbehalt** des Art. 11 Abs. 2 GG lässt Einschränkungen ausdrücklich »nur« aus den abschließend aufgezählten und eng auszulegenden[137] Gründen zu. Daneben sind die speziellen Gesetzesvorbehalte des Art. 17a Abs. 2 GG (Rdn. 31) sowie des Art. 117 Abs. 2 GG relevant. Doch hat die Bestimmung des Art. 117 Abs. 2 GG an Bedeutung verloren, da die Wohnungsnot der Nachkriegszeit seit langem überwunden ist.[138]

34 Die Gesetze, die die Freizügigkeit beschränken, unterliegen den allgemeinen verfassungsrechtlichen Anforderungen an grundrechtseinschränkende Normen. Sie sind daher – auch in Situationen krisenhafter Zuspitzung – am **Maßstab der Verhältnismäßigkeit** auszulegen. Zudem ist das Zitiergebot (Art. 19 Abs. 1 Satz 2 GG) als Voraussetzung für den Erlass freizügigkeitsbeschränkender Maßnahmen einzuhalten.[139]

a) Der Sozialvorbehalt

35 Die praktische Relevanz des **Vorbehalts der ausreichenden Lebensgrundlage** ergab sich zuletzt nur noch aus dem zum 31. Dezember 2009 ausgelaufenen Wohnortzuweisungsgesetz, das Beschränkungen der Freizügigkeit von Spätaussiedlern (Deutsche i.S.d. Art. 116 Abs. 1 GG) gestattete.[140] Er setzt in Anlehnung an § 1 Freizügigkeitsgesetz 1867 (Rdn. 5) voraus, dass »eine ausreichende Lebensgrundlage nicht

---

133 Vgl. BayVerfGH, NVwZ 1991, 664 (666); OVG Bremen, NVwZ 1999, 314 (316); im Schrifttum zunächst *Dürig*, Die Grundrechte II, S. 507 (526); vgl. auch *Kunig*, in: v. Münch/Kunig, GG I, Art. 11 Rn. 21; *Cremer*, NVwZ 2001, 1218 (1222 f.); *Lang*, VerwArch 96 (2005), 283 (290 f.); *Ziekow*, Über Freizügigkeit und Aufenthalt, S. 561 f.; *Durner*, in: Maunz/Dürig, Art. 11 Rn. 129.

134 Zur Kompetenzmäßigkeit vgl. *Hailbronner*, HStR VII, § 152 Rn. 79 f.

135 Vgl. etwa § 36 B.-Württ.LKatSG sowie Art. 18 BayKSG, wonach aufgrund dieser Gesetze u.a. das Grundrecht der Freizügigkeit eingeschränkt werden kann.

136 Art. 111 Satz 2 WRV lautet: »Einschränkungen bedürfen eines Reichsgesetzes.«.

137 Vgl. BVerfGE 2, 266 (280): »strenger Maßstab«.

138 Vgl. *Sachs*, in: Stern, Staatsrecht IV/1, S 1153 f.

139 Zur unzureichenden Beachtung durch die Landespolizeigesetze vgl. *Gusy*, in: v. Mangoldt/Klein/Starck, Art. 11 Rn. 54.

140 Gesetz über die Festlegung eines vorläufigen Wohnortes für Spätaussiedler i.d.F. der Bekanntmachung v. 10.08.2005, BGBl. I, S. 2474.

vorhanden ist«. Das Fehlen einer ausreichenden Lebensgrundlage nimmt das Bundesverwaltungsgericht dort an, wo ein Betroffener »nicht nur vorübergehend hilfsbedürftig im Sinne des Fürsorgerechts ist.« Dies sei dann nicht der Fall, »wenn nach Beruf, Alter und Gesundheit des Antragstellers zu erwarten ist, dass er sich den Lebensunterhalt selbst verdienen kann.«[141] Das Vorhandensein ausreichenden Wohnraums kann nicht geprüft werden, wohl aber das Fehlen finanzieller Mittel zur Beschaffung des Wohnraums. Die Beweislast für das Fehlen dieser Voraussetzungen liegt bei der Behörde.[142] Bei Würdigung des Einzelfalls kommt es kumulativ (»und«) zudem darauf an, dass ein Bürger wegen seiner finanziellen Lage besondere Lasten für die Allgemeinheit verursacht. Solche Lasten beziehen sich insbesondere auf die »Bereitstellung von Wohnraum und infrastrukturelle Folgelasten wie die Herstellung und Erweiterung von Einrichtungen der Betreuung von Kindern, der schulischen Ausbildung, von Kultur und Sport sowie von Anlagen der öffentlichen Versorgung und Entsorgung.«[143] Mit Blick auf die gebotene enge Auslegung des Sozialvorbehalts müssen die der Allgemeinheit entstehenden Lasten das sozialstaatlich vertretbare Maß überschreiten.[144] Ermessensspielräume der Verwaltung sind nicht nur im Lichte der Garantie der Freizügigkeit, sondern auch unter Beachtung der Grundrechte nach Art. 6 Abs. 1 GG und Art. 12 Abs. 1 GG zu konkretisieren. Zweifel wirken sich zugunsten des Betroffenen aus.[145]

b) Der Notstandsvorbehalt

Der Vorbehalt einer erforderlichen Beschränkung zur **Abwehr einer drohenden Gefahr für den Bestand oder die freiheitlich-demokratische Grundordnung des Bundes oder eines Landes** wurde im Zuge der Notstandsgesetzgebung in den Text des Art. 11 Abs. 2 eingefügt.[146] Er ist Ausdruck der Entscheidung des Grundgesetzes für eine wehrhafte Demokratie. Bisher hat der Gesetzgeber mangels eines **inneren Staatsnotstandes** von diesem Vorbehalt noch keinen Gebrauch machen müssen. Wie im Gefährdungstatbestand des Art. 91 Abs. 1 GG[147] sind unter dem »Bestand des Bundes oder eines Landes« auch in Art. 11 Abs. 2 GG »die elementarsten rechtlichen und sozialen Gegebenheiten« zu verstehen, insbesondere die Bevölkerung, die territoriale Integrität und die nach außen wie auch nach innen gerichtete Handlungsfähigkeit des Bundes sowie der einzelnen deutschen Länder.[148] Die »freiheitlich-de- 36

---

141 Vgl. BVerwGE 3, 135 (139 f.); 6, 173 (175).
142 Vgl. BVerwGE 5, 31 (34).
143 Vgl. BVerfGE 110, 177 (192 f.).
144 Vgl. *Gusy*, in: v. Mangoldt/Klein/Starck, Art. 11 Rn. 56; *Durner*, in: Maunz/Dürig, Art. 11 Rn. 135.
145 Vgl. BVerwGE 3, 308 (311).
146 Vgl. BGBl. I 1968, S. 709 ff.
147 Vgl. auch die identischen Begriffe in Art. 10 Abs. 2 Satz 2 GG, 21 Abs. 2 GG, 73 Nr. 10b GG, 87a Abs. 4 Satz 1 GG.
148 Vgl. *Kunig*, in: v. Münch/Kunig, GG I, Art. 11 Rn. 23; *Randelzhofer*, in: Bonner Kommentar, Art. 11 Rn. 156; *Durner*, in: Maunz/Dürig, Art. 11 Rn. 139.

mokratische Grundordnung« ist – in Parallele zu dem identischen Terminus in Art. 18 Satz 1 GG sowie in Art. 21 Abs. 2 GG – im Sinne des Bundesverfassungsgerichts im SRP-Urteil als »eine Ordnung« zu bestimmen, die unter Ausschluss jeglicher Gewalt- und Willkürherrschaft eine rechtsstaatliche Herrschaftsordnung auf der Grundlage der Selbstbestimmung des Volkes nach dem Willen der jeweiligen Mehrheit und der Freiheit und Gleichheit darstellt«.[149] Die Verbindung des Attributs »freiheitlich« mit dem Attribut »demokratisch« weist auf den unlösbaren Zusammenhang von demokratischer Willensbildung und rechtlich gesicherter Freiheit hin;[150] er wird noch dadurch unterstrichen, dass unter den »grundlegenden Prinzipien dieser Ordnung« an erster Stelle »die Achtung vor den im Grundgesetz konkretisierten Menschenrechten« firmiert.[151] Das Freizügigkeitsrecht kann eingeschränkt werden, sobald einem dieser geschützten Rechtsgüter Gefahr droht; dies ist dann der Fall, wenn den Schutzgütern mit hinreichender Wahrscheinlichkeit eine Verletzung droht oder eine Beeinträchtigung bereits eingetreten ist.

c) Der Katastrophenvorbehalt

37   Art. 11 Abs. 2 GG lässt unter dem Gesichtspunkt der »**Seuchengefahr**« sowie – seit der Notstandsgesetzgebung 1968 – der »**Naturkatastrophen** und **besonders schwerer Unglücksfälle**« gesetzliche Einschränkungen der Freizügigkeit auch in Fällen folgenschwerer Ereignisse zu. Auch sie bedürfen mit Blick auf die freiheitsschonende Kasuistik des gesamten Gesetzesvorbehalts einer präzisen Definition.

38   Der **Seuchenbegriff** bezieht sich auf übertragbare medizinisch diagnostizierbare Massengefahren in Form hochansteckender (virulenter) Infektionskrankheiten, die unmittelbar oder mittelbar auf den Menschen übertragen werden können (Epidemien, Pandemien).[152] Nach Wortsinn und Normzweck fallen auch die Konstellationen des Tierseuchengesetzes vom 26. Juni 1909, das in § 1 Abs. 1 die »Bekämpfung übertragbarer Viehseuchen« anspricht, unter den Seuchenbegriff des Art. 11 Abs. 2 GG.[153]

39   Der Begriff der »**Naturkatastrophe**«, der auch in Art. 35 Abs. 2 GG im Rahmen der Katastrophenhilfe verwendet wird, ist bis heute wissenschaftlich nicht in unangefochtener Weise definiert.[154] Von Naturkatastrophen wird dann gesprochen, wenn es sich um natürliche Extremereignisse, in Raum und Zeit konzentriert, handelt, die im Unterschied zu technischen Katastrophen »natürlichen« Ursprungs sind und die

---

149 Vgl. BVerfGE 2, 1 (Leitsatz 2 und S. 12 f.) – Sozialistische Reichspartei; bestätigend BVerfGE 5, 85 (112, 140 ff.) – KPD-Verbotsurteil.

150 *Stern*, Staatsrecht I, S. 557; *Gusy*, AöR 195 (1980), S. 279 (282); *Durner*, in: Maunz/Dürig, Art. 11 Rn. 140.

151 BVerfGE, a.a.O.

152 Vgl. zu den Elementen dieser Definition § 1 Abs. 1 Bundesseuchengesetz sowie § 2 Nr. 3 Infektionsschutzgesetz.

153 Vgl. *Sachs*, in: Stern, Staatsrecht IV/1, S. 1150.

154 Vgl. *D. Alexander*, The Study of Natural Disasters, 1977–1997: Some Reflections on a Changing Field of Knowledge, in: Disasters, Bd. 21, 1997, S. 284 (288).

zu erheblichen Auswirkungen für eine Vielzahl von Personen (Verlust von Menschenleben) und/oder in einem größeren Gebiet (materielle Schäden) führen (Vulnerabilität).[155] Hierzu zählen plötzliche meteorologische und geophysikalische Ereignisse wie Sturm und Niederschläge, Vulkanausbrüche sowie Erdbeben. Zu ihnen gehören aber auch durch sie bewirkte Folgeerscheinungen wie Hochwasser, Hangrutschungen, Lawinen und unter bestimmten Voraussetzungen Waldbrände.[156] Die lokalen Strukturen versagen in solchen Situationen, so dass alle oder einige wesentliche öffentliche Aufgaben nicht mehr erfüllt werden können.[157] Dies rechtfertigt eine Beschränkung des Grundrechts der Freizügigkeit, wovon der Gesetzgeber bis heute jedoch noch keinen Gebrauch gemacht hat.

Dies gilt auch für den Vorbehalt der »**besonders schweren Unglücksfälle**«, der sich   40
gleichfalls mit dem Terminus nach Art. 35 Abs. 2 GG deckt. Unter einem besonders schweren Unglücksfall im Sinne des Artikel 11 Abs. 2 GG wird allgemein ein Schadensereignis von großem Ausmaß verstanden, das Auswirkungen auf lebenswichtige Bereiche der Daseinsvorsorge hat oder wegen seiner Bedeutung in besonderer Weise die Öffentlichkeit berührt. Größere Flugzeug- oder Eisenbahnunfälle, Unfälle in Kernkraftwerken oder auch ein Stromausfall stellen ein solches Ereignis dar. Der Unglücksfall ist nicht auf Situationen beschränkt, die durch menschliches oder technisches[158] Versagen entstehen. Er beinhaltet auch jene Ereignisse, die gezielt herbeigeführt werden – wie etwa terroristische Angriffe.

d) Der Jugendschutzvorbehalt

Der Einschränkungsvorbehalt des »**Schutzes der Jugend vor Verwahrlosung**« enthält   41
zwei unbestimmte Rechtsbegriffe. Ein Anknüpfungspunkt für eine Definition bildet das Jugendschutzgesetz, das in § 1 Abs. 1 Ziff. 2 Jugendliche als Personen bezeichnet, die 14, aber noch nicht 18 Jahre alt sind. Da die Grundrechtsmündigkeit von Kindern, also von Personen, die noch nicht 14 Jahre alt sind (§ 1 Abs. 1 Ziff. 1 JuSchG), in der Regel durch das elterliche Sorgerecht überlagert wird (§ 1631 Abs. 1 BGB – Rdn. 18), kann der Begriff »Jugendlicher« im Rahmen des Gesetzesvorbehalts des Art. 11 Abs. 2 GG sinnvoll im Sinne des Jugendschutzgesetzes ausgelegt werden.[159] Der Begriff der »Verwahrlosung« entspricht in der Sache dem Tatbestand

---

155 Vgl. *E. J. Plate/B. Merz/Chr. Eikenberg*, Naturkatastrophen: Herausforderung an Wissenschaft und Gesellschaft, in: Plate/Merz (Hrsg.), Naturkatastrophen, 2001, S. 2.

156 Vgl. *T. Plapp*, Wahrnehmung von Risiken aus Naturkatastrophen, Diss. Karlsruhe 2003, S. 60 ff.

157 Vgl. United Nations Disaster Relief Organization (UNDRO), 1987, zit. in: Plate/Merz (Hrsg.), a.a.O., S. 1.

158 Die im Schrifttum (vgl. etwa *Kunig*, in: v. Münch/Kunig, GG I, Art. 11 Rn. 25; *Durner*, in: Maunz/Dürig, Art. 11 Rn. 147) hervorgehobene Charakterisierung nach ihrer technischen Ursache setzt die »besonders schweren Unglücksfälle« mit »Katastrophen technischen Ursprungs« gleich, was zu einer terminologischen Verengung führt.

159 A.A. ist *Kunig*, in: v. Münch/Kunig, GG I, Art. 11 Rn. 26, der jeden nicht Volljährigen hiervon umfasst ansieht.

der »Jugendgefährdung« nach § 18 JuSchG, der von einer Beeinträchtigung der »Entwicklung von Kindern oder Jugendlichen oder ihrer Erziehung zu einer eigenverantwortlichen und gemeinschaftsfähigen Persönlichkeit« ausgeht. Eine Gefährdung des Kindeswohls ist hierfür nicht erforderlich.[160]

e) Der Kriminalvorbehalt

42   Der Vorbehalt zur **Vorbeugung strafbarer Handlungen** stellt die in der bisherigen Rechtspraxis wohl wichtigste Schranke der Freizügigkeit dar. Sie wird bei Wohnungsverweisungen im Fall häuslicher Gewalt[161] sowie bei längerfristigen polizeilichen Aufenthaltsverboten[162] (Rdn. 26) relevant. In seiner *präventiven* Fassung ist er auf die Bekämpfung von Straftaten – nicht von Ordnungswidrigkeiten – beschränkt. Teilweise wird dabei eine besondere Bedeutung der vorzubeugenden Straftat[163] oder eine erhöhte Wahrscheinlichkeit des Erfolgseintritts[164] verlangt. Doch ist der Begriff der Vorbeugung entgegen diesen Tendenzen nach polizeirechtlichen Grundsätzen auszulegen, so dass der Vorbehalt bereits dann anwendbar ist, wenn die hinreichende Gefahr einer Straftat droht oder eine Dauerstraftat bereits eingetreten ist. Der auch bei diesem Vorbehalt gebotenen engen Auslegung ist im Rahmen der Verhältnismäßigkeitsprüfung unter Würdigung der Umstände des Einzelfalls zu entsprechen.[165]

4. Verfassungsimmanente Schranken

43   Angesichts der enumerativen Auflistung der Fälle, in denen nach Art. 11 Abs. 2 GG das Freizügigkeitsrecht eingeschränkt werden kann, ist ein Rückgriff auf verfassungsimmanente Schranken nur insoweit statthaft, als der Verfassungsgeber unverzichtbare Begrenzungserfordernisse zum Schutz anderer Verfassungsgüter nicht berücksichtigt hat. Die Kollision muss wegen des Vorbehalts des Gesetzes jedoch gesetzlich aufgelöst werden.[166] Verfassungsimmanente Schranken der Freizügigkeit werden für die gesetzlich angeordneten (§§ 1631, 1800 BGB) Beschränkungen der Freizügigkeit Minderjähriger unter Verweis auf das von **Art. 6 Abs. 2 GG** geschützte elterliche Sorgerecht von denjenigen Autoren angenommen, die eine Unterscheidung von Grundrechtsfähigkeit und Grundrechtsmündigkeit (Rdn. 18) ablehnen.[167] Die beamten-

---

160 So entgegen *Gusy*, in: v. Mangoldt/Klein/Starck, Art. 11 Rn. 61, auch *Durner*, in: Maunz/Dürig, Art. 11 Rn. 148.
161 Vgl. VGH Mannheim, NJW 2005, 88 (89); *Lang*, VerwArch 96 (2005), 283 (292 f.); *Wuttke*, JuS 2005, 779 (783).
162 Vgl. *Cremer*, NVwZ 2001, 1218 (1219).
163 *Gusy*, in: v. Mangoldt/Klein/Starck, Art. 11 Rn. 62: »keine Delikte minderer Bedeutung«.
164 Vgl. *Kunig*, Jura 1990, 306 (312).
165 Vgl. *Durner*, in: Maunz/Dürig, Art. 11 Rn. 154.
166 Vgl. *Sachs*, in: Stern, Staatsrecht IV/1, S. 1156 f.; *Durner*, in: Maunz/Dürig, Art. 11 Rn. 160 ff.
167 Vgl. hierzu *Durner*, in: Maunz/Dürig, Art. 11 Rn. 59 und 161.

rechtlichen Residenzpflichten werden mittels der verfassungsimmanenten Schranke der hergebrachten Grundsätze des Berufsbeamtentums nach **Art. 33 Abs. 5 GG** gerechtfertigt.[168]

G. Verhältnis zu anderen Grundgesetzbestimmungen und Grundrechtskonkurrenzen

Das Grundrecht der körperlichen Bewegungsfreiheit nach **Art. 2 Abs. 2 GG** steht zur 44 Freizügigkeitsgarantie im Verhältnis tatbestandlicher Exklusivität.[169] Art. 11 Abs. 1 GG schützt die Freiheit, einen anderen Ort aufsuchen zu können, also einen Ortswechsel i.S. der in Rdn. 10 ff. konkretisierten Erfordernisse vorzunehmen, Art. 2 Abs. 2 GG garantiert das Recht, frei von unmittelbaren und zwanghaften Beeinträchtigungen den gegenwärtigen Aufenthaltsort jederzeit verlassen zu können. Freizügigkeit setzt daher Bewegungsfreiheit voraus. Freiheitsbeschränkungen und Freiheitsentziehungen sind folglich am Maßstab von Art. 2 Abs. 2 Satz 2 GG i.V.m. Art. 104 GG zu messen (Rdn. 28).

Die in **Art. 2 Abs. 1 GG** garantierte allgemeine Handlungsfreiheit erfüllt gegenüber 45 der Freizügigkeit nach Art. 11 Abs. 1 GG eine bloße Auffangfunktion in sachlicher und personeller Hinsicht und entfaltet ihren subsidiären Schutz – angesichts der den Deutschen vorbehaltenen Freizügigkeitsgarantie des Art. 11 Abs. 1 GG – namentlich für Ausländer (Rdn. 17).

Das **Auslieferungsverbot nach Art. 16 Abs. 2** geht als speziellere Verbürgung dem 46 Recht aus Art. 11 Abs. 1 G vor.

Neben **anderen Grundrechten**, etwa aus Art. 3 Abs. 1 GG (Rdn. 15), 12 GG, 14 47 GG (Rdn. 15) oder Art. 5 GG, steht das Grundrecht auf Freizügigkeit, bei gleichzeitiger Betroffenheit beider Schutzbereiche, in Idealkonkurrenz, soweit die Freizügigkeit als Mittel zur Verwirklichung des Tatbestands dieses anderen Grundrechts eingesetzt wird.[170]

Landesverfassungsrechtliche Freizügigkeitsgewährleistungen, die über den Schutz- 48 umfang des Art. 11 GG hinausgehen, bleiben unberührt, können jedoch in ihrem

---

168 *Durner*, in: Maunz/Dürig, Art. 11 Rn. 162.
169 Vgl. *Gusy*, in: v. Mangoldt/Klein/Starck, Art. 11 Rn. 65; *Durner*, in: Maunz/Dürig, Art. 11 Rn. 166; *Pieroth*, JuS 1985, 87, sowie *Ziekow*, Über Freizügigkeit und Aufenthalt, S. 462 ff., (467), sehen Art. 2 Abs, 2 Satz 2 GG als lex specialis zu Art. 11 Abs. 1 GG an; *Wollenschläger*, in: Dreier, GG I, Art. 11 Rn. 66; ähnlich zuvor bereits *Merten*, Der Inhalt des Freizügigkeitsrechts, S. 57 f., der Art. 2 Abs. 2 Satz 2 GG als »reines Schutz- oder Abwehrrecht« gegen Freiheitsentziehungen bezeichnet. *Kunig*, in: v. Münch/Kunig, GG I, Art. 2 Rn. 92, sowie *Baldus*, in: Epping/Hillgruber, Art. 11 Rn. 33, gehen von einer Idealkonkurrenz zwischen Art. 11 Abs. 1 und Art. 2 Abs. 2 Satz 2 GG aus.
170 Vgl. *Durner*, in: Maunz/Dürig, Art. 11 Rn. 167.

überschießenden Teil durch einfaches Bundesrecht überlagert sein, ohne nach Art. 31 GG gebrochen zu werden.[171]

H. Internationale und europäische Aspekte

I. Völkerrechtliche Standards

1. Grundsätze

49 Das allgemeine Völkerrecht unterscheidet **verschiedene Formen und Grade der Freizügigkeit**. Ein »Menschenrecht auf globale Freizügigkeit«[172] im Sinne eines individuellen Rechts auf Einreise kennt es allerdings nicht.[173] Es untersagt den Staaten freilich nicht, Ausländern den Aufenthalt in ihrem Staatsgebiet zu erlauben. Ihren Staatsbürgern gegenüber sind die Staaten regelmäßig zur Aufnahme verpflichtet;[174] völkerrechtlich ist indes lediglich das Verbot anerkannt, den eigenen Staatsangehörigen »willkürlich« das Recht zu entziehen, in ihr eigenes Land einzureisen (Art. 12 Abs. 4 IPBPR).[175]

2. Gewährleistungen[176]

50 **Art. 13 der Allgemeinen Erklärung der Menschenrechte** proklamiert im Rahmen einer empfehlenden Resolution der Generalversammlung der Vereinten Nationen – das »Recht (eines jeden), sich innerhalb eines Staates frei zu bewegen und seinen Aufenthaltsort frei zu wählen«. Nach Art. 13 Abs. 2 AEMR hat zudem jedermann »das Recht, jedes Land, einschließlich seines eigenen, zu verlassen und in sein Land zurückzukehren.« Von hier aus ist das Recht des »freien Zuges« als grundlegendes Menschenrecht in den Internationalen Pakt über bürgerliche und politische Rechte eingegangen (**Art. 12 Abs. 1 IPBPR**).[177] Er verankert das Recht eines jeden, »der sich rechtmäßig im Hoheitsgebiet eines Staates aufhält, … sich dort frei zu bewegen

---

171 Vgl. *Ziekow*, Über Freizügigkeit und Aufenthalt, S. 477 f.

172 *Depenheuer*, Zwischen staatlicher Souveränität und Menschenrecht. Grundfragen staatlicher Einwanderungspolitik, FS Brunner, 2001, S. 46 (47, 51, 55); *Durner*, in: Maunz/Dürig, Art. 11 Rn. 37.

173 BVerwGE 56, 254 (258).

174 Das Recht im Heimatstaat zu leben, ist wesentlicher Inhalt der Rechtsbeziehungen zwischen Staat und Staatsbürger. In Deutschland ist der Verlust der Staatsangehörigkeit durch Ausbürgerung in Art. 16 Abs. 1 Satz 1 GG verfassungsrechtlich verboten. Art. 3 des 4. ZP EMRK schützt Staatsangehörige vor Ausweisungen in Form von Einzel- oder Kollektivmaßnahmen; ähnliche Garantien enthalten Art. 22 Abs. 5 der Amerikanischen Menschenrechtskonvention sowie Art. 27 lit. b der Arabischen Charta der Menschenrechte; Art. 12 Abs. 4 und 5 der Afrikanischen Charta der Menschenrecht und Rechte der Völker enthält begrenzte Verbürgungen dieser Art nur für Ausländer.

175 Vgl. *Tomuschat*, DÖV 1974, 759.

176 Vgl. den Überblick bei *Lawson*, Encyclopedia of Human Rights, 2. Aufl. 1996, S. 543 ff.; *Jayawickrama*, The judicial application of Human rights law, 2002, S. 436 ff.

177 Vgl. *Conte/Davidson/Burchill*, Defining civil and political rights, 2004, S. 45 ff.

und seinen Wohnsitz frei zu wählen.« Das Recht, »jedes Land einschließlich seines eigenen zu verlassen«, wird in Art. 12 Abs. 2 IPBPR verbürgt. Nach Art. 12 Abs. 3 IPBPR stehen diese Rechte nach Abs. 1 und 2 unter dem umfassenden Vorbehalt der nationalen Sicherheit, der öffentlichen Ordnung (ordre public), der Volksgesundheit, der öffentlichen Sittlichkeit und der Rechte und Freiheiten anderer. Von entscheidender Bedeutung ist dabei der Vorbehalt der öffentlichen Ordnung. Er ist in einem sehr viel weiteren Sinne zu verstehen als der semantisch parallele Begriff in den deutschen Polizei- und Sicherheitsgesetzen und enthält sogar ein starkes Element politischer Opportunität.[178]

Art. 26 der Genfer Flüchtlingskonvention (GFK)[179] verpflichtet die Vertragsstaaten, Flüchtlingen, die sich rechtmäßig auf ihrem Staatsgebiet befinden, Freizügigkeit zu gewähren. Dieses Recht umfasst zwei Gewährleistungen: zum einen die freie Wahl des Wohnortes und zum anderen die innerstaatliche Bewegungsfreiheit. Beschränkungen der Freizügigkeit sind gemäß Art. 26 GFK nur möglich, soweit diese »allgemein auf Ausländer unter den gleichen Umständen Anwendung finden« (Grundsatz der Ausländergleichbehandlung).[180] Wohnsitzauflagen gegenüber anerkannten Flüchtlingen, die Sozialhilfeleistungen beziehen, verstoßen gegen Art. 23 i.V.m. Art. 26 GFK, wenn sie zum Zweck der angemessenen Verteilung öffentlicher Sozialhilfelasten verfügt werden. Art. 26 GFK verbürgt damit Freizügigkeit unabhängig vom nationalen Aufenthaltstitel.[181] 51

Auch **Art. 26 des Übereinkommens über die Rechtsstellung der Staatenlosen**[182] stellt die Staatenlosen, die sich rechtmäßig im Hoheitsgebiet eines Staates aufhalten, hinsichtlich des Freizügigkeitsrechts den dort lebenden Ausländern gleich. 52

3. Regionaler Menschenrechtsschutz

Art. 22 Abs. 1 der **Amerikanischen Menschenrechtskonvention** (22.11.1969),[183] 53
Art. 12 Abs. 1 der **Afrikanischen Charta der Menschenrecht und Rechte der Völker**

178 Vgl. *Randelzhofer*, in: Bonner Kommentar, Art. 11 Rn. 103.
179 BGBl. 1953 II, S. 560; die Konvention ist in der Bundesrepublik Deutschland am 22.04.1954 in Kraft getreten.
180 Vgl. *G. Goodwin-Gill*, The Refugee in International Law, 2. Aufl. 1996; P. Weis (Hrsg.), The Refugee Convention, 1951 – The Travaux Préparatoires analysed with a Commentary, 1995, Art. 26.
181 Vgl. BVerwG, Urteil v. 15.01.2008 – 1 C 17.07 Rn. 20, 23; *Amann*, Die Rechte des Flüchtlings, 1994, S. 137.
182 Art. 26 des Staatenlosenübereinkommens (BGB 1976 II S. 474) lautet: »Jeder Vertragsstaat gewährt den Staatenlosen, die sich rechtmäßig in seinem Hoheitsgebiet befinden, das Recht auf freie Wahl ihres Aufenthaltsorts und auf Freizügigkeit in diesem Hoheitsgebiet, vorbehaltlich der Bestimmungen, die auf Ausländer allgemein unter den gleichen Umständen Anwendung finden.«.
183 Art. 12 AMRK lautet:
»(1) Jedermann, der sich rechtmäßig im Hoheitsgebiet eines Landes aufhält, hat das Recht, sich dort frei zu bewegen.

(Banjul Charta v. 27.06.1981)[184] und Art. 26 der am 15. März 2008 in Kraft getretenen **Arabischen Charta der Menschenrechte** (15.09.1994)[185] garantieren in ähnlichen Formulierungen das Freizügigkeits- und Aufenthaltsrecht als Jedermann-Recht; Art. 22 Abs. 2 der Amerikanischen Konvention sowie Art. 12 Abs. 2 der Banjul Charta beinhalten überdies das Recht auf Ausreise.

54   Der **Interamerikanische Gerichtshof für Menschenrechte** hat in seiner Rechtsprechung zu Art. 22 Abs. 1 AMRK auf die Bedeutung der Freizügigkeit für die Entwicklung der Persönlichkeit hingewiesen. Ferner hat er ausgeführt, dass es unerheblich sei, zu welchem Zweck sich die betreffende Person von einem Ort zum anderen fortbewegen wolle und dieses Recht nur im Rahmen des qualifizierten Gesetzesvorbehalts (Art. 22 Abs. 3 AMRK[186]) sowie durch ein allgemeines Gesetz (Art. 30 AMRK[187]) beschränkt werden dürfe; der Eingriff müsse in einer demokratischen Gesellschaft zudem zur Erreichung einer der aufgezählten Zwecke erforderlich sein.[188] Diese Rechtsprechung macht die **Konvergenz des regionalen Menschenrechtsschutzes** auch auf dem Gebiet der Freizügigkeit deutlich.

---

(2) Jedermann hat das Recht, jedes Land einschließlich des eigenen zu verlassen.
Dieses Recht darf nur durch Gesetze zum Schutze der nationalen Sicherheit, der öffentlichen Sicherheit und Ordnung, der Volksgesundheit oder Sittlichkeit eingeschränkt werden.« … .

184   Art. 12 der Banjul Charta lautet:
»(1) Jedermann, der sich rechtmäßig im Hoheitsgebiet eines Landes aufhält, hat das Recht, sich dort frei zu bewegen.
(2) Jedermann hat das Recht, jedes Land einschließlich des eigenen zu verlassen.
Dieses Recht darf nur durch Gesetze zum Schutze der nationalen Sicherheit, der öffentlichen Sicherheit und Ordnung, der Volksgesundheit oder Sittlichkeit eingeschränkt werden.«.

185   Art. 26 lit. a der Arabischen Charta lautet: »Toute personne qui se trouve légalement sur le territoire d'un État partie jouit de la liberté de circuler et choisit librement son lieu de résidence, où que ce soit sur ce territoire dans le respect des lois en vigueur …«.

186   Art. 22 Abs. 3 AMRK lautet: »The exercise of the foregoing rights may be restricted only pursuant to a law to the extent necessary in a democratic society to prevent crime or to protect national security, public safety, public order, public morals, public health, or the rights or freedoms of others.«.

187   Art. 30 AMRK lautet: »The restrictions that, pursuant to this Convention, may be placed on the enjoyment or exercise of the rights or freedoms recognized herein may not be applied except in accordance with laws enacted for reasons of general interest and in accordance with the purpose for which such restrictions have been established.«.

188   Case of Ricardo Canese v. Paraguay, Urt. v. 31.08.2004, Rn. 115 f., 124 ff., http://www.corteidh.or.cr/docs/casos/articulos/seriec_111_ing.pdf; Case of Valle Jaramillo *et al. v.* Colombia, Urt. v. 27.11.2008, Rn. 138, http://www.corteidh.or.cr/docs/casos/articulos/seriec_192_ing.doc.

II. Der Schutz der Freizügigkeit auf europäischer Ebene

1. Das Vierte Zusatzprotokoll zur Europäischen Menschenrechtskonvention

Die EMRK enthält keine Freizügigkeitsregelung, wohl aber findet sich ein umfassen- 55
des Grundrecht in **Art. 2 des 4. ZP EMRK**, der in enger Anlehnung an Art. 12
Abs. 1 IPBPR ausgestaltet ist.[189] Danach genießen alle Menschen, die sich rechtmäßig im Hoheitsgebiet eines Staates aufhalten, das Recht, sich dort **frei zu bewegen**
und ihren **Wohnsitz frei zu wählen** (Abs. 2) sowie **das eigene Land zu verlassen**
(Abs. 3).[190] In den Mauerschützenfällen hat der Straßburger Gerichtshof die Bedeutung des Rechts auf Freizügigkeit hervorgehoben.[191] Die Ausübung des Rechts auf
Bewegungs- und Niederlassungsfreiheit setzt voraus, dass sich eine Person rechtmäßig, also im Einklang mit den nationalen Gesetzen, im Hoheitsgebiet eines Staates aufhält. Bei Unionsbürgern ist dies im Rahmen der Freizügigkeit nach Maßgabe
des Unionsrechts (Rdn. 17), bei Ausländern im Fall ordnungsgemäßer Einreise und
bei andauernder gültiger Aufenthaltserlaubnis zu bejahen.[192] Den Konventionsstaaten steht es frei, die Aufenthaltserlaubnis räumlich zu begrenzen und damit das
Recht auf Freizügigkeit nur in einem beschränkten Umfang zu gewähren.[193]

Die Ausübung dieses Rechts darf nach Art. 2 Abs. 3 des 4. ZP EMRK nur zur Errei- 56
chung bestimmter Regelungsziele eingeschränkt werden. Dieser **Gesetzesvorbehalt**
entspricht den Schrankenregelungen der Art. 8 bis 11 EMRK. Der Begriff »ordre
public« ist in dem weiten Sinne zu verstehen, der ihm in Kontinentaleuropa allgemein beigelegt wird.[194] Ein Eingriff muss auf einer gesetzlichen Grundlage beru-

---

189 Art. 2 ZP4/EMRK lautet: »(1) Jede Person, die sich rechtmäßig im Hoheitsgebiet eines
Staates aufhält, hat das Recht, sich dort frei zu bewegen und ihren Wohnsitz frei zu wählen.
(2) Jeder Person steht es frei, jedes Land einschließlich des eigenen, zu verlassen.
(3) Die Ausübung dieser Rechte darf nur Einschränkungen unterworfen werden, die gesetzlich vorgesehen und in einer demokratischen Gesellschaft notwendig sind für die nationale oder öffentliche Sicherheit, zur Aufrechterhaltung der öffentlichen Ordnung, zur
Verhütung von Straftaten, zum Schutz der Gesundheit oder der Moral oder zum Schutz
der Rechte und Freiheiten anderer.
(4) Die in Absatz 1 anerkannten Rechte können ferner für bestimmte Gebiete Einschränkungen unterworfen werden, die gesetzlich vorgesehen und in einer demokratischen Gesellschaft durch das öffentliche Interesse gerechtfertigt sind.«.
190 Vgl. hierzu *Villiger*, Handbuch der Europäischen Menschenrechtskonvention (EMRK),
1993, § 33 Rn. 652 ff.; *Merrills/Robertson*, Human Rights in Europe, 2001, S. 254 ff.;
Grabenwarter/Pabel, Europäische Menschenrechtskonvention, 5. Aufl., (2012), § 21 II
Rn. 39 ff.; *Meyer-Ladewig*, EMRK, 3. Aufl. 2011, Protokoll Nr. 4, Rn. 1 ff.
191 EGMR, Urt. v. 22.03.2001 – Streletz, Kessler, Krenz, RJD 2001-II = NJW 2001, 3035,
Ziff. 73.
192 EGMR, Urt. v. 27.04.1995 – Piermont, Serie A 314.
193 EKMR, Entsch. v. 01.12.1968 – Udayanan und Sivakumaran, EuGRZ 1987, 335
(336).
194 Vgl. *Giegerich*, in: Dörr/Grote/Marauhn, Kap. 26 Rn. 122.

hen und in einer demokratischen Gesellschaft zur Erreichung einer der aufgezählten Zwecke erforderlich sein. In das Recht auf Freizügigkeit und freie Wohnsitzwahl, nicht aber in das Recht, sein Land zu verlassen,[195] darf nach Art. 2 Abs. 4 des 4. ZP EMRK auch im »öffentlichen Interesse« eingegriffen werden.[196] In jedem Fall müssen die staatlichen Maßnahmen der Beschränkung **verhältnismäßig** sein. Der Europäische Gerichtshof für Menschenrechte betont in ständiger Rechtsprechung, dass die in der Konvention und den Protokollen genannten Rechtfertigungsgründe grundsätzlich eng auszulegen sind und in einer demokratischen Gesellschaft nur solche Beschränkungen der Grundfreiheiten als notwendig angesehen werden können, die durch ein »zwingendes soziales Bedürfnis« (»pressing social need«) veranlasst sind und nimmt auf dieser Grundlage eine Verhältnismäßigkeitsprüfung vor.

2. Europäische Grundrechte-Charta

57 Das allgemeine Freizügigkeitsrecht nach Art. 21 Abs. 1 AEUV ist als Recht der Unionsbürgerinnen und Unionsbürger, »sich im Hoheitsgebiet der Mitgliedstaaten frei zu bewegen und aufzuhalten«, in Art. 45 Abs. 1 EUGRCh eingegangen.[197] Sie können sich auch gegenüber dem eigenen Staat auf dieses Grundrecht berufen.[198] Auf juristische Personen ist es nicht anwendbar; diese können sich nur auf die wirtschaftsbezogenen Freizügigkeitsrechte stützen. Garantiert wird das **ungehinderte Bewegen im Hoheitsgebiet der Mitgliedstaaten, also Einreise, Aufenthalt und Ausreise** (aus dem eigenen Mitgliedstaat). In der Rechtsprechung des EuGH wird dieses Bürgerrecht auf Freizügigkeit im Zusammenhang mit den Gewährleistungen des Art. 20 AEUV und 21 AEUV zitiert. Es besteht jedoch nicht uneingeschränkt und darf den im AEU-Vertrag und in den Bestimmungen zu seiner Durchführung vorgesehenen Beschränkungen und Bedingungen unterworfen werden.[199] Zu den in Art. 21 Abs. 1 AEUV genannten »Beschränkungen und Bedingungen« zählen namentlich die ordre public-Vorbehalte zu den Grundfreiheiten (Art. 52 Abs. 1 AEUV), die jedoch ebenfalls auszulegen sind.[200] Ein Freizügigkeitsrecht von Drittstaatsangehörigen lässt sich aus dem Grundrecht selbst nicht herleiten; es kann jedoch durch Sekundärrechtsakt nach Art. 45 Abs. 2 EUGRCh begründet werden. Dies hat insbesondere Bedeutung für Familienangehörige von Unionbürgern, die selber keine Unionsbürger sind.

---

195 Vgl. hierzu EGMR, Urt. v. 22.03.2001 – Streletz, Kessler, Krenz, RJD 2001-II = NJW 2001, 3035, Ziff. 100, sowie EGMR, Urt. v. 23.05.2001 – Denizci, RJD 2001-V, Ziff. 405.

196 Vgl. *Giegerich,* in: Dörr/Grote/Marauhn, Kap. 26 Rn. 122.

197 Vgl. *Magiera,* in: J. Meyer, Art. 45; *Jarass,* EU-Grundrechte, 2005, § 38; *Kluth,* in: Calliess/Ruffert, Art. 45 GRCh; *Schöbener,* in: Tettinger/Stern, Art. 45.

198 EuGH, Rs. C-224/98, Slg. 2002, I-6191 Rn. 30 f. – D'Hoop, zu Art. 18 EGV (Art. 21 AEUV).

199 EuGH, Rs. C-434/10, Rn. 16 – Aladzhov.

200 EuGH, Rs. 41/74, Slg. 1974, 1337 Rn. 18 f. – von Duyn.

III. Internationale Verfassungsentwicklung

1. Die Konstitutionalisierung des Freizügigkeitsrechts

Im ausländischen Verfassungsrecht wurde und wird die Freizügigkeit häufig dort ga-   58
rantiert, wo zugleich eine **bundesstaatliche Organisationsform** verfassungsrechtlich
verfügt ist. Denn die interterritoriale Freizügigkeit ist ein typisches Merkmal des
Bundesstaates.[201] Das prominenteste Beispiel liefert insoweit die Schweiz,[202] die in
Art. 4 der Mediationsacte (Vermittlungsurkunde) vom 19. Februar 1803 jedem
Schweizerbürger die Befugnis einräumte, seinen Wohnsitz in einen anderen Kanton
zu verlegen und sein Gewerbe daselbst frei zu treiben.[203] Das Recht zur freien Niederlassung verbunden mit der Garantie der Handels- und Gewerbefreiheit nach
Art. 45 und 31 der Bundesverfassung 1874 war hier maßgeblicher Baustein bundes-
staatlicher Integration und erleichterte die Bildung eines einheitlichen schweizerischen
Wirtschaftsraums.[204] Auch die Verfassungsentwicklung Österreichs,[205] Argenti-
niens[206] und Mexikos[207] scheinen den Zusammenhang von Freizügigkeit und föde-
ler Staatsorganisation zu belegen;[208] indes kennen die Rechtskataloge der nordame-
rikanischen Verfassungen keine speziellen Garantien zugunsten der gebietsinternen
Freizügigkeit. Innerhalb der Europäischen Union sind die Staatsverfassungen, die ein
Recht auf Freizügigkeit anerkennen, herkömmlich[209] ebenfalls durch föderale oder

---

201 Vgl. *Hailbronner*, HStR VII, § 152 Rn. 43.
202 Vgl. bereits Art. 41 BV 1848, sodann Art. 45 BV 1874 (Niederlassungsfreiheit) sowie
    Art. 31 BV 1874 (»Freiheit des Handels und der Gewerbe ist im ganzen Umfange der
    Eidgenossenschaft« und nunmehr Art. 24 Abs. 1 BV 1999; zu den Kantonsverfassungen
    sh. vor allem Aargau 1831 (Art. 10) und Thurgau 1831 (Art. 18); die BV 1874 gab
    dem Bund die Kompetenz zur Regelung der innerkantonalen Niederlassungsfreiheit; vgl.
    zur Entwicklung der Niederlassungsfreiheit in der Schweizer Verfassungsgeschichte *Kley*,
    in: Merten/Papier, HGR VII/2, § 215 Rn. 3 ff.
203 Die Mediationsacte stellte eine neue Eidgenossenschaft aus 19 »Cantonen« her und
    brachte dem Bund vor allem durch die Beratung gemeinschaftlicher Angelegenheiten
    mehr Einheit. Im Dezember 1813 wurde die Mediationsverfassung im Rahmen einer Be-
    ratung der Kantone (»Tagsatzung«) außer Kraft gesetzt.
204 *J.P. Müller*, Grundrechte in der Schweiz, im Rahmen der Bundesverfassung von 1999,
    der UNO-Pakte und der Europäischen Menschenrechtskonvention, 3. Aufl. 1999,
    S. 151.
205 Vgl. Art. 17 Verf. Österreich 1934.
206 Vgl. Art. 14 Verf. Argentinien 1853, die den argentinischen Staatsbürgern das Recht ein-
    räumt, »... das argentinische Staatsgebiet zu betreten, dort zu bleiben, durchzureisen
    und auszureisen«.
207 Vgl. Art. 14 Verf. Mexiko 1917.
208 Diese Erklärung trifft bspw. nicht für Art. 22 Verf. Japan 1889 zu. Er beruht auf der er-
    zwungenen Öffnung Japans 1853, in deren Folge Japan Verträge mit den Vereinigten
    Staaten (1854), Großbritannien (1854) und dem russischen Zarenreich (1855) schloss;
    sie sahen eine Niederlassungsfreiheit und die uneingeschränkte Freizügigkeit zugunsten
    der Staatsangehörigen der Vertragspartner innerhalb der japanischen Grenzen vor.
209 Dies trifft nicht für § 9 Verf. Finnland (1919, 1999) zu.

Blanke   973

zumindest präföderale (Anerkennung autonomer Regionen) Strukturen geprägt: So anerkennen die italienische Verfassung (Art. 16), die portugiesische Verfassung (Art. 44) und die spanische Verfassung (Art. 19) ein echtes Freizügigkeitsrecht.

59   Doch belegen die Verfassungsurkunden Spaniens, Portugals und – noch früher – Griechenlands[210] zugleich, dass diejenigen Staaten, die seit der Mitte der 70-er Jahre des 20. Jhds. zu demokratisch-rechtsstaatlichen Verfassungsstrukturen zurückgekehrt sind, die Freizügigkeit – oftmals unter dem Einfluss der völkerrechtlichen Standards sowie des Grundgesetzes – auch ungeachtet ihrer staatsorganisatorischen Entscheidungen als ein **Essentiale einer Verfassung der Freiheit** anerkennen. In den Verfassungsordnungen der osteuropäischen Staaten machen dies nach dem Fall des Eisernen Vorhangs etwa die konstitutionellen Entscheidungen Ungarns (Art. 58 Verf. 1949/2003), Sloweniens (Art. 32 Verf. 1991), Estlands (§ 34 Verf. 1992) und der Slowakischen Republik (Art. 23 Verf. 1992) deutlich, die allesamt die Freizügigkeit als ein Jedermann-Grundrecht ausgestaltet haben.

2.   Die Rechtslage in Österreich und in der Schweiz

a)   Österreich

60   Das österreichische Staatsgrundgesetz von 1867 (StGG)[211] verbürgt im Wortlaut vorbehaltlos die **Freizügigkeit der Person** und des Vermögens innerhalb des Staatsgebiets, die Freiheit der Auswanderung und das Verbot von Abfahrtsgeldern (Art. 4) sowie – zugunsten der Staatsbürger[212] – die **Niederlassungsfreiheit**, die das Recht umfasst, an jedem Ort innerhalb des Staatsgebiets Aufenthalt und Wohnsitz zu nehmen, Liegenschaften zu erwerben und über diese zu verfügen und unter den gesetzlichen Bedingungen jeden Erwerbszweig auszuüben (Art. 6). Diese Bestimmungen gelten nach Art. 149 Abs. 1 der Bundesverfassung von 1920/29 mit Verfassungsrang bis heute fort.[213] Sie werden ergänzt durch Art. 2 des 4. ZP EMRK (Rdn. 55).[214] Damit unterliegen im Ergebnis auch Einschränkungen der Freizügigkeit der Person

---

210   Art. 5 Abs. 4 der eng am Grundgesetz orientierten, aber nicht föderal definierten Verf. Griechenlands 1975 verbietet »individuelle Verwaltungsmaßnahmen, welche die Bewegungs- oder Niederlassungsfreiheit im Inland sowie die Freiheit er Aus- und Einreise eines Griechen einschränken«; er gestattet solche Maßnahmen nur im Rahmen strafrechtlicher Sanktionen.

211   Österr. RGBl. 1867, Nr. 142.

212   Fremde, die keine Unionsbürger sind, sind nach Art. 2 des 4. ZP EMRK den Staatsbürgern hinsichtlich der Freizügigkeit (Art. 4 StGG) nur dann gleichgestellt, wenn sie sich rechtmäßig in Österreich aufhalten; vgl. *Hauer*, in: Merten/Papier, HGR VII/1, § 11 Rn. 36 f., 40 f.

213   Österreich ist am 19. Dezember 1945 zur vollen Anwendung der Regelungen der Bundesverfassung 1920 i.d.F. von 1929 nach dem Stand der Verfassungsgesetzgebung vom 05.03.1933 zurückgekehrt; vgl. *Schäffer*, in: Merten/Papier, HGR VII/1, § 1 Rn. 63.

214   Vgl. zum Zusammenspiel der Rechtsquellen *Seidl-Hohenveldern*, in: Machacek/Pahr/Stadler (Hrsg.), 40 Jahre EMRK. Grund- und Menschenrechte in Österreich, Bd. II, 1992, S. 535 ff.

dem Verhältnismäßigkeitsprinzip.[215] Der Schutz der persönlichen Freiheit wird hingegen durch das Bundesverfassungsgesetz vom 29. November 1988 über den Schutz der persönlichen Freiheit (PersFrG) – bei zunehmender Bedeutung des Art. 5 EMRK – verbürgt.[216]

Art. 4 StGG schützt nach der Auslegung des österreichischen Verfassungsgerichtshofs **61** davor, durch die Staatsgewalt daran gehindert zu werden, sich nach einem bestimmten Ort oder in ein bestimmtes, räumlich begrenztes Gebiet zu begeben. Dieser Schutz sei aber **nicht schrankenlos.** Die Schranken ergäben sich vielmehr aus der gesamten Rechtsordnung, und zwar sowohl im Privatrechtsbereich als auch im Bereich des öffentlichen Rechts. Daraus hat der Verfassungsgerichtshof abgeleitet, dass Art. 4 StGG »von vornherein nur eine Freizügigkeit im Rahmen der Rechtsordnung garantiert, wobei unsachliche, durch öffentliche Rücksichten nicht gebotene Einengungen dieses Schutzes mittels willkürlicher Veränderungen der Rechtsordnung durch den Gleichheitssatz ... verhindert werden. Behördliche Maßnahmen, die das Betreten bestimmter Örtlichkeiten oder Gebiete untersagen, können daher dem Recht auf Freizügigkeit der Person im Sinne des Art. 4 StGG nicht zuwiderlaufen, wenn sie in Anwendung eines verfassungsmäßigen Gesetzes oder im Rahmen einer verfassungsgesetzlichen Ermächtigung getroffen werden.«[217] Im Zusammenhang mit dem 4. ZP EMRK ist allerdings davon auszugehen, dass nur jene Rechtsvorschriften die persönliche Freizügigkeit und freie Wohnsitzwahl beschränken können, die durch den materiellen Gesetzesvorbehalt des Art. 2 Abs. 3 des 4. ZP EMRK gedeckt sind.[218]

Nach der nicht sonderlich reichen **Rechtsprechung des Verfassungsgerichtshofs,** der **62** in seinen Entscheidungen regelmäßig eine Grundrechtsverletzung verneint hat,[219] können unangemessene Aufenthaltsabgaben die Aufenthaltsfreiheit beeinträchtigen.[220] Auch angesichts dieser Judikatur wird deutlich, dass die Freizügigkeit und die Niederlassungsfreiheit in Österreich bereits seit langem verwirklicht sind.[221]

b) Schweiz

In der nachgeführten und am 1. Januar 2000 in Kraft getretenen schweizerischen **63** Bundesverfassung vom 18. April 1999 ist die **Niederlassungsfreiheit** zugunsten natürlicher Personen mit schweizerischem Bürgerrecht in Art. 24 verankert. Art. 10 Abs. 2 BV garantiert hingegen als Jedermann- Grundrecht die Bewegungsfreiheit in

---

215 Vgl. *Berka*, Die Grundrechte, Grundfreiheiten und Menschenrechte in Österreich, 1999, Rn. 444.
216 § 1 Abs. 1 PersFrG lautet: »Jedermann hat das Recht auf Freiheit und Sicherheit.«.
217 VfSlg. 3447/1958; bestätigt durch VfSlg. 7379/1974, 7686/1975 sowie 8373/1978.
218 Vgl. *Berka*, Die Grundrechte, Grundfreiheiten und Menschenrechte in Österreich, 1999, Rn. 444.
219 Vgl. *Hauer*, in: Merten/Papier, HGR VII/1, § 11 Rn. 38; *Berka*, Die Grundrechte, Grundfreiheiten und Menschenrechte in Österreich, 1999, Rn. 445.
220 VfSlg. 3221/1957 sowie 7135/1975.
221 Vgl. *Hauer*, in: Merten/Papier, HGR VII/1, § 11 Rn. 41.

einem umfassenderen Sinne – einschließlich der augenblicklichen Präsenz an einem Ort.[222] Nicht nur die eigentliche Wohnsitznahme mit der Absicht dauernden Verweilens, sondern auch der bloße Aufenthalt, mithin das persönliche Verweilen an jedem beliebigen Ort der Schweiz – selbst für kürzere Dauer –, sind durch Art. 24 BV geschützt. Die Verbürgung verpflichtet die Kantone und Gemeinden, jedem Schweizerbürger die Niederlassung auf ihrem Gebiet zu erlauben und verbietet ihnen zugleich, die Verlegung des einmal gewählten Wohnsitzes zu verhindern oder zu erschweren.[223] Die Niederlassungsfreiheit gilt inter- und innerkantonal und schließt nach Art. 24 Abs. 2 BV die **Aus- und Einwanderungsfreiheit** ein. Die innerkantonale Geltung wird durch die Aufnahme der Niederlassungsfreiheit in sämtlichen Kantonsverfassungen hervorgehoben. Hinsichtlich der **Einschränkungen** des Grundrechts beanspruchen Fragen der Residenzpflicht von Beamten sowie von öffentlich-rechtlich Angestellten in der schweizerischen Rechtsprechung zur Niederlassungsfreiheit im Rahmen der generellen Schranke des Art. 36 BV breiten Raum.[224]

I. Deutsche und europarechtliche Leitentscheidungen

I. Entscheidungen der deutschen Gerichtsbarkeit

1. Bundesverfassungsgericht

64 BVerfGE 2, 1 – Sozialistische Reichspartei; BVerfGE 2, 266 – Notaufnahme; BVerfGE 5, 85 – KPD-Verbot; BVerfGE 6, 32 – Elfes; BVerfGE 10, 354 – Bayerische Ärzteversorgung; BVerfGE 35, 382 (399) – Ausländerausweisung; BVerfGE 65, 116 – Residenzpflicht für Patentanwälte; BVerfGE 65, 325 – Zweitwohnungssteuer; BVerfGE 76, 1 – Familiennachzug; BVerfGE 80, 137 – Reiten im Walde; BVerfGE 105, 252 – Glykol; BVerfGE 105, 279 – Osho; BVerfGE 110, 177 – Freizügigkeit von Spätaussiedlern; BVerfGE 111, 177 – Erziehungsgeld für Ausländer; BVerfG, DVBl. 1993, 601 – Hauptwohnsitz; BVerfG Beschl. v. 10.08.2007 – 2 BvR 535/06, NVwZ 2007, 1300; BVerfG Beschl. v. 20.02.2008 – 1 BvR 2722/06, NVwZ 2008, 780; BVerfG Beschl. v. 17.02.2010 – 1 BvR 529/09, NVwZ 2010, 1022; BVerfG, NVwZ 2014, 211 – Garzweiler I/II.

2. Bundesverwaltungsgericht

65 BVerwGE 3, 135 – Wiederaufnahme eines Notaufnahmeverfahrens; BVerwGE 3, 308 – Einschränkung der Freizügigkeit; BVerwGE 5, 31 – Zuwanderer aus Sowjetzone; BVerwGE 6, 173 – Kriminelle Zuwanderer aus Sowjetzone; BVerwGE 11, 133 – Fürsorgeleistungen bei Arbeitsscheu; BVerwGE 56, 254 – Aufenthaltserlaub-

---

222 Vgl. *Kley*, in: Merten/Papier, HGR VII/2, § 215 Rn. 12 (Schutzbereich) und 21 (Einschränkungen).
223 Vgl. *Kley*, in: Merten/Papier, HGR VII/2, § 215 Rn. 6 f. m.w.N.
224 Vgl. BGE 120 Ia 203; 118 Ia 410; 103 Ia 455; 115 Ia 207; *Kley*, in: Merten/Papier, HGR VII/2, § 215 Rn. 22 f.

nis zur selbständigen Erwerbstätigkeit. BVerwG, NVwZ 1996, 474 – Versetzung von Soldaten.

II. Entscheidungen des Europäischen Gerichtshofs

EuGH, Rs. C-224/98, Slg. 2002, I-6191 – D'Hoop. EuGH, Rs. C-434/10, EuZW 66
2012, 75 – Aladzhov.

J. Literaturauswahl

Baer, S., Zum »Recht auf Heimat« – Art. 11 GG und Umsiedlungen zugunsten des 67
Braunkohletagebaus, NVwZ 1997, 27; *Benjes, S.*, Die Personenverkehrsfreiheiten
des EWG-Vertrages und ihre Auswirkungen auf das deutsche Verfassungsrecht,
Baden-Baden 1992; *Drathen, K.*, Deutschengrundrechte im Lichte des Gemein-
schaftsrechts, Diss. Bonn 1994; *Giegerich, Th.*, in: Dörr/Grote/Marauhn (Hrsg.),
EMRK/GG: Konkordanzkommentar, 2. Aufl., 2013, Kap. 26; *Hailbronner, K.*, Frei-
zügigkeit, in: Isensee/Kirchof (Hrsg.), HStR VII, 3. Aufl. 2009, § 152, S. 332 ff.;
Hauer, A., Freiheit der Person und Freizügigkeit, Merten/Papier (Hrsg.), HGR
VII/1, 2014, § 11; *Heintzen, M.*, Ausländer als Grundrechtsträger, Merten/Papier
(Hrsg.), HGR II, 2006, § 50; *Jahreiss, I.*, Das Prinzip der Freizügigkeit nach dem
Grundgesetz unter besonderer Berücksichtigung der Frage: Stellt die Freizügigkeit
ein vorstaatliches oder ein staatsgesetzliches Grundrecht dar?, München 1953; *Kley,
A.*, Niederlassungsfreiheit, Merten/Papier (Hrsg.), HGR VII/2, 2007, § 215; *Kunig,
Ph.*, Das Grundrecht der Freizügigkeit, Jura 1990, 306; *Merten, D.*, Der Inhalt des
Freizügigkeitsrechts, Berlin 1970; *Pieroth, B.*, Das Grundrecht der Freizügigkeit, JuS
1985, 81; *Schulz, G.*, Freizügigkeit für Unionsbürger, Frankfurt/M. 1997; *Strauch,
H.-J.*, Die Freizügigkeit im Wandel der Zeiten, Diss. Heidelberg 1954; *Tomuschat,
Chr.*, Freizügigkeit nach deutschem Recht und Völkerrecht, DÖV 1974, 759; *Zie-
kow, J.*, Über Freizügigkeit und Aufenthalt, Tübingen 1997.

Artikel 12 [Berufsfreiheit]

(1) Alle Deutschen haben das Recht, Beruf, Arbeitsplatz und Ausbildungsstätte frei zu wählen. Die Berufsausübung kann durch Gesetz oder auf Grund eines Gesetzes geregelt werden.

(2) Niemand darf zu einer bestimmten Arbeit gezwungen werden, außer im Rahmen einer herkömmlichen allgemeinen, für alle gleichen öffentlichen Dienstleistungspflicht.

(3) Zwangsarbeit ist nur bei einer gerichtlich angeordneten Freiheitsentziehung zulässig.

A. Vorbilder und Entstehungsgeschichte

I. Vorbilder

Die wichtigsten Vorbilder des heutigen Art. 12 Abs. 1 GG sind die §§ 133, 158 der **1** Paulskirchenverfassung vom 28.03.1849 (RV 1849)[1] und die Art. 111, 151 der Weimarer Reichsverfassung vom 11.08.1919 (WRV).[2]

Die §§ 133, 158 RV 1849 standen in dem Konflikt zwischen den liberalen Zielen **2** des Bürgertums und der politischen Forderung nach partiellem Abbau der in einigen deutschen Teilstaaten bereits verfassungsrechtlich verankerten Berufs- und Gewerbefreiheit.[3] § 133 Abs. 1 RV 1849 erlaubte jedem Deutschen, an jedem Ort des Reichsgebietes seinen Aufenthalt und Wohnsitz zu nehmen, Liegenschaften jeder Art zu erwerben und darüber zu verfügen, das Gemeindebürgerrecht zu gewinnen. Diese Gewährleistung wurde schon als allgemeines Grundrecht der Berufsausübungsfreiheit gedeutet.[4] Sie unterlag aber der inhaltlichen Ausgestaltung durch ein Reichs-

---

1 RGBl 101, abgedr. Bei *E. R. Huber*, Dokumente zur Deutschen Verfassungsgeschichte, Bd. 1, 1961, S. 304 ff.
2 RGBl 1383.
3 *Rittstieg*, in: AK-GG, Art. 12 Rn. 5 f.; *Kühne*, Die Reichsverfassung der Paulskirche, 1985, S. 229 f.; Zusammenstellung der Verfassungstexte bei *Breuer*, HStR VIII, § 170 Rn. 2.
4 *Kühne*, Die Reichsverfassung der Paulskirche, 1985, S. 228; *Breuer*, HStR VIII, § 170 Rn. 1; a.A. *Merten*, Der Inhalt des Freizügigkeitsrechts, 1970, S. 64: »bloße Indigenatsforderung«.

gesetz, das gemäß § 133 Abs. 2 RV 1849 insbesondere die Bedingungen für den Aufenthalt und Wohnsitz durch ein Heimatgesetz festsetzen durfte und jene für den Gewerbebetrieb durch eine Gewerbeordnung für ganz Deutschland in die Regelungsbefugnis der Reichsgewalt legte. § 133 Abs. 1 RV 1849 stellte deshalb noch kein einklagbares Grundrecht der Berufsfreiheit, sondern lediglich die bloße Proklamation eines Programms ohne eigenständige juristische Geltungskraft dar.[5] Ähnliches galt für § 158 RV 1849. Auch diese Vorschrift war ihrem Wortlaut nach als echte Berufswahl- und -ausbildungsfreiheit konzipiert und erlaubte es jedem, seinen Beruf zu wählen und sich für denselben ausbilden zu lassen. Allerdings wurde auch dieser Inhalt allein in Richtung einer objektiven Unterrichtsfreiheit insbesondere gegen vormärzliche Universitätsverbote verstanden.[6]

3 Weitere Vorbilder des heutigen Art. 12 GG ergeben sich aus der Weimarer Reichsverfassung vom 11.08.1919 (WRV).[7] Dessen Art. 111 S. 1 gewährte allen Deutschen Freizügigkeit und wurde bereits als Freiheit der Berufswahl begriffen.[8] Da diese Freiheit nach Art. 111 S. 3 WRV unter dem Vorbehalt reichsgesetzlicher Einschränkungen stand, bezeichnete man es gar als ein »reichskräftiges Grundrecht«.[9] In seinem Anwendungsbereich überschnitt es sich mit Art. 151 Abs. 3 WRV, der sich auf die Freiheit des Handels und Gewerbes nach Maßgabe der Reichsgesetze erstreckte und damit eine über die allgemeine Freizügigkeit hinausgehende spezielle Gewerbeausübungsfreiheit enthielt.[10] Weitere sozialstaatlich motivierte Verbürgungen – wie etwa Art. 151 Abs. 1 WRV sowie Art. 163 Abs. 2 WRV – deutete bereits die Weimarer Staatsrechtslehre selbst lediglich als Programmsätze.[11] Bemerkenswert an der WRV im Verhältnis zur RV ist, dass der Begriff des Berufs in keiner maßgeblichen Verfassungsnorm ausdrückliche Erwähnung fand.

II. Entstehungsgeschichte

4 Der heutige Wortlaut des Art. 12 Abs. 1 S. 1 GG entspricht seiner Ursprungsfassung aus dem Jahre 1949 und ist das Ergebnis langwieriger Diskussionen, die vor allem auf widersprüchliche Auffassungen innerhalb des Parlamentarischen Rates zur Berufs- und Arbeitsordnung und zur Rolle des Staates in diesem Zusammenhang beruhen.[12] Drei Aspekte sind hierbei von besonderer Bedeutung. Zum Ersten verbindet er die Kerngedanken der freien Gewährleistung des Arbeitsplatzes gemäß Art. 111

---

5 *Mann*, in: Sachs, GG, Art. 12 Rn. 1.
6 *Kühne*, Die Reichsverfassung der Paulskirche, 1985, S. 504.
7 RGBl 1383.
8 *Anschütz*, WRV, Art. 151 Anm. 1.
9 *R. Thoma*, FG PrOVG, 1925, S. 183 (193 f.); *Rohmer*, in: Nipperdey (Hrsg.), Die Grundrechte und Grundpflichten der Reichsverfassung, Bd. 1, 1929, S. 232 (237).
10 *Anschütz*, WRV, Art. 151 Anm. 4; *Breuer*, HStR VIII, § 170 Rn. 4.
11 *Anschütz*, WRV, Art. 151 Anm. 1 f., Art. 163 Anm. 1; BVerfGE 7, 377 (397).
12 *B.-O Bryde*, NJW 1984, 2178; ausführlich zum Herrenchiemseer Verfassungskonvent sowie zum Parlamentarischen Rat: *Umbach*, in: Umbach/Clemens (Hrsg.), Grundgesetz Mitarbeiterkommentar, Bd. I (Art. 1–37 GG), Art. 12 Rn. 12 ff. m.w.N.

RV 1849 und der Gewerbefreiheit gemäß Art. 151 Abs. 3 WRV. Zum Zweiten wird erstmals die thematische Verbindung zur Freizügigkeit gelöst und letztere fortan selbständig gemäß Art. 11 GG gewährleistet. Zum Dritten wird der weite Begriff des Berufs verwendet und die mitumfasste[13] Gewerbefreiheit textlich verschwiegen.

Der Regelungsvorbehalt des Art. 12 Abs. 1 S. 2 GG bezog sich von Anfang an nur   5 auf die Berufsausübung und war als Parallele zum Gewerberecht gedacht, wo nach der Rechtsprechung die Zulassung vollkommen frei, die Berufsausübung aber an bestimmte Voraussetzungen gebunden war. Dementsprechend sollte auch nur die Berufsausübung, nicht aber auch die Zulassung zum Beruf, dem Gesetzgeber zur Regelung vorbehalten bleiben.[14] Dieser Wille bricht jedoch mit der bis heute vertretenen Linie des Bundesverfassungsgerichts, das Art. 12 Abs. 1 GG als ein einheitliches Grundrecht der Berufsfreiheit versteht mit der Folge, dass sich der Gesetzesvorbehalt des Art. 12 Abs. 1 S. 2 GG auch auf die Freiheit der Berufs- und Arbeitsplatzwahl erstreckt.[15] Bemerkenswert ist ferner, dass sich die ursprüngliche Formulierung des Art. 12 Abs. 1 S. 2 GG lediglich auf gesetzliche Maßnahmen (»durch Gesetz«) erstreckte und erst durch das Änderungsgesetz vom 24.06.1968 um die Formel »oder auf Grund eines Gesetzes« klarstellend[16] erweitert wurde.

Die heutigen Formulierungen des Art. 12 Abs. 2 und 3 GG sind identisch mit ihren   6 Ursprungsfassungen aus dem Jahre 1949. Sie resultieren aus den Erfahrungen der nationalsozialistischen Herrschaft und richten sich gegen Arbeitszwang, also die Einführung einer allgemeinen Dienstpflicht,[17] und gegen Zwangsarbeit. Allgemeine, für alle gleiche öffentliche Dienstleistungspflichten waren schon damals von dem Verbot des Abs. 2 ausgenommen. Hierzu zählten seit jeher soziale Gemeinschaftsverpflichtungen wie Feuerwehr-, Hand- und Spanndienste, der Deichschutz und gewohnheitsrechtliche Leistungspflichten wie das Reinigen des Bürgersteigs. Die Voranstellung des Wortes »herkömmlich« sollte vor allem verhindern, Arbeitsdienstpflichten aufgrund von Militärgesetzen (wie zwischen 1933 und 1945) als zulässige Ausnahme ansehen zu können.

In der Folgezeit wurde der Text des Art. 12 GG zweimal geändert. Mit Gesetz vom   7 19.03.1956[18] wurde Art. 12 Abs. 2 GG um Bestimmungen über den Wehrersatzdienst erweitert (Sätze 2 bis 4) und eine Dienstleistung von Frauen im Verbund der Streitkräfte hinzugefügt (Abs. 3) mit der Folge, dass der bisherige Abs. 3 über Zwangsarbeit zu Abs. 4 wurde. Das Gesetz vom 24.06.1968[19] stellte die ursprüngliche Textfolge des Art. 12 GG wieder her, indem Art. 12 Abs. 2 S. 2 bis 4 GG in den neuen Art. 12a Abs. 2 GG verschoben und Abs. 3 gestrichen wurde, so dass die zwischen-

13 BVerfGE 21, 261 (266); 50, 290 (362); BVerwG, DVBl 1994, 760 (761).
14 *Abg. Dr. von Mangoldt*, StenProt., 5. Sitzung GSA, S. 6 f. und 13 f.
15 BVerfGE 7, 377 (400 ff.); 54, 237 (246); 84, 133 (148); 85, 360 (373).
16 BT-Dr V/2873, S. 4; BVerfGE 33, 125 (156); *Breuer*, HStR VIII, § 170 Rn. 12.
17 *Rittstieg*, in: AK-GG, Art. 12 Rn. 9.
18 BGBl I, S. 111.
19 BGBl I, S. 709.

zeitlich in Abs. 4 platzierte Vorschrift über Zwangsarbeit wieder zu Abs. 3 wurde. Gleichzeitig erweiterte man den Regelungsvorbehalt des Art. 12 Abs. 1 S. 2 GG um die Formel »auf Grund eines Gesetzes« und erlaubte damit auch ausdrücklich Einschränkungen durch Exekutivakte.

B.   Grundsätzliche Bedeutung/Schlagworte

8   Art. 12 Abs. 1 GG ist von tragender Bedeutung für den liberalen Rechtsstaat des 21. Jahrhunderts. Denn Art. 12 Abs. 1 GG formuliert eine zentrale Bürgerfreiheit in einem besonders wichtigen Bereich der modernen arbeitsteiligen Gesellschaft mit privatrechtsgestaltender Tragweite.[20]

I.   Subjektives Grundrecht

9   Als subjektives Grundrecht[21] gibt sie dem Einzelnen das Recht, jede Arbeit, für die er sich geeignet glaubt, als Beruf zu ergreifen und zur Grundlage seiner Lebensführung zu machen.[22] In dieser Hinsicht ist Art. 12 Abs. 1 GG ein klassisches Abwehrrecht gegenüber staatlicher Ingerenz. Darüber hinaus enthält Art. 12 Abs. 1 GG verschiedene subjektive Teilhabe-, Schutz- und Verfahrensrechte. Diese Gewährleistungsdimensionen sind das Ergebnis moderner Grundrechtsdogmatik, die für die liberal formulierten Freiheitsrechte objektive Grundrechtsaufgaben[23] erarbeitet hat, indem sie die reale Wahrnehmbarkeit von Freiheitsrechten als Elemente in die grundrechtlichen Freiheitstatbestände einbezieht.[24] Art. 12 Abs. 1 GG begründet damit in mehrfacher Hinsicht positive Staatsaufgaben,[25] auf deren Erfüllung dem Einzelnen wiederum klagbare Ansprüche zustehen: auf Schaffung der Voraussetzungen zur Entfaltung der Ausbildungsfreiheit, zur Erfüllung von Schutzpflichten gegen private Übergriffe auf die Berufsfreiheit sowie zur Bereitstellung und grundrechtskonformen Durchführung berufsrelevanter Verfahren.[26]

---

20   *Hofmann,* in: Schmidt-Bleibtreu/Hofmann/Hopfauf, GG, Art. 12 Rn. 4, unter Hinweis auf *Badura,* Staatsrecht, S. 281; BVerfGE 81, 242.

21   St. Rspr. des BVerfG: BVerfGE 30, 292; 50, 313; 71, 201; 75, 292; 82, 209.

22   BVerfGE 50, 362; 7, 377.

23   *Häberle,* VVDStRL 30 (1972), S. 104; *Rüfner,* in: FS Wannagat, 1981, S. 387 f.; *Alexy,* Theorie der Grundrechte, 1996, S. 458 ff. und 465 ff.

24   *Schulze-Fielitz,* Staatsaufgabenentwicklung und Verfassung, in: Grimm (Hrsg.), Wachsende Staatsaufgaben – sinkende Steuerungsfähigkeit des Rechts, 1990, S. 11 (21).

25   *Häberle,* VVDStRL 30 (1972), S. 43 (103 ff.); ders., AöR 111 (1986), 595 (602 f., 604 f., 611), spricht von dem »Staatsaufgabenbezug der Grundrechte« bzw. dem »Grundrechtsbezug der Staatsaufgaben«.

26   Zu grundrechtsbezogenen Staatsaufgaben im Allgemeinen *Isensee,* HStR IV, § 73 Rn. 13, 43.

II. Objektive Grundsatznorm

Art. 12 Abs. 1 GG enthält weiterhin eine materielle verfassungsrechtliche Grund- 10
bzw. Wertentscheidung für die Wirtschafts- und Gesellschaftsordnung.[27] Diese Wertentscheidung dient nicht nur zur Erarbeitung klagbarer Teilhabe-, Schutz- und Verfahrensansprüche. Sie besitzt auch einen objektiven Gehalt über das Interesse des Einzelnen hinaus.[28] Denn das Grundgesetz gibt mit Art. 12 Abs. 1 GG zu erkennen, dass Berufsfreiheit als solche wertvoll und der Staat für sie verantwortlich ist. Dies hat mehrere objektiv-rechtliche Folgen: Zum Ersten ist Art. 12 Abs. 1 GG eine negative Kompetenznorm, die den Handlungs- und Entscheidungsspielraum aller drei Gewalten unabhängig von subjektiven Interessen begrenzt[29]; insbesondere der Gesetzgeber ist bei der Ordnung des Wirtschaftlebens gehalten, der Bedeutung des Art. 12 Abs. 1 GG hinreichend Rechnung zu tragen. Zum Zweiten zwingt Art. 12 Abs. 1 GG zur grundrechtskonformen Auslegung des einfachen Rechts durch Rechtsprechung und Verwaltung; diese Pflicht bezieht sich sowohl auf unbestimmte Rechtsbegriffe und Ermessensspielräume im Verwaltungsrecht als auch auf Generalklauseln des Privatrechts.

C. Schutzbereiche

I. Berufsfreiheit (Abs. 1)

Die klassische Abwehrfunktion des Art. 12 Abs. 1 GG besteht darin, berufliche Frei- 11
heiten vor staatlicher Ingerenz zu schützen. Der Schutzbereich des Art. 12 Abs. 1 GG ist gemischt sach- und verhaltensbezogen formuliert, indem er verschiedene Gegenstände (Beruf, Arbeitsplatz, Ausbildungsstätte) und geschütztes Verhalten (frei zu wählen) nennt.[30]

1. Gegenstände der Gewährleistung

a) Beruf

Der zentrale Schutzgegenstand von Art. 12 Abs. 1 S. 1 GG ist der Beruf. Der Begriff 12
ist offen formuliert und daher weit zu verstehen. Er umfasst nach einhelliger Auffassung jede auf gewisse Dauer angelegte Tätigkeit zur Schaffung und Erhaltung einer Lebensgrundlage.[31] Diese Merkmale sind konstitutiv. Daneben diskutieren Recht-

---

27 BVerfGE 7, 377 (404).
28 Im Allgemeinen: *Pieroth/Schlink*, Rn. 88 ff.
29 Hierzu *Pieroth/Schlink*, Rn. 76 f.
30 Die textliche Struktur der Berufsfreiheit entspricht damit etwa der Meinungsfreiheit (Art. 5 Abs. 1 S. 1 GG) und unterscheidet sich insofern von ausschließlich sachbezogenen (Art. 5 Abs. 3 S. 1 GG, Art. 13 Abs. 1 GG, Art. 14 Abs. 1 GG) oder ausschließlich verhaltensbezogenen Formulierungen (Art. 11 Abs. 1 GG).
31 BVerfGE 7, 377 (397); 54, 301 (313); 105, 252 (265); 111, 10 (28); 115, 276 (300); *Jarass/Pieroth*, GG, Art. 12 Rn. 5.

sprechung und Literatur über verschiedene Einschränkungen. Diese betreffen Nutzen, Wirkung und Art der in Rede stehenden Tätigkeit.

aa) Konstitutive Merkmale

13   In zeitlicher Hinsicht muss die in Rede stehende Tätigkeit auf gewisse Dauer angelegt sein. Von einer gewissen Dauer spricht man, wenn die Betätigung mit einer gewissen Regelmäßigkeit erfolgt.[32] Die Anforderungen an die Regelmäßigkeit sind gering und werden bereits bei einem Ferienjob bejaht.[33] Sie werden demgegenüber verneint, wenn sich die Tätigkeit in einem einmaligen Erwerbsakt erschöpft[34] oder nur vorübergehend bzw. gelegentlich erfolgt.[35] Allerdings ist die Zukunftsgerichtetheit der Berufsfreiheit[36] in Rechnung zu stellen. Demzufolge muss die Tätigkeit nur auf gewisse Dauer »angelegt« sein. Die reale Tätigkeitsdauer spielt deshalb keine Rolle; auch das zunächst für die Probezeit eingegangene Beschäftigungsverhältnis ist ein Beruf im Sinne von Art. 12 Abs. 1 GG.[37]

14   Ihrem Inhalt nach muss die Betätigung der Schaffung und Erhaltung einer Lebensgrundlage dienen.[38] Dabei ist ein objektiver Maßstab anzulegen, bei dem die subjektiven Zielsetzungen des jeweiligen Grundrechtsträgers unbeachtlich sind. Entscheidend ist vielmehr, dass die Tätigkeit ihrer Art nach zur Existenzsicherung geeignet ist.[39] Diese Eignung ist auch bei Zweitberufen und Nebentätigkeiten gegeben,[40] nicht aber bei Tätigkeiten in der Privatsphäre (Hobbys).[41]

15   Ob die berufliche Tätigkeit unselbstständig oder selbstständig ausgeübt wird, ist dabei irrelevant.[42] Die Berufsfreiheit erfasst den gesamten Bereich der Gewerbe- und Unternehmerfreiheit, d.h. die freie Gründung und Führung von Gewerbebetrieben und Unternehmen beliebiger Größenordnung.[43] Unter den Berufsbegriff fallen im

---

32   BVerfGE 7, 377 (397).

33   *Pieroth/Schlink*, Rn. 881.

34   BVerfGE 97, 228 (253).

35   BVerwGE 91, 24 (31 ff.); 96, 136 (139 f.).

36   BVerfGE 30, 292 (334); BVerwGE 75, 109 (114).

37   *Mann*, in: Sachs, GG, Art. 12 Rn. 46.

38   BVerfGE 105, 252 (265).

39   *Manssen*, in: v. Mangoldt/Klein/Starck, GG, Art. 12 Rn. 38.

40   BVerfGE 21, 173 (179); 80, 70 (85 f.); 87, 287 (316); 110, 141 (156); 110, 304 (321). Dass die Rechtsprechung Nebentätigkeiten von Beamten ausnahmsweise aus dem Berufsbegriff ausnimmt und Art. 2 Abs. 1 GG unterstellt – so etwa nach BVerfGE 33, 44 (48); BVerwGE 25, 210 (219 f.) – ist inkonsequent und berechtigter Kritik – vgl. nur *Ehlers* DVBl 1985, 879 (883); nunmehr auch BVerwGE 84, 194 (197) – ausgesetzt, da die Nebentätigkeit unabhängig von dem Hauptberuf grundrechtlich zuzuordnen ist.

41   *Jarass*, in: Jarras/Pieroth, GG, Art. 12 Rn. 4.

42   BVerfGE 7, 377 (398 f.); *Umbach*, in: Umbach/Clemens, GG, Art. 12 Rn. 47.

43   BVerfGE 50, 290 (363).

Übrigen auch untypische Erscheinungsformen[44] und solche beruflichen Aktivitäten, die aufgrund der fortschreitenden technischen, sozialen oder wirtschaftlichen Entwicklung neu entstehen oder erfunden werden.[45] Eine Begrenzung auf gesellschaftlich tradierte oder vom einfachen Gesetzgeber durch Normierung bestimmter Zulassungsvoraussetzungen fixierte Berufsbilder ist dem Normtext des Art. 12 Abs. 1 S. 1 GG fremd und widerspricht seiner umfassenden Abwehrfunktion insbesondere auch gegenüber Legislativakten.

Schließlich erstreckt sich der Berufsbegriff des Art. 12 Abs. 1 S. 1 GG auch auf staatliche Berufe, d.h. Betätigungen innerhalb des öffentlichen Dienstes.[46] Zwar könnte man mit Blick auf Art. 33 GG an eine Bereichsausnahme[47] oder Grundrechtskonkurrenz[48] denken mit der Folge, staatliche Berufe vom Schutz des Art. 12 Abs. 1 GG auszunehmen. Allerdings besteht die Wirkung von Art. 33 GG nicht darin, den Berufsbegriff des Art. 12 Abs. 1 S. 1 GG zu verengen. Die Vorschrift soll vielmehr den spezifischen Anforderungen beruflicher Betätigungen innerhalb des öffentlichen Dienstes Rechnung tragen mit der Folge, dass staatliche Berufe unter dem Schutz des Art. 12 Abs. 1 GG lediglich in besonderer Weise durch Art. 33 GG etwa durch Normierung des beamtenrechtlichen Leistungsprinzips (Abs. 2) eingeschränkt werden können.[49] Vergleichbares gilt für die hergebrachten Grundsätze des Berufsbeamtentums nach Art. 33 Abs. 5 GG. Sie begründen eine politische Treuepflicht der Beamten gegenüber dem Staat[50] und rechtfertigen damit entsprechende Eingriffe in die Berufsfreiheit von Beamten durch die Beamtengesetze. Hinzu kommt schließlich, dass Art. 12 GG seiner Funktion nach ein klassisches Freiheitsrecht des Bürgers gegen den Staat ist. Art. 33 GG gewährt demgegenüber spezielle Gleichheitsrechte (Abs. 1 bis 3)[51] und enthält darüber hinaus eine verpflichtende Organisationsnorm ohne subjektivrechtlichen Charakter (Abs. 4)[52] sowie unmittelbar geltendes objektives Recht.[53] Einen freiheitssichernden Gehalt hat Art. 33 GG demgegenüber nicht. Diese Freiheitssicherung ist auch bei staatlichen Berufen geboten.[54] Dies hat formel-

16

---

44 *Mann*, in: Sachs, GG, Art. 12 Rn. 43, zitiert in diesem Kontext illustrativ die Rechtsprechung des BVerfG zum Handel mit loser Milch [BVerfGE 9, 39 (48)], zum Heilmagnetisieren [BVerfGE 94, 269 (277)] oder zum Betrieb einer Deckhengststation [BVerfG (K), NJW-RR 1994, 663 (664)].

45 BVerfGE 97, 12 (25, 33 f.); BVerfG, 03.07.2007 Rn. 66.

46 BVerfGE 7, 377 (397 f.); BVerwGE 9, 334 (336); differenzierend *Wieland*, in: Dreier I, Art. 12 Rn. 44 f.; a.A. *Scholz*, in: Maunz/Dürig, Art. 12 Rn. 217.

47 *Scholz*, in: Maunz/Dürig, Art. 12 Rn. 217 ff.; *Wieland*, in: Dreier I, Art. 12 Rn. 44 f.; *Dietlein*, in: Stern, Staatsrecht IV/1, S. 1905.

48 In diese Richtung etwa ältere Judikate des BVerfG wie E 16, 6 (21); 73, 280 (292).

49 So die neuere Judikatur des BVerfG in E 96, 152 (163); 96, 189 (197); 96, 205 (211).

50 BVerfGE 39, 334 (246); BVerwGE 47, 330 (335); *Stern*, Zur Verfassungstreue der Beamten, 1974, S. 12 ff., 51 f.

51 Vgl. etwa *Pieroth*, in: Jarass/Pieroth, GG, Art. 33 Rn. 1, 7, 25 m.w.N.

52 BVerfGE 6, 376 (385).

53 BVerfGE 8, 1 (11 ff.); 9, 268 (286); 11, 203 (210).

54 *Mann*, in: Sachs, GG, Art. 12 Rn. 59.

le und materielle Konsequenzen: Zum Ersten gilt der Gesetzesvorbehalt des Art. 12 Abs. 1 S. 2 GG, weshalb Vorgaben für staatliche Berufe allein auf der Basis von Verwaltungsvorschriften ausgeschlossen sind.[55] Zum Zweiten sind Vorgaben für staatliche Berufe stets am Grundsatz der Verhältnismäßigkeit zu messen.

17 Auch staatlich gebundene Berufe[56] wie etwa Notare,[57] Bezirksschornsteinfeger[58] und die Aktionsfelder Technischer Überwachungsvereine[59] fallen unter den Berufsbegriff des Art. 12 Abs. 1 GG. Diese Berufsgruppen zeichnen sich dadurch aus, dass ihnen funktionell die Wahrnehmung öffentlicher Aufgaben übertragen worden ist, die der Gesetzgeber auch dem eigenen Verwaltungsapparat hätte vorbehalten können.[60] Sie stehen damit zwischen den sog. freien Berufen[61] und den vollständig in die Staatsorganisation einbezogenen (staatlichen) Berufen. Fallen schon letztere unter den Berufsbegriff des Art. 12 Abs. 1 GG, fehlen systematische, methodologische oder funktionelle Gründe, wonach staatlich gebundene Berufe von dem aufgabenunabhängig formulierten Berufsbegriff des Art. 12 Abs. 1 GG auszunehmen wären. Allerdings entfaltet auch hier Art. 33 GG eine spezifische Wechselwirkung zu Art. 12 Abs. 1 GG: Denn je mehr der staatliche gebundene Beruf seiner Struktur und seinem Gewicht nach in Ansehung der wahrgenommenen öffentlichen Aufgaben in die Nähe der staatlichen Ämterorganisation rückt, desto eher sind öffentlich-rechtliche Bindungen und Auflagen in Anlehnung an Art. 33 GG gerechtfertigt.[62] Umgekehrt entfaltet Art. 12 Abs. 1 GG umso stärkere Abwehrkraft, je mehr Eigenschaften des freien Berufs in dem staatlich gebundenen Tätigkeitsfeld zum Ausdruck kommen.[63] In jedem Fall ist der Schutzbereich des Art. 12 Abs. 1 S. 1 GG eröffnet und es gilt der Gesetzesvorbehalt des Art. 12 Abs. 1 S. 2 GG.[64] Eine Verpflichtung, zugunsten der öffentlichen Hand vergütungsfrei tätig zu werden, stellt deshalb einen Eingriff in die Berufsfreiheit dar und ist ohne gesetzliche Grundlage unzulässig.[65]

---

55 BVerfGE 73, 280 (294 f.); 80, 257 (265); BVerwGE 75, 109 (114).
56 Ausdruck zurück gehend auf: *H. Triepel*, Staatsdienst und staatlich gebundener Beruf, in: FS Binding, Bd. II, 1911, S. 1 ff.
57 BVerfGE 16, 6 (21 f.); 54, 237 (246); 73, 280 (292 f.); 110, 304 (321).
58 BVerwGE 6, 72 (74), 38, 244 (247).
59 BVerwGE 72, 126 (130).
60 BVerfGE 73, 280 (293); 73, 301 (315 f.).
61 BVerfGE 10, 354 (364 f.); 46, 224 (240 ff.); *Mann*, NJW 2008, 121 (122 ff.).
62 BVerfGE 7, 377 (398); 16, 6 (22); 17, 371 (377); 47, 285 (319); 54, 237 (250); 69, 373 (378); 73, 280 (292); 73, 301 (315); 110, 204 (321).
63 BVerfGE 17, 371 (377); 73, 301 (315).
64 BVerfGE 54, 237 (246); 73, 280 (295 f.); 80, 257 (265); 110, 304 (321).
65 BVerfGE 54, 251 (271); 88, 145 (159).

bb) Einschränkende Kriterien

Korrespondierend zum grundsätzlich weiten Verständnis der konstitutiven Merkma- 18
le des Berufsbegriffs streiten Rechtsprechung und Literatur über einschränkende Kriterien, die Nutzen, Wirkung und Art der jeweiligen Tätigkeit betreffen.

Während eine Auffassung verlangt, dass die geschützte Tätigkeit wirtschaftlich sinn- 19
voll[66] zu sein hat oder einen Beitrag zur gesellschaftlichen Gesamtleistung[67] erbringen
muss, begrenzt die überwiegende Ansicht den Berufsbegriff auf erlaubte Tätigkeiten.[68]
Das Kriterium der Erlaubtheit wird wiederum unterschiedlich beurteilt. Eine Auffassung misst es an der Skala der Verbotsgesetze,[69] andere halten die herrschenden
Grundanschauungen in der Gesellschaft oder das Merkmal der sozialen Wertigkeit für
ausschlaggebend.[70] Schließlich findet sich eine weitere Auffassung, die solche Tätigkeiten aus dem Berufsbegriff herausnimmt, die evident dem Menschenbild des
Grundgesetzes entgegenstehen.[71]

Im Wortlaut des Art. 12 Abs. 1 S. 1 GG finden diese Einschränkungen keine Stütze. 20
Auch in systematischer Hinsicht sind die Einschränkungen problematisch. Denn
dort, wo der Grundgesetzgeber den Schutzbereich einer grundrechtlichen Gewährleistung einschränken wollte, hat er dies ausdrücklich im Normtext zum Ausdruck
gebracht. Dies zeigt sich etwa an der Versammlungsfreiheit gemäß Art. 8 Abs. 1 GG
(»friedlich und ohne Waffen«). Die Gewährleistung des Art. 12 Abs. 1 GG ist ohne
explizite Schutzbereichsgrenze und deshalb weit zu interpretieren. Der weite Berufsbegriff entspricht ferner den Gesetzgebungsmaterialien[72] und den Verfassungsänderungen der Jahre 1956 und 1968, die den Normtext des Art. 12 Abs. 1 S. 1 GG in
dieser Hinsicht unangetastet ließen.

Gegen etwaige Einschränkungen des Berufsbegriffs sprechen letztlich auch teleologi- 21
sche, methodologische und praktische Gesichtspunkte.

So dürfte sich die Qualifikation dessen, was als wirtschaftlich sinnvoll bezeichnet 22
wird, mangels Definitionsmacht des Staates prinzipiell einer objektivierbaren Bewer-

---

66 BVerfGE 7, 377 (397); 68, 272 (281); *Stein/Frank*, Staatsrecht, S. 371.

67 BVerfGE 7, 377 (397); 50, 290 (362); *Hesse*, Grundzüge des Verfassungsrechts der Bundesrepublik Deutschland, 1995, Rn. 420.

68 BVerfGE 7, 377 (397); 81, 70 (85); BVerwGE 22, 286 (287); 87, 37 (40 f.); *Hofmann*,
in: Schmidt-Bleibtreu/Hofmann/Hopfauf, Art. 12 Rn. 27; *Gubelt*, in: v. Münch/Kunig I,
Art. 12 Rn. 17.

69 OVG Münster, NJW 1986, 2783; VGH München, NJW 1987, 727; *Hofmann*, in:
Schmidt-Bleibtreu/Hofmann/Hopfauf, GG, Art. 12 Rn. 27.

70 BVerwGE 22, 286 (289); 96, 302 (308 f.): »herrschende Grundanschauungen«; *v. Man-
goldt/Klein*, GG, 2. Aufl. 1957, Art. 12 Anm. III 2a: »soziale Wertigkeit«; *Manssen*, Staatsrecht II, 2002, Rn. 593, lehnt zwar ein konstitutives Merkmal des Erlaubtseins ab, klam-
mert aber »offensichtlich sozialschädliche« Tätigkeiten aus.

71 *Tettinger*, AöR 108 (1983), 92 (98); *Langer*, JuS 1993, 203 (206); *Gassner*, NVwZ 1995,
259 (263).

72 Vgl. A., II., Rdn. 4 ff.

tung entziehen. Auf dem Boden unserer liberalen Rechtsordnung, zu deren substanziellen Eckpfeilern die individualrechtliche Berufsfreiheit zählt, muss es der Entscheidung des Einzelnen überlassen bleiben, was er aus ökonomischen Erwägungen für zweckmäßig erachtet und was nicht.[73] Deshalb ist die Formel der wirtschaftlichen Sinnhaftigkeit genauso unzulässig wie die Forderung nach einem Beitrag zur gesellschaftlichen Gesamtleistung.[74] Denn bei letzterer handelt es sich nicht um ein taugliches Einschränkungsmerkmal des Berufsbegriffs, sondern lediglich um eine deskriptive Aussage über typische Wirkungen einer Berufsausübung.[75] Diese ist aber zu vage, als dass sie den Berufsbegriff rechtsklar konturieren kann.

23 Gegen das Kriterium der Erlaubtheit anhand der Skala der Verbotsgesetze wird zutreffend der Einwand einer einfach-gesetzlichen Aushöhlung der verfassungsrechtlich gewährleisteten Berufsfreiheit erhoben.[76] Denn anders als die Eigentumsfreiheit oder die Rechtsweggarantie ist die Berufsfreiheit gerade kein normgeprägtes Grundrecht, auch wenn die Regelung der Berufsausübung dem Gesetzgeber nach Art. 12 Abs. 1 S. 2 GG vorbehalten ist. Schließlich widerspräche es der primärrechtlichen Abwehrdimension der Berufsfreiheit, wenn der einfache Gesetzgeber über den verfassungsrechtlichen Schutz disponieren und sich dadurch seiner Rechtfertigungslast für berufsrelevante Eingriffe entledigen könnte.[77]

24 Einer weiteren Ansicht nach bestimmt sich die Erlaubtheit nach der Legitimation durch herrschende Grundanschauungen in der Gesellschaft oder nach der sozialen Wertigkeit. Auch dies ist abzulehnen.[78] Denn das Abstellen auf eine gesellschaftliche Mehrheitsauffassung steht dem individualorientierten Schutzzweck der Berufsfreiheit prinzipiell entgegen. Es verwischt im Übrigen die Grenze zwischen Recht und Moral und damit die Regelung des äußeren Verhaltens von Menschen mit ihrer Gesinnung. Schließlich birgt es erhebliche definitorische Unsicherheiten, die einer pluralistisch orientierten Gesellschaftsordnung fremd sind. Als Beruf anerkannt sind deshalb richtigerweise auch die Prostitution,[79] das Betreiben einer Spielbank[80] oder der Abschluss und die Vermittlung von Oddset-Wetten durch Private.[81]

---

73 *Scholz*, in: Maunz/Dürig, Art. 12 Rn. 34; kritisch auch *Rupp*, AöR 92 (1967), 212 (219).

74 So auch BVerwGE 1, 269 (279); 71, 183 (189).

75 *Scholz*, in: Maunz/Dürig, Art. 12 Rn. 34.

76 BVerwGE 96, 293 (296 f.); *Breuer*, HStR VIII, § 170 Rn. 69; *Stein/Frank*, Staatsrecht, S. 371.

77 *Mann*, in: Sachs, GG, Art. 12 Rn. 52.

78 *Jarass*, in: Jarass/Pieroth, GG, Art. 12 Rn. 9; *Rittstieg*, in: AK-GG, Art. 12 Rn. 62 f.; *Höfling*, Offene Grundrechtsinterpretation, 1987, S. 150 ff.; *Umbach*, in: Umbach/Clemens, GG, Art. 12 Rn. 42.

79 *Wesel*, NJW 1999, 2865 f.; *Laskowski*, Die Ausübung der Prostitution, 1997. § 1 des Prostitutionsgesetzes vom 20.12.2001 (BGBl I 3983); EuGH Slg. 2001 I, 8657 – Jany.

80 BVerfGE 102, 197 (213 f.); BVerfG, NVwZ-RR 2008, 1 (2); *Ennuschat*, NVwZ 2001, 771 (772); *Nolte/Tams*, JuS 2006, 31 (32 f.) mit dem weiteren Hinweis, dass auch § 284 StGB keine zulässige Eingrenzung des Berufsbegriffs darstellt.

81 BVerfGE 115, 276 (300); hierzu *Nolte*, CaS 2006, 273 ff.; jüngst auch BVerfG – 1 BvR 928/08 v. 14.10.2008, NJW 2009, 139; hierzu *Nolte/Muresan*, CaS 2008, 407 ff.

Die vorgenannten Gründe sprechen schließlich auch dagegen, solche Tätigkeiten von 25
dem Berufsbegriff des Art. 12 Abs. 1 S. 1 GG auszunehmen, die evident dem Menschenbild des Grundgesetzes entgegenstehen. Zwar muss man dieser Auffassung zugu-
tehalten, dass sie das schutzbereichseingrenzende Merkmal aus zentralen Wertungen
des Grundgesetzes erarbeitet und nicht auf außerverfassungsrechtliche Moralvorstel-
lungen abhebt. Allerdings ist auch diese Ansicht gewissen Einwänden ausgesetzt.
Denn zum Ersten ist unklar, worin überhaupt das Menschenbild des Grundgesetzes
besteht und wie sich dieses ermitteln lässt. Zum Zweiten ist ein Widerspruch mit
diesem Menschenbild stets nur durch einzelfallbezogene Abwägung feststellbar und
damit mittels einer Methode, die nicht zur Bestimmung des Schutzbereichs eingesetzt wird, sondern typischerweise im Rahmen der Schranken-Schranken zur Feststellung der Verhältnismäßigkeit eines Eingriffs zum Tragen kommt. Und schließlich
bleibt unklar, welche beruflichen Tätigkeiten dem Menschenbild des Grundgesetzes
in evidenter Weise zuwider laufen, insbesondere wie sich die Evidenz bestimmen
lässt.[82] Die hiermit verbundenen Unsicherheiten eröffnen im Ergebnis inakzeptable
Beurteilungsspielräume zugunsten des Staates und schwächen die zentrale Abwehrfunktion der Berufsfreiheit zulasten des Grundrechtsträgers in unzulässiger Weise ab.

b) Arbeitsplatz

Der zweitgenannte Schutzgegenstand von Art. 12 Abs. 1 S. 1 GG ist der des »Ar- 26
beitsplatzes«. Dieser Begriff findet keine historischen Entsprechungen, wird erstmals
im Grundgesetz gebraucht und dort gemeinhin als Stätte verstanden, an der man seinem Beruf nachgeht.[83] Diese Definition knüpft an den (abstrakten) Beruf im Sinne
des Art. 12 Abs. 1 S. 1 GG an und konkretisiert diesen in Richtung des Umfeldes,
an welchem der Einzelne einer beruflichen Tätigkeit *in concreto* nachgehen möchte.
Das genaue Verständnis des Begriffs erschließt sich indes nur, wenn man seine beiden, aufeinander bezogenen Teileelemente »Platz« und »Arbeit« genauer in den Blick
nimmt.

Als »Platz« könnte man bei wörtlichem Verständnis zunächst ausschließlich einen 27
örtlichen Raum verstehen. Diese Deutung widerspricht aber einer systematischen
und teleologischen Interpretation des Begriffs. Denn die Nähe zum weit verstandenen »Beruf« lässt zu Recht vermuten, dass auch der Begriff des Arbeits»platzes« weit
auszulegen ist. Schließlich stehen Beruf und Arbeitsplatz in keinem Stufenverhältnis
zueinander, sondern sind zumindest bei formaler Betrachtung gleichrangig. Beide
Begriffe haben ihren eigenen Sinn. Während sich Beruf auf eine abstrakte Tätigkeit

---

82 Die von *Mann*, in: Sachs, GG, Art. 12 Rn. 54, angeführten und für vertretbar gehaltenen
    Beispiele (Killer, Rauschgift-Dealer) werden von anderen – z.B. *Manssen*, Staatsrecht II,
    2. Aufl. 2002, Rn. 593 – wiederum als »sozialschädlich« vom Berufsbegriff ausgenom-
    men, worin sich begriffliche Unklarheiten widerspiegeln, die den Grundrechtsschutz des Art. 12
    Abs. 1 GG gefährden.
83 BVerfGE 84, 133 (146); *Bachof*, in: Die Grundrechte III/1, S. 154 (250); *Scholz*, in:
    Maunz/Dürig, Art. 12 Rn. 440.

bezieht, ist der Begriff des »Platzes« auf den konkreten Umkreis der jeweiligen Arbeit bezogen. Nur diese Lesart genügt der abwehrrechtlichen Funktion des Art. 12 GG. Sie verlangt eine tendenziell weite Auslegung. »Platz« ist danach also weder allein, noch in erster Linie räumlich zu verstehen,[84] sondern erstreckt sich auf das gesamte Arbeitsverhältnis. Dieses wird nicht nur durch den Raum der jeweiligen Arbeit, sondern regelmäßig auch durch den organisatorischen Aufgabenkreis, durch die Zusammenarbeit mit anderen Menschen und durch die Hilfsmittel der jeweiligen Arbeit bestimmt.[85]

28 Ähnlich weit auszulegen ist das zweite Teilelement der »Arbeit«. Zwar konkretisiert sich in diesem Teilelement der abstrakte Beruf in Richtung einer spezifischen Tätigkeit. Allerdings ist die konkrete Arbeit nicht auf einen bestimmten Berufstypus beschränkt. Eine frühere Auffassung ging zwar davon aus, dass sich die Freiheit des Arbeitsplatzes nur auf abhängige, von Arbeitnehmern ausgeübte Berufe beziehen könne.[86] Die neuere Literatur nimmt aber zutreffend an, dass die Gewährleistung des Art. 12 Abs. 1 S. 1 GG auch für Selbständige[87] und im öffentlichen Dienst gilt, wo sie durch Art. 33 Abs. 2 GG im Rahmen der Rechtfertigung von Eingriffen eine besondere Ergänzung erfährt.[88]

c) Ausbildungsstätte

29 Als dritten Schutzgegenstand nennt Art. 12 Abs. 1 S. 1 GG die »Ausbildungsstätte«. Dem Wortlaut zufolge könnte damit jede Stätte erfasst sein, die (irgend)einer Ausbildung dient. Dazu könnten beispielsweise auch allgemeinbildende Schulen gerechnet werden.[89] Der systematische Kontext der Ausbildungsstätte innerhalb des Art. 12 Abs. 1 S. 1 GG zwingt jedoch zu einer engeren berufsbezogenen Interpretation. Danach kann Art. 12 Abs. 1 S. 1 GG nur solche Stätten meinen, die zu einem Beruf hinführen. Diese Lesart entspricht vor allem auch der Ansicht des Bundesverfassungsgerichts. Sie versteht als »Ausbildungsstätte« grundsätzlich solche Einrichtungen, die über die Vermittlung allgemeiner Schulbildung hinausgehen und der Ausbildung für Berufe dienen,[90] mit anderen Worten: Kenntnisse und Fähigkeiten für

---

84 BVerfGE 84, 133 (146); *Wieland*, in: Dreier I, Art. 12 Rn. 46.
85 *Wieland*, in: Dreier I, Art. 12 Rn. 46 unter Bezugnahme auf *Rittstieg*, in: AK-GG, Art. 12 (2001), Art. 12 Rn. 108.
86 *Über*, Freiheit des Berufs, 1952, S. 81; heute noch: *Manssen*, in: v. Mangoldt/Klein/Starck, GG, Art. 12 Rn. 58, 60.
87 *Jarass*, in: Jarass/Pieroth, GG, Art. 12 Rn. 11; *Mann*, in: Sachs, GG, Art. 12 Rn. 86 (»namentlich Freiberufler«); *Wieland*, in: Dreier I, Art. 12 Rn. 53.
88 *Mann*, in: Sachs, GG, Art. 12 Rn. 86; *Manssen*, in: v. Mangoldt/Klein/Starck, GG, Art. 12 Rn. 58, 60.
89 Demgegenüber enger: *Pieroth/Schlink*, Rn. 888 ff., die zwischen »Aus«bildung in Richtung berufsbezogener Qualifikation und Bildung zum Erwerb geistigen Eigentums im Allgemeinen differenzieren.
90 BVerfGE 33, 303 (329 f.); 41, 251 (261); 59, 172 (205 f.).

einen oder mehreren Berufe vermitteln.[91] Zum Kreis dieser Ausbildungsstätten gehören ohne Weiteres Berufsschulen,[92] Universitäten,[93] Fachhochschulen,[94] Pädagogische Akademien,[95] Einrichtungen betrieblicher und überbetrieblicher Lehrlingsausbildung[96] und solche des zweiten Bildungswegs.[97]

Irrelevant ist insbesondere, ob es sich um einen privaten oder öffentlichen Einrichtungsträger handelt. Denn schließlich geht es bei Auslegung des Begriffs »Ausbildungsstätte« um den sachlichen Schutzgegenstand des Art. 12 Abs. 1 S. 1 GG und nicht um die Frage der personellen Grundrechtsberechtigung. 30

Im Übrigen muss der Begriff der Ausbildungsstätte nicht nur räumlich, sondern auch teleologisch weit auf Ausbildungsdienste, -gänge und -stellen im funktionellen Sinne bezogen werden. Zu letzteren zählen etwa der staatliche Vorbereitungsdienst,[98] nach der Rechtsprechung auch die Sekundarstufe II an Gymnasien[99] und private Lehrstellen.[100] 31

Dass der in Rede stehende Ausbildungsdienst oder -gang zwingend mit einer Prüfung abgeschlossen wird, kann zwar als Indiz für das Vorliegen eines Berufsbezugs gewertet werden. Zwingend ist dies jedoch nicht. Weder der Wortlaut des Art. 12 Abs. 1 S. 1 GG noch der Sinn der Vorschriften verlangen dies.[101] Zu beachten ist gleichwohl, dass auch in diesem Kontext die systematische Begrenzung auf den Berufsbezug gilt. Die Berufsbezogenheit der funktionell weit zu verstehenden Ausbildungsstätte bestimmt sich nach ihrer gesetzlichen Aufgabe oder gesellschaftlichen Funktion.[102] Nicht unter Art. 12 Abs. 1 S. 1 GG, sondern unter Art. 2 Abs. 1 GG fällt demzufolge die Teilnahme an nicht berufsbezogenen Grundschulen.[103] Auch die Privatdozentur stellt nach Auffassung der Rechtsprechung schließlich keine Ausbildungsstätte dar, weil sie nicht den Charakter einer notwendigen Durchgangsstation auf dem Weg zum Beruf des Universitätsprofessors besitze.[104] 32

---

91 *Kämmerer*, in: v. Münch/Kunig I, Art. 12 Rn. 35; *Jarass*, in: Jarass/Pieroth, GG, Art. 12 Rn. 93 f.
92 BVerfGE 117, 126 (137).
93 BVerfGE 33, 303 (329); 59, 172 (205); Zweit- und Parallelstudium: BVerfGE 43, 291 (363); 45, 393 (397 f.).
94 *Jarass*, in: Jarass/Pieroth, GG, Art. 12 Rn. 94.
95 BVerfG NJW 1960, 1122.
96 OVG NRW, OVGE 16, 154 (156 f.).
97 BVerfGE 41, 251 (260 f.).
98 BVerfGE 39, 334 (371); BVerwGE 47, 330 (332); 64, 153 (159).
99 BVerfGE 58, 257 (273); 64, 153 (159); dem folgend *Breuer*, HbStR VIII, § 170 Rn. 104 ff.
100 OVG NRW, OVGE 16, 154 (157 ff.).
101 In diese Richtung jedoch BVerwGE 16, 241 (243); 47, 330 (332); 91, 24 (32).
102 *Breuer*, HStR VIII, § 170 Rn. 104.
103 BVerfGE 53, 185 (203); 59, 172 (205).
104 BVerwGE 96, 136 (140); BVerwGE 91, 24 (32 f.).

2. Umfang der Gewährleistung

33 Der Umfang der Gewährleistung ergibt sich aus dem normgeschützten Verhalten des Art. 12 Abs. 1 S. 1 GG. Die Vorschrift ist in diesem Punkt knapp formuliert und spricht lediglich von »frei zu wählen«. Diese Formulierung gilt erkennbar für alle drei Gegenstände (»Beruf«, »Arbeitsplatz«, »Ausbildungsstätte«) und fungiert als textlicher Anknüpfungspunkt für eine weiter gehende Interpretation.

34 Rechtsprechung[105] und überwiegende Literatur[106] verlangen eine besondere Beziehung zwischen dem zu schützenden Verhalten und den Gegenständen »Beruf« und »Ausbildung«. Sie operieren dabei mit dem Begriff der berufs- oder ausbildungs*spezifischen* Handlung. Dieses Erfordernis wird aber nicht schon für den Umfang der Gewährleistung im Schutzbereich aufgestellt, sondern erst im Rahmen des Eingriffs unter dem Merkmal der berufsregelnden Tendenz diskutiert.[107]

a) Wahl und Ausübung des Berufes

35 Der Wortlaut des Art. 12 Abs. 1 S. 1 GG spricht von dem Recht, einen Beruf »frei zu wählen«. Unter dem Wählen eines Berufes versteht man gemeinhin einen äußerlich wahrnehmbaren Akt der Selbstbestimmung,[108] der auf die erstmalige Ergreifung eines Berufes,[109] eines Zweit- oder Nebenberufes[110] oder auf den Berufswechsel[111] gerichtet ist. Die positive Wahlfreiheit wird durch Gewährung einer negativen Freiheit vervollkommnet. Art. 12 Abs. 1 S. 1 GG schützt daher auch das Recht, auf das Ergreifen eines Berufes zu verzichten[112] oder die Ausübung eines Berufes zu beenden.[113] Die Betätigung der Rechte soll in jedem Fall »frei« erfolgen. Dieses Adjektiv unterstreicht, dass der Grundrechtsträger seine Entscheidung unbeeinflusst von fremden Willen treffen darf.[114]

36 Die Freiheit der Wahl erstreckt sich ferner nicht nur auf den unmittelbaren Entscheidungsakt, einen bestimmten Beruf zu ergreifen oder nicht zu ergreifen. Mit Blick auf den abwehrrechtlichen Gehalt des Art. 12 Abs. 1 S. 1 GG bezieht der Begriff auch die Wahrnehmung von Chancen mit ein, die den Bewerber der erstrebten Berufsaufnahme in erheblicher Weise näher bringen. Zugangsmöglichkeiten zu einem Beruf sind danach tatsächlich und rechtlich möglichst offenzuhalten. Zugangshindernisse dürfen demgegenüber nur insoweit errichtet werden, wie es durch ein

---

105 BVerfGE 97, 228 (253 f.).
106 *Pieroth/Schlink*, Rn. 892.
107 F., I., 1., Rdn. 80 f.
108 BVerfGE 7, 377 (403); 13, 181 (185); 43, 291 (363); 58, 358 (363 f.).
109 *Mann*, in: Sachs, GG, Art. 12 Rn. 78.
110 BVerfGE 21, 173 (179); 87, 287 (316); 110, 304 (321); BVerfG v. 23.08.2013, 1 BvR 2912/11, Rn. 21.
111 BVerfGE 43, 291 (363); 55, 185 (196); 62, 117 (146).
112 BVerfGE 58, 358 (364); 68, 256 (267).
113 BVerfGE 9, 338 (345); 21, 173 (183); 39, 128 (141); 80, 257 (263); 93, 213 (235).
114 BVerfGE 13, 181 (185); 58, 358 (363 f.).

im Lichte des Art. 12 Abs. 1 GG hinreichend gewichtiges öffentliches Interesse geboten ist.[115]

Der Text des Art. 12 Abs. 1 GG legt schließlich eine Interpretation nahe, wonach   37
der erste Satz ausschließlich auf die Wahlfreiheit bezogen ist, während der Regelungsvorbehalt allein die Ausübungsfreiheit betrifft. Dieser begrifflichen Trennung ist das Bundesverfassungsgericht jedoch in seinem Apotheken-Urteil aus dem Jahre 1958[116] mit der These vom einheitlichen Schutzbereich entgegen getreten. Es hat dem Art. 12 Abs. 1 GG ein sog. einheitliches Grundrecht entnommen, das Wahl und Ausübung umfasse. Zur Begründung, die sich lediglich auf die Berufsfreiheit bezog, führte das Gericht Folgendes aus: Die Begriffe »Wahl« und »Ausübung« ließen sich nicht so voneinander trennen, dass beide nur eine bestimmte zeitliche Phase des Berufslebens bezeichneten, die sich mit der jeweils anderen nicht überschneide. Mit beiden Begriffen werde danach der einheitliche Komplex »berufliche Betätigung« nur aus verschiedenen Blickwinkeln betrachtet.[117] Diese Argumentation muss konsequenterweise darauf hinauslaufen, die Gewährleistung der Ausübungsfreiheit bereits in den ersten Satz des Art. 12 Abs. 1 GG hineinzulesen. Diese Lesart ist jedoch problematisch und verursacht dogmatische Brüche. Denn die Begriffe »Wahl« und »Ausübung« unterscheiden sich eindeutig voneinander. Der Gesetzgeber hat die Begriffe zudem verschiedenen Sätzen mit unterschiedlichem dogmatischen Gewicht zugeordnet. Diesen Fakten möchte das Bundesverfassungsgericht zwar nicht widersprechen und führt deshalb aus, dass sich die Begriffe Wahl und Ausübung nicht »so« voneinander trennen ließen, dass beide nur eine bestimmte zeitliche Phase des Berufslebens bezeichneten. Diese Einschränkung macht die Begründung aber nicht tragfähiger. Denn sie ist erkennbar von dem Ziel getragen, den Regelungsvorbehalt des Art. 12 Abs. 1 S. 2 GG auch auf die nicht ausdrücklich erwähnte Wahlfreiheit auszudehnen.[118] Damit wird aber der Umfang der grundrechtlichen Gewährleistung des Art. 12 Abs. 1 S. 1 GG durch die Reichweite seiner Schranken bestimmt. Dies mag zwar »praktikabel« sein.[119] Dogmatisch notwendig oder schlüssig ist dies jedoch nicht. So ließe sich die Wahlfreiheit ohne Weiteres durch kollidierendes Verfassungsrecht einschränken,[120] wie dies bei anderen Grundrechten, z.B. der Versammlungsfreiheit in geschlossenen Räumen, der Fall ist. Hinzu kommt letztlich, dass das Bundesverfassungsgericht und die ihm folgende überwiegende Literatur zwar die These vom einheitlichen Schutzbereich vertritt und den Regelungsvorbehalt des Art. 12

115 BVerfGE 52, 172 (210).
116 BVerfGE 7, 377.
117 BVerfGE 7, 377 (400 f.) im Anschluss an *v. Mangoldt/Klein*, GG, 2. Aufl. 1957, Art. 12 Anm. IV 2 (S. 370 ff.).
118 Vgl. BVerfGE 7, 377 (401).
119 So die Formulierung von *Epping*, Grundrechte, 2012, Rn. 382.
120 Dies als »Kunstgriff« – so *Epping*, Grundrechte, 2012, Rn. 382 – zu bezeichnen, widerspricht den anerkannten Grundsätzen geltenden Rechts zur Auflösung von Kollisionen zwischen vorbehaltlosen Grundrechten und anderen Verfassungspositionen – so auch *Epping*, Grundrechte, 2012, Rn. 77 ff.

Abs. 1 S. 2 GG demgemäß auch auf die Wahlfreiheit erstreckt, dann jedoch im Rahmen der Rechtfertigung von Eingriffen wiederum zwischen Ausübungsregelungen und Wahlschranken differenziert. Konsequenterweise müsste auch in diesem Kontext die begriffliche Differenzierung zwischen »Wahl« und »Ausübung« aufgegeben und ganz allgemein von einer Einschränkung beruflicher Freiheiten geredet werden. Dies wird jedoch nicht gemacht. Rechtsprechung und herrschende Meinung setzen sich über diesen dogmatischen Bruch ohne weitere Worte hinweg.[121]

38 Rechtsnormativer Anknüpfungspunkt für die Gewährleistung der Berufsausübungsfreiheit ist Art. 12 Abs. 1 S. 2 GG. Die Vorschrift hat zwar die Funktion eines Regelungsvorbehalts, inkludiert aber notwendigerweise die Garantie der Ausübungsfreiheit und schreibt damit die im ersten Satz genannte Wahlfreiheit systematisch fort. Bei dieser Lesart muss weder der begriffliche Unterschied zwischen »Wahl« und »Ausübung« eingeebnet, noch das durch Art. 12 Abs. 1 S. 1 GG geschützte Verhalten um die Formulierung »und auszuüben« sinngemäß erweitert werden.

39 Ungeachtet ihrer dogmatischen Verankerung wird die Freiheit der Berufsausübung umfassend gewährleistet. Der umfassende Schutz bezieht sich auf Ort,[122] Inhalt,[123] Umfang, Dauer und äußere Erscheinungsformen der beruflichen Betätigung.[124] Er erstreckt sich darüber hinaus auch auf verschiedene Einzelfreiheiten, die vor allem bei Unternehmern und Selbständigen Bedeutung erlangen. Denn im Gegensatz zu Arbeitnehmern ist deren Erwerbstätigkeit Gegenstand zahlreicher staatlicher Reglementierungen. So verbürgt die Ausübungsfreiheit grundsätzlich auch eine Unternehmerfreiheit, die das freie Gründen und Führen von Unternehmen beinhaltet. Als Einzelfreiheiten des Unternehmens verstehen Rechtsprechung und Literatur ferner auch die Organisationsfreiheit,[125] die Dispositionsfreiheit,[126] die Produktionsfreiheit,[127] die Preisfreiheit[128] und die Vertragsfreiheit.[129] Schließlich sollen auch die Wettbewerbsfreiheit[130] sowie die Werbefreiheit[131] geschützt sein. Keinen Schutz bietet Art. 12 Abs. 1 GG demgegenüber vor Konkurrenz, da Art. 12 Abs. 1 GG umgekehrt eine möglichst unreglementierte berufliche Betätigung gewährleisten soll. Schließlich gibt es nach der freiheitlichen Ordnung des Grundgesetzes auch kein

---

121 Anders aber *Wieland*, in: Dreier I, Art. 12 Rn. 48 unter Hinweis auf *J. Lücke*, Die Berufsfreiheit, 1994, S. 5 ff.

122 BVerwGE 96, 372 (375 f.).

123 BVerfG (K), NJW 1996, 3268.

124 *Mann*, in: Sachs, GG, Art. 12 Rn. 79.

125 *E.-J. Mestmäcker*, Zur gesellschaftsrechtlich organisierten Berufsfreiheit, in: FS Westermann, 1974, S. 411 ff. (415 ff.); *Breuer*, HStR VIII, § 170 Rn. 88.

126 BVerfGE 50, 290 (363); *Ossenbühl*, AöR 115 (1990), 1 (18 ff.); *Manssen*, in: v. Mangoldt/Klein/Starck, GG, Art. 12 Rn. 69.

127 *Breuer*, HStR VIII, § 170 Rn. 89.

128 *Ipsen*, Kartellrechtliche Preiskontrolle als Verfassungsfrage, 1981, S. 79 ff.

129 *Scholz*, in: Maunz/Dürig, Art. 12 Rn. 134.

130 BVerfGE 32, 311 (317); 46, 120 (137); 53, 135 (143 f.); 105, 252 (265).

131 BVerfGE 9, 213 (221 f.); 59, 302 (314); 76, 196 (207); 94, 372 (389); 111, 366 (379).

subjektives verfassungskräftiges Recht auf Erhaltung des Geschäftsumfangs und die Sicherung weiterer Erwerbsmöglichkeiten.[132] Jenes steht genauso wenig unter dem Schutz von Art. 12 Abs. 1 GG wie das Recht, von anderen nur so dargestellt zu werden, wie man sich selbst sieht.[133]

b) Wahl des Arbeitsplatzes

Art. 12 Abs. 1 S. 1 GG gewährt die freie Wahl des Arbeitsplatzes. Darunter versteht 40
man das Recht, einen konkreten Arbeitsplatz nach eigener Wahl aufzunehmen, bei-
zubehalten oder aufzugeben.[134] Bei abhängig Beschäftigten erstreckt sich diese Garantie auch auf den Zutritt zum Arbeitsmarkt und die Wahl des Vertragspartners,[135]
nicht aber auf einen Schutz vor Kündigung,[136] auf Schaffung und Erhaltung von Arbeitsplätzen[137] oder auf ein Recht auf Arbeit.[138]

Die Gewährleistung der Arbeitsplatzwahlfreiheit steht damit zwischen der Freiheit 41
der Berufswahl und der Berufsausübung. Dies entspricht ihrer gesetzessystemati-
schen Stellung zwischen den Berufsfreiheiten im engeren Sinn und dem Zeitpunkt,
wann von dieser Gewährleistung regelmäßig Gebrauch gemacht wird. Denn üblicherweise findet die Entscheidung über die Wahl eines konkreten Arbeitsplatzes nach der
Wahl eines abstrakten Berufes und vor seiner spezifischen Ausübung statt.[139] Dies ist
der Grund, warum der freien Wahl des Arbeitsplatzes eine weitaus geringere Bedeutung zukommt als der Berufsfreiheit im engeren Sinne.[140] Denn Beeinträchtigungen
der Arbeitsplatzwahl sind im Regelfall auch Eingriffe in die Wahl oder Ausübung
des Berufes und werden an diesen Freiheiten gemessen. Einer Erweiterung der freien
Arbeitsplatzwahl etwa um eine Garantie der freien »Ausübung« des Arbeitsplatzes
bedarf es daher aus teleologischen Gründen nicht und wäre schließlich auch begrifflich problematisch.[141]

c) Wahl der Ausbildungsstätte

Art. 12 Abs. 1 S. 1 GG gewährt schließlich die freie Wahl der Ausbildungsstätte. 42
Unter Wahlfreiheit ist bei wörtlichem Verständnis der freie Zugang zur Ausbildungs-

---

132 BVerfGE 34, 252 (256).
133 BVerfGE 105, 252 (266).
134 BVerfGE 85, 360 (372 f.); 97, 169 (175); 108, 150 (165).
135 BVerfGE 85, 133 (146).
136 BVerfGE 84, 133 (146 f.).
137 BVerfGE 84, 133 (147).
138 BVerwGE 97, 154 (158).
139 In diese Richtung auch *Jarass*, in: Jarass/Pieroth, GG, Art. 12 Rn. 11.
140 *Mann*, in: Sachs, GG, Art. 12 Rn. 87.
141 Ungeachtet dessen wird der Regelungsvorbehalt des Art. 12 Abs. 1 S. 2 GG auch auf die
     Arbeitsplatzwahlfreiheit bezogen – BVerfGE 85, 360 (373) – und mit der »Ausdehnung
     des Schutzbereichs auf die gesamte zeitliche Dauer einer Arbeit« begründet – so etwa
     Wieland, in: Dreier I, Art. 12 Rn. 63.

stätte gemeint. Diese Lesart ist von hoher praktischer Bedeutung. Die Zulässigkeit staatlicher Regelungen von Ausbildungsgängen ist demgegenüber – abgesehen von objektiv-rechtlichen Verfahrensgarantien[142] – weit weniger problematisch.

43 Über seinen Wortlaut entnimmt das Bundesverfassungsgericht dem Art. 12 Abs. 1 S. 1 GG ferner ein umfassendes Abwehrrecht gegen Freiheitsbeschränkungen im Ausbildungswesen.[143] Dies hat weitreichende Konsequenzen für den Gewährleistungsumfang. Denn dadurch sind auch alle während einer Ausbildung erforderlichen Tätigkeiten wie beispielsweise die Teilnahme am Unterricht oder an Prüfungen von Art. 12 Abs. 1 S. 1 GG und nicht nur der Zugang zur Ausbildungsstätte im engeren Sinne erfasst.[144] Dieses weite Verständnis erscheint zwar mit Blick auf die enge Formulierung (»zu wählen«) nicht ganz unproblematisch. Allerdings macht sie im Ausbildungswesen und damit im Vorfeld eines Berufs mehr Sinn als bei der Freiheit der Arbeitsplatzwahl, deren Betätigung zwischen Berufswahl und Berufsausübung liegt und im Zweifel bereits von einer jener beiden Freiheiten geschützt wird.

II. Arbeitszwang (Abs. 2) und Zwangsarbeit (Abs. 3)

44 Art. 12 Abs. 2 und 3 GG treffen spezielle Aussagen zu Arbeitszwang und Zwangsarbeit. Art. 12 Abs. 2 GG gewährleistet die Freiheit vom Zwang zu einzelnen bestimmten Arbeitsleistungen (Arbeitszwang); Art. 12 Abs. 3 GG betrifft die Freiheit vom Einsatz der gesamten Arbeitskraft in einer bestimmten Weise (Zwangsarbeit). Systematik und Wortlaut (»Arbeit«) lassen zwar einen engeren Bezug zu Art. 12 Abs. 1 GG vermuten. Allerdings gehören beide Verbürgungen systematisch eher zur allgemeinen Handlungsfreiheit nach Art. 2 Abs. 1 GG.[145] Denn bei den Art. 12 Abs. 2 und 3 GG geht es nicht um den Zwang, bestimmte Berufe zu wählen oder nicht zu wählen. Im Vordergrund steht vielmehr der Schutz vor Freiheitsbeschränkungen allgemeiner Art. So wird der Einzelne durch Arbeitszwang und Zwangsarbeit nicht nur an der Ausübung seines Berufes, sondern auch an allen sonstigen Freiheiten gehindert und ist außerhalb dieser Zwänge zu allen beruflichen und nichtberuflichen Aktivitäten frei.[146]

45 Beide Freiheiten sind dogmatisch eigenständige Grundrechte mit klassischer Abwehrfunktion. Eine Kombination des Art. 12 Abs. 2 GG mit Art. 12 Abs. 3 GG zu einem einheitlichen Grundrecht[147] ist aufgrund inhaltlicher Unterschiede ebenso abzulehnen wie die Auffassung, die Art. 12 Abs. 3 GG als besonders schweren Unter-

---

142 Vgl. unter E., I., 3., Rdn. 74 f.

143 BVerfGE 33, 303 (329); dem folgend: *Pieroth/Schlink*, Rn. 909.

144 BVerfG (K), DVBl 1996, 1367 (1368); *Jarass*, in: Jarass/Pieroth, GG, Art. 12 Rn. 94.

145 *Pieroth/Schlink*, Rn. 937.

146 *Stern*, Staatsrecht IV/1, S. 1017; im Übrigen gelten Art. 12 Abs. 2 und 3 GG für alle Menschen und sind nicht auf »Deutsche« (Art. 12 Abs. 1 GG) begrenzt.

147 In diese Richtung offenbar: BVerfGE 74, 102 (115 ff.); *Umbach*, in: Umbach/Clemens, GG, Art. 12 Rn. 126; *Scholz*, in: Maunz/Dürig, Art. 12 Rn. 490.

fall des Art. 12 Abs. 2 GG deutet.[148] Schließlich erschöpft sich die Funktion der Art. 12 Abs. 2 und 3 GG auch nicht allein darin, Schranken-Schranken zur allgemeinen Handlungsfreiheit zu sein.[149] Denn die komplexe Struktur der Normen lässt spezielle Schutzbereiche erkennen und erlaubt Eingriffe nur im Rahmen qualifizierter Schranken.

1. Arbeitszwang (Abs. 2)

Art. 12 Abs. 2 GG normiert das Verbot, jemanden zu einer bestimmten Arbeit zu zwingen. Es inkludiert damit die Freiheit, bestimmte Arbeiten nicht vornehmen zu müssen. 46

a) Gegenstand der Gewährleistung

Art. 12 Abs. 2 GG bezieht sich der Sache nach auf eine »bestimmte Arbeit« als Gegenstand (negativer) Gewährleistung. Als »Arbeit« im Sinne von Art. 12 Abs. 2 GG versteht man jede persönlich zu erbringende körperliche oder geistige Tätigkeit, die mehr als unbedeutenden Aufwand verursacht und eigenständig, also nicht nur notwendige Nebenwirkung einer anderweitigen Verpflichtung ist.[150] 47

Nicht persönlich zu erbringende Tätigkeiten, wie etwa die einem Dritten übertragbare Gehwegreinigung, fallen nicht unter den Arbeitsbegriff des Art. 12 Abs. 2 GG.[151] Ähnliches gilt für Tätigkeiten im Zusammenhang mit der Betätigung spezieller Freiheiten. Hierzu zählen etwa die ärztliche Notdienstpflicht,[152] die nicht kostendeckende Beurkundungspflicht der Notare[153] oder die Indienstnahme Privater im Kontext mit der Berufsausübung[154] sowie die Verkehrssicherungspflicht im Zusammenhang mit dem Eigentum,[155] deren Zulässigkeit sich nach den jeweils speziellen Freiheiten (Art. 12 Abs. 1 GG, Art. 14 Abs. 1 GG) nicht aber nach Art. 12 Abs. 2 GG bemisst. 48

Schließlich verneint die Rechtsprechung den Arbeitsbegriff bei Meldepflichten und ehrenamtlich wahrzunehmenden Tätigkeiten (Wahlhelfer, Schöffen, Volkszähler) und misst unter Berufung auf die Entstehungsgeschichte weder jugendgerichtliche Weisungen zur Erbringung von Arbeitsleistungen (Erziehungsmaßregel),[156] noch ge- 49

---

148 *Jarass*, in: Jarass/Pieroth, GG, Art. 12 Rn. 117, 120; *Umbach*, in: Umbach/Clemens, Art. 12 Rn. 132.

149 So aber *Pieroth/Schlink*, Rn. 275, 866, die dann wiederum zwischen Schutzbereichen, Eingriffen und verfassungsrechtlicher Rechtfertigung unterscheiden.

150 BVerwGE 22, 26 (29).

151 BVerwGE 22, 26 (27 ff.).

152 BVerwGE 41, 261 (264); 65, 362 (363).

153 BVerfGE 47, 285 (318 f.).

154 BVerfGE 22, 380 (383); 30, 292 (312 ff.); 44, 103 f.; 68, 155 (170 ff.).

155 BVerwGE 22, 26 (28 f.); HessVGH, DVBl 1979, 83 (84).

156 BVerfGE 74, 102 (122).

richtliche Bewährungsauflagen zur unverzüglichen Begründung eines Arbeitsverhältnisses an Art. 12 Abs. 2 oder 3 GG.[157]

50 Gegenstand des Art. 12 Abs. 2 GG ist nur eine »bestimmte« Arbeit. Allgemeinen Arbeitspflichten wie etwa der nach Art. 163 Abs. 1 WRV, wonach jeder Deutsche unbeschadet seiner persönlichen Freiheit die sittliche Pflicht besaß, seine geistigen und körperlichen Kräfte so zu betätigen, wie es das Wohl der Gesamtheit erforderte, steht Art. 12 Abs. 2 GG nicht entgegen.[158]

b) Umfang der Gewährleistung

51 Der Umfang der Gewährleistung von Art. 12 Abs. 2 GG ergibt sich aus einem Umkehrschluss zum ausdrücklichen Verbot des Arbeitszwangs. Denn das Verbot beinhaltet das Recht, die bestimmte Arbeit nicht vornehmen zu müssen. Art. 12 Abs. 2 GG besitzt somit einen ausschließlich negativen Freiheitsgehalt der Nichtvornahme einer bestimmten Arbeit. Die positive Freiheit zur Vornahme einer bestimmten Arbeit ergibt sich demgegenüber aus Art. 2 Abs. 1 GG. Die Formulierung, wonach niemand zur Vornahme einer bestimmten Arbeit »gezwungen« werden darf, verdeutlicht im Übrigen nicht den Umfang der Gewährleistung, sondern konkretisiert den Eingriff bei Art. 12 Abs. 2 GG.[159]

2. Zwangsarbeit (Abs. 3)

52 Art. 12 Abs. 3 GG normiert eine zwingende Voraussetzung der Zwangsarbeit, von der man grundsätzlich frei ist. Art. 12 Abs. 3 GG inkludiert damit ein eigenständiges Grundrecht mit negatorischer Abwehrfunktion.

a) Gegenstand der Gewährleistung

53 Art. 12 Abs. 3 GG nimmt die Zulässigkeit der Zwangsarbeit in den Blick. Dies ist der sachliche Gegenstand, auf den sich die (negative) Freiheit erstreckt. Eine dogmatische Differenzierung zwischen »Zwang« und »Arbeit« wie bei Art. 12 Abs. 2 GG mit Blick auf Schutzbereich und Eingriff widerspricht hierbei dem eigenständigen Wortsinn der »Zwangsarbeit«.

54 Als »Zwangsarbeit« im Sinne von Art. 12 Abs. 3 GG versteht man die Bereitstellung der gesamten Arbeitskraft für nicht näher begrenzte Tätigkeiten[160] beispielsweise in

---

157 BVerfGE 58, 358 (363 ff.); kritisch hierzu *Mann*, in: Sachs, GG, Art. 12 Rn. 191.

158 *Breuer*, HStR VIII, § 170 Rn. 119; *Kämmerer*, in: v. Münch/Kunig I, Art. 12 Rn. 86; *Scholz*, in: Maunz/Dürig, Art. 12 Rn. 493.

159 Anders *Wieland*, in: Dreier I, Art. 12 Rn. 54, der bereits den Schutzbereich von Art. 12 Abs. 2 GG durch den Begriff des »Zwangs« konkretisiert sieht.

160 *Bachof*, in: die Grundrechte III/1, S. 155 (256); *Hofmann*, in: Schmidt-Bleibtreu/Hofmann/Hopfauf, Art. 12 Rn. 97; *Rittstieg*, in: AK-GG, Art. 12 Rn. 153; *Manssen*, in: v. Mangoldt/Klein/Starck, GG, Art. 12 Rn. 305.

Arbeitslagern oder geschlossenen Arbeitseinheiten.[161] Die Abgrenzung zum Begriff der »bestimmten Arbeit« in Art. 12 Abs. 2 GG ist zwar umstritten.[162] Die beiden wesentlichen Unterschiede lassen sich aber ohne Weiteres bereits dem Wortlaut entnehmen: Zum Ersten befasst sich Art. 12 Abs. 3 GG im Unterschied zu Art. 12 Abs. 2 GG mit keiner einzelnen Tätigkeit, sondern mit der gesamten Arbeitskraft als Bündel vieler Tätigkeiten. Zum Zweiten muss die Arbeit nicht näher konkretisiert sein.

b) Umfang der Gewährleistung

Der Umfang der Gewährleistung ergibt sich – ähnlich wie bei Art. 12 Abs. 2 GG – **55** aus einem Umkehrschluss. Art. 12 Abs. 3 GG normiert eine zwingende Voraussetzung für Zwangsarbeit und beinhaltet damit die Freiheit von Zwangsarbeit. Diese Freiheit hat einen ausschließlich negativen Gehalt. Die positive Freiheit, seine gesamte Arbeitskraft zur Verfügung zu stellen, vermittelt demgegenüber Art. 2 Abs. 1 GG.

D. Grundrechtsberechtigte und -verpflichtete

I. Berufsfreiheit (Abs. 1)

Art. 12 Abs. 1 GG ist individual-rechtlich konzipiert und steht nur Deutschen zu.[163] **56** Die berufliche Betätigung von Ausländern fällt allein unter den Schutz von Art. 2 Abs. 1 GG.[164] Zwar gibt es eine Auffassung, wonach sich der Grundrechtsschutz von Ausländern mit zunehmender Dauer ihres Aufenthalts in der Bundesrepublik sukzessiv der Schutzdimension des Art. 12 Abs. 1 GG annähern soll.[165] Diese Ansicht widerspricht jedoch dem Wortlaut von Art. 12 Abs. 1 GG und führt zu inakzeptablen Rechtsunsicherheiten.[166]

Bei EU-Ausländern (Art. 17 EGV) wird unter Hinweis auf das Diskriminierungsverbot **57** des Art. 12 EGV für eine berufsgrundrechtliche Gleichstellung mit Deutschen plädiert. Zur Begründung wird auf den generellen Anwendungsvorrang des EG-Rechts gegenüber dem nationalen Recht verwiesen, der zu einer europarechtskonformen Auslegung aller mitgliedstaatlichen Bestimmungen einschließlich der Verfas-

---

161 *Kämmerer*, in: v. Münch/Kunig I, Art. 12 Rn. 94.
162 Dass die Heranziehung zur Zwangsarbeit den Staat nicht primär entlasten soll, sondern zur Strafe oder aus pädagogischen Motiven angeordnet wird – so *Gusy*, JuS 1989, 710 (715) –, konkretisiert weder den Schutzbereich des Art. 12 Abs. 2 GG – so offenbar aber *Wieland*, in: Dreier I, Art. 12 Rn. 55 –, noch stellt es eine vom Wortlaut gedeckte veritable Eingriffs- oder Schrankenkonkretisierung dar – hierzu unten F., II.
163 BVerfGE 78, 179 (196); *Tettinger*, AöR 108 (1993), S. 92 (104); *Scholz*, in: Maunz/Dürig, Art. 12 Rn. 103.
164 BVerfGE 78, 179 (196 f.); 104, 337 (346); BVerwGE 59, 284 (294); *Kämmerer*, in: v. Münch/Kunig I Art. 2, Rn. 12–16.
165 So *Rittstieg*, in: AK-GG, Art. 12 Rn. 155 m.w.N.
166 Im Ergebnis auch *Ossenbühl*, AöR 115 (1990), 1 (4) m.w.N.

sung zwinge. Deshalb sei Art. 12 Abs. 1 GG extensiv in Richtung eines Unionsbürgerrechts auszulegen[167] oder Art. 2 Abs. 1 GG zumindest dahin gehend zu interpretieren, dass diese Norm EU-Ausländern einen den Deutschengrundrechten gleichwertigen Schutz verbürge.[168] Richtig an diesen Auffassungen ist das eindeutige Bekenntnis zum Anwendungsvorrang des EU-Rechts. Falsch sind jedoch die Folgerungen, die aus diesem Bekenntnis gezogen werden.

58 Zwar ist zu erwägen, ob die extensive Auslegung des Art. 12 Abs. 1 GG aus systematischen Gründen gerechtfertigt werden kann. Schließlich könnte man die Übertragung von Hoheitsrechten auf die supranationale Ebene gem. Art. 23, 24 GG als einen Akt der materiellen (aber nicht nach Art. 79 Abs. 1 S. 1 GG zu beurteilenden) Verfassungsänderung ansehen, der die Grundrechtsberechtigung des Art. 12 Abs. 1 GG ohne formale Modifikationen des Normtextes erweitert. Doch verkennt die extensive Auslegung den eindeutigen Wortlaut des Art. 12 Abs. 1 GG. Dieser ist Grenze jeglicher, auch systematischer Interpretation.[169] Im Sinne der Rechtsklarheit ist vielmehr an eine Änderung des Verfassungstextes *de constitutione ferenda* wie etwa nach Art. 19a RhPfVerf in der Fassung des Gesetzes vom 08.03.2000 zu denken.

59 Auch eine Aufladung des Art. 2 Abs. 1 GG um den Schutzgehalt der Berufsfreiheit ist abzulehnen. Denn eine solche Interpretation würde den Unterschied zwischen dem allgemeinen Auffanggrundrecht des Art. 2 Abs. 1 GG und der speziellen Berufsfreiheit einebnen. Eklatante Schutzlücken für EU-Ausländer, die eine andere Interpretation des nationalen Rechts *contra legem* erforderten, bestehen mithin nicht. Denn EU-Ausländer können sich nicht nur auf die Grundfreiheiten der Arbeitnehmerfreizügigkeit (Art. 39 EGV), der Niederlassungsfreiheit (Art. 43 EGV) und der Dienstleistungsfreiheit (Art. 49 EGV) berufen. Hinzu kommt vielmehr, dass der EuGH die Berufsfreiheit angesichts der gemeinsamen Verfassungsüberlieferungen der Mitgliedstaaten als einen allgemeinen Grundsatz des Gemeinschaftsrechts anerkannt hat. Dieser verhilft Marktbürgern auch ohne formelle, verfassungskräftige Gleichstellung zu einer gegenüber sonstigen Ausländern materiell verstärkten Position.[170] Die Erstreckung des Bürgerrechts auf EU-Bürger ist daher aus Sicht des EU-Rechts genauso überflüssig[171] wie die Uminterpretation der allgemeinen Handlungsfreiheit nach Art. 2 Abs. 1 GG in eine Berufsfreiheit zu Gunsten von EU-Ausländern.[172] Schließlich erzeugt auch Art. 2 Abs. 1 GG eine Rechtfertigungslast für Eingriffe und bringt die allgemeinen Maßstäbe der Verhältnismäßigkeit zur Anwen-

167 *Breuer*, HStR VIII, § 170 Rn. 43; *Ehlers*, JZ 1996, 776 (781).

168 *Bauer/Kahl*, JZ 1995, 1077 (1085); *Dreier*, in: Dreier I, Vorb. Rn. 116.

169 Im Ergebnis wie hier: *Hain*, DVBl 2002, 148 (156 f.); *Manssen*, in: v. Mangoldt/Klein/ Starck, GG, Art. 12 Rn. 266 f.; *Ipsen*, Staatsrecht II, Rn. 633; *Riese/Noll*, NVwZ 2007, 516 (520).

170 *Mann*, in: Sachs, GG, Art. 12 Rn. 34.

171 *Störmer*, AöR 123 (1998), 541.

172 Gleichwohl sind unterschiedliche Bindungswirkungen zwischen nationalen und europäischen Grundrechten zu beachten; vgl. hierzu *Stern*, in: Stern/Becker, Einl., Rdn. 206.

dung, während die »besonderen« Anforderungen der Dreistufentheorie nicht überschätzt werden dürfen.

Art. 12 Abs. 1 GG gilt nach Art. 19 Abs. 3 GG auch für juristische Personen des Privatrechts insoweit, als eine bestimmte Erwerbstätigkeit ihrem Wesen und ihrer Art nach in gleicher Weise von einer juristischen wie von einer natürlichen Person ausgeübt werden kann.[173] Schließlich ist eine juristische Person in der Lage wie eine natürliche Person eine Erwerbszwecken dienende Tätigkeit wie beispielsweise ein Gewerbe zu betreiben.[174] Bei weitem Verständnis des Art. 19 Abs. 3 GG zählen hierzu auch Handelsgesellschaften wie OHG und KG.[175] Gemeinnützige Vereinigungen können sich demgegenüber lediglich im Bereich erwerbswirtschaftlicher Tätigkeiten auf Art. 12 Abs. 1 GG berufen, auch wenn der Ertrag für gemeinnützige Zwecke verwandt wird.[176]

60

Bei juristischen Personen oder Personenvereinigungen, die ihren Sitz im Ausland haben oder deren Mitglieder mehrheitlich Ausländer sind, sind zwei Voraussetzungen zu unterscheiden. Zum Ersten muss es sich um eine »inländische« Person im Sinne des Art. 19 Abs. 3 GG handeln.[177] Zum Zweiten muss die inländische juristische Person auch »Deutsche« im Sinne von Art. 12 Abs. 1 GG sein. Letzteres bestimmt sich danach, ob man die Einbeziehung der juristischen Person in den Schutzbereich der jeweiligen Grundrechte wegen ihres personalen Substrats[178] oder aufgrund der grundrechtstypischen Gefährdungslage[179] für gerechtfertigt sieht. Hält man das personale Substrat für entscheidend, so kommt es auf die Deutscheneigenschaft ihrer Mitglieder an mit der Folge, dass sich eine juristische Person, deren Mitglieder mehrheitlich Ausländer sind, nicht auf Art. 12 Abs. 1 GG berufen kann. Richtet man sich demgegenüber nach der grundrechtstypischen Gefährdungslage, ist der satzungsmäßige Sitz der juristischen Person[180] ungeachtet der Staatsangehörigkeit ihrer Mitglieder entscheidend.[181] Für die zweitgenannte Ansicht sprechen die besseren Argumente, insbesondere der Wortlaut des Art. 19 Abs. 3 GG, der auf die juristische Person selbst (»auf diese«) und das konkret betroffene Grundrecht (»soweit sie«) abstellt. Die Ansicht, die hierin die Qualität des Art. 12 Abs. 1 GG als Staatsbürgerrecht gefährdet sieht,[182] überhöht dessen individualrechtliche Prägung. Der Zusammenschluss von

61

---

173 BVerfGE 21, 261 (266); 30, 292 (312); 65, 196 (210); 95, 173 (181); 106, 275 (298).
174 BVerfGE 102, 197 (212 f.).
175 BVerfGE 42, 212 (219); 53, 1 (13).
176 *Jarass*, DÖV 2000, 755; BVerfGE 97, 228 (253); BVerwGE 95, 15 (20).
177 Vgl. hierzu *Brüning*, in: Stern/Becker, Art. 19 Rdn. 46 ff.
178 BVerfGE 21, 362 (369); *Dürig*, in: Maunz/Dürig, Art. 19 Abs. III Rn. 1 ff.
179 *v. Mutius*, in: BK, Art. 19 Abs. 3 Rn. 114.
180 Für juristische Person mit Sitz in einem EU-Mitgliedstaat gelten parallele Überlegungen wie zum Grundrechtsschutz von EG-Ausländern.
181 So auch *Mann*, in: Sachs, GG, Art. 12 Rn. 38.
182 *Umbach*, in: Umbach/Clemens, GG, Art. 12 Rn. 68; *Rüfner*, HStR IX, § 196 Rn. 84; *Manssen*, in: v. Mangoldt/Klein/Starck, GG, Art. 12 Rn. 272; zurückhaltender *Jarass*, in: Jarass/Pieroth, GG, Art. 12 Rn. 13: »dürfte ... nicht anwendbar sein«.

Ausländern, die sich ihrerseits nicht auf Art. 12 Abs. 1 GG berufen können, zu einem im Sinne von Art. 12 Abs. 1 GG grundrechtsberechtigten Verein mit Sitz in Deutschland rechtfertigt letztlich auch die Ungleichbehandlung zwischen Individuum und Kollektiv.

62   Juristische Personen des öffentlichen Rechts können sich demgegenüber nicht auf Art. 12 Abs. 1 GG berufen,[183] weil sie in Ausübung von Kompetenznormen, nicht aber Freiheitsrechten, tätig werden.[184] Dieser Grundsatz gilt insbesondere auch für Gemeinden in Ansehung wirtschaftlicher Betätigungen.[185] Dass demgegenüber öffentlich-rechtliche Innungen, soweit jene nicht in ihrer Funktion als Teil der öffentlichen Verwaltung, sondern als Interessenvertreter ihrer Mitglieder auftreten, Art. 12 Abs. 1 GG zu beanspruchen in der Lage sein sollen,[186] ist problematisch. Denn diese Betrachtung widerspricht einer rechtsklaren Zuordnung der Grundrechtsträgerschaft und birgt die Gefahr der zunehmenden Konfusion von Grundrechtsberechtigung und Grundrechtsbindung.[187] Ob sich gemischtwirtschaftliche Unternehmen auf Art. 12 Abs. 1 GG berufen können,[188] wird schließlich in erster Linie davon abhängen, ob und unter welchen Voraussetzungen man deren Grundrechtsberechtigung im Allgemeinen nach Art. 19 Abs. 3 GG bejaht.[189]

63   Nach Art. 1 Abs. 3 GG bindet die Berufsfreiheit die gesamte öffentliche Gewalt ungeachtet ihrer jeweiligen Organisations- und Handlungsform als unmittelbar geltendes Recht. Darüber ist Art. 12 Abs. 1 GG eine objektive Wertentscheidung des Verfassunggebers[190] mit der Folge einer mittelbaren (Dritt-)Wirkung zwischen Privaten. Die Generalklauseln und Blankettbegriffe des Privatrechts (§§ 138, 242, 315, 826 BGB) sind danach so auszulegen und anzuwenden, dass sie (auch) der Berufsfreiheit entsprechen, was auf eine Abwägung konfligierender Belange im Wege praktischer Konkordanz hinausläuft.[191]

II. Arbeitszwang (Abs. 2) und Zwangsarbeit (Abs. 3)

64   Art. 12 Abs. 2 GG besagt, dass »niemand« zu einer bestimmten Arbeit gezwungen werden darf. Art. 12 berechtigt somit jedermann und ist ein Menschenrecht. Auf-

---

183   BVerfGE 45, 63 (78); 61, 82 (100 ff.); 68, 193 (206); 98, 365 (400).
184   BVerfGE 61, 82 (101); 68, 193 (206); 75, 192 (196); weiterführend hierzu *Brüning*, in: Stern/Becker, Art. 19 Rdn. 65 (67).
185   *Hofmann*, in: Schmidt-Bleibtreu/Hofmann/Hopfauf, GG, Art. 12 Rn. 8 m.w.N.
186   So BVerfGE 70, 1 (20 f.); demgegenüber ablehnend, soweit es lediglich um die Wahrnehmung gesetzlich zugewiesener und geregelter Aufgaben der öffentlichen Verwaltung geht: BVerfGE 68, 193 (208 f.).
187   Für eine vergleichbare Differenzierung etwa im Bereich der freiberuflichen Kammern: *Stern*, Staatsrecht III/1, S. 1162 f.
188   Vgl. den Überblick bei *Stern*, Staatsrecht III/1, S. 1169 f.
189   Hierzu *Brüning*, in: Stern/Becker, Art. 19 Rdn. 78 ff.
190   Vgl. B., II., Rdn. 10.
191   *Nolte*, Staatliche Verantwortung im Bereich Sport, S. 250 ff. m.w.N.

grund seiner individualrechtlichen Funktion, vor persönlich zu erbringenden körperlichen oder geistigen Tätigkeitspflichten zu schützen, steht Art. 12 Abs. 2 GG juristischen Personen sowie Personenvereinigungen nicht zu.[192]

Ähnliches gilt für Art. 12 Abs. 3 GG. Die Vorschrift enthält zwar im Gegensatz zu   65
Art. 12 Abs. 2 GG keine positive Aussage zur Grundrechtsberechtigung. Allerdings normiert Art. 12 Abs. 3 GG auch keine Einschränkungen und steht demzufolge als Menschenrecht allen natürlichen Personen ungeachtet ihrer Staatsangehörigkeit zu. Juristischen Personen sowie Personenvereinigungen ist dieser individualrechtlich geprägte Schutz indessen verwehrt.[193]

Grundrechtsverpflichtet durch Art. 12 Abs. 2 und 3 GG ist die gesamte öffentliche   66
Hand im Sinne des Art. 1 Abs. 3 GG. Dies entspricht der klassischen Abwehrfunktion dieser Grundrechte. Darüber hinaus dürften die Grundrechte aus Art. 12 Abs. 2 und 3 GG objektive Wertentscheidungen enthalten mit der Folge einer mittelbaren Drittwirkung etwa in privatrechtlichen Arbeitsverhältnissen.

E. Subjektive und objektiv-rechtliche Gehalte

I. Berufsfreiheit (Abs. 1)

Art. 12 Abs. 1 GG hat zahlreiche subjektive und objektiv-rechtliche Gehalte. Der   67
primäre Gehalt des Art. 12 Abs. 1 GG besteht in der Gewährleistung eines subjektiven Abwehrrechts gegenüber staatlicher Ingerenz und ergibt sich aus dem Schutzbereich, dessen Gegenstand und Umfang bereits erörtert wurde.[194] Darüber hinaus stellt Art. 12 Abs. 1 GG eine objektive Wertentscheidung des Verfassunggebers dar und vermittelt auf dieser Grundlage eine negative Kompetenznorm, die den Handlungs- und Entscheidungsspielraum aller drei Gewalten unabhängig von subjektiven Interessen begrenzt.[195] Des Weiteren zwingt Art. 12 Abs. 1 GG zur grundrechtskonformen Auslegung des einfachen Rechts durch Rechtsprechung und Verwaltung nicht zuletzt auch in Beziehungen zwischen Privaten.[196] Schließlich enthält Art. 12 Abs. 1 GG gewisse Teilhabe-, Schutz- und Verfahrensrechte zugunsten des Einzelnen, die näherer Erörterung bedürfen.[197]

1. Teilhabe, keine Leistung

Im Vordergrund berufsrelevanter Ansprüche kraft objektiv-rechtlicher Wertentschei-   68
dung steht die Aufgabe des Staates, die rechtlichen, sozialen und bildungsmäßigen

---

192 *Jarass*, in: Jarass/Pieroth, GG, Art. 12 Rn. 114; *Rüfner*, HStR IX, § 196 Rn. 82 ff.; *Umbach*, in: Umbach/Clemens, GG, Art. 12 Rn. 134.

193 *Jarass*, in: Jarass/Pieroth, GG, Art. 12 Rn. 114; *Rüfner*, HStR IX, § 196 Rn. 82 ff.; *Umbach*, in: Umbach/Clemens, GG, Art. 12 Rn. 134.

194 Vgl. C., I., 1. und 2., Rdn. 12 ff. und 33 ff.

195 Vgl. oben B., II., Rdn. 10.

196 Vgl. B., II., Rdn. 10.

197 Vgl. B., I., Rdn. 9 sowie E., I., 1.–3., Rdn. 68 ff.

Voraussetzungen einer effektiven Berufsausübung zu schaffen. Dieser Gewährleistungsgehalt liegt im Vorfeld der von der Berufsfreiheit umschriebenen Lebenssachverhalte. Er betrifft nicht die Realisierung der Berufsfreiheit im engeren Sinne, sondern die Bedingungen der Realisierungsmöglichkeit.[198] Dies gilt namentlich dort, wo der Staat Einrichtungen und Systeme der Förderung und Leistung schafft. Sie erleichtern die Ausübung der Berufsfreiheit oder sollen sie erst ermöglichen. Dem Einzelnen geht es hierbei nicht um Abwehr vor staatlichen Eingriffen. Sein Interesse gilt vielmehr einer abgeleiteten (derivativen) *Teilhabe* an den vorhandenen Kapazitäten.

69 Dies zeigt sich vor allem bei der Zulassung zum Studium. So folgt nach der wegweisenden numerus-clausus-Entscheidung des BVerfG aus dem Jahre 1972[199] aus Art. 12 Abs. 1 GG in Verbindung mit dem allgemeinen Gleichheitssatz und dem Sozialstaatsprinzip ein Recht auf Zulassung zum Hochschulstudium.[200] Dieses Recht unterliegt gleichwohl dem Regelungsvorbehalt des Art. 12 Abs. 1 S. 2 GG. Der Gesetzgeber hat hierbei die wesentlichen Entscheidungen über die Voraussetzungen und die Anordnung absoluter Zulassungsbeschränkungen (numerus clausus) selbst zu treffen und muss Auswahlkriterien gesetzlich festschreiben.[201] Absolute Zulassungsbeschränkungen (wie etwa Höchstzahlen von Studienplätzen) sind dabei nur unter zwei Voraussetzungen zulässig:[202]

70 Erstens müssen sie die »Grenzen des unbedingt Erforderlichen unter erschöpfender Nutzung der vorhandenen Ausbildungskapazitäten« wahren (sog. Kapazitätsausschöpfungsgebot).[203] Wann die Kapazitäten erschöpft sind, beruht auf vielfältigen Wertungen und Generalisierungen, die sich »weder mit dem Metermaß noch mittels Augenschein feststellen«[204] lassen. Dennoch gehen die Anforderungen der Berufsfreiheit über das allgemeine Willkürverbot hinaus und lassen Zulassungsbeschränkungen nach den Grundsätzen der Verhältnismäßigkeit nur insoweit zu, wie sie aufgrund der konkreten Umstände an den einzelnen Hochschulen tatsächlich erforderlich sind. Hinzu kommt schließlich, dass Art und Weise der Kapazitätsberechnung als wesentliche Entscheidungen vom Gesetzgeber festzulegen sind und den Hochschulen lediglich die Kapazitätsermittlung anhand objektivierter und nachprüfbarer gesetzlicher Kriterien übertragen werden darf.[205]

71 Zweitens müssen Auswahl und Verteilung der Bewerber »nach sachgerechten Kriterien mit einer Chance für jeden an sich hochschulreifen Bewerber und unter Berücksichtigung der individuellen Wahl des Ausbildungsortes« erfolgen.[206] Eine Bevor-

---

198 Im Allgemeinen hierzu *Isensee*, HStR IX, § 190 Rn. 66.
199 BVerfGE 33, 303 (336 ff.); 37, 104 (113 ff.); 39, 258 (269 ff.).
200 BVerfGE 85, 36 (53 f.).
201 BVerfGE 33, 303 (338 ff.).
202 BVerfGE 33, 303 (338 ff.); vertiefend *Breuer*, HStR VIII, § 170 Rn. 109 ff.
203 BVerwGE 70, 318 (323 ff., 326, 344); BVerwG, NVwZ 1987, 682 (683).
204 BVerwGE 56, 31 (42).
205 *Breuer*, HStR VIII, § 170 Rn. 106.
206 BVerfGE 33, 303 (337 f.); 40, 352 (354); 59, 172 (205).

zugung von Studienbewerbern aus einem bestimmten Bundesland durch eine sog. »Landeskinderklausel« ist danach verfassungswidrig. Dies gilt auch dann, wenn den bevorzugten Bewerbern generell und auch bei Erschöpfung der Ausbildungskapazitäten ein Studium an heimatnahen Universitäten ermöglicht und zu diesem Zweck der durch den Eignungsgrad bestimmte Zulassungsrang im Wege einer Vergünstigung verbessert werden soll.[207] Art. 12 Abs. 1 GG fordert in numerus-clausus-Fächern mit hohem Bewerberüberhang vielmehr objektiv sachgerechte und individuell zumutbare Kriterien, die den Realisierungsgrad der Zulassungschance bestimmen. Der Ausschluss ganzer Gruppen geeigneter Bewerber infolge starrer Grenzziehungen ist daher zu vermeiden.[208] Studiengebühren sind danach zwar im Allgemeinen mit dem Teilhaberecht auf Zulassung zum Hochschulstudium aus Art. 12 Abs. 1 GG in Verbindung mit dem Gleichheitssatz des Art. 3 Abs. 1 GG und dem Sozialstaatsprinzip der Art. 20 Abs. 1, Art. 28 Abs. 1 Satz 1 GG vereinbar, solange sie nicht prohibitiv wirken und sozial verträglich ausgestaltet sind. Allerdings verstößt eine Regelung, die bei der Auferlegung von Studiengebühren nach der Wohnung zugunsten von Landeskindern unterscheidet, gegen Art. 12 Abs. 1 GG in Verbindung mit Art. 3 Abs. 1 GG, weil sie den danach notwendigen freien und gleichen Hochschulzugang in einem bundesweit zusammenhängenden System ohne hinreichenden Sachgrund beeinträchtigt.[209]

Ein derivatives Teilhaberecht ist unter den vorgenannten Voraussetzungen anerkannt. Demgegenüber hat das Bundesverfassungsgericht ein aus Art. 12 Abs. 1 GG ableitbares originäres *Leistungsrecht* auf Arbeit im Sinne eines Rechts auf einen bestimmten Arbeitsplatz weder erwähnt noch erwogen. Die Annahme einer solchen Dimension stünde dem liberalen Freiheitsgehalt des Art. 12 Abs. 1 GG diametral entgegen.[210] Dies gilt vor allem im Privatrechtsverkehr. Privaten Unternehmen muss es prinzipiell freistehen, wer eingestellt wird und wer nicht.[211] Ein arbeitsgerichtlich durchsetzbarer Anspruch nach dem Abschluss einer Ausbildung in ein ordentliches Arbeitsverhältnis übernommen zu werden, existiert folglich ebenso wenig[212] wie ein Anspruch auf Schaffung von Ausbildungsstätten oder Arbeitsplätzen.[213] Dass ein »Recht auf Arbeit« in mehreren Landesverfassungen[214] normiert ist, ändert nichts an diesem Befund. Schließlich werden auch die landesverfassungsrechtlichen Verbürgungen trotz ihrer subjektiv-rechtlichen Formulierung als bloße Programmsätze[215]

72

---

207 BVerfGE 33, 303 (351 ff.).

208 BVerfGE 43, 291 (291 f., 316 f.).

209 BVerfGE 134, 1 – Leitsätze 1 und 2 (Ehemalige Landeskinderklausel des Bremischen Studienkontengesetzes).

210 *Isensee*, Der Staat 1980, 367 (376 f.).

211 Dezidiert *Scholz*, in: Maunz/Dürig, Art. 12 Rn. 47 ff., 434 m.w.N.

212 Vgl. hierzu *Nolte/Tams*, JuS 2006, S. 218 f.

213 *Wieland*, in: Dreier I, Art. 12 Rn. 169 m.w.N.

214 Vgl. die Darstellung bei *Wieland*, in: Dreier I, Art. 12 Rn. 18.

215 Sachverständigenkommission »Staatszielbestimmungen/Gesetzgebungsaufträge«, 1983, S. 70 f.; *Breuer*, HStR VIII, § 170 Rn. 13.

oder objektiv-rechtliche Verpflichtungen des Staates[216] ohne einklagbaren Gehalt verstanden.

2. Schutz

73 Der Staat kann auch zum aktiven Schutz des Art. 12 Abs. 1 GG verpflichtet sein. Diese Pflicht trifft nach Art. 1 Abs. 3 GG alle drei Gewalten. Sie richtet sich zwar aus verfassungsprinzipiellen Gründen (Art. 20 Abs. 1, 2 GG) in erster Linie an den Gesetzgeber, dem sie einen weiten Beurteilungs- und Einschätzungsspielraum eröffnet. In der Praxis korreliert sie aber vornehmlich mit einem subjektiven Schutzrecht des Einzelnen gegen Verwaltung und Rechtsprechung. Ausgelöst wird dieses Schutzrecht im Normalfall durch einen nach verfassungsrechtlichen Maßstäben rechtswidrigen Übergriff eines Dritten.[217] Dabei beruft sich der Anspruchsteller regelmäßig nicht unmittelbar auf die Berufsfreiheit gemäß Art. 12 Abs. 1 GG. Normativer Anknüpfungspunkt des Schutzrechts ist vielmehr eine individualschützende Befugnisnorm des Verwaltungsrechts oder eine Generalklausel des Zivilrechts, deren grundrechtskonforme Auslegung durch die Rechtsprechung begehrt wird.[218] Auf Grundlage der verwaltungsrechtlichen Befugnisnorm entsteht das Schutzrecht gleichwohl erst dann, wenn der gesetzliche Tatbestand der Befugnisnorm erfüllt ist. Unbestimmte Rechtsbegriffe auf Tatbestandsseite fungieren hierbei als Einfallstore des Art. 12 Abs. 1 GG. Der konkrete Inhalt des gesetzesmediatisierten Schutzrechts bemisst sich wiederum nach der Rechtsfolge der jeweiligen Norm. Eröffnet diese Ermessen, so kommt es zu einer umfangreichen Abwägung der konfligierenden Grundrechtspositionen. Besonderes Gewicht hat hierbei das subjektive Schutzbedürfnis des Anspruchstellers unter Berücksichtigung von Art, Reichweite und Intensität des Übergriffs sowie der Möglichkeit legitimer und zumutbarer Abhilfe durch ihn selbst. Zugunsten des Anspruchstellers spricht das Untermaßverbot: Danach muss die Verwaltung bei einem entsprechenden Schutzbedürfnis des Anspruchstellers und einer daraus folgenden Reduktion des Entschließungsermessens überhaupt tätig werden sowie im Rahmen des Auswahlermessens geeignete und hinreichende Maßnahmen treffen. Da die Erfüllung des Schutzrechts zugunsten des Anspruchstellers zugleich mit einem Eingriff in die Rechte des Dritten verbunden ist, hat die Verwaltung zugunsten des Dritten das Übermaßverbot mit seinen Kriterien der Geeignetheit, Erforderlichkeit und Angemessenheit zu wahren. Aus der Beachtung von Untermaßverbot und Übermaßverbot ergibt sich schließlich ein Entscheidungskorridor, der im Regelfall mehrere »hinreichende« und gleichzeitig »erforderliche« Maßnahmen

---

216 *Wieland*, VVDStRL 59 (1999), S. 13 ff. (38 f.) m.w.N.

217 Im Allgemeinen zum Tatbestand grundrechtlicher Schutzpflichten: *Isensee*, HStR V, S. 147, Rn. 89, 93 ff.; *Szcekalla*, Die sog. grundrechtlichen Schutzpflichten im deutschen und europäischen Recht, 2002, S. 171 ff.

218 Vgl. auch *Nolte*, Freiheitsrechte der Freizeit- und Berufssportler im Widerstreit mit staatlichem Recht und Verbandsrecht, in: Württembergischer Fußballverband e.V. (Hrsg.), Die Manipulation sportlicher Wettbewerbe als Herausforderung für das Recht des Staates und der Verbände, Baden-Baden, 2008, S. 61 (67 ff.).

erlaubt. Der als solcher wirksame Schutz im Sinne des Untermaßverbots ist also nicht vollkommen deckungsgleich mit dem Erforderlichen im Sinne des Übermaßverbots.[219] Hinzu kommen schließlich unterschiedliche legislative Beurteilungsspielräume bei der Beachtung von Untermaßverbot und Übermaßverbot, so dass auch deren gerichtliche Überprüfbarkeit variiert.[220]

3. Verfahren

Art. 12 Abs. 1 GG hat bedeutende verfahrensrechtliche Dimensionen. Dabei sind 74 zwei Aspekte zu unterscheiden. Zum Ersten wird der Staat zur Einrichtung von Verfahren verpflichtet, die der Bedeutung und Tragweite der in Art. 12 Abs. 1 GG genannten Gegenstände entsprechen. Damit schafft der Staat die notwendigen Voraussetzungen zur Verwirklichung beruflicher Freiheiten. Zum Zweiten ist der Staat gehalten, die von ihm geschaffenen Verwaltungsverfahren berufsrechtskonform durchzuführen.[221]

Beide Aspekte haben erhebliche praktische Auswirkungen vor allem für die Gestal 75 tung und Durchführung insbesondere juristischer und ärztlicher Prüfungen.[222] Im Einzelnen verlangt das Bundesverfassungsgericht die Prüfungsverfahren so zu gestalten, dass sie einen effektiven Grundrechtsschutz ermöglichen.[223] Von besonderer Bedeutung sind hierbei Art und Intensität des verfahrensrechtlichen Grundrechtseingriffs sowie die Möglichkeit nachträglicher Kontrolle durch die Gerichte. Berufsrelevante Abschlussprüfungen müssen deshalb stets mit grundrechtlichen Verfahrensgarantien versehen sein. Denn schließlich stellen sie erhebliche Grundrechtseingriffe dar, indem sie bereits die Wahl eines bestimmten Berufes einschränken und gleichzeitig nur beschränkter gerichtlicher Kontrolle unterliegen.[224]

II. Arbeitszwang (Abs. 2) und Zwangsarbeit (Abs. 3)

Art. 12 Abs. 2 und 3 GG etablieren Grundrechte mit klassischen Abwehrfunktionen 76 gegenüber *staatlichem* Arbeitszwang und Zwangsarbeit.[225] Dieser Gehalt ergibt sich aus dem allgemeinen Verständnis von »gezwungen« (Art. 12 Abs. 2 GG) und im Umkehrschluss zur ausnahmsweisen Zulässigkeit von Zwangsarbeit bei *gerichtlich* angeordneter Freiheitsentziehung.

Ob und inwieweit Art. 12 Abs. 2 und 3 GG darüber hinaus objektiv-rechtliche 77 Funktionen entfalten, ist – soweit ersichtlich – noch nicht entschieden worden. Prin-

---

219 Anders: *Maurer*, StaatsR I, 2010, § 8 Rn. 58 (»... decken sich Obergrenze und Untergrenze ...«).
220 Vgl. I., Rdn. 120 ff., 123 ff.
221 Hierzu mit Beispielen *Nolte/Tams*, JuS 2006, S. 218 (219 f.).
222 BVerfGE 84, 34; 84, 59.
223 BVerfGE 84, 34 (45 f.); 84, 59 (72).
224 BVerfGE 84, 34 (46); siehe hierzu unter I., Rdn. 123.
225 Siehe unter C., II. Rdn. 44 f.

zipiell dürfte dies weder auszuschließen sein, noch allzu fern liegen. In Betracht kommen vor allem Schutzrechte von Arbeitnehmern aufgrund tätigkeitsbezogener Übergriffe eines privaten Arbeitgebers. Hierbei hat der Staat, namentlich das vom Arbeitnehmer angerufene Arbeitsgericht, sowohl die abstrakte Bedeutung von Art. 12 Abs. 2 und 3 GG als zentrale menschenrechtliche Verbürgungen als auch die konkreten Umstände der Inanspruchnahme des Arbeitsnehmers durch den Arbeitgeber in Rechnung zu stellen und die konfligierenden Interessen zum Ausgleich zu bringen. Dabei dürfte der Vertragsautonomie ein besonderes Gewicht zugunsten des privaten Arbeitgebers zukommen, das nur in Ausnahmefällen von einer staatlichen Schutzpflicht aus Art. 12 Abs. 2 und 3 GG überlagert sein dürfte.

F. Eingriffe und Schranken

I. Berufsfreiheit (Abs. 1)

1. Eingriff

78   Eingriffe in die Berufsfreiheit ergeben sich nach modernem Verständnis durch jedes staatliche Handeln, das ein durch Art. 12 Abs. 1 GG geschütztes Verhalten ganz oder teilweise unmöglich macht. Dabei ist es irrelevant, ob diese Wirkung final oder unbeabsichtigt, unmittelbar oder mittelbar, rechtlich oder tatsächlich (faktisch, informal), mit oder ohne Befehl und Zwang erfolgt.[226] Wichtig ist nur, dass die freiheitsbegrenzende Wirkung von einem zurechenbaren Verhalten der öffentlichen Gewalt ausgeht[227] sowie oberhalb der Bagatellschwelle liegt und nicht von bloßen subjektiven Empfindlichkeiten abhängt.[228]

79   Typische Eingriffe in die Berufsfreiheit erfolgen vor allem durch berufsbezogene Gesetze. Darunter versteht das Bundesverfassungsgericht Bestimmungen, die sich unmittelbar auf einen oder mehrere Berufe beziehen.[229] Hierzu zählen verbindliche Vorgaben zur Aufnahme und zum Ende bestimmter beruflicher Tätigkeiten beispielsweise in Form von Altersgrenzen,[230] Kenntnis- oder Fähigkeitsnachweisen,[231] besondere Formen der Indienstnahme Privater zu öffentlichen Zwecken wie etwa die Bestellung eines Rechtsanwalts als Pflichtverteidiger[232] sowie Vorschriften über die Art und Weise beruflicher Betätigungen in Gestalt von Residenzpflichten,[233] örtli-

---

226 *Bleckmann/Eckhoff*, DVBl 1988, 373; *Lübbe-Wolff*, Grundrechte als Eingriffsabwehrrechte, 1988.
227 BVerfGE 66, 39 (60).
228 BVerwGE 82, 76 (79).
229 BVerfGE 111, 191 (213).
230 BVerfG NJW 1998, 1776; BVerfG v. 26.08.2013, 2 BvR 441/13 (Höchstaltersgrenze für Wählbarkeit zu hauptberuflichen kommunalen Ämtern).
231 *Mann*, in: Sachs, GG, Art. 12 Rn. 93.
232 BVerfG v. 01.06.2011, 1 BvR 3171/10, Rn. 18.
233 *Jarass*, in: Jarass/Pieroth, GG, Art. 12 Rn. 14.

chen[234] und zeitlichen[235] Vorgaben für die Ausübung eines Berufs sowie Entgeltregelungen[236] und öffentliche Abgaben unter bestimmten Voraussetzungen.[237]

Weitere Eingriffe in die Berufsfreiheit ergeben sich aus Realakten, die berufliche Freiheiten infolge ihrer tatsächlichen Auswirkungen unmittelbar oder mittelbar beeinträchtigen. Hierunter fallen z.b. Informationstätigkeiten der öffentlichen Hand etwa zur Warnung vor gefährlichen Stoffen in Lebensmitteln[238], vor Arzneimitteln[239] oder vor umfassender Datenmacht in privater Hand.[240] Rechtsprechung[241] und überwiegende Literatur[242] halten dabei nachdrücklich an dem Erfordernis fest, dass die staatliche Maßnahme nicht nur irgendwie geartete, entfernte Folgen für die berufliche Tätigkeit besitzt. Sie müsse vielmehr eine subjektiv oder objektiv berufsregelnde Tendenz aufweisen. Diese Tendenz sei nur gegeben, wenn die Maßnahme gerade auf die Berufsregelung ziele, also final auf die berufliche Betätigung gerichtet sei, oder sich bei berufsneutraler Zielsetzung unmittelbar auf die berufliche Tätigkeit auswirke oder in ihren mittelbaren Auswirkungen einiges Gewicht habe.[243]   80

Das Erfordernis der berufsregelnden Tendenz bezweckt eine Begrenzung des Schutzumfangs auf berufs- und ausbildungs*spezifische* Handlungen von der Eingriffsseite her.[244] In der Sache bedeutet dies die Rückkehr zu den klassischen Eingriffsmerkmalen der Finalität und Unmittelbarkeit. Derartige Rückentwicklungen sind zwar nicht neu und werden auch bei anderen Grundrechten (Art. 2 Abs. 1 GG) wegen angeblich »uferloser Weite« diskutiert. Allerdings finden die Vorschläge weder eine ausdrückliche Stütze im Gesetz, noch sind sie aus systematischen, historischen, teleologischen oder methodologischen Gründen überzeugend. Zwar ist es richtig, den Schutz von Art. 12 Abs. 1 GG nur solchen Betätigungen zuzubilligen, die auf die erwähnten Gegenstände (Beruf, Arbeitsplatz, Ausbildungsstätte) bezogen sind. Allerdings ist dieses Ziel ausschließlich durch eine präzise Auslegung des Gewährleistungsumfangs[245] und nicht etwa durch eine Einschränkung des Eingriffsbegriffs zu erreichen.[246] Gegen eine solche Einschränkung spricht ferner der Umkehrschluss zu anderen Grundrechten mit signifikanten Schutzbereichsgrenzen (Art. 8 Abs. 1 GG: »friedlich und ohne Waffen«) oder Konkretisierungen von Grundrechtseingriffen (Art. 13 Abs. 2   81

---

234 BVerfGE 41, 378 (395 ff.); 65, 116 (126).
235 BVerfGE 13, 237 (240); 22, 1 (20 f.); 26, 259 (263 f.); 41, 360 (370).
236 BVerfGE 33, 171 (182 f.); 47, 285 (325); 65, 248 (258 ff.); 68, 193 (216 ff.).
237 Vgl. unter F., I., Rdn. 81.
238 BVerfGE 105, 252 (265).
239 BVerwG, NJW 1996, 3161.
240 VG Köln, NVwZ 1999, 912 ff.
241 BVerGE 97, 228 (253 f.); 98, 218 (258); 110, 274 (288); 111, 191 (213).
242 *Jarass*, in: Jarass/Pieroth, GG, Art. 12 Rn. 15; *Mann*, in: Sachs, GG, Art. 12 Rn. 98.
243 BVerfGE 97, 228 (253 f.).
244 BVerfGE 13, 181 (186); 95, 267 (302).
245 C., I., 2., Rdn. 34.
246 Gleiches gilt beispielsweise bei Art. 4 Abs. 1 GG, wonach das zu schützende Verhalten glaubens- bzw. gewissens*geleitet* sein muss.

GG: »Durchsuchungen«). Art. 12 Abs. 1 GG enthält solche Beschränkungen nicht und ist seit jeher eine umfassende Schutznorm zu Gunsten beruflicher Betätigungen. Diesem Zweck widerspräche es, wenn man den Schutzbereich von der Eingriffsseite her eingrenzte, was schließlich auch in methodologischer Hinsicht fragwürdig und deshalb insgesamt abzulehnen ist. Deshalb hat auch das Bundesverfassungsgericht auf das »zwingende« Eingriffserfordernis der berufsregelnden Tendenz mitunter zu Recht verzichtet,[247] diesen Verzicht dann aber wieder in jüngeren Judikaten unverständlicherweise zurückgenommen.[248] Insbesondere öffentliche Abgaben sind nach Ansicht des Bundesverfassungsgerichts nur dann ein Eingriff in den Schutzbereich des Art. 12 Abs. 1 GG, wenn sie in einem engen Zusammenhang mit der Ausübung eines Berufs stehen und objektiv eine berufsregelnde Tendenz erkennen lassen.[249]

2. Schranken

82 Art. 12 Abs. 1 GG unterliegt verschiedenen Schranken. Zum Ersten normiert Art. 12 Abs. 1 S. 2 GG eine mittelbare Schranke in Gestalt eines allgemeinen Gesetzes- bzw. Regelungsvorbehaltes. Zum Zweiten normiert Art. 12a GG qualifizierte Gesetzesvorbehalte bei Wehr-, Ersatzdienst- und sonstigen Dienstleistungspflichten, die den Rückgriff auf Art. 12 Abs. 1 S. 2 GG in ihrem Anwendungsbereich sperren.[250] Zum Dritten ergeben sich verfassungsunmittelbare Schranken vor allem aus Grundrechten Anderer[251] und dem Schutz der Sonntagsruhe (Art. 140 GG i.V.m. Art. 139 WRV)[252] sowie gemeinhin auch aus der verfassungsrechtlich ableitbaren (Art. 65 GG) Regierungskompetenz berufsrelevanter Warnungen und Informationen der Öffentlichkeit bei Gesundheits- oder sonstigen Freiheitsgefährdungen.[253]

83 Der Gesetzes- bzw. Regelungsvorbehalt erstreckt sich zwar ausdrücklich nur auf die Berufsausübung. Danach stünde die Berufswahlfreiheit lediglich unter verfassungsunmittelbaren Schranken. Dieser einschränkenden Anwendung des Art. 12 Abs. 1 S. 2 GG hat das Bundesverfassungsgericht aber bereits in seinem Apotheken-Urteil[254] eine Absage erteilt und den Vorbehalt auch auf die Freiheit der Berufswahl bezogen. In seiner Begründung operiert das Gericht mit der Figur des *einheitlichen Grundrechts* der Berufsfreiheit, das sich sowohl auf die Berufswahl, die Berufsausübung als auch auf die Vorstufe der Berufsausbildung erstrecke. Im Übrigen verweist das Gericht

247 Ansatzweise bereits in BVerfGE 61, 291 (308); BVerfGE 109, 64 (85).
248 Zuletzt: BVerfGE 111, 191 (213); 113, 29 (48 ff.).
249 BVerfGE 98, 83 (97); 113, 128 (145); Kempny, StuW 2014, 185 (190).
250 Vgl. hierzu Nolte, in: Stern/Becker, Art. 12a Rdn. 50 (52).
251 BVerwGE 87, 37 (45); Hufen, NJW 1988, 2913 (2917).
252 BVerwGE 79, 236 (243).
253 BVerwGE 87, 37 (46 ff.); dem ist jedoch entgegenzuhalten, dass der Zweck von Informationen und Warnungen nicht in der Verwirklichung von Regierungskompetenzen, sondern allein im Schutz von Leib und Leben (Art. 2 Abs. 2 S. 1 GG) sowie anderer Grundrechte besteht. Die verfassungsunmittelbare Schranke ergibt sich daher nicht aus der Regierungskompetenz an sich, sondern aus schützenswerten Grundrechten Anderer.
254 BVerfGE 7, 377 (400 ff.); 92, 140 (151).

auf rechtspraktische Schwierigkeiten, die einer klaren Abgrenzung zwischen Berufswahl und Berufsausübung entgegen stünden. Diese Argumentation überzeugt nicht.[255] Denn sie widerspricht dem Wortlaut des Art. 12 Abs. 1 GG und bricht mit der eigenen Rechtsprechungspraxis, wonach die materiellen Rechtfertigungsanforderungen von der Differenzierung zwischen Berufswahl- und Berufsausübungsschranken abhängig gemacht werden.

Dem Gesetzes- bzw. Regelungsvorbehalt des Art. 12 Abs. 1 S. 2 GG können nicht 84
allein Normen des staatlichen Gesetzgebers genügen. Vielmehr sind Beschränkungen innerhalb gewisser Grenzen auch in Gestalt von Satzungen[256] oder dann zulässig, wenn die betreffenden gesetzlichen Bestimmungen erst durch richterliche Auslegung hinreichende Konturen für eine Beschränkung der Berufsfreiheit erhalten.[257] Denn die Konkretisierung gesetzlicher Tatbestandsmerkmale gehört zu den anerkannten Aufgaben der Rechtsprechung, die sie auch im Interesse der verfassungsrechtlich geforderten Rechtssicherheit wahrnimmt. Entscheidend für die Wahrung des Gesetzesvorbehalts ist aber, dass die Berufsausübungsbeschränkungen aus den zugrunde liegenden gesetzlichen Vorschriften selbst und ihrem Regelungszusammenhang ableitbar sind.[258] Das Bundesverfassungsgericht prüft insoweit insbesondere, ob die Fachgerichte bei ihrer Rechtsfindung die gesetzgeberische Grundentscheidung respektiert und von den anerkannten Methoden der Gesetzesauslegung in vertretbarer Weise Gebrauch gemacht haben.[259]

In jedem Fall gibt der Wortlaut des Art. 12 Abs. 1 S. 2 GG (»geregelt werden«) zu 85
erkennen, dass die Einschränkungen nicht über die im Grundrecht selbst angelegten Grenzen hinausgehen dürfen.[260] Art. 12 Abs. 1 S. 2 GG erlaube danach lediglich eine grundrechtsgeleitete, besonders schonende Ausgestaltung, Konturierung und Konkretisierung der Berufsfreiheit. Aus diesen Überlegungen folgert die Praxis die Unanwendbarkeit des Zitiergebots[261] und verweist auf den Wortlaut des Art. 19 Abs. 1 S. 1 GG (»eingeschränkt«), an den das Zitiergebot nach Art. 19 Abs. 1 S. 2 GG (»Außerdem«) anknüpft. Ob darüber hinaus auch die Wesensgehaltsgarantie (Art. 19 Abs. 2 GG) ausgeschlossen ist, erscheint fraglich. In seiner Rechtsprechung hat das Bundesverfassungsgericht in der Regel[262] nur die Unanwendbarkeit des Zitiergebots betont, zur Wesensgehaltsgarantie aber keine Stellung bezogen.[263] Folgert man aus der Wesensgehaltsgarantie den Verhältnismäßigkeitsgrundsatz, an dem Einschränkungen von Art. 12 Abs. 1 GG zu messen sind, dann gilt auch die Wesensgehaltsgarantie. Zum gleichen Ergebnis gelangte im Übrigen auch der EuGH für den Bereich des

---

255 Vgl. die umfangreiche Kritik unter C., I., 2., a), Rdn. 37.
256 BVerfGE 76, 171 (185); jüngst auch BVerfG v. 22.10.2014, 1 BvR 1815/12, Rn. 15.
257 BVerfGE 80, 269 (279).
258 BVerfGE 80, 269 (279).
259 BVerfGE 131, 130 (146).
260 BVerfGE 7, 377 (403).
261 BVerfGE 13, 97 (122).
262 Anders hingegen BVerfGE 13, 97 (122).
263 BVerfGE 28, 36 (46); 64, 72 (80 f.).

Gemeinschaftsrechts, der in der Wesensgehaltsgarantie eine bedeutsame Sperre für Eingriffe in die Berufsfreiheit sah.[264]

86   Der Grundsatz der Verhältnismäßigkeit ist die wichtigste Schranken-Schranke bei Art. 12 Abs. 1 GG. Er wird durch die sog. Dreistufentheorie lediglich konkretisiert,[265] nicht aber ersetzt. Dies läuft in der Praxis auf eine vierstufige Prüfung hinaus: Sie beginnt mit der Feststellung der Eingriffsintensität und wird fortgesetzt mit den Maßstäben der Geeignetheit, Erforderlichkeit und Angemessenheit. Bei der Eingriffsintensität unterscheidet man zwischen Berufsausübungsschranken sowie subjektiven und objektiven Berufswahlschranken.[266] Daraus ergeben sich ansteigende Rechtfertigungsanforderungen mit Pauschalcharakter, die teilweise vor den Einzelkriterien der Geeignetheit, Erforderlichkeit und Angemessenheit in einer Art Evidenzprüfung untersucht werden, im Regelfall aber innerhalb der Geeignetheit oder Angemessenheit zur Untersuchung gelangen.[267]

87   Berufswahlschranken sind dabei Beschränkungen zu Aufnahme, Wahl oder Ende eines *tradierten* Berufs. Alle übrigen Reglementierungen stellen bloße Ausübungsschranken dar (sog. Berufsbildlehre).[268] Zu Letzteren rechnet das Bundesverfassungsgericht auch solche Bestimmungen, mit denen (objektive) Berufswahlbeschränkungen wie das generelle Kehr- und Überprüfungsmonopol von Bezirksschornsteinfegern durch liberalisierende Vorschriften zugunsten von Betrieben, die mit dem Schornsteinfegerhandwerk in die Handwerksrolle eingetragen sind, abgeschafft werden.[269] Das Bundesverfassungsgericht betonte in diesem Zusammenhang zwar, dass die Zuordnung bestimmter Tätigkeiten zum Berufsbild eines zulassungsbeschränkten Berufs das Recht der Berufswahl betreffen könne; allerdings dürfe eine betreffende Vorschrift nie aus ihrem spezifischen Regelungszusammenhang herausgerissen und isoliert betrachtet werden[270] mit der Folge, dass die Abkehr vom bisherigen Kehr- und Überprüfungsmonopol selbst dann als Berufsausübungsregelung eingestuft werden müsse, wenn diese Marktöffnung zeitlich hinausgeschoben werde. Subjektiv sind Zulassungsschranken schließlich dann, wenn sie an persönliche Eigenschaften, Fähigkeiten oder Leistungsnachweise anknüpfen; objektive Zulassungsschranken orientieren sich demgegenüber an allgemeinen Kriterien und nicht an persönlichen Qualifikationen.

---

264 EuGH, Slg. 1974, 491 (508); 1979, 3727 (3747, 3749); 1985, 531 (549); 1986, 2897 (2912).
265 BVerfGE 7, 377 (401, 403 und 405 ff.).
266 Vgl. hierzu *Zippelius/Würtenberger*, Dt. Staatsrecht, 2008, § 30 Rn. 24; *Ipsen*, JuS 1990, 634.
267 *Tettinger* AöR 108 (1983), 92 (117 ff.).
268 Vgl. zum Begriff bereits unter C., I., 1., a), aa), Rdn. 15.
269 BVerfGE v. 04.02.2010, 1 BvR 2514/09, Rn. 21.
270 BVerfGE 54, 301 (314); 59, 302 (315 f.).

Bloße Ausübungsregelungen sind nach der Dreistufentheorie schon bei Vorliegen ver- **88** nünftiger Erwägungen des Gemeinwohls zulässig[271] und können bereits durch Gesichtspunkte der Zweckmäßigkeit gerechtfertigt sein.[272] Hierzu gehören etwa Festsetzungen von Ladenschlusszeiten[273] und Polizeistunden[274] sowie Werbeverbote für freie Berufe.[275] Subjektive Berufszulassungsschranken sind nach der Dreistufentheorie zum Schutze besonders wichtiger Gemeinschaftsgüter gerechtfertigt, die der Freiheit des Einzelnen vorgehen.[276] Darunter fallen z.B. Forderungen nach einem bestimmten Lebensalter[277] sowie nach persönlichen Eigenschaften und Fähigkeiten (Zuverlässigkeit,[278] Würdigkeit,[279] Geschäfts- und Prozessfähigkeit[280]) als Voraussetzung zu Aufnahme oder Ende eines tradierten Berufs. Objektive Berufszulassungsschranken sind schließlich nur zulässig, wenn sie der Abwehr nachweisbarer oder höchstwahrscheinlich schwerwiegender Gefahren für ein überragend wichtiges Gemeinschaftsgut dienen.[281] Zu ihnen gehören insbesondere Bedürfnisklauseln, wie sie das Personenförderungsgesetz für den Linienverkehr und für den Verkehr mit Taxen enthält.[282] Schließlich misst die Rechtsprechung auch die Aufrechterhaltung von Staatsmonopolen an den Maßstäben objektiver Zulassungsschranken,[283] obwohl es sich zumindest bei reinen Monopolen um absolute Berufssperren ohne Zulassungsmöglichkeit handelt.[284]

Die Dreistufentheorie wird zu Recht kritisiert.[285] Denn sie eröffnet dem Gesetzgeber **89** die Möglichkeit zur Manipulation sowohl bei der Berufsbildfixierung[286] als auch bei

---

271 Seit BVerfGE 7, 377 (405 f.) st. Rspr.; vgl. nur E 65, 116 (125); 78, 155 (162); 85, 248 (259); 101, 331 (347); 106, 216 (219); 111, 10 (32).
272 BVerfGE 7, 377 (406); 23, 50 (56); 28, 21 (31); 77, 308 (332).
273 BVerfGE 13, 237; 111, 10.
274 BVerwGE 20, 321 (323).
275 BVerfGE 76, 196; 82, 18: Rechtsanwälte; BVerfGE 85, 97; 111, 366: Steuerberater; BVerfGE 71, 162; 85, 248: Ärzte.
276 BVerfGE 13, 97 (107); 19, 330 (337); 25, 236 (247); 59; 302 (316); 69, 209 (218); 73, 301 (316 ff.); 93, 213 (235).
277 BVerfGE 9, 338: Hebammen; BVerfGE 64, 72 (82): Prüfingenieure für Baustatik; BVerfGE 103, 172 (184): Vertragsärzte; BVerfG vom 26.08.2013, 2 BvR 441/13: Hauptberufliche erste Bürgermeister und Landräte.
278 BVerwGE 39, 247 (251): Einzelhandelsunternehmer.
279 BVerfGE 63, 266 (287 f.): Rechtsanwälte.
280 BVerfGE 37, 67: Rechtsanwälte.
281 BVerfGE 7, 377 (408); 11, 168 (183); 25, 1 (11); 40, 196 (218); 75, 284 (296); 84, 13 (151); 85, 360 (374); 97, 12 (32); 102, 197 (214 f.).
282 BVerfGE 11, 168; BVerwGE 79, 208.
283 BVerfGE 21, 245 (250 f.); 21, 261 (267); 46, 120 (136); 102, 97 (216); 115, 276 (308).
284 Kritisch hierzu *Scheuner*, AfP 1977, 367 (371); *Tettinger*, AöR 108 (1983), 92 (121).
285 Hierzu *Mann*, in: Sachs, GG, Art. 12 Rn. 152 ff.
286 *Rupp*, AöR 92 (1967), 212 (236); *Ossenbühl*, AöR 115 (1990), 1 (10 f.).

der Definition der Gemeinwohlbelange.[287] Hinzu kommt, dass das Bundesverfassungsgericht keine Kriterien für das Gewicht der verschiedenen Gemeinwohlbelange (»vernünftig«, »besonders wichtig«, »überragend wichtig«) erkennen lässt[288] mit der Folge, dass der materielle Grundrechtsschutz des Art. 12 Abs. 1 GG weitgehend der Bestimmungskompetenz des Gesetzgebers überantwortet und diesem außerdem noch ein erheblicher Einschätzungs- und Beurteilungsspielraum eingeräumt wird.[289] Die Bedeutung der pauschalierten Vorgaben der Dreistufentheorie darf deshalb nicht überschätzt werden, zumal sie die »normale« Verhältnismäßigkeitsprüfung nicht ersetzen.

90   In deren Rahmen ist schließlich zu berücksichtigen, dass die Angemessenheit berufsbeschränkender Maßnahmen auch durch Entschädigungsregelungen hergestellt werden kann, wie das Bundesverfassungsgericht in der salomonischen Kurzberichterstattungsentscheidung[290] eröffnet hat. Bemerkenswert an dieser Entscheidung ist nicht nur die eigentumsähnliche Monetarisierung der Berufsfreiheit, die im Gegensatz zu Art. 14 GG keine eigenständige Entschädigungsregelung vorsieht. Hervorzuheben ist vor allem auch die Forderung des Gerichts, der Gesetzgeber habe die Höhe der Entschädigung selbst zu bestimmen und verfahrensrechtliche Vorkehrungen zur Sicherung der Entschädigung durch eine Junktimklausel zu treffen. Denn dies liegt auf der späteren Linie der Denkmalschutzentscheidung[291] zu Art. 14 Abs. 1 GG und stellt einen Gleichklang zwischen beiden Grundrechten her, dem sich der BGH bezogen auf die entschädigungsrechtlichen Konsequenzen rechtswidriger Eingriffe bisher verschlossen hat.[292] Schließlich bleibt abzuwarten, ob das BVerfG auch bei Art. 12 Abs. 1 GG einen grundsätzlichen Vorrang von Befreiungs- und Ausnahmeklauseln vor Entschädigungsklauseln formuliert und damit analog seiner Rechtsprechung zu Art. 14 GG »Bestandsgarantie« vor »Wertgarantie« setzt.

II. Arbeitszwang (Abs. 2) und Zwangsarbeit (Abs. 3)

1. Arbeitszwang (Abs. 2)

a) Eingriff

91   Der Eingriffsbegriff wird bei Art. 12 Abs. 2 GG durch die Formulierung »gezwungen« bereichsspezifisch konkretisiert. Unter einem Zwang versteht man im Allgemeinen jede staatliche Veranlassung zur Arbeitsaufnahme, die auf physischer oder psychischer Willensbeugung beruht. Verpflichtet sich jemand freiwillig zu einer bestimmten Arbeit, liegt kein Zwang im Sinne des Art. 12 Abs. 2 GG vor, was der allgemeinen Eingriffsdoktrin entspricht.

---

287 *Scholz*, in: Maunz/Dürig, Art. 12 Rn. 336.
288 *Rupp*, AöR 92 (1967), 212 (237); *Gusy*, JA 1992, 257 (263 f.).
289 Vgl. unter I., Rdn. 121 f.
290 BVerfGE 97, 228.
291 BVerfGE 100, 226.
292 BGHZ 132, 181 (188) m. Anm. *Mann*, JR 1997, 110 ff.

Das Erfordernis klassischer Eingriffsmerkmale ist dem Wortlaut (»gezwungen«) nicht 92
zu entnehmen. Nach modernem Grundrechtsverständnis untersagt Art. 12 Abs. 2
GG folglich auch den mittelbaren Zwang zur Arbeitsaufnahme. Dies betrifft beispielsweise die Auferlegung finanzieller Nachteile bei Nichtarbeit durch Kürzung oder
Streichung des Arbeitslosengeldes oder der Sozialhilfe bei Nichtannahme einer angebotenen zumutbaren Arbeit.[293]

Kein Begriffsmerkmal des Arbeitszwangs ist schließlich auch die Herabwürdigung 93
der menschlichen Persönlichkeit, wie sie im Nationalsozialismus zu verzeichnen
war.[294] Zwar mögen Entstehungsgeschichte und Normzweck für eine derartige Einengung sprechen.[295] Wortlaut und Schutzzweck verlangen dies jedoch nicht, zumal es
sich um ein besonders unscharfes Begrenzungskriterium mit gewissen Interpretations-
spielräumen zulasten der Abwehrfunktion von Art. 12 Abs. 2 GG handelt.[298]

b) Schranken

Art. 12 Abs. 2 GG enthält einen qualifizierten Gesetzesvorbehalt und erlaubt Arbeits- 94
zwang »im Rahmen einer herkömmlichen allgemeinen, für alle gleichen öffentlichen
Dienstleistungspflicht«.[296] Über diese inhaltliche Qualifikation hinaus besteht das
formale Erfordernis einer gesetzlichen Grundlage.[297] Dies ergibt sich aus dem De-
mokratie- und dem Rechtsstaatsprinzip (Art. 20 Abs. 2 und 3 GG). Schließlich ist
Art. 12 Abs. 2 GG auch durch kollidierendes Verfassungsrecht einschränkbar.[298]

Die Qualifikation des in Art. 12 Abs. 2 GG enthaltenen Gesetzesvorbehalts bezieht 95
sich auf den Inhalt des zulässigen Arbeitszwangs und lässt diesen nur in engen Grenzen einer »öffentlichen Dienstleistung« zu, die ihrerseits »herkömmlich«, »allgemein«
und »für alle gleich« ist.

Unter »öffentlichen Dienstleistungspflichten« werden im Allgemeinen Tätigkeiten 96
zum Wohle des Gemeinwesens verstanden, die weder Geld- noch Sachleistungen
zum Inhalt haben.[299] »Herkömmlich« sind diese Tätigkeiten dann, wenn sie ihrer
Art nach seit geraumer Zeit existieren und insbesondere nicht nur während der NS-
Zeit in Form des Arbeitsdienstes[300] bestanden haben. Dass sich der betroffene Per-

---

293 BSGE 44, 71 (76); BVerwGE 67, 1 (4); 68, 91 (94 f.); *Rittstieg*, AK-GG, Art. 12
Rn. 151; *Sachs*, in: Stern, Staatsrecht IV/1, 2006, S. 1030); zurückhaltend mit unterschiedlichen Ergebnissen: *Mann*, in: Sachs, GG, Art. 12 Rn. 183: »... dürfte an Art. 12
Abs. 2 GG zu messen sein« sowie *Wieland*, in: Dreier I, Art. 12 Rn. 77: »... dürfte ...
nicht als mittelbarer Eingriff ... zu bewerten sein«; a.A. *Jarass*, in: Jarass/Pieroth, Art. 12
Rn. 115.
294 So auch *Wieland*, in: Dreier I, Art. 12 Rn. 54.
295 In diese Richtung BVerfGE 22, 380 (383); 74, 102 (106, 118).
296 Vgl. Zum Verhältnis zu Art. 12a GG *Nolte*, in Stern/Becker, Art. 12a Rdn. 50 ff.
297 *Jarass*, in: Jarass/Pieroth, GG, Art. 12 Rn. 119 m.w.N.
298 *Manssen*, in: v. Mangoldt/Klein/Starck, GG, Art. 12 Rn. 311.
299 *Scholz*, in: Maunz/Dürig, Art. 12 Rn. 496.
300 Vgl. JöR n.F.1 (1951), 135 (137); BVerfGE 92, 91 (111 f.).

sonenkreis im Laufe der Zeit ändert, lässt die Herkömmlichkeit nicht entfallen.[301] Das Kriterium der »Allgemeinheit« bezieht ferner nur solche Pflichten mit ein, die sich an jedermann oder an einen nach abstrakt-generellen Maßstäben bestimmten Personenkreis richten.[302] »Für alle gleich« sind diese Dienstpflichten schließlich, wenn sie nach Inhalt und Umfang identische Belastungen vorsehen.[303]

97 Den genannten Kriterien werden die gemeindlichen Hand- und Spanndienste,[304] die Deichschutzpflicht und die allgemeine Nothilfepflicht bei Unglücksfällen gerecht.[305] Dies entspricht dem Willen des Gesetzgebers. Darüber hinaus sollte ursprünglich auch die Feuerwehrdienstpflicht unter den Vorbehalt des Art. 12 Abs. 2 GG fallen. Deren gesetzliche Beschränkung auf Männer lässt sich zwar ohne Weiteres mit dem normgeprägten Begriff der »Allgemeinheit« gemäß Art. 12 Abs. 2 GG vereinbaren. Allerdings war die geschlechtsspezifische Beschränkung zunehmenden Bedenken mit Blick auf Art. 3 Abs. 2 und 3 GG sowie Art. 4 Abs. 3 lit. d EMRK ausgesetzt.[306] Diesen Bedenken nahm sich zunächst der Europäische Gerichtshof für Menschenrechte im Jahre 1994 an. Er entschied, dass die Feuerwehrabgabe ihren Ausgleichscharakter in Bezug auf die Feuerwehrdienstpflicht verloren habe, weil angesichts des andauernden Vorhandenseins einer ausreichenden Zahl von Freiwilligen in der Praxis keine männliche Person zum Feuerwehrdienst herangezogen werde. Angesichts dieser Umstände sei eine auf Männer beschränkte Abgabenpflicht, die eine Ungleichbehandlung aufgrund des Geschlechts darstelle, mit dem Grundsatz der Gleichbehandlung von Frauen und Männern gemäß Art. 14 EMRK nicht zu rechtfertigen.[307] Dieser Linie folgte das Bundesverfassungsgericht und hielt eine nach den baden-württembergischen und bayerischen Vorschriften auf Männer beschränkte Feuerwehrabgabepflicht für verfassungswidrig, weil sie gegen das spezielle Differenzierungsverbot des Art. 3 Abs. 3 GG verstoße und zudem eine finanzverfassungsrechtlich unzulässige Sonderabgabe darstelle.[308] Eine Rechtfertigung der geschlechtsspezifischen Ungleichbehandlung durch Art. 12 Abs. 2 GG kommt daher nicht in Betracht. Eine Feuerwehrdienstpflicht und eine damit verbundene Feuerwehrabgabe dürften fortan nur noch dann verfassungsgemäß sein, wenn sie Frauen und Männer gleichermaßen treffen.[309]

---

301 BVerfGE 92, 91 (111 f.); *Sachs*, in: Stern, Staatsrecht IV/1, 2006, S. 1032.

302 *Mann*, in: Sachs, GG, Art. 12 Rn. 186.

303 *Mann*, in: Sachs, GG, Art. 12 Rn. 188.

304 Unter Handdiensten werden einfache Arbeiten verstanden, die ohne spezielle Ausbildung durchgeführt werden können. Spanndienste beziehen sich demgegenüber auf Transportleistungen, wobei sowohl die Gestellung des Fahrers als auch von Treibstoff verlangt werden kann.

305 So *Wieland*, in: Dreier I, Art. 12 Rn. 90 in Übereinstimmung mit dem Willen des Parlamentarischen Rates; vgl. hierzu JöR n.F. 1 (1951), 133 (135, 137 f.) m.w.N.

306 *Rozek*, BayVBl 1993, 646 (651).

307 EGMR, NJW 1995, 1733 (1734).

308 BVerfGE 92, 91.

309 *Wieland*, in: Dreier I, Art. 12 Rn. 90.

Art. 12 Abs. 2 GG erlaubt zwar bestimmte Eingriffe und ist überdies durch kollidie- 98
rendes Verfassungsrecht einschränkbar. In jedem Fall müssen die Freiheitsbeschränkungen jedoch dem Grundsatz der Verhältnismäßigkeit genügen. Öffentliche Dienstleistungspflichten im Sinne des Art. 12 Abs. 2 GG sind daher nur zulässig, wenn sie
einen legitimen Zweck verfolgen, der als solcher mit den Bestimmungen des Grundgesetzes vereinbar ist. Die öffentliche Dienstleistung muss ferner zur Erreichung des
Zwecks geeignet, erforderlich und angemessen sein, was vor allem bei unentgeltlichen Dienstleistungspflichten im Rahmen der Erforderlichkeit und Angemessenheit
Probleme aufwirft.

2. Zwangsarbeit (Abs. 3)

a) Eingriff

Art. 12 Abs. 3 GG schützt vor Eingriffen durch Zwangsarbeit, worunter man ge- 99
meinhin jede staatliche Inanspruchnahme der gesamten Arbeitskraft eines Menschen
für grundsätzlich unbegrenzte Tätigkeiten versteht.[310]

Das Vorliegen von Zwangsarbeit erfordert in Abgrenzung zu Art. 12 Abs. 2 GG und 100
mit Blick auf die besonders qualifizierte Schranke des Art. 12 Abs. 3 GG (Frei-
heits»entziehung«) im Übrigen eine gewisse Dauer der Inanspruchnahme. Dabei ist
gleichwohl zu beachten, dass ein bestimmter Arbeitszwang im Sinne des Art. 12 Abs. 2
GG auch durch seine erhebliche Dauer niemals in eine allgemeine Zwangsarbeit umschlagen kann.[311] Denn Arbeitszwang und Zwangsarbeit unterscheiden sich nicht allein durch die zeitliche, sondern vor allem auch durch die inhaltliche Intensität der Inanspruchnahme. Sie sind damit quantitativ und qualitativ verschieden.

Schließlich macht Art. 12 Abs. 3 GG keine Vorgaben hinsichtlich Ort und Zweck der 101
Inanspruchnahme. Nicht erforderlich für die Annahme eines Eingriffs in Art. 12
Abs. 3 GG ist daher, dass die Zwangsarbeit in Erziehungs-, Arbeits-[312] und Konzen-
trationslagern[313] abgeleistet oder zwingend – wenngleich auch regelmäßig – zur Strafe
oder aus pädagogischen Motiven angeordnet wird.[314] Eine solche Einschränkung
verlangen weder der Wortlaut noch der Sinn des Grundrechts.

---

310 *Bachof,* Freiheit des Berufs, in: Die Grundrechte III/1, S. 256; *Kämmerer,* in: v. Münch/
   Kunig I, Art. 12 Rn. 94; *Rittstieg,* AK-GG, Art. 12 Rn. 153.
311 So in der Konsequenz aber: *Jarass,* in: Jarass/Pieroth, GG, Art. 12 Rn. 116; *Wieland,* in:
   Dreier I, Art. 12 Rn. 78.
312 *Wieland,* in: Dreier I, Art. 12 Rn. 78.
313 *Pieroth/Schlink,* Rn. 940: »… liegt dem freiheitlichen Staat ohnehin fern.«
314 In diese Richtung jedoch bereits bei der Abgrenzung zum Schutzbereich des Art. 12
   Abs. 2 GG: *Wieland,* in: Dreier I, Art. 12 Rn. 55 unter Berufung auf *Gusy,* JuS 1989,
   710 (715).

b) Schranken

102 Der von Art. 12 Abs. 3 GG gewährte Schutz vor Zwangsarbeit findet seine Schranke in einer gerichtlich angeordneten Freiheitsentziehung. Die richterliche Anordnung muss über den Wortlaut hinaus auf einer formell-gesetzlichen Grundlage beruhen (Art. 20 Abs. 2 und 3 GG).[315] Art. 12 Abs. 3 GG steht damit ausdrücklich unter einem qualifizierten Gesetzesvorbehalt mit der Besonderheit, dass ein Rückgriff auf Einschränkungen kraft kollidierenden Verfassungsrechts im Gegensatz zu Art. 12 Abs. 2 GG aufgrund des expliziten Wortlauts in Art. 12 Abs. 3 GG (»nur«) ausgeschlossen ist.

103 Die gerichtliche Anordnung der Zwangsarbeit muss überdies ausreichend spezifiziert sein.[316] Die Zwangsarbeit selbst ist ferner unter der Verantwortung der Vollzugsbehörden und deren Aufsicht zu erbringen. Eine »Verdingung« von Gefangenen zum Zwecke der Arbeitsleistung unter ausschließlicher Leitungsgewalt eines Privaten ist somit verboten.[317]

104 Zwangsarbeit ist vielmehr nur zulässig bei Freiheitsstrafen, freiheitsentziehenden Maßregeln der Besserung und Sicherung sowie Jugendarrest und Jugendstrafe,[318] nicht aber im Rahmen der Untersuchungshaft.[319] Im Übrigen gilt der Verhältnismäßigkeitsgrundsatz als wichtigste Schranken-Schranke.

G. Verhältnis zu anderen Grundgesetzbestimmungen, insbesondere Grundrechtskonkurrenzen

I. Berufsfreiheit (Abs. 1)

105 Das Konkurrenzverhältnis von Art. 12 Abs. 1 GG zu anderen Grundrechten lässt sich nach den Konzepten von (logischer bzw. normativer) Spezialität und Idealkonkurrenz[320] auflösen. Die allgemeine Handlungsfreiheit aus Art. 2 Abs. 1 GG tritt im Wege der logischen Spezialität hinter der speziellen Gewährleistung der Berufsfreiheit zurück[321] und kommt allenfalls dann zum Zuge, wenn der Schutzbereich der Berufsfreiheit wie etwa bei der Auferlegung von Steuern nicht betroffen ist. Das Bundesverfassungsgericht lässt diese klare Trennung nicht immer erkennen und prüft bisweilen

---

315 *Jarass*, in: Jarass/Pieroth, GG, Art. 12 Rn. 122 unter Hinweis auf *Umbach*, in: Umbach/Clemens, GG, Art. 12 Rn. 140.
316 *Jarass*, in: Jarass/Pieroth, GG, Art. 12 Rn. 122, Art. 13 Rn. 17 f.; dies entspricht dem Art. 13 GG.
317 BVerfGE 98, 169 (205).
318 *Mann*, in: Sachs, GG, Art. 12 Rn. 191.
319 AG Zweibrücken, NJW 1979, 1557; *Sachs*, in: Stern, Staatsrecht IV/1, 2006, S. 1066.
320 Hierzu im Allgemeinen *Stern*, Staatsrecht III/2, 1994, S. 1365 ff.; *Nolte/Tams*, JuS 2006, 130 (133).
321 Ganz h.M.: *Kämmerer*, in: v. Münch/Kunig I, Art. 12 Rn. 95; *Wieland*, in: Dreier I, Art. 12 Rn. 170.

Maßstäbe des Art. 12 Abs. 1 GG im Rahmen des Art. 2 Abs. 1 GG[322] sowie umgekehrt Elemente des Art. 2 Abs. 1 GG bei Art. 12 Abs. 1 GG.[323] Auch die berufliche Freizügigkeit sowie die Niederlassungsfreiheit werden von der überwiegenden Auffassung lediglich am Maßstab des Art. 12 Abs. 1 GG gemessen, der einen Rückgriff auf Art. 11 GG im Wege der Spezialität sperrt.[324]

Art. 12 Abs. 1 GG und Art. 14 Abs. 1 GG stehen in einem Verhältnis der normati-   **106** ven Konkurrenz. Maßgeblich ist danach, welches Grundrecht bei objektiver Betrachtung durch die staatliche Maßnahme schwerpunktmäßig betroffen ist. Art. 12 Abs. 1 GG schützt eine besondere Handlungsfreiheit im erwerbsbezogenen Bereich. Art. 14 Abs. 1 GG erfasst demgegenüber einzelne Vermögenspositionen als Ausprägung der Persönlichkeitsfreiheit.[325] Rechtsprechung und überwiegende Literatur neigen in diesem Kontext zu schematischen Faustformeln und sprechen bei Art. 12 Abs. 1 GG von dem »Schutz des Erwerbens« und bei Art. 14 Abs. 1 GG von dem »Schutz des Erworbenen«.[326] Lässt sich kein eindeutiger Schwerpunkt erkennen, können auch beide Grundrechte im Wege der Idealkonkurrenz zur Anwendung kommen.[327]

Zu anderen, nicht wirtschaftsbezogenen Grundrechten besteht im Regelfall Idealkon-   **107** kurrenz. Dies gilt etwa im Verhältnis zum allgemeinen Persönlichkeitsrecht aus Art. 2 Abs. 1 GG i.V.m. Art. 1 Abs. 1 GG,[328] zu den Grundrechten gemäß Art. 4 GG[329] und Art. 5 GG[330] sowie zu Vereinigungs- und Koalitionsfreiheit gemäß Art. 9 Abs. 1 GG[331] und Art. 9 Abs. 3 GG.[332] Ähnliches gilt ferner im Verhältnis zu Gleichheitsrechten, insbesondere zu Art. 3 Abs. 1 GG.[333] Hier folgt die Idealkonkurrenz aus dem prinzipiellen Unterschied zwischen Freiheits- und Gleichheitsrechten. Dies gilt nach dem Bundesverfassungsgericht auch für Berufstätige im öffentlichen Dienst, für die Art. 33 GG lediglich Sonderregelungen enthält, Art. 12 GG aber nicht vollständig verdrängt.[334] Letzteres soll lediglich für Mitarbeiter kirchlicher Einrichtungen der

---

322 BVerfGE 41, 251 (261); 50, 290 (366); 58, 257 (273 ff.); 87, 153 (169).
323 BVerfGE 113, 29 (50).
324 BVerwGE 2, 151 (152); 12, 140 (162); *Bachof*, in: Die Grundrechte III/1, S. 155 (172).
325 *Epping*, Grundrechte, 2012, Rn. 431.
326 BVerfGE 30, 292; 84, 133 (157); 88, 366; *Wieland*, in: Dreier I, GG, Art. 12 Rn. 176; *Kämmerer*, in: v. Münch/Kunig I, Art. 12 Rn. 98.
327 BVerfGE 33, 240 (247); 38, 61 (102); 44, 103 (104); 50, 290 (361 f.).
328 *Scholz*, in: Maunz/Dürig, Art. 12 Rn. 124 m.w.N.
329 BVerfGE 104, 337 (346).
330 *Scholz*, in: Maunz/Dürig, Art. 12 Rn. 170.
331 *Mann*, in: Sachs, GG, Art. 12 Rn. 199.
332 BVerfGE 92, 26 (44 f.).
333 BVerfGE 98, 49 (58 f.).
334 So BVerfGE 7, 377 (397 f.; 16, 6 (21); 39; 334 (369); 96, 152 (163 f.); 96, 205 (211); kritisch hierzu für ein Verhältnis der Spezialität *Wieland*, in: Dreier I, Art. 12 Rn. 179.

Fall sein, deren berufliche Betätigung sich im Rahmen des Art. 140 GG i.V.m. Art. 137 Abs. 3 S. 1 WRV bewege.[335]

108 Kollisionen zwischen Art. 12 Abs. 1 GG mit anderen Grundrechten oder Verfassungsgütern sind schließlich im Wege praktischer Konkordanz auszugleichen. Andere Verfassungsgüter können sich nach der – insofern äußerst liberalen – Rechtsprechung des BVerfG auch aus den Kompetenzkatalogen des Grundgesetzes ergeben.[336] Zu den berufsrelevanten Gegenständen des Bundes im Bereich der ausschließlichen Gesetzgebung zählt beispielsweise das Währungs-, Geld- und Münzwesen gemäß Art. 73 Abs. 1 Nr. 4 GG. Auch die Einheit des Zoll- und Handelsgebietes und die Freizügigkeit des Warenverkehrs nach Art. 73 Abs. 1 Nr. 5 GG gehören hierher und bringen den Abbau von Handelsschranken als verfassungslegitimes Ziel für Ingerenzen gegenüber Art. 12 Abs. 1 GG zum Ausdruck.[337] Entsprechendes gilt schließlich für den gewerblichen Rechtsschutz gemäß Art. 73 Abs. 1 Nr. 9 GG, der Maßnahmen zum Schutze des geistigen Schaffens auf gewerblichem Gebiet erlaubt. Im Bereich der konkurrierenden Zuständigkeit des Bundes nach Art. 74 GG gibt es zahlreiche Normen mit Berufsbezug. Hierzu gehören solche Bestimmungen, die das Berufsrecht im Allgemeinen (Art. 74 Abs. 1 Nr. 1) im Blick haben, als auch solche Vorschriften, die das spezielle Recht der Wirtschaft (Art. 74 Abs. 1 Nr. 11 GG), das Arbeitsrecht (Art. 74 Abs. 1 Nr. 12 GG) oder die Agrarwirtschaft (Art. 74 Abs. 1 Nr. 17) betreffen. Hinzu kommen Normen, denen die Rechtsprechung materielle Aussagen in Bezug auf Art. 12 Abs. 1 GG entnehmen möchte. In diesem Kontext steht etwa Art. 74 Abs. 1 Nr. 12 GG (Arbeitslosenversicherung), der als Indiz für das Fehlen eines subjektiven Rechts auf Arbeit aus Art. 12 Abs. 1 GG gewertet wird.[338] Schließlich zeigt auch Art. 74 Abs. 1 Nr. 13 GG, dass die Ausbildungsfreiheit gemäß Art. 12 Abs. 1 GG durch Regelungen über Ausbildungsbeihilfen flankiert werden darf und damit letztlich Ausdruck der objektiv-rechtlichen Pflicht zur Schaffung der Voraussetzungen der eigentlichen Grundrechtsbetätigung ist.[339]

II. Arbeitszwang (Abs. 2) und Zwangsarbeit (Abs. 3)

109 Art. 12 Abs. 2 und 3 GG enthalten die negative Freiheit von Arbeitszwang und Zwangsarbeit und verdrängen insofern den Schutzbereich von Art. 2 Abs. 1 GG im Wege logischer Spezialität. Dasselbe gilt im Verhältnis zu Art. 12 Abs. 1 GG, soweit der Arbeitszwang bzw. die Zwangsarbeit zugleich entweder vollständig oder teilweise eine berufliche Tätigkeit sein sollte.[340]

---

335 BVerfGE 70, 138 (165 ff.); kritisch hierzu *Wieland*, in: Dreier I, Art. 12 Rn. 175.
336 Vgl. etwa BVerfGE 53, 30 (56); kritisch zu Recht *Pieroth/Schlink*, Rn. 345.
337 *Mann*, in: Sachs, GG, Art. 12 Rn. 206.
338 *Mann*, in: Sachs, GG, Art. 12 Rn. 209 m.w.N.
339 E., I., 1., Rdn. 68.
340 Vgl. zum Verhältnis der Schranken des Art. 12 Abs. 2 GG zu Art. 12a GG *Nolte*, in: Stern/Becker, Art. 12a Rdn. 50 ff.

H. Internationale und europäische Aspekte

I. Berufsfreiheit (Abs. 1)

Berufsbezogene Gewährleistungen finden sich zunächst in Art. 23 Nr. 1 der All- 110
gemeinen Menschenrechtserklärung der Vereinten Nationen (AEMR) von 1948,[341]
der »free choice of employment« garantiert. Diese Garantie wird von der überwiegenden Ansicht lediglich als politisch bedeutsame, rechtlich aber unverbindliche Gewährleistung eingestuft.[342] Zu beachten ist gleichwohl, dass der menschenrechtliche
Kerngehalt der AEMR bindendes Völkergewohnheitsrecht oder ius cogens ist[343]
und über sein moralisches und politisches Gewicht hinaus normative Leitbildfunk-
tion entfaltet.[344]

Weitere völkerrechtliche Dimensionen der Berufsfreiheit ergeben sich aus Art. 6 und 111
Art. 7 des Internationalen Pakts über die wirtschaftlichen, sozialen und kulturellen
Rechte der Vereinten Nationen von 1966 (IPWirtR),[345] dem auch die Bundesrepu-
blik Deutschland beigetreten ist.[346] Art. 6 Abs. 1 IPWirtR gewährt das Recht jedes
Einzelnen auf die Möglichkeit, seinen Lebensunterhalt durch frei gewählte oder angenommene Arbeit zu verdienen, und betrifft das Vorfeld der eigentlichen Berufs-
betätigung.[347] Art. 7 Abs. 1 IPWirtR vermittelt das Recht auf gerechte und günstige
Arbeitsbedingungen einschließlich des Rechts auf angemessenen Lohn und gleiches
Entgelt für gleichwertige Arbeit, wobei es sich um sozial-gleichheitsrechtliche Verbürgungen handelt.[348] Die Verbindlichkeit dieser Rechte im Verhältnis zwischen
den Vertragsstaaten steht außer Frage; sie sind nach Art. 2 Abs. 1 IPWirtR verpflichtet, unter Ausschöpfung ihrer Möglichkeiten Maßnahmen zu treffen, um die anerkannten Rechte mit allen geeigneten Mitteln, vor allem durch gesetzliche Regelungen, zu verwirklichen. Einklagbare Rechte zugunsten Einzelner ergeben sich aus
Art. 6 und Art. 7 IPWirtR nicht.

Eine mit Art. 12 Abs. 1 GG vergleichbare Gewährleistung der freien Wahl von Be- 112
ruf, Arbeitsplatz und Ausbildungsstätte findet sich in der Europäischen Konvention
zum Schutz der Menschenrechte und Grundfreiheiten des Europarats von 1950
(EMRK), die von der Bundesrepublik am 05.12.1952 ratifiziert wurde, nicht. Aller-

---

341 Vgl. hierzu *Stern*, in: Stern/Becker, Einl., Rdn. 197.
342 *Wieland*, in: Dreier I, Art. 12 Rn. 7; *Mann*, in: Sachs, GG, Art. 12 Rn. 8.
343 *Verdroß/Simma*, Universelles Völkerrecht, §§ 1234 f. (S. 822 ff.); *Stern*, Staatsrecht III/2,
     S. 1539 m.w.N.
344 *Denninger*, JZ 1998, 1129 (1129); *Maurer*, JZ 1999, 689 (694); *Enders*, in: Friauf/Höf-
     ling, GG, vor Art. 1 Rn. 38.
345 Vgl. hierzu *Stern*, in: Stern/Becker, Einl., Rdn. 199.
346 Zustimmungsgesetz BGBl. II 1973, S. 1569.
347 Vgl. im Allgemeinen bereits E., I., 1., Rdn. 68.
348 Dies entspricht der Zielsetzung des IPWirtR, sozial-kulturelle Rechte der »zweiten Gene-
     ration« zu vermitteln, im Gegensatz zum Internationalen Pakt über bürgerliche und poli-
     tische Rechte der Vereinten Nationen von 1966 (IPbpR), der klassische liberal-demokra-
     tische Abwehr- und Mitwirkungsrechte der »ersten Generation« zum Gegenstand hat.

dings gibt Art. 8 Abs. 1 EMRK jeder Person das Recht u.A. auf Achtung ihres Privat- und Familienlebens, worunter der EGMR berufsgrundrechtliche Aspekte in den Schranken des Art. 8 Abs. 2 EMRK subsumiert.[349]

113 Ausdrückliche berufsgrundrechtliche Garantien finden sich weiterhin in der Charta der Grundrechte der Europäischen Union des Europäischen Rates aus dem Jahre 2000 (EGRC).[350] So gibt Art. 15 Abs. 1 EGRC jeder Person das freiheitliche Recht zu arbeiten und einen frei gewählten oder angenommenen Beruf auszuüben. Art. 15 Abs. 2 EGRC normiert darüber hinaus die Freiheit, in jedem Mitgliedstaat Arbeit zu suchen, zu arbeiten, sich niederzulassen oder Dienstleistungen zu erbringen. Ferner spricht Art. 15 Abs. 3 EGRC den Staatsangehörigen dritter Länder, die im Hoheitsgebiet der Mitgliedstaaten arbeiten dürfen, den Anspruch auf Arbeitsbedingungen zu, die denen der Unionsbürgerinnen und Unionsbürger entsprechen. Und schließlich wird unternehmerische Freiheit gemäß Art. 16 EGRC allerdings nur »nach dem Unionsrecht und den einzelstaatlichen Rechtsvorschriften und Gepflogenheiten« gewährt.[351] Zwar entfaltet die EGRC, auf die Art. 6 Abs. 1 des Vertrags von Lissabon zur Gründung der Europäischen Union und des Vertrags zur Gründung der Europäischen aus dem Jahre 2007 (Reformvertrag), wegen des negativen Referendums der Bevölkerung von Irland vom 12.06.2008 noch keine vollumfängliche Rechtswirkung. Allerdings verstehen sowohl das EuG, als auch der EuGH und der EGMR die EGRC schon heute als geschriebenen Ausdruck der gemeinsamen Verfassungsüberlieferungen der Mitgliedstaaten und nutzen sie als probates Mittel zu deren Konkretisierung.[352] Dies gilt vor allem auch für die Berufsfreiheit als ein »europäisches Grundrecht«[353] – zumal sich ausdrückliche berufsbezogene Garantien in der EMRK nicht finden.

114 Dass die Berufsfreiheit ein europäisches Grundrecht ist, hat der EuGH bereits im Jahre 1974 in der Rechtssache Nold[354] klargestellt und darin einen allgemeinen Grundsatz des Gemeinschaftsrechts gesehen, der die »Freiheit der Arbeit, des Handels und anderer Berufstätigkeiten« umfassend gewährleiste. Trotz dieser frühzeitigen Akzeptanz ist die Rechtsprechung des EuGH zur Berufsfreiheit als europäisches

---

349 EGMR, Urt. v. 27.07.2004, Nr. 554800/00, Z. 47 f.

350 Vgl. *Frenz*, Handbuch Europarecht, Bd. 4, Europäische Grundrechte, 2009, insbesondere S. 733 ff., 743 ff.

351 Zur Interpretation dieser Restriktion: vgl. *Wieland*, in: Dreier I, GG, Art. 12 Rn. 9.

352 *Frenz*, Handbuch Europarecht, Bd. 4 (Europäische Grundrechte), 2009, Rn. 30 f. m.w.N.; vgl. auch *Stern*, in: Stern/Becker, Einl., Rdn. 205 f.

353 Umfassend hierzu *Ruffert*, in: Ehlers, Europäische Grundrechte und Grundfreiheiten, § 19.

354 EuGH, Rs. 4/73, Slg. 1974, 491 (507) – Nold; seitdem ständige Rspr.: u.a. Slg. 1979, 2749 (2750) – Eridania; Slg. 1979, 3727 (3750) – Hauer; Slg. 1984, 4057 (4085) – Biovialc; Slg. 1986, 2897 (2912) – Keller; Slg. 1987, 2289 (2338 f.) – Rau; Slg. 1994 I, 4973 (5065 f.) – Bananenmarktverordnung; Slg. 1996 I, 3978 (3985 f.) – Bosphorus Airlines.

Grundrecht doch insgesamt konturenarm geblieben.[355] Insbesondere zur Herleitung des Grundrechts und zum Schutzumfang bleibt die bisherige Rechtsprechung des EuGH relativ vage, während der Schwerpunkt seiner Ausführungen auf der Erörterung der zulässigen Beschränkungen des Grundrechts liegt.[356]

Immerhin kann der Rechtsprechung des EuGH zumindest die Tendenz entnommen werden, den sachlichen Schutzbereich der Berufsfreiheit äußerst weit und zwar im Sinne der gesamten Teilnahme am Wirtschaftsleben[357] zu interpretieren. Diese Teilnahme erstreckt sich sowohl auf die »freie Berufsausübung« als auch auf die »wirtschaftliche Betätigungsfreiheit«[358] und wird durch die Garantien der EGRC unterstrichen, die sowohl das Recht zu arbeiten und einen frei gewählten oder angenommenen Beruf auszuüben (Art. 15 Abs. 1 EGRC) als auch die unternehmerische Freiheit (Art. 16 EGRC) enthalten. Schließlich will der EuGH auch die freie Wahl des Geschäftspartners[359] sowie die Wettbewerbsstellung eines Wirtschaftsteilnehmers auf einem Markt[360] von der europäischen Berufsfreiheit geschützt wissen. Reflektiert man die Einzelverbürgungen, so ist kennzeichnendes Merkmal der europäischen Berufsfreiheit die Erwerbsabsicht, während der Dauer der Tätigkeit ein vergleichsweise geringeres Gewicht zukommt.[361] | **115**

Beeinträchtigungen der europäischen Berufsfreiheit ergeben sich in erster Linie aus gesetzlichen Regelungen, wobei auch nicht-normative Eingriffe etwa in Gestalt von Warnungen und Empfehlungen denkbar sind. Auf eine berufsregelnde Tendenz, die das BVerfG für Eingriffe in Art. 12 Abs. 1 GG fordert, kommt es dabei nicht an.[362] Der Weite des Schutzbereichs sowie der in Frage kommenden Eingriffe entsprechend unterliegt die europäische Berufsfreiheit umfangreichen Schranken aus der Gesamtschau der mitgliedstaatlichen Rechtsordnungen, der EMRK sowie der EGRC. Danach sind Einschränkungen im Wesentlichen unter vier Voraussetzungen zulässig: Sie müssen sich auf eine gesetzliche Regelung stützen, dem Gemeinwohl einschließlich der Rechte Anderer dienen, verhältnismäßig sein und den Wesensgehalt der Berufsfreiheit nicht beeinträchtigen.[363] Die Verhältnismäßigkeitsprüfung orientiert sich hierbei an den Kriterien der Geeignetheit, Erforderlichkeit und Angemessenheit und lässt genügend Spielräume um die Differenzierung zwischen Ausübungs- und Wahl- | **116**

---

355 *Mann*, in: Sachs, GG, Art. 12 Rn. 9.
356 *Wieland*, in: Dreier I, Art. 12 Rn. 12.
357 *Penski/Elsner*, DÖV 2001, 265 (270 f.).
358 EuGH, verb. Rs. C-143/88 u. C 92/89, Slg. 1991, I-415 (552 f., Rn. 73 und 76 f.) – Zuckerfabrik): synonyme Verwendung beider Begriffe.
359 EuGH, verb. Rs. C-90/90 u. 91/90, Slg. 1991, I-3617 (3637 f., Rn. 13) – Neu u.a.
360 EuGH, Rs. C-289/93, Slg. 1994, I-4973 (5066, Rn. 81) – Deutschland/Rat.
361 *Ruffert*, in: Ehlers, Europäische Grundrechte und Grundfreiheiten, § 19 Rn. 11.
362 *Ruffert*, in: Ehlers, Europäische Grundrechte und Grundfreiheiten, § 19 Rn. 29 f.
363 EuGH, Slg. 1986, 2897, Rn. 8 – Keller; Slg. 1989, 2237, Rn. 15 – Schräder; Slg. 1990, I-4071, Rn. 27 – Marshall; Slg. 1991, I-415, Rn. 73 – Zuckerfabrik; Slg. 1992, I-35, Rn. 16 – Kühn; Slg. 1994, I-4973, Rn. 42 – Affish; Slg. 1997, I-4475, Rn. 72 – SAM Schiffahrt und Stapf.

schranken zu berücksichtigen, ohne dass man die materiellen (zudem problematischen)[364] Anforderungen der Dreistufentheorie dem EU-Recht »überstülpen« müsste.[365]

117 Schließlich vermitteln auch die Grundfreiheiten des EGV, insbesondere die Personenverkehrsfreiheiten der Art. 39, 43 und 49, eine dem deutschen Grundrechtsschutz der Berufsfreiheit vergleichbare Freiheitssicherung.[366] Tragende Säule ist hierbei die Arbeitnehmerfreizügigkeit gemäß Art. 39 EGV. Sie gewährleistet jedem Arbeitnehmer Freizügigkeit innerhalb der Gemeinschaft (Abs. 1), umfasst die Abschaffung jeder auf der Staatsangehörigkeit beruhenden unterschiedlichen Behandlung der Arbeitnehmer der Mitgliedstaaten in Bezug auf Beschäftigung, Entlohnung und sonstige Arbeitsbedingungen (Abs. 2) und gibt – vorbehaltlich der aus Gründen der öffentlichen Ordnung, Sicherheit und Gesundheit gerechtfertigten Beschränkungen – den Arbeitnehmern näher bezeichnete Rechte (Abs. 3), wobei Beschäftigte in der öffentlichen Verwaltung von diesen Gewährleistungen ausgenommen sind (Abs. 4). Rechtfertigungsbedürftig sind danach in jedem Fall offene Diskriminierungen, die unmittelbar an die Staatsangehörigkeit anknüpfen, sowie versteckte Diskriminierungen in Vorschriften des Berufs-, Arbeits- oder Sozialrechts. Schließlich hat der EuGH der Arbeitnehmerfreizügigkeit in seiner Bosman-Entscheidung ein allgemeines Beschränkungsverbot entnommen und klargestellt, »dass sämtliche Vertragsbestimmungen über die Freizügigkeit den Gemeinschaftsangehörigen die Ausübung von beruflichen Tätigkeiten aller Art im Gebiet der Gemeinschaft erleichtern sollen und solchen Maßnahmen entgegenstehen, die die Gemeinschaftsangehörigen benachteiligen könnten, wenn sie im Gebiet eines anderen Mitgliedstaats eine wirtschaftliche Tätigkeit ausüben wollen.«[367] Gerechtfertigt ist eine Diskriminierung bzw. Einschränkung schließlich nur im Rahmen der ausdrücklichen (Abs. 3) oder ungeschriebenen Schranken, die sich zumindest bei versteckten Diskriminierungen[368] und allgemeinen Beschränkungen[369] aus zwingenden Gründen des Allgemeininteresses ergeben. In jedem Fall gilt der Grundsatz der Verhältnismäßigkeit als wichtigste Schranken-Schranke.

118 Zu beachten sind ferner die Niederlassungsfreiheit gemäß Art. 43 EGV sowie die Dienstleistungsfreiheit gemäß Art. 49 EGV. Die Niederlassungsfreiheit gemäß Art. 43 Abs. 1 EGV erstreckt sich auf die Aufnahme und Ausübung – im Unterschied zu Art. 39 EGV – selbständiger Erwerbstätigkeit sowie die Gründung und Leitung von Unternehmen nach den Bestimmungen, die im Aufnahmestaat für dessen eigene Angehörige gelten. Wird die selbständige Tätigkeit nicht mit einer Niederlassung in ei-

---

364 Vgl. F., I., 2., Rdn. 86 (89).
365 *Ruffert*, in: Ehlers, Grundrechte und Grundfreiheiten, § 19 Rn. 37.
366 *Mann*, in: Sachs, GG, Art. 12 Rn. 10.
367 EuGH, Slg. 1995, I-4921, Rn. 94 ff. – Bosman; hierzu *Nolte/Tams*, JuS 2006, 218 (220); zuvor bereits Slg. 1993, I-1663, Rn. 32 ff. – Kraus.
368 EuGH, Slg. 1996, I-2617 ff. – O`Flynn.
369 EuGH, Slg. 1995, I-4921, Rn. 127 ff. – Bosman.

nem anderen Mitgliedstaat verbunden, ist die Dienstleistungsfreiheit gemäß Art. 49
EGV einschlägig.[370]

II. Arbeitszwang (Abs. 2) und Zwangsarbeit (Abs. 3)

Internationale Aspekte des Verbots von Arbeitszwang und Zwangsarbeit finden sich 119
in der EMRK. Hierzu zählt zwar weniger das Verbot von Sklaverei und Leibeigen-
schaft gemäß Art. 5 Abs. 1 EMRK mit größerer Nähe zur Menschenwürde gemäß
Art. 1 GG, als vielmehr die in Art. 5 Abs. 2 EMRK enthaltene Aussage. Art. 5
Abs. 2 EMRK normiert den Grundsatz, dass niemand gezwungen werden darf,
Zwangs- oder Pflichtarbeit zu verrichten. Damit gleicht die Vorschrift zumindest der
ersten Satzhälfte des Art. 12 Abs. 2 GG mit dem Unterschied, dass Art. 12 Abs. 2
GG lediglich den Arbeitszwang betrifft, während die Zwangsarbeit in Art. 12 Abs. 3
GG geregelt ist. Zudem spricht Art. 5 Abs. 2 EMRK von Zwangs- oder »Pflicht-
arbeit« und verwendet mit Letzterer einen Begriff, der Art. 12 Abs. 2 und 3 GG
fremd ist. Einer weiterer, eher dogmatischer als inhaltlicher Unterschied zwischen
Art. 5 EMRK und Art. 12 Abs. 2 und 3 GG kommt hinzu. So enthält Art. 5 EMRK
im Gegensatz zu Art. 12 Abs. 2 und 3 GG keine qualifizierten Schranken.[371]

I. Prozessuale Fragen

Prozessuale Fragen bei Art. 12 GG betreffen vor allem[372] den Umfang gerichtlicher 120
Überprüfbarkeit staatlicher Entscheidungen im Rahmen von Einschätzungs-, Be-
urteilungs- und Bewertungsspielräumen sowohl im Bereich der abwehrrechtlichen
Dimension der Berufsfreiheit als auch hinsichtlich ihrer schutz- und verfahrensrechtlichen Aspekte. Hinzu treten gewisse Besonderheiten bei der prozessualen Durchsetzung der Berufsfreiheit als Teilhaberecht.

Im Bereich der abwehrrechtlichen Dimension der Berufsfreiheit besteht ein Einschät- 121
zungs- und Gestaltungsspielraum des Gesetzgebers vor allem hinsichtlich der materiellen Anforderungen zulässiger Grundrechtsbeeinträchtigungen. Dies betrifft namentlich die spezifischen Anforderungen der Dreistufentheorie und die allgemeinen
Kriterien der Verhältnismäßigkeit vor allem bei Berufsausübungsregelungen. So wird
dem Gesetzgeber ein weiter Einschätzungs- und Gestaltungsspielraum zugestanden,
ob bestimmte Ausübungsregelungen durch vernünftige Erwägungen des Gemeinwohls oder Gründe der Zweckmäßigkeit legitimiert sind,[373] womit die Unschärfe
der materiellen Voraussetzungen mit einer zurückhaltenden prozessualen Überprüfbarkeit gekoppelt wird. Der gesetzgeberische Beurteilungsspielraum bezieht sich dabei zum Ersten auf die Auswahl der mit einer Berufsausübungsregelung verfolgten

---

370 *Mann*, in: Sachs, GG, Art. 12 Rn. 10.
371 Vgl. hierzu F., II., 1., b), Rdn. 94 ff. sowie F., II., 2., b), Rdn. 102 ff.
372 Zur Überprüfung der Anforderungen des Gesetzes- bzw. Regelungsvorbehalts nach
    Art. 12 Abs. 1 S. 2 GG durch das BVerfG vgl. F., I., 2., Rdn. 84.
373 Vgl. nur BVerfGE 39, 2190 (225 f.); 46, 246 (257); 51, 193 (208).

Ziele und zum Zweiten auf die Gewichtung eines Gemeinwohlbelangs.[374] Danach ist es dem Gesetzgeber etwa erlaubt, dem Gesundheitsschutz gegenüber der Berufsfreiheit von Gastwirten den Vorrang einzuräumen und ein striktes Rauchverbot in Gaststätten zu verhängen.[375] Entscheidet sich der Gesetzgeber wegen des hohen Rangs der zu schützenden Rechtsgüter für ein striktes Rauchverbot in allen Gaststätten, so darf er dieses Konzept zudem konsequent verfolgen und muss sich auch nicht auf Ausnahmeregelungen für reine Rauchergaststätten einlassen, zu denen Nichtraucher keinen Zutritt erhalten.[376] Hinzu kommt ferner ein Spielraum bei der Beurteilung, ob eine bestimmte Ausübungsregelung das gesetzte Ziel fördert und damit geeignet ist. Der Gesetzgeber ist zwar verpflichtet, eine möglichst präzise Analyse der bestehenden Situationen vorzunehmen. Die von ihm zu treffende Prognose, ob ein bestimmtes Mittel dieses Ziel »fördert« ist aber insbesondere bei wirtschaftlich komplexen Sachverhalten durch die Verfassungsgerichtsbarkeit auch dann nicht zu beanstanden,[377] wenn sich *ex post* herausstellen sollte, dass die Tatsachen ganz oder teilweise falsch waren.[378] Entscheidend ist vielmehr, ob der Gesetzgeber zum Zeitpunkt seines Tätigwerdens eine objektiv vertretbare[379] Regelung traf oder ob diese objektiv untauglich,[380] objektiv ungeeignet[381] bzw. schlechthin ungeeignet[382] war. Schließlich besteht ein vergleichbarer Beurteilungsspielraum auch im Rahmen der Erforderlichkeit und beruht insbesondere auf dem gesetzgeberischen Typisierungsspielraum im Rahmen generalisierender Maßnahmen.[383]

122 Schließlich spricht das Bundesverfassungsgericht dem Gesetzgeber auch in den Bereichen subjektiver und sogar objektiver Zulassungsschranken gewisse Beurteilungsspielräume zu. Bei subjektiven Zulassungsschranken beschränkt das Gericht seine Kontrolle darauf, ob die Anschauungen des Gesetzgebers mit Blick auf den Schutz besonders wichtiger Gemeinschaftsgüter, die der Freiheit der Einzelnen vorgehen, *offensichtlich* fehlsam oder mit der Wertordnung des Grundgesetzes unvereinbar sind.[384] Bei objektiven Zulassungsschranken erstreckt sich der Beurteilungsspielraum des Gesetzgebers zwar auf die Einschätzung zukünftiger Tatsachenentwicklungen,[385] nicht jedoch auf die Auswahl der überragend wichtigen Gemeinschaftsgüter.[386]

---

374 *Wieland*, in: Dreier I, Art. 12 Rn. 107 f.
375 BVerfGE 121, 317 (357 ff.).
376 BVerfGE 121, 317 (358 f.); BVerfG v. 02.08.2010, 1 BvR 1746/10, Rn. 12.
377 *Ossenbühl*, Die Kontrolle von Tatsachenfeststellungen und Prognoseentscheidungen durch das Bundesverfassungsgericht, in: Festgabe BVerfG, Bd. 1, 1976, S. 458 ff.
378 In diesen Fällen kann sich eine Nachbesserungspflicht des Gesetzgebers ergeben, die nur dann verletzt wird, wenn die Nachbesserung über längere Zeit hinweg unterbleibt.
379 Seit BVerfGE 50, 290 (333–335).
380 BVerfGE 16, 147 (181).
381 BVerfGE 17, 306 (317).
382 BVerfGE 19, 119 (126 f.).
383 BVerfGE 9, 338 (347); 83, 1 (19).
384 BVerfGE 13, 97 (107).
385 BVerfGE 25, 1 (19 f.).
386 *Breuer*, HStR VIII, § 1171 Rn. 22; a.A. OVG NRW, NWVBl 1995, 26 (27).

Besondere Beurteilungs- und Gestaltungsspielräume zugunsten von Gesetzgeber und Verwaltung bestehen darüber hinaus vor allem im Rahmen der schutz- und verfahrensrechtlichen Dimensionen der Berufsfreiheit. Dafür gibt es zwei unterschiedliche Gründe: Die materielle Wirkkraft des Schutzrechts ist gegenüber der klassischen Abwehrfunktion von Art. 12 Abs. 1 GG geringer und im Bereich verfahrensbezogener Dimensionen verfügt die Verwaltung über einen tatsächlichen Wissensvorsprung gegenüber der Gerichtsbarkeit. 123

Der weite Beurteilungs- und Gestaltungsspielraum zugunsten des Gesetzgebers bei Schutzpflichten bezieht sich dabei sowohl auf die Feststellung ihrer Voraussetzungen als auch auf den Umfang ihrer Erfüllung. Danach stellt das Bundesverfassungsgericht eine Verletzung nur fest, wenn der Gesetzgeber untätig bleibt, obwohl die konkreten Umstände ein Tätigwerden verlangen, oder die getroffenen Schutzvorkehrungen *gänzlich* ungeeignet oder *völlig* unzulänglich sind, das gebotene Schutzziel zu erreichen, oder *erheblich* dahinter zurückbleiben.[387] Weitere Entscheidungsspielräume zugunsten der Verwaltung existieren bei der Beachtung der verfahrensrechtlichen Dimension der Berufsfreiheit insbesondere bei Staatsprüfungen. Diese Spielräume betreffen mithin nicht alle Prüfungsleistungen, sondern erstrecken sich – in Abgrenzung zu vollumfänglich überprüfbaren fachwissenschaftlichen Beurteilungen – lediglich auf *prüfungsspezifische* Wertungen.[388] Zu den fachwissenschaftlichen Beurteilungen, die voll gerichtlich überprüft werden, zählen fachliche Meinungsverschiedenheiten zwischen Prüfer und Prüfling; hier hat der Prüfer dem Prüfling einen Antwortungsspielraum zuzugestehen, in dem argumentativ und folgerichtig Vertretbares nicht als falsch bewertet werden darf. Darüber hinaus müssen Prüfungen ohne Verzögerung stattfinden und die Bewertung sachkundig sowie nachvollziehbar, d.h. transparent sein. Eine umfassende Protokollierung von Fragen und Antworten in einer mündlichen Prüfung verlangt Art. 12 Abs. 1 GG demgegenüber nicht. Das Prüfungsgeschehen muss vielmehr nur aufklärbar sein.[389] Zu den prüfungsspezifischen Wertungen mit Beurteilungsspielraum zählt demgegenüber insbesondere die Festsetzung der Prüfungsnote. Denn sie beruht auf einem Bezugssystem der Prüfer, das vor allem durch persönliche Erfahrungen, Einschätzungen und Vorstellungen gebildet ist und insoweit die Zuerkennung eines Bewertungsspielraums erfordert.[390] 124

Schließlich bestehen gewisse Besonderheiten im Rahmen der Berufsfreiheit als Teilhaberecht. Diese betreffen weniger den Umfang der verfassungsgerichtlichen Überprüfbarkeit des Kapazitätsausschöpfungsgebotes[391] als vielmehr dessen verwaltungsgerichtliche Geltendmachung. Denn gelangt ein Verwaltungsgericht zu dem Ergebnis, dass noch zusätzliche Ausbildungskapazitäten vorhanden sind, ist die Verpflichtungsklage gegen den Ausbildungsträger auf Zulassung (und nicht lediglich eine Beschei- 125

---

387 BVerfGE 92, 26 (46); 116, 49 (52).
388 Vgl. hierzu *Mann*, in: Sachs, GG, Art. 12 Rn. 32.
389 BVerwG NVwZ 1995, 494.
390 BVerwGE 99, 74 (77).
391 Hierzu E., I., 1., Rdn. 70.

dungsklage) begründet.[392] Dies soll selbst dann der Fall sein, wenn der obsiegende Kläger nach seiner Rangziffer den entsprechenden Studienplatz bei Aufnahme in das Verteilungsverfahren nicht erhalten hätte.[393]

J. Deutsche und europarechtliche Leitentscheidungen

126 BVerfGE 7, 377 – Apotheken-Urteil; BVerfGE 30, 292 – Erdölbevorratung; BVerfGE 33, 303 – numerus clausus; BVerfGE 50, 290 – Mitbestimmung; BVerfGE 78, 179 – Heilpraktiker; BVerfGE 84, 34 und 59 – Prüfungsrecht; BVerfGE 94, 372 – Werbeverbot für Apotheker; BVerfGE 95, 173 – Warnhinweise auf Tabakerzeugnisse; BVerfGE 98, 265 – Schwangerschaftsabbruch als Berufstätigkeit; BVerfGE 105, 252 – Glykol; BVerfGE 105, 279 – Osho; BVerfGE 111, 10 – Ladenschluss; BVerfGE 111, 191 – Notarkasse; BVerfGE 115, 276 – Sportwetten.

EuGH, Rs. 11/70, Slg. 1970, 1125 – Internationale Handelsgesellschaft; EuGH, Rs. 4/73, Slg. 1974, 491 – Nold; EuGH Rs. 44/79, Slg. 1979, 3727 – Hauer; EuGH, verb. Rs. 133–136/85, Slg. 1987, 2289 – Rau; EuGH, verb. Rs. C-143/88 u. C-92/89, Slg. 1991, I-415 – Zuckerfabrik Süderdithmarschen; EuGH, Rs. C-306/93, Slg. 1994, I-5555 – Winzersekt; EuGH, Rs. C-415/93, Slg. 1995, I-4921 – Bosman.

EGMR (1978), EuGRZ 1978, 406 – König/Deutschland; EGMR (1981), Series A no. 43 = EuGRZ 1981, 551 – Le Compte/Belgien; EGMR (1986), Series A no. 101 = EuGRZ 1988, 35 – van Marle u.a./Niederlande; EGMR (1989), Series A no. 159 – Tre Traktörer Aktiebolag/Schweden; EGMR (1999), RJD 19999-II – Iatridis/Griechenland, EGMR (1999), Application no. 26602/95 – W.R./Österreich; EGMR (2001), EuGRZ 2001, 585 – Mianowicz/Deuschland; EGMR (2003), EuGRZ 2003, 709 – Wendenburg u.a./Deutschland; EGMR (2005), Application nor. 45036/98 – NJW 2006, 197 – Bosphorus Hava Yollari Turzm ve Ticaret AS/Irland.

K. Literaturauswahl

127 *Badura*, Das Berufsrecht in der Rechtsprechung des BVerfG, in: FG BVerwG 2003, S. 785; *Breuer*, Freiheit des Berufs, HStR VIII, 3. Aufl. 2010; *Brüning,* Nichts geht mehr? – Zum grundrechtlichen Schutz der Berufsfreiheit vor staatlicher Wirtschaftstätigkeit, JZ 2009, 29; *Dietlein*, Berufs-, Arbeitsplatz – Ausbildungsfreiheit, in: Stern, Staatsrecht IV/1, 2006, § 111; *Düring*, Berufsfreiheit und Konkurrentenschutz, FS Jaeger, 2011, 377; *Ernst/Kämmerer,* Berufsfreiheit im Bologna-Prozess. Verfassungsrechtliche Anforderungen an den Zugang zu Bachelor und Master, RdJB 2011, 297; *Frenz*, Die Berufsfreiheit – Nichtraucherschutz, Sportwetten, Studiengebühren, JA 2009, 252; *Gaier*, Der Beruf des Arztes im Lichte der Berufsfreiheit, FS Jaeger, 2011, 421; *Häberle*, Arbeit als Verfassungsproblem, JZ 1984, 345; *Haupenthal/Koch,* Trainerlizenzen und die Berufsfreiheit im Fußballsport, SpuRt 2012,

---

392 BVerfGE 39, 258 (268 ff.); 39, 276 (293); 43, 34 (44); BVerwGE 56, 31 (36); 70, 318 (319 f.).
393 BVerfGE 39, 258 (268 ff.); 39, 276 (293).

178; *Kluth*, Das Grundrecht der Berufsfreiheit, Jura 2001, 371; *Kment*, Ein Monopol gerät unter Druck, NJW 2006, 617; *Lecheler*, Art. 12 GG – Freiheit des Berufs und Grundrecht der Arbeit, VVDStRL 43 (1985), 48; *Mann*, Berufliche Selbstverwaltung, HStR VI, 3. Aufl. 2007; § 146; *Mann/Worthmann*, Berufsfreiheit (Art. 12 GG) – Strukturen und Problemkonstellationen, JuS 2013, 385; *Nolte/Tams*, Grundfälle zu Art. 12 Abs. 1 GG, JuS 2006, 31, 130, 218; *Papier*, Staatliche Monopole und Berufsfreiheit – dargestellt am Beispiel der Spielbanken, FS Stern, 1997, S. 543; *Ruffert*, Grundrecht der Berufsfreiheit, in: Ehlers (Hrsg., Europäische Grundrechte und Grundfreiheiten, 2005, § 16; *Sachs*, Der Schutz vor Arbeitszwang und Zwangsarbeit, in: Stern, Staatrecht IV/1, 2006, § 105; *Sasse*, Die Berufsfreiheit und das Recht zu arbeiten, 2011; *Schneider*, Art. 12 GG – Freiheit des Berufs und Grundrecht der Arbeit, VVDStRL 43 (1985), 7; *Steinberg/Müller*, Art. 12 GG, Numerus Clausus und die neue Hochschule, NVwZ 2006, 1113; *Tettinger*, Das Grundrecht der Berufsfreiheit in der Rechtsprechung des Bundesverfassungsgerichts, AöR 108 (1983), 92; *ders.*, Rechtsprechungslinien des Bundesverfassungsgerichts zu Höchstaltersgrenzen als berufsbezogenen Regelungen, DVBl. 2005, S. 1397; *Weiß*, Öffentliche Monopole, kommunaler Anschluß- und Benutzungszwang und Art. 12 GG, VerwArch. 90 (1999), 415.

Artikel 12a [Wehr- und andere Dienstverpflichtungen]

(1) Männer können vom vollendeten 18. Lebensjahr an zum Dienst in den Streitkräften, im Bundesgrenzschutz oder in einem Zivilschutzverband verpflichtet werden.

(2) Wer aus Gewissensgründen den Kriegsdienst mit der Waffe verweigert, kann zu einem Ersatzdienst verpflichtet werden. Die Dauer des Ersatzdienstes darf die Dauer des Wehrdienstes nicht übersteigen. Das Nähere regelt ein Gesetz, das die Freiheit der Gewissensentscheidung nicht beeinträchtigen darf und auch eine Möglichkeit des Ersatzdienstes vorsehen muss, die in keinem Zusammenhang mit den Verbänden der Streitkräfte und des Bundesgrenzschutzes steht.

(3) Wehrpflichtige, die nicht zu einem Dienst nach Absatz 1 oder 2 herangezogen sind, können im Verteidigungsfalle durch Gesetz oder auf Grund eines Gesetzes zu zivilen Dienstleistungen für Zwecke der Verteidigung einschließlich des Schutzes der Zivilbevölkerung in Arbeitsverhältnisse verpflichtet werden; Verpflichtungen in öffentlich-rechtliche Dienstverhältnisse sind nur zur Wahrnehmung polizeilicher Aufgaben oder solcher hoheitlichen Aufgaben der öffentlichen Verwaltung, die nur in einem öffentlich-rechtlichen Dienstverhältnis erfüllt werden können, zulässig. Arbeitsverhältnisse nach Satz 1 können bei den Streitkräften, im Bereich ihrer Versorgung sowie bei der öffentlichen Verwaltung begründet werden; Verpflichtungen in Arbeitsverhältnisse im Bereiche der Versorgung der Zivilbevölkerung sind nur zulässig, um ihren lebensnotwendigen Bedarf zu decken oder ihren Schutz sicherzustellen.

(4) Kann im Verteidigungsfalle der Bedarf an zivilen Dienstleistungen im zivilen Sanitäts- und Heilwesen sowie in der ortsfesten militärischen Lazarettorganisation nicht auf freiwilliger Grundlage gedeckt werden, so können Frauen vom vollendeten 18. bis zum vollendeten 55. Lebensjahr durch Gesetz oder auf Grund eines Gesetzes zu derartigen Dienstleistungen herangezogen werden. Sie dürfen auf keinen Fall zum Dienst mit der Waffe verpflichtet werden.

(5) Für die Zeit vor dem Verteidigungsfalle können Verpflichtungen nach Absatz 3 nur nach Maßgabe des Artikels 80a Abs. 1 begründet werden. Zur Vorbereitung auf Dienstleistungen nach Absatz 3, für die besondere Kenntnisse oder Fertigkeiten erforderlich sind, kann durch Gesetz oder auf Grund eines Gesetzes die Teilnahme an Ausbildungsveranstaltungen zur Pflicht gemacht werden. Satz 1 findet insoweit keine Anwendung.

(6) Kann im Verteidigungsfalle der Bedarf an Arbeitskräften für die in Absatz 3 Satz 2 genannten Bereiche auf freiwilliger Grundlage nicht gedeckt werden, so kann zur Sicherung dieses Bedarfs die Freiheit der Deutschen, die Ausübung eines Berufs oder den Arbeitsplatz aufzugeben, durch Gesetz oder auf Grund eines Gesetzes eingeschränkt werden. Vor Eintritt des Verteidigungsfalles gilt Absatz 5 Satz 1 entsprechend.

A. Vorbilder und Entstehungsgeschichte

An vorderster Stelle des Art. 12a GG steht die allgemeine Wehrpflicht (Abs. 1 Var.   1
1) mit Vorbildern in der Paulskirchenverfassung vom 28.03.1849 (RV 1849),[1] in
der Reichsverfassung vom 16.04.1871 (RV 1871)[2] und in der Weimarer Reichsverfassung vom 11.08.1919 (WRV 1919).[3] § 137 Abs. 7 RV 1849 war dabei äußerst
knapp formuliert und regelte lediglich eine für »Alle gleiche Wehrpflicht« (Hs. 1),
die Stellvertretung nicht zuließ (Hs. 2). Gleiches galt gemäß Art. 57 Abs. 1 RV
1871, wobei Art. 59 Abs. 1 RV 1871 weitere Einzelheiten über Anfang, Ablauf und
Ende der Wehrpflicht auch im Verhältnis zu den Bundesstaaten enthielt. Schließlich
verpflichtete Art. 133 Abs. 1 WRV 1919 alle Staatsbürger, persönliche Dienste für
den Staat und die Gemeinde zu leisten und normierte in Abs. 2 einen Regelungsvorbehalt für das Reichswehrgesetz.

Die Schaffung des Art. 12a GG geht zurück auf das 17. Gesetz zur Ergänzung des   2
Grundgesetzes vom 24.06.1968[4] als Teil der Notstandsverfassung im Kontext mit
den Art. 4 Abs. 3, 17a, 80a, 87a, 87b, 91, 96 Abs. 2 und 115a Abs. 1 S. 1 GG.
Während der Regierungsentwurf[5] die Wehrpflicht in den bestehenden Art. 12 GG
integrieren wollte, setzte sich im Rechtsausschuss[6] deren Ausgliederung in einen neu-
en Art. 12a GG durch. Dieser nahm außerdem den Ersatzdienst (Art. 12a Abs. 2

---

1 RGBl S. 101; abgedr. Bei *E.R. Huber*, Dokumente zur Deutschen Verfassungsgeschichte,
  Bd. 1, 1978, S. 304 ff.
2 RGBl S. 64.
3 RGBl S. 1383.
4 BGBl. I S. 709.
5 BT-Drs. V/1879: Anlage 1, S. 1 (Entwurf), S. 15 f. (Generalklausel), S. 18 ff. (Begründung).
6 BT-Drs. IV/3494, S. 7.

GG) und die Dienstverpflichtung von Frauen (Art. 12a Abs. 4 GG), die bis zur Einführung des neuen Art. 12a GG systemwidrig[7] in Art. 12 Abs. 2, 3 GG untergebracht waren,[8] mit auf und stellte sie in den Zusammenhang mit der Wehrpflicht.
Schließlich enthält die Vorschrift weitere Dienstpflichten für Wehrpflichtige ohne
historische Entsprechungen (Art. 12a Abs. 3, 5 GG) sowie Bindungen an Beruf und
Arbeitsplatz (Art. 12a Abs. 6 GG).

3   Durch Gesetz vom 19.12.2000[9] wurde das in Art. 12a Abs. 4 S. 2 GG normierte allgemeine Verbot des Waffendienstes für Frauen (»Sie dürfen auf keinen Fall Dienst
mit der Waffe *leisten*«) auf ein Verbot der Waffenpflicht für Frauen (»Sie dürfen auf
keinen Fall zum Dienst mit der Waffe *verpflichtet* werden«) infolge der Kreil-Entscheidung des EuGH[10] begrenzt.

4   Zwar wurde die allgemeine Wehrpflicht zum 01.07.2011 mit Gesetz zur Änderung
wehrrechtlicher Vorschriften vom 28.04.2011 (Wehrrechtsänderungsgesetz)[11] zugunsten eines freiwilligen Wehrdienstes[12] ausgesetzt. Einer Änderung des Art. 12a
Abs. 1 GG bedurfte es hierfür aber nicht. Denn Art. 12a Abs. 1 GG normiert lediglich
die Ermächtigung zur Einführung einer Wehrpflicht,[13] die der einfache Gesetzgeber
seit dem 01.07.2011 auf den Spannungs- und Verteidigungsfall gemäß §§ 3–53 des
Wehrpflichtgesetzes begrenzt hat.[14] Die Aussetzung des Wehrdienstes zum 01. Juli
2011 korreliert ferner mit entsprechenden Folgen auf die sekundäre Ersatzdienstpflicht nach Art. 12a Abs. 2 GG: Bereits ab Oktober 2010 wurden Zivildienstleistende nur noch auf eigenen Wunsch einberufen; diese freiwillige Art der Einberufung war
nur bis zum 01. Juli 2011 möglich, sodass auch bei freiwillig längerer Dienstverpflichtung die letzten Zivildienstverhältnisse am 31. Dezember 2011 endeten. Als
Ersatz für die ausgesetzte Zivildienstpflicht wurde schließlich das Gesetz über den
Bundesfreiwilligendienst[15] eingeführt, das fortan alle bestehenden Freiwilligendiens-
te ergänzt und seit dem 03.05.2011 gilt.

---

7 *Bachof,* in: Die Grundrechte III/1, S. 155 (261 f., 264).
8 Vgl. *Nolte,* in: Stern/Becker, Art. 12 Rdn. 7.
9 BGBl I 1755.
10 Vgl. hierzu unter C., III., 2., Rdn. 43 sowie E., Rdn. 58.
11 BGBl I 2011 678.
12 Ursprünglich in den §§ 54 ff. des Wehrpflichtgesetzes geregelt, finden sich die Vorschriften
   über den freiwilligen Wehrdienst nunmehr in den §§ 58b ff. des Gesetzes über die Rechtsstellung der Soldaten – Soldatengesetz (BGBl I 2013 3386).
13 Vgl. A., Rdn. 5, sowie C., I., Rdn. 11.
14 BGBl I 2011 1730.
15 BGBl I 2011, 687.

B. Grundsätzliche Bedeutung/Schlagworte

Art. 12a GG normiert keine grundrechtlichen Schutzbereiche, sondern formuliert 5
qualifizierte Gesetzesvorbehalte (Schranken) in erster Linie[16] zu Art.
12 GG,[17] indem der (einfache) Gesetzgeber zur Einführung und Ausgestaltung spezieller Dienstpflichten[18] zur Verteidigung des politischen Gemeinwesens ermächtigt wird.[19] Drei verschiedene Arten von Dienstpflichten sind zu unterscheiden: primäre Dienstleistungspflichten (Art. 12a Abs. 1 GG), sekundäre Ersatzdienstpflicht (Art. 12a Abs. 2 GG) und sonstige zivile Dienstleistungspflichten (Art. 12a Abs. 3 bis 6 GG).

Art. 12a Abs. 1 GG enthält drei primäre Dienstpflichten zum Dienst in den Streit- 6
kräften, im Bundesgrenzschutz oder in einem Zivilschutzverband.[20] Von besonderer
Bedeutung ist hierbei die Dienstpflicht in den Streitkräften, allgemein Wehrpflicht
genannt. Sie gilt nach wie vor als eine »verfassungsrechtliche Pflicht« im Rahmen der
»verfassungsrechtliche(n) Grundentscheidung für die militärische Verteidigung«.[21]
Dass die Wehrpflicht einer Regelung durch den einfachen Gesetzgeber mit weitem
Ermessensspielraum obliegt[22] und seit dem 01.07.2011 nur noch begrenzte Geltung
für den Spannungs- und Verteidigungsfall besitzt,[23] lässt ihren verfassungsrechtlichen Charakter unberührt und entspricht spiegelbildlich der einfach-gesetzlichen
Ausgestaltung normgeprägter Grundrechte (Art. 14 Abs. 1 GG, Art. 19 Abs. 4 GG).

Art. 12a Abs. 1 GG i.V.m. Art. 3 Abs. 1 GG sind ferner normative Grundlage für 7
das tragende Prinzip der Wehrgerechtigkeit[24] als Teil staatsbürgerlicher Lastengleichheit. Es beherrscht das gesamte System der Dienstpflichten und verlangt insbesondere bei Durchführung einer allgemeinen Wehrpflicht,[25] dass jede ungleichmäßige Heranziehung von Männern zum Wehrdienst sachlich gerechtfertigt werden muss und
nicht vom Zufall abhängen darf.[26]

Ob Art. 12a Abs. 1 GG i.V.m. Art. 73 Nr. 1, 87a Abs. 1, 115b GG die verfassungs- 8
rechtliche Grundentscheidung für eine wirksame Landesverteidigung darstellt, ist

---

16 Dienstleistungspflichten nach Art. 12a GG können noch weitere Grundrechte einschränken; vgl. hierzu unter D.
17 *Scholz*, in: Maunz/Dürig, GG, Art. 12a Rn. 22; bei Deutschen kommt Abs. 1 zum Zuge, bei Ausländern und Staatenlosen Abs. 2.
18 *Kokott*, in: Sachs, GG, Art. 12a Rn. 3 differenziert zwischen 7 verschiedenen Dienstpflichten.
19 Vgl. *Ipsen/Ipsen*, in: Bonner Kommentar, Art. 12a Rn. 1 ff.
20 *Ipsen/Ipsen*, in: Bonner Kommentar, Art. 12a Rn. 4; *Brunn*, in: Umbach/Clemens, Art. 12 Rn. 4.
21 BVerfGE 28, 243 (261); E 48, 127 (159 f.).
22 BVerfGE 48, 127 (160); 105, 61 (71 ff.); *Deisroth*, NJ 1999, 635 (637).
23 Vgl. A., Rdn. 4.
24 BVerfGE 12, 45 (51).
25 BVerfGE 48, 127 (162); 69, 1 (21 f.).
26 *Scholz*, in: Maunz/Dürig, Art. 12a Rn. 25.

zwar umstritten.[27] Unbestritten war aber seit jeher, dass die Grundentscheidung für eine militärische Verteidigung auch durch Einführung einer Berufsarmee verwirklicht werden kann.[28] Deren Einführung stand Art. 12a Abs. 1 GG jedenfalls nicht entgegen.

9 Art. 12a Abs. 2 GG gilt der Ersatzdienstpflicht. Diese steht zu den (primären) Dienstpflichten des Art. 12a Abs. 1 GG in einem Surrogationsverhältnis[29] und bildet nach der gesetzgeberischen Intention die Ausnahme zur Wehrpflicht.[30] Man spricht deshalb von einer (nachrangigen) Sekundärverpflichtung,[31] deren einfach-gesetzliche Anordnung mit Aussetzung der allgemeinen Wehrpflicht zum 01.07.2011 entfiel und durch einen Freiwilligendienst gemäß § 1 Bundesfreiwilligendienstgesetz[32] ersetzt wurde. Dessen ungeachtet müssten Ersatzdienstleistende (vulgo: Zivildienstleistende) im Unterschied zu Wehrdienstleistenden jedenfalls weder ihr Leben einsetzen, noch andere Soldaten töten. Ersatzdienstpflicht und Wehrpflicht sind daher von Verfassungswegen verschiedenartig.[33]

10 Art. 12a Abs. 3 bis 6 GG betreffen sonstige (zivile) Dienstleistungspflichten. Diese hängen im Gegensatz zu Art. 12a Abs. 1 und 2 GG von dem Vorliegen einer akuten Notlage (Verteidigungsfall, Spannungsfall) ab. Insoweit wirkt sich die Aussetzung der allgemeinen Wehrpflicht zum 01.07.2011 auf sie nicht aus. Zu unterscheiden ist zwischen Verpflichtungen von Wehrpflichtigen (Abs. 3 und 5) und Frauen in Arbeitsverhältnissen (Abs. 4) sowie Beschränkungen der Freiheit, die Ausübung eines Berufs oder den Arbeitsplatz aufzugeben (Abs. 6).

C. Inhalte

I. Primäre Dienstleistungspflichten (Abs. 1)

11 Nach Art. 12a Abs. 1 GG können Männer vom vollendeten achtzehnten Lebensjahr an zum Dienst in den Streitkräften, im Bundesgrenzschutz oder in einem Zivilschutzverband verpflichtet werden. Der Wortlaut des Art. 12a Abs. 1 GG spricht zwar für das Vorliegen einer selbständigen Ermächtigungsgrundlage ohne die Notwendigkeit einer einfach-gesetzlichen Ausgestaltung. Hierfür streitet auch der Umkehrschluss zu den Art. 12a Abs. 2 bis 6 GG, die ausdrückliche Gesetzesvorbehalte (»durch oder auf Grund eines Gesetzes«) enthalten. Allerdings bedürfen auch die Verpflichtungen des Art. 12a Abs. 1 GG, die in ihrer Grundrechtsintensität über die

---

27 Herrschende Ansicht dafür: BVerfGE 48, 127 (159 f.); 69, 1 (21 f.); *Scholz*, in: Maunz/Dürig, Art. 12a Rn. 1, 16, 21; *Götz*, Grundpflichten als verfassungsrechtliche Dimension, VVDStRL 41 (1983), 7 ff.; dagegen: Sondervotum *Mahrenholz/Böckenförde*, BVerfGE 69, 57 (59 ff.).

28 BVerfGE 48, 127 (160); 105, 61 (71).

29 BVerfGE 80, 355 (359) m.w.N.

30 *Kokott*, in: Sachs, GG, Art. 12a Rn. 21.

31 *Krieger*, in: Friauf/Höfling, Art. 12a Rn. 36.

32 BGBl I 2011, 687.

33 *Kokott*, in: Sachs, GG, Art. 12a Rn. 22.

in Art. 12a Abs. 2 bis 6 GG geregelten Verpflichtungen hinausgehen, wegen Art. 20 GG – erst recht und stets – einer formellgesetzlichen Grundlage,[34] die Wesentliches (Dauer, Inhalte und Grenzen) regelt. Art. 12a Abs. 1 GG macht insofern nur geringe qualifizierende Vorgaben (Geschlecht, Alter, Verwendungsbereiche). Die Wiedereinführung der zum 01.07.2011 ausgesetzten allgemeinen Wehrpflicht in den Streitkräften ist daher nur über eine Änderung des Wehrpflichtgesetzes erreichbar.

Art. 12a Abs. 1 GG bezieht sich auf drei verschiedene Dienste in den Streitkräften, 12 im Bundesgrenzschutz oder in einem Zivilschutzverband. Die Pflichten des Art. 12a Abs. 1 GG sind gleichwertig und annähernd gleichartig.[35] Der Wortlaut des Art. 12a Abs. 1 GG legt keine Rangfolge der Dienste fest, bei denen in Normalzeiten eine Ausbildung von gewisser Dauer[36] erfolgt. Die zeitliche Dauer der Ausbildung für die in Art. 12a Abs. 1 GG genannten Dienste überschreitet im Übrigen diejenige der Ausbildungsveranstaltung im Sinne von Art. 12a Abs. 5 S. 2 GG.[37]

Der Dienst in den Streitkräften bestimmt sich nach dem Wehrpflichtgesetz. Der Be- 13 griff der Streitkräfte entspricht dem des Art. 87a GG[38] und erstreckt sich auf alle militärischen Verbände, die besonders wirksame Waffen haben und nach dem Prinzip von Befehl und Gehorsam organisiert sind.[39] Keine Streitkräfte im Sinne des Art. 12a Abs. 1 GG sind die Polizeien des Bundes und der Länder, die Bundeswehrverwaltung (Art. 87b GG),[40] die Rechtspflege der Bundeswehr – Wehrdienstgerichtsbarkeit (Art. 96 Abs. 4 GG) und Wehrstrafgerichtsbarkeit (Art. 96 Abs. 2 GG) – und die Militärseelsorge (Art. 140 i.V.m. Art. 141 WRV).[41]

Art. 12a Abs. 1 GG erlaubt ferner einen Dienst im Bundesgrenzschutz, den der ein- 14 fache Gesetzgeber mit Wirkung zum 01.07.2005[42] in »Bundespolizei« ohne entsprechende Änderung des Grundgesetzes umbenannt hat. Die Aufgaben des Bundesgrenzschutzes (resp. Bundespolizei) ergeben sich aus dem Bundespolizeigesetz (BPolG). Danach obliegt dem Bundesgrenzschutz im Frieden der grenzpolizeiliche Schutz des Bundesgebietes (§ 2 Abs. 1 BPolG) sowie die Abwehr von Gefahren für die öffentliche Sicherheit oder Ordnung auf dem Gebiet der Bahnanlagen der Eisenbahnen des Bundes (§ 3 BPolG) und von Angriffen auf die Sicherheit des Luftverkehrs (§ 4 BPolG) sowie zur Aufrechterhaltung oder Wiederherstellung der Sicherheit oder Ordnung an Bord deutscher Luftfahrzeuge (§ 4a BPolG). Im Übrigen kann der Bundesgrenz-

---

34 *Jarass*, in: Jarass/Pieroth, Art. 12a Rn. 2.
35 *Ipsen/Ipsen*, in: Bonner Kommentar, Art. 12a Rn. 49.
36 Die Wehrpflicht setzt eine Grundausbildungseignung gleichwohl nicht zwingend voraus; vgl. BVerwG, Buchholz 448.0 § 8a WPflG Nr. 62.
37 *Klein*, Der Staat 8 (1969), 363 (366).
38 *Heun*, in: Dreier I, Art. 12a Rn. 21.
39 *Pieroth*, in: Jarass/Pieroth, Art. 87a Rn. 4 m.w.N.
40 *Gornig*, in: von Mangoldt/Klein/Starck, GG, Art. 12a Rn. 44 ff.
41 *Stern*, Staatsrecht II, S. 862.
42 Gesetz zur Umbenennung des Bundesgrenzschutzes in Bundespolizei vom 21.06.2005, BGBl 2005 I 1818; vgl. auch § 1 BPolG: »Polizei des Bundes«.

schutz auf Ersuchen zum Schutz von Verfassungsorganen sowie Ministerien des Bundes eingesetzt werden (§ 5 BPolG) sowie andere Bundesbehörden und die Bundesländer insbesondere bei der Aufrechterhaltung oder Wiederherstellung der öffentlichen Sicherheit und bei Naturkatastrophen oder besonders schweren Unglücksfällen unterstützen (§§ 9 ff. BPolG). Schließlich treten Aufgaben außerhalb des Bundesgebiets auf hoher See gemäß § 6 BPolG sowie gemäß § 8 BPolG im Rahmen internationaler Maßnahmen auf Ersuchen und unter Verantwortung der Vereinten Nationen, einer regionalen Abmachung oder Einrichtung gemäß Kap. VIII der Vereinten Nationen, der Europäischen Union oder der Westeuropäischen Union (Abs. 1) sowie im Einvernehmen mit dem betreffenden Staat zur humanitären Rettung von Personen aus einer gegenwärtigen Gefahr für Leib oder Leben (Abs. 2) hinzu.[43]

15   Die gegenüber Wehrpflicht und der Pflicht in dem Bundesgrenzschutz praktisch nicht (mehr) bedeutsame[44] Pflicht zum Dienst in einem Zivilschutzverband erstreckt sich auf die Vorbeugung und Beseitigung der Gefahren für Leben, Gesundheit und Eigentum der Zivilbevölkerung, die namentlich im Verteidigungs- und Spannungsfall, aber auch bei Naturereignissen und sonstigen Katastrophen drohen oder eintreten. Hierzu gehören gemäß § 1 Abs. 2 ZSchG insbesondere der Selbstschutz, der Warndienst oder Schutzbau, die Aufenthaltsregelung, der Katastrophenschutz und Maßnahmen zum Schutz der Gesundheit und des Kulturguts. Da Zivilschutzverbände gemäß § 1 Abs. 1 ZSchG keine militärischen Maßnahmen ergreifen, genießen deren Angehörige keinen Kombattantenstatus, dürfen also nicht an Kampfhandlungen gegen den Feind teilnehmen und sind bei Gefangennahme keine Kriegsgefangenen.[45] Einer militärähnlichen Gliederung des Zivilschutzverbandes analog der Bundeswehr oder des Bundesgrenzschutzes stehen diese Grundsätze nicht entgegen.[46]

16   Beachtenswert ist ferner, dass die Pflicht zur Ableistung des Grundwehrdienstes nach den Grundsätzen der Lastengleichheit und Wehrgerechtigkeit[47] gemäß § 13a Abs. 2 S. 1 WPflG erlischt, wenn Wehrpflichtige vier Jahre im Zivilschutz oder Katastrophenschutz mitgewirkt haben. Hierzu gehören z.B. das Technische Hilfswerk, die Deutsche Lebensrettungsgesellschaft, das Deutsche Rote Kreuz, der Malteser-Hilfsdienst, die Johanniter-Unfall-Hilfe und der Arbeiter-Samariter-Bund.[48]

---

43   Weiterführend hierzu *Kokott*, in: Sachs, GG, Art. 12a Rn. 17 (Unterrichtspflichten des Deutschen Bundestages; nicht erforderliche Zustimmung des Parlaments etc.).

44   Seit Aufhebung des einzigen verpflichtenden Gesetzes über das Zivilschutzkorps im Jahre 1990 (BGBl I 1990, 120) erfolgt der Dienst im Zivil- und Katastrophenschutz gemäß §§ 9 ff. ZSchG allein auf ehrenamtlicher Basis. Im Übrigen trat auch der seit 1990 geltende § 9a des Katastrophenschutzgesetzes über eine persönliche Hilfeleistungspflicht für Männer und Frauen zwischen 18 und 60 Jahren im Rahmen eines Verteidigungsfalles auf Grundlage des Art. 12 Abs. 2 GG im Jahre 1997 außer Kraft.

45   *Scholz*, in: Maunz/Dürig, Art. 12a Rn. 68 f.; *Kämmerer*, in: v. Münch/Kunig I, Art. 12a Rn. 10.

46   *Scholz*, in: Maunz/Dürig, Art. 12a Rn. 70.

47   *Heun*, in: Dreier I, Art. 12a Rn. 24.

48   *Kreutzer*, DVBl. 1966, 524 ff.

Die Pflichten des Art. 12a Abs. 1 GG treffen nur Männer vom vollendeten acht- 17
zehnten Lebensjahr an. Eine Beschränkung auf Deutsche sieht die Vorschrift nicht
vor. Deshalb kann die Pflicht auch auf Staatenlose, Doppel- oder Mehrstaatler und
auf Ausländer bezogen werden, soweit dies mit Art. 25 GG vereinbar ist.[49] Auch einem freiwilligen Dienst von Frauen in den Streitkräften steht Art. 12a Abs. 1 GG
nicht entgegen[50] mit Rückwirkungen auf die verfassungsrechtliche Beurteilung des
Verhältnisses zwischen Art. 12a Abs. 1 GG zu Art. 3 Abs. 2 und 3 GG.[51]

Schließlich enthalten die §§ 9 ff. WPflG eine Reihe von Ausnahmen vom Wehr- 18
dienst wie etwa die Verurteilung, das Geistlichenprivileg,[52] die Zurückstellung vom
Wehrdienst aus Gründen der Ausbildung oder die Unabkömmlichkeitsstellung aus
beruflichen Gründen, die an den verfassungsrechtlichen Geboten der Wehrgerechtigkeit aus Art. 12a Abs. 1 i.V.m. Art. 3 Abs. 1 GG,[53] der Lastengleichheit und der wirksamen militärischen Landesverteidigung[54] gemessen werden müssen. Problematisch
mit Blick auf den Grundsatz der Wehrgerechtigkeit war vor allem die Tatsache, dass
bis zur Aussetzung der allgemeinen Wehrpflicht ab 01.07.2011 immer weniger und
praktisch nur (noch) Zweidrittel aller wehrpflichtigen Männer zum Dienst in den
Streitkräften (bzw. zum Ersatzdienst) einberufen wurden.[55] Denn Art. 12a Abs. 1 GG
basiert auf der Vorstellung einer »allgemeinen« Wehrpflicht. Der Grundsatz der Allgemeinheit sollte aber nach einer Ansicht dann nicht mehr gewahrt sein, wenn mehr
als die Hälfte der Wehrpflichtigen eines Altersjahrgangs keinen Dienst ableisten
müssten.[56] Diese absolute Grenze habe unabhängig von dem konkreten Personalbe-
darf der Bundeswehr gegolten[57] und sei keiner Abwägung zugänglich gewesen.[58]
Das Bundesverwaltungsgericht folgte dieser strengen Auffassung zwar nicht. Es hielt
eine Verletzung des Grundsatzes der Wehrgerechtigkeit aber dann für denkbar, wenn
die Zahl der Angehörigen eines Altersjahrgangs, die tatsächlich Wehrdienst leisten,
deutlich hinter der Zahl der verfügbaren Wehrpflichtigen dieses Jahrgangs zurück-
bleibe.[59] In diesem Fall müsse der Gesetzgeber handeln. Bleibe er untätig, so führe
dies zur Verfassungswidrigkeit der gesetzlichen Bestimmungen über die Wehrpflicht

---

49 *Kokott*, in: Sachs, GG, Art. 12a Rn. 9; *Krieger*, in: Friauf/Höfling, Berliner Kommentar,
Art. 12a Rn. 27; *Sachs*, in: Stern, Staatsrecht IV/1, S. 1040.
50 *Doehring*, NZWehrR 1997, 45 (47 f.); *Repkewitz*, NJW 1997, 506 (507); a.A. noch
BVerfGE 103, 301 (303): »geschlechtsspezifische Unterschiede«.
51 Vgl. unten C., III., 2.
52 Von *Campenhausen*, DVBl 1980, 578; *Kopp*, NVwZ 1982, 178.
53 BVerfGE 48, 127 (128).
54 BVerfGE 69, 1.
55 Vgl. nur BVerfG (K), NJW 2004, 2297 (2298); *Heun*, in: Dreier I, Art. 12a Rn. 15;
Scholz, in: Maunz/Dürig, Art. 12a Rn. 25.
56 *Voland*, DÖV 2004, 453 (457 f.); *Fleischhauer*, NZWehrR 2008, 112 (118 f.); kritisch
mit Blick auf zahlenmäßige Vorgaben demgegenüber BVerwGE 122, 331 (338).
57 *Voland*, DÖV 2004, 453 (457); erwägend auch BVerwGE 92, 153 (155 f.).
58 Unter gewissen Umständen *Kokott*, in: Sachs, GG, Art. 12a Rn. 11.
59 BVerwGE 122, 331 (339).

insgesamt.[60] Bemerkenswert an dieser Entscheidung war zum Einen, dass sie angesichts des abnehmenden Personalbedarfs eine gesetzgeberische Handlungspflicht aus
Gleichheitssätzen formulierte und zum Anderen gewissen Kompensationsmaßnah-
men – wie etwa der diskutierten Ausgleichsabgabe für nicht herangezogene Männer[61] analog der problematischen Feuerwehrabgabe[62] und einer Berufsarmee – das
Wort redete. Mit Aussetzung der allgemeinen Wehrpflicht zum 01.07.2011 dürften
sich diese verfassungsrechtlichen Probleme (jedenfalls derzeit) nicht mehr stellen.

19   Als wichtigste Schranken-Schranke der in Art. 12a Abs. 1 GG normierten Dienstleistungspflichten fungiert schließlich der Verhältnismäßigkeitsgrundsatz mit seinen
Unterkriterien der Geeignetheit, Erforderlichkeit und Angemessenheit, den der Gesetzgeber in jedem Fall – auch unter Berücksichtigung etwaigen Gestaltungsermes-
sens – zu beachten hat.

II. Sekundäre Ersatzdienstpflicht (Abs. 2)

20   Art. 12a Abs. 2 GG ermächtigt den Gesetzgeber (Satz 3) zur Regelung eines Ersatzdienstes für diejenigen, die aus Gewissensgründen den Kriegsdienst mit der Waffe
(Art. 4 Abs. 3 S. 1 GG) verweigert haben.[63] Der Wortlaut des Art. 12a Abs. 2 GG
(»kann«) räumt dem Gesetzgeber zwar formell Entschließungsermessen ein. Dieses
Ermessen hatte sich jedoch vor Aussetzung der allgemeinen Wehrpflicht (Art. 12a
Abs. 1 GG) auf Null reduziert, da der Gesetzgeber ansonsten Kriegsdienstverweigerer unter Verstoß gegen die Gebote der Wehrgerechtigkeit und Lastengleichheit gegenüber wehrpflichtigen Soldaten unzulässiger Weise privilegiert hätte.[64] Mit Erlass
des Zivildienstgesetzes (ZDG) kam der Gesetzgeber seiner Regelungs*pflicht* nach.
Durch die Aussetzung der allgemeinen Wehrpflicht ist auch die sekundäre Ersatzdienstpflicht zugunsten eines Bundesfreiwilligendienstes entfallen.

21   Art. 12a Abs. 2 GG knüpft die Ersatzdienstpflicht an das Vorliegen einer bestimmten Situation und markiert zugleich inhaltliche Grenzen. Art. 12a Abs. 2 GG ist damit ein qualifizierter Gesetzesvorbehalt, dessen Gebrauch durch weitere Verfassungspositionen gesteuert wird. So muss die Regelung der Ersatzdienstpflicht vor allem[65]
den konfligierenden Belangen der in Art. 12a Abs. 2 S. 3 GG ausdrücklich erwähnten Gewissensfreiheit (Art. 4 Abs. 1 GG) und dem Gebot der staatsbürgerlichen
Pflichtengleichheit in Gestalt der Wehrgerechtigkeit (Art. 3 Abs. 1 GG)[66] Rechnung
tragen. Die Anerkennung als Kriegsdienstverweigerer erforderte danach die hinreichende Sicherheit, dass die Voraussetzungen des Art. 4 Abs. 3 S. 1 GG tatsächlich

---

60   BVerwGE 122, 331 (340 f.).
61   Vgl. zur verfassungsrechtlichen Zulässigkeit *Fleischhauer*, NZWehrR 2008, 112 (119 f.).
62   BVerfGE 13, 167 (170); 92, 91.
63   Vgl. zum Kriegsdienstverweigerungsgesetz unter: *Weckler*, NZWehrR 2007, 244.
64   *Bethge*, HStR VII, § 158 Rn. 87; *Scholz*, in: Maunz/Dürig, Art. 12a Rn. 83.
65   Zum fehlenden Zusammenhang zwischen Ersatzdienst und den Verbänden der Streitkräfte
     und des Bundesgrenzschutzes gemäß Art. 12a Abs. 2 S. 3 GG siehe unten.
66   BVerfGE 48, 127 (128).

vorliegen und der Einzelne den Kriegsdienst aus Gewissensgründen ablehnte.[67] Das entsprechende Anerkennungsverfahren diente damit nicht nur dem Interesse des Einzelnen (Art. 4 Abs. 3 S. 1 GG), sondern entsprach zugleich dem Gebot der Pflichtengleichheit (Art. 3 Abs. 1 GG) und verbot insbesondere »Postkartenlösungen«, wonach der (primäre) Kriegsdienst auf Grund einer bloßen Erklärung des Betroffenen verweigert werden konnte.[68]

Art. 12a Abs. 2 S. 2 GG ist eine spezielle Schranken-Schranke. Danach darf die 22 Dauer des Ersatzdienstes die Dauer des Wehrdienstes nicht übersteigen. Nach der bis zum 01.07.2011 gültigen Rechtslage dauerten Grundwehrdienst (§ 4 Abs. 1 WPflG) und Zivildienst (§ 24 Abs. 2 S. 1 ZDG) jeweils neun Monate. Ein Verstoß gegen Art. 12a Abs. 2 S. 2 GG schied bei dieser, zuletzt gültigen Rechtslage aus. Nach alter Rechtslage bestanden hingegen verfassungsrechtliche Zweifel an der Vereinbarkeit mit Art. 12a Abs. 2 S. 2 GG, da der Zivildienst länger war als der Grundwehrdienst. Entscheidend für Art. 12a Abs. 2 S. 2 GG war aber nie die Länge des *Grund*wehrdienstes, sondern stets die Dauer des Wehrdienstes insgesamt. Hierzu zählten neben der Dauer des Grundwehrdienstes auch der Zeitraum für Wehrübungen. Dabei war allerdings zweifelhaft, ob die rechtlich zulässige Höchstdauer oder die (geringere) übliche tatsächliche Dauer von Wehrübungen in Ansatz zu bringen war. Das Bundesverfassungsgericht erlaubte es dem Gesetzgeber, im Rahmen seiner Gestaltungsbefugnis und vor dem Hintergrund der Pflichten- und Lastengleichheit auf die rechtlich zulässige Höchstdauer abzustellen.[69] Diese Lösung ließ sich mit dem Wortlaut des Art. 12a Abs. 2 S. 2 GG vereinbaren und entsprach im Übrigen der Systematik und dem Sinn des Gesetzes:

Denn die Ersatzdienstpflicht stellt eine Sekundärverpflichtung gegenüber der nicht 23 mehr aktualisierten Wehrpflicht dar und verlangt eine Gewissensentscheidung, deren Echtheit durch Inkaufnahme gewisser Nachteile beweisbar sein muss.[70] Der Ersatzdienst darf demnach durchaus als »lästige Alternative«[71] zum Wehrdienst ausgestaltet sein und rechtfertigt nicht zuletzt auch deshalb eine tendenziell längere Dauer, weil sich Wehrpflichtige im Unterschied zu Ersatzdienstleistenden weder Tätigkeit noch Dienstort aussuchen können, zumindest während der Grundausbildung regelmäßig kaserniert sind und üblicherweise auch mehr als 41 Stunden in der Woche Dienst haben. Die Grenze der tendenziell längeren Dauer des Ersatzdienstes wäre nur dann überschritten, wenn diese eine Abschreckungswirkung[72] entfaltet und dadurch die Freiheit der Gewissensentscheidung gemäß Art. 12a Abs. 2 S. 3 GG i.V.m. Art. 4

---

67 BVerfGE 48, 127 (128 f.).
68 BVerfGE 48, 127.
69 BVerfGE 69, 1 (30).
70 BVerwG, NVwZ 1984, 447 (449).
71 *Kokott*, in: Sachs, GG, Art. 4 Rn. 114 sowie Art. 12a Rn. 27.
72 Keine Abschreckung im Übrigen bei einer sachlich begründeten Unterscheidung bei Unterhaltssicherungsleistungen (BVerwGE 52, 145 (149 ff.) sowie bei Arbeitsgeltzahlungen (BAGE 45, 7 (10)).

Abs. 3 S. 1 GG beeinträchtigt.[73] Letzteres wäre jedoch allenfalls dann anzunehmen gewesen, wenn die tatsächlich übliche Dauer von Wehrübungen *erheblich* von der zulässigen Höchstdauer abgewichen wäre und damit die Dauer des Ersatzdienstes offensichtlich die Dauer des Wehrdienstes überschritten hätte.[74] Dies ließ sich nach alter Rechtslage nicht behaupten.

24 Art. 12a Abs. 3 S. 3 GG schränkt das Regelungsermessen des Gesetzgebers ferner dadurch ein, dass dieser eine Möglichkeit des Ersatzdienstes vorsehen muss, die in keinem Zusammenhang mit den Verbänden der Streitkräfte und des Bundesgrenzschutzes[75] steht. Der Begriff des Zusammenhangs ist vor dem Hintergrund des Art. 4 Abs. 3 S. 1 GG weit zu verstehen.[76] Er betrifft sowohl die (verbotene) organisatorische Einbindung des Ersatzdienstes in die Verbände der Streitkräfte und des Bundesgrenzschutzes, als auch unmittelbare materielle (inhaltliche) Überschneidungen von Ersatzdienst und Tätigkeiten in den Verbänden der Streitkräfte und des Bundesgrenzschutzes.[77] Deshalb verbietet Art. 12a Abs. 2 S. 3 GG nicht nur Verpflichtungen des Ersatzdienstleistenden zu Tätigkeiten in der Bundeswehr oder im Bundesgrenzschutz mit der Waffe, sondern steht auch einem (unfreiwilligem) Dienst in der Bundeswehrverwaltung (Art. 87b GG), in einem Rüstungsunternehmen[78] oder einer Beteiligung am Nachschub an Waffen und Munition[79] ebenso wie an Lebensmitteln oder der Sanitätsversorgung entgegen.[80] Ersatzdienst kommt daher vor allem in sozialen Bereichen oder im Umweltschutz in Betracht.

III. Sonstige zivile Dienstleistungspflichten (Abs. 3 bis 6)

25 Art. 12a Abs. 3 bis 6 GG betreffen sonstige (zivile) Dienstleistungspflichten zur Beseitigung eines Arbeitskräftemangels in Notfällen, deren Einführung und Ausgestaltung nach dem Gesetz zur Sicherstellung von Arbeitsleistungen für Zwecke der Verteidigung einschließlich des Schutzes der Zivilbevölkerung (Arbeitssicherstellungsgesetz – ASG) erfolgte.[81]

---

73 BVerfGE 69, 1 (32); 80, 354 (358).
74 *Kokott*, in: Sachs, GG, Art. 12a Rn. 28.
75 Vgl. zu diesen Bereichen oben C., I., Rdn. 11 (13 f.).
76 *Brunn*, in: Umbach/Clemens, Art. 12a Rn. 31.
77 *Kokott*, in: Sachs, GG, Art. 12a Rn. 29; die Formulierung vom verbotenen, ggf. unmittelbaren (Funktions)Zusammenhang (so etwa *Jarass*, in: Jarass/Pieroth, Art. 12a Rn. 9; *Scholz*, in: Maunz/Dürig, Art. 12a Rn. 116), dürfte sich auf beide Aspekte beziehen.
78 *Gornig*, in: v. Mangoldt/Klein/Starck, GG, Art. 12a Rn. 84 ff.; *Scholz*, in: Maunz/Dürig, Art. 12a Rn. 119.
79 *Heun*, in: Dreier I, Art. 12a Rn. 28.
80 *Gornig*, in: v. Mangoldt/Klein/Starck, GG, Art. 12a Rn. 87; a.A. *Scholz*, in Maunz/Dürig, Art. 12a Rn. 120; weiterführend zu den Rechtsfolgen der freiwilligen Verpflichtungen zum Sanitätsdienst: *Brunn*, in: Umbach/Clemens, Art. 12a Rn. 32.
81 Gesetz vom 09.07.1968, BGBl. I S. 787; dazu: *Hahnenfeld*, NJW 1969, 1328 ff.

1. Verpflichtung von Wehrpflichtigen (Abs. 3 und 5)

a) Im Verteidigungsfall (Abs. 3)

Art. 12a Abs. 3 S. 1 Hs. 1 GG normiert einen Gesetzesvorbehalt (»durch oder auf   26
Grund eines Gesetzes«) zu Art. 12 Abs. 1 GG, der die einfach-gesetzliche Verpflichtung von Wehrpflichtigen zu zivilen Dienstleistungen in qualifizierter Weise an das
Vorliegen einer bestimmten Situation knüpft sowie nur zu besonderen Zwecken unter Einsatz bestimmter Mittel erlaubt.

In situativer Hinsicht verlangt Art. 12a Abs. 3 S. 1 Hs. 1 GG zum Ersten, dass die   27
Wehrpflichtigen, zu denen nach Art. 12a Abs. 1 GG jedenfalls[82] nur Männer zählen,
weder zu einem Dienst nach Absatz 1 (Wehrdienst) noch zu einem Dienst nach Absatz 2 (Ersatzdienst) herangezogen sind. Die Pflicht nach Art. 12a Abs. 3 ist somit subsidiär gegenüber Wehr- und Ersatzdienstpflicht.[83] Im Übrigen besteht zwischen ihnen
auch kein Verhältnis der Alternativität.[84] Die Erfüllung der Pflicht nach Art. 12a
Abs. 3 GG kann daher die Pflichten nach Art. 12a Abs. 1 und 2 GG weder ersetzen,
aufheben oder suspendieren, noch umgekehrt die Ableistung der Pflichten gemäß
Art. 12a Abs. 1 und 2 GG eine Heranziehung von Wehrpflichtigen auf Grundlage des
Art. 12a Abs. 3 GG verhindern.[85]

Wichtigste Voraussetzung für die Verpflichtung nach Art. 12a Abs. 3 S. 1 Hs. 1 GG   28
ist das Vorliegen des Verteidigungsfalles. Unter dem Verteidigungsfall versteht das
Grundgesetz die Feststellung, dass das Bundesgebiet mit Waffengewalt angegriffen
wird oder ein solcher Angriff unmittelbar droht (Art. 115 Abs. 1 S. 1 GG). Die
Feststellung trifft grundsätzlich der Bundestag mit Zustimmung des Bundesrates
(Art. 115a Abs. 1 S. 2 GG), ausnahmsweise der Gemeinsame Ausschuss (Art. 115a
Abs. 2 GG) oder sie wird fingiert (Art. 115a Abs. 4 S. 1 GG).

Der Gesetzesvorbehalt des Art. 12a Abs. 3 S. 1 Hs. 1 GG ist durch Festlegung be-   29
stimmter Zwecke qualifiziert. So muss die Verpflichtung zu zivilen Dienstleistungen
der Verteidigung einschließlich des Schutzes der Zivilbevölkerung dienen.[86] Dies
setzt zum Ersten einen »besonders engen, für jedermann offenkundigen sachlichen,
aber auch zeitlichen Zusammenhang mit dem Verteidigungsfall« voraus.[87] Zum
Zweiten müssen die Dienstleistungen in abstrakter Weise notwendig sein, um entwe-

---

82 Das Wehrpflichtgesetz schließt zudem Ausländer und Staatenlose von der Wehrpflicht
    aus mit der Folge, dass Männer dieser Gruppen nicht unter die Verpflichtung des Art. 12a
    Abs. 3 GG fallen.
83 *Kokott*, in: Sachs, GG, Art. 12a Rn. 31.
84 *Scholz*, in: Maunz/Dürig, Art. 12a Rn. 140 ff.; *Gornig*, in: v. Mangoldt/Klein/Starck, GG,
    Art. 12a Rn. 103.
85 *Heun*, in: Dreier I, Art. 12a Rn. 30, unter Hinweis auf RA-BT, Schriftlicher Bericht, BT-
    Drs. V/2873, S. 5.
86 Nach *Brunn*, in: Umbach/Clemens, Art. 12a Rn. 40, besteht Justiziabilität insofern, als
    Zweckverfehlungen objektiv erkennbar werden.
87 *Klein*, Der Staat 8 (1969), 363 (369).

der den Verteidigungserfolg herbeizuführen (oder ihm jedenfalls näher zu kommen) oder um Schäden von der Zivilbevölkerung abzuwenden.[88]

30   Art. 12a Abs. 3 S. 1 Hs. 1 GG erlaubt schließlich nur das Mittel der Verpflichtung »in Arbeitsverhältnisse«. Darunter fallen im Umkehrschluss zu Art. 12a Abs. 3 S. 1 Hs. 2 GG und unbeschadet ihrer öffentlich-rechtlichen Begründung und Beendigung[89] nur privatrechtliche Arbeitsverhältnisse mit der Folge, dass das Streikrecht (vgl. Art. 9 Abs. 3 S. 3 GG) nicht von vornherein ausgeschlossen ist.[90]

31   Verpflichtungen in öffentlich-rechtliche Dienstverhältnisse stellen die Ausnahme[91] dar. Sie sind neben[92] den Voraussetzungen des Art. 12a Abs. 3 S. 1 Hs. 1 GG ausschließlich nach Maßgabe des Art. 12a Abs. 3 S. 1 Hs. 2 GG zur Wahrnehmung polizeilicher Aufgaben oder solcher hoheitlicher Aufgaben der öffentlichen Verwaltung zulässig, die nur in einem öffentlich-rechtlichen Dienstverhältnis erfüllt werden können. Der allgemeinen Zwecksetzung des Art. 12a Abs. 3 S. 1 Hs. 1 GG entsprechend müssen die polizeilichen Aufgaben im Zusammenhang mit der Verteidigung einschließlich des Schutzes der Zivilbevölkerung stehen.[93] Der Begriff der öffentlichen Verwaltung im Sinne des Art. 12a Abs. 3 S. 1 Hs. 2 GG erstreckt sich auf die Exekutive im weiten Sinne und erfasst auch Parlaments- und Justizverwaltungen.[94]

32   Welche vier Verwendungsbereiche bzw. Arbeitsverhältnisse für Dienstverpflichtete nach Art. 12a Abs. 3 S. 1 GG ausschließlich[95] in Betracht kommen, konkretisiert Art. 12a Abs. 3 S. 2 GG. Danach können Arbeitsverhältnisse nach Satz 1 bei den Streitkräften, im Bereich ihrer Versorgung sowie bei der öffentlichen Verwaltung begründet werden; Verpflichtungen in Arbeitsverhältnisse im Bereich der Versorgung der Zivilbevölkerung sind nur zulässig, um ihren lebensnotwendigen Bedarf zu decken oder ihren Schutz sicherzustellen. Unter den Streitkräften sind nur die Streitkräfte der Bundesrepublik Deutschland und nicht etwa die Streitkräfte verbündeter Staaten zu verstehen.[96]

33   Die Verpflichtung darf ferner nur »bei« den Streitkräften in Form von »zivilem Hilfspersonal« und nicht »in« den Streitkräften erfolgen. Als Bereich der Versorgung der Streitkräfte (»ihrer«) gilt der gesamte Bereich, in dem die personellen und sächlichen Mittel eingesetzt werden, die zur Herbeiführung des Verteidigungserfolgs als not-

---

88   *Scholz*, in: Maunz/Dürig, Art. 12a Rn. 146, unter Zubilligung eines gesetzgeberischen Beurteilungsspielraums.

89   *Ipsen/Ipsen*, in: Bonner Kommentar, Art. 12a Rn. 154 ff. m.w.N.

90   *Scholz*, in: Maunz/Dürig, Art. 12a Rn. 155.

91   Dies kommt in der Wendung »nur« gemäß Art. 12a Abs. 3 S. 1 Hs. 2 GG zum Ausdruck.

92   *Ipsen/Ipsen*, in: Bonner Kommentar, Art. 12a Rn. 189.

93   *Ipsen/Ipsen*, in: Bonner Kommentar, Art. 12a Rn. 195.

94   *Scholz*, in: Maunz/Dürig, Art. 12a Rn. 160.

95   *Brunn*, in: Umbach/Clemens, Art. 12a Rn. 46.

96   *Ipsen/Ipsen*, in: Bonner Kommentar, Art. 12a Rn. 37.

wendig anzusehen sind.[97] Neben der Verpflichtung in Arbeitsverhältnisse bei der öffentlichen Verwaltung (Art. 12a Abs. 3 S. 2 Hs. 1 GG), die an keine weiteren Voraussetzungen geknüpft wird, steht die Verpflichtung in Arbeitsverhältnisse im Bereiche der Versorgung der Zivilbevölkerung gemäß Art. 12a Abs. 3 S. 2 Hs. 2 GG unter der ausdrücklichen (»nur«) Bedingung, dass diese den lebensnotwendigen Bedarf (Lebensmittel, Bekleidung, Energie, Wasser) decken oder den Schutz der Zivilbevölkerung sicherstellen. Die Versorgung der Bevölkerung mit Gegenständen des gehobenen Lebensstandards gehört nicht dazu.[98]

Ob die Verpflichtung nach Art. 12a Abs. 3 GG über dessen Wortlaut hinaus einen   34
Bedarf an zivilen Dienstleistenden in den genannten Bereichen verlangt, ist umstritten. Der Wortlaut sieht dies nicht vor. Gegen eine ungeschriebene Bedarfsklausel (Mangel an Freiwilligen) bei Art. 12a Abs. 3 GG spricht überdies der Umkehrschluss zu Art. 12a Abs. 4 S. 1, Abs. 6 S. 1 GG, die eine ausdrückliche Bedarfsklausel enthalten. Umgekehrt erscheint es aber gleichfalls denkbar, Art. 12a Abs. 4 S. 1, Abs. 6 S. 1 GG als Ausprägung eines allgemeinen Grundsatzes zu verstehen,[99] der auch im Bereich des Art. 12a Abs. 3 GG Gültigkeit beansprucht und eine entsprechende Verwendungsreihenfolge (Freiwillige, Festgehaltene, Verpflichtete) nahe legt. Für eine solche Verwendungsreihenfolge mag zwar auch das Übermaßverbot streiten. Eine ungeschriebene (harte) »Bedürfnisprüfung« widerspricht aber dem erkennbaren Willen des Gesetzgebers, auf diese im Bereich des Art. 12a Abs. 3 GG verzichtet zu haben.

b) Vor dem Verteidigungsfall (Abs. 5)

Vor dem Verteidigungsfall erlaubt Art. 12a Abs. 5 S. 1 GG die Begründung der in   35
Art. 12a Abs. 3 GG normierten Verpflichtungen nur »nach Maßgabe«[100] des Art. 80a Abs. 1 GG. Darunter fallen zwei Situationen:[101] Zum Ersten können die Verpflichtungen des Art. 12a Abs. 3 GG durch Feststellung des Spannungsfalles entsperrt werden. Dieser setzt als Vorstufe des legaldefinierten Verteidigungsfalles (Art. 115a GG) eine erhöhte zwischenstaatliche Konfliktsituation voraus, die mit großer Wahrscheinlichkeit zu einem bewaffneten Angriff (von außen) auf das Bundesgebiet führt.[102] Zum Zweiten kann der Bundestag der Anwendung der Art. 12a

---

97 *Ipsen/Ipsen*, in: Bonner Kommentar, Art. 12a Rn. 174; zum Verhältnis von Art. 12a Abs. 2 S. 3 GG zu Art. 12a Abs. 3 S. 2 Hs. 1 GG vgl. *Brunn*, in: Umbach/Clemens, Art. 12a Rn. 49.

98 *Brunn*, in: Umbach/Clemens, Art. 12a Rn. 50; a.A. *Scholz*, in: Maunz/Dürig, Art. 12a Rn. 161.

99 In diesem Sinne *Brunn*, in: Umbach/Clemens, Art. 12a Rn. 37.

100 Diese Formulierung, einschließlich der Rückverweisung, in Art. 80a Abs. 1 S. 2 GG auf Art. 12a Abs. 5 Satz 1 und Abs. 6 Satz 2 ist unklar und »wenig geglückt«: So zutreffend *Ipsen/Ipsen*, in: Bonner Kommentar, Art. 12a Rn. 325.

101 *Guckelberger*, in: Schmidt-Bleibtreu/Hofmann/Hopfauf, GG, Art. 12a Rn. 33; *Heun*, in: Dreier I, Art. 12a Rn. 31; *Jarass*, in: Jarass/Pieroth, Art. 12a Rn. 10.

102 *März*, HStR XII, § 281 Rn. 10; *Jarass*, in: Jarass/Pieroth, Art. 80a Rn. 1 m.w.N.

Abs. 5, Abs. 3 GG ohne Feststellung des Spannungsfalles besonders zustimmen (Art. 80a Abs. 1 S. 2 GG). Im zweitgenannten Fall dürfte aus systematischen und teleologischen Gründen indes eine einschränkende Auslegung geboten sein, weil die in Rede stehenden Grundrechtseingriffe nur und allenfalls zur Abwehr von drohenden Gefahren für die freiheitlich-demokratische Grundordnung zulässig sind.[103] In beiden Konstellationen (Spannungsfall, besondere Zustimmung) bedarf es einer qualifizierten Zwei-Drittel-Abstimmungsmehrheit des Bundestages (Art. 80a Abs. 1 S. 2 GG).

36 Art. 12a Abs. 5 S. 2 GG erlaubt schließlich auch die gesetzliche (»durch oder aufgrund eines Gesetzes«) Verpflichtung zur Teilnahme an Ausbildungsveranstaltungen. Diese Verpflichtung ist jedoch strikt zweckgebunden und nur zulässig zur Vorbereitung auf Dienstleistungen nach Absatz 3, für die besondere Kenntnisse oder Fertigkeiten erforderlich sind. Die Rechtfertigung der Verpflichtung ergibt sich aus dem Umstand, dass nur auf diese Weise die Erfüllung der Dienstpflichten im Verteidigungsfall gewährleistet werden kann.[104]

37 Im Unterschied zu Art. 12a Abs. 3 (Verteidigungsfall), Abs. 5 S. 1 GG (Spannungsfall, besondere Zustimmung) ist die Verpflichtung nach Art. 12a Abs. 5 S. 2 GG an keine weiteren Situationen oder Mehrheiten geknüpft. Art. 12a Abs. 5 S. 1 GG findet für die Verpflichtungen nach Art. 12a Abs. 5 S. 2 GG ausdrücklich keine Anwendung, Art. 12a Abs. 5 S. 3 (»insoweit«). Die Verpflichtung nach Art. 12a Abs. 5 S. 2 GG ist daher grundsätzlich schon zu Friedenszeiten erlaubt. In jedem Fall muss jedoch der Grundsatz der Verhältnismäßigkeit gewahrt sein, dem wegen des Ausnahmecharakters des Art. 12a Abs. 5 S. 2 GG besondere Bedeutung zukommt und eine restriktive Auslegung verlangt. Danach muss die zeitliche Inanspruchnahme der Verpflichteten begrenzt sein, ein Bedarf an Verpflichteten bestehen und bei Auswahl der Verpflichteten deren Berufsnähe berücksichtigt werden.[105]

2. Verpflichtung von Frauen (Abs. 4)

38 Art. 12a Abs. 4 S. 1 GG normiert einen qualifizierten Gesetzesvorbehalt (»durch Gesetz oder auf Grund eines Gesetzes«) für die Verpflichtung bestimmter Frauen zu näher definierten Dienstleistungen unter besonderen Bedingungen. Die Vorschrift wirkt damit dem Vorwurf entgegen, nur Männer hätten im Verteidigungsfall Lasten zu tragen und Frauen würden verschont.[106]

103 *Kämmerer*, in: v. Münch/Kunig I, Art. 12a Rn. 30; *Brunn*, in: Umbach/Clemens, Art. 12a Rn. 59.
104 *Kämmerer*, in: v. Münch/Kunig I, Art. 12a Rn. 31.
105 Umfassend hierzu: *Ipsen/Ipsen*, in: Bonner Kommentar, Art. 12a Rn. 236-254, 332.
106 *Scholz*, in: Maunz/Dürig, Art. 12a Rn. 181.

Zum Adressatenkreis der Verpflichtung zählen Frauen vom vollendeten achtzehnten 39
bis zum vollendeten fünfundfünfzigsten Lebensjahr.[107] Eine Begrenzung auf deutsche Frauen enthält die Vorschrift nicht mit der Folge, dass auch Ausländerinnen
und staatenlose Frauen verpflichtet werden dürfen. Verfassungsrechtliche Bedenken
bestehen insofern nicht,[108] da die Intensität der Verpflichtung nach Art. 12a Abs. 4
GG nicht den Bürgerstatus verlangt wie die Wehrpflicht.[109] Im Vergleich zu Art. 12a
Abs. 6 GG, der offenbar sozial schlechter gestellte Frauen erfasst, hatte der Gesetzgeber bei der Verpflichtung des Art. 12a Abs. 4 GG vor allem sozial besser gestellte
Frauen im Blick, ohne dies in der Vorschrift zum Ausdruck gebracht zu haben bzw.
bringen zu können. Sie dient damit nicht nur der Verteidigungsfähigkeit der Bundesrepublik Deutschland, sondern trägt gleichzeitig zur Herstellung sozialer Gerechtigkeit bei.[110]

Art. 12a Abs. 4 S. 1 GG erlaubt die Verpflichtung zu zivilen Dienstleistungen im zi- 40
vilen Sanitäts- und Heilwesen sowie in der ortsfesten militärischen Lazarettorganisation. Die doppelte Verwendung des Adjektivs »zivil« unterstreicht, dass die Frauen
weder in Sanitätsbereiche der Streitkräfte, noch in öffentlich-rechtliche Dienstverhältnisse verpflichtet werden dürfen – zumal eine dem Art. 12a Abs. 3 S. 1 Hs. 2
GG entsprechende Hervorhebung in Art. 12a Abs. 4 S. 1 GG fehlt. Die Beschränkung auf ortsfeste militärische Lazarettorganisationen soll ferner verhindern, dass
Frauen in die Nähe militärischer Auseinandersetzungen geraten.[111]

Seinem Wortlaut nach ist diese Verpflichtung des Art. 12a Abs. 4 S. 1 GG im Un- 41
terschied zu Art. 12a Abs. 3 S 1 Hs. 1 GG nicht auf die Zwecke der Verteidigung
einschließlich des Schutzes der Zivilbevölkerung beschränkt. Wegen der fehlenden
Zweckbindung ist deshalb auch eine Beschäftigung in Gesundheitsbehörden zulässig.[112] Mit Blick auf das notwendige (Art. 12a Abs. 4 S. 1 GG) Vorliegen des Verteidigungsfalles[113] erscheint es dennoch nahe liegend, dass die Dienstleistungen gemäß
Art. 12a Abs. 4 GG zumindest überwiegend im Zusammenhang mit den Zwecken
des Art. 12a Abs. 3 S. 1 Hs. 1 GG erbracht werden.[114]

In jedem Fall verlangt Art. 12a Abs. 4 S. 1 GG ausdrücklich, dass der Bedarf an zivi- 42
len Dienstleistungen in den genannten Bereichen nicht auf freiwilliger Grundlage
gedeckt werden kann. Die Bedarfsklausel betont zwar den Grundsatz der Verhältnismäßigkeit, verlangt aber demgegenüber keine Bedarfsprüfung (Mangel an Freiwil-

---

107 Für freiwillige Dienstverpflichtungen gelten diese Altersgrenzen nicht; vgl. *Kämmerer*,
 in: v. Münch/Kunig I, Art. 12a Rn. 33.
108 *Scholz*, in: Maunz/Dürig, Art. 12a Rn. 186; *Hahnenfeld*, Arbeitssicherstellungsgesetz,
 1969, § 2 Rn. 24.
109 *Heun*, in: Dreier I, Art. 12a Rn. 36.
110 *Klein*, in: Der Staat 8 (1969), 363 (370).
111 *Ipsen/Ipsen*, in: Bonner Kommentar, Art. 12a Rn. 259–261.
112 *Brunn*, in: Umbach/Clemens, Art. 12a Rn. 54.
113 Vgl. unter C., III, 1., Rdn. 26 (28).
114 *Scholz*, in: Maunz/Dürig, Art. 12a Rn. 192 f.

ligen) in jedem Einzelfall. Es genügt daher die abstrakte Feststellung des Bedarfs,[115] nachdem zumindest ein Versuch anderweitiger Bedarfsdeckung erfolgt ist.[116]

43 Art. 12a Abs. 4 S. 2 GG normiert schließlich eine spezifische Schranken-Schranke, wonach Frauen auf keinen Fall zum Dienst mit der Waffe verpflichtet werden. Der Begriff der Waffe ist dabei weit auszulegen und erstreckt sich auf alle Gegenstände, deren Gebrauch mittelbar oder unmittelbar zur Tötung oder zumindest zur Verstümmelung von Menschen führt.[117] Einer freiwilligen Verpflichtung zum Waffendienst steht Art. 12a Abs. 4 S. 2 GG nicht entgegen. Dies war unter der bis zum +Jahre 2000 gültigen Vorschrift, wonach Frauen auf keinen Fall Dienst mit Waffe »leisten« durften, umstritten.[118] Infolge der Kreil-Entscheidung des EuGH vom 11.01.2000[119] wurde Art. 12a Abs. 4 S. 2 GG auf das Verbot des *unfreiwilligen* Waffendienstes begrenzt. Dies führte einer Ansicht nach in eine verfassungsrechtliche Schieflage: Frauen, die freiwillig Waffendienst leisteten, aber nicht zwangsweise zu einem solchen herangezogen werden dürften, würden ersichtlich wehrpflichtigen Männern gegenüber bevorzugt, ohne dass hierfür rechtfertigende Gründe auszumachen wären, die vor der Verfassung im Übrigen oder dem Gemeinschaftsrecht bestehen könnten; Art. 12a Abs. 4 S. 2 GG sei deshalb verfassungswidriges Verfassungsrecht.[120] Die Gegenauffassung hielt die Verfassungsänderung für klarstellend[121] und erkannte in Art. 3 Abs. 3, 2 GG sowie Art. 12 GG bereits unter alter Rechtslage das Verbot, Frauen von vornherein von einem Großteil der Tätigkeitsfelder innerhalb der Bundeswehr auszuschließen.[122] Die Verfassungsänderung habe somit lediglich den angemessenen Ausgleich konfligierender Verfassungspositionen deklariert.

3. Bindung an Beruf und Arbeitsplatz (Abs. 6)

44 Art. 12a Abs. 6 S. 1 GG normiert schließlich einen qualifizierten Gesetzesvorbehalt (»durch Gesetz oder auf Grund eines Gesetzes«) zum Grundrecht aus Art. 12 Abs. 1 GG, einen bestimmten Beruf oder Arbeitsplatz aufzugeben. Art. 12a Abs. 6 S. 1 GG dient damit der Aufrechterhaltung bestehender und freiwillig eingegangener Arbeits- und Dienstverhältnisse im Unterschied zu Art. 12a Abs. 1 bis 5 GG, die eine unfrei-

---

115 *Scholz*, in: Maunz/Dürig, Art. 12a Rn. 184 m.w.N.
116 *Heun*, in: Dreier I, Art. 12a Rn. 37; *Kämmerer*, in: v. Münch/Kunig I, Art. 12a Rn. 34.
117 *Scholz*, in: Maunz/Dürig, Art. 12a Rn. 194 ff.
118 Die überwiegende Ansicht erstreckte das Verbot auch auf den freiwilligen Waffendienst: BVerwGE 103, 301 (303 f.); *Scholz*, in: Maunz/Dürig, Art. 12a Rn. 181 ff.; *Ipsen/Ipsen*, in: Bonner Kommentar, Art. 12a Rn. 279 f.; *Kämmerer*, in: v. Münch/Kunig I, Art. 12a Rn. 20; anders demgegenüber *Kokott*, in: Sachs, GG, Art. 12a Rn. 5 ff.; *Sachs*, NWVBl 2000, 406 ff. unter Hinweis darauf, dass Art. 12a Abs. 4 GG ausschließlich eine Sonderregelung für die unfreiwillige Verpflichtung darstelle und das umfassende Verbot Art. 3 Abs. 3, 2 GG sowie Art. 12 GG widerspreche.
119 EuGH, Slg. 2000, I-69.
120 *Brunn*, in: Umbach/Clemens, Art. 12a Rn. 7.
121 *Kokott*, in: Sachs, GG, Art. 12a Rn. 6.
122 *Kokott*, in: Sachs (1. Aufl. 1996), GG, Art. 12a Rn. 4; *Slupik*, ZRP 1990, 305 f. m.w.N.

willige Begründung neuer Arbeits- und Dienstverhältnisse erlauben. Art. 12a Abs. 6 S. 1 GG bezieht sich ferner nur auf die Bindung an Beruf und Arbeitsplatz, nicht aber an die in Art. 12 Abs. 1 GG zusätzlich erwähnte Ausbildungsstätte.[123] Im Umkehrschluss gehören Auszubildende nicht zum potenziellen Adressatenkreis des Art. 12a Abs. 6 S. 1 GG. Sie können nur im Rahmen des Art. 12 Abs. 1 S. 2 GG an ihre Ausbildungsstätte gebunden werden.[124]

Art. 12a Abs. 6 S. 1 GG verlangt für die Bindung an Beruf und Arbeitsplatz das Vor- 45
liegen des Verteidigungsfalles. Vor Eintritt des Verteidigungsfalles ist die Bindung gemäß Art. 12a Abs. 6 S. 2 GG i.V.m. Art. 12a Abs. 5 S. 1 GG i.V.m. Art. 80a Abs. 1 GG nur im Spannungsfeld oder bei besonderer Zustimmung des Bundestages jeweils mit qualifizierter Abstimmungsmehrheit zulässig.[125] Liegen diese Voraussetzungen nicht mehr vor, so ist auch die öffentlich-rechtlich begründete Bindung aufzuheben.[126]

Art. 12a Abs. 6 S. 1 GG enthält eine mit Art. 12a Abs. 4 S. 1 GG vergleichbare Be- 46
darfsklausel und konkretisiert die in Betracht kommenden Verwendungsfelder: Danach ist die Bindung nur zulässig, wenn der Bedarf an Arbeitskräften für die in Absatz 3 Satz 2 genannten Bereiche (bei den Streitkräften, ihrer Versorgung, bei der öffentlichen Verwaltung und der Versorgung der Zivilbevölkerung) auf freiwilliger Grundlage nicht gedeckt werden kann.[127] Eine vorrangige Inanspruchnahme von Wehrpflichtigen nach Art. 12a Abs. 3 GG gegenüber der Bindung an Beruf und Arbeitsplatz auf Grundlage des Art. 12a Abs. 6 S. 1 GG ist der Bedarfsklausel nicht zu entnehmen.[128] Aus Gründen der Verhältnismäßigkeit dürfte eher Art. 12a Abs. 6 S. 1 GG zum Zuge kommen. Denn schließlich werden Wehrpflichtige durch die Verpflichtung gemäß Art. 12a Abs. 3 GG nicht nur aus ihrem eigentlichen Beruf herausgerissen, sondern zugleich auch in eine für sie ungewohnte Tätigkeit hineingezwungen,[129] während Art. 12a Abs. 6 S. 1 GG das weniger belastende Verbot der Aufgabe einer freiwilligen Betätigung betrifft.

Schließlich formuliert Art. 12a Abs. 6 S. 1 GG eine Zweckbestimmung, wonach die 47
Bindung an Beruf und Arbeit nur »zur Sicherung dieses Bedarfs« aufgegeben werden

---

123 Zur Differenzierung zwischen diesen Begriffen *Nolte*, in: Stern/Becker, Art. 12 C., I., 1., a)–c), Rdn. 12, 26, 29.
124 Im Ergebnis auch *Brunn*, in: Umbach/Clemens, Art. 12a Rn. 61, allerdings mit dem schwachen Hinweis, dass die Bindung mangels festen Berufs- bzw. Arbeitsplatzes keinen Sinn machen würde; a.A. *Heun*, in: Dreier I, Art. 12a Rn. 42, der auf den Zweck des Art. 12a Abs. 6 S. 1 GG hinweist, eine Abwanderung benötigter Kräfte im Wirtschaftssektor zu verhindern.
125 Vgl. hierzu auch die Ausführungen unter C., III., 1., b), Rdn. 35.
126 Erfolgt etwa die Bindung durch Verwaltungsakt, so bedarf es seiner Rücknahme; unklar insoweit *Jarass*, in: Jarass/Pieroth, Art. 12a Rn. 16: »greift« nur für die Dauer des Verteidigungs- oder Spannungsfalles.
127 Vgl. zur Feststellung des Bedarfs die Ausführungen unter C., III., 2., Rdn. 42.
128 *Jarass*, in: Jarass/Pieroth, Art. 12a Rn. 16.
129 *Brunn*, in: Umbach/Clemens, Art. 12a Rn. 63.

kann. Die Verpflichteten müssen danach zweckentsprechend in den Bereichen eingesetzt werden, in denen der Bedarf besteht. Im Übrigen ist die Bindung nur insoweit zulässig, als sie den akuten Bedarf deckt; eine Bindung »auf Vorrat« anlässlich des Verteidigungsfalles, des Spannungsfalles oder der besonderen Zustimmung scheidet demnach aus.

48 Art. 12a Abs. 6 S. 1 GG trifft keine unmittelbare Aussage zum potenziellen Adressatenkreis der Bindung an Beruf und Arbeitsplatz. Deshalb richtet sich die Vorschrift gleichermaßen an Frauen und Männer[130] sowie Selbständige und Beamte[131] ungeachtet ihres Alters.[132] Auch Wehrpflichtige können unter den Voraussetzungen des Art. 12a Abs. 6 S. 1 GG in Anspruch genommen werden.[133] Art. 12a Abs. 3 GG entfaltet insofern keine Sperrwirkung.

49 Allerdings erlaubt Art. 12a Abs. 6 S. 1 GG lediglich die Einschränkung der Freiheit der »Deutschen«, die Ausübung eines Berufs oder den Arbeitsplatz aufzugeben. Dies könnte den Rückschluss erlauben, dass Art. 12a Abs. 6 S. 1 GG nur für Deutsche und nicht für Ausländer oder Staatenlose gilt.[134] Allerdings wird diese Wendung überwiegend nicht auf den potenziellen Adressatenkreis, sondern lediglich auf den Inhalt der eingeschränkten Freiheit bezogen.[135] Der Wortlaut der Norm lässt beide Deutungen zu. Im Ergebnis ist eine dem Art. 12a Abs. 6 S. 1 GG entsprechende Bindung von Ausländern und Staatenlosen zumindest im Rahmen der verfassungsmäßigen Ordnung gemäß Art. 2 Abs. 1 GG zulässig. Art. 12a Abs. 6 S. 1 GG schließt diesen Rückgriff jedenfalls nicht aus.[136]

D. Verhältnis zu anderen Grundgesetzbestimmungen

50 Art. 12a GG normiert qualifizierte Gesetzesvorbehalte vor allem für Eingriffe in die Grundrechte aus Art. 12 GG. Hierfür sprechen der historische Kontext[137] und der systematische Zusammenhang zwischen Art. 12 GG und Art. 12a GG. Bei Deutschen geht es um Einschränkungen der Berufsfreiheit gemäß Art. 12 Abs. 1 GG, bestimmte Tätigkeiten nicht zu ergreifen (Art. 12a Abs. 1 bis 5 GG) bzw. die Berufsausübung oder den Arbeitsplatz aufzugeben (Art. 12a Abs. 6). Bei Ausländern und Staatenlosen kommt das gegenüber Art. 2 Abs. 1 GG speziellere Grundrecht gemäß

130 *Scholz*, in: Maunz/Dürig, Art. 12a Rn. 150.
131 *Brunn*, in: Umbach/Clemens, Art. 12a Rn. 61.
132 *Gornig*, in: v. Mangoldt/Klein/Starck, GG, Art. 12a Rn. 172.
133 Indirekt *Heun*, in: Dreier I, Art. 12a Rn. 41, wonach Art. 12a Abs. 6 GG »in erster Linie« für Personen bedeutsam ist, die nicht nach den Art. 12a Abs. 1 bis 5 GG verpflichtet werden dürfen.
134 In diese Richtung *Jarass*, in: Jarass/Pieroth, Art. 12a Rn. 16.
135 Z.B. *Kokott*, in: Sachs, GG, Art. 12a Rn. 34.
136 *Guckelberger*, in: Schmidt-Bleibtreu/Hofmann/Hopfauf, Art. 12a Rn. 38; *Jarass*, in: Jarass/Pieroth, Art. 12a Rn. 16.
137 Siehe unter A., Rdn. 2.

Art. 12a Abs. 2 GG zum Tragen, bestimmte Arbeiten nicht vornehmen zu müssen (Art. 12a Abs. 1 bis 5 GG).

Art. 12a Abs. 1 GG ist auf Männer beschränkt. Dies wird einer verbreiteten Ansicht 51 nach als verdrängende Spezialregelung zu Art. 3 Abs. 2, 3 GG gedeutet.[138] Richtiger Auffassung nach handelt es sich jedoch um eine verfassungsrechtlich (nicht unumstrittene)[139] gerechtfertigte Differenzierung nach dem Geschlecht. Schließlich handelt es sich bei den Art. 3 Abs. 2, 3 GG um Grundrechte, während Art. 12a Abs. 1 GG einen qualifizierten Gesetzesvorbehalt enthält. Daher fehlt ein vergleichbarer dogmatischer Charakter als Voraussetzung für ein Spezialitätsverhältnis. Das Bundesverfassungsgericht beschränkt sich in diesem Zusammenhang auf die Aussage, dass die Beschränkung der Wehrpflicht auf Männer durch Art. 12a Abs. 1 GG den *gleichen* verfassungsrechtlichen Rang genieße wie die in Art. 3 Abs. 2 und 3 GG enthaltenen Differenzierungsverbote.[140]

Art. 12a GG wird im Allgemeinen als »Spezialvorschrift« im Verhältnis zu Art. 12 52 GG tituliert, was angesichts seines dogmatischen Charakters (Gesetzesvorbehalt) lediglich die Anwendung der dortigen Schrankenregeln (Art. 12 Abs. 1 S. 2, Abs. 2 GG) ausschließt,[141] nicht aber die grundrechtlichen Schutzbereiche von Art. 12 GG »verdrängt«. Verfassungsunmittelbaren Schranken kraft kollidierenden Verfassungsrechts steht Art. 12a GG im Übrigen auch bei Einschränkungen des Art. 12 GG nach allgemeinen Grundsätzen nicht entgegen.

Hinsichtlich der Schranken-Schranken gilt bei Art. 12a Abs. 1 bis 5 GG der allge- 53 meine Verhältnismäßigkeitsgrundsatz,[142] der ausschließlich im Bereich des Art. 12a Abs. 6 GG durch die spezielle Stufentheorie und mit Blick auf das Gemeinschaftsgut »Verteidigungsbereitschaft« konkretisiert wird.[143] In jedem Fall ist Art. 9 Abs. 3 S. 3 GG zu beachten, wonach Wehr- oder Dienstverpflichtungen nach Art. 12a GG sich nicht gegen (legale, also nicht wilde oder politische Streiks) Arbeitskämpfe im Sinne

138 BVerwGE 110, 40 (52 f.); *Gornig*, in: v. Mangoldt/Klein/Starck, GG, Art. 12a Rn. 25; *Kämmerer*, in: v. Münch/Kunig I, Art. 12a Rn. 43; *Heun*, in: Dreier I, Art. 12a Rn. 43 spricht von einer »Sonderregelung«, die nicht gegen Art. 3 Abs. 2, 3 GG verstößt.

139 *Brunn*, in: Umbach/Clemens, Art. 12a Rn. 6, weist nicht zu Unrecht darauf hin, dass Frauen vom Wehrdienst nicht zwingend aus konstitutionsbedingten Gründen auszunehmen seien und ihre »Verschonung« auch nicht dem Ausgleich für Nachteile diene, die typischerweise sie träfen; kritisch ebenso *Eckardt*, DVBl. 2001, 1171: »verfassungswidriges Verfassungsrecht«.

140 BVerfGE 12, 45 (52 f.); bestätigend auch im Verhältnis zu Art. 12a Abs. 4 S. 2 GG BVerfG (K), EuGRZ 2002, 204 (206).

141 Allgemeine Auffassung: *Scholz*, in: Maunz/Dürig, Art. 12a Rn. 28;; *Heun*, in: Dreier I, Art. 12a Rn. 43; speziell für Art. 12 Abs. 2: *Mann*, in: Sachs, GG, Art. 12 Rn. 181 (»Sonderregelung«) unter Hinweis auf BVerwGE 35, 146 (150).

142 *Heun*, in: Dreier I, Art. 12a Rn. 43.

143 So *Guckelberger*, in: Schmidt-Bleibtreu/Hofmann/Hopfauf, Art. 12a Rn. 39.

des Art. 9 Abs. 3 S. 1 GG richten dürfen, wobei Behinderungen als Nebenfolge zulässig bleiben.[144]

54 Führen die in Art. 12a GG genannten Dienstpflichten zu Einschränkungen anderer Grundrechte als die in Art. 12 GG genannten (Art. 2 Abs. 2 S. 2 GG i.V.m. Art. 104 GG,[145] Art. 4 Abs. 1 GG, Art. 5 Abs. 1 S. 1 und 2 GG, Art. 8 Abs. 1 GG, Art. 9 Abs. 1 GG, Art. 10 GG, Art. 17 GG), gelten deren Vorbehalte[146] ggf. in Verbindung mit Art. 17a GG.[147] Art. 12a GG kommt insofern nicht zur Anwendung. Aus Art. 17a GG kann ferner der Rückschluss gezogen werden, dass die (jedenfalls dort genannten) Grundrechte auch im Rahmen von Wehr- und Ersatzdienst gelten. Die Lehre von den besonderen Gewaltverhältnissen ist daher *contra legem*.

55 Schließlich normiert Art. 12a Abs. 2 Satz 3 GG einen qualifizierten Gesetzesvorbehalt für die nähere Regelung des Ersatzdienstes in Gestalt des Zivildienstgesetzes (ZDG). Das Recht auf Kriegsdienstverweigerung gemäß Art. 4 Abs. 3 S. 2 GG ist demgegenüber in dem Kriegsdienstverweigerungsgesetz (KDVG) geregelt.

56 Die Verweigerung des von Art. 12a Abs. 2 GG geforderten Ersatzdienstes als Alternative zur Wehrpflicht beruht schließlich nicht auf Art. 4 Abs. 3 S. 1 GG, sondern allenfalls auf der Gewissensfreiheit gemäß Art. 4 Abs. 1 GG.[148] Denn Art. 4 Abs. 3 GG ist eine abschließende Sonderregelung im Bereich von Wehrpflicht und Ersatzdienstpflicht.[149] Aus Gründen der staatsbürgerlichen Pflichtengleichheit ist eine Ersatzdienstverweigerung gemäß Art. 4 Abs. 1 GG schließlich nur zulässig, wenn ein »Ersatzdienst für den Ersatzdienst« vorgesehen ist.[150]

E. Internationale und europäische Aspekte

57 Art. 12a GG entspricht in seinen Kernaussagen den Art. 4 Abs. 3 Nr. b), 15 EMRK.[151] Art. 4 Abs. 3 Nr. b) stellt Dienstleistungen militärischer Art oder Dienstleistungen, die an die Stelle des im Rahmen der Wehrpflicht zu leistenden Dienstes treten, in Ländern, wo die Dienstverweigerung aus Gewissensgründen anerkannt ist, von dem Verbot der Zwangs- oder Pflichtarbeit nach Art. 4 Abs. 1, 2 EMRK frei.

---

144 *Guckelberger*, in: Schmidt-Bleibtreu/Hofmann/Hopfauf, Art. 12a Rn. 39.
145 Bezogen auf die Wehrpflicht *Stern*, Staatsrecht IV/1, S. 1097 f.
146 *Guckelberger*, in: Schmidt-Bleibtreu/Hofmann/Hopfauf, Art. 12a Rn. 39.
147 Das BVerfG (E 28, 282 (291); 44, 197 (202)) prüft die Schranke des Art. 17a GG in ihrem beschränkten Anwendungsbereich – Wehr- und Ersatzdienst – kumulativ neben den allgemeinen Grundrechtsschranken.
148 *Starck*, in: v. Mangoldt/Klein/Starck, GG, Art. 4 Rn. 171; a.A. *Ipsen/Ipsen*, in: Bonner Kommentar, Art. 12a Rn. 127 f.
149 BVerfGE 23, 127 (132); *Scholz*, in: Maunz/Dürig, Art. 12a Rn. 171 ff.
150 *Kokott*, in: Sachs, GG, Art. 12a Rn. 30, mit dem Hinweis auf § 15a ZDG, der die Möglichkeit eines freien Arbeitsverhältnisses vorsieht, welches nach § 15a Abs. 1 S. 2 ZDG mindestens acht Monate länger dauern muss als der Zivildienst.
151 Überwiegende Auffassung: *Klein*, Der Staat 8 (1969), 479 (484 ff.); *Brunn*, in: Umbach/Clemens, Art. 12a Rn. 3.

Art. 15 Abs. 1 EMRK erlaubt weitere »Maßnahmen«, soweit das Leben der Nation durch Krieg oder einen anderen öffentlichen Notstand bedroht ist.

Art. 12a Abs. 4 S. 2 GG, der ursprünglich jeglichen Dienst von Frauen mit der Waffe untersagte, wurde infolge der Kreil-Entscheidung des EuGH vom 11.01.2000[152] auf das Verbot des *unfreiwilligen* Waffendienstes begrenzt. Nach dieser Entscheidung stehe die Richtlinie 76/207/EWG des Rates vom 09.02.1976 zur Verwirklichung des Grundsatzes der Gleichbehandlung von Männern und Frauen hinsichtlich des Zugangs zur Beschäftigung, zur Berufsausbildung und zum beruflichen Aufstieg sowie in Bezug auf die Arbeitsbedingungen (…) der Anwendung nationaler Bestimmungen entgegen, die wie die des deutschen Rechts Frauen allgemein vom Dienst mit der Waffe ausschlössen und ihnen nur den Zugang zum Sanitäts- und Militärmusikdienst erlaubten.[153] Die Kompetenz der Europäischen Gemeinschaft zur Regelung von Angelegenheiten der Streitkräfte war zwar nicht zweifelsfrei,[154] ließ sich aber mit Blick auf das Fehlen einer diesbezüglichen Bereichsausnahme unter Hinweis auf den Kompetenzbereich der Gleichberechtigung im Arbeitsleben bejahen.[155]

58

Nach Änderung des Art. 12a Abs. 4 S. 2 GG wird die Frage gestellt, ob die Europäische Gemeinschaft im Hinblick auf die nur Männern auferlegte Wehrpflicht zuständig ist[156] und damit mögliche Verstöße gegen Art. 141 EGV (Gleiches Entgelt für Männer und Frauen) sowie gegen die Richtlinie 76/207/EWG des Rates vom 09.02.1976 rügen darf.[157] Der EuGH meint zwar, dass die Organisation der Streitkräfte dem Gemeinschaftsrecht nicht vollständig entzogen sei,[158] sondern insbesondere zur Wahrung der Gleichbehandlung von Männern und Frauen bei Arbeitsverhältnissen zur Anwendung gelangen könnte. Allerdings ist der EuGH auch der Ansicht, dass es einen unzulässigen Eingriff in die Zuständigkeiten der Mitgliedstaaten darstelle, wenn nachteilige Auswirkungen auf den Zugang zur Beschäftigung zur Folge hätten, dass ein Mitgliedstaat entweder dieselben Nachteile auch für Frauen bewirken oder aber die Wehrpflicht abschaffen müsste.[159] Auch wenn diese Ansicht von *berechtigten* Zweifeln begleitet ist,[160] wird die Beschränkung der Wehrpflicht auf Männer doch überwiegend als zulässige Kompensationsmaßnahme zugunsten von

59

---

152 EuGH, Slg. 2000, I-69.
153 EuGH, Slg. 2000, I-69.
154 Vgl. *Eichen*, NZWehrR 2000, 45 (54); *Stein*, EuZW 2000, 213.
155 *Streinz*, DVBl 2000, 585 (590 und 593); *Laubinger/Repkeweitz*, VerwArch 91 (2000), 297 (319 f.).
156 Vgl. hierzu *Kokott*, in: Sachs, GG, Art. 12a Rn. 7.
157 Vgl. im Übrigen zur parallelen Diskussion der verfassungsrechtlichen Schieflage nach nationalem Recht oben unter C., III., 2., Rdn. 43.
158 Ständige Rspr. des EuGH z.B. Urt. C-186/01 v. 11.03.2003, Slg. 2003, Slg. 2003, I-2479 (2522 f.).
159 EuGH, Slg. 2003, I-2479 (2524).
160 *Kämmerer*, EuR 2003, 447.

Frauen angesehen und ein Verstoß gegen das Diskriminierungsverbot des Art. 14 EMRK verneint.[161]

F. Deutsche und europarechtliche Leitentscheidungen

60 BVerfGE 28, 243 – Kriegsdienstverweigernde Soldaten; BVerfGE 48, 127 – Wehrdienstpflicht; BVerfGE 69, 1 – Kriegsdienstverweigerungs-Neuordnungsgesetz; BVerfGE 105, 61 – Strafbarkeit bei Dienstflucht.

BVerwGE 122, 331 – Wehrgerechtigkeit.

EuGH, Slg. 1999, 7403 – Sirdar; EuGH, Slg. 2000, I-69 – Kreil; EuGH, Slg. 2003, I-2479 – Dory.

G. Literaturauswahl

61 *Backhaus-Maul/Nährlich/Speth,* Der diskrete Charme des neuen Bundesfreiwilligendienstes, Parl Beilage 2011, Nr. 48, 46; *Blome,* Das Grundrecht auf Wehrgleichheit, 2012; *Ekardt,* Wehrpflicht nur für Männer – vereinbar mit der Geschlechteregalität aus Art. 79 III GG?, DVBl 2001, 1171; *Fleichhauer,* Wehrpflichtarmee und Wehrgerechtigkeit, 2007; *Hahnenfeld,* Die Sicherstellung von Arbeitsleistungen im Spannungs- und Verteidigungsfall, NJW 1969, 1328; *Klein,* Dienstpflichten und Spannungsfall in der Notstandsverfassung, Der Staat 8 (1969), 343 und 479; *Laubinger/Repkewitz,* Freiwilliger Dienst von Frauen in der Bundeswehr, VerwArch 91 (2000), 297; *Scholz,* Frauen an die Waffe kraft Europarechts?, DÖV 2000, 417; *Voland,* Wehrpflicht nur für Auserwählte?, DÖV 2004, 453; *Walz,* Aussetzung der Wehrpflicht – Anmerkungen zum Wehrrechtsänderungsgesetz 2011, NZWehr 201, 133; *Weckler,* Die Ausweitung der Wehrdienstausnahmen und die Frage der Wehrgerechtigkeit, NZWehrR 2007, 244; *Wiemers/Petri,* Aussetzung der Wehrpflicht – Wiederkehr des Pflichtjahrgedankens, Recht und Politik 2011, 221.

---

161 BVerwG, NJW 2006, 2871 (2872 f.).

Artikel 13 [Unverletzlichkeit der Wohnung]

(1) Die Wohnung ist unverletzlich.

(2) Durchsuchungen dürfen nur durch den Richter, bei Gefahr im Verzuge auch durch die in den Gesetzen vorgesehenen anderen Organe angeordnet und nur in der dort vorgeschriebenen Form durchgeführt werden.

(3) [1]Begründen bestimmte Tatsachen den Verdacht, dass jemand eine durch Gesetz einzeln bestimmte besonders schwere Straftat begangen hat, so dürfen zur Verfolgung der Tat auf Grund richterlicher Anordnung technische Mittel zur akustischen Überwachung von Wohnungen, in denen der Beschuldigte sich vermutlich aufhält, eingesetzt werden, wenn die Erforschung des Sachverhalts auf andere Weise unverhältnismäßig erschwert oder aussichtslos wäre. [2]Die Maßnahme ist zu befristen. [3]Die Anordnung erfolgt durch einen mit 3 Richtern besetzten Spruchkörper. [4]Bei Gefahr im Verzuge kann sie auch durch einen einzelnen Richter getroffen werden.

(4) [1]Zur Abwehr dringender Gefahren für die öffentliche Sicherheit, insbesondere einer gemeinen Gefahr oder einer Lebensgefahr, dürfen technische Mittel zur Überwachung von Wohnungen nur auf Grund richterlicher Anordnung eingesetzt werden. [2]Bei Gefahr im Verzuge kann die Maßnahme auch durch eine andere gesetzlich bestimmte Stelle angeordnet werden; eine richterliche Entscheidung ist unverzüglich nachzuholen.

(5) [1]Sind technische Mittel ausschließlich zum Schutze der bei einem Einsatz in Wohnungen tätigen Personen vorgesehen, kann die Maßnahme durch eine gesetzlich bestimmte Stelle angeordnet werden. [2]Eine anderweitige Verwertung der hierbei erlangten Erkenntnisse ist nur zum Zwecke der Strafverfolgung oder der Gefahrenabwehr und nur zulässig, wenn zuvor die Rechtmäßigkeit der Maßnahme richterlich festgestellt ist; bei Gefahr im Verzuge ist die richterliche Entscheidung unverzüglich nachzuholen.

(6) [1]Die Bundesregierung unterrichtet den Bundestag jährlich über den nach Absatz 3 sowie über den im Zuständigkeitsbereich des Bundes nach Absatz 4 und, soweit richterlich überprüfungsbedürftig, nach Absatz 5 erfolgten Einsatz technischer Mittel. [2]Ein vom Bundestag gewähltes Gremium übt auf der Grundlage dieses Berichts die parlamentarische Kontrolle aus. [3]Die Länder gewährleisten eine gleichwertige parlamentarische Kontrolle.

(7) Eingriffe und Beschränkungen dürfen im Übrigen nur zur Abwehr einer gemeinen Gefahr oder einer Lebensgefahr für einzelne Personen, auf Grund eines Gesetzes auch zur Verhütung dringender Gefahren für die öffentliche Sicherheit und Ordnung, insbesondere zur Behebung der Raumnot, zur Bekämpfung von Seuchengefahr oder zum Schutze gefährdeter Jugendlicher vorgenommen werden.

A. Vorbilder und Entstehungsgeschichte

I. Allgemeines

Der Schutz der Wohnung sowie der Privatsphäre ist ein besonders hohes Gut und 1
wird daher nicht erst durch das Grundgesetz geschützt. Das Grundrecht ist in engem
Zusammenhang mit der **freien Entfaltung der Persönlichkeit** zu sehen und soll die
Privatheit der Wohnung als einen »elementaren Lebensraum« und die »räumliche
Sphäre, in der sich das Privatleben entfaltet«, sichern.[1] Zwar führe nach Auffassung
des Bundesverfassungsgerichts »ein heimliches Vorgehen des Staates an sich noch nicht
zu einer Verletzung des absolut geschützten Achtungsanspruchs. Werde jemand zum
Objekt einer Beobachtung, gehe damit nicht zwingend eine Missachtung seines Wertes als Mensch einher. Bei Beobachtungen ist aber ein unantastbarer Kernbereich privater Lebensgestaltung zu wahren.«[2] Dringt der Staat in diesen Bereich ein, »verletzt
dies die jedem Menschen unantastbar gewährte Freiheit zur Entfaltung in den ihn
betreffenden höchstpersönlichen Angelegenheiten. Selbst überwiegende Interessen
der Allgemeinheit können einen Eingriff in diesen absolut geschützten Kernbereich
privater Lebensgestaltung nicht rechtfertigen.«[3]

Diese »Absicherung der Privatsphäre in räumlicher Hinsicht«[4] verdeutlicht den engen 2
Zusammenhang des Art. 13 GG mit der **Menschenwürde** des Art. 1 Abs. 1 GG, den
auch das Bundesverfassungsgericht betont: »Dem Einzelnen soll das Recht, in Ruhe
gelassen zu werden, gerade in seinen Wohnräumen gesichert sein.«[5]

Der Schutz der **räumlichen Privatsphäre**, wie **Wohnung** im Sinne des Art. 13 Abs. 1 3
GG in der Regel umschrieben wird,[6] hat eine **lange Tradition**, die weit über die deutschen Grundrechtskataloge zurückreicht. Sie ist Teil von Rechtsvorstellungen, die sich
durch alle europäischen Länder ziehen – »my home is my castle« – und bereits in der
Antike heimisch gewesen sind, dort sogar mit einer sakralen Aura umgeben wurden.
Auf diese historischen, teils sogar religiöse Vorbilder wird in der Literatur zum Wohnungsschutz durchaus beifällig verwiesen.[7] Ein räumlicher Privatsphärenschutz ist

1 Vgl. BVerfGE 42, 212 (219); 51, 97 (110); 89, 1 (12); 103, 142 (150); 109, 279 (313).
2 Vgl. BVerfGE 109, 279 (313) m.w.N.
3 Vgl. BVerfGE 109, 279 (313) mit Verweis auf BVerfGE 34, 238 (245); ferner BVerfG(K),
  NJW 2007, 2753 (2754).
4 Vgl. BVerfGE 97, 228 (265).
5 Vgl. BVerfGE 109, 279 (313); 103, 142 (150); 51, 97 (107); dazu auch *Gusy*, JuS 2004,
  457; *Kötter*, DÖV 2005, 225 (227 f.).
6 Vgl. BVerfGE 32, 54 (72, 75); 65, 1 (40); 89, 1 (12); 96, 44 (51); 103, 142 (150 f.); 109,
  279 (311); *Hofmann*, in: Schmidt-Bleibtreu/Hofmann/Hopfauf, GG, Art. 13 Rn. 7; *Gornig*,
  in: v. Mangoldt/Klein/Starck, GG I, Art. 13 Rn. 1; *Hermes*, in: Dreier, GG I, Art. 13
  Rn. 12; *Papier*, in: Maunz/Dürig, Art. 13 (1999) Rn. 1; *Ipsen*, Grundrechte, Rn. 264; *Siek-
  mann/Duttge*, Grundrechte, Rn. 265; *Stern*, Staatsrecht IV/1, S. 212 f. m.w.N.
7 Vgl. *Amelung*, Grundrechtstheoretische Aspekte der Entwicklung des Grundrechts auf Unverletzlichkeit der Wohnung, in: Birtsch (Hrsg.), Grund- und Freiheitsrechte von der ständischen zur spätbürgerlichen Gesellschaft, 1987, S. 291 ff.; *Kroeschell*, Haus und Herrschaft

daher von Anfang an den meisten Grundrechtskatalogen eigen, in Deutschland sogar mit der starken Formulierung »unverletzlich«. Er findet sich in ähnlicher Weise in den meisten früheren und gegenwärtigen Landesverfassungen.[8]

4   Diese Erkenntnis gilt nicht erst seit der Geltung des Grundgesetzes. Ideengeschichtliche Ansätze zum Schutz der räumlichen Lebenssphäre gab es bereits in der Antike.[9] Im Spätmittelalter bildeten sich Regelungen in Deutschland, England und Frankreich mit dem bekannten Satz, dass das Haus eine unverletzliche »Burg« sei.

5   Im Jahre 1791 wurde in die amerikanischen Bundesverfassung ein dritter Zusatzartikel aufgenommen, wonach in Friedenszeiten kein Soldat in irgendeinem Haus ohne Einwilligung des Hauseigentümers einquartiert werden durfte. Auch in Kriegszeiten darf dies nur in gesetzlich vorgeschriebener Weise erfolgen.[10]

6   Die französische Déclaration des Droits de l`homme et du citoyen vom 26. August 1789 enthielt keine ausdrückliche Garantie des Hausrechts. Lediglich in der französischen Verfassung vom 1791 wurde ein Bestimmung aufgenommen, wonach Vertreter der Streitkräfte das Haus eines Bürgers nur aufgrund einer Anordnung ziviler Gewalt betreten durften.

II. Vorläufer in Deutschland

7   In Deutschland folgten Regelungen durch das Preußische Allgemeine Landrecht von 1794 für den Fall der Verletzung des Hausrechts. § 140 der Frankfurter Paulskirchenverfassung von 1849 erklärte die Wohnung für unverletzlich. In Absatz 2 wurde die »Haussuchung« geregelt, die nur aufgrund eines richterlichen, mit Gründen versehenen Befehls zulässig war, welcher sofort oder innerhalb der nächsten 24 Stunden den Beteiligten zugestellt wurde und im Falle der Verfolgung auf frischer Tat durch den gesetzlich berechtigten Beamten erfolgte oder in den Fällen und Formen, in welchen das Gesetz ausnahmsweise bestimmten Beamten auch ohne richterlichen Befehl dieselbe gestattete. Gemäß § 140 Abs. 3 musste die Haussuchung, wenn tunlich, mit Zuziehung von Hausgenossen erfolgen. Ein Hindernis für die Verhaftung eines gerichtlich Verfolgten bildete die Unverletzlichkeit der Wohnung hingegen nicht (§ 140 Abs. 4).

---

im frühen deutschen Recht, in: ders., Studien zum frühen und mittelalterlichen deutschen Recht, 1995, 113 ff.

8   Zu den historischen Vorläufern *Rhein*, Die Unverletzlichkeit der Wohnung, 2001; *Genk*, Die Unverletzlichkeit der Wohnung, 1968; *Kirchmann*, Der Schutzbereich des Grundrechts der Unverletzlichkeit der Wohnung, 1977; Zusammenstellung der landesverfassungsrechtlichen Grundrechtsnormen bei *Burhenne*, Grundgesetz der Bundesrepublik Deutschland mit den Verfassungen der Länder, 2002; *Papier*, in: Maunz/Dürig, GG, Art. 13 (1999), Rn. 3.

9   Vgl. *Gornig*, in: v. Mangoldt/Klein/Starck, GG, Art. 13 Rn. 5; *Herdegen*, in: BK, Art. 13 (1998) Rn. 4; *Ziekow/Guckelberger*, in: Berliner Kommentar, Art. 13 (2005), Rn. 1; *H.-D. Horn*, in: HStR VII, § 149 Rn. 85 mit Fn. 262.

10   JÖR 1 (1951), S. 1 (139).

Auch die Preußische Verfassung von 1850 sah mit Art. 6 eine Regelung der Unver- 8
letzlichkeit der Wohnung vor und stellte das Grundrecht unter einen allgemeinen
Gesetzesvorbehalt. Der Schutzbereich wurde vom Preußischen Oberverwaltungsgericht weit ausgelegt. Nicht nur die Wohnung, sondern auch andere Räume, z.B.
einer Gaststätte für eine geschlossene Gesellschaft oder eine Backstube fielen hierunter.[11]

In den Verfassungen des Norddeutschen Bundes und der Reichsverfassung von 1871 9
fehlte ein Grundrecht der Unverletzlichkeit der Wohnung. Der Schutz wurde lediglich einfachgesetzlich durch die Strafprozessordnung gewährt (§§ 102–107 StPO).

Demgegenüber ging die Weimarer Reichsverfassung wieder zum Grundrechtsschutz 10
der Wohnung über. Sie war als »Freistätte« jedes Deutschen gekennzeichnet. Art. 115
WRV bestimmte: »Die Wohnung jedes Deutschen ist für ihn eine Freistätte und unverletzlich. Ausnahmen sind nur auf Grund von Gesetzen zulässig.« In der Wohnung
soll der Mensch in »Ruhe gelassen werden«; er soll in diesem Privatbereich grundsätzlich tun und lassen können, was er will, »so daß dieser private Raum auch dann geschützt bleibt, wenn dort gelegentlich einmal nicht Privates geschieht«.[12] Insofern
handelt es sich um einen »räumlich-formalisierten Schutz der Privatsphäre«.[13] Der
Wohnungsbegriff wurde dementsprechend weit ausgelegt.

III. Die verfassungstextliche Entwicklung von Art. 13 GG

1. Herrenchiemseer Konvent und Parlamentarische Rat

Der Entwurf von Herrenchiemsee lehnte sich beim grundrechtlichen Wohnungs- 11
schutz fast wörtlich an die Weimarer Reichsverfassung an.[14] Schon damals wollte man
nicht den einfachen Gesetzgeber über das Grundrecht bestimmen lassen, sondern
wollte den Umfang des Wohnungsschutzes möglichst genau in der Verfassung selbst
festlegen, räumte allerdings einen Gesetzesvorbehalt für Beschlagnahmen und Durchsuchungen ein (Art. 5 Abs. 1 und 2).[15] Der Parlamentarische Rat übernahm ebenfalls
die Unverletzlichkeitsformel und wollte Eingriffsmöglichkeiten schärfer eingrenzen
(Art. 6 Abs. 2 und 3). Diese Eingriffsmöglichkeiten waren Gegenstand lebhafter Debatten im Grundsatzausschuss und im Plenum.[16]

In der Folgezeit wurde der Garantiegehalt von Art. 13 GG geändert. Durch das Ge- 12
setz zur Änderung des Grundgesetzes vom 19. März 1956 (BGBl. I, S. 111) wurde

---

11 Vgl. PrOVGE 49, 207 (219); *Ziekow/Guckelberger*, in: Berliner Kommentar, Art. 13
(2005), Rn. 5 m.w.N.
12 *Schmitt Glaeser*, HStR VI, § 129 Rn. 48.
13 Vgl. *Rohlf*, Der grundrechtliche Schutz der Privatsphäre, 1980, S. 156 m.w.N.
14 Vgl. Ausführlich zur Entstehungsgeschichte *Ziekow/Guckelberger*, in: Berliner Kommentar,
Art. 13 (2005), Rn. 8 ff.
15 Vgl. *Kirchmann*, Der Schutzbereich des Grundrechts der Unverletzlichkeit der Wohnung,
1977, S. 19; *Steiner*, Das Grundrecht der Unverletzlichkeit der Wohnung, 1959, S. 27.
16 Vgl. JöR 1 (1951), S. 139 ff.

Art. 17a Abs. 2 GG eingefügt, wonach Gesetze, die der Verteidigung einschließlich des Schutzes der Zivilbevölkerung dienen, die Unverletzlichkeit der Wohnung einschränken können. Zu einer wirklich substantiellen Änderung dieses gelegentlich als »am wenigsten geglückten Grundrechtsartikels«[17] kam es jedoch erst 1998.

2. Die Reform von 1998 und ihre Entwicklung

13   Mit dem Aufkommen neuer Erscheinungsformen von (organisierter) Kriminalität wurde ab Mitte der 80er Jahre des vergangenen Jahrhunderts zunehmend eine Erleichterung von Eingriffen in Art. 13 GG erwogen. Als geeignete Mittel zur Strafverfolgung wurde die **akustische und optische Wohnraumüberwachung** gefordert.[18] Nach überaus kontroversen Diskussionen, in deren Verlauf verschiedene Entwürfe in das Gesetzgebungsverfahren eingebracht wurden, legten 1997 die Fraktionen von CDU/CSU, SPD und FDP einen gemeinsamen Gesetzentwurf zu Art. 13 GG vor[19], dem Erfolg beschieden war.

14   Mit dem 45. Gesetz zur Ergänzung des Grundgesetzes vom 26. März 1998 (BGBl. I, S. 610) wurde Art. 13 GG erheblich geändert.

15   Zwar sind die alten Schranken der Absätze 2 und 3 unverändert geblieben – Absatz 3 wurde nur zum wortgleichen Absatz 7 –, aber in den Absätzen 3 bis 6 wurden gewichtige **neue Begrenzungsmöglichkeiten** normiert. In der Substanz ging es bei den Einfügungen um die optische und akustische Wohnraumüberwachung durch den Einsatz technischer Mittel[20] zu repressiven Zwecken[21] im Kampf gegen die organisierte Kriminalität – polemisch »Großer Lauschangriff« genannt[22] –, sachlich korrekter als elektronische Aufklärung oder Überwachung bezeichnet.

---

17 *Kern*, in: Nipperdey/Neumann/Scheuner, Handbuch der Grundrechte, Bd. II, S. 102.
18 Vgl. BVerfGE 109, 279 (281); *Papier*, in: Maunz/Dürig, Art. 13 (1999), Rn. 47 ff.
19 BT-Dr. 13/8650.
20 Diese Möglichkeiten eröffneten Infrarotkameras, Richtmikrofone usw., vgl. *Rohe*, Verdeckte Informationsgewinnung mit technischen Hilfsmitteln zur Bekämpfung der organisierten Kriminalität, 1998.
21 Überwachung zu präventiven Zwecken galt bereits nach Art. 13 Abs. 3 a.F. als zulässig. Insofern war die Ausdehnung von der Strafverhütung auf die Strafverfolgung sachlich nur eine Erweiterung und zugleich eine präzisere Fassung der Zulässigkeitsvoraussetzungen; vgl. *Gusy*, JuS 2004, 457.
22 Ihm steht der »Kleine Lauschangriff« gegenüber, bei dem verdeckte Ermittler in Wohnungen akustische oder visuelle Aufzeichnungsgeräte bei sich tragen. – Zum sog. »Großen Lauschangriff« s. *Mozek*, Der »große Lauschangriff« – Die Regelung des § 100c I Nr. 3 StPO im Spannungsfeld zwischen Verbrechensbekämpfung und Verfassungswirklichkeit, 2001; *Müller*, Der sogenannte »Große Lauschangriff«, 2000; *Krause*, FS Hanack, 1999, S. 221 ff.; *Denninger*, ZRP 2004, 101 ff.; *Haas*, NJW 2004, 3082 ff. Zum »Lauschangriff« im präventiv polizeilichen Bereich *Braun*, NVwZ 2000, 375 ff.

Die **Grundgesetzänderung** sollte diese Überwachung im Rahmen der ebenfalls 1998 **16** erlassenen **Gesetze gegen die organisierte Kriminalität**[23] auf eine einwandfreie Rechtsgrundlage stellen und rechtsstaatlich eingrenzen. Mit der Verfassungsänderung wollte man sicherstellen, dass Strafverfolgungsbehörden die Aufklärung von Straftaten auch mit den Instrumenten betreiben können, die sich organisierte Verbrecher im Drogen-, Geldwäsche- und Terrorumfeld schon lange zu eigen gemacht haben. Mit ihr sollte die innere Sicherheit und der Schutz vor Verbrechen gestärkt werden. Zum Schutz von bedeutenden Verfassungsrechtsgütern hielt man eine Einschränkung der Unverletzlichkeit der Wohnung für unabweisbar und gerechtfertigt.[24]

Die **Grundgesetzänderung** verlief zunächst in überaus **kontroversen Bahnen** und **17** wurde über einen längeren Zeitraum ausgiebig hinsichtlich Notwendigkeit und Verfassungsmäßigkeit diskutiert.[25] Einige Autoren hielten die Änderung für nicht im Einklang mit Art. 79 Abs. 3 GG i.V.m. Art. 1 Abs. 1 GG, weil mit der Überwachung Eingriffe in den innersten Raum der Privatheit zugelassen würden und dadurch der Menschenwürdegehalt des Privatsphärenschutzes verletzt würde.[26] Andere nahmen einen Verstoß gegen Art. 19 Abs. 2 GG an.[27] Allenfalls Notstandssituationen könnten wegen der Menschenwürdebedrohung die Überwachung rechtfertigen.[28] Das Bundesverfassungsgericht verneinte jedoch ausdrücklich eine Verletzung dieser Verfassungsprinzipien durch die Grundgesetzänderung.[29]

Gleichwohl können die vorgenannten Argumente nicht leichter Hand beiseite **18** geschoben werden; es handelt sich um einen schwerwiegenden Eingriff in die Privatsphäre, der rechtspolitisch umstritten war. Sie sind vor allem bei der Ausführungsgesetzgebung und den auf ihrer Grundlage erlassenen Maßnahmen zu berücksichtigen. Alle Überwachungsmaßnahmen müssen durch hochwertige Rechtsgüter legitimiert sein. Dies berücksichtigen die Absätze 3 bis 6. Insofern wird man dem

---

23 Vgl. Übersicht bei *Stern*, Staatsrecht IV/1, S. 271.

24 Vgl. die Ausführungen in den Reden aller Parteien im Deutschen Bundestag, Stenogr. Bericht, 214. Sitzung vom 16. Januar 1998, S. 19518 ff. sowie die Ministerreden im Bundesrat, Stenogr. Bericht, 721. Sitzung vom 6. Februar 1998, S. 1 ff. Bedenken zu dieser Einschränkung bei der früheren Bundesjustizministerin *Leutheusser-Schnarrenberger*, ZRP 1998, 87 ff.

25 Ausführliche Schilderung der Diskussion bei *Papier*, in: Maunz/Dürig, GG, Art. 13 (1999) Rn. 50 ff.; *Hofmann*, in: Schmidt-Bleibtreu/Hofmann/Henneke, GG-Kommentar, 13. Aufl. 2014, Art. 19 Rn. 2 f. Das BVerfG hat mittlerweile mit Mehrheit die Verfassungsmäßigkeit der Art. 13 Abs. 3 GG n.F. bejaht, vgl. BVerfGE 109, 279 (309 ff.; s. auch die abw. Meinung des Minderheitenvotums auf S. 382 ff.).

26 Vgl. dazu *Stern*, Staatsrecht IV/1, S. 272 m.w.N.

27 Vgl. etwa *Leutheusser-Schnarrenberger*, ZRP 1998, 87 ff.; *Guttenberg*, NJW 1993, 567 (573 f.).

28 Vgl. *Kühne*, in: Sachs, GG, Art. 13 Rn. 38 ff.

29 Vgl. BVerfGE 109, 279 (311 ff.); ferner *Cassardt*, in: Umbach/Clemens, GG I, Art. 13 Rn. 114 ff.; *ders.*, ZRP 1997, 370 (373 f.); *Papier*, in: Maunz/Dürig, Art. 13 (1999) Rn. 61, 63 f.

parteiübergreifenden Kompromiss von 1998 die angemessene Abwägung der Belange von Sicherheit und Freiheit attestieren dürfen.

19 Fasst man die Notwendigkeit ins Auge, die Einfügung des Art. 13 Abs. 3 bis 6 GG an den Klippen einer »verfassungswidrigen Verfassungsnorm«[30] vorbeizuführen, so relativiert sich auch die Kritik an der Ausführlichkeit der Regelung. Gewiss ist **Detailfreudigkeit** in einer Verfassung an sich und einer Grundrechtsnorm zumal **nicht begrüßenswert.**[31] Aber allenfalls im Bereich der Kontrollgremien (Art. 13 Abs. 3 Satz 3 und 4 und Abs. 6) hätten sich Worte einsparen lassen. In der Sache selbst hat die gefundene Regelung dem Gesetzgeber wenig Spielraum für die Ausführungsregelung überlassen. Jede politische Seite wollte ihre »Essentials« durch die qualifizierte Mehrheit absichern; wie bei dem noch weit tadelswerteren Art. 16a GG ratifizierte man auch hier schlicht einen parteipolitischen Kompromiss.[32] Unabhängig davon litt bereits Art. 13 GG a.F. am Wortreichtum und an einer nicht gerade geglückten Schrankensystematik, die schon immer auf Kritik stieß.[33]

B. Grundsätzliche Bedeutung

20 Art. 13 GG ist in engem Zusammenhang mit der freien Entfaltung der Persönlichkeit zu sehen und wurzelt in der Würde des Menschen. Er verkörpert vor allem das Recht, in der Privatsphäre in Ruhe gelassen zu werden (oben Rdn. 2).

21 Art. 13 GG enthält neben seiner schon nach dem Wortlaut unbestreitbaren Funktion als **Abwehrrecht**[34] eine »Wertentscheidung«.[35] Das Bundesverfassungsgericht weist auf diese Wertentscheidung des Art. 13 GG ausdrücklich hin, die sich allein schon aus der Bedeutung ergebe, die die Wohnung als Mittelpunkt der mensch-

---

30 Dazu *Papier,* in: Maunz/Dürig, GG, Art. 13 (1999), Rn. 61 ff.

31 Das sieht *Zuck* richtig (NJW 1998, 1919 f.). Kritik auch von *Hofmann,* in: Schmidt-Bleibtreu/Hofmann/Henneke, GG, Art. 13 Rn. 3 m.w.N.; *Papier,* in: Maunz/Dürig, GG Art. 13 (1999) Rn. 69 ff.; *ders.* in: HGR IV, § 91 Rn. 28 ff.; *Stern,* Staatsrecht IV/1, S. 273.

32 Vgl. *Scholz/Meyer-Teschendorf,* DÖV 1998, 10 (15). In diese Richtung auch *Papier,* in: Maunz/Dürig, Art. 13 (1999) Rn. 68.

33 Vgl. *Kühne,* in: Sachs, GG, Art. 13 Rn. 25.

34 H.M. Vgl. BVerfGE 7, 230 (238); 18, 121 (132); 37, 132 (147); 65, 1 (40); 89, 1 (12); BVerfG, NJW 2004, 999 (1000); BayVerfGHE 15, 49 (51); OLG Nürnberg, NJW-RR 1990, 908 (909); *Stern,* Staatsrecht IV/1, S. 215 m.w.N.; *Gornig,* in: v. Mangoldt/Klein/Starck, GG I, Art. 13 Rn. 11; *Hofmann,* in: Schmidt-Bleibtreu/Hofmann/Henneke, GG, Art. 13 Rn. 6; *Kunig,* in: v. Münch/Kunig, GG I, Art. 13 Rn. 3; *Papier,* in: Maunz/Dürig, Art. 13 (1999) Rn. 1; *Horn,* in: HStR VII, § 149 Rn. 91; *Ziekow/Guckelberger,* in: Friauf/Höfling, Art. 13 (2005) Rn. 33; ausführlich *von Gunten,* Das Grundrecht auf Unverletzlichkeit der Wohnung, 1992, S. 71 ff.

35 BVerfGE 18, 121 (123); *Cassardt,* in: Clemens/Umbach I, Art. 13 Rn. 24; *Herdegen,* in: BK, Art. 13 Rn. 10; *Jarass,* in: Jarass/Pieroth, Art. 13 Rn. 1; *Papier,* in: Maunz/Dürig, Art. 13 (1999) Rn. 8.

lichen Existenz habe, selbst wenn sie nicht im Eigentum des Bewohners stehe, sondern nur gemietet sei.

Als Abwehrrecht will das Grundrecht fremdes Eindringen und Verweilen in der 22 Wohnung verhindern[36]; als Wertentscheidung wirkt Art. 13 GG darauf hin, dass alle Maßnahmen der öffentlichen Gewalt – Gesetzgebung, Administrative, Rechtsprechung – auf diesem Gebiet nur unter Beachtung des hohen Werts des Schutzes der räumlichen Privatsphäre getroffen werden dürfen.[37] Vor allem dem Gesetzgeber erwachsen daraus Schutzpflichten für die Ausgestaltung aller mit der Wohnung im Zusammenhang stehenden Regelungen. Das gilt namentlich für das Mietrecht.[38] Diese Schutzpflicht entfaltet auch Wirkung dahingehend, dass die räumliche Privatsphäre gegen unberechtigte Übergriffe Dritter geschützt werden muss.[39]

Aus Art. 13 GG lässt sich jedoch **keine institutionelle Garantie** für den Bestand einer 23 Wohnung ableiten.[40] Ebensowenig garantiert er ein subjektives Recht auf Zurverfügungstellung einer Wohnung. Lediglich aus dem Sozialstaatsprinzip und Art. 14 Abs. 2 GG kann wohl die Verpflichtung des Staates für das Vorhandensein ausreichenden Wohnraums im Allgemeinen entnommen werden.[41]

Allerdings muss auch registriert werden, dass kaum einem anderen Grundrecht in 24 der Entwicklung des Grundrechtsabschnitts so zahlreiche **Begrenzungen** wie dem **Art. 13 GG** zuteil geworden sind. War die Unverletzlichkeit der Wohnung in der Erstfassung des Art. 13 GG nur für »Durchsuchungen«, vorzugsweise auf strafprozessualer oder polizeilicher Grundlage (Abs. 2), durchbrochen, und für Eingriffe und Beschränkungen zur Bekämpfung schwerster Gefahren für die öffentliche Sicherheit und Ordnung und wesentlicher Bestandteile derselben (Abs. 3) geöffnet, also weitgehend tradierten Schranken, die bereits die früheren Grundrechtskataloge enthielten, so wurde diese Begrenzungsmöglichkeit sukzessive erweitert. Der Begriff Unverletzlichkeit hat auf diese Weise viel von seinem Glanz verloren.

In diesem Rahmen lassen sich drei Hauptkomplexe unterscheiden: erstens Durch- 25 suchungen (Absatz 2), zweitens elektronische Überwachungen (Absätze 3 bis 6) und drittens sonstige Beeinträchtigungen einschließlich administrativer Direktkompetenzen (Absatz 7).

---

36 Vgl. BVerfGE 89, 1 (12); BVerfG, NJW 2004, 999 (1001); *Ziekow/Guckelberger*, in: Friauf/Höfling, Art. 13 (2005) Rn. 32 f. m.w.N.

37 Vgl. *Ziekow/Guckelberger*, in: Friauf/Höfling, Art. 13 (2005) Rn. 34.

38 Vgl. BVerfGE 89, 1 (12 f.); *Hofmann*, in: Schmidt-Bleibtreu/Hofmann/Henneke, GG, Art. 13 Rn. 9 m.Bsp.; *Jarass*, in: Jarass/Pieroth, GG, Art. 13 Rn. 6, 11a.

39 Vgl. *Jarass/Pieroth*, GG, Art. 13 Rn. 11.

40 Vgl. *Papier*, in: Maunz/Dürig, Art. 13 (1999) Rn. 5.

41 Vgl. BVerfGE 7, 230 (238); *Kunig*, in: v. Münch/Kunig, Art. 13 Rn. 3; *Papier*, in: Maunz/Dürig, Art. 13 (1999) Rn. 6; *Ziekow/Guckelberger*, in: Friauf/Höfling, Art. 13 (2005) Rn. 34.

C. Schutzbereiche

I. Allgemeines

26 Art. 13 Abs. 1 GG legt den Schutzbereich mit der »Unverletzlichkeit der Wohnung« fest. Zentral ist dabei der Begriff der Wohnung, der einer verfassungsrechtlichen Begriffsbestimmung bedarf und nicht durch unterverfassungsrechtliche Bestimmungen definiert werden kann.[42] Die Definition des Begriffs »Wohnung« muss unter Berücksichtigung des Schutzzwecks des Grundrechts und des Gesamtzusammenhangs der Verfassung erfolgen (s. Rdn. 29 ff.).

27 Die zentrale Problematik des Art. 13 GG liegt jedoch weniger in der Festlegung des Schutzbereichs des Grundrechts als in seinen Beschränkungsmöglichkeiten. Ungeachtet der in Art. 13 GG normierten Begrenzungen oder Begrenzungsermächtigungen bleibt der räumliche Privatsphärenschutz als besonderes Schutzrecht eine wichtige Ergänzung zum allgemeinen Privatsphärenschutz. Für das Bundesverfassungsgericht gilt die Wohnung geradezu als »Mittelpunkt der menschlichen Existenz« und als »räumlicher Bereich individueller Persönlichkeitsentfaltung«.[43]

28 Es geht um den privaten Herrschaftsbereich des Menschen, der abgeschirmt werden soll zur Außenwelt, aber nicht gegenüber denjenigen, mit denen der Wohnungsinhaber in Kontakt bleiben will – Familienangehörige, Freunde, Bekannte, Berufskollegen, Geschäftspartner –. Art. 8 Abs. 1 EMRK führt daher nicht ohne Vorbedacht das »Recht auf Achtung« der Wohnung mit dem auf Achtung des Privat- und Familienlebens sowie der Korrespondenz zusammen (s. Rdn. 144). Durch diese Formulierung wird der Anteil am allgemeinen Privatsphärenschutz besonders deutlich. Gleichzeitig werden auch die **Verbindungslinien** zu Art. 6 Abs. 1 GG – Schutz von Ehe und Familie – und zu Art. 10 Abs. 1 GG – Schutz des Brief-, Post- und Fernmeldegeheimnisses, insbesondere der Vertraulichkeit informationstechnischer Systeme – erkennbar (s. deren Kommentierung).

II. Schutzbereiche im Einzelnen (Abs. 1)

1. Wohnung

29 Sieht man das Grundanliegen des Art. 13 Abs. 1 GG, einen räumlich abgegrenzten Bereich der Persönlichkeitsentfaltung zu schützen, richtig, so ist es konsequent, den **Wohnungsbegriff weit zu verstehen**. Erfasst sind daher auch Nebenräume der Wohnung, wie Garagen, Hausboote, Zelte, Wohnwagen (Wohnmobile), Privatflugzeuge, weil auch sie dem individuellen Lebensbereich zugehörig sind.[44]

---

42 Vgl. *Gornig*, in: v. Mangoldt/Klein/Starck, GG, Art. 13 Rn. 13.

43 BVerfGE 32, 54 (70, 72); ähnlich BVerfGE 51, 97 (107); 65, 1 (40); 89, 1 (9); BVerfG (K), NJW 2005, 275 f.

44 H.M.; vgl. BayObLG, NJW 1999, 3205; *Stern*, Staatsrecht IV/1, S. 214 f. m.w.N.; *Herdegen*, in: BK, Art. 13 (1998) Rn. 29; *Hermes*, in: Dreier, GG I, Art. 13 Rn. 16 ff.; *Jarass*, in: Jarass/Pieroth, GG, Art. 13 Rn. 4; *Kühne*, in: Sachs, GG, Art. 13 Rn. 1; *Kunig*, in: v.

Geschützt werden soll die »räumliche Lebenssphäre«[45], die sich ein Mensch geschaf- 30
fen hat, wo immer sie sich befindet und wie beschaffen sie ist, sofern er sie allgemeiner Zugänglichkeit entzogen hat. Darum genießen auch nur vorübergehend eine Privatsphäre begründende Aufenthaltsräume den Schutz des Art. 13 GG, wie etwa
**Zimmer in Krankenhäusern, Altenheimen, Internaten, Obdachlosenheimen, Stu-
dentenheimen**, nicht aber normale Personenkraftwagen, Telefonzellen, Strandkörbe.
Bei Gemeinschaftsunterkünften kommt es auf die Abgrenzbarkeit an.

2. Geschäftlich genutzte Räumlichkeiten

Auch **Arbeits- und Geschäftsräume sowie Betriebsstätten** haben Teil an der Schutz- 31
garantie, auch wenn sie nicht zum Wohnen geeignet sind und damit die Nähe zur
Privatsphäre nicht evident ist.[46] Sie gelten jedoch gleichermaßen als Stätten des persönlichen Aufenthalts und der persönlichen Aktivität, die nach dem Willen des Inhabers von der Außenwelt abgeschlossen werden können.[47]

Das gilt selbst für Räume, die wie **Gaststätten, Ladengeschäfte, Kaufhäuser, Aus-** 32
stellungsräume von vornherein auf Publikumsverkehr angelegt sind.

Der gelegentlich hierzu vertretenen Ausklammerung dieser Räumlichkeiten aus dem 33
Wohnungsschutz ist das Bundesverfassungsgericht zu Recht nicht gefolgt. Es verweist dabei auf die Auslegung paralleler Grundrechte in ausländischen Verfassungen,
die deutsche Rechtstradition und die Anfälligkeit dieses Lebensbereiches für Eingriffe in der nationalsozialistischen Zeit.[48]

Jedoch erkennt das Gericht für »reine Geschäfts- und Betriebsräume« ein geminder- 34
tes Schutzbedürfnis an, so dass solche Räume während der Zeit der geschäftlichen
und betrieblichen Nutzung betreten und kontrolliert werden dürfen, wenn gesetzliche Ermächtigungen bestehen und der Grundsatz der Verhältnismäßigkeit gewahrt
wird.[49]

Münch/Kunig, GG I, Art. 13 Rn. 10; *Horn,* in: HStR VII, § 149 Rn. 88. Wohl auch um-
friedete Gartengrundstücke gegen Luftbildaufnahmen (*Dorff,* NJW 2006, 951).
45 BVerfGE 96, 44 (51); 103, 142 (150); 120, 274 (309).
46 Darum wollte sie der EuGH aus dem Wohnungsschutz ausschließen (EuGH, NJW 1989,
3080 – Hoechst); anders zum Recht der EGMR, NJW 1993, 718 – Niemitz. Vgl. hierzu näher *Ennuschat,* AöR 127 (2002), 252 (262 ff.); s. BVerfG (K), NJW 2009, 281.
47 Vgl. BVerfGE 32, 54 (68 ff.); 42, 212 (219); 76, 83 (88); 96, 44 (51); 97, 228 (265); 109,
279 (320); BVerwGE 121, 345 (348); 120, 274 (309); *Herdegen,* in: BK, Art. 13 (1993)
Rn. 30 ff.; *Hermes,* in: Dreier, GG I, Art. 13 Rn. 26 ff.; *Kühne,* in: Sachs, GG, Art. 13
Rn. 4; *Ipsen,* Grundrechte, Rn. 264; *Pieroth/Schlink,* Grundrechte, Rn. 872 ff.; *Figgener,*
Behördliche Betretungsrechte und Nachschaubefugnisse, 2000, S. 38 ff.; *Lepsius,* Jura
2002, 259 (260).
48 Vgl. BVerfGE 32, 54 (69 ff.). S. aber die Gegenstimmen bei *Hermes,* in: Dreier, GG I,
Art. 13 Rn. 26.
49 Vgl. BVerfGE 32, 54 (76 f.); *Hermes,* in: Dreier, GG I, Art. 13 Rn. 114 mit Nachw. der
gesetzlichen Grundlagen Fn. 380; näher *Ennuschat,* AöR 127 (2002), 252 (267 f.).

35   Der in Art. 13 Abs. 1 GG verwendete Begriff der Unverletzlichkeit hat Anklänge an die Unantastbarkeit des Art. 1 Abs. 1 GG. Dennoch ist er nicht von gleichem Gewicht. Unantastbarkeit macht jeden Grundrechtseingriff unzulässig.[50] Unverletzlichkeit lässt gewisse Eingriffe zu, wie auch die Absätze 2 bis 7 zeigen, nur sind sie an enge Voraussetzungen gebunden, die allerdings durch die Neufassung der Schranken 1998 einigermaßen aufgeweicht sind. Ungeachtet dieser Eingriffsmöglichkeiten gewährt die Unverletzlichkeit das Recht, Eingriffe in die mit Wohnung umschriebene räumliche Privatsphäre abzuwehren. Insofern ist Art. 13 GG **klassisches grundrechtliches Abwehrrecht** (Rdn. 43 ff.).

D. Grundrechtsberechtigte und -verpflichtete

36   Die Trägerschaft bzw. Berechtigung aus Art. 13 GG entscheidet sich nicht nach der Eigentumslage, sondern nach der **Nutzungsberechtigung** an der Wohnung sowie der Betriebs- und Geschäftsräume. Träger des Grundrechts ist jeder Nutzungsberechtigte der Räumlichkeiten, unabhängig davon, auf welchem Rechtsverhältnis die Nutzung beruht.[51] Die Nutzung darf jedoch nicht rechtswidrig erlangt sein.[52] Geschützt werden auch Familienmitglieder, Personal, der nicht mietende Ehegatte oder Lebensgefährte.[53] Bei mehreren Bewohnern einer Wohnung steht das Grundrecht jedem Einzelnen zu.[54]

37   **Berechtigt** aus Art. 13 GG sind neben **natürlichen auch juristische Personen und Personenvereinigungen**, da Wohnungen im Sinne dieser Vorschrift ihrem Wesen nach (Art. 19 Abs. 3 GG) als Sitz auch von diesen eingenommen werden können.[55] Das Grundrecht steht allen natürlichen Personen, also nicht nur Deutschen, zu.

38   Juristische Personen des öffentlichen Rechts können sich jedoch nicht auf Art. 13 GG berufen.[56] Dies gilt auch im Rahmen privatrechtlicher Nutzung. Zum Schutze der Räume von Kirchen und Religionsgemeinschaften werden über Art. 4, 140 GG

---

50 Vgl. *Stern*, Staatsrecht IV/1, S. 94 f. m.w.N.

51 Vgl. *Gornig*, in: v. Mangoldt/Klein/Starck, GG, Art. 13 Rn. 27; *Papier*, in: Maunz/Dürig, GG, Art. 13 (1999), Rn. 12.

52 Vgl. *Stern*, Staatsrecht IV/1, S. 216; *Papier*, in: Maunz/Dürig, Art. 13 (1999), Rn. 12; a.A. *Berkemann*, in: AK, Art. 13 Rn. 52; *Hermes*, in: Dreier, GG, Art. 13 Rn. 22; *Ziekow/Guckelberger*, in: Friauf/Höfling, Art. 13 Rn. 44; vorsichtiger *Jarass*, in: ders./Pieroth, GG, Art. 13 Rn. 6.

53 Vgl. *Papier*, in: Maunz/Dürig, GG, Art. 13 (1999), Rn. 12; differenzierend *Kühne*, in: Sachs, GG, Art. 13 Rn. 17.

54 Vgl. BVerfGE 109, 279 (326); *Jarass*, in: Jarass/Pieroth, GG, Art. 13 Rn. 6.

55 H.M.; vgl. BVerfGE 32, 54 (72); 42, 212 (219); 44, 353 (371); 76, 83 (88); zur Frage von Gesellschaften aus anderen EG-Mitgliedstaaten *Gornig*, in: v. Mangoldt/Klein/Starck, GG, Art. 13 Rn. 38.

56 Vgl. *Stern*, Staatsrecht IV/1, S. 252 m.w.N.; *Kunig*, in: v. Münch/Kunig, GG I, Art. 13 Rn. 9; *Papier*, in: Maunz/Dürig, GG, Art. 13 (1999), Rn. 18.

gewisse Ausnahmen anerkannt.[57] Bei Universitäten und deren Untergliederungen ist der Grundrechtsschutz auf Art. 5 Abs. 3 GG beschränkt. Öffentlich-rechtliche Rundfunkanstalten können sich auf Art. 5 Abs. 1 Satz 2 GG berufen (s. Art. 5 Rdn. 247 f.).

Hinsichtlich der Verpflichteten ergeben sich bei Art. 13 GG keine Besonderheiten. **39** **Verpflichtet** wird der Staat mit seinen drei Gewalten.[58] Eine unmittelbare Verpflichtung ergibt sich für den Gesetzgeber aus Art. 13 Abs. 2 bis 5 und 7 GG.[59]

E. Subjektive und objektiv-rechtliche Gehalte

I. Allgemeines

Art. 13 GG wird bisweilen als »eindimensionales«[60] Grundrecht betrachtet, dem an- **40** dere als abwehrrechtliche Wirkungen nicht zukommen. Das trifft in dieser Verengung nicht zu. Auch dem Art. 13 GG wohnen objektiv-rechtliche Gehalte inne. Das Bundesverfassungsgericht hat bereits 1964 von der »**Wertentscheidung des Art. 13 GG**« gesprochen.

Daraus ergeben sich erhebliche Anforderungen vor allem an den Gesetzgeber für die **41** Ausgestaltung des Schutzgutes des Art. 13 GG, auch wenn die abwehrrechtliche Dimension in der Praxis bisher im Vordergrund gestanden hat. Art. 13 GG verbürgt zusammen mit Art. 10 GG »wesentliche Bestandteile der Unverletzlichkeit der Privatsphäre als ein Stück objektiver Ordnung des von ihm verfaßten Gemeinwesens und als Rechtsgut, das durch die Gewährleistung subjektiver Abwehrrechte«[61] auch einen – wie bei nahezu allen Grundrechten – zweidimensionalen Grundrechtsschutz garantiert (s. Einleitung Rdn. 32 ff.).

Ebenso wie der verwandten Vorschriften des Art. 10 GG sind also auch Art. 13 GG **42** sowohl **subjektiv- wie objektiv-rechtliche Gehalte** immanent.[62] Das gilt vor allem für verfassungsrechtliche Aspekte und Ausstrahlungswirkungen auf das Privatrecht sowie staatliche Schutzpflichten (s. Einleitung Rdn. 42 ff.).

---

57 Vgl. BVerfGE 57, 220 (243 f.). Probleme wirft in diesem Zusammenhang das sog. Kirchenasyl auf; dazu *Robbers*, AöR 113 (1988), S. 30 (48 ff.); *Geis*, JZ 1997, 60 (64); *Renck*, NJW 1997, 2089 ff. s. jetzt auch BVerfG, DÖV 2015, 240 ff.

58 Vgl. *Jarass*, in: Jarass/Pieroth, GG, Art. 13 Rn. 32 ff.; *Michael/Morlok*, Grundrechte, Rn. 466 ff.

59 *Gornig*, in: v. Mangoldt/Klein/Starck, GG, Art. 13 Rn. 41.

60 So *Schmitt Glaeser*, HStR VI 2. Aufl., § 129 Rn. 47.

61 *Hesse*, Grundzüge, Rn. 373.

62 Bedauerlicherweise gehen neueste Untersuchungen von *Dolderer* (Objektive Grundrechtsgehalte, 2000) und von *Szczekalla* (Die sogenannten grundrechtlichen Schutzpflichten im deutschen und europäischen Recht, 2002) nicht auf Art. 13 GG ein, während *Poscher* (Grundrechte als Abwehrrechte, 2003) zwar Art. 13 GG behandelt (S. 268 ff.), nicht jedoch die objektiv-rechtliche Dimension anspricht.

II. Einzelne Dimensionen

1. Art. 13 GG als Abwehrrecht

43   Richtig ist, dass **Art. 13 GG** in erster Linie **klassisches Abwehrrecht** ist, das dazu berechtigt, staatliche Eingriffe in den Schutzbereich der Wohnung im oben Rdn. 29 f. definierten Sinne abzuwehren.[63]

44   Die abwehrrechtliche Dimension richtet sich gegen alle Staatsgewalt (Art. 1 Abs. 3 GG). Vorzugsweise kommen insoweit insbesondere Behörden der Wirtschafts-, Arbeits- oder Steueraufsicht[64] sowie Vollstreckungsbeamte der Exekutive oder Judikative[65] in Frage. Auch Privatpersonen, die im staatlichen Auftrag handeln, sind verpflichtet, die Unverletzlichkeit der Wohnung zu achten. Dazu gehören etwa Sachverständige, die im Rahmen einer vom Gericht angeordneten Beweiserhebung tätig werden.[66]

45   Gegen Private ohne staatlichen Auftrag oder Indienstnahme gewährt Art. 13 GG jedoch keine Abwehrrechte, da das Grundrecht keine unmittelbare Drittwirkung entfaltet. Hier können Rechte nur gewährt werden, soweit im Rahmen der Schutzpflichtwirkung des Art. 13 GG auch Privatrechtsverhältnisse erfasst werden (unten Rdn. 49).

46   So rigide der Schutz der Wohnung in Art. 13 Abs. 1 GG durch den Begriff »Unverletzlichkeit« zu klingen scheint, so deutlich muss gesagt werden, dass die Begrenzungen und Begrenzungsmöglichkeiten der Absätze 2 bis 7 diese Unverletzlichkeit beachtlich relativiert haben. Waren sie in der Fassung bis zum 45. Grundrechtsänderungsgesetz vom 25. März 1998 (BGBl. I, S. 610) zugeschnitten auf weitgehend überkommene Tatbestände richterlicher Durchsuchungen (Absatz 2) oder besondere Not-, Sicherheits- und Katastrophensituationen (Absatz 3), wie sie 1948/49 ins Auge gefasst werden mussten, so führte die Neufassung unter inhaltlicher Beibehaltung des Absatzes 3, der zu Absatz 7 wurde, durch Einfügung der Absätze 3 bis 6 zu weitergehenden Eingriffsermächtigungen.

47   Diese Eingriffsmöglichkeiten schwächen naturgemäß die Abwehrfunktion des Grundrechts. Immerhin hat das Bundesverfassungsgericht durch sein Urteil vom 20. Februar 2001 Durchsuchungen bei »Gefahr im Verzug« durch eine einengende Interpretation des Begriffs einige Schranken gezogen.[67] Ähnliches gilt für die Anfor-

---

63   H.M.; vgl. *Stern*, Staatsrecht IV/1, S. 214 f. m.w.N.; *Papier*, in: Maunz/Dürig, Art. 13 (1999) Rn. 1, 6; *ders.*, in: HGR IV, § 91 Rn. 1; *Schmitt Glaeser*, HStR VI, § 129 Rn. 47; *Lepsius*, Jura 2002, 259 (259).

64   Vgl. BVerfGE 32, 54 (74).

65   Vgl. BVerfGE 51, 97 (105 ff.); BVerfG (K), NJW 2005, 275 f. m.w.N.

66   Vgl. BVerfGE 75, 318 (326).

67   Vgl. BVerfGE 103, 142 (Ls. 1 und S. 153); hierzu *Asbrock*, NJ 2001, 293 f.; *Einmahl*, NJW 2001, 1393 ff.; *Krehl*, JR 2001, 491 ff.; *Möllers*, NJW 2001, 1397 f.; *Ostendorf/Brüning*, JuS 2001, 1063 ff.; *Amelung*, NStZ 2001, 337 ff.; *Gusy*, JZ 2001, 1033 ff.

derungen an Durchsuchungen, die mehrmals das Bundesverfassungsgericht beschäftigt haben.[68]

a) Eindringen und Verweilen

Als Abwehrrecht richtet sich Art. 13 Abs. 1 GG nicht nur gegen das unerlaubte **Ein-** 48
dringen in die Wohnung, sondern auch gegen das **Verweilen** und das unkörperliche Eindringen mittels akustischer oder optischer Überwachungsmittel staatlicher Organe gegen den Willen des Wohnungsinhabers.[69] Nicht abgewehrt werden können jedoch Erhebungen und die Einholung von Auskünften, die ohne Eindringen oder Verweilen in der Wohnung vorgenommen werden können.[70] Auch begrenzte gesetzlich eingeräumte Aufenthaltsrechte von Rundfunkunternehmen zur Kurzberichterstattung von »Großereignissen« müssen vom Eigentümer geduldet werden.[71]

b) Schutz privater Rechtsverhältnisse

Art. 13 Abs. 1 GG schützt **nicht privatrechtliche Rechtsverhältnisse an der Woh-** 49
nung, insbesondere nicht ein sich daraus ergebendes Besitzrecht. Sie werden vom Grundrecht grundsätzlich nicht berührt.[72] Der gekündigte Mieter kann sich z.B. nicht auf Art. 13 GG berufen und eine Räumung verweigern.[73]

Art. 13 Abs. 1 GG gewährt auch keinen Anspruch gegen den Staat auf Zurverfü- 50
gungstellung einer Wohnung. Nur die innegehabte Wohnung ist geschützt. Art. 13 Abs. 1 GG berechtigt auch nicht dazu, von der Wohnung aus Handlungen vorzunehmen, die in die Rechtssphäre anderer eingreifen, z.B. des Hauseigentümers bei der Anbringung von Wahlplakaten an der Hauswand.[74]

---

68 Vgl. BVerfGE 42, 212 ff.; 51, 97 ff.; 57, 346 ff.; 76, 83 ff.; 96, 44 ff.; BVerfG (K), NJW 2005, 275 f. – Anforderungen an einen Durchsuchungsbefehl.

69 BVerfGE 76, 83 (89 f.); 89, 1 (12); 103, 142 (150 f.); BVerfGE, NJW 2008, 822 (826); BVerfGE 37, 132 (147) zur Besichtigung von Wohnungen; *Stern*, Staatsrecht IV/1, S. 248 f. m.w.N.; *Herdegen*, in: BK, Art. 13 (1993) Rn. 44; *Kunig*, in: v. Münch/Kunig, GG I, Art. 13 Rn. 19; *Gentz*, Die Unverletzlichkeit der Wohnung, 1968, S. 32 ff.

70 BVerfGE 65, 1 (40).

71 Vgl. BVerfG, NJW 2008, 822 (826); dazu *Frenz*, DVBl. 2009, 333 (337 ff.).

72 Vgl. BVerfGE 89, 1 (12); *Gornig*, in: v. Mangoldt/Klein/Starck, GG I, Art. 13 Rn. 12; *Schmitt Glaeser*, HStR VI, § 129 Rn. 47. Hier kann allerdings Art. 14 eingreifen (s. *F. Becker*, unten Art. 14 Rn. 52).

73 Jedoch kann der gekündigte, aber die Wohnung noch tatsächlich besitzende Mieter u.U. den Schutz des Art. 13 GG gegen staatliche Eingriffe in seine Privatheit in Anspruch nehmen, nicht jedoch gegen Vollstreckungsbeamte, die ein rechtskräftiges Räumungsurteil vollziehen, vgl. BVerfGE 89, 1 (12): Kein Schutz des Besitzrechts.

74 BVerfGE 7, 230 (238).

2. Objektiv-rechtliche Dimension

51 Die **objektiv-rechtliche Dimension des Art. 13 GG** ist weniger leicht zu erfassen als die abwehrrechtliche. Nach Meinung des Bundesverfassungsgerichts ist Art. 13 GG Ausdruck einer »objektiven Wertentscheidung«. Zwar ist das Gericht heute von dieser Terminologie häufig abgerückt und spricht mehr von den objektiv-rechtlichen Gehalten der Grundrechte, die es nach mehreren Richtungen hin entfaltet (s. Einleitung Rdn. 36 ff.), aber in der Sache bleibt bestehen, dass Art. 13 GG nicht bloß ein Abwehrrecht ist. Will man jedoch diese objektiv-rechtlichen Gehalte des Art. 13 GG näher beschreiben, so stößt man auf einige Schwierigkeiten. Sicher ist nur, dass eine leistungs- oder teilhaberechtliche Komponente, etwa in Form eines Rechts auf Wohnraum, nicht besteht (s. Rdn. 55).

52 Andererseits werden nach allgemeiner Meinung verfahrensrechtliche Dimensionen und vor allem Schutzpflichten sowie Ausstrahlungswirkungen auf privatrechtliche Beziehungen anerkannt.[75] Dies bedeutet vor allen Dingen, dass Art. 13 GG bei der Auslegung und Anwendung privatrechtlicher Vorschriften zu beachten ist.[76]

a) Verfahrensrechtliche Gebote

53 **Verfahrensrechtliche Gebote** richten sich vor allem an Durchsuchungen, Eingriffe und sonstige Beschränkungen, zu denen Art. 13 Abs. 2 bis 7 GG ermächtigt. So hat das Bundesverfassungsgericht etwa für die Betretens- und Besichtigungsbefugnisse für Geschäfts- und Betriebsräume seitens der Aufsichtsbehörden eine ganze Skala von Anforderungen genannt, die zudem alle zusätzlich den **Grundsatz der Verhältnismäßigkeit** zu wahren haben.[77] Sie müssen bei der Anwendung der Gesetze, die im Einzelfall die Eingriffe legitimieren, beachtet werden.[78]

54 Für einige **schwerwiegende Eingriffe**, wie den sog. Lauschangriff hat die Verfassung unmittelbar geltende Anforderungen normiert. Auch für die unmittelbar aus der Verfassung abgeleitete administrative Direktkompetenz zu »Eingriffen und Beschränkungen« »zur Abwehr einer gemeinen Gefahr oder einer Lebensgefahr für einzelne Personen« (Art. 13 Abs. 7 GG) ist der Verhältnismäßigkeitsgrundsatz zu wahren und, sofern diese, wie etwa polizeiliche und andere behördliche Eingriffe, auf Gesetze gestützt werden, gelten deren Vorgaben auch für den exekutiven Eingriff. Angesichts des Primärsatzes der »Unverletzlichkeit« in Art. Art. 13 Abs. 1 GG wird man dem Ver-

---

75 Vgl. *Herdegen*, in: BK, Art. 13 (1993) Rn. 10; *Hermes*, in: Dreier, GG I, Art. 13 Rn. 115 ff.; *Kunig*, in: v. Münch/Kunig, GG I, Art. 13 Rn. 3 f.; *Schmitt Glaeser*, HStR VI, § 129 Rn. 47.

76 Vgl. Einleitung Rdn. 42 ff.; BVerfGE 89, 1 (11).

77 Vgl. BVerfGE 20, 162 (186 f.); 32, 54 (76 f.); 96, 44 (51); BVerfG (K), NJW 2005, 275 f.; BVerfG, NJW 2008, 822 (828); *G. Hermes*, in: Dreier, GG I, Art. 13 Rn. 51; *Kühne*, in: Sachs, GG, Art. 13 Rn. 25 f., der sich sehr kritisch zur »Zugriffstotalität« der Absätze 2–7 ausspricht.

78 Zu diesen Gesetzen unten Rdn. 57 ff.

hältnismäßigkeitsgrundsatz verstärkte Bedeutung für alle Eingriffe zumessen müssen.

b) Leistungsansprüche aus Art. 13 GG

Irgendwelche **Leistungsansprüche**, etwa auf die Zurverfügungstellung von Wohnraum lassen sich aus Art. 13 GG nicht ableiten. Genauso wenig lassen sich dem Art. 13 GG Ansprüche zum Abbau von Wohnungsnot oder der Förderung des Wohnungsbaus entnehmen.[79] Einige Landesverfassungen lassen allerdings zumindest Anklänge in diese Richtung erkennen.[80] Ihnen fehlen jedoch entsprechende Implementierungsvorschriften. 55

c) Schutzpflichten und Ausstrahlungswirkung auf das einfache Recht

Wichtiger als die verfahrensrechtlichen Gebote, die aus dem objektiv-rechtlichen Gehalt der Unverletzlichkeit der Wohnung abzuleiten sind, sind die **materiell-rechtlichen Schutzwirkungen**. Sie richten sich vor allem an den Gesetzgeber, zeichnen aber auch die Exekutive, namentlich die Polizei sowie die Gerichtsbarkeit, nicht frei. *G. Hermes* hat die insoweit bestehende Schutzpflicht des Staates zutreffend umschrieben: »Art. 13 GG verpflichtet den Gesetzgeber, die grundrechtlich gewährleistete räumliche Sphäre der Privatheit gegenüber Übergriffen Dritter effektiv zu schützen, und verlangt von Verwaltung und Rechtsprechung, bei Auslegung und Anwendung solcher Normen deren schützende Wirkung im Einzelfall zur Geltung zu bringen (Schutzpflicht)«.[81] 56

Beeinträchtigungen, die von privater Seite erfolgen, muss der Staat entgegentreten.[82] Der Gesetzgeber wird durch Art. 13 GG verpflichtet, die räumliche Privatsphäre effektiv auch vor **Übergriffen Privater** zu schützen.[83] So schützt § 123 StGB Wohn- und Geschäftsräume sowie das befriedete Besitztum strafrechtlich. Allerdings wird das Eindringen nur auf Antrag verfolgt, sofern es nicht gewaltsam oder durch eine Menschenmenge, die sich öffentlich zusammenrottet, erfolgt (§ 124 StGB). Die erst im Jahre 2004 ergänzte Strafvorschrift des § 201a StGB schützt Personen, die sich in einer Wohnung oder einem gegen Einblick besonders geschützten Raum befinden, vor unbefugten Bildaufnahmen. Neben dem strafrechtlichen Schutz sieht das Bür- 57

---

79 H.M.; vgl. *Berkemann*, in: AK-GG, Art. 13 (2001) Rn. 24; *Gornig*, in: v. Mangoldt/Klein/Starck, GG I, Art. 13 Rn. 11 m.w.N.; *Papier*, in: Maunz/Dürig, Art. 13 (1999) Rn. 5 f; ders. HGR IV, § 91 Rn. 3.
80 Vgl. Art. 106 Abs. 1 BayVerf; Art. 28 Abs. 1 BerlVerf; Art. 47 Abs. 1 BbgVerf; Art. 14 Abs. 1 BremVerf; Art. 17 Abs. 3 M-VVerf; Art. 7 Abs. 1 SächsVerf; Art. 16 ThürVerf.
81 Hermes, in: Dreier, GG, Art. 13 Rn. 117; ähnlich *Gornig*, in: v. Mangoldt/Klein/Starck, GG I, Art. 13 Rn. 12; *Herdegen*, in: BK, Art. 13 (1993) Rn. 10; *Schmitt Glaeser*, HStR VI, § 129 Rn. 47.
82 Vgl. *Ziekow/Guckelberger*, in: Friauf/Höfling, Art. 13 (2005) Rn. 34 m.w.N.
83 Vgl. *Hermes*, in: Dreier, Art. 13 Rn. 117; *Jarass*, in: Jarass/Pieroth, Art. 13 Rn. 11.

gerliche Gesetzbuch **zivilrechtliche Abwehr- und Schadensersatzansprüche** für Wohnungsstörungen vor (§§ 854, 903, 823 BGB).

58 Das **Strafprozessrecht** kennt **Verwertungsverbote** für Beweismittel (s. Rdn. 116), die durch eine unzulässige[84] Durchsuchung einer Wohnung erlangt sind.[85] Aufgrund Art. 13 Abs. 7 GG besteht eine unmittelbar aus der Verfassung ableitbare Ermächtigung für die Sicherheitsbehörden zu **Eingriffen** in die Wohnung, wenn sie der **Abwehr einer gemeinen Gefahr** oder einer **Lebensgefahr für einzelne Personen** dienen.

59 Eine gewisse Rolle spielt Art. 13 GG auch im Rahmen der grundrechtlichen »**Drittwirkung**«.[86] Nach Auffassung des Bundesverfassungsgerichts ist Art. 13 GG »– wie andere Grundrechte auch – bei der Auslegung und Anwendung zivil- (insbesondere auch miet-)rechtlicher Vorschriften zu beachten, jedoch nur soweit sein Schutzbereich berührt ist«.[87] In dieser Hinsicht kommt dem Grundrecht eine »**Ausstrahlungswirkung**« (s. Einleitung Rdn. 42 ff.). auf **privatrechtliche Rechtsbeziehungen** zu.

60 Allerdings ist diese begrenzt; denn Art. 13 Abs. 1 GG schützt »nicht das Besitzrecht an einer Wohnung, sondern deren Privatheit«. Die Kündigung eines Mietverhältnisses berührt daher die **Privatheit einer Wohnung** nicht. Aber nach zwei Richtungen hin kann sich die Ausstrahlungswirkung entfalten: zum einen müssen die Vorschriften des Besitz-, Miet- und Pachtrechts im Lichte auch des Art. 13 GG ausgelegt und angewendet werden, zum zweiten kann Art. 13 GG zu einer inhaltlichen Kontrolle bestehender Mietverträge führen, etwa hinsichtlich Abreden, die dem Vermieter ein jederzeitiges Betretungsrecht einräumen.[88]

61 Art. 13 GG dient jedoch nicht dazu, die Rechte des Mieters gegenüber dem Eigentümer zu erweitern. Grundsätzlich wird man den einschlägigen Vorschriften des Bürgerlichen Gesetzbuches, durch die das Mietrecht in letzter Zeit mehrfach zu Gunsten des Mieters geändert wurde, die hinreichende Beachtung des Art. 13 GG bescheinigen können.[89]

F. Eingriffe und Schranken

I. Allgemeines

62 Eine klare Trennung des grundrechtlichen Schutzbereichs von Begrenzung und Begrenzbarkeit sowie der zu diesem Zweck normierten Schranken in der Verfassung ist

---

84 Vgl. *Stern*, Staatsrecht IV/1, S. 274 f.
85 Vgl. zu Verwertungsverboten aus Grundrechtsverstößen *Meyer-Goßner*, StPO, Einl. Rn. 56 m.w.N.; *O. Muthorst*, Das Beweisverbot, 2009.
86 Vgl. *Gornig*, in: v. Mangoldt/Klein/Starck, GG I, Art. 13 Rn. 12; *Schmitt Glaeser*, HStR VI, § 129 Rn. 47; *Papier*, HGR IV, § 91 Rn. 5; eher zurückhaltend *Kunig*, in: v. Münch/Kunig, GG I, Art. 13 Rn. 4.
87 Vgl. BVerfGE 89, 1 (11).
88 BVerfGE 89, 1 (12 f.).
89 Vgl. *Stern*, Staatsrecht IV/1, S. 252.

nicht nur Ausdruck gediegener Grundrechtsdogmatik, sondern auch für einen sauberen Umgang des Gesetzgebers und der Verfassungsgerichtsbarkeit mit den Grundrechten von größter Bedeutung.[90] Das gilt in besonderem Maße **für den Persönlichkeits- und Privatsphärenschutz,** halten doch die diesen Schutz garantierenden Grundrechte überaus **unterschiedliche Begrenzungen und Begrenzungsmöglichkeiten** parat.

Gerade für die Grundrechte der Art. 2 Abs. 1, 10 und 13 GG bewahrheitet sich, dass   63
ein kohärentes Schrankensystem im Grundrechtsteil der Verfassung nicht existiert. Vielmehr bestehen differenzierte, auf das einzelne Grundrecht bezogene verfassungsunmittelbare[91] und verfassungsmittelbare[92], vor allem durch Gesetze konkretisierbare Begrenzungen und Begrenzungsmöglichkeiten. Hier, wie im allgemeinen bei den Grundrechten, gilt, dass jede Begrenzung in der Verfassung selbst ihren Niederschlag finden muss.[93]

Grundregel ist, dass abgesehen von Art. 1 GG kein Grundrecht begrenzungsfrei garantiert ist.[94] Schranken muss es schon deshalb geben, weil ansonsten ein gedeihliches   64
Zusammenleben der Menschen in einer Gemeinschaft nicht gewährleistet werden könnte. Zugleich müssen sie den Ausgleich der Freiheitsbetätigungen der einzelnen Grundrechtsberechtigten bewirken. Beide Aufgaben sind in erster Linie dem Gesetzgeber anvertraut, der aber verfassungsrechtliche Schranken-Schranken zu beachten hat (s. Einleitung Rn. 131 ff.).

II. Die Begrenzungen des Art. 13 GG

Muss bei einigen Grundrechten auf nicht ausdrücklich normierte Begrenzungen und   65
Begrenzungsmöglichkeiten zurückgegriffen werden, so sieht Art. 13 GG vielfältige Begrenzungen und Begrenzungsmöglichkeiten vor. Ein Rückgriff auf verfassungsimmanente Schranken oder sonstige Verfassungsrechtsgüter ist daher grundsätzlich unnötig, aber nicht ausgeschlossen.

---

90 Vgl. *Hermes,* in: Dreier, GG I, Art. 13 Rn. 29 ff.; *Horn,* in: HStR VII, § 149 Rn. 92 ff.; *Stern,* FS 50 Jahre BVerfG II, 2001, S. 1 (2) m.w.N.; *Kahl,* Der Staat 43 (2004), S. 167 ff.; *Hoffmann-Riem,* ebd. S. 203 ff.; *Volkmann,* JZ 2005, 261 ff.

91 Darunter versteht man die Begrenzungen, die in den Grundrechtsbestimmungen selbst oder in anderen Verfassungsrechtssätzen enthalten sind.

92 Darunter versteht man die in den Grundrechtsbestimmungen vorgesehenen Ermächtigungen der Staatsgewalt zu Begrenzungen.

93 Vgl. *Stern,* Staatsrecht III/2, S. 513 ff., 530 ff.

94 Vgl. BVerfGE 28, 243 (261); 41, 29 (50); 47, 46 (76); 49, 24 (56); 52, 223 (246 f.); 69, 1 (54 f.); 77, 240 (253); 93, 1 (21); *v. Münch,* in: v. Münch/Kunig, GG I, Vorb. Art. 1–19 Rn. 56 ff.; *Stern,* FS 50 Jahre BVerfG II, 2001, S. 1 (10 ff.); *Lücke,* DÖV 2002, 93 ff. Zum absoluten Schutz der Garantie der Menschenwürde siehe *Stern,* Staatsrecht IV/1, S. 91 ff.

III. Die Schrankensystematik des Art. 13 GG

1. Allgemeines

66 Im Rahmen des Art. 13 GG lassen sich drei Hauptkomplexe unterscheiden: erstens Durchsuchungen (Absatz 2), zweitens elektronische Überwachungen (Absätze 3 bis 6) und drittens sonstige Beeinträchtigungen einschließlich administrativer Direktkompetenzen (Absatz 7).

67 Art. 13 Abs. 2 GG sieht außerhalb von Gefahr im Verzug für die **Durchsuchung von Wohnungen** einen sog. **Richtervorbehalt** in dem Sinne vor, dass diese nur aufgrund richterlicher Anordnung vorgenommen werden darf.[95]

68 Bei Gefahr im Verzug dürfen auch andere Organe die Durchsuchung vornehmen, sofern eine gesetzliche Ermächtigung vorhanden ist. Dieser **Gesetzesvorbehalt** begrenzt zudem die Durchsuchung auf die im Gesetz vorgeschriebene Form. Auch die Durchsuchung gemäß richterlicher Genehmigung ist allerdings von einem Gesetz abhängig, da der Richter nach Gesetz und Recht entscheiden muss (Art. 20 Abs. 3, Art. 97 Abs. 1 GG).

69 Beide Konstellationen für Durchsuchungen sind nicht gerade überzeugend klar formuliert. Sie haben freilich noch nicht zu unlösbaren Problemen geführt.

2. Durchsuchungen (Abs. 2)

70 Nach Auffassung des Bundesverfassungsgerichts belegen bereits »Wortlaut und Systematik des Art. 13 Abs. 2 GG, daß die richterliche Durchsuchungsanordnung die Regel und die nichtrichterliche die Ausnahme sein soll«.[96] Auch die Entstehungsgeschichte soll hierfür sprechen, meint das Gericht, freilich ohne einen Beleg anzuführen.[97] Daraus folgert es weiter, dass Gefahr im Verzug »eng auszulegen« sei, da sie eine »beträchtliche Minderung des Schutzes für das Grundrecht (bewirkt)«. Dieses Verhältnis von Regel und Ausnahme hat in der Literatur weitgehend Zustimmung gefunden.[98] Trotz gewisser Zweifel soll es auch hier zugrunde gelegt werden.

---

95 Insoweit bestehen – teilweise auch formulierungsmäßig – Gemeinsamkeiten mit Art. 104 Abs. 1 bis 3 GG (*Kutscha*, NVwZ 2003, 1296 [1298]). Zum Richtervorbehalt vgl. insbesondere *Kruis/Wehowsky*, NJW 1999, 682 (683 f.). Bisweilen wird ihm die grundrechtssichernde Kraft abgesprochen, vgl. *Roggau*, Auf legalem Weg in einen Polizeistaat, 2000, S. 54 ff.; *Backes/Gusy*, Wirksamkeitsbedingungen von Richtervorbehalten bei Telefonüberwachungen, 2003.

96 BVerfGE 103, 142 (153); *Kühne*, in: Sachs, GG, Art. 13 Rn. 27 ff.; *Hofmann*, in: Schmidt-Bleibtreu/Hofmann/Henneke, GG, Art. 13 Rn. 13 ff.

97 Er wäre auch schwer zu finden. Entstehungsgeschichtlich lässt sich nur verifizieren, dass die Abg. Dr. *C. Schmid* und Dr. *H. v. Mangoldt*, die Eingriffsmöglichkeiten allgemein limitieren wollten, weil man keinesfalls auf den allgemeinen Gesetzesvorbehalt von Art. 115 WRV zurückkommen wollte (JöR n.F. Bd. 1 [1951], S. 140).

98 Vgl. *Amelung*, NStZ 2001, 337; *Einmal*, NJW 2001, 1393 ff.; *Möllers*, NJW 2001, 1397 f.

Dem Gericht ist insbesondere darin zuzustimmen, dass zwei besondere Gefährdungen der bürgerlichen Freiheit zusammenkommen; denn zum einen greife eine Durchsuchung schwerwiegend in einen elementaren Lebensraum ein, der dem Einzelnen im Hinblick auf seine Menschenwürde und im Interesse der freien Entfaltung seiner Persönlichkeit garantiert wird und zum anderen erfolge eine Durchsuchung in der Regel ohne vorherige Anhörung des davon Betroffenen.[99] Der **Richtervorbehalt** solle in dieser Lage eine vorbeugende Kontrolle durch eine unabhängige und neutrale Instanz gewährleisten, um so für eine gebührende Berücksichtigung der Interessen des übergangenen Grundrechtsträgers zu sorgen.

Durchsuchung ist das »ziel- und zweckgerichtete Suchen staatlicher Organe nach Personen oder Sachen oder zur Ermittlung eines Sachverhalts, um etwas aufzuspüren, was der Inhaber der Wohnung von sich aus nicht offenlegen oder herausgeben will«.[100]   71

Durchsuchungen in diesem Sinne erfolgen aufgrund der **Strafprozessordnung** (§§ 102 ff. StPO), aber auch aufgrund **verwaltungsrechtlicher** (etwa §§ 99, 220 AO, 16 Abs. 2 IfSG, 45 f. BGSG, 27 BDG, 41 f. PolG NW; neuerdings auch §§ 39 Abs. 2; 46 Abs. 4 WaffG) sowie aufgrund **vollstreckungsrechtlicher Vorschriften** (etwa §§ 758 ZPO[101], 287 AO, 33 Abs. 2 FGG[102]; 14 VwVG NW). Art. 13 Abs. 2 GG beschränkt sich anerkanntermaßen nicht auf die (klassische) strafprozessuale Durchsuchung, sondern erfasst auch die administrativen und vollstreckungsrechtlichen, namentlich die polizeilichen Durchsuchungen.[103]   72

---

99 Vgl. *Amelung*, NStZ 2001, 337 (338).

100 BVerfGE 51, 97 (106 f.); 75, 318 (327); 76, 83 (89); BVerwGE 28, 285 (287); 47, 31 (37); OVG Hamburg, NJW 1997, 2193 (2194); *Kunig*, in: v. Münch/Kunig, GG I, Art. 13 Rn. 25; *Papier*, in: Maunz/Dürig, Art. 13 (1999) Rn. 22 f.

101 Der Ortstermin im Zivilprozess ist trotz des zu bejahenden Eingriffs in die Unverletzlichkeit der Wohnung dagegen keine Durchsuchung i.S.d. Art. 13 Abs. 2 GG, vgl. *Jankowski*, NJW 1997, 3347 ff.

102 Wenn Vollstreckungsorgane nach § 33 Abs. 2 FGG eine Wohnung betreten, um dort dem Inhaber der Wohnung ein Kind wegzunehmen, so handelt es sich dabei um eine Durchsuchung i.S. des Art. 13 Abs. 2 GG, vgl. BVerfG (K), NJW 2000, 943 f. Auch ein Zutritt zur Wohnung im Rahmen des Aufgabenbereichs des Betreuers »Wohnungsangelegenheiten« kann eine Durchsuchung i.S. des Art. 13 Abs. 2 GG bilden, vgl. LG Freiburg, FamRZ 2000, 1316.

103 Vgl. BVerfGE 16, 239 (240 f.); 32, 54 (73); 51, 97 (106 f.); 75, 318 (326); BadWürttVGH, VBlBW 2000, 24; NdsOVG, NdsVBl 2002, 247; *Kunig*, in: v. Münch/Kunig, GG I, Art. 13 Rn. 27; *Papier*, in: Maunz/Dürig, Art. 13 (1999) Rn. 23; *ders.*, in: HGR IV, § 91 Rn. 14; *Stern*, Staatsrecht IV/1, S. 274 f. m.w.N.

73   Allerdings sollen Betretungen und Besichtigungen im Rahmen der Wirtschaftsaufsicht oder durch gerichtliche Sachverständige nicht zu den Durchsuchungen gehören.[104] Für sie soll Absatz 7 gelten.[105]

74   Für vorgenannte Durchsuchungen verlangt **Art. 13 Abs. 2 1. Alternative GG** eine **richterliche Anordnung**, weil es sich um einen schwerwiegenden Eingriff in ein hohes verfassungsrechtlich geschütztes Rechtsgut handelt. Dieser Richtervorbehalt will »eine vorbeugende Kontrolle durch eine unabhängige und neutrale Instanz«[106] sicherstellen, die kraft ihrer strikten Rechtsgebundenheit die Rechte des Betroffenen im Einzelfall am besten wahrt. Der Richter muss die Rechtmäßigkeit – dies schließt die Beachtung von Gesetz und Verfassung ein – der Durchsuchungsmaßnahmen eigenverantwortlich prüfen. Die Beachtung der gesetzlich vorgeschriebenen »**Formvorschrift**« wird ihm ausdrücklich von der Verfassung vorgegeben (Art. 13 Abs. 2 GG a.E.). Formverstöße sind demnach zugleich Verfassungsverstöße. Deswegen sind an die Durchsuchungsanordnung erhebliche inhaltliche Anforderungen zu stellen, damit der Richter in die Prüfung ihrer Rechtmäßigkeit eintreten kann. Diese Prüfung muss sich hinsichtlich Tatvorwurf und Beweismittel in der richterlichen Anordnung niederschlagen.[107]

75   Alle staatlichen Organe sind verpflichtet, dafür Sorge zu tragen, dass der »Richtervorbehalt als Grundrechtssicherung praktisch wirksam wird«. Das Bundesverfassungsgericht hat damit Obliegenheiten nicht nur für den Gesetzgeber, sondern auch für die Justizverwaltung verbunden, die bis in die Ausstattung und die Aus- und Fortbildungsmöglichkeiten der Ermittlungsrichter hineinreichen.[108]

76   Eine Durchsuchungsentscheidung muss die erforderlichen Angaben über den Tatvorwurf enthalten und gegebenenfalls eine etwaige Begrenzung. Ein halbes Jahr nach Ausstellung erlöschen ihre Wirkungen.[109] Die richterliche Anordnung kann mit den

---

104 Vgl. BVerfGE 32, 54 (73); 37, 132 (147); 75, 318 (327); 97, 228 (266); *Herdegen*, in: BK, Art. 13 (1993) Rn. 51; *Papier*, in: Maunz/Dürig, Art. 13 (1999) Rn. 24; *Lepsius*, Jura 2002, 259 (260). Zu Recht kritisiert von *Cassardt*, in: Umbach/Clemens, GG I, Art. 13 Rn. 67. Differenzierend *Hermes*, in: Dreier, GG I, Art. 13 Rn. 46; *Siekmann/Duttge*, Grundrechte, Rn. 277.

105 Vgl. *Papier*, in: Maunz/Dürig, Art. 13 (1999) Rn. 24; *Scholl*, Behördliche Prüfungsbefugnisse im Recht der Wirtschaftsüberwachung, 1989, S 156 ff.; *Lepsius*, Jura 2002, 259 (260).

106 BVerfGE 20, 162 (223); 57, 346 (355 f.); 76, 83 (91); 103, 142 (150 f.); BVerfG (K), 2004, 1517 (1518); BVerfG (K), NJW 2009, 2516; s. ferner *Kruis/Wehowsky*, NJW 1999, 682 (682 f.).

107 Vgl. BVerfG (K), NJW 2009, 2516 (2517); *Hofmann*, in: Schmidt-Bleibtreu/Hofmann/Henneke, GG, Art. 13 Rn. 13; *Kunig*, in: v. Münch/Kunig, GG I, Art. 13 Rn. 33; *Wißmann*, JuS 2007, 324, 426.

108 Vgl. BVerfG 103, 142 (151 f.).

109 Näher BVerfGE 42, 212 (220); 96, 44 (54); BVerfG (K), NJW 1994, 3282; BVerfG (K), NJW 2005, 275 f.; *Papier*, in: Maunz/Dürig, Art. 13 (1999) Rn. 44; *Hofmann*, in: Schmidt-Bleibtreu/Hofmann/Henneke, GG, Art. 13 Rn. 14 m.w.N.

allgemeinen Rechtsbehelfen angefochten werden. Unter Verstoß gegen Art. 13 GG bei Durchsuchungen gewonnene Beweise unterliegen grundsätzlich einem Verwertungsverbot.[110]

Die 2. Alternative des Art. 13 Abs. 2 GG erlaubt bei »**Gefahr im Verzug**« auch anderen Organen die Anordnung von Durchsuchungen, sofern sie in einem Gesetz vorgesehen sind. Dabei handelt es sich um eine Eilkompetenz, die in einem förmlichen Gesetz geregelt sein muss. Wegen der »Wesentlichkeit« des Eingriffs genügen Rechtsverordnungen oder Gewohnheitsrecht nicht; es muss sich um Parlamentsgesetze handeln.[111] Musterbeispiel einer solchen Regelung ist § 105 i.V.m. § 103 StPO, der der Staatsanwaltschaft und ihren Hilfsorganen (§ 152 GVG) Durchsuchungen gestattet. »Diese Kompetenz eröffnet den nichtrichterlichen Organen die Möglichkeit eines Eingriffs, wenn Beweismittel ansonsten gefährdet wären. Gefahr im Verzug ist also immer dann anzunehmen, wenn die vorherige Einholung der richterlichen Anordnung den Erfolg der Durchsuchung gefährden würde (BVerfGE 51, 97 [111])«.[112] 77

Die Gefahr im Verzug muss durch einzelfallbezogene Tatsachen begründet werden, die der vollen gerichtlichen Überprüfung unterliegen. Allerdings ist auch zu beachten, dass bei der Bestimmung von Gefahr im Verzug »der Zweck der von der Verfassung vorgesehenen Eilkompetenz nicht außer Betracht bleiben (darf)«. Namentlich soll »bei der strafprozessualen Durchsuchung zur Auffindung von Beweismitteln … die Eilkompetenz die Strafverfolgungsbehörden in die Lage versetzen, einen Beweismittelverlust zu verhindern«.[113] 78

Insgesamt will das Bundesverfassungsgericht die 2. Alternative des Art. 13 Abs. 2 GG als Ausnahmefall sehen, der eng auszulegen ist; die Regelzuständigkeit richterlicher Anordnung soll grundsätzlich gewahrt bleiben.[114] Die strafprozessuale Praxis beweist indessen das Gegenteil.[115] 79

Sowohl bei Durchsuchungen aufgrund richterlicher Anordnung als auch bei Gefahr im Verzug ist bei Anordnung und Durchführung der **Grundsatz der Verhältnismäßigkeit** zu beachten.[116] So können z.B. Durchsuchungen durch Vorlage des gesuchten Gegenstands abgewendet werden. Auch die Schwere der Tat ist in diesem Zusammenhang zu berücksichtigen. 80

---

110 Vgl. BVerfGE 109, 279 (331); 44, 353 (383 f.); *Hermes*, in: Dreier, GG, Art. 13 Rn. 42 f.; *Jarass*, in: Jarass/Pieroth, GG, Art. 13 Rn. 13; *Kunig*, in: v. Münch/Kunig, GG I, Art. 13 Rn. 35 m.w.N.

111 Vgl. *Hermes*, in: Dreier, GG, Art. 13 Rn. 49 m.w.N.

112 BVerfGE 103, 142 (154).

113 BVerfGE 103, 142 (154).

114 Vgl. BVerfGE 103, 142 (153).

115 Vgl. *Stern*, Staatsrecht IV/1, S. 276 m.w.N.

116 H.M.; vgl. BVerfGE 96, 44 (51); BVerfG (K), NJW 2005, 275 f.; *Papier*, in: Maunz/Dürig, Art. 13 (1999) Rn. 34 ff.; *Lepsius*, Jura 2002, 259 (260); *Ransiek*, StV 2002, 565.

3. Sonstige Beeinträchtigungen (Abs. 7)

81 Zum »Altbestand« der **Begrenzungen** der Unverletzlichkeit der Wohnung gehört **Art. 13 Abs. 7 GG.** Ursprünglich als Absatz 3 verortet, wurde er nach der Verfassungsänderung von 1998 Absatz 7. Er umfasst solche »**Eingriffe und Beschränkungen**«, die nicht Durchsuchungen im Sinne des Absatzes 2 sind und nicht zu den Maßnahmen nach Art. 13 Abs. 3 bis 5 GG gehören. Diese Betrachtung des Schrankengefüges des Art. 13 GG geht klar aus der Verwendung der Worte »im übrigen« in Absatz 7 hervor, auch wenn die Begriffe »Eingriffe und Beschränkungen« nicht gerade die übliche Wortwahl für verfassungsrechtliche Schranken darstellen.

82 Das Besondere an der Begrenzung des Absatz 7 ist, dass er »zur Abwehr einer gemeinen Gefahr oder einer Lebensgefahr für einzelne Personen« *unmittelbar* eine Ermächtigung zum Eingriff in die Unverletzlichkeit der Wohnung bietet.[117] Insoweit handelt es sich um eine »administrative Primärkompetenz«.[118]

83 Demgegenüber sind »Eingriffe und Beschränkungen« »zur Verhütung dringender Gefahren für die öffentliche Sicherheit und Ordnung, insbesondere zur Behebung der Raumnot, zur Bekämpfung von Seuchengefahr oder zum Schutze gefährdeter Jugendlicher« nur aufgrund eines Gesetzes zulässig.

84 Die beiden Alternativen sind sprachlich und normtechnisch nicht gerade geglückt nebeneinander gestellt, aber durch das Verbindungsglied »auch« doch klar voneinander geschieden. Bei der zweiten Alternative, die weniger allgemein bedrohlich ist oder höchstwertige Rechtsgüter gefährdet, bedarf es eines Spezialgesetzes, bei der ersten Alternative nicht.

85 Die erste Alternative ermächtigt zum Eingriff nur zur »**Abwehr**« **einer Gefahr**, nicht auch zur Verhütung einer solchen.

86 Im Lichte der hier verwendeten Begriffe des Sicherheits- und Ordnungsrechts bedeutet dies, dass es sich um eine konkrete (nicht bloß abstrakte) Gefahr handeln muss, also die hinreichende Wahrscheinlichkeit eines Schadenseintritts in einem Einzelfall zu erwarten sein muss.

87 »**Gemeine**« Gefahr bedeutet dabei Gefahren für eine unbestimmte Zahl von Personen oder Sachen, mithin für die Allgemeinheit, wie sie beispielsweise bei Überschwemmungen, Seuchen, Feuersbrunst, Erdbeben, Lawinen oder radioaktiver Strahlung bestehen kann.

---

117 Vgl. *Kunig*, in: v. Münch/Kunig, GG I, Art. 13 Rn. 57; *Papier*, in: Maunz/Dürig, Art. 13 (1999) Rn. 121. Demgegenüber fordert *Hermes*, in: Dreier, GG I, Art. 13 Rn. 115 und ihm folgend *Jarass*, in: Jarass/Pieroth, GG, Art. 13 Rn. 35 auch hier eine gesetzliche Grundlage »wegen des allgemeinen Vorbehalts des Gesetzes«. Inkonsequent ist es jedoch, an das Gesetz geringere Bestimmtheitsanforderungen zu richten.
118 *Kühne*, in: Sachs, GG, Art. 13 Rn. 50.

Bei Lebensgefahr genügt auch eine Gefahr für eine einzelne Person. In diesen Fällen 88
darf die Exekutive Wohnungen gegen den Willen des Berechtigten betreten.

Der Gesetzgeber ist zu Beschränkungen der Unverletzlichkeit der Wohnung berech- 89
tigt. Solche Regelungen sind vielfach erlassen worden, sowohl im Bundesrecht, wie
§ 45 BPolG oder §§ 99, 210 AO oder § 29 GewO zeigen, als auch im Landesrecht,
beispielsweise für Nordrhein-Westfalen § 41 PolG, § 61 Abs. 6 BauO, § 16 Abs. 1
LImschG, § 3 Abs. 2 LBodSchG, § 28 Abs. 2 DSchG, § 28 Abs. 1 und 3 ÖGDG.
Seit 2002 erlaubt das Gesetz zum zivilrechtlichen Schutz vor Gewalttaten und Nach-
stellungen (GewSchG) vom 11. Dezember 2001 (BGBl. I, S. 3513) in Verbindung
mit polizeirechtlichen Vorschriften der Polizei auch, auf häusliche Gewalt mit Betre-
tungsverboten zu reagieren.[119] In allen Eingriffsfällen ist der Grundsatz der Verhältnismäßigkeit zu wahren.[120]

Besteht eine gesetzliche Grundlage, so sind Eingriffe und Beschränkungen neben der 90
Abwehr auch zur **Verhütung**[121] von Gefahren für weitere Rechtsgüter zulässig, sofern die Gefahren »dringend« sind.

Zweifelhaft ist, ob dieser Begriff die Wahrscheinlichkeit des Schadenseintritts oder das 91
Ausmaß des Schadens oder dessen zeitliches Bevorstehen meint.[122] Nach dem Wort-
verständnis dürfte die zeitliche Dimension im Sinne von nächster Zukunft maßgeblich sein. Allerdings dürfte dem Gesetzgeber ein Spielraum zur Verfügung stehen, auch
die beiden anderen Faktoren einzubeziehen. In diesem Sinne darf auch das Bundesverwaltungsgericht verstanden werden, wenn es eine dringende Gefahr im Sinne des
Art. 13 Abs. 7 GG dann annimmt, »wenn eine Sachlage oder ein Verhalten bei un-
gehindertem Ablauf des objektiv zu erwartenden Geschehens mit hinreichender
Wahrscheinlichkeit ein wichtiges Rechtsgut schädigen wird«.[123]

Gesetz im Sinne des Art. 13 Abs. 7 GG ist nicht nur wie bei Absatz 2 das förmliche 92
Gesetz, sondern auch eine Rechtsverordnung, die auf einer dem Art. 80 Abs. 1 GG
genügenden Ermächtigung beruht.[124] Gewohnheitsrecht genügt allerdings nicht

---

119 Hierzu ausführlich *Frommel*, ZRP 2001, 287 ff.; *Grziwotz*, NJW 2002, 872 ff.; *Collin*,
    DVBl. 2003, 1499 ff.
120 Vgl. BVerfGE 75, 318 (328).
121 Die Gefahr braucht also nicht schon eingetreten zu sein; »es genügt, daß die Beschrän-
    kung des Grundrechts dem Zweck dient, einen Zustand nicht eintreten zu lassen, der sei-
    nerseits eine dringende Gefahr für die öffentliche Sicherheit und Ordnung darstellen
    würde« (BVerfGE 17, 232 [251 f.]).
122 Zu dieser Frage vgl. *Gornig*, in: v. Mangoldt/Klein/Starck, GG I, Art. 13 Rn. 159; *Jarass*,
    in: Jarass/Pieroth, GG, Art. 13 Rn. 37 m.w.N.; *Baldus*, NVwZ 2003, 1289 (1293).
123 BVerwGE 47, 31 (40).
124 Vgl. BVerwGE 37, 283 (286); *Hermes*, in: Dreier, GG I, Art. 13 Rn. 110; *Jarass*, in: Ja-
    rass/Pieroth, GG, Art. 13 Rn. 36; *Kunig*, in: v. Münch/Kunig, GG I, Art. 13 Rn. 63; *Pa-
    pier*, in: Maunz/Dürig, Art. 13 (1999) Rn. 125. Einschränkend *Schmitt Glaeser*, HStR
    VI, § 129 Rn. 60: »Gesetz im formellen Sinne«. Differenzierend *Cassardt*, in: Umbach/
    Clemens, GG I, Art. 13 Rn. 165: Die formellgesetzliche Ermächtigungsgrundlage für

mehr.[125] Die polizeiliche Generalklausel entspricht nach allgemeiner Auffassung den Anforderungen des Art. 13 Abs. 7 GG.[126]

93 Die gesetzlichen Ermächtigungen sind stets nach Maßgabe des **Verhältnismäßigkeitsprinzips** zu interpretieren. Dabei gilt es vor allem, die Unverletzlichkeit der Wohnung mit dem öffentlichen Interesse an der Wahrung von Recht und Ordnung abzuwägen.[127]

94 Der Gesetzesvorbehalt zur Beschränkung der Unverletzlichkeit der Wohnung darf nicht beliebig eingesetzt werden, sondern nur zum Schutze bestimmter in Art. 13 Abs. 7 GG aufgezählter Rechtsgüter. Es handelt sich also um einen qualifizierten Gesetzesvorbehalt.[128]

95 Mit der Nennung der »**öffentlichen Sicherheit und Ordnung**« als Schutzgut wird an das tradierte Polizei- und Ordnungsrecht angeknüpft, wie es in den Landesgesetzen verwirklicht ist.[129]

96 **Öffentliche Sicherheit** bedeutet dabei die Einhaltung der Rechtsordnung einschließlich der Beachtung der persönlichen Rechte und Rechtsgüter des Individuums sowie den Bestand des Staates und seiner Funktionen einschließlich seiner Einrichtungen.

97 Zur **öffentlichen Ordnung** gehört »die Gesamtheit der im Rahmen der verfassungsmäßigen Ordnung liegenden ungeschriebenen Regeln für das Verhalten des einzelnen in der Öffentlichkeit, deren Beachtung nach den jeweils herrschenden Anschauungen unerläßliche Voraussetzung eines geordneten staatsbürgerlichen Zusammenlebens (ist)«.[130] Die meisten Polizeigesetze haben in neuerer Zeit auf diesen Begriff verzich-

---

die Rechtsverordnung muss die Voraussetzungen des Eingriffs bereits selbst hinreichend bestimmen.

125 Vgl. BVerfGE 32, 54 (75); *Gornig*, in: v. Mangoldt/Klein/Starck, GG I, Art. 13 Rn. 169; *Hermes*, in: Dreier, GG I, Art. 13 Rn. 110; *Jarass*, in: Jarass/Pieroth, GG, Art. 13 Rn. 36; *Kunig*, in: v. Münch/Kunig, GG I, Art. 13 Rn. 63; *Papier*, in: Maunz/Dürig, Art. 13 (1999) Rn. 125.

126 Vgl. Vgl. BVerwGE 47, 31 (38 ff.); *Gornig*, in: v. Mangoldt/Klein/Starck, GG I, Art. 13 Rn. 171; *Herdegen*, in: BK, Art. 13 (1993) Rn. 78; *Jarass*, in: Jarass/Pieroth, GG, Art. 13 Rn. 36; *Kunig*, in: v. Münch/Kunig, GG I, Art. 13 Rn. 68; *Papier*, in: Maunz/Dürig, GG, Art. 13 (1999) Rn. 125; a.A. *Berkemann*, in: AK-GG, Art. 13 (2001) Rn. 204; *Kühne*, in: Sachs, GG, Art. 13 Rn. 50.

127 Vgl. BVerwGE 47, 31 (40).

128 Vgl. *Stern*, Staatsrecht III/2, S. 466 ff.

129 Vgl. etwa die Zusammenstellung von *Götz*, Allgemeines Polizei- und Ordnungsrecht, 14. Aufl. 2008, § 4 Rn. 3 ff., § 5 Rn. 1 ff.; *Gusy*, Polizeirecht, 6. Aufl. 2006, Rn. 78 ff., *Pieroth/Schlink/Kniesel*, Polizei- und Ordnungsrecht, 5. Aufl. 2008, S. 123 ff., 136 ff.; *Schenke*, Polizei- und Ordnungsrecht, 5. Aufl. 2007, Rn. 53 ff., 62 ff.

130 So neuere gesetzliche Formulierungen in einigen Ordnungsgesetzen. Die amtliche Begründung zu § 14 Preuß. PVG verstand darunter »den Inbegriff der Normen, deren Befolgung nach den jeweils herrschenden sozialen und ethischen Anschauungen als unentbehrliche Voraussetzung für ein gedeihliches Miteinanderleben der innerhalb eines

tet, teils aus ideologischen, teils aus verfassungsrechtlichen Gründen, ohne jedoch ausschließen zu können, dass er in zahlreichen Gesetzen weiterhin verwendet wird, etwa im Gewerbe- und Gaststättenrecht sowie in § 45 AuslG und § 118 OWiG, im EG-Vertrag und in der EMRK und nicht zuletzt im Grundgesetz. Er dürfte also nach wie vor unentbehrlich sein. Notwendig ist aber eine zurückhaltende Interpretation.[131]

Als spezielle Beispielfälle (»insbesondere«) der öffentlichen Sicherheit und Ordnung **98** nennt Art. 13 Abs. 7 GG **Raumnot, Seuchengefahr und die Gefährdung von Jugendlichen.** Raumnot meint nicht den individuellen Wohnungsmangel eines Obdachlosen[132], sondern die allgemeine Mangelsituation auf dem Wohnungsmarkt, wie sie beim Inkrafttreten des Grundgesetzes bestand. Die zu dessen Behebung seiner Zeit ergangenen Gesetze, wie etwa das Wohnraumbewirtschaftungsgesetz, sind mittlerweile weitgehend aufgehoben und durch Wohnungsbauförderungsgesetze oder das Wohnungsbindungsgesetz bei Sozialwohnungen ersetzt worden. Bundesseuchen- und Viehseuchengesetz, das Gesetz zur Bekämpfung von Geschlechtskrankheiten sowie das Gesetz über den Verkehr mit Lebensmitteln, Tabakerzeugnissen, kosmetischen Mitteln und sonstigen Bedarfsgegenständen, das Fleischhygienegesetz, das Kreislaufwirtschafts- und Abfallgesetz, das Tierschutzgesetz und das Bundesimmissionsschutzgesetz stehen zur Bekämpfung von Seuchen im Vordergrund. Sie erlauben ebenfalls das Betreten von Wohnungen. Das neue Jugendschutzgesetz vom 23. Juli 2002 (BGBl. I, S. 2730)[133] enthält entgegen dem früheren Recht keine diesbezügliche Ermächtigung mehr.

In einer Grenzsituation zwischen Art. 13 Abs. 2 GG – »Durchsuchungen« – und **99** Art. 13 Abs. 7 GG – »Eingriffe und Beschränkungen im übrigen« – stehen die vielfach in Gesetzen vorgesehenen **behördlichen Betretungs- und Nachschaurechte** der **Wirtschafts-, Lebensmittel-, Bau-, Steuer- und Umweltaufsicht.**[134] Sie betreffen in der Regel Geschäfts- und Betriebsräume, können aber auch Wohnräume erfassen, je-

---

Polizeibezirkes wohnenden Menschen angesehen wird.« (Drews/Wacke/Vogel/Martens, Gefahrenabwehr, 9. Aufl. 1986, § 16 Pkt. 1).

131 In diese Richtung *Schenke*, Polizei- und Ordnungsrecht, 3. Aufl. 2004, Rn. 65; OVG NRW, NJW 2001, 2111; *Fischbach*, JuS 1994, 570 (575); *Erbel*, DVBl. 2001, 1714 ff.

132 Vgl. OVG NRW, DVBl. 1992, 352; *Gornig*, in: v. Mangoldt/Klein/Starck, GG I, Art. 13 Rn. 165; *Kunig*, in: v. Münch/Kunig, GG I, Art. 13 Rn. 69. S. auch *Papier*, in: Maunz/Dürig, Art. 13 (1999) Rn. 138: Raumnot ist die »allgemein bestehende Wohnraumnot«.

133 Zuletzt geändert durch Art. 3 Abs. 1 Gesetz v. 31.10.2008 (BGBl. I S. 2149).

134 Beispielhaft seien §§ 22 Abs. 2 GastG, 54a Abs. 1 PBefG, 55 Abs. 1 Nr. 3 GüKG, 41 Abs. 3 LMBG, 99, 210 AO, 52 Abs. 2 BImSchG, 19 Abs. 2 AtG genannt. Zur behördlichen Nachschau in Geschäftsräume s. insbesondere *Beisel*, Betretungs- und Nachschaurechte der Wirtschafts- und Umweltüberwachung im Lichte des Art. 13 GG, 1997; *Figgener*, Behördliche Betretungsrechte und Nachschaubefugnisse, 2000; *Scholl*, Behördliche Prüfungsbefugnisse im Recht der Wirtschaftsüberwachung, 1989; *Ennuschat*, AöR 127 (2002), S. 252 ff.

denfalls dann, wenn es z.B. um die Feststellung von Baulichkeiten und Wohnverhältnissen im Sozialrecht geht. In Anbetracht des weiten Wohnungsbegriffs des Art. 13 Abs. 1 GG bedürfen auch diese Befugnisse einer Absicherung in den Schrankenvorschriften des Art. 13 GG, sofern der Betroffene nicht einwilligt.[135]

100 Das Bundesverfassungsgericht hat die Problematik anhand der Betretungsrechte nach der Handwerksordnung pragmatisch zu lösen versucht, indem es die dort normierten Betretungs- und Besichtigungsrechte nicht als »Eingriffe und Beschränkungen« des damaligen Art. 13 Abs. 3 GG bewertet, aber gleichwohl Eingrenzungen aus Art. 2 Abs. 1 GG im Zusammenhang mit dem Grundsatz der Verhältnismäßigkeit und Zumutbarkeit entwickelt hat.[136] Seine Lösung ist – zu Recht – auf harte Kritik in der Literatur gestoßen.[137] Sie ist zwiespältig und weicht der notwendigen Zuordnung aus, die bei zahlreichen Fällen erforderlich wird, wie die verwaltungsgerichtliche Rechtsprechung erwiesen hat.[138] Gleichwohl hat das Bundesverfassungsgericht an seiner Grundaussage eines unterschiedlichen Schutzbedürfnisses gegenüber Eingriffen und Beschränkungen »je nach der Nähe der [besichtigten] Örtlichkeiten zur räumlichen Privatsphäre« festgehalten.[139]

101 Die verfassungsrechtliche Rechtfertigung von Betretungs-, Besichtigungs- und Nachschaurechten muss differenziert gesehen werden. Dabei ist vor allem die Position des Grundrechtsberechtigten stärker zu würdigen als es das Bundesverfassungsgericht in seiner Entscheidung von 1954 getan hat, die allzu stark das behördliche Interesse in den Vordergrund gestellt hat. Immerhin garantiert zunächst einmal Art. 13 Abs. 1 GG die »Unverletzlichkeit« der Wohnung in dem Sinne, dass sie unfreiwillig niemandem geöffnet werden muss, es sei denn, es bestehen verfassungsrechtlich legitimierte Eingriffsmöglichkeiten für Staatsorgane. Konkret bedeutet dies, dass alle Gesetze, die Behörden gegen den Willen des Berechtigten Befugnisse zum Betreten, Besichtigen, Prüfen, Nachschauen etc. von Wohnungen im Sinne des Art. 13 Abs. 1 GG geben, am Maßstab des Art. 13 Abs. 2 *oder* Abs. 7 GG zu überprüfen sind. Erstgenannter Absatz ist bei allen Maßnahmen einschlägig, die sich als Durchsuchung qualifizieren lassen, letztgenannter in allen sonstigen Fällen.

---

135 Eine Einwilligung muss unzweideutig und in Kenntnis des Tatbestandes und der Rechtsposition erteilt werden (vgl. *Stern*, Staatsrecht III/2, S. 912). Bei mehreren Berechtigten bedarf es wohl der Einwilligung aller (erwachsenen) Berechtigten (so *Kunig*, in: v. Münch/Kunig, GG I, Art. 13 Rn. 21 gegen BGH, NJW 1991, 2651 f.; BayVGH, KKZ 1997, 34 f. und *Kühne*, in: Sachs, GG, Art. 13 Rn. 24).

136 BVerfGE 32, 54 (76 f.).

137 Vgl. *Battis*, JuS 1973, 25 ff.; *Dagtoglou*, JuS 1975, 754 ff.; *Schwan*, DÖV 1975, 661 ff., *Schnapp/Rawert*, Jura 1983, 153 ff.; *Lübbe-Wolff*, DVBl. 1993, 762 ff.; *Scholl*, Behördliche Prüfungsbefugnisse im Recht der Wirtschaftsüberwachung, 1989, S. 152 ff.

138 Vgl. *Voßkuhle*, DVBl. 1994, 611 ff.

139 BVerfGE 97, 228 (266). Das Urteil betraf das Betretungsrecht von Fernsehunternehmen zur Kurzberichterstattung bei Sportveranstaltungen.

Behördliche **Kontrollmaßnahmen** sind immer dann **Durchsuchungshandlungen**, 102
wenn Personen oder Sachen gesucht oder Sachverhalte ermittelt werden sollen, die
der Inhaber der Wohnung nicht von sich aus offenlegen will. Sie liegen dann nicht
vor, wenn das zu Ermittelnde oder Kontrollierende offen zu Tage liegt, z.B. Lebensmittel im Verkaufsraum, Schallmessungen, Sauberkeit, Wasserproben, Ablesen von
Messgeräten.[140] Sofern diese Voraussetzungen nicht gegeben sind, wandelt sich die
Kontrolle zur Durchsuchung und bedarf zwingend der richterlichen Genehmigung.
Auf sie kann auch nicht zugunsten eines »effizienten und reibungslosen Verwaltungs-
ablaufs« verzichtet werden, da es sich um ein klares Verfassungsgebot handelt.[141]

Allerdings dürfte in den meisten Fällen der Betroffene von sich aus die Nachschau 103
fördern, um im Verweigerungsfall den Nachteilen für seinen Betrieb zu entgehen.
Das gilt namentlich für sog. Außenprüfungen (früher Betriebsprüfungen) im Steuerrecht (§§ 193 ff. AO), die Schätzungen nach sich ziehen können.[142]

Die nicht als Durchsuchungshandlungen zu qualifizierenden **Kontrollmaßnahmen** 104
beurteilen sich nach Art. 13 Abs. 7 GG. Sie bedürfen, soweit sie nicht »zur Abwehr
einer gemeinen Gefahr oder einer Lebensgefahr für einzelne Personen« dienen, einer
gesetzlichen Grundlage zum Schutze bestimmter näher aufgezählter Rechtsgüter. Vor
allem kommen insoweit dringende Gefahren für die öffentliche Sicherheit und Ordnung sowie Seuchengefahren in Frage.

Die einschlägigen Aufsichtsbefugnisse haben in der Regel die Verhütung dieser – 105
abstrakt verstandenen – Gefahren im Auge, wie sich aus den gesetzlichen Zwecksetz-
zungen ergibt. Nach vorherrschender Auffassung genügen Rechtsverordnungen aufgrund hinreichender gesetzlicher Ermächtigung, aber nicht Satzungen.[143]

Die Grundsätze der rechtsstaatlichen Bestimmtheit und der Verhältnismäßigkeit 106
sind bei allen Eingriffen zu beachten; das gilt für die normative Grundlage wie für
die Verwaltungsmaßnahme.[144]

---

140 Vgl. etwa aus der Rechtsprechung: BVerfGE 75, 318 (327); BVerwGE 78, 251 (254);
BayVGH, BayVBl. 1991, 115 f.; OVG Hamburg, DVBl. 1997, 665; s. ferner *Figgener*,
Behördliche Betretungsrechte und Nachschaubefugnisse, 2000, S. 88 ff.
141 Vgl. *Voßkuhle*, DVBl. 1994, 611 (616) mit Hinweis auf BVerfGE 51, 97 (112 f.); *Gornig*,
in: v. Mangoldt/Klein/Starck, GG I, Art. 13 Rn. 59 ff.
142 BFH, NJW 1989, 1183 f. hält § 200 AO für im Einklang mit Art. 13 GG; die Vorschrift
sei eine hinreichende Rechtsgrundlage, in den Geschäftsräumen Betriebsprüfungen
durchführen zu dürfen. Das lässt sich im Hinblick auf Art. 13 Abs. 7 GG nur mit einer
sehr weiten Auslegung von »dringender Gefahr für die öffentliche Sicherheit und Ordnung« rechtfertigen. Die verfassungsrechtlichen Bezüge der steuerlichen Außenprüfung
sind bislang kaum thematisiert (einiges bei *Tipke*, Steuerliche Betriebsprüfung im Rechtsstaat, 1968; *Kirchhof*, in: FS Tipke, 1995, S. 27 ff.).
143 Vgl. *Voßkuhle*, DVBl. 1994, 611 (617); *Lübbe-Wolff*, DVBl. 1993, 762 (765, 767); s.
auch dies. (Hrsg.), Umweltschutz durch kommunales Satzungsrecht, 1993. Eine Satzung
hält für ausreichend *Hermes*, in: Dreier, GG I, Art. 13 Rn. 110.
144 Vgl. für eine Maßnahme in einer Betreuungssache KG, NJW 1997, 400.

4. Weitergehende Einschränkungen durch Abs. 3 bis 6

107 Die weitestreichenden und tiefgreifendsten Eingriffsmöglichkeiten in die Unverletzlichkeit der Wohnung bieten die 1998 neu eingefügten Absätze 3 bis 6, die die elektronische Überwachung regeln. Vor allem ging es darum, diese auf Strafverfolgungszwecke zu erweitern. Präventive akustische und optische Überwachung von Wohnungen war bereits nach Art. 13 Abs. 3 GG a.F. zulässig.[145]

108 Im Schwerpunkt geht es in den Absätzen 3 bis 6 um den Einsatz »**technischer Mittel**« zur (**optischen und akustischen**) **Überwachung von Wohnungen** oder in Wohnungen tätiger Personen und um die Kriterien, die hierfür erfüllt sein müssen, sowie um die parlamentarische Kontrolle dieses Einsatzes (sog. großer Lauschangriff). Zweck dieser Regelung ist es, vor allem die organisierte Kriminalität besser bekämpfen und den Bürger wirksamer schützen zu können. Dieses Ziel besitzt einen beachtlichen verfassungsrechtlichen Wert. Andererseits muss aber auch gesehen werden, dass durch die Heimlichkeit und Anonymität der Maßnahme die Personalität des Menschen in ihrer Substanz erfasst wird.

a) Technische Wohnungsüberwachung zur Strafverfolgung (Abs. 3)

109 Art. 13 Abs. 3 GG selbst gewährt noch keine Eingriffsgrundlage; er verlangt vielmehr, dass technische Mittel[146] zur akustischen Überwachung erst eingesetzt werden dürfen, wenn »**eine durch Gesetz einzeln bestimmte besonders schwere Tat** begangen« wurde und weitere Voraussetzungen erfüllt sind.[147] Diese Taten müssen im Gesetz »einzeln«, d.h. enumerativ, gekennzeichnet sein; eine generalklauselartige Umschreibung genügt ebenso wenig wie eine Kennzeichnung durch die Höchststrafe.[148]

110 § 100c StPO i.d.F. von 1992 hatte diese Straftaten zwar aufgezählt; sein Straftatenkatalog in Abs. 1 Nr. 1 genügte den verfassungsrechtlichen Vorgaben jedoch nicht, da er sich nicht auf »besonders schwere Straftaten« im Sinne des Art. 13 Abs. 3 GG beschränkte.

111 Damit ist der verfassungsrechtliche Begriff der »besonders schweren Straftaten« nicht identisch mit dem strafprozessualen Begriff der »Straftat von erheblicher Bedeutung«.[149] Eine solche Straftat im strafprozessualen Sinne muss mindestens der mittleren Kriminalität zuzurechnen sein, den Rechtsfrieden empfindlich stören und geeignet sein, das Gefühl der Rechtssicherheit der Bevölkerung erheblich zu beein-

---

145 Statt aller *Schwabe*, JZ 1993, 867 (867); ferner *Kötter*, DÖV 2005, 225 (228 f.) m.w.N.

146 S. *Jarass*, in: Jarass/Pieroth, GG, Art. 13 Rn. 21.

147 Vgl. zu den materiellen Voraussetzungen *Jarass*, in: Jarass/Pieroth, GG, Art. 13 Rn. 25 f. m.w.N.; *Ziekow/Guckelberger*, in: Friauf/Höfling, Art. 13 Rn. 83 m.w.N.

148 Vgl. BVerfGE 109, 279 (344); *Berkemann*, in: AK-GG, Art. 13 (2001) Rn. 129; *Cassardt*, in: Umbach/Clemens, GG I, Art. 13 Rn. 127; *Gornig*, in: v. Mangoldt/Klein/Starck, GG I, Art. 13 Rn. 95; *Kühne*, in: Sachs, GG, Art. 13 Rn. 41; *Papier*, in: Maunz/Dürig, Art. 13 (1999) Rn. 75 ff.

149 BVerfGE 109, 279 (343 f.).

trächtigen.[150] Dagegen müssen die von Art. 13 Abs. 3 GG vorausgesetzten »besonders schweren Straftaten« den mittleren Kriminalitätsbereich deutlich übersteigen.

Dabei hatte das Bundesverfassungsgericht die Vorschriften über die akustische Wohn- 112
raumüberwachung in ihrer ursprünglichen Fassung teilweise für verfassungswidrig erklärt, soweit die den unantastbaren Kern privater Lebensführung verletzen.[151] Bis zum 30.06.2005 war der Gesetzgeber gehalten, eine verfassungskonforme Regelung zu schaffen. **Mit Gesetz vom 24.06.2005** (BGBl. I S. 1841) wurden die §§ 100c ff. umgestaltet und durch das **Gesetz vom 21.12.2007** (BGBl. I S. 3198) erneut geändert. Die neu geschaffenen Regelungen werden in der Literatur als zu kompliziert und wenig praktikabel kritisiert bis hin zur Forderung, auf den Einsatz der Überwachungsinstrumente gänzlich zu verzichten, zumal sie selten angewandt werden.[152]

In einem Nichtannahmebeschluss teilte das Bundesverfassungsgericht diese Auffas- 113
sung nicht und sah die verfassungsrechtlichen Vorgaben, die es selbst aufgestellt hatte[153], von Art. 13 Abs. 3 GG als beachtet an. Das Grundgesetz gebiete den Schutz des Kernbereichs privater Lebensgestaltung, gebe aber nicht im Einzelnen vor, wie dieser Schutz zu gewährleisten sei. Die Ausgestaltung im Einzelnen sei Aufgabe des Gesetzgebers, dem hierbei ein weiter Beurteilungs- und Gestaltungsspielraum zukomme.[154]

Für die jeweilige Straftat muss es **konkrete Verdachtsgründe** (»bestimmte Tatsa- 114
chen«[155]) geben in Richtung auf eine Person, die sich vermutlich in einer Wohnung aufhält. Um technische Mittel anbringen zu können, ist das Betreten der Wohnung des »Beschuldigten«, d.h. des Tatverdächtigen, erlaubt.

Liegen diese Voraussetzungen vor, so dürfen technische Mittel, wie etwa versteckte 115
Mikrophone oder sonstige Aufnahmegeräte zur akustischen – nicht optischen – Überwachung der Wohnung eingesetzt werden, sofern »die Erforschung des Sachverhalts auf andere Weise unverhältnismäßig erschwert oder aussichtslos wäre« (Subsidiaritätsklausel in Art. 13 Abs. 3 Satz 1 GG). **Abhörmaßnahmen** sollen mithin **ultima ratio** sein.

---

150 Vgl. BT-Drs. 13/10791, S. 5; BVerfGE 103, 21 (34); 107, 299 (322); 109, 279 (344); *Meyer-Goßner*, StPO, 51. Aufl. 2008, § 98a Rn. 5; *Rudolphi*, Systematischer Komm. StPO, § 98a (1994) Rn. 10; *Senge*, NJW 1999, 253 (254).

151 Vgl. BVerfGE 109, 279; dazu *Denninger*, ZRP 2004, 101; *Haas*, NJW 2004, 3082; *Ruthig*, GA 2004, 587.

152 Vgl. *Meyer-Goßner*, StPO, 51. Aufl. 2008, § 100c Rn. 1 m.w.N.

153 Vgl. BVerfGE 109, 279.

154 Vgl. BVerfG (K), NJW 2007, 2753; dazu zustimmend *Geis*, CR 2007, 501; *Sankol*, MMR 2007, 574 ff.; a.A. *Wolter*, in: FS Küper, 2007, S. 719; vgl. ferner Nachweise aus Rspr. und Lit. bei *Meyer-Goßner*, StPO, 51. Aufl. 2008, § 100c Rn. 13 ff.

155 Das sind mehr als »tatsächliche Anhaltspunkte« wie in § 3 Abs. 5 i.V.m. Abs. 3 G 10 (dazu BVerfGE 100, 313 [394]).

116 Mit dieser Verankerung des Verhältnismäßigkeitsgrundsatzes geht es um die nötige Abwägung zwischen Unverletzlichkeit der Wohnung und der Verbrechensaufklärung. Dies wurde von § 100d Abs. 3 StPO nicht in vollem Umfang berücksichtigt, auch wenn er auf die Unzulässigkeit der Überwachungsmaßnahme für den Fall eines Beweisverwertungsverbots oder die Bedeutung eines Vertrauensverhältnisses, in das eingegriffen werden könnte, hinweist. Das Bundesverfassungsgericht führt dazu aus: »Die gesetzlichen Vorschriften müssen hinreichende Vorkehrungen dafür treffen, dass Eingriffe in den absolut geschützten Kernbereich privater Lebensgestaltung unterbleiben und damit die Menschenwürde gewahrt wird. Wird dieses Verbot verletzt oder greift eine Maßnahme unerwartet in den absolut geschützten Kernbereich privater Lebensgestaltung ein, muss sie abgebrochen werden, und es muss durch Löschungspflichten und Verwertungsverbote vorgesorgt sein, dass die Folgen beseitigt werden. [...] § 100d Abs. 3 StPO sichert hingegen nicht, dass eine Überwachung jedenfalls dann ausgeschlossen bleibt, wenn sich der Beschuldigte allein mit seinen engsten Familienangehörigen oder anderen engsten Vertrauten in der Wohnung aufhält und keine Anhaltspunkte für deren Tatbeteiligung bestehen. [...] Der Gesetzgeber hat in § 100d Abs. 3 StPO auch keine hinreichenden Vorkehrungen dafür getroffen, dass die Überwachung abgebrochen wird, wenn unerwartet eine Situation eintritt, die dem unantastbaren Kernbereich privater Lebensgestaltung zuzurechnen ist. Ebenfalls fehlen ausreichende Regelungen dahingehend, dass eine Verwertung unterbleibt, wenn Erkenntnisse unter Verletzung des Kernbereichs privater Lebensgestaltung erlangt worden sind, und dass in diesem Fall schon erhobene Daten gelöscht werden.«[156]

117 Auch bei Wohnungen von Dritten wird nicht verlangt, dass diese per se nicht abgehört werden dürfen. Es kommt auf die Abwägung zwischen Strafverfolgungsinteresse und dem Schutz des Vertrauensverhältnisses im Einzelfall an.[157]

118 Die Überwachungsmaßnahme ist **zu befristen**; § 100d Abs. 1 Satz 4 StPO nennt höchstens einen Monat mit Verlängerungsmöglichkeiten für die gleiche Zeit. Sie muss grundsätzlich durch einen mit drei Richtern besetzten Spruchkörper angeordnet werden. Nach § 100d Abs. 1 StPO ist dies eine Strafkammer des zuständigen Landgerichts (§ 74a Abs. 4 GVG). Ein Einzelrichter des zuständigen Kollegialgerichts darf nur bei Gefahr im Verzug entscheiden (Art. 13 Abs. 3 Satz 4 GG). Der

---

156 BVerfGE 109, 279 (328, 329, 331); hierzu *Denninger*, ZRP 2004, 101 ff.; *Haas*, NJW 2004, 3082 ff.; *Kutscha*, NJW 2005, 20 ff.; *Papier*, in: HGR IV, § 91 Rn. 27 ff.; *Hofmann*, in: Schmidt-Bleibtreu/Hofmann/Henneke, GG, Art. 13 Rn. 26 ff.

157 Vgl. BVerfGE 109, 279 (328), wonach § 100d Abs. 3 StPO keine hinreichende Sicherung des Schutzes des Kernbereichs privater Lebensgestaltung im Bereich der Beweisverwertungsverbote trifft. S. ferner *Gornig*, in: v. Mangoldt/Klein/Starck, GG I, Art. 13 Rn. 104 ff.; *Kunig*, in: v. Münch/Kunig, GG I, Art. 13 Rn. 44; *Papier*, in: Maunz/Dürig, Art. 13 (1999) Rn. 76 f.; kritisch *Baldus*, NVwZ 2003, 1289 (1295 f.).

Richtervorbehalt soll auch hier sicherstellen, dass die Anforderungen, die Art. 13 Abs. 3 GG stellt, gehörig geprüft werden.[158]

Ein Gebot der **Mitteilung** der Abhörmaßnahme **an den Beschuldigten** hat Art. 13 Abs. 3 GG nicht vorgesehen. Allerdings gilt auch hier, was das Bundesverfassungsgericht für die Mitteilung der Fernmeldeüberwachung nach Art. 10 Abs. 2 GG ausgeführt hat: Die Kenntnis von Überwachungsmaßnahmen »ist ein Erfordernis effektiven Grundrechtsschutzes. Denn ohne eine solche Kenntnis können die Betroffenen weder die Unrechtmäßigkeit der Erfassung und Kenntnisnahme ihrer Fernmeldekontakte noch etwaige Rechte auf Löschung oder Berechtigung geltend machen«.[159]   119

Dies entspricht auch Art. 19 Abs. 4 GG. In diesem Lichte sieht § 101 Abs. 4, 5 StPO die Benachrichtigung vor, »sobald dies ohne Gefährdung des Untersuchungszwecks, des Lebens, der körperlichen Unversehrtheit und der persönlichen Freiheit einer Person und von bedeutenden Vermögenswerten, im Fall des § 110a auch der Möglichkeit der weiteren Verwendung des Verdeckten Ermittlers möglich ist.« Erfolgt eine Benachrichtigung nicht binnen sechs Monaten nach Beendigung der Abhörmaßnahme, bedarf die weitere Zurückstellung der Benachrichtigung der richterlichen Zustimmung.   120

b) Präventive technische Wohnungsüberwachung (Abs. 4)

Während Art. 13 Abs. 3 GG nur (akustische) Überwachungsmaßnahmen zum Zwecke der Verfolgung bestimmter schwerer Straftaten erfasst, regelt Art. 13 Abs. 4 GG die akustische und **optische Überwachung** von Wohnräumen **zu präventiven Zwecken**. Erfasst ist damit auch die Videoüberwachung.[160]   121

Damit wird kein Neuland betreten; vielmehr sahen die Verfassungsschutzgesetze und die Polizeigesetze bereits früher solche Maßnahmen auf der Grundlage des Art. 13 Abs. 3 GG a.F. vor. Sie wurden jetzt nur auf eine klare verfassungsrechtliche Grundlage gestellt und – teilweise – an engere Voraussetzungen gebunden.[161] Die Maßnahmen dürfen nunmehr nicht schon zur Verhütung, sondern nur zur Abwehr von dringenden Gefahren angewendet werden. Sie sind zudem begrenzt auf die öffentliche Sicherheit; die öffentliche Ordnung genügt nicht mehr.   122

---

158 Vgl. BVerfGE 57, 346 (355 f.); 77, 1 (51); 103, 142 (151); 109, 279 (357 ff.); *Gusy*, JuS 2004, 457 (460) m.w.N.

159 BVerfGE 100, 313 (361). So nunmehr auch ausdrücklich für die Pflicht zur Benachrichtigung bei akustischer Wohnraumüberwachung BVerfGE 109, 279 (363 ff.).

160 Vgl. *Jarass*, in: Jarass/Pieroth, GG, Art. 13 Rn. 28; *Ziekow/Guckelberger*, in: Friauf/Höfling, Art. 13 Rn. 100. *H. Hofmann*, in: Schmidt-Bleibtreu/Hofmann/Henneke, GG, Art. 13 Rn. 34.

161 Dabei sind die in Art. 13 Abs. 4 Satz 1 GG verwendeten Begriffe, welche die notwendigen inhaltlichen Voraussetzungen der Überwachung von Wohnungen zur Gefahrenabwehr festlegen, vorrangig nicht nach Maßgabe des Rechts der öffentlichen Sicherheit und Ordnung, sondern spezifisch verfassungsrechtlich auszulegen, vgl. MVVerfG, LKV 2000, 345 ff.; ferner *Haas*, NJW 2004, 3082 ff.

123 Soweit akustische und optische Maßnahmen eingesetzt werden sollen, ist die Regelung des Absatzes 4 abschließend. Absatz 7 ist hierfür keine Rechtsgrundlage mehr. Öffentliche Sicherheit, gemeine Gefahr und Lebensgefahr als Voraussetzungen für Überwachungsmaßnahmen sind hingegen in gleicher Weise zu bestimmen wie bei Art. 13 Abs. 7 GG (oben Rdn. 95 ff.).

124 Gemeingefahr und Lebensgefahr sind jedoch nur als Beispielfälle für Gefährdungen der öffentlichen Sicherheit genannt, so dass noch weitere Bestandteile derselben in Frage kommen. Dabei muss es sich freilich um »hochrangige Rechtsgüter« handeln.[162]

125 Neu hinzugetreten ist jedoch, dass die Wohnungsüberwachung nur aufgrund »**richterlicher Anordnung**« zulässig ist. Bei Gefahr im Verzuge kann sie auch »durch eine andere gesetzlich bestimmte Stelle« angeordnet werden, jedoch ist die richterliche Entscheidung unverzüglich nachzuholen (Art. 13 Abs. 4 Sätze 1 und 2 GG).

126 Für die richterliche Anordnung nach Abs. 4 ist im Gegensatz zu Absatz 3 keine Entscheidung eines Kollegialgerichts erforderlich. In den meisten Polizeigesetzen war das bisher schon der Fall. Wo die richterliche Anordnung fehlt, ist die richterliche Entscheidung kraft Verfassungsbefehls einzuholen; die Gesetze sind nachzubessern.[163] Die Verfassungsschutzgesetze sind bereits angepasst (§ 9 Abs. 2 BVerfSchG). Danach ist das Amtsgericht Köln als Gericht, in dem das Bundesamt für Verfassungsschutz seinen Sitz hat, zuständig, wobei für das Verfahren das Gesetz über die Angelegenheiten der freiwilligen Gerichtsbarkeit entsprechend anwendbar ist (§ 9 Abs. 2 Sätze 4 bis 6 BVerfSchG).

127 **Gefahr im Verzuge** ist gegeben, wenn durch die Anrufung des Richters eine Verzögerung eintreten würde, die die Verwirklichung des Abhörzweckes gefährden könnte. In der Regel sind als Stellen die **Behördenchefs** bestimmt (vgl. § 9 Abs. 2 Satz 3 BVerfSchG). Sie müssen ohne schuldhaftes Zögern die richterliche Genehmigung einholen.

128 Wie bei Überwachungsmaßnahmen nach Abs. 3 ist auch im Rahmen des Absatzes 4 der **Verhältnismäßigkeitsgrundsatz zu wahren**. Ebenfalls besteht eine Mitteilungspflicht nach den gleichen Überlegungen.

---

162 Vgl. BT-Drs. 13/8650, S. 5. Dem dürften nicht alle Polizeigesetze entsprechen; vgl. auch MV VerfG, LKV 2000, 345 und Sächs VerfGH, JZ 1996, 957 mit Anm. von *V. Götz* zu Art. 30 Sächs Verf.; *Papier*, in: Maunz/Dürig, Art. 13 (1999) Rn. 96 will nicht nur den Rang des geschützten Rechtsguts für maßgeblich erklären, sondern eine »Zusammenschau verschiedener Gefahrumstände«.

163 Vgl. BVerfGE 51, 97 (114 f.); *Papier*, in: Maunz/Dürig, Art. 13 (1999) Rn. 100. Weitergehend nimmt *Gornig*, in: v. Mangoldt/Klein/Starck, GG I, Art. 13 Rn. 131 Verfassungswidrigkeit an. Zu den Anforderungen an den Antrag auf richterliche Anordnung und die Kontrollbefugnisse des Gerichts vgl. *Hermes*, in: Dreier, GG I, Art. 13 Rn. 69 ff.; *Berkemann*, in: AK-GG, Art. 13 (2001) Rn. 135 ff.

Nicht immer ist beim Einsatz technischer Mittel zwischen **repressiven und präventi-**   129
ven Zwecken trennscharf **zu unterscheiden.** Maßgeblich ist hierfür der Schwerpunkt, dem die Überwachungsmaßnahme dient.[164] Kenntnisse, die unter dem einen
Gesichtspunkt erworben wurden, dürfen auch für die anderen Aspekte verwertet
werden. Alles andere wäre lebensfremd; Art. 13 Abs. 5 Satz 2 GG kann insoweit
nicht herangezogen werden.

c) Technische Wohnungsüberwachung zur Eigensicherung von Ermittlern (Abs. 5)

Art. 13 Abs. 5 GG betrifft einen Sonderfall des **Einsatzes technischer Mittel,** seien   130
sie akustischer oder optischer Art[165], nämlich den **Personenschutz** in Wohnungen
(sog. kleiner Lauschangriff). Erfasst werden sollen namentlich sog. verdeckte Ermittler (§ 110a StPO), aber auch sonstige Einsatzkräfte der Nachrichtendienste, des
Bundeskriminalamtes (§ 16 BKAG)[166], der Länderpolizei oder des Zolls. Deren
Identität soll geschützt werden, gleichgültig ob ihr Einsatz präventiven (Gefahrenabwehr) oder repressiven (Strafverfolgung) Zwecken dient.[167] Außerdem sollen sie
angesichts der besonderen Gefahren, denen sie z.B. bei konspirativen Treffen ausgesetzt sind, durch die Überwachung besser geschützt werden.

Zweifelhaft ist, ob auch Vertrauenspersonen (V-Leute) ohne besonderen staatlichen   131
Auftrag geschützt werden können. Das hängt im Wesentlichen von der Interpretation des Begriffs »Einsatz« ab.[168]

Für diesen Einsatz bedarf es abweichend von Absatz 3 und 4 keiner richterlichen   132
Entscheidung. Es genügt die Anordnung der gesetzlich bestimmten Stelle, meist des
Behördenleiters (etwa §§ 9 Abs. 2 Satz 3 BVerfSchG, 19 Abs. 2 NRWPolG, 110a
StPO).[169] Jedoch ist die über den Eigenschutz hinausgehende Verwertung von bei
einem Einsatz gewonnenen Erkenntnissen nur zulässig, wenn zuvor die Rechtmäßig-
keit der Maßnahme richterlich festgestellt ist. Bei Gefahr im Verzug ist die richterli-

---

164 Zutr. *Gornig,* in: v. Mangoldt/Klein/Starck, GG I, Art. 13 Rn. 132. S. auch *Papier,* in:
    Maunz/Dürig, Art. 13 (1999) Rn. 103 ff.

165 Vgl. *Ziekow/Guckelberger,* in: Friauf/Höfling, Art. 13 Rn. 108; *H. Hofmann,* in: Schmidt-
    Bleibtreu/Hofmann/Henneke, GG, Art. 13 Rn. 35.

166 Vgl. zum BKA-Gesetz und dessen Regelungen zum Schutz des Kernbereichs privater Le-
    bensgestaltung *Roggan,* NJW 2009, 257 (258 ff.).

167 Die ursprünglich vorgesehene Begrenzung auf polizeiliche Einsätze wurde im Gesetz-
    gebungsverfahren fallengelassen; vgl. BT-Drs. 13/8650. Zu den verdeckten Ermittlern s.
    D. Klein, Umfang und Grenzen zulässiger Ermittlungstätigkeit unter besonderer Würdi-
    gung des Einsatzes Verdeckter Ermittler und der akustischen Wohnraumüberwachung,
    2001; *Frister,* StV 1993, 151 ff.; *Krüger,* ZRP 1993, 124 ff.; *Krey,* JR 1998, 1 ff.; *Weil,*
    ZRP 1992, 243 ff.

168 Vgl. *Kühne,* in: Sachs, GG, Art. 13 Rn. 47; *Papier,* in: Maunz/Dürig, Art. 13 (1999)
    Rn. 110.

169 Ohne gesetzliche Grundlage und spezielle Anordnung wäre ein Einsatz unzulässig (vgl.
    BVerfG [K], NStZ 2000, 489 [490]).

che Entscheidung unverzüglich nachzuholen (Art. 13 Abs. 5 Satz 2 GG). Im Rahmen dieser Überprüfung durch die Strafgerichte bei einem Einsatz zur Strafverfolgung oder durch die Verwaltungsgerichte bei sonstigem Einsatz geht es um die Einhaltung der durch Art. 13 Abs. 5 Satz 1 GG vorgesehenen Kriterien.

133 Gewonnene Erkenntnisse dürfen nur zum Zwecke der Strafverfolgung oder zur Gefahrenabwehr verwertet werden. Außerdem ist wie bei Absatz 3 und 4 der Grundsatz der Verhältnismäßigkeit zu wahren.

134 Eine Unterrichtung des Betroffenen über getroffene Maßnahmen ist von Verfassungs wegen nicht vorgesehen. Sie erfolgt nach Maßgabe des einfachen Rechts.

d) Unterrichtungspflicht Art. 13 Abs. 6 GG

135 Nach dem Vorbild der sog. Wire-tap-Reports der USA sieht Art. 13 Abs. 6 GG vor, dass die **Bundesregierung den Bundestag** jährlich über den Einsatz technischer Mittel nach den Absätzen 3 bis 5 – im letzteren Fall nur bei richterlicher Überprüfungsbedürftigkeit – **unterrichtet**. Der Bundestag übt dabei keine Rechtmäßigkeitskontrolle aus, sondern bewertet Sinn und Effizienz der Maßnahmen. Hilfsorgan des Plenums für diese parlamentarische Kontrolle ist nach dem Muster des Art. 10 Abs. 2 Satz 2 GG – ohne dessen Rechtmäßigkeitskontrollbefugnis – ein vom Bundestag »**gewähltes Gremium**« (»Gremium nach Art. 13 Abs. 6 GG«) das erstmals – bestehend aus neun Abgeordneten – am 24. Juni 1999 eingesetzt wurde.[170] Eine Verankerung in der Geschäftsordnung des Bundestages erfolgte nicht.

136 In den Ländern hat eine gleichwertige parlamentarische Kontrolle stattzufinden (Art. 13 Abs. 6 Satz 3 GG).[171]

G. Verhältnis zu anderen Grundgesetzbestimmungen, insbesondere Grundrechtskonkurrenzen

137 Wohnungsschutz als wichtiger Bestandteil des Privatsphärenschutzes wird häufig in **Konkurrenz mit anderen Grundrechten** stehen. Bereits vermerkt wurde die Spezialität des Art. 13 Abs. 1 GG gegenüber Art. 2 Abs. 1 GG (Rdn. 26). Zusätzlich zu Art. 13 Abs. 1 GG kann z.B. bei der Durchsuchung von Räumlichkeiten von Medienunternehmen auch der Schutz aus Art. 5 Abs. 1 Satz 2 GG – Presse-, Film- und Rundfunkfreiheit – geltend gemacht werden. Gleiches gilt für Meinungsäußerungen *in* Wohnungen, nicht jedoch an der Außenwand, für die nur Art. 5 Abs. 1 GG gilt.[172] Art. 14 GG ist nur berührt, wenn es um Eingriffe auch in die Substanz der

---

170 Vgl. BT-Drs. 14/1219 und Stenogr. Bericht, Plenarprot. 14/47, S. 3957. Es ist dem Rechtsausschuss angegliedert.

171 Dazu MV VerfG, LKV 2000, 345 (356); BayVerfGH, DÖV 2002, 615 ff.; *Gornig*, in: v. Mangoldt/Klein/Starck, GG I, Art. 13 Rn. 150; *Papier*, in: Maunz/Dürig, Art. 13 (1999) Rn. 120 f.; *Meyer/Hetzer*, NJW 1998, 1017 (1025); *Ziekow/Guckelberger*, in: Friauf/Höfling, Art. 13 Rn. 115.

172 Vgl. *Stern*, Staatsrecht IV/1, S. 1492.

Wohnung[173] oder wenn es um Räumungsfragen im Verhältnis zwischen Eigentümer und Mieter geht.[174] Grundrechtskonkurrenz (s. Einleitung Rdn. 157 ff.) besteht vor allem zu Art. 10 GG, der ebenfalls Teil des Privatsphärenschutzes ist. Beide Schutzgarantien können nebeneinander geltend gemacht werden, z.B. dann, wenn der Eingriff in die briefliche oder telefonische Geheimsphäre *in* der Wohnung erfolgt.[175] In den meisten Fällen dürfte Art. 10 GG indessen das speziellere Grundrecht sein.[176] Das gilt auch für die sog. Vorratsdatenspeicherung.[177]

H. Internationale und europäische Aspekte

I. Grundsätze

Während der Persönlichkeits- und Privatsphärenschutz im deutschen Grundrechtssystem auf mehrere Grundrechtsnormen aufgeteilt ist, versuchen die **international- und europarechtlichen Grundrechtskataloge** teilweise **stärkere Zusammenfassungen**. Das wird besonders deutlich bei Art. 8 Abs. 1 EMRK, der »jeder Person« das Recht »auf Achtung ihres Privat- und Familienlebens, ihrer Wohnung und ihrer Korrespondenz« gewährleistet, wobei allerdings Absatz 2 nicht unerhebliche Einschränkungsmöglichkeiten eröffnet. Die Konvention folgt insoweit im Wesentlichen Art. 12 Satz 1 AEMR. Dieser sieht vor: »Niemand darf willkürlichen Eingriffen in sein Privatleben, seine Familie, sein Heim oder seinen Briefwechsel noch Angriffen auf seine Ehre und seinen Beruf ausgesetzt werden«. Ähnlich formulieren Art. 17 Abs. 1 IPBürgR und Art. 11 Abs. 2 Amerikanische Menschenrechtskonvention. Demgegenüber hält sich die EU-Charta der Grundrechte in ihren Art. 7 und 8 teilweise wieder an das **Aufteilungsprinzip**.[178] Sie hat sich sachlich an Art. 8 Abs. 1 EMRK angelehnt. An Stelle von »Korrespondenz« ist der bessere und weiterreichende Begriff »Kommunikation« getreten[179]; damit sind die interpretativen Ausweitun- 138

---

173 Vgl. BVerfGE 89, 1 (6 ff.).

174 Vgl. *Helle*, NJW 1991, 212 f.

175 Vgl. BVerfGE 133, 273 – Antiterrordateigesetz.

176 Vgl. BVerfGE 100, 313 (358); 107, 299 (312); BVerfGE 120, 274 (309) für Quellen-Telekommunikationsüberwachung und informationstechnische Systeme; BVerfG, NJW 2009, 2431 – Sicherstellung und Beschlagnahme von E-Mails auf Providern; *Horn*, in: HStR VII, § 149 Rn. 98; *H. Hofmann*, in: Schmidt-Bleibtreu/Hofmann/Henneke, GG, Art. 13 Rn. 44 m.w.N. Art. 2 Abs. 1 GG – Recht auf informationelle Selbstbestimmung – kann verletzt sein bei Beschlagnahmemaßnahmen von auf Computer oder Mobiltelefon gespeicherten Informationsdaten in einer Privatwohnung (BVerfGE 115, 166).

177 Zu ihr BVerfGE 125, 260 (304), das sich ausschließlich auf Art. 10 GG stützt. Zur Beurteilung auf europarechtlicher Ebene s. EuGH, JZ 2014, 1105 mit Anm. I. Spieker von Döhmann, S. 1109. Näher oben *R. P. Schenke* Art. 10 Rn. 68, 93, 130.

178 S.a. die Kommentierungen von *Tettinger* und *Johlen* in: Tettinger/Stern, GRCh, Art. 7 und 8 sowie *Bernsdorff*, in: J. Meyer, GRCh, 2. Aufl. 2006, Art. 7 u. 8 und Stern/Sachs (Hrsg.), Die EU-Grundrechte-Charta, 2015 (im Erscheinen).

179 Zum Kommunikationsbegriff *Kugelmann*, EuGRZ 2003, 16 ff.; *Tettinger*, in: ders./Stern, GRCh, Art. 7 Rn. 41 ff. m.w.N.

gen des Terminus »Korrespondenz« auch textlich berücksichtigt worden. Aufgrund Art. 52 Abs. 3 EU-Charta ist zu erwarten, dass Art. 7 EU-Charta in gleicher Weise interpretiert wird wie Art. 8 EMRK.

139 Problematisch könnte allerdings die Frage zulässiger Beschränkungen werden, da Art. 52 Abs. 1 EU-Charta von Art. 8 Abs. 2 EMRK abweicht.[180] Die aus Art. 8 EMRK erwachsenen Schutzprinzipien werden auch in das **Recht der Europäischen Union** übernommen. In diesem Rahmen ist allgemein anerkannt, dass die Europäische Menschenrechtskonvention neben den gemeinsamen Verfassungsüberlieferungen der Mitgliedstaaten vom Gerichtshof der Europäischen Gemeinschaft als wichtige Rechtserkenntnisquelle seiner Grundrechtsrechtsprechung ergänzend zu den den Gemeinschaftsverträgen entnommenen Grundfreiheiten herangezogen wird.[181] In diesem Lichte spielten auch die Grundrechte des Persönlichkeitsrechts und des Privatsphärenschutzes in seiner Rechtsprechung eine wichtige Rolle.[182] So hat der Gerichtshof den Schutz der Wohnung und der Privatsphäre anerkannt.[183] Gleiches gilt auch für die Achtung des Familienlebens.[184]

140 Welcher Methode auch immer die **internationalen** oder **supranationalen Rechtsnormen** folgen, durchweg wird die Bedeutung eines **umfassenden Persönlichkeits- und Privatsphärenschutzes** anerkannt. Sie wurden zudem ergänzt durch eine Reihe besonderer Vertrags- und Detailvorschriften.[185] Vor allem gilt: »Die fortschreitende Internationalisierung sowohl der Kommunikation selbst wie der Regelungen von Kommunikation erfordert die Internationalisierung des Schutzes von einschlägigen Menschenrechten«.[186] Diese Erkenntnis ist angesichts der Globalisierung von Nachrichten-, Überwachungs- und Kommunikationsinstrumentarien und der dadurch bedingten Gefahren für Vertraulichkeit und Geheimnisschutz unabweislich. Das Recht musste darauf grenzüberschreitend reagieren.

---

180 Vgl. *Grabenwarter*, EuGRZ 2004, 563; *Kingreen*, EuGRZ 2004, 570.
181 Vgl. *Kingreen*, in: Calliess/Ruffert (Hrsg.), Kommentar zu EUV/EGV, Charta (Art. II-68 EU-Verf.), 3. Aufl. 2007, Art. 6 EU Rn. 31 ff. m.w.N.; *ders.*, EuGRZ 2004, 570 ff.
182 Zur Rechtsprechung zu den Grundrechten der Person etwa *Chwolik-Lanfermann*, Grundrechtsschutz in der Europäischen Union, 1994, S. 47 ff.; *Feger*, Die Grundrechte im Recht der Europäischen Gemeinschaften, 1984, S. 192 ff.; *Schwarze*, NJ 1994, 53. Zum europäischen Grundrechtsschutz von juristischen Personen *Hilf/Hörmann*, NJW 2003, 1 ff.
183 Vgl. EuGH, Slg. 1969, 419, Slg. 1980, 2033 (2056 f.) – National Panasonic; Slg. 1989, 2859 (2924) – Hoechst; Slg. 1992, I – 2575. S. auch *Hilf/Hörmann*, NJW 2003, 1 (6).
184 Vgl. EuGH, Slg. 1989, 1263 (1290).
185 Vgl. die Nachweise bei *Stern*, Staatsrecht IV/1, S. 306 Fn. 576.
186 *Kugelmann*, EuGRZ 2003, 16 (17). Die NSA-Affäre hat den offenkundigen Beweis hierfür angetreten; zu ihr näher *S. Lenski* mit dem eindringlichen Titel »Alter Grundrechtsschutz und neue Datenströme« ZG 2014, 324 ff.

II. Die Europäische Menschenrechtskonvention

1. Der Schutzbereich von Art. 8 EMRK

Von den international-rechtlichen und europarechtlichen Regelungen des Persön- 141
lichkeitsrechts- und Privatsphärenschutzes hat zweifelsfrei die Garantienorm des
Art. 8 EMRK die größte Effektivität entfaltet. Maßgeblich hierfür ist die größere
Wirksamkeit des gerichtlichen Schutzes der europäischen Konvention im Verhältnis
zu anderen regionalen Schutzinstrumenten.

Die Bedeutung des Art. 8 EMRK wird vor allem auch dadurch unterstrichen, dass er 142
nicht nur als **Abwehrrecht** gegen hoheitliche Beeinträchtigungen der genannten
Rechtsgüter verstanden, sondern dass ihm auch – parallel zu den deutschen Grundrechten – **Schutzpflichtenwirkung** zuerkannt wird.[187] Abgeleitet wird dies vor allem
aus der Formulierung »Anspruch auf … «. Grundsatzentscheidung hierfür war ein
gegen die Niederlande gerichtetes Verfahren wegen Fehlens strafrechtlicher Vorschriften zur Verfolgung von Sexualvergehen an geistig behinderten Minderjährigen;
in diesem Verfahren wurde eine entsprechende Verpflichtung des Staates zum Erlass
strafrechtlicher Normen neben zivilrechtlichem Schutz bejaht.[188]

Nach wie vor ist es jedoch der materielle Schutzgehalt der durch Art. 8 EMRK er- 143
fassten Rechtsgüter, der Probleme aufwirft.

Art. 8 Abs. 1 EMRK sichert vier Rechtsgüter: **Privatleben, Familienleben, Wohnung** 144
und persönliche Korrespondenz. Mit dem Recht auf Privatleben ist das weitestrei-
chende Rechtsgut normiert. Die anderen genannten Rechtsgüter sind im Grunde
nur Ausprägungen desselben. Privatleben nimmt insofern wie der allgemeine Persön-
lichkeits- und Privatsphärenschutz des Art. 2 Abs. 1 GG eine Auffangfunktion
wahr.[189] Damit ist aber zugleich auch die Schwierigkeit aufgezeigt, die mit dem Begriff verbunden ist, die schon bei der Schaffung der Konvention auftauchte.[190]

Art. 8 EMRK gewährleistet darüber hinaus ein Recht auf Achtung der Wohnung. 145
Der Begriff **Wohnung** ist so zu verstehen, wie er für Art. 13 GG interpretiert wurde

---

187 Näher *Grabenwarter*, Europäische Menschenrechtskonvention, 4. Aufl. 2009, § 22; ders.
in: FS Ress, 2005, S. 979 (980); *Stern*, ebda., S. 1259 (1271); *Kugelmann*, EuGRZ 2003,
16 (22 f.); *Marauhn/Thorn*, in: Dörr/Grote/Marauhn, EMRK/GG, Konkordanzkommentar, 2. Aufl. 2013, Kap. 16.
188 Vgl. EGMR, EuGRZ 1985, 297.
189 Vgl. *Uerpmann*, in: D. Ehlers, Europäische Grundrechte und Grundfreiheiten, 2002,
§ 3 Rn. 3; *Grabenwarter*, in: FS Ress, 2005, S. 979 (987 ff.); ders. Europäische Menschenrechtskonvention, § 22 Rn. 1; *A. Peters*, Einführung in die Europäische Menschenrechtskonvention, 2003, S. 153; *Stern*, FS Ress, 2005, S. 1259 (1272); *Heldrich*, NJW
2004, 2634 (2634).
190 Vgl. *Frowein/Peukert*, Europäische Menschenrechtskonvention, 2. Aufl. 1996, Art. 8
Rn. 3. S. allgemein zu Art. 8 EMRK die umfangreiche Monographie von *Breitenmoser*,
Der Schutz der Privatsphäre gemäß Art. 8 EMRK, Das Recht auf Achtung des Privat-
und Familienlebens, der Wohnung und des Briefverkehrs, 1988.

(oben Rdn. 29 f.). Mit diesem weiten Verständnis sind Wohnungen ungeachtet der Rechtsnatur ihrer Nutzung geschützt, wozu auch »wohnungsnahe« Gebäude und Gebäudeteile, wie etwa Garagen, Keller, Terrassen und Dachböden sowie Flächen im Freien (z.b. Innenhöfe und Gärten), gehören.[191] Namentlich gehören auch Geschäftsräume dazu.[192] Der EuGH hatte dagegen vor der Entscheidung des EGMR[193] Art. 8 EMRK dahingehend ausgelegt, dass dieser nicht auf Geschäftsräume anwendbar sei.[194] Diese Rechtsprechungsdivergenz besteht jetzt nicht mehr.

146   Durch das Recht auf Achtung der Wohnung wird für jedermann ein privater räumlicher Bereich von staatlichen Eingriffen freigehalten. Damit wird gewährleistet, dass ein Rückzugsgebiet besteht, worin der Einzelne unbeeinflusst nach seinen Vorstellungen leben kann. Art. 8 EMRK ist vor allem ein Abwehrrecht gegen hoheitliche Eingriffe.[195]

147   Die Frage der Zulässigkeit von »Lauschangriffen« ist daher auch ein Problem des Art. 8 EMRK. Der Europäische Gerichtshof für Menschenrechte hielt eine heimliche Überwachungsanlage in der Wohnung eines des Drogenhandels Verdächtigen in Großbritannien mit Hinweis auf die Schranken des Art. 8 Abs. 2 EMRK (»gesetzlich vorgesehen« und »in einer demokratischen Gesellschaft notwendig«) für zulässig.[196]

2. Schranken

148   Dem weiten Schutzbereich des Art. 8 Abs. 1 EMRK entsprechen in Absatz 2 nicht unerheblich weit gezogene **Schranken**, die ähnlich auch für die Grundrechte der Art. 9 bis 11 EMRK formuliert sind.

149   Erste Voraussetzung ist danach, dass ein Eingriff in den grundrechtlichen Schutzbereich »gesetzlich vorgesehen« (»prescribed by law«, »prévu par la loi«) sein muss. Zweite Voraussetzung ist, dass er bestimmten in Art. 8 Abs. 2 EMRK genannten Zwecken genügen und schließlich drittens in einer »demokratischen Gesellschaft notwendig« sein muss. Besonders das letztgenannte, im Grundgesetz so nicht vorgesehene Element hat zu einer umfangreichen Rechtsprechung des Gerichtshofs ge-

---

191 Vgl. *Grabenwarter*, EMRK, 4. Aufl. 2009, § 22 Rn. 21 m.w.N.
192 Vgl. EGMR, EuGRZ 1993, 65 Nr. 31; EGMR, NJW 2008, 3409 (Wieder u. Bicos Beteiligungen GmbH) zur Durchsuchung und Beschlage von Daten in einer Kanzlei; *Frowein/Peukert*, Europäische Menschenrechtskonvention, 2. Aufl. 1996, Art. 8 Rn. 28; *Meyer-Ladewig*, EMRK-Handkommentar, 2. Aufl. 2006, Art. 8 Rn. 33; *Grabenwarter*, EMRK, 4. Aufl. 2009, § 22 Rn. 21 m.w.N aus der Rspr.; *Peters*, Einführung in die Europäische Menschenrechtskonvention, 2003, S. 173; *Stern*, in: FS Ress, 2005, S. 1259 (1273); *Hilf/Hörmann*, NJW 2003, 1 (8).
193 EGMR, EuGRZ, 1993, 65 Nr. 31 (»Niemietz«).
194 Vgl. EuGH, Rs. 46/87 u. 227/88 (»Hoechst«), Slg. 1989, 2859, Rn. 18 f.; *Grabenwarter*, EMRK, § 22 Rn. 21 m.w.N.; *Ress/Ukrow*, EuZW 1990, 499 (503 f.).
195 Vgl. *Grabenwarter*, EMRK, § 22 Rn. 22 m.w.N.
196 Vgl. EGMR, JZ 2000, 993 mit kritischer Anmerkung von *Kühne* und *Nash*.

führt, ehe es im Wesentlichen als Grundsatz der Verhältnismäßigkeit interpretiert worden ist.

Der **Gesetzesvorbehalt** ist nicht nur bei Parlamentsgesetzen erfüllt, sondern auch bei untergesetzlichem Recht, sofern es auf einer dem Verfassungsrecht entsprechenden Ermächtigung beruht. Das Gesetz muss darüber hinaus den sonstigen rechtsstaatlichen Anforderungen genügen.[197] Das gilt vor allem für die Bestimmtheit des Gesetzes.[198] Wenn Behörden im Gesetz ermächtigt werden, nach Ermessen zu handeln, dann darf dieser Ermessensspielraum nicht zu unberechenbar bemessen sein. 150

Als **legitime Zwecke** eines Eingriffs nennt Art. 8 Abs. 2 EMRK »die nationale oder öffentliche Sicherheit«, »das wirtschaftliche Wohl des Landes«, die »Aufrechterhaltung der Ordnung«, die »Verhütung von Straftaten«, den »Schutz der Gesundheit oder der Moral« und den »Schutz der Rechte und Freiheiten anderer«. 151

Auch wenn diese unbestimmten Rechtsbegriffe nicht gerade eng umschrieben, mitunter sogar unpräzise gefasst sind (wirtschaftliches Wohl, Moral), so sind sie durchaus vernünftig und im Allgemeinen nicht streitig erörtert worden. Meist hat der Europäische Gerichtshof für Menschenrechte bei der Prüfung an der Bestimmtheit einer der sechs Generalklauseln im Falle von Eingriffen auch keine Bedenken erhoben. Sie sind von ihm auch nicht näher präzisiert worden – ganz im Gegensatz zum dritten Schrankenelement –, sondern meist entweder schlicht bejaht oder verneint worden.[199] 152

Nach Art. 8 Abs. 2 EMRK muss der Eingriff in einer »**demokratischen Gesellschaft notwendig**« sein. Der Europäische Menschenrechtsgerichtshof verlangt hierfür ein »dringendes soziales Bedürfnis« zur Erreichung der vorgenannten Zwecke. Als wesentliche Kriterien demokratischer Gesellschaften betrachtet er Pluralismus, Toleranz und offene Geisteshaltung.[200] Im Hinblick auf diese Voraussetzung führt der Gerichtshof eine strenge Verhältnismäßigkeitsprüfung durch, die nach den Merkmalen des deutschen Rechts – Geeignetheit, Erforderlichkeit, Angemessenheit[201] – abläuft.[202] Den nationalen Behörden wird allerdings für die Erfüllung der Kriterien eine Einschätzungsprärogative zugebilligt. 153

---

197 Vgl. EGMR, NJW 2000, 1015 (1016); NVwZ 2000, 421 (424); LKV 2001, 69.
198 Vgl. EGMR, NVwZ 2000, 421 (424); *Meyer-Ladewig*, EMRK-Handkommentar, 2. Aufl. 2006, Art. 8 Rn. 38.
199 Vgl. *Mock*, RUDH 1998, 237 (244).
200 Vgl. EGMR, NJW 1999, 3695; NJW 2000, 2098; EuGRZ 2003, 206; *Meyer-Ladewig*, EMRK-Handkommentar, 2. Aufl. 2006, Art. 8 Rn. 42; *Grabenwarter*, Europäische Menschenrechtskonvention, § 22 Rn. 32 ff. Zur streitbaren Demokratie nach der EMRK *Kugelmann*, EuGRZ 2003, 533.
201 *Stern*, Staatsrecht III/2, S. 814 ff.
202 Vgl. EGMR, EuGRZ 1983, 488 Nr. 58; EuGRZ 1985, 170 Nr. 52 ff.; EuGRZ 1990, 255 Nr. 55; EuGRZ 1993, 552 Nr. 46; NVwZ 2000, 1401 Nr. 45; *Frowein/Peukert*, Europäische Menschenrechtskonvention, 2. Aufl. 1996, Art. 8 Rn. 16; *Meyer-Ladewig*, EMRK-Handkommentar, 2. Aufl. 2006, Art. 8 Rn. 45; *Peters*, Einführung in die Euro-

III. Ausländische Verfassungen

154 Die meisten **ausländischen Verfassungen** verfahren vorwiegend nach dem (älteren) Aufteilungsprinzip, wie es das deutsche Grundgesetz vorsieht. Zum Teil gehen sie dabei detaillierter vor. Das gilt vor allem für die Verfassungen, die nach einer Periode der Diktatur oder eines totalitären Regimes in den 70er Jahren des 20. Jahrhunderts bzw. nach 1989 geschaffen oder reformiert wurden. Nachgebessert werden mussten auch länger zurückliegende Vorschriften wie etwa das österreichische Staatsgrundgesetz vom 21.12.1867, das zunächst nur das Hausrecht[203] und das Briefgeheimnis schützte (Art. 9 f.), ehe 1973 mit Art. 10a auch die Unverletzlichkeit des Fernmeldegeheimnisses eingeführt wurde. Allerdings konnte man bereits ab 1964 auf die Europäische Konvention zum Schutze der Menschenrechte und Grundfreiheiten zurückgreifen, der Verfassungsrang zuerkannt wurde (Bundesverfassungsgesetz vom 04.03.1964 – BGBl., S. 59)[204], ohne dass dadurch die »Inhomogenität« des österreichischen Grundrechtssystems beseitigt würde.[205]

155 Auch die **Schweizer Bundesverfassung** musste bis zum Inkrafttreten der neuen Bundesverfassung am 01.01.2000 mit einem durch die Rechtsprechung des Bundesgerichts entfalteten Persönlichkeits- und Privatsphärenschutz argumentieren.[206] Art. 13 Abs. 1 Schweizerische Bundesverfassung hat jetzt diesen Schutz einschließlich der Wohnung ausdrücklich normiert.[207]

156 Unter den **Verfassungen der übrigen westeuropäischen Staaten** lässt sich keine Verfassung finden, die einen zusammenfassenden Privatsphärenschutz kennt. Vorherrschend ist die Aufgliederung, in der Regel nach Schutz der Wohnung, des Postver-

---

päische Menschenrechtskonvention, 2003, S. 155; *Stern,* in: FS Ress, 2005, S. 1259 (1275).

203 Dazu *Stolzlechner,* in: 70 Jahre Republik, Bd. II, 1992, S. 363 ff.; *Ermacora,* Grundriß der Menschenrechte in Österreich, 1988, Rn. 571 ff.

204 Vgl. *Stelzer,* Stand und Perspektiven des Grundrechtsschutzes, in: 75 Jahre Bundesverfassung, 1995, S. 538 (587 f.); *Korinek/Gutknecht,* Der Grundrechtsschutz, in: Das österreichische Bundes-Verfassungsgesetz und seine Entwicklung, hrsg. von Schambeck, 1980, S. 291 (303 ff.); *Ermacora,* Grundriß der Menschenrechte in Österreich, 1988, Rn. 106, 110; *Stahlschmidt,* AfP 2001, 106 ff. Wichtige Beiträge zu den österreichischen Grundrechten und ihrer Interpretation finden sich in den beiden Bänden 70 Jahre Republik. Grund- und Menschenrechte in Österreich, hrsg. von *Machacek/Pahr/Stadler,* 1991 f.

205 Vgl. *Schambeck,* in: 70 Jahre Republik, Bd. I, 1991, S. 89; *Ermacora,* ebd., Rn. 113.

206 Vgl. *Hangartner,* Grundzüge des schweizerischen Staatsrechts, Bd. II, 1982, S 94 f. S. auch *v. Gunten,* Das Grundrecht auf Unverletzlichkeit der Wohnung, 1992.

207 Vgl. *Kley,* in: HGR VII/2, § 214; ferner *Häfelin/Haller,* Schweizerisches Bundesstaatsrecht, 5. Aufl. 2001, Rn. 380 ff.; *Schweizer,* Verfassungsrechtlicher Persönlichkeitsschutz, in: *Thürer/Aubert/Müller* (Hrsg.), Verfassungsrecht der Schweiz, 2001, S. 695 ff.; *Breitenmoser/Schweizer,* in: Die Schweizerische Bundesverfassung – St. Galler Kommentar, hrsg. von *Ehrenzeller/Schindler/Schweizer/Vallender,* 3. Aufl. 2014, Erl. zu Art. 13; *Stern,* Die neue Schweizerische Bundesverfassung – Ein Blick von außen, in: Gauch/Thürer, Die neue Bundesverfassung, 2002, S. 9 ff.

kehrs und der Kommunikation, etwa in Art. 14 und 15 der Verfassung Italiens vom 27.12.1947, Art. 40 Abs. 5 der Verfassung Irlands vom 01.07.1937, Art. 15 und 29 der Koordinierten Verfassung Belgiens vom 17.02.1994. Ähnlich verfuhren auch die Verfassung des Königreichs Dänemark vom 05.06.1953 in § 72 Satz 1 und 2 und die Verfassung des Königreichs der Niederlande vom 17.02.1983 in Art. 12 und 13. Am stärksten zusammenfassend verhält sich Finnlands Grundgesetz vom 11.06.1999, das in § 10 »das Privatleben« neben Ehre, Hausfrieden und persönliche Daten sowie das Brief- und Fernmeldegeheimnis und das »Geheimnis in jeder anderen vertraulichen Mitteilung«[208] schützt.

Interessantere Konstruktionen wählten die Verfassunggeber für die Verfassungen, die in den 70er Jahren nach diktatoriellen oder totalitären Regimen bzw. in Ostmittel- europa nach der politischen »Wende« von 1989 erlassen wurden. So schützt Art. 9 Abs. 1 Satz 1 und 2 der Verfassung **Griechenlands** vom 09.06.1975 die Wohnung eines jeden als eine »Freistatt« sowie »das Privat- und das Familienleben« neben dem Briefgeheimnis und jeder anderen freien Korrespondenz oder Kommunikation (Art. 19). Neben dem Schutz von Wohnung, Briefgeheimnis und Vertraulichkeit der weiteren privaten Kommunikationsmittel (Art. 34 Abs. 1) formuliert Art. 26 Ver- fassung von **Portugal** vom 02.04.1976: »(1) Das Recht eines jeden auf die Identität der Person, auf die Entfaltung der Persönlichkeit, auf die Geschäftsfähigkeit, auf die Staatsbürgerschaft, auf persönliche Ehre, den guten Namen und Ruf, am eigenen Bild, am eigenen Wort und auf die Achtung des privaten und familiären Lebens- bereichs sowie auf den Schutz gegen jede Form der Diskriminierung wird anerkannt. (2) Wirksame Garantien gegen eine mißbräuchliche oder eine gegen die menschliche Würde gerichtete Verwendung von Informationen über Personen und Familien wer- den durch Gesetz geschaffen. (3) Das Gesetz garantiert die persönliche Würde und die genetische Identität der Persönlichkeit, insbesondere im Zusammenhang mir der Entwicklung und Verwendung von Technologien im Zusammenhang mit wissen- schaftlichen Versuchen«. Ähnlich, aber nicht ganz so ausführlich geht Art. 18 der Verfassung des Königreichs **Spanien** vom 29.12.1978 vor.

In den **postkommunistischen Verfassungen Ost(mittel)europas** überwiegt der auf- gegliederte Schutz der Privatsphäre, meist nach Wohnung, Kommunikationsgeheim- nis, Persönlichkeit, häufig unter besonderer Hervorhebung des Datenschutzes, nach dem Muster des Grundgesetzes (Art. 35–37 Verfassung von Albanien, Art. 32–34 Verfassung von Bulgarien, §§ 26, 33, 43 Verfassung von Estland, Art. 34, 35, 37 Verfassung von Kroatien, Art. 96 Verfassung von Lettland, Art. 22 und 24 Verfas- sung von Litauen, Art. 17 f. und Art. 25 f. Verfassung von Makedonien, Art. 28–30 Verfassung von Moldawien, Art. 29–31 Verfassung von Montenegro, Art. 47 und 49 f. Verfassung von Polen, Art. 26–28 Verfassung von Rumänien, Art. 21, 23–25

157

158

---

208 Die Verfassungstexte sind abgedruckt bei *Kimmel*, Verfassungen der EU-Mitgliedstaaten, 6. Aufl. 2005 und *Weber*, Menschenrechte – Texte und Fallpraxis, 2004, S. 141 ff., 175 ff. Zu den Grundrechten im Einzelnen s. *Grabitz* (Hrsg.), Grundrechte in Europa und USA, Bd. I, 1986; *Merten/Papier*, HGR Bd. VI/1, VI/2, VII/1; VII/2.

Verfassung der Russischen Föderation, Art. 18–21 Verfassung von Serbien, Art. 16, 19, 21, 22 Verfassung der Slowakischen Republik, Art. 21, 35–38 Verfassung von Slowenien, Art. 7, 12 f. Charta der Grundrechte und -freiheiten der Tschechischen Republik, Art. 30–32 Verfassung der Ukraine, § 59 Verfassung von Ungarn, Art. 25, 28 f. Verfassung von Weißrußland).[209]

I. Prozessuale Fragen

159   Prozessual kommt Art. 13 GG eine wichtige Bedeutung zu. Verstöße gegen Art. 13 GG führen unmittelbar zur **Nichtverwertbarkeit von Beweisen**. Das hat insbesondere für den **Strafprozess** Bedeutung. Wie schon oben (s. Rdn. 59) hervorgehoben, ist Art. 13 GG auch bei der Auslegung und Anwendung privatrechtlicher Vorschriften zu beachten.[210] Hieraus folgen beispielsweise Grenzen der Wirksamkeit **mietvertraglicher Betretungsrechte**[211] oder der Verwertung von Erkenntnissen, die durch heimliche Bespitzelung erlangt wurden.[212]

160   Die verschiedenen Prozessordnungen haben dies zu berücksichtigen.[213] In der Regel geht es um die Verwertbarkeit von verfassungswidrig oder rechtswidrig gewonnenen Informationen zu Beweiszwecken. Solche Informationsgewinnung bedarf stets einer ausreichenden gesetzlichen Grundlage.[214] Zudem müssen die Anwendung der technischen Mittel und der Einsatz der Ermittler rechtmäßig gewesen sein.[215] Ferner muss der Grundsatz der Verhältnismäßigkeit beachtet sein.[216]

161   Damit sind der Verwertbarkeit enge Grenzen gesetzt. Grundsätzlich folgt daraus, dass die Verwertung allein zur Verfolgung schwerer Straftaten oder zur Verhinderung schwerer Gefahren zulässig ist.[217] Die Weitergabe von durch Wohnraumüberwa-

---

209   Die Verfassungstexte sind abgedruckt bei *Roggemann* (Hrsg.), Die Verfassungen Mittel- und Osteuropas, 1999. Näheres zu den Grundrechten Osteuropas bei *Stern*, in: FS Schmitt Glaeser, 2003, S. 573 ff. m.w.N.
210   Vgl. BVerfGE 89, 1 (11); *Jarass*, in: Jarass/Pieroth, GG, Art. 13 Rn. 11a m.w.N.; *Papier*, in: Maunz/Dürig, Art. 13 (1999) Rn. 8.
211   Vgl. BVerfGE 89, 1 (13).
212   Vgl. *Hermes*, in: Dreier, GG, Art. 13 Rn. 118; *Jarass*, in: Jarass/Pieroth, GG, Art. 13 Rn. 11a; *O. Muthorst*, Das Beweisverbot, 2009.
213   Vgl. BGHSt 42, 372 (375); zu einem im Krankenhaus mit Hilfe von akustischer Wohnraumüberwachung aufgezeichneten Selbstgespräch BGHSt 50, 206; dazu *Lindemann/Reichling*, StV 2005, 650; *Roxin/Schäfer/Widmaier*, StV 2006, 655; ferner zu anderen Prozessordnungen *Hofmann*, in: Schmidt-Bleibtreu/Hofmann/Henneke, GG, Art. 13 Rn. 12.
214   Vgl. BVerfGE 109, 279 (375 f.).
215   Vgl. *Jarass*, in: Jarass/Pieroth, GG, Art. 13 Rn. 27 m.w.N.
216   Vgl. *Papier*, in: Maunz/Dürig, GG, Art. 13 (1999) Rn. 104, 114.
217   Vgl. *Berkemann*, in: AK, Art. 13 Rn. 148.

chung gewonnenen Informationen sind entsprechend zu kennzeichnen.[218] Nicht
weiter benötigte Informationen sind zu vernichten.[219]

Dies gilt besonders bei Durchsuchungen, die auf das ziel- und zweckgerichtete Su- 162
chen staatlicher Organe nach Personen oder Sachen oder zur Ermittlung eines Sachverhalts gerichtet sind, um etwas aufzuspüren, was der Inhaber der Wohnung von
sich aus nicht offenlegen oder herausgeben will. Durchsuchungen in diesem Sinne
erfolgen aufgrund der **Strafprozessordnung** (§§ 102 ff. StPO), aber auch aufgrund
verwaltungsrechtlicher (etwa §§ 99, 220 AO, 16 Abs. 2 IfSG, 45 f. BGSG, 27
BDG, 41 f. PolG NW) sowie aufgrund **vollstreckungsrechtlicher Vorschriften** (etwa
§§ 758 ZPO, 287 AO, 33 Abs. 2 FGG; 14 VwVG NW). Art. 13 Abs. 2 GG beschränkt sich anerkanntermaßen nicht auf die (klassische) strafprozessuale Durchsuchung, sondern erfasst auch die administrativen und vollstreckungsrechtlichen, namentlich die polizeilichen Durchsuchungen.[220]

Die 2. Alternative des Art. 13 Abs. 2 GG erlaubt bei »**Gefahr im Verzug**« auch ande- 163
ren Organen die Anordnung von Durchsuchungen, sofern sie in einem Gesetz vorgesehen sind. Dabei handelt es sich um eine Eilkompetenz, die in einem förmlichen
Gesetz geregelt sein muss. Wegen der »Wesentlichkeit« des Eingriffs genügen Rechtsverordnungen oder Gewohnheitsrecht nicht; es muss sich um Parlamentsgesetze handeln.[221] Musterbeispiel einer solchen Regelung ist § 105 i.V.m. § 103 StPO, der der
Staatsanwaltschaft und ihren Hilfsorganen (§ 152 GVG) Durchsuchungen gestattet.[222]

Rechtsschutz gewähren bei Verletzung des Art. 13 GG die Fachgerichte, in deren 164
Sachgebiet sich der Verstoß abspielt. Stets kann nach Erschöpfung des Rechtsweges
das Bundesverfassungsgericht angerufen werden, weil eine Grundrechtsverletzung in
Rede steht (Einleitung Rdn. 176 ff.).

J. Deutsche und europarechtliche Leitentscheidungen

BVerfGE 20, 162 – Spiegel-Entscheidung; BVerfGE 32, 54 – Schnellreinigung, Be- 165
triebsbetretungsrecht; BVerfGE 42, 212 – Anforderung Durchsuchungsbefehl;
BVerfGE 51, 97 – Durchsuchungsanordnung in der Zwangsvollstreckung; BVerfGE
57, 346 – Wohnungsdurchsuchung durch Vollziehungsbeamten; BVerfGE 75, 318
– Betretungsrecht eines Sachverständigen; BVerfGE 76, 83 – Zwangsvollstreckung,

---

218 BVerfGE 109, 279 (379 f.).
219 BVerfGE 109, 279 (380).
220 Vgl. BVerfGE 16, 239 (240 f.); 32, 54 (73); 51, 97 (106 f.); 75, 318 (326); Bad-
    WürttVGH, VBlBW 2000, 24; NdsOVG, NdsVBl 2002, 247; *Kunig*, in: v. Münch/Ku-
    nig, GG I, Art. 13 Rn. 27; *Papier*, in: Maunz/Dürig, Art. 13 (1999) Rn. 23; *Bleckmann*,
    Grundrechte, § 34 Rn. 12; *Stern*, Staatsrecht IV/1, S. 274 f. m.w.N.
221 Vgl. *Hermes*, in: Dreier, GG, Art. 13 Rn. 49 m.w.N.
222 BVerfGE 51, 97 (111); 103, 142 (154).

Durchsuchungsanordnung; BVerfGE 89, 1 – Besitzrecht des Mieters; BVerfGE 96, 44 – Zeitliche Grenze der Wirkkraft einer richterlichen Durchsuchungsanordnung; BVerfGE 103, 142 – Gefahr im Verzug bei Wohnungsdurchsuchung; BVerfGE 109, 279 – »großer Lauschangriff«, akustische Wohnraumüberwachung; BVerfGE 113, 29 – Durchsuchung einer Rechtsanwaltskanzlei; BVerfGE 115, 166 – Durchsuchung um Kommunikationsverbindungsdaten auf Personalcomputer zu finden; BVerfGE 120, 274 – Online-Durchsuchung; BVerfG, NJW 2009, 2431 – Beschlagnahme von E-Mails beim Provider; BVerfGE 130, 1 – Verwertung von Erkenntnissen in der Wohnraumüberwachung; BVerfGE 133, 273 – Antiterrordateigesetz.

BVerfG (K), NJW 2007, 2753 – »Lauschangriff«, akustische Wohnraumüberwachung; BVerfG (K), NJW 2009, 2516 – Wohnungsdurchsuchung im steuerstrafrechtlichen Ermittlungsverfahren.

EuGH, NJW 1989, 3080 – Hoechst; EuGH, Slg. 1989, 3165 – Dow Chemical Ibérica u.a.; EuGH, Slg. 2002, I-9011 – Roquettes Frères.

EGMR, NJW 1993, 718 – Niemitz; EGMR, Serie A, Bd. 152, S. 13 Nr. 25; S. 26 Nr. 63 – Chappel – gewerbliche Räume; EGMR, Slg. 1996-IV, S. 1287 Nr. 34 – Buckley – Wohnwagen.

K. Literaturauswahl

166 *Amelung, Knut,* Grundrechtstheoretische Aspekte der Entwicklung des Grundrechts auf Unverletzlichkeit der Wohnung, in: Birtsch (Hrsg.), Grund- und Freiheitsrechte von der ständischen zur spätbürgerlichen Gesellschaft, 1987, S. 291 ff.; *Denninger, Erhard,* Verfassungsrechtliche Grenzen des Lauschens, ZRP 2004, 101 ff.; *Ennuschat, Jörg,* Behördliche Nachschau in Geschäftsräume und die Unverletzlichkeit der Wohnung gem. Art. 13 GG, AöR 127 (2002), 252 (262 ff.); *Figgener, Christel,* Behördliche Betretungsrechte und Nachschaubefugnisse, 2000; *Frenz, Wolfgang,* Informationelle Selbstbestimmung im Spiegel des BVerfG, DVBl. 2009, 333; *v. Gunten, Jean-Marc,* Das Grundrecht auf Unverletzlichkeit der Wohnung, 1992; *Gusy, Christoph,* Lauschangriff und Grundgesetz, JuS 2004, 457; *Haas, Günter,* Der große Lauschangriff – klein geschrieben, NJW 2004, 3082; *Horn, Hans-Detlef,* Der Schutz der Privatsphäre, in: HStR VII, 3. Aufl. 2009, § 149; *Kley, Andreas,* Unverletzlichkeit der Wohnung, in: Merten/Papier, Handbuch der Grundrechte, Bd. VII/2, 2007, § 214; *Kötter, Mathias,* Novellierung der präventiven Wohnraumüberwachung?, DÖV 2005, 225; *Krause, Daniel M.,* Großer Lauschangriff – Anmerkungen eines Verteidigers zur gesetzlichen Ausgestaltung in der Strafprozessordnung, in: FS Hanack, 1999, S. 221 ff.; *Krings, Günter,* Der Grundrechtsberechtigte des Grundrechts aus Art. 13 GG, 2009; *Krumme, Martin,* Die Wohnung im Recht, 2004; *Kutscha, Martin,* Der Lauschangriff im Polizeirecht der Länder, NJW 1994, 85; *Lepsius, Oliver,* Die Unverletzlichkeit der Wohnung bei Gefahr im Verzug, Jura 2002, 259 (259); *Mozek, Martin,* Der »große Lauschangriff« – Die Regelung des § 100c I Nr. 3 StPO im Spannungsfeld zwischen Verbrechensbekämpfung und Verfassungswirklichkeit, 2001; *Müller, Martin*, Der sogenannte »Große Lauschangriff«, 2000; *Papier, Hans-Jürgen*, Schutz der Wohnung, in: HGR IV, § 91; *Muthorst, Olaf*, Das Beweislastverbot, 2009; *Rhein, Eberhard*, Die Unverletzlichkeit der Wohnung, 2001; *Schmitt Glaeser, Walter*, Schutz der Privatsphäre, in: HStR VI, 2. Aufl. 2001, § 129; *Tettinger, Peter J.*, in: ders./Stern, Kommentar zur Europäischen Grundrechte-Charta, 2006, Art. 7.

Artikel 14 [Eigentumsgarantie, Erbrecht und Enteignung]

(1) ¹Das Eigentum und das Erbrecht werden gewährleistet. ²Inhalt und Schranken werden durch die Gesetze bestimmt.

(2) ¹Eigentum verpflichtet. ²Sein Gebrauch soll zugleich dem Wohle der Allgemeinheit dienen.

(3) ¹Eine Enteignung ist nur zum Wohle der Allgemeinheit zulässig. ²Sie darf nur durch Gesetz oder auf Grund eines Gesetzes erfolgen, das Art und Ausmaß der Entschädigung regelt. ³Die Entschädigung ist unter gerechter Abwägung der Interessen der Allgemeinheit und der Beteiligten zu bestimmen. ⁴Wegen der Höhe der Entschädigung steht im Streitfalle der Rechtsweg vor den ordentlichen Gerichten offen.

A. Vorbilder und Entstehungsgeschichte

I. Eigentum

1 Kaum ein Grundrecht ist historisch so kontingent, politisch derart aufgeladen und verfassungsrechtlich so komplex wie die Eigentumsfreiheit. Die Eigentumsordnung ist der schlechthin prägende Faktor jeder Gesellschafts- und Verfassungsordnung.[1] Ihre rechtliche Vorformung ebenso wie ihr konkreter Zustand legen Zeugnis von Zustand und Maß der Freiheit einer Gesellschaft ab, da Freiheit und Eigentum im modernen liberalen und demokratischen Staat in untrennbarem Zusammenhang stehen: Eigentum gewährleistet Unabhängigkeit und ermöglicht somit Freiheit.

2 Zugleich provoziert die ungleiche Verteilung von Eigentum in der Gesellschaft Spannungen und bietet sozialstaatlich Anlass in motivierte Umverteilung. Des Weiteren kann die grundrechtlich geschützte Nutzung beispielsweise von Bodeneigentum zu Konflikten mit anderen Belangen des öffentlichen Wohls führen, deren Bezugspunkt – etwa im Umwelt-, Naturschutz- oder Denkmalrecht – zumindest ein privater Eigentumsgegenstand ist.

3 Auf die aktuelle Gestalt der Eigentumsgewährleistung hat eine Vielzahl von Ideen eingewirkt, die allesamt von der Suche nach der rechten Balance zwischen der Gewähr privaten Eigentums einerseits und dem mehr oder weniger berechtigten Wunsch nach

---

1 *Böckenförde*, Eigentum, Sozialbindung, Enteignung, in: ders. Staat, Gesellschaft, Freiheit, 1976, S. 318 ff.

gesellschaftlicher Teilhabe oder Zugang an bestehendem Eigentum andererseits gekennzeichnet sind.[2] Der verfassungsrechtliche Schutz des privaten Eigentums steht in der **geistesgeschichtlichen Tradition** des Vernunftrechts und der Aufklärung. *Hobbes*[3], *Locke*[4] und *Kant*[5] entwickelten in verschiedenen geistesgeschichtlichen Zusammenhängen jene enge Verbindung von Freiheit und Eigentum und legten damit das Fundament für einen Eigentumsschutz wie er heute typisches, unentbehrliches Element jeder freiheitlichen und rechtsstaatlichen Verfassung ist.

Art. 17 *Déclaration des Droits de l'Homme et du Citoyen* (1789) erklärte das Eigen- 4
tumsrecht für unverletzlich und grundsätzlich unentziehbar. Die nur wenig später folgende *Bill of Rights* (1791) legte die Gemeinwohlbindung und das Entschädigungserfordernis für Enteignungen fest. Diesen Vorbildern folgte § 164 des Verfassungsentwurfes der Paulskirche (1848) und gewährte in Anlehnung an verschiedene deutsche Landesverfassungen (vgl. z.B. § 13 Verfassungsurkunde für das Großherzogtum Baden (1818); Titel IV § 8 Verfassungsurkunde für das Königreich Bayern (1818)) die Unverletzlichkeit des »Eigenthums«. Eine ähnliche Norm wurde in die Preußische Verfassung (1850) aufgenommen. Diese Vorschriften spiegelten indes keineswegs einen allgemein anerkannten Stand rechtlicher Gewährleistung wider, sondern waren eher als Herausforderung für einen im Fluss befindlichen rechtlichen und politischen Übergang vom Feudalismus zu einer bürgerlichen Gesellschaftsordnung anzusehen.[6]

Zum Ende des ersten Weltkrieges war diese Entwicklung abgeschlossen. Dieser Ab- 5
schluss fand seinen Ausdruck in **Art. 153 WRV**. Hiernach wurde das Eigentum »von der Verfassung gewährleistet. Sein Inhalt und seine Schranken ergeben sich aus den Gesetzen. Eine Enteignung kann nur zum Wohle der Allgemeinheit und auf gesetzlicher Grundlage vorgenommen werden. Sie erfolgt gegen angemessene Entschädigung, soweit nicht ein Reichsgesetz etwas anderes bestimmt. Wegen der Höhe der Entschädigung ist im Streitfalle der Rechtsweg bei den ordentlichen Gerichten offen zu halten, soweit Reichsgesetze nichts anderes bestimmen. Enteignung durch das Reich gegenüber Ländern, Gemeinden und gemeinnützigen Verbänden kann nur gegen Entschädigung erfolgen. Eigentum verpflichtet. Sein Gebrauch soll zugleich Dienst sein für das Gemeine Beste.« Diese Vorschrift garantierte somit das Eigentum, wies aber anders als die damaligen liberalen Landesverfassungen sowohl auf seine **Existenzbedingungen** und **Einschränkungen** als auch auf die ihm notwendigerweise innewohnende **Sozialverpflichtung** hin und ordnete damit die Struktur des

---

2 Umfassend hierzu *Dietlein*, in: Stern, Staatsrecht IV/1, S. 2141 ff.; *Wieland*, in: Dreier I, Art. 14 Rn. 1 ff.
3 *Hobbes*, De Cive, 1642 und Leviathan, 1651.
4 *Locke*, Two Treatises of Government, 1690.
5 *Kant*, Metaphysik der Sitten, 1797, Rechtslehre, § 5; vgl. dazu *Schwab*, Art. Eigentum, in: Geschichtliche Grundbegriffe, Bd. 2, 1975, S. 65, 81.
6 *Wieland*, in: Dreier I, Art. 14 Rn. 2.

späteren Art. 14 GG vor. Die damalige Gewährleistung wies dem Gesetzgeber erstmals die zentrale Rolle bei Gestaltung und Schutz des Eigentumsrechts zu.[7]

6   Die wissenschaftliche Diskussion um die **Interpretation von Art. 153 WRV** entwickelte sich in eine vom Wortlaut nicht vorgezeichnete Richtung. Maßgeblich beeinflusst durch **Martin Wolff** wurde der verfassungsrechtliche Eigentumsschutz auf jedes private Vermögensrecht, insbesondere also obligatorische Rechte, ausgedehnt und zugleich als **institutionelles Recht** etabliert, um das Eigentum nicht nur wie bislang gegen die Exekutive zu schützen, sondern auch dem Zugriff des als potentiell revolutionär verdächtigten (einfachen) Gesetzgebers zumindest im Grundsatz zu entziehen.[8] Diesem Anliegen entsprach auch die **Veränderung des Enteignungsbegriffs** weg von dem Verständnis des 19. Jahrhunderts, das auf die Übertragung des Eigentums an Grundstücken auf einen anderen Rechtsträger aus Gründen des Gemeinwohls durch Verwaltungsakte beschränkt war. Nunmehr konnte sich jede Eigentumsbeschränkung potentiell zu einer Enteignung verstärken.[9] Durch den hierin liegenden Verzicht auf formale Identifikationsmerkmale entstanden indes auch die Schwierigkeiten bei der **Abgrenzung** von Eigentumsentzug und realisierter Sozialbindung, die auch die spätere Rechtsprechung zu Art. 14 GG über mehrere Jahrzehnte prägen sollten (Rdn. 151 ff.).

7   Die Verengung des Enteignungsbegriffs auf Vorgänge staatlicher Güterbeschaffung sollte allerdings in einer späten (und isoliert gebliebenen) Entscheidung des Bundesverfassungsgerichts wieder aufgegriffen werden[10] und für erhebliche Verwirrung sorgen.

8   Die nationalsozialistische Herrschaft war auch im Bereich des Eigentumsrechts durch eine Ablehnung liberaler Grundvorstellungen vom Individualnutzen geprägt. Die Sozialbindung des Eigentums rückte in den Mittelpunkt des Interesses. Zugleich stand das Eigentum verfolgter Personengruppen dem Zugriff des Staates unmittelbar offen.[11] Auch in diesem Bereich konnte der Verfassungsgeber des Jahres 1949 daher weder auf Recht noch auf Rechtspraxis zurückgreifen, so dass die Rückschau auf Art. 153 WRV und dessen Entwicklung in den zwanziger Jahren des vorigen Jahrhunderts den Ausgangspunkt der Diskussionen im Parlamentarischen Rat um die Einführung einer Eigentumsgarantie in das Grundgesetz bildete.

---

7   *Wieland*, in: Dreier I, Art. 14 Rn. 3.
8   *Wolff*, in: FS Kahl, Teil IV, 1923, S. 1 ff.; er wendete sich damit gegen *Anschütz*, WRV, Art. 153 Anm. 2 und *Giese*, WRV, Art. 153 Anm. 1; ihm folgte *Triepel*, Goldbilanzenverordnung und Vorzugsaktien, 1924, S. 15 ff.
9   Im Überblick *Kirchheimer*, Die Grenzen der Enteignung, 1930, S. 56 ff.; *Scheuner*, Die Garantie des Eigentums in der Geschichte der Grund- und Freiheitsrechte, 1966, in: ders., Staatstheorie und Staatsrecht, 1978, S. 775, 801 ff.; kritisch dazu *Schmitt*, Die Auflösung des Enteignungsbegriffs, 1929, in: ders., Verfassungsrechtliche Aufsätze aus den Jahren 1924–1954, 2. Aufl. 1973, S. 110, 117.
10   BVerfGE 104, 1 (9 f.).
11   *Pauly*, in: Merten/Papier, HGR I, § 14 Rn. 31 f.

Im Gegensatz zur Weimarer Verfassung hatte **Art. 17 des Entwurfes des Herren-** 9
chiemseer Konvents schon Eigentums- und Erbrecht in einer Vorschrift zusammengefasst, ohne hierbei aber explizit auf die Rolle des Gesetzgebers bei der Ausgestaltung von Inhalt und Schranken der Schutzbereiche hinzuweisen. Die **Diskussion im**
Parlamentarischen Rat spiegelte die Bedeutung wider, die die jeweiligen Protagonisten Art und Maß des Eigentumsschutzes für die kommende Gesellschaftsordnung
beimaßen.[12] Von zunächst restriktiven Vorschlägen ausgehend[13] wurde die aktuelle
Fassung des Art. 14 GG entwickelt und wurden dabei insbesondere Versuche unterbunden, den grundrechtlichen Schutzbereich in einen verfassungsrechtlich determinierten, engeren und einen gesetzlich konstruierten aufzuteilen sowie auch entschädigungslose Enteignungen zuzulassen. Der Text der Eigentumsgarantie in Art. 14
GG hat seit 1949 keine Veränderung erfahren.

II. Erbrecht

Ebenso wie die Gewährleistung des Eigentums gehört die Garantie des Erbrechts zu 10
den **herkömmlichen Regelungsmaterien deutscher Verfassungen.** So gewährleistete
§ 165 Abs. 1 S. 1 des Verfassungsentwurfes von 1848 jedem Grundeigentümer das
Recht, »seinen Grundbesitz unter Lebenden und von Todes wegen ganz oder theil-
weise« zu veräußern. Art. 154 WRV enthielt indessen ausschließlich eine Erbrechtsgarantie. Während in Art. 14 GG Eigentums- und Erbrecht demselben Vorbehalt
von Inhalt und Schranken unterworfen werden, unterstrich die Weimarer Verfassung
in einem besonderen Gesetzesvorbehalt den zu regelnden Anspruch des Staates auf
einen »Anteil ... am Erbgut«. Auch die Entwicklung dieses dem Eigentumsrecht nahestehenden Grundrechts war von dem Spannungsverhältnis zwischen verfassungsrechtlicher Garantie und Zugriffsrechten des Gesetzgebers geprägt.[14]

B. Grundsätzliche Bedeutung/Schlagworte

I. Eigentumsgarantie

1. Privatnutzen und Sozialpflichtigkeit

Das Bundesverfassungsgericht hat im Jahre 2013 die Bedeutung des Eigentums 11
folgendermaßen zusammengefasst: Art. 14 GG »ist ein elementares Grundrecht und
sein Schutz von besonderer Bedeutung für den sozialen Rechtsstaat. Der Eigentumsgarantie kommt im Gefüge der Grundrechte insbesondere die Aufgabe zu, dem
Träger des Grundrechts einen Freiheitsraum im vermögensrechtlichen Bereich zu sichern und ihm dadurch eine eigenverantwortliche Gestaltung seines Lebens zu
ermöglichen. Das verfassungsrechtlich gewährleistete Eigentum ist durch Privatnützigkeit und grundsätzliche Verfügungsbefugnis des Eigentümers über den Eigen-

---

12 Entstehungsgeschichte der Artikel des GG, JöR Bd. 1, 1951, Art. 14 S. 144 ff.
13 Parl. Rat V/1, S. 172 (197 ff.); Parl. Rat V/1, S. 197 Fn. 34.
14 Siehe hierzu v.a. *Boehmer*, in: Nipperdey, Die Grundrechte und Grundpflichten der
 Reichsverfassung III, S. 250 ff.

tumsgegenstand gekennzeichnet. Es soll ihm als Grundlage privater Initiative und in eigenverantwortlichem privatem Interesse von Nutzen sein. Dabei genießt es einen besonders ausgeprägten Schutz, soweit es um die Sicherung der persönlichen Freiheit des Einzelnen geht«.[15]

12   Die Verfassung macht aber deutlich, dass dieser **Individualnutzen** in einem Spannungsverhältnis zu der **Sozialpflichtigkeit** des Eigentums steht (vgl. Art. 14 Abs. 2 GG). Die Auflösung dieses Spannungsverhältnisses auf den verschiedenen Ebenen des Grundrechtsschutzes (Definition des Schutzbereichs oder Festlegung des verhältnismäßigen Eingriffs) obliegt in erster Linie dem Gesetzgeber. In welcher Intensität und an welchem Punkt die Verfassung auf diesen Prozess einen rahmensetzenden, dirigierenden oder beschränkenden Einfluss nimmt, ist sehr umstritten (Rdn. 31 ff.).

13   Weite Teile der Literatur sehen in Art. 14 Abs. 2 GG eine justiziable Grundpflicht des Eigentümers, aus der konkrete Vorgaben für die sozialverträgliche Nutzung von Eigentumspositionen abgeleitet werden könnten.[16] Demnach könne Art. 14 Abs. 2 GG auch von Gerichten durchgesetzt werden, wobei ein Vorrang der gesetzgeberischen Konkretisierung der Sozialbindung vor der richterlichen Rechtsanwendung bestehe.[17] Hierfür fehlt es der Vorschrift allerdings an Bestimmtheit und Befehlsklarheit. Die Norm hat vielmehr eine zweifache Bedeutung. Es handelt sich zum einen um einen **ethischen Appell an den Eigentümer**.[18] Damit ist dem Privatnutzen ausdrücklich die an den Grundrechtsträger gerichtete **Verfassungserwartung** beigegeben, dass dieser sich der gesellschaftlichen Relevanz seines »Habens« sowie der konkreten Nutzung seines Eigentums bewusst sein möge. Darüber hinaus gehend enthält Art. 14 Abs. 2 GG einen **Auftrag an den Gesetzgeber**, bei der Ausgestaltung von Inhalt und Schranken des Eigentumsrechts dessen sozialen Bezug angemessen zu berücksichtigen.[19] Erst in der Hand des Gesetzgebers wandelt sich die Verfassungserwartung zu einem Auftrag, in abstrakt-genereller Weise das rechte Maß zwischen Eigennutz und Sozialbindung zu finden.

2. Normprägung

14   Die tatsächliche Reichweite der Eigentumsgarantie ist durch eine **komplexe Wechselwirkung** zwischen dem zum gewährleistenden verfassungsrechtlichen Schutz und dem gesetzgeberischen Zugriff auf den konkreten Schutzumfang geprägt. Der Gesetzgeber hat zum einen Inhalts- und Schrankenbestimmungen zu erlassen; zum andern kann er eine Enteignung unmittelbar selbst vornehmen oder aber für eine ge-

---

15 BVerfGE 134, 242 (290).
16 *Bryde*, in: v. Münch/Kunig I, Art. 14 Rn. 66 ff.; *H. Hofmann*, in: Isensee/Kirchhof HStR IX, (3. Aufl., 2011), § 195 Rn. 19; *Randelzhofer*, in: Merten/Papier, HGR II, § 37 Rn. 33; *Wieland*, in: Dreier I, Art. 14 Rn. 107 f.
17 *Wieland,* in: Dreier I, Art. 14 Rn. 108.
18 *Depenheuer*, in: v. Mangoldt/Klein/Starck I, Art. 14. Rn. 199 ff.
19 *Dietlein*, in: Stern, Staatsrecht IV/1, 2226 ff.; *Isensee*, in: ders./Kirchhof HStR IX, (3. Aufl., 2011), § 190 Rn. 214 ff.; *Papier*, in: Maunz/Dürig, Art. 14 Rn. 306.

setzliche Grundlage für eine Enteignung bereitstellen. Zwischen Inhalts- und Schrankenbestimmungen einerseits und Enteignung andererseits besteht indes kein fließender Übergang; vor allem ist eine unverhältnismäßige und daher verfassungswidrige Inhalts- und Schrankenbestimmung keine Enteignung und kann deswegen keine Entschädigung nach Art. 14 Abs. 3 GG auslösen.

Das Eigentumsrecht gilt angesichts der in Art. 14 Abs. 1 GG enthaltenen Bezugnahme auf den gesetzgeberischen Beitrag bei der Formulierung von Inhalts- und Schrankenbestimmung als ein normgeprägtes Grundrecht.[20] Auch wenn sich eigentumsrechtliche Zuordnungen bisweilen intuitiv erschließen mögen, bedarf doch der Schutzbereich grundsätzlich der **Ausgestaltung durch den Gesetzgeber.** Dieser muss nicht nur Zuordnungs- und Übertragungsregeln, sondern auch den Schutzumfang eines konkreten Eigentumsrechts fixieren. Staatliches Handeln bedeutet damit nicht nur potentielle Bedrohung für das Eigentum, sondern ist zugleich dessen Existenzvoraussetzung. | 15

Dass diese **staatliche Doppelrolle prekär** ist, liegt auf der Hand.[21] Sie wirkt sich insbesondere bei der Umschreibung des Schutzbereichs sowie der Frage nach der Differenzierung von Inhalts- und Schrankenbestimmungen aus (Rdn. 30 ff.). Zwar erweisen sich auf der einen Seite die vielfältigen Versuche, bereits Art. 14 GG selbst konkrete Schutzgegenstände unmittelbar zu entlocken, oftmals als zirkulär oder und eher intuitiv als argumentativ begründet.[22] Ungeachtet dessen steht und fällt der Wert der verfassungsrechtlichen **Eigentumsgarantie im Gesetzgebungsstaat** mit den Grenzen, die sie bereits dem Gesetzgeber zu setzen vermag. Hat dieser bei der Definition dessen, was Eigentum im Sinne der Verfassung ist (oder besser: was kein Eigentum ist und damit auch nicht geschützt wird) völlig freie Hand, so kann der Bezugspunkt der Garantie ohne weiteres hinwegdefiniert werden. | 16

3. Die moderne Eigentumsgarantie

Die Gesetzgeber und Verfassung gemeinsam zugewiesene Aufgabe, das Eigentum rechtlich zu formen und zu schützen, ist vor dem Hintergrund sich **ständig wandelnder gesellschaftlicher Bedingungen** zu erfüllen. Vor allem die wirtschaftliche Bedeutung der Immobilie, die historisch im Fokus des Eigentumsschutzes stand, hat sich verringert; andere Faktoren sind an ihre Stelle getreten. Aber auch das Unternehmenseigentum und insbesondere das geistige Eigentum sind hier zu nennen, zumal | 17

---

20 *Jarass*, in: ders./Pieroth, Art. 14 Rn. 18; *Pieroth/Schlink/Kingreen/Poscher*, Grundrechte, Rn. 977 ff.; umfassend: *Grochtmann*, Die Normgeprägtheit des Art. 14 GG, 2010; grundlegend zu normgeprägten Freiheitsrechten: *Cornils*, Die Ausgestaltung der Grundrechte, 2005.

21 *Depenheuer*, in: v. Mangoldt/Klein/Starck I, Art. 14 Rn. 35 ff.; optimistischer hingegen *Wieland*, in: Dreier I, Art. 14 Rn. 28 f.

22 Zuletzt *Jasper*, DÖV 2014, 872, 875 ff., dessen an sich verdienstvolle Ermittlung von Gegenständen eines verfassungsrechtlichen Eigentumsinhalts sich letztlich auch nur aus den einfachgesetzlich vorgezeichneten Eigentumsrechten bedient.

bei letztgenanntem die Angewiesenheit auf eine gesetzgeberische Ausgestaltung von Schutz- und Abwehrrechten besonders offensichtlich ist.

18 Ganz deutlich wird die historische Kontingenz des Eigentumsschutzes mit Blick auf die durch die soziale und wirtschaftliche Entwicklung bedingte funktionale Erweiterung des klassischen privaten Eigentums durch Ansprüche des einzelnen gegen den Staat. Weite Teile der Bevölkerung verfügen in kaum nennenswertem Umfang über (Sach-)Eigentum, geschweige denn, dass es ihnen als Grundlage wirtschaftlicher Unabhängigkeit dient. Dementsprechend sichert der weit überwiegende Teil der Bevölkerung seine persönliche Unabhängigkeit nicht durch das Innehaben und Nutzen von Eigentum, sondern bestreitet vielmehr seinen Lebensunterhalt durch individuelle Arbeitskraft oder aber durch staatliche Versicherungs- und Transferleistungen.[23]

19 Dies hat die Rechtsprechung zum Anlass genommen, bei der Ermittlung dessen, was aus verfassungsrechtlicher Sicht als Eigentum geschützt sein soll, eine **funktionale Betrachtungsweise** zu wählen und auch solchen Rechtspositionen den verfassungsrechtlichen Eigentumsschutz zukommen zu lassen, die nicht ohne weiteres dem Vorbild des bürgerlich-rechtlichen Sacheigentums entsprechen, so lange sie nur die **gleiche Funktion** erfüllen wie (früher und auch heute noch in bestimmten gesellschaftlichen Kreisen) das Eigentum an Sachen. Dies ist der Hintergrund der Ausdehnung des Eigentumsschutzes auf obligatorische Rechte in der Weimarer Republik. Das sozialpolitische Motiv der entsprechenden Entscheidungen des Bundesverfassungsgerichts ist auch unübersehbar, wenn das Besitzrecht des Mieters als »Eigentum« gegenüber dem zivilrechtlichen Vermieter-Eigentümer geschützt[24] wird. Und im Hinblick auf die Sicherung wirtschaftlicher Unabhängigkeit ist das Unternehmenseigentum oftmals an die Stelle des Grundeigentums getreten. Auch diese Entwicklung hat der verfassungsrechtliche Eigentumsbegriff nachvollzogen.

4. Eigentumsrecht und Wirtschaftsverfassung

20 Das Eigentumsrecht und der konkrete Umfang seiner Gewährleistung sind in besonderem Maße prägend für die **Wirtschaftsverfassung eines Gemeinwesens**.[25] Faktoren wie die Verteilung von Eigentum innerhalb der Gesellschaft, das Maß, in dem der Staat sich oder anderen Privaten Zugriff auf fremdes Eigentum verschafft, die Sicherheit, mit der der Einzelne davon ausgehen darf, das Erarbeitete tatsächlich auch behalten zu dürfen, geben Auskunft über die **Freiheitlichkeit** eines Gemeinwesens.

21 Dennoch kann entgegen einer nach Gründung der Bundesrepublik zunächst vertretenen Lehre[26] nach Ansicht des Bundesverfassungsgerichts[27] auch vor dem Hintergrund des Art. 14 GG und anderer, ähnlich gelagerter Vorschriften wie etwa Art. 12

---

23 *Badura*, in: Benda/Maihofer/Vogel, HVerfR, § 10 Rn. 3.
24 Etwa BVerfGE 89, 1 (1 ff.); BVerfG, NJW 2014, 2417, 2417 ff.
25 Zur Wirtschaftsverfassung *Ruffert*, AöR 134 (2009), 197, 197 ff.
26 *Nipperdey*, Die soziale Marktwirtschaft in der Verfassung der Bundesrepublik, S. 1 ff.
27 BVerfGE 4, 7 (17 f.); 30, 292 (315); 50, 290 (336 f.).

GG keine explizite verfassungsrechtliche Festlegung auf eine bestimmte Wirtschaftsordnung erkannt werden. Dies wird mit der »**wirtschaftspolitischen Neutralität**« des Grundgesetzes umschrieben.[28] Das Grundgesetz garantiere weder die wirtschaftspolitische Neutralität der Regierungs- und Gesetzgebungsgewalt, noch eine nur mit marktkonformen Mitteln zu steuernde »soziale Marktwirtschaft«. Der Verfassungsgeber habe sich nicht ausdrücklich für ein bestimmtes Wirtschaftssystem entschieden. Allerdings hat das Bundesverfassungsgericht selbst in einer späteren Entscheidung auch darauf hingewiesen, dass die gesetzgeberischen Möglichkeiten zur wirtschaftspolitischen Umgestaltung in den Grundrechten ihre **Grenzen** finden müssten.[29]

Diese Neutralität wurde auch nicht durch Art. 1 Abs. 3 S. 1 des Staatsvertrags über die Schaffung einer Währungs-, Wirtschafts- und Sozialunion vom 18. Mai 1990 in Frage gestellt. Dort wird zwar ausdrücklich und unter besonderem Hinweis auf die Bedeutung des Privateigentums vereinbart, dass »Grundlage der Wirtschaftsunion … die Soziale Marktwirtschaft als gemeinsame Wirtschaftsordnung beider Vertragsparteien« ist. Allerdings erfolgt durch diese Aussage **keine Änderung des Grundgesetztextes**, die für eine Verfassungsänderung aber erforderlich gewesen wäre (vgl. Art. 79 Abs. 1 S. 1 GG).[30]   22

Allerdings ist auch unstreitig, dass rechtsstaatliche Prinzipien und wirtschaftlich relevante Grundrechte, wie Art. 12, 14, 9 GG und die allgemeine Handlungsfreiheit (Art. 2 Abs. 1 GG), einerseits, die Verpflichtungen aus dem Sozialstaatsprinzip, Art. 109 und Art. 1 Abs. 1 GG andererseits die Gestaltungsfreiheit des Gesetzgebers bei Schaffung und Gewährleistung wirtschaftlicher Rahmenbedingungen erheblich einengen.[31] Dies lässt die **soziale Marktwirtschaft** als das für die umfassende Verwirklichung der genannten Rahmenbedingungen am besten **geeignete Modell** erscheinen.   23

Die staatlicherseits aktiv übernommene, erhebliche Verantwortung bei der Bewältigung der Finanz- und Wirtschaftskrise, die der Sicherung der Finanzmarktstabilität dienen sollte und sich insbesondere in der Sanierung von Instituten der Finanzwirtschaft manifestierte,[32] hat zu einer Neubewertung der Rolle des Staates bei der Rahmensetzung, Organisation und Lenkung der Wirtschaft insgesamt geführt.[33]   24

Auch die europäischen Vertragstexte enthalten von je her programmatische Stellungnahmen zu dem Verhältnis von Staat und Wirtschaft. Wohl nicht zuletzt unter dem Eindruck der seit dem Jahre 2007 andauernden Wirtschafts-, Finanz- und Wäh-   25

---

28 Hierzu und zu den folgenden Aussagen BVerfGE 4, 7 (17); vgl. *Depenheuer*, in: v. Mangoldt/Klein/Starck, Art. 14 Rn. 8.
29 BVerfGE 50, 290 (338).
30 *H. Rupp*, in: Isensee/Kirchhof, HStR IX, (2. Aufl., 1999), § 203 Rn. 14 ff.
31 *Badura*, in: Merten/Papier, HGR II, § 29 Rn. 1 ff.; *Papier*, in: Benda/Maihofer/Vogel, HVerfR, § 18 Rn. 1 ff.; *Ronellenfitsch*, in: Isensee/Kirchhof, HStR IV, (3. Aufl., 2006), § 98 Rn. 33; *R. Schmidt*, in: Isensee/Kirchhof, HStR IV, (3. Aufl., 2006), § 92 Rn. 16 ff.
32 *Becker/Mock*, DB 2009, 1055, 1055 ff.
33 Siehe hierzu *Depenheuer*, Eigentumsverfassung und Finanzkrise, 2009.

rungskrise hat aber auch die EU ihr zunächst an prominenter Stelle der Verträge zu findendes Bekenntnis zur **freien Marktwirtschaft** (vgl. Art. 4 Abs. 1, 98 EG a.F.), das zwar unter vielfachen, einschränkenden Vorbehalten stand und daher keine absolute Geltung beanspruchen konnte,[34] aber die Unionsorgane und die Mitgliedstaaten gleichermaßen in die Pflicht nahm, im wahrsten Sinne des Wortes in den Hintergrund gedrängt (vgl. Art. 120 S. 2 AEUV). Seinen Platz hat in Art. 3 Abs. 3 UAbs. 1 S. 2 EUV das Ziel der »in hohem Maße wettbewerbsfähige[n] soziale[n] Marktwirtschaft« eingenommen.

5. Eigentum in der Transformationsphase

26   Gerade angesichts der Bedeutung der **Eigentumsgarantie** als Differenzierungsmerkmal zwischen verschiedenen gesellschaftlichen und politischen Systemblöcken kann es nicht überraschen, dass Fragen des Eigentumsschutzes nach Abdankung des real existierenden Sozialismus und im Zuge der Überführung der von ihm getroffenen Länder in eine freiheitliche Rechts- und Gesellschaftsordnung eine **besondere Rolle** gespielt haben. Hier standen sich die Hoffnungen der zu Unrecht Enteigneten auf Gerechtigkeit und die Hoffnungen der von der Enteignung Begünstigten auf Stabilität gegenüber. Insbesondere in Deutschland war wohl zudem internationaler Druck für die Entscheidung verantwortlich, solches Unrecht, das auf besatzungsrechtlicher bzw. besatzungshoheitlicher sowjetischer Grundlage vollzogen worden war, nicht rückgängig zu machen.[35] Diese Entscheidung wurde durch **Art. 143 Abs. 3 GG** perpetuiert. Das Bundesverfassungsgericht hat in dieser Regelung keinen Verstoß gegen Art. 14 GG gesehen, da die Enteignungen durch eine nicht an die Grundrechte des Grundgesetzes gebundene Staatsgewalt erfolgten und **Art. 143 Abs. 3 GG zudem lex specialis** sei. Entschädigungen, die selbst auf der Grundlage des Art. 14 GG nicht zwingend umfassend sind (Rdn. 274 ff.), seien daher allein auf der Grundlage der Rechts- und Sozialstaatlichkeit ohne korrespondierende Ansprüche der Betroffenen denkbar.[36]

27   Eine **retrospektive Schutzpflicht** des Gesetzgebers[37] gegenüber nicht an das Grundgesetz gebundener Staatsgewalt gibt es somit nicht. Insgesamt hatte der Gesetzgeber bei der Bewältigung der historisch einmaligen Transformationslage einen erheblichen **Gestaltungsspielraum**, der es ermöglichte, den Übergang der Eigentumsordnung weitgehend außerhalb der Maßstäbe des Art. 14 GG zu gestalten, soweit eine nicht an das Grundgesetz gebundene Macht in Vermögenswerte eingegriffen hat.

---

34 EuGH, Urt. v. 13.06.1958, (*Meroni & Co v Hohe Behörde der EGKS*), Rs. 10-56, Slg. 1957/8, S. 172 f.; EuGH, Urt. v. 03.10.2000, (*Echirolles Distribution SA v Association du Dauphin und andere*), Rs. C-9/99, Slg. I-08207.

35 Anlage III Gemeinsame Erklärung der Regierungen der Bundesrepublik Deutschland und der Deutschen Demokratischen Republik zur Regelung offener Vermögensfragen vom 15. Juni 1990 i.V.m. Art. 41 Abs. 1, 3 EinigV.

36 BVerfGE 84, 90 (126); 97, 89 (98).

37 So *Badura*, DVBl. 1990, 1256, 1262 f.

Dies alles ist deswegen ebenso unvermeidlich wie bemerkenswert, weil hier deutlich wird, dass die Substanz der rechtsstaatlichen Eigentumsgarantie nur in einem grundsätzlich freiheitlichen Kontext zur Anwendung kommen kann. Ihre umfassende retrospektive Anwendung zur Bewältigung einer systemischen Transformationsphase wäre in einem erheblichen Maße ihrerseits stabilitätsgefährdend gewesen. Einen ähnlichen Ansatz verfolgt der EGMR bei der Bewältigung dieser Probleme vor allem bei Beantwortung der Frage nach der Angemessenheit einer Enteignungsentschädigung.[38]

II. Erbrechtsgarantie

Art. 14 GG verbürgt wie frühere deutsche Verfassungen[39] neben dem Eigentum das 28 Erbrecht in einer selbstständigen grundrechtlichen **Gewährleistung**.[40] Das Erbrecht legt die Rechte und Pflichten von Erben und Erblasser, die mit dem Übergang von Rechtspositionen von dem einen auf den anderen einhergehen, fest. Aus der Sicht des Erblassers ist die Freiheit, das Schicksal seines Vermögens auch nach seinem Tode bestimmen zu können, die sinnvolle **Verlängerung des Eigentumsrechts über das Leben hinaus**.[41] Die Erbrechtsgarantie sichert die Kontinuität des Eigentums. Da der künftige Erbe sich im Hinblick auf die Übernahme des Erbguts (noch) nicht auf das Eigentumsrecht berufen kann, bedarf es auch dessen freiheitsrechtlicher Absicherung durch die Erbrechtsgarantie, die damit auch von dieser Seite aus die Verwirklichung des **Erblasserwillens** gewährleistet. Der Erbe und die sich in seiner Person vollendendende Sukzession ist damit in den Schutzbereich des Grundrechts einbezogen.[42]

Die thematische Nähe von Eigentum und Erbrecht bringt das Grundgesetz durch 29 die Zusammenfassung beider Rechte in einer Verfassungsvorschrift zum Ausdruck. Mit ihrem Zusammenwirken bilden beide Garantien die Kernelemente einer auf **Privatautonomie** auch und gerade im vermögensrechtlichen Bereich basierenden Gesellschaftsordnung.[43] Das Verhältnis der beiden Garantien ist indes nicht gleichberechtigt. Das **Erbrecht setzt eine funktionierende Eigentumsordnung voraus**, da dessen Gegenstand nur sein kann, was zuvor dem Erblasser eigentumsrechtlich zugeordnet worden war.

---

38 Siehe ausf. *Fischborn*, Enteignung ohne Entschädigung nach der EMRK?, 75 ff.
39 Vgl. § 133 Abs. 1 S. 1 Paulskirchenverfassung; Art. 111 S. 1 WRV.
40 *Pieroth*, NJW 1993, 173, 176 f.; anders etwa Art. 60 Abs. 1 S. 3 RhPfVerf, der das Erbrecht nur als immanenten Bestandteil der Eigentumsgarantie ansieht, vgl. auch Art. 23 Abs. 1 BlnVerf.
41 BVerfGE 112, 332 (348).
42 BVerfGE 99, 341 (349 f.); BVerfGE 112, 332 (349).
43 *Papier*, in: Maunz/Dürig, Art. 14 Rn. 295.

C. Schutzbereiche

I. Eigentumsrecht

1. Inhalts- und Schrankenbestimmungen im System des Eigentumsschutzes

a) Differenzierung von Inhalts- und Schrankenbestimmungen

30 Übergesetzliches, vorstaatliches oder gar natürliches Eigentum gibt es nicht.[44] Wenn neben der rechtlichen Zuordnung zu einer Person das zentrale Charakteristikum des Eigentums ist, dass Dritte von seiner Nutzung ausgeschlossen werden können (Rdn. 50), so bedarf es für die Realisierung dieses Ausschlusses im modernen Staat, der die Selbsthilfe des Bürgers zugunsten des staatlichen Gewaltmonopols zurückgedrängt hat, der **gesetzlichen Grundlage.** Auch die Regeln über die Übertragung von Eigentum und – in gewissen Grenzen sogar die über die Verfügung über Eigentum sind das Werk des Gesetzgebers. Eigentum ist im Rechtsstaat daher keine unmittelbare und faktische Herrschaft über eine Sache, sondern wird durch ein rechtlich geordnetes Verhältnis von Personen untereinander bestimmt.[45] Dies verdeutlicht die Notwendigkeit gesetzlicher Formung und Vermittlung.

31 Das Grundgesetz hat dem Gesetzgeber in Art. 14 Abs. 2 S. 1 GG die Aufgabe übertragen, den **Inhalt *und* die Schranken** des Eigentums zu bestimmen. Die Notwendigkeit **normativer Ausgestaltung** des grundrechtlich zu schützenden Eigentums wirft die Frage auf, wie die Nennung von auf das Eigentum bezogenen Inhalts- *und* Schrankenbestimmungen in Art. 14 Abs. 1 S. 2 GG konstruktiv zu verstehen ist. Fallen beide Kategorien ineinander und erfüllen sie dieselbe Aufgabe unter denselben Bedingungen? Oder aber handelt es sich um zwei verschiedene Kategorien mit unterschiedlichen Funktionen im Hinblick auf den Eigentumsschutz?[46]

32 Für das Bundesverfassungsgericht scheinen Inhalts- und Schrankenbestimmungen austauschbar zu sein. Sie zeichnen sich seit der in der Nassauskiesungsentscheidung durchgesetzten Formalisierung des Enteignungsbegriffs in erster Linie dadurch aus, dass es sich bei ihnen gleichermaßen gerade nicht um Enteignungen im Sinne des formalen Enteignungsbegriffs handelt – unabhängig davon, ob sie einen Grundrechtsträger im Einzelfall über Gebühr belasten.[47] Art. 14 Abs. 1 S. 2 GG wird auf diese Weise zu einem **einheitlichen Regelungs- oder Eingriffsvorbehalt.**[48] Dies ist aus semantischer Sicht fragwürdig, aber auch dogmatisch unbefriedigend, da die inhaltliche Konkretisierung einer Eigentumsposition ihrer Beschränkung zwingend vorausliegt.

---

44 So *Böhmer*, Eigentum aus verfassungsrechtlicher Sicht, in: F. Baur (Hrsg.), S. 39, 62.

45 *Depenheuer*, in: v. Mangoldt/Klein/Starck I, Art. 14 Rn. 30.

46 Aktueller Überblick über die verschiedenen Ansichten: *Jasper*, DÖV 2014, 872, 873 f.

47 So wohl trotz der Bezugnahme nur auf Inhaltsbestimmungen BVerfGE 72, 66 (76); s.a. BVerfGE 52, 1 (27); 58, 200 (330); 110, 1 (24 f.).

48 Vgl. auch *Rozek*, Die Unterscheidung von Eigentumsbindung und Enteignung, S. 55 ff.

Die inzwischen (wohl) überwiegenden Stimmen in der Literatur wählen dement- 33
sprechend den zweiten Weg.[49] **Inhaltsnormen** legen die Eigentumsrechte und die an
sie anknüpfenden Befugnisse generell und pflichtenneutral fest (Eigentumskonstitu-
tion). Die das Eigentum ausformenden Vorschriften des bürgerlichen und des öffentlichen Rechts definieren generell und abstrakt Rechte und Pflichten hinsichtlich
solcher Rechtsgüter, die damit als Eigentum im Sinne der Verfassung zu verstehen
sind.[50]

Demgegenüber enthält eine **Schrankenbestimmung** einen Eingriff in ein zuvor abs- 34
trakt-generell durch die Rechtsordnung konstituiertes Eigentumsrecht. Sie regelt die
Innehabung oder Ausübung des auf der Grundlage von Inhaltsnormen geformten
Eigentums. Sie haben Konflikte zwischen verschiedenen Bürgern oder zwischen
Staat und Bürger zum Gegenstand und lösen diese auf (Eigentumsbeschränkung).[51]
Man kann die Differenzierung zwischen Inhalts- und Schrankenbestimmungen da-
her als **zeitliche Abfolge** beschreiben.[52] Inhalts- wie Schrankenbestimmungen liegen
allerdings parallel **gelagerte Gemeinwohlerwägungen als Legitimation** zugrunde,
die daher sinnvollerweise gemeinsam dargelegt werden (Rdn. 178 f.). Eine spezielle
Form des Eingriffs, die besonderen Bestimmungen unterliegt und zu besonderen
Rechtsfolgen führt, ist die Enteignung, die sich seit der Nassauskiesungsentscheidung[53] qualitativ-formal von den sonstigen Schrankenbestimmungen abhebt.

Ein und dieselbe einheitliche Regelung kann aber auf verschiedene Grundrechtsträ- 35
ger unterschiedliche Wirkung haben und damit aus verschiedenen Blickwinkeln sowohl Inhalts- als auch Schrankenbestimmung, vielleicht sogar Enteignung sein.[54]
Dies ist dann der Fall, wenn der Gesetzgeber die Eigentumszuordnung in einem
Rechtsgebiet neu ändert, dabei eine neue Inhaltsnorm ihre Geltung auch auf bestehende Rechtspositionen erstreckt und die früheren Inhaltsnormen Befugnisse zuerkannt hatten, die nach der neuen Rechtslage nicht mehr existieren.[55]

Eine derartige Auswirkung verändert nach Ansicht des Bundesverfassungsgerichts 36
nicht den Charakter der Inhalts- und Schrankenbestimmung als solcher.[56] Die jeweilige Zuordnung einer Regelung ist unabhängig von der Intensität der den Eigentü-

---

49 *Kutschera*, Bestandsschutz im öffentlichen Recht, S. 72; *Leisner*, in: Isensee/Kirchhof, HStR
   VIII, (3. Aufl., 2010), § 173 Rn. 127 ff.; *Sieckmann*, in: Friauf/Höfling, Art. 14 Rn. 104;
   Wendt, Eigentum und Gesetzgebung, S. 147 ff.; *ders.*, in: Sachs, Art. 14 Rn. 55; gegen eine
   Unterscheidung wendet sich aber auch: *Wieland*, in: Dreier I, Art. 14 Rn. 92.
50 BVerfGE 52, 1 (27 f.); 58, 137 (144 f.); 58, 300 (330); 70, 191 (200); 72, 66 (76); 100,
   226 (240).
51 *Wendt*, Eigentum und Gesetzgebung, S. 147 ff., 157.
52 *Ehlers*, VVDStRL 51 (1992), 211 (225).
53 BVerfGE 58, 300.
54 *Badura*, in: Benda/Maihofer/Vogel, HVerf, § 10 Rn. 55; *Wendt*, in: Sachs, Art. 14
   Rn. 56.
55 *Wendt*, Eigentum und Gesetzgebung, S. 157 f.
56 BVerfGE 58, 137 (144).

mer treffenden Belastung. Sie wird auch dann nicht zu einer Enteignung, wenn sie konkrete Vermögenspositionen ganz oder teilweise entzieht oder hierzu für den Einzelfall die Grundlage bildet,[57] wenn also der Eingriff aus der Sicht des Betroffenen in seinen Auswirkungen einer Enteignung nahe- oder gleichkommt.[58] Während in der allgemeinen Grundrechtsdogmatik der Blick auf die Folgen staatlichen Handelns in der Sphäre des Grundrechtsträgers entscheidend ist,[59] hat sich der Enteignungsbegriff seit der Nassauskiesungsentscheidung des Bundesverfassungsgerichts[60] somit (wieder) formalisiert (ausf. Rdn. 152 ff.).

37   Inhalts-, aber vor allem Schrankenbestimmungen sind als Ausfluss der verfassungsrechtlich angeordneten **Sozialbindung** des Eigentums grundsätzlich entschädigungslos hinzunehmen. Im Ansatzpunkt besteht insoweit eine Gleichbehandlung mit anderen Grundrechten, in die ebenfalls aus mehr oder weniger wichtigen Gründen des Gemeinwohls eingegriffen werden kann, ohne dass der Grundrechtsträger hierfür zu entschädigen ist.

38   Allerdings können vom Grundsatz der Entschädigungsfreiheit aus Gründen der **Verhältnismäßigkeit** Ausnahmen geboten sein, wenn ebenfalls eventuell verfassungsrechtlich gebotene Übergangsregelungen für die Betroffenen nicht ausreichen, um außerordentliche Belastungen durch eine Beschränkung des Grundrechts auszugleichen (Rdn. 201 ff.).

b) Eigentum und Gesetzgeber

39   Aber auch die Differenzierung zwischen Inhalts- und Schrankenbestimmungen weist noch keinen Ausweg aus dem Dilemma des normgeprägten Grundrechts. Wie soll ein Grundrecht, das den einzelnen vor unverhältnismäßigen Eingriffen aller staatlichen Funktionen in einen bestimmten Lebensbereich schützt, volle Wirkung entfalten, wenn es doch zu seiner Konstituierung auf den Gesetzgeber und damit auf einer dieser Gewalten zwingend angewiesen ist? Soll das Verfassungsrecht nicht lediglich Grundrechtsschutz nach Maßgabe des einfachen Gesetzes, sondern als verfassungsrechtlichen Selbststand gewährleisten, ist aus dem zivilrechtlich vorgeprägten Rechtsbegriff des Eigentums ein **eigenständiger verfassungsrechtlicher Eigentumsbegriff** zu entwickeln, den der einfache Gesetzgeber bei der Prägung des verfassungsrechtlichen Schutzbereichs durch Inhaltsbestimmungen zu respektieren hat. Die Existenz

---

57   BVerfGE 58, 137 (144); 58, 300 (351); 70, 191 (200); 83, 201 (212); 110, 1 (24); 100, 226 (240); vgl. auch *Depenheuer*, in: v. Mangoldt/Klein/Starck I, Art. 14 Rn. 401.

58   BVerfGE 58, 137 (144 f.); 79, 174 (192); 100, 226 (240); 102, 1 (16); *Bryde*, in: v. Münch/Kunig I, Art. 14 Rn. 49; *Depenheuer*, in: v. Mangoldt/Klein/Starck I, Art. 14 Rn. 401; *Jarass*, in: ders./Pieroth, Art. 14 Rn. 78; a.A. *Wendt*, in: Sachs, Art. 14 Rn. 149 ff.

59   *Pieroth/Schlink/Kingreen/Poscher*, Grundrechte, Rn. 251.

60   BVerfGE 58, 300 (300 ff.).

eines solchen verfassungsrechtlichen Eigentumsbegriffs ist allerdings im Grundsatz wie in den Einzelheiten umstritten.[61]

Teilweise wird davon ausgegangen, dass der Schutzbereich des Eigentumsrechts dem Gesetzgeber überhaupt nicht vorgegeben ist.[62] Vielmehr habe dieser eine **umfassende Befugnis** zur Eigentumskonstituierung.[63] Die Gegenansicht geht von einem spezifischen **verfassungsrechtlichen Eigentumsbegriff** aus, der aus der der Gesamtschau der Normen des einfachen Rechts und ihrer historischen Entwicklung schöpft, aber sich nicht in ihr erschöpfen kann. Hiernach gibt die Verfassung ein Leitbild von möglichen Eigentumspositionen vor, die der Gesetzgeber konkret auszuformen hat.[64]

Die Entscheidung zwischen diesen Positionen[65] determiniert Aufgabe und Einfluss des einfachen Gesetzgebers auf den **Grundrechtsschutz** im Bereich des Art. 14 GG. Zwar ist der **Gesetzgeber**, dem Art. 14 GG die Aufgabe der Bestimmung von Inhalt und Schranken überträgt, das demokratisch legitimierte Parlament des Grundgesetzes, bei dem Entscheidungen über Art und Maß des Grundrechtsschutzes unter dem Gesichtspunkt unmittelbarer demokratischer Legitimation besser aufgehoben sind als bei Judikative oder Exekutive.[66] Jedoch **immunisiert auch unmittelbare demokratische Legitimation keineswegs** gegen die Versuchung, individuelle Freiheiten über Gebühr zur Förderung tatsächlicher oder vermeintlicher Gemeinwohlzwecke in Anspruch zu nehmen.

Die umfassende Bindung des gesamten staatlichen Funktionsbereichs an die Grundrechte (Art. 1 Abs. 3 GG) macht deutlich, dass keine staatliche Gewalt dieses Übergriffs a priori unverdächtig ist. Auch der Hinweis auf den ausdrücklichen Auftrag der Verfassung an den Gesetzgeber im Rahmen von Art. 14 GG stellt diesen nicht von der Bindung an die grundgesetzlichen Vorgaben frei, sondern eröffnet einen **Spielraum**, innerhalb dessen er die konkret zu schützenden Positionen auf der Grundlage seiner Gestaltungsmacht weiter konkretisieren und insbesondere auf neue Entwicklungen reagieren kann.

Das Bundesverfassungsgericht hat sich zunächst bemüht, das Dilemma dadurch aufzulösen, dass es den Umfang des grundrechtlich geschützten Eigentums unmittelbar aus der Verfassung und nicht aus Normen des einfachen Rechts gewinnt.[67] Diese Methode zur Bestimmung eines **grundrechtlichen Schutzbereichs** stellt das Gericht indes unmittelbar wieder in Frage, da sich die Befugnisse, die einem Eigentümer

40

41

42

43

---

61 Überblick in: *Sieckmann*, in: Friauf/Höfling, Art. 14 Rn. 3 ff.; für seine Existenz trat jüngst *Jasper*, DÖV 2014, 872, ein.
62 *Wieland*, in: Dreier I, Art. 14 Rn. 33 ff.
63 *Bryde*, in: Münch/Kunig, Art. 14 Rn. 12; noch weitergehend: *Böhmer*, Eigentum aus verfassungsrechtlicher Sicht, in: F. Baur (Hrsg.), S. 39, 61 ff.
64 *Depenheuer*, in: v. Mangoldt/Klein/Starck I, Art. 14 Rn. 51.
65 Weitere Schattierungen bei *Ossenbühl/Cornils*, Staatshaftungsrecht, S. 164 ff.
66 So *Wieland*, in: Dreier I, Art. 14 Rn. 35 f.
67 BVerfGE 58, 300 (335); s.a. zu weiteren Äußerungen des Gerichts, die in sich nicht immer schlüssig sind, die Nachweise bei *Ossenbühl/Cornils*, Staatshaftungsrecht, S. 167 f.

konkret zustehen, erst aus der Zusammenschau aller zum Zeitpunkt der Betrachtung geltenden, die Eigentümerstellung regelnden Vorschriften ergeben sollen.[68] Zivilrechtliche und öffentlich-rechtliche Normen sollen insoweit gleichrangig zusammenwirken,[69] so dass der **Eigentumsbegriff des Grundgesetzes** nicht mit dem des **bürgerlichen Rechts** identisch sein kann.[70] Hier klingt wieder das Motiv des gesetzlich konstituierten **Grundrechtsschutzes** an. Somit vermag die Formel des Bundesverfassungsgerichts den Konflikt nur auf den ersten Blick aufzulösen.

44   Zentrale dogmatische Frage des Eigentumsgrundrechts ist damit, welche Aussage die Verfassung selbst zu seinem Gegenstand trifft und welche Einflussmöglichkeiten sie dem einfachen Gesetzgeber insoweit einräumt. Formulierung und Struktur von Art. 14 GG machen als Ausgangspunkt deutlich, dass das Grundgesetz wohl gerade wegen der beobachteten Dynamik bei den Erfordernissen des Eigentumsschutzes keine abgeschlossene, rechtspraktisch verwendbare Definition von »Eigentum« anzubieten gedenkt. Ansonsten wäre der explizite Auftrag an den Gesetzgeber, dessen Inhalt zu bestimmen, nicht zu erklären.

c) Eigentum als Typusbegriff

45   Der Verfassungsgeber hat nicht zuletzt angesichts der Ausdehnung des verfassungsrechtlichen Eigentumsschutzes unter der **Weimarer Reichsverfassung** erkannt, dass eine abschließende Definition des zu schützenden Gegenstandes dessen tatsächlicher Dynamik entgegenläuft. Der Begriff des Eigentums wird in Art. 14 GG daher als **Typusbegriff** verwendet.[71] Dieser erfasst bestimmte Lebenserscheinungen, ohne dass deren Vielgestaltigkeit bei ihrem Transport auf eine abstrakte Ebene verloren geht. Während eine Definition nur dann greift, wenn alle ihre Merkmale vorliegen, müssen die in der Umschreibung eines Typus gegebenen Elemente nicht sämtlich zu beobachten sein. Sie können insbesondere in unterschiedlichem Maße in dem Sinne eines »mehr« oder »weniger« vorliegen. Die Elemente des Typusbegriffs haben nur **Indizfunktion**. Ihre Relevanz für die Klassifikation des in Frage kommenden Phänomens erweist sich nur im konkreten Fall, in dem zu beurteilen ist, ob die regelmäßig als typisch angesehenen Merkmale in einer solchen Anzahl und Stärke vorhanden sind, dass das Phänomen insgesamt dem Typus entspricht.[72]

46   Die Typenbildung ist damit flexibler als eine Definition. Sie erlaubt einzelne Abweichungen von dem typischen Bild des Betrachtungsgegenstandes, wenn andere Indizien dafür sprechen, dass ein bestimmtes Phänomen dennoch die Funktion des Eigentums hat. Dementsprechend sind zur Festlegung der Vorgaben, innerhalb derer sich der inhaltsbestimmende Gesetzgeber zu bewegen hat, die **typischen Elemente**

---

68 BVerfGE 58, 300 (331 ff.).
69 *Wieland*, in: Dreier I, Art. 14 Rn. 29.
70 *Wieland*, in: Dreier I, Art. 14 Rn. 57.
71 Zu der Typisierung und dem folgenden: *Larenz*, Methodenlehre der Rechtswissenschaft, 6. Aufl. 1991, S. 221, 461 ff.
72 *Larenz*, Methodenlehre der Rechtswissenschaft, 6. Aufl. 1991, S. 221.

des Eigentums zu bestimmen, die dem Verfassungsgeber bei der Formulierung von Art. 14 GG vor Augen standen und deren weitere Ausarbeitung er dann dem Gesetzgeber übertragen hat. Durch Anwendung des Typusbegriffs sind dann diejenigen Phänomene zu ermitteln, die der Gesetzgeber im Laufe der Zeit durch seine Inhaltsbestimmungen zu »Eigentum« ausgestaltet hat, die also dem Eigentumsbegriff des Art. 14 Abs. 1 GG entsprechen. Diese genießen dann verfassungsrechtlichen Schutz gegen unverhältnismäßige staatliche Eingriffe durch Schrankenbestimmungen und – im Sinne einer Wertgarantie – gegen entschädigungslose Enteignung. Hinter diesem einmal gesetzten Standard, den der Gesetzgeber – gegebenenfalls sogar unbewusst (wie sicherlich bei den sozialversicherungsrechtlichen Ansprüchen) gesetzt hat, kann er dann nur noch durch die jeweils verhältnismäßige Änderung einer Inhaltsbestimmung oder Setzung einer Schrankenstimmung zurückbleiben.

Der zu beschreibende Typus ist gegenüber dem das Eigentum formenden Gesetzgeber durch die aus Art. 14 GG abzuleitende verfassungsrechtliche Instituts- bzw. Einrichtungsgarantie abgesichert. Diese Schutzdimension lässt sich zwar nicht dem Wortlaut des Art. 14 GG entnehmen, ist jedoch seit der Weimarer Reichsverfassung wichtiges Element der eigentumsrechtlichen Diskussion.[73] Eine **Einrichtungsgarantie** unterscheidet sich von anderen Gewährleistungen der Verfassung dadurch, dass sie den Bestand der jeweiligen Einrichtung schützt und den Gesetzgeber daran hindert, sie auf einfachgesetzlichem Wege grundlegend zu verändern.[74] Einen absoluten Schutz gegen jedwede rechtliche Veränderung bietet die Anerkennung als Einrichtungsgarantie indes nicht.[75] Sie schützt den **Kerngehalt**, den Typus des in den Blick genommenen Instituts. 47

Der Gesetzgeber muss somit bei seiner Ausgestaltung den **verfassungsrechtlichen Typus des Privateigentums** und seine **funktionalen Äquivalente** beachten und respektieren. Will er nicht gegen die Einrichtungsgarantie verstoßen, darf er weder bei der Ausgestaltung der Eigentumsordnung insgesamt oder einzelner ihrer Elemente die Ausrichtung auf die konstituierenden Grundelemente des Eigentums verlieren. Noch darf er solche Sachbereiche der Privatrechtsordnung entziehen, die zum elementaren Bestand grundrechtlich geschützter Betätigung im vermögensrechtlichen Bereich gehören.[76] 48

d) Typusprägende Merkmale

Die Gestaltungsaufgabe des Gesetzgebers entfaltet sich vor diesem historischen Hintergrund, in dem der Verfassungsgeber das Eigentum vorgefunden und auf den er mit dem Typusbegriff Bezug genommen hat. Art. 14 GG schützt das Rechtsinstitut des Eigentums daher so, wie es der Gesetzgeber im Lichte **gesellschaftlicher Anschau-** 49

---

73 *Schmitt*, Freiheitsrechte und institutionelle Garantien, in: ders., Verfassungsrechtliche Aufsätze, S. 140 ff.; *Wolff*, in: FS Kahl, Teil IV, 1923, S. 1 (3 ff.).
74 *Kloepfer*, in: Merten/Papier, HGR II, § 43 Rn. 21 f.
75 *Kloepfer*, in: Merten/Papier, HGR II, § 43 Rn. 31.
76 BVerfGE 24, 367 (388).

ungen ausgehend von der Funktion des Eigentums im **bürgerlichen Recht** geformt hat.[77]

50   Um in den Schutzbereich des Art. 14 GG zu fallen, muss eine Rechtsposition daher dem **Sacheigentum des BGB** (vgl. § 903 S. 1 BGB) **strukturell** und/oder **funktional** vergleichbar sein, das somit Ausgangspunkt und **Leitbild** des verfassungsrechtlichen Eigentumsbegriffs ist. Zivilrechtliches Eigentum ist (positiv) durch Herrschafts-, Nutzungs- und Verfügungsrechte, (negativ) durch eine Abwehr- bzw. Ausschlussbefugnis charakterisiert. **Typusprägendes Merkmal** des Eigentums im Sinne von Art. 14 GG ist, dass ein Gegenstand dem Berechtigten ebenso ausschließlich wie Sacheigentum zu privater Nutzung[78] und eigener Verfügung zugeordnet ist und er Dritte von der Nutzung seines Eigentums ausschließen kann.[79]

51   Aber bereits das Zivilrecht verdeutlicht, dass das Innehaben und Nutzen von Eigentum lediglich in seinem **gesellschaftlichen Kontext** denkbar ist. Die privatnützigen Befugnisse des Eigentümers werden in unmittelbarer semantischer Einheit unter den Vorbehalt entgegenstehender Gesetze und Rechte Dritter gestellt (vgl. § 903 S. 1 BGB). Darüber hinaus enthält das BGB eine ganze Reihe von Einschränkungen des freien Gebrauchs des Eigentums.[80] Allerdings ist zivilrechtlich bei Zweifeln über »Freiheit« oder »Bindung« des Eigentums angesichts des aus § 903 S. 1 BGB hervorgehenden **Regel-/Ausnahmeverhältnisses zugunsten der Freiheit** zu entscheiden.[81] Hier schimmert das rechtsstaatliche Verteilungsprinzip durch.[82]

52   Der Bezug des Art. 14 GG auf den zivilrechtlichen Eigentumsbegriff schützt somit die typischen Grundformen und Grundstrukturen des nach zivilrechtlichem Vorbild geprägten Eigentums gegen den Zugriff des Gesetzgebers,[83] während der Gestaltungsauftrag von diesem für die Zukunft verlangt, gesellschaftliche Entwicklungen zu erkennen, neue Elemente in den Schutz von Art. 14 GG einzubeziehen, aber auch die Sozialpflichtigkeit eines Eigentumsgegenstandes gegebenenfalls neu zu bewerten.

53   Hiervon ausgehend hat das Bundesverfassungsgericht grundsätzlich **alle vermögenswerten Rechte** in die Eigentumsgarantie einbezogen, die dem Berechtigten von der Rechtsordnung in der Weise zugeordnet sind, dass dieser die damit verbundenen Befugnisse nach eigenverantwortlicher Entscheidung zu seinem **privaten Nutzen** aus-

---

77   BVerfGE 65, 196 (209).
78   BVerfGE 81, 29 (33); a.A. *Hösch*, Eigentum und Freiheit, 2000.
79   BVerfGE 24, 367 (400 f.); 31, 229 (239).
80   Vgl. z.B. §§ 138, 226–229, 573, 573a, 573b, 577a, 826, 904, 905 S 2, 906 ff. BGB; aber auch öffentlich-rechtliche Beschränkungen sind hiermit angesprochen: BauGB, BBergG, BImSchG, BLG, BNatSchG, BWaldG, FlurbG, FStrG, KultgSchG, GrdstVG, LuftVG, WHG.
81   Vgl. etwa BGHZ 106, 229 (232 f.).
82   *Isensee*, in: ders./Kirchhof, HStR II, (3. Aufl., 2004), § 15 Rn. 174 f.
83   *Depenheuer*, in: v. Mangoldt/Klein/Starck I, Art. 14 Rn. 222; *Wendt*, in: Sachs, Art. 14 Rn. 60.

üben darf.[84] Dies entspricht der Konzeption des § 903 BGB, wonach der Eigentümer einer Sache mit dieser nach Belieben verfahren und andere von jeder Einwirkung ausschließen kann. Diesem Leitbild müssen auch neuartige, zu einem späteren Zeitpunkt gesetzlich geprägte Rechtspositionen entsprechen, um von dem Schutz des Art. 14 GG erfasst zu werden.[85] Hinzu kommt ein funktionaler Aspekt als Typuselement: Das Eigentumsgrundrecht soll dem Einzelnen für den privaten Bereich einen gesicherten **Freiheitsraum** erhalten und ihm damit die Entfaltung und eigenverantwortliche Lebensgestaltung ermöglichen.[86]

2. Einzelfälle

Entscheidend für die Zuordnung zum grundrechtlich geschützten Eigentum sind also vor allem **Ausschlussfunktion** und **Privatnützigkeit** eines vermögenswerten Rechtes.[87] Aufgrund dieser typisierend-wertenden Herangehensweise bei der Auslegung von Art. 14 GG sind auch, aber keineswegs nur diejenigen vermögenswerten Rechte geschütztes »Eigentum« im Sinne der Verfassung, die das einfache Recht als solches bezeichnet. Von dieser Erkenntnis ausgehend sind nun die verschiedenen privat- aber auch öffentlich-rechtlichen Rechtspositionen zu betrachten, die in den verfassungsrechtlichen Eigentumsbegriff hineingewachsen sind und an dessen Schutz teilhaben.   54

a) Grundeigentum

Das **Grundeigentum** ist klassischer Schutzgegenstand der Eigentumsgarantie,[88] an dem sich allerdings auch die Gestaltungsbefugnis des Gesetzgebers und die soziale Inpflichtnahme des Eigentümers in besonderem Maße realisieren. Dies wurde in der **Nassauskiesungsentscheidung** des Bundesverfassungsgerichts deutlich. Das Gericht billigte dem einfachen Gesetzgeber zu, das Grundwasser unter Berufung auf die ihm aufgegebene Aufgabe zur Festlegung von Inhalts- und Schrankenbestimmungen aus dem gegenständlichen Bereich des Eigentums am Grundstück auszuklammern.[89] Dies war nach der hier vertretenen Sichtweise eine (nicht in die Einrichtungsgarantie eingreifende) **Inhaltsbestimmung des Grundeigentums**. In gleicher Weise wie das Grundwasser kann der einfache Gesetzgeber auch Schätze und Kulturdenkmäler, die in dem Grundstück verborgen liegen, aus dem Recht des Grundstückseigentümers herausnehmen.[90] So ist es möglich, dass § 984 BGB dem Finder kein dingliches Recht   55

---

84 BVerfGE 115, 97 (111 f.).
85 *Depenheuer*, in: v. Mangoldt/Klein/Starck I, Art. 14 Rn. 33.
86 BVerfGE 97, 350 (370 f.).
87 BVerfGE 83, 201 (208 f.); 102, 1 (15).
88 BVerfGE 98, 17 (35).
89 BVerfGE 58, 300 (338).
90 *Dietlein*, in: Stern, Staatsrecht IV/1, S. 2186 f.

auf den Erwerb des Eigentums an verborgenen Schätzen einräumt, sondern nur eine von Art. 14 GG nicht geschützte **Erwerbschance** regelt.[91]

56   Bergwerkseigentum ist indes von der verfassungsrechtlichen Garantie des Grundeigentums umfasst.[92] Dem Grundeigentum unterfallen aber nur die **grundeigenen Bodenschätze**.[93] Das Aufsuchen und Gewinnen bergfreier Bodenschätze bedarf der Zulassung.[94] Diese Rechte unterliegen einer selbstständigen öffentlich-rechtlichen Nutzungsordnung.[95] Zum Grundeigentum gehören auch das **Jagd- und** das **Fischereirecht**. Sie stehen daher grundsätzlich dem Eigentümer des Grundstücks zu.[96]

57   Soweit das Grundeigentum zum Wohnen genutzt wird, verstärkt sich wegen des erhöhten Persönlichkeitsbezugs der Schutz aus Art. 14 GG nicht nur gegen Schranken, sondern auch und erst recht gegen Enteignungen, weil hier durch einen Entzug »gewachsene soziale Beziehungen der Eigentümer zu ihrem auch örtlich geprägten Umfeld zerstört« werden.[97]

58   Ein praktisch wichtiger Aspekt des Grundeigentums ist die **Bebaubarkeit des Grundstücks**, deren verfassungsrechtliche Gewährleistung in Frage gestellt wird.[98] Teilweise wird unter der Baufreiheit eine verwaltungsrechtlich vermittelte Bebauungsbefugnis verstanden, die dem Bauwilligen vom Staat als Rechtsposition zugeteilt wird.[99] Dies verkennt, dass die **Baufreiheit essentieller Bestandteil des Grundeigentums** ist und nicht auf einem Akt öffentlich-rechtlicher Verleihung beruht.[100] Das Prinzip der **Baufreiheit** geht von einem grundsätzlich umfassenden und unbeschränkten Eigentumsrecht aus, das allerdings durch Gesetze beschränkt werden kann.[101] Im Rahmen dieser Gesetze hat der Eigentümer einen **verfassungsrechtlichen Anspruch** auf Bebauung seines Grundstücks, der in dem Anspruch auf die Erteilung einer Baugenehmigung deutlich wird, soweit das Vorhaben der einfach-gesetzlichen Normen des Baurechts entspricht.

---

91 BVerfGE 78, 205 (211); *Depenheuer*, in: v. Mangoldt/Klein/Starck I, Art. 14 Rn. 115; *Dietlein*, in: Stern, Staatsrecht IV/1, S. 2187.

92 BGH, NJW 2005, 748, 750; *Depenheuer*, in: v. Mangoldt/Klein/Starck I, Art. 14 Rn. 131.

93 § 3 Abs. 2 S. 1 BBergG.

94 § 6 S. 1 BBergG; zu den sich hieraus ergebenden Schwierigkeiten für den grundrechtlichen Schutz bergrechtlicher Positionen *Kühne*, DVBl. 2012, 661.

95 *Dietlein*, in: Stern, Staatsrecht IV/1, S. 2188.

96 BVerfGE 70, 191 (199); *Depenheuer*, in: v. Mangoldt/Klein/Starck I, Art. 14 Rn. 130.

97 BVerfGE 134, 242 (291); zu diesem neuartigen »Umweltbezug« und dem damit etablierten räumlich-sozialen Aspekt des Schutzes des Wohneigentums auch *Kühne*, NVwZ 2014, 321, 325.

98 *Dietlein*, in: Stern, Staatsrecht IV/1, S. 2187 m.w.N.; *Papier*, in: Maunz/Dürig, Art. 14 Rn. 57 ff.

99 *Wieland*, in: Dreier I, Art. 14 Rn. 50 m.w.N.

100 *Papier*, in: Maunz/Dürig, Art. 14 Rn. 57; a.A. *Grochtmann*, Rechtsfragen der Eigentumsdogmatik, S. 139 ff. m.w.N.

101 BVerfGE 104, 1 (11).

Das Baurecht und insbesondere die Beziehungen zwischen verschiedenen gleicherma- 59
ßen aus Art. 14 Abs. 1 GG berechtigten Grundstücksnachbarn gehört zu den praktisch wichtigsten Anwendungsfällen des grundrechtlichen Eigentumsschutzes. Das gesamte Bauordnungs- und -planungsrecht ist im Lichte des Gewährleistungsgehalts des
Art. 14 GG auszulegen. Allerdings genießt das **einfache Recht** einen **Anwendungsvorrang vor Art. 14 GG**, so dass eine unmittelbare Berufung des Nachbar-Eigentümers
auf Art. 14 GG zur Abwehr einer ihn störenden Bebauung zunächst nur bei nachhaltiger Veränderung der Grundstückssituation des Anspruchstellers und schwerer sowie unerträglicher Betroffenheit möglich war.[102] In der Folge ist die Rechtsprechung
sogar noch restriktiver geworden,[103] was **Art. 14 GG als unmittelbare Rechtsgrundlage** zur Abwehr einer Bebauung durch den Nachbarn praktisch **bedeutungslos** gemacht hat.

Ein unmittelbar in Art. 14 GG gründender Bestandsschutz für bestehende Gebäude 60
oder ein Anspruch auf deren Erweiterung ist aufgrund der abschließenden Regelungen
des BauGB nicht (mehr) anzunehmen.[104] Auf Art. 14 GG kann nunmehr unmittelbar
nur zurückgegriffen werden, wenn die gesetzlichen Regelungen verfassungswidrig
sind.[105] Dies gilt auch für die von der Judikatur aus Art. 14 GG entwickelte Figur der
»**eigentumskräftig verfestigten Anspruchsposition**«,[106] die auf Zulassung zu einer bestimmten Eigentumsnutzung zielt.[107] Grundsätzlich ist nicht jede irgendwann einmal
gesetzlich eingeräumte Nutzung eigentumsgrundrechtlich insoweit abgesichert, dass
sie nur noch mittels einer entschädigungspflichtigen Enteignung entzogen werden
könnte. Allerdings verfestigt sich unter bestimmten Voraussetzungen eine vom Gesetzgeber eröffnete Eigentumsverwendung soweit, dass sie nicht entschädigungslos
entzogen werden kann, auch wenn sie bisher nicht genutzt wurde.[108] Ob dies der
Fall ist, hängt davon ab, ob sich nach der **Verkehrsauffassung** aus der gegebenen Situation die **beabsichtigte Nutzung des Grundstücks geradezu aufdrängt**.[109] Diesen
Ansatz greift nunmehr § 35 Abs. 4 BauGB auf. Relevanz behält Art. 14 GG allerdings als Grundlage für öffentlich-rechtliche Unterlassungs- und Beseitigungansprü-
che, wenn ein Nachbar sich gegen hoheitliche genehmigungslose oder genehmi-
gungsfreie Nutzungen wendet.[110]

---

102 BVerwGE 44, 244 (246 f.).
103 BVerwG, NVwZ 1997, 384, 386; 1992, 977, 979; *Ortloff*, NVwZ 2006, 999, 1003.
104 BVerwGE 106, 228 (233 ff.).
105 *Depenheuer*, in: v. Mangoldt/Klein/Starck I, Art. 14 Rn. 127.
106 *Krebs*, in: Schmidt-Aßmann/Schoch, Besonderes Verwaltungsrecht, S. 535; a.A. *Sieck-
     mann*, NVwZ 1997, 853, 856 f.
107 *Krebs*, in: Schmidt-Aßmann/Schoch, Besonderes Verwaltungsrecht, S. 534 m.w.N.
108 *Papier*, in: Maunz/Dürig, Art. 14 Rn. 87.
109 BVerwGE 47, 126 (131); 67, 84 (92); der BGH verlangt, dass sich die Nutzung »von
     der Sache her«, »nach den Gegebenheiten der örtlichen Lage und Beschaffenheit des
     Grundstücks bei vernünftiger und wirtschaftlicher Betrachtungsweise objektiv anbieten«
     muss, BGHZ 60, 126 (131).
110 BVerwGE 81, 197 (199 f.); *Papier*, in: Maunz/Dürig, Art. 14 Rn. 83.

61 Die Verfassung übt ebenfalls erheblichen Einfluss auf die **untergesetzliche Normsetzung im Bereich der Bauplanung** aus. Dort nehmen die in ihr enthaltenen Wertungen Einfluss auf den Auslegungsmaßstab für den Rechtsbegriff der **privaten Belange** (§ 1 Abs. 7 i.V.m. Abs. 6 BauGB), die im Rahmen der Bauleitplanung zu ermitteln und miteinander bzw. gegen relevante öffentliche Belange abzuwägen sind. Dabei sind entsprechend des Eigentumsverständnisses von Art. 14 Abs. 1 GG neben dem Grundeigentum auch Rechte aus Miet- und Pachtverträgen zu berücksichtigende private Belange.[111]

62 Art. 14 GG schützt auch die Anbindung des Grundeigentums an die Umgebung (»**Kontakt nach außen**«). Dieser Kontakt macht die Nutzung des Grundstücks überhaupt möglich und in vielen Fällen erst wirtschaftlich sinnvoll. Er räumt dem Grundstückseigentümer auf der Grundlage des im Lichte von Art. 14 GG anzuwendenden einfachen Straßen- und Wegerechts[112] eine über den jedermann zustehende Gemeingebrauch hinausgehende Rechtsposition im Zugriff auf den das Grundstück umgebenden Straßenraum ein.[113] Er umfasst den Anschluss an das **öffentliche Straßennetz** und den Zugang zu **Luft** und **Licht**. Diese tatsächlichen Umstände, die dem Grundeigentum angelagert sind, werden unter dem Begriff des Anliegergebrauchs zusammengefasst.

b) **Weitere privatrechtliche Rechtspositionen**

63 Art. 14 GG schützt nicht nur privatrechtliches Eigentum an beweglichen und unbeweglichen Sachen, sondern auch die Inhaberschaft an dinglichen Rechten sowie Ansprüchen und Forderungen.[114] So erfasst Art. 14 GG auch das **Erbbaurecht**[115], das **Wohnungseigentum**[116] und die in einem **Wertpapier** verbrieften vermögenswerten Rechtspositionen.[117] Zum Eigentum gehört ebenfalls das in der **Aktie** verkörperte Anteilseigentum an einem Unternehmen, da dieses ebenfalls durch Privatnützigkeit und Verfügungsbefugnis gekennzeichnet ist.[118] Mit Blick auf die Beteiligung an einem Unternehmen erfasst der Schutz des Art. 14 Abs. 1 GG die Substanz dieses Anteilseigentums in seiner mitgliedschaftsrechtlichen und vermögensrechtlichen Ausgestaltung.[119] Nicht geschützt sind hingegen »der bloße Vermögenswert des Aktieneigentums und der Bestand einzelner wertbildender Faktoren, insbesondere solcher, die die

---

111 *Papier*, in: Maunz/Dürig, Art. 14 Rn. 92.
112 Siehe hierzu BVerwG, NVwZ 1999, 1341 ff.; zu den Konsequenzen aus dieser Entscheidung *Sauthoff*, NVwZ 2004, 674, 680 f.
113 BVerwGE 94, 136; *Papier*, in: Maunz/Dürig, Art. 14 Rn. 114 ff.
114 BVerfGE 83, 201 (208); 112, 93 (197).
115 BVerfGE 79, 174 (191).
116 BVerfG, NVwZ 2005, 801, 802.
117 BVerfGE 105, 17 (30).
118 BVerfGE 14, 263 (276 f.); 25, 371 (407); 50, 290 (339); s.a. *Schoppe*, Aktieneigentum, 2010.
119 BVerfGE 100, 289 (301); s.a. zum Schutzbereich des Art. 14 GG im Hinblick auf Aktieneigentum BVerfGE 132, 99.

tatsächliche Verkehrsfähigkeit einer Aktie steigern«, so dass z.b. der Widerruf der Börsenzulassung den Schutzbereich nicht berührt.[120]

Auch **obligatorische Rechte** sind Eigentum im verfassungsrechtlichen Sinne, sofern   64
der Inhaber sie rechtlich eigenverantwortlich zu seinem privaten Nutzen ausüben
und über sie verfügen kann.[121] Insbesondere die Einbeziehung **schuldrechtlicher Positionen** in den Schutzbereich des Art. 14 GG drängt sich bei einem funktional wertenden Vergleich mit dem »typischen« Eigentumsgegenstand indessen nicht auf, da
diese keine absolute Ausschlussfunktion gegenüber jedermann aufweisen. Solche
Forderungen beruhen auf dem Abschluss von Verträgen oder sie ergeben sich aus gesetzlichen Schuldverhältnissen und sind nur gegen den jeweiligen Vertragspartner
oder Schuldner gerichtet. Allerdings sind sie dem jeweiligen Inhaber ausschließlich
zugeordnet und dies begründet ihre funktionale Äquivalenz zum Sacheigentum. Von
Art. 14 GG geschützt sind demnach unter anderem das **Vorkaufsrecht**, jedenfalls nach
Eintritt des Vorkaufsfalls[122], **Kaufpreisansprüche**[123], **delikts- und bereicherungsrechtliche Ansprüche von Zwangsarbeitern**[124] sowie die Rechte als Mitglied einer **Gesamthandsgemeinschaft**.[125] Ebenfalls geschützt sind Betriebsrenten und Anwartschaften auf Betriebsrenten – letztere soweit sie unverfallbar sind. Der grundrechtliche
Schutz erfasst allerdings nur bestehende Ansprüche, verschafft diese also nicht und
schützt sie auch nicht in einer konkreten Höhe.[126]

Die Rechtsprechung hat auch das **Besitzrecht des Mieters** in den Schutzbereich des   65
Art. 14 GG einbezogen.[127] Das Argument hierfür ist im Wesentlichen funktionaler
Natur. Das Besitzrecht des Mieters (wie auch im Übrigen die arbeitsvertragliche Position des Arbeitnehmers gegenüber seinem Arbeitgeber auf Beschäftigung und Entlohnung) erfüllt aber nur Funktionen, die denen des Sacheigentums ähnlich sind,
ohne aber auch in ausreichendem Maße dessen Charakteristika aufzuweisen. So ist
die gemietete Wohnung ebenso der Mittelpunkt der privaten Existenz wie die Wohnung, die von dem Eigentümer selbst genutzt wird. Diese Funktion hat der Gesetzgeber durch zivil- sowie strafrechtliche Vorschriften zugunsten des Mieters abgesichert. Die in diesen Vorschriften liegende Zuordnung entspricht allerdings kaum
noch dem verfassungsrechtlichen Typus des Eigentums. Der Mieter leitet sein Besitz-

---

120 BVerfGE 132, 99 (119 f.).
121 BVerfGE 45, 142 (170); 68, 193 (222).
122 BVerfGE 83, 201 (209 f.); *Ossenbühl*, JuS 1993, 200, 200 ff.
123 BVerfGE 45, 142 (179).
124 BVerfGE 112, 93 (107 f.).
125 BVerfGE 24, 367 (384).
126 BVerfGE 131, 66 (80); s.a. BVerfG, NJW 2014, 2093, 2093.
127 BVerfGE 89, 1 (5 f.); zum Pächter BVerwGE 105, 178 (180); vgl. insgesamt *Bryde*, in:
     v. Münch/Kunig, Art. 14 Rn. 15; *Wendt*, in: Sachs, Art. 14 Rn. 24; *Wieland*, in: Dreier
     I, Art. 14 Rn. 58; anders noch: BVerfGE 18, 121 (131); ablehnend auch *Depenheuer*, in:
     v. Mangoldt/Klein/Starck I, Art. 14 Rn. 153 ff.; *ders.*, NJW 1993, 2561, 2561 ff.; *Roellecke*, NJW 1992, 1649, 1649 ff.; *ders.*, JZ 1995, 74, 74 ff.; *Rüthers*, NJW 1993, 2587,
     2587 ff.; *Schmidt-Preuß*, Die Aktiengesellschaft 41 (1996), 1, 1 ff.

recht (und damit den in den angesprochenen Vorschriften liegenden Schutz) nicht aus der Rechtsordnung, sondern aus einem Vertragsverhältnis mit dem grundsätzlich ebenfalls durch Art. 14 GG geschützten Eigentümer ab, das dessen Nutzung des Eigentumsgegenstandes für die Dauer des Vertrags ausschließt. Das Vertragsverhältnis wiederum ist periodisch begrenzt. Über die verabredete Zeit hinaus kommt dem Mieter eine Rechtsposition nicht zu. In keinem Fall hat der Mieter eine Verfügungsbefugnis über die Wohnung, so dass er den in ihr verkörperten Wert nicht realisieren kann. Insbesondere ist eine Untervermietung gegen den Willen des Eigentümers nicht zulässig (vgl. § 540 Abs. 1 BGB). Angesichts dessen unterscheidet sich das obligatorische Besitzrecht des Mieters zu sehr von dem verfassungsrechtlichen Typus des Eigentums, als dass es von diesem noch erfasst werden könnte.

c) Subjektiv-öffentliche Rechte

66   Eine **funktional vergleichende Betrachtungsweise** bei der Auslegung des verfassungsrechtlichen Eigentumsbegriffs führt dazu, dass auch bestimmte vermögenswerte **subjektiv-öffentliche Rechte** von Art. 14 GG geschützt werden sollen, wenn sie eine dem privatrechtlichen Eigentum ähnliche Struktur und Funktion haben.[128] Das in der verfassungsgerichtlichen Rechtsprechung nach anfänglicher Zurückhaltung[129] akzeptierte Phänomen[130] eines staatlich kreierten grundrechtlichen Schutzobjekts wird unter mehreren Gesichtspunkten relevant.

67   Es handelt sich bei den hier relevanten Positionen um im öffentlichen Recht begründete, der **Existenzsicherung** dienende Vermögenspositionen, die von ihrem Träger durch **nicht unerhebliche Eigenleistung** erworben wurden und diesem privatnützig zugeordnet sind.[131] Die Zuordnung darf ähnlich einer zivilrechtlichen Anwartschaft nicht mehr von Entscheidungen Dritter abhängen, so dass in Fällen, in denen es noch einer weiteren staatlichen Ermessensentscheidung über die Gewährung der Rechtsposition bedarf, kein Eigentumsschutz anzunehmen ist.[132]

68   **Sozialversicherungsrechtliche Ansprüche** wie etwa die aus der gesetzlichen Rentenversicherung[133] sind die praktisch wichtigsten Anwendungsfälle des verfassungsrechtlichen Eigentumsschutzes für öffentlich-rechtliche Vermögenspositionen.[134] Auch hier beruht die Annahme eigentumsrechtlichen Schutzes auf einem funktionalen Argument. Historisch ist insbesondere die **solidarische Altersversorgung** an die Stelle des Sacheigentums getreten und in dessen eigentumsrechtliche Schutzposition einge-

---

128   Kritisch dazu vgl. *Depenheuer*, in: v. Mangoldt/Klein/Starck I, Art. 14 Rn. 183 ff.
129   BVerfGE 1, 264 (278); 2, 380 (399); 4, 219 (Ls. 3).
130   Grds. BVerfGE 53, 257 (291); 69, 272 (300); 97, 271 (283).
131   BVerfGE 112, 368 (396).
132   BVerfGE 69, 272 (301).
133   *Adam*, Eigentumsschutz in der gesetzlichen Rentenversicherung, 2009.
134   BVerfGE 97, 271 (283 f.); 112, 368 (396); berufsständisches Versorgungsrecht BVerwG, NJW 2006, 711, 711 ff., kritisch *Depenheuer*, AöR 129 (1995), 417, 417 ff.; siehe zur Kritik auch *Papier*, in: Merten/ders. HGR II, § 30 Rn. 32 ff.

rückt.[135] Ein großer Teil der Bevölkerung kann bei Alter, Krankheit usw. nicht auf privates Sacheigentum zum Zwecke der Existenzsicherung zurückgreifen, sondern ist auf die Leistungen der Sozialversicherung angewiesen.

Das erforderliche Maß der entscheidenden und den verfassungsrechtlichen Schutz 69 auslösenden Eigenleistung wurde nicht immer einheitlich beurteilt. Zunächst wurde der Eigentumsschutz bereits dann abgelehnt, wenn eine staatliche Leistung (wie etwa der Bundeszuschuss zur gesetzlichen Rentenversicherung) oder anderweitiger Beitrag eines Dritten (z.B. Arbeitgeberbeiträge) zu der eigenen Leistung des Berechtigten hinzutrat.[136] Später ist aber der Eigentumsschutz auch auf solche Ansprüche ausgedehnt worden, zu denen **der Berechtigte nur teilweise** beigetragen hat;[137] die **Arbeitgeberbeiträge zur Sozialversicherung** wurden zudem als durch Arbeit erworbene Eigenleistungen des Arbeitnehmers verstanden.[138]

Auch in einem Fall nur teilweiser Eigenleistung wird der **gesamte Anspruch** durch 70 Art. 14 GG **geschützt**.[139] Allerdings bestimmt sich zugleich das Maß der Einschränkbarkeit nach dem Anteil der Eigenleistung.[140] Das Bundesverfassungsgericht hat allerdings diesen eigentumsrechtlichen Schutz der Anwartschaft auf eine sozialversicherungsrechtliche Leistung auf das »Stammrecht« beschränkt und eine Erweiterung des Schutzes auf die späteren tatsächlichen Leistungen abgelehnt, weil sich die späteren konkreten Rentenzahlungen nach der dann geltenden Gesetzeslage, nach dem Renteneintritt und der Gesamtbezugszeit der Rente bestimmen.[141]

Keine Eigenleistung und damit auch kein Eigentumsschutz durch Art. 14 GG ist 71 grundsätzlich nur noch dann gegeben, wenn der Staat einen Anspruch **ohne korrespondierende Leistung des Nutznießers** einräumt.[142] Dies ist der Fall bei Ansprüchen auf **Sozialhilfe, Ausbildungsförderung** oder **Jugendhilfe**,[143] aber auch bei **Ansprüchen auf Subventionen**.[144] Angesichts der Vielgestaltigkeit der sozialversicherungsrechtlichen Organisations-, Finanzierungs- und Leistungsformen kann es allerdings kaum überraschen, dass die Anwendung der angesprochenen Bedingungen im Einzelfall zu schwierigen **Abgrenzungsentscheidungen** zwingt.[145]

---

135 BVerfGE 100, 1 (32).
136 BVerfGE 11, 105 (113); 14, 312 (317); 17, 1 (9); 21, 329 (352); 29, 245 (254); 51, 1 (27).
137 BVerfGE 22, 241 (253); 45, 142 (170); 48, 403 (412); 53, 257 (291).
138 BVerfGE 69, 272 (302); 72, 9 (19); BVerfG, NVwZ 2007, 437, 438.
139 BVerfGE 58, 81 (109).
140 BVerfGE 53, 257 (293); 69, 272 (301).
141 BVerfGE 131, 66 (80); s.a. BVerfG, NJW 2014, 2093, 2094.
142 BVerfGE 53, 257 (291. f); so auch *Papier*, in: Maunz/Dürig, Art. 14 Rn. 150.
143 *Papier*, in: Merten/ders., HGR II, § 30 Rn. 29.
144 BVerfGE 97, 67 (83).
145 *Gurlit*, VSSR 2005, 45 ff.; *Lenze*, Staatsbürgerversicherung und Verfassung, 2005, S. 41 ff.; *Papier*, in: Merten/ders., HGR II, § 30 Rn. 24 ff.

72 Der **Eigentumsschutz** ist unter anderem **anerkannt** bei: Renten der Sozialversicherung und Anwartschaften hierauf,[146] Rentenansprüchen und -anwartschaften, die in der DDR begründet wurden, in der Form, die sie auf Grund der Regelungen des Einigungsvertrags erhalten haben,[147] Renten wegen Erwerbsminderung,[148] rentenversicherungsrechtlichem Anspruch auf Beiträge/Zuschüsse zur Krankenversicherung der Rentner.[149] Ob **Eigentumsschutz** gegeben ist, wurde hingegen **offen gelassen** bei Anpassung der Renten,[150] Kurzarbeitergeld[151] und Ansprüchen auf krankenversicherungsrechtliche Leistungen.[152]

73 Der **Eigentumsschutz** findet **keine Anwendung** auf beitragslosen Krankenversicherungsschutz im Rentenfall,[153] Arbeitslosengeld und Anwartschaften hierauf,[154] Hinterbliebenenrenten,[155] Befreiung von der Rentenversicherungspflicht[156] oder Anwartschaften nach dem Fremdrentengesetz, wenn ihnen ausschließlich Beitrags- und Beschäftigungszeiten zu Grunde liegen, die in den Herkunftsgebieten erbracht oder zurückgelegt wurden.[157] Restitutionsansprüche zur Bewältigung vor-rechtsstaatlicher **Eigentumsverluste in der ehemaligen DDR** unterfallen nicht dem Eigentumsschutz, sondern wurzeln in den Prinzipien von Rechts- und Sozialstaat, weil weder die enteignenden Staatsgewalten an das Grundgesetz gebunden waren, noch die an das Grundgesetz gebundene kompensierende Staatsgewalt für die Kompensation von Rechtsverletzungen außerhalb ihrer Einflusssphäre verantwortlich ist (vgl. Rdn. 22 f.).[158]

74 Grundsätzlich kommt zwar auch den in der DDR begründeten Rentenansprüchen und Rentenanwartschaften aus Zusatz- und Sonderversorgungssystemen verfassungsrechtlicher Eigentumsschutz nach Art. 14 Abs. 1 GG in dem Umfang, den sie aufgrund der Regelungen des Einigungsvertrages erhalten haben, zu. Allerdings dürfen durch den Gesetzgeber ungerechtfertigte Leistungen abgeschafft und überhöhte Leistungen abgebaut werden.[159]

---

146 BVerfGE 112, 368 (396); 117, 272 (292) bei Erfüllung der allgemeinen Wartezeit.
147 BVerfGE 112, 368 (396).
148 BVerfGE 75, 78 (96 f.).
149 BVerfGE 69, 272, 300; *Papier*, in: Maunz/Dürig, Art. 14 Rn. 149.
150 BVerfGE 112, 368 (396); BVerfG, DVBl. 2007, 1228, 1230; BSG, NZS 2007, 663, 663 f.
151 BVerfGE 92, 365 (405 f.).
152 BVerfGE 97, 378 (385).
153 BVerfGE 69, 272 (304 ff.).
154 BVerfGE 74, 203 (213); 90, 226 (236).
155 BVerfGE 97, 271 (284 ff.); kritisch *Papier*, in: Merten/ders., HGR II, § 30 Rn. 44.
156 BVerfG, NZS 2005, 253, 253 ff.
157 BVerfG, NZS 2007, 27, 27 ff.; BVerfGE 116, 96 (121 ff.).
158 BVerfGE 84, 90 (126); abweichend wendet BVerfGE 95, 48 (58) Art. 14 GG auf Restitutionsansprüche an, stellt diese aber ausdrücklich unter den Vorbehalt der gesetzgeberischen Bestimmung der Reichweite des verfassungsrechtlichen Schutzes, die sich aus der Bestimmung von Inhalt und Schranken des Eigentums ergibt.
159 BVerfGE 100, 1 (37); 126, 233 (256).

Diskussionen um einen möglichen Grundrechtsschutz werden auch im Hinblick auf 75
öffentlich-rechtliche Genehmigungen oder **Zulassungen** geführt, die z.b. erforderlich sind, um Anlagen zu betreiben oder auch freie Berufe auszuüben. Hier ist fraglich, ob und inwieweit die erforderlichen und erteilten Genehmigungen als »Eigentum« von dem Schutzbereich des Art. 14 GG erfasst werden. Unstreitig ist, dass verfassungsrechtlicher Schutz bereits aus dem privatrechtlichen Substrat der entsprechenden Stellung folgt:[160] Diesen Schutz genießt das sächliche Substrat von Arztpraxis[161], Rechtsanwaltskanzlei und Atomkraftwerk ohnehin.

In Anlehnung an seine Rechtsprechung zu sozialversicherungsrechtlichen Ansprü- 76
chen hat das Bundesverfassungsgericht festgestellt, dass subjektiv-öffentliche Rechte dem Eigentumsschutz unterliegen können, soweit sie nicht vorwiegend auf staatlicher Gewährung beruhen und sich daher als Äquivalent eigener Leistung erweisen.[162] Auf Grundlage der sich in den **Unternehmenswerten verkörpernden Leistung** des Unternehmers oder Freiberuflers wird dann die zugrundeliegende Genehmigung zu einem Vermögenswert und wächst in den Schutzbereich des Eigentumsrechts hinein.[163] Auch hier wird der Eigentumsschutz an die individuelle Leistung des Grundrechtsberechtigten geknüpft, die in der Wertschöpfung auf Grundlage der Genehmigung oder Zulassung liegt.[164] In diesem Sinne fallen auch ersteigerte Lizenzen (v.a. für telekommunikationsrechtliche Frequenzen) in den Anwendungsbereich des Art. 14 Abs. 1 GG.[165]

Die erforderliche Rückkopplung an eine eigene Leistung wird in dem Fall der Zulas- 77
sung zum Vertragsarzt deutlich. Deren Entziehung greift nicht in eine durch eigene Leistung geschaffene, dann öffentlich-rechtlich unterfangene Rechtsposition ein. Vielmehr ermöglicht die Zulassung eine Beteiligung an einer besonderen Verdienstmöglichkeit im Rahmen eines von anderen geschaffenen und finanzierten Leistungssystems, hingegen steht die Arztpraxis als solche unter dem Schutz des Art. 14 Abs. 1 GG.[166]

Der grundrechtliche Bestandsschutz kann inhaltlich nicht weiter gehen als die öf- 78
fentlich-rechtlich eingeräumte Position.[167] Soweit diese ausläuft oder rechtmäßig aufgehoben wird, kann hiergegen nicht der Eigentumsschutz ins Feld geführt wer-

---

160 *Bryde*, in: v. Münch/Kunig, Art. 14 Rn. 28; vgl. auch *Ossenbühl*, AöR 124 (1999), 1, 8; *Weber*, AöR 91 (1966), 382, 400 f.; einen weitergehenden, eigenständigen Schutz der Genehmigung nimmt allerdings *Schmidt-Preuß*, NJW 2000, 1524, 1524 an.
161 Siehe BSGE 5, 40 (44); BGHZ 81, 21 (33 ff.); s.a. *Shirvani*, NZS 2014, 641, 642 ff.
162 BVerfG, NJW 1992, 735, 736 zur Arzneimittelzulassung.
163 *Leisner*, NJW 1974, 478, 479; *Starck*, in: FS Laufke, 1971, S. 285, 296 m.w.N.
164 Unklar insoweit allerdings BVerfGE 17, 232 (247 f.); BGHZ 97, 204 (209 f.); deutlicher zugunsten des Eigentumsschutzes BSGE 58, 18 (26).
165 *Martini*, GewArch Beilage WiVerw Nr. 01/2011, 3, 18 ff. m.w.N. und Bsp. in Fn. 79.
166 *Shirvani*, NZS 2014, 641, 643 m.w.N.
167 BVerfG, NJW 1992, 735, 736; s.a. *Depenheuer*, in: v. Mangoldt/Klein/Starck I, Art. 14 Rn. 172.

den, da dieser sich nicht gegenüber der Zulassung verselbstständigt und sich daher von vornherein nur auf diese mit all ihren Begrenzungen und Belastungen bezieht.[168] Soweit allerdings die Aufhebung auf der Grundlage einer Ermessensvorschrift erfolgt, erlangt der Eigentumsschutz bei der Ausübung des Ermessens ein besonderes Gewicht.[169]

79   Wenn die gesetzliche Grundlage von vornherein die Möglichkeit einer nachträglichen Veränderung der Genehmigung vorsieht, so ist diese von Beginn an mit der Gefahr der Veränderung belastet.[170] Werden auf die bestehende Genehmigung aufbauende, zusätzliche Rechte verliehen (z.B. Emissionszertifikate, die wegen einer Änderung der gesetzlichen Rahmenbedingungen zum Betrieb einer Anlage neben der Anlagengenehmigung erforderlich werden),[171] wachsen diese zusätzlichen Rechte dem bestehenden Eigentumsrecht sogar auch dann an, wenn sie zwar ohne Gegenleistung zugeteilt werden, ihre Nutzung aber existentiell für die Fortführung einer bereits genehmigten Anlage ist.

80   Anders liegt der Sachverhalt, wenn dem Betreiber während der Dauer der Genehmigung weitere Belastungen auferlegt werden, die bei Erlass noch nicht gesetzlich vorgesehen waren und den Wert des Unternehmens beeinflussen.[172] Eine nachträgliche, nicht von Beginn an mögliche und erst durch eine spätere Gesetzesänderung ermöglichte Auferlegung von zusätzlichen Anforderungen an den genehmigten Betrieb (Auflage, Befristung etc.) berührt den Vermögenswert der Genehmigung und stellt einen rechtfertigungsbedürftigen Eingriff in das Eigentum dar, da die Genehmigung im Vertrauen auf eine bestehende Rechtslage beantragt und genutzt wurde.[173]

d) Recht am eingerichteten und ausgeübten Gewerbebetrieb

81   In Anlehnung an den durch § 823 BGB entfalteten deliktischen Schutz des **eingerichteten und ausgeübten Gewerbebetriebs** als »sonstiges Recht«,[174] steht auch im Verfassungsrecht die Frage zur Diskussion, ob und inwieweit das Unternehmen in

---

168 *Depenheuer*, in: v. Mangoldt/Klein/Starck I, Art. 14 Rn. 172.

169 *Wendt*, in: Sachs, Art. 14 Rn. 36 m.w.N. in Fn. 156.

170 Dies ist etwa auf der Grundlage von § 17 BImSchG der Fall.

171 *Burgi*, Recht der Energiewirtschaft, 2004, 29, 29 ff.

172 Zu der Einführung der Notwendigkeit, Treibhausemissionszertifikate vorzuhalten etwa: *Becker*, EuR 2004, 857, 857 ff.

173 A.A. *Depenheuer*, in: v. Mangoldt/Klein/Starck I, Art. 14 Rn. 134 m.w.N.; vgl. aber insoweit die Diskussion zum »Atomkonsens« bei *Ossenbühl*, AöR 124 (1999), 1, 7 f.; zu dem erneuten »Ausstieg« *Ekardt*, NuR 2012, 813, 813 ff.; *Kersten/Ingold*, ZG 2011, 350, 350 ff.; *Schlömer*, ZNER 2014, 363, 363 ff.; *Schröder*, NVwZ 2013, 105, 105 ff.; *Wallrabenstein*, HumFoR 2011, 109, 109 ff.

174 Erstmals RGZ 58, 24 (29); vgl. auch BGHZ 23, 157 (162 ff.); 29, 65 (70); 45, 150 (155); 78, 41 (44); geschützt sind auch landwirtschaftliche Betriebe (BGHZ 92, 34 (37), Forstgüter (BGHZ 87, 321 (336)) oder Praxen freier Berufe (BGHZ 81, 21 (33)).

seiner Gesamtheit von Art. 14 GG geschützt ist.[175] Die Notwendigkeit eines solchen grundrechtlichen Schutzes lässt sich damit begründen, dass alle Unternehmensbestandteile zusammengefasst ein eigenständiges Ganzes mit eigenständigem Wert bilden, der aufgrund dieses Zusammenwirkens den Gesamtwert der einzelnen Bestandteile übersteigt. Über die ohnehin von Art. 14 GG erfassten eigentumsrechtlichen Positionen an einzelnen Produktionsgegenständen hinaus würden auf diese Weise etwa auch der gute Ruf, die Ertragskraft oder der Kundenstamm in den grundrechtlichen Schutz integriert.

Während Stimmen in der **Literatur** den Schutz des Unternehmenseigentums durch   82
Art. 14 GG grundsätzlich befürworten,[176] weicht das **Bundesverfassungsgericht** der Frage nach einem grundrechtlichen Schutz des eingerichteten und ausgeübten Gewerbebetriebs nach anfänglicher vorsichtiger Befürwortung[177] regelmäßig aus.[178] Es weist aber dennoch darauf hin, dass, selbst wenn der Gewerbebetrieb als Funktions- und Organisationseinheit als Eigentum anerkannt werde, der hieraus resultierende Schutz nicht weiter reichen könne, als der Schutz seiner ohnehin eigentumsrechtlich geschützten Grundlagen.[179] Eigentumsrechtlich sei das Unternehmen die **tatsächliche, nicht** aber eine **rechtliche Zusammenfassung** der zu seinem Vermögen gehörenden Sachen, die an sich schon vor verfassungswidrigen Eingriffen geschützt seien.[180] Weiterhin wird angeführt, dass es an einer von Art. 14 Abs. 1 S. 2 GG vorgesehenen entsprechenden Inhaltsbestimmung durch den Gesetzgeber mangele, da der Schutz des eingerichteten und ausgeübten Gewerbebetriebs lediglich durch Richterrecht entwickelt worden sei.[181] Umsatz und Verdienstmöglichkeiten wie z.B. tatsächliche Absatzmöglichkeiten werden nicht in den Schutzbereich des Art. 14 GG einbezogen. Nicht einmal der Unternehmensruf ist durch Art. 14 GG geschützt, auch wenn er sich als Resultat vorangegangener Leistungen darstellt.

Diese ablehnende Haltung ist nicht ohne weiteres verständlich, da der eingerichtete   83
und ausgeübte Gewerbebetrieb alle **Typusmerkmale** des verfassungsrechtlichen Eigentumsbegriffs aufweist.[182] Er ist seinem Inhaber **gesetzlich zugeordnet** und als solches zumindest in § 823 Abs. 1 BGB **rechtlich anerkannt**, wobei nicht deutlich wird, worin der Makel der richterrechtlichen Provenienz bestehen könnte. In dem

---

175 *Wendt*, Eigentum und Gesetzgebung, S. 273, 273 f.; *ders.*, in: Sachs, Art. 14 Rn. 67; s.a. *Hagen*, GewArch 2005, 402, 402 ff.; *R. Schmidt*, Eigentumsschutz für Gewerbebetriebe.
176 *Badura*, in: Benda/Maihofer/Vogel, HVerfR, § 10 Rn. 94; *Engel*, AöR 118 (1993), 283, 304 f.; *Leisner*, HStR VIII (3. Aufl., 2010), § 173 Rn. 26; ablehnend hingegen *R. Schmidt*, Eigentumsschutz für Gewerbebetriebe, 2001; *Sendler*, UPR 1983, 33, 36.
177 BVerfGE 1, 264 (277).
178 Offen gelassen in BVerfGE 51, 193 (221 f.); 66, 116 (145); 68, 193 (222 f.); 84, 212 (232); 105, 252 (278); s.a. BVerwGE 67, 93 (96).
179 BVerfGE 58, 300 (353).
180 BVerfGE 51, 193 (221 f.).
181 *Epping*, Grundrechte, Rn. 425; *Wieland*, in: Dreier I, Art. 14 Rn. 63; hiergegen zu Recht *Depenheuer*, in: v. Mangoldt/Klein/Starck I, Art. 14 Rn. 133.
182 Vgl. *Depenheuer*, in: v. Mangoldt/Klein/Starck I, Art. 14 Rn. 132.

Unternehmen verkörpert sich eine **eigene Leistung** des Inhabers, der auch eine **Verfügungsmacht** über das Unternehmen als Ganzes innehat. Dann aber ist es auch geboten, die Sach- und Rechtsgesamtheit des Unternehmens durch Art. 14 GG ebenfalls zu schützen.[183]

84   Wenn schon der Eigentumsschutz – wie gesehen – nicht vor einer **Aufhebung oder fristgemäßen Beendigung der bestehenden Betriebsgenehmigung** schützen kann, da die entsprechende Genehmigung (und damit auch das Unternehmen) von Beginn an durch diese rechtlichen Rahmenbedingungen geprägt war,[184] ist auch ein Schutz des eingerichteten und ausgeübten Gewerbebetriebs nicht möglich, wenn dieser ohne eine notwendige Genehmigung betrieben wird.[185]

85   Allerdings schützt auch die Einbeziehung des Rechts am eingerichteten und ausgeübten Gewerbebetrieb den Inhaber nicht vor einer Änderung der tatsächlichen Umstände oder rechtlichen Rahmenbedingungen, innerhalb derer das Unternehmen tätig wird.[186] Der eingerichtete und ausgeübte Gewerbebetrieb ist nicht gegen Einflüsse des **Wettbewerbs** geschützt. Die im Wettbewerb liegenden Chancen und Risiken stellen die Existenzbedingung des Unternehmens dar und sind daher in einer Ordnung dynamischen Wettbewerbs grundsätzlich nicht einem einzelnen Unternehmen im eigentumsrechtlichen Sinne dauerhaft zugeordnet.[187] In diesem Sinne schützt Art. 14 GG den Unternehmer nicht gegen den Wettbewerb.[188] Chancen, Erwerbsmöglichkeiten und bloße Gewinnaussichten scheiden aus dem grundrechtlichen Schutz des Art. 14 Abs. 1 GG aus.[189]

86   Ob (wie das Bundesverfassungsgericht meint)[190] auch der **erarbeitete Ruf** des Unternehmens, der ja immerhin auch in gewissen Grenzen zivilrechtlichen Schutz genießt[191], als Element des eingerichteten und ausgeübten Gewerbebetriebs nicht in den Schutzbereich des Art. 14 GG fällt, ist zu bezweifeln. Die Freiheit der Preissetzung im Wettbewerb ist indes dem Schutzbereich des Art. 12 GG zuzuordnen, so dass die Verpflichtung eines Unternehmens, sich seine Entgelte vorab aus Gründen des Regulierungsrechts genehmigen zu lassen, nicht das Recht am eingerichteten und ausgeübten Gewerbebetrieb berührt.[192]

---

183 *Ossenbühl/Cornils*, Staatshaftungsrecht, S. 176 f.
184 BVerwGE 66, 301 (303 ff.); *Papier*, in: Maunz/Dürig, Art. 14 Rn. 100, 105.
185 BVerwGE 66, 301 (303 ff.).
186 So der Vorwurf von *Wieland*, in: Dreier I, Art. 14 Rn. 63; ähnlich *Epping*, Grundrechte, Rn. 425.
187 *Badura*, in: Benda/Maihofer/Vogel, HVerfR, § 10 Rn. 96; *Ossenbühl/Cornils*, Staatshaftungsrecht, S. 180.
188 BVerfGE 77, 84 (118).
189 BVerfGE 108, 370 (384).
190 BVerfGE 105, 252 (278); *Pielow*, in: ders., BeckOK GewO, § 1 Rn. 128.
191 Siehe BeckOK BGB, § 823 Rn. 129 ff.; vgl. §§ 3, 4 UWG.
192 BVerwGE 118, 226 (241).

Grundrechtschutz aus Art. 14 GG (im Übrigen auch nicht aus Art. 12 GG) soll in- 87
des auch dort nicht bestehen, wo der auf das Unternehmen einwirkende **Wettbewerb von der öffentlichen Hand ausgeht.**[193] Wenn sich der Staat entweder direkt
selbst am Wettbewerb beteiligt (und damit privaten Unternehmen Marktanteile
streitig macht) oder aber, wenn der Staat den privaten Wettbewerb indirekt verzerrt,
indem er einzelne Unternehmen gegenüber ihren Konkurrenten bevorzugt behandelt, lässt sich dies nicht mit dem Wettbewerb durch andere private Unternehmen
vergleichen. Hier werden die Marktumstände durch die hohe Hand gezielt verändert
und dies hat auch unentrinnbare Auswirkungen auf das betroffene private Unternehmen. Staatliche Wettbewerbsteilnahme, die ja aus verfassungsrechtlichen Gründen
nicht rein gewinnorientiert sein kann und damit auf gemeinwohlorientierten Motiven beruhen muss,[194] erfüllt damit Funktionen, die grundsätzlich auch anhand von
andersartigen staatlichen Regulierungsinstrumenten verfolgt werden könnten. Daher
ist es verfehlt, die an sich richtige Aussage, dass Grundrechte nicht vor den Auswirkungen des Wettbewerbs schützen, auch auf den Wettbewerb durch staatliche Unternehmen oder den staatlich unterstützten Wettbewerb zu erstrecken.[195] Dieser bedarf
der **Rechtfertigung** vor den Grundrechten der privaten Unternehmen. Allerdings ist
hier solange der Schutzbereich des Art. 12 GG einschlägig wie das private Unternehmen nicht durch einen auf Verdrängung zielenden Erdrosselungswettbewerb in seinem Bestand bedroht ist.

Die Einführung eines **Anschluss- und Benutzungszwangs** an kommunale Einrich- 88
tungen durch Satzung, die in allen Gemeindeordnungen erlaubt ist, wird weithin
nicht als Eingriff in das Recht am eingerichteten und ausgeübten Gewerbebetrieb
des bislang in diesem dem Feld der Einrichtung tätigen und nun ausgeschlossenen
und durch die kommunalen Selbstverwaltungskörperschaft seiner Kunden beraubten
Unternehmers angesehen. Zwar greift der Staat gezielt in seine Wettbewerbsposition
ein, aber der private Betrieb stand von Beginn an unter der Gefahr, dass die Gemeinde die Option eines Anschluss- und Benutzungszwangs realisiert und dies prägte die
tatsächliche Situation seiner Rechtsposition.[196] Ohne einen besonderen Vertrauenstatbestand kann er sich daher nicht gegen den Verlust seines Marktes auf der Grundlage von Art. 14 GG zur Wehr setzen.[197]

Wenn das Recht am eingerichteten und ausgeübten Gewerbebetrieb mit dem **Recht** 89
des Grundstückseigentümers zur Nutzung seines Grundstücks zusammentrifft, führt
dies zu einer **Erweiterung der aus dem Recht am Grundstück fließenden Anlieger-
rechte** (Rdn. 57 ff.). Diese gehen dann über den gewöhnlichen Anliegergebrauch des

---

193 BVerwGE 39, 329 (337 f.).
194 Ausf. *Becker*, Die Vernetzung der Landesbanken, S. 98 ff.; a.A. *Stober*, Allgemeines Wirtschaftsverwaltungsrecht, S. 238.
195 *Wendt*, in: Sachs, Art. 14 Rn. 48 ff.
196 BGHZ 40, 355 (355 ff.): vgl. auch *Papier*, in: Maunz/Dürig, Art. 14 Rn. 103; krit. hingegen *Badura*, AöR 98 (1973), 153, 168 f.
197 BVerwGE 63, 224 (227).

nicht wirtschaftlich tätigen Grundstückseigentümers hinaus. Auf der Grundlage dieses unternehmerisch aufgeladenen Anliegerrechts wird etwa eine Befugnis zu einer angemessenen Eigenwerbung im Straßenraum anerkannt.[198] Soweit der Unternehmer auf eine bestimmte Grundstücksnutzung angewiesen ist, da ansonsten die Fortführung des Gewerbebetriebs zu wirtschaftlich vertretbaren Bedingungen unmöglich wird, ist diese Nutzung durch das spezifische Anliegerrecht ebenfalls geschützt.[199] Eingriffe in den durch die Existenz und Befahrbarkeit der Straße erwachsenden Lagevorteil des Grundstücks, der sich auf den Gewerbebetrieb auswirkt, sind allerdings erst ab Überschreiten der Schwelle zum Sonderopfer[200] geschützt.[201]

e) Geistiges Eigentum

90 Die besondere Schwierigkeit bei dem Schutz von Immaterialgütern liegt in ihrer **einfachen Reproduzierbarkeit** und **ihrer nicht-physischen Existenz.** Immaterialgüterrechte verdanken ihre Existenz, ihre Verkehrsfähigkeit und damit ihre Nutzbarkeit der Rechtsordnung.[202] Sie sind daher als durch den Gesetzgeber gestaltete, zugeordnete, nutzbare und der Verfügung unterliegende Rechte, Eigentum im verfassungsrechtlichen Sinne.[203]

91 Der Inhaber eines Immaterialgüterrechts kann dieses überhaupt erst aufgrund öffentlicher Rezeption nutzen. Er muss es daher in den sozialen Raum einführen und begründet damit selbst die Gefahr, dass es zum Gemeingut wird.[204] Hätte der Einzelne keine Möglichkeit, die Ergebnisse seiner Kreativität zumindest für einen begrenzten Zeitraum exklusiv zu nutzen, würde dies aber zu einem weitgehenden intellektuellen und technologischen Stillstand führen, da sich Investitionen in diesen Bereichen nicht lohnten. Erst der Schutz der Immaterialgüterrechte induziert individuelle Kreativität und Innovation, die ihrerseits unentbehrliche Voraussetzungen von gesellschaftlichem Wohlstand sind. Daher gebietet Art. 14 GG schon aus Gründen des Gemeinwohls die **grundsätzliche Zuordnung einer schöpferischen Leistung** einschließlich der auf sie bezogenen Nutzungsbefugnis zu deren Urheber.[205] Jede voreilige Reduktion von Schutz geistigen Eigentums hätte erhebliche negative Folgen für dessen künftige Entstehung und würde sich damit schon mittelfristig als kurzsichtig erweisen.

92 Aufgrund der gesellschaftlichen Bedeutung geistigen Eigentums besteht aber auch ein Interesse an dessen **allgemeiner Zugänglichkeit.** Daher hat der Gesetzgeber trotz

---

198 BVerwGE 54, 1 (3).
199 BVerwG, NJW 1969, 284, 284 ff.; NJW 1977, 1789, 1789 ff.; NJW 1978, 2201, 2201 ff.
200 BGHZ 57, 359.
201 *Depenheuer,* in: v. Mangoldt/Klein/Starck I, Art. 14 Rn. 140; *Papier,* in: Maunz/Dürig, Art. 14 Rn. 116.
202 *Depenheuer,* in: v. Mangoldt/Klein/Starck I, Art. 14 Rn. 147 ff.
203 Hierzu insges.: *Fechner,* Geistiges Eigentum und Verfassung, 1999.
204 *P. Kirchhof,* in: FS Zeidler, 1987, S. 1639, 1659.
205 *Depenheuer,* in: v. Mangoldt/Klein/Starck I, Art. 14 Rn. 147.

Art. 14 GG kein Recht auf einen dauerhaften Ausschluss der Öffentlichkeit von dem Zugang zu dem Ergebnis der schöpferischen Leistung definiert.[206] Das Recht muss seinem Urheber aber stets zumindest die Möglichkeit einer angemessenen Eigennutzung gewährleistet sein, die ihn für seine Investition in den Kreationsvorgang entlohnt.

Gegenstände geistigen Eigentums, die von Art. 14 GG geschützt werden, sind die **93** **vermögenswerten Elemente des Urheberrechts**[207] sowie das verwandte Schutzrecht des **kreativen Künstlers**.[208] Das einfache Recht schützt patentfähige Erfindungen bereits vor der Patentierung. Über sie kann rechtsgeschäftlich verfügt werden, so dass ihnen der Schutz des Art. 14 GG zukommt.[209] Dies gilt dann natürlich umso mehr in der Folge der Patentierung. Rechtmäßig eingetragene **Marken** waren vom Reichsgericht noch als Persönlichkeitsrechte qualifiziert worden.[210] Der BGH hingegen ordnet die Marke als Vermögensrecht ein, das mit dem Unternehmen eng verbunden ist.[211] Dies zeichnet die Einordnung in Art. 14 GG vor. Hier vermittelt das einfache Recht ein subjektiv-öffentliches Recht, das seinem Inhaber exklusive Nutzungsbefugnis deswegen zusteht, weil dieser durch seine unternehmerische Leistung einen betrieblichen Vermögenswert geschaffen hat.[212] Hiervon zu differenzieren sind **Warenbezeichnungen**, die sich aus öffentlich-rechtlichen Normen ergeben und die den **Schutz des Verbrauchers vor Täuschung zum Ziel haben**.[213] Sie sind eigentumsrechtlich nicht geschützt, da ihr Nutzer keinen schöpferischen Beitrag zu ihrer Entstehung geleistet hat und sie die Wettbewerbsposition des Unternehmens nur reflexartig verbessern.[214] Gegenstand des eigentumsrechtlichen Schutzes sind auch Nutzungsrechte an einer **Internet-Domain**.[215]

Im **Grenzbereich** zwischen dem **Schutz geistigen Eigentums** und dem des **eingerichteten und ausgeübten Gewerbebetriebs** liegt der Schutz der kommerziellen Verwertungsmöglichkeit einer **öffentlichen Veranstaltung**.[216] Wenn Grundrechtsträger (wie Sportvereine oder -verbände) Veranstaltungen organisieren, abhalten und diese zur Refinanzierung und Einkommenserzielung vermarkten, sind die Vermarktungsrechte an der Veranstaltung und dem ihr zugrundeliegenden Konzept durch Art. 14 GG als ideelles Element des Gewerbebetriebs geschützt. Grundrechtsträger ist inso-

---

206 BVerfGE 31, 275 (287); vgl. auch *Fechner*, Geistiges Eigentum und Verfassung, S. 397 ff.
207 BVerfGE 31, 229 (239); 79, 29 (40); *Papier*, in: Maunz/Dürig, Art. 14 Rn. 197 f.
208 *Depenheuer*, in: v. Mangoldt/Klein/Starck I, Art. 14 Rn. 147.
209 BVerfGE 36, 281 (290); RGZ 29, 49 (51); 77, 81 (82); BGHZ 47, 132 (136); *Papier*, in: Maunz/Dürig, Art. 14 Rn. 198.
210 RGZ 118, 80 (80 ff.).
211 BGHZ 32, 103 (113).
212 BVerfGE 51, 193 (216).
213 BVerfGE 51, 193 (211 ff.) zur weinrechtlichen geographischen Lagebezeichnung.
214 *Depenheuer*, in: v. Mangoldt/Klein/Starck I, Art. 14 Rn. 150.
215 BVerfG, NJW 2005, 589, 589 ff.
216 *Papier*, in: Maunz/Dürig, Art. 14 Rn. 98.

weit nicht der Teilnehmende, sondern vielmehr der Veranstalter, da er die verschiedenen Teilnehmerbeiträge zusammenfasst und ihnen somit einen über die Summe der einzelnen Beiträge hinausgehenden Bedeutungsgehalt verleiht. Aus dessen Sicht stellt das rundfunkrechtlich normierte Recht auf **Kurzberichterstattung über Sportereignisse**[217] einen der Rechtfertigung bedürftigen Eingriff in das Eigentumsrecht der Veranstalter dar.[218]

f) Schutz des Vermögens

95   Das Bundesverfassungsgericht lehnt es ab, das Vermögen als Inbegriff der in der Hand eines Grundrechtsträgers konzentrierten einzelnen Werte dem Eigentumsbegriff zu unterstellen, da Art. 14 GG lediglich durch Gesetz inhaltlich geformte Rechtspositionen schützt.[219] Deren **Zusammenfassung** zu dem Vermögen einer Person ist **lediglich faktischer Natur**. Anders als bei dem immerhin auch kritisch eingeschätzten Gewerbebetrieb erwächst aus der Zusammenfassung auch **kein eigenständiger Wert**, der über den Wert der einzelnen Elemente hinausgeht.

aa) Schutz gegen Abgaben

96   Die Frage nach dem Eigentumsschutz für das Vermögen ist insbesondere vor dem Hintergrund einer möglichen **Abwehr von Zugriffen des Abgaben-, insbesondere des Steuergesetzgebers** auf den Grundrechtsträger zu verstehen.[220] Staatliche Abgabenpflichten begründen nur Geldwertschulden. Sie entziehen dem Bürger somit **keine konkreten Eigentumsrechte**, sondern lasten auf dem Vermögen als Ganzem.[221] Als Konsequenz mangelnden Vermögensschutzes galt über lange Zeit die Aussage des **Bundesverfassungsgerichts**, dass die Auferlegung staatlicher Abgaben grundsätzlich nicht in den Schutzbereich des Art. 14 GG eingreife und nur an der allgemeinen Handlungsfreiheit gemessen werden könne.[222] Diese Ansicht steht in der Weimarer Tradition[223] und lag auch den Diskussionen im Parlamentarischen Rat zugrunde.[224]

---

217   Siehe §§ 5, 5a RStV.

218   Offengelassen in BVerfGE 97, 228 (264); s.a. *Papier*, in: FS Lerche, 1993, S. 675, 676 ff.; a.A. *Stettner*, JZ 1993, 1130, 1130 ff.

219   BVerfGE 75, 108 (154); BVerwGE 98, 280 (291); 87, 324 (330); s.a. *Papier*, DVBl. 1980, 787, 787 ff.; *Wendt*, in: Sachs, Art. 14 Rn. 38 m.w.N.; *Wieland*, in: Dreier I, Art. 14 Rn. 65.

220   Umfassende Darstellung: *Klawonn*, Die Eigentumsgewährleistung als Grenze der Besteuerung, 2007.

221   *Depenheuer*, in: v. Mangoldt/Klein/Starck I, Art. 14 Rn. 161; vgl. auch *Papier*, in: Maunz/Dürig Art. 14 Rn. 167 ff.; *ders.*, Der Staat 11 (1972), 483, 483 ff.

222   BVerfGE 4, 7 (17); 75, 108 (154 ff.); 95, 267 (300); s.a. *Kirchhof*, in: Isensee/ders., HStR V (3. Aufl., 2007), § 118 Rn. 117 ff.; *Waldhoff*, Die Verwaltung 2008, 259, 277 ff.

223   *Wolff*, in: FS Kahl, Teil IV, 1923, S. 3, 3 ff.

224   Ausschuss für Grundsatzfragen, in: Parl. Rat, Akten und Protokolle, Bd. 5/I, 361, 371 und Bd. 5/II, 725, 725 ff.

In der **Literatur** wurde dieser mangelnde grundrechtliche Schutz damit begründet, 97
dass der Rechtsstaat als Steuerstaat[225] auf der spezifischen Abgrenzung zwischen
Steuerhoheit und Eigentumsschutz beruhe.[226] Die Steuerhoheit des Staates, die nach
Maßgabe der Leistungsfähigkeit auf das Vermögen des Bürgers zugreift, ist die Bedingung dafür, dass der Staat auf der einen Seite auf rein gewinnorientierte Teilnahme am wirtschaftlichen Wettbewerb verzichten muss, auf der anderen Seite aber imstande bleibt, seine hoheitlichen und sozialen Aufgaben wahrzunehmen.[227] Die so
verstandene Steuergewalt stößt nur an die Grenze der eigentumsrechtlichen Institutsgarantie, wenn dem Bürger im vermögensrechtlichen Bereich keine Handlungsoptionen mehr übrig bleiben und er sein Eigentum nicht mehr privatnützig verwenden kann.[228]

Dementsprechend macht das Bundesverfassungsgericht auch eine Ausnahme zu dem 98
Grundsatz, dass Art. 14 GG als Abwehrrecht gegen staatliche Besteuerung nicht von
Bedeutung ist, wenn die Abgabenpflicht eine **erdrosselnde Wirkung** entfaltet.[229]
Warum sich eine Belastung, die aus Gründen des Schutzbereichsverständnisses kein
grundrechtsrelevanter Eingriff sein kann, mit steigender Intensität sogar zu einer
Grundrechtsverletzung wandelt, bleibt dabei allerdings offen.[230]

Wohl im Anschluss an die Erdrosselungs-Rechtsprechung hatte das Bundesverfas- 99
sungsgericht mit Blick auf die **Vermögenssteuer** ausgeführt, dass diese als wiederkehrende Steuer auf das ruhende – in der Regel aus bereits versteuertem Einkommen gebildete – Vermögen »in die in der Verfügungsgewalt und Nutzungsbefugnis über ein
Vermögen angelegte allgemeine Handlungsfreiheit (Art. 2 Abs. 1 GG) gerade in deren
Ausprägung als persönliche Entfaltung im vermögensrechtlichen Bereich (Art. 14
GG)«[231] eingreift. Dem Steuerpflichtigen muss deswegen »ein Kernbestand des Erfol-
ges eigener Betätigung im wirtschaftlichen Bereich als Ausdruck der grundsätzlichen
Privatnützigkeit des Erworbenen und der grundsätzlichen Verfügungsbefugnis über
die geschaffenen vermögenswerten Rechtspositionen erhalten«[232] bleiben. »Die Zuordnung der vermögenswerten Rechtsposition zum Eigentümer und die Substanz
des Eigentums müssen gewahrt bleiben.«[233] Dieser **Substanzschutz** führt dazu, dass
Vermögensgegenstände, die ohnehin schon steuerlich belastet sind, nur noch innerhalb eines engen Spielraums weiter belastet werden können. Die Abgabe muss so bemessen sein, dass sie die Substanz des Vermögens unangetastet lässt und typischer-

---

225 *Papier*, in: Maunz/Dürig, Art. 14 Rn. 167.
226 *Forsthoff*, VVDStRL 12 (1953), 8, 31.
227 *Böckenförde*, in: FS Adolf Arndt, 1969, S. 53, 71.
228 *Depenheuer*, in: v. Mangoldt/Klein/Starck I, Art. 14 Rn. 163; *Wieland*, in: Dreier I,
Art. 14 Rn. 66.
229 BVerfGE 14, 221 (241); 23, 288 (314); 30, 250 (272); 95, 267 (300); 105, 17 (32); offengelassen in BVerfGE 115, 97 (113).
230 Vgl. *Wendt*, Eigentum und Gesetzgebung, S. 41 f.
231 BVerfGE 93, 121 (137).
232 BVerfGE 93, 121 (137).
233 BVerfGE 93, 121 (137).

weise aus den Erträgen geleistet werden kann.[234] Neben diesen Substanzschutz trat der **Halbteilungsgrundsatz**, den der Senat aus Art. 14 Abs. 2 GG ableitet, wonach der Eigentumsgebrauch *zugleich* dem privaten Nutzen und dem Wohl der Allgemeinheit dient: »Die Vermögenssteuer darf deshalb zu den übrigen Steuern auf den Ertrag nur hinzutreten, soweit die steuerliche Gesamtbelastung des Sollertrages bei typisierender Betrachtung von Einnahmen, abziehbaren Aufwendungen und sonstigen Entlastungen in der Nähe einer hälftigen Teilung zwischen privater und öffentlicher Hand verbleibt und dabei insgesamt auch Belastungsergebnisse vermeidet, die einer vom Gleichheitssatz gebotenen Lastenverteilung nach Maßgabe finanzieller Leistungsfähigkeit zuwiderlaufen«.[235]

100   Während weite Teile der Literatur die Entscheidung begrüßten,[236] konnte der Halbteilungsgrundsatz von der finanzgerichtlichen Rechtsprechung ignoriert werden,[237] da die entsprechende Aussage des Bundesverfassungsgerichts lediglich *obiter dictum* erfolgt war. In der Folge hat das Bundesverfassungsgericht auch selbst wiederum an seiner den Vermögensschutz weitgehend ablehnenden Rechtsprechung festgehalten.[238] Demgegenüber ist allerdings auch ohne Inbezugnahme des nach Art. 14 GG nicht schutzfähigen Vermögens festzustellen, dass die Abgabenpflicht in die für jeden einzelnen Gegenstand auf Art. 14 GG gegründete Freiheit der Eigentumsnutzung eingreift. Der Abgabenpflichtige muss einen seiner von Art. 14 GG geschützten Eigentumsgegenstände zur Erfüllung der Abgabenpflicht einsetzen. Allein der Umstand, dass er zwischen mehreren verschiedenen Gegenständen zu wählen vermag, kann aber den Eingriff nicht beseitigen, da ihm lediglich eine Ersetzungsbefugnis eingeräumt wird.[239]

101   Im Dialog mit verschiedenen dogmatischen Ansätzen, die die staatliche Besteuerungsgewalt in eine Beziehung zu Art. 14 Abs. 1 GG zu setzen suchen,[240] prüft das Gericht die Auferlegung von Einkommens- und Gewerbesteuer anhand des Eigentumsgrundrechts, ohne aber von der ursprünglichen Rechtsprechung abzuweichen.[241] Das Grundrecht ist betroffen, wenn Steuerpflichten an den **Bestand des Hinzuerworbenen** anknüpfen, was beim gewerblichen Gewinn der Zuwachs an bilanzierungsfähi-

---

234 BVerfGE 93, 121 (137).

235 BVerfGE 93, 121 (138).

236 *Butzer*, StuW 1999, 227, 227 ff.; *Jachmann*, Steuergesetzgebung zwischen Gleichheit und wirtschaftlicher Freiheit, 2000, 48 ff.; *Leisner*, NJW 1995, 2591, 2591 ff.; *Seer*, DStJG 23 (2000), 87, 87 ff.; *K. Vogel*, JZ 1996, 43, 43 ff.; ablehnend dggü. *Birk*, DStJG 22 (1999), 7, 20 ff.; *Bull*, NJW 1996, 281, 281 ff.; *H.J. Vogel*, NJW 1996, 1505, 1505 ff.; *Weber-Grellet*, BB 1996, 1415, 1415 ff.

237 BFHE 89, 422 (441).

238 BVerfGE 115, 97 (113 f.); zu der Schwierigkeit der in diesem Fall divergierenden Rechtsprechung zweier Senate: *Wieland*, DStJG 24 (2001), 29, 29 ff.

239 *Depenheuer*, in: v. Mangoldt/Klein/Starck I, Art. 14 Rn. 169 im Anschluss an *Wendt*, in: Sachs, Art. 14 Rn. 38 f.; *ders.*, Eigentum und Gesetzgebung, S. 38, 38 ff.

240 Überblick bei *Depenheuer*, in: v. Mangoldt/Klein/Starck I, Art. 14 Rn. 165 ff.

241 BVerfGE 115, 97 (110 ff.).

gen Wirtschaftsgütern oder beim Arbeitnehmer die zivilrechtlichen Lohnansprüche oder sonst wie erhaltene Zuwendungen sind.[242] Das legt nahe, zumindest solche Abgabenpflichten, die an den Bestand des Hinzuerworbenen anknüpfen, an Art. 14 GG zu messen. Diese Einbeziehung in den grundrechtlichen Schutzbereich des Art. 14 GG ist aber nach Ansicht des Bundesverfassungsgerichts nach wie vor nicht für solche Steuern gegeben, die den Verbrauch oder Gebrauch bestimmter Waren belasten (Verbrauchssteuern). Dies ist zum Beispiel der Fall bei der Energiesteuer, die weder das Hinzuerworbene noch den Hinzuerwerb besteuert.[243]

bb) Schutz des Tauschwerts

Art. 14 GG schützt auch das **Sacheigentum an Geldscheinen und -münzen** ebenso   102
wie die **Inhaberschaft an Wertpapieren** lediglich als konkret zugewiesene Rechtspositionen. Dies hat zur Folge, dass Art. 14 GG **keine Wertgarantie** für diese Gegenstände zu entnehmen ist. Hoheitlich bewirkte Minderungen des Tausch- oder Marktwertes eines Eigentumsgutes wie etwa des Geldes berühren das Eigentumsgrundrecht nicht.[244] Daher kann diese Vorschrift weder gegenüber inflationsverursachenden oder -intensivierenden staatlichen Entscheidungen noch gegenüber durch staatliche Handlungen induzierte Verluste eines Aktienwerts[245] geltend gemacht werden.[246] Dies begründet das Bundesverfassungsgericht mit der Gemeinschaftsbezogenheit und -abhängigkeit insbesondere des Geldwertes, der durch vielfache staatliche und private, nationale und internationale Verhaltensbeiträge beeinflusst wird, und sich allein schon deswegen der umfassenden finalen Beeinflussung durch die Grundrechtsverpflichteten entzieht.[247]

3. Geschützte Handlungen

Art. 14 GG schützt die **rechtliche Zuordnung** eines der soeben beschriebenen Ei-   103
gentumsgegenstände zu dem Grundrechtsträger.[248] Neben diesem statischen Aspekt schützt Art. 14 GG auch die Berechtigung des Eigentümers, sein Eigentum zu **nutzen**.[249] Hier kommen zunächst bereits ausgeübte und rechtmäßige Nutzungen in Betracht. Soweit für die Nutzung eines Eigentumsgegenstandes eine öffentlich-recht-

---

242 BVerfGE 115, 97 (112); *Wernsmann*, NJW 2006, 1169, 1170 ff.
243 BVerfG, NVwZ 2007, 1168, 1169.
244 BVerfGE 105, 17 (30); vgl. *Bryde*, in: v. Münch/Kunig, Art. 14 Rn. 24; *Wieland*, in: Dreier I, Art. 14 Rn. 69.
245 Zu der Frage eines möglichen Eingriffs durch Aktienkursverluste in Folge staatlichen Handelns: *Griebel*, DÖV 2012, 868, 868 ff.
246 Vgl. aber *Papier*, in: Maunz/Dürig, Art. 14 Rn. 187; s.a. die referierten Argumente der Beschwerdeführer in BVerfGE 97, 350 (364 ff.).
247 BVerfGE 97, 350 (371); 129, 124 (173); s.a. *Sandrock*, WM 2013, 393, 393 ff.; *Veris-Pascall/Heintz*, DVBl. 2012, 141, 141 ff.
248 *Wendt*, Eigentum und Gesetzgebung, S. 136.
249 BVerfGE 53, 257 (290); 83, 201 (208 f.); 88, 366 (377); 105, 17 (30); *Axer*, in: Epping/Hillgruber, BeckOK GG, Art. 14 Rn. 17.

liche Genehmigung erforderlich ist, erstreckt sich der Eigentumsschutz erst dann auf die Genehmigung, wenn sie vorliegt (vgl. Rdn. 58). Hier muss daher von einem Eigentumsschutz unter öffentlich-rechtlichem Vorbehalt und im Rahmen der Genehmigung gesprochen werden, die den konkreten Umfang des Schutzes bedingt und ausgestaltet.

104   Die mögliche Nutzung erschöpft sich nicht im bestimmungsgemäßen Gebrauch des Gegenstandes. Auch **Verbrauch** und **Übertragung** des Eigentums (nicht aber der durch Art. 2 Abs. 1 GG geschützte Erwerb[250]) sind von dem grundrechtlichen Schutz umfasst.[251] Umgekehrt ist aus grundrechtlicher Sicht auch die Entscheidung geschützt, Eigentum nicht zu nutzen. Der **Nichtgebrauch** ist auch nicht etwa mit dem Gemeinwohl nach Art. 14 Abs. 2 S. 2 GG unvereinbar.[252]

105   Zwischen den beiden Entscheidungen, ein Eigentumsobjekt zu nutzen oder nicht, ist die Frage angesiedelt, inwieweit auch **noch nicht ausgeübte Nutzungen** geschützt werden. Grundsätzlich schützt Art. 14 GG keine Chancen, Erwartungen, Aussichten oder Verdienstmöglichkeiten.[253] Daher sollen nur solche noch nicht realisierten Nutzungen von Art. 14 GG geschützt sein, die sich nach Lage der Dinge objektiv anbieten oder aufdrängen, die sich zwingend oder folgerichtig aus den bisherigen Nutzungen ergeben oder gar dem Eigentumsgegenstand **wesensmäßig inhärent** sind.

106   Diese im Hinblick auf zukünftige Nutzungen möglicherweise intensive Beschränkung des Eigentumsrechts bereits auf der Ebene des Schutzbereichs reibt sich an dem freiheitsrechtlichen Gehalt von Art. 14 GG. Sie läuft darauf hinaus, die Kreativität des Eigentümers im Umgang mit seinem Eigentum zugunsten des Üblichen und Gewöhnlichen zu ersticken und damit grundrechtliche Freiheit ihrer Originalität zu berauben. Es besteht kein Grund, vorhersehbare Nutzungsarten schon aus dem Schutzbereich des Art. 14 GG heraus zu definieren, da die Abwägung zwischen individuellem Nutzen und Gemeinverträglichkeit noch an späterer Stelle der Grundrechtsprüfung getroffen werden kann.

107   Der Eigentumsschutz setzt voraus, dass die potentielle Nutzung der Sache durch diese selbst in ihrem aktuellen Bestand ermöglicht wird. Soweit eine Nutzung erst nach Änderung rechtlicher Rahmenbedingungen zulässig ist, liegt nur hingegen eine bloße Chance oder Verdienstmöglichkeit vor, die nach Art. 14 GG keinen Schutz genießt. Dies gilt insbesondere für wirtschafts- oder außenhandelsrechtliche Maßnahmen, die etwa ein Unternehmen als Eigentumsgegenstand belasten oder begünstigen.

---

250 *Papier*, in: Maunz/Dürig, Art. 14 Rn. 223 ff.
251 BVerfGE 97, 350 (370); 105, 17 (30); 115, 97 (111).
252 *Merten*, in: ders./Papier, HGR II, § 42 Rn. 192.
253 BVerfGE 30, 292 (334 f.); 68, 193 (222); 105, 252 (277); BVerfG, NZS 2005, 479, 480.

II. Erbrecht

Mit der Erbrechtsgarantie verfolgt die Verfassung das Anliegen, Privateigentum des 108
Erblassers nicht mit dessen Tode untergehen zu lassen, sondern seinen Fortbestand
im Sinne des (verstorbenen) Eigentümers zu sichern.[254] **Leitbild** der verfassungsrechtlichen Regelung und Gegenstand der entsprechenden Gewährleistung ist die
Rechtsfigur der **Gesamtnachfolge**.[255] Dies macht einen gesetzlichen Ausschluss der
Nachfolgefähigkeit im Einzelfall rechtfertigungsbedürftig.[256] Es ist aber möglich,
dass einzelne Gegenstände von der Erbfolge ausgeschlossen werden.[257]

In sachlicher Hinsicht ist das Recht des Erblassers, zu vererben (oder dies nicht zu 109
tun) ebenso geschützt wie das Recht des Erben, kraft Erbfolge die vererbten Gegenstände zu erlangen[258] oder aber das Erbe auszuschlagen.[259] Dieses Recht steht indes
unter dem Verbot des Rechtsmissbrauchs.[260]

1. Testierfreiheit

Die Berechtigung des Erblassers, über sein Vermögen zu disponieren, wird in Form 110
der Testierfreiheit gewährleistet. Diese verwirklicht eine über den Tod hinausreichende
Gestaltungsmacht des Erblassers im Hinblick auf sein zu Lebzeiten durch Art. 14
GG geschütztes Eigentum und hat somit eine **komplementäre Funktion**. Als solche
dient sie ebenso wie der durch Art. 2 Abs. 1 GG geschützte Grundsatz der Privatautonomie der Macht des Grundrechtsträgers Rechtsfolgen anzuordnen, die von dem
Regelfall der gesetzlichen Erbfolge abweichen.[261]

Der Erblasser darf das vermögensrechtliche Schicksal seines Eigentums weitgehend 111
frei gestalten. Er kann seine Testierfreiheit nicht nur zur wirtschaftlichen und rechtlichen Aufteilung des Erbes nutzen, sondern auch Vermächtnisse zuwenden oder die
Einsetzung mit Auflagen verbinden. Hierbei kann er sich auch von Motiven leiten
lassen, die nicht den allgemeinen gesellschaftlichen Überzeugungen entsprechen.[262]

Eine **Abweichung** von diesem freiheitlichen Grundgedanken erfolgt oft in Gestalt 112
des partiellen oder vollständigen Ausschlusses eines gesetzlichen Erben von der Erb-

---

254 BVerfGE 93, 165 (173 f.); 112, 332 (348); *Axer*, in: Epping/Hillgruber, BeckOK GG,
Art. 14 Rn. 140.
255 A.A. *Berkemann*, in: Umbach/Clemens I, Art. 14 Rn. 717.
256 *Dietlein*, in: Stern, Staatsrecht IV/1, S. 2327 f.
257 BVerfGE 19, 202 (206); BVerwG, NJW 1987, 3212, 3213.
258 BVerfGE 93, 165 (174); *Jarass*, in: ders./Pieroth, Art. 14 Rn. 101.
259 *Merten*, in: ders./Papier, HGR II, § 42 Rn. 194.
260 LG Aachen, NJW-RR 2005, 307, 307 f. – Erbschaftsausschlagung durch einen Sozial-
hilfeempfänger; *Bettermann*, Grenzen der Grundrechte, 2. Auflage, 1976, S. 11 f.; *Ivo*,
FamRZ 2003, 6, 6 ff.
261 BVerfGE 112, 332 (348 f.); *Graf*, in: Firsching/ders., Nachlassrecht (9. Aufl. 2008), Teil
1 Rn. 1.56 f.; *Nieder*, Handbuch der Testamentsgestaltung (3. Aufl. 2008), Rn. 2.
262 BVerfG, NJW 2000, 2495, 2495 ff.

folge durch die Anordnung eines Vermögensübergangs auf einen oder mehrere Rechtsnachfolger und die damit einhergehende wertmäßige Beschränkung des gesetzlichen Erben auf seinen Pflichtteil.[263] Die grundrechtliche Testierfreiheit räumt dem Erblasser aber die Möglichkeit ein, seine Abkömmlinge etwa durch gänzlichen Ausschluss Einzelner oder deren Beschränkung auf den Pflichtteil ungleich zu behandeln.[264]

2. Verwandtenerbrecht

113 Aus institutioneller Perspektive erlegt die Erbrechtsgarantie dem Gesetzgeber die Verpflichtung auf, auch für den **Fall fehlender Entscheidungen** des Erblassers Regelungen vorzuhalten, die eine private Erbfolge im (dann nur: vermuteten, typisierten) Interesse des Erblassers gewährleisten.[265] Insoweit darf der Gesetzgeber davon ausgehen, dass das Verwandtenerbrecht unter angemessener Beteiligung des Ehegatten eine sachgerechte Regelung darstellt.[266] Als solches gehört es zum **grundlegenden Gehalt der institutionellen Erbrechtsgarantie.**[267]

114 Die Bedeutung des Verwandtenerbrechts für die Einrichtungsgarantie wird in der Literatur teilweise bestritten.[268] Bestimmendes Element der Erbrechtsgarantie sei vielmehr die Testierfreiheit, die als Verfügungsbefugnis des Erblassers über den Tod hinaus eine enge Verbindung zur Eigentumsgarantie aufweise. Daher stehe es dem Gesetzgeber frei, die gesetzliche Erbfolge nach seinen Vorstellungen zu regeln und über das Bestehen eines Pflichtteilsrechts zu entscheiden.[269]

115 Allerdings ist demgegenüber festzuhalten, dass das **Pflichtteilsrecht der Nachkommen Teil der Erbrechtsgarantie** ist und diesen eine grundsätzlich unentziehbare und bedarfsunabhängige wirtschaftliche Mindestbeteiligung am Nachlass sichert.[270] Die in Art. 6 Abs. 1 GG ausgedrückte Wertentscheidung des Grundgesetzes im Zusammenhang mit der traditionellen Gestaltung des deutschen Erbrechts führt dazu, dass die nächsten Familienangehörigen ein Anrecht auf Teilhabe am Nachlass des Verstorbenen haben müssen.[271]

---

263 BVerfGE 112, 332 (349).
264 BVerfGE 67, 329 (345); 112, 332 (349); BVerfG, NJW 2005, 1561, 1564; NJW 2001, 141, 142; *Gaier*, ZEV 2006, 2, 6.
265 BVerfGE 91, 346 (358).
266 BVerfGE 91, 346 (359).
267 BVerfGE 93, 165 (173); so auch: *Bryde*, in: v. Münch/Kunig, Art. 14 Rn. 45; *Papier*, in: Maunz/Dürig, Art. 14 Rn. 300.
268 *Stüber*, JR 2002, 359, 361 f.; *Wieland*, in: Dreier I, Art. 14 Rn. 81.
269 *Coing/Reichert-Facilides*, in: Verhandlungen des 49. DJT, 1972, I, S. A 1 ff.; *Wieland*, in: Dreier I, Art. 14 Rn. 81.
270 BVerfGE 112, 332 (349); *Gaier*, ZEV 2006, 3, 6.
271 *J. Mayer*, in: Bamberger/Roth, BeckOK BGB, § 2303 Rn. 2 f.; *Papier*, in: Maunz/Dürig, Art. 14 Rn. 300, 301.

D. Grundrechtsberechtigte und -verpflichtete

I. Eigentum

1. Grundrechtsberechtigte

Als geschützte Eigentümer im Sinne von Art. 14 Abs. 1 GG kommen **natürliche** 116
Personen unabhängig von ihrer Herkunft in Betracht, da es sich bei Art. 14 GG
nicht um eines der sog. Deutschengrundrechte handelt.[272] Nach Art. 19 Abs. 3 GG
können sich auch **inländische juristische Personen des Privatrechts** auf das Eigentumsgrundrecht berufen (vgl. Art. 19 Rdn. 50 ff.).[273]

Dabei sind nicht nur solche Rechtssubjekte erfasst, denen im zivilrechtlichen Sinne 117
eine volle Rechtsfähigkeit zukommt. Vielmehr ist von einem eigenständigen verfassungsrechtlichen Verständnis der juristischen Person auszugehen. Dieser bezieht auch
solche **privatrechtlichen Organisationsformen** ein, die nur **teilrechtsfähig** sind und
Träger einer Eigentumsposition sein können.[274] Trotzdem ist nicht jede Personengruppe vom persönlichen Schutzbereich des Art. 14 GG erfasst. Grundrechtsberechtigt sind nur solche Personengruppen, die ein Mindestmaß an rechtlicher Verfasstheit aufweisen.[275]

Art. 19 Abs. 3 GG beschränkt den Grundrechtsschutz auf inländische juristische 118
Personen (vgl. Art. 19 Rdn. 46 ff.). Für die Bestimmung der Frage, ob eine juristische Person in- oder ausländisch ist, wurde in Deutschland **traditionell** auf die **Sitz-**
theorie zurückgegriffen.[276] Diese fragte nach dem tatsächlichen örtlichen Schwerpunkt der (ggfs. geschäftlichen) Handlungen einer juristischen Person, nicht aber
nach dem Ort ihrer **Gründung** oder der Wahl des Rechts, nach dem sie gegründet
wurde (**Inkorporationstheorie**). In **unionsrechtlichem Kontext** haben sich die Folgen der Anwendung der Sitztheorie als problematisch erwiesen.[277] Die Verweigerung
eines auf Art. 14, 19 Abs. 3 GG beruhenden Grundrechtsschutzes gegenüber juristischen Personen aus anderen Rechtsordnungen der Europäischen Union ist angesichts
dieser Rechtsprechung nicht möglich,[278] so dass **Art. 19 Abs. 3 GG** insoweit **ge-**
meinschaftsrechtskonform auszulegen ist.[279] Unabhängig davon, welches Kriterium
angewandt wird, um festzustellen, ob es sich um eine ausländische oder inländische
juristische Person i.S.v. Art. 19 Abs. 3 GG handelt, muss die Grundrechtsfähigkeit

---

272 Vgl. *Berkemann*, in: Umbach/Clemens I, Art. 14 Rn. 98.

273 BVerfGE 4, 7 (17); 23, 153 (163); 35, 348 (360).

274 *Jarass*, in: ders./Pieroth, Art. 19 Rn. 20; *Tettinger*, in: Merten/Papier, HGR II, § 51
Rn. 29 ff.

275 *Stern*, Staatsrecht III/1, S. 1134; *Tettinger*, in: Merten/Papier, HGR II, § 51 Rn. 34.

276 BVerfGE 21, 207 (209); *Bryde*, in: v. Münch/Kunig I, Art. 14 Rn. 8; *Papier*, in: Maunz/
Dürig, Art. 14 Rn. 201; *Wieland*, in: Dreier I, Art. 14 Rn. 84.

277 EuGH, Slg. 2002 I, 9919 (9974); Slg. 1999, I, 1459 (1496); Slg. 2003 I, 10155 (10226,
10234 f.).

278 Zweifelnd *Isensee*, in: ders./Kirchhof, HStR IX, (3. Aufl. 2011), § 199 Rn. 67 ff.

279 So wohl auch *Tettinger*, in: Merten/Papier, HGR II, § 51 Rn. 43 ff.

von juristischen Personen, die ordnungsgemäß nach dem Recht eines EU-Mitgliedstaats gegründet worden sind, anerkannt werden. Das Bundesverfassungsgericht hat die Erstreckung der Grundrechtsberechtigung auf juristische Personen aus Mitgliedstaaten der Europäischen Union vor dem Hintergrund des Anwendungsvorrangs der Grundfreiheiten im Binnenmarkt (Art. 26 Abs. 2 AEUV) und des allgemeinen Diskriminierungsverbots wegen der Staatsangehörigkeit (Art. 18 AEUV) inzwischen als »vertraglich veranlasste Anwendungserweiterung des deutschen Grundrechtsschutzes« konstruiert.[280]

119   Juristische Personen aus anderen Rechtsordnungen, für die diese erweiternde Auslegung nicht zutrifft, können sich aber immerhin noch auf die **völkerrechtlichen Schutzmechanismen** berufen (Rdn. 308 ff.).

120   Ebenfalls sind **juristische Personen des öffentlichen Rechts** (v.a. kommunale Gebietskörperschaften[281], aber auch deren Verwaltungstrabanten wie z.B. öffentlich-rechtliche Sparkassen[282]) **nicht** von dem personellen Schutzbereich des Art. 14 GG umfasst.[283] Diese Ansicht ist mit Blick auf den Wortlaut von Art. 19 Abs. 3 GG nicht ganz unbestritten (vgl. Art. 19 Rdn. 68 ff.).

2. Grundrechtsverpflichtete

121   Alle **staatlichen Gewalten** – Gesetzgebung, vollziehende Gewalt und Rechtsprechung – sind verpflichtet, das Eigentum der Grundrechtsträger zu respektieren (Art. 1 Abs. 3 GG). Übergriffe von **Privaten** auf privates Eigentum sind hingegen mangels Drittwirkung (vgl. Art. 1 Rdn. 110) keine Grundrechtsverletzungen, sondern lösen vielmehr eine staatliche Schutzpflicht aus, die es dem Gesetzgeber aufgibt, private Eigentumskonflikte grundrechtsadäquat aufzulösen. Diesem steht dabei ein erheblicher Gestaltungsspielraum zu, bei dem lediglich die Missachtung des **Untermaßverbots** zu einer Grundrechtsverletzung führt.

122   Rechtsakte, die einer fremden und daher nicht dem Grundgesetz verpflichteten Staatsgewalt zugerechnet werden können, sind auch nicht ex post dem Maßstab des Art. 14 GG zu unterwerfen.[284]

II. Erbrecht

123   Träger des Erbrechts sind die am Erbschaftsverhältnis Beteiligten, also der **Erblasser** und der **Erbe**; letzterer jedenfalls nach Eintritt des Erbfalls. Andernfalls würde der

---

280 Zu der Einbeziehung von juristischen Personen aus anderen Staaten der EU vgl. die Kommentierung zu Art. 19 Rdn. 47; s.a. BVerfGE 129, 78 (9f ff.).
281 BVerfGE 61, 82 ff.
282 BVerfGE 75, 192 (197 ff.).
283 Allgemein zur Grundrechtsberechtigung juristischer Personen des öffentlichen Rechts *Bettermann*, NJW 1969, 1321, 1321 ff.; *Rüfner*, in: Isensee/Kirchhof, HStR IX, (3. Aufl., 2011), § 196 Rn. 110 ff.; *Schnapp*, in: Merten/Papier, HGR II, § 52 Rn. 1 ff.
284 BVerfGE 84, 90 (122).

grundrechtliche Schutz des Erbrechts mit dem Tode des Erblassers enden und damit weitgehend entwertet werden.[285] Soweit die **Erbeserben** ein Verfahren des Erben um dessen Erbenstellung fortsetzen, sind auch diese im gleichen Umfang wie die Erben in den Schutzbereich von Art. 14 Abs. 1 GG einbezogen. Würde man ihnen keinen Grundrechtsschutz zugestehen, wäre die Durchsetzung der verfassungsrechtlichen Erbrechtsgarantie oftmals vom Zufall abhängig.[286]

Die **Erbfähigkeit** bestimmt sich nach den Vorschriften des **Zivilrechts**. Die zivil-   124 rechtliche Fähigkeit, Erbe werden zu können, muss nicht zwangsläufig dem grundrechtlichen Schutz aus Art. 14 Abs. 1 GG entsprechen. Nach dem Zivilrecht können sowohl **natürliche** als auch **juristische Personen** Erbe sein.[287] Juristische Personen sind jedoch nur unter den Voraussetzungen von Art. 19 Abs. 3 GG Träger von Grundrechten, insbesondere müsste also die Erbrechtsgarantie ihrem Wesen nach auf eine juristische Person anwendbar sein. Daran fehlt es grundsätzlich bei juristischen Personen des öffentlichen Rechts (Rdn. 120).[288] Für juristische Personen des Privatrechts ist anerkannt, dass sie sich auf die Eigentumsgarantie aus Art. 14 Abs. 1 GG berufen können.[289] Da es sich bei dem grundrechtlichen Schutz des Erbrechts um die Verlängerung des Eigentumsrechts über den Tod hinaus handelt, müssen sich juristische Personen des Privatrechts auch darauf berufen können.[290]

E. Subjektive und objektiv-rechtliche Gehalte

I. Eigentum

1. Abwehrrecht

Bei Art. 14 GG steht wie bei allen anderen Grundrechten die **abwehrrechtliche**   125 **Funktion** der Gewährleistung im Vordergrund. Die Vorschrift soll den Grundrechtsträger nicht nur vor unverhältnismäßigen Beeinträchtigungen aller Art, sondern vor finalen Zugriffen auf eigentumsrechtliche Positionen durch Enteignung schützen. Für diesen intensivsten Eingriff in das private Eigentum stellt Art. 14 Abs. 3 GG besondere Zulässigkeitsvoraussetzungen auf.

---

285 BVerfGE 91, 346 (360); 99, 341 (349).
286 BVerfGE 99, 341 (349 f.).
287 Vgl. für natürliche Personen § 1923 und für juristische Personen § 2044 Abs. 2 S. 3, § 2101 Abs. 2, § 2106 Abs. 2 S. 2, § 2109 Abs. 2, § 2163 Abs. 2 BGB.
288 BVerfGE 21, 362 (369 ff.).
289 BVerfGE 4, 7 (17); 50, 290 (352); 53, 336 (345); 66, 116 (130).
290 *Sachs*, in: ders., Art. 19 Rn. 83; *Sieckmann*, in: Friauf/Höfling, Art. 14 Rn. 215; a.A. *Jarass*, in: ders./Pieroth, Art. 14 Rn. 103, der seine Ansicht mit dem personalen Gehalt des Erbrechts begründet.

2. Einrichtungsgarantie

126   Neben der subjektiv-rechtlichen Wirkung enthält Art. 14 Abs. 1 GG auch eine **Einrichtungs- oder Institutsgarantie.**[291] »Die Institutsgarantie sichert einen Grundbestand von Normen, die als Eigentum im Sinne dieser Grundrechtsbestimmung bezeichnet werden. Inhalt und Funktion des Eigentums sind dabei der Anpassung an die gesellschaftlichen und wirtschaftlichen Verhältnisse fähig und bedürftig; es ist Sache des Gesetzgebers, Inhalt und Schranken des Eigentums unter Beachtung der grundlegenden verfassungsrechtlichen Wertentscheidung zu bestimmen (Art. 14 Abs. 1 S. 2 GG). Die Institutsgarantie verbietet jedoch, dass solche Sachbereiche der Privatrechtsordnung entzogen werden, die zum elementaren Bestand grundrechtlich geschützter Betätigung im vermögensrechtlichen Bereich gehören, und damit der durch das Grundrecht geschützte Freiheitsbereich aufgehoben oder wesentlich geschmälert wird«.[292]

127   In der berühmten Nassauskiesungsentscheidung führt das Bundesverfassungsgericht weiter aus: »Die Gewährleistung des Rechtsinstituts wird nicht angetastet, wenn für die Allgemeinheit lebensnotwendige Güter zur Sicherung überragender Gemeinwohlbelange und zur Abwehr von Gefahren nicht der Privatrechtsordnung, sondern einer öffentlich-rechtlichen Ordnung unterstellt werden«.[293] Auch Art. 14 GG verbietet es dem Gesetzgeber daher nicht a limine, Gegenstände dem Rechtsverkehr zu entziehen und über sie eine ausschließliche hoheitliche Sachherrschaft zu begründen. Der Gesetzgeber kann demzufolge auch sog. **»öffentliches Eigentum«** schaffen, solange er dabei den Kernbereich der Institutsgarantie beachtet,[294] der dann nicht verletzt ist, wenn die private Verfügungsfähigkeit an solchen Sachen ausgeschlossen wird, die einem besonderen öffentlichen Zweck gewidmet sind.[295]

128   Die in Art. 14 GG enthaltene Einrichtungsgarantie erlegt es dem Gesetzgeber auf, bei der Bestimmung von Inhalt und Schranken des Eigentums einen **Mindestbestand an eigentumsbegründenden und -erhaltenden Normen** vorzuhalten.

129   Daher fordert die Eigentumsgarantie den Erlass oder Fortbestand von Rechtsvorschriften, die dem eigentumsspezifischen Freiheitsraum im vermögensrechtlichen Bereich Entfaltungs- und Entwicklungsperspektiven eröffnen. Die Institutsgarantie setzt dem Gesetzgeber äußerste Grenzen, die er bei einer Inhalts- und Schrankenbestimmung nicht überschreiten darf.[296]

---

291   Ausdrücklich BVerfGE 27, 367 (389).
292   BVerfGE 27, 367 (389); ähnlich BVerfGE 58, 300 (339).
293   BVerfGE 58, 300 (339).
294   BVerfGE 24, 367 (385 f.); *Papier*, in: Maunz/Dürig, Art. 14 Rn. 13; *Papier*, Recht der öffentlichen Sachen, 1998, S. 5 ff.; *Säcker*, in: Münchner Kommentar zum BGB, § 903 Rn. 16.
295   BVerfGE 24, 367 (390); 58, 300 (339).
296   *Depenheuer*, in: v. Mangoldt/Klein/Starck I, Art. 14 Rn. 92.

3. Organisation und Verfahren

Die Aussage von Art. 14 GG strahlt auch auf das Organisations- und Verfahrens- 130
recht aus.[297] Dadurch wird dem Gesetzgeber, aber auch der Exekutive aufgegeben,
den Schutz des freiheitsrechtlichen Gehaltes schon im **Vorfeld** eines eigentlichen
Eingriffs durch Maßgaben insbesondere im Rahmen des **Verwaltungsverfahrens** zu
gewährleisten.

Dem Eigentümer muss das Recht eingeräumt sein, seine Eigentümerinteressen effek- 131
tiv zu vertreten und durchzusetzen.[298] Dies gilt vor allem für den von einer Enteignung betroffenen Grundrechtsträger, dessen Schutz damit über den aus Art. 19
Abs. 4 GG[299] und Art. 14 Abs. 3 S. 4 GG fließenden retrospektiven Rechtsschutz
bereits im Vorfeld des Zugriffs prozedural verstärkt wird.

Auch **einfachgesetzliche Vorschriften**, die zu Eingriffen in das Eigentumsgrundrecht 132
ermächtigen, sind so auszulegen, dass in den jeweiligen Verfahren das Grundrecht
aus Art. 14 GG angemessene Berücksichtigung findet. Insbesondere **Fristen** und
andere **prozedurale Regelungen**, die die Durchsetzung von Eigentümerrechten erschweren und ihr gegebenenfalls unter bestimmten Bedingungen sogar entgegenstehen, sind im Lichte des Art. 14 GG und damit unter Würdigung des Eigentumsrechts auszulegen. Daher darf beispielsweise eine gesetzlich festgelegte Jahresfrist für
Entschädigungsklagen nicht so ausgelegt werden, dass der von einer Maßnahme auf
Grundlage des Gesetzes Betroffene gezwungen ist, schon vor Abschluss des gegen
den Eingriff gerichteten verwaltungsgerichtlichen Verfahrens über die Erhebung der
Entschädigungsklage zu entscheiden.[300] Die durch eine solche Auslegung entstehenden Entscheidungsschwierigkeiten, Finanzierungspflichten und Prozessrisiken erschweren die Durchsetzung der von Art. 14 GG geschützten Rechte in unverhältnismäßiger Weise.

Nicht ausgeschlossen ist aber, dass der Gesetzgeber für **Planfeststellungsverfahren**[301] 133
und **Verfahren vergleichbarer Art**[302] materielle Präklusionsnormen vorsieht. **Materielle Präklusion** führt dazu, dass Einwendungen, die nicht innerhalb der Einwen-
dungsfrist des jeweiligen Verwaltungsverfahrens vorgebracht werden, auch mit Wirkung für ein nachfolgendes verwaltungsgerichtliches Verfahren ausgeschlossen sind.
Ein solcher Ausschluss ist mit Art. 14 GG vereinbar, weil die den Bürger belastende
Mitwirkungsobliegenheit erkennbar ist und damit den gerichtlichen Rechtsschutz
nicht vereitelt oder unzumutbar erschwert. Planfeststellungsverfahren und Verfahren

---

297 Hierzu allg.: *Sachs*, in: ders., vor Art. 1 Rn. 34; *Schmidt-Aßmann*, in: Merten/Papier,
      HGR II, § 45 Rn. 5 ff.
298 BVerfGE 49, 252 (257); 51, 150 (156); *Bryde*, in: v. Münch/Kunig, Art. 14 Rn. 34 ff.;
      Papier, in: Maunz/Dürig, Art. 14 Rn. 43 ff.
299 BVerfGE 49, 252 (257); 134, 242 (299 ff.). Zu dem Verhältnis von Art. 14 GG und
      Art. 19 Abs. 4 GG: *Papier*, in: Maunz/Dürig, Art. 14 Rn. 46.
300 BVerfG, NVwZ 1999, 1329, 1329 f.
301 BVerwG, NVwZ 1997, 489, 489 ff.
302 BVerwG, NVwZ 2006, 85, 85 ff.

vergleichbarer Art sind zeit- und kostenaufwendige Vorgänge. Daher ist es ein legitimes Anliegen des Gesetzgebers, dass ihre Ergebnisse nicht ohne hinreichenden Grund in Frage gestellt werden.[303]

134 Der verfahrensrechtliche Schutz entfaltet sich auch in **eigentumsrelevanten Konflikten zwischen Privaten** – soweit diese gesetzlich geregelt sind und mit staatlicher, v.a. gerichtlicher Hilfe ausgetragen werden. Hier berühren sich **mittelbare Grundrechtswirkung**, die sich insbesondere durch die Anwendung von zivilrechtlichen Generalklauseln entfaltet und staatliche Schutzpflichten (vgl. Einl. Rdn. 42 ff.). Die »Ausstrahlungswirkung« der Grundrechte entfaltet ihren Einfluss bei der Auslegung des einfachen Rechts.[304] In Fällen, in denen die Exekutive oder Judikative in Streitigkeiten zwischen Privaten über Rechte entscheiden, die in den Schutzbereich von Art. 14 GG fallen, müssen sie bei Auslegung und Anwendung privatrechtlicher Vorschriften – etwa mietrechtlicher, vollstreckungsrechtlicher oder gesellschaftsrechtlicher Vorschriften – die im Gesetz zum Ausdruck kommende Interessenabwägung in einer Weise nachvollziehen und unverhältnismäßige Eigentumsbeschränkungen einer Seite vermeiden.[305]

135 Folgt man der Rechtsprechung des Bundesverfassungsgerichts, gilt dies auch für Vorschriften, die das Verhältnis von Wohnraummieter und Eigentümer regeln, da das Mietrecht dem Mieter ein Besitzrecht zuweist, das eine Nutzungs- und Verfügungsbefugnis beinhaltet und damit eine vermögenswerte Rechtsposition darstellt (vgl. aber Rdn. 65).

136 Soweit in einer zivilrechtlichen Streitigkeit – wie etwa bei einer Auseinandersetzung von Wohnraumeigentümer und Mieter[306] bzw. zwischen Wohnungseigentümern[307] – auf beiden Seiten Positionen aus Art. 14 GG relevant sind, müssen staatlicherseits die Interessen der Grundrechtsberechtigten miteinander in gerechtem Ausgleich in ein ausgewogenes Verhältnis gebracht werden. Die konkurrierenden verfassungsrechtlichen Eigentumspositionen sind dabei inhaltlich so auszugestalten bzw. gegeneinander abzugrenzen, dass die Eigentumspositionen allseits angemessen gewahrt werden. Gleichermaßen muss daher aus dieser Perspektive neben dem Bestandsinteresse des Mieters das Erlangungsinteresse des Vermieters als Eigentümer beachtet werden. Dies geschieht im Mietrecht etwa durch die §§ 564b, 556a BGB.[308]

137 Im Zusammenhang mit dem **zivilprozessualen Vollstreckungsschutz** nach § 765a **ZPO** müssen die Wertentscheidungen des Grundgesetzes ebenfalls beachtet werden. Die gewichtigen Interessen des Vollstreckungsgläubigers, die durch Art. 14 Abs. 1

---

303 BVerwG, NVwZ 2006, 85, 86.
304 BVerfGE 7, 198 (205 f.), 25, 256 (263); 84, 192 (195); *Jarass*, in: Merten/Papier, HGR II, § 38 Rn. 60 ff.; *Pieroth/Schlink/Kingreen/Poscher*, Grundrechte, Rn. 196.
305 BVerfGE 89, 1 (7).
306 BVerfG, NJW 2006, 2033, 2033; BGHZ 165, 75 (79 f.); BVerfGE 89, 1 (5 ff.).
307 BVerfG, NVwZ 2005, 801, 802.
308 BVerfGE 89, 1 (9); *Blank*, in: Schmidt-Futterer, Mietrecht, § 573 BGB Rn. 41.

GG geschützt werden, sind in einer Interessenabwägung gegenüber den Schuldner-interessen, die beim Vollstreckungsschutz meist auf Art. 2 Abs. 1 oder Abs. 2 S. 1 GG beruhen, einzubeziehen.[309] Die Aufgabe des Staates, dieses Recht zu wahren, umfasst auch die Pflicht, ordnungsgemäß titulierte Ansprüche notfalls mit Zwang durchzusetzen und dem Gläubiger zu seinem Recht zu verhelfen.[310]

In der **Zwangsversteigerung** soll der Schuldner durch eine angemessene Gestaltung 138
des Verfahrensrechts davor bewahrt werden, dass sein Eigentum weit unter Wert ver-kauft wird.[311] Auch für die **Arrestanordnung** im strafrechtlichen Ermittlungsverfah-ren hat das Bundesverfassungsgericht festgestellt, dass die Rechte aus Art. 14 Abs. 1 GG durch die Gestaltung des gerichtlichen Verfahrens abzusichern sind. Ermitt-lungsrichter und Rechtsmittelgericht müssen daher bei einer Arrestanordnung die maßgeblichen tatsächlichen und rechtlichen Grundlagen besonders sorgfältig prüfen und ihre Anordnung eingehend begründen.[312]

4. Staatliche Schutzpflichten

Aus Art. 14 GG können auch **staatliche Schutzpflichten** resultieren (Einl. 139
Rdn. 47 ff.). Diese räumen dem Grundrechtsträger Schutzansprüche gegen den Staat im Hinblick auf Eigentumsübergriffe durch andere, ihrerseits nicht grundrechts-gebundene Dritte, ein.[313] Da auch der die Schutzpflicht realisierende Eingriff in die grundrechtliche Sphäre des Störers immer dessen Grundrechte berührt, ist hier in erster Linie der Gesetzgeber gefordert, die Grundrechtssphären von Störer und Be-troffenem in abstrakt-genereller Weise miteinander in Einklang zu bringen. In zwei-ter Linie betrifft die Schutzpflicht aber natürlich auch Judikative und Exekutive bei der Interpretation und Anwendung einfachen Rechts (insbesondere bei der Aus-übung von Ermessen und der Kontrolle von Ermessensfehlern).

Die staatliche Schutzpflicht beinhaltet eine subjektive Komponente, die dem Betrof- 140
fenen einen **Schutzanspruch** einräumt (i.e. Einl. Rdn. 82 ff.). Aufgrund der dem Staat zukommenden Gestaltungsfreiheit bei der abstrakten Ausformung und konkre-ten Umsetzung seiner Schutzverpflichtung mündet dieses subjektive Recht allerdings nur in seltenen Ausnahmefällen in eine staatliche Pflicht, eine bestimmte Schutz-handlung vorzunehmen.[314]

---

309 BGH, NJW 2008, 1742, 1743; BGH, NJW 2008, 1000, 1000; BVerfG, NZM 2005, 657, 659; BGHZ 163, 66 (73 f.).
310 BVerfGE 49, 220 (231).
311 BVerfGE 46, 325 (333 ff.); 49, 220 (225); 51, 150 (156); zuletzt BVerfG, NJW 2012, 2500, 2500 f.
312 BVerfG, NJW 2005, 3630 f.
313 BVerfGE 114, 1 (56); BVerfG, NJW 2006, 1783, 1784.
314 BVerfG, NJW 1998, 3264, 3265; BGHZ 162, 49 (64 ff.) (Schutzpflicht aus Art. 14 GG, Unternehmen der Kreditwirtschaft zu beaufsichtigen); vgl. auch *Calliess*, in: Merten/ Papier, HGR II, § 44 Rn. 6.

141 Im Regelfall kann der Gesetzgeber aus einem **Spektrum von denkbaren Instrumenten** das ihm zur Realisierung der Schutzpflicht geeignet erscheinende **auswählen**. In Betracht kommt dabei etwa die Bereitstellung einer geeigneten Privatrechtsordnung,[315] eines ausreichenden strafrechtlichen Eigentumsschutzes, eines effektiven Verfahrens der Rechtsdurchsetzung oder die Gewährung von Abwehransprüchen gegenüber Dritten.[316]

142 Dies kann beispielsweise bei der Konkretisierung und Realisierung eines zunächst nur dem Grunde nach bestehenden Anspruchs auf Überschussbeteiligung bei einer **Lebensversicherung** erforderlich sein. Die vom Gesetzgeber ermöglichte Übertragung des Bestands an Lebensversicherungsverträgen betrifft vermögenswerte Positionen der Versicherten, die vom Schutzbereich der Eigentumsgarantie des Art. 14 Abs. 1 GG erfasst sind.[317] In gleicher Weise erfordert der objektiv-rechtliche Schutzauftrag aus Art. 14 Abs. 1 GG, dass zu verrechnende Abschlusskosten bei einer kapitalbildenden Lebensversicherung für den Versicherungsnehmer erkenntlich sein müssen.[318] Die aus der Eigentumsgarantie abzuleitende staatliche Schutzpflicht erstreckt sich auch auf den vermögensrechtlichen Schutz der Mitglieder eines Versicherungsvereins auf Gegenseitigkeit. Der Gesetzgeber hat auf Grund des objektivrechtlichen Gehalts von Art. 14 Abs. 1 GG zu gewährleisten, dass den bei einer Bestandsübertragung aus dem Verein ausscheidenden Mitgliedern ein angemessener Ausgleich gewährt wird.[319]

143 Soweit das Gesellschafts- oder das Übernahmerecht Instrumente für Mehrheitsaktionäre bereitstellen, anhand derer sie Minderheitsaktionäre gegen Abfindung aus der Gesellschaft hinausdrängen können (**squeeze out**), handelt es sich nach verfassungsgerichtlicher Judikatur um »verfassungsgemäße Inhalts- und Schrankenbestimmungen«, soweit eine **dreifache Rechtfertigung** vorliegt: Die Zulassung des Herausdrängens von Minderheitsaktionären muss von legitimen Gründen getragen sein. Dem Minderheitsaktionär sind wirksame Rechtsbehelfe gegen einen eventuellen Missbrauch wirtschaftlicher Macht einzuräumen. Des Weiteren verlangt die Eigentumsgarantie eine volle wirtschaftliche Entschädigung für den Verlust der mitgliedschaftlichen Stellung.[320] Eine weitergehende Modifizierung dieser Anforderungen ist allerdings geboten, wenn der Aktionärsausschluss durch den Bund mit dem Ziel der Verstaatlichung betrieben wird.[321]

---

315 *Wieland*, in: Dreier, I Art. 14 Rn. 195.
316 BVerfG, NJW 1998, 3264, 3264 ff.; *Depenheuer*, in: v. Mangoldt/Klein/Starck I, Art. 14 Rn. 96.
317 BVerfGE 114, 1 (37 ff.); 114, 73 (91 ff.).
318 BVerfG, NJW 2006, 1783, 1784 f.
319 BVerfGE 114, 1 (56 ff.).
320 BVerfG, NJW 1962, 1667, 1668 f.; BVerfG, NJW 1999, 3769, 3770; BVerfG-K, NJW 2001, 279; BVerfG, NJW 2007, 3268, 3270; s.a. BGHZ 135, 374.
321 *Schmidt-Aßmann*, in: FS für Badura, 2004, S. 1009, 1024; vgl. zum Fall des RettungsübernahmeG: *Becker/Mock*, DB 2009, 1055, 1058 ff.

5. Leistungs- und Teilhaberechte

Aus der **objektiv-rechtlichen Funktion** der Grundrechte werden auch Leistungs- 144
und Teilhaberechte abgeleitet. Erstgenannte haben einen Anspruch auf ggf. erst noch
zu erbringende staatliche Leistungen zum Gegenstand, während letztere sich auf
Teilhabe an einer bestehenden staatlichen Leistung beziehen. Originäre Leistungsrechte aus Art. 14 GG im Sinne einer Verpflichtung des Staates, einem Anspruchs-
berechtigten Eigentumspositionen einzuräumen, kommen unter keinen Umständen
in Betracht. Es gibt **kein »Recht auf Eigentum«**.[322]

Es folgt demgegenüber aber eine staatliche Pflicht zur **aktiven Förderung der Ver-** 145
mögensbildung aus der Eigentumsinstitutsgarantie zur Abwehr von dysfunktionalen
Konzentrationen des Privateigentums.[323] Diese Verpflichtung stellt aber lediglich
einen allgemeinen, auch sozialstaatlich aufgeladenen Verfassungsauftrag zu einer gerechten Vermögenspolitik an den Gesetzgeber dar und ist nicht justiziabel.[324]

Allenfalls im Zusammenhang mit der verfahrensrechtlichen Komponente des Grund- 146
rechtsschutzes sind **originäre Leistungsrechte** im Sinne eines Anspruchs auf Schaffung
von grundrechtsschützenden Verfahrensabläufen und -rechten denkbar.[325]

Der **teilhaberechtliche Aspekt** des Art. 14 GG erlangt in solchen Fällen besondere 147
Bedeutung, in denen selbst erarbeitete sozialversicherungsrechtliche Positionen in den
Schutzbereich des Art. 14 GG einbezogen werden (Rdn. 68 ff.). Hier ist der Anspruch
des Begünstigten auf Teilhabe an den Leistungen der Sozialversicherung Schutzgegenstand.[326]

II. Erbrecht

Ähnlich dem Eigentumsrecht weist das Erbrecht in Art. 14 GG **verschiedene Ge-** 148
währleistungsebenen auf.[327] Es ist zum einen **individuelles Freiheitsrecht** und schützt
als solches die Testierfreiheit des Erblassers.[328] Zum andern aber will das Grundgesetz
auch im Wege einer **Einrichtungsgarantie** das Rechtsinstitut als solches garantieren.[329] Damit ist der Gesetzgeber verpflichtet, das Erbrecht in seinem Wesensgehalt
zu bewahren, das durch seine traditionellen bürgerlich-rechtlichen Strukturen, zu denen im Einzelnen vor allem die Testierfreiheit und die Privaterbfolge zählen,[330] we-

---

322 *Depenheuer*, in: v. Mangoldt/Klein/Starck I, Art. 14 Rn. 98; *Papier*, in: Maunz/Dürig,
    Art. 14 Rn. 15.
323 *Bryde*, in: v. Münch/Kunig I, Art. 14 Rn. 38; *Papier*, in: Maunz/Dürig, Art. 14 Rn. 17.
324 *Bryde*, in: v. Münch/Kunig I, Art. 14 Rn. 38.
325 *Lorenz*, AöR 105 (1980), 623, 641 f.; *Papier*, in: Maunz/Dürig, Art. 14 Rn. 45.
326 *Papier*, in: Merten/ders., HGR II, § 30 Rn. 33.
327 BVerfGE 19, 202 (206); 67, 329 (340); 91, 346 (358); 99, 341 (349).
328 *Pabst*, JuS 2001, 1145, 1145.
329 BVerfGE 112, 332 (348).
330 Dazu jeweils BVerfGE 91, 346 (358).

sentlich geprägt wird.[331] Das Bundesverfassungsgericht ordnet auch das Verwandtenerbrecht dem Wesensgehalt zu. Im Schrifttum wird demgegenüber darauf hingewiesen, dass die Erbrechts- mit der Eigentumsgarantie derart eng verknüpft ist, dass durch die Erbrechtsgarantie lediglich die Testierfreiheit geschützt sein könne. Allein diese gewährleiste (anders als das Verwandtenerbrecht) die Privatnützigkeit des Eigentums über den Tod hinaus.[332] Aus Sicht der Institutionsgarantie ist auch die Entscheidung darüber von Bedeutung, an welchem Punkt dem Staat Zugriff auf das Erbgut gewährt wird. Ein staatliches Erbrecht kraft hoheitlicher Gewalt widerspräche der Institutsgarantie. Soweit der Staat aber im Sinne des § 1936 BGB nachrangig als Erbe in Frage kommt, stellt sich die Frage des konkreten Zugriffszeitpunkts bzw. -rangs.[333]

F. Eingriffe und Schranken

I. Der Eingriff in das Eigentum

149   Ein Eingriff im Sinne der allgemeinen Grundrechtsdogmatik ist jedes staatliche Verhalten, das die Ausübung der grundrechtlichen Freiheit rechtlich oder tatsächlich unmöglich macht oder erschwert.[334] Hierbei ist es für die **Qualifikation als Eingriff** nicht von Bedeutung, ob die grundrechtliche Freiheit durch eine Rechtsnorm, durch einen einzelnen Rechtsakt oder durch einen Realakt direkt oder indirekt[335] verkürzt wird.[336] Die Beeinträchtigung kann auch durch Realakt oder nur mittelbar erfolgen. Identifizierung und Klassifizierung des staatlichen Eingriffs in Art. 14 GG sind nicht immer leicht durchzuführen, weil der Gesetzgeber verschiedene Rollen gegenüber dem Freiheitsgehalt des Grundrechts einnehmen kann. Ihm kommt es nicht nur zu, den Inhalt des rechtlich geschützten Eigentums zu bestimmen und darüber hinaus noch die Eigentumsordnung insgesamt zu gestalten. Vielmehr muss er auch die Schranken des so gestalteten Eigentums setzen bzw. deren Setzung durch andere staatliche Akteure, v.a. die Verwaltung, ermöglichen.

150   Art. 14 GG kennt **zwei verschiedene Eingriffsintensitäten**, die unterschiedlichen verfassungsrechtlichen Bedingungen unterworfen sind. Neben die nach der hier vertretenen Ansicht von der Inhaltsbestimmung zu differenzierende Schrankenbestimmung (Rdn. 30 ff.) tritt die Enteignung. Die Schrankenbestimmung ist den in Art. 14 Abs. 1 S. 2, Abs. 2 GG formulierten Anforderungen unterworfen. Die Enteignung ist unter den Voraussetzungen des Art. 14 Abs. 3 GG zulässig. Beide Ein-

---

331   *Kloepfer*, in: Merten/Papier, HGR II, § 43 Rn. 80 f.
332   *Wieland*, in: Dreier I, Art. 14 Rn. 81 ff.
333   Vgl. *Papier*, in: Maunz/Dürig, Art. 14 Rn. 301.
334   *Isensee*, in: ders./Kirchhof, HStR IX, (3. Aufl., 2011), § 191 Rn. 105 ff.; *Klein*, in: Merten/Papier, HGR I, § 6 Rn. 58; *Pieroth/Schlink/Kingreen/Poscher*, Grundrechte, Rn. 253.
335   *Epping*, Grundrechte, Rn. 367 ff.; *Maurer*, Staatsrecht I, § 9 Rn. 46 f.; vgl. auch *Jarass*, in: ders./Pieroth, Vor. Art. 1 Rn. 26 ff.; *Sachs*, in: ders., Vor Art. 1 Rn. 78 ff.
336   *Jarass*, in: ders./Pieroth, Art. 14 Rn. 26 ff.; *Papier*, in: Maunz/Dürig, Art. 14 Rn. 29 m.w.N.

griffsformen sind vor dem Hintergrund einer formalen Betrachtungsweise streng voneinander zu trennen; die Annahme eines fließenden Übergangs von einer besonders belastenden Schranke zu einer Enteignung ist schon seit der Nassauskiesungsentscheidung nicht mehr möglich.

1. Die Enteignung

Die Definition der Enteignung erfolgt durch Bezugnahme auf **Form** und **Zweck-** **151** **richtung** des staatlichen Eingriffs: Eine Enteignung ist der vollständige oder teilweise Entzug einer Eigentumsposition zur Erfüllung hoheitlicher Aufgaben.[337]

Das Bundesverfassungsgericht hat in der **Nassauskiesungsentscheidung**[338] eine Ent- **152** wicklung in der Rechtsprechung umgekehrt, die durch eine immer weitergehende Abkehr von dem klassischen Enteignungsbegriff geprägt war.[339] Diese Ausweitung des Eigentumsschutzes hatte zeitweise zu einer konturenlosen Struktur des Art. 14 GG geführt. Insbesondere die Übung, eine Entschädigung auch dann zu gewähren, wenn der Gesetzgeber die Junktimklausel missachtet hatte, sowie die Möglichkeit des durch eine Belastung seines Eigentums beeinträchtigten Grundrechtsträgers, zwischen Abwehr des Eigentumseingriffs oder späterer Entschädigung zu wählen, hatte die Frage aufgeworfen, inwieweit Art. 14 GG nicht mehr die Zuordnung eines Gegenstandes zu seinem Eigentümer (Bestandsgarantie), sondern vielmehr lediglich den Werterhalt in dessen Vermögen gewährleisten sollte.

Es darf allerdings nicht übersehen werden, dass die in der Rückbesinnung auf den **153** historischen Ausgangspunkt liegende Verengung und **Formalisierung des Enteig-** **nungsbegriffs** allerdings in gewisser Weise der Entwicklung anderer Bereiche der Grundrechtsdogmatik entgegenläuft, in denen das Verständnis vom Grundrechtseingriff eine stete Ausweitung erfahren hat. Dies ist allerdings nicht zu beanstanden, weil es sich bei der Enteignung lediglich um eine spezifische Eingriffsart handelt, die neben anderen möglichen Eingriffen in Art. 14 GG durch Schrankenbestimmungen steht.

Die Enteignung war historisch ein **Güterbeschaffungsvorgang**[340]. Der Staat griff auf **154** das Eigentum des einzelnen Grundrechtsträgers zu, damit es in seiner Hand zur Erfüllung eines öffentlichen Zwecks genutzt werden kann. Diese Einengung ist allerdings aus dem Blickwinkel von Art. 14 GG verfassungsrechtlich nicht zwingend,

---

337 BVerfGE 56, 249 (270 ff.); 70, 191 (199); 79, 174 (191); 83, 201 (211); 100, 226 (239 f.); 101, 239 (259); 102, 1 (15 f.); 104, 1 (9 f.); 112, 93 (109); *Jarass*, NJW 2000, 2843; *Lege*, NJW 1990, 864 ff.; *ders.*, NJW 1993, 2565; *Maurer*, in: FS Dürig, 1990, S. 295 ff.; *Papier*, NWVBl. 1990, 397; *ders.*, JuS 1989, 630 ff.; *Rozek*, Die Unterscheidung von Eigentumsbindung und Enteignung, 1998, S. 21 ff.; zur Kritik an dem von der Rechtsprechung durchgeführten begrifflichen Gegensatz zwischen Inhaltsbestimmung und Enteignung vgl. *Wilhelm*, JZ 2000, 909 ff.
338 BVerfGE 58, 300 (300 ff.).
339 *Papier*, in: Depenheuer, Eigentum. Ordnungsidee, Zustand, Entwicklungen, S. 103.
340 So auch *Ossenbühl/Cornils*, Staatshaftungsrecht, S. 204.

auch wenn das Bundesverfassungsgericht sie in historisch dekontextualisierter Form wieder aufgegriffen hat (vgl. Rdn. 252).[341]

155 Bei dem **hoheitlichen Rechtsakt**, der die Enteignung bewirkt, kann es sich entweder um ein Gesetz handeln, das einem bestimmten Personenkreis Eigentumsrechte entzieht (Legalenteignung) oder die Enteignung erfolgt durch behördlichen Einzelakt auf der Grundlage eines Gesetzes (Administrativenteignung).[342]

156 Entscheidend für die Qualifikation einer Eigentumsbeeinträchtigung als Enteignung ist die **rechtliche Form** des Zugriffs auf das Eigentum. Nicht maßgeblich ist hingegen die Schwere (und damit die Quantität) der Belastung, so dass der womöglich besonders schwerwiegende, aber nicht gezielte hoheitliche Eingriff in das Eigentum keine Enteignung im Rechtssinne darstellt. Aufgrund der formalen Betrachtungsweise kann etwa eine eigentumsrelevante gesetzliche Regelung nicht gleichzeitig Legalenteignung und Inhalts- oder Schrankenbestimmung sein.[343]

157 Die Enteignung muss zur **Erfüllung öffentlicher Aufgaben** erfolgen.[344] Dies bedeutet indes nicht, dass das Eigentum zwingend von privater Hand in die des Staates zu überführen ist. Die Verfolgung von Allgemeinwohlinteressen kann auch durch Private erfolgen, denen dann hierfür das entzogene Eigentumsobjekt staatlicherseits zur Verfügung gestellt wird.[345]

158 Dient ein Eigentumsentzug allein dem **Ausgleich privater Interessen** und damit bestens mittelbar dem Rechtsfrieden als Gemeinwohlinteresse, liegt begrifflich keine Enteignung vor. Anforderungen und Folgen des Art. 14 Abs. 3 GG werden nicht ausgelöst, da nicht unmittelbar Gemeinwohlinteressen verfolgt werden. Für einen solchen Entzug bleibt nur die Kategorisierung als Inhalts- und Schrankenbestimmung.[346]

159 Eine solche liegt etwa dann vor, wenn sich ein Gläubiger im Zuge eines **Zwangsvollstreckungsverfahrens** aus dem versteigerten Eigentum des Schuldners befriedigt. Dem Schuldner wird hier zwar durch gezielten staatlichen Zugriff des Vollstreckungsorgans eine Eigentumsposition entzogen, doch dient dies allein der Befriedigung des privatrechtlichen Anspruchs des Gläubigers und das Eigentumsobjekt wird nicht zu Gemeinwohlzwecken eingesetzt. Entsprechendes lässt sich in dem Fall einer **Umlegung von Bauland** sagen, die durch den teilweisen Entzug von Grundstücken die Neuordnung eines Baugebiets verwirklicht und damit in erster Linie einen privaten Interessenausgleich bezweckt. Auch hier handelt es sich daher nicht um eine

---

341 BVerfGE 104, 1 (10).

342 BVerfGE 52, 1 (27); 100, 226 (239 f.); 102, 1 (15 f.).

343 *Depenheuer*, in: v. Mangoldt/Klein/Starck I, Art. 14 Rn. 205.

344 BVerfGE 38, 175 (179 f.); 101, 239 (259); 102, 1 (15); 104, 1 (9); hierzu auch *Wendt*, in: Sachs, Art. 14 Rn. 151 f.

345 BVerfGE 74, 264 (279 ff.); zur Enteignung zu Gunsten Privater *Bryde*, in: v. Münch/Kunig I, Art. 14 Rn. 82; *Wieland*, in: Dreier I, Art. 14 Rn. 123 f.

346 BVerfGE 72, 66 (76 f.); 104, 1 (9 f.); 110, 239 (259).

Enteignung, sondern um eine Bestimmung von Eigentumsschranken.[347] Die gerade
in diesem Fall notorisch gewordene (und im Ergebnis zu verneinende) Frage, ob eine
Enteignung schon begrifflich einen Übergang des fraglichen Eigentums von dem
Grundrechtsträger auf den Staat erfordert, stellt sich also hier nicht.

Art. 14 Abs. 3 GG legt die **Voraussetzungen für die Rechtmäßigkeit** einer Enteig- 160
nung fest, so dass diese **kein konstituierendes Merkmal** der Enteignung sein kann.[348]
Der Anwendungsbereich kann also nicht von vornherein auf rechtmäßige Enteignungen beschränkt sein. Die Eingriffsart ist unabhängig von ihrer Rechtmäßigkeit zu
bestimmen, auch wenn nur die rechtmäßige Enteignung Entschädigungsfolgen auszulösen vermag. Auch das Bundesverfassungsgericht spricht von einer Enteignung,
selbst wenn die Maßnahme rechtswidrig ist.[349] Hiervon zu differenzieren sind allerdings die Anforderungen, die bei dem Vorliegen einer rechtswidrigen Enteignung an
den Grundrechtverpflichteten zu stellen sind (Rdn. 275).

2. Die Abgrenzung von Schrankenbestimmung und Enteignung

Die verschiedenen Optionen von Gesetzgeber und Verwaltung, das Eigentum zu ge- 161
stalten und auf es einzuwirken oder es gar zu entziehen, sind strikt voneinander zu
trennen. Dies wurde bereits für die Abgrenzung von Inhalts- und Schrankenbestimmung dargelegt (Rdn. 30 ff.). Es gilt aber auch für das Verhältnis von Inhalts- und
Schrankenbestimmung einerseits und Enteignung andererseits.

Eine verfassungswidrige Inhalts- oder Schrankenbestimmung kann nicht in eine Ent- 162
eignung mit Entschädigungsfolge umgedeutet werden, um auf diese Weise die Verfassungsmäßigkeit des Eingriffs herzustellen (zu »retten«).[350] Sie ist unwirksam und
kann allein im Wege des Primärrechtsschutzes abgewehrt werden.[351] Die ordentliche
Gerichtsbarkeit hatte demgegenüber bis zur Nassauskiesungsentscheidung des Bundesverfassungsgerichts ein **quantitatives Enteignungsverständnis** gepflegt und vor
diesem Hintergrund Entschädigungen auch ohne einfachgesetzliche Grundlage und
auch für rechtswidrige Eingriffe gewährt. Hier wurde in ständiger Rechtsprechung
festgelegt, dass eine Enteignung durch einen besonders schwerwiegenden, unzumutbaren oder sich als Sonderopfer besonderen Ausmaßes erweisenden Eigentumseingriff charakterisiert war, auch wenn nicht zwingend ein gezielter, finaler Zugriff auf
eine von Art. 14 GG geschützte Rechtsposition vorlag.[352]

---

347 BVerfGE 104, 1 (9 f.); dazu *Haas*, NVwZ 2002, 272, 272 ff.
348 So auch *Depenheuer*, in: v. Mangoldt/Klein/Starck I, Art. 14 Rn. 413; *Dietlein*, in: Stern,
    Staatsrecht IV/1, S. 2265; *Jarass*, in: ders./Pieroth, Art. 14 Rn. 76; *ders.*, NJW 2000,
    2841, 2845; *Wieland*, in: Dreier I, Art. 14 Rn. 94; a.A. *Papier*, in: Maunz/Dürig, Art. 14
    Rn. 546.
349 BVerfGE 56, 249 (261).
350 BVerfGE 52, 1 (27 f.); 58, 300 (320); 79, 174 (192); *Depenheuer*, in: v. Mangoldt/Klein/
    Starck I, Art. 14 Rn. 203; *Jarass*, NJW 2000, 2841, 2842.
351 BVerfGE 52, 1 (27 f.); 100, 226 (241); *Papier*, in: Maunz/Dürig, Art. 14 Rn. 328.
352 BGHZ 6, 270 (280).

163   Zum Zwecke der Differenzierung zwischen Inhalts- und Schrankenbestimmung einerseits und Enteignung andererseits war es eine ganze Reihe von Konzepten entwickelt worden, die aber zumindest für diese Abgrenzung aufgrund der Rückkehr zu einem formalen Enteignungsverständnis insoweit nicht mehr benötigt werden. Ihr Anwendungsbereich hat sich indes verschoben.

164   Trotz eines formalen Verständnisses kann die Identifikation einer Enteignung Schwierigkeiten bereiten, da neben der vollständigen auch die teilweise Entziehung einer Rechtsposition eine Enteignung darstellt.[353] Schwierig sind insbesondere die Fälle einer in einer **weitgehenden Nutzungsbeschränkung** bestehenden Eigentumsbeschränkung.[354] Eine solche kann **räumlich oder sachlich abgrenzbare Bestandteile** eines Eigentumsgegenstandes betreffen: etwa, wenn bestimmte Teile eines Grundstücks entzogen werden und der beim Eigentümer verbleibende Rest für sich genommen nicht mehr sinnvoll nutzbar ist. Sie kann sich aber auch auf ein aus dem Eigentumsrecht **abtrennbares Teilrecht** beziehen. Dies wäre etwa der Fall, wenn aus dem Eigentumsobjekt ein beschränkt dingliches Recht herausgelöst und auf den Staat übertragen wird, während die Eigentumsposition als solche beim Eigentümer verbleibt. Wenn eine Eigentumsposition zivilrechtlich in verschiedene Elemente aufgeteilt werden kann, die je für sich selbst wiederum dem Eigentumsschutz unterliegen, kann auf diese Teilfunktionen durch Enteignung zugegriffen werden,[355] ansonsten liegt nur eine Inhalts- oder Schrankenbestimmung vor.[356] Dies gilt insbesondere für die Nutzungs- und Verfügungsbeschränkungen des Bauplanungs-, Denkmalschutz- oder Naturschutzrechts.[357]

165   Seit der Nassauskiesungsentscheidung aus dem Jahre 1981 sind somit Eingriffsintensität oder Schwere des Eingriffs kein entscheidendes Kriterium mehr für das Vorliegen einer Enteignung. Sogar wenn durch die gesetzlichen Regelungen Nutzbarkeit einer Grundstücksfläche oder eines aufstehenden Gebäudes so sehr eingeschränkt werden, dass der Eigentumsgegenstand in der Hand des Grundrechtsträgers keinen praktischen oder wirtschaftlichen Wert mehr aufweist und gegebenenfalls sogar zu einer Belastung wird und in einem solchen Fall von dem Eigentum nichts mehr als die bloße Hülle übrigbleibt (»**nudum ius**«), setzt sich in der Rechtsprechung des Bundesverfas-

---

353   BVerfGE 58, 300 (321); zur Teilentziehung *Burgi*, NVwZ 1994, 527, 527.

354   Ausführlich hierzu: *Burgi*, NVwZ 1994, 527, 527 ff.

355   So z.B. eine Dienstbarkeit BVerfGE 45, 297 (339); 56, 256 (260); BGHZ 120, 38 (40); kritisch hinsichtlich der Möglichkeit solcher »qualitativer Teilenteignungen« aber vor dem Hintergrund des formalisierten Enteignungsverständnisses hingegen *Depenheuer*, in: v. Mangoldt/Klein/Starck I, Art. 14 Rn. 210, der hier von einer Inhalts- und Schrankenbestimmung ausgeht; vgl. auch *Pietzcker*, JuS 1991, 369, 371; *Schulze-Osterloh*, DVBl. 1991, 906, 912.

356   BVerfGE 52, 1 (26 ff.); 72, 66 (77); 79, 174 (191 f.).

357   *Axer*, DVBl. 1999, 1533, 1540; *Depenheuer*, in: v. Mangoldt/Klein/Starck I, Art. 14 Rn. 206 ff.; kritisch insoweit aber *Burmeister/Röger*, JuS 1994, 840, 840; *Schwabe*, JURA 1994, 529, 529 ff.; zum Waldeigentum insgesamt: *Depenheuer/Möhring*, Waldeigentum, 2010.

sungsgerichts die formale Betrachtungsweise durch und sieht hierin lediglich eine **Inhalts- und Schrankenbestimmung** des Eigentums.

Die Formalisierung der Enteignung setzt den formalen Verlust einer Rechtsposition 166 voraus und blendet damit alle materialen, auf die Schwere der Beeinträchtigung bezogenen Aspekte aus.[358] Damit führen auch erhebliche Nutzungsbeschränkungen, die das Eigentum seiner Nutzbarkeit und seines wirtschaftlichen Werts berauben, nicht mehr zu der Annahme einer Enteignung.[359] Der Eigentümer kann daher staatlicherseits erheblichen Belastungen ausgesetzt werden, ohne dass dies die mit der Enteignung einhergehenden Schutzmechanismen (insbesondere die Entschädigung) auslöst. Allerdings hat das Bundesverfassungsgericht die Folgen seiner formalen Stringenz durch die Etablierung der **ausgleichspflichtigen Inhaltsbestimmung** abgemildert.[360]

Wenn der Gesetzgeber ein Rechtsgebiet völlig neu ordnet und im Zuge dessen Rechte 167 abschafft, für die es im neuen Recht keine Entsprechung gibt, liegt hierin nach Ansicht des Bundesverfassungsgerichts keine Enteignung, sondern eine Ausgestaltung der Eigentumsordnung für die Zukunft.[361] Nach der hier vertretenen Ansicht handelt es sich dann um eine Inhaltsbestimmung, die aber nicht nur verhältnismäßig sein muss, sondern auch die in Art. 14 Abs. 1 GG niedergelegte Institutsgarantie zu respektieren hat. Die gerade in dem letztgenannten Aspekt liegende Eingrenzung der gesetzgeberischen Gestaltungsmacht ist allerdings nicht sehr streng.

Der Eingriff in die nach früherem Recht entstandenen Rechte muss durch Gründe 168 des öffentlichen Interesses unter Berücksichtigung des Grundsatzes der Verhältnismäßigkeit gerechtfertigt sein.[362] Erscheint die Neuordnung aber verfassungsgemäß, so ist auch der Entzug von bestehenden konkreten Eigentumspositionen im Rahmen der **normativen Neuorientierung** als dann neue Inhaltsbestimmung zulässig.[363] Auch wenn keine Enteignung im formalen Sinne vorliegt, wiegt doch die Bestandsgarantie des Art. 14 GG so schwer, dass die Gründe des öffentlichen Interesses, die für den in der Neuordnung durch Inhaltsbestimmung liegenden Eingriff sprechen, ihrerseits von erheblichem Gewicht sein müssen, da der Eingriff aus der Sicht des Betroffenen einer Enteignung gleichkommt.[364] Deswegen kann die völlige, über-

---

358 BVerfGE 66, 248 (257); 70, 191 (199 f.); 110, 141 (173); anders aber BVerfGE 83, 201 (211).

359 BVerfGE 100, 226 ff.

360 BVerfGE 58, 137 (145 ff.); 79, 174 (192); BVerwG, DVBl. 1990, 585, 587; *Maurer*, DVBl. 1991, 781, 782 f.; *Ossenbühl*, JZ 1991, 89, 89 ff.; *Pietzcker*, JuS 1991, 369, 372; *Schink*, DVBl. 1990, 1375, 1383 f.

361 BVerfGE 70, 191 (199 ff.); 71, 137 (143); 83, 201 (211 f.); *Berkemann*, in: Umbach/Clemens I, Art. 14 Rn. 272 ff.

362 BVerfGE 31, 275 (290); 36, 281 (293); 70, 191 (201 f.).

363 BVerfGE 31, 275 (285); 58, 300 (338); 78, 58 (75); 83, 201, (212); *Engelhardt*, NVwZ 1994, 337, 338; *Wieland*, in: Dreier I, Art. 14 Rn. 100.

364 BVerfGE 78, 58 (75); 83, 201 (213); *Berkemann*, in: Umbach/Clemens I, Art. 14, Rn. 272 ff.

gangs- und ersatzlose Beseitigung einer Rechtsposition durch den Gesetzgeber auch im Rahmen der Neuordnung eines Rechtsgebiets nur unter besonderen Voraussetzungen in Betracht kommen. Im Regelfall ist der Betroffene zu entschädigen (vgl. Rdn. 196 ff.), zumindest aber sind vor dem Hintergrund der auch prozeduralen Wirkungen von Art. 14 Abs. 1 GG Übergangsregelungen erforderlich. Die Frage, ob eine in die Zukunft gerichtete Inhaltsbestimmung zugleich auch für die Alteigentümer eine Enteignung darstellen kann, ist heute angesichts der ausgleichspflichtigen Inhalts- und Schrankenbestimmung für die Möglichkeit einer ausnahmsweisen Entschädigung der Alteigentümer nicht mehr entscheidend.

II. Rechtfertigung von Eingriffen in das Eigentum

1. Schranken des Eigentumsrechts

169 Staatliche Eingriffe in das Eigentum erfolgen ebenso wie schon seine Ausgestaltung vor allem zur Realisierung der in Art. 14 Abs. 2 GG niedergelegten **Sozialbindung**. Diese gibt dem Gesetzgeber auf, »eine Eigentumsordnung zu schaffen, die sowohl den privaten Interessen des Einzelnen, als auch denen der Allgemeinheit gerecht wird«.[365] Diese Aussage bildet einen Anlass für die Ausgestaltung ebenso wie auf die Beschränkung des Eigentums.

170 Allerdings lassen sich aus Art. 14 Abs. 2 GG weder unmittelbar Ansprüche eines Grundrechtsträgers an einen – auf Nutzung oder gar Übernahme fremden Eigentums – ableiten, noch engt die Vorschrift den Gestaltungsspielraum des Gesetzgebers erheblich ein. Überschreitet der Gesetzgeber durch seine Inhalts- und Schrankenbestimmungen den ihm zugebilligten Spielraum des Ausgleichs, sind die entsprechenden Regelungen verfassungswidrig und mutieren nicht zu einer entschädigungspflichtigen Enteignung, da deren Vorliegen formal und nicht nach der Schwere des Zugriffs auf das Eigentumsrecht beurteilt wird.[366]

a) Gesetzliche Grundlage

171 Die Ausgestaltung des Eigentums ist ebenso wie seine Beschränkung dem Gesetzgeber aufgetragen. Allerdings ist die **Normierung** von Inhalts- und Schrankenbestimmungen nicht allein durch parlamentarisches Gesetz, sondern auch durch jedes andere **materielle Gesetz** (Rechtsverordnung, Satzung) möglich. Diese müssen dann den allgemeinen Voraussetzungen für untergesetzliche Rechtsetzung genügen. Insbesondere sind die Grundsätze der Wesentlichkeitslehre[367] sowie bei einer Rechtsverordnung Art. 80 GG[368] zu beachten. Dafür, dass neben den geschriebenen

---

365 BVerfGE 58, 300 (334 f.); 74, 203 (214).

366 Maßgeblich: BVerfGE 58, 300 (320); seitdem st. Rspr. BVerfGE 100, 226 (240 f.), 110, 1 (24 f.).

367 Allgemein zur Wesentlichkeitslehre: *Sachs*, in: ders., Art. 20 Rn. 113 ff.; *Jarass*, in: ders./ Pieroth, Art. 20 Rn. 48 ff.

368 *Axer*, in: BeckOK GG, Art. 14 Rn. 82.

Rechtsgrundlagen **Gewohnheitsrecht** als Grundlage für Inhalts- und Schrankenbestimmungen nicht in Betracht kommen soll, gibt es keine überzeugende Erklärung.[369]

Das **Zitiergebot** des Art. 19 Abs. 1 S. 2 GG findet auf Gesetze, die den Inhalt des   172
Eigentums bestimmen, keine Anwendung. Nach der Rechtsprechung des Bundesverfassungsgerichts gilt dieses Gebot nur für diejenigen Grundrechte, die ausdrücklich durch Gesetz oder aufgrund eines (nachkonstitutionellen) Gesetzes »eingeschränkt« werden können.[370] Mit einem inhaltsbestimmenden Gesetz konkretisiert der Gesetzgeber erst den Inhalt des Eigentums und schränkt daher den Schutzbereich von Art. 14 GG nicht im Sinne des Zitiergebots ein.[371] Soweit der Gesetzgeber hingegen ein bestehendes Eigentumsrecht für die Zukunft beschränkt, liegt hierin ein Eingriff, der das Zitiergebot auslöst.[372] Auch aus dieser Differenzierung wird ersichtlich, dass es einen Unterschied zwischen Inhalts- und Schrankenbestimmungen gibt. Da es sich bei Inhalts- und Schrankenbestimmungen ohnehin um generell-abstrakte Regelungen handelt, ist ein Verstoß gegen das **Verbot des Einzelfallgesetzes** (Art. 19 Abs. 1 S. 1 GG) nicht denkbar.[373]

b) Kompetenzzuweisung im europäischen Mehrebenensystem

Ein Gesetz, das das Eigentum ausgestaltet oder es beschränkt, muss kompetenzgerecht   173
erlassen sein. Für deutsche Gesetze ist die Kompetenzverteilung in den Art. 70 ff. GG geregelt. Aber auch im europäischen Mehrebenensystem ist festzustellen, welche der Ebenen – Mitgliedstaat oder Gemeinschaft – für eigentumsrelevante Regelungen zuständig ist. Art. 5 Abs. 1 EUV konstituiert das Prinzip der begrenzten Einzelermächtigung, nach dem die Gemeinschaft »innerhalb der Grenzen der ihr in diesem Vertrag zugewiesenen Befugnisse und gesetzten Ziele tätig« wird. Nach **Art. 345 AUEV** lässt der Vertrag »die Eigentumsordnung in den verschiedenen Mitgliedstaaten unberührt«. Der Sinn der Vorschrift wird aus Text und Zusammenhang nicht unmittelbar deutlich. Angesichts der Aussage des Art. 5 Abs. 1 EUV erscheint eine Vorschrift, die der Gemeinschaft eine bestimmte Kompetenz explizit vorenthält, sogar überflüssig.

Anlass für die Vereinbarung von Art. 345 AEUV (bzw. seiner Vorgänger) waren poli   174
tische Differenzen der Gründungsstaaten hinsichtlich des wünschenswerten Maßes einer **Verstaatlichung von Produktionsmitteln** bzw. der **Staatsbeteiligung an der**

---

369 *Papier*, in: Maunz/Dürig, Art. 14 Rn. 339; a.A. *Axer*, in: BeckOK GG, Art. 14 Rn. 82; *Jarass*, in: ders./Pieroth, Art. 14 Rn. 50; *Wieland*, in: Dreier I, Art. 14 Rn. 103.

370 BVerfGE 64, 72 (79).

371 *Bryde*, in: v. Münch/Kunig I, Art. 14 Rn. 104; *Papier*, in: Maunz/Dürig, Art. 14 Rn. 337.

372 BVerfGE 21, 92 (93); 24, 367 (396); *Papier*, in: Maunz/Dürig, Art. 14 Rn. 337; a.A. *Dietlein*, in: Stern, Staatsrecht IV/1, S. 2245.

373 *Dietlein*, in: Stern, Staatsrecht IV/1, S. 2245.

Wirtschaft.[374] Dementsprechend hat die Vorschrift bislang in erster Linie im Zusammenhang mit Diskussionen über Verstaatlichung, Privatisierung und Regulierung eine Rolle gespielt.[375] Es stellt sich die Frage, ob die Aussage von Art. 345 AEUV einen über diesen Aspekt hinausreichenden Bedeutungsgehalt in dem Sinne hat, dass der Union Regelungen über Eingriffe in das Eigentum der Bürger oder gar Enteignungen auch in den Bereichen, in denen sie über Handlungskompetenzen verfügt, untersagt sind, weil diese die Eigentumsordnung in den Mitgliedstaaten gerade berühren.

175   Der **Europäische Gerichtshof** entwickelte zunächst eine **Differenzierung** zwischen **Bestand** und **Ausübung** von Eigentumsrechten. Während die in Art. 345 AEUV angesprochene Eigentumsordnung nur durch die Normen konstituiert wird, die den Bestand von Eigentumsrechten regeln und die damit der Kompetenz der Union entzogen sind, soll diese aber über eine Befugnis zum Erlass von Regelungen deren Ausübung betreffend haben.[376] Später interpretierte der Gerichtshof diese Aussage dahingehend, dass die Mitgliedstaaten auf der Grundlage ihrer Kompetenz nach Art. 345 AEUV nicht berechtigt sind, durch die Begründung oder Aufrechterhaltung von Eigentumsrechten »Maßnahmen zu ergreifen, die gegen den Grundsatz des freien Warenverkehrs innerhalb des gemeinsamen Marktes, wie er im EWG-Vertrag vorgesehen und ausgestaltet ist, verstoßen würden«.[377] Der Gerichtshof interpretierte seine eigene Äußerung so, dass für Vorschriften, die den Bestand bestimmter Eigentumsrechte (in dem konkreten Fall: gewerbliche Schutzrechte) betreffen, gerade nicht allein der nationale Gesetzgeber zuständig ist.[378]

176   Ausgangspunkt einer **Kompetenzabschichtung** ist der Umstand, dass wirtschaftliche und politische Integration ohne Eingriffe in Eigentumspositionen der Marktbürger nicht denkbar sind. Daher muss der Union in den ihr zugewiesenen Kompetenzbereichen die Möglichkeit gegeben sein, Maßnahmen zu ergreifen, die Eigentumsrechte beschränken.[379] Auch eine einzelne Enteignung bzw. die an die Mitgliedstaaten erteilte entsprechende Ermächtigung oder Verpflichtung stellt deren Kompetenz zur Festlegung ihrer Eigentumsordnung nicht in Frage. Der Begriff der »Ordnung«

---

374 *Everling*, in: FS Raiser, 1974, S. 379, 384 ff.

375 Vgl. nur die verbundene Stellungnahme des Generalanwalts Ruiz Jarabo Colomer zu den Urteilen v. 04.06.2002 – Rs. C-367/98 (Kommission gegen Portugal), Rs. C-483/99 (Kommission gegen Frankreich) und C-503/99 (Kommission gegen Belgien), ECR I-4731; abweichende, zusammengefasste Stellungnahme des Generalanwalts Poiares Maduro v. 06.04.2006 zu den Rs. C-282/04 und C-283/04 (Kommission gegen die Niederlande), Rn. 28 ff.

376 Verbundene Rechtssachen 56 und 58/64 (Grundig/Consten gegen Kommission), Urt. v. 13.07.1966, Slg. 1966 I, 299.

377 EuGH, Urt. v. 18.02.1992 – C-30/90, Slg. 1992 I, 829 (Kommission gegen Vereinigtes Königreich) Rn. 18; Urt. v. 13.07.1995 – C-350/92; s.a. Urt. v. 10.12.2002 – C-491/01, Slg. 2002 I, 11453 (British American Tobacco et alt.), Rn. 17 f.

378 EuGH, Urt. v. 13.07.1995 – Slg. 1985 I, (Spanien gegen Rat), Rn. 19.

379 Vgl. hierzu z.B. Urt. v. 18.12.1997 – C-309/96, Slg. 1997 I, 7493 (Daniele Annibaldi gegen Sindaco del Comune di Guidonia und Presidente Regione Lazio), Rn. 23.

bezieht sich schon seinem Wortlaut nach nicht auf punktuelle Eingriffe, sondern auf übergreifende Grundsätze und Regelungen. Somit können erst gemeinschaftsrechtliche Eingriffe in das System der Eigentumsrechte an der Kompetenzsperre[380] des Art. 345 AEUV scheitern. Dies ist etwa dann der Fall, wenn die Union Eigentumsstrukturen innerhalb eines in sich abgeschlossenen Industriesektors verändert[381] oder auch nur die Entflechtung zu einem generellen zur Verfügung stehenden Sanktionsinstrument des Wettbewerbsrechts macht.[382]

c) Materielle Voraussetzungen

Die Bestimmung von Inhalt und Schranken des Eigentums durch den Gesetzgeber 177 muss unter Beachtung von **Funktion** und **Zweck** der in Art. 14 GG niedergelegten Eigentumsgarantie erfolgen. Dem Gesetzgeber kommt **keine unbeschränkte Gestaltungsfreiheit** zu.[383] Er hat seine Entscheidungen in dem Spannungsfeld von Bestandsgarantie und Sozialpflichtigkeit zu treffen. Beide Aspekte stehen in einem unauflösbaren Zusammenhang[384] und müssen zu einem verhältnismäßigen[385] und interessengerechten Ausgleich gebracht werden.[386] Aber auch im Übrigen muss jede Inhalts- und Schrankenbestimmung mit anderen Bestimmungen der Verfassung in Einklang stehen, wobei aus grundrechtlicher Sicht dem allgemeinen Gleichheitssatz eine besondere Bedeutung zukommt.[387]

aa) Wohl der Allgemeinheit

Ausgangspunkt und zugleich auch Grenze für die Ausgestaltung des Eigentums 178 ebenso wie für alle seine Beschränkungen ist das **Wohl der Allgemeinheit als Hand-**

---

380 Zu dieser Funktion: vgl. Urteil v. 20.10.1993 – verbundene Rechtssachen C-92/92 und C-326/92, Slg. 1993 I, 5145 (Phil Collins gegen Imtrat Handelsgesellschaft mbH u.a.), Rn. 18–19, 23; Urt. v. 18.12.1997 – C-309/96, Slg. 1997 I, 7493 (Daniele Annibaldi gegen Sindaco del Comune di Guidonia und Presidente Regione Lazio), Rn. 17, 23.

381 So etwa im Fall der diskutierten eigentumsrechtlichen Entflechtung vertikal integrierter Energiekonzerne, die gezwungen werden sollten, ihre Energieübertragungsnetze zu verkaufen; vgl. hierzu *Becker*, YEL 2007, 256, 277; weniger streng *Kaiser/Wischmeyer*, VerwArch 2010, 34, 39.

382 Nach Art. 7 Abs. 1 S. 2 VO 1/2003 i.V.m. Erwägungsgrund 12 soll die Kommission Zuwiderhandlungen gegen Art. 101 f. AEUV wenn erforderlich durch eine Anordnung von Maßnahmen struktureller Art in Form einer Unternehmensentflechtung abstellen können (*Dalheimer*, Grabitz/Hilf, Art. 7 VO 1/2003, Rn. 14). Ein solches Verständnis der Ermächtigung ist allerdings kaum mit Art. 345 AEUV zu vereinbaren.

383 BVerfGE 112, 93 (109).

384 BVerfGE 50, 290 (340); dazu ausführlich *Berkemann*, in: Umbach/Clemens I, Art. 14 Rn. 304 ff.

385 BVerfGE 79, 174 (198); 110, 1 (28).

386 BVerfGE 52, 1 (29 ff.); 115, 97 (114).

387 BVerfGE 100, 226 (241).

lungsmotiv des Gesetzgebers,[388] der allerdings auch dessen konkrete Gestalt und die hieraus abzuleitenden Anforderungen bestimmt. Ihm kommt dabei ein erheblicher **Prognose**-[389] **und Gestaltungsspielraum**[390] zu. Allerdings hat das konkret verfolgte Ziel angesichts der Grundrechtsrelevanz der jeweiligen Entscheidung deutlich erkennbar zu sein.[391] Ohne diese Transparenz ist die erforderliche Verhältnismäßigkeitprüfung nicht durchzuführen, die aber notwendig ist, um sicherzustellen, dass das grundrechtliche Schutzgut nicht über Gebühr für Gemeinwohlzwecke in Anspruch genommen wird.

179   Das Wohl der Allgemeinheit ist ausdrücklich nicht allein auf den staatlichen Funktionsbereich bezogen. Staatliche Eingriffe in das Eigentum können daher durchaus zugunsten anderer Grundrechtsträger vorgenommen werden, soweit diese dem Wohl der Allgemeinheit dienen. Dies gilt auch für die Enteignung, die als schärfster Eigentumseingriff ebenfalls zugunsten Privater vorgenommen werden kann (Rdn. 158 f.).

bb) Verhältnismäßigkeit

180   Der Verhältnismäßigkeitsgrundsatz setzt voraus, dass die Beschränkung des Eigentumsrechts vor dem Hintergrund des identifizierten Gemeinwohlzwecks in **geeigneter, erforderlicher** und **angemessener Weise** erfolgt. Diese Überlegungen bestimmen die verfassungsrechtliche Überprüfung eines jeden Grundrechtseingriffs (Einl. Rdn. 135 ff.).

cc) Inhaltliche Vorgaben für Inhalts- und Schrankenbestimmungen

181   Bei der Beurteilung von Inhalts- und Schrankenbestimmungen sind die beiden gegenüberstehenden Aspekte – **Anerkennung des Privateigentums** einerseits und dessen **Sozialpflichtigkeit** andererseits – miteinander in ein **ausgewogenes Verhältnis** zu bringen. Dies gilt – auch angesichts der gebotenen Differenzierung zwischen diesen beiden Kategorien (vgl. Rdn. 26 ff.) – für Inhalts- und Schrankenbestimmungen gleichermaßen, weswegen eine einheitliche Darlegung sinnvoll ist (vgl. Rdn. 30). Die Angemessenheitprüfung wird in der Rechtsprechung im Rahmen von Art. 14 GG dahingehend konkretisiert, als der Regelungsbefugnis des Gesetzgebers nach der Art und Bedeutung des jeweiligen Eigentumsobjekts unterschiedliche Beschränkungen auferlegt werden können.

182   Die abwägende Entscheidung, die der Gesetzgeber zwischen Eigennutz und Sozialbindung zu treffen hat, wird durch Kriterien gelenkt, die das grundrechtlich geschützte Gut in der Hand des Grundrechtsträgers kennzeichnen. Relevant sind Persönlichkeits-, Leistungs- und Sozialbezug des Eigentums und vor allem dessen Situationsgebundenheit.

---

388 BVerfGE 100, 226 (241).
389 *Papier*, in: Maunz/Dürig, Art. 14 Rn. 321 ff.
390 BVerfGE 76, 220 (239).
391 BVerfGE 52, 1 (30); 87, 114 (138 f.).

Mit dem **Sozialbezug** eines Eigentumsgegenstandes wächst auch die Gestaltungsfrei- 183
heit des Gesetzgebers, während ein **gesteigerter Persönlichkeitsbezug** dessen Zu-
griffsoptionen entsprechend einengt.[392] Je eher die möglichen Eigentumsnutzungen
oder -verfügungen in der Privatsphäre des Grundrechtsträgers bleiben und damit
keinen sozialen Bezug aufweisen, desto beschränkter ist die gesetzgeberische Gestaltungsmacht.[393] Der soziale Bezug eines Eigentumsgegenstandes, der sich nach dessen Eigenart, Funktion oder Lage bemisst, vergrößert hingegen den staatlichen Spielraum für die Rechtfertigung von Eingriffen durch den Gesetzgeber.[394]

Sozialbezug kann insbesondere über **Drittbetroffenheit** hergestellt werden und wird 184
insoweit durch die Verpflichtung auf die Rücksichtnahme der Belange solcher Dritter realisiert, die auf die Nutzung des Eigentumsgegenstandes angewiesen sind oder
über die der Eigentumsgegenstand Macht verleiht.

Während die zweite Alternative die Legitimation für die verfassungsrechtliche Bil- 185
ligung z.B. der in der unternehmerischen Mitbestimmung liegenden Eigentumsein-
schränkung auf Seiten der Unternehmenseigentümer[395] war, liegt die erste Alternative der amerikanischen »**essential facilities**«-Doktrin[396] und ihren europäischen
Ablegern zugrunde. Verfügt ein in einem Markt herrschendes Unternehmen über
Rohstoffe, Produktionsmittel oder auch geistiges Eigentum, so kann es durch die
Herrschaft über diese Faktoren den Wettbewerb auf nachgeordneten Märkten kontrollieren. Dem versucht die Europäische Union etwa im Bereich der **Netzindustrien**
das Konzept des Wettbewerbs innerhalb eines Netzes entgegenzustellen, aufgrund
dessen neu in den Markt eintretende Wettbewerber auf nachgelagerten Märkten
Zugangsansprüche eingeräumt werden, anhand derer sie das (Elektrizitäts-, Gas-,
Telekommunikations- oder Schienen-)Netz des Monopolisten nutzen dürfen. Ein
Markteintritt für diese neuen Wettbewerber (und damit Wettbewerb auf dem Netz
nachgelagerten Markt) wäre ökonomisch nicht effizient, wenn die neuen Wettbewerber erst ein eigenes Netz zu errichten hätten. In solchen Bereichen, in denen es zumeist um Dienstleistungen geht, die in Deutschland traditionell als solche der **Daseinsvorsorge** eingeordnet werden, sind weitreichende Schrankenbestimmungen[397]
für das Eigentumsrecht der Netzinhaber durch die Gewährung von Zugangsansprü-
chen für die Wettbewerber zu beobachten. Entscheidend sollte dabei aber nicht das
Interesse der potentiellen Wettbewerber an der Nutzung des Eigentumsgegenstandes

---

392 BVerfGE 42, 26 (294); 50, 290 (340); 52, 1 (32); 79, 29 (40); 79, 292 (302); 87, 114
(146); 100, 226 (241); 112, 93 (110); BVerwG, NVwZ 2006, 92, 93.
393 *Depenheuer*, in: v. Mangoldt/Klein/Starck I, Art. 14 Rn. 277 f.
394 BVerfGE 102, 1 (17); BVerwG, NVwZ 2006, 92, 93; VGH München, BayVBl. 2008,
141, 142.
395 BVerfGE 50, 290 (340 f.).
396 Vgl. United States v. Terminal Railroad Association of St. Louis, 224 U.S. 383 (1912).
397 Das Bundesverwaltungsgericht sah in den Zugangsregelungen hingegen eine Inhaltsbestimmung des in den regulierten Markt entlassenen ehemaligen monopolistischen Eigentums, BVerwG 114, 160 (192 f.).

sein, sondern vielmehr das gesellschaftliche Interesse an Wettbewerb in den entsprechenden Märkten und den daraus folgenden Wohlfahrtsgewinnen.

186 Den Sozialbezug aufgrund der Angewiesenheit Dritter hat das Bundesverfassungsgericht an dem grundrechtlichen Konflikt zwischen Eigentümer und Besitzer im **Wohnraummietrecht** deutlich gemacht, in dem die Interessen des Mieters durch einen rigorosen Kündigungsschutz (§§ 573 Abs. 1, 574 BGB) gewahrt sind.[398] Auf der Grundlage einer (umstrittenen) Einordnung des Mieter-Besitzers als Träger des Grundrechts aus Art. 14 GG (aber in der Sache unabhängig von dieser Einordnung) führt dessen notwendige Verwiesenheit auf das Mietobjekt dazu, dass der Gesetzgeber vermietetes Grundeigentum erhöhten Beschränkungen unterwerfen kann. Sozialbindung manifestiert sich hier in der gesetzlichen Pflicht des einen Grundrechtsträgers, auf die Belange des anderen Rücksicht zu nehmen.[399]

187 Allerdings stellt eine bloße tatsächliche Angewiesenheit privater Dritter auf einen fremden Eigentumsgegenstand allein ebenso wenig einen ausreichenden Sozialbezug dar wie das bloße Empfinden des Dritten, den Gegenstand des Grundrechtsträgers besitzen zu wollen. Es müssen objektive gemeinwohlrelevante Aspekte hinzutreten, die die Angewiesenheit des Dritten belegen. Für die Feststellung von Art und Umfang der Sozialbindung, die der Eigentümer hinnehmen muss, ist die **Bedeutung des Eigentumsobjekts für ihn** in Rechnung zu stellen. Soweit das Eigentum der Sicherung seiner persönlichen Freiheit dient, genießt es daher bei der Abwägung zwischen Privatnützigkeit und Sozialbindung ein besonderes Gewicht.[400] Die Privatnützigkeit des Eigentums setzt sich daher wiederum gegen die zugunsten des Mieters realisierte Sozialbindung durch, wenn der Eigentümer eigenen Bedarf nachweisen kann oder wenn er durch die Fortsetzung des Mietverhältnisses an einer angemessenen wirtschaftlichen Verwertung des Grundstücks gehindert und dadurch erhebliche Nachteile erleiden würde (§ 573 Abs. 2 Nr. 2 und 3 BGB).

188 Sozialbezug kann auch dadurch ausgelöst werden, dass der Eigentümer den Eigentumsgegenstand selbst in den Verkehr gibt.[401] Im Falle des Wohnraumeigentums wird der Eigentümer der besonderen Sozialbindung erst dadurch unterworfen, dass er die Wohnung dem Mieter auf vertraglicher Grundlage zur Verfügung stellt und auf diese Weise den Sozialbezug selbst herstellt. Für den Eigentümer wäre es also zur Vermeidung der Herstellung von Sozialbezug (und damit zum Schutze seines Eigentums gegen Eingriffe des Staates) sinnvoller, den geschützten Gegenstand von Beginn an für sich zu behalten.

189 Neben dem Grad des Sozialbezugs beeinflussen nach Ansicht des Bundesverfassungsgerichts auch die **gesellschaftlichen und politischen Verhältnisse** die Weite des ge-

---

398 BVerfGE 52, 1 (29), 68, 361 (368); 71, 230 (247); 84, 282 (385).
399 BVerfGE 50, 290 (341); 79, 292 (302).
400 BVerfGE 100, 226 (241); 104, 1 (9); mit umfangreichen Nachweisen *Bryde*, in: v. Münch/Kunig I, Art. 14 Rn. 56.
401 *Depenheuer*, in: v. Mangoldt/Klein/Starck I, Art. 14 Rn. 278 f.

setzgeberischen Gestaltungsspielraums im Hinblick auf das Eigentum.[402] Es ist möglich, dass der Sozialbezug durch weitere verfassungsrechtliche Bezüge unterstrichen und in seinem Abwägungsgewicht verstärkt wird. So können **staatliche Schutzpflichten**, aber auch **Staatsziele** (wie etwa aus Art. 20a GG) dem Sozialbezug zusätzliches Gewicht gegenüber den Interessen des Eigentümers verleihen und damit die staatlichen Eingriffe zu rechtfertigen helfen.[403]

Besonders deutlich wird ein intensiver Sozialbezug bei **Grund und Boden.** Diese   190
sind nicht nur nicht vermehrbar, sondern ihre Nutzung ist auch für die wirtschaftliche und soziale Entwicklung einer Gemeinschaft unentbehrlich. Die Nutzung von und die Verfügung über Grund und Boden können daher nicht vollständig dem Belieben des Einzelnen und damit dem freien Spiel der Kräfte überlassen werden.[404] Hieraus hat das Bundesverfassungsgericht die Konsequenz gezogen, dass die Interessen der Allgemeinheit in Bezug auf diese Rechtsgüter in stärkerem Maß zur Geltung zu bringen sind als bei anderen Vermögensgütern.[405] Diesen besonderen Sozialbezug bezeichnet das Gericht als »**Situationsgebundenheit**«.[406] Grund und Boden werden durch ihre Beschaffenheit sowie ihre Einbettung in die Umwelt geprägt. Beide Aspekte sind bei der Beurteilung der Verhältnismäßigkeit von Eigentumsbeschränkungen zu berücksichtigen und können eine **gesteigerte Sozialbindung** rechtfertigen. Das Gericht geht dabei davon aus, dass ein vernünftiger und einsichtiger Eigentümer, der auch das Gemeinwohl nicht aus dem Auge verliert, von sich aus im Blick auf die Lage und die Umweltverhältnisse seines Geländes von bestimmten Formen der Nutzung absehen würde.[407] Die staatliche Beschränkung solcher Nutzungen realisiert dann die Sozialbindung des Eigentums, soweit sie an situationsbedingte Gegebenheiten anknüpft, und mindert damit die Rechtfertigungslast für den Gesetzgeber.[408]

Der starke Schutz desjenigen Eigentums, das in besonderer Weise in der Persönlich-   191
keitssphäre des Grundrechtsträgers verwurzelt ist, hat dazu geführt, dass das Bundesverfassungsgericht die traditionell als Schranke des Eigentums verstandene unbegrenzte **polizeirechtliche Zustandsstörerhaftung** beschränkt hat. Die Belastung des Grundstückseigentümers mit über den Verkehrswert hinausgehenden Sanierungskosten ist unzumutbar, wenn die abzuwehrende Gefahr aus Naturereignissen oder der Allgemeinheit oder Dritten zuzurechnenden Ereignissen herrührt und ihre Beseitigung den wesentlichen Teil des Vermögens des Grundeigentümers aufzehren wür-

---

402 BVerfGE 112, 93 (110).
403 BVerfGE 102, 1 (18).
404 BVerfGE 21, 73 (82 f.); 104, 1 (12).
405 BVerfGE 52, 1 (32 f.); 104, 1 (12).
406 Krit. *Leisner*, in: Isensee/Kirchhof, HStR VIII (3. Aufl., 2010), § 173 Rn. 145; ablehnend: *Schönfeld*, Die Eigentumsgarantie und Nutzungsbeschränkungen des Grundeigentums, 1996, S. 23 ff.
407 BGHZ 72, 211 (218); 87, 66 (71 f.); 90, 4 (14 f.).
408 BVerfGE 100, 226 (242); BGHZ 105, 15 (18 ff.); BVerwGE 94, 1 (4).

de.[409] Hat der Eigentümer hingegen das die Gefahr verursachende Risiko bewusst in Kauf genommen oder gar zunächst einen wirtschaftlichen Nutzen aus diesem Risiko gezogen, lockert sich der Bezug zu der Persönlichkeitssphäre wieder und eine den Verkehrswert übersteigende Kostenbelastung bleibt zumutbar.[410]

192 Ein weiterer Umstand, der bei einer Angemessenheitprüfung für die Privatnützigkeit und gegen die Realisierung einer Sozialbindung durch den Gesetzgeber streitet, liegt vor, wenn das Eigentumsobjekt durch **eigene Leistung des Grundrechtsträgers** erworben wurde. Die Eigenleistung ist daher (bei subjektiv öffentlichen Rechten) nicht nur für die Konstituierung eines Eigentumsgegenstandes von Belang, sondern Art und Ausmaß an Eigenleistung bieten auch einen Gradmesser für die Angemessenheit eines die Sozialpflichtigkeit realisierenden Eingriffs in das konstituierte Eigentum, dessen Privatnützigkeit sich umso eher durchsetzt, je größer die Eigenleistung bei dem Erwerb des Eigentumsgegenstandes war.[411]

193 Demgegenüber ist es für den Gesetzgeber unter geringeren Anforderungen möglich, Eingriffe in eine Eigentumsposition vorzunehmen, die auf zu einem erheblichen Teil auf **staatlicher Leistung** beruht, da hier die Eigenleistung durch ihre Einbettung in die Solidargemeinschaft abgesichert wird.[412]

dd) Belastungsgleichheit

194 Die ursprüngliche Bedeutung der Sonderopfertheorie zur Identifizierung einer Enteignung (Rdn. 205) macht deutlich, dass der Aspekt der **Gleichheit** im Bereich des Eigentumsrechts von erheblicher Bedeutung ist. Die Relevanz ungleicher Belastung hat sich in der Folge der Nassauskiesungsentscheidung nur insoweit verändert, als sie nun nicht mehr die Grenze zwischen Enteignung und Inhalts- und Schrankenbestimmung markiert, sondern vielmehr eine **Ausgleichspflicht** bei Erlass einer Inhalts- und Schrankenbestimmung (Rdn. 201 ff.) auslösen kann.

195 Aber auch über diese Abgrenzung hinaus ist der unmittelbar in Art. 14 GG verwurzelte[413] Gesichtspunkt der **Belastungsgleichheit** von Bedeutung. Er gibt der Legislative auf, die einzelnen Elemente einer inhaltsbestimmenden Regel so zu ordnen, dass einer unterschiedlichen Inanspruchnahme der Eigentümer hinreichend differenziert Rechnung getragen und einseitiger Belastung einzelner Eigentümer entgegengewirkt wird, soweit sie ohne besondere Rechtfertigung durch Gründe des Gemeinwohls er-

---

409 BVerfGE 102, 1 (20 ff.).
410 BVerfGE 102, 1 (21 ff.).
411 BVerfGE 53, 257 (291); BVerfGE 117, 272 (294); *Jarass*, in: ders./Pieroth, Art. 14 Rn. 44; a.A. *Wendt*, Eigentum und Gesetzgebung, S. 38 ff.
412 BVerfGE 91, 294 (311); grds. Kritik aber bei *Depenheuer*, in: v. Mangoldt/Klein/Starck I, Art. 14 Rn. 287 ff., der von einem Solidarvorbehalt öffentlich-rechtlicher Eigentumspositionen spricht.
413 BVerfGE 34, 139 (146); 37, 132 (142); 42, 263 (305); 49, 382 (396); 52, 1 (30); 58, 137 (148); 70, 191 (200); 87, 114 (139).

folgt.[414] Soweit solche Gründe nicht ersichtlich sind, bleibt auch hier zur Vermeidung ungerechtfertigter Sonderopfer nur die Möglichkeit, einzelnen Grundrechtsträgern einen Ausgleich zu gewähren.

ee) Vertrauensschutz und Übergangsregelungen

Angesichts des restriktiven, formalisierten Enteignungsverständnisses des Bundesverfassungsgerichts stellt sich in den Fällen, in denen das primär geschützte Bestandsinteresse des Grundrechtsträgers dem öffentlichen Wohl weicht, die Frage, ob die Verkürzung bestehender Rechtspositionen wenn durch **Übergangsregelungen** und **Härteklauseln** oder aber sogar **ausnahmsweise** durch eine **Entschädigung** abgemildert werden muss. 196

Zentraler Ansatzpunkt hierfür ist das **Vertrauensschutzprinzip**, das zwar normalerweise auf dem **Rechtsstaatsprinzip** fußt[415], aber bei Eingriffen in das Eigentum inhaltlich deckungsgleich[416] unmittelbar aus Art. 14 GG abgeleitet wird. Dessen Funktion soll gerade auch darin bestehen, dem Grundrechtsträger Rechtssicherheit hinsichtlich der geschützten Güter zu gewährleisten und das Vertrauen auf das durch die verfassungsmäßigen Gesetze ausgeformte Eigentum zu schützen.[417] 197

Bei Abschaffung oder Verkürzung von Eigentumspositionen im Zuge der **Neugestaltung eines Rechtsgebiets** müssen die Eingriffe in die nach früherem Recht entstandenen Positionen rechtfertigenden Gründe so schwerwiegend sein, dass Vorrang vor dem schutzwürdigen Vertrauen des Bürgers auf deren Fortbestand besteht. Dies gilt insbesondere dann, wenn der Bürger bestimmte, in Zukunft wegfallende Nutzungsbefugnisse bereits realisiert hat.[418] Der Gesetzgeber ist verpflichtet, auf nach altem Recht realisierte Eigentumspositionen Rücksicht zu nehmen, selbst wenn insgesamt überwiegende Gründe des Gemeinwohls für den Eingriff sprechen. 198

Der Gesetzgeber steht also nicht vor der Alternative, einen Eingriff vornehmen zu können oder hiervon absehen zu müssen. Vielmehr besteht die Möglichkeit Eingriffe in nach altem Recht bereits bestehende Positionen durch Übergangsregelungen für die betroffenen Grundrechtsträger abzumildern.[419] Der Gesetzgeber kann auf diese Weise für den einzelnen Eigentümer unverhältnismäßige oder gleichheitswidrige Belastungen vermeiden und dessen **schutzwürdiges Vertrauen** angemessen berücksichtigen, um die Verhältnismäßigkeit einer Inhalts- und Schrankenbestimmung auch für den 199

---

414 *Depenheuer*, in: v. Mangoldt/Klein/Starck I, Art. 14 Rn. 231.
415 *Bryde*, in: v. Münch/Kunig I, Art. 14 Rn. 62; *Jarass*, in: ders./Pieroth, Art. 14 Rn. 46; *Sieckmann*, in: Friauf/Höfling I, Art. 14 Rn. 144.
416 BVerfGE 95, 64 (86 f.); *Appel*, DVBl. 2005, 340, 340 ff.
417 BVerfGE 36, 281 (293); 95, 64 (82); BVerfGE 117, 272 (294) ; vgl. *Depenheuer*, in: v. Mangoldt/Klein/Starck I, Art. 14 Rn. 228.
418 *Depenheuer*, in: v. Mangoldt/Klein/Starck I, Art. 14 Rn. 229.
419 BVerfGE 58, 300 (351); 70, 191 (201); 71, 137 (144).

Einzelfall sicherzustellen, in dem sie sich besonders belastend auf einen Grundrechtsträger auswirkt.[420]

200 Wichtig ist dabei, dass inhalts- und schrankenbestimmende Normen grundsätzlich auch ohne Ausgleichsregelung die Substanz des Eigentums wahren und dem Gleichheitsgebot entsprechen müssen. Die entsprechenden Regelungen dürfen nicht insgesamt nur unter Berücksichtigung der ihnen beigegebenen Übergangs- und Ausgleichsregelungen verfassungsgemäß und insbesondere verhältnismäßig sein. Vielmehr dürfen sie nur für den **besonderen Härtefall** einen Ausgleich schaffen.[421] Soweit den verfassungsrechtlichen Anforderungen an den Vertrauensschutz Genüge getan ist, hat der Gesetzgeber einen weiten Spielraum bei der Ausgestaltung der Übergangs- und Ausgleichsregelungen.[422] Allerdings kann es auch dazu kommen, dass solche Bestimmungen zur Abfederung des Eingriffs nicht ausreichen. Dann stellt sich die Frage nach dem ausnahmsweisen Ausgleich durch Entschädigung.

d) Die ausgleichspflichtige Inhalts- und Schrankenbestimmung

201 In der **Nassauskiesungsentscheidung** hatte das Bundesverfassungsgericht das **Erfordernis der Gesetzmäßigkeit der Entschädigung** betont. Ohne gesetzliche Entschädigungsregelung konnte eine Enteignung nicht verfassungsgemäß sein. Das Vorliegen einer Enteignung (und **nur** einer Enteignung) war verfassungsrechtlicher Auslöser des Entschädigungserfordernisses. Eine Inhalts- und Schrankenbestimmung des Eigentums hat der Grundrechtsträger hingegen entschädigungslos hinzunehmen[423] – gegebenenfalls ist diese aber nur bei Einhaltung bestimmter Übergangsfristen und Härtefallregelungen insgesamt verhältnismäßig.

202 Trotz dieses kategorischen Ausgangspunkts hat das Bundesverfassungsgericht zeitgleich mit der Nassauskiesungsentscheidung festgestellt, dass in ganz untypischen Ausnahmefällen aus Gründen der Verhältnismäßigkeit auch eine Inhalts- und Schrankenbestimmung zu einem **finanziellen Ausgleich** verpflichten kann,[424] wenn durch sie in eine Eigentumsposition besonders intensiv eingegriffen wird.[425]

203 Zur Beurteilung der Frage, ob in einem gegebenen Fall ein **besonders intensiver und ausnahmsweise eine Entschädigung auslösender Eingriff** vorliegt, wird auf die Maßstäbe zurückgegriffen, die vor der Nassauskiesungsentscheidung dazu dienten,

---

420 BVerfGE 100, 226 (244); BVerwGE 87, 332 (383).
421 BVerfGE 100, 226 (244).
422 Vgl. *Muckel*, Kriterien des verfassungsrechtlichen Vertrauensschutzes bei Gesetzesänderungen, S. 120 ff.
423 BVerfGE 52, 1 (27 f.); 100, 226 (241); *Jarass*, in: ders./Pieroth, Art. 14 Rn. 53.
424 BVerfGE 58, 137 (137 ff.); 100, 226 (226 ff.); *Eschenbach*, Jura 1998, 401 ff.; *Jarass*, in: ders./Pieroth, Art. 14 Rn. 53; *Kischel*, JZ 2003, 604 ff.; *König*, DVBl. 1999, 954 ff.; *Maurer*, DVBl. 1991, 781 ff.; *Ossenbühl*, in: FS Friauf, 1997, 391, 391 ff.; *Roller*, NJW 2001, 1003, 1003 ff.; *Stüer/Thorand*, NJW 2000, 3737, 3737 ff.
425 *Bryde*, in: v. Münch/Kunig I, Art. 14 Rn. 97; *Wieland*, in: Dreier I, Art. 14 Rn. 151 ff.

die Enteignung von weniger schweren Eingriffen in das Eigentum zu unterscheiden, die kein Sonderopfer bedeuten.[426]

Vor der Nassauskiesungsentscheidung wurden in der Rechtsprechung **zur Abgren-** 204 **zung** der Inhalts- und Schrankenbestimmungen von Enteignungen im Wesentlichen drei verschiedene Sichtweisen vertreten.[427] Zunächst hatte das RG in seiner Rechtsprechung die sog. **Einzelakttheorie** entwickelt.[428] Eine Enteignung zeichnete sich demzufolge dadurch aus, dass es sich um einen Einzeleingriff in Rechte bestimmter Personen oder eines bestimmten Personenkreises handelte. Eine Enteignung lag hingegen nicht vor, wenn ein Gesetz ganz allgemein Inhalt und Schranken von Rechten und rechtliche Befugnisse bestimmte und damit das betreffende Rechtsgebiet als Ganzes für die Zukunft regelte und Schranken für neu zu erwerbende Rechte aufstellte.[429]

Der BGH folgte zunächst diesem Ansatz, vertrat jedoch dann die sog. **Sonderopfer-** 205 **theorie.**[430] Danach zeichnete sich eine Enteignung durch den Verstoß gegen den Gleichheitssatz aus: Wurde von einem staatlichen Eingriff in das Eigentum ein Einzelner oder eine Gruppe im Vergleich zu anderen Personen oder Personengruppen in besonderer Weise getroffen und zu einem den übrigen nicht zugemuteten Opfer für die Allgemeinheit gezwungen, lag eine Enteignung vor. Das BVerwG schließlich wendete die sog. **Schweretheorie**[431] an, die auf die Schwere und Tragweite des staatlichen Eingriffs abstellte.

Die verfassungsrechtlich erforderliche Entschädigung außerhalb des Enteignungs- 206 rechts stellt seit der Nassauskiesungsentscheidung eine Anomalie in der Dogmatik des Art. 14 GG dar. Deswegen soll der Gesetzgeber auch zunächst überprüfen, ob eine für einzelne Grundrechtsträger in einer Inhalts- und Schrankenbestimmung liegende unverhältnismäßige Belastung nicht anderweitig durch Übergangsregelungen, Härtefallklauseln oder sonstige administrative und technische Vorkehrungen[432] gemildert und damit verhältnismäßig gemacht werden kann, da Art. 14 GG das Eigentum nicht primär **als Vermögenswert,** sondern die Zuordnung des konkreten Gegenstandes in der Hand des konkreten Eigentümers schützen soll (Rdn. 50).[433]

Die Höhe des erforderlichen Ausgleichs steigt mit der Intensität der hoheitlichen 207 Nutzungsbeschränkung und kann zu einer Vollkompensation werden, wenn dem Ei-

---

426 BVerwGE 94, 1 (11); BGHZ 121, 328 (336); *Kischel,* JZ 2003, 604, 605; *König,* DVBl. 1999, 954 (955); *Ossenbühl/Cornils,* Staatshaftungsrecht, S. 225 ff.

427 Überblick: *Ossenbühl/Cornils,* Staatshaftungsrecht, S. 192 ff.

428 RGZ 129, 146 (149); 132, 69 (72).

429 RGZ 128, 146 (149).

430 BGHZ 6, 270 (280).

431 BVerwGE 5, 143 (145); 15, 1 (2).

432 BVerfGE 100, 226 (244 ff.); BVerwG, NVwZ 2003, 1116, 1117; *Jarass,* in: ders./Pieroth, Art. 14 Rn. 47; Analyse der verfassungsgerichtlichen Rechtsprechung hinsichtlich dieser Übergangsregelungen bei *Jahndorf/Pichler,* GewArch 2012, 377.

433 BVerfGE 100, 226 (245).

gentümer durch den staatlichen Eingriff nicht mehr als ein nudum ius, also eine entleerte Rechtshülse bleibt.[434]

208   Aus der Funktion der ausgleichspflichtigen Inhalts- und Schrankenbestimmungen, die im Einzelfall unverhältnismäßige Belastung auf ein verfassungsrechtlich akzeptables Maß abzumildern, ergibt sich aber auch, dass eine Kompensation für einen Eingriff den entstandenen vermögensmäßigen Schaden **nicht vollständig ausgleichen** muss. Der betroffene Eigentümer hat als Konsequenz der Sozialgebundenheit seines Eigentums Einbußen in gewissem Umfang ausgleichsfrei hinzunehmen.[435] Lediglich eingriffsbedingte Verluste, die diese Schwelle überschreiten, sind auszugleichen.[436]

209   Damit der Grundrechtsträger die Verfassungsmäßigkeit des Eingriffs in Art. 14 GG beurteilen kann, muss über einen notwendigen Ausgleich zumindest dem Grunde nach bereits **mit dem Eingriff entschieden** werden.

210   Eine Konsequenz der Nassauskiesungsentscheidung ist, dass ebenso wenig wie die Enteignungsentschädigung der eine Inhalts- und Schrankenbestimmung begleitende Ausgleich ohne gesetzliche Grundlage durch Verwaltung oder Gerichte gewährt werden darf.[437] Die im Enteignungsrecht vor der Nassauskiesungsentscheidung verwendeten **salvatorischen Entschädigungsklauseln** (Rdn. 277 ff.) waren seinerzeit bereits als Verstoß zumindest gegen Sinn und Zweck der Junktimklausel (Rdn. 260 ff.) kritisiert worden. Ähnliche Vorwürfe lassen sich gegen ihre Umwidmung als Rechtsgrundlage für den Eingriffsausgleich formulieren. Allerdings muss bedacht werden, dass in diesen Fällen, in denen atypische und vielleicht nicht im Einzelfall bei Gesetzeserlass vorhersehbare Sonderfälle erfasst werden sollen, die Fähigkeit des Gesetzgebers zur vorausschauenden Normierung an seine Grenzen kommen muss. Trotz der berechtigten Bedenken gegen die Bestimmtheit dieser Vorschriften dürften daher die salvatorischen Klauseln als Rechtsgrundlage für den Ausgleich bei ausgleichspflichtiger Inhalts- und Schrankenbestimmung genügen.[438] Dies gilt umso mehr als der mit der Klausel u.a. bezweckte Schutz der parlamentarischen Haushaltshoheit durch eine nur punktuelle und ausnahmsweise Leistung von Entschädigungen nicht gefährdet wird.

e) Einzelfälle

211   Durch die folgenden Beispiele soll aufgezeigt werden, welche Eingriffe durch Inhalts- und Schrankenbestimmungen die Rechtsprechung in der Praxis als verfassungsgemäß ansieht und ab welcher Belastungswirkung ein Eingriff nur bei gleich-

---

434 BVerfGE 100, 226 (245 f.); BVerwGE 87, 332 (383); *Jarass*, in: ders./Pieroth, Art. 14 Rn. 53.

435 BGHZ 57, 359 (359 ff.); BGH, NJW 1983, 1663; BGH, NJW 1988, 3202, 3202 ff.

436 *Depenheuer*, in: v. Mangoldt/Klein/Starck I, Art. 14 Rn. 236.

437 BVerfGE 100, 226 (245).

438 BVerfGE 100, 226 (246 f.); zum Problemkreis: *Papier*, DVBl. 2000, 1398, 1405 ff. m.w.N.; s. auch *Würtenberger*, VBlBW 2007, 364, 368 ff.

zeitigem kompensatorischem Ausgleich zulässig ist. Die Beispielfälle entstammen zum Teil der Rechtsprechung vor der Nassauskiesungsentscheidung,[439] weshalb ihnen noch die alte Dogmatik unter Einbeziehung des enteignungsgleichen und des enteignenden Eingriffs zugrundeliegt. Die frühere »Sozialbindung des Eigentums« ist daher nunmehr die ausgleichsfreie Inhalts- und Schrankenbestimmung; was aus früherer quantitativer Sicht als »Enteignung« begriffen wurde ist heute »ausgleichspflichtige Inhalts- und Schrankenbestimmung«.

aa) Natur- und Umweltschutz

Entscheidend für die Verfassungsmäßigkeit von Beschränkungen der Nutzung von Grundeigentum zum Zwecke des Natur- und Umweltschutzes ist, welche **privatnützigen Verwendungsarten** dem Eigentümer in dem konkreten Fall verbleiben. Verhältnismäßig ist eine Beschränkung nur dann, wenn die verbleibenden Nutzungsmöglichkeiten sinnvoll und ökonomisch vertretbar sind.[440] Insoweit stellen Belastungen wie etwa Betretungsrechte für Grundstücke in der »freien Landschaft« aufgrund von deren Situationsbezogenheit regelmäßig kein Sonderopfer dar.[441]   212

Besteht hingegen aufgrund der rechtlichen Belastungen keinerlei sinnvolle Nutzungsmöglichkeit für den Eigentümer mehr und kann dieser sein Grundstück auch nicht veräußern, so ist dessen Privatnützigkeit aufgehoben.[442] Hier muss dann im Sinne der Bestandsgarantie durch Übergangsregelungen, Ausnahme- und Befreiungsvorschriften eine Situation geschaffen werden, in der die Belastung des Eigentümers die Grenzen der **Verhältnismäßigkeit** nicht überschreitet.   213

Unabhängig davon, dass der **Umweltschutz ein** verfassungsrechtliches **Staatsziel** ist (Art. 20a GG), stellen sich Maßnahmen zum Schutz der Umwelt, die das Eigentum betreffen, als Eingriff in den Schutzbereich von Art. 14 dar. Daher müssen auch solche Maßnahmen den Grundsätzen der Verhältnismäßigkeit genügen. Grundsätzlich zulässig sind gesetzliche Vorschriften, die die umweltbelastende Nutzung von Eigentum verbieten oder beschränken.[443] In einem **Landschaftsschutzgebiet** ist die Untersagung der Nutzung eines zu einem landwirtschaftlichen Anwesen gehörenden Grünstreifens als Kfz-Abstellplatz hinzunehmen.[444] Ebenso stellt in der Regel die Festsetzung eines **Wasserschutzgebietes** eine verfassungsmäßige Inhalts- oder Schrankenbestimmung dar.[445] Allerdings sieht das WHG eine Ausgleichspflicht[446] vor, wenn Beschränkungen der land- und forstwirtschaftlichen Nutzung eines Grundstücks aus   214

---

439 BVerfGE 52, 1 (1 ff.); 58, 137 (137 ff.).
440 BVerfGE 100, 226 (243); BVerwGE 49, 365 (368); 67, 93 (95); BGHZ 77, 351 (354); 87, 66 (71 f.); 121, 73 (73 ff.); 126, 379; *Papier*, in: Maunz/Dürig, Art. 14 Rn. 424 ff.
441 *Bunzel/Müller*, LKV 2014, 103.
442 BVerfGE 100, 226 (243), *Jarass*, NJW 2000, 2841; *Papier*, DVBl. 2000, 1398, 1398.
443 BGHZ, 99, 262 (269).
444 BVerwG, NVwZ 1988, 623, 623 ff.
445 *Dietrich*, Eigentum und Grundwasserschutz, 1990, S. 88 f.
446 § 19 Abs. 3 WHG.

der Einbeziehung eines Grundstücks in ein Wasserschutzgebiet resultieren.[447] Verhältnismäßig ist im Regelfall auch die **Ausweisung eines Naturschutzgebietes**.[448] Dies gilt insbesondere, wenn die landwirtschaftliche und forstwirtschaftliche Nutzung in dem bisherigen Umfang unberührt bleibt.[449] Der Entzug der Baulandqualität aus Gründen des Landschaftsschutzes ist dagegen nicht ohne weiteres verhältnismäßig, sondern löst gegebenenfalls eine Ausgleichspflicht aus.[450]

215   Grenzwertig ist die durch §§ 1a Abs. 3, 2 Abs. 1 und 6 WHG vorgenommene Abtrennung wasserwirtschaftlicher Verfügungs- und Nutzungsbefugnisse vom Grundeigentum.[451] Hinzunehmen ist die Beschränkung einer **land- oder forstwirtschaftlichen Nutzung**, wenn diese nicht wesentlich erschwert wird und eine anderweitige Nutzung in absehbarer Zeit nicht zu erwarten ist.[452] Die Sozialpflichtigkeit soll sogar noch dann gegeben sein, wenn die bisherige Nutzung in einem Umfang von 40 % untersagt wird.[453] Zulässig kann weiterhin ein Auskiesungsverbot aus Gründen des Landschaftsschutzes sein.[454]

216   Die Begründung einer Verpflichtung zur **Beseitigung** von auf einem Grundstück anfallendem **Abfall** stellt kein Sonderopfer dar.[455] Der Besitz und damit die Sachherrschaft begründen nach dem Verursacherprinzip die polizeiliche Verpflichtung. Dies hat grundsätzlich auch für Abfall zu gelten, der ohne Erlaubnis des Grundstückseigentümers auf dem Grundstück abgelagert oder auf einem Grundstück angeschwemmt wird.[456] Anders ist dies zu beurteilen, wenn der Abfall auf Grundstücken lagert, die der Allgemeinheit tatsächlich und rechtlich frei zugänglich sind (oder sogar sein müssen), wie dies etwa bei der Allgemeinheit zugänglichen Wäldern der Fall ist.[457] Mit Art. 14 GG ist auch die Zustandsstörerschaft für **Bodenverunreinigungen** vereinbar (Rdn. 190).[458]

217   Eigentümer kleinerer Grundstücke können zur Mitgliedschaft in einer **Jagdgenossenschaft** gezwungen werden,[459] die dann Inhaberin des Jagdrechts ist. Die Grundstückseigentümer haben die Jagd auf ihrem Grundstück ebenso zu dulden, wie die

---

447 OLG Düsseldorf, ZfW 1979, 188; OLG München, ZfW 1986, 269.
448 BVerwGE 3, 335 (335); 4, 57 (57 ff.); BGH, NJW 1984, 1169, 1169 ff.
449 *Depenheuer*, in: v. Mangoldt/Klein/Starck I, Art. 14 Rn. 341.
450 BVerwGE 5, 143 (143 ff.).
451 *Depenheuer*, in: v. Mangoldt/Klein/Starck I, Art. 14 Rn. 335; *Wendt*, in: Sachs, Art. 14 Rn. 61; BGH, DVBl. 1978, 58 ff.; a.A. *Bryde*, in: v. Münch/Kunig I, Art. 14 Rn. 65; BVerfGE 58, 300 (345); BVerwG, NuR 1994, 28, 28 ff.
452 BGHZ 60, 145 (148).
453 BGH, ZfW 1997, 88, 93.
454 BGHZ 90, 4 (4 ff.).
455 BVerwG, NJW 1989, 1295; BVerwGE 106, 43 (43 ff.).
456 BVerwGE 106, 43 (43 ff.).
457 BVerwGE 67, 8 (8 ff.); BVerwG, NJW 1989, 1295, 1295 ff.; BVerwGE 106, 43 (43 ff.).
458 BVerfGE 102, 1 (19 ff.).
459 BVerfG, NVwZ 2007, 808 ff.; BVerwG, NVwZ 2006, 92 ff.

Errichtung jagdlicher Anlagen.[460] Eine solche Abspaltung des Jagdausübungsrechts vom zum Grundeigentum gehörenden Jagdrecht ist mit Art. 14 GG vereinbar. Vergleichbares gilt für die Eigentümer von Gewässergrundstücken. Durch Landesrecht können alle **Fischereirechte** zu einem gemeinschaftlichen Fischereibezirk zusammengefasst werden. Die Fischereiberechtigten bilden eine Fischereigenossenschaft, der das Eigentum an den Fischereirechten zusteht.[461]

Eine Besonderheit stellen die Fälle dar, in denen ein Grundeigentümer keine Gefahr   218
für die Umwelt hervorruft und sein Grundeigentum sogar unter besonderer Berücksichtigung der ökologischen Reinheit und Nachhaltigkeit bewirtschaftet. Hier kann sich ein Konflikt durch konkurrierende staatliche Konzepte des Boden- und Naturschutzes ergeben. In diesem Fall hat der Staat umweltschützende Maßnahmen der Eigentümer zu berücksichtigen und hat sich darum zu bemühen, diese durch Zusammenarbeit und Kooperationsmaßnahmen zu effektuieren.[462]

bb) Denkmalschutz

Die Eintragung in eine Denkmalschutzliste und die damit verbundenen Einschrän-   219
kungen der freien Verfügungs- und Nutzungsbefugnis begründen als Inhalts- und Schrankenbestimmungen prinzipiell keine Ausgleichspflicht.[463] Bei geschützten Baudenkmälern, für die keine sinnvolle **Nutzungsmöglichkeit** mehr besteht und die auch nicht mehr verkauft werden können, ist es allerdings unverhältnismäßig, von dem Eigentümer eine weitere Erhaltung des Baudenkmals zu verlangen.[464] Hier hat der Gesetzgeber dann einen Ausgleich zu schaffen, der (nur) in Ausnahmefällen auch in einem Übernahmeanspruch oder einer Entschädigung bestehen kann, vorrangig aber das Ziel der Bestandserhaltung in der Hand des Grundrechtsträgers verfolgen muss.[465]

Ein denkmalrechtliches Verbot eine Baumgruppe zu verändern, stellt hingegen kein   220
Sonderopfer dar, da dies der naturgegebenen Lage des Grundstücks in der Landschaft entspricht (Situationsgebundenheit).[466] Anders ist dies bei flächendeckendem generellem Baumschutz zu bewerten. Hier ist eine individuelle Einschätzung der Belastungen der jeweiligen Grundeigentümer vorzunehmen, inwieweit sich diese zu einem Sonderopfer auswächst.[467]

---

460 BGH, NJW 2006, 984, 984 ff.
461 *Depenheuer*, in: v. Mangoldt/Klein/Starck I, Art. 14 Rn. 130; *Wieland*, in: Dreier I, Art. 14 Rn. 54.
462 *Depenheuer*, in: v. Mangoldt/Klein/Starck I, Art. 14 Rn. 333; *Kloepfer/Elsner*, Selbstregulierung im Umwelt- und Technikrecht, DVBl. 1996, 964 ff.
463 BVerfGE 100, 226 (242 f.); BVerwG, DÖV 1988, 425, 425.
464 Siehe hierzu insgesamt *Hönes*, BauR 2013, 1055; *Martin*, NVwZ 2014, 24.
465 BVerfGE 100, 226 (243); BGH, NJW 1979, 210, 212; *Körner*, Denkmalschutz und Eigentumsschutz, 1992, S. 70 f.; *Papier*, in: Maunz/Dürig, Art. 14 Rn. 424.
466 OVG NRW, NVwZ-RR 1998, 229, 229.
467 OVG Münster, NuR 1994, 253, 253 ff.

cc) Betriebseigentum

221   Bloße Erwerbsmöglichkeiten, Gewinnaussichten, Chancen oder Hoffnungen gehören nicht zu dem Eigentum im Sinne von Art. 14 Abs. 1 GG. Ihre Beeinträchtigung kann somit keinen Eingriff darstellen. Um eine bloße Beschränkung von Chancen handelt es sich bei einem Alkoholverkaufsverbot an Kinder und Jugendliche, bei einem Verwendungsverbot bestimmter Stoffe (Asbest) sowie bei Änderungen von Zoll- und Außenhandelsbestimmungen.

222   Der Kontakt eines Betriebsgrundstücks nach außen durch Anbindung an eine Straße ist Teil des von Art. 14 Abs. 1 GG **geschützten eingerichteten und ausgeübten Gewerbebetriebs.**[468] Dieser Schutz gilt jedoch nur im Rahmen des Gemeingebrauchs. Störungen des Kontakts nach außen zur Erhaltung, Sicherung und Förderung des Gemeingebrauchs sind entschädigungslos hinzunehmen.[469] Resultieren die Störungen jedoch aus nach Art und Ausmaß unsachgemäß durchgeführten Straßenarbeiten, so überschreitet die Beeinträchtigung die Grenzen der Sozialpflichtigkeit und ist zu entschädigen.[470]

223   Ein entschädigungsloser Eingriff in das Betriebseigentum lässt sich auch mit der Herstellung eines **fairen Wettbewerbs** rechtfertigen. So ist die Verpflichtung des Inhabers von Infrastrukturnetzen, die Nutzung auch seinem Konkurrenten zu ermöglichen, Ausdruck der Sozialpflichtigkeit des Eigentums (Rdn. 185).[471] Nicht nur in der Herstellung eines funktionierenden Wettbewerbs, sondern auch in dessen Aufrechterhaltung durch Kartellverbote oder Fusionskontrollen liegt eine verhältnismäßige Schrankenbestimmung.[472] Auch die Notwendigkeit eines aktiven Schutzes von Wettbewerb und Finanzmarktstabilität begründet eine gesteigerte Sozialbindung unternehmerischen Eigentums, soweit von der Instabilität eines Unternehmens eine Gefährdung ausgeht.[473]

dd) Polizeirechtliche Störerhaftung

224   Wird der Eigentümer einer Sache zur **Gefahrenabwehr** herangezogen, so handelt es sich dabei um eine ohne Ausgleich hinzunehmende Schrankenbestimmung, die Aus-

---

468   Umfassend hierzu *Papier*, in: Maunz/Dürig, Art. 14 Rn. 114 ff.

469   BGHZ 57, 359 (361); BGH, NJW 1965, 1907, 1908; *Depenheuer*, in: v. Mangoldt/Klein/Starck I, Art. 14 Rn. 359.

470   BGH, NJW 1965, 1907, 1908; *Depenheuer*, in: v. Mangoldt/Klein/Starck I, Art. 14 Rn. 360; umfassend und mit vielen weiteren Nachweisen *Ossenbühl/Cornils*, Staatshaftungsrecht, S. 180 ff.

471   Dazu *Papier*, in: Maunz/Dürig, Art. 14 Rn. 521; *Depenheuer*, in: v. Mangoldt/Klein/Starck I, Art. 14 Rn. 364; *Schmidt-Preuß*, AG 1996, 1, 5 ff.

472   Dazu *Papier*, in: Maunz/Dürig, Art. 14 Rn. 506 ff.; *Depenheuer*, in: v. Mangoldt/Klein/Starck I, Art. 14 Rn. 365.

473   Zu dem Eigentumsschutz in der Finanz- und Wirtschaftskrise bei Enteignungen zur Stabilisierung des Finanzmarktes: *Droege*, DVBl. 2009, 1415, 1415 ff.; *Wolfers/Rau*, NJW 2009, 1297, 1297 ff.

druck der Sozialpflichtigkeit des Eigentums ist, dem Einzelnen kein gleichheitswidriges Sonderopfer auferlegt und damit auch keine Ausgleichspflicht auslöst.[474] Allerdings kann die Störerhaftung die Eigentümerstellung sogar noch überdauern.[475]

ee) Wohnungs- und Mietrecht

Das auch durch Art. 14 GG geschützte Recht des Wohnraumeigentümers umfasst 225 die Freiheit, das Eigentum veräußern zu können. Daher stellt ein prinzipielles Verbot der Kündigung von Pachtverträgen ein Sonderopfer dar, wenn dem Verpächter dadurch eine Möglichkeit genommen wird, wieder über sein Eigentum zu verfügen.[476]

Eine Abbruchgenehmigung darf nicht verweigert werden, wenn der Eigentümer an- 226 dernfalls zur Erhaltung vollkommen unrentablen Wohnraums verpflichtet wäre. Bedeutend ist hierbei auch, welche Art der Bebauung das abzureißende Bauwerk nach den Vorstellungen des Grundstückseigentümers ersetzen soll.

Hingegen hat es der Eigentümer in Gebieten mit unzureichender **Wohnraumversor-** 227 **gung** unter dem Gesichtspunkt der Sozialbindung hinzunehmen, dass eine Zweckentfremdung von Wohnraum von einer Genehmigungspflicht abhängig gemacht wird.[477]

Regelungen zur **Begrenzung der Miethöhe** sind grundsätzlich als Ausfluss einer Sozi- 228 albindung zulässig.[478] Dem Eigentümer wird hierdurch kein Sonderopfer aufgebürdet, wenn er einen Anspruch auf die ortsübliche Vergleichsmiete[479] hat.[480] Ebenfalls grundsätzlich zulässig ist die gesetzliche Begrenzung von Mietsteigerungen.[481] Das besonders schützenswerte Interesse des Mieters rechtfertigt es auch, das Kündigungsrecht des Vermieters von einem berechtigten Interesse abhängig zu machen,[482] das aber auch in einem berechtigten und alternativlosen[483] Eigenbedarf liegen kann.[484] Auch stellt es kein Sonderopfer des Vermieters dar, wenn sein Eigentumsrecht durch

---

474 Vgl. BVerfGE 20, 351 (351 ff.); BVerwGE, 38, 209 (218); BGHZ 45, 23 (25); 54, 293 (293 ff.); OVG Koblenz, NJW 2013, 184, 184 ff. (m. Anm. *Söllner*, DVBl. 2013, 45); *Depenheuer*, in: v. Mangoldt/Klein/Starck I, Art. 14 Rn. 396 ff.; zu der präventiven Gewinnabschöpfung VG Braunschweig, DVBl. 2010, 529 (m. Anm. *Söllner*, DVBl. 2010, 530).

475 § 4 Abs. 3 S. 4 Alt. 2 BBodSchG; hierzu *Sanden*, NVwZ 2014, 1329.

476 BVerfGE 52, 1 (30 ff.).

477 BVerfGE 38, 348 (370 f.); 55, 249 (257 ff.).

478 BGH, NJW 1979, 2559, 2559 f.; s.a. nun zur sog. »Mietpreisbremse« (§§ 556d bis g BGB) *Blankenagel/Schröder/Spoerr*, NZM 2015, 1 (12 ff.).

479 § 558 BGB.

480 BVerfGE 37, 132 (139 ff.).

481 BVerfGE 71, 230 (246 ff.).

482 BVerfGE 68, 361 (367 ff.).

483 *Depenheuer*, in: v. Mangoldt/Klein/Starck I, Art. 14 Rn. 380.

484 BVerfGE 79, 292 (305 f.).

ein Eintrittsrecht von Familienangehörigen und nichtehelichen Lebenspartnern des Mieters in einen Mietvertrag beschränkt wird.[485]

ff) Bauordnungs- und Bauplanungsrecht

229   Die Untersagung einer tatsächlich wahrgenommenen und objektiv angemessenen Nutzungsart an einem Grundstück durch bauordnungs- oder -planungsrechtliche Inhalts- und Schrankenbestimmungen ist grundsätzlich keine verhältnismäßige Inhalts- und Schrankenbestimmung. Die Verhinderung einer Nutzungserweiterung, die der vorhandenen **Situationsgebundenheit** des Bodeneigentums widerspricht, begründet hingegen kein Sonderopfer.[486] Sie ist daher ohne Ausgleich zulässig, bis die Privatnützigkeit so weit zurückgedrängt ist, dass der Eigentümer das Grundstück lediglich noch im Allgemein- oder Fremdinteresse benutzen darf. Gleichermaßen kann der Bestandsschutz[487] eine solche Ausgleichspflicht hervorrufen.[488]

230   Bauliche Pflichten aus dem Bereich der energetischen Sanierung, die den Eigentümern von Bestandsbauten zum Zwecke des Klimaschutzes aufgebürdet werden, begründen hingegen kein Sonderopfer.[489]

231   Ein dauerndes **Bauverbot** stellt eine ausgleichspflichtige Sozialbindung dar: der dauernde Entzug der baulichen Nutzbarkeit trifft die Verfügungs- und Nutzungsbefugnis des Eigentümers im Kern; es besteht eine völlige Entleerung der Eigentumsposition. Der Ausgleich wird über die §§ 145 Abs. 5 und 43, 44 BauGB geregelt.[490]

232   **Baugebote**, die positiv verschiedene gemeinwohlnützige Pflichten des Eigentümers in Ansehung der Bodennutzung festlegen, stellen Schrankenbestimmungen dar. Die diesen Geboten entsprechenden §§ 175 ff. BauGB sind grundsätzlich unter dem Gesichtspunkt der Sozialbindung zumutbar und lösen daher keine Ausgleichspflicht aus.[491]

233   Im Gegensatz zu Baugeboten greift ein **Abbruchgebot** nicht nur in die Nutzungs- und Dispositionsfreiheit, sondern auch in den Eigentumsbestand ein: Der Eigentümer kann nach § 179 Abs. 1 BauGB zur Duldung des Abbruchs verpflichtet werden. Diese Schrankenbestimmung ist ausgleichspflichtig, vgl. § 179 Abs. 3 BauGB.[492]

234   Bei **vorübergehenden Beschränkungen** wie den formellen Veränderungssperren ist ebenfalls eine Abwägung zwischen hoheitlicher Beschränkung und der Privatnützig-

---

485 BVerfGE 82, 6 (16).
486 BGHZ 23, 30 (30 ff.); BVerwGE 3, 28 (28 ff.); 21, 251 (251 ff.).
487 Zu diesem *Decker*, BayVBl 2011, 517, 517 ff.
488 BVerwGE 72, 362 (363 f.).
489 Hierzu insges. *Battis/Kersten/Mitschang*, ZG 2010, 246, 246 ff.; *Schröder*, Die Verwaltung 2013, 183, 183 ff.
490 BGHZ 50, 93 (96 ff.); *Papier*, in: Maunz/Dürig, Art. 14 Rn. 440 ff.
491 BVerwGE 7, 297 (299 f.); 84, 335 (335 ff.); *Breuer*, Bodennutzung, S. 375 f., 387 ff.; ausf. *R. Leisner*, Baugebot und Baufreiheit, 2009.
492 BGHZ 48, 193 (193 ff.); *Papier*, in: Maunz/Dürig, Art. 14 Rn. 486.

Becker

keit des Grundstücks zu treffen. Hinsichtlich der Eingriffstiefe kommt es dabei auch auf die Dauer der Beschränkung an.[493] In diesem Zusammenhang sind die Regelungen der §§ 14 und 18 BauGB, nach denen Veränderungssperren von vier Jahren ausgleichsfrei sind, nicht zu beanstanden.[494] Allerdings stellt diese Frist auch eine äußerste Grenze der ausgleichsfreien Inhaltsbestimmung dar.[495]

Die durch **Bau und Verkehr** öffentlicher Einrichtungen entstehenden Belastungen 235 können auch die Privatnützigkeit des Eigentums beeinträchtigen.[496] Mittelbare hoheitliche Eigentumswirkungen von Planfeststellungbeschlüssen stellen in der Regel Schrankenbestimmungen dar, die nur im Ausnahmefall auch zu einer Ausgleichspflicht führen.[497] Hierbei sind weitere Fallgruppen zu unterscheiden, etwa beim **Straßenbau- und Straßenverkehrslärm**[498] und beim **militärischen Flug- und Übungslärm**[499].

gg) Umlegung und Flurbereinigung

Städtebauliche Umlegungen und **Flurbereinigungen** sind als Schrankenbestimmun- 236 gen des Eigentums grundsätzlich ohne Ausgleich verfassungsgemäß.[500] Dies folgt aus der Situationsgebundenheit des Grundstücks, die dem Grundstück naturgegeben anhängt und es belastet.[501]

hh) Geistiges Eigentum

Der Eigentumsschutz **geistigen Eigentums** ist in noch stärkerem Maße als andere 237 Eigentumsgegenstände normgeprägt. Der seinen Inhalt bestimmende Gesetzgeber hat die spannungsreiche Aufgabe, sowohl die »grundsätzliche Zuordnung des vermögenswirksamen Ergebnisses der schöpferischen Leistung an den Urheber« sicher zu stellen, als auch die soziale Bedeutung von urheberrechtlich geschütztem Eigentum für die Allgemeinheit zu beachten.[502] Dementsprechend können geschützte Werke in Sammlungen für Kirchen-, Schul- und Unterrichtsgebrauch aufgenommen werden, ohne dass eine Zustimmung erforderlich wäre, allerdings darf dabei kein

---

493 Vgl. BVerfGE 9, 3 (13); 31, 212 (220).
494 BGHZ 73, 161 (173 f.); 78, 152 (157 f.); BVerwGE 51, 121 (131 f.).
495 BGHZ 58, 124 (128 f.); 73, 161 (181 f.); *Breuer*, Bodennutzung, S. 247 ff.
496 BGHZ 54, 384 (384 ff.); 64, 220 (220 ff.); 97, 114 (117 f.); 97, 361 (361 ff.).
497 BVerwGE 87, 332 (380); BVerwG, NVwZ 1991, 129, 129 ff.; vgl. auch BVerwGE 77, 295 (297); 80, 184 (191 f.); 85, 44 (49).
498 BVerwGE 34, 39 (39 ff.); 51, 15 (15 ff.); VGH München, NJW 1980, 1012, 1012 f.; BayVGH, DÖV 1981, 233, 233 ff.; VGH Mannheim, DÖV 1983, 512, 512 ff.; BGH, DVBl. 1978, 110, 111; BGHZ 57, 359 (359 ff.); 62, 220 (229 f.); 83, 61 (65 f.); 91, 20 (31 f.) 97, 114 (123 f.).
499 BGHZ 69, 105 (115); 79, 45 (47 f.).
500 BVerwGE, NuR 1997, 237, 237 ff.
501 BGHZ 27, 15 (23); 31, 49 (55).
502 BVerfGE 31, 229 (241 f.); 31, 248 (252); 79, 1 (25 ff.).

Vergütungsausschluss bestehen.[503] Gleiches gilt für die zustimmungsfreie Aufführung geschützter Musikwerke bei religiösen Anlässen.[504] Der Mitschnitt von Schulfunksendungen hingegen soll entschädigungslos zulässig sein[505], ebenso der Vergütungsausschluss bei der Verleihung von geschützten Werken[506] oder aber das Auslegen von Zeitschriften in Arztpraxen oder Friseurgeschäften[507].

2. Enteignung

a) Wandlung des Instituts

238   Wird ein Eigentumsgegenstand rechtmäßigerweise enteignet, löst dies eine Entschädigungspflicht aus (Art. 14 Abs. 3 GG). Wie jeder Grundrechtseingriff darf eine Enteignung **zum Wohl der Allgemeinheit**, d.h. zur Erfüllung öffentlicher Zwecke erfolgen, auch wenn die Erwähnung dieser Voraussetzung hier noch eine zusätzliche Bedeutung für die Verwendung des enteigneten Gegenstands entfaltet. Die Enteignung unterliegt auch den weiteren allgemeinen Rechtmäßigkeitsbedingungen für Grundrechtseingriffe (insbesondere den Anforderungen des Verhältnismäßigkeitsprinzips). Daneben treten besondere verfassungsrechtliche Voraussetzungen aus Art. 14 Abs. 3 GG: Sie bedarf einer **gesetzlichen Grundlage** und löst eine Verpflichtung zu einer **angemessenen Entschädigung** aus, deren Art und Ausmaß ebenfalls gesetzlich zu regeln sind.

239   Die entscheidende Differenzierung, auf deren Grundlage dem auch die Abgrenzung in der Entscheidung des Bundesverfassungsgerichts hätte erfolgen müssen, ist die zwischen der Verfolgung eines Gemeinwohlzwecks – gegebenenfalls auch durch einen Privaten – (dann Enteignung) und der Realisierung eines privaten Interessenausgleichs (dann begrifflich keine Enteignung).

b) Gesetzliche Grundlage

240   Die Enteignung kann nur durch Gesetz oder aufgrund eines Gesetzes erfolgen, das den allgemeinen Anforderungen an **Kompetenz, Form und Verfahren** genügen muss.[508]

241   Die Verteilung der Kompetenzen richtet sich nach den allgemeinen Regeln der Art. 70 ff. GG. Von dem Grundsatz in Art. 70 Abs. 1 GG abweichende Bundesgesetzgebungsbefugnisse für das Recht der Enteignung enthält vor allem Art. 74 Abs. 1 Nr. 14 GG.[509]

---

503 BVerfGE 31, 229 (242 f.).

504 BVerfGE 49, 382 (398 ff.).

505 BVerfGE 31, 270 (270 ff.).

506 BVerfGE 31, 248 (251 ff.).

507 BVerfGE 77, 263 (270 ff.).

508 BVerfGE 56, 249 (261); BVerwGE 77, 295 (298); 84, 361 (366); *Bryde*, in: v. Münch/Kunig I, Art. 14 Rn. 75; *Jarass*, in: ders./Pieroth, Art. 14 Rn. 84.

509 BVerfGE 56, 249 (292); BVerwGE 117, 138 (139); *Wendt*, in: Sachs, Art. 14 Rn. 158.

Soweit die Enteignung unmittelbar durch Gesetz erfolgt, kann diese von der Verfas- 242
sung ausdrücklich vorgesehene Legalenteignung nicht an dem **Verbot des Einzelfall-**
gesetzes (Art. 19 Abs. 1 S. 1 GG) scheitern.[510] Auch das **Zitiergebot** wird nach richtiger Ansicht des Bundesverfassungsgerichts nicht berührt, weil die in Art. 14 GG
vorgesehene Junktimklausel dem Grundrechtsträger hinreichenden Schutz bietet.[511]

c) Legal- und Administrativenteignung

Im Regelfall erfolgt die Enteignung durch die Exekutive aufgrund eines Gesetzes 243
durch Verwaltungsakt (**Administrativenteignung**). Die Verfassung selbst sieht aber
vor, dass die Enteignung auch durch Gesetz erfolgen kann. Im Falle einer solchen
Legalenteignung entzieht das Gesetz selbst unmittelbar, d.h. ohne weiteren Vollzugsakt, mit seinem Inkrafttreten die konkrete und individuelle Rechtsposition.[512]
Bei dem enteignenden Gesetz muss es sich nicht zwingend um ein **Parlamentsgesetz**
handeln.

Die beiden Enteignungsformen sind nicht beliebig austauschbar.[513] Trotz der aus- 244
drücklichen Erwähnung der Enteignung durch Gesetz ist die Legalenteignung nur
ausnahmsweise möglich.[514] Bedenken gegen sie ergeben sich nicht allein aus dem
Grundsatz der Gewaltenteilung: Die Enteignung gilt historisch als typische Aufgabe
der Verwaltung, so dass die Legalenteignung einen untypischen Fall der »Verwaltung
durch Gesetz« darstellt.[515] Bedeutsamer erscheint, dass die Legislative nicht zur öffentlichen Gewalt i.S.v. Art. 19 Abs. 4 GG zählt (vgl. Art. 19 Abs. 4 Rdn. 92 ff.)
und somit die Legalenteignung den Rechtsweg zu den Gerichten erschwert. Die gegen ein enteignendes Parlamentsgesetz allein mögliche Verfassungsbeschwerde stellt
einen nur ausnahmsweise hinzunehmenden schwachen Ersatz für einen fehlenden
verwaltungsgerichtlichen Rechtsschutz dar.

Ungeachtet dieser Bedenken kann die Legalenteignung aufgrund der **besonderen** 245
Umstände des Einzelfalls gerechtfertigt sein. Es müssen triftige Gründe für die Annahme bestehen, dass die Durchführung einer behördlichen Planfeststellung mit erheblichen Nachteilen für das Gemeinwohl verbunden wäre, denen nur durch eine
gesetzliche Regelung begegnet werden kann.[516]

---

510 BVerfGE 24, 367 (396 ff.); *Dietlein*, in: Stern, Staatsrecht IV/1, S. 2265 f., 2275; *Wie-*
land, in: Dreier I, Art. 14 Rn. 112.
511 BVerfGE 24, 367 (398); *Dietlein*, in: Stern, Staatsrecht IV/1, S. 2275; a.A. *Bachof*,
DÖV 1954, 592, 592; *Dreier*, in: ders. I, Art. 19 I, Rn. 27 f.; *Dürig*, JZ 1954, 4, 7.
512 BVerfGE 45, 297 (326); 95, 1 (21).
513 BVerfGE 24, 367 (401); 45, 297 (331, 333); 58, 300 (331).
514 BVerfGE 24, 367 (402); 45, 297 (331 ff.); 95, 1, (22).
515 BVerfGE 45, 297 (330 ff.).
516 So für eine Planung durch den Gesetzgeber mit enteignungsrechtlicher Vorwirkung:
BVerfGE 95, 1 (21).

d) Das Enteignungsverfahren

246   Der besondere verfassungsrechtliche Schutz, den das Eigentum genießt, wirkt sich auch auf das **Verfahren** aus, das die öffentliche Hand bei Enteignungen zu beachten hat. Der objektiv-rechtliche Gewährleistungsgehalt des Grundrechts zeigt sich an den Anforderungen, die an Form und Verfahren der Enteignung zu stellen sind. Die Enteignung muss daher in einem Verfahren erfolgen, welches gewährleistet, dass alle wesentlichen rechtlichen und tatsächlichen Gesichtspunkte ausreichend berücksichtigt und gegeneinander abgewogen werden. Insoweit sind natürlich vor allem die Belange des betroffenen Grundrechtsträgers besonders zu beachten. Die entsprechenden Vorgaben müssen gerade wegen der Bedeutung des Verfahrens in ihren Grundzügen gesetzlich geregelt sein (insoweit exemplarisch: §§ 104 ff. BauGB).

e) Enteignungsrechtliche Vorwirkung

247   Es ist durchaus möglich, dass in einem komplexen Verfahren ein Planfeststellungsbeschluss erlassen wird, der unmittelbar selbst noch nicht zum Entzug des Eigentums führt, aber abschließend und für das weitere Verfahren verbindlich über die Verwirklichung des festgestellten Vorhabens unter Inanspruchnahme privaten Eigentums entscheidet;[517] die Regelung entfaltet dann eine enteignungsrechtliche Vorwirkung.[518] In einem solchen Fall bedarf bereits die determinierende Entscheidung einer den Anforderungen des **Art. 14 Abs. 3 GG** genügenden gesetzlichen Grundlage.

248   Zwar hat der Gesetzgeber bei der Gestaltung des Verwaltungsverfahrens, das zu einer Enteignung führt, einen weiten Spielraum, der dann eben unter dem Gesichtspunkt der Verfahrenseffizienz auch zu einem abschichtenden, gestuften Verfahren führen kann.[519] Allerdings darf das Verfahren auch nicht so gestaltet sein, dass der »dem Eigentumsgrundrecht in Verbindung mit Art. 19 Abs. 4 S. 1 GG folgenden Anspruch des Bürgers auf effektiven gerichtlichen Rechtsschutz gegen Hoheitsakte, die in seine Rechte eingreifen, unzumutbar erschwert oder gar faktisch unmöglich« gemacht ist.[520]

f) Materielle Voraussetzungen der Enteignung

aa) Allgemeinwohlbedürfnis

249   Art. 14 Abs. 3 S. 1 GG legt fest, dass eine Enteignung nur zum **Wohle der Allgemeinheit** zulässig ist. Diese Begriffsverwendung hat eine andere Funktion als in Art. 14 Abs. 2 S. 2 GG, da es dort nur um einen Auftrag an den Gesetzgeber geht, die Nutzung des Eigentums im Allgemeinen mit den Belangen des Gemeinwohls in Einklang zu bringen, während der Gesetzgeber bei einer Enteignung ein »konkretes,

---

517   Vgl. hierzu BVerfGE 95, 1 (21 f.); BVerfG, NVwZ 2007, 573, 573 f.; 2008, 780, 782.
518   BVerfGE 56, 249 (264); 74, 264 (282); 95, 1 (22).
519   BVerfGE 129, 1 (32 f.).
520   BVerfGE 134, 242 (299 f, 310 ff.).

der Erfüllung öffentlicher Aufgaben dienendes Vorhaben«[521] im Auge haben muss.[522] Wegen der besonderen Schwere eines Eigentumsentzugs kann dieser nur durch »ein Gemeinwohlziel von besonderem Gewicht gerechtfertigt werden; seine Bestimmung ist dem parlamentarischen Gesetzgeber vorbehalten. Die Anforderungen an die Bestimmtheit der gesetzlichen Regelung hängen vom jeweiligen Gemeinwohlziel und den zu seiner Erreichung vorgesehenen Vorhaben ab«.[523]

Die die Enteignung rechtfertigenden Gemeinwohlgründe müssen in dem Gesetz festgelegt sein.[524] Welches Anliegen dem Gemeinwohl dient, legt der Gesetzgeber in dem Enteignungsgesetz fest, in dem geregelt sein muss, für welche Vorhaben, unter welchen Voraussetzungen und für welche Zwecke die Enteignung zulässig sein soll.[525] »Bei der Auswahl der Gemeinwohlziele steht dem Gesetzgeber ein weiter Spielraum zu. Er ist nur eingeschränkter verfassungsgerichtlicher Kontrolle zugänglich, da das Grundgesetz lediglich in begrenztem Umfang einen Maßstab für die Bestimmung des gemeinen Wohls im Sinne des Art. 14 Abs. 3 S. 1 GG zur Verfügung stellt«. Das Gemeinwohlziel muss **hinreichend bestimmt** sein.[526] 250

Der Bezug auf das Allgemeinwohl ist im Hinblick auf die Enteignung unter zwei Gesichtspunkten relevant. Zum einen wird er bereits in der **Definition der Enteignung** aufgegriffen (Rdn. 152 f.), da der Eigentumsentzug der Erfüllung öffentlicher Aufgaben dienen muss. Im Rahmen der Definition ist das Motiv des Grundrechtsverpflichteten bei dem Eingriff in Art. 14 GG von Bedeutung. Bei der Prüfung der materiellen Verfassungsmäßigkeit einer Enteignung ist hingegen festzustellen, ob die Enteignung tatsächlich der Erfüllung einer konkreten öffentlichen Aufgabe und somit dem Wohl der Allgemeinheit dient. 251

Allerdings bedarf es für die Enteignung wegen der freiheitssichernden Funktion des Eigentums eines besonders qualifizierten **öffentlichen Interesses**.[527] Nicht ausreichend sind etwa bloße **Zweckmäßigkeitserwägungen** oder gar **fiskalische Interessen**, die etwa dahin gehen, dass die Enteignung eines Eigentumsgegenstandes für die öffentlichen Haushalte günstiger als ein ebenfalls möglicher freihändiger Erwerb ist.[528] 252

bb) Enteignung zugunsten Privater

Der Umstand, dass eine Enteignung dem öffentlichen Interesse zu dienen hat, schließt nicht aus, dass sie auch zugunsten eines anderen Grundrechtsträgers erfolgen 253

---

521 BVerfGE 104, 1 (9 f.).
522 *Lege*, ZJS 2012, 44 (44).
523 BVerfGE 134, 242 (292).
524 BVerfGE 24, 367 (403 f.); 38, 175 (180); 56, 249 (261); *Leisner*, in: Isensee/Kirchhof, HStR VIII (3. Aufl., 2010), § 173 Rn. 219; *Wieland*, in: Dreier I, Art. 14 Rn. 118 f.
525 BVerfGE 24, 367 (403); 56, 249 (261).
526 BVerfGE 134, 242 (293 ff.); zu dieser Entscheidung s.a. i.e. *Kühne*, NVwZ 2014, 321.
527 BVerfGE 74, 264 (289); *Papier*, in: Maunz/Dürig, Art. 14 Rn. 585.
528 BVerfGE, NJW 1999, 1176, 1176 ff.

kann.[529] Es ist in Art. 14 GG ausdrücklich nicht von staatlichen Interessen, sondern vom Allgemeinwohl die Rede, das aber im Staat des Grundgesetzes von Staat und Gesellschaft arbeitsteilig verwirklicht wird. Die Schaffung von Arbeitsplätzen, die Verbesserung regionaler Wirtschaftsstrukturen oder auch Infrastrukturprojekte sollen in der Wirtschaftsverfassung des Grundgesetzes ohnehin in erster Linie von privater, nicht aber von staatlicher Seite gewährleistet werden. Wenn dabei der Zugriff auf anderes privates Eigentum dringend geboten ist, kann der Staat auch **zugunsten eines Privaten** enteignen, muss aber den hohen Anforderungen genügen, die das Bundesverfassungsgericht an die Genauigkeit der **Umschreibung des Enteignungszwecks** stellt.[530]

254   Im Falle einer Enteignung zugunsten Privater sind nicht nur die bei Enteignungen zugunsten von Grundrechtsträgern erforderlichen Vorschriften zu Enteignungsverfahren und -voraussetzungen gesetzgeberisch festzulegen. Vielmehr sind in dem der Enteignung zugrundeliegenden Gesetz Regelungen zu treffen, die gewährleisten, dass der durch die Enteignung Begünstigte den enteigneten Gegenstand dem der Maßnahme zugrundeliegenden **Zweck dauerhaft widmet**.[531]

255   Aus diesem Umstand wird zugleich erneut deutlich, dass es das Ziel der staatlichen Güterbeschaffung kein zwingendes Merkmal der Enteignung sein kann, denn ein Eigentumsentzug zugunsten Privater könnte dann niemals eine Enteignung darstellen (siehe aber Rdn. 158 f.).

cc) Verhältnismäßigkeit

256   Wie jeder andere Grundrechtseingriff muss die Enteignung zur Erreichung des mit ihr **verfolgten Zwecks verhältnismäßig**, d.h. sie muss im Hinblick auf den legitimen Enteignungszweck (Rdn. 249 ff.) geeignet, erforderlich und angemessen sein.[532] Im Falle der Administrativenteignung gilt diese Vorgabe nicht nur für den Enteignungsakt selbst, sondern für die der Enteignung zugrundeliegenden gesetzlichen Ermächtigungsgrundlage.

257   Die Enteignung dient nicht unmittelbar dem legitimierenden Wohl der Allgemeinheit, sondern das durch die Enteignung beförderte Vorhaben soll zu der Erreichung des Gemeinwohlziels führen oder es substantiell fördern.[533] Bezugspunkt der Erforderlichkeitsüberprüfung ist damit das konkrete Vorhaben. »Die Enteignung ist danach nur erforderlich, wenn und soweit sie für die Verwirklichung des jeweiligen Vorhabens unverzichtbar ist, es hierfür also kein milderes Mittel gibt, das gleich geeignet wäre. Kann das Vorhaben hingegen in gleicher Weise auch ohne den Entzug

---

529 BVerfGE 74, 264 (284 f.); 134, 242 (294 ff.); *Papier*, in: Maunz/Dürig, Art. 14
     Rn. 578 f.; s.a. Muckel, BayVbl. 2011, 225.
530 BVerfGE 74, 264 (287 f.).
531 BVerfGE 74, 264 (285 f.); 134, 242 (296 f.).
532 BVerfGE 134, 242 (297 f.).
533 Hierzu und dem folgenden BVerfGE 134, 242 (296 f.).

privaten Eigentums – etwa statt der Enteignung von Grundstücken durch die Inanspruchnahme öffentlichen oder von privater Seite freiwillig zur Verfügung gestellten Grund und Bodens verwirklicht werden, ist die Enteignung unzulässig«.[534]

Entscheidend ist die Frage, ob in einem konkreten Fall der unmittelbare **Enteig-** 258 **nungszweck** auf weniger einschneidende Weise erreicht werden kann.[535] Unter diesem Gesichtspunkt ist der Staat zunächst verpflichtet, das zu enteignende Eigentumsobjekt durch freihändigen Ankauf zu erlangen. Es stellt sich auch die Frage, ob der vollständige und endgültige Entzug des Eigentumsgegenstandes tatsächlich erforderlich ist oder ob dasselbe Ziel nicht mit einem bloß teilweisen Entzug (durch die Einräumung dinglicher oder obligatorischer Rechte) oder auch nur der vorübergehenden Inanspruchnahme des Gegenstandes möglich ist.

Allerdings muss das konkrete gemeinwohlrelevante Vorhaben seinerseits nicht unver- 259 zichtbar »für das Erreichen des gesetzlich vorgegebenen Gemeinwohlziels sein wie die einzelne Enteignungsmaßnahme im Hinblick auf das Vorhaben. Für die Erforderlichkeit des Vorhabens genügt vielmehr, dass es zum Wohl der Allgemeinheit vernünftigerweise geboten ist«.[536] Ansonsten käme dies praktisch einem generellen Enteignungsverbot gleich. Dies alles erfordert als materielle Enteignungsvoraussetzung eine **Gesamtabwägung** zwischen den für das konkrete Vorhaben sprechenden Gemeinwohlbelangen einerseits und den durch seine Verwirklichung beeinträchtigten öffentlichen und privaten Belangen andererseits.[537]

g) Junktimklausel

Art. 14 Abs. 3 S. 2 GG legt fest, dass die Enteignung nur durch oder aufgrund eines 260 Gesetzes erfolgen darf, das Art und Ausmaß der Entschädigung regelt (**Junktimklausel**). Diese Regelung schützt nicht nur den Grundrechtsträger, dem bei dem Eingriff in sein Eigentum eine Entschädigung gewährt werden soll. Vielmehr hat die Junktimklausel auch eine **Warnfunktion für den Gesetzgeber**. Dieser soll sich im Klaren darüber sein, dass er nunmehr zum schärfsten Mittel greift und er hierdurch haushaltswirksame Entschädigungszahlungen auslöst.[538]

Die Entscheidung über die Höhe ist keine schlichte Rechenaufgabe, da das Grund- 261 gesetz nur eine **angemessene Entschädigung** verlangt. Es sind Konstellationen denkbar, in denen weniger als der Ersatz des vollen Verkehrswertes geleistet werden darf (Rdn. 270 ff.). Unabhängig davon, wie und in welcher Höhe die Entschädigung gewährt werden soll, macht die Junktimklausel aber deutlich, dass Festlegung oder Determinierung der Entschädigung elementarer Bestandteil der Enteignungsentscheidung sind. Daher läge ein Verstoß gegen die Junktimklausel vor, wenn die Ent-

---

534 BVerfGE 134, 242 (296 f.).
535 BVerfGE 24, 367 (404 f.); 45, 297 (322); BVerfG, NVwZ 2003, 726, 727.
536 BVerfGE 134, 242 (297); s.a. BVerwGE 132, 261 (273).
537 *Kühne*, NVwZ 2014, 321, 322 und 324.
538 BVerfGE 46, 268 (286 f.).

scheidung über die konkrete Höhe der Entschädigung etwa vom Markt getroffen würde. Soweit also die Enteignung darin besteht, dass der Inhaber eines Vermögensgegenstandes gezwungen wird, diesen an einen privaten Dritten zu verkaufen, damit dieser hierdurch öffentliche Zwecke erfüllen kann, entsteht hier ein enteignungsrechtliches Dreiecksverhältnis.[539] Der Grundrechtsverpflichtete bleibt für die Festlegung der Entschädigungshöhe verantwortlich und kann sich nicht darauf verlassen, dass der Markt schon das »richtige« Maß an Entschädigung finden wird.

262 Die Beachtung der Junktimklausel und damit die Normierung einer Entschädigungsregelung ist zwingende Voraussetzung für die **Verfassungsmäßigkeit eines Enteignungsgesetzes.** Wenn ein Enteignungsgesetz keine Entschädigungsregelung oder alternativ keinen Verweis auf ein allgemeines Enteignungsgesetz mit Regeln zur Durchführung von Enteignungsverfahren und Entschädigung[540] enthält, ist das gesamte Gesetz[541] ebenso wie dann auch die auf ihm beruhende Enteignung **verfassungswidrig.**

263 Die Junktimklausel gilt nicht für bereits vor Inkrafttreten des Grundgesetzes verkündete Gesetze.[542] Schließt ein vorkonstitutionelles Gesetz jedoch jegliche Entschädigung aus, kann es nach Inkrafttreten von Art. 14 GG wegen **Verfassungswidrigkeit** nicht mehr vollzogen werden.[543]

264 Eine besondere Regelung sieht **Art. 115c Abs. 2 GG** vor, wonach durch Bundesgesetz für den Verteidigungsfall, soweit es die Verhältnisse erfordern, bei Enteignungen abweichend von Art. 14 Abs. 3 S. 2 GG die Entschädigung vorläufig geregelt wird.

h) Rückgewähranspruch

265 Die verfassungsrechtliche Verbürgung des Eigentums wirkt über den Enteignungszeitpunkt insoweit hinaus, als sie nach Wegfall des die Enteignung legitimierenden öffentlichen Zwecks die **Wiederherstellung** des grundrechtlichen **Normalzustandes** zugunsten des ehemaligen Eigentümers einfordert.[544]

266 Dies gilt erst recht in dem Fall, in dem es gar nicht erst zur bestimmungsgemäßen Verwendung des enteigneten Gegenstandes kommt. Es genügt dann nicht, dass der Enteignungsbegünstigte den enteigneten Gegenstand überhaupt an einen beliebigen Grundrechtsträger zurücküberträgt (»privatisiert«). Art. 14 GG normiert erst in zweiter Linie einen generellen Vorrang der privaten vor der staatlichen Eigentümerstellung

539 Vgl. zu der europarechtlichen Parallele im Fall der geplanten eigentumsrechtlichen Entflechtung der vertikal integrierten Energieversorgungsunternehmen *Becker*, YEL 2007, 258 ff.
540 BVerfGE 56, 249 (263 f.).
541 BVerfGE 58, 300 (319).
542 BVerfGE 46, 268 (287 f.).
543 BVerfGE 4, 219 (237).
544 BVerfGE 38, 175 (181); 97, 89 (96 f.).

im Sinne einer Systementscheidung. Primär schützt es den **konkreten Eigentumsgegenstand** in der Hand des **konkreten Eigentümers**, so dass dieser vorrangig Begünstigter der Rückübertragung sein muss.[545]

i) Entschädigung

Art. 14 Abs. 3 S. 3 GG stellt einen Maßstab für die Bemessung der Entschädigung   267
auf. Die Festlegung hat unter **gerechter Abwägung** der Interessen der Allgemeinheit und des Betroffenen zu erfolgen. Die Abwägung hat zum einen bereits der Gesetzgeber durchzuführen und Art und Umfang der Entschädigung zumindest soweit zu determinieren, wie dies in einer **generell-abstrakten Norm** möglich ist. Zum andern obliegt die Abwägung aber auch durch die im Einzelfall über die Enteignung entscheidende **Exekutive** (und gegebenenfalls in der Folge durch die Gerichte). Dabei ist auf situationsbedingte Besonderheiten des Sachverhalts und die Zeitumstände Rücksicht zu nehmen.[546]

Das Grundgesetz fordert ausdrücklich **keinen Schadensersatz** für den Enteigneten. In   268
diesem Fall müsste dieser nach der Differenzhypothese so gestellt werden, als wenn das schädigende Ereignis nicht eingetreten wäre. Demgegenüber gleicht die Entschädigung den entstandenen Vermögensverlust aus und tritt an die Stelle des entzogenen Gegenstandes. Sie orientiert sich in ihrer Höhe an der entzogenen Substanz. Die der Entschädigung innewohnende statische Betrachtungsweise macht sich insbesondere daran bemerkbar, dass sie einen entgangenen Gewinn nicht umfasst, da sie die hypothetische künftige Vermögensentwicklung außer Betracht lässt. Die Entschädigung soll den Betroffenen lediglich in die Lage versetzen, eine Sache gleicher Art und Güte zu beschaffen und damit seinen Verlust auszugleichen.[547]

Zwar soll die Eigentumsgarantie den konkreten Bestand in der Hand der einzelnen   269
Grundrechtsträger schützen, wenn aber eine Enteignung aus Gründen des Gemeinwohls erforderlich ist, wird die primäre Bestandsgarantie von der Wertgarantie, die auf Gewährung einer vom Gesetzgeber dem Grunde nach zu bestimmenden Entschädigung zielt, abgelöst.[548]

Ausgangspunkt für die **gerechte Abwägung** der Interessen der Allgemeinheit und   270
der Beteiligten bei Festlegung der Entschädigung ist damit der **Verkehrswert** des enteigneten Gegenstandes zum Zeitpunkt der Enteignung,[549] mithin der Wert, den der Betroffene im gewöhnlichen Geschäftsverkehr aufbringen muss, um die entzogene Rechtsposition zu ersetzen. Eine Entschädigung unterhalb des Verkehrswertes bedeu-

---

545 Verfassungsrechtlich zweifelhaft ist daher die Soll-Bestimmung des § 6 Abs. 2 S. 3 RettungsG im Zusammenhang mit der Enteignung von Aktionären systemrelevanter Finanzinstitute; vgl. *Becker/Mock*, DB 2009, 1055, 1058 ff.

546 BVerfGE 24, 367 (421).

547 BGHZ 140, 200 (204 f.).

548 BVerfGE 134, 242 (291 f.).

549 So schon BGHZ 31, 238, (238 ff.); zurückhaltender dann aber BGHZ 83, 1 (3 ff.); 120, 38 (45 ff.).

tete einen grundsätzlich **unverhältnismäßigen Zugriff** auf den Vermögenswert des Enteignungsgegenstandes sowie eine gegenüber Nicht-Enteigneten gleichheitswidrige Belastung des Betroffenen.[550]

271   Der Verkehrswert kann allerdings nur der Ausgangspunkt der Abwägung sein. Der Wortlaut von Art. 14 Abs. 3 S. 3 GG macht deutlich, dass eine unbedingte verfassungsrechtliche Pflicht zur Entschädigung nach Verkehrswert nicht besteht.[551] Die Abwägung zwischen Allgemein- und Individualinteressen kann ergeben, dass Gründe gegen eine Entschädigung in Höhe des Verkehrswertes sprechen. Diese dürfen allerdings nicht rein fiskalischer Natur sein[552] oder auf der besonderen Sozialbindung des Enteignungsgegenstandes beruhen, da diese Sozialbindung sonst nicht nur die Enteignung, sondern auch noch die Verringerung der Entschädigung rechtfertigen würde.[553] Es gibt dennoch eine ganze Reihe von Umständen, die eine unter dem Verkehrswert bleibende Entschädigung als Abwägungsergebnis ermöglichen können. Das ist insbesondere dann der Fall, wenn eine Marktwertsteigerung der zu enteignenden Rechtsposition nicht Resultat eigener Leistung des Inhabers ist, z.B. wenn aus Ackerland Bauland wird.[554]

272   Bestandteil einer angemessenen Entschädigung ist nach dem Bundesgerichtshof der Ersatz bestimmter **Folgeschäden**. Das gilt selbst dann, wenn das Enteignungsgesetz, anders als § 96 BauGB oder § 19 Landbeschaffungsgesetz, dies nicht ausdrücklich vorsieht.[555]

273   Die Entschädigung erfolgt grundsätzlich als **Geldleistung**.[556] Alternativ kann der Enteignete aber auch in Naturalien entschädigt werden, so etwa bei der Enteignung von Grund und Boden durch die Bereitstellung von Ersatzland.

274   Die Entschädigungspflicht trifft das durch die Enteignung **unmittelbar begünstigte Rechtssubjekt**;[557] mehrere Begünstigte haften als Gesamtschuldner. Dass diese Verantwortungszuweisung auch bei Enteignungen zugunsten Privater sinnvoll und geboten ist, liegt auf der Hand. Ein Privater, dem zur Erfüllung öffentlicher Aufgaben das Eigentum eines anderen Privaten übertragen wird, soll hieraus nicht auch noch einen wirtschaftlichen Vorteil insoweit ziehen, dass der Staat endgültig mit der Enteignungsentschädigung belastet wird. Daher geht die wirtschaftliche, nicht aber die

---

550   *Wendt*, in: Sachs, Art. 14 Rn. 169; eher zweifelnd insoweit *Wieland*, in: Dreier I, Art. 14 Rn. 130 ff.

551   BVerfGE 24, 367 (421).

552   *Leisner*, NJW 1992, 1409, 1415; *Papier*, in: Maunz/Dürig, Art. 14 Rn. 607; a.A. *Wieland*, in: Dreier I, Art. 14 Rn. 136.

553   *Dietlein*, in: Stern, Staatsrecht IV/1, 2283; a.A. *Wieland*, in: Dreier I, Art. 14 Rn. 135.

554   Umfassend hierzu *Papier*, in: Maunz/Dürig, Art. 14 Rn. 608 ff.

555   BGHZ 67, 190 (192 f.); BGH, WM 1971, 828, 831; *Ossenbühl/Cornils*, Staatshaftungsrecht, S. 254 f.; *Papier*, in: Maunz/Dürig, Art. 14 Rn. 631 ff.

556   *Berkemann*, in: Umbach/Clemens I, Art. 13 Rn. 664; *Dietlein*, in: Stern, Staatsrecht IV/1, S. 2282.

557   *Wieland*, in: Dreier I, Art. 14 Rn. 139; s.a. BGHZ 60, 126 (143).

rechtliche Verantwortung für die Entschädigung vom Staat auf den Privaten über und es ist die Entstehung eines Dreiecksverhältnisses anzunehmen. Der Staat bleibt dem Enteigneten gegenüber für Festsetzung und Leistung der Entschädigung verantwortlich. Er darf schon allein aus Gründen des Insolvenzrisikos auf Seiten des begünstigten Privaten aus dieser Verantwortung nicht entlassen werden, das ansonsten zusätzlich noch auf den Enteigneten überginge. Allerdings kann der Staat sich dann bei dem durch die Enteignung Begünstigten schadlos halten.[558]

Der Grundrechtsträger hat also **kein Wahlrecht** dahingehend, ob er gegen die verfassungswidrige Enteignung vorgehen oder diese hinnehmen und sich dann entschädigen lassen möchte (**Vorrang des Primärrechtsschutzes**).[559] Der Betroffene hat kein Wahlrecht zwischen Anfechtung der Enteignung (primärer Rechtsschutz) und Geltendmachung eines Ersatzanspruchs (sekundärer Rechtsschutz). Der Grundrechtsträger soll nicht durch den Rückgriff auf einen Ersatzanspruch davon profitieren, dass er die Möglichkeit verstreichen lässt, sich gegen den rechtswidrigen Eingriff zu wehren, soweit dieses möglich und zumutbar ist.[560]   275

Der Entschädigungsanspruch verjährt nach drei Jahren (§ 195 BGB).[561]   276

j) Salvatorische Entschädigungsklauseln

Gesetze mit eigentumsrelevanten Eingriffsbefugnissen enthalten bisweilen »salvatorische Entschädigungsklauseln« des Inhalts, dass Maßnahmen zu einer angemessenen Entschädigung verpflichten, sofern sie eine Enteignung darstellen.[562]   277

Bedeutung und Anwendungsbereich dieser Klauseln haben sich geändert. Vor dem Hintergrund eines quantitativen orientierten Enteignungsbegriffs dienten sie als Grundlage für eine Enteignungsentschädigung, wenn und soweit eine Inhalts- oder Schrankenbestimmung ein Sonderopfer des Betroffenen darstellte und deswegen bei quantitativer Betrachtung in eine Enteignung umschlug. Dann oblag es der handelnden Verwaltung und gegebenenfalls den Zivilgerichten, die Entschädigung sowohl dem Grunde nach zuzusprechen wie auch ihre Höhe zu bestimmen.   278

Vor diesem Hintergrund war die Frage aufgeworfen worden, ob eine derart ausgestaltete Regelung den verfassungsrechtlichen **Anforderungen an die Junktimklausel** genügt.[563] Eine salvatorische Entschädigungsklausel verlagerte die Verantwortung   279

---

558 Zu der besonderen Konstellation eines Zwangsverkaufs von Elektrizitätsnetzen und der Untauglichkeit des hierbei erzielten Erlöses, die Funktion der Enteignungsentschädigung zu übernehmen: *Becker*, YEL 2007, 255, 294 ff.
559 BVerfGE 58, 300 (324).
560 BVerfGE 58, 300 (324); vgl. *Papier*, in: Maunz/Dürig, Art. 14 Rn. 651; *Wieland*, in: Dreier I, Art. 14 Rn. 140.
561 Vgl. *Kellner*, NVwZ 2002, 395.
562 Siehe z.B. § 31 Abs. 1 DenkmalG Rhl.-Pf.; § 26 DenkmalG Hess.
563 Vgl. BVerwGE 84, 361 (364); *Bryde*, in: v. Münch/Kunig I, Art. 14 Rn. 87; BGHZ 105, 15 (16); offen gelassen von BVerfGE 58, 300 (346).

für die Entschädigung letztlich vom Gesetzgeber auf Verwaltung und Rechtsprechung. Der Gesetzgeber entzog sich auf diese Weise insbesondere der Verantwortung, Art, Ausmaß und Verfahren einer gebotenen Entschädigung vorab festzulegen. Immerhin verpflichtet die Junktimklausel den Gesetzgeber auch zu einer Entscheidung darüber, ob die Entschädigung in Geld oder durch anderweitige Kompensation für den Enteigneten geleistet werden soll, welche Bewertungsgrundlagen sowie welche Maßstäbe für die Entschädigung maßgebend sein sollen.[564]

280 Salvatorische Entschädigungsklauseln verfehlten damit nicht nur das Ziel, dem **Gesetzgeber** eine besondere **Warnung** vor dem schärfsten Eingriff in das Eigentum zu sein, sondern sie führten auch dazu, dass das Parlament als Inhaber der **Haushaltshoheit** sich gerade nicht vor einer eigentumsrelevanten Maßnahme über die anstehenden Belastungen der staatlichen Finanzen durch Entschädigungszahlungen selbst Rechenschaft ablegen musste. Des Weiteren gab es berechtigte Zweifel an der **rechtsstaatlich gebotenen Bestimmtheit** salvatorischer Entschädigungsklauseln,[565] so dass weitgehende Einigkeit darüber bestand, dass sie der **Junktimklausel nicht genügten.**[566]

281 Genauso wenig, wie Verwaltung oder Gerichte dem Grundrechtsträger eine Entschädigung ohne gesetzliche Grundlage zusprechen können, dürfen sie dies aufgrund einer nicht den Anforderungen des Art. 14 Abs. 3 S. 2 GG genügenden Entschädigungsvorschrift tun. Eine verfassungsunmittelbare Herleitung des Entschädigungsanspruchs aus Art. 14 Abs. 3 GG ist unter diesen Bedingungen nicht möglich.[567]

282 Konsequenz der salvatorischen Entschädigungsklausel in einem Enteignungsgesetz ist somit ein **Verstoß gegen Art. 14 Abs. 3 S. 2 GG** und damit die Verfassungswidrigkeit des Gesetzes sowie der auf seiner Grundlage ergehenden Enteignung. Gegen diese muss sich der Eigentümer zur Wehr setzen, da sie ansonsten bestandskräftig wird. In dem entsprechenden Verfahren muss das Enteignungsgesetz, das die salvatorische Entschädigungsklausel enthält, dem Bundesverfassungsgericht nach **Art. 100 Abs. 1 GG** vorgelegt werden.

283 Mit der Rückkehr des Bundesverfassungsgerichts zu einem formalen Enteignungsverständnis hat sich auch die Funktion der noch in Kraft befindlichen salvatorischen Entschädigungsklauseln geändert. Diese bieten nun erst recht keine Grundlage mehr für eine Enteignungsentschädigung, da schon bei Erlass des in das Eigentumsrecht eingreifenden Gesetzes bekannt ist, ob dessen Anwendung in einer Enteignung resultiert oder nicht. Nunmehr sollen die Klauseln aber als **Rechtsgrundlage für den Ausgleich bei Vorliegen einer ausgleichspflichtigen Inhalts- und Schrankenbestimmung** (Rdn. 201 ff.) dienen. Allerdings hat das Bundesverfassungsgericht darauf

---

564 BVerfGE 24, 367 (419).
565 *Dürig,* JZ 1954, 7, 7 f.; *Leisner,* DVBl. 1981, 76, 76 ff.; *Maurer,* Allgemeines Verwaltungsrecht, § 27 Rn. 63; *Olivet,* DÖV 1985, 697, 697 ff.
566 BVerfGE 100, 226 (247); *Papier,* DVBl. 2000, 1398, 1405 f.
567 BVerfGE 58, 300 (324).

hingewiesen, dass der Gesetzgeber sicherstellen muss, dass über **Eigentumsbeschränkung und Ausgleichsleistung gleichzeitig entschieden** wird. Ansonsten steht der Betroffene vor der Wahl, ohne verlässliche Kenntnis einer Ausgleichsleistung einen belastenden Verwaltungsakt anzugreifen oder ihn in der unsicheren Erwartung eines nachträglich in einem anderen Verfahren zu bewilligenden Ausgleichs bestandskräftig werden zu lassen.[568] Auch haben sich die Bedenken gegen die Bestimmtheit der Regelungen (Rdn. 280) durch den Funktionswandel natürlich nicht erledigt.

III. Enteignungsgleicher und enteignender Eingriff

Von ihrem extensiven Verständnis des Eigentumsschutzes nach Art. 14 GG ausgehend, hatte die ordentliche Gerichtsbarkeit vor der durch das Bundesverfassungsgericht angestoßenen Neuorientierung insbesondere die Rechtsinstitute des **enteignungsgleichen und des enteignenden Eingriffs** entwickelt.   284

Beide Ansprüche gründeten letztlich auf einer Plausibilitätserwägung: Wenn die Verfassung schon eine Entschädigung für eine Enteignung, also einen rechtmäßigen und gezielten Eigentumsentzug durch die hohe Hand anordnet, dann ist eine solche Entschädigungspflicht wohl erst recht für gezielte **rechtswidrige Eigentumsbeeinträchtigungen** (enteignungsgleicher Eingriff) sowie für rechtmäßige Eingriffe in das Eigentum, die für den Einzelnen jedoch zumeist **aufgrund atypischer und unvorhergesehener Nebenfolgen** ein unzumutbares und schweres **Sonderopfer** (enteignender Eingriff) darstellen, geboten, soweit zwischen staatlicher Handlung und Sonderopfer ein unmittelbarer, gefahrerhöhender Zusammenhang besteht.[569] Beide Ansprüche waren in analoger Anwendung von Art. 14 GG auf Entschädigung gerichtet.   285

Nachdem in Folge der Nassauskiesungsentscheidung zunächst gar vom Ende beider Ansprüche die Rede gewesen war[570] werden sie heute – neben verschiedenen, schon seit langem existierenden spezialgesetzlichen Normierungen vor allem im allgemeinen und besonderen Polizei- und Ordnungsrecht[571] – auf gewohnheitsrechtlicher, von §§ 74, 75 **Einleitung des Preußischen ALR** abgeleiteter Rechtsgrundlage angewendet, ohne dass dies zu bemerkenswerten Veränderungen von Tatbestandsvoraussetzungen und Rechtsfolgen geführt hätte.[572] Insbesondere der enteignungsgleiche Eingriff ist aber nun durch das über § 254 BGB analog erzwungene Erfordernis der Inanspruchnahme **primären Rechtsschutzes** in seinem Anwendungsbereich begrenzt worden.   286

---

568 BVerfGE 100, 226 (246); 114, 1 (66).
569 *Ossenbühl/Cornils*, Staatshaftungsrecht, S. 262 f.
570 So etwa *Berkemann*, JR 1982, 229, 232; *Dolde*, NJW 1982, 1784, 1796 f.; *Rupp*, NJW 1982, 1731, 1732 f.; *Scholz*, NVwZ 1982, 337, 346 f.; *Weber*, JuS 1982, 853, 855.
571 Z.B. §§ 49, 57 BSeuchG; §§ 56, 65 IfSG; § 10 Abs. 3 hmbSOG; §§ 68 ff. rpfPOG; § 221 Abs. 1 shLVwG; §§ 68 ff. thPAG.
572 BGHZ 102, 350, (350 ff.).

IV. Erbrecht

1. Inhalts- und Schrankenbestimmungen

287   Art. 14 Abs. 1 S. 2 GG weist dem Gesetzgeber auch beim Erbrecht die Aufgabe zu, dessen Inhalt und Schranken zu bestimmen. Erst durch diese Vorarbeit des Gesetzgebers wird das Erbrecht klar umrissen und zu einem praktisch durchsetzbaren Recht.[573] Anders als bei der Ausgestaltung des Eigentumsrechts verpflichtet Art. 14 Abs. 2 GG den Gesetzgeber nicht ausdrücklich auf die Realisierung einer besonderen **Sozialbindung**. Es ist insoweit auch umstritten, ob Abs. 2 für das Erbrecht Geltung beanspruchen kann.[574] Indes entspricht die Bestimmung von Inhalt und Schranken beim Erbrecht weitgehend der Bestimmung beim Eigentum, weswegen der Gesetzgeber auch ohne gesonderte Sozialbindung aus Abs. 2 aufgrund des allgemeinen Gestaltungsauftrages aus Art. 14 Abs. 1 S. 2 GG die Befugnis hat, im Rahmen der Erbrechtsgesetzgebung legitimen Gemeinwohlinteressen Rechnung zu tragen.[575]

288   Es ist damit in erster Linie Aufgabe des Gesetzgebers, Interessenkonflikte zwischen rechtlich gleichgeordneten Rechtssubjekten – dem Erblasser und den gesetzlichen oder gewillkürten Erben – sachgerecht zu lösen.[576] Ausgangspunkt der **Gestaltung** ist auch hier, dass der Gesetzgeber den grundlegenden Gehalt der verfassungsrechtlichen Gewährleistung des Erbrechts zu wahren und insbesondere Verhältnismäßigkeitsgrundsatz sowie Gleichheitsgebot zu beachten hat.[577]

289   Der Gesetzgeber hat nach Ansicht des Bundesverfassungsgerichts in dem Bereich des Erbrechts allerdings **weitergehende Gestaltungsmöglichkeiten** als im Bereich des Eigentumsrechts, da die Einschränkungen des Erbrechts an einen Vermögensübergang anknüpfen,[578] der offenbar die Persönlichkeitsrelevanz des Rechts mindert. Demnach sollen Aufgabe und Übertragung als besondere Formen der Eigentumsnutzung auch besondere substanzmindernde Zugriffe auf das ererbte Eigentum in der Hand des gesetzlichen oder gewillkürten Erben ermöglichen, die in dieser Form in der Person des früheren Eigentümers nicht zulässig gewesen wären.[579] Ob diese Differenzierung allerdings angesichts des engen Bezugs zwischen Eigentum und Erbrecht vertretbar ist, erscheint fragwürdig. Keinesfalls ergibt sich aber aus der Tatsache, dass das ererbte Eigentum nicht eigenen Leistungen des Erben entspringt, keine besonde-

---

573   Vgl. BVerfGE 91, 346 (360); 99, 341 (351); zu dem Verhältnis von BGB und Art. 14 GG *Röthel*, ErbR 2009, 266.

574   Zustimmend *Bryde*, in: v. Münch/Kunig I, Art. 14 Rn. 42; a.A. *Berkemann*, in: Umbach/ Clemens I, Art. 14 Rn. 720; *Nohl*, Vermögensredistribution durch die Besteuerung von Erbschaften und die Erbrechts- und Eigentumsgarantie in Artikel 14 des Grundgesetzes, 1970, S. 124.

575   *Dietlein*, in: Stern, Staatsrecht IV/1, S. 2328 f.

576   BVerfG, NJW 2001, 141, 142.

577   BVerfGE 112, 332 (348); vgl. auch BVerfGE 67, 329 (340); 105, 313 (355); zum Erbrecht des Staates *Hoppe*, DVBl. 2009, 865.

578   BVerfGE 93, 165 (174); 112, 332 (348).

579   *Papier*, in: Maunz/Dürig, Art. 14 Rn. 295 f.

re Schwäche des Eigentumsschutzes für die Rechtspositionen im Nachlass ergeben. Auch ererbtes Eigentum genießt vollständigen Eigentumsschutz.[580] Spezifische Beschränkungen sind daher nur anlässlich des Vermögensübergangs möglich.

Der Spielraum des Gesetzgebers bei der Ausgestaltung des Erbrechts wird zwar vor 290 allem durch das **Verhältnismäßigkeitsprinzip** begrenzt.[581] Dessen Einhaltung wird aber durch das Bundesverfassungsgericht aufgrund eines Einschätzungs-, Wertungs- und Gestaltungsspielraums des Gesetzgebers nur dahingehend überprüft, ob eine Maßnahme »schlechthin ungeeignet«,[582] »eindeutig« nicht erforderlich[583] oder auch bei Anerkennung eines Bewertungsspielraums unzumutbar ist.[584]

Der hohe Rang der **Testierfreiheit** als Verfügungsbefugnis des Eigentümers über den 291 Tod hinaus beruht auf ihrer engen Verknüpfung mit der Garantie des Eigentums. Sie genießt wie diese als Element der Sicherung der persönlichen Freiheit des Einzelnen besonders stark ausgeprägten Schutz.[585] Der Gesetzgeber darf daher die Testierfreiheit ausgestalten und konkretisieren, sie aber nicht in unverhältnismäßiger Weise einschränken.[586] Soweit eine Einschränkung etwa unter Hinweis auf § 138 BGB erfolgt, hat die Auslegung dieser Generalklausel, wie bei allen anderen zivilrechtlichen Generalklauseln auch,[587] unter Beachtung der verfassungsrechtlichen Gewährleistung des Art. 14 Abs. 1 GG zu erfolgen.[588]

Der Testierfreiheit kommt grundsätzlich Vorrang vor dem subsidiären gesetzlichen 292 Verwandtenerbrecht zu.[589] Angesichts der Bedeutung, die das Recht zu vererben für einen Eigentümer hat, muss die gesetzliche Erbfolge so ausgestaltet sein, dass sie aus objektiver Sicht dem Interesse des Erblassers typischerweise entspricht.[590]

Einen Ausgleich zwischen den Interessen, die sich bei der Realisierung der Testier- 293 freiheit etwa zu Lasten **nahestehender Verwandten** ergeben, bietet der Gesetzgeber mit dem **Pflichtteilsrecht**. Es ist mit der Testierfreiheit vereinbar, dass auf diesem

---

580 *Depenheuer*, in: v. Mangoldt/Klein/Starck I, Art. 14 Rn. 523.
581 BVerfGE 99, 341 (352 f.).
582 BVerfGE 47, 109 (117).
583 BVerfGE 53, 135 (145).
584 BVerfGE 77, 84 (111 f.).
585 BVerfGE 91, 346 (358).
586 Zum generellen Ausschluss schreib- und sprachunfähiger Personen von der Testierfähigkeit als Verstoß gegen die Erbrechtsgarantie BVerfGE 99, 341 (353 ff.).
587 BVerfGE 7, 198 (205 f.).
588 *Bryde*, in: v. Münch/Kunig I, Art. 14 Rn. 44; *Canaris*, AcP 184 (1984), 201, 201 ff.; *Diederichsen*, Jura 1997, 57, 57 ff.; *Enneccerus/Nipperdey* I/2 § 15 II 4, S. 91 ff.; *J. Hager*, JZ 1994, 373, 373 ff.; *Leisner*, Grundrechte und Privatrecht, 1960, S. 359; *Mayer-Maly*, AcP 194 (1994), 105, 136 ff.; *Oeter*, AöR 119 (1994), 529, 529 ff.; s. auch *Larenz/Wolf* AT § 4 Rn. 64 ff.; *Limbach*, in: FS Zivilrechtslehrer 1934–1935, 1999, S. 383, 383 ff.
589 *Depenheuer*, in: v. Mangoldt/Klein/Starck I, Art. 14 Rn. 519.
590 BVerfGE 91, 346 (360).

Wege Kinder des Erblassers an dem Nachlass eine grundsätzlich unentziehbare und bedarfsunabhängige wirtschaftliche Mindestbeteiligung erhalten.[591]

294 Das Pflichtteilsrecht in seiner aktuellen Ausgestaltung markiert die Grenze der gesetzgeberischen Verpflichtung, Angehörigen einen unentziehbaren Anteil am Nachlass zu sichern,[592] hindert den Gesetzgeber indes nicht, weitere Personen wie etwa den überlebenden Lebenspartner in einer eingetragenen Lebenspartnerschaft in den Kreis der Pflichtteilsberechtigten mit einzubeziehen.[593]

2. Erbschaftssteuer

295 Die Erbschaftssteuer belastet den aufgrund des Erbfalls beim Erben anfallenden Vermögenszuwachs und die diesem hierdurch vermittelte Leistungsfähigkeit.[594] Die verfassungsrechtliche Erbrechtsgarantie schützt vor einer übermäßigen Belastung, welche die dem Erben zugewachsenen **Vermögenswerte grundlegend beeinträchtigt**.[595] Allerdings zieht der allgemeine Gleichheitssatz des Art. 3 Abs. 1 GG der Gestaltungsfreiheit des Steuergesetzgebers oftmals engere Grenzen als Art. 14 GG.[596]

296 Bei ihrer Ausgestaltung sind aber der grundlegende Gehalt der Erbschaftsgarantie ebenso wie andere verfassungsrechtliche Garantien zu beachten, wobei der **Schutz von Ehe und Familie aus Art. 6 Abs. 1 GG** sowie der **allgemeine Gleichheitssatz** insoweit besondere Anforderungen an den Gesetzgeber stellen.[597] In diesem Rahmen verfügt der Gesetzgeber bei Belastung des Erbfalls durch **Besteuerung** über einen **weiten Spielraum**.[598]

297 Die Erbschaftssteuer dient – wie alle anderen Steuern – in erster Linie der Erzielung staatlicher Einnahmen.[599] Mit diesem Primärzweck können auch weitere, sekundäre Lenkungs- und Gestaltungszwecke verbunden werden.[600] Allerdings geht es zu weit, dem Gesetzgeber unter dem Vorzeichen des Sozialstaatsprinzips gleichsam als Ver-

---

591 BVerfGE 112, 332 (349 ff.); BVerfG, NJW 2001, 141, 142; zu den Pflichtteilsentziehungs- und Pflichtteilsunwürdigkeitsgründen: BVerfGE 112, 332 (355 ff.); vgl. auch BVerfG, NJW 2005, 2691, 2691: § 2303 Abs. 1 BGB mit Art. 14 GG vereinbar; *Leisner*, NJW 2001, 126, 126 f.

592 BVerfGE 91, 346 (359).

593 BVerfGE 105, 313 (355 f.).

594 BVerfGE 93, 165 (172); 97, 1 (7); *Reinisch*, Erbschaftssteuer und Verfassungsrecht, 1999.

595 BVerfGE 63, 312 (327); 93, 165 (172).

596 Exemplarisch BVerfGE 126, 400, wonach die Ungleichbehandlung von Ehe und eingetragener Lebenspartnerschaft im Erbschaftsrecht mit Art. 3 Abs. 1 GG unvereinbar ist.

597 BVerfGE 67, 329 (340); 93, 165 (174); 97, 1 (7).

598 BVerfGE 93, 165 (174).

599 BVerfG, NJW 2015, 303, 303 ff.

600 BVerfGE 93, 121 (147); 99, 280 (296); 105, 73 (112); 110, 274 (292).

pflichtung aufzugeben, »ungerechte«, weil »nur« ererbte Vermögensakkumulationen zu verhindern.[601]

Eine an **Ehe und Familie** anknüpfende steuerrechtliche Benachteiligung ist grund-   298
sätzlich untersagt.[602] Zudem sind die familiären Bezüge der nächsten Familienangehörigen zum Nachlass erbschaftsteuerrechtlich zu berücksichtigen.[603] Schließlich
müssen steuerrechtliche Regelungen die Steuerpflichtigen, abseits verfassungsrechtlich
zulässiger Differenzierungen, gleichmäßig belasten[604] und der unterschiedlichen Leistungsfähigkeit der Steuerpflichtigen Rechnung tragen.[605] Diese Anforderungen sind
auch dann zu beachten, wenn steuerrechtliche Vorschriften im Einzelfall ausgelegt
und angewendet werden.[606] Vor dem Hintergrund von Art. 6 Abs. 1 GG verringern
sich die Zugriffsmöglichkeiten des Steuergesetzgebers mit der verwandtschaftlichen
Nähe von Erben und Erblasser. Dementsprechend hat das Bundesverfassungsgericht
festgestellt, dass der Nachlass engen Familienangehörigen zumindest zum deutlich
überwiegenden Teil oder, bei kleineren Vermögen, völlig steuerfrei zugute kommt.[607]
Das der persönlichen Lebensgestaltung dienende und daher erbschaftssteuerlich zu
verschonende Vermögen entspricht nach Ansicht des Bundesverfassungsgerichts dem
Wert eines durchschnittlichen Einfamilienhauses.

Der Grundsatz der Testierfreiheit darf durch überhöhte Besteuerung nicht völlig   299
ausgehöhlt werden, indem die Bildung von Vermögen für den Erblasser bei Einsetzung nichtverwandter Personen sinnlos gemacht wird. Zwar ist eine **steuerliche Differenzierung** zwischen einem verwandten und einem nicht bzw. entfernt verwandten
Erben auch aus dem Blickwinkel der Testierfreiheit möglich. Allerdings muss auch
dem nicht verwandten Erben mindestens ein Anteil am Erbe verbleiben, der im Verhältnis zum ursprünglichen Vermögen noch angemessen ist und der die Eigentumsnutzung durch Vererbung aus Sicht eines wirtschaftlich denkenden Eigentümers
nicht als ökonomisch sinnlos erscheinen lässt.[608]

Auch ist es dem Gesetzgeber aufgegeben, sicherzustellen, dass die **Existenz bestehen-**   300
der Unternehmen nicht aufgrund der Besteuerung im Erbfall bedroht wird. Eine
verminderte finanzielle Leistungsfähigkeit der Erben, die einen solchen Betrieb mit
allen positiven Folgen für das Gemeinwohl (insbes. Arbeitsplätze) aufrechterhalten
möchten, muss daher unabhängig von der Nähe zwischen Erblasser und Erben be-

---

601 So aber die abweichende Meinung von *Gaier, Masing* und *Baer* zu BVerfG, NJW 2015,
     303, 327 f.
602 BVerfGE 13, 290 (299) m.w.N.
603 BVerfGE 93, 165 (174 f.).
604 BVerfGE 84, 239 (268 ff.); 93, 165 (172 f.); zuletzt auch BVerfG, Urteil vom 17. De-
     zember 2014 (1 BvL 21/12), Rn. 118 ff.
605 BVerfGE 93, 165 (176).
606 BVerfGE 97, 1 (7).
607 BVerfGE 93, 165 (175 ff.); vgl. zur erbschaftssteuerlichen Besserstellung des Ehegatten
     oder der Kinder gegenüber den Eltern des Erblassers BVerfGE 97, 1 (9).
608 BVerfGE 93, 165 (172).

rücksichtigt werden, um eine Gefährdung der Betriebsfortführung zu vermeiden.[609] Vor diesem Hintergrund war es verfassungsrechtlich geboten, dass der Gesetzgeber zunächst durch **§§ 13a und b ErbStG** zwischen 85 % und 100 % des Wertes von Betriebsvermögen, Vermögen der Betriebe der Land- und Forstwirtschaft sowie bestimmten Anteilen an Kapitalgesellschaften unter der Voraussetzung der Betriebsfortführung von der Erbschaftssteuer befreit (**Verschonungsabschlag**).

301   Allerdings beanstandete das Bundesverfassungsgericht im Jahr 2014 auf der Grundlage von Art. 3 Abs. 1 GG unter dem Gesichtspunkt der Lastengleichheit nicht den Grundsatz, wohl aber das Maß der Steuerverschonung für kleine und mittelständische Unternehmen.[610] Diese waren vor allem zur Erhaltung von Arbeitsplätzen von der Erbschaftssteuer weitgehend freigestellt worden, ohne dass diese Verschonung von einer Bedürfnisprüfung abhing. Hierin lag nach Ansicht des Gerichts eine ungerechtfertigte Privilegierung der Unternehmen bzw. ihrer Erben gegenüber den Erwerbern sonstigen Vermögens.

G. Verhältnis zu anderen Grundgesetzbestimmungen, insbes. Grundrechtskonkurrenzen

302   Die Eigentumsgarantie weist im Zusammenhang mit dem Grundrechtsschutz des **eingerichteten und ausgeübten Gewerbebetriebs** inhaltliche Überschneidungen mit der **Berufsfreiheit** auf.[611] Ausgangspunkt der Abgrenzung zwischen den beiden Schutzbereichen ist die Feststellung des Bundesverfassungsgerichts, dass die Berufsfreiheit den Erwerb schützt, während Art. 14 GG das bereits Erworbene, das Ergebnis der durch Art. 12 GG geschützten Betätigung sichert.[612] Trotz dieser Erkenntnis ordnet das Bundesverfassungsgericht nicht in jedem Fall einen Eingriff konsequent dem einen oder dem anderen Schutzbereich zu und synchronisiert die jeweilige Verhältnismäßigkeitsprüfung hinsichtlich Verlauf und Ergebnis.[613] Weite Teile des wissenschaftlichen Schrifttums gehen von einer Idealkonkurrenz zwischen beiden Vorschriften aus.[614]

303   Einen besonderen Schutz für das Eigentum und sonstige Rechte der **Religionsgemeinschaften** und **religiösen Vereinigungen** an ihren für Kultus-, Unterrichts- und Wohltätigkeitszwecke bestimmten Anstalten, Stiftungen und sonstigem Vermögen gewährleistet Art. 140 GG i.V.m. Art. 138 Abs. 2 WRV. Diese Vorschrift ergänzt die Religionsfreiheit (Art. 4. Abs. 1, 2 GG) durch die Absicherung von kirchli-

---

609   BVerfGE 93, 165 (175 f.).
610   BVerfG, Urteil vom 17. Dezember 2014 (1 BvL 21/12).
611   *Papier*, in: Maunz/Dürig, Art. 14 Rn. 222; zum Verhältnis beider Vorschriften: *Lerche*, in: FS R. Schmidt, 2006, S. 377 ff.
612   BVerfGE 30, 292 (344 f.); 38, 61 (102); 65, 237 (248); 82, 109 (234 f.); 102, 26 (40).
613   BVerfGE 21, 150 (160); 50, 290 (364 ff.); 115, 205 (248).
614   *Dietlein*, in: Stern, Staatsrecht IV/1, S. 2332 f.; *Scholz*, in: Maunz/Dürig, Art. 12 Rn. 130 ff.; *Wendt*, Eigentum und Gesetzgebung, S. 265 f.

chem Eigentum und anderer Rechte.[615] Art. 140 GG i.V.m. Art. 138 Abs. 2 WRV reicht in seiner Schutzwirkung über Art. 14 GG hinaus, schließt diesen aber in seiner Anwendung nicht aus, sondern tritt ergänzend neben die allgemeine Eigentumsgarantie.[616]

Lex specialis gegenüber Art. 14 GG ist **Art. 33 Abs. 5 GG**, soweit vermögensrecht- 304 liche Ansprüche von Beamten (nicht aber von Berufssoldaten[617]) betroffen sind.[618]

Soweit das Recht auf Eigentumserwerb als nicht von Art. 14 Abs. 1 GG gedeckt an- 305 gesehen wird, greift mit **Art. 2 Abs. 1 GG** die allgemeine Handlungsfreiheit ein. Des Weiteren ist darauf hinzuweisen, dass z.T. bestimmte Elemente der Eigentumsnutzung weiteren Freiheitsgrundrechten zugeordnet werden, wenn diese ihrer sozialen Funktion entspricht.[619]

Für den Verteidigungsfall erlaubt **Art. 115c Abs. 2 Nr. 1 GG** die vorläufige Rege- 306 lung von Entschädigungen bei Enteignungen. Die Vorschriften der **Art. 134 Abs. 4 GG, 135a GG** eröffnen die Möglichkeit, Verbindlichkeiten des Reiches bzw. der früheren DDR zu reduzieren. Sie modifizieren damit als Spezialvorschriften Art. 14 GG.[620]

H. Völker- und europarechtliche sowie rechtsvergleichende Aspekte

Die europäische Integration ebenso wie die Globalisierung der Waren- und Kapital- 307 ströme hat die Frage nach der Europäisierung und der Internationalisierung des Eigentumsschutzes zu einem wichtigen Thema der politischen wie der rechtswissenschaftlichen Diskussion werden lassen. Die Entwicklungen weisen über den Staat des Grundgesetzes hinaus und werfen zum einen die Frage auf, in welcher Intensität Grundrechte Schutz auch vor Verletzungen durch solche Institutionen beanspruchen können, die in ihren Handlungen nicht an Art. 14 GG gebunden sind.[621] Zum andern ist nach originärem grundrechtlichem Schutz Ausschau zu halten, der auf supra- und internationaler Ebene gewährleistet wird.

I. Eigentum im Völker- und Europarecht

Der völkerrechtliche Eigentumsschutz beruht auf verschiedenen vertraglichen 308 Grundlagen; das Eigentum ist in einer Vielzahl von Erklärungen und Konventionen

---

615 BVerfGE 99, 100 (127); s.a. *Axer*, in: FS Listl, 2004, S. 553, 553 ff.; *Kremer*, Enteignung von Kirchengebäuden, 2010.
616 *Kästner*, in: Friesenhahn/Scheuner/Listl, Hdb. des Staatskirchenrechts I, S. 894 f.
617 BVerfGE 16, 94 (110).
618 BVerfGE 52, 304 (344).
619 *Pieroth/Schlink/Kingreen/Poscher*, Grundrechte, Rn. 993.
620 *Papier*, in: Maunz/Dürig, Art. 14 Rn. 278.
621 Grundsätzlich hierzu *Becker*, in: Isensee/Kirchhof, HStR XI (3. Aufl., 2013), § 240 Rn. 1 ff.

ausdrücklich erwähnt.[622] Eine wichtige Rolle spielen auch bilaterale Investitionsschutzabkommen.[623] Vielsagend ist allerdings auch, dass das Eigentum in zwei zentralen Dokumenten des völkerrechtlichen Menschenrechtsschutzes (Internationaler Pakt über bürgerliche und politische Rechte – IPbpR sowie der Internationale Pakt über wirtschaftliche, soziale und kulturelle Rechte – IPwskR, beide aus dem Jahr 1966) keine Erwähnung findet.

309   Weltweit prägend ist **Art. 17 der Allgemeinen Menschenrechtserklärung** – AEMR (1948), während für den europäischen Rechtsraum im weitesten Sinne **Art. 1 des 1. Zusatzprotokolls zur EMRK** besondere Bedeutung erlangt hat. Es liegt bei einem Vergleich der beiden Vorschriften nahe, dass der Schutz des allgemeinen Völkerrechts weniger intensiv gerät als der des regionalen Völkerrechts.

310   Nach **Art. 17 AEMR (1948)** hat jeder das Recht, sowohl allein als auch in Gemeinschaft mit anderen Eigentum innezuhaben (Abs. 1) und niemand darf dessen willkürlich beraubt werden (Abs. 2). Das Völkerrecht schützt mit den **wohlerworbenen Rechten** die in den nationalen Rechtsordnungen anerkannten subjektiven Rechte.[624] Der Begriff weist über das Sacheigentum hinaus und umfasst auch Ansprüche eines Privaten aus Konzessionsverträgen mit einem Staat, die Rechte der Gläubiger von Staatsanleihen sowie Immaterialgüterrechte.[625] Dieser Schutz von Art. 17 AEMR hat sich nach verbreiteter Ansicht sogar von seiner vertraglichen Grundlage gelöst und als **allgemeiner Rechtsgrundsatz** (vgl. Art. 38 Abs. 1c IGH-Statut) etabliert.

311   Eine **Enteignung von Ausländern** ist nach völkergewohnheitsrechtlichem Standard nur dann zulässig, wenn sie einem öffentlichen Zweck dient, keinen diskriminierenden Charakter hat und mit einer unverzüglich angebotenen, angemessenen (nicht aber zwingend vollständigen) und effektiven Entschädigung verbunden ist.[626] Diese Standards können in einem bilateralen Verhältnis durch Abschluss eines **Investitionsschutzabkommens** zugunsten des Eigentümers verstärkt werden.[627]

312   Einen intensiven Eigentumsschutz entfaltet für den Bereich des regionalen europäischen Völkerrechts **Art. 1 des 1. Zusatzprotokolls zur EMRK**.[628] Bemerkenswert ist der Umstand, dass der Eigentumsschutz nicht im Hauptteil der EMRK, sondern aufgrund der vielfältigen politischen Schwierigkeiten mit diesem Grundrecht erst in einem Zusatzprotokoll geregelt werden konnte. Nach dieser Vorschrift hat jede natürliche und juristische Person ein Recht auf Achtung ihres Eigentums. Der Staat

---

622 *Kämmerer*, in: Depenheuer, Eigentum, S. 131 ff.; zum Schutz geistigen Eigentums im Völkerrecht *v. Danwitz* in: ders./Depenheuer/Engel, Bericht zur Lage des Eigentums, S. 282 ff.

623 *Schöbener*, GewArch Beilage WiVerw Nr. 01/2009, 3.

624 *Verdross/Simma*, Universelles Völkerrecht, § 614 S. 1213.

625 *Wieland*, in: Dreier I, Art. 14 Rn. 16 m.w.N.

626 *Herdegen*, Internationales Wirtschaftsrecht, § 17 Rn. 4 ff.

627 *Herdegen*, Internationales Wirtschaftsrecht, § 19 Rn. 1 ff.

628 *Malzahn*, Bedeutung und Reichweite des Eigentumsschutzes in der Europäischen Menschenrechtskonvention.

darf die Benutzung des Eigentums zugunsten des Allgemeininteresses sowie zur Sicherung der Zahlung von Abgaben oder Geldstrafen regeln.

Ein **Entzug des Eigentums** ist nur zulässig, soweit das öffentliche Interesse dies 313 verlangt und die durch Gesetz und die allgemeinen Grundsätze des Völkerrechts vorgegebenen Bedingungen (insbesondere der **Verhältnismäßigkeitsgrundsatz**) beachtet werden.[629] Zwar verfügt die EMRK in Deutschland lediglich über den Rang eines Bundesgesetzes, doch erfährt ihre Auslegung durch den Europäischen Gerichtshof für Menschenrechte (EGMR)[630] in Deutschland besondere Beachtung durch Rechtspraxis und Wissenschaft. Die entsprechenden Erkenntnisse werden als **Auslegungsmaßstab** in die Anwendung deutscher Grundrechte mit einbezogen.[631]

Inzwischen existiert ein umfangreicher Bestand an Rechtsprechung des EGMR zu 314 Art. 1 des 1. Zusatzprotokolls zur EMRK.[632] Entscheidende **Elemente des Eigentums** im konventionsrechtlichen Sinne sind der Vermögenswert eines Rechts und seine grundsätzliche Übertragbarkeit.[633] Zum Eigentum im Sinne der Konvention zählen somit neben bürgerlich-rechtlichem Privateigentum[634] sowie Mobiliar- und Immobiliargüterrechten[635] auch titulierte oder anerkannte Forderungen,[636] Gesellschaftsanteile,[637] sozialrechtliche Leistungen[638] und geistiges Eigentum[639] wie etwa

---

629 Hierzu EGMR, NJW 2005, 2907, 2907 ff.; EGMR, NJW 2006, 197, 197 ff.; EGMR, NJW 2007, 1259, 1259 ff.; zu der Frage, ob ausnahmsweise eine Enteignung auch ohne Entschädigung zulässig ist: *Fischborn*, Enteignung ohne Entschädigung nach der EMRK? 2010.

630 Hierzu *Mittelberger*, EuGRZ 2001, 364, 364 ff.; *v. Danwitz* in: ders./Depenheuer/Engel, Bericht zur Lage des Eigentums, S. 222 ff.

631 BVerfGE 74, 358 (370); 111, 307 (307 ff.); *Papier*, EuGRZ, 2006, 1, 2.

632 Siehe beispielsweise EGMR, Urt. v. 25.03.2014 – 76871/12 (Vistins u. Perepjolkins); EGMR, Urt. v. 03.04.2012 – 54522/00 (Kotov). Überblick bei *Peukert*, in: Frowein, EMRK, Art. 1 des 1. ZP, Rn. 4 ff.; *v. Milczewski*, Der grundrechtliche Schutz des Eigentums im Europäischen Gemeinschaftsrecht, 1994, S. 121 ff.; *Berger*, Rechtsprechung des EGMR, 1987, S. 183 ff.; Fall *Lithgow*, EuGRZ 1988, 350 ff., Fall *Darby*, EuGRZ 1990, 504, 504 ff.; *Peukert*, EuGRZ 1988, 509, 509 ff.; ders., EuGRZ 1992, 1, 1 ff.; ders., EuGRZ 1981, 97, 97 ff.

633 EGMR, Urt. v. 23.10.1985 (*Benthem*), Serie A Nr. 97, § 36.

634 EGMR, Urt. v. 26.06.1986 (*van Marle*), Serie A Nr. 101, § 41.

635 EGMR, Urt. v. 24.06.1993 (*Papamichalopoulos*), Serie A Nr. 260-B.

636 EGMR, Urt. v. 20.11.1984 (*Pressos Compania Navierra*), Serie A Nr. 32.

637 EGMR, Urt. v. 24.10.1995 (*Agrotexim u.a.*), Serie A Nr. 330-A.

638 EGMR, Urt. v. 29.05.1986 (*Feldbrugge*), Serie A Nr. 99, § 40.

639 Zunächst hatte der EGMR die Einbeziehung geistigen Eigentums in den Schutzbereich des Eigentums noch offen gelassen: EGMR, Urt. v. 20.02.1995 (*British-American Tobacco Company Ltd.*), Serie A Nr. 331, § 91; später hat er eine Einbeziehung aber wie selbstverständlich angenommen: EGMR, Urt. v. 11.01.2007 (*Anheuser-Busch Inc.*) Nr. 73049/01, §§ 47, 66; Urt. v. 29.01.2008 (*Balan*) Nr. 19247/03, §§ 34 ff.

Patente. Der EGMR bezieht auch das Recht, von Todes wegen über Eigentum zu verfügen, in den Schutzbereich der Vorschrift mit ein.[640]

315   Von diesem Schutzbereichsverständnis ausgehend, unterwirft die Konvention nicht nur den Eigentumsentzug und die Nutzungsregelung dem Rechtfertigungserfordernis,[641] sondern auch »sonstige Eigentumsbeeinträchtigungen«.[642]

316   Von praktisch noch größerer Bedeutung für den Bürger sind Art und Maß des **Eigentumsschutzes in der Europäischen Union**. In vielen der ursprünglichen Mitgliedstaaten hatte sich eine veritable Grundrechtskultur entfaltet, deren Bindungen gegenüber den staatlichen Gewalten durchgesetzt worden war. Aufgrund des Vorrangs des Gemeinschaftsrechts und aufgrund dessen gebotener einheitlicher Anwendung in allen Mitgliedstaaten, war es schlechterdings undenkbar, die verschiedenartigen grundrechtlichen Schutzniveaus der Mitgliedstaaten den auf die supranationale Ebene übertragenen Kompetenzen mitzugeben. Daher musste ein **einheitlicher gemeinschaftlicher Grundrechtsschutz** entwickelt werden, der zum einen die Institutionen der Union (insbesondere Rat und Kommission), zum andern aber auch die Mitgliedstaaten dort bindet, wo sie ihrerseits verpflichtet sind, Gemeinschaftsrecht außerhalb ihrer eigenen grundrechtlichen Maßstäbe anzuwenden.

317   In bemerkenswertem Kontrast zur extensiven Anwendung der Grundfreiheiten, die der Überwindung mitgliedstaatlicher Handelsschranken und damit letztlich mitgliedstaatlicher Souveränität dienten, waren die institutionellen Träger des europäischen Projekts Grundrechten gegenüber, die Maßstab und Grenze gemeinschaftlichen Handelns hätten sein können, ausgesprochen skeptisch. Dementsprechend hatte der Schutz des Eigentums gegen Eingriffe der Gemeinschaften im Gemeinschaftsrecht einen schweren Start. Zunächst hatte der EuGH festgestellt, dass Grundrechte des Bürgers gegenüber Maßnahmen der Gemeinschaft nicht zum Tragen kommen.[643]

318   Erst der massive Druck mitgliedstaatlicher Verfassungsgerichte[644] führte zu einem Einlenken des EuGH, der in der Folge aus den Verfassungen der Mitgliedstaaten und den einschlägigen internationalen Verträgen Grundrechte im Wege einer wertenden

---

640 EGMR, Urt. v. 13.06.1979 (*Marckx*), Serie A Nr. 31, § 50.

641 Hierzu *Ossenbühl/Cornils*, Staatshaftungsrecht, S. 644; für die Rspr. des EGMR beispielsw. Urt. v. 24.10.1986 (*Agosi*), Serie A Nr. 108, § 48; Urt. v. 09.12.1994 (*Heilige Klöster*), Serie A Nr. 301-A, § 56; Urt. v. 23.04.1996 (*Phocas*); Reports 1996-II, § 51; s. auch *v. Danwitz*, in: ders./Depenheuer/Engel, Bericht zur Lage des Eigentums, 2002, S. 215, 237 ff.

642 EGMR, Urt. v. 23.09.1982 (*Sporrong und Lönnroth*), Serie A Nr. 52; Urt. v. 15.02.2001 (*Pialopoulos*) Nr. 37095/97.

643 Verbundene Rs. 36, 37, 38/59 und 40/59 (*Präsident Ruhrkohlen-Verkaufsgesellschaft mbH und andere gegen Hohe Behörde der EGKS*) [1960], Slg. 423, § 439.

644 »Solange I« – BVerfGE 37, 271; Italienischer VGH, Urt. Nr. 183/73 v. 27.12.1973; s. zu den Zusammenhängen auch *Pescatore*, EuGRZ 1978, 441, 444.

Rechtsvergleichung als **allgemeine Rechtsgrundsätze** entwickelte.[645] So nimmt der EuGH in seiner Rechtsprechung zwar ausdrücklich auf Art. 1 des 1. ZP EMRK als Rechtserkenntnisquelle Bezug. Das führt jedoch noch nicht dazu, dass der Eigentumsbegriff im Gemeinschaftsrecht dem der EMRK entspricht.[646] Allerdings beschränkten sich die Entscheidungen der ersten Generation allein auf das mehr oder weniger wortreiche Herleiten eines Schutzbereichs, während Eingriffsrechtfertigung und Verhältnismäßigkeit des Eingriffs weitgehend dem Ermessen der handelnden Gemeinschaftsorgane überlassen blieben.[647] Auch dies stand in einem scharfen Kontrast zu der engmaschigen Verhältnismäßigkeitsprüfung, denen Maßnahmen mitgliedstaatlicher Gesetzgeber bei Einschränkungen der gemeinschaftlichen Grundfreiheiten unterworfen wurden.

So erfüllt der Grundrechtsschutz gerade bei wirtschaftlich relevanten Freiheiten, die 319 damit dem Kernbereich der wirtschaftlichen positiven Integration entgegenstehen könnten, auch heute noch nicht immer rechtsstaatlichen Anforderungen.[648] Hierfür spricht auch die im Vergleich zu Mitgliedstaaten nach wie vor verschwindend geringe Zahl an Urteilen des Gerichtshofs, mit denen dieser Grundrechtsverletzungen der Union gegenüber dem Bürger beanstandet[649] – es sei denn, man leitet hieraus eine höhere Grundrechtssensibilität des Unionsgesetzgebers ab, für die allerdings angesichts der tatsächlichen Interventionstiefe des Unionsrechts in vielen Lebensbereichen nicht viel spricht. Soweit EuGH seine grundrechtlichen Interventionen gegenüber dem Unionsgesetzgeber verstärkt, geschieht dies nicht in wirtschaftlich relevanten Bereichen.[650]

Eine weitere Entwicklungsstufe hat die gemeinschaftliche Grundrechtsrechtsprechung mit der Intensivierung des **Rechtsprechungsdialogs** zwischen **EuGH** und 320 **EGMR** genommen. Die potentiell konfligierenden Verpflichtungen derjenigen Staaten, die sowohl der EU wie auch der EMRK angehören, haben zu einer inhaltlichen

---

645 Zuerst genannt im Fall 29/69, *Stauder gegen Ulm* [1969], Slg. 419; Fall 44/79 (*Liselotte Hauer gegen Land Rheinland-Pfalz*), Slg. 3727 [1979] Rz. 20 ff.; jüngst verbundene Rs. C-20/00 und C-64/00 (*Booker Aquacultur und Hydro Seafood*), Slg. I-7411 [2003], Rz. 64 ff.; ausführlich *Bleckmann/Pieper*, in: Dauses, HdB EU-Wirtschaftsrecht, 2008, Rn. 74 ff.; *Middeke*, HdB des Rechtsschutzes in der EU, 2. Aufl. 2003, § 4 Rn. 6.

646 *v. Danwitz*, in: ders./Depenheuer/Engel, Bericht zur Lage des Eigentums, S. 261, 261 ff. Zum Umfang der Eigentumsgewährleistung nach der Rechtsprechung des EuGH *Grabenwarter*, in: BK, Anh. Z. Art. 14 III; *Penski/Elsner*, DÖV 2001, 265, 265 ff.; *Ehlers*, Europäische Grundrechte und Grundfreiheiten, § 17.

647 »Bananenmarktordnung« – BVerfGE 102, 147 (147 ff.); jüngst in den Fällen C-154/04 und C-155/04 *Alliance for Natural Health,* [2005] Slg. I-6451, Rz. 126 ff.

648 *Calliess*, in: Ehlers, Europäische Grundrechte, § 16 Rn. 31; *Huber*, EuZW 1997, 517, 517 ff.; *Nettesheim*, EuZW 1995, 106, 107; *Stein*, EuZW 1998, 261, 261 f.; a.A. jedoch *Zuleeg*, NJW 1997, 1201, 1201 ff.

649 *Becker*, YEL 26 (2007), 255, 257.

650 EuGH, Urt. v. 08.04.2014 – Az. C-293/12 und C-594/12 (*Digital Rights Ireland*); EuGH, Urt. v. 03.09.2008, Az. C-402/05 (*Kadi*).

Annäherung der beiden Grundrechtssysteme geführt, die in einem Beitritt der EU zu der EMRK gipfeln soll (vgl. Art. 6 Abs. 2 EUV). Der EuGH findet trotz der primärrechtlichen Anordnung wenig Gefallen an seiner angestrebten Unterwerfung unter die Rechtsprechung des EGMR.[651]

321   Allerdings hat der EGMR seine Rechtsprechungskompetenzen über eventuelle Verletzungen der EGMR durch die Mitgliedstaaten bei Ausführung von EU-Recht zurückgenommen, **solange die EU selbst ausreichende Gewähr für einen adäquaten Grundrechtsschutz bietet.**[652]

322   Nach ihrer zunächst richterrechtlichen Entfaltung wurde die Bindung der Gemeinschaft an die Grundrechte mit dem Vertrag von Maastricht ausdrücklich positiviert (jetzt: **Art. 6 Abs. 1 EUV**).[653] **Die Gewährleistung des Eigentums durch Art. 17 der Charta der Grundrechte der Europäischen Union** (EGC) ist an die Regelung in der EMRK angelehnt. Ihre Formulierung geht indes insoweit über diese hinaus, als das Erfordernis der Entschädigung im Falle einer Enteignung ausdrücklich angesprochen und auch der Schutz geistigen Eigentums explizit erwähnt wird. Allerdings entsprach es schon lange der Rechtsprechung des EGMR, dass eine Enteignung grundsätzlich nur gegen Entschädigung zulässig ist.[654]

II. Erbrecht im Völker- und Europarecht

323   **Art. 1 des 1. ZP EMRK** erwähnt das Erbrecht nicht ausdrücklich. Allerdings sieht der EGMR in dem Recht, über sein Vermögen – auch von Todes wegen – zu verfügen, einen traditionellen und grundlegenden **Bestandteil des Eigentumsrechts.**[655] Das Recht zu vererben ist danach nur eine Ausprägung der Eigentumsgarantie. Art. 1 des 1. ZP EMRK erfasst ausschließlich **bestehende Eigentumspositionen** und die damit verbundene Verfügungsbefugnis, nicht aber das Recht Eigentum – etwa im Wege der gesetzlichen Erbfolge – zu erwerben.[656] Geschützt ist also nur die Position des Erblassers. Nach dem Erbfall kann sich der Erbe jedoch auf die Eigentumsgarantie berufen. Da der EGMR sämtliche mit einem Erbfall verbundenen Handlungen als Form der Eigentumsgarantie erfasst, wird die Position des Erben von Art. 1 des 1. ZP EMRK geschützt.[657]

---

651   Gutachten 2/13 des Gerichtshofs (Plenum) vom 18.12.2014.
652   EGMR, Urt. v. 30.06.2005 – Rs. 45036/98 (*Bosphorus gegen Irland*), § 155.
653   *v. Danwitz*, in: ders./Depenheuer/Engel, Bericht zur Lage des Eigentums, S. 260, 260 ff.; *König*, in: Depenheuer, Eigentum, S. 123, 123 ff.
654   EGMR, Urt. v. 21.02.1986 (*James und andere gegen UK*), Serie A Nr. 98, § 54; EGMR, Urt. v. 09.12.1994, N (*Heilige Klöster gegen Griechenland*) [1994], Serie A Nr. 301-A, § 71.
655   EGMR, Urt. v. 13.06.1979 (*Marckx*), Serie A 31, § 63.
656   Vgl. EGMR, Urt. v. 13.06.1979 (*Marckx*), Serie A 31, § 50.
657   *Cremer*, in: Grote/Marauhn, EMRK/GG, Kap. 22, Rn. 72; *Meyer-Ladewig*, EMRK, Art. 1 des 1. ZP, Rn. 14.

Art. 17 EGC nimmt auf das Erbrecht grundsätzlich als einen Aspekt der Eigentums- 324
freiheit Bezug (»Jede Person hat das Recht, ihr rechtmäßig erworbenes Eigentum
(…) zu vererben«) und bringt damit in ähnlicher Weise wie Art. 14 GG schon in seiner Formulierung die wechselseitige Bezogenheit der beiden Schutzbereiche zum
Ausdruck.[658]

III. Landesverfassungsrechtliche Aspekte

Die dem Grundgesetz zum Teil zeitlich vorausliegenden Landesverfassungen bein- 325
halten Gewährleistungen des Eigentums.[659]

Die **Bayerische Verfassung** verbürgt in Art. 103 Abs. 1 den grundrechtlichen Schutz 326
des Eigentums und des Erbrechts, wobei in Abs. 2 ein **Sozialvorbehalt** normiert
wurde, hier also eine ähnliche Struktur gegeben ist, wie in Art. 14 GG. Im Übrigen
enthält die bayerische Verfassung viele andere Vorschriften zur Konstituierung einer
Eigentumsordnung, u.a. mit über dem Grundgesetz hinausgehenden Regelungen zu
Sozialisierungen in den Art. 159 und 160 oder der Förderung bestimmten Eigentums (vgl. Art. 153, 164 und 165).

Die **Hessische Verfassung** gewährleistet die Eigentumsgarantie in Art. 45, also syste- 327
matisch nicht bei den Freiheitsrechten, sondern bei den Regelungen über die »sozialen und wirtschaftlichen Rechte und Pflichten«. Insbesondere sind hier Sonderregelungen wie Verbot von Monopolen (Art. 39 Abs. 1), Sozialisierungen (Art. 39
Abs. 2 bis 4, 40 und 41), eine Bodenreform (Art. 42 Abs. 2), die Förderung von
Klein- und Mittelbetrieben (Art. 43, 44) sowie dem Einzug von Großgrundbesitz
(Art. 42 Abs. 1) zu nennen.

In der **Bremer Landesverfassung** werden Eigentum und Erbrecht grundrechtlich im 328
systematischen Kontext der Freiheitsrechte geschützt und gewährleistet. Darüber hinaus finden sich aber weitergehende Sozialvorbehalte in den Regelungen im Abschnitt
»Arbeit und Wirtschaft«, die auch auf das Eigentum bezogen sind (Art. 37 ff.).

In der **saarländischen Verfassung** sind Eigentum und Erbrecht gleichfalls freiheits- 329
rechtlich verbürgt (Art. 18). Darüber hinaus gibt es aber auch hier spezifische Sozialvorbehalte im Abschnitt »Wirtschafts- und Sozialordnung« (Art. 43, 50–55).

Ein freiheitsrechtlicher und individualistischer Bezug der Eigentumsgarantie kommt 330
in der **Landesverfassung von Rheinland-Pfalz** zur Geltung, in der das Eigentum als
»Naturrecht« bezeichnet wird (Art. 60).

Die Landesverfassungen von **Baden-Württemberg** (Art. 2 Abs. 1), **Mecklenburg-** 331
Vorpommern (Art. 5 Abs. 3), **Niedersachsen** (Art. 3 Abs. 2), **Nordrhein-Westfalen**
(Art. 4 Abs. 1) und **Schleswig-Holstein** (Art. 5 Abs. 3) erklären die Grundrechte des

---

658 Vgl. *Depenheuer*, in: Tettinger/Stern, EGC, Art. 17 Rn. 40 f.
659 U.a. Art. 103 BayVerf; Art. 23 BlnVerf; Art. 41 BbgVerf; Art. 60 RhPfVerf; vgl. auch *Papier*, in: Maunz/Dürig, Art. 14 Rn. 279 ff.

Grundgesetzes zum Bestandteil der eigenen Landesverfassung. Hamburg hat gar keine grundrechtlichen Regelungen in seiner Landesverfassung.

332 Die Verfassungen der Länder **Brandenburg** (Art. 41 Abs. 1, 2 und 4), **Sachsen** (Art. 31, 32 Abs. 1 und 3), **Thüringen** (Art. 34), **Berlin** (Art. 23 Abs. 1 und 2) und **Sachsen-Anhalt** (Art. 18 Abs. 1 bis 3) haben hinsichtlich der Eigentums- und Erbrechtsgarantie dem Art. 14 GG entsprechende Regelungen.

IV. Verfassungen anderer Staaten

333 Die fundamentale Bedeutung der Eigentumsgarantie wird durch deren durchgängige Gewährleistung in nahezu allen rechtsstaatlichen Verfassungen unterstrichen. Auch wenn hier gewisse individuelle Unterschiede existieren, wird doch deutlich, dass Art. 14 GG in einer **gemeineuropäischen Verfassungstradition** steht.[660] Das Privateigentum wird allenthalben geschützt, allerdings eröffnen die Verfassungen auch stets die Möglichkeit des Zugriffs gegen Entschädigung (vgl. z.B. Art. 42 Abs. 2 und 3 der Republik Italien; Art. 16 der Bundesverfassung der Schweizerischen Eidgenossenschaft; Art. 17 der Verfassung der Republik Griechenland; Art. 62 der Verfassung der Republik Portugal; Art. 33 der Verfassung des Königreichs Spanien; Art. 11 der Verfassung des Königreichs Belgien).

I. Prozessuale Fragen

334 Art. 14 Abs. 3 S. 4 GG legt in Anknüpfung an Art. 153 Abs. 2 S. 3 WRV fest, dass wegen »der Höhe der Entschädigung im Streitfalle der Rechtsweg vor den ordentlichen Gerichten offen« steht. Zwar handelt es sich hier um eine öffentlich-rechtliche Streitigkeit nicht-verfassungsrechtlicher Art, aber **Art. 14 Abs. 3 S. 4 GG** wird als **besondere Rechtswegzuweisung** nach § 40 Abs. 1 S. 1 2. Hs. VwGO verstanden, die auch für Ansprüche aus enteignendem und enteignungsgleichem Eingriff gilt.

335 Die Zivilgerichte dürfen eine Entschädigung nur dann zusprechen, wenn ihnen hierfür eine **Ermächtigungsgrundlage** zusteht,[661] die im Falle enteignendem/enteignungsgleichem Eingriff auch gewohnheitsrechtlicher Provenienz sein kann. Fehlt diese oder bestehen Zweifel an ihrer Verfassungsmäßigkeit, ist das der Enteignung zugrundeliegende (nachkonstitutionelle) Gesetz nach Art. 100 Abs. 1 GG dem Bundesverfassungsgericht vorzulegen.

336 Von der Auseinandersetzung um die **Höhe der Enteignungsentschädigung** ist diejenige um die **Rechtmäßigkeit der Enteignung** selbst zu unterscheiden. Soweit diese durch Verwaltungsakt erfolgt, sind nach der allgemeinen Regelung des § 40 Abs. 1 VwGO die Verwaltungsgerichte zuständig, soweit nicht wiederum eine anderweitige Zuweisung besteht (vgl. § 217 BauGB).

660 *Wieland*, in: Dreier I, Art. 14 Rn. 25 f.
661 BVerfGE 58, 300 (319).

Das gesamte Enteignungsrecht sowie die ihm verwandten Ansprüche stehen unter   337
dem Vorbehalt des **Vorrangs des Primärrechtsschutzes**. Der Betroffene darf einen
rechtswidrigen Eingriff nicht hinnehmen, um dann eine Entschädigung in Anspruch
zu nehmen. Vielmehr ist es seine Obliegenheit, gegen den eingreifenden Rechtsakt
vorzugehen.[662]

Angesichts des Falles, dass das Gesetz zwar für einen konkreten Fall eine Entschädi-   338
gung vorsieht, die Entschädigungspflicht indes von der Verwaltung bereits dem Grunde nach bestritten wird, geht die Rechtsprechung davon aus, dass die den Zivilgerichten zugewiesene Entscheidung über die Höhe der Entschädigung eine Entscheidung
über den Grund des Anspruchs voraussetzt.[663] Bei einer weiteren Differenzierung
nicht nur zwischen Enteignung und Entschädigung, sondern auch zwischen Entschä-
digungsgrund und -höhe würde dem Rechtsschutz im Enteignungsverfahren ohne
Not noch eine weitere Komplexitätsstufe hinzugefügt.[664]

J. Deutsche und europäische Leitentscheidungen

I. Verfassungsgerichtliche und andere deutsche Leitentscheidungen

BVerfGE 4, 7 – Investitionshilfe; BVerfGE 14, 263 – Feldmühle; BVerfGE 24, 367   339
– Hamburgisches Deichordnungsgesetz; BVerfGE 31, 229 – Schulbuchprivileg;
BVerfGE 36, 281 – Patentanmeldungen; BVerfGE 52, 1 – Kleingarten; BVerfGE
53, 257 – Versorgungsausgleich I; BVerfGE 56, 249 – Gondelbahn; BVerfGE 58,
300 – Nassauskiesung; BVerfGE 68, 193 – Zahntechniker-Innungen; BVerfGE 68,
361 – Eigenbedarf I; BVerfGE 70, 191 – Fischereibezirke; BVerfGE 74, 264 – Boxberg; BVerfGE 78, 232 – Landwirtschaftliche Altershilfe; BVerfGE 79, 174 – Straßenverkehrslärm; BVerfGE 80, 137 – Reiten im Walde; BVerfGE 83, 201 – Bundes-
berggesetz; BVerfGE 93, 319 – Wasserpfennig; BVerfGE 97, 350 – Euro; BVerfGE
99, 341 – Testierausschluss Taubstummer; BVerfGE 100, 226 – Denkmalschutz;
BVerfGE 102, 1 – Altlasten; BVerfGE 104, 1 – Baulandumlegung; BVerfGE 114, 1
– Schutzpflicht Lebensversicherung; BVerfGE 115, 97 – Halbteilungsgrundsatz;
BVerfGE 129, 78 – Anwendungserweiterung; BVerfGE 134, 242 – Garzweiler.

BVerwGE 50, 282 – Notwegrecht; BVerwGE 66, 301 – Autowrackplatz; BVerwGE   340
84, 257 – Trinkwasserbrunnen; BVerwGE 84, 361 – Landschaftsschutzgesetz Nordrhein-Westfalen; BVerwGE 94, 1 – Naturschutzverordnung; BVerwGE 95, 341 –
Zweckentfremdungsgenehmigung; BVerwGE 98, 280 – Betriebliche Altersversorgung; BVerwGE 118, 33 – Windenergieanlagen; BVerwGE 118, 226 – Netz-
zugangsrecht.

BGHZ 6, 270 – Enteignung, Maßnahmen des Wohnungsamts; BGHZ 81, 21 –   341
Kassenärztliche Vereinigung; BGHZ 83, 190 – Nachträgliche Heranziehung zur
Bardepotpflicht; BGHZ 92, 34 – Enteignungsgleicher Eingriff durch Vollziehung ei-

---

662 BVerfGE 58, 300 (324).
663 BVerwGE 39, 169 (172); BGHZ 15, 268 (368 ff.).
664 *Papier*, in: Maunz/Dürig, Art. 14 Rn. 652.

nes nichtigen Bebauungsplanes; BGHZ 92, 94 – Wohnungsfürsorgemittel; BGHZ 94, 373 – Flussbrückenbau; BGHZ 98, 341 – Enteignungsentschädigung; BGHZ 99, 24 – Denkmalschutzgesetz Rheinland-Pfalz; BGHZ 126, 379 – Landschafts-schutzgesetz Nordrhein-Westfahlen; BGHZ 153, 327 – Wertbriefverlust; BGHZ 161, 305 – Abbaubewilligung.

II. Leitentscheidungen des Europäischen Gerichtshofs

342   EuGH, verbundene Rs. 36, 37, 38/59 und 40/59, Slg. 1960, 885 – Präsident Ruhr-kohlen-Verkaufsgesellschaft mbH u.a. gegen Hohe Behörde der EGKS; EuGH, Rs. C-29/69, Slg. 419 [1969] – Stauder gegen Ulm; EuGH, verbundene Rs. C-20/00 und C-64/00, Slg. I-7411 [2003] – Booker Aquacultur und Hydro Seafood; EuGH, Rs. C-154/04 und C-155/04, Slg. I-6451 [2005] – Alliance for Natural Health; EuGH, Rs. 280/93, Slg. I-04973 [1994] – Bananenmarktordnung; EuGH, Rs. C-402/05, Slg. I-6351 [2008] – Kadi und Al Barakaat International Foundation; EuGH, Rs. C-331/13, Slg. I-0000 [2013] – Nicula

III. Leitentscheidungen des Europäischen Gerichtshofs für Menschenrechte

343   EGMR, Serie A Nr. 31 – Marckx; EGMR, Serie A Nr. 52 – Sporrong und Lönn-roth; EGMR, Serie A Nr. 97 – Benthem; EGMR, Serie A Nr. 10 – van Marle; EGMR, Serie A Nr. 32 – Pressos Compania Navierra; EGMR, Serie A Nr. 260-B – Papamichalopoulos; EGMR, Serie A Nr. 330-A – Agrotexim u.a.; EGMR, Serie A Nr. 99 – Feldbrugge; EGMR, Serie A Nr. 331 – British-American Tobacco Compa-ny Ltd.; EGMR, Rs. 37095/97 – Pialopoulos; EGMR, Rs. 45036/98 – Bosphorus v Irland; EGMR, Rs. 73049/01 – Anheuser-Busch Inc.; EGMR, Rs. 19247/03 – Ba-lan; EGMR, Rs. 9300/07 – Herrmann v Deutschland.

K. Literaturauswahl

344   *Baldus, Manfred/Grzeszick, Bernd/Wienhues, Sigrid*, Staatshaftungsrecht, 4. Aufl., Heidelberg 2013; *Breuer, Rüdiger*, Die Bodennutzung im Konflikt zwischen Städte-bau und Eigentumsgarantie, München 1976; *Depenheuer, Otto*, Geistiges Eigentum: Schutzrecht oder Ausbeutungstitel?: Zustand und Entwicklungen im Zeitalter von Digitalisierung und Globalisierung, Heidelberg, Berlin 2008; *Dieterich, Gunther*, Ei-gentum und Grundwasserschutz, Marburg 1990; *Fechner, Frank*, Geistiges Eigentum und Verfassung, Tübingen 1999; *Gornig, Gilbert H./Horn, Hans-Detlef/Murswiek, Dietrich*, Eigentumsrecht und Enteignungsunrecht (3 Bde.; Berlin 2008, 2009, 2012); *Grochtmann, Ansgar*, Die Normgeprägtheit des Art. 14 GG, 2010; *Grote, Rainer/Allewedt, Ralf/Meljnik, Konstantin*, EMRK Kommentar, Tübingen 2006; *Herdegen, Matthias*, Internationales Wirtschaftsrecht, 10. Aufl., München 2014; *Hösch, Ulrich*, Eigentum und Freiheit, Tübingen 2000; *Klawonn, Markus*, Die Ei-gentumsgewährleistung als Grenze der Besteuerung, Berlin 2007; *Körner, Raimund*, Denkmalschutz und Eigentumsschutz, Berlin 1992; *Malzahn, Bettina*, Bedeutung und Reichweite des Eigentumsschutzes in der Europäischen Menschenrechtskonven-tion, Frankfurt 2007; *Meyer-Ladewig, Jens*, Europäische Menschenrechtskonvention,

3. Aufl., Baden-Baden 2011; *Muckel, Stefan*, Kriterien des verfassungsrechtlichen Vertrauensschutzes bei Gesetzesänderungen, Berlin 1989; *Ossenbühl, Fritz/Cornils, Matthias*, Staatshaftungsrecht, 6. Aufl., München 2013; *Peine, Franz-Joseph/Wolff, Heinrich Amadeus*, Nachdenken über Eigentum (FS v Brünneck), Baden-Baden 2011; *Rittstieg, Helmut*, Eigentum als Verfassungsproblem, Darmstadt 1975; *Rozek, Jochen*, Die Unterscheidung von Eigentumsbindung und Enteignung, Passau 1998; *Schliesky, Utz*, Öffentliches Wirtschaftsrecht, 4. Aufl., Heidelberg 2014; *Schönfeld, Thomas*, Die Eigentumsgarantie und Nutzungsbeschränkungen des Grundeigentums, Sinzheim 1996; Sieckmann, *Jan-Reinard*, Modelle des Eigentumsschutzes, Baden-Baden 1998; *Tettinger, Peter/Stern, Klaus*, Kölner Gemeinschaftskommentar zur Europäischen Grundrechte-Charta, München 2006; *v. Danwitz, Thomas/Depenheuer, Otto/Engel, Christoph*, Bericht zur Lage des Eigentums, Heidelberg 2002; *Wendt, Rudolf*, Eigentum und Gesetzgebung, Hamburg 1985.

Artikel 15 [Sozialisierung, Überführung in Gemeinwirtschaft]

[1]Grund und Boden, Naturschätze und Produktionsmittel können zum Zwecke der Vergesellschaftung durch ein Gesetz, das Art und Ausmaß der Entschädigung regelt, in Gemeineigentum oder in andere Formen der Gemeinwirtschaft überführt werden. [2]Für die Entschädigung gilt Artikel 14 Abs. 3 Satz 3 und 4 entsprechend.

A. Vorbilder und Entstehungsgeschichte

1 Art. 15 GG greift als Vorschrift über die Vergesellschaftung bestimmter Güter **sozialistische Forderungen** und wirtschaftspolitische Vorstellungen des **19. Jahrhunderts** auf, die bereits 1848 im Manifest der Kommunistischen Partei erwähnt wurden und auch fester Bestandteil der Programme der SPD bis zur Verabschiedung des Godesberger Programms (1959) waren.[1] Mit Hilfe der Vergesellschaftung bestimmter Produktionsmittel sollte der **bürgerlich-liberale Kapitalismus durch ein gemeinwirtschaftliches System ersetzt werden**, das der Allgemeinheit und insbesondere den besitzlosen Schichten kollektive Verfügungsmacht über das Wirtschaftseigentum verschafft.[2]

---

1 *Badura*, Bitburger Gespräche, S. 59 ff.; *Wieland*, in: Dreier I, Art. 15 Rn. 1 ff.; Einzelheiten bei *Schliesky*, in: BK, Art. 15 Rn. 15 ff.
2 *Huber*, Wirtschaftsverwaltungsrecht II, S. 141.

Unmittelbarer Vorläufer von Art. 15 GG war **Art. 155 WRV**. Daneben ermächtigte 2 **Art. 156 Abs.** 1 WRV das Reich, für die Vergesellschaftung geeignete private wirtschaftliche Unternehmungen in Gemeineigentum zu überführen oder sich selbst, die Länder oder die Gemeinden an der Verwaltung wirtschaftlicher Unternehmungen oder Verbände zu beteiligen. Des Weiteren ermöglichte **Art. 156 Abs.** 2 WRV zum Zwecke der Gemeinwirtschaft wirtschaftliche Unternehmungen und Verbände auf der Grundlage von Selbstverwaltung zusammenzuschließen. Die Zielbestimmung, »die Mitwirkung aller schaffenden Volksteile zu sichern, Arbeitgeber und Arbeitnehmern an der Verwaltung zu beteiligen und Erzeugung, Herstellung, Verteilung, Verwendung, Preisgestaltung sowie Ein- und Ausfuhr der Wirtschaftsgüter nach gemeinwirtschaftlichen Grundsätzen zu regeln«, verdeutlicht den Begriff der **Gemeinwirtschaft im Sinne der WRV**.[3]

Eine erhebliche Bedeutung für die endgültige Fassung des Art. 15 GG hatten die po- 3 litischen Diskussionen im Vorfeld der Beratungen des **Parlamentarischen Rates**. Diese waren durch eine sehr offene Haltung der Mehrheit der politischen und gesellschaftlichen Protagonisten im Hinblick auf eine Vergemeinschaftung der Großindustrie geprägt gewesen, die insbesondere im Lichte der Erfahrungen einer engen Verflechtung von NSDAP und Wirtschaft zu verstehen ist.[4] Beispielhaft sei hier das Ahlener Programm der CDU genannt, welches die »Bedarfsdeckung des Volkes« als »Ziel aller Wirtschaftspolitik« unter Vergesellschaftung der Schwerindustrie ansah.[5] Als weiterer Hinweis auf die allgemeine Offenheit gegenüber Sozialisierungen mag die Tatsache gelten, dass die meisten Landesverfassungen, die vor dem Grundgesetz in Kraft getreten waren, ebenfalls Sozialisierungsermächtigungen enthielten.[6]

Unmittelbar vor Beginn der Arbeiten an dem Grundgesetz wich diese Offenheit in- 4 des wieder einer gewissen **Skepsis**. Dies konnte insbesondere bei der CDU beobachtet werden, die sich in ihren Düsseldorfer Leitsätzen ein marktwirtschaftliches Wirtschaftsprofil gegeben hatte.[7] Aber auch die westlichen Alliierten äußerten Vorbehalte, insbesondere mit Blick auf Art. 41 der hessischen Landesverfassung sowie auf die auf dieser Grundlage durchgeführten Sozialisierungen. Im Ergebnis forderte einerseits allein die KPD eine über die Sozialisierungsermächtigung hinausgehende Regelung, während andererseits keine andere Partei als die DP die Sinnhaftigkeit einer Sozialisierungsermächtigung in Frage stellte.[8]

---

3 Zur Bedeutung der Vorschriften in der Weimarer Republik: *Dietlein*, in: Stern, Staatsrecht IV/1, S. 2306 f.
4 *Werner*, NJW 1949, 329, 329 f.
5 *Mommsen*, Deutsche Parteiprogramme, 1960, S. 576 ff.
6 Vgl. Art. 160 Verfassung des Freistaates Bayern vom 2. Dezember 1946; Art. 39–42 Verfassung des Landes Hessen vom 1. Dezember 1946; Art. 61 Verfassung für Rheinland-Pfalz vom 18. Mai 1947.
7 *Wieland*, in: Dreier I, Art. 15 Rn. 17.
8 *Durner*, in: Maunz/Dürig, Art. 15 Rn. 8.

5   Im **Parlamentarischen Rat** wurde die Frage der Vergesellschaftung kontrovers diskutiert und führte zu einer Vielzahl von Formulierungsvorschlägen. Inhalt und Umfang der Vergesellschaftung stellten einen zentralen Streitpunkt dar, weil insbesondere die Bedeutung von **Gemeineigentum** und **Gemeinwirtschaft** sowie das Verhältnis von **Vergesellschaftung** und **Enteignung** unklar waren.[9] Der ursprüngliche Normtext vor den Verhandlungen im Parlamentarischen Rat und seinen Ausschüssen lautete: »Die Überführung von Bodenschätzen und Produktionsmitteln in Gemeineigentum bedarf eines besonderen Gesetzes«.[10] Hierbei ist zu beachten, dass zunächst nur die Überführung in das Gemeineigentum vorgesehen war. Erst später wurde insoweit der Zusatz »und andere Formen der Gemeinwirtschaft« als weitergehender Begriff durch den Ausschuss für Grundsatzfragen hinzugefügt. Dies sollte dem Gesetzgeber weitere Spielräume eröffnen.[11]

6   Nach Verhandlungen im Grundsatzausschuss wurden verschiedene Zusätze formuliert, so dass der Artikel zwischenzeitlich folgende Fassung hatte: »Die Überführung von Grund und Boden, von Naturschätzen und Produktionsmitteln in Gemeineigentum im Wege der Enteignung des Art. 17 ist nur aufgrund eines förmlichen Gesetzes zulässig«.[12] Im Folgenden wurde im Hauptausschuss anlässlich der ersten Lesung der Grundrechte sowohl über das **Verhältnis zwischen Sozialisierung und Enteignung** als auch über die Frage diskutiert, ob ein Verweis auf die Enteignungsvorschrift notwendig sei. Durch den Hauptausschuss wurde letztlich aber nur die Qualifizierung des Gesetzes als »förmlich« gestrichen. Daher machte der allgemeine Redaktionsausschuss den Versuch, die Sozialisierung ohne Verweis auf die Enteignungsvorschrift des Art. 14 GG auskommen zu lassen, sie aber dafür nur zum Wohle der Allgemeinheit zuzulassen. Nach Meinung des Redaktionsausschusses sollte nur hinsichtlich der Entschädigung auf Art. 14 Abs. 3 GG verwiesen werden. Im Grundsatzausschuss wurde daraufhin das **Verhältnis zwischen Gemeineigentum und Gemeinwirtschaft** beleuchtet. Hiernach sollte eine Überführung in die Gemeinwirtschaft auch ohne Enteignung möglich sein.[13]

7   Eine grundsätzliche Stellungnahme zum Begriff der Sozialisierung erfolgte erst in der abschließenden dritten Lesung. Hier wurde deutlich, dass die SPD der Sozialisierung eine eigene **maßgebliche Bedeutung** beimaß und durch Art. 15 GG die Wirtschaftsordnung neu strukturieren wollte.[14] Die Bedeutung des Art. 15 GG für die SPD wird auch darin deutlich, dass dieser und die mit ihm verbundenen Möglichkeiten der tragende Grund für das Einverständnis der SPD zum Grundgesetz war, trotz der vielen Unzulänglichkeiten, die aus ihrer Sicht dem Grundgesetz noch an-

---

9   Zu den Verhandlungen im Parlamentarischen Rat: JöR n.F. Bd. 1 (1951) S. 154 ff.; *Wieland*, in: Dreier I, Art. 15 Rn. 7 ff.
10   Parl. Rat II, S. 582.
11   JöR n.F. Bd. 1 (1951) S. 156 f.
12   Parl. Rat V/2, S. 737 f.
13   Parl. Rat V/2, S. 944 f.
14   *Pikart/Werner*, Der Parlamentarische Rat. Akten und Protokolle, Bd. 5/I, S. 213 f.

hafteten. Da konservative und liberale Kräfte die Sozialisierung weitgehend der **Enteignung** angleichen wollten, konnte auch hier das Verständnis von Vergesellschaftung und Gemeinwirtschaft nicht abschließend geklärt werden. Die politischen Protagonisten vertrauten darauf, dass im Zweifelsfall Gesetzgeber und Rechtsprechung Art. 15 GG konkretisieren und auslegen würden.[15]

Es blieb aber dabei, dass die **Sozialisierung** zwar nicht der Enteignung gleichgestellt,   8
aber doch als **Sonderfall der Enteignung** angesehen wurde.[16] Dennoch strich der Verfassungsgeber den Zusatz bei Art. 15 »im Wege der Enteignung des Art. 14« wieder, so dass zumindest keine ausdrückliche Einordnung als Enteignung mehr vorgenommen wurde. Hingegen blieb der Verweis für die Entschädigung auf Art. 14 Abs. 3 GG bestehen. Aber auch der Versuch, die Sozialisierung nur zum Wohle der Allgemeinheit zuzulassen und somit der Legalenteignung anzugleichen, wie es der Redaktionsausschuss vorgeschlagen hatte, scheiterte am Widerstand des Hauptausschusses. Es blieb also weitgehend bei einem nicht gelösten Konflikt hinsichtlich des Verständnisses vom Verhältnis zwischen **Art. 14 und 15 GG**, der auch bis heute Anlass zu Diskussionen im Schrifttum bietet.[17]

B. Grundsätzliche Bedeutung/Schlagworte

Obschon sich **Art. 15 GG** nicht wie ein klassisches Abwehrrecht liest, normiert es   9
doch für den einzelnen Grundrechtsträger ein **Freiheitsrecht** dahingehend, dass dieser nur unter den Bedingungen des Art. 15 GG einen Eingriff in seine Rechtsposition zum Zwecke der Sozialisierung hinzunehmen hat.

Die Bedeutung von Art. 15 GG beruht derzeit nicht auf der mit dieser Vorschrift er-   10
öffneten Möglichkeit, Grund und Boden, Produktionsmittel und Naturschätze in Gemeineigentum oder andere Formen der Gemeinwirtschaft zwecks der Vergesellschaftung zu überführen. Alle einflussreichen Parteien in Deutschland haben sich einer auf dem **Privateigentum fußenden marktwirtschaftlichen Ordnung** verschrieben, so dass weitreichende Sozialisierungen kaum durchsetzbar wären und mithin als Handlungsalternative nicht in Erwägung gezogen werden. Vor dem Hintergrund des Zusammenbruchs der Deutschen Demokratischen Republik und dem eng damit verbundenen **Scheitern der Planwirtschaft** als Grundpfeiler des Kommunismus dürfte auch bis auf Weiteres die Idee der Gemeinwirtschaft und der Vergesellschaftung von Privateigentum nicht ernsthaft Eingang in die politische Diskussion finden.[18]

Zwar ist im Zusammenhang mit der seit dem Jahre 2007 andauernden **Wirtschafts-**   11
und Finanzkrise, dem erlassenen FMStG und der Möglichkeit von Enteignungen

---

15 *Wieland*, in: Dreier I, Art. 15 Rn. 10.
16 So zumindest *Wieland*, in: Dreier I, Art. 15 Rn. 7; anders interpretierend *Durner*, in: Maunz/Dürig, Art. 15 Rn. 11 f.
17 *Durner*, in: Maunz/Dürig, Art. 15 Rn. 12; vgl. auch *Klein*, Eigentum, Enteignung, Sozialisierung und Gemeinwirtschaft im Sinne des Bonner Grundgesetzes, S. 1 ff.
18 *Durner*, in: Maunz/Dürig, Art. 15 Rn. 1; *Funke*, Forum Recht 1999, 120, 124.

durch das Rettungsübernahmegesetz[19] eine Debatte über Staatshilfen und Staatsübernahmen zu beobachten. Deren Referenzrahmen ist allerdings ausschließlich **Art. 14 GG.**[20]

12 Da Sozialisierungen im Sinne von Art. 15 GG bis zu der Finanzkrise des Jahres 2007 kaum eine politische, wirtschaftliche oder gar verfassungsrechtliche Bedeutung zukam, war die Verfassungsnorm bisweilen für überflüssig und funktionslos gehalten worden.[21] Dennoch war ein Versuch, die Streichung der Vorschrift zu erreichen, gescheitert.[22] Unter dem Eindruck der krisenhaften Erscheinungen der Jahre 2007 ff. wurde Art. 15 GG aber auch wieder als »Handlungsreserve« identifiziert.[23]

13 Über diese latente Aktivierungsoption hinausgehend liegt die aktuelle politische Bedeutung des Art. 15 GG darin, dass die Norm vor dem Hintergrund der **wirtschaftspolitischen Neutralität des Grundgesetzes** (Art. 14 Rdn. 20 ff.) die Bandbreite möglicher Eingriffe in die Eigentumsordnungen abbildet, die das Grundgesetz zulässt.[24] Weder normiert Art. 15 GG einen Verfassungsauftrag im Hinblick auf Sozialisierungen,[25] noch bestehen individuelle Ansprüche aus Art. 15 GG, die auf Vergesellschaftung gerichtet sind. Art. 15 GG trifft keine objektive Wertentscheidung zugunsten einer Gemeinwirtschaft,[26] und verleiht auch keine Handhabe gegen die Privatisierung staatlicher Unternehmen oder die Veräußerung staatlicher Anteile an ihnen.[27]

14 Vor dem Hintergrund der **wirtschaftspolitischen Neutralität** des Grundgesetzes kann der Gesetzgeber im Rahmen der Grundrechte und der sonstigen verfassungsrechtlichen Rahmenbedingungen auch gemeinwirtschaftlich handeln und organisieren, sofern er diese Form der Wirtschaftsordnung für sachgemäß hält. Er hat in dieser Frage einen weitgehenden **Gestaltungsspielraum.**[28] Dabei ist aber zu beachten, dass Art. 14 Abs. 1 GG das Fortbestehen des Individualeigentums, und zwar gerade auch von produktiv eingesetztem Eigentum, als Einrichtung der Privatrechts- und Wirtschaftsordnung institutionell garantiert und deshalb Art. 14 und 15 GG in ei-

---

19 Im Rahmen des FMStErgG: BGBl. I 2009, S. 725.

20 *Becker/Mock*, DB 2009, 1055, 1058; s.a. *Peters*, DÖV 2012, 64, 64 ff.; *Schliesky*, in: BK, Art. 15 Rn. 39.

21 Beispielhaft: *Depenheuer*, in: v. Mangoldt/Klein/Starck I, Art. 15 Rn. 4 (»Verfassungsfossil«).

22 Vgl. den (FDP-)Entwurf eines Gesetzes zur Änderung des Grundgesetzes (Artikel 15), BT-Drs. 14/6962 bzw. (erneut erfolglos eingebracht) BT-Drs. 16/3301.

23 *Kloepfer*, Verfassungsrecht II, § 72 Rn. 184.

24 BVerfGE 4, 7 (17); *Wieland*, in: Dreier I, Art. 15 Rn. 19; vgl. *Depenheuer*, in: v. Mangoldt/Klein/Starck I, Art. 14 Rn. 8; *Schliesky*, in: BK, Art. 15 Rn. 2.

25 BVerfGE 12, 354 (363 f.).

26 *Rittstieg*, in: AK-GG I, Art. 14/15 Rn. 229; *Sieckmann*, in: Friauf/Höfling I, Art. 15 Rn. 3.

27 BVerfGE 12, 354 (363).

28 BVerfGE 50, 290 (339).

nem nicht umkehrbaren **Regel-Ausnahme-Verhältnis** zueinander stehen.[29] Der Gesetzgeber hat also einen Gestaltungsspielraum, kann aber nicht durch Anwendung des Art. 15 GG die Eigentumsgarantie des Art. 14 GG vollständig unterlaufen.[30]

C. Schutzbereich

I. Gegenstände der Vergesellschaftung

Die Gegenstände, die vergesellschaftet werden können, sind in Art. 15 GG **abschlie-** 15 **ßend aufgezählt**.[31] Hierin liegt eine deutliche Abkehr von dem weiten Anwendungsbereich des Art. 156 WRV, bei dem die Vergemeinschaftung von geeigneten wirtschaftlichen Unternehmen aller Art zulässig war.[32] Dies wird auch dadurch bestätigt, dass der Vorstoß der KPD in den Beratungen des Parlamentarischen Rates, gerade den Anwendungsbereich des Art. 15 GG **auf alle Wirtschaftszweige auszuweiten**, scheiterte. Gegenstand der Sozialisierung können jeweils einzelne der in der Folge genannten Gegenstände sein; die Erfassung ganzer Wirtschaftszweige ist hingegen nicht erforderlich.[33]

1. Grund und Boden

Grund und Boden wurden als mögliche Gegenstände einer Sozialisierung in Art. 15 16 GG aufgenommen, um eine Ermächtigungsgrundlage für **Bodenreformen** zu schaffen.

Die kumulativ verwendeten Begriffe »Grund und Boden« sind inhaltlich gleichbedeu- 17 tend.[34] Das Begriffspaar bezieht sich auf Grundstücke aller Art im Sinne des **bürgerlich-rechtlichen Grundeigentums**. Daher fallen unter das Tatbestandsmerkmal nicht nur die wesentlichen Bestandteile und das Zubehör gem. §§ 94, 97 BGB, wie z.B. die Gebäude auf dem Grundstück, sondern auch die Rechte an einem Grundstück, wie etwa das **Erbbaurecht**.[35]

Offen scheint, ob die **Vergesellschaftung** eines Grundstücks auch dann zulässig ist, 18 wenn sich auf diesem etwa ein **privates Eigenheim** befindet oder es von einem **Unternehmen** mit einem nicht sozialisierbaren Unternehmensgegenstand genutzt wird.[36] Entscheidend ist insoweit, ob der Verfassungsgeber tatsächlich eine **Trennung von Ei-**

---

29 *Depenheuer*, in: v. Mangoldt/Klein/Starck I, Art. 15 Rn. 8; *Wendt*, in: Sachs, Art. 15 Rn. 20.
30 *Depenheuer*, in: v. Mangoldt/Klein/Starck I, Art. 15 Rn. 8; *Leisner*, JZ 1975, 271, 272 ff.
31 *Wendt*, in: Sachs, Art. 15 Rn. 7; *Wieland*, in: Dreier I, Art. 15 Rn. 20.
32 *Gauland*, DÖV 1974, 622, 624; *Hofmann*, in: Schmidt-Bleibtreu/ders./Hopfauf, Art. 15 Rn. 2.
33 *Peters*, DÖV 2012, 64, 67.
34 *Durner*, in: Maunz/Dürig, Art. 15 Rn. 32; *Krüger*, GR III/1, S. 305.
35 *Wendt*, in: Sachs, Art. 15 Rn. 7; *Wieland*, in: Dreier I, Art. 15 Rn. 23.
36 *Depenheuer*, in: v. Mangoldt/Klein/Starck I, Art. 15 Rn. 31; *Wendt*, in: Sachs, Art. 15 Rn. 7.

gentum und Nutzungsbefugnis in Art. 15 GG ausschließen wollte.[37] Dementsprechend wird auch vertreten, dass Sozialisierung individuelle Nutzungsrechte nicht ausschließe, sofern bei der Nutzung der ökonomische Zweck hinter den individuellen, familiären oder auch gesellschaftlichen Bedürfnissen zurücktrete.[38] In einem solchen Fall leuchtet dann allerdings nicht mehr ein, worin überhaupt der Sinn der Sozialisierung liegen soll. Die Möglichkeit, eine Sozialisierung solcher Grundstücke durchzuführen, sieht Art. 15 GG daher nicht vor.

2. Naturschätze

19 Zu den sozialisierbaren Naturschätzen gehören alle **mineralischen Vorkommen** (Bodenschätze) wie Kohle, Erze etc., aber auch wirtschaftlich nutzbare **Naturkräfte** wie Wind oder Wasser.[39] Dies folgt daraus, dass Art. 15 GG mit dem Begriff »Naturschätze« die Fassung des Art. 155 Abs. 4 WRV ohne inhaltliche Abweichung abkürzen sollte.[40] Muss hingegen ein Gegenstand erst mit Hilfe eines Produktionsmittels hergestellt werden (wie etwa Strom durch ein Kraftwerk), so ist das Produkt kein Naturschatz mehr.

20 Die **Kernenergie** selbst fällt daher nicht unter den Begriff der Naturschätze.[41] Lediglich das für ihre Gewinnung verwendete Uranerz stellt einen sozialisierbaren Bodenschatz dar. Demgegenüber ist die Kernenergie selbst lediglich das Ergebnis eines Energiegewinnungsprozesses.[42] Allerdings kann das Kernkraftwerk selbst unter den beiden anderen Aspekten sozialisiert werden.

3. Produktionsmittel

21 Gegenstand der Vergesellschaftung können nach Art. 15 GG auch **Produktionsmittel** sein. Zur Begründung eines extensiven Verständnisses dieses Tatbestandsmerkmals wird auf dessen großzügige Verwendung in der Ökonomie hingewiesen.[43] Art. 15 GG solle die Umgestaltung des gesamten kapitalistischen Wirtschaftssystems ermöglichen. Nur **weites Verständnis** der Norm werde ihrer Entstehungsgeschichte

---

37 Zweifel insoweit bei: *Bryde*, in: v. Münch/Kunig I, Art. 15 Rn. 16; *Wieland*, in: Dreier I, Art. 15 Rn. 23.

38 *Rittstieg*, in: AK-GG I, Art. 14/15 Rn. 240.

39 *Schliesky*, in: BK, Art. 15 Rn. 26.

40 *Huber*, Wirtschaftsverwaltungsrecht II, S. 163.

41 A.A. *Bryde*, in: v. Münch/Kunig I, Art. 15 Rn. 17; *Hofmann*, in: Schmidt-Bleibtreu/ders./Hopfauf, Art. 15 Rn. 17; *Schliesky*, in: BK, Art. 15 Rn. 27; *Wieland*, in: Dreier I, Art. 15 Rn. 24.

42 Insoweit verneinend *Depenheuer*, in: v. Mangoldt/Klein/Starck I, Art. 15 Rn. 31; *Wendt*, in: Sachs, Art. 15 Rn. 8.

43 *Apelt*, NJW 1949, 481, 482; *Scholtissek*, BB 1952, 981, 983; s.a. *Schliesky*, in: BK, Art. 15 Rn. 29 ff.

und ihrer Einbettung in der sozialistischen Theorie gerecht.[44] Sofern aber bei einer restriktiven Betrachtungsweise Unternehmen der Finanzwirtschaft nicht der Sozialisierung zugänglich seien, wäre die Alternative des gemeinwirtschaftlichen Wirtschaftens aufgrund der hohen Bedeutung dieser Wirtschaftszweige nahezu bedeutungslos.[45] Allerdings existiert eine erhebliche Verflechtung von Industrie sowie den Finanzdienstleistungsunternehmen, die sich bei einer Sozialisierung von Industrieunternehmen auf das Eigentum jener auswirken würde.[46]

Die wohl **herrschende Ansicht** im Schrifttum legt den Begriff indes deutlich **restrik-**   22
tiver aus. Demnach erfasst das Tatbestandsmerkmal nur sachliche oder rechtliche Mittel zur Gewinnung, Bearbeitung und Herstellung wirtschaftlicher Erzeugnisse und Güter in einem Betrieb. Sozialisierbar wären damit die der Produktion unmittelbar dienenden **Betriebsanlagen**, die für die Produktion unmittelbar verwandten **Betriebsmittel** als auch die in der Produktion eingesetzten **Patente und Warenzeichen**.[47] Diese Interpretation der Norm schließt auch Aktien aus ihrem Anwendungsbereich aus.[48] Die Entstehungsgeschichte der Vorschrift spricht für dieses enge Verständnis, denn aus den Beratungen im Parlamentarischen Rat lässt sich der Schluss ziehen, dass nur die **Schlüsselindustrien** und nicht der gesamte Dienstleistungssektor unter den Begriff der Produktionsmittel fallen sollten.[49]

Die Abkehr vom weiten Anwendungsbereich des Art. 156 WRV und die fehlende   23
Übernahme des Begriffs »private wirtschaftliche Unternehmungen« lassen ebenfalls darauf schließen, dass **nicht alle Wirtschaftszweige** von Art. 15 GG erfasst werden sollen.[50] Bei einem extensiven Verständnis von Art. 15 GG könnte man ansonsten auch die menschliche Arbeitskraft in den Begriff der Produktionsmittel einbeziehen.[51] Letztlich weist auch die Aufzählung der sozialisierbaren Gegenstände in Art. 15 GG selbst auf eine restriktive Auslegung hin, da Grund und Boden bzw. Naturschätze ebenfalls als Produktionsmittel dienen und somit auch unter den Begriff

---

44 *Dopatka*, in: Winter, Sozialisierungen von Unternehmen, S. 155 ff.; *Rittstieg*, in: AK-GG I, Art. 14/15 Rn. 241; vgl. auch *Berkemann*, in: Umbach/Clemens I, Art. 15 Rn. 67; *Jarass*, in: ders./Pieroth, Art. 15 Rn. 3.

45 *Bettermann*, WiR 1973, 249, 249 f.; *Bryde*, in: v. Münch/Kunig I, Art. 15 Rn. 18.

46 *Wendt*, in: Sachs, Art. 15 Rn. 10.

47 *Huber*, Wirtschaftsverwaltungsrecht II, S. 163 ff.

48 A.A. auf der Grundlage eines weiten Begriffsverständnisses aber *Peters*, DÖV 2012, 64, 66.

49 *Menzel*, JöR n.F. 1 (1951), 159; *Henkel*, DVBl. 1975, 320, 320 f.; a.A. *Schliesky*, in: BK, Art. 15 Rn. 31, der die Entstehungsgeschichte der Norm für eine weite Interpretation heranzieht.

50 *Depenheuer*, in: v. Mangoldt/Klein/Starck I, Art. 15 Rn. 36; *Wendt*, in: Sachs, Art. 15 Rn. 11.

51 *Huber*, Wirtschaftsverwaltungsrecht II, S. 164 ff.; auch *Schliesky*, in: BK, Art. 15 Rn. 30, erwähnt »die Arbeit« als Produktionsfaktor in einem volkswirtschaftlichen Sinne, ohne diese freilich als sozialisierungsfähig einzustufen.

der Produktionsmittel fielen, sofern hier eine weite Auslegung geboten wäre. Dann aber wäre eine weitere Nennung in Art. 15 GG nicht angezeigt gewesen.[52]

D. Eingriffe und Schranken

I. Vergesellschaftung

1. Zielrichtung

24 Der auf Art. 15 GG gestützte staatliche Eingriff muss **zum Zwecke**[53] **der Vergesellschaftung** (Sozialisierung) erfolgen. Eine Sozialisierung, die nicht auf die Überführung ihres Gegenstands in den Handlungsmodus der Gemeinwirtschaft zielt, ist unzulässig.[54]

25 Die Entscheidung über die Zweckmäßigkeit einer Sozialisierung fällt grundsätzlich in den **Ermessensspielraum des Gesetzgebers**.[55] Dies entspricht auch der Sichtweise des **Bundesverfassungsgerichts**.[56] Die punktuelle Umgestaltung der Wirtschaft ist der verfassungsrechtlich aus sich heraus legitime Zweck der Sozialisierung.[57] Zu prüfen ist daher nur, ob die Sozialisierung tatsächlich dem angegebenen Zweck entspricht und ob dieser Zweck in verhältnismäßiger Weise erreicht wird.[58]

2. Gemeinwirtschaft

26 Die **Vergesellschaftung** soll nach Art. 15 GG durch Überführung des Eigentums in **Gemeineigentum** oder andere Formen der **Gemeinwirtschaft** erreicht werden. Art. 15 GG umschreibt damit die rechtlichen Formen der Vergesellschaftung. Gemeinwirtschaft ist dabei gleichsam als **Auffangtatbestand**[59] der Oberbegriff, der neben anderen Gestaltungen auch das Gemeineigentum umfasst.

27 Die unscharfe Begrifflichkeit der **Gemeinwirtschaft**[60] war bereits bei den Verhandlungen im Parlamentarischen Rat bekannt. Auch hier lagen keine klaren Vorstellungen hinsichtlich der Reichweite des Begriffs vor.[61] Vielmehr sollte dem Gesetzgeber

---

52 *Durner*, in: Maunz/Dürig, Art. 15 Rn. 39.
53 Einzelheiten zu dem Finalitätskriterium bei *Schliesky*, in: BK, Art. 15 Rn. 38.
54 *Peters*, DÖV 2012, 64, 67.
55 *Bäumler*, Staatliche Investitionsplanung unter dem Grundgesetz, S. 80 f.; *Ule*, Verfassungsrechtliche Probleme der Sozialisierung, S. 28; *Schliesky*, in: BK, Art. 15 Rn. 17.
56 BVerfGE 12, 354 (363).
57 *Peters*, DÖV 2012, 64, 65.
58 *Klein*, Eigentumsbindung, Enteignung, Sozialisierung und Gemeinwirtschaft im Sinne des Bonner Grundgesetzes, S. 19 f.; *Sieckmann*, in: Friauf/Höfling I, Art. 15 Rn. 28 ff.; ablehnend hingegen *Peters*, DÖV 2012, 64, 65 f.
59 *Depenheuer*, in: v. Mangoldt/Klein/Starck I, Art. 15 Rn. 8; *Durner*, in: Maunz/Dürig, Art. 15 Rn. 45; *Leisner*, JZ 1975, 272, 272 ff.; *Schliesky*, in: BK, Art. 15 Rn. 43.
60 I.e. *Schliesky*, in: BK, Art. 15 Rn. 46 ff.
61 Vgl. *Ule*, Verfassungsrechtliche Probleme der Sozialisierung, S. 20 f.

ein größtmöglicher **Gestaltungsspielraum** bei seinen Maßnahmen eröffnet werden.[62]

Die Gemeinwirtschaft verlangt nach einer Form des Wirtschaftens, die sich nicht an   28
individueller Gewinnerzielung, sondern unmittelbar an der gesellschaftlichen **Bedarfsdeckung** und der Verfolgung sonstiger **Gemeinwohlziele** ausrichtet.[63] Daher
steht sie in einem Gegensatz zur Privatwirtschaft als einem typischerweise auf Gewinnerzielung bzw. -maximierung ausgerichteten Wirtschaften[64] – was nicht bedeuten soll, dass gemeinwirtschaftliche Gewinnerzielung unzulässig ist, solange sie nicht
Vorrang vor der Verwirklichung der Aufgabenerfüllung genießt. Andere Formen der
Gemeinwirtschaft neben dem Gemeineigentum können unter anderem darin liegen,
dass das Eigentum zwar beim Betroffenen verbleibt, der Staat aber einen gesetzlich
oder gesellschaftsrechtlich vermittelten, dominierenden Einfluss auf die Nutzung des
Eigentums erhält.[65]

3. Gemeineigentum

Gemeineigentum ist als ein Unterbegriff der Gemeinwirtschaft zu verstehen. Hier ist   29
nicht das Individuum, sondern vielmehr die »**Allgemeinheit**« (Staat, kommunale
Selbstverwaltungskörperschaft oder eine sonstige Selbstverwaltungseinheit[66]) selbst
oder mittelbar Träger des Eigentumsrechts. Der Betroffene büßt seine Stellung als Privateigentümer ein. Es findet ein **Eigentumsentzug** statt und das Eigentum wird auf einen der genannten Adressaten übertragen.[67]

Das Gemeineigentum weist allerdings insoweit eine gegenüber der Verstaatlichung   30
andersartige Qualität auf, als dass sich **auch die Art der Bewirtschaftung und des
Wirtschaftens** mit der Überführung ins Gemeineigentum **verändern** muss. Eine rein
erwerbswirtschaftliche oder fiskalische Betätigung reicht nicht mehr aus; es muss eine **gemeinwirtschaftliche Betätigung** vorliegen.[68] Dementsprechend liegt nicht nur
ein schlichter Eigentümerwechsel vor, sondern der Eigentumsentzug findet durch eine Beseitigung der Privateigentümerbefugnisse statt, das **Vermögen wird also entprivatisiert.**[69] Insbesondere die Verfügungsbefugnis des Eigentümers und die Privatnützigkeit des Eigentums als die typischen Merkmale des Privateigentums (siehe Art. 14
Rdn. 49 ff.), werden durch die Überführung in das Gemeineigentum beseitigt wer-

---

62 *Durner*, in: Maunz/Dürig, Art. 15 Rn. 46; *Peters*, DÖV 2012, 64, 65 m.w.N.
63 *Rittstieg*, in: AK-GG I, Art. 14/15 Rn. 240; *Wendt*, in: Sachs, Art. 15 Rn. 5.
64 *Bryde*, in: v. Münch/Kunig I, Art. 15 Rn. 7, 11.
65 *Rittstieg*, in: AK-GG I, Art. 14/15 Rn. 239, 244.
66 *Schliesky*, in: BK, Art. 15 Rn. 43.
67 *Hösch*, Eigentum und Freiheit, S. 256; *Wieland*, in: Dreier I, Art. 15 Rn. 29.
68 *Dietlein*, in: Stern, Staatsrecht IV/1, 2006, S. 2310; *Durner*, in: Maunz/Dürig, Art. 15
   Rn. 44.
69 *Ridder*, VVDStRL 10 (1952), 124, 140.

den.[70] Dementsprechend ist der Begriff des Gemeineigentums als Gegenbegriff zu dem in Art. 14 Abs. 1 S. 1 GG geschützten Privateigentum zu verstehen.[71]

II. Grenzen der Sozialisierung

31 Als tatbestandliche Begrenzung von Art. 15 GG wird die **Sozialisierungsreife bzw. Sozialisierungseignung** eines Gegenstands genannt.[72] Sozialisierungsreife in diesem Sinne bedeutet, dass dem betroffenen Unternehmen eine wirtschaftliche Bedeutung zukommt.[73] Zur Begründung für diese Auslegung wird auf den Vorbehalt des **Art. 156 Abs. 1 S. 1 WRV** zurückgegriffen, der die Sozialisierungsermächtigung nur auf »für die Vergesellschaftung *geeignete* private wirtschaftliche Unternehmungen« bezog. Des Weiteren wird eine Beschränkung der in Art. 15 GG enthaltenen Befugnisse insoweit erwogen, als Sozialisierbarkeit als notwendige Reaktion auf eine Monopol- oder Machtstellung eines Unternehmens möglich ist[74] oder aber im tatsächlichen Wirtschaftsprozess ein Versagen der individuellen Bedürfnisbefriedigung vorliegt.[75] Allerdings hatte der **parlamentarische Rat** einen Vorbehalt der Sozialisierung »zum Wohle der Allgemeinheit«, wie ihn der Redaktionsausschuss noch vorgeschlagen hatte, wieder gestrichen[76], so dass eine Anwendung derartiger zusätzlicher Tatbestandsmerkmale fragwürdig erscheint.[77]

III. Junktimklausel

32 Das Sozialisierungsgesetz muss die **Junktimklausel** beachten sowie Art und Ausmaß der **Entschädigung** selbst regeln.[78] Die Junktimklausel erfüllt in gleicher Weise wie in Art. 14 Abs. 3 GG eine **Warnfunktion** gegenüber dem Gesetzgeber, so dass dieser bei der Entscheidung zur Sozialisierung auch darüber befinden muss, in welcher Höhe entschädigt wird (Art. 14 Rdn. 260 ff.).[79] Angesichts der konkreten Natur des Sozialisierungsgesetzes, das eine sehr genaue Festlegung hinsichtlich der Art und Höhe

---

70 *Durner,* in: Maunz/Dürig, Art. 15 Rn. 44.

71 *Durner,* in: Maunz/Dürig, Art. 15 Rn. 44; *Klein,* Eigentumsbindung, Enteignung, Sozialisierung und Gemeinwirtschaft im Sinne des Bonner Grundgesetzes, S. 17.

72 *Berkemann,* in: Umbach/Clemens I, Art. 15 Rn. 88 f; *Bryde,* in: v. Münch/Kunig I, Art. 15 Rn. 19; *Depenheuer,* in: v. Mangoldt/Klein/Starck I, Art. 15 Rn. 39 ff.

73 *Bryde,* in: v. Münch/Kunig I, Art. 15 Rn. 19; *Depenheuer,* in: v. Mangoldt/Klein/Starck I, Art. 15 Rn. 40.

74 *Henkel,* DVBl. 1975, 317, 319.

75 *Hösch,* Eigentum und Freiheit, S. 263 f.

76 *Hollmann,* Der Parlamentarische Rat. Akten und Protokolle, VII, 1995, S. 308, 344.

77 S.a. *Schliesky,* in: BK, Art. 15 Rn. 20.

78 *Bryde,* in: v. Münch/Kunig I, Art. 15 Rn. 22; *Leisner,* Sozialbindung, S. 67; *Wendt,* in: Sachs, Art. 15 Rn. 16 ff.

79 *Durner,* in: Maunz/Dürig, Art. 15 Rn. 75.

der Entschädigung erlaubt, sind die Anforderungen an die Junktimklausel noch stringenter einzuhalten als bei der Enteignung.[80]

Der Eigentümer muss erst dann die Sozialisierung hinnehmen, wenn der Gesetz- 33 geber auch Art und Ausmaß der Entschädigung geregelt hat. Entspricht die Regelung des Gesetzgebers nicht den Voraussetzungen, so muss der Betroffene sich direkt gegen die Maßnahme wenden (**Vorrang des Primärrechtschutzes**).[81]

Für die Entschädigung gelten nach **Art. 15 S. 2 GG** die Vorschriften der **Art. 14** 34 **Abs. 3 S. 3 und 4 GG** entsprechend. Daher muss auch im Falle der Sozialisierung ein gerechter **Ausgleich** von privaten wie öffentlichen Interessen stattfinden.[82] Es muss gewährleistet sein, dass der ehemalige Rechtsinhaber grundsätzlich einen äquivalenten Ausgleich für den Rechtsverlust im Falle der Sozialisierung erhält.[83] Der Einwand, dass die Entschädigungspflicht eine Sozialisierung nahezu unmöglich macht und damit Art. 15 GG funktionslos machen würde, kann angesichts des klaren Wortlauts nicht überzeugen.[84] Dies muss umso mehr gelten, als die Vorgaben zur Festlegung einer Entschädigung dem Gesetzgeber ein hinreichendes Maß an Flexibilität lassen, das dazu führt, dass nicht stets und unter allen Umständen ein voller Wertersatz zu leisten ist.[85] Ein Streit über die Höhe der Entschädigung führt wegen des Verweises auf Art. 14 Abs. 3 GG auch hier zu den **ordentlichen Gerichten**.

IV. Form

Die Vergesellschaftung kann aufgrund ihrer wesentlichen Bedeutung nur durch 35 **förmliches Parlamentsgesetz** erfolgen, das die Überführung eines Gegenstandes in Gemeineigentum oder in andere Formen der Gemeinwirtschaft regelt.[86] Eine Sozialisierung kann somit nicht aufgrund eines Gesetzes erfolgen.[87] In den meisten Fällen wird die Sozialisierung im Rahmen eines **Einzelfallgesetzes** geregelt werden, da be-

80 *Bryde*, in: v. Münch/Kunig I, Art. 15 Rn. 20 f.; *Depenheuer*, in: v. Mangoldt/Klein/Starck I, Art. 15 Rn. 46; *Leisner*, JZ 1975, 272, 276; *Wendt*, in: Sachs, Art. 15 Rn. 16.
81 BVerfGE 4, 219 (219 ff.); *Durner*, in: Maunz/Dürig, Art. 15 Rn. 75; *Hofmann*, in: Schmidt-Bleibtreu/ders./Hopfauf, Art. 15 Rn. 18.
82 *Depenheuer*, in: v. Mangoldt/Klein/Starck I, Art. 15 Rn. 46; *Durner*, in: Maunz/Dürig, Art. 15 Rn. 95 f.; *Sachs*, in: Wendt, Art. 15 Rn. 16.
83 *Leisner*, JZ 1975, 272, 276.
84 *Depenheuer*, in: v. Mangoldt/Klein/Starck I, Art. 15 Rn. 46; *Durner*, in: Maunz/Dürig, Art. 15 Rn. 95 ff.; *Hofmann*, in: Schmidt-Bleibtreu/ders./Hopfauf, Art. 15 Rn. 18; *Schliesky*, in: BK, Art. 15 Rn. 55; *Wendt*, in: Sachs, Art. 15 Rn. 18; a.A. *Bryde*, in: v. Münch/Kunig I, Art. 15 Rn. 22; *Rittstieg*, in: AK-GG I, Art. 14/15 Rn. 252; *Wieland*, in: Dreier I, Art. 15 Rn. 31.
85 *Peters*, DÖV 2012, 64, 65 m.w.N.
86 *Hösch*, Eigentum und Freiheit, S. 250; *Durner*, in: Maunz/Dürig, Art. 15 Rn. 74; *Hofmann*, in: Schmidt-Bleibtreu/ders./Hopfauf, Art. 15 Rn. 18; *Wendt*, in: Sachs, Art. 15 Rn. 16; *Wieland*; in: Dreier I, Art. 15 Rn. 30.
87 *Durner*, in: Maunz/Dürig, Art. 15 Rn. 74; *Püttner*, Gemeinwirtschaft im deutschen Verfassungsrecht, S. 8.

reits durch das Gesetz das konkrete zu sozialisierende Unternehmen genannt wird.[88] Das Verbot des **Art. 19 Abs. 1 S. 1 GG ist insoweit nicht anwendbar**.[89]

E. Verhältnis zu anderen Grundgesetzbestimmungen, insbesondere Grundrechtskonkurrenzen

36   Das Verhältnis zwischen Art. 14 und 15 GG und damit zwischen der **Enteignung** und der **Sozialisierung** war bereits bei den entsprechenden Regelungen in der Weimarer Reichsverfassung umstritten und konnte auch bei den Verhandlungen zum Grundgesetz im Parlamentarischen Rat keiner Lösung zugeführt werden (Rdn. 8).

37   Aus **systematischen Gesichtspunkten**, insbesondere aufgrund des **Verweises** auf Art. 14 Abs. 3 S. 3 und 4 GG in Art. 15 S. 2 GG wird die Sozialisierungsermächtigung als **Sonderfall der Enteignung** im Sinne des Art. 14 GG verstanden.[90] Die Rechtsübertragung des Eigentums ist dann ein essentieller Bestandteil der Vergemeinschaftung, die Enteignung ist Teilelement der Sozialisierung.[91]

38   Allerdings spricht einiges dafür, dass die Sozialisierung kein Sonderfall der Enteignung, sondern ein **eigenständiges Rechtsinstitut** ist,[92] insbesondere da auch die Sozialisierung ohne Eigentümerwechsel nicht ausgeschlossen ist.[93] Dementsprechend ist die Sozialisierung eine der Enteignung äußerlich gleichende Wegnahme, wobei die Wegnahme aber auch nur als eine Modalität im Dienste des weitergreifenden Gestaltungswillens zur Überwindung des marktwirtschaftlichen, auf dem Privateigentum fußenden Wirtschaftssystems hin zu einer gemeinwirtschaftlichen Ordnung anzusehen ist.[94]

39   Während die Enteignung den konkret-individuellen Entzug des Eigentums zur Erfüllung bestimmter öffentlicher Aufgaben zum Inhalt hat, zielt die Vergesellschaftung auf eine **wirtschaftsverfassungsrechtliche, an Gemeinwirtschaftlichkeit ausgerichtete Umgestaltung des produktiven Eigentums**. Dies wird häufig, muss aber nicht notwendigerweise mit einem **Eigentümerwechsel** verbunden sein. Die Vergesellschaftung unterscheidet sich von der Enteignung in **Voraussetzungen, Form-**

---

88 *Bryde*, in: v. Münch/Kunig I, Art. 15 Rn. 20; *Depenheuer*, in: v. Mangoldt/Klein/Starck I, Art. 15 Rn. 44.

89 *Schliesky*, in: BK, Art. 15 Rn. 61.

90 *Frotscher*, JuS 1981, 890, 893; *Dietlein*, in: Stern, Staatsrecht IV/1, S. 2305; *Leisner*, Sozialbindung des Eigentums, S. 66 ff.; *Schliesky*, in: BK, Art. 15 Rn. 16 f.; kritisch dazu *Ridder*, Die soziale Ordnung des Grundgesetzes, S. 105.

91 *Wieland*, in: Dreier I, Art. 15 Rn. 7, 32.

92 *Depenheuer*, in: v. Mangoldt/Klein/Starck I, Art. 15 Rn. 14; *Durner*, in: Maunz/Dürig, Art. 15 Rn. 59; *Hofmann*, in: Schmidt-Bleibtreu/ders./Hopfauf, Art. 15 Rn. 3; *Rittstieg*, in: AK-GG I, Art. 14/15 Rn. 230.

93 *Durner*, in: Maunz/Dürig, Art. 15 Rn. 58; *Püttner*, Gemeinwirtschaft im deutschen Verfassungsrecht, S. 20; *Schell*, Art. 15 GG im Verfassungsgefüge, S. 26.

94 *Badura*, Staatsrecht, Teil C Rn. 87; *Depenheuer*, in: v. Mangoldt/Klein/Starck I, Art. 14 Rn. 14.

typik und Zielsetzung,[95] was durch die reformalisierte Enteignungsbegrifflichkeit in der Rechtsprechung des Bundesverfassungsgerichts weiter verdeutlicht wird.[96]

Die Rechtsprechung zieht verschiedene Unterscheidungstopoi zur Abgrenzung von Art. 14 GG und Art. 15 GG heran (etwa die formale Überführung in Gemeineigentum oder das fehlende Motiv der staatlichen Sozialisierungspolitik[97]). Der **Vergesellschaftungszweck** ist dabei das entscheidende **Unterscheidungsmerkmal** zwischen den beiden Normen.[98]   40

F. **Völker- und europarechtliche sowie rechtsvergleichende Aspekte**

I. **Völker- und europarechtliche Aspekte**

Im internationalen Recht und im europäischen Gemeinschaftsrecht werden Sozialisierungen als Eingriffe in das Eigentum angesehen.[99]   41

Der Vertrag über die Europäische Gemeinschaft lässt nach **Art. 345 AEUV** die Eigentumsordnung in den Mitgliedstaaten ausdrücklich unberührt, so dass diese weiterhin das Recht haben, Produktionsmittel zu vergesellschaften.[100] Allerdings steht das auch die Mitgliedstaaten bindende, in Art. 3 Abs. 3 EUV normierte Bekenntnis zum Grundsatz einer **sozialen Marktwirtschaft** mit freiem Wettbewerb sowie die Grundfreiheiten und das gemeinschaftsrechtliche Wettbewerbsrecht nationalstaatlichen Sozialisierungen in weitem Umfang entgegen.[101]   42

Auch völkerrechtlich sind Sozialisierungen oder »Nationalisierungen« grundsätzlich zulässig, sofern sie nicht gegen spezielle Vereinbarungen oder Diskriminierungsverbote verstoßen. Auch eine durch Art. 15 GG erfasste Sozialisierung der Unternehmen ausländischer Investoren wäre daher nicht von vornherein unmöglich, sofern eine angemessene Entschädigung nach den Vorschriften des enteignenden Staates   43

---

95 *Berkemann,* in: Umbach/Clemens I, Art. 15 Rn. 32; *Depenheuer,* in: v. Mangoldt/Klein/ Starck I, Art. 15 Rn. 14; *Wendt,* in: Sachs, Art. 15 Rn. 3.

96 *Bryde,* in: v. Münch/Kunig I, Art. 15 Rn. 6 mit Hinweis auf die ständige Rspr. seit BVerfGE 52, 1 (27 f.).

97 BVerfGE 4, 7 (26); BVerwGE 17, 306 (314) hinsichtlich des Problems der kalten Sozialisierung.

98 Vgl. zur Abgrenzung auch *Bryde,* in: v. Münch/Kunig I, Art. 15 Rn. 6; *Depenheuer,* in: v. Mangoldt/Klein/Starck I, Art. 15 Rn. 14; *Klein,* Eigentumsbindung, Enteignung, Sozialisierung und Gemeinwirtschaft im Sinne des Bonner Grundgesetzes, S. 10; *Leisner,* Sozialbindung des Eigentums, 66 f.; *Seeberger,* Inhalt und Grenzen der Sozialisierung nach Art. 15 GG, S. 39.

99 *Wieland,* in: Dreier I Art. 15 Rn. 12.

100 *Hochbaum,* in: Groeben/Thiesing/Ehlermann IV, Art. 222 Rn. 5; *Schweitzer,* in: Grabitz/ Hilf, Art. 222 (1995) Rn. 1 ff.; *Wieland,* in: Dreier I, Art. 15 Rn. 12.

101 *Dietlein,* in: Stern, Staatsrecht IV/1, 2301, 2339; siehe auch *Weis,* NJW 1982, 1910, 1910 ff.; zu völkerrechtlichen Regelungen: vgl. *Berkemann,* in: Umbach/Clemens I, Art. 15 Rn. 21 f.; *Sieckmann,* in: Friauf/Höfling I, Art. 15 Rn. 8.

und des Völkerrechts gewährt wird.[102] Art. 15 GG entspricht diesen Voraussetzungen.[103]

II. Landesverfassungsrechtliche Regelungen

44   Dem Art. 15 GG vergleichbare, zum Teil aber auch darüber hinausgehende Bestimmungen zur Vergesellschaftung bestimmter Produktionsmittel finden sich in den meisten **Landesverfassungen**.[104] Insbesondere sind **Art. 152 und 160 Abs. 1 BayVerf** zu nennen. Hier ist vorgesehen, dass die Sicherstellung des Landes mit Elektrizität dem Staat obliegt und dass das Eigentum an Bodenschätzen, die eine für die Wirtschaft größere Bedeutung haben, wie auch an Kraftquellen, Eisenbahnen und sonstigen der Allgemeinheit dienenden Verkehrswegen- und Mitteln, die Wasserleitungen und Energieversorgung in der Regel Körperschaften oder Genossenschaften des öffentlichen Rechts zustehen sollten. Nach **Art. 160 Abs. 2 BayVerf** ist sogar die Überführung in Gemeineigentum von Großbanken und Versicherungen zulässig.

45   Noch weitergehend ist **Art. 52 SaarlVerf**, der festlegt, dass Schlüsselunternehmungen der Wirtschaft aufgrund ihrer zentralen Bedeutung für die Wirtschaft des Landes und ihrer Monopolstellung nicht Gegenstand privaten Eigentums sein *dürfen*, sondern im Interesse der Volksgemeinschaft geführt werden müssen. Diese Beispiele zeigen, dass **Sozialisierungen** in den Jahren nach dem zweiten Weltkrieg als zulässige Mittel der Wirtschaftspolitik angesehen wurden und erst später durch die Manifestierung der **sozialen Marktwirtschaft** in Deutschland ihre Bedeutung verloren.

46   **Landesverfassungsrechtliche Regelungen**, die in ihrer Reichweite bei Zugriffen auf privates Eigentum über Art. 15 GG hinausgehen, sind indes **verfassungswidrig**.[105] Dies ist vor dem Hintergrund des aus Art. 15 GG zu entnehmenden **Freiheitsrechts**[106] auf Nichtsozialisierung aus Art. 31 GG i.V.m. Art. 142 GG zu entnehmen.[107]

G. Deutsche Leitentscheidungen

47   BVerfGE 4, 7 – Investitionshilfe; BVerfGE 12, 354 – Volkswagenprivatisierung.

---

102   *Durner*, in: Maunz/Dürig, Art. 15 Rn. 22.
103   BVerfGE 6, 290 (300).
104   Etwa: Art. 160 Abs. 1 BayVerf; Art. 41 Abs. 5 BbgVerf; Art. 27 Abs. 1 NRWVerf; Art. 61 RhPfVerf; vollständiger Überblick im Wortlaut bei *Schliesky*, in: BK, Art. 15 Rn. 64.
105   *Isensee*, DÖV 1975, 233, 233 ff.; *ders.* DÖV 1978, 647, 647 f.; a.A. *Seebald*, DÖV 1978, 645, 645 ff.
106   Siehe auch *Durner*, in: Maunz/Dürig, Art. 15 Rn. 77; *Hofmann*, in: Schmidt-Bleibtreu/ders./Hopfauf, Art. 15 Rn. 19; *Rittstieg*, in: AK-GG I, Art. 14/15 Rn. 231.
107   *Wendt*, in: Sachs, Art. 15 Rn. 24; *Wieland*, in: Dreier I, Art. 15 Rn. 32; vgl. auch *Sieckmann*, in: Friauf/Höfling I, Art. 15 Rn. 10, der es als zulässig ansieht, dass Landesverfassungen engere Voraussetzungen normieren; dazu aus kompetenzieller Sicht *Oeter*, in: v. Mangoldt/Klein/Starck III, Art. 74 Rn. 112.

H. Literaturauswahl

Badura, Peter, Staatsverfassung und Wirtschaftsordnung, in: Bitburger Gespräche, 48
Jahrbuch 1974–1976, 1976, S. 59; *Bäumler, Helmut,* Staatliche Investitionsplanung
unter dem Grundgesetz, Heidelberg 1980; *Brückner, Martin Lars,* Sozialisierung in
Deutschland, München 2013; *Hösch, Ulrich,* Eigentum und Freiheit, Tübingen
2000; *Huber, Ernst Rudolf,* Wirtschaftsverwaltungsrecht, Bd. II, 2. Aufl., Frankfurt
1954; *Klein, Friedrich,* Eigentumsbindung, Enteignung, Sozialbindung und Gemeinwirtschaft im Sinne des Bonner Grundgesetzes, Tübingen 1972; *Leisner, Walter,*
Sozialbindung des Eigentums, Berlin 1972; *Püttner, Günter,* Gemeinwirtschaft im
deutschen Verfassungsrecht, Köln 1980; *Schell, Thomas,* Art. 15 GG im Verfassungsgefüge, Frankfurt 1996; *Seeberger, Roland,* Inhalt und Grenzen der Sozialisierung
nach Art. 15 GG, Heidelberg 1978; *Ule, Carl-Hermann,* Verfassungsrechtliche Probleme der Sozialisierung, Hamburg 1948.

Artikel 16 [Schutz der Staatsangehörigkeit, Auslieferung]

(1) Die deutsche Staatsangehörigkeit darf nicht entzogen werden. Der Verlust der Staatsangehörigkeit darf nur auf Grund eines Gesetzes und gegen den Willen des Betroffenen nur dann eintreten, wenn der Betroffene dadurch nicht staatenlos wird.

(2) Kein Deutscher darf an das Ausland ausgeliefert werden. Durch Gesetz kann eine abweichende Regelung für Auslieferungen an einen Mitgliedstaat der Europäischen Union oder an einen internationalen Gerichtshof getroffen werden, soweit rechtsstaatliche Grundsätze gewahrt sind.

A. Schutz vor Entzug der deutschen Staatsangehörigkeit gem. Absatz 1

I. Entstehungsgeschichtliche Aspekte

1. Die Rechtsentwicklung von Altertum bis Neuzeit im Überblick

In der rechtlichen Konzeption der Staatsangehörigkeit als einem genuin **staatsrecht-** 1 **lichen Grundbegriff** spiegelt sich der **Wandel der Staatsauffassungen** wider. Das hat zur Konsequenz, dass im Rahmen eines historischen Rückblicks nicht die Entwicklung eines klar bestimmten Rechtsinstituts, sondern eines rechtlich-politischen Phänomens im Vordergrund steht, in dem das jeweilige Staats- bzw. Politikverständnis vorausgesetzt und mitgedacht werden muss. Das heutige Verständnis von Staatsangehörigkeit als dem **rechtlich maßgeblichen Kriterium der Zugehörigkeit zum Staats-volk und damit zum Staat** ist eng verknüpft mit der Entwicklung moderner Staatlichkeit und dem Entstehen von Verfassungsstaaten.[1] Mit dem aktuellen Wandel dieser Konzeption von Staatlichkeit im Rahmen supranationaler Organisationsformen gehen auch Änderungen und Weiterentwicklung der Konzeption von Staats-

---

1 *Masing*, in: Dreier I (2. Aufl.), Art. 16 Rn. 1.

angehörigkeit einher, die u.a. unter der Überschriften Denizenship diskutiert werden. Sie sind für die Interpretation des Art. 16 GG jedoch ohne Relevanz.

2 Bei der Suche nach den historischen Vorläufern[2] ist nach den Rechtsgrundsätzen zu fragen, die das Zusammenleben der Menschen in Herrschaftsordnungen bestimmt haben, insbesondere die rechtliche Ausgestaltung der Beziehungen des Einzelnen zur herrschenden Organisationsgewalt. So bestand bereits im **antiken Griechenland** eine (auf einen geringen Teil der Einwohner beschränkte) Bürgerschaft als dauerhafte Verknüpfung zwischen Staat und Person. Auch im **römischen Reich** wurde streng zwischen **Bürgern und Nicht-Bürgern** unterschieden. Nur für römische Bürger galt das ius civile.[3] Mit Erlass der **lex Antoniniana de civitate** durch Kaiser Caracalla (Marcus Aurelius Severus Antoninus) im Jahr 212 wurde allen freien Reichsuntertanen das römische Bürgerrecht verliehen, so dass eine Art Reichsbürgertum entstand.[4] Daran wird die bis heute wichtige Verbindung zwischen (Staats-)Bürgerschaft (Staatsangehörigkeit) und Rechtsinhaberschaft deutlich, die auch in der Formulierung zum Ausdruck kommt, dass die Staatsangehörigkeit ein Recht zur Innehabung von (weiteren) Rechten darstellt. Dies gilt insbesondere im direkten Vergleich zur Staatenlosigkeit und wird durch die Zuerkennung von staatsunabhängigen Menschenrechten (siehe Art. 1 Abs. 2 GG) nur partiell relativiert.

3 Im gesamten europäischen Rechtsraum lässt sich weder eine lineare noch eine einheitliche Entwicklung des Staatsangehörigkeitsrechts aufzeigen. So bildeten etwa bei den **Germanen** die seit dem 3. Jahrhundert auftretenden Stammesverbände die ethnische Grundlage für die spätere Entstehung germanischer Völkerschaften;[5] mithin stand die Stammeszugehörigkeit bei der rechtlichen Zuordnung im Vordergrund. Im **Mittelalter** entwickelte sich mit dem Feudal- und **Lehenssystem** eine komplexe personenverbandliche Rechtsstruktur, welche durch gegenseitige Treueverpflichtungen das Verhältnis aller Bewohner eines Landes zueinander regelte und zu einer Vielzahl unterschiedlicher Statusverhältnisse führte. Der Einzelne war in der »Lehenspyramide« nicht durchgängig und unmittelbar einem Gemeinwesen, sondern seinem Lehensherrn verbunden, der seinerseits einem höherrangigen Lehensherrn verpflichtet war.[6] Herrschaft war insoweit[7] »private Herrschaft« und nicht durch ein öffentliches Recht begründet und ausgestaltet.

---

2 *Renner*, in: Hailbronner/ders., Staatsangehörigkeitsrecht (4. Aufl.), Grundlagen A, Rn. 1; siehe auch *Wittreck*, in: Dreier I, Art. 16, Rn. 2.

3 *Kaser/Knütel*, Römisches Privatrecht, 20. Aufl., 2014, § 3, Rn. 8.

4 Weitergehend *Schätzel*, Staatsangehörigkeitsrecht, S. 1, nach dem damit »zum erstenmal eine Staatsangehörigkeit im modernen Sinne geschaffen« wurde. Vgl. dazu auch *Renner*, in: Hailbronner/ders., Staatsangehörigkeitsrecht (4. Aufl.), Grundlagen A, Rn. 2.

5 *Otto*, in: Bartmuss u.a., Deutsche Geschichte I, 1965, S. 84.

6 *Kimminich*, in: BK, Art. 16 (1984) Rn. 2.

7 Damit auch abweichend von der römischen Herrschaft, die bereits ein öffentliches Recht und eine darauf basierende Herrschaft kannte.

Erst in der **frühen Neuzeit** wandelte sich das Staatsverständnis, in dem der Gedanke 4
der Souveränität zur Begründung eines staatlichen Gewaltmonopols verbunden mit
der Idee des **Territorialstaates** die Grundlage für das moderne Staatsverständnis bildete. So lange Herrschaft dabei jedoch als absolut verstanden wurde, hatte dies zur Folge,
dass der Einzelne (weiterhin) als **Untertan** verstanden wurde, dem allenfalls begrenzte
Rechte zuerkannt wurden. Der absolutistische Landesherr verfügte über sein Gebiet
als Privateigentum (patrimonium) und die Einwohner galten als »Zubehör« (per-
tinenz) dieses Gebietes.[8] Bemerkenswert ist aus heutiger Perspektive außerdem, dass
die Rechtsbeziehungen in Europa über viele Jahrhunderte hinweg geprägt waren vom
Zuordnungskriterium des Wohnsitzes bzw. der Niederlassung: Quidquid est in territorio, etiam est de territorio – wer seinen Wohnsitz im Staat hat, gehört auch zum
Staat.[9] Die Herkunft spielte hingegen nur eine geringe Rolle.[10]

An dieses **Verständnis** knüpft auch eine vor allem (aber nicht nur) im angelsächsi- 5
schen Raum geführte Debatte an, bei der das Konzept der Staatsangehörigkeit (citizenship) durch den dauerhaften Wohnsitz (denizenship) ersetzt werden soll.[11] In eine ähnliche Richtung weist das in einigen Staaten praktizierte Modell einer aktiven
und ruhenden Staatsangehörigkeit, bei dem in Fällen einer doppelten Staatsangehörigkeit nur im Staat des Wohnsitzes staatbürgerliche Rechte ausgeübt werden können.[12] Für die Umsetzung sind indes entsprechende völkerrechtliche Verträge der
beteiligten Staaten erforderlich.

2. Das neuzeitliche Konzept der Staatsangehörigkeit

Auch nach der Einführung verfassungsrechtlicher Bindungen blieben die Territorial- 6
staaten zunächst anstaltlich verfasst, d.h. die Einzelnen wurden nicht als »Träger« des
Staatswesens, sondern als Adressaten hoheitlicher Entscheidungen begriffen.[13] Das
änderte sich erst mit der französischen Revolution und der daran anknüpfenden De-
mokratisierung, durch die eine körperschaftliche Struktur des Staates begründet wurde. Der Staat wurde nun wieder als **Personenverband von Bürgern** verstanden, wobei im Unterschied zum mittelalterlichen Personenverbandsstaat aber die Gleichheit
des rechtlichen Status die Grundlage bildete. Das Verhältnis der Bürger zum Staat
wurde als persönliches Vertragsverhältnis gedeutet (contract social). Zur Staatsangehörigkeit treten staatsbürgerschaftliche Rechte hinzu. Aus dieser Deutung heraus löste man sich vom Anknüpfungspunkt des Wohnsitzes bzw. Geburtsorts (ius soli) und
maß der Abstammung (ius sanguinis) eine größere Bedeutung zu, wobei dies kein

---

8 *Kimminich*, in: BK, Art. 16 (1984) Rn. 2.
9 *Schätzel*, Staatsangehörigkeitsrecht, S. 2.
10 Weitere Einzelheiten bei *Renner*, in: Hailbronner/ders., Staatsangehörigkeitsrecht
   (4. Aufl.), Grundlagen A, Rn. 2.
11 Dazu *Bast*, ZAR 2013, 353 ff.
12 Dazu *Kluth*, ZAR 2009, 134 ff.
13 Siehe dazu auch *Schönberger*, Das Parlament im Anstaltsstaat, 1997.

zwingender Zusammenhang ist, wie das Staatsangehörigkeit der zweiten alten Demokratie USA zeigt.[14]

7 Erste **Rechtsvorschriften** zur Staatsangehörigkeit finden sich in der **französischen
Verfassung** vom 03.09.1791.[15] Im späteren Deutschen Reich regelte zunächst Bayern in seiner Verfassungsurkunde aus dem Jahr 1818, dass das sogenannte ›baierische
Indigenat‹, welches zur Wahrnehmung »aller bürgerlichen, öffentlichen und Privat-
rechte« erforderlich sei, entweder durch Geburt oder durch Naturalisierung erworben
werde.[16] Ähnliche Bestimmungen wurden in verschiedenen Kleinstaaten verabschiedet.[17] 1843 trat das **Gesetz über die Erwerbung und den Verlust der Eigenschaft als
preußischer Untertan sowie über den Eintritt in fremde Staatsdienst**[18] in Kraft.

8 Bis 1934 wurde im Deutschen Reich die Zugehörigkeit zum Gesamtstaat durch die
Gliedstaaten vermittelt (»**Vermittlungsprinzip**«), d.h. es existierte keine einheitliche
deutsche Staatsangehörigkeit.[19] In § 132 der Paulskirchenverfassung war ein einheitliches Reichsbürgerrecht vorgesehen, das aber keine rechtliche Wirkung entfalten konnte.[20] Bei der Redaktion der Verfassung des Norddeutschen Bundes vom 16.04.1867
konnte sich dann ein **Gleichbehandlungsgrundsatz** durchsetzen, der besagte, dass jeder Angehörige eines Bundesstaates in jedem anderen Bundesstaat als Inländer zu behandeln sei (Art. 3). Dieser Grundsatz galt mit der Verfassung des Deutschen Reiches
vom 16.04.1871 für das gesamte Deutsche Reich (Art. 3). 1870 wurde im Norddeutschen Bund mit dem **Gesetz über die Erwerbung und den Verlust der Bundes- und
Staatsangehörigkeit**[21] eine einheitliche gesetzliche Grundlage für eine Bundesangehö-
rigkeit geschaffen, die ab 1871 ebenfalls im gesamten Deutschen Reich galt.[22]

9 Ersetzt wurde diese Regelung durch das **Reichs- und Staatsangehörigkeitsgesetz**
(RuStAG) vom 22.07.1913[23], das nach einer Vielzahl von Änderungen und unter
angepasstem Titel (Staatsangehörigkeitsgesetz – StAG) bis heute fortgilt.[24] Mit dem
RuStAG wurde der staatsangehörigkeitsbezogene Begriff des Deutschen Reichs ein-

---

14 Ausführlicher bei *Schätzel*, Staatsangehörigkeitsrecht, S. 2 f.
15 *Wittreck*, in: Dreier I, Art. 16 Rn. 4.
16 1. Beilage zur Bayerischen Verfassungsurkunde vom 26.05.1818, im Internet unter
    www.verfassungen.de.
17 Beispielsweise in Hessen (1820), Herzogtum Coburg-Saalfeld (1821), Württemberg
    (1819), Sachsen-Meiningen (1829).
18 Gesetz v. 31.12.1842, PrGS 1843, S. 15.
19 *Kämmerer*, in: BK, Art. 16 (2005) Rn. 1 f.
20 Vgl. dazu z.B. *Kühne*, Die Reichsverfassung der Paulskirche, 2. Aufl., 1998.
21 BGBl. des Norddeutschen. Bundes Nr. 20, S. 355.
22 Ausführlicher zum Staatsangehörigkeitsrecht des 19. Jahrhunderts: *Ernst*, Das Staatsange-
    hörigkeitsrecht im Deutschen, Reich, S. 16 ff.; *Schätzel*, Staatsangehörigkeitsrecht, S. 3 ff.
23 RGBl., S. 583.
24 Zur Entstehung und Einführung des RuStAG vgl. *Ernst*, Das Staatsangehörigkeitsrecht
    im Deutschen Reich, S. 22 ff.

geführt; das Vermittlungsprinzip blieb allerdings – ebenso wie unter der Weimarer Reichsverfassung (WRV)[25] – erhalten.[26]

Unter der Herrschaft der Nationalsozialisten wurde im Zusammenhang mit der Zer- **10** schlagung der Länder die Staatsangehörigkeit in den Ländern durch eine **einheitliche deutsche Staatsangehörigkeit** ersetzt.[27] Diese Konzeption wirkt bis heute fort. Abgesehen von der Unitarisierung instrumentalisierten die Nationalsozialisten im Laufe ihrer zwölfjährigen totalitären Herrschaft das Staatsangehörigkeitsrecht für ihre rassenpolitischen Zwecke. Auf Grundlage des **Gesetzes über den Widerruf von Einbürgerungen und die Aberkennung der deutschen Staatsangehörigkeit** vom 14.07.1933[28] konnten unerwünschte Einbürgerungen, die in der Zeit von 1918 bis 1933 vorgenommen worden waren, rückgängig gemacht werden. Darüber hinaus wurde die Ausbürgerung als Strafinstrumentarium für politisch aktive Emigranten genutzt.[29] Das **Reichsbürgergesetz** vom 15.09.1935[30] mit den dazugehörigen 13 Verordnungen und Durchführungsverordnungen wurde Grundlage für die Entrechtung der Juden: Trauriger Höhepunkt war die 11. VO zum Reichsbürgergesetz[31], in der festgelegt wurde, dass Juden mit Wohnsitz im Ausland die deutsche Staatsangehörigkeit verlieren und ihr Vermögen verfällt; dabei galten das Generalgouvernement und die Reichskommissariate Ostland und Ukraine, wohin die meisten Juden deportiert wurden, als Ausland.[32]

3. Die deutsche Staatsangehörigkeit nach 1945

Durch das Grundgesetz wurde 1949 die **deutsche Staatsangehörigkeit** unter den **11** **Schutz des Verfassungsrechts** gestellt (Art. 16 und Art. 116 GG). Willkürliche Ausbürgerungen, wie sie unter dem NS-Regime erfolgt sind, sollten so unmöglich gemacht werden.[33] Es wurde indes bewusst keine »neue«, bundesrepublikanische Staatsangehörigkeit geschaffen, sondern vielmehr an das **vorkonstitutionelle Institut der (gesamt-)deutschen Staatsangehörigkeit angeknüpft**. Prägend war die Überzeugung, dass durch den Sieg der Alliierten der deutsche Staat als solcher nicht beseitigt worden war und als – wenn auch handlungsunfähiges – Völkerrechtssubjekt mit einem gesamtdeutschen Staatsvolk fortbestehe.[34]

---

25 Art. 110 WRV: »Die Staatsangehörigkeit im Reiche und in den Ländern wird nach den Bestimmungen eines Reichsgesetzes erworben und verloren. Jeder Angehörige eines Landes ist zugleich Reichsangehöriger.«

26 Ausführlicher dazu: *Kämmerer*, in: BK, Art. 16 (2005) Rn. 2.

27 Verordnung über die deutsche Staatsangehörigkeit vom 05.02.1934, RGBl. I, S. 85.

28 RGBl. I, S. 480.

29 Vgl. *Ernst*, Das Staatsangehörigkeitsrecht im Deutschen Reich, S. 60 ff.

30 RGBl. I, S. 1146.

31 VO v. 25.11.1941, RGBl. I, S. 722.

32 Ausführlicher: *Ernst*, Das Staatsangehörigkeitsrecht im Deutschen Reich, S. 69 ff.

33 Zur Entstehungsgeschichte von Art. 16 Abs. 1 GG sogleich Rdn. 26 ff.

34 Vgl. *Schätzel*, Staatsangehörigkeitsrecht, S. 82 f.; *Hailbronner*, JuS 1981, 712 (713).

12 Ähnlich sah man die Situation zunächst auch in der sowjetischen Besatzungszone. In der Verfassung der DDR vom 07.10.1949 heißt es in Art. 1 Abs. 4: »Es gibt nur eine deutsche Staatsangehörigkeit.« Zunächst blieb auch in der DDR das RuStAG von 1913 in Geltung. Sie ersetzte das RuStAG im Jahr 1967 durch ein eigenes Staatsbürgerschaftsgesetz.[35] Inzwischen hatte sich im sozialistischen Teil Deutschlands die Überzeugung durchgesetzt, der **einheitliche deutsche Staat sei untergegangen** und die BRD und die DDR seien unabhängig voneinander als zwei eigenständige Staaten anzusehen.[36]

13 Die Bundesrepublik weigerte sich, die DDR als Staat anzuerkennen und behandelte DDR-Bürger weiterhin als Deutsche bzw. Statusdeutsche. Die Frage, welchen **völkerrechtlichen Status die DDR** im Vergleich zur BRD und dem Deutschen Reich innehat und ob ihr tatsächlich Staatsqualität zuerkannt werden kann, war ein Gegenstand politischer Kontroversen von größter Brisanz, zumal sich darin auch zahlreiche persönliche und familiäre Schicksale widerspiegelten.[37]

14 Ein vorläufiges Ende fand diese Debatte mit der Unterzeichnung des sogenannten **Grundlagenvertrags** vom 21.12.1972, dem »Vertrag zwischen der Bundesrepublik Deutschland und der Deutschen Demokratischen Republik über die Grundlagen der Beziehungen zwischen der Bundesrepublik Deutschland und der Deutschen Demokratischen Republik.«[38] Mit diesem Vertrag erkannte die BRD die rechtliche Selbstständigkeit der DDR an und gab ihren Alleinvertretungsanspruch auf, der beinhaltete, dass allein sie für das gesamte deutsche Volk auf internationaler und diplomatischer Ebene sprechen könne. Nichtsdestotrotz galt die DDR aus Sicht der BRD nicht als Ausland – in einer Regierungserklärung der Bundesregierung vom

---

35 Gesetz v. 02.02.1967, GBl. DDR I, S. 3.
36 Vgl. z.B. OG, U. v. 31.10.1951, 1 Zz 78/51, NJ 1952, 222: »Vielmehr ist der gesamte Machtapparat des faschistischen Staates von der Roten Armee und den alliierten Truppen zerschlagen, der Staat selbst also vernichtet worden. (…) Auf den Trümmern errichteten die werktätigen Menschen der ehemaligen sowjetischen Besatzungszone (…) den neuen Staat der antifaschistisch-demokratischen Ordnung. (…) Dieser (…) Staat mit völlig veränderter Klassenstruktur und Zielsetzung hat mit dem Hitlerstaat nichts gemein, kann also auch nicht als dessen Rechtsnachfolger angesehen werden.« Dazu *Makarov/v. Mangoldt*, Deutsches Staatsangehörigkeitsrecht I, Einleitung V (1981) Rn. 11 ff.
37 Zu dieser Thematik vgl. z.B. *Hecker*, Die Behandlung von Staatsangehörigkeitsfragen im Deutschen Bundestag seit 1949, 1990, S. 9 ff., 15 ff., 49 ff.; *von Münch*, Die deutsche Staatsangehörigkeit, S. 90 ff. *Klein*, Zu einer Reform des deutschen Staatsangehörigkeitsrechts. Eine kritische Betrachtung unter Einbeziehung Frankreichs, 1997, S. 110 ff.; *Hailbronner*, JuS 1981, 712.
38 BGBl. II, S. 421.

28.10.1969 ist von den »zwei Staaten in Deutschland« die Rede.[39] Fragen der Staatsangehörigkeit wurden im Grundlagenvertrag ausdrücklich nicht geregelt.[40]

1987 erhielt das BVerfG in der **Teso-Entscheidung** erstmalig Gelegenheit, sich zu   15
Fragen des deutsch-deutschen Staatsangehörigkeitsrechts zu äußern und hielt fest,
dass der DDR-Staatsbürgerschaft eine Vermittlungsfunktion hinsichtlich der Erlangung der deutschen Staatsangehörigkeit zukomme:

>*Aus dem Gebot der Wahrung der Einheit der deutschen Staatsangehörigkeit (Art. 116*   16
>*Abs. 1, 16 Abs. 1 GG), das eine normative Konkretisierung des im Grundgesetz enthaltenen Wiedervereinigungsgebots ist, folgt, daß dem Erwerb der Staatsbürgerschaft der*
>*Deutschen Demokratischen Republik für die Rechtsordnung der Bundesrepublik*
>*Deutschland in den Grenzen des ordre public die Rechtswirkung des Erwerbs der deutschen Staatsangehörigkeit beizumessen ist.«*[41]

Mit dem **Untergang der DDR** durch den Beitritt zum Grundgesetz gem. Art. 23   17
GG a.F. wurde die gesamte Debatte um deutsch-deutsche Staatsangehörigkeitsrechtsfragen gegenstandslos: die DDR-Staatsbürgerschaft existiert nicht mehr, auf
dem Territorium des wiedervereinigten Deutschlands gibt es allein die deutsche
Staatsangehörigkeit. Der Vertrag zur deutschen Einheit[42] enthielt keine Regelung
staatsangehörigkeitsrechtlicher Fragen, sondern ging stillschweigend von der Geltung
des bundesrepublikanischen RuStAG für das gesamte Territorium des wiedervereinigten Deutschlands aus.[43]

4. Reformen des Staatsangehörigkeitsrechts nach 1990

Im Laufe der 1990er Jahre wurden – beginnend mit der Neufassung des Ausländer-   18
gesetzes[44] – umfassende Reformen im gesamten Ausländerrecht vorgenommen. In
diesem Zusammenhang war auch das Staatsangehörigkeitsrecht zahlreichen Änderungen unterworfen, weil der Zugang zur Staatsangehörigkeit starker als zuvor im
Zusammenhang mit der Integration von Migranten wahrgenommen und genutzt
wurde.[45] Die wichtigsten Änderungen sollen nachstehend knapp skizziert werden.

---

39   Bulletin des Presse- und Informationsamtes der Bundesregierung v. 29.10.1969. Ähnlich
auch BVerfGE 36, 1 (16): »Mit der Errichtung der Bundesrepublik Deutschland wurde
nicht ein neuer westdeutscher Staat gegründet, sondern ein Teil Deutschlands neu organisiert. (…)«; (30): »Der Vertrag bedarf daher, um verfassungskonform zu sein, der Auslegung, daß die Deutsche Demokratische Republik auch in dieser Beziehung nach dem Inkrafttreten des Vertrags für die Bundesrepublik Deutschland nicht Ausland geworden
ist.«.
40   Erklärung der BRD zum Grundlagenvertrag, abgedruckt in: BVerfGE 36, 1 (5).
41   BVerfGE 77, 137, 1. Leitsatz.
42   Vertrag v. 31.12.1990, BGBl. II, S. 889.
43   Näher dazu: *Masing*, in: Dreier I (2. Aufl.), Art. 16 Rn. 24 f.
44   G. v. 09.07.1990, BGBl. I, S. 13554.
45   Dazu näher *Niesten-Dietrich*, ZAR 2012, 85 ff.; *Kluth*, ZAR 2009, 134 ff.

a) Gesetz zur Reform des Staatsangehörigkeitsrechts 1999

19   Im Jahr 1999 gelang eine seit langem geplante[46] umfassende Reform des Staatsangehörigkeitsrechts[47], mit der das Recht der Staatsangehörigkeit in neue Bahnen gelenkt werden sollte[48] – ein Ziel, das sich sprachlich in der Umbenennung des »Reichs- und Staatsangehörigkeitsgesetzes« in »Staatsangehörigkeitsgesetz« widerspiegelt. Neben Neuregelungen hinsichtlich der **Erleichterung der Einbürgerung** einerseits und der Schaffung **neuer Verlusttatbestände** zur Vermeidung von Mehrstaatigkeit andererseits, ist als herausragendste Neuerung die **Öffnung der Erwerbstatbestände hinsichtlich des ius soli Prinzips** zu nennen.[49]

20   Gemäß **§ 4 Abs. 3 StAG** erwirbt ein in Deutschland geborenes Kind ausländischer Eltern die deutsche Staatsangehörigkeit mit der Geburt, sofern ein Elternteil seinen gewöhnlichen Aufenthalt seit acht Jahren im Inland hat und entweder eine Aufenthaltsberechtigung oder seit drei Jahren eine unbefristete Aufenthaltserlaubnis besitzt.[50] Die nach § 4 Abs. 3 StAG erworbene Staatsangehörigkeit ist **gleichrangig und -wertig** mit der Staatsangehörigkeit, die durch Abstammung erworben wird.[51] Dennoch gilt bezüglich ersterer eine Besonderheit: Gemäß **§ 29 StAG** muss derjenige, der die deutsche Staatsangehörigkeit nach § 4 Abs. 3 StAG erworben hat, spätestens bis zur Vollendung seines 23. Lebensjahres erklären, ob er die deutsche oder die ausländische Staatsangehörigkeit (die er ggf. durch die Abstammung von seinen ausländischen Eltern erworben hat) beibehalten will. Die **Mehrstaatigkeit**, die die Öffnung der Erwerbstatbestände mit sich bringt, soll durch den in § 29 StAG festgeschriebenen Optionszwang auf den relativ kurzen Zeitraum von bis zu fünf Jahren nach Erreichen der Volljährigkeit des Betroffenen begrenzt werden. Bei diesem sogenannten **Optionsmodell** handelt es sich um eine umstrittene Kompromisslösung, die erst nach langwierigen Verhandlungen gefunden wurde.[52]

---

46   Einen kurzweiligen Überblick über die verschiedenen Initiativen zur Reform des dt. Staatsangehörigkeitsrechts bietet *v. Münch*, Die deutsche Staatsangehörigkeit, S. 128.

47   Gesetz zur Reform des Staatsangehörigkeitsrechts v. 15.07.1999, BGBl. I, S. 1618.

48   So *Masing*, Wandel im Staatsangehörigkeitsrecht, S. 1.

49   *Renner/Maaßen*, in: Hailbronner/Renner/Maaßen, Staatsangehörigkeitsrecht, StAG, § 4 Rn. 71 ff.

50   Inzwischen unterlag die Vorschrift redaktionellen Änderungen.

51   *Hailbronner*, in: ders./Renner/Maaßen, Staatsangehörigkeitsrecht, Grundlagen F, Rn. 82. Teilw. wird vertreten, mit der Optionsregelung sei ein zweiter Typ Staatsangehörigkeit geschaffen worden: *Huber/Butzke*, NJW 1999, 2769 (2772, 2773 f.), vgl. auch *Fuchs*, NJW 2000, 489 (490 f.).

52   Zu erinnern ist an die von der CDU im hessischen Landtagswahlkampf 1999 durchgeführte Unterschriftenaktion gegen den »Doppelpaß«, die wesentlich zur hier vorgestellten Kompromisslösung führte, vgl. *Metz*, Doppelpass erhitzt die Nation, Das Parlament, Nr. 01-02 v. 03.01.2005. Aus der umfangreichen juristischen Literatur: *Mertens*, Das neue deutsche Staatsangehörigkeitsrecht; *Meireis*, StAZ 2000, 65; *Martenczuk*, KritV 83 (2000), 194; *Renner*, StAZ 1999, 363; *ders.*, ZAR 1999, 154; *Bornhofen*, StAZ 1999, 257; *Huber/*

Welche **praktischen Auswirkungen** die in § 29 StAG geregelte **Optionspflicht** hat, wird sich in großem Umfang erst ab 2018 zeigen, da dann die ersten regulär von der Regelung betroffenen Jugendlichen volljährig werden. Anwendungsbeispiele für § 29 StAG gibt es aufgrund der Altfallregelung des § 40b StAG[53] allerdings bereits seit 2008.[54] Die Jugendlichen haben für ihre Entscheidung Zeit bis 2013, so dass bisher keine Erkenntnisse zu ihrem Optionsverhalten vorliegen. Von Oppositionsparteien eingebrachte Vorschläge, die **Optionspflicht** wieder **abzuschaffen**, bevor sie in der Praxis zum Tragen kommt[55] fanden keine Mehrheit.[56]

21

b) Zuwanderungsgesetz 2005

Mit Inkrafttreten des **Zuwanderungsgesetzes am 01.01.2005**[57] wurden u.a. die längst überfällige Eingliederung der Einbürgerungsvorschriften ins StAG – bis zur Änderung war die Einbürgerung in §§ 85 ff. AuslG geregelt – sowie kleinere Korrekturen und redaktionelle Änderungen vorgenommen.[58]

22

c) Richtlinienumsetzungsgesetz 2007

Mit dem **Gesetz zur Umsetzung aufenthaltsrechtlicher und asylrechtlicher Richtlinien der EU**[59] (Richtlinienumsetzungsgesetz) erfuhr das StAG u.a. folgende Änderungen: Als neuer Erwerbsgrund wurde die »Ersitzung« eingeführt. Wer zwölf Jahre lang von deutschen Stellen als deutscher Staatsangehöriger behandelt wurde, erwirbt die deutsche Staatsangehörigkeit (§ 3 Abs. 2 StAG).[60]

23

Butzke, NJW 1999, 2769; *Smaluhn*, StAZ 1998, 98; *Zimmermann*, IPRax 2000, 180; *Scholz/Uhle*, NJW 1999, 1510.

53 § 40b StAG enthält eine Altfallregelung für Kinder, die bei Inkrafttreten des reformierten Staatsangehörigkeitsrechts am 01.01.2000 ihr 10. Lebensjahr noch nicht vollendet hatten.

54 Auf eine kleine Anfrage der GRÜNEN antwortete die Bundesregierung, dass im Jahr 2008 3.316 Jugendliche von der Optionspflicht betroffen waren; bis 2017 werden es insgesamt 49.121 sein. Bezüglich der »echten ius soli-Fälle« (ab Geburtsjahr 2000) geht die BR bis 2024 von 270.352 Betroffenen aus (BT-Drs. 16/8092, Anfrage vom 14.02.2008). Siehe dazu und zu möglichen Alternativen auch *Kluth*, ZAR 2009, 134 ff.

55 Vgl. z.B. BR-Drs. 647/08 v. 02.09.2008; BT-Drs. 16/2650, 16/1770, 16/9165, 16/9654.

56 Siehe dazu die Anhörung v. 10.12.2007, Protokoll Nr. 16/54. *Marx*, Ausschussdrucksache 16(4) 311 A, S. 19 ff.; *Hofmann*, ADrs. 16(4) 311 C; *Jungnickel*, ADrs. 16(4) 311 D; *Berlit*, ADrs. 16(4) 311 E; *Kilic*, ADrs. 16(4); *Hailbronner*, ADrs. 16(4) 311 G, S. 25. *Wallrabenstein* hält die Abschaffung von § 29 StAG für verfassungsrechtlich geboten, ADrs. 16(4) 311 B, S. 6; vgl. auch *ders.*, Das Verfassungsrecht der Staatsangehörigkeit, S. 222.

57 Gesetz v. 30.06.2004, BGBl. I, S. 1950.

58 Zu den Änderungen: *Geyer*, in: Hofmann/Hoffmann, Ausländerrecht, jeweils in der Kommentierung der einzelnen Vorschriften des StAG.

59 Gesetz v. 19.08.2007, BGBl. I, S. 1970.

60 *Geyer*, in: Hofmann/Hoffmann, AuslR, StAG, § 3 Rn. 11 f.

Im Rahmen der Anspruchseinbürgerung hat der Einbürgerungswillige ab dem 01.09.2008 neben den bereits bekannten Anforderungen zusätzlich nachzuweisen, dass er über **Kenntnisse der Rechts- und Gesellschaftsordnung der Bundesrepublik Deutschland** verfügt (§ 10 Abs. 1 Nr. 7 StAG). Der Nachweis erfolgt in der Regel durch einen Einbürgerungstest (§ 10 Abs. 5 S. 1 StAG). Der Umfang und die Ausgestaltung der Einbürgerungstests wird durch die Einbürgerungstestverordnung[61] des Bundesministeriums des Innern festgelegt. Die Einführung eines Einbürgerungstests war sehr umstritten, inhaltlich wurde der Test mehrfach überarbeitet, da einer ersten baden-württembergischen Version Verstöße gegen den Gleichheitsgrundsatz sowie gegen die UN-Rassendiskriminierungskovention bescheinigt wurden.[62]

Darüber hinaus wird erstmalig das **Vorliegen ausreichender Sprachkenntnisse** als Einbürgerungsvoraussetzung gefordert (§ 10 Abs. 1 Nr. 6 StAG).[63]

d) Gesetz zur Änderung des Staatsangehörigkeitsgesetzes 2009

24 Am 12.02.2009 trat das **Gesetz zur Änderung des Staatsangehörigkeitsgesetzes** vom 05.02.2009 in Kraft.[64] Die hiermit vorgenommenen Änderungen gehen in erster Linie auf ein Urteil des BVerfG[65] zurück, in dem dieses fehlende Regelungen für bestimmte Fallkonstellationen im Zuge der Rücknahme einer Einbürgerung wegen arglistiger Täuschung monierte.[66] Insbesondere hinsichtlich der Befristung der Rücknahmeentscheidung sowie der Folgen der Rücknahme für unbeteiligte Dritte (z.B. Abkömmlingen desjenigen, dessen Einbürgerung rückgängig gemacht wird) sah das BVerfG Regelungsbedarf. Gleiches gilt für die Vaterschaftsanfechtung nach § 1599 BGB, die zum rückwirkenden Wegfall der deutschen Staatsangehörigkeit eines Kindes führt.[67]

e) Zweites Gesetz zur Änderung des Staatsangehörigkeitsgesetzes 2014

25 Die 1999 in § 29 StAG eingefügte sog. Optionsregelung wurde auf Grund anhaltender Kontroversen über ihre Integrationsfreundlichkeit sowie die Vereinbarkeit mit Verfassungs-, Unions- und Völkerrecht 2014 neu gefasst. Den konkreten Hintergrund bildete eine Vereinbarung im Koalitionsvertrag zwischen CDU, CSU und SPD: »Für in Deutschland geborene und aufgewachsene Kinder ausländischer Eltern

---

61 Verordnung zu Einbürgerungstest und Einbürgerungskurs v. 05.08.2008, BGBl. I, S. 1649.
62 Vgl. *Hanschmann*, ZAR 2008, 388.
63 Zuvor war das Fehlen ausreichender Sprachkenntnisse lediglich ein Ausschlussgrund. Für eine Überprüfung der Sprachkenntnisse mussten ausreichende Anhaltspunkte für ihr Fehlen vorliegen. Vgl. *Geyer*, in: Hofmann/Hoffmann, AuslR, StAG, § 10 Rn. 23 ff.
64 BGBl. I, S. 158.
65 BVerfG 116, 24.
66 Eine Übersicht über die Neuregelungen findet sich bei *Huber*, NVwZ 2009, 201.
67 BVerfGK 9, 381 = NJW 2007, 425. Ausführlicher zu diesen Entscheidungen und ihrer Bedeutung für das Staatsangehörigkeitsrecht s. unten, Rdn. 76 ff.

entfällt in Zukunft der Optionszwang und die Mehrstaatigkeit wird akzeptiert.« Entgegen mancher Erwartung wurde die Regelung jedoch nicht völlig aufgehoben, sondern durch das Zweite Gesetz zur Änderung des Staatsangehörigkeitsgesetzes vom 13.11.2014[68] lediglich umfassend modifiziert.

Kernpunkt der Neufassung ist, dass die bisherige Optionspflicht für diejenigen Kinder ausländischer Eltern entfällt, die in Deutschland nicht nur geboren, sondern auch aufgewachsen sind. Um insoweit Rechtssicherheit zu schaffen, hat der Gesetzgeber das neue Merkmal »in Deutschland aufgewachsen« im Gesetz mit Hilfe objektiver Kriterien legal definiert.

Auch regelungstechnisch ist § 29 StAG neu gestaltet worden: Zunächst wird nunmehr in Absatz 1 geregelt, wer weiterhin optionspflichtig ist. Dabei wird die Optionsobliegenheit eingeschränkt. Es müssen vier Voraussetzungen kumulativ erfüllt sein: Der Betreffende muss die deutsche Staatsangehörigkeit nach § 4 Abs. 3 oder § 40b StAG erworben haben, darf nicht nach Absatz 1a in Deutschland aufgewachsen sein, die Staatsangehörigkeit eines anderen Staates als die eines anderen EU-Staates oder der Schweiz besitzen und innerhalb eines Jahres seit seinem 21. Geburtstag einen Hinweis über seine Erklärungspflicht erhalten haben.

»Aufgewachsen« im Sinne der Neuregelung ist nach § 29 Abs. 1a StAG, wer sich acht Jahre gewöhnlich in Deutschland aufgehalten hat, sechs Jahre in Deutschland die Schule besucht hat oder über einen hier erworbenen Schulabschluss oder eine hier abgeschlossene Berufsausbildung verfügt. Eine Härtefallklausel in § 29 Abs. 1a 2 StAG eröffnet den Behörden die Möglichkeit, das Aufwachsen im Inland auch dann anzunehmen, wenn eine der drei vorgenannten Varianten nicht erfüllt ist; erforderlich ist, dass der Betroffene einen vergleichbar engen Bezug zu Deutschland hat und für den die Optionspflicht nach den Umständen des Einzelfalls eine besondere Härte bedeuten würde.

Das Verfahren ist insoweit anders geregelt, als zwischen zwei Verfahrensphasen unterschieden wird: Die erste Phase betrifft die Prüfung, ob der Betroffene überhaupt optionspflichtig ist und sie ist in § 29 Abs. 5 StAG geregelt; diese erste Phase ist dem eigentlichen Optionsverfahren vorgeschaltet. Nur wenn diese Prüfung eine Optionspflicht im Sinne des Absatzes 1 ergibt, ist das Optionsverfahren nach den Absätzen 2–4 des § 29 StAG eröffnet.

Mit der Neuregelung der Optionspflicht gehen einige Fragen einher, die insbesondere die im Zeitpunkt des Inkrafttretens noch nicht abgeschlossenen Optionsverfahren betreffen und diejenigen, die nach bisherigem Recht ihre Optionspflicht ausgeübt haben oder die deutsche Staatsangehörigkeit danach verloren haben. Der Gesetzgeber selbst hat dazu keine Festlegungen getroffen, obwohl die beiden Fragen in den Beratungen erörtert wurden. Zu den offenen Fragen hat das Bundesministerium des Innern am 23.12.2014 vorläufige Anwendungshinweise erlassen.

---

68 BGBl. I., S. 1714. Dazu *Berlit*, ZAR 2015, 90 ff.

5. Entstehungsgeschichte des Art. 16 Abs. 1 GG

26 Art. 16 Abs. 1 GG stellt ein **verfassungsrechtliches Novum** dar, das im Verfassungsentwurf von Herrenchiemsee noch nicht enthalten war. Die Existenz der deutschen Staatsangehörigkeit wird erstmalig festgeschrieben, ihr Schutz vor Entzug erhält Verfassungsrang.

27 Die Anregung dazu lässt sich auf den Vorsitzenden des Grundsatzausschusses im Parlamentarischen Rat, **Hermann von Mangoldt** (CDU), zurückführen, der am 24.11.1948 unter Hinweis auf Art. 13 des Kommissionsentwurfs der Menschenrechte der Vereinten Nationen[69] sowie die Ausbürgerungspraxis im Nationalsozialismus die Frage aufwarf, ob man gegen eine Gesetzgebung über die Aberkennung der Staatsangehörigkeit eine verfassungsrechtliche Sicherung vornehmen solle.[70] Dieser Vorschlag fand schnell die Zustimmung der Parlamentarier, allerdings herrschte Uneinigkeit über den Wortlaut der Vorschrift. So wurde gestritten, ob der Schutz sich – wie in von Mangoldts Entwurf vorgesehen – allein gegen »willkürliche« Entziehungen der Staatsangehörigkeit oder gegen Entziehungen »aus politischen Gründen« oder gegen jedwede Entziehung richten sollte. Letztendlich konnte sich der Abgeordnete Wagner (SPD) mit seinem Antrag, das Wort »willkürlich« zu streichen, durchsetzen. Er führte dazu aus:

> »Ich möchte durch einen ganz einfachen und klaren Satz den Grundgedanken festgestellt haben, dass die deutsche Staatsangehörigkeit nicht entzogen werden darf. Wir haben die Erfahrung gemacht, daß alle faschistischen und Diktaturländer, wenn ihnen das politische Gesicht von irgend jemand nicht gepasst hat, diesem die Staatsangehörigkeit abgesprochen haben.«[71]

28 Weitere Diskussionen wurden zum Verhältnis von Bundes- und Landesangehörigkeit, zu der Frage, unter welchen Voraussetzungen eine (freiwillige) Entlassung aus der Staatsangehörigkeit zulässig sein soll und zur Vermeidung von Staatenlosigkeit geführt. Letztendlich einigten sich die Parlamentarier auf die bis heute unverändert gebliebene Fassung von Art. 16 Abs. 1 GG und reagierten so auf die Pervertierung des Staatsangehörigkeitsrechts im Nationalsozialismus sowie auf Fortentwicklungen im Völkerrecht.[72]

---

69 Heute verankert in Art. 15 Abs. 2 der Allgemeinen Erklärung der Menschenrechte (AEMR): »Niemandem darf seine Staatsangehörigkeit willkürlich entzogen noch das Recht versagt werden, seine Staatsangehörigkeit zu wechseln.«

70 Vgl. die Zusammenfassung der Materialien zu den Beratungen des Parlamentarischen Rats, in: JöR 1 (1951), 159 ff.

71 Zitiert nach JöR 1 (1951), 162.

72 So auch *Kämmerer*, in: BK, Art. 16 (2005) Rn. 7.

II. Grundsätzliche Bedeutung der Norm

1. Begriff und Bedeutung der Staatsangehörigkeit

Die Staatsangehörigkeit bezeichnet die rechtliche Zugehörigkeit natürlicher Personen zu einem Staat. Sie ist die Basis für die Zuweisung staatsbürgerschaftlicher Rechte (insbes. politische und wirtschaftliche Rechte – Deutschengrundrechte) und Schutzansprüche (u.a. diplomatischer Schutz). Ihr kommt insoweit eine **innerstaatliche** und eine **völkerrechtliche Dimension** zu.[73] Im Rahmen der allgemeinen Staatslehre gilt das Staatsvolk als eines von drei konstituierenden Elementen des Staates. Das Völkerrecht gewährt jedem souveränen Staat das Recht, seine Staatsangehörigen selbst festzulegen und im Verhältnis zu anderen Staaten auf diese Zugehörigkeit abzustellen. Die Definition der Staatsangehörigkeit erfolgt dementsprechend – im Rahmen der völkerrechtlichen Grenzen[74] – innerstaatlich. Als Zuordnungskriterium wird in der Regel das Abstammungsprinzip (ius sanguinis) oder das Territorialitätsprinzip (ius soli) gewählt.

29

Treffen beide Prinzipien zusammen, z.B. weil jemand aus einem Staat, der dem Abstammungsgrundsatz folgt, in einen Staat, der das Territorialitätsprinzip anwendet, einwandert und dort ein Kind bekommt, kann dies dazu führen, dass die betreffende Person (hier das Kind) mehrere Staatsangehörigkeiten erlangt. **Mehrstaatigkeit** wurde vom BVerfG im Einklang mit der völkerrechtlichen Grundtendenz[75] als »Übel«, bezeichnet, welches es unbedingt zu verhindern gilt, da Loyalitätskonflikte, Pflichtenkollisionen und Rechtsunsicherheit befürchtet werden.[76] Auch aus der Perspektive des internationalen Privatrechts ist eine eindeutige Zuordnung einer Person zu einer Rechtsordnung erstrebenswert.[77] Allerdings hat die Akzeptanz von Mehrstaatigkeit im Laufe der Zeit national[78] wie international[79] zugenommen.[80] Auch das BVerwG erkennt an, dass »der Grundsatz der Vermeidung der Mehrstaatigkeit ... in den meisten Staaten Erosionen ausgesetzt (ist). ... (Es) hat sich die Tendenz zur Hinnahme von Mehrstaatigkeit verstärkt.«[81]

30

---

73 *Schönberger*, Unionsbürger, S. 24 ff.
74 Dazu s.u., Rdn. 87 ff. sowie *Kämmerer*, in: BK, Art. 16 (2005) Rn. 8 ff.; *Zimmermann/Tams*, in: Friauf/Höfling, Art. 16 Rn. 13 ff.; *Masing*, in: Dreier I (2. Aufl.), Art. 16 Rn. 13 ff.
75 Vgl. z.B. das Übereinkommen über die Verringerung der Mehrstaatigkeit und über die Wehrpflicht von Mehrstaatern v. 06.05.1963, BGBl. II, S. 1954 ff.
76 BVerfGE 37, 217 (254); ausführlich zu diesem Thema: *Kammann*, Probleme mehrfacher Staatsangehörigkeit, 1984.
77 Dazu: *Fuchs*, NJW 2000, 489.
78 Dazu *Masing*, in: Dreier I (2. Aufl.), Art. 16 Rn. 18 mit zahlreichen w.N. in Fn. 59.
79 Bspw. erlaubt seit 1993 das Übereinkommen über die Verringerung der Mehrstaatigkeit den Vertragsstaaten, bei Einbürgerungen den Einbürgerungswilligen die zweite Staatsangehörigkeit zu belassen.
80 Ausführlich zu diesem Befund: *von Münch*, Die deutsche Staatsangehörigkeit, S. 159 ff.
81 BVerwGE 107, 223 (229).

31 Unglückliche Konstellationen des Zusammentreffens von Abstammungs- und Territorialitätsprinzip sowie Ausbürgerungen können dazu führen, dass Menschen **staatenlos** werden. Bezüglich dieses Zustandes herrscht – weitaus eindeutiger und unumstrittener als hinsichtlich der Mehrstaatigkeit – weiterhin Einigkeit, dass er unerwünscht ist.[82] Der Staatenlose hat völkerrechtlich gesehen in keinem Staat ein Aufenthaltsrecht und verfügt in keinem Staat über Bürgerrechte und sonstige, an die Innehabung der Staatsangehörigkeit geknüpfte Befugnisse – lediglich universelle Menschenrechte schützen ihn. Aus diesem Grund gibt es nationale wie internationale Bestrebungen, Staatenlosigkeit zu verringern und zu vermeiden.[83]

32 Dem Grundgesetz ist eine neben der Bundesstaatsangehörigkeit bestehende **Landesstaatsangehörigkeit** ebensowenig fremd wie der Weimarer Reichsverfassung. Entsprechend sah das Grundgesetz bis zur Streichung im Rahmen der Verfassungsreform von 1994 in Art. 74 Nr. 8 GG eine konkurrierende Gesetzgebungskompetenz des Bundes für die Staatsangehörigkeit in den Ländern vor. Da aber kein Land ein entsprechendes Gesetz erlassen hat, kommt dieser Thematik keine praktische Bedeutung zu. Die Landesstaatsangehörigkeit taucht lediglich in einigen vor Inkrafttreten des Grundgesetzes verabschiedeten Landesverfassungen, wie z.B. Art. 6 ff. der Bayerischen Verfassung, auf, ohne rechtliche Relevanz zu entfalten.

33 Neben der völkerrechtlichen und der innerstaatlichen Dimension kommt der Staatsangehörigkeit spätestens seit 1992 auch eine **europarechtliche Dimension** zu: Mit dem Vertrag über die Europäische Union vom 07.02.1992 wurde die Unionsbürgerschaft eingeführt, deren Rechte an die Innehabung einer mitgliedstaatlichen Staatsangehörigkeit anknüpfen.[84]

2. Bedeutung und Ausgestaltung von Art. 16 Abs. 1 GG

34 Das BVerfG hat in seiner jüngeren Rechtsprechung verdeutlicht, welche grundlegende Bedeutung der Staatsangehörigkeit für die Gemeinschaft wie auch für den Einzelnen beizumessen ist:

> »*Art. 16 GG gewährleistet (…) die besondere Verbindung der Bürger zu der von ihnen getragenen freiheitlichen Rechtsordnung. (…) Die staatsbürgerlichen Rechte und Pflichten, die für jeden Einzelnen mit dem Besitz der Staatsangehörigkeit verbunden sind, bilden zugleich konstituierende Grundlagen des gesamten Gemeinwesens.*«[85]

---

82 Vgl. *Hailbronner*, in: ders./Renner, Staatsangehörigkeitsrecht (4. Aufl.), Grundlagen F, Rn. 89 ff.

83 Vgl. bspw. das Übereinkommen über die Rechtsstellung der Staatenlosen v. 28.09.1954, das Übereinkommen zur Verminderung von Staatenlosigkeit v. 30.08.1961; sowie § 4 Abs. 4 StAG.

84 Zu unionsrechtlichen Aspekten der Staatsangehörigkeit und zur Bedeutung der Unionsbürgerschaft s.u., Rdn. 91 ff.

85 BVerfGE 113, 273 (293).

Gleichwohl ist die Frage, wer deutscher Staatsangehöriger ist, im **StAG** – also ein- 35
fachgesetzlich – geregelt. Art. 16 Abs. 1 GG setzt die deutsche Staatsangehörigkeit
voraus und schützt ihren Bestand, macht aber keine inhaltlichen Vorgaben zu ihrer
Ausgestaltung.[86] Der Gesetzgeber verfügt über einen **großen Gestaltungsspielraum**.[87]
Ihm sind allerdings neben den völkerrechtlichen[88] auch verfassungsrechtliche Grenzen gesetzt.[89] So dürfen die Vorschriften zum Erwerb der Staatsangehörigkeit nicht gegen andere Grundrechte – wie beispielsweise Art. 3 GG – verstoßen.[90]

Uneinigkeit herrscht darüber, ob, und wenn ja, in welchem Umfang, **verfassungs-** 36
immanente Kernelemente der deutschen Staatsangehörigkeit aus der Institutsgarantie
des Art. 16 Abs. 1 GG und aus Art. 116 GG abgeleitet werden können.[91] In diesem
Zusammenhang wird vertreten, dass sich aus Art. 16 Abs. 1 GG eine verfassungsrechtliche Verankerung des Abstammungsprinzips ergebe.[92] Teilweise wird aus dem
Grundgesetz auch ein striktes Gebot zur Vermeidung von Mehrstaatigkeit abgeleitet.[93]

In jedem Fall ergeben sich aus dem Wesen der Staatsangehörigkeit selbst gewisse
Grenzen. Sie muss auf einer tatsächlichen, auf Dauer angelegten Bindung zwischen
Staat und Bürger beruhen. Ein befristeter oder bedingter Erwerb widerspräche dem
Grundsatz der Einheitlichkeit der Staatsangehörigkeit.[94]

III. Schutzbereich

Art. 16 Abs. 1 GG schützt die Träger der deutschen Staatsangehörigkeit vor Entzug 37
oder sonstigem Verlust derselben durch Akte der im Grundgesetz verfassten öffentlichen Gewalt.[95] Der **Schutzbereich** von Art. 16 Abs. 1 GG **setzt** somit sowohl in
personeller als auch in sachlicher Hinsicht **den Besitz der deutschen Staatsangehö-**
rigkeit voraus.[96] Durch dieses Ineinandergreifen verschwimmen die Schutzbereiche,
so dass es sinnvoll ist, zunächst festzustellen, wer deutscher Staatsangehöriger ist. Im
Anschluss kann der Schutzumfang von Art. 16 Abs. 1 GG diskutiert werden.

---

86 *Zimmermann/Tams*, in: Friauf/Höfling, Art. 16 Rn. 4; *Lübbe-Wolff*, Jura 1996, 57 (58).
87 *Maaßen*, in: Epping/Hillgruber, BeckOK GG, Art. 16 Rn. 9.
88 Vgl. dazu die Ausführungen unten, Rdn. 87 ff.
89 Ausführlich *Zimmermann/Tams*, in: Friauf/Höfling, Art. 16 Rn. 23 ff.
90 Vgl. BVerfGE 37, 217 (239).
91 Vgl. auch *Maaßen*, in: Epping/Hillgruber, BeckOK GG, Art. 16 Rn. 9.
92 *Ziemske*, Die deutsche Staatsangehörigkeit, S. 301 ff.; *Scholz/Uhle*, NJW 1999, 1510
    (1511); vgl. auch *Uhlitz*, in: Fischer, Aspekte der Souveränität, S. 143 ff.
93 *Zimmermann/Tams*, in: Friauf/Höfling, Art. 16 Rn. 25 m.w.N.
94 *Maaßen*, in: Epping/Hillgruber, BeckOK GG, Art. 16 Rn. 13.
95 Zur Frage, inwieweit die drei Gewalten durch Art. 16 GG verpflichtet sind, vgl. unten,
    Rdn. 62 f.
96 So auch *Kokott*, in: Sachs, Art. 16 Rn. 33; *Kämmerer*, in: BK, Art. 16 (2005) Rn. 38.

1. Grundrechtsberechtigte

a) Allgemeines

38 Das Grundgesetz legt nicht selbst fest, wer deutscher Staatsangehöriger ist. Es überantwortet diese Entscheidung vielmehr dem parlamentarischen Gesetzgeber.[97] Das Grundgesetz folgt damit nicht der in einigen Verfassungen (etwa in den Verfassungen Irland [Art. 2, 9], Österreich [Art. 6] und der Schweiz [Art. 37]) anzutreffenden Praxis, die Staatsangehörigkeit selbst zu regeln. Entsprechend weist Art. 73 Abs. 1 Nr. 2 GG dem Bund die ausschließliche Gesetzgebungskompetenz für die Staatsangehörigkeit zu. Maßgeblich ist insoweit in erster Linie das **StAG**.[98] Für Personengruppen, die von der nationalsozialistischen Ein- und Ausbürgerungspolitik betroffen waren bzw. für die aufgrund von während des zweiten Weltkriegs vorgenommenen Annexionen Regelungsbedarf bestand, treffen das **erste**[99] und **zweite**[100] **Gesetz zur Regelung von Fragen der Staatsangehörigkeit** die relevanten Entscheidungen.[101] Darüber hinaus umfasst das deutsche Staatsangehörigkeitsrecht zahlreiche Einzelregelungen, die teilweise auch völkerrechtlichen Ursprungs sind, wie beispielsweise das **Übereinkommen über die Staatsangehörigkeit verheirateter Frauen**[102], das für die Bundesrepublik am 08.05.1974 in Kraft trat.

39 **Grundrechtsträger** sind alle diejenigen Personen, die die deutsche Staatsangehörigkeit nach Maßgabe des einfachen Gesetzesrechts rechtswirksam erworben haben. Dies gilt auch für **Mehrstaater**.[103] Zwar wird in Fällen der Mehrstaatigkeit teilweise eine einschränkende Auslegung von Art. 16 Abs. 1 GG erwogen,[104] dies würde jedoch zu der Einführung einer deutschen Staatsangehörigkeit zweiter Klasse führen, die dem Grundgesetz fremd ist. Art. 16 Abs. 1 GG schützt spezifisch den Fortbestand der deutschen Staatsangehörigkeit – unabhängig davon, ob zufällig noch weitere Staatsangehörigkeiten in der Fallkonstellation eine Rolle spielen.

40 Sämtliche rechtlich vorgesehenen Erwerbswege führen zu einer **vollwertigen deutschen Staatsangehörigkeit** und somit zur Grundrechtsträgereigenschaft der fraglichen Person; das gilt auch im Anwendungsbereich von § 29 StAG (Optionsrege-

---

97 *Maaßen*, in: Epping/Hillgruber, BeckOK GG, Art. 16 Rn. 16; *Zimmermann/Tams*, in: Friauf/Höfling, Art. 16 Rn. 29; *Lübbe-Wolff*, Jura 1996, 57 (58).

98 Staatsangehörigkeitsgesetz in der im Bundesgesetzblatt Teil III, Gliederungsnummer 102-1, veröffentlichten bereinigten Fassung, zuletzt geändert durch Artikel 1 des Gesetzes vom 05.02.2009 (BGBl. I, S. 158).

99 (Erstes) Gesetz zur Regelung von Fragen der Staatsangehörigkeit v. 22.02.1955, BGBl. I, S. 65.

100 (Zweites) Gesetz zur Regelung von Fragen der Staatsangehörigkeit v. 17.05.1956, BGBl. I, S. 431.

101 Zur »Desannexion« Österreichs vgl. auch BVerfGE 4, 322.

102 Übereinkommen v. 20.02.1957, BGBl. 1973 II, S. 1249.

103 *Maaßen*, in: Epping/Hillgruber, BeckOK GG, Art. 16 Rn. 16; *Zimmermann/Tams*, in: Friauf/Höfling, Art. 16 Rn. 33.

104 Ausführlicher m.w.N. *Zimmermann/Tams*, in: Friauf/Höfling, Art. 16 Rn. 33.

lung), solange die deutsche Staatsangehörigkeit besteht. Es wird nicht unterschieden, ob die Staatsangehörigkeit durch Geburt, Legitimation, Adoption, Ausstellung einer Bescheinigung nach § 15 Bundesvertriebenengesetz (BVFG), durch Überleitung als Deutscher ohne deutsche Staatsangehörigkeit oder durch Einbürgerung erworben wurde (vgl. § 3 StAG).[105] Der Einbürgerungsbewerber kann sich allerdings erst dann auf Art. 16 GG berufen, wenn ihm die Einbürgerungsurkunde übergeben und die Einbürgerung auf diesem Wege vollzogen wurde.[106]

b) Einzelfälle

Die **Bürger der ehemaligen DDR waren** und sind immer deutsche Staatsangehörige.[107]   41

Der Begriff der **deutschen Staatsangehörigkeit** ist **nicht identisch** mit der **Deutschen-**   42
eigenschaft i.S.d. Art. 116 Abs. 1 GG. Dort wird ausdrücklich unterschieden zwischen Personen, die die deutsche Staatsangehörigkeit besitzen und Personen, die Deutsche sind, ohne die deutsche Staatsangehörigkeit innezuhaben. Ob die letztgenannte Personengruppe der sogenannten Statusdeutschen sich auf den Schutz aus Art. 16 Abs. 1 GG berufen kann, wurde immer wieder kontrovers diskutiert.[108] Der eindeutige Wortlaut lässt diesen Rückschluss jedoch nicht zu. Art. 16 Abs. 1 GG bezieht sich ausschließlich auf »die deutsche Staatsangehörigkeit«.[109]

Für eine **analoge Anwendung des Art. 16 Abs. 1 GG auf Statusdeutsche** müsste ei-   43
ne planwidrige Regelungslücke feststellbar sein.[110] Die Kategorie des Statusdeutschen wurde vom Verfassungsgeber eingeführt, um die staatsangehörigkeitsrechtlichen Folgen des Zweiten Weltkriegs und der damit einhergehenden Gebiets- und Bevölkerungsverluste zu bewältigen.[111] Demnach wurde der Statusdeutsche bei Schaffung des Grundgesetzes nicht als Dauererscheinung angesehen.[112] Die Differenzierung in Art. 116 Abs. 1 GG macht deutlich, dass dem Statusdeutschen nicht unmittelbar Staatsangehörigkeitsrechte zukommen sollten. Somit wurde mit der »Übergangserscheinung« des Statusdeutschen bewusst eine mindere Rechtsstellung geschaf-

---

105 *Maaßen*, in: Epping/Hillgruber, BeckOK GG, Art. 16 Rn. 16.
106 Vgl. das Urteil des BVerfG zu Art. 16 Abs. 2 GG: BVerfG, NJW 1994, 2016.
107 Dazu BVerfG, 77, 137; *Lübbe-Wolff*, Jura 1996, 57 (58 f.).
108 *Zimmermann/Tams*, in: Friauf/Höfling, Art. 16 Rn. 32.
109 So auch BVerwGE 8, 340; *Renner*, in: Hailbronner/ders., StAR, Art. 16 GG Rn. 7; *Zimmermann/Tams*, in: Friauf/Höfling, Art. 16 Rn. 32; *Kämmerer*, in: BK, Art. 16 (2005) Rn. 43; *Kokott*, in: Sachs, Art. 16 Rn. 33; *Lübbe-Wolff*, Jura 1996, 57 (58); *Randelzhofer*, in: Maunz/Dürig, Art. 16 (1983/85) Rn. 59. A.A. *Schätzel*, Staatsangehörigkeitsrecht, S. 267; *Zuleeg*, AK-GG, Art. 16 Rn. 7.
110 Für eine analoge Anwendung: *Kimminich*, in: BK, Art. 16 (1984) Rn. 42; *Becker*, in: von Mangoldt/Klein/Starck I, Art. 16 Rn. 57.
111 Statt vieler: *Kokott*, in: Sachs, Art. 116 Rn. 1.
112 *Renner/Maaßen*, in: Hailbronner/Renner/Maaßen, Staatsangehörigkeitsrecht, Art. 116 GG Rn. 1.

fen.[113] Diese Differenzierung findet sich auch in Art. 16 GG. Im seinem ersten Absatz ist allein von der deutschen Staatsangehörigkeit die Rede; das Auslieferungsverbot in Art. 16 Abs. 2 GG hingegen bezieht sich auf alle »Deutschen«. Eine versehentliche Regelungslücke kann daher nicht angenommen werden. Darüber hinaus ist festzuhalten, dass sich diese Problematik durch die Einführung des § 40a StAG zwar nicht erledigt, aber relativiert hat: Alle Statusdeutschen wurden mit Wirkung zum 01.08.1999 eingebürgert (für Spätaussiedler galt dies nur, insoweit sie eine Bescheinigung gemäß § 15 BVFG vorweisen konnten).[114]

44 Steht die **Zulässigkeit des Verlustes** der deutschen Staatsangehörigkeit in Frage, sind auch diejenigen Personen, deren Staatsangehörigkeitserwerb ex tunc nichtig oder unwirksam ist, als deutsche Staatsangehörige zu behandeln. Sie sind klagebefugt und sie unterfallen dem Schutzbereich von Art. 16 Abs. 1 GG.[115]

45 Schließlich stellt sich noch die Frage, ob auch **juristische Personen** vom Schutzbereich des Art. 16 Abs. 1 GG erfasst sind. Dazu müsste das Grundrecht seinem Wesen nach auf juristische Personen anwendbar sein (Art. 19 Abs. 3 GG). Ihrem Wesen nach unanwendbare Grundrechte sind solche, die Interessen oder Rechte schützen, die nur bei Menschen vorkommen.[116] Zu letztgenannter Gruppe wird auch Art. 16 Abs. 1 GG gezählt, da dieses Grundrecht mit der Staatsangehörigkeit eine spezifisch auf Menschen bezogene Rechtsposition schützt.[117]

46 Von diesem nationalen Konzept der Staatsangehörigkeit ist allerdings die **völkerrechtliche Funktion** derselben zu unterscheiden: Im Völkerrecht besteht das Bedürfnis, juristische Personen des Privatrechts einem bestimmten Staat zuzuordnen. Spätestens bei Fragen der Gewährleistung diplomatischen Schutzes ist diese Zuordnung auch notwendig.[118] Es ist insoweit von einer Zuordnung der juristischen Personen zu einem Staat und nicht von Staatsangehörigkeit zu sprechen.

2. Schutzumfang

47 Hinsichtlich des abwehrrechtlichen Gehalts von Art. 16 Abs. 1 GG herrscht insoweit Einigkeit, dass Art. 16 Abs. 1 GG den **Status der Staatsangehörigkeit** und nicht die mit ihr verbundenen (bürgerschaftlichen) Rechte schützt; diese werden durch die thematisch einschlägigen Grundrechte geschützt.[119] Art. 16 Abs. 1 GG setzt voraus,

---

113 *Kämmerer*, in: BK, Art. 16 (2005) Rn. 43.
114 Vgl. dazu *Renner*, in: Hailbronner/ders., Staatsangehörigkeitsrecht (4. Aufl.), § 40a StAG Rn. 3.
115 BVerfGE 116, 24 (45); BVerfG, NJW 2007, 425 (426).
116 *Sachs*, in: Sachs, Art. 19 Rn. 68.
117 *Sachs*, in: Sachs, Art. 19 Rn. 68; ausführlicher m.w.N. *Zimmermann/Tams*, in: Friauf/Höfling, Art. 16 Rn. 34.
118 Zu dieser Debatte: *Zimmermann/Tams*, in: Friauf/Höfling, Art. 16 Rn. 34 m.w.N.
119 *Masing*, in: Dreier I (2. Aufl.), Art. 16 Rn. 39 f.; *Zimmermann/Tams*, in: Friauf/Höfling, Art. 16 Rn. 27; *Kämmerer*, in: BK Art. 16 (2005) Rn. 40 f.

dass der Adressat eines Entzugs die Staatsangehörigkeit bereits innehat. Die Vorschrift bietet keinen Anspruch auf Erlangung der deutschen Staatsangehörigkeit.

Der Status des Deutschen darf grundsätzlich durch keine hoheitliche Maßnahme gemindert oder verkürzt werden.[120] Die Vorschrift selbst benennt zwei Arten von Grundrechtsverkürzungen, gegen die sie schützt: Die absolut verbotene Entziehung und den unter bestimmten Voraussetzungen zulässigen Verlust der Staatsangehörigkeit. Aus dem Entstehungskontext von Art. 16 Abs. 1 GG kann geschlussfolgert werden, dass die Vorschrift **jegliche politisch motivierten Maßnahmen zur Verkürzung der Staatsangehörigkeit** verhindern soll.[121] Ebenso soll verhindert werden, dass eine Aushöhlung der Staatsangehörigkeit vorgenommen wird – beispielsweise indem dem Staatsangehörigen alle wesentlichen Rechte genommen werden.[122]

Ein genaueres Bild des abwehrrechtlichen Schutzumfangs lässt sich allerdings nur gewinnen, wenn man die beiden Eingriffsarten (Verlust und Entziehung) untersucht, gegen die Art. 16 Abs. 1 GG allein Schutz bietet (dazu Rdn. 59 ff.).[123]

IV. Subjektiv-rechtliche und objektiv-rechtliche Gehalte

1. Art. 16 Abs. 1 GG als Freiheitsrecht

Art. 16 Abs. 1 GG begründet ein Freiheitsrecht, das vor dem Entzug der mit der 48 Staatsangehörigkeit verbundenen Rechte schützt, die in zahlreichen Lebensbereichen den Freiheitsgebrauch erst ermöglichen (Wahlrecht) oder erweitern (bei Deutschengrundrechten).[124] Neben ihrer abwehrrechtlichen Dimension garantiert die Vorschrift allerdings keine spezifische Freiheitsgewährleistung im Sinne einer »**negativen Staatsangehörigkeit**« – also eines Rechts, keine (deutsche) Staatsangehörigkeit zu besitzen bzw. sich der deutschen Staatsangehörigkeit zu entledigen, um staatenlos zu werden.[125] Der Verlust der deutschen Staatsangehörigkeit kann nur aufgrund eines Gesetzes eintreten. Somit ist es dem deutschen Staatsangehörigen nicht freigestellt, seine Staatsangehörigkeit ohne gesetzliche Grundlage aufzugeben. Gemäß § 18 StAG wird ein Deutscher auf seinen Antrag aus der Staatsangehörigkeit entlassen, wenn er den Erwerb einer ausländischen Staatsangehörigkeit beantragt und ihm die zuständige Stelle die Verleihung zugesichert hat. Der Gesetzgeber ist nicht dazu verpflichtet, weitergehende gesetzliche Grundlagen für eine Entlassung in die Staatenlosigkeit zu

---

120 BVerfGE 36, 1 (30).
121 *Maaßen*, in: Epping/Hillgruber, BeckOK GG, Art. 16 Rn. 17; *Jarass*, in: Jarass/Pieroth, Art. 16 Rn. 6. Ausführlich dazu sogleich, Rdn. 64 f.
122 So auch *Maaßen*, in: Epping/Hillgruber, BeckOK GG, Art. 16 Rn. 18.
123 So auch *Zimmermann/Tams*, in: Friauf/Höfling, Art. 16 Rn. 28.
124 BVerfGE 113, 273 (293).
125 OVG Münster, NJW 1983, 2599; ebenso *Kämmerer*, in: BK, Art. 16 (2005) Rn. 34; *Masing*, in: Dreier I (2. Aufl.), Art. 16 Rn. 80. Zum Sonderfall der rechtlichen Anerkennung der Leugnung der zwangsweise erworbenen deutschen Staatsangehörigkeit mit dem Ziel, eine andere Staatsangehörigkeit zu erwerben, vgl. BVerfGE 2, 98 (99).

schaffen, § 18 StAG befindet sich im Einklang mit dem Interesse des Verfassungsgebers, Staatenlosigkeit zu bekämpfen.[126]

49   Das Ziel der Vermeidung von Staatenlosigkeit besitzt indes als solches **keinen Verfassungsrang**.[127] Zwar ist Staatenlosigkeit grundsätzlich unerwünscht, weil dadurch u.a. die Gewährleistung diplomatischen Schutzes erschwert wird; es handelt sich jedoch weder um einen völkerrechts- noch um einen verfassungswidrigen Zustand. Somit darf Staatenlosigkeit auch nicht als polizei- rechtswidriger Zustand betrachtet werden, dessen Beseitigung dem Betroffenen durch Verwaltungsakt aufgegeben werden kann.[128]

50   Ebensowenig wie einen Anspruch auf Entlassung aus der deutschen Staatsangehörigkeit begründet Art. 16 Abs. 1 GG einen **Anspruch auf Erwerb** derselben.[129] Wie oben (siehe Rdn. 35) bereits ausgeführt, ist die Ausgestaltung der Erwerbsmodalitäten dem Gesetzgeber überlassen. Art. 16 Abs. 1 GG setzt den Besitz der Staatsangehörigkeit voraus, so dass sich ein Anspruch auf Verleihung der Staatsangehörigkeit nicht auf diese Vorschrift stützen kann.[130] Allerdings kann aus Art. 16 Abs. 1 GG ein Anspruch auf die Ausstellung einer Urkunde zur Bescheinigung der deutschen Staatsangehörigkeit – beispielsweise weil der Antragsteller sich im Ausland befindet und dort nur ein solches Dokument als Nachweis akzeptiert wird – abgeleitet werden.[131]

2. Leistungs-, Schutz- und Teilhabeansprüche

51   Inwieweit sich sonstige **leistungsrechtliche Aspekte** aus Art. 16 Abs. 1 GG ableiten lassen, ist nicht abschließend geklärt.[132] In der Regel ergeben sich die mit der Staatsangehörigkeit verknüpften Rechte nicht aus Art. 16 GG selbst, sondern aus anderen Grundrechten. Als Beispiel wird in diesem Zusammenhang häufig das Recht auf Einreise und Aufenthalt im Bundesgebiet angeführt (Art. 11 GG).[133]

52   Umstritten ist die Frage, ob sich ein Anspruch auf **diplomatischen Schutz** – zumindest ein Anspruch auf fehlerfreie Ermessensausübung[134] – auf Art. 16 Abs. 1 GG

---

126   OVG Münster, NJW 1983, 2599 (2600).
127   BVerfGE 116, 24 (44 ff.); *Kämmerer*, in: BK, Art. 16 (2005) Rn. 19; *Schmahl*, ZAR 2997, 174 (176).
128   VGH Mannheim, NVwZ 1994, 1233 (1234).
129   Statt vieler: *Hailbronner*, in: ders./Renner/Maaßen, Staatsangehörigkeitsrecht, Art. 16 GG, Rn. 11.
130   Zu möglichen Einbürgerungsansprüchen aus Art. 3 GG vgl. *Kämmerer*, in: BK, Art. 16 (2005) Rn. 35. Zu einem möglichen Anwartschaftsrecht auf die deutsche Staatangehörigkeit s. *Bleckmann*, NJW 1990, 1397.
131   BVerwG, DÖV 1967, 94; *Masing*, in: Dreier I (2. Aufl.), Art. 16 Rn. 81.
132   *Kämmerer*, in: BK, Art. 16 (2005) Rn. 35.
133   *Zimmermann/Tams*, in: Friauf/Höfling, Art. 16 Rn. 57.
134   Wie er auch von der Rechtsprechung anerkannt ist, vgl. BVerfGE 55, 349 (364 ff.); BVerwG, NJW 1989, 2208.

stützen lässt.[135] Teilweise wird vertreten, ein solcher Anspruch ergebe sich aus den jeweils betroffenen Grundrechten bzw. aus Art. 1 Abs. 1 und Art. 2 Abs. 1 GG.[136] Richtigerweise lässt sich bereits aus dem Wesen der Staatsangehörigkeit ein Anspruch auf diplomatischen Schutz und konsularische Betreuung herleiten.[137]

3. Institutionelle Aspekte

Art. 16 Abs. 1 GG setzt die Existenz der deutschen Staatsangehörigkeit voraus und 53 verleiht ihr als Rechtsinstitut Verfassungsrang. Insoweit gewährleistet die Vorschrift die deutsche Staatsangehörigkeit als **Einrichtungsgarantie**.[138] Der Umfang dieser Garantiefunktion ist allerdings wenig klar und hängt von der Tragweite ab, die man dem verfassungsrechtlichen Staatsangehörigkeitsbegriff beimisst.[139]

Im Vorfeld der Reform von 1999[140] wurde die Einführung von ius soli Elementen in 54 das deutsche Staatsangehörigkeitsrecht vereinzelt für verfassungswidrig gehalten.[141] Aus dem traditionellen deutschen Nationalitätsverständnis[142] wurde gefolgert, dass die Grundsätze des **ius sanguinis** und der **ausschließlichen Staatsangehörigkeit** von Art. 16 Abs. 1 GG **garantiert** werden.[143] Demnach würde sowohl die Einführung des Territorialitätsprinzips als auch die damit einhergehende Zunahme von Mehrstaatigkeit verfassungswidrig sein bzw. zumindest verfassungsrechtlichen Bedenken unterliegen.[144]

135 Übersicht bei *Wittreck*, in: Dreier I, Art. 16 Rn. 60; *Kämmerer*, in: BK, Art. 16 (2005) Rn. 36; *Maaßen*, in: Epping/Hillgruber BeckOK GG, Art. 16 Rn. 15; *v. Münch*, Die deutsche Staatsangehörigkeit, S. 11.
136 *Kämmerer*, in: BK, Art. 16 (2005) Rn. 36; *Zimmermann/Tams*, in: Friauf/Höfling, Art. 16 Rn. 57; *Klein*, DÖV 1977, 704, jeweils m.w.N.
137 So auch BVerfGE 37, 217 (241); *v. Münch*, Die deutsche Staatsangehörigkeit, S. 11 ff.; *Wittreck*, in: Dreier I, Art. 16 Rn. 60; *Maaßen*, in: Epping/Hillgruber, BeckOK GG, Art. 16 Rn. 15; *Jarass*, in: Jarass/Pieroth, Art. 16 Rn. 7.
138 *Wittreck*, in: Dreier I, Art. 16 Rn. 59; *Zimmermann/Tams*, in: Friauf/Höfling, Art. 16 Rn. 54; *Maaßen*, in: Epping/Hillgruber, BeckOK GG, Art. 16 Rn. 12; *Jarass*, in: Jarass/Pieroth, Art. 16 Rn. 1.
139 *Kämmerer*, in: BK, Art. 16 (2005) Rn. 29.
140 Dazu s. oben, Rdn. 19 ff.
141 *Ziemske*, Die deutsche Staatsangehörigkeit; *Mertens*, Das neue deutsche Staatsangehörigkeitsrecht, S. 159 ff.; *Scholz/Uhle*, NJW 1999, 1510; *Blumenwitz*, ZfP 1994, 246; kritisch auch *Huber/Butzke*, NJW 1999, 2769 (2771 ff.).
142 Dazu *Bleckmann*, DÖV 1988, 437; *Wallrabenstein*, Das Verfassungsrecht der Staatsangehörigkeit, S. 90 ff.
143 So z.B. *Scholz/Uhle*, NJW 1999, 1510.
144 Ein kleiner Ausschnitt von Beiträgen zu dieser Diskussion: *Ziemske*, Die deutsche Staatsangehörigkeit, S. 217 ff.; *Wallrabenstein*, Das Verfassungsrecht der Staatsangehörigkeit, S. 209 ff.; *Scholz/Uhle*, NJW 1999, 1510; *Blumenwitz*, ZfP 3/1994, 246; *Huber/Butzke*, NJW 1999, 2769 (2771 ff.); *Smaluhn*, StAZ 1998, 98; *Zimmermann*, IPRax 2000, 180 (181 ff.); *Renner*, StAZ 1999, 363; *Martenczuk*, KritV 83 (2000), 194; *Gerdes/Faist*, Berl.J.Soziol., 2006, 313.

55 Zweifelhaft ist bereits, ob in Deutschland traditionell ein **ethno-kulturelles Nationalverständnis** vorherrscht.[145] Der hierfür als Beleg angeführte **Art. 116 GG** weist zwar eine ethno-kulturelle Ausrichtung auf, indem er bezüglich des Begriffs des Deutschen auf die deutsche Volkszugehörigkeit abstellt. Allerdings erklärt die Vorschrift auch Ehegatten von Flüchtlingen sowie Inhaber der deutschen Staatsangehörigkeit – unabhängig von ihrer Volkszugehörigkeit – zu Deutschen.[146] Darüber hinaus ist Art. 116 GG als Übergangsregelung aus einer historischen Sondersituation entstanden und kann daher nicht als allgemeingültige Aussage zur Ausgestaltung des Staatsangehörigkeitsrechts verstanden werden.[147] Art. 116 GG stellt die Status-Deutschen den deutschen Staatsangehörigen gegenüber, so dass sich bereits hieraus die Unverwendbarkeit von Art. 116 GG zur Bestimmung des Staatsangehörigkeitsbegriffs ergibt.[148]

56 Dem Grundgesetz ist ebenfalls **kein striktes Gebot zur Vermeidung von Mehrstaatigkeit** zu entnehmen.[149] Mehrstaatigkeit ist weder ein völkerrechts-, noch ein verfassungswidriger Zustand.[150] Auch historisch betrachtet gehört die Vermeidung von Mehrstaatigkeit nicht zu den hergebrachten Grundsätzen des deutschen Staatsangehörigkeitsrechts.[151] Die Verfassung selbst nimmt Mehrstaatigkeit im Rahmen von Art. 116 Abs. 2 GG hin. Es wurde bereits ausgeführt (Rdn. 30), dass die Akzeptanz von Mehrstaatigkeit in jüngerer Zeit national wie international zunimmt. Man sucht alternative Wege, um mit den praktischen Problemen, die mehrere Staatsangehörigkeiten mit sich bringen können, umzugehen.[152] Auch aus dem Grundsatz der Einheitlichkeit der Staatsangehörigkeit lässt sich nicht auf ein Verbot der Akzeptanz von Mehrstaatigkeit schließen.[153]

57 Aus dem **Wesen** der Staatsangehörigkeit folgen bestimmte Anforderungen an die (einfachgesetzliche) Ausgestaltung: Die Staatsangehörigkeit ist ein auf Kontinuität, Einheitlichkeit und Eindeutigkeit ausgerichtetes Institut. Ihre Erteilung auf Wider-

---

145 So auch *Gerdes/Faist*, Berl.J.Soziol. 2006, 313 (319); *Zimmermann/Tams*, in: Friauf/Höfling, Art. 16 Rn. 24; *Kämmerer*, in: BK, Art. 16 (2005) Rn. 30; *Smaluhn*, StAZ 1998, 98 (102 f.); *Renner*, in: Hailbronner/ders., StAR, Art. 16 GG Rn. 16 f.

146 *Masing*, in: v. Mangoldt/Klein/Starck III, Art. 116 Rn. 10 führt aus, dass der Deutsche i.S.d. Art. 116 Abs. 1 weder mit dem Deutschen i.S.d. § 1 RuStAG noch mit dem ethnischen Begriff des Volkszugehörigen identisch ist.

147 *Zimmermann/Tams*, in: Friauf/Höfling, Art. 16 Rn. 30.

148 *Zimmermann/Tams*, in: Friauf/Höfling, Art. 16 Rn. 30.

149 Literatur zu dieser Diskussion: *Hailbronner*, in: Barwig u.a., Neue Regierung, S. 97; *Hausmann*, in: Barwig u.a., Neue Regierung, S. 165; *Renner*, in: Barwig u.a., Neue Regierung, S. 149; *Hansen*, in: Barwig u.a., Neue Regierung, S. 208; *Renner*, StAZ 1999, 363; *Zimmermann*, IPRax 2000, 180; *Scholz/Uhle*, NJW 1999, 1510.

150 *Smaluhn*, StAZ 1998, 98 (99 ff.); *Rittstieg*, NJW 1990, 1401.

151 Dazu s. *Renner*, StAZ 1999, 363 (364 f.).

152 Vgl. z.B. *Kluth*, ZAR 2009, 134; spezifisch zu Problemen des IPR: *Hausmann*, in: Barwig u.a., Neue Regierung, S. 165 ff.

153 So aber *Ziemske*, Die deutsche Staatsangehörigkeit, S. 289 ff.

Kluth

ruf oder auf Probe widerspräche ebenso ihrem Wesen wie die Einführung eines abgestuften Konzepts der Staatsangehörigkeit.[154]

Das BVerfG[155] folgert außerdem aus der rechtsstaatlichen und demokratischen Bedeutung, die dem **bürgerschaftlichen Status als konstituierende Grundlage der Rechtsordnung und des Gemeinwesens** zukommt, dass Art. 16 Abs. 1 GG eine dieser Bedeutung angemessene gesetzliche Ausgestaltung für den Erwerb, die Aufhebung der Einbürgerung und den Verlust der Staatsangehörigkeit fordere. Ob diese Anforderungen erfüllt sind, könne nicht allein nach der systematischen Zugehörigkeit zu einem bestimmten Gesetz entschieden, sondern müsse vor allem danach beurteilt werden, ob den inhaltlichen verfassungsrechtlichen Vorgaben Rechnung getragen werde. Letztendlich ist also im **Einzelfall** zu bewerten, inwieweit Art. 16 Abs. 1 GG die Definitionskompetenz des Gesetzgebers beschränkt.[156]

V. Eingriffe und ihre Rechtfertigung

Art. 16 Abs. 1 GG schützt vor Entziehung und sonstigem Verlust der deutschen Staatsangehörigkeit. Dieser Schutz wirkt allerdings nicht absolut: Während die Entziehung der Staatsangehörigkeit nach Art. 16 Abs. 1 S. 1 GG ausnahmslos verboten ist, ist der Verlust der Staatsangehörigkeit unter bestimmten, in Art. 16 Abs. 1 S. 2 GG geregelten, Voraussetzungen zulässig.

1. Verlust der Staatsangehörigkeit durch Entziehung

Die Entziehung ist ein **Unterfall des Verlustes der Staatsangehörigkeit**.[157] Zunächst ist daher zu klären, was die Entziehung der Staatsangehörigkeit in Abgrenzung zum sonstigen Verlust ausmacht. Dabei ist insbesondere die Abgrenzung zum Verlust der Staatsangehörigkeit gegen den Willen des Betroffenen von Bedeutung, da hier Überschneidungspotential besteht und letzterer rechtmäßig sein kann (vgl. Art. 16 Abs. 1 S. 2 GG). Diese Abgrenzung markiert zugleich das zentrale Auslegungsproblem von Art. 16 Abs. 1 GG, zu dem im Laufe der Zeit eine Vielzahl von Erklärungsansätzen entwickelt wurden.

Dem **Wortsinn** nach liegt eine Entziehung dann vor, wenn dem Betroffenen etwas gegen seinen Willen genommen wird.[158] Diesem zunächst schlüssig erscheinenden Ansatz, dass der Verlust der Staatsangehörigkeit immer dann eine Entziehung darstellt,

154 *Maaßen*, in: Epping/Hillgruber, BeckOK GG, Art. 16 Rn. 13; ähnlich auch *Kämmerer*, in: BK, Art. 16 (2005) Rn. 29; *Huber/Butzke*, NJW 1999, 2769 (2771), die jeweils mit dem Wortlaut von Art. 16 Abs. 1 GG argumentieren.
155 BVerfGE 116, 24 (53).
156 So auch *Maaßen*, in: Epping/Hillgruber, BeckOK GG, Art. 16 Rn. 9.
157 *Maaßen*, in: Epping/Hillgruber, BeckOK, Art. 16 Rn. 19; *Wittreck*, in: Dreier I, Art. 16 Rn. 46; *Kokott*, in: Sachs, Art. 16 Rn. 23; *Kämmerer*, in: BK, Art. 16 (2005) Rn. 45.
158 BVerfGE 116, 24 (36).

wenn er unfreiwillig erfolgt (sog. »**Willenstheorie**«)[159], steht Art. 16 Abs. 1 S. 2 GG entgegen. Dort ist vorgegeben, dass ein Verlust der Staatsangehörigkeit unter bestimmten Voraussetzungen auch gegen den Willen des Betroffenen erfolgen kann. Der Wille des Betroffenen kann daher alleine nicht ausschlaggebendes Abgrenzungskriterium zwischen Verlust und Entziehung sein.[160]

62   Aus den Materialien zur **Entstehungsgeschichte** von Art. 16 GG wird teilweise geschlossen, dass die unzulässige Entziehung dadurch gekennzeichnet sei, dass sie durch Verwaltungsakt erfolgt (»**Verwaltungsakttheorie**«).[161] Diesem Ansatz folgend könnten lediglich Behörden durch Einzelfallentscheidungen in unzulässiger Weise die Staatsangehörigkeit entziehen. Allerdings wird diese Auslegung dem historischen Kontext nicht gerecht, in dem Art. 16 Abs. 1 GG entstanden ist.[162] Während der nationalsozialistischen Herrschaft wurden insbesondere durch allgemeine Rechtsvorschriften massenhafte Ausbürgerungen vorgenommen. Art. 16 Abs. 1 GG soll – rechtsformunabhängig – vor allen willkürlichen Entziehungen dieser Qualität schützen. Eine Verletzung von Art. 16 Abs. 1 GG kann somit durch Maßnahmen aller drei Gewalten erfolgen, die Beschränkung auf Verwaltungsakte wird Sinn und Zweck der Norm nicht gerecht.[163]

63   In eine ähnliche Richtung wie die Verwaltungsakttheorie zielt die »**Einzelakttheorie**«, die den Individualbezug zum ausschlaggebenden Kriterium erklärt.[164] Eine Entziehung erfolgt demnach durch Verwaltungsakt, Richterspruch oder durch auf bestimmte Personen bezogene Maßnahmegesetze. D.h., dass allgemein-gesetzlich geregelte Verlusttatbestände dem Schutz von Art. 16 Abs. 1 S. 1 GG nicht unterfallen würden – auch wenn diese diskriminierend oder willkürlich sind. Dieser Lösung lässt sich – ebenso wie zuvor der Verwaltungsakttheorie – entgegenhalten, dass ein

---

159   Vertreten von *Kimminich*, in: BK, Art. 16 (1984) Rn. 36; *Schnapp*, in: v. Münch/Kunig I, Art. 16 (4. Aufl., 1992) Rn. 11; *Seifert*, DÖV 1972, 671 (672).

160   BVerfGE 116, 24 (36); ebenso *Lübbe-Wolff*, Jura 1996, 57 (60).

161   Der Abgeordnete Zinn äußerte sich im Parlamentarischen Rat dahingehend, dass sich eine unzulässige Entziehung als behördliche Einzelentscheidung auszeichne. Ein allgemeiner, gesetzlich geregelter Verlust der Staatsangehörigkeit sei hiervon zu unterscheiden. JöR 1 (1951), 164.

162   Vgl. BVerfGE 116, 24 (38): »Von besonderer Bedeutung für die Auslegung des Entziehungsverbots sind demnach die historischen Missbräuche, von denen das Verbot der Entziehung der deutschen Staatsangehörigkeit sich abgrenzt und vor deren Wiederkehr es schützen soll.«.

163   Heute ganz h.M., vgl. BVerfGE 116, 24 (36 ff.); *Randelzhofer*, in: Maunz/Dürig, Art. 16 (1983/85), Rn. 51; *Zimmermann/Tams*, in: Friauf/Höfling, Art. 16 Rn. 37; *Kämmerer*, in: BK, Art. 16 (2005) Rn. 47; *Masing*, Wandel im Staatsangehörigkeitsrecht, S. 41; *Lübbe-Wolff*, Jura 1996, 57 (60). Das Grundrecht ist daher z.B. auch bei der innerstaatlichen Umsetzung völkerrechtlicher Verträge zu beachten, vgl. *Schätzel*, Staatsangehörigkeitsrecht, S. 330.

164   Vertreten von *Doehring*, Staatsrecht der Bundesrepublik, 3. Aufl., 1984, S. 355; *Makarov/ v. Mangoldt*, Dt. StAR I, Art. 16 GG (1997) Rn. 16; *Huber/Butzke*, NJW 1999, 2770 f.; vgl. auch *Kokott*, in: Sachs, Art. 16 Rn. 21.

umfassender Schutz vor Eingriffen aller drei Gewalten in Art. 16 GG zu gewährleisten ist. Es ist nicht ersichtlich, warum der legislative Eingriff lediglich auf Sondergesetze beschränkt sein sollte.[165]

Letztendlich ist allein die **teleologische Auslegung** unter Berücksichtigung des historischen Entstehungskontextes zielführend. Hierauf stellen auch die Vertreter der sogenannten »**Vermeidbarkeitstheorie**« ab[166], nach der immer dann eine unzulässige Entziehung der Staatsangehörigkeit vorliegen soll, wenn der Betroffene den Verlust nicht vermeiden konnte, wenn er also die Tatbestandserfüllung der zum Verlust führenden Norm nicht in zumutbarer Weise verhindern kann. Wendet man diese Theorie allerdings streng an, stellen sich die gleichen Probleme wie bei der Willenstheorie: Regelungen, die an ein (vermeidbares) Verhalten der Betroffenen anknüpfen, zugleich jedoch diskriminierender Natur sind, würden nicht dem Entziehungsverbot aus Art. 16 Abs. 1 S. 1 GG unterfallen, obwohl das vom Verfassungsgeber eindeutig intendiert war.[167] 64

Demnach ist zusätzlich darauf abzustellen, ob die Verlustzufügung ausgrenzenden, also diskriminierenden Charakter hat.[168] So sieht es auch das BVerfG, das in früheren Entscheidungen kommentarlos der Vermeidbarkeitstheorie gefolgt ist.[169] In seiner Entscheidung vom 24.05.2006 zur Rücknahme erschlichener Einbürgerungen hat es die Gelegenheit genutzt, sich ausführlich mit der Auslegung von Art. 16 Abs. 1 GG zu befassen und dabei besonderes Gewicht auf die Integrationsfunktion der Staatsangehörigkeit gelegt:[170] 65

»Entziehung ist danach jede Verlustzufügung, die die (…) Funktion der Staatsangehörigkeit als verlässliche Grundlage gleichberechtigter Zugehörigkeit beeinträchtigt. Eine Beeinträchtigung der Verlässlichkeit und Gleichheit des Zugehörigkeitsstatus liegt insbesondere in jeder Verlustzufügung, die der Betroffene nicht oder nicht auf zumutbare Weise beeinflussen kann.«

---

165 Vgl. BVerfGE 116, 24 (36 ff.); *Randelzhofer*, in: Maunz/Dürig, Art. 16 (1983/85), Rn. 51; *Zimmermann/Tams*, in: Friauf/Höfling, Art. 16 Rn. 37; *Kämmerer*, in: BK, Art. 16 (2005) Rn. 47; *Masing*, Wandel im Staatsangehörigkeitsrecht, S. 41; *Lübbe-Wolff*, Jura 1996, 57 (60).
166 *von Münch*, Die deutsche Staatsangehörigkeit, S. 270 f.; *Scholz/Uhle*, NJW 1999, 1510 (1511); *Randelzhofer*, in: Maunz/Dürig, Art. 16 (1983/85) Rn. 49; *Kämmerer*, in: BK, Art. 16 (2005) Rn. 49; *Zimmermann/Tams*, in: Friauf/Höfling, Art. 16 Rn. 38; *Masing*, in: Dreier I (2. Aufl.), Art. 16 Rn. 59; wobei *Zimmermann/Tams* und Masing die Vermeidbarkeitstheorie jeweils lediglich als Ausgangspunkt für eine Kombination mit weiteren Theorien betrachten.
167 So auch *Lübbe-Wolff*, Jura 1996, 57 (61, Fn. 48); *Zimmermann/Tams*, in: Friauf/Höfling, Art. 16 Rn. 38, Rn. 143, die als Beispiel jeweils die bereits erwähnte elfte Verordnung zum Reichsbürgergesetz nennen.
168 *Maaßen*, in: Epping/Hillgruber, BeckOK GG, Art. 16 Rn. 19.
169 Vgl. BVerfG (K), NJW 1990, 2193; BVerfG (K), NVwZ 2001, 1393.
170 BVerfGE 116, 24 (44).

2. Anderweitiger Verlust der Staatsangehörigkeit

66 Jeder anderweitige Verlust der Staatsangehörigkeit, der keine Entziehung darstellt, ist gemäß Art. 16 Abs. 1 S. 2 GG grundsätzlich zulässig, sofern er »auf Grund eines Gesetzes erfolgt«. Der durch diese Formulierung entstehende Eindruck, der Verlust könne nicht unmittelbar durch Gesetz eintreten, beruht nach allgemeiner Auffassung auf einem Redaktionsversehen des Verfassungsgebers.[171] Die Formulierung ist somit als **Gesetzesvorbehalt** zu verstehen.

67 Die Verfassung unterscheidet in Art. 16 Abs. 1 S. 2 GG zwischen dem **freiwilligen** und dem **unfreiwilligen Verlust der Staatsangehörigkeit.** Der Gesetzesvorbehalt gilt für beide Varianten, ist also auch beim freiwilligen Verlust zu beachten.[172] Der unfreiwillige Verlust steht unter der zusätzlichen Voraussetzung, dass er beim Betroffenen nicht zur Staatenlosigkeit führen darf.

a) Verlust mit Willen des Betroffenen

68 Das StAG regelt verschiedene Fälle des Verlustes der Staatsangehörigkeit, die auf den **ausdrücklich geäußerten Willen** des Betroffenen abstellen (Antrag auf Entlassung, §§ 18 ff. StAG; Verzicht durch schriftliche Erklärung, § 26 StAG). Die Verfassungsmäßigkeit dieser Vorschriften steht außer Frage.[173]

69 Darüber hinaus gelten auch solche Vorschriften als verfassungskonform, die zwar einen automatischen Verlust der Staatsangehörigkeit zur Folge haben, deren **Tatbestandserfüllung jedoch in zumutbarer Weise vermeidbar ist.**[174] § 25 Abs. 1 StAG sieht beispielsweise vor, dass ein Deutscher, der eine ausländische Staatsangehörigkeit auf Antrag erwirbt, automatisch die deutsche Staatsangehörigkeit verliert (sofern nicht die Ausnahmen aus § 25 Abs. 1 S. 2, Abs. 2 StAG vorliegen). Das BVerfG hat § 25 StAG bereits mehrfach als verfassungsgemäß bezeichnet, da der Verlust der deutschen Staatsangehörigkeit nicht die Folge eines allein auf den Willen des Staates zur Wegnahme beruhenden Aktes, sondern die Folge von Handlungen des Betroffenen sei, die auf einem selbstverantwortlichen und freien Willensentschluss gegründet sind.[175] Ebenso lässt sich im Hinblick auf die Verlustregelung des § 28 StAG (Eintritt in fremde Streitkräfte) argumentieren.

---

171 *Zimmermann/Tams,* in: Friauf/Höfling, Art. 16 Rn. 42; *Lübbe-Wolff,* Jura 1996, 57 (63); ausführlicher: *Kämmerer,* in: BK, Art. 16 (2005) Rn. 53.

172 *Maaßen,* in: Epping/Hillgruber, BeckOK GG, Art. 16 Rn. 22.

173 *Masing,* in: Dreier I (2. Aufl.), Art. 16 Rn. 67.

174 BVerfG, NVwZ 2007, 441; BVerfG, NJW 1990, 2193; *Maaßen,* in: Epping/Hillgruber, BeckOK GG, Art. 16 Rn. 23; *Masing,* in: Dreier I (2. Aufl.), Art. 16 Rn. 68; a.A. *Zimmermann/Tams,* in: Friauf/Höfling, Art. 16 Rn. 43.

175 BVerfG, NVwz 2007, 441; BVerfG, NJW 1990, 2193.

Zu beachten ist allerdings, dass diese Argumentation nur dann schlüssig ist, wenn   70
der Betroffene sich auch des **Besitzes der deutschen Staatsangehörigkeit bewusst** ist
– ansonsten kann ihm kein freier Willensentschluss unterstellt werden.[176]

Im Falle des Verlustes der deutschen Staatsangehörigkeit durch Adoption durch ei-   71
nen Ausländer (§ 27 StAG) nehmen die privatrechtlich Vertretungsberechtigten eine
Willensvertretung vor, so dass auch diese Vorschrift keinen verfassungsrechtlichen
Bedenken ausgesetzt ist.[177]

b) Verlust gegen den Willen des Betroffenen

Der Verlust der StA gegen den Willen des Betroffenen ist grundsätzlich nur zulässig,   72
wenn dieser dadurch nicht staatenlos wird. Staatenlos ist eine Person, die von keinem
Staat als Staatsangehöriger angesehen wird.[178] Auch die Herbeiführung faktischer
Staatenlosigkeit soll unter dieses Verbot fallen.[179]

aa) Rücknahme/Widerruf einer Einbürgerung

Der **Widerruf** einer Einbürgerung ist grundsätzlich unvereinbar mit Art. 16 Abs. 1   73
GG.[180]

Die lange umstrittene Frage, inwieweit die **Rücknahme einer erschlichenen Einbür-   74
gerung** zulässig ist, hat das BVerfG[181] am 24.05.2006 entschieden. Das Gericht hatte zu klären, ob 1.) eine Rücknahme der Einbürgerung grundsätzlich möglich ist, ob
2.) eine Rücknahme auch dann möglich ist, wenn sie zur Staatenlosigkeit des Betroffenen führt und ob 3.) § 48 VwVfG als gesetzliche Grundlage für eine Rücknahme
ausreicht.

Nach Ansicht des BVerfG fällt die Rücknahme einer erschlichenen Einbürgerung in   75
die Kategorie des **grundsätzlich zulässigen Verlusts** der Staatsangehörigkeit (Art. 16
Abs. 1 S. 2 GG), da der Einbürgerungswillige durch seine Täuschung selbst die Ursache für die Rechtswidrigkeit der Einbürgerung gesetzt habe, er insoweit keinen
Vertrauensschutz geltend machen könne und die Rücknahme auch keinen diskriminierenden Charakter habe.[182] Den in Art. 16 Abs. 1 S. 2 GG verankerten **Schutz
vor Staatenlosigkeit** bei Verlust der Staatsangehörigkeit gegen den Willen des Betroffenen reduziert das BVerfG teleologisch: »Die Rücknahme einer erschlichenen

---

176 BVerwG NJW 2008, 2729.
177 *Masing*, in: Dreier I (2. Aufl.), Art. 16 Rn. 69 m.w.N.
178 Vgl. Art. 1 Abs. 1 des Übereinkommens über die Rechtsstellung der Staatenlosen vom
     28.09.1954 (BGBl. 1976 II, S. 473).
179 Vgl. BVerwG, StAZ 1960, 12; *Zimmermann/Tams*, in: Friauf/Höfling, Art. 16 Rn. 44.
180 *Maaßen*, in: Epping/Hillgruber, BeckOK GG, Art. 16 Rn. 26; *Jarass*, in: Jarass/Pieroth,
     Art. 16 Rn. 12; *Kokott*, in: Sachs, Art. 16 Rn. 26; *Zimmermann/Tams*, in: Friauf/Höfling,
     Art. 16 Rn. 46 f.
181 BVerfGE 116, 24.
182 BVerfGE 116, 24 (44); zur Zulässigkeit der Rücknahme vgl. auch BVerwGE 118, 216.

Einbürgerung daran scheitern zu lassen, dass der Betroffene dadurch möglicherweise staatenlos wird, läge aber so eindeutig außerhalb des Sinns und Zwecks der Vorschrift, dass der insoweit überschießende Wortlaut für die Auslegung nicht maßgebend sein kann.«[183] Sofern also die Rechtswidrigkeit der erteilten Staatsangehörigkeit dem Betroffenen zuzurechnen und ihm der Fehler vorwerfbar ist, ist bei der Rücknahme einer Einbürgerung auch die dadurch entstehende Staatenlosigkeit akzeptabel – entgegen des Wortlauts von Art. 16 Abs. 1 S. 2 GG.[184]

76   Das BVerfG sieht in § 48 VwVfG – zumindest für den Fall der erschlichenen Einbürgerung – eine **ausreichende Ermächtigungsgrundlage**.[185] Die Rücknahme muss indes zeitnah erfolgen, da nur dann für den Betroffenen die Rücknahme als Folge seines Verhaltens noch vorhersehbar ist.[186]

Das BVerfG verwies in seinem Urteil allerdings ausdrücklich darauf, dass es Fallkonstellationen gebe, für die grundsätzlicher Regelungsbedarf bestehe, wie beispielsweise bezüglich der Folgen der Rücknahme der Einbürgerung für Dritte.[187]

77   Der Gesetzgeber nahm diese Hinweise auf und **änderte das StAG** entsprechend ab (dazu bereits oben, Rdn. 24).[188] Ermächtigungsgrundlage für die Rücknahme einer rechtswidrigen Einbürgerung ist nunmehr § 35 StAG. Die Rücknahme kann innerhalb von fünf Jahren nach der Einbürgerung und nur dann erfolgen, wenn der Verwaltungsakt durch arglistige Täuschung, Drohung, Bestechung oder vorsätzlich unrichtige Angaben erwirkt wurde. Die Rücknahme einer auf unwissentlich unrichtige Angaben gestützten Einbürgerung lässt sich demnach nicht rechtfertigen.[189] Bezüglich der **Auswirkungen der Rücknahme auf Dritte**, die ihre Staatsangehörigkeit von demjenigen ableiten, dessen Einbürgerung zurückgenommen wurde, ist der Gesetzgeber der Forderung nach der Ausgestaltung einer gesetzlichen Grundlage[190] in den **§§ 17 Abs. 2, 35 Abs. 5 StAG** nachgekommen.

---

183   BVerfGE 116, 24 (44 f.); kritisch zu dieser Herangehensweise: *Schmahl*, ZAR 2007, 174 (176 f.); *Kämmerer*, NVwZ 2006, 1015 (1016 f.).

184   Zustimmend: *Maaßen*, in: BeckOK GG, Art. 16 Rn. 26; *Renner*, in: Hailbronner/ders., StAR, Art. 16 GG Rn. 37; *v. Münch*, Die deutsche Staatsangehörigkeit, S. 290; *Jarass*, in: Jarass/Pieroth, Art. 16 Rn. 12; *Kokott*, in: Sachs, Art. 16 Rn. 30 f.; kritisch: *Kämmerer*, NVwZ 2006, 1015 (1016 f.); *Schmahl*, ZAR 2007, 174 (174 f.); vgl. auch *Lübbe-Wolff*, Jura 1996, 57 (62).

185   BVerfGE 116, 24 (51 ff.); vgl. dazu auch das abweichende Votum der Richter *Broß*, *Osterloh*, *Lübbe-Wolff* und *Gerhardt*, BVerfGE 116, 24(60 ff.), in dem die Schaffung einer im StAG verankerten speziellen Rechtsgrundlage gefordert wird.

186   BVerwG, Urt. v. 14.02.2005, 5 C 4.07.

187   BVerfGE 116, 24 (59 f.).

188   Gesetz zur Änderung des Staatsangehörigkeitsgesetzes v. 05.02.2009, BGBl. I, S. 158. Zum Inhalt: *Huber*, NVwz 2009, 201 (204 ff.).

189   So bereits BVerwG, Urt. v. 13.06.2007, 5 B 132/07, www.bundesverwaltungsgericht.de.

190   BVerfGE 116, 24 (59 f.). S. dazu auch BVerfGK 9, 381 = NJW 2007, 425 sowie die Gesetzesbegründung, BT-Drs. 16/10528, S. 3 f.

bb) Rückwirkender Verlust der Staatsangehörigkeit

Ähnlich wie bei der Rücknahme der Einbürgerung kann es auch in anderen Fall- 78
konstellationen zu Entscheidungen kommen, die einen **rückwirkenden Verlust der
Staatsangehörigkeit Dritter** zur Folge haben. Dies ist beispielsweise der Fall bei der
Rücknahme der Niederlassungserlaubnis nach § 51 Abs. 1 Nr. 3 AufenthG, bei der
Rücknahme einer Bescheinigung nach § 15 BVFG und bei Feststellung des Nichtbestehens der Vaterschaft nach § 1599 BGB.[191] Trotz der Nichtigkeitswirkung ex
tunc wird aus verfassungsrechtlicher Perspektive eine bestehende Staatsangehörigkeit
beseitigt, die Betroffenen unterfallen insoweit also dem Schutzbereich von Art. 16
Abs. 1 GG.[192]

Fraglich ist, ob in dieser Beseitigung der Staatsangehörigkeit eine verbotene Entzie- 79
hung zu sehen ist. Anknüpfend an die vom BVerfG zugrunde gelegte Abgrenzung
zwischen **Entziehung und Verlust** gilt jede Verlustzufügung, die die Funktion der
Staatsangehörigkeit als verlässliche Grundlage gleichberechtigter Zugehörigkeit beeinträchtigt, als Entziehung i.S.d. Art. 16 Abs. 1 S. 1 GG (Rdn. 65). Das BVerfG
führt für den Fall des Wegfalls der Staatsangehörigkeit, der als Rechtsfolge eintritt,
wenn ein Gericht auf Anfechtung hin das Nichtbestehen der Vaterschaft feststellt,
von der ein Kind den Geburtserwerb der deutschen Staatsangehörigkeit ableitet, aus,
dass jedenfalls dann **keine Entziehung vorliege**, wenn das betroffene Kind sich in einem Alter befinde, in dem es **üblicherweise noch kein eigenes Vertrauen auf den
Bestand seiner Staatsangehörigkeit** entwickelt haben könne.[193] Zum gleichen Ergebnis führt die Feststellung, dass die Regelungen zur Anfechtung der Vaterschaft
frei von irgendeinem diskriminierenden Gehalt sind.[194]

Somit führen die genannten Fallkonstellationen zu einem grundsätzlich zulässigen 80
Verlust der Staatsangehörigkeit i.S.d. Art. 16 Abs. 1 S. 2 GG. Der Gesetzgeber ist mit
der jüngsten Änderung des StAG dem bestehenden Regelungsbedarf nachgekommen[195] und hat § 17 Abs. 2, 3 StAG eingeführt: Sobald betroffene Kinder das fünfte
Lebensjahr vollendet haben, genießt ihre Staatsangehörigkeit Bestandsschutz und
bleibt unbeeinflusst bestehen. Für sonstige betroffene Dritte sieht § 35 Abs. 5 StAG
eine jeweils eigenständige Ermessensentscheidung vor.

---

191 Vgl. *Huber*, NVwZ 2009, 201 (205).
192 BVerfG (K), NJW 2007, 425 (425 f.) für die Vaterschaftsanfechtung. Vgl. auch oben,
Rdn. 44. Allg. zum Problem von Nichtigkeitsregelungen: *Zimmermann/Tams*, in: Friauf/
Höfling, Art. 16 Rn. 50; *Kämmerer*, in: BK, Art. 16 (2005) Rn. 62.
193 BVerfG (K), NJW 2007, 425 (426).
194 So auch *Maaßen*, in: Epping/Hillgruber, BeckOK GG, Art. 16 Rn. 29; *Kiefer*, ZAR 2007,
93 (94 f.).
195 Dazu *Kiefer*, ZAR 2007, 93 (95 f.) sowie die Gesetzesbegründung, BT-Drs. 16/10526,
S. 3 ff.

cc) Optionspflicht, § 29 StAG

81   Die in § 29 StAG seit 2014 neu und mit geringerer sachlicher Reichweite geregelte Optionspflicht ist in ihrer ursprünglichen Fassung vielfach auf ihre Verfassungsmäßigkeit hin untersucht worden.[196] Im Schwerpunkt ging es dabei um die Fragestellungen, ob es sich bei der Vorschrift um eine nach Art. 16 Abs. 1 S. 1 GG **unzulässige Entziehung** handelt, und/oder ob die Vorschrift gegen den **Gleichheitsgrundsatz** des Art. 3 GG verstößt.[197] Durch die Neufassung 2014 wurde trotz erheblicher Reduktion des Anwendungsbereich die Grundproblematik nicht verändert.[198]

82   Nach § 29 StAG geht die deutsche Staatsangehörigkeit in folgenden Konstellationen verloren: (1) Die betreffende Person erklärt mit Erreichen der Volljährigkeit, dass sie die deutsche Staatsangehörigkeit ablegt und ihre ausländische beibehalten will (§ 29 Abs. 2 S. 1 StAG). (2) Die Person erklärt, dass sie deutsche Staatsangehörige bleiben möchte, weist aber die Aufgabe/den Verlust ihrer ausländischen Staatsangehörigkeit nicht nach (§ 29 Abs. 3 StAG).

83   Für Konstellation (1) hat der Gesetzgeber eine **zulässige Verlustregelung** getroffen. In diesen Fällen kann der Betroffene den Verlust der deutschen Staatsangehörigkeit in zumutbarer Weise vermeiden. Auch in der 2. Konstellation kann der Verlust der deutschen Staatsangehörigkeit vermieden werden – sofern der ausländische Staat im Hinblick auf den § 29 Abs. 3 StAG geforderten Nachweis »mitspielt«. Der Gesetzgeber hat dies erkannt und mit § 29 Abs. 4 StAG eine Härtefallregelung für beispielsweise den Fall eingeführt, dass der ausländische Staat die Entlassung aus seiner Staatsangehörigkeit verweigert. Aufgrund dieser – verfassungs-rechtlich gebotenen[199] – Härtefallklausel herrscht mittlerweile weitestgehend Einigkeit darüber, dass § 29 StAG drei zulässige Verlustregelungen enthält und **nicht gegen Art. 16 Abs. 1 GG verstößt**.[200] Zweifel am integrationspolitischen Sinn der Vorschrift sind verfassungsrechtlich irrelevant.[201]

84   In Bezug auf die Neuregelung wird vor allem kontrovers diskutiert, inwieweit das Unionsrecht Schranken setzt, weil mit dem Wegfall der deutschen Staatsangehörigkeit bei den inzwischen nur noch betroffenen Drittstaatsangehörigen auch die Uni-

---

196   Vgl. nur *Renner*, in: Barwig u.a., Neue Regierung, S. 139; *Masing*, in: Dreier I (2. Aufl.), Art. 16 Rn. 71; *Zimmermann/Tams*, in: Friauf/Höfling, Art. 16 Rn. 51, *Martenczuk*, KritV 83 (2000), 194; *Huber/Butzke*, NJW 1999, 2769; jeweils m.w.N.

197   So auch *Niesler*, ZAR 2007, 275 (276), der sich spezifisch mit § 29 Abs. 3 S. 2 StAG und dem Verbot der Staatenlosigkeit auseinandersetzt.

198   Zu Einzelheiten *Berlit*, ZAR 2015, 90 ff.

199   So auch *Zimmermann/Tams*, in: Friauf/Höfling, Art. 16 Rn. 52.

200   Ebenso: *Renner*, in: Hailbronner/ders., StAR, GG, Art. 16 Rn. 5 ff.; *Masing*, in: Dreier I, Art. 16 Rn. 71; *Zimmermann/Tams*, in: Friauf/Höfling, Art. 16 Rn. 51 f.; *Maaßen*, in: Epping/Hillgruber, BeckOK GG, Art. 16 Rn. 30; *Kokott*, in: Sachs, Art. 16 Rn. 3; *Schnapp*, in: v.Münch/Kunig I, Art. 16 Rn. 15, *Martenczuk*, KritV 83 (2000), 194; *Huber/Butzke*, NJW 1999, 2769 (2773); *Niesler*, ZAR 2007, 275 (276), jeweils m.w.N.

201   Vgl. dazu die Hinweise oben, Rdn. 21.

onsbürgerschaft endet.[202] Vor dem Hintergrund der Tatsache, dass es sich um eine willkürfreie Regelung handelt, die durch objektive Erwägungen getragen ist, liegt aber kein Verstoß gegen das Unionsrecht vor. Die Rechtsprechung des EuGH verlangt vor allem eine Verhältnismäßigkeitskontrolle beim Entzug des Staatsangehörigkeitsrechts.[203] Diese Anforderungen sind im Falle des § 29 StAG deshalb erfüllt, weil in den vom EuGH entschiedenen Fällen zugleich das Aufenthaltsrecht überhaupt betroffen war, wovon im Anwendungsbereich des § 29 StAG nicht auszugehen ist.[204]

VI. Verhältnis zu anderen Grundgesetzbestimmungen

In Bezug auf die »**Deutschengrundrechte**« kommt Art. 16 Abs. 1 GG eine **Vorschalt-** 85
funktion zu.[205] Allerdings wird nicht unmittelbar an Art. 16 Abs. 1 GG, sondern an die Eigenschaft »Deutscher im Sinne des Grundgesetzes« gemäß **Art. 116 Abs. 1 GG** angeknüpft. Der »Deutsche« ist somit Oberbegriff für deutsche Staatsangehörige und Statusdeutsche.[206] Damit ist auch ersichtlich, dass die Gewährleistungen des Art. 16 Abs. 1 GG nur deutschen Staatsangehörigen, nicht aber Statusdeutschen zugute kommen. Der Wortlaut der beiden Vorschriften ist insoweit eindeutig.[207]

Zum **Verhältnis von Art. 16 Abs. 1 und Art. 116 GG** lässt sich außerdem festhalten, 86
dass Ersterer unter den Eindrücken nationalsozialistischen Unrechts mit dem Ziel geschaffen wurde, Ähnliches in der Zukunft zu verhindern.[208] Art. 116 Abs. 2 GG hingegen dient – i.V.m. Spezialgesetzen[209] – der Bewältigung der (Spät-)Folgen nationalsozialistischen Unrechts.[210]

---

202 Vgl. *Zimmermann*, DÖV 2014, 429 ff.; *Berlit*, ZAR 2015, 90 (94 ff.).
203 EuGH, Urt. v. 02.03.2010, Rs. C-135/08 – Rottmann.
204 Kritischer *Berlit*, ZAR 2015, 90 (94) der aber zumindest eine unionrechtskonforme Auslegung für möglich hält.
205 Ausführlicher: *Kämmerer*, in: BK, Art. 16 (2005) Rn. 28.
206 Zu Einzelheiten *Hailbronner*, in: Hailbronner/Renner/Maaßen, Staatsangehörigkeitsrecht, Art. 16 GG Rn. 7 f.
207 Dazu bereits oben, Rdn. 42.
208 S.o., Rdn. 26 ff.
209 Z.B. das zweite Gesetz zur Regelung von Fragen der Staatsangehörigkeit v. 17.05.1956 das Rechtsfragen regelt, die durch die Annexion Österreichs im Jahre 1938 und durch die im Jahre 1945 erfolgte Desannexion auf dem Gebiet des deutschen Staatsangehörigkeitsrechts entstanden sind. Dazu *Boetius*, AöR 92, Heft 1, 33. Zur Fortgeltung bzw. Rückgängigmachung nationalsozialistischer Rechtsvorschriften, insbesondere hinsichtlich der erfolgten Ausbürgerungen, s. BVerfGE 23, 98.
210 So auch *Maaßen*, in: Epping/Hillgruber, BeckOK, Art. 16 Rn. 7.

VII. Internationale und europäische Aspekte

1. Völkerrechtliche Aspekte

87   Der völkerrechtlichen Dimension der Staatsangehörigkeit kommt insoweit ein Einfluss auf das nationale Staatsangehörigkeitsrecht zu, als das Völkerrecht gewisse **Mindestanforderungen** an die Ausgestaltung der Staatsangehörigkeit stellt. Wie weit diese Mindestanforderungen reichen, ist nicht abschließend geklärt.[211] Es lassen sich aber Eckpunkte ermitteln, über die weitestgehende Einigkeit besteht.[212] Selbstverständlich ist die **Regelungsbefugnis** eines jeden Staates auf die **eigene Staatsangehörigkeit** beschränkt. Die Bestimmung über fremde Staatsangehörigkeiten wäre ein Eingriff in die Staatensouveränität. Demzufolge sind auch Zwangseinbürgerungen unzulässig»nicht allein, weil sie eine Freiheitsbeschränkung des Einzelnen darstellen, sondern weil sie in die Personalhoheit anderer Staaten eingreifen.[213] Aus den gleichen Gründen liegt die Kompetenz zur Feststellung der Staatsangehörigkeit allein bei demjenigen Staat, um dessen Angehörigen es geht. Praktische Bedeutung erlangt dieser Grundsatz auch bei der Behandlung kollisionsrechtlicher Fragen.[214]

88   Spätestens seit der ***Nottebohm*-Entscheidung** des IGH[215] kann außerdem als gesichert gelten, dass die Verleihung der Staatsangehörigkeit an eine **soziale Zugehörigkeit** zum Staat (*genuine link* oder *effective link*) anknüpfen muss, wobei unklar geblieben ist, welche verallgemeinerbaren Kriterien an diese Zugehörigkeit anzulegen sind.[216] Unstreitig zulässig ist die traditionelle Anknüpfung an das Abstammungs- bzw. an das Territorialitätsprinzip.[217]

89   Die damit grob umrissenen Grenzen des Völkerrechts haben keinen Einfluss auf die **innerstaatliche Wirksamkeit** eines Rechtsaktes (z.B. Einbürgerung). Umgekehrt spielt es völkerrechtlich keine Rolle, wenn innerstaatlich Abstufungen des Zugehörigkeitsstatus vorgenommen werden (z.B. gilt der Statusdeutsche nach Art. 116 I GG völkerrechtlich als deutscher Staatsangehöriger).[218] Inhaltlich folgt in völkerrechtlicher Hinsicht aus der Staatsangehörigkeit das Recht der Staaten, ihren Staats-

---

211   Vgl. *Hannappel*, Staatsangehörigkeit und Völkerrecht, S. 24 ff.; *Kämmerer*, in: BK, Art. 16 (2005) Rn. 9 f. Siehe auch *Uslucan*, Zur Weiterentwicklungsfähigkeit des Menschenrechts auf Staatsangehörigkeit, 2012.

212   So auch *Hannappel*, Staatsangehörigkeit und Völkerrecht, S. 24 ff.

213   *Kämmerer*, in: BK, Art. 16 (2005) Rn. 9; *Wittreck*, in: Dreier I, Art. 16 Rn. 16. Siehe auch *Luchterhand*, AVR 46 (2008), 435 (466 ff.).

214   Rechtsfragen im Zusammenhang mit der Staatsangehörigkeit sind nach dem Recht des Staates zu beurteilen, um dessen Staatsangehörigkeit es geht.

215   IGH, ICJ Rep. 1955, 4.

216   *Hannappel*, Staatsangehörigkeit und Völkerrecht, S. 26; *Masing*, in: Dreier I (2. Aufl.), Art. 16 Rn. 15.

217   *Masing*, in: Dreier I (2. Aufl.), Art. 16 Rn. 15.

218   *Kämmerer*, in: BK, Art. 16 (2005) Rn. 11.

angehörigen **diplomatischen Schutz** zu gewähren, sowie die Pflicht ihnen **Einreise und Aufenthalt** zu gestatten.[219]

Die **völkervertragsrechtlichen Regelungen** zu Fragen der Staatsangehörigkeit beziehen sich in der Regel auf die Lösung einzelner praktischer Probleme, wie beispielsweise der Vermeidung von Staatenlosigkeit.[220] Beispielhaft seien hier genannt: Übereinkommen über die Rechtsstellung der Staatenlosen vom 28.09.1954; Abkommen über die Staatsangehörigkeit verheirateter Frauen vom 20.02.1957; UN-Übereinkommen zur Verminderung der Staatenlosigkeit vom 30.08.1961; Europäisches Übereinkommen über die Verringerung der Mehrstaatigkeit und über die Wehrpflicht von Mehrstaatern vom 06.05.1963; Abkommen zur Verringerung der Fälle von Staatenlosigkeit vom 13.09.1973; Übereinkommen über die Beseitigung der Diskriminierung der Frauen vom 18.12.1979; Europäisches Übereinkommen über die Staatsangehörigkeit vom 06.11.1997.[221]

2. Unionsrechtliche Aspekte

In unionsrechtlicher Hinsicht ist die (deutsche) Staatsangehörigkeit in erster Linie als vermittelnde Verbindung zur **Unionsbürgerschaft** von Bedeutung. Die Unionsbürgerschaft wurde zum Schutz der Rechte der Bürger mit dem Vertrag über die Europäische Union vom 07.02.1992 eingeführt (heute: Art. 20–25 AEUV). Wer Inhaber der Staatsangehörigkeit eines EU-Mitgliedstaates ist, ist zugleich Unionsbürger. Die Unionsbürgerschaft ergänzt die nationale Staatsangehörigkeit, sie ersetzt sie aber nicht (Art. 20 Abs. 1 AEUV). Hier wird bereits deutlich, dass es sich bei der Unionsbürgerschaft um **keine Staatsangehörigkeit im traditionellen** Sinne handelt. Mit ihr sind allerdings **Rechte** verbunden, die im allgemeinen Völkerrecht in Verbindung mit dem Konzept der Staatsangehörigkeit stehen: **Freizügigkeit** im Hoheitsgebiet der Mitgliedstaaten (Art. 21 Abs. 1 AEUV), **Wahlrecht** auf kommunaler Ebene sowie Wahlrecht bezüglich des Europäischen Parlaments (Art. 22 AEUV), **Petitionsrecht**, Recht auf **diplomatischen Schutz** durch andere EU-Mitgliedstaaten in Drittstaaten (Art. 23, 24 AEUV).

Das BVerfG betont, dass die Unionsbürgerschaft – ungeachtet ihrer sonstigen Bedeutung[222] – einen abgeleiteten und die mitgliedstaatliche Staatsangehörigkeit ergänzenden Status darstellt. Dem entsprechend ist auch das unionsrechtliche Verbot der Diskriminierung nach der Staatsangehörigkeit nicht umfassend angelegt, son-

---

219 *Wittreck*, in: Dreier I, Art. 16 Rn. 22. Verfassungsrechtlich bedeutet das nicht, dass die genannten Rechte zwangsläufig von Art. 16 Abs. 1 GG umfasst sind. Dazu bereits oben, Rdn. 52.
220 *Wittreck*, in: Dreier I, Art. 16 Rn. 19. Zum Themenkomplex Staatenlosigkeit – Mehrstaatigkeit s. bereits oben, Rdn. 30 f.
221 Ausführlich zum letztgenannten Abkommen: *Knocke*, Das Europäische Übereinkommen über die Staatsangehörigkeit als Schranke für die Regelung des nationalen Staatsangehörigkeitsrechts, 2005.
222 Vgl. BVerfGE 89, 155 (184).

dern gilt im Einklang mit dem Prinzip der begrenzten Einzelermächtigung nur für die vertraglich festgelegten Ziele, insbesondere im Rahmen der Grundfreiheiten. Dies trägt zugleich dazu bei, dass die Mitgliedstaaten ihre auch vom Unionsrecht geschützte nationale Identität bewahren können (Art. 4 Abs. 2 EUV), die in der jeweiligen grundlegenden politischen und verfassungsrechtlichen Struktur zum Ausdruck kommt.

93   Der Erwerb der Unionsbürgerschaft via Vermittlungsprinzip wirft die Frage auf, inwieweit sich daraus **unionsrechtliche Vorgaben für die Ausgestaltung des nationalen Staatsangehörigkeitsrechts** ergeben. Zwar wird regelmäßig betont, dass die nationale Befugnis zur Regelung von Fragen des Staatsangehörigkeitsrechts unangetastet bleibe.[223] Das Europäische Parlament forderte allerdings bereits 1981 eine Harmonisierung des Staatsangehörigkeitsrechts der Mitgliedstaaten.[224] Darüber hinaus zeigt das Unionsrecht i.V.m. der Rechtsprechung des EuGH zumindest punktuell Auswirkungen auf die Handhabung mitgliedstaatlicher Staatsangehörigkeitsgesetze.[225] So legte beispielsweise das BVerwG[226] dem EuGH mit Beschluss vom 18.02.2008 die Frage vor, ob für den Fall, dass die nach deutschem Recht zulässige Rücknahme der Einbürgerung eines Österreichers, die im Zusammenspiel mit dem österreichischen Staatsangehörigkeitsrecht dazu führt, dass die betroffene Person staatenlos wird und somit auch die Unionsbürgerschaft verliert, das Gemeinschaftsrecht dieser Rechtsfolge entgegensteht. Der EuGH hat eine solche Regelung nicht beanstandet und dazu ausgeführt: »Die Entscheidung, eine Einbürgerung wegen betrügerischer Handlungen zurückzunehmen, entspricht nämlich einem im Allgemeininteresse liegenden Grund. In dieser Hinsicht ist es legitim, dass ein Mitgliedstaat das zwischen ihm und seinen Staatsbürgern bestehende Verhältnis besonderer Verbundenheit und Loyalität sowie die Gegenseitigkeit der Rechte und Pflichten, die dem Staatsangehörigkeitsband zu Grunde liegen, schützen will.«[227] Das Ergebnis ändert aber nichts an der vorausliegenden Erkenntnis, dass insbesondere der Verlust der mitgliedstaatlichen Staatsangehörigkeit, der zugleich zum Verlust der Unionsbürgerschaft und der damit verbundenen Rechte führt, am Maßstab des Unionsrecht zu prüfen ist. Dies betrifft insbesondere die Kontrolle der Verhältnismäßigkeit der Entscheidung.[228] Dazu führt der EuGH im Rottmann-Urteil aus: »Angesichts der Bedeutung, die das Primärrecht dem Unionsbürgerstatus beimisst, sind daher bei der Prüfung einer Entscheidung über die Rücknahme der Einbürgerung die möglichen Folgen zu berücksichtigen, die diese Entscheidung für den Betroffenen und gegebenenfalls für seine Familienangehörigen in Bezug auf den Verlust der Rechte, die jeder Unionsbürger

---

223 So z.B. *Hailbronner*, in: ders./Renner/Maaßen, Staatsangehörigkeitsrecht, Grundlagen G, Rn. 56; *Masing*, in: Dreier I (2. Aufl.), Art. 16 Rn. 26.

224 Nachweise bei *Hailbronner*, in: ders./Renner/Maaßen, Staatsangehörigkeitsrecht, Grundlagen G, Rn. 59.

225 Vgl. z.B. EuGH Rs. C-369/90, Slg. 1992, I-4239, Micheletti.

226 BVerwG, NVwZ 2008, 686.

227 EuGH, NVwZ 2010, 509 (511) – Rottmann.

228 *Schönberger*, in: Grabitz/Hilf/Nettesheim, AEUV, Art. 20 Rn. 45.

genießt, mit sich bringt. Hierbei ist insbesondere zu prüfen, ob dieser Verlust gerechtfertigt ist im Verhältnis zur Schwere des vom Betroffenen begangenen Verstoßes, zur Zeit, die zwischen der Einbürgerungsentscheidung und der Rücknahmeentscheidung vergangen ist, und zur Möglichkeit für den Betroffenen, seine ursprüngliche Staatsangehörigkeit wiederzuerlangen.«[229]

In weiteren Entscheidungen hat der EuGH seine Argumentation um den Topos eines Kernbereichs an Rechten erweitert, die mit der Unionsbürgerschaft verbunden sind und die nicht entzogen werden dürfen. Diese in der Entscheidung Ruiz Zambrano[230] entwickelte Argumentation bezieht sich unter Berücksichtigung der nachfolgenden Rechtsprechung[231] aber wohl nur auf besonders gelagerte Fallkonstellationen und kann nicht im Sinne eines Ausweisungsschutzes bzw. eines unbedingten Aufenthaltsrechts interpretiert werden. Festzuhalten bleibt indes, dass die Mitgliedstaaten die Auswirkungen eines Entzugs der Staatsangehörigkeit auf die Rechtsstellung als Unionsbürger bei Gesetzgebung und Rechtsanwendung berücksichtigen müssen.

Deutlich werden Einflüsse der Unionsbürgerschaft auf nationales Recht zudem an 94 ganz anderer Stelle. Aufgrund der Auslegung des Begriffs der Unionsbürgerschaft i.V.m. dem Prinzip der **Inländergleichbehandlung** durch den EuGH sind die Mitgliedstaaten dazu verpflichtet, auch nichterwerbstätigen Unionsbürgern **Zugang zum Sozialsystem** des Aufenthaltsstaates zu ermöglichen.[232] Dies gilt aber nur im Rahmen eines nach der Unionsbürgerichtlinie bzw. des FreizügG/EU zulässigen Aufenthalts.[233]

3. Rechtsvergleichende Aspekte

Ähnliche Schutzvorschriften wie Art. 16 Abs. 1 GG finden sich in folgenden euro- 95 päischen Staaten: Spanien (Art. 11 Abs. 2 Spanische Verfassung); Griechenland (Art. 4 Abs. 3 S. 2 Griechische Verfassung); Schweden (Kap. 2 § 7 Abs. 2 Schwedische Verfassung). Ein Verbot der Aberkennung der Staatsangehörigkeit aus politischen Gründen findet sich in Portugal (Art. 26 Abs. 3 Portugiesische Verfassung) und Italien (Art. 22 Italienische Verfassung).[234]

---

229 EuGH, NVwZ 2010, 509 (511) – Rottmann.
230 EuGH, NVwZ 2011, 545 – Ruiz Zambrano; *Hailbronner/Thym*, NJW 2011, 2008 ff.
231 EuGH, NVwZ 2012, 97 ff. – Dereci.
232 Vgl. EuGH Rs. C-85/96, Slg. 1998, I-2691, Sala; Rs. C-184/99, Slg. 2001, I-6193 Grzelczyk; Rs. C-413/99, Slg. 2002, I-7091, Baumbast.
233 EuGH, Rs. C-333/13, NVwZ 2014, 1648, Dano. Dazu *Wollenschläger*, NVwZ 2014, 1628 ff. Zusammenfassend: *v. Münch*, Die deutsche Staatsangehörigkeit, S. 298 ff.
234 Siehe auch *Masing*, in: Dreier I (2. Aufl.), Art. 16 Rn. 28.

B. Auslieferungsverbot gem. Absatz 2

I. Entstehungsgeschichtliche Aspekte

1. Zur Geschichte des Auslieferungsrechts

96   Das Auslieferungsverbot dient wie das Asylrecht des Art. 16a GG dem **grenzüber-schreitenden Grundrechtsschutz** im Hinblick auf die Ausübung von Hoheitsgewalt durch andere Staaten und ist insoweit ursprünglich zusammen mit diesem in Art. 16 GG a.F. geregelt gewesen.

97   Bereits aus dem Altertum sind vertragliche Vereinbarungen bekannt, in denen die Auslieferung von Flüchtlingen geregelt wurde.[235] Eine **systematische Ausgestaltung des Auslieferungsrechts** entwickelte sich allerdings erst gegen **Ende des 18. Jahrhunderts** und wurde insbesondere von Frankreich vorangetrieben.[236] Bis dahin war die Auslieferung ausschließlich ein politischer Hoheitsakt, der weitgehend von der Willkür des Staatsoberhaupts abhing.[237]

98   Folge der Verbreitung und rechtlichen Ausgestaltung von Auslieferungsbeziehungen ist die Einschränkung bzw. das **Verbot der Auslieferung eigener Staatsangehöriger**.[238] Nach dem Grundsatz der **Staatensouveränität** ist es allein dem Staat vorbehalten, über die ihm zugehörigen Bürger Recht zu sprechen.[239] Darüber hinaus gewinnt die Idee des **Individualschutzes** immer größere Bedeutung – der Einzelne soll nur nach den ihm bekannten Gesetzen der eigenen Rechtsordnung beurteilt werden.[240]

99   In den deutschen Ländern können **erste gesetzliche Regelungen** eines Auslieferungsverbots eigener Staatsangehöriger zu Beginn des 19. Jahrhunderts nachgewiesen werden.[241] Im Verhältnis zwischen den Ländern wird am 16.01.1854 durch Art. 1 des Beschlusses wegen gegenseitiger Auslieferung gemeiner Verbrecher ein Auslieferungsverbot vereinbart und 1869 wieder abgeschafft.[242] Das Strafgesetzbuch für das Deut-

---

235   Vgl. z.B. den bei *Unger*, Schutzlos ausgeliefert?, S. 31 f., beschriebenen Friedens- und Bündnisvertrag aus dem Jahr 1270 v. Chr. zwischen Pharao Ramses II von Ägypten und dem Hethiter-König Hattusili II.

236   Dazu *Haas*, Die Auslieferung in Frankreich und Deutschland, S. 63 f.; *Stein*, Die Auslieferungsausnahme bei politischen Delikten, S. 9.

237   *Stein*, Die Auslieferungsausnahme bei politischen Delikten, S. 7.

238   Vgl. *Randelzhofer*, in: Maunz/Dürig, Art. 16 Abs. 2 S. 1 (1983/85) Rn. 1.

239   Dazu *Masing*, in: Dreier I (2. Aufl.), Art. 16 Rn. 8 f., der im privilegium de non evocando einen historischen Vorläufers des Souveränitätsgedankens erkennt. Vgl. auch *Kämmerer*, in: BK, Art. 16 (2005) Rn. 76, der im Schwerpunkt auf die Personalhoheit – nicht die Souveränität – als entscheidende Wurzel des Auslieferungsverbots abstellt.

240   Vgl. *Randelzhofer*, in: Maunz/Dürig, Art. 16 Abs. 2 S. 1 (1983/85) Rn. 2; *Masing*, in: Dreier I (2. Aufl.), Art. 16 Rn. 9; *Zimmermann/Tams*, in: Friauf/Höfling, Art. 16 Rn. 66.

241   Z.B. 1803 in Preußen und 1806 in Württemberg, vgl. *Randelzhofer*, in: Maunz/Dürig, Art. 16 Abs. 2 S. 1 (1983/85) Rn. 1.

242   Vgl. *Randelzhofer*, in: Maunz/Dürig, Art. 16 Abs. 2 S. 1 (1983/85) Rn. 1.

sche Reich vom 15.05.1871[243] verfügt in § 9, dass »(…) ein Deutscher (…) einer ausländischen Regierung zur Verfolgung oder Bestrafung nicht ausgeliefert werden (darf)«. 1919 wird das Auslieferungsverbot dann in der Weimarer Reichsverfassung (Art. 112 Abs. 3) verankert.[244] Daran knüpft Art. 16 Abs. 2 S. 1 GG an.

2. Die Entstehungsgeschichte von Art. 16 Abs. 2 GG

Dass das Grundgesetz ein Auslieferungsverbot beinhalten sollte, war bei den Beratungen unumstritten.[245] Bereits Art. 4 Abs. 1 des Herrenchiemseer Entwurfs bestimmte: »Kein Deutscher darf einer **fremden Macht** ausgeliefert werden.« Diese Formulierung wurde durch den Parlamentarischen Rat dahingehend abgeändert, dass das Auslieferungsverbot allein für Auslieferungen »**ins Ausland**« gelten sollte. Die Abgeordneten wollten so die Möglichkeit offen halten, Delinquenten an die sowjetische Besatzungszone auszuliefern, die als Inland betrachtet wurde.[246] Eine Beschränkung des Auslieferungsverbots auf Auslieferungen »zur Verfolgung oder Bestrafung« wurde abgelehnt,[247] so dass das Grundgesetz mit der Formulierung »Kein Deutscher darf an das Ausland ausgeliefert werden« (Art. 16 Abs. 2 S. 1 GG) ursprünglich ein **absolutes Auslieferungsverbot** festschrieb.   100

Art. 16 Abs. 2 S. 2 GG enthielt darüber hinaus das **Asylgrundrecht** (»Politisch Verfolgte genießen Asylrecht«). Auslieferungsverbot und Asylgrundrecht sollten zunächst in einem eigenen Grundgesetz-Artikel (Art. 17) zusammengefasst werden.[248] Nach einem Vorschlag des Redaktionsausschusses des Parlamentarischen Rates vereinigte man sie jedoch in einem Absatz und verankerte so in Art. 16 GG das Verbot des Entzugs der deutschen Staatsangehörigkeit (Abs. 1), das Auslieferungsverbot (Art. 16 Abs. 2 S. 1) und das Asylgrundrecht (Abs. 2 Abs. 2 S. 2).[249] Jedes der genannten Rechte ist im Verhältnis zu den anderen ein eigenständiges Grundrecht.[250]   101

Durch den sogenannten **Asylkompromiss** von 1993 wurde Art. 16 Abs. 2 S. 2 GG aufgehoben und das Asylgrundrecht in **Art. 16a GG** neu geregelt[251]. Durch eine weitere Verfassungsänderung im Jahr 2000 fügte man Art. 16 Abs. 2 GG einen neuen Satz 2 hinzu, in dem **erstmalig eine Schranke des Auslieferungsverbots** formu-   102

---

243 RGBl., S. 127.

244 »Kein Deutscher darf einer ausländischen Regierung zur Verfolgung oder Bestrafung überliefert werden.« Dieses Verbot wurde durch Art. 228 Abs. 2 des Versailler Friedensvertrags bezüglich der Auslieferung von Kriegsverbrechern an die Alliierten eingeschränkt.

245 *Zimmermann/Tams*, in: Friauf/Höfling, Art. 16 Rn. 68.

246 Vgl. JöR 1 (1951), 165 f.

247 Vgl. JöR 1 (1951), 169.

248 *Kämmerer*, in: BK, Art. 16 (2005) Rn. 76.

249 Vgl. JöR 1 (1951), 169.

250 *Kämmerer*, in: BK, Art. 16 (2005) Rn. 75.

251 39. ÄndG zum GG vom 28.06.1993, BGBl. I, S. 1002.

liert wurde.[252] Dem einfachen Gesetzgeber wurde so die Möglichkeit eröffnet, den Auslieferungsschutz in bestimmten Fällen zu beschränken. Diese Änderung war notwendig, damit die Bundesrepublik dem **Statut des Internationalen Strafgerichtshofs (IStGH)** v. 17.07.1998[253] zustimmen und ihm entsprechen und Art. 7 Abs. 1 des **Übereinkommens vom 27.09.1996 über die Auslieferung zwischen den Mitgliedstaaten der EU**[254] vorbehaltlos anwenden konnte.[255]

II. Grundsätzliche Bedeutung

103   Die Auslieferung ist ein **Akt der internationalen Rechtshilfe und Zusammenarbeit in Strafsachen**, durch den eine einer Straftat beschuldigte oder wegen einer solchen verurteilte Person von dem ersuchten Aufenthaltsstaat den Behörden des ersuchenden Staates zum Zwecke der Strafverfolgung oder Strafvollstreckung überstellt wird.[256] Das Institut der Auslieferung berührt Fragen des Völkerrechts, des (internationalen) Strafrechts sowie des Staatsrechts.[257]

104   Das **Völkergewohnheitsrecht** kennt **keine Auslieferungspflicht**,[258] allerdings tragen die verstärkte internationale Zusammenarbeit in Strafsachen, zahlreiche völkerrechtliche Abkommen sowie das Interesse an guten internationalen Beziehungen dazu bei, dass international eine »auslieferungsfreundliche« Tendenz feststellbar ist.[259]

105   Diesem Befund entsprach Art. 16 Abs. 2 S. 1 GG in seiner ursprünglichen Fassung als absolutes Auslieferungsverbot nicht mehr. Die Vorschrift hatte und hat das Ziel, die **eigenen Staatsangehörigen davor zu schützen**, dass sie für ein bestimmtes Verfahren der **Entscheidungsgewalt eines anderen Staates unterstellt werden**.[260] Mit der Einführung des qualifizierten Gesetzesvorbehalts in Art. 16 Abs. 2 S. 2 GG lockerte der verfassungsändernde Gesetzgeber das absolute Auslieferungsverbot und trug so der oben beschriebenen Entwicklung Rechnung. Die Eingriffserlaubnis hält sich in den Grenzen des Art. 79 Abs. 3 GG.[261]

---

252 47. ÄndG zum GG vom 29.11.2000, BGBl. I, S. 1633.

253 BGBl. 2000 II, S. 1393. Allg. zur Errichtung des IStGH: *Hecker*, Europäisches Strafrecht, § 2 Rn. 86.

254 BGBl. 1998 II, S. 2253.

255 Ausführlicher zur Entstehungsgeschichte dieser Grundgesetzänderung: *Unger*, Schutzlos ausgeliefert?, S. 119 ff.; Uhle, NJW 2001, 1889 ff.; *Zimmermann*, JZ 2001, 233 (234 f.).

256 Zitiert nach *Stein*, Die Auslieferungsausnahme bei politischen Delikten, S. 4.

257 *Haas*, Auslieferung in Frankreich und in Deutschland, S. 56; *Frangou*, Auslieferungsgrundsätze im internationalen und deutschen Recht, 1989, S. 9.

258 Vgl. *Masing*, in: Dreier I (2. Aufl.), Art. 16 Rn. 30 m.w.N.

259 So auch BVerfGE 113, 273 (296); *Zimmermann/Tams*, in: Friauf/Höfling, Art. 16 Rn. 64; *Masing*, in: Dreier I (2. Aufl.), Art. 16 Rn. 84; *Uhle*, NJW 2001, 1889 (1890 f.).

260 *Masing*, in: Dreier I (2. Aufl.), Art. 16 Rn. 83.

261 BVerfGE 113, 273 (295 f.).

Auch nach der Änderung betont das BVerfG[262] die herausragende Bedeutung des in   **106** Art. 16 Abs. 2 S. 1 GG statuierten Rechts und führt zum **Schutzzweck des Auslieferungsverbots** aus:

> *»Der Zweck des Freiheitsrechts auf Auslieferungsschutz liegt nicht darin, den Betroffenen einer gerechten Bestrafung zu entziehen (…). Vielmehr sollen Bürger nicht gegen ihren Willen aus der ihnen vertrauten Rechtsordnung entfernt werden. Jeder Staatsangehörige soll (…) vor den Unsicherheiten einer Aburteilung unter einem ihm fremden Rechtssystem und in für ihn schwer durchschaubaren fremden Verhältnissen bewahrt werden (…). Art. 16 GG gewährleistet als Grundrecht (…) die besondere Verbindung der Bürger zu der von ihnen getragenen freiheitlichen Rechtsordnung. (…) Der Beziehung des Bürgers zu einem freiheitlichen demokratischen Gemeinwesen entspricht es, dass der Bürger von dieser Vereinigung grundsätzlich nicht ausgeschlossen werden kann. (…) Das Grundrecht, das die Staatsangehörigkeit und den Verbleib in der eigenen Rechtsordnung garantiert, hat einen hohen Rang.«*

Allerdings ist diese Argumentation nicht unwidersprochen geblieben. In einem abweichenden Votum führt die Richterin *Lübbe-Wolff* aus, dass »der Grundsatz, dass eigene Staatsangehörige nicht ausgeliefert werden, sich weder aus der Natur der »Beziehung des Bürgers zu einem freiheitlichen demokratischen Gemeinwesen« ableiten lässt«. Es gebe auch keine »seit der französischen Revolution gemeineuropäische Überzeugung«, die ihn stütze. »Unter anderem in Staaten des angelsächsischen Rechtskreises, denen wir Freiheit und Demokratie verdanken, gilt dieser Grundsatz nicht.«[263]

III. Schutzbereich

Art. 16 Abs. 2 S. 1 GG begründet das **subjektive Recht** eines jeden Deutschen, nicht   **107** an das Ausland ausgeliefert zu werden.[264] Nur unter den qualifizierten Voraussetzungen von Art. 16 Abs. 2 S. 2 GG ist eine Auslieferung zulässig. Unter diese Beschränkung fällt nicht nur die Auslieferungshandlung selbst, sondern auch den Abschluss internationaler Verträge, die die Auslieferung Deutscher zum Gegenstand haben.[265]

1. Zum Begriff der Auslieferung – Abgrenzung und Inhalt

Die Auslieferung wird zwar traditionell als Institut im Rahmen der internationalen   **108** strafrechtlichen Zusammenarbeit angesehen.[266] Im Zusammenhang mit Art. 16 Abs. 2 GG wird der Begriff jedoch **weit ausgelegt** und umfasst auch die Ausliefe-

---

262 BVerfGE 113, 273 (293 f.).
263 BVerfGE 113, 273 (327 ff.).
264 *Zimmermann/Tams*, in: Friauf/Höfling, Art. 16 Rn. 78.
265 *Zimmermann/Tams*, in: Friauf/Höfling, Art. 16 Rn. 79.
266 Vgl. *Haas*, Die Auslieferung in Deutschland und Frankreich, S. 53; *Stein*, Die Auslieferungsausnahme bei politischen Delikten, S. 4; *Zimmermann/Tams*, in: Friauf/Höfling, Art. 16 Rn. 85.

rung im Bereich zivil- und verwaltungs-gerichtlicher Verfahren.[267] Auch die Überstellung als Zeuge eines gerichtlichen Verfahrens kann unter Art. 16 Abs. 2 GG fallen.[268] In der Regel wird die Auslieferung zu anderen Zwecken als der Verfolgung von Straftaten allerdings regelmäßig unzulässig sein, da die mit ihr verbundenen Freiheitseinbußen außer Verhältnis zum mit der Auslieferung verfolgten Ziel stehen.[269]

109   Die **vorläufige Auslieferung** unter der Bedingung der Rückführung nach Deutschland nach Durchführung des entsprechenden Verfahrens unterfällt ebenfalls Art. 16 Abs. 2 GG und ist damit grundsätzlich verboten[270].

110   Die **Durchlieferung** eines Deutschen von einem Staat in einen anderen, bei der es zu Kontakten mit deutschem Hoheitsgebiet kommt, löst ebenfalls den Schutzanspruch aus Art. 16 Abs. 2 GG aus.[271] Dies soll auch dann gelten, wenn es bei der Durchlieferung auf dem Luftweg zu einer unvorhergesehenen Zwischenlandung in Deutschland kommt (vgl. § 47g IRG[272]). Das bloße Überfliegen des deutschen Luftraums hingegen löst den Schutzanspruch nicht aus.[273]

111   Die Einordnung der sogenannten **Rücklieferung** ist umstritten.[274] Darunter versteht man die Auslieferung eines Deutschen ins Ausland, nachdem dieser zuvor nur vorläufig, aufgrund einer Rückführungszusage, aus dem Ausland in die Bundesrepublik verbracht worden ist. Das **BVerfG**[275] hat hierin **keine verbotene Auslieferung** gesehen, da die Rücklieferung Teil des Gesamtvorgangs ›vorläufige Auslieferung an die Bundesrepublik‹ – ›Rücküberstellung an den ausländischen Staat‹ sei und die Hoheitsgewalt der Bundesrepublik insoweit von vornherein beschränkt sei und unter Vorbehalt stehe.[276] Schließlich wäre die fragliche Person ohne vorherige Zusage der Rücklieferung gar nicht der deutschen Hoheitsgewalt unterstellt worden, so dass sich aus dem Verbot der Rücklieferung eine Erschwerung der Rechtsverfolgung durch

---

267 Vgl. die Formulierungen in: BGHSt 5, 396 (404); BVerfGE 10, 136 (139) sowie *Masing*, in: Dreier I (2. Aufl.), Art. 16 Rn. 89; *Kämmerer*, in: BK, Art. 16 (2005) Rn. 79.
268 *Maaßen*, in: Epping/Hillgruber, BeckOK GG, Art. 16 Rn. 33.
269 *Kämmerer*, in: BK, Art. 16 (2005) Rn. 79.
270 BGHSt 5, 396 (404); *Maaßen*, in: Epping/Hillgruber, BeckOK GG, Art. 16 Rn. 34; *Randelzhofer*, in: Maunz/Dürig, Art. 16 Abs. 2 S. 2 (1983/85) Rn. 7.
271 BVerfGE 10, 136.
272 Gesetz über die Internationale Rechtshilfe in Strafsachen (IRG), in der Fassung der Bekanntmachung vom 27.06.1994 (BGBl. I, S. 1537), zuletzt geändert durch Art. 1 des Gesetzes vom 06.06.2008 (BGBl. I, S. 995).
273 *Maaßen*, in: Epping/Hillgruber, BeckOK GG, Art. 16 Rn. 35; *Zimmermann/Tams*, in: Friauf/Höfling, Art. 16 Rn. 88.
274 *Wittreck*, in: Dreier I, Art. 16 Rn. 66; *Zimmermann/Tams*, in: Friauf/Höfling, Art. 16 Rn. 89; *Kämmerer*, in: BK, Art. 16 (2005) Rn. 87 m.w.N.
275 BVerfGE 29, 183 (192 ff.).
276 So auch *Zimmermann/Tams*, in: Friauf/Höfling, Art. 16 Rn. 89; *Jarass*, in: Jarass/Pieroth, Art. 16 Rn. 16; differenzierend: *Randelzhofer*, in: Maunz/Dürig, Art. 16 Abs. 2 S. 1 (1983/85) Rn. 12; *Kokott*, in: Sachs, Art. 16 Rn. 38.

deutsche Behörden ergebe, die nicht vom Schutzzweck der Norm umfasst sei.[277] Dem lässt sich allerdings entgegenhalten, dass Art. 16 Abs. 2 GG sicher nicht der Erschwerung der Strafverfolgung dient, eine solche als Folge der Grundrechtsgewährleistung jedoch durchaus nicht ausschließt.[278] Darüber hinaus ist die verfassungsrechtliche Frage der Zulässigkeit der Überstellung an eine fremde Hoheitsgewalt von der Frage, inwieweit die Bundesrepublik mit der Nichterfüllung des Rücklieferungsversprechens gegen Völkerrecht verstoßen würde, zu trennen. Ebenso wie im Falle der Durchlieferung muss der Kontakt mit deutschem Hoheitsgebiet den Schutzanspruch des Art. 16 Abs. 2 GG auslösen.[279]

Von der Auslieferung zu unterscheiden ist die **Ausweisung**, also das Gebot, die Bundesrepublik zu verlassen – egal wohin und unabhängig vom Ersuchen eines anderen Staates. Gegen die Ausweisung und ihren Vollzug (die **Abschiebung**) werden Deutsche durch Art. 11 GG geschützt.[280] Ein Verstoß gegen Art. 16 Abs. 2 GG könnte nur dann in Betracht kommen, wenn Ausweisung und Abschiebung bewusst mit dem Ziel erfolgen, den Betroffenen dem Zugriff einer fremden Hoheitsgewalt auszusetzen.[281]   112

Auch die **Rücküberstellung** eines deutschen Kindes ins Ausland auf Grundlage des   113
Haager Übereinkommens über die zivilrechtlichen Aspekte internationaler Kindesentführung[282] vom 25.10.1980 ist keine Auslieferung. Der Schutzbereich des Art. 16 II GG ist nicht berührt, da die Herausgabe eines Kindes an einen sorgeberechtigten Elternteil auf der Grundlage familiärer Rechtsbeziehungen weder selbst eine Auslieferung darstellt noch einer solchen gleichkommt. Es fehlt an der für die Auslieferung kennzeichnenden Verbringung in die Hoheitsgewalt eines anderen Staates auf dessen Ersuchen; das Kind wird lediglich – vorläufig – auf Ersuchen eines Elternteils elterlicher Obhut unterstellt.[283]

2. Auslieferung »an das Ausland«

Umstritten war, inwieweit das Verbot, Deutsche »an das Ausland« auszuliefern, auch   114
die Auslieferung an eine **fremde Hoheitsgewalt** umfasste, die **nicht als** »fremder Staat« betrachtet wurde – namentlich ging es um innerdeutsche Auslieferungen an die DDR und – vor 1957 – an das Saarland.[284] Nach herrschender Meinung sollte

---

277 *Zimmermann/Tams*, in: Friauf/Höfling, Art. 16 Rn. 89.
278 So auch *Wittreck*, in: Dreier I, Art. 16 Rn. 66.
279 Ebenso *Kämmerer*, in: BK, Art. 16 (2005) Rn. 87; *Wittreck*, in: Dreier I, Art. 16 Rn. 66;
     Schnapp, in: v. Münch/Kunig I, Art. 16 Rn. 20.
280 *Pagenkopf*, in: Sachs, Art. 11 Rn. 18; *Kämmerer*, in: BK, Art. 16 (2005) Rn. 88; *Maaßen*,
     in: Epping/Hillgruber, BeckOK GG, Art. 16 Rn. 37.
281 *Zimmermann/Tams*, in: Friauf/Höfling, Art. 16 Rn. 90.
282 BGBl. 1990 II, S. 206.
283 BVerfG, NJW 1996, 3145 unter Hinweis auf BVerfG 1. Kammer des Zweiten Senats,
     Beschl. v. 10.10.1995 – 2 BvR 982, 983/95, S. 3 des Umdrucks m.w.N.
284 *Zimmermann/Tams*, in: Friauf/Höfling, Art. 16 Rn. 92.

das Auslieferungsverbot hier nicht greifen. Begrifflich wurde dies kenntlich gemacht, indem man solche innerdeutschen Überstellungen als **Zulieferung** bezeichnete. Die Zulieferung unterlag nach der Rechtsprechung des BVerfG[285] besonderen Beschränkungen hinsichtlich der Wahrung der Rechtsstaatlichkeit und des Schutzes der Grundrechte, die im Ergebnis dazu führten, dass an die DDR nicht ausgeliefert wurde.[286] Die Problematik der Zulieferung hat sich in Folge der Wiedervereinigung erledigt.

115   Bis zur Verfassungsänderung im Jahr 2000 war darüber hinaus umstritten, ob der Wortlaut von Art. 16 Abs. 2 S. 1 GG einer **Auslieferung Deutscher an internationale Einrichtungen** (internationale Gerichtshöfe) entgegenstehe. Aufgrund der insoweit eindeutigen Formulierung des Gesetzesvorbehalts kann auch dieses Problem als erledigt betrachtet werden.[287]

3. Schutz bei Aufenthalt im Ausland

116   Der Deutsche, der sich nicht im Hoheitsgebiet der Bundesrepublik aufhält, kann sich nicht auf Art. 16 Abs. 2 S. 1 GG berufen.[288] Anderes gilt nur, sofern sich der Betroffene im Wirkungsbereich einer deutschen Auslandsvertretung aufhält.[289] Ein Anspruch auf Einreisegestattung für Personen, denen im Ausland Strafverfolgung droht, ergibt sich aus Art. 11 GG.[290]

IV. Grundrechtsberechtigte und -verpflichtete

117   Das Verbot der Auslieferung richtet sich **an alle Erscheinungsformen deutscher Staatsgewalt.** Es umfasst **sämtliche Mitwirkungsakte** bei der Überstellung an eine ausländische Hoheitsgewalt, ebenso wie die Mitwirkung der Bundesrepublik am **Abschluss völkerrechtlicher Verträge**, die die Auslieferung Deutscher zum Gegenstand haben.[291]

118   Art. 16 Abs. 2 GG schützt – anders als Art. 16 Abs. 1 GG – **alle Deutschen** i.S.d. Art. 116 Abs. 1 GG. Dabei spielt es keine Rolle, ob der Betroffene im Besitz einer **weiteren Staatsangehörigkeit** ist und an den Staat eben dieser weiteren Staatsangehörigkeit ausgeliefert werden soll.[292] Sofern **Zweifel** bestehen, **ob die betreffende**

---

285   BVerfGE 11, 150 ff.; vgl. auch BVerfGE 37, 57 mit Bezugnahme auf die Besonderheiten des Berlinvorbehalts.

286   *Zimmermann/Tams*, in: Friauf/Höfling, Art. 16 Rn. 92; *Randelzhofer*, in: Maunz/Dürig, Art. 16 Abs. 2 S. 1 (1983/85) Rn. 13.

287   Dazu: *Zimmermann/Tams*, in: Friauf/Höfling, Art. 16 Rn. 93; *Kokott*, in: Sachs, Art. 16 Rn. 44; *Kämmerer*, in: BK, Art. 16 (2005) Rn. 81; *Bausback*, NJW 1999, 3319.

288   *Maaßen*, in: Epping/Hillgruber, BeckOK GG, Art. 16 Rn. 38.

289   *Kämmerer*, in: BK, Art. 16 (2005) Rn. 81.

290   *Baldus*, in: Epping/Hillgruber, BeckOK GG, Art. 11 Rn. 11; *Pagenkopf*, in: Sachs, Art. 11 Rn. 18; *Kunig*, in: v. Münch/Kunig I, Art. 11 Rn. 16.

291   *Zimmermann/Tams*, in: Friauf/Höfling, Art. 16 Rn. 79.

292   *Maaßen*, in: Epping/Hillgruber, BeckOK GG, Art. 16 Rn. 40 m.w.N.

Person Deutscher ist, muss diese Frage im Rahmen des Auslieferungsverfahrens **von Amts wegen** geklärt werden.[293] Den Betroffenen trifft keine Beweislast.[294]

Die **Deutscheneigenschaft** muss **im Zeitpunkt der Auslieferungsentscheidung** vor- 119 liegen. Es reicht nicht aus, dass die fragliche Person die Einbürgerung beantragt hat.[295] Eine Ausnahme ist allerdings dann denkbar, wenn der Betroffene eine Einbürgerungszusicherung erhalten hat oder ihm ein Einbürgerungsanspruch zusteht.[296] In diesen Fällen kann eine Auslieferung einen Verstoß gegen Treu und Glauben darstellen.[297]

Art. 16 Abs. 2 GG schränkt die Auslieferung von Ausländern/Staatenlosen nicht 120 **ein.** Auch eine analoge Anwendung von Art. 16 Abs. 2 GG kommt nicht in Betracht.[298] Dies gilt auch für **Unionsbürger.**[299] Sofern es sich bei den betreffenden Personen um **politisch Verfolgte** handelt, steht **Art. 16a GG** einer Auslieferung entgegen. Auch der nach Art. 25 GG zu beachtende **völkerrechtliche Mindeststandard** sowie die Grenzen des **ordre public** können eine Auslieferung von Ausländer/Staatenlosen verhindern[300]. Allgemein richtet sich die Auslieferung von Ausländern und Staatenlosen nach völkerrechtlichen Verträgen und dem IRG.

V. Subjektiv- und objektivrechtliche Gehalte

Art. 16 Abs. 2 S. 1 GG verleiht jedem Deutschen das **subjektive Recht, nicht an das** 121 **Ausland ausgeliefert zu werden.** Die Vorschrift **verbietet** der staatlichen Gewalt **jegliche Mitwirkungshandlung** an der Überstellung eines Deutschen an eine fremde Hoheitsgewalt.

Über diese abwehrrechtliche Dimension hinausgehende **objektiv-rechtliche Grund-** 122 **rechtsgehalte** werden aus dem Auslieferungsverbot nur in geringem Umfang abgeleitet und dienen in erster Linie der Effektivierung des Abwehranspruchs.[301] So bedarf es in zweierlei Hinsicht einer **prozeduralen Absicherung** des Auslieferungsverbots. Zunächst muss sichergestellt werden, dass die von einer Auslieferung betroffene Per-

---

293 BVerfGE 8, 81 (zur Unwirksamkeit der Ausbürgerung gemäß Art. 116 Abs. 2 S. 2 GG); BVerfGE 17, 224 (227) (zum Vertriebenenstatus); BVerfG (K) NJW 1990, 2193 f. (zur Deutscheneigenschaft im Auslieferungsverfahren).
294 BVerfG, NJW 1990, 2193.
295 BVerfG NJW (K) 1994, 2016.
296 Vgl. BVerfG NJW (K) 1994, 2016.
297 *Zimmermann/Tams*, in: Friauf/Höfling, Art. 16 Rn. 82.
298 *Zimmermann/Tams*, in: Friauf/Höfling, Art. 16 Rn. 84.
299 So auch *Becker*, in: v. Mangoldt/Klein/Starck I, Art. 16 Rn. 86. *Reinhardt/Düsterhaus*, NVwZ 2006, 432, sehen in der Nichtanwendung von Art. 16 Abs. 2 S. 1 GG auf Unionsbürger einen Verstoß gegen das Diskriminierungsverbot aus Art. 18 Abs. 1 AEUV; vgl. dazu auch *Amboß*, Internationales Strafrecht, § 12, Rn. 70, m.w.N.
300 BVerfGE 59, 280 (282 ff.).
301 Ebenso: *Becker*, in: v. Mangoldt/Klein/Starck I, Art. 16 Rn. 64; *Wittreck*, in: Dreier I, Art. 16 Rn. 65.

son kein(e) Deutsche(r) ist (sofern Art. 16 Abs. 2 S. 2 GG nicht greift). Es gilt der Amtsermittlungsgrundsatz und den Betroffenen trifft keine Beweislast:[302]

> *»In einem Auslieferungsverfahren haben sowohl die Staatsanwaltschaft als auch das Gericht im Hinblick auf das Grundrecht des Art. 16 Abs. 2 Satz 1 GG von Amts wegen in jedem Stadium des Verfahrens den Sachverhalt so weit aufzuklären, daß die Eigenschaft des Verfolgten als Nichtdeutscher eindeutig feststeht.«*[303]

Entsprechendes gilt für die Überprüfung der Frage, ob in dem Staat, an den der Deutsche ausgeliefert werden soll, **rechtsstaatliche Grundsätze** gewahrt werden.[304]

123   Zweitens ist sicherzustellen, dass der Betreffende **gerichtlich gegen seine Auslieferung vorgehen kann.**[305] Diese verfahrensrechtliche Konsequenz ergibt sich **aus Art. 16 Abs. 2 S. 2 GG i.V.m. Art. 19 Abs. 4 GG** und hat entscheidend dazu beigetragen, dass das erste Europäische Haftbefehlsgesetz v. 21.07.2004 (EuHbG I)[306] vom BVerfG[307] für nichtig erklärt wurde. Das Europäische Haftbefehlsgesetz dient der **Umsetzung des Rahmenbeschlusses über den Europäischen Haftbefehl**[308] in Deutschland, der das Ziel einer effektiveren und vereinfachten Zusammenarbeit der Mitgliedstaaten der EU im Rahmen der Strafverfolgung und -vollstreckung verfolgt. Unter anderem sollte die klassische Kooperation im Rahmen der Auslieferung durch ein vereinfachtes Übergabeverfahren ersetzt werden.[309]

124   Die Bundesrepublik hat in ihrer Umsetzung am klassischen **zweistufigen Aufbau** des deutschen **Auslieferungsverfahrens** festgehalten.[310] Im ersten Schritt überprüft das örtlich zuständige OLG die rechtliche Zulässigkeit der Auslieferung. Sofern die Auslieferung genehmigt wird, trifft der Bundesjustizminister oder eine beauftragte Behörde im Bewilligungsverfahren die endgültige Entscheidung über das Auslieferungsersuchen. Den Streit, ob und inwieweit die letztgenannte Entscheidung gerichtlich überprüfbar ist,[311] entschied der Gesetzgeber, indem er in **§ 74b IRG** die **Unanfechtbarkeit der Bewilligungsentscheidung** regelte. Das BVerfG erklärte diese

---

302 Ebenso: *Becker,* in: v. Mangoldt/Klein/Starck I, Art. 16 Rn. 89; vgl. bereits oben, Rdn. 118.

303 BVerfGE 17, 224 (226). Kritisch dazu: *Sachs,* NVwZ 1991, 637.

304 *Masing,* in: Dreier I (2. Aufl.), Art. 16 Rn. 114.

305 BVerfGE 113, 273 (309 ff.); *Zimmermann/Tams,* in: Friauf/Höfling, Art. 16 Rn. 112 f.; *Masing,* in: Dreier I (2. Aufl.), Art. 16 Rn. 92.

306 BGBl. I, S. 1748.

307 BVerfGE 113, 273.

308 Rahmenbeschluss des Rates v. 13.06.2002 über den Europäischen Haftbefehl und das Übergabeverfahren zwischen den Mitgliedstaaten, ABl. EG Nr. L 190/1 v. 18.07.2002.

309 Vgl. Erwägungsgrund 5 des Rahmenbeschlusses.

310 Allgemein zum Rahmenbeschluss und seiner Umsetzung in Deutschland sowie der Ausgestaltung des Auslieferungsverfahrens: *Hecker,* Europäisches Strafrecht, S. 456 ff.; *Ambos,* Internationales Strafrecht, § 12.

311 Zu diesem Streit vgl. OVG Berlin, NVwZ 2002, 114; *Weigend,* JuS 2000, 105 (109 ff.); *Haas,* Die Auslieferung in Frankreich und Deutschland, S. 143 ff.

Regelung für **verfassungswidrig**, da durch das EuHbG I Ermessenstatbestände, die den Schutz des Verfolgten bezwecken, in das Bewilligungsverfahren eingeführt wurden und diese eigenständige Ermessensentscheidung der gerichtlichen Überprüfbarkeit zugänglich sein müsse.[312]

In Folge dieser Entscheidung erließ der Gesetzgeber **EuHBG II**[313] und regelte in §79 Abs. 2 IRG, dass die Bewilligungsbehörde ihre Absicht, keine Bewilligungshindernisse geltend zu machen, vor der Zulässigkeitsentscheidung des OLG kundtun und begründen müsse. Diese Entscheidung ist der Überprüfung durch das OLG zugänglich. Letztendlich hat der deutsche Gesetzgeber das **zweistufige Auslieferungsverfahren so um eine dritte Stufe erweitert.**[314] Auf die »Vorab-Bewilligung« der Bewilligungsbehörde folgt die Zulässigkeitsprüfung des OLG und erst im Anschluss wird die endgültige Bewilligungsentscheidung getroffen.[315] Diese unnötige Verkomplizierung des Auslieferungsverfahrens trägt nicht nur dem Ziel der Vereinfachung und Erleichterung der (europäischen) Auslieferung kaum Rechnung, auch die Implementierung eines effektiven Rechtsschutzes wird angezweifelt.[316]   125

Festzuhalten bleibt, dass aus Art. 16 Abs. 2 GG i.V.m. Art. 19 Abs. 4 GG in erster Linie **verfahrensrechtliche Gewährleistungen** erwachsen. Darüber hinausgehende Garantien wurden bisher aus Art. 16 Abs. 2 GG nicht abgeleitet.[317]   126

VI. Eingriffe und Schranken

1. Zum Eingriffsvorbehalt

Art. 16 Abs. 2 S. 2 GG eröffnet dem Gesetzgeber die Möglichkeit, das **absolute Auslieferungsverbot** aus Art. 16 Abs. 2 S. 1 GG **zu beschränken.**[318] Diese Beschränkungsmöglichkeit unterliegt den Voraussetzungen, dass entweder an einen Mitgliedstaat der Europäischen Union oder an einen internationalen Gerichtshof ausgeliefert wird und in dem Verfahren, für das die Auslieferung begehrt wird, rechtsstaatliche Grundsätze gewahrt sind. Dem Gesetzgeber obliegt es, in einem **förmlichen Bundes-**   127

---

312 BVerfGE 113, 273 (309 ff.). Insgesamt zum Urteil des BVerfG: *Tomuschat*, EuGRZ 2005, 453; *Böhm*, NJW 2005, 2588; *Vogel*, JZ 2005, 801; *Schünemann*, StV 2005, 681.

313 G. v. 20.07.2006, BGBl. I, S. 1721.

314 *Ambos*, Internationales Strafrecht, §12, Rn. 72, 75.

315 Allgemein zum formellen Auslieferungsverfahren: *Schaefer*, NJW-Spezial, Heft 17, 2008, 536.

316 Diese Diskussion kann hier nicht erschöpfend geführt werden. Vgl. dazu: *Ambos*, Internationales Strafrecht, §12 Rn. 62 ff.; *Rosenthal*, ZRP 2006, 105 (107 f.); *Heger*, ZIS 2007, 221 (223 f.); *Böhm*, NJW 2006, 2592 (2593, 2596).

317 So auch *Masing*, in: Dreier I (2. Aufl.), Art. 16 Rn. 114.

318 Zur Entstehungsgeschichte dieser Schranke der Auslieferungsfreiheit s.o., Rdn. 102. Nach *Vogel*, JZ 2005, 801 (806), ist die Deutung von Art. 16 Abs. 2 S. 2 GG als Schranke fragwürdig, es könne sich bei der Vorschrift auch um eine Schutzbereichsbeschränkung handeln.

gesetz festzustellen, ob die genannten Voraussetzungen erfüllt sind.[319] Art. 16 Abs. 2 S. 2 GG stellt die Auslieferung Deutscher somit unter einen **qualifizierten Gesetzesvorbehalt**.

128   Von dieser Einschränkungsmöglichkeit hat der deutsche Gesetzgeber Gebrauch gemacht: Seit Inkrafttreten des **EuHbG II**[320] vom 20.07.2006 ist in den **§§ 78 ff. IRG** die Auslieferung Deutscher an Mitgliedstaaten der EU geregelt. Die Auslieferung Deutscher an internationale Gerichtshöfe ist im **Gesetz über die Zusammenarbeit mit dem Internationalen Strafgerichtshof**[321], dem **Gesetz über die Zusammenarbeit mit dem Internationalen Gerichtshof für das ehemalige Jugoslawien**[322] und dem **Gesetz über die Zusammenarbeit mit dem Internationalen Strafgerichtshof für Ruanda**[323] festgeschrieben. Die beiden letztgenannten Gesetze sind bereits vor der Einführung des Gesetzesvorbehalts in Art. 16 Abs. 2 GG[324] in Kraft getreten. Die Verfassungsänderung sollte u.a. ihre Anwendbarkeit ermöglichen.[325]

2. Wahrung rechtsstaatlicher Grundsätze

129   Das Verfahren, für das die Auslieferung eines Deutschen begehrt wird, muss **rechtsstaatliche Grundsätze wahren**. Diese Bedingung gilt sowohl für die **Auslieferung an EU-Mitgliedstaaten** als auch **an internationale Gerichtshöfe**.[326] Dem Gesetzgeber obliegt es, sich im Rahmen einer **normativen Vergewisserung** von der Wahrung rechtsstaatlicher Grundsätze zu überzeugen.[327] Ausschlaggebend ist hierbei, dass die Einhaltung der Grundsätze im fraglichen Staat gesichert erscheint. Kommen Zweifel hieran auf, ist es Aufgabe des Gesetzgebers, Auslieferungen an diesen Staat zu unterbinden.[328] Die Beurteilung muss auf einer **Bewertung der tatsächlichen Umstände** beruhen, rechtsstaatliche Grundsätze können beispielsweise auch dann eingehalten sein, wenn der fragliche Staat über keine förmliche Bindung an Grund- und Men-

---

319 *Masing*, in: Dreier I (2. Aufl), Art. 16 Rn. 96; *Maaßen*, in: Epping/Hillgruber, BeckOK GG, Art. 16 Rn. 47; *Zimmermann/Tams*, in: Friauf/Höfling, Art. 16 Rn. 95; *Uhle*, NJW 2001, 1889 (1892).

320 Zur Entstehungsgeschichte des Europäischen Haftbefehlsgesetzes s.o., Rdn. 123 ff.

321 G. v. 21.06.2002, BGBl. I, S. 2144.

322 G. v. 10.04.1995, BGBl. I, S. 485.

323 G. v. 04.05.1998, BGBl. I, S. 843.

324 47. ÄndG zum GG v. 29.11.2000, BGBl. I, S. 1633.

325 Vgl. BT-Drs. 14/2668, S. 5.

326 So auch *Maaßen*, in: Epping/Hillgruber, BeckOK GG, Art. 16 Rn. 50; *Masing*, in: Dreier I (2. Aufl), Art. 16 Rn. 104; *Kokott*, in: Sachs, Art. 16 Rn. 52; *Uhle*, NJW 2001, 1889 (1893); a.A. *Kämmerer*, in: BK, Art. 16 (2005) Rn. 104; *Zimmermann*, JZ 2001, 233 (237).

327 BVerfGE 113, 273 (299); vgl. auch *Maaßen*, in: Epping/Hillgruber, BeckOK GG, Art. 16 Rn. 50; kritisch dazu *Lübbe-Wolff* in ihrem Sondervotum: BVerfGE 113, 273 (335) sowie *Tomuschat*, EuGRZ 2005, 453 (455).

328 BVerfGE 113, 273 (299).

schenrechte verfügt.[329] Umgekehrt kann aus bestehenden völker- oder europarechtlichen Verpflichtungen zur Wahrung rechtsstaatlicher Grundsätze nicht automatisch
geschlossen werden, dass diese Grundsätze im fraglichen Staat auch eingehalten werden.[330]

Inhaltlich umfasst die Wahrung rechtsstaatlicher Grundsätze einen **Kernbestand**   130
strafprozessualer Verfahrensgarantien wie die Unabhängigkeit der Richter, das Verbot rückwirkender Strafen, die Unschuldsvermutung, das Verbot der Doppelbestrafung, das Recht, nicht gegen sich selbst aussagen zu müssen, das Recht auf effektive
Verteidigungsmöglichkeiten und das Verbot unmenschlicher und unerträglich harter
Strafen.[331] So wäre eine Auslieferung dann unzulässig, wenn die Vollstreckung der Todesstrafe droht (vgl. § 8 IRG).[332] Darüber hinaus muss ein **im Wesentlichen vergleichbarer Grundrechtsschutz** bestehen – wenn dem Auszuliefernden unmenschliche
oder erniedrigende Behandlung oder politische Verfolgung drohen, ist ebenfalls von
einer Auslieferung abzusehen.[333]

Im Rahmen einer Auslieferungsentscheidung muss auch **anderen Grundrechten**   131
(z.B. Art. 6 GG) sowie **sonstigem Verfassungsrecht**, insbesondere dem **Verhältnismäßigkeitsgrundsatz**, Rechnung getragen werden. Der Grundrechtseingriff ist scho-
nend auszugestalten und hat die Grundsätze der Rechtssicherheit und des Vertrauensschutzes angemessen zu berücksichtigen.[334]

3. Auslieferung an einen Mitgliedstaat der Europäischen Union

Die mögliche Auslieferung an Mitgliedstaaten der Europäischen Union erfasst sämt-   132
liche Mitgliedstaaten, je nach Stand der Verträge. Art. 16 Abs. 2 S. 2 GG enthält insoweit eine **dynamische Verweisung**.[335] Der deutsche Gesetzgeber kann die Auslieferung Deutscher an einzelne, alle und auch künftige Mitglieder der EU vorsehen. Mit
dem EuHbG II wurde von dieser Möglichkeit Gebrauch gemacht, in den §§ 78 ff.
IRG ist nunmehr die Auslieferung Deutscher an alle gegenwärtigen und zukünftigen
Mitgliedstaaten der EU geregelt.[336] Der Gesetzgeber geht dabei davon aus, dass in
allen Mitgliedstaaten die Einhaltung rechtsstaatlicher Grundsätze gewährleistet ist.
Ist dies in einer konkreten Konstellation nicht der Fall, ist die Auslieferung unzulässig (vgl. § 73 IRG).

---

329 *Masing*, in: Dreier I, Art. 16 Rn. 105.
330 BVerfGE 113, 273 (299).
331 Vgl. *Jarras*, in: Jarras/Pieroth, Art. 16 Rn. 22; *Kokott*, in: Sachs, Art. 16 Rn. 53, jeweils
      m.w.N.
332 Allgemein zum Schutz vor Todesstrafe im Ausland vgl. *Kühn*, ZRP 2001, 542.
333 Vgl. *Maaßen*, in: Epping/Hillgruber, BeckOK GG, Art. 16 Rn. 56 m.w.N.
334 Ausführlicher dazu sogleich, Rdn. 133.
335 *Masing*, in: Dreier I (2. Aufl.), Art. 16 Rn. 97; *Zimmermann/Tams*, in: Friauf/Höfling,
      Art. 16 Rn. 97; *Kämmerer*, in: BK, Art. 16 (2005) Rn. 95.
336 *Zimmermann/Tams*, in: Friauf/Höfling, Art. 16 Rn. 97.

133   U.a. mit dieser Regelung wurden im **EuHBG II** die Vorgaben des BVerfG berücksichtigt, das in seiner Entscheidung vom 18.07.2005 das EuHBG I für nichtig erklärt hatte.[337] Neben den bereits besprochenen Rechtsschutzlücken (s.o. Rdn. 123 ff.) hatte das BVerfG bemängelt, dass das Gesetz **dem Verhältnismäßigkeitsgrundsatz nicht entspreche**, da der Gesetzgeber die ihm durch das »Rechtsstaatsprinzip aufgegebene Abwägung zwischen dem grenzüberschreitenden europäischen Strafverfolgungsinteresse und den aus dem Statusrecht als Deutscher folgenden Schutzanspruch verfehlt« habe.[338] Der Gesetzgeber habe es unterlassen, den ihm durch Art. 4 Nr. 7a des Europäischen Rahmenbeschlusses ermöglichten Umsetzungsspielraums hinsichtlich der Nichtauslieferung Deutscher angemessen auszuschöpfen und zu konkretisieren.

134   Das vom BVerfG geforderte Prüfprogramm ist nunmehr in **§ 80 IRG** festgeschrieben. Demnach ist eine Auslieferung Deutscher zur Strafverfolgung nur zulässig, wenn der ersuchende Mitgliedstaat im Hinblick auf die Vollstreckung der von ihm ausgesprochenen Sanktion eine **Rücküberstellung** in die Bundesrepublik anbieten wird und die Tat einen **maßgeblichen Bezug zum ersuchenden Mitgliedstaat** aufweist. Ist die letztgenannte Bedingung nicht erfüllt, so darf die Tat zumindest **keinen maßgeblichen Inlandsbezug** (zur Bundesrepublik) aufweisen (da ansonsten die Strafverfolgung in Deutschland erfolgen würde) und muss auch nach deutschem Recht eine rechtswidrige Tat sein.[339] Die **Auslieferung zur Strafvollstreckung** ist nur zulässig, wenn der Betroffene ihr zustimmt (vgl. § 80 Abs. 3 IRG).

4. Auslieferung an einen internationalen Gerichtshof

135   Art. 16 Abs. 2 S. 2 GG lässt auch eine Auslieferung Deutscher an internationale Gerichtshöfe zu. Die internationalen Strafgerichtshöfe für das ehemalige Jugoslawien und Ruanda sowie der Internationale Strafgerichtshof standen Modell bei der Formulierung des Schrankenvorbehalts in Art. 16 Abs. 2 S. 2 GG.[340] Somit kann davon ausgegangen werden, dass **Gerichtshöfe, die vom Sicherheitsrat der Vereinten Nationen geschaffen** werden[341] ebenso wie **Gerichtshöfe, die durch völkerrechtlichen Vertrag eingerichtet** werden und keine Institution der Vereinten Nationen[342] sind, dem Begriff des internationalen Gerichtshofs i.S.d. Art. 16 Abs. 2 S. 2 GG unterfallen.[343]

136   Umstritten ist allerdings, ob die Bundesrepublik dem **Gründungsstatut des jeweiligen Gerichtshofs beigetreten** sein muss, um eine Auslieferung Deutscher zu ermög-

---

337   BVerfGE 113, 273. Zum Urteil s. bereits oben, Rdn. 123 ff.
338   BVerfGE 113, 273 (307).
339   Zum Erfordernis der beiderseitigen Strafbarkeit: Zeidler, Der Grundsatz der beiderseitigen Strafbarkeit im Auslieferungsrecht.
340   Vgl. dazu die Hinweise oben, Rdn. 102.
341   So wie die intern. Strafgerichtshöfe für das ehemalige Jugoslawien und für Ruanda.
342   So wie der Internationale Strafgerichtshof, vgl. Art. 2, 4 seines Statuts.
343   So auch *Kokott*, in: Sachs, Art. 16 Rn. 50; *Zimmermann*, JZ 2001, 233 (235).

lichen.[344] Die Einführung von Art. 16 Abs. 2 S. 2 GG sollte der Bundesrepublik ermöglichen, (bestehende) völkerrechtliche Verpflichtungen zu erfüllen. Dies bestätigt auch die amtliche Begründung.[345] Allerdings wird häufig darauf verwiesen, dass die Grundgesetzänderung auch der Erleichterung der internationalen Zusammenarbeit in Strafsachen dienen sollte.[346] Insofern erscheint es interessensgerecht, dem einfachen Gesetzgeber die Entscheidung darüber zu überlassen, ob Deutsche auch an Gerichtshöfe ausgeliefert werden können, deren Gründungsstatut die Bundesrepublik nicht beigetreten ist.[347]

Der **Begriff des Gerichtshofs** lehnt sich an die **Terminologie der Art. 92 ff. GG** an.   137
Zwar lassen sich an internationale Gerichtshöfe nicht unmittelbar deutsche Maßstäbe anlegen, allerdings muss auch der internationale Gerichtshof eine **Mindestgarantie** für ein rechtsstaatliches, justizförmiges Verfahren, durchgeführt von unabhängigen Richtern, garantieren.[348]

VII. Verhältnis zu anderen Grundgesetzbestimmungen

Es sind Fälle denkbar, in denen es zwischen den Schutzbereichen von Art. 16 Abs. 2   138
GG und Art. 11 zu Überschneidungen kommt. Der Fall der Ausweisung Deutscher aus der Bundesrepublik wäre an Art. 11 GG zu messen.[349] Ansonsten geht Art. 16 Abs. 2 GG dem Freizügigkeitsrecht als spezielleres Grundrecht vor.

Eine Überschneidung mit dem Schutzbereich von Art. 16a GG kommt nicht in Betracht, da sich auf Art. 16a GG nur politisch verfolgte Ausländer berufen können.[350]   139

VIII. Internationale und europäische Aspekte

1. Völkerrechtliche Aspekte

Oben (Rdn. 104) wurde bereits ausgeführt, dass das **allgemeine Völkerrecht** keine   140
Auslieferungspflichten und auch keine Auslieferungsverbote kennt. Dementsprechend kommt dem **Völkervertragsrecht** in diesem Zusammenhang eine große Bedeutung zu. Seit Ende des 18. Jahrhunderts wurde eine Vielzahl bi- und multilateraler Verträge ausgearbeitet, die die Vereinheitlichung und Vereinfachung von Auslieferungen

---

344 Vgl. *Masing*, in: Dreier I (2. Aufl.), Art. 16 Rn. 100; *Kokott*, in: Sachs, Art. 16 Rn. 50; *Kämmerer*, in: BK, Art. 16 (2005) Rn. 98; *Zimmermann*, JZ 2001, 233 (235 f.).
345 BT-Drs. 14/2668, S. 5.
346 So z.B. *Kokott*, in: Sachs, Art. 16 Rn. 50; *Zimmermann*, JZ 2001, 233 (235).
347 *Kokott*, in: Sachs, Art. 16 Rn. 50; *Zimmermann/Tams*, in: Friauf/Höfling, Art. 16 Rn. 100; *Zimmermann*, JZ 2001, 233 (235); a.A. *Masing*, in: Dreier I (2. Aufl.), Art. 16 Rn. 100.
348 Ebenso: *Kokott*, in: Sachs, Art. 16 Rn. 51; *Zimmermann/Tams*, in: Friauf/Höfling, Art. 16 Rn. 98; *Maaßen*, in: Epping/Hillgruber, BeckOK GG, Art. 16 Rn. 67; a.A *Kämmerer*, in: BK, Art. 16 (2005) Rn. 96.
349 S.o. Rdn. 112 sowie *Baldus*, in: Epping/Hillgruber, BeckOK GG, Art. 11 Rn. 5.
350 A.A. *Masing*, in: Dreier I (2. Aufl.), Art. 16 Rn. 116.

zum Gegenstand hatten.[351] Beispielhaft ist hier das **Europäische Auslieferungsübereinkommen vom 13.12.1957**[352] zu nennen. Im Kern geht es bei sämtlichen Auslieferungsverträgen um die Pflicht, unter bestimmten Voraussetzungen an die jeweiligen Vertragspartner auszuliefern. Dem relativ weit verbreiteten innerstaatlichen Verbot der Auslieferung eigener Staatsangehöriger wird durch entsprechende Vorbehalte Rechnung getragen (vgl. z.B. § 6 Abs. 1 des Europäischen Auslieferungsübereinkommens).

141 Darüber hinaus wurden im Laufe der Zeit folgende Grundsätze herausgearbeitet, die sich in fast allen auslieferungsrechtlichen Vereinbarungen wiederfinden:[353] die Voraussetzung der **Gegenseitigkeit** (auch der ersuchende Staat würde ausliefern); die Voraussetzung der **beiderseitigen Strafbarkeit** der dem Auslieferungsersuchen zugrunde liegenden Tat; die **Nichtauslieferung wegen politischer Verbrechen**; die **Spezialität** (die betroffene Person wird nur wegen der Tat verfolgt, wegen der um Auslieferung ersucht wurde).

142 Neben der vertraglich geregelten zwischenstaatlichen Auslieferung gewinnt die **Kooperation mit internationalen Strafgerichtshöfen** an Bedeutung.[354]

2. Unionsrechtliche Aspekte

143 Fragen des Auslieferungsrechts unterfallen der justiziellen Zusammenarbeit zwischen den Mitgliedstaaten nach Art. 82 AEUV. Bereits in den 1990er Jahren schlossen die EU-Mitgliedstaaten das Übereinkommen über das vereinfachte Auslieferungsverfahren zwischen den Mitgliedstaaten der Europäischen Union vom 30.03.1995[355] sowie das Übereinkommen über die Auslieferung zwischen den Mitgliedstaaten der Europäischen Union vom 27.09.1996.[356]

144 Beiden Übereinkommen kommt aufgrund des Rahmenbeschlusses 2002/584/JI des Rates über den Europäischen Haftbefehl nur noch geringe Bedeutung zu.[357]

3. Rechtsvergleichende Aspekte

145 Ein Auslieferungsverbot eigener Staatsangehöriger ist im anglo-amerikanischen Rechtskreis unbekannt. Im kontinentaleuropäischen Rechtsvergleich findet sich ein

---

351 Dazu bereits oben, Rdn. 97; vgl. auch *Zimmermann/Tams*, in: Friauf/Höfling, Art. 16 Rn. 72.
352 BGBl. II, S. 1369.
353 Umfassend zu den einzelnen Auslieferungsgrundsätzen: *Zeidler*, Der Grundsatz der beiderseitigen Strafbarkeit im Auslieferungsrecht; Stein, Die Auslieferungsausnahme bei politischen Delikten; *Frangou*, Auslieferungsgrundsätze im internationalen und deutschen Recht, 1989.
354 Vgl. Rdn. 104 f., 135.
355 BGBl. 1998 II, S. 2229.
356 BGBl. 1998 II, S. 2253.
357 Zum Europäischen Haftbefehl und seiner Umsetzung in Deutschland vgl. Rdn. 123 ff.

solches Auslieferungsverbot in der portugiesischen Verfassung (Art. 33). Finnland macht die Auslieferung vom Willen des Ausliefernden abhängig (Art. 7 Abs. 3 der finnischen Verfassung). Italien schließt die Auslieferung bei politischen Vergehen aus und macht sie von ansonsten von internationalen Vereinbarungen abhängig (Art. 26 der italienischen Verfassung). Art. 13 Abs. 3 der spanischen Verfassung enthält eine ähnliche Regelung, nimmt jedoch Terrorakte aus dem Begriff der politischen Verfolgung aus.

IX. Prozessuale Fragen

Die verfahrensrechtlichen Konsequenzen, die sich aus Art. 16 Abs. 2 GG ergeben, wurden bereits unter Rdn. 122 ff. dargestellt. 146

X. Leitentscheidungen

Zu Art. 16 Abs. 1 GG: BVerfGE 36, 1 – zum Grundlagenvertrag und der Frage, in- 147 wieweit die dt. Staatsangehörigkeit zugleich die der BRD und die der DDR ist; BVerfGE 37, 217 – zum gleichberechtigten Abstammungserwerb und der Vermeidung doppelter Staatsangehörigkeit; BVerfGE 77, 137 – Teso; zum Erwerb der dt. Staatsangehörigkeit durch den Erwerb der DDR Staatsbürgerschaft; BVerfGE 83, 37 – Kommunalwahlrecht für Ausländer; zum Verhältnis von Staatsvolk und Staatsangehörigkeit.

BVerfG (K), NJW 1990, 2193 – zur Entziehung der dt. Staatsangehörigkeit und der Verfassungsmäßigkeit von § 25 RuStAG; BVerfGE 116, 24 – zur Rücknahme einer erschlichenen Einbürgerung; BVerfG (K), NJW 2007, 425 – zu den staatsangehörigkeitsrechtlichen Folgen einer Vaterschaftsanfechtung für die Abkömmlinge.

Zu Art. 16 Abs. 2: BVerfGE 8, 81 (zum Umfang der Aufklärungspflicht der Behörden im Auslieferungsverfahren hinsichtlich der Deutscheneigenschaft des Auszuliefernden); BVerfGE 10, 136 (zum Verbot der Durchlieferung Deutscher); BVerfGE 29, 183 (zur Zulässigkeit der Rücklieferung); BVerfGE 75, 1 (zum Verbot der Doppelbestrafung im Rahmen des Auslieferungsverfahrens). BVerfG (K), NJW 1994, 2016 (zum Schutzumfang von Art. 16 Abs. 2 GG hinsichtlich Einbürgerungsbewerbern); BVerfGE 113, 273 (zu den Gewährleistungen von Art. 16 Abs. 2 GG im Hinblick auf die deutsche Umsetzung des Europäischen Haftbefehls); BVerfG (K), NJOZ 2010, 1431 ff. (Auslieferung nach Griechenland I); BVerfG (K) NJOZ 2010, 1431 ff. (Auslieferung nach Griechenland II); BVerfG (K), NVwZ 2012, 1388 ff. (Erwerb einer Staatsangehörigkeit durch Antrag des Sorgeberechtigten).

XI. Literaturauswahl

Barwig, Klaus u.a., Neue Regierung – neue Ausländerpolitik? Hohenheimer Tage 148 zum Ausländerrecht 1999 und 5. Migrationspolitisches Forum, 1999; *Berlit, Uwe,* Änderung des Optionsrechts, ZAR 2015, 90; *Bleckmann, Albert,* Anwartschaft auf die deutsche Staatsangehörigkeit?, NJW 1990, 1397; *Blumenwitz, Dieter,* Abstammungsgrundsatz und Territorialitätsprinzip, ZfP 1994, 246; *Böhm, Klaus,* Das Europäische Haftbefehlsgesetz und seine rechtsstaatlichen Mängel, NJW 2005, 2588; *Ernst, Alexander*, Das Staatsangehörigkeitsrecht im Deutschen Reich unter der Herrschaft der Nationalsozialisten und seine Auswirkungen auf das Recht der Bundesrepublik, 1999; *Fuchs, Angelika*, Neues Staatsangehörigkeitsgesetz und Internationales Privatrecht, NJW 2000, 489; *Haas, Gregor*, Die Auslieferung in Frankreich und Deutschland, 2000; *Hailbronner, Kay*, Forum: Deutsche Staatsangehörigkeit und DDR-Staatsbürgerschaft, JuS 1981, 712; *Hannappel, Wolfgang*, Staatsangehörigkeit und Völkerrecht, Die Einwirkung des Völkerrechts auf das Staatsangehörigkeitsrecht in der Bundesrepublik Deutschland, 1986; *Hanschmann, Felix*, Die Einbürgerungstestverordnung – Ende einer Debatte?, ZAR 2008, 388; *Huber, Peter M./Butzke, Kirsten*, Das neue Staatsangehörigkeitsrecht und sein verfassungsrechtliches Fundament, NJW 1999, 2769; *Kämmerer, Jörn Axel*, Die Rücknahme erschlichener Einbürgerungen – Tor zur Staatenlosigkeit?, NVwZ 2006, 1015; *Kiefer, Wolfgang*, Auswirkungen der Rücknahme eines Aufenthaltstitels auf die Staatsangehörigkeit Dritter, ZAR 2007, 93; *Klein, Eckhart*, Diplomatischer Schutz und grundrechtliche Schutzpflicht unter besonderer Berücksichtigung des Ostvertragsbeschlusses des Bundesverfassungsgerichts, DÖV 1977, 704; *Kluth, Winfried*, Variable Staatsbürgerschaftsrechte – eine Alternative zum Optionsmodell?, ZAR 2009, 134; *Lübbe-Wolff, Gertrude*, Entziehung und Verlust der deutschen Staatsangehörigkeit – Art. 16 I GG, Jura 1996, 57; *Masing, Johannes*, Wandel im Staatsangehörigkeitsrecht vor den Herausforderungen moderner Migration, 2001; *Mertens, Karsten*, Das neue deutsche Staatsangehörigkeitsrecht – eine verfassungsrechtliche Untersuchung, 2004; *Reinhardt, Jörn/Düsterhaus, Dominik*, Verfassungsgemäß, aber gemeinschaftswidrig? – Zur Neufassung des deutschen Gesetzes über den europäischen Haftbefehl und der damit einhergehenden Inländerprivilegierung, NVwZ 2006, 432; *Renner, Günter*, Mehrstaatigkeit ein Deutschland – ein vielfach gerechtfertigtes Übel?, StAZ 1999, 363; *Sachs, Michael*, Grundrechtsverletzungen bei ungeklärter Grundrechtsberechtigung?, NVwZ 1991, 637; *Schätzel, Walter*, Das deutsche Staatsangehörigkeitsrecht, 2. Auflage, 1958; *Schmahl, Stefanie*, Rücknahme erschlichener Einbürgerungen trotz drohender Staatenlosigkeit?, ZAR 2007, 174; *Scholz, Rupert/Uhle, Arnd*, Staatsangehörigkeit und Grundgesetz, NJW 1999, 1510; *Schönberger, Christoph*, Unionsbürger, 2005; *Schünemann, Bernd*, Die Entscheidung des Bundesverfassungsgerichts zum europäischen Haftbefehl, StV 2005, 681; *Smaluhn, Jürgen*, Verfassungsrechtliche Aspekte einer Reform des Staatsangehörigkeitsrechts, StAZ 1998, 98; *Stein, Torsten*, Die Auslieferungsausnahme bei politischen Delikten, 1983; *Unger, Eva-Maria*, Schutzlos ausgeliefert? Der Europäische Haftbefehl, 2005; *Uslucan, Sükrü*, Zur Weiterentwicklungsfähigkeit des Menschenrechts auf Staatsangehörigkeit, 2012; *Vogel, Joachim*, Europäischer Haftbefehl und deutsches Verfassungsrecht, JZ 2005, 801; *Von Münch, Ingo*, Die deutsche Staatsangehörigkeit – Vergangenheit – Gegenwart – Zukunft –, 2007; *Wallrabenstein, Astrid*, Das Verfassungsrecht der Staatsangehörigkeit, 1999; *Zeidler, Arne*, Der Grundsatz der beiderseitigen Strafbarkeit im Auslieferungsrecht, 2008; *Ziemske, Burkhardt*, Die deutsche Staatsangehörigkeit nach dem Grundgesetz, 1995.

Artikel 16a [Asylrecht]

(1) Politisch Verfolgte genießen Asylrecht.

(2) Auf Absatz 1 kann sich nicht berufen, wer aus einem Mitgliedstaat der Europäischen Gemeinschaften oder aus einem anderen Drittstaat einreist, in dem die Anwendung des Abkommens über die Rechtsstellung der Flüchtlinge und der Konvention zum Schutze der Menschenrechte und Grundfreiheiten sichergestellt ist. Die Staaten außerhalb der Europäischen Gemeinschaften, auf die die Voraussetzungen des Satzes 1 zutreffen, werden durch Gesetz, das der Zustimmung des Bundesrates bedarf, bestimmt. In den Fällen des Satzes 1 können aufenthaltsbeendende Maßnahmen unabhängig von einem hiergegen eingelegten Rechtsbehelf vollzogen werden.

(3) Durch Gesetz, das der Zustimmung des Bundesrates bedarf, können Staaten bestimmt werden, bei denen auf Grund der Rechtslage, der Rechtsanwendung und der allgemeinen politischen Verhältnisse gewährleistet erscheint, dass dort weder politische Verfolgung noch unmenschliche oder erniedrigende Bestrafung oder Behandlung stattfindet. Es wird vermutet, dass ein Ausländer aus einem solchen Staat nicht verfolgt wird, solange er nicht Tatsachen vorträgt, die die Annahme begründen, dass er entgegen dieser Vermutung politisch verfolgt wird.

(4) Die Vollziehung aufenthaltsbeendender Maßnahmen wird in den Fällen des Absatzes 3 und in anderen Fällen, die offensichtlich unbegründet sind oder als offensichtlich unbegründet gelten, durch das Gericht nur ausgesetzt, wenn ernstliche Zweifel an der Rechtmäßigkeit der Maßnahme bestehen; der Prüfungsumfang kann eingeschränkt werden und verspätetes Vorbringen unberücksichtigt bleiben. Das Nähere ist durch Gesetz zu bestimmen.

(5) Die Absätze 1 bis 4 stehen völkerrechtlichen Verträgen von Mitgliedstaaten der Europäischen Gemeinschaften untereinander und mit dritten Staaten nicht entgegen, die unter Beachtung der Verpflichtungen aus dem Abkommen über die Rechtsstellung der Flüchtlinge und der Konvention zum Schutze der Menschenrechte und Grundfreiheiten, deren Anwendung in den Vertragsstaaten sichergestellt sein muss, Zuständigkeitsregelungen für die Prüfung von Asylbegehren einschließlich der gegenseitigen Anerkennung von Asylentscheidungen treffen.

A. Entwicklungsgeschichte und Rechtsrahmen

I. Vorbilder und Entwicklung

Unter **Asyl** (von griech. *asylos*, »sicher vor Ergreifung«) versteht man einen Zu- 1
fluchtsort, ebenso wie eine Unterkunft oder ein Obdach, die Schutz vor Gefahr und
Verfolgung bieten.[1] Diese Funktion war in der Gestalt eines **internen Asyls** gegenüber den örtlichen Machthabern historisch zunächst den Heiligen Stätten und den
sie verwaltenden magisch-sakralen Institutionen zugewiesen.[2] Gesellschaftlich wirkte
das Asyl auch hemmend gegenüber der verbreiteten Praxis der Blutrache. Anknüpfend an die sakrale Funktion fand sich das Asylrecht in der Gestalt des Kirchenasyls[3]
bis 1983 auch im **kanonischen Recht** der katholischen Kirche.[4] Ab dem 14. Jahrhundert wurde es im Zusammenhang mit der Herausbildung des staatlichen Gewaltmonopols schrittweise zurückgedrängt und von der staatlichen Rechtsordnung nicht
mehr toleriert. Gleichzeitig bildete sich aber die Praxis der Asylgewährung gegenüber
Menschen heraus, die in ihren Heimatstaaten verfolgt wurden (**externes Asyl**). Ausgehend von den religiösen Verfolgungen im Rahmen der Glaubens- und Konfessi-
onskriege entwickelte sich im Rahmen einer zunehmenden Rationalisierung dann
das Asyl- und Flüchtlingsrecht, das völkerrechtlich seinen Niederschlag in der Genfer Flüchtlingskonvention vom 28. Juli 1951[5] gefunden hat.

Ideengeschichtlich und **funktional** erschließt sich das Asylrecht aus drei Blickwin- 2
keln[6], die sich in der Anwendung überlagern: zunächst geht es um **menschenrechtliche Mindestgewährleistungen** die auf eine Überlebenssicherung abzielen; hinzu
kommt ein **Auslieferungsschutz**, der Ausdruck einer politischen Solidarität und Li-
beralität ist; schließlich kann das Asylrecht als eine Reaktion auf **Migration und Mas-
senflucht** verstanden werden, wie sie vor allem durch (Bürger-)Kriege[7], aber auch
durch wirtschaftliche Notlagen ausgelöst werden. Hinzu kommt in jüngerer Zeit die
Debatte über sog. Klima- oder Umweltflüchtlinge, die auf eine Erweiterung des
Flüchtlingskonzepts ausgerichtet ist.[8]

---

1 *Wißmann*, Asylrecht I, in: Balz u.a. (Hrsg.), Theologische Realenzyklopädie, Bd. 4, 1979,
   S. 315 ff.
2 *Traulsen*, Das sakrale Asyl in der alten Welt, 2004; *Dudda*, ZAR 1996, 32; *Kimminich*,
   Asylrecht, 1968, 7 ff.; *Henßler*, Formen des Asylrechts und ihre Verbreitung bei den Germanen, 1954.
3 Zur Praxis und rechtlichen Einordnung des Kirchenasyls siehe *Neundorf*, ZAR 2011,
   259 ff., 389 ff.; *Müller*, NVwZ 2001, 879; *ders.*, Rechtsprobleme beim Kirchenasyl, 1999;
   Rothkegel, ZAR 1997, 121; *Renck*, NJW 1997, 2089; *von Münch*, NJW 1995, 565.
4 Zu Einzelheiten *Baldus*, NVwZ 1999, 716 (unter Einziehung des Vertragskirchenrechts
   sowie des kirchlichen soft-law).
5 BGBl. II S. 559.
6 Siehe zu weiteren Aspekten auch *Wittreck*, in: Dreier I, Art. 16a, Rn. 1–10.
7 Dazu umfassend *Markard*, Kriegsflüchtlinge 2012.
8 Dazu näher *Nümann*, Umweltflüchtlinge?, 2014; *Zerger*, ZAR 2009, 85 ff.

II. Das Asylgrundrecht im Kontext internationalrechtlicher und europarechtlicher Regelungen

3 Die **grundgesetzliche Asylgewährleistung** ist in ein komplexes Geflecht **völkerrechtlicher** und **europarechtlicher Normen** eingebunden, die sich in der Rechtsanwendungspraxis häufig überlagern. Vor diesem Hintergrund ist eine Klärung der Besonderheiten der einzelnen Normenkomplexe und ihrer Beziehungen zueinander von grundlegender Bedeutung. Zu diesem Zweck ist zwischen dem unterschiedlichen Normcharakter sowie der unterschiedlichen Reichweite der Regelungsgehalte zu unterscheiden:

4 Das **Asylgrundrecht** ist durch die verfassungsrechtliche Begründung eines subjektiven Rechts in Gestalt eines Leistungsrechts (s. Rdn. 62) geprägt, das gegenüber dem Staat fachgerichtlich und im Wege der Individualverfassungsbeschwerde einklagbar ist. Es ist in seinem Gewährleistungsgehalt weder durch das Völkerrecht noch durch das Unionsrecht (Sekundärrecht)[9] determiniert und steht insoweit »neben« den durch diese beiden Rechtskreise begründeten Rechte der Flüchtlinge und Pflichten des Staates. Das bedeutet konkret, dass weitergehende internationalrechtliche und unionsrechtliche Vorgaben, die in der Regel in innerstaatliches Recht umgesetzt sind, durch Behörden und Gerichte neben Art. 16a GG zu beachten sind.

5 Das **Völkerrecht** kennt auch in seinen menschenrechtlichen Pakten kein Grundrecht auf Asyl, sondern beschränkt sich auf die Ausgestaltung einzelner, aber bedeutsamer Rahmenbedingungen der Asylgewährleistung.[10] Zunächst wird durch das Völkerrecht das Recht der Staaten anerkannt, politischen Flüchtlingen auf eigenem Territorium Schutz vor der Verfolgung in einem anderen Staat zu gewähren. Dieses dem Völkergewohnheitsrecht zugeordnete und darüber hinaus in zahlreichen Verträgen anerkannte Recht wird aus der territorialen Souveränität der Staaten abgeleitet und stellt weder eine Verletzung der Souveränität des Heimatstaates noch eine Einmischung in dessen innere Angelegenheiten dar.[11] Nicht anerkannt bzw. zulässig ist jedoch die Gewährung so genannten **diplomatischen Asyls** in den diplomatischen Vertretungen, da darin eine Zweckentfremdung der Botschaften und ihres völkerrechtlichen besonderen Status gesehen wird. Überwiegend wird in einer solchen Praxis eine unzulässige Einmischung in die inneren Angelegenheiten des Empfangsstaa-

---

9 Siehe auch Begr RegE Gesetz zur Umsetzung aufenthalts- und asylrechtlicher Richtlinien der EU, BR-Drs 224/07, 250; *Maaßen*, in: Epping/Hillgruber, BeckOK GG, Art. 16a, Rn. 6.2; *Bergmann*, in: Renner/Bergmann/Dienelt (Hrsg.), Ausländerrecht, 10. Aufl. 2013, Art. 16a GG auch Rn. 133, 137; anders *Zimmermann/Tams* in: Friauf/Höfling GG Art. 16a Rn. 87.

10 Siehe *Stein/von Buttlar*, Völkerrecht, Rn. 589 ff.; *Hailbronner/Kau*, Der Staat und der Einzelne als Völkerrechtssubjekte, Rn. 297 ff.; *Davy*, Asyl und internationales Flüchtlingsrecht, Bd. I: Völkerrechtlicher Rahmen, 1996. Siehe auch *Maaßen*, Die Rechtsstellung des Asylbewerbers im Völkerrecht, 1997.

11 Asyl-Fall, ICJ Reports 1950, 266 (274) – Kolumbien gegen Peru.

tes gesehen.[12] Das Völkergewohnheitsrecht begründet **keine** weiter gehende **Pflicht** der Staaten, Ausländer aufzunehmen, die in ihrem Heimatstaat politisch verfolgt werden. Es gibt demnach **keinen völkergewohnheitsrechtlichen Individualanspruch auf Asylgewährung.**[13] Das in Art. 14 Abs. 1 der Allgemeinen Erklärung der Menschenrechte von 1948 statuierte Recht, in anderen Ländern Zuflucht vor Verfolgung zu suchen, wird von der herrschenden Meinung nicht als Individualanspruch verstanden, der sich gegen der potentiellen Aufnahmestaat richtet. Auch die **Genfer Flüchtlingskonvention** von 1951 regelt nur Rechte, die an die Schutzgewährung durch einen Vertragsstaat anknüpfen, also Recht im Asyl und kein Recht auf Asylgewährung. Allerdings verbietet Art. 33 GFK die Aus- bzw. Zurückweisung eines Flüchtlings in einen Staat, in dem sein Leben oder seine Freiheit wegen seiner Rasse, Religion oder Staatsangehörigkeit, wegen der Zugehörigkeit zu einer bestimmten sozialen Gruppe oder wegen seiner politischen Überzeugung bedroht sein würde (sog. **Refoulement-Verbot** bzw. Grundsatz des **Non-Refoulement**). Nach einer wohl überwiegenden Ansicht handelt es sich inzwischen – mit der Ausnahme von Fällen des Massenansturms von Flüchtlingen – um einen Rechtssatz des Völkergewohnheitsrechts.[14] Dieser Grundsatz entfaltet bereits beim Grenzübertritt Wirksamkeit.[15] Der potentielle Aufnahmestaat ist deshalb völkerrechtlich zumindest zu einer **Prüfung** unter diesem Gesichtspunkt **verpflichtet.** Der Grundsatz führt aber nicht zu einem Anspruch auf Einräumung eines dauerhaften Aufenthaltsrechts.[16]

Das **Recht der Europäischen Gemeinschaft** widmet sich dem Asylrecht aus dem 6 Blickwinkel der Rechtsangleichung und der Steuerung und Verteilung der Migrantenströme innerhalb des Binnenmarktes. Seit dem Amsterdamer Vertrag besitzt die EG mit Art. 61, 63 EGV eine **Kompetenz zur Gestaltung der europäischen Asylpolitik.**[17] Auf der Grundlage von Art. 63 Nr. 1 lit. b bis d EUV hat der Rat der EU **drei Richtlinien zum Asylrecht erlassen:** die Richtlinie 2003/9/EG vom 27.01.2003 zur Festlegung von Mindestnormen für die Aufnahme von Asylbewerbern in den Mitgliedstaaten (»**Aufnahmerichtlinie)**[18], die Richtlinie 2004/83/EG vom 29.04.2004 über Mindestnormen für die Anerkennung und den Status von Drittstaatsangehörigen oder Staatenlosen als Flüchtlinge oder als Personen, die anderweitig internationalen Schutz benötigen, und über den Inhalt des zu gewährenden Schutzes (»**Quali-**

---

12 *Stein/von Buttlar*, Völkerrecht, Rn. 590.

13 *Stein/von Buttlar*, Völkerrecht, Rn. 591.

14 *Hailbronner*, Asylrecht und Völkerrecht in: Beitz/Wollenschläger, Handbuch des Asylrechts, Bd. 1, 1980, S. 89 f.; *v. Pollern*, Das moderne Asylrecht, 1980, S. 126 f. Zurückhaltender *Gornig*, EuGRZ 1986, 521 ff.

15 *Hailbronner/Kau*, Der Staat und der Einzelne als Völkerrechtssubjekte, Rn. 300; *Stein/von Buttlar*, Völkerrecht, Rn. 595.

16 *Stein/von Buttlar*, Völkerrecht, Rn. 596.

17 Zu den Regelungen näher *Zimmermann*, NVwZ 1998, 450.

18 ABl. EU Nr. L 31, 18.

fikationsrichtlinie«)[19] und die Richtlinie 2005/85/EG vom 01.12.2005 über Mindestnormen für Verfahren in den Mitgliedstaaten zur Zuerkennung oder Aberkennung der Flüchtlingseigenschaft (»**Asylverfahrensrichtlinie**«).[20] Nach dem derzeitigen Stand liegt **keine Vollharmonisierung des Asylrechts** vor, sondern es werden **Mindestnormen** vorgegeben, die weiter gehende **nationale Asylrechtsverbürgungen grundsätzlich unberührt** lassen.[21]

7   Da die (bislang) drei europäischen Richtlinien über asylrechtliche Mindestnormen auf einfachgesetzlicher Ebene umgesetzt worden sind und diese durch weitergehende nationale (auch grundrechtliche) Verbürgungen ergänzt werden dürfen, besteht grundsätzlich **keine Notwendigkeit einer gemeinschaftsrechtskonformen Interpretation des Asylgrundrechts.**

8   Soweit die Richtlinien bei der Begründung des Flüchtlingsstatus großzügiger sind als die Asylrechtsverbürgung des Art. 16a GG, ist Asylsuchenden Schutz über die einfachgesetzlichen Instrumente des AufenthG und des AsylVfG zu gewähren, die an die Vorgaben der Richtlinien angepasst wurden. Praktisch relevant wird dies u.a. bei den Regelungen zur nichtstaatlichen und geschlechtsspezifischen Verfolgung (Art. 6 der Asyl- Anerkennungsrichtlinie) und hinsichtlich der Regelungen über Verfolgungshandlungen und Verfolgungsgründe (Art. 9. f Asyl-Anerkennungsrichtlinie), die weiter gefasst sind als bei Art. 16a Abs. 1 GG.

9   Die Ausschluss- und Aberkennungstatbestände in Art. 12, 14 der Asyl Anerkennungsrichtlinie für **Kriegsverbrecher** und andere gefährliche Personengruppen sind bei der Anwendung des Art. 16a Abs. 1 GG zu berücksichtigen, da sie andernfalls leer liefen und der Wille des europäischen Normgebers unterlaufen würde, wenn über das nationale Asylrecht diese Personengruppen einen »sicherer Hafen« erhielten.[22] Entsprechend der Vorgabe des § 30 Abs. 4 AsylVfG sind diese Ausschlusstatbestände auch bei der Entscheidung über Asylanträge nach Art. 16a GG zu berücksichtigen.

10   Durch die EG-Verordnung Nr. 343/2003 vom 18.02.2003 zur Festlegung von Kriterien und Verfahren zur Bestimmung des Mitgliedstaats, der für die Prüfung eines von einem Drittstaatsangehörigen in einem Mitgliedstaat gestellten Asylantrags zuständig ist (sog »**Dublin-II-Verordnung**«)[23] sind hingegen die von Art. 16a Abs. 5

---

19   ABl. EU Nr. L 304, 12, geändert durch Richtlinie 2011/95/EU des EP und des Rates vom 13. Dezember 2011, ABl. EU Nr. L 337/9. Dazu *Marx*, Handbuch zur Qualifikationsrichtlinie, 2009; *Hailbronner*, ZAR 2008, 209 u. 263.
20   ABl. EU Nr. L 326, 13. Dazu *Renner*, ZAR 2004, 305.
21   Vgl *Hailbronner*, AuslR, Art. 16a, Rn. 47a, 62. f (2003); *Wittreck*, in: Dreier I, Art. 16a, Rn. 36 spricht von zunehmender Feinsteuerung.
22   *Maaßen*, in: Epping/Hillgruber BeckOK GG (2015), Art. 16a, Rn. 7; siehe auch Begr RegE Gesetz zur Umsetzung aufenthalts- und asylrechtlicher Richtlinien der EU, BR-Drs 224/07, 396.
23   ABl. EG 2003 Nr. L 50, 1. Jetzt »Dublin-III-Verordnung«, Verordnung (EU) Nr. 604/2013, ABl. Nr. l 180/31.

GG erfassten völkerrechtlichen Verträge grundsätzlich ersetzt worden, so dass dieser Absatz kaum Wirkung entfaltet.

Die Konvention zum Schutze der Menschenrechte und Grundfreiheiten vom 04.11.1950 (**EMRK**)[24] wirkt sich vor allem durch das in Art. 3 EMRK verankerte Folterverbot als Bestandteil des Non-Refoulement-Prinzips auf das Asylrecht bzw. genauer: den **Ausweisungsschutz** aus.[25] Da die EMRK bei der Auslegung und Anwendung der deutschen Grundrechte zu berücksichtigen ist[26], kommt ihr auch Relevanz bei der Auslegung des Art. 16a GG zu.

Dieses Normengeflecht führt in der deutschen Anwendungspraxis zur Unterscheidung von drei großen Bereichen: Erstens dem **Asylgrundrecht** das auf politische Flüchtlinge ausgerichtet ist und als Leistungsrecht einen Anspruch auf Zugang zum deutschen Staatsgebiet und nachfolgenden (rechtmäßigen) Aufenthalt begründet; zweitens dem **Flüchtlingsstatus** nach § 60 Abs. 1 AufenthG i.V.m. § 3 AsylVfG der auch als **kleines Asyl** bezeichnet wird. Hinzu tritt als dritter Bereich der so genannte **subsidiäre Schutz**[27] in Gestalt eines eigenständigen Status (§ 4 AsylVfG) sowie von Abschiebungsverboten und Duldungsregelungen (§ 60 Abs. 2 bis 7 und § 60a AufenthG). Dabei kommt den letztgenannten Fallgruppen des subsidiären Schutzes sowie der Duldung die zahlenmäßig größte Bedeutung zu.[28]

III. Entstehungsgeschichte des Art. 16 Abs. 2 GG a.F.

Das Asylgrundrecht in Art. 16 Abs. 2 S 2 GG stellt in der deutschen Verfassungstradition und auch vor dem völker- und menschenrechtlichen Hintergrund eine Novität dar, die **als Reaktion auf die politischen Verfolgungen** während der Nazidiktatur sowie unter den kommunistischen Diktaturen der Nachkriegszeit zu verstehen ist, die als selbstverständlicher Hintergrund in den Beratungen des Parlamentarischen Rates präsent waren.[29] Die besonderen Schwierigkeiten der Handhabung des Asylrechts in der Praxis machte bei den Beratungen *Carlo Schmid* mit dem Hinweis deutlich, dass Generosität immer mit der Gefahr des Irrtums verbunden und dadurch belastet ist.

11

12

13

---

24 BGBl. II 1952, 686.

25 Dazu eingehend *Zimmermann*, in: Dörr/Grote/Marauhn (Hrsg.), EMRK/GG, Konkordanzkommentar, 2. Aufl. 2013, Kapitel 27: Ausweisungsschutz.

26 BVerfGE 74, 358 (370); 83, 119 (128); 96, 152 (170). Näher zur Bindungswirkung von Entscheidungen des EGMR: BVerfGE 111, 307 (315 ff.). Vertiefend *Giegerich*, in: Dörr/Grote/Marauhn (Hrsg.), EMRK/GG, Konkordanzkommentar« 2. Aufl. 2013, Kapitel 2: Wirkung und Rang der EMRK in den Rechtsordnungen der Mitgliedstaaten, Rn. 71 ff.

27 Zu Einzelheiten *Marx*, Handbuch Qualifikationsrichtlinie, S. 653 ff.

28 Übersicht zur Entwicklung bei *von Pollern*, ZAR 2013, 420 ff.

29 *Wittreck*, in: Dreier I, Art. 16a, Rn. 11; *Randelzhofer*, in: Maunz/Dürig, GG Art. 16a Abs. 1 (2007) Rn. 3–5; *Zimmermann/Tams* in: Friauf/Höfling GG Art. 16, Rn. 4.

IV. Verfassungsreform 1993

14 Ende der 1980er und Anfang der 1990er Jahre stiegen die Zahlen der Asylbewerber in Deutschland u.a. auf Grund der Konflikte in den Balkanländern sprunghaft an (von 57.379 Asylbewerbern im Jahr 1987 auf 438.191 im Jahr 1992).[30] Anhand der später veröffentlichten Anerkennungsquoten (1992: 4,3 %) des Bundesamtes für Migration und Flüchtlinge (BAMF) wird deutlich, dass sich die meisten Antragsteller ohne ausreichenden Rechtsgrund auf das Asylgrundrecht beriefen. Zugleich erwies sich in vielen Fällen aber auch die Abschiebung als überaus schwierig, so dass es zu einer wachsenden Zahl geduldeter Personen kam. Vor diesem Hintergrund bemühte sich die Bundesregierung darum, im Rahmen der Europäischen Gemeinschaften zu einer europäischen Lastenteilung zu finden (1992 nahm Deutschland rund 80 % aller in die EU kommenden Asylbewerber auf), und es folgte eine breite öffentliche Diskussion über eine Änderung oder Abschaffung des Asylgrundrechts. Der verfassungsändernde Gesetzgeber wollte die nach seiner Ansicht auf der Rechtsprechung von BVerfG[31] und BVerwG[32] basierende massenhafte rechtsgrundlose Inanspruchnahme des Asylrechts als politisch wegen der innerstaatlichen Folgelasten nicht mehr verantwortbare »weite Auslegung« des Asylgrundrechts korrigieren.[33]

15 Durch die **Verfassungsreform 1993**[34] wurde das Asylgrundrecht aus Art. 16 Abs. 2 S. 2 GG herausgelöst und wegen seines gewachsenen Textumfangs in den neuen Art. 16a GG verlagert, der in seinem Absatz 1 das Asylgrundrecht im bisherigen Wortlaut beibehält, dessen rechtliche und praktische Relevanz jedoch durch die sehr weit reichenden Schranken- und Verfahrensregelungen in den Absätzen 2 bis 5 erheblich vermindert wird. So wird bei einer Einreise aus einem sicheren Drittstaat eine Berufung auf das Asylgrundrecht ausgeschlossen (Absatz 2), dem Gesetzgeber die Möglichkeit eröffnet, eine Liste sicherer Herkunftsstaaten zu erstellen, für die die widerlegbare Vermutung der Verfolgungsfreiheit besteht (Absatz 3), das Asylverfahren in der Weise modifiziert, dass bei Einreise aus einem sicheren Herkunftsstaat und in anderen Fällen offensichtlicher Unbegründetheit des Asylantrags qualifizierte Anforderungen an die Aussetzung der Vollziehung gestellt werden (Absatz 4) sowie Deutschland eine gleichberechtigte Teilhabe an völkerrechtlichen Asylzuständigkeitsübereinkommen im Rahmen der Europäischen Union ermöglicht wird (Absatz 5).

16 Durch diese Verfassungsänderung ist das Asylgrundrecht auf seine **Kernfunktion**, politisch Verfolgten Schutz zu gewähren, **zurückgeführt worden.**[35] Die unbegründe-

---

30 BMI Ausländerpolitik und Ausländerrecht in Deutschland 2000, 89 f.
31 Beginnend mit BVerfGE 9, 174.
32 Siehe etwa BVerwGE 62, 206 (210 f.).
33 Gesetz zur Änderung des Grundgesetzes (Art. 16 und 18 GG) vom 29.06.1993, BGBl. I 1002.
34 Zur Verfassungsreform eingehend *Classen*, DVBl. 1993, 700; *Franßen*, DVBl. 1993, 300; *Gusy*, Jura 1993, 505; *Renner*, ZAR 1993, 118; *Schoch*, DVBl. 1993, 1161; *Voßkuhle*, DÖV 1994, 53; *Zimmermann*, Das neue Grundrecht auf Asyl 1994.
35 *Maaßen*, in: Epping/Hillgruber BeckOK GG (2015), Art. 16a, Rn. 4.

te Berufung auf das Asylgrundrecht durch Personen, die offensichtlich nicht oder nicht mehr aktuell politisch verfolgt werden und die das Asylgrundrecht zur Einwanderung nach Deutschland missbrauchen, ist wirksam eingeschränkt worden. Die gegen die Asylreform erhobenen verfassungsrechtlichen Bedenken sind vom BVerfG in drei Urteilen vom 14.05.1996 behandelt und als nicht begründet zurückgewiesen worden.[36] Bei diesen Entscheidungen, zu denen auch vier abweichende Meinungen abgegeben wurden[37], hat das BVerfG in Abkehr von seiner früheren strengen verfassungsgerichtlichen Kontrolle der Anwendung des Asylrechts[38] dem Gesetzgeber einen weiter gefassten Gestaltungsspielraum belassen.[39]

Das Asylgrundrecht ist nicht Ausfluss der **Menschenwürdegarantie** des Art. 1 Abs. 1 GG[40] und könnte folglich aufgehoben werden, ohne mit Art. 79 Abs. 3 GG und dem Völkerrecht in Konflikt zu geraten.[41] Vor dem Hintergrund der sachlich weiter reichenden völker- und europarechtlichen Vorgaben zum Flüchtlingsrecht würde ein solcher Schritt sich nicht nachteilig auf die Rechtsposition der Flüchtlinge auswirken, andererseits aber zu einer Vereinfachung und Vereinheitlichung des Asylrechts beitragen. **17**

Der Begriff des politisch Verfolgten in Art. 16a GG entsricht im Kern, nicht aber in allen Einzelheiten dem **Flüchtlingsbegriff des Art. 1 A GFK** sowie Art. 2 Buchst. b, Art. 4 ff. der Asyl-Anerkennungsrichtlinie. Er unterscheidet sich aber von anderen völkerrechtlichen Regelungen« so dass Schutzansprüche aus anderen Normen durch Art. 16a GG nicht ausgeschlossen sind. Es ist aber zu beachten, dass z.B. die Drittstaatenregelung des Art. 16a Abs. 2 GG grundsätzlich auch Anwendung auf einfachgesetzliche Schutzregelungen mit Ausnahme des Abschiebungsverbotes im Falle drohender Todesstrafe findet.[42] Dagegen ist die in Art. 16a Abs. 3 S. 2 GG normierte Vermutungswirkung, dass der Ausländer aus dem sicheren Herkunftsstaat nicht politisch verfolgt wird, nur auf Schutzgesuche nach Art. 16a Abs. 1 GG und auf § 60 Abs. 1 AufenthG, § 3 AsylVfG beschränkt.[43] Sonstige Schutzvorschriften bleiben von der Vermutungsregelung unberührt.[44] **18**

---

36 BVerfGE 94, 49 (zur Drittstaatenregelung); 94, 115 (zur Herkunftsstaatenregelung); 94, 166 (zur Flughafenregelung). Dazu *Hailbronner*, NVwZ 1996, 625; *Lübbe-Wolff*, DVBl. 1996, 825; *Laier*, Das Flughafenverfahren nach § 18a AsylVfG in rechtsvergleichender Perspektive, 1999.
37 BVerfGE 94, 157 ff., 163 f.; 164 f.; 223 ff.
38 Vgl *Pagenkopf/Will*, in: Sachs, GG Art. 16a, Rn. 5.
39 Kritisch zu Reform und Entscheidungen *Wittreck*, in: Dreier I, Art. 16a, Rn. 17, 49.
40 BVerfGE 94, 49 (103).
41 *Wittreck*, in: Dreier I GG Art. 16a Rn. 48, 126.
42 BVerfGE 94, 49 (99).
43 BVerfGE 94, 115 (145 ff.).
44 BVerfGE 94, 115 (145 ff.); vgl. auch § 31 Abs. 3 AsylVfG.

B. Grundsätzliche Bedeutung des Asylgrundrechts

19 In der ausländerbehördlichen Praxis hat das Asylgrundrecht aus **Art. 16a GG** seit der Asylrechtsreform 1993 und infolge der schrittweisen Vergemeinschaftung des Asylrechts mit der Folge der Verhinderung einer Einreise über den Landweg **erheblich an praktischer Bedeutung verloren.**[45] Auf Grund der im Haager Programm der EU vorgesehenen europäischen **Vollharmonisierung** des Asylrechts bis zum Ende des Jahres 2010[46] dürfte in Zukunft für ein selbständiges nationales Asylgrundrecht kaum noch Raum sein. Wenn die Reform des Asylgrundrechts in der Literatur gleichwohl als »verfassungsfunktionswidriger Missgriff«[47] oder als »Grundrechtsverhinderungsvorschrift«[48] kritisiert wird, so wird dabei ein weit gefasstes rechtspolitisches Verständnis zugrunde gelegt, das bei genauerer Betrachtung auch aus dem Regelungsgehalt der vorherigen Fassung nicht abgeleitet werden konnte. Zutreffend an der Kritik ist allerdings, dass durch die Aufnahme detaillierter verfahrensrechtlicher Vorschriften der ursprüngliche Charakter der Grundrechtsnormen des Grundgesetzes verlassen und technische Einzelfragen zur Absicherung im Behördenalltag und gegenüber dem einfachen Gesetzgeber zu Unrecht in das Verfassungsrecht hochgezont werden. Redaktionell ist Art. 16a GG ebenso wenig gelungen wie die Neufassung des Art. 13 GG.[49]

C. Schutzbereich des Grundrechts auf Asyl (Abs. 1)

I. Politische Verfolgung

20 Der **Begriff des politisch Verfolgten** wird in der Verfassung verständlicherweise **nicht definiert.** Das BVerfG hat aber aus der Entstehungsgeschichte hergeleitet, dass es nicht geboten ist, das Asylrecht eng zu fassen und auf einen bestimmten Personenkreis zu begrenzen.[50] Im Parlamentarischen Rat wurde das Asylrecht als das Recht bezeichnet, »das dem Ausländer gewährt wird, der in seinem eigenen Land nicht mehr leben kann, weil er durch das politische System seiner Freiheit, seines Lebens oder seiner Güter beraubt wird«.[51] Das Asylrecht wird danach unabhängig von der Herkunft, der politischen Gesinnung des Verfolgten und von der politischen Richtung, die in dem Verfolgerstaat herrscht, gewährt.[52] Auch Feinde der Demokratie können sich auf das Asylgrundrecht berufen; man spricht deshalb auch von der poli-

---

45 *Hailbronner,* AuslR Art. 16a Rn. 47a, 444a (2003).

46 Grünbuch EU-Kommission über die Zukunft des Europäischen Asylsystems, Dokument KOM(2007) 301 endg.; siehe auch *Peek,* ZAR 2008, 258 ff.

47 *Voßkuhle,* DÖV 1994, 53 ff.; zustimmend *Wittreck,* in: Dreier I GG, Art. 16a, Rn. 69.

48 *Franßen,* DVBl. 1993, 300.

49 Treffende Charakterisierung bei *Masing,* in: Dreier I (2. Aufl), Art. 16a, Rn. 12: »komprimierter Verordnungstext«.

50 BVerfGE 9, 174 (179 f.); 54, 341 (356 f.).

51 Parl. Rat, 18. Sitzung des HA v. 04.12.1948, StenBer, 217 f.

52 BVerfGE 54, 341 (356 f.).

tischen »**Neutralität des Asylrechts**«.[53] Es geht um den Schutz vor einer willkürlichen Ausgrenzung bestimmter Personen aus der staatlichen Friedensordnung.[54] Umgekehrt bedeutet dies, dass nicht jegliche (Grund-)Rechtsverletzung ausreicht: das Asylrecht zielt nicht auf eine übergreifende Rechtsstaatsgarantie ab. Das wird vor allem dort deutlich, wo es um Wehrdienstverweigerung und Desertionen geht, die ein Staat grundsätzlich ahnden darf.[55]

Voraussetzung für das Vorliegen politischer Verfolgung ist in der Regel, dass der Ausländer aus politischen Gründen **Verfolgungsmaßnahmen** mit Gefahr für Leib und Leben oder Beschränkungen seiner persönlichen Freiheit ausgesetzt ist.[56] Kein Staat hat das Recht, in diese Rechtsgüter allein wegen einer politischen Überzeugung einzugreifen.[57] Auch wenn der Begriff des politisch Verfolgten durch das Grundgesetz sachlich nicht begrenzt ist, soll das Asylrecht nach seiner Zweckbestimmung nur den Ausländern Schutz gewähren, die auf Grund einer vorhandenen **ausweglosen Lage** schutzbedürftig sind. Daraus folgt, dass das Asylrecht grundsätzlich subsidiär gegenüber anderen Schutzmöglichkeiten ist, die der Ausländer in seinem Heimatland oder im Ausland in Anspruch nehmen kann.[58] Die Schutzlosigkeit des Asylsuchenden ist Voraussetzung seines Anspruchs nach Art. 16a Abs. 1 GG (**Subsidiarität des Asylrechts**). Dabei handelt es sich um ein ungeschriebenes Tatbestandsmerkmal[59] das auch in den von der Rechtsprechung eingeführten Anforderungen an den Kausalzusammenhang zwischen Verfolgung, Flucht und Asyl, der inländischen und der ausländischen Fluchtalternative sowie der vom verfassungsändernden Gesetzgeber geschaffenen Regelung über sichere Drittstaaten zum Ausdruck kommt.[60]

21

Es fehlt an der Schutzbedürftigkeit, wenn der Asylsuchende in anderen Landesteilen seines Heimatstaates oder, bei mehrfacher Staatsangehörigkeit, in dem Staat der weiteren Staatsangehörigkeit[61] oder in Drittstaaten oder, im Falle der Verfolgung durch einen fremden Staat, in seinem Heimatstaat[62] Schutz vor politischer Verfolgung finden kann oder gefunden hat.[63] Es ist nicht Zweck des Asylrechts **ein Recht auf freie Wahl des Zufluchtslandes** zu begründen.[64] Auf Schutz im Ausland ist nur derjenige angewiesen, der in seinem Heimatland bereits verfolgt war oder Verfolgung zu ge-

22

---

53 *Randelzhofer*, in: Maunz/Dürig, GG, Art. 16a, Abs. 1 (2007) Rn. 37; *Maaßen*, in: Epping/Hillgruber BeckOK GG (2015), Art. 16a, Rn. 12.
54 *Wittreck*, in: Dreier I, Art. 16a, Rn. 54.
55 BVerwG, DÖV 1975, 286 (286); BVerwGE 81, 41 (42); *Masing*, in: Dreier I (2. Aufl.), Art. 16a, Rn. 38.
56 BVerfGE 54, 341 (357).
57 BVerfGE 80, 315 (333); *Masing*, in: Dreier I (2. Aufl.), Art. 16a, Rn. 37.
58 BVerwGE 75, 181 (186).
59 BVerwGE 101, 328 (335).
60 *Maaßen*, in: Epping/Hillgruber BeckOK GG (2015), Art. 16a, Rn. 13.
61 BVerwG Buchholz 402.25 § 1 AsylVfG Nr. 307.
62 BVerwGE 68, 106.
63 *Wittreck*, in: Dreier I, Art. 16a, Rn. 75 ff.
64 Vgl. BVerwGE 122, 376 (386 f.).

wärtigen hat und deshalb sein Land verlassen musste und nicht mehr ohne Gefahr in sein Land zurückkehren kann.

23 Ist der Heimatstaat des Asylsuchenden ein **Vertragsstaaten der EMRK**, so besteht ein Schutzbedürfnis nur dann, wenn dem Ausländer nach seiner Abschiebung Folter oder sonstige schwere irreparable Misshandlungen drohen und effektiver Rechtsschutz in seinem Heimatland auch durch den EGMR nicht oder nicht rechtzeitig realisiert werden kann.[65]

24 Die Anforderungen der Anerkennung als Asylberechtigter und die Voraussetzungen für die Anerkennung als Flüchtling nach der Genfer Flüchtlingskonvention sind ähnlich aber nicht identisch.[66] Vor diesem Hintergrund entfalten nach Auffassung des BVerfG Entscheidungen über die Anerkennung als politischer Flüchtling für die Frage der Asylgewährung nach Art. 16a GG keine Bindungswirkung.[67] Dies gilt auch für Entscheidungen der Behörden anderer Staaten in Anwendung der GFK zur Anerkennung als politischer Flüchtling.[68] Durch die nähere Ausgestaltung der relevanten Tatbestandsmerkmale in den § 3 bis § 3e AsylVfG, die in Umsetzung der (geänderten) Qualifikationsrichtlinie eingefügt wurden, dürfte etwaigen Unterschieden in der Praxis jedoch kaum noch Bedeutung zukommen. Die folgenden Ausführungen orientieren sich ausschließlich an Art. 16a GG und sind nicht als Kommentierung der einfachgesetzlichen Regelungen zu verstehen, zumal diese auf Grund ihres unionsrechtlichen Hintergrunds besonderen Interpretationsvorgaben unterliegen.

1. Vorliegen einer Verfolgungshandlung

25 Unter einer **Verfolgung i.S.d. Art. 16a Abs. 1 GG** ist jede **gezielte Rechtsgutbeeinträchtigung** zu verstehen, die eine gewisse **Intensität** aufweist[69] und so eine ausweglose Lage herbeiführt, der man sich nur durch Flucht entziehen kann.[70] Der bereits bestehenden Verfolgung steht die unmittelbar drohende Gefahr einer Verfolgung gleich.[71] Dabei sind Rechtsgutverletzungen erforderlich, die nach Art, Schwere und Intensität des Eingriffs über das hinausgehen, was die Bewohner des Heimatstaats auf Grund des dort herrschenden Systems **allgemein hinzunehmen** haben.[72] Bei nicht ganz unerheblichen Eingriffen in Leib, Leben und persönliche Freiheit wird dies regelmäßig angenommen.[73] Soweit Leib, Leben oder persönliche Freiheit nicht

---

65 BVerwGE 122, 271 (277); *Maaßen*, in: Epping/Hillgruber BeckOK GG (2015), Art. 16a, Rn. 15.
66 *Hailbronner*, Ausländerrecht, 2. Aufl. 2009, § 11, Rn. 653 ff. u. 710 ff.
67 BVerfGE 9, 174.
68 BVerfGE 52, 391 (399).
69 BVerfGE 80, 315 (335).
70 *Wittreck*, in: Dreier I, Art. 16a, Rn. 56.
71 BVerfGE 83, 216 (231).
72 BVerfGE 54, 341 (357).
73 BVerfGE 76, 143 (157).

unmittelbar verletzt oder gefährdet sind, sind Eingriffe nur bei einer die Menschenwürde verletzenden **Intensität** als Verfolgung zu werten.[74]

So sind z.b. Beschränkungen der beruflichen und wirtschaftlichen Betätigung, der   26
Eigentumsfreiheit oder der Religionsausübung erst dann als Verfolgung zu qualifizieren und damit asylrelevant, wenn sie ein solches Gewicht erhalten, dass die Ausübung dieser Rechte schlechthin unmöglich gemacht wird.[75] Ein Eingriff in die
Religionsausübung ist erst dann relevant, wenn er den elementaren Bereich betrifft,
den der Einzelne als so genanntes religiöses Existenzminimum zu seinem Leben als
sittliche Person benötigt.[76] Hierzu gehört als unverzichtbarer Kern nicht nur das **Forum Internum** häuslicher Andacht, sondern auch die Möglichkeit des gemeinsamen
Gebets und des Gottesdienstes in Gemeinschaft mit anderen Gläubigen nach dem
überlieferten Brauchtum.[77] Maßnahmen, die darauf gerichtet sind, Angehörige einer
religiösen Gruppe etwa durch »Zwangsbekehrungen« ihrer religiösen Identität zu berauben[78], können asylrelevant sein.

Keine Verfolgung liegt vor »bei Nachteilen, die jemand auf Grund der allgemeinen   27
Zustände in seinem Heimatstaat zu erleiden hat, wie **Hunger, Naturkatastrophen**,
aber auch bei den allgemeinen Auswirkungen von **Unruhen, Revolutionen und
Kriegen«.**[79] Das Asylgrundrecht hat auch nicht die Aufgabe, in wirtschaftlichen
Notlagen, die nicht ihrerseits auf Verfolgungsmaßnahmen zurückzuführen sind, Ab-
hilfe zu schaffen.[80] Ihm kommt **keine allgemeine humanitäre Funktion** zu.

Bei der behördlichen bzw. gerichtlichen Feststellung einer Verfolgung kommt es – wie   28
bei der GFK – grundsätzlich auf eine **objektive Bewertung** an. Allein das **subjektive
Empfinden des Betroffenen ist nicht ausreichend**, um eine begründete Furcht vor
Verfolgung anzunehmen.[81] Maßgeblich für das Vorliegen von Verfolgung ist, dass
dem Asylsuchenden bei verständiger, nämlich objektiver, Würdigung der gesamten
Umstände seines Falles politische Verfolgung mit beachtlicher Wahrscheinlichkeit
droht, so dass ihm nicht zuzumuten ist, im Heimatstaat zu bleiben oder dorthin zurückzukehren. Als Verfolgungsmaßnahmen können auch die Ausbürgerung, die Abschiebung und jedenfalls bei Staatenlosen auch die Einreiseverweigerung in Betracht
kommen.[82]

---

74 BVerfGE 54, 341 (357); 76, 143 (156 ff.); BVerwGE 80, 321 (324).
75 *Randelzhofer*, in: Maunz/Dürig, GG, Art. 16a Abs. 1 (2007), Rn. 41.
76 BVerfGE 76, 143 (158 f.); BVerwGE 120, 16 (20).
77 *Randelzhofer*, in: Maunz/Dürig, GG, Art. 16a Abs. 1 (2007) Rn. 40.
78 BVerwGE 85, 12 (18).
79 BVerfGE 80, 315 (335).
80 BVerfGE 54, 341 (356); 56, 216 (235).
81 *Randelzhofer*, in: Maunz/Dürig, GG, Art. 16a Abs. 1 (2007) Rn. 44.
82 BVerwG, NVwZ 1985, 589; *Randelzhofer*, in: Maunz/Dürig, GG Art. 16a, Abs. 1 (2007)
    Rn. 104–105.

2. Die einzelnen Verfolgungsgründe

29 Nach Art. 16a Abs. 1 GG ist nicht jede Verfolgung asylbegründend, sondern nur die »politische« Verfolgung. Dies unterscheidet das Asylrecht von den in Menschenrechtsabkommen enthaltenen Schutzmechanismen, nach denen bereits die Tatsache einer Menschenrechtsverletzung ausreichend ist, ohne dass es auf eine dahinter stehende politische Motivation eines bestimmten Handlungsträgers ankommt. Das Attribut »politisch« meint nicht einen gegenständlich abgegrenzten Bereich von Politik, sondern kennzeichnet spezielle individuelle Eigenschaften oder Qualitäten, die bestimmte Maßnahmen haben[83], die namentlich einen öffentlichen Bezug aufweisen und von einem Träger überlegener, in der Regel hoheitlicher Macht, welcher der Betroffene unterworfen ist, ausgehen, oder ihm wie eigene zugerechnet werden. Politische Verfolgung ist typischerweise Ausdruck und Folge eines **Missbrauchs hoheitlicher Herrschaftsmacht** durch **Ausgrenzung einzelner Personen** oder bestimmter Gruppen **aus der übergreifenden Friedensordnung** wegen bestimmter unverfügbarer persönlicher Merkmale.[84] Daher ist politische Verfolgung auf die **staatliche** oder quasi-staatliche Verfolgung beschränkt.[85] Jede Erweiterung ist begründungsbedürftig.

30 Vor diesem Hintergrund ist eine Verfolgung dann als **politische** zu qualifizieren, wenn sie dem Einzelnen »**wegen**« bestimmter asylerheblicher **Merkmale droht**, wobei sich die Praxis bei der Ermittlung der asylerheblichen Merkmale am Flüchtlingsbegriff des Art. 1 Abschnitt A Nr. 2 GFK orientiert.[86] Danach ist die Verfolgung wegen der Rasse, Religion, Nationalität, Zugehörigkeit zu einer bestimmten sozialen Gruppe oder der politischen Überzeugung asylrelevant.[87] Da der Ausdruck politische Verfolgung nur in »Anlehnung« an die GFK interpretiert wird, kann er aber auch über den Flüchtlingsbegriff der GFK hinausgehen.[88] Auch das BVerwG weist den in der GFK genannten **Verfolgungsgründen einen exemplarischen Charakter** für die Auslegung des Asylgrundrechts zu.[89] Es muss eine Vergleichbarkeit mit den in der GFK genannten Verfolgungsgründen bestehen.[90] Ob eine Anknüpfung an asylerhebliche Merkmale vorliegt, ist objektiv »anhand ihres inhaltlichen Charakters nach der erkennbaren Gerichtetheit der Maßnahme selbst zu beurteilen, nicht nach den subjektiven Gründen oder Motiven, die den Verfolgenden dabei leiten«.[91] Da-

---

83 BVerfGE 76, 143 (158 f.); 80, 315 (333).

84 BVerfGE 80, 315 (334 f.).

85 Kritisch *Wittreck*, in: Dreier I, Art. 16a, Rn. 70, der in der Fixierung auf den Staat eine überholte introvertierte Fixierung auf den funktionierenden westlichen Nationalstaat sieht, die der weltweiten Realität nicht mehr ausreichend gerecht werde.

86 BVerfGE 54, 341 (357 f.); 76, 143 (157).

87 BVerwGE 67, 184 (190); 72, 269 (274).

88 BVerwGE 79, 143 (145).

89 BVerwGE 67, 184 (192).

90 *Randelzhofer*, in: Maunz/Dürig, GG Art. 16a, Abs. 1 (2007) Rn. 32.

91 BVerfGE 80, 315 (335); BVerwGE 85, 139 (142); 120, 16 (21). *Wittreck*, in: Dreier I, Art. 16a, Rn. 61.

rauf, ob das Opfer die ihm zugeschriebenen Merkmale tatsächlich erfüllt, kommt es nicht an.[92]

Verfolgungsmaßnahmen sind nicht allein dadurch politische Verfolgung, dass der 31 Betroffene sie aus politischen oder religiösen Motiven oder aber aus reinen Gewissensgründen ausgelöst hat.[93] Es bedarf einer objektiven und vergleichenden Würdigung nach den vorgenannten Kriterien.

Das für die Subsumtion wichtige Kriterium »**wegen ihrer politischen Überzeugung**« 32 umfasst nicht nur die politische Gesinnung und ihre Bekundung, sondern auch ein Mindestmaß an (gewaltfreien) Betätigungsmöglichkeiten.[94] Auch religiöse oder religiös motivierte Verfolgung kann politische Verfolgung sein, da die historische und gegenwärtige Entwicklung einen engen Zusammenhang zwischen religiöser Ausrichtung und politischer Gestaltung belegen.[95]

Keine Verfolgung wegen der **Religion** liegt vor in Fällen der religiösen Differen- 33 zierungen beim Wahlrecht und beim Zugang zu den Ausbildungsstätten und zum Öffentlichen Dienst nach Quoten[96], der Pflicht zur Teilnahme an einem bekenntnisfremden Religionsunterricht[97], dem Verbot männlicher Ahmadis in der Öffentlichkeit am Freitagsgebet[98] und für zum Christentum konvertierte Muslime an öffentlichen Gottesdiensten der christlichen Kirchen teilzunehmen[99]. Eine Verfolgung wegen der Religion ist auch bei einem Angehörigen der Zeugen Jehowas abgelehnt worden, der in seinem Heimatstaat wie jeder andere Bürger verpflichtet ist, die Staatsflagge zu grüßen.[100] Dagegen ist die Anordnung von Zwangsbeschneidungen christlicher türkischer Wehrpflichtiger als politische Verfolgung qualifiziert worden.[101]

Das BVerwG hält auch ein Anderssein auf Grund unabänderlicher persönlicher 34 Merkmale, wie z.B. »schicksalhaft irreversible« **Homosexualität** für asylerheblich.[102] Somit kann im Einzelfall auch eine **geschlechtsspezifische Verfolgung**, nicht aber eine bloße Diskriminierung, asylrelevant sein.[103]

---

92 BVerfG, NVwZ-RR 2008, 643; BVerwGE 62, 123.
93 BVerwGE 62, 123.
94 BVerfGE 80, 315 (336); BVerwGE 77, 258 (265); 80, 136 (140).
95 BVerfGE 76, 143 (158).
96 BVerfGE 76, 143 (158 f.).
97 BVerwG, NVwZ 1988, 263.
98 BVerwGE 87, 52 (56 ff.).
99 BVerwGE 120, 16 (24 f.).
100 BVerwGE 80, 321 (324 ff.).
101 BVerwGE 89, 162 (165 ff.).
102 BVerwGE 79, 143 (150 ff.). Zur Problematik auch *Titze*, ZAR 2012, 93 ff.
103 AK-GG/*Davy*, Art. 16a, Rn. 28; *Masing*, in: Dreier I (2. Aufl.), Art. 16a, Rn. 44; *Hailbronner* AuslR Art. 16a Rn. 86a ff (2003).

35 Das **Drohen einer Sanktion** insbes. einer Freiheitsstrafe ist **an sich** noch kein Asyl-grund. Treten aber asylerhebliche Merkmale zusätzlich hinzu, kann auch in einer strafrechtlichen Sanktion politische Verfolgung liegen. Im Bereich des politischen Strafrechts besteht eine **widerlegliche Vermutung** für den politischen Charakter verhängter Strafen.[104] Entscheidend für die Abgrenzung ist der Nachweis, dass die Sanktion ausschließlich dem Rechtsgüterschutz dient.[105] Politische Verfolgung kann auch dann vorliegen, **wenn der Staat seinen eigenen Bestand** oder seine politische Identität gegen Handlungen **verteidigt**, die aus politischer Überzeugung begangen werden.[106] In diesem Bereich ist die Abgrenzung aber besonders schwierig, da die »staatliche Verfolgung kriminellen Unrechts, also von Straftaten, die sich gegen die Rechtsgüter anderer Bürger richten«, selbstverständlich zulässig ist.[107] Die **Ahndung terroristischer Aktivitäten** ist in aller Regel nicht als politische Verfolgung, sondern als **legitimer Rechtsgüterschutz** einzustufen, der der Ahndung eines nach der internationalen Staatenpraxis strafwürdigen kriminellen Verhaltens dient.[108] Der Staat muss sich aber entsprechend bei der Bekämpfung des politischen Terrorismus auf die eigentlichen Taten, Täter und Förderer und auf die »normale« Intensität der Sanktionierung beschränken.[109]

36 Anlass für eine abweichende Bewertung kann aber gegeben sein, wenn der Betroffene eine Behandlung erleidet, die härter ist als die sonst zur Verfolgung ähnlicher – nicht politischer – Straftaten von vergleichbarer Gefährlichkeit im Verfolgerstaat übliche. In diesem Fall liegt eine Behandlung mit ausgrenzenden Charakter vor. So soll etwa eine überschießende Intensität bei der **Anwendung von Folter** ein Indiz für die asylerhebliche Zielsetzung der Verfolgung sein.[110] Bei der Beurteilung im Einzelfall ist auch auf die Sicherheitslage und die allgemeinen Verhältnisse in dem Verfolgerstaat Rücksicht zu nehmen.[111]

37 Auch bei den »normalen« **Straftaten** kann es zu einer politischen Verfolgung kommen, wenn bei der Bestrafung **an asylrelevante Eigenschaften**, insbesondere an die politische Überzeugung des Täters **angeknüpft** wird oder damit ein entsprechender Effekt erzielt werden soll.[112] So kann etwa die **außergewöhnliche Härte einer Strafe** Anlass zur Prüfung ihrer Tat- und Schuldangemessenheit sein, deren evidentes Fehlen ein Indiz für eine hinter der Strafnorm stehende politische Gerichtetheit der Verfolgung begründet.[113] **Keine politische Verfolgung** soll im Falle von strafrechtlichen Sanktionen wegen Wehrdienstentziehung oder -verweigerung vorliegen, es sei denn,

---

104 AK-GG/*Davy*, Art. 16a, Rn. 27.
105 BVerfGE 80, 315 (337).
106 BVerfGE 81, 142 (150 f.); BVerwGE 80, 315 (337).
107 BVerfGE 81, 142 (150 f.); BVerwGE 109, 12 (16 ff.).
108 BVerfGE 80, 315 (337 ff.); BVerfG, NVwZ-RR 2008, 643; BVerwGE 111, 334 (339).
109 BVerfGE 80, 315 (339 f.); BVerwGE 109, 12 (18); 111, 334 (339).
110 BVerfG-K, NVwZ-RR 2004, 613 (614).
111 BVerwGE 111, 334 (339).
112 BVerwGE 77, 258 (263); 80, 136 (140).
113 BVerwG, NVwZ 1993, 193 (194).

besondere die Person des Asylsuchenden treffenden Umstände treten hinzu[114], wegen des unerlaubten Verlassens des Heimatstaats (sog. »Republikflucht«[115]) oder wenn der Staat das Auffordern zur Begehung von Gewalttaten sanktioniert.[116]

Trotz ihrer Völkerrechts- und Konventionswidrigkeit (Art. 3 EMRK) stellen auch 38 die Androhung von **Folter und Todesstrafe** für sich **allein** noch **keinen Asylgrund** dar.[117] Sie sind aber dann als politische Verfolgung zu qualifizieren, wenn sie wegen eines der asylrelevanten Merkmale angedroht oder mit Blick auf diese Merkmale in verschärfter Form angewendet werden.[118] Sofern drohende Folter oder Todesstrafe im Einzelfall nicht asylrelevant sind, können sie allerdings nach einfachem Recht ein Abschiebungshindernis begründen und zu einem Aufenthaltsrecht führen (vgl. § 25 Abs. 3, § 60 Abs. 2, 3 AufenthG). Auch andere Menschenrechtsverletzungen, wie unfaire Gerichtsverfahren, stellen keine politische Verfolgung dar, wenn sie als typisch für die Strafrechtspflege im betreffenden Staat angesehen werden müssen und keinen gegen den Betreffenden gerichteten politischen Gehalt haben.[119]

In einem ausländerrechtlichen Abschiebungsverfahren kann eine drohende politische 39 Verfolgung durch **diplomatische Zusicherungen** des Herkunftsstaates gegenüber der Bundesrepublik Deutschland ausgeschlossen werden.[120] Gegenstand der diplomatischen Zusicherung muss sein, dass der Staat in völkerrechtlich verbindlicher Weise erklärt, dass der Betroffene keine politische Verfolgung oder unmenschliche oder erniedrigende Strafe oder Behandlung im Falle seiner Rückkehr zu gewärtigen hat. Die Beurteilung der Eignung dieser Maßnahme fällt in den Kompetenzbereich der Bundesregierung im Rahmen der auswärtigen Gewalt.[121]

3. Staatlichkeit der Verfolgung

a) Unmittelbare staatliche Verfolgung

Das Leitbild des Asylrechts ist an der staatlichen Verfolgung entwickelt worden, bei 40 der die Erfahrung mit gut organisierten Nationalstaaten im Vordergrund stand und steht. Entsprechend setzt eine »politische« Verfolgung im Regelfall den Missbrauch hoheitlicher Herrschaftsmacht voraus, d.h. die Verfolgungshandlung muss **unmittelbar vom Staat ausgehen** bzw. diesem zugerechnet werden können.[122] Es besteht angesichts der wenig stabilen und wenig eindeutigen Machtverhältnisse in einigen Teilen der Welt aber auch außer Frage, dass der staatlichen Verfolgung eine Verfolgung

---

114 BVerwG, NVwZ 92, 275; NVwZ 1993, 193 (194).
115 BVerwGE 81, 41 (46 ff.); 87, 187 (190).
116 BVerwGE 80, 136 (142).
117 BVerfGE 81, 142 (151).
118 BVerfGE 81, 142 (151); BVerwGE 74, 226 (228).
119 BVerwGE 74, 226 (229).
120 BVerfGE 93, 248 (251); 94, 49 (97).
121 BVerfGE 93, 248 (251 ff.).
122 BVerfGE 54, 341 (358); 76, 143 (158); 80, 315 (334). Zu Maßnahmen der Armee: BVerwGE 89, 162 (166 f.); BVerwG, NVwZ-RR 1995, 54 (55).

durch eine Organisation mit staatsähnlicher Herrschaftsgewalt (**quasi-staatliche Verfolgung**) gleich zu setzen ist. Quasi-staatlich ist eine Herrschaftsgewalt nur, wenn sie auf einer staatsähnlich organisierten, effektiven und stabilisierten Herrschaftsmacht beruht.[123] Maßgeblicher Bezugspunkt ist der Heimatstaat des Ausländers[124] bzw. bei Staatenlosen der Staat des gewöhnlichen Aufenthalts.[125]

b) Mittelbare Staatliche Verfolgung

41 Schwierige Ab- und Eingrenzungsfragen stellen sich bei der Frage, ob und unter welchen Voraussetzungen politische Verfolgungshandlungen Dritter dem Staat zuzurechnen sind. Man spricht in diesem Zusammenhang von **mittelbarer staatlicher Verfolgung**. Als Zurechnungskriterium wird angeführt, dass eine Verantwortung des Staates dann vorliegen soll, wenn staatliche Stellen einzelne oder Gruppen zu Verfolgungsmaßnahmen anregen oder derartige Handlungen unterstützen oder tatenlos hinnehmen und dadurch den Betroffenen den erforderlichen Schutz versagen. Im letzteren Fall ist danach zu unterschieden, ob der Staat zur Schutzgewährung nicht willens oder nicht fähig ist, die ihm an sich verfügbaren Mittel im konkreten Fall gegenüber Verfolgungsmaßnahmen bestimmter Dritter einzusetzen.[126] Es geht damit – auf einen einfachen Nenner gebracht – um Fälle der **Komplizenschaft**.[127] Es würde aber zu weit führen, jeden Fall eines unterlassenen Schutzes als ausreichende Grundlage für eine solche Zurechnung genügen zu lassen, denn einen lückenlosen Schutz vor Unrecht und Gewalt kann der Staat nicht garantieren. Allerdings muss die Intensität des Schutzes dem Grad der Bedrängnis entsprechen.[128] Somit können bei einer mittelbaren staatlichen Verfolgung die Verfolgungsmaßnahmen von Privaten ausgeübt werden.[129] Mittelbare Verfolgung kann auch in der Form der Gruppenverfolgung stattfinden, etwa in den Fällen von Pogromen.[130] Vereinzelte rechtswidrige Verhaltensweisen von Amtswaltern können dem Staat ohne weiteres zugerechnet werden, es sei denn, dass er sie ausdrücklich oder stillschweigend unterstützt, billigt oder tatenlos hinnimmt.[131]

42 **Keine** mittelbare staatliche Verfolgung ist gegeben, wenn der Staat durch die Schutzgewährung gegenüber zahlreichen und massiven Verfolgungshandlungen Dritter **überfordert** ist, dies also seine tatsächlich verfügbaren Kräfte übersteigt.[132] Dies folgt aus teleologischen Erwägungen, da Grundlage der Zurechnung von Drittverfolgun-

---

123 BVerwGE 101, 328 (331); BVerwG, NVwZ 1999, 544.
124 BVerwGE 101, 328 (332).
125 BVerwG, NVwZ 1985, 589; NVwZ 1986, 759.
126 BVerfGE 54, 341 (358); 80, 315 (335 f.); BVerwGE 67, 317; *Randelzhofer*, in: Maunz/ Dürig, GG, Art. 16a, Abs. 1 (2007) Rn. 72–75.
127 BVerGE 80, 315 (336); *Wittreck*, in: Dreier I, Art. 16a, Rn. 69.
128 BVerfGE 83, 216 (235).
129 BVerwGE 85, 12 (19).
130 BVerwGE 85, 139 (142); 85, 266; 96, 200.
131 BVerfGE 80, 315 (336).
132 BVerfGE 80, 315 (336).

gen das staatliche Gewaltmonopol und die damit verbundene überlegene Hoheits-
macht ist, aus der sich eine Garantenstellung bzw. Schutzpflicht ableitet. Diese muss
der Staat für und gegen jedermann durch Einsatz seiner Sicherheits- und Ordnungs-
kräfte zum Schutz vor politisch motivierten Übergriffen wahrnehmen.[133] Die Garantenstellung entfällt, wenn **der Staat** prinzipiell und auf Dauer und nicht nur zeitweise **nicht in der Lage ist, solche Übergriffe zu verhindern**[134], weil er das Gesetz
des Handelns an andere Kräfte verloren hat und seine staatlichen Sicherheits- und
Ordnungsvorstellungen insoweit nicht mehr durchzusetzen vermag. Dann kommt
eine unmittelbare politische Verfolgung durch die Macht in Betracht, die den Staat
aus seiner überlegenen Position verdrängt und zumindest in einem Kernterritorium
ein Herrschaftsgefüge von gewisser Stabilität errichtet hat.[135]

c) Kriegs- und Bürgerkriegssituation

Es ist auch nicht Sinn und Zweck des Asylrechts, vor allgemeinen Unglücksfolgen zu   43
schützen, die sich aus **Krieg, Bürgerkrieg oder sonstigen Unruhen** ergeben können.[136] Gerade in solchen Fällen ist die über den rechtlichen Regelungsgehalt hi-
nausweisende Verheißung des Asylgrundrechts[137] zu Beginn der 90er Jahre zu weit
gegangen. Für diese Fälle enthält das einfache Bundesrecht Aufenthalts- und Ab-
schiebungsschutzregelungen (§§ 22 bis 24, 25 Abs. 3, § 60 Abs. 7, § 60a AufenthG).
Asylrelevant i.S.d. Art. 16a Abs. 1 GG sind derartige Umstände dann, wenn die
Maßnahmen des Staates gegen den Bürgerkriegsgegner nicht alle Betroffenen gleichmäßig treffen sollen, sondern einzelne und bestimmte Gruppen unter ihnen in
Abhängigkeit von asylerheblichen Gesichtspunkten herausgegriffen und in asylrele-
vanter Weise anders behandelt werden. Deshalb wird **politische Verfolgung ausnahmsweise dann angenommen**, wenn die staatlichen Kräfte den Bürgerkriegskampf
in einer Weise führen, die auf die physische Vernichtung von auf der Gegenseite stehenden oder ihr zugerechneten und nach asylerheblichen Merkmalen bestimmten
Personen gerichtet ist, obwohl diese keinen Widerstand mehr leisten wollen oder
können und an dem militärischen Geschehen nicht oder nicht mehr beteiligt sind
oder wenn im Falle des Gegenterrors die Handlungen der staatlichen Kräfte in die
gezielte physische Vernichtung oder Zerstörung der ethnischen, kulturellen oder religiösen Identität des gesamten aufständischen Bevölkerungsteils umschlagen.[138]

Politische Verfolgung kann auch gegeben sein, wenn eine **Bürgerkriegspartei eine**   44
verfestigte Gebietsherrschaft in Gestalt eines staatsähnlichen Herrschaftsgefüges
etabliert hat.[139] Nicht vom Asylrecht erfasst sind Bürgerkriegssituationen, in denen

---

133 *Maaßen*, in: Epping/Hillgruber BeckOK GG (2015), Art. 16a, Rn. 31.
134 BVerwGE 70, 232 (236); 72, 269 (275 f.).
135 BVerfGE-K, NVwZ 2000, 1165; BVerwGE 101, 328 (333 f.); 114, 16 (20 f.).
136 BVerfGE 80, 315 (340).
137 Zur neueren Entwicklung *Markard*, Kriegsflüchtlinge, 2012.
138 BVerfGE 80, 315 (340).
139 BVerwGE 114, 16 (22).

jegliche staatliche Gewalt zerfallen ist, da der Schutz vor den Folgen anarchischer Zustände oder der Auflösung der Staatsgewalt nicht von Art. 16a Abs. 1 GG erfasst wird.[140]

4. Einzel- und Gruppenverfolgung

45 Der **Betroffene muss in eigener Person verfolgt** sein.[141] Darin kommt zugleich der Charakter des Asylrechts als Individualgrundrecht zum Ausdruck.[142] So begründet allein die **familiäre Verbundenheit** mit einem politisch Verfolgten noch keine politische Verfolgung.[143] Allerdings ist es möglich, dass **Ehegatten** und minderjährige Kinder wegen ihrer Nähe zum eigentlich Verfolgten in den Verdacht geraten, dessen politische Überzeugung zu teilen oder gewissermaßen stellvertretend politisch verfolgt werden können, woraus sich die widerlegliche Vermutung für die eigene politische Verfolgung herleiten kann.[144]

46 Soweit der Gesetzgeber gleichwohl in § 26 AsylVfG ein Familienasyl geregelt hat, ist dies nicht von Verfassung wegen geboten[145], trägt aber Art. 6 GG Rechnung und dient zudem der Erleichterung des Asylverfahrens. Bei sonstigen Verwandtschaftsbeziehungen kann eine stellvertretende politische Verfolgung vorliegen, wenn die Verwandten in die gegen ihren Verwandten gerichtete politische Verfolgung über das übliche Maß hinaus einbezogen werden.[146]

47 Trotz der Ausrichtung am Einzelnen gibt in der behördlichen und gerichtlichen Praxis in den meisten Fällen die **Zugehörigkeit zu einer bestimmten Gruppe** den Ausschlag für eine politische Verfolgung. Auch dann muss aber die **individuelle Betroffenheit des Einzelnen** nachgewiesen werden. So kann eine politische Verfolgung wegen Zugehörigkeit zu einer bestimmten Gruppe vorliegen, wenn die Gruppenangehörigen wegen eines bei allen vorliegenden asylerheblichen Merkmals nicht nur von vornherein örtlich begrenzt verfolgt werden und sie sich in einer nach Ort, Zeit und Wiederholungsträchtigkeit vergleichbaren Lage befinden.[147] Im Falle einer örtlich begrenzten Gruppenverfolgung sind deshalb nur diejenigen Gruppenangehörigen gruppenverfolgt, die in der betroffenen Region leben.[148]

48 Die verschiedenen Konstellationen der Verfolgung wirken sich auch bei den Anforderungen an den Nachweis der Verfolgung und der Zurechnung von Verhalten aus.

---

140 BVerwGE 114, 16 (20).
141 BVerwGE 65, 244 (245 f.).
142 *Wittreck*, in: Dreier I, Art. 16a, Rn. 59.
143 BVerfG, NVwZ 1985, 260; BVerwGE 65, 244 (245).
144 BVerwGE 75, 304 (312); 79, 244 (246); *Hailbronner*, AuslR Art. 16a Rn. 161 (2003); *Wittreck*, in: Dreier I, Art. 16a, Rn. 59.
145 BVerfG NVwZ 1985, 260.
146 BVerwGE 79, 244 (246); 88, 92 (94); BVerwG, NVwZ 1994, 1122 f.
147 BVerfGE 83, 216 (231 ff.); BVerfG-K, DVBl 1996, 612; BVerwGE 67, 314 (315); 70, 232 (234); 96, 200 (203).
148 BVerwG, NVwZ 2007, 591 Rn. 5.

Die geringsten Anforderungen sind bei **unmittelbarer staatlicher Verfolgung** zu stellen. Hier reichen hinreichend sichere Anhaltspunkte für ein entsprechendes staatliches Verfolgungsprogramm aus.[149] In diesen Fällen besteht zudem eine **Regelvermutung**, dass jeder einzelne Angehörige der Gruppe von dem Verfolgungsschicksal persönlich mit betroffen ist, wenn nicht Tatsachen die Verfolgungsvermutung widerlegen.[150] Der für die Fälle der Vorverfolgung entwickelte herabgesetzte Wahrscheinlichkeitsmaßstab ist bei aktuell drohenden, nicht aber bei in der Vergangenheit stattgefundenen Gruppenverfolgungen anzuwenden.[151]

Zu unterscheiden ist die Gruppenverfolgung von der **Einzelverfolgung wegen Zugehörigkeit zu einer** bestimmten durch gemeinsame Merkmale verbundenen **Gruppe** von Menschen. Es geht dabei um Fälle, bei denen aus bestimmten Anlässen einzelne oder einige Mitglieder aus der Gruppe herausgegriffen und einer politischen Verfolgung unterworfen werden.[152] Auch wenn keine gruppengerichtete Verfolgung vorliegt, kann die gegenwärtige Gefahr politischer Verfolgung für einen Gruppenangehörigen aus dem Schicksal anderer Gruppenmitglieder hergeleitet werden.[153]   49

5. Vor- und Nachfluchtgründe

Das Asylrecht verlangt einen **Kausalzusammenhang** zwischen politischer Verfolgung, Flucht und Asyl.[154] Die Ausreise muss sich bei objektiver Betrachtung nach ihrem äußeren Erscheinungsbild als eine unter dem Druck erlittener Verfolgung stattfindende Flucht darstellen.[155] Dies setzt regelmäßig voraus, dass der Ausländer **vor** seiner Flucht politisch verfolgt wurde und diese Verfolgung noch andauert. Vor diesem Hintergrund ist systematisch zwischen Vorfluchtgründen (als dem Regelerfordernis) und Nachfluchtgründen (als Ausnahmefall) zu unterscheiden.[156]   50

a) Vorfluchtgründe

Wird eine Person bereits vor Verlassen des Heimatstaats verfolgt oder mit einer Verfolgung unmittelbar gedroht (**Vorverfolgte**), so ist davon auszugehen, dass ein innerer Zusammenhang zwischen erlittener Vorverfolgung und Asylbegehren in der Weise besteht, da bei Rückkehr mit einem Wiederaufleben der ursprünglichen Verfolgung zu rechnen ist oder dass das erhöhte Risiko einer gleichartigen Verfolgung besteht.[157]   51

---

149 BVerwGE 96, 200 (204); 101, 123 (125); 126, 243 (249).
150 BVerwGE 67, 314; 70, 232 (234).
151 BVerwGE 70, 232 (234); BVerwGE 101, 134 (137).
152 BVerwGE 70, 232 (233).
153 BVerfGE 83, 216 (235 f.).
154 BVerfGE 74, 51 (64); 80, 315 (335); BVerfG, NVwZ-RR 2008, 643; kritisch *Bergmann*, in: Renner, Ausländerrecht, Art. 16a, Rn. 51.
155 BVerwG Buchholz 402.25 § 1 AsylVfG Nr. 276.
156 *Wittreck*, in: Dreier I, Art. 16a, Rn. 79.
157 BVerwGE 104, 97 (100).

Für Vorverfolgte ist der **Wahrscheinlichkeitsmaßstab herabgestuft**[158], so dass bei der Rückkehr ein Wiederaufleben der ursprünglichen Verfolgung oder eine gleichwertige Verfolgung mit hinreichender Wahrscheinlichkeit ausgeschlossen sein muss.[159] Es widerspricht dem humanitären Charakter des Asyls, einem Asylsuchenden, der das Schicksal der Verfolgung bereits einmal erlitten hat, das Risiko einer Wiederholung aufzubürden[160], es sei denn, er kann vor erneuter Verfolgung hinreichend sicher sein.

52 Ausnahmsweise fehlt der Kausalzusammenhang, wenn der Betroffene **erst längere Zeit nach** erlittener, aber beendeter **Verfolgung seinen Heimatstaat** oder einen von diesem beherrschten Drittstaat **verlässt**.[161] Dabei mindert sich mit wachsendem Zeitabstand die Wahrscheinlichkeit einer gegenwärtigen Verfolgung.[162] Problematisch ist die Annahme eines Kausalzusammenhangs auch, wenn die geltend gemachte Furcht vor Verfolgung keinerlei Verknüpfung mehr zu der früher erlittenen aufweist[163] oder wenn die frühere Verfolgung ohne erkennbaren Einfluss auf den späteren Entschluss zum Verlassen des Heimatstaats war.[164]

53 Konnte der Betroffene in einem anderen Staat bereits Aufnahme und Schutz vor Verfolgung finden, so spricht auch dies gegen Ursächlichkeit. Diese Konstellation ist z.B. gegeben, wenn die Flucht des politisch Verfolgten im Drittstaat (**ausländische Fluchtalternative**) ihr Ende gefunden hat.[165] Dies ist regelmäßig bei einem Aufenthalt von **mehr als drei Monaten** der Fall (vgl. insoweit auch § 27 Abs. 3 AsylVfG).[166] Aufnahme und Schutz vor Verfolgung im Drittstaat setzen auch eine Hilfestellung zur Beseitigung von Obdachlosigkeit, Mittellosigkeit, Hunger oder Krankheit voraus.[167] Einer ausländischen Fluchtalternative werden die Schutzgewährung durch internationale Organisationen, der freiwillige Verzicht auf anderweitigen Verfolgungsschutz[168] und die anderweitige Verfolgungssicherheit durch eigenes zumutbares, die Gefahr politischer Verfolgung abwendbares Verhalten gleichgestellt.[169]

b) Nachfluchtgründe

54 Besondere Schwierigkeiten bereitet es, wenn sich der Betroffene zur Begründung seines Asylantrags auf Umstände beruft, die erst nach seiner Flucht eingetreten sind. So

---

158 Vgl. *Randelzhofer*, in: Maunz/Dürig, GG Art. 16a Abs. 1 (2007) Rn. 45–47.
159 BVerfGE 54, 341 (356 ff.); BVerwGE 70, 169 (170); 85, 266 (268); 104, 97 (99).
160 BVerfGE 54, 341 (356 f.).
161 BVerwGE 87, 52 (53 f.).
162 BVerwGE 87, 141 (146); 111, 334 (337).
163 BVerwGE 85, 266 (267); 104, 97 (100).
164 BVerwGE 70, 169; 71, 175 (179).
165 BVerwGE 79, 347 (349); 84, 115 (117); 88, 226 (229).
166 BVerwGE 77, 150 (152); 79, 347 (349); 88, 226 (229).
167 BVerwGE 78, 332 (344); 88, 226 (229); BVerwG, NVwZ 1988, 1035.
168 BVerwGE 75, 181 (186); 77, 150 (153).
169 BVerwGE 91, 150 (155); *Randelzhofer*, in: Maunz/Dürig, GG Art. 16a Abs. 1 (2007) Rn. 113.

soll es am Kausalzusammenhang zwischen Flucht und Asylbegehren fehlen, wenn der Asylsuchende unverfolgt ausgereist war und sich auf Umstände beruft, die erst danach **im Heimatstaat** eingetreten sind (**Nachfluchtgründe**). Gegenüber dieser rigiden Sichtweise hat sich in der Praxis aber eine differenzierende Betrachtungsweise durchgesetzt, die zwischen objektiven und subjektiven Nachfluchtgründen unterscheidet. So finden die allgemeinen Grundsätze über die Asylanerkennung in den Fällen Anwendung, in denen nach Verlassen des Heimatstaats politische Verfolgung durch Vorgänge oder Ereignisse im Heimatland oder durch sonstige vom Betroffenen nicht selbst herbeigeführte Umstände ausgelöst worden sind (**objektive Nachfluchtgründe**, § 28 Abs. 2 AsylVfG).[170] Als Beispiel kann der Regimewechsel während eines Auslandsaufenthalts angeführt werden. Ausschlaggebend ist, ob die Verfolgung objektiv mit **beachtlicher Wahrscheinlichkeit** droht.

Regelmäßig **nicht beachtlich** sind Nachfluchttatbestände, die vom Ausländer selbst   55
geschaffen wurden und wenn er unter Berufung auf sie Asyl begehrt (sog **subjektive oder selbst geschaffene Nachfluchtgründe**, § 28 Abs. 1 AsylVfG)[171], wie etwa öffentliche kritische Äußerungen über die Politik im Heimatstaat oder der Beitritt zu Exilorganisationen. Hierzu zählen auch Verfolgungshandlungen wegen »Republikflucht«[172] oder wegen des bloßen Einreichens eines Asylantrags[173]. Die restriktive Rechtsprechung hat ausweislich der Begründung zum Ziel, »Versuchen einer missbräuchlichen Inanspruchnahme des Asylrechts zu dem Zweck zu wehren, ein auf andere Weise für den Asylbewerber nicht erreichbares Aufenthaltsrecht in der Bundesrepublik Deutschland zu erwirken«.[174]

Ausnahmsweise und mit äußerster Vorsicht können subjektive Nachfluchtgründe   56
aber politische Verfolgung begründen, wenn sie »sich als Ausdruck und Fortführung einer schon während des Aufenthalts im Heimatstaat vorhandenen und erkennbar betätigten festen Überzeugung darstellen, mithin als notwendige Konsequenz einer dauernden, die eigene Identität prägenden und nach außen kundgegebenen Lebenshaltung erscheinen«[175] oder Folge einer zum Nachfluchtverhalten drängenden, zumindest latenten Gefährdungslage im Heimatstaat sind.[176] Auf die Fortführung einer bereits im Heimatstaat betätigten festen politischen Überzeugung kommt es dann nicht an, wenn der Ausländer nie in seinem Heimatstaat gelebt hatte oder für die Innehabung einer festen politischen Überzeugung zu jung war.[177]

---

170 BVerfGE 80, 315 (344 f.); BVerwGE 77, 258 (261); 85, 139 (141); 88, 92 (95).
171 BVerfGE 74, 51 (65); BVerwGE 88, 92 (95).
172 BVerwGE 81, 41 (46); BVerwG, NVwZ 1989, 69.
173 BVerwGE 68, 171 (175).
174 BVerwGE 68, 171 (174).
175 BVerfGE 74, 51 (66); BVerwGE 77, 258 (261); 90, 127 (130).
176 BVerwGE 81, 170 (173); 82, 171 (174); BVerwG, NVwZ 1993, 193.
177 BVerwGE 87, 187 (190); 90, 127 (131).

II. Inländische Fluchtalternative

57 In großen, kulturell und ethnisch vielfältigen Staaten sind die politischen und rechtlichen Verhältnisse nicht immer homogen. Das kann dazu führen, dass die Gefahr der politischen Verfolgung nur in bestimmten Landesteilen droht. Das BVerfG spricht in diesem Zusammenhang vom »**mehrgesichtigen Staat**«, der in verschiedenen Landesteilen unterschiedliche politische Ziele verfolgt und unterschiedliche Kultur- und Rechtsordnungen zulässt.[178] Eine solche Situation wirkt sich auch auf das Asylrecht aus. Auf Grund der Subsidiarität des Asylrechts ist nur asylberechtigt, wer durch die Verfolgungsmaßnahmen **landesweit in eine ausweglose Lage versetzt wird**.[179] Das ist der Fall, wenn er in anderen Teilen seines Heimatstaats eine tatsächlich erreichbare[180] und zumutbare Zuflucht nicht finden kann (sog. inländische Fluchtalternative).[181] Dies soll selbst dann gelten, wenn im betreffenden Gebiet keine staatliche oder quasi-staatliche Friedensordnung mehr besteht.[182]

58 Auch die **tatsächlich erreichbare inländische Zufluchtstätte** ist letztlich nur eine theoretische Möglichkeit, wenn der Asylsuchende sie nicht in zumutbarer Weise, insbesondere nicht ohne erhebliche eigene Gefährdungen erreichen kann.[183] **Nicht unzumutbar** ist es für einen Asylsuchenden, wenn er die inländische Fluchtalternative nur durch einen Transit über ein Gebiet, in dem ihm asylrelevante Verfolgung droht, erreichen kann[184] oder, wenn er sie erst nach Erwerb einer fremden Staatsangehörigkeit oder des Flüchtlingsstatus in einem Drittstaat erreichen kann[185]. Eine **nur vorübergehend fehlende tatsächliche Erreichbarkeit** der inländischen Fluchtalternative schließt das Bestehen einer inländischen Fluchtalternative nicht aus.[186]

59 **Unzumutbar** ist der Zufluchtsort, wenn der Asylsuchende auf Dauer ein Leben am Rande des **Existenzminimums** zu erwarten hat[187], es sei denn, er war dieser Notlage bereits am Herkunftsort ausgesetzt[188]. Das Fehlen des wirtschaftlichen Existenzminimums am Ort einer inländischen Fluchtalternative ist nur dann asylerheblich, wenn es verfolgungsbedingt ist. Eine inländische Fluchtalternative ist dagegen nicht deshalb unzumutbar, weil der Verfolgungsbedrohte durch eine seiner Qualifikation nicht entsprechenden Erwerbstätigkeit das zum Lebensunterhalt Erforderliche erwirtschaften

---

178 BVerfGE 80, 315 (342).
179 BVerwGE 67, 314.
180 BVerwG, NVwZ 1993, 1212.
181 BVerfGE 80, 315 (342); 81, 58 (65); BVerwGE 85, 139 (140); 101, 123 (130); 105, 204 (211).
182 BVerfGE 108, 84 (88).
183 BVerwGE 112, 345 (347).
184 *Zimmermann/Tams* in: Friauf/Höfling GG, Art. 16a, Rn. 92.
185 BVerwG Buchholz 402.242 § 60 Abs. 1 AufenthG Nr. 32, Rn. 13.
186 BVerwGE 104, 265 (277); 112, 345 (347 f.).
187 BVerwG, NVwZ 1988, 1035; BVerwG, NVwZ-RR 1992, 583 (584).
188 BVerwGE 105, 204 (212).

kann.[189] Nicht zumutbar sind entgeltliche Erwerbstätigkeiten für eine kriminelle Organisation.[190]

Der Asylsuchende kann aber nur dann auf eine inländische Fluchtalter native verwiesen werden, wenn er dort entsprechend dem **herabgestuften Wahrscheinlichkeitsmaßstab** vor Verfolgung hinreichend sicher ist.[191] Es ist ihm nicht zuzumuten, die Verfolgungsfreiheit in anderen Landesteilen gleichsam zu erproben.[192]   60

D. Grundrechtsberechtigte und -verpflichtete

Auf das Asylgrundrecht können sich Ausländer berufen, die **politisch verfolgt werden** (§ 1 AsylVfG).[193] Ausländer ist jeder, der nicht Deutscher iSd Art. 116 Abs. 1 GG ist, wobei hierunter auch **Staatenlose sowie Volksdeutsche** fallen, deren Status als Deutscher noch nicht festgestellt worden ist. Bis zur Änderung des Auslieferungsschutzes mit Art. 16 Abs. 2 S 2 GG war unstreitig, dass nach Entstehungsgeschichte und Regelungszweck das Asylgrundrecht **keine Anwendung auf Deutsche** findet, die sich statt dessen auf Art. 11 GG berufen können.[194] Unter Hinweis auf die Einschränkung des Auslieferungsschutzes für Deutsche wird vermehrt die gegenteilige Meinung vertreten[195]; der verfassungsändernde Gesetzgeber hatte allerdings eine derartige Neuinterpretation des Asylgrundrechts nicht beabsichtigt. **Juristische Personen** und Vereinigungen, wie zB Luftverkehrsgesellschaften, sind keine Grundrechtsträger.   61

E. Inhalt der Asylrechtsverbürgung

Nach allgemeiner Ansicht begründet Art. 16a GG in Abs. 1 ein **Individualgrundrecht und damit ein subjektives öffentliches Recht**, an das gem. Art. 1 Abs. 3 GG Gesetzgebung, Verwaltung und Rechtsprechung gebunden sind.[196] Höchstrichterlich noch nicht geklärt ist die in der Literatur kontrovers diskutierte Frage, ob das Asylgrundrecht unter dem Vorbehalt vorhandener staatlicher Aufnahmekapazitäten steht.[197] Von seiner Gewährleistung her ist das Asylgrundrecht eine **leistungsrecht-**   62

189 BVerwG, NVwZ-RR 1992, 583; BVerwG Buchholz 402.25 § 1 AsylVfG Nr. 270.
190 BVerwG, NVwZ 2007, 590 Rn. 11.
191 BVerfGE 80, 315 (345).
192 BVerfGE 101, 134 (137).
193 BVerfGE 9, 174 (179).
194 Vgl. *Bergmann*, in: Renner, Ausländerrecht Art. 16a, Rn. 19; *Randelzhofer*, in: Maunz/Dürig, GG, Art. 16 Abs. 2 S. 2 (1985) Rn. 62.
195 *Wittreck*, in: Dreier I, GG Art. 16a, Rn. 53; *Jarass/Pieroth*, GG, Art. 16a, Rn. 19.
196 Vgl. BVerfGE 54, 341 (356).
197 So *Randelzhofer*, in: Maunz/Dürig, GG Art. 16a Abs. 1 (2007) Rn. 131; *Hailbronner* AuslR Art. 16a Rn. 43 (2003); a.A. *Zimmermann/Tams* in: Friauf/Höfling GG Art. 16a, Rn. 129.

liche und keine abwehrrechtliche **Schutzverbürgung.**[198] Das Asylgrundrecht vermittelt Ansprüche auf Gewährung eines legalen Aufenthalts (Erteilung eines Aufenthaltstitels). Es beschränkt sich deshalb nicht auf die Gewährleistung eines bloßen Abschiebungs- und Auslieferungsverbots. Darüber hinaus darf der politisch Verfolgte nicht nur nicht an der Grenze zurückgewiesen werden[199]; ihm ist vielmehr die (legale) Einreise zu gestatten. Über die aufenthaltsrechtlichen Verbürgungen hinaus vermittelt das Asylrecht dem politisch Verfolgten aber auch eine »Sicherstellung seiner Existenz auf zumutbarem Niveau«[200], ohne dass aus dem Asylgrundrecht allerdings weitergehende Leistungsrechte hergeleitet werden können[201].

63 Während des Asylverfahrens bis zur rechtskräftigen Feststellung des Nichtbestehens des Asylgrundrechts stehen dem Asylsuchenden, der sich damit bereits in Deutschland aufhält, die aufenthaltsrechtlichen **Vorwirkungen des Asylgrundrechts** zu.[202] Ihm ist der Aufenthalt in Deutschland zu gestatten (§ 55 AsylVfG) und bis zur Entscheidung über das Asylgesuch darf er nicht in den mutmaßlichen Verfolgerstaat abgeschoben werden (§ 60 Abs. 1 AufenthG).[203] Räumliche Beschränkungen des Aufenthaltsrechts des Asylsuchenden stellen keinen Eingriff in das Asylrecht dar (dazu §§ 56 ff. AsylVfG), können aber durch andere Rechtsnormen beschränkt sein.[204] Die aufenthaltsrechtlichen Vorwirkungen sind allerdings durch Art. 16a Abs. 2 bis 5 GG maßgeblich beschränkt. Der **noch nicht in Deutschland aufhältige Asylsuchende** hat aus Art. 16a Abs. 1 GG keinen Anspruch auf Einreise aus dem Ausland, auf Visumerteilung zum Zwecke der Durchführung eines Asylverfahrens und auf Durchführung eines Asylverfahrens vom Ausland aus, da das Asylrecht erst entstehen kann, wenn der Ausländer Deutschland erreicht hat.[205] Auch die Visumpflicht ist nicht als Eingriff in das Asylgrundrecht zu qualifizieren.[206] Eine Verwirkung des Asylrechts ist nach der Reform des Jahres 1993[207] gemäß Art. 18 GG möglich.[208]

I. Das Asylanerkennungsverfahren

64 Das Asylgrundrecht ist ein **verfahrensgeprägtes Grundrecht**, d.h. die volle Rechtsgewährleistung steht unter einem Verfahrensvorbehalt. Der politisch Verfolgte muss seinen Schutzanspruch in einem Anerkennungsverfahren durch seinen Antrag (§ 13

198 *Randelzhofer*, in: Maunz/Dürig, GG, Art. 16a Abs. 1 (2007) Rn. 28; *Wittreck*, in: Dreier I GG, Art. 16a Rn. 84; a.A. *Zimmermann/Tams* in: Friauf/Höfling, GG, Art. 16a Rn. 41 ff.
199 BVerfG-K, NVwZ 1992, 973 (974); BVerwGE 105, 28.
200 BVerwGE 49, 202 (206); 65, 244; krit AK-GG/*Davy*, Art. 16a, Rn. 38.
201 A.A. *Masing*, in: Dreier I (2. Aufl.), Art. 16a, Rn. 98 f.
202 BVerfG, NVwZ 1983, 603 (604).
203 BVerwGE 62, 206 (210).
204 BVerfG, NVwZ 1983, 603 (604).
205 BVerwGE 69, 323 (325).
206 BVerfG-K, NVwZ 1987, 1068.
207 Zur früheren Rechtslage *Lerche*, in: FS Arndt, 1969, 199 ff.
208 *Wittreck*, in: Dreier I GG, Art. 16a, Rn. 114.

AsylVfG) zur Geltung bringen.[209] Das Grundgesetz enthält zwar – von den Vorgaben in Art. 16a Abs. 3 und 4 GG abgesehen – keine ausdrücklichen Bestimmungen darüber, wie das Asylanerkennungsverfahren im Einzelnen auszugestalten ist. Der Gesetzgeber ist aber gehalten, ein dem Gebot effektiven Grundrechtsschutz angemessenes Verfahren zu regeln.[210] Dabei ist zu berücksichtigen, dass Fehlentscheidungen im Asylrecht praktisch kaum zu korrigieren sind.[211] Insgesamt muss durch das Verfahren ein gewisser Mindeststandard eines fairen rechtsstaatlichen und im Hinblick auf das Asylgrundrecht effektiven Verwaltungsverfahrens gewahrt sein.[212] Diesen Vorgaben entspricht das AsylVfG nach der Rechtsprechung des BVerfG. Das gilt auch für das sog. Flughafenverfahren.[213]

Dem Gesetzgeber steht bei der Regelung des Asylverfahrens ein weiter **Gestaltungsspielraum** zu. Er muss das Verfahren so ausgestalten, dass eine zuverlässige und sachgerechte Prüfung von Asylgesuchen ermöglicht wird. Vor allem müssen ausreichende **Verfahrensvorkehrungen gegen unrichtige Entscheidungen** getroffen werden, die den Asylsuchenden der Verfolgungsgefahr aussetzen: die Folgen fehlerhafter Asylentscheidungen sind in der Regel nicht umkehrbar.[214] Deshalb obliegen auch den Gerichten besondere Aufklärungs- und Offenlegungspflichten.[215] Die Abweisung einer Asylklage als offensichtlich unzulässig oder unbegründet setzt vor diesem Hintergrund voraus, dass an den tatsächlichen Feststellungen des Gerichts vernünftigerweise kein Zweifel besteht und dass sich die Abweisung der Klage geradezu aufdrängt.[216]

Im Rahmen des Asylverfahrens müssen aber auch die kollidierenden Gemeinwohlbelange ausreichend berücksichtigt werden. Dazu gehört unter anderem, dass die mit der Asylgewährung verbundenen Folgelasten einer leichtfertigen Asylgewährung entgegenstehen. Großzügigkeit muss durch die Gemeinschaft »finanziert« werden. Dem müssen auch die Behörden und Gerichte Rechnung tragen und auch aus diesem Blickwinkel gründlich prüfen.[217] Auch dem Asylbewerber kann deshalb eine erhöhte Sorgfalt und Mühe, die etwa durch Verständigungsschwierigkeiten bedingt sind, zuzumuten. Ihn trifft aber keine förmliche Beweislast.[218] Die Grenze ist jedenfalls dann überschritten, wenn die Einforderung des Asylrechts praktisch unmöglich wird.[219] Sowohl bei der Wahl des Zeitpunkts der Anhörung als auch bei deren

65

---

209 BVerwGE 78, 332 (334).
210 BVerfGE 56, 216 (236).
211 *Wittreck*, in: Dreier I GG, Art. 16a, Rn. 123.
212 BVerfGE 94, 166 (200). Zu weiteren Einzelheiten *Wittreck*, in: Dreier I, GG, Art. 16a, Rn. 123.
213 BVerfGE 94, 166 (195 ff.). Dazu auch *Laier*, (Fn. 36).
214 BVerfGE 71, 276 ff.
215 BVerfG-K, NVwZ-RR 2004, 614; BVerwGE 85, 92; 87, 141.
216 BVerfG-K, EuGRZ 1997, 420; BVerfGE 71, 276 (292 ff.).
217 BVerfGE 94, 166 (200).
218 *Masing*, in: Dreier I (2. Aufl.), Art. 16a, Rn. 105.
219 BVerfGE 94, 166 (200 f.).

Durchführung ist auf die physische und psychische Verfassung Rücksicht zu neh-men.[220] Die Anhörung, die Entscheidung sowie die Sprachmittlung haben durch hinreichend geschultes Personal zu erfolgen. Auch können dem Asylsuchenden im Asylverfahren **Mitwirkungspflichten** auferlegt werden (vgl. § 15 AsylVfG).[221] Das **Flughafenasylverfahren** (§ 18a AsylVfG) entspricht den verfassungsrechtlichen Vor-gaben.[222]

66   Die Behörden müssen auch im Rahmen eines **Auslieferungsverfahrens** von Amts wegen klären, ob eine Gefahr politischer Verfolgung vorliegt und ob der betreffende Staat die Zusicherung der Nichtverfolgung einhalten wird.[223] Die Überprüfung der Asylberechtigung im Auslieferungsverfahren hat unabhängig davon zu erfolgen, ob das Asylanerkennungsverfahren vor den Verwaltungsgerichten abgeschlossen ist oder nicht[224]; die Entscheidung des BAMF über den Asylantrag ist für das Auslieferungs-verfahren nicht verbindlich (§ 4 S. 2 AsylVfG).

II. Schranken der Asylberechtigung

67   Durch die Verfassungsreform 1993 ist der Gesetzesvorbehalt zum Asylgrundrecht er-weitert worden. Neben den **Beschränkungen** durch die Absätze 2 bis 5 ist aber auch die Begrenzung durch andere von der Verfassung geschützte gleichrangige Rechts-werte zu berücksichtigen.[225] Als derartiger Rechtswert von Verfassungsrang, der im Einzelfall die Berufung auf das Asylrecht ausschließen kann, wird die **Sicherheit der Bundesrepublik Deutschland** und ihrer Länder als verfasster Friedens- und Ord-nungsmacht und die von ihr zu gewährleistende Sicherheit der Bevölkerung angese-hen. Bereits der Parlamentarische Rat hat anerkannt, dass bestimmte schwere Stö-rungen des öffentlichen Friedens asylrechtlich nicht hinzunehmen sind.[226]

68   Für die Gewährung des Asylrechts gibt es – im Einklang mit dem insoweit weit ge-fassten Völkerrecht – hinsichtlich der Sicherheit des Staates und seiner Bevölkerung eine »**Opfergrenze**«[227], die durch den einfachen Gesetzgeber konkretisiert werden kann.[228] Das Asylgrundrecht steht insoweit unter einem »**Terrorismusvorbehalt**«[229] und kann im Übrigen nach Art. 18 GG verwirkt werden, wenn es zum Kampf gegen die freiheitlich-demokratische Grundordnung missbraucht wird. Ausländer, die von

---

220 BVerfGE 94, 166 (201).
221 BVerwG, NVwZ 1994, 1123.
222 BVerfGE 94, 166 (195 ff.).
223 BVerfGE 63, 197 (206).
224 BVerfGE 60, 348 (356 f.).
225 BVerwGE 106, 351 (357 f.); 109, 1 (3); 112, 180 (181); vgl. dazu *Randelzhofer*, in: Maunz/Dürig, GG, Art. 16a, Abs. 1 (2007) Rn. 129–131.
226 Parl. Rat, 4. Sitzung des Grundsatzausschusses am 23.09.1948, Sten.Ber. 37.
227 BVerwGE 49, 202 (209); 68, 171 (179).
228 BVerwGE 109, 1 (4).
229 *Gnatzy*, in: Schmidt-Bleibtreu/Hofmann/Henneke, GG, Art. 16a, Rn. 20; *Randelzhofer*, in: Maunz/Dürig, GG, Art. 16a Abs. 1 (2007) Rn. 130.

Deutschland aus sich terroristisch gegen ihr Heimatland betätigen, können weder Asylrecht noch Abschiebungsschutz nach § 60 Abs. 1 AufenthG für sich beanspruchen.[230]

Der Bundesgesetzgeber hat entsprechende Grenzziehungen in § 3 Abs. 2 AsylVfG 69 iVm § 60 Abs. 8 AufenthG für Asylsuchende vorgenommen, die **aus schwerwiegenden Gründen als eine Gefahr für die Sicherheit** der Bundesrepublik Deutschland oder eine **Gefahr für die Allgemeinheit** anzusehen sind, oder die Verbrechen gegen den Frieden, Kriegsverbrechen oder Verbrechen gegen die Menschlichkeit begangen haben.

III. Wegfall der Asylanerkennung

Die durch Asylgewährung begründete Rechtsstellung ist nicht unentziehbar, sondern 70 grundsätzlich vom Fortbestand der Bedrohung abhängig. Ist der Asylberechtigte nicht mehr schutzbedürftig, weil ihm politische Verfolgung nicht oder nicht mehr droht, so kann die Asylberechtigung erlöschen, widerrufen oder zurückgenommen werden (§§ 72 f. AsylVfG). Bei Vorliegen eines Erlöschenstatbestandes (§ 72 Abs. 1 AsylVfG) wird der materielle Asylanspruch automatisch beseitigt, weil der Ausländer auf die Asylanerkennung verzichtet, er sich freiwillig dem Schutz seines Heimatstaates unterstellt oder er eine andere Staatsangehörigkeit angenommen hat.

Ein **Widerruf** (§ 73 AsylVfG) ist möglich, wenn über eine Änderung der Erkennt- 71 nisse über eine objektiv unveränderte Lage oder deren abweichende Würdigung hinaus sich die für die Beurteilung der Verfolgungslage maßgeblichen Verhältnisse nachträglich entscheidungserheblich geändert haben.[231] Ob dem Ausländer wegen allgemeiner Gefahren im Herkunftsland eine Rückkehr unzumutbar ist, ist beim Widerruf der Asylanerkennung nicht zu berücksichtigen.[232] Ein Widerrufsgrund liegt auch dann vor, wenn erst nach der Anerkennung als Asylberechtigter ein Ausschlussgrund nach § 60 Abs. 8 AufenthG der Behörde bekannt wurde.

F. Drittstaatenregelung (Abs. 2)

I. Ausschluss von der Gewährung des Asylgrundrechts

Eine der wesentlichen und praktisch bedeutsamsten (aber auch umstrittensten) Ver- 72 änderungen im Zuge der Verfassungsreform 1993 war die Einführung der so genannten Drittstaatenregelung in Art. 16a Abs. 2 GG. Danach kann sich ein Ausländer im Falle der Einreise aus einem sicheren Drittstaat **nicht auf das Asylgrundrecht berufen**. Die Verfassung geht in diesem Fall davon aus, dass der Ausländer keines Schutzes durch die Bundesrepublik Deutschland bedarf.[233] Die Drittstaatenregelung ist Ausdruck der Überzeugung des Gesetzgebers, dass ein vor politischer Verfolgung

230 BVerfGE 80, 315; 81, 142; BVerfG, InfAuslR 2008, 263; BVerwGE 109, 1.
231 BVerwGE 112, 80 (82); 126, 243 Rn. 16; BVerwG Urt. v. 12.06.2007 – 10 C 24.07.
232 BVerwGE 126, 243 Rn. 16.
233 Gesetzesbegründung zu Art. 16a Abs. 2, BT-Drs 12/4152, 4.

Flüchtender in dem ersten Staat um Schutz nachsuchen muss, in dem ihm dies möglich ist.[234] Diese Regelung soll sicherstellen, dass bei aus sicheren Drittstaaten einreisenden Asylsuchenden eine Aufenthaltsnahme verhindert bzw. umgehend beendet wird, indem auf eine individuelle Prüfung des Asylgesuchs verzichtet wird. Eine aufwändige Einzelfallprüfung soll damit vermieden werden. Die Drittstaatenregelung ist die einzige Bestimmung des Asylrechts, die einen Personenkreis vollständig von der Asylrechtsverbürgung ausnimmt.[235] Die Drittstaatenregelung tritt hinter den völkerrechtlichen Vereinbarungen i.S.v. Art. 16a Abs. 5 GG zurück. Gemeinschaftsrechtliche Vorschriften, nach denen Deutschland im Einzelfall auch bei Voraufenthalt des Ausländers in einem sicheren Drittstaat zur Asylgewährung verpflichtet sein kann (siehe vor allem Art. 6 bis 8 DublinII-Verordnung), schränken demgegenüber Abs. 2 grundsätzlich nicht ein.[236]

73   Die Drittstaatenregelung hat inzwischen erheblich an praktischer Bedeutung verloren, da bis auf die Schweiz alle Anrainerstaaten der Bundesrepublik Deutschland Mitglied der EU sind und für die asylrechtliche Zusammenarbeit mit diesen Staaten die Dublin-II-Verordnung bzw. das Dubliner Übereinkommen vom 15.07.1990 über die Bestimmung des zuständigen Staates für die Prüfung eines in einem Mitgliedstaat der EG gestellten Asylantrags Vorrang vor der Anwendung der Drittstaatenregelung hat.

74   Art. 16a Abs. 2 unterscheidet zwischen **zwei Gruppen** von sicheren Drittstaaten: die Mitgliedstaaten der Europäischen Gemeinschaften und andere durch Bundesgesetz zu bestimmende sichere Drittstaaten.

II. Die Mitgliedstaaten der Europäischen Gemeinschaften als sichere Drittstaaten (Satz 1 Alternative 1)

75   Alle Mitgliedstaaten der Europäischen Union sind kraft Verfassung sichere Drittstaaten. Gleiches gilt für Staaten, die später den Europäischen Gemeinschaften beitreten, **ab dem Zeitpunkt ihres Beitritts**.[237] Anders als bei den durch einfaches Gesetz zu bestimmenden Drittstaaten fordert die Verfassung für die sicheren Drittstaaten kraft EU-Mitgliedschaft nicht, dass dort die Anwendung der GFK und der EMRK sichergestellt ist.[238] Dies bedeutet jedoch nicht, dass bei den EU-Mitgliedstaaten ein geringeres Maß an Sicherheit gefordert wird.[239] Die EMRK und die GFK, denen alle EG-Mitgliedstaaten beigetreten sind, gehören vielmehr zum Bestand der **Werteordnung aller Mitgliedstaaten**. Ihre konsequente Anwendung ist eine Grundlage für die

---

234 Gesetzesbegründung zu § 26a AsylVfG, BT-Drs 12/4450, 20.
235 *Masing*, in: Dreier I (2. Aufl.), Art. 16a, Rn. 71.
236 Anders *Masing*, in: Dreier I (2. Aufl), Art. 16a, Rn. 76.
237 BVerfGE 94, 49 (89).
238 BVerfGE 94, 49 (90). Zu Ausnahmen nach Art. 3 Abs. 2 Dublin II VO s. VG Frankfurt, Urt. v. 08.07.2009, Az. 7 K 4376/07 (3).
239 Anders *Masing*, in: Dreier I (2. Aufl.), Art. 16a, Rn. 73, wenn er die Regelung als Fiktion bezeichnet.

gemeinschaftliche Zusammenarbeit der Mitgliedstaaten. Dies rechtfertigt es, in Art. 16a Abs. 2 GG zwischen den EU- Mitgliedstaaten und anderen, durch einfaches Gesetz zu bestimmenden sicheren Drittstaaten zu unterscheiden, denn bei Letzteren fehlt der gemeinschaftliche Rahmen, der eine menschenrechtliche Grundlage setzt. Mit der Bestimmung der EU-Mitgliedstaaten kraft Verfassung zu sicheren Drittstaaten hat der verfassungsändernde Gesetzgeber die Entwicklung der Gemeinschaft zu einer Werteordnung aufgegriffen und zum Ausdruck gebracht, dass er den Flüchtlingsschutz in den anderen EU-Mitgliedstaaten gegenüber dem in Deutschland als gleichwertig ansieht, so dass dort für Asylsuchende eine vergleichbare Möglichkeit besteht, Schutz vor politischer Verfolgung zu erlangen. In den Fällen einer Erweiterung der EU hat der deutsche Gesetzgeber im Zusammenhang mit der Verabschiedung des Zustimmungsgesetzes zur Beitrittsakte zu prüfen, ob die neuen Mitgliedstaaten diesen Anforderungen gerecht werden.[240]

Die Europäische Union hat für ihren Binnenbereich ein eigenes System der Zuord- 76 nung geschaffen, das sog. Dublin-Verfahren.[241] Es basiert auf dem Grundgedanken, dass nur in demjenigen Mitgliedstaat ein Asylverfahren durchzuführen ist, der nach Überschreitung der EU-Außengrenze der Erstkontakt erfolgte. Reist ein Asylbewerber gleichwohl in einen anderen Mitgliedstaat weiter, so erfolgt eine Überstellung in den Staat des Erstkontakts. Das ist nur dann ausgeschlossen, wenn in diesem Staat eine ordnungsgemäße Durchführung eines Asylverfahrens wegen systemischen Versagens nicht gewährleistet ist.[242] In diesen Fällen muss nach den Vorgaben der EMRK auch Rechtsschutz gewährleistet sein.[243]

III. Sonstige gesetzlich zu bestimmende sichere Drittstaaten (Satz 1 Alternative 2, Satz 2)

1. Anwendung der GFK und der EMRK

Durch einfaches Bundesgesetz mit Zustimmung des Bundesrates können die siche- 77 ren Drittstaaten außerhalb der Europäischen Union bestimmt werden. Das setzt voraus, dass in diesen Staaten die Anwendung der GFK und der EMRK sichergestellt ist. Entsprechend müssen diese Staaten den beiden Konventionen **förmlich beigetreten sein** und die tatsächliche **Einhaltung dieser Konventionen gewährleisten**.[244] Ferner muss der Drittstaat auch dem New Yorker Zusatzprotokoll zur GFK vom 31.01.1967 beigetreten sein und sich den in beiden Konventionen vorgesehenen

---

240 *Randelzhofer*, in: Maunz/Dürig, GG, Art. 16a Abs. 2–5 (1999) Rn. 5; *Zimmermann/Tams* in: Friauf/Höfling GG Art. 16a Rn. 147.
241 Dazu im Überblick *Bergmann*, ZAR 2015, 81 ff.
242 *Lübbe*, ZAR 2014, 105 ff.; *dies.*, ZAR 2015, 125 ff.
243 Siehe *Bergmann*, ZAR 2015, 81 (84 ff.).
244 BVerfGE 94, 49 (90 f.).

Kontrollverfahren unterworfen haben.[245] Nicht erforderlich ist die Zeichnung der Zusatzprotokollen zur EMRK.[246]

78 Darüber hinaus muss gewährleistet sein, dass asylsuchende Ausländer in den Drittstaaten **nicht politisch verfolgt** werden, **nicht den Vorschriften der EMRK zuwider** einer unmenschlichen oder erniedrigenden Behandlung ausgesetzt sind, nicht entgegen den Vorschriften der GFK in ihren Herkunftsstaat abgeschoben werden und die Möglichkeit haben, sich an der Grenze oder im Hoheitsgebiet des betreffenden Staates mit einem Schutzersuchen an die dortigen Behörden zu wenden. Präklusionsfristen stehen der Bestimmung eines Drittstaates als sicher nicht entgegen, solange dort das Refoulement-Verbot des Art. 33 GFK beachtet wird.[247] Nicht entscheidend ist, ob ein Staat sämtliche in der GFK niedergelegten sozial-rechtlichen Vorschriften erfüllt.[248]

79 Es können aber auch Staaten sichere Drittstaaten sein, die ihrerseits eine Drittstaatenregelung praktizieren, wenn sie hierdurch nicht gegen die GFK und die EMRK verstoßen.[249] Aus den Vorgaben des Art. 16a Abs. 2 S. 1 GG (Anwendung der GFK und EMRK) kann gerade nicht hergeleitet werden, dass dem Ausländer im Drittstaat ein förmliches Asylanerkennungsverfahren gewährt werden muss. Ausreichend ist die Einhaltung des völkerrechtlichen Refoulement-Verbots (Art. 33 GFK). Es ist demgemäß zulässig, dass der Drittstaat den Ausländer ohne inhaltliche Prüfung des Asylgesuchs in einen von ihm als sicher eingestuften Drittstaat (sog. »**Viertstaat**«) zurückführt.[250] Diese Weiterschiebungsmöglichkeit bei zusammentreffenden Drittstaatenregelungen stellt nur dann **keine unzulässige Kettenabschiebung** dar, wenn sichergestellt ist, dass der Ausländer letztlich nicht in einen Staat verbracht wird, in dem ihm politische Verfolgung oder menschenrechtswidrige Behandlung droht.

80 Die Gesetz bestimmten sicheren Drittstaaten unterliegen einer **fortlaufenden Überprüfung der rechtlichen und politischen Verhältnisse.** Entfallen Wenn auf Grund veränderter rechtlicher oder politischer Verhältnisse die Voraussetzungen für die Eigenschaft, sicherer Drittstaat zu sein, muss der Staat durch einfaches Gesetz oder durch Rechtsverordnung gemäß § 26a Abs. 3 AsylVfG von der Liste sicherer Drittstaaten entfernt werden.

81 Diese politisch heftig umstrittene, aber vom BVerfG als verfassungsgemäß qualifizierte Regelung[251] hat nach den EU-Erweiterungen und wegen des Vorrangs der europäischen Asylzuständigkeitsregelungen erheblich **an Bedeutung verloren.** Dies wird dadurch deutlich, dass die vom Bundesgesetzgeber aufgestellte Liste sicherer

---

245 BVerfGE 94, 49 (90 f.).
246 *Randelzhofer*, in: Maunz/Dürig, GG Art. 16a Abs. 2–5 (1999) Rn. 10; *Hailbronner* AuslR Art. 16a Rn. 310 (2003).
247 BVerfGE 94, 49 (90).
248 *Hailbronner*, AuslR Art. 16a Rn. 323 (2003).
249 BVerfGE 94, 49 (91).
250 BVerfGE 94, 49 (92).
251 BVerfGE 94, 49 ff.

Drittstaaten durch die Erweiterung der EU auf die Staaten Norwegen und Schweiz geschrumpft ist (Anlage I zu § 26a Abs. 2 AsylVfG), wobei für Norwegen allerdings auch noch die Einschränkung gilt, dass die Zuständigkeitsregelungen des Parallelabkommens zum Dubliner Übereinkommen gegenüber der Drittstaatenregelung Vorrang haben.

2. Das »Konzept der normativen Vergewisserung«

Das BVerfG hat die Drittstaatenregelung in ein Konzept der »**normativen Vergewis-** 82 **serung**« eingefügt, um den Grundrechtsschutz zu verstärken. Danach hat der Gesetzgeber bei der Bestimmung der sicheren Drittstaaten eine **Einschätzungs- und Entscheidungsprärogative**, verbunden mit einem weiten Ermessensspielraum bei der Bestimmung seiner Erkenntnismittel.[252] Hinzu tritt, dass die abstrakt-generelle Festlegung der Sicherheit in Drittstaaten ohne Widerlegungsmöglichkeit im Einzelfall für alle vom Konzept erfassten Fallgestaltungen gilt und dass die gerichtliche Überprüfbarkeit bei unmittelbar kraft Verfassung sicheren Drittstaaten ausgeschlossen und die verfassungsgerichtliche Überprüfungsmöglichkeit bei durch einfaches Gesetz bestimmten sicheren Drittstaaten auf die Prüfung der Vertretbarkeit der Entscheidung des Gesetzgebers beschränkt ist.[253]

a) Die Einschätzungsprärogative des Gesetzgebers

Der Gesetzgeber kann das Verfahren zur Bestimmung sicherer Drittstaaten weit- 83 gehend frei gestalten. Er legt selbst **das Prüfungsverfahren und die Erkenntnisquellen** fest und ist auch zuständig für die **Bewertung** der gewonnenen Erkenntnisse auf der Grundlage der Vorgaben von Art. 16a Abs. 2 S 1 Alt 2 GG.[254]

Der **Gesetzgeber würde seinen Spielraum** bei der Auswahl der Erkenntnisquellen al- 84 lerdings dann **überschreiten**, wenn er seine Informationen ausschließlich aus unseriösen oder völlig einseitigen Quellen bezieht. Der Gesetzgeber hat sich im Rahmen des Konzepts der »normativen Vergewisserung« darüber Gewissheit zu verschaffen, dass der Drittstaat nach seiner Rechtsordnung nicht befugt ist, Ausländer in einen »Viertstaat« abzuschieben, in welchem ihnen ohne Prüfung der Art. 33 GFK, Art. 3 EMRK die Weiterschiebung in den angeblichen Verfolgerstaat droht.[255]

Bei der Subsumtion der von ihm gewonnenen Erkenntnisse unter die verfassungs- 85 rechtlichen Prüfkriterien genießt der Gesetzgeber ebenfalls einen **Bewertungsspielraum**, der prozessual durch eine »**Vertretbarkeitsprüfung**« gekennzeichnet ist. Der Gesetzgeber muss durch interne Überwachungsmechanismen gewährleisten, dass der Drittstaat die verfassungs-rechtlichen Voraussetzungen für die Aufnahme in die Liste sicherer Drittstaaten weiterhin erfüllt.

---

252 BVerfGE 94, 49 (93 f.).
253 BVerfGE 94, 49 (93).
254 BVerfGE 94, 49 (93).
255 BVerfGE 94, 49 (92).

b) Die abstrakt-generelle Festlegung der Sicherheit in Drittstaaten

86 Einen Ausschluss jeglicher Einzelfallprüfung oder Widerlegungsmöglichkeit lässt das deutsche Verfassungsrecht nur innerhalb des Konzepts der »normativen Vergewisserung« zu. In dem die besondere Verantwortung des Gesetzgebers für die Asylgewährung zum Ausdruck kommt.[256] Dieses Konzept bezieht sich darauf, dass der Drittstaat einem Flüchtling den nach der GFK und der EMRK gebotenen Schutz gewährt, so dass es einer Schutzgewährung durch die Bundesrepublik Deutschland nicht bedarf.[257] Die **normative Vergewisserung umfasst** neben Art. 16a Abs. 1 GG grundsätzlich **auch** die einfachgesetzlichen Schutztatbestände in § 60 Abs. 1 bis 3, 5 bis 7 AufenthG.[258] Dies hat zur Folge, dass Antragsteller in diesen Fällen auch mit der auf das Bestehen von Abschiebungshindernissen gerichteten Behauptung, gerade für sie bestehe keine Sicherheit im Drittstaat, nicht gehört werden. Allerdings hat die Bundesrepublik Deutschland auch in Drittstaatenfällen dann Schutz zu gewähren, wenn Abschiebungshindernisse nach § 60 Abs. 1 bis 3, 5 bis 7 AufenthG durch Umstände begründet werden, die ihrer Eigenart nach nicht vorweg im Rahmen des Konzepts der normativen Vergewisserung berücksichtigt werden können. In diesen Fällen sind auch die Verwaltungsgerichte nicht nach § 34a Abs. 2 AsylVfG gehindert, die Rückführung in den Drittstaat zu untersagen. Das BVerfG führt hierzu einen Katalog mit insgesamt **fünf Ausnahmesituationen** an[259], der als abschließende Aufzählung anzusehen ist[260].

87 Die Sicherstellung der Anwendung der GFK und der EMRK in sicheren Drittstaaten schließt nicht aus, dass in diesen Staaten die Todesstrafe angewandt wird.[261] Insoweit wird von dem Konzept der normativen Vergewisserung das Abschiebungshindernis des § 60 Abs. 3 AufenthG nicht erfasst. Allerdings handelt es sich hierbei um eine theoretische Fallgestaltung, da in keinem der sicheren Drittstaaten die Todesstrafe vollstreckt wird. Das Vorbringen eines Asylbegehrenden, ihm drohe in diesen Staaten die Todesstrafe, kann daher bei der Entscheidung über die Rückführung des Ausländers in den Drittstaat grds. unberücksichtigt bleiben.[262]

88 Der Ausländer kann sich auf § 60 Abs. 7 S 1 AufenthG berufen, wenn er »eine erhebliche konkrete Gefahr dafür aufzeigt, dass er in unmittelbarem Zusammenhang mit der Zurückweisung oder Rückverbringung in den Drittstaat dort Opfer eines Verbrechens werde, welches zu verhindern nicht in der Macht des Drittstaats steht«.[263]

---

256 BVerfGE 94, 49 (95 ff.).
257 BVerfGE 94, 49 (96). Siehe auch *Wittreck*, in: Dreier I, Art. 16a, Rn. 94–100.
258 BVerfGE 94, 49; vgl. hierzu auch *Lehnguth/Maaßen*, ZfSH/SGB 1995, 281 (286); anders *Masing*, in: Dreier I (2. Aufl.), Art. 16a, Rn. 879.
259 BVerfGE 94, 49 (99); *Wittreck*, in: Dreier I, Art. 16a, Rn. 98.
260 *Randelzhofer*, in: Maunz/Dürig, GG, Art. 16a Abs. 2–5 (1999) Rn. 69; anders *Masing*, in: Dreier I (2. Aufl.), Art. 16a, Rn. 80.
261 BVerfGE 94, 49 (99).
262 *Hailbronner* AuslR Art. 16a Rn. 346 (2003).
263 BVerfGE 94, 49 (99).

Kommt es zu einerschlagartigen Veränderung der Verhältnisse im so ist bei den   89
vom einfachen Gesetzgeber festgelegten sicheren Drittstaaten gemäß § 26a Abs. 3
AsylVfG durch Rechtsverordnung der Bundesregierung der Staat von der Liste sicherer Drittstaaten zu streichen. Sollte die Reaktion der Bundesregierung auf die Veränderungen noch ausstehen, darf eine Rückführung in den bisher als sicher angesehenen Drittstaat nicht erfolgen.

Wird der Drittstaat für den Schutzsuchenden zum Verfolgerstaat, so ist er vom   90
Konzept der »normativen Vergewisserung« nicht erfasst.[264]

Verweigert der Drittstaat Schutz aus Gründen politischer Rücksichtnahme, so ist   91
auch die vom Konzept der normativen Vergewisserung ist nicht erfasst.[265] Auch dabei gilt, dass ein Fehlverhalten *einzelner* Entscheidungsträger nicht dazu führt, dass
ein Drittstaat insgesamt als nicht sicher angesehen werden kann.

Insgesamt soll dadruch ausgeschlossen warden, dass der Ausländer »sehenden Auges«   92
einer menschenrechtswidrigen Behandlung ausgesetzt wird. Um zu verhindern, dass
durch die Berufung auf diese Ausnahmesituationen die Drittstaatenregelung unterlaufen wird, sind nach Auffassung des BVerfG an die Darlegung des Ausländers strenge Anforderungen zu stellen.[266] Für die betroffenen Behörden muss es sich auf Grund
bestimmter Tatsachen geradezu aufdrängen, dass der Ausländer von einem dieser Sonderfälle betroffen ist[267], etwa wenn die Tatsachen allgemein bekannt sind oder für die
betreffenden Behörden anderweitig offenkundig werden. Denkbar wäre, dass über die
Rückführung eines prominenten Ausländers vom Drittstaat in den Herkunftsstaat in
den Medien berichtet wird. Aus diesen Ausnahmesituationen ergibt sich aber kein
vorläufiges Einreise- oder Bleiberecht.[268] Darüber hinaus können die Behörden das
Vorliegen derartiger Ausnahmesituationen auch dadurch ausschließen, dass sie mit
den zuständigen Behörden des anderen Staates Kontakt aufnehmen, den Sachverhalt
klären und gegebenenfalls zum Schutz des Ausländers Vorkehrungen treffen[269], wobei auch hier an diplomatische Zusicherungen zu denken ist.

Nicht erfasst werden vom Konzept der normativen Vergewisserung alle **inlandsbezo-**   93
genen Abschiebungshindernisse, wenn z.B. eine Rückführungsmaßnahme an sich
eine Gefährdung des Lebens des Ausländers darstellt.[270]

---

264 BVerfGE 94, 49 (99).
265 BVerfGE 94, 49 (99 f.).
266 Kritisch *Masing*, in: Dreier I (2. Aufl.), Art. 16a, Rn. 87 mit Hinweis auf die Diskrepanz
    von normativem Anspruch und faktischer Kontrolle.
267 BVerfGE 94, 49 (100).
268 *Hailbronner*, NVwZ 1996, 625 (627).
269 BVerfGE 94, 49 (100).
270 BVerfGE 94, 49 (101).

IV. Die Kontakte des Asylsuchenden zum Drittstaat

94 Die Drittstaatenregelung findet Anwendung auf alle asylsuchenden Ausländer, die nicht unmittelbar aus ihrem Heimatstaat, sondern **aus** einem sicheren Drittstaat auf dem Land-, Luft- oder Seeweg nach Deutschland einreisen. Ist der Drittstaat allerdings zugleich **Heimatstaat des Ausländers**, findet die Drittstaatenregelung keine Anwendung, da er in Bezug auf den Betreffenden kein »Dritt«-Staat ist.[271] Auf **Unionsbürger** findet die Regelung über sichere Herkunftsstaaten Anwendung (§ 29a Abs. 2 AsylVfG; Protokoll zum EG-Vertrag über die Gewährung von Asyl für Staatsangehörige von Mitgliedstaaten der Europäischen Union).

95 Es kommt nicht darauf an, ob dem Ausländer nachgewiesen werden kann, aus welchem **konkreten Drittstaat** er eingereist ist[272], der Ausländer tatsächlich in den sicheren Drittstaat zurückgeführt wird oder zurückgeführt werden kann oder ob der Ausländer i.S.d. § 27 AsylVfG in dem Drittstaat vor politischer Verfolgung sicher war. Bei einem Ausländer, der über mehrere Staaten in das Bundesgebiet eingereist ist, ist es **ausreichend, wenn einer der Transitstaaten** ein sicherer Drittstaat ist. Ist der Ausländer über mehrere sichere Drittstaaten in das Bundesgebiet eingereist, und ist Deutschland gegenüber einem dieser Staaten auf Grund eines Zuständigkeitsübereinkommens zur Durchführung des Asylverfahrens verpflichtet, so genügt Deutschland dieser Verpflichtung auch dann, wenn es die Drittstaatenregelung in Bezug auf den anderen sicheren Drittstaat, durch den der Ausländer gereist war, anwendet (so Art. 3 Abs. 3 Dublin-II-Verordnung). Ein Voraufenthalt des Ausländers in einem sicheren Drittstaat soll dann unschädlich sein, wenn er danach in den Heimatstaat zurückgereist war[273]; allerdings stellt sich in diesem Falle die Frage, ob die freiwillige Rückreise in den Heimatstaat nicht das Bestehen von Verfolgung ausschließt.

96 Bereits ein **Gebietskontakt**, d.h. ein tatsächlicher Aufenthalt im Drittstaat, reicht aus.[274] Auf eine bestimmte Verfestigung des Aufenthalts im Drittstaat kommt es nicht an. Bereits durch einen tatsächlichen Aufenthalt werden die Schutzmechanismen der GFK und der EMRK (Refoulement-Verbot aus Art. 33 GFK, Art. 3 EMRK) ausgelöst. Daher führt bei einem flugreisenden Asylbewerber der Aufenthalt im **Flughafentransitbereich** eines sicheren Drittstaats zum Asylrechtsausschluss, auch wenn er den Transitbereich des Flughafens nicht verlassen hat.[275] Jedoch muss feststehen, dass der Ausländer **objektiv die Möglichkeit hatte**, gegenüber den Behörden des Drittstaats Schutz zu beanspruchen.[276]

---

271 Anders *Pagenkopf/Will*, in: Sachs, GG, Art. 16a, Rn. 61.
272 BVerfGE 94, 49; BVerwGE 100, 23 (25).
273 *Zimmermann/Tams*, in: Friauf/Höfling GG, Art. 16a, Rn. 143.
274 BVerfGE 94, 49 (94 f.).
275 *Randelzhofer*, in: Maunz/Dürig, GG, Art. 16a, Abs. 2–5 (1999) Rn. 40.
276 *Randelzhofer*, in: Maunz/Dürig, GG, Art. 16a, Abs. 2–5 (1999) Rn. 89.

V. Rechtsfolgen der Einreise aus sicheren Drittstaaten

Im Falle der Einreise aus einem sicheren Drittstaat kann sich der Ausländer **nicht auf** 97
das Asylgrundrecht aus Art. 16a Abs. 1 GG berufen.[277] Auch die aufenthaltsrechtlichen Vorwirkungen des Asylrechts kann er nicht für sich in Anspruch nehmen. Entsprechend muss ihm an der Grenze die Einreise verweigert werden (§ 18 Abs. 1 Nr. 1
AsylVfG). Im Falle seines Aufenthalts in Deutschland ist seine Abschiebung in den
Drittstaat anzuordnen (§ 34a Abs. 1 AsylVfG). Darüber hinaus kann der Ausländer
sich auch nicht auf andere Abschiebungshindernisse (§ 60 AufenthG) berufen, es sei
denn, sie sind nicht vom Konzept der normativen Vergewisserung umfasst.[278] Dies
gilt unabhängig davon, ob der Ausländer in den sicheren Drittstaat zurückgeführt
werden kann[279]. Der Ausländer trägt für das Nichteingreifen der Drittstaatenregelung die **Beweislast.**[280] Bei einer Einreise aus einem sicheren Drittstaat entfällt auch
das in § 26 AsylVfG geregelte Recht auf **Familienasyl**[281].

VI. Vollzug aufenthaltsbeendender Maßnahmen und gerichtliche Kontrolle (Abs. 2 Satz 3)

Aus Art. 16a Abs. 2 S 3 folgt ein **Verbot der Aussetzung der Vollziehung** aufent- 98
haltsbeendender und einreiseverhindernder Maßnahmen durch das Gericht. Dies
gilt auch für Fälle, in denen Asylsuchenden die Einreise verweigert werden soll und
sie mangels Einreise noch keinen Aufenthalt in Deutschland begründet haben. Diese
Vorschrift bindet Gesetzgeber, Verwaltung und Justiz.

Auch die Regelung des Art. 16a Abs. 2 S. 3 GG steht in engem Zusammenhang mit 99
dem Konzept der »normativen Vergewisserung« des Satzes 1, so dass das Verbot der
Gewährung gerichtlichen Eilrechtsschutzes **nur innerhalb der Reichweite des Konzepts der »normativen Vergewisserung« greift.** Soweit eine Ausnahmesituation, die
nicht vom Konzept der »normativen Vergewisserung« erfasst ist, vorliegt und nicht
durch Rückfragen und Zusicherungen des Drittstaates ausgeräumt werden kann,
greift nach Sinn und Zweck der Regelung das Verbot der Gewährung einstweiligen
gerichtlichen Rechtsschutzes nicht ein.[282] Die Gewährung **einstweiligen gerichtlichen Rechtsschutzes** ist daher auf diese Sonderfälle beschränkt.

Das BVerfG hat einer **verfassungsgerichtlichen Überprüfung** der einfachgesetzlichen 100
Festlegung von Staaten als sichere Drittstaaten ausnahmsweise Raum eröffnet, da
dem Gesetzgeber die Bestimmung sicherer Drittstaaten als eigenständige Aufgabe
anvertraut ist. Die **Entscheidung** muss sich **als »vertretbar« erweisen.**[283] Unvertret-

---

277 BVerfGE 94, 49 (94).
278 BVerfGE 94, 49 (101).
279 BVerfGE 94, 49 (98).
280 BVerwGE 109, 174 (176).
281 BVerfG, NVwZ 2000, Beilage Nr. 9, 97; BVerwG, DÖV 1997, 322.
282 BVerfGE 94, 49 (101 f.).
283 BVerfGE 94, 49 (93).

bar ist die Entscheidung des Gesetzgebers nur dann, »wenn eine Gesamtwürdigung ergibt, dass der Gesetzgeber sich bei seiner Entscheidung nicht von guten Gründen hat leiten lassen«.[284]

G. Herkunftsstaatenregelung (Abs. 3)

I. Funktion der Herkunftsstaatenregelung

101 Neben der Drittstaatenregelung stellt die Regelung zu den sicheren Herkunftsstaaten das zweite Beschränkungsinstrument des neuen Art. 16a GG dar. Zu seiner Aktivierung kann der Bundesgesetzgeber nach Abs. 3 S 1 durch Gesetz, das der Zustimmung des Bundesrats bedarf, einzelne Staaten als sichere Herkunftsstaaten festlegen. Dies hat dann nach Satz 2 zur Folge, dass bei Ausländern aus diesen Staaten die **widerlegbare Vermutung** gilt, dass sie nicht politisch verfolgt werden. Dies löst dann die weiteren in Absatz 4 genannten Folgen aus, dass die Vollziehung aufenthaltsbeendender Maßnahmen durch Gerichte nur ausgesetzt werden darf, wenn ernstliche Zweifel an der Rechtmäßigkeit der Maßnahme bestehen.

102 Im Unterschied zur Drittstaatenregelung bewirkt die Herkunftsstaatenregelung keine Beschränkung des persönlichen Geltungsbereichs des Asylgrundrechts[285], sondern führt zu einer Beschränkung der sich aus dem Grundrecht des Art. 16a Abs. 1 GG ergebenden verfahrensrechtlichen Anforderungen. Im Wege der »Arbeitsteilung«[286] zwischen Gesetzgeber, Verwaltung und Rechtsprechung beurteilt der Gesetzgeber auf Grund einer **antizipierten Tatsachen- und Beweiswürdigung** die asylerheblichen Verhältnisse im Herkunftsstaat abstrakt-generell und für Verwaltung und Rechtsprechung bindend, während diesen lediglich die Prüfung obliegt, ob die vom Asylbewerber vorgetragenen Tatsachen entgegen der gesetzlichen Vermutung die Annahme begründen, er werde im Herkunftsstaat politisch verfolgt.

II. Festlegung der sicheren Herkunftsstaaten (Satz 1)

1. Die Prüfung der Sicherheit im Herkunftsstaat

103 Von zentraler Bedeutung ist bei einer solchen Systematik die Feststellung der **Sicherheit eines Herkunftsstaates**. Diese ist nur dann gegeben, wenn weder politische Verfolgung noch Folter oder unmenschliche oder erniedrigende Behandlung oder Bestrafung stattfindet (Art. 3 EMRK). Der Begriff »politische Verfolgung« in Art. 16a Abs. 3 S 1 GG ist bewusst weiter gefasst als der Begriff »politisch Verfolgte« in Art. 16a Abs. 1 GG, wonach Sicherheit vor politischer Verfolgung nur dann angenommen werden kann, wenn sie landesweit besteht und für alle Bevölkerungsgruppen gilt.[287] Die Tatsache, dass im Herkunftsstaat die **Todesstrafe** gesetzlich zulässig

---

284 Vgl. BVerfGE 94, 115 (144).
285 BVerfGE 94, 115 (132).
286 BVerfGE 94, 115 (139, 142): grundrechtsausfüllendes Gesetz.
287 BVerfGE 94, 115 (137).

ist, steht der Einstufung als sicherer Herkunftsstaat nicht automatisch entgegen.[288] Todesstrafe ist an sich weder politische Verfolgung noch unmenschliche oder erniedrigende Bestrafung oder Behandlung, so dass auch das Vorsehen der Todesstrafe für Taten schwersten Unrechtsgehalts die Bestimmung des Staates als sicheren Herkunftsstaat nicht ausschließt.

Für die Feststellung der Sicherheit eines Herkunftsstaates sind **drei Prüfkriterien** anzuwenden: die Rechtslage, die Rechtsanwendung und die allgemeinen politischen Verhältnissen im Herkunftsstaat. Für das erste Prüfkriterium ist maßgeblich, ob in dem Staat ausreichende Rechtsinstrumente zum Schutz vor Menschenrechtsverletzungen bestehen und ob der betreffende Staat von ihm eingegangene internationale Verpflichtungen zum Schutze der Menschenrechte innerstaatlich als geltendes Recht betrachtet. Bei der Prüfung der **Rechtslage** im Herkunftsstaat ist ferner zu berücksichtigen, dass jeder Lebensbereich zum Anknüpfungspunkt staatlicher Maßnahmen werden kann. Das Kriterium der **Rechtsanwendung** verlangt, dass der Gesetzgeber bei der Festlegung sicherer Herkunftsstaaten die praktische Wirksamkeit geschriebener Normen als gewährleistet ansieht. Lediglich vereinzelte Verstöße gegen die Rechtsordnung sind unerheblich.[289] Die **allgemeinen politischen Verhältnisse** als weiteres Prüfkriterium zielen auf die Rahmenbedingungen ab, die die Sicherheit vor politischer Verfolgung und sonstiger menschenrechtswidriger Behandlung gewährleisten sollen.[290] Hierzu zählen demokratische Strukturen, Mehrparteiensystem, freie Medien usw. Dieses Kriterium der allgemeinen politischen Verhältnisse ist erst dann von Relevanz, wenn die Betrachtung der Rechtslage und der Rechtsanwendung kein scharfes Bild ergeben sollte.[291] Ergänzend muss der Gesetzgeber nach Vorgabe des BVerfG als weitere Kriterien die **Stabilität** der allgemeinen politischen Verhältnisse und die **Kontinuität von Rechtslage und Rechtspraxis** berücksichtigen.[292]   104

2. Die Festlegung der sicheren Herkunftsstaaten durch den Gesetzgeber

Sichere Herkunftsstaaten sind derzeit zum einen **alle EU-Mitgliedstaaten** und zum anderen die beiden in der **Anlage II bezeichneten Staaten** Ghana und Senegal sichere Herkunftsstaaten. Die Aufnahme der EU-Mitgliedstaaten in Abs. 2 erfolgte erst im Jahr 2007 mit dem Gesetz zur Umsetzung aufenthalts- und asylrechtlicher Richtlinien der Europäischen Union und beruht auf den Bestimmungen des Protokolls zum EG-Vertrag über die Gewährung von Asyl für Staatsangehörige von Mitgliedstaaten der Europäischen Union.   105

Auch bei der Festlegung sicherer Herkunftsstaaten gibt es einen gesetzgeberischen **Entscheidungs- und Wertungsspielraum**[293], dessen Grenze die verfassungsgericht-   106

---

288 BVerfGE 94, 115 (137).
289 *Randelzhofer*, in: Maunz/Dürig, GG, Art. 16a Abs. 2–5 (1999) Rn. 107.
290 BVerfGE 94, 115 (140 f.).
291 *Randelzhofer*, in: Maunz/Dürig, GG, Art. 16a Abs. 2–5 (1999) Rn. 109.
292 BVerfGE 94, 115 (141 f.).
293 BVerfGE 94, 115 (143).

lich überprüfbare »**Vertretbarkeit**« der Entscheidung des Gesetzgebers ist. Der dem Spielraum ist graduell geringer als der bei der einfachgesetzlichen Festlegung sicherer Drittstaaten.

107   Der Gesetzgeber muss alle zur Ermittlung bedeutsamer Tatsachen zugänglichen und als zuverlässig anzusehenden Quellen heranziehen und auswerten.[294] Er muss im Vergleich zur Festlegung sicherer Drittstaaten weitere Erkenntnisquellen einbeziehen, da die menschenrechtliche Situation in den Herkunftsstaaten oftmals nicht so eindeutig ist wie bei den als sichere Drittstaaten in Frage kommenden Staaten.

108   Art. 16a Abs. 3 S. 2 GG schreibt dem Gesetzgeber **Prüfkriterien** vor, die er bei der Prüfung der Sicherheit in Herkunftsstaaten zwingend zu befolgen hat.[295] Der einfache Gesetzgeber hat zur Ausfüllung dieser verfassungsrechtlichen Vorgaben einen detaillierten Kriterienkatalog aufgestellt, den er im Rahmen der Aufstellung der Liste sicherer Herkunftsstaaten verwendet hat.

109   Schließlich ergibt sich aus der Zuständigkeit des Gesetzgebers für die Aufnahme in und die Streichung von Staaten aus der Liste sicherer Herkunftsstaaten seine **Verpflichtung zur laufenden Kontrolle der Sicherheit** in den Herkunftsstaaten, wobei er hinsichtlich des Verfahrens keinen Beschränkungen unterworfen ist.

III.   Die gesetzliche Vermutungsregelung

1.   Inhalt und Wirkung der gesetzlichen Vermutung

110   Der Ausländer aus einem sicheren Herkunftsstaat wird nach der gesetzlichen Vermutungsregelung nicht verfolgt, solange er nicht durch Tatsachen diese Vermutung widerlegt. Die Vermutungsregelung ist auf die Asylgarantie des Art. 16a Abs. 1 GG sowie auf die Anerkennung als Flüchtling nach § 60 Abs. 1 AufenthG, § 3 AsylVfG beschränkt.

111   **Abschiebungshindernisse** nach § 60 Abs. 2, 3, 5 bis 7 AufenthG werden von der Herkunftsstaatenregelung nicht berührt. Deshalb besagt die gesetzliche Vermutung auch nicht, dass für einen rückzuführenden Ausländer in dem als sicher bezeichneten Herkunftsstaat keine Gefahr der **Todesstrafe** besteht. Verwaltung und Rechtsprechung ist es nicht verwehrt, die vom Gesetzgeber vorgenommene generelle Beurteilung der menschen-rechtlichen Situation bei der Prüfung sonstiger Abschiebungshindernisse zu berücksichtigen.[296]

2.   Die Widerlegung der Vermutung

112   Die von der Verfassungsnorm aufgestellte Regelvermutung kann im Einzelfall durch Tatsachen widerlegt werden, die die Annahme begründen, dass ihm abweichend von der allgemeinen Lage im Herkunftsstaat politische Verfolgung droht (§ 29a Abs. 1

---

294   BVerfGE 94, 115 (143).
295   BVerfGE 94, 115 (145).
296   *Hailbronner*, NVwZ 1996, 625 (628).

AsylVfG). In einem solchen Fall ist über den Asylantrag nach den allgemeinen Vorschriften zu entscheiden. Der Asylbewerber kann die gesetzliche Vermutung nur durch die schlüssige, substantiierte und glaubhafte **Darlegung eines individuellen Verfolgungsschicksals** ausräumen.[297] Dieses darf nicht bereits von der Vergewisserung des Gesetzgebers über die Sicherheit im Herkunftsstaat erfasst sein.

H. Die Vollziehung aufenthaltsbeendender Maßnahmen (Abs. 4)

In der verfahrensrechtlichen Regelung des Absatz 4 spiegelt sich die besondere Reichweite der verfahrensrechtlichen Vorwirkungen wider, die mit der alten Fassung des Asylgrundrechts verbunden waren. Durch die bloße Inanspruchnahme des Asylgrundrechts und die damit verbundenen Rechtsschutzmöglichkeiten konnten langjährige Aufenthalte erwirkt werden. Dies hat der verfassungsändernde Gesetzgeber auch durch die Einführung des Absatzes 4 ändern wollen.[298] Entsprechend wird damit das **Regelungsziel** verfolgt, in Fällen einer offensichtlich ungerechtfertigten Berufung auf das Asylgrundrecht den Aufenthalt des Ausländers umgehend beenden zu können, um seine Rücknahme durch den Herkunftsstaat zu erleichtern und um zugleich die staatlichen Kapazitäten an sozialer Fürsorge und effektiver Rechtsgewährung für Personen einsetzen zu können, deren Asylbegehren nicht offensichtlich unbegründet ist und daher längerer Prüfung bedarf.[299]. 113

Die verfahrensrechtlichen Restriktionen des Absatzes 4 stellen keine **materiell-rechtlichen Einschränkungen** des Schutzbereichs von Absatz 1 dar, sondern sind lediglich als den einstweiligen Rechtsschutz betreffende Beschränkungen der Asylgewährung im Hinblick auf den Vollzug aufenthaltsbeendender Maßnahmen zu verstehen.[300] Gleichwohl wird hierdurch das im Asylgrundrecht wurzelnde vorläufige Aufenthaltsrecht des Asylbewerbers »ein Stück weit« zurückgenommen.[301] 114

Durch die Regelung in Absatz 4 werden **zwei Erleichterungen eingeführt, um den Aufenthalt** von Asylbewerbern bei offensichtlich ungerechtfertiger Berufung auf das Asylrecht umgehend **beenden zu können**: Zum einen darf die Vollziehung aufenthaltsbeendender Maßnahmen nur bei ernstlichen Zweifeln an der Rechtmäßigkeit der Maßnahme ausgesetzt werden und zum anderen ermächtigt die Regelung den Gesetzgeber zu weiteren Einschränkungen des Asylverfahrens. 115

I. Sofortige Vollziehung aufenthaltsbeendender Maßnahmen

1. Die einzelnen Fallgruppen

Art. 16a Abs. 4 S. 1 Hs. 1 bildet **drei Fallgruppen**, in denen die Möglichkeit der Aussetzung der Vollziehung aufenthaltsbeendender Maßnahmen eingeschränkt ist: 116

---

297 BVerfGE 94, 115 (147).
298 *Zimmermann/Tams*, in: Friauf/Höfling GG Art. 16a, Rn. 209.
299 BVerfGE 94, 166 (195 ff.).
300 BVerfGE 94, 115 (132).
301 BVerfGE 94, 166 (190).

Nach der 1. Alt. gilt diese Beschränkung für Asylbewerber aus **sicheren Herkunfts-staaten**, sofern sie die Vermutung, nicht verfolgt zu sein, nicht widerlegen können.

117 Mit der 2. Alternative wird die Möglichkeit der sofortigen Vollziehung aufenthalts-beendender Maßnahmen auf zwei weitere, vom einfachen Bundesgesetzgeber festzu-legende Fallgruppen, nämlich der offensichtlich unbegründeten und der als offen-sichtlich unbegründet geltenden Asylanträge, ausgedehnt.

118 **Offensichtlich unbegründet** ist derjenige Asylantrag, bei dem die Voraussetzungen für die Anerkennung als Asylberechtigter offensichtlich nicht vorliegen (§ 30 Abs. 1 AsylVfG). Die Offensichtlichkeit ist dann gegeben, wenn bei richtiger Rechtsanwen-dung, nämlich durch umfassende Würdigung der vorgetragenen oder sonst erkenn-baren maßgeblichen Umstände unter Ausschöpfung aller vorliegenden oder zugäng-lichen Erkenntnismittel, der Asylantrag sich als eindeutig aussichtslos darstellt.[302]

119 Nach Art. 16a Abs. 4 GG kann der Gesetzgeber selbst weitere Fallgruppen bestim-men, in denen der Asylantrag als offensichtlich unbegründet **gelten** soll, wobei er jedoch der Bedeutung des Asylrechts und des aus ihm abgeleiteten vorläufigen Auf-enthaltsrechts gerecht werden muss.[303] Der Gesetzgeber hat in § 30 Abs. 3 bis 5, § 71 Abs. 4 AsylVfG Fallgruppen benannt, wonach Asylanträge als offensichtlich unbe-gründet gelten.

2. Die Aussetzung der Vollziehung im Ausnahmefall

120 In besonderen Ausnahmefällen, wenn »ernstliche Zweifel« an der Rechtmäßigkeit ei-ner Maßnahme bestehen, darf nach Abs. 4 S 1 Hs. 1 das Fachgericht die Vollziehung der aufenthaltsbeendenden Maßnahme aussetzen. Der Begriff »aufenthaltsbeenden-de« Maßnahmen umfasst auch die Fälle der Zurückweisung an der Grenze[304], ob-wohl sich der Ausländer nur im natürlichen, nicht aber im ausländerrechtlichen Sin-ne in Deutschland aufhält.

121 **Von ernstlichen Zweifeln** an der Rechtmäßigkeit einer Maßnahme kann nach Auf-fassung des BVerfG nur dann ausgegangen werden, wenn erhebliche Gründe dafür sprechen, dass die »Maßnahme einer rechtlichen Prüfung wahrscheinlich nicht standhält«.[305] Dabei kommt es nicht auf die Frage an, ob der Asylantrag unbegrün-det ist, sondern darauf, ob seine Unbegründetheit offensichtlich ist.[306]

122 Die Regelung des Absatz 4 Satz 1 Hs. 1 bezieht sich nur auf die Straffung verwal-tungsgerichtlicher Verfahren. Daher ist die Aussetzung der Vollziehung aufenthalts-beendender Maßnahmen im Wege des verfassungs-gerichtlichen Eilrechtsschutzes

302 BVerwG, DÖV 1979, 902.
303 BVerfGE 94, 166 (191).
304 BVerfGE 94, 166 (192 f.).
305 BVerfGE 94, 166 (192); vgl. *Hailbronner*, AuslR Art. 16a Rn. 417. f (1996); krit. *Zim-mermann/Tams* in: Friauf/Höfling GG, Art. 16a, Rn. 219 f.
306 *Randelzhofer*, in: Maunz/Dürig, GG, Art. 16a, Abs. 2–5 (1999), Rn. 157.

nicht ausgeschlossen.[307] Nach Auffassung des BVerfG wird allerdings der Erlass einer einstweiligen Anordnung nach § 32 BVerfGG in Fällen, in denen das BAMF den Asylantrag als offensichtlich unbegründet abgelehnt hat, »kaum in Betracht« kommen.[308]

II. Einschränkung des Asylverfahrens

Durch Absatz 4 Satz 2 wird der Gesetzgeber ermächtigt, Regelungen über eine Einschränkung des Prüfungsumfangs und einen Ausschluss verspäteten Vorbringens im vorläufigen Rechtsschutzverfahren zu treffen. Entsprechende Regelungen hat der Gesetzgeber mit den §§ 29–30, § 36 Abs. 3, 4 AsylVfG sowie mit der Regelung über das Flughafenasylverfahren (§ 18a AsylVfG) erlassen. 123

Durch Beschränkung des Prüfungsumfangs wird der im Verwaltungsprozess geltende Untersuchungsgrundsatz (§ 86 Abs. 1 VwGO) eingeschränkt. Dies korrespondiert mit der in Art. 16a Abs. 3 GG geschaffenen erhöhten Darlegungslast des Ausländers zur Widerlegung der Nichtverfolgungsvermutung.[309] Die Nichtberücksichtigung verspäteten Vorbringens ist nur dann relevant, wenn die Berücksichtigung des verspäteten Vorbringens zu einer Verzögerung des Verfahrens führt.[310] 124

I. Vorrang von völkerrechtlichen Verträgen (Abs. 5)

Nach Art. 16a Abs. 5 wird die **Asylgarantie des Abs. 1 einerseits** durch bestimmte völkerrechtliche Verträge über die Zuständigkeit für die Prüfung von Asylbegehren und die gegenseitige Anerkennung von Asylentscheidungen **verdrängt und andererseits** trotz der in den Abs. 2 bis 4 enthaltenen Modifikationen **zur Anwendung gebracht**. Dies bedeutet, dass kein Asylverfahren auf der Grundlage des Art. 16a GG durchzuführen ist, wenn ein anderer Vertragsstaat für die Durchführung des Asylverfahrens zuständig ist; es heißt aber auch, dass Art. 16a Abs. 1 GG auch dann Anwendung findet, wenn Deutschland entsprechend einer völkerrechtlichen Vereinbarung für die Durchführung eines Asylverfahrens zuständig ist, selbst wenn der andere Vertragsstaat, der die Übernahme des Asylsuchenden durch Deutschland begehrt, ein sicherer Drittstaat iSd Abs. 2 ist (vgl. Art. 7. f Dublin II-Verordnung). 125

Nur unter vier **Voraussetzungen** bewirkt Absatz 5 einen Vorrang von völkerrechtlichen Verträgen gegenüber den übrigen Bestimmungen des Art. 16a GG: Erstens fällt **nicht jeder völkerrechtliche Vertrag, der Asylfragen betrifft**, in den Anwendungsbereich des Abs. 5, sondern nur ein solcher, der die Zuständigkeit für die Prüfung von Asylbegehren und die gegenseitige Anerkennung von Asylentscheidungen regelt. Welchen Inhalt diese Zuständigkeitsabkommen haben dürfen, ist zwar durch Art. 16a Abs. 5 GG nicht festgelegt, doch sollte ausgehend von der in der amtlichen 126

307 BVerfGE 94, 166 (194).
308 BVerfGE 94, 166 (212).
309 *Randelzhofer*, in: Maunz/Dürig, GG, Art. 16a, Abs. 2–5 (1999) Rn. 161.
310 *Randelzhofer*, in: Maunz/Dürig, GG, Art. 16a, Abs. 2–5 (1999) Rn. 162.

Begründung des Gesetzentwurfs festgehaltenen Zielsetzung des verfassungsändern-den Gesetzgebers das SDÜ und das Dubliner Übereinkommen eine Orientierung sein (BT-Drs 12/4152, 4).

127 Die zweite Voraussetzung verlangt, dass es sich um ein **Abkommen zwischen den Mit-gliedstaaten der EG untereinander oder mit Drittstaaten** handelt. Nicht notwendig ist, dass alle Mitgliedstaaten Vertragspartei sind; Wortlaut, Begründung und Zweck der Regelung schließen nicht aus, dass Deutschland als einziger Mitgliedstaat der EG mit einem oder mehreren Drittstaaten ein derartiges Abkommen abschließt.[311]

128 Rechtsakte der Gemeinschaft, die auf der Grundlage des Art. 63 EGV erlassen wor-den sind, sind keine völkerrechtlichen Verträge, so dass Abs. 5 hierauf keine Anwen-dung findet. Dies ist von Bedeutung, da mit dem Amsterdamer Vertrag die vorher durch völkerrechtliche Vereinbarungen getroffenen asylrechtlichen Regelungen in Ge-meinschaftskompetenz überführt worden sind (Art. 63 Nr. 1 Buchst. a EGV). Auch fallen völkerrechtliche Verträge, die ausschließlich die Gemeinschaft mit Drittstaaten abschließt, nicht unter Abs. 5, da diese Bestimmung voraussetzt, dass Mitgliedstaa-ten Vertragspartner sind.

129 Als dritte Voraussetzung muss hinzutreten, dass die Zuständigkeitsabkommen unter **Beachtung der Verpflichtungen aus der GFK und der EMRK** abgeschlossen worden sind. Viertens setzt Abs. 5 voraus, dass die **Anwendung der GFK und der EMRK im Drittstaat sichergestellt ist**. Da es hier darum geht, dass Asylsuchende in einem Drittstaat ein Asylverfahren erhalten sollen, entspricht diese Formulierung der be-reits in Abs. 2 verwendeten, so dass auf die hierzu entwickelten Prüfkriterien zurück-zugreifen ist.

J. Leitentscheidungen

130 BVerfGE 9, 174 – zum Begriff des politisch Verfolgten; BVerfGE 54, 341 – Wirt-schaftsasyl; BVerfGE 54, 216 – Rechtsschutz im Asylverfahren; BVerfGE 65, 76 – Offensichtlichkeitsentscheidungen; BVerfGE 74, 51 – Nachfluchttatbestände; BVerfGE 76, 143 – Ahmadiyya-Glaubensgemeinschaft; BVerfGE 80, 315 – Tami-len; BVerfGE 83, 216 – Jeziden; BVerfGE 94, 49 – Sichere Drittstaaten; BVerfGE 94, 115 – Sichere Herkunftsstaaten; BVerfGE 94, 166 – Flughafenverfahren; BVerfGE 116, 229 – Asylbewerberleistungsgesetz I; BVerfG (K), NVwZ 2009, 1281 – Überstellung nach Griechenland; BVerfGE 132, 134 – Asylbewerberleistungs-gesetz II; BVerfG (K), NVwZ 2013, 500 – Anforderungen an die Sachverhaltsauf-klärung.

K. Literaturauswahl

131 *Baldus, Manfred*, Kirchenasyl und Vertragskirchenrecht, NVwZ 1999, 716; *Berg-mann, Jan*, Das Dublin-Asylsystem, ZAR 2015, 81; *Berlit, Uwe*, Flüchtlingsrecht im

---

311 *Randelzhofer*, in: Maunz/Dürig, GG, Art. 16a, Abs. 2–5 (1999), Rn. 199 f.

Umbruch, NVwZ 2012, 193; *Classen, Claus D.*, Sichere Drittstaaten, DVBl. 1993, 700; *Davy, Ulrike*, Asyl und internationales Flüchtlingsrecht, 2 Bde., 1996; *Dürig, Julia*, Beweismaß und Beweislast im Asylrecht, 1990; *Farahat, Anuscheh/Groß, Thomas*, Aktuelle Entwicklungen im humanitären Aufenthaltsrechts, ZAR 2010, 302, 341; *Franßen, Everhardt*, Der neue Art. 16a GG als Grundrechtsverhinderungsvorschrift, DVBl. 1993, 300; *Fröhlich, Daniel*, Das Asylrecht im Rahmen des Unionsrechts. Entstehung eines föderalen Asylrechtsregimes in der Europäischen Union, 2011; *Gusy, Christoph*, Neuregelung des Asylrecht, Jura 1993, 505; *Hailbronner, Kay*, Asyl- und Ausländerrecht, 3. Aufl. 2013; *ders.*, Das Asylrecht nach den Entscheidungen des Bundesverfassungsgerichts, NVwZ 1996, 625; *ders.*, Die europäische Asylrechtsharmonisierung nach dem Vertrag von Maastricht, ZAR 1995, 3; *ders./Kau, Marcel*, Der Staat und der Einzelne als Völkerrechtssubjekte, in: Graf Vitzthum (Hrsg.), Völkerrecht, 6. Aufl. 2013; *Hauer, Nina*, Die Änderung des Asylrechts (Art. 16 GG) von 1993, 1997; *Hong, Mathias*, Asylgrundrecht und Refoulementverbot, 2008; *Huber, Bertold/Göbel-Zimmermann, Ralph*, Ausländer- und Asylrecht, 2. Aufl. 2008; *Kokott, Juliane*, Beweislastverteilung und Prognoseentscheidung bei der Inanspruchnahme von Grund- und Menschenrechten, 1993; *Lübbe, Anna*, »Systemische Mängel« in Dublin Verfahren, ZAR 2014, 105; *dies.*, Prinzipien der Zuordnung von Flüchtlingsverantwortung und Individualrechtsschutz im Dublin-System, ZAR 2015, 125; *dies.*, Das Verbindungsprinzip im fragmentierten europäischen Asylsystem, EuR 2015, 351; *Maaßen, Hans-Georg*, Die Rechtstellung des Asylbewerbers im Völkerrecht, 1997; *Markard, Nora*, Kriegsflüchtlinge 2012; *Marx, Reinhard*, Eine menschenrechtliche Begründung des Asylrechts, 1984; *ders.*, Handbuch zur Qualifikationsrichtlinie, 2009; *Moll, Frank*, Das Asylgrundrecht bei staatlicher und frauenspezifischer Verfolgung, 2007; *Nümann, Britta*, Umweltflüchtlinge?, 2014; *Renner, Günter*, Asyl- und Ausländerrechtsreform 1993, ZAR 1993, 118; *Schieber, Julia*, Komplementärer Schutz, 2013; *Schoch, Friedrich*, Das neue Asylrecht gem. Art. 16a GG, DVBl. 1993, 1161; *Selk, Michael*, Asylrecht und Verfassung, 1990; *Stein, Thorsten/von Buttlar, Christian*, Völkerrecht, 13. Aufl. 2012; *Tiedemann*, Das konstitutionelle Asylrecht in Deutschland – ein Nachruf, ZAR 2009, 368; *Voßkuhle, Andreas*, Grundrechtspolitik und Asylkompromiss, DÖV 1994, 53; *Zimmermann, Andreas*, Das neue Grundrecht auf Asyl, 1994; *ders.*, Der Vertrag von Amsterdam und das deutsche Asylrecht, NVwZ 1998, 450.

Artikel 17 [Petitionsrecht]

Jedermann hat das Recht, sich einzeln oder in Gemeinschaft mit anderen schriftlich mit Bitten oder Beschwerden an die zuständigen Stellen und an die Volksvertretung zu wenden.

A. Vorbilder und Entstehungsgeschichte

I. Petitionsrechte in vorgrundgesetzlicher Zeit

Die ideengeschichtlichen Wurzeln des Petitionsrechts reichen bis in die Antike zurück.[1] Auch das Mittelalter kannte Bittschriften an die weltliche Obrigkeit und an die Kirche. Eine erste grundlegende Verbürgung erfuhr das Petitionsrecht 1689 durch die englische Bill of Rights.[2] Vergleichbare Verbürgungen enthielten u.a. das erste Amendment zur US-Verfassung und die französischen Verfassungen v. 1791 und 1793. Ein kontinentaleuropäisches Vorbild findet sich in der belgischen Verfassung v. 1831. In Deutschland gewährten die süddeutschen Verfassungen v. 1818/1819 den Ständen das Recht, sich auf dem Petitionswege an den Landesherrn zu wenden. Entsprechende Rechte der Bürger enthielten die Verfassungen in Hessen und Sachsen v. 1831.[3] Mit länderübergreifendem Anspruch wurde das Petitionsrecht in § 159 der Paulskirchenverfassung als individuelles Grundrecht garantiert. Statuiert wurde es auch v. Art. 32 der Preußischen Verfassungsurkunde v. 1850. Die »Bismarckverfassung« v. 1871 sprach Petitionen nicht mehr als individuelles Recht an, sondern setzte sie für die Reichsebene voraus, indem sie in Art. 23 das Recht des Reichstags vorsah, an ihn gerichtete Petitionen dem BR respektive dem Reichskanzler zu überweisen. Dagegen enthielt Art. 126 WRV eine Art. 17 GG im Wesentlichen entsprechende individualrechtliche Verbürgung. Auch einzelne Landesverfassungen kannten nach 1918 ein Beschwerderecht zum Parlament.[4]   1

II. Die Entstehung des heutigen Petitionsrechts

In erkennbarer Anknüpfung an Art. 126 WRV sah bereits Art. 10 HChE das nun freilich als Jedermann-Grundrecht konzipierte Petitionsrecht vor. Gegenstand der Diskussion im ParlRat war primär der Zuschnitt des Kreises der Petitionsadressaten. Auf die zunächst reflektierte Festlegung eines Petitionsrechts an die Vereinten Nationen verzichtete der Unterausschuss (Redaktionskomitee) des Grundsatzausschusses u.a. deshalb, weil es kaum praktisch hätte wirksam werden können. Der Begriff der »zuständigen Stelle«, der in Anlehnung an den Begriff der »agency« dem als zu eng empfundenen Terminus der »Behörde« vorgezogen wurde, sollte aber Eingaben an die betreffenden Stellen eines womöglich entstehenden »Weltstaats« einschließen. Ob die **Volksvertretung** zu den zuständigen Stellen zählt, so dass ihre beispielhafte Nennung (»insbesondere«) genügt hätte, wurde unterschiedlich beurteilt. Letztlich entschied sich der Grundsatzausschuss für die parallele Erwähnung; zugleich nahm er die bereits vom HChE vorgesehene Schriftform und die schon in Art. 126 WRV vorgesehene Möglichkeit der gemeinschaftlichen Petition wieder in den Text auf. Erörtert hatte er auch denkbare Kollisionen zwischen dem – ebenso wie später im   2

1 *Stein*, in: AK-GG, Art. 17 (2001) Rn. 1. – Dank für die Vorbereitung der Überarbeitung dieser Kommentierung gebührt meinem Mitarbeiter *Lars Janßen*.
2 Näher *Brenner*, in: v. Mangoldt/Klein/Starck, GG I, Art. 17 Rn. 1.
3 *Pagenkopf*, in: Sachs, GG, Art. 17 Rn. 1.
4 *Gnatzy*, in: Schmidt-Bleibtreu/Hofmann/Henneke, GG, Art. 17 Rn. 1.

Hauptausschuss dem Grunde nach ersichtlich vorausgesetzten – Beschwerderecht der Beamten und ihrer Treuepflicht. Nicht durchsetzen konnte sich der Allgem. Redaktionsausschuss, der das Petitionsrecht für nicht mehr erforderlich hielt. Der Grundsatzausschuss hielt an der Vorschrift fest, wobei die Bedeutung der Möglichkeit von Eingaben an die Vereinten Nationen betont wurde.[5]

3 Art. 17 GG selbst ist seit dem Inkrafttreten des Grundgesetzes nicht geändert worden. Gelegentlich diskutierte Reformvorschläge wie die Einführung eines »**Ombudsmanns**«[6] konnten sich auf nationaler Ebene nicht durchsetzen. Geändert hat sich hier jedoch das normative Umfeld der Vorschrift:[7] 1956 wurde die Einschränkungsmöglichkeit des Art. 17a GG in die Verfassung aufgenommen,[8] 1975 der den Petitionsausschuss des BT regelnde Art. 45c GG.[9] Zudem wurde durch Art. 228 AEUV das Amt des Europäischen Bürgerbeauftragten geschaffen, zu dessen Aufgaben insbesondere die Behandlung von Beschwerden über Missstände bei der Tätigkeit der Organe, Einrichtungen oder sonstigen Stellen der Union gehört.

B. Grundsätzliche Bedeutung

4 Entstehungsgeschichtlich muss die Bedeutung einer speziellen Verbürgung des Petitionsrechts in erster Linie vor dem Hintergrund absolutistischer Petitionsverbote gesehen werden.[10] Heute institutionalisiert das Recht die Möglichkeit des Bürgers, sich mit seinen Anliegen außerhalb von Verwaltungsverfahren oder gerichtlichen Prozessen an staatliche Organe zu wenden und diese zur Befassung mit den jeweiligen Anliegen zu veranlassen,[11] ohne die für den Rechtsunkundigen potentiell abschreckenden Form- und Fristvorgaben der Verfahrensordnungen beachten zu müssen.[12] Die niedrigere Zutrittsschwelle geht freilich mit einer im Vergleich zu formellen Rechtsbehelfen deutlich geringeren Durchschlagskraft einher. Gleichwohl ist die Bedeutung der Garantie, dem Staat die Meinung sagen und Unzufriedenheit artikulieren zu können,[13] nicht zu unterschätzen.

5 Im Gegensatz zu den Instrumenten direkter Demokratie, die auf Landesebene mittlerweile weit verbreitet sind, wirkt das Petitionsrecht nicht unmittelbar auf die Staatswillensbildung ein. Es ist daher nicht auszuschließen, dass Bürger- bzw. Volks-

---

5 Details in JöR n.F. Bd. 1 (1951), S. 169 ff.
6 S. den Zwischenbericht der Enquete-Kommission für Fragen der Verfassungsreform v. 21.09.1972, BT-Drs. VI/3829, S. 29 ff. Es gibt jedoch »Bürgerbeauftragte« in einzelnen Ländern. S. dazu *Brenner*, in: v. Mangoldt/Klein/Starck, GG I, Art. 17 Rn. 3.
7 *H. Bauer*, in: Dreier, GG I, Art. 17 Rn. 8.
8 Durch das Gesetz zur Ergänzung des GG v. 19.03.1956, BGBl. I S. 111.
9 Durch das 32. Gesetz zur Änd. des GG v. 15.07.1975, BGBl. I S. 1901.
10 Dazu *Pagenkopf*, in: Sachs, GG, Art. 17 Rn. 1.
11 *Sodan*, in: Sodan, GG, Art. 17 Rn. 1; *Hömig*, in: Hömig, GG, Art. 17 Rn. 2.
12 *Pagenkopf*, in: Sachs, GG, Art. 17 Rn. 6.
13 Zur Artikulationsfunktion auch *Brenner*, in: v. Mangoldt/Klein/Starck, GG I, Art. 17 Rn. 4.

begehren und -entscheide z.T. an die Stelle gemeinschaftlicher Eingaben treten.[14] Das Petitionsrecht ermöglicht eine Form der Bürgerbeteiligung am Verfassungsleben, die das repräsentative Prinzip des Grundgesetzes wahrt.[15] Es trägt zur Bildung der »öffentlichen Meinung«[16] bei. Prinzipiell steht diese jenseits von Wahlen im Mittelpunkt der Einflussnahme des Souveräns auf das politische Geschehen; sie stellt das verfassungsrechtlich anerkannte Korrektiv dar, mit dem sich der Wille des Volkes gegen den organschaftlich gebildeten Staatswillen positionieren kann.[17] Das kann auch in den von Art. 17 GG garantierten (Re-)Aktionsmöglichkeiten geschehen. Das Petitionsrecht ist ein »soziales Frühwarnsystem«;[18] der Petitionsausschuss des BT bezeichnet sich selbst als »Seismograph des Parlamentes«.[19]

Gemindert wird die Bedeutung des Petitionsrechts durch das ausdifferenzierte System gerichtlichen Rechtsschutzes[20] und durch die gesellschaftliche Rolle der Massenmedien. Umfassende Möglichkeiten, staatliches Handeln durch Gerichte abzuwehren bzw. zu erzwingen, scheinen vielfach gegen die zwar form- und fristlos mögliche, verbreiteter Meinung nach aber eben auch fruchtlose[21] Einlegung einer Petition zu sprechen. Die Medien bieten regelmäßig an, sich durch öffentlichen Druck für Belange einzelner Bürger einzusetzen (»BILD kämpft für Sie«). Hinzu kommen Zuständigkeitsverluste durch Privatisierungen, die das Petitionsrecht gegenstandslos machen, und die Verlagerung von Zuständigkeiten auf die Gemeinschaftsebene, bei denen freilich das Petitionsrecht auf europäischer Ebene an die Stelle der nationalen Eingabemöglichkeiten tritt.[22] 6

Bei den Petitionen an den BT lagen die Eingangszahlen in der Dekade vor der Wiedervereinigung stabil zwischen 10.735 und 13.878 pro Jahr. Ab 1990 ließ sich zunächst eine deutliche Steigerung verzeichnen. 1992 gingen 23.960 Petitionen ein. Diese Zahl wurde seither nicht wieder erreicht. Die Zahl der Eingänge sank unter leichten Schwankungen bis auf 13.832 im Jahr 2002.[23] In den Folgejahren stiegen die Zahlen einmal mehr an; 2005 wurden sogar wieder 22.144 Petitionen einge- 7

---

14 Dazu *Brenner*, in: v. Mangoldt/Klein/Starck, GG I, Art. 17 Rn. 4.
15 Vgl. *Gnatzy*, in: Schmidt-Bleibtreu/Hofmann/Henneke, GG, Art. 17 Rn. 1. S.a. *Pagenkopf*, in: Sachs, GG, Art. 17 Rn. 6: Kein Instrument unmittelbarer Demokratie.
16 Ein häufig verwendeter Versuch der Definition des Begriffs findet sich bei *Oncken*, in: Oncken, Historisch-politische Aufsätze und Reden, Bd. 1, 1914, S. 236.
17 *Hesse*, Grundzüge des Verfassungsrechts der Bundesrepublik Deutschland, 20. Aufl. 1995, Rn. 150.
18 *Hömig*, in: Hömig, GG, Art. 17 Rn. 2; s.a. *Graf Vitzthum/März*, JZ 1985, 809; dagegen *Krings*, JuS 2004, 474, 475.
19 http://www.bundestag.de/bundestag/ausschuesse18/a02/ (Stand 10.04.2015).
20 *Brenner*, in: v. Mangoldt/Klein/Starck, GG I, Art. 17 Rn. 4. Zur »erstaunlich« großen Bedeutung v. Petitionen *Hempfer*, VBlBW 1984, 228, 229.
21 Dazu *Sierck*, DRiZ 1998, 442, 444; *Hederich*, NdsVBl. 1997, 225.
22 Näher *Pagenkopf*, in: Sachs, GG, Art. 17 Rn. 4.
23 Bericht des Petitionsausschusses über seine Tätigkeit im Jahr 2002, BT-Drs. 15/920, S. 7.

reicht.[24] Ungeachtet eines Rückgangs auf mittlerweile knapp 15.000 Eingänge jährlich[25] belegen doch die trotz einer geringen Erfolgsquote[26] nach wie vor hohen Eingangszahlen die anhaltende Bedeutung des Instruments der Petition. Dies gilt umso mehr, als Eingaben in größerer Zahl mit demselben Anliegen, deren Text ganz oder im Wesentlichen übereinstimmt (bis 2012 unter »**Massenpetitionen**« ausgewiesen), jeweils nur als eine Zuschrift in die Statistik eingehen.[27] Die Zahl der Petenten ist also erheblich höher, als die genannten Zahlen vermuten lassen. 2012 betrug allein die Zahl der Unterschriften unter den vorgenannten Massenpetitionen sowie auf Unterschriftenlisten (bis 2012: »**Sammelpetitionen**«) über 700.000.[28] Die im Internet veröffentlichten Petitionen wurden von mehr als 500.000 Unterstützern elektronisch mitgezeichnet, wobei die Zahl derer, die ihre Unterstützung per Brief oder Fax ausgedrückt haben, noch nicht einmal mitgerechnet ist.[29] Seit 2013 werden diese Zahlen nicht mehr unterschieden. Gezählt werden nur noch sog. »Unterstützer«, von denen es im ersten Jahr der neuen Zählweise 1.194.737 gab.[30] Der größte Teil der Eingaben (2013: 21 %) betrifft den Geschäftsbereich des Bundesministeriums für Arbeit und Soziales.[31]

8 Als vergleichsweise neues Instrument wurde – zunächst im Rahmen eines auf zwei Jahre angelegten Modellversuchs – ab dem 01.09.2005 die »**öffentliche Petition**« eingeführt.[32] Petitionen, die über ein Internetformular eingereicht und als öffentliche Petitionen gekennzeichnet sind, können allgem. zugänglich ins Netz gestellt werden, sofern sie von allgem. Interesse sind. Dort können sie diskutiert werden, zudem besteht die Möglichkeit der »Mitzeichnung«. Auf Grund der als positiv emp-

---

24 Bericht des Petitionsausschusses über seine Tätigkeit im Jahr 2005, BT-Drs. 16/2500, S. 9.

25 2006: 16.766; 2007: 16.260; 2008: 18.096; 2009: 18.861; 2010: 16.849; 2011: 15.191; 2012: 15.724; 2013: 14.800. Zu diesen und den übrigen Eingangszahlen seit 1980 s. die Gesamtstatistik in BT-Drs. 18/1300, S. 87. Die Zahl der elektronisch über www. epetitionen.bundestag.de eingereichten Petitionen steigt stetig. 2013 war mit 6.658 Eingängen ein Anteil von 45 % der Gesamteingänge zu verzeichnen.

26 S. beispielhaft die Erledigungszahlen des Jahres 2013, BT-Drs. 18/1300, S. 94.

27 So der jeweils gleichlautende Hinweis in der Eingangsstatistik; s. z.B. BT-Drs. 16/9500, S. 69.

28 Bericht des Petitionsausschusses über seine Tätigkeit im Jahr 2012, BT-Drs. 17/13660, S. 67 f.

29 Bericht des Petitionsausschusses über seine Tätigkeit im Jahr 2012, BT-Drs. 17/13660, S. 7. Zu öffentlichen Petitionen sogleich Rdn. 8.

30 Bericht des Petitionsausschusses über seine Tätigkeit im Jahr 2013, BT-Drs. 18/1300, S. 95.

31 Zur Aufteilung nach Sachbereichen im Einzelnen s. BT-Drs. 18/1300, S. 8.

32 Geregelt in Nr. 2.2 Abs. 4 und Nr. 7.1 Abs. 4 der Verfahrensgrundsätze des Petitionsausschusses (dazu Rdn. 10 mit Fn. 43) i.V.m. der RiLi für die Behandlung v. öffentlichen Petitionen (BT-Drs. 18/1300, S. 121 ff.). Eingehend zur öffentlichen Petition jetzt *H. Bauer*, DÖV 2014, 453, 455 ff.

fundenen Erfahrungen[33] mit diesem intensiv genutzten[34] Verfahren ist es mittlerweile verstetigt[35] und technisch weiterentwickelt[36] worden. Näher geregelt ist die öffentliche Petition in der »Richtlinie für die Behandlung von öffentlichen Petitionen«,[37] einer Anlage zu Ziffer 7.1 (4) der Verfahrensgrundsätze des Petitionsausschusses.[38] Ziffer 1 S. 3 der Richtlinie verneint zwar einen Rechtsanspruch auf Annahme einer Petition als öffentliche Petition. Zur Frage, ob insofern gleichwohl gerichtlicher Rechtsschutz möglich ist, s.u. Rdn. 29 mit Fn. 135.

C. Schutzbereich

I. Schriftliche Bitten und Beschwerden

1. Bitten und Beschwerden

Art. 17 GG schützt **Bitten und Beschwerden**. Bitten beziehen sich auf künftiges, Beschwerden auf vergangenes Verhalten.[39] Die Begriffe sind nicht präzise voneinander abgrenzbar; üblicherweise spricht man zusammenfassend von Petitionen. Ihr konstitutives Merkmal ist, dass der Petent seinen Wunsch nach einem bestimmten Verhalten staatlicher Stellen erkennen lässt, ohne einen entsprechenden Rechtsanspruch vorzutragen bzw. vortragen zu können. Das ist beispielsweise bei Aufsichtsbeschwerden und Gegenvorstellungen der Fall.[40] – Zur gemeinschaftlichen Petition u. Rdn. 19. 9

2. Formfragen

Anders als z.T. das Landesverfassungsrecht schützt Art. 17 GG nur **schriftliche Petitionen**. Nach klassischem Verständnis würde die Schriftform eine Verkörperung der Petition verlangen, die eine Namensunterschrift trägt und so den Urheber erkennbar macht. Freilich darf für die Wahrung der Schriftform bei einer gerade nicht durch Formstrenge gekennzeichneten Petition keinesfalls mehr verlangt werden als im gerichtlichen Verfahren, wo auf eine eigenhändige Unterschrift zumindest soweit verzichtet wird, wie es erforderlich ist, um die Nutzung neuartiger Kommunikations- 10

---

33 Krit. dagegen *Pagenkopf*, in: Sachs, GG, Art. 17 Rn. 9. Zur rechtlichen Bewertung *Guckelberger*, DÖV 2008, 85, 90 ff.
34 Zu den 426 im Jahr 2013 im Internet veröffentlichten Petitionen wurden nach dem Bericht des Petitionsausschusses über seine Tätigkeit im Jahr 2013, BT-Drs. 18/1300, S. 7, fast 500.000 Mitzeichnungen registriert.
35 S. dazu den Bericht des Petitionsausschusses über seine Tätigkeit im Jahr 2007, BT-Drs. 16/9500, S. 8.
36 Bericht des Petitionsausschusses über seine Tätigkeit im Jahr 2013, BT-Drs. 18/1300, S. 8 f.
37 BT-Drs. 18/1300, S. 131 f.
38 BT-Drs. 18/1300, S. 121 ff.
39 *Pieroth/Schlink/Kingreen/Poscher*, Grundrechte, Rn. 1084; *Stein*, in: AK-GG, Art. 17 (2001) Rn. 12.
40 *Jarass*, in: Jarass/Pieroth, GG, Art. 17 Rn. 3.

mittel zu ermöglichen.[41] Gleichwohl können E-Mails vor Gericht wegen der Son-derregelungen über die Einreichung elektronischer Dokumente in den Verfahrens-ordnungen nicht als schriftformwahrend anerkannt werden.[42] Dagegen genießen Petitionen, die per **E-Mail** oder **Web-Formular**[43] eingereicht werden, mangels ent-sprechender Regelungen im Kontext des Art. 17 GG zumindest dann den Schutz des Grundrechts, wenn der Adressat einen entsprechenden Zugang eröffnet hat. Für Petitionen an den BT ist dies der Fall: Nach § 4 Abs. 1 S. 2 der Verfahrensgrundsätze des Petitionsausschusses[44] ist die Schriftform im Wege des elektronischen Ersatzes der Unterschrift gewahrt, wenn die Petition ihren Urheber und dessen Postanschrift erkennen lässt und das Internetformular für elektronische Petitionen verwendet wird. Derartige Petitionen lösen die Rechtsfolgen des Art. 17 GG aus.[45]

11   Die Eingabe muss nicht zwingend in deutscher Sprache formuliert sein.[46] Unabding-bar ist hingegen, dass sie einen **Urheber** erkennen lässt. Anonyme Schreiben schützt Art. 17 GG nicht.[47] Skepsis ist gegenüber der Auffassung des BVerfG angebracht, Pe-titionen, die etwas gesetzlich Verbotenes fordern oder die einen »beleidigenden, he-rausfordernden oder erpresserischen Inhalt« haben, seien unzulässig.[48] Zwar lässt ihre Einkleidung in eine Petition die Strafbarkeit einer Beleidigung etc. – so es sich denn bei einer Würdigung der Äußerung im Lichte der Grundrechte tatsächlich um eine Straftat handelt – unberührt. Gleichwohl ist der Ausschluss aus dem Schutzbereich nicht zwingend.[49] Die Forderung gesetzlich verbotenen Verhaltens schließlich kann in der Sache auf eine Gesetzesänderung abzielen.[50]

II. Schutz von der Vorbereitung der Petition bis zur Behandlung durch den Adressaten

12   Art. 17 GG erfasst den Prozess einer Petition in vollem Umfang. Abgesehen vom Recht auf eine staatliche Reaktion (Rdn. 13) schützt Art. 17 GG die Vorbereitung einer Petition, also z.B. ihre Formulierung und die Sammlung von Unterschriften,[51] sowie ihre Einbringung. Dem Einbringungsrecht korrespondiert eine Pflicht staatli-

---

41 Dazu näher *v. Coelln*, in: Maunz u.a., BVerfGG, § 23 Rn. 19 ff.
42 *v. Coelln*, in: Maunz u.a., BVerfGG, § 23 Rn. 49 ff.
43 S. dazu das Angebot des BT unter https://epetitionen.bundestag.de/epet/peteinreichen. html.
44 BT-Drs. 18/1300, S. 121 ff.
45 Ebenso *Guckelberger*, DÖV 2008, 85, 86 ff.; a.A. *M. Kellner*, NJ 2007, 56, 59.
46 Näher *H. H. Klein*, in: Maunz/Dürig, GG, Art. 17 (2011) Rn. 64. Für die Einbeziehung v. Petitionen per E-Mail in den Schutzbereich auch *Heribert Schmitz*, NVwZ 2003, 1437, 1439 f.
47 *Sodan*, in: Sodan, GG, Art. 17 Rn. 2.
48 BVerfGE 2, 225 (229).
49 Für eine Einbeziehung in den Schutzbereich *Burkiczak*, NVwZ 2005, 1391, 1392 f.; s.a. *Langenfeld*, in: HStR III³, § 39 Rn. 29.
50 *Pieroth/Schlink/Kingreen/Poscher*, Grundrechte, Rn. 1089.
51 *Brenner*, in: v. Mangoldt/Klein/Starck, GG I, Art. 17 Rn. 39.

cher Stellen zur Entgegennahme[52] und ggf. zur Weiterleitung der Petition (Rdn. 24).[53]

III. Insbesondere: Die sachliche Behandlung der Petition

Vor allem aber gibt Art. 17 GG dem Petenten einen Anspruch darauf, dass die zu- 13
ständige Stelle oder Volksvertretung die Petition zur Kenntnis nimmt, sachlich prüft und beantwortet. Eine bloße Empfangsbestätigung wird diesen Anforderungen nicht gerecht.[54] Der Petent hat vielmehr ein **Recht auf einen schriftlichen Petitions-bescheid**, das freilich nicht mit einem Recht auf Abhilfe verwechselt werden darf: Ein solches Recht gewährt der insofern mit Art. 19 Abs. 4 GG vergleichbare Art. 17 GG – selbstverständlich – nicht. Auch zu einer bestimmten Art der Behandlung ei-ner Petition ist ihr Adressat im Allgemeinen[55] nicht verpflichtet.[56] Eine zeitliche Obergrenze für den Erlass des Bescheides lässt sich allenfalls im Einzelfall ermit-teln.[57] I. Zw. ist insofern ein großzügiger Maßstab geboten.

Unterschiedlich beantwortet wird die Frage nach dem grundrechtlich gebotenen In- 14
halt des Petitionsbescheides. Das BVerfG lässt Angaben über die Stelle, die sachlich entschieden hat, sowie über die Art der Erledigung genügen.[58] Bei Parlamentspeti-tionen fordert es darüber hinaus die Angabe des Datums des Beschlusses, damit der Petent die sachliche Befassung der Volksvertretung mit seinem Anliegen erkennen kann. Eine besondere Begründungspflicht in dem Sinne, dass der Petitionsbescheid die inhaltlich maßgeblichen Entscheidungsgründe enthalten müsse, verneint das BVerfG hingegen.[59] Die Gegenauffassung hält schon aus Gründen der Akzeptanz des Bescheids[60] zumindest grundsätzlich eine knappe, aus sich heraus verständliche Begr. für geboten, wobei jedoch – vorbehaltlich anderweitiger gesetzlicher Regelun-gen – Ausnahmen zulässig sein sollen, um die Verfassung nicht überzustrapazieren.[61] Bei Petitionen an den BT spielt das Problem praktisch kaum eine Rolle: § 112

---

52 BVerfGE 2, 225 (230); 13, 54 (90); BVerfG, DVBl. 1993, 32 (33).

53 *Brenner*, in: v. Mangoldt/Klein/Starck, GG I, Art. 17 Rn. 40.

54 BVerfGE 2, 225 (230); BVerfG, DVBl. 1993, 32 (33); *Sodan*, in: Sodan, GG, Art. 17 Rn. 3.

55 Zur Problematik eines Anspruchs auf Behandlung als öffentliche Petition u. Rdn. 29.

56 *Brenner*, in: v. Mangoldt/Klein/Starck, GG I, Art. 17 Rn. 43.

57 *Krings*, in: Friauf/Höfling, GG, Art. 17 (2003) Rn. 74, der vorschlägt, sich insofern an den zu § 75 VwGO entwickelten Maßstäben zu orientieren.

58 BVerfGE 2, 225 (230).

59 BVerfGE 2, 225 (230); BVerfG, DVBl. 1993, 32 (33). Auch aus dem Zusammenhang zwischen dem Grundrecht und Art. 19 Abs. 4 GG, 103 Abs. 1 GG und dem Gebot effek-tiven Rechtsschutzes soll nichts anderes folgen.

60 *Brenner*, in: v. Mangoldt/Klein/Starck, GG I, Art. 17 Rn. 43.

61 *Stettner*, in: BK, Art. 17 (2000) Rn. 92. Für eine Begründungspflicht auch *Graf Vitzthum/März*, JZ 1985, 809, 811. *H. Bauer*, in: Dreier, GG I, Art. 17 Rn. 59, stellt insofern auf die objektiv-rechtlichen Grundrechtsfunktionen ab.

Abs. 3 S. 2 GeschOBT sieht, wenngleich nur als Sollvorschrift, die Begründung von Petitionsbescheiden vor.

15   Einen Anspruch auf sachliche Verbescheidung hat der einzelne Petent in derselben Angelegenheit nur einmal. Mit einem den Anforderungen des Art. 17 GG entsprechenden Petitionsbescheid ist der Anspruch erfüllt.[62] Durch eine Änderung der Sach- oder Rechtslage kann der Anspruch freilich wieder aufleben. Gleiches gilt, wenn soviel Zeit verstrichen ist, dass es zumindest möglich erscheint, dass der Adressat seine Auffassung geändert haben könnte. Unabhängig davon fallen wiederholt eingelegte Petitionen nicht aus dem Schutz des Art. 17 GG heraus. Lediglich der Inhalt der staatlichen Reaktionspflicht ist reduziert.

D. Grundrechtsberechtigte und -verpflichtete

I. Grundrechtsberechtigte

16   Träger des Grundrechts sind alle **natürlichen Personen.**[63] Auf die Staatsangehörigkeit oder den Aufenthaltsort kommt es nicht an.[64] Bei im **Ausland lebenden Ausländern** ist aber ein Bezug zur deutschen Staatsgewalt zu fordern.[65] Dieser kann sich z.B. durch Rechtsakte gegenüber dem Ausländer oder durch grenzüberschreitende Umweltbelastungen[66] ergeben. **Geschäftsfähigkeit** ist nicht gefordert.[67] Auch **Minderjährige** werden vom persönlichen Schutzbereich erfasst. Eine andere Frage ist, ob sie grundrechtsmündig sind.[68] Sie betrifft nicht die Grundrechtsberechtigung, sondern die Prozessfähigkeit im Rahmen einer Verfassungsbeschwerde.

17   Das Petitionsrecht besteht auch im **Sonderstatusverhältnis.**[69] Bei Einschränkungen, die sich aus dem Zweck des »besonderen Gewaltverhältnisses« ergeben (beispielsweise bei Strafgefangenen), handelt es sich um Eingriffe, die den Rechtfertigungsanforderungen genügen müssen (Rdn. 33).

18   **Inländischen juristischen Personen** und **Personenvereinigungen des Privatrechts** steht das wesensmäßig auf sie anwendbare Grundrecht des Art. 17 GG gem. Art. 19 Abs. 3 GG zu. Es knüpft nicht an Eigenschaften und Fähigkeiten an, die nur natürlichen Personen eignen. An der wesensmäßigen Anwendbarkeit fehlt es jedoch grundsätzlich bei **juristischen Personen des Öffentlichen Rechts.**[70] Das auch Gemeinden

---

62   BVerfGE 2, 225 (231 f.).

63   *Pagenkopf*, in: Sachs, GG, Art. 17 Rn. 7; *Sodan*, in: Sodan, GG, Art. 17 Rn. 4.

64   *Hömig*, in: Hömig, GG, Art. 17 Rn. 3.

65   *Gnatzy*, in: Schmidt-Bleibtreu/Hofmann/Henneke, GG, Art. 17 Rn. 18; *Langenfeld*, in: HStR III³, § 39 Rn. 39.

66   *Bauer*, in: Dreier, GG I, Art. 17 Rn. 27.

67   *Jarass*, in: Jarass/Pieroth, GG, Art. 17 Rn. 8.

68   Zu dieser Unterscheidung auch *Pagenkopf*, in: Sachs, GG, Art. 17 Rn. 7.

69   *Langenfeld*, in: HStR III³, § 39 Rn. 47 ff. Grundlegend zur Grundrechtsgeltung auch im Sonderstatusverhältnis BVerfGE 33, 1 (10 f.).

70   *Pagenkopf*, in: Sachs, GG, Art. 17 Rn. 7. Näher Art. 19 Rdn. 14.

zustehende Recht, sich mit den ihnen zur Verfügung stehenden und angemessen erscheinenden Mitteln an das Parlament zu wenden,[71] beruht nicht auf Art. 17 GG. Als Bestandteile des Staatsaufbaus sind Gemeinden nicht grundrechtlich geschützt. Ihre verfassungsrechtliche Rechtsstellung ergibt sich allein aus Art. 28 Abs. 2 GG.[72]

Zum Teil wird auch **ausländischen juristischen Personen und Personenvereinigun-** 19 **gen** der Schutz des Art. 17 GG zugestanden.[73] Jedoch erweitert Art. 19 Abs. 3 GG den Schutz der primär auf natürliche Personen zugeschnittenen Grundrechte nur auf inländische juristische Personen. Zwar führt die Möglichkeit der **Sammelpetition** (»in Gemeinschaft mit anderen«) zusammen mit der Einbeziehung von Ausländern in den Schutzbereich dazu, dass einer Gruppe von Ausländern das Grundrecht zusteht, nicht aber einer juristischen Person, in der sich diese Gruppe organisiert. Dieses Erg. spricht gleichwohl nicht dafür, ausländischen juristischen Personen das Petitionsrecht zuzusprechen.[74] Zwar ermöglicht die separate Erwähnung der gemeinschaftlichen Petition die Einreichung unter einem Gesamtnamen oder einer Sammelbezeichnung.[75] Grundrechtsträger ist jedoch nicht die Gesamtheit der Petenten als solche. Bei einer Sammelpetition unter einem Gesamtnamen muss die Identifizierbarkeit der Petenten gesichert sein:[76] Es handelt sich um eine Petition mehrerer Grundrechtsträger. Insofern gilt nichts anderes als beispielsweise bei einer Versammlung, die als solche auch nicht Grundrechtsträger ist. Das Recht zur gemeinschaftlichen Ausübung des Grundrechts ist in Art. 8 GG lediglich nicht speziell erwähnt, weil es bereits dem Begriff der Versammlung immanent ist. Die Grundrechtsberechtigung einer organisierten Personenmehrheit als solche aber wird von Art. 19 Abs. 3 GG speziell geregelt.

II. Grundrechtsverpflichtete

1. Grundrechtsverpflichtete und Petitionsadressaten

Art. 17 GG gewährt das Recht, sich an die zuständigen Stellen und an die Volksver- 20 tretung zu wenden. Diese Aufzählung der Adressaten einer möglichen Petition ist in doppelter Hinsicht nicht deckungsgleich mit dem Kreis der Grundrechtsverpflichteten. Verpflichtet wird – neben den in erster Linie angesprochenen Empfängern der Petition – die **gesamte öffentliche Gewalt**. Relevant wird das Grundrecht für alle

---

71 BVerfGE 8, 42 (45).
72 Zutr. *Pagenkopf*, in: Sachs, GG, Art. 17 Rn. 7; *Gnatzy*, in: Schmidt-Bleibtreu/Hofmann/Henneke, GG, Art. 17 Rn. 18. Für ein Petitionsrecht v. Gemeinden in Selbstverwaltungsangelegenheiten aber *Brenner*, in: v. Mangoldt/Klein/Starck, GG I, Art. 17 Rn. 36; *Stein*, in: AK-GG, Art. 17 (2001) Rn. 11.
73 *Dollinger*, in: Umbach/Clemens, GG I, Art. 17 Rn. 29; *Stein*, in: AK-GG, Art. 17 (2001) Rn. 10; vorsichtig auch *Jarass*, in: Jarass/Pieroth, GG, Art. 17 Rn. 8; dagegen *Krings*, JuS 2004, 474, 475.
74 So aber *H. Bauer*, in: Dreier, GG I, Art. 17 Rn. 30.
75 *H. Bauer*, in: Dreier, GG I, Art. 17 Rn. 29.
76 *Stettner*, in: BK, Art. 17 (2000) Rn. 56.

staatlichen Organe, die auf seine Ausübung einzuwirken vermögen. Die Nichtweiterleitung der Petition eines Strafgefangenen durch die Anstaltsleitung etwa muss sich an Art. 17 GG messen lassen. Im Übrigen schützt Art. 17 GG schon ausweislich seiner Entstehungsgeschichte auch Eingaben an **ausländische und internationale Stellen**,[77] ohne diese jedoch zur Entgegennahme oder Erledigung verpflichten zu können.[78] Adressat des Grundrechts sind allein Träger deutscher Hoheitsgewalt.[79]

2. Die Volksvertretung

21   **Volksvertretung** im Sinne des Petitionsrechts sind alle vom Staatsvolk direkt gewählten Repräsentationsorgane.[80] Art. 28 Abs. 1 S. 2 GG spricht dafür, hierzu neben dem BT und den Landesparlamenten auch die Gemeinderäte und Kreistage zu zählen.[81] Die im praktischen Erg. identische[82] Gegenauffassung[83] ordnet sie den »zuständigen Stellen« zu. Das Merkmal der Zuständigkeit erwähnt Art. 17 GG bei der Volksvertretung nicht. Die Petition muss gleichwohl eine Angelegenheit betreffen, für die eine Verbandskompetenz der die Volksvertretung tragenden Körperschaft besteht.[84] Einer Organzuständigkeit der Parlamente nach den Regeln des allgem. Organisationsrechts bedarf es – anders als im Fall der »zuständigen Stellen« (Rdn. 24) –[85] nicht. Das Parlament hat eine formelle Allzuständigkeit, wenn auch nur im Sinne einer Behandlungskompetenz.[86] Dagegen wird die Entscheidungskompetenz der Volksvertretung durch die Gewaltenteilung begrenzt. Die Volksvertretung hat in der Regel keine eigene Abhilfekompetenz; sie übt politischen Einfluss aus und ersucht Regierungen und Verwaltung um Abhilfe –[87] zu der diese freilich nicht verpflichtet sind.[88] Zur eigenen Aufhebung gerichtlicher Entscheidungen ist die Volksvertretung ebenso wenig befugt[89] wie z.B. zur Ersetzung des Verwaltungsermessens.[90] Im Fall der Gemeinderäte und Kreistage ist zu beachten, dass diese trotz der geläufigen Bezeichnung als »Kommunalparlamente« zur Verwaltung ressortieren. Entscheidungs-

---

77   O. Rdn. 2.

78   *H. Bauer*, in: Dreier, GG I, Art. 17 Rn. 46.

79   Dazu auch *Jarass*, in: Jarass/Pieroth, GG, Art. 17 Rn. 6.

80   *Pagenkopf*, in: Sachs, GG, Art. 17 Rn. 10.

81   *Pieroth/Schlink/Kingreen/Poscher*, Grundrechte, Rn. 1086; i.E. auch *Jarass*, in: Jarass/Pieroth, GG, Art. 17 Rn. 6.

82   Unentschieden daher OLG Düsseldorf, NVwZ 1983, 502; *Uerpmann-Wittzack*, in: v. Münch/Kunig, GG I, Art. 17 Rn. 24.

83   *Friesenhahn*, in: FS Hans Huber, 1981, S. 353, 358; *v. Mutius*, VerwArch 70 (1979), S. 165, 175.

84   *Krings*, JuS 2004, 474, 476; vgl. auch BVerfG DVBl. 1993, 32 (33).

85   Zur im Vergleich mit »zuständigen Stellen« umfassenderen Kompetenz der Volksvertretungen *Pagenkopf*, in: Sachs, GG, Art. 17 Rn. 11.

86   BVerfGK 7, 133 (134); *Graf Vitzthum/März*, JZ 1985, 809, 812.

87   BVerfG DVBl. 1993, 32 (33).

88   BVerfGK 7, 133 (135).

89   *Stettner*, in: BK, Art. 17 (2000) Rn. 69, 78.

90   *Pagenkopf*, in: Sachs, GG, Art. 17 Rn. 11.

befugt sind sie daher nur im Rahmen der verwaltungsinternen Kompetenzverteilung.[91] Gleichermaßen für die Parlamente wie für die Kommunalvertretungen gilt,
dass einzelne ihrer Mitglieder oder Fraktionen schon wegen des Wortlauts von Art. 17
GG (Volksvertretung, nicht Volksvertreter), vor allem aber mangels Entscheidungskompetenz, keine Petitionsadressaten sind.[92] Sie sind jedoch verpflichtet, eine ihnen
zugesandte und als solche erkennbare Petition weiterzuleiten.[93]

Die Parlamente auf Bundes- und Landesebene haben für die Behandlung von Ein-   22
gaben **spezielle Ausschüsse** eingesetzt.[94] Im Fall des BT ist das wegen der Regelung
des Art. 45c GG, der den Petitionsausschuss zu einem ständigen Pflichtausschuss
macht,[95] verfassungsrechtlich unbedenklich. Die Vorschrift wurde 1975 mit dem
Ziel beschlossen,[96] die Rechtsstellung des Petitionsausschusses zu verbessern. Ob ihr
das in verfassungsmäßiger Weise gelingt, wird z.T. kritisch beurteilt.[97] Auf der Grundlage von Art. 45c Abs. 2 GG, der sich allein auf Beschwerden bezieht, ist das PetAG[98]
ergangen, das einzelne Befugnisse des Ausschusses regelt. Die Exekutive ist jedoch
auch dann zur Kooperation mit dem Ausschuss verpflichtet, wenn dieser Bitten behandelt.[99] Im Übrigen ist die Behandlung von Petitionen in §§ 108 ff. GeschOBT
geregelt; Details finden sich in den von § 110 Abs. 1 GeschOBT vorgesehenen Verfahrensgrundsätzen.[100]

3. Zuständige Stellen

Neben der Volksvertretung sind die **zuständigen Stellen** Petitionsadressaten. Der Be-   23
griff der Stelle ist weit zu verstehen. Er umfasst nicht allein Behörden im verwaltungsrechtlichen Sinne.[101] Maßgeblich ist nur, dass es sich um die Stelle einer öffentlich-rechtlichen Einrichtung handelt.[102] Die Inanspruchnahme privatrechtlicher
Handlungsformen allein steht dem nicht entgegen, während die echte Entstaatli-
chung einer Aufgabe bei den Handelnden den Charakter einer Stelle i.S.v. Art. 17

---

91 *Stettner*, in: BK, Art. 17 (2000) Rn. 69.
92 Zu letzterem *H. H. Klein*, in: Maunz/Dürig, GG, Art. 17 (2011) Rn. 111; a.A. *Pagenkopf*, in: Sachs, GG, Art. 17 Rn. 10.
93 *Jarass*, in: Jarass/Pieroth, GG, Art. 17 Rn. 6; näher *H. H. Klein*, in: Maunz/Dürig, GG,
   Art. 17 (2011) Rn. 111. S. auch *Uerpmann-Wittzack*, in: v. Münch/Kunig, GG I, Art. 17
   Rn. 22: Allenfalls Boten.
94 Adressen abgedruckt in BT-Drs. 18/1300, S. 109 ff.; sowie bei *Gnatzy*, in: Schmidt-Bleib-
   treu/Hofmann/Henneke, GG, Art. 17 Rn. 12.
95 *H. H. Klein*, in: Maunz/Dürig, GG, Art. 45c (2011) Rn. 13.
96 O. Rdn. 3.
97 Bejahend aber *H. H. Klein*, in: Maunz/Dürig, GG, Art. 45c (2011) Rn. 74 ff.
98 V. 19.07.1975, BGBl. I S. 1921, geänd. durch KostRMoG v. 05.05.2004, BGBl. I
   S. 718.
99 BVerfGE 67, 100 (129).
100 O. Fn. 43.
101 Zur Behandlung v. Petitionen durch Behörden eingehend *Woike*, DÖV 1984, 419 ff.
102 *Jarass*, in: Jarass/Pieroth, GG, Art. 17 Rn. 6; *Pagenkopf*, in: Sachs, GG, Art. 17 Rn. 10.

GG entfallen lässt.[103] Organisationsprivatisierung (formelle Privatisierung) berührt das Petitionsrecht nicht, Aufgabenprivatisierung (materielle Privatisierung) schränkt es gegenständlich ein. Das betrifft etwa die früher zur Hoheitsverwaltung ressortierenden Bereiche der Bahn und der Post.[104]

24 Zuständig sind solche Stellen, denen das allgem. Organisationsrecht die Kompetenz zur Entscheidung von Petitionen zuweist. Die Einreichung einer Petition vermag diese Kompetenz nicht zu begründen.[105] Eine unzuständige Stelle ist kein Petitionsadressat. Grundrechtsverpflichtet ist sie dennoch: Sie muss die trotz Einreichung bei einer unzuständigen Stelle zulässige[106] Petition unter Erteilung eines Zwischenbescheides weiterleiten[107] oder – sofern die Weiterleitung erheblichen Mehraufwand zur Folge hätte – die Petition zurückreichen.[108] Zu den Stellen, die mangels Entscheidungskompetenz nur zur Weiterleitung befugt sind, zählt auch der Bundesrechnungshof.[109] Gerichte können jedenfalls soweit Petitionsadressaten sein, wie sie Verwaltungsaufgaben erfüllen. Aber auch im Rahmen ihrer rechtsprechenden Tätigkeit ist eine Petition möglich, wobei eine Erledigungskompetenz nur im Rahmen des Prozessrechts besteht.[110] Art. 17 GG ist jedoch die Grundlage des außerordentlichen Rechtsbehelfs der Gegenvorstellung, die dem Gericht die Möglichkeit gibt, Verstöße gegen Verfahrensgrundrechte oder offenkundige materielle Rechtsfehler zu beheben.[111] Im Übrigen wird man Petitionen gegen gerichtliche Entscheidungen als zulässig, aber unbegründet ansehen müssen.[112] Das BVerfG hat – wenn auch nur in einem obiter dictum[113] im Rahmen eines Kammerbeschlusses – formuliert, außerhalb eines zulässigen verfassungsgerichtlichen Verfahrens sei es ihm nicht gestattet, als »zuständige Stelle« i.S.v. Art. 17 GG Petitionen zu entsprechen, die sich in der Geltendmachung von Fremd- oder Allgemeininteressen erschöpften.[114] Das legt den

103 *H. H. Klein*, in: Maunz/Dürig, GG, Art. 17 (2011) Rn. 99.
104 Zur Post näher *M. Heintzen*, in: FS Walter Leisner, 1999, S. 531 ff. S. zum Gesamtproblem auch *Schefold*, NVwZ 2002, 1085 f.
105 *H. H. Klein*, in: Maunz/Dürig, GG, Art. 17 (2011) Rn. 100, 98; s.a. *Uerpmann-Wittzack*, in: v. Münch/Kunig, GG I, Art. 17 Rn. 20.
106 Für die Unzulässigkeit aber BVerfGE 2, 225 (229); dagegen zutr. *H. H. Klein*, in: Maunz/Dürig, GG, Art. 17 (2011) Rn. 98.
107 *Langenfeld*, in: HStR III³, § 39 Rn. 34; abschwächend *Pagenkopf*, in: Sachs, GG, Art. 17 Rn. 11: Weiterleitung oder Nennung der zuständigen Stelle.
108 *H. H. Klein*, in: Maunz/Dürig, GG, Art. 17 (2011) Rn. 86.
109 *Ellmauer*, DÖV 1988, 638.
110 *H. H. Klein*, in: Maunz/Dürig, GG, Art. 17 (2011) Rn. 102; vorsichtig a.A. *Jarass*, in: Jarass/Pieroth, GG, Art. 17 Rn. 6.
111 *Gnatzy*, in: Schmidt-Bleibtreu/Hofmann/Henneke, GG, Art. 17 Rn. 7.
112 *H. H. Klein*, in: Maunz/Dürig, GG, Art. 17 (2011) Rn. 102. Nach der Gegenauffassung, die Gerichte außerhalb v. Verwaltungsangelegenheiten nicht für zuständige Stellen hält, wären derartige Petitionen bereits unzulässig.
113 *Sachs*, JuS 2003, 290.
114 BVerfG NVwZ 2002, 1499.

von Coelln

Umkehrschluss nahe, bei der Geltendmachung eigener Interessen sei es auch außerhalb der Zuständigkeiten des BVerfGG zuständige Stelle.[115]

E. Subjektive und objektive Gehalte

I. Subjektive Gehalte

Art. 17 GG unterscheidet sich insofern von den meisten anderen Freiheitsrechten, 25 als bei seinen subjektiven Gehalten die **Leistungsdimension** des Grundrechts im Vordergrund steht.[116] Die Vorschrift garantiert dem Bürger in erster Linie ein Recht auf die Behandlung seiner Petition, insbesondere auf ihre sachliche Prüfung und Verbescheidung. Daneben besitzt das Grundrecht jedoch auch eine **Abwehrdimension**,[117] die vor staatlich veranlassten Beeinträchtigungen der Vorbereitung einer Petition ebenso schützt wie vor staatlicherseits auferlegten Belastungen als Reaktion auf eine Petition. Der Versuch, den Schutz vor beeinträchtigenden Maßnahmen im Vorfeld der Petitionseinbringung dem Leistungsanspruch zuzuordnen,[118] überzeugt nicht. Ungeachtet aller Schwierigkeiten bei der Abgrenzung der einzelnen Grundrechtsdimensionen ist der Abwehrcharakter hier unübersehbar.

Ob das Petitionsrecht neben dem status positivus und dem status negativus zugleich 26 dem **status activus** zuzuordnen ist, wird unterschiedlich beurteilt.[119] Kaum bestreiten lässt sich jedenfalls, dass das Grundrecht eine Möglichkeit der Einwirkung auf den Meinungsbildungsprozess und damit potentiell auch auf politische Entscheidungen absichert.[120] Es weist insofern Bezüge zum Demokratieprinzip auf.[121] Gleichwohl ist an der kategorialen Unterscheidung[122] zwischen direktdemokratischer Einwirkung auf die Staatswillensbildung einerseits und der im gesellschaftlichen Bereich verorteten Volkswillensbildung andererseits festzuhalten. Zu letzterer gehören auch grundrechtsgeschützte Willens- und Unmutsbekundungen gegenüber dem Staat, wie sie das Petitionsrecht erfasst: Selbst wenn der Adressat unter erheblichen Druck geraten kann, so bleibt der Gebrauch des Rechts doch ein aliud gegenüber – de constitutione lata im Grundgesetz praktisch nicht vorhandenen – plebiszitären Elementen.[123]

115 Zur Möglichkeit dieses Verständnisses auch *Sachs*, JuS 2003, 290, der sich freilich gegen dieses Erg. ausspricht.
116 *Krings*, JuS 2004, 474, 477; *Hömig*, in: Hömig, GG, Art. 17 Rn. 2.
117 *Sodan*, in: Sodan, GG, Art. 17 Rn. 2.
118 *Pagenkopf*, in: Sachs, GG, Art. 17 Rn. 8.
119 Bejahend *Graf Vitzthum*, Petitionsrecht und Volksvertretung, 1985, S. 28; *Stein*, in: AK-GG, Art. 17 (2001) Rn. 33; ablehnend *H. H. Klein*, in: Maunz/Dürig, GG, Art. 17 (2011) Rn. 81.
120 Vgl. *H. Bauer*, in: Dreier, GG I, Art. 17 Rn. 58, 19.
121 *Stettner*, in: BK, Art. 17 (2000) Rn. 110.
122 *H. H. Klein*, in: Maunz/Dürig, GG, Art. 17 (2011) Rn. 51.
123 *H. Bauer*, in: Dreier, GG I, Art. 17 Rn. 63.

II. Objektive Gehalte

27 Umstr. ist auch, ob der normative Gehalt des Art. 17 GG über die subjektiv-rechtlichen Gewährleistungen hinausreicht. Die befürwortende Auffassung qualifiziert das Grundrecht beispielsweise als »Element der offenen Gesellschaftsordnung«; daraus sollen sich objektiv-rechtliche Gehalte ergeben.[124] Jedoch haben Überlegungen zu einer bestimmten Gesellschaftsordnung schon bei den Vorarbeiten zu Art. 17 GG schlicht keine Rolle gespielt;[125] die Idee wirkt konstruiert. Angesichts der unterschiedlichen leistungs- und abwehrrechtlichen Komponenten, die das Grundrecht im subjektiv-rechtlichen Bereich unbestrittenermaßen verbürgt, erscheint die Suche nach zusätzlichen Inhalten, die dann ggf. wieder zu versubjektivieren wären, ohnehin nicht besonders ertragreich.[126] Immerhin wird man der Vorschrift eine **Schutzpflicht** des Staates entnehmen können, dafür Sorge zu tragen, dass Petenten nicht von Privaten an der Wahrnehmung ihres Rechts gehindert werden.[127] Hinzu kommt die Verpflichtung der möglichen Petitionsadressaten, das Eingabewesen durch organisatorische und prozedurale Vorkehrungen so auszugestalten, dass Petitionen angemessen und sachgerecht behandelt werden können.[128] Dazu zählt ggf. auch eine hinreichend starke Kompetenzausstattung der zur Bearbeitung berufenen Stelle.[129] Zu warnen ist freilich vor der Vorstellung, jedes einmal geschaffene Instrument genieße unmittelbaren grundrechtlichen Schutz: So sehr die Möglichkeit einer elektronisch eingelegten Petition und die Mitzeichnungsmöglichkeit im Internet (Rdn. 8, 10) den Grundrechtsgebrauch fördern und effektuieren mögen, sind sie doch nicht verfassungsrechtlich geboten.[130] Erst recht verpflichtet Art. 17 GG den Staat nicht, dem Bürger die Gelegenheit zu schaffen, seine Meinung im Rahmen amtlicher Befragungen zu äußern und so beispielsweise dem Parlament unterbreiten zu können.[131]

28 Die weitreichende Befassungskompetenz der Parlamente (Rdn. 21) kann zu Situationen führen, in denen sie Petitionen zu behandeln haben, ohne dass ihnen das notwendige Tatsachenmaterial zur Verfügung steht. Aus Art. 17 GG ergibt sich jedoch ein sog. **Petitionsinformationsrecht**, auf Grund dessen die Volksvertretung (bzw. der jeweilige Ausschuss) die benötigten Informationen von der Exekutive, insbesondere

124 *Dollinger*, in: Umbach/Clemens, GG I, Art. 17 Rn. 40.
125 *Krings*, in: Friauf/Höfling, GG, Art. 17 (2003) Rn. 76.
126 S. dazu *H. Bauer*, in: Dreier, GG I, Art. 17 Rn. 56.
127 *Krings*, JuS 2004, 474, 477. Zur – offen gelassenen – Bedeutung des Petitionsrechts für Äußerungen eines Arbeitgebers s. BAG BB 2010, 2376 ff.
128 *H. H. Klein*, in: Maunz/Dürig, GG, Art. 17 (2011) Rn. 96. Enger *Krings*, in: Friauf/Höfling, GG, Art. 17 (2003) Rn. 76: Normativer Gehalt erschöpft sich in den subjektiv-rechtlichen Verbürgungen.
129 *H. Bauer*, in: Dreier, GG I, Art. 17 Rn. 59.
130 Davon zu unterscheiden ist die Frage, ob es geboten sein kann, eine Petition als öffentliche Petition zu behandeln, solange es dieses Instrument gibt. Dazu Rdn. 29.
131 Zum Fehlen eines entsprechenden Anspruchs des Bürgers BVerfGE 8, 42 (45 f.).

von der Regierung, verlangen darf.[132] Zudem hat die Volksvertretung das Recht, die Petition mit einer Empfehlung an die Regierung zu überweisen (»Petitionsüberweisungsrecht«).[133]

F. Eingriffe und Schranken

I. Eingriffe in das Petitionsrecht

Die einzelnen Grundrechtsverpflichteten können in unterschiedlicher Weise in das 29 Petitionsrecht eingreifen. Um einen **Eingriff des Petitionsadressaten** handelt es sich, wenn dieser eine Petition nicht annimmt, wenn er sie nicht ordnungsgemäß bzw. überhaupt nicht erledigt[134] oder wenn er dem Petenten Kosten auferlegt.[135] Solange es das Instrument der öffentlichen Petition gibt (Rdn. 8), lassen sich gewichtige Argumente dafür anführen, die Weigerung, eine Petition als öffentliche Petition zu behandeln, als Eingriff in Art. 17 GG (ggf. i.V.m. Art. 3 Abs. 1 GG) einzustufen, der nur durch ein derzeit nicht vorhandenes formelles Gesetz gerechtfertigt werden könne.[136] **Unzuständige Stellen** öffentlich-rechtlicher Träger greifen durch die Nichtweiterleitung bzw. Nichtrückgabe der Petition in den Schutzbereich des Art. 17 GG ein. **Jeder Hoheitsträger** schließlich tut dies, wenn er vorbereitende Handlungen wie beispielsweise die Sammlung von Unterschriften für eine Sammelpetition behindert, wenn er einen potentiellen Petenten für den Fall der Ausübung seines Petitionsrechts mit Nachteilen bedroht oder wenn er ihn wegen einer eingereichten Petition benachteiligt.[137] Letztlich spiegeln die Formen denkbarer Eingriffe also die unterschiedlichen Grundrechtsdimensionen wider, die bei den einzelnen Verpflichteten im Vordergrund stehen: Gegenüber dem Petitionsadressaten dominiert der Leistungscharakter, gegenüber sonstigen Hoheitsträgern der Gedanke der Abwehr von Behinderungen.[138]

---

132 *Sodan*, in: Sodan, GG, Art. 17 Rn. 1; ausführlich *Stettner*, in: BK, Art. 17 (2000) Rn. 82 ff.; a.A. *Pagenkopf*, in: Sachs, GG, Art. 17 Rn. 8, der auf Art. 45c GG und das PetAG rekurriert: Im Rahmen einer Grundrechtsgewährleistung im Staat-Bürger-Verhältnis systemfremd.

133 Zum Petitionsüberweisungsrecht BVerfGK 7, 133 (135); zu beiden Rechten *Graf Vitzthum/März*, JZ 1985, 809, 814 ff.

134 *Jarass*, in: Jarass/Pieroth, GG, Art. 17 Rn. 9.

135 *Pagenkopf*, in: Sachs, GG, Art. 17 Rn. 14.

136 So *H. Bauer*, in: FS für Stern, 2012, S. 1211, 1223 ff. Nach BVerfG (K), NVwZ-RR 2012, 1, ist eine verwaltungsgerichtliche Klage auf Behandlung als öffentliche Petition zumindest nicht unzumutbar. BVerfG (K), Beschl. v. 17.02.2014, 2 BvR 57/13, hält die Ablehnung eines PKH-Antrags, mit dem ein Prozess gegen die Versagung der Behandlung als öffentliche Petition ermöglicht werden soll, für unzulässig. Siehe zu generellen verfassungsrechtlichen Bedenken auch *H. Bauer*, in: HGR V, § 117 Rn. 31 mit Fn. 225.

137 *H. Bauer*, in: Dreier, GG I, Art. 17 Rn. 49; zum letzten Aspekt auch *Sodan*, in: Sodan, GG, Art. 17 Rn. 5.

138 S. Rdn. 25.

II. Schranken des Petitionsrechts

30   Diese Differenzierung wirkt sich auch auf der Schrankenebene aus. Die leistungs-rechtlichen Komponenten des Art. 17 GG sind ohnehin der Ausgestaltung zugäng-lich.[139] Im Übrigen ist das Petitionsrecht im Wesentlichen vorbehaltlos gewährleistet. Art. 17 GG enthält keinen Gesetzesvorbehalt. Die Schranken anderer Grundrechte, etwa die Schrankentrias des Art. 2 Abs. 1 GG oder die Schranken des Art. 5 Abs. 2 GG, sind auf das Petitionsrecht nicht übertragbar.[140]

31   Einen einschlägigen Schrankenvorbehalt sieht lediglich Art. 17a Abs. 1 GG vor. Da-nach kann für Angehörige der **Streitkräfte und des Ersatzdienstes** während der Zeit des Wehr- oder Ersatzdienstes das Petitionsrecht gesetzlich eingeschränkt werden, so-weit es das Recht gewährt, Bitten oder Beschwerden in Gemeinschaft mit anderen vorzubringen. Betroffen von dieser Einschränkungsmöglichkeit ist also nur die Sam-melpetition, nicht die Individualpetition.[141] Für Beschwerden nach § 34 SoldG bzw. § 41 Abs. 1 ZDG machen § 1 Abs. 4 WBO bzw. § 41 Abs. 3 ZDG, die gemeinschaft-liche Beschwerden ausschließen, von der Option des Art. 17a GG Gebrauch.

32   Die im Übrigen vorbehaltlose Gewährleistung des Petitionsrechts führt – insofern gelten die allgem. Regeln – nicht zu einer schrankenlosen Verbürgung. Art. 17 GG unterliegt **verfassungsimmanenten Schranken.** Das Grundrecht darf auf Grund kol-lidierender Grundrechte Dritter sowie wegen sonstiger Güter von Verfassungsrang beschränkt werden, mit denen das Petitionsrecht im Wege der praktischen Konkor-danz zu einem möglichst schonenden Ausgleich zu bringen ist, der die Substanz aller betroffenen Positionen wahrt.[142] Der Eingriff in ein Grundrecht muss in jedem Fall dem rechtsstaatlichen Grundsatz der Verhältnismäßigkeit genügen. Das gilt auch für Eingriffe in Art. 17 GG, die dem Schutz besonders bedeutsamer und ihrerseits mit Verfassungsrang ausgestatteter Rechtsgüter dienen.[143] Seine Grenzen kann das Peti-tionsrecht daher beispielsweise im allgem. Persönlichkeitsrecht aus Art. 2 Abs. 1 GG i.V.m. Art. 1 Abs. 1 GG finden. Welchem Recht der Vorrang zukommt, muss im Wege einer Einzelfallabwägung entschieden werden.[144] Insbesondere schließt Art. 17 GG die strafrechtliche Verantwortlichkeit für den Inhalt einer Petition nicht von vornherein aus.[145]

33   Entsprechendes gilt in **Sonderstatusverhältnissen.**[146] Die von §§ 31 ff. EGGVG er-möglichte Kontaktsperre für Gefangene, bei der jede Verbindung mit anderen Ge-fangenen und mit der Außenwelt unterbrochen wird, greift jedenfalls insofern in das

---

139 *Jarass,* in: Jarass/Pieroth, GG, Art. 17 Rn. 11.
140 *Pagenkopf,* in: Sachs, GG, Art. 17 Rn. 15.
141 *Heun,* in: Dreier, GG I, Art. 17a Rn. 12.
142 *Pagenkopf,* in: Sachs, GG, Art. 17 Rn. 15.
143 BVerfGE 49, 24 (58).
144 BVerfG, NJW 1991, 1475 (1476); *Sodan,* in: Sodan, GG, Art. 17 Rn. 6.
145 *H. Bauer,* in: Dreier, GG I, Art. 17 Rn. 51.
146 Dazu auch *Jarass,* in: Jarass/Pieroth, GG, Art. 17 Rn. 11.

Petitionsrecht ein, als sie eine Sammelpetition unmöglich macht. Dieser Eingriff ist jedoch mit Blick auf die jeweils grundrechtlich geschützten Rechtsgüter, zu deren Schutz eine Kontaktsperre allein angeordnet werden darf, gerechtfertigt.[147] – Für Beamte ergeben sich Besonderheiten bei der Ausübung des Petitionsrechts aus ihrem Dienstverhältnis. In dienstlichen Angelegenheiten müssen sie gem. § 125 BBG (§ 171 BBG a.F.) bzw. nach den entsprechenden Regelungen der Landesbeamtengesetze[148] den Dienstweg einhalten;[149] ihre generellen Pflichten (im Bundesrecht die §§ 60 ff. BBG), speziell die Pflicht zur Mäßigung und Zurückhaltung, wirken sich auch bei der Abfassung von Petitionen mit dienstlichem Bezug aus.[150] Ihre Rechtfertigung finden diese spezifischen Einschränkungen in der Einrichtungsgarantie des Art. 33 Abs. 5 GG.[151]

G. Verhältnis zu anderen Grundgesetzbestimmungen, insbesondere Grundrechtskonkurrenzen

Art. 19 Abs. 4 GG geht Art. 17 GG vor. **Förmliche Rechtsbehelfe** und Rechtsmittel **34** werden nicht vom Petitionsrecht erfasst.[152] Jedoch kann das vor Gericht verfolgte Anliegen zeitgleich oder später auch zum Gegenstand einer Petition gemacht werden,[153] die dann den Schutz gerade des Art. 17 GG genießt. Im Übrigen ergänzen sich die beiden Grundrechte, die beide im weitesten Sinne Rechtsschutzfunktionen erfüllen, insofern, als Art. 19 Abs. 4 GG die gerichtliche Durchsetzbarkeit der Rechte aus Art. 17 GG absichert.[154]

Reine **Meinungsäußerungen** gegenüber staatlichen Stellen, mit denen der Bürger er- **35** kennbar keine Antwort begehrt, fallen allein unter Art. 5 Abs. 1 S. 1 Hs. 1 GG.[155] Zwar schützt dieses Grundrecht nicht die Entgegen- und Kenntnisnahme der Meinung. Das spricht jedoch nicht für die Annahme von Idealkonkurrenz mit Art. 17 GG.[156] Bringt der Äußernde aber zum Ausdruck, dass ihm an einer Stellungnahme gelegen ist, so begibt er sich (zusätzlich) in den Schutzbereich des Petitionsrechts.[157]

Auskunfts- und Akteneinsichtsbegehren gegenüber staatlichen Stellen lassen sich **36** grundrechtlich (allenfalls) auf die Informationsfreiheit nach Art. 5 Abs. 1 S. 1 Hs. 2

---

147 BVerfGE 49, 24 (52 ff.).
148 S. etwa § 179 LBG NRW.
149 Zur Unanwendbarkeit der Vorschrift in außerdienstlichen Angelegenheiten *Battis*, BBG, 4. Aufl., 2009, § 125 Rn. 4.
150 Dazu auch *Pagenkopf*, in: Sachs, GG, Art. 17 Rn. 17.
151 Allgem. zur Möglichkeit der Grundrechtsbegrenzung durch Art. 33 Abs. 5 GG *Battis*, in: Sachs, GG, Art. 33 Rn. 74 ff.
152 *Pagenkopf*, in: Sachs, GG, Art. 17 Rn. 19; *Sodan*, in: Sodan, GG, Art. 17 Rn. 1.
153 *Jarass*, in: Jarass/Pieroth, GG, Art. 17 Rn. 3; *H. Bauer*, in: Dreier, GG I, Art. 17 Rn. 60.
154 *H. Bauer*, in: Dreier, GG I, Art. 17 Rn. 60.
155 *Pagenkopf*, in: Sachs, GG, Art. 17 Rn. 19.
156 So aber *Krings*, JuS 2004, 474, 475 f.
157 S. dazu auch *H. Bauer*, in: Dreier, GG I, Art. 17 Rn. 62.

GG stützen.[158] Selbst wenn man das Bestehen eines derartigen Anspruchs unter Hinweis auf die Rechtsprechung des BVerfG ablehnt, nach der die Informationsfreiheit keinen Anspruch auf die Eröffnung von Informationsquellen gibt,[159] führt dies nicht zur Anwendbarkeit des Art. 17 GG. Die Norm erfasst jedoch eine Bitte um Zugangsgewährung, die ohne Rechtsanspruch vorgetragen wird.[160]

37   **Versammlungen** und **Vereinigungen** werden allein von Art. 8 GG bzw. Art. 9 GG geschützt, selbst wenn sie zur Vorbereitung oder Unterstützung von Petitionen gebildet und tätig werden.[161] – Das Petitionsrecht ist **nicht verwirkbar** nach Art. 18 GG.[162]

38   Art. 45b GG, der die Berufung eines **Wehrbeauftragten** vorsieht, regelt nicht das Recht, sich per Petition an diesen zu wenden. Insofern ist vielmehr Art. 17 GG einschlägig.[163] Dass Soldaten das Petitionsrecht zusteht, belegt im Übrigen Art. 17a GG. Neben dem Wehrbeauftragten, der eine zusätzliche Petitionsinstanz darstellt,[164] können sie sich daher unmittelbar an den BT wenden.[165]

H. Internationale und europäische Aspekte

I. Der Schutz supranationaler Petitionen durch Art. 17 GG

39   Schon Art. 17 GG selbst weist insofern einen inter- bzw. supranationalen Bezug auf, als die Vorschrift auch Bitten und Beschwerden an internationale und ausländische Stellen schützt.[166] Soweit andere Staaten, internationale Organisationen oder europäische Institutionen Petitionen ermöglichen, müssen sich Einschränkungen ihres Gebrauchs durch deutsche staatliche Stellen an Art. 17 GG messen lassen. Die im Folgenden angesprochenen Gewährleistungen sind also mit der grundgesetzlichen Garantie unmittelbar verzahnt.

---

158 *Pagenkopf*, in: Sachs, GG, Art. 17 Rn. 19.
159 BVerfGE 103, 44 (59 f.). Überlegungen zu einer Alternativkonzeption bei *v. Coelln*, Zur Medienöffentlichkeit der Dritten Gewalt, 2005, S. 154 f.
160 So zu Recht *Jarass*, in: Jarass/Pieroth, GG, Art. 17 Rn. 3.
161 *Uerpmann-Wittzack*, in: v. Münch/Kunig, GG I, Art. 17 Rn. 25.
162 *Gnatzy*, in: Schmidt-Bleibtreu/Hofmann/Henneke, GG, Art. 17 Rn. 20, 22; *H. Bauer*, in: Dreier, GG I, Art. 17 Rn. 61.
163 *Stettner*, in: BK, Art. 17 (2000) Rn. 59; anders offenbar *Brenner*, in: v. Mangoldt/Klein/ Starck, GG I, Art. 17 Rn. 8: Eingaberecht an den Wehrbeauftragten steht neben dem Petitionsrecht aus Art. 17 GG.
164 BVerwG, NZWehr 2009, 211 (212).
165 *Graf Vitzthum*, Petitionsrecht und Volksvertretung, 1985, S. 133 f.
166 O. Rdn. 20.

II. Internationale Aspekte

Die AEMR kennt kein Petitionsrecht. Art. 2 des Fakultativprotokolls zum IPbpR[167] **40**
räumt Einzelpersonen für den Fall, dass der betreffende Staat das Protokoll ratifiziert
hat, die Möglichkeit einer »schriftlichen Mitteilung zur Prüfung« an den Menschenrechtsausschuss ein. Im Übrigen finden sich im Völkerrecht weitere Regelungen für
Gesuche oder Mitteilungen.[168]

In Staatsverfassungen außerhalb Europas wird das Petitionsrecht u.a. im ersten **41**
Amendment zur Verfassung der USA und in Art. 16 der Japanischen Verfassung gewährleistet.[169]

III. Europäische Aspekte

Die EMRK enthält keine Regelung, die Art. 17 GG vergleichbar wäre.[170] Anders ist **42**
die Lage in etlichen EU-Staaten sowie in weiteren europäischen Ländern wie etwa
der Schweiz,[171] mittlerweile aber auch auf Unionsebene. Art. 20 Abs. 2 S. 2 lit. d
AEUV[172] garantiert jedem Unionsbürger als Bestandteil der Unionsbürgerschaft das
zusätzlich von Art. 24 Abs. 2, Art. 227 AEUV verbürgte Recht, Petitionen an das
Europäische Parlament zu richten. Ergänzt wird das Petitionsrecht durch das in
Art. 20 Abs. 2 S. 2 lit. d, Art. 24 Abs. 3 AEUV normierte Recht jedes Unionsbürgers, sich an den **Europäischen Bürgerbeauftragten** (Art. 228 AEUV) zu wenden.
Dieses »Parallelmodell«[173] von Petitionsrecht und Bürgerbeauftragtem[174] enthalten
auch Art. 43, 44 der EU-Grundrechtecharta.[175]

Das Petitionsrecht richtet sich allein gegen das Europäische Parlament. Soweit dies – **43**
etwa im Vergleich mit dem weiteren Adressatenkreis nach Art. 17 GG – als defizitär
empfunden werden sollte, bietet der Europäische Bürgerbeauftragte (Rdn. 44) ein
gewisses Kompensationspotential. Der in den Vorschriften über die Unionsorgane
angesiedelte Art. 227 AEUV, auf den Art. 24 Abs. 2 AEUV verweist, gesteht das Pe-

---

167 V. 19.12.1966, BGBl. 1992 II, S. 1246.
168 Näher dazu *H. Bauer*, in: Dreier, GG I, Art. 17 Rn. 9.
169 Näher *Stettner*, in: BK, Art. 17 (2000) nach Rn. 31.
170 *H. Bauer*, in: Dreier, GG I, Art. 17 Rn. 9; *Hömig*, in: Hömig, GG, Art. 17 Rn. 1. Immer-
    hin erwähnt die Geschäftsordnung der Parlamentarischen Versammlung des Europarats
    v. 1951 in der Fassung der Entschließung Nr. 852 aus dem Jahr 1985 Petitionen an die
    Versammlung. Dazu *Stettner*, in: BK, Art. 17 (2000) Rn. 32.
171 Zu Details s. die detaillierte Aufzählung bei *Stettner*, in: BK, Art. 17 (2000) nach
    Rn. 31.
172 Zuvor seit dem Maastrichter Vertrag Art. 21 Abs. 1 EG. Vor dem Maastrichter Vertrag
    war das Recht allein in der Geschäftsordnung des Parlaments geregelt (dort Art. 156 ff.).
173 *Gnatzy*, in: Schmidt-Bleibtreu/Hofmann/Henneke, GG, Art. 17 Rn. 6; *H. Bauer*, in:
    Dreier, GG I, Art. 17 Rn. 11.
174 Eingehend *Guckelberger*, DÖV 2003, 829 ff. Hinzu kommt die Möglichkeit der Bürger-
    initiative. Zu allen drei Instrumenten *Mader*, EuR 2013, 348 ff.
175 Zum Petitionsrecht in der Grundrechtecharta *Hölscheidt*, EuR 2002, 440 ff.

titionsrecht neben den Unionsbürgern allen natürlichen oder juristischen Personen mit Wohnort oder satzungsmäßigem Sitz in einem Mitgliedstaat zu. Dass dazu auch juristische Personen des Öffentlichen Rechts zählen, soll sich per argumentum a maiore ad minus aus deren Möglichkeit ergeben,[176] Anfechtungsklagen gem. Art. 263 AEUV zu erheben.[177] Weiter sieht Art. 227 AEUV die Möglichkeit einer Sammelpetition vor. Gegenständlich beschränkt die Norm das Petitionsrecht auf Angelegenheiten, die in die Tätigkeitsbereiche der Union fallen. Das entspricht dem Erfordernis der Verbandszuständigkeit bei einer Petition an eine Volksvertretung nach Art. 17 GG.[178] Deutlich enger als das grundgesetzliche Petitionsrecht gerät das Recht nach Art. 227 AEUV freilich insofern, als die Vorschrift verlangt, dass die Angelegenheit den Petenten unmittelbar betrifft. Obwohl dieses Kriterium weit verstanden wird – eine ernstzunehmende und tatsächliche Besorgnis in Bezug auf den Gegenstand der Petition soll genügen –,[179] schließt es eine echte Popularpetition doch aus.[180] Inhaltlich steht dem Petenten ein justitiabler[181] Anspruch auf Verbescheidung zu.[182]

44   Der vom Europäischen Parlament gewählte **Europäische Bürgerbeauftragte** ist eine Art »Ombudsmann« nach primär skandinavischem Vorbild. Er ist gem. Art. 228 AEUV befugt, Beschwerden von Unionsbürgern und natürlichen sowie juristischen Personen mit Wohnort bzw. Sitz in einem Mitgliedstaat entgegenzunehmen, die Missstände bei der Tätigkeit der Organe oder Institutionen der Gemeinschaft betreffen. Ausgenommen davon ist allein die Tätigkeit des EuGH (inkl. des in Art. 195 EG noch separat ausgenommen Gerichts erster Instanz, das gem. Art. 19 EUV zum Gerichtshof der Europäischen Union gehört) in Ausübung seiner Rechtsprechungsbefugnisse. Der Bürgerbeauftragte führt Untersuchungen durch, wenn er eine Beschwerde für berechtigt hält; zudem darf er von Amts wegen tätig werden. Stellt er einen Missstand fest, befasst er das betreffende Organ mit der Angelegenheit, das Stellung nehmen muss. Schließlich legt der Europäische Bürgerbeauftragte dem Europäischen Parlament und dem Organ einen Bericht vor, außerdem benachrichtigt er den Beschwerdeführer über das Erg. seiner Untersuchung.

---

176 *Brenner*, in: v. Mangoldt/Klein/Starck, GG I, Art. 17 Rn. 9 mit Fn. 49, noch zu Art. 230 EG.

177 Zu dieser Möglichkeit EUGHE 1984, 2889 (2896); 1988, 1573 (1592).

178 O. Rdn. 21.

179 *Gnatzy*, in: Schmidt-Bleibtreu/Hofmann/Henneke, GG, Art. 17 Rn. 6. Enger offenbar *Pagenkopf*, in: Sachs, GG, Art. 17 Rn. 18, der das Petitionsrecht nach Art. 227 AEUV wegen des Erfordernisses individueller Betroffenheit für vergleichbar mit dem Individualrechtsschutz nach Art. 19 Abs. 4 GG hält.

180 *Stettner*, in: BK, Art. 17 (2000) Rn. 31.

181 Zu Klagen gegen Entscheidungen, mit denen Petitionen ohne Bearbeitung abgelegt wurden, s. EuG, Urt. v. 14.09.2011, T-308/07, ABlEU 2011, Nr. C 311, 34; EuGH, Beschl. v. 14.11.2013, C-550/12, ABlEU 2014, Nr. C 102, 5.

182 *Schoo/Görlitz*, in: Schwarze, EU-Kommentar, 3. Aufl. 2012, Art. 228 AEUV Rn. 14.

Die Anwendungsbereiche des Petitionsrechts einerseits und der Möglichkeit der An-   45
rufung des Europäischen Bürgerbeauftragten andererseits lassen sich nicht trennscharf voneinander abgrenzen. Ein plausibler Differenzierungsversuch lag darin, die
Aufgabe des Bürgerbeauftragten in erster Linie in der Beschäftigung mit Missständen
bei der Anwendung existenten Gemeinschaftsrechts zu sehen, während mit Hilfe des
Petitionsrechts (auch) auf Rechtsänderungen hingewirkt werden kann.[183] Für den
Bürger ist das angesichts wechselseitiger Weiterleitungs- und Befassungsmöglichkei-
ten zwischen dem Europäischen Parlament und dem Europäischen Bürgerbeauftragten[184] von untergeordneter Bedeutung.

Art. 24 Abs. 4 AEUV schließlich gesteht jedem Unionsbürger als Grundlage demo-   46
kratischer Regierungsverhältnisse[185] ein »**Recht auf Verständigung**«[186] zu. Er muss
die Möglichkeit haben, sich in einer der Amtssprachen schriftlich an die in Art. 24
AEUV und Art. 13 EUV genannten Organe und Einrichtungen zu wenden und eine
Antwort in derselben Sprache zu erhalten. Anders als das Petitionsrecht zum Europäischen Parlament aus Art. 227 AEUV setzt Art. 21 S. 4 AEUV kein individuelles
Interesse voraus; zudem ist das Recht gegenständlich nicht auf bestimmte Bereiche
beschränkt.[187]

I. Prozessuale Fragen

Das Petitionsrecht ist ein **subjektives klagbares Recht**.[188] Der Petent kann die Erfül-   47
lung seiner Leistungs- und Unterlassungsansprüche aus Art. 17 GG auf dem Verwaltungsrechtsweg[189] durchsetzen. Die Verfassungsbeschwerde kommt − vorbehaltlich
einer Vorabentscheidung nach § 90 Abs. 2 S. 2 BVerfGG, die freilich hier eine eher
theoretische Möglichkeit darstellt − erst nach der Erschöpfung des Rechtswegs in Betracht. Das gilt auch in Fällen, in denen sich die Klage gegen das Verhalten eines
Parlaments richtet. Es handelt sich um nichtverfassungsrechtliche Streitigkeiten i.S.v.
§ 40 Abs. 1 VwGO.[190] Da der Petitionsbescheid kein Verwaltungsakt i.S.v. § 35
VwVfG ist,[191] ist regelmäßig die allgem. Leistungsklage statthaft.[192]

---

183 So noch *Kluth*, in: Callies/Ruffert, EUV/EGV, 3. Aufl. 2007, Art. 194 Rn. 2, nicht aber
   mehr in der Neuaufl.
184 Art. 215 Nr. 12 GOEurP; Art. 2.3, 2.4 des Beschlusses des Europäischen Bürgerbeauftragten über die Annahme von Durchführungsbestimmungen, angenommen am
   08.07.2002 und geändert durch die Beschlüsse des Bürgerbeauftragten v. 05.04.2004
   und v. 03.12.2008.
185 *Hatje*, in: Schwarze, EU-Kommentar, 3. Aufl. 2012, Art. 24 AEUV Rn. 4.
186 *Kluth*, in: Callies/Ruffert, EUV/AEUV, 4. Aufl. 2011, Art. 24 AEUV Rn. 3.
187 *Haag*, in: von der Groeben/Schwarze/Hatje, Europäisches Unionsrecht, 7. Aufl. 2015,
   Art. 24 AEUV Rn. 9.
188 BVerwG NJW 1976, 637 (638).
189 *Langenfeld*, in: HStR III³, § 39 Rn. 73.
190 BVerwG NJW 1976, 637 (638).
191 *Brenner*, in: v. Mangoldt/Klein/Starck, GG I, Art. 17 Rn. 44.
192 *Jarass*, in: Jarass/Pieroth, GG, Art. 17 Rn. 1; *Sodan*, in: Sodan, GG, Art. 17 Rn. 1.

48   Ihre Grenzen findet die Klagemöglichkeit im Umfang des materiell-rechtlichen Anspruchs.[193] Die gerichtliche Kontrolle bezieht sich allein darauf, ob die Petition von der zuständigen Stelle im durch Art. 17 GG gebotenen Sinne[194] beantwortet wurde.[195] So kann sich der Petent erfolgreich zur Wehr setzen, wenn seine Petition nicht oder nicht ordnungsgemäß behandelt wird. Eine bestimmte Entscheidung in der Sache kann er in Ermangelung eines derartigen Anspruchs[196] hingegen jedenfalls nicht unter Berufung auf Art. 17 GG[197] erstreiten; eine entsprechende Klage wäre mangels Klagebefugnis unzulässig. Art und Umfang der sachlichen Prüfung der Petition unterliegen nicht der gerichtlichen Kontrolle;[198] auch die Gründe eines ablehnenden Petitionsbescheides lassen sich nicht gerichtlicher Überprüfung zuführen. Aus Art. 19 Abs. 4 GG folgt nichts anderes:[199] Die Vorschrift setzt subjektive Rechte voraus, die Art. 17 GG – soweit es um die Erfüllung des sachlichen Anliegens geht – gerade nicht enthält. Andernfalls ließe sich durch die Einreichung einer Petition faktisch die Möglichkeit einer Popularklage konstruieren.[200]

49   Gleichwohl ist es nicht ausgeschlossen, das mit einer Petition verfolgte Ziel auf dem Klagewege weiterzuverfolgen, sofern sich die Klagebefugnis anderweitig – ggf. auch aus anderen Grundrechten – herleiten lässt.[201] Niemand ist gehindert, erst nach einer Petition von den von vornherein offenstehenden Klagemöglichkeiten Gebrauch zu machen. Freilich sollte in diesem Zusammenhang nicht von einer Klage »gegen den Petitionsbescheid« gesprochen werden:[202] Selbst wenn der Kläger einen Anspruch auf eine bestimmte Sachentscheidung hat, richtet sich dieser Anspruch nicht darauf, gerade im Wege eines Petitionsbescheides erfüllt zu werden.

J.   Deutsche und europarechtliche Leitentscheidungen

50   BVerfGE 2, 225 ff. – Zur Reichweite des Anspruchs auf eine bestimmte Behandlung einer Petition: Einmaliger Anspruch auf Entgegennahme, sachliche Prüfung und schriftliche Mitteilung der Art der Erledigung. Näher dazu Rdn. 13 ff.; BVerfGE 8, 42 ff. – Einstweilige Anordnung anlässlich von Volksbefragungen in Hessen. Kein Anspruch aus dem Petitionsrecht auf staatliche Schaffung einer Äußerungsgelegenheit im Rahmen einer amtlichen Befragung. S. dazu Rdn. 27; BVerfGE 49, 24 ff. – Kein Verstoß des sog. Kontaktsperregesetzes gegen Art. 17 GG. S. dazu Rdn. 33.

---

193   BVerfG DVBl. 1993, 32 (33).
194   O. Rdn. 13 ff.
195   S.a. *Brenner*, in: v. Mangoldt/Klein/Starck, GG I, Art. 17 Rn. 44: Lediglich Kontrolle der Einhaltung des Verfahrens.
196   O. Rdn. 13.
197   Zu Klagemöglichkeiten aus anderen (Grund-)Rechten Rdn. 49.
198   BVerfG DVBl. 1993, 32 (33).
199   Zutr. *Gnatzy*, in: Schmidt-Bleibtreu/Hofmann/Henneke, GG, Art. 17 Rn. 17.
200   BVerfG DVBl. 1993, 32 (33).
201   *Krings*, in: Friauf/Höfling, GG, Art. 17 (2003) Rn. 93.
202   So aber *Krings*, in: Friauf/Höfling, GG, Art. 17 (2003) Rn. 93.

BVerfG DVBl. 1993, 32 f. – Keine Pflicht zur Angabe der maßgeblichen Entscheidungsgründe in einem Petitionsbescheid. Näher Rdn. 14.

BVerfGK 7, 133 ff. – Kein Anspruch auf Befolgung einer vom BT zur Erwägung an die Bundesregierung überwiesenen Petition. S. dazu Rdn. 21.

EuGHE 2007, 5475 ff. – Erstattungsfähigkeit der Kosten eines vorgerichtlichen Beschwerdeverfahrens vor dem Bürgerbeauftragten.

K. Literaturauswahl

H. Bauer, Petitionsrecht, in: Merten/Papier (Hrsg.), Handbuch der Grundrechte Bd.   51
V, 2013, § 117; *Langenfeld*, Das Petitionsrecht, in: Isensee/Kirchhof (Hrsg.), Handbuch des Staatsrechts Bd. III, 3. Aufl. 2005, § 39; *Guckelberger*, Das Petitionsrecht zum Europäischen Parlament sowie das Recht zur Anrufung des Europäischen Bürgerbeauftragten im Europa der Bürger, DÖV 2003, 829 ff.; *Guckelberger*, Neue Erscheinungen des Petitionsrechts: E-Petitionen und öffentliche Petitionen, DÖV 2008, 85 ff.; *Krings*, Die Petitionsfreiheit nach Art. 17 GG, JuS 2004, 474 ff.; *Graf Vitzthum*, Petitionsrecht und Volksvertretung, 1985; *Graf Vitzthum/März*, Das Grundrecht der Petitionsfreiheit, JZ 1985, 809 ff.

Artikel 18 [Verwirkung von Grundrechten]

Wer die Freiheit der Meinungsäußerung, insbesondere die Pressefreiheit (Artikel 5 Abs. 1), die Lehrfreiheit (Artikel 5 Abs. 3), die Versammlungsfreiheit (Artikel 8), die Vereinigungsfreiheit (Artikel 9), das Brief-, Post- und Fernmeldegeheimnis (Artikel 10), das Eigentum (Artikel 14) oder das Asylrecht (Artikel 16a) zum Kampfe gegen die freiheitliche demokratische Grundordnung missbraucht, verwirkt diese Grundrechte. Die Verwirkung und ihr Ausmaß werden durch das Bundesverfassungsgericht ausgesprochen.

A. Vorbilder und Entstehungsgeschichte

Die Grundrechtsverwirkung ist verfassungsgeschichtlich ein relativ junges Instru- 1
ment. In den Reichsverfassungen besitzt sie kein echtes Vorbild. Vom Notstandsvor-
behalt des Art. 48 Abs. 2 S. 2 WRV unterscheidet sie sich durch ihren präventiven
und individuellen Charakter. In vorgrundgesetzlichen Landesverfassungen finden
sich mit Art. 18 GG vergleichbare Regelungen. Freilich tritt die Verwirkung nach
Art. 17 Abs. 1, 18 HessVerf. und Art. 10 SaarlVerf. ebenso automatisch ein wie nach
den mittlerweile aufgehobenen Art. 124 BadVerf., Art. 133 RhPfVerf.[1] Der Staatsgerichtshof ist in Hessen nur als Beschwerdeinstanz zuständig; im Saarland wurde
die entsprechende Kontrollmöglichkeit später gestrichen.[2] In Hessen bestimmt zudem gem. Art. 146 Abs. 2 HessVerf. das (einfache) Gesetz, welche Rechte der Landesverfassung durch Entscheidung des HessStGH aberkannt werden können. Von
dieser Möglichkeit macht § 38 Abs. 1 HessStGHG Gebrauch. In den nachgrund-
gesetzlichen Landesverfassungen enthält allein Art. 37 BerlVerf. 1995 (zuvor nahezu
gleichlautend: Art. 24 BerlVerf. 1950) eine mit Art. 18 GG vergleichbare Vorschrift.
Sie wird freilich als Gesetzesvorbehalt verstanden, ermöglicht es also nur nach einfach-gesetzlicher Umsetzung, einem Bürger die Berufung auf Grundrechte zu versagen.[3]

Bereits Art. 20 HChE sah die – automatisch eintretende – Verwirkung der Mei- 2
nungs-, Presse-, Versammlungs- und Vereinigungsfreiheit vor. Das BVerfG hätte
allenfalls per Verfassungsbeschwerde angerufen werden können, über deren Einführung jedoch noch keine Einigkeit bestand. Gerichte und Behörden hätten die Ver-
wirkungsvoraussetzungen in eigener Zuständigkeit bejahen dürfen. Um diese »Au-
ßerkraftsetzung von Grundrechten durch Verwaltungsakt« zu verhindern, schlug der
Allgemeine Redaktionsausschuss im ParlRat vor, schon die Verwirkungsentscheidung
dem BVerfG vorzubehalten. Er konnte sich gegen den Einwand der Ineffizienz eines
langwierigen Gerichtsverfahrens durchsetzen. Im Übrigen befasste sich der ParlRat
primär mit dem Kreis der verwirkbaren Grundrechte, den er auf den nach wie vor
aktuellen Stand erweiterte.[4]

Art. 18 hat erst eine – redaktionelle – Änderung erfahren. Anlässlich der Neurege- 3
lung des Asylrechts und seiner Verlagerung von Art. 16 Abs. 2 S. 2 GG in Art. 16a
GG wurde der Klammerzusatz in Art. 18 entsprechend angepasst.[5]

---

1 Näher *Stern*, Staatsrecht, Bd. III/2, S. 933 f. – Dank für die Vorbereitung der Überarbeitung
  dieser Kommentierung gebührt meinem Mitarbeiter *Lars Janßen*.
2 Gesetz Nr. 548 v. 20.12.1956, SaarlAbl. S. 1657.
3 *Stöhr*, in: Pfennig/Neumann, Verfassung von Berlin, 3. Aufl. 2000, Art. 37 Rn. 1; *Dürig/H.
  Klein*, in: Maunz/Dürig, GG, Art. 18 (2010) Rn. 141.
4 Näher JöR n.F. Bd. 1 (1951), S. 172 ff.
5 Gesetz zur Änderung des GG v. 28.06.1993, BGBl. I S. 1002.

B. Die Bedeutung der Grundrechtsverwirkung

I. Art. 18 GG als Ausdruck der streitbaren Demokratie

4   Die Möglichkeit der Grundrechtsverwirkung ist Ausdruck und Instrument der streitbaren[6] bzw. wehrhaften[7] Demokratie, zu der sich das GG bekennt.[8] Weitere Ausprägungen dieses Wesenszuges der Verfassung sind neben der »Ewigkeitsklausel« des Art. 79 Abs. 3 GG[9] insbesondere[10] die Möglichkeit eines Vereins- (Art. 9 Abs. 2 GG) sowie eines Parteiverbots (Art. 21 Abs. 2 GG),[11] die Bindung der Lehrfreiheit an die Treue zur Verfassung (Art. 5 Abs. 3 GG), die Möglichkeiten der Beschränkung der Freizügigkeit sowie des Brief-, Post- und Fernmeldegeheimnisses (Art. 10 Abs. 2, 11 Abs. 2 GG),[12] das Widerstandsrecht des Art. 20 Abs. 4 GG und die Richteranklage nach Art. 98 Abs. 2, 5 GG.[13] Art. 18 GG ist Ausdruck des bewussten verfassungspolitischen Willens zur Lösung des Grenzproblems der freiheitlichen demokratischen Staatsordnung.[14] Zwar lebt der freiheitliche Staat von Voraussetzungen, die er selber nicht garantieren kann (*Böckenförde*). Er vermag sich jedoch dagegen zu wehren, dass seine Freiheitsverbürgungen zur Überwindung der Freiheit missbraucht werden. Das Grundgesetz lässt Meinungsäußerungen, die sich gegen die freiheitliche demokratische Grundordnung richten, nur soweit zu, als eben diese Grundordnung dabei nicht selbst gefährdet wird.[15] In dieser jeweils aktuellen Spannungslage liegt die sachliche Rechtfertigung der Verwirkung. Weniger überzeugend ist der Gedanke, die Einbußen an Demokratie und Freiheit, die andernfalls zukünftigen Generationen drohten, wögen wesentlich schwerer als die aktuellen Einschränkungen aus den Selbstverteidigungsmechanismen des Grundgesetzes.[16] Die Freiheit heutiger Grundrechtsträger darf nicht mit Blick auf die Freiheit zukünftiger Grundrechtsträger relativiert werden.

---

6 BVerfGE 25, 88 (100); 28, 36 (48 f.); 80, 244 (253).

7 *Brenner*, in: v. Mangoldt/Klein/Starck, GG I, Art. 18 Rn. 6. Zur Zurückhaltung beim Rekurs auf das Konzept der wehrhaften Demokratie mahnt *Wittreck*, in: Dreier, GG I, Art. 18 Rn. 27.

8 BVerfGE 80, 244 (253). Grundlegend *Loewenstein*, American Political Science Review Vol. 31 (1937), S. 417 ff., 638 ff. (»militant democracy«); *Thiel*, in: Thiel, Wehrhafte Demokratie, 2003, S. 1 ff.; *Schliesky*, in: HStR XII, § 277.

9 *Brenner*, in: v. Mangoldt/Klein/Starck, GG I, Art. 18 Rn. 6 (»Unantastbarkeitsgarantie«).

10 Hinzu kommen die Verfassungstreuepflicht (Art. 33 Abs. 5 GG) sowie der »administrative Verfassungsschutz« (Art. 73 Abs. 1 Nr. 10b, 87 Abs. 1 S. 2, 87a Abs. 4, 91 Abs. 1 GG), *Stern*, Staatsrecht, Bd. III/2, S. 943.

11 BVerfGE 80, 244 (253).

12 Zu Art. 11 Abs. 2 GG s. *Durner*, in: Maunz/Dürig, GG, Art. 11 (2012) Rn. 138. S. freilich BVerfGE 30, 1 (19 f.), wo das BVerfG die »streitbare Demokratie« und Grundrechtsschranken als zwei Grundentscheidungen des GG anspricht.

13 BVerfGE 28, 36 (48).

14 BVerfGE 10, 118 (123); ebenso zu Art. 21 Abs. 2 GG BVerfGE 5, 85 (139).

15 BVerfGE 10, 118 (123).

16 So aber *Michael/Morlok*, Grundrechte, Rn. 547.

Insgesamt ist das Konzept der streitbaren Demokratie der Versuch einer Synthese 5
zwischen dem Prinzip der Toleranz gegenüber allen politischen Auffassungen einerseits und dem Bekenntnis zu unantastbaren Grundwerten der Staatsordnung andererseits.[17] Der Gefahr, dass der Gedanke »**Keine Freiheit für die Feinde der Freiheit**«[18] seinerseits übersteigert werden und zu Unfreiheit führen kann, ist durch die
Betonung des Ausnahmecharakters der Vorschrift[19] sowie durch die Beachtung des
Übermaßverbots bei der Festlegung des Ausmaßes der Verwirkung Rechnung zu tragen. Die alleinige Zuständigkeit des BVerfG sichert die Freiheit gegen eine Überdehnung des Verwirkungsgedankens prozedural ab.

Im System der unterschiedlichen Instrumente der Verfassungssicherung dient Art. 18 6
GG der Abwehr von Gefahren, die der freiheitlich-demokratischen Grundordnung
durch individuelle Betätigung drohen können.[20] Der Betroffene soll freilich nicht
aus der Rechtsgemeinschaft ausgeschlossen, nicht »entbürgerlicht« werden. Es geht
allein um seine »**Entpolitisierung**«.[21]

II. Die praktische Bedeutung des Art. 18 GG

Während **Parteiverbotsanträge** nach Art. 21 Abs. 2 GG in zwei Fällen Erfolg hat- 7
ten,[22] blieb den wenigen Verwirkungsanträgen der Erfolg bislang versagt.[23] Nicht
zuletzt die einfacher zu handhabenden[24] strafrechtlichen Staatsschutzbestimmungen
lassen eine Grundrechtsverwirkung häufig entbehrlich erscheinen.[25] In aktuellen
Diskussionen über die Bekämpfung politischer Extremisten spielt Art. 18 GG im
Gegensatz zum Parteiverbot keine Rolle. Gleichwohl ist die Vorschrift nicht obsolet.[26] Relevant ist freilich weniger die Möglichkeit einer Verwirkung. Insofern ist die
Norm heute eher eine »Fleet in being«.[27] Von praktischer Bedeutung ist jedoch der

---

17 Vgl. BVerfGE 5, 85 (139).
18 Zur darauf gerichteten Signalwirkung des Art. 18 GG *Butzer*, in: Epping/Hillgruber,
GG, Art. 18 Rn. 3.
19 *Bulla*, AöR Bd. 98 (1973), S. 340, 355.
20 BVerfGE 25, 44 (60); 25, 88 (100); 38, 23 (24).
21 *Dürig/H. H. Klein*, in: Maunz/Dürig, GG, Art. 18 (2010) Rn. 70.
22 BVerfGE 2, 1 ff. (SRP); 5, 85 ff. (KPD). Zum erfolglosen Versuch eines Verbots der
NPD BVerfGE 107, 339 ff.
23 BVerfGE 11, 282 f.; 38, 23 ff.; BVerfG, Beschl. v. 18.07.1997, 2 BvA 1/92, 2 BvA 2/92.
Zum zweiten Verfahren s. *Stettner*, DVBl. 1975, 801 f.; zu den beiden letzten Verfahren
Butzer/Clever, DÖV 1994, 637, 640 ff.
24 *Schliesky*, in: HStR XII³, § 277 Rn. 28.
25 *H.H. Rupp*, in: FS für Küchenhoff, 1972, S. 653.
26 So aber *Schwabe*, ZRP 1991, 361, 362; andeutungsweise auch *Friesenhahn*, Jura 1982,
505, 512. Ähnlich *Sodan*, in: Sodan, GG, Art. 18 Rn. 1: Praktische Bedeutung äußerst gering. Wie hier dagegen *Austermann*, DÖV 2012, 227, 229.
27 *Pagenkopf*, in: Sachs, GG, Art. 18 Rn. 7 (»Schlafdeich«); *Bethge*, in: HStR IX³, § 203
Rn. 161; s. auch *Brenner*, DÖV 1995, 60. *Wittreck*, in: Dreier, GG I, Art. 18 Rn. 30 f., attestiert sogar eine nur symbolische Funktion.

Gedanke, dass der Schutz der betreffenden Grundrechte **erst** durch die Verwirkung entfällt.[28] Schon früh fragte das BVerfG, ob ein Bürger gegenüber staatlichen Maßnahmen »den Schutz des ... Art. 18 GG in Anspruch nehmen« könne.[29] Immer wieder müssen Gerichte bis hin zum BVerfG[30] darauf hinweisen, dass auch politische Meinungen, die von einer großen Mehrheit dezidiert abgelehnt werden, grundrechtlichen Schutz genießen, solange sie sich innerhalb des u.a. durch Art. 18 GG und Art. 21 Abs. 2 GG gezogenen Rahmens bewegen.[31] Die Idee, den vermeintlich defizitären Schutz der Verfassung vor ihren Feinden durch eine Vorverlagerung der Einschreitschwelle zu verstärken, würde sich gezielt über diese bewusste Entscheidung des GG hinwegsetzen. Das BVerfG ist entsprechenden Versuchen des OVG NRW[32] mit der gebotenen Deutlichkeit entgegengetreten.[33]

III. Die dogmatische Einordnung der Grundrechtsverwirkung

8 In die üblichen Kategorien der Grundrechtsgewährleistungen und -beschränkungen lässt sich das Instrument der Verwirkung nicht bruchlos einfügen. Richtigerweise wird man sie als eigenständiges Institut ansehen müssen.[34]

C. Die Reichweite der möglichen Grundrechtsverwirkung

I. Der abschließende Charakter des Art. 18 GG

9 Art. 18 GG ist nicht nur Grundlage der Verwirkung, sondern in dreifacher Hinsicht deren Grenze. Verwirkt werden können nur die von Art. 18 GG erfassten Grundrechte, und auch diese nur unter engen Voraussetzungen. Zudem monopolisiert Art. 18 S. 2 GG die Verwirkungsentscheidung beim BVerfG.

---

28 *Rauer*, Rechtliche Maßnahmen gegen rechtsextremistische Versammlungen, 2010, S. 66 ff.
29 BVerfGE 25, 44 (60).
30 BVerfG, NJW 2001, 2076 (2077).
31 S. etwa OVG Berlin NVwZ 2000, 1201 (1202); VGH Baden-Württemberg VBlBW 2002, 383 (386).
32 OVG NRW NJW 2001, 2113; NJW 2001, 2114.
33 BVerfG (1. Kammer des Ersten Senats) NJW 2001, 2075 f.; NJW 2002, 2076 (2077); s. auch BVerfGE 111, 147 (158 f.). Näher *Battis/Grigoleit*, NJW 2001, 2051 ff.
34 *Wittreck*, in: Dreier, GG I, Art. 18 Rn. 33. Näher *Brenner*, in: v. Mangoldt/Klein/Starck, GG I, Art. 18 Rn. 20 ff.; *Michael/Morlok*, Grundrechte, Rn. 551. *Schnelle*, Freiheitsmissbrauch und Grundrechtsverwirkung, 2014, S. 191 ff., plädiert für eine Einordnung als grundrechtsübergreifende Gewährleistungsbegrenzung.

II. Die verwirkbaren Grundrechte

1. Der aktuelle Bestand

Einigkeit besteht darüber, dass Art. 18 S. 1 GG die verwirkbaren Grundrechte ab- 10
schließend regelt.[35] Der Verwirkungsausspruch des BVerfG darf sich nur auf die von
der Vorschrift erfassten Grundrechte erstrecken. Damit sind freilich nicht alle Zweifelsfragen beantwortet.

a) Die von Art. 18 GG erfassten Grundrechte

Abgrenzungsfragen entstehen namentlich dort, wo das Normzitat in Klammern wei- 11
ter reicht als die Benennung des jeweiligen Grundrechts. Das betrifft zunächst Art. 5
Abs. 1 GG. Die Norm verbürgt neben den von Art. 18 GG genannten Grundrech-
ten der **Meinungs- und der Pressefreiheit die Informationsfreiheit** (Art. 5 Abs. 1
S. 1 Hs. 2 GG) sowie die **Rundfunk- und die Filmfreiheit** (Art. 5 Abs. 1 S. 1 S. 2 Var. 2,
3 GG). Schon der Wortlaut des Art. 18 GG (»insbesondere«) lässt erkennen, dass
»Meinungsfreiheit« hier als Oberbegriff verwendet wird, während die Pressefreiheit
nur beispielhaft angesprochen ist. Dies gilt umso mehr, als Art. 20 HChE beide
Grundrechte noch ohne »insbesondere« nebeneinandergestellt hatte.[36] Nach der
Umstellung auf die nur beispielhafte Nennung der Pressefreiheit wurde bei den weiteren Beratungen die Auffassung vertreten, die Rundfunkfreiheit werde vom Begriff
der Meinungsfreiheit in Art. 18 GG erfasst.[37] Im Übrigen kann die freiheitliche demokratische Grundordnung durch das »Leitmedium« Rundfunk[38] mindestens so
stark gefährdet werden wie durch die Presse. Die Rundfunkfreiheit kann daher ebenfalls verwirkt werden. Nichts anderes gilt im Ergebnis für die Filmfreiheit, auch
wenn das Gefährdungspotential des Mediums Film an das des Rundfunks nicht
heranreicht.[39] Nicht erfasst wird hingegen die Informationsfreiheit.[40] Im Gegensatz
zur beispielhaft genannten Pressefreiheit betrifft sie allein die Empfängerseite des
Kommunikationsprozesses.[41]

Nicht verwirkbar sind die **Forschungsfreiheit** und die **Kunstfreiheit** aus Art. 5 12
Abs. 3 S. 1 GG. Zwar würden sie vom Normzitat in Art. 18 GG erfasst. Unter den

---

35 *Stern*, Staatsrecht, Bd. III/2, S. 957; *Hofmann*, in: Schmidt-Bleibtreu/Hofmann/Henneke,
     GG, Art. 18 Rn. 6; *Wittreck*, in: Dreier, GG I, Art. 18 Rn. 38.
36 Dazu JöR n.F. Bd. 1 (1951), S. 172.
37 Von den Abgeordneten *Schönfelder* und *Schmid* im Hauptausschuss. S. dazu JöR n.F. Bd. 1
     (1951), S. 175.
38 So zum Fernsehen BVerfGE 97, 228 (257).
39 Ebenso für Rundfunk- und Filmfreiheit *Dürig/H. H. Klein*, in: Maunz/Dürig, GG, Art. 18
     Rn. 21; *Krebs*, in: v. Münch/Kunig, GG I, Art. 18 Rn. 7; *Stern*, Staatsrecht, Bd. III/2,
     S. 960; a.A. *Jarass*, in: Jarass/Pieroth, GG, Art. 18 Rn. 6. Für eine Verwirkbarkeit der
     Rundfunk- und der Filmfreiheit, jedoch nur *de constitutione ferenda*, *Pagenkopf*, in: Sachs,
     GG, Art. 18 Rn. 10a.
40 *Jarass*, in: Jarass/Pieroth, GG, Art. 18 Rn. 6.
41 *Dürig/H. H. Klein*, in: Maunz/Dürig, GG, Art. 18 (2010) Rn. 21.

Begriff der Lehrfreiheit aber lassen sie sich nicht subsumieren. Forschung und Lehre im Sinne des Art. 5 Abs. 3 GG sind zwar aufeinander bezogen. Die Forschungsfreiheit ist jedoch kein Bestandteil der Lehrfreiheit. Es handelt sich vielmehr um zwei nebeneinander stehende Komponenten der Wissenschaftsfreiheit,[42] neben der in Art. 5 Abs. 3 GG wiederum die Kunstfreiheit angeordnet ist. Im Übrigen belegt Art. 5 Abs. 3 S. 2 GG, dass der wissenschaftlich verbrämte Kampf gegen die Verfassung besonders problematisch ist, wenn er sich gerade der akademischen Lehre bedient.

13   Die **Vereinigungsfreiheit** i.S.v. Art. 18 GG schließt als Spezialfall der Verbürgung aus Art. 9 Abs. 1 GG[43] auch die **Koalitionsfreiheit** gem. Art. 9 Abs. 3 GG mit ein.[44]

14   Der Begriff des **Eigentums** in Art. 18 GG erfasst nicht das ebenfalls in Art. 14 GG garantierte **Erbrecht**.[45] Trotz eines unbestreitbaren inneren Zusammenhangs zwischen beiden Grundrechten[46] ist das Erbrecht kein Spezialfall des Eigentumsrechts. Es kann daher nicht verwirkt werden.[47]

15   Nicht als verwirkbar genannt ist das Auffanggrundrecht der **allgemeinen Handlungsfreiheit** (Art. 2 Abs. 1 GG). Mit Blick auf die verwirkbaren Deutschengrundrechte führt das zu Problemen: Ein Deutscher, der die Versammlungs- und Vereinigungsfreiheit verwirkt hat, kann sich für einschlägige Tätigkeiten nicht mehr auf Art. 2 Abs. 1 GG berufen.[48] Dem Ausländer aber, dessen vergleichbare Tätigkeit von vornherein nur den Schutz des Art. 2 Abs. 1 GG genießt, würde diese Garantie unentziehbar zur Verfügung stehen. Sofern man das nicht als Konstruktionsfehler hinnehmen will, erscheint es plausibel, Art. 2 Abs. 1 GG insoweit für verwirkbar zu halten, als er Tätigkeiten schützt, die für Deutsche von Spezialgrundrechten erfasst werden.[49]

---

42 Terminologisch ungenau daher *Hofmann*, in: Schmidt-Bleibtreu/Hofmann/Henneke, GG, Art. 18 Rn. 6, der von fehlender Verwirkbarkeit der Freiheit der Wissenschaft spricht.

43 *H. Bauer*, in: Dreier, GG I, Art. 9 Rn. 29; *Jarass*, in: Jarass/Pieroth, GG, Art. 9 Rn. 32. S. dazu schon den Abgeordneten *Bergsträßer* im Grundsatzausschuss des Parlamentarischen Rats, JöR n.F. Bd. 1 (1951), S. 172.

44 *Stern*, Staatsrecht, Bd. III/2, S. 960.

45 A.A. *Jarass*, in: Jarass/Pieroth, GG, Art. 18 Rn. 6; *Butzer*, in: Epping/Hillgruber, GG, Art. 18 Rn. 8.1.

46 Dazu *Wendt*, in: Sachs, GG, Art. 14 Rn. 193.

47 *Stern*, Staatsrecht, Bd. III/2, S. 960.

48 *Höfling/Krings*, in: Friauf/Höfling, GG, Art. 18 (2002) Rn. 59.

49 So *Höfling/Krings*, in: Friauf/Höfling, GG, Art. 18 (2002) Rn. 39. A.A. *Sachs*, Verfassungsrecht II, Grundrechte, A 9 Rn. 71: In diesen Fällen soll für Deutsche Art. 2 Abs. 1 GG wieder aufleben.

b) **Die von konkreten Beschränkungen mitbetroffenen Grundrechte**

Andere Grundrechte als die in Art. 18 GG genannten können nicht für verwirkt er-   16
klärt werden. Daran knüpft § 39 Abs. 1 S. 3 BVerfGG ersichtlich an, der konkrete
Beschränkungen durch das BVerfG[50] nur zulässt, soweit sie nicht andere als die
verwirkten Grundrechte beeinträchtigen. Die Untersagung von **Tätigkeiten**, die neben dem verwirkten Grundrecht **zugleich von weiteren Grundrechten geschützt
werden**, scheint daher nicht möglich zu sein. Das würde Verbote in weitem Umfang
ausschließen, da sich die Schutzbereiche einzelner Grundrechte häufig überschneiden. Illustrieren lässt sich das am Beispiel eines Berufsverbots gegen einen Zeitungs-
redakteur, das prinzipiell nicht nur an der Pressefreiheit, sondern zugleich an der
Berufsfreiheit zu messen ist. Richtigerweise schließt die fehlende Verwirkbarkeit des
Art. 12 Abs. 1 GG das Berufsverbot jedoch nicht aus.[51] Das Verbot muss aber als
Eingriff in die Berufsfreiheit den üblichen Eingriffskautelen genügen:[52] Auf die
Schranke des Art. 12 Abs. 1 S. 2 GG kann es nur gestützt werden, wenn es eine
gesetzliche Grundlage besitzt. Vor allem aber muss es dem um die »Drei-Stufen-
Theorie« angereicherten Grundsatz der Verhältnismäßigkeit genügen. Das wird regelmäßig unproblematisch sein, wenn dem nicht verwirkbaren Grundrecht in der Abwägung ein vergleichsweise geringes Gewicht zukommt. So verhält es sich im skizzierten
Beispiel: Der Eingriff in die Berufsfreiheit wiegt weniger schwer als der in die Pressefreiheit, weil nicht jede berufliche Betätigung untersagt wird; er lässt sich durch hinreichend gewichtige Staatsschutzinteressen aufwiegen. Das entspricht auch der Konzeption des BVerfG, das formuliert, eine Aberkennungsentscheidung dürfe nicht daran
scheitern, dass ein Grundrecht notwendigerweise mit dem aberkannten Grundrecht
zusammenhänge, »es sei denn, der mitbetroffene Grundrechtsbereich sei gegenüber
dem beabsichtigten Schutz des Staates vorrangig.«[53] § 39 Abs. 1 S. 3 BVerfGG ist
danach zu eng formuliert.

c) **Die Aberkennung von Rechten nach § 39 Abs. 2 BVerfGG**

Nicht zu den verwirkbaren Rechten zählen das aktive und das passive **Wahlrecht**   17
(Art. 38 GG) sowie – was in diesem Kontext selten angesprochen wird –[54] das **Recht
zur Bekleidung öffentlicher Ämter** (Art. 33 Abs. 2 GG). Gleichwohl kann das
BVerfG dem Antragsgegner diese Rechte[55] gem. § 39 Abs. 2 BVerfGG im Falle eines
erfolgreichen Verwirkungsantrags aberkennen. Die Vereinbarkeit dieser Vorschrift
mit Art. 18 GG war daher von Anfang an umstr.[56]

---

50 Dazu u. Rdn. 29 ff.
51 So auch BVerfGE 25, 88 (97).
52 Zustimmend *Wittreck*, in: Dreier, GG I, Art. 18 Rn. 41.
53 BVerfGE 25, 88 (97).
54 Eine Ausnahme findet sich bei *Pestalozza*, Verfassungsprozeßrecht, S. 72.
55 Zur ebenfalls von § 39 Abs. 2 BVerfGG ermöglichten Auflösung juristischer Personen u.
    Rdn. 38.
56 Näher *F. Klein*, in: Maunz u.a., BVerfGG, § 39 (1987) Rn. 17 ff.

18 Im Ergebnis greifen die Bedenken gegen diese Vorschrift[57] jedoch nicht durch. Sie sind a priori gegenstandslos, wenn sich Art. 18 GG nur auf die Grundrechte des ersten Abschnitts bezieht, so dass er einer Aberkennung anderer Rechte nicht entgegensteht.[58] Dafür spricht insbesondere, dass Art. 93 Abs. 1 Nr. 4a GG die »grundrechtsgleichen Rechte« separat neben dem Begriff der Grundrechte nennt. Aber selbst wenn man sich dem nicht anschließen mag, verstößt § 39 Abs. 2 BVerfGG nicht gegen das GG. Zwar sind das Wahlrecht (und das Recht aus Art. 33 Abs. 2 GG) gerade nicht notwendigerweise vom Verwirkungsausspruch betroffen. Die Figur der zwangsläufigen Erstreckung auf andere Grundrechte[59] rechtfertigt ihre Aberkennung also nicht.[60] Die Möglichkeit der Aberkennung der betreffenden Rechte ergibt sich jedoch aus Art. 33 GG bzw. Art. 38 GG, die diese Sanktionsmöglichkeiten ebenfalls zulassen.[61] Die Besonderheit des § 39 Abs. 2 BVerfGG besteht letztlich allein in der – verfassungsrechtlich unproblematischen – Zuständigkeit gerade des BVerfG.[62] Die Aberkennung ist – darauf deutet § 39 Abs. 2 BVerfGG hin – **anlässlich** der Verwirkung möglich, deren Rechtsgrundlage sie jedoch nicht teilt.

2. Erweiterungsüberlegungen

19 De constitutione ferenda ist der Kreis der verwirkbaren Grundrechte erweiterungsbedürftig. Selbst wenn man nicht der Auffassung ist, dass jede Auswahl einzelner Grundrechte verfehlt ist,[63] erscheint in Zeiten religiös motivierter oder zumindest ummäntelter verfassungsfeindlicher Bestrebungen zumindest die Nichtberücksichtigung der Religionsfreiheit verfassungspolitisch verfehlt.[64]

3. Die Verwirkbarkeit nicht missbrauchter Grundrechte

20 Der Verwirkungsausspruch muss sich entgegen der »**Identitätsthese**«[65] nicht auf das missbrauchte Grundrecht beschränken.[66] Andernfalls ließe sich das Ziel, den An-

---

57 Für die Verfassungswidrigkeit etwa *Krebs*, in: v. Münch/Kunig, GG I, Art. 18 Rn. 17; *Pestalozza*, Verfassungsprozeßrecht, S. 72; *Bethge*, in: HStR IX³, § 203 Rn. 178; *Schmitt Glaeser*, in: HGR III, § 74 Rn. 33.

58 So *Jarass*, in: Jarass/Pieroth, GG, Art. 18 Rn. 6.

59 O. Rdn. 16.

60 So aber *Storost*, in: Umbach/Clemens/Dollinger, BVerfGG, § 39 Rn. 12; *Dürig/H. H. Klein*, in: Maunz/Dürig, GG, Art. 18 (2010) Rn. 32.

61 Ebenso zu Art. 38 GG *Dürig/H. H. Klein*, in: Maunz/Dürig, GG, Art. 18 (2010) Rn. 33, zu Art. 33 GG (aber a.A. zu Art. 38 GG): *Pestalozza*, Verfassungsprozeßrecht, S. 72.

62 Deutlich *H. H. Klein*, in: Maunz/Dürig, GG, Art. 18 (2010) Rn. 32 Fn. 3: Nur die Direktermächtigung des BVerfG interessant.

63 So *Dürig/H. H. Klein*, in: Maunz/Dürig, GG, Art. 18 (2010) Rn. 17.

64 Zutreffend *Pagenkopf*, in: Sachs, GG, Art. 18 Rn. 10a.

65 *Seiters*, in: Umbach/Clemens, GG I, Art. 18 Rn. 36, spricht von der »Identitätstheorie«.

66 *M. Antoni*, in: Hömig, GG, Art. 18 Rn. 4; *Maunz* FS für Lerche, 1993, S. 283; differenzierend *Stern*, Staatsrecht, Bd. III/2, S. 960 f.: Nur bei innerem Zusammenhang der Schutzgüter.

tragsgegner zu entpolitisieren, allenfalls durch einen »sukzessiven Verfassungs-schutz«[67] erreichen: Selbst nach einem erfolgreichen Verwirkungsverfahren würde der Betroffene für andere Formen der Verfassungsgefährdung noch den Schutz an sich ver-wirkbarer Grundrechte genießen, die erst durch weitere (aufwändige) Verfahren aus-geschaltet werden müssten. Voraussetzung für die Verwirkung weiterer Grundrechte ist freilich, dass das bisherige Verhalten die Prognose eines zukünftigen Missbrauchs auch dieser Rechte zulässt.[68]

D. Die Voraussetzungen der Verwirkung

Voraussetzung der Grundrechtsverwirkung ist der Missbrauch eines oder mehrerer 21
der genannten Grundrechte zum Kampfe gegen die freiheitliche demokratische Grundordnung.

I. Die freiheitliche demokratische Grundordnung

Dabei handelt es sich nach der Definition des BVerfG zum deckungsgleichen Begriff 22
in Art. 21 Abs. 2 GG[69] um eine Ordnung, »die unter Ausschluss jeglicher Gewalt- und Willkürherrschaft eine rechtsstaatliche Herrschaftsordnung auf der Grundlage der Selbstbestimmung des Volkes nach dem Willen der jeweiligen Mehrheit und der Freiheit und Gleichheit darstellt.« Zu den grundlegenden Prinzipien dieser Ordnung sind mindestens zu rechnen: die Achtung vor den im Grundgesetz konkretisierten Menschenrechten, vor allem vor dem Recht der Persönlichkeit auf Leben und freie Entfaltung, die Volkssouveränität, die Gewaltenteilung, die Verantwortlichkeit der Regierung, die Gesetzmäßigkeit der Verwaltung, die Unabhängigkeit der Gerichte, das Mehrparteienprinzip und die Chancengleichheit für alle politischen Parteien mit dem Recht auf verfassungsmäßige Bildung und Ausübung einer Opposition. Die so skizzierte wertgebundene Ordnung des GG ist das Gegenteil eines totalen Staates, der als ausschließliche Herrschaftsform Menschenwürde, Freiheit und Gleichheit ab-lehnt.[70]

II. Missbrauch der Grundrechte zum Kampf

Gegen diese Ordnung kämpft, wer in aggressiv-kämpferischer Weise tätig wird,[71] 23
um bestimmte ihrer Bestandteile oder die Ordnung insgesamt zu beeinträchtigen oder zu beseitigen.[72] Änderungen einzelner Elemente, die den Charakter als freiheit-liche demokratische Grundordnung unberührt lassen, reichen nicht aus.[73] Gewalt-

---

67 *Dürig/H. H. Klein*, in: Maunz/Dürig, GG, Art. 18 (2010) Rn. 40.
68 *Krebs*, in: v. Münch/Kunig, GG I, Art. 18 Rn. 16.
69 *Schmitt Glaeser*, Mißbrauch und Verwirkung von Grundrechten im politischen Meinungs-kampf, 1968, S. 33.
70 BVerfGE 2, 1 (12 f.).
71 *Jarass*, in: Jarass/Pieroth, GG, Art. 18 Rn. 5.
72 *Krebs*, in: v. Münch/Kunig, GG I, Art. 18 Rn. 9.
73 *Stern*, Staatsrecht, Bd. III/2, S. 954; a.A. *Wernicke*, in: BK, Art. 18 (1951) S. 5 f.

taten sind nicht erforderlich, wohl aber eine planvoll erscheinende aggressive Tendenz.[74] Zudem ist Vorsatz zumindest im Sinne eines natürlichen Handlungswillens zu verlangen,[75] außerdem eine Gefährdung der Grundordnung.[76] Nicht ausreichend sind Mittel, die evident wirkungslos sind[77] und ohne politische Resonanz bleiben.[78] Insofern kommt es freilich nicht auf einzelne Handlungen, sondern auf das Gesamtverhalten an.[79] Ein **singulärer Missbrauch** reicht nicht aus.[80] Umgekehrt können mehrere Maßnahmen, die das nötige Gefährdungspotential jeweils für sich genommen nicht erreichen, in ihrer Summe den Tatbestand erfüllen.[81] Dem bereits gezeigten Verhalten kommt ohnehin nur Indizwirkung zu: Maßgeblich ist die im Wege einer Prognose zu ermittelnde[82] **zukünftige Gefährlichkeit** des Antragsgegners.[83] Die freiheitliche demokratische Grundordnung muss nachhaltig gefährdet erscheinen.[84]

24   Der »**Missbrauch**«[85] der genannten Grundrechte ist – obwohl der Wortlaut des Art. 18 GG dies nahe legt – kein eigenständiges Tatbestandsmerkmal. Den Gebrauch von Grundrechten zum Kampf gegen die freiheitliche demokratische Grundordnung, der einen Verwirkungsantrag nicht stützen würde, gibt es nicht. Art. 18 GG wertet den beschriebenen Kampf als Missbrauch, der als Rechtsfolge die Verwirkung nach sich zieht.[86] Jenseits von Art. 18 GG hat der Begriff des Grundrechtsmissbrauchs keine eigenständige Bedeutung etwa im Sinne einer verfassungsimmanenten Grundrechtsschranke.[87]

E. Die Konsequenzen des Verwirkungsausspruchs

I. Der Verlust des Grundrechtsschutzes

25   Was genau die **Verwirkung von Grundrechten** bedeutet, wird unterschiedlich beurteilt. Einigkeit besteht darüber, dass die Verwirkung erst durch die konstitutiv und

---

74 *Michael/Morlok*, Grundrechte, Rn. 549.
75 *Dürig/H. H. Klein*, in: Maunz/Dürig, GG, Art. 18 (2010) Rn. 45.
76 *Jarass*, in: Jarass/Pieroth, GG, Art. 18 Rn. 5.
77 *Krebs*, in: v. Münch/Kunig, GG I, Art. 18 Rn. 9.
78 BVerfGE 38, 23 (25).
79 *Dürig/H. H. Klein*, in: Maunz/Dürig, GG, Art. 18 (2010) Rn. 53.
80 *Michael/Morlok*, Grundrechte, Rn. 549.
81 *Dürig/H. H. Klein*, in: Maunz/Dürig, GG, Art. 18 (2010) Rn. 53.
82 *Pagenkopf*, in: Sachs, GG, Art. 18 Rn. 11.
83 BVerfGE 11, 282 f.; 38, 23 (24).
84 S. *Michael/Morlok*, Grundrechte, Rn. 549: Oberhalb einer abstrakten Gefahr, aber unterhalb einer konkreten Gefahr.
85 Rechtsvergleichend zum Missbrauchsbegriff *Iliopoulos-Strangas*, in: dies., Der Mißbrauch von Grundrechten in der Demokratie, 1989, S. 80 ff.
86 So bereits *Wernicke*, in: BK, Art. 18 (1951) S. 4; ebenso *Wittreck*, in: Dreier, GG I, Art. 18 Rn. 47; *Dürig/H. H. Klein*, in: Maunz/Dürig, GG, Art. 18 (2010) Rn. 44; a.A. *Pagenkopf*, in: Sachs, GG, Art. 18 Rn. 11.
87 *Muckel*, Religiöse Freiheit und staatliche Letztentscheidung, 1997, S. 205.

ex nunc wirkende[88] Entscheidung des BVerfG eintritt und dass dem Begriff im Kontext des Art. 18 GG eine spezifische Bedeutung zukommt,[89] die sich vom allgemeinen Verwirkungsgedanken des Zivil- und Verwaltungsrechts[90] unterscheidet.[91]

Außer Streit steht auch, dass sich der Betroffene im Umfang des Verwirkungsausspruchs nicht mehr auf das jeweilige Grundrecht berufen kann.[92] Überwiegender Auffassung nach geht mit der Verwirkung aber kein **vollständiger Verlust** des Grundrechts einher, weil dieser in Konflikt mit Art. 19 Abs. 2 GG oder Art. 1 Abs. 2 GG geraten würde.[93] Die Vertreter dieser Position unterscheiden zwischen der (verwirkbaren) Gewährleistung des Grundrechts bzw. der Möglichkeit der Berufung auf das Grundrecht einerseits und dem (vermeintlich nicht verwirkbaren) Grundrecht andererseits;[94] dem Betroffenen soll es lediglich versagt sein, sich auf den abwehrrechtlichen Gehalt des Grundrechts zu berufen.[95] Jedoch überzeugt die Differenzierung zwischen dem Grundrecht und der Möglichkeit der Berufung auf das Grundrecht weder im Ergebnis noch von ihrer Begründung her.[96] Der zentrale Inhalt eines Grundrechts ist die von der Rechtsordnung verliehene Willensmacht, ein bestimmtes Verhalten der öffentlichen Gewalt abwehren (oder erzwingen) zu können. Derjenige, dem diese Möglichkeit gezielt entzogen wird, soll den Schutz des Grundrechts insgesamt verlieren. Er ist nicht aus ihm nicht mehr berechtigt; der Staat ist ihm gegenüber insofern auch nicht mehr verpflichtet. An die Wesensgehaltsgarantie des Art. 19 Abs. 2 GG ist der Verfassungsgeber nicht gebunden.[97] Und die Menschenrechte des Art. 1 Abs. 2 GG sind jedenfalls[98] mit den »nachfolgenden

26

---

88 *Sodan*, in: Sodan, GG, Art. 18 Rn. 6.

89 *Stern*, Staatsrecht, Bd. III/2, S. 961.

90 Zur Verwirkung im Verwaltungsrecht *Sachs*, in: Stelkens/Bonk/Sachs, VwVfG, 8. Aufl. 2014, § 53 Rn. 21 ff.

91 *H. Krüger*, DVBl. 1953, 97, 99; *Dürig/H. H. Klein*, in: Maunz/Dürig, GG, Art. 18 (2010) Rn. 22.

92 *Hofmann*, in: Schmidt-Bleibtreu/Hofmann/Henneke, GG, Art. 18 Rn. 13; *Pagenkopf*, in: Sachs, GG, Art. 18 Rn. 13.

93 *Dürig/H. H. Klein*, in: Maunz/Dürig, GG, Art. 18 (2010) Rn. 69 ff.; im Ergebnis auch *Thiel*, in: Thiel, Wehrhafte Demokratie, S. 129, 145 ff.; ohne Nennung von Art. 19 Abs. 2 GG *Brenner*, in: v. Mangoldt/Klein/Starck, GG I, Art. 18 Rn. 51.

94 So deutlich etwa *Pagenkopf*, in: Sachs, GG, Art. 18 Rn. 13; *Antoni*, in: Hömig, GG, Art. 18 Rn. 4. Eingehend auch *Schnelle*, Freiheitsmissbrauch und Grundrechtsverwirkung, 2014, S. 139 ff.

95 *Wittreck*, in: Dreier, GG I, Art. 18 Rn. 52. Weiter *Höfling/Krings*, in: Friauf/Höfling, GG, Art. 18 (2002) Rn. 56: Wegfall der Möglichkeit der Berufung auf die staatsgerichteten Wirkungen des Grundrechts.

96 Ablehnend auch *Krebs*, in: v. Münch/Kunig, GG I, Art. 18 Rn. 14.

97 *Stern*, Staatsrecht, Bd. III/2, S. 963.

98 Hinzu kommen Zweifel daran, ob Art. 1 Abs. 2 GG einen normativen Gehalt aufweist, der über die ohnehin nicht verwirkbare Menschenwürdegarantie des Art. 1 Abs. 1 GG hinausreicht. Ablehnend *Hain*, in: v. Mangoldt/Klein/Starck, GG II, Art. 79 Rn. 70, gegen BVerfGE 84, 90 (121); 94, 49 (102 f.).

Grundrechten« des Art. 1 Abs. 3 GG nicht identisch.[99] Die Grundrechte des GG sind nicht naturrechtlich vorgegeben. Ungeachtet eines vorstaatlichen Kerns besitzen sie keinen apriorischen einheitlichen normativen Geltungsgrund.[100] Erst das GG stattet sie mit normativer Verbindlichkeit aus. Die Bindung der staatlichen Gewalt richtet sich allein nach dem Grundrechtskatalog[101] – unter Einschluss des Art. 18 GG. Der besondere Schutz, den Art. 1 Abs. 2 GG einem Kernbestand an internationalen Menschenrechten zuweist,[102] stellt allenfalls eine »überpositive Normreserve«[103] für den Fall bereit, dass der Grundrechtsschutz defizitär werden sollte.[104] Das aber ist im Falle der Verwirkung schon angesichts der dem Betroffenen verbleibenden Rechtsstellung nicht zu besorgen: Der Betroffene wird durch die Verwirkung keinesfalls »vogelfrei«.[105] Ihn schützen die nicht verwirkten Grundrechte, zu denen nicht zuletzt die Menschenwürdegarantie zählt. Weiter bleiben die rechtsstaatlichen Bindungen der Staatsgewalt einschließlich der Festlegung auf den Grundsatz der Verhältnismäßigkeit erhalten.[106] Dem angestrebten Ziel, den Betroffenen zu entpolitisieren, ohne ihn aus der Rechtsgemeinschaft auszustoßen,[107] ist daher über die Reichweite des Verwirkungsausspruchs Rechnung zu tragen (u. Rdn. 28).

27   Für die einzelnen Staatsgewalten geht also im Umfang der Verwirkung die Bindung des Art. 1 Abs. 3 GG verloren.[108] Der Gesetzgeber darf – unter Beachtung des Willkürverbots –[109] ohne Weiteres in den an sich grundrechtlich geschützten Bereich eingreifen, was im Ergebnis zu einer Geltung der Grundrechte nach Maßgabe der Gesetze führt.[110] Gerichte und Verwaltungsbehörden können so handeln, als sei das Grundrecht für den Betroffenen nicht mehr in Geltung;[111] Klagen, die allein auf eine vermeintliche Verletzung des verwirkten Grundrechts gestützt werden, sind bereits unzulässig.[112]

---

99 Dazu *Dietlein*, NVwZ 1994, 7.
100 *Bethge*, VVDStRL Heft 57 (1998), S. 17.
101 *Dreier*, in: Dreier, GG I, Art. 1 Abs. 2 Rn. 13.
102 BVerfGE 111, 307 (329).
103 *Isensee*, in: HStR IX³, § 190 Rn. 26.
104 *Höfling*, in: Sachs, GG, Art. 1 Rn. 69.
105 Kritisch zu völkerrechtlichen Tendenzen, Terroristen weitgehend rechtlos zu stellen, *Wittreck*, in: Dreier, GG I, Art. 18 Rn. 14.
106 *Brenner*, DÖV 60, 62 f.; *H.H. Rupp*, in: FS für Küchenhoff, 1972, S. 654.
107 O. Rdn. 6.
108 *Stern*, Staatsrecht, Bd. III/2, S. 966.
109 *Dürig/H. H. Klein*, in: Maunz/Dürig, GG, Art. 18 (2010) Rn. 98.
110 *Gallwas*, Der Mißbrauch von Grundrechten, 1967, S. 143; zustimmend *Dürig/H. H. Klein*, in: Maunz/Dürig, GG, Art. 18 (2010) Rn. 95.
111 *Hofmann*, in: Schmidt-Bleibtreu/Hofmann/Henneke, GG, Art. 18 Rn. 13.
112 *Stern*, Staatsrecht, Bd. III/2, S. 967.

II. Das Ausmaß der Verwirkungsentscheidung

In die Lage, Grundrechte nur in dem zur Entpolitisierung gebotenen Umfang für **28** verwirkt zu erklären, wird das BVerfG durch Art. 18 S. 2 GG versetzt. Danach spricht es das Ausmaß der Verwirkung aus. Die **Befristung** der Verwirkung ist ebenso möglich (s. aber § 39 Abs. 1 S. 2 BVerfGG: mind. ein Jahr) wie ihre **sachliche** **Begrenzung.** So kann sich z.b. die Verwirkung der Versammlungsfreiheit auf das Veranstaltungs- oder Leitungsrecht bzw. auf das Recht zur Teilnahme gerade an politischen Veranstaltungen beschränken.[113]

III. Das Verbot bestimmter Tätigkeiten

Die Verwirkung als solche suspendiert allein den Grundrechtsschutz. Sie bewirkt **29** **kein Verbot** des an sich **grundrechtlich geschützten Verhaltens.**[114] Insofern ist es missverständlich, den Inhalt der Verwirkung als ein »Verbot der Grundrechtsausübung« zu beschreiben.[115] Verboten wird eine bestimmte Tätigkeit erst durch ihre – von der eigentlichen Verwirkung zu unterscheidende – Untersagung, die freilich ebenfalls vom BVerfG ausgesprochen werden kann: Nach § 39 Abs. 1 S. 2 BVerfGG kann es dem Antragsgegner »auch« – also neben dem Verwirkungsausspruch des § 39 Abs. 1 S. 1, 2 BVerfGG – nach Art und Dauer genau bezeichnete Beschränkungen auferlegen. Beispiele sind die Verbote, als Redakteur einer Zeitung tätig zu sein oder Versammlungen zu besuchen.[116] Selbst wenn die übliche Einschätzung, diese Tenorierungsmöglichkeit werde von der Ausmaßbestimmung des Art. 18 S. 2 GG gedeckt,[117] alles andere als frei von Zweifeln ist,[118] so bestätigt § 39 Abs. 1 S. 3 BVerfGG doch zumindest den Befund, dass der bloße Ausspruch der Verwirkung kein Tätigkeitsverbot beinhaltet.

Eben aus diesem Grund trägt die Verwirkung selbst jedoch wenig zur Entpolitisie- **30** rung des Antragsgegners bei. Sogar wenn er die Versammlungsfreiheit (Art. 8 GG) verwirkt hat, darf er an Versammlungen teilnehmen.[119] Nicht einmal der automatisch eintretende Verlust auch des einfach-gesetzlichen Versammlungsrechts (§ 1 Abs. 2 Nr. 1 VersammlG) führt zu einem Teilnahmeverbot. Eine derartige Konsequenz sieht das Gesetz allenfalls für den Fall vor, dass gerade der Veranstalter Art. 8 Abs. 1 GG verwirkt hat: In diesem Fall »kann« die Versammlung nach §§ 5 Nr. 1,

---

113 *Dietel/Gintzel/Kniesel*, Versammlungsgesetz, 16. Aufl. 2011, § 1 Rn. 144; *Stettner*, DVBl. 1975, 801, 809.
114 *Michael/Morlok*, Grundrechte, Rn. 551.
115 So aber *Pagenkopf,* in: Sachs, GG, Art. 18 Rn. 13.
116 *Brenner*, in: v. Mangoldt/Klein/Starck, GG I, Art. 18 Rn. 65.
117 *Dürig/H. H. Klein*, in: Maunz/Dürig, GG, Art. 18 (2010) Rn. 92; *Brenner*, in: v. Mangoldt/Klein/Starck, GG I, Art. 18 Rn. 63; *F. Klein*, in: Maunz u.a., BVerfGG, § 39 Rn. 13.
118 Gegen die hM *Höfling/Krings*, in: Friauf/Höfling, GG, Art. 18 (2002) Rn. 50 ff.
119 *Rupp*, in: FS für Küchenhoff, 1972, S. 658.

13 Nr. 1 VersammlG verboten bzw. aufgelöst werden, u.U. soll die zuständige Behörde dazu wegen der Verwirkung sogar verpflichtet sein.[120]

31   Dabei handelt es sich um eine der wenigen Konstellationen, in denen der behördliche Vollzug einer Verwirkungsentscheidung gesetzlich ausgestaltet ist.[121] Regelmäßig fehlt es an derartigen Vorschriften.[122] Damit stellt sich die Frage, ob Behörden für belastende Maßnahmen einer gesetzlichen Grundlage bedürfen oder ob der Vorbehalt des Gesetzes durch die Verwirkung suspendiert ist. Die Frage ist prinzipiell[123] im erstgenannten Sinne zu beantworten:[124] Dass sich Verbote etc. nicht mehr an dem verwirkten Grundrecht messen lassen müssen,[125] macht eine **gesetzliche Grundlage** nicht entbehrlich, weil der Vorbehalt des Gesetzes eine Ausprägung des nicht grundrechtsakzessorischen Rechtsstaatsprinzips (Art. 20 Abs. 3 GG) ist.[126] Der Umkehrschluss aus § 39 Abs. 1 S. 4 BVerfGG bestätigt dies mittelbar: Wenn Behörden im Umfang einer vom BVerfG nach § 39 Abs. 1 S. 3 BVerfGG auferlegten Beschränkung (»insoweit«) keiner weiteren gesetzlichen Grundlage zum Einschreiten bedürfen, hängt die Rechtmäßigkeit beschränkender Maßnahmen im Übrigen von der Existenz einer speziellen Eingriffsgrundlage ab.[127]

32   Noch nicht geklärt ist damit freilich, ob die Regelungen des **§ 39 Abs. 1 S. 3, 4 BVerfGG verfassungsgemäß** sind. Selbst wenn man zu akzeptieren bereit ist, dass es sich bei der Anordnung unmittelbarer Beschränkungen durch das BVerfG um die Festlegung des »Ausmaßes« der Verwirkung i.S.v. Art. 18 S. 2 GG handelt,[128] stellt sich die Frage, ob sich auf diese Beschränkungen ohne **weitere** Rechtsgrundlage behördliche Maßnahmen stützen lassen. Nach allgemeinen Regeln würden § 39 Abs. 1 S. 3, 4 BVerfGG den Anforderungen des Grundsatzes vom Vorbehalt des Gesetzes schon mangels hinreichender Bestimmtheit nicht genügen.[129] Jedoch lassen sich die Vorschriften des BVerfGG als Durchbrechung des Grundsatzes vom Vorbehalt des

---

120   *Dietel/Gintzel/Kniesel*, Versammlungsgesetz, 16. Aufl. 2011, § 5 Rn. 21, für das Verbot einer Versammlung in geschlossenen Räumen. Differenzierend aber § 13 Rn. 11 f., für die Auflösung einer derartigen Versammlung.
121   *Krebs*, in: v. Münch/Kunig, GG I, Art. 18 Rn. 19.
122   S. jedoch §§ 24 Abs. 1 S. 2 BeamtStG, 41 Abs. 1 S. 2 BBG sowie entsprechende Normen des Landesrechts.
123   S. aber die anschließenden Erwägungen zu § 39 Abs. 1 S. 3, 4 BVerfGG (u. Rdn. 32).
124   A.A. noch *Wernicke*, in: BK, Art. 18 (1951) S. 11.
125   O. Rdn. 26.
126   *Isensee*, in: HStR IX³, § 191 Rn. 126; *Stern*, FG BVerfG I, 2001, S. 216; s. auch *Bethge*, VVDStRL Heft 57 (1998), S. 28.
127   *Dürig/H. H. Klein*, in: Maunz/Dürig, GG, Art. 18 (2010) Rn. 104 f.
128   Zu diesbezüglichen Zweifeln s. bereits o. Rdn. 29.
129   *Krebs*, in: v. Münch/Kunig, GG I, Art. 18 Rn. 19. Ebenso *Höfling/Krings*, in: Friauf/Höfling, GG, Art. 18 Rn. 53.

Gesetzes qualifizieren, die durch Art. 18 S. 2 GG legitimiert ist.[130] Andernfalls käme man nicht umhin, die Verwirkung wegen des weitreichenden Fehlens gesetzlicher Regelungen der Verwirkungsfolgen für derzeit nicht vollziehbar zu halten.[131] Damit stünde das Instrument der Verwirkung jedoch faktisch zur Disposition des Gesetzgebers, auf Grund dessen Untätigkeit es momentan faktisch ohne spürbare Folgen für den Betroffenen bleiben müsste. Nach alledem erscheint der hier favorisierte Weg als die plausibelste Lösung.

IV. Die Konsequenzen der Verwirkung für Parallelverbürgungen

1. Keine automatische »Mitverwirkung« von Landesgrundrechten

Der Verwirkungsausspruch des BVerfG führt nicht zur automatischen Verwirkung   33
entsprechender **Landesgrundrechte**, selbst wenn diese inhaltsgleich mit den Verbürgungen des GG sein sollten. Die Befürchtung der Gegenauffassung, die Entscheidung des BVerfG geriete so zu einem »Schlag ins Wasser«,[132] überzeugt nicht. Gegen eine »Mitverwirkung« von Landesgrundrechten spricht schon die abschließende Aufzählung von Vorschriften des GG in Art. 18 GG.[133] Entgegen der »Doppelverbürgungslehre«, die Landesgrundrechte als nochmalige Normierung der Grundrechte des GG ansieht,[134] sind Landesgrundrechte **eigenständige Rechte**. Ihre Verwirkung kann nur der Landesverfassungsgeber regeln.[135] Vor allem aber ist zu berücksichtigen, dass der Verwirkungsausspruch selbst dem Betroffenen das an sich grundrechtlich geschützte Verhalten nicht verbietet.[136] Daher steht er auch einer fortdauernden Verbürgung des betreffenden Grundrechts durch die Landesverfassung nicht entgegen.[137] Strukturell handelt es sich um die Situation eines über den Schutz des GG hinausreichenden Landesgrundrechts, gegen den aus Sicht des GG nichts zu erinnern ist. Aus Art. 142 GG folgt nichts anderes: Abgesehen davon, dass die Norm allenfalls klarstellende Bedeutung hat, besteht »Übereinstimmung« zwischen Bundes- und Landesgrundrecht im Fall der Widerspruchsfreiheit,[138] die hier vorliegt.[139]

---

130 *Dürig/H. H. Klein*, in: Maunz/Dürig, GG, Art. 18 (2010) Rn. 106. Anders *Krebs*, in: v. Münch/Kunig, GG I, Art. 18 Rn. 19, nach dem der grundrechtsspezifische Gesetzesvorbehalt mitverwirkt werden soll.

131 So *Rupp*, in: FS Küchenhoff, 1972, S. 657 f.

132 So aber *Dürig/H. H. Klein*, in: Maunz/Dürig, GG, Art. 18 (2010) Rn. 145; *F. Klein*, in: Maunz u.a., BVerfGG, § 39 Rn. 28; im Ergebnis auch *Lechner/Zuck*, BVerfGG, Vor § 36 Rn. 7.

133 Vgl. *W. Geiger*, in: FS für Laforet, 1952, S. 260.

134 U.a. *W. Geiger*, in: FS für Laforet, 1952, S. 259.

135 *Dietlein*, AöR Bd. 120 (1995), S. 15.

136 O. Rdn. 29.

137 Anders *Dietlein*, AöR Bd. 120 (1995), S. 16: Keine Befugnis der Länder zur Überschreitung des von Art. 18 GG formulierten »grundrechtlichen Maximalstandards«.

138 Näher *v. Coelln*, Anwendung von Bundesrecht nach Maßgabe der Landesgrundrechte?, 2001, S. 201 ff.

139 Vgl. BVerfGE 96, 345 (365).

34   Anders stellt sich die Lage dar, wenn das BVerfG ein Verhalten nach § 39 Abs. 1 S. 3 BVerfGG verbietet. Die Zulässigkeit derartiger Verbote und ihres Vollzugs (§ 39 Abs. 1 S. 4 BVerfGG) unterstellt,[140] sind sie nach § 31 Abs. 1 BVerfGG auch für die prinzipiell an die Landesverfassung gebundenen Landesbehörden verbindlich. Sofern diese kraft einfachen Bundesrechts i.V.m. dem Verbot des BVerfG zum Einschreiten verpflichtet sind, wird das Landesgrundrecht durch Art. 31 GG verdrängt.[141]

2. Rechte der EMRK und der EU-GR-Charta

35   Die Rechte der EMRK sowie der EU-GR-Charta werden von einer Entscheidung nach Art. 18 GG nicht erfasst.[142] Jedoch werden regelmäßig weder der Verwirkungsausspruch noch darauf gestützte Beschränkungen in Konflikt mit der EMRK oder der EU-GR-Charta geraten. Sofern sie nicht schon durch die Schranken der einzelnen Verbürgungen gedeckt sind, werden sie zumindest über das Missbrauchsverbot des Art. 17 EMRK[143] bzw. des Art. 54 EU-GR-Charta gerechtfertigt sein. Sollte das mit Blick auf einzelne Sanktionen, die nach nationalen Maßstäben gerade wegen der Verwirkung rechtmäßig sind, ausnahmsweise einmal nicht der Fall sein, dürften diese Sanktionen nicht verhängt werden.[144]

F. Das Verhältnis zu anderen Regelungen

I. Das Verhältnis zu anderen Grundgesetzbestimmungen

1. Das Verbot von Vereinigungen nach Art. 9 Abs. 2 GG

36   Nach Art. 9 Abs. 2 GG »sind« Vereinigungen verboten, die sich gegen die verfassungsmäßige Ordnung richten. Der Begriff ist nicht mit der freiheitlichen demokratischen Grundordnung i.S.v. Art. 18 GG (und Art. 21 Abs. 2 GG) identisch,[145] sondern reicht über diese hinaus. Nur so lässt sich der Wertungswiderspruch vermeiden, dass die Ausrichtung gegen den Bestand der Bundesrepublik, die in Art. 21 Abs. 2 GG separat genannt wird, zwar ein Parteiverbot legitimieren würde, nicht aber ein Vereinsverbot.[146] Zwar wird man zur verfassungsmäßigen Ordnung gem. Art. 9 Abs. 2 GG nicht die gesamte Verfassung zählen können.[147] Neben der freiheitlichen demokratischen Grundordnung umfasst sie jedoch als weitere Verfassungsgrundsätze das Sozialstaatsprinzip, das Bundesstaatsprinzip und den Bestand der Bundesrepublik.[148]

---

140   S.o. Rdn. 32.
141   BVerfGE 96, 345 (365). Beispiel bei *v. Coelln*, Anwendung von Bundesrecht nach Maßgabe der Landesgrundrechte?, 2001, S. 238.
142   *Isensee*, in: FG für Karin Graßhof, 1998, S. 311, 314.
143   *Isensee*, in: FG für Karin Graßhof, 1998, S. 314 ff.
144   *Wittreck*, in: Dreier, GG I, Art. 18 Rn. 13 f.
145   So aber *Höfling*, in: Sachs, GG, Art. 9 Rn. 44; s. auch BVerwGE 47, 330 (351 f.).
146   Eingehend *Scholz*, in: Maunz/Dürig, GG, Art. 9 (1999) Rn. 127.
147   So aber *Jarass*, in: Jarass/Pieroth, GG, Art. 9 Rn. 19.
148   *Scholz*, in: Maunz/Dürig, GG, Art. 9 (1999) Rn. 127.

Eine Vereinigung, die die Voraussetzungen des Art. 18 GG erfüllt, wird zugleich den 37
Verbotstatbestand des Art. 9 Abs. 2 GG verwirklichen. Gleichwohl besteht zwischen
diesen Vorschriften **kein Spezialitätsverhältnis**. Ein Vorrang des Art. 18 GG[149] hätte
eine Aufspaltung des einheitlichen Art. 9 Abs. 2 GG zur Folge, der nur in den nicht
von Art. 18 GG erfassten Fällen anwendbar wäre.[150] Umgekehrt steht freilich auch
Art. 9 Abs. 2 GG einem Verwirkungsverfahren gegen eine Vereinigung nicht entgegen. Zwar muss eine Vereinigung, die Grundrechte zum Kampf gegen die freiheitliche demokratische Grundordnung missbraucht, bereits nach Art. 9 Abs. 2 GG verboten werden.[151] Solange dies freilich nicht geschieht, kann ein Antrag nach Art. 18
GG gestellt werden.[152] Anders als Art. 21 Abs. 2 GG[153] lässt sich Art. 9 Abs. 2 GG
keine Sperrwirkung des Inhalts entnehmen, dass eine Vereinigung, der die Parteiquali-
tät fehlt, ohne ein Verbot keine Minderung ihrer Rechtsstellung hinzunehmen hat.
Das »Vereinigungsprivileg«[154] bleibt in seiner Schutzwirkung hinter dem Parteienprivileg zurück. Verwirkungsverfahren gegen einzelne Mitglieder der Vereinigung steht
Art. 9 Abs. 2 GG erst recht nicht entgegen.

Dass das Verbot und die Auflösung einer Vereinigung nur auf Art. 9 Abs. 2 GG ge- 38
stützt werden können,[155] ergibt sich daher nicht aus Gründen des Vorrangs vor
Art. 18 GG. Jedoch ist die Auflösung mehr als eine bloße Verwirkung eines Grundrechts. § 39 Abs. 2 BVerfGG, der anlässlich einer Verwirkung die Auflösung juristischer Personen zulässt, steht dazu nicht im Widerspruch. Es handelt sich um eine
Zuständigkeitsregel: Anlässlich des Verwirkungsverfahrens darf das BVerfG das Verbot nach Art. 9 Abs. 2 GG aussprechen[156] – dessen Voraussetzungen ja vorliegen.[157]

2. Das Parteiverbot nach Art. 21 Abs. 2 GG

Art. 21 Abs. 2 GG ist eine **Spezialregelung mit Ausschlusswirkung** gegenüber 39
Art. 18 GG. Gegen eine Partei i.S.v. Art. 21 GG darf kein Verwirkungsverfahren

---

149 So noch *Pfeiffer*, Die Verfassungsbeschwerde in der Praxis, 1959, S. 158.
150 *Scholz*, in: Maunz/Dürig, GG, Art. 9 (1999) Rn. 121; *Dürig/H. Klein*, in: Maunz/Dü-
    rig, GG, Art. 18 (2010) Rn. 116.
151 Art. 9 Abs. 2 GG führt trotz seines Wortlauts nicht zu einem automatischen Verbot
    (Art. 9 Rdn. 83).
152 So *Dürig/H. Klein*, in: Maunz/Dürig, GG, Art. 18 (2010) Rn. 117. Für die parallele
    Anwendbarkeit von Art. 9 Abs. 2 GG und Art. 18 GG auch *Jarass*, in: Jarass/Pieroth,
    GG, Art. 18 Rn. 2; *Krebs*, in: v. Münch/Kunig, GG I, Art. 18 Rn. 22; a.A. *Schmitt Glae-
    ser*, Mißbrauch und Verwirkung von Grundrechten im politischen Meinungskampf,
    1968, S. 238 ff.
153 Dazu sogleich Rdn. 39.
154 Zum Begriff BVerwGE 47, 330 (351).
155 *Pagenkopf*, in: Sachs, GG, Art. 18 Rn. 18.
156 *F. Klein*, in: Maunz u.a., BVerfGG, § 39 Rn. 23; zustimmend *Dürig/H. Klein*, in:
    Maunz/Dürig, GG, Art. 18 (2010) Rn. 118.
157 Zu den übrigen Aberkennungsmöglichkeiten nach § 39 Abs. 2 BVerfGG o. Rdn. 17 f.

durchgeführt werden.[158] Der Grund für die Exklusivität des Art. 21 Abs. 2 GG liegt freilich nicht darin, dass eine Partei, die verfassungsfeindliche Ziele verfolgt, verfassungswidrig und verboten und durch Spruch des BVerfG aufzulösen ist. Das verfassungsfeindliche Verhalten einer Partei muss gerade nicht zwangsläufig zur Auflösung führen.[159] Selbst wenn man den Antragsberechtigten kein Ermessen bei der Entscheidung über die Einleitung des Antrags einräumen will,[160] sondern von einer Pflicht zur Antragstellung ausgeht,[161] wäre es vorstellbar, dass die Antragsberechtigten dieser Pflicht nicht nachkommen, etwa weil sie die Verbotsvoraussetzungen zu Unrecht verneinen. Dass Art. 21 Abs. 2 GG ein Verwirkungsverfahren gegen eine Partei ausschließt, beruht vielmehr auf der besonderen Rechtsstellung, die die Norm den Parteien einräumt. Die Vorschrift ist keine bloße Zuständigkeitsregelung, sondern eine **gezielte Privilegierung** der politischen Parteien gegenüber anderen Vereinigungen.[162] Dabei ist hier weniger die erhöhte Schutz- und Bestandsgarantie von Bedeutung, die Parteien insofern genießen, als sie nur durch das BVerfG für verfassungswidrig erklärt werden können.[163] Auch die Verwirkungsentscheidung würde dem BVerfG obliegen. Aus Art. 21 Abs. 2 GG ergibt sich aber, dass eine nicht verbotene Partei rechtlich ungehindert tätig sein soll. Unabhängig davon, wie feindlich sich die Partei gegenüber der freiheitlichen demokratischen Grundordnung verhält, schließt das Entscheidungsmonopol nicht nur administrative Maßnahmen gegen ihren Bestand aus.[164] Vorbehaltlich eines Verbots dürfen Parteien nur politisch bekämpft werden. Von jeder rechtlichen Behinderung aber müssen sie frei sein.[165] Das GG nimmt die Gefahren, die aus der Tätigkeit der Partei resultieren, um der politischen Freiheit willen in Kauf.[166] Diese bewusste Entscheidung lässt keinen Raum für andere Beschränkungen der Rechtsstellung unterhalb eines Verbots – und damit auch nicht für ein Verwirkungsverfahren nach Art. 18 GG.

40   Die strikte Sperrwirkung des Art. 21 Abs. 2 GG gilt jedoch nur für die Partei als solche. Gegen **einzelne Mitglieder** kann prinzipiell ein Verwirkungsverfahren durchgeführt werden.[167] Allerdings wirkt sich das Parteienprivileg auch in diesem Bereich aus. Es schützt zwar in erster Linie die Parteiorganisation, erstreckt sich aber auch auf die Tätigkeit der Funktionäre und Anhänger, die sich allgemein erlaubter Mittel

---

158   *F. Klein*, in: Maunz u.a., BVerfGG, § 39 Rn. 34; s. auch *Jarass*, in: Jarass/Pieroth, GG, Art. 18 Rn. 2.

159   So aber *Dürig/H. H. Klein*, in: Maunz/Dürig, GG, Art. 18 Rn. 119.

160   So aber richtigerweise *Pieroth*, in: Jarass/Pieroth, GG, Art. 21 Rn. 30.

161   So etwa *J. Ipsen*, in: Sachs, GG, Art. 21 Rn. 175 ff.; *Streinz*, in: v. Mangoldt/Klein/Starck, GG II, Art. 21 Rn. 245.

162   BVerfGE 47, 198 (228).

163   Dazu BVerfGE 12, 296 (304 f.); 47, 198 (228); 107, 339 (362).

164   Dazu BVerfGE 40, 287 (291); 47, 198 (228); 107, 339 (362).

165   Vgl. BVerfGE 12, 296 (305 ff.); 39, 334 (357); 47, 198 (228); 107, 339 (362).

166   BVerfGE 12, 296 (306); 47, 198 (228); 107, 339 (362).

167   *Pagenkopf*, in: Sachs, GG, Art. 18 Rn. 18.

bedienen.[168] Die Tätigkeit für die Partei an sich darf daher weder strafrechtlich verfolgt werden[169] noch zu einer Grundrechtsverwirkung führen. Die präventive »Entpolitisierung«[170] der Mitglieder und Anhänger einer Partei würde das Parteienprivileg noch stärker aushöhlen als repressive strafrechtliche Sanktionen. Das schließt Verwirkungsverfahren gegen den genannten Personenkreis nicht schlechthin aus. Anknüpfungspunkt darf jedoch lediglich eine dem Einzelnen individuell zuzurechnende Bekämpfung der freiheitlichen demokratischen Ordnung sein, keine derartige parteibezogene Tätigkeit.[171] Auf Aktivitäten zugunsten einer noch nicht verbotenen Partei darf eine Grundrechtsverwirkung selbst nach einem späteren Parteiverbot nicht gestützt werden. Wer eine bewusst von der Rechtsordnung eingeräumte Freiheit nutzt, missbraucht seine Grundrechte nicht.

Aus Art. 21 Abs. 2 GG ergeben sich neben dem **Umfang** des Schutzes, den parteibezogenes Verhalten genießt, auch die **Grenzen** dieses Schutzes. Art. 18 GG tritt insofern zurück. Schon aus diesem Grund steht die Norm der Anwendung der verwaltungs- und strafrechtlichen Instrumente, die der Durchsetzung gerade eines Parteiverbots dienen, nicht entgegen.[172] Zwar ist der Schutz der Verfassung vor individuellem (Fehl-)Verhalten an sich Gegenstand des Art. 18 GG. Dass die Beteiligung an einer verbotenen Partei auf einem individuellen Willensentschluss beruht, ist jedoch wegen des Vorrangs des Art. 21 Abs. 2 GG unerheblich. 41

Der Vorrang des Art. 21 Abs. 2 GG wird auch für den **Verlust von Parlamentsmandaten** relevant. Dass die Parlamentarier einer Partei nach deren Verbot ihre Mandate verlieren (s. etwa § 46 Abs. 1 S. 1 Nr. 5 BWahlG[173]), knüpft nicht an ihr individuelles Verhalten an, sondern an den Zusammenhang des Mandats mit der Partei. Dass die Voraussetzungen einer Verwirkung nach Art. 18 GG nicht vorliegen, die mittelbar – über den Verlust der Wählbarkeit –[174] ebenfalls zu einem Mandatsverlust führen kann, ist schon deshalb unerheblich, weil die Vorschrift verdrängt wird.[175] 42

II. Das Verhältnis zu Verwirkungsregelungen der Landesverfassungen

Das Verhältnis von Art. 18 GG zu vergleichbaren Vorschriften auf Landesebene ist klarstellend[176] in Art. 142 GG geregelt. Übereinstimmung im Sinne dieser Norm 43

---

168 BVerfGE 12, 296 (305 ff.), unter Bestätigung von BGHSt 6, 318 (320); BVerfGE 13, 46 (52); 13, 123 (126); 47, 130 (139 ff.).
169 BVerfGE 12, 296 (305); 17, 155 (166 f.).
170 Zur Entpolitisierung als Ziel der Verwirkung o. Rdn. 6.
171 Zutreffend *Krebs*, in: v. Münch/Kunig, GG I, Art. 18 Rn. 21.
172 BVerfGE 25, 44 (59 f.).
173 Für einen Mandatsverlust als automatische Folge eines Parteiverbots sogar ohne ausdrückliche gesetzliche Regelung BVerfGE 2, 1 (73 f.); 5, 85 (392).
174 Näher o. Rdn. 17 f.
175 BVerfGE 2, 1 (74 f.).
176 *v. Coelln*, Anwendung von Bundesrecht nach Maßgabe der Landesgrundrechte?, 2001, S. 201.

verlangt nicht Inhaltsgleichheit, sondern allein **Widerspruchsfreiheit**.[177] Diese liegt nicht nur dort vor, wo auf Landesebene, verglichen mit dem GG, die gleichen oder weniger Grundrechte unter entsprechenden oder engeren Voraussetzungen für verwirkbar erklärt werden.[178] Verwirkungsregelungen in Landesverfassungen bleiben auch dann in Kraft, wenn sie eine weitere Absenkung des landesgrundrechtlichen Standards ermöglichen, als sie das GG vorsieht.[179] Eine größere Zahl verwirkbarer Landesgrundrechte führt nicht zu einem inhaltlichen Widerspruch mit Art. 18 GG. Ebenso wenig verstößt eine automatische oder vom Landesverfassungsgericht auszusprechende Verwirkung gegen das Entscheidungsmonopol des BVerfG. Die Verwirkung eines Landesgrundrechts bezieht sich nur auf dieses;[180] sie befreit die Landesstaatsgewalt nicht von ihrer Bindung gem. Art. 1 Abs. 3 GG. Umgekehrt kann Art. 18 GG nicht die Aussage entnommen werden, dass auf Bundesebene unverwirkbare Grundrechte landesrechtlich ebenso unentziehbar verbürgt sein müssen. Das GG lässt es zu, dass der Grundrechtsschutz der Landesverfassung hinter dem des GG zurückbleibt.[181] Ebenso wenig steht es einer Verwirkungsregelung entgegen, die reduzierten landesrechtlichen Grundrechtsschutz bewirkt.[182] Aus demselben Grund bezieht sich auch das Entscheidungsmonopol des BVerfG nicht auf die Landesgrundrechte.[183]

III. Das Verhältnis zum einfach-rechtlichen Verfassungsschutz und zu Nebenstrafen

44 Einfach-rechtliche Vorschriften zum Schutz der verfassungsmäßigen Ordnung, insbes. §§ 81 ff. StGB, sind nicht a priori verfassungswidrig, weil Art. 18 GG – wie Art. 21 Abs. 2 GG –[184] jede weitere Sanktion politischer Tätigkeit ausschlösse.[185] Art. 18 GG steht zwar einer Grundrechtsverwirkung im technischen Sinne auf Grund anderer Vorschriften ebenso entgegen wie solchen Sanktionen, die einer Verwirkung im Ergebnis gleichkommen.[186] Dafür reicht es jedoch nicht aus, dass eine Vorschrift tatbestandlich die Bekämpfung der freiheitlich-demokratischen Grundordnung voraussetzt. Die **Sperrwirkung des Art. 18 GG** kommt erst **bei gleicharti-**

---

177 BVerfGE 96, 345 (365), zu Grundrechten.

178 *Stern*, Staatsrecht, Bd. III/2, 1994, S. 1462.

179 A.A. *Dürig/H. H. Klein*, in: Maunz/Dürig, GG, Art. 18 (2010) Rn. 143, für landesrechtliche Verwirkungen ohne weiteres Verfahren.

180 So auch *Gehb*, Verfassung, Zuständigkeiten und Verfahren des Hessischen Staatsgerichtshofs, 1987, S. 117 f.; a.A. *W. Geiger*, in: FS für Laforet, 1952, S. 260.

181 BVerfGE 96, 345 (365).

182 *v. Olshausen*, Landesverfassungsbeschwerde und Bundesrecht, 1980, S. 122.

183 Anders *Stern*, Staatsrecht, Bd. III/2, S. 1462, der im Ergebnis für eine Konzentration der Verwirkungsbefugnis beim BVerfG plädiert.

184 S. dazu BVerfGE 12, 296 (303 ff.).

185 Zum möglichen Nebeneinander von strafrechtlichen Sanktionen und Verwirkung s. bereits BVerfGE 25, 44 (58).

186 BVerfGE 10, 118 (122 f.); 13, 46 (51).

gen Rechtsfolgen zum Tragen:[187] Sie beschränkt sich auf Maßnahmen, die an der Gefährlichkeit des Betreffenden orientiert sind und die sich auf die Zukunft beziehen.[188] Dagegen kann die Feststellung, jemand kämpfe gegen die besagte Ordnung, auch in anderen Verfahren getroffen werden,[189] sofern sie andersartige (repressive)[190] Rechtsfolgen nach sich zieht.[191] Das ist bei den Vorschriften des sog. politischen Strafrechts der Fall.[192]

Nichts anderes gilt im Ergebnis für die **Nebenstrafen** des StGB. Art. 18 GG steht ihnen nicht entgegen, da sie trotz ihrer (auch) präventiven Wirkung[193] ein rechtliches aliud zur Grundrechtsverwirkung darstellen.[194] Das gilt auch für das Berufsverbot nach § 70 StGB, selbst wenn es gegen einen Journalisten ausgesprochen wird.[195]   45

G. Prozessuale Fragen

I. Allgemeines

Das Verfahren des BVerfG wird durch die §§ 13 Nr. 1, 36 ff. BVerfGG näher ausgestaltet. Wegen der Sanktionsqualität der Grundrechtsverwirkung lässt es deutliche Bezüge zum Strafprozess erkennen (s. etwa §§ 37, 38 Abs. 1 BVerfGG). Letztlich handelt es sich aber um ein **Verfahren sui generis**,[196] das noch am ehesten Parallelen zum Parteiverbotsverfahren aufweist. Zuständig ist nach § 14 Abs. 2 BVerfGG der Zweite Senat. Der Antrag ist nicht fristgebunden.   46

II. Die Beteiligten

Antragsberechtigt sind (nur) der BT, die Bundesregierung oder eine Landesregierung (§ 36 BVerfGG), die nach pflichtgemäßem Ermessen über die Verfahrenseinleitung zu entscheiden haben.[197] Der BT muss den Beschl. mit der Mehrheit nach Art. 42 Abs. 2 S. 1 GG fassen, die Bundesregierung mit der nach § 24 Abs. 2 GO BReg. Entsprechendes gilt für Anträge der Landesregierungen, deren Zulässigkeit im   47

---

187 *Brenner*, in: v. Mangoldt/Klein/Starck, GG I, Art. 18 Rn. 88.
188 *Dürig/H. H. Klein*, in: Maunz/Dürig, GG, Art. 18 (2010) Rn. 131.
189 BVerfGE 13, 46 (51).
190 *Brenner*, in: v. Mangoldt/Klein/Starck, GG I, Art. 18 Rn. 88.
191 BVerfGE 13, 46 (51).
192 *Stern*, Staatsrecht, Bd. III/2, S. 980.
193 *Gallwas*, Der Mißbrauch von Grundrechten, 1967, S. 151.
194 *Stern*, Staatsrecht, Bd. III/2, S. 980.
195 *Brenner*, in: v. Mangoldt/Klein/Starck, GG I, Art. 18 Rn. 89; BGHSt 17, 38 ff. Ebenso BVerfGE 25, 88 (95 ff.) »jedenfalls« für den Fall, dass das Berufsverbot mit einer Verurteilung wegen des Verstoßes gegen ein Parteiverbot einhergeht. Die Bedeutung der Entscheidung jenseits dieser Fälle ist str. S. einerseits *Stern*, Staatsrecht, Bd. III/2, S. 980, andererseits *Dürig/H. H. Klein*, in: Maunz/Dürig, GG, Art. 18 (2010) Rn. 139.
196 *Lechner/Zuck*, BVerfGG, Vor § 36 Rn. 5.
197 Für das Parteiverbotsverfahren BVerfGE 5, 85 (113).

Übrigen nicht von einem spezifischen Bezug des Antragsgegners zum jeweiligen Land abhängt.[198]

48   **Antragsgegner** kann jeder Träger mindestens eines verwirkbaren Grundrechts sein. Dazu zählen auch juristische Personen, soweit ihnen nach Art. 19 Abs. 3 GG entsprechende Grundrechte zustehen,[199] wobei freilich der Vorrang von Art. 21 Abs. 2 GG zu beachten ist.[200] Ausländer können ebenfalls Antragsgegner sein; die Verwirkung der Deutschengrundrechte aus Art. 8, 9 GG kommt für sie freilich nicht in Betracht.[201] In einem Antrag des BT ist ggf. die nach Art. 46 Abs. 3 GG erforderliche Genehmigung für einen Antrag gegen einen Abgeordneten enthalten.[202]

III. Vorverfahren, Zwangsmaßnahmen und Voruntersuchung

49   Eine Besonderheit im Verwirkungsverfahren (und beim Parteiverbot, s. § 45 BVerfGG) ist das **Vorverfahren** nach § 37 BVerfGG. Seine Funktion gleicht der Entscheidung über die Eröffnung des Hauptverfahrens nach § 199 StPO.[203] Es soll den Antragsgegner vor einer Ladung »als Angeklagter« ohne hinreichenden Grund bewahren[204] und das Gericht entlasten.[205] Der Beschl., die Verhandlung durchzuführen, bedarf der qualifizierten Mehrheit nach § 15 Abs. 4 S. 1 BVerfGG.[206]

50   § 38 Abs. 1 BVerfGG ermöglicht die Anordnung einer **Beschlagnahme** oder **Durchsuchung** nach den Vorschriften der StPO »nach Eingang des Antrags«. Diese Maßnahmen setzen freilich voraus, dass der Antrag aus Sicht des BVerfG zulässig und hinreichend begründet ist. Regelmäßig werden sie daher erst nach dem Abschluss des Vorverfahrens in Betracht kommen.[207]

51   Zur Vorbereitung der mündlichen Verhandlung kann das BVerfG nach § 38 Abs. 2 BVerfGG eine **Voruntersuchung** anordnen. Anders als bei der Präsidenten- und der Richteranklage (§ 54 [i.V.m. § 58] BVerfGG), bei der die Voruntersuchung (u.a.) durch den Antragsgegner erzwungen werden kann, steht ihre Anordnung bei der Grundrechtsverwirkung stets im pflichtgemäßen Ermessen des Gerichts.

---

198 *Benda/E. Klein*, in: Benda/Klein, Verfassungsprozessrecht, Rn. 1187; a.A. *F. Klein*, in: Maunz u.a., BVerfGG, § 36 Rn. 6.

199 *Lechner/Zuck*, BVerfGG, § 36 Rn. 2; a.A. *Stern*, in: FG 25 Jahre BVerfG, Bd. I, 1976, S. 201.

200 Oben Rdn. 39 ff.

201 *Benda/E. Klein*, in: Benda/Klein, Verfassungsprozessrecht, Rn. 1190. S. dazu aber o. Rdn. 15.

202 *F. Klein*, in: Maunz u.a., BVerfGG, § 36 Rn. 4.

203 *Lechner/Zuck*, BVerfGG, Vor § 36 Rn. 5.

204 *Storost*, in: Umbach/Clemens/Dollinger, BVerfGG, § 37 Rn. 3.

205 *Stern*, FG BVerfG I, 2001, S. 211.

206 *Eschelbach*, in: Umbach/Clemens/Dollinger, BVerfGG, § 15 Rn. 113.

207 *Lechner/Zuck*, BVerfGG, § 38 Rn. 1; *F. Klein*, in: Maunz u.a., BVerfGG, § 38 Rn. 1; ohne diese Einschränkung *Benda/E. Klein*, in: Benda/Klein, Verfassungsprozessrecht, Rn. 1193.

Da der Richter, der die Untersuchung durchführt, leicht in eine Anklägerrolle ge- 52
rät,[208] obliegt die Durchführung einem Richter des nicht für die Hauptsache zuständigen (Ersten) Senats, § 38 Abs. 2 S. 2 BVerfGG.

H. Internationale und europäische Aspekte

Der Gedanke des materiellen Verbots, Freiheitsrechte zu Freiheitsgefährdungen zu 53
missbrauchen, findet sich auch in Art. 17 EMRK, Art. 30 AEMR, Art. 5 Abs. 1
IPbpR, Art. 5 Abs. 1 UN-Sozialpakt und Art. 54 der EU-Grundrechtecharta. Die
Vorschriften verbieten – bei Abweichungen in Details –,[209] die Garantien des jeweiligen Regelungswerks so auszulegen, dass sie zur Bekämpfung und Abschaffung der
einzelnen Freiheitsverbürgungen berechtigen würden. Dass die jeweiligen Freiheiten
ihre eigene Bekämpfung gerade nicht schützen, kommt darin deutlicher zum Ausdruck als in Art. 18 GG, der die Verwirkung von einer konstitutiv wirkenden gerichtlichen Entscheidung abhängig macht. Schon aus diesem Grund stellt **Art. 18
GG eine deutsche Besonderheit** dar.[210] Angesichts der strengen Voraussetzungen
des Art. 18 GG dürfte ein Verwirkungsausspruch nicht in Konflikt mit supranationalen Garantien geraten, weil diese das betreffende Verhalten auf Grund der zitierten
Vorschriften nicht schützen.[211]

Auch die Verfassungen von Griechenland (Art. 17 Abs. 1, 25 Abs. 3, 106 Abs. 2), 54
Italien (Art. 41 Abs. 2), Spanien (Art. 55 Abs. 2) und Irland (Art. 40 Abs. 6) nehmen mit unterschiedlich weit reichenden Vorschriften missbräuchliches Verhalten
vom Grundrechtsschutz aus.[212]

I. Deutsche und europarechtliche Leitentscheidungen

BVerfGE 10, 118 ff. – Unzulässigkeit verwirkungsgleicher Entscheidungen durch 55
andere Stellen als das BVerfG. Dazu o. Rdn. 44; BVerfGE 11, 282 f. – Erfolgloser
Verwirkungsantrag (o. Rdn. 7); BVerfGE 25, 44 ff. – Art. 18 GG steht der Strafbarkeit organisationsbezogener Handlungen für eine verbotene Partei nicht entgegen.
S.o. Rdn. 41; BVerfGE 25, 88 ff. – Strafrechtliches Berufsverbot verstößt jedenfalls
dann nicht gegen Art. 18 GG, wenn die strafbare Handlung in einem Verstoß gegen
ein Parteiverbot besteht. Dazu o. Rdn. 45; BVerfGE 38, 23 ff. – Erfolgloser Verwirkungsantrag (o. Rdn. 7).

---

208 *Lechner/Zuck*, BVerfGG, § 38 Rn. 3.
209 Zu inhaltlichen Unterschieden zwischen Art. 17 EMRK und Art. 5 Abs. 1 IPbpR *Nowak*,
     CCPR Commentary, 2. Aufl. 2000, Art. 5 Rn. 10.
210 *Boventer*, in: APuZ, B 16/1985, 33, 37.
211 *Michael/Morlok*, Grundrechte, Rn. 547. Dazu und zum denkbaren Konflikt einzelner
     Sanktionsaussprüche mit supranationalen Garantien s.o. Rdn. 35.
212 Näher dazu *Stern*, Staatsrecht, Bd. III/2, S. 932 f.; *Iliopoulos-Strangas*, in: dies., Der Miß-
     brauch von Grundrechten in der Demokratie, 1989, S. 80 ff. Zu Art. 17 EMRK s.
     EGMR-E 1, 10 (13 f.).

EGMR-E 1, 10 ff. – Zur Auslegung des Art. 17 EMRK (»Lawless ./. Irland«). Dazu o. Rdn. 53.

J. Literaturauswahl

56 *Bethge*, Grundrechtswahrnehmung, Grundrechtsverzicht, Grundrechtsverwirkung, in: Handbuch des Staatsrechts Bd. IX, 3. Aufl. 2011, § 203; *Gallwas*, Der Mißbrauch von Grundrechten, 1967; *Isensee*, Verfassungsnorm in Anwendbarkeitsnöten: Artikel 18 des Grundgesetzes, in: Pfeiffer, Gerd u.a., Der verfaßte Rechtsstaat, Festgabe für Karin Graßhof, 1998, S. 289 ff.; *Maunz*, Verwirkung von Grundrechten, in: Badura, Peter/Scholz, Rupert, Wege und Verfahren des Verfassungslebens, Festschrift für Peter Lerche zum 65. Geburtstag, 1993, S. 281 ff.; *Schliesky*, Die wehrhafte Demokratie des Grundgesetzes, in: Isensee/Kirchhof (Hrsg.), Handbuch des Staatsrechts Bd. XII, 3. Aufl. 2014, § 276; *Schmitt Glaeser*, Missbrauch und Verwirkung von Grundrechten im politischen Meinungskampf, 1968; *Schmitt Glaeser*, Grundrechtsverwirkung, in: Merten/Papier (Hrsg.), Handbuch der Grundrechte Bd. III, 2009, § 74; *Schnelle*, Freiheitsmissbrauch und Grundrechtsverwirkung – Versuch einer Neubestimmung von Artikel 18 GG, 2014; *Stern*, Verfahrensrechtliche Probleme der Grundrechtsverwirkung und des Parteiverbots, in: Starck, Christian (Hrsg.), Bundesverfassungsgericht und Grundgesetz: Festgabe aus Anlaß des 25-jährigen Bestehens des Bundesverfassungsgerichts, Bd. I, 1976, S. 194 ff.; *Stern*, Die Grundrechtsverwirkung, in: ders., Das Staatsrecht der Bundesrepublik Deutschland, Bd. III/2, 1994, § 87; *Stettner*, Verfassungsdogmatische Erwägungen zur Grundrechtsverwirkung, DVBl. 1975, 801 ff.; *Thiel*, Die Verwirkung von Grundrechten gemäß Art. 18 GG, in: ders., Wehrhafte Demokratie, 2003, S. 129 ff.

Artikel 19 [Einschränkung von Grundrechten, Anwendbarkeit auf juristische Personen, Rechtsweggarantie]

(1) ¹Soweit nach diesem Grundgesetz ein Grundrecht durch Gesetz oder auf Grund eines Gesetzes eingeschränkt werden kann, muss das Gesetz allgemein und nicht nur für den Einzelfall gelten. ²Außerdem muss das Gesetz das Grundrecht unter Angabe des Artikels nennen.

(2) In keinem Falle darf ein Grundrecht in seinem Wesensgehalt angetastet werden.

(3) Die Grundrechte gelten auch für inländische juristische Personen, soweit sie ihrem Wesen nach auf diese anwendbar sind.

(4) ¹Wird jemand durch die öffentliche Gewalt in seinen Rechten verletzt, so steht ihm der Rechtsweg offen. ²Soweit eine andere Zuständigkeit nicht begründet ist, ist der ordentliche Rechtsweg gegeben. ³Artikel 10 Abs. 2 Satz 2 bleibt unberührt.

A. Vorbilder und Entstehungsgeschichte

Art. 19 GG dient der **Sicherung** der Grundrechte und enthält hierzu verschiedene 1
Gewährleistungsgehalte, die je für sich eine unterschiedliche Entstehungsgeschichte
aufweisen.

Einzelfallgesetzverbot und Zitiergebot (Abs. 1) sowie Wesensgehaltgarantie (Abs. 2) 2
finden in der deutschen Verfassungsgeschichte – mit Ausnahme einiger Landesverfassungen der Nachkriegszeit – **keine Vorläufer.**[1] Vor dem Hintergrund der Erfahrungen der Wehrlosigkeit der Weimarer Reichsverfassung gegen die Gegner des Rechtsstaates war der Parlamentarische Rat bemüht, gerade auch in formeller Hinsicht
einen umfassenden Schutz der Grundrechte zu ermöglichen. Insoweit sind die erst
im Zuge der Beratungen im Parlamentarischen Rat vorgeschlagenen Regelungen des
Art. 19 Abs. 1 und 2 GG Ausdruck des Misstrauens des Grundgesetzgebers gegenüber dem positiven Gesetzgeber. Die schwache Absicherung der Grundrechte und
deren daraus folgende Erosion in der Spätphase der Weimarer Republik (auf Grundlage von Art. 48 Abs. 2 WRV) hatten bereits in der damaligen Rechtslehre zu der Erkenntnis geführt, dass die Grundrechte dem Einfluss des einfachen Gesetzgebers entzogen werden sollten.[2]

---

[1] Vgl. Art. 63 Abs. 2 HessVerf. zu Art. 19 Abs. 1 S. 1 und 2 GG sowie Art. 63 Abs. 1 Hess-
Verf. zu Art. 19 Abs. 2 GG.
[2] Dazu *Stern*, Staatsrecht III/2, S. 838; *P.M. Huber*, in: v. Mangoldt/Klein/Starck I, Art. 19
Abs. 2 Rn. 104.

3   Für die Regelung des Art. 19 Abs. 3 GG gibt es **keine Vorbilder** in der deutschen Verfassungsgeschichte.[3] Allerdings war die Grundrechtsfähigkeit juristischer Personen bereits während der Weimarer Republik kontrovers diskutiert worden.[4]

4   Lediglich die Rechtsweggarantie gegen Akte der öffentlichen Gewalt in Art. 19 Abs. 4 GG setzt eine **deutsche Verfassungstradition** von § 182 der Paulskirchenverfassung über Art. 107 WRV fort. Hinzu kommen vorhergehende landesverfassungsrechtliche Bestimmungen.[5]

5   Während im Parlamentarischen Rat mit Art. 19 Abs. 4 S. 1 GG frühzeitig eine Generalklausel für Verwaltungsrechtsstreitigkeiten festgeschrieben worden war, wurde in S. 2 die **subsidiäre Zuständigkeit der ordentlichen Gerichte** begründet, um die Rechtsweggarantie durch den Ausschluss negativer Kompetenzkonflikte zu stärken. Art. 19 Abs. 4 S. 3 GG wurde durch die Grundgesetzänderung vom 24.06.1968 im Rahmen der Notstandsgesetzgebung durch das 17. Gesetz zur Ergänzung des GG[6] eingefügt. Dieser soll klarstellen, dass sich die Rechtsweggarantie nicht (mehr) auf Maßnahmen bezieht, die der zugleich eingefügte Art. 10 Abs. 2 S. 2 GG besonders regelt.[7] Damit geht eine Einschränkung der durch Art. 19 Abs. 4 S. 1 und 2 GG grundsätzlich garantierten Abwehransprüche aus dem Brief-, Post- und Fernmeldegeheimnis insoweit einher, als Eingriffe dem Betroffenen nicht mitgeteilt werden müssen und an die Stelle des Rechtsweges die Nachprüfung durch von der Volksvertretung bestellte Organe und Hilfsorgane, d.h. das parlamentarische Kontrollgremium, tritt.[8]

B. Grundsätzliche Bedeutung

6   Unter dem Dach des Art. 19 GG werden sehr **verschiedene Normgehalte** zusammengefasst.[9] Grundrechtsdogmatisch ist die Norm einem nur fragmentarisch und nicht zusammenhängend geregelten »Allgemeinen Teil« der Grundrechte zuzuordnen, zu dem beispielsweise auch Art. 1 Abs. 3 GG und Art. 18 GG zählen.

---

3 Vgl. aber die »Ergänzung zu den bayerischen Leitgedanken für die Schaffung eines Grundgesetzes – Grundrechte –«, die in Art. 29 vorsah: »Die Grundrechte gelten, soweit anwendbar, für juristische Personen, die ihren Sitz im Bundesgebiet haben, entsprechend.« Zitiert nach *Sachs*, in: ders., Art. 19 Rn. 4.
4 Dazu *Stern*, Staatsrecht III/1, S. 1093 ff.; zur früheren Entwicklung *ders.*, Staatsrecht III/1, S. 1089 ff.
5 Art. 141 BremVerf., Art. 67 Abs. 1 VerfBaWü, Art. 63 WüHoZollVerf.
6 BGBl. I 1968, S. 709.
7 *Enders*, in: Epping/Hillgruber, Art. 19 Rn. 54, 76, 85.
8 Zur Verfassungsmäßigkeit dieser Grundgesetzänderung siehe BVerfGE 30, 1 mit abweichendem Minderheitenvotum, BVerfGE 30, 33.
9 Aus diesem Grund bearbeiten einige Kommentierungen die einzelnen Absätze des Art. 19 auch isoliert voneinander, so *Dreier/Schulze-Fielitz*, in: Dreier I; *P.M. Huber*, in: v. Mangoldt/Klein/Starck I; *Remmert/Dürig/Schmidt-Aßmann*, in: Maunz/Dürig.

Dem Grunde nach lassen sich **drei Typen** von Normgehalten unterscheiden: Art. 19 7
Abs. 1 und 2 GG legen dem Gesetzgeber Schranken für den Fall der Einschränkung
von Grundrechten auf. Art. 19 Abs. 3 GG erweitert die Grundrechtsträgerschaft auf
juristische Personen. Art. 19 Abs. 4 GG garantiert grundsätzlich den Rechtsweg gegen die öffentliche Gewalt. Art. 19 Abs. 1–3 GG enthalten demgemäß keine selbständigen materiellen Grundrechte,[10] sondern ergänzen und flankieren den Grundrechtsschutz. Demgegenüber bildet Art. 19 Abs. 4 GG nicht nur eine akzessorische
Garantie, sondern vermittelt ein eigenständiges Grundrecht auf Rechtsschutz gegen
Grundrechtsverletzungen.

Gegen die Verankerung der Anforderungen aus Art. 19 Abs. 1–3 GG am Ende des 8
Grundrechtskatalogs ist nach Sinn und Zweck der Regelungen nichts zu erinnern;
sie findet sich auch in vorhergehenden Landesverfassungen.[11] Demgegenüber fällt die
Normierung der Rechtsweggarantie in Art. 19 Abs. 4 GG aus dem Rahmen. Nicht zufällig enthielt der Herrenchiemseer Entwurf in Gestalt des Art. 138 Abs. 1 eine ähnliche Vorschrift nicht im Abschnitt I. »Grundrechte«, sondern im Abschnitt XII. »Die
Rechtspflege«. Über die Rechtsschutzgarantie der Art. 19 Abs. 4 GG und Art. 93
Abs. 1 Nr. 4a GG sowie die gerichtlichen Verfahrensgarantien der Art. 101 ff. GG gewährleistet das Grundgesetz den rechtsstaatlichen Gerichtsschutz gegenüber Rechts-
eingriffen durch den Staat in grundsätzlich alle Grundrechte. Obwohl regelungstechnisch zusammengefasst, bilden die Gewährleistungen des Art. 19 GG also keine
Einheit.

I. Einzelfallgesetzverbot, Zitiergebot (Abs. 1)

Art. 19 Abs. 1 GG errichtet Schranken, die für den Gesetzgeber gelten, wenn er den 9
Grundrechtsgebrauch beschränkt (sog. **Schranken-Schranken**). Das Einzelfallgesetzverbot des Art. 19 Abs. 1 S. 1 GG hat insoweit materiellen Charakter, als es den Inhalt des (grundrechts)einschränkenden Gesetzes betrifft. Der Gesetzgeber soll zum
einen daran gehindert werden, in den Bereich der Verwaltung einzubrechen und in
der Form des Gesetzes derart konkret und individuell zu handeln, wie dies Sache der
Verwaltung ist. Zum anderen soll verhindert werden, dass bei Grundrechtseinschränkungen Ausnahmen gemacht und dadurch Grundrechtsprivilegien bzw. -diskrimi-
nierungen geschaffen werden. Das Zitiergebot aus Art. 19 Abs. 1 S. 2 GG stellt ein
formelles Erfordernis dar. Diese Schranken-Schranke soll für die Gesetzgebung eine
Warn- und Besinnungsfunktion und für die Gesetzesauslegung und -anwendung eine Klarstellungsfunktion haben.[12]

Infolge einer **äußerst restriktiven Handhabung** durch das BVerfG haben beide An- 10
forderungen des Art. 19 Abs. 1 GG bisher wenig praktische Bedeutung erlangt.[13]

---

10 BVerfGE 1, 280; 117, 302 (310).
11 Vgl. Art. 17 ff., 63 HessVerf., Art. 20 BremVerf., Art. 20 f. SaarlVerf., auch Art. 98 Bay-
    Verf.
12 *Enders*, in: BeckOK GG, Art. 19 Rn. 15.
13 *P.M. Huber*, in: v. Mangoldt/Klein/Starck I, Art. 19 Abs. 1 Rn. 5 u. 64.

II. Wesensgehaltsgarantie (Abs. 2)

11   Art. 19 Abs. 2 GG statuiert eine **materielle Anforderung** für Grundrechtsbeschränkungen, die sich angesichts der Entstehungsgeschichte[14] vorrangig an den Gesetzgeber richtet. Aufgrund des eindeutigen Wortlauts ist allerdings auch die Geltung für die anderen Gewalten angeordnet. Offen ist darüber hinaus, ob und ggf. welche Grundrechtsfunktionen von der Gewährleistung des Art. 19 Abs. 2 GG über die abwehrrechtliche Dimension hinaus erfasst werden (dazu Rdn. 43).

12   Nach der Rechtsprechung des BVerfG muss der unantastbare Wesensgehalt für jedes Grundrecht gesondert aus seiner besonderen Bedeutung im Gesamtsystem der Grundrechte ermittelt werden.[15] Dass der Wesensgehalt eines Grundrechts »in keinem Falle« angetastet werden darf, kann die verschiedenen Fälle sowohl der verschiedenen Grundrechte als auch der verschiedenen Individuen und Situationen meinen. Diese Ambivalenz der Garantie dürfte ein Hauptgrund für ihre **geringe praktische Bedeutung** sein.[16]

III. Grundrechtsberechtigung juristischer Personen (Abs. 3)

13   Grundrechtsberechtigt sind in erster Linie natürliche Personen, die auch dann grundrechtsberechtigt bleiben, wenn sie sich in Personenmehrheiten und zu Organisationen zusammenschließen. Art. 19 Abs. 3 GG spricht darüber hinaus die Grundrechtsgeltung auch für inländische juristische Personen aus und erweitert damit den Kreis der Grundrechtsberechtigten, sofern die wesensmäßige Anwendbarkeit der Grundrechte gegeben ist. Damit wird gewährleistet, dass Menschen die ihnen von der Rechtsordnung eröffneten Möglichkeiten der Verwendung juristischer Personen **ohne Einbuße am Grundrechtsschutz** nutzen können.[17]

14   Begrifflich fallen unter Art. 19 Abs. 3 GG sowohl juristische Personen des Privatrechts als auch des öffentlichen Rechts. Nach der Rechtsprechung des BVerfG führt jedoch die vorrangige Abwehrfunktion der Grundrechte zu einer **Unterscheidung dieser beiden Rechtspersonengruppen**: Wenn die Grundrechte das Verhältnis des Einzelnen zur öffentlichen Gewalt betreffen, so sei es damit unvereinbar, den Staat selbst im Bereich der Wahrnehmung öffentlicher Aufgaben zum Nutznießer der Grundrechte zu machen; er könne nicht gleichzeitig Adressat und Berechtigter sein.[18] Von dieser rigiden Haltung gewährt das BVerfG nur dann Ausnahmen, wenn juristische Personen des öffentlichen Rechts, wie beispielsweise die Rundfunkanstalten hinsichtlich der

14 Vgl. dazu *Doemming/Füsslein/Matz*, JÖR 1 (1951), S. 176 ff.
15 BVerfG, NJW 2007, 1937.
16 Von geringer praktischer Relevanz gehen auch *Remmert*, in: Maunz/Dürig, Art. 19 Abs. 2 (2014) Rn. 47 sowie *Dreier*, in: ders. I, Art. 19 II Rn. 8 aus.
17 Vgl. *Remmert*, in: Maunz/Dürig, Art. 19 Abs. 3 (2014) Rn. 26 ff.; vgl. auch *Sachs*, in: ders., Art. 19 Rn. 90: »Organisatorisches Medium menschlicher Freiheitsbetätigung«.
18 BVerfGE 15, 256 (262); 21, 362 (369 f.).

Rundfunkfreiheit,[19] Grundrechte in einem Bereich verteidigen, in dem sie vom Staat unabhängig sind[20] (dazu Rdn. 65 ff.). Dagegen verfährt das BVerfG beim Merkmal der wesensmäßigen Anwendbarkeit von Grundrechten auf juristische Personen großzügig, da der Wortlaut es nahelege, grundsätzlich von der Grundrechtsfähigkeit auszugehen.[21]

Die Begründungen für die Grundrechtsberechtigung juristischer Personen des Pri-   15
vatrechts sind divergent. Denkbar ist nämlich entweder auf einen »**Durchgriff**« auf die hinter der juristischen Person stehenden Menschen abzustellen[22] oder anzunehmen, dass die Grundrechtsträgerschaft der juristischen Person selbst zukommt.[23] Nach dem zweitgenannten Ansatz ist der Grundrechtsschutz eigenständig und tritt gleichrangig, ggf. widerstreitend neben denjenigen der beteiligten natürlichen Personen (dazu Rdn. 59).

Eine weitere Besonderheit in der Rechtsprechung des BVerfG ist hinsichtlich der   16
Prozessgrundrechte zu beachten. Alle juristischen Personen,[24] d.h. solche des Privatrechts, des öffentlichen Rechts und sogar ausländische juristische Personen,[25] könnten sich nämlich auf Art. 101 Abs. 1 S. 2 GG und Art. 103 Abs. 1 GG berufen (kritisch dazu Rdn. 64). Da die Frage der Grundrechtsberechtigung bei jeder Verfassungsbeschwerde einer juristischen Person zu beantworten ist, hat Art. 19 Abs. 3 GG in der Rechtsprechung des BVerfG eine große praktische Bedeutung erlangt.

IV. Rechtsweggarantie (Abs. 4)

Ungeachtet der missverständlichen Formulierung des Art. 142 GG und der Ver-   17
ortung der Rechtsweggarantie im Abschlussartikel des Grundrechtsabschnitts, der in den vorangehenden Absätzen unselbständige Anordnungen für Einschränkung und Geltung der Grundrechte normiert, gewährt Art. 19 Abs. 4 GG ein **selbständiges Grundrecht**.[26] Im Verbund mit der Gesetzmäßigkeit der Verwaltung und der Rechtsprechung bildet die Rechtsweggarantie den wesentlichen Inhalt des formalen Rechtsstaats.[27] Während erstere das Handeln der öffentlichen Gewalt gegenüber dem Einzelnen umfassend vom Gesetz abhängig macht, zieht die Rechtsweggarantie hieraus die

---

19 BVerfGE 31, 314 (321 f.).
20 BVerfGE 15, 256 (262).
21 BVerfGE 21, 362 (369); dazu auch *Stern*, Staatsrecht III/1, S. 1100 f.
22 So BVerfGE 21, 362 (369); 61, 82 (100 f.), wobei auch in der Rechtsprechung des BVerfG dieses Erfordernis eines personalen Substrats nicht konsequent verfolgt wird, da beispielsweise auch Stiftungen, die als rechtsfähig organisierte Vermögensmassen kein personales Substrat erkennen lassen, die Grundrechtsträgerschaft in BVerfGE 46, 73 (83) zugesprochen wurde.
23 *Schnapp*, in: Merten/Papier II, § 52 Rn. 25; *Sachs*, in: ders., Art. 19 Rn. 10.
24 BVerfGE 3, 359 (363); 21, 362 (373); 64, 1 (11).
25 BVerfGE 12, 6 (8).
26 BVerfGE 10, 89 (95, 105); 96, 27 (39); 101, 106 (106, 121 ff.); 110, 77 (85 f.).
27 Vgl. *Stern*, Staatsrecht I, S. 770 ff.

gebotene verfahrensrechtliche Konsequenz. Verfahrensrechtliche Anforderungen aus materiellen Grundrechten können neben Art. 19 Abs. 4 GG für die Rechtswegeröffnung nur Bedeutung erlangen, wenn es um zusätzliche Maßgaben geht.[28] Zusammen mit dem vor allem für die Rechtsverhältnisse zwischen Bürgern durchgreifenden allgemeinen Justizgewährungsanspruch, den das BVerfG aus dem Rechtsstaatsprinzip i.V.m. Art. 2 Abs. 1 GG ableitet,[29] sichert Art. 19 Abs. 4 GG dem Einzelnen umfassenden gerichtlichen Rechtsschutz zu.[30]

18   Art. 19 Abs. 4 GG sowie der allgemeine Justizgewährungsanspruch garantieren den Zugang zum Verfahren vor Gericht und darüber hinaus effektiven Rechtsschutz (Rdn. 107 ff.). Die Rechtsprechung des BVerfG zu Art. 19 Abs. 4 GG ist vielschichtig, indem es für einen **effektiven Rechtsschutz** beispielsweise verlangt, dass dem Rechtsschutzsuchenden der Zugang zum Gericht, wenn er ihn sich anders nicht leisten kann, durch Prozesskostenhilfe ermöglicht wird,[31] dass das Kostenrisiko nicht außer Verhältnis zum Rechtsschutzziel steht,[32] dass Gerichte in angemessener Zeit entscheiden[33] oder dass vorläufiger Rechtsschutz gewährleistet wird, wenn ansonsten unzumutbare Nachteile entstünden.[34] Nichtsdestotrotz fällt auf, dass das BVerfG im Bereich der Verfassungsbeschwerden in verhältnismäßig geringem Maße mit der Rechtsweggarantie nach Art. 19 Abs. 4 GG, insbesondere im Vergleich mit Rügen der Verletzung rechtlichen Gehörs nach Art. 103 Abs. 1 GG, befasst wurde und auch nur wenige Verletzungen bejaht hat.[35]

C. Gewährleistungsgehalte und Schutzbereiche

I. Einschränkbarkeit von Grundrechten (Abs. 1, 2)

1. Einzelfallgesetzverbot und Zitiergebot (Abs. 1)

a) Anwendungsbereich

19   Wie der Wortlaut der Vorschrift, insbes. Art. 19 Abs. 1 S. 2 GG (»außerdem«) belegt, greifen die in Art. 19 Abs. 1 S. 1 und 2 GG aufgestellten Anforderungen an die Gesetzgebung stets ein, »soweit nach diesem Grundgesetz ein Grundrecht durch Gesetz oder aufgrund eines Gesetzes eingeschränkt werden kann«. Einzelfallgesetzverbot

---

28 BVerfGE 101, 106 (122); auch 60, 253 (296 ff.) sowie BVerfG, NVwZ 1999, 1329 m.w.N.; NJW 1999, 3622 (3623).

29 BVerfGE 88, 118 (123 f.); 93, 99 (107); vgl. zum Verhältnis von Art. 19 Abs. 4 GG und dem allgemeinen Justizgewährungsanspruch *Papier*, in: Isensee/Kirchhof, HStR VIII, § 176 Rn. 17.

30 Vgl. aber BVerfGE 97, 298 (315 f.); BVerfG, LKV 2002, 569 (573); NJW 2003, 3689.

31 BVerfG, DVBl. 2001, 1748.

32 BVerfG, NJW 2006, 136.

33 BVerfGE 60, 253 (269); BVerfG, NJW 2005, 3488; nach EGMR, NJW 2001, 213 gilt dies jedoch auch für das BVerfG selbst; weitergehend dazu *Brüning*, NJW 2007, 1094 ff.

34 BVerfGE 65, 1 (70 f.); BVerfG, NVwZ 2004, 95.

35 *Voßen*, S. 87.

und Zitiergebot setzen also ein Grundrecht und die nach dem Grundgesetz beste-
hende Möglichkeit seiner Einschränkung voraus und determinieren das **Gesetz als
Mittel der Einschränkung.** Grundsätzlich haben die für beide Sätze maßgeblichen
Kriterien also dieselbe Bedeutung.[36]

Als **Grundrecht i.S.v. Art. 19 Abs. 1 GG** kommen die Grundrechte des Abschnitts 1   **20**
sowie die grundrechtsgleichen Rechte aus Art. 20 Abs. 4 GG, Art. 33 Abs. 1–3 und
5 GG, Art. 38 Abs. 1 S. 1 und Abs. 2 GG, Art. 101 GG, Art. 103 GG und Art. 104
GG in Betracht. Die Grundrechte gelten entweder vorbehaltlos, stehen unter Gesetzesvorbehalt oder eröffnen dem Gesetzgeber sonst wie den Zugriff auf den grundrechtlichen Regelungsbereich.[37] Beschränkungen durch Gesetz sind solche des Gesetzgebers selbst; zu Beschränkungen aufgrund eines Gesetzes kann der Gesetzgeber
die Verwaltung oder die rechtsprechende Gewalt ermächtigen, wobei die Voraussetzungen, unter denen von der Ermächtigung Gebrauch gemacht werden kann, im
Gesetz selbst festzulegen sind. Exemplarisch steht hierfür Art. 80 Abs. 1 S. 2 GG.

Das BVerfG versteht die Schranken-Schranke des Art. 19 Abs. 1 GG restriktiv, in-   **21**
dem es ihn nach seinem Schutzzweck nur bei Grundrechten anwendet, »die aufgrund eines speziellen im Grundgesetz enthaltenen Vorbehalts durch Gesetz oder aufgrund eines Gesetzes eingeschränkt werden können«.[38] Bei **formaler Anknüpfung an
das Wort »einschränken«** werden nur Art. 11 Abs. 2 GG und die eingefügten Art. 12a
Abs. 6 S. 1 GG, Art. 17a Abs. 1 und 2 GG erfasst. Von Beschränkungen i.d.S. ist darüber hinaus in Art. 8 Abs. 2 GG, Art. 10 Abs. 2 GG, Art. 13 Abs. 7 Alt. 2 GG,
Art. 104 Abs. 1 S. 1 GG und Art. 136 Abs. 1 WRV die Rede. Außerhalb des Anwen-
dungsbereiches liegen danach Eingriffe i.S.v. Art. 2 Abs. 2 S. 3 GG, Art. 13 Abs. 7
Alt. 1 GG, jedenfalls aber die besonders charakterisierten Einwirkungen auf Grundrechte wie bei Art. 3 Abs. 3 S. 1 und 2 GG, Art. 6 Abs. 2 S. 2 GG, Art. 6 Abs. 3 GG,
Art. 7 Abs. 4 S. 4 GG, Art. 9 Abs. 2 GG, Art. 12 Abs. 2 und 3 GG, Art. 13 Abs. 2–5
GG sowie Art. 16 Abs. 1 S. 2 GG. Während nur die ausdrücklichen grundgesetzlichen Einschränkungsvorbehalte konstitutive Verkürzungen der geschützten Grund-
rechtsgegenstände bewirken und deshalb der Gewährleistung von Art. 19 Abs. 1 GG
unterfallen sollen, sollen andersartige grundrechtsrelevante Regelungen zur Konkretisierung des Grundrechtsschutzes, die der Gesetzgeber in Ausführung der ihm obliegenden, im Grundrecht vorgesehenen Regelungsaufträge, Ausgestaltungen, Inhaltsbestimmungen oder Schrankenziehungen vornimmt, ausgegrenzt werden.[39] Dieser
Differenzierung liegt die Vorstellung zugrunde, dass Art. 19 Abs. 1 GG nur auf solche
Gesetze anwendbar ist, die darauf abzielten, ein Grundrecht über die in ihm selbst an-

---

36 *Sachs*, in: ders., Art. 19 Rn. 13; ausdrücklich auch *Roellecke*, in: Umbach/Clemens I,
   Art. 19 I–III Rn. 6.
37 Zur Systematik der Regelungs- und Eingriffsermächtigungen siehe *Kloepfer*, Verfassungsrecht, Bd. II, § 51 Rn. 43 ff.
38 BVerfGE 24, 367 (396).
39 BVerfGE 64, 72 (80 f.).

gelegten Grenzen hinaus einzuschränken[40], und nicht auf Beschränkungen, die ledig-
lich eine dem Grundrecht schon bisher immanent innewohnende Grenze konkretisieren. Das betrifft Art. 2 Abs. 1 GG, Art. 5 Abs. 2 GG, Art. 12 Abs. 1 GG, Art. 14
Abs. 1 und 3 GG, Art. 16a Abs. 2 und 3 GG, Art. 137 Abs. 3 WRV sowie Art. 6
Abs. 1 GG, Art. 9 Abs. 1 und 3 GG, Art. 19 Abs. 4 GG, Art. 33 Abs. 5 GG, Art. 38
GG, Art. 101 GG und Art. 103 GG. Dementsprechend entzieht das BVerfG auch
vorbehaltlos garantierte Grundrechte dem Anwendungsbereich des Art. 19 Abs. 1
GG, weil die diesbezügliche Gesetzgebung nur immanente Grundrechtsschranken
konkretisiere.[41]

22   Ungeachtet aller **Einwände** gegen eine derart starke Betonung des Wortes »eingeschränkt« ist dem BVerfG in der Sache entgegenzuhalten, dass dem Gesetzgeber auch
bei andersartig formulierten Vorbehalten die Befugnis zu konstitutiven Grundrechtseinschränkungen gegeben sein kann.[42] Dann müssen aber auch alle an ein einschränkendes Gesetz zu stellenden Anforderungen durchgreifen. Dasselbe gilt bei
vorbehaltlosen Grundrechten, die kraft kollidierenden Verfassungsrechts durch Gesetz konstitutiv eingeschränkt werden können, wenn die damit einhergehenden qualifizierten und allgemeinen Anforderungen an grundrechtsbeschränkende Gesetze eingehalten werden. Entscheidend kommt es daher für die Frage, ob die Anforderungen
an grundrechtseinschränkende Gesetze aus Art. 19 Abs. 1 GG im Einzelfall eingreifen,
nicht darauf an, welcher Art der Ermächtigungstitel für den Gesetzgeber ist, sondern
ob mit dem Mittel des Gesetzes Grundrechtseingriffe vorgenommen werden oder zu
Grundrechtseingriffen ermächtigt wird.[43] Einziges Korrektiv ist insoweit, ob der Gesetzgeber das betroffene Grundrecht gezielt in den Blick nimmt oder nicht (allgemein zum Eingriffsbegriff Art. 4 Rdn. 185 ff.).

23   Als »**Gesetz**« im Sinne des Art. 19 Abs. 1 GG ist nur das förmliche Bundes- oder
Landesgesetz betroffen. Für Art. 19 Abs. 1 S. 1 GG folgt die Unmaßgeblichkeit des
materiellen Gesetzesbegriffs bereits daraus, dass Einzelfallregelungen materiell keine
Rechtsnormen sind.[44] Für Art. 19 Abs. 1 S. 2 GG ergibt sich die Maßgeblichkeit
des formellen Gesetzesbegriffs – neben der Systematik des Absatzes – nach Sinn und
Zweck daraus, dass die angestrebte Schutzwirkung des Zitiergebots am höchsten ist,
wenn es schon für das förmliche Gesetz gilt, das zu Grundrechtseinschränkungen
durch untergesetzliche Rechtsnormen ermächtigt.[45]

---

40 BVerfGE 28, 36 (46) unter ausdrücklichem Bezug auf BVerfGE 7, 377 (404); dem folgend BVerfGE 28, 55 (62); 64, 72 (79).
41 Vgl. BVerfGE 83, 130 (154).
42 So auch *Sachs*, in: ders., Art. 19 Rn. 17.
43 Ebenso *Remmert*, in: Maunz/Dürig, Art. 19 Abs. 1 (20014) Rn. 31, 56; *Dreier*, in: ders. I,
Art. 19 I Rn. 11, 20; *Stern*, Staatsrecht III/2, S. 732, 756; *P.M. Huber*, in: v. Mangoldt/
Klein/Starck I, Art. 19 Abs. 1 Rn. 45, 95.
44 *Remmert*, in: Maunz/Dürig, Art. 19 Abs. 1 (2014) Rn. 26; *P.M. Huber*, in: v. Mangoldt/
Klein/Starck I, Art. 19 Abs. 1 Rn. 45 m.w.N.
45 *Sachs*, in: ders., Art. 19 Rn. 14.

b) Einzelfallgesetzverbot (S. 1)

aa) Regelungsgehalt

Gleich zweifach stellt Art. 19 Abs. 1 S. 1 GG eine Anforderung an das grundrechts- 24
beschränkende Gesetz, indem es nämlich »allgemein und nicht nur für den Einzelfall
gelten« muss. Mit der Voraussetzung der Allgemeinheit des Gesetzes knüpft der Verfassungsgeber an den materiellen Gesetzesbegriff an, demzufolge Gesetze abstrakt-generelle Regelungen für eine unbestimmte Vielzahl von Fällen und Normadressaten
bilden. Mit der Voraussetzung »nicht nur für den Einzelfall« wird die Abgrenzung
des Gesetzes von den Einzelakten, die regelmäßig der Judikative und Exekutive obliegen, verdeutlicht. Die Frage, ob ein Gesetz allgemein und nicht nur für den Einzelfall gilt, besitzt damit eine **sachliche und personelle Dimension**.[46]

Davon ausgehend steht dem allgemeinen Gesetz das »nicht-allgemeine« und damit 25
verfassungswidrige Einzelpersonen- bzw. Einzelfallgesetz gegenüber.[47] Das Einzelfallgesetz regelt nur einen konkreten Sachverhalt, wobei ein Einzelpersonengesetz gegeben ist, wenn die Adressaten nach dem Gesetz bestimmt oder bestimmbar sind.[48]
Dabei ist nicht die Anzahl der von einem Gesetz erfassten Fälle entscheidend, sondern für die Qualifizierung als allgemeine Norm kommt es darauf an, ob sich wegen
der abstrakten Fassung des gesetzlichen Tatbestandes nicht genau übersehen lässt, auf
wie viele und welche Fälle das Gesetz Anwendung findet.[49] Der Umstand, dass die
Fälle, auf die sich eine gesetzliche Regelung auswirken kann, dem Gesetzgeber im Wesentlichen bekannt sind, zwingt noch nicht dazu, diese Bestimmung als unzulässiges
Einzelfallgesetz zu werten, solange sich nicht der in der Norm zum Ausdruck kommende objektivierte Wille des Gesetzgebers darin erschöpft, ausschließlich die Fälle zu
regeln, die den Anlass zum Erlass jener Norm gegeben haben. Ist die gesetzliche Regelung nach der Natur der in Betracht kommenden Sachverhalte geeignet, unbestimmt
viele weitere Fälle zu erfassen, so stellt sie auch dann einen allgemeinen Rechtssatz
dar, wenn dem Gesetzgeber eine größere Zahl von Modellfällen gegenwärtig war.[50]

Vor diesem Hintergrund liegt kein unzulässiges Einzelfallgesetz vor, wenn der Ge- 26
setzgeber sich anlässlich eines Einzelfalls nur bewusst wird, dass die von ihm früher
getroffene Regelung eine Lücke aufweist, und aus dieser Erkenntnis die gesetzgeberischen Konsequenzen zieht.[51] Auch **Maßnahme-Gesetze**, d.h. auf einen konkreten
Sachverhalt abgestellte Gesetze, insbes. zur Lösung bestimmter historischer Problem-
lagen, sind weder durch Art. 19 Abs. 1 S. 1 GG ausgeschlossen (unabhängig davon,

---

46 *P.M. Huber*, in: v. Mangoldt/Klein/Starck I, Art. 19 Abs. 1 Rn. 50; auch *Stern*, Staatsrecht
      III/2, S. 735.
47 Siehe *Stern*, Staatsrecht III/2, S. 737 ff.
48 *Stern*, Staatsrecht III/2, S. 738 f.
49 BVerfGE 10, 234 (242).
50 BVerfGE 7, 129 (150 f.); 10, 234 (242); 36, 383 (400 f.); vgl. auch *Stern*, Staatsrecht III/2,
      S. 729 ff.
51 BVerfGE 7, 129 (150 f.).

dass solche Regelungen ggf. als Übergangsregelung faktisch unvermeidlich sind, kann ein Gesetz, das an einen konkreten Sachverhalt anknüpft, in anderer Hinsicht allgemein und nicht nur für den Einzelfall gelten[52]) noch unterliegen sie einer strengeren verfassungsrechtlichen Prüfung als andere Gesetze.[53] Ebenso wenig sind Anlass-Gesetze, d.h. Regelungen aus Anlass konkreter Einzelfälle, per se unzulässig.[54] Die abstrakt-generelle Formulierung des Gesetzes stellt auch in solchen Fällen sicher, dass das Gesetz nicht nur für einen abschließend bestimmten Kreis von Adressaten gilt, sondern auf unbestimmt viele weitere Fälle anwendbar ist,[55] auch wenn solche erst für die Zukunft zu erwarten sind[56] oder sich nur einer der möglichen Anwendungsfälle realisiert hat.[57]

27   Das Einzelfallgesetzverbot greift indes bei einer gesetzlichen Regelung ein, bei der der Gesetzgeber die allgemeine Fassung nur deshalb gewählt hat, um ein unzulässiges Einzelfallgesetz zu »tarnen«.[58] Ein solches »**getarntes**« **Einzelfallgesetz** stellt trotz seiner abstrakten Fassung eine Einzelfallregelung dar und hat vor Art. 19 Abs. 1 S. 1 GG keinen Bestand. Dieses Umgehungsverbot hat aber kaum praktische Relevanz, weil eine solche Regelung bei der gebotenen objektiven Auslegung nur Geltung für die Anlassfälle beanspruchen müsste (vgl. Rdn. 25).[59] Außerdem kann die aus Gründen der Tarnung gewählte abstrakte Formulierung den Adressatenkreis öffnen, so dass gerade kein Einzelfallgesetz vorliegt.[60]

28   Eine gesetzliche Regelung scheidet grundsätzlich bei einem singulären Sachverhalt aus, d.h. wenn es nur einen Fall dieser Art gibt und überhaupt nur geben kann. Dieses Ergebnis bestätigt Art. 14 Abs. 3 S. 2 GG, der Legal-Enteignungen ausdrücklich für zulässig erklärt.[61] Dennoch hat das BVerfG in weiteren Fällen Regelungen mit nur einem, abschließend bestimmten Anwendungsfall – zugleich dürfte damit auch

---

52 BVerfGE 15, 126 (146 f.); 24, 33 (52).
53 BVerfGE 25, 371 (396); 31, 255 (263 f.); 36, 383 (400 f.); 42, 263 (305).
54 BVerfGE 99, 367 (400); 121, 30 (49).
55 BVerfGE 10, 234 (242), BVerwGE 74, 58 (63).
56 BVerfGE 13, 225 (229).
57 BVerfGE 8, 332 (361 f.); 99, 367 (400 f.).
58 Vgl. BVerfGE 13, 225 (229); 24, 33 (52); 99, 367 (400).
59 *Sachs*, in: ders., Art. 19 Rn. 22.
60 *Krebs*, in: v. Münch/Kunig I, Art. 19 Rn. 12.
61 Bereits aus diesem Grund musste der Gesetzgeber hinsichtlich Art. 3 (Rettungsübernahmegesetz – RettungsG) des Gesetzes zur weiteren Stabilisierung des Finanzmarktes, BGBl. I 2009, S. 725 das Einzelfallgesetzverbot nicht beachten, vgl. *Brück/Schalast/Schanz*, BB 2009, 1309. § 1 RettungsG sieht die Möglichkeit von Enteignungen von u.a. Unternehmensanteilen zur Sicherung der Finanzmarktstabilität vor. Bei dem RettungsG, das vor allem auf die Hypo Real Estate zugeschnitten ist, handelt es sich jedoch unabhängig von Art. 14 Abs. 3 S. 2 GG nicht um ein Einzelfallgesetz, da es nach seiner tatbestandlichen Fassung auch auf gleichgelagerte Fälle Anwendung finden kann, vgl. *Wolfers/Rau*, NJW 2009, 1297 u. Fn. 2; umfassend zum Finanzmarktstabilisierungsgesetz *Becker/Mock*, FMStG, 2009.

der Kreis von Adressaten feststehen – nicht an Art. 19 Abs. 1 S. 1 GG scheitern lassen. Diese **echten Einzelfall-Gesetze** sollen dann zulässig sein, wenn der Sachverhalt so beschaffen sei, dass es nur einen zu regelnden Fall dieser Art gebe und die Regelung dieses singulären Sachverhalts von sachlichen Gründen getragen werde.[62] Damit erklärt das BVerfG Einzelfall-Gesetze als solche nicht schlechthin, sondern nur als sachwidrige Sonderregelung für unzulässig.[63] Das vermag nicht zu überzeugen.[64] Art. 19 Abs. 1 S. 1 GG kommt neben Art. 3 Abs. 1 GG ein eigenständiger Bedeutungsgehalt zu[65] und stellt nicht bloß eine »Konkretisierung des allgemeinen Gleichheitssatzes«[66] dar. Das Einzelfallgesetzverbot ist eine explizite Schranken-Schranke, die der Gesetzgeber bei Erlass einer gesetzlichen Regelung zwingend zu beachten hat. Der Verfassungsgeber hat durch Art. 14 Abs. 3 S. 2 GG zum Ausdruck gebracht, dass echte Einzelfallgesetze nur bei Enteignungen zulässig sind. Aus diesem Grund verstößt ein echtes Einzelfallgesetz außerhalb des Anwendungsbereichs von Art. 14 Abs. 3 S. 2 GG auch dann gegen Art. 19 Abs. 1 S. 1 GG, wenn es von sachlichen Gründen getragen wird.

bb) Rechtsfolge eines Verstoßes gegen das Einzelfallgesetzverbot

Auch wenn das Einzelfallgesetzverbot – nicht zuletzt wegen der Rechtsprechung des   29
BVerfG – keine praktische Bedeutung erlangt hat, insbes. bisher kein Verstoß eines Gesetzes gegen Art. 19 Abs. 1 S. 1 GG festgestellt worden ist, handelt es sich doch um **zwingendes Verfassungsrecht**. Ein Gesetz, das diesen Anforderungen nicht genügt, ist deshalb verfassungswidrig und damit nichtig.

c) Zitiergebot (S. 2)

aa) Funktionen

Nach Art. 19 Abs. 1 S. 2 GG muss das formelle Gesetz das betroffene Grundrecht   30
im Falle der Einschränkung unter Angabe des Artikels ausdrücklich nennen. Dadurch sollen dem bisherigen Recht fremde, auch versteckte Grundrechtsbeschränkungen unmöglich gemacht werden.[67] Es sollen nur ausdrücklich gewollte Eingriffe vorgenommen werden.[68] Mit dieser »Informationsfunktion« soll das Zitiergebot zugleich eine »**Warn- und Besinnungsfunktion**« erfüllen, damit der Gesetzgeber die grundrechtsverkürzenden Auswirkungen seiner Gesetzgebung bedenkt.[69] Dadurch soll die Notwendigkeit formeller Gesetzgebung, wie sie der Gesetzesvorbehalt be-

---

62 BVerfGE 25, 371 (399); 85, 360 (374 f.).
63 BVerfGE 36, 383 (400 f.); 85, 360 (374 f.).
64 Ablehnend wohl auch *Sachs*, in: ders., Art. 19 Rn. 23; kritisch *P.M. Huber*, in v. Mangoldt/
    Klein/Starck I, Art. 19 Abs. 1 Rn. 19.
65 So auch *P.M. Huber*, in v. Mangoldt/Klein/Starck I, Art. 19 Abs. 1 Rn. 19.
66 So aber BVerfGE 25, 371 (399).
67 BVerfGE 35, 185 (187); BVerwG, DVBl. 1970, 364.
68 BVerfGE 64, 72 (79).
69 BVerfGE 64, 72 (79); 113, 348 (366); BVerfG, NJW 2008, 822 (835).

gründet, gewährleistet werden. Entscheidungen über die Einschränkung grundrechtlicher Freiheit sollen aus einem Gesetzgebungsverfahren mit öffentlicher Diskussion
hervorgehen.[70] Aus der Sicht des Bürgers entfaltet die vom Gesetzgeber verlangte
Klarstellung einen Informationswert, da die Grundrechtseinschränkung für ihn
kenntlich gemacht wird. So wird einer Grundrechtsaushöhlung vorgebeugt, die andernfalls möglicherweise erst beim Gesetzesvollzug festgestellt würde.[71] Ist bei einem
einschränkenden Gesetz dem Zitiergebot des Art. 19 Abs. 1 S. 2 GG nicht Genüge
getan, streitet das gegen eine Auslegung dieses Gesetzes im Sinne einer grundrechts-
einschränkenden Wirkung.[72]

bb) Einschränkende Auslegung?

31   Das BVerfG **legt das Zitiergebot eng aus**.[73] Danach sei Art. 19 Abs. 1 S. 2 GG eine
Formvorschrift, die enger Auslegung bedürfe, damit sie nicht zu einer leeren Förmlichkeit erstarre und den, die verfassungsmäßige Ordnung konkretisierenden Gesetzgeber in seiner Arbeit unnötig behindere.[74] Allerdings hat es zuletzt das Zitiergebot
konsequenter angewendet.[75]

32   Auf der Basis der Funktionen des Zitiergebots sind die einzelnen Ausnahmen von
seinem Anwendungsbereich **kritisch zu würdigen**: Unmittelbar einsichtig ist, dass
die formale Bindung des Gesetzgebers vorkonstitutionelle grundrechtsbeschränkende
Gesetze nicht erfasst.[76] Nicht nachvollziehbar ist, dass diese Freistellung auch nach Inkrafttreten des Grundgesetzes erlassene Gesetze, die lediglich bereits geltende Grundrechtsbeschränkungen unverändert oder mit geringen Abweichungen wiederholen,
betreffen soll.[77] Art. 19 Abs. 1 S. 2 GG soll auch nicht den Fall treffen, dass ein nachkonstitutionelles Gesetz eine Grundrechtseinschränkung zwar neu festsetzt, aber gegenüber dem vorkonstitutionellen Rechtszustand nicht verschärft.[78] Gegen diese restriktive Anwendung des Zitiergebots spricht, dass Offenlegung und gesetzgeberische
Reflexion bei der Fortschreibung überkommener Einschränkungen ebenso bedeutsam sind wie bei neuen Einschränkungen.[79] Wenn der Gesetzgeber vorkonstitutionelles Recht in seinen Willen aufnimmt, so unterliegt er den Bindungen der Verfassung.

---

70 BVerfGE 85, 386 (403 f.).
71 *Dreier*, in: ders., Art. 19 Abs. 1 Rn. 19.
72 BVerfGE 85, 386 (403).
73 BVerfGE 7, 377 (403 f.); 10, 89 (99); 13, 97 (122); 21, 92 (93); 24, 367 (396 f.); 28, 36
    (46); 28, 55 (62); 64, 72 (79 f.); 83, 130 (154).
74 BVerfGE 28, 36 (46).
75 BVerfGE 113, 348 (366 f.); auch BVerfG, NJW 2008, 822 (835 f.).
76 BVerfGE 2, 121 (122 f.); 5, 13 (16); 28, 282 (289).
77 BVerfGE 5, 13 (16); 15, 288 (293); 35, 185 (189); 129, 208 (237).
78 BVerfGE 16, 195 (199 f.).
79 *Sachs*, in: ders., Art. 19 Rn. 28.

Die Sicherungsvorschrift des Art. 19 Abs. 1 S. 2 GG soll ferner nicht aktiviert sein, 33
wenn grundrechtsrelevante Regelungen vorliegen, die der Gesetzgeber in Ausführung
der ihm obliegenden, im Grundrecht vorgesehenen Regelungsaufträge, Ausgestaltungen, Inhaltsbestimmungen oder Schrankenziehungen vornimmt.[80] Hier erscheine
die Warn- und Besinnungsfunktion des Zitiergebots von geringerem Gewicht, weil
dem Gesetzgeber in der Regel ohnehin bewusst sei, dass er sich im grundrechtsrelevanten Bereich bewege. Durch eine Erstreckung des Gebots auf solche Regelungen
würde es zu einer die Gesetzgebung unnötig behindernden **leeren Förmlichkeit**
kommen.[81] Dagegen streitet, dass die besonders gestalteten Vorbehalte auch Grundrechtseinschränkungen ermöglichen, so dass die Funktionen des Zitiergebots ebenso
eingreifen wie bei anders formulierten Gesetzesvorbehalten. Eine Einschränkung ist
allenfalls für die allgemeine Handlungsfreiheit nach Art. 2 Abs. 1 GG anzuerkennen,
die wegen ihres umfassenden Schutzgegenstandes anderenfalls nahezu in jedem Gesetz zitiert werden müsste.[82] Soweit allerdings im Verbund mit der Garantie der unantastbaren Menschenwürde besondere Persönlichkeitsgrundrechte entwickelt worden
sind, handelt es sich um spezielle Freiheitsgrundrechte, auf die das Zitiergebot seinem
Sinn und Zweck nach anwendbar ist. Für auf Art. 17a GG gestützte einschränkende
Gesetze ist das Zitiergebot entgegen der Ansicht des BVerfG einschlägig, auch wenn
sich eine gesetzliche Regelung inhaltlich als allgemeines Gesetz i.S.v. Art. 5 Abs. 2 GG
darstellt (dazu auch Rdn. 124).[83]

Vor diesem Hintergrund sind **auch Einschränkungen vorbehaltloser Grundrechte** 34
dem Anwendungsbereich des Art. 19 Abs. 1 GG und damit dem Zitiergebot unterworfen. Wenngleich das BVerfG den »eigentlichen Sinn« des Art. 19 Abs. 1 GG darin
sieht, ein Verfahren mit öffentlicher Diskussion für Entscheidungen besonderer Tragweite zu gewährleisten, namentlich für die Einschränkungen grundrechtlicher Freiheiten den Ausgleich zwischen kollidierenden Grundrechten[84] zu sichern, so führt das
unmittelbar zur Einschlägigkeit des Zitiergebots. Voraussetzung ist aber, dass es sich
um zielgerichtete Grundrechtseingriffe handelt.[85]

Die Anforderungen an die Erfüllung des Zitiergebots ergeben sich aus seinem Sinn 35
und Zweck[86]: Eine Erwähnung in der Gesetzesbegründung[87] genügt ebenso wenig
wie eine Verweisung auf ein anderes Gesetz, das seinerseits dem Zitiergebot genügt.[88]
Sowohl die Informationsfunktion als auch die Besinnungsfunktion verlangen, dass

---

80 Zu Art. 5 Abs. 2 GG siehe BVerfGE 28, 36 (46); 28, 282 (291 ff.); 33, 52 (77 f.); 44,
    197 (201). Zu Art. 12 Abs. 1 S. 2 siehe BVerfGE 13, 97 (122); 64, 72 (79 ff.). Zu Art. 14
    Abs. 1 S. 2 GG siehe BVerfGE 21, 92 (93); 24, 367 (396, 398).
81 BVerfGE 35, 185 (187).
82 Unproblematisch BVerfGE 10, 89 (99).
83 Anders BVerfGE 28, 282 (289).
84 So ausdrücklich BVerfGE 85, 386 (403 f.).
85 BVerfG, NJW 1999, 3399 (3400).
86 Siehe dazu auch *Singer*, DöV 2007, 496 (500 f.).
87 BVerfGE 113, 348 (367).
88 BVerfG, NJW 2008, 822 (835 f.).

eine **Verbindung zwischen den eingeschränkten Grundrechten und den einschränkenden Normen** im Einzelnen hergestellt wird. Unter Praktikabilitätsgesichtspunkten wird es regelmäßig ausreichen, die Grundrechtseinschränkungen, die sich aus einem Gesetz insgesamt ergeben, irgendwo in dem Gesetz, auch in einer zusammenfassenden Klausel, als solche unter Angabe des Artikels bzw. Paragraphen zu nennen.[89] Eine Vorschrift, die dem Zitiergebot für die in einem Gesetz vorgesehenen Grundrechtsbeschränkungen genügen soll, bietet selbst keine Grundlage für weitergehende Grundrechtseingriffe.[90] Werden in ein Gesetz zusätzliche Einschränkungen eingefügt, ist die weiter bestehende Zitierbestimmung nicht ausreichend, sondern in diesem Fall muss das Änderungsgesetz das einschränkende Grundrecht erneut zitieren.[91]

cc) Rechtsfolgen einer Verletzung des Zitiergebots

36   Das Zitiergebot bildet zwingendes Verfassungsrecht, so dass ein Verstoß hiergegen zur Verfassungswidrigkeit und damit grundsätzlich zur Nichtigkeit des Gesetzes führt.[92] Eine **Heilung verfassungswidriger nichtiger Gesetze** durch nachträglich aufgenommene Zitierklauseln kommt grds. nicht in Betracht. Eine Ausnahme machte das BVerfG für den Fall, dass im Rahmen des Erlasses eines Änderungsgesetzes, welches entweder selbst zu Grundrechtseingriffen führt oder jedenfalls dazu ermächtigt, das Zitiergebot nicht beachtet wird, während das geänderte Gesetz seinerseits keinen Verstoß gegen das Zitiergebot enthielt. Begründet wurde dies mit der unterschiedlichen Gesetzgebungspraxis, die sich in derartigen Fällen entwickelt hatte und die eine Ausnahme vom Zitiergebot aus Gründen der Rechtssicherheit habe erforderlich werden lassen, weil das BVerfG zuvor noch nicht entschieden hatte, dass das Zitiergebot auch bei jeder Gesetzesänderung zu beachten ist, die einen Eingriff darstellt oder zu einem solchen führen kann.[93] Diese Rechtsprechung ist jedoch nicht verallgemeinerungsfähig; sie gilt auch nicht für das Zitiergebot missachtende Änderungsgesetze, die nach der zitierten Entscheidung des BVerfG erlassen wurden; hier greift die Nichtigkeitsfolge durch.[94]

2. Wesensgehaltsgarantie (Abs. 2)

a) Anwendungsbereich

37   Während im vorangehenden Absatz des Art. 19 GG ausdrücklich auf grundrechtseinschränkende Gesetze Bezug genommen wird, enthält Art. 19 Abs. 2 GG keine ausdrückliche Adressierung des Verbots. In Ansehung des Art. 1 Abs. 3 GG werden die Wesensgehalte der Grundrechte daher für **alle drei Gewalten** für unantastbar erklärt. Mag die Genese der Vorschrift auch primär auf eine Anwendung bei der ge-

---

89 *Stern*, Staatsrecht III/2, S. 757 f.
90 BVerwGE 79, 110 (117).
91 BVerfGE 113, 348 (366 f.).
92 BVerfGE 113, 348 (367).
93 BVerfGE 113, 348 (367).
94 BVerfGE 113, 348 (367); BVerfG, NJW 2008, 822 (835 f.).

setzlichen Einschränkung der Grundrechte hindeuten, so kann aufgrund der all-umfassenden Formulierung »in keinem Falle« dabei nicht stehen geblieben werden.[95]

In Bezug auf die förmliche Gesetzgebung folgt aus der kompromisslosen Formulie-   38
rung jedenfalls, dass die Wesensgehaltsgarantie unabhängig davon eingreift, ob ein
geschriebener Gesetzesvorbehalt vorliegt und welcher Art er ist.[96] Auch für Gesetze,
die immanente verfassungsrechtliche Grenzen eines Grundrechts interpretieren, gilt
Art. 19 Abs. 2 GG.[97] Demgegenüber vermag eine bloße gesetzliche Ausgestaltung
die grundrechtliche Substanz gar nicht zu berühren.[98] Bei **verfassungsändernden
Gesetzen** braucht Art. 19 Abs. 2 GG ebenfalls nicht beachtet zu werden. Die verfassungsändernde Gesetzgebung unterliegt nicht der Grundrechtsbindung, sondern nur
den Schranken des Art. 79 GG.[99]

Für Exekutive und Judikative gilt für Grundrechtseingriffe ein Gesetzesvorbehalt.   39
Unmittelbar einschlägig ist Art. 19 Abs. 2 GG deshalb überhaupt nur insoweit, als
ihnen nach der formell-gesetzlichen Ermächtigung **Handlungs- bzw. Entscheidungsspielräume** verbleiben, innerhalb derer sie eigenverantwortlich Grundrechtseinschränkungen vornehmen können.[100] Ob derartige Spielräume bei der Rechtsanwendung vor der Wesentlichkeitslehre ihrerseits Bestand haben können, hängt von ihrem
Inhalt ab.[101] Schließlich gewinnt die Wesensgehaltgarantie mittelbar Bedeutung, indem sie bei der Rechtsanwendung auf eine verfassungskonforme Auslegung drängt,
die den Wesensgehalt eines Grundrechts eben nicht antastet.[102]

b) Inhalt

Die Wesensgehaltsgarantie des Art. 19 Abs. 2 GG soll im Rahmen der Schrankensys-   40
tematik die Funktion einer **letzten materiellen Sicherung** zukommen. Damit ist allerdings bereits angedeutet, dass sie in Konkurrenz zum Grundsatz der Verhältnismäßigkeit gerät, von dem sie in der Praxis weitgehend überlagert wird.[103] Das
ändert nichts daran, dass es sich von Verfassungs wegen um eine zwingende Schranken-Schranke handelt.[104]

---

95 Ebenso *Dreier*, in: ders. I, Art. 19 II Rn. 11; *Stern*, Staatsrecht III/2, S. 877; *Remmert*,
    in: Maunz/Dürig, Art. 19 Abs. 2 (2014) Rn. 27.
96 So auch das BVerfG, vgl. BVerfGE 84, 212 (228); 93, 352 (359 f.); 100, 313 (376).
97 Vgl. BVerwG, DÖV 1975, 421 (427).
98 BVerfGE 13, 97 (122).
99 BVerfGE 109, 279 (310 f.); *Stern*, Staatsrecht III/2, S. 882 ff.
100 Vgl. *Remmert*, in: Maunz/Dürig, Art. 19 Abs. 2 (2014) Rn. 27.
101 Siehe BVerfGE 49, 168 (181); 59, 104 (114); 86, 288 (311); 88, 103 (115 ff.).
102 Vgl. *Sachs*, in: ders., Art. 19 Rn. 38.
103 *Dreier*, in: ders. I, Art. 19 II Rn. 8.
104 Von einem »eigenen Wert« geht auch *Remmert*, in: Maunz/Dürig, Art. 19 Abs. 2 (2014)
    Rn. 47 aus.

aa) Definition des Wesensgehalts

41   Während in der Rechtsprechung des BGH und des BVerwG[105] immer wieder **Versuche einer Relativierung** des unantastbaren Wesensgehalts unternommen worden sind, hat das BVerfG von Anfang an einen absoluten Schutz des Wesensgehalts eines Grundrechts ausgesprochen.[106] Gegenüber dem Wesensgehalt eines Grundrechts gibt es nach dem Grundgesetz keine höherrangigen Güter.[107] Wie vieles in der Rechtsprechung des BVerfG ist auch diese Linie nicht immer eindeutig durchgehalten worden, zumal die Wesensgehaltsgarantie und der Grundsatz der Verhältnismäßigkeit bisweilen nicht sauber voneinander geschieden worden sind.[108] Wird die Wesensgehaltsgarantie mit der Verhältnismäßigkeit identifiziert, gerät die Garantie des Art. 19 Abs. 2 GG in die Gefahr ihrer Relativierung durch Abwägung.[109]

42   Verlangt ein absolutes Verständnis des Wesensgehalts danach, einen **absolut schützenswerten Grundrechtskern** zu definieren, welcher keiner Abwägung des Gesetzgebers, soweit er nicht verfassungsändernd agiert, zugänglich ist, so wird dieser letztlich in dem den einzelnen Grundrechten eigenen Menschenwürdegehalt zu erkennen sein.[110] Damit ist keine bloße doppelte Unterschutzstellung der Menschenwürde aufgerufen, sondern eine Schutzverstärkung im Schutzbereich der Spezialgrundrechte. In diesem Sinne ist eine spezifische Bestimmung des Wesensgehalts entsprechend der Eigenart des jeweils einschlägigen Grundrechts, insbes. seines Schutzgegenstandes, erforderlich.[111] Eine darüber hinausgehende Entwicklung inhaltlicher Kriterien für den Wesensgehalt der Grundrechte im Allgemeinen dürfte unmöglich sein, mit Ausnahme des aus dem Charakter der Grundrechte als Abwehrrechte des Bürgers gegen den Staat folgenden Aussage, dass der Wesensgehalt jedenfalls dann angetastet ist, wenn jeglicher Störungsabwehranspruch materiell-rechtlich beseitigt oder wenn seine wirkungsvolle Geltendmachung verfahrensrechtlich verwehrt wird.[112]

bb) Das Grundrecht als Maßstab

43   Wenngleich die Wesensgehaltsgarantie die prinzipielle Preisgabe des Wesenskerns des Grundrechts verbietet,[113] so ist doch unklar, ob Art. 19 Abs. 2 GG die restlose Entziehung eines Grundrechts im Einzelfall verbietet oder nur verhindern will, dass

---

105 BVerwGE 2, 85 (87); 4, 167 (171 f.); BGHSt 4, 375 (377); BGH, DÖV 1955, 729 (730 f.).

106 BVerfGE 7, 377 (411 m.w.N.); 34, 238 (245 ff.); 80, 367 (373).

107 *Stern*, Staatsrecht III/2, S. 867.

108 Vgl. BVerfGE 58, 300 (348); s. auch *Kloepfer*, Verfassungsrecht, Bd. II, § 51 Rn. 83.

109 Vgl. BVerfGE 22, 180 (219 f.); 27, 344 (351 f.); 58, 300 (348); 109, 133 (156); 117, 71 (96 f.).

110 Vgl. auch BVerfGE 80, 367 (373 f.); anders 109, 279 (311); grundsätzlich *Stern*, Staatsrecht III/2, S. 873 f. m.w.N.

111 BVerfGE 109, 133 (156).

112 Vgl. in diesem Sinne BVerfGE 61, 82 (113).

113 BVerfGE 30, 1 (24).

der Wesensgehalt des Grundrechts als solches angetastet wird.[114] Soll die Wesensgehaltsgarantie der Grundrechte nicht bereits durch deren objektiv-rechtliche Dimension absorbiert werden, muss der Wesensgehalt über eine objektive Grundrechtsbestimmung auch auf die **subjektive Grundrechtsberechtigung** erstreckt werden.[115] Allerdings stellt sich dann die Frage, ob die Wesensgehaltsgarantie im Sinne einer subjektiven Schutzposition verletzt wird, wenn der grundrechtliche Schutzgegenstand im Einzelfall durch den Eingriff insgesamt beseitigt wird. Anwendungsfälle sind der tödliche polizeiliche Rettungsschuss, die lebenslange Freiheitsstrafe bzw. die unbefristete Sicherungsverwahrung sowie die gezielte Tötung von Terroristen. Insoweit überzeugt es nicht, entsprechende Rechtsgrundlagen bereits bei Wahrung der Verhältnismäßigkeit als gerechtfertigt anzusehen.[116] Bei dieser Sicht verlöre die Wesensgehaltsgarantie ihre eigenständige Bedeutung. Der Wesensgehalt eines Grundrechts reichte dann nur soweit, wie nicht der sachliche Anlass und Grund, der zu dem Eingriff geführt hat, unbedingt und zwingend eine Beschränkung des Grundrechts gebietet.[117] Dadurch wäre zwar auch die subjektive Grundrechtsberechtigung als Wesensgehaltsbestandteil gewahrt, jedoch geriete die Garantie insgesamt unter Abwägungsvorbehalt und damit in eine faktische Kongruenz zur Verhältnismäßigkeit. Dies lässt sich nur vermeiden, wenn der Wesensgehalt im Einzelfall erst dann als angetastet anzusehen ist, wenn die Staatsgewalt beim Eingriff die aus der Grundrechtsqualität erwachsende Bindungswirkung prinzipiell verneint,[118] d.h., das jeweilige Grundrecht gar nicht mehr in den Abwägungsvorgang der Verhältnismäßigkeit einstellt. Dieser Ansatz hat das systematische Argument für sich, Schutz zu gewährleisten, soweit und solange keine Grundrechtsverwirkung ausgesprochen worden ist.[119] Hier wie dort dürfte danach eine Abwägung Leben gegen Leben nicht in Betracht kommen.

cc) Rechtsfolgen eines Verstoßes gegen die Wesensgehaltsgarantie

Verstöße gegen Art. 19 Abs. 2 GG bedingen die Rechtswidrigkeit der Beeinträchtigung des betroffenen Grundrechts. Der Eingriff ist daher **verfassungswidrig**. Begeht der Gesetzgeber die Grundrechtsverletzung, ist das Gesetz nichtig.[120] 44

II. Grundrechtsträgerschaft inländischer juristischer Personen (Abs. 3)

1. Originärer Anwendungsbereich

Während die Grundrechtsträgerschaft grundsätzlich allen natürlichen Personen zukommt, erweitert Art. 19 Abs. 3 GG die Geltung der Grundrechte auf inländische 45

---

114 Offen gelassen von BVerfGE 2, 266 (285); auch 45, 187 (270 f.); *Leisner-Egensperger*, in: Merten/Papier, 57 (62 ff.).
115 *Stern*, Staatsrecht III/2, S. 868 f.
116 BVerfGE 45, 187 (270 f.); 109, 133 (156); 115, 118 (165); 117, 71 (88).
117 BVerfGE 22, 180 (219 f.); BVerfG, NJW 1992, 2947; NJW 1993, 1124.
118 Vgl. BVerfGE 61, 82 (113).
119 *Sachs*, in: ders., Art. 19 Rn. 46.
120 BVerfGE 7, 377 (411); 22, 180 (219 f.).

juristische Personen unter der Bedingung der wesensmäßigen Anwendbarkeit der Grundrechte. Da objektive Grundrechtsgehalte unabhängig vom Bestand subjektiver Berechtigungen sind und damit auch zugunsten juristischer Personen wirken, liegt die Funktion des Art. 19 Abs. 3 GG in einer **Zuordnung subjektiver (Grund-)Rechte**.[121]

a) »Inländisch«

aa) Anknüpfung an den effektiven Sitz

46 Seit der Wiedervereinigung ist das deutsche Staatsgebiet völkerrechtlich verbindlich festgelegt. »Inland« bezeichnet demnach den Geltungsbereich des Grundgesetzes, wie er sich durch die Aufzählung der sechzehn Bundesländer im zweiten Satz der Präambel darstellt.[122] Da juristische Personen keine Staatsangehörigkeit besitzen, wird die Qualifikation als »inländisch« oder »ausländisch« an den **effektiven Sitz** der juristischen Person geknüpft.[123] Die Sitztheorie dient demnach als Kriterium der Bestimmung der Staatszugehörigkeit von juristischen Personen. Eine juristische Person ist danach inländisch, wenn sie den tatsächlichen Mittelpunkt ihrer Tätigkeit in Deutschland hat, wobei es auf das selbstgewählte Aktionszentrum und nicht die satzungsmäßige Zentrale ankommt.[124] Der Sitz ist für jede juristische Person gesondert festzustellen. Deshalb sind Tochterunternehmen ausländischer Konzerne mit Sitz im Inland Grundrechtsträger, während im Ausland ansässige Tochterunternehmen deutscher Konzerne hier nicht grundrechtsberechtigt sind.

bb) Sitz im EU-Ausland

47 Ausgehend vom gerade aufgezeigten Verständnis von »Inland« wären auch juristische Personen mit Sitz im EU-Ausland in Deutschland nicht grundrechtsfähig. Dieses Ergebnis stünde jedoch nicht im Einklang mit dem in Art. 18 AEUV statuierten **gemeinschaftsrechtlichen Diskriminierungsverbot**, weshalb im Ergebnis eine juristische Person, die ihren Sitz in einem Mitgliedstaat der Europäischen Union hat, als inländische im Sinne des Art. 19 Abs. 3 GG betrachtet werden muss.[125] Dieses Ergebnis lässt sich methodisch entweder dadurch erreichen, dass man bei betreffenden Sachverhalten das Wort »inländisch« unangewendet lässt oder aber, dass man unter Berücksichtigung des fortgeschrittenen Integrationsstandes der Europäischen Union unter inländischen juristischen Personen auch solche versteht, die ihren Sitz zwar nicht in Deutschland, wohl aber in einem anderen Mitgliedstaat haben.[126] Der übli-

---

121 Vgl. zur subjektiven und objektiven Funktion der Grundrechte *Kloepfer,* Verfassungsrecht II, § 48 Rn. 11 ff.; *Pieroth/Schlink/Kingreen/Poscher,* Staatsrecht II, Rn. 91 ff.
122 *Tettinger,* in: Merten/Papier II, § 51 Rn. 47.
123 BVerfGE 21, 207 (208 f.); BVerfG, NVwZ 2008, 670 (671); BGHZ 76, 387 (395 f.).
124 *Dreier,* in: ders. I, Art. 19 III Rn. 79.
125 Offen lassend BVerfG, NJW 2004, 3031; NVwZ 2008, 670 (671); wie hier *Tettinger,* in: Merten/Papier II, § 51 Rn. 49; näher dazu *Kruchen,* NZG 2012, 377 ff.
126 Vgl. *Dreier,* in: ders. I, Art. 19 III Rn. 83 ff. m.w.N.

chen Wirkungsweise des Anwendungsvorrangs des Unionsrechts[127] entsprechend spricht Vieles für die erste Variante.

cc) Ausländische juristische Personen

Eine juristische Person wird nicht dadurch zur ausländischen juristischen Person, 48 dass sie bei rechtlichem Inlandssitz **von ausländischen Personen beherrscht** wird oder ihre Mitglieder Ausländer sind.[128] Das gilt auch für die Berechtigung hinsichtlich der sog. Deutschengrundrechte.[129] Das hat zwar zur Konsequenz, dass individuell handelnden Ausländern die Deutschengrundrechte nicht zustehen, wohl aber den von ihnen zum Zwecke der kollektiven Grundrechtsausübung gebildeten juristischen Personen. Diese Konsequenz ist dem Umstand geschuldet, dass der Grundrechtsschutz juristischer Personen in Art. 19 Abs. 3 GG verselbständigt worden und eigenen Voraussetzungen unterworfen worden ist. Dazu gehört die für alle Grundrechte geltende Zuordnung der juristischen Person zum Inland, worin keine Ermächtigung an den Gesetzgeber steckt, die Reichweite der Grundrechtsträgerschaft juristischer Personen konstitutiv zu gestalten.[130] Vor diesem Hintergrund stellte sich eine Orientierung an der Staatsangehörigkeit der Menschen hinter der juristischen Person einerseits als systemwidrig dar und führte andererseits zu Unsicherheiten über die im Einzelnen rechtlich maßgeblichen Kriterien und zu Problemen der tatsächlichen Feststellung. Schließlich wäre gegenüber den (nicht beherrschend) beteiligten Deutschen nicht zu rechtfertigen, warum der mittelbar ihren Grundrechtsinteressen verpflichtete Grundrechtsschutz der juristischen Person wegfallen soll.[131] Insofern überzeugt nicht, wenn das BVerfG keine verfassungsrechtlichen Bedenken gegen die Nichtanwendung des Art. 9 Abs. 1 GG auf sog. Ausländervereine erhebt.[132] Diese Rechtsprechung ist allerdings vor dem Hintergrund zu sehen, dass das BVerfG mit Art. 9 Abs. 1 GG ein Doppelgrundrecht anerkennt, das originär auch die Vereinigung selbst schützt (dazu Rdn. 130). Auch wenn damit die juristische Person als solche nicht schutzlos gestellt ist, verkennt das BVerfG, dass die Grundrechtsfähigkeit von Vereinigungen nicht nach der Staatsangehörigkeit ihrer Mitglieder, sondern nach Art. 19 Abs. 3 GG zu bestimmen ist.

Ausländische juristische Personen kommen als Grundrechtsträger grundsätzlich 49 nicht in Betracht.[133] Davon zu unterscheiden ist die Anerkennung ausländischer juristischer Personen durch die Rechtsordnung der Bundesrepublik Deutschland. Diese (einfach-rechtliche) Anerkennung im Inland führt nicht zur Qualifikation als in-

---

127 Vgl. dazu *Schröder*, Grundkurs Europarecht, § 5 Rn. 14 ff.

128 BVerfG, NVwZ 2000, 1281 (1282); BVerfG, NJW 2002, 1485.

129 *Stern*, Staatsrecht III/1, S. 1142 ff.

130 *Sachs*, in: ders., Art. 19 Rn. 54.

131 *Sachs*, in: ders., Art. 19 Rn. 56.

132 BVerfG, NVwZ 2000, 1281.

133 BVerfGE 21, 207 (208 f.); 23, 229 (236); BVerfG, NVwZ 2008, 670 f.; näher dazu *Guckelberger*, AöR 129, 618 ff.; *Ludwigs*, JZ 2013, 434 ff.

ländisch im Sinne einer Grundrechtsberechtigung. Ausländische juristische Personen stehen damit lediglich unter dem **Schutz der allgemeinen Rechtsordnung**, so dass mangels Grundrechtsträgerschaft abweichende gesetzliche Regelungen zum Nachteil ausländischer juristischer Personen zulässig sind. Allerdings hat das BVerfG auch ausländischen juristischen Personen zugebilligt, sich auf die in Art. 101 Abs. 1 S. 2 GG und Art. 103 Abs. 1 GG verbürgten Prozessgrundrechte zu berufen (kritisch dazu Rdn. 64).[134]

b) Juristische Personen des Privatrechts

aa) Vollrechtsfähige juristische Personen des Privatrechts

50   Nach überkommenem Verständnis versteht man unter juristischen Personen Organisationsgebilde, welche in umfassender Weise Zuordnungssubjekt von Rechten und Pflichten sein können. Art. 19 Abs. 3 GG erfasst als juristische Personen zunächst einmal die juristischen Personen des Privatrechts. Bei letzteren ist grundsätzlich von einer möglichen Grundrechtsfähigkeit auszugehen und sodann zu prüfen, ob im Einzelfall das geltend gemachte einzelne Grundrecht seinem Wesen nach auf die jeweiligen Beschwerdeführer anwendbar ist. Prozessual gewendet bedeutet das, dass nicht die Beschwerde-/Beteiligtenfähigkeit, sondern die Beschwerdebefugnis problematisch sein kann.[135]

51   Juristische Personen des Privatrechts sind diejenigen Organisationen, denen nach der deutschen oder einer sonstigen Privatrechtsordnung die **volle Rechtsfähigkeit** zukommt, welche nichtsdestotrotz hinter der Rechtsfähigkeit von natürlichen Personen zurückbleibt.[136] Die Grundrechtsfähigkeit juristischer Personen wiederum baut auf deren Rechtsfähigkeit auf, geht daher nicht weiter als diese und das durch sie vermittelte rechtliche Können.[137] Dagegen haben gesetzliche Beschränkungen des zulässigen Tätigkeitsspektrums einer juristischen Person, also ihres rechtlichen Dürfens, keine unmittelbaren Auswirkungen auf die Grundrechtsträgerschaft; vielmehr ist auch die gesetzwidrige Grundrechtsausübung grundrechtsgeschützt, ohne dass Sanktionen aufgrund verfassungsmäßiger Gesetze dadurch ausgeschlossen wären.[138]

52   Grundrechtsberechtigt als juristische Personen des Privatrechts sind **nach deutschem Recht** der rechtsfähige Verein (§§ 21, 22 BGB),[139] die AG,[140] die KG auf Aktien,[141] die GmbH,[142] die eingetragene Genossenschaft[143] und der Versicherungsverein auf

---

134 BVerfGE 12, 6 (8).
135 Vgl. BVerfGE 68, 193 (205 ff.).
136 *Stern*, Staatsrecht III/1, S. 1002.
137 *Sachs*, in: ders., Art. 19 Rn. 59.
138 *Sachs*, in: ders., Art. 19 Rn. 59.
139 BVerfGE 3, 383 (390); 105, 279 (292 f.).
140 BVerfGE 50, 290 (319); 66, 116 (130).
141 BVerfGE 23, 153 (163).
142 BVerfGE 3, 359 (363); 53, 366 (386).
143 *P.M. Huber*, in: v. Mangoldt/Klein/Starck I, Art. 19 Abs. 3 Rn. 243.

Gegenseitigkeit.[144] Für diese juristischen Personen mit körperschaftlicher Struktur ist im Hinblick auf ihre Grundrechtsfähigkeit unerheblich, wenn die Mitglieder ihrerseits juristische Personen sind. Grundrechtsträger ist darüber hinaus die Stiftung des Privatrechts (§§ 80 ff. BGB).[145]

bb) Teilrechtsfähige Organisationseinheiten

Aus Art. 19 Abs. 3 GG darf jedoch nicht gefolgert werden, dass allein juristische Personen Träger von Grundrechten sein können. Die Privatrechtsordnung kennt auch Organisationseinheiten, die nur **Teilrechtsfähigkeit** besitzen. Die durch die Teilrechtsfähigkeit begründeten, zusätzlichen Möglichkeiten der Rechtswahrnehmung für die zusammengeschlossenen Personen erfassen auch den Grundrechtsbereich. Entsprechend dieser Parallelität von Rechtsfähigkeit und Grundrechtsfähigkeit vermag ein möglicher Grundrechtsschutz bei teilrechtsfähigen Organisationseinheiten nicht weiter zu reichen als ihre Teilrechtsfähigkeit. Teilrechtsfähige Organisationen, die im Rahmen ihrer rechtlichen Verselbständigung als Grundrechtsträger in Betracht kommen, sind der nichtrechtsfähige Verein,[146] die oHG,[147] die KG,[148] die Partnerschaftsgesellschaft, die Reederei.[149] Grundrechtsschutz kommt ferner juristischen Personen in Gründung bzw. in Liquidation zu. Soweit die GbR als rechtsfähig anerkannt worden ist,[150] kommt auch ihr Grundrechtsfähigkeit zu.[151] Entsprechendes muss konsequenterweise für andere Gesamthandgemeinschaften gelten.[152] Im Ergebnis ist der verfassungsrechtliche Begriff der juristischen Person weiter als der einfach-rechtliche. In verfassungsprozessrechtlicher Hinsicht ist bei nicht vollrechtsfähigen juristischen Personen zunächst die Beschwerdefähigkeit zu ermitteln und bei der Beschwerdebefugnis sodann die wesensmäßige Anwendbarkeit konkreter Grundrechte zu prüfen.   53

Entsprechend ihrer (Teil-)Rechtsfähigkeit sind auch die in ihrer Sonderstellung anerkannten Gewerkschaften[153] sowie die politischen Parteien[154] Grundrechtsträger. Ob eine politische Partei Gewalt unterworfener Grundrechtsträger ist oder gleichgeordnet an dem Prozess der staatlichen Willensbildung teilnimmt, wird im Einzelfall zu entscheiden sein. Rechte, die zu ihrem besonderen verfassungsrechtlichen Status ge-   54

---

144 *P.M. Huber*, in: v. Mangoldt/Klein/Starck I, Art. 19 Abs. 3 Rn. 244.
145 BVerfGE 46, 73 (83); 57, 220 (240); 70, 138 (160).
146 BVerfGE 3, 383 (391 f.); 6, 273 (277); 24, 236 (243); 102, 370 (383).
147 BVerfGE 4, 7 (12); 20, 283 (290); 53, 1 (13).
148 BVerfGE 4, 7 (12); 102, 197 (212 f.).
149 Ebenso *P.M. Huber*, in: v. Mangoldt/Klein/Starck I, Art. 19 Abs. 3 Rn. 248; *Sachs*, in: ders., Art. 19 Rn. 64.
150 BGHZ 146, 341 (347).
151 BVerfG, NJW 2002, 3533.
152 Ebenso *Dreier*, in: ders. I, Art. 19 III Rn. 48; offenlassend *Sachs*, in: ders., Art. 19 Rn. 64.
153 BVerfGE 92, 26 (37); 92, 365 (392); 94, 268 (282).
154 BVerfGE 3, 383 (391 f.); 6, 273 (277); 27, 152 (158); 84, 290 (299).

hören, können politische Parteien allerdings nur im Wege des Organstreits verteidigen.[155]

cc) Nichtrechtsfähige Gebilde

55   Nichtrechtsfähigen Gebilden, d.h. Personenzusammenschlüssen, die in keiner Weise Zuordnungssubjekt irgendwelcher Rechte sind, fehlt auch die Grundrechtsfähigkeit. Es handelt sich hierbei um **nicht grundrechtsfähige** soziale Gruppen oder Sachwertgesamtheiten.

56   Schließlich sind auch die **Organe juristischer Personen** oder teilrechtsfähiger Organisationseinheiten selbst nicht grundrechtsfähig. Vielmehr ist deren Handeln allein dem Rechtsträger zuzurechnen. Das muss auch für den Betriebsrat gelten.[156] Unberührt davon bleibt die individuelle Rechtsstellung der natürlichen Personen, die die Organkompetenz ausfüllen. Als natürliche Personen sind sie Träger ihrer eigenen Grundrechte.

c) Wesensmäßige Anwendbarkeit

57   Maßgebend ist über die Rechtsform des potenziellen Grundrechtsträgers hinaus, ob das einzelne Grundrecht seinem Wesen nach auf die jeweilige juristische Person anwendbar ist. Im Sinne einer Parallelwertung ist zu prüfen, ob die jeweils grundrechtsgeschützten Interessen bei der juristischen Person **entsprechend einer natürlichen Person** berührt sind. Juristische Personen erlangen nicht schon dadurch, dass sie sich grundrechtlicher Anliegen von Menschen, insbes. derjenigen ihrer Mitglieder, annehmen, eine korrespondierende Grundrechtsfähigkeit.[157]

aa) Anknüpfungen an menschliche Eigenschaften

58   Ihrem Wesen nach unanwendbare Grundrechte sind solche, die an **natürliche Qualitäten des Menschen** anknüpfen, die allen juristischen Personen als bloße Zweckgebilde der Rechtsordnung fehlen. Hierzu gehören: Die Menschenwürdegarantie des Art. 1 Abs. 1 GG;[158] das Recht auf Leben und körperliche Unversehrtheit gemäß Art. 2 Abs. 2 S. 1 GG; die Freiheit der Person nach Art. 2 Abs. 2 S. 2 GG, Art. 104 GG; die Gleichberechtigung von Mann und Frau gemäß Art. 3 Abs. 2 GG; die Gewissensfreiheit nach Art. 4 Abs. 1 GG; das Recht auf Kriegsdienstverweigerung gemäß Art. 4 Abs. 3 GG;[159] der Schutz von Ehe und Familie gemäß Art. 6 GG; das elterliche Erziehungsrecht aus Art. 7 Abs. 2 GG; das Recht zur Verweigerung des

---

155 BVerfGE 4, 27 (30 f.); 73, 1 (27 ff., 65); 79, 379 (383 ff.).

156 Anderer Ansicht aber *Dreier*, in: ders. I, Art. 19 III Rn. 51, der die Grundrechtsfähigkeit mit dem relativ hohen Maß an normativ gestützter organisatorischer Verselbständigung begründet.

157 *Sachs*, in: ders., Art. 19 Rn. 67.

158 BVerfGE 95, 220 (242); 118, 168 (203).

159 BVerwGE 64, 196 (198 f.); BVerfGE 19, 206 (215).

Religionsunterrichtes aus Art. 7 Abs. 3 S. 3 GG; das Verbot der Zwangsarbeit nach Art. 12 Abs. 2, 3 GG; das Verbot der Ausbürgerung und Auslieferung gemäß Art. 16 GG; das Asylrecht nach Art. 16a GG;[160] der gleiche Zugang zu öffentlichen Ämtern gemäß Art. 33 Abs. 2 GG; das Diskriminierungsverbot aus Art. 33 Abs. 3 S. 1 Var. 2 und Var. 3 GG; das grundrechtsgleiche Individualrecht aus Art. 33 Abs. 5 GG sowie das Wahlrecht des Art. 38 GG.[161]

bb) Personales Substrat oder grundrechtstypische Gefährdungslage?

Die übrigen Grundrechte sind grundsätzlich auf juristische Personen anwendbar, entweder weil sie nicht nur unmittelbar körperlich auszuübende Verhaltensweisen schützen oder weil sie Gegenstände und Bereiche schützen, die ihrer Eigenart nach jeder (Rechts-)Person zustehen können. Das BVerfG will eine Einbeziehung juristischer Personen in den Schutzbereich der Grundrechte nur rechtfertigen, wenn ihre Bildung und Betätigung Ausdruck der freien Entfaltung der natürlichen Personen sind, besonders wenn es der »Durchgriff« auf die hinter den juristischen Personen stehenden Menschen dies als sinnvoll und erforderlich erscheinen lässt.[162] Dieses Erfordernis eines personalen Substrats verkennt, dass Art. 19 Abs. 3 GG für juristische Personen eine eigenständige Grundrechtsberechtigung begründet und damit über den Grundrechtsschutz der natürlichen Personen, die hinter einer juristischen Person stehen, gerade hinausgeht. Abzustellen ist deshalb auf die »**grundrechtstypische Gefährdungslage**«, d.h. darauf, ob die Lage der juristischen Person der Lage einer natürlichen Person, die gegen den freiheitsgefährdenden Staat den Schutz der Grundrechte genießt, vergleichbar ist.[163] Das BVerfG hat den Begriff der grundrechtstypischen Gefährdungslage teilweise aufgegriffen[164] und teilweise den Begriff des personalen Substrats nicht berücksichtigt.[165]

59

cc) Einschlägige Grundrechte

Prinzipiell anwendbar auf juristische Personen sind: Die allgemeine Handlungsfreiheit gemäß Art. 2 Abs. 1 GG;[166] der allgemeine Gleichheitssatz, Art. 3 Abs. 1 GG;[167] die Religions- und Weltanschauungsfreiheit nach Art. 4 Abs. 1, 2 GG;[168] die Kommunikationsgrundrechte des Art. 5 Abs. 1 GG;[169] die Wissenschafts- und Kunstfrei-

60

---

160 S. auch *Dreier*, in: ders. I, Art. 19 III Rn. 36; *Kloepfer*, Verfassungsrecht II, § 49 Rn. 66.

161 *P.M. Huber*, in: v. Mangoldt/Klein/Starck I, Art. 19 Abs. 3 Rn. 313.

162 BVerfGE 21, 362 (369).

163 *Pieroth/Schlink/Kingreen/Poscher*, Staatsrecht II, Rn. 168; *Klopefer*, Staatsrecht II, § 49 Rn. 68.

164 BVerfGE 45, 63 (79); 61, 82 (105).

165 BVerfGE 46, 73 (83).

166 BVerfGE 10, 89 (99); 20, 323 (336); 50, 290 (319).

167 BVerfGE 4, 7 (12); 23, 153 (163); 95, 267 (317).

168 BVerfGE 19, 129 (132); 70, 138 (160 f.); 99, 100 (118).

169 BVerfGE 20, 162 (171); 66, 116 (130); 97, 298 (310).

heit gemäß Art. 5 Abs. 3 GG;[170] die Privatschulfreiheit aus Art. 7 Abs. 4 GG;[171] die Versammlungsfreiheit gemäß Art. 8 GG;[172] die Vereinigungs- und die Koalitionsfreiheit nach Art. 9 Abs. 1, 3 GG;[173] das Brief-, Post- und Fernmeldegeheimnis gemäß Art. 10 GG;[174] das Recht auf Freizügigkeit aus Art. 11 Abs. 1 GG; die Berufsfreiheit nach Art. 12 Abs. 1 GG;[175] die Unverletzlichkeit der Wohnung gemäß Art. 13 GG;[176] Eigentum und Erbrecht nach Art. 14 GG;[177] das Petitionsrecht aus Art. 17 GG; die Rechtsweggarantie des Art. 19 Abs. 4 GG[178] sowie die Prozessgrundrechte.

61   Beim **allgemeinen Persönlichkeitsrecht**, welches vom BVerfG in Art. 2 Abs. 1 i.V.m. Art. 1 Abs. 1 GG verortet wird[179], sind nur die Ausprägungen auf juristische Personen wesensmäßig anwendbar, die nicht mit Rücksicht auf die Menschenwürde zu schützen sind oder spezifisch menschliche Belange betreffen.[180] Dementsprechend können sich juristische Personen beispielsweise auf das Recht am eigenen Namen oder auf das Recht am gesprochenen Wort berufen.[181]

62   Bei dem speziellen Gleichheitssatz des **Art. 3 Abs. 3 GG** ist zu differenzieren. Ausgeschlossen ist die Anwendung der höchstpersönlichen Merkmale Geschlecht, Abstammung, Rasse, Sprache und wohl auch Heimat und Herkunft. Behindertenverbände können sich auch nicht über Art. 19 Abs. 3 GG auf das spezielle Benachteiligungsverbot des Art. 3 Abs. 3 S. 2 GG berufen.[182] Juristische Personen sind jedoch hinsichtlich der Merkmale Glaube sowie religiöse oder politische Anschauungen aus Art. 3 Abs. 3 S. 1 GG grundrechtsberechtigt.[183]

63   Das BVerfG hat unabhängig von Art. 19 Abs. 3 GG die **Prozessgrundrechte** der Art. 101 Abs. 1 S. 2 GG und 103 Abs. 1 GG schlechthin jedermann zugebilligt, gleichgültig, ob er eine natürliche oder juristische, eine inländische oder ausländische Person ist.[184] Für diese Sonderstellung einzelner grundrechtsgleicher Rechte ist jedenfalls für inländische juristische Personen kein Grund ersichtlich. Sie sind über Art. 19 Abs. 3 GG hinreichend geschützt.

---

170   BVerfGE 30, 173 (191); 36, 321 (331).
171   BVerwGE 40, 347 (349).
172   BVerwG, NVwZ 1999, 991.
173   BVerfGE 13, 174 (175).
174   BVerfGE 100, 313 (356).
175   BVerfGE 30, 292 (312); 85, 97 (104); 97, 228 (253).
176   BVerfGE 42, 212 (219); 76, 83 (88).
177   BVerfGE 4, 7 (17); 66, 116 (130).
178   Vgl. *Schulze-Fielitz*, in: Dreier I, Art. 19 IV Rn. 82.
179   Grundlegend BVerfGE 54, 148 (152 ff.); 35, 202 (220 ff.); *Dreier*, in: ders., Art. 2 I Rn. 69 m.w.N. zur Entstehung.
180   *Dreier*, in: ders. I, Art. 19 III Rn. 38.
181   BVerfGE 106, 28 (42 ff.).
182   *Boysen*, in: v. Münch/Kunig, GG I, Art. 3 Rn. 133.
183   So auch *Dreier*, in: ders. I, Art. 19 III Rn. 39; *Osterloh*, in: Sachs, Art. 3 Rn. 238.
184   BVerfGE 6, 45 (49); 12, 6 (8); 13, 132 (139 f.); 18, 441 (447); 21, 362 (373); 61, 82 (104); 64, 1 (11 m.w.N.).

Für ausländische juristische Personen wird geltend gemacht, dass in einem gericht- 64
lichen Verfahren dieselben prozessualen Grundsätze zugunsten aller Beteiligter gelten
müssten, weil ein rechtsstaatliches gerichtliches Verfahren nur auf der Basis einer
prinzipiellen **Waffengleichheit** denkbar sei.[185] Da die Ausgrenzung ausländischer juristischer Personen aus dem Grundrechtsschutz aber auf der Erwägung beruht, dass
die fremdenrechtliche Aktionsfähigkeit der Bundesrepublik Deutschland im Verhältnis zu ausländischen Staaten bezüglich der wechselseitigen Behandlung juristischer Personen nicht eingeschränkt sein sollte,[186] besteht kein Anlass, der Geltung dieses Gegenseitigkeitsprinzips durch die Anerkennung bestimmter prozessbezogener
grundrechtsgleicher Gewährleistungen zuvor zu kommen.[187] Gerade umgekehrt wird
die Möglichkeit gesichert, inländischen juristischen Personen eine günstige Behandlung im Ausland zu verschaffen.[188] Die Gewährleistung von Prozess- oder Verfahrensgrundrechten sowie materiellen Grundrechtsinteressen deutscher Unternehmen im
Ausland ist deshalb einer völkerrechtsvertraglichen Regelung überantwortet. Durch
die Umsetzung der völkerrechtlichen Verträge ins nationale Recht wird im Ergebnis
eine Regelung auf der Ebene des einfachen Rechts getroffen, die eine ggf. fehlende
Grundrechtsträgerschaft jedoch nicht berührt, sondern ebenfalls nur das einfache
Recht betrifft.[189]

2. Erweiterter Anwendungsbereich

a) Juristische Personen des Öffentlichen Rechts

aa) Prinzipielle Grundrechtsunfähigkeit

In der Entstehung der Bestimmung ist die Grundrechtsträgerschaft der juristischen 65
Personen des Öffentlichen Rechts ausdrücklich mit bedacht worden,[190] weshalb das
Kriterium der wesensmäßigen Anwendbarkeit auch mit Blick auf Unterschiede juris-
tischer Personen eingefügt worden ist.[191] Während der Wortlaut des Art. 19 Abs. 3
GG dementsprechend nicht zwischen juristischen Personen des Privatrechts und des
Öffentlichen Rechts unterscheidet, bietet die Formulierung »ihrem Wesen nach« in-

---

185 BVerfGE 3, 359 (363 ff.); 6, 45 (49); 12, 6 (8); 21, 362 (373); 61, 82 (104 f.).
186 *Stern*, Staatsrecht III/1, S. 1136; *Dreier*, in: ders. I, Art. 19 III Rn. 86; *Sachs*, in: ders.,
     Art. 19 Rn. 52.
187 Im Ergebnis ebenso *P.M. Huber*, in: v. Mangoldt/Klein/Starck I, Art. 19 Abs. 3
     Rn. 323 ff., der die Grundrechtserstreckung der Justizgrundrechte auf alle juristischen
     Personen als »Systembruch« qualifiziert; vgl. auch *Rüfner*, in: Isensee/Kirchhof, HStR
     IX, § 196 Rn. 93; dem BVerfG aber zustimmend *Dreier*, in: ders. I, Art. 19 III Rn. 40 ff.
     sowie *Stern*, Staatsrecht III/1, S. 1147.
188 Kritisch zum Prinzip der Gegenseitigkeit *Schack*, Internationales Zivilverfahrensrecht,
     § 2 Rn. 43.
189 *Sachs*, in: ders., Art. 19 Rn. 52 m.w.N.
190 *Doemming/Füsslein/Matz*, JÖR 1 (1951), S. 182 f.
191 *Sachs*, in: ders., Art. 19 Rn. 89 m.w.N.

sofern einen Anknüpfungspunkt, um die Reichweite des Art. 19 Abs. 3 GG **restriktiv zu bestimmen.**

66   Mit dem von der Rechtsprechung des BVerfG geforderten Erfordernis des **personalen Substrats** lässt sich der Kreis der möglichen Grundrechtsträger insoweit einengen. Denn hinter den juristischen Personen des Öffentlichen Rechts stehen nicht natürliche Personen, sondern verbirgt sich stets der Staat, der nach Art. 1 Abs. 3 GG durch die Grundrechte verpflichtet wird und nach der Gesamtfunktion der Grundrechte nicht zugleich auch Grundrechtsberechtigter sein kann. Die verschiedenen staatlichen Funktionsträger sind vom Einzelnen her gesehen nur besondere Erscheinungsformen der einheitlichen Staatsgewalt und können nicht gleichzeitig Verpflichtete und Berechtigte der Grundrechte sein.[192] Eingriffe und Übergriffe im Verhältnis verschiedener staatlicher Funktionsträger sind immer nur Kompetenzkonflikte im weiteren Sinne.[193] Bei Anerkennung der Grundrechtsfähigkeit der juristischen Personen des Öffentlichen Rechts würde eine sinnvolle Ordnung der staatlichen Aufgabenerfüllung und eine Anpassung der Staatsorganisation an die wechselnden Erfordernisse der wirtschaftlichen, sozialen und kulturellen Entwicklung erheblich erschwert.[194] Dabei kommt es nicht darauf an, ob die juristische Person des Öffentlichen Rechts hoheitlich handelnd öffentliche Aufgaben wahrnimmt oder privatrechtlich tätig wird.[195]

67   Das Konfusionsargument, wonach der Bürger einer **einheitlichen Staatsgewalt** gegenüber stehe und staatliche Funktionsträger nicht gleichzeitig Verpflichtete und Berechtigte der Grundrechte sein können, wird jedoch vom BVerfG nicht durchgehalten.[196] Festzuhalten ist indes, dass juristische Personen des Öffentlichen Rechts Teil der Staatsgewalt sind und ihr deshalb grundsätzlich anders gegenüberstehen als Menschen und juristische Personen des Privatrechts. Regelmäßig fehlt es daher an der grundrechtstypischen Gefährdungslage.[197] Deshalb ist eine Grundrechtsträgerschaft der juristischen Person des Öffentlichen Rechts im Grundsatz nicht gegeben. Dies gilt vor allem, wenn und soweit diese juristischen Personen in ihrer originären Funktion betroffen sind und gesetzlich zugewiesene oder geregelte öffentliche Aufgaben wahrnehmen;[198] aber auch außerhalb dieses Bereichs bleibt die prinzipielle Nichtgeltung der Grundrechte bestehen.[199]

68   Wie bei ausländischen juristischen Personen dehnt das BVerfG den Schutz der **Prozessgrundrechte** aus Art. 101 Abs. 1 S. 2 GG und 103 Abs. 1 GG jedoch auch auf

---

192   *Sachs*, in: ders., Art. 19 Rn. 90 m.w.N.; kritisch *Dreier*, in: ders. I, Art. 19 III Rn. 59.
193   BVerfGE 21, 362 (368 ff.); 61, 82 (100 ff.); 68, 193 (205 ff.).
194   *P.M. Huber*, in: v. Mangoldt/Klein/Starck I, Art. 19 Abs. 3 Rn. 245.
195   BVerfGE 61, 82 (103 ff.).
196   Vgl. BVerfGE 31, 314 (321 f.); 59, 231 (254) zu Rundfunkanstalten.
197   BVerfGE 45, 63 (79); 61, 82 (103 ff.).
198   BVerfGE 68, 193 (206 ff.); 75, 192 (196 f.).
199   BVerfGE 45, 63 (79); 61, 82 (105 ff.); BVerfG (K), NVwZ 2002, 1366.

juristische Personen des Öffentlichen Rechts aus.[200] Zwar gibt das Prinzip der Gegenseitigkeit im zwischenstaatlichen Handeln hier nichts her; jedoch besteht der Einwand des staatsinternen Kompetenzkonflikts fort. Deshalb hängt die Anwendung der Justizgrundrechte von der einfach-rechtlichen Anordnung ab.

bb) Ausnahmen

Gelegentlich sieht das BVerfG das personale Substrat auch bei juristischen Personen 69 des Öffentlichen Rechts als gegeben an. Wenn Einrichtungen des Staates Grundrechte in einem Bereich verteidigen, in dem sie vom Staat unabhängig sind, seien sie **unmittelbar dem durch die Grundrechte geschützten Lebensbereich** zuzuordnen.[201] Die Rede ist insoweit auch von juristischen Personen des Öffentlichen Rechts als Sachwalter des Einzelnen bei der Wahrnehmung seiner Grundrechte.[202]

Die **Religionsgemeinschaften** sind wegen ihrer Sonderstellung unter den Körper- 70 schaften des Öffentlichen Rechts sogar umfassend grundrechtsberechtigt. Religionsgemeinschaften entstammen als Ausdruck gemeinsamer Grundrechtsbetätigung dem nichtstaatlichen, gesellschaftlichen Bereich. Sie nehmen grundsätzlich keine Staatsaufgaben wahr, sondern verwirklichen die insbes. durch Art. 4 Abs. 1 und 2 GG grundrechtlich geschützten Interessen ihrer Mitglieder. Dies gilt auch für die öffentlich-rechtlichen Religionsgesellschaften nach Art. 140 GG i.V.m. Art. 137 Abs. 5 S. 1 WRV.[203] Der Sache nach bleiben diese Religionsgesellschaften trotz ihrer besonderen öffentlich-rechtlichen Rechtsform außerhalb der staatlichen Sphäre. Der Status einer Körperschaft des öffentlichen Rechts soll lediglich die Eigenständigkeit und Unabhängigkeit der Religionsgemeinschaften unterstützen.[204] Sie stehen der Staatsgewalt wie privatrechtlich organisierte Grundrechtsträger gegenüber, weshalb die Grundrechtsfähigkeit bei Religionsgemeinschaften mit öffentlich-rechtlichem Status in gleichem Umfang gegeben ist wie bei Gemeinschaften in privatrechtlicher Rechtsform.[205] Ungeachtet eines evtl. personellen Substrats besteht somit eine grundrechtstypische Gefährdungslage.[206] Dementsprechend ist die Grundrechtsfähigkeit nicht auf das Grundrecht des Art. 4 Abs. 1, 2 GG beschränkt, das auf die Religionsausübung zugeschnitten ist, sondern erstreckt sich grundsätzlich auf alle Grundrechte, auf die juristische Personen des Privatrechts sich berufen können.[207] Trotz des öffentlich-rechtlichen Organisationsstatus greift daher die grundrechtliche Freiheitsvermutung

200 BVerfGE 39, 302 (312 f.: Allgemeine Ortskrankenkassen); 62, 354 (369: Kassenärztliche Vereinigungen); 75, 192 (197 ff.: Sparkassen).
201 BVerfGE 31, 314 (322); 39, 302 (314).
202 BVerfGE 61, 82 (103).
203 BVerfGE 30, 112 (119 f.); 53, 366 (387); 70, 138 (160); 102, 370 (387).
204 BVerfGE 102, 370 (387).
205 BVerfGE 102, 370 (387).
206 *Sachs*, in: ders., Art. 19 Rn. 94.
207 So auch *Sachs*, in: ders., Art. 19 Rn. 94. *Rüfner*, in: Isensee/Kirchhof, HStR V, § 117 Rn. 50; für Art. 3 ausdrücklich BVerfGE 19, 1 (5); 30, 112 (119 f.); i.Ü. aber offenlassend, ob eine über Art. 3 sowie 4 I, II GG hinausgehende Grundrechtsfähigkeit gegeben

ein. Eine Einschränkung gilt jedoch für den Fall, dass öffentlich-rechtliche Religionsgesellschaften staatlich verliehene Hoheitsaufgaben, z.B. die Steuereinziehung oder die Friedhofsverwaltung, wahrnehmen. In diesem Fall sind sie nicht grundrechtsberechtigt, sondern nach Art. 1 Abs. 3 GG an die Grundrechte gebunden.

71   Weitere Ausnahmen für öffentlich-rechtlich organisierte Rechtsträger können nur gelten, wo sie in spezifischer Weise die Aufgabe haben, in einem grundrechtlichen Lebensbereich, dem sie unmittelbar zugeordnet sind, bestimmte **Grundrechtsinteressen der Bürger** durch ihre Tätigkeit sicherzustellen.[208] Bei der Anerkennung der Grundrechtsfähigkeit der juristischen Personen des Öffentlichen Rechts ist allerdings zu berücksichtigen, dass sie anders als Personenmehrheiten des Zivilrechts, die durch autonome Entscheidungen von Individuen entstehen, handeln und abgewickelt werden, in ihrem Bestand von staatlichen Entscheidungen abhängig sind. Eine öffentlich-rechtliche Körperschaft, Anstalt oder Stiftung beruht ausschließlich auf einem staatlichen Organisationsakt, existiert und agiert zulässigerweise nur in einem staatlich zugewiesenen Funktions- und Aufgabenbereich und kann durch staatlichen Akt auch wieder aufgelöst werden. Das bedeutet, dass die Erstreckung der Grundrechtsberechtigung auf juristische Personen des Öffentlichen Rechts grundsätzlich auf die Grundrechte beschränkt ist, zu deren Realisierung die öffentlich-rechtliche juristische Person jeweils besteht.[209] Darüber hinaus hat das BVerfG weitere Grundrechte einbezogen, soweit sie im konkreten Zusammenhang ein die Ausübung des spezifisch zugeordneten Grundrechts unterstützendes Verhalten schützen.[210]

72   In diesem Sinne können sich die **staatlichen Universitäten** und deren Fakultäten sowie die verfassten Studentenschaften auf die Wissenschaftsfreiheit aus Art. 5 Abs. 3 S. 1 GG berufen.[211]

73   Grundrechtsberechtigt im Hinblick auf die Rundfunkfreiheit nach Art. 5 Abs. 1 S. 2 GG sind die **öffentlich-rechtlichen Rundfunkanstalten**.[212] Sie können sich darüber hinaus auf das mit der Rundfunkfreiheit in Zusammenhang stehende Fernmeldegeheimnis des Art. 10 GG berufen,[213] soweit der Schutz der Vertraulichkeit von Informationsbeschaffung und Redaktionsarbeit nicht ohnehin schon über Art. 5 Abs. 1 S. 2 GG geschützt ist.

74   Auch jenseits dieser Ausnahmetrias[214] ist eine Grundrechtsträgerschaft juristischer Personen des Öffentlichen Rechts nicht von vornherein ausgeschlossen. Vielmehr

---

ist BVerfGE 30, 112 (119 f.); 42, 312 (321 ff.); 53, 366 (387); 70, 138 (160 f.) sowie *P.M. Huber*, in: v. Mangoldt/Klein/Starck I, Art. 19 Abs. 3 Rn. 263.
208 Vgl. BVerfGE 21, 362 (373); 31, 314 (322); 75, 192 (196 f.).
209 BVerfGE 59, 231 (254 f.); 78, 101 (102 f.); 83, 238 (312 f.).
210 BVerfGE 107, 299 (309 f.).
211 BVerfGE 15, 256 (261 f.); 51, 369 (381); 67, 202 (207); 85, 360 (370); 93, 85 (94 f.); BVerfG, NVwZ-RR 2003, 705 (706).
212 BVerfGE 12, 205 (259 ff.); 31, 314 (322); 87, 181 (197 f.); 107, 299 (310).
213 BVerfGE 107, 299 (310 und 329 ff.).
214 So z.B. auch *Dreier*, in: ders. I, Art. 19 III Rn. 60.

Sicherung von Grundrechten und des Rechtswegs **Artikel 19**

muss die Frage mit dem Ziel größtmöglicher Effektivität der Grundrechte für die Menschen bereichsspezifisch mit Rücksicht auf die Eigenart des Rechtsträgers, das betroffene Grundrecht, die wahrgenommenen Aufgaben und die Beziehungen zu den Mitgliedern oder sonst betroffenen Menschen beantwortet werden.[215] Dabei ist zu berücksichtigen, dass die rechtliche Verselbständigung von Verwaltungsträgern für sich genommen noch nicht die Möglichkeit grundrechtsrelevanter Konflikte mit der Staatsgewalt eröffnet. Vielmehr ist zu prüfen, ob die juristische Person des Öffentlichen Rechts dem Staat **weisungsunabhängig als Interessenvertretung der Mitglieder, Benutzer oder Nutznießer** gegenübertritt. Das kann im Einzelfall bei öffentlich-rechtlich organisierten Handwerkerinnungen der Fall sein.[216] Demzufolge scheidet eine Grundrechtsfähigkeit von **Selbstverwaltungskörperschaften** des Öffentlichen Rechts regelmäßig aus, wenn und soweit die effektive Wahrnehmung der Verwaltungsaufgabe durch die verselbständigte Organisationsform im Vordergrund steht und nicht die Repräsentation der u.U. zwangsweise zusammengeschlossenen Mitglieder gegenüber der Staatsgewalt.[217] Wo es bereits an einer grundrechtstypischen Gefährdungslage fehlt, kann erst recht kein derivativer Grundrechtsschutz, etwa des Eigentums, eingreifen.[218]

Mit Ausnahme der Religionsgemeinschaften, auf die das BVerfG den allgemeinen Gleichheitssatz nach Art. 3 Abs. 1 GG angewendet hat,[219] betont das BVerfG, dass es bei anderen öffentlich-rechtlichen Körperschaften eines Rückgriffes auf das in Art. 3 Abs. 1 GG zum Ausdruck kommende Willkürverbot deshalb nicht bedürfe, weil es sich insoweit um einen Rechtsgrundsatz handele, der im hoheitlichen Staatsaufbau schon aus dem Wesen des Rechtsstaates folge.[220] Damit verkennt das BVerfG, dass der im Anwendungsbereich der sog. Neuen Formel (dazu Art. 3 Rdn. 11 ff.) anzulegende Prüfungsmaßstab strenger ist. Die Verletzung dieses **objektiven Willkürverbotes** berechtigt zudem nicht zur Verfassungsbeschwerde, kann jedoch als Rechtsverletzung vor den Fachgerichten geltend gemacht werden und zur Vorlage gemäß Art. 100 Abs. 1 GG führen.[221]

75

---

215 *Sachs*, in: ders., Art. 19 Rn. 104.
216 Vgl. BVerfGE 62, 354 (369); 68, 193 (207 ff.); 70, 1 (15 ff.); BVerfG, NVwZ 1994, 262; NJW 1996, 1588 f.; BVerwGE 90, 88 (95).
217 BVerfGE 21, 362 (370); 39, 302 (313 f.: Sozialversicherungsträger); 45, 63 (78 ff.: Kommunen); 61, 82 (102 ff.); 75, 192 (197 ff.: Kommunale Sparkassen); 111, 354 (360 f.: Berufsgenossenschaft); 113, 167 (227: Betriebskrankenkassen); BVerfG, NVwZ 2008, 671 (AOK); NVwZ-RR 2001, 93; NVwZ 2005, 572 (573 f.).
218 BVerfGE 61, 82 (105 ff.); BVerfG, NVwZ 2002, 1366; LKV 2005, 165 zum Grundrechtsschutz für kommunales Eigentum. Weitere Beispiele bei *Sachs*, in: ders., Art. 19 Rn. 105–107a.
219 BVerfGE 19, 1 (5); 30, 112 (119 f.).
220 BVerfG, NVwZ 2007, 1420 (1421); BVerfGE 21, 362 (372).
221 *Osterloh*, in: Sachs, Art. 3 Rn. 74.

Brüning   1397

b) Vom Staat beherrschte Personen des Privatrechts

76   Angesichts der Wahlfreiheit des Staates hinsichtlich der Organisations- und Handlungsformen bei der Wahrnehmung öffentlicher Aufgaben kann es für die Frage der Grundrechtsfähigkeit juristischer Personen nicht allein auf die Rechtsform ankommen. **Öffentliche Unternehmen** können sowohl in öffentlich-rechtlicher als auch in privatrechtlicher Form geführt werden. Bezüglich Art. 19 Abs. 3 GG bereiten der Regiebetrieb, der Eigenbetrieb und die rechtsfähige Anstalt, die allesamt in öffentlich-rechtlicher Rechtsform geführt werden, insofern keine Probleme, als dass diese Organisationsformen grundsätzlich nicht grundrechtsberechtigt sind. Schwieriger gestaltet sich die Frage der Grundrechtsfähigkeit bei juristischen Personen des Privatrechts, die von der öffentlichen Hand beherrscht werden oder an denen sie schlicht beteiligt ist. Art. 19 Abs. 3 GG liegt eine materielle Leitidee zugrunde,[222] weshalb es prinzipiell keinen Unterschied machen kann, in welcher Rechtsform ein Träger öffentlicher Verwaltung die zugewiesenen Aufgaben erfüllt.[223] Eine formalistische Sichtweise führte dazu, dass der Staat sich einerseits durch die Wahl privatrechtlicher Handlungsformen seinen grundrechtlichen Verpflichtungen entledigen und sich andererseits den Grundrechtsschutz erschließen könnte.[224]

aa) Eigengesellschaften und Beleihung

77   Aus diesem Grund ist den **Eigengesellschaften**, bei denen die öffentliche Hand alle Anteile des von ihr gegründeten oder übernommenen Unternehmens selbst hält, der Grundrechtsschutz zu versagen.[225] Ebenso ist den gemischt-öffentlichen Unternehmen, an denen verschiedene Träger öffentlicher Verwaltung beteiligt sind, kein Grundrechtsschutz einzuräumen.[226] Ungeachtet jedweder Beteiligungsverhältnisse entfällt die Grundrechtsberechtigung im Fall der Beleihung.[227] Problematisch ist, originär privatrechtlichen juristischen Personen die Grundrechtsfähigkeit nur deshalb abzuerkennen, weil sie öffentliche Aufgaben erfüllen, da sich das Kriterium der Erfüllung öffentlicher Aufgaben für eine Abgrenzung als zu unbestimmt erweisen dürfte.[228]

bb) Gemischt-wirtschaftliche Unternehmen

78   Unbeantwortet ist damit noch die Grundrechtsfähigkeit sog. **gemischt-wirtschaftlicher Unternehmen**. Hier sind neben kommunalen oder staatlichen Verwaltungsträgern auch Privatpersonen (natürliche oder juristische) beteiligt. Obwohl sich der

---

222   *P. M. Huber*, in: v. Mangoldt/Klein/Starck I, Art. 19 Abs. 3 Rn. 280.

223   So auch BVerfGE 45, 63 (80): »Ein Betrieb, der sich in der Hand eines Trägers öffentlicher Verwaltung befindet, ist in der Frage der Grundrechtssubjektivität nicht anders zu behandeln als der Verwaltungsträger selbst.«.

224   So auch *P. M. Huber*, in: v. Mangoldt/Klein/Starck I, Art. 19 Abs. 3 Rn. 281.

225   So auch BVerfGE 45, 63 (80); 113, 208 (211); *Dreier*, in: ders. I, Art. 19 III Rn. 71.

226   BVerfG, DVBl 2011, 416 (417).

227   So auch *Jarass*, in: Jarass/Pieroth, Art. 19 Rn. 18; *Sachs*, in: ders., Art. 19 Rn. 111.

228   *Sachs*, in: ders., Art. 19 Rn. 111.

staatliche Anteil zwischen einer geringfügigen Beteiligung und einer annähernden Vollbeteiligung bewegen kann, lässt sich die Frage der Grundrechtsfähigkeit eines konkreten gemischt-wirtschaftlichen Unternehmens nur pauschal mit »Ja« oder »Nein« beantworten.[229]

Das BVerfG hat im sog. HEW-Beschluss die Grundrechtsfähigkeit einer juristischen   79
Person des Privatrechts, die sich zu 72 % in öffentlicher Hand befindet, abgelehnt, weil bei einem derartigen **Beteiligungsverhältnis** davon auszugehen sei, dass die öffentliche Hand auf die Geschäftsführung entscheidenden Einfluss nehmen könne.[230]
Ferner wurde der Grundrechtsschutz deshalb verneint, weil sich die Wasser- und Energieversorgung, die von der betreffenden juristischen Person erbracht wurde, als öffentliche Aufgabe darstelle.[231] Demgegenüber hat das BVerwG die Telekom AG trotz mehrheitlichen Aktieneigentums des Bundes wegen ihrer ausschließlich privatwirtschaftlichen Tätigkeit ganz selbstverständlich als grundrechtsfähig angesehen.[232]

Zunächst zeigt diese Rechtsprechung, dass das Tätigkeitsfeld angesichts der Definiti-   80
onsmacht des Staates über die Staatsaufgaben kein taugliches Kriterium für die Zuerkennung oder Aberkennung von Grundrechtsfähigkeit sein kann, weil er sonst über die Grundrechtsfähigkeit disponieren könnte.[233] Im Übrigen sagt die Statuierung einer öffentlichen Aufgabe nichts über die Art und Weise ihrer Wahrnehmung aus. Des Weiteren ist unklar, welche Kriterien anzuwenden sind, um die Einflussnahme der Gebietskörperschaft auf die Geschäftsführung als entscheidend zu qualifizieren, insbes. ob es allein auf den Beteiligungsgrad ankommt.[234] Neuerdings wird allgemein auf die **Beherrschung durch die öffentliche Hand** abgestellt.[235] Darunter ist eine solche durch Vertrag oder Hoheitsakt eingeräumte Kontrollmöglichkeit der öffentlichen Hand hinsichtlich eines Unternehmens zu verstehen, welche dazu führt, dass dem Unternehmen die wirtschaftliche Eigenständigkeit gegenüber der öffent-

---

229 Vgl. *Dreier*, in: ders. I, Art. 19 III Rn. 73.

230 BVerfG, NJW 1990, 1783; hieran anschließend hält BVerfG, DVBl 2011, 416 (418), es für ausreichend, dass »Anteile zu mehr als 50 % von öffentlichen Anteilseignern gehalten werden«.

231 BVerfG, NJW 1990, 1783; NVwZ 2009, 1282 f.

232 BVerwGE 114, 160 (189); im Ergebnis ebenso, in der Begründung aber anders BVerfGE 115, 205 (227 f.), worin darauf abgestellt wird, dass ein beherrschender Einfluss des Bundes auf die Unternehmensführung ausgeschlossen sei.

233 *P.M. Huber*, in: v. Mangoldt/Klein/Starck I, Art. 19 Abs. 3 Rn. 287.

234 Vgl. *Brüning*, Der Private bei der Erledigung kommunaler Aufgaben, S. 216; *Dreier*, in: ders. I, Art. 19 III Rn. 78.

235 *P.M. Huber*, in: v. Mangoldt/Klein/Starck I, Art. 19 Abs. 3 Rn. 285. Grundlegend wirkt insoweit die Definition in Art. 2 Abs. 1 lit. b) RL 2006/111/EG v. 16.11.2006 über die Transparenz der finanziellen Beziehungen zwischen Mitgliedstaaten und den öffentlichen Unternehmen sowie über die finanzielle Transparenz innerhalb bestimmter Unternehmen, ABl. EU Nr. L 318, S. 17.

lichen Hand abzusprechen ist.[236] Maßgebend sei, wer die Gesamtverantwortung für das jeweilige Unternehmen trage.[237]

81 Der eigentliche Grund der Ausnahme öffentlicher Unternehmen von der zugunsten juristischer Personen regelmäßig eingreifenden Garantie des Art. 19 Abs. 3 GG ist nicht die staatliche Einflussnahmemöglichkeit bzw. Beherrschung, sondern die **Interessenidentität**.[238] Eine Gesellschaft privaten Rechts, deren Anteile sich vollständig in öffentlicher Hand befinden, repräsentiert keine Interessen, die von denen des Kapitaleigners unterschieden werden können. Sie ist nicht Ausdruck der selbstverantwortlichen Entfaltung bürgerlicher Individualität[239] und daher vorbehaltlich einer grundrechtstypischen Gefährdungslage grundrechtsunfähig. Anders ist das bei Beteiligung Privater, weil der Gesellschaftszweck dann nicht mehr ohne weiteres mit dem Aufgabenerfüllungsinteresse des öffentlich-rechtlich verfassten Mitgesellschafters gleichgesetzt werden darf.[240]

82 Zuletzt wirkt auch die grundgesetzliche Prägung von Kernelementen des Gesellschaftsrechts auf die Anwendung und Auslegung des Art. 19 Abs. 3 GG zurück.[241] Denn das Gesellschaftsrecht ist allein nicht geeignet, Eingriffe des Staates abzuwehren. Vielmehr räumt es der Gesellschaft im eigenen Interesse Rechte ein, die auch die Überprüfung eingreifender Gesetze am Maßstab des Grundgesetzes bedingen und zur prozessualen Umsetzung die Verfassungsbeschwerdebefugnis der Gesellschaft erfordern.[242] Bei der Zusammenfügung von Vermögen in einer Kapitalgesellschaft handelt es sich um **kollektive Freiheitsnutzung**.[243] Diese ergibt einen Mehrwert gegenüber dem Wert der Beteiligung, der einen Bestandteil des Vermögens des Anteilseigners bildet. Das tatsächliche Substrat findet sich im Eigentum der Gesellschaft, weshalb deren Grundrechtsfähigkeit erforderlich ist, um den grundgesetzlich garantierten Entfaltungsspielraum natürlicher Personen zu erhalten.[244] Im Ergebnis kann daher gemischt-wirtschaftlichen Unternehmen die Grundrechtsfähigkeit nicht abgesprochen werden, und zwar unabhängig von der Höhe der Staatsquote.

---

236 *Wernicke*, in: Grabitz/Hilf/Nettesheim, Das Recht der Europäischen Union, Art. 106 AEUV Rn. 26.
237 BVerfG, DVBl 2011, 416 (417 f.), das diese Frage allerdings im konkreten Fall nicht beantwortet.
238 So auch schon *Brüning*, Der Private bei der Erledigung kommunaler Aufgaben, S. 217.
239 BVerfG, DVBl 2011, 416 (417).
240 *Koppensteiner*, NJW 1990, 3105.
241 Dazu auch schon *Brüning*, Der Private bei der Erledigung kommunaler Aufgaben, S. 218.
242 *Koppensteiner*, NJW 1990, 3105 (3109 ff.).
243 *Koppensteiner*, NJW 1990, 3105 (3113).
244 *Koppensteiner*, NJW 1990, 3105 (3113).

III. Rechtsweggarantie (Abs. 4)

1. Öffentliche Gewalt

Während Art. 1 Abs. 3 GG von Gesetzgebung, vollziehender Gewalt und Rechtspre- 83
chung spricht, benennt Art. 19 Abs. 4 GG die öffentliche Gewalt. Damit ist zunächst die **deutsche öffentliche Gewalt** gemeint.[245] Für die in Deutschland ausgeübte supranationale Gewalt der Europäischen Gemeinschaft greift der Rechtsschutz auf
der Ebene der Union ein, den heute Art. 23 Abs. 1 S. 1 GG als Element rechtsstaatlicher Grundsätze ausdrücklich einfordert. Auf den indirekten Vollzug von Gemeinschaftsrecht durch deutsche Behörden ist Art. 19 Abs. 4 GG uneingeschränkt anwendbar.[246]

Gegenüber der deutschen öffentlichen Gewalt greift Art. 19 Abs. 4 GG auch dann 84
ein, wenn sie im **Ausland** ausgeübt wird oder zwar im Inland ausgeübt wird, ihre Wirkungen aber erst oder auch im Ausland zeitigt und auf diese Weise Grundrechte oder
sonstige im Ausland geltende subjektive Rechte verletzt.[247] Ebenso ist die Rechtsweggarantie aufgerufen für den Vollzug oder die Vollstreckung fremder Hoheitsakte durch
deutsche Staatsorgane.[248]

Öffentliche Gewalt wird von Bund und Ländern sowie von sonstigen öffentlich- 85
rechtlichen Körperschaften, Anstalten und Stiftungen ausgeübt. Rechtswegeröffnen-
de Akte der öffentlichen Gewalt sind alle Maßnahmen grundrechtsverpflichteter
Staatsfunktionen. Auch als Körperschaft des öffentlichen Rechts verfasste Religionsgemeinschaften zählen daher nicht dazu.[249] Im Falle einer **Beleihung** können auch
natürliche Personen oder juristische Personen des Privatrechts gegenüber dem Bürger
öffentliche Gewalt i.S.v. Art. 19 Abs. 4 GG ausüben.

a) Vollziehende Gewalt

Öffentliche Gewalt i.S.v. Art. 19 Abs. 4 GG ist namentlich die gesamte vollziehende 86
Gewalt in ihren Erscheinungsformen des Regierungshandelns und des Verwaltungshandelns. Ausnahmen je nachdem, ob materielle Verwaltungsaufgaben erledigt
werden oder Fiskalverwaltung in Rede steht,[250] können nicht überzeugen. Vielmehr
werden das gesamte öffentlich-rechtliche Verwaltungshandeln sowie das **privatrechts-**

---

245 BVerfGE 57, 9 (23); 58, 1 (26 ff.); 59, 63 (85 ff.); 63, 343 (375 ff.).
246 *Krebs,* in: v.Münch/Kunig, Art. 19 Rn. 59 m.w.N.
247 Vgl. BVerwGE 75, 285 (286 ff.); *P.M. Huber,* in: v. Mangoldt/Klein/Starck I, Art. 19
      Abs. 3 Rn. 384; ders., in: Sachs, Präambel, Rn. 37.
248 Vgl. BVerfGE 63, 343 (375); BSGE 61, 131 (133).
249 BVerfG, DVBl 2014, 993 f. m.w.N.
250 Vgl. BVerfGE 116, 135 (149 f.); BVerwGE 129, 9 (13 ff.).

förmige Verhalten von Verwaltungsträgern erfasst.[251] Eines Rückgriffs auf den allgemeinen Justizgewährungsanspruch bedarf es insoweit nicht.[252]

87 Konsequenterweise sind auch Eigengesellschaften der öffentlichen Gewalt i.d.S. zuzurechnen.[253] Etwas anderes gilt erst dann, wenn das Handeln gemischt-wirtschaftlicher **Unternehmen** in Rede steht. Grundrechtsgebunden bleibt hier nur das Handeln des staatlichen bzw. kommunalen Gesellschafters, nicht aber das der Gesellschaft selbst. Korrespondierend der Grundrechtsberechtigung gemischt-wirtschaftlicher Unternehmen (dazu Rdn. 78 ff.) kann ihre Tätigkeit nicht zugleich Ausübung öffentlicher Gewalt im Sinne von Art. 19 Abs. 4 GG sein. Vielmehr verwirklicht sich Grundrechtsschutz über die (gesellschafts-)rechtlichen Einwirkungsbefugnisse der hinter der Unternehmung stehenden öffentlichen Eigentümer.[254]

88 Das BVerfG erkennt in **Gnadenentscheidungen** keine öffentliche Gewalt i.S.v. Art. 19 Abs. 4 GG, weil »Gnade vor Recht« gehe und es sich demnach nicht um Rechtsakte handele.[255] Dem steht entgegen, dass das Gnadenwesen inzwischen weitgehend rechtlich geordnet ist. Zudem können Gnadenentscheidungen Grundrechte, insbes. in Gestalt von Art. 3 GG, verletzen, auch wenn es bis heute an einem subjektiven Recht auf Gnade, das gerichtlich geltend gemacht werden könnte, fehlt.

b) Rechtsprechung

89 Öffentliche Gewalt ist grundsätzlich nicht die Rechtsprechung, da Art. 19 Abs. 4 GG nur den **Schutz durch den Richter, nicht aber gegen den Richter** gewährt[256]. Anders als bei Art. 93 Abs. 1 Nr. 4a GG und abweichend von Art. 1 Abs. 3 GG ist der textlich umfassende Begriff der öffentlichen Gewalt teleologisch zu reduzieren.[257] Bei anderer Auslegung ergäbe sich ein endloser Zirkel von Ansprüchen auf gerichtlichen Rechtsschutz gegen Rechtsprechungsentscheidungen. Der Zweck des Art. 19 Abs. 4 GG, zum Schutz vor Verletzungen subjektiver Rechte eine in richterlicher Unabhängigkeit getroffene Entscheidung durch eine unbeteiligte Instanz zu ge-

---

251 *Sachs,* in: Sachs, Art. 19 Rn. 118; *P.M. Huber,* in: v. Mangoldt/Klein/Starck, Art. 19 Rn. 422; *Jarass,* in: Jarass/Pieroth, Art. 19 Rn. 42; *Schmidt-Aßmann,* in: Maunz/Dürig, Art. 19 Abs. 4 (2014) Rn. 58; zurückhaltend *Schenke,* in: HbdGR, Bd. 3; § 78 Rn. 21 f.; a.A. *Papier,* in: HStR VIII, § 177 Rn. 27.
252 BVerfGE 116, 135 (150).
253 BVerfG, DVBl 2011, 416 f.; auch *Jarass,* in: Jarass/Pieroth, Art. 19 Rn. 42.
254 A.A. BVerfG, DVBl 2011, 416 (417), wonach – insoweit folgerichtig – das aus Art. 19 Abs. 3 GG bekannte Kriterium der Beherrschung, nicht aber das der Aufgabe bzw. Funktion maßgebend sein soll.
255 Vgl. BVerfGE 25, 352 (361 f.); 30, 108 (110 ff.); 45, 187 (242 ff.); 66, 337 (363).
256 Ausführlich dazu *Schenke,* JZ 2005, 116 ff.
257 BVerfGE 11, 263 (265); 15, 275 (280 f.); 25, 352 (365); 49, 329 (340 ff.); 76, 93 (98).

währleisten, ist bei Akten der Rechtsprechung von vornherein erreicht.[258] Dementsprechend gewährleistet Art. 19 Abs. 4 GG keinen Instanzenzug.[259]

Damit ist bereits angedeutet, dass Rechtsschutz auch gegen richterliche Entscheidungen zu gewähren ist, die sich funktional als Ausübung vollziehender Gewalt darstellen. Wenn durch **Richtervorbehalte** des GG oder des einfachen Gesetzesrechts (Art. 13 Abs. 2–5 GG, Art. 104 Abs. 2 S. 1 GG, § 100b Abs. 1 S. 1 StPO) besonders gravierende Grundrechtseingriffe Richtern übertragen sind, agieren diese nicht als Instanzen unbeteiligter Streitentscheidung,[260] obwohl sie mit richterlicher Unabhängigkeit entscheiden. Vielmehr handelt es sich bei solchen richterlichen Entscheidungen um Akte der öffentlichen Gewalt i.S.v. Art. 19 Abs. 4 GG.[261] Anderes gilt wiederum bei der nachträglichen Gerichtskontrolle einer trotz Richtervorbehalts wegen Gefahr im Verzug ergangenen behördlichen Entscheidung.[262] Ebenso ist der Rechtsweg eröffnet für Entscheidungen nichtrichterlicher Stellen der Justiz und der Justizverwaltung, die nicht in richterlicher Unabhängigkeit getroffen werden.[263] 90

Zwar kann angesichts der Geltung der Prozessgrundrechte gerade ein Gericht originäre Grundrechtsbeeinträchtigungen herbeiführen. Dennoch unterfallen solche Akte nicht dem Schutzbereich des Art. 19 Abs. 4 GG. Es entsteht dadurch auch keine Lücke im gerichtlichen Rechtsschutz, weil für diese Fälle der **rechtsstaatliche Justizgewährungsanspruch** gilt.[264] Dieser gebietet, dass gegenüber allen durch Rechtsprechungsakte verursachten Grundrechtsverletzungen eine gesetzlich geregelte gerichtliche Kontrollmöglichkeit besteht.[265] Der allgemeine Justizgewährungsanspruch ist auch für die Effektivität des Rechtsschutzes maßgeblich, wenn außerhalb des Anwendungsbereichs des Art. 19 Abs. 4 GG mehrere Instanzen eröffnet sind. 91

c) Gesetzgebung

Art. 1 Abs. 3 GG bindet ausdrücklich auch die Gesetzgebung an die Grundrechte und sanktioniert dies mit der Verfassungsbeschwerde. Infolge dessen können zwar die Gesetzgebung bzw. ihre Unterlassung subjektive öffentliche Rechte Einzelner verletzen, jedoch ist damit nicht gesagt, ob ihnen dann auch der Rechtsweg eröffnet ist. Denn die Rechtsprechung hat nach Art. 20 Abs. 3 GG, Art. 97 Abs. 1 GG die Aufgabe, alle (auch nur materiellen) Gesetze anzuwenden, während **für die Normenkontrolle besondere verfassungsgerichtliche Verfahren** vorgesehen sind. Vor allem Art. 100 Abs. 1 GG lässt erkennen, dass die Frage der Normgültigkeit im Gerichtsprozess nur als Vorfrage aufgeworfen sein, nicht aber den Gegenstand solcher Verfah- 92

---

258 BVerfGE 107, 395 (404 f.).
259 BVerfGE 4, 74 (94 f.); 92, 158 (185); 112, 185 (207); 118, 212 (239 f.).
260 Vgl. aber BVerfGE 103, 142 (151).
261 BVerfGE 107, 395 (406); 116, 1 (9 f.).
262 Vgl. BVerfG, NJW 2002, 1333; NJW 2003, 2303 (2304).
263 Vgl. BVerfGE 28, 10 (14 f.); 101, 397 (407); 103, 142 (156).
264 BVerfGE 107, 395 (406 ff.).
265 BVerfGE 107, 395 (408 ff.); 108, 341 (347 ff.); BVerfG, NJW 2006, 2907 (2908).

ren bilden soll; ähnliches gilt für Art. 93 Abs. 1 Nr. 2 GG, was § 76 Abs. 1 Nr. 2 BVerfGG verdeutlicht. Neben diesen an enge Voraussetzungen gebundenen Möglichkeiten kann nicht angenommen werden, dass über Art. 19 Abs. 4 GG für jedermann Normenkontrollverfahren eröffnet werden, sofern sich der Betroffene nur auf eine Rechtsverletzung berufen kann. Auch die mit Normenkontrollentscheidungen regelmäßig verbundenen Wirkungen für und gegen jedermann (vgl. auch Art. 94 Abs. 2 GG) gehen über die Gewährleistung individuellen Rechtsschutzes hinaus, wie ihn Art. 19 Abs. 4 GG sichern will. Diesem wird grundsätzlich dadurch hinreichend Genüge getan, dass gerichtlicher Rechtsschutz gegen Ausführungsakte gewährt wird, in deren Rahmen die angewendeten Normen inzident überprüft werden.[266] Vor diesem Hintergrund ist es konsequent, die formelle Gesetzgebung aus der Rechtsweggarantie des Art. 19 Abs. 4 S. 1 GG von vornherein auszuscheiden.[267]

93   Die **Rechtsetzung durch die Exekutive** in Gestalt von Rechtsverordnungen und Satzungen ist dagegen als öffentliche Gewalt in die Rechtsschutzgarantie einzubeziehen. Wenngleich das BVerfG eine Begründung dafür schuldig geblieben ist, so ist er mit dem BVerwG darin zu erblicken, dass die vorgenannten Erwägungen, die für den Ausschluss von Parlamentsgesetzen aus Art. 19 Abs. 4 GG streiten, bei untergesetzlichen Normen gerade nicht greifen.[268] Als Rechtsschutzmittel kommt insbesondere die Feststellungsklage in Betracht. Allerdings ist insoweit zu gewärtigen, dass regelmäßig eine Inzidentkontrolle im Rahmen des Streits um den Vollzugsakt möglich ist und bereits zur Beseitigung einer Grundrechtsverletzung führen kann. Die inzidente Überprüfung der Rechtmäßigkeit untergesetzlicher Rechtsnormen im Rahmen von Verfahren gegen deren Anwendung im Einzelfall stellt bereits Rechtsschutz i.S.v. Art. 19 Abs. 4 GG dar.[269] Eigenständige Klagemöglichkeiten unmittelbar gegen rechtsverletzende Normen oder auf Normerlass bestehen regelmäßig nicht.[270]

2. Rechtsverletzung

94   Die Rechtswegeröffnung des Art. 19 Abs. 4 GG setzt die **Verletzung eigener Rechte** durch die öffentliche Gewalt voraus. Popular- oder Verbandsklagen sind durch Art. 19 Abs. 4 GG nicht garantiert.[271] Nicht in eigenen Rechten verletzten Personen steht von Verfassungs wegen lediglich das Petitionsrecht aus Art. 17 GG zu.

95   Eigene Rechte i.S.v. Art. 19 Abs. 4 GG sind nicht nur Grundrechte. Trotz der Stellung der Rechtsweggarantie in Art. 19 GG enthält dieser Artikel nur in seinen Absät-

---

266 *Sachs*, in: ders., Art. 19 Rn. 123.
267 BVerfGE 10, 89 (104 f.); 24, 33 (49 f.); 24, 367 (402); 45, 297 (334); 75, 108 (165); 95, 1 (22).
268 BVerfG, NVwZ 2006, 922; BVerwGE 80, 355 (361).
269 BVerfGE 115, 81 (92 ff.); BVerfG, NVwZ 2007, 1172 (1174).
270 Vgl. BVerfG, NVwZ 1998, 169 (170); NVwZ-RR 2002, 1 f.; BVerfGE 106, 275 (307); 115, 81 (92 ff.); BVerwGE 80, 355 (361); 111, 276 (278 f. m.w.N.); BVerwG, NVwZ 2002, 1505 (1506 m.w.N.).
271 BVerfG, NVwZ 2001, 1148 (1149); vgl. auch BVerwGE 112, 135 (136 f.).

zen 1–3 eindeutig so formulierte Ergänzungsbestimmungen zu den Grundrechten, während der schon sprachlich »auf Rechte« bezogene Abs. 4 bei **Verletzungen von Individualrechten jeder Art** eingreift.[272] Subjektive Rechte in diesem Sinne können nicht allein aus dem Verfassungsrecht, den einfachen Gesetzen und dem Europarecht abgeleitet werden; vielmehr sind sie auch durch Rechtsgeschäft begründbar.[273] Der Rechtsweggarantie voraus liegt also die Frage, ob einer Person ein subjektives Recht zusteht. Damit hängt die Reichweite des Art. 19 Abs. 4 GG von anderweitigen normativen Festlegungen subjektiver Rechte ab.[274] Die Rechtsweggarantie steht insoweit also auch zur Disposition des Gesetzgebers.

Grenzen ergeben sich daraus, dass die durch Art. 2 Abs. 1 GG umfassend garantierte 96 **abwehrrechtliche Sphäre der Grundrechte** selbst die Geltung der Rechtsweggarantie auslöst. Wodurch die öffentliche Gewalt Grundrechte beeinträchtigt – und sei es mittelbar-faktisch –, greift der besondere Justizgewährleistungsanspruch ein. Schließlich vermag Art. 19 Abs. 4 GG die verfahrensrechtliche Dimension der Grundrechte insoweit zu verstärken, als er im Sinne einer verfassungskonformen Auslegung gebietet, Regelungen, die darauf angelegt sind, grundrechtlich vorgegebene materielle Abwehransprüche einzuengen oder auszuschließen, restriktiv zu interpretieren.[275]

Ob ein subjektives Recht gegeben ist, muss durch Auslegung der betreffenden Rechts- 97 norm ermittelt werden, wofür auf die von der Rechtsprechung entwickelte »Schutznormtheorie« zurückgegriffen wird. Danach genügt nicht die Verletzung von Rechtssätzen, in denen der Einzelne nur aus Gründen des Allgemeininteresses begünstigt wird, die also reine Reflexwirkungen haben,[276] sondern Art. 19 Abs. 4 GG verlangt eine – zumindest auch – im Interesse des Einzelnen gewährte Rechtsposition.[277]

Obzwar Art. 19 Abs. 4 GG dem Wortlaut nach voraussetzt, dass eine Verletzung 98 dieser subjektiven Rechte eingetreten ist, genügt es für die Eröffnung des Rechtswegs, dass der Grundrechtsträger eine Verletzung seiner Rechte **als möglich geltend macht**.[278] Hinreichend ist neben der Geltendmachung einer bereits eingetretenen auch diejenige einer erst drohenden Rechtsverletzung, sofern ohne den einstweiligen Rechtsschutz schwere und nicht anders abwendbare Nachteile entstehen.[279]

D. Grundrechtsberechtigte und -verpflichtete (Abs. 4)

Die Frage der Grundrechtsberechtigung und Grundrechtsverpflichtung ist **nur be-** 99 **züglich Art. 19 Abs. 4 GG** zu beantworten, da lediglich darin ein Grundrecht, näm-

---

272 *Sachs,* in: ders., Art. 19 Rn. 127.
273 *Sachs,* in: ders., Art. 19 Rn. 127; *Papier,* HStR VIII, § 177 Rn. 46.
274 BVerfGE 61, 82 (110); 116, 1 (11 f.); BVerfG, NJW 2004, 3257 (3258).
275 Vgl. BVerfGE 61, 82 (109 ff.).
276 Vgl. BVerfGE 31, 33 (39 ff.).
277 Vgl. BVerfGE 27, 297 (305 ff.).
278 BVerfGE 31, 364 (368).
279 *Sachs,* in: ders., Art. 19 Rn. 148; *Papier,* HStR VIII, § 177 Rn. 92, 95; BVerfGE 93, 1 (13 f.); 94, 166 (216); 176, 1 (27 f.).

lich in Gestalt eines Jedermann-Grundrechts, verbürgt. Art. 19 Abs. 4 GG gilt somit ebenfalls für Ausländer und Staatenlose und darüber hinaus für inländische juristische Personen des Privatrechts.[280] Juristische Personen des Öffentlichen Rechts stehen wegen ihrer Zugehörigkeit zur grundrechtsgebundenen Staatlichkeit grundsätzlich nicht unter der Berechtigung aus Art. 19 Abs. 4 GG.[281] Soweit allerdings ausnahmsweise die Grundrechte insgesamt auf sie zur Anwendung kommen – wie etwa bei den Religionsgemeinschaften –, wird davon auch Art. 19 Abs. 4 GG als Flankenschutz erfasst.[282]

100 Art. 19 Abs. 4 GG richtet sich an jeden Träger öffentlicher Gewalt, der durch Grundrechte verpflichtet ist, d.h. allein die durch das Grundgesetz konstituierte öffentliche Gewalt.[283] Grundrechtsadressat ist die **deutsche Staatsgewalt** aber auch dann, wenn sie in internationalen Einrichtungen oder im Ausland handelt oder fremde Hoheitsakte vollzieht oder vollstreckt.[284] Auf Träger ausländischer öffentlicher Gewalt oder internationale Einrichtungen ist Art. 19 Abs. 4 GG dagegen grundsätzlich nicht anwendbar.[285]

E. Subjektive und objektiv-rechtliche Gehalte

I. Überblick

101 Allen Absätzen des Art. 19 GG eigen ist die **Funktion, die Grundrechte zu sicheRn.** Art. 19 Abs. 1 GG bindet den einfachen Gesetzgeber, Art. 19 Abs. 2 GG den einfachen Gesetzgeber, die vollziehende Gewalt sowie die Rechtsprechung, nicht aber den verfassungsändernden Gesetzgeber bei Grundrechtseinschränkungen. Art. 19 Abs. 3 GG erweitert den Geltungsbereich der Grundrechte über die Rechtssphäre der Individuen hinaus. Art. 19 Abs. 4 GG schließlich enthält ein vollwertiges Grundrecht, das seinen Schutz nicht nur auf materielle Grundrechte, sondern auch auf die subjektiven Rechte des Einzelnen erstreckt, die im einfachen Recht begründet sind.[286] Obgleich Art. 19 Abs. 4 GG nur Individualrechtsschutz garantiert, kann der einfache Gesetzgeber den Gerichten auch Kompetenzen der objektiven Rechtmäßigkeitskontrolle übertragen. Über seine Grundrechtsqualität hinaus beinhaltet Art. 19 Abs. 4 GG eine institutionelle Garantie einer Gerichtsbarkeit, die gemäß den grundgesetzlichen Anforderungen an die Gerichtsorganisation aus Art. 92 ff. GG in der Lage ist, den Individualrechtsschutz effektiv zu gewähren. Dem einfachen Gesetzgeber obliegt es, eine entsprechende Gerichtsbarkeit zu statuieren. Nur wenn und soweit er keine gerichtlichen Zuständigkeiten für den Individualrechtsschutz gemäß Art. 19 Abs. 4

---

280 Vgl. BVerfGE 35, 382 (401); 65, 76 (90); 67, 43 (58).
281 BVerfGE 39, 302 (312 ff., 316); 61, 82 (109).
282 *Sachs*, in: ders., Art. 19 Rn. 114.
283 BVerfGE 58, 1 (26 ff.); 59, 63 (85 f.).
284 BVerfGE 63, 343 (375).
285 BVerfGE 59, 63 (88); 58, 1 (30).
286 BVerfGE 15, 275 (281); 61, 82 (110); 78, 214 (226); 83, 182 (194 f.); 84, 34 (49).

S. 1 GG schafft, greift unmittelbar die »Auffangkompetenz« der ordentlichen Gerichte aus Art. 19 Abs. 4 S. 2 GG ein.

II. Leistungsgrundrecht (Abs. 4)

Trotz seiner rechtsstaatlichen Verwurzelung ist das Grundrecht aus Art. 19 Abs. 4 **102** GG kein Abwehr-, sondern ein **Leistungsrecht**. Es ist auf die mit der Eröffnung des Rechtswegs einhergehenden staatlichen Leistungen, wie Einrichtung und Organisation der Gerichte, Bestellung der Richter, Schaffung des Prozessrechts sowie sodann Durchführung der Gerichtsverfahren und Erlass der Entscheidungen gerichtet. Mit dem Offenstehen des Rechtswegs sind also der Zugang zum Gericht, das Verfahren vor dem Gericht und die Entscheidung durch das Gericht verbürgt.[287] Dabei sind staatliche Gerichte gemeint, die in ihrer organisatorischen Stellung und personellen Besetzung den Anforderungen von Art. 92 GG und Art. 97 GG genügen.[288] Die Rechtsweggarantie wäre offensichtlich wirkungslos, wenn die Gerichte das Rechtsschutzbegehren inhaltlich nicht prüfen müssten und sich mit der Entscheidung beliebig viel Zeit lassen könnten. Deshalb hat das BVerfG betont, dass Art. 19 Abs. 4 GG effektiven Rechtsschutz garantiert, der den Grundrechten tatsächliche Wirksamkeit verschafft.[289] Dadurch gewinnt der Aspekt hinreichender Ressourcen immer stärker an Bedeutung.[290]

Im Übrigen überlässt das Grundgesetz die **Ausgestaltung** von Gerichtsverfassung **103** und -verfahren ausschließlich dem Gesetzgeber. Da der Richter allein dem Gesetz unterworfen ist, kann der Rechtsweg auch nur durch den Gesetzgeber und nicht etwa durch die Verwaltung eröffnet und verschlossen werden. Mithin steht der Inhalt der Leistung nicht von Verfassungs wegen fest, sondern hängt in erheblichem Umfang von gesetzlicher Ausgestaltung ab. Insoweit gibt Art. 19 Abs. 4 GG dem Gesetzgeber nur die Zielrichtung und die Grundzüge der Regelung vor, lässt ihm im Übrigen aber einen beträchtlichen Gestaltungsspielraum.[291]

1. Gerichtlicher Rechtsschutz

Streitgegenstand des gerichtlichen Verfahrens ist die behauptete Rechtsverletzung; be- **104** anspruchbar ist eine unmittelbar hierüber ergehende **gerichtliche Entscheidung**. Die Möglichkeit, dass sich Gerichte inzident mit der Rechtsverletzung befassen, reicht nicht aus.[292] Wenn und soweit Rechtsschutz gegenüber der behaupteten Rechtsverletzung garantiert wird, muss ein Gericht hierüber Feststellungen treffen. Die Möglichkeit, Sekundäransprüche auf Schadensersatz oder Entschädigung gerichtlich geltend

---

287 *Schulze/Fielitz*, in: Dreier I, Art. 19 IV Rn. 79.
288 BVerfGE 11, 232 (233 f.); 49, 329 (340).
289 BVerfGE 84, 34 (49); 101, 106 (122).
290 Vgl. die Referate der Abteilung Justiz, in: Verhandlungen des 66. Deutschen Juristentages Stuttgart 2006, Bd. II/1.
291 So BVerfG, NVwZ 2010, 1482 (1483).
292 *Sachs*, in: ders., Art. 19 Rn. 135.

zu machen, genügt der Rechtsweggarantie in Bezug auf die Rechtsverletzung nicht, es sei denn, nicht die zugrunde liegende originäre Rechtsverletzung, sondern diese Ansprüche selbst sind Streitgegenstand.[293] Vor diesem Hintergrund begegnet der Ausschluss primären Rechtsschutzes – wie etwa bei der Vergabe öffentlicher Aufträge mit Rücksicht auf die Interessen Dritter und der Allgemeinheit[294] – durchgreifenden Bedenken.[295] Da die Verfassungsbeschwerde gem. § 90 Abs. 2 BVerfGG erst nach Erschöpfung des Rechtswegs eröffnet, diesem also nachgeordnet und selbst nicht durch Art. 19 Abs. 4 GG garantiert ist,[296] rechnet das BVerfG oder ein Landesverfassungsgericht nicht hierher.

105   Das Offenstehen des Rechtswegs ist auch dann zu gewährleisten, wenn die Grundrechtseingriffe dergestalt tatsächlich überholt worden sind, dass eine **gerichtliche Entscheidung nur nachträglich in Betracht kommt**. In diesen Fällen kann gerichtlicher Rechtsschutz nicht mit der Erwägung verwehrt werden, es fehle nach Erledigung ein **Rechtsschutzinteresse**, wenn es nach dem typischen Verfahrensablauf kaum möglich ist, während der Zeit der direkten Rechtsbeeinträchtigung eine gerichtliche Entscheidung zu erwirken,[297] wenn die Gerichte selbst verfahrensfehlerhaft eine rechtzeitige Entscheidung versäumt haben,[298] wenn die Schwere eines Eingriffs ein Rechtsschutzbedürfnis begründet[299] oder Grundrechtseingriffe heimlich vorgenommen werden.[300]

106   Auch das **Verwaltungsverfahren** steht noch im Einwirkungsbereich des Art. 19 Abs. 4 GG, indem es nach seiner gesetzlichen Regelung und praktischen Durchführung den gerichtlichen Rechtsschutz weder vereiteln[301] noch unzumutbar erschweren darf.[302] Insoweit entfaltet die Rechtsweggarantie wie andere Grundrechte auch Ausstrahlungswirkung (dazu Einl. Rdn. 36 ff.). Der grundrechtsgebundenen Staatsgewalt ist es danach aufgegeben, durch Gesetz oder auch ohne gesetzliche Grundlage sicherzustellen, dass solche Wirkungen nicht infolge tatsächlicher Umstände eintreten.[303] Bei heimlichen Maßnahmen kann Art. 19 Abs. 4 GG deshalb gebieten, Pflichten zur Benachrichtigung Betroffener zu begründen und die Datenvernichtung so zu

---

293   *Sachs,* in: ders., Art. 19 Rn. 136.
294   BVerfGE 116, 135 (158 f.).
295   Vgl. *Niestedt/Hölzl,* NJW 2006, 3680 ff.; *Frenz,* VergabeR 2007, 1 ff.
296   BVerfGE 1, 332 (344); 8, 222 (225 f.); 16, 1 (2); 68, 376 (380); 99, 1 (19).
297   Zu Art. 13 GG BVerfGE 96, 27 (39 f.); 109, 279 (372); 117, 244 (268 f.); zu Art. 2 Abs. 2 S. 2 GG BVerfGE 117, 71 (122 f.); BVerfG, NVwZ 2008, 304 f.; zu Art. 8 GG BVerfGE 110, 77 (85 f.); zu Art. 10 GG BVerfGE 107, 299 (337 f.).
298   BVerfG, NVwZ 2007, 807 f.
299   BVerfG, NJW 2006, 40 (41 f.).
300   BVerfGE 104, 220 (235); 107, 299 (337 f.); 109, 279 (371 f.).
301   Zum Vergabeverfahren BVerfGE 116, 135 (156).
302   BVerfGE 22, 49 (81 f.); 61, 82 (110); 69, 1 (49).
303   BVerfGE 94, 166 (206); 116, 69 (88 f.); BVerfG NVwZ 2010, 1482 (1483).

gestalten, dass die Rechtsweggarantie nicht unterlaufen wird.[304] Wird die Prüfungsdichte der gerichtlichen Kontrolle wie etwa bei Prüfungsentscheidungen reduziert, steigen die Anforderungen an eine verwaltungsinterne Überprüfung.[305]

2. Effektivität des gerichtlichen Rechtsschutzes

Art. 19 Abs. 4 GG garantiert die Effektivität des Rechtsschutzes im Sinne eines Anspruchs auf eine »**tatsächlich wirksame gerichtliche Kontrolle**«[306], und zwar für jede Instanz, soweit in seinem Anwendungsbereich mehrere eröffnet sind.[307] Allerdings verlangt der Grundsatz des effektiven Rechtsschutzes keinen Instanzenzug.[308] Ist von der Rechtsordnung aber ein Rechtmittel eröffnet, darf das Rechtsmittelgericht es nicht »leer laufen« lassen, indem die Auslegung und Anwendung der maßgeblichen Verfahrensvorschriften den Zugang zur nächsten Instanz unzumutbar erschwert.[309]   107

Dieses Gebot richtet sich sowohl an die Gesetzgebung, die die Verfahrensordnung ausgestaltet, als auch an die sie anwendenden Gerichte.[310] Dem Erfordernis wird genügt, wenn die Vorschriften der Verfahrensordnung und ihre Anwendung im Einzelfall sicherstellen, dass der Rechtschutzsuchende mit seinem Begehren in einer Weise Gehör findet, die die **Abwehr der Rechtsverletzung ermöglicht**.[311]   108

a) Verfahrensdauer

Das Gebot effektiven Rechtsschutzes verlangt, dass rechtzeitig innerhalb angemessener Zeit eine abschließende gerichtliche Entscheidung vorliegt.[312] Dieses ist sowohl vom Gesetzgeber bei der Ausgestaltung der Gerichtsorganisation und des Prozessrechts als auch von der Rechtsprechung bei der Gesetzesanwendung zu gewährleisten. Ein ausdrücklicher Anspruch auf eine gerichtliche Entscheidung »**innerhalb angemessener Frist**« erwächst zwar aus Art. 6 Abs. 1 S. 1 EMRK. Eine Verfassungsbeschwerde kann indes nicht unmittelbar auf die EMRK gestützt werden, da diese innerstaatlich   109

---

304 BVerfGE 100, 313 (361, 364 f., 398 ff.); 109, 279 (332 f., 363 ff., 380 f.); BVerfG, NJW 2008, 2099 (2100).

305 BVerfGE 84, 34 (46 ff.).

306 BVerfGE 35, 263 (274); 96, 27 (39); 101, 106 (122 f.); 101, 397 (407); 104, 220 (231 f.); 107, 299 (337); 108, 341 (347).

307 BVerfGE 40, 272 (274 f.); 88, 118 (123); 93, 99 (107); 104, 220 (232); 112, 185 (207 f.); BVerfG, NVwZ 2004, 1112 ff.; NJW 2005, 1999 (2001); DVBl. 2008, 38 (39).

308 BVerfGE 65, 76 (90); 78, 88 (99); 96, 27 (39); 104, 220 (231 f.).

309 BVerfG, NVwZ 2010, 1482 (1483 m.w.N.).

310 BVerfGE 77, 275 (284); 97, 298 (315); 112, 185 (207 f.); BVerfG, NVwZ 2005, 1176 (1177); NVwZ 2007, 805 (806).

311 *Sachs*, in: ders., Art. 19 Rn. 143.

312 BVerfGE 54, 39 (41); 55, 349 (369); 60, 253 (269); 88, 118 (124).

nur im Rang eines einfachen Bundesgesetzes steht.[313] Art. 6 Abs. 1 S. 1 EMRK umfasst daneben auch das Recht auf ein faires Verfahren (dazu Art. 103 Rdn. 118 ff.). Allerdings sind systematisch der Zugang zum Verfahren, der verfassungsrechtlich von Art. 19 Abs. 4 GG und dem allgemeinen Justizgewährungsanspruch garantiert wird, und der geordnete Verfahrensablauf zu trennen.[314] Letzteren sichern das Recht auf Gehör aus Art. 103 Abs. 1 GG, das Recht auf ein faires Verfahren sowie weitere prozessuale Grundrechte. Das Recht auf ein faires Verfahren wird dabei verfassungsrechtlich aus Art. 20 Abs. 3 i.V.m. Art. 2 Abs. 1 GG abgeleitet.[315]

b) Vollumfängliche Nachprüfung

110   Ein weiteres Element der Rechtsweggarantie aus Art. 19 Abs. 4 GG ist der Anspruch des möglicherweise Rechtsverletzten auf **vollständige Nachprüfung** der angegriffenen Maßnahme in rechtlicher und tatsächlicher Hinsicht.[316] Das führt dazu, dass das entscheidende Gericht grundsätzlich nicht an Feststellungen des vorausgehenden Verwaltungsverfahrens gebunden ist.[317] Ebenso wenig schließt eine Rechtswegspaltung automatisch aus, Vorfragen zu prüfen, die in den Zuständigkeitsbereich eines anderen Gerichts fielen, wenn sie Hauptfrage wären.[318]

111   Das Gericht hat in rechtlicher Hinsicht **alle in Deutschland geltenden Rechtsnormen** zu berücksichtigen, wozu insbes. auch das innerstaatlich anwendbare Unionsrecht zählt.[319] Die Rechtsanwendung ist auch hinsichtlich unbestimmter Rechtsbegriffe in vollem Umfang zu überprüfen.[320] Soweit die Kontrolldichte der Gerichte, wie im Falle behördlichen Ermessens oder bei den ausnahmsweise anerkannten Beurteilungsspielräumen, reduziert ist, lässt sich dies wohl nur dadurch rechtfertigen, dass bereits die materiell-rechtliche Bindung der öffentlichen Gewalt eine Einschränkung erfährt und dieses sich in der Reichweite des betroffenen subjektiven Rechts niederschlägt.[321]

112   Da das Eilverfahren grundsätzlich ohne umfassende Sachaufklärung und ohne abschließende Rechtsprüfung erfolgt, ist allein dadurch eine vollständige Nachprüfung nicht gewährleistet, weshalb sich aus Art. 19 Abs. 4 GG ein Anspruch auch auf eine **Entscheidung in der Hauptsache** ergibt. Ein fehlendes Rechtsschutzbedürfnis nach

---

313   Siehe dazu auch *Brüning,* NJW 2007, 1095; *Detterbeck,* in: Sachs, Art. 93 Rn. 88; *Meyer,* in: v. Münch/Kunig, Art. 93 Rn. 56; in st. Rspr. BVerfGE 10, 271 (274); 34, 384 (395); 64, 135 (157).
314   Vgl. *Degenhart,* in: Sachs, Art. 103 Rn. 4.
315   BVerfGE 38, 105 (111); 57, 250 (274 f.); 110, 339 (342).
316   BVerfGE 15, 275 (282); 101, 106 (123); 101, 397 (407); 103, 142 (156).
317   BVerfGE 101, 106 (123).
318   BVerfG, NVwZ 2010, 1482 (1483 f.).
319   *Sachs,* in: ders., Art. 19 Rn. 146.
320   BVerwGE 16, 116 (129); 72, 38 (52).
321   *Sachs,* in: ders., Art. 19 Rn. 146.

einer günstigen Eilentscheidung kann dem regelmäßig nicht entgegengehalten werden.[322]

c) Durchsetzbarkeit der Gerichtsentscheidung

Um effektiven Rechtsschutz garantieren zu können, muss das Gericht über **zureichen-** 113 **de Entscheidungsgewalt** verfügen.[323] Der Richter muss in der Lage sein, die Verletzung des subjektiven Rechts zu beseitigen. Daher muss ein erfolgreiches Gerichtsverfahren im Grundsatz mit einer der Rechtskraft fähigen[324] und vollstreckbaren Entscheidung abgeschlossen werden, damit das materielle Recht verlässlich verwirklicht werden kann. Dem Gericht muss ein ausreichendes Durchsetzungsinstrument zur Verfügung stehen und die Gerichte sind verpflichtet, diese gesetzlichen Möglichkeiten auszuschöpfen.[325]

d) Einstweiliger Rechtsschutz

Auch wenn einstweiliger Rechtsschutz für sich genommen nicht das Gebot effekti- 114 ven Rechtsschutzes erfüllt, folgt aus Art. 19 Abs. 4 GG umgekehrt, dass er **neben dem Rechtsschutz in der Hauptsache** zu eröffnen ist, wenn ohne ihn schwere, anders nicht abwendbare Nachteile entstehen, die durch die Entscheidung in der Hauptsache nachträglich nicht mehr beseitigt werden können.[326]

Gemäß dem **Zweck des vorläufigen Rechtsschutzes** als Zwischenverfahren finden 115 sowohl eine **summarische Prüfung** bezüglich der Erfolgsaussichten des Hauptsacheverfahrens als auch eine Folgenabschätzung statt, wobei diese beiden für die Entscheidung maßgeblichen Faktoren insofern ein bewegliches System bilden, als dass sie untereinander ausgleichsfähig sind.[327] Im Verfahren nach § 80 Abs. 5 VwGO ist bei der vergleichenden Folgenabschätzung zum einen zu ermitteln, welche Nachteile die Kläger erleiden, wenn das Gericht die sofortige Vollziehbarkeit des Verwaltungsakts zunächst bestätigt und später der Klage stattgibt. Das ist mit den Nachteilen für die Allgemeinheit im Falle der Wiederherstellung der aufschiebenden Wirkung bei späterer Abweisung der Klage zu vergleichen (sog. Doppelhypothese). Im Rahmen des einstweiligen Rechtsschutzes nach § 123 VwGO müssen die Situation ohne einstweilige Anordnung bei letztlich erfolgreicher Klage und diejenige mit einstweiliger Anordnung bei letztlich erfolgloser Klage abgewogen werden.

---

322 BVerfGE 110, 77 (86 ff.).
323 BVerfGE 61, 82 (111) 101, 106 (123).
324 BVerfGE 60, 253 (269 f.).
325 BVerfG, NVwZ 1999, 1330 (1331).
326 BVerfGE 35, 263 (274 f.); 93, 1 (13 f.); 94, 166 (216); BVerfG, NJW 2001, 3770; BVerfG, NJW 2002, 3691 f.; BVerfG, NJW 2008, 1369 (1371).
327 Vgl. dazu auch schon *Brüning*, Einstweilige Verwaltungsführung, S. 438 ff.

e) Vorbeugender Rechtsschutz

116 Neben dem einstweiligen Rechtsschutz gebietet Art. 19 Abs. 4 GG vorbeugenden Rechtsschutz **gegenüber erst drohenden schwerwiegenden Rechtsverletzungen**, sofern späterer Rechtsschutz die Beeinträchtigung nicht mehr zu korrigieren vermag, etwa wenn der Betroffene sich sonst einer Strafverfolgung aussetzen würde oder wenn durch den Hoheitsakt kurzfristig vollendete Tatsachen geschaffen würden.[328]

3. Der Rechtsweg zu den ordentlichen Gerichten

117 Der Rechtsweg zu den ordentlichen Gerichten nach Art. 19 Abs. 4 S. 2 GG ist subsidiär und nur dann eröffnet, wenn ein ihm oder dem Verwaltungsrechtsweg etwa entsprechender anderer Rechtsweg nicht gegeben ist.[329] Der ordentliche Rechtsweg ist der überkommene Kernbereich der Gerichtsbarkeit, der die von der Justizgewährungspflicht umfasste Klärung der Rechtsverhältnisse der Bürger untereinander und die ebenfalls rechtsstaatlich unverzichtbare Strafgerichtsbarkeit einschließt.[330] Zum **Ausschluss negativer Kompetenzkonflikte** bot er sich deshalb als subsidiärer Rechtsweg an. Angesichts des umfassenden Rechtsschutzes nach § 40 VwGO für alle verwaltungsgerichtlichen Klagen, nach § 33 Abs. 1 FGO für alle Streitigkeiten in Abgabenangelegenheiten, nach § 51 SGG für Streitigkeiten in sozialrechtlichen Angelegenheiten sowie nach § 2 AGG für Streitigkeiten in arbeitsgerichtlichen Angelegenheiten hat die Auffangregelung des Art. 19 Abs. 4 S. 2 GG allerdings nur geringe praktische Bedeutung.[331] Die Verfassungsbeschwerde ist jedoch kein vorrangiger Rechtsbehelf.[332] Hinzu kommt, dass etwaige Rechtsschutzlücken wegen der Gleichwertigkeit der Rechtswege möglichst dadurch zu schließen sind, dass im Wege der Auslegung die Zuständigkeit des sachnächsten Fachgerichts begründet wird.[333]

F. Eingriffe und Schranken (Abs. 4)

118 Art. 19 Abs. 4 GG enthält keinen Gesetzesvorbehalt, weshalb eine Beschränkung – wie für vorbehaltlose Freiheitsrechte üblich – nur durch **Grundrechte Dritter oder andere Verfassungsrechtsgüter** erfolgen kann. Beschränkungen können insbesondere im Interesse rechtsstaatlicher Rechtssicherheit erfolgen.

I. Gesetzliche Ausgestaltung

119 Art. 19 Abs. 4 GG ist kein Freiheitsrecht im engeren Sinne, sondern ein normgeprägtes Leistungsgrundrecht, das nach Maßgabe gesetzlicher Ausgestaltung anzu-

---

328 Vgl. *Schulze-Fielitz*, in: Dreier I, Art. 19 IV Rn. 107.
329 BVerfGE 1, 332 (344).
330 *Sachs*, in: ders., Art. 19 Rn. 150.
331 *Papier*, HdStR VIII, § 177 Rn. 96; *Sachs,* in: ders., Art. 19 Rn. 150.
332 BVerfGE 1, 332 (344).
333 Vgl. *Schmidt-Aßmann*, in: Maunz/Dürig, Art. 19 Abs. 4 (2014) Rn. 231, 295.

wenden ist.[334] Letzterer bedarf es nämlich hinsichtlich der Gerichtsbarkeit, der Gerichte, der Gerichtsverfassung und des Gerichtsverfahrens. Die konkrete gesetzliche Ausgestaltung führt nicht dazu, dass der verfassungsrechtlich vorgegebene Rechtsschutz eingeschränkt wird; vielmehr wird dieser dadurch erst **praktikabel**. Der Gesetzgeber ist deshalb nach dem BVerfG dazu aufgerufen, das vom Grundsatz der Effektivität des Rechtsschutzes Gebotene mit entgegenstehenden Verfassungsrechtsgütern nach Maßgabe des Grundsatzes der Verhältnismäßigkeit abzuwägen,[335] wenngleich der Verhältnismäßigkeitsgrundsatz auf Freiheitseingriffe und nicht auf normative Ausgestaltung zugeschnitten ist.[336]

II. Spielraum des Gesetzgebers

Vor allem im Interesse rechtsstaatlicher Rechtssicherheit hat der Gesetzgeber bei der Ausgestaltung der Rechtsweggarantie einen weitgehenden Spielraum, auch **restriktiv wirkende Voraussetzungen** zu normieren.[337] Sie schlägt in eine verfassungswidrige Einschränkung um, wenn der Gerichtszugang unübersichtlich reglementiert wird[338] und wenn sonst wie unangemessene Erschwernisse[339] für ein faires Verfahren auftreten.[340] Nicht hierher rechnet der Fall, dass von Gesetzes wegen nur eine einzige gerichtliche Instanz eröffnet wird, gegen deren Entscheidung kein Rechtsmittel gegeben ist.[341] Art. 19 Abs. 4 GG stellt auch keine besonderen Anforderungen an die Besetzung der Spruchkörper mit der Folge, dass gegen einen Einzelrichter verfassungsrechtlich nichts zu erinnern ist.[342] Ferner gebietet Art. 19 Abs. 4 GG nicht, dass der Rechtsweg ohne weitere Voraussetzungen und zeitlich unbegrenzt offen stehen muss.[343] Solange der Rechtsschutz nicht unzumutbar erschwert wird, sind Anforderungen an die ordnungsgemäße Vertretung, die Form von Rechtsbehelfen,[344] die Einhaltung von Fristen für Rechtsbehelfe[345] und ihre Begründung,[346] das Rechtsschutzbedürfnis, die Durchführung von Vorverfahren[347] sowie die Belastung mit Verfahrenskosten[348] unbedenklich.

---

334 *Schulze-Fielitz*, in: Dreier I, Art. 19 IV Rn. 140.
335 So BVerfGE 60, 253 (268 f.); 88, 118 (123 ff.); 101, 106 (124 f.).
336 *Schulze-Fielitz*, in: Dreier I, Art. 19 IV Rn. 140.
337 BVerfGE 10, 264 (268); 101, 106 (124); 101, 397 (408).
338 BVerfGE 96, 44 (49 f.); 107, 395 (416 f.); BVerfG, NJW 2000, 649 (650); NVwZ 2001, 1392.
339 BVerfGE 57, 9 (21); BVerfG, NVwZ 2005, 204 (205).
340 BVerwGE 109, 115 (119).
341 *Sachs,* in: Ders., Art. 19 Rn. 138.
342 *Sachs,* in: Ders., Art. 19 Rn. 138.
343 BVerfGE 10, 264 (268 f.); 101, 106 (124); 101, 397 (408).
344 BVerfG, NJW 2002, 3534 f.
345 BVerfGE 9, 194 (199 f.); 10, 264 (268); 37, 93 (96); 41, 323 (326 ff.); BVerwG, NVwZ 2004, 97.
346 BVerwG, NVwZ 2000, 203.
347 BVerfGE 35, 65 (72 f.); 61, 82 (110); 69, 1 (49).
348 BVerfGE 10, 264 (268); 54, 39 (41); BVerfG, NJW 2006, 136 (137).

121 Eine **verfassungswidrige Beschränkung** läge dann vor, wenn der Zugang zu staatlichen Gerichten endgültig oder ersatzlos abgeschafft würde. Aus diesem Grund ist der Ausschluss des Rechtsweges in Art. 10 Abs. 2 S. 2 GG, wonach an die Stelle von Rechtsschutz die Nachprüfung durch ein von der Volksvertretung bestelltes Organ treten kann, ausdrücklich durch Änderung des Art. 19 Abs. 4 S. 3 GG benannt worden. Allerdings sind die Verkürzungen des Rechtsschutzes in Art. 16a Abs. 2 S. 3 GG und Art. 16a Abs. 4 GG auch ohne eine Erwähnung in Art. 19 Abs. 4 GG vom BVerfG gebilligt worden.[349] Grundsätzlich müssen verfassungsrechtliche Abweichungen von einer Grundgesetzbestimmung nicht im Text der betroffenen Norm geregelt sein. Das Grundgesetz enthält nämlich auch in Art. 41 Abs. 1 GG und Art. 44 Abs. 4 S. 1 GG, wonach Beschlüsse der Untersuchungsausschüsse richterlicher Erörterung entzogen sind, sowie der erledigten Interimsregelung des Art. 131 S. 3 GG von Anfang an Beschränkungen der Rechtsweggarantie des Art. 19 Abs. 4 GG. Insofern hat auch Art. 19 Abs. 4 S. 3 GG hinsichtlich Art. 10 Abs. 2 S. 2 GG lediglich eine klarstellende Bedeutung, was dazu führt, dass das BVerfG seine Prüfung auf die letztgenannte Bestimmung konzentriert.

G. Verhältnis zu anderen Grundgesetzbestimmungen, insbesondere Grundrechtskonkurrenzen

I. Einzelfallgesetzverbot, Zitiergebot (Abs. 1)

122 Gegenüber dem **Einzelfallgesetzverbot** sind Art. 14 Abs. 3 S. 2 GG[350] sowie Art. 15 GG leges specialis. Das in Art. 101 Abs. 1 S. 1 GG verbürgte Verbot der Ausnahmegerichte korrespondiert prozessual mit dem Verbot des Ausnahmegesetzes.

123 Art. 14 Abs. 3 S. 2 GG und Art. 79 Abs. 1 S. 1 GG sind leges specialis gegenüber dem in Art. 19 Abs. 1 S. 2 GG verbürgten **Zitiergebot**. Ein ähnliches Zitiergebot wie in Art. 19 Abs. 1 S. 2 GG findet sich in Art. 80 Abs. 1 S. 3 GG, wonach in einer Rechtsverordnung deren Rechtsgrundlage anzugeben ist.

124 Auf der Grundlage des vom BVerfG vertretenen Anwendungsbereichs müsste das Zitiergebot an sich auch für **Einschränkungen des Art. 17a Abs. 1 GG** vom Gesetzgeber beachtet werden. Ein die Meinungsfreiheit einschränkendes Gesetz, welches formal auf Art. 17a Abs. 1 GG gestützt ist, soll aber nicht unter den Zitierzwang fallen, wenn es sich inhaltlich als allgemeines Gesetz i.S.v. Art. 5 Abs. 2 GG darstellt.[351] Das wird damit begründet, dass Art. 17a GG, der erst im Jahre 1956 ins Grundgesetz eingefügt wurde, den Zitierzwang nicht dort erweitern will, wo die Begrenzung nach dem früheren Recht (also auf Grundlage von Art. 5 Abs. 2 GG) ohne Zitierzwang möglich war.[352] Nach hier vertretener Ansicht ist das Zitiergebot auch

349 Zu Art. 16a Abs. 2 S. 3 BVerfGE 94, 49 (104); zu Art. 16a Abs. 4 BVerfGE 94, 166 (194 f.).
350 BVerfGE 74, 264 (296 f.); 95, 1 (26).
351 BVerfGE 28, 282 (291 f.).
352 BVerfGE 28, 282, (291 f.).

dann bei Einschränkungen, die auf Art. 17a Abs. 1 GG gestützt werden, zu beachten, wenn sich die gesetzliche Regelung inhaltlich als allgemeines Gesetz darstellt (dazu Rdn. 33).

II. Wesensgehaltsgarantie (Abs. 2)

Art. 14 Abs. 3 GG und Art. 15 GG, die den **vollständigen Entzug des Eigentums** ermöglichen, gehen Art. 19 Abs. 2 GG vor. Auch Art. 104 GG ist lex specialis zur Wesensgehaltsgarantie[353]. Art. 104 Abs. 2 GG bringt nämlich mittelbar zum Ausdruck, dass sich der Eingriff in das Recht der Freiheit der Person bis hin zur lebenslänglichen Freiheitsentziehung steigern darf, welche die völlige Beseitigung der Bewegungsfreiheit im Einzelfall bedeutet.   125

Strittig ist, ob die Wesensgehaltsgarantie mit der **Garantie der Menschenwürde** gleichzusetzen ist, was wohl überwiegend mit systematischen Argumenten verneint wird.[354] Nach hier vertretener Ansicht sind Menschenwürde und Wesensgehaltsgarantie zwar nicht gleichzusetzen, jedoch ist der absolut schützenswerte Grundrechtskern eines jeden Grundrechtes in dessen Menschenwürdegehalt zu sehen (dazu Rdn. 42).   126

Der Wesensgehalt könnte ebenfalls bei der **Verwirkung von Grundrechten**, die nach Art. 18 S. 2 GG durch das BVerfG ausgesprochen werden kann, Bedeutung erlangen, da auf diesem Wege Grundrechte aberkannt werden können. Deshalb wird vorgeschlagen, Art. 19 Abs. 2 GG auch im Rahmen des Verwirkungsanspruchs zu berücksichtigen und insoweit eine unbegrenzte Verwirkung nicht zu erlauben.[355]   127

Hinsichtlich der Mitwirkung der Bundesrepublik bei der Entwicklung der **Europäischen Union** ist nicht Art. 19 Abs. 2 GG, sondern Art. 23 GG als einschlägige Begrenzung anzusehen.   128

In Art. 143 Abs. 1 S. 2 GG hat der verfassungsändernde Gesetzgeber das Fortgelten rechtlicher Bestimmungen der **ehemaligen DDR** von Art. 19 Abs. 2 GG abhängig gemacht. Die Anpassungsfrist ist aber mittlerweile verstrichen, weshalb Art. 143 Abs. 1 S. 2 GG nicht weiter von Bedeutung ist.   129

III. Anwendbarkeit auf juristische Personen (Abs. 3)

Schwierig gestaltet sich das Verhältnis von Art. 19 Abs. 3 GG zu anderen **Grundrechten mit korporativem Einschlag**. So verbürgt Art. 9 Abs. 1 GG nach dem BVerfG nicht nur dem einzelnen Staatsbürger das Recht zum Zusammenschluss in Vereinen und Gesellschaften, sondern gewährleistet zudem diesen Vereinigungen, selbst unbeschadet der Frage ihrer Rechtsfähigkeit, das Recht auf Entstehen und Be-   130

---

353 *Dürig*, in: Maunz/Dürig, Art. 104 (2014) Rn. 4.
354 Eingehend zu der Problematik *P.M. Huber*, in: v. Mangoldt/Klein/Starck I, Art. 19 Abs. 2 Rn. 125 ff.
355 So *Stern*, Staatsrecht III/2, S. 881 f.

stehen.[356] Diese sog. Lehre vom Doppelgrundrecht hat zur Folge, dass die Vereinigungen ohne Rückgriff auf Art. 19 Abs. 3 GG grundrechtsfähig sind und die Vereinigungsfreiheit Art. 19 Abs. 3 GG im entsprechenden Umfang als lex specialis verdrängt.[357]

131   Auch bei der **Religionsfreiheit** verzichtet das BVerfG zumeist auf die Angabe von Art. 19 Abs. 3 GG, wenn es sich bei den Beschwerdeführern um inländische juristische Personen des Privatrechts handelt.[358] Teilweise stützt es die Grundrechtsfähigkeit aber auch auf Art. 19 Abs. 3 GG.[359]

132   In der Literatur wird überdies vertreten, dass Art. 19 Abs. 3 GG auch im Verhältnis zu Art. 5 Abs. 1 S. 2 GG, Art. 5 Abs. 3 GG und Art. 8 Abs. 1 GG keine oder **nur marginale eigenständige Relevanz** entfaltet.[360] Nach anderer Ansicht soll die Grundrechtsfähigkeit juristischer Personen stets aus Art. 19 Abs. 3 GG i.V.m. dem jeweils einschlägigen Grundrecht ergeben.[361] Letzterem ist zuzustimmen, weil die Unterscheidung zwischen Grundrechten mit und ohne kooperativem Einschlag von der Auslegung abhängt. Demgegenüber legt der am Ende des Grundrechtskataloges stehende Art. 19 Abs. 3 GG für alle Grundrechte abschließend fest, wann diese auf juristische Personen anzuwenden sind.

IV. Rechtsweggarantie (Abs. 4)

133   Die sich aus Art. 19 Abs. 4 GG ergebende Effektivität des Rechtsschutzes erfährt für die Ausgestaltung des gerichtlichen Rechtsschutzsystems eine **komplementäre Ergänzung**. Hinzu treten die Vorgaben, die aus der prinzipiellen Eigenständigkeit der Justiz (Art. 92, 97 GG), der gesetzlichen Bestimmung des Richters (Art. 101 Abs. 1 S. 2 GG) und für die Anhörung vor Gericht (Art. 103 Abs. 1 GG) abgeleitet werden, da diese als lex specialis für ihren Anwendungsbereich allgemeinen Anforderungen des Art. 19 Abs. 4 GG konkretisieren.[362]

134   Das BVerfG leitet die Effektivität des Rechtsschutzes zum Teil **direkt aus dem jeweiligen materiellen Grundrecht** in Verbindung mit Art. 19 Abs. 4 GG ab.[363] Diese Rechtsprechung führt aber nicht zu einem Mehrwert an effektivem Rechtsschutz, da letzterer grundsätzlich bereits allein von Art. 19 Abs. 4 GG garantiert wird. Außerhalb des Anwendungsbereichs des Art. 19 Abs. 4 GG, etwa im Zivilrecht, kann ein

---

356 BVerfGE 13, 174 (175); 30, 227 (241); 84, 372 (378).
357 Kritisch dazu äußert sich *Dreier*, in: ders. I, Art. 19 III Rn. 89 f.
358 BVerfGE 19, 129 (132); 99, 100 (118).
359 BVerfGE 105, 279 (293).
360 So *Bethge*, Die Grundrechtsberechtigung juristischer Personen nach Art. 19 Abs. 3 Grundgesetz, 1985, S. 40 ff.
361 So *Dreier*, in: ders. I, Art. 19 III Rn. 90.
362 *Schulze/Fielitz*, in: Dreier I, Art. 19 IV Rn. 147.
363 So für Art. 14: BVerfGE 45, 297 (322, 333); 46, 325 (334); 49, 228 (242 f.); für Art. 12: BVerfG, NVwZ 1995, 469 (470).

Rückgriff auf die verfahrensspezifische Gewährleistungsfunktion der materiellen Grundrechte jedoch hilfreich sein.[364]

Der in Art. 19 Abs. 4 GG verbürgte Rechtschutz ist auf Rechtsverletzungen durch 135
die öffentliche Gewalt begrenzt. Für die übrigen Rechtsschutzbegehren enthält das allgemeine Rechtsstaatsprinzip i.V.m. Art. 2 Abs. 1 GG in Gestalt des sog. **allgemeinen Justizgewährungsanspruchs** eine Gewährleistung staatlichen Rechtsschutzes, der dem Gewaltmonopol des Staates und dem prinzipiellen Verbot der Selbstjustiz durch die Bürger gegenübersteht.[365]

H. Internationale und europäische Aspekte

I. Einzelfallgesetzverbot, Zitiergebot (Abs. 1)

Sowohl das Einzelfallgesetzverbot als auch das Zitiergebot sind **internationalen Men-** 136
schenrechtsdokumenten fremd. Auch die Charta der Grundrechte der Europäischen Union, die nach dem Inkrafttreten des Lissaboner Reformvertrages zwar nicht in den EU-Vertrag aufgenommen, diesem aber gleichgestellt wurde,[366] sieht Art. 19 Abs. 1 GG vergleichbare Sicherungen nicht vor.[367] Art. 19 Abs. 1 GG bindet die deutsche Staatsgewalt, weshalb bei Einschränkungen der Grundrechte durch europäisches Unionsrecht eine Anwendung des Einzelfallgesetzverbotes und des Zitiergebots ohnehin ausscheiden. Umgekehrt ist der deutsche Gesetzgeber nicht verpflichtet, bei der Einschränkung des Schutzumfanges internationaler Menschenrechtspakte das Zitiergebot zu beachten.

II. Wesensgehaltsgarantie (Abs. 2)

Nach internationalen Menschenrechtspakten bestehen keine vergleichbaren aus- 137
drücklichen Wesensgehaltsgarantien, wenngleich sich in Art. 17 sowie 18 EMRK und Art. 5 IPbpR,[368] der sich weitgehend mit Art. 17 EMRK deckt, **schwache Ansätze für äquivalente Sicherungen** finden lassen. Allerdings enthält die Rechtsprechung des EGMR sowohl Hinweise auf absolut geschützte Bereiche einzelner Grundrechtsgarantien als auch bestimmte begriffliche Festlegungen.[369]

Auf der Ebene der Europäischen Union ist Art. 52 Abs. 1 S. 1 EU-GRCh zu nen- 138
nen, wonach jede Einschränkung der Grundrechtsausübung den Wesensgehalt der

---

364 *Papier*, in: Isensee/Kirchhof, HStR VIII, § 176 Rn. 1, 5.
365 BVerfGE 54, 277 (291); BVerfG, DVBl 2014, 993 (994) zum Justizgewährungsanspruch für Geistliche gegen kirchliche Maßnahmen.
366 *Borowski*, in: Meyer, Vorbem. zu Art. 51 ff. EU-GRCh Rn. 9 ff.; ein besonderes Protokoll regelt jedoch, dass die Charta für das Vereinigte Königreich und Polen im Rahmen von dessen Maßgabe nicht verbindlich ist.
367 Zum Allgemeinheitsgedanken im Unionsrecht vgl. *G. Kirchhof*, S. 386 ff.
368 Internationaler Pakt über bürgerliche und politische Rechte vom 19.12.1966, siehe BGBl. II 1973, S. 1534.
369 *P.M. Huber*, in: v. Mangoldt/Klein/Starck I, Art. 19 Abs. 2 Rn. 203 mit Beispielen.

betreffenden Rechte achten muss. Gem. Art. 6 Abs. 1 UAbs. 1 S. 1 EUV erkennt die Union die Rechte, Freiheiten und Grundsätze, wie sie in der Charta der Grundrechte enthalten sind, an. Mit dem Inkrafttreten des Vertrages von Lissabon am 01.12.2009 wurde somit die Grundrechtecharta verbindlich. Allerdings zog der EuGH die Charta bereits zuvor im Rahmen des Art. 6 Abs. 2 EU a.F. als Rechtserkenntnisquelle heran.[370] In der Sache scheint der EuGH einer **relativen Wesensgehaltstheorie** zu folgen, wenn er formuliert, dass Einschränkungen der Grundrechte zulässig seien, »sofern diese Beschränkungen tatsächlich dem Gemeinwohl dienenden Zielen der Gemeinschaft entsprechen und nicht einen im Hinblick auf den verfolgten Zweck unverhältnismäßigen, nicht tragbaren Eingriff darstellen, der die so gewährleisteten Rechte in ihrem Wesensgehalt antastet.«[371] Daraus folgt, dass der EuGH in jeder unverhältnismäßigen Beschränkung zugleich eine Verletzung des Wesensgehaltes erachtet. Wortlaut und Stellung der Wesensgehaltsgarantie sprechen hingegen eher für eine eigenständige Bedeutung. So ist die Wesensgehaltsgarantie in Art. 52 Abs. 1 S. 1 EU-GRCh deutlich vom Verhältnismäßigkeitsgrundsatz in Satz 2 getrennt.[372] In einer neueren Entscheidung hat der EuGH nun auch die Wesensgehaltsgarantie und den Verhältnismäßigkeitsgrundsatz nacheinander und unabhängig voneinander geprüft.[373]

III. Grundrechtsfähigkeit juristischer Personen (Abs. 3)

1. Internationale Menschenrechtsdokumente

139   Als ergiebig erweist sich bei den internationalen Menschenrechtspakten die EMRK insofern, als dass Art. 1 Abs. 1 des 1. Zusatzprotokolls zur EMRK vom 20.03.1952 jeder natürlichen und juristischen Person das Recht auf Achtung ihres Eigentums einräumt. Im Übrigen findet sich zwar keine Art. 19 Abs. 3 GG vergleichbare Bestimmung in der EMRK, jedoch statuiert Art. 34 EMRK nicht nur das Recht jeder natürlichen Person, den EGMR mit einer Beschwerde zu befassen, wenn diese von einer Vertragspartei in einem ihrer Rechte verletzt wurde, sondern nennt ausdrücklich auch nichtstaatliche Organisationen und Personengruppen als mögliche Beschwerdeführer. Aus der **Aktivlegitimation in Art. 34 EMRK** wird geschlossen, dass private juristische Personen sich auf die materiellen Garantien berufen können, soweit das jeweilige Menschenrecht auf sie anwendbar ist.[374] Von praktischer Bedeutung ist dies vor allem für ausländische juristische Personen, die nicht aus dem EU-

---

370   Erstmals deutlich EuGH, Slg. 2006, I-5769, Rn. 38.

371   EuGH, Slg. 1979, 3727, Rn. 23 – Hauer; Slg. 1994, I-4973, Rn. 78 – Bananenmarkt; EuGH, Rs. 402/05 – Kadi, Slg.2008, I-6351 Rn. 183; Rs. 317/08 – Alassini, Slg. 2010, I-2213 Rn. 63; Rs. 59/11 – Kokopelli, v. 12.07.2012, Rn. 77.

372   *Borowski*, in: Meyer, Art. 52 EU-GRCh Rn. 23; *Jarass*, Art. 52 EU-GRCh Rn. 45.

373   EuGH, Rs. 283/11 – Sky Österreich, v. 22.01.2013 Rn. 48 ff.

374   *Dreier*, in: ders. I, Art. 19 III Rn. 13; *P. M. Huber*, in: v. Mangoldt/Klein/Starck I, Art. 19 Abs. 3 Rn. 326.

Ausland stammen, da diese sich mit Ausnahme der Prozessgrundrechte nicht auf die Grundrechte des Grundgesetzes berufen können (s.o. Rdn. 16). Ihnen verbleibt dann immerhin noch die Möglichkeit der Beschwerde zum EGMR nach Art. 34 EMRK. Dass letztere Möglichkeit juristischen Personen des öffentlichen Rechts nicht offen steht, ergibt sich aus dem eindeutigen Wortlaut des Art. 34 EMRK. Dabei berücksichtigt der EGMR die Rechtsnatur, die übertragenen Rechte, die Art der Tätigkeit sowie das Ausmaß der Unabhängigkeit der Organisation.[375] Rundfunkanstalten mit garantierter Unabhängigkeit hat der EGMR nicht als staatliche Organisation angesehen, sodass diese Beschwerde einlegen können.[376]

2. Grundfreiheiten

Die Niederlassungs- und Dienstleistungsfreiheit gelten kraft ausdrücklicher Anordnung der Art. 54 Abs. 1, 62 AEUV auch für die Gesellschaften, welche insofern den natürlichen Personen, die Angehörige der Mitgliedstaaten sind, gleichgestellt werden. Was unter Gesellschaften im Sinne des Art. 54 Abs. 1 AEUV zu verstehen ist, bestimmt Art. 54 Abs. 2 AEUV. Hervorzuheben ist, dass sich auch juristische Personen des öffentlichen Rechts auf die Niederlassungs- und Dienstleistungsfreiheit berufen können, sobald sie einen Erwerbszweck verfolgen. Das führt dazu, dass auch Eigengesellschaften und gemischt-wirtschaftliche Unternehmen vollumfänglich den Schutz der Grundfreiheiten genießen, wenn sie sich im Binnenmarkt wirtschaftlich betätigen.[377] Dieser Umstand wird vor dem Hintergrund verständlich, dass die Grundfreiheiten eine **andere Schutzrichtung** aufweisen als Grundrechte[378] und insbesondere zur Anwendung gelangen, wenn mitgliedstaatliche Regelungen den innergemeinschaftlichen Wirtschaftsverkehr behindern.[379] Rechtsnatur und Gesellschafterstruktur der Wirtschaftssubjekte sind hierfür nachrangig.

Über die Niederlassungs- und Dienstleistungsfreiheit hinaus können sich **Gesellschaften** i.S.v. Art. 54 Abs. 2 AEUV zur Realisierung des Binnenmarktes im gleichen Umfang auf die Freiheit des Waren- sowie des Kapitals- und des Zahlungsverkehrs berufen.[380] Nach der Rechtsprechung des EuGH kann selbst die Arbeitnehmerfreizügigkeit nach Art. 45 AEUV juristischen Personen zugutekommen, wenn ein Arbeitgeber (eine natürliche oder juristische Person) im Mitgliedstaat seiner Niederlassung einen Angehörigen aus einem anderen Mitgliedstaat mangels eines inländischen Wohnsitzes nicht beschäftigen dürfe.[381]

140

141

---

375 *Meyer-Ladewig*, Art. 34 Rn. 11.
376 ORF EGMR v. 07.12.2006, Rs. 35841/02 Nr. 47, 53 – Österreichischer Rundfunk/Österreich; EGMR v. 23.09.2003, 53984/00, Slg. 03-X – Radio France u.a./Frankreich.
377 *Dreier*, in: ders. I, Art. 19 III Rn. 17; *Jung*, in: Schwarze, Art. 54 EUV Rn. 6.
378 Allgemein zu den Unterschieden zwischen Grundrechten und Grundfreiheiten *Streinz*, in: Merten/Papier, Handbuch der Grundrechte Bd. VI/1, § 151 Rn. 13 ff.
379 Vgl. *Kingreen*, in: Calliess/Ruffert, Art. 34-6 AEUV Rn. 11.
380 *Dreier*, in: ders. I, Art. 19 III Rn. 14; *Ehlers*, in: ders., § 7 Rn. 38.
381 EuGH, Slg. 1998, I-2521, Rn. 19 ff. – Clean Car.

3. EU-Grundrechte

142 In der EU-GrCh existiert keine Art. 19 Abs. 3 GG vergleichbare Vorschrift, weshalb sich die Formulierung, dass Grundreche ihrem Wesen nach auf juristische Personen anwendbar sind, auch in der Rechtsprechung des EuGH nicht wiederfindet.[382] Vereinzelt werden juristische Personen ausdrücklich als Berechtigte genannt (z.B. Art. 42, 43, 44 EU-GRCh). Art. 16 EU-GRCh garantiert dazu ausdrücklich die unternehmerische Freiheit.[383] Der Gerichtshof geht **kasuistisch** vor, hat aber in vielen Entscheidungen eine Grundrechtsberechtigung juristischer Personen anerkannt.[384] In der (deutschen) Literatur dominiert indes die Anlehnung an Art. 19 Abs. 3 GG.[385]

143 Anders als bei den Grundfreiheiten und ähnlich wie im deutschen Recht genießen **staatliche Organisationen** und Personengruppen keinen Schutz durch die Unionsgrundrechte,[386] wenngleich sie sich ebenso wie in Deutschland auf die Verfahrensgrundrechte berufen dürfen.[387] Bereichsausnahmen für Universitäten und andere grundrechtsaffine Hoheitsträger werden diskutiert, sind aber noch nicht geklärt.[388] Aus deutscher Perspektive wäre eine dem grundrechtlichen Bestand entsprechende Ausgestaltung wünschenswert.

144 Bei der Grundrechtsfähigkeit gemischt-wirtschaftlicher Unternehmen stellt das Unionsrecht auf die **Beherrschung durch die öffentliche Hand** ab, wobei ein beherrschender Einfluss grundsätzlich anzunehmen ist, sobald die öffentliche Hand die Mehrheit des gezeichneten Kapitals des Unternehmens besitzt.[389] Das spricht für die Annahme, dass staatlich beherrschte Gesellschaften mit privater Beteiligung an die Unionsgrundrechte gebunden sind, nicht aber durch diese geschützt werden (siehe ablehnend zum Beherrschungskriterium hinsichtlich der Fähigkeit, sich auf deutsche Grundrechte zu berufen, aber Rdn. 79 f.).[390] In der deutschen Literatur wird die Frage uneinheitlich

---

382 Vgl. *Ehlers*, in: ders., § 14 Rn. 30.

383 Ausführlich dazu *Sasse*, EuR 2012, 628 ff.

384 Beispielsweise EuGH, Slg. 1970, 1125, Rn. 4 ff. – Internationale Handelsgesellschaft; Slg. 1980, 2033, Rn. 17 ff. – National Panasonic; Slg. 1989, 2237, Rn. 15 – Schräder.

385 *P. M. Huber*, in: v. Mangoldt/Klein/Starck I, Art. 19 Abs. 3 Rn. 328; *Kingreen*, JuS 2000, 857 (861); *Ehlers*, in: ders., § 14 Rn. 30.

386 *Dreier*, in: ders. I, Art. 19 III Rn. 19; *Hatje*, in: Schwarze, Art. 51 EU-GRCh Rn. 7; *Rengeling/Szczekalla*, Rn. 392; *Ehlers*, in: ders., § 14 Rn. 30.

387 EuGH, Slg. 1992, I-565, Rn. 40 ff. – Niederlande/Kommission; *Kingreen*, in: Calliess/Ruffert, Art. 6 EUV Rn. 54; *Borowski*, in: Meyer, Art. 51 EU-GRCh Rn. 35.

388 *Dreier*, in: ders. I, Art. 19 III Rn. 19 m.w.N.;; *P. M. Huber*, in: v. Mangoldt/Klein/Starck I, Art. 19 Abs. 3 Rn. 328, zu eventuellen Ausnahmen *Winkler*, S. 106 ff.

389 Vgl. Art. 2 der Tranparenzrichtlinie 2006/111/EG, die auf Grundlage von Art. 86 Abs. 3 EG ergangen ist. Daneben wird nach Art. 2 ein beherrschender Einfluss auch dann vermutet, wenn die öffentliche Hand über die Mehrheit der mit den Anteilen des Unternehmens verbundenen Stimmrechte verfügt oder mehr als die Hälfte der Mitglieder des Verwaltungs-, Leitungs-, oder Aufsichtsorgans des Unternehmens bestellen kann.

390 *Ehlers*, in: ders., § 14 Rn. 30; so auch *Rengeling/Szczekalla*, Rn. 391.

beantwortet. Zum Teil wird nicht auf das Beherrschungskriterium abgestellt, sondern darauf, ob das öffentliche Unternehmen dem regulären Recht unterliegt.[391] Unter dem Hinweis, dass das Unionsrecht andernorts auch nicht zwischen staatlichen und privaten Unternehmen unterscheidet, sondern unternehmerisches Handeln funktional bewertet, wird die Grundrechtsfähigkeit gemischtwirtschaftlicher Unternehmen teils auch generell für denkbar gehalten.[392]

IV. Rechtsweggarantie (Abs. 4)

1. Internationale Aspekte

Auf internationaler Ebene normieren vor allem Art. 8 der Allgemeinen Erklärung   145
der Menschenrechte, Art. 14 Abs. 1, 17 Abs. 2 IPbpR und Art. 6, 13 EMRK Rechte
auf wirksamen Rechtsschutz und Zugang zu staatlichen Gerichten, wobei sich diese
nur begrenzt mit Art. 19 Abs. 4 GG vergleichen lassen. Der Anwendungsbereich der
genannten Regelungen bezieht sich nämlich teilweise nur auf **straf- und zivilrechtliche Verfahren**[393].

Wenngleich Art. 6 Abs. 1 EMRK das Recht auf ein unabhängiges, unparteiisches,   146
faires und öffentliches Verfahren dem Wortlaut nach nur für zivil- und strafrechtliche Verfahren gewährt, hat der EGMR seinen **Geltungsbereich in ständiger Rechtsprechung ausgedehnt.**[394] Das erklärt sich daraus, dass der EGMR bei der Unterscheidung zwischen zivilrechtlichen und öffentlich-rechtlichen Ansprüchen auf die
Natur des Rechtes abstellt, womit sich auch Rechtsverletzungen durch die öffentliche
Gewalt unter Art. 6 Abs. 1 EMRK fassen lassen.[395] Art. 6 EMRK ist insofern lex
specialis zu Art. 13 EMRK, als die Anforderungen von Art. 6 Abs. 1 EMRK, die das
ganze Spektrum der Garantien für das gerichtliche Verfahren umfassen, strenger sind
als die von Art. 13 EMRK.[396] Zu beachten ist aber, dass der EGMR vor dem Hintergrund sich häufender Beschwerden wegen überlanger Verfahrensdauer aus Art. 13
EGMR eine Pflicht der Mitgliedstaaten entnommen hat, einen Rechtsbehelf gegen
überlange Verfahren einzurichten.[397]

2. Unionsrechtliche Aspekte

a) Europäische Rechtsweggarantie

Die Rechtsschutzgewährleistungen der EMRK haben in jüngerer Zeit an Bedeutung   147
gewonnen, weil sie den grundrechtlichen Maßstab für das Unionsrecht mitbestim-
men. Grundsätzlich vertraut das Rechtsschutzsystem in der Europäischen Union

---

391 *Jarass*, Art. 51 EU-GrCh Rn. 64.
392 *Remmert*, in: Maunz/DürigI, Art. 19 Abs. 3 (2014) Rn. 21a.
393 So Art. 14 Abs. 1 IPbpR und Art. 6 EMRK.
394 Beispielsweise EGMR, NJW 1979, 477 f.
395 *P. M. Huber*, in: v. Mangoldt/Klein/Starck I, Art. 19 Abs. 4 Rn. 535.
396 EGMR, NJW 2001, 2694 (2699).
397 EGMR, NJW 2001, 2694 (2699 f.).

eher den **Anstößen zur objektiven Rechtskontrolle** durch die Organe der EU und die Mitgliedstaaten und weniger der Geltendmachung von subjektivem Individual-rechtsschutz durch den einzelnen EU-Bürger,[398] was sich auch an der restriktiven Rechtsprechung des EuGH zur individuellen Betroffenheit bei der Individualnich-tigkeitsklage nach Art. 263 Abs. 4 AEUV zeigt.[399]

148   Nichtsdestotrotz ist in der Rechtsprechung des EuGH anerkannt, dass der Einzelne einen effektiven gerichtlichen Schutz der Rechte in Anspruch nehmen können muss, die aus der Unionsrechtsordnung resultieren.[400] Ausgehend von Art. 6 Abs. 3 EUV leitet der EuGH den effektiven Rechtsschutz durch ein zuständiges Gericht aus den **gemeinsamen Verfassungsüberlieferungen der Mitgliedstaaten und Art. 6, 13 EMRK** her.[401] Überdies verlangt der EuGH auch von den Mitgliedstaaten ein System von Rechtsbehelfen und Verfahren vorzusehen, mit dem die Einhaltung des Rechts auf effektiven Rechtsschutz gewährleistet werden kann, wenn die Durchsetzung uni-onsrechtlich verliehener Rechte den mitgliedstaatlichen Gerichten obliegt.[402] Das Unionsrecht wird überwiegend durch die nationalen Verwaltungs-, Finanz- und Sozi-albehörden vollzogen (indirekter Vollzug), weswegen die Vollzugskontrolle im deut-schen Rechtsraum in diesen Fällen durch die Verwaltungs-, Finanz- und Sozial-gerichtsbarkeit erfolgt.[403] Die Argumentation des EuGH beruht beim indirekten Vollzug auf der aus Art. 4 Abs. 3 UAbs. 2 EUV abgeleiteten und an alle Staatsgewal-ten gerichteten Verpflichtung der Mitgliedstaaten, für die effektive Durchführung des Gemeinschaftsrechts Sorge zu tragen.[404]

149   Diese Grundsätze lassen sich nun unmittelbar aus Art. 47 EU-GrCh herleiten[405]. Nach dessen Absatz 1 besteht ein Recht »bei einem Gericht einen wirksamen Rechts-behelf einzulegen«. Absatz 2 gibt jeder Person »ein Recht darauf, dass ihre Sache von einem unabhängigen, unparteiischen und zuvor durch Gesetz errichteten Gericht in einem fairen Verfahren, öffentlich und innerhalb angemessener Frist verhandelt wird. Jede Person kann sich beraten, verteidigen und vertreten lassen«. Absatz 1 ent-spricht dabei im Wesentlichen Art. 13 EMRK, geht jedoch über diesen hinaus, da er den Rechtsschutz nicht auf eine behördliche Überprüfung beschränkt, sondern eine Beschwerde zu einem Gericht gewährleistet.[406] Absatz 2 geht auf Art. 6 Abs. 1

---

398 *Schulze-Fielitz*, in: Dreier I, Art. 19 IV Rn. 17.

399 Vgl. EuGH, Slg. 1963, 211 (238) – Plaumann. Obgleich die »Plaumann-Formel«, an der individuelle Nichtigkeitsklagen gegen Verordnungen und Richtlinien regelmäßig scheitern, vielfach als zu eng kritisiert wurde, hat der EuGH ihre Gültigkeit bekräftigt, vgl. EuGH, Slg. 2002, I-6677, Rn. 36 – Union de Pequenos Agricultores.

400 EuGH, Slg. 2002, I-6677, Rn. 39 – Union de Pequenos Agriclutores.

401 EuGH, Slg. 1986, 1651, Rn. 18 – Johnston; Slg. 2002, I-6677, Rn. 39 – Union de Pe-quenos Agriclutores.

402 EuGH, Slg. 2002, I-6677, Rn. 40 f. – Union de Pequenos Agriclutores.

403 Vgl. *Gellermann*, in: Rengeling/Middeke/Gellermann, § 36 Rn. 1.

404 *Dörr*, S. 48.

405 Ausführlich zu Art. 47 EU-GrCh *Jarass*, NJW 2011, 1393 ff.

406 Charta-Erläuterungen, ABl 2007 C 303/29.

EMRK zurück, ist jedoch nicht auf zivil- und strafrechtliche Ansprüche und Verpflichtungen beschränkt.[407] Das vom EuGH als allgemeiner Rechtsgrundsatz entwickelte Recht auf effektiven Rechtsschutz bleibt daneben stehen, da in Art. 6 Abs. 1
und 3 EUV die Grundrechte-Charta und die Grundrechte aus allgemeinen Rechtsgrundsätzen ausdrücklich nebeneinander aufgeführt werden.[408]

b) Unionsrechtliche Überformungen des nationalen Individualrechtsschutzes

Das Unionsrecht führt zunehmend zu Überformungen der einfach-gesetzlichen **Aus-**   150
gestaltung des vorläufigen Rechtsschutzes in Deutschland, so dass von einer verfahrensmäßigen Autonomie hier nur noch mit Einschränkungen die Rede sein kann.[409]
Der Sache nach resultiert daraus die Einschränkung effektiven Rechtsschutzes nach
Art. 19 Abs. 4 GG, weil bei gerichtlichen Abwägungen im Rahmen von § 80 Abs. 5
VwGO die Vollziehung eines auf einer Verordnung gemäß Art. 288 Abs. 2 AEUV
beruhenden nationalen Verwaltungsaktes nur unter den Voraussetzungen ausgesetzt
werden darf, die für den Erlass einer einstweiligen Anordnung durch den Gerichtshof gemäß Art. 279 AEUV gelten,[410] und wenn das Gericht das Interesse der Gemeinschaft angemessen berücksichtigt.[411] Das hat zur Folge, dass die Einbeziehung
der unionsrechtlichen Wertungen regelmäßig dazu führt, dass das Gewicht des Uni-
onsinteresses zulasten des betroffenen Individualrechtsgutes höher zu bewerten ist.[412]

Ferner bewirkt das Unionsrecht einen weitgehenden **Verzicht auf den Suspensiv-**   151
effekt nach § 80 Abs. 1 S. 1 VwGO. Deutsche Behörden sind zur Erfüllung unionsrechtlicher Bindungen nämlich auch dann zur Anordnung der sofortigen Vollziehbarkeit verpflichtet, wenn die Voraussetzungen nach § 80 Abs. 2 S. 1 Nr. 4 VwGO
nicht gegeben sind.[413]

Letztlich sind europarechtliche Überformungen des nationalen Individualrechts-   152
schutzes aber **unvermeidliche Folge** einer Europäischen Union als Rechtsgemeinschaft. Die geschilderten Einwirkungen auf das nationale Recht sind daher vor dem
Hintergrund von Art. 23 Abs. 1 GG verfassungsrechtlich akzeptiert.

I. Prozessuale Fragen (Abs. 4)

Der Bürger, der sich durch eine Entscheidung der Exekutive in einem subjektiv-öf-   153
fentlichen Recht verletzt sieht und dem in der Folge fachgerichtlicher Rechtsschutz
verweigert wurde, kann sich hiergegen mit der **Verfassungsbeschwerde** zur Wehr setzen, wobei die allgemeinen Zulässigkeitsvoraussetzungen gegeben sein müssen. Der

---

407 Charta-Erläuterungen, ABl 2007 C 303/30.
408 *Jarass*, NJW 2011, 1393 (1394).
409 *P. M. Huber*, in: v. Mangoldt/Klein/Starck I, Art. 19 Abs. 4 Rn. 529.
410 EuGH, Slg. 1991, I-415, Rn. 27 – Zuckerfabrik Süderdithmarschen.
411 EuGH, Slg. 1991, I-415, Rn. 33 – Zuckerfabrik Süderdithmarschen.
412 *P. M. Huber*, in: v. Mangoldt/Klein/Starck I, Art. 19 Abs. 4 Rn. 523.
413 EuGH, Slg. 1990, I-2879, Rn. 25 f. – Tafelweindestillation.

Substantiierungspflicht des Beschwerdeführers nach § 92 BVerfGG ist bereits dann genügt, wenn dieser die Verletzung der Rechtsweggarantie durch ein entsprechend dargelegtes Verhalten des Fachgerichts geltend macht; die ausdrückliche Nennung des Art. 19 Abs. 4 GG ist dagegen nicht erforderlich.[414]

J. Leitentscheidungen

I. Einzelfallgesetzverbot (Abs. 1 S. 1)

154   BVerfGE 7, 129 – lex Schörner; BVerfGE 13, 225 – Bahnhofsapotheke Frankfurt; BVerfGE 24, 367 – Hamburger Deichordnungsgesetz; BVerfGE 25, 371 – lex Rheinstahl; BVerfGE 95, 1 – Südumfahrung Stendal; BVerfGE 99, 367 – Montan-Mitbestimmung.

II. Zitiergebot (Abs. 1 S. 2)

155   BVerfGE 2, 121 – § 81 StPO; BVerfGE 28, 36 – Soldatengesetz; BVerfGE 28, 282 – Kriegsdienstgegner; BVerfGE 64, 72 – Prüfingenieur; BVerfGE 113, 348 – Telekommunikationsüberwachung.

III. Wesensgehalt (Abs. 2)

156   BVerfGE 7, 377 – Apothekenurteil; BVerfGE 39, 1 – Schwangerschaftsabbruch I; BVerfGE 45, 187 – lebenslange Freiheitsstrafe; BVerfGE 109, 133 – lebenslange Sicherungsverwahrung; BVerfGE 115, 118 – Luftsicherheitsgesetz; BVerfGE 117, 71 – Strafrestaussetzung.

IV. Grundrechtsträgerschaft juristischer Personen (Abs. 3)

157   BVerfGE 12, 6 – Societe Anonyme; BVerfGE 21, 362 – Sozialversicherungsträger; BVerfGE 39, 302 – AOK; BVerfGE 45, 62 – Stadtwerke Hameln; BVerfGE 68, 193 – Zahntechniker-Innung; BVerfGE 70, 1 – Orthopädietechniker-Innung; BVerfGE 75, 192 – Sparkasse; BVerfG, NJW 1990, 1783 – HEW-Beschluss; BVerfGE 95, 220 – Aufzeichnungspflicht; BVerfGE 100, 313 – Telekommunikationsüberwachung; BVerfG, DVBl 2011, 416 – Frankfurter Flughafen.

V. Rechtsweggarantie, (Abs. 4)

158   BVerfGE 24, 33 – Deutsch-Niederländischer Finanzvertrag; BVerfGE 35, 382 – Palästinenserbeschluss; BVerfGE 40, 237 – Rechtsschutzverfahren; BVerfGE 60, 253 – Asylverfahren; BVerfGE 61, 82 – Sasbach; BVerfGE 83, 182 – Pensionistenprivileg; BVerfGE 84, 34 – Neubewertung von Prüfungsleistungen; BVerfGE 84, 59 – Multiple-Choice-Verfahren; BVerfGE 88, 40 – Privatschulfreiheit; BVerfGE 94, 166 – Flughafenverfahren; BVerfGE 96, 100 – Rechtsschutz gegen Überstellung; BVerfGE 101, 106 – Verwaltungsbehörde; BVerfGE 107, 395 – fachgerichtlicher Rechts-

---

414   Vgl. *Voßen*, S. 161 f.

schutz; BVerfG, DVBl 2014, 993 – Rechtsschutz für Geistliche gegen kirchliche Maßnahmen.

K. Literaturauswahl

Zu Abs. 1 S. 1: *Bauernfeind, Heinz,* Zum Verbot von Einzelfallgesetzen gemäß **159** Art. 19 I GG, DVBl. 1976, S. 193–198; *Forsthoff, Ernst,* Über Maßnahme-Gesetze, in: Bachof, Gedächtnisschrift für Walter Jellinek, 1955, S. 221–236; *Hofmann, Hasso,* Das Postulat der Allgemeinheit des Gesetzes, in: Starck, Die Allgemeinheit des Gesetzes, 1987, S. 9–48; *Krüger, Hildegard,* Die Verfassungswidrigkeit der lex Schörner, DVBl. 1955, S. 758–763, S. 791–796; *Kunig, Philip,* Einzelfallentscheidungen durch Gesetz, Jura 1993, S. 308–314.

Zu Abs. 1 S. 2: *Alberts, Hans-Werner,* Die Bedeutung des Zitiergebots, Art. 19 Abs. 1 S. 2, insbesondere für die neuere Polizeigesetzgebung, JA 1986, S. 72–76; *Heintzen, Markus,* Die grundrechtlichen Zitiergebote in den Landesverfassungen, NJ 1995, S. 288–290; *Kilian, Walter,* Der Geltungsbereich des Zitiergebots in Artikel 19 Absatz 1 Satz 2 GG des Grundgesetzes, 1966; *Schwarz, Thomas,* Die Zitiergebote im Grundgesetz, 2002; *Selk, Michael,* Zum heutigen Stand der Diskussion um das Zitiergebot, JuS 1992, S. 816–820; *Singer, Jörg,* Das Bundesverfassungsgericht und das Zitiergebot, DÖV 2007, S. 496–503.

Zu Abs. 2: *Drews, Claudia,* Die Wesensgehaltsgarantie des Art. 19 II GG, 2005; *Häberle, Peter,* Die Wesensgehaltsgarantie des Artikel 19 Abs. 2 Grundgesetz, 3. Auflage 1983; *Herbert, Georg,* Der Wesensgehalt der Grundrechte, EuGRZ 1985, S. 321–335; *Leisner-Egensperger, Anna,* Die Wesensgehaltsgarantie des Art 19 Abs. 2 GG, in Merten/Papier, Grundsatzfragen der Grundrechtsdogmatik, 2007; *Middendorf, Max,* Zur Wesensgehaltsgarantie des Grundgesetzes, Jura 2003, S. 232–236; *Schneider, Ludwig,* Der Schutz des Wesensgehalts von Grundrechten nach Art. 19 Abs. 2 GG, 1983; *Stelzer, Manfred,* Das Wesensgehaltsargument und der Grundsatz der Verhältnismäßigkeit, 1991.

Zu Abs. 3: *Bethge, Herbert,* Die Grundrechtsberechtigung juristischer Personen nach Art. 19 Abs. 3 Grundgesetz, 1985; *Broß, Siegfried,* Zur Grundrechtsfähigkeit juristischer Personen des öffentlichen Rechts, VerwArch 1986, S. 65–76; *Crones, Luisa,* Grundrechtlicher Schutz von juristischen Personen im europäischen Gemeinschaftsrecht, 2002; *Frenz, Walter,* Die Grundrechtsberechtigung juristischer Personen des öffentlichen Rechts bei grundrechtssichernder Tätigkeit, VerwArch 1994, S. 22–51; *Goldhammer, Michael,* Grundrechtsberechtigung und -verpflichtung gemischtwirtschaftlicher Unternehmen, JuS 2014, S. 891–895; *Guckelberger, Annette,* Zum Grundrechtsschutz ausländischer juristischer Personen, AöR 129, S. 618–638; *Koppensteiner, Hans-Georg,* Zur Grundrechtsfähigkeit gemischt-wirtschaftlicher Unternehmen, NJW 1990, S. 3105–3114; *Kotzur, Markus,* Der Begriff der inländischen juristischen Personen nach Art. 19 Abs. 3 GG im Kontext der EU, DÖV 2001, S. 192–199; *Kruchen, Carsten,* Art. 19 III GG und die Sitztheorie – Konvergenzen von Verfassungs- und Internationalem Gesellschaftsrecht?, NZG 2012, S. 377–380; *Ludwigs, Markus,* Grundrechtsberechtigung ausländischer Rechtssubjekte, JZ 2013,

S. 434–441; *Poschmann, Thomas*, Grundrechtsschutz gemischt-wirtschaftlicher Unternehmen, 2000; *Rüfner, Wolfgang*, Der personale Grundzug der Grundrechte und der Grundrechtsschutz juristischer Personen, in: Badura/Dreier, Festschrift 50 Jahre Bundesverfassungsgericht, Bd. II, 2001, S. 55–76; *Schoch, Friedrich*, Grundrechtsfähigkeit juristischer Personen, Jura 2001, S. 201–207; *Tonikidis, Stelios*, Die Grundrechtsfähigkeit juristischer Personen nach Art. 19 III GG, Jura 2012, S. 517–525.

Zu Abs. 4: *Allkemper, Ludwig*, Der Rechtsschutz des einzelnen nach dem EG-Vertrag, 1995; *Brüning, Christoph*, Staatshaftung bei überlanger Dauer von Gerichtsverfahren, NJW 2007, S. 1094–1099; *ders.*, Einstweilige Verwaltungsführung, 2003; *v. Danwitz, Thomas*, Die Garantie effektiven Rechtsschutzes im Recht der Europäischen Gemeinschaft, NJW 1993, S. 1108–1115; *Dörr, Oliver*, Der europäisierte Rechtsschutzauftrag deutscher Gerichte, 2003; *Frank, Martin*, Gewährleistet das »formelle Hauptgrundrecht« des Art. 19 Abs. 4 Satz 1 GG einen Rechtsschutz bei nur »mittelbar-faktischen« Grundrechtseingriffen?, VerwArch 104 (2014), S. 502–528; *Kotulla, Michael*, Der Suspensiveffekt des § 80 Abs. 1 VwGO, ein Rechtsschutzinstrument auf Abruf, Die Verwaltung 2000, S. 521–561; *Lorenz, Dieter*, Der Rechtsschutz des Bürgers und die Rechtsweggarantie, 1973; *ders.*; Das Gebot effektiven Rechtsschutzes des Art. 19 Abs. 4 GG, Jura 1983, S. 393–400; *Pitschas, Rainer*, Der Kampf um Art. 19 IV GG, ZRP 1998, S. 96–103; *Remmert, Barbara*, Die Rechtsschutzgarantie des Art. 19 IV 1 GG, JA 2014, S. 906–915; *Schenke, Wolf-Rüdiger*, Die Bedeutung der verfassungsrechtlichen Rechtsschutzgarantie des Art. 19 Abs. 4 GG, JZ 1988, S. 317–326; *derselbe*, Verfassungsrechtliche Garantie eines Rechtsschutzes gegen Rechtsprechungsakte?, JZ 2005, S. 116–126; *Schlette, Volker*, Der Anspruch auf gerichtliche Entscheidung in angemessener Frist, 1999; *Schmidt-Aßmann, Eberhard*, Die Kontrolldichte der Verwaltungsgerichte: Verfassungsrechtliche Vorgaben und Perspektiven, DVBl. 1997, S. 281–289; *Schmidt-Jortzig, Edzard*, Effektiver Rechtsschutz als Kernstück des Rechtsstaatsprinzips nach dem Grundgesetz, NJW 1994, S. 2569–2573; *Siegel, Thorsten*, Effektiver Rechtsschutz und der Vorrang des Primärrechtsschutzes, DÖV 2007, S. 237–243; *Voßen, Nicole*, Die Rechtsprechung des Bundesverfassungsgerichts zur Rechtsweggarantie des Art. 19 Abs. 4 GG, den Verfahrensgarantien nach Art. 101 Abs. 1 S. 2 GG, 103 Abs. 1 GG und zum Prozessrecht der Fachgerichte, 2002; *Voßkuhle, Andreas*, Rechtsschutz gegen den Richter, 1993; *ders.*, Bruch mit einem Dogma: Die Verfassung garantiert Rechtsschutz gegen den Richter, NJW 2003, S. 2193–2200; *Zuck, Rüdiger*, Die Gewährleistung effektiven Rechtsschutzes im Zivilprozess, NJW 2013, S. 1132–1135.

Artikel 33 [Staatsbürgerliche Gleichberechtigung]

(1) Jeder Deutsche hat in jedem Lande die gleichen staatsbürgerlichen Rechte und Pflichten.

(2) Jeder Deutsche hat nach seiner Eignung, Befähigung und fachlichen Leistung gleichen Zugang zu jedem öffentlichen Amte.

(3) Der Genuss bürgerlicher und staatsbürgerlicher Rechte, die Zulassung zu öffentlichen Ämtern sowie die im öffentlichen Dienste erworbenen Rechte sind unabhängig von dem religiösen Bekenntnis. Niemandem darf aus seiner Zugehörigkeit oder Nichtzugehörigkeit zu einem Bekenntnisse oder einer Weltanschauung ein Nachteil erwachsen.

(4) Die Ausübung hoheitsrechtlicher Befugnisse ist als ständige Aufgabe in der Regel Angehörigen des öffentlichen Dienstes zu übertragen, die in einem öffentlich-rechtlichen Dienst- und Treueverhältnis stehen.

(5) Das Recht des öffentlichen Dienstes ist unter Berücksichtigung der hergebrachten Grundsätze des Berufsbeamtentums zu regeln und fortzuentwickeln.

A. Entstehungsgeschichte

I. Historische Wurzeln der Regelungsebenen

1 Art. 33 GG enthält mehrere Regelungsebenen durchaus unterschiedlichen historischen Ursprungs und verbindet diese zu einem bundesstaatlich geprägten Scharnier zwischen gesellschaftlicher Grundrechtssphäre und staatlicher Organisationshoheit. Die erste Regelungsebene enthält die Garantie staatsbürgerlicher Gleichheit im Bundesstaat, die mit dem Recht auf gleichen, diskriminierungsfreien Zugang zu öffentlichen Ämtern als zweiter Regelungsebene verbunden wird. Die davon abgesetzten institutionell geprägten Regelungen über die Organisation des öffentlichen Dienstes erhalten als dritte Regelungsebene durch die subjektive Aufladung der Ausgestaltung der Dienstverhältnisse sowie durch ihre gesamtstaatliche Verbindlichkeit Anschluss an die vorangegangenen Ebenen.

1. Staatsbürgerliche Gleichheit im Bundesstaat

2 Das Problem der staatsbürgerlichen Gleichheit hat seine Ursprünge in der föderalen Ordnung, die den deutschen Staat seit jeher prägt. Dabei wendet sich das Grundgesetz jedoch von einer von der Paulskirchenverfassung bis zur Weimarer Reichsverfassung reichenden Traditionslinie ab, die von einer durch die Landeszugehörigkeit vermittelten Bundesstaatsangehörigkeit ausgingen. Von der Basis einer fortbestehenden Landesangehörigkeit aus entwickelte sich die Gleichheit aller Deutschen in jedem Land nur schrittweise. Die Paulskirchenverfassung gewährleistete allen Deutschen nur die gleiche Ausübung der Reichsbürgerrechte in jedem Land (§ 132 PKV) sowie die Gleichbehandlung aller Deutschen im bürgerlichen und peinlichen Recht sowie im Prozeßrecht (§ 134 PKV). Demgegenüber sah Art. 3 RV 1871 ein »ge-

meinsames Indigenat« vor, kraft dessen jeder Angehörige eines Bundesstaates in jedem anderen Bundesstaat als Inländer zu behandeln war. Die Vorschrift sah aber nur einen gleichen Anspruch auf die Erlangung des Staatsbürgerrechts vor, vermittelte selbst also noch keine unmittelbare Rechtsgleichheit aller Reichsangehörigen im Hinblick auf den aktivbürgerlichen Status in den Bundesstaaten.[1] Die vollständige staatsbürgerliche Rechtsgleichheit führte erst Art. 110 Abs. 2 WRV ein, hielt aber gleichwohl grundsätzlich an der Vermittlung der Reichsangehörigkeit durch die Landesangehörigkeit fest (Art. 110 Abs. 1 Satz 2 WRV). Obwohl das Grundgesetz diese Vermittlungsrolle einer Landesangehörigkeit aufgab, knüpft es in Art. 33 Abs. 1 GG an die Vorschrift in Art. 110 Abs. 2 WRV an.

2. Zugang zu öffentlichen Ämtern

Mit dem nur an Leistungskriterien orientierten diskriminierungsfreien Zugang zu   3
öffentlichen Ämtern setzt Art. 33 Abs. 2, 3 GG eine bis in die frühkonstitutionellen süddeutschen Verfassungen zurückreichende Traditionslinie fort. Diese wendete sich zum einen gegen die noch dem Preußischen ALR geläufige bevorzugte Berücksichtigung des Adels bei der Besetzung öffentlicher Ämter (ALR II 9 § 35). Zum anderen beendete sie die seit der frühen Neuzeit übliche, in Bayern, Württemberg und Preußen aber noch bis weit in das 18. Jh. hinein nachgewiesene Praxis der Ämterkäuflichkeit.[2] Der leistungsorientierte Zugang zum öffentlichen Dienst legt damit die Grundlage für ein republikanisches, am Gemeinwohl orientiertes Amtsverständnis und bildet so das entscheidende Bindeglied zwischen staatsbürgerlicher Gleichheit und staatsorganisatorischer Ämterordnung.

Das Verbot der Diskriminierung aus religiösen Gründen aus Art. 33 Abs. 3 GG   4
knüpft ebenfalls an die frühkonstitutionellen süddeutschen Verfassungen an, die jedoch nur die Gleichbehandlung der christlichen Bekenntnisse verlangten.[3] Erst §§ 137, 146 PKV beendeten die Privilegierung der christlichen Bekenntnisse gegenüber anderen Religionen. Das Grundgesetz knüpft insoweit weitgehend Wortgleich an die Formulierung in Art. 136 Abs. 2 WRV an, dessen zusätzliche Weitergeltung Art. 140 GG anordnet.

3. Schutz des Berufsbeamtentums

Das in Art. 33 Abs. 4, 5 GG institutionell und strukturell geschützte Berufsbeamten-   5
tum entwickelte sich aus der seit dem 18. Jh. erfolgten Ablösung des Staatsapparats

---

1 Vgl. *Masing*, in: Dreier, GG II, Art. 33 Rn. 3.
2 Vgl. dazu *Wunder*, Privilegierung und Disziplinierung. Die Entstehung des Berufsbeamtentums in Bayern und Württemberg (1780–1825), 1978, S. 71 ff.; *Malettke*, Ämterkauf und soziale Mobilität: Probleme und Fragestellungen vergleichender Forschung, in: ders. (Hg.), Ämterkäuflichkeit: Aspekte sozialer Mobilität im europäischen Vergleich, 1980, S. 3/19 f.; *Möller*, Ämterkäuflichkeit in Brandenburg-Preußen im 17. und 18. Jahrhundert, ebenda, S. 156.
3 Vgl. nachweise bei *Masing*, in: Dreier, GG II, Art. 33 Rn. 5.

vom persönlichen Dienst des Fürsten.[4] Zur ersten vollen Ausprägung gelangte die Idee eines öffentlich-rechtlichen Amtsverhältnisses mit einer gegen Pressionen gesicherten Stellung der Amtsinhaber durch die bayerische »Hauptlandespragmatik über die Dienstverhältnisse der Staatsdiener«, die als Teil der Montgelasschen Reformen 1805 erlassen wurde.[5] Daran teilweise anknüpfende (verfassungs-)gesetzliche Rechtsentwicklungen wurden 1873 durch das Gesetz über die Reichsbeamtenverhältnisse fortgesetzt, das bis 1937 in Geltung blieb. In der Weimarer Reichsverfassung gelang eine weitgehende Absicherung des Berufsbeamtentums bis hin zum individuellen Schutz aller »wohlerworbenen Rechte (Art. 129 Abs. 4 WRV). Dies vermochte jedoch an der kritischen Einstellung eines Großteils der Beamtenschaft gegenüber dem demokratischen Rechtsstaat nichts zu ändern, aus deren Reihen der nationalsozialistischen Umformung der Beamtenverhältnisse insbesondere durch das Gesetz zur Wiederherstellung des Berufsbeamtentums vom 07.04.1933 und schließlich das Deutsche Beamtengesetz von 1937 nur wenig Widerstand entgegengesetzt wurde.[6] Konsequenterweise erklärte das BVerfG unter dezidierter Betonung des Fehlverhaltens der Beamtenschaft alle Beamtenverhältnisse für mit der nationalsozialistischen Herrschaft untergegangen.[7]

II. Entstehungsgeschichte

6 Während die Entstehungsgeschichte der Abs. 1–3 im parlamentarischen Rat weitgehend von Zufälligkeiten geprägt und nicht von größeren Auseinandersetzungen begleitet war,[8] wurde die institutionelle Garantie des Berufsbeamtentums, insbesondere der Beamtenvorbehalt in Art. 33 Abs. 4 GG intensiv diskutiert. Dabei sollte die als Gegenentwurf zu den Verhältnissen im Osten gehandelte institutionelle Garantie aus Art. 33 Abs. 4 GG so formuliert werden, dass sie genügend Spielräume für den Einsatz nichtbeamteten Personals ließ. Die als Kompromiss im Hauptausschuss gefundene Formel, derzufolge »Daueraufgaben in Ausübung öffentlicher Gewalt« dem Einsatz von Beamten vorbehalten bleiben sollte, wurde im Redaktionsausschuss nochmals abgeändert, weil die Wendung von den »hoheitsrechtlichen Befugnissen« die Begrenzung auf staatliches Handeln als »Obrigkeit« noch besser zum Ausdruck bringe.[9] Weitere Diskussionen befassten sich mit der Abstimmung der Regelungsgehalte der beiden Absätze, sowie mit Inhalten und Formulierung der Strukturgaran-

---

4 Vgl. hierzu und im Folgenden *Hattenhauer*, Geschichte des deutschen Beamtentums, 2. Aufl. 1993; *Willoweit*, Die Entwicklung des öffentlichen Dienstes, in: Jeserich, Deutsche Verwaltungsgeschichte Bd. I, S. 346 ff.; *Summer*, Dokumente zur Geschichte des Beamtenrechts, 1986.

5 Zu dieser *Wunder*, ZBR 2005, 2 ff.; *Summer*, PersV 2005, 84 ff.

6 *Mommsen*, Beamtentum im Dritten Reich, 1966, 13 ff.; *Hattenhauer*, Geschichte des deutschen Beamtentums, S. 399 ff.

7 Vgl. BVerfGE 3, 58; 6, 132; vgl. ausführlich hierzu und zu den Auseinandersetzungen um das »G 131« *Grigoleit*, Bundesverfassungsgericht und deutsche Frage, 2004, S. 184 ff.

8 Vgl. dazu *Masing*, in: Dreier, GG II, Art. 33 Rn. 9 ff.

9 JöR 1 (1951), S. 323.

tie in Abs. 5,[10] deren endgültige Fassung wiederum auf eine Formulierung im Redaktionsausschuss zurückgeht.[11]

Art. 33 ist seither nur durch das Föderalismusreformgesetz vom 28.06.2006[12] ver- 7 ändert worden, das dem Abs. 5 die Fortentwicklungsklausel anfügte. Dadurch sollte ausweislich der Begründung des Gesetzentwurfes[13] die Notwendigkeit einer Modernisierung und Anpassung des öffentlichen Dienstrechts an sich ändernde Rahmenbedingungen *hervorgehoben* und dadurch Gesetzgebung und Rechtsprechung die Weiterentwicklung des öffentlichen Dienstrechts erleichtert werden. Die hergebrachten Grundsätze des Berufsbeamtentums seien auch weiterhin zu berücksichtigen, die verfassungsrechtliche Garantie des Berufsbeamtentums bleibe unberührt. Auch in der Sachverständigenanhörung des Bundestags zum Entwurf des BeamtStG[14] herrschte Übereinstimmung darüber, dass bereits die bisherige Formulierung des Art. 33 Abs. 5 GG eine zeitgerechte Entwicklung des Dienstrechts ermöglichte, solange dadurch die strukturbildenden Funktionsprinzipien nicht in Frage gestellt wurden. Der Fortentwicklungsklausel sei daher kein selbständiger Gehalt zuzusprechen. Pointiert formuliert: die Änderung sei »überflüssig aber nicht schädlich«[15].

B. Grundsätzliche Bedeutung

I. Scharnierfunktion

Art. 33 GG im Abschnitt über den Bund und die Länder fasst verschiedene, auf den 8 ersten Blick kaum zusammengehörige und in bisherigen Verfassungstexten durchaus verstreut angesiedelte Vorschriften zusammen. Auf den zweiten Blick wird aber gerade in der Verbindung scheinbar disparater Bestandteile die Scharnierfunktion der Bestimmung erkennbar, die den öffentlichen Dienst als Bindeglied zwischen Staat und Gesellschaft in der föderalen, insbesondere aber grundrechtsgesteuerten Ordnung des Grundgesetzes verankert und konturiert.

1. Die föderale Scharnierfunktion

Bereits aus der Stellung der Vorschrift im Grundgesetz ist die zunächst vorrangige 9 Intention des Verfassungsgebers erkennbar. Während Art. 30 GG mit dem Grundsatz der Länderzuständigkeit deren Eigenstaatlichkeit in der föderalen Ordnung betont, ziehen die nachfolgenden Vorschriften dieser Eigenständigkeit Grenzen. Aus dieser Perspektive bildet Art. 33 GG das »innenpolitische« Gegenstück zu Art. 32 GG. Während Art. 32 GG die föderale Verteilung der auswärtigen Gewalt regelt,

---

10 JöR 1 (1951), S. 321 ff.
11 JöR 1 (1951), S. 324.
12 BGBl I, S. 2034.
13 BT-Drs. 16/813, S. 10.
14 Protokoll Nr. 16/34 der 34. Sitzung des Innenausschusses am 19.03.2007.
15 So *Lecheler*, ZBR 2007, 18/23 unter Verweis auf Battis, ZBR 2006, 186 und *Summer*, ZBR 2006, 187 f.

enthalten die nachfolgenden Bestimmungen Vorgaben für den Bereich der inneren Verwaltung. Daraus ergibt sich der Charakter des Art. 33 GG als so genannte »Durchgriffsnorm«,[16] also als Bestimmung, die unmittelbare Geltung gerade auch für das Staatsrecht der Länder beansprucht.[17]

2. Die grundrechtliche Scharnierfunktion

10 Neben dieser föderalen Scharnierfunktion ergibt sich aus den Gehalten des Art. 33 GG auch eine Scharnierfunktion für die Grundrechtsgeltung im Überschneidungsbereich zwischen Staat und Gesellschaft. Grundrechte sind ihrer Natur nach zunächst Abwehrrechte des Bürgers gegen den Staat.[18] Der grundrechtliche »status negativus« beschreibt dementsprechend die Freiheitssphäre des Bürgers vor dem Staat. Diese Sphärenabgrenzung wird jedoch problematisch, wo sich die Handlungsräume überschneiden. Eine solche Überschneidung ist aber im Bereich des öffentlichen Dienstes unabwendbar, weil der Staat nicht selbst, sondern durch seine Bediensteten handelt und diese dabei einerseits grundrechtsverpflichtet tätig werden andererseits aber selbst Grundrechtsträger bleiben.[19] Art. 33 GG regelt in diesem Überlagerungsverhältnis das Hineinwirken der Grundrechte in den Hoheitsbereich.

II. Garantiefunktionen

11 Art. 33 GG erfüllt seine Funktion durch eine Reihe von Garantien, die jedoch nicht unabhängig nebeneinander gewährt werden, sondern in vielfältigem Bezug zueinander stehen. Dabei lassen sich gleichheits- und teilhaberechtliche Aspekte von institutionellen Elementen unterscheiden.

1. Gleichheitsgarantien

12 Gleichheitsgarantien enthalten vor allem die Art. 33 Abs. 1–3 GG. Der Regelungsgehalt des Abs. 1 setzt den staatsbürgerlichen »status activus« voraus und gewährleistet die Rechtsgleichheit im Bundesstaat.[20] Abs. 2 garantiert den eignungsbezogen gleichen Zugang zu öffentlichen Ämtern. Durch das Element der Zugangseröffnung liegt sein Schwerpunkt auf teilhaberechtlichen Aspekten. Daneben enthält die Bezugnahme auf Leistungskriterien aber eine objektiv-rechtliche Dimension, die das zentrale Bindeglied zwischen den Gleichheitsrechten und den institutionellen Garantien darstellt. Die in Abs. 3 enthaltenen Diskriminierungsverbote beziehen sich auf die vorangegangenen Gleichheitsgarantien, verweisen aber zugleich durch die Ein-

---

16 Grundlegend: BVerfGE 1, 208/227 – zu Art. 21 GG; ausführlich dazu *Rozek*, Das Grundgesetz als Prüfungs- und Entscheidungsmaßstab der Landesverfassungsgerichte 1993, S. 135 ff.
17 *Lecheler*, in: BerlK, Art. 33 Rn. 2.
18 Vgl. oben, Einl. Rdn. 32 f.
19 Vgl. grundlegend BVerfGE 33, 1 in Abwendung von der Lehre vom besonderen Gewaltverhältnis.
20 *Höfling*, in: BK, Art. 33 Rn. 11 ff.

beziehung der »im öffentlichen Dienst erworbenen Rechte« bereits auf die nachfolgend in Abs. 4 und 5 geregelten Dienstverhältnisse.

2. Institutionelle Garantien

Während die Absätze 1–3 im Kern grundrechtliche Gleichheits- und Teilhaberechte 13 formulieren, liegt das Schwergewicht der Absätze 4 und 5 auf institutionellen Regelungselementen. Absatz 4 garantiert für einen Teilbereich des öffentlichen Dienstes, nämlich die dauerhafte Ausübung »hoheitsrechtlicher Befugnisse«, ein besonderes »öffentlich-rechtliches Dienst- und Treueverhältnis«. Absatz 5 gibt dem Gesetzgeber auf, das Recht des öffentlichen Dienstes unter Berücksichtigung der »hergebrachten Grundsätze des Berufsbeamtentums« zu regeln und fortzuentwickeln. Die beiden Absätze bilden gemeinsam eine institutionelle Strukturgarantie des Berufsbeamtentums, das vom Gesetzgeber für Kernbereiche des öffentlichen Dienstes unter Berücksichtigung historischer Vorbilder auszugestalten ist.

Im Unterschied zu den Gleichheitsgarantien aus Art. 33 Abs. 1–3 GG ergibt sich 14 aus der Adressierung der institutionellen Garantien kein unmittelbarer grundrechtlicher Regelungsgehalt. Gleichwohl hat das BVerfG schon früh aus Art. 33 Abs. 5 GG grundrechtsgleiche Schutzwirkungen zugunsten der Beamten abgeleitet,[21] andererseits aber Art. 33 Abs. 4 GG jeden subjektivrechtlichen Gehalt auf Begründung eines Beamtenverhältnisses abgesprochen.[22]

C. Der Schutz staatsbürgerlicher Gleichheit

Die Gleichheitsgewährleistungen aus Art. 33 Abs. 1–3 GG ergänzen die Gleichheits- 15 rechte insbesondere aus Art. 3 GG im Hinblick auf eine aus der Staatsbürgereigenschaft abgeleitete Egalität. Sie wurzeln also weniger in grundrechtstypischen Vorstellungen von der naturgegebenen Gleichheit aller Menschen, sondern stehen in enger Beziehung zu den föderalen und demokratisch-rechtsstaatlichen Strukturprinzipien der Verfassung.[23]

I. Die Staatsbürgerliche Gleichheit im Bundesstaat (Art. 33 Abs. 1)

Art. 33 Abs. 1 GG gewährleistet allen Deutschen in jedem Land die Gleichheit 16 staatsbürgerlicher Rechte und Pflichten. Über die genaue Bedeutung der Gleichheitsgarantie besteht keine Einigkeit.

Die Interpretationsschwierigkeiten beruhen letztlich darauf, dass ihr das Differenzie- 17 rungskriterium, dessen Berücksichtigung ausgeschlossen werden sollte, abhanden gekommen ist. Nach der unter der Vorgängerregelung in Art. 110 Abs. 2 WRV geltenden Rechtslage war das Gleichbehandlungsgebot darauf gerichtet, jedem Deutschen in jedem Land die Rechte einzuräumen, die sich mit der tatsächlich bestehenden

---

21 BVerfGE 8, 1 (11, 17); 8, 28 (35); 64, 367 (375) – st. Rspr.
22 BVerfGE 6, 376 (385).
23 Vgl. *Masing*, in: Dreier, GG II, Art. 33 Rn. 2.

Landeszugehörigkeit verbanden. Die Landesangehörigkeit wurde also als Differenzierungskriterium in der Rechtsordnung eines jeden Landes gegenüber allen Deutschen egalisiert. In der gegenwärtigen deutschen Rechtsordnung existieren jedoch neben der deutschen Staatsbürgerschaft keine Landesstaatsangehörigkeiten mehr, an die die Rechtsordnungen der Länder differenzierend anknüpfen könnten. Die überwiegende Ansicht erkennt darin jedoch nur das Fehlen eines formellen Anknüpfungspunktes, weil sich aus der Eigenstaatlichkeit der Länder eine Landeszugehörigkeit auch ohne gesetzliche Formalisierung ohne weiteres ergebe.[24] Die Bedeutung des Art. 33 Abs. 1 GG liegt dann darin, Tatbestandsmerkmale in den Rechtsordnungen der Länder, die eine Verbindung zwischen Land und Person herstellen oder voraussetzen, auf ihre Vereinbarkeit mit dem Differenzierungsverbot aus Art. 33 Abs. 1 GG zu überprüfen. Art. 33 Abs. 1 GG kann dann normlogisch kein absolutes Differenzierungsverbot darstellen, sondern letztlich nur im Sinne einer an der »neuen Formel« orientierten Verhältnismäßigkeitsprüfung die Sachangemessenheit des landesrechtlichen Nähekriteriums im Lichte des föderalen Gleichbehandlungsgebotes prüfen.[25] Die Gegenmeinung hält dagegen unter Hinweis auf das fehlende Differenzierungskriterium der (formellen) Landesangehörigkeit die Vorschrift für bedeutungslos und räumt ihr nur eine Reservefunktion für den theoretisch möglichen Fall ein, dass eines der Länder durch Gesetz einen Landesangehörigkeitsstatus schaffen sollte.[26]

18   Dieser »engen« Auslegung ist zu folgen. Sie kann für sich historische Plausibilität in Anspruch nehmen, weil zum Zeitpunkt der Formulierung des Art. 33 Abs. 1 GG davon ausgegangen wurde, dass es auch unter dem Grundgesetz zu einer Zweigleisigkeit der Staatsangehörigkeit kommen würde und nur das Kriterium der Landesangehörigkeit im historischen Blickfeld des Verfassungsgebers lag. Dagegen ist das Landesrecht für die Abgrenzung seines Geltungsbereichs in der bundesstaatlichen Ordnung schon aufgrund des Territorialitätsprinzips[27] auf die Differenzierung in Anknüpfung an räumliche Umstände wie das Sitzkriterium notwendig angewiesen.[28]
Für die Überprüfung solcher Anknüpfungen war und ist das Gleichheitsgebot aus Art. 33 Abs. 1 GG weder gedacht noch erforderlich, schon deshalb, weil sie die Ausnahme einer Durchbrechung des Differenzierungsverbots nicht nur zahlenmäßig zur Regel machen müsste. Vielmehr ist einer im Einzelfall nicht erforderlichen oder zu weitgehenden landesrechtlichen Anknüpfung an eine territoriale Nähebeziehung mit den Mitteln des allgemeinen Gleichheitssatzes aus Art. 3 Abs. 1 GG oder gegebenenfalls speziellen Differenzierungsverboten sachangemessen beizukommen. In der bis-

---

24 *Jachmann*, in: v. Mangoldt/Klein/Starck, GG II, Art. 33 Rn. 6; *Sachs*, AöR 108 (1983), 68 (69 f.); *ders.*, ZBR 1994, 133 (141); *Kunig*, in: v.Münch/Kunig, GGK I, Art. 33 Rn. 7.

25 *Jachmann*, in: v. Mangoldt/Klein/Starck, GG II, Art. 33 Rn. 8 ff.; *Kunig*, in: v.Münch/Kunig, GGK I, Art. 33 Rn. 12 f.

26 *Masing*, in: Dreier, GG II, Art. 33 Rn. 31.

27 BVerfGE 11, 6 (19); BVerwGE 115, 373 (384).

28 *Höfling*, in: BK, Art. 33 Rn. 31; *Fastenrath*, JZ 1987, 170.

herigen Gerichtspraxis sind denn die einschlägigen Fälle ausdrücklich nicht an Art. 33 Abs. 1 GG sondern nur an Art. 3 Abs. 1 GG gemessen worden.[29]

Unabhängig von der engen oder weiten Anknüpfung an das verbotene statusrecht- **19** liche Differenzierungskriterium ist zu entscheiden, in welchem Umfang Art. 33 Abs. 1 GG eine Gleichbehandlung vorschreibt. Aus der im Vergleich zur Vorgängerregelung in Art. 110 Abs. 2 WRV scheinbar eingetretenen Verengung auf »staatsbürgerliche Rechte« und im Hinblick darauf, dass Art. 33 Abs. 3 GG abweichend von Abs. 1 bürgerliche und staatsbürgerliche Rechte nebeneinander nennt, könnte geschlossen werden, dass Art. 33 Abs. 1 GG eine Gleichheit nur im Bezug auf die unmittelbar aus einer Landesangehörigkeit erwachsenden Rechte eine Gleichbehandlung fordert. Diesem engen Verständnis steht aber bereits entgegen, dass es dem parlamentarischen Rat ersichtlich nicht um eine begriffliche Unterscheidung zwischen staatsbürgerlichen und bürgerlichen Rechten ging. Zudem entspricht das enge Verständnis nicht dem tradierten Sinn der Vorschrift. Die Anknüpfung an eine Landesstaatsangehörigkeit sollte im Hinblick auf die umfassende Gleichstellung aller Deutschen in öffentlich-rechtlich begründeten Rechten und Pflichten untersagt sein, also das Gesamtrechtsverhältnis zwischen Bürger und Staat[30] umschließen. Die Beschränkung auf »Rechte« lässt auch keine Freistellung von Ermessensentscheidungen von dem Differenzierungsverbot zu. Eine solche Unterscheidung würde nicht nur den Sinn des Differenzierungsverbotes verkennen, sondern auch die rechtlichen Bindungen der Ermessensausübung.[31]

II. Zugangsgleichheit, Leistungsprinzip (Art. 33 Abs. 2)

Art. 33 Abs. 2 GG gewährleistet die Gleichheit des Zugangs zu öffentlichen Ämtern **20** nach »Eignung, Befähigung und fachlicher Leistung«.

1. Allgemeines

Art. 33 Abs. 2 GG stellt ein Gleichheitsrecht für die Teilhabegewährung des Be- **21** werbers um ein öffentliches Amt, und insoweit eine bereichsspezifische Verstärkung des Art. 3 Abs. 1 GG dar, die als grundrechtsgleiches Recht mit der Verfassungsbeschwerde (Art. 93 Abs. 1 Nr. 4a GG) geltend gemacht werden kann. Zugleich nennt die Vorschrift mit Eignung, Befähigung und Leistung die zulässigen Differenzierungskriterien und schließt deshalb andere Kriterien von der Berücksichtigung aus. Insoweit wird die Regelung durch Art. 33 Abs. 3 GG ergänzt, ohne dass dem

29 So BVerfGE 33, 303 (351) betreffend die Hochschulzulassung in Bayern; BVerfG, NVwZ 2005, 923 betreffend eine Landeskinderklausel im bremischen Privatschulrecht; vgl. *Battis*, in: Sachs, GG, Art. 33 Rn. 16.
30 *Battis*, in: Sachs, GG, Art. 33 Rn. 15; Sachs, HStR VIII, § 182, Rn. 132; *Isensee*, HStR VI, § 126 Rn. 52; *Jachmann*, in: v. Mangoldt/Klein/Starck, GG II, Art. 33 Rn. 5.
31 Vgl. i.E. *Jachmann*, in: v. Mangoldt/Klein/Starck, GG II, Art. 33 Rn. 2; *Masing*, in: Dreier, GG II, Art. 33 Rn. 34.

daraus resultierenden zusätzlichen Differenzierungsverbot eigenständig konstitutive Bedeutung zukäme.

22 Mit den Kriterien Eignung, Leistung, Befähigung greift Art. 33 Abs. 2 GG zudem Kategorien auf, deren Bedeutung sich unter dem Stichwort »Leistungsprinzip« in der Tradition des öffentlichen Dienstrechts konkretisiert haben. Art. 33 Abs. 2 GG knüpft also bestätigend an einen vorverfassungsmäßigen Regelungskomplex an und hebt diesen damit aus dem Gesamtzusammenhang des öffentlichen Dienstrechts hervor. Dies gilt gerade auch aus der Perspektive des Art. 33 Abs. 5 GG: Während dieser dem Gesetzgeber die »Berücksichtigung« der hergebrachten Grundsätze aufgibt, ist das Leistungsprinzip als einziger dieser Grundsätze ausdrücklich in der Verfassung benannt und als von Verfassungs wegen unmittelbar geltendes Recht dem Gesetzgeber vorgegeben. Insoweit enthält Art. 33 Abs. 2 GG auch eine staatsorganisationsrechtliche Komponente, weil er im Interesse einer effektiven staatlichen Verwaltung die **Bestenauslese als Personalrekrutierungsmechanismus** vorschreibt.[32] Zugleich legt das GG mit Art. 33 Abs. 2 GG im Interesse der Leistungsfähigkeit des öffentlichen Dienstes ein uneingeschränktes Bekenntnis zur Privilegienfeindlichkeit des Staatsdienstes ab. Dieses Bekenntnis richtet sich zuallererst gegen feudale Erscheinungen, die den Zugang zum Staatsdienst teilweise bestimmten Bevölkerungsschichten vorbehielten, von der Zugehörigkeit zu einem sozialen Stand abhängig machten oder durch den Ämterhandel kommerzialisierten. Mit der Abwendung von solchen Praktiken unterstreicht Art. 33 Abs. 2 GG das **republikanische Prinzip** des Art. 20 GG.

23 In der Verfassungspraxis ist die von Art. 33 Abs. 2 GG geschützte Leistungsfähigkeit des öffentlichen Dienstes, wie der Bewerberanspruch aber weniger von der Praxis eines »ancien regimes« gefährdet als vielmehr von den modernen Versuchungen der repräsentativen Demokratie, die notwendigerweise auf die Vermittlung des Volkswillens durch politische Parteien angewiesen ist und diesen deshalb in Art. 21 GG eine zentrale Position zuweist. Aus dieser zentralen Position im öffentlichen Leben steht den Parteien ein vielfältiger Zugriff auf die Besetzungsverfahren für öffentliche Ämter offen. Daraus resultieren vielfach Ernennungs-, Beförderungs- oder Versetzungsentscheidungen, die nicht an einer Bestenauslese, sondern an parteipolitischen Gesichtspunkten orientiert sind. Diese **Ämterpatronage** unterminiert nicht nur die Leistungsfähigkeit des öffentlichen Dienstes sondern vor allem auch die Legitimation des Berufsbeamtentums gerade in seiner ausgleichenden Funktion im Falle eines Regierungswechsels[33] und ist deshalb als verfassungswidrige Praxis zu bekämpfen.

2. Zugang zu öffentlichen Ämtern

24 Der verfassungsrechtliche Begriff des »**öffentlichen Amtes**« bleibt in Art. 33 GG undefiniert. Der Wortlaut (»jedes« Amt), der systematische Zusammenhang der Vor-

---

32 BVerfGE 56, 146 (163); Sachs, HStR VIII, § 182 Rn. 172; *Jarass/Pieroth*, GG, Art. 33 Rn. 7; *Battis*, in: Sachs, GG, Art. 33 Rn. 19.

33 Zutreffend *Battis*, in: Sachs, GG, Art. 33 Rn. 39.

schrift mit Art. 33 Abs. 4 GG, insbesondere aber der auf die Leistungsfähigkeit des öffentlichen Dienstes insgesamt gerichtete Zweck der Bestenauslese legt nahe, dass ihr Anwendungsbereich nicht etwa auf die Ausübung hoheitsrechtlicher Befugnisse beschränkt ist sondern die Zugangsgleichheit gleichermaßen für Beamte, Beschäftigte, Richter und Soldaten in allen Zweigen der Ausübung unmittelbarer oder mittelbarer Bundes- oder Landesstaatsgewalt und damit für den gesamten »öffentlichen Dienst« i.w.S. umfasst. Einem institutionellen Verständnis folgend sind danach alle Stellen bei staatlichen Hoheitsträgern umfasst.[34] Diese Grundlegung verliert jedoch in Randbereichen ihre Überzeugungskraft und Trennschärfe. Dies gilt zunächst für Ämter, deren Besetzungsverfahren durch einen **Wahlakt** gesteuert werden, insbesondere also für »politische« Ämter etwa der Regierung und die Ämter der kommunalen Wahlbeamten. In diesen Fällen tritt die demokratische Legitimation durch das Wahlgremium an die Stelle der Legitimation durch die rechtlich gesteuerte und gerichtlich überprüfbare sachliche Legitimation durch Bestenauslese.[35] Der Vorrang des demokratischen Wahlakts vor der rechtlich gebundenen Bestenauswahl wird jedoch insbesondere bei Mischformen wie der Richterwahl nach Art. 95 Abs. 2 GG bzw. entsprechenden Vorschriften der Länder problematisch. Richtigerweise wird man hier von einer akteurs- und verfahrensbezogen nur eingeschränkten Bindung an Art. 33 Abs. 2 GG auszugehen haben.[36]

Umgekehrt ist die Beschränkung des Anwendungsbereichs des Art. 33 Abs. 2 GG 25 auf den institutionell abgegrenzten Staatsbereich zweifelhaft: Dies wird augenfällig, soweit durch gesetzliche Beleihung Hoheitsbefugnisse auf Private übertragen werden. In diesen Fällen wird die Ausübung hoheitlicher Befugnisse zum Beruf, dient also zumindest auch den Interessen des beliehenen Privaten. Angesichts der genannten Ausschlussfunktion des Art. 33 Abs. 2 GG gegenüber allen Erscheinungsformen der Pfründenwirtschaft, ist die Beleihung nur unter der Voraussetzung staatlicher Regulierung zulässig, zu der neben der Ausübungsaufsicht auch die an Art. 33 Abs. 2 GG gebundene Zugangskontrolle gehört.[37] So unterliegt etwa die Zulassung zum Notariat – unabhängig vom Notariatssystem – einer an den Maßgaben des Art. 33 Abs. 2 GG zu messenden Bestenauslese.[38]

34 *Stern*, Staatsrecht I, S. 346; *Battis*, in: Sachs, GG, Art. 33 Rn. 24; *Höfling*, in: BK, Art. 33 Rn. 61 f.
35 OVG Schleswig, NVwZ 1993, 1124; *Battis*, in: Sachs, GG, Art. 33 Rn. 25; *Masing*, in: Dreier, GG II, Art. 33 Rn. 43.
36 Vgl. dazu OVG Schleswig, NJW 2001, 3495; *Grigoleit/Siehr*, DÖV 2002, 455; *Bertram*, NJW 2001, 1838; *Goll*, RuP 2001, 121; *Lovens*, ZRP 2001, 465.
37 *Trute*, in: AK-GG, Art. 33 Rn. 24; *Masing*, in: Dreier, Art. 33 Rn. 42; *Kunig*, in: v.Münch/ Kunig, GGK I, Art. 33 Rn. 21; *Maunz*, in: MD, GG, Art. 33 Rn. 13; a.A. *Battis*, in: Sachs, GG, Art. 33 Rn. 25.
38 Vgl. statt vieler BVerfGE 100, 305; BVerfG, RNotZ 2002, 505; BVerfG, ZNotP 2004, 281; für Notare auch *Battis*, in: Sachs, GG, Art. 33 Rn. 24; einschränkend *Masing*, in: Dreier, GG II, Art. 33 Rn. 42.

26 Ob Gleiches auch dann zu gelten hat, wenn ohne Übertragung hoheitsrechtlicher Befugnisse (bisher) staatliche Aufgaben auf private Rechtsträger übergehen, ist zweifelhaft.[39] Hier erfordert nicht der Pfründengedanke, möglicherweise aber der Schutz vor politischer Patronage von »Versorgungsämtern« eine Einbeziehung. Allerdings bedarf es dazu differenzierender Lösungen. Allein der Aufgabenzusammenhang rechtfertigt bei Privatisierungsabsicht gerade keine Regulierung. Insoweit bleibt es gegebenenfalls bei einer inhaltlich orientierten staatlichen Gewährleistungsaufgabe. Darüber hinausgehende Regulierungspflichten im Hinblick auf Art. 33 Abs. 2 GG können sich entweder aus einer wirtschaftlichen Gewährsträgerhaftung des Staates (Organisationsprivatisierung) oder aber aus der Rechtsbindung der Vertreter staatlicher Anteilseigner in Organen des privaten Aufgabenträgers ergeben.

27 Der Begriff des **Zugangs** umfasst nach einhelliger Ansicht nicht nur die Einstellung im Eingangsamt, sondern gleichermaßen auch die Beförderung und den Aufstieg sowie solche Statusverbesserungen vorbereitende Auswahlentscheidungen.[40] Zweifelhaft ist allein, ob auch personalwirtschaftliche Maßnahmen, die nicht mit einer Statusverbesserung verbunden sind (Umsetzung, Versetzung) einer Bestenauslese zu unterziehen sind. Dies wird vom BVerwG im Hinblick auf die Flexibilität und Effektivität der Verwaltung verneint.[41]

3. Eignung, Befähigung und fachliche Leistung

28 Mit der Aufzählung der Auswahlkriterien »Eignung, Befähigung und fachliche Leistung« benennt Art. 33 Abs. 2 GG die personenbezogenen Sachgründe, die gemeinsam die Bestenauslese zu steuern haben. Zugleich werden damit andere Eigenschaften der Person, denen die sachliche Relevanz für die Ausübung des republikanischen Amtes fehlt, ausgeschlossen.

29 Bei den genannten Kriterien handelt es sich rechtsdogmatisch um unbestimmte Rechtsbegriffe, deren Konkretisierung im Hinblick auf Rechtssicherheit und effektiven Rechtsschutz (Art. 19 Abs. 4 GG) in besonderem Maße der Auslegung bedürftig sind.[42] Der Wortsinn legt insoweit bereits eine Unterscheidung nach persönlichkeitsorientierten Merkmalen (Eignung) einerseits und sachorientierten Merkmalen (»fachliche Leistung«) nahe. Insbesondere der Befähigungsbegriff verdeutlicht aber, dass eine trennscharfe begriffliche Abgrenzung unmöglich ist. Die Abgrenzungsschwierigkeiten bleiben aber letztlich ohne praktische Bedeutung. Versteht man die Kriterien als Komplementärbegriffe,[43] die gemeinsam alle für die Besetzungsentscheidung im Wege der

---

39 Vgl. dafür: *Trute*, in: AK-GG, Art. 33 Rn. 26; *Masing*, in: Dreier, GG II, Art. 33 Rn. 42; dagegen: *Battis*, in: Sachs, GG, Art. 33 Rn. 25; *Höfling*, in: BK, Art. 33 Rn. 82 f.

40 Dazu BVerwG, NVwZ 2013, 80 (Aufstiegslehrgang); BVerwG, NVwZ-RR 2012, 241 (Erprobung auf höherwertigem Dienstposten).

41 BVerwGE 95, 73 (84); zur Diskussion *Masing*, in: Dreier, GG II, Art. 33 Rn. 41 m.w.N.

42 *Kunig*, in: v.Münch/Kunig, GGK I, Art. 33 Rn. 29.

43 *Masing*, in: Dreier, GG II, Art. 33 Rn. 45.

Bestenauslese relevanten Eigenschaften abdecken sollen,[44] so beziehen sich die Abgrenzungsschwierigkeiten nicht auf die für die Auswahl relevanten Eigenschaften, sondern nur darauf, welchem der drei Kriterien sie zuzuordnen sind.

Orientiert man die Zuordnung an dem historisch gewachsenen beamtenrechtlichen Begriffshintergrund,[45] so kommt dem Kriterium der **Befähigung** zentrale Abgrenzungsfunktion für ein fachbezogenes, sachlich qualifiziertes Berufsbeamtentum gegenüber dem persönlichen Fürstendienst zu. Das Kriterium verweist danach auf die beruflich-fachliche Vorbildung, die beamtenrechtlich insbesondere in der sog. »Laufbahnbefähigung« Niederschlag gefunden hat. Während sich aber die Laufbahnbefähigung schematisierend auf Gruppen abstrakter Ämter bezieht, ist die Befähigung i.S.d. Art. 33 Abs. 2 – wie die anderen beiden Auswahlkriterien auch – für das jeweils betroffene konkrete Amt zu prüfen.[46] Zur Befähigung zählen deshalb alle durch Ausbildung, berufliche oder sonstige Erfahrungen erworbenen fachlichen Kenntnisse und Fähigkeiten.[47] 30

Das Kriterium der **fachlichen Leistung** stellt dagegen auf die bisher erbrachten praktischen Arbeitsergebnisse, auf die Bewährung des Bewerbers in der beruflichen Praxis ab. Im Hinblick etwa auf die Ergebnisse einer praxisorientierten Ausbildung oder die beruflich erworbenen Leistungspotenziale ergeben sich dabei jedoch erhebliche Abgrenzungsschwierigkeiten gegenüber der Befähigung.[48] Regelmäßig spielt das Leistungskriterium bei der Erstanstellung von »Berufsanfängern« gegenüber der Befähigung eine allenfalls untergeordnete Rolle, deren Bedeutung aber bei Beförderungsentscheidungen und Quereinsteigern deutlich zulasten der Befähigung zunimmt.[49] 31

In den Vorgängerbestimmungen war das Kriterium der **Eignung** nicht ausdrücklich vorgesehen. Es hat sich vielmehr zunächst als Oberbegriff für alle relevanten Auswahlkriterien entwickelt (Eignung i.w.S.) und ist dann zu einer Auffangkategorie für solche persönlichen Eigenschaften der Person entwickelt worden, die nicht unter die anderen Begriffe subsumiert werden können.[50] Dazu zählen zunächst etwa gesetzliche Einstellungsvoraussetzungen wie Gesundheitszustand, Alter oder Staatsangehörigkeit. Daneben können aber auch körperliche wie seelische Belastbarkeit und charakterliche Eigenschaften wie Einsatzbereitschaft und soziale Kompetenzen berücksichtigt werden. In der Rechtsprechung hat sich die Formel durchgesetzt, dass geeignet i.S.d. Art. 33 Abs. 2 GG nur der Bewerber sei, der »dem angestrebten Amt 32

---

44 *Isensee*, HbVerfR, § 32 Rn. 38; *Jachmann*, in: v. Mangoldt/Klein/Starck, GG II, Art. 33 Rn. 17.
45 Dazu *Günther*, DÖD 2003, 273.
46 *Masing*, in: Dreier, GG II, Art. 33 Rn. 45.
47 *Masing*, in: Dreier, GG II, Art. 33 Rn. 45 m.w.N.
48 Vgl. *Jarass/Pieroth*, GG, Art. 33 Rn. 14.
49 Vgl. etwa zur Bedeutung der Examensnoten bei der Anwaltsnotarberufung: BVerfG, B. v. 20.04.2004, 1 BvR 838/01.
50 *Masing*, in: Dreier, GG II, Art. 33 Rn. 45; *Battis*, in: Sachs, GG, Art. 33 Rn. 27 f.; *Trute*, in: AK-GG, Art. 33 Rn. 40.

in körperlicher, psychischer und charakterlicher Hinsicht gewachsen ist«.[51] Als nicht amtsbezogen und deshalb in der Regel sachwidrig dürften Merkmale wie Herkunft, Familienstand, gesellschaftliche Beziehungen oder soziale Bedürftigkeit ausscheiden.[52]

33 Aus der sich aus der Komplementärfunktion des Eignungsbegriffs ergebenden, nur an die Grenzen der Sachgerechtigkeit gebundenen und damit fast beliebigen Weite des Eignungsbegriffs, der unklaren Basis für die Ermittlung einzelner Eignungskriterien, ihrer Relevanz für das jeweils betroffene Amt und ihres Verhältnisses zu anderen Verfassungsbestimmungen, insbesondere zu den sich aus Art. 33 Abs. 3, 3 Abs. 3 GG ergebenden Diskriminierungsverboten,[53] die über den Umweg amtsbezogener Eignungkriterien nicht unterlaufen werden dürfen,[54] resultieren immer wieder Schwierigkeiten. So kann etwa das **Geschlecht** – obwohl grundsätzlich als Differenzierungskriterium unstatthaft – im Einzelfall eines konkreten Amtes für die Wahrnehmung der Dienstaufgaben eignungsrelevant sein. Beispiele dafür sind etwa Ämter des Strafvollzugs, mit denen Aufgaben körperlicher Durchsuchung verbunden sind, Ämter von Frauenbeauftragten[55] oder Leitungspositionen in Mädchenschulen.[56] Soweit in solchen Fällen davon ausgegangen werden muss, dass Bewerber, die das eigentlich unstatthafte Differenzierungskriterium (Geschlecht) nicht aufweisen, für die Stellenbesetzung generell ungeeignet sind, ist dem aus Art. 3 Abs. 3 GG resultierenden Schutzgedanken dadurch Rechnung zu tragen, dass sich die Erforderlichkeit der entsprechenden Amtsausweisung durch verfassungsrechtlich relevante Gründe rechtfertigen lassen muss.[57] Keine Eignungsfrage ist dagegen das Problem der generalisierenden Bevorzugung von Frauen (»Frauenquote«, »umgekehrte Diskriminierung«) aufgrund von Gleichstellungsvorgaben, weil diese gegenüber den Kriterien des Art. 33 Abs. 2 GG nur nachrangig also bei gleicher Eignung i.w.S. (»Hilfs«- oder »Sekundärkriterien«) und auch dann nur neben anderen legitimen Zielsetzungen (»Härteklauseln«) berücksichtigt werden dürfen.[58]

---

51 BVerfGE 92, 140 (151).
52 *Jachmann*, in: v. Mangoldt/Klein/Starck, GG II, Art. 33 Rn. 17; *Isensee*, HbVerfR, § 32 Rn. 34.
53 BVerwGE 61, 325 (330); *Sachs*, ZBR 1994, 133.
54 BVerwGE 61, 325 (330); *Masing*, in: Dreier, GG II, Art. 33 Rn. 46.
55 NdsStGH DÖV 1996, 657 (659); offen lassend: BVerfGE 91, 228 (245).
56 BVerfGE 39, 334 (368); *Höfling*, in: BK, Art. 33 Rn. 246.
57 *Sachs*, ZBR 1994, 133 (133 f.); *Masing*, in: Dreier, GG II, Art. 33 Rn. 46.
58 Vgl. EuGH, Rs. C 409/95, v. 01.01.1997 – Marschall; HessStGH, ZBR 1997, 313 (316 ff.); OVG Lüneburg, ZBR 1997, 188 (190 f.) zur vorangegangenen Diskussion: OVG Münster, NVwZ 1996, 495 ff.; *Sacksofsky*, Das Grundrecht auf Gleichberechtigung, 2. Aufl. 1996, S. 374 ff.; *Jachmann*, in: v. Mangoldt/Klein/Starck, GG II, Art. 33 Rn. 20; *dies.*, ZBR 1996, 161 (163 ff.).

Die erforderliche Eignung wurde unter Verweis auf die Intoleranz der Truppe **Ho- 34 mosexuellen** abgesprochen, die sich um ein Bundeswehramt bewerben.[59] Eignungszweifel werden auch geltend gemacht, wenn sich Bewerber mit einem **religiösen Bekenntnis** identifizieren und dies in ihrer äußeren Erscheinung dokumentieren. Insoweit ist zwischen der religiösen Neutralität des Staates und der persönlichen Bekenntnisfreiheit des Amtsträgers zu differenzieren. Zwar hat der Staat nicht zu gewährleisten, dass seine Organisationssphäre von privaten Bekenntnissen religiöser Art vollständig frei bleibt. Deshalb kann auch nicht davon die Rede sein, dass sich der Staat, der die Äußerung persönlicher Bekenntnisse eines Amtsträgers toleriert, sich mit diesen deswegen identifiziert und sie sich insoweit als eigene zurechnen lassen müsste.[60] Dementsprechend kann die religiöse Neutralität des Staates die Berücksichtigung des religiösen Bekenntnisses eines Bewerbers nicht rechtfertigen.[61] Vielmehr muss sich die Notwendigkeit der Berücksichtigung jeweils im Einzelfall aus der mit dem Amt verbundenen staatlichen Aufgabe verfassungsrechtlich rechtfertigen lassen. Dies kann etwa der Fall sein, wenn das sichtbare religiöse Bekenntnis einer Lehrkraft an einer staatlichen Schule im konkreten Fall[62] geeignet ist, den Schulfrieden zu stören und dadurch die Erfüllung das pädagogischen Schulauftrags in Gefahr gerät. In einem solchen Fall kann der Staat unter Wahrung des Gesetzesvorbehalts von seinen Amtsträgern religiöse Zurückhaltung verlangen und deren Verweigerung als Eignungsmangel werten.[63]

Umstritten geblieben ist schließlich die Eignungsrelevanz **politisch-weltanschauli- 35 cher Bekenntnisse**. Im Ausgangspunkt erscheint zwar selbstverständlich, dass etwa die Zugehörigkeit zu einer politischen Partei kein Eignungskriterium darstellen darf. Diese Grundlegung ist aber bereits für die Gruppe der sog. **politischen Beamten** (§ 54 BBG) traditionell durchbrochen. Danach soll zwischen bestimmten Gruppen von Spitzenbeamten und der politischen Leitung jederzeit ein gewisses Maß vertrauensvoller Übereinstimmung gewährleistet sein. Zur Herstellung dieses Vertrauensverhältnisses schien der im Beamtenrecht allgemein geltende Gehorsamsgrundsatz nicht ausreichend: Wegen der Doppelfunktion der politischen Leitungsämter als Staatsorgan einerseits und Exekutivspitze andererseits bedarf es zur zweckentsprechenden Amtsführung über das normale Maß hinausgehender Delegationsmechanismen. Aufgabe der politischen Beamten ist es hierbei insbesondere, die Umsetzung der Grundentscheidungen der politischen Leitung durch und in der Beamtenhierarchie selbständig sicherzustellen. Dadurch wird die Leitung von der Notwendigkeit der

---

59 BVerwGE 86, 355 (356); BVerwG, ZBR 1998, 181; *Jachmann*, in: v. Mangoldt/Klein/ Starck, GG II, Art. 33 Rn. 18; zweifelnd: *Masing*, in: Dreier, GG II, Art. 33 Rn. 46.

60 *Masing*, in: Dreier, GG II, Art. 33 Rn. 46.

61 A.A. *Jachmann*, in: v. Mangoldt/Klein/Starck, GG II, Art. 33 Rn. 18.

62 BVerfG, B. v. 27.01.2015, 1 BvR 471/10, 1 BvR 1181/10, Rn. 80 ff.

63 BVerfGE 108, 282 – Kopftuch; BVerwG, NJW 2004, 3581 ff.; zum »Kopftuchstreit« zusammenfassend: *Battis*, BBG, 4. Aufl. 2009, § 9 Rn. 24 f.; zur einschlägigen Landesgesetzgebung: *Hofmann*, NVwZ 2009, 74; zu früheren Fällen: BVerwG, NVwZ 1998, 937 – Bhagwan.

Hierarchiekontrolle zwar nicht enthoben aber entlastet. Diese Rationalisierungsfunktion ist aber nur dann gewährleistet, wenn zwischen Spitzenbeamten und Leitung ein die ihrerseits der Kontrolle bedürftige Gehorsamspflicht übersteigendes Vertrauensverhältnis besteht. Dieser Zusammenhang rechtfertigt es, die politische Einstellung eines Bewerbers bzw. Amtsinhabers zum eignungsrelevanten Kriterium zu erheben.[64] Ob ähnliche Überlegungen auch für untergeordnete Ämter im Kräftefeld der Regierungsverantwortung eine Berücksichtigung politischer Überzeugungen als eignungsrelevant rechtfertigen, erscheint jedoch nicht zweifelsfrei. Zwar mag es realistisch sein, dass zahlreiche Posten im Umfeld politischer Entscheidungsträger wie Büroleiter, persönliche Referenten, Pressesprecher und Redenschreiber[65] nicht ohne Berücksichtigung politischer Kompatibilität besetzt werden.[66] Durchaus bezweifelbar ist allerdings, ob die wachsende Zahl solcher politischen »Küchenkabinette« bis hin zur kommunalen Ebene[67] durch eine Politisierung der Verwaltung legitimiert oder als mit dem republikanisch orientierten Leistungsprinzip unvereinbare parteipolitische Ämterpatronage oder gar als versteckte staatliche Parteifinanzierung zu bekämpfen ist.[68]

36 Seit dem sog. »**Radikalenerlass**«[69] wird über die Bedeutung der Zugehörigkeit eines Bewerbers zu einer als radikal, extremistisch oder verfassungsfeindlich eingestuften Partei oder Gruppierung gerungen. Grundlage der Diskussion bildet einerseits die historische Einschätzung, dass ein demokratisch unzuverlässiges Berufsbeamtentum wesentlich zum Ende der Weimarer Republik beigetragen habe, andererseits die besondere Situation der Systemkonfrontation während der deutschen Teilung.[70] Das BVerfG bestätigte im sog. »Radikalenbeschluss«[71] zumindest dem Grunde nach die auf dem Radikalenerlass beruhende Staatspraxis, derzufolge die Mitgliedschaft in einer verfassungsfeindlichen Partei einen Eignungsmangel darstelle, der der Einstellung in den öffentlichen Dienst entgegenstehe. Das gemeine Wohl erfordere zwingend, dass ein Bewerber jederzeit die Gewähr dafür biete, dass er sich für die freiheitlich demokratische Grundordnung einsetze.[72]

37 Streitig geblieben ist jedoch, ob sich die **Pflicht zur Verfassungstreue** aus einem hergebrachten Grundsatz des Berufsbeamtentums (Art. 33 Abs. 5 GG), gegebenenfalls in Verbindung mit der in Art. 33 Abs. 4 GG genannten Treueverpflichtung ergibt[73]

---

64 Vgl. BVerfGE 7, 155 (166 f.); 8, 332 (347 ff.); *Lemhöfer*, in: Plog/Wiedow, BBG, § 36 RN 4; *Kugele*, ZBR 2007, 109; Grigoleit, ZBR 1998, 129.

65 *Bracher*, DVBl 2001, 19 (26).

66 *Masing*, in: Dreier, GG II, Art. 33 Rn. 46.

67 So *Bracher*, ebenda.

68 Dazu oben, Rdn. 23.

69 Dazu *Kunig*, in: v.Münch/Kunig, GGK I, Art. 33 Rn. 34; *Böckenförde*, in: ders./Tomuschat/Umbach, Extremisten und öffentlicher Dienst, 1981, S. 9 ff.

70 *Trute*, in: AK-GG, Art. 33 Rn. 48, 59.

71 BVerfGE 39, 334.

72 BVerfGE 39, 334/352.

73 BVerfGE 39, 334/346 f.; *Jachmann*, in: v. Mangoldt/Klein/Starck, GG II, Art. 33 Rn. 19.

oder unabhängig davon als Eignungskriterium relevant ist.[74] Davon kann etwa abhängen, ob sich die Verfassungstreuepflicht gleichermaßen auf alle Angehörigen des öffentlichen Dienstes oder nur auf Beamte bezieht[75] und ob insoweit nach der Funktion des betroffenen Amtes zu differenzieren ist.[76] Die Beurteilung der Verfassungstreue enthält prognostische Elemente. Inwieweit dabei die Mitgliedschaft in einer nicht vom BVerfG nach Art. 21 Abs. 2 GG für verfassungswidrig erklärten, aber von der Exekutive als »verfassungsfeindlich« eingestuften Partei als ausschlaggebendes Kriterium herangezogen werden kann,[77] unterliegt zahlreichen Zweifeln.[78] Diese wurden auch vom EGMR bestätigt, der zwar die Staatspraxis der Bundesrepublik im Fall eines Probebeamten zunächst bestätigte,[79] dann aber im Falle eines Lebenszeitbeamten, dem die bloße Mitgliedschaft in der DKP, nicht aber konkrete Pflichtverstöße vorgeworfen wurden, der Meinungs- und Vereinigungsfreiheit Vorrang vor der Verfassungstreue einräumte.[80] Ist danach allein die Zugehörigkeit zu einer »verfassungsfeindlichen« Partei nicht ausreichend, kann andererseits aber auch der dem Parteiverbotsverfahren vor dem BVerfG zugrunde gelegte Maßstab einer aktiv kämpferischen Gegnerschaft nicht übernommen werden,[81] weil von Parteien eben nicht die (positive) Treue zur Verfassung sondern nur (negativ) der Verzicht auf aktive Umsturzbemühungen verlangt wird. Nicht ohne weiteres verallgemeinerbar ist auch der Maßstab, der bei der **Übernahme des DDR-Personals** angelegt wurde. Gemäß den Regelungen des Einigungsvertrages und der dazu ergangenen Rechtsprechung des BVerfG[82] war das Personal der DDR in den öffentlichen Dienst übergeleitet worden und kam deshalb die Berücksichtigung der politischen Vergangenheit der Amtsträger im Rahmen der »Sonderkündigungstatbestände« in Betracht,[83] die dazu dienten, den Anforderungen des Art. 33 Abs. 2 GG im Hinblick auf die Verfassungstreue Rechnung zu tragen.[84] In der dazu ergangenen Rechtsprechung hielt das BVerfG an-

---

74 *Trute*, in: AK-GG, Art. 33 Rn. 54; kritisch gegenüber einer Verankerung in Art. 33 Abs. 5 GG im Hinblick auf die fehlende Traditionalität zu Recht auch *Battis*, in: Sachs, GG, Art. 33 Rn. 34; *Masing*, in: Dreier, GG II, Art. 33 Rn. 47, 85.

75 Zur Treuepflicht der Angestellten aus Art. 33 Abs. 2 GG: BAGE 28, 62 (68); 53, 137 (149); *Pieper*, in: Schmidt-Bleibtreu/Klein, GG, Art. 33 Rn. 41; *Jachmann*, in: v. Mangoldt/Klein/Starck, GG, Art. 33 Rn. 19.

76 Dagegen: BVerfGE 39, 334 (355); BVerwGE 73, 263 (267); *Jachmann*, in: v. Mangoldt/Klein/Starck, GG, Art. 33 Rn. 19; dafür: *Battis*, in: Sachs, GG, Art. 33 Rn. 35; *Masing*, in: Dreier, GG II, Art. 33 Rn. 47.

77 So BVerwG, NJW 2005, 85 (86).

78 *Masing*, in: Dreier, GG II, Art. 33 Rn. 47 (m.w.N.).

79 NJW 1986, 3005; übereinstimmend: EuGH NJW 1985, 540.

80 EGMR, NJW 1996, 375; dazu *Häde/Jachmann*, ZBR 1997, 8; *Battis*, in: Sachs, GG, Art. 33 Rn. 33.

81 A.A. *Battis*, in: Sachs, GG, Rn. 35.

82 BVerfGE 84, 133; 85, 167; 85, 360; 86, 81.

83 Kapitel XIX Sachgebiet A Abschnitt III Nr. 1 Abs. 4 Nr. 1, 5 Nr. 2 der Anlage I zum Einigungsvertrag.

84 *Trute*, HStR IX 1997, § 215 Rn. 59.

gesichts der Integrationsbemühungen des Einigungsvertrags und der Zweifel an einer rückwirkenden Anwendung der Treuepflicht selbst die herausgehobene Funktionswahrnehmung für nicht ausreichend, um die erforderlichen Zweifel an der Verfassungstreue zu wecken, sondern verlangte dafür besondere Umstände des Einzelfalls, insbesondere stark repressives oder schädigendes Verhalten.[85] Auch soweit diese Maßstäbe nicht verallgemeinerbar sind, verweisen sie doch darauf, dass die Restriktionen in Folge des Radikalenerlasses nach dem Ende der Systemkonfrontation stark an Plausibilität verloren haben.[86] Dabei darf aber nicht übersehen werden, dass das Problem inzwischen häufiger die Eignung von Mitgliedern rechtsradikaler Parteien betrifft[87] oder auf Mitglieder sektenartiger Organisationen übertragen wird (Scientology).[88]

4. Hilfskriterien und Ausnahmen

38   Ergibt sich in einer Konkurrentenlage, dass zwei oder mehrere Bewerber nach Maßgabe der in Art. 33 Abs. 2 GG genannten Kriterien die gleiche Eignung i.w.S. für ein zu besetzendes Amt besitzen, so ist eine Besetzungsentscheidung durch die verfassungsrechtlich geforderte Bestenauslese zwischen diesen Bewerbern unmöglich. Das Leistungsprinzip aus Art. 33 Abs. 2 GG verliert dann seine Steuerungskraft und es muss ergänzend auf weitere Unterscheidungskriterien (»Hilfskriterien«) abgestellt werden. Die Zulässigkeit einer Entscheidung anhand von Hilfskriterien setzt aber voraus, dass die Möglichkeiten einer Bestenauslese zuvor ausgeschöpft wurden. Das ist etwa nicht der Fall, wenn wegen eines nicht ausreichenden Anforderungsprofils oder wegen Mängeln im Beurteilungssystem keine sachgerechte oder hinreichend differenzierende Anwendung der Eignungskriterien stattgefunden hat.[89] Beurteilungen, bei denen der größte Teil der Beurteilten mit der Bestnote bewertet wurden, reichen als Qualifikationsmaßstab nicht aus.[90] Entscheidungen aufgrund von Hilfskriterien sind danach nur **in Ausnahmefällen** zulässig.[91] Als Hilfskriterien sind **soziale Gesichtspunkte** wie die Schwerbehinderteneigenschaft anerkannt.[92] Problematisch ist die regelmäßige Berücksichtigung des Ancennitätsprinzips, also des **Dienst- oder Lebensalters** als

---

85   Grundlegend BVerfGE 92, 140 (154 ff.); vgl. auch BVerfGE 96, 152; 96, 171; 96, 189; 96, 205; dazu *Grigoleit*, BVerfG und deutsche Frage, S. 336 ff.

86   So bereits *Battis*, NJ 1991, 89 (92 f.); *Goerlich*, JZ 1991, 75 (76); *Trute*, SächsVBl 1999, 261 (266).

87   BVerwG, NJW 2000, 231; NVwZ 2000, 80; VGH BW, BWVBl 2000, 162; BayVGH, DÖD 2006, 43.

88   Dazu *Zuck*, NJW 1997, 697; *Cremer/Kelm*, NJW 1997, 832; *Battis*, in: Sachs, GG, Art. 33 Rn. 35.

89   Vgl. BVerwGE 140, 83: unzureichend ausdifferenzierte Gruppenbildung bei Beförderungsranglisten.

90   HessVGH, ZBR 1994, 344; ZBR 1995, 109; *Jachmann*, in: v. Mangoldt/Klein/Starck, GG II, Art. 33 Rn. 20.

91   *Masing*, in: Dreier, GG II, Art. 33 Rn. 52.

92   BVerwGE 81, 22 (24); *Masing*, in: Dreier, GG II, Art. 33 Rn. 52.

Hilfskriterium. Dabei ist zu berücksichtigen, dass die mit steigender Dienstzeit gesammelte Erfahrung bereits als Leistungselement zum Zuge kommt. Dann aber besteht das Risiko, dass bei Anerkennung einer bloßen Zeit-Ancienität eine ernsthafte Bestenauslese unterlaufen wird.[93] Immer noch nicht unstreitig ist die Zulässigkeit der Bevorzugung aufgrund des Geschlechts bei sog. **Frauenquoten.** Soweit das Geschlecht nur als Hilfsmerkmal bei Qualifikationsgleichheit (»leistungsorientierte Quote«) eingreift und die zugrunde liegende Vorschrift eine Ausnahmemöglichkeit bei überwiegenden Gründen in der Person des Konkurrenten vorsieht, ist die Quote mit dem Gleichheitssatz aus Art. 3 Abs. 3 Satz 1 GG vereinbar.[94]

Von den Hilfskriterien zu unterscheiden sind Ausnahmen (oder Durchbrechungen) des Leistungsprinzips. Dazu zählt nicht die Institution des politischen Beamten (oben Rdn. 35), weil dort die politische Übereinstimmung als Eignungsmerkmal anzuerkennen ist. Ausnahmen vom Leistungsprinzip bedürfen der Rechtfertigung durch verfassungsgeschützte Rechtsgüter. Hierfür kommt insbesondere das Sozialstaatsprinzip in Frage, das etwa die Regelungen zur Bevorzugung von Wehrdienstleistenden, Zeitsoldaten und Zivildienstleistenden trägt.[95] Eine **Höchstaltersgrenze** für Amtsbewerber stellt ebenfalls eine Einschränkung der Leistungsauswahl dar, die sich jedoch auf das im Lebenszeitprinzip (Art. 33 Abs. 5) geschützte Interesse des Dienstherrn an einer angemessenen Lebensdienstzeit seiner Beamten stützen lässt.[96] Ausnahme bildet auch die Besetzung von Ämtern des Bundesdienstes nach Länderproporz (Art. 36 GG).[97] 39

5. Sicherungen der Bestenauslese durch Verfahren

Die insbesondere durch Ämterpatronage aber auch durch Schwächen des Personalmanagements gefährdete Bestenauslese ist vor allem durch verfahrensrechtliche Maßnahmen zu sichern. Maßgebliche Bedeutung für die Effektivierung der Bestenauslese kommt dabei zunächst dem Beurteilungswesen zu.[98] Die dienstrechtliche Beurteilung bildet bei Beförderungsentscheidungen regelmäßig das für die Eignungsbewer- 40

---

93 BVerwGE 86, 169 (175 ff.); BVerwG, NVwZ 2013, 80 (Rn. 23); *Jachmann*, in: v. Mangoldt/Klein/Starck, GG II, Art. 33 Rn. 20.
94 Vgl. EuGH, Rs. C 409/95, v. 01.01.1997 – Marschall; HessStGH, ZBR 1997, 313 (316 ff.); OVG Lüneburg, ZBR 1997, 188 (190 f.); a.A. etwa *Jachmann*, in: v. Mangoldt/Klein/Starck, GG II, Art. 33 Rn. 20 m.w.N. auf die vorangegangene Diskussion.
95 *Battis*, in: Sachs, GG, Art. 33 Rn. 38; kritisch *Jachmann*, in: v. Mangoldt/Klein/Starck, GG II, Art. 33 Rn. 21, die insoweit aber den Aspekt der Leistungsfähigkeit der Bundeswehr heranzieht.
96 So BVerwGE 133, 143; BVerwG, NVwZ 2012, 880.
97 Vgl. *Höfling*, in: BK, Art. 36 Rn. 67; *Isensee*, HStR VI, § 126 Rn. 54; *Sachs*, ZBR 1994, 133 (134); a.A. *Jachmann*, in: v. Mangoldt/Klein/Starck, GG II, Art. 33 Rn. 52; *Battis*, in: Sachs, GG, Art. 36 Rn. 6.
98 Dazu *Schnellenbach*, Die dienstrechtliche Beurteilung der Beamten und der Richter, 45. Aktualisierung 2014; *Bieler/Lorse*, Die dienstliche Beurteilung, 5. Aufl. 2012.

tung nach Art. 33 Abs. 2 GG ausschlaggebende Kriterium.[99] Im Übrigen kann der Verfahrensgestaltung wesentliche stabilisierende Bedeutung zukommen. So ist die Bewerberauswahl anhand eines auf das zu besetzende Amt zuvor zugeschnittenen Anforderungsprofils durchzuführen[100] und die getroffene Auswahlentscheidung und ihre Gründe schriftlich zu fixieren.[101] Wichtigstes verfahrensrechtliches Instrument für den Schutz des Grundrechtsanspruchs aus Art. 33 Abs. 2 GG bildet jedoch die öffentliche Ausschreibung des zu besetzenden Amtes.[102] Im Regelfall hat eine öffentliche Ausschreibung stattzufinden, Ausnahmen bedürfen der Rechtfertigung.[103]

6. Rechtsschutz

41   Als wichtigstes und bislang effektivstes Mittel zur Stärkung des Leistungsprinzips durch Bestenauslese hat sich die gerichtliche Geltendmachung des Bewerberverfahrensanspruchs im Wege der sogenannten Konkurrentenklage erwiesen. Dabei wird der nach Art. 19 Abs. 4 GG zur Wahrung des grundrechtsgleichen Rechts aus Art. 33 Abs. 2 GG erforderliche effektive Rechtsschutz regelmäßig im vorläufigen Verfahren gewährt. Nach bislang herrschender Meinung steht der Grundsatz der Ämterstabilität der Aufhebung einer beamtenrechtlichen Ernennung auf die Klage eines Konkurrenten (»Konkurrentenklage«) entgegen. Deshalb erledigen sich Klagen auf Neubescheidung einer Bewerbung, wenn der besser bewertete Konkurrent ernannt wird.[104] Das Rechtsschutzbegehren des unterlegenen Bewerbers muss deshalb bereits darauf gerichtet sein, die Ernennung durch Antrag auf einstweilige Anordnung (§ 123 VwGO) zu verhindern. Um dieses Rechtsschutzbegehren zu sichern, besteht ein auf Art. 33 Abs. 2 GG gestützter Anspruch des Bewerbers auf rechtzeitige Mitteilung der Auswahlentscheidung.[105] Wird dieser Anspruch jedoch durch den Dienstherrn verletzt und würde deshalb der Rechtsschutz vereitelt, soll der Grundsatz der Ämterstabilität zugunsten des Anspruchs auf effektiven Rechtsschutz zurücktreten und auch die An-

99 BVerwG, DVBl 1994, 112 (113) – st. Rspr.; *Schnellenbach*, ZBR 1997, 169 (172).
100 BVerwGE 115, 58 (61); HessVGH; ZBR 1994, 347 (349); VGH München, ZBR 1994, 350.
101 HessVGH, ZBR 1994, 347 f.; *Jachmann*, in: v. Mangoldt/Klein/Starck, GG II, Art. 33 Rn. 22.
102 *Battis*, in: Sachs, GG, Art. 33 Rn. 40; *Trute*, in: AK-GG, Art. 33 Rn. 67; *Masing*, in: Dreier, GG II, Art. 33 Rn. 51; *Höfling*, in: BK, Art. 33 Rn. 191 ff.
103 So *Battis*, in: Sachs, GG, Art. 33 Rn. 40, der insoweit auf die gleichstellungrechtliche Komponente der Ausschreibungspflicht (§ 6 Abs. 2 BGleiG) verweist; dagegen aber BVerwGE 49, 242 (243 f.). Weitergehend: *Neuhäuser*, NVwZ 2013, 176.
104 BVerfG, ZBR 2001, 171; daran jedoch zweifelnd BVerwG, DVBl 2002, 203; dazu wiederum BVerfG, ZBR 2002, 427; OVG Münster, NVwZ-RR 2003, 881; *Lemhöfer*, ZBR 2003, 14; *Schnellenbach*, ZBR 2002, 180; *Höfling*, in: BK, Art. 33 Rn. 296; an die Stelle des Neubescheidungsanspruchs kann – bei schuldhafter Verletzung des Bewerberverfahrensanspruchs – jedoch ein Schadensersatzanspruch unmittelbar aus Art. 33 Abs. 2 GG treten: BVerwGE 136, 140.
105 BVerfG, NJW 1990, 501; BVerwG, NJW 2004, 1257; kritisch zum ganzen *Masing*, in: Dreier, GG II, Art. 33 Rn. 55.

fechtungsklage gegen eine erfolgte Ernennung zulässig sein.[106] Mit der Anhängigkeit des Rechtsschutzverfahrens ist es dem Dienstherrn untersagt, die streitbefangene Stelle zu besetzen.[107] Die daraus resultierende Besetzungssperre wird jedoch aufgehoben, wenn der Dienstherr zusichert, dem Antragsteller eine weitere Stelle frei zu halten.[108]

In der Sache besteht wegen des Beurteilungsspielraums, der dem Dienstherrn bei der Bewertung der Qualifikation der Bewerber nach den Eignungskriterien des Art. 33 Abs. 2 GG zusteht,[109] in aller Regel kein Anspruch auf Ernennung, sondern nur ein Anspruch auf fehlerfreie Neubescheidung über die Bewerbung (Bewerberanspruch). Im vorläufigen Verfahren muss der Antragsteller geltend machen können, dass es nach dem im Zeitpunkt der gerichtlichen Entscheidung erkennbaren Sach- und Streitstand nicht mit hinreichender Sicherheit ausgeschlossen werden kann, dass die zugrunde liegende Auswahlentscheidung zu Lasten des Antragstellers rechtsfehlerhaft ist, weil dessen Bewerbungsverfahrensanspruch keine hinreichende Beachtung gefunden hat und dass die Aussichten des Betroffenen darauf, in einem einwandfreien Auswahlverfahren entsprechend seinem Begehren berücksichtigt zu werden, zumindest »offen« sind, seine Auswahl also möglich erscheint.[110] Nicht erforderlich ist es dagegen, dass der Antragsteller bei Zugrundelegung rechtlich einwandfreier Maßstäbe mit erheblicher Wahrscheinlichkeit auszuwählen gewesen wäre.[111]

III. Diskriminierungsverbot (Art. 33 Abs. 3)

Art. 33 Abs. 3 GG enthält ein auf die Gleichheitsgarantien aus Art. 33 Abs. 1 und 2 GG zugeschnittenes religionsbezogenes Diskriminierungsverbot, das aber inhaltlich nicht über diese Gewährleistungen bzw. das entsprechende Diskriminierungsverbot aus Art. 3 Abs. 3 Satz 1 GG hinausgeht. Eine offensichtliche Redundanz ergibt sich schon aus dem weitgehend übereinstimmenden Wortlaut in Art. 136 Abs. 2 WRV.[112] Die Vorschrift unterstreicht aus historischen Gründen das Verbot konfessioneller Ämterpatronage.[113] Art. 33 Abs. 3 GG ist ein grundrechtsgleiches Recht, das mit der Verfassungsbeschwerde (Art. 93 Abs. 1 Nr. 4a GG) geltend gemacht werden kann.

Für seinen Geltungsbereich nennt die Vorschrift nebeneinander bürgerliche und staatsbürgerliche Rechte, die Zulassung zu öffentlichen Ämtern sowie die im öffent-

42

43

---

106 BVerwGE 138, 102; dazu Lindner, NVwZ 2013, 547; Schönrock, ZBR 2013, 26.
107 BVerwGE 118, 317; *Gundel*, DV 2004, 401.
108 BVerwG, NVwZ 1998, 1082. In diesem Falle erlischt das Rechtsschutzbegehren des Antragstellers nicht mit der Ernennung des Konkurrenten.
109 BVerfGE 39, 334 (354); BVerwGE 61, 325 (330); 68, 109 (110); 86, 244 (246); BAGE 33, 43 (50); 39, 180 (186).; dazu *Masing*, in: Dreier, GG II, Art. 33 Rn. 49.
110 BVerfG, ZBR 2002, 427; BVerwGE 118, 370/373; OVG Münster, B. v. 05.05.2006, 1 B 41/06.
111 *Schnellenbach*, Beamtenrecht in der Praxis, 8. Aufl. 2013, § 3 Rn. 50.
112 *Masing*, in: Dreier, GG II, Art. 33 Rn. 56.
113 *Battis*, in: Sachs, GG, Art. 33 Rn. 42; *Jachmann*, in: v. Mangoldt/Klein/Starck, GG II, Art. 33 Rn. 24.

lichen Dienst erworbenen Rechte. Bei einem weiten Verständnis der staatsbürgerlichen Rechte in Art. 33 Abs. 1 GG[114] bleibt für davon zu unterscheidende bürgerliche Rechte kein Anwendungsbereich.[115] Der Doppelbegriff umfasst jedenfalls das gesamte Verhältnis zwischen Bürger und Staat.[116] Privatrechtliche Positionen sind nicht im Sinne einer unmittelbaren Drittwirkung, wohl aber über öffentlich-rechtliche, insbesondere grundrechtliche Bindungen bei der Auslegung des Privatrechts einbezogen.[117] Die Zulassung zu öffentlichen Ämtern entspricht dem Zugang in Art. 33 Abs. 1 GG. Der Begriff des öffentlichen Dienstes entspricht dem in Art. 33 Abs. 4 GG, die Begriffe »religiöses Bekenntnis« und »Weltanschauung« sind wie in Art. 4 Abs. 1 GG auszulegen.[118]

44 Ein Verstoß gegen Art. 33 Abs. 3 GG liegt nicht vor, soweit ein religiöses Bekenntnis als sachgerechte Eignungsvoraussetzung (Art. 33 Abs. 2 GG) anzusehen ist. Dies ist bei konfessionsgebundenen Staatsämtern der Fall, etwa bei Religionslehrern,[119] Gefängnisgeistlichen, Militärseelsorgern und angehörigen staatlicher Theologischer Fakultäten.[120] Gleiches soll auch für die Besetzung von Lehrerstellen an staatlichen christlichen Gemeinschaftsschulen nach konfessionellem Proporz gelten.[121] Bei öffentlichen Gemeinschaftsschulen ist dagegen die Berücksichtigung der Konfession des Lehrpersonals unzulässig.[122]

D. Der Schutz des Berufsbeamtentums

45 Während Art. 33 Abs. 1–3 GG die staatsbürgerliche Gleichheit zum Gegenstand haben, wenden sich Art. 33 Abs. 4–5 GG organisatorischen Fragen des öffentlichen Dienstes zu, stellen in ihrem Kern also Normen des Staatsorganisationsrechts dar. Art. 33 Abs. 4 GG bestimmt einen – mehrfach gebrochenen – Funktionsvorbehalt für Beamte und sichert so einerseits die Existenz des Berufsbeamtentums andererseits die Zweispurigkeit des öffentlichen Dienstes. Art. 33 Abs. 5 GG enthält zuvörderst einen Gesetzgebungsauftrag für das Beamtenrecht, bei dessen Erfüllung die Gesetzgeber an tradierte Regelungsmerkmale (»hergebrachte Grundsätze«) gebunden werden.

---

114 Vgl. oben, Rdn. 19.
115 *Jachmann*, in: v. Mangoldt/Klein/Starck, GG II, Art. 33 Rn. 25; *Battis*, in: Sachs, GG, Art. 33 Rn. 43.
116 *Kunig*, in: v.Münch/Kunig, GGK I, Art. 33 Rn. 37.
117 Zutreffend etwa BGHZ 56, 180 (191): Dem Staat ist es verwehrt, das Eheschließungsrecht aufgrund eines ausländischen Eheverbots für Konfessionsverschiedene einzuschränken.
118 *Battis*, in: Sachs, GG, Art. 33 Rn. 43.
119 BVerwGE 19, 252 (260).
120 BVerwGE 124, 310; *v. Campenhausen*, HStR VII, § 157, Rn. 67.
121 BVerfGE 41, 29 (60); 41, 65 (87).
122 BVerwGE 81, 22 (24).

I. Die Zweispurigkeit des öffentlichen Dienstes (Art. 33 Abs. 4)

1. Allgemeines

Art. 33 Abs. 4 bestimmt, dass ein Teil der Staatstätigkeit von Personen auszuüben ist, 46
die in einem »öffentlich-rechtlichen Dienst- und Treueverhältnis« stehen. Mit dieser
Formulierung umschreibt die Vorschrift in Anlehnung an beamtenrechtliche Bestimmungen und unter Einbeziehung der tradierten Beschäftigungsverhältnisse der Richter und Berufssoldaten[123] das Beamtenverhältnis, behält also bestimmte Funktionsbereiche Beamten vor und enthält damit zugleich eine **institutionelle Garantie** des
Berufsbeamtentums. Umgekehrt regelt Art. 33 Abs. 4 GG zumindest nicht ausdrücklich zugleich auch die Begrenzung des Einsatzbereichs von Beamten. Dem **Funktionsvorbehalt** zugunsten der Beamten steht also kein entsprechend gesicherter Vorbehalt
zugunsten privatrechtlich beschäftigter Angehöriger des öffentlichen Dienstes gegenüber.[124] Allerdings kommt in der dreifachen tatbestandlichen Einschränkung des
Funktionsvorbehalts zum Ausdruck, dass der Verfassungsgeber die Funktionsadä-
quanz des Beamtenstatus nicht uneingeschränkt bejahte sondern von der Zweispurigkeit des öffentlichen Dienstes ausging. Die asymmetrische Ausgestaltung der
Zweispurigkeit ist darauf gerichtet, die Bedeutung des Berufsbeamtentums innerhalb
des öffentlichen Dienstes vor einem (schleichenden) Funktionsverlust zu schützen
und setzt insoweit *de lege lata* den Reformbestrebungen für das öffentliche Dienstrecht Grenzen.[125]

Art. 33 Abs. 4 GG schützt das Berufsbeamtentum jedoch nicht um seiner selbst wil- 47
len. Auch im Regelungszusammenhang mit Art. 33 Abs. 5 GG geht es nicht um die
Bewahrung des Gestrigen[126] oder gar die Privilegierung einer Beschäftigtengruppe. In
dem Funktionsbezug der institutionellen Garantie kommt vielmehr zum Ausdruck,
dass das Berufsbeamtentum ausschließlich um seiner Bedeutung für den demokratischen Rechtsstaat willen geschützt wird. Die dafür vom BVerfG vielfach gebrauchte
Formel, nach der das Berufsbeamtentum »gegründet auf Sachwissen, fachliche Leistung und loyale Pflichterfüllung, eine stabile Verwaltung sichern und damit einen ausgleichenden Faktor gegenüber den das Staatsleben gestaltenden politischen Kräften
darstellen soll«,[127] zielt nicht auf einen antidemokratischen Reflex.[128] Der besondere
Status der Beamten soll vielmehr einerseits für eine neutrale exekutive Umsetzung
demokratisch legitimierter Entscheidungen, andererseits für eine an rechtsstaatlichen
Grundsätzen orientierte Verwaltungspraxis Gewähr bieten.[129]

---

123 *Battis*, in: Sachs, GG, Art. 33 Rn. 45; dazu noch unten, Rdn. 50.
124 *Masing*, in: Dreier, GG II, Art. 33 Rn. 60; *Jachmann*, in: v. Mangoldt/Klein/Starck, GG
    II, Art. 33 Rn. 29.
125 *Battis*, in: Sachs, GG, Art. 33 Rn. 45; *Masing*, in: Dreier, GG II, Art. 33 Rn. 60.
126 *Thieme*, 48. DJT 1970 D, S. 12.
127 Vgl. BVerfGE 7, 155 (162 f.); 9, 268 (286); 70, 251 (258); 117, 372 (380).
128 Zur Zeitgemäßheit dieser Funktionsbeschreibung zuletzt etwa *Höfling/Burkiczak*, DÖV
    2007, 328 (330).
129 Vgl. zuletzt BVerfG, B. v. 28.05.2008, 2 BvL 11/07, Rn. 68.

48   Obwohl unmittelbar geltendes Recht,[130] ist die **Direktionskraft** der Vorschrift verhältnismäßig eingeschränkt. Dies liegt zum einen an der angeblich »imperfekten Struktur«[131] der Vorschrift, die über die Auslegung der Ausnahmen von der Verbeamtungspflicht weite Spielräume belässt, zum anderen aber insbesondere daran, dass die Vorschrift nach h.M. keine **subjektiv-rechtlichen Gehalte** aufweist, also keinen gerichtlich durchsetzbaren Anspruch auf Verbeamtung begründet.[132] In der Praxis entscheiden deshalb häufig politische Vorbehalte gegen das Berufsbeamtentum, haushaltswirtschaftliche Erfordernisse oder die Bewerber- bzw. Arbeitsmarktlage darüber, ob eine Stelle mit einem Beamten oder mit einem privatrechtlich Angestellten besetzt wird.

49   Voraussetzung für das Eingreifen des Art. 33 Abs. 4 GG ist, dass eine Aufgabe überhaupt staatlich wahrgenommen wird. Die Bedeutung des Funktionsvorbehalt ist deshalb auf den unmittelbaren oder mittelbaren Staatsbereich beschränkt. Politische oder rechtliche Entscheidungen darüber, ob eine Aufgabe staatlich oder privat wahrzunehmen ist, sind der Vorschrift also vorgelagert. Eine **Privatisierungsschranke**[133] bildet Art. 33 Abs. 4 GG nur, wenn öffentliche Aufgaben gerade als solche auf Private zur selbständigen Wahrnehmung durch Beliehene übertragen werden sollen. Darüber hinaus schließt er Privatisierungen nicht aus. Art. 33 Abs. 4 GG ist eine Entscheidung nicht über den Bestand, sondern über den Modus der Erfüllung einer staatlichen Aufgabe.[134]

2. Öffentlicher Dienst

50   Art. 33 Abs. 4 GG regelt die Organisation des »öffentlichen Dienstes« nur im Kontext der betroffenen Beschäftigungsverhältnisse. Das Grundgesetz enthält damit insoweit keine inhaltliche, aufgabenbezogene Definition sondern nur eine formelle Anknüpfung: Der öffentlicher Dienst bezeichnet die Beschäftigungsverhältnisse zwischen Bürgern und Hoheitsträgern, also juristischen Personen des öffentlichen Rechts.[135] Eine weitere Ausdifferenzierung unterscheidet nach der Art der Beschäftigungsverhältnisse: Während der öffentlichen Dienst i.w.S. neben Beamten, Angestellten und Arbeitern auch Richter- und Soldatenverhältnisse einschließt, umfasst der öffentlichen Dienst i.e.S. nur Beamte, Angestellte und Arbeiter.[136] Angesichts der Bezugnahme auf alle öffentlich-rechtlichen Dienst und Treueverhältnisse, des systematischen Zusammenhangs der Vorschrift mit Art. 33 Abs. 1 und 2 GG einer-

---

130   Vgl. *Jarass/Pieroth*, GG, Art. 33 Rn. 40.

131   *Masing*, in: Dreier, GG II, Art. 33 Rn. 62.

132   Vgl. BVerfGE 6, 376/385; *Jachmann*, in: v. Mangoldt/Klein/Starck, GG II, Art. 33 Rn. 29; *Lecheler*, in: Friauf/Höfling, BerlKomm GG, Art. 33 RN 36; *Stern*, Staatsrecht I, S. 348; abweichend: *Isensee*, HbVerfR, § 32 RN 52.

133   *Burgi*, Funktionale Privatisierung und Verwaltungshilfe, 1999, S. 223; *Gramm*, VerwArch 90 (1999), 329 ff.

134   Zutreffend *Masing*, in: Dreier, GG II, Art. 33 Rn. 62.

135   *Stern*, Staatsrecht I, § 11 II 1 2.

136   Vgl. *Stern*, Staatsrecht I, § 11 II 1, 2.

seits und Abs. 5 andererseits und der Zielrichtung des Beamtenvorbehalts ist nicht erkennbar, warum etwa Richter aus dem Anwendungsbereich ausgeschlossen sein sollten. Insbesondere kann nicht die Rede davon sein, dass Art. 92 GG eine insoweit spezielle Rechtsstellung der Richter normiere.[137] Im Gegenteil verweist die Formulierung in Art. 97 Abs. 2 GG deutlich auf die beamtenrechtlichen Grundlagen auch des richterlichen Amtsverhältnisses. Von diesem Ansatzpunkt ist auch ein stillschweigendes Einverständnis, demzufolge sich Art. 33 Abs. 4 GG nur auf die exekutive Hoheitsgewalt beziehe,[138] nicht feststellbar. Der Rückgriff auf die Unterscheidung der Gewalten ist aber auch angesichts der vielfältigen Verschränkungen zwischen Exekutive und Legislative nicht weiterführend. Richtigerweise wird die Tätigkeit der Abgeordneten schon deshalb nicht erfasst, weil sie mangels Dienstverpflichtung gegenüber dem Staat nicht zum öffentlichen Dienst gehören. Nicht in den Anwendungsbereich des Art. 33 Abs. 4 GG fallen aber auch (exekutive) Regierungsämter, weil sie allenfalls in einem nicht umfassten »weitesten Sinn« dem öffentlichen Dienst zuzurechnen sind.[139]

3. Hoheitsrechtliche Befugnisse

Dem Beamtenvorbehalt aus Art. 33 Abs. 4 GG unterliegen nur solche Tätigkeiten, die mit der Ausübung »hoheitsrechtlicher Befugnisse« verbunden sind. Was darunter zu verstehen ist, blieb seit je her umstritten. Die Auseinandersetzung bewegt sich in ihrem Kern entlang der überkommen holzschnittartigen Kategorisierung des Verwaltungshandelns. Unbestritten ist, dass der klassische Bereich der Eingriffsverwaltung, insbesondere also etwa die Ordnungs- und Abgabenverwaltung dem Vorbehaltsbereich angehört. Umstritten ist jedoch die Zuordnung der Leistungs- und Infrastrukturverwaltung, bei deren Ausübung wiederum danach unterschieden werden kann, ob sie in öffentlich-rechtlichen oder privatrechtlichen Formen ausgeübt wird. Bei der privatrechtsförmlichen Verwaltung ist schließlich zwischen der Erfüllung von Hoheitsaufgaben (sog. Verwaltungsprivatrecht) und der Fiskaltätigkeit der öffentlichen Hand zu differenzieren. **51**

Die enge Auslegung beschränkt den Beamtenvorbehalt auf die Eingriffsverwaltung. Sie kann sich dabei sowohl auf den Wortlaut als auch auf den historischen Regelungswillen berufen. Nur bei der Ausübung von Eingriffsbefugnissen steht das Hoheitsmoment staatlichen Handelns im Vordergrund, das gerade auf der einseitigen, zwangsweisen Durchsetzbarkeit staatlicher Anordnungen beruht. Die Auswechslung der vom Redaktionsausschuss noch befürworteten Wendung »Ausübung öffentlicher Gewalt« durch »Ausübung hoheitsrechtlicher Befugnisse« sollte gerade diesen Begriffszusammenhang stärker in den Vordergrund rücken.[140] Der Nachteil dieses sehr **52**

---

137 So aber wohl *Jachmann*, in: v. Mangoldt/Klein/Starck, GG II, Art. 33 Rn. 31.
138 So aber *Masing*, in: Dreier, GG II, Art. 33 Rn. 64; *Jachmann*, in: v. Mangoldt/Klein/Starck, GG II, Art. 33 Rn. 30.
139 *Stern*, Staatsrecht I, § 11 II 2 a).
140 *Masing*, in: Dreier, GG II, Art. 33 Rn. 65.

engen Verständnisses ergibt sich aus der unzureichenden Trennschärfe der pauschalisierenden Unterscheidung von Eingriffs- und Leistungsverwaltung, weil sich bei näherer Betrachtung etwa in der Infrastrukturverwaltung aber auch in klassischen Bereichen der Ordnungsverwaltung leistende von eingreifenden Handlungselementen kaum scheiden lassen.[141] Zudem hat die rechtsstaatliche Grundlegung der Unterscheidung vor dem Hintergrund des Bedeutungszuwachses leistender, verteilender, planender und regulierender Staatstätigkeit an Überzeugungskraft stark verloren[142] und es widerspräche dem funktionsgeprägten Sinn der Garantie aus Art. 33 Abs. 4 GG, diesen Bedeutungsverlust auf den Beamtenvorbehalt zu übertragen. Umgekehrt kann aber auch die weite Auffassung, die – unabhängig von der jeweiligen Rechtsform – auf die Erfüllung öffentlicher Aufgaben abstellt und deshalb neben der öffentlich-rechtlichen auch die (verwaltungs-)privatrechtliche Verwaltung dem Beamtenvorbehalt unterstellt, nicht überzeugen. Insoweit ist zwar zuzugestehen, dass angesichts weitgehender Rechtswahlfreiheit die Inanspruchnahme öffentlich-rechtlicher Handlungsformen nicht notwendigerweise ein sachangemessenes Unterscheidungskriterium bildet. Ob der Aufgabenbezug allerdings eine bessere Differenzierung ermöglicht, scheint schon zweifelhaft. Jedenfalls aber wird diese weite Auslegung weder dem Wortlaut noch der eindeutigen Begrenzungsfunktion des Kriteriums der hoheitsrechtlichen Befugnisse gerecht und ist deshalb abzulehnen.

53   Angesichts der Mängel der Extrempositionen erscheint nur eine vermittelnde Position sachangemessen, die sich unter Verzicht auf vermeintlich griffige Kategorisierung an Sinn und Zweck des Beamtenvorbehalts orientiert.[143] Ist dieser auf die Sicherung einer an rechtsstaatlichen Grundsätzen orientierten Verwaltung gerichtet, so hat er überall dort zu gelten, wo den rechtsstaatlichen Bindungen staatlicher Tätigkeit eine hervorgehobene Bedeutung zukommt. Dies ist aber nicht nur im Bereich der »Eingriffe in Freiheit und Eigentum« der Fall, sondern ebenso etwa bei wichtigen Leistungs-, Verteilungs- und Planungsentscheidungen, ohne dass sich diese Entscheidungen auch nur im weitesten Sinne als »Eingriffe« qualifizieren lassen müssen.[144] Aus der augenfälligen Parallele zur Lehre vom Gesetzesvorbehalt wird sich i.d.R. eine Begrenzung des Beamtenvorbehaltes auf öffentlich-rechtliche Handlungsformen ergeben. Insoweit bleibt die begriffliche Anknüpfung an das Hoheitsrecht gewahrt.[145] Andererseits braucht aber der Rechtsform nicht notwendigerweise allein ausschlag-

---

141   *Masing*, in: Dreier, GG II, Art. 33 Rn. 66.

142   *Kunig*, in: v.Münch/Kunig, GGK I, Art. 33 Rn. 48; *Stern*, Staatsrecht I, § 11 III 4. f a.

143   Vgl. *Jachmann*, in: v. Mangoldt/Klein/Starck, GG II, Art. 33 Rn. 32 f.

144   So aber der Rettungsversuch von *Masing*, in: Dreier, GG II, Art. 33 Rn. 65; unbestritten gehört etwa die Ministerialverwaltung zu den klassischen Bereichen des Beamtenvorbehalts (dazu *Jachmann*, in: v. Mangoldt/Klein/Starck, GG II, Art. 33 Rn. 34), obwohl dort etwa mit Aufsichtskompetenzen oder der Betreuung von Gesetzgebungsvorhaben Kernaufgaben ohne jede Eingriffsqualität erfüllt werden.

145   Vgl. die auf die Rechtsform abstellende Begriffsklärung des Hoheitsrechtlichen bei *Stern*, Staatsrecht I, § 11 III 4. f a.

gebende Bedeutung zugemessen werden.[146] Vielmehr können eher untergeordnete Tätigkeitsfelder im staatlichen Innenbereich aber auch etwa grundrechtsferne Hoheitstätigkeit gegenüber dem Bürger vom Anwendungsbereich des Funktionsvorbehaltes ausgenommen werden. Andererseits können etwa bedeutende Verteilungsentscheidungen auch dann dem Funktionsvorbehalt unterfallen, wenn einzelne Aufgaben vom Hoheitsträger in privaten Rechtsformen erfüllt werden.

4. Einschränkungen des Beamtenvorbehalts

Der Funktionsvorbehalt zugunsten des Beamteneinsatzes wird in Art. 33 Abs. 4 GG   54
einer tatbestandlichen Einschränkung (»Ständigkeit«) und auf Rechtsfolgenseite einem Regelvorbehalt mit korrespondierender Ausnahmebefugnis unterworfen. Aus diesen Einschränkungen ergibt sich jedoch keine »imperfekte Natur«, die eine besondere Geltungsschwäche der Vorschrift implizieren würde. Vielmehr bietet die in der Praxis feststellbare defizitäre Beachtung der Norm Anlass, sich verstärkt der dogmatischen Durchdringung dieser Einschränkungen zuzuwenden.

a) Ständige Aufgabe

Nach der Konzeption des Parlamentarischen Rates ging es bei der im Tatbestand der   55
Norm angesiedelten Begrenzung des Funktionsvorbehaltes auf die Ausübung von hoheitsrechtlichen Befugnissen als »ständiger Aufgabe« um den Ausschluss solcher Hoheitsaufgaben, die ihrer Natur nach als vorübergehend erschienen. Damit sollte insbesondere die Möglichkeit geschaffen werden, zur Bewältigung der Kriegsfolgen auch Mitarbeiter außerhalb des Beamtenrechts einsetzen zu können.[147] Gleiches konnte etwa zur Bewältigung einigungsbedingter Sonderaufgaben gelten. Daneben soll die Ständigkeit der Staatsaufgabe auch dann zu verneinen sein, wenn sie nicht den kontinuierlichen, sondern nur einen gelegentlichen Einsatz von Dienstkräften erfordert. So hat das BVerfG entschieden,[148] dass die Indizierung jugendgefährdender Schriften als »zeitlich begrenzte Wahrnehmung einer öffentlichen Aufgabe« nicht durch Beamte durchgeführt werden muss. Das begrenzende Merkmal der Ständigkeit zielt also auf die Inadäquanz des Beamteneinsatzes im Hinblick auf die mit den Beamtenstatus verbundene lebenszeitige Hauptberuflichkeit ab.

Zweifelhaft erscheint hingegen, ob der Funktionsvorbehalt auch dann bereits tat-   56
bestandlich nicht eingreift, wenn eine ständige hoheitsrechtlich zu erfüllende Aufgabe vorübergehend von Kräften wahrgenommen werden soll, die nicht in einem öffentlich-rechtlichen Dienst- und Treueverhältnis stehen.[149] Eine solche Interpretation scheidet von vornherein aus, wenn dadurch ermöglicht werden soll, hoheitsrechtliche Befugnisse durch nicht »ständig«, d.h. dauerhaft angestelltes Personal erfüllen

---

146 Vgl. *Battis*, in: Sachs, GG, Art. 33 Rn. 57.
147 *Isensee*, HbVerfR, § 32 Rn. 56.
148 BVerfGE 83, 130/150.
149 So wohl *Kunig*, in: v.Münch/Kunig, GGK I, Art. 33 Rn. 50; *Jachmann*, in: v. Mangoldt/Klein/Starck, GG II, Art. 33 Rn. 37.

zu lassen. Denn die dauerhafte, lebenszeitige Anstellung des Personals ist als wesens-prägendes Merkmal des Berufsbeamtentums Rechtsfolge der Norm und darf also nicht bereits in den Tatbestand gezogen werden, soll der Funktionsvorbehalt nicht leer laufen. Gleiches hat aber grundsätzlich auch in einem weiteren Sinne zu gelten: Eine sinnvolle Unterscheidung von Tatbestand und Rechtsfolge ist innerhalb des Art. 33 Abs. 4 GG nur möglich, wenn man die Staatsaufgabe und ihre Qualifikation dem Tatbestand, die Art des Beschäftigungsverhältnisses aber der Rechtsfolge zu-weist. Gründe, die dafür sprechen, eine ständige, hoheitsrechtlich auszuübende Auf-gabe zumindest zeitlich befristet der Wahrnehmung durch nichtbeamtetes Personal ausüben zu lassen, sind im Rahmen des Regelvorbehaltes auf Rechtsfolgenseite adä-quat zu berücksichtigen. Sie ändern aber im konditional gestuften Aufbau der Ver-fassungsnorm nichts daran, dass der Tatbestand nach dem Willen der Verfassung das grundsätzliche Eintreten der Rechtsfolge trägt. Die »Ständigkeit« ist danach aus der Natur der Aufgabe zu ermitteln,[150] während personalwirtschaftliche Überlegungen, die nicht in unmittelbarem Zusammenhang mit dem Charakter der Aufgabe stehen, allenfalls dem Regelvorbehalt auf Rechtsfolgenseite unterliegen.

b) Regelvorbehalt

57   Die Rechtsfolgenanordnung des Art. 33 Abs. 4 GG konstituiert ein Regel-Ausnah-me-Verhältnis: Regelmäßig sind für die Wahrnehmung der bezeichneten Aufgaben Beamte einzusetzen, ausnahmsweise dürfen auch andere Personen – innerhalb oder außerhalb des öffentlichen Dienstes – herangezogen werden. Inwieweit dieses Regel-Ausnahme-Verhältnis empirischen Niederschlag verlangt, so dass bezogen auf die Ge-samtverwaltung oder auf den einzelnen Verwaltungszweig die Beamten in der Mehr-heit bleiben, erscheint zweifelhaft.[151] Im Kern handelt es sich jedenfalls um eine normative Regelanordnung. Unabhängig von Zahlenverhältnissen ist deshalb im je-weiligen Fall zu prüfen, ob für die Ausnahme von der Regel eine sachliche Rechtfer-tigung vorliegt, welche die Abweichung von dem (verfassung-)gesetzlich gewollten Re-gelzustand legitimiert.[152] Allein der Verweis auf ein zahlenmäßiges Übergewicht der Beamten kann also keine Rechtfertigung liefern.

58   Der sachliche Grund, auf den die Ausnahmemöglichkeit ursprünglich zielte, bestand in den so genannten Mischfällen: Eine Verbeamtung sollte dort nicht erforderlich sein, wo der Aufgabenzuschnitt die Ausübung hoheitsrechtlicher Befugnisse nur am Rande erfordert, ohne dass diese Aufgabenwahrnehmung prägende Kraft für das Ge-samtbild der Tätigkeit erlangen würde.[153] Als Rechtfertigung kommen daneben etwa Gründe, die in der Person eines Bewerbers liegen, der Bedarf an externem gesellschaft-lichen Sachverstand oder partizipatorischer Legitimation in Betracht, möglicherweise

---

150 So auch *Lecheler*, HStR V, § 110 Rn. 15; *Haug*, NVwZ 1999, 816/819.
151 Vgl. dazu einerseits *Lecheler*, in: Friauf/Höfling, BerlKomm GG, Art. 33 Rn. 56; anderer-seits *Lübbe-Wolff*, in: Dreier (Hg.), GG, Art. 33 RN 62.
152 Vgl. BVerfGE 9, 268/284; BVerwGE 57, 55/59.
153 *Lecheler*, in: Friauf/Höfling, BerlKomm GG, Art. 33 Rn. 56.

aber auch personalwirtschaftliche Erwägungen bei besonderen Sachlagen.[154] Keinesfalls aber kann die Ausnahme etwa damit begründet werden, dass der Dienstherr aus allgemeinen politischen oder haushaltswirtschaftlichen Erwägungen[155] die Begründung von Beamtenverhältnissen scheut. Denn die grundsätzliche Adäquanz der Verknüpfung von Aufgabenerfüllung und Beamtenstatus ist verfassungsrechtlich vorgegeben und einer politischen Überprüfung durch Exekutive oder Legislative nicht zugänglich.

c) Funktionsvorbehalt und Lehrpersonal

Die Bedeutung der Auseinandersetzung um den Funktionsvorbehalt, seine Grenzen und Beschränkungen aktualisiert sich insbesondere bei der Frage, ob Lehrer an staatlichen Schulen verbeamtet werden müssen. Die Fragestellung war bereits im parlamentarischen Rat diskutiert worden.[156] Angesichts der öffentlich-rechtlichen Ausgestaltung des gesamten Schulverhältnisses lässt sich der hoheitsrechtliche Charakter der Lehrertätigkeit pauschal nur dann in Abrede stellen, wenn man allein auf die klassische Eingriffsqualität der Tätigkeit abstellt. Ein differenziertes Bild ergibt sich scheinbar, soweit man zwischen der schlicht hoheitlichen Unterrichtserteilung einerseits und pädagogischen oder disziplinarischen Schulleitungsentscheidungen andererseits unterscheidet. Diese Unterscheidung soll dazu führen, dass nur für Lehrkräfte mit Schulleitungsfunktionen, nicht aber für die eigentliche Unterrichtserteilung der Beamtenvorbehalt gilt.[157] Auch diese Unterscheidung ist jedoch fragwürdig, weil sie dem Bildungs- und Erziehungsauftrag der öffentlichen Schulen vor dem Hintergrund der Schulpflicht, des Erziehungsrechts der Eltern und dem Wächteramt des Staates nicht gerecht wird. Aus den teilweise konfligierenden Grundrechtsbezügen gerade der pädagogischen Aufgaben ergibt sich die Adäquanz des Beamtenstatus‹ in hohem Maße.[158] Diese Bewertung wird nicht zuletzt auch durch die Auseinandersetzungen um die politischen und religiösen Mäßigungspflichten des Lehrpersonals bestätigt.[159] Schließlich lassen sich die wesentlichen Leitungsfunktionen im Schulbereich nicht von den pädagogischen Unterrichtstätigkeiten trennen. Fragen der Benotung und Versetzung von Schülern, in der Regel aber auch disziplinarische Maßnahmen haben ihren Ausgangspunkt im Unterrichtsgeschehen und es kommt für die

59

154 Ablehnend etwa *Lecheler*, in: Friauf/Höfling, BerlKomm GG, Art. 33 Rn. 57.
155 *Manssen*, ZBR 1999, 253 (256); *Kunig*, in: v.Münch/Kunig, GGK I, Art. 33 Rn. 50.
156 Vgl. zur Interpretation insoweit einerseits *Battis/Schlenga*, ZBR 1995, 253 (257), anderseits *Masing*, in: Dreier, GG II, Art. 33 Rn. 67.
157 In diese Richtung wohl BVerfGE 119, 247 (267); *Denninger/Frankenberger*, Grundsätze zur Reform des öffentlichen Dienstrechts, 1997, S. 19 ff.; *Peine*, DV 17 (1984), 415 (437 f.); *Huber*, DV 29 (1996), 437 (457 f.).
158 *Battis/Schlenga*, ZBR 1995, 253; *Badura*, ZBR 1996, 321; *Schnellenbach*, ZBR 1996, 327; *Jachmann*, in: v. Mangoldt/Klein/Starck, GG II, Art. 33 Rn. 34; *Leisner*, ZBR 1980, 361.
159 Vgl. insbesondere zum Kopftuchstreit BVerfGE 108, 282; BVerwG, NJW 2004, 3581 ff.; oben Rdn. 34.

hoheitsrechtliche Qualifikation nicht auf die Übernahme formeller Entscheidungs-
verantwortung sondern auf die verantwortliche Beteiligung an Entscheidungsprozessen an. Danach unterliegt die Lehrtätigkeit an staatlichen Schulen dem Beamtenvorbehalt aus Art. 33 Abs. 4 GG. Ausnahmen sind über den Regelvorbehalt zu steuern
und etwa dort zulässig, wo die durch Schulpflicht und Erziehungsrecht geprägte
Grundrechtsbezogenheit der Lehrtätigkeit in den Hintergrund tritt, etwa im Berufs-
schulbereich oder bei der Vermittlung spezieller Kenntnisse und Fähigkeiten durch
laufbahnfremde Fachkräfte.

60   Abweichend davon spielt der bezeichnete grundrechtliche Bezugsrahmen im **Hochschulbereich** eine nur untergeordnete Rolle. Allerdings hebt Art. 5 Abs. 3 Satz 2 GG
die politische Treuepflicht der Hochschullehrer explizit hervor. Diese Betonung, wie
das spezifische Sicherungsbedürfnis der Wissenschaftsfreiheit lassen den Beamtenstatus für Hochschullehrer wenn nicht aus Art. 33 Abs. 4 GG verfassungsgefordert, so
doch als in hohem Maße funktionsadäquat erscheinen.[160]

5. Öffentlich-rechtliches Dienst- und Treueverhältnis (Art. 33 Abs. 4, 5)

61   Auf Rechtsfolgenseite sieht Art. 33 Abs. 4 GG einen besonderen Status für das beschäftigte Personal vor: ein öffentlich-rechtliches Dienst- und Treueverhältnis. Damit
wird das spezifische Beamtenverhältnis sowohl der Form (öffentlich-rechtlich) wie
dem wesentlichen Inhalt nach (Dienst- und Treueverhältnis) in Umrissen charakterisiert und zugleich der Rahmen für den Gesetzgebungsauftrag aus Art. 33 Abs. 5 GG
hergestellt.

62   Das Beamtenverhältnis ist ein öffentlich-rechtliches Rechtsverhältnis. Es gehört dem
Bereich des hoheitlichen Sonderrechts an, kann also nur unter Beteiligung eines Ho-
heitsträgers, nicht aber unter Privaten begründet werden. Aus dem öffentlich-rechtlichen Charakter ergibt sich aber für sich genommen noch nicht die einseitige hoheitliche Regelungsbefugnis.[161] oder ein Vertragsformverbot.

63   Aus dem Rechtsverhältnis ergeben sich Dienst- und Treuepflichten. Zunächst ist das
Beamtenverhältnis ein Dienstverhältnis, kraft dessen der Beamte zur Dienstleistung
verpflichtet ist. Die inhaltliche Besonderheit des Beamtenverhältnisses beruht weitgehend auf der gegenseitigen Treuepflicht. Während vertragliche Dienstverhältnisse
sich im Wesentlichen im Austausch von Leistung und Gegenleistung erschöpfen,
knüpft das Beamtenverhältnis ein personal, nicht synallagmatisch geprägtes Band
zwischen den Beteiligten, das historisch letztlich auf lehnsrechtliche, paternalistische

---

160 Vgl. zur Diskussion *Scheven*, in: Flämig u.a. (Hg.), HbWissR, Bd. 1, 2. Aufl. 1996,
     S. 325/351 f.; *Isensee*, F&L 1998, S. 468/470 f.; *Badura*, Die hoheitlichen Aufgaben des
     Staates und die Verantwortung des Berufsbeamtentums, in: Verantwortung und Leistung,
     Heft 29 (1996), S. 7 f.; *Battis/Grigoleit*, Möglichkeit und Grenzen leistungsdifferenzieren-
     der Besoldung von Universitätsprofessoren, 1998; *Hartmer*, WissR 31 (1998), 152; *Ep-
     ping*, ZBR 1997, 383 (386).
161 So aber *Battis*, in: Sachs, GG, Art. 33 Rn. 53.

Vorstellungen zurückreicht.[162] Die Treuepflicht des Beamten verlangt über eine zeitlich und inhaltlich fixierte Dienstleistungspflicht hinausgehend den vollen Einsatz der Person (»Hingabe«) und das umfassende loyale Einstehen für die Belange des Dienstherrn. Dafür gewährt der Dienstherr dem Beamten (und gegebenenfalls seiner Familie) umfassenden Schutz und Fürsorge. Aus diesem grundlegenden Treueverhältnis lassen sich zahlreiche tradierte Besonderheiten des Beamtenstatus ableiten, die teilweise als hergebrachte Grundsätze näher ausgestaltet und verfassungsrechtlich in Art. 33 Abs. 5 GG zusätzlich abgesichert sind. Dazu gehören etwa das beamtenrechtliche Streikverbot[163] und die politisch-weltanschauliche Zurückhaltungs- und Treuepflicht des Beamten (vgl. oben, Rdn. 37), umgekehrt insbesondere die grundsätzlich auf Dauer angelegte Unterhaltspflicht des Dienstherrn (»Alimentation«) und seine Verpflichtung, sich in der Öffentlichkeit schützend vor seinen Beamten zu stellen. Nicht aus dem Treueverhältnis selbst, sondern erst aus seinem funktionalen Zusammenhang innerhalb der gegebenen Verfassungsordnung ergeben sich demgegenüber die republikanischen Ausprägungen der Amtspflichten.[164]

II. Die hergebrachten Grundsätze des Berufsbeamtentums (Art. 33 Abs. 5)

Art. 33 Abs. 5 GG ist pointiert aber nicht zu unrecht als die »Magna Charta« des Beamtenrechts bezeichnet worden.[165] Er füllt die bereits in Art. 33 Abs. 4 GG enthaltene institutionelle Garantie mit inhaltlichen Strukturen auf, die mit ihrer historischen Anknüpfung der verfassungsgerichtlichen Auslegung weite Spielräume bis in die Details gesetzgeberischer Regelungen hinein eröffnen und sorgt durch seine **subjektiv-rechtliche Aufladung** als grundrechtsgleiches Recht[166] für eine Mobilisierung der Beamten zur Durchsetzung des Rechts, der vor allem die Wirkmächtigkeit der beamtenverfassungsrechtlichen Regelungen zu verdanken ist.

1. Funktion und Anwendungsbereich

Art. 33 Abs. 5 GG enthält zunächst einen **Auftrag an den Gesetzgeber**, das Recht 65 des öffentlichen Dienstes zu regeln. Zugleich gibt er ihm auf, dabei die hergebrachten Grundsätze des Berufsbeamtentums zu berücksichtigen. Aus der Verknüpfung ergibt sich, dass sich der Regelungsauftrag auf das **Beamtenrecht** bezieht.[167] Insoweit lässt sich auch aus Art. 33 Abs. 5 GG eine **institutionelle Garantie** für das Berufsbeamtentum ableiten. Über Art. 33 Abs. 4 GG hinausgehend stellt die Verweisung

---

162 *Battis*, in: Sachs, GG, Art. 33 Rn. 52.
163 *Schick*, Studienkommission, Bd. 5, S. 171, 253; *Battis*, in: Sachs, GG, Art. 33 Rn. 53.
164 Zu weitgehend deshalb die Ableitungen bei *Jachmann*, in: v. Mangoldt/Klein/Starck, GG II, Art. 33 Rn. 30 unter Bezugnahme auf *Summer*, ZBR 1992, 1.
165 *v. Münch*, ZBR 1981, 157.
166 BVerfGE 8, 8, 1 (11, 17); 8, 28 (35); 12, 81 (87); 64, 367 (375); 81, 363 (375).
167 *Jachmann*, in: v. Mangoldt/Klein/Starck, GG II, Art. 33 Rn. 42; *Masing*, in: Dreier, GG II, Art. 33 Rn. 79.

auf die hergebrachten Grundsätze aber eine historisch bezogene **Strukturgarantie**[168] dar. Nach allgemeiner Ansicht ist Art. 33 Abs. 5 GG nicht lediglich Programmsatz sondern unmittelbar geltendes Recht.[169]

66   Dies soll nicht nur für den an den Gesetzgeber gerichteten Auftrag gelten, sondern auch für die hergebrachten Grundsätze des Berufsbeamtentums. Daraus wird gefolgert, dass diese nicht nur die Gesetzgebung steuern sondern zugleich auch unmittelbarer Maßstab für die Ausgestaltung einzelner Dienstverhältnisse durch die Exekutive sind.[170]

67   In bewusster Abkehr von Art. 129 WRV schützt Art. 33 Abs. 5 GG nicht die »wohlerworbenen Rechte« der Beamten. Er zielt nicht auf Besitzstandswahrung sondern, wie Art. 33 Abs. 4 GG, auf einen funktional bezogenen Strukturschutz: Die Strukturen des Berufsbeamtentums werden wegen seiner Bedeutung für eine stabile, an Recht und Gesetz ausgerichtete Verwaltung geschützt. Ungeachtet dessen wird der Vorschrift ein subjektiv-rechtlicher, **grundrechtsähnlicher Gehalt** zugemessen, der es den Beamten erlaubt, die Berücksichtigung der hergebrachten Grundsätze gegenüber dem Gesetzgeber aber eben auch gegenüber allen dienstlichen Maßnahmen im Einzelfall vor den Verwaltungs- und Verfassungsgerichten durchzusetzen.[171] Diese angesichts Wortlaut und Telos nicht eben nahe liegende Interpretation[172] rechtfertigt sich im Hinblick darauf, dass die hergebrachten Grundsätze dem Beamten die arbeits- und tarifrechtlichen Möglichkeiten der Interessenverfolgung vorenthalten und ihn weitgehend der einseitigen Regelungsbefugnis seines Dienstherrn aussetzen. Diese durch Art. 33 Abs. 5 GG gerechtfertigten **Grundrechtsbeschränkungen**[173] können nur durch die Gewährleistung gerichtlichen Rechtsschutzes kompensiert werden.

68   Art. 33 Abs. 5 GG richtet sich zuvörderst an die nach dem Kompetenzrecht zuständigen Gesetzgeber. Als Durchgriffsnorm bindet er gleichermaßen **Bundes- und Landesgesetzgeber.** Die besondere Verantwortung, die dem Bund für die Beachtung und Verwirklichung der Verfassungsordnung allgemein und für eine rechtsstaatliche Verwaltung unter Beachtung der verfassungsrechtlichen Vorgaben im Besonderen im gesamtstaatlichen Interesse zukommt, kam bis zur Reform der Gesetzgebungskompetenzen in der Rahmenkompetenz für das Recht des öffentlichen Dienstes aus Art. 75a GG zum Ausdruck und wurde vom Bund durch das Beamtenrechtsrahmengesetz ausgeübt. Nach der Abschaffung der Rahmengesetzgebung ergibt sich die Kompetenz des Bundes nun aus Art. 74 Abs. 1 Nr. 27 GG. Im Zusammenhang mit Art. 33 Abs. 5 GG ergibt sich daraus eine Verpflichtung für den Bund, die Statusrechte und -pflichten der Beamten zu regeln. Der **Gesetzgebungspflicht des Bundes**

---

168 *Isensee,* HbVerfR, § 32 Rn. 62; *Battis,* in: Sachs, GG, Art. 33 Rn. 65.

169 BVerfGE 8, 1 (11); *Battis,* in: Sachs, GG, Art. 33 Rn. 65.

170 BVerfGE 43, 154 (165 ff.); 83, 89 (100); *Lecheler,* HStR V, § 110 Rn. 54; a.A. *Summer,* ZBR 1992, 1 ff. m.w.N.

171 BVerfGE 43, 154 (165 ff.); 83, 89 (100).

172 Zu den Zweifeln: *Summer,* ZBR 1992, 1.

173 *Battis,* in: Sachs, GG, Art. 33 Rn. 74 f.

unterliegt jedenfalls das verfassungsrechtliche Minimum, das sich für den Beamtenstatus insbesondere aus Art. 33 Abs. 5 GG ergibt. Dieser Verpflichtung ist der Bund
mit dem Erlass des rudimentären **Beamtenstatusgesetzes** bislang nur ungenügend
nachgekommen.[174]

Berechtigt werden aus Art. 33 Abs. 5 GG nicht nur Beamte, sondern auch Richter. **69**
Dabei haben sich aber aufgrund der besonderen Stellung der Richter vom Beamtenstatus abweichende »hergebrachte Grundsätze des Richteramtsrechts« entwickelt, die
von Art. 33 Abs. 5 GG umfasst sind.[175] Vergleichbares gilt für die Hochschullehrer,
für die sich zur Berücksichtigung der Besonderheiten des Hochschulbereichs, insbesondere der Wissenschaftsfreiheit (Art. 5 Abs. 3 GG) teilweise eigene hergebrachte
Grundsätze gebildet haben.[176] Den Besonderheiten bestimmter Beamtenverhältnisse
(etwa Wahl- und Zeitbeamte, Widerrufsbeamte) ist nicht durch eine Einschränkung
des Anwendungsbereichs des Art. 33 Abs. 5 GG, sondern durch Nutzung der Spielräume des Berücksichtigungsgebots Rechnung zu tragen.[177] Nicht in den Anwendungsbereich der Vorschrift fallen hingegen die Ehrenbeamte, weil sie keine »Berufs-
beamten« sind, sowie Soldaten.[178] Nicht unproblematisch erscheint der zunehmende
Rückgriff des Gesetzgebers auf die Schaffung öffentlich-rechtlicher Amtsverhältnisse
eigener Art.[179] Dazu gehören traditionell etwa die Amtsverhältnisse von Regierungs-
mitgliedern, daneben aber auch etwa die Mitglieder des Bundesbankdirektoriums (§ 7
BBankG), der Vorstand der Bundesagentur für Arbeit (§ 382 Abs. 2 SGB III) oder
das Präsidium der Bundesnetzagentur (§ 4 Abs. 1, 8 BEGTPG). Für diese öffentlich-
rechtlichen Dienstverhältnisse beanspruchen die hergebrachten Grundsätze keine Berücksichtigung. Das erscheint unproblematisch, soweit (wie bei den Regierungsmit-
gliedern) der Beamtenvorbehalt aus Art. 33 Abs. 4 GG ohnehin nicht eingreift.[180] Im
Anwendungsbereich des Art. 33 Abs. 4 GG darf aber die Strukturgarantie des Art. 33
Abs. 5 GG nicht durch eine **Flucht in das öffentlich-rechtliche Amtsverhältnis** ausgehöhlt werden. Insoweit ist jeweils die für die Nutzung des Ausnahmevorbehaltes in
Art. 33 Abs. 4 GG erforderliche sachliche Rechtfertigung sorgfältig zu prüfen.

2. Berücksichtigung tradierter Strukturelemente

Art. 33 Abs. 5 GG verpflichtet Gesetzgeber wie Exekutive zur Berücksichtigung her- **70**
gebrachter Grundsätze.

---

174 Vgl. dazu *Battis/Grigoleit*, ZBR 2008, 1.
175 BVerfGE 55, 146 (162 ff.); 55, 372 (391 ff.).
176 BVerfGE 35, 23; 62, 323; 43, 242 (277); 67, 1 (14).
177 Zutreffend *Masing*, in: Dreier, GG II, Art. 33 Rn. 78 unter Verweis auf gelegentlich un-
   klare Formulierungen.
178 BVerfGE 3, 288 (334); 16, 94 (111); 31, 212 (221).
179 Überblick bei *Frenzel*, ZBR 2008, 243.
180 Vgl. oben Rdn. 50.

a) Qualifikation als hergebrachter Grundsatz

71   Für die Qualifikation als hergebrachter Grundsatz müssen zwei Voraussetzungen erfüllt sein: Fundamentalität und Traditionalität. Die Strukturgarantie aus Art. 33 Abs. 5 GG ist darauf gerichtet, die das Berufsbeamtentum prägenden Strukturen zu erhalten. Dementsprechend nehmen nur solche Merkmale an der Gewährleistung teil, die für diese Strukturen unverzichtbare Bedeutung haben. Daraus ergibt sich bereits, dass eine Weiterentwicklung des Beamtenrechts auch ohne die Anfügung der Weiterentwicklungsklausel[181] selbstverständlich verfassungsrechtlich zulässig ist.[182] Richtig verstanden steht die Strukturgarantie nicht der Weiterentwicklung, sondern lediglich der Abschaffung der Institution des Berufsbeamtentums im Wege. Das Merkmal der **Traditionalität** knüpft an den Begriff des »Hergebrachten« an. Aus der Perspektive der Grundgesetzentstehung können danach nur solche Grundsätze umfasst sein, die bereits vor 1949 nachweisbar waren. Da eine normative Anknüpfung an die Zeit der nationalsozialistischen Herrschaft ausscheidet,[183] muss die Tradition zumindest bis in die Weimarer Zeit zurückreichen. In der Rechtsprechung des BVerfG hat sich zur Umschreibung der hergebrachten Grundsätze die Formel eines »Kernbestand(s) von Strukturprinzipien (...), die allgemein oder doch ganz überwiegend und während eines längeren Tradition bildenden Zeitraums, mindestens unter der Reichsverfassung von Weimar, als verbindlich anerkannt und gewahrt worden sind« herausgebildet.[184] Damit ist eine struktur- und traditionsbildende Weiterentwicklung des Berufsbeamtentums unter dem Grundgesetz nicht notwendigerweise ausgeschlossen. Diese würde aber gegebenenfalls nicht den Schutz der Garantie des Art. 33 Abs. 5 GG genießen.[185] Die dadurch bewirkte Abschließung verfassungsrechtlich relevanter Dienstrechtsentwicklung entspricht der nur bewahrenden Zielsetzung der Vorschrift, schützt das Berufsbeamtentum vor einer schleichenden Strukturveränderung und ist durch den mit der Verabschiedung des Grundgesetzes zum Ausdruck gebrachten Verfassungskonsens gedeckt. Sie verliert aber mit fortschreitender, demokratisch legitimierter Traditionsbildung unter dem Grundgesetz ihre normative Plausibilität. De constitutione ferrenda kann es auf Dauer konzeptionell nicht überzeugen, einen viele Jahrzehnte zurückliegenden, selbst aber nur 15 Jahre während Zeitraum für die verfassungsrechtliche Argumentation allein maßgeblich zu halten.

---

181   Vgl. zur Fortentwicklungsklausel oben, Rdn. 7.

182   Vgl. zu den verschiedenen Reformgesetzen und -vorhaben: *Battis*, in: Sachs, GG, Art. 33 Rn. 59 ff.

183   Vgl. zur Bedeutung der Umformung der Beamtenverhältnisse im Nationalsozialismus: BVerfGE 3, 58; 6, 132; dazu *Grigoleit*, Bundesverfassungsgericht und deutsche Frage, 2004, S 187 ff.

184   BVerfGE 8, 332 (343); 15, 167 (195); 46, 97 (117); 58, 68 (76); 106, 225 (232).

185   Vgl. BVerfGE 58, 68 (77).

b) Berücksichtigungspflicht

Nach dem Wortlaut der Vorschrift sind die hergebrachten Grundsätze zu berücksich- 72
tigen. Daraus ergeben sich erhebliche Unklarheiten über die Bindungswirkung der
hergebrachten Grundsätze. Berücksichtigung bedeutet in der Alltags- wie in der
Rechtssprache weniger als Beachtung. Nur eine Beachtenspflicht würde aber eine
strikte Bindung bewirken. Das BVerfG unterscheidet in seiner Rechtsprechung ausdrücklich zwischen Grundsätzen, die nur zu berücksichtigen und solchen, die strikt
zu beachten sind.[186] Die Unterscheidung ist jedoch unklar und in sich nicht widerspruchsfrei geblieben.[187] Zu beachten sollen solche Grundsätze sein, die das Wesen
des Berufsbeamtentums prägen und für die Erfüllung seiner rechtsstaatlichen Funktion unabdingbar sind. Wie sich diese strenge Beachtenspflicht von der im Übrigen
aus Art. 33 Abs. 5 GG sich ergebenden Berücksichtigungspflicht unterscheidet,
bleibt dabei jedoch weitgehend offen. Die Beachtenspflicht solle nur für »den Kerngehalt der beamtenrechtlichen Grundsätze« gelten und dem Gesetzgeber den »Weg
zu tiefgreifenden strukturellen Änderungen« versperren. Dann würde sich die Beachtenspflicht jedoch nicht auf einzelne hergebrachte Grundsätze insgesamt, sondern nur
auf Kerne aller oder einzelner Grundsätze beziehen. Zudem lässt das BVerfG auch bei
zu beachtenden Grundsätzen Ausnahmen zu wenn sie geeignet und erforderlich sind,
um einer besonderen Sachgesetzlichkeit oder der Natur der wahrgenommenen Aufgabe Rechnung zu tragen. Damit scheint sich selbst bei zu beachtenden Grundsätzen
eine Unterscheidung zwischen Eingriff und Verletzung anzudeuten, ohne dass es dem
Gericht bisher gelungen wäre, hierfür eine konsistente Dogmatik zu entwickeln.

Das Problem beruht letztlich darauf, dass eine Abstufung der Bindungskraft mit der 73
Beschränkung des Art. 33 Abs. 5 GG auf fundamentale Grundsätze schwer zu vereinbaren ist, die Hervorhebung strikt zu beachtender Grundsätze deshalb immer in
die Gefahr einer Tautologie gerät.[188] Andererseits aber stellt sich im zu entscheidenden Einzelfall notwendig die Frage der Reichweite der Bindungskraft der Grundsätze. Der Verzicht auf eine Abstufung der Bindungskraft durch eine konsequente Beschränkung auf Kernbereiche könnte zu einer schleichenden Verkümmerung der
Strukturgarantie führen, eine zu extensive Auslegung würde mit dem Wortlaut kollidieren und die Entwicklungsmöglichkeiten des Dienstrechts beeinträchtigen. Das
praktisch unabweisbare Bedürfnis nach einem wertenden Ausgleich[189] lässt sich aber
nicht abstrakt durch die Unterscheidung von Beachtung und Berücksichtigung befriedigen sondern erfordert eine – der Sache nach bereits im Ansatz praktizierte –

---

186 Vgl. BVerfGE 8, 1 (16); 11, 203 (210); 62, 374 (383); 117, 372 (380); zuletzt BVerfG,
     ZBR 2007, 381; BVerfG, ZBR 2008, 310/313 f.
187 Vgl. zur Kritik: *Masing*, in: Dreier, GG II, Art. 33 Rn. 81; *Battis*, in: Sachs, GG, Art. 33
     Rn. 67; *Kunig*, in: v. Münch/Kunig, GGK I, Art. 33 Rn. 59; *Grigoleit*, ZBR 2008, 296
     (297); dem BVerfG folgend: *Jachmann*, in: v. Mangoldt/Klein/Starck, GG II, Art. 33
     Rn. 53; *Lecheler*, HStR V, § 110 Rn. 55.
188 *Masing*, in: Dreier, GG II, Art. 33 Rn. 81.
189 Vgl. *Jachmann*, in: v. Mangoldt/Klein/Starck, GG II, Art. 33 Rn. 53.

Eingriffsdogmatik, die sich letztlich an die für Grundrechtseingriffe entwickelten Kategorien anzulehnen hätte.[190]

3. Einzelne Grundsätze

74   *Ohne der Gefahr einer Trivialisierung der hergebrachten Grundsätze immer zu entgehen,*[191] sind überwiegend auf der Grundlage der verzweigten Rechtsprechung des BVerfG in der Literatur Kataloge anerkannter[192] hergebrachter Grundsätze entwickelt worden. Eine einheitliche Systematik konnte sich insoweit aber noch nicht durchsetzen.[193]

a) Beamtenrechtliche Gesetzmäßigkeit

75   Das im Vergleich zu anderen Beschäftigungsverhältnissen wohl charakteristischste Merkmal der Beamtenverhältnisse ist das ihrer einseitig hoheitlichen Begründung auf gesetzlicher Grundlage. Das berühmte dictum O. Mayers, demzufolge der Staat nicht paktiere,[194] fiel nicht zufällig im Zusammenhang mit der Vergabe öffentlicher Ämter. Es brachte zum Ausdruck, dass das republikanische Amt mit seiner spezifischen Gemeinwohlbindung nicht zum Objekt vertraglichen Handels zwischen gleichen Vertragspartnern gemacht werden dürfe und speiste sich – ähnlich wie der Beamtenvorbehalt in Art. 33 Abs. 4 GG – zuallererst aus der im aufklärerischen Gedankengut grundgelegten Unterscheidung zwischen öffentlichem und privatem Interesse, zwischen Staat und Gesellschaft. Aus dem beamtenrechtlichen Gesetzmäßigkeitsprinzip ergibt sich, dass die wesentlichen Zugangsvoraussetzungen für den Beamtendienst,[195] die Ernennung selbst, die aus dem Beamtenverhältnis sich ergebenden Rechte und Pflichten[196] sowie die Voraussetzungen für eine Beendigung des

---

190   Abweichend *Kunig*, in: v.Münch/Kunig, GGK I, Art. 33 Rn. 59, der auf die dem Gesetzgeber verbleibenden Spielräume die verwaltungsrechtliche Ermessenslehre anzuwenden vorschlägt.

191   So *Battis*, in: Sachs, GG, Art. 33 Rn. 66.

192   Vgl. zu den »abgelehnten« Grundsätzen: *Lecheler*, in: Friauf/Höfling, Berl- Komm GG, Art. 33 Rn. 83 f.; *Battis*, in: Sachs, GG, Art. 33 Rn. 72.

193   Vgl. etwa die unterschiedlich systematisierenden Kataloge bei *Lecheler*, in: Friauf/Höfling, BerlKomm GG, Art. 33 Rn. 66 ff.; *Jachmann*, in: v. Mangoldt/Klein/Starck, GG II, Art. 33 Rn. 44 ff.; *Masing*, in: Dreier, GG II, Art. 33 Rn. 82 ff.; *Pieper*, in: Schmidt-Bleibtreu/Klein, GG, Art. 33 Rn. 118 ff.; *Stern*, Staatsrecht I, § 11 III 4g) h).

194   *Otto Mayer*, AöR 3 (1888), 3/42.

195   Vgl. etwa BVerfGE 9, 268 (286); insoweit auf die Bedeutung im Hinblick auf die Berufsfreiheit (Art. 12 GG) abstellend: BVerwGE 98, 324 (327).

196   So insbesondere für Besoldung und Versorgung BVerfGE 8, 1 (18); 8, 28 (35); 52, 303 (331); 81, 363 (386); *Summer*, DÖV 2006, 249.

Beamtenverhältnisses[197] nicht von den Beteiligten einvernehmlich ausgehandelt werden können, sondern der **Regelung durch den Gesetzgeber** bedürfen.[198]

Der Grundsatz der Gesetzmäßigkeit wird durch die Konsultation der Beamtenverbände im Vorfeld des Gesetzgebungsverfahren (§ 53 Beamt- StG) nicht berührt.[199] **Spielräume** belässt der Grundsatz etwa für **ergänzende Vereinbarungen** im Rahmen personalvertretungsrechtlicher Mitwirkung oder für Ermessensentscheidungen über die Gewährung von in der Höhe begrenzten Leistungszulagen auf gesetzlicher Grundlage.[200] Weit darüber hinaus geht jedoch der Spielraum, den das Gesetz traditionell zur Vereinbarung von Dienstpflichten und Besoldungshöhe im Rahmen der Berufungsverhandlungen bei **Hochschullehrern** lässt. Ob es sich insoweit um einen eigenen hergebrachten Grundsatz des Hochschullehrerrechts[201] oder (mangels Traditionalität) um eine bereichsspezifisch zulässige Ausnahme vom Gesetzmäßigkeitsprinzip handelt[202] mag hier offen bleiben. **76**

Eine wichtige Auswirkung des Gesetzmäßigkeitsprinzips ist das selbst als hergebrachter Grundsatz anerkannte **Streikverbot** für Beamte.[203] Angesichts der einseitigen Regelung durch Gesetz bleibt für den nur im Rahmen der Tarifautonomie legitimen Einsatz von Arbeitskampfmitteln[204] kein Raum. Entsprechendes gilt auch für unterhalb der Streikgrenze liegende Druckmittel (Dienst nach Vorschrift, go slow etc.).[205] Das Gesetzmäßigkeitsprinzip bildet insoweit eine wesentliche Einschränkung der auch für Beamte grundsätzlich geltenden Koalitionsfreiheit aus Art. 9 Abs. 3 GG, die nur deshalb hinnehmbar ist, weil den Beamten an Stelle individueller oder kollektiver Interessenwahrnehmung der Rechtsweg zur Durchsetzung der Fürsorge- insbesondere auch Alimentationspflichten des Dienstherrn eröffnet ist. Im Widerspruch zur deutschen Verfassungsrechtslage verbietet jedoch Art. 11 EMRK in der verbindlichen Interpretation des EGMR[206] ein pauschales Streikverbot für Angehö- **77**

---

197 BVerfGE 7, 155 (163 f.), 8, 332 (352); abweichend *Däubler*, ZTR 1997, 337.

198 *Jachmann*, in: v. Mangoldt/Klein/Starck, GG II, Art. 33 Rn. 446; *Masing*, in: Dreier, GG II, Art. 33 Rn. 82.

199 Dazu *Jachmann*, ZBR 1994, 165; *Umbach*, ZBR 1998, 8.

200 BVerfGE 110, 353.

201 So wohl BVerfGE 43, 242/277 f.; BVerfGE 52, 303 (331); OVG Berlin, NVwZ- RR 1997, 712; dazu *Battis/Grigoleit*, Möglichkeit und Grenzen leistungsdifferenzierender Besoldung von Universitätsprofessoren, 1998, 31 ff. m.w.N.

202 So *Masing*, in: Dreier, GG II, Art. 33 Rn. 83, Fn. 429, der insoweit aber übersieht, dass die Vereinbarung insbesondere der Besoldungshöhe kaum nur »ergänzenden« Charakter trägt.

203 BVerfGE 8, 1 (17); 44, 249 (264); 119, 247; *Isensee*, Beamtenstreik. Zur rechtlichen Zulässigkeit des Dienstkampfes, 1971, 57 ff.

204 BVerfGE 84, 212 (225); *Höfling*, in: Sachs, GG, Art. 9 Rn. 94 f.

205 BVerwGE 63, 293 (301).

206 EGMR, U. v. 12.11.2008 – Nr. 34503/97, NZA 2010, 1425; U. v. 21.04.2009 – Nr. 68959/01, NZA 2010, 1423; zur Verbindlichkeit der Interpretation der EMRK durch den EGMR: BVerfGE 128, 326 (368 f.).

rige des öffentlichen Dienstes. Insoweit hat das BVerwG mit Urteil vom 27.02.2014 – 2 C 1.13 entschieden, dass damit auch ein Streikverbot für Beamte, soweit sie nicht in der »genuinen Hoheitsverwaltung« tätig sind, mit der EMRK unvereinbar ist[207] und daraus einen dringenden gesetzgeberischen Handlungsbedarf abgeleitet. Insoweit bleibt die weitere Entwicklung abzuwarten. Umgekehrt bildet der Einsatz von Beamten als Streikbrechern eine empfindliche Einwirkung auf das Arbeitskampfrecht insbesondere der Beschäftigten im öffentlichen Dienst und bedarf deshalb einer gesetzlichen Grundlage.[208]

b) Ausgestaltung des Beamtenstatusverhältnisses

78 Die Ausgestaltung des beamtenrechtlichen Statusverhältnisses selbst wird durch mehrere hergebrachte Grundsätze gesteuert. Darunter nimmt das **Lebenszeitprinzip** eine das Berufsbeamtentum in besonderer Weise kennzeichnende Rolle ein. Danach ist der Beamte grundsätzlich auf Lebenszeit einzustellen. Die nicht auf eigenem Wunsch beruhende Entlassung oder Entfernung aus dem Dienst ist nur im Ausnahmefall und nur unter gesetzlich zu bestimmenden Bedingungen zulässig. Durch die lebenszeitige Anstellung soll dem Beamten die persönliche Unabhängigkeit gewährleistet werden, die für eine an Recht und Gesetz orientierte, dem Gemeinwohl verpflichtete Amtsführung erforderlich ist.[209] Insbesondere soll diese Unabhängigkeit den Beamten im Spannungsfeld von Gehorsamspflichten einerseits und Beratungspflichten andererseits befähigen, seine amtspflichtbezogenen Ansichten auch gegenüber den Vorgesetzten zur Geltung zu bringen. Dieser Funktion kann das Lebenszeitprinzip aber nur gerecht werden, wenn nicht lediglich der Beamtenstatus als solcher sondern darüber hinaus ein Recht des Beamten an seinem Amt vor ungesetzlicher Degradierung geschützt ist. Ein solches eingeschränktes **Recht am Amt** hat das BVerfG im Hinblick auf das einmal erreichte **Statusamt** anerkannt.[210] Dagegen besteht kein Anspruch des Beamten auf die unveränderte Beibehaltung eines dem Amt zugeordneten Aufgabenkreises (kein Recht am **Funktionsamt**).[211] Gegen eine degradierende Aufgabenzuweisung ist der Beamte jedoch durch das Verbot einer am Statusamt gemessen unterwertigen Beschäftigung geschützt.[212] Das Lebenszeitprinzip gewährleistet dem Beamten damit »Amtsniveausicherheit«.[213] Andererseits sind

---

207 Anders noch OVG Münster, NVwZ 2012, 890; zum Ganzen Battis, Streikverbot für Beamte, 2013; Steinau-Steinrück/Sura, NZA 2014, 580.

208 BVerfGE 88, 103 (116 ff.); anders noch BVerwGE 69, 208 (213 ff.); *Badura*, in: ders./Stern (Hg.), Die Rechtmäßigkeit des Beamteneinsatzes beim Streik der Tarifkräfte, 1983, S. 1 ff.; *Stern*, ebenda, S. 53 ff.; zur Entscheidung des BVerfG *Jachmann*, ZBR 1994, 1 und (äußerst kritisch) *Isensee*, DWiR 1994, 309.

209 BVerfGE 7, 155 (163); 70, 251 (267); BVerfG, ZBR 2008, 310 (313).

210 BVerfGE 70, 251 (266 f.); BVerfG, ZBR 2008, 310 (313).

211 BVerfGE 8, 332 (344); 43, 242 (282 f.); 47, 327 (411); 56, 146 (162).

212 BVerfGE 70, 251 (266); BVerwGE 89, 199 (299).

213 So *Leisner*, ZBR 1996, 289 (290); *Studenroth*, ZBR 1997, 212 (218).

aber gesetzliche Altersgrenzen bei anschließendem Eintritt in den Ruhestand mit der Funktion des Lebenszeitprinzips vereinbar.[214]

Wegen seiner eminenten strukturellen Bedeutung zählt das BVerfG das Lebenszeit-prinzip zu den strikt zu beachtenden Grundsätzen. Andererseits verkennt es aber auch nicht, dass das Lebenszeitprinzips seit jeher mit den **Zeitbeamtenverhältnissen** (insbesondere kommunaler Wahlbeamter[215]) und den »**politischen Beamten**« (§ 54 Abs. 1 BBG)[216] auch verfassungsrechtlich anerkannte Ausnahmen kennt und folgert daraus, dass das Beamtenverhältnis auf Lebenszeit die verfassungsrechtliche Regel zu bilden habe und Ausnahmen nur in Bereichen zulässig seien, in denen »die besonde-re Sachgesetzlichkeit und die Natur der wahrgenommenen Aufgaben eine Begrün-dung von Beamtenverhältnissen auf Zeit erfordern«.[217] **79**

Zu berücksichtigen ist jedoch auch, dass das Lebenszeitprinzip mit anderen her-gebrachten Grundsätzen, insbesondere mit dem bereits aus Art. 33 Abs. 2 GG sich ergebenden Leistungsprinzip nicht nur in einem Ergänzungs-, sondern auch in ei-nem Spannungsverhältnis stehen kann[218] und insoweit dem Gesetzgeber eine abwä-gende Geltungsoptimierung obliegt, die zwangsläufig auch mit der wechselseitigen Einschränkung der Prinzipien verbunden ist. Dieser Konflikt führte zu lang anhal-tenden Auseinandersetzungen um die Zulässigkeit der Vergabe von **Führungsämtern auf Probe bzw. auf Zeit.** Während gegen die Vergabe von Führungsämtern auf Pro-be angesichts der Zulässigkeit des Probebeamtenverhältnisses nach der ersten Ernen-nung und dem damit verbundenen Anspruch auf dauerhafte Amtsübertragung nach erfolgreicher Absolvierung der Probezeit keine durchgreifenden Bedenken bestan-den,[219] hielt die überwiegende Ansicht die Vergabe von Führungsämtern auf Zeit mit dem Lebenszeitprinzip für unvereinbar.[220] Diesen Bedenken ist das BVerfG – **80**

214 BVerfGE 67, 1, 11; 71, 255 (270); BVerwG, NVwZ 1997, 1207.
215 Vgl. zu diesen BVerfGE 7, 155 (163 ff.).
216 Zu diesen BVerfGE 7, 155 (166 f.); 8, 332 (347 ff.) *Lemhöfer*, in: Plog/Wiedow, BBG, § 36 Rn. 3; *Kugele*, ZBR 2007, 109; *Grigoleit*, ZBR 1998, 129; trotz ihrer Traditionalität fehlt der Einrichtung des politischen Beamten als einer Ausnahme vom Lebenszeitprinzip die Fundamentalität und deshalb die Qualität eines eigenen hergebrachten Grundsatzes, vgl. *Battis*, BBG, § 54 Rn. 3 m.w.N.
217 BVerfG, ZBR 2008, 310 (314).
218 Einschränkend zum Konfliktpotenzial zwischen Lebenszeit- und Leistungsprinzip jedoch BVerfG, ZBR 2008, 310 (314 f.); dazu *Grigoleit*, ZBR 2008, 296 (298 f.).
219 Vgl. *Ziemske*, DÖV 1997, 605 (610 f.); *Günther*, ZBR 1996, 65 (73); *Summer*, ZBR 1995, 125 (133); *Masing*, in: Dreier, GG II, Art. 33 Rn. 89.
220 Vgl. *Battis*, ZBR 1982, 37 (40); *ders.*, ZBR 1996, 193 (197 f.); *Günther*, ZBR 1996, 65; *Isensee*, ZBR 1998, 295 (309); *Summer*, ZBR 1999, 181 (186 f.); *ders.*, ZBR 2002, 109 (113); *Bochmann*, ZBR 2004, 405 (411 f.); *Masing*, in: Dreier, GG II, Art. 33 Rn. 89 zur entgegengesetzten Position insbesondere *Böhm*, DÖV 1996, 403, sowie *Wich-mann/Langer*, Öffentliches Dienstrecht, 7. Aufl. 2014, Rn. 63; *Slowik/Wagner*, ZBR 2002, 409 (415 f.); *Jachmann*, in: v. Mangoldt/Klein/Starck, GG II, Art. 33 Rn. 52; einschrän-kend auch *Ziemske*, DÖV 1997, 605 (611 f.).

nach dem BayVerfGH[221] und auf Vorlage des BVerwG[222] – beigetreten und hat die entsprechende landesrechtliche Vorschrift (§ 25b LBG NW) wegen Verstoßes gegen Art. 33 Abs. 5 GG für nichtig erklärt.[223]

81 Eng mit dem Lebenszeitprinzip verwoben ist der Grundsatz der **Hauptberuflichkeit**,[224] der gemeinsam mit der Pflicht des Beamten zur »vollen Hingabe« gewissermaßen die Pflichtseite des Lebenszeitprinzips darstellt. Leitbild des Berufsbeamtentums ist der auf Lebenszeit vollzeitbeschäftigte Beamte.[225] Der Beamte hat grundsätzlich seine gesamte berufliche Lebensleistung seinem Dienstherrn zu widmen. Dadurch wird dem Beamten eine für seinen Lebensunterhalt auskömmliche Beschäftigung gesichert, seine Konzentration auf den Dienst am Gemeinwohl gewährleistet, seiner jederzeitigen Einsatzbereitschaft abträglichen »Jobmentalität« vorgebeugt und Konflikten zwischen der Gemeinwohlorientierung des Beamten und anderweitigen Erwerbschancen bzw. Dienstpflichten entgegengewirkt. Dem Grundsatz der Hauptberuflichkeit entspricht die gesetzliche Regelung der Arbeitszeit, auch wenn dem Beamten, gestützt auf den Hingabegrundsatz, längere Regelarbeitszeiten als den Beschäftigten im öffentlichen Dienst einseitig durch Gesetz auferlegt[226] und unbezahlte Mehrarbeit eher abverlangt werden kann.[227] Um Konflikte zwischen der Amtsausübung und einer vom Beamten ausgeübten **Nebentätigkeit** zu vermeiden, ist diese grundsätzlich genehmigungspflichtig. Die Genehmigungspflicht ist jedoch als präventives Verbot zu verstehen, das dem Beamten einen aus Art. 2 Abs. 1, Art. 12 GG sich ergebenden Genehmigungsanspruch gewährt, soweit dienstliche Belange nicht entgegenstehen.[228] Einer langen Entwicklung unterlag auch die Beurteilung der beamtenrechtlichen **Teilzeitbeschäftigung**. Soweit der Beamte freiwillig auf die Nutzung seiner Arbeitskraft etwa zugunsten familiären oder sozialen Engagements verzichtet und dabei die Amtsausübung nicht zu einer Nebenbeschäftigung verkommt, ist der funktionale Kern des Hauptberuflichkeitsgrundsatzes nicht beeinträchtigt. Dementsprechend ist eine Teilzeitbeschäftigung auf Antrag des Beamten in einem Umfang von mindestens 50 v.H. der regelmäßigen Arbeitszeit grundsätzlich verfassungsrechtlich zulässig. Die von einigen Ländern aufgrund des § 44a BRRG[229] eingeführte antragslose Einstellungsteilzeit (»**Zwangsteilzeit**«) verweigert dem Beamten jedoch ein auskömmliches Einkommen aus dem Amt, verweist ihn gegebenenfalls auf die anderweitige gewerbliche

---

221 BayVerfGH, ZBR 2005, 32; dazu *Bochmann*, ZBR 2005, 126.
222 BVerwG, NVwZ 2008, 318.
223 BVerfG, ZBR 2008, 310; dazu *Wichmann*, ZBR 2008, 289 ff.; *Grigoleit*, ZBR 2008, 296 ff.; *Lorse*, ZBR 2008, 300 ff.; vgl. aber auch bereits BVerfG 70, 251 (266 ff.).
224 BVerfGE 9, 268 (286).
225 BVerfGE 44, 249 (262 f.); 55, 207 (240); 71, 39 (61 f.).
226 BVerfGE 44, 249 (264); BayVerfGH, BayVBl 1995, 656.
227 *Lecheler*, HStR V, § 110 Rn. 64; *Jachmann*, in: v. Mangoldt/Klein/Starck, GG II, Art. 33 Rn. 48.
228 Vgl. dazu *Battis*, BBG, § 64 Rn. 4 m.w.N.
229 Vgl. zu diesem *Battis/Grigoleit*, ZBR 1997, 237.

Nutzung seiner Arbeitskraft und stellt deshalb einen Verstoß gegen den Grundsatz der Hauptberuflichkeit wie der amtsangemessenen Alimentation dar.[230]

Als einziger ausdrücklich benannter hergebrachter Grundsatz sichert das in Art. 33 Abs. 2 GG enthaltene **Leistungsprinzip** die Effektivität der rechtsstaatlichen Verwaltung. Das Leistungsprinzip steuert nicht nur die Einstellung sondern ist auch maßgebliches Differenzierungskriterium bei der Besetzung von Beförderungsämtern. Grundlage der Leistungsfähigkeit ist dabei das Erfordernis einer geeigneten fachlichen **Vorbildung**,[231] die den Beamten nach dem **Laufbahnprinzip**[232] dazu befähigt, die Ämter einer Laufbahn aufsteigend zu durchlaufen.[233] 82

c) Treue- und Fürsorgepflichten

Die aufeinander bezüglichen Hauptpflichten des Dienstverhältnisses werden im Wesentlichen durch die aus dem Beamtenverhältnis resultierenden Treue- und Fürsorgepflichten gesteuert. Der Beamte ist seinem Dienstherrn in dem durch Lebenszeitigkeit und Hauptberuflichkeit bezeichneten Rahmen zur »**vollen Hingabe**« verpflichtet. Diese Verpflichtung, nicht die konkret geschuldete bzw. erbrachte Dienstleistung stellt den Bezugsrahmen für die **Alimentation** als der zentralen Gegenleistung des Dienstherrn dar.[234] Zusammen mit der lebenszeitigen Anstellung gewährleistet die Alimentation dem Beamten die für eine gesetzes- und gemeinwohlorientierte Amtsausübung erforderliche persönliche Unabhängigkeit. 83

Das **Alimentationsprinzip** verpflichtet den Dienstherrn dazu, dem Beamten und seiner Familie einen amtsangemessenen Lebensunterhalt zu gewährleisten. Diese Verpflichtung besteht auch dann, wenn der Beamte zeitweise etwa wegen Krankheit nicht in der Lage war, seinen Dienst ordnungsgemäß zu versehen.[235] Wie der amtsangemessene Unterhalt zu bestimmen ist, ist Gegenstand einer überaus verzweigten Rechtsprechung. Amtsangemessener Unterhalt ist zunächst etwas anderes und mehr als soziale Fürsorge. Sie hat dem Beamten über den notwendigen Lebensbedarf hinausgehend ein »Minimum an Lebenskomfort« zu gewährleisten[236] und die Entwicklung der wirtschaftlichen Verhältnisse, insbesondere den allgemeinen Lebensstandard zu be- 84

---

230 So zu Recht BVerfG, B. v. 19.09.2007, 2 BvF 3/02, Rn. 43 ff.; vgl. dazu bereits BVerwGE 82, 196 (202 ff.); *Schnellenbach*, NVwZ 1997, 521 (523 f.); *Battis*, NJW 1997, 1033 (1035); *Beus/Bredendieck*, ZBR 1997, 201 (204); a.A. *v. Mutius/Röh*, ZBR 1990, 365; *Körting*, LKV 1998, 41 (44 f.).

231 BVerfGE 9, 268 (286).

232 BVerfGE 7, 155 (159); 9, 268 (286); 62, 383; 64, 351.

233 Vgl. zum Laufbahnprinzip *Wichmann/Langer*, Öffentliches Dienstrecht, 7. Aufl. 2014, RN 27; *Lecheler*, BerlK, Rn. 78.

234 BVerfGE 44, 249 (265); 70, 251 (267); BVerfGE 52, 303 (329 f.); 61, 43 (56); 71, 39 (59 f.); *Leisner*, Das Leistungsprinzip, in: ders., Berufsbeamtentum (Hg. Isensee), 1995, S. 273 (282 f.): Alimentation als Entgelt für die »Gesamthingabe«.

235 BVerfGE 40, 33 (41).

236 BVerfGE 44, 249 (265 f.); 76, 256 (324); 81, 363 (376); 99, 300 (315).

rücksichtigen.[237] Daraus ergibt sich für die untersten Besoldungsgruppen ein **Abstandsgebot** gegenüber sozialen Transferleistungen[238] und darauf aufbauend eine der Ämterhierarchie entsprechende Besoldungsstaffelung (**relative Amtsangemessenheit**), die sich an der für das Amt erforderlichen Ausbildung, dem gesellschaftlichen Ansehen des Amtes und der mit ihm verbundenen Verantwortung und Beanspruchung zu orientieren hat.[239]

85   Für die absolute Höhe der Alimentation ist vor allem ein Quervergleich zwischen den Besoldungsordnungen aber auch zwischen der Beamtenbesoldung und den Einkommen aus Arbeitsverhältnissen innerhalb und außerhalb des öffentlichen Dienstes anzustellen. Dadurch ist zu gewährleisten, dass das Beamtenverhältnis auch für Leistungsträger attraktiv bleibt. Zusätzlich ergeben sich aus Art. 33 Abs. 5 GG flankierende prozedurale Sicherungen, die den Gesetzgeber verpflichten, in regelmäßigen Abständen zu prüfen, ob die allgemeine Einkommensentwicklung eine Anpassung der Besoldung erfordert.[240]

Auch leistungsbezogen variable Besoldungsbestandteile sind am Alimentationsprinzip zu messen. Zum einen sind sie nur dann bei der Prüfung der Amtsangemessenheit der Alimentation zu berücksichtigen, wenn sie hinreichend gesetzlich bestimmt, für alle Amtsinhaber erreichbar und hinreichend verstetigt, insbesondere ruhegehaltsfähig sind.[241] Zum anderen ist zu berücksichtigen, dass die Alimentation am Statusamt orientiert ist und sich das Leistungsprinzip besoldungsrechtlich in erster Linie durch Beförderung durchsetzt. Seit jeher war aber neben dem Statusamt auch die im Dienstalter zum Ausdruck kommende Erfahrung Anknüpfungspunkt für die Besoldung,[242] ohne dass dagegen Einwände im Hinblick auf die relative Amtsangemessenheit der Besoldung erwachsen wären. Daraus ergibt sich, dass sich die Ämterhierarchie nicht punktuell, sondern nur über längere Zeiträume hinweg, zumindest über die gesamte Lebensdienstzeit der Beamten in deren Besoldung spiegeln muss. Danach können insbesondere etwa Leistungsprämien, aber auch Leistungszulagen zumindest für einen beschränkten Zeitraum im Einzelfall dazu führen, dass eine vorübergehende Überschneidung der Besoldungsgruppen eintritt, ohne dass dadurch der Grundsatz der amtsangemessenen Alimentation verletzt würde.[243]

---

237 BVerfGE 8, 1 (14); 71, 39 (63).
238 Dieser soll jedenfalls für den Unterhaltsbedarf von Kindern bei 15 % liegen, vgl. BVerfGE 99, 300.
239 BVerfGE 3, 58 (160); 4, 115 (135); 8, 1 (14); 61, 43 (57); vgl. auch BVerfG, B. v. 06.03.2007, BvR 556/04 – Ballungsraumzulage, Rn. 73.
240 Vgl. BVerfG, U. v. 14.02.2012, 2 BvL 4/10, BVerfGE 130, 263 (W2-Besoldung).
241 BVerfG, U. v. 14.02.2012, 2 BvL 4/10, Rn. 178 ff. (W2-Besoldung).
242 Vgl. bestätigend zur leistungsorientierten Umwandlung der Dienstaltersstufen in »Erfahrungsstufen« BVerfGE 110, 353 (365 ff.); *Schnellenbach*, DVBl 1995, 1153 (1155 f.); *ders.*, NVwZ 1997, 521 (524); *Böhm*, ZBR 1997, 101 (103).
243 Vgl. zur Diskussion um die leistungsbezogenen Besoldungselemente *Battis*, ZBR 1996, 193 (195 f.); *Badura*, ZBR 1996, 321 (324); *Göser/Schlatmann*, Leistungsbezahlung in der Besoldung, 1998; *Masing*, in: Dreier, GG II, Art. 33 Rn. 87 m.w.N.

Besoldungsdifferenzierungen können sich im Hinblick auf unterschiedliche regiona- 86
le Verhältnisse ergeben.[244] Die einmal erlangte Besoldung ist gegen eine kürzende
Anpassung an die allgemeine wirtschaftliche Entwicklung nicht gesichert.[245] Eine
Besoldung »nach Kassenlage« muss aber nicht hingenommen werden.[246] Der Alimentationsanspruch bezieht sich über den Beamten hinaus auf den Unterhalt der
zum Haushalt gehörenden **Familie**. Beamte der gleichen Besoldungsstufe müssen
sich deshalb ohne Berücksichtigung der Größe ihrer Familie annähernd das Gleiche
leisten können.[247]

Der amtsangemessene Unterhalt ist ohne Rücksicht auf die privaten Vermögensver- 87
hältnisse des Beamten zu leisten.[248] Zur Vermeidung einer Doppelalimentation können aber andere Unterhaltsleistungen aus öffentlichen Kassen angerechnet werden.[249]

Der Alimentationsanspruch umschließt auch den Anspruch auf **Versorgung** des Ru- 88
hestandsbeamten[250] und der Hinterbliebenen.[251] Maßstab für die Versorgungsleis-
tung ist das letzte innegehabte Amt.[252] Mit dem Alimentationsgrundsatz unvereinbar
wäre der Verweis des Ruhestandbeamten auf die Sozialkassen. Das schließt den Anschluss des Versorgungssystems an die gesetzlichen Rentenversicherungsträger aus.[253]
Unterhalb dieser Schwelle sind jedoch gesetzliche Veränderungen des bestehenden
Versorgungssystems nicht ausgeschlossen.[254] Ob dies auch für die Einführung einer
Beitragspflicht gelten würde ist jedoch zweifelhaft. Zwar ist zu Recht darauf hingewiesen worden, dass die Erhebung eines Beitrags zugleich den Alimentationsbedarf des
Beamten erhöhen, ihm also nicht notwendigerweise finanzielle Einbußen abverlangen
würde.[255] Angesichts der aus Beitragsleistungen entstehenden Anwartschaften wäre
die Versorgung aber kaum noch als Alimentationsleistung des Dienstherrn einzuord-

---

244 BVerfGE 107, 218 (236 ff.).
245 BVerfGE 3, 58 (160); 3, 288 (342); 76, 256 (310).
246 Vgl. BVerfGE 117, 305 (308); BVerfG, 20.03.2007, 2 BvL 11/04 – Wartezeit.
247 So BVerfGE 44, 249 (267 f.); 81, 363 (376 f.); 99, 300 (321); zu Zweifeln an der Tradi-
    tionalität dieser Ausprägung des Alimentationsprinzips *Masing*, in: Dreier, GG II, Art. 33
    Rn. 87 m. Fn. 475, 477; *Jachmann*, in: v. Mangoldt/Klein/Starck, GG II, Art. 33 Rn. 50,
    die insoweit zusätzlich auf Art. 33 Abs. 4 GG i.V.m. Art. 6 Abs. 1 GG zurückgreift.
248 BVerfGE 21, 329 (347); 55, 207 (239); 70, 69 (81); 83, 89 (106).
249 BVerfGE 17, 337 (350); 55, 207 (239); 76, 256 (295 ff.). Zur Anrechnung anderer Ein-
    nahmen auf Versorgungsansprüche vgl. BVerfG, DVBl. 2008, 184.
250 BVerfGE 3, 58 (160); 8, 1 (20); 79, 223 (231 f.).
251 BVerfGE 3, 58 (153, 160); 21, 329 (345); 55, 207 (237).
252 BVerfGE 11, 203 (214); 76, 256 (324); zuletzt BVerfG, 20.03.2007, 2 BvL 11/04 – War-
    tezeit.
253 BVerfGE 76, 256 (319); *Jachmann*, in: v. Mangoldt/Klein/Starck, GG II, Art. 33 Rn. 51
    m.w.N.
254 Vgl. *Battis/Kersten*, PersR 2002, 91 ff.; *Pechstein*, ZBR 2002, 1 ff.
255 *Jachmann*, in: v. Mangoldt/Klein/Starck, GG II, Art. 33 Rn. 51.

nen.[256] Dagegen war die Bildung einer Versorgungsrücklage[257] wie die Einführung des Versorgungsabschlags[258] als Besoldungs- bzw. Versorgungskürzung noch zulässig.

89   Teilweise noch zum Alimentationsprinzip, teilweise aber auch zum allgemeinen Fürsorgegrundsatz wird die Pflicht des Dienstherrn gerechnet, dem Beamten auch für den Not- und Krankheitsfall angemessenen Unterhalt zu gewähren.[259] Dazu ist aber das gegenwärtige System der Beihilfegewährung nicht erforderlich. Vielmehr könnte sich der Dienstherr auch auf die Deckung der Kosten einer Krankenversicherung beschränken.[260]

90   Neben den primären Leistungspflichten ergeben sich aus dem Treue- und Fürsorgeverhältnis weitere als hergebrachte Grundsätze anerkannte Pflichten. So wird aus der Treuepflicht des Beamten[261] neben der politischen Treuepflicht eine Pflicht zur Mäßigung bei außerdienstlicher politischer Betätigung[262] abgeleitet. Im »weitesten Sinne«[263] gehören auch die Gehorsamspflicht (§ 62 BBG),[264] die Pflicht zu unparteiischer Amtsführung (§ 60 Abs. 1 BBG)[265] und zur Amtsverschwiegenheit (§ 67 BBG)[266] zu den Treuepflichten des Beamten. Aus der selbst als Grundsatz anerkannten Fürsorgepflicht des Dienstherrn (§ 78 BBG)[267] werden Anhörungs-[268] und Förderungspflichten[269] abgeleitet, sowie die Pflicht, den Beamten gegen unberechtigte Vorwürfe in Schutz zu nehmen.[270]

E. Internationale und europäische Aspekte

91   Die Ausgestaltung des Rechts des öffentlichen Dienstes ist als Ausdruck innerstaatlicher Organisationsgewalt von völkerrechtlichen Vorgaben weitgehend freigestellt. Sie betrifft jedoch andererseits zugleich auch die Ausgestaltung der Rechtsverhältnisse der Angehörigen des öffentlichen Dienstes mit vielfachen grundrechtlichen Impli-

---

256   So im Kern auch BVerfGE 54, 177 (181 f.); ablehnend auch *Merten*, ZBR 1995, 353 (356); *Lecheler*, HStR V, § 110, Rn. 45.
257   BVerwGE 117, 305 (311); dazu *Battis/Kersten*, NVwZ 2000, 1337.
258   BVerfG, ZBR 2006, 342.
259   BVerfGE 83, 89 (98, 100); 106, 225 (232).
260   So BVerfGE 83, 89 (98).
261   Zu deren selbständiger Qualifikation als hergebrachter Grundsatz BVerfGE 43, 154 (165).
262   BVerfG, NJW 1989, 93; *Leuze*, DÖD 1994, 125 (130 ff.); *Masing*, in: Dreier, GG II, Art. 33 Rn. 85 m.w.N.
263   *Isensee*, Öffentlicher Dienst, in: HbVerfR, § 32 Rn. 65.
264   BVerfGE 9, 268 (286); BVerfG, DVBl 1995, 192 (193).
265   BVerfGE 9, 268 (286).
266   BVerfGE 28, 191 (200).
267   BVerfGE 3, 58 (157); 43, 154 (165), 83, 89 (100); *Schnellenbach*, VerwArch 2001, 2.
268   BVerfGE 8, 332 (356 f.).
269   BVerfGE 43, 154 (165 f.).
270   Ebenda.

kationen und ist insoweit insbesondere etwa der Europäischen Menschenrechtskonvention und der Rechtsprechung des EGMR unterworfen. Die Abgrenzung erfolgt in der Rechtsprechung des EGMR durch die Differenzierung zwischen der Einstellung in den öffentlichen Dienst und Maßnahmen, die gegenüber bereits im öffentlichen Dienst beschäftigtem Personal ergehen.[271] Daneben sind die Europäische Sozialcharta (ESC)[272] sowie die Arbeitsrechtlichen Übereinkommen der ILO relevant.[273] Das Recht auf den gleichen Zugang zu öffentlichen Ämtern ist sowohl in Art. 21 II AEMR als auch in Art. 25c) IPbpR verankert.

Das Gemeinschaftsrecht wirkt insbesondere über die in Art. 45 AEUV gewährleistete Freizügigkeit der Arbeitnehmer in das öffentliche Dienstrecht hinein. Die **Freizügigkeit** aus Art. 45 AEUV schließt grundsätzlich jede Ungleichbehandlung aus, die an die mitgliedsstaatliche Staatsangehörigkeit anknüpft. Allerdings enthält Art. 45 Abs. 4 AEUV für die »Beschäftigung in der öffentlichen Verwaltung« einen Ausnahmevorbehalt. Dieser Ausnahmevorbehalt wurde teilweise institutionell so verstanden, dass mit der Formulierung ein Verweis in das mitgliedstaatliche Recht erfolgte, die mitgliedstaatliche Rechtsordnung also über die Reichweite des Ausnahmevorbehalts zu bestimmen hätte.[274] Dieser Auslegung ist der EuGH jedoch im Interesse einer gleichmäßigen Praxis des Freizügigkeitsrechts entgegengetreten.[275] Der gemeinschaftsrechtliche Begriff der »Beschäftigung im öffentlichen Dienst« setzt danach zum einen die Ausübung hoheitlicher Befugnisse, zum anderen die Wahrung öffentlicher Belange durch die Verwaltungstätigkeit voraus. Darunter fallen Tätigkeiten, die nicht auch vom Bürger erwerbsmäßig erbracht werden könnten und bei denen der Amtsträger zu einseitig verbindlicher Regelung befugt ist.[276] Der Vorbehaltsbereich des Art. 45 Abs. 4 AEUV ist damit im Wesentlichen auf den Bereich der klassischen Eingriffsverwaltung beschränkt.[277] Außerhalb des Anwendungsbereichs des Vorbehalts aus Art. 45 Abs. 4 AEUV ist jede Ungleichbehandlung aufgrund der Staatsangehörigkeit unzulässig. Insbesondere wäre es nicht zulässig, inso-

92

---

271 EGMR, EuGRZ 1995, 590 (595) – Vogt; dazu bereits oben, Rdn. 36; zur Unvereinbarkeit des beamtenrechtlichen Streikverbots mit der EMRK vgl. oben Rdn. 77; allgemein zur dienstrechtlichen Rspr. des EGMR: *Widmaier*, ZBR 2002, 244 ff.

272 BGBl. 1964 II, S. 1262; dazu *Büchner/Gramlich*, RiA 1992, 110 (117 f.).

273 Vgl. zur völkerrechtlichen Bedeutung insbesondere der politischen Treuepflicht der Beamten: *Voegeli*, Völkerrecht und politische »Berufsverbote« in der Bundesrepublik Deutschland 1976–1992, 1995.

274 Vgl. etwa *Lecheler*, DV 22 (1989); 137 (138 f.); *Hillgruber*, ZBR 1997, 1 ff.

275 Vgl. EuGHE 1980, 3881 (3900); EuGHE 1986, 1725 (1738), EuGH, NJW 1996, 3199 (3200); dazu etwa *Everling*, in: Battis (Hg.), Europäischer Binnenmarkt und nationaler öffentlicher Dienst, 1989, S. 23 ff.; *Lecheler*, Die Interpretation des Art. 48 Abs. 4 EWG und ihre Konsequenzen für den (nationalen) öffentlichen Dienst, 1990, S. 10 ff.; *Rösing*, Beamtenstatut und Europäische Gemeinschaften, 1994, S. 274 ff.; *Kämmerer*, EuR 2001, 27 ff.

276 Vgl. zur Abgrenzung in der Rechtsprechung des EuGH *Wölker/Grill*, in: Groeben/Schwarze, EUV/EGV I, Art. 39 Rn. 161 ff.

277 *Masing*, in: Dreier, GG II, Art. 33 Rn. 21.

weit auf einen wie auch immer ausgestalteten Angestelltenstatus zu verweisen. Zur Umsetzung der gemeinschaftsrechtlichen Vorgaben im deutschen Recht wäre deshalb auch eine Anpassung des Beamtenvorbehalts aus Art. 33 Abs. 4 GG kaum ausreichend gewesen, weil dadurch nur der Zugang von EU-Ausländern in den öffentlichen Dienst erweitert möglich gewesen wäre, ihnen aber der Deutschen auch außerhalb des Beamtenvorbehalts eröffnete Zugang zum Beamtenverhältnis versperrt geblieben wäre. Der Bundesgesetzgeber hat darauf durch die Änderung der § 4 Abs. 1, 2 BRRG und § 7 Abs. 1, 2 BBG (jetzt: § 7 Abs. 1 Nr. 1 BeamtStG, § 7 Abs. 1, 2 BBG) reagiert und den EU-Bürgern sowie Bürgern assoziierter Staaten den Zugang zum Beamtenverhältnis eröffnet. Soweit nach verbreiteter Auffassung in der Literatur die Erforderlichkeit der deutschen Staatsangehörigkeit des Beamten zu den hergebrachten Grundsätzen des Berufsbeamtentums zu rechnen ist, mussten sich aus dessen zumindest partieller Aufgabe durch bundesgesetzliche Regelung zahlreiche Zweifelsfragen ergeben.[278] Weitere Konsequenzen können sich aus Art. 45 AEUV für die Ausgestaltung des einfachen Beamtenrechts etwa im Hinblick auf Vordienstzeiten,[279] laufbahnrechtliche Voraussetzungen oder die Mitnahmefähigkeit von Versorgungsexpektanzen ergeben.[280]

93   Neben der Freizügigkeit spielt insbesondere das gemeinschaftsrechtliche **Gleichstellungsrecht** eine wesentliche Rolle für das nationale Dienstrecht. Neben Art. 157 AEUV, der auch im Bereich des öffentlichen Dienstes zu beachten ist,[281] ist insoweit insbesondere die Gleichstellungsrichtlinie[282] von Bedeutung. So verstoßen strikte Regelungen zur Bevorzugung von Frauen bei der Einstellung in den öffentlichen Dienst gegen das Gleichbehandlungsgebot der Richtlinie, weil sie die Zulässigkeit von Fördermaßnahmen nach Art. 2 Abs. 4 der Richtlinie überschreiten.[283] Dagegen hat der EuGH aber entschieden, dass die Bevorzugung zulässig ist, soweit die zugrunde liegende Regelung »keinen automatischen und unbedingten Vorrang« einräumt und auch die Belange der anderen Bewerber Berücksichtigung finden.[284] Schließlich ergeben sich sozialrechtliche Einwirkungen des Gemeinschaftsrechts auf den öffentlichen Dienst, etwa beim Bezug beamtenrechtlicher Pensionen im EU-Ausland[285] oder im Hinblick auf die Bereitschaftsdienstzeiten im Krankenhausbereich.[286]

---

278 Vgl. dazu *Lecheler*, in: Battis (Hg.) Europäischer Binnenmarkt und nationaler öffentlicher Dienst, 1989, S. 127 ff.; *Loschelder*, ZBR 1991, 102 (109); *Huber*, Der Staatsangehörigenvorbehalt im deutschen Beamtenrecht, in: FS Leisner, 1999, S. 937 ff.
279 Vgl. EuGH ZBR 1995, 173.
280 Dazu *Kämmerer/Vollers*, ZBR 2007, S. 35 ff.
281 EuGHE 1997, 5253 (5281).
282 Richtlinie des Rates v. 09.02.1976 (76/207/EWG).
283 EuGHE 1995, 3051 – Kalanke.
284 EuGH, NJW 1997, 3429 – Marshall; EuGHE 2000, I-5539; vgl. dazu oben Rdn. 33.
285 EuGH, ZBR 2001, 399.
286 EuGH ZBR 2004, 93 (95).

F. Leitentscheidungen

BVerfGE 3, 58 – Erlöschen der NS-Beamtenverhältnisse; BVerfGE 39, 334 – Verfas-   94
sungstreue als Eignungsvoraussetzung für Beamte (»Radikalenbeschluss«); BVerfGE
44, 249 – Alimentationsprinzip; BVerfGE 88, 108 – Einsatz von Beamten als Streik-
brecher; BVerfGE 92, 140 – Übernahme des DDR-Personals und Sonderkündigungstatbestände; BVerfGE 99, 300 – Alimentationsanspruch kinderreicher Beam-
ter; BVerfGE 108, 282 – Verbot des Tragens religiöser Symbole (Kopftuch);
BVerfGE 121, 205 – Lebenszeitprinzip und Führungsämter auf Zeit; BVerfGE 130,
263 – W2-Besoldung; EuGH, NJW 1997, 3429 – eingeschränkte Zulässigkeit der
bevorzugten Einstellung von Frauen (Marschall); EGMR, NJW 1996, 375 – Mitgliedschaft eines Beamten in extremistischer Partei und Meinungsfreiheit.

G. Literaturauswahl

Badura, Die hoheitlichen Aufgaben des Staates und die Verantwortung des Berufs-   95
beamtentums, ZBR 1996, 321; *Badura/Stern*, Die Rechtmäßigkeit des Beamteneinsatzes beim Streik der Tarifkräfte, 1983; *Battis* (Hg.), Europäischer Binnenmarkt
und nationaler öffentlicher Dienst, 1989; Battis, Berufsbeamtentum und Leistungsprinzip, ZBR 1996, 193; *ders.*, Bundesbeamtengesetz, Kommentar, 4. Aufl. 2009;
ders./Grigoleit, Die Statusgesetzgebung des Bundes, ZBR 2008, 1; *ders./Kersten*, Die
Bildung von Versorgungsrücklagen für die Alterssicherung der Beamten, NVwZ
2000, 1337; *ders./Schlenga*, Die Verbeamtung der Lehrer, ZBR 1995, 253; *Beus/Bre-
dendieck*, Das Gesetz zur Reform des öffentlichen Dienstrechts, ZBR 1997, 201;
Bochmann, Theorie und Praxis des Leistungsgrundsatzes nach den Dienstrechtsrefor-
men, ZBR 2004, 405; *Böckenförde/Tomuschat/Umbach* (Hg.), Extremisten im öffentlichen Dienst, 1981; *Böhm*, Besetzung von Spitzenpositionen auf Zeit, DÖV 1996,
403; *Denninger/Frankenberger*, Grundsätze zur Reform des öffentlichen Dienstrechts,
1997; *Frenzel*, Das öffentlich-rechtliche Amtsverhältnis und das Recht des öffentlichen Dienstes. Abschied vom Prinzipiellen, ZBR 2008, 243; *Göser/Schlatmann*,
Leistungsbezahlung in der Besoldung, 1998; *Gramm*, Schranken der Personalprivati-
sierung bei der inneren Sicherheit, VerwArch 90 (1999), 329; *Grigoleit*, Das Ende eines »Reformprojektes«. Die Vergabe von Führungsämtern auf Zeit ist verfassungswidrig, ZBR 2008, 296; *ders./Siehr*, Die Berufung der Bundesrichter: Quadratur des
Kreises?, DÖV 2002, 455; *Gundel*, Neue Entwicklungen beim Konkurrentenstreit
im öffentlichen Dienst, DV 37 (2004), 401; *Hattenhauer*, Geschichte des deutschen
Beamtentums, 2. Aufl. 1993; *Haug*, Funktionsvorbehalt und Berufsbeamtentum als
Privatisierungsschranke, NVwZ 1999, 816; *Höfling/Burkiczak*, Die Garantie der hergebrachten Grundsätze des Berufsbeamtentums unter Fortentwicklungsvorbehalt,
DÖV 2007, 328; *Huber*, Der Staatsangehörigenvorbehalt im deutschen Beamtenrecht, in: Isensee u.a. (Hg.), FS Leisner, 1999, S. 937; *Isensee*, Öffentlicher Dienst,
in: HdbVerfR, § 32; *ders.*, Affekte gegen Institutionen – überlebt das Berufsbeamtentum?, ZBR 1998, 295; *Jachmann*, Die Quotenregelung im öffentlichen Dienst,
ZBR 1996, 161; *Kämmerer*, Europäisierung des öffentlichen Dienstrechts, EuR
2001, 27; *Landau/Steinkühler*, Zur Zukunft des Berufsbeamtentums in Deutschland,
DVBl 2007, 133; *Lecheler*, Die Auswirkungen der Föderalismusreform auf die Sta-

tusrechte der Beamten, ZBR 2007, 18; *ders.*, Das Berufsbeamtentum – Verfassungs-recht und Verfassungswirklichkeit, in: FS 50 Jahre BVerfG, Bd. 2, 2001, 359; *ders.*, Der öffentliche Dienst, in: HStR V, § 110; *Leisner*, Das Leistungsprinzip, in: ders., Berufsbeamtentum (Hg. Isensee), 1995, S. 273; *Lemhöfer*, Rechtsschutz im Beför-derungsstreit: Systematik und Praxistauglichkeit, ZBR 2003, 14; *Malettke (Hg.)* Äm-terkäuflichkeit: Aspekte sozialer Mobilität im europäischen Vergleich, 1980; *Mayer*, Zur Lehre vom öffentlichrechtlichen Vertrage, AöR 3 (1888), 1; *Mommsen*, Beam-tentum im Dritten Reich, 1966; *Peine*, Der Funktionsvorbehalt des Berufsbeamten-tums, DV 17 (1984), 415; *Plog/Wiedow*, Kommentar zum Bundesbeamtengesetz, Loseblatt; *Rösing*, Beamtenstatut und Europäische Gemeinschaften, 1994; *Sachs*, Das Staatsvolk in den Ländern, AöR 108 (1983), 68; *Sachs*, Zur Bedeutung der grundgesetzlichen Gleichheitssätze für das Recht des öffentlichen Dienstes ZBR 1994, 133; *Scheven*, Professoren und andere Hochschullehrer, in: Flämig u.a. (Hg.), Handbuch des Wissenschaftsrechts, Bd. 1, 2. Aufl. 1996, S. 325; *Schnellenbach*, Be-amtenrecht in der Praxis, 8. Aufl. 2013; *ders.*, Die dienstrechtliche Beurteilung der Beamten und der Richter, 45. Aktualisierung 2014; *ders.*, Die Fürsorgepflicht des Dienstherrn in der Rechtsprechung des Bundesverfassungsgerichts, VerwArch 2001, 2; *ders.*, Konkurrenzen um Beförderungsämter – geklärte und ungeklärte Fragen, ZBR 1997, 169; Studienkommission für die Reform des öffentlichen Dienstrechts bei dem Bundesminister des Inneren (Hg.), Bericht der Kommission nebst Anlage-bänden, 1973; *Summer*, Dokumente zur Geschichte des Beamtenrechts, 1986; *ders.*, Gedanken zum Gesetzesvorbehalt im Beamtenrecht, DÖV 2006, 249; *ders.*, Das Prinzip Verantwortung als Grundlage des Beamtenrechts, ZBR 1999, 181; *Thieme*, Neuordnung des Beamtenrechts, Gutachten für den 48. Deutschen Juristentag, 48. DJT 1970 D, 12; *Voegeli*, Völkerrecht und politische »Berufsverbote« in der Bundes-republik Deutschland 1976–1992, 1995; *Wichmann/Langer*, Öffentliches Dienst-recht, 7. Aufl. 2014; *Widmaier*, Zur Bedeutung der EMRK – insbesondere aus der Sicht der Rechtsprechung des EGMR zu öffentlichen Bediensteten, ZBR 2002, 244; *Willoweit*, Die Entwicklung des öffentlichen Dienstes, in: Jeserich, Deutsche Verwal-tungsgeschichte Bd. I, S. 346 ff.; *Wunder*, Das erste deutsche Beamtengesetz: Die bayerische Hauptlandespragmatik vom 1. Januar 1805, ZBR 2005, 2; *Ziemske*, Öf-fentlicher Dienst zwischen Bewahrung und Umbruch, DÖV 1997, 605.

Artikel 38 [Wahlrechtsgrundsätze – Abgeordnetenstatus]

(1) Die Abgeordneten des Deutschen Bundestages werden in allgemeiner, unmittelbarer, freier, gleicher und geheimer Wahl gewählt. Sie sind Vertreter des ganzen Volkes, an Aufträge und Weisungen nicht gebunden und nur ihrem Gewissen unterworfen.

(2) Wahlberechtigt ist, wer das 18. Lebensjahr vollendet hat; wählbar ist, wer das Alter erreicht hat, mit dem die Volljährigkeit eintritt.

(3) Das Nähere bestimmt ein Bundesgesetz.

A. Vorbilder und Entstehungsgeschichte

Die Idee einer demokratisch gewählten Repräsentation des Volkes setzte sich im 1
deutschen Verfassungsrecht erst allmählich im Verlauf des 19. Jahrhunderts durch.
An die Stelle der altständischen Vertretungskörperschaften im Reich und in den Territorien trat zunächst die Garantie landständischer Verfassungen durch den Deutschen Bund[1]. Die Regelungen der Paulskirchenverfassung von 1849 über die Wahl
der Abgeordneten des Deutschen Volkes zum Volkshaus entfalteten keine Wirksamkeit. Die verfassungsrechtliche Stellung der Abgeordneten als Vertreter des ganzen
Volkes, die nach ihrer freien Überzeugung abstimmen und an Instruktionen nicht
gebunden sind, fand sich erstmals in den preußischen Verfassungen von 1848 und
1850. Das Prinzip der allgemeinen Wahl wurde erstmals verfassungsrechtlich in der
Verfassung des Norddeutschen Bundes von 1867 verankert, die – wie die Verfassung
des Deutschen Reiches von 1871 – zudem die Wahlgrundsätze der direkten und geheimen Wahl betonte und den Abgeordneten als an Aufträge und Instruktionen
nicht gebundenen Vertreter des gesamten Volkes ansah.

Die Weimarer Reichsverfassung von 1919 bestimmte in Art. 21 WRV, dass die Ab- 2
geordneten als Vertreter des ganzen Volkes nur ihrem Gewissen unterworfen und an
Aufträge nicht gebunden waren. Sie wurden nach Art. 22 S. 1 WRV in allgemeiner,
gleicher, unmittelbarer und geheimer Wahl von den über zwanzig Jahre alten Männern und Frauen nach den Grundsätzen der Verhältniswahl gewählt. Wahlfreiheit
und Wahlgeheimnis waren in Art. 22 S. 2 WRV geschützt.

Bei den Beratungen im Parlamentarischen Rat bestand rasch Einigkeit darüber, sich 3
im Grundsatz an die Regelungen der WRV anzulehnen[2]. Allerdings wurde die Frage
des konkreten Wahlsystems bewusst nicht geregelt, um den Gesetzgeber nicht auf
die Verhältniswahl zu verpflichten (dazu näher unten Rdn. 26 ff.). Auch von einer
expliziten verfassungsrechtlichen Ermächtigung des Gesetzgebers zur Einführung einer 5 %-Sperrklausel sowie zur Einführung einer Begrenzung der Reststimmenverwertung wurde abgesehen. Bislang wurde Art. 38 GG einmal geändert: Das aktive
Wahlrecht wurde 1970 von 21 auf 18 Jahre herabgesetzt.

B. Grundsätzliche Bedeutung

Art. 38 GG enthält die Prinzipien der Volkswahl auf Bundesebene und ist damit die 4
verfassungsrechtliche Zentralnorm für die Wahl sowie den Status der Mitglieder des
Bundesparlaments. In Art. 38 Abs. 1 S. 1, Abs. 2 GG sind die Wahlrechtsgrundsätze
der Wahl zum Bundestag festgelegt. Art. 38 Abs. 1 S. 2 GG bestimmt Grundsätze

---

1 Dazu zeitgenössisch *Gentz*, Über den Unterschied zwischen den landständischen und den
  Repräsentativ-Verfassungen, 1819, abgedr. in: Klüber/Welcker (Hrsg.), Wichtige Urkunden
  für den Rechtszustand der deutschen Nation, 1845, S. 220 ff. Weiter *Brandt*, Landstän-
  dische Repräsentation im deutschen Vormärz, 1968; *Ehrle*, Volksvertretung im Vormärz, 2
  Bände, 1979; *Grzeszick*, Vom Reich zur Bundesstaatsidee, 1996, S. 241 ff.; jew. m.w.N.
2 Vgl. JöR 1 (1951), S. 186 ff., 349 ff.

der Rechtsstellung der gewählten Abgeordneten. Art. 38 Abs. 3 GG schließlich enthält einen Regelungsvorbehalt und zugleich Regelungsauftrag des einfachen Bundesgesetzgebers, das Nähere durch Gesetz zu bestimmen.

C. Wahlrechtsgrundsätze

I. Gemeinsamkeiten

1. Bedeutung der Wahlrechtsgrundsätze

5   Die Wahlrechtsgrundsätze des Art. 38 Abs. 1 GG stellen grundlegende Anforderungen an Wahlen[3]. Ihnen kommt die Funktion zu, bei politischen Wahlen im Sinne von Art. 20 Abs. 2 S. 2 GG das demokratische Prinzip wirksam zur Geltung zu bringen. Allgemeinheit und Gleichheit der Wahl sichern die vom Demokratieprinzip vorausgesetzte Egalität der Staatsbürger. Die Geheimheit der Wahl stellt den wichtigsten institutionellen Schutz der Wahlfreiheit dar. Die Wahlfreiheit ist wiederum unabdingbare Voraussetzung für die demokratische Legitimation der Gewählten. Die Unmittelbarkeit der Wahl schließlich lässt den Wählerwillen möglichst direkt und damit am sinnvollsten zum Ausdruck kommen.

6   Die Wahlrechtsgrundsätze schützen die Wahl des Parlaments als den Akt, bei dem der permanente Prozess der politischen Meinungs- und Willensbildung des Volkes in die staatliche Willensbildung übergeht[4]. Dem entsprechend dienen die Wahlrechtsgrundsätze der Erfüllung der Wahlfunktionen[5].

7   Die Grundsätze sollen dabei vor allem sicherstellen, dass der nach dem Grundgesetz zentrale Akt der Vermittlung demokratischer Legitimation von den Bürgern zum Staat hin den Bedingungen einer Demokratie entspricht, in der die Bürger originäre Legitimationsquelle der Staatsgewalt sind. Denn entscheidender Inhalt der Volkssouveränität ist, dass alle staatliche Gewalt auf den Volkswillen rückführbar ist[6]. Damit dieser Zusammenhang legitimierende Wirkung hat, muss das Volk einen effektiven Einfluss auf die Ausübung der Staatsgewalt haben können[7] – und eben dazu dient die Wahl zum Bundestag nebst den die Wahl bestimmenden Grundsätzen des Art. 38 Abs. 1 S. 1 GG. Die Wahlrechtsgrundsätze schützen demnach die Demokratierealisierungsfunktion[8] der Wahl.

8   Die Wahl hat noch weitere verfassungsrechtlich relevante Funktionen und Wirkungen, die sich ergänzen, aber auch widerstreiten können. Sie hat Legitimationsfunktion, denn durch die Wahl wird unmittelbar dem Bundestag sowie durch ihn allen

---

3   Dazu sowie zum Folgenden BVerfGE 99, 1, 13.
4   BVerfGE 20, 56, 98, 113.
5   So *Morlok*, in: Dreier II, Art. 38 Rn. 56.
6   BVerfGE 47, 253, 275; 83, 60, 71 f.; 93, 37, 66; 107, 59, 87.
7   Vgl. BVerfGE 83, 60, 71 f.; 93, 37, 66; *Böckenförde*, HStR II, 3. Aufl., 2004, § 24 Rn. 8, 10 ff.
8   Dieser Begriff sowie die folgenden nach *Klein*, in: Maunz/Dürig, Art. 38 (Oktober 2010) Rn. 67 ff.

anderen Organen des Staates demokratische Legitimation vermittelt[9]. Die Wahl hat insoweit Integrationsfunktion, als sie politische Kräfte in die Willensbildung vom Volk zum Staat hin einfangen und so verhindern kann, dass gewichtige Anliegen im Volk von der Volksvertretung ausgeschlossen bleiben[10]. Die Wahl hat Kreations-funktion, denn sie soll eine funktionsfähige Volksvertretung[11] hervorbringen, wozu insbesondere gehört, dass die Volksvertretung strukturell in der Lage ist, eine stabile Regierung hervorzubringen. Die Wahl hat Kontrollfunktion, da die Regierenden sich in regelmäßig wiederkehrenden Wahlen dem Votum der Regierten stellen müs-sen. Und die Wahl hat Innovationsfunktion[12], da sie mit der jeweils möglichen Neu-verteilung der politischen Gewichte in der Volksvertretung neue inhaltliche Ausrich-tungen von Politik ermöglichen und anregen kann.

2. Wahlen

Art. 38 GG unterscheidet zwar zwischen dem aktiven und dem passiven Wahlrecht   9
des Bürgers. Gemeinsam ist dem Wahlrecht aber der Bezug zur Bundestagswahl, die Wahl im Sinne von Art. 20 Abs. 2 S. 2 GG ist. Die in Art. 38 GG geregelte Wahl ist die in Art. 20 Abs. 1, Abs. 2 S. 2 GG als Ausübung der Staatsgewalt durch das Volk genannte Wahl und damit im Grundgesetz der Regelfall des Ausdrucks der in Art. 20 Abs. 2 S. 1 GG bestimmten Volkssouveränität.

Art. 38 GG bezieht sich unmittelbar allein auf die Wahlen zum Deutschen Bundes-   10
tag. Allerdings gelten die Grundsätze gemäß Art. 28 Abs. 1 S. 2 GG auch für die Wahlen in den Ländern, Kreisen und Gemeinden[13]. Darüber hinaus können sie als allgemeine Rechtsprinzipien grundsätzlich auch auf Wahlen zu allen Volksvertretun-gen und auf politische Abstimmungen übertragen werden[14]. So werden die Wahl-rechtsgrundsätze der Allgemeinheit und Gleichheit auf die Wahlen im Bereich der Sozialversicherung[15], der Personalvertretung[16] und der Arbeitnehmerkammern[17] an-gewandt, und der Wahlrechtsgrundsatz der Unmittelbarkeit wird bei Sozialwahlen zumindest gleich ausgelegt[18].

---

9 Dazu sowie zu den entsprechenden Legitimationsketten BVerfGE 83, 60, 71 ff.; 89, 155, 182; 93, 37, 66 ff.
10 BVerfGE 95, 408, 419.
11 BVerfGE 1, 208, 247 f.; 4, 31, 40; 6, 84, 92 ff.; 51, 222, 236; 82, 322, 338; 95, 335, 369; 95, 408, 418.
12 *Badura*, AöR 97 (1972), 1, 2.
13 Dazu sowie zu den Unterschieden in Bezug auf die Möglichkeit, eine Verletzung der Grundsätze mit der Verfassungsbeschwerde zu rügen, näher *Strelen*, in: Schreiber, BWahlG, 9. Aufl., 2013, § 1 Rn. 4 m.w.N.
14 BVerfGE 47, 253, 276 f.; 51, 222, 234 f.; 60, 162, 169 ff.; *Hartmann*, Volksgesetzgebung und Grundrechte, 2005, S. 136 ff.
15 BVerfGE 30, 227, 246; 41, 1, 12; 60, 162, 169; BSGE 81, 268, 272.
16 BVerfGE 60, 162, 167, 169; 67, 369, 377.
17 BVerfGE 71, 81, 94 f.
18 BSGE 79, 105, 109.

11 Dagegen gelten die Wahlrechtsgrundsätze nicht ohne weiteres für Wahlen innerhalb von Selbstverwaltungseinrichtungen, da dort neben oder anstelle der allgemeinen demokratischen Legitimation der Bezug zu spezifischen Sachaufgaben legitimierende Funktion entfaltet, so z.b. in Hochschulgremien[19], bei Richter- und Präsidialräten[20] sowie bei Schülerräten[21]. Die Bestimmung der Mitglieder des Personalratsvorstands ist schließlich keine Wahl, sondern ein Akt der Geschäftsführung[22], weshalb eine Besetzung nach einem Gruppensystem anstelle eines Verhältniswahlsystems zulässig sein kann[23].

12 Für Wahlen zum Europäischen Parlament sind die Wahlrechtsgrundsätze des Art. 38 GG nicht unmittelbar einschlägig; näher zu diesen Fragen unten Rdn. 141 ff. Allerdings können sie insoweit relevant sein, als sie zu den demokratischen Grundsätzen im Sinne von Art. 23 Abs. 1 S. 1 GG gehören, deren Beachtung Voraussetzung der Beteiligung Deutschlands an der Europäischen Integration ist[24]. Dies führt freilich zu deutlichen Veränderungen der Vorgaben des Art. 38 Abs. 1 GG, denn das Europäische Parlament repräsentiert kein Staatsvolk, sondern einen Verbund souveräner Mitgliedstaaten, wobei die Abgeordneten zwar nach Art. 14 Abs. 2 EUV Vertreter der Unionsbürger sind, aber jeweils in mitgliedstaatlichen Kontingenten gewählt werden. Deshalb wird auch durch die Zusammensetzung des Europäischen Parlaments, bei der nach Art. 14 Abs. 2 Satz 3 EUV die Bürger degressiv proportional vertreten sind und deshalb die Anzahl der in jedem Mitgliedstaat zu wählenden Abgeordneten nicht der Bevölkerungszahl bzw. Zahl der Wahlberechtigten des jeweiligen Mitgliedsstaates entspricht, der im Prinzip über Art. 3 Abs. 1 GG auf die Wahl der deutschen Abgeordneten zum Europäischen Parlament übertragbare Grundsatz der Wahlrechtsgleichheit[25] nicht verletzt[26].

13 Die Wahl umfasst grundsätzlich den gesamten Wahlvorgang von der Aufstellung der Bewerber über die Abgabe und Auswertung der Stimmen bis zur Zuteilung der Abgeordnetensitze. Für die Kandidatenaufstellung durch die politischen Parteien ist Art. 38 GG allerdings nur die Einhaltung eines Kernbestands an Verfahrensgrundsätzen zu entnehmen, ohne den ein Kandidatenvorschlag schlechterdings nicht Grundlage eines demokratischen Wahlvorgangs sein kann[27]; Art. 38 GG wird insoweit durch Art. 21 GG überlagert.

---

19 BVerfGE 39, 247, 254 ff.; 54, 363, 388 f.; 66, 270, 290 f.
20 BVerfGE 41, 1, 12 f.; 51, 222, 237; 60, 162, 169; 66, 270, 291; BVerwGE 48, 251, 256.
21 OVG Hamburg, DVBl. 1979, 360 f.
22 BVerwGE 5, 118, 119.
23 BVerwG, DVBl. 1991, 114.
24 Vgl. BVerfG (K), NJW 1995, 2216. Weitergehend *Lenz*, NJW 1996, 1328 f.
25 BVerfGE 51, 222, 234 f.; 129, 300, 317 f.; BVerfG, NVwZ 2014, 439, 441.
26 Dazu BVerfG (K), NJW 1995, 2216; BVerfGE 123, 267, 371 ff., insbes. 373 f.; 129, 300, 318 f.
27 BVerfGE 89, 243, 252 f.; HambVerfG, DVBl. 1993, 1070, 1072; *Mager*, DÖV 1995, 9, 11 ff.

3. Parteien und Wahlen

Generell kann aus Art. 21 GG gefolgert werden, dass die politischen Parteien in der   14
parlamentarischen Demokratie des Grundgesetzes eine verfassungsrechtliche Stellung
haben, die sich auch auf das Wahlrecht auswirkt. Zwar bezeichnet der Begriff der
Wahl eine Abstimmung, durch die eine oder mehrere Personen aus einem größeren
Personenkreis ausgelesen werden[28]; eine bloße Parteienwahl ist deshalb nicht zulässig[29]. Mit Art. 21 GG erkennt das Grundgesetz aber die Parteien in ihren politisch-
demokratischen Funktionen an und zu diesen Funktionen der Parteien gehört vor allem die Aufgabe, die Bürger zu politischen Handlungseinheiten mit dem Ziel der
Beteiligung an der Willensbildung in den Staatsorganen organisatorisch zusammenzuschließen und ihnen so einen wirksamen politischen Einfluss auf das staatliche
Geschehen zu ermöglichen[30]. Parteien sammeln und leiten die auf die politische
Macht und ihre Ausübung in Wahlen und Staatsorganen gerichteten Meinungen, Interessen und Bestrebungen der Bürger, gleichen sie aus und formen sie zu Alternativen, unter denen die Bürger auswählen können[31].

Die Prägung der Wahl durch die Parteien zeigt sich vor allem an zwei Stellen: Zum   15
einen werden die Wahlbewerber nahezu ausschließlich von Parteien präsentiert; zum
anderen fällt die Wahlentscheidung der Bürger regelmäßig mit Blick auf das Programm und das weitere Personalangebot der Parteien[32]. Die Wahl ist mithin eine
politische Richtungsentscheidung, die in der Regel dadurch bewirkt wird, dass der
Wähler seine Stimme einem Kandidaten der von ihm bevorzugten Partei gibt. Mit
der Wahl der Abgeordneten wird deshalb politisch auch darüber entschieden, welche
Parteien die Regierung bilden[33]. Parlamentswahlen wirken als politisches Urteil über
das Programm der Parteien und bestimmen den Einfluss, den die Parteien auf die
Willensbildung und die Entscheidungen in den Staatsorganen haben[34].

4. Inhaltliche Reichweite des Wahlrechts

Eine Wahl erfordert Wähler und Kandidaten. Dem entsprechend schützt Art. 38 GG   16
das aktive und das passive Wahlrecht. Dazu gehört auch die Möglichkeit, Wahlvor-
schläge zu machen. Weiter vermittelt Art. 38 GG einen Anspruch darauf, dass nach
Maßgabe der Verfassung gewählt und ggf. neu gewählt wird[35]. Zudem entnimmt das
BVerfG der Regelung einen Anspruch darauf, dass ein Mindestmaß an tatsächlicher
Einflussnahme auf die Staatsgewalt vermittelt wird: Art. 38 Abs. 1 und Abs. 2 GG

---

28 BVerfGE 47, 253, 276.
29 BVerfGE 95, 335, 349; 97, 317, 323.
30 BVerfGE 85, 264, 284.
31 BVerfGE 44, 125, 145 f.
32 *Klein*, in: Maunz/Dürig, Art. 38 (Oktober 2010) Rn. 71 f.
33 *Meyer*, HStR III, 3. Aufl., 2005, § 45 Rn. 6; *Klein*, in: Maunz/Dürig, Art. 38 (Oktober
    2010) Rn. 72.
34 BVerfGE 44, 125, 146.
35 BVerfGE 1, 14, 33; 13, 54, 91.

schließen es aus, dass die durch die Wahl bewirkte Legitimation und Einflussnahme auf die Ausübung von Staatsgewalt durch die Verlagerung von Aufgaben und Befugnissen des Bundestages so entleert wird, dass das demokratische Prinzip, soweit es Art. 79 Abs. 3 GG in Verbindung mit Art. 20 Abs. 1 und Abs. 2 GG für unantastbar erklärt, verletzt wird[36]. Allerdings schützt Art. 38 GG nicht gegen eine rechtswidrige Auflösung des Bundestages nach Art. 68 GG[37] (dazu unten Rdn. 31).

5. Träger der Wahlrechte

17   Träger der grundrechtsgleichen Rechte aus Art. 38 Abs. 1 S. 1 GG sind nur Deutsche. Die Wahlen sind als Ausdruck des Demokratieprinzips und der Volkssouveränität auf das Staatsvolk der Bundesrepublik Deutschland bezogen, das im Grundsatz von den deutschen Staatsangehörigen gebildet wird[38]. Die Einbeziehung der Statusdeutschen[39] ist eine historisch bedingte und durch Art. 116 GG verfassungsrechtlich legitimierte singuläre Ausnahme von diesem Grundsatz und kann deshalb nicht auf andere Nichtstaatsangehörige übertragen werden. Eine grundsätzliche Erweiterung des Kreises der Wahlberechtigten sieht allein Art. 28 Abs. 1 S. 3 GG vor, und dies nur für die Wahlen in Kreisen und Gemeinden, nicht dagegen für die Bundestagswahl im Sinne von Art. 38 GG[40]. Die grundrechtsgleichen Rechte aus Art. 38 Abs. 1 S. 1 GG sind auf Wählervereinigungen und politische Parteien grundsätzlich anwendbar[41].

II. Schutzbereiche der einzelnen Grundsätze

1. Allgemeinheit der Wahl

18   Die Allgemeinheit der Wahl knüpft an die Art. 20 GG zugrunde liegende formale demokratische Egalität der Staatsbürger an und schützt den gleichen Zugang aller Staatsbürger zur Wahl[42]. Im Unterschied dazu fordert die Gleichheit der Wahl, dass jedermann sein Wahlrecht in formal möglichst gleicher Weise ausüben können soll. Wie die Gleichheit der Wahl beruht auch die Allgemeinheit der Wahl auf der demokratischen Setzung eines formal gleichen Wahlrechts für alle Bürger, welches aus der Zugehörigkeit zum Staatsvolk resultiert und im Grundsatz weder weitere Vorausset-

---

36 BVerfGE 89, 155, 171 f.; 123, 267, 341, 357 ff. Dagegen u.a. *Tomuschat*, EuGRZ 1993, 489, 491 ff.; *Meessen*, NJW 1994, 549, 551 f.; *Gassner*, Der Staat 34 (1995), 429 ff.; *Trute*, in: v. Münch/Kunig I, Art. 38 Rn. 17; *Magiera*, in: Sachs, Art. 38 Rn. 104; *Pieroth*, in: Jarass/Pieroth, Art. 38 Rn. 3.

37 BVerfGE 63, 73, 75.

38 BVerfGE 83, 37, 50 f. Zur Gegenansicht *Meyer*, HStR III, 3. Aufl., 2005, § 46 Rn. 7 ff. m.w.N.

39 *Meyer*, HStR III, 3. Aufl., 2005, § 46 Rn. 6.

40 Dazu *Schwarz*, AöR 138 (2013), 411 ff. m.w.N.

41 BVerfGE 4, 27, 30; 51, 222, 233; 60, 162, 167; 82, 322, 336; 95, 408, 417.

42 BVerfGE 99, 1, 8 ff.

zungen noch weitere Differenzierungen zulässt[43]. Im Unterschied zur Gleichheit schützt die Allgemeinheit der Wahl aber nicht die gleiche Ausübungsmöglichkeit, sondern den gleichen Zugang zur Wahl.

Der Grundsatz der Allgemeinheit der Wahl steht dem unberechtigten Ausschluss 19 von Staatsbürgern von der Teilnahme an der Wahl entgegen. Er verbietet dem Gesetzgeber, bestimmte Bevölkerungsgruppen aus politischen, wirtschaftlichen oder sozialen Gründen von der Ausübung des Wahlrechts auszuschließen[44] und fordert, dass grundsätzlich jeder sein Wahlrecht in möglichst gleicher Weise ausüben können soll[45]. Der Grundsatz der Allgemeinheit schützt das aktive und das passive Wahlrecht[46] und schließt auch die Wahlvorbereitung ein, insbesondere die Wahlzulassung[47], das Wahlvorschlagsrecht[48] und die Kandidatenaufstellung[49]. Zudem kann er auch zugunsten politischer Parteien wirken, indem er gesetzlichen Bedingungen für die Wahlzulassung entgegensteht, die nicht von grundsätzlich jeder Partei erfüllt werden können[50].

2. Unmittelbarkeit der Wahl

Der Grundsatz der Unmittelbarkeit der Wahl besagt, dass die personelle Zusammensetzung 20 des Bundestags ausschließlich von den Wählern und dem freien Willen der Gewählten bestimmt wird[51]. Er schließt damit aus, dass zwischen Wähler und Wahlbewerber nach der Wahlhandlung eine Instanz geschaltet ist, die nach ihrem Ermessen den Vertreter auswählt und damit dem einzelnen Wähler die Möglichkeit nimmt, die zukünftigen Mitglieder der Volksvertretung durch die Stimmabgabe selbständig zu bestimmen[52].

Der Grundsatz der Unmittelbarkeit der Wahl setzt dazu voraus, dass der Wähler vor 21 dem Wahlakt erkennen kann, welche Personen sich um ein Mandat bewerben, und wie sich die eigene Stimmabgabe auf Erfolg oder Misserfolg der Wahlbewerber auswirken kann[53]. Der Grundsatz der Unmittelbarkeit der Wahl verlangt damit, das Wahlverfahren so zu regeln, dass jede abgegebene Stimme bestimmten oder zumin-

---

43 Vgl. BVerfGE 6, 84, 91; 11, 351, 361; 12, 10, 25; 12, 73, 77; 13, 243, 246; 16, 130, 138; 34, 81, 98 f.; 93, 373, 376; 95, 335, 353; 95, 408, 417.
44 BVerfGE 15, 165, 166 f.; 28, 220, 225; 36, 139, 141; 58, 202, 205; 59, 119, 125.
45 BVerfGE 58, 202, 205.
46 *Meyer*, HStR III, 3. Aufl., 2005, § 46 Rn. 1, 14; *Magiera*, in: Sachs, Art. 38 Rn. 80.
47 BVerfGE 3, 19, 31.
48 BVerfGE 11, 266, 272; 60, 162, 167.
49 BVerfGE 47, 253, 282.
50 BVerfGE 3, 19, 31; 111, 382, 398.
51 *Schreiber*, in: Friauf/Höfling, Art. 38 (Juli 2013) Rn. 90.
52 BVerfGE 47, 253, 279 f.
53 BVerfGE 47, 253, 279 ff.; 95, 335, 350; 97, 317, 326; 121, 266, 307. Dagegen genügt nach BVerfGE 335, 391 (abw.M.) in Bezug auf die Auswirkung der eigenen Stimmabgabe, dass die Regelungen des Sitzverteilungsverfahrens erkennbar sind.

dest bestimmbaren Wahlbewerbern zugerechnet werden kann[54], ohne dass nach der Stimmabgabe noch eine Zwischeninstanz nach ihren Ermessen die Abgeordneten auswählt[55]. Aus der Unmittelbarkeit der Wahl wird zum Teil auch das Gebot der Höchstpersönlichkeit der Stimmabgabe gefolgert[56].

3. Freiheit der Wahl

a) Grundsätze

22 Der Grundsatz der Freiheit der Wahl schützt vor allen Maßnahmen, die geeignet sind, die Entscheidungsfreiheit der Wahlberechtigten ernstlich zu beeinträchtigen[57]. Die Stimmabgabe muss frei von Zwang und unzulässigem Druck bleiben[58]. Die Freiheit der Wahl steht deshalb in enger Verbindung mit der Geheimheit der Wahl, geht aber darüber hinaus, da sie generell die freie Willensbildung zur Stimmabgabe schützt[59].

b) Wahlvorbereitung

23 Die Freiheit der Wahl erstreckt sich insbesondere auch auf die Wahlvorbereitung[60]. Zur Wahlfreiheit gehören deshalb sowohl ein grundsätzlich freies Wahlvorschlagsrecht für alle Wahlberechtigten[61] als auch eine freie Kandidatenaufstellung unter Beteiligung der Mitglieder der Parteien und Wählergruppen[62]. Die Parteien sind weiter dazu verpflichtet, rechtlich mögliche und ihnen zumutbare organisatorische Maßnahmen zur Einladung der teilnahmeberechtigten Parteiangehörigen zu ergreifen[63] und Wahlbewerber müssen sich ausreichend vorstellen können[64]. Die Freiheit der Wahl garantiert zudem die hinreichende Auswahlmöglichkeit zwischen Kandidaten und Listen[65]. Dies setzt wiederum voraus, dass der Wähler die Möglichkeit hat, sich rechtzeitig mit den Wahlvorschlägen vertraut zu machen, weshalb die zu einer Wahl zugelassenen Wahlvorschläge, sowie bei einer Neuwahl die Ergebnisse der ersten Wahl, rechtzeitig bekannt zu machen sind[66].

---

54 BVerfGE 97, 317, 326; 121, 266, 307.
55 BVerfGE 7, 63 LS 2.
56 OVG RP, DÖV 1986, 155, 156; *Morlok*, in: Dreier II, Art. 38 Rn. 75; *Klein*, in: Maunz/Dürig, Art. 38 (Oktober 2010) Rn. 101.
57 BVerfGE 40, 11, 41; 66, 369, 380.
58 BVerfGE 44, 125, 139.
59 So deutlich VerfGH RP, DVBl. 2014, 717 ff. zur Gestaltung des Stimmzettels.
60 *Klein*, in: Maunz/Dürig, Art. 38 (Oktober 2010) Rn. 107; *Pieroth*, in: Jarass/Pieroth, Art. 38 Rn. 6.
61 BVerfGE 41, 399, 417.
62 BVerfGE 47, 253, 282.
63 BVerfGE 89, 243, 256.
64 BVerfGE 89, 243, 260.
65 BVerfGE 47, 253, 283 f.; 95, 335, 350.
66 BVerfGE 79, 161, 166.

c) Wahlpflicht

Umstritten ist, ob die Wahlfreiheit eine Pflicht zur Wahlteilnahme zulässt, wie dies   24
in einigen europäischen Staaten der Fall ist[67]. Während dies zum Teil als unzulässige
Beeinträchtigung der negativen demokratischen Wahlfreiheit der Bürger angesehen
wird[68], halten andere Stimmen die Einführung einer Wahlpflicht – gegebenenfalls
per Verfassungsänderung[69] – für zulässig, da eine Pflicht zur Wahlteilnahme den Inhalt der Wahlentscheidung nicht berührt[70]. Allerdings wird dadurch in den Hintergrund gedrängt, dass die Nichtbeteiligung an der Wahl eine inhaltliche politische
Stellungnahme beinhalten kann, die dem Wahlberechtigten über die Freiheit der
Wahl erhalten bleiben kann. Zudem ist zweifelhaft, ob eine Wahlpflicht auf verhältnismäßige Art und Weise dazu beitrüge, die Anzahl der abgegebenen gültigen
Stimmen zu erhöhen, da der Bürger jedenfalls in der Wahlkabine sich der Stimme
enthalten oder eine ungültige Stimme abgeben kann[71]. Daher wird im Ergebnis überwiegend angenommen, dass unter den derzeitigen Umständen die Wahlfreiheit der
Einführung einer Wahlpflicht entgegensteht[72].

4. Gleichheit der Wahl

a) Grundsätze

Die Gleichheit der Wahl gebietet, dass alle Staatsbürger das aktive und passive Wahl-   25
recht in möglichst formal gleicher Weise ausüben können[73]. Wie die Allgemeinheit
der Wahl beruht die Gleichheit der Wahl auf der demokratischen Setzung, dass alle
Staatsbürger ein formal gleiches Wahlrecht haben, das aus der Zugehörigkeit zum

---

67 Vgl. z.B. Art. 62 Abs. 3 S. 1 der Belgischen Verfassung, Art. 51 Abs. 5 Satz 1 der Grie-
    chischen Verfassung, Art. 48 Abs. 2 Satz 2 der Italienischen Verfassung sowie Art. 49
    Abs. 2 der Portugiesischen Verfassung.
68 *Frenz*, ZRP 1994, 91 ff.; *Schreiber*, in: Friauf/Höfling, Art. 38 (Juli 2013) Rn. 99; *Trute*,
    in: v. Münch/Kunig I, Art. 38 Rn. 39; *Morlok*, in: Dreier II, Art. 38 Rn. 83; *Klein*, in:
    Maunz/Dürig, Art. 38 (Oktober 2010) Rn. 108; *Magiera*, in: Sachs, Art. 38 Rn. 85;
    Pieroth, in: Jarass/Pieroth, Art. 38 Rn. 16; *Leisner*, in: Sodan, GG, 2011, Rn. 29.
69 Vgl. *Dreier*, Jura 1997, 249, 254; *Klein*, in: Maunz/Dürig (Oktober 2010) Art. 38
    Rn. 108.
70 *Mertens*, in: FS Broermann, 1982, 301, 310 ff.; *ders.*, HGR II, 2006, § 42 Rn. 238; *Berg/
    Dragunski*, JuS 1995, 238, 241 f.; *Volkmann*, in: Friauf/Höfling, Art. 20 (Februar 2001)
    Rn. 29; *Schneider*, in: AK-GG, Art. 38 (August 2002) Rn. 66; *Roschek*, Enthaltung und
    Nichtbeteiligung bei staatlichen Wahlen und Abstimmungen, 2003, S. 65 ff.; *Kluth*, in:
    Schmidt-Bleibtreu/Hofmann/Henneke, GG, Art. 38 Rn. 26; *Zippelius*, Allgemeine Staats-
    lehre, 16. Aufl., 2010, S. 165; *Labrenz*, ZRP 2011, 214 ff.
71 *Roth*, in: Umbach/Clemens II, Art. 38 Rn. 50.
72 So auch *Erichsen*, Jura 1983, 635, 641; *Schreiber*, in: Friauf/Höfling, Art. 38 (Juli 2013)
    Rn. 99; *Trute*, in: v. Münch/Kunig I, Art. 38 Rn. 35, 39; *Magiera*, in: Sachs, Art. 38
    Rn. 85.
73 BVerfGE 11, 266, 272; 79, 161, 166; 85, 148, 157; 99, 69, 77 f.; 120, 82, 102; 121, 266,
    295. Vgl. auch *Brenner*, AöR 116 (1991), 537 ff.

Staatsvolk resultiert und im Grundsatz weder weitere Voraussetzungen noch weitere Differenzierungen zulässt[74]. Im Unterschied zur Allgemeinheit der Wahl schützt die Gleichheit aber nicht den gleichen Zugang zur Wahl, sondern die gleiche Ausübungsmöglichkeit. Aus der Gleichheit der Wahlausübung folgt für das aktive Wahlrecht, dass jeder Wähler die gleiche Stimmenzahl hat, also der gleiche Zählwert der Stimmen, sowie dass jede Stimme bei der Umsetzung der Stimmen in die Zuteilung von Parlamentssitzen berücksichtigt wird, also der gleiche Erfolgswert der Stimmen.

b) Entscheidung des Gesetzgebers über das Wahlsystem

26   Nach Ansicht des BVerfG wird der Grundsatz des gleichen Erfolgswertes allerdings prinzipiell überlagert durch die grundgesetzlich nicht determinierte Freiheit des Gesetzgebers, sich für ein Mehrheitswahlrecht zu entscheiden, bei dem die Person gewählt ist, die die meisten Stimmen erhält[75]. Die Entscheidung für ein solches Mehrheitswahlrecht hat zur Folge, dass die Stimmen für die unterlegenen Kandidaten bei der Mandatsvergabe nicht berücksichtigt werden. Der gleiche Erfolgswert verlangt deshalb nur, dass jede gültig abgegebene Stimme im Rahmen des Wahlsystems gleichen Einfluss auf das Wahlergebnis haben muss[76]. Der gleiche Erfolgswert wird insoweit reduziert zur gleichen Erfolgschance[77]. Im Übrigen, also jenseits der Grundentscheidung des Gesetzgebers über das Wahlsystem, schützt die Wahlrechtsgleichheit aber die Erfolgswertgleichheit und nicht nur eine Erfolgschancengleichheit[78].

27   Die Annahme der Entscheidungsfreiheit des Gesetzgebers über das Wahlsystem ist nicht unbestritten. Aus dem Zusammenwirken von Volkssouveränität und dem Gedanken der Repräsentation und Integration des Volkes bei der Wahl zum Bundestag sowie der Stellung der Parteien wird zum Teil gefolgert, dass die Wahlrechtsgleichheit eine Vermutung zugunsten des Verhältniswahlrechts beinhalte und Elemente der Mehrheitswahl zwar zulässig sein könnten, aber nicht von vornherein eine gleichberechtigte Alternative zur Verhältniswahl seien und deshalb jeweils der Rechtfertigung bedürften[79].

---

74 Vgl. BVerfGE 6, 84, 91; 11, 351, 361; 12, 10, 25; 12, 73, 77; 13, 243, 246; 16, 130, 138; 34, 81, 98 f.; 93, 373, 376; 95, 335, 353 f.; 95, 408, 417.
75 BVerfGE 95, 335, 353 f.; 95, 408, 417; 121, 266, 295 f.; 131, 316, 334 f., 337 f.
76 BVerfGE 11, 351, 360.
77 BVerfGE 95, 335, 353 f.; 95, 408, 417; 131, 316, 334 f., 337 f.
78 *Wild*, Die Gleichheit der Wahl, 2003, S. 215 f.; *Klein*, in: Maunz/Dürig, Art. 38 (Oktober 2010) Rn. 120; *Pieroth*, in: Jarass/Pieroth, Art. 38 Rn. 11.
79 Dazu näher *Meyer*, Wahlsystem und Verfassungsordnung, 1973, S. 192 ff.; *ders.*, HStR III, 3. Aufl., 2005, § 45 Rn. 22 ff., insbes. 25 f., 31 ff., 36; *Hofmann/Dreier*, in: Schneider/Zeh, Parlamentsrecht, 1989, § 5 Rn. 32 ff.; *Bakker*, ZRP 1994, 457 ff.; *Mager/Uerpmann*, DVBl. 1995, 273, 276 f.; *Dreier*, Jura 1997, 249, 253 f.; *Nicolaus*, ZRP 1997, 185, 186 f.; *Morlok*, in: Dreier II, Art. 38 Rn. 97, 101.

Allerdings zeigt sich bei näherer Betrachtung, dass das Grundgesetz der Verhältnis- 28
wahl keinen verfassungsrechtlichen Mehrwert zuordnet[80]. Im Rahmen der Entstehung des Grundgesetzes wurde nach ausgiebiger und streitiger Diskussion vor allem,
aber nicht nur, im Ausschuss für Wahlrechtsfragen des Parlamentarischen Rates bewusst von der Übernahme des Art. 22 Abs. 1 S. 1 WRV, der eine Wahl der Reichs-
tagsabgeordneten nach den Grundsätzen der Verhältniswahl forderte, abgesehen[81].
Zudem wurde noch vor Inkrafttreten des Grundgesetzes vom Parlamentarischen Rat
das Wahlgesetz zum ersten Bundestag und zur ersten Bundesversammlung verabschiedet, welches das System einer mit der Personalwahl verbundenen Verhältniswahl einführte[82]. Angesichts dieser Entstehungsgeschichte von Art. 38 GG findet
die Annahme einer verfassungsrechtlichen Vermutung zugunsten des Verhältniswahlrechts im positiven Verfassungsrecht des Grundgesetzes keine Grundlage.

c) Rechtliche Chancengleichheit der Bewerbungen

Für das passive Wahlrecht gewährleistet die Gleichheit der Wahl allen Wahlbewer- 29
bern ein Recht auf rechtliche Chancengleichheit der Bewerbung, die auch den Parteien untereinander zukommt[83]. Jeder Wahlbewerber hat einen Anspruch darauf,
dass die für ihn gültig abgegebenen Stimmen bei der Ermittlung des Wahlergebnisses
für ihn berücksichtigt und mit gleichem Gewicht gewertet werden wie die für andere
Bewerber abgegebenen Stimmen[84].

d) Wirkungen jenseits des Wahlaktes

Die Gleichheit bezieht sich nicht nur auf den Wahlakt selbst, sondern auf das gesam- 30
te Wahlverfahren und damit insbesondere auf das Wahlvorschlagsrecht. Weiter hat sie
Bedeutung für die Wahlwerbung[85]. Zudem soll sie nach Ansicht des BVerfG auch auf
das Wahlvorfeld der politischen Willensbildung wirken und dabei insbesondere für
mittelbare staatliche Finanzierungshilfen zugunsten der politischen Parteien und der
mit ihnen auf der kommunalen Ebene konkurrierenden Gruppen durch die steuerliche Berücksichtigung von Beiträgen und Spenden gelten[86]. Nach Ansicht des BVerfG
folgt aus der Wahlgleichheit, dass jede Partei, jede Wählergruppe und jeder Wahlbewerber die grundsätzlich gleichen Möglichkeiten im Wahlkampf und im Wahlver-

---

80 *Klein*, in: Maunz/Dürig, Art. 38 (Oktober 2010) 158 ff.
81 Vgl. dazu nur JöR 1 (1951), S. 186 ff., 349 ff. sowie BVerfGE 95, 335, 354. Weiter
   Mußgnug, HStR I, 3. Aufl., 2003, § 8 Rn. 89 f.; *Hofmann*, HStR I, 3. Aufl., 2003, § 9
   Rn. 29 ff.; *Badura*, in: BK, Anh. z. Art. 38 (Mai 2013) Rn. 61 ff.; jew. m.w.N.
82 Dazu ausführlich *Lange*, Vierteljahreshefte für Zeitgeschichte 20 (1972), 280 ff.
83 BVerfGE 41, 399, 413; 95, 408, 417; 104, 14, 19 f.; 111, 382, 398.
84 BVerfGE 85, 148, 157.
85 BVerfGE 11, 266, 272; 41, 399, 417; 42, 133, 138; 44, 125, 144; 47, 198, 225; 89, 243,
   251.
86 BVerfGE 20, 56, 116; 24, 300, 339; 41, 399, 413; 69, 92, 106 f.; 73, 40, 89; 78, 350,
   358; 85, 264, 285 ff., insbes. 297; 99, 69, 78; 121, 108, 121 ff.; *Magiera*, in: Sachs,
   Art. 38 Rn. 91.

fahren und damit die gleichen Chancen im Wettbewerb um Wählerstimmen einzuräumen sind[87]. Zudem kann nach Ansicht des BVerfG die Wahlrechtsgleichheit
auch darüber hinaus die Auslegung und Anwendung des einfachen Rechts beeinflussen[88]. Dagegen ist nach Teilen der Literatur die Wahlrechtsgleichheit im Bereich der
Parteienkonkurrenz nur soweit relevant, als ein hinreichend enger Zusammenhang
mit der Wahl besteht; im Übrigen sei die Chancengleichheit der Parteien einschlägig[89].

31 Der Grundsatz der Wahlgleichheit wirkt auch auf das weitere Verfahrensrecht der
Wahl ein. So folgert das BVerfG aus ihm die Pflicht des Gesetzgebers, ein Verfahren
zu schaffen, das es ermöglicht, Zweifeln an der Richtigkeit der von den Wahlorganen
durchgeführten Stimmenauszählung nachzugehen und gegebenenfalls das Ergebnis
richtigzustellen und die Sitzverteilung zu korrigieren[90]. Mit der korrekten Wahl und
Zusammensetzung des Parlaments erschöpft sich dann aber die Wirkung der Wahlgleichheit und der weiteren Grundsätze für die jeweilige Parlamentswahl, weshalb
sich aus Art. 38 Abs. 1 GG ein Recht des einzelnen Wählers darauf, dass der Bundestag nicht in fehlerhafter Anwendung des Art. 68 GG zu Unrecht vorzeitig aufgelöst wird, nicht herleiten lässt[91].

5. Geheimheit der Wahl

a) Grundsätze

32 Die Geheimheit der Wahl schützt die Verfügungshoheit des Wählers über die Information, wie er wählen möchte oder gewählt hat; sie ist damit der wichtigste institutionelle Schutz der Wahlfreiheit[92]. Geheime Wahl beinhaltet die Stimmabgabe unter
ausschließlicher Kenntnisnahmemöglichkeit des Wählers vom Inhalt seiner Wahlentscheidung, woraus der Grundsatz der höchstpersönlichen Ausübung des Wahlrechts
folgt[93]. Der Grundsatz der Geheimheit erfasst über den eigentlichen Vorgang der
Stimmabgabe hinaus aber auch sämtliche Wahlvorbereitungen, die notwendig zur
Verwirklichung des Wahlrechts gehören[94]. Weiter verpflichtet er den Staat dazu, die
zum Schutz der Geheimheit erforderlichen Maßnahmen zu gewährleisten[95]. Dabei

---

87 BVerfGE 20, 56, 116; 21, 196, 199 f.; 47, 198, 226; 69, 92, 106; 71, 81, 94; 95, 408,
417.
88 BVerfG, NJW 2004, 3569, 3574.
89 *Trute*, in: v. Münch/Kunig I, Art. 38 Rn. 56; *Morlok*, in: Dreier II, Art. 38 Rn. 95; *Pieroth*,
in: Jarass/Pieroth, Art. 38 Rn. 6.
90 BVerfGE 85, 148, 157 f.
91 BVerfGE 62, 397, 399.
92 BVerfGE 99, 1, 13.
93 So *Magiera*, in: Sachs, Art. 38 Rn. 97.
94 BVerfGE 4, 375, 386 f.; 12, 33, 35 f.; 12, 135, 139.
95 *Trute*, in: von Münch/Kunig I, Art. 38 Rn. 66, 70; *Magiera*, in: Sachs, Art. 38 Rn. 97.

können aber vor allem bei der Wahlvorbereitung auch geringere Anforderungen genügen[96].

b) Öffentlichkeit der Wahl

Die Geheimheit ist stets auf das Abstimmungsverhalten des Wählers bezogen. Im 33
Übrigen ist für das staatliche Wahlverfahren der Grundsatz der demokratischen Öffentlichkeit zu beachten[97]. Die Öffentlichkeit der Wahl ist nach Ansicht des BVerfG
Grundvoraussetzung für eine demokratische politische Willensbildung[98]. Die demokratische Legitimität der Wahl fordert, um den Verdacht von Manipulationen seitens
der Wahlorgane oder Dritter auszuschließen, die Öffentlichkeit des Wahlverfahrens
als Regel. Alle wesentlichen Schritte der Wahl, zu denen insbesondere das Wahlvor-
schlagsverfahren, die Wahlhandlung und die Ermittlung des Wahlergebnisses gehören, müssen deshalb öffentlicher Überprüfbarkeit unterliegen[99], sofern nicht andere
verfassungsrechtliche Belange eine Ausnahme rechtfertigen[100]. Eine solche Ausnahme ist die geheime Stimmabgabe, die zum Schutz des Grundsatzes der Freiheit der
Wahl gerechtfertigt ist[101].

c) Zulassung elektronischer Wahlgeräte und Stimmabgaben

Der Grundsatz der Öffentlichkeit der Wahl kann daher insbesondere den Einsatz 34
elektronischer Wahlgeräte begrenzen. Das BVerfG verlangt, dass beim Einsatz rech-
nergesteuerter Wahlgeräte wie bei der Urnenwahl zwingend die wesentlichen Schritte
von Wahlhandlung und Ergebnisermittlung zuverlässig und ohne besondere Sach-
kenntnisse überprüft werden können müssen[102]. Insbesondere muss der Wähler
auch ohne nähere computertechnische Kenntnisse nachvollziehen können, ob seine
abgegebene Stimme als Grundlage für die Auszählung oder jedenfalls als Grundlage
einer späteren Nachzählung unverfälscht erfasst wird[103]. Möglich ist dies z.B. durch
den Ausdruck eines für den jeweiligen Wähler sichtbaren Papierprotokolls der abgegebenen Stimme, die Kombination von Stimmzettelkennzeichnung und gleichzeitiger elektronischer Stimmabgabe mit einem »digitalen Wahlstift« oder durch Einsatz
von Stimmzettel-Scannern[104]. Vergleichbare Anforderungen sind an eine elektro-

---

96 BVerfGE 3, 19, 32; 5, 77, 82.
97 BVerfGE 89, 291, 302 f.; *Pieroth*, in: Jarass/Pieroth, Art. 38 Rn. 19.
98 BVerfGE 123, 39, 68 ff.
99 BVerfGE 121, 266, 291; 123, 39, 68.
100 BVerfGE 123, 39, 70.
101 BVerfGE 123, 39, 68; *Klein*, in: Maunz/Dürig, Art. 38 (Oktober 2010) Rn. 113.
102 BVerfGE 123, 39, 72 f.
103 BVerfGE 123, 39, 72.
104 BVerfGE 123, 39, 73 f. Vgl. *Khorrami*, Bundestagswahlen per Internet, 2006, S. 30;
    Schiedermair, JZ 2007, 162, 165 ff., insbes. 170 f.; *Schönau*, Elektronische Demokratie,
    2007, S. 51 f.; *Will*, CR 2008, 540 ff.; *ders.*, NVwZ 2009, 700 ff., insbes. 701 f.

nische Stimmabgabe über das Internet zu stellen[105], bei der zudem Maßnahmen zur Sicherung der Freiheit und Geheimheit der Wahl besonders zu beachten sind[106].

III. Beeinträchtigungen der Wahlrechtsgrundsätze und deren Rechtfertigung

1. Gemeinsamkeiten

35 Die Wahlrechtsgrundsätze werden im Verfassungstext des Art. 38 GG vorbehaltlos garantiert. Nach Art. 38 Abs. 3 GG wird zwar das Nähere durch ein einfaches Bundesgesetz bestimmt und bei der gesetzlichen Ausgestaltung des Wahlrechts können die Grundsätze in unterschiedlichem Maß verwirklicht werden[107]. Insbesondere die in Art. 38 Abs. 3 GG vorgesehene – und nötige – Festlegung des Wahlsystems kann dazu führen, dass die Wahlrechtsgrundsätze nicht uneingeschränkt verwirklicht werden, da die Festlegung des Wahlsystems die Wahlrechtsgrundsätze modifiziert[108].

36 Verfassungsrechtlich bleibt es aber zunächst dabei, dass die Grundsätze des Art. 38 Abs. 1 S. 1 GG Maßstab für den Gesetzgeber sind. Der Gesetzgeber darf die Wahlrechtsgrundsätze nur einschränken, wenn die Verfassung hierfür eine ausreichende Ermächtigung vorsieht, und wenn die Einschränkung zur Sicherung der mit einer demokratischen Wahl verbundenen Funktionen und Ziele geboten ist.

37 Daraus folgt allerdings nach Ansicht des BVerfG nicht, dass die Abweichungen von den Grundsätzen sich von Verfassungs wegen als zwangsläufig oder notwendig darstellen müssen[109]. Es werden auch solche Gründe zugelassen, die durch die Verfassung legitimiert und von hinreichendem Gewicht sind. Dazu gehören insbesondere hinreichende Gründe, die sich aus der Natur des Sachbereichs der Wahl der Volksvertretung ergeben, wie z.B. die Verwirklichung der verschiedenen mit der Parlamentswahl verbundenen Funktionen und Ziele, zu denen unter anderem die Sicherung des Charakters der Wahl als einen Integrationsvorgang bei der politischen Willensbildung des Volkes sowie die Gewährleistung der Funktionsfähigkeit der zu wählenden Volksvertretung gehören. Die entsprechenden Regelungen müssen zur Verfolgung dieser Zwecke geeignet und erforderlich sein[110], wobei der Gesetzgeber sich bei seiner Einschätzung und Bewertung an der politischen Wirklichkeit orientieren muss[111]. In diesem Zusammenhang kann dem Gesetzgeber ein Einschätzungsspielraum zustehen[112], der aber bei den verschiedenen Grundsätzen verschieden ausfallen kann.

---

105 Vgl. *Bremke*, MMR 2004, Heft 4, IX ff.
106 Dazu näher *Morlok*, in: Dreier II, Art. 38 Rn. 72; *Hahlen*, in: Schreiber, BWahlG, 9. Aufl., 2013, § 35 Rn. 15; jew. m.w.N.
107 BVerfGE 3, 19, 24 f.; 5, 77, 81; 59, 119, 124; 95, 335, 349; 97, 317, 328.
108 BVerfGE 3, 383, 394.
109 Dazu sowie zum Folgenden nur BVerfGE 95, 408, 418 m.w.N.
110 BVerfGE 95, 408, 418, 420.
111 BVerfGE 95, 408, 418 f. m.w.N.
112 BVerfGE 3, 19, 24 f.; 5, 77, 81; 59, 119, 124; 95, 335, 349; 97, 317, 328.

Dieser Spielraum des Gesetzgebers soll allerdings im Bereich der Wahlrechtsgleich-   38
heit nach der jüngeren Rechtsprechung des BVerfG nur noch sehr eingeschränkt gegeben sein[113]. Hintergrund dieser Entwicklung ist die Annahme, dass mit Regelungen,
die die Bedingungen der politischen Konkurrenz berühren, die parlamentarische
Mehrheit gewissermaßen in eigener Sache tätig werde und gerade bei der Wahlgesetzgebung die Gefahr bestehe, dass die jeweilige Parlamentsmehrheit sich statt
von gemeinwohlbezogenen Erwägungen vom Ziel des eigenen Machterhalts leiten
lasse[114].

Demgegenüber ist zu betonen, dass die rechtsdogmatische Grundlage von soge-   39
nannten Entscheidungen in eigener Sache umstritten ist[115]. Der Begriff der Entscheidungen in eigener Sache muss grundsätzlich enger verstanden werden, um eine
Beschränkung des grundsätzlichen gesetzgeberischen Spielraums rechtfertigen zu
können. Das Grundgesetz hat durch Art. 38 Abs. 3 GG die Ausgestaltung des Wahlrechts dem einfachen Gesetzgeber anvertraut, weshalb von einer Anerkennung eines
vom Grundgesetz dem Gesetzgeber eingeräumten Einschätzungs- und Gestaltungsspielraums auszugehen ist, vor allem in Bezug auf tatsächliche bzw. politische Einschätzungen, die einer gesetzlichen Regelung zugrunde liegen. Eine engmaschige
und intensive gerichtliche Kontrolle der Einschätzung des Gesetzgebers kann zwar
wegen einer Missbrauchsgefahr möglicherweise angemessen sein. Dies setzt aber
zum einen voraus, dass die Entscheidung des Bundestages die Abgeordneten unmittelbar in ihrem rechtlichen Status betrifft, da nur so ein hinreichend manifester An-
reiz zu Missbrauch besteht; eine generelle Anhebung der Kontrollintensität ist deshalb nicht zu rechtfertigen. Zum anderen ist zusätzliche Voraussetzung, dass die
rechtliche Kontrolle des Gesetzgebers aus institutionellen Gründen nur schwach ausgeprägt ist und daher Missbräuchen möglicherweise nicht oder nicht hinreichend
rechtlich entgegengewirkt werden kann; in Bezug auf das Wahlrecht besteht aber wegen der gegebenen Rechtsschutzmöglichkeiten in der Regel kein solches rechtsstaatliches Kontrolldefizit[116].

Interessanterweise hat auch das BVerfG in einer seiner jüngsten wahlrechtlichen Ent-   40
scheidungen seine bisherigen Überlegungen zur Kontrollintensität relativiert, indem
es nun nicht mehr pauschal für die Wahlgesetzgebung eine angehobene Kontrollintensität in Anspruch nimmt, sondern danach differenziert, ob und wieweit die jeweilige wahlrechtliche Regelung eine Missbrauchsgefahr mit sich bringt, die eine angehobene Kontrollintensität rechtfertigen kann[117].

---

113 BVerfGE 120, 82, 105; 129, 300, 322 f.
114 BVerfGE 120, 82, 105; 129, 300, 322 f.
115 *Streit*, Entscheidung in eigener Sache, 2006, S. 27 ff.
116 Dazu näher *Streit*, Entscheidung in eigener Sache, 2006, S. 27 ff., 175; *Lang*, Gesetz-
     gebung in eigener Sache, 2007, S. 31 ff.
117 BVerfGE 130, 212, 229, 236.

2. Beeinträchtigungen der Allgemeinheit der Wahl

a) Grundsätze

41 Die Allgemeinheit der Wahl wird beeinträchtigt, falls der Staat den Zugang der Staatsbürger zur Wahl rechtlich beschränkt. Art. 38 GG knüpft an Art. 20 GG an, weshalb nur deutsche Staatsbürger zur Bundestagswahl berechtigt sind[118]. Die Beschränkung des Wahlrechts auf deutsche Staatsangehörige beeinträchtigt daher die Allgemeinheit der Wahl nicht. Die Verfassungsmäßigkeit des Kommunalwahlrechts für Ausländer ist gleichfalls keine Frage der Allgemeinheit der Wahl, sondern des demokratischen Prinzips im Sinne von Art. 20 GG und Art. 79 Abs. 3 GG sowie von Art. 28 Abs. 1 GG.

42 Beeinträchtigungen der Allgemeinheit laufen der formal und strikt zu verstehenden demokratischen Egalität der Staatsbürger zuwider und bedürfen zur Rechtfertigung eines sachlich gebotenen, zwingenden Grundes.

b) Beschränkungen der Wählbarkeit durch explizites Verfassungsrecht

43 Ein solcher Grund kann anderen Verfassungsregelungen explizit zu entnehmen sein. In diesem Zusammenhang wird häufig Art. 137 Abs. 1 GG genannt. Diese Regelung ermächtigt zwar zu Beschränkungen des passiven Wahlrechts, indem die Wählbarkeit von Beamten, Angestellten des öffentlichen Dienstes, Berufssoldaten, freiwilligen Soldaten auf Zeit und Richtern im Bund, in den Ländern und den Gemeinden gesetzlich beschränkt werden kann. Allerdings gestattet die Regelung nur Beschränkungen der Wählbarkeit im Sinne der Inkompatibilität vom Amt und Mandat, nicht aber den Ausschluss der Wählbarkeit[119], weshalb sie thematisch in den Bereich der Freiheit der Wahl fällt. Da ein Ausschluss der Wählbarkeit aber auch vorliegt, wenn der Gewählte sich wegen der Folgen der Inkompatibilitätsregelungen außerstande sieht, sich für das Mandat zu entscheiden[120], liegt eine zulässige Wählbarkeitsbeschränkung nur vor, wenn der Gesetzgeber Folgeregelungen trifft, die die Nachteile der Inkompatibilität für den Betroffenen auffangen und ihm eine tatsächlich zumutbare Wahlmöglichkeit belassen[121]. Diese Grundsätze gelten auch für die Inkompatibilitätsvorschriften der Art. 55 Abs. 1 GG und Art. 94 Abs. 1 S. 3 GG, die unmittelbar nur die Unvereinbarkeit eines Amtes mit dem Abgeordnetenstatus betreffen, aber mögliche mittelbare Wirkungen auf das passive Wahlrecht soweit mitdecken, als dem Betroffenen die Entscheidung zwischen Mandat und Beibehaltung seiner beruflichen Tätigkeit verbleibt[122].

---

118 BVerfGE 37, 217, 241; 83, 37, 50 ff.; 83, 60, 71 ff.
119 BVerfGE 48, 64, 88; 57, 43, 67.
120 BVerfGE 38, 326, 338; 48, 64, 88; 98, 145, 156.
121 BVerfGE 48, 64, 88; 57, 98, 145, 156.
122 BVerfGE 12, 73, 77; 18, 172, 181; 38, 326, 337 ff.; 48, 64, 82; 57, 43, 66 f.; 58, 177, 192 f.; 98, 145, 156.

c) Wahlalter

Art. 38 Abs. 2 GG modifiziert den Grundsatz der Allgemeinheit der Wahl insoweit, **44** als das aktive Wahlrecht mit der Vollendung des 18. Lebensjahres beginnt und das passive Wahlrecht mit der Volljährigkeit[123]. Dahinter steht die verfassungsrechtlich zulässige Überlegung, dass die Festsetzung eines Mindestalters das für die Teilnahme an der Wahl erforderliche Maß an Reife und Vernunft sowie Verantwortungsbewusstsein prinzipiell garantiert[124]. Mit diesen Gründen kann ein Mindestwahlalter auch ohne Art. 38 Abs. 2 GG gerechtfertigt werden[125]. Auch ist deshalb ein weitergehendes Kinderwahlrecht nach Ansicht des BVerfG zumindest verfassungsrechtlich nicht zwingend geboten[126].

d) Familien- oder Elternwahlrecht

In diesem Zusammenhang stellt sich die Frage nach der verfassungsrechtlichen Zu- **45** lässigkeit der Einführung eines Familien- oder Elternwahlrechts im Wege eines einfachen oder eines verfassungsändernden Gesetzes, bei dem rechtskonstruktiv entweder die Eltern eine zusätzliche Stimme für jedes Kind erhalten oder die Eltern ihr Kind bei der Stimmabgabe vertreten, bis das Kind das erforderliche Wahlalter erreicht hat[127].

Überwiegend wird darin ein Verstoß gegen die Wahlrechtsgrundsätze der Gleichheit **46** sowie der Unmittelbarkeit bzw. der Höchstpersönlichkeit der Wahl gesehen[128]. Bei einem originären Elternwahlrecht werde die Gleichheit der Wahl in der Ausprägung des gleichen Zählwertes der Stimmen zu Lasten der Kinderlosen und zugunsten der Eltern, die im Ergebnis mehr Stimmrechte haben, verletzt. Bei einem Treuhand- oder Vertreterwahlrecht der Eltern für ihre Kinder werde der Grundsatz der Höchst-

---

123 BVerfGE 36, 139, 141 f.; 41, 1, 11 f.; 42, 312, 341; 48, 64, 82; 58, 202, 205.
124 BVerfGE 42, 312, 340 f.; BVerfG (K), NVwZ 2002, 69 f.; *Strelen*, in: Schreiber, BWahlG, 9. Aufl., 2013, § 12 Rn. 9.
125 *Pieroth*, in: Jarass/Pieroth, Art. 38 Rn. 23.
126 BVerfG (K), NVwZ 2002, 69 f.; BayVerfGH, VGHE 119/II, S. 141 f.; *Breuer*, NVwZ 2002, 43 ff.
127 Überblick: *Reimer*, ZParl 2004, 322 ff.; *Schreiber*, DVBl. 2004, 1341 ff.; *Wernsmann*, Der Staat 44 (2005), 43 ff.; jew. m.w.N.
128 *Pechstein*, FuR 1991, 142 ff.; *v. Münch*, NJW 1995, 3165 f.; *Proksch*, RdJB 1996, 473 ff.; *Roellecke*, NJW 1996, 2773 f.; *ders.*, in: FS Kriele, 1997, S. 593, 607; *Mußgnug*, in: FS Roellecke, 1997, S. 165 ff.; *Zivier*, RuP 1999, 156 ff.; *ders.*, RuP 2004, 26 ff.; *Morlok*, in: FS 50 Jahre BVerfG, Band II, 2001, S. 559 ff.; *ders.*, in: Dreier II, Art. 38 Rn. 121; *Schroeder*, JZ 2003, 917 ff.; *Schreiber*, DVBl. 2004, 1341 ff.; *Strelen*, BWahlG, 9. Aufl., 2013, § 12 Rn. 10; *Meyer*, HStR III, 3. Aufl., 2005, § 46 Rn. 11; *Achterberg/Schulte*, in: v. Mangoldt/Klein/Starck II, Art. 38 Abs. 2 Rn. 155; *Westle*, ZParl 2006, 96, 114; *Klein*, in: FS Scholz, 2007, S. 277 ff.; *ders.*, in: Maunz/Dürig, Art. 38 (Oktober 2010) Rn. 138; *Badura*, in: BK, Anh. z. Art. 38 (Mai 2013) Rn. 12, 35, 37; *Künast*, FÜR 2008, 478 ff.; *Kluth*, in: Schmidt-Bleibtreu/Hofmann/Henneke, Art. 38 Rn. 32; *Zypries*, ZRP 2008, 271; *Baer*, VVDStRL 68 (2009), S. 290, 309; *Pieroth*, in: Jarass/Pieroth, Art. 38 Rn. 23.

persönlichkeit der Wahlentscheidung verletzt. Zudem laufe auch das Vertretermodell im Ergebnis auf ein Pluralstimmrecht der Eltern hinaus und verstoße damit gegen den gleichen Zählwert der Stimmen.

47   Andere sind dagegen der Ansicht, dass zumindest das Stellvertretermodell im Wege der Verfassungsänderung eingeführt werden darf[129]. Der Grundsatz der Unmittelbarkeit der Wahl werde nicht verletzt, da die Eltern nicht als Wahlmänner agieren, sondern das Kind vertreten; im Übrigen sei der Grundsatz der Unmittelbarkeit nicht verfassungsänderungsfest. Das Prinzip der Höchstpersönlichkeit der Stimmabgabe stehe so nicht als Wahlrechtsgrundsatz in der Verfassung, sondern sei höchstens aus anderen Grundsätzen abzuleiten und müsse gegenüber der Verwirklichung des Wahlrechts des Kindes durch die vertretenden Eltern zurückstehen, da andernfalls das Stimmrecht des Kindes vollständig entfiele. Schließlich werde gegen den Grundsatz des gleichen Zählwertes der Stimmen nicht verstoßen, da die Eltern kein eigenes weiteres Stimmrecht haben, sondern eben das Stimmrecht des Kindes ausüben.

48   Diese Argumente überzeugen allerdings nicht vollständig. Die Konstruktion eines Treuhand- oder Vertretermodells, bei dem das Kind ein Stimmrecht erhält und die Eltern dieses Stimmrecht für das Kind vertretungsweise ausüben, läuft im Ergebnis auf ein Pluralstimmrecht der Eltern hinaus, denn wie die Eltern sich bei der Abgabe der Kinderstimme inhaltlich entscheiden, bleibt ihnen unbenommen. Diese Wirkung dadurch einzufangen, dass den Eltern eine inhaltliche Bindung an das Wohl des Kindes auferlegt wird, gelingt nicht, denn aus dem Grundsatz der Geheimheit der Wahl folgt, dass der Inhalt der Stimmabgabe nicht kontrolliert werden darf, womit die rechtliche Durchsetzung einer inhaltlichen Bindung ausgeschlossen ist[130]. Eine Kontrolle oder gar Stimmabgabe durch Vormundschaftsgerichte ist keine Alternative, da amtliches Handeln nicht originär demokratisch legitimieren kann, sondern legitimationsbedürftig ist[131]. Zudem ist die nahe liegende inhaltliche Vorgabe einer Vertretung i.S.d. Kindeswohls so weit, dass wohl jede Wahlentscheidung nach diesem Maßstab vertretbar und damit zulässig wäre. Die Vertretung des Kindes bei der Wahl durch seine Eltern ist daher offen für eine Handhabung, die einem Pluralstimmrecht der Eltern entspricht.

49   Entscheidend ist deshalb, ob die mit dieser Offenheit verbundene Relativierung des gleichen Zählwertes und damit der demokratischen Gleichheit der Staatsbürger mit Art. 79 Abs. 3 GG i.V.m. Art. 20 GG vereinbar ist. Dazu wird auf den Volksbegriff des Art. 20 GG sowie auf den Grundsatz der Allgemeinheit der Wahl verwiesen. Ein

---

129 *Löw*, Politische Studien 25 (1974), S. 19 ff.; ders., FuR 1993, 25 ff.; *Hattenhauer*, JZ 1996, 9 ff.; *Knödler*, ZParl 27 (1996), 553, 568 f.; *Nopper*, Minderjährigenwahlrecht, 1999, S. 145 ff.; *Peschel-Gutzeit*, ZParl 1999, 556 ff.; *Steffani*, ZParl 1999, 563 ff.; *Roth*, in: Umbach/Clemens II, Art. 38 Rn. 43 Fn. 121 am Schluss; *Oebbecke*, JZ 2004, 987 ff.; *Reimer*, ZParl 2004, 322 ff.; *Wernsmann*, Der Staat 44 (2005), 43 ff., 56 f.; *Kirchhof*, Das Gesetz der Hydra, 2006, S. 184 f.; *Niebel*, ZRP 2008, 271; jew. m.w.N.

130 *Wernsmann*, Der Staat 44 (2005), 43, 55.

131 *Oebbecke*, JZ 2004, 987, 991.

Elternwahlrecht in Vertretung für die Kinder verwirkliche die staatsbürgerliche Stellung des Kindes als Teil des Volkes und damit den Grundsatz der Allgemeinheit der Wahl besser, als dies nach geltender Rechtslage der Fall sei, da die staatsbürgerliche Stellung des Kindes vor Erreichen des Wahlalters im Wahlrecht derzeit schlicht wegfalle. Kinder sind aber als Deutsche Mitglieder des Staatsvolkes und seien als solche soweit wie möglich an den Prozessen der demokratischen Willensbildung zu beteiligen. Einem vollen Kinderstimmrecht steht zwar die begrenzte Einsichtsfähigkeit von Kindern entgegen, die hinter den Grenzen des Wahlalters steht und diese legitimiert (siehe oben Rdn. 44). Möchte man die Position der Kinder unterhalb des Wahlalters aber nicht wie bisher vollständig ausschließen, bleibe eben die Möglichkeit der Ausübung des Wahlrechts durch die Eltern, die das Kind vertreten.

Allerdings tritt bei der Wahlentscheidung in Vertretung des Kindes der Wille der El-   50
tern inhaltlich an die Stelle des mangels hinreichender Reife nicht beachtlichen Kindeswillens. Das Kind trifft keine eigene Wahlentscheidung und wird auch nicht in den Kreis der Wahlberechtigten aufgenommen, weshalb auch die Basis der Allgemeinheit der Wahl nicht erweitert wird. Die Möglichkeit einer inhaltlich eigenständigen und insoweit uneigennützigen Ausübung des Kinderwahlrechts durch die Eltern ändert daran nichts. Deshalb ist es auch unerheblich, ob der Staat normativ zulässigerweise von einer solchen Möglichkeit oder Erwartung ausgehen darf. Schließlich ist zu beachten, dass eine solche normative Erwartung zwar im Bereich der grundrechtlichen Garantien vertretbar sein mag, da Art. 6 Abs. 2 S. 1 GG davon ausgeht, dass die Eltern das Recht und die Pflicht haben, für ihre Kinder zu sorgen[132]. Diese Argumentation kann aber nicht auf das Wahlrecht übertragen werden, da dieses als demokratisches Mitwirkungsrecht die Rechtsstellung der anderen Bürger im Rahmen von Mehrheitsentscheidungen unmittelbar betrifft, wogegen die Wirkungen von Art. 6 Abs. 2 GG zunächst und vor allem auf den Kreis der Familie bezogen sind[133].

Die Einführung eines Eltern- bzw. Familienwahlrechts scheitert deshalb auch bei der   51
gesetzlichen Annahme einer Stellvertretung, bei der die Eltern das Kind bei der Wahlentscheidung vertreten, am Grundsatz der demokratischen Gleichheit aller Staatsbürger, der hinter der Zählwertgleichheit steht, und der durch Art. 79 Abs. 3 GG geschützt ist. Zwar knüpft das Stimmrecht an die Tatsache der Existenz des Kindes und damit eines weiteren Staatsbürgers an. Die inhaltliche Wahlentscheidung wird aber auch bei der Vertretungslösung von den Eltern getroffen, nicht vom Kind. Das Vertreterwahlrecht steht deshalb in Widerspruch zum Grundsatz der demokratischen Gleichheit aller zur Wahl berechtigten Staatsbürger.

Diesem Ergebnis kann schließlich auch nicht das Argument des demographischen   52
Wandels, der den Fortbestand des Staates in Frage stelle[134], entgegengehalten werden. Denn unabhängig von den Fragen, ob ein Wandel in diesem Umfang tatsäch-

---

132 Vgl. *Reimer*, ZParl 2004, 322, 334 ff.
133 Vgl. *v. Münch*, NJW 1995, 3165, 3166.
134 *Müller-Franken*, Familienwahlrecht und Verfassung, 2013, S. 11 ff. et passim.

lich droht, ob es einen verfassungsrechtlichen Legitimationstitel zum Erhalt des Staatsvolkes qua Familienwahlrecht gibt, und ob nicht verfassungsrechtlich weniger einschneidende Mittel zur Förderung von Familien zur Verfügung stehen als die Einführung eines Familienwahlrechts, existieren ganz erhebliche Zweifel daran, dass die Einführung eines Familienwahlrechts den demographischen Wandel hinreichend aufhalten könnte. Nach den bislang verfügbaren Daten und Untersuchungen bilden Familien wegen ihrer unterschiedlichen Präferenzen keine politisch hinreichend homogene Gruppe, weshalb eine erhebliche Veränderung der – potentiellen oder realen – parteipolitischen Mehrheiten durch die Einführung eines Familienwahlrechts nicht zu erwarten ist[135]. Damit fehlt aber auch insoweit der – möglicherweise – legitimierende Grund einer Abweichung vom Grundsatz der demokratischen Gleichheit der wahlberechtigten Bürger.

e) Wahlrecht der Auslandsdeutschen

53   Das Erfordernis der Sesshaftigkeit im Wahlgebiet für das aktive Wahlrecht ist nach Ansicht des BVerfG als tradierte, vom Grundgesetzgeber vorgefundene und akzeptierte Begrenzung des Wahlrechts prinzipiell gerechtfertigt[136]. Der entsprechende Ausschluss von Auslandsdeutschen von der Wahl kann mit der Sicherstellung der Kommunikationsfunktion der Wahl begründet werden[137]. Für Konstellationen, in denen aufgrund der beruflichen Tätigkeit oder aus anderen Gründen trotz des Aufenthalts außerhalb des Wahlgebietes eine besondere Sachnähe oder Nähebeziehung zu Deutschland besteht, hat der Gesetzgeber Ausnahmeregelungen erlassen, die vom BVerfG als grundsätzlich verfassungskonform beurteilt wurden[138]. Gleiches kann auf die Anforderung eines mindestens dreimonatigen Aufenthalts in Deutschland zutreffen[139].

54   Der Gesetzgeber hat allerdings darauf zu achten, dass ein Anknüpfen der Wahlberechtigung der Auslandsdeutschen allein an einen früheren ununterbrochenen dreimonatigen Aufenthalt in der Bundesrepublik Deutschland keine Ungleichbehandlung innerhalb der Gruppe der Auslandsdeutschen bewirkt, die nicht durch ei-

---

135   Dazu näher *Wernsmann*, Der Staat 44 (2005), 43, 66; *Westle*, ZParl 2006, 96, 103 f., 109 ff.; *Klein*, in: FS Scholz, 2007, S. 277, 279 f.; *Baer*, VVDStRL 68 (2009), S. 290, 309 f. Anders *Kirchhof*, Das Gesetz der Hydra, 2006, S. 185.

136   BVerfGE 5, 2, 6; 7, 63, 72; 36, 139, 142 ff.; 41, 9, 12; 58, 202, 205; BVerfG (K), NJW 1991, 689, 690. Dazu grundlegend *Horn*, in: Gornig/Horn/Murswiek (Hrsg.), Nationales Wahlrecht und internationale Freizügigkeit, 2015, S. 55 ff. Kritisch u.a. *Breuer*, Verfassungsrechtliche Anforderungen an das Wahlrecht der Auslandsdeutschen, 2001, S. 180, 223 ff.; *Trute*, in: v. Münch/Kunig I, Art. 38 Rn. 23; *Meyer*, HStR III, 3. Aufl., 2005, § 46 Rn. 2 Fn. 7 und Rn. 5.

137   BVerfG, NVwZ 2012, 1167, 1169.

138   BVerfGE 5, 2, 6; 7, 63, 72; 36, 139, 142; 41, 9, 12; 58, 202, 205; BVerfG (K), NJW 1991, 689, 690; BVerwGE 51, 69, 77, 80. Kritisch insbesondere gegenüber allen Befristungsregelungen *Meyer*, HStR III, 3. Aufl., 2005, § 46 Rn. 5.

139   Vgl. zum Kommunalwahlrecht BVerfG (K), NVwZ 1993, 55, 56.

nen zureichenden Grund legitimiert ist[140]. Aus dem formalen Charakter des Grundsatzes der Allgemeinheit der Wahl folgt, dass dem Gesetzgeber bei der Ausgestaltung der aktiven und passiven Wahlberechtigung nur ein eng bemessener Spielraum für Beschränkungen verbleibt, weshalb bei der Prüfung, ob eine Beschränkung gerechtfertigt ist, grundsätzlich ein strenger Maßstab anzulegen ist[141]. Der Gesetzgeber ist zwar befugt, bei der Ausgestaltung der Wahlberechtigung unter Berücksichtigung der Grenzen, die die Bedeutung des Wahlrechts und die Strenge demokratischer Egalität seinem Bewertungsspielraum setzen, Vereinfachungen und Typisierungen vorzunehmen[142]. Er muss dabei aber den Grundsatz der Allgemeinheit der Wahl einerseits und die Kommunikationsfunktion der Wahl andererseits zu einem schonenden Ausgleich bringen[143]. Dabei kann das erklärte Ziel des Gesetzgebers, die für die Wahlteilnahme vorauszusetzende Vertrautheit mit den politischen Verhältnissen in der Bundesrepublik Deutschland zu sichern, nach Ansicht des BVerfG allein mit dem Erfordernis eines früheren dreimonatigen Aufenthalts in Deutschland nicht erreicht werden[144]. Zudem ist dieses Erfordernis zwar geeignet, deutsche Staatsangehörige ohne jede weitere Beziehung zu Deutschland von der Wahlteilnahme auszuschließen, bewirkt aber zugleich entgegen der Gesetzesintention zum Teil, dass Deutsche, die typischerweise mit den politischen Verhältnissen vertraut und von ihnen betroffen sind, an den Wahlen zum Deutschen Bundestag nicht teilnehmen können[145].

f) Weitere Beeinträchtigungen der Allgemeinheit und deren Rechtfertigung

Der Ausschluss von der Wahl bzw. Wählbarkeit kann nach Ansicht des BVerfG auch   55
darauf gestützt werden, dass der Wahlberechtigte wegen in seiner Person liegender Gründe zu einer persönlichen verantwortungsvollen Wahlentscheidung nicht in der Lage ist oder als nicht in der Lage angesehen wird und deshalb von der Wahl ausgeschlossen wird[146].

---

140 BVerfG, NVwZ 2012, 1167, 1169.
141 BVerfG, NVwZ 2012, 1167, 1169.
142 BVerfG, NVwZ 2012, 1167, 1169.
143 BVerfG, NVwZ 2012, 1167, 1170. Insoweit Zweifel an der gesetzlichen Neuregelung bei *Felten*, DÖV 2013, 466, 471 ff.; noch weitergehende Zweifel bei *Horn*, in: Gornig/Horn/Murswiek (Hrsg.), Nationales Wahlrecht und internationale Freizügigkeit, 2015, S. 55, 80 ff.
144 BVerfG, NVwZ 2012, 1167, 1170 f.
145 BVerfG, NVwZ 2012, 1167, 1170 ff.
146 Vgl. BVerfGE 19, 93, 95 f.; 36, 139, 141 f.; 42, 312, 341; 67, 146 ff. Differenzierend und kritisch insbesondere zum Ausschluss durch (Straf)Richterspruch *Roth*, in Umbach/Clemens II, Art. 38 Rn. 45; *Trute*, in: v. Münch/Kunig I, Art. 38 Rn. 24; *Meyer*, HStR III, 3. Aufl., 2005, § 46 Rn. 4, 14; *Morlok*, in: Dreier II, Art. 38 Rn. 72; *Strelen*, in: Schreiber, BWahlG, 9. Aufl., 2013, § 13 Rn. 12, 18; jew. m.w.N. An der Zulässigkeit des generellen Ausschlusses wegen Vollbetreuung zweifelnd *Lang*, ZRP 2013, 133 ff. Für eine Zulässigkeit bei entsprechender Würdigung durch das Gericht im Rahmen der Betreuungsanordnung *Guckelberger*, JA 2012, 561, 563 sowie *Grzeszick*, ZG 2014, 239,

56   Unterschriftenquoren als Voraussetzung für die Einreichung gültiger Wahlvorschläge sind soweit zulässig, als damit die Wahl auf ernsthafte Bewerber beschränkt und der Gefahr von Stimmenzersplitterung entgegengewirkt wird. Allerdings darf das Quorum nicht so hoch sein, dass einem neuen Bewerber die Teilnahme an der Wahl übermäßig erschwert oder gar praktisch unmöglich gemacht wird[147]. Eine generelle Monopolisierung des Wahlvorschlagsrechts auf politische Parteien ist mit der Allgemeinheit der Wahl nicht vereinbar[148].

57   Umstritten ist, ob die wahlrechtliche Verbindung parteifreier Bewerber zu Landeslisten ausgeschlossen werden kann. Nach Ansicht des BVerfG und von Teilen der Literatur ist dies zulässig, da die Listenwahl Gruppen mit einem gemeinsamen Programm voraussetzt, an dem es bei partei- und gruppenfreien Bewerbern fehlt[149]. Zudem sei das Listenprivileg mit Blick auf das Ziel eines arbeitsfähigen Parlaments und die für Organisationen leicht zu realisierende Möglichkeit, den Parteistatus durch Teilnahme an Wahlen zu erlangen, gerechtfertigt[150].

58   Dagegen werden entsprechende Regelungen in der Literatur zum Teil als nicht gerechtfertigtes Listenprivileg der Parteien angesehen, da es weder durch Gründe der Organisation der Wahl noch durch die Tatsache, dass der Parteistatus leicht zu erlangen ist, gerechtfertigt werden könne, weshalb auch eine Liste unabhängiger Bewerber zulässig sei[151]. Das BVerfG ist diesen Argumenten aber für Bundestagswahlen bisher nicht gefolgt. Es hat allein für das Kommunalwahlrecht – auf der Grundlage einer genauen Bestimmung des Status der politischen Parteien – ein Monopol der Parteien für Reservelisten als verfassungswidrig verworfen[152].

59   Altersgrenzen für die Wählbarkeit kommunaler Wahlbeamter können nach Ansicht des BVerfG mit dem Interesse an einer kontinuierlichen und effektiven Amtsführung gerechtfertigt werden[153]. Weiter verlangt der Grundsatz der Allgemeinheit der Wahl nicht, dass Personen, die sich im Vollzug gerichtlich angeordneter Freiheitsentziehung befinden oder anderweitig untergebracht sind, stets Wahlvorbereitungsurlaub nach Art. 48 Abs. 1 GG gewährt wird, da bei der Entscheidung die Gefahren von Missbrauch oder Flucht zu berücksichtigen sind[154]. Die Allgemeinheit der Wahl ver-

---

252 ff., beide mit Verweis auf EGMR, Urt. v. 20.05.2010, Nr. 38832/06; vgl. auch *Schulte*, ZRP 2012, 16 ff.

147   BVerfGE 3, 19, 25 ff.; 3, 383, 394; 4, 375, 381 ff.; 6, 84, 98; 12, 132, 134; 41, 399, 421; 60, 162, 167 f.; 67, 369, 377.

148   BVerfGE 20, 56, 114; 41, 399, 416, 421.

149   BVerfGE 5, 77, 82; 46, 196, 199; 89, 243, 251; für Kommunalwahlen BVerfGE 11, 266, 276; 13, 1, 13.

150   *Morlok*, in: Dreier II, Art. 38 Rn. 73.

151   *Mußgnug*, JR 1976, 353 ff.; *Trute*, in: v. Münch/Kunig I, Art. 38 Rn. 25.

152   BVerfGE 11, 266, 271 ff., insbes. 276; 11, 351, 361, 363 f.; 12, 10, 25; 13, 1, 13 f.

153   BVerfG (K), DVBl. 1994, 43, 44; NVwZ 1997, 1207; BayVerfGHE 21, 83, 90; VerfGH RP, NVwZ 2007, 1052 f. Kritisch *Gramlich*, JA 1986, 129, 132 f.

154   BVerfG (Vorprüfungsausschuß), NStZ 1982, 83; *Roth*, in: Umbach/Clemens II, Art. 38 Rn. 45.

pflichtet den Gesetzgeber auch nicht zur Beseitigung sämtlicher rein faktischer Schwierigkeiten bei der tatsächlichen Ausübung des Wahlrechts[155]. Daher ist der Gesetzgeber weder zum Ausgleich vorgegebener Unterschiede zwischen den konkurrierenden Bewerbern und Bewerbergruppen[156] noch zur Einrichtung einer Brief- oder Vorauswahl[157] verpflichtet. Soweit der Gesetzgeber sich für die Möglichkeit der Briefwahl entschieden hat und an die Ausübung des Wahlrechts im Wege der Briefwahl hinreichende formale Anforderungen stellt, sind diese mit dem Grundsatz der Allgemeinheit der Wahl vereinbar, soweit sie zur Sicherung anderer Wahlrechtsgrundsätze erforderlich sind und von allen Wahlbürgern grundsätzlich erfüllt werden können[158].

3. Beeinträchtigungen der Unmittelbarkeit der Wahl

a) Grundsätze

Die Unmittelbarkeit der Wahl wird beeinträchtigt, falls zwischen dem Wahlakt und 60 dem Wahlergebnis eine Willensentscheidung wirkt, die nicht die des Bewerbers ist. Die Einschaltung von Wahlmännern ist damit ebenso ausgeschlossen wie Parteiwahlen, bei denen die gewählten Parteien erst nach der Wahl die Abgeordneten bestimmten. Gleichfalls ausgeschlossen ist die Anerkennung eines ruhenden Mandates, das der gewählte Abgeordnete als Regierungsmitglied beibehalten und durch Rücktritt vom Regierungsamt bei gleichzeitiger Beendigung des Mandats seines (Listen-)Nachfolgers wieder aufleben lassen kann[159].

b) Listenwahlrecht

Ein Listenwahlrecht kann mit der Unmittelbarkeit der Wahl vereinbar sein. Grund- 61 sätzlich unproblematisch sind freie Listen, bei denen der Wähler die Bewerber aus mehreren zugelassenen Listen zusammenstellen (Panaschieren) oder zusätzlich mehrere Stimmen auf einen Bewerber häufen (Kumulieren) kann. Dies gilt auch für lose gebundene Listen, bei denen der Wähler unter den Listenbewerbern auswählen kann, indem er innerhalb der Liste Vorzugsstimmen für einen oder mehrere Bewerber abgeben oder die Reihenfolge der Bewerber (Rangordnungsvermerk) ändern kann[160].

Die Unmittelbarkeit der Wahl lässt aber auch eine starre Liste zu, bei der die für eine 62 Liste abgegebene Stimme gleichzeitig für die mit der Liste verbundenen Kandidaten abgegeben und damit die Wahl eines Bewerbers von der Mitwahl weiterer Bewerber

155 *Morlok*, in: Dreier II, Art. 38 Rn. 66.
156 BVerfGE 78, 350, 358.
157 BVerfGE 12, 139, 142; 15, 165, 167.
158 *Schreiber*, in: Friauf/Höfling, Art. 38 (Juli 2013) Rn. 88.
159 HessStGH, NJW 1977, 2065, 2066; *Trute*, in: v. Münch/Kunig I, Art. 38 Rn. 33; *Magiera*, in: Sachs, Art. 38 Rn. 83.
160 BVerfGE 12, 200, 204.

abhängig gemacht wird. Die Unmittelbarkeit verlangt allerdings stets, dass die Reihenfolge der Bewerber im Vorhinein festgelegt ist und durch andere Personen nicht mehr abgeändert werden kann[161], damit die letzte Entscheidung – mit Ausnahme von Entscheidungen des Gewählten über die Annahme etc. – beim Wähler liegt[162]. Änderungen der Liste nach der Wahl, wie z.B. Auffüllungen, Streichungen oder Änderungen der Reihenfolge der Kandidaten, beeinträchtigen deshalb die Unmittelbarkeit der Wahl[163].

Da die Unmittelbarkeit voraussetzt, dass der Wähler erkennen kann, welche Personen sich um welches Mandat bewerben, wäre es insoweit auch nicht unzulässig, dass ein nach der Wahl weggefallener Wahlkreisabgeordneter einer Partei, die in dem betreffenden Land über nicht durch Zweitstimmenanteile unterlegte bzw. ausgeglichene oder kompensierte Überhangmandate verfügt, durch einen ihrer gewählten Listenkandidaten ersetzt wird; so war es nach den Regelungen des früheren BWahlG, wonach die Listenkandidaten nur mit der Zweitstimme gewählt wurden und die für den Wahlkreiskandidaten abgegebene (Erst-)Stimme nicht zugleich die Listenwahl bestimmte[164]. Allerdings scheiterte im früheren Wahlrecht ein Nachrücken in den Überhang an der speziellen Grundlage der Überhangmandate (dazu unten Rdn. 94 ff., insbes. 96). Im seit Mai 2013 geltenden BWahlG ist das bisherige Nachrückverbot gegenstandslos geworden, da es nach der endgültigen Sitzverteilung keine Überhänge mehr gibt[165].

c) Nichtannahme oder Rückgabe des Mandats

63 Der Grundsatz der Unmittelbarkeit wird nicht beeinträchtigt durch die freie Entscheidung des Gewählten selbst, das Mandat nicht anzunehmen oder später zurückzutreten[166]. Daher verstoßen planmäßig verabredete Rotationen, bei denen die Abgeordneten einer Partei bzw. Fraktion zu einem bestimmten Zeitpunkt in der Legislaturperiode auf ihre Mandate verzichten und damit ihre Plätze für die Listennachfolger frei werden, zumindest dann nicht gegen den Grundsatz der Unmittelbarkeit der Wahl, wenn jeder einzelne Verzicht tatsächlich freiwillig erfolgt[167].

---

161 *Schreiber*, in: Friauf/Höfling Art. 38 (Juli 2013) Rn. 91.

162 BVerfGE 3, 45, 49 f.; 7, 63, 68 f.; 7, 77, 85; 21, 355, 355 f.; 47, 253, 283 f.; 97, 317, 323 ff. Kritisch *v. Arnim*, JZ 2002, 578 ff.

163 BVerfGE 3, 45, 51; 7, 77, 84.

164 BVerfGE 97, 317, 326 f. mit Bedenken gegen eine Mitwahl der Listenbewerber durch die Erststimme; dazu *Schreiber*, DVBl. 1999, 345, 353; *Nicolaus*, JuS 2000, 436, 439, 441.

165 *Schreiber*, in: Friauf/Höfling Art. 38 (August 2013) Rn. 278.

166 BVerfGE 3, 45, 50 f.; 47, 253, 280 f.

167 NdsStGH, NJW 1985, 2319, 2320; *Hohm*, NJW 1984, 1657, 1660 ff.; *Trute*, in: v. Münch/Kunig I, Art. 38 Rn. 32; enger *Morlok*, in: Dreier II, Art. 38 Rn. 77, der zudem Kenntnis des Wählers von der geplanten Rotation bei der Stimmabgabe verlangt. Dagegen für Unvereinbarkeit mit dem Grundsatz der Unmittelbarkeit *Stober*, ZRP 1983, 209,

d) Listennachfolge in ein Mandat

Zulässig ist auch die Regelung, dass bei der Nachfolge für einen ausgeschiedenen 64
Abgeordneten oder Bewerber ein gewählter Listenbewerber unberücksichtigt bleiben
darf, wenn er freiwillig aus der Partei, für die er kandidiert hat, ausgeschieden ist[168].
Da der Abgeordnete, zumindest soweit er – wie bei der personalisierten Verhältniswahl zum Bundestag – auf einer starren Parteiliste gewählt wurde, nicht nur als Person, sondern auch als Exponent seiner Partei gewählt wurde, ist eine solche zum Verzicht auf das Mandat parallele Regelung mit Blick auf Art. 21 GG zulässig[169].

Umstritten ist aber, ob bei der Nachfolge für einen ausgeschiedenen Abgeordneten 65
oder Bewerber ein gewählter Listenbewerber auch dann unberücksichtigt bleiben
darf, wenn dieser die Partei nicht freiwillig verließ, sondern infolge eines Parteiaus-
schlusses. Nach Ansicht des BVerfG ist dies zulässig, da der Abgeordnete, zumindest
soweit er auf einer starren Liste gewählt wurde, nicht nur als Person, sondern auch
als Exponent seiner Partei gewählt wurde und daher die Fortdauer der Parteizuge-
hörigkeit anderen allgemeinen, sachlich bestimmten Voraussetzungen für die Übernahme des Abgeordnetenmandats wie z.B. Mindestalter, Geschäftsfähigkeit, Wohnsitz und Staatsangehörigkeit gleichzustellen ist[170].

Die Literatur hält dem zum Teil entgegen, dass diese Durchbrechung der Unmittel- 66
barkeit der Wahl nicht nur ungerechtfertigt sei, weil die Parteien dieses Schutzes
nicht zwingend bedürften, sondern die Regelung für die Parteien zudem politisch
eher kontraproduktiv sei, da deren Responsivität auf politische Entwicklungen ge-
dämpft werde[171].

Diese Bedenken dringen aber letztlich nicht durch, da die Nichtberücksichtigung 67
von Listennachrückern, die zwischenzeitlich aus der Partei ausgeschlossen wurden,
dem legitimen Schutz der Parteien dient und von Art. 21 Abs. 1 GG gedeckt ist[172].
Insbesondere wird die Stellung des Nachrückers im Ausschlussverfahren hinreichend
geschützt[173], denn Parteiausschlüsse dürfen nicht willkürlich, sondern nur aus bestimmten Gründen erfolgen, weshalb bei manipulativen Ausschlüssen mit dem Ziel

---

211; *Schreiber*, in Friauf/Höfling, Art. 38 (Juli 2013) Rn. 93; *Hahlen*, in: Schreiber,
BWahlG, 9. Aufl., 2013, § 46 Rn. 32.
168 BVerfGE 7, 63, 72 f.
169 *Trute*, in: v. Münch/Kunig I, Art. 38 Rn. 30; *Meyer*, HStR III, 3. Aufl., 2005, § 46
Rn. 12; *Morlok*, in: Dreier II, Art. 38 Rn. 78.
170 BVerfGE 7, 63, 72 f.
171 *Uhlitz*, DÖV 1957, 468, 469; *Erichsen*, Jura 1983, 635, 640; *Trute*, in: v. Münch/Kunig
I, Art. 38 Rn. 30; *Roth*, in: Umbach/Clemens II, Art. 38 Rn. 48; *Pieroth*, in: Jarass/
Pieroth, Art. 38 Rn. 14.
172 Vgl. *Klein*, in: Maunz/Dürig, Art. 38 (Oktober 2010) Rn. 104. Differenzierend *Schneider*, in: AK-GG, Art. 38 (August 2002) Rn. 64.
173 *Schreiber*, DÖV 1976, 734, 737 ff.; *Morlok*, in: Dreier II, Art. 38 Rn. 78.

der Veränderung der Reihenfolge der Nachrücker eine missbräuchliche und damit unzulässige Gesetzesanwendung vorliegt[174].

e) Erkennbarkeit der möglichen Stimmauswirkung auf Bewerber

68 Der Grundsatz der Unmittelbarkeit der Wahl wird gleichfalls verletzt, wenn der Wähler nicht vor dem Wahlakt erkennen kann, welche Personen sich um ein Abgeordnetenmandat bewerben und wie sich die eigene Stimmabgabe auf Erfolg oder Misserfolg der Wahlbewerber auswirken kann. Für den Grundsatz der Unmittelbarkeit der Wahl ist zwar nicht entscheidend, dass die Stimme tatsächlich die vom Wähler beabsichtigte Wirkung entfaltet; ausreichend ist die Möglichkeit einer positiven Beeinflussung des Wahlergebnisses[175]. Diese Voraussetzung ist aber nach Ansicht des BVerfG in den Fällen des inversen bzw. negativen Stimmgewichts nicht erfüllt[176]. Solche Effekte traten auf im Rahmen des durch das frühere BWahlG hergestellten Zusammenhangs von Überhangmandaten und Landeslisten bei der Mandatsverteilung, in dessen Folge ein Zuwachs an Zweitstimmen einer Partei zu einem Verlust an Sitzen der Landeslisten bei dieser Partei oder ein Verlust an Zweitstimmen zu einem Zuwachs an Sitzen der Landeslisten dieser Partei führen konnte. Nach Ansicht des BVerfG konnte der Wähler deshalb bei der Stimmabgabe nicht hinreichend erkennen, ob sich seine Stimme stets für die zu wählende Partei und deren Wahlbewerber positiv auswirkte, oder ob er durch seine Stimme den Misserfolg eines Kandidaten seiner eigenen Partei verursachte. Näher dazu unten im Rahmen der Gleichheit der Wahl unter Rdn. 103 ff., insbes. 115.

f) Hilfspersonen

69 Soweit aus der Unmittelbarkeit der Wahl die Höchstpersönlichkeit der Stimmabgabe gefolgert wird[177], kann das Einschalten einer Hilfsperson gesetzlich zugelassen werden, um hilfsbedürftigen Wählern die Wahrnehmung ihres Wahlrechts zu ermöglichen[178].

4. Beeinträchtigungen der Freiheit der Wahl

a) Grundsätze

70 Die Freiheit der Wahl kann durch Einfluss auf den Inhalt der Wahlentscheidung des Wählers beeinträchtigt werden. Beeinträchtigungen können von staatlicher Seite oder von Privaten ausgehen. Wegen der formal zu verstehenden Gleichheit der Wahl verbleibt dem Gesetzgeber jenseits der nach Ansicht des BVerfG zulässigen Entscheidung für ein Mehrheitswahlrechtssystem grundsätzlich nur ein geringer Spielraum:

---

174 *Schreiber*, in: Friauf/Höfling, Art. 38 (Juli 2013) Rn. 91.
175 BVerfGE 121, 266, 308.
176 BVerfGE 121, 266, 307 f.
177 OVG RP, DÖV 1986, 155, 156; *Morlok*, in: Dreier II, Art. 38 Rn. 80.
178 *Morlok*, in: Dreier II, Art. 38 Rn. 80.

Differenzierungen bedürfen eines besonderen rechtfertigenden oder zwingenden Grundes[179]. Allerdings muss dieser Grund nicht von Verfassungs wegen zwangsläufig oder notwendig sein[180].

b) Staatliche Öffentlichkeitsarbeit und Wahlen

Staatliche Stellen dürfen den Wählerwillen inhaltlich grundsätzlich nicht beeinflussen. Insbesondere ist es unzulässig, einzelne Bewerber oder deren Parteien inhaltlich zu bevorzugen[181]. Deshalb ist es Amtsträgern verwehrt, in amtlicher Eigenschaft werbende Äußerungen abzugeben[182]. Auch dürfen Fraktionen die ihnen aus öffentlichen Mitteln gewährten Zuschüsse nicht zur Wahlwerbung verwenden[183]. Allerdings ist es grundsätzlich zulässig, dass staatliche Stellen im Rahmen ihrer Kompetenzen Öffentlichkeitsarbeit zur Erläuterung und Verteidigung ihrer Maßnahmen betreiben, also Presseerklärungen abgeben, einzelne Vorhaben erklären bzw. vor Gefahren warnen[184] oder einen »Tag der offenen Tür« abhalten[185]. Die prinzipiell zulässige Öffentlichkeitsarbeit wird erst dann unzulässig, wenn der informative Gehalt hinter der werbenden Aufmachung zurücktritt oder wenn die Stellungnahme zwar ein sachliches Anliegen verfolgt, aber wegen der zeitlichen Nähe zum Wahltermin die Information von den Wählern als inhaltliche Parteinahme verstanden werden kann[186]. Zudem muss die Regierung Vorsorge dafür treffen, dass die von ihr für Zwecke der zulässigen Öffentlichkeitsarbeit hergestellten Produkte nicht von Parteien oder von anderen sie bei der Wahl unterstützenden Organisationen oder Gruppen zur Wahlwerbung eingesetzt werden[187]. Die vorstehend skizzierten Grundsätze werden bei Äußerungen des politischen Leitungspersonals modifiziert. So ist bei Äußerungen des Bundespräsidenten nach Ansicht des BVerfG zu berücksichtigen, dass dieser neben der Wahrnehmung der ihm durch die Verfassung ausdrücklich zugewiesenen Befugnisse kraft seines Amtes insbesondere die Aufgabe hat, im Sinne der Integration des Gemeinwesens zu wirken; aufgrund des Umfangs und der Besonderheiten dieser Aufgabe kommt ihm diesbezüglich ein weiter Gestaltungsspielraum zu, der erst überschritten ist, wenn der Bundespräsident mit seinen Äußerungen unter evidenter Vernachlässigung seiner Integrationsaufgabe und damit willkürlich politisch Partei ergreift[188]. Dieser Grundsätze sind zwar nach Ansicht des BVerfG auf

71

---

179 BVerfGE 69, 92, 106; 82, 322, 338; 95, 408, 418 f.; BVerwGE 51, 69, 77.
180 BVerfGE 71, 81, 96; 120, 82, 107.
181 BVerfGE 44, 125, 144; BVerwGE 63, 203, 243; 104, 323, 327.
182 BVerwGE 104, 323, 327 ff.; 118, 101, 103; BVerwG, NVwZ 1999, 424.
183 BVerfG (K), DÖV 1983, 153, 154; BremStGH, LVerfGE 5, 175, 194.
184 BVerfGE 44, 125, 149.
185 VerfGH RP, NVwZ 2007, 200, 202.
186 BVerfGE 40, 11, 38 ff.; 44, 125, 141, 144 ff.; 48, 271, 279 f.; 63, 230, 242 ff.; BVerwGE 104, 323, 326 f.; BVerwG, NVwZ 1999, 424. Zu Wahlempfehlungen eines Bürgermeisters BVerwGE 104, 323, 325 ff.; VG Frankfurt, NVwZ 1997, 1240, 1241 f.
187 BVerfGE 44, 125, 154.
188 BVerfG, NVwZ 2014, 1156 ff.

Äußerungen der Mitglieder der Bundesregierung nicht übertragbar[189]. Allerdings ist dabei nach Ansicht des BVerfG maßgeblich, ob die Äußerung unter spezifischer Inanspruchnahme der Autorität seines Amtes oder der damit verbundenen Ressourcen erfolgt; ist dies nicht der Fall, kann eine Äußerung auch dem politischen Meinungskampf zuzuordnen sein, der nicht dem strikten Neutralitätsgebot unterliegt[190].

c) Staatliche Öffentlichkeitsarbeit und Abstimmungen

72   Umstritten ist, ob und wieweit die Freiheit der Wahl die Öffentlichkeitsarbeit der Regierung auch bei Volksabstimmungen begrenzt. Da Art. 38 GG nur für Wahlen gilt, bedürfen die Wahlgrundsätze hier der auf das Demokratieprinzip gestützten Übertragung auf Abstimmungen. Die Rechtsprechung und ein Teil der Literatur ist dazu der Ansicht, dass die Grundsätze des Art. 38 Abs. 1 S. 1 GG auf Volksabstimmungen nicht zu übertragen seien, da es dort weder um den Legitimationsakt des Wählers noch um den Wettbewerb der politischen Kräfte gehe, sondern um die Entscheidung einer Sachfrage[191]. Die Abstimmung als nur punktuelle und nachträgliche Infragestellung des der Volksvertretung durch Wahl eingeräumten generellen Mandats vermag deren Recht zur Äußerung innerhalb der Verbandskompetenz nicht zu derogieren[192]. Deshalb seien bei Volksabstimmungen nur staatliche Informations- und Sachlichkeitsgebote zu beachten[193]. Bei Volksentscheiden darf die Regierung deshalb nach Ansicht der Rspr. ihre inhaltliche Position sachlich darstellen[194]. Ihr sei es nur verwehrt, wie eine der beteiligten Gruppen in den Abstimmungskampf parteilich einzugreifen[195]. Auf dieser Linie liegt auch die Entscheidung des BVerfG, Art. 118a GG als Ermächtigungsgrundlage zugunsten der Landesregierungen Berlins und Brandenburgs zu verstehen, in sachlicher Form für den Zusammenschluss der Länder zu werben[196].

73   Diesem Ansatz wird in der Lit. entgegengehalten, dass der Prozess der demokratischen Willensbildung stets aufbaut auf der politischen Freiheit der Bürger, sich ihre Meinung über eine zutreffende Sacheinschätzung selbst zu bilden und dabei unter verschiedenen Sacheinschätzungen auszuwählen. Dies treffe nicht nur auf Wahlen zu, sondern auch auf Abstimmungen[197]. Die Sachlichkeit einer staatlichen Stellung-

---

189   BVerfG, NVwZ 2015, 209, 211.
190   BVerfG, NVwZ 2015, 209, 213 ff.
191   BayVerfGH, NVwZ-RR 1994, 529, 530; BerlVerfGH, DVBl. 1996, 560 f.; *Oebbecke*, BayVBl. 1998, 641 ff.; *Trute*, in: v. Münch/Kunig I, Art. 38 Rn. 43.
192   *Oebbecke*, BayVBl. 1998, 641 ff.
193   BayVerfGH, NVwZ-RR 1994, 529, 530 f.
194   BayVerfGH, BayVBl. 1994, 203 ff.; BremStGH, NVwZ 1997, 264 ff.; OVG Münster, NWVBl. 2004, 151, 152.
195   BVerfGE 37, 84, 91; BerlVerfGH, LVerfGH 3, 75, 81; 4, 30, 33 f.
196   BVerfG (K), LKV 1996, 334; BerlVerfGH, LVerfGE 3, 75, 81; 4, 30, 33 f.
197   Anderer Ansatz, aber ähnliches Ergebnis für äußere Einflüsse auf den Abstimmenden bei *Hartmann*, Volksgesetzgebung und Grundrechte, 2005, S. 152 f., der die Abstimmungsakte selbst als Ausübung von Staatsgewalt versteht und nicht als Grundrechts-

nahme könne deshalb sowohl im Vorfeld von Wahlen als auch im Vorfeld von Abstimmungen[198] gegen die demokratische Staatsfreiheit des Willensbildungsprozesses nicht in Anschlag gebracht werden[199]. Im Ergebnis müsse daher die staatliche Öffentlichkeitsarbeit aufgrund des Demokratieprinzips auch bei Abstimmungen die Grenzen beachten, die für Wahlen entwickelt worden sind. Allerdings seien diese Grenzen bei Abstimmungen auf die zur Abstimmung stehenden Fragen und die damit zusammenhängenden Materien bezogen und dadurch beschränkt, wogegen sie bei Wahlen, die auf eine grundsätzlich umfassende politische Positionierung hinauslaufen, generell gelten.

d) Ausgestaltungen des Wahlrechts

Wie im Rahmen der Gleichheit der Wahl bereits dargestellt (oben Rdn. 26 ff.) liegen Fragen der gesetzestechnischen Ausgestaltung des Wahlrechtssystems und seiner Ausübung im Einzelnen grundsätzlich jenseits der Wahlrechtsgrundsätze und beeinträchtigen daher auch die Freiheit der Wahl nicht[200]. Deshalb wird die Wahlfreiheit durch die Einführung starrer Listen nicht berührt, solange dem Wähler Auswahlmöglichkeiten verbleiben[201]. Auch das Verbot der Verbindung von Landeslisten unterschiedlicher Parteien ist mit dem Grundsatz der Freiheit der Wahl prinzipiell vereinbar[202] und bedurfte nur in der Sondersituation der ersten gesamtdeutschen Wahl 1990 einer Modifikation[203]. Schließlich verpflichtet die Wahlfreiheit grundsätzlich weder zur Einführung einer Briefwahl[204], noch ist sie nach den Grundsätzen der Rechtsprechung des BVerfG durch deren derzeitige gesetzliche Regelungen verletzt[205]. . Allerdings verbietet der Grundsatz der Wahlfreiheit eine Gestaltung des Wahlverfahrens, welche die Entscheidungsfreiheit des Wählers in einer innerhalb des Wahlsystems vermeidbaren Weise verengt[206]. Daher ist es unzulässig, nur eine einheitliche Abgabe der Stimmen für den Stadtrat und für die Bezirksvertretung zuzulassen[207]. Vergleichbares gilt für weitere, auch tatsächliche Ausgestaltungen des Wahlvorgangs.

74

---

gebrauch, weshalb der Grundsatz der Freiheit der Wahl auf Abstimmungen so nicht anzuwenden sei, aber einen vergleichbaren Schutz aus dem Gedanken der Delegationsfeindlichkeit von Kompetenzen bzw. Befugnissen ableitet.

198 So ausdrücklich BVerfGE 44, 125, 144.

199 *Morlok/Voss*, BayVBl. 1995, 513 ff.; *Wittzack*, BayVBl. 1998, 37, 40; *Sachs*, LKV 2002, 249, 251; *Wittreck*, JöR 53 (2005), 111, 160 f.; *Dreier*, in: ders. II, Art. 20 (Demokratie) Rn. 82.

200 BVerfGE 7, 63, 69; 15, 165, 166.

201 BVerfGE 7, 63, 69 f.; 15, 165 f.; 47, 253, 283. Vgl. dazu auch *Huber*, DÖV 1991, 229 ff.

202 *Schreiber*, in: Friauf/Höfling, Art. 38 (Juli 2013) Rn. 144.

203 BVerfGE 82, 322, 345 f.

204 BVerfGE 15, 165, 166.

205 BVerfGE 21, 200, 204 f.; BVerfG, NVwZ 2013, 1272 ff. für die Europawahl; dazu *Sachs*, JuS 2013, 858 f. Kritisch aber *Richter*, DÖV 2010, 606 ff.

206 BVerfGE 47, 253, 283; 95, 335, 350.

207 BVerfGE 47, 253, 283 f.

So vermittelt nach Ansicht des VerfGH RP die Freiheit der Wahl einen unbedingten Schutz vor staatlichen Einwirkungen auf den Inhalt der Entscheidung des Wählers im Zeitpunkt der Stimmabgabe durch die Gestaltung des Stimmzettels[208].

e) Kandidatenaufstellung

75 Weiter verlangt die Freiheit der Wahl, dass eine freie Kandidatenaufstellung erfolgt und dass der Gesetzgeber die Einhaltung einer demokratischen Grundsätzen entsprechenden Kandidatenaufstellung sicherstellt. Daher darf er das Verfahren der Kandidatenaufstellung nicht vollständig den Parteien und damit deren internen Satzungen und tatsächlichen Übungen überlassen, sondern muss zumindest einen Nachweis der Beachtung der Grundsätze vorsehen[209] (dazu auch weiter unter dem Aspekt der Gleichheit unten Rdn. 128). Insbesondere falls im parteiinternen Aufstellungsverfahren grobe Fehler unterlaufen, wie z.B. eine Diskriminierung von Gegenvorschlägen gegenüber den Vorstandsvorschlägen oder eine Beschränkung des Antragsrechts der Mitglieder der Vertreterversammlung, kann dadurch die Wahlfreiheit verletzt sein[210].

f) Einflussnahme Privater

76 Die Wahlfreiheit richtet sich grundsätzlich auch gegen Beeinträchtigungen der Willensbildung der Wähler durch Private[211]. Diese können sich aber bei der Einflussnahme auf die Wahlentscheidung anderer Bürger auf den grundrechtlichen Schutz ihrer Freiheit, insbesondere auf Art. 5 Abs. 1 GG berufen[212]. Daher ist es zulässig, dass z.B. Kirchen[213], Gewerkschaften[214] oder Unternehmer[215] um Stimmabgabe für oder gegen eine bestimmte Partei, Person oder politische Position werben und dass private Presseverlage ohne Monopolstellung, den Abdruck bestimmter politischer Anzeigen oder Leserbriefe ablehnen[216]. Grundsätzlich zulässig sind auch die von Parteien organisierten Angebote an in der Fortbewegungsfreiheit beeinträchtigte Wähler, von Helfern zu den Wahlräumen gebracht zu werden[217].

77 Zu den Privaten zählen im Prinzip zwar auch die politischen Parteien, insbesondere auch bei der Kandidatenaufstellung[218]. Allerdings unterliegen sie dabei sowie bei ihren weiteren, auf die Wahl bezogenen, Handlungen durch die Grundsätze des

---

208 VerfGH RP, DVBl. 2014, 717 ff.
209 BVerfGE 47, 253, 283.
210 HambgVerfG, DVBl. 1993, 1070 ff.
211 BVerfGE 66, 369, 380.
212 BVerfGE 37, 84, 91; 42, 53, 62; 47, 198, 229; 48, 271, 278.
213 BVerwGE 18, 14, 17; OVG Münster, OVGE 18, 1 ff.
214 BVerfGE 42, 133, 138 f.
215 BVerfGE 66, 369, 380.
216 BVerfGE 14, 121, 134; 37, 84, 91; 42, 53, 62 f.
217 *Schreiber*, in: Friauf/Höfling, Art. 38 (Juli 2013) Rn. 113; *Trute*, in: v. Münch/Kunig I, Art. 38 Rn. 47.
218 BVerfGE 89, 243, 251.

Art. 38 GG sowie durch andere verfassungsrechtliche Regelungen erheblichen Bindungen, so dass sich ihre Rechtsstellung von der anderer Privater unterscheidet; insbesondere zur Frage von parteiautonomen (Frauen)Quoten bei der Kandidatennominierung unten Rdn. 128.

Nicht mehr von den Grundrechten gedeckt ist das private Ausüben übermäßigen   78
und deshalb unzulässigen Drucks auf die Wahlentscheidung anderer Bürger[219]. Die
Frage, wann eine Beeinflussung des Wählers sich als unzulässiger Druck darstellt,
kann im Einzelfall Schwierigkeiten bereiten. Welches Maß an Druck von Privaten
unzulässig ist, ist vom Gesetzgeber aber in § 108 StGB in verfassungsgemäßer Weise
konkretisiert worden[220]. Grundsätzlich muss in schwerwiegender Art und Weise auf
die Willensbildung eingewirkt worden sein, ohne dass eine hinreichende Abwehr-
möglichkeit, z.B. mit Hilfe der Gerichte oder der Polizei, oder des Ausgleichs mit
Mitteln des Wahlwettbewerbs, bestanden hat[221]. Ob Schenkungen an einen Wähler
dessen Wahlfreiheit beeinträchtigen, wird bei geringen Werten in der Tendenz abgelehnt[222] und erst bei einigem Wert des Geschenks in der Lit. angenommen[223]. Die
Veröffentlichung von privaten Meinungsumfragen und Wahlprognosen ist dagegen
grundsätzlich keine unzulässige Beeinträchtigung der Wahlfreiheit[224]. Allerdings
kann der Gesetzgeber gewisse Sorgfaltsstandards setzen und ergänzenden Informationspflichten regeln[225].

g) Passives Wahlrecht

Die Wahlfreiheit schützt auch das passive Wahlrecht. Doppelauftreten von Parteien   79
und Wählervereinigungen sind deshalb vom Grundsatz der Wahlfreiheit umfasst. Allerdings ist ein Verbot des Doppelauftretens aus Gründen der Wahlgleichheit gerechtfertigt[226]. Zu zulässigen Beschränkungen der Freiheit des passiven Wahlrechts
durch Inkompatibilitätsregelungen siehe oben Rdn. 43.

---

219 BVerfGE 66, 369, 380; 103, 111, 125 ff.
220 BVerfGE 66, 369, 380. Vgl. auch BVerfGE 103, 111, 125 ff.
221 BVerfGE 103, 111, 133.
222 BVerfGE 21, 196, 197 ff.
223 *Frowein*, AöR 99 (1974), 72, 104; *Trute*, in: v. Münch/Kunig I, Art. 38 Rn. 47; *Schnei-
    der*, AK-GG, Art. 38 (August 2002) Rn. 48.
224 *Neeff*, JZ 1971, 16 ff.; *Dumrath*, Rechtsprobleme von Wahlprognosen kurz vor der Wahl,
    1986, S. 80 ff.; *Dach*, ZParl 28 (1997), 229 ff.; *Morlok*, in: Dreier II, Art. 38 Rn. 93;
    Pieroth, in: Jarass/Pieroth, Art. 38 Rn. 18.
225 *Trute*, in: v. Münch/Kunig I, Art. 38 Rn. 48 m.N.
226 BVerwG, DVBl. 1992, 436 f.; NVwZ 1992, 489 f.; *Büchner*, BayVBl. 1990, 321, 322;
    Dickert, BayVBl. 1990, 326, 329 ff. Nach *Morlok*, in: Dreier II, Art. 38 Rn. 86. Nach
    Trute, in: v. Münch/Kunig I, Art. 38 Rn. 49 ist das Verbot des Doppelauftretens durch
    den Grundsatz der Gleichheit der Wahl sogar geboten; anders dagegen – zumindest für
    den Landesgesetzgeber – BVerwGE 94, 288, 290 f.

5. Beeinträchtigungen der Gleichheit der Wahl

a) Grundsätze

80   Eine Beeinträchtigung der Gleichheit der Wahl liegt vor, falls im Zusammenhang mit der Ausübung des Wahlrechts staatliche Ungleichbehandlungen erfolgen. Dies kann geschehen durch Benachteiligungen oder Bevorzugungen von einzelnen Wählern, Wahlbewerbern, Wählergruppen oder Parteien[227].

81   Wie oben (Rdn. 26 ff.) bereits ausgeführt, wird der Grundsatz des gleichen Erfolgswertes durch die grundgesetzlich zulässige Entscheidung des Gesetzgebers über das Wahlsystem reduziert zur gleichen rechtlichen Erfolgschance im Wahlsystem. Die Frage der entsprechenden gesetzlichen Ausgestaltung des Wahlrechtssystems liegt insoweit außerhalb der Wahlrechtsgleichheit[228].

82   Im Übrigen, also jenseits der Grundentscheidung des Gesetzgebers über das Wahlsystem, ist die Erfolgswertgleichheit aber nicht auf eine Erfolgschancengleichheit reduziert[229]. Vielmehr sind Differenzierungen der Wahlrechtsgleichheit im verhältniswahlrechtlichen Teil des Bundestagswahlrechts nur in engen Grenzen zulässig. Derartige gesetzliche Regelungen bedürfen der Rechtfertigung durch einen zwingenden Grund, der durch die Verfassung legitimiert und von einem der Wahlrechtsgleichheit entsprechendem Gewicht sein muss; zudem muss die Regelung zur Verfolgung des Grundes geeignet und erforderlich sein[230]. Rechtfertigende Gründe können vor allem sein: Die Sicherung des Charakters bzw. der Funktion der Wahl als Integrationsvorgang bei der politischen Willensbildung des Volkes, die Abwehr der Gefahren einer übermäßigen Parteienzersplitterung sowie die Gewähr der Handlungs- und Entscheidungsfähigkeit der Parlaments.

b) Sperrklauseln

83   Der Erfolgswert der Stimmen im System der Verhältniswahl wird durch Sperrklauseln beeinträchtigt, die die Teilnahme an der Verteilung der Sitze auf die Landeslisten vom Erreichen eines Mindestanteils an Stimmen abhängig machen. Solche Klauseln können mit der Sicherung der Funktionsfähigkeit des Parlaments, insbesondere der Förderung stabiler Regierungsmehrheiten, sowie der Sicherung des Charakters der Wahl als Integrationsvorgang gerechtfertigt werden. Das derzeit im BWahlG vorgesehene Quorum von 5 % der gültig abgegebenen Wählerstimmen ist nach Ansicht des BVerfG zur Erreichung der legitimen Ziele grundsätzlich hinreichend[231]. Gegen

---

227 Vgl. BVerfGE 41, 399, 413; 64, 301, 321; 69, 92, 107.
228 BVerfGE 7, 63, 69; 15, 165, 166.
229 *Wild*, Die Gleichheit der Wahl, 2003, S. 215 f.; *Klein*, in: Maunz/Dürig, Art. 38 (Januar 2013) Rn. 120; *Pieroth*, in: Jarass/Pieroth, Art. 38 Rn. 11.
230 BVerfGE 6, 84, 92; 51, 222, 236; 95, 408, 418 f.; 121, 266, 297.
231 BVerfGE 1, 208, 247 f., 256; 4, 31, 40; 4, 142, 143; 4, 375, 380; 5, 77, 83; 6, 84, 94 f.; 14, 121, 135; 24, 300, 341; 34, 81, 99; 41, 399, 421; 47, 253, 277; 51, 222, 237; 71, 81, 97; 82, 322, 338; 84, 304, 325; 85, 264, 293; 95, 335, 366; 95, 408, 419 ff.; 107,

eine Ergänzung der Sperrklausel um eine Alternativstimme bzw. Hilfsstimme[232], mit
der die Wähler die Möglichkeit hätten, für den Fall, dass die Partei ihrer ersten Wahl
unter 5 % bleibt, dennoch eine Stimme abzugeben, werden eine Reihe von – unterschiedlich überzeugungskräftigen – Argumenten vorgebracht: Eine erhöhten Fehler-
und Manipulationsanfälligkeit der Auszählung; eine erhöhte Fehleranfälligkeit bei
der Stimmabgabe; eine doppelte Auszählung der Stimmen eines Wählers; Zweifel in
Hinsicht auf die Unmittelbarkeit und die Öffentlichkeit der Wahl; sowie eine beob-
achtete Zunahme von Wahlenthaltungen[233]. Vor diesem Hintergrund kam das Landesverfassungsgericht Schleswig-Holstein im September 2013 zu dem Schluss, dass
die Einführung einer Hilfsstimme kein verfassungsrechtlich zwingend einzuführen-
des im Sinne eines im Vergleich zu einer Sperrklausel ohne Hilfsstimme gleich geeigneten, aber milderen Mittels zur Erhaltung der Funktionsfähigkeit des Parlaments
ist[234]. Zur Begründung wird ausgeführt, dass dieses Modell eine Änderung des Konzepts des geltenden Wahlsystems der personalisierten Verhältniswahl durch Verstärkung der Erfolgschancen der großen Parteien bedeute. Dagegen unterliege es vielmehr dem Einschätzungsspielraum des Gesetzgebers, ob zur Zweckerreichung eine
5 %-Klausel, eine niedrigere Sperrklausel oder aber andere Milderungsmöglichkeiten
in Betracht kommen. Im Hinblick auf Erforderlichkeit und Angemessenheit ist das
Gericht der Auffassung, dass das Wahlrecht und der politische Prozess in einem
Wechselverhältnis stünden, weshalb die Erforderlichkeit und Angemessenheit einer
Sperrklausel einer empirischen Überprüfung allein mit den Mitteln der politischen
Wissenschaft oder der Mathematik nicht zugänglich sei. Die Ergebnisse vergangener
Wahlen ermöglichten auch keine gesicherte Aussage über den Ausgang zukünftiger
Wahlen. Auch wirke das jeweils geltende Wahlrecht auf die Wahlergebnisse zurück.
Insoweit bleibe die Entscheidung über die Aufrechterhaltung einer Sperrklausel eine
wertende Prognoseentscheidung des Gesetzgebers, die gerechtfertigt sei[235]. Danach

286, 294; 120, 82, 106 ff., 110 ff.; 129, 300, 324, 335 f. Kritisch zur Sperrklausel *Meyer*,
Wahlsystem und Verfassungsordnung, 1973, S. 225 ff.; *ders.*, HStR III, 3. Aufl., 2005,
§ 46 Rn. 38 ff.; *Frowein*, AöR 99 (1974), 72, 89; *Antoni*, ZParl 1980, 93, 97 ff.; *Frotscher*,
DVBl. 1985, 917, 926 f.; *Becht*, Die 5 %-Klausel im Wahlrecht, 1990, S. 121 f.; *Brenner*,
AöR 116 (1991), 537, 583 ff.; *Hösch*, ThürVBl. 1996, 265, 267; *Dreier*, Jura 1997, 249,
255; *v. Arnim*, FS Kriele, 1997, S. 627, 645 ff.; *Trute*, in: v. Münch/Kunig I, Art. 38
Rn. 58 f.; *Achterberg/Schulte*, in: v. Mangoldt/Klein/Starck II, Art. 38 Abs. 1 Rn. 136 f.;
Morlok, in: Dreier II, Art. 38 Rn. 107; jew. m.w.N.
232 Dazu näher *Linck*, DÖV 1984, 884 ff.; *Jesse*, Wahlrecht zwischen Kontinuität und Reform, 1985, S. 258 ff.; *Strelen*, BWahlG, 9. Aufl., 2013, § 6 Rn. 37; *Pünder*, VVDStRL
72, 2013, S. 218; *Damm*, DÖV 2013, 913 ff.
233 Zu diesen Aspekten näher *Zimmer*, DÖV 1985, 101 ff.; *Küchler*, PVS 1986, 223 f.; *Morlok*, in: Dreier II, Art. 38 Rn. 107; *Jakobeit* et al., Evaluation des neuen Hamburger Wahlrechts bei der Bürgerschaftswahl 2011, 2011, S. 4, 132 f., 156; *Damm*, DÖV 2013,
913 ff., 918 ff.
234 SchlHVerfG, Urt. v. 13.09.2013 – LVerfG 7/12 –, BeckRS 2013, 55852, Rn. 123 f.
235 SchlHVerfG, Urt. v. 13.09.2013 – LVerfG 7/12 –, BeckRS 2013, 55852, Rn. 127.

ist die Einführung einer Hilfs- bzw. Alternativstimme möglicherweise verfassungsrechtlich zulässig, wohl aber nicht geboten[236].

84 Nach Ansicht des BVerfG hängt die Verfassungsmäßigkeit einer Sperrklausel von den jeweiligen Verhältnissen des Gebietes ab, für das sie gilt; der Gesetzgeber trägt insoweit eine Pflicht zur Überprüfung sowie gegebenenfalls zur Änderung bzw. Nachbesserung[237]. So kann die Gefahr einer Parteienzersplitterung insbesondere auf kommunaler Ebene geringer ausfallen und dem entsprechend ein Quorum von 5 %[238] oder auch von 3 %[239] der Wählerstimmen verfassungswidrig sein, weshalb die Überprüfungspflicht des Gesetzgebers auf kommunaler Ebene in der Rspr. z.T. besonders stark betont wird[240]. Auch war unter den besonderen Umständen der ersten gesamtdeutschen Bundestagswahl die unveränderte Aufrechterhaltung einer auf das ganze Wahlgebiet bezogenen 5 %-Sperrklausel nicht zulässig, da der räumliche Geltungsbereich des BWahlG und damit auch der Sperrklausel kurzfristig vor der Wahl auf die neuen Länder erweitert wurde, in denen zuvor eine gänzlich andere Parteienstruktur herrschte, weshalb zwar auch die im früheren Bundesgebiet bereits tätigen Parteien sich in den neuen Ländern nur kurze Zeit darstellen und um Wähler werben konnten, aber eine Reihe der an der Wahl teilnehmenden Parteien und Vereinigungen, die ihren Ausgangspunkt in den neuen Ländern haben bzw. nur dort auftraten, sich überhaupt erst seit wenigen Monate organisieren und politisch vorbereiten konnten[241].

c) Listenvereinigungen, Listenverbindungen, Listenkooperationen

85 Die grundsätzliche Verfassungsmäßigkeit der 5 %-Klausel hat zur Folge, dass Parteien ihre Landeslisten nicht nur deshalb verbinden dürfen, um als reine Zählgemeinschaft die 5 %-Hürde zu überwinden (Listenverbindung), da durch eine solche Verbindung der Erfolgswert der Wählerstimmen ohne zwingenden Grund ungleich gewichtet wird und daher gegen den Grundsatz der Wahlgleichheit verstößt[242].

86 Das Aufstellen einer gemeinsamen Liste als Ausdruck einer verfestigten Form des Zusammenwirkens mehrerer Parteien oder politischen Vereinigungen, die sich auf eine gemeinsame Liste von Bewerbern einigen (Listenvereinigung), ist derzeit im

---

236 Vgl. SchlHVerfG, Urt. v. 13.09.2013 – LVerfG 7/12 –, BeckRS 2013, 55852, Rn. 124 m.N.
237 BVerfGE 107, 286, 294; 120, 82, 106, 108; BVerfG (K), NVwZ 2005, 205 ff.
238 BVerfGE 120, 82, 106 ff.; BremStG, NJOZ 2009, 4325 ff.; jew. m.w.N.
239 So für Wahlen zur Hamburger Bezirksversammlung HambVerfG, DVBl. 2013, 304 ff.
      Dagegen ist eine unmittelbar in der Landesverfassung vorgesehene Drei-Prozent-Klausel
      für Wahlen zu den Bezirksverordnetenversammlungen in Berlin zulässig nach VerfGH-
      Berlin, DVBl. 2013, 848 ff.
240 VerfGHNW, DVBl. 1995, 153 ff.; DVBl. 1999, 1271, 1272 f.; BerlVerfGH, JR 1998,
      140, 142 ff. Anders HambgVerfG, NVwZ-RR 1999, 358 ff.
241 BVerfGE 82, 322, 339 ff.
242 BVerfGE 82, 322, 345 ff.; *Morlok*, in: Dreier II, Art. 38 Rn. 108 f.

einfachen Recht nicht vorgesehen, da das Listenvorschlagsrecht nur jeweils einer einzelnen Partei zusteht[243]. Die Einführung einer Listenvereinigungen zulassenden Regelung kann aber nach Ansicht des BVerfG verfassungsrechtlich grundsätzlich zulässig sein[244]. Dem ist zuzustimmen, soweit die Vereinigung von einem entsprechend verfestigten politischen Kooperationswillen getragen wird, der eine hinreichende politische Homogenität sichert und die Zusammenrechnung der Stimmen vor der 5 %-Klausel sachlich rechtfertigt.

Bei Anwendung dieser Homogenitätskriterien[245] können auch Vereinbarungen von 87
Parteien, jeweils nur eine Landesliste aufzustellen, auf dieser aber auch Mitglieder der anderen Partei zu platzieren (Listenkooperationen zu sogenannten »verdeckt-gemeinsamen« Wahlvorschlägen[246]), zu einem zulässigen Listenvorschlag führen[247]. Der dagegen gerichtete Einwand, dass die Zulassung von Listenvereinigungen vom BVerfG nur unter den besonderen Bedingungen der ersten gesamtdeutschen Wahl 1990 zugelassen wurde[248], überzeugt so nicht, da in der Urteilsbegründung Listenvereinigungen als verfassungsrechtlich grundsätzlich zulässig erachtet wurden[249]. Lediglich die Ausgestaltung, nach der zu dieser Bundestagswahl allein auf dem Gebiet der ehemaligen DDR Listenvereinigungen zugelassen wurden, musste durch die besonderen Umstände der Wahl gerechtfertigt werden[250]. Zudem war der Rekurs auf die besonderen Umstände der Wahl erforderlich, um eine Pflicht des Gesetzgebers zum Erlass solcher Regelungen zu begründen.

Allerdings kann der Gesetzgeber zur Vermeidung von Umgehungen des verfassungs- 88
rechtlich zulässigen Verbots von Listenverbindungen sowie aus Gründen der Rechtsklarheit zugunsten der Wähler die Zulässigkeit von »verdeckt-gemeinsamen« Wahlvorschlägen einschränken. Die 2008 erlassene Regelung in § 21 Abs. 1 und § 27 Abs. 5 BWahlG, wonach als Parteibewerber nur vorgeschlagen werden darf, wer nicht Mitglied einer anderen Partei ist, ist demnach verfassungsrechtlich grundsätzlich zulässig. Allein in Konstellationen, in denen die Kooperation der beteiligten Parteien verfestigt ist wie bei einer Listenvereinigung und nachgewiesen werden kann,

---

243 *Klein*, in: Maunz/Dürig, Art. 38 (Januar 2013) Rn. 132.
244 BVerfGE 82, 322, 346 f. Zu Problemen der Parteienfinanzierung für Listenvereinigungen *Becher*, ZParl 37 (2006), 538 ff.
245 Vgl. dazu *Schreiber*, DVBl. 2006, 529, 537 f., der eine nähere Auseinandersetzung des Gesetzgebers mit Umfang und Schranken eines Homogenitätsgebotes zumindest als verfassungsrechtlich möglich betrachtet.
246 Nach BVerfGE 24, 260, 267.
247 BT-Drs. 16/3900; *Pieroth*, in: Jarass/Pieroth, Art. 38 Rn. 28. Zweifelnd *Kretschmer*, in: Schmidt-Bleibtreu/Hofmann/Hopfauf, Art. 38 Rn. 21. Ablehnend *Hahlen*, in: Schreiber, BWahlG, 9. Aufl., 2013, § 18 Rn. 17, § 21 Rn. 9. Vgl. Zu den Formen parteilicher Zusammenarbeit auch *König*, DÖV 2006, 422 ff.
248 Dazu *Hahlen*, in: Schreiber, BWahlG, 9. Aufl., 2013, § 18 Rn. 16 Fn. 50 m.N.
249 BVerfGE 82, 322, 345 ff.
250 BVerfGE 82, 322, 349 f.

dass eine Umgehung des Verbots von Listenverbindungen[251] ausscheidet, ist die Regelung verfassungskonform einzuschränken, da in diesen Fällen keine hinreichenden Gründe für die Beschränkung bestehen[252].

d) Ausnahmen für nationale Minderheiten

89   Ausnahmen von der Sperrklausel sollen dagegen nach Ansicht des BVerfG zugunsten nationaler Minderheiten zulässig sein, um eine bessere Integration des Staatsvolkes bei der politischen Willensbildung durch Wahlen zu ermöglichen[253]. Dabei betont das BVerfG, dass diese Ausnahme weder verfassungsrechtlich noch völkerrechtlich zwingend geboten ist[254]. Dies relativiert allerdings wiederum die Notwendigkeit bzw. den zwingenden Charakter des Grundes für eine Abweichung von der strikt formalen Wahlgleichheit und stellt daher die Zulässigkeit der Ausnahme insgesamt in Frage[255]. Auch ist nicht ohne weiteres einzusehen, wie die wahlrechtliche Privilegierung weniger kleiner Minderheiten die Integration des Staatsvolkes auf Bundesebene fördern soll. Soweit das Verfassungsrecht nicht hinreichend explizite Regelungen enthält, wie dies in einigen Bundesländern der Fall ist[256], ist Minderheitenschutz in erster Linie ein Thema der Grundrechte, nicht dagegen des allgemeinen und gleichen Wahlrechts aller Staatsbürger.

---

251 Vgl. *Schreiber*, DVBl. 2006, 529, 536 f.

252 Wohl anders StGH BW, DÖV 1961, 744, 746 ff. sowie *Schreiber*, DVBl. 2006, 529, 536 f. mit der Forderung eines ausnahmslosen Aufstellungs- und Verbindungsverbotes für Wahlvorschläge mehrerer Parteien; differenzierender aber ebda 537 f., wo eine nähere Auseinandersetzung des Gesetzgebers mit Umfang und Schranken eines Homogenitätsgebotes zumindest als verfassungsrechtlich möglich angesehen wird.

253 BVerfGE 5, 77, 83; 6, 84, 97 f.; BVerfGK 5, 96, 105; BVerfG (K), NVwZ 2005, 205 ff.; NVwZ 2005, 568 ff. Dazu *Frowein*, AöR 99 (1974), 72, 92 f.; *Pieroth/Aubel*, NordÖR 2001, 141, 147; *Pallek*, Der Minderheitenschutz im deutschen Verfassungsrecht, 2001, S. 16, 334, 338; *Sachs*, JuS 2003, 606 f.; *Röper*, NordÖR 2003, 391, 396 f.; *Schöbener*, in: GS Blumenwitz, 2008, S. 455 ff.; *Strelen*, in: Schreiber, BWahlG, 9. Aufl., 2013, § 6 Rn. 47 ff.; *Pieroth*, in: Jarass/Pieroth, Art. 38 Rn. 22b.

254 BVerfGE 4, 31, 42 f.

255 Deshalb zweifelnd oder ablehnend *Jülich*, Chancengleichheit der Parteien, 1967, S. 113 f.; *Seifert*, Bundeswahlrecht, 3. Aufl., 1976, Rn. 29 zu Art. 38 GG sowie Rn. 28 zu § 6 BWahlG; *Kisker*, in: FS Mallmann, 1978, S. 103, 109; *Linck*, Jura 1986, 460, 465; *Becht*, Die 5-%-Klausel im Wahlrecht, 1990, S. 166; *Franke/Hofmann*, EuGRZ 1992, 401 f.; *Hösch*, ThürVBl. 1996, 265, 269; *Roth*, in: Umbach/Clemens II, Art. 38 Rn. 72; *Morlok*, in: Dreier II, Art. 38 Rn. 108; *Schöbener*, in: FS Blumenwitz, 2008, S. 455 ff.

256 Vgl. Art. 25 Abs. 5 der Verf. des Landes Brandenburg sowie Art. 5 der Verf. des Landes Schleswig-Holstein. Weiter dazu BVerfGK 5, 96, 105; BVerfG (K), NVwZ 2005, 205 f.; *Murswiek*, HStR VIII, 3. Aufl., 2010, § 201 Rn. 23; *Morlok*, in: Dreier II, Art. 38 Rn. 108. Zur rechtshistorischen Entwicklung der Privilegierungsnormen *Kühn*, Privilegierung nationaler Minderheiten im Wahlrecht der Bundesrepublik Deutschland und Schleswig-Holsteins, 1991, S. 67 ff.

e) Grundmandate

Die Ausnahme zugunsten von Parteien, die eine Mindestzahl von Direktmandaten 90
erringen und wegen dieser Grundmandate auch unterhalb der Grenze von 5 %
Stimmenanteil an der Sitzverteilung teilnehmen, ist nach Ansicht des BVerfG gleichfalls zulässig, da das Ziel, ein funktionsfähiges Parlament zu schaffen, insoweit zulässigerweise zurückgedrängt wird durch das Ziel, eine effektive politische Integration
des Staatsvolkes zu bewirken[257], womit sie in besonderem Maße dem Anliegen der
personalisierten Verhältniswahl entspricht[258].

In der Literatur wird die Grundmandatsregelung vor allem deshalb kritisiert, weil 91
nicht nur die Direktmandate in das Parlament einziehen, sondern die Partei mit ihrem Zweitstimmenanteil insgesamt an der Sitzverteilung teilnimmt, was anderen
Parteien unterhalb der 5 %-Grenze, die zwar nicht die Mindestzahl an Direktmandaten errungen haben, aber sogar einen größeren Zweitstimmenanteil haben können
und daher aus Gründe der politischen Integration des Staatsvolkes erst recht in das
Parlament einziehen müssten, verwehrt bleibt[259]. Zudem entstehen erhebliche wahl-
und verfassungsrechtliche Probleme bei der Frage der Neubesetzung eines frei gewordenen Grundmandats, die Ersatzwahlen im jeweiligen Wahlkreis erfordern können[260]. Schließlich kann die Grundmandatsregelung durch das Huckepackverfahren
missbraucht werden, bei dem eine größere Partei in Wahlkreisen auf eigene Direktkandidaten zugunsten einer kleineren Partei verzichtet, damit deren Zweitstimmen
im Interesse eines gemeinsamen politischen Zieles nicht verloren gehen[261].

Das BVerfG hält dem zwar entgegen, dass der Gesetzgeber die Anzahl der Direkt- 92
mandate als Indiz für die politische Bedeutsamkeit und damit einer größeren politischen Integrationskraft der hinter den Direktmandaten stehenden Partei werten
darf[262]. Auch wird in der Literatur darauf hingewiesen, dass die Grundmandatsklausel in aller Regel solchen Parteien zugutekommt, die einen oder mehrere örtliche
oder regionale Schwerpunkte haben und daher profilierte Schwerpunktparteien sei-

---

257 BVerfGE 4, 31, 40 f.; 5, 77, 83; 6, 84, 95 ff.; 7, 99, 107; 95, 408, 420 ff. unter Ableh-
     nung eines Erfordernis der räumlichen Nähe der Mandate. Zur Frage der Sitznachfolge
     bei Grundmandaten *Schreiber*, NVwZ 2003, 402, 405 f.
258 *Strelen*, in: Schreiber, BWahlG, 9. Aufl., 2013, § 6 Rn. 42.
259 Kritisch *Erichsen*, Jura 1984, 22, 31 f.; *Frowein*, AöR 99 (1974), 62, 92 ff.; *Wahl*, NJW
     1990, 2585, 2591; *Roth*, NJW 1994, 3269, 3270; *Hoppe*, DVBl. 1995, 265, 268 ff.; *Tru-
     te*, in: v. Münch/Kunig I, Art. 38 Rn. 60; *Roth*, in: Umbach/Clemens II, Art. 38 Rn. 72;
     Morlok, in: Dreier II, Art. 38 Rn. 111; *Kretschmer*, in: Schmidt-Bleibtreu/Hofmann/Hop-
     fauf, Art. 38 Rn. 64; *Pieroth*, in: Jarass/Pieroth, Art. 38 Rn. 31; jew. m.w.N.
260 *Jung*, NVwZ 2004, 703 ff., insbes. 705.
261 Dazu *Meyer*, Wahlsystem und Verfassungsordnung, 1973, S. 240; *Wahl*, NJW 1990,
     2585, 2591; *Roth*, in: Umbach/Clemens II, Art. 38 Rn. 73; *Morlok*, in: Dreier II, Art. 38
     Rn. 110; *Strelen*, in: Schreiber, BWahlG, 9. Aufl., 2013, § 6 Rn. 22, 44; jew. m.w.N.
262 BVerfGE 95, 408, 422 ff. Zum Argument der Wahl als Integrationsvorgang näher *Heint-
     zen*, DVBl. 1997, 744 ff.; *Meyer*, HStR III, 3. Aufl., 2005, § 46 Rn. 44.

en[263], wogegen die übrigen Parteien unterhalb der 5 %-Hürde lediglich Anhänger-schwerpunkte hätten und der Gesetzgeber zur Privilegierung dieser Parteien nicht verpflichtet sei[264].

93   Diese Unterscheidung überzeugt aber nicht durchweg, da eben auch die unter die Grundmandatsklausel fallenden Parteien nicht über die 5 %-Schwelle hinausgekommen sind und sie daher bundesweit keine entsprechende politische Bedeutsamkeit haben. Zudem erfordert die Grundmandatsregelung keinen regionalen Zusammenhang der Direktmandate, womit ein örtlicher oder regionaler Schwerpunkt nicht vorausgesetzt wird. Weiter ist die Bedeutung des regionalen Schwerpunktes als Indiz für die politische Bedeutsamkeit der Partei insoweit fraglich, als es um die Wahl zum Bundestag geht und nicht um eine Wahl in einen Land, einem Kreis oder einer Gemeinde, weshalb konsequenterweise auf die politische Bedeutung und Integration auf Bundesebene abzustellen ist. Und selbst wenn diese Hürde argumentativ überwunden wird, wird die eine Bevorzugung rechtfertigende besondere politische Bedeutsamkeit einer solchen Partei in der Zahl ihrer Direktmandate gespiegelt, weshalb eben nur diese in das Parlament einziehen sollten, und nicht auch weitere Mandate aus dem Zweitstimmenanteil.

f) Überhangmandate

94   Überhangmandate können dadurch entstehen, dass die in den Wahlkreisen errungenen Sitze einer Partei dieser auch dann erhalten bleiben, wenn sie die der Partei aufgrund des Zweitstimmenergebnisses zustehende Gesamtzahl ihrer Sitze übersteigen. Das Wahlrecht zum Deutschen Bundestag sah und sieht vor, dass die in den Wahlkreisen errungenen Sitze dem erfolgreichen Bewerber zugeteilt werden. Das frühere BWahlG beließ es dabei; es sah für die durch Überhangmandate hinzugekommenen Sitze keinen erneuten Verhältnisausgleich und keine Kompensation der anderen Parteien vor. Dagegen sieht das für die Wahl zum 18. Deutschen Bundestag im September 2013 geltende BWahlG vor, dass Überhangmandate durch zusätzliche Sitze ausgeglichen werden[265]. Das BVerfG lässt Überhangmandate grundsätzlich soweit zu, als sie aus dem Ziel der personalisierten Verhältniswahl folgen, durch die Wahl von Wahlkreisbewerbern zumindest für die Hälfte der Abgeordneten eine engere persönliche Beziehung zu ihrem Wahlkreis zu bewirken[266].

95   Allerdings hat das BVerfG in zwei Leitentscheidung zu den Überhangmandaten Anforderungen aufgestellt, die Beeinträchtigungen der Gleichheit der Wahl insgesamt in Grenzen halten. In der ersten Entscheidung aus dem Jahr 1997 hat es verlangt, dass Abweichungen bei der Wahlkreisgröße weniger als ein Drittel, bezogen auf die

---

263   *Strelen*, in: Schreiber, BWahlG, 9. Aufl., 2013, § 6 Rn. 42.

264   BVerfGE 4, 31, 38; 4, 375, 380.

265   Dazu *Holste*, NVwZ 2013, 529 ff.; *Pukelsheim/Rossi*, ZG 2013, 209 ff.; *Schreiber*, in: Friauf/Höfling Art. 38 (August 2013) Rn. 272 ff.

266   BVerfGE 7, 63, 74 f.; 16, 130, 139 ff.; 79, 169, 171 f.; 95, 335, 358, 364 ff.; 131, 316, 357 ff.

durchschnittliche Bevölkerungszahl der Wahlkreise, betragen müssen[267] und dass die Zahl der zusätzlichen Mandate nicht über das erforderliche Maß hinausgehen darf, wobei die 5 %-Sperrklausel als Anhalt für die Grenze einer zulässigen Differenzierung im Erfolgswert dienen mag[268]. In der zweiten Entscheidung aus dem Jahr 2012 hat das Gericht die Grenze der zulässigen Differenzierung im Erfolgswert deutlich enger gezogen und dem Umfang nach auf etwa eine halbe Fraktionsstärke, derzeit also 2,5 %, beschränkt[269].

Zudem hat das Gericht in einer Entscheidung aus dem Jahr 1998 klargestellt, dass **96** bei Wegfall eines Wahlkreisabgeordneten Ersatzleute aus der Landesliste nur zur Verfügung standen, soweit Sitze wieder zu besetzen waren, die die Landesliste in der Wahl zwar erworben hatte, die aber infolge der Anrechnung von Wahlkreismandaten zunächst nicht mit Listenkandidaten besetzt werden konnten[270]; ein Nachrücken in den Überhang[271] fand infolgedessen nicht statt.

Teile der Literatur und die die Entscheidung des BVerfG im Jahr 1997 nicht tragen- **97** den Richter sind dagegen der Ansicht, dass die Bevorzugung der Direktmandate durch die Anerkennung von Überhangmandaten nicht gerechtfertigt sei. Zum einen sei die besondere Berücksichtigung des personalen (Mehrheits-)Elementes der Wahl auf die Auswahl eines Teiles der Abgeordneten beschränkt, ohne die nach der Verhältniswahl zu bestimmende parteipolitische Zusammensetzung des Parlamentes zu beeinflussen[272]. Zum anderen seien die Überhangmandate nicht durch Persönlichkeitswahl gewonnene Mandate, sondern zusätzliche Listenmandate zur Zahl der durch das Proportionalsystem errungenen Sitze, weshalb die Überhangmandate auch nicht von einer engeren persönliche Beziehung des Mandatsträgers zu seinem Wahlkreis geprägt seien, was aber nach Ansicht des BVerfG der rechtfertigende Grund für Überhangmandate ist[273]. Dieses Problem zeige sich auch beim Ausschluss des Nachrückens in den Überhang, da dieser Ausschluss nur konsequent wäre, falls stets der ausgeschiedene Mandatsträger auf dem – personalisierten – Überhang säße, was aber nicht stets der Fall sein muss[274], wie das BVerfG selbst zutreffend festgestellt habe[275].

---

267 BVerfGE 95, 335, 365.
268 BVerfGE 95, 335, 366.
269 BVerfGE 131, 316, 369 f.
270 BVerfGE 97, 317, 322 ff.
271 Dazu *Strelen*, in: Schreiber, BWahlG, 9. Aufl., 2013, § 6 Rn. 33 sowie *Hahlen*, in: Schreiber, BWahlG, 9. Aufl., 2013, § 48 Rn. 11, jew. m.w.N.
272 BVerfGE 95, 335, 373; *Frowein*, AöR 99 (1974), 72, 77; *Erichsen*, Jura 1984, 22, 27; *Ipsen*, JA 1987, 232, 233; *Schmidt*, ZRP 1995, 91; *Nicolaus*, ZRP 1995, 251, 252; *Backhaus*, DVBl. 1997, 737, 742.
273 *Achterberg/Schulte*, in: v. Mangoldt/Klein/Starck II, Art. 38 Abs. 1 Rn. 141; *Morlok*, in: Dreier II, Art. 38 Rn. 112.
274 *Pukelsheim*, DVBl. 2004, 405, 412 f.; *Meyer*, HStR III, 3. Aufl., 2005, § 46 Rn. 51.
275 BVerfGE 95, 335, 362.

98   Schließlich könne selbst dann, falls man die besondere Berücksichtigung des personalen Elements als legitimes Ziel auf die Zusammensetzung des Parlaments durchschlagen ließe, die dadurch verursachte Verschiebung der Parlamentszusammensetzung auf das nötige Maß begrenzt werden, indem z.B. die Überhangmandate in der Sache auf Bundesebene abgerechnet und nahezu ausgeschlossen werden[276]. Auch wird die Einführung einer Bundesliste erwogen[277]. Alternativ könnten für Überhangmandate Ausgleichsmandate gewährt bzw. Listenmandate abgezogen werden[278] mit der Folge, dass zwar der erfolgreiche Direktkandidat ins Parlament einzieht, aber ein zusätzliches (Listen-)Mandat entweder im Ergebnis nicht entsteht oder für alle Listen ein Überhangausgleich stattfindet.

99   Der Gesetzgeber hat sich mit dem für die Wahl zum 18. Deutschen Bundestag im September 2013 geltenden BWahlG dazu entschieden, alle erfolgreichen Direktkandidaten mit Sitzen zu honorieren und durch eine Erhöhung der Gesamtsitzzahl des Bundestages in einer zweiten Stufe der Sitzverteilung eine Neuverteilung nach Zweitstimmenanteilen vorzunehmen, nach der alle Mandate gleichermaßen nach dem Zweitstimmenanteil der Parteien in der Wahl errungen wurden. Dieses Vorgehen entspricht den Vorgaben des BVerfG im Urteil vom Juli 2012 und wird auch im Übrigen als verfassungsrechtlich zulässig angesehen, da alle Mandate durch Zweitstimmenanteile hinterlegt sind[279]. Nötig war eine so weitgehende Reform allerdings nicht, da das BVerfG ausdrücklich Überhangmandate ohne Ausgleich oder Kompensation zugelassen hat, soweit diese Mandate dem Umfang nach auf etwa eine halbe Fraktionsstärke, derzeit also 2,5 % der Gesamtmandate, beschränkt bleiben[280].

100   Das Urteil ist zwar insoweit Gegenstand von Kritik, die sich neben der vom Gericht selbst in die Nähe einer schlichten Setzung gerückten Begründung[281] vor allem dagegen richtet, dass das Urteil nur Vorgaben zum zulässigen Umfang der Überhangmandate enthält, und nicht bereits die Entstehung von Überhangmandaten verhindern möchte[282]. Hinter dieser Kritik steht die Einschätzung, dass die Überhang-

---

276   Abw. Meinung BVerfGE 95, 335, 400 ff.; *Behnke*, ZfP 13 (2003), 1235, 1261 ff.; *Pukelsheim*, DÖV 2004, 405, 410 ff.; *Trute*, in: v. Münch/Kunig I, Art. 38 Rn. 61; *Achterberg/ Schulte*, in: v. Mangoldt/Klein/Starck II, Art. 38 Abs. 1 Rn. 141. Zur Vereinbarkeit mit dem Grundsatz der Unmittelbarkeit der Wahl VerfG Bbg, DVBl. 2001, 67, 68 f.

277   *Unterpaul*, NJW 1994, 3267, 3269.

278   *Nicolaus*, Demokratie, Verhältniswahl und Überhangmandate, 1995, S. 151 ff.; *Ipsen*, JZ 2002, 469, 473 ff.; *Behnke*, APuZ 52/2003, 21, 28; *Meyer*, HStR III, 3. Aufl., 2005, § 46 Rn. 50; *Morlok*, in: Dreier II, Art. 38 Rn. 112.

279   *Holste*, NVwZ 2013, 529, 531 ff.; *Pukelsheim/Rossi*, ZG 2013, 209, 225; *Schreiber*, in: Friauf/Höfling Art. 38 (August 2013) Rn. 279. Bedenken nur bei *Hettlage*, DÖV 2012, 970, 972.

280   BVerfGE 131, 316, 369 f.

281   BVerfGE 131, 316, 370. Dazu deutlich *Ipsen*, DVBl. 2013, 265, 271 f.; *Pukelsheim/Rossi*, ZG 2013, 209, 210.

282   *Holste*, NVwZ 2013, 529, 534; *Ipsen*, DVBl. 2013, 265, 271 ff.; *Pukelsheim/Rossi*, ZG 2013, 209, 210.

mandate das zentrale Problem des personalisierten Verhältniswahlrechts seien[283]. Ein – behaupteter – »Grundcharakter« der Wahl als Verhältniswahl verlange entgegen der Ansicht des BVerfG zumindest einen vollständigen Ausgleich der Überhangmandate[284]. Zudem sei eine mit der Wahlrechtsgleichheit zu vereinbarende Unterscheidung zwischen unausgeglichenen zulässigen und auszugleichenden Überhangmandaten praktisch nicht möglich[285].

Diese Einschätzungen vermögen aber nicht zu überzeugen. Die Zulässigkeit von Überhangmandaten einschließlich der darin liegenden Einflüsse auf den Erfolgswert der Stimmen ist in der verfassungsrechtlich verankerten Systemwahlfreiheit des Gesetzgebers (dazu oben Rdn. 26 ff.) angelegt, und daher grundsätzlich hinzunehmen. Zudem vermag der Aspekt einer möglichen »Entscheidung in eigener Sache« keine pauschale Anhebung der Kontrollintensität zu rechtfertigen (dazu oben Rdn. 38 ff.). Schließlich sollte dem Gesetzgeber nicht entgegen der klar erkennbaren Entscheidung für das gemischte System der personalisierten Verhältniswahl eine Entscheidung für einen Grundcharakter der Bundestagswahl als Verhältniswahl unterstellt werden, wodurch die auf der Verfassungsebene offene Systementscheidung auf die einfachrechtliche Ebene verlagert und zugleich durch Auslegung des einfachen Gesetzesrechts vom Gericht selbst getroffen wird in Richtung eines Verhältniswahlrechts. Dieses Vorgehen ist besonders durchschlagskräftig, denn es bedingt eine pfadabhängige Verstärkung: Mit jedem – vom Gericht verlangten – Schritt des Gesetzgebers in Richtung einer »reinen« Verhältniswahl wird die vom Gericht angenommene Systementscheidung des Gesetzgebers deutlicher, und dem Verhältnisproporz sind fremde Elemente einer zunehmenden Kontrolle ausgesetzt.   101

Die Probleme bei der bundesverfassungsgerichtlichen Festlegung einer konkreten Grenze für den Umfang der Überhangmandate und insbesondere bei der das Urteil vom Juli 2012 prägenden Verringerung dieses Umfangs weisen daher deutlich darauf hin, dass das BVerfG im Zusammenspiel der vorstehend aufgezeigten Aspekte seine verfassungsgerichtliche Kontrolldichte in Bezug auf die Überhangmandate zu weit getrieben und den verfassungsrechtlich vorgesehenen und in Art. 38 Abs. 3 GG explizit betonten Spielraum des Gesetzgebers bei der Ausgestaltung des Wahlrechts nicht hinreichend respektiert hat[286]. Geboten sind eine Revidierung und Relativierung der Ansätze zur Intensivierung der gerichtlichen Kontrolldichte, sowie eine stärkere Betonung der im Grundgesetz verankerten Freiheit des Wahlgesetzgebers in Bezug auf das Wahlsystem.   102

---

283 *Ipsen*, DVBl. 2013, 265, 271.
284 *Ipsen*, DVBl. 2013, 265, 273.
285 *Pukelsheim/Rossi*, ZG 2013, 209, 210.
286 Vgl. dazu *Grzeszick/Lang*, Wahlrecht als materielles Verfassungsrecht, 2012, S. 19 ff., 26 ff., 69 ff.

g) Negatives Stimmgewicht

103 Als Verstoß gegen die Grundsätze der Gleichheit und der Unmittelbarkeit der Wahl hat das BVerfG den Effekt des negativen Stimmgewichts beurteilt[287]. Die einschlägigen Entscheidungen betreffen den durch frühere Fassungen des BWahlG hergestellten Zusammenhang zwischen Überhangmandaten und Landeslisten bzw. Ländersitzkontingenten bei der Mandatsverteilung, in dessen Folge ein Zuwachs an Stimmen für eine Partei zu einem Verlust an Sitzen dieser Partei führt, bzw. ein Zuwachs an Stimmen für eine Partei – oder ein Zuwachs an Stimmen für konkurrierende Parteien – zu einem Zuwachs an Sitzen dieser Partei führen kann. Diese als negatives Stimmgewicht oder inverser Erfolgswert bezeichnete[288] Wirkung verkehrt den Erfolgswert einer Stimme in vom Wähler nicht vorhersehbarer Weise in sein Gegenteil.

104 Falls derartige Effekte nicht nur in seltenen und unvermeidbaren oder zu vernachlässigenden Ausnahmefällen auftreten, sind die entsprechenden wahlrechtlichen Regelungen als intensive Beeinträchtigung der Erfolgswertgleichheit und der Unmittelbarkeit der Wahl nach Ansicht des BVerfG verfassungswidrig[289]. Die Wahrung des föderalen Proporzes der Zweitstimmen ist zwar ein legitimes Ziel bei der Ausgestaltung des Wahlrechts[290]. Die föderalen Belange haben aber kein hinreichendes Gewicht, den im negativen Stimmgewicht liegenden ganz erheblichen Eingriff in die Wahlrechtsgrundsätze zu rechtfertigen, da der Gesetzgeber weder zu einer so weitgehenden wahlrechtlichen Rücksichtnahme auf die föderale Gestalt der rechtlichen und politischen Ordnung Deutschlands verpflichtet ist, noch eine solche Rücksichtnahme geboten oder zwangsläufige Folge einer mit der Personalwahl verbundenen Verhältniswahl ist[291].

105 Dazu verweist das BVerfG auf seiner Ansicht nach verfassungsrechtlich zulässige Regelungsalternativen, die den Effekt des negativen Stimmgewichst vermeiden: Eine bundesweite Mandatsabrechnung mit Berücksichtigung von Überhangmandaten bei der Oberverteilung; der Verzicht auf Listenverbindungen; eine Wahl mit Landessitzkontingenten nach der Zahl der Bevölkerung oder der Wahlberechtigten; sowie eine

---

287 BVerfGE 121, 266, 294 ff.; 131, 316, 346 ff. Bereits zuvor für Verfassungswidrigkeit *Meyer*, KritV 77 (1994), 312, 321 f., 349; *Unterpaul*, NJW 1994, 3267, 3269; *Nicolaus*, ZParl 1995, 353, 370; *ders.*, Demokratie, Verhältniswahl und Überhangmandate, 1995, S. 160; *Schmidt*, ZRP 1995, 91, 94; *Ehlers/Lechleitner*, JZ 1997, 761, 763; *Trute*, in: v. Münch/Kunig I, Art. 38 Rn. 61a; *Ipsen*, JZ 2002, 469 ff.

288 Näher *Meyer*, KritV 77 (1994), 312, 321 f.; *Ehlers/Lechleitner*, JZ 1997, 761, 763; *Ipsen*, JZ 2002, 469, 471; *Pukelsheim*, DVBl. 2008, 889 ff.; jew. m.w.N.

289 BVerfGE 121, 266, 307 f.; 131, 316, 346 f. Dagegen offensichtlich noch keine Beanstandung in BVerfGE 95, 335, 343, 346.

290 BVerfGE 95, 335, 350; 121, 266, 302 f.

291 BVerfGE 121, 266, 302 ff.; 131, 316, 351.

Wahl hälftig nach dem Mehrheits- und hälftig nach dem Verhältniswahlprinzip (Grabensystem)[292].

Ob diese sowie weitere in der Literatur diskutierten Alternativen, die z.T. bereits zur **106** Korrektur von Überhangmandaten entwickelt wurden, jeweils verfassungsrechtlich unbedenklich sind, wird zum Teil bezweifelt. Vor allem gegen eine bundesweite Mandatsabrechnung wird das Argument angeführt, dass der Gesetzgeber auf die bundesstaatliche Gliederung und dem entsprechenden Aufbau der Parteien auch im Wahlrecht Rücksicht nehmen dürfe und müsse[293].

Dem wird entgegnet, dass auch bei einer Abrechnung der Mandate auf Bundesebene **107** die errungenen Direktmandate erhalten bleiben und im Übrigen eine proportionale Verteilung stattfindet, weshalb die Beeinträchtigung der bundesstaatlichen Gliederung und der entsprechenden Strukturen der Parteien nicht sonderlich intensiv sei[294]. Dies könne auch auf die Bedenken gegen die Alternative, auf Listenverbindungen zu verzichten[295], zutreffen. Zudem dürften die bundesstaatlichen Argumente bei der Gestaltung des Bundestagswahlrechts nicht überbewertet werden, da bei der Wahl des Bundestages als unitarischem Vertretungsorgan des Bundesvolkes ein verfassungsrechtlicher Zwang zur Berücksichtigung föderativer Gesichtspunkte nur in Grenzen bestehe[296]. Dem jeweils verbleibenden und praktisch relevanten Problem eines veränderten Erfolgswertes durch Überhangmandate einer Partei, die nur in einem Land zur Bundestagswahl antritt und daher keinen Ansatzpunkt für eine länderübergreifende Korrektur bietet, könne, falls man diese Konstellation nicht als eine föderal bedingte und systembedingt hinnehmbare Verwerfung ansieht, mit einer Ausgleichsregelung zugunsten der anderen Parteien entgegengewirkt werden[297].

Insgesamt dürfen Bedenken gegenüber dem Ansatz, Ausgleichsregelungen vorzuse- **108** hen, die z.B. durch Ausgleichsmandate, die aus den Landeslisten der anderen Parteien besetzt werden und dadurch die Gewichtsverhältnisse zwischen den Landesverbänden der Parteien insgesamt verschieben[298], nicht überbewertet werden. Soweit

---

292 BVerfGE 121, 266, 307; 131, 316, 351 f.
293 BVerfGE 95, 335, 350; *Schwarz*, DÖV 1962, 373, 377, *Mager/Uerpmann*, DVBl. 1995, 273, 278; *Poschmann*, BayVBl. 1995, 299, 302; *Papier*, JZ 1996, 265, 272 f.; *Heintzen*, Reformkommission zur Größe des Deutschen Bundestages, Kommissionsdrucksache 9/1996, 91; *Badura*, BK, Anh. z. Art. 38 (Mai 2013) Rn. 58.
294 *Trute*, in: v. Münch/Kunig I, Art. 38 Rn. 61 f.; *Strelen*, in: Schreiber, BWahlG, 9. Aufl., 2013, § 6 Rn. 34d.
295 *Meyer*, DVBl. 2009, 137, 140.
296 Vgl. dazu BVerfGE 6, 84, 99; 16, 130, 143; 95, 335, 402 (abw.M.); BVerfG, DVBl. 2008, 1045, 1049; Schreiber, ZRP 1997, 105, 109; *Hahlen*, in: Schreiber, BWahlG, 9. Aufl., 2013, § 3 Rn. 7.
297 Dazu näher *Strelen*, in: Schreiber, BWahlG, 9. Aufl., 2013, § 6 Rn. 34d.
298 *Mager/Uerpmann*, DVBl. 1995, 273, 278; *Poschmann*, BayVBl. 1995, 299, 302; *Papier*, JZ 1996, 265, 273 f.; *Pauly*, AöR 123 (1998), 232, 264; *Badura*, BK, Anh. z. Art. 38 (Mai 2013) Rn. 58; *Pukelsheim/Maier*, ZParl 2008, 312, 315, 322; *Meyer*, DVBl. 2009, 137 f.

die Bestimmungen über die Zuteilung der Mandate vorab hinreichend klar festliegen und damit eine entsprechende Mandatsvergabe unmittelbar auf dem Willen der Wähler beruht, können Ausgleichsregelungen verfassungsgemäß sein[299].

109 Die Alternative einer Kompensationsregelung, bei der die in einem Land zugunsten einer Partei anfallenden Überhangmandate durch Abzug von Mandaten bei anderen Landeslisten derselben Partei ausgeglichen werden, vertieft durch die Kompensation aus der anderen Landesliste der Partei die – durch das Überhangmandat bereits entstandene – Störung des föderalen Proporzes zwischen den Landeslisten der Partei[300]. Ein solcher Regelungsansatz könnte aber entsprechend den vorgenannten Überlegungen zum verfassungsrechtlichen Gewicht der föderalen Gliederung im Wahlrecht zumindest dann grundsätzlich zulässig sein, falls für das Nachrücken eine verfassungsrechtlich befriedigende Regelung getroffen wird[301]. Hier liegt es dann aus föderaler Sicht nahe, aus den Landeslisten nachrücken zu lassen, die einen Kompensationsausgleich erbringen mussten, um die Störung des föderalen Proporzes zwischen den Landeslisten der Partei möglichst gering zu halten. Allerdings verbleibt es stets dabei, dass ein eigentlich erfolgreicher Listenkandidat aufgrund eines in einem anderen Land erzielten Überhangmandates sein Mandat im Ergebnis – zumindest zunächst – nicht erhält.

110 Gleichfalls kann möglicherweise ein Grabensystem, bei dem ein bestimmter Anteil der Abgeordneten direkt und ein bestimmter Anteil mittels Liste gewählt werden, ohne dass eine Anrechnung der Direktsitze auf die Landeslistensitze stattfindet[302], im Grundsatz verfassungsrechtlich unbedenklich gestaltet werden[303].

111 Eine Zuteilung fester Sitzkontingente an die Bundesländer mit der Folge einer proportionalen Repräsentanz im Bundestag ist zwar verfassungsrechtlich nicht geboten[304], könnte aber zulässig sein, falls die Wahlrechtsgrundsätze sowie die weiteren Vorgaben der Verfassung beachtet werden. Hier wird zum einen darauf verwiesen, dass eine separate Sitzzuteilung in den einzelnen Ländern dem unitarischen Charakter des Bundestages als Repräsentation des ganzen (Bundes)Volkes entgegenwirke[305]. Allerdings wird die Bundestagswahl bereits jetzt auf der Grundlage von – in der Re-

---

299 Für die verfassungsrechtliche Zulässigkeit von Ausgleichsmandaten *Schmidt*, ZRP 1995, 91 ff.; *Mann*, ZParl 1996, 398 ff.; *Meyer*, HStR III, 3. Aufl., 2005, § 46 Rn. 50; *Ipsen*, JZ 2002, 469, 473; *Rauber*, ZParl 2003, 116, 121. Ebenfalls dafür – allerdings ohne Rücksicht auf föderale Aspekte, da auf Landesebene – VerfGH Berlin, LVerfGE 9, 23, 27 f.; 14, 63, 70; DVBl. 2007, 502, 504.
300 *Badura*, BK, Anh. z. Art. 38 (Mai 2013) Rn. 58.
301 Dazu *Strelen*, in: Schreiber, BWahlG, 9. Aufl., 2013, § 6 Rn. 34d.
302 Dazu nur *Strohmeier*, ZParl 2007, 578, 585 ff.; *Franke/Grimmel*, ZParl 2007, 591, 596 ff.
303 So *Schreiber*, BWahlG, 9. Aufl., 2013, § 6 Rn. 34d.
304 Vgl. auch BVerfGE 6, 84, 99; 16, 130, 143, 95, 335, 402; *Schreiber*, ZRP 1997, 105, 109.
305 *Meyer*, DVBl. 2009, 137, 141.

gel verbundenen – Landeslisten durchgeführt, ohne dass dieses Vorgehen bisher aus föderaler Perspektive beanstandet wurde.

Zum anderen ist zu bedenken, dass in Folge unterschiedlicher Wahlbeteiligung in den Ländern auftretende Unterschiede bei den erforderlichen Stimmenzahlen zur Erringung eines Mandates zu einer Beeinträchtigung des gleichen Erfolgswertes der abgegebenen Stimmen führen, die dann gegebenenfalls durch zwingende Gründe zu rechtfertigen sind. Gegen eine Berücksichtigung unterschiedlicher Wahlbeteiligungen könnte zwar sprechen, dass die Wahlteilnahme Teil der Wahlfreiheit der Wähler ist, was einer Zurechnung der Unterschiede zum Gesetzgeber tendenziell entgegenwirkt. Allerdings hat das BVerfG wiederholt ausgesprochen, dass das Wahlrecht sich an der politischen Wirklichkeit zu orientieren hat[306], weshalb Regelungen, die vorhandene tatsächliche föderale Unterschiede bei der Beteiligung an Bundestagswahlen weitergeben oder möglicherweise noch verstärken, problematisch sein könnten. Sollte dieser Effekt der föderalen Verzerrung durch Anknüpfen an die Bevölkerungszahl zunehmen und neben einer gesteigerten Größenordnung auch eine dauerhafte Tendenz erkennbar sein, wäre zu überlegen, ob der Gesetzgeber zur Wahrung der Erfolgswertgleichheit gegensteuern sollte oder sogar müsste[307]. 112

Dennoch hat das BVerfG entsprechende Ansätze als grundsätzlich verfassungsgemäße Lösungsmöglichkeiten angesehen[308]. Die im Landesvergleich unterschiedlichen Erfolgswerte der Wählerstimmen beeinträchtigt zwar die Genauigkeit der verhältnismäßigen Repräsentation. Allerdings ist dieser Nachteil nach Ansicht des BVerfG nicht derart gewichtig, dass er die massive Beeinträchtigung der Wahlrechtsgleichheit und der Chancengleichheit der Parteien durch den Effekt des negativen Stimmgewichts überwöge. Der Gesetzgeber hat das Ziel der Verhältniswahl, den politischen Willen der Wählerschaft im Parlament möglichst wirklichkeitsnah abzubilden, verschiedentlich in verfassungsrechtlich zulässiger Weise relativiert, nämlich durch die 5 %-Sperrklausel und effektive Sperrwirkungen; zudem bestand nach früherem Wahlrecht die Möglichkeit des Anfalls von nicht ausgeglichenen Überhangmandaten. Hinzu kommt, dass das tatsächliche Stimmgewicht von verschiedenen Umständen der jeweiligen Wahl abhängt, zu denen insbesondere die Wahlbeteiligung gehört, die daher bei der normativen Sicherung der Erfolgswertgleichheit keine Berücksichtigung finden muss. 113

Vorgeschlagen wird schließlich noch die – im Grundsatz verfassungsrechtlich zulässige (siehe unten Rdn. 123) – Umstellung des Mandatsberechnungsverfahrens auf die Methode Saint-Laguë/Schepers, die das Entstehen von Überhangmandaten und damit die wesentliche Ursache für negative bzw. inverse Stimmgewichte vermeiden soll[309]. 114

---

306 BVerfGE 95, 408, 418 f. m.w.N.
307 Dazu *Grzeszick*, ZG 2014, 239, 243 f.
308 Dazu sowie zum Folgenden BVerfGE 131, 316, 352.
309 *Pukelsheim*, DÖV 2004, 405, 412 ff.

115   Insgesamt ist bei der verfassungsrechtlichen Beurteilung der verschiedenen Alternativen zu beachten, dass es neben einer Beeinträchtigung der Grundsätze der Gleichheit und der Unmittelbarkeit der Wahl zu Beeinträchtigungen des föderalen Proporzes, der personalen Elemente, der Genauigkeit der verhältnismäßigen Repräsentation der Parteien oder der Reststimmenverwertung bei Landeslisten kommen kann[310]. Der Gesetzgeber hat daher bei der Regelung des Bundeswahlrechts, die die verschiedenen kollidierenden Positionen zu einem Ausgleich bringen muss, einen Gestaltungsspielraum, der auch vom BVerfG zu achten ist[311].

116   Das ab Sommer 2013 geltende BWahlG sieht für die Sitzzuteilung[312] vor, dass zunächst 598 Sitze auf die Länder nach deren Bevölkerungsanteil verteilt werden. Anschließend werden in jedem Land die Sitze auf die Landeslisten der Parteien, die die – bundesweite – Sperrklausel überwunden haben, verteilt. Fallen dabei Mandate an, bei denen die Erststimmenzuteilung nicht auch durch die Zweitstimmenzuteilung gedeckt ist, bleiben diese Überhangmandate erhalten. Sie führen allerdings dazu, dass dann rechnerisch die Gesamtzahl der zu verteilenden Sitze so weit erhöht wird, bis in der bundesweiten Verteilung auf jede Partei so viele Sitze entfallen, wie sie bei der ersten Verteilungsberechnung einschließlich der Überhangmandate erhalten hätte. Die gegebenenfalls erhöhte Gesamtsitzzahl wird dann auf die Parteien und innerhalb dieser auf die Landeslisten verteilt. Diese flexible proporzsichernde Sitzzahlerhöhung sichert dabei nicht nur das Ergebnis der vorgeschalteten Mehrheitswahl, sondern auch den Parteiproporz, also das Ergebnis der Verhältniswahl nach Landeslisten, denn im Ergebnis verändern damit die ursprünglich zu einem Überhang führenden Mandate das nach Zweitstimmenverhältnis errechnete Mandatsverhältnis der Parteien zueinander nicht mehr. Zudem wird vermieden, dass es im Rahmen der Sitzzuteilungsberechnung zu Wanderbewegungen einzelner Sitze zwischen den Landeslisten kommt, die nicht durch Zweitstimmenanteile gedeckt sind und deshalb zu inversen Effekten bzw. negativen Stimmgewichten führen könnten[313].

h) Berliner Zweitstimmen

117   Im Rahmen der Novellierungen des BWahlG ist der vom BVerfG[314] festgestellte Verstoß gegen den verfassungsrechtlichen Grundsatz der Erfolgswertgleichheit beseitigt worden, der darin lag, dass bei der Ermittlung der Zweitstimmen nach früherem Recht auch die Zweitstimmen von Wählern mitgezählt werden, die in einem oder

---

310   BVerfGE 121, 266, 307; 131, 316, 351 f. Vgl. auch *Schreiber*, in: Friauf/Höfling, Art. 38 (Juli 2013) Rn. 131; *ders.*, NVwZ 2002, 1, 7 f.; *Strelen*, in: Schreiber, BWahlG, 9. Aufl., 2013, § 6 Rn. 32 sowie Rn. 34d, jew. m.w.N.

311   BVerfGE 6, 84, 94; 51, 222, 237 f.; 121, 266, 303 f., 307.

312   Dazu *Schreiber*, in: Friauf/Höfling, Art. 38 (August 2013) Rn. 272 ff.; *Boehl*, Das neue Wahlrecht – personalisierte Verhältniswahl reloaded, in: Oppelland (Hrsg.), Das deutsche Wahlrecht im Spannungsfeld von demokratischer Legitimität und politischer Funktionalität, 2015, S. 21 ff.

313   *Holste*, NVwZ 2013, 529, 531; *Pukelsheim/Rossi*, ZG 2013, 209, 225.

314   BVerfGE 79, 161, 168 f.; BVerfG, NVwZ-RR 2009, 313, 315.

zwei Wahlkreisen den Kandidaten einer Partei zum Erfolg verholfen haben, die an der 5 %-Sperrklausel scheitert, weshalb die Wähler bei der Zweitstimmenvergabe an eine Partei, die an der (Listen)Sitzverteilung teilnimmt, einen doppelten Stimmerfolg erzielen konnten[315] (sog. Berliner Zweitstimmen[316]); dazu auch unten Rdn. 120.

i) Quoren und Anzeigepflichten

Grundsätzlich zulässig ist dagegen das Erfordernis von Unterschriftenquoren, die für **118** die Einreichung von Wahlvorschlägen von in der Vergangenheit wenig erfolgreichen Parteien sowie für nicht von Parteien eingereichte Wahlvorschläge verlangt werden[317]. Quoren verfolgen den rechtfertigenden Zweck, nicht ernsthafte oder von vornherein aussichtslose Bewerber auszuschließen sowie einer übermäßigen Zersplitterung der Stimmen entgegenzuwirken. Der Zweck der Zersplitterungsvermeidung wird zwar zum Teil mit dem Argument kritisiert, dass dieser Gefahr bereits durch die 5 %-Klausel hinreichend begegnet werde[318]. Diese Kritik verkennt aber, dass die 5 %-Klausel schwerpunktmäßig nach der Wahl wirkt, wogegen die Quoren bereits vor der Wahl wirken und deshalb eine eigenständige Berechtigung haben können[319]. Allerdings müssen die Quorenanforderungen angemessen begrenzt sein[320]. Soweit dies der Fall ist, darf gemäß den rechtfertigenden Gründen auch zwischen bereits parlamentarisch vertretenen und zur Wahl neu antretenden Parteien sowie zwischen Parteien und parteifreien Wählergruppierungen differenziert werden[321].

Mit den gleichen Gründen kann auch die Anzeigepflicht bislang parlamentarisch **119** nicht hinreichend vertretener Parteien und die Feststellung ihrer Parteieigenschaft im Sinne des BWahlG gerechtfertigt werden[322]. Der Zweck der Regelungen ist auch durch die Anforderungen des Parteiengesetzes nicht vollständig obsolet geworden[323].

---

315 Dazu näher *Scholz/Hofmann*, ZRP 2003, 39 ff.
316 *Strelen*, in: Schreiber, BWahlG, 9. Aufl., 2013, § 6 Rn. 4.
317 BVerfGE 3, 19, 27; 3, 383, 392 ff.; 4, 375, 382; 5, 77, 81 f.; 6, 84, 98; 12, 10, 27; 12, 132, 134; 12, 135, 137; 14, 121, 135; 24, 260, 265; 41, 399, 421; 60, 162, 167 f.; 67, 369, 380; 71, 81, 96 f.; 82, 353, 364; 85, 264, 293; BayVerfGH, BayVBl. 1995, 624, 625 f. Vgl. auch *Mahrenholz*, Wahlgleichheit im parlamentarischen Parteienstaat der Bundesrepublik, 1957, S. 83 ff.
318 *Frowein*, AöR 99 (1974), 72, 97 f.; *Lege*, Unterschriftenquoren zwischen Parteienstaat und Selbstverwaltung, 1996, S. 28 ff.; *Meyer*, HStR III, 3. Aufl., 2005, § 46 Rn. 58; *Morlok*, in: Dreier II, Art. 38 Rn. 102 Fn. 303.
319 *Schreiber*, in: Friauf/Höfling, Art. 38 (Juli 2013) Rn. 135.
320 Vgl. BerlVerfGH, NVwZ-RR 2003, 466.
321 *Schreiber*, in: Friauf/Höfling, Art. 38 (Juli 2013) Rn. 135.
322 BVerfGE 5, 77, 84; 89, 266, 270; 89, 291, 301; *Schreiber*, in: Friauf/Höfling, Art. 38 (Juli 2013) Rn. 134.
323 So aber *Meyer*, HStR III, 3. Aufl., 2005, § 46 Rn. 58; *Morlok*, in: Dreier II, Art. 38 Rn. 102.

j) Starre Listen und Stimmsplitting

120 Die Wahlgleichheit steht weiter der Einführung starrer Listen nicht entgegen[324]. Auch die Möglichkeit des Splittens von Erst- und Zweitstimme ist verfassungsrechtlich zulässig[325], soweit der Gesetzgeber Konstellationen vorbeugt, in denen es zu einem erhöhten Stimmgewicht kommen kann[326]. Demnach ist die Nichtberücksichtigung der Zweitstimmen von Wählern erfolgreicher, parteiloser Wahlkreisbewerber bei der Verteilung der nach Landeslisten zu besetzenden Sitze kein Verstoß gegen die Erfolgswertgleichheit, da hierdurch gerade vermieden wird, dass Wähler mit ihrer Stimme einen doppelten Stimmerfolg erzielen können[327].

Allerdings wurde früher dabei nicht erfasst die Konstellation der sog. Berliner Zweitstimmen, bei denen die Wähler in einem oder zwei Wahlkreisen den Kandidaten einer Partei, die an der Sperrklausel scheitert, zum Erfolg verhelfen, weshalb die Wähler bei einer Vergabe ihrer Zweitstimme an eine Partei, die an der (Listen)Sitzverteilung teilnimmt, einen doppelten Stimmerfolg erzielt haben[328]; das BWahlG war insoweit verfassungswidrig, und ist geändert worden (dazu auch oben Rdn. 117).

k) Bewerberreihung auf Stimmzettel

121 Die Reihungsregelung der Wahlbewerber und Parteien auf den Stimmzetteln ist gleichfalls verfassungsrechtlich unbedenklich[329]. Die Reihung kann zwar möglicherweise die Gleichheit der Erfolgschancen beeinträchtigen. Dass eine Reihenfolge bestimmt wird, ist aber unabdingbar und die Reihung nach den verwendeten Kriterien ist im Grundsatz verfassungsrechtlich nicht zu beanstanden[330]. Zu überlegen ist aber, ob bei Landtags- und Kommunalwahlen die Reihenfolge nach den Stärkeverhältnissen der Parteien in den zu wählenden Vertretungskörperschaften statt an den Verhältnissen im Bundestag ausgerichtet wird[331].

l) Wahlkreiseinteilung

122 Die Erfolgswertgleichheit kann auch durch die Einteilung der Wahlkreise und insbesondere ihre Größe beeinflusst werden. Die – praktisch kaum vermeidbaren – Größenunterschiede sind deshalb möglichst gering zu halten[332]. Die Regelungen des

---

324 BVerfGE 7, 63, 69 f.; 47, 253, 283.
325 BVerfGE 95, 335, 367.
326 *Roth*, in: Umbach/Clemens II, Art. 38 Rn. 96 f.
327 BVerfGE 5, 77, 82 f.; 7, 63, 73 ff.; 79, 161, 166 ff.; 95, 335, 363; *Fuchs-Wissemann*, DRiZ 1981, 325, 329; *Roth*, in: Umbach/Clemens II, Art. 38 Rn. 97; *Strelen*, Schreiber, BWahlG, 9. Aufl., 2013, § 6 Rn. 3, 21.
328 Dazu näher *Scholz/Hofmann*, ZRP 2003, S. 39 ff.
329 BVerfGE 29, 154, 164.
330 HessStGH, NVwZ-RR 1993, 654, 657; *Morlok*, in: Dreier II, Art. 38 Rn. 103; *Hahlen*, in: Schreiber, BWahlG, 9. Aufl., 2013, § 30 Rn. 9.
331 *Morlok*, in: Dreier II, Art. 38 Rn. 103.
332 BVerfGE 13, 127, 128 f.; 79, 169, 171; 95, 355, 358; BVerfG (K), NVwZ 2002, 72.

BWahlG sind insoweit verfassungsgemäß[333], da auf eine möglichst gleiche Größe der Wahlkreise zu achten ist, Abweichungen nur bis zu einer Höhe von 15 % vorkommen sollen und bei Abweichungen über 25 % eine Neuabgrenzung vorzunehmen ist[334].

Bei der Einteilung des Wahlgebietes darf auch auf die deutsche Wohnbevölkerung einschließlich der nicht Wahlberechtigten abgestellt werden[335]. Zwar gebietet die Wahlrechtsgleichheit im Grundsatz eine Einteilung der Wahlkreise auf der Grundlage der Zahl nur der Wahlberechtigten, da die Wahlrechtsgleichheit an die Wahlberechtigten anknüpft, nicht an die Wohnbevölkerung. Die Wahlrechtsgleichheit wird allerdings auch bei der Heranziehung der deutschen Wohnbevölkerung als Bemessungsgrundlage nicht beeinträchtigt, solange sich der Anteil der Minderjährigen an der deutschen Bevölkerung regional nur unerheblich unterscheidet. Erst wenn sich nicht nur unerhebliche Abweichungen zwischen der Bevölkerung und der Zahl der Wahlberechtigten ergeben, kann eine Änderung der Wahlkreiseinteilung geboten sein; ob dies der Fall ist, hat der Gesetzgeber regelmäßig zu überprüfen.

m) Mathematische Berechnungs- und Verteilungsverfahren

Die Erfolgswertgleichheit der Stimmen wird in Hinsicht auf das Verfahren zur Berechnung und Verteilung der Mandate sowohl durch das derzeitige Proportionalberechnungsverfahren nach Hare/Niemeyer als auch durch das früher praktizierte Höchstzahlberechnungsverfahren nach d'Hondt zwar weitgehend, aber nicht vollständig gewährleistet. Da keine Bruchteilsmandate vergeben werden können[336] und deshalb Verzerrungen unvermeidlich sind, konnte nach Ansicht des BVerfG der Gesetzgeber sich zwischen den beiden Berechnungsverfahren entscheiden[337]. Auch die Divisormethode mit Standardrundung nach Saint-Laguë/Schepers, nach der im Bundestag die Ausschusssitze vergeben werden, kommt in Betracht[338] und soll gegenüber den anderen beiden Berechnungsmethoden mathematische Vorzüge aufweisen, weshalb zum Teil ihre Einführung – gegebenenfalls in leicht modifizierter Form – favorisiert wird[339]. 123

---

333 BVerfGE 130, 212, 224 ff.

334 Grenze von 25 % nach BVerfG 95, 335, 365. Dazu kritisch *Lenz*, ZRP 1996, 345, 348; *Schreiber*, ZRP 1997, 105 ff.; *Hahlen*, in: Schreiber, BWahlG, 9. Aufl., 2013, § 3 Rn. 2–6.

335 Dazu sowie zum Folgenden ausführlich BVerfGE 130, 212, 230 ff.

336 *Morlok*, in: Dreier II, Art. 38 Rn. 105 zugleich gegen *Meyer*, Wahlsystem und Verfassungsordnung, 1973, S. 169.

337 Vgl. zu den Fragen näher BVerfGE 16, 130, 144; 34, 81, 100 f.; 79, 169 ff.; BVerfG (K), NVwZ-RR 1995, 213 f. Kritisch dagegen *Pukelsheim*, DÖV 2004, 405 ff.; *Meyer*, HStR III, 3. Aufl., 2005, § 46 Rn. 55 ff.; *Rauber*, NVwZ 2014, 626 ff.

338 Vgl. dazu BVerfGE 96, 264, 282 f.; 106, 253 ff.; *Schreiber*, in: Friauf/Höfling, Art. 38 (Juli 2013) Rn. 140.

339 *Morlok*, in: Dreier II, Art. 38 Rn. 105; *Pukelsheim*, DÖV 2004, 405, 408 ff.; *Pukelsheim/Maier*, ZParl 2005, 763, 772; *Pukelsheim*, DVBl. 2008, 889 ff.; *Pukelsheim/Maier*, ZParl 2008, 312, 313 f., 319 ff.; *Lennep/Wellmann*, NWVBl. 2008, 98 ff.

n) Briefwahl

124 Der Grundsatz der Gleichheit der Wahl verpflichtet den Gesetzgeber weder zum Ausgleich vorgefundener Unterschiede zwischen den konkurrierenden Bewerbern und Bewerbergruppen[340] noch zur Einrichtung einer Brief- oder Vorauswahl[341]. Entschließt sich der Gesetzgeber für die Einführung einer Briefwahl, sind möglicherweise verursachte Beeinträchtigungen der Gleichheit der Wahl – wie auch der Freiheit und der Geheimheit der Wahl – insoweit gerechtfertigt, als sie erforderlich sind, um eine möglichst umfassende Wahlbeteiligung zu ermöglichen und damit dem Ziel der Allgemeinheit und Freiheit der Wahl der Bürger zu dienen, die ohne die Möglichkeit der Briefwahl an der Wahl nur unter Mühen und Einschränkungen oder eventuell überhaupt nicht teilnehmen könnten[342].

125 Dem entsprechend ist nach Ansicht des BVerfG die Ermöglichung der Briefwahl ohne Angaben von Gründen bei der Europawahl verfassungsgemäß[343]: Zwar sei bei der Briefwahl die öffentliche Kontrolle schwächer, aber der Gesetzgeber habe mit dem Verzicht auf die Angabe von Gründen und deren Glaubhaftmachung für die Wahrnehmung der Briefwahl auf die zunehmende Mobilität in der heuten Gesellschaft sowie eine verstärkte Hinwendung zu individueller Lebensgestaltung reagiert und die Begründungspflicht habe sich nach nicht zu beanstandender Einschätzung des Gesetzgebers als praktisch nutzlos erwiesen. Daher sei es auch nicht zu beanstanden, wenn der Gesetzgeber befürchtet, dass eine weitere Regulierung der Briefwahl angesichts der schwindenden Bereitschaft zur Stimmabgabe im Wahllokal mit dem Risiko einer weiter abnehmenden Wahlbeteiligung behaftet ist.

o) Überwachung der Wahl und Ergebnisbekanntgabe

126 Die Gleichheit der Wahl gebietet die Einführung einer Wahlprüfung, die sich auch auf die Ermittlung des Wahlergebnisses in angemessener Zeit erstreckt[344]. Desgleichen kann der Gesetzgeber unter Umständen dazu verpflichtet sein, die ordnungsgemäße und fristgerechte Wahlvorbereitung zu überwachen[345].

p) Chancengleichheit der Bewerber im Wahlumfeld

127 Die Wahlgleichheit wirkt über das Wahlverfahren hinaus auch auf staatliches Verhalten, das den weiteren Kontext des politischen Wettbewerbs der Parteien und Kandidaten betrifft. Das BVerfG nimmt hier einen Grundsatz der Chancengleichheit

---

340 BVerfGE 78, 350, 358.
341 BVerfGE 12, 139, 142; 15, 165, 167.
342 BVerfGE 12, 139, 142; 15, 165, 167; 21, 200, 204 f.; 36, 139, 143; 59, 119, 125 ff.
343 BVerfG, NVwZ 2013, 1272 ff. Dagegen die Freigabe der Briefwahl als zur Präsenzwahl gleichwertige Wahl ablehnend *Richter*, DÖV 2010, 606 ff. Vgl. dazu sowie zu weiteren Argumenten *Grzeszick*, ZG 2014, 239, 250.
344 BVerfGE 85, 148, 158.
345 BVerfGE 82, 353, 367.

der Wahlvorschlagsträger und Wahlbewerber an, der für unterschiedliche Behandlungen einen zwingenden Grund erfordert. Für die Handlungsmöglichkeiten der Parteien gilt dabei eine strikte Gleichheit, wogegen für staatliche Leistungen, z.B. die Zuteilung von Sendezeiten im öffentlich-rechtlichen Rundfunk zu Wahlwerbezwecken[346], die Überlassung von gemeindeeigenen Räumlichkeiten oder Flächen bzw. Straßennutzungen zu Wahlwerbezwecken[347], die unmittelbare staatliche Parteienfinanzierung[348] sowie die steuerliche Begünstigung von politischen Parteien[349] sowie von Beiträgen und Spenden an diese[350] eine abgestufte Chancengleichheit besteht, die sich letztlich an den hinter einer Partei stehenden Bürgern orientiert, da sie vor allem auf den Anteil der Parteien an den Stimmen der letzten Wahl abstellt[351]. Grund für diese Orientierung am letzten Wahlergebnis ist die aus der Gleichheit der Wahl und der Wahlbewerber gezogene Schlussfolgerung, dass der Staat die vorgefundene politische Wettbewerbslage nicht verändern dürfe[352]. Die Wahrung der Chancengleichheit von kleinen oder neuen Parteien sowie von Einzelbewerbern erfordert dabei gegebenenfalls Sonderregelungen, z.B. bei der Zuteilung von Rundfunksendezeiten[353] sowie bei der Erstattung von Wahlkampfkosten[354]. Vor diesem Hintergrund wird deutlich, dass staatliche Maßnahmen, die den Wählerwillen unzulässig inhaltlich beeinflussen und daher die Freiheit der Wahl verletzen (siehe oben Rdn. 70 ff.), häufig zugleich eine Verletzungen der Gleichheit der Wahl bewirken[355].

q) Kandidatennominierung durch Parteien

Darüber hinaus kann die Wahlrechtsgleichheit auch auf die Nominierung der Kandidaten durch die Parteien einwirken. Dabei ist unter dem Aspekt der Gleichheit vor allem fraglich, ob und wieweit innerparteiliche Quotenregelungen zugunsten bestimmter Gruppen, z.B. von Frauen, zulässig sind, da damit die Gleichheit der Bewerber sowie die Freiheit des Wahlvorschlagsrechts berührt wird[356]. Allerdings ist zu beachten, dass die Quotierung hier nicht von staatlicher Seite erfolgt, sondern eine autonome Entscheidung der jeweiligen Parteien ist, die zulässigerweise politische   128

---

346 BVerfGE 34, 160, 163; 44, 125, 146; 47, 198, 223 ff.; 48, 271, 277 f.; 59, 231, 258; 67, 149, 151 f.; 69, 257, 268 ff.; 82, 54 ff.; 89, 119 f.

347 BVerfGE 40, 287, 293; 57, 1, 6; BVerfG (K), NJW 1977, 671.

348 BVerfGE 20, 56, 115 ff.; 52, 63, 91; 69, 92, 109; 73, 40, 86 ff.; 78, 350, 358; 85, 264, 284 ff. Zum Problem der Parteienfinanzierung für Listenvereinigungen *Becher*, ZParl 37 (2006), 538 ff.

349 BVerfGE 99, 69, 77 ff.

350 BVerfGE 85, 264, 299, 312 ff.

351 *Morlok*, in: Dreier II, Art. 38 Rn. 99, 113.

352 Vgl. dazu BVerfGE 24, 300, 344; 78, 350, 358; 85, 264, 297; *Morlok*, in: Dreier II, Art. 38 Rn. 113.

353 Dazu *Schreiber*, in: Friauf/Höfling, Art. 38 (Juli 2013) Rn. 145. m.w.N.

354 BVerfGE 41, 399, 412 ff.; in § 49b BWahlG umgesetzt.

355 BVerfGE 40, 11, 38 ff.; 44, 125, 144 ff.; 48, 271, 279 f.; 63, 230, 242.

356 Dazu näher *Heyen*, DÖV 1989, 649 ff.; *Hahlen*, in: Schreiber, BWahlG, 9. Aufl., 2013, § 27 Rn. 14 f.; jew. m.w.N.

Tendenzen verfolgen, weshalb Quotenregelungen im Grundsatz von Art. 21 GG gedeckt sein können[357]. Zur ebenfalls aus der Freiheit der Wahl folgenden Pflicht des Gesetzgebers, die Einhaltung einer demokratischen Grundsätzen entsprechenden Kandidatenaufstellung sicherzustellen[358], oben Rdn. 23, 80.

r) Nachwahlen

129 Umstritten ist, wie der Grundsatz der Gleichheit der Wahl sich auf Nachwahlen auswirkt. Hintergrund entsprechender Überlegungen sind Konstellationen, in denen der Wähler bei der Nachwahl aus dem Ergebnis der Hauptwahl, insbesondere des Zweitstimmenergebnisses Rückschlüsse ziehen kann in Hinsicht auf bestimmte Taktiken der Stimmabgabe, die unter anderem auch auf der Möglichkeit inverser Erfolgswerte bzw. negativer Stimmgewichte (dazu oben Rdn. 103 ff.) beruhen, weshalb bei einer Nachwahl in Kenntnis der Ergebnisse der Hauptwahl vor allem die Erfolgswertgleichheit der Wähler bzw. Chancengleichheit der Bewerber verletzt sein könnte[359]. Die vorgeschlagenen Alternativen[360] beinhalten unter anderem eine Verschiebung der Auszählung der Stimmen oder der Bekanntgabe des vorläufigen Ergebnisses der Hauptwahl auf den Tag der Nachwahl, eine Beschränkung der Nachwahl auf Briefwähler, eine möglichen Trennung nach Erst- und Zweitstimmenwahl sowie die obligatorische Aufstellung von Ersatzbewerbern[361]. Allerdings beeinträchtigen diese Alternativen ihrerseits verfassungsrechtliche Grundsätze der Wahl, vor allem den Grundsatz der demokratischen Öffentlichkeit der Wahl, weshalb die klarstellende Entscheidung des Gesetzgebers im BWahlG, wonach auch im Fall einer Nachwahl das vorläufige Ergebnis der Hauptwahl unmittelbar im Anschluss an die Wahlhandlung der Hauptwahl zu ermitteln und bekannt zu geben ist, verfassungsrechtlich nicht zu beanstanden ist[362].

357 *Lange*, NJW 1988, 1174, 1180 ff., insbes. 1183; *Oebbecke*, JZ 1988, 176 ff.; *Roth*, in: Umbach/Clemens II, Art. 38 Rn. 77 f.; *Achterberg/Schulte*, in: v. Mangoldt/Klein/Starck II, Art. 38 Abs. 1 Rn. 146 f.; *Morlok*, in: Dreier II, Art. 38 Rn. 102; *Klein*, in: Maunz/Dürig, Art. 38 (Oktober 2010) Rn. 108; *Hahlen*, in: Schreiber, BWahlG, 9. Aufl., 2013, § 27 Rn. 15. Anders *Sachs*, NJW 1989, 553, 555; *v. Niening*, NVwZ 1994, 1173 ff.; *Pieroth*, in: Jarass/Pieroth, Art. 38 Rn. 29.
358 BVerfGE 47, 253, 283.
359 Dazu *Hahlen*, in: Schreiber, BWahlG, 9. Aufl., 2013, § 43 Rn. 3 Fn. 3, 5, 10, jew. m.w.N. Kritisch vor allem *Ipsen*, DVBl. 2005, 1465, 1466; *Szczekalla*, JuS 2006, 901 ff.
360 Dazu näher *Schreiber*, ZRP 2005, 252, 254; *Sodan/Kluckert*, NJW 2005, 3241, 3243 ff.; *Szczekalla*, JuS 2006, 901, 903 f.; Gesetzesentwurf des BR, BT-Drs. 16/1036 v. 23.03.2006, S. 7.
361 Dazu nur *Schreiber*, ZRP 2005, 252, 256 ff. m.w.N.
362 So BVerfG, JuS 2009, 253 ff.; *Sodan/Kluckert*, NJW 2005, 3241 ff.; *Schreiber*, ZRP 2005, 252, 254; *Hahlen*, in: Schreiber, BWahlG, 9. Aufl., 2013, § 43 Rn. 3 Fn. 3, 10, jew. m.w.N. In diese Richtung bereits die Ablehnung einer einstweiligen Anordnung durch das BVerfG (K), NJW 2005, 2982.

6. Beeinträchtigungen der Geheimheit der Wahl

a) Grundsätze

Die Geheimheit der Wahl wird durch Maßnahmen beeinträchtigt, die auf die Offen-   130
barung des Inhalts der Wahlentscheidung zielen. Dazu gehört auch eine gerichtliche
Beweiserhebung über die Wahlentscheidung einer Person[363].

Beeinträchtigungen der Geheimheit der Wahl können vor allem darauf gestützt wer-   131
den, dass sie der Verwirklichung anderer Wahlrechtsgrundsätze dienen. So können
Beeinträchtigungen bei der Briefwahl sowie bei der Wahl mit Hilfe einer Vertrauensperson vor allem durch die Allgemeinheit der Wahl gerechtfertigt werden, soweit dadurch Personenkreisen die Stimmabgabe ermöglicht wird, die sonst an der Abgabe
gehindert wären[364]. Dabei ist der Gesetzgeber dazu verpflichtet, Missbräuche zu beseitigen, die das Wahlgeheimnis unnötig gefährden, und sind die Behörden gehalten,
im Rahmen ihrer Möglichkeiten dafür zu sorgen, dass das Wahlgeheimnis und damit die Freiheit der Wahl gewährleistet bleiben[365].

b) Briefwahl

Gegen die Briefwahl mögliche Bedenken, die daraus folgen, dass bei der Briefwahl   132
der Wahlberechtigte selbst für das Wahlgeheimnis und die Freiheit der Wahl Sorge
tragen muss, überzeugen im Ergebnis nicht, da der Gesetzgeber die Briefwahl nicht
unbeschränkt und unbedingt zugelassen hat, sondern den Stimmberechtigten verpflichtet, den Stimmzettel selbst unbeobachtet zu kennzeichnen und in den Wahl-
umschlag zu legen sowie eidesstattlich zu versichern, dass er den Stimmzettel persönlich gekennzeichnet hat[366]. Nach diesen Grundsätzen kann auch die Wahl mit Hilfe
einer Vertrauensperson, die den Stimmzettel inhaltlich gemäß dem Willen des Wahl-
berechtigen ausfüllt, zulässig sein, falls ohne Zuziehung einer Vertrauensperson der
Wahlberechtigte nicht in der Lage ist, sein Wahlrecht auszuüben[367], denn die Vertrauensperson ist zur Geheimhaltung der Kenntnisse verpflichtet, die sie bei der Hil-
feleistung erlangt hat. Schließlich ist die Einschaltung einer Vertrauensperson auch
bei der Briefwahl zulässig[368].

---

363 BVerwGE 49, 75, 76; BGH, JZ 1981, 103. Anders, aber mit Verweis auf ein Aussagever-
     weigerungsrecht *Silberkuhl*, in: Hömig/Seifert, Art. 38 Rn. 16.
364 BVerfGE 21, 200, 206; 59, 119, 124; BVerwG, DÖV 1974, 387, 388; NVwZ 1986,
     756; BayVerfGHE 27, 139, 146 ff.
365 BVerfGE 59, 119, 127.
366 BVerfGE 21, 200, 205; 59, 119, 127. Ebenso für die Europawahl BVerfG, NVwZ 2013,
     1272 ff.
367 BVerfGE 21, 200, 206.
368 BVerfGE 21, 200, 207.

c) Sicherung ordnungsgemäßer Wahldurchführung

133 Die Geheimheit der Wahl kann weiter auch durch Regelungen überlagert werden, die der Sicherung einer ordnungsgemäßen Durchführung der Wahl dienen. So bezweckt die Überprüfung von Wahlvorschlägen hinsichtlich der Echtheit der Unterschriften und der Wahlberechtigung der Unterzeichner dem Schutz der Regelungen über Quoren und der damit verfolgten verfassungsrechtlichen Ziele (dazu oben Rdn. 118 f.). Die damit verbundene Offenlegung, welche politische Gruppierung vom Wähler unterstützt und daher voraussichtlich von ihm auch gewählt werden wird, geht nicht über das zur Erreichung des legitimen Ziels notwendige und unvermeidbare Maß hinaus[369].

d) Schutz gegen freiwillige Offenbarung der Wahlentscheidung

134 Die Geheimheit der Wahl richtet sich auch gegen andere Bürger, die durch ihr Verhalten eine Offenbarung der Wahlentscheidung bezwecken. Sie kann deren grundrechtlich geschützte Freiheit insbesondere dann zurückdrängen, wenn der Wähler zum anderen Privaten in einem beruflichen oder sonstigen wirtschaftlichen Abhängigkeitsverhältnis steht[370].

135 Die freiwillige Offenbarung des Inhaltes der Wahlentscheidung durch den Wähler selbst ist zwar grundsätzlich zulässig[371]. Allerdings darf diese Freiheit aus hinreichenden Gründen eingeschränkt werden, insbesondere zu dem Zweck, dass andere Wähler in ihrer Wahlfreiheit nicht unzulässig beeinträchtigt werden; dies kann z.B. drohen, wenn ein Teil der Wähler im unmittelbaren Umfeld des Wahlaktes geschlossen und demonstrativ ihre Wahlentscheidung kundtut[372].

136 Darüber hinaus wird eine Unverzichtbarkeit der Geheimheit der Wahl für die Stimmabgabe selbst angenommen[373], womit eine freiwillige Offenbarung der Wahlentscheidung lediglich vor oder nach der Wahl zulässig ist. Als Grund für diese Beschränkung wird angeführt, dass die Wahrung des Wahlgeheimnisses nicht nur im Individualinteresse des sich offenbarenden Wählers liegt, sondern auch im staatliche Interesse an einer möglichst unbeeinflussten und unbeeinflussbaren Wahlentscheidung[374], die von der Wahl als zentralen Akt der demokratischen Legitimationsvermittlung vom Volk zum Staat hin gefordert wird. Hier soll sich zeigen, dass das Wahlrecht zwar ein sub-

---

369 *Schreiber*, in Friauf/Höfling, Art. 38 (Juli 2013) Rn. 163.

370 *Trute*, in: von Münch/Kunig I, Art. 38 Rn. 68.

371 In diese Richtung auch *Meyer*, HStR III, 3. Aufl., 2005, § 46 Rn. 20, aber mit anderer Tendenz in Rn. 19. Ähnlich *Erichsen*, Jura 1983, 635, 645; *Morlok*, in: Dreier II, Art. 38 Rn. 115 f.

372 Vgl. *Seifert*, Bundeswahlrecht, 3. Aufl., 1976, Rn. 36 zu Art. 38 GG.

373 OVG Lüneburg, OVGE 12, 418 ff.; VGH BW, ESVGH 14, 11, 15; *Erichsen*, Jura 1983, 635, 645; *Trute*, in: von Münch/Kunig I, Art. 38 Rn. 69; *Meyer*, HStR III, 3. Aufl., 2005, § 46 Rn. 19 f.; *Morlok*, in: Dreier II, Art. 38 Rn. 115; *Klein*, in: Maunz/Dürig, Art. 38 (Oktober 2010) Rn. 111.

374 *Mertens*, in: FS Broermann, 1982, S. 301, 305.

jektives grundrechtsgleiches Recht des Wahlberechtigten ist, dieses Recht aber wegen der Funktion der Wahl für die demokratische Legitimation der Staatsgewalt aus dem Willen der Bürger heraus ein höchstpersönliches Recht ist mit der Folge, dass der Wahlberechtigte sein Wahlrecht weder übertragen noch darauf verzichten kann[375].

Der Ausschluss einer freiwilligen Offenbarung des Wählers vom Inhalt seiner Wahl-   137
entscheidung bei der Stimmabgabe selbst ist allerdings insoweit nicht überzeugend, als er auch Konstellationen erfasst, in denen die Offenbarung zwar im unmittelbaren Umfeld des Wahlaktes erfolgt, aber aufgrund ihrer Art und Weise oder wegen des Zeitpunktes der Offenbarung die Freiheit anderer Wähler nicht zu beeinträchtigen vermag. Auch das Argument der Höchstpersönlichkeit führt hier zu keinem anderen Ergebnis, denn die inhaltliche Wahlentscheidung bleibt eine höchstpersönliche Entscheidung des Wählers, weshalb auch die weiteren Funktionen der Wahl in dieser Konstellation nicht beeinträchtigt werden. Eine schlichte Offenbarung, von der keine negativen Wirkungen auf andere Wahlberechtigte ausgehen, ist deshalb nicht als unzulässiger Wahlrechtsverzicht, sondern als zulässiger Verzicht auf die Ausübung des Rechts auf Geheimheit der Wahl zu sehen[376].

D. Stellung der Bundestagsabgeordneten

Art. 38 Abs. 1 S. 2 GG enthält die Grundsätze der Rechtsstellung der gewählten Ab-   138
geordneten des Deutschen Bundestages[377]. Der Abgeordnete steht dabei mit seinem Status dem Staat nicht wie ein Bürger gegenüber, sondern ist Inhaber eines öffentlichen Amtes[378]. Seine verfassungsrechtliche Stellung ist ein amtsrechtlich begründeter Rechts- und Pflichtenstatus, kein grundrechtlich begründeter[379]. Dementsprechend ist der Abgeordnete zur Durchsetzung seiner Statusrechte grundsätzlich auf das verfassungsgerichtliche Organstreitverfahren angewiesen und darf nach Ansicht des BVerfG nur dann die Verfassungsbeschwerde betreiben, wenn es an einem im Organstreitverfahren parteifähigen Gegner fehlt[380].

---

375 Vgl. nur *Trute*, in: von Münch/Kunig I, Art. 38 Rn. 16, 69; *Magiera*, in: Sachs, Art. 38 Rn. 100.

376 Vgl. dazu auch *Schreiber*, in: Friauf/Höfling, Art. 38 (Juli 2013) Rn. 40, der die Höchstpersönlichkeit der Wahlrechtsausübung auf die Prinzipien der Freiheit und der Gleichheit der Wahl stützt, nicht dagegen auf die Geheimheit, und der in der Nichtteilnahme an der Wahl, der Abgabe leerer Stimmzettel oder einer ungültigen Stimmabgabe keinen – unzulässigen – Wahlrechtsverzicht sieht, sondern einen zulässigen Verzicht auf die Ausübung des Wahlrechts.

377 Zu den Einzelheiten nur *Trute*, in: v. Münch/Kunig I, Art. 38 Rn. 73 ff.; *Achterberg/Schulte*, in: v. Mangoldt/Klein/Starck II, Art. 38 Abs. 1 Rn. 27 ff.; *Morlok*, in: Dreier II, Art. 38 Rn. 128 ff.; *Klein*, in: Maunz/Dürig, Art. 38 (Oktober 2010) Rn. 188 ff.; *Badura*, in: BK, Art. 38 (Februar 2008) Rn. 48 ff.; jew. m.w.N.

378 BVerfGE 40, 296, 314; 76, 256, 341; 118, 277, 324.

379 *Klein*, in: Maunz/Dürig, Art. 38 GG (Oktober 2010) Rn. 193.

380 BVerfGE 2, 143, 164; 4, 144, 148; 10, 4, 10 f.; 43, 142, 148 f.; 108, 251, 267, 270; 118, 277, 317. Generell ablehnend zur Verfassungsbeschwerdefähigkeit in Bezug auf die Rech-

E. Verhältnis zu anderen Grundgesetzbestimmungen

139 Art. 38 GG interagiert mit zahlreichen weiteren Grundgesetzbestimmungen, vor allem Art. 3, 5, 20, 21, 28, 39 ff., 46 ff. GG; zu den Einzelheiten vgl. die Nachweise an den jeweiligen Stellen.

F. Internationale und Europäische Aspekte

140 Die wesentlichen Gehalte des Art. 38 GG sind in den meisten modernen westlichen Demokratien wieder zu finden. Zudem statuieren verschiedene völkerrechtliche Abkommen ein den Grundsätzen des Art. 38 Abs. 1 GG entsprechendes Wahlrecht; vgl. nur Art. 21 Nr. 3 AEMR, Art. 25 lit. b) IPBPR, Art. 23 AMRK, Art. 13 Abs. 1 AfrMRK sowie Art. 3 des 1. ZP EMRK.

141 Für die Wahlen zum Europäischen Parlament, dessen Abgeordnete nach Art. 14 Abs. 2 UAbs. 1 Satz 2 EUV Vertreter der Unionsbürger sind, aber jeweils in mitgliedstaatlichen Kontingenten gewählt werden, verlangt Art. 223 Abs. 1 AEUV nur allgemeine und unmittelbare Wahlen[381]. Weitere Wahlrechtsgrundsätze werden im Primärrecht der Union nicht festgeschrieben. Allerdings bestimmt Art. 1 Abs. 3 des Aktes zur Einführung allgemeiner unmittelbarer Wahlen der Abgeordneten des Europäischen Parlaments (DWA), dass die Wahl nicht nur allgemein und unmittelbar, sondern auch frei und geheim zu erfolgen hat. Zudem ist in Art. 6 Abs. 1 S. 2 des DWA bestimmt, dass die Abgeordneten an Aufträge und Weisungen nicht gebunden sind. Einer Wahlrechtsgleichheit im Sinne einer Erfolgswertgleichheit steht entgegen, dass nach Art. 14 Abs. 2 UAbs. 1 Satz 2 EUV die Bürger im Europäischen Parlament degressiv proportional vertreten sind, weshalb die Anzahl der in jedem Mitgliedstaat zu wählenden Abgeordneten nicht der Bevölkerungszahl bzw. Zahl der Wahlberechtigten des jeweiligen Mitgliedsstaates entspricht (dazu oben Rdn. 12). Von der Möglichkeit der Erarbeitung eines einheitlichen Wahlverfahrens für alle Mitgliedstaaten nach Art. 223 Abs. 1 AEUV ist bislang kein Gebrauch gemacht worden, weshalb in den Mitgliedstaaten nach dem dort jeweils für die Wahl zum Europäischen Parlament festgelegten Wahlsystem gewählt wird. Die näheren Einzelheiten sind für Deutschland im Europawahlgesetz (EuWG) und in der Europawahlordnung (EuWO) geregelt.

142 Das EuWG sah dabei unter anderem eine 5 %-Sperrklausel vor. Das BVerfG hat diese in einer früheren Entscheidung als verfassungsgemäß beurteilte Regelung[382] im November 2011 als Verstoß gegen die Grundsätze der Wahlrechtsgleichheit und

---

te als Abgeordneter *Bethge*, in: Maunz/Schmidt-Bleibtreu/Klein/Bethge (Hrsg.), BVerfGG, § 90 (Oktober 2009/März 2010) Rn. 38, 443; *Hillgruber/Goos*, Verfassungsprozeßrecht, 3. Aufl., 2010, Rn. 122 f., 344 ff.

381 Dazu nur *Huber*, in: Streinz, EUV/AEUV, 2. Aufl. 2012, Art. 14 EUV Rn. 50 ff.; *Kluth*, in: Calliess/Ruffert, EUV/AEUV, 4. Aufl., 2011, Art. 14 EUV Rn. 25 ff.; *ders.* in: Calliess/Ruffert, EUV/AEUV, 4. Aufl., 2011, Art. 223 AEUV Rn. 1 ff.; jew. m.w.N.

382 BVerfGE 51, 222 ff.

Chancengleichheit der politischen Parteien bewertet[383]. In beiden Entscheidungen hat das Gericht den Grundsatz der formalen Wahlrechtsgleichheit über Art. 3 Abs. 1 GG[384] auf die Wahl der deutschen Abgeordneten zum Europäischen Parlament im Prinzip übertragen. In der früheren Entscheidung sah das Gericht die Sperrklausel bei den Wahlen zum Europäischen Parlament in gedanklicher Parallele zur Bewertung von Sperrklauseln bei den Bundestagswahlen als gerechtfertigt an.

Dagegen wird sie in der Entscheidung vom November 2011 trotz des erheblichen   143
Zuwachses von Funktionen und Befugnissen des Europäischen Parlaments vom Gericht verworfen, weil der mit der Sperrklausel verbundene Eingriff in die Wahlrechtsgleichheit nach Ansicht des Gerichts nicht zu rechtfertigen ist[385]. Die weitere Begründung beruht auf der Aktivierung eines strikten Kontrollmaßstabs: Sperrklauseln berührten die politische Konkurrenz, weshalb die Gefahr bestehe, dass die parlamentarische Mehrheit sich vom Ziel des eigenen Machterhalts leiten lässt, was eine strikte gerichtliche Kontrolle gebiete. Und da die Fraktionen des Europäischen Parlaments über die Zeit erhebliche Integrationskraft gezeigt haben, sei bei Wegfall der Klausel nur eine Erschwerung der Mehrheitsbildung zu erwarten, nicht aber die zur Rechtfertigung nötige Funktionsbeeinträchtigung des Europäischen Parlaments. Schließlich wird die Rückkoppelung der Abgeordneten des deutschen Kontingents im Europäischen Parlament an den Deutschen Bundestag nur als politisches Anliegen ohne verfassungsrechtliche Bedeutung gewertet.

Die Entscheidung war im Senat umstritten; sie erging mit knapper Stimmenmehr-   144
heit. In der abweichenden Meinung[386] kritisierten zwei der abweichenden Richter die knappe Senatsmehrheit massiv: Sie gewichte durch eine zu formelhafte Anlegung der Prüfungsmaßstäbe den Eingriff in die Wahlrechtsgleichheit nicht überzeugend, ziehe den Gestaltungsspielraum des Gesetzgebers zu eng und nehme eine mögliche Funktionsbeeinträchtigung des Europaparlaments trotz beträchtlicher Kompetenzzuwächse sowie einer deutlich gestiegenen politischen Bedeutung des Europaparlamentes in Kauf.

Die Entscheidung wurde auch in der Rechtswissenschaft nicht nur positiv[387], son-   145
dern in erheblichen Teilen kritisch aufgenommen[388]. Neben der Fortführung der aus der Lissabon-Entscheidung bekannten Einschätzung des Europäischen Parlaments durch den 2. Senat des BVerfG sowie dem Hinweis auf eine überzogene verfassungsgerichtliche Kontrollintensität in wahlrechtlichen Fragen wird vor allem bemängelt, dass die Rechtfertigungsanforderung an die Sperrklausel in den Entscheidungsgrün-

---

383 BVerfGE 129, 300 ff.
384 BVerfGE 51, 222, 234 f.; 129, 300, 317 f.
385 Dazu sowie zum Folgenden BVerfGE 129, 300, 316 ff.
386 BVerfGE 129, 300, 346 ff.
387 *Morlok*, JZ 2012, 76 ff.; *Arnim*, DÖV 2012, 224 ff.; *Lembcke/Peuker/Seifarth*, DVBl. 2012, 401 ff. Im Ergebnis gleichfalls zustimmend *Ehlers*, ZG 2012, 188 ff.
388 *Grzeszick*, EuR 2012, 666 ff.; *Schönberger*, JZ 2012, 80 ff.; *Geerlings/Hamacher*, DÖV 2012, 671 ff.; *Eilert*, DVBl. 2012, 234 f.

den unter der Hand weiter angehoben wird zu einer Unmöglichkeit parlamentarischer Entscheidungen. Zudem sei die Qualifizierung der Rückkoppelung der Abgeordneten des deutschen Kontingents im Europäischen Parlament an den Deutschen Bundestag als ein nur politisches Anliegen weder in der Entscheidung begründet, noch in der Sache zu begründen.

146 In Reaktion auf das Urteil hat das Europäische Parlament eine Entschließung[389] verabschiedet, in der mit Verweis auf die zentrale Bedeutung verlässlicher Mehrheiten im Parlament für die Stabilität der Legislativverfahren der Union und das reibungslose Funktionieren ihrer Exekutive die Mitgliedstaaten dazu aufgefordert werden, in ihrem nationalen Europawahlrecht geeignete und angemessene Mindestschwellen für die Zuteilung der Sitze festzulegen, um dem in den Wahlen zum Ausdruck gekommenen Wählerwillen gebührend Rechnung zu tragen, bei gleichzeitiger Wahrung der Funktionalität des Parlaments. Zudem haben Parlament und Kommission gleichfalls angesichts der durch den Vertrag von Lissabon geänderten Modalitäten für die Wahl der Europäischen Kommission und dem sich demzufolge ändernden Verhältnis zwischen Parlament und Kommission die Perspektive aufgestellt, dass die Wahl zum Europäischen Parlament künftig stärker von den Europäischen Parteien und den diesen zuzuordnenden Spitzenkandidaten geprägt sein und sich somit aus der Perspektive der Bürger den nationalen Parlamentswahlen annähern könne[390].

147 Vor diesem Hintergrund hat der Gesetzgeber sich 2013 dazu entschieden, eine 3 %-Sperrklausel in das EuWG einzufügen. Diese Regelung ist allerdings vom BVerfG im Februar 2014 gleichfalls als verfassungswidrig beurteilt worden[391]. In der Entscheidung wird ausgeführt, dass der mit der Sperrklausel verbundene Eingriff in die Grundsätze der Wahlrechtsgleichheit und Chancengleichheit der politischen Parteien unter den gegebenen Umständen nicht zu rechtfertigen sei. Maßstab der Prüfung sei das nationale Recht, da keine verbindlichen europarechtlichen Vorgaben bestünden. Der Grundsatz der Wahlrechtsgleichheit ergebe sich für die Wahl der deutschen Abgeordneten des Europäischen Parlaments als Gebot formaler Wahlrechtsgleichheit, die im Rahmen der Verhältniswahl auch die Erfolgswertgleichheit umfasse. Eingriffe in diese könnten zwar durch zwingende Gründe gerechtfertigt werden, zu denen auch die Sicherstellung der Funktionsfähigkeit der zu wählenden Volksvertretung gehöre. Bei der gebotenen strikten Kontrolle sei aber eine mit einiger Wahrscheinlichkeit zu erwartende Beeinträchtigung der Funktionsfähigkeit der Vertretungsorgane aufgrund bestehender oder bereits gegenwärtig verlässlich zu prognostizierender künftiger Umstände erforderlich. Solche seien unter den gegebenen rechtlichen und tatsächlichen Umständen nicht gegeben, weshalb es an der nötigen Rechtfertigung bereits dem Grunde nach fehle; auf die konkrete Höhe – nur 3 % statt der früheren 5 % – komme es nicht an.

---

389 Entschließung zu den Wahlen zum Europäischen Parlament im Jahr 2014 vom 22.11.2012 (2012/2829 [RSP]).
390 *Frenz*, NVwZ 2013, 1059, 1061 m.N.
391 BVerfG, NVwZ 2014, 439 ff.

Auch diese Entscheidung unterliegt wiederum nicht nur Zustimmung[392], sondern   148
auch erheblicher Kritik[393]. Da das BVerfG Sperrklauseln für die Europawahl allerdings grundsätzlich als verfassungswidrig verworfen hat[394], scheidet eine Wiedereinführung einer solchen Sperrklausel im einfachen nationalen Recht derzeit aus. Das
Verdikt der Verfassungswidrigkeit trifft in der Sache auch auf europäisierte Formen
von Sperrklauseln zu[395], bei denen durch eine Anknüpfung an das europäische
Wahlergebnis Rücksicht auf mögliche Fraktionsbildungen mit Schwesterparteien in
anderen Mitgliedstaaten genommen wird. Hinter diesen steht die Überlegung, dass
Parteien zwar auf nationaler Ebene eine Splitterpartei sein mögen, aber einer im Europäischen Parlament gut vertretenen Parteienfamilie angehören oder ihr zumindest
nahestehen und deren Abgeordnete zu einer politische Zersplitterung nicht oder nur
wenig beitragen können[396]. Es bleiben daher wohl nur zwei Wege zur Einführung
einer Sperrklausel: Eine Änderung des Grundgesetzes oder die Einführung bindender Vorgaben im Unionsrecht. Eine Änderung des Grundgesetzes erscheint allerdings unsystematisch und ob sie inhaltlich zulässig ist, wird bezweifelt[397]. Eine
Änderung des Unionsrechts ist wiederum politisch zweifelhaft, aber nicht weil Sperrklauseln auf großen Widerstand stoßen, sondern umgekehrt: Weil nahezu alle größeren Mitgliedstaaten Sperrklauseln oder sperrend wirkende Regelugen haben, die
auch rechtlich in Hinblick auf die Wahlrechtsgleichheit nicht beanstandet wurden[398]. Zudem folgt die in den Mitgliedstaaten erfolgende Europawahlrechtsetzung
bislang der Tradition der jeweiligen nationalen Wahlrechtsetzung. Dass nun der
Sonderweg des BVerfG, der zudem zwischen zulässiger Sperrklausel bei der Bundestagswahl und unzulässiger Sperrklausel bei der Wahl des Europäischen Parlaments
unterscheidet und insoweit dem nationalen Wahlrecht widerspricht, politisch als
hinreichender Grund für die Einführung eines – im Grundsatz zu befürwortenden –
einheitlichen EU-Wahlrechts aufgefasst wird, ist derzeit nicht abzusehen. Die Senatsmehrheit hat diese Hintergründe in der Entscheidung auch ausdrücklich erwähnt[399].
Dennoch wurde die Sperrklausel verworfen. Und eine abweichende verfassungsrechtliche Beurteilung wurde nur für den Fall in Aussicht gestellt, dass sich die Verhältnisse
wesentlich ändern, was nach Ansicht der Senatsmehrheit erfordert, dass eine Sperrklauseln rechtfertigende Entwicklung aufgrund hinreichend belastbarer tatsächlicher
Anhaltspunkte schon verlässlich zu prognostizieren ist[400].

---

392 Zustimmend *Kahl/Bews*, DVBl. 2014, 737 ff.; *von Arnim*, DVBl. 2014, 1489 ff.; jew.
     m.w.N.
393 *Grzeszick*, NVwZ 2014, 537 ff.; *Gundel*, BayVBl. 2014, 586 ff.; *Felten*, EuR 2014,
     298 ff.; *Frenz*, DÖV 2014, 960 ff., jew. m.w.N.
394 BVerfG, NVwZ 2014, 439.
395 *Arndt*, in: Karpenstein/Mayer, EMRK, 2011, Art. 3 ZP I, Rn. 35 f.
396 BVerfG, NVwZ 2014, 439.
397 *Wernsmann*, JZ 2014, 23, 28.
398 *Grzeszick*, EuR 2012, 666, 676.
399 BVerfG, NVwZ 2014, 439.
400 BVerfG, NVwZ 2014, 439 LS 2. Grundsätzlich zustimmend *Kahl/Bews*, DVBl. 2014,
     737 ff.

149 Demgegenüber bleibt festzuhalten, dass die Aufhebung der Sperrklausel die Arbeit des Europäischen Parlaments sowie die entsprechende Repräsentation deutscher Interessen erschwert, denn die in Folge des Wegfalls der Sperrklausel eingezogenen Kleinstparteien werden sich nur schwer in Fraktionen einbinden lassen. Die Mehrheitsmeinung des Zweiten Senats nimmt dies hin vor dem Hintergrund ihrer grundsätzlichen Sicht der demokratischen Legitimation des Europäischen Parlaments und der Europäischen Union. Ob und wieweit dies überzeugend ist, ist eine der zentralen Grundsatzfragen des Verfassungs- und Europarechts, deren Erörterung den Rahmen des Wahlrechts weit überschreitet. Dass es Sichtweisen gibt, die einer positiven Entwicklung der Union und des Parlaments mehr Raum geben, ohne in die gegenteilige Extremposition eines voraussetzungslosen Aufgehens der Mitgliedstaaten in einem europäischen Bundesstaat zu verfallen, macht aber das Sondervotum deutlich, das eine offenere Sicht der Dinge anbietet[401]. Danach ist das Europäische Parlament ein Parlament eigener Art und die Unterschiede in Aufgabenstellung und Funktion zum Deutschen Bundestag sind noch erheblich. Die Unterschiede rechtfertigen aber nicht eine grundlegend andere Gewichtung der Bedeutung der Sicherung der Funktionsfähigkeit des Parlaments, da die Wahrnehmung der dem Parlament zugeordneten Funktionen die Fähigkeit zur Bildung handlungsfähiger Mehrheiten voraussetzt. Nur so kann der Charakter der Wahl als Integrationsvorgang bei der politischen Willensbildung erhalten bleiben.

G. Prozessuale Fragen

150 Art. 38 GG vermittelt den Wahlberechtigten sowie den gewählten Abgeordneten subjektive Rechte, die mit der Verfassungsbeschwerde durchgesetzt werden können. Allerdings ist die Bedeutung der Verfassungsbeschwerde zum Schutz der Rechte von Art. 38 GG geringer, als dies auf den ersten Blick scheint. Zum einen können Abgeordnete wegen Verletzung ihrer Statusrechte aus Art. 38 Abs. 1 S. 2 GG nach Ansicht des BVerfG nur dann die Verfassungsbeschwerde betreiben, wenn es an einem im Organstreitverfahren parteifähigen Gegner fehlt (dazu oben Rdn. 138). Zum anderen ist der Rechtsschutz gegen Verletzung von Rechten der Wahlberechtigten aus Art. 38 Abs. 1 S. 1 GG nach Ansicht des BVerfG grundsätzlich dem Wahlprüfungsverfahren gemäß Art. 41 GG vorbehalten, soweit die Rechtsverletzung zu einem Wahlfehler führt, der sich unmittelbar auf das Wahlverfahren zur Bundestagswahl bezieht[402] – was regelmäßig der Fall ist, weshalb diese Entscheidungspraxis zum Teil massiver Kritik unterliegt[403], die aber bislang keine gerichtliche Resonanz gefunden hat. Allerdings hat der Gesetzgeber den Rechtsschutz in Wahlrechtsfragen partiell verbessert[404]. Danach ist unter anderem die Wahlprüfungsbeschwerde eines Wahlbe-

---

401 BVerfG, NVwZ 2014, 439.

402 BVerfGE 14, 154, 155; 16, 128, 130; 28, 214, 219; 34, 81, 94; 46, 196, 198; 66, 232, 234; 74, 96, 101; BVerfG (K), NVwZ 1988, 817, 818.

403 Dazu nur *Lang*, Subjektiver Rechtsschutz im Wahlprüfungsverfahren, 1997, S. 137 ff. et passim; *ders.*, in: Friauf/Höfling, GG, Art. 41 (Dezember 2005) Rn. 58 ff.; jew. m.w.N.

404 Dazu *Schreiber*, in: Friauf/Höfling, Art. 38 (August 2013) Rn. 284 ff.

rechtigten, dessen Einspruch vom Bundestag verworfen wurde, nicht mehr davon abhängig, dass ihr mindestens einhundert Wahlberechtigte als Unterstützer beitreten. Auch wurde eine Nichtanerkennungsbeschwerde eingeführt, mit der die Zurückweisung eines Wahlvorschlags einer Partei oder sonstigen politischen Vereinigung durch den Bundeswahlausschuss nun bereits vor der Wahl durch eine spezielle Beschwerde zum Bundesverfassungsgericht insoweit angefochten werden kann, als das Wahlvorschlagsrecht der Partei oder sonstigen politischen Vereinigung verneint wurde. Schließlich war bereits vor diesen Änderungen anerkannt, dass in Wahlprüfungsverfahren auch nach Ablauf der Wahlperiode ein öffentliches Interesse an einer Entscheidung des BVerfG über die Verfassungsgemäßheit von Wahlrechtsnormen und die Anwendung des geltenden Wahlrechts bestehen kann, soweit ein möglicher Wahlfehler über den Einzelfall hinaus grundsätzliche Bedeutung hat[405].

Freilich bleibt zu beachten, dass gegen Normen und (letztinstanzliche) Wahlprüfungsentscheidungen, die Wahlen in den Ländern und Gemeinden betreffen, Verletzungen des subjektiven Wahlrechts aus Art. 38 GG nicht gerügt werden können, weil dem Beschwerdeführer in den Ländern und Kommunen dieses Recht nicht zusteht und weitere Beeinträchtigungen vor allem der Allgemeinheit und Gleichheit der Wahl in der jüngeren Entscheidungspraxis des BVerfG nicht über Art. 3 Abs. 1 GG (und wohl auch nicht über Art. 2 Abs. 1 GG[406]) aufgefangen werden. Der Grundsatz der Wahlrechtsgleichheit ist wegen des Zusammenhangs mit der prinzipiellen demokratischen Gleichheit der Staatsbürger als formale Gleichheit zu verstehen[407]. Gegenüber dem allgemeinen Gleichheitssatz ist die Wahlgleichheit deshalb vorrangige Sonderregelung[408], und es darf im Anwendungsbereich der Wahlgleichheit nicht auf den allgemeinen Gleichheitssatz zurückgegriffen werden[409]; Art. 38 GG ist insoweit als abschließende Sonderregelung zu verstehen[410]. So lässt sich auch erklären, dass nach Ansicht des BVerfG die Regelung des Art. 38 GG zumindest für das Kommunalwahlrecht dem Wahlberechtigten kein subjektives Recht vermittelt, sich bei der Ausübung des Wahlrechts gegen Wahlteilnehmer wehren zu können, die zur Wahlteilnahme nicht berechtigt sind[411]. Der Verwaltungsrechtsweg ist aber zumindest eröffnet, soweit es um die Eintragung in Wählerverzeichnisse bei künftigen Wahlen geht[412], sowie nach der Durchführung von Kommunalwahlen gegen Wahlprüfungsentscheidungen der Wahlbehörden[413].

151

---

405 BVerfG, NVwZ-RR 2009, 313 ff.
406 So *Schreiber*, in: Friauf/Höfling, Art. 38 (Juli/August 2013) Rn. 17, 292.
407 BVerfGE 41, 399, 413; 82, 322, 337; 95, 408, 417; 121, 266, 295.
408 BVerfGE 99, 1, 7; *Trute*, in: von Münch/Kunig I, Art. 38 Rn. 53.
409 BVerfGE 99, 1, 8. Noch anders BVerfGE 89, 266, 270; 94, 408, 417.
410 BVerfGE 99, 1, 8 ff. Zum subjektiven landesverfassungsrechtlichen Schutz BVerfGE 99, 1, 18 f.
411 BVerfGE 89, 155, 179 f.; BVerfG (K), BayVBl 1997, 499. Vgl. dazu auch *Schreiber*, in: Friauf/Höfling, Art. 38 (August 2013) Rn. 292.
412 BVerwGE 51, 69, 71 ff.
413 BVerfGE 99, 1, 17 f.

H. Leitentscheidungen

152   BVerfGE 1, 208, 230 ff. – 7,5 %-Sperrklausel; BVerfGE 3, 19, 25 ff. – Unterschriftenquorum; BVerfGE 3, 383, 394 ff. – Unterschriftenquorum; BVerfGE 4, 31, 40 ff. – Sperrklausel; BVerfGE 5, 77, 82 ff. – Unterschriftenquorum, Sperrklausel, Wahlgeheimnis; BVerfGE 6, 104, 111 ff. – Sperrklausel; BVerfGE 7, 63, 67 ff. – Listenwahl, Überhangmandat; BVerfGE 7, 77, 84 ff. – Unmittelbarkeit der Wahl; BVerfGE 12, 132, 134 ff. – Unterschriftenquorum; BVerfGE 12, 200, 203 ff. – Lose gebundene Liste; BVerfGE 13, 127 ff. – Wahlkreiseinteilung; BVerfGE 15, 165, 166 ff. – Wahlfreiheit; BVerfGE 16, 130, 136 ff. – Wahlkreiseinteilung, Überhangmandat; BVerfGE 21, 200, 204 ff. – Briefwahl; BVerfGE 36, 139, 141 ff. – Wahlrecht Auslandsdeutscher; BVerfGE 38, 326, 336 ff. – Passives Wahlrecht; BVerfGE 44, 125, 138 ff. – Öffentlichkeitsarbeit von Staatsorganen; BVerfGE 47, 198, 225 ff. – Wahlwerbesendungen; BVerfGE 51, 222, 232 ff. – 5 %-Klausel, Europawahl; BVerfGE 58, 202, 205 ff. – Seßhaftigkeit; BVerfGE 59, 119, 123 ff. – Briefwahl; BVerfGE 82, 322, 337 ff. – Erste gesamtdeutsche Wahl; BVerfGE 63, 230, 242 ff. – Öffentlichkeitsarbeit von Staatsorganen; BVerfGE 79, 161, 167 ff. – Stimmensplitting; BVerfGE 79, 169, 170 ff. – Überhangmandate; BVerfGE 80, 188 ff. – Status fraktionsloser Abgeordneter; BVerfGE 82, 322, 335 ff. – Erste gesamtdeutsche Wahl, Sperrklausel; BVerfGE 82, 353, 363 ff. – Erste gesamtdeutsche Wahl, Unterschriftenquorum; BVerfGE 89, 155, 182 ff. – Vertrag von Maastricht; BVerfGE 89, 243, 250 ff. – Kandidatenaufstellung; BVerfGE 95, 335, 348 ff. – Überhangmandate; BVerfGE 95, 408, 417 ff. – Grundmandate; BVerfGE 97, 317, 322 ff. – Nachrücken in Überhang; BVerfGE 99, 1, 8 ff. – Allgemeinheit und Gleichheit; BVerfGE 121, 266, 294 ff. – Negatives Stimmgewicht; BVerfGE 120, 82, 101 ff. – Sperrklauseln, Kommunalwahlen; BVerfGE 123, 39, 70 ff. – Elektronische Wahlgeräte; BVerfGE 123, 267, 341, 357 ff. – Vertrag von Lissabon; BVerfGE 124, 1 ff. – Nachwahlen; BVerfGE 129, 300, 316 ff. – 5 %-Klausel, Europawahl; BVerfGE 130, 212, 230 ff. – Wahlkreiseinteilung aufgrund deutscher Wohnbevölkerung; BVerfGE 131, 316, 346 ff. – Negatives Stimmgewicht, Überhangmandate; BVerfGE 132, 39 ff. – Wahlrecht Auslandsdeutscher BVerfG, NVwZ 2013, 1272 ff. – Briefwahl, Europawahl; BVerfG, NVwZ 2014, 439 ff. – 3 %-Klausel, Europawahl; BVerfG, NVwZ 2014, 1156 ff. – Äußerungen des Bundespräsident über Parteien; BVerfG, NVwZ 2015, 209 ff. – Äußerungen eines Regierungsmitglieds über Parteien.

I. Literaturauswahl

153   *Badura, Peter*: Über Wahlen, AöR 97 (1972), S. 1 ff.; *Becht, Ernst*: Die 5 %-Klausel im Wahlrecht, 1990; *Boehl, Henner Jörg*, Das neue Wahlrecht – personalisierte Verhältniswahl reloaded, in: Oppelland (Hrsg.), Das deutsche Wahlrecht im Spannungsfeld von demokratischer Legitimität und politischer Funktionalität, 2015, S. 21 ff.; *Brenner, Michael*: Die Entwicklung des Wahlrechts und der Grundsatz der Wahlrechtsgleichheit im wiedervereinigten Deutschland, AöR 116 (1991), S. 537 ff.; *Damm, Matthias*: Die Nebenstimme bei den Bundestagswahlen, DÖV 2013, 913 ff.; *Ehlers, Dirk/Lechleitner, Marc*: Die Verfassungsmäßigkeit von Überhangmandaten, JZ 1997, 761 ff.; *Erichsen, Hans-Uwe*: Die Wahlrechtsgrundsätze

des Grundgesetzes, Jura 1983, 635 ff.; *Fenske, Hans*: Wahlrecht und Parteiensystem, 1972; *Frowein, Jochen*: Bundesverfassungsgericht und Wahlrecht, AöR 99 (1977), S. 72 ff.; *Grzeszick, Bernd*: Demokratie und Wahlen im europäischen Verbund der Parlamente, EuR 2012, 666 ff.; *ders.*: Weil nicht sein kann, was nicht sein darf: Zur Aufhebung der 3 %-Sperrklausel im Europawahlrecht durch das BVerfG und dessen Sicht auf das Europäische Parlament, NVwZ 2014, 537 ff.; *Grzeszick, Bernd/Lang, Heinrich*: Wahlrecht als materielles Verfassungsrecht, 2012; *Hettlage, Manfred*: In Karlsruhe sehen wir uns wieder, DÖV 2012, 970 ff.; *Huber, Peter M.*: Der Prüfungsmaßstab von Wahlorganen bei der Zulassung von politischen Parteien und Wählervereinigungen, DÖV 1991, 229 ff.; *Ipsen, Jörn*: Wahlrecht im Umbruch, JZ 2002, 469 ff.; *ders.*: Wahlrecht im Spannungsfeld von Politik und Verfassungsgerichtsbarkeit, DVBl. 2013, 265 ff.; *Isensee, Josef*: Funktionsstörung im Wahlsystem: das negative Stimmgewicht, DVBl. 2010, 269 ff.; *Jesse, Eckard*: Wahlrecht zwischen Kontinuität und Reform, 1985; *Kaiser, Lorenz*: Einführung begrenzt offener Listen für die Abgabe der Zweitstimmen bei der Bundestagswahl, 1982; *Lang, Heinrich*: Subjektiver Rechtsschutz im Wahlprüfungsverfahren, 1997; *ders.*: Wahlrecht und Bundesverfassungsgericht, 2014; *Lenski, Charlotte-Sophie*: Paradoxien der personalisierten Verhältniswahl, AöR 134 (2009), S. 473 ff.; *Lenz, Christofer*: Die Wahlrechtsgleichheit und das Bundesverfassungsgericht, AöR 121 (1996), S. 337 ff.; *Löwer, Wolfgang*: Aktuelle wahlrechtliche Verfassungsfragen, 1997; *Meyer, Hans*: Wahlsystem und Verfassungsordnung, 1973; *ders.*: Wahlgrundsätze, Wahlverfahren, Wahlprüfung, in: Josef Isensee/Paul Kirchhof (Hrsg.), Handbuch des Staatsrechts, 3. Aufl., Band III, S. 543 ff.; *ders.*: Die Zukunft des Bundestagswahlrechts, 2010; *Möstl, Markus*: Die Wahlrechtsgleichheit im Zuge der Parlamentsreform im Bund und im Freistaat Bayern, AöR 127 (2002), S. 401 ff.; Morlok, Martin: Chancengleichheit ernstgenommen – Die Entscheidung des Bundesverfassungsgerichts zur Fünf-Prozent-Klausel bei der Europawahl, JZ 2012, 76 ff.; *Nicolaus, Helmut*: Demokratie, Verhältniswahl und Überhangmandate, 1995; *Nohlen, Dieter*: Wahlrecht und Parteiensystem, 2. Aufl., 1990; *ders.*: Erfolgswertgleichheit als fixe Idee oder: Zurück zu Weimar?, ZParl 2009, 179 ff.; *Pauly, Walter*: Das Wahlrecht in der neuen Rechtsprechung des Bundesverfassungsgerichts, AöR 123 (1998), S. 232 ff.; *Pukelsheim, Friedrich*: Erfolgswertgleichheit der Wählerstimmen zwischen Anspruch und Wirklichkeit, DÖV 2004, 405 ff.; *Pukelsheim, Friedrich/Rossi, Matthias*: Imperfektes Wahlrecht, ZG 2013, 209 ff.; *Schönberger, Christoph*: Das Bundesverfassungsgericht und die Fünf-Prozent-Klausel bei der Wahl zum Europäischen Parlament, JZ 2013, 80 ff.; *Schreiber, Wolfgang*: Bundeswahlgesetz, 9. Aufl., 2013; *Strohmeyer, Gerd* (Hrsg.): Wahlsystemreform, 2009; *Wenner, Ulrich*: Sperrklauseln im Wahlrecht der Bundesrepublik Deutschland, 1986; *Wild, Michael*: Die Gleichheit der Wahl, 2003.

Artikel 101 Gesetzlicher Richter, Ausnahmegerichte, Sondergerichte

(1) Ausnahmegerichte sind unzulässig. Niemand darf seinem gesetzlichen Richter entzogen werden.

(2) Gerichte für besondere Sachgebiete können nur durch Gesetz errichtet werden.

A. Das Recht auf den gesetzlichen Richter (Absatz 1 Satz 2)

I. Vorbilder und Entstehungsgeschichte

1   Die nahezu wörtlich mit Art. 131 des vom Herrenchiemseer Konvent erstellten Verfassungsentwurfs übereinstimmende Vorschrift wurde im Parlamentarischen Rat einhellig gebilligt[1]. Das Grundgesetz knüpft damit, auch in der Formulierung, an

---

1 JöR 1 n.F. (1951), S. 739.

Art. 175 Abs. 2 der Reichsverfassung von 1849[2] sowie an Art. 105 WRV[3] an; die – erstmals in Kap. V Art. 4 der französischen Verfassung von 1791 enthaltene – Garantie des gesetzlichen Richters war zudem bereits in den meisten deutschen Landesverfassungen des 19. Jahrhunderts statuiert. Darüber hinaus entspricht die Norm weitgehend den Bestimmungen in vier der schon vor dem 23. Mai 1949 in Kraft getretenen und noch geltenden Landesverfassungen (Bayern: Art. 86 Abs. 2; Bremen: Art. 6 Abs. 1 und 2; Hessen: Art. 20 Abs. 1; Rheinland-Pfalz: Art. 6 Abs. 1); gleichartige Regelungen waren überdies in der Verfassung des Saarlandes aus dem Jahre 1947 enthalten (Art. 14 Abs. 1, Art. 112 Abs. 2 und 3 a.F. [= Art. 109 Abs. 2 n.F.]) und wurden nach der Wiedervereinigung in die Verfassungen von vier der beigetretenen Bundesländer aufgenommen (Brandenburg: Art. 52 Abs. 1 und 2; Sachsen: Art. 78 Abs. 1; Sachsen-Anhalt: Art. 21 Abs. 2 und 3; Thüringen: Art. 87). Bisher ist die Grundgesetzbestimmung nicht geändert worden.

II. Grundsätzliche Bedeutung

Die Stellung von Art. 101 innerhalb des Abschnitts über die Rechtsprechung als erstes der sog. »Justizgrundrechte« unterstreicht die Bedeutung der Vorschrift: Sie ist die grundlegende Verfassungsnorm für die Organisation der gesamten Gerichtsbarkeit in der Bundesrepublik Deutschland[4] und soll »der Gefahr vorbeugen, dass die Justiz durch eine Manipulation der rechtsprechenden Organe sachfremden Einflüssen ausgesetzt wird«[5]. Zweck der Norm ist es hiernach, Eingriffe Unbefugter in die Rechtspflege zu verhindern und das Vertrauen in die **Unparteilichkeit und Sachlichkeit** der Gerichte zu sichern[6] und damit zugleich zu gewährleisten, dass die einzelne Rechtsstreitigkeit unparteilich und sachlich entschieden wird. Deshalb soll die Entscheidung nicht nach einer einzelfallbezogenen Richterauswahl getroffen werden[7], sondern durch einen vorab aufgrund rechtssatzmäßiger Festlegung abstrakt-generell möglichst eindeutig für zuständig erklärten Richter[8]; daraus folgt die verfassungsrechtliche Verpflichtung, »Regelungen zu treffen, aus denen sich der gesetzliche Richter ergibt«[9].

2

---

2 »Niemand darf seinem gesetzlichen Richter entzogen werden. Ausnahmegerichte sollen nie stattfinden.«

3 »Ausnahmegerichte sind unstatthaft. Niemand darf seinem gesetzlichen Richter entzogen werden. Die gesetzlichen Bestimmungen über Kriegsgerichte und Standgerichte werden hiervon nicht berührt. Die militärischen Ehrengerichte sind aufgehoben.«

4 Vgl. *Degenhart,* HStR[3] V, § 114 Rn. 7, 33 ff.; *dens.,* in: Sachs (Hrsg.), GG[6] Art. 101 Rn. 1; *Schulze-Fielitz,* in: Dreier III, Art. 101 Rn. 14.

5 BVerfGE 95, 322 (327); 118, 212 (239).

6 Vgl. BVerfGE 4, 412 (416, 418); 95, 322 (327); BVerfG (K) NJW 2005, 2689 (2690); *Degenhart,* HStR[3] V, § 114 Rn. 7; *Pieroth,* in: Jarass/Pieroth, GG[113] Art. 101 Rn. 3; *Schulze-Fielitz,* in: Dreier III, Art. 101 Rn. 14.

7 BVerfGE 4, 412 (416 f.); BVerfG (K) NVwZ 2007, 691 (693); *Schulze-Fielitz,* ebd.

8 BVerfGE 48, 246 (253); 63, 77 (79); BVerfG (K) NVwZ 2007, 691 (693); *Degenhart,* in: Sachs (Hrsg.), GG[6] Art. 101 Rn. 5.

9 BVerfGE 95, 322 (328); *Pieroth,* in: Jarass/Pieroth, GG[13] Art. 101 Rn. 1.

3   Die Vorschrift weist zwei unterschiedliche Wirkrichtungen auf: Zum einen gewährt
sie in **verfahrensrechtlicher Hinsicht** ein Recht auf den gesetzlich bestimmten Richter, zum anderen ergibt sich aus ihr in **materiellrechtlicher Hinsicht** ein Recht auf
den in jeder Hinsicht den Anforderungen des Grundgesetzes entsprechenden Richter,
der in seiner Person Neutralität, Sachlichkeit und Distanz[10] gegenüber den Beteiligten
aufweist[11]. Beide Aspekte sind Ausdruck der rechtsstaatlichen Funktion des gerichtlichen Verfahrens und der gerichtlichen Organisation[12]; Art. 101 GG konkretisiert so
in spezifischer Weise das Rechtsstaatsprinzip[13] mit seinen Elementen der Rechtssicherheit[14] und der staatlichen Objektivität[15] und stellt die **objektiv-rechtliche Gewähr** für
rechtssatzmäßig gebildete Gerichte mit gesetzlich festgelegter Zuständigkeit dar, die
in einem durch Gesetz geregelten ordnungsmäßigen Verfahren entscheiden[16]. Insoweit hat die Norm auch den Charakter einer **institutionellen Garantie**[17], als sie gewährleistet, dass die Gerichtsbarkeit in jedem Einzelfall auf einer gesetzlich vorherbestimmten Grundlage tätig wird.

4   Der objektiv-rechtlichen Gewährleistung korrespondiert das in Art. 101 Abs. 1 Satz 2
begründete – und damit verfassungsrechtlich abgesicherte – **subjektive Recht** auf den
den objektiv-rechtlichen Anforderungen entsprechenden Richter. Dieses **grundrechts-
ähnliche Recht**[18] – auch als Grundrecht[19], grundrechtsgleiches Recht[20], prozessuales
Grundrecht oder Prozessgrundrecht[21] bezeichnet – erfährt sein besonderes Gewicht
dadurch, dass es gemäß Art. 93 Abs. 1 Nr. 4a GG durch Verfassungsbeschwerde geltend gemacht werden kann.

---

10 Vgl. zu diesen Wesensmerkmalen richterlicher Tätigkeit nach dem Grundgesetz BVerfGE
    103, 111 (140).
11 *Degenhart*, HStR³ V, § 114 Rn. 3, 34; *ders.,* in: Sachs (Hrsg.), GG⁶ Art. 101 Rn. 2;
    Morsch, in: Wendt/Rixecker, Verfassung des Saarlandes, Art. 14 Rn. 4; *Schulze-Fielitz,* in:
    Dreier III, Art. 101 Rn. 15; *Sodan,* in: Sodan², Art. 101 Rn. 7.
12 *Degenhart*, HStR³ V, § 114 Rn. 7; *ders.,* in: Sachs (Hrsg.), GG⁶ Art. 101 Rn. 2; *Schulze-
    Fielitz,* ebd.
13 BVerfGE 27, 355 (362); 40, 356 (361); *Degenhart,* HStR³ V, § 114 Rn. 7; *ders.,* in: Sachs
    (Hrsg.), GG⁶ Art. 101 Rn. 2; *Schulze-Fielitz,* in: Dreier III, Art. 101 Rn. 16.
14 BVerfGE 20, 336 (344); ebenso *Pieroth,* in: Jarass/Pieroth, GG¹³ Art. 101 Rn. 1; *Schulze-
    Fielitz,* ebd.
15 BVerfGE 82, 159 (194); zustimmend *Pieroth,* ebd.; *Schulze-Fielitz,* ebd.
16 *Maunz,* in: Maunz/Dürig, GG, Art. 101 Rn. 5.
17 *Maunz,* ebd.; *Stern,* Staatsrecht II, S. 916; a.A. *Pieroth,* in: Jarass/Pieroth, GG¹³ Art. 101
    Rn. 1, und wohl auch *Schulze-Fielitz,* in: Dreier III, Art. 101 Rn. 16 Fn. 61.
18 So z.B. BVerfGE 61, 82 (104); 75, 192 (200); 82, 159 (194); *Maunz,* in: Maunz/Dürig,
    GG, Art. 101 Rn. 6; *Stern,* ebd.
19 So beispielsweise BVerfGE 14, 156 (161 f.); 28, 314 (323); 30, 149 (162); *Papier,* HStR
    VI, § 153 Rn. 2.
20 Vgl. etwa *Degenhart,* in: Sachs (Hrsg.), GG⁶ Art. 101 Rn. 1; *ders.,* HStR³ V, § 114 Rn. 33;
    Pieroth, in: Jarass/Pieroth, GG¹³ Art. 101 Rn. 1.
21 Vgl. z.B. BVerfGE 28, 314 (323); *Degenhart,* HStR³ V, § 114 Rn. 33.

Das Recht auf den gesetzlichen Richter ist der wesentliche Regelungsgehalt der Ver- 5
fassungsbestimmung. Das Verbot von Ausnahmegerichten in Art. 101 Abs. 1 Satz 1
ist ebenso wie das Erfordernis einer gesetzlichen Grundlage für die Errichtung von
Sondergerichten nach Absatz 2 lediglich eine **spezielle Ausprägung** der in Absatz 1
Satz 2 getroffenen Bestimmung[22]. Sie steht in engem sachlichem Zusammenhang
mit der Rechtsweggarantie des Art. 19 Abs. 4 GG und bedarf der in gleicher Weise
verfassungsrechtlich gebotenen Ausgestaltung durch den Gesetzgeber[23].

III. Schutzbereiche

1. Sachlicher Schutzbereich

Der in Art. 101 Abs. 1 Satz 2 enthaltene Gesetzesvorbehalt soll sicherstellen, dass 6
jegliche Einflussnahme auf die richterliche Zuständigkeit im Einzelfall verhindert
wird, indem vorab abstrakt-generell und mit hinreichender Bestimmtheit durch
Rechtssatz festgelegt wird, welcher Richter für die Entscheidung eines Rechtsstreits
zuständig ist[24]. Gesetzlicher Richter ist hiernach nur der durch Rechtssatz bestimmte
Richter[25], der im Einzelfall durch Anwendung der Zuständigkeitsregelung zu ermitteln ist. Dadurch soll nicht erst die Manipulation im konkreten Fall ausgeschlossen
werden, sondern allein schon die **Möglichkeit einer einzelfallbezogenen Auswahl**[26].
Aus Art. 101 Abs. 1 Satz 2 ergibt sich deshalb die Verpflichtung, die sachliche, örtliche
und instanzielle Zuständigkeit vorab generell, jeden möglichen Einzelfall erfassend so
eindeutig wie möglich zu regeln, so dass jeder vermeidbare Freiraum bei der Zustän-
digkeitsbestimmung für einen konkreten Fall ausgeschlossen wird[27]; es darf deshalb
auch nicht vom Antragsverhalten der Verfahrensbeteiligten abhängen, ob Entscheidungen in oder außerhalb der Hauptverhandlung – und damit in unterschiedlicher
Besetzung des Gerichts – getroffen werden[28].

---

22 *Classen,* in: von Mangoldt/Klein/Starck, Art. 101 Rn. 4; *Degenhart,* in: Sachs (Hrsg.),
    GG[6] Art. 101 Rn. 1; *Pieroth,* in: Jarass/Pieroth, GG[13] Art. 101 Rn. 1; *Schulze-Fielitz,* in:
    Dreier III, Art. 101 Rn. 32 f.
23 *Pieroth,* ebd.; *Schulze-Fielitz,* in: Dreier III, Art. 101 Rn. 17.
24 BVerfGE 82, 286 (298); 95, 322 (329); 97, 1 (10 f.); *Degenhart,* in: Sachs (Hrsg.), GG[6]
    Art. 101 Rn. 5; *Maunz,* in: Maunz/Dürig, GG, Art. 101 Rn. 8; *Morsch,* in: Wendt/Rix-
    ecker, Verfassung des Saarlandes, Art. 14 Rn. 4; *Schulze-Fielitz,* in: Dreier III, Art. 101
    Rn. 18.
25 BVerfGE 95, 322 (329); *Degenhart,* ebd.; *Schulze-Fielitz,* ebd.
26 BVerfGE 17, 294 (299); 18, 65 (69); 82, 286 (296); 95, 322 (327, 330); BVerfG NJW
    1997, 1497 (1498); BGH NJW 1997, 2531 (2532); *Degenhart,* ebd.; *Schulze-Fielitz,*
    ebd.
27 BVerfG, in: st. Rspr., vgl. etwa BVerfGE 17, 294 (298 ff.); 19, 52 (59 f.); 30, 149 (152);
    48, 246 (253); 63, 77 (79); 82, 286 (298); 95, 322 (328 ff.); *Classen,* in: von Mangoldt/
    Klein/Starck, Art. 101 Rn. 19; *Degenhart,* ebd.; *Schulze-Fielitz,* in: Dreier III, Art. 101
    Rn. 19.
28 BGH NJW 1997, 2351 (2352); *Schulze-Fielitz,* ebd.

7   Die **Änderung einer festgelegten Zuständigkeit** soll sich nach alledem nicht nur auf die bereits anhängigen Verfahren beziehen, sondern muss auch eine unbestimmte Vielzahl künftig möglicher Weise anfallender einbeziehen[29]. Als zulässig anzusehen sein wird freilich die Entlastung eines übermäßig belasteten Spruchkörpers lediglich durch Übertragung einer Anzahl bei ihm schon anhängiger Verfahren auf einen anderen Spruchkörper[30], wenn eine derartige Bestandsverschiebung durch eine Regelung geschieht, die nicht auf einzelne Fälle abstellt, vielmehr in abstrakt-genereller Weise[31] die in Betracht kommenden Verfahren festlegt[32] und dazu dient, die Effektivität des Rechtsschutzes durch Verkürzung der Verfahrensdauer wiederherzustellen oder zu erhöhen[33]. Gleiches dürfte gelten, wenn einem nicht ausgelasteten Spruchkörper zusätzliche Verfahren aus dem Bestand eines anderen Spruchkörpers zugewiesen werden, sofern dies zum einen durch abstrakt-generelle Regelung und zum anderen nicht lediglich aus innerorganisatorischen Gründen erfolgt, sondern um der gemäß Art. 19 Abs. 4 GG zu gewährleistenden Effektivität des Rechtsschutzes willen.

a) Das erforderliche Gesetz

8   Schon der Wortlaut der Vorschrift verpflichtet zunächst den Gesetzgeber, durch **förmliches Gesetz** die Zuständigkeit so weit wie möglich festzulegen[34]. Dieses Gesetz muss mindestens die grundlegenden Regelungen enthalten[35], d.h. über die Errichtung von Gerichten und die Abgrenzung von Gerichtsbezirken[36], welche Gerichte mit welchen Spruchkörpern für welche Verfahren sachlich, örtlich und instanziell zuständig sind[37] sowie über die Zusammensetzung der Spruchkörper (Einzelrichter, Kammern, Senate) und die Mitwirkung von Laienrichtern. Ebenso sind Auswahl, Ernennung und Amtszeit der Richter gesetzlich zu regeln[38]; bei Berufsrichtern gilt dies auch für die Erlan-

---

29 BVerfGE 24, 33 (54 f.); BVerfG (K) NJW 2003, 345; NJW 2005, 2689 (2690); *Degenhart*, in: Sachs (Hrsg.), GG[6] Art. 101 Rn. 12; *Pieroth*, in: Jarass/Pieroth, GG[13] Art. 101 Rn. 8; *Schulze-Fielitz*, in: Dreier III, Art. 101 Rn. 18.

30 Vgl. § 21e Abs. 3 Satz 1 GVG; vgl. auch *Degenhart*, in: Sachs (Hrsg.), GG[6] Art. 101 Rn. 12; offen gelassen von BVerfG (K) NJW 2005, 2689 (2690).

31 Etwa mit der Formulierung »Die ersten 50 im zweiten Halbjahr eingegangenen Verfahren« oder »Alle noch anhängigen Verfahren aus dem Jahr …«.

32 Vgl. BGH NJW 2009, 1351 (1352).

33 BVerfG (K) NJW 2005, 2689 (2690); BGH NJW 2009, 1351 (1352).

34 Vgl. BVerfGE 19, 52 (59 f.); 23, 321 (325); 31, 145 (163); 95, 322 (328); *Degenhart*, HStR[3] V, § 114 Rn. 35; *ders.*, in: Sachs (Hrsg.), GG[6] Art. 101 Rn. 6a; *Pieroth*, in: Jarass/Pieroth, GG[13] Art. 101 Rn. 6; *Schulze-Fielitz*, in: Dreier III, Art. 101 Rn. 20.

35 BVerfGE 19, 52 (60); *Classen*, in: von Mangoldt/Klein/Starck, Art. 101 Rn. 18; *Degenhart*, in: Sachs (Hrsg.), GG[6] Art. 101 Rn. 6a; *Schulze-Fielitz*, ebd.

36 BVerfGE 19, 52 (60); 95, 322 (328); *Degenhart*, ebd.; *Schulze-Fielitz*, ebd.

37 BVerfGE 19, 52 (60); 95, 322 (328); *Degenhart*, ebd.; *Morsch*, in: Wendt/Rixecker, Verfassung des Saarlandes, Art. 14 Rn. 4; *Schulze-Fielitz*, ebd.

38 Vgl. Art. 98 Abs. 1 und 3 GG i.V.m. Art. 74 Abs. 1 Nr. 27 GG; s. auch BVerfGE 18, 241 (257); 22, 42 (48); 27, 355 (362 f.); *Degenhart*, in: Sachs (Hrsg.), GG[6] Art. 101 Rn. 24; *Schulze-Fielitz*, in: Dreier III, Art. 101 Rn. 24.

gung der Befähigung zum Richteramt. Einzelne Organisationsentscheidungen – wie die Bildung gemeinsamer Amtsgerichte gemäß § 58 Abs. 1 GVG[39] oder die Konzentration von örtlichen Zuständigkeiten für bestimmte Sachbereiche nach § 13a GVG[40] – müssen nicht notwendig im Parlamentsgesetz, sondern können aufgrund hinreichender gesetzlicher Ermächtigung durch Rechtsverordnung getroffen werden; die Ländergrenzen überschreitende Bildung gemeinsamer Gerichte (vgl. z.B. § 3 Abs. 2 VwGO, § 7 Abs. 2 SGG und § 3 Abs. 2 FGO) bedarf jedoch der Grundlage in einem förmlichen Gesetz.

Vor allem die verschiedenartige Organisation und Größe der Gerichte sowie der unterschiedliche und wechselnde Geschäftsanfall machen jedoch eine abschließende Festlegung durch Gesetz und Rechtsverordnung, welcher Richter im konkreten Fall zur Entscheidung berufen ist, unmöglich[41]. Die grundsätzlichen Bestimmungen bedürfen daher einer Umsetzung durch gleichfalls abstrakt-generelle Regelungen, die die tatsächlichen Verhältnisse in den einzelnen Gerichten (Zahl der Richter und der Spruchkörper sowie deren Besetzung, Anzahl der voraussichtlichen Eingänge und Bestand nicht erledigter Verfahren sowie die Erledigungsquote) berücksichtigen und auf dieser Grundlage im Voraus festsetzen, welcher Spruchkörper mit welcher richterlichen Zusammensetzung für welche Verfahren zuständig sein wird. Diese gerichtsinternen **Geschäftsverteilungspläne**[42], die die wesentlichen Merkmale gesetzlicher Vorschriften aufweisen müssen[43] und ihrer Rechtsnatur nach autonomen Satzungen gleichen[44], sind vom Präsidium jeden Gerichts prinzipiell vorab für ein Jahr in richterlicher Unabhängigkeit schriftlich zu erlassen[45], erfordern allerdings für jeden Spruchkörper, der mit **mehreren Richtern** besetzt ist, noch eine Ergänzung durch einen von allen diesem Spruchkörper angehörenden Berufsrichtern zu fassenden Beschluss[46], mit dem die Geschäfte auf die einzelnen Mitglieder verteilt werden; bei überbesetzten Spruchkörpern, die wegen des großen Geschäftsanfalls zulässig mit mehr Richtern als für die Entscheidung der einzelnen Sachen erforderlich besetzt sind, muss zudem festgelegt werden, in welcher Zusammensetzung jeweils die Entscheidungen zu treffen sind[47]. Nur in dieser fortschreitenden Konkretisierung lässt

9

---

39 BVerfGE 24, 155 (166); BVerfG (K) NVwZ 1993, 1079 (1080); *Degenhart*, in: Sachs (Hrsg.), GG[6] Art. 101 Rn. 6a; *Schulze-Fielitz*, in: Dreier III, Art. 101 Rn. 21.

40 BVerfGE 27, 18 (34 f.); BVerfG (K) NVwZ 1993, 1079 (1080).

41 Vgl. BVerfGE 19, 52 (60); 69, 112 (120); 95, 322 (328); *Degenhart*, in: Sachs (Hrsg.), GG[5] Art. 101 Rn. 6a; ebenso *Schulze-Fielitz*, in: Dreier III, Art. 101 Rn. 22.

42 § 21e Abs. 1 GVG.

43 BVerfGE 17, 294 (299); 18, 344 (349); 95, 322 (328); BVerfG (K) NJW 2005, 2689 (2690).

44 *Schulze-Fielitz*, in: Dreier III, Art. 101 Rn. 22 m.w.N.

45 BVerfGE 95, 322 (328); BVerfG (K) NJW 2005, 2689 (2690); *Degenhart*, in: Sachs (Hrsg.), GG[6] Art. 101 Rn. 7; *Schulze-Fielitz*, ebd.

46 § 21g Abs. 1 und 2 GVG.

47 BVerfGE 95, 322 (328 f.); 97, 1 (10 f.); *Degenhart*, in: Sachs (Hrsg.), GG[6] Art. 101 Rn. 7; *Schulze-Fielitz*, in: Dreier III, Art. 101 Rn. 22 m.w.N.

sich feststellen, wer im Einzelfall der – zuständige – gesetzliche Richter ist; deshalb sind die Geschäftsverteilungspläne und die spruchkörperinternen Geschäftsverteilungsbeschlüsse im Gericht zur Einsichtnahme auszulegen[48].

b) Der Begriff des Richters

10   Der gesetzlich für zuständig erklärte Richter ist das **Gericht** als organisatorische Einheit, das erkennende Gericht als Spruchkörper und der im Einzelfall zur Entscheidung berufene Richter i.S.v. Art. 92 GG[49], mithin nicht die Staatsanwaltschaften, die für die Verfolgung von Ordnungswidrigkeiten zuständigen Verwaltungsbehörden[50] und insbesondere nicht private Schlichtungsstellen und Gerichte[51]. Gesetzlicher Richter ist freilich nur derjenige, der in jeder Hinsicht den Anforderungen des Grundgesetzes gemäß Art. 92 und 97 GG entspricht, d.h. der Unabhängigkeit[52], Objektivität, Neutralität und Distanz gegenüber den Verfahrensbeteiligten aufweist[53]; daher muss das Gesetz auch Vorschriften über die Ablehnung und den Ausschluss eines Richters für den Einzelfall enthalten, dass Anlass zur Besorgnis seiner Befangenheit besteht[54].

11   Die Rechtsprechung hat eine umfangreiche Kasuistik entwickelt und neben den staatlichen ordentlichen Gerichten und Fachgerichten als **Richter** i.S.v. Art. 101 Abs. 1 Satz 2 eingestuft beispielsweise den Europäischen Gerichtshof – sofern eine Vorlage zur Vorabentscheidung nach Art. 234 EGV erfolgen muss –[55], das Bundesverfassungsgericht[56] und seine Kammern[57], die Landesverfassungsgerichte[58] sowie die Großen

---

48 § 21e Abs. 9, § 21g Abs. 7 GVG.
49 BVerfGE 4, 412 (416); 17, 294 (298 f.); 40, 356 (361); *Degenhart*, HStR³ V, § 114 Rn. 35; *Morsch*, in: Wendt/Rixecker, Verfassung des Saarlandes, Art. 14 Rn. 4; *Pieroth*, in: Jarass/Pieroth, GG¹³ Art. 101 Rn. 2; *Schulze-Fielitz*, in: Dreier III, Art. 101 Rn. 27; *Sodan*, in: Sodan, Art. 101 Rn. 3.
50 Vgl. §§ 35 ff. OWiG.
51 *Maunz*, in: Maunz/Dürig, GG, Art. 101 Rn. 8; *Schulze-Fielitz*, in: Dreier III, Art. 101 Rn. 27.
52 BVerfGE 3, 213 (224); 4, 412 (416); 23, 321 (325); 82, 286 (296); *Schulze-Fielitz*, in: Dreier III, Art. 101 Rn. 27.
53 *Barbey*, HStR² III, § 74 Rn. 61; *Degenhart*, HStR³ V, § 114 Rn. 3, 34; *ders.*, in: Sachs (Hrsg.), GG⁶ Art. 101 Rn. 2; *Morsch*, in: Wendt/Rixecker, Verfassung des Saarlandes, Art. 14 Rn. 4; *Schulze-Fielitz*, in: Dreier III, Art. 101 Rn. 15, 27.
54 BVerfGE 21, 139 (146); BVerfG (K) NJW 1998, 369 (370); *Degenhart*, in: Sachs (Hrsg.), GG⁶ Art. 101 Rn. 9; *Maunz*, in: Maunz/Dürig, GG, Art. 101 Rn. 37; *Schulze-Fielitz*, in: Dreier III, Art. 101 Rn. 27.
55 BVerfGE 73, 339 (366 f.); 75, 223 (231); 82, 159 (192); BVerfG (K) NJW 1994, 2017 f.; NJW 2001, 1267 (1268); NJW 2007, 1521 ff.; NVwZ 2007, 942 (944 f.); BGHZ 125, 27 (36); *Degenhart*, in: Sachs (Hrsg.), GG⁶ Art. 101 Rn. 8; *Schulze-Fielitz*, in: Dreier III, Art. 101 Rn. 28 m.w.N.
56 BVerfGE 13, 132 (142 ff.); 64, 1 (13 ff.); *Degenhart*, ebd.; *Pieroth*, in: Jarass/Pieroth, GG¹⁰ Art. 101 Rn. 2; *Schulze-Fielitz*, ebd.
57 BVerfGE 19, 88 (92) – entschieden für einen Vorprüfungsausschuss –.
58 BVerfGE 82, 286 (296 f.).

Senate und den Gemeinsamen Senat nach Art. 95 Abs. 3 Satz 1 GG[59]. Weiterhin sind explizit als gesetzliche Richter bezeichnet worden z.B.[60] der im Instanzenzug zuständige Richter[61], der Untersuchungsrichter[62], der Richter bei Anberaumung des Termins zur Hauptverhandlung[63], der im Vorlageverfahren entscheidende Richter[64], der Berichterstatter im Kollegialgericht[65] und der ehrenamtliche Richter[66], während der Ergänzungsrichter und der am Eröffnungsbeschluss beteiligte Richter nicht hierzu zählen sollen[67].

Die Mitwirkung eines **befangenen Richters**, der erfolglos abgelehnt wurde, an einer   12
Entscheidung führt nicht zwangsläufig zu deren Verfassungswidrigkeit, sondern nur
dann, wenn das Ablehnungsgesuch aus willkürlichen Erwägungen abgewiesen wurde[68]. Fehlt es hieran, so ist auch der befangene Richter gesetzlicher Richter i.S.v.
Art. 101 Abs. 1 Satz 2, der für den konkreten Fall in Anwendung der abstrakt-generellen Regelungen – wenngleich irrig – als zuständig erkannt worden ist.

2. Personeller Schutzbereich

Träger des Rechts aus Art. 101 Abs. 1 Satz 2 ist, wie der Wortlaut schon zweifelsfrei   13
erkennen lässt, jedermann, weil »niemand« dem gesetzlichen Richter entzogen werden darf[69]. Die subjektive Berechtigung steht deshalb jedem zu, der an einem gerichtlichen Verfahren als Prozesspartei oder in ähnlicher Rechtsstellung beteiligt ist[70],
, weil und soweit er eigene rechtlich geschützte Interessen verfolgt und dabei der
staatlichen Gerichtsbarkeit unterworfen ist[71]. Das sind aufgrund des Schutzzwecks

---

59 BVerfGE 19, 38 (42 f.); 38, 386 (397 f.).
60 S. dazu auch *Degenhart*, in: *Sachs* (Hrsg.), GG[6] Art. 101 Rn. 8; *Pieroth*, in: Jarass/Pieroth,
     GG[10] Art. 101 Rn. 2; *Schulze-Fielitz*, in: Dreier III, Art. 101 Rn. 29, jeweils m.w.N.
61 BVerfGE 30, 165 (168 f.); 63, 77 (80).
62 BVerfGE 25, 336 (345 ff.).
63 BVerfGE 4, 412 (417 f.); BVerfG (K) NVwZ-RR 2005, 828.
64 BVerfGE 19, 38 (43).
65 BSG NJW 1996, 2181; a.A. BGHSt 21, 250; BGH NJW 1995, 403; BFH NVwZ 1996,
     102.
66 BVerfGE 48, 300 (317); 91, 93 (117); BVerfG (K) DtZ 1992, 281; BVerwGE 93, 161;
     BVerwG NVwZ-RR 2000, 646; BGHZ 127, 327 (329).
67 BVerfGE 30, 149 (155 f.); a.A. zutreffend BVerfGE 30, 149, 157 ff. (162 ff.) – Sondervotum *Leibholz/Geiger/Rinck* –; *Classen*, in: von Mangoldt/Klein/Starck, Art. 101 Rn. 14;
     Maunz, in: Maunz/Dürig, GG, Art. 101 Rn. 15; *Schulze-Fielitz*, in: Dreier III, Art. 101
     Rn. 30 Fn. 151.
68 BVerfGE 31, 145 (164); BVerfG (K) NJW 1995, 2912 (2913); NJW 2007, 3771
     (3772 f.); *Degenhart*, in: Sachs (Hrsg.), GG[5] Art. 101 Rn. 9; *Schulze-Fielitz*, in: Dreier III,
     Art. 101 Rn. 31.
69 *Degenhart*, in: *Sachs* (Hrsg.), GG[6] Art. 101 Rn. 4; *Schulze-Fielitz*, in: Dreier III, Art. 101
     Rn. 34.
70 *Degenhart*, ebd.; *Morsch*, in: Wendt/Rixecker, Verfassung des Saarlandes, Art. 14 Rn. 3;
     Schulze-Fielitz, ebd.
71 *Schulze-Fielitz*, ebd.

der Norm nicht nur natürliche Personen, sondern unabhängig von ihrer Rechtsform auch sämtliche privatrechtlichen Vereinigungen und Organisationen[72], aber darüber hinaus auch die ansonsten in der Regel nicht grundrechtsfähigen juristischen Personen des öffentlichen Rechts[73]. Auf Art. 101 Abs. 1 Satz 2 können sich gleichfalls berufen die Neben- und Privatkläger, die Haupt- und Nebenintervenienten sowie die Streitgenossen bzw. im Verwaltungsprozess die Beigeladenen[74]. Das Recht auf den gesetzlichen Richter steht ebenso ausländischen juristischen Personen[75] einschließlich anderer Staaten[76] zu wie nichtrechtsfähigen Personenmehrheiten[77] – darunter den politischen Parteien –, BGB-Gesellschaften[78] oder einem Personalrat[79], d.h. jedem, der »nach den einschlägigen Prozeßnormen parteifähig ist«[80].

14   Keine Rechtsträger sind die im Verfahren mitwirkenden Richter[81], die Zeugen und Sachverständigen[82] sowie Prozessbevollmächtigten[83], weil sie keine eigenen rechtlich geschützten Interessen verfolgen; auch die Staatsanwaltschaft ist deshalb aus Art. 101 Abs. 1 Satz 2 nicht subjektiv berechtigt[84]. In **konkreten Normenkontrollverfahren** gemäß Art. 100 GG können die Beteiligten des Ausgangsverfahrens keine Prozessanträge stellen und auch nicht das Recht auf den gesetzlichen Richter in Anspruch nehmen[85]; in Verfahren der **abstrakten Normenkontrolle** hingegen können die Antragsteller, weil sie das Verfahren in Gang setzen und damit einer Prozesspartei ähnlich werden, sich auf Art. 101 Abs. 1 Satz 2 berufen[86]. Im Übrigen gilt die Vorschrift

---

72 BVerfGE 18, 441 (447); 64, 1 (11).

73 BVerfGE 6, 45 (49 f.); 21, 362 (373); 61, 82 (104); 75, 192 (200); *Degenhart*, in: Sachs (Hrsg.), GG[6] Art. 101 Rn. 4; *Morsch*, in: Wendt/Rixecker, Verfassung des Saarlandes, Art. 14 Rn. 3; *Schulze-Fielitz*, in: Dreier III, Art. 101 Rn. 34.

74 *Classen*, in: von Mangoldt/Klein/Starck, Art. 101 Rn. 9.

75 BVerfGE 64, 1 (11); *Degenhart*, in: Sachs (Hrsg.), GG[5] Art. 101 Rn. 4; *Pieroth*, in: Jarass/Pieroth, GG[13] Art. 101 Rn. 5; *Schulze-Fielitz*, in: Dreier III, Art. 101 Rn. 34.

76 BVerfGE 64, 1 (11); BVerfGK 1, 32 (37 f.).

77 BVerfGE 82, 286 (295 f.); 96, 231 (243 f.).

78 BVerfG (K) NJW 2002, 3533.

79 BVerfGE 28, 314 (323).

80 BVerfGE 3, 359 (363); ebenso BVerfGE 19, 52 (56); 61, 82 (104); *Sodan*, in: Sodan[2], Art. 101 Rn. 8.

81 BVerfGE 15, 298 (301); *Degenhart*, in: Sachs (Hrsg.), GG[6] Art. 101 Rn. 4; *Maunz*, in: Maunz/Dürig, GG, Art. 101 Rn. 7; *Morsch*, in: Wendt/Rixecker, Verfassung des Saarlandes, Art. 14 Rn. 3; *Pieroth*, in: Jarass/Pieroth, GG[13] Art. 101 Rn. 5; *Schulze-Fielitz*, in: Dreier III, Art. 101 Rn. 35.

82 Vgl. *Classen*, in: von Mangoldt/Klein/Starck, Art. 101 Rn. 9; *Morsch*, ebd.; *Schulze-Fielitz*, ebd.

83 *Maunz*, in: Maunz/Dürig, GG, Art. 101 Rn. 7; *Schulze-Fielitz*, ebd.

84 *Degenhart*, in: Sachs (Hrsg.), GG[6] Art. 101 Rn. 4; *Schulze-Fielitz*, ebd.; anders *Classen*, in: von Mangoldt/Klein/Starck, Art. 101 Rn. 9.

85 Vgl. BVerfGE 42, 90 (91); 46, 34 (36); *Pieroth*, in: Jarass/Pieroth, GG[13] Art. 101 Rn. 5.

86 BVerfGE 82, 286 (296 f.); anders noch BVerfGE 2, 74 (91), und *Schulze-Fielitz*, in: Dreier III, Art. 101 Rn. 36; wie hier auch *Classen*, in: von Mangoldt/Klein/Starck, Art. 101

als objektives Recht (oben Rdn. 3) in denjenigen verfassungs- und verwaltungsgerichtlichen Verfahren, in denen es keine Beteiligten gibt[87].

IV. Normadressaten

Das Recht auf den gesetzlichen Richter war ursprünglich vor allem gegen die Entscheidung von Rechtsstreitigkeiten aufgrund der sog. »Kabinettsjustiz« gerichtet, bei der einzelne Streitsachen den Gerichten entzogen und vom Landesherrn oder seiner Verwaltung entschieden wurden[88]. Auch heute ist die **Exekutive** noch Adressat des Verbots in Art. 101 Abs. 1 Satz 2, doch wendet sich die Norm ebenso an den **Gesetzgeber** und darüber hinaus aufgrund der Rechtsprechung des Bundesverfassungsgerichts gleichermaßen an die **Gerichtsbarkeit** selbst[89], damit umfassend verhindert wird, dass jemand durch Maßnahmen innerhalb der Gerichtsorganisation dem in seiner Sache gesetzlich berufenen Richter entzogen wird. Art. 101 Abs. 1 Satz 2 kann somit durch **jeden Träger öffentlicher Gewalt** sowohl auf Bundes- als auch auf Länderebene beeinträchtigt werden[90], insbesondere durch unzulängliche Ausgestaltung der Zuständigkeitsregelungen.

15

V. Gewährleistungsgehalte

Das Verbot des Entzugs des gesetzlichen Richters beinhaltet nicht allein eine **objektiv-rechtliche Verpflichtung** zur normativen Festlegung richterlicher Zuständigkeit, sondern ebenso einen **leistungsrechtlichen Anspruch** auf die Bereitstellung eines prozess- und organisationsrechtlichen Normenkomplexes, der zur vorherigen Bestimmung des zuständigen Richters prinzipiell geeignet ist[91], und darüber hinaus einen **subjektiven Abwehranspruch** als Anspruch auf Unterlassen, dass gerichtliche Entscheidungen durch einen nicht zuständigen Richter getroffen werden[92]. Diese drei Dimensionen der Vorschrift sind weithin miteinander verwoben[93] und inhaltlich im Wesentlichen deckungsgleich.

16

Rn. 10, der allein die Stellung im Prozess für maßgeblich hält, und *Pieroth*, ebd.; s. zur verwaltungsgerichtlichen Normenkontrolle BVerwGE 69, 30 (33).

87 Vgl. BVerfGE 40, 356 (361 f.); BVerfGE 82, 286 (296); *Pieroth*, in: Jarass/Pieroth, GG[13] Art. 101 Rn. 5; ebenso *Schulze-Fielitz*, ebd.

88 Vgl. näher *Maunz*, in: Maunz/Dürig, GG, Art. 101 Rn. 1; *Schulze-Fielitz*, in: Dreier III, Art. 101 Rn. 1, 4 m.w.N.

89 Seit BVerfGE 3, 359 (364) st. Rspr., vgl. etwa BVerfGE 4, 412 (416); 82, 286 (296); 95, 322 (327); ebenso z.B. *Maunz*, in: Maunz/Dürig, GG, Art. 101 Rn. 42; *Pieroth*, in: Jarass/ Pieroth, GG[13] Art. 101 Rn. 5a; *Schulze-Fielitz*, in: Dreier III, Art. 101 Rn. 14, 39 m.w.N.

90 *Schulze-Fielitz*, in: Dreier III, Art. 101 Rn. 39 m.w.N.

91 *Pieroth*, in: Jarass/Pieroth, GG[13] Art. 101 Rn. 5a; *Schulze-Fielitz*, in: Dreier III, Art. 101 Rn. 37 f.

92 *Schulze-Fielitz*, in: Dreier III, Art. 101 Rn. 38.

93 Vgl. auch *Schulze-Fielitz*, in: Dreier III, Art. 101 Rn. 37.

1. Die Ausgestaltungspflicht des Normgebers

17 Art. 101 Abs. 1 Satz 2 setzt als gesetzlichen Richter den der Verfassung gemäßen Richter voraus[94], der den Anforderungen der Art. 92 und 97 GG entspricht[95]. Der Gesetzgeber genügt deshalb seiner **Verpflichtung zur Ausgestaltung der Zuständigkeitsregelungen** nicht, wenn die Möglichkeit besteht, dass Richter zur Entscheidung berufen sind, die diesen Voraussetzungen nicht genügen, weil sie nicht die gebotene Unabhängigkeit[96], Objektivität, Neutralität und Distanz gegenüber den Verfahrensbeteiligten aufweisen[97]. Die Anforderungen an den gesetzlichen Richter sind beispielsweise nicht gewahrt, wenn Angehörige von Beschluss- und Verwaltungsorganen einer Selbstverwaltungskörperschaft zugleich als Richter in einem von dieser Körperschaft getragenen Gericht mitwirken[98] oder wenn Zuständigkeiten, welche die Verfassung den Richtern vorbehält, durch Gesetz Verwaltungsbehörden zugewiesen werden[99]. Dagegen liegt kein Verfassungsverstoß vor, wenn Anwälte als richterliche Mitglieder im Rahmen der Berufsgerichtsbarkeit mitwirken[100] oder Versorgungsberechtigte als Richter in Kammern der Sozialgerichte für Angelegenheiten der sozialen Entschädigung[101]. Im Übrigen bestehen auch keine Bedenken dagegen, dass sachkundige, mit den tatsächlichen Verhältnissen vertraute Personen als ehrenamtliche Richter – wie beispielsweise Vertragsärzte in den Kammern der Sozialgerichte für Angelegenheiten des Vertragsarztrechts[102] – in gerichtlichen Spruchkörpern tätig sind, sofern sie nicht mit der Streitsache befasst waren; denn durch ihre Mitwirkung wird die Qualität der Entscheidungen erheblich gefördert. Der Gesetzgeber muss indes Vorsorge dafür treffen, dass Richter wegen Besorgnis der Befangenheit ausgeschlossen sind oder abgelehnt werden können[103]. Allerdings sollen nach der Ansicht des

---

94 *Degenhart*, in: Sachs (Hrsg.), GG[6] Art. 101 Rn. 4; *Schulze-Fielitz*, in: Dreier III, Art. 101 Rn. 41.

95 Vgl. BVerfGE 10, 200 (215); *Degenhart*, ebd.; *Pieroth*, in: Jarass/Pieroth, GG[13] Art. 101 Rn. 4; *Schulze-Fielitz*, ebd.

96 BVerfGE 3, 213 (224); 4, 412 (416); 23, 321 (325); 82, 286 (296); *Schulze-Fielitz*, in: Dreier III, Art. 101 Rn. 27.

97 *Degenhart*, HStR[3], § 114 Rn. 3, 34; *ders.*, in: Sachs (Hrsg.), GG[6] Art. 101 Rn. 9; *Morsch*, in: Wendt/Rixecker, Verfassung des Saarlandes, Art. 14 Rn. 4; *Schulze-Fielitz*, in: Dreier III, Art. 101 Rn. 15, 27.

98 BVerfGE 18, 241 (255 f.); 54, 159 (172); BVerfG (K) NVwZ 1996, 885 f.; *Schulze-Fielitz*, in: Dreier III, Art. 101 Rn. 41.

99 BVerfGE 10, 200 (216 ff.); 22, 49 (73); s. auch BVerfGE 20, 365 (369 f.); 54, 159 (166); *Schulze-Fielitz*, ebd.

100 BVerfGE 26, 186 (193 ff.) – für den Anwaltssenat beim Bundesgerichtshof –; zustimmend *Schulze-Fielitz*, in: Dreier III, Art. 101 Rn. 42.

101 § 12 Abs. 4 SGG; vgl. – für die Mitwirkung lediglich gruppenbetroffener Verfolgter im Entschädigungssenat des Bundesgerichtshofs – BVerfGE 23, 85 (91); *Schulze-Fielitz*, ebd.

102 § 12 Abs. 3 SGG.

103 BVerfGE 21, 139 (145 f.); BVerfG (K) NVwZ 1996, 885; NJW 1998, 369 (370); *Degenhart*, HStR[3] V, § 114 Rn. 42; *ders.*, in: Sachs (Hrsg.), GG[6] Art. 101 Rn. 9; *Schulze-Fielitz*, in: Dreier III, Art. 101 Rn. 41.

Bundesverfassungsgerichts zuvor mit der Sache befasste Richter nicht in jedem Fall von der Mitwirkung ausgeschlossen sein[104], doch erscheint es überzeugender, bei jeder vorherigen Befassung eines Richters mit der Streitsache seine weitere Mitwirkung in derselben Sache als unzulässig anzusehen[105], weil angesichts dessen Voreingenommenheit – d.h. ein Mangel an Neutralität und Distanz gegenüber den Verfahrensbeteiligten – nicht auszuschließen ist[106] und dies genügt, um Befangenheit zu besorgen, selbst wenn sie im konkreten Fall nicht besteht.

Im Rahmen seiner Befugnis – und Verpflichtung – zur Bestimmung der gericht-   **18** lichen Zuständigkeit verfügt der Gesetzgeber über **Ermessen**[107], soweit nicht die Verfassung (wie in Art. 34 Satz 3 und Art. 95 Abs. 1, Abs. 3 Satz 1 GG) Vorgaben enthält, doch muss das parlamentarische Gesetz die grundlegenden Bestimmungen treffen[108] über die Errichtung von Gerichten und die Abgrenzung von Gerichtsbezirken, welche Gerichte mit welchen Spruchkörpern für welche Verfahren sachlich, örtlich und instanziell zuständig sind sowie über die Zusammensetzung der Spruchkörper (Einzelrichter, Kammern, Senate) und die Mitwirkung von Laienrichtern. Unter Berücksichtigung dessen ist der Gesetzgeber auch frei, die vorhandenen Zuständigkeitsregelungen zu ändern, sofern dies nicht im Hinblick auf einen konkreten Fall geschieht[109].

Die Einräumung von Ermessen an den Gesetzgeber bedeutet freilich nicht, dass die-   **19** ser die Entscheidung über die Zuständigkeit in das Ermessen des Gerichts stellen darf[110]. Art. 101 Abs. 1 Satz 2 verlangt vielmehr eine **möglichst eindeutige Vorausbestimmung**[111] und lässt nur **unvermeidliche Mängel an Präzision** zu[112]; die Auslegungsbedürftigkeit von Normen aufgrund der Verwendung unbestimmter Gesetzesbegriffe ist deshalb grundsätzlich verfassungsrechtlich nicht zu beanstanden[113],

---

104 BVerfGE 30, 149 (153) – für Ergänzungsrichter und am Eröffnungsbeschluss beteilige Richter –; 78, 331 (337 f.) – für einen lediglich an einer Stellungnahme für das Bundesverfassungsgericht beteiligten Richter –.

105 BVerfGE 30, 19, 157 (161 ff.) – Sondervotum *Leibholz/Geiger/Rinck* –; *Schulze-Fielitz*, in: Dreier III, Art. 101 Rn. 42.

106 Anders BVerfGE 30, 149 (153), unter Verweis auf RGSt 59, 409 f.

107 *Schulze-Fielitz*, in: Dreier III, Art. 101 Rn. 38.

108 Vgl. oben Rdn. 8 m.w.N.

109 *Maunz*, in: Maunz/Dürig, GG, Art. 101 Rn. 23 f.; *Schulze-Fielitz*, in: Dreier III, Art. 101 Rn. 43.

110 Vgl. auch BVerfGE 54, 277 (285 ff.); *Schulze-Fielitz*, in: Dreier III, Art. 101 Rn. 44; anders *Classen*, in: von Mangoldt/Klein/Starck, Art. 101 Rn. 22; *Pieroth*, in: Jarass/Pieroth, GG[13] Art. 101 Rn. 9.

111 St. Rspr., vgl. z.B. BVerfGE 6, 45 (51); 9, 223 (226); 117, 294 (298 f.); 40, 356 (361); 63, 77 (79); 82, 286 (298); 95, 322 (329 f.); ebenso etwa *Classen*, in: von Mangoldt/Klein/Starck, Art. 101 Rn. 19; *Schulze-Fielitz*, in: Dreier III, Art. 101 Rn. 43.

112 *Classen*, in: von Mangoldt/Klein/Starck, Art. 101 Rn. 19.

113 Vgl. BVerfGE 19, 145 (147); 48, 246 (263); 91, 93 (117); *Classen, in:* von Mangoldt/Klein/Starck, Art. 101 Rn. 20; *Schulze-Fielitz*, in: Dreier III, Art. 101 Rn. 43.

sofern eine exaktere Bestimmung durch Normen nicht erreichbar ist. Das Bundesverfassungsgericht hielt allerdings weniger strenge Bestimmtheitsanforderungen für zulässig, wenn die verbindliche Auslegung der Zuständigkeitsvorschriften nicht durch die Verwaltung, sondern durch die Gerichte erfolgt[114], hat jedoch in neuerer Zeit betont, dass auch die Judikative uneingeschränkt den Bindungen aus Art. 101 Abs. 1 Satz 2 unterliegt[115], so dass die sich aus dem Grundsatz des gesetzlichen Richters ergebende abstrakt-generelle Vorausbestimmung auch eine willkürliche Festlegung der Zuständigkeit durch die Gerichte so weit wie möglich ausschließen muss.

20   Mit dem Gebot des gesetzlichen Richters vereinbar ist somit die den Gerichten eingeräumte Befugnis, über die **Zulässigkeit des zu ihnen beschrittenen Rechtswegs** zu entscheiden und erforderlichenfalls den Rechtsstreit verbindlich an das zuständige Gericht des zulässigen Rechtswegs zu verweisen (§ 17a GVG)[116] sowie sich selbst für zuständig zu erklären[117]. Ebenso ist es nicht zu beanstanden, dass bei **Rückverweisung** einer Sache zur erneuten Verhandlung und Entscheidung (§ 563 Abs. 1 ZPO; § 354 Abs. 2 StPO; § 144 Abs. 1 Satz 2, Abs. 5 VwGO; § 170 Abs. 4 SGG; § 126 Abs. 1 FGO) den Revisionsgerichten teilweise ausdrücklich und dem Bundesverfassungsgericht (§ 95 Abs. 2 BVerfGG) die Möglichkeit eingeräumt ist, einen anderen als den bisher zuständigen Spruchkörper oder sogar ein anderes zuständiges Gericht zu bestimmen[118], um mögliche Befangenheit auszuschließen sowie eine materiell gerechte Entscheidung und die Übereinstimmung mit der der Rückverweisung zugrunde liegenden Rechtsprechung zu gewährleisten. Unbedenklich ist auch eine Regelung, wonach ein Rechtsmittel von der **Zulassung durch das Rechtsmittelgericht** abhängig ist (§§ 522, 543 ZPO; §§ 124, 132 VwGO; §§ 144, 160 SGG; § 116 FGO)[119] oder das Gericht wählen kann, ob es mit oder ohne Hinzuziehung der ehrenamtlichen Richter entscheidet (§§ 84, 130a VwGO; § 105 SGG; §§ 79a, 90a FGO)[120]. Ebenfalls ist die Ermächtigung zur **Übertragung einer Sache an den Einzelrichter** – oder von ihm zurück an den Spruchkörper – (§ 348a ZPO; § 6 VwGO; § 6 FGO; § 153 Abs. 5 SGG) mit Art. 101 Abs. 1 Satz 2 vereinbar[121], weil das Gesetz die hierfür einschlägigen Kriterien hinreichend bestimmt hat. Schließlich ver

---

114 BVerfGE 20, 336 (343 ff.); 25, 336 (346 f.); ebenso *Classen*, in: von Mangoldt/Klein/ Starck, Art. 101 Rn. 22, 47; *Degenhart*, HStR³ V, § 114 Rn. 38; *ders.*, in: Sachs (Hrsg.), GG⁶ Art. 101 Rn. 10; *Pieroth*, in: Jarass/Pieroth, GG¹³ Art. 101 Rn. 9; *Schulze-Fielitz*, ebd.

115 BVerfGE 95, 322 (327 ff.).

116 Vgl. zur früheren Rechtslage BVerfGE 6, 45 (52 f.); s. auch *Schulze-Fielitz*, in: Dreier III, Art. 101 Rn. 45.

117 BVerfGE 118, 212 (240 f.) zu § 354 Abs. 1a Satz 1 StPO; *Schulze-Fielitz*, ebd.

118 BVerfGE 4, 412 (424); 20, 336 (345 f.); 118, 212 (240 f.); *Schulze-Fielitz*, ebd.; dagegen z.B. *Classen*, in: von Mangoldt/Klein/Starck, Art. 101 Rn. 46 m.w.N.; *Maunz*, in: Maunz/Dürig, GG, Art. 101 Rn. 35.

119 BVerfGE 54, 277 (292); 65, 77 (91); 91, 93 (117 f.); *Schulze-Fielitz*, ebd.

120 BVerwGE 72, 59; *Schulze-Fielitz*, ebd.

121 Vgl. Vgl. BVerfG (K) NJW 1984, 559; BVerwGE 122, 94 (95 f.); *Schulze-Fielitz*, ebd.; trotz Bedenken ebenso *Classen*, in: von Mangoldt/Klein/Starck, Art. 101 Rn. 43.

stößt die dem Kläger im Zivilprozessrecht eingeräumte Möglichkeit der **Auswahl zwischen verschiedenen Gerichtsständen** (§ 35 ZPO) nicht gegen die Verfassung, weil für die einzelnen Gerichtsstände jeweils konkrete Tatbestandsvoraussetzungen statuiert sind[122], die erfüllt sein müssen, um für eine Wahl in Betracht zu kommen.

Verfassungswidrig ist demgegenüber die Einräumung der Wahlmöglichkeit zwischen 21 einer Vielzahl von Gerichtsständen (sog. **»fliegender Gerichtsstand«**), wie dies von der Rechtsprechung[123] bei Persönlichkeitsrechtsverletzungen durch Presse, Rundfunk und Internet angenommen wird, wonach überall dort Klage erhoben werden kann, wo das Presseorgan erworben, die Sendung empfangen oder die Internet-Seite aufgerufen werden konnte; denn damit ist die Entscheidung über den gesetzlichen Richter der Willkür des Klägers überlassen[124]. Mit Art. 101 Abs. 1 Satz 2 nicht vereinbar ist auch das strafprozessrechtliche System **beweglicher Gerichtsstände** (§§ 7 ff. StPO; § 24 Abs. 1 Nr. 2 und 3, § 25 Nr. 2, § 74a Abs. 2 GVG), bei dem es der alleinigen Entscheidung der Staatsanwaltschaft überlassen bleibt, das für die Durchführung des Strafverfahrens zuständige Gericht zu wählen[125]: Die einschlägigen Normen enthalten keine oder nur überaus vage Kriterien (»besonderer Umfang«, »besondere Bedeutung«), anhand derer der gesetzliche Richter festgestellt werden könnte, so dass rechtsstaatlichen Bestimmtheitsanforderungen nicht genügt ist. Gleiches gilt für die Vorschrift des § 29 Abs. 2 Satz 1 GVG, die die **Erweiterung des Schöffengerichts** um einen zweiten Berufsrichter erlaubt, sofern die Staatsanwaltschaft dies beantragt, wenn es »nach dem Umfang der Sache notwendig erscheint«[126]. Gegen die Verfassung verstößt endlich auch die Regelung in § 120 Abs. 2 GVG, die eine **erstinstanzliche Zuständigkeit der Oberlandesgerichte bei Staatsschutzdelikten** ausschließt, wenn der Generalbundesanwalt die »besondere Bedeutung des Falles« verneint und daher die Verfolgung nicht übernimmt[127]. Demgegenüber ist die in § 76 Abs. 2 Satz 1 GVG enthaltene Ermächtigung, wonach die Strafkammer bei Eröffnung des Hauptverfahrens beschließen kann, die Hauptverhandlung in reduzierter Besetzung (mit nur zwei Berufsrichtern) durchzuführen[128], mit dem Gebot des gesetzlichen Richters vereinbar, weil dessen Bestimmung erst mit diesem Beschluss erfolgt und grundsätzlich nicht mehr abänderbar ist, selbst wenn sich nachträglich herausstellt, dass der Umfang oder die Schwierigkeit der Sache so groß ist, dass eine veränderte

---

122 *Classen*, in: von Mangoldt/Klein/Starck, Art. 101 Rn. 33.
123 So z.B. BGHZ 131, 332 (335); BGH NJW 1977, 1590; KG NJW 1997, 3321.
124 Im Ergebnis wie hier beispielsweise *Classen*, in: von Mangoldt/Klein/Starck, Art. 101 Rn. 34; *Pieroth*, in: Jarass/Pieroth, GG[13] Art. 101 Rn. 9; *Schulze-Fielitz*, in: Dreier III, Art. 101 Rn. 44.
125 *Classen*, in: von Mangoldt/Klein/Starck, Art. 101 Rn. 37 f.; *Degenhart*, HStR³ V, § 114 Rn. 37; *Maunz*, in: Maunz/Dürig, GG, Art. 101 Rn. 32; *Pieroth*, in: Jarass/Pieroth, GG[13] Art. 101 Rn. 9; *Schulze-Fielitz*, in: Dreier III, Art. 101 Rn. 46; die Verfassungsmäßigkeit bejahend BVerfGE 9, 223 (226 f.); 22, 254 (259 ff.).
126 Vgl. *Classen*, in: von Mangoldt/Klein/Starck, Art. 101 Rn. 41.
127 So auch *Classen*, in: von Mangoldt/Klein/Starck, Art. 101 Rn. 36.
128 Entsprechendes gilt nach § 33b Abs. 2 Satz 1 JGG für die Jugendkammer.

Besetzungsentscheidung sachlich gerechtfertigt wäre[129], doch soll auf diese Weise die Möglichkeit einer Manipulation des gesetzlichen Richters durch Verfahrensbeteiligte ausgeschlossen werden.

22   Die für förmliche Gesetze bestehenden Bestimmtheitsanforderungen gelten auch für Zuständigkeitsregelungen, zu denen die Exekutive ermächtigt ist oder die von der Judikative selbst zu treffen sind, doch müssen sie ein höheres Maß an Konkretisierung aufweisen. So können einzelne **Organisationsentscheidungen der Verwaltung** – wie gemäß § 58 Abs. 1 GVG die Bildung gemeinsamer Amtsgerichte[130] und nach § 33 Abs. 3 JGG die Bestellung eines Bezirksjugendrichters bzw. die Einrichtung gemeinsamer Jugendschöffengerichte[131] oder aufgrund von § 13a GVG die Konzentration von örtlichen Zuständigkeiten für bestimmte Sachbereiche[132] – auf der Grundlage hinreichender gesetzlicher Ermächtigung durch Rechtsverordnung getroffen werden, müssen aber den Regelungsgegenstand so genau bezeichnen, dass die Zuständigkeit unmittelbar abzulesen ist. § 58 Abs. 1 Satz 2 GVG lässt es auch zu, dass die Ermächtigung zur Bildung gemeinsamer Amtsgerichte durch Rechtsverordnung der Landesregierung den Landesjustizverwaltungen übertragen wird, verringert jedoch nicht die materiellen Voraussetzungen für eine wirksame Kennzeichnung der richterlichen Zuständigkeit.

23   Im Übrigen stellen – entgegen dem historischen Anlass für die Schaffung der Verfassungsnorm – **Eingriffe der Exekutive** in das Recht auf den gesetzlichen Richter angesichts der inzwischen erreichten normativen Regelungsdichte kein aktuelles Problem mehr dar[133]. So ist insbesondere die Einflussnahme durch Ernennung und Beförderung der Richter prinzipiell keine Beeinträchtigung der Verfassungsgarantie[134] und ebenso verstößt die Zuweisung von zusätzlichen Richterstellen an einzelne Gerichte, um Veränderungen im Geschäftsanfall Rechnung zu tragen, und der Abzug dieser Stellen bei anderen Gerichten nicht gegen Art. 101 Abs. 1 Satz 2, sofern diese Maßnahmen nicht »ad hoc und ad personam«[135] erfolgen, sondern willkürfrei

---

129 BGHSt 44, 328 (333); BGH NJW 2003, 3644 (3645). Eine Ausnahme gilt nur, wenn sich durch eine Verbindung erstinstanzlicher landgerichtlicher Verfahren die Schwierigkeit oder der Umfang der Sache erheblich erhöht und die ursprünglich auf der Grundlage getrennter Verfahrensführung beschlossene Besetzungsreduktion als nicht mehr sachgerecht erweist (BGH, Beschl. vom 29. Januar 2009 – 3 StR 567/08 –, bei juris).

130 BVerfGE 24, 155 (166); BVerfG (K) NVwZ 1993, 1079 (1080); *Degenhart*, in: Sachs (Hrsg.), GG⁶ Art. 101 Rn. 6a; *Schulze-Fielitz*, in: Dreier III, Art. 101 Rn. 21.

131 Vgl. BVerfGE 24, 155.

132 BVerfGE 27, 18 (34 f.); BVerfG (K) NVwZ 1993, 1079 (1080).

133 Vgl. auch *Pieroth*, in: Jarass/Pieroth, GG¹³ Art. 101 Rn. 10; *Schulze-Fielitz*, in: Dreier III, Art. 101 Rn. 47.

134 *Pieroth*, ebd.; *Morsch*, in: Wendt/Rixecker, Verfassung des Saarlandes, Art. 14 Rn. 5; *Schulze-Fielitz*, ebd.

135 BVerfGE 82, 159 (194).

und aufgrund sachgerechter Erwägungen ergriffen werden[136]. Gleichfalls nicht verfassungswidrig ist die Festsetzung der Grenzen von Gerichtsbezirken, wenn sie im Rahmen einer ordnungsgemäßen Ermächtigung vorgenommen wird[137], und die Verknüpfung der gerichtlichen Zuständigkeit mit dem Sitz einer Verwaltungsbehörde[138] (vgl. § 52 Nr. 2, 3 VwGO) sowie die sich sachlich ergebende Abhängigkeit vom Gang des Verwaltungsverfahrens[139]. Nicht vereinbar mit der Garantie des gesetzlichen Richters ist indes die bewusste Verzögerung der Besetzung einer Richterstelle in einem bestehenden Spruchkörper, wenn sie aus sachfremden Überlegungen, insbesondere im Hinblick auf anhängige Verfahren, geschieht[140]; Gründe der Wirtschaftlichkeit und Sparsamkeit für einen begrenzten zeitlichen Aufschub dürften freilich als sachgerecht anzusehen sein.

Die weitestgehende Konkretisierung müssen schließlich die **gerichtsorganisatori-** 24 **schen Entscheidungen** aufweisen, weil aus ihnen eindeutig hervorzugehen hat, wer im jeweiligen Einzelfall der gesetzliche Richter ist. So sind insbesondere die **Geschäftsverteilungspläne** der Gerichte gemäß § 21e und § 21g GVG zwar einerseits abstrakt-generell hinsichtlich der künftig anfallenden Sachen zu formulieren, andererseits müssen sie konkret-individuell bestimmen, welche Richter im Einzelnen zur Entscheidung der Fälle berufen sind. Während bei Einzelrichtern dies unproblematisch durch Benennung des jeweiligen Richters erfolgt, ist bei mit mehreren Richtern besetzten Spruchkörpern festzulegen, nach welchen Grundsätzen die zu benennenden Mitglieder an den Verfahren mitwirken (§ 21g Abs. 2 GVG) und vor allem die einzelnen Sachen als Berichterstatter zur Vorbereitung der Entscheidung und ggf. als allein entscheidender Einzelrichter erhalten; bei überbesetzten Spruchkörpern muss zudem festgelegt werden, in welcher Zusammensetzung jeweils die Entscheidungen zu treffen sind[141]. Nach Ansicht des Bundesverfassungsgerichts soll allerdings die Bestimmung des Berichterstatters durch den Vorsitzenden zulässig sein[142], sofern nicht davon die Zusammensetzung der jeweiligen Sitzgruppe abhängt, doch lässt dies unberücksichtigt, in welchem Umfang der Berichterstatter richterliche Handlungen

---

136 *Maunz*, in: Maunz/Dürig, GG, Art. 101 Rn. 38 f.; *Schulze-Fielitz*, in: Dreier III, Art. 101 Rn. 47.

137 BVerfGE 2, 307 (316 ff.); 24, 155 (167); 27, 18 (35); *Morsch*, in: Wendt/Rixecker, Verfassung des Saarlandes, Art. 14 Rn. 4; *Schulze-Fielitz*, ebd.

138 BVerwG DVBl. 1981, 189.

139 BVerwG DÖV 1981, 841.

140 Vgl. BVerfGE 82, 286; BGHZ 95, 246; BSG NJW 2007, 2717; *Schulze-Fielitz*, in: Dreier III, Art. 101 Rn. 48.

141 BVerfGE 95, 322 (328 f.); 97, 1 (10 f.); *Degenhart*, in: Sachs (Hrsg.), GG⁶ Art. 101 Rn. 7; *Schulze-Fielitz*, in: Dreier III, Art. 101 Rn. 22 m.w.N.

142 BVerfGE 95, 322 (331); ebenso BFH NJW 1996, 78; ThürVerfGH NVwZ 2007, 950 (951); *Degenhart*, in: Sachs (Hrsg.), GG⁶ Art. 101 Rn. 15.

vornehmen kann (vgl. §§ 273, 527 ZPO; § 87 VwGO; § 106 SGG; § 79 FGO) und durch seine vorbereitende Tätigkeit die spätere Entscheidung prägt[143].

25 Auch in den Geschäftsverteilungsplänen ist die Verwendung unbestimmter Gesetzesbegriffe – wie »Verhinderung«, »Sachzusammenhang« oder »Schwerpunkt« – zulässig, weil unvermeidlich, um den möglichen künftigen Entwicklungen Rechnung zu tragen[144], sofern dadurch sachfremde Einflüsse ausgeschlossen bleiben. Unbedenklich sind daher Vertretungsregelungen für den Fall der Krankheit, des Urlaubs oder für vergleichbare Anlässe[145], so lange dem Vorsitzenden des Spruchkörpers dadurch kein Ermessen eingeräumt wird[146], sondern nur der mit der Auslegung unbestimmter Begriffe verbundene Spielraum eröffnet wird[147]; erweisen sich die Vertretungsregelungen als unzulänglich – etwa bei dem Wechsel eines Richters in einen anderen Spruchkörper –, muss der Geschäftsverteilungsplan auch während des Geschäftsjahrs geändert werden.

26 Die vorgenannten Anforderungen zur Bestimmung des gesetzlichen Richters gelten in dieser Strenge nur für Berufsrichter; hinsichtlich der **ehrenamtlichen Richter** dürfen die besonderen Bedingungen ihrer Heranziehung – und die damit verbundene Möglichkeit berufsbedingter Verhinderung – berücksichtigt werden[148]. Allerdings muss zu Beginn des Geschäftsjahres die Reihenfolge ihrer Mitwirkung und ihrer Vertretung im Verhinderungsfall vorab festgelegt werden, so dass insoweit kein Auswahlermessen besteht, doch verstößt es nicht gegen Art. 101 Abs. 1 Satz 2, wenn sich die Bestimmung der ehrenamtlichen Richter aus der Terminierung einer Streitsache durch den Vorsitzenden in Verbindung mit der festgelegten Reihenfolge ergibt[149]. Dabei muss der vom ehrenamtlichen Richter genannte Hinderungsgrund nicht nachgeprüft werden[150]; bleibt er ungerechtfertigt fern, verletzt die sich hieraus ergebende Veränderung der Zusammensetzung des Gerichts nicht die Garantie des gesetzlichen Richters[151]. Auch ist es mit der Verfassung vereinbar, dass Entscheidungen in Haftfragen während der Hauptverhandlung in der Besetzung außerhalb der

---

143 Wie hier zutreffend *Schulze-Fielitz*, in: Dreier III, Art. 101 Rn. 53; s. auch BSG NJW 1996, 2181.

144 BVerfGE 95, 322 (332 f.); BVerfG (K) NJW 1998, 2962 (2963); BFH NJW 1998, 335; *Degenhart*, in: Sachs (Hrsg.), GG[6] Art. 101 Rn. 16; *Schulze-Fielitz*, in: Dreier III, Art. 101 Rn. 51.

145 BVerfGE 95, 322 (333); *Schulze-Fielitz*, ebd.

146 BGH – Vereinigte Große Senate – BGHZ 126, 63 (81); BAGE 81, 265 (283); 84, 189 (193 f.); 88, 344 (354 f.); *Schulze-Fielitz*, ebd.

147 BVerfGE 95, 322 (332 f.); 97, 1 (11); *Schulze-Fielitz*, ebd.

148 *Degenhart*, in: Sachs (Hrsg.), GG[6] Art. 101 Rn. 16; *Schulze-Fielitz*, in: Dreier III, Art. 101 Rn. 55; BVerwG NVwZ-RR 200 (474) (475); BVerfG (K) NJW 1998, 2962; kritisch *Pieroth*, in: Jarass/Pieroth, GG[13] Art. 101 Rn. 14.

149 BVerwG NVwZ-RR 2000, 474; *Degenhart*, ebd.; *Schulze-Fielitz*, ebd.

150 BVerwGE 13, 147 (148); BVerwG NVwZ 1986, 10 f.; *Schulze-Fielitz*, ebd.

151 BFHE 194, 346 (353); *Schulze-Fielitz*, ebd.

Hauptverhandlung, d.h. ohne Schöffen, zu treffen sind, um dem verfassungsrechtlichen Beschleunigungsgebot in Haftsachen zu genügen[152].

Richter auf Probe (§ 12 DRiG) und **Richter kraft Auftrags** (§ 14 DRiG) müssen 27 bei der Geschäftsverteilung möglichst gleichmäßig den Spruchkörpern zugeteilt werden[153]. Die Mitwirkung von zwei Richtern auf Probe bzw. kraft Auftrags an einer Entscheidung ist regelmäßig verfassungswidrig[154], weil sie nicht vollständig dem Begriff des Richters in Art. 101 Abs. 1 Satz 2 (vgl. oben Rdn. 10) entsprechen; denn ihnen fehlt die persönliche Unabhängigkeit, die Art. 97 Abs. 2 GG nur den hauptamtlich und planmäßig angestellten Richtern durch die Garantie der Unabsetzbarkeit und Unversetzbarkeit gewährt.

2. Der Anspruch auf den gesetzlichen Richter

Den objektiv-rechtlichen Verpflichtungen zur normativen Festlegung des zuständigen Richters korrespondiert das in Art. 101 Abs. 1 Satz 2 begründete **subjektive** 28 **Recht** auf einen den objektiv-rechtlichen Anforderungen entsprechenden Richter. Der an einem gerichtlichen Verfahren als Prozesspartei oder in ähnlicher Rechtsstellung Beteiligte[155] darf, weil und soweit er eigene rechtlich geschützte Interessen verfolgt und dabei der staatlichen Gerichtsbarkeit unterworfen ist[156], nach der Verfassung davon ausgehen, dass der in seiner Streitsache tätig werdende Richter hierzu durch die einschlägigen Vorschriften bestimmt ist und den Voraussetzungen nach Art. 92, 97 GG entspricht. Er kann deshalb die Existenz eines prozess- und organisationsrechtlichen Normenkomplexes erwarten, der zur vorherigen Bestimmung des zuständigen Richters prinzipiell geeignet ist[157]. Allerdings hat der Berechtigte keinen Anspruch auf eine spezifische inhaltliche Zuständigkeitsregelung[158] – beispielsweise die Abgrenzung bestimmter Gerichtsbezirke[159] – und ebenso wenig auf einen speziellen Richter oder eine bestimmte personelle Ausstattung der Gerichte[160]; insoweit

152 BVerfG (K) NJW 1998, 2962 (2963); zustimmend *Schulze-Fielitz*, ebd.
153 BVerfGE 14, 156 (164); BGHZ 130, 304; *Degenhart*, in: Sachs (Hrsg.), GG⁶ Art. 101 Rn. 16; *Schulze-Fielitz*, ebd.
154 BVerfGE 14, 156 (164); BGHZ 130, 304; BVerwGE 102, 7 (8 f.); HessVGH NVwZ-RR 1998, 269; *Degenhart*, ebd.; *Schulze-Fielitz*, ebd.; eine Ausnahmesituation war nach dem Beitritt der neuen Bundesländer gegeben (BVerfG [K] NJW 1998, 1053; BVerwGE 102, 7 [8 f.]) und hatte die vom 1. März 1993 bis zum 28. Februar 1998 geltende Fassung von § 29 Satz 1 DRiG gerechtfertigt, wonach erst die Mitwirkung von mehr als zwei Proberichtern an einer Entscheidung unzulässig war.
155 Vgl. *Degenhart*, in: Sachs (Hrsg.), GG⁶ Art. 101 Rn. 4; *Morsch*, in: Wendt/Rixecker, Verfassung des Saarlandes, Art. 14 Rn. 3; *Schulze-Fielitz*, in: Dreier III, Art. 101 Rn. 34.
156 *Schulze-Fielitz*, ebd.
157 *Pieroth*, in: Jarass/Pieroth, GG¹³ Art. 101 Rn. 5a; *Schulze-Fielitz*, in: Dreier III, Art. 101 Rn. 37 f.
158 *Degenhart*, in: Sachs (Hrsg.), GG⁶ Art. 101 Rn. 22.
159 BVerfGE 24, 155 (166 ff.).
160 *Degenhart*, in: Sachs (Hrsg.), GG⁶ Art. 101 Rn. 22.

ist dem Normgeber **Ermessen** eingeräumt: Der Gesetzgeber kann im Hinblick auf den gesetzlichen Richter die Organisation der Gerichtsbarkeit weitgehend frei gestalten, so lange er die richterliche Zuständigkeit den verfassungsrechtlichen Anforderungen gemäß regelt; er muss indes eine funktionsfähige Rechtsprechung aufgrund seiner Verpflichtung zur Justizgewährung bereitstellen, die dem organisationsrechtlichen Ermessen Grenzen zieht[161].

29   Ein Ermessensfreiraum kann auch der Justizverwaltung eröffnet werden, wenn sie auf der Grundlage gesetzlicher Ermächtigung Vorschriften zur gerichtlichen Zuständigkeit erlässt, und er kommt den Gerichten in größerem Umfang bei der Geschäftsverteilung zu – die Entscheidung über die Zuweisung von Sachgebieten an die einzelnen Amts- und Strafrichter, die Kammern und Senate sowie über die Zugehörigkeit der Richter zu einem Spruchkörper kann weitgehend nach Zweckmäßigkeitskriterien getroffen werden. Der Gesetzgeber muss freilich dafür Sorge tragen, dass die Einhaltung der Garantie des gesetzlichen Richters gerichtlich überprüft werden kann – wenngleich partiell beschränkt darauf, ob bei Normerlass das Ermessen rechtmäßig ausgeübt wurde –, und er muss die normativen Voraussetzungen dafür schaffen, dass Richter wegen Besorgnis der Befangenheit ausgeschlossen sind oder abgelehnt werden können[162]. Um eine Besetzungsrüge zu ermöglichen oder um einen Richter wegen Besorgnis der Befangenheit ablehnen zu können, haben die Verfahrensbeteiligten einen Anspruch auf vorherige Benennung der mitwirkenden Richter[163], doch sind die Gerichte nicht verpflichtet, vor jeder Verhandlung stets die Besetzung der Richterbank bekannt zu geben, ohne dass ein diesbezüglicher Antrag von Verfahrensbeteiligten vorliegt[164].

30   Aus Art. 101 Abs. 1 Satz 2 folgt weiterhin ein Anspruch der Verfahrensbeteiligten auf Entscheidung der Streitsache innerhalb angemessener Zeit[165]. Eine überlange Verfahrensdauer verstößt nicht nur gegen das Gebot eines fairen Verfahrens nach Art. 6 Abs. 1 EMRK[166] und gegen das Rechtsstaatsprinzip[167], die **Nichtbearbeitung einer Sache** – z.B. wegen vorgeblicher Überbelastung oder vermeintlich fehlender Bedeutung des Verfahrens – stellt zugleich einen Entzug des gesetzlichen Richters dar[168].

---

161 Vgl. z.B. *Degenhart*, in: Sachs (Hrsg.), GG[6] Art. 101 Rn. 6a.
162 BVerfGE 21, 139 (145 f.); BVerfG (K) NVwZ 1996, 885; NJW 1998, 369 (370); *Degenhart*, HStR[3] V, § 114 Rn. 42; *ders.*, in: Sachs (Hrsg.), GG[6] Art. 101 Rn. 9; *Schulze-Fielitz*, in: Dreier III, Art. 101 Rn. 41.
163 *Schulze-Fielitz*, in: Dreier III, Art. 101 Rn. 58 m.w.N.
164 BVerfG (K) NJW 1998, 369 (370); BFH NVwZ 1999, 1029 (1030); *Schulze-Fielitz*, ebd.
165 *Degenhart*, in: Sachs (Hrsg.), GG[6] Art. 101 Rn. 22; *Schulze-Fielitz*, ebd., m.w.N.
166 EGMR 2007, 1259 (1262 f.); *Degenhart*, ebd.
167 Vgl. etwa BVerfGE 55, 349 (369); 63, 45 (69); 85, 337 (345); 88, 118 (124); BVerfG (K) NJW 1997, 2811; NJW 2003, 2897; NVwZ 2004, 334 (335).
168 BVerfGE 3, 359 (364); *Kern*, Der gesetzliche Richter, 1927, S. 203 f.; *Schulze-Fielitz*, in: Dreier III, Art. 101 Rn. 58 m.w.N.

VI. Verletzungen des Rechts auf den gesetzlichen Richter

1. Legislativmaßnahmen

Durch den **Gesetzgeber** wird die Garantie des gesetzlichen Richters bereits beein- 31 trächtigt, wenn keine genügend eindeutige Vorausbestimmung des für die konkrete Streitsache zuständigen Richters besteht oder wenn nicht gewährleistet ist, dass der Richter den Anforderungen der Art. 92 und 97 GG entspricht, oder wenn Ausnahmegerichte errichtet werden[169] (hierzu unten Rdn. 49).

Das Gesetz verstößt deshalb gegen Art. 101 Abs. 1 Satz 2, wenn es nicht die **grund-** 32 **legenden Zuständigkeitsregelungen** enthält, d.h. über die Errichtung von Gerichten und die Abgrenzung von Gerichtsbezirken, welche Gerichte mit welchen Spruchkörpern für welche Verfahren sachlich, örtlich und instanziell zuständig sind sowie über die Zusammensetzung der Spruchkörper (Einzelrichter, Kammern, Senate) und die Mitwirkung von Laienrichtern. Der Gesetzgeber genügt seiner verfassungsrechtlichen Verpflichtung zur **Bestimmung des gesetzlichen Richters** auch nicht, wenn die Möglichkeit besteht, dass Richter zur Entscheidung berufen sind, die die Voraussetzungen nach Art. 92, 97 GG nicht erfüllen, weil sie nicht die gebotene Unabhängigkeit[170], Objektivität, Neutralität und Distanz gegenüber den Verfahrensbeteiligten aufweisen[171]. Ein die gerichtliche Zuständigkeit regelndes Gesetz wäre daher verfassungswidrig, wenn es keine Vorschriften enthielte, wonach Richter wegen Besorgnis der Befangenheit ausgeschlossen sind oder abgelehnt werden können[172]. Mit Art. 101 Abs. 1 Satz 2 nicht vereinbar ist es daher auch, wenn der Gesetzgeber es zulässt, dass als Richter an einer Entscheidung mitwirken kann, wer zuvor in der streitigen Angelegenheit bereits maßgeblich beteiligt war[173].

2. Gerichtliche Entscheidungen

In der Mehrzahl ist der Entzug des gesetzlichen Richters nicht auf Maßnahmen der 33 Legislative, sondern der **Rechtsprechung** zurückzuführen, und zwar außer auf gerichtsorganisatorische Entscheidungen vor allem auf die fehlerhafte Anwendung der Zuständigkeitsregelungen.

169 *Degenhart*, in: Sachs (Hrsg.), GG[6] Art. 101 Rn. 22; *Schulze-Fielitz*, in: Dreier III, Art. 101 Rn. 40.
170 BVerfGE 3, 213 (224); 4, 412 (416); 23, 321 (325); 82, 286 (296); *Schulze-Fielitz*, in: Dreier III, Art. 101 Rn. 27.
171 *Degenhart*, HStR[3] V, § 114 Rn. 3, 34; *ders.*, in: Sachs (Hrsg.), GG[6] Art. 101 Rn. 9; *Morsch*, in: Wendt/Rixecker, Verfassung des Saarlandes, Art. 14 Rn. 4; *Schulze-Fielitz*, in: Dreier III, Art. 101 Rn. 15, 27.
172 BVerfGE 21, 139 (145 f.); BVerfG (K) NVwZ 1996, 885; NJW 1998, 369 (370); *Degenhart*, HStR[3] V, § 114 Rn. 42; *ders.*, in: Sachs (Hrsg.), GG[6] aaO; *Schulze-Fielitz*, in: Dreier III, Art. 101 Rn. 41.
173 Vgl. auch BVerfGE 18, 241 (255 f.); 54, 159 (172); BVerfG (K) NVwZ 1996, 885 f.; *Schulze-Fielitz*, ebd.; s. aber BVerfGE 30, 149 (153); 78, 331 (337 f.).

34   **Geschäftsverteilungspläne** für das gesamte Gericht (§ 21e GVG) oder für den jeweiligen Spruchkörper (§ 21g GVG) unterliegen denselben materiellen Anforderungen wie förmliche Gesetze oder Rechtsverordnungen, die die richterliche Zuständigkeit normieren: Sie müssen den gesetzlichen Richter im Voraus so eindeutig und exakt wie möglich bestimmen[174], und zwar vollständig[175], abstrakt-generell[176] und nach objektiven Kriterien ohne Ansehen der Person und der konkreten Streitsache[177], beispielsweise nach der zeitlichen Reihenfolge des Eingangs der Sache[178], und müssen konkret die einzelnen Richter benennen; bei Spruchkörpern, denen mehrere Richter angehören, muss festgelegt werden, in welcher Reihenfolge die Sachen den einzelnen Richtern als Berichterstatter zugewiesen werden (vgl. oben Rdn. 24). Geschäftsverteilungspläne, die diese Vorgaben nicht erfüllen, sind verfassungswidrig. Das gilt auch dann, wenn objektiv die Möglichkeit willkürlicher Einflussnahme auf die Zuständigkeitsentscheidung besteht[179] – wie beispielsweise im Strafverfahren, wenn die Staatsanwaltschaft durch Gestaltung der Anklage den zuständigen Richter bestimmen kann, weil die Zuständigkeit vom Namen des erstgenannten Angeklagten abhängt[180] –. Geschäftsverteilungspläne bei überbesetzten Spruchkörpern verstoßen gegen Art. 101 Abs. 1 Satz 2, sofern sie es dem Ermessen des Vorsitzenden oder der durch ihn erfolgenden Terminierung der Sache überlassen, in welcher Zusammensetzung die einzelnen Sitzgruppen entscheiden[181]. Das Gebot des gesetzlichen Richters wird in derartigen Fällen nicht erst durch eine willkürliche Heranziehung eines Mitglieds des Spruchkörpers im Einzelfall verletzt; verfassungswidrig ist bereits das Fehlen einer abstrakt-generellen und hinreichend präzisen Regelung, aus der sich der im Einzelfall zur Entscheidung berufene Richter möglichst eindeutig ablesen lässt. Ein

---

174   BVerfGE 17, 294 (299 ff.); 18, 65 (69); 95, 322 (329); 97, 1 (10 f.); BVerwGE 20, 39 (41); *Degenhart*, HStR³ V, § 114 Rn. 40; *ders.*, in: Sachs (Hrsg.), GG⁶ Art. 101 Rn. 14; *Pieroth*, in: Jarass/Pieroth, GG¹³ Art. 101 Rn. 14; *Schulze-Fielitz*, in: Dreier III, Art. 101 Rn. 50; krit. *Classen*, in: von Mangoldt/Klein/Starck, Art. 101 Rn. 19.

175   BVerwG NJW 1971, 1370.

176   BVerfGE 82, 286 (298); 95, 322 (329, 333); 97, 1 (10 f.); ThürVerfGH NVwZ 2000, 950 (951).

177   BVerfGE 82, 286 (298); 97, 1 (10 f.); BVerwG NJW 1987, 2031; BVerwG NJW 1988, 1339; *Maunz*, in: Maunz/Dürig, GG, Art. 101 Rn. 43; *Pieroth*, in: Jarass/Pieroth, GG¹³ Art. 101 Rn. 14; *Schulze-Fielitz*, in: Dreier III, Art. 101 Rn. 50.

178   BVerfG (K) NJW 2005, 2540 (2541).

179   Vgl. BVerfGE 18, 65 (70); 18, 344 (349 f.).

180   Vgl. BGH NJW 1958, 1053; *Classen*, in: von Mangoldt/Klein/Starck, Art. 101 Rn. 48; *Maunz*, in: Maunz/Dürig, GG, Art. 101 Rn. 32; *Schulze-Fielitz*, in: Dreier III, Art. 101 Rn. 50.

181   BVerfGE 95, 322 (331 f.); 97, 1 (10 f.); BVerfG (K) NVwZ 2004, 3482; BGH NJW 2000, 371 (372); *Degenhart*, HStR³ V, § 114 Rn. 40; *ders.*, in: Sachs (Hrsg.), GG⁶ Art. 101 Rn. 14; *Maunz*, in: Maunz/Dürig, GG, Art. 101 Rn. 49; *Schulze-Fielitz*, in: Dreier III, Art. 101 Rn. 52; ablehnend *Classen*, in: von Mangoldt/Klein/Starck, Art. 101 Rn. 49 ff.

derartiger Mangel kann auch nicht dadurch kompensiert werden, dass sachgerechte Erwägungen für die Heranziehung des einen und den Ausschluss des anderen Richters im konkreten Fall ausschlaggebend sind. Der Verfassungsverstoß liegt nicht erst in der normativ nicht genügend vorherbestimmten Einzelfallentscheidung, sondern schon in der nicht genügenden Regelung im Geschäftsverteilungsplan, die fehlerhafte Entscheidungen des Vorsitzenden notwendig macht und vermieden werden kann, wenn für die Bildung der Sitzgruppen objektive Kriterien – wie Eingangsdatum, Rechtsgebiet oder Herkunftsgerichtsbezirk – vorab festgelegt werden[182].

Eine **fehlerhafte gerichtliche Anwendung der Zuständigkeitsregelungen** kann zur Folge haben, dass die Entscheidung der Streitsache dem gesetzlichen Richter entzogen wird. Ein Verstoß gegen Art. 101 Abs. 1 Satz 2 liegt deshalb immer vor, wenn ein ausgeschlossener Richter an der Entscheidung mitwirkt – beispielsweise trotz Vorbefassung im Wiederaufnahmeverfahren[183] – oder ein Nicht-Richter – wie ein wegen Ungültigkeit der Wahl nicht gewählter Schöffe[184] – oder wenn ein zuständiger Richter nicht mitwirkt[185]. Bestehen Zweifel über die richtige Besetzung der Richterbank, muss deshalb die richtige Besetzung umgehend durch Beschluss herbeigeführt werden, an dem der Richter, dessen Mitwirkung Bedenken aufwirft, nicht mitwirken darf[186]. Nicht mit der Verfassung vereinbar ist es weiterhin, wenn der Vorsitzende wegen anderweitiger Beanspruchung, etwa als Gerichtspräsident, den Vorsitz in seinem Spruchkörper nicht mehr überwiegend ausübt[187]. Keinen Verstoß gegen Art. 101 Abs. 1 Satz 2 stellt es hingegen dar, wenn ein Vorsitzender Richter durch den Geschäftsverteilungsplan mit dem Vorsitz in einem weiteren Spruchkörper betraut wird, weil die dadurch entstehende Mehrbelastung ihn nicht daran hindert, seine richterlichen Aufgaben in beiden Spruchkörpern wahrzunehmen, und seine verfassungsrechtlich gewährte Unabhängigkeit ihn vor einer Überlastung schützt; denn sie räumt ihm die Möglichkeit ein, die ihm durch die Geschäftsverteilung übertragenen Aufgaben entsprechend seiner Belastbarkeit wahrzunehmen[188].

Im Übrigen führt nicht jede **unzutreffende Anwendung des Verfahrensrechts** zur Verfassungswidrigkeit: Nach Ansicht des Bundesverfassungsgerichts liegt in einer schlicht fehlerhaften Auslegung von Verfahrensvorschriften ebenso wenig eine Verlet-

35

36

---

182 BVerfGE 95, 322 (331); BVerfG NJW 1995, 2703; zustimmend *Degenhart*, ebd.; *Schulze-Fielitz*, ebd.

183 BVerfGE 30, 165 (168 f.); 31, 295 (296 f.); 63, 77 (79); *Degenhart*, HStR³ V, § 114 Rn. 46; *ders.*, in: Sachs (Hrsg.), GG⁶ Art. 101 Rn. 21; *Schulze-Fielitz*, in: Dreier III, Art. 101 Rn. 57.

184 BVerfGE 31, 181 (183 f.).

185 BVerfGE 48, 246 (263); 91, 93 (117); *Schulze-Fielitz*, in: Dreier III, Art. 101 Rn. 57.

186 BVerfGE 46, 34 (35 f.); 65, 152 (154); 89, 359 (362); BGHSt 50, 216 (219); *Pieroth*, in: Jarass/Pieroth, GG¹³ Art. 101 Rn. 13; *Schulze-Fielitz*, ebd.

187 So zutreffend *Schulze-Fielitz*, in: Dreier III, Art. 101 Rn. 58 m.w.N.

188 BVerfG (K) DVBl 2012, 963 (Rn. 16 f.).

zung von Art. 101 Abs. 1 Satz 2[189] wie bei einer unzutreffenden Unterscheidung zwischen Tatsachenfeststellungen und Rechtsausführungen durch das Revisionsgericht[190] oder einer unvollständigen Auswertung der Rechtsprechung[191]. Handelt es sich lediglich um einen »error in procedendo«, so ist die fehlerhafte Entscheidung zwar rechtswidrig, aber nicht verfassungswidrig – gegen die Garantie des gesetzlichen Richters wird erst verstoßen, wenn die gerichtliche Entscheidung »willkürlich unrichtig« ist[192]. **Willkür** in diesem Sinne ist anzunehmen, wenn die Entscheidung auf sachwidrigen Erwägungen beruht[193] oder in der Sache »offensichtlich unhaltbar« ist und »nicht mehr verständlich« erscheint[194], wenn sie »schlechthin unvertretbar« ist[195] oder wenn die »Bedeutung und Tragweite von Art. 101 Abs. 1 Satz 2 grundlegend verkannt« worden ist[196]. Willkürlich ist hiernach beispielsweise die bewusste Außerachtlassung des Geschäftsverteilungsplans[197], die grundlegende Verkennung einer Zuständigkeitsnorm[198], eine objektiv nicht mehr verständliche Zuständigkeitsüberschreitung[199] oder das Unterlassen einer Zurückverweisung durch das Revisionsgericht[200]. Bestehen freilich in der Rechtsprechung unterschiedliche Auffassungen zu einer Rechtsfrage, so kann die Entscheidung für eine von ihnen nicht willkürlich sein[201].

37   Vergleichbare Willkür ist auch als Voraussetzung dafür angesehen worden, dass die **Verletzung von Vorlagepflichten** gegenüber anderen nationalen Gerichten gegen

---

189 Vgl. BVerfGE 7, 327 (328 ff.); *Degenhart*, in: Sachs (Hrsg.), GG[6] Art. 101 Rn. 18; *Schulze-Fielitz*, in: Dreier III, Art. 101 Rn. 60.

190 BVerfGE 3, 359 (364 f.).

191 BVerfGE 87, 282 (286 f.).

192 BVerfGE 3, 359 (364 f.); 9, 223 (230); 37, 67 (75); 54, 100 (115 f.); 64, 1 (20); 67, 90 (95); 82, 286 (299); 87, 282 (284 f.); 95, 322 (328 ff.); 96, 68 (77); BVerfG (K) NJW 2006, 3129 (3130); BVerwGE 69, 30 (36); 104, 170 (172 f.); BGHZ 85, 116 (119); 154, 200 (202 f.); BGHSt 40, 120 (122); BSG 5, 1 (3); BAGE 44, 211 (221); 88, 344 (355 f.); *Degenhart*, HStR[3] V, § 114 Rn. 46; *ders.*, in: Sachs (Hrsg.), GG[6] Art. 101 Rn. 17; *Maunz*, in: Maunz/Dürig, GG, Art. 101 Rn. 52; *Schulze-Fielitz*, in: Dreier III, Art. 101 Rn. 59 f.

193 BVerfGE 29, 45 (49); 29, 166 (173); 73, 339 (366); 87, 282 (286 f.); BGHSt 47, 16 (18).

194 BVerfGE 29, 45 (49); 82, 159 (194); BVerfG (K) NJW 2003, 281; BVerfG (K) NJW 2007, 3771 (3773).

195 BVerfGE 96, 68 (77); 109, 13 (23).

196 BVerfGE 82, 286 (299); 87, 282 (285); BVerfG (K) NJW 2005, 3411.

197 HessVGH ESVGH 51, 69 (70).

198 BVerfGE 82, 286 (299); BVerfG (K) NJW 1996, 116; BGH NJW 1992, 2104 (2105); BGH NJW 1997, 204.

199 BVerfGE 31, 145 (165); BVerfG (K) NJW 1996, 116 (117); BerlVerfGH NVwZ 1999, 1332 (1333).

200 BVerfGE 54, 100 (115 f.); BVerfG (K) NJW 1991, 2893.

201 Vgl. BVerfGE 15, 303 (306).

Art. 101 Abs. 1 Satz 2 verstößt[202]. Verfassungswidrigkeit ist etwa angenommen worden bei einer Missachtung der Vorlagepflicht trotz einer objektiv unter keinem Aspekt vertretbaren Abweichung eines Oberlandesgerichts von einer Entscheidung des Bundesgerichtshofs[203] oder trotz Kenntnis von dessen entgegenstehender Auffassung[204]; Entsprechendes gilt für andere gleichartige Vorlagepflichten, z.B. für die Vorlagepflicht nach Art. 100 Abs. 1 GG[205] und Art. 100 Abs. 3 GG[206], an den Großen Senat eines Obersten Bundesgerichts[207] oder für Divergenzvorlagen von Oberlandesgerichten[208].

Strengere Kriterien werden angelegt bei der **Nichtvorlage an den Europäischen Ge-** 38 **richtshof** entgegen Art. 234 EGV[209]: Eine Verstoß gegen Art. 101 Abs. 1 Satz 2 wird dann angenommen[210], wenn die Verpflichtung nach Art. 234 EGV »offensichtlich unhaltbar gehandhabt« wird[211], indem

– ein Gericht die Vorlagepflicht nach Art. 234 Abs. 3 EGV (= Art. 267 AEUV) grundsätzlich verkennt, weil es trotz Annahme der Entscheidungserheblichkeit der gemeinschaftsrechtlichen Frage, deren Beantwortung nicht zweifelsfrei ist, eine Vorlage nicht in Erwägung zieht,

– ein Gericht bewusst von der Rechtsprechung des Gerichtshofs abweicht ohne Bereitschaft zur Vorlage bei einer entscheidungserheblichen Frage,

– ein Gericht bei Fehlen einschlägiger Rechtsprechung des Europäischen Gerichtshofs in einer entscheidungserheblichen Frage Europarecht in nicht nachvollziehbarer Weise auslegt, indem es sich beispielsweise auf eine singuläre Mindermeinung stützt oder sich mit dem Gemeinschaftsrecht überhaupt nicht vertraut macht.

Ähnlich wird auch die **Nichtvorlage an das Bundesverfassungsgericht entgegen** 39 **Art. 100 Abs. 2 GG** bereits als Verletzung von Art. 101 Abs. 1 Satz 2 angesehen, wenn nur objektiv ernsthafte Zweifel an der Existenz einer allgemeinen Regel des Völker-

---

202 Vgl. BVerfGE 13, 132 (143); 17, 99 (104); 18, 441 (447 f.); 19, 38 (43); 22, 254 (266); 23, 288 (319 f.); 29, 45 (49); 29, 198 (207); 45, 142 (181); 64, 1 (12) f.; 67, 90 (94 f.); 76, 93 (96); 87, 282 (285); 101, 331 (359 f.); BVerfG (K) NJW 1989, 3007; BVerfG (K) NJW 1995, 443; *Schulze-Fielitz*, in: Dreier III, Art. 101 Rn. 63.
203 BVerfGE 42, 237 (241 f.); s. aber auch BVerfGE 87, 282 (286).
204 BVerfG (K) NJW 1995, 581 (582).
205 BVerfGE 117, 330 (356).
206 BVerfG (K) NJW 1999, 1020 (1021).
207 BVerfG (K) NJW 1995, 2914; BVerfG (K) NJW 1996, 512 (513).
208 BVerfGE 101, 331 (359 f.).
209 Vgl. *Degenhart*, in: Sachs (Hrsg.), GG[6] Art. 101 Rn. 19; *Schulze-Fielitz*, in: Dreier III, Art. 101 Rn. 62.
210 Vgl. BVerfGE 73, 339 (366 f.); 75, 223 (233 ff.); 82, 159 (195 f.); BVerfG (K) NVwZ 2005, 572 (574); BVerfG (K) NJW 2007, 1521; BVerfG (K) NVwZ 2009, 519 (520); *Classen*, in: von Mangoldt/Klein/Starck, Art. 101 Rn. 55 ff. *Degenhart*, ebd.; *Schulze-Fielitz*, ebd.
211 BVerfG (K) NVwZ 2009, 519 (520).

rechts bestehen[212], sofern die fachgerichtliche Entscheidung auf der Unterlassung beruht[213].

VII. Schranken der Garantie des gesetzlichen Richters

40   Das Verbot nach Art. 101 Abs. 1 Satz 2 unterliegt keinem Gesetzesvorbehalt, so dass seine Grenzen sich nur aus der Verfassung ergeben können, wobei eine Kollision mit den Grundrechten Dritter kaum in Betracht kommt[214] und auch mit sonstigem Verfassungsrecht angesichts des Freiraums, über den der Gesetzgeber bei der Ausgestaltung der Garantie verfügt, nicht zu erwarten ist[215], wenngleich grundlegende Zuständigkeitsentscheidungen bereits in Art. 34 Satz 3, Art. 92 und Art. 93 sowie Art. 95 Abs. 1, Abs. 3 Satz 1 GG enthalten sind. Einschränkungen der organisationsrechtlichen Befugnis können sich im Übrigen allenfalls aus der rechtsstaatlichen Pflicht zur Justizgewährleistung[216] ergeben, indes berühren sie nicht den Kern der Verfassungsgarantie.

VIII. Verhältnis zu anderen Grundgesetzbestimmungen

41   Die Garantie des gesetzlichen Richters setzt die Gewährung von Rechtsschutz durch staatliche Gerichte voraus, doch ergibt sich aus Art. 101 Abs. 1 Satz 2 kein Justizgewährleistungsanspruch[217]. Die Bestimmung normiert ein wesentliches Gebot rechtsstaatlicher Justiz, bedarf aber der Ergänzung durch weitere verfassungsrechtliche Elemente, wie sie insbesondere im Rechtsstaatsprinzip, in Art. 19 Abs. 4, Art. 92 und 97 sowie Art. 103 und 104 GG verankert sind.

IX. Internationale und europäische Aspekte

1. Internationale Bezüge[218]

42   Die Garantie des gesetzlichen Richters hat in abgeschwächter Form ihren Niederschlag auch in internationalen Konventionen gefunden: So statuieren Art. 6 Abs. 1 Satz 1 EMRK und Art. 8 Abs. 1 AMRK sowie Art. 14 Abs. 1 Satz 2 IPbpR, dass jedermann einen Anspruch auf Gerichte hat, die auf Gesetz beruhen. Anders als aus dem deutschen Verfassungsrecht lässt sich daraus jedoch nicht die Verpflichtung entnehmen, den einzelnen Richter für die konkrete Streitsache im Voraus abstrakt-generell zu bestimmen. Die Vorschriften richten sich ohnehin nicht an die Gerichte, son-

---

212 BVerfGE 23, 288 (317 f., 320); 64, 1 (18 ff., 20 f.); 96, 68 (77 f.); 109, 13 (23 f.); s. auch *Classen*, in: von Mangoldt/Klein/Starck, Art. 101 Rn. 58; *Degenhart*, in: Sachs (Hrsg.), GG⁶ Art. 101 Rn. 20; *Schulze-Fielitz*, in: Dreier III, Art. 101 Rn. 61.

213 BVerfGE 64, 1 (21 f.); 96, 68 (76 f., 86); 109, 13 (22, 27, 32); *Schulze-Fielitz*, ebd.

214 *Schulze-Fielitz*, in: Dreier III, Art. 101 Rn. 64.

215 Zutreffend *Pieroth*, in: Jarass/Pieroth, GG¹³ Art. 101 Rn. 17; zustimmend *Schulze-Fielitz*, ebd.

216 Vgl. insoweit beispielsweise *Degenhart*, in: Sachs (Hrsg.), GG⁶ Art. 101 Rn. 6a.

217 *Schulze-Fielitz*, in: Dreier III, Art. 101 Rn. 66.

218 Vgl. dazu näher *Schulze-Fielitz*, in: Dreier III, Art. 101 Rn. 8.

dern sollen die Einrichtung von Gerichten – insbesondere von Ausnahmegerichten – nach dem Ermessen der Verwaltung verhindern; unabdingbare Errichtungsgrundlage ist daher ein Parlamentsgesetz, das seinerseits zur Errichtung ermächtigen kann, aber der Europäische Gerichtshof für Menschenrechte hat es ausdrücklich offen gelassen, ob das Gesetz gemäß Art. 6 Abs. 1 Satz 1 EMRK auch die Besetzung des Gerichts festlegen muss.

2. Europäisches Gemeinschaftsrecht

Das Europäische Gemeinschaftsrecht enthält keine ausdrückliche Garantie des ge-   43
setzlichen Richters. Art. 2 Abs. 1 EUV nennt zwar den Gerichtshof der Europäischen Gemeinschaft als Organ der Union und in Art. 251 ff. AEUV finden sich Regelungen über Zuständigkeiten und über Voraussetzungen für die Wählbarkeit von Richtern, aber keine Normen über die Bestimmung des für die Entscheidung einer Streitsache zuständigen Richters. Ebenso wenig enthält die Satzung des Gerichtshofs[219] Vorschriften, durch die vorab abstrakt-generell und mit hinreichender Bestimmtheit festgelegt wird, welcher Richter für die Entscheidung eines Rechtsstreits zuständig ist. Allerdings ergibt sich aus Art. 27 ff. der **Verfahrensordnung des Gerichtshofs**[220], wie die Spruchkörper jeweils besetzt sind, aber es fehlt an materiellen Regelungen über die Verweisung der einzelnen Sachen an die unterschiedlich besetzten Kammern – die Entscheidung hierüber liegt im nur vage umschriebenen Ermessen des Gerichtshofs, wie sich aus Art. 60 der Verfahrensordnung entnehmen lässt: Danach werden alle Sachen an die Kammern mit drei oder mit fünf Richtern verwiesen, »sofern nicht die Schwierigkeit oder die Bedeutung der Rechtssache oder besondere Umstände eine Verweisung an die Große Kammer erfordern«. Demgegenüber weist die Verfahrensordnung für das Gericht Erster Instanz in Art. 11 ff. nähere Regeln über die Geschäftsverteilung auf, lässt indes in Art. 14 § 1 auch eine Verweisung an einen anderen Spruchkörper zu, sofern »die rechtliche Schwierigkeit oder die Bedeutung der Rechtssache oder besondere Umstände es rechtfertigen«. Das macht deutlich, dass die strikteren Anforderungen des deutschen Verfassungsrechts an die Vorherbestimmtheit auf der Ebene des Gemeinschaftsrechts nur begrenzt Widerhall gefunden haben[221].

Auch in Art. 47 Abs. 2 Satz 1 der **Charta der Grundrechte der Europäischen Uni-**   44
on[222] ist die Garantie des gesetzlichen Richters nicht mit der nach dem Grundgesetz geltenden Strenge statuiert worden. Aus dieser Vorschrift lässt sich ebenso wie aus

---

219 Protokoll über die Satzung des Gerichtshofs der Europäischen Union vom 26. Februar 2001 (ABl. Nr. C 80 S. 53), zul. geänd. durch Art. 9 Abs. 1 EU-Beitrittsakte 2013 vom 9. Dezember 2011 (ABl. 2012 Nr. L 112 S. 21) und Art. 1, Art. 2 ÄndVO/EU, Euratom) 741/2012 vom 11. August 2012 (ABl. Nr. L 228 S. 1).
220 Vom 25. September 2012 (ABl. Nr. L 265 S. 1).
221 Vgl. auch EuGHE 1995, I-1031 (1045 Rn. 13 ff.); *Schulze-Fielitz*, in: Dreier III, Art. 101 Rn. 9.
222 Vom 14. Dezember 2007 (ABl. Nr. C 303 S. 1).

der Bestimmung des Art. 6 Abs. 1 Satz 1 EMRK, der sie nachgebildet ist[223], nicht die Verpflichtung entnehmen, den einzelnen Richter für die konkrete Streitsache im Voraus abstrakt-generell zu bestimmen, sondern nur das Erfordernis eines durch Parlamentsgesetz oder auf dessen Grundlage vor Rechtshängigkeit der Sache errichteten Gerichts sowie der Unabhängigkeit und Unparteilichkeit der Richter. Zwar gilt Art. 47 Abs. 2 Satz 1 der Grundrechtecharta nicht allein für Zivil- und Strafgerichtsverfahren, ist aber gemäß Art. 51 Abs. 1 Satz 1 der Grundrechtecharta beschränkt auf Rechtsstreitigkeiten bei der Durchführung des Rechts der Europäischen Union und besitzt deshalb ohnehin für weite Bereiche der Rechtsanwendung in den Mitgliedstaaten keine Geltung. Adressat der Norm ist wiederum vor allem die Exekutive, nicht aber die Gerichtsbarkeit selbst. Daher bleibt es auch den Mitgliedstaaten überlassen, wie sie die gerichtliche Zuständigkeit regeln, doch enthält die Charta zumindest Ansätze für die Anerkennung des Prinzips des gesetzlichen Richters als gemeinschaftsrechtlicher Grundsatz auf primärrechtlicher Ebene, wie sich zusätzlich mittelbar aus Art. 6 Abs. 2 und 3 EUV ergibt, der u.a. die Achtung von Art. 6 Abs. 1 EMRK mit dem darin im Ansatz statuierten Anspruch auf den gesetzlichen Richter (s. oben Rdn. 42) vorschreibt[224].

45 Ein darüber hinausgehendes Recht auf den gesetzlichen Richter lässt sich auch nicht durch eine erweiternde Auslegung von Art. 47 Abs. 2 Satz 1 der Grundrechtecharta aufgrund einer gemeinsamen Verfassungsüberlieferung der Mitgliedstaaten gemäß Art. 52 Abs. 4 der Grundrechtecharta erreichen. Wie die einschlägigen Bestimmungen in den Verfassungen der Mitgliedstaaten zeigen, ist nur in einer Minderheit von ihnen die Garantie des gesetzlichen Richters ausdrücklich geregelt: Lediglich in Belgien[225], Estland[226], Italien[227], Luxemburg[228], den Niederlanden[229], Österreich[230],

---

223 Vgl. auch die Erläuterungen zu Art. 47 Abs. 2 der Grundrechtecharta.

224 Vgl. näher *Schulze-Fielitz*, in: Dreier III, Art. 101 Rn. 10.

225 Art. 13 der Verfassung vom 7. Februar 1831, zul. geänd. durch Gesetz vom 19. Juli 2012 (Belgisches Staatsblatt vom 22. August 2012).

226 § 24 Abs. 1 des Grundgesetzes der Republik Estland vom 28. Juni 1992, zul. geänd. durch Gesetz vom 5. Oktober 2003 (Riigi teataja 2003 64, 429).

227 Art. 25 Abs. 1 der Verfassung der Italienischen Republik vom 27. Dezember 1947 (G. U. vom 27. Dezember 1947, Nr, 298), zul. geänd. durch Gesetz vom 18. Oktober 2001 (G. U. vom 24. Oktober 2002, Nr. 248).

228 Art. 13 der Verfassung des Großherzogtums Luxemburg vom 17. Oktober 1868 (Verordnungs- und Verwaltungsblatt des Großherzogthums Luxemburg, 1868, Nr. 25, S. 213), zul. geänd. durch Gesetz vom 12. März 2009 (Amtsblatt des Großherzogthums Luxemburg, 2009, Nr. 43, S. 585).

229 Art. 17 des Grundgesetzes des Königreichs der Niederlande vom 24. August 1815 i.d.F. der Bek. vom 17. Februar 1983 (StB. 70), zul. geänd. durch Gesetz vom 27. März 2002 (StB. 171, 172).

230 Art. 83 Abs. 2 Bundes-Verfassungsgesetz vom 1. Oktober 1920 (StGBl. 1920, Nr. 450), zul. geänd. durch Gesetz vom 7. Juli 2011 (BGBl. I Nr. 43/2011).

der Slowakei[231] und Spanien[232] ist das Gebot des gesetzlichen Richters in den Verfassungen gewährleistet. Die Formulierungen ähneln zumeist dem Wortlaut von Art. 101 Abs. 1 Satz 2 GG oder sind sogar – wie in Österreich und in der Slowakei – mit dieser Vorschrift identisch und stimmen jedenfalls sämtlich mit ihr inhaltlich überein; die Regelungen in den Verfassungen der Mehrzahl der Mitgliedstaaten sind dagegen begrenzt – wie Art. 6 Abs. 1 Satz 1 EMRK und Art. 47 Abs. 2 Satz 1 der Grundrechtecharta – auf die Statuierung der Unabhängigkeit und Unparteilichkeit der Richter sowie der gesetzlichen Grundlage der Errichtung von Gerichten, vielfach noch ergänzt um Normen zur Grundstruktur der Gerichtsbarkeit und zur Rechtsschutzgarantie.

X. Prozessuales

Eine Verletzung der Garantie des gesetzlichen Richters wegen mangelnder Zuständigkeit oder fehlerhafter Besetzung des Gerichts kann während der Instanz aufgrund der einschlägigen Prozessordnung durch entsprechende Besetzungsrüge oder mit einem Antrag auf Ablehnung eines Richters – etwa wegen Besorgnis der Befangenheit – oder nach Abschluss der Instanz zur Begründung eines Rechtsmittels geltend gemacht werden; die fehlerhafte Besetzung des Gerichts sowie die Mitwirkung eines ausgeschlossenen oder wegen Befangenheit abgelehnten Richters sind nach den meisten Prozessordnungen absolute Revisionsgründe (vgl. § 547 Nr. 1 bis 3 ZPO, § 338 Nr. 1 bis 4 StPO, § 138 Nr. 1 und 2 VwGO, § 119 Nr. 1 und 2 FGO, § 72 Abs. 2 Nr. 3 ArbGG i.V.m. § 547 ZPO). Bei einem Antrag auf Ablehnung wegen Besorgnis der Befangenheit oder bei Zweifeln über die richtige Besetzung muss umgehend ein Beschluss über den Befangenheitsantrag oder über die Besetzungsrüge gefasst werden[233]. Maßgeblich ist die Besetzung des Spruchkörpers bei Erlass der angegriffenen Entscheidung und nur in der Instanz, deren Entscheidung angegriffen wird. 46

Ein Verstoß gegen Art. 101 Abs. 1 Satz 2 kann auch mit der **Verfassungsbeschwerde** geltend gemacht werden, weil Art. 101 in Art. 93 Abs. 1 Nr. 4a GG ausdrücklich genannt ist. Beschwerdebefugt ist jeder, der an einem gerichtlichen Verfahren als Prozesspartei oder in ähnlicher Rechtsstellung beteiligt ist[234], weil und soweit er eigene rechtlich geschützte Interessen verfolgt und dabei der staatlichen Gerichtsbarkeit unterworfen ist[235], mithin jeder, der »nach den einschlägigen Prozeßnormen partei- 47

---

231 Art. 48 Abs. 1 Satz 1 der Verfassung der Slowakischen Republik vom 1. September 1992 (Gesetz Nr. 460/1992 Zb. v znení), zul. geänd. durch Gesetz vom 1. September 2012 (Verfassungsgesetz Nr. 232/2012 Z.z.).

232 Art. 24 Abs. 2 Satz 1 1. Hs. der Verfassung des Königreichs Spanien vom 27. Dezember 1978 (B. O. E.), zul. geänd. durch Gesetz vom 27. November 2011 (B. O. E.).

233 BVerfGE 46, 34 (35 f.); 65, 152 (154); 89, 359 (362); BGHSt 50, 216 (219); *Pieroth*, in: Jarass/Pieroth, GG[13] Art. 101 Rn. 13; *Schulze-Fielitz*, in: Dreier III, Art. 101 Rn. 57.

234 *Degenhart, in:* Sachs (Hrsg.) GG6, Art. 101 Rn. 4; *Morsch*, in: Wendt/Rixecker, Verfassung des Saarlandes, Art. 14 Rn. 3; *Schulze-Fielitz*, ebd.

235 *Schulze-Fielitz*, ebd.

fähig ist«[236] (vgl. näher oben Rdn. 13–14). Dabei ist jedoch zu beachten, dass nicht jede fehlerhafte Anwendung des Verfahrensrechts einen Verfassungsverstoß darstellt[237]. Nach Ansicht des Bundesverfassungsgerichts ist, wenn es sich lediglich um einen »error in procedendo« handelt, die fehlerhafte Entscheidung zwar rechtswidrig, aber nicht verfassungswidrig – Art. 101 Abs. 1 Satz 2 ist erst verletzt, wenn die gerichtliche Entscheidung »willkürlich unrichtig« ist[238]. Willkürlich in diesem Sinne ist es, wenn die Entscheidung auf sachwidrigen Erwägungen beruht[239] oder in der Sache »offensichtlich unhaltbar« ist und »nicht mehr verständlich« erscheint[240], wenn sie »schlechthin unvertretbar« ist[241] oder wenn die »Bedeutung und Tragweite von Art. 101 Abs. 1 Satz 2 grundlegend verkannt« worden ist[242] (vgl. auch oben Rdn. 36–37).

XI. Leitentscheidungen des Bundesverfassungsgerichts

48   BVerfGE 17, 294 (298 ff.) – Geschäftsverteilungsplan –; 19, 52 (56 ff.) – Überbesetzung –; 40, 286 – vorbefasster Richter –; 87, 282 (284 ff.) – Vorlagepflicht –; 95, 322 (327 ff.) – Sitzgruppen in überbesetzten Spruchkörpern –.

B. Das Verbot von Ausnahmegerichten (Art. 101 Abs. 1 Satz 1)

49   Die Regelung in Art. 101 Abs. 1 Satz 1 bildet einen Spezialfall der Bestimmung in Art. 101 Abs. 1 Satz 2 und betont die Garantie des gesetzlichen Richters[243]. **Ausnahmegerichte** sind »Gerichte, die in Abweichung von der gesetzlichen Zuständigkeit besonders gebildet und zur Entscheidung einzelner konkreter oder individuell bestimmter Fälle berufen sind«[244]; sie werden nicht durch abstrakt-generelle Normen

---

236 BVerfGE 3, 359 (363); ebenso BVerfGE 19, 52 (56); 61, 82 (104).

237 Vgl. BVerfGE 7, 327 (328 ff.); *Degenhart*, in: Sachs (Hrsg.), GG[6] Art. 101 Rn. 18; *Schulze-Fielitz*, in: Dreier III, Art. 101 Rn. 60.

238 BVerfGE 3, 359 (364 f.); 9, 223 (230); 37, 67 (75); 54, 100 (115 f.); 64, 1 (20); 67, 90 (95); 82, 286 (299); 87, 282 (284 f.); 95, 322 (328 ff.); 96, 68 (77); BVerfG (K) NJW 2006, 3129 (3130); BVerwGE 69, 30 (36); 104, 170 (172 f.); BGHZ 85, 116 (119); 154, 200 (202 f.); BGHSt 40, 120 (122); BSG 5, 1 (3); BAGE 44, 211 (221); 88, 344 (355 f.); *Degenhart*, HStR[3] V, § 114 Rn. 46; *ders.*, in: Sachs (Hrsg.), GG[6] Art. 101 Rn. 17; *Maunz*, in: Maunz/Dürig, GG, Art. 101 Rn. 52; *Schulze-Fielitz*, in: Dreier III, Art. 101 Rn. 59 f.

239 BVerfGE 29, 45 (49); 29, 166 (173); 73, 339 (366); 87, 282 (286 f.); BGHSt 47, 16 (18).

240 BVerfGE 29, 45 (49); 82, 159 (194); BVerfG (K) NJW 2003, 281; BVerfG (K) NJW 2007, 3771 (3773).

241 BVerfGE 96, 68 (77); 109, 13 (23).

242 BVerfGE 82, 286 (299); 87, 282 (285); BVerfG (K) NJW 2005, 3411.

243 *Classen*, in: von Mangoldt/Klein/Starck, Art. 101 Rn. 4; *Degenhart*, in: Sachs (Hrsg.), GG[6] Art. 101 Rn. 1; *Pieroth*, in: Jarass/Pieroth, GG[13] Art. 101 Rn. 1; *Schulze-Fielitz*, in: Dreier III, Art. 101 Rn. 32 f.

244 BVerfGE 3, 213 (223); 8, 174 (182); 10, 200 (212).

errichtet, sondern ad hoc oder ad personam durch Einzelanordnung[245]. Wird einem Spruchkörper eines Gerichts bei der Geschäftsverteilung ein konkreter Fall zur Entscheidung zugewiesen, so handelt es sich dabei ebenso um ein Ausnahmegericht[246]. Adressat der Vorschrift ist der Normgeber, d.h. neben dem Gesetzgeber[247] vor allem auch die Gerichtsbarkeit selbst. Da Ausnahmegerichte »unzulässig« sind, kann ihre Errichtung in keiner Hinsicht gerechtfertigt werden[248].

C. Der Gesetzesvorbehalt für Sondergerichte (Art. 101 Abs. 2)

Art. 101 Abs. 2 erstreckt den Gesetzesvorbehalt auf die **Gerichte für besondere** 50 **Sachgebiete**. Dabei handelt es sich um Gerichte, die im Interesse der Arbeitsteilung durch fachliche Spezialisierung nach im Voraus festgelegten abstrakt-generellen Vorschriften für besondere Sachgebiete an Stelle der allgemein zuständigen Gerichte zur Entscheidung berufen sind[249]. Das zur Errichtung dieser **Sondergerichte** erforderliche Parlamentsgesetz muss auch die grundlegenden Elemente – wie Zuständigkeit, Instanzenzug, Zusammensetzung der Spruchkörper, Auswahl, Ernennung und Amtszeit der Richter – regeln[250], weil sie wesentlich für den Charakter der Gerichtsbarkeit sind[251]. Die Errichtung der Gerichte für besondere Sachgebiete hat für bestimmte Sachmaterien – z.B. das Berufsrecht der Ärzte oder Architekten – zu erfolgen, nicht für bestimmte Personenkreise[252]. Neben den Berufsgerichten für Angehörige freier Berufe sind Sondergerichte beispielsweise die Richterdienstgerichte[253], die Schifffahrtsgerichte und Flurbereinigungsgerichte[254]. Auch die Gerichte für besondere Sachgebiete müssen den Anforderungen nach Art. 92[255] und Art. 97[256] GG genügen, doch kann es sich nur um Gerichte der Länder handeln, weil sowohl Art. 95[257] GG als auch Art. 96 GG[258] die möglichen Bundesgerichte abschließend nennen[259]. Nicht als Sondergerichte in diesem Sinne anzusehen sind gesetzlich vorgesehene spe-

---

245 *Maunz*, in: Maunz/Dürig, GG, Art. 101 Rn. 3; *Schulze-Fielitz*, in: Dreier III, Art. 101 Rn. 32 f.

246 BayVerfGH NJW 1984, 2813; *Schulze-Fielitz*, ebd.

247 Vgl. *Degenhart*, in: Sachs (Hrsg.), GG[6] Art. 101 Rn. 23; *Schulze-Fielitz*, ebd.

248 *Sodan*, in: Sodan, Art. 101 Rn. 11.

249 *Schulze-Fielitz*, in: Dreier III, Art. 101 Rn. 24.

250 *Degenhart*, in: Sachs (Hrsg.), GG[6] Art. 101 Rn. 24; *Schulze-Fielitz*, ebd.; *Sodan*, in: Sodan, Art. 101 Rn. 12.

251 BVerfGE 18, 241 (257).

252 *Degenhart*, in: Sachs (Hrsg.), GG[6] Art. 101 Rn. 24.

253 BVerfge 26, 186 (192 ff.); 48, 300 (324).

254 *Schulze-Fielitz*, in: Dreier III, Art. 101 Rn. 25.

255 BVerfGE 27, 355 (361 f.); 48, 300 (315 ff.).

256 BVerfGE 26, 186 (198 ff.); 48, 300 (323 ff.).

257 Vgl. dazu BVerfGE 8, 174 (176); 10, 200 (213); BVerwGE 32, 21 (23).

258 BVerfGE 10, 200 (213); BVerwGE 32, 21 (23); anders noch bezüglich der Wehrdienstgerichte BVerwGE 93, 287.

259 *Degenhart*, in: Sachs (Hrsg.), GG[6] Art. 101 Rn. 24; *Schulze-Fielitz*, in: Dreier III, Art. 101 Rn. 25; *Sodan, in:* Sodan, Art. 101 Rn. 12.

zialisierte Spruchkörper im Rahmen der ordentlichen Gerichtsbarkeit, z.B. die Kammern für Handelssachen bei den Landgerichten (§§ 93 ff. GVG), die Staatsschutzkammern (§ 74a GVG) und die Wirtschaftsstrafkammern (§ 74c GVG), oder sonstige Spezialspruchkörper, die vom Gerichtspräsidium im Rahmen der Geschäftsverteilung eingerichtet werden können[260].

D. Ausgewählte Literatur

51 *Eser, Albin*, Der »gesetzliche Richter« und seine Bestimmung für den Einzelfall, in: Festschrift für Hannskarl Salger, 1994, S. 247 ff.; *Fastenrath, Ulrich*, Der Europäische Gerichtshof als gesetzlicher Richter, in: Festschrift für Georg Ress, 2005, S. 461 ff.; *Henkel, Joachim*, Der gesetzliche Richter, Diss. iur. Göttingen 1968; *Kern, Eduard*, Der gesetzliche Richter, 1927; *Marx, Erwin*, Der gesetzliche Richter im Sinne von Art. 101 Abs. 1 Satz 2 Grundgesetz, 1969; *Reischl, Ulrich*, Probleme des gesetzlichen Richters in der Verwaltungsgerichtsbarkeit, 1994; *Roth, Thomas,* Das Grundrecht auf den gesetzlichen Richter, 2000; *Sowada, Christoph*, Der gesetzliche Richter im Strafverfahren, 2002, *Träger, Ernst*, Der gesetzliche Richter, in: Festschrift für Wolfgang Zeidler, Bd. I, 1987, S. 123 ff.; *Voßkuhle, Andreas*, Rechtsschutz gegen den Richter, 1993.

---

260 *Degenhart*, ebd.

Artikel 103 [Recht auf rechtliches Gehör, Verbot rückwirkender Strafgesetze, Verbot mehrfacher Bestrafung]

(1) Vor Gericht hat jedermann Anspruch auf rechtliches Gehör.

(2) Eine Tat kann nur bestraft werden, wenn die Strafbarkeit gesetzlich bestimmt war, bevor die Tat begangen wurde.

(3) Niemand darf wegen derselben Tat auf Grund der allgemeinen Strafgesetze mehrmals bestraft werden.

A. Vorbilder und Entstehungsgeschichte

Art. 103 GG gewährleistet in Abs. 1 für jedermann rechtliches Gehör in gericht- 1
lichen Verfahren, begründet in Abs. 2 für das Strafrecht besondere Bestimmtheits-
erfordernisse und verbietet in Abs. 3 die Mehrfachbestrafung. Das **prozessuale Ur-
recht**[1] des rechtlichen Gehörs ist in der deutschen Verfassungsgeschichte erstmals
nach 1945 explizit verfassungsrechtlich anerkannt worden. Es knüpft allerdings an
historische Entwicklungen[2] an und wird mittlerweile zudem stark durch völkerrechtliche Einflüsse geprägt. Die Aufnahme dieser prozessualen Grundnorm für alle gerichtlichen Verfahren in das Grundgesetz sollte Missbräuche in gerichtlichen Verfahren, wie sie besonders in der Zeit des Nationalsozialismus in der Form »kurzer
Prozesse« vorgekommen waren, unmöglich machen und das Vertrauen des Volkes in
die Justiz wiederherstellen.[3]

Art. 103 Abs. 2 und 3 GG statuieren grundrechtsgleiche Rechte des Angeklagten ge- 2
genüber der staatlichen Strafgewalt. Die in Abs. 2 vorgeschriebene gesetzliche Bestimmtheit der Strafbarkeit schließt ideengeschichtlich vor allem an das **Gedankengut der Aufklärung** sowie rechtshistorisch an die einschlägigen Bestimmungen des
preußischen Strafrechts von 1851, des RStGB von 1871 sowie an Art. 116 WRV an.

Das Verbot mehrfacher Bestrafung wegen der gleichen Tat nach Art. 103 Abs. 3 GG 3
bezieht sich auf die durch die Rechtsprechung des Reichsgerichts geprägte Rechtslage[4] und nimmt damit ein vorgefundenes Prinzip des Strafprozessrechts auf.[5] Der
Grundsatz »ne bis in idem« lässt sich bis in das Römische Recht zurückverfolgen.
Zur Zeit des Nationalsozialismus war diese materielle Garantie für das Strafverfahren
u.a. durch die Möglichkeit der sog. Urteilsergänzung völlig entwertet worden. Dieses
vorverfassungsrechtliche Gesamtbild[6] vermag den Garantiegehalt der Verfassungsnorm indes nicht konstitutiv bestimmen. Vielmehr sind die vorgefundenen Normenkomplexe des einfachen Rechts vom Verfassungsrecht her zu durchdringen.[7]
Trotz seiner normgeprägten Gewährleistungen hat Art. 103 Abs. 3 GG einen eigenständigen Garantiegehalt, der nicht von den dogmatischen Verständnissen des Tat-
begriffs in der Strafrechtswissenschaft abhängig ist[8] (dazu Rdn. 85 ff.).

---

1 BVerfGE 6, 12 (14); 9, 89 (96); 55, 1 (6); 70, 180 (188).
2 Vgl. zur Geschichte des Grundsatzes des rechtlichen Gehörs *Rüping*, Der Grundsatz des
  rechtlichen Gehörs und seine Bedeutung im Strafverfahren, S. 12 ff.
3 BVerfGE 9, 89 (95).
4 BVerfGE 3, 248 (252); 12, 62 (66); 56, 22 (27 f.); vgl. RGSt 2, 347 (348 f.); 8, 135
  (137 f.).
5 Bereits BVerfGE 3, 248 (252 f.); auch BVerfGE 9, 89 (96).
6 BVerfGE 9, 89 (96); vgl. auch BVerfGE 23, 191 (202); 56, 22 (34).
7 BVerfGE 23, 191 (202).
8 BVerfGE 56, 22 (34).

B. Grundsätzliche Bedeutung

4 Die Gewährleistungen des Art. 103 GG dienen wie Art. 101 GG der **Sicherung der Rechtsstaatlichkeit im gerichtlichen Verfahren**. Sie stehen insbes. im Zusammenhang mit den Geboten des effektiven Rechtsschutzes und des fairen Verfahrens.[9] Art. 103 GG enthält drei unabhängig nebeneinander stehende Prozessgrundrechte und verleiht ihnen damit normativen Selbstand.

5 Das grundrechtsgleiche Recht des Art. 103 Abs. 1 GG gewährleistet jedem an einem gerichtlichen Verfahren Beteiligten das rechtliche Gehör unabhängig davon, ob die Anhörung im Gesetz vorgesehen ist.[10] Sowohl die normative Ausgestaltung des Verfahrensrechts als auch die Durchführung des gerichtlichen Verfahrens im Einzelfall müssen ein Ausmaß an rechtlichem Gehör eröffnen, das sachangemessen ist, um **wirksamen Rechtsschutz** zu garantieren.[11]

6 Art. 103 Abs. 1 GG steht einerseits in einem **funktionalen Zusammenhang mit der Rechtsweggarantie** des Art. 19 Abs. 4 GG.[12] Systematisch ist zwischen Zugang zum Verfahren und geordnetem Verfahrensablauf zu unterscheiden.[13] Ersteren garantieren der allgemeine Justizgewährungsanspruch sowie im Besonderen Art. 19 Abs. 4 GG und fordern zudem effektiven Rechtsschutz.[14] Den Ablauf des Verfahrens sichern sodann das Recht auf rechtliches Gehör und weitere prozessuale Grundrechte. »Wer bei Gericht ankommt, soll auch substantiell ankommen, also wirklich gehört werden. Wenn ein Gericht einen Gehörverstoß begeht, vereitelt es die Möglichkeit, eine Rechtsverletzung vor Gericht effektiv geltend zu machen«.[15]

7 Außerdem ist Art. 103 Abs. 1 GG – wie alle Grundrechte – eine **Ausprägung des Menschenwürdeschutzes**. Im gerichtlichen Verfahren soll der Betroffene nicht Objekt der richterlichen Entscheidung sein, sondern zu Wort kommen, über sein Recht soll nicht von Obrigkeits wegen verfügt werden.[16] Der Anspruch auf rechtliches Gehör gewährt jedem, der von einer gerichtlichen Entscheidung betroffen werden kann, das Recht, sich zu dem streiterheblichen Sachverhalt und zu den entscheidungserheblichen Rechtsfragen vor Erlass der Entscheidung zu äußern. Der einzelne Verfahrensbeteiligte soll als aktiv handelnde Person am Verfahren teilnehmen und sein Recht durchsetzen und verteidigen können.[17]

8 Während Art. 103 Abs. 1 GG prozessuale Anforderungen für alle gerichtlichen Verfahren aufstellt, normieren Art. 103 Abs. 2 und 3 GG materielle Garantien für das

---

9 BVerfG, NJW 2001, 2531.
10 BVerfGE 75, 201 (215); 92, 158 (183 f.).
11 BVerfGE 55, 1 (6); 60, 305 (310); 79, 51 (62).
12 BVerfGE 81, 123 (129).
13 BVerfGE 107, 395 (402 ff.).
14 BVerfGE 112, 185 (207); BVerfG, NJW 2004, 1371.
15 So BVerfGE 107, 395 (409); auch 40, 237 (247).
16 BVerfGE 9, 89 (95); 84, 188 (190); 86, 133 (144).
17 BVerfGE 9, 89 (95); 101, 397 (405 f.); 107, 395 (409).

strafgerichtliche Verfahren. Die gesetzliche Bestimmtheit der Strafbarkeit steht in engem **Zusammenhang mit den Freiheitsrechten des Einzelnen** gegenüber dem Staat.[18] Die Bezeichnung als Prozessgrundrecht ist insofern ungenau, als durch die Norm die staatliche Strafgewalt materiell gebunden wird. Im Einzelnen werden das Gesetzlichkeitsprinzip und das Bestimmtheitsgebot, das Analogieverbot und ein generelles Rückwirkungsverbot gewährleistet. Dogmatisch ist allerdings das Analogieverbot weniger selbstständige Gewährleistung als mehr dem Bestimmtheitsgrundsatz zuzuordnen.[19]

Neben seiner freiheitsrechtlichen Dimension kann der Ausschluss rückwirkender 9
Strafgesetze durch Art. 103 Abs. 2 GG auch als Konsequenz des in Art. 3 Abs. 1 GG
enthaltenen **Willkürverbots** gedeutet werden.[20] Hinzu tritt schließlich sein Bezug zu
dem aus dem Menschenwürdeschutz folgenden **Schuldprinzip**.[21] Der Ausschluss
rückwirkender Strafgesetze durch Art. 103 Abs. 2 GG wird in seiner abwehrrechtlichen Dimension dreistufig mit eigenem Schutzbereich geprüft,[22] obgleich er systematisch eine **Schranken-Schranke** darstellt.[23] Mithin hat Art. 103 Abs. 2 GG eine
Doppelfunktion als grundrechtsgleiches Recht (vgl. Art. 93 Abs. 1 Nr. 4a GG) einerseits und geschriebene Schranken-Schranke hinsichtlich der Grundrechtsverkürzungen – beispielsweise von Art. 2 Abs. 2 S. 2 GG oder Art. 2 Abs. 1 GG – durch Bestrafung andererseits.[24]

Durch das in Art. 103 Abs. 3 verankerte Verbot der Mehrfachbestrafung soll der 10
Bürger davor geschützt werden, wegen einer Tat, derentwegen er schon zur Verantwortung gezogen worden ist, nochmals in einem neuen Verfahren verfolgt zu werden. Damit wird ein **grundrechtsgleiches Recht mit abwehrrechtlichem Gehalt**
statuiert;[25] im Rahmen anderer Grundrechte fungiert Art. 103 Abs. 3 GG als
Schranken-Schranke, vor allem bei der Rechtsanwendung im Einzelfall. Strafrechtliche Schuld wird rechtlich durch (einmalige) Strafe getilgt.[26] Allerdings schützt
Art. 103 Abs. 3 GG nicht nur gegen mehrfache Bestrafung, auch nach einem Strafbefehl,[27] wegen derselben Tat, sondern auch vor einer Bestrafung nach einem Freispruch oder einer Verfahrenseinstellung durch das Gericht wegen einer Tat.[28]

---

18 BVerfGE 9, 89 (94 f.).
19 BVerfGE 92, 1 (12).
20 BVerfGE 94, 372 (394); BVerfG, NJW 2001, 1848 (1849).
21 BVerfGE 109, 133 (171); vgl. auch BVerfGE 25, 269 (285).
22 BVerfGE 109, 133 (168 f.).
23 Dazu *Appel*, Jura 2000, 571 (576).
24 *Lindner*, Theorie der Grundrechtsdogmatik, S. 287 in Fn. 228.
25 BVerfGE 56, 22 (32).
26 BVerfGE 3, 248 (251).
27 BVerfGE 65, 377 (383 ff.).
28 BVerfGE 12, 62 (66).

C. Schutzbereiche

I. Anspruch auf rechtliches Gehör (Abs. 1)

1. Anwendungsbereich

11 Angesichts seiner systematischen Stellung im Abschnitt »Die Rechtsprechung« ist das Gehörsrecht auf **Verfahren »vor Gericht«** beschränkt und auf gerichtsähnliche Verfahren unanwendbar.

a) Begrenzung auf Gerichte

12 Anwendungsvoraussetzung des Prozessgrundrechts aus Art. 103 Abs. 1 GG ist, dass Richter i.S.d. Art. 92 GG tätig werden. Der Anspruch besteht **vor allen staatlichen Gerichten**, insbes. auch Verfassungsgerichten, in allen Verfahren[29] und für alle Instanzen.[30] Art. 103 Abs. 1 GG gewährt kein Recht auf eine zweite Instanz, wohl aber auf gleichmäßigen Zugang zu einer zweiten Instanz, wenn sie von Gesetzes wegen eröffnet ist.[31] Erfasst werden die freiwillige Gerichtsbarkeit,[32] das Vormundschaftsgericht,[33] das Gericht im Insolvenzverfahren,[34] die Tätigkeit des Haftrichters und sonstige Fälle eines Richtervorbehalts,[35] die Berufsgerichtsbarkeit, das Strafvollstreckungsverfahren nach §§ 449 ff. StPO und das gerichtliche Verfahren nach §§ 109 ff. StVollzG. Für die **private Gerichtsbarkeit** (Schiedsgerichte, Verbandsgerichte, sonstige nichtgerichtliche Streitbeilegungsverfahren,[36] die kirchliche Gerichtsbarkeit[37]) gilt Abs. 1 ebenso wenig wie für das **Verwaltungsverfahren**,[38] das **staatsanwaltliche Ermittlungsverfahren**[39] und anderweitige förmliche Verfahren, beispielsweise vor dem Rechtspfleger,[40] der Disziplinarbehörde,[41] im Patentamtsverfahren[42] oder gegenüber gesetzgebenden Organen.[43]

13 Außerhalb des Schutzbereichs des Art. 103 Abs. 1 GG steht dem Einzelnen allerdings ebenfalls ein **(Grund-)Recht auf ein faires Verfahren** zu (s. dazu u. Rdn. 118 f.). Zu einem rechtsstaatlich fairen Verfahren gehört insbesondere, dass

---

29 BVerfGE 7, 53 (56 f.); 18, 49 (51); 19, 148 (149); 89, 381 (390).
30 BVerfGE 8, 89 (90); 53, 257 (289); 60, 313 (317).
31 BVerfGE 74, 228 (233 f.).
32 BVerfGE 19, 49 (51); 79, 51 (68); 89, 381 (390).
33 BVerfGE 92, 158 (160 ff.).
34 BVerfG, NJW 2004, 1233.
35 BVerfGE 18, 399 (404).
36 Vgl. *Lembcke*, NVwZ 2008, 42 (44 f.).
37 Vgl. *Degenhardt*, in: Sachs, Art. 103 Rn. 8 m.w.N.
38 BVerfGE 101, 397 (404).
39 BVerfGE 27, 88 (103).
40 BVerfGE 101, 397 (404).
41 BVerfGE 46, 17 (26).
42 BVerwGE 8, 350 f.
43 BVerfGE 36, 321 (330).

dem Einzelnen vor einer Entscheidung, die seine Rechte betrifft, die Möglichkeit gegeben wird, zu Wort zu kommen, um Einfluss auf das Verfahren und dessen Ergebnis nehmen zu können.[44]

b) Begrenzung auf gerichtliche Entscheidungen

Rechtliches Gehör i.S.d. Art. 103 Abs. 1 GG ist nur **vor gerichtlichen Entscheidungen** zu gewähren. Angesichts des Zusammenhangs dieses grundrechtsgleichen Rechts mit prozessrechtlichen Bedürfnissen und verfahrensrechtlichen Erfordernissen stellt nicht jede gerichtliche Maßnahme wie etwa ein rein prozessualer Akt oder der Erlass von Justizverwaltungsakten i.S.v. § 23 EGGVG eine Entscheidung i.S.v. Art. 103 Abs. 1 GG dar. »Vor dem Richter« heißt nicht »vor der Gerichtsverwaltung«.[45] Art. 103 Abs. 1 GG erfordert vielmehr das rechtliche Gehör nur vor abschließenden und solchen gerichtlichen Entscheidungen, die von Gesetzes wegen einen verbindlichen Erkenntnisakt darstellen.[46] Angesprochen sind damit nicht nur Endentscheidungen, sondern auch Zwischenentscheidungen, durch die ein Verfahrensbeteiligter materiell betroffen wird, z.B. Entscheidungen über Befangenheitsanträge[47] oder die Selbstablehnung eines Richters.[48] Gleichermaßen berühren Entscheidungen über Prozesskostenhilfe,[49] Zuständigkeitsfragen oder die Verhängung von Ordnungshaft.[50] die Rechtsstellung der Beteiligten. **14**

2. Inhalt des Rechts auf Gehör

Gehör bedeutet zunächst, dass von Gerichts wegen Gelegenheit gegeben wird, sich zum Verfahrensstoff zu äußern, um **auf das Verfahren Einfluss nehmen** zu können.[51] Sodann muss das Gericht die Äußerungen der Beteiligten zur Kenntnis nehmen und in Erwägung ziehen,[52] was sich in aller Regel an der Begründung ablesen lässt. Die Möglichkeit sich zu äußern, setzt hinreichende Kenntnis von den verfahrensrelevanten Vorgängen voraus. Im Sinne einer Stufenfolge entfaltet sich das rechtliche Gehör dementsprechend in einem Recht auf Information, Äußerung und Berücksichtigung.[53] **15**

---

44 BVerfGE 101, 397 (408 ff.).
45 BVerfGE 9, 89 (97).
46 BVerfGE 6, 12 (15); 62, 320 (322).
47 BVerfGE 24, 56 (62).
48 BVerfGE 89, 28 (36 f.).
49 BVerfGE 20, 280 (282).
50 OLG Köln, NJW 2008, 2865; weitere Beispiele in *Hömig*, in: ders., Art. 103 Rn. 3.
51 St. Rspr. des BVerfG, BVerfGE 89, 28 (35); 101, 128 (129).
52 St. Rspr. des BVerfG, vgl. BVerfGE 64, 108 (114); 64, 135 (143. f); 70, 215 (218); 81, 97 (107); 86, 133 (145).
53 BVerfGE 107, 395 (409). Siehe *Wagner*, BauR 2014, 461 (463 ff.); 2009, 1375 (1379 f.) zur Rspr. des BGH zu Art. 103 Abs. 1 GG.

16   Umgekehrt dürfen einer gerichtlichen Entscheidung nur solche **Tatsachen und Beweisergebnisse** zugrunde gelegt werden, zu denen die Beteiligten Stellung nehmen konnten.[54] Insbesondere zu Tatsachen und Beweismitteln, die das Gericht von Amts wegen in den Prozess einführt und die es bei seiner Entscheidung berücksichtigen will, hat es die Beteiligten zu hören.[55]

a)   Informationsrecht und Unterrichtungspflicht

aa)   Tatsächlicher und rechtlicher Streitstoff

17   Die hinreichende Gewährung rechtlichen Gehörs setzt voraus, dass die Verfahrensbeteiligten erkennen können, auf welchen Tatsachenvortrag es für die Entscheidung ankommt.[56] Bezugspunkt des Informationsrechts der Beteiligten und einer korrespondierenden Unterrichtungspflicht des Gerichts ist **der gesamte relevante Verfahrensstoff**.[57]

18   **In tatsächlicher Hinsicht** betroffen sind alle Äußerungen der Gegenseite in Schriftsätzen und deren Anlagen,[58] und zwar auch im In-camera-Verfahren,[59] allgemeinkundige Tatsachen, soweit sie einer Partei evtl. unbekannt sind,[60] und gerichtskundige Tatsachen.[61] Sodann sind den Beteiligten bekannt zu machen beigezogene Gerichtsakten,[62] Sachverständigengutachten aus anderen Verfahren, auf die sich das Gericht stützt,[63] aus Verwaltungsakten übernommene Beweismittel,[64] eine im Wege des Freibeweises eingeholte dienstliche Stellungnahme,[65] gutachtliche Stellungnahmen,[66] polizeiliche Vernehmungsprotokolle,[67] Unterlagen über Wohnraumüberwachungsmaßnahmen,[68] Absprachen zwischen dem Gericht und einem Verfahrensbeteiligten.[69] Das Gericht ist indessen nicht verpflichtet, die von ihm beabsichtigte Würdigung von Tatsachen und Beweisergebnissen ausdrücklich zur Diskussion der

---

54   St. Rspr. des BVerfG, vgl. BVerfGE BVerfGE 6, 12 (14); 29, 345 (347 f.); 50, 381 (384); 65, 227 (234); 81, 123 (126); 84, 188 (190); 86, 133 (144 f.); 89, 381 (392); 101, 106 (129).
55   BVerfGE 70, 180 (189); 101, 106 (129).
56   BVerfGE 84, 188 (190); 86, 133 (144 f.); 89, 28 (35).
57   BVerfGE 84, 188 (190); 86, 133 (144); 89, 28 (35 f.); 96, 189 (204).
58   BVerfGE 19, 32 (36); 19, 148 (149); 49, 325 (328); 50, 280 (284); 55, 95 (99).
59   BVerwG, DÖV 2004, 536 f.
60   BVerfGE 48, 206 (209).
61   BVerfGE 75, 201 (215).
62   BVerfGE 20, 347 (349); BVerfG, NJW 1994, 1210.
63   BGH, NJW 1991, 2824 (2825).
64   BVerfGE 17, 86 (95).
65   BVerfGE 10, 274 (283); 24, 56 (62).
66   BVerfGE 15, 214 (218); BVerfG, NJW 1991, 2757.
67   BVerfGE 25, 40 (43).
68   BVerfGE 109, 279 (370).
69   BGH, NJW 1996, 1763 (1764).

Parteien zu stellen[70] oder jedes Vorbringen zu bescheiden.[71] Eine weitergehende allgemeine rechtliche Aufklärungspflicht des Richters besteht nicht.[72] In Verfahren mit Amtsermittlungsgrundsatz reicht die Frage- bzw. Aufklärungspflicht bezüglich des von Amts wegen ermittelten Tatsachenstoffs weiter als im Zivilprozess. Das begründet sich daraus, dass die Unterrichtungspflicht in diesem Fall als logisches Spiegelbild zum Amtsermittlungsgrundsatz angesehen werden kann.[73]

Informationspflicht und Äußerungsrecht beziehen sich **grundsätzlich nicht** auf die **Rechtsauffassung des Gerichts**.[74] Etwas anderes gilt ausnahmsweise dann, wenn auch ein sorgfältiger Verfahrensbeteiligter, der die Vielfalt möglicher Auffassungen in Erwägung zieht, mit derjenigen des Gerichts nicht zu rechnen brauchte.[75] Im Strafverfahren gewährleisten Art. 14 Abs. 3a IPBPR und Art. 6 Abs. 3a EMRK dem Angeklagten das Recht, über die rechtliche Bewertung des ihm vorgeworfenen Sachverhalts genau und vollständig informiert zu werden.[76] Vom Recht auf rechtliches Gehör nicht umfasst ist die Pflicht zum Rechtsgespräch.[77] **19**

bb) Überraschungsverbot und Fairnessgebot

Im Einzelfall kann sich eine **Unterrichtungspflicht aus Ingerenz** ergeben. Wenn das Gericht z.B. zunächst nach Stellungnahme des Berufungsklägers Termin zur mündlichen Verhandlung bestimmt hat, hat es seine geänderte Einschätzung der Berufung mitzuteilen, wenn es sie nunmehr gem. § 522 ZPO zurückweisen will.[78] Ebenso muss auf zusätzliche Substantiierungsanforderungen hingewiesen werden. Entscheidet das Gericht gegen seine den Parteien gegenüber geäußerte **Rechtsauffassung**, so liegt hierin ein Verstoß gegen Art. 103 Abs. 1 GG.[79] Während das Gericht über eine länger zurückliegende Änderung seiner Rechtsprechung nicht zu unterrichten braucht,[80] gilt anderes bei der erstmaligen Neuausrichtung der Rechtsprechung.[81] Weitergehende Informationspflichten entstehen ferner im Fall beabsichtigter richterlicher Rechtsfortbildung.[82] **20**

---

70 BVerfGE 86, 133 (145); BVerfG, NJW 1956, 1026.
71 BVerfGE 13, 132 (149); 47, 182 (187); 51, 126 (129).
72 BVerfGE 42, 64 (85); 66, 116 (147).
73 *Schmahl*, in: Schmidt-Bleibtreu/Hofmann/Henneke, Art. 103 Rn. 31.
74 BVerfGE 66, 116 (147); 74, 1 (5); 67, 90 (96); 86, 133 (145).
75 BVerfGE 84, 188 (190); 86, 133 (144 f.); 96, 189 (204); 98, 218 (263); 108, 282 (338 f.); 108, 341 (345 f.).
76 EGMR, NJW 1999, 3545; NJW 2001, 2387.
77 BVerfGE 5, 10 (11); 52, 131 (154); 60, 175 (210 f.); 66, 116 (147); 74, 1 (5); 86, 133 (145); 98, 218 (263); BVerfG, NJW 2003, 1726.
78 BVerfG, NJW-RR 2006, 1654.
79 BVerfG, NVwZ-Beilage 9/1995, 65.
80 BayVerfGH, BayVBl. 2004, 16.
81 BVerfGE 108, 341 (345 f.); auch BVerfG, NJW 1995, 2544.
82 *Schulz-Fielitz*, in: Dreier III, Art. 103 I Rn. 37.

21   Die Grenze zur Informationspflicht verläuft dort, wo anderenfalls **Überraschungs-entscheidungen** in Rede stünden. Eine solche liegt nicht vor, wenn die maßgeblichen rechtlichen Gesichtspunkte bereits im Vortrag einer Partei angesprochen waren,[83] wohl aber dann, wenn das Gericht sich auf Erwägungen stützt, mit denen der gewissenhafte und kundige Beteiligte auch unter Berücksichtigung der Vielfalt möglicher Rechtsauffassungen nach dem Prozessverlauf nicht zu rechnen brauchte.[84] In diesem Sinne stellt es keine Überraschungsentscheidung dar, wenn ein Gericht den Streitstoff im Hauptsacheverfahren anders beurteilt als im vorausgegangenen Eilverfahren.[85] Dies folgt schon aus den unterschiedlichen Erkenntnisgrundlagen in Hauptsache- und Eilrechtsschutzverfahren. Hinzuweisen ist gerichtlicherseits darauf, dass das Berufungsgericht der Beweiswürdigung des Erstrichters nicht folgen will.[86] Überraschend ist jedoch, wenn das Gericht seiner Entscheidung ungeprüft ein Sachverständigengutachten zugrunde legt, das wesentliche Befundtatsachen nicht offen legt.[87] Dasselbe gilt bei unkritischer Übernahme von Sachverständigengutachten, wenn Privatgutachten zu deutlich anderen Ergebnissen gelangen.[88]

22   Das Recht aus Art. 103 Abs. 1 GG in Gestalt des Informationsrechts weist Berührungspunkte zum **Recht auf ein faires Verfahren** auf, das ebenfalls vor Überraschungsentscheidungen schützt (dazu u. Rdn. 118 ff.). Dabei verlangt das Gehörsrecht nur, dass der Verfahrensstoff in tatsächlicher und rechtlicher Hinsicht offen zutage liegt. Fürsorge- und Hinweispflichten ergeben sich unter dem Gesichtspunkt des rechtlichen Gehörs nur, wenn das Gericht seine Entscheidung auf weder im Verfahren thematisierte noch sonst ohne weiteres erkennbare Umstände und Erwägungen stützen will. Hinweise auf die grobe Interessenwidrigkeit eines Antrags,[89] auf die Folgen einer Fristversäumung bei anwaltlich vertretener Partei,[90] die Einlegung der Berufung beim unzuständigen Gericht[91] folgen daher nicht aus Art. 103 Abs. 1 GG, sondern aus dem grundgesetzlichen Fairnessgebot. Als Abgrenzungskriterium zwischen den in der Rechtsprechung nicht immer trennscharf unterschiedenen Grundrechtsschutzbereichen[92] eignet sich die Kontrollfrage, ob der Ablauf des Verfahrens unter Einbeziehung rechtlichen Gehörs in seinen benannten Ausprägungen oder die tatsächliche und/oder rechtliche Prüfung des Streitgegenstandes betroffen ist. Wenn

---

83 BVerfGE 86, 133 (145); BVerfG, NJW 2002, 2940.
84 BVerfGE 86, 133 (144 f.); 108, 341 (345 f.); BVerfG, NJW 2002, 1334; 2003, 1726; 2007, 3771 (3773); BVerwG, NVwZ-RR 2000, 396; BGH, JR 1999, 423; BSG, NJW 2000, 3590.
85 VGH Kassel, NVwZ-RR 2006, 364.
86 BVerfG, NJW 2003, 2524.
87 BVerfGE 91, 176 (181 f.); BVerfG, NJW 1997, 311; BVerfG, NJW 1997, 1909.
88 BVerfG, NJW 1997, 122.
89 BVerfG, NJW 1993, 1699.
90 BVerfGE 75, 302 (318).
91 BVerfG, NJW 2001, 1343.
92 Zur allgemein nur gering trennscharfen Abgrenzung von Art. 103 Abs. 1 GG und anderen rechtsstaatlichen Verfahrensrechten vgl. z.B. BVerfG, NJW, 2001, 3695 (3696).

folglich ein Streitgegenstand tatsächlich und rechtlich im Prozess angesprochen worden ist – von wem auch immer –, löst eine hierauf gestützte Entscheidung keine Betroffenheit des Art. 103 Abs. 1 GG mehr, sondern allenfalls des Fairnessgebots aus.

cc) Prozessuales Geschehen

Unterrichtungsgegenstand ist weiterhin das wesentliche prozessuale Geschehen einschließlich der vom Gericht beabsichtigten Verfahrensweise.[93] Absprachen zwischen dem Gericht und einem Verfahrensbeteiligten können eine Information der anderen Beteiligten durch das Gericht erforderlich machen.[94] Erfasst werden weiterhin die Selbstablehnung eines Richters,[95] Wiedereinsetzungsbeschlüsse,[96] prozessleitende Verfügungen,[97] Beschwerden anderer Verfahrensbeteiligter, wenn sich die Entscheidung nachteilig für den Angeklagten auswirken kann.[98]   23

dd) Ausübung und Grenzen

Die Informationspflicht des Gerichts ist **nicht antragsgebunden** und hängt auch nicht von einer Erkundigung des Grundrechtsträgers ab.[99] Die Pflicht des Gerichts, von sich aus den Beteiligten alles für das Verfahren Wesentliche mitzuteilen, obliegt ihm von Amts wegen.[100]   24

Einschränkungen der Mitteilungspflicht können bei Familiensachen aus dem **Kindeswohl** erwachsen.[101] Der verfassungsrechtliche Schutz von **Betriebsgeheimnissen** in einem gerichtlichen Verfahren kann in Abwägung mit Rechtsschutzinteressen ein In-camera-Verfahren rechtfertigen.[102] Innerbetriebliche Informationen dürfen allerdings nur geheim gehalten und trotzdem zu Gunsten der darlegungs- und beweisbelasteten Partei verwertet werden, wenn ein erhebliches rechtliches Interesse an der Geheimhaltung besteht und dem Prozessgegner aus deren Verwertung keine unzumutbaren Nachteile erwachsen.[103] Auch im Verwaltungsprozess können Einschränkungen des Rechts auf Gehör durch Beweisgewinnung in-camera durch **Geheimhaltungsinteressen** gerechtfertigt sein, etwa durch Aktenvorlage nur dem Gericht, nicht dem Verfahrensbeteiligten gegenüber, wenn gerade hierdurch wirksamer Rechts-   25

---

93 BVerwG, NVwZ-RR 1999, 537; BVerfG, NJW 2004, 1233 (1234).
94 BGH, NJW 1996, 1763 (1764).
95 BVerfGE 89, 28 (36).
96 BVerfGE 62, 320 (322).
97 BVerfGE 64, 203 (207).
98 BVerfGE 4, 190 (192); 17, 197 (198).
99 BVerfGE 17, 194 (197); 50, 381 (385).
100 BVerfGE 36, 85 (88); 72, 84 (88).
101 BVerfGE 79, 51 (68).
102 BVerfGE 115, 205 (239 f.).
103 BGHZ 131, 90 (93).

schutz möglich wird.[104] Dies gilt allerdings nicht im Strafprozess; hier wirken Geheimhaltungsbedürfnisse in dubio pro reo.[105]

ee) Absicherung durch Akteneinsicht, Ladung und Zustellung

26 Verstärkt und abgesichert wird das Informationsrecht durch das Recht auf Einsicht in die Prozessakten.[106] Verstöße gegen § 147 StPO bilden daher regelmäßig auch Verstöße gegen Art. 103 Abs. 1 GG.[107] Das verfassungsrechtlich abgeleitete Recht auf **Akteneinsicht** beschränkt sich auf die tatsächlich vorliegenden Akten, ermöglicht also nicht die Beiziehung zusätzlicher Akten.[108] Geht es nicht um die Akteneinsicht der im Verfahren verwendeten Akten, sondern versucht der Kläger, vor Gericht gerade die Einsicht in Aktenteile zu erlangen, die der Verfassungsschutz bei der teilweise erfolgten Aktenvorlage mit Verweis auf Geheimhaltungsinteressen zurückgehalten hat, ist das Recht auf effektiven Rechtsschutz aus Art. 19 Abs. 4 GG aufgerufen.[109]

27 Nach § 147 StPO wird Akteneinsicht nur **dem Verteidiger, nicht dem Beschuldigten** selbst gewährt.[110] Diese normative Ausgestaltung widerstreitet der Rechtsprechung des EGMR.[111] In EMRK-konformer Auslegung des Gehörsanspruchs kann daher geboten sein, dem Angeklagten selbst im Beisein seines Verteidigers Akteneinsicht zu gewähren.[112]

28 Die Regelungen über die **Ladung und die Zustellung** sichern das Recht auf Information ab, indem sie garantieren sollen, dass der Betroffene von für ihn erheblichen Informationen zuverlässig Kenntnis erhält.[113] Vor diesem Hintergrund bedürfen Formen der Zustellung, bei denen die tatsächliche Kenntnisnahme durch den Adressaten nicht gewährleistet ist, stets der verfassungsrechtlichen Rechtfertigung durch Erfordernisse der geordneten Verfahrensabwicklung und Verfahrensbeschleunigung.[114] Angesprochen sind damit insbes. die Ersatzzustellung (§ 56 Abs. 2 VwGO, § 178 ZPO i.V.m. § 5 Abs. 2 S. 1 VwZG), die bloße Fiktion der Zustellung (vgl. § 8 VwZG) und die öffentliche Zustellung (§ 10 VwZG). Sowohl auf gesetzlicher Ebene als auch auf der Anwendungsebene ist eine Abwägung mit dem Erfordernis des rechtlichen Gehörs vorzunehmen. In diesem Sinne kann die Anwendung einzelner Zustellungsarten verfassungswidrig sein, etwa eine öffentliche Zustellung gegen Art. 103 Abs. 1 GG verstoßen, wenn eine andere Art der Zustellung ohne weiteres

---

104 BVerfGE 101, 106 (129).
105 BVerfGE 101, 106 (130); BVerfG, NJW 2006, 1048.
106 BVerfGE 18, 399 (405 f.); 63, 45 (60).
107 BVerfGE 18, 399 (405).
108 BVerfGE 63, 45 (59 f. zu polizeilichen Spurenakten).
109 So aber BVerfGE 101, 106 (124 f.).
110 BVerfGE 53, 207 (214); auch BVerfG, NJW 1994, 3219 (3220).
111 EGMR, NStZ 1998, 429; NJW 2002, 2015.
112 *Nolte*, in: von Mangoldt/Klein/Starck, Art. 103 Rn. 35 f.
113 BVerfGE 67, 208 (211).
114 BVerfGE 77, 275 (285); 25, 158 (165); 81, 123 (126).

möglich gewesen wäre.[115] Auch hat das Gericht substantiierten Einwänden gegen die Richtigkeit der Postzustellungsurkunde nachzugehen.[116]

Die **Zustellung an den Verteidiger** reicht zur Wahrung rechtlichen Gehörs grund-   29
sätzlich aus.[117] Allerdings ist die Information des Prozessbevollmächtigten dann nicht ausreichend, wenn dem Vertretenen daraus die Gefahr erwächst, von den mit-zuteilenden Umständen keine Kenntnis zu erhalten.[118]

b) Äußerungsrecht

aa) Bezugspunkt mündliche Verhandlung

Das Äußerungsrecht des Beteiligten bzw. Betroffenen umfasst die hinreichende   30
Möglichkeit, einerseits sich mindestens **schriftlich in tatsächlicher und rechtlicher Hinsicht** zur Sache zu äußern[119] und andererseits **mündlich Anträge stellen und Aus-führungen machen** zu können.[120] Verschaffung des Gehörs durch einen Anwalt reicht in aller Regel aus, so dass mit der Wahrnehmung des Äußerungsrechts durch diesen dem der Partei genügt ist.[121] Art. 103 Abs. 1 GG gewährleistet keinen Anspruch auf eine bestimmte Verfahrensart[122] und – ebenso wie Art. 19 Abs. 4 GG – keine erneu-te(n) Verhandlung(en) im Instanzenzug.[123]

Art. 103 Abs. 1 GG begründet grundsätzlich **kein Recht auf mündliche Verhand-**   31
lung.[124] Ausnahmen gelten dort, wo es auf einen persönlichen Eindruck des Gerichts vom Beteiligten ankommt, so z.B. im Asylverfahren[125] und im Kriegsdienstverweige-rungsverfahren[126] oder bei der Feststellung der Prozessfähigkeit eines Beteiligten.[127] Wenn im einfachen Recht eine mündliche Verhandlung als Regelfall vorgesehen ist, liegt im gesetzwidrigen Absehen hiervon zugleich ein Verstoß gegen Art. 103 Abs. 1 GG,[128] wenn der Kläger nicht wirksam auf die Durchführung der mündlichen Ver-

---

115 BVerfG, NJW 1988, 2361; BGHZ 118, 45 (47 f.).
116 BayVerfGH, BayVBl. 2008, 140 zum Zugang eines Strafbefehls.
117 BVerfG, NJW 2002, 1640.
118 BVerfGE 81, 123 (126 f.).
119 BVerfGE 6, 12 (14); 29, 345 (347 f.); 42, 364 (369); 55, 95 (98); 86, 133 (144 f.); 101, 106 (129).
120 BVerfGE 1, 418 (429); 36, 85 (87); 89, 145 (148).
121 BVerfGE 81, 123 (126).
122 BVerfGE 6, 19 (20); 31, 364 (370).
123 BVerfGE 1, 418 (427); auch 107, 395 (402).
124 BVerfGE 5, 9 (11); 15, 256 (307); 9, 89 (95 f.); 36, 85 (87); 60, 175 (210 f.); 81, 123 (129 f.); 89, 381 (391); BVerfG, NJW 2005, 1486.
125 BVerfGE 67, 43 (61 f.).
126 BVerwGE 72, 28 (29); 77, 157 (159); 81, 229 (234 f.).
127 BSG, NJW 1994, 215.
128 BFHE 166, 415 (416 f.).

handlung verzichtet[129] oder sich sonst der Möglichkeit seiner persönlichen Teilnahme an der Verhandlung begeben hat.[130]

32 In der mündlichen Verhandlung ist den Beteiligten Gelegenheit zu geben, ihren Standpunkt vorzutragen. Der Anspruch auf rechtliches Gehör ist verletzt, wenn ein Gericht einen **Terminverlegungsantrag** trotz Vorliegens erheblicher Gründe ablehnt und in Abwesenheit der Betroffenen eine Entscheidung fällt.[131] Der Gehörsanspruch verlangt einen **ordnungsgemäßen Aufruf** der Sache.[132]

33 Soll der Berechtigte die gerichtliche Entscheidung mit seiner Äußerung beeinflussen können, muss ihm **grundsätzlich vor der Entscheidung** Gelegenheit zur Äußerung gegeben werden.[133] Dies gilt auch für Verfahren des vorläufigen Rechtsschutzes.[134] Die Gewährung nachträglichen rechtlichen Gehörs ist nur unter strengen Voraussetzungen zulässig, etwa wenn eine vorherige Anhörung faktisch unmöglich ist oder den Zweck einer gerichtlichen Maßnahme gefährden würde.[135] In diesen Ausnahmefällen gebietet Art. 103 Abs. 1 GG allerdings, die Gewährung rechtlichen Gehörs unverzüglich nachzuholen.[136] Zulässig kann auch sein, von Äußerungsrechten zunächst abzusehen, wenn sie in einem gerichtlichen Verfahren nachgeholt werden können.[137]

34 Die Wahrnehmung des Gehörsrechts setzt voraus, dass das Gericht die Möglichkeit der **Äußerung nicht unzulässig erschwert**, insbes. hinreichend Zeit für eine substanzielle Stellungnahme gewährt,[138] angemessene Äußerungsfristen einräumt, auch im Verfahren des vorläufigen Rechtsschutzes,[139] selbst gesetzte Fristen beachtet,[140] also nicht innerhalb dieser Fristen ohne Abwarten der Äußerung der Partei entscheidet. Wenn Beweismittel und Tatsachenbehauptungen der gegnerischen Partei erst in der mündlichen Verhandlung eingebracht werden, hat das Gericht auf Antrag eine Erklärungsfrist einzuräumen.[141] Den Beteiligten ist insbesondere auch zu ermöglichen, Fragen an gerichtliche Sachverständige zu stellen.

---

129 BFH, NJW 1996, 1496.
130 BVerfGE 41, 246 (249).
131 Vgl. BVerfGE 14, 195 (196); BVerwG, NJW 1984, 882; NJW 1986, 1057; BayVBl. 2007, 51 (52); BFHE 154, 17 (20).
132 BVerfGE 42, 364 (370 ff.); NJW 1986, 204 f.
133 BVerfGE 9, 89 (96); 57, 346 (359); 83, 24 (35 f.); 101, 106 (129).
134 BVerfGE 65, 227 (233).
135 BVerfGE 49, 329 (342): Beschlagnahme; BVerfG, NJW 2004, 2444: Dinglicher Arrest; BVerfGE 57, 346 (358 f.): Durchsuchung.
136 BVerfGE 9, 89 (106); 18, 399 (404); 65, 227 (233); 70, 180 (188 f.).
137 So für den Einspruch gem. § 411 Abs. 1 StPO gegen einen Strafbefehl, der zur Hauptverhandlung führt, BVerfGE 25, 158 (165 f.).
138 BVerfGE 49, 212 (215).
139 BVerfG, NJW 1984, 719; OVG Münster, NVwZ-RR 1997, 759.
140 BVerfGE 61, 119 (122).
141 BVerfG, FamRZ 1995, 1561.

bb) Äußerungsmöglichkeit, nicht Äußerungspflicht

Eine **Äußerungspflicht** des Beteiligten besteht nicht. Ihm ist überlassen, ob und in- 35
wieweit er von seinem Äußerungsrecht Gebrauch macht. Dieses Recht ist erschöpft,
wenn er die ihm eröffnete Äußerungsmöglichkeit zurechenbar nicht wahrnimmt.[142]
Vorwirkend kann es aber andererseits geboten sein, bei Mittellosigkeit die Teilnahme
durch Bewilligung von Reisekosten zu ermöglichen. Die Handhabung des Prozessrechts hat generell in der Weise zu erfolgen, dass die Teilnahme an der mündlichen
Verhandlung ermöglicht wird, wenn sonst die Wahrnehmung des Gehörsrechts erschwert würde.[143]

cc) Vorwirkung durch Recht auf anwaltliche Vertretung, Prozesskostenhilfe, Dolmetscher

Nach der Rechtsprechung des BVerfG soll die **Vertretung durch einen Rechtsanwalt** 36
nicht von Art. 103 Abs. 1 GG geschützt sein.[144] Ausnahmen bestehen in familienrechtlichen Streitigkeiten, in denen es um das Kindeswohl geht (Sorgerecht, Aufenthaltsbestimmung, Rückführung); hier kann eine Verpflichtung des Gerichts zur Bestellung eines Pflegers aus Art. 103 Abs. 1 GG i.V.m. Art. 6 Abs. 2 GG folgen.[145]
Im Strafprozess wird das Recht auf **Verteidigerbeistand**[146] gleichfalls von der Rechtsprechung anerkannt, jedoch aus der rechtsstaatlichen Garantie wirksamer Verteidigung abgeleitet.[147] Dogmatisch zutreffend ist demgegenüber der Rückgriff auf den
thematisch einschlägigen und spezielleren Art. 103 Abs. 1 GG. Im Übrigen gelten
hierfür Art. 6 Abs. 3c EMRK[148] und Art. 14 Abs. 3d IPBPR. Angesichts der Komplexität der Rechtsordnung besteht die Gefahr, dass der einzelne Bürger ohne rechts-
kundigen Beistand sein Recht gar nicht zu Gehör bringen kann.[149] Dementsprechend
erkennt das BVerwG mittlerweile das Recht auf Vertretung durch einen rechtskundi-
gen Prozessbevollmächtigten in der mündlichen Verhandlung an.[150]

Umgekehrt bedeutet **Anwaltszwang** eine einfachgesetzliche Ausgestaltung des Rechts 37
auf Gehör, die mit Art. 103 Abs. 1 GG vereinbar ist.[151] Die Bestellung eines Pflichtverteidigers beschwert den Angeschuldigten nicht.[152] Soweit das Recht auf Gehör
durch einen Anwalt ausgeübt wird, hat das Gericht ihm gegenüber die Pflicht aus

---

142 BVerfGE 15, 256 (267); 41, 246 (249).
143 Vgl. BVerwG, NJW 1984, 882; NJW 1992, 2042.
144 BVerfGE 9, 124 (132); 31, 297 (301); 38, 105 (118); 39, 156 (168); 85, 337 (349).
145 BVerfGE 99, 145.
146 Dazu *Schmidt-Aßmann*, in: Maunz/Düring, Art. 103 Rn. 103.
147 BVerfGE 39, 156 (168); 66, 313 (321 ff.); EGMR in st. Rspr., etwa EGMR, NJW 2007, 3409.
148 EGMR, NJW 2001, 2387 (2390); NJW 2003, 1229.
149 *Vgl. Degenhart*, in: Isensee/Kirchhof, HStR V, § 115 Rn. 38.
150 BVerwG, NVwZ 1989, 857 (858); NJW 1995, 1231.
151 BVerfGE 35, 41 (63); *Leipold*, in: Stein/Jonas, ZPO Bd. 2, § 78 Rn. 16.
152 BVerfG, NJW 1998, 2205.

Art. 103 Abs. 1 GG zu erfüllen. Das Gehörsrecht gebietet nicht, dass dem Beteiligten neben seinem Anwalt die Möglichkeit zu einer persönlichen Erklärung zu geben ist.[153] Allerdings muss die Möglichkeit zur Ablehnung des Pflichtverteidigers gegeben sein. Schließlich ist das letzte Wort des Angeklagten verfassungsrechtlich garantiert.[154]

38   Nach der Rechtsprechung des BVerfG ist auch die **Prozesskostenhilfe** kein Gebot des Art. 103 Abs. 1 GG, sondern vorrangig als rechtsstaatliches Verfahrenspostulat einzuordnen, das aus dem Gebot prozessualer Waffengleichheit folge und daher aus Art. 3 Abs. 1 GG i.V.m. Art. 20 Abs. 3 GG – ggfs. unter Heranziehung des Sozialstaatsprinzips[155] – abzuleiten sei.[156] Weil und soweit es hier um den Zugang der »armen« Partei zum Gericht geht, ist dogmatischer Anknüpfungspunkt im Verwaltungsprozess indes Art. 19 Abs. 4 GG.[157] Das Gehörsrecht greift erst ein, wenn der Zugang zum Gericht erfolgt ist.[158] Die Gewährleistung letzteren kann verlangen, dass denjenigen, die die zur Rechtsverfolgung erforderlichen finanziellen Mittel nicht aufbringen können, staatliche Hilfe in Form der Prozesskostenhilfe gewährt wird.[159]

39   Schließlich steht das Recht auf rechtliches Gehör bei der Frage inmitten, ob und in welchem Umfang ein der deutschen Sprache nicht hinreichend mächtiger Beteiligter Anspruch auf Hinzuziehung eines **Dolmetschers** hat. Demgegenüber rekurriert das BVerfG insoweit auf das aus Art. 2 Abs. 1 GG i.V.m. Art. 20 Abs. 3 GG hergeleiteten Gebot des fairen Verfahrens.[160] Nicht zuletzt der Blick auf die völkerrechtlichen Normen zum Recht auf Beiordnung eines Dolmetschers im Strafprozess des Art. 6 Abs. 3e EMRK sowie des Art. 14 Abs. 3f IPBPR zeigen, dass der dogmatische Grund in Art. 103 Abs. 1 GG liegt.[161]

40   Hieraus sind die Gerichte verpflichtet, dafür zu sorgen, dass mangelnde Deutschkenntnisse nicht zu einer Verkürzung des Anspruchs auf rechtliches Gehör führen.[162] Allerdings ist nur eine **Verständigung über die wesentlichen Verfahrensvorgänge** sicherzustellen. Lehnt das Gericht die Verwertung einer fremdsprachigen Urkunde nur wegen fehlender deutscher Übersetzung ab, verletzt es das rechtliche Gehör.[163] Das Gericht muss Übersetzungen von verfahrensrelevanten Schriftstücken einholen, wenn der Ausländer darlegt, dass er diese aufgrund finanzieller Notlage nicht bei-

---

153 BVerfGE 81, 123 (126); *Schmidt-Aßmann*, in: Maunz/Düring, Art. 103 Rn. 109.
154 BVerfGE 54, 140 (141 f.); *Dahs*, Das rechtliche Gehör im Strafprozess, S. 56 f., 86.
155 BVerfGE 10, 264 (270); 22, 83 (86).
156 BVerfGE 67, 245 (249); 92, 122 (124); BVerfG, NJW 2000, 1936 f.
157 BVerwG, NVwZ 2002, 992.
158 *Rüping*, NVwZ 1985, 304 (308).
159 *Pieroth* in *Jarass/Pieroth*, Art. 103 Rn. 36.
160 BVerfGE 64, 135 (145 f.).
161 Vgl. *Kissel*, GVG, § 184 Rn. 9 ff.; *Ingerl*, Sprachrisiko im Verfahren, S. 55 ff.
162 BVerfG, NJW 1991, 2208.
163 BVerwG, NJW 1996, 1553.

bringen kann.[164] Eine Rechtsmittelbelehrung muss in einer für den Beteiligten verständlichen Sprache abgefasst sein, andernfalls darf er nicht anders behandelt werden, als wenn die Rechtsmittelbelehrung überhaupt unterblieben wäre.[165] Bei sprachbedingter Versäumung einer Rechtsmittelfrist ist Wiedereinsetzung zu gewähren.[166] Art. 103 Abs. 1 GG fordert dagegen nicht, dem anwaltlich vertretenen Angeklagten das schriftliche Urteil in einer ihm verständlichen Sprache bekanntzugeben.[167] Im Hinblick auf fremdsprachige Schriftsätze ist § 184 GVG verfassungskonform; auch die Übermittlung schriftlicher Äußerungen des Gerichts in deutscher Sprache verstößt nicht gegen Art. 103 Abs. 1 GG.[168] §§ 185 f. GVG gestalten das Gehörsrecht im Übrigen verfassungskonform aus.

c) Berücksichtigungspflicht

aa) Umfang und Vorbedingungen

Dem Gericht obliegt es nach Art. 103 Abs. 1 GG, den Vortrag angemessen zu berücksichtigen, d.h. **zur Kenntnis zu nehmen** und bei seiner Entscheidung **in Erwägung zu ziehen**.[169] Der Umfang der Berücksichtigungspflicht bemisst sich nach der Bedeutung des Vorbringens für das Verfahren und der Schwere des zur Kontrolle gestellten Grundrechtseingriffs.[170]   41

Art. 103 Abs. 1 GG ist erst verletzt, wenn sich eindeutig ergibt, dass das Gericht seine Pflicht nicht erfüllt hat.[171] Eine **Gehörsverletzung** setzt besondere Umstände im Einzelfall voraus, die formaler oder materieller Natur sein können[172] und belegen, dass das tatsächliche Vorbringen nicht zur Kenntnis genommen oder ersichtlich nicht erwogen worden ist.[173] Es ist grundsätzlich davon auszugehen, dass ein Gericht das entgegengenommene Vorbringen der Verfahrensbeteiligten bei seiner Entscheidung auch berücksichtigt hat.[174] Eine Nichtberücksichtigung kann gegeben sein, wenn die Zurückweisung eines erheblichen Beweisangebots im Prozessrecht keine Stütze findet[175] oder wenn das Gericht den wesentlichen Kern des Vortrags einer Partei in den Entscheidungsgründen gar nicht würdigt.[176] Art. 103 Abs. 1 GG   42

---

164 BVerfG, NVwZ 1987, 785; für den Strafprozess vgl. BGHSt 46, 178 (184 f.).
165 BVerfGE 40, 95 (100).
166 BVerfGE 40, 95 (99 f.); 42, 120 (123).
167 BVerfGE 64, 135 (154).
168 BVerfGE 64, 135 (146).
169 BVerfGE 9, 89 (95 f.); 11, 218 (220); 42, 364 (367 f.); 59, 330 (333); 62, 249 (254); 70, 288 (293).
170 BVerfGE 86, 133 (146); BVerfG, NJW 2004, 1519.
171 BVerfG, B. v. 28.08.2014 – 2 BvR 2639/09 – juris Rn. 47.
172 *Degenhardt*, in: Sachs, Art. 103 Rn. 32.
173 BVerfGE 27, 248 (251 f.); 65, 293 (295 f.); 87, 363 (392 f.).
174 BVerfG, NJW, 1987, 2219 (2220).
175 BVerfGE 50, 32 (35); 60, 247 (249); 60, 250 (252); 65, 305 (307); 69, 141 (145); 79, 51 (62); 105, 279 (311); BVerfG, NJW 2000, 1327; 2000, 945; 2003, 125.
176 BVerfGE 47, 182 (189); 86, 133 (145 f.).

schützt nicht davor, dass ein Gericht den Vortrag eines Verfahrensbeteiligten aus Rechtsgründen unberücksichtigt lässt.[177]

43   Kenntnisnahme erfordert **Aufnahmefähigkeit** und -bereitschaft des Gerichts.[178] Aufnahmefähigkeit ist auch beim blinden oder tauben Richter gegeben, soweit die Kenntnisnahme nicht vom Sehen bzw. Hören abhängig ist.[179] Beim schlafenden Richter fehlt es hingegen an der Aufnahmefähigkeit, während das Kämpfen mit dem Schlaf und ein Dasitzen mit geschlossenen Augen noch unschädlich sein können.[180] Geboten ist deshalb eine substantiierte Darlegung, wann und in welcher Phase der Richter geschlafen haben soll.[181]

44   Verlangt wird von Art. 103 Abs. 1 GG ein **angemessen großes Zeitfenster** für das rechtliche Gehör.[182] Weder eine bestimmte Beratungsdauer noch ein bestimmter Beratungsablauf werden gewährleistet.[183] Die Abfassung des Urteils noch während – oder gar vor – der Verhandlung ist daher eine Gehörsverletzung, jedoch nicht das bloße Niederschreiben der Urteilsformel während der Schlussvorträge, solange dieses nicht die Aufmerksamkeit des Richters beeinträchtigt.[184]

45   Hierher gehört schließlich die Problematik von **Richterwechseln** im laufenden Verfahren, so dass das verhandelnde und das entscheidende Gericht unterschiedlich besetzt sind. Wenn nach Aktenlage entschieden wird, ist ein Wechsel der mitwirkenden Richter grundsätzlich unbedenklich.[185] Kann der neu hinzugekommene Richter Äußerungen in den bisherigen Verfahrensabschnitten nicht selbst anhand späterer Äußerungen der Beteiligten bewerten und sie damit auch nicht in der gebotenen Weise berücksichtigen, liegt eine Verletzung des Gehörsrechts vor.[186]

46   **Aufnahmebereitschaft** bedeutet, dass das Gericht, wenn es den Beteiligten eine Frist zur Äußerung eingeräumt hat, jeden Schriftsatz berücksichtigen muss, der innerhalb der Frist eingeht.[187] Auch liegt eine Verletzung des Art. 103 Abs. 1 GG vor, wenn ein Vorbringen einer Partei von vornherein unberücksichtigt bleibt, weil ein in zulässiger Weise eingereichter Schriftsatz übersehen oder nicht berücksichtigt wird.[188] Auf ein Verschulden kommt es dabei nicht an.[189] Art. 103 Abs. 1 GG gewährt kei-

---

177 BVerfG, B. v. 28.08.2014 – 2 BvR 2639/09 – juris Rn. 47.
178 *Rüping,* in: BK, Art. 103 I Rn. 53.
179 BVerfGE 20, 52 (55).
180 BVerfG, NJW 2006, 2648; BVerwG, DÖV 1986, 437.
181 BVerwG, BayVBl. 2007, 51 (52).
182 Vgl. BVerfG, NJW 1995, 2095.
183 BVerfG, NJW 1987, 2219 f.; BGHSt 37, 141 (143).
184 BGHSt 11, 74 (76).
185 BVerfG, NJW 2004, 3696.
186 *Degenhardt,* in: Sachs, Art. 103 Rn. 33.
187 BVerfGE 42, 243 (247); 64, 224 (227).
188 BVerfGE 11, 218 (220); 70, 288 (295); 72, 119 (121); 83, 24 (35); auch 54, 86 (92); 74, 228 (234).
189 BVerfGE 67, 199 (202); 70, 215 (218).

nen Schutz dagegen, dass das Gericht ein Parteivorbringen aus formell- oder materiell-rechtlichen Gründen nicht berücksichtigt.[190] Das Gericht muss nur auf für das Verfahren erhebliches, nicht aber auf abwegiges Vorbringen eingehen.[191] Der Parteivortrag ist dann ordnungsgemäß und einzubeziehen, wenn ihm das Gericht ohne unangemessenen Aufwand folgen kann.[192]

Es müssen alle in einem Schriftsatz enthaltenen erheblichen **Beweisanträge** berücksichtigt werden.[193] Art. 103 Abs. 1 GG gibt den Verfahrensbeteiligten einen Anspruch darauf, dass das Gericht sich mit den von ihnen angebotenen Beweismitteln beschäftigt, soweit sie erheblich sind. Jedoch schützt Art. 103 Abs. 1 GG nicht dagegen, dass ein angebotener Beweis aus Gründen des formellen oder materiellen Rechts nicht erhoben wird.[194] In Verfahren mit Amtsermittlungsgrundsatz hat das Gericht von Amts wegen den Sachverhalt aufzuklären und die entsprechenden Beweise zu erheben. Es ist daher nicht verpflichtet, Beweisanträge zu berücksichtigen, wenn es die angebotenen Beweise nach dem bisherigen Ermittlungsergebnis für nicht sachdienlich oder aus Rechtsgründen für unerheblich hält.[195] Auch besteht kein Recht auf bestimmte Beweismittel oder bestimmte Arten von Beweismitteln,[196] und zwar auch nicht im strafgerichtlichen Verfahren.[197] Maßgeblich ist die Entscheidungserheblichkeit des Beweisantrags.[198]   47

bb) Rügeverlust

Art. 103 Abs. 1 GG verleiht dem Beteiligten oder unmittelbar Betroffenen eine **disponible Äußerungsmöglichkeit.**[199] Derjenige, der diese Obliegenheit ausschlägt, kann folgerichtig auch keine Beeinträchtigung rügen, so beispielsweise wenn der Betroffene einen Antrag auf Beiladung,[200] eine Nachholung nach § 33a StPO,[201] eine Gegenvorstellung vor der Sachentscheidung[202] oder eine Gehörsrüge nach § 321a ZPO unterlässt.   48

---

190 St. Rspr. des BVerfG, vgl. BVerfGE 21, 191 (194); 60, 1 (5); 69, 141 (143); 69, 145 (148); 70, 288 (294); 82, 209 (235); 84, 34 (58); 96, 205 (216); 105, 279 (311).
191 BVerfG, NJW 1996, 2785; 1997, 1433; BVerfGE 47, 182 (187); 58, 353 (357).
192 BVerfG, NVwZ 2001, 425.
193 BVerfGE 69, 141 (143 f.).
194 BVerfGE 50, 32 (35 f.); 96, 205 (216).
195 BVerfGE 57, 250 (274); 63, 45 (60); 69, 141 (143 f.); 79, 51 (62).
196 BVerfG, NJW 1996, 3145.
197 BVerfGE 57, 250 (274); BVerfG, NJW 1997, 999 (1000).
198 BVerfGE 60, 247 (249); 69, 1 (45); BVerfG, NJW 1996, 2785 (2786).
199 BVerfGE 74, 220 (225).
200 BVerfGE 15, 256 (267 f.).
201 BVerfGE 33, 192 (195).
202 BGH, NJW 1995, 403.

cc) Heilung von Gehörsrechtsverstößen

49   Wenn das rechtliche Gehör im **Rechtsmittelzug** gewährt worden ist und das Rechtsmittelgericht das Vorbringen des Beteiligten berücksichtigen konnte, ist ein Verstoß gegen Art. 103 Abs. 1 GG geheilt.[203] Dasselbe gilt für die Nachholung eines unterbliebenen rechtlichen Gehörs in der Rechtsbeschwerdeinstanz.[204] Auch **in derselben Instanz** ist eine Heilung möglich, soweit der Mangel effektiv beseitigt werden kann.[205] Eine Heilung durch nachgeholte Anhörung in einer nicht wiederholbaren Situation scheidet folglich aus, z.B. im Beschwerdeverfahren gegen einen Beschluss nach §§ 177, 178 GVG.[206] Ein neues gerichtliches Verfahren heilt den Gehörsverstoß in einem vorangegangenen gerichtlichen Verfahren allerdings nicht.[207]

d) Begründungspflicht

50   Für den Betroffenen ist nur dann erkennbar, dass sein Vorbringen berücksichtigt wurde, wenn die Entscheidung vom Gericht begründet worden ist. Dementsprechend führt die Gewährleistung des Art. 103 Abs. 1 GG letztlich zu einer verfassungsrechtlichen Verpflichtung, gerichtliche Entscheidungen zu begründen.[208] Neben der Rechtsstellung des Beteiligten betrifft die Begründungspflicht die **Nachvollziehbarkeit** der Entscheidungsfindung, auch im Sinne einer Selbstkontrolle des Gerichts.[209]

51   Die Begründungspflicht besteht hinsichtlich der für die **Rechtsverfolgung oder Rechtsverteidigung wesentlichen Tatsachen**,[210] die in den Gründen der Entscheidung verarbeitet werden. Dabei muss das Gericht nicht auf alle Erwägungen eingehen, sondern sich inhaltlich mit dem für das Verständnis der Entscheidung Wesentlichen auseinandersetzen.[211] Die Verspätung der Begründung allein begründet noch keinen Gehörsverstoß.[212] Wenngleich dadurch die Befriedungswirkung einer Entscheidung nicht erhöht wird, gilt die Begründungspflicht nicht für Entscheidungen, die mit Rechtsmitteln nicht mehr anfechtbar sind[213] und für Entscheidungen nach anderweitiger Erledigung des Verfahrens.[214]

---

203 BVerfGE 5, 9 (10); 62, 392; (397); 73, 322 (326).
204 BGHZ 156, 279 (283).
205 BVerfGE 107, 395 (412).
206 *Nolte*, in: von Mangoldt/Klein/Starck, Art. 103 Rn. 78.
207 BVerfGE 42, 172 (175).
208 BVerfGE 47, 182 (187); 54, 86 (91 f.); 58, 353 (357); 63, 80 (85 f.); 86, 133 (145 f.).
209 *Nolte*, in: von Mangoldt/Klein/Starck, Art. 103 Rn. 58.
210 BVerfGE 47, 182 (189); 58, 353 (357); BVerfG, NJW 1996, 2785 (2786).
211 Vgl. BVerfGE 80, 170 (181); BayVerfGH, BayVBl. 1991, 60 f., einerseits und BVerfG, NJW 1995, 581, andererseits; BVerfG, NJW 1995, 2911; 1997 187.
212 BVerfG, NJW 1996, 3203.
213 BVerfGE 50, 287 (289); 81, 97 (106); 104, 1 (8); BVerfG, NJW 1996, 245; 1997, 1693.
214 BVerfGE 13, 132 (149).

II. Nullum crimen, nulla poena sine lege (Abs. 2 GG)

1. Anwendungsbereich

a) Strafe

Die Garantien des Art. 103 Abs. 2 GG greifen, soweit Strafen in Rede stehen. Erfasst   52
sind damit alle staatlichen Maßnahmen, die eine missbilligende hoheitliche Reaktion
auf ein rechtswidriges, schuldhaftes Verhalten darstellen und wegen dieses Verhaltens
ein Übel verhängen, das dem Schuldausgleich dient.[215] Bestrafung ist hier gemeint
als Reaktion auf strafrechtlich verbotenes Verhalten.[216] Entscheidend für die Frage,
ob strafähnliche Maßnahmen in Rede stehen, die dem Normzweck des Art. 103
Abs. 2 GG unterfallen, ist danach nicht allein die Einbuße an Freiheit oder Eigentum als Übel, sondern ob die Maßnahme nach Anlass und Zweck auf einem **strafrechtlichen Schuldvorwurf** aufbaut und die **vergeltende Sanktion** im Vordergrund
steht.[217]

Der Anwendungsbereich des Art. 103 Abs. 2 GG erstreckt sich zunächst auf alle **Kri-**   53
minalstrafen des Kern- und Nebenstrafrechts. Allerdings ist der Begriff der Strafe
nicht deckungsgleich mit dem Begriff des Strafrechts im Sinne der kompetenzrecht-
lichen Vorschrift des Art. 74 Abs. 1 Nr. 1 GG.[218] Nicht vom Rückwirkungsverbot
des Art. 103 Abs. 2 GG erfasst werden **Maßnahmen der Besserung und Sicherung**
i.S.d. §§ 61 ff. StGB.[219] Einfachgesetzlich nimmt § 2 Abs. 6 StGB diese Maßnahmen vom Schutz des Art. 103 Abs. 2 GG aus. Diese Regelung ist von Verfassungs
wegen nicht zu beanstanden, weil Maßregeln der Besserung und Sicherung general-
präventiv intendiert sind oder einen erzieherischen Zweck haben, während das Strafrecht auch auf dem Repressions- und Sühnegedanken beruht.[220] Dementsprechend
hat das BVerfG inzwischen ausdrücklich entschieden, dass die Sicherungsverwahrung
aufgrund ihrer präventiven Natur nicht unter Art. 103 Abs. 2 GG fällt und deshalb
der Wegfall der ursprünglich vorgesehenen Befristung (vgl. § 67d Abs. 3 StGB) auch
diejenigen Verurteilten erfasst, gegen die zum Zeitpunkt der Gesetzesänderung die

---

215 BVerfGE 26, 186 (204); 42, 261 (262); 45, 346 (351); 109, 133 (167); vgl. auch *Nolte*,
   in: von Mangoldt/Klein/Starck, Art. 103 Rn. 104; *Kunig*, in: von Münch/Kunig,
   Art. 103 Rn. 19.
216 BVerfGE 110, 1 (13); auch 95, 96 (140); 105, 135 (153); 109, 133 (167).
217 BVerfGE 110, 1 (14); 109, 133 (171); vgl. *Pieroth*, in: Jarras/Pieroth., Art. 103
   Rn. 44 f.
218 BVerfGE 109, 133 (167 ff.).
219 So BVerfGE 109, 133 (167 f., 172 ff.); von Art. 103 Abs. 2 GG seien nur »vergeltende«
   Normen erfasst, ebd. (168); offen gelassen von BVerfGE 74, 102 (126); 83, 119 (128);
   BVerfG, NJW 1999, 634; kritisch *Kinzig*, NJW 2001, 1455, 1456 f. und *Nolte*, in: von
   Mangoldt/Klein/Starck, Art. 103 Rn. 107; hierzu umfassend *Jung*, in: FS Wassermann,
   S. 875 ff.; *Fischer*, StGB, § 2 Rn. 15.
220 *Schmahl*, in: Schmidt-Bleibtreu/Hofmann/Henneke, Art. 103 Rn. 54, vgl. dazu krit. *Ro-
   xin*, AT I, § 5 Rn. 56.

Maßregel bereits vollzogen wurde.[221] Dasselbe gilt für die Unterbringung drogenabhängiger Täter in einer Entziehungsanstalt.[222] Ebenso wenig sind Strafe i.S.v. Art. 103 Abs. 2 GG die Untersuchungshaft[223] sowie präventive Maßnahmen der Gefahrenabwehr[224] oder der polizeiliche Unterbindungsgewahrsam. Während die Vermögensstrafe nach § 43a StGB Strafe ist,[225] stellt sich der erweiterte Verfall nach § 73d StGB als sicherheitsrechtlich-präventiv motivierte, »vermögensordnende und normstabilisierende« Korrektur einer rechtswidrigen Vermögenszuordnung dar. Der Täter soll nicht zu weiteren Taten verlockt werden.[226] Strafe sind die Rechtsfolgen nach § 5 Abs. 2 JGG, da hierbei der Unrechtsgehalt der Tat unmittelbar zu berücksichtigen ist, im Gegensatz zu den Maßnahmen nach § 5 Abs. 1 JGG.[227]

54   Bußgeldtatbestände oder sonstige **Sanktionen wegen Ordnungswidrigkeiten** sind an Art. 103 Abs. 2 GG zu messen, weil für sie der Normzweck, die Vorhersehbarkeit staatlicher Sanktion, in gleicher Weise zutrifft wie auf Kriminalstrafen, auch wenn die Intensität des Schuldvorwurfs unterschiedlich sein kann.[228] Schließlich sind auch **disziplinarrechtliche und berufsgerichtliche/ehrengerichtliche Sanktionen** in den Anwendungsbereich des Art. 103 Abs. 2 GG zu rechnen.[229] Problematisch ist vor diesem Hintergrund, dass das BVerfG die Anforderungen der grundrechtlichen Gewährleistung deutlich zurücknimmt und generalklauselartige Tatbestände im Disziplinarrecht anders als sonst im Strafrecht toleriert (vgl. § 43 S. 2 BRAO, §§ 60 ff. BBG). Zur Begründung weist das Gericht darauf hin, Art. 103 Abs. 2 GG wolle keine Änderung der herkömmlichen Struktur des Disziplinarrechts herbeiführen, so dass es ausreichend sei, wenn der Umfang verbotenen Tuns im Allgemeinen ohne weiteres erkennbar sei.[230]

55   Reine **Beugemaßnahmen**, z.B. Zwangsmittel nach § 328 AO, oder Zwangs- und Ordnungsmittel gegen Prozessbeteiligte gem. § 178 GVG, sowie Maßnahmen in der Zwangsvollstreckung, z.B. § 890 ZPO, sind keine Strafen im Sinne des Art. 103 Abs. 2 GG.[231]

---

221 BVerfGE 109, 133 (167 ff.); auch BVerfGE 109, 190 (217); BVerfG, NJW 2006, 3483 (3484).
222 BVerfGE 91, 1 (27).
223 BVerfGE 19, 342 (347).
224 BVerfGE 20, 323 (331).
225 BVerfGE 105, 135 (153 ff., 157): § 43a StGB ist mit Art. 103 Abs. 2 unvereinbar und nichtig.
226 BVerfGE 110, 1 (14 f.).
227 BVerfG, NJW 2005, 2140.
228 BVerfGE 38, 348 (371); 71, 108 (114); 81, 132 (135); 87, 399 (411) sowie BVerfGE 9, 167 (171); 45, 272 (288).
229 BVerfGE 26, 186 (203); 33, 125 (164); 45, 346 (351 f.); 57, 29 (35); 60, 215 (233 f.); 66, 337 (355 f.); BVerfG, NJW 2002, 3693 f.
230 BVerfGE 26, 186 (204); 45, 346 (351); 53, 96 (99); BVerfG, NJW 1994, 243.
231 Vgl. BVerfGE 84, 83 (89); BVerfG, NVwZ 2006, 681; BVerfGE 20, 323 (331).

b) Strafbarkeit

Strafbarkeit im Sinne von Art. 103 Abs. 2 GG umfasst alle **materiell-rechtlichen** 56
Voraussetzungen der Strafbarkeit, einschließlich der Strafbarkeitsbedingungen, der
Strafmilderungs- und Strafausschließlichkeitsgründe sowie des räumlichen Anwendungsbereichs des Strafrechts.[232] Auch die Strafandrohung unterfällt dem Strafbar-
keitsbegriff.[233] Hierzu zählen ferner alle dem Schuldausgleich dienenden strafrechtlichen Sanktionen, insbes. Hauptstrafen, Nebenstrafen und Nebenfolgen,[234] Verfall,
Einziehung, Unbrauchbarmachung, Vermögensstrafe,[235] Verwarnung mit Strafvor-
behalt sowie Strafaussetzung zur Bewährung. Nicht unter Art. 103 Abs. 2 GG fallen
Strafverfolgungsvoraussetzungen wie die Verjährung[236] oder das Strafantragserfor-
dernis.[237] Ebenso wenig erfasst werden das Strafverfahrensrecht[238] sowie die Strafvollstreckung.[239] Dementsprechend ist die Strafaussetzung der lebenslangen Freiheitsstrafe nur an Art. 2 Abs. 2 GG i.V.m. Art. 104 GG zu messen.[240] Schließlich ist
auch das Auslieferungsverfahren Verfahrensrecht. Art. 103 Abs. 2 GG ist damit auf
die Auslieferungsvoraussetzung der beiderseitigen Strafbarkeit nicht anwendbar.[241]

2. Inhalt des Verbots rückwirkender Strafgesetze

a) Gesetzlichkeitsprinzip

Mit dem Wort »gesetzlich« in Art. 103 Abs. 2 GG (vgl. § 1 StGB) bringt der Verfas- 57
sungsgeber zum Ausdruck, dass eine Strafe nur aufgrund eines Gesetzes verhängt
werden kann, und zwar eines formellen Gesetzes. Der Gesetzesvorbehalt wird zu einem strengen **Parlamentsvorbehalt**.[242] Im Gesetz müssen die Voraussetzungen der
Strafbarkeit und die Art der Strafe geregelt sein.[243] Der Parlamentsvorbehalt soll
zum einen den rechtsstaatlichen Schutz der Normadressaten bezwecken; zum anderen soll sichergestellt werden, dass nur der unmittelbar demokratisch legitimierte
Gesetzgeber über die Strafbarkeit entscheidet.[244] Ausgeschlossen ist daher jede ge-

---

232 BVerfGE 25, 269 (286); 45, 363 (371); 92, 1 (17); 92, 277 (313); 104, 92 (108).
233 BVerfGE 45, 363 (371); 86, 288 (311); 105, 135 (153).
234 BVerfGE 25, 269 (285 f.).
235 BVerfGE 105, 135 (157 f.).
236 BVerfGE 25, 269 (284); 81, 132 (135).
237 BVerfGE 64, 261 (280); 86, 288 (311); BGHSt 46, 310 (317).
238 BVerfGE 63, 343 (359); 92, 277 (324 f.).
239 BVerfGE 64, 261 (280).
240 BVerfGE 86, 288 (311); a.A. 86, 340 (342).
241 BVerfGE 109, 13 (57); 109, 38 (63).
242 BVerfGE 14, 174 (185); 32, 346 (361 f.); 78, 374 (382).
243 BVerfGE 71, 108, 114; 75, 329 (341); 78, 374 (382); 82, 236 (269); 85, 69 (72); 87,
     399 (411).
244 BVerfGE 67, 207 (224); 87, 399 (411); 105, 135 (153).

wohnheitsrechtliche oder richterrechtliche Begründung der Strafbarkeit.[245] Nur eine geschriebene Norm darf zulasten des Täters herangezogen werden.

58   Das Gesetzlichkeitsprinzip verlangt indes nicht, dass das Strafgesetz Tatbestand und Rechtsfolge vollständig selbst regeln muss. Vielmehr sind sog. **Blankett-Strafgesetze**, d.h. Strafgesetze, die den Straftatbestand nicht aus sich heraus abschließend bestimmen, sondern auf andere, auch untergesetzliche Vorschriften verweisen, nicht von vornherein ausgeschlossen.[246] Bezieht sich der Straftatbestand auf ein anderes (förmliches) Gesetz, ist dem Parlamentsvorbehalt des Art. 103 Abs. 2 GG genügt. Es reicht die bloße Verweisung, wenn die ausfüllende Norm die Voraussetzung der Strafbarkeit hinreichend deutlich umschreibt.[247]

59   Bei der **Verweisung auf untergesetzliches Recht** werden die Anforderungen des Art. 80 Abs. 1 S. 2 GG im Hinblick auf die Bestimmtheit der Verweisungsnorm durch Art. 103 Abs. 2 GG verschärft. Schon die Ermächtigung zur Strafandrohung durch Rechtsverordnung muss so genau umschrieben sein, dass die Voraussetzung der Strafbarkeit sowie Art und Maß der Strafe für den Bürger aus der gesetzlichen Ermächtigung, nicht erst aus der auf sie gestützten Verordnung, entnommen werden kann.[248] Dem Verordnungsgeber dürfen nur gewisse Spezifizierungen des Straftatbestandes überlassen werden, wobei der Gesetzgeber die Strafbarkeitsvoraussetzungen umso präziser bestimmen muss, je schwerer die angedrohte Strafe ist.[249] Der Gesetzgeber kann sich aber auf die wesentlichen, für die Dauer gedachten Bestimmungen über Voraussetzung, Art und Maß der Strafe beschränken.[250] In diesem Fall muss dann die das Blankett-Gesetz ausfüllende Rechtsverordnung ihrerseits das Bestimmtheitsgebot des Art. 103 Abs. 2 GG erfüllen.[251] Nicht zu beanstanden ist, wenn der tatbestandliche Anwendungsbereich einer Strafnorm im Wege der Rechtsverordnung geändert werden kann.[252]

60   Dasselbe gilt für **Satzungen von Selbstverwaltungsträgern**, die auf einer speziellen Ermächtigung des Landesgesetzgebers beruhen. Zwar ist Art. 80 Abs. 1 S. 2 GG auf Satzungen nicht anwendbar; jedoch folgen die Bestimmtheitsanforderungen insoweit allgemein aus dem Rechtsstaatsprinzip und speziell aus Art. 103 Abs. 2 GG.[253] Die

---

245 *Lackner*, in: Lackner/Kühl, StGB, § 1 Rn. 3; *Hassemer/Kargl*, in: Kindhäuser/Neumann/ Paeffgen, StGB, § 1 Rn. 64 ff.; *Eser/Hecker*, in: Schönke/Schröder, StGB, § 1 Rn. 9 ff.; *Schmitz*, in: MüKo-StGB, § 1 Rn. 24 ff.
246 BVerfGE 14, 245 (252); 22, 1 (18); 22, 21 (25); 23, 265 (269); st. Rspr., vgl. auch BVerfGE 75, 329 (342); 87, 399 (407); 92, 191 (197).
247 BVerfGE 75, 329 (342).
248 BVerfGE 1, 14 (60); 5, 71 (76); 10, 251 (258); 14, 185 (252); 32, 346 (361 ff.); 48, 48 (56); 78, 374 (382).
249 BVerfGE 75, 329 (342); 78, 374 (383); BVerfG, NStZ-RR 2002, 22.
250 BVerfGE 14, 174 (175); 245 (251 f.).
251 BVerfG, NStZ-RR 2002, 22.
252 BVerfG, NJW 1998, 669; NJW 1997, 1910 (1911).
253 BVerfGE 32, 346; 37, 1 (25); 19, 253 (267); 33, 125 (157).

allgemeinen kommunalrechtlichen Satzungsermächtigungen sind keine ausreichende Grundlage, um Straftatbestände im Ortsrecht zu normieren.[254] Vielmehr sind hierfür bereichsspezifische gesetzliche Eingriffsgrundlagen erforderlich.

Die mit dem Rang eines förmlichen Gesetzes erlassenen gesetzesvertretenden Verord 61 nungen der **Weimarer Zeit** sind im Rahmen des Art. 103 Abs. 2 GG den förmlichen Gesetzen im Sinne des Grundgesetzes ebenso gleichzustellen wie die vom Reichstag seinerzeit erlassenen Gesetze.[255]

Unter denselben strengen Voraussetzungen dürfen Blankett-Strafgesetze auch auf un 62 mittelbar geltende **Rechtsakte der Europäischen Gemeinschaft/Union** verweisen.[256] Legt beispielsweise eine gemeinschaftsrechtliche Verordnung nur Verhaltenspflichten fest, deren strafrechtliche Sanktionierung durch ein deutsches Blankett-Strafgesetz erfolgt, ist das unter den genannten Voraussetzungen zulässig. Wird allerdings die im Blankett-Strafgesetz genannte Verordnung durch eine andere Verordnung ersetzt, so entfällt die Strafbarkeit, wenn der deutsche Gesetzgeber es unterlässt, im Blankett-Strafgesetz auf die geänderte gemeinschaftsrechtliche Regelung zu verweisen.[257]

In entsprechender Weise ist es von Verfassungs wegen nicht zu rügen, wenn der Ge 63 setzgeber zur Ausfüllung von Blankett-Straftatbeständen auf **internationale Akte** ver weist, denen er gem. Art. 59 Abs. 2 GG den Rechtsanwendungsbefehl erteilt hat. In Bezug auf die Bestimmtheit gelten die gleichen Maßstäbe wie bei innerstaatlichen und unionsrechtlichen Verweisungen.[258]

Blankett-Tatbestände können sogar vor Art. 103 Abs. 2 GG Bestand haben, wenn sie 64 erst durch **Verwaltungsvorschriften** ausgefüllt werden.[259] Vorausgesetzt werden muss, dass die Verwaltungsvorschrift in der Verweisungsnorm genau bezeichnet ist, ihrerseits rechtsstaatlichen Publizitätserfordernissen entspricht und die für die Strafbarkeit maß geblichen Verhaltenspflichten nicht konstitutiv festlegt, sondern lediglich gesetzlich begründete Pflichten näher spezifiziert.[260]

Die Verweisung einer Strafandrohung auf **Verwaltungsakte**, die Verhaltenspflichten 65 festlegen, z.B. Verbots- oder Untersagungsverfügungen, ist zulässig, wenn die Voraus setzungen für den Erlass des Verwaltungsakts ihrerseits hinreichend durch Gesetz be stimmt sind. Der Gesetzgeber hat Typus und Regelungsumfang des Verwaltungsakts soweit festzulegen, wie der Verstoß gegen die entsprechende Verhaltenspflicht strafbe währt sein soll. Zudem muss die gesetzliche Regelung hinsichtlich des konkreten Re gelungsgehalts des Verwaltungsakts hinreichend bestimmt sein, d.h. insbesondere

---

254 BVerfGE 32, 346 (362 f.).
255 BVerfGE 22, 1 (12); 33, 206 (219 f.).
256 BVerfG, NJW 1983, 1258 f.; vgl. auch BVerwGE 121, 382 (387).
257 OLG Stuttgart, NJW 1990, 657 f.; vgl. auch OLG Koblenz, NStZ 1989, 188.
258 *Schmahl*, in: Schmidt-Bleibtreu/Hofmann/Henneke, Art. 103 Rn. 64 m.w.N.
259 BVerfGE 87, 399 (407); BVerfG, GRUR 2001, 266.
260 *Degenhardt*, in: Sachs, Art. 103 Rn. 65; vgl. BVerfG, NJW 2006, 2093 (2094), wonach die Verwaltungsvorschriften zum Jugendstrafvollzug unzureichend waren.

ohne Beurteilungsspielraum und Entscheidungsermessen der Erlassbehörde ausgestaltet sein,[261] da anderenfalls die Behörde über den Inhalt der Strafrechtsnorm zu entscheiden hätte. Der in Bezug genommene Verwaltungsakt muss wirksam, rechtmäßig oder bestandskräftig sein.[262]

66   Schließlich hält es das BVerfG mit dem Gesetzlichkeitsprinzip für vereinbar, wenn es nach der Nichtigerklärung von Strafvorschriften durch Vollstreckungsanordnung gem. § 35 BVerfGG **Übergangsvorschriften** schafft, die die vom Gesetzgeber gezogenen Grenzen der Strafbarkeit nicht überschreiten.[263]

b) Bestimmtheitsgebot und Analogieverbot

67   Als **spezielle Ausgestaltung des allgemeinen Bestimmtheitsgrundsatzes** konkretisiert und verschärft Art. 103 Abs. 2 GG dessen Anforderungen.[264] Der parlamentarische Gesetzgeber hat »die Voraussetzungen der Strafbarkeit so konkret zu umschreiben, dass Tragweite und Anwendungsbereich der Straftatbestände zu erkennen sind und sich durch Auslegung ermitteln lassen«.[265] Jedermann soll voraussehen können, welches Verhalten verboten und mit Strafe bedroht ist, damit er sein Tun oder Unterlassen auf die Strafrechtslage eigenverantwortlich einrichten kann und willkürliche staatliche Reaktionen nicht befürchten muss.[266] Daneben soll sichergestellt sein, dass der unmittelbar demokratisch legitimierte Gesetzgeber und nicht erst die Gerichte über die Strafbarkeit oder Ahndbarkeit (im Ordnungswidrigkeitenrecht) eines Verhaltens entscheidet.[267] Ebenso wenig darf die Strafbarkeit von etwaigen Ermessensentscheidungen der Exekutive abhängen.[268]

68   Der Bestimmtheitsgrundsatz aus Art. 103 Abs. 2 GG gilt ferner für die **Strafandrohung**, die in einem vom Schuldprinzip geprägten Strafsystem gerecht auf den Straftatbestand und das in ihm als strafwürdig bewertete typisierte Unrecht abgestimmt sein muss.[269] Insoweit besteht ein rechtsstaatlicher In-Sich-Konflikt, weil das Verhältnismäßigkeitsgebot schuldangemessene Strafen im Einzelfall fordert und deshalb die Möglichkeit unterschiedlicher Reaktionen innerhalb eines bestimmten Strafrahmens voraussetzt. Vor diesem Hintergrund ist es von Verfassungs wegen grundsätzlich nicht zu beanstanden, wenn der Gesetzgeber bei der Festlegung der Strafrechtsfolgen auf ein abstraktes Höchstmaß an Präzision verzichtet, wie es mit absoluten

---

261   BVerfGE 78, 374 (389); BVerfG, GRUR 2001, 266.

262   BVerfGE 87, 399 (411).

263   BVerfGE 88, 203 (208 f., 236 f.).

264   BVerfGE 49, 168 (181); 71, 108 (115); 78, 374 (381 f.).

265   BVerfGE 73, 206 (234 f.) m.w.N. zur bisherigen Rechtsprechung; BVerfG, NJW 2001, 1848 (1850); BVerfGE 105, 135; NJW 2003, 1030.

266   BVerfGE 73, 206 (234 f.); 78, 374 (381 f.); 85, 69 (72 f.); 87, 363 (391 f.); 105, 135 (153); BVerfG, NJW 2003, 1030.

267   BVerfGE 75, 329 (341); 78, 374 (382); 87, 399 (411); 95, 96 (131); 105, 135 (153).

268   BVerfGE 47, 109 (120); 73, 206 (234); 78, 374 (383).

269   BVerfGE 45, 363 (371); 86, 288 (313); 105, 135 (154 f.).

Strafen theoretisch zu erreichen wäre, und stattdessen dem Richter die Festlegung einzelner Rechtsfolgen innerhalb gesetzlich festgelegter Strafrahmen überlässt. Im Blick auf die Besonderheiten des Einzelfalls kann nämlich erst der Richter die Angemessenheit der konkret bemessenen Strafe beurteilen.[270] Neben dem Strafrahmen sind die strafrechtlichen Sanktionen wie Nebenstrafen, Nebenfolgen, Einziehung und Verfall, nicht aber Behandlungsmaßnahmen im Strafvollzug, wohl aber die Strafaussetzung zur Bewährung vom Gesetzgeber vorzugeben.

Die Anforderungen an den Gesetzgeber sind dabei umso strenger, je intensiver der **69** Eingriff wird.[271] Je schwerer die angedrohte Strafe ist, umso dringender ist der Gesetzgeber verpflichtet, dem Richter Leitlinien an die Hand zu geben, die diejenige Sanktion vorhersehbar machen, die bei Verwirklichung des Straftatbestandes droht, und den Bürger über die zu erwartende Strafrechtsfolge ins Bild zu setzen. Das verlangt gerade bei der Einführung neuartiger Strafen präzise **Strafzumessungsregeln**.[272]

Art. 103 Abs. 2 GG vermag **Grenzfälle** nicht zu verhindern, so dass durchaus zweifel- **70** haft sein kann, ob ein Verhalten schon oder noch unter den gesetzlichen Tatbestand fällt oder nicht.[273] Gesetze können nicht alle zukünftigen Fälle im Detail voraussehen, sonst würden sie zu starr und kasuistisch und der Vielgestaltigkeit des Lebens nicht gerecht.[274] Auch Strafgesetze müssen daher den Wandel der Verhältnisse aufnehmen können.[275] Grundsätzlich genügt es, dass der Einzelne das Risiko einer Bestrafung erkennen kann.[276] Allerdings sind die Strafbarkeitsvoraussetzungen umso präziser zu bestimmen, je schwerer die angedrohte Strafe ist.[277] Insoweit kann sich ergeben, dass eine Vorschrift so exakt formuliert sein muss, dass dem Einzelnen »die Grenze des straffreien Raums klar vor Augen steht«.[278]

Das Bestimmtheitsgebot schließt eine Auslegungsbedürftigkeit der Norm nicht **71** aus.[279] Insofern verstoßen auch **unbestimmte Rechtsbegriffe** und **Generalklauseln** nicht generell gegen Art. 103 Abs. 2 GG.[280] Unbestimmte Gesetzesbegriffe sind im Strafrecht dann nicht zu rügen, wenn die Norm mit Hilfe der üblichen Auslegungsmethoden eine zuverlässige Grundlage für ihre Anwendung bietet oder wenn sie eine gefestigte Rechtsprechung übernimmt und darüber hinreichende Bestimmtheit er-

---

270 BVerfGE 105, 135 (154 f.).
271 BVerfGE 86, 288 (311).
272 BVerfGE 105, 135, 155 f.
273 BVerfGE 87, 209 (228 f.); BVerfG, NJW 1998, 2589.
274 BVerfGE 75, 329 (342); BVerfG, NJW 1999, 3399.
275 BVerfGE 41, 314 (319 f.); 75, 329 (342 f.); 105, 135 (153 ff.).
276 BVerfGE 87, 209 (224); 92, 1 (12).
277 BVerfGE 14, 245 (251 f.); 75, 329 (342 f.).
278 BVerfGE 109, 133 (172); 32, 346 (362).
279 BVerfGE 85, 69 (73); 87, 363 (391 f.); 96, 68 (97 f.); BVerfG, NJW 2001, 1848 (1850); NJW 2003, 1030.
280 BVerfGE 45, 363 (371 f.); 48, 48 (56); 73, 206 (238 f.); 84, 133 (149); 86, 288 (311); 92, 1 (14); 104, 92 (108).

langt.[281] Daraus folgend sind die Rechtsfigur des unechten Unterlassungsdelikts,[282] Begrifflichkeiten wie »grober Unfug«,[283] »verräterische Beziehung«,[284] »bandenmäßiges Handeltreiben«,[285] »besonders schwerer Fall«,[286] die Ausfüllungsbedürftigkeit des Nötigungstatbestands in § 240 StGB,[287] der Beleidigungstatbestand des § 185 StGB[288] oder die Häufung unbestimmter, aber ausreichend auslegbarer Rechtsbegriffe in § 131 StGB[289] kein Verstoß gegen Art. 103 Abs. 2 GG. Auch der Tatbestand der Steuerhinterziehung gem. § 370 AO ist hinreichend bestimmt.[290] Eine andere Beurteilung kann jedoch im Einzelfall angezeigt sein, wenn in die steuerstrafrechtliche Beurteilung unionsrechtliche Regelungen oder ausländische Steuergesetze einzubeziehen sind, weil es insoweit an der nötigen Erkennbarkeit im Hinblick auf die konkreten steuerlichen Pflichten fehlen kann.[291]

72 In derselben Weise ist mit Fällen der **Verwaltungsrechtsakzessorietät** umzugehen:[292] So sind weder das Merkmal der Durchführung einer Versammlung ohne Anmeldung in § 26 Nr. 2 VersG[293] noch Begrifflichkeiten wie das »Betreiben einer genehmigungspflichtigen Anlage« ein Verstoß gegen Art. 103 Abs. 2 GG.[294] Auch eine Generalklausel mit den Schutzgütern der öffentlichen Sicherheit und Ordnung ist grundsätzlich verfassungsrechtlich nicht zu beanstanden.[295] Ebenso ist es mit Art. 103 Abs. 2 GG vereinbar, dass § 95 I Nr. 1 AMG das Inverkehrbringen solcher Arzneimittel unter Strafe stellt, die i.S. von § 5 AMG – der an den fortschreitenden Stand der wissenschaftlichen Erkenntnisse anknüpft – bedenklich sind.[296]

73 Das Bestimmtheitsgebot schlägt darüber hinaus auf die **Anwendung des Straftatbestandes** durch. Verfassungswidrig ist eine Anwendung in einem Umfang, der sich nicht mehr durch Auslegung erschließt. Insoweit ist die grammatikalische Auslegung

---

281 BVerfGE 66, 337 (355); 96, 68 (97 f.); BVerfG, NJW 2000, 3417; 2003, 1030; siehe die Fallbeispiele mit Rechtsprechungsnachweisen bei *Degenhardt*, in: Sachs, Art. 103 Rn. 68.

282 BVerfG, NJW, 2003, 1030.

283 BVerfGE 26, 41 (43); a.A. *Rüping*, in BK, Art. 103 Abs. 1 (1980) Rn. 142.

284 BVerfGE 28, 175 (183).

285 BVerfG, NJW 1997, 1910 (1911).

286 BVerfGE 45, 363 (372).

287 BVerfGE 73, 206 (237 f.); 76, 211 (216).

288 BVerfGE 93, 266 (292 f.).

289 BVerfGE 87, 209 (225).

290 Vgl. BVerfGE 37, 201 (208 f).

291 *Schmitz,* in: MüKo-StGB, § 370 AO Rn. 19 m.w.N.

292 Gemeint sind damit Fälle, in denen eine Strafvorschrift an eine verwaltungsrechtliche Pflicht anknüpft (vgl. *Witteck,* in: BeckOK StGB, § 330d Rn. 5 ff.; dazu umfassend *Rühl,* JuS 1999, 521 ff.

293 Vgl. BVerfGE 85, 69 (72 f.).

294 BVerfGE 75, 329 (343 f.).

295 BVerfGE 14, 245 (253 f.); 23, 265 (269).

296 BVerfG, NJW 2000, 3417.

im Strafrecht besonders bedeutsam. Der mögliche Wortsinn einer Vorschrift zieht der Auslegung eine unüberwindliche Grenze.[297] Mindestens das Risiko einer Bestrafung muss für den Normadressaten erkennbar sein.[298] Es ist aus der Sicht des Bürgers auf den verstehbaren Wortlaut des gesetzlichen Tatbestandes abzustellen.[299] Allerdings darf der Wortsinn, den ein Tatbestandsmerkmal in der Rechtsprechung erhalten hat, grundsätzlich in die Bandbreite zulässiger Interpretationsmöglichkeiten einbezogen werden.[300] Die Tatbestandsauslegung darf sich nicht gänzlich vom allgemeinen Sprachgebrauch lösen, da sie dann nicht mehr vorhersehbar ist.[301] Eine ihm ungünstige Auslegung muss der Angeklagte hinnehmen, solange sie vom Wortsinn noch gedeckt ist.[302]

Führt erst eine **Auslegung, die über den erkennbaren Wortsinn hinausgeht**, zu einer Strafbarkeit, ist eine Verurteilung ausgeschlossen. Strafwürdiges für strafbar zu erklären, ist die Angelegenheit des Gesetzgebers, nicht des Rechtsanwenders.[303] Den Gerichten ist aufgrund des Gewaltenteilungsprinzips verboten, die Gesetzesnorm durch extensive Auslegung zu korrigieren oder einer neuen Entscheidung der Legislative vorzugreifen.[304] Demzufolge müssen die Gerichte zum Freispruch gelangen,[305] auch wenn dann gleichermaßen strafwürdig erscheinende Tatbestände aus dem Anwendungsbereich der Norm herausfallen. 74

Art. 103 Abs. 2 GG erteilt der rechtsprechenden Gewalt eindeutig eine Absage, im Wege der richterlichen Rechtsfortbildung, insbes. durch Analogie, Straftatbestände oder Strafen zu begründen oder zu verschärfen,[306] nicht aber zu mildern.[307] Das **Analogieverbot** ist dabei nicht im engeren technischen Sinne als bestimmte Methode der Rechtsfortbildung zu verstehen; ausgeschlossen ist vielmehr jede Rechtsanwendung, die über den durch den Wortlaut geprägten Inhalt einer gesetzlichen Strafbarkeitsanordnung hinausgeht.[308] 75

---

297 BVerfGE 64, 389 (393 f.); 71, 108 (114 ff.); 87, 363 (392); 92, 1 (12); 105, 135 (157).
298 BVerfGE 87, 363 (391 f.); 92, 1 (12); BVerfG, NJW 1998, 2589 f.; 2000, 3637.
299 BVerfGE 64, 389 (393 f.); 71, 108 (114 f.); 85, 69 (73); 87, 209 (224); 95, 96 (131).
300 BVerfGE 73, 206 (242); vgl. allerdings auch BVerfGE 92, 1 (13 f.).
301 BVerfGE 73, 206 (244 f.); 92, 1 (13).
302 Vgl. die Fallbeispiele mit Nachw. bei *Degenhardt*, in: Sachs, Art. 103 Rn. 70.
303 BVerfGE 71, 108 (116); 92, 1 (19).
304 BVerfGE 71, 108 (116).
305 BVerfG, NJW 2006, 3050.
306 BVerfGE 71, 108 (115); 73, 206 (235); 92, 1 (12).
307 BVerfGE 95, 96 (132).
308 BVerfGE 71, 108 (115); 82, 236 (269); 87, 209 (225); 87, 399 (411); 92, 1 (13); BVerfG, NJW 1995, 2776; 2001, 1848 (1850); 2006, 3050; vgl. z.B. der Sitzblockaden *Schmahl*, in: Schmidt-Bleibtreu/Hofmann/Henneke, Art. 103 Rn. 70 m.w.N.

c) Rückwirkungsverbot

76 Das Rückwirkungsverbot besagt, dass jemand nur aufgrund eines Gesetzes bestraft werden kann, das **zur Zeit der Tat schon in Kraft** war, dem Täter also bekannt war oder sein konnte.[309]

77 Verboten ist dem Gesetzgeber sowohl die **rückwirkende Strafbegründung** als auch die **rückwirkende Strafschärfung**.[310] Der Gesetzgeber darf also in der Vergangenheit liegendes Verhalten nicht nachträglich erstmals mit Strafe bedrohen oder eine bestehende Strafdrohung verschärfen, auch nicht durch Entfallenlassen von positivierten Rechtfertigungsgründen.[311] Soweit die Grundlage des Rückwirkungsverbots auch im rechtsstaatlichen Vertrauensschutz liegt, muss es in der Konsequenz dessen auf gewohnheitsrechtliche oder durch Richterrecht anerkannte Rechtfertigungsgründe angewendet werden.[312]

Zulässig ist demgegenüber die **Anwendung milderen Rechts** als des zur Tatzeit geltenden Rechts[313] und eines Gesetzes, das das zum Tatzeitpunkt geltende Strafgesetz ersetzt, wenn altes und neues Gesetz den Unrechtsgehalt der Tat gleich bewerten (sog. »**Normentausch**«),[314] auch wenn der Normgeber ein anderer ist, etwa ein Bundesgesetz durch eine EG-Verordnung abgelöst wird.[315] Die Verhängung von Strafe oder Geldbuße verletzt das Rückwirkungsverbot auch dann nicht, wenn die Tat zwischen Begehung und Entscheidung vorübergehend nicht mit Strafe oder Geldbuße bedroht war.[316] Bei Dauerdelikten darf eine Strafschärfung nur diejenigen Teilakte erfassen, die nach der Rechtsänderung begangen wurden.[317]

78 Das Rückwirkungsverbot des Art. 103 Abs. 2 GG bezieht sich ausdrücklich **ausschließlich auf Strafgesetze** mit der Folge, dass es auch nicht im Wege der Analogie zu einem allgemeinen Verbot belastender Rückwirkungsgesetze ausgedehnt werden kann.[318] Die Zulässigkeit rückwirkend belastender Gesetze im Übrigen beurteilt sich deshalb nach den rechtsstaatlichen Grundsätzen der Rechtssicherheit und des Vertrauensschutzes, die im Gegensatz zum Rückwirkungsverbot des Art. 103 Abs. 2 GG einer Abwägung zugänglich sind.

79 Im Bereich des Strafrechts gilt das absolute Rückwirkungsverbot nur für **materielles Recht**. Rückwirkende formelle Vorschriften sind durch Art. 103 Abs. 2 GG nicht verboten, soweit sie nur die Verfolgbarkeit einer Tat regeln und dabei die Strafbarkeit

---

309 BVerfGE 7, 111 (119); 25, 269 (284 f.).
310 BVerfGE 25, 269 (285); 46, 88 (192 f.); 81, 132 (135); 95, 96 (131 f.).
311 BVerfGE 95, 96 (132).
312 BVerfG, NJW 1998, 669; NJW 1997, 1910 (1911).
313 BVerfGE 95, 96 (137).
314 BVerfGE 46, 188 (193); 81, 132 (136).
315 BVerfGE 81, 132 (136).
316 BVerfGE 81, 132 (135).
317 BayObLG, NJW 1996, 1422.
318 BVerfGE 7, 89 (95); 27, 231 (235 f.).

eines Verhaltens an sich nicht berühren.[319] Eine Verlängerung oder Aufhebung von Verjährungsfristen ist deshalb mit dem Rückwirkungsverbot vereinbar.[320] Der Bürger kann des Weiteren nicht darauf vertrauen, dass das Prozessrecht oder das Gerichtsverfassungsrecht nicht geändert wird, selbst wenn die Änderung bereits anhängige Verfahren betrifft.[321] Allerdings greifen insoweit die aus Art. 2 Abs. 1 GG i.V.m. Art. 20 Abs. 3 GG folgenden Schutzgehalte. Demgemäß gebietet der Schutz des Vertrauens eines Rechtsmittelführers in die nach Maßgabe der Grundsätze des intertemporalen Prozessrechts[322] gewährleistete Rechtsmittelsicherheit, dass bei einem gesetzlich festgelegten Rechtsmittelausschluss ein bereits eingelegtes Rechtsmittel zulässig bleibt, sofern das Gesetz nicht mit hinreichender Deutlichkeit etwas Abweichendes bestimmt.[323]

Die strafgerichtliche Rechtsprechung erstreckt das Rückwirkungsverbot schließlich **80** nicht auf **Änderungen einer (gefestigten) Rechtsprechung**.[324] Diese restriktive Anwendung des Rückwirkungsverbots endet bei Fällen der Rechtsprechungsänderung, die ohne Veränderung der Tatsachenbasis das strafrechtliche Unwerturteil modifizieren, indem sie eine gefestigte höchstrichterliche Rechtsprechung zu einem weiten Tatbestandsmerkmal ändern.[325] Denn ist das Gesetz in seiner Auslegung durch eine gefestigte Rechtsprechung bestimmt, so ist es folgerichtig, den Garantiegehalt des Rückwirkungsverbotes eben auch hierauf zu beziehen. Ist also die strafrechtliche Sanktion erst aufgrund der gesetzesergänzenden Rechtsprechung vorhersehbar und berechenbar, unterfallen auch Änderungen dieser Rechtsprechung dem Anwendungsbereich des Art. 103 Abs. 2 GG.[326]

Dem Rückwirkungsverbot des Art. 103 Abs. 2 GG wird aufgrund seines rechtsstaat- **81** lichen und grundrechtlichen Gewährleistungsgehalts ein streng formaler Charakter zugesprochen, weshalb ihm eine absolute Wirkung eigen ist.[327] Deshalb verbietet Art. 103 Abs. 2 GG nicht nur dem Gesetzgeber im Tatzeitpunkt gültige Rechtfertigungsgründe rückwirkend außer Kraft zu setzen (s. Rdn. 77), sondern untersagt

---

319 BVerfG, NJW 2000, 1554.

320 BVerfGE 25, 269 (287 ff.); 50, 42 (47 f.); BVerfG, NJW 1995, 1145; 2000, 1554.

321 BVerfGE 11, 139 (146); 24, 33 (55); 45, 272 (297); 65, 76 (97 f.).

322 Dazu *Schweiger,* Intertemporales Zivilprozessrecht, 2011; *Pollinger,* Intertemporales Zivilprozessrecht, 1988.

323 BVerfGE 87, 48 (62 ff.).

324 BayObLG, NJW 1990, 2833; vgl. dazu auch BVerfG, NJW 1990, 3140; statt vieler *Rüping,* in: BK, Art. 103 Rn. 63; umfassend *Haffke,* Das Rückwirkungsverbot des Art. 103 Abs. 2 GG bei der Änderung der Rechtsprechung zum materiellen Recht.

325 *Schulze-Fielitz,* in: Dreier III, Art. 103 II Rn. 53; dem schließt sich auch das BVerfG in seiner jüngeren Rechtsprechung immer deutlicher an, vgl. BVerfGE 126, 170 (199 f.), knüpft daran allerdings die Voraussetzung, dass die zu ändernde Rechtsprechung durch ein Mindestmaß an Kontinuität einen Vertrauenstatbestand schaffen konnte, BVerfG (K), Beschluss v. 16.05.2011 – 2 BvR (1230/10) juris Rn. 20 f.

326 *Degenhardt,* in: Sachs, Art. 103 Rn. 73 m. weit. Nachw.

327 BVerfGE 95, 96 (131); BVerfGE 30, 367 (385).

grds. auch die Nichtanwendung von im Tatzeitpunkt und im Zeitpunkt der strafrechtlichen Beurteilung gültigen Rechtfertigungsgründen.[328] Begründet wird diese Annahme mit dem schutzwürdigen Vertrauen des Bürgers darauf, dass nur diejenigen Verhaltensweisen strafrechtlich verfolgt werden, die im Zeitpunkt der Tatbegehung in Tatbestand und Rechtsfolge gesetzlich niedergelegt sind.[329] Das so verstandene Rückwirkungsverbot kann aber mit dem **Gebot materieller Gerechtigkeit** in Konflikt geraten[330]. Dies betrifft insbes. nationalsozialistisches Unrecht und DDR-Kriminalität. So konnte beispielsweise die Tötung von »Republik-Flüchtlingen« gem. § 27 DDR-Grenzgesetz gerechtfertigt sein, mit der Folge dass die sog. Mauerschützen nach dem Maßstab des Rechts der ehemaligen DDR straffrei bleiben mussten. Im Anschluss an die Rechtsprechung des BGH[331] entschied sich das BVerfG jedoch dagegen, Art. 103 Abs. 2 GG streng formal anzuwenden. Zur Begründung bezog es sich im Ausgangspunkt auf die sog. Radbruch'sche Formel[332], nach der Konflikte zwischen dem positiven Recht und der materiellen Gerechtigkeit zugunsten letzterer aufzulösen seien.[333] Das BVerfG folgerte daraus im Anschluss an den BGH, dass ein Rechtfertigungsgrund, der die Tötung eines Menschen zur Durchsetzung des Verbots des Grenzübertritts legalisiert und diesem dabei schlechthin Vorrang vor dem menschlichen Leben einräumt, »wegen offensichtlichen, unerträglichen Verstoßes gegen elementare Gebote der Gerechtigkeit und gegen völkerrechtlich geschützte Menschenrechte unwirksam« sei.[334] Dagegen lässt sich einwenden, dass dadurch der absolute Charakter des Art. 103 Abs. 2 GG aufweicht und die Heranziehung der Radbruch'schen Formel zu Rechtsunsicherheiten führt.[335]

III. Ne bis in idem (Abs. 3)

1. Anwendungsbereich

82   Zu den Strafgesetzen gem. Art. 103 Abs. 3 GG zählen – anders als zum Teil bei Art. 103 Abs. 2 GG – **nur das Kriminalstrafrecht**, nicht jedoch das Dienststrafrecht,[336] das Disziplinarrecht,[337] das Ordnungs- und Polizeistrafrecht,[338] Maßregeln

---

328 BVerfGE 95, 96 (131 f.).
329 BVerfGE 95, 96 (131).
330 BVerfGE 95, 96 (133).
331 BGHSt 39, 1 (14 ff., 23 ff.); 39, 168 (183 ff.); 40, 241 (250); 41, 101 (111 f.).
332 Dazu *Alexy*, Mauerschützen, 1993, S. 1 ff.
333 *Alexy*, Mauerschützen, 1993, S. 4.
334 BVerfGE 95, 96 (135). Dazu *Alexy*, Mauerschützen, 1993, S. 22 ff. Den Aspekt des Schutzes völkerrechtlicher Normen betonend *Nolte*, in: v. Mangoldt/Klein/Starck, Art. 103 Rn. 127 ff.
335 *Schmahl*, in: Schmidt-Bleibtreu/Hofmann/Henneke, Art. 103 Rn. 79 m.w.N.; *Schmidt-Aßmann*, in: Maunz/Dürig, Art. 103 Abs. 2 Rn. 255c; *Schulze-Fielitz*, in: Dreier III, Art. 103 II Rn. 56 f.
336 BVerfGE 21, 391 (401); 43, 101 (105).
337 BVerfGE 27, 180 (184 f.); 28, 264 (276 f.); 66, 337 (357).
338 BVerfGE 21, 391 (404); 43, 101 (105).

der Besserung und Sicherung.[339] Im Verhältnis der disziplinären Reststrafe zu den Kriminalstrafen findet Art. 103 Abs. 3 GG ebenfalls keine Anwendung, weil sich die Disziplinarmaßnahme anders als das Strafrecht auch auf den besonderen Rechts- und Pflichtenstatus der Angehörigen eines bestimmten Berufsstandes bezieht.[340] Allerdings muss bei Fällen der Verhängung einer Disziplinarmaßnahme nach vorangegangener strafgerichtlicher Sanktionierung eine Berücksichtigungspflicht greifen.[341] Mit dem Grundsatz der Rechtsstaatlichkeit ist es umgekehrt nicht vereinbar, wenn wegen derselben Tat eine strafgerichtliche Verurteilung zu einer Freiheitsstrafe ohne Berücksichtigung einer verhängten disziplinären Arreststrafe erfolgt.[342]

Zwar wird auch das Recht der Ordnungswidrigkeiten nach der Rechtsprechung des **83** BVerfG nicht direkt von Art. 103 Abs. 3 GG erfasst.[343] Deswegen hält es von Verfassungs wegen ein Bußgeld neben einer Kriminalstrafe für zulässig.[344] Da jedoch viele Tatbestände des Ordnungswidrigkeitenrechts bei Entstehung des Grundgesetzes Strafgesetze gewesen sind, ist der Begriff der »allgemeinen Strafgesetze« analog auf Ordnungswidrigkeiten anzuwenden.[345] Das Verbot der Mehrfachbestrafung gilt deshalb für **Ordnungswidrigkeiten** insoweit, als ein und dieselbe Ordnungswidrigkeit bzw. zwei räumlich und örtlich zusammenfallende und deshalb als eine Tat zu wertende Ordnungswidrigkeiten nur einmal geahndet werden dürfen.[346] Im Übrigen führen die einfachrechtlichen Regelungen der §§ 84 und 85 OWiG zu ähnlichen Ergebnissen (vgl. auch § 56 Abs. 4 OWiG).

Keine Bestrafung aufgrund allgemeiner Strafgesetze stellen **Verwaltungsentscheidun-** **84** **gen** wie die Nichterteilung der Fahrerlaubnis dar.[347] Ebenso wenig in den Anwendungsbereich des Art. 103 Abs. 3 GG fallen sitzungspolizeiliche Ordnungsmaßnahmen nach §§ 176–178 GVG, die Zwangs- und Beugemaßnahmen der Vollstreckungsverfahren sowie Ordnungsgeld und Ordnungshaft nach §§ 380 und 890 ZPO. Auch die Verhängung einer Erzwingungshaft gem. § 96 OWiG bei Nichtzahlung einer Geldbuße verstößt nicht gegen das Verbot der Mehrfachbestrafung.[348]

---

339 BVerfGE 109, 133 (167 f.).
340 BVerfGE 32, 40 (48).
341 BVerfGE 27, 180 (194).
342 BVerfGE 21, 378 (384, 388); 28, 264 (277 ff.).
343 BVerfGE 21, 391 (401); 43, 101 (105).
344 BVerfGE 21, 378 (388).
345 *Pieroth* in Jarass/Pieroth, Art. 103 Rn. 74.
346 In diesem Sinne OLG Naumburg, NJW 1995, 3332; OLG Zweibrücken, NJW 1999, 962.
347 BVerfGE 20, 365 (372).
348 BVerfGE 43, 101 (105 f.).

2. Inhalt des Mehrfachbestrafungsverbots

a) Dieselbe Tat

85   Das Schutzbereichsmerkmal »derselben Tat« wird verstanden als der »geschichtliche Vorgang, auf welchen Anklage- und Eröffnungsbeschluss hinweisen und innerhalb dessen der Angeklagte als Täter oder Teilnehmer einen Straftatbestand verwirklicht haben soll«.[349] Bezugspunkt ist danach ein bei natürlicher Lebensauffassung als **einheitlich zu beurteilender geschichtlicher Lebensvorgang**. Damit entspricht das eigenständige Verständnis der verfassungsrechtlichen Garantie dem vorverfassungsrechtlichen Gesamtbild des Prozessrechts.[350]

86   Ohne dass deshalb zwingend eine Identität mit dem strafprozessualen Tatbegriff aus §§ 155, 264 StPO bestünde, kann an den Begriff der **Tat im verfahrensrechtlichen Sinne** angeknüpft werden.[351] Demgegenüber besteht keine Identität mit dem **Tatbegriff der §§ 52, 53 StGB**. So verfolgen die Rechtsfiguren der Tateinheit i.S.v. § 52 StGB und der Tatidentität i.S.v. Art. 103 Abs. 3 GG verschiedene Zwecke.[352] Zwar wird bei Tateinheit im Sinne des StGB regelmäßig, indes nicht ausnahmslos[353] eine Tat gem. Art. 103 Abs. 3 GG vorliegen.[354] Jedoch kann auch in Fällen des von der strafgerichtlichen Rechtsprechung nicht mehr anerkannten Fortsetzungszusammenhangs[355] ebenso wie im Fall einer Tatmehrheit gem. § 53 StGB eine Tat i.S.v. Art. 103 Abs. 3 GG anzunehmen sein.[356] Beispielsweise wurde die auf einem einheitlichen Gewissensentschluss beruhende mehrfache und als Tatmehrheit gewertete Ersatzdienstverweigerung eines Zeugen Jehovas als eine Tat i.S.d. Art. 103 Abs. 3 GG beurteilt.[357] Auf die rechtliche Bewertung kommt es für den verfassungsrechtlichen Tatbegriff nicht an. Es bleibt insoweit bei einer Tat, auch wenn später erschwerende Umstände hervortreten, die im ersten Verfahren nicht bekannt waren.[358]

b) Mehrfachbestrafung und Strafklageverbrauch

87   Dem Wortlaut entsprechend verbietet Art. 103 Abs. 3 GG zunächst die mehrfache Bestrafung. Darüber hinaus wird das prozessrechtliche Institut des Verbrauchs der Strafklage als in Art. 103 Abs. 3 GG grundgelegt angesehen.[359] Der Begriff des

---

349 BVerfGE 23, 191 (202); 45, 434 (435); 56, 22 (28); BGHSt 23, 141 (145); 29, 288 (292); 35, 318 (323); 43, 252 (255 f.).
350 BVerfG, NJW 2004, 279.
351 BVerfGE 45, 434 (435); 56, 22 (27 f.); BGHSt 32, 146 (150).
352 BVerfGE 45, 434 (435); 56, 22 (29 f.); BGHSt 35, 60 (61).
353 BVerfGE 56, 22 (31 ff.); BVerfG, NJW 2004, 279 (280).
354 BVerfGE 56, 22 (29 ff.); BVerfG, NJW 2004, 279.
355 BGHSt 40, 138; BGH, NJW 1994, 2966.
356 BVerfGE 45, 434 (436).
357 BVerfGE 23, 191 (203 ff.); andererseits aber BVerfGE 28, 264 (279 f.); vgl. auch BVerfG, NVwZ-RR 2002, 759.
358 BVerfGE 56, 22 (31 f.); 65, 377 (381).
359 BVerfGE 12, 62 (66).

Strafklageverbrauchs beschreibt die materielle Rechtskraftwirkung von Sachurteilen, die als umfassendes Verfahrenshindernis ein neues Verfahren wegen derselben Tat sowie ein erneutes Sachurteil ausschließt.[360] Diese Sperrwirkung entfaltet nicht nur das rechtskräftig verurteilende, sondern auch das freisprechende Urteil.[361] Voraussetzung für eine umfassende Sperrwirkung und einen Verbrauch der Strafklage unter jedem rechtlichen Gesichtspunkt ist also eine **rechtskräftige Entscheidung aufgrund der allgemeinen Strafgesetze.**[362] Bei gerichtlichen Entscheidungen zur Verfahrenseinstellung kommt es deshalb darauf an, inwieweit diese mit Rechtskraftwirkung einen Vorgang vollständig erfassen und abschließend entscheiden.[363] Nur eingeschränkte Sperrwirkung kommt den die Eröffnung des Hauptverfahrens ablehnenden Beschlüssen gem. § 211 StPO zu.[364] Strafbefehlen ist ein Strafklageverbrauch eigen.[365] Angesichts der erheblichen Bedeutung der Strafbefehle für die Praxis würde ohne diese erweiterte Anwendung des Art. 103 Abs. 3 GG dessen Schutzzweck verfehlt.[366]

Kein Anwendungsfall einer mehrmaligen Bestrafung und damit auch kein Anwendungsfall des Strafklageverbrauchs ist gegeben, wenn in einem Strafverfahren **mehrere Sanktionen** verhängt werden. Einen allgemeinen Rechtssatz der Art, dass aus demselben Vorgang nicht zweimal nachteilige Folgen gezogen werden dürfen, gibt es nicht.[367] Infolge dessen werden Maßregeln der Besserung und Sicherung wie Führungsaufsicht[368] oder Sicherungsverwahrung[369] sowie Maßnahmen der Strafvollstreckung[370] nicht erfasst. Dasselbe gilt für eine Aussetzungsentscheidung nach § 57a Abs. 1 S. 1 Nr. 3 und S. 2 StGB.[371]   88

Eine rechtskräftige Entscheidung schließt die Strafklage auch dann aus, wenn erschwerende Folgen der Tat erst nach Rechtskraft eintreten; eine »**Ergänzungsklage**« ist ausgeschlossen.[372] Bei Zweifeln über den Umfang des Strafklageverbrauchs ist zugunsten des Angeklagten zu entscheiden.[373]   89

Art. 103 Abs. 3 GG statuiert zudem das Verbot erneuter Strafverfolgung auch nach anderen rechtlichen Gesichtspunkten, bildet mithin ein **strafprozessuales Verfah-**   90

---

360 *Roxin/Schünemann,* Strafverfahrensrecht, 28. Aufl. 2014, § 52 Rn. 6.
361 BVerfGE 12, 62 (66); 65, 377 (381); BGHSt 5, 323 (330); 20, 292 (293); 38, 54 (57).
362 BVerfGE 65, 377 (382 ff.).
363 BVerfGE 94, 351 (364).
364 BGH, JZ 2004, 737 (738 f.).
365 BVerfGE 65, 377 (382 ff.), gegenüber noch BVerfGE 3, 248 (252 ff.).
366 *Degenhardt,* in: Sachs, Art. 103 Rn. 79.
367 BVerwGE 83, 1 (17).
368 BVerfGE 55, 28 (30).
369 BVerfGE 2, 118 (120); 109, 133 (171 ff.).
370 BVerfG, NJW 1989, 2529.
371 BVerfG, NJW 2007, 1933.
372 BVerfGE 65, 377 (381).
373 BayObLGSt 1968, 75 (77).

renshindernis,[374] das im Rechtsmittelverfahren von Amts wegen zu beachten ist.[375] Das Verfahrenshindernis steht bereits der Einleitung eines Strafverfahrens entgegen.[376] Erst recht sind in einem weiteren Strafverfahren strafverfahrensrechtliche Zwangsmaßnahmen wie der Erlass eines Haftbefehls[377] oder Vollstreckungsmaßnahmen aufgrund einer erneuten Sachentscheidung unzulässig.[378]

D. Grundrechtsberechtigte und -verpflichtete

I. Recht auf rechtliches Gehör (Abs. 1)

91   Der Anspruch auf rechtliches Gehör vor Gericht wird durch Art. 103 Abs. 1 GG – ggfs. über die rechtliche Ausgestaltung in den Verfahrensordnungen hinaus[379] – **jedermann** eingeräumt. Begünstigt werden danach alle am Verfahren Beteiligten oder von dem Verfahren unmittelbar rechtlich Betroffenen.[380] Berechtigt sind daher natürliche Personen, ohne dass es auf die Staatsangehörigkeit oder die Prozessfähigkeit ankommt,[381] sowie inländische und ausländische juristische Personen,[382] juristische Personen des öffentlichen Rechts[383] einschließlich des Staates und seiner Untergliederungen[384] und teilrechtsfähige sowie nicht rechtsfähige Vereinigungen, soweit sie im Prozess aktiv- bzw. passivlegitimiert sein können oder im Rechtsverkehr einzelne Rechte und Pflichten erwerben können.[385]

92   Voraussetzung ist stets eine hinreichende **Beziehung zum Verfahren**. Anhörungsberechtigt sind daher zum einen diejenigen, denen die einfachgesetzlichen Verfahrensvorschriften die formale Stellung einer Partei oder eines Beteiligten einräumen,[386] also auch Beschuldigte und Nebenkläger im Strafverfahren,[387] Beigeladene im Verwaltungsprozess[388] und Nebenintervenienten im Zivilprozess,[389] nicht aber Zeugen, Sachverständige oder der Staatsanwalt oder gar das vorlegende Gericht im Verfahren nach Art. 100 Abs. 1 GG.[390] Außerdem sind anhörungsberechtigt die von einer gerichtlichen Entscheidung unmittelbar rechtlich Betroffenen, d.h. diejenigen, die

374 BVerfGE 56, 22 (32).
375 BGHSt 20, 292 (293); 38, 37 (43).
376 BGHSt 20, 292 (293).
377 BGHSt 38, 54 (57 f.).
378 *Schulze-Fielitz,* in: Dreier III, Art. 103 III Rn. 30.
379 BVerfGE 60, 7 (14); 61, 37 (41).
380 BVerfGE 75, 201 (215); 89, 381 (390); 92, 158 (183); 101, 397 (404).
381 BVerfGE 18, 399 (403); 37, 67 (82); 75, 201 (215); 99, 145 (162).
382 BVerfGE 64, 1 (11).
383 BVerfGE 61, 82 (104).
384 BVerfGE 12, 6 (8).
385 *Nolte,* in: v. Mangoldt/Klein/Starck, Art. 103 Rn. 23.
386 BVerfGE 17, 356 (361); 21, 362 (373); 75, 201 (215).
387 BVerfGE 14, 320 (323); 17, 188 (190).
388 VGH BW, NVwZ-RR 2000, 728.
389 BVerfGE 65, 227 (233).
390 BVerfG, NJW 2000, 1554.

durch den Verfahrensausgang eine unmittelbare Beeinträchtigung in eigenen Rechten erleiden können.[391] Nicht ausreichend ist die bloß faktische Auswirkung; ebenso wenig genügt ein lediglich allgemeines Verwaltungs- oder Prozessinteresse.[392] Anspruchsberechtigt ist danach der Rechtsnachfolger i.S.d. § 265 ZPO, der Vater des nichtehelichen Kindes im Adoptionsverfahren,[393] das Kind in familiengerichtlichen Verfahren, für das bei Interessenkonflikten ein Pfleger zur Gehörswahrung zu bestellen ist,[394] und der Beschuldigte im Klageerzwingungsverfahren nach §§ 171 ff. StPO.[395] Insbesondere durch Gestaltungsurteile entsteht eine unmittelbare Betroffenheit, etwa im Fall der Auflösungsklage des GmbH-Gesellschafters bei den Mitgesellschaftern[396] oder der Nachbarklage nach der VwGO beim Begünstigten.[397]

Art. 103 Abs. 1 GG begründet insoweit keine unmittelbaren Klagerechte, sondern **93** fordert nur, dass der **Dritte** entweder am Verfahren beteiligt wird oder aber keine Nachteile erleidet. Der Rechtsnachfolger muss das Verfahren in dem Stadium übernehmen, in dem er es vorfindet; er hat deshalb keine zusätzlichen Gehörsrechte.[398]

Grundrechtsverpflichtet aus Art. 103 Abs. 1 GG sind sowohl der **parlamentarische** **94** **Gesetzgeber** bei der verfahrensbezogenen Rechtssetzung als auch die **Gerichte** in der Anwendung des Verfahrensrechts. Auch die **Verwaltung** ist an Art. 103 Abs. 1 GG gebunden, soweit eine Beeinträchtigung der gerichtlichen Handhabung des Art. 103 Abs. 1 GG durch diese möglich ist.[399]

II. Nullum crimen, nulla poena sine lege (Abs. 2)

Das grundrechtsgleiche Recht aus Art. 103 Abs. 2 GG gilt für »**jedermann**«, d.h. auch **95** für juristische Personen, wenn und soweit diese von Strafsanktionen im Sinne der Vorschrift betroffen sein können.

Das strafrechtliche Rückwirkungsverbot aus Art. 103 Abs. 2 GG richtet sich sowohl an den **Strafgesetzgeber** als auch an den **Strafrichter**.[400]

III. Ne bis in idem (Abs. 3)

In persönlicher Hinsicht gilt Art. 103 Abs. 3 GG ausweislich des Wortlauts (»niemand«) für **jedermann**, also für Deutsche und Ausländer. Wenn juristische Personen **96**

---

391 BVerfGE 7, 95 (98); 21, 132 (137); 60, 7 (13); 75, 201 (215); 89, 381 (390).
392 BVerfGE 31, 229.
393 BVerfGE 92, 158 (183 f.).
394 BVerfGE 99, 145 (163).
395 BVerfGE 17, 356 (362 f.).
396 BVerfGE 60, 7 (13).
397 BVerfGE 69, 315 (370).
398 *Schmidt-Aßmann*, in: Maunz/Düring, Art. 103 Rn. 42.
399 *Schulze-Fielitz*, in: Dreier III, Art. 103 I Rn. 32.
400 BVerfGE 105, 135 (153).

nach dem Vorbild ausländischer Rechtsordnungen bestraft werden könnten, kämen auch sie in den Genuss des Doppelbestrafungsverbots.[401]

97 Grundrechtsverpflichtet aus Art. 103 Abs. 3 GG sind **alle Staatsorgane**, die mit ihrem Handeln in den Schutzbereich eingreifen können, also nicht nur Gesetzgeber und Gerichte auf Grund des Doppelbestrafungsverbots, sondern auch Strafverfolgungsbehörden auf Grund des Mehrfachverfolgungsverbots.[402]

E. Subjektive und objektiv-rechtliche Gehalte

98 Wenngleich es sich bei den grundrechtsgleichen Rechten des Art. 103 GG vorrangig um subjektiv-rechtliche Gewährleistungen im gerichtlichen Verfahren handelt, so ist doch der Bezug zum objektiv-rechtlichen **Rechtsstaatsprinzip** evident. Infolgedessen statuiert Art. 103 GG auch Normen des objektiven Rechts.[403] Ebenso wie das Rechtsstaatsgebot gesicherte justizielle Verfahrensstandards bedingt,[404] gestalten die Verfahrensrechte des Art. 103 GG diese objektiven Maßgaben aus.

I. Recht auf rechtliches Gehör (Abs. 1)

99 Indem Art. 103 Abs. 1 GG den Verfahrensbeteiligten die aktive Teilnahme am gerichtlichen Verfahren eröffnet, statuiert es in subjektiv-rechtlicher Dimension über den **Abwehrgehalt** bei Vereitelung des Gehörs hinaus auch ein **Teilhaberecht** auf Gehörtwerden. Hinzu kommt in objektiv-rechtlicher Schutzrichtung eine **Schutzpflicht** der Judikative wie der Legislative.

100 Art. 103 Abs. 1 GG enthält eine selbstständige Grundlage für die Herleitung unmittelbarer Anhörungspflichten.[405] Dadurch soll sichergestellt werden, dass jeder Beteiligte oder unmittelbar rechtlich Betroffene im gerichtlichen Verfahren die Gelegenheit erhält, sich zu dem einer gerichtlichen Entscheidung zugrunde liegenden Sachverhalt vor Erlass der Entscheidung zu äußern[406] und damit das Gericht in seiner Willensbildung zu beeinflussen.[407] In diesem Sinne formuliert Art. 103 Abs. 1 GG ein **subjektives Prozessgrundrecht**.[408]

101 Darüber hinaus bildet Art. 103 Abs. 1 GG eine Leitlinie für die Auslegung des geltenden einfachgesetzlichen Verfahrensrechts.[409] Der Gehörsgrundsatz ist eine **objektive, in Verfassungsrang erhobene Verfahrensvorschrift**,[410] die alle staatliche Ge-

401 *Schulze-Fielitz*, in: Dreier III, Art. 103 III Rn. 24.
402 *Schmidt-Aßmann*, in: Maunz/Düring, Art. 103 Rn. 273.
403 BVerfGE 70, 180 (188); 107, 395 (408).
404 BVerfGE 74, 228 (233).
405 BVerfGE 17, 356 (361); 55, 72 (95); 74, 228 (233).
406 BVerfGE 86, 133 (144); 89, 381 (392); 101, 106 (129).
407 BVerfGE 89, 28 (35); 101, 106 (129).
408 BVerfGE 9, 89 (95 f.); 55, 1 (6); 86, 133 (147).
409 BVerfGE 60, 305 (310).
410 BVerfGE 70, 180 (188); 107, 395 (408).

walt, insbesondere die Gerichte, bindet. Insoweit ist unerheblich, ob eine Verletzung dieser Pflicht auf einer Maßnahme der Geschäftsstelle des Gerichtes oder auf einem Versehen des Richters beruht oder ob ein Verschulden vorliegt.[411]

II. Nullum crimen, nulla poena sine lege (Abs. 2)

Art. 103 Abs. 2 GG ist neben seiner Funktion als grundrechtsgleiches Recht Ausfluss des **Rechtsstaatsgebots** für den gesamten Bereich der staatlichen Strafgewalt in Gesetzgebung, Rechtsprechung und Verwaltung.[412]   **102**

III. Ne bis in idem (Abs. 3)

Ebenso wie Art. 103 Abs. 1 und 2 GG stellt auch Abs. 3 jenseits seines grundrechtlichen Gehalts eine Ausprägung des **Rechtsstaatsprinzips** dar. Das grundrechtsgleiche Mehrfachbestrafungsverbot dient der Rechtssicherheit der Person und löst das Spannungsverhältnis zur materiellen Gerechtigkeit zugunsten der Rechtssicherheit auf.[413] Die – formell – bereinigende und befriedende Funktion des Strafurteils setzt sich durch und dient zugleich der Lebensführung und Resozialisierung des Täters frei von der Gefahr erneuter Bestrafung wegen derselben Tat.[414]   **103**

F. Eingriffe und Schranken

I. Recht auf rechtliches Gehör (Abs. 1)

Das Recht auf Gehör steht zwar nicht unter Gesetzesvorbehalt, ist jedoch in besonderer Weise **gesetzesabhängig**, indem es prozessrechtliche Regeln voraussetzt, die die Art und Weise der Ausübung bestimmen. Art. 103 Abs. 1 GG bedarf der Konkretisierung durch den Gesetzgeber.[415] Dogmatisch ist die Ausgestaltung des Gehörsrechts durch den Gesetzgeber von der Beeinträchtigung des Schutzbereichs zu unterscheiden.[416]   **104**

1. Ausgestaltung durch Gesetz

Die Normgeprägtheit des Grundrechts darf indes nicht dahin missverstanden werden, dass die Pflicht zur Anhörung nicht zugleich auch unmittelbar gilt. Art. 103 Abs. 1 GG garantiert selbst ein Mindestmaß an Verfahrensbeteiligung.[417] Die Pflicht zur Anhörung greift unabhängig von evtl. unzureichenden oder fehlenden Ausformungen im einfachen Gesetzesrecht.[418] Lediglich die **Modalitäten der Gehörsgewährung** sind   **105**

---

411 BVerfGE 50, 381 (385); 53, 219 (223); 70, 215 (218).
412 Vgl. BVerfGE 7, 89 (92); 47, 109 (120); 95, 96 (130).
413 Vgl. BVerfGE 65, 377 (380).
414 *Brodowski*, JuS 2012, 892 (895.
415 BVerfGE 89, 28 (35); 93, 99 (107).
416 Siehe die Fallsammlung von *Otto*, JuS 2012, 412 (414 ff.).
417 BVerfGE 92, 158 (183 f.); 99, 145 (162 f.).
418 BVerfGE 17, 356 (361); 19, 49 (51); 53, 109 (113 f.); 55, 72 (95).

der Ausgestaltung durch den einfachen Gesetzgeber überlassen. Diese Gesetzesabhängigkeit des rechtlichen Gehörs bedingt, dass die Anwendung des Gesetzesrechts einer strengeren verfassungsgerichtlichen Kontrolle unterliegt, als dies sonst bei Anwendung einfachen Rechts der Fall ist.[419]

106   Umgekehrt bedeutet dies nicht, dass Art. 103 Abs. 1 GG jedem einschlägigen einfachen Recht zugleich auch **Verfassungsrang** verleiht.[420] Der Anspruch auf rechtliches Gehör verlangt zwar eine normative Konkretisierung, schreibt deren Art und Weise aber nicht in Einzelheiten vor.[421] Demgemäß hat die Überprüfung einer einfachgesetzlichen Norm auf ihre Verfassungsgemäßheit jeweils in einer wertenden Gesamtschau und im »Wirkungszusammenhang aller einschlägigen Normen der Verfahrensordnungen zu erfolgen«.[422] In diesem Rahmen sind auch Beschränkungen des Rechts aus Art. 103 Abs. 1 GG zulässig, wenn diese ihrerseits dem effektiven Rechtsschutz und der Rechtssicherheit dienen.[423]

2. Beschränkung durch kollidierendes Verfassungsrechts

107   Das Justizgrundrecht des Art. 103 Abs. 1 GG wird **vorbehaltlos gewährleistet** und unterliegt daher lediglich verfassungsimmanenten Schranken. Beschränkungen kommen mithin nur zum Schutz kollidierenden Verfassungsrechts in Betracht. Das können einerseits objektive Verfassungsrechtsgüter wie die Rechtssicherheit und die Funktionstüchtigkeit der Rechtspflege[424] und zum anderen Grundrechte Dritter sein. Die Normgeprägtheit des Schutzbereichs schließt die Möglichkeit von Grundrechtseingriffen nicht aus (vgl. Einl. Rdn. 127).

a) Gerichtsverfahren ohne (vorherige) Anhörung

108   Eine Einschränkung des von Art. 103 Abs. 1 GG mit umfassten Rechts auf Akteneinsicht kann durch die **Garantie effektiven Rechtsschutzes** verfassungsrechtlich gerechtfertigt sein. So ist etwa die Einführung des In-camera-Verfahrens im Verwaltungsgerichtsprozess gem. § 99 VwGO verfassungsgemäß, weil dadurch das Interesse an der Geheimhaltung bestimmter Vorgänge und das Interesse des Betroffenen an der Durchsetzung seines Rechtsschutzziels in Einklang gebracht werden können.[425] Art. 103 Abs. 1 GG steht auch nicht der Vornahme von Maßnahmen – etwa der Anordnung eines Arrestes,[426] einer Entscheidung im Verfahren des einstweiligen Rechts-

---

419 *Degenhardt*, in: Sachs, Art. 103 Rn. 12.
420 BVerfG, NJW 1998, 2273.
421 BVerfGE 6, 19 (20); 31, 364 (370).
422 BVerfGE 60, 305 (311); 75, 302 (314 f.).
423 BVerfGE 101, 106 (130).
424 BVerfGE 33, 367 (383); 51, 324 (343 f.).
425 BVerfGE 101, 106 (121 ff., 129 f.).
426 BVerfGE 7, 95 (99).

schutzes,[427] der Durchführung einer Durchsuchung[428] oder Beschlagnahme[429] oder der Anordnung von Untersuchungshaft[430] – ohne vorherige Anhörung des Betroffenen entgegen, wenn diese sich im Einzelfall mit Rücksicht darauf verbietet, dass sonst der mit der jeweiligen Maßnahme verfolgte Zweck der Sicherung gefährdeter schutzwürdiger privater oder öffentlicher Interessen nicht realisiert werden kann. Der Betroffene ist hier aber wenigstens nachträglich zu hören, damit über die Berechtigung der getroffenen Maßnahmen entschieden werden kann.[431] Verfahren in Abwesenheit eines Beteiligten sind durch Art. 103 Abs. 1 GG ebenfalls nicht schlechthin ausgeschlossen,[432] denn das Rechtsstaatsprinzip verlangt die Aufrechterhaltung einer funktionstüchtigen Strafrechtspflege. Ein Strafverfahren muss deshalb auch gegen denjenigen innerhalb angemessener Zeit abgeschlossen werden können, der das Erfordernis seiner Verhandlungsfähigkeit dazu missbraucht, die Verhandlung in seiner Gegenwart zu vereiteln und damit dem Gang der Rechtspflege entgegenzutreten.[433]

b) Fristbestimmungen

Fristbestimmungen beschränken das Gehörsrecht, können aber aus Gründen der **Verfahrensbeschleunigung und Rechtssicherheit** als Elemente des Rechtsstaatsprinzips gerechtfertigt sein.[434] Während gesetzliche Fristen typisieren,[435] müssen richterliche Fristen dem Einzelfall gerecht werden.[436] Um vor Art. 103 Abs. 1 GG Bestand haben zu können, muss eine Frist objektiv ausreichend sein, um bis zu ihrem Ablauf eine sachlich fundierte Äußerung zum entscheidungserheblichen Sachverhalt und zur Rechtslage erbringen zu können.[437] Sofern vom Gericht keine Frist gesetzt wurde, muss auf eine erwartete oder angekündigte Stellungnahme eine angemessene Zeit gewartet werden.[438] In normalen Angelegenheiten sind drei Arbeitstage als Untergrenze anzusehen.[439] Fristen dürfen bis zum letzten Tag ausgenutzt werden,[440] auf die regulären Postlaufzeiten darf der Bürger vertrauen.[441] Unabhängig von der Möglichkeit der Übermittlung fristwahrender Schriftsätze in elektronischer Form muss es weiterhin möglich sein, einen fristwahrenden Schriftsatz nach Dienstschluss in einen

109

---

427 BVerfGE 9, 89, (97); 70, 180 (188 f.).
428 BVerfGE 49, 329 (342); 57, 346 (358 f.).
429 BVerfGE 18, 399 (404).
430 BVerfGE 9, 89 (96 ff.).
431 BVerfGE 9, 89 (100); 18, 399 (404); 96, 27 (40); 104, 220 (234 f.).
432 BVerfGE 41, 246 (249 f.).
433 BVerfGE 41, 246 (250); 89, 120 (129 f.).
434 BVerfGE 60, 253 (266 ff.).
435 BVerfGE 94, 166 (207).
436 BVerfGE 49, 212 (215); BVerfG, NVwZ 2003, 859.
437 BVerfGE 24, 23 (25 f.); 49, 212 (215 f.); 81, 123 (129 f.).
438 BVerfGE 24, 23 (25); 60, 313 (317).
439 BVerfGE 65, 227 (235); 24, 23 (25); 36, 298 (302).
440 BVerfGE 40, 42 (44); 69, 381 (385); 62, 334 (337); BVerfG, NJW 2000, 574.
441 BVerfGE 53, 25 (28); 62, 216 (221); 62, 334 (336); BVerfG, NJW 1994, 1854; 1995, 2546; 2001, 744.

Hausbriefkasten des Gerichts einzuwerfen, denn die Gerichte müssen geeignete Vorkehrungen treffen, um dem Bürger die volle Ausnutzung der ihm vom Gesetz eingeräumten Frist zu ermöglichen.[442] Eine Frist wird durch Telefax gewahrt, wenn die übermittelte Kopie der Originalschrift spätestens mit Ablauf des letzten Tages der Frist von dem bei der zuständigen Stelle eingerichteten Empfangsgerät vollständig aufgezeichnet ist.[443] Fristablauf ist regelmäßig 24.00 Uhr, nicht der Zeitpunkt des Dienstschlusses.[444]

110   Maßgeblich kommt es darauf an, dass die entsprechende Äußerung **in den Verantwortungsbereich des Gerichts gelangt** ist.[445] Die gerichtsinterne Weiterleitung und Verteilung liegt außerhalb der Risikosphäre des Beteiligten.[446] Für Telefax – sowie für elektronische Kommunikationsformen – gilt, dass Hindernisse in der Sphäre des Gerichts nicht zulasten der Verfahrensbeteiligten gehen dürfen.[447] Allerdings muss mit der Übermittlung so rechtzeitig begonnen werden, dass unter gewöhnlichen Umständen mit ihrem Abschluss bis 24.00 Uhr gerechnet werden kann. Die mögliche Belegung des Empfangsgeräts ist dabei einzukalkulieren.[448] Funktionsstörungen auf Empfängerseite bedingen nicht, dass vom Absender verlangt werden kann, in kürzester Zeit eine andere als die gewählte, vom Empfänger offiziell eröffnete Zugangsart sicherzustellen.[449]

111   Bei Versäumung gesetzlicher, den Zugang zum Gericht betreffender Fristen dient das Rechtsinstitut der **Wiedereinsetzung in den vorigen Stand** auch der Wahrung des Anspruchs auf rechtliches Gehör.[450] Unabhängig von seiner einfachgesetzlichen Ausgestaltung erwächst ein Recht auf Wiedereinsetzung in den vorigen Stand aus der Verfassung, und zwar auch aus Art. 103 Abs. 1 GG. Allerdings ergibt sich erneut ein Berührungspunkt zum rechtsstaatlichen Gebot wirksamen Rechtsschutzes bzw. der fairen Verfahrensgestaltung.[451] Vor diesem Hintergrund dürfen bei Entscheidungen über eine Wiedereinsetzung an die Glaubhaftmachung der Wiedereinsetzungsgründe keine überspannten Anforderungen gestellt werden.[452] Die Wiedereinsetzungsgründe können nicht nur die unverschuldete Fristüberschreitung, sondern auch die Unkenntnis von der Frist als solcher betreffen. Demgemäß ist Wiedereinsetzung in den vorigen Stand zu gewähren, wenn einem der deutschen Sprache nicht hinreichend

---

442   BVerfGE 42, 128 (131 f.); 52, 203 (209); 57, 117 (120); BVerfG, NJW 1994, 1854; 1999, 3701 f.
443   BVerfGE 41, 323 (327 f.); vgl. auch BVerfG, NJW 1996, 2857.
444   BVerfGE 41, 323 (327 f.); 42, 128 (131 f.).
445   BVerfGE 52, 203 (209); 69, 381 (386).
446   BVerfGE 57, 117 (120); 67, 199 (202); 72, 84 (88); 75, 183 (190); 78, 123 (126).
447   BVerfG, NJW 1996, 2857; 2000, 1636; 2006, 829; 2007, 2838.
448   BVerfG, HFR 2000, 302.
449   BVerfG, NJW 1996, 2857; BVerfG, HFR 2003, 77.
450   BVerfGE 60, 253 (271 ff., 278 f.); 54, 80 (84) m.w.N.
451   BVerfG, NJW 2007, 3342; BVerfGE 33, 125(156); 40, 88 (91); 41, 332 (335).
452   BVerfGE 34, 154 (156); 38, 35 (38); 40, 182 (184); 54, 80 (84); 60, 253 (289); 67, 208 (212).

mächtiger Ausländer ein Strafbefehl oder ein Bußgeldbescheid in deutscher Sprache ohne eine ihm verständliche Rechtsmittelbelehrung zugestellt worden ist.[453]

c) Präklusionsvorschriften

Die rechtsstaatlichen Grundsätze der **Verfahrenskonzentration und Verfahrensbe-** 112 **schleunigung** vermögen Beschränkungen des Anspruchs auf rechtliches Gehör durch sog. Präklusionsvorschriften zu rechtfertigen.[454] Die Grenze von der verfahrensrechtlichen Ausgestaltung des Rechts auf Gehör zur Beeinträchtigung dieses Prozessgrundrechts wird nicht überschritten, wenn Präklusionsvorschriften nur an schuldhaftes Versäumen einer Äußerungspflicht anknüpfen,[455] Verschulden verstanden als Verstoß gegen Obliegenheiten zur Prozessförderung.[456]

Der durch die Verfahrensordnungen vorgesehene Ausschluss verspäteten Vorbringens 113 hat allerdings »strengen Ausnahmecharakter«.[457] Präklusionsvorschriften sind daher im vorgenannten Sinne verfassungskonform auszulegen und anzuwenden. Dem korrespondiert eine strenge verfassungsgerichtliche Kontrolle.[458] Der Verfahrensverstoß mündet in eine Verfassungsverletzung, wenn eine fehlerhafte Verfahrensgestaltung durch das Gericht Ursache der Fristversäumnis war.[459] Dies ist z.B. der Fall bei unklar gesetzter Ausschlussfrist[460] oder bei unzureichender Terminsvorbereitung.[461] Die dem Gehörsberechtigten gesetzten Fristen müssen ausreichend bemessen sein.[462] Die Erwartungen des Gerichts, was zur Wahrung des rechtlichen Gehörs vorgetragen werden muss, dürfen ebenso wenig überspannt werden wie die Anforderungen an unverschuldete Fristversäumnis.[463] Wenn die Präklusion im konkreten Fall erkennbar nicht der Verfahrensbeschleunigung dient, ist die Anwendung von Präklusionsregelungen missbräuchlich und verletzt Art. 103 Abs. 1 GG.[464] Gleichermaßen darf die Fristversäumung einem Verfahrensbeteiligten nicht angelastet werden, wenn das Gericht das Verfahren widersprüchlich oder fehlerhaft gestaltet hat.[465] Schließlich rechnet hierher, wenn aufgrund divergierender Rechtsprechung unterschiedlicher Fachgerichts-

---

453 BVerfGE 40, 95 (99 f.); vgl. aber auch BVerfGE 86, 280 (284).
454 BVerfGE 54, 117 (123 f.); 75, 302 (312); 55, 72 (90 ff.); BVerfG, NJW 2005, 1487 und 1768.
455 BVerfGE 54, 117 (123); 81, 97 (105).
456 BVerfGE 62, 249 (254); 67, 39 (41).
457 BVerfGE 59, 330 (334); 62, 249 (254); 75, 302 (312); 81, 264 (273).
458 BVerfGE 75, 302 (312 ff.); BVerfGE 51, 188 (192).
459 BVerfGE 51, 188 (192); 60, 1 (6); 69, 126.
460 BVerfGE 60, 1 (6).
461 BVerfGE 81, 264 (273 f.).
462 BVerfGE 12, 6 (8 f.); 60, 313 (318).
463 BVerfGE 38, 35 (38); 60, 253 (289).
464 BVerfGE 75, 302 (313 ff.).
465 BVerfGE 52, 203 (207); 75, 183 (190); 78, 123 (126).

barkeiten den Prozessbeteiligten Einwendungen abgeschnitten werden mit der Folge, dass sie von keiner der beiden Gerichtsbarkeiten gehört werden.[466]

II. Nullum crimen, nulla poena sine lege (Abs. 2)

114 Das Rückwirkungsverbot als Gewährleistung des Art. 103 Abs. 2 GG fußt letztlich in der **Menschenwürde**[467] und ist deshalb – anders als das allgemeine rechtsstaatliche Rückwirkungsverbot – **absolut**, d.h. steht nicht unter Abwägungsvorbehalt.[468]

III. Mehrfachbestrafungsverbot (Abs. 3)

115 Art. 103 Abs. 3 GG ist **vorbehaltlos** gewährleistet, so dass sich Schranken nur aus kollidierendem Verfassungsrecht ergeben können.[469]

116 Während die **Wiederaufnahme und die Kassation** von Entscheidungen **zu Gunsten** des Verurteilten gar nicht von Art. 103 Abs. 3 GG erfasst werden,[470] beeinträchtigt die Wiederaufnahme **zu Ungunsten** des Angeklagten den Schutzbereich von Art. 103 Abs. 3 GG und bedarf einer verfassungsrechtlichen Rechtfertigung. Die Wiederaufnahme überwiegt dann die Aufrechterhaltung der Rechtskraft, wenn anderenfalls die materielle Gerechtigkeit unerträglich beeinträchtigt würde.[471] Die die Wiederaufnahme zuungunsten des Angeklagten regelnden §§ 362 und 373a StPO entsprechen diesen Anforderungen[472], sind aber restriktiv auszulegen und anzuwenden.[473] Diese weitreichende und vom angelsächsischen und romanischen Rechtskreis abweichende Wiederaufnahmemöglichkeit hängt mit dem weiten deutschen Tatbegriff zusammen[474], auch wenn fraglich ist, ob dieser als ausreichend ausgleichend auf den Grundrechtseingriff einwirkt.[475]

---

466 BVerfG, NJW 1997, 726.

467 *Schulz*, Änderungsfeste Grundrechte, 2008, S. 545 f.

468 BVerfGE 95, 96 (131).

469 *Pieroth* in Jarass/Pieroth, Art. 103 Rn. 82; *Schulze-Fielitz*, in: Dreier III, Art. 103 III Rn. 35.

470 BayObLGSt 1968, 75 (77).

471 *Schulze-Fielitz*, in: Dreier III, Art. 103 III Rn. 35; kritisch: *Nolte*, in: von Mangoldt/Klein/Starck, Art. 103 Rn. 221.

472 *Pieroth* in Jarass/Pieroth, Art. 103 Rn. 82; *Schulze-Fielitz*, in: Dreier III, Art. 103 III Rn. 35.

473 *Nolte*, in: von Mangoldt/Klein/Starck, Art. 103 Rn. 223; *Degenhardt*, in: Sachs, Art. 103 Rn. 84.

474 *Meyer*, Wiederaufnahmereform, S 74 f.

475 *Nolte*, in: von Mangoldt/Klein/Starck, Art. 103 Rn. 221.

Ein unter Verstoß gegen Art. 103 Abs. 3 GG ergangenes Urteil ist rechtswidrig; die 117
Unzulässigkeit seiner **Vollstreckung** ist nach § 458 StPO festzustellen.[476] Eine Beseitigung kann nur im Wiederaufnahmeverfahren erreicht werden.[477]

G. Verhältnis zu anderen Grundgesetzbestimmungen, insbes. Grundrechtskonkurrenzen

I. Recht auf rechtliches Gehör (Abs. 1)

Das Recht auf rechtliches Gehör aus Art. 103 Abs. 1 GG weist, seiner Verwurzelung 118
im Rechtsstaatsprinzip folgend, Bezüge zu anderen verfassungsrechtlichen Verfahrensgrundsätzen auf, die in Ergänzung zu den klassischen Prozessgrundrechten entwickelt wurden. Zu nennen ist vor allem das aus dem Rechtsstaatsgebot i.V.m. Art. 2 Abs. 1 GG abgeleitete Recht auf ein rechtsstaatliches[478] bzw. rechtsstaatlich-faires Verfahren[479]. Ungeachtet aller Abgrenzungsschwierigkeiten im Einzelfall ist damit ein allgemeines Prozessgrundrecht geschaffen.[480] Das **Recht auf ein faires Verfahren** im Allgemeinen sowie das **Recht auf Gehör** aus Art. 103 Abs. 1 GG und weitere prozessuale Grundrechte im Besonderen sichern den Ablauf des gerichtlichen Verfahrens.

Das Prozessgrundrecht auf ein faires Verfahren verpflichtet den Richter, das Verfah- 119
ren so zu gestalten, wie die Parteien »es von ihm erwarten dürfen«, sich also nicht widersprüchlich zu verhalten, aus gerichtlichen Versäumnissen keine Nachteile für die Parteien abzuleiten.[481] Ein Teilaspekt prozessualer Fairness ist also das Recht auf ein vorhersehbares Verfahren.[482] Im Sinne eines **Auffanggrundrechts** steht das allgemeine Prozessgrundrecht auf ein faires Verfahren hinter den speziellen Verfahrensgrundrechten wie dem Recht auf Gehör und erfasst darüber hinaus jene Teilaspekte des Verfahrens, die keinem der speziellen Verfahrensgrundrechte zugeordnet werden können,[483] wie etwa die Beschränkung der Gerichtsöffentlichkeit im Interesse Verfahrensbeteiligter.[484]

Dieselben Abgrenzungsschwierigkeiten ergeben sich im Verhältnis von Art. 103 120
Abs. 1 GG zum **allgemeinen Justizgewährungsanspruch** bzw. **Art. 19 Abs. 4 GG,**

---

476 *Schulze-Fielitz*, in: Dreier III, Art. 103 III Rn. 34.
477 Demgegenüber wohl für Unwirksamkeit *Schulze-Fielitz*, in: Dreier III, Art. 103 III Rn. 34.
478 BVerfGE 79, 372 (376 f.); 88, 118 (123 ff.); 91, 176 (181 f.).
479 BVerfGE 78, 123 (126); 93, 99 (107); 101, 397 (405); 110, 226 (253); 110, 339 (342).
480 Vgl. dazu *Degenhardt*, in: Sachs, Art. 103 Rn. 42 ff.; *Hartmann/Apfel*, Jura 2008, 495 ff., zum Stand der Rechtsprechung bezüglich des Grundrechts auf ein faires Strafverfahren.
481 BVerfGE 78, 123 (126 f.); BVerfG, NJW 2004, 2887, 2149.
482 BVerfGE 87, 48 (65).
483 *Hartmann/Apfel*, Jura 2008, 495 (500); *Degenhardt*, in: Sachs, Art. 103 Rn. 42.
484 Vgl. BVerfGE 103, 44 (82).

obwohl die Trennlinie formal eindeutig zu sein scheint.[485] Zwar sind sowohl Art. 19 Abs. 4 GG als auch Art. 103 Abs. 1 GG dem gleichen Ziel der Gewährleistung eines wirkungsvollen Rechtsschutzes zuzuordnen.[486] Für den Ablauf des gerichtlichen Verfahrens ist jedoch vorrangig auf den spezifisch hierauf bezogenen Art. 103 Abs. 1 GG abzustellen. Zwar garantieren die Justizgewähransprüche neben dem Zugang zum Gericht auch eine umfassende tatsächliche und rechtliche Prüfung des Streitgegenstandes.[487] Soweit es dabei aber um Anforderungen an rechtliches Gehör geht, ist Art. 103 Abs. 1 GG lex specialis. Dieser kann seinerseits nur durch den Sonderfall des rechtlichen Gehörs bei Freiheitsentziehungen nach Art. 104 GG verdrängt werden.

121   Die Anwendungsbereiche des aus Art. 3 Abs. 1 GG abgeleiteten Prinzips **prozessualer Waffengleichheit** und des Anspruchs nach Art. 103 Abs. 1 GG überschneiden sich nicht, weil das erstere ein Gleichheitsrecht, der Anspruch auf rechtliches Gehör hingegen ein Abwehr- und Teilhaberecht ist.

122   Dogmatisch fragwürdig wird das **allgemeine Willkürverbot**, abgeleitet aus Art. 3 Abs. 1 GG, mitunter zur Korrektur fehlerhafter Anwendung von Verfahrensvorschriften eingesetzt.[488] Es gilt dann als verletzt, wenn die Entscheidung »sachlich unhaltbar und mithin objektiv willkürlich«,[489] unter keinem denkbaren Aspekt rechtlich vereinbar ist.[490] Demgegenüber wird Willkür verneint, wenn sich das Gericht mit der Rechtslage eingehend auseinandergesetzt hat.[491] Hiermit wird der Bezug zum Recht auf Gehör deutlich. Infolgedessen ist auf Art. 103 Abs. 1 GG als speziellere Norm abzustellen.[492] Die Trennlinie zum Willkürverbot des Art. 3 Abs. 1 GG als Korrektiv für schlechthin unvertretbare gerichtliche Rechtsanwendung verläuft dort, wo nicht die prozessuale Rechtsposition des Betroffenen, sondern das materielle Recht unter keinem Gesichtspunkt vertretbar, schlechthin unhaltbar oder eindeutig unangemessen angewendet wird.

123   Andere Verfassungsrechtsnormen, wie materielle Grundrechte Dritter oder die verfahrensrechtliche Dimension der Grundrechte, sind ebenso wie die dem Rechtsstaatsprinzip zugeordneten Gesichtspunkte der **Funktionsfähigkeit der Rechtspflege**[493] oder

---

485   BVerfG, NJW 2001, 3695 (3696); BVerfGE 89, 120 (130); weitere Beispiele bei *Degenhardt*, in: Sachs, Art. 103 Rn. 4.

486   BVerfG, NJW 1997, 726; BVerwGE 109, 115 (119).

487   BVerfGE 81, 123 (129); 85, 337 (345).

488   BVerfGE 42, 64 (70); 52, 131 (161 f.); 54, 117 (123); 69, 248 (254); 71, 202 (204); BVerfG, NJW 1997, 999 (1000); BVerfGE 89, 1 (14); BVerfG, NJW 1998, 369; NJW 2001, 1125.

489   BVerfGE 58, 163 (167 f.).

490   BVerfGE 62, 189 (192); 80, 48 (51); 86, 59 (62); 87, 273 (278); BVerfG, NJW 2005, 3345 (3346).

491   BVerfGE 87, 273 (279); BVerfG, NJW 1999, 1387 (1389).

492   BVerfGE 60, 305 (308 f.); 73, 322 (324 f.), abweichend BVerfGE 42, 64 (72 ff.).

493   BVerfGE 54, 277 (292).

des **Beschleunigungsgebots**[494] bei der verfassungsrechtlichen Rechtfertigung von Beeinträchtigungen des Gehörsrechts im Sinne der Herstellung praktischer Konkordanz einzubeziehen.

II. Nullum crimen, nulla poena sine lege (Abs. 2 GG)

Nicht Konkurrenz, wohl aber Bezug besteht zwischen Art. 103 Abs. 2 GG und dem   124
materiellen Schuldprinzip (nulla poena sine culpa), das aus Art. 1 Abs. 1 GG i.V.m.
Art. 2 Abs. 2 S. 1 GG und dem Rechtsstaatsprinzip, insbes. dem Übermaßverbot,
abgeleitet wird[495] und damit Verfassungsrang genießt[496]. »Die unverlierbare Würde
des Menschen als Person besteht gerade darin, dass er als selbstverantwortliche Persönlichkeit anerkannt bleibt. Jede Strafe muss in einem gerechten Verhältnis zur Schwere
der Straftat und zum Verschulden des Täters stehen«.[497] Art. 103 Abs. 2 GG geht von
dem rechtsstaatlichen Grundsatz aus, dass Strafe Schuld voraussetzt.[498]

Indem dem Grundgesetz die Vorstellung des eigenverantwortlichen und selbstbe-   125
stimmten Menschen zugrunde liegt, verlangt es, dass die Strafe durch eine hinreichend gesetzlich bestimmte **Strafandrohung** für den Normadressaten **vorhersehbar**
ist.[499] Sodann muss die Strafandrohung nach Art und Maß **in einem angemessenen
Verhältnis zum sanktionierten Verhalten** stehen.[500] Unterschiedliche Begehungswei-
sen müssen sich in der **Rechtsfolge** niederschlagen, ggfs. auch durch eine Auflocke-
rung des strikten Verfolgungszwangs.[501] Wenn Strafe Schuld voraussetzt, ist damit
auch der Grundsatz des in dubio pro reo von Verfassungs wegen mit angelegt.[502]
Wenn strafbares Verhalten und Schuld nicht zweifelsfrei feststehen, kann die gesetzliche Strafandrohung nicht eingreifen.

Mit der Gewährleistung des Art. 103 Abs. 2 GG werden zugleich Elemente des   126
Rechtsstaatsgebotes, nämlich der Vorbehalt des Gesetzes, das Bestimmtheitsgebot
und das Rückwirkungsverbot, für das Gebiet der Strafrechtspflege explizit und abwä-
gungsfest geregelt. Außerhalb des Strafrechts gelten insoweit die allgemeinen rechtsstaatlichen Gebote. Art. 103 Abs. 2 GG ist eine »spezielle rechtsstaatliche Garantie
des **Vertrauens in die Verlässlichkeit der Rechtsordnung**, die eine klare Orientierung

---

494 BVerfGE 35, 382 (405); 63, 45 (68 f.).
495 BVerfGE 45, 187 (228); 54, 100 (108); 57, 250 (275); 80, 244 (255); 91, 1 (27); 95,
     96 (140); 109, 133 (171); 110, 1 (13 f.); BVerfG, NVwZ 2003, 1504; NJW 2005, 1344
     (1345).
496 BVerfGE 45, 187 (228); 109, 133 (170).
497 BVerfG 109, 133 (170).
498 BVerfGE 25, 269 (285); 105, 135 (154); 109, 133 (170); 110, 1 (13); zu den Anforde-
     rungen des Schuldprinzips siehe *Degenhardt*, in: Sachs, Art. 103 Rn. 55.
499 BVerfGE 105, 135 (153); 109, 133 (170).
500 BVerfGE 54, 100 (108); 110, 1 (13); BVerfG, NJW 2005, 1344 (1345).
501 BVerfGE 90, 145 (184, 191).
502 Indifferent insoweit BVerfG, MDR 1975, 468 f.

zu geben hat, was strafbar und was straflos ist«.[503] Anders als das Vertrauensschutzprinzip als allgemeines Element der Rechtsstaatlichkeit ist Art. 103 Abs. 2 GG einer
Abwägung nicht zugänglich.[504] Aus dem Grundsatz des fairen Verfahrens des Art. 6
Abs. 1 EMRK wird darüber hinaus ein generelles, grundsätzliches Verbot rückwirkender Eingriffe in gerichtliche Verfahren abgeleitet.[505]

III. Mehrfachbestrafungsverbot (Abs. 3)

127   Das Mehrfachbestrafungsverbot des Art. 103, Abs. 3 GG ist mit der **Menschenwürde** und dem Rechtsstaatprinzip verbunden.[506] In seinem Anwendungsbereich wird
der Schutz der Menschenwürde vorrangig von Art. 103 Abs. 3 GG konkretisiert.[507]

128   Die Verbindungen zum **Rechtsstaatsprinzip** sind für Art. 103 Abs. 3 GG bislang bedeutsamer. Denn diese Beziehung wurde einerseits argumentativ zur Ausformung
des Mehrfachbestrafungsverbots durch die Gerichte herangezogen, andererseits wird
Art. 103 Abs. 3 GG inhaltlich durch das Spannungsverhältnis zwischen Rechtssicherheit und Gerechtigkeit beeinflusst.[508] Eine Auflösung dieses Konfliktes erfolgt
– zumindest teilweise – dahin, dass Art. 103 Abs. 3 GG die materielle Gerechtigkeit
zurücktreten lässt.[509]

H. Internationale und europäische Aspekte

I. Recht auf rechtliches Gehör (Abs. 1)

1. Internationale Menschenrechtsdokumente

129   Der Anspruch auf rechtliches Gehör wird standardmäßig[510] auch in internationalen
Menschenrechtspakten garantiert, was sich an Art. 14 Abs. 1, 3 IPbpR[511], Art. 10
AEMR[512] sowie Art. 6 Abs. 1, 3 EMRK zeigt. Art. 6 Abs. 1 EMRK gewährleistet
daneben dem Einzelnen gerichtlichen Rechtsschutz sowie das **Recht auf ein faires Verfahren** und geht damit über den Gehalt von Art. 103 Abs. 1 GG hinaus. Verfassungsrechtlich sichern Art. 19 Abs. 4 GG[513] und der allgemeine Justizgewährungsanspruch,

---

503 BVerfGE 113, 273 (308).
504 BVerfGE 109, 133 (171 f.).
505 EGMR, NJW 2007, 1259; NJW 2007, 3409.
506 *Nolte*, in: von Mangoldt/Klein/Starck, Art. 103 Rn. 229 f.
507 *Schulze-Fielitz*, in: Dreier III, Art. 103 III Rn. 36.
508 *Nolte*, in: von Mangoldt/Klein/Starck, Art. 103 Rn. 231.
509 *Schulze-Fielitz*, in: Dreier III, Art. 103 III Rn. 37.
510 So *Schulze/Fielitz*, in: Dreier III, Art. 103 I Rn. 7.
511 Internationaler Pakt über bürgerliche und politische Rechte vom 19.12.1966, siehe
      BGBl. II 1973, S. 1534.
512 Allgemeine Erklärung der Menschenrechte vom 10.12.1948.
513 BVerfG, LKV 2002, 569 (573); BVerfG, NJW 2003, S. 3689.

den das BVerfG aus dem Rechtsstaatsprinzip i.V.m. Art. 2 Abs. 1 GG ableitet,[514] umfassenden Individualrechtsschutz zu. Das Recht auf ein faires Verfahren wird aus Art. 20 Abs. 3 GG i.V.m. Art. 2 Abs. 1 GG abgeleitet.[515] Durch letzteres kann die gebotene Konkordanz zwischen dem Grundgesetz und Art. 6 Abs. 1 EMRK erreicht werden.[516] Soweit im Übrigen Art. 103 Abs. 1 GG oder das einfachgesetzliche Verfahrensrecht hinter Art. 6 EMRK zurückbleibt, ist dem durch eine EMRK-konforme Anwendung Rechnung zu tragen.[517] Die Garantien des Art. 6 Abs. 1 EMRK gelten ungeachtet seiner Formulierung (zivilrechtliche Ansprüche) in Verfahren vor ordentlichen wie vor Verwaltungsgerichten[518] und insbes. auch im Strafverfahren.

2. Europarechtliche Aspekte

Auf der Ebene der Europäischen Union ist Art. 47 Abs. 2 der EU-GRCh zu nennen, 130 der das Recht auf Gehör nicht ausdrücklich und textlich verselbständigt, sondern als Teilelement des dort gewährleisteten Rechts einer jeden Person auf ein faires Verfahren gewährleistet.[519] Bevor der Vertrag von Lissabon nicht von allen Mitgliedstaaten ratifiziert worden war, war die Europäische GRCh rechtlich unverbindlich, da diese bis dato vom Europäischen Rat lediglich begrüßt wurde. Allerdings zog der EuGH die Charta im Rahmen des Art. 6 Abs. 2 EU aF als Rechtserkenntnisquelle heran.[520] Im Europäischen Gemeinschaftsrecht galt das Recht auf rechtliches Gehör deshalb gegenüber allen Gemeinschaftsorganen grundrechtsäquivalent als **ungeschriebener allgemeiner Rechtsgrundsatz**.[521] Gem. Art. 6 Abs. 1 UAbs. 1 S. 1 EUV erkennt die Union mittlerweile die Rechte, Freiheiten und Grundsätze, wie sie in der Charta der Grundrechte enthalten sind, ausdrücklich als rechtlich gleichrangig an.

II. Nullum crimen, nulla poena sine lege (Abs. 2)

1. Internationale Aspekte

Der Grundsatz der Gesetzesbestimmtheit der Strafe gem. Art. 103 Abs. 2 GG wird 131 völkerrechtlich durch Art. 11 Nr. 2 AEMR, Art. 15 Abs. 1 IPbpR – ergänzt um den Vorrang des milderen Gesetzes (lex mitior) gem. Art. 15 Abs. 1 S. 3 IPbpR – und durch Art. 7 Abs. 1 EMRK garantiert. Anders als Art. 15 Abs. 2 IPbpR und Art. 7 Abs. 2 EMRK enthält Art. 103 Abs. 2 GG allerdings keine Ausnahme vom strafrecht-

514 BVerfGE 88, 118 (123 f.); 93, 99 (107); vgl. zum Verhältnis von Art. 19 Abs. 4 und dem allgemeinen Justizgewährungsanspruch *Papier*, in: Isensee/Kirchhof, HStR VIII, § 176 Rn. 5 ff.
515 BVerfGE 38, 105 (111); 57, 250 (274 f.); 110, 339 (342).
516 Vgl. etwa BVerfGE 110, 339 (342).
517 BVerfGE 58, 1 (34); 63, 1 (20); 83, 119 (128).
518 BVerwGE 110, 203 (213).
519 *Schulze/Fielitz*, in: Dreier III, Art. 103 I Rn. 8.
520 Erstmals deutlich EuGH, Slg. 2006, I-5769, Rn. 38.
521 EuGH, Slg. 1963, 107 (123) – Alvis; EuGH, Slg. 1979, 461, Rn. 9 – Hoffmann-La Roche; EuGH, Slg. 1994, I-2855, Rn. 39 – Fiskano AB.

lichen Rückwirkungsverbot für solche Verbrechen, die bei Begehung nach völkerstrafrechtlichen Grundsätzen strafbar waren. Das schließt jedoch nicht aus, Art. 103 Abs. 2 GG im Blick auf Art. 7 Abs. 2 EMRK einschränkend auszulegen.[522] Art. 7 Abs. 2 EMRK, auch als »**Nürnberg-Klausel**« bezeichnet, sollte insbes. die Nürnberger Kriegsverbrecherprozesse von 1947 rechtfertigen.[523] Über das ausdrücklich statuierte Rückwirkungsverbot hinaus hat der EGMR aus Art. 7 EMRK auch das Verbot der extensiven Auslegung eines Straftatbestandes zuungunsten des Angeklagten, das Analogieverbot und den Bestimmtheitsgrundsatz abgeleitet.[524] Allerdings wird Art. 7 Abs. 1 EMRK kein Verbot gewohnheitsrechtlicher Strafbegründung entnommen, da dies dem englischen Rechtsverständnis widerspräche, das noch immer Straftatbestände des common law kennt.[525]

2. Europäische Union

132 Auf der Ebene der Europäischen Union sind das Rückwirkungsverbot und der Bestimmtheitsgrundsatz vom EuGH als **allgemeine Rechtsgrundsätze** anerkannt worden, der dafür auch auf Art. 7 Abs. 1 EMRK als Rechtserkenntnisquelle zurückgegriffen hat.[526] Die bereits vom EuGH entwickelten Gewährleistungen sind dann in Art. 49 EU-GRCh übernommen worden, welcher ebenfalls in Abs. 2 eine Ausnahme vom Rückwirkungsverbot für völkerstrafrechtliche Tatbestände vorsieht.

III. Mehrfachbestrafungsverbot (Abs. 3)

1. Völkerrechtliche Aspekte

133 Der Grundsatz des ne bis in idem aus Art. 103 Abs. 3 GG hat seinen völkervertragsrechtlichen Niederschlag in Art. 4 des 7. Zusatzprotokolls zur EMRK (1984) und in Art. 14 Abs. 7 IPbpR gefunden. In der AEMR ist der Grundsatz des ne bis in idem dagegen nicht gewährleistet.[527] Die Bundesrepublik Deutschland hat das 7. Zusatzprotokoll zur EMRK zwar 1985 unterzeichnet, es aber noch nicht ratifiziert.[528] Obwohl sich die völkerrechtlichen Normen lediglich auf eine erneute Strafverfolgung innerhalb desselben Staates beziehen,[529] ist im Völkerstrafrecht eine Entwicklung er-

---

522 Vgl. BVerfGE 95, 96; BVerfG, NJW 2000, 1480.
523 Vgl. *Schulze-Fielitz*, in: Dreier III, Art. 103 II Rn. 7.
524 EGMR, NJW 2001, S. 3035 (3037).
525 *Nolte*, in: v. Mangoldt/Klein/Starck III, Art. 103 Abs. 2 Rn. 114.
526 EuGH, Slg. 1984, 2689 (2718).
527 Vgl. *Schulze-Fielitz*, in: Dreier III, Art. 103 III Rn. 7.
528 *Nolte*, in: v. Mangoldt/Klein/Starck III, Art. 103 Abs. 3 Fn. 1.
529 Ausdrücklich Art. 4 Abs. 1 des 7. Zusatzprotokolls zur EMRK: »in einem Strafverfahren desselben Staates«. Art. 14 Abs. 7 IPbpR ließe zwar auch eine weitergehende Auslegung zu, jedoch hat der Ausschuss für Menschenrechte erklärt, dass die Vorschrift eine mehrfache Verfolgung lediglich im Hinblick auf eine Tat verbiete, die in einem bestimmten Staat abgeurteilt worden ist, vgl. *Nolte*, in: v. Mangoldt/Klein/Starck III, Art. 103 Abs. 3 Rn. 191.

kennbar, die erneute Strafverfolgung sowohl im Verhältnis internationaler zur nationalen Gerichtsbarkeit als auch im europäischen Rechtsbereich im Verhältnis verschiedener Staaten zueinander im Sinne eines Doppelbestrafungsverbotes verstärkt zu unterbinden.[530] Das zwischenstaatliche Verbot der Mehrfachbestrafung ist im europäischen Rechtsraum mittlerweile auf dem Weg zu einer Geltung als regionales **Völkergewohnheitsrecht**.[531]

2. Europäische Union

Das Verbot der Doppelbestrafung hatte in der Rechtsprechung des EuGH den Rang eines **allgemeinen Rechtsgrundsatzes** gewonnen,[532] welcher sich auf Grund von Art. 6 Abs. 2 EU a.F. an Art. 4 des 7. Zusatzprotokolls zur EMRK orientierte. Allerdings harmonierte die dort normierte Beschränkung des Grundsatzes auf die Strafverfolgung innerhalb eines Staates nicht mit dem Anspruch der EU, eine europaweite Bürgergemeinschaft zu bilden,[533] weshalb nun Art. 50 EU-GRCh den Anwendungsbereich des Grundsatzes ne bis in idem auf alle Staaten der Europäischen Union ausweitet.[534] Jedoch findet Art. 50 EU-GRCh nur Anwendung gegenüber Maßnahmen der Union sowie der Mitgliedstaaten bei der Ausführung des Unionsrechts, Art. 51 Abs. 1 EU-GRCh. Die Frage des Doppelbestrafungsverbotes im Verhältnis der Gemeinschaftsgewalt zur mitgliedstaatlichen Strafverfolgung stellt sich jedoch solange nicht, wie die Gemeinschaftsorgane über keine echte Strafgewalt verfügen.[535]

Ein Verbot der Mehrfachbestrafung enthält das **Schengener Durchführungsübereinkommen in Art. 54**,[536] das durch den Amsterdamer Vertrag vergemeinschaftet wurde und wodurch nun erstmals eine unmittelbar wirksame ne-bis-in-idem-Garantie im Verhältnis der Mitgliedstaaten untereinander in Kraft getreten ist.[537] Danach darf niemand für eine Tat, für die er in einem Vertragsstaat »rechtskräftig abgeurteilt« worden ist, in einem anderen Vertragsstaat verfolgt werden. Dies gilt auch für den rechtskräftigen Freispruch.[538] Art. 54 SDÜ begründet ein Verfahrenshindernis, wenn die von einem Gericht des Vertragsstaats verhängte Sanktion vollstreckt wurde. Dies ist auch der Fall bei einer zur Bewährung ausgesetzten Freiheitsstrafe.[539] Nach Art. 55 Abs. 1 SDÜ kann aber jede Vertragspartei bei der Ratifikation, der Annahme oder der Genehmigung dieses Übereinkommens erklären, dass sie in bestimmten, enume-

134

135

---

530 *Schulze/Fielitz*, in: Dreier III, Art. 103 III Rn. 7.
531 *Schmahl*, in: Schmidt-Bleibtreu/Hofmann/Henneke, Art. 103 Rn. 8; *Schulze/Fielitz*, in: Dreier III, Art. 103 III Rn. 7.
532 EuGH, Slg. 2002, I-8375, Rn. 59 – Limburgse Vinyl Maatschappij u.a.
533 *Schulze/Fielitz*, in: Dreier III, Art. 103 III Rn. 9.
534 Näher dazu *Jarass*, NStZ 2012, 611 (616).
535 *Nolte*, in: v. Mangoldt/Klein/Starck III, Art. 103 Abs. 3 Rn. 197.
536 Dazu EuGH, NJW 2006, 1781.
537 *Nolte*, in: v. Mangoldt/Klein/Starck III, Art. 103 Abs. 3 Rn. 196.
538 EuGH, NJW 2006, 3403 (Rn. 23 ff.).
539 EuGH, NJW 2007, 3412 (Rn. 38 ff.).

rativ aufgelisteten Fällen nicht durch Art. 54 SDÜ gebunden ist. Deutschland hat einen solchen Vorbehalt abgegeben.[540]

136   **Entscheidungen der Staatsanwaltschaft**, insbes. die Zusage, eine bestimmte Tat nicht zu verfolgen, führen nach deutscher Rechtsprechung grundsätzlich nicht zu einem Strafklageverbrauch, da es sich insoweit nicht um ein Gericht handelt.[541] Allerdings übt insoweit die neueste Rechtsprechung des EuGH zu Art. 54 SDÜ Druck auf die innerstaatliche Rechtspraxis aus.[542] Nachdem der EuGH zunächst einen Strafklageverbrauch auch bei Einstellung durch die Staatsanwaltschaft angenommen hatte,[543] hat er dies klarstellend nun auf die Fälle einer Prüfung in der Sache beschränkt.[544]

I. Prozessuale Fragen

137   Dogmatisch betrachtet handelt es sich bei den Prozessgrundrechten des Art. 103 GG um **grundrechtsgleiche Rechte i.S.v. Art. 93 Abs. 1 Nr. 4a GG**, die folgerichtig vom Begünstigten mit der Verfassungsbeschwerde verteidigt werden können. Das BVerfG spricht bisweilen direkt von Grundrechten.[545]

138   In der Rechtsprechung des BVerfG ist Art. 103 Abs. 1 GG von Anfang an besondere Bedeutung zugekommen. Er gehört zu denjenigen Normen, die in der **Rechtspraxis** am häufigsten mit der Verfassungsbeschwerde als verletzt gerügt werden, und steht auch bei den erfolgreichen Verfassungsbeschwerden an erster Stelle.[546] Ob und inwieweit sich dieser Befund angesichts der gesetzlichen Einführung der fachgerichtlichen Gehörsrüge ändert, bleibt abzuwarten.[547]

I. Spezifische Verfassungsverletzung

139   Effektiver Rechtsschutz gem. Art. 19 Abs. 4 GG bzw. dem allgemeinen Justizgewährungsanspruch ist auch gegenüber Gehörsverletzungen zu gewährleisten.[548] Ein Verstoß gegen das einfache Prozessrecht bedeutet dann zugleich einen Verfassungsverstoß, wenn hierbei die Anforderungen des Grundrechts aus Art. 103 Abs. 1 GG verkannt worden sind.[549] Soweit Normen des Prozessrechts unmittelbar den Gehalt des Prozessgrundrechts zum Ausdruck bringen, beinhaltet der Verfahrensfehler regelmäßig

---

540   BeckOK StPO/*Inhofer* RB (EU) 2002/584/JI Art. 55 Rn. 1.
541   BGHSt 29, 288 (292); 37, 10 (11 f.).
542   EuGH, NJW 2003, 1173.
543   EuGH, NJW 2003, 1173.
544   EuGH, NJW 2005, 1337.
545   Vgl. zu Abs. 1 BVerfGE 60, 247 (249); 64, 135 (144); BVerfG, NVwZ-RR 2002, 802.
546   *Graßhof*, HbGR V, § 133 Rn. 9 f.
547   Dazu *Schmahl*, in: Schmidt-Bleibtreu/Hofmann/Henneke, Art. 103 Rn. 22; skeptisch im Hinblick auf eine Entlastung der Verfassungsgerichte *Heinrichsmeier*, NVwZ 2010, 228 (232).
548   BVerfGE 107, 395 (410).
549   BVerfGE 60, 305 (310); 75, 302 (312 ff.).

Brüning

bereits einen Verfassungsverstoß.[550] Die Trennung zwischen schlichter Gesetzeswidrigkeit und spezifischer Verfassungswidrigkeit kann für Art. 103 Abs. 1 GG nicht mit gleicher Stringenz erfolgen wie für materielle Grundrechte.[551] Die Intensität der verfassungsgerichtlichen Überprüfung ist deshalb höher als sonst;[552] gerade wegen der Gesetzesabhängigkeit manifestiert sich der Grundrechtsverstoß regelmäßig in fehlerhafter Gesetzesanwendung. Abgrenzungskriterien des BVerfG sind einerseits die **Offenkundigkeit von Gesetzesverstößen**, die das rechtliche Gehör verkürzen;[553] andererseits wird auf die **Intensität des Grundrechtsverstoßes**, insbes. das grundsätzliche Verkennen der Bedeutung des Prozessgrundrechts, abgestellt.[554]

In diesem Sinne ist für eine Gehörsverletzung nach Art. 103 Abs. 1 GG erforderlich, dass das Gericht ein Vorbringen **überhaupt nicht zur Kenntnis genommen** oder **ersichtlich nicht in Erwägung gezogen** hat.[555] Das ist gegeben, wenn ein Parteivorbringen ausdrücklich zurückgewiesen wird, also z.B. ein Beweisantrag als unzulässig[556] oder ein Verweis auf erstinstanzliches Vorbringen als unzureichend bezeichnet wird[557] oder wenn ein Gutachten, der Hinweis hierauf sowie der Hinweis auf abweichende Rechtsprechung schlicht übergangen wird.[558] Die Nichtberücksichtigung wird indiziert, wenn ein Gericht auf den wesentlichen Kern des Tatsachenvortrags einer Partei zu einer zentralen Frage nicht eingeht[559] oder das Gegenteil des Vorgebrachten annimmt.[560] Grobe bzw. wiederholte Verletzungen des Anspruchs auf rechtliches Gehör können zudem einen Befangenheitsgrund bilden.[561]   140

II. Subsidiarität der Verfassungsbeschwerde

Eine Verletzung des Prozessgrundrechts aus Art. 103 Abs. 1 GG führt zur Aufhebung der Gerichtsentscheidung, wenn die angegriffene Entscheidung **auf der Gehörsverletzung** beruht, d.h., nicht ausgeschlossen werden kann, dass die Gewährung des Gehörs   141

---

550 Vgl. für Präklusionsnormen BVerfG, NJW 1988, 817; BVerfGE 17, 265 (268); 18, 380 (384).
551 BVerfGE 60, 305 (310); 75, 302 (312).
552 BVerfG, NJW 2004, 3551.
553 BVerfGE 60, 305 (310 f.); 69, 126 (139); 69, 145 (149); 70, 288 (293); 75, 302 (312); 86, 133 (145); BVerfG, NJW 2004, 3551 (3552); BVerfG, NJW 2005, 3410.
554 BVerfGE 59, 330 (334); 60, 1(6); 60, 175 (180); 62, 249 (254); 69, 145 (149); 74, 228 (233); 89, 28 (36).
555 BVerfG, NJW 1997, 2310 (2312).
556 OLG Hamm, SVR 2007, 184 (184 f.).
557 BVerfG, NJW 1992, 495; BVerfGE 36, 92 (99); 70, 288 (295).
558 BSGE 79, 125; BVerfG, DVBl. 2007, 253; NJW 1997, 187.
559 BVerfGE 47, 182 (189); 86, 133 (146); BVerfG, NVwZ-RR 2004, 3; DVBl. 2007, 253; NJW 2008, 1726 (1728).
560 BVerfG, DVBl. 2007, 253.
561 OLG Frankfurt, BauR 2008, 163 (1665); *Wagner*, BauR 2014, 461 m.w.N. zu ZPO-Kommentaren.

zu einer anderen Entscheidung geführt hätte.[562] Potenzielle Kausalität genügt demnach. Die Heilung eines Verfahrensfehlers ist grundsätzlich in gleicher oder höherer Instanz möglich.[563] Anzustreben ist eine vorrangige Korrektur über die Fachgerichte, auch im Wege der Selbstkorrektur.[564]

142   Infolge dessen sind die Prüfung von gerichtlichen Gehörsverstößen und ihre Beseitigung primär den Fachgerichten überantwortet, denen ein Vorrang vor der Prüfung von Gehörsverstößen durch das BVerfG zusteht.[565] Erst die Möglichkeit der Fachgerichte zur Korrektur einer fehlerhaften Verweigerung des rechtlichen Gehörs eröffnet das Gehört-Werden im Verfahren und dient überdies der Selbstkontrolle der Fachgerichte.[566] Das bedeutet für die Zulässigkeit einer Verfassungsbeschwerde unter dem Gesichtspunkt der Subsidiarität der Verfassungsbeschwerde, dass keine **Korrektur durch die Fachgerichtsbarkeit** möglich ist.[567]

143   Diese Anforderungen an die Subsidiarität der Verfassungsbeschwerde führten zur Ausbildung von in den Prozessordnungen nicht vorgesehenen **Rechtsbehelfen gegen Gehörsverletzungen** und in der Folge zu erheblicher Rechtsunsicherheit. Hierzu hat das BVerfG im Jahre 2003 entschieden, dass es gegen das Rechtsstaatsprinzip in Verbindung mit Art. 103 Abs. 1 GG verstoße, wenn eine Verfahrensordnung keine fachgerichtliche Abhilfemöglichkeit für den Fall vorsehe, dass ein Gericht in entscheidungserheblicher Weise den Anspruch auf rechtliches Gehör verletze. Die von der Fachgerichtsbarkeit entwickelten außerordentlichen Rechtsbehelfe, die zum Teil als prozessuales Gewohnheitsrecht angewandt würden, verletzten den rechtsstaatlichen Grundsatz der Rechtsmittelklarheit.[568] Deshalb müsse die jeweilige Verfahrensordnung eine eigenständige gerichtliche Abhilfemöglichkeit vorsehen, wenn die behauptete Verletzung des Art. 103 Abs. 1 GG in der letzten in der Prozessordnung vorgesehenen Instanz erfolge und der Fehler entscheidungserheblich sei.[569] Dem Gesetzgeber gab das BVerfG daher auf, bis Ende 2004 entsprechende Rechtsbehelfe im Verfahrensrecht vorzusehen.[570] Dabei genüge ein Rechtsbehelf an das Gericht, dessen Verfahrenshandlung als fehlerhaft gerügt werde (iudex a quo), sofern auf diese Weise der Mangel effektiv beseitigt werden könne. Die Anrufung einer weiteren Instanz (iudex ad quem) sei nicht erforderlich.[571] Später hat das BVerfG ausdrücklich klargestellt, dass es gegen die Rechtsmittelklarheit verstoße, wenn von der Rechtsprechung außerordentliche Rechtsbehelfe außerhalb des geschriebenen Rechts geschaf-

---

562   BVerfGE 7, 95 (99); 60, 247 (249); 60, 313 (318); 62, 392 (396); 86, 133 (147); 89, 381 (392 f.).
563   BVerfGE 73, 322 (326).
564   BVerfG, NJW 2003, 1513.
565   BVerfGE 70, 288 (294); 72, 119 (121); 73, 322 (327); 75, 302 (312).
566   BVerfGE 47, 182 (190 f.); 63, 77 (79); 73, 322 (327 f.); 107, 395 (411 f.).
567   Vgl. *Schmahl*, in: Schmidt-Bleibtreu u.a., Art. 103 Rn. 22.
568   BVerfGE 107, 395 (416 f.).
569   BVerfGE 107, 395 (412).
570   BVerfGE 107, 395 (418).
571   BVerfGE 107, 395 (411).

fen würden, um tatsächliche oder vermeintliche Lücken im bisherigen Rechtsschutz-system zu schließen.[572] Diesem Auftrag des BVerfG ist der Gesetzgeber durch das **An-hörungsrügen-Gesetz vom 09.12.2004** (BGBl. I S. 3320) nachgekommen, das am 01.01.2005 in Kraft getreten ist. Die vorher verwendete Gegenvorstellung ist seither nicht mehr zulässig.[573] Unterlässt ein Betroffener, Abhilfe gegen einen entscheidungs-erheblichen Gehörsverstoß des letztinstanzlichen Gerichts im Anhörungsverfahren zu suchen, so ist eine stattdessen erhobene Verfassungsbeschwerde unzulässig.[574]

Durch diese grundlegende Entscheidung hat die Dogmatik des Art. 103 Abs. 1 GG   144 insofern eine neue Wendung erhalten, als das BVerfG seine bisherige Rechtsprechung, nach der das Grundgesetz keinen **Rechtsschutz gegen den Richter** gewährleiste,[575] verabschiedet hat,[576] soweit es sich um entscheidungserhebliche Verstöße des Richters gegen das Prozessgrundrecht aus Art. 103 Abs. 1 GG handelt. Festgehalten hat es demgegenüber an seiner Rechtsprechung, wonach Art. 103 Abs. 1 GG keinen In-stanzenzug garantiere.[577]

Wenn die Verfassungsbeschwerde auf die **Verletzung materiellen Rechts** beschränkt   145 bleiben soll, bedarf es grundsätzlich nicht der Erhebung der Anhörungsrüge oder an-derer Rechtsbehelfe.[578] Steht allerdings ein unteilbarer Streitgegenstand im Hinblick auf anderweitige Verfahrensverstöße in Rede und kommt objektiv ein Gehörsverstoß in Betracht, so muss die Anhörungsrüge erhoben werden, um dem Subsidiaritätserfor-dernis der Verfassungsbeschwerde zu genügen.[579] In diesem Sinn muss die Anhö-rungsrüge oder ein anderer gegen eine Gehörsverletzung gegebener Rechtsbehelf er-griffen werden, wenn den Umständen nach ein Gehörsverstoß durch die Fachgerichte naheliegt und zu erwarten wäre, dass vernünftige Verfahrensbeteiligte mit Rücksicht auf die geltend gemachte Beschwer bereits im gerichtlichen Verfahren mit einem entsprechenden Rechtsbehelf reagieren würden.[580]

Ist die Zulässigkeit der Anhörungsrüge unklar[581], ist die Verfassungsbeschwerde vor-   146 sorglich innerhalb der Monatsfrist zu erheben, um der Gefahr der **Verfristung** einer erst nach Durchführung des Anhörungsrügeverfahrens eingelegten Verfassungsbe-schwerde vorzubeugen.[582] Allerdings hat das BVerfG die nicht offensichtlich aus-

---

572 BVerfG, NJW 2007, 2538.
573 OVG Lüneburg, NJW 2005, 2171.
574 BVerfG, NJW 2013, 3506 (3507 m.w.N.); *Wagner*, BauR 2014, 461 f. m.w.N. auch zu Ausnahmen.
575 BVerfGE 11, 263 (265); 49, 329 (340); 65, 76 (90); 76, 93 (98).
576 Vgl. *Voßkuhle*, Bruch mit einem Dogma: Die Verfassung garantiert Rechtsschutz gegen den Richter, in NJW 2003, S. 2193 (2194).
577 BVerfGE 1, 418 (437); 53, 25 (28).
578 BVerfG, NJW 2013, 3506 (3507).
579 *Degenhardt*, in: Sachs, Art. 103 Rn. 41b; *Wagner*, BauR 2014, 461 f. m.w.N.
580 BVerfG, NJW 2013, 3506 (3508).
581 Vgl. BVerfG, NJW 2007, 3418.
582 BVerfG, NJW 2007, 2242; NJW-RR 2008, 75.

sichtslose Anhörungsrüge auch dann fristbestimmend zum Rechtsweg gerechnet, wenn mit der Verfassungsbeschwerde gar kein Gehörsverstoß geltend gemacht wird.[583]

147 Es kann wegen der Erfordernisse der Rechtswegerschöpfung und der materiellen Subsidiarität **keine Nachholung** einer unterbliebenen Rüge nach § 321a ZPO oder in der Nichtzulassungsbeschwerde nach § 544 ZPO in der Verfassungsbeschwerde geben.[584] Die sekundäre Gehörsrüge, d.h. die Behauptung, das Fachgericht habe einen angeblichen Gehörsverstoß der Vorinstanz in dem durchgeführten Rechtsbehelfsverfahren nicht geheilt, ist nicht zulässig, weil insoweit kein neuer und eigenständiger, über die bloße Nichtheilung des behaupteten Gehörsverstoßes hinausgehender Gehörsverstoß gerügt wird und weder das Gebot effektiven Rechtsschutzes aus Art. 2 Abs. 1 GG i.V.m. Art. 20 Abs. 3 GG noch der Anspruch auf Gewährung rechtlichen Gehörs aus Art. 103 Abs. 1 GG die Eröffnung der Anhörungsrüge gegen eine solche Entscheidung gebieten.[585]

J. Deutsche und europarechtliche Leitentscheidungen

I. Recht auf rechtliches Gehör, Art. 103 Abs. 1 GG

148 BVerfGE 9, 89 (94 f.) – Gehör bei Haftbefehl; BVerfGE 52, 203 (206 f.) – Fristgebundener Schriftsatz; BVerfGE 54, 117 (123 f.) – Präklusion I; BVerfGE 57, 250 (273 f.) – V-Mann; BVerfGE 75, 302 (312 f.) – Präklusion II; BVerfGE 86, 133 (144 f.) – Untersuchungshaft; BVerfGE 89, 381 (390 f.) – Volljährigenadoption II; BVerfGE 99, 145 (162 f.) – Kindesentführung; BVerfGE 101, 397 (404 f.) – Kontrolle des Rechtspflegers; BVerfGE 106, 28 (49) – Bezeugung rechtswidrig mitgehörter Telefonate; BVerfGE 107, 395 (408 f.) – Rechtsschutz gegen den Richter I; BVerfGE 108, 341 (345 f.) – Rechtsschutz gegen den Richter II.

EGMR, NJW 2001, 2387 – Verfahren in Abwesenheit des Angeklagten.

II. Nullum crimen, nulla poena sine lege, Art. 103 Abs. 2 GG

149 BVerfGE 14, 174 (185 f.) – Gesetzesgebundenheit im Strafrecht; BVerfGE 73, 206 (230 f.) – Sitzblockaden I; BVerfGE 75, 329 (340 f.) – Verwaltungsakzessorietät im Umweltstrafrecht; BVerfGE 92, 1 (11 f.) – Sitzblockaden II; BVerfGE 95, 96 (127 f.) – Mauerschützen; BVerfGE 105, 135 (152 f.) – Vermögensstrafe; BVerfGE 109, 133 (167 f.) – Langfristige Sicherheitsverwahrung; BVerfGE 110, 1 (11) – Erweiterter Verfall.

EGMR, NJW 2001, 3035 – Mauerschützen.

---

583 BVerfG, NJW 2013, 3506 (3507).
584 BVerfG, NJW 2007, 3418; BayVerfGH, NJW 2006, 283.
585 BVerfG, NJW 2008, 2635 (2636).

III. Mehrfachbestrafungsverbot, Art. 103, Abs. 3

BVerfGE 3, 248 (250 f.) – Mehrfachbestrafung; BVerfGE 56, 22 (27 f.) – Kriminel- 150
le Vereinigung; 65, 377 (380 f.) – Strafbefehl; BVerfGE 75, 1 (18 f.) – Völkerrecht.

EuGH, C-436/04 Van Esbroeck, NJW 2006, 1781 – SDÜ/Mehrfachverfolgung;
EuGH C 491/07, NStZ-RR 2009 109 – SDÜ/Doppelbestrafung bei Verfahrenseinstellung; EuGH, C-297/07, EuZW 2009 118 – SDÜ/Doppelbestrafungsverbot bei
unvollstreckbarer Erstverurteilung.

K. Literaturauswahl

I. Anspruch auf rechtliches Gehör, Art. 103 Abs. 1 GG

Allgayer, Auswirkungen des Anhörungsrügeverfahrens auf die Zulässigkeit von Ver- 151
fassungsbeschwerden?, NJW 2013, 3484–3487; *Arndt*, Das rechtliche Gehör, in
ders., Gesammelte juristische Schriften, 1976, S. 359–366; *Augsberg/Burkiczak*, Der
Anspruch auf rechtliches Gehör gem. Art. 103 I GG als Gegenstand der Verfassungsbeschwerde, JA 2008, 59–62; *Barczak*, Rechtsschutz bei Verzögerung Verfassungsgerichtlicher Verfahren, AöR 138 (2013), 536–583; *Baur*, Der Anspruch auf
rechtliches Gehör, AcP 153 (1954), S. 393–412; *Bracher*, Die Anhörung Dritter im
Normenkontrollverfahren gegen Bebauungspläne, DVBl. 2000, S. 165–174; *Dahs*,
Das rechtliche Gehör im Strafprozeß, 1965; *Degenhart*, Gerichtsverfahren, in:
Handbuch des Staatsrechts V, 3. Aufl. 2007, § 115, S. 761–811; *Desens*, Die subsidiäre Verfassungsbeschwerde und ihr Verhältnis zu fachgerichtlichen Anhörungs-
rügen, NJW 2006, S. 1243–1247; *Deubner*, Die Verfassungsbeschwerde wegen Verletzung des Anspruchs auf rechtliches Gehör als Rechtsbehelf im Zivilprozeß, NJW
1980, S. 263–267; *Eschelbach*, Gehör vor Gericht, Goltdammer's Archiv für Straf-
recht 151 (2004), S. 228–245; *Fellner*, Der Anspruch auf Gewährung rechtlichen
Gehörs und dessen Schutz, MDR 2008, 602–605; *Feuchthofen*, Der Verfassungsgrundsatz des rechtlichen Gehörs und seine Ausgestaltung im Verwaltungsverfahren,
DVBl. 1984, S. 170–175; *Franke*, Rechtliches Gehör und Präklusion, NJW 1986,
S. 3049–3053; *Frohn*, Rechtliches Gehör und richterliche Entscheidung, 1989; *Gehb*,
Vom langsamen Ende eines verfassungsrechtlichen Dogmas? Der trickreiche Weg des
Bundesverfassungsgerichts zum Anhörungsrügengesetz, DÖV 2005, S. 683–687;
Gundel, Neue Anforderungen des EGMR an die Ausgestaltung des nationalen Rechtsschutzsystems: Die Schaffung effektiver Rechtsbehelfe gegen überlange Verfahrensdauer, DVBl 2004, S. 17–27; *Gusy*, Rechtliches Gehör durch abwesende Richter?, JuS
1990, 712–719; *Hartmann/Apfel*, Das Grundrecht auf ein faires Strafverfahren, Jura
2008, S. 495–501; *Heinrichsmeier*, Probleme der Zulässigkeit der Verfassungsbeschwerde im Zusammenhang mit dem fachgerichtlichen Anhörungsrügeverfahren,
NVwZ 2010, 228–232; *Ingerl*, Sprachrisiko im Verfahren, 1988; *Knemeyer*, Rechtliches Gehör im Gerichtsverfahren, in: Handbuch des Staatsrechts VI, 1. Aufl. 1989,
§ 155, S. 1271–1304; *Kolb*, Das rechtliche Gehör als verfassungsmäßiges Recht,
1963; *Kopp*, Das rechtliche Gehör in der Rechtsprechung des Bundesverfassungsgerichts, AöR 106 (1981), S. 604–632; *Lerche*, Zum »Anspruch auf rechtliches Gehör«, ZZP 78 (1965), S. 1–31; *Lerche*, Dunklere und hellere Seiten des Anspruchs

auf rechtliches Gehör, in: Festschrift für Andreas Heldrich, 2005, S. 1283–1293; *Mauder*, Der Anspruch auf rechtliches Gehör, seine Stellung im System der Grundrechte und seine Auswirkung auf die Abgrenzungsproblematik zwischen Verfassungs- und Fachgerichtsbarkeit, 1986; *Niemöller/Schuppert*, Die Rechtsprechung des Bundesverfassungsgerichts zum Strafverfahrensrecht, AöR 107 (1982), S. 387–498; *Otto*, Grundfälle zu den Justizgrundrechten, JuS 2012, 412–418; *Pache*, Das europäische Grundrecht auf einen fairen Prozess, NVwZ 2001, S. 1342–1347; *Redeker*, Verfahrensgrundrechte und Justizgewährungsanspruch, NJW 2003, S. 2956–2958; *Rüping*, Der Grundsatz des rechtlichen Gehörs und seine Bedeutung im Strafverfahren, 1976; *Rüping*, Verfassungs- und Verfahrensrecht im Grundsatz des rechtlichen Gehörs, NVwZ 1985, S. 304–309; *Sangmeister*, Aushöhlung des rechtlichen Gehörs durch Begründungsverzicht bei der Zurückweisung von Verfahrensrügen, NJW 2009, 2087–2093; *Schenke*, Verfassungsrechtliche Garantie eines Rechtsschutzes gegen Rechtsprechungsakte?, JZ 2005, S. 116–126; *Schenke*, Außerordentliche Rechtsbehelfe im Verwaltungsprozessrecht nach Erlass des Anhörungsrügengesetzes, NVwZ 2005, S. 729–739; *Schmidt-Aßmann*, Verfahrensfehler als Verletzungen des Art. 103 Abs. 1 GG, DÖV 1987, S. 1029–1037; *Schumann*, Die Wahrung des Grundsatzes des rechtlichen Gehörs – Dauerauftrag für das BVerfG?, NJW 1985, S. 1134–1140; *Stern*, Qualität und Bedeutung der Prozeßgrundrechte für die Grundrechtsbindung der Rechtsprechung, in: Festschrift für Carl Hermann Ule, 1987, S. 359–374; *Tegebauer*, Die Anhörungsrüge in der verfassungsgerichtlichen Praxis, DÖV 2008, 954–958; *Voßen*, Die Rechtsprechung des Bundesverfassungsgerichts zur Rechtsweggarantie des Art. 19 Abs. 4 GG, den Verfahrensgarantien nach Art. 101 Abs. 1 Satz 2 GG, Art. 103 Abs. 1 GG und zum Prozeßrecht der Fachgerichte, 2002; *Vielmeier*, Rechtswegerschöpfung bei verzögerter Anhörungsrüge, NJW 2013, 346–350; *Voßkuhle*, Rechtsschutz gegen den Richter, 1993; *ders.*, Bruch mit einem Dogma: Die Verfassung garantiert Rechtsschutz gegen den Richter, NJW 2003, S. 2193–2200; *Wagner*, Zur neueren Rechtsprechung des BVerfG und BGH betreffend Art. 103 Abs. 1 GG bis Ende 2013, BauR 2014, 461–465; *ders.*, Update 2011: Zur neueren Rechtsprechung des BVerfG und BGH betreffend Art. 103 Abs. 1 GG, BauR 2011, 1904–1909; *ders.;* Zur neueren Rechtsprechung des Bundesverfassungsgerichts und Bundesgerichtshofs betreffend Art. 103 Abs. 1 GG, BauR 2009, 1375–1380; *Waldner*, Der Anspruch auf rechtliches Gehör, 2. Aufl. 2000; *Wimmer*, Die Wahrung des Grundsatzes des rechtlichen Gehörs, DVBl. 1985, S. 773–780; *Wohlers*, Rechtliches Gehör im strafrechtlichen Revisionsverfahren, JZ 2011, 78–85; *Zierlein*, Die Gewährleistung des Anspruchs auf rechtliches Gehör (Art. 103 Abs. 1 GG) nach der Rechtsprechung und Spruchpraxis des Bundesverfassungsgerichts, DVBl. 1989, S. 1169–1175; *Zuck*, Die Konkurrenz von Verfahrensgrundrechten, in: Festschrift für Achim Krämer, 2009, 85–103; *ders.*, Neues zum rechtlichen Gehör?, NVwZ 2012, 479–481; *Zuck*, Nichtzulassungsbeschwerde und rechtliches Gehör, NJW 2008, 2078–2081; *ders.*, Rechtsstaatswidrige Begründungsmängel in der Rechtsprechung des BGH, NJW 2008, 479–481; *ders.*, Neues zum rechtlichen Gehör?, NVwZ 2012, 479–481;

II. Nullum crimen, nulla poena sine lege, Art. 103 Abs. 2 GG

Alexy, Mauerschützen: Zum Verhältnis von Recht, Moral und Strafbarkeit, 1993; 152
Alexy, Der Beschluß des Bundesverfassungsgerichts zu den Tötungen an der innerdeutschen Grenze vom 24. Oktober 1996, 1997; *Appel,* Verfassung und Strafe,
1998; *Appel,* Grundrechtsgleiche Rechte, Prozessgrundrechte oder Schranken-
Schranken?, Jura 2000, S. 571–578; *Best,* Das Rückwirkungsverbot nach Art. 103
Abs. 2 GG und die Maßregeln der Besserung und Sicherung (§ 2 Abs. 6 StGB),
ZStW 114 (2002), S. 88–129; *Birkenstock,* Die Bestimmtheit von Straftatbeständen
mit unbestimmten Gesetzesbegriffen, 2004; *Brodowski,* Grundfälle zu den Justizgrundrechten, JuS 2012, 892–894; *Buchner,* Die Rechtswidrigkeit der Taten von
»Mauerschützen« im Lichte von Art. 103 II GG und besonderer Berücksichtigung
des Völkerrechts, 1996; *Dreier,* Gustav Radbruch und die Mauerschützen, JZ 1997,
S. 421–434; *Duttge,* Zur Bestimmtheit des Handlungsunwerts von Fahrlässigkeits-
delikten, 2001; *Epping,* Die »Lex van der Lubbe« – Zugleich auch ein Beitrag zur
Bedeutung des Grundsatzes ›nullum crimen, nulla poena sine lege‹, Der Staat 34
(1995) S. 243–267; *Geitmann,* Bundesverfassungsgericht und »offene« Normen,
1971; *Grünwald,* Die strafrechtliche Bewertung in der DDR begangener Handlungen, StV 1991, S. 31–37; *Grünwald,* Die Entwicklung der Rechtsprechung zum Gesetzlichkeitsprinzip, in: Festschrift für Arthur Kaufmann, 1993, S. 433–477; *Hill,*
Verfassungsrechtliche Gewährleistungen gegenüber der staatlichen Strafgewalt, in:
Handbuch des Staatsrechts VI, 1. Aufl. 1989, § 156, S. 1305–1352; *Kadelbach,* Keine Strafe ohne Gesetz, in: Dörr/Grote/Marauhn, EMRK/GG, 2. Aufl. 2013,
Kap. 15; *Kaufmann,* Die Radbruchsche Formel vom gesetzlichen Unrecht und vom
übergesetzlichen Recht in der Diskussion um das im Namen der DDR begangene
Unrecht, NJW 1995, S. 81–86; *Krahl,* Die Rechtsprechung des Bundesverfassungs-
gerichts und des Bundesgerichtshofs zum Bestimmtheitsgrundsatz im Strafrecht
(Art. 103 Abs. 2 GG), 1986; *Krey,* Keine Strafe ohne Gesetz, Einführung in die
Dogmengeschichte des Satzes »nullum crimen, nulla poena sine lege«, 1983; *Krüger,*
Neues aus Karlsruhe zu Art. 103 II GG und § 266 StGB, NStZ 2011, 369–374; *Küper,* Das BVerfG, das Analogieverbot und der Bedrohungstatbestand – BVerfG NJW
1995, 2776, JuS 1996, S. 783–790; *Lackner,* Zu den Grenzen der richterlichen Befugnis, mangelhafte Strafgesetze zu berichtigen, in: Richterliche Rechtsfortbildung,
Festschrift der Juristischen Fakultät zur 600-Jahr-Feier der Ruprecht-Karls-Uni-
versität Heidelberg, 1986, S. 39–64; *Müller,* Die Sicherungsverwahrung, das Grundgesetz und die Europäische Menschenrechtskonvention, StV 2010, 207–212; *Muss-
hoff,* Sicherheitsverwahrung und Rückwirkungsverbot – Gesetzdefinitorische oder
wirkungsorientierte Betrachtung?, KritV 87 (2004), S. 137–149; *Neumann,* Rückwirkungsverbot bei belastenden Rechtsprechungsänderungen der Strafgerichte?,
ZStW 103 (1991), S. 331–356; *Paeffgen,* Strafrecht und Verfassungsrecht. »Art. 103
II GG, namentlich das Bestimmtheitsgebot und komplementäre Rechtssätze in der
Entwicklung«, StraFo 2007, S. 442–455; *Pieroth,* Gesetzgebungskompetenz- und
Grundrechtsfragen der nachträglichen Sicherungsverwahrung, JZ 2002, S. 922–928;
Ransiek, Gesetz und Lebenswirklichkeit. Das strafrechtliche Bestimmtheitsgebot,
1989; *Rüthers/Höpfner,* Analogieverbot und subjektive Auslegungsmethode, JZ

2005, S. 21–25; *Saliger,* Das Untreuestrafrecht auf dem Prüfungsstand der Verfassung, NJW 2010, 3195–3198; *Satzger,* Die Europäisierung des Strafrechts, 2001; *Scheffler,* Die Wortsinngrenze bei der Auslegung, Jura 1996, S. 505–510; *Schreiber,* Gesetz und Richter. Zur geschichtlichen Entwicklung des Prinzips nullum crimen, nulla poene sine lege, 1976; *Schönfeld/Häck,* Verfassungsrechtliche Zulässigkeit »unecht« rückwirkender Steuergesetze, DstR 2012, 1725–1733; *Schroeder,* Der Bundesgerichtshof und der Grundsatz »nulla poene sine lege«, NJW 1999, S. 89–93; *Schünemann,* Nulla poene sine lege?, 1978; *Seidel,* Rechtsphilosophische Aspekte der »Mauerschützen«-Prozesse, 1999; *Steiner,* Das Verhältnis von Schiedsgerichtsbarkeit und staatlicher Gerichtsbarkeit, SchiedsVZ 2013, 15–19; *Tiedemann,* Verfassungsrecht und Strafrecht, 1991; *Volkmann,* Qualifizierte Blankettnormen, ZRP 1995, S. 220–226; *Werle,* Rückwirkungsverbot und Staatskriminalität, NJW 2001, S. 3001–3008; *Windoffer,* Die Maßregel der Sicherungsverwahrung im Spannungsfeld von Europäischer Menschenrechtskonvention und Grundgesetz, DÖV 2011, 590–598; *Wolff,* Nullum crimen, nulla poena sine lege, in: Handbuch der Grundrechte V, 2013, § 134.

III. Mehrfachbestrafungsverbot, Art. 103, Abs. 3

153 *Appel,* Verfassung und Strafe, 1998; *Appel,* Grundrechtsgleiche Rechte, Prozessgrundrechte oder Schranken-Schranken?, Jura 2000, S. 571–578; *van Bockel,* The Ne Bis in Idem Principle in EU Law, 2010, *Böse,* Der Grundsatz »ne bis in idem« in der Europäischen Union (Art. 54 SDÜ), Goltdammer's Archiv für Strafrecht 150 (2003), S. 744–763; *Brammer,* Ne bis in idem im europäischen Kartellrecht – Neue Einsichten zu einem alten Grundsatz, EuZW 2013, 617–622; *Brodowski,* Grundfälle zu den Justizgrundrechten, JuS 2012, 895–896; *Dannecker,* Die Garantie des Grundsatzes »ne bis in idem« in Europa, in: Festschrift für Günter Kohlmann, 2003, S. 593–615; *Fliedner,* Die verfassungsrechtlichen Grenzen mehrfacher staatlicher Bestrafungen aufgrund desselben Verhaltens, AöR 99 (1974), S. 242–284; *Hackner,* Das teileuropäische Doppelverfolgungsverbot insbesondere in der Rechtsprechung des Gerichtshofs der Europäischen Union, NStZ 2011, 425–430; *Helbing/Scherzberg,* Wiederaufnahme zu Ungunsten des Angeklagten?, ZRP 2010, 271; *Hill,* Verfassungsrechtliche Gewährleistungen gegenüber der staatlichen Strafgewalt, in: Handbuch des Staatsrechts VI, 1. Aufl. 1989, § 156, S. 1305–1352; *Kniebühler,* Transnationales »ne bis in idem«, 2005; *Liebau,* »ne bis in idem« in Europa, 2005; *Mayer,* Ne-bis-in-idem-Wirkung europäischer Strafentscheidungen, 1992; *Meyer,* Wiederaufnahmereform: Eine rechtsvergleichende Untersuchung zur Reform des Rechts der Wiederaufnahme des Strafverfahrens, 1997; *Niemöller/Schuppert,* Die Rechtsprechung des Bundesverfassungsgerichts zum Strafverfahrensrecht, AöR 107 (1982), S. 387–498; *Nolte,* Jurisdiktionsübergreifende Wirkung des Mehrfachverfolgungsverbots (Art. 103 Abs. 3 GG)?, in: Festschrift für Dieter Rauschning, 2001, S. 173–182; *Schroeder,* Die Rechtsnatur des Grundsatzes »ne bis in idem«, JuS 1997, S. 227–231; *Specht,* Die zwischenstaatliche Geltung des Grundsatzes ne bis in idem, 1999; *Thomas,* Das Recht auf Einmaligkeit der Strafverfolgung, 2002.

Artikel 104 [Rechtsgarantien bei Freiheitsentziehung]

(1) Die Freiheit der Person kann nur auf Grund eines förmlichen Gesetzes und nur unter Beachtung der darin vorgeschriebenen Formen beschränkt werden. Festgehaltene Personen dürfen weder seelisch noch körperlich mißhandelt werden.

(2) Über die Zulässigkeit und Fortdauer einer Freiheitsentziehung hat nur der Richter zu entscheiden. Bei jeder nicht auf richterlicher Anordnung beruhenden Freiheitsentziehung ist unverzüglich eine richterliche Entscheidung herbeizuführen. Die Polizei darf aus eigener Machtvollkommenheit niemanden länger als bis zum Ende des Tages nach dem Ergreifen in eigenem Gewahrsam halten. Das Nähere ist gesetzlich zu regeln.

(3) Jeder wegen des Verdachtes einer strafbaren Handlung vorläufig Festgenommene ist spätestens am Tage nach der Festnahme dem Richter vorzuführen, der ihm die Gründe der Festnahme mitzuteilen, ihn zu vernehmen und ihm Gelegenheit zu Einwendungen zu geben hat. Der Richter hat unverzüglich entweder einen mit Gründen versehenen schriftlichen Haftbefehl zu erlassen oder die Freilassung anzuordnen.

(4) Von jeder richterlichen Entscheidung über die Anordnung oder Fortdauer einer Freiheitsentziehung ist unverzüglich ein Angehöriger des Festgehaltenen oder eine Person seines Vertrauens zu benachrichtigen.

A. Vorbilder und Entstehungsgeschichte

I. Vorbilder

Die Gewährleistungen des **Art. 104** dienen der Verwirklichung der *Habeas-Corpus-*   1
Garantie, einem der historisch ältesten Freiheitsrechte überhaupt.[1] Das Recht eines
Gefangenen, die Vorführung vor einen Richter verlangen zu können, sollte diesen
vor willkürlichen Verhaftungen schützen.[2] Nach Vorläufern aus dem 11. Jahrhundert ist **Art. 39 der Magna Charta Libertatum** von 1215[3] die erste bekannte positiv-
rechtliche Verbriefung dieses Instituts.[4] Allerdings bot die Magna Charta aufgrund
ihres Charakters einer vertraglichen Vereinbarung zwischen dem König und den
englischen Baronen nur diesen, nicht aber »jedermann« Schutz vor willkürlicher Verhaftung und Gefangennahme.[5] Erst durch den **Habeas-Corpus-Act** von 1679[6] wurde die Garantie einer richterlichen Nachprüfung von Inhaftierungen in personeller
Hinsicht erweitert und auf alle Bürger des Landes erstreckt.[7] Durch die Revolutionen des 18. und 19. Jahrhunderts kam es auch in Kontinentaleuropa zu einer Festschreibung von Rechten zur Sicherung der persönlichen Freiheit, so z.B. in **Art. 7
der Französischen Menschenrechtserklärung** von 1789[8] oder in **§ 138 der Paulskirchenverfassung** von 1849.[9] Anders als die Verfassung des Deutschen Reiches von
1871,[10] die keine Grundrechte und damit auch keine mit Art. 104 vergleichbare
Vorschrift enthielt, normierte **Art. 114 WRV**[11] einen Parlamentsvorbehalt für die
Beeinträchtigung oder Entziehung der persönlichen Freiheit. Das Schutzniveau der
WRV blieb dabei allerdings hinter dem der Paulskirchenverfassung zurück, die in
§ 138 Abs. 1 Satz 2 (anders als die WRV) bereits einen Richtervorbehalt vorgesehen
hatte.

---

1 Vgl. *Kriele*, in: FS Scupin, 1973, S. 187, 204 f.; ausführlich zur früheren Bedeutung des
   *Habeas-Corpus-*Gedankens *Ollinger*, Die Entwicklung des Richtervorbehalts im Verhaftungsrecht, 1997, S. 199 ff.; vgl. zur geschichtlichen Entwicklung auch *Stuckenberg*, JZ
   2009, 85, 87 ff.
2 *Rüping*, in: BK, Art. 104 Rn. 2.
3 Deutsche Übersetzung abgedruckt in der Bearbeitung von *Wagner*, Magna Carta Libertatum von 1215, 2. Aufl. 1973, S. 30 ff.
4 Vgl. nur *Gusy*, in: v. Mangoldt/Klein/Starck, GG III, Art. 104 Rn. 2.
5 *Oestreich*, Geschichte der Menschenrechte und Grundfreiheiten im Umriß, 2. Aufl. 1978,
   S. 25; *Amelung*, Jura 2005, 447, 449; *Borowski*, Die Glaubens- und Gewissensfreiheit des
   Grundgesetzes, 2006, S. 10 m.w.N.
6 Text: *Willoweit/Seif*, Europäische Verfassungsgeschichte, 2003, S. 215 ff.; Überblick: *Riedel*,
   EuGRZ 1980, 192 ff.
7 *Borowski* (Fn. 5), S. 10 f.
8 Text: *Willoweit/Seif* (Fn. 6), S. 250 ff.
9 *Amelung*, Jura 2005, 447, 455; Text: *Willoweit/Seif* (Fn. 6), S. 562 ff.
10 RGBl. 1871, S. 64.
11 RGBl. 1919, S. 1383.

II. Entstehungsgeschichte

2   **Art. 3 des Entwurfs von Herrenchiemsee (HChE)**[12] garantierte in seinem ersten Absatz die Freiheit der Person. Die Absätze zwei bis vier legten sodann detailliert die Voraussetzungen und Modalitäten der Festnahme bzw. Inhaftierung von Personen durch die öffentliche Gewalt fest. Der Grundsatzausschuss des Parlamentarischen Rats[13] hat dann jedoch nicht aus sachlichen, sondern allein aus ästhetischen Gründen die allgemein gehaltene Formulierung des **Art. 3 Abs. 1 HChE** von den Detailregelungen der Absätze zwei bis vier getrennt. Als systematisch angemessener Ort kam nur der IX. Abschnitt des Grundgesetzes über die »rechtsprechende Gewalt« in Betracht. **Abs. 1** des **Art. 3 HChE** entspricht exakt **Art. 2 Abs. 2 Satz 2**; die Regelungen der **Absätze 2–4** von Art. 3 HChE finden sich der Sache nach im heutigen **Art. 104** wieder. Seit Verabschiedung des Grundgesetzes ist **Art. 104** selbst **unverändert** geblieben; durch **Art. 115c Abs. 2 Nr. 2**, eingefügt als Bestandteil der Notstandsnovelle des Jahres 1968, wurde lediglich die Möglichkeit geschaffen, die Fristen in den Absätzen zwei und drei im Verteidigungsfalle zu verlängern.[14]

B. Grundsätzliche Bedeutung – Schlagworte

3   Art. 104 Abs. 1 nimmt den schon in Art. 2 Abs. 2 Satz 2 enthaltenen Gesetzesvorbehalt auf und verstärkt ihn für alle Beschränkungen der Freiheit der Person, indem er neben der Forderung nach einem förmlichen Gesetz die Pflicht, die sich aus diesem Gesetz ergebenden Formvorschriften zu beachten, zum Verfassungsgebot erhebt.[15] Die Norm gehört als **grundrechtsgleiches Recht**[16] zu den **fundamentalen Freiheitsgarantien**, die im Grundgesetz enthalten sind.[17] Das BVerfG sieht in der Vorschrift deshalb eine »**spezifische Ausformung des Rechtsstaatsprinzips**«.[18] Die Regelungen der Norm stellen nicht nur bloße Programmsätze der Verfassung, sondern echte **subjektive öffentliche Rechte** dar.[19] Die Bedeutung des Art. 104 erschließt sich, wenn man die Vorschrift in das Verhältnis zu der Gewährleistung des Art. 2 Abs. 2 Satz 2 setzt: Das materielle Grundrecht auf Freiheit der Person findet

---

12   Text: *Deutscher Bundestag/Bundesarchiv*, Der Parlamentarische Rat 1948–1949, Akten und Protokolle, Bd. II, 1981, S. 579 ff.

13   Zur Entstehungsgeschichte ausführlich JöR NF 1 (1951), 745 ff.; *Rüping*, in: BK, Art. 104 Rn. 8–11.

14   *Rüping*, in: BK, Art. 104 Rn. 11.

15   BVerfGE 10, 302, 323; 29, 183, 195; 58, 208, 220; 105, 239, 247.

16   *Jarass*, in: Jarass/Pieroth, GG, Art. 104 Rn. 1; *Degenhart*, in: Sachs, GG, Art. 104 Rn. 3 (»jedenfalls grundrechtsgleiches Recht«); *Hantel*, JuS 1990, 865, 866 (Grundrechtscharakter); offengelassen bei *Schulze-Fielitz*, in: Dreier, GG III, Art. 104 Rn. 17; a.A. *Sodan*, in: Sodan, GG, Art. 104 Rn. 1 (kein eigenständiges Grundrecht).

17   *Schulze-Fielitz*, in: Dreier, GG III, Art. 104 Rn. 18; vgl. auch *Kunig*, in: v. Münch/Kunig, GG II, Art. 104 Rn. 2; *Schmahl*, in: Schmidt-Bleibtreu/Hofmann/Hopfauf, GG, Art. 104 Rn. 1.

18   So in Bezug auf Art. 104 Abs. 2 Satz 1 BVerfGE 86, 288, 326.

19   *Schulze-Fielitz*, in: Dreier, GG III, Art. 104 Rn. 15, 17.

sich in Art. 2 Abs. 2 Satz 2, die formellen Vorgaben und Garantien für das einzuhaltende Verfahren bei dessen Beschränkung enthält Art. 104. Art. 104 dient damit dem **Grundrechtsschutz durch Verfahren**.[20] Art. 2 Abs. 2 Satz 2 und Art. 104 stehen so in einem »unlösbaren Zusammenhang«,[21] sind »zwei Seiten einer Medaille«.[22] Normintern lässt sich bei Art. 104 hinsichtlich der Mittel der Freiheitsgewährleistung differenzieren: Während Art. 104 Abs. 1 Satz 1 die Idee der Freiheitssicherung durch förmliches Gesetz (**Vorbehalt des förmlichen Gesetzes**) zugrunde liegt, stellen Art. 104 Abs. 2 und 3 die Entscheidung über die Zulässigkeit der Freiheitsentziehung zusätzlich unter **Richtervorbehalt**.[23] Die unterschiedlichen Anforderungen an das staatliche Handeln ergeben sich aus der von Art. 104 getroffenen Differenzierung zwischen Maßnahmen der **Freiheitsbeschränkung** (Art. 104 Abs. 1) und solchen des Unterfalls der (intensiveren) **Freiheitsentziehung** (Art. 104 Abs. 2–4).[24] Die Wirksamkeit der Norm in der staatlichen Wirklichkeit hängt in hohem Maße von ihrer Ausgestaltung durch den Gesetzgeber und ihrer Anwendung durch die Verwaltung und Fachgerichte ab. Die Kontrollaufgaben des BVerfG sind durch die verfassungsrechtliche Pflicht von Verwaltung und Gerichten, die für Beschränkungen der Fortbewegungsfreiheit gesetzlich vorgeschriebenen Formen zu beachten (Art. 104 Abs. 1 Satz 1, 2. Alt.), zwar nicht auf die Verletzung spezifischen Verfassungsrechts beschränkt; die Verletzung einfachen Rechts verstößt hier ausnahmsweise einmal zugleich gegen die Verfassung. Aus Gründen einer sachgerechten Funktionenordnung hat das BVerfG jedoch gleichwohl lediglich zu kontrollieren, ob das Ergebnis der Auslegung des einfachen Rechts durch die Fachgerichte innerhalb der vom Grundgesetz gezogenen Grenzen bleibt (unten Rdn. 129). Daneben hat das BVerfG über die Wahrung des Grundsatzes der Verhältnismäßigkeit zu wachen.[25]

Art. 104 konkretisiert den nicht näher bestimmten Gesetzesvorbehalt des Art. 2   **4** Abs. 2 Satz 3 und ist grundrechtsdogmatisch so als **Schranken-Schranke** zu begreifen.[26]

Die für eine grundrechtsgleiche Gewährleistung »der ersten Stunde« ungewöhnlich   **5** **detailreichen Ausführungen** in Art. 104 machen deutlich,[27] dass die **Freiheit der**

---

20 *Gusy*, in: v. Mangoldt/Klein/Starck, GG III, Art. 104 Rn. 13; *Schmahl*, in: Schmidt-Bleibtreu/Hofmann/Hopfauf, GG, Art. 104 Rn. 1; *Wittreck*, in: HStR VII³, § 151 Rn. 12.

21 BVerfGE 10, 302, 322; 58, 208, 220; 105, 239, 247.

22 *Rüping*, in: BK, Art. 104 Rn. 13.

23 Vgl. *Gusy*, in: v. Mangoldt/Klein/Starck, GG III, Art. 104 Rn. 11 ff.; *Schmahl*, in: Schmidt-Bleibtreu/Hofmann/Hopfauf, GG, Art. 104 Rn. 14; *Wehowsky*, in: Umbach/Clemens, GG II, Art. 104 Rn. 19 ff.

24 *Jarass*, in: Jarass/Pieroth, GG, Art. 104 Rn. 1; *Sodan*, in: Sodan, GG, Art. 104 Rn. 3; *Gusy*, NJW 1992, 457, 458 ff.

25 *Kunig*, in: v. Münch/Kunig, GG II, Art. 104 Rn. 2; zum BVerfG: BVerfGE 65, 317, 322.

26 *Jarass*, in: Jarass/Pieroth, GG, Art. 104 Rn. 1; *Schulze-Fielitz*, in: Dreier, GG III, Art. 104 Rn. 17.

27 An sich kennzeichnet Wortreichtum den Normierungsstil erst des verfassungsändernden Gesetzgebers, dazu: *Brenner*, AöR 120 (1995), 248 ff.

Person in der grundgesetzlichen Ordnung – als Grundlage und Voraussetzung der Entfaltungsmöglichkeiten des Bürgers – einen **hohen Rang** einnimmt.[28] Die Bestimmung gehört zu den Normen des Grundgesetzes, die auf die **Unrechtserfahrungen der Zeit des Nationalsozialismus** reagieren.[29] Sie bildet den Mittelpunkt der Justizgrundrechte.[30]

C. Völker- und europarechtliche sowie rechtsvergleichende Aspekte

I. Völkerrechtliche Aspekte

6 Die Freiheit der Person wird auch auf der völkerrechtlichen Ebene geschützt. Bereits die Allgemeine Erklärung der Menschenrechte der Generalversammlung der Vereinten Nationen vom 10.12.1948 (AEMR)[31] hebt zwar nicht als juristisch verbindliches, wohl aber als politisch und moralisch bedeutsames Dokument einzelne Aspekte des Rechts auf Freiheit der Person hervor. Nach Art. 3 AEMR hat jeder Mensch das Recht auf Leben, Freiheit und Sicherheit der Person. Die Gewährleistung von Leben und Freiheit der Person entspricht der Sache nach der Garantie des Art. 2 Abs. 2 Satz 1 und 2. Art. 9 AEMR, der sich gegen willkürliche Festnahmen richtet, betrifft dagegen nur einen Spezialfall des allgemeinen Rechts auf Freiheit der Person.[32] Wegen des Fehlens von konkreten Regeln über das Verfahren von Freiheitsentziehungen kommt Art. 9 AEMR allerdings lediglich programmatischer Charakter zu.[33] Art. 5 AEMR, der neben der Folter[34] auch andere grausame, unmenschliche oder erniedrigende Behandlungen oder Strafen von Menschen verbietet, bezieht sich nicht nur auf festgehaltene Personen i.S.v. Art. 104 Abs. 1 Satz 2, sondern schützt den Einzelnen unabhängig von seiner konkreten Lage; er ist deshalb den Regelungen der Art. 1 Abs. 1, Art. 2 Abs. 2 zuzuordnen.

7 Der Schutz des Rechts auf Freiheit und Sicherheit der Person durch Art. 5 EMRK entspricht in seiner Struktur der Regelung des Art. 2 sowie des Art. 104.[35] Der Schutz der Freiheit in Art. 5 Abs. 1 EMRK erfasst,[36] wie in Art. 104 Abs. 1 Satz 1, nur die körperliche Fortbewegungsfreiheit; die allgemeine Handlungsfreiheit i.S.d.

---

28 BVerfGE 19, 342, 349; 53, 152, 158; 128, 326, 372; 130, 372, 388; 131, 268, 290 f.; BVerfG (K), NJW 2006, 668, 669.

29 *Rüping*, in: BK, Art. 104 Rn. 15.

30 *Hufen*, Staatsrecht II, § 21 Rn. 3.

31 Resolution 217 A (III).

32 Vgl. *Bernsdorff*, in: Meyer, Charta der Grundrechte der Europäischen Union, Art. 6 Rn. 3.

33 *Bernsdorff* (Fn. 32), Art. 6 Rn. 3.

34 Auf den Begriff der Folter nimmt auch das Übereinkommen gegen Folter und andere grausame, unmenschliche oder erniedrigende Behandlung oder Strafe v. 06.04.1990, BGBl. II, S. 246, Bezug und definiert diesen in Art. 1 Abs. 1.

35 Vgl. *Grabenwarter*, in: Ehlers, Europäische Grundrechte und Grundfreiheiten, § 6 Rn. 3.

36 Die eigenständige Bedeutung des Rechts auf Sicherheit ist gering geblieben, dazu *Grabenwarter* (Fn. 35), § 6 Rn. 6; *Gusy*, in: v. Mangoldt/Klein/Starck, GG III, Art. 104 Rn. 8; a.A. *Peukert*, in: Frowein/Peukert, EMRK, Art. 5 Rn. 6.

Art. 2 Abs. 1 ist auch hier nicht Gegenstand der Garantie.[37] Die große Bedeutung, die dem Schutz der Freiheit der Person auch auf internationaler Ebene zukommt, wird unterstrichen in Art. 5 Abs. 1 Satz 2 EMRK, der – anders als die generelle Gewährleistung der Art. 2 Abs. 2 Satz 2, Art. 104 – einen abschließenden Katalog von Gründen enthält, auf die eine Freiheitsentziehung gestützt werden kann.[38] Im Unterschied zum allgemein gehaltenen Art. 9 AEMR treffen die Absätze 2–4 zudem genaue Regeln, die bei einer Festnahme oder Freiheitsentziehung einzuhalten sind:
– Der festgenommenen Person sind unverzüglich die Gründe ihrer Festnahme sowie die gegen sie erhobenen Beschuldigungen mitzuteilen, Abs. 2;
– die wegen des Verdachts einer Straftat festgenommene Person muss unverzüglich dem Richter oder richterlichen Beamten vorgeführt werden; bei Aufrechterhaltung der Haft hat sie Anspruch auf ein Urteil innerhalb angemessener Frist, Abs. 3;
– die festgenommene Person hat zudem das Recht, die Prüfung ihrer Haft durch ein Gericht zu beantragen, Abs. 4.

Die Regeln der Art. 5 Abs. 2–4 EMRK ähneln damit denen des Art. 104 Abs. 2, 3. **8** Ein Unterschied besteht jedoch darin, dass die EMRK keinen geschriebenen allgemeinen Richtervorbehalt kennt, sondern dieser lediglich richterrechtlich ausgeprägt wird.[39]

Wird eine Person unter Verletzung dieser Vorgaben festgenommen, kann sie Scha- **9** denersatz verlangen, Art. 5 Abs. 5 EMRK.[40] Einen solchen Anspruch gewährt die Konvention bei keiner anderen Garantie, was den hohen Rang des Rechts der persönlichen Freiheit unterstreicht.

Art. 5 EMRK trifft keine mit Art. 104 Abs. 1 Satz 2 vergleichbaren Aussagen darü- **10** ber, welche Behandlungen von Festgenommenen unzulässig sind. Das Verbot von Folter sowie unmenschlicher oder erniedrigender Behandlung ergibt sich hier aus der allgemeinen Regelung des Art. 3 EMRK.[41]

Der Internationale Pakt über bürgerliche und politische Rechte (IPbpR) ergänzt, **11** vergleichbar der EMRK, in seinem Art. 9 die Art. 3, 5 und 9 AEMR.[42] Wie Art. 5 Abs. 1 Satz 1 EMRK schreibt Art. 9 Abs. 1 Satz 1 IPbpR zunächst die inhaltliche

---

37 *Tettinger*, in: Tettinger/Stern, Kölner Gemeinschaftskommentar zur Europäischen Grundrechte-Charta, 2006, Art. 6 Rn. 15.

38 *Gusy*, in: v. Mangoldt/Klein/Starck, GG III, Art. 104 Rn. 8; *Peukert* (Fn. 36), Art. 5 Rn. 35 ff.

39 *Dörr*, in: Dörr/Grote/Marauhn, EMRK/GG. Konkordanzkommentar, 2. Aufl. 2013, Kap. 13 Rn. 147, 214.

40 Der Anspruch richtet sich gegen den Hoheitsträger, dessen Hoheitsgewalt bei der rechtswidrigen Freiheitsentziehung oder der Verletzung des Verfahrensrechts ausgeübt wurde, OLG Hamm, NVwZ-Beil. 2003, 40.

41 Vgl. *Gusy*, in: v. Mangoldt/Klein/Starck, GG III, Art. 104 Rn. 10; *Schulze-Fielitz*, in: Dreier, GG III, Art. 104 Rn. 11.

42 *Bernsdorff* (Fn. 32), Art. 6 Rn. 3; *Schulze-Fielitz*, in: Dreier, GG III, Art. 104 Rn. 8.

Garantie eines Rechts von jedermann »auf persönliche Freiheit und Sicherheit« fest. Anders als Art. 5 Abs. 1 Satz 2 EMRK zählt Art. 9 Abs. 1 IPbpR die zulässigen Haftgründe jedoch nicht enumerativ auf, sondern verbietet nur Willkür bei einer Festnahme sowie der Aufrechterhaltung einer Haft. Art. 9 Abs. 1 Satz 3 verlangt für eine Freiheitsentziehung eine gesetzliche Grundlage sowie die Einhaltung der gesetzlich vorgeschriebenen Normen und entspricht damit Art. 104 Abs. 1 Satz 1. Das Gebot einer menschenwürdigen Behandlung festgenommener Personen im Falle der Freiheitsentziehung (Art. 10 Abs. 1 IPbpR) findet eine Entsprechung weder in Art. 5 EMRK (s.o.)[43] noch in Art. 104 Abs. 1 Satz 2; Letzterer regelt nur negativ mit dem Verbot der Misshandlung die menschenunwürdige Behandlung. Die verfahrensrechtlichen Gewährleistungen des Art. 9 Abs. 2 bis 4 IPbpR, aber auch der Anspruch auf Entschädigung nach Abs. 5 decken sich dagegen wiederum weitgehend mit denen der EMRK. Ein allgemeines Verbot der Folter statuiert Art. 7 Satz 1 IPbpR. Die Regelungen des IPbpR bleiben aufgrund ihres Charakters eines völkerrechtlichen Mindeststandards insgesamt indes hinter den Gewährleistungen von Art. 104 zurück, so dass ihnen in Deutschland nur untergeordnete Bedeutung zukommt.[44]

II. Europarechtliche Aspekte

12   Die Charta der Grundrechte der Europäischen Union (GRC)[45] gewährleistet in Art. 6 das Recht auf Freiheit und Sicherheit. Obwohl sich die Norm in ihrem Text – wie Art. 9 AEMR – mit nur einem Satz auf die Gewährung dieses Rechts an jede Person beschränkt, kommen ihre Bedeutung und Tragweite dem Schutzniveau des Art. 5 EMRK gleich, vgl. Art. 52 f. GRC.[46] Durch diese Bezugnahme gelten sowohl die möglichen Einschränkungen nach Art. 5 Abs. 1 Satz 2 EMRK als auch die verfahrensrechtlichen Anforderungen und haftungsrechtlichen Folgen des Art. 5 Abs. 2–5 EMRK, ohne dass dies im Text der GRC noch eigens erwähnt zu werden bräuchte.[47] Da sich die EU-Grundrechte aus allgemeinen Grundsätzen des Unionsrechts ergeben, wie diese ihrerseits in der EMRK gewährleistet sind (vgl. Art. 6 Abs. 2 EUV), gehört die Bestimmung des Art. 6 GRC der Sache nach unabhängig von dem Inkrafttreten der Charta bereits heute zum geltenden europäischen Primärrecht.[48]

---

43 Vgl. auch *Bernsdorff* (Fn. 32), Art. 6 Rn. 3.
44 *Grabitz*, in: HStR VI², § 130 Rn. 3; anderer Akzent heute bei *Wittreck* (Fn. 20), § 151 Rn. 2 (Fehlen eines wirksamen Durchsetzungsinstrumentariums).
45 Zur Charta der Grundrechte der Europäischen Union s.o. in der Einl. Rdn. 205.
46 Vgl. *Bernsdorff* (Fn. 32), Art. 6 Rn. 1; *Rengeling/Szczekalla*, Grundrechte in der Europäischen Union, Rn. 650; *Schulze-Fielitz*, in: Dreier, GG III, Art. 104 Rn. 9; *Tettinger* (Fn. 37), Art. 6 Rn. 19; weitergehend *Calliess*, in: Calliess/Ruffert, EUV/EGV, Art. 6 GRC Rn. 11 f.
47 *Bernsdorff* (Fn. 32), Art. 6 Rn. 13.
48 *Jarass*, EU-Grundrechte, 2005, § 11 Rn. 2 i.V. mit § 2 Rn. 11.

III. Rechtsvergleichende Aspekte

1. Verfassungen anderer Staaten

In der rechtsvergleichenden Perspektive bestätigt sich der hohe Rang des Rechts der   13
persönlichen Freiheit.[49] Eine Vielzahl von Staaten normiert in ihren Verfassungen
verfahrensrechtliche Vorgaben und materielle Garantien für die staatlichen Stellen,
die den Einzelnen vor willkürlicher oder unbegründeter Verhaftung schützen sollen.
Ein internationaler Vergleich zeigt eine Vielfalt an Regelungen:

Eine Reihe von Verfassungen verlangt, wie Art. 104 Abs. 1 Satz 1, eine gesetzliche   14
Grundlage, damit die Freiheit der Person beschränkt werden kann. Dabei überlassen
einige dem Gesetzgeber die Entscheidung darüber, in welchen Fällen die Freiheit eingeschränkt werden darf;[50] andere zählen, wie Art. 5 Abs. 1 Satz 2 EMRK, die zulässigen Gründe einer Freiheitsentziehung enumerativ auf.[51]

Gewährleistungen, die wie Art. 104 Abs. 1 Satz 2 die Misshandlung fest gehaltener   15
Personen verbieten, existieren etwa in Österreich[52] und Italien[53]; ein allgemeines Verbot menschenunwürdiger Behandlung enthalten z.B. die Verfassungen der Schweiz[54]
sowie Finnlands.[55]

Die meisten Staaten schreiben in ihren Verfassungen vor, welche weiteren Anforde-   16
rungen vergleichbar dem Richtervorbehalt in Art. 104 Abs. 2, 3 als spezielle Verfah-

---

49 Überblick etwa bei *Schulze-Fielitz*, in: Dreier, GG III, Art. 104 Rn. 12.
50 Vgl. Art. 31 Abs. 1 der Bundesverfassung der Schweizerischen Eidgenossenschaft, AS
    1999, S. 2556; § 71 Abs. 2 der Verfassung des Königreichs Dänemark, abgedruckt bei
    Kimmel/Kimmel, Verfassungen der EU-Mitgliedsstaaten, 6. Aufl. 2005, S. 41; Art. 40
    Abs. 4 Nr. 1 der Verfassung der Republik Irland, abgedruckt bei *Kimmel/Kimmel*, a.a.O.,
    S. 255; Art. 12 der Verfassung des Großherzogtums Luxemburg, abgedruckt bei *Kimmel/
    Kimmel*, a.a.O., S. 361.
51 So z.B. für Österreich Art. 2 des Bundesverfassungsgesetzes über den Schutz der persönli-
    chen Freiheit v. 29.11.1988, BGBl. Nr. 684/1988; § 20 der Verfassung der Republik
    Estland, abgedruckt bei *Kimmel/Kimmel* (Fn. 50), S. 111. Die Verfassung der Republik
    Türkei, abrufbar unter http://www.tuerkei-recht.de/downloads/verfassung.pdf (Stand:
    04.12.2013), differenziert in Art. 19 danach, ob die Freiheitsentziehung wegen des Ver-
    dachts einer strafbaren Handlung (»Personen, für deren Schuld dringende Anzeichen be-
    stehen«), Art. 19 Abs. 1, oder aus sonstigen Gründen, Art. 19 Abs. 2, erfolgt. Nur im zwei-
    ten Fall sind die zulässigen Fälle einer Freiheitsentziehung abschließend aufgeführt, vgl.
    Art. 19 Abs. 1.
52 Art. 1 Abs. 4 des österreichischen Bundesverfassungsgesetzes über den Schutz der persönli-
    chen Freiheit (Fn. 51).
53 Art. 13 Abs. 3 der Verfassung der Republik Italien, abgedruckt bei *Kimmel/Kimmel*
    (Fn. 50), S. 289.
54 Art. 10 Abs. 3 (Fn. 50).
55 § 7 Abs. 2 des Grundgesetzes von Finnland, abgedruckt bei *Kimmel/Kimmel* (Fn. 50),
    S. 139.

rensgarantien bei freiheitsbeeinträchtigenden Maßnahmen zu beachten sind.[56] Unterschiede ergeben sich bei deren konkreten Ausgestaltung, so etwa bei den Fristen, innerhalb deren eine Person dem Richter vorzuführen ist.[57]

17   Benachrichtigungspflichten vergleichbar Art. 104 Abs. 4 kennen etwa die Verfassungen der Schweiz, der Türkei sowie Österreichs.[58] Unterschiede bestehen bei der Möglichkeit des Festgehaltenen, über das »Ob« und das »Wen« der Benachrichtigung zu entscheiden: Während die türkische Verfassung eine Verständigung der Angehörigen vorschreibt (und einen Verzicht des Betroffenen damit jedenfalls nicht explizit zulässt),[59] kann in der schweizerischen Bundesverfassung die festgehaltene Person über die Angehörigenbenachrichtigung disponieren. Auch das österreichische Bundesverfassungsgesetz über den Schutz der persönlichen Freiheit überlässt es ausdrücklich der Wahl des Festgenommen, ob ein Angehöriger oder Rechtsbeistand von seiner Festnahme benachrichtigt wird.

18   Einige Verfassungen sehen schließlich, über Art. 104 hinaus und vergleichbar Art. 5 Abs. 5 EMRK, eigene Entschädigungsregeln für den Fall vor, dass die Einschränkung der Freiheit nicht entsprechend den maßgebenden Vorschriften erfolgt.[60]

2. Garantien in den Verfassungen der Bundesländer

19   Ein vergleichbares Niveau des Schutzes der persönlichen Freiheit wie das des Art. 104 findet sich fast durchweg in den Verfassungen der Bundesländer.[61] Während Sachsen-Anhalt als einziges Bundesland die Regelung des Art. 104 wortgleich in seinen Verfassungstext übernommen hat (vgl. Art. 23), beschränken sich andere Länder auf eine pauschale Verweisung auf die im Grundgesetz gewährleisteten Grundrechte.[62] Die Verfassungen von Bayern (Art. 102), Berlin (Art. 8), Branden-

---

56   Art. 19 Abs. 2 ff. der Verfassung der Republik Türkei (Fn. 51); Art. 31 Abs. 2 bis 4 der Bundesverfassung der Schweizerischen Eidgenossenschaft (Fn. 50); Art. 3 ff. des österreichischen Bundesverfassungsgesetzes über den Schutz der persönlichen Freiheit (Fn. 51); § 9 der Verfassung des Königreiches Schweden, abgedruckt bei *Kimmel/Kimmel* (Fn. 50), S. 683; § 7 Abs. 3 des Grundgesetzes von Finnland, abgedruckt bei *Kimmel/Kimmel* (Fn. 50), S. 139.

57   Vgl. die Zusammenstellung bei *Schulze-Fielitz*, in: Dreier, GG III, Art. 104 Rn. 12.

58   Vgl. Art. 31 Abs. 2 der Bundesverfassung der Schweizerischen Eidgenossenschaft (Fn. 50); Art. 19 Abs. 5 der Verfassung der Republik Türkei (Fn. 51); Art. 4 Abs. 7 des österreichischen Bundesverfassungsgesetzes über den Schutz der persönlichen Freiheit (Fn. 51).

59   Vgl. zu der Rechtslage in Deutschland unten Rdn. 118.

60   Vgl. Art. 7 des österreichischen Bundesverfassungsgesetzes über den Schutz der persönlichen Freiheit (Fn. 51); Art. 19 Abs. 8 der Verfassung der Republik Türkei (Fn. 51).

61   Vgl. *Schulze-Fielitz*, in: Dreier, GG III, Art. 104 Rn. 13; zu den jeweiligen Abweichungen hinsichtlich der Fristen sowie der Information über die Gründe der Verhaftung *Rüping*, in: BK, Art. 104 Rn. 101.

62   Vgl. Art. 2 Abs. 1 Verf. Baden-Württemberg; Art. 5 Abs. 3 Verf. Mecklenburg- Vorpommern; Art. 3 Abs. 2 Verf. Niedersachsen; Art. 4 Abs. 1 Verf. Nordrhein-Westfalen; Art. 2a Verf. Schleswig-Holstein.

burg (Art. 9), Bremen (Art. 5), Hessen (Art. 19), Rheinland-Pfalz (Art. 5), Saarland (Art. 13) Sachsen (Art. 17) sowie Thüringen (Art. 4) schützen die persönliche Freiheit in eigenen Gewährleistungen; lediglich die Freie und Hansestadt Hamburg verzichtet in ihrer Verfassung auf eine entsprechende Garantie.

Soweit landesverfassungsrechtliche Gewährleistungen über die Garantien des Art. 104 hinausgehen, bleiben sie in Kraft, Art. 142;[63] dabei ist unerheblich, ob es sich um vor- oder nachkonstitutionelles Landesverfassungsrecht handelt.[64] Bleibt das Landesverfassungsrecht hinter Art. 104 zurück, wird es nicht nach Art. 31 derogiert, sondern ist als eigenständige Gewährleistung weiter wirksam.[65]   20

D. Schutzbereich und Eingriffe

I. Schutzbereich

Der sachliche Schutzbereich von Art. 104 Abs. 1 Satz 1 ist identisch mit dem des Art. 2 Abs. 2 Satz 2.[66] »Freiheit der Person« meint beide Male allein die körperliche Fortbewegungsfreiheit[67] und damit die »persönliche Fortbewegungsfreiheit im engeren Sinn«.[68] Erklären lässt sich dies mit der Funktion von Art. 104: Die Vorschrift soll für Eingriffe in die Freiheit der Person besondere Garantien vorsehen. Bei den in der Norm genannten Eingriffen geht es jedoch ausschließlich um physische Beschränkungen der körperlichen Fortbewegungsfreiheit (Abs. 1 Satz 2, Abs. 4: Festhalten; Abs. 2 Satz 3: Ergreifen, Ingewahrsamhalten; Abs. 3 Satz 1: Festnehmen).[69] Liegen Eingriffe in die Freiheit der Person jedoch allein in physischen Beschränkungen der Fortbewegungsfreiheit, kann sich die Gewährleistung damit auch nur auf diese beziehen. Dies wird bestätigt durch die historische Auslegung: Die Bestimmung soll an die Tradition der *Habeas-Corpus*-Garantie anknüpfen (s.o. Rdn. 1), die als Schutz vor willkürlicher Verhaftung den Gehalt der körperlichen Bewegungsfreiheit ebenso in einem engen Sinne versteht.   21

Gewährleistet ist danach nicht das Recht des Einzelnen, jeden beliebigen[70] oder, einschränkend, jeden Ort aufzusuchen, der ihm tatsächlich oder rechtlich zugänglich ist;[71] dieses Recht wird lediglich durch die allgemeine Handlungsfreiheit des Art. 2   22

---

63 *Schulze-Fielitz*, in: Dreier, GG III, Art. 104 Rn. 14; siehe auch *Rüping*, in: BK, Art. 104 Rn. 101, m.w.N. zu der Gegenauffassung.

64 Dazu BVerfGE 96, 345, 364 f.

65 *Dreier*, in: Dreier, GG III, Art. 142 Rn. 48 f. m.w.N.

66 *Gusy*, in: v. Mangoldt/Klein/Starck, GG III, Art. 104 Rn. 16; *ders.*, NJW 1992, 457.

67 BVerfGE 22, 21, 26; *Kunig*, in: v. Münch/Kunig, GG II, Art. 104 Rn. 6; *Lisken*, NJW 1982, 1268; *Podlech*, in: AK-GG, Art. 104 Rn. 19; *Rüping*, in: BK, Art. 104 Rn. 26; a.A. *Merten*, in: HGR IV, § 95 Rn. 5 ff., der die Freiheit der Person als ein sog. »Schutzrecht« versteht und deshalb den Begriff der Bewegungsfreiheit für unpassend hält.

68 *Gusy*, in: v. Mangoldt/Klein/Starck, GG III, Art. 104 Rn. 16.

69 BVerfGE 22, 21, 26; BVerfG, NVwZ 2007, 1044, 1045; *Grabitz* (Fn. 44), § 130 Rn. 20.

70 So *Gusy*, in: v. Mangoldt/Klein/Starck, GG III, Art. 104 Rn. 16.

71 So BVerfGE 105, 239, 248; *Kunig*, in: v. Münch/Kunig, GG II, Art. 104 Rn. 6.

Abs. 1 geschützt.[72] Aufgrund des systematischen Zusammenhangs zwischen den Art. 2 Abs. 2 Satz 2 und Art. 104 Abs. 1 Satz 1, der nur vor physischen Beschränkungen der Bewegungsfreiheit Schutz bietet, bezieht sich die Gewährleistung vielmehr nur auf das Recht des Einzelnen, den Ort, an dem er sich gerade aufhält, nach Belieben zu verlassen.[73] Der Einzelne darf nicht durch physische Beschränkungen daran gehindert werden, sich von seinem derzeitigen Aufenthaltsort fortzubewegen.

23   Von vornherein nicht erfasst ist ebenfalls die Freiheit, sich als Person zu entfalten und zu betätigen schlechthin; maßgebend für dieses Recht ist wiederum nur die allgemeine Handlungsfreiheit des Art. 2 Abs. 1.[74]

II. Eingriffe

1. Überblick

24   Der Begriff »Beschränkung« der Freiheit der Person (Art. 104 Abs. 1 Satz 1) knüpft an den des »Eingriffs« (Art. 2 Abs. 2 Satz 3) an,[75] um dessen Schranken näher zu regeln. Die Begriffe sind identisch; das Grundgesetz spricht auch an anderen Stellen von »Beschränkung« (vgl. Art. 8 Abs. 2, Art. 10 Abs. 2, Art. 11 Abs. 2), wenn es Eingriffe in das grundrechtlich geschützte Gut meint (siehe auch Art. 13 Abs. 7).[76]

25   Neben der **Beschränkung** nennt das Grundgesetz die **Entziehung** der Freiheit der Person, die es in den Abs. 2–4 besonderen Anforderungen unterstellt (insbes. Richtervorbehalt); die Vorgaben für die Freiheitsbeschränkung des Abs. 1 Satz 1 (Parlamentsvorbehalt, Einhaltung der gesetzlich vorgeschriebenen Formen) gelten für alle Eingriffe, auch für den schwerwiegendsten Fall der Entziehung.[77] Die Kategorie eines völkerrechtlichen Gewahrsams neben der Kategorie der Freiheitsentziehung,[78] die nicht an deren Regeln gebunden ist, ist nicht anzuerkennen.[79]

26   Weder um eine Freiheitsbeschränkung noch um eine Freiheitsentziehung handelt es sich, wenn der Betroffene der Einwirkung auf seine körperliche Fortbewegungsfreiheit freiwillig zustimmt. Freiheitsbeschränkung und -entziehung müssen gegen oder

---

72   *Zippelius/Würtenberger,* Staatsrecht, § 25 Rn. 3; *Hufen* (Fn. 30), § 21 Rn. 5.

73   *J. Ipsen,* Grundrechte, Rn. 265; *Zippelius/Würtenberger* (Fn. 72), § 25 Rn. 3; *Hufen* (Fn. 30), § 21 Rn. 5, 7; *Neuner,* Zulässigkeit und Grenzen polizeilicher Verweisungsmaßnahmen, 2003, S. 28; *Braun,* Freizügigkeit und Platzverweis, 2000, S. 92 f.

74   *Zippelius/Würtenberger* (Fn. 72), § 25 Rn. 2.

75   *K. Stern,* Staatsrecht, Bd. IV/1, S. 1101.

76   *Ipsen* (Fn. 73), Rn. 269 mit Fn. 27.

77   *Gusy,* in: v. Mangoldt/Klein/Starck, GG III, Art. 104 Rn. 24; *Rüping,* in: BK, Art. 104 Rn. 27 f.; *Pieroth/Schlink/Kingreen/Poscher,* Grundrechte, Rn. 443.

78   BT-Drucks. 16/11382, S. 10.

79   *König,* BDGVR 44 (2010), 203, 232 ff.; *Aust,* DVBl. 2012, 484, 487; *Fischer-Lescano/Kreck,* AVR 47 (2009), 481, 498.

ohne den Willen des Betroffenen erfolgen.[80] Die Zustimmung lediglich des gesetzlichen Vertreters genügt allerdings nicht.[81]

Der Eingriff muss ausgehen von einem Bindungsadressaten der Norm, d.h. einem   27
Träger öffentlicher Gewalt, siehe dazu unten Rdn. 52 f. Die Unterbringung in einer
psychiatrischen Anstalt ist allerdings auch dann an die Vorgaben der Freiheitsentziehung gebunden, wenn es sich um ein privates Krankenhaus handelt und der Staat an
der Unterbringung nur mitwirkt.[82] Entsprechendes gilt, wenn eine Person nur vorläufig in einer Nervenheilanstalt untergebracht wird, um ein Gutachten über ihren
Geisteszustand zu erstellen.[83]

2. Freiheitsbeschränkung

Die Kriterien der Freiheitsbeschränkung des Art. 104 Abs. 1 Satz 1 korrespondieren   28
mit den Merkmalen des Schutzbereichs. Eine Person wird danach in ihrer Freiheit
beschränkt, wenn sie durch eine staatliche Maßnahme unmittelbaren Zwangs oder
deren Androhung **physisch** daran **gehindert** wird, ihren **derzeitigen Aufenthaltsort
zu verlassen**.[84]

Eine besondere Intensität oder Dauer der Maßnahme ist für eine Freiheitsbeschrän-   29
kung nicht erforderlich (wohl aber für eine Freiheitsentziehung, dazu sogleich unten
Rdn. 33).[85] Maßgebend ist lediglich, dass der Betroffene nicht zu jedem Augenblick
im Besitz seiner **Fortbewegungsfreiheit** ist. Wird jemand durch die öffentliche Gewalt daran gehindert, einen Ort aufzusuchen oder sich dort aufzuhalten, der ihm an
sich (tatsächlich oder rechtlich) zugänglich ist, so wird er, je nach der Dauer seines
beabsichtigten Aufenthalts an diesem Ort,[86] entweder in seiner Handlungsfreiheit

---

80 *Dürig*, in: Maunz/Dürig, GG, Art. 104 Rn. 9; *Gusy*, in: v. Mangoldt/Klein/Starck, GG III,
    Art. 104 Rn. 18; *Rüping*, in: BK, Art. 104 Rn. 62; *Schmahl*, in: Schmidt-Bleibtreu/Hofmann/Hopfauf, GG, Art. 104 Rn. 14.
81 *Jarass*, in: Jarass/Pieroth, GG, Art. 104 Rn. 13.
82 EGMR, NJW-RR 2006, 308, 310–313 – *Storck ./. Deutschland.*
83 EGMR, NJW 2004, 2209–2212 – *Herz ./. Deutschland.*
84 *Ipsen* (Fn. 73), Rn. 265; zur Beschränkung des Schutzes auf Maßnahmen des unmittelbaren Zwangs BVerfGE 22, 21, 26; 105, 239, 247; BVerfGK 7, 87, 98; *Radtke*, in: Epping/Hillgruber, GG, Art. 104 Rn. 2; a.A. *Gusy*, in: v. Mangoldt/Klein/Starck, GG III,
    Art. 104 Rn. 18, *Podlech*, in: AK-GG, Art. 104 Rn. 20.
85 *Ipsen* (Fn. 73), Rn. 271; siehe auch *Radtke*, in: Epping/Hillgruber, GG, Art. 104 Rn. 2
    (Gabe von Medikamenten).
86 Die Kriterien, mit denen Art. 2 Abs. 2 Satz 2 in seinem weiten Verständnis (»Freiheit der
    Fort- und Hinbewegung«) von Art. 11 Abs. 1 abzugrenzen ist, dazu: *Blanke*, in diesem
    Kommentar, Art. 11 Rn. 10 ff., müssen entsprechend für Art. 2 Abs. 1 gelten, der bei einem
    engen Verständnis von Art. 2 Abs. 2 Satz 2 für die Hinbewegung anwendbar bleibt;
    zur Abgrenzung siehe auch *Merten* in: HGR IV, § 94 Rn. 36 ff.

(Art. 2 Abs. 1) oder in seiner Freizügigkeit (Art. 11) beschränkt, nicht aber, wie dies die herrschende Meinung annimmt,[87] in seiner Freiheit der Person.[88]

30 Die Fortbewegungsfreiheit wird dabei nicht allein durch räumliche Sicherungen gegen Verlassen verloren. Es genügen staatliche Maßnahmen, die selbst noch keinen unmittelbaren Zwang darstellen, bei Nichtbefolgung mit Sicherheit aber mit sofortigen Zwangsmitteln durchgesetzt würden, wie das »Angehaltenwerden« durch Vollzugsbeamte der Polizei.[89] Wegen Fehlens von physisch wirkendem Zwang ist es kein Eingriff in die Freiheit der Person, wenn sich jemand zu einem bestimmten Zeitpunkt an einen bestimmten Ort begeben muss. Ebenso erfüllt die Vorladung zum Verkehrsunterricht diese Voraussetzungen nicht, da eine Missachtung lediglich durch ein Bußgeld sanktioniert ist.[90]

31 Die Unterbringung von Asylsuchenden im Transitbereich des Flughafens berührt den Schutzbereich ebenfalls nicht, da dem Betroffenen die jederzeitige Ausreise aus Deutschland offen steht.[91]

3. Freiheitsentziehung

32 Die Freiheitsentziehung ist die gravierendste Form der Freiheitsbeschränkung.[92] Sie liegt vor, wenn die körperliche Fortbewegungsfreiheit »**nach jeder Richtung hin aufgehoben wird**«.[93] Der Betroffene muss an einem »eng umgrenzten Raum« festgehalten werden,[94] was allerdings seinerseits nicht »eng« zu verstehen ist. So besteht ein Zustand der Freiheitsentziehung auch noch dann, wenn der Betroffene etwa in einem Lager- oder Gebäudekomplex festgehalten wird.[95] Notwendig sind in jedem Falle Sicherungen gegen das Verlassen des Raumes; das bloße Gebot, in einem Raum zu verweilen, ohne derartige Sicherungen, genügt daher nicht.[96] Bei dem »Raum« kann es sich auch um das Innere eines Kraftfahrzeugs handeln.[97]

---

87 BVerfGE 105, 239, 248; *Degenhart*, in: Sachs, GG, Art. 104 Rn. 4; *Gusy*, in: v. Mangoldt/Klein/Starck, GG III, Art. 104 Rn. 16; *Kunig*, in: v. Münch/Kunig, GG II, Art. 104 Rn. 6; *Schmahl*, in: Schmidt-Bleibtreu/Hofmann/Hopfauf, GG, Art. 104 Rn. 6, 14.

88 *Ipsen* (Fn. 73), Rn. 265; *Hufen* (Fn. 30), § 21 Rn. 5.

89 *Ipsen* (Fn. 73), Rn. 271; die Sicherungen zur Durchsetzung der Beschränkung betonend *Jarass*, in: Jarass/Pieroth, GG, Art. 2 Rn. 114 f.; *ders.*, a.a.O., Art. 104 Rn. 13.).

90 BVerfGE 22, 21, 26; *Ipsen* (Fn. 73), Rn. 266, 272.

91 BVerfGE 94, 166, 198; HessVGH, AuAS 2009, 250 f.; *Degenhart*, in: Sachs, GG, Art. 104 Rn. 4; a.A. *Hufen* (Fn. 30), § 21 Rn. 8; *Wittreck* (Fn. 20), § 151 Rn. 24.

92 *Jarass*, in: Jarass/Pieroth, GG, Art. 104 Rn. 10; *Degenhart*, in: Sachs, GG, Art. 104 Rn. 5.

93 BVerfGE 94, 166, 198; 105, 239, 248; *Jarass*, in: Jarass/Pieroth, GG, Art. 104 Rn. 11.

94 BVerwGE 62, 325, 328; *Dürig*, in: Maunz/Dürig, GG, Art. 104 Rn. 7.

95 *Degenhart*, in: Sachs, GG, Art. 104 Rn. 5; *Schulze-Fielitz*, in: Dreier, GG III, Art. 104 Rn. 25.

96 *Degenhart*, in: Sachs, GG, Art. 104 Rn. 7; *Jarass*, in: Jarass/Pieroth, GG, Art. 104 Rn. 11, 13.

97 *Rüping*, in: BK, Art. 104 Rn. 53; *Degenhart*, in: Sachs, GG, Art. 104 Rn. 5.

Durch ein Verständnis der Freiheitsbeschränkung als räumliche Begrenzung auf ei- 33
nen bestimmten Bereich erhebt sich die Notwendigkeit, die Freiheitsentziehung von
der Beschränkung **abzugrenzen**. Hierfür auf den **Zweck** der staatlichen Maßnahme
abzustellen und eine Beschränkung der Fortbewegungsfreiheit nicht als Freiheitsentziehung anzusehen, wenn sie nicht auf ein Festhalten, sondern auf andere Zwecke
gerichtet ist,[98] wird dem Schutzbedürfnis des Grundrechtsträgers nicht gerecht.[99]
Ein solches Abgrenzungskriterium könnte den Betroffenen Eingriffen aussetzen, die
aufgrund ihrer Schwere nach den Schutzmechanismen der Art. 104 Abs. 2–4 für
Freiheitsentziehungen verlangen, an diesen jedoch nicht zu messen wären.[100] Umgekehrt erfordern jedoch nur kurzfristige Beschränkungen der Fortbewegungsfreiheit
die Anwendung der hohen, für die Freiheitsentziehung notwendigen Regularien
auch dann nicht, wenn sie bezweckt sind. Maßgebend können daher nur **Intensität**
und **Dauer** der Beschränkung sein.[101] Eine Maßnahme ist danach Freiheitsentziehung, wenn sie die körperliche Fortbewegungsfreiheit der betroffenen Person nach
jeder Richtung hin (Intensität) und über einen gewissen Mindestzeitraum (Dauer)
aufhebt.[102] Einer Bestimmung der Freiheitsentziehung nach diesen Kriterien haften
zwar Unsicherheiten an.[103] Sie hat jedoch gegenüber allen Alternativvorschlägen den
entscheidenden Vorzug, die verschiedenen Formen der Freiheitsbeschränkung unter
dem Aspekt des Normzwecks einer der beiden Kategorien zuordnen zu können.

Der Grund der Freiheitsentziehung ist unerheblich. Liegen die äußeren Merkmale 34
dieser Form des Eingriffs in die Freiheit der Person vor, spielt es keine Rolle, ob der
Betroffene aus Gründen des Strafens, der Fürsorge, der Erziehung oder der Disziplinierung usf. (siehe zu den verschiedenen Zwecken Rdn. 61) festgehalten wird.[104]

---

98 BGHZ 82, 261, 268; *R. Hoffmann*, DVBl. 1970, 473, 475; *Rüping*, in: BK, Art. 104
  Rn. 51, 57; vgl. auch *Gusy*, in: v. Mangoldt/Klein/Starck, GG III, Art. 104 Rn. 22.

99 BVerwGE 62, 317, 319.

100 *Degenhart*, in: Sachs, GG, Art. 104 Rn. 5; *Dürig*, in: Maunz/Dürig, GG, Art. 104 Rn. 6;
  Jarass, in: Jarass/Pieroth, GG, Art. 104 Rn. 12; *Kunig*, in: v. Münch/Kunig, GG II,
  Art. 104 Rn. 19; *Schmahl*, in: Schmidt-Bleibtreu/Hofmann/Hopfauf, GG, Art. 104
  Rn. 14; *Schulze-Fielitz*, in: Dreier, GG III, Art. 104 Rn. 25.

101 BVerfGE 105, 239, 250; zum Aspekt der Dauer: BVerfG (K), NJW 2004, 3697 (»mehr
  als kurzfristige Zeitdauer«); BGHZ 145, 297, 303; *Gusy*, in: v. Mangoldt/Klein/Starck,
  GG III, Art. 104 Rn. 19; *Schmahl*, in: Schmidt-Bleibtreu/Hofmann/Hopfauf, GG,
  Art. 104 Rn. 14; *Jarass*, in: Jarass/Pieroth, GG, Art. 104 Rn. 11 (»etwa einige Stunden«);
  Schulze-Fielitz, in: Dreier, GG III, Art. 104 Rn. 24 f.; *Hantel*, Der Begriff der Freiheits-
  entziehung in Art. 104 Abs. 2 GG, 1988, S. 141; *Zippelius/Würtenberger* (Fn. 72), § 25
  Rn. 7; *Degenhart*, in: Sachs, GG, Art. 104 Rn. 5a.

102 BVerfGE 94, 166, 198; 105, 239, 248; BVerfG, DVBl. 2011, 623, 624; BGHZ 145,
  297, 303; *Schulze-Fielitz*, in: Dreier, GG III, Art. 104 Rn. 25; *Jarass*, in: Jarass/Pieroth,
  GG, Art. 104 Rn. 11; *Sodan*, in: Sodan, GG, Art. 104 Rn. 3.

103 Dazu: *Gusy*, in: v. Mangoldt/Klein/Starck, GG III, Art. 104 Rn. 20.

104 BVerfGE 10, 302, 322; BGHSt 34, 365, 368; *Jarass*, in: Jarass/Pieroth, GG, Art. 104
  Rn. 12.

4. Einzelfälle[105]

35 Danach sind als **Freiheitsbeschränkung** zu qualifizieren:
  – Anhalten/Festhalten zur Identitätsfeststellung[106]
  – Durchsuchung von Personen und Sachen (z.B. Wohnungen und Fahrzeuge),[107]
  – Mitnahme zur Dienststelle (Sistierung)[108]
  – Beförderung eines Jugendlichen zur Polizeiwache und Festhalten dort zwecks Übergabe an die Eltern[109]
  – zwangsweise Vorführung und sog. Verbringungsgewahrsam[110]
  – unmittelbarer Zwang zur Durchsetzung hoheitlicher Anordnungen[111]
  – bereits die Verurteilung zu einer Freiheitsstrafe, nicht erst die Festnahme des Verurteilten oder der Vollzug[112]
  – Unterbringung in einer Ausnüchterungszelle zum eigenen Schutz[113]
  – Einkesseln einer Demonstration durch die Polizei[114]
  – aufenthaltsbeschränkende und führungsaufsichtliche Maßnahmen.[115]

---

105 Ausführlich *Kunig*, in: v. Münch/Kunig, GG II, Art. 104 Rn. 20; *Schulze-Fielitz*, in: Dreier, GG III, Art. 104 Rn. 26 f.

106 *Degenhart*, in: Sachs, GG, Art. 104 Rn. 5a; *Jarass*, in: Jarass/Pieroth, GG, Art. 104 Rn. 12; *Schmahl*, in: Schmidt-Bleibtreu/Hofmann/Hopfauf, GG, Art. 104 Rn. 14; *Schulze-Fielitz*, in: Dreier, GG III, Art. 104 Rn. 27; *Barczak*, NZV 2010, 598, 599 f.; differenzierend *Kunig*, in: v. Münch/Kunig, GG II, Art. 104 Rn. 20; vgl. auch *Rüping*, in: BK, Art. 104 Rn. 57 f.

107 VG Augsburg, Beschl. v. 12.04.2013 – Au 7 V 13/510, juris, Rn. 20.

108 *Gusy*, in: v. Mangoldt/Klein/Starck, GG III, Art. 104 Rn. 23; *Jarass*, in: Jarass/Pieroth, GG, Art. 104 Rn. 12.

109 VG Braunschweig, NJW 2013, 1384 f.

110 BVerwGE 82, 243, 245; BGHZ 82, 261, 269 f.; *Degenhart*, in: Sachs, GG, Art. 104 Rn. 5a; *Jarass*, in: Jarass/Pieroth, GG, Art. 104 Rn. 12; *Schmahl*, in: Schmidt-Bleibtreu/Hofmann/Hopfauf, GG, Art. 104 Rn. 14; *Schulze-Fielitz*, in: Dreier, GG III, Art. 104 Rn. 27; *Schucht*, DÖV 2011, 553, 556; a.A. aber *Kunig*, in: v. Münch/Kunig, GG II, Art. 104 Rn. 20; differenzierend *Gusy*, in: v. Mangoldt/Klein/Starck, GG III, Art. 104 Rn. 23: die gewöhnliche Vorführung ist Freiheitsbeschränkung, der Verbringungsgewahrsam zur Ermöglichung einer Abschiebung ist Freiheitsentziehung.

111 *Degenhart*, in: Sachs, GG, Art. 104 Rn. 5a; *Jarass*, in: Jarass/Pieroth, GG, Art. 104 Rn. 12; *Schulze-Fielitz*, in: Dreier, GG III, Art. 104 Rn. 27.

112 BVerfGE 14, 174, 186. Verurteilung, Festnahme und Vollzug sind jeweils Eingriffe in die Freiheit der Person, *Pieroth/Schlink/Kingreen/Poscher* (Fn. 77), Rn. 446.

113 *Hufen* (Fn. 30), § 21 Rn. 8.

114 *Hufen* (Fn. 30), § 21 Rn. 8; a.A. KG, NVwZ 2000, 468, 469; *Degenhart*, in: Sachs, GG, Art. 104 Rn. 5a; *Gusy*, in: v. Mangoldt/Klein/Starck, GG III, Art. 104 Rn. 21: Freiheitsentziehung.

115 *Pieroth/Schlink/Kingreen/Poscher* (Fn. 77), Rn. 447.

Folgende Maßnahmen sind dagegen als **Freiheitsentziehungen** zu bewerten: 36
- Strafhaft, Erzwingungshaft[116]
- Sicherungsverwahrung[117]
- Untersuchungshaft[118]
- Abschiebehaft (vgl. jetzt § 62 AufenthG)[119]
- polizeilicher Gewahrsam[120]
- Unterbringung von psychisch Kranken in geschlossenen Heilanstalten[121]
- Festnahme i.S.v. Art. 104 Abs. 3[122]
- Wehr- bzw. Disziplinararrest[123]
- elektronische Fußfessel[124]
- Fixieren einer bettlägerigen Person an ihrem Bett zum Schutze vor einer Selbst- oder Fremdgefährdung.[125]

Überhaupt **nicht** von den Kategorien der Art. 104 Abs. 1 bzw. Abs. 2–4 werden er- 37
fasst:
- Vorbereitungshandlungen, wie Auslieferungsersuchen des deutschen Staates[126]
- Schulpflicht/Wehrpflicht[127]
- Nachsitzen von Schülern[128]

---

116 *Schulze-Fielitz*, in: Dreier, GG III, Art. 104 Rn. 26.
117 *Schulze-Fielitz*, in: Dreier, GG III, Art. 104 Rn. 26.
118 *Gusy*, in: v. Mangoldt/Klein/Starck, GG III, Art. 104 Rn. 19.
119 BVerfGE 104, 220, 235 f.; *Kunig*, in: v. Münch/Kunig, GG II, Art. 104 Rn. 20; *Gusy*, in: v. Mangoldt/Klein/Starck, GG III, Art. 104 Rn. 23.
120 VG Braunschweig, NJW 2013, 1384, 1385; *Gusy*, in: v. Mangoldt/Klein/Starck, GG III, Art. 104 Rn. 19; *Jarass*, in: Jarass/Pieroth, GG, Art. 104 Rn. 12; *Schulze-Fielitz*, in: Dreier, GG III, Art. 104 Rn. 26.
121 BVerfGE 58, 208, 220 f.; 70, 297, 311 f.; *Gusy*, in: v. Mangoldt/Klein/Starck, GG III, Art. 104 Rn. 19; *Jarass*, in: Jarass/Pieroth, GG, Art. 104 Rn. 12; *Schulze-Fielitz*, in: Dreier, GG III, Art. 104 Rn. 25 f.
122 *Jarass*, in: Jarass/Pieroth, GG, Art. 104 Rn. 12; *Schmahl*, in: Schmidt-Bleibtreu/Hofmann/Hopfauf, GG, Art. 104 Rn. 14.
123 BVerfGE 22, 311, 317 (zum Wehrarrest); BGHSt 34, 365, 368 (zum Disziplinararrest); *Jarass*, in: Jarass/Pieroth, GG, Art. 104 Rn. 12; *Radtke*, in: Epping/Hillgruber, GG, Art. 104 Rn. 4; *Schmahl*, in: Schmidt-Bleibtreu/Hofmann/Hopfauf, GG, Art. 104 Rn. 14; *Schulze-Fielitz*, in: Dreier, GG III, Art. 104 Rn. 26. Etwas anderes gilt für den Fall, dass während einer Haftstrafe durch die Verhängung von Disziplinararrest nur die Form der Freiheitsentziehung verändert wird, vgl. BVerfGE 64, 261, 280.
124 LG FfM, NJW 2001, 697.
125 BGH, NJW 2005, 1937, 1938; BGH, NJW-RR 2012, 1281, 1282.
126 BVerfGE 57, 9, 23 f.; *Jarass*, in: Jarass/Pieroth, GG, Art. 104 Rn. 2.
127 *Degenhart*, in: Sachs, GG, Art. 104 Rn. 4; *Gusy*, in: v. Mangoldt/Klein/Starck, GG III, Art. 104 Rn. 18; *Stern* (Fn. 75), S. 1097; a.A. *Pieroth/Schlink/Kingreen/Poscher* (Fn. 77), Rn. 445; *Wittreck* (Fn. 20), § 151 Rn. 10 (Wehrdienst).
128 VGH Mannheim, NVwZ 1984, 808 f.; a.A. *Hantel*, JuS 1990, 865, 869; *Pieroth/Schlink/Kingreen/Poscher* (Fn. 77), Rn. 446.

- Pflicht, als Zeuge oder Sachverständiger vor Gericht auszusagen[129]
- Vorladung[130]
- Platzverweis[131]
- Aufenthaltsverbot für bestimmte näher umrissene Stadtgebiete[132]
- Wohnungsverweis[133]
- Auferlegung wie auch nachträgliche Änderung einer Geldauflage bei einer zur Bewährung ausgesetzten Freiheitsstrafe.[134]

E. Subjektiv-rechtliche und objektiv-rechtliche Gehalte

38   Art. 104 lassen sich sowohl subjektiv-rechtliche als auch objektiv-rechtliche Gehalte entnehmen.[135]

I. Subjektiv-rechtliche Gehalte

39   Die Vorschrift des Art. 104 normiert in **allen** Einzelbestimmungen der Absätze 1–4 **subjektive Rechte** des Bürgers.[136] Der Einzelne kann von der öffentlichen Gewalt verlangen, dass seine persönliche Freiheit nur unter den Voraussetzungen und nach Maßgabe des Art. 104 beschränkt wird.

40   Darüber hinaus hat der Einzelne ein **subjektives Recht**, vom Bindungsadressaten (siehe dazu unten Rdn. 52 f.) die Einhaltung der **objektiv-rechtlichen** Gehalte des Art. 104 bei Organisation und Verfahren sowie bei der Schutzpflichtendimension im Hinblick auf ein Mindestmaß zu verlangen.[137]

---

129 *Zippelius/Würtenberger* (Fn. 72), § 25 Rn. 4.
130 *Hufen* (Fn. 30), § 21 Rn. 8; a.A. *Pieroth/Schlink/Kingreen/Poscher* (Fn. 77), Rn. 444, wenn sich die Erscheinenspflicht auf einen bestimmten Zeitpunkt bezieht.
131 *Hufen* (Fn. 30), § 21 Rn. 8; der »klassische Platzverweis« ist ein Eingriff in Art. 2 Abs. 1; eine Freiheitsbeschränkung kommt jedoch dann in Betracht, wenn mit dem Platzverweis zugleich unmittelbarer Zwang oder ein Zwangsgeld für den Fall der Nichterfüllung angedroht wird, *Helmke*, Der polizeiliche Platzverweis im Rechtsstaat, 2002, S. 178; ebenso *Braun* (Fn. 73), S. 93 f.
132 BayVGH, DÖV 1999, 520, 521.
133 *Hufen* (Fn. 30), § 21 Rn. 8.
134 *Podlech*, in: AK-GG, Art. 104 Rn. 25; *Schulze-Fielitz*, in: Dreier, GG III, Art. 104 Rn. 17; zur Bedeutung des Schutzzwecks der Norm bei der Frage, ob der Betroffene auf das Recht der Benachrichtigung eines Angehörigen des Art. 104 Abs. 4 verzichten kann unten Rdn. 118.
135 BVerfG, NJW 2011, 3508.
136 Vgl. *Degenhart*, in: Sachs, GG, Art. 104 Rn. 3; *Dürig*, in: Maunz/Dürig, GG, Art. 104 Rn. 1; *Jarass*, in: Jarass/Pieroth, GG, Art. 104 Rn. 1; *Rüping*, in: BK, Art. 104 Rn. 14; *Schmahl*, in: Schmidt-Bleibtreu/Hofmann/Hopfauf, GG, Art. 104 Rn. 1; *Schulze-Fielitz*, in: Dreier, GG III, Art. 104 Rn. 17.
137 Zu diesem Verhältnis der objektiven zu den subjektiven Gehalten oben Einl. Rdn. 82 ff.

II. Objektiv-rechtliche Gehalte

In objektiv-rechtlicher Hinsicht fordert Art. 104 von seinem Adressaten, dass er die 41
Gewährleistung der persönlichen Freiheit der Bürger vor unzulässigen hoheitlichen
Beschränkungen durch eine entsprechende Ausgestaltung der **Organisation** und des
Verfahrens unterfängt.[138] Außerdem hat er das geschützte Gut durch hinreichende
Maßnahmen auch vor Übergriffen Privater zu **schützen**.

1. Organisation und Verfahren

Art. 104 verlangt, dass ein Richter entweder vor (Abs. 2 Satz 1) oder, falls dies aus- 42
nahmsweise unterbleibt, zeitnah nachträglich (Abs. 2 Satz 2) sowie bei dem Verdacht
strafbarer Handlungen sogar noch ein weiteres Mal (Abs. 3) über Zulässigkeit und
Fortdauer einer Freiheitsentziehung entscheidet. Die Vorschrift setzt in organisatorischer Hinsicht damit voraus, dass funktionsfähige Gerichte existieren und eine ausreichende Anzahl an Richtern zur Verfügung steht.[139] Die zuständigen staatlichen
Organe sind deshalb objektiv-rechtlich verpflichtet, dafür zu sorgen, dass der Richtervorbehalt als Grundrechtssicherung praktisch wirksam werden kann.[140] Die Erreichbarkeit eines zuständigen Richters ist – jedenfalls zur Tageszeit – zu gewährleisten und diesem eine sachangemessene Wahrnehmung seiner richterlichen Aufgaben
zu ermöglichen.

Die Regeln des Art. 104 (persönliche Anschauung des Richters, Einhaltung kurzer 43
zeitlicher Fristen) lassen außerdem erkennen, dass die Verfassung einen praktisch
wirksamen Schutz der persönlichen Freiheit des Einzelnen will. Aus diesem Grund
ist das Verfahren vor den Gerichten und Behörden normativ so auszugestalten und
praktisch so zu handhaben, dass die rechtliche Garantie in der judikativen und administrativen Praxis zu Wirksamkeit gelangt.[141] So bedarf es etwa auch im Rahmen
des Art. 104 Abs. 2 Satz 1 einer persönlichen Anhörung des Betroffenen nach der
Freiheitsentziehung.[142] Schließlich folgt aus Art. 104 und Art. 5 Abs. 1 EMRK ein
Gebot der Beschleunigung.[143] Es verlangt bei Freiheitsentziehungen, dass etwa eine
Abschiebungshaft auch während des Laufs der Drei-Monats-Frist des § 62 Abs. 2
Satz 4 AufenthG auf das **unbedingt erforderliche Maß** beschränkt wird und die Behörde die Abschiebung ohne unnötige Verzögerung betreibt.[144] Wird hiergegen verstoßen, darf die Haft aus Gründen der **Verhältnismäßigkeit** nicht mehr weiter aufrechterhalten werden.[145]

---

138 *Schulze-Fielitz*, in: Dreier, GG III, Art. 104 Rn. 64.
139 *Schulze-Fielitz*, in: Dreier, GG III, Art. 104 Rn. 64.
140 BVerfGE 105, 239, 248; BVerfG, NVwZ 2007, 1044, 1045.
141 BVerfGE 103, 142, 151 ff.; BVerfG, NVwZ 2007, 1044, 1045.
142 Siehe dazu unten Rdn. 86 ff.
143 LG Hannover, InfAuslR 2012, 190.
144 LG Hannover, InfAuslR 2012, 190.
145 BGH, Beschl. v. 10. Juni 2010 – V ZB 205/09, juris, Rn. 16 m.w.N.

2. Staatliche Schutzpflicht (»mittelbare Drittwirkung«)

44   Das Schutzgut »Freiheit der Person« kann nicht nur durch staatliche Maßnahmen, sondern auch durch das Handeln Privater beeinträchtigt werden. Der hohe Rang der Garantie verlangt deshalb, dass der Adressat des Grundrechts (dazu unten Rdn. 52 f.) den Einzelnen in seiner Fortbewegungsfreiheit auch vor Zugriffen durch Privatpersonen **schützt**.[146]

45   So hat der Gesetzgeber normativ Vorkehrungen zu treffen für Fälle, in denen Private auf die persönliche Freiheit von Personen einwirken wollen, die ihrem Schutz befohlen sind. So haben Eltern vielfach den Wunsch, kraft ihrer elterlichen Gewalt ihr krankes oder schwer erziehbares Kind in einer geschlossenen Einrichtung unterzubringen. Wegen des hiermit verbundenen Eingriffs in die Fortbewegungsfreiheit des Kindes lässt das Gesetz zu dessen Schutz eine alleinige Entscheidung der Eltern hierüber nicht zu, sondern knüpft diese formell an eine Genehmigung des Familiengerichts (§ 1631b Satz 1 BGB) sowie materiell an das Vorliegen sachlicher Voraussetzungen; zudem gestattet es den Eingriff nur, wenn die Gefahr nicht durch öffentliche Hilfe abgewendet werden kann. Entsprechende Regeln gelten, wenn der Vormund das Mündel (§ 1800 Satz 1 i.V.m. § 1631b BGB) oder der Betreuer den Betreuten in einer geschlossenen Einrichtung unterbringen will (§ 1906 Abs. 2 Satz 1 BGB).[147] Die Schutzpflicht setzt sich fort in weitreichenden Prüfpflichten der Gerichte.[148]

46   Mit diesen Regeln kommt der Gesetzgeber seiner **Schutzpflicht** für die Fortbewegungsfreiheit einer Personengruppe nach, die in besonderer Weise seines Schutzes bedarf. Da in diesen Lagen nicht die Privaten selbst, sondern allein der Staat rechtlichen Pflichten aus Art. 104 ausgesetzt ist, sollte hierfür **nicht** der Begriff der »mittelbaren Drittwirkung«[149] oder »Ausstrahlungswirkung der objektiven Wertentscheidung«[150] der Verfassung auf privatrechtliche Rechtsbeziehungen verwandt werden. Es handelt sich um eine schutzpflichtentypische Dreieckskonstellation Staat – Störer

---

146   *Hufen* (Fn. 30), § 21 Rn. 12; *Kunig*, in: v. Münch/Kunig, GG II, Art. 104 Rn. 4; *Wehowsky*, in: Umbach/Clemens, GG II, Art. 104 Rn. 9; wohl auch *Ipsen* (Fn. 73), Rn. 267 (ohne ausdrückliche Nennung Privater).

147   *Jarass*, in: Jarass/Pieroth, GG, Art. 104 Rn. 29; *Schulze-Fielitz*, in: Dreier, GG III, Art. 104 Rn. 65 f.; vgl. auch *Hantel* (Fn. 101), S. 194 ff.; zum »Eingreifen des Schutzes« der Norm: BGHZ 145, 297, 304; ferner BGH, NJW 2005, 1937, 1938.

148   BGH, NJW-RR 2012, 1281, 1282.

149   *Hufen* (Fn. 30), § 21 Rn. 13; *Degenhart*, in: Sachs, GG, Art. 104 Rn. 8 (wenngleich Degenhart i.E. »jedenfalls« für eine staatliche Schutzpflicht plädiert).

150   So *Kunig*, in: v. Münch/Kunig, GG II, Art. 104 Rn. 4; *Wittreck* (Fn. 20), § 151 Rn. 41 f.; siehe auch *Dürig*, in: Maunz/Dürig, GG, Art. 104 Rn. 2 f.; *Rüping*, in: BK, Art. 104 Rn. 16 f.; ähnlich *Degenhart*, in: Sachs, GG, Art. 104 Rn. 8; *Gusy*, in: v. Mangoldt/Klein/Starck, GG III, Art. 104 Rn. 16; *Schulze-Fielitz*, in: Dreier, GG III, Art. 104 Rn. 65; *Wehowsky*, in: Umbach/Clemens, GG II, Art. 104 Rn. 9; im Grundsatz ebenso *Schmahl*, in: Schmidt-Bleibtreu/Hofmann/Hopfauf, GG, Art. 104 Rn. 8, die jedoch im Vormundschaftsverhältnis von einer direkten Anwendung des Art. 104 ausgeht.

– Opfer, in der die normativen Impulse des Art. 104 allein an die öffentliche Gewalt gerichtet sind.[151]

In gleicher Weise ist etwa auch die Festnahme von Verdächtigen durch Private auf 47 der Grundlage des § 127 Abs. 1 Satz 1 StPO zu verstehen. Auch hier kommt es zu einem Übergriff eines Privaten in die persönliche Freiheit eines anderen. Das Gesetz gestattet dies zwar um der Wirksamkeit der Strafverfolgung willen; es kommt seiner Schutzpflicht hier jedoch dadurch nach, dass es den Übergriff an enge Voraussetzungen knüpft und, sofern nicht wieder eine Freisetzung erfolgt, eine unverzügliche richterliche Vorführung des Festgenommenen vor den Richter verlangt, § 128 StPO.[152]

Auf Übergriffe von Privaten auf die Freiheit der Person finden die Fristen des 48 Art. 104 Abs. 2 Satz 3 und Abs. 3 Satz 1 keine Anwendung.[153]

F. Grundrechtsberechtigte und -verpflichtete; Wirksamkeitsvoraussetzungen

I. Grundrechtsberechtigte

Der Kreis der Grundrechtsinhaber des Art. 104 entspricht dem des Art. 2 Abs. 2 49 Satz 2.[154] Grundrechtsberechtigt sind alle natürlichen Personen ohne Rücksicht auf ihre Staatsangehörigkeit (vgl. Art. 104 Abs. 1 Satz 1: »Freiheit der Person«).[155] Die Norm gilt damit auch für Ausländer und Staatenlose (»Jedermanngrundrecht«).[156] Auch kommt es weder auf das Alter noch auf die Geschäfts- oder Einsichtsfähigkeit des Betroffenen an.[157] Ebenso sind Personen, die nicht im Stande sind, einen rechtlich erheblichen Willen zu bilden oder die sich (noch) keinen Willen gebildet haben, Inhaber des Rechts auf Freiheit der Person,[158] vorausgesetzt, sie sind in der Lage,

---

151 *Dürig*, in: Maunz/Dürig, GG, Art. 104 Rn. 2 f.; *Gusy*, in: v. Mangoldt/Klein/Starck, GG III, Art. 104 Rn. 16; *Rüping*, in: BK, Art. 104 Rn. 16 f.

152 Dazu *Jarass*, in: Jarass/Pieroth, GG, Art. 104 Rn. 29; siehe auch *Gusy*, in: v. Mangoldt/Klein/Starck, GG III, Art. 104 Rn. 65.

153 *Jarass*, in: Jarass/Pieroth, GG, Art. 104 Rn. 29; *Schulze-Fielitz*, in: Dreier, GG III; Art. 104 Rn. 69.

154 *Grabitz* (Fn. 44), § 130 Rn. 31.

155 *Gusy*, in: v. Mangoldt/Klein/Starck, GG III, Art. 104 Rn. 16; *Kunig*, in: v. Münch/Kunig, GG II; Art. 104 Rn. 5; *Schmahl*, in: Schmidt-Bleibtreu/Hofmann/Hopfauf, GG, Art. 104 Rn. 7; *Schulze-Fielitz*, in: Dreier, GG III, Art. 104 Rn. 23; vgl. auch OLG Saarbrücken, NJW 1978, 2460, 2462; die Erwähnung von Art. 104 als rügefähiges Recht politischer Parteien in BVerfGE 84, 290, 299, kann nur ein Redaktionsversehen sein.

156 Der Begriff »Menschenrecht«, so etwa noch *Grabitz* (Fn. 44), § 130 Rn. 31, sollte wegen des verschiedenen Geltungsgrundes (Menschenrechte als außerstaatliche Gewährleistungen des Natur- und Völkerrechts, Grundrechte als in der staatlichen Verfassung gesetztes positives Recht) um der terminologischen Klarheit wegen hier vermieden werden, *Isensee*, in: HGR II, § 26 Rn. 7.

157 *Degenhart*, in: Sachs, GG, Art. 104 Rn. 3; *Kunig*, in: v. Münch/Kunig, GG II, Art. 104 Rn. 5; *Wehowsky*, in: Umbach/Clemens, GG II, Art. 104 Rn. 8.

158 BVerfGE 10, 302, 309 f.; *Schmahl*, in: Schmidt-Bleibtreu/Hofmann/Hopfauf, GG, Art. 104 Rn. 7; vgl. auch *Dürig*, in: Maunz/Dürig, GG, Art. 104 Rn. 10.

sich allein oder mit Hilfsmitteln physisch frei zu bewegen.[159] Geschützt sind damit ebenso Kinder, andere Geschäftsunfähige oder etwa auch psychisch kranke Personen.[160] Die freiwillige und wirksame Einwilligung des Betroffenen in eine seine Freiheit beschränkende Maßnahme ändert an dessen Grundrechtsberechtigung nichts; sie führt lediglich dazu, dass die staatliche Maßnahme nicht als Eingriff zu werten ist.[161] Auf juristische Personen ist die Norm ihrem Wesen nach unanwendbar (Art. 19 Abs. 3).[162]

50   Art. 104 meint mit Freiheit der Person die Fortbewegungsfreiheit. Sie setzt damit die physisch-psychische Existenz der **natürlichen Person** voraus und gehört so zu den Grundrechten, die »ihrem Wesen nach« auf juristische Personen nicht angewendet werden können, Art. 19 Abs. 3.[163] Allein natürliche Personen sind ihre Destinatare. Aus dem gleichen Grunde (fehlende Handlungsfähigkeit) kommt die Bestimmung allerdings auch bei dem noch ungeborenen Menschen nicht zum Tragen.

51   Unter dem Grundgesetz steht außer Frage, dass Art. 104 auch für solche natürlichen Personen Geltung beansprucht, die sich in einer **Sonderbeziehung** (»besonderes Gewaltverhältnis«, »Sonderstatusverhältnis«) zum Staat befinden.[164] Dies schließt zwar nicht aus, dass die Funktion der Sonderbeziehung intensivere Freiheitsbeschränkungen notwendig machen kann, als diese im allgemeinen Gewaltverhältnis zulässig sind; in jedem Fall aber bedürfen Eingriffe auch hier einer gesetzlichen Grundlage sowie außerdem einer hinreichenden Legitimation aus den Erfordernissen des Sonderstatus.[165]

II. Grundrechtsverpflichtete

52   Art. 104 ist unmittelbar geltendes Recht.[166] Wie bei allen Grundrechten und grundrechtsgleichen Rechten kommt der Rechtsgeltungsbefehl des Art. 1 Abs. 3 auch für

---

159 *Hufen* (Fn. 30), § 21 Rn. 6. Das Fixieren einer bettlägerigen Person an ihrem Bett ist damit nur dann erheblich, wenn die Person in irgendeiner Weise zu willensgesteuerten Aufenthaltsveränderungen in der Lage wäre, BGH, NJW-RR 2012, 1281, 1282; weitergehend aber offenbar *Wittreck* (Fn. 20), § 151 Rn. 11.

160 Zur Unterbringung von Kindern in der Kinderpsychiatrie BVerfG (K), NJW 2007, 3560.

161 *Schmahl*, in: Schmidt-Bleibtreu/Hofmann/Hopfauf, GG, Art. 104 Rn. 7.

162 *Schulze-Fielitz*, in: Dreier, GG III, Art. 104 Rn. 23.

163 *Wittreck* (Fn. 20), § 151 Rn. 11; *Schmahl*, in: Schmidt-Bleibtreu/Hofmann/Hopfauf, GG, Art. 104 Rn. 7; *Schulze-Fielitz*, in: Dreier, GG III, Art. 104 Rn. 23; zum Kriterium der »physisch-psychischen Existenz« der natürlichen Person: *Dreier*, in: Dreier, GG I, Art. 19 III Rn. 35.

164 BVerfGE 33, 1, 9–11; *Hantel* (Fn. 101), S. 185–187; *Podlech*, in: AK-GG, Art. 104 Rn. 27; vgl. auch *Kunig*, in: v. Münch/Kunig, GG II, Art. 104 Rn. 13.

165 Dazu: *Dreier*, in: Dreier, GG I, Art. 1 III Rn. 64, sowie oben *Stern* in der Einl. Rdn. 112.

166 BGHZ 5, 46, 47 f.; *Bachof*, JZ 1951, 737; *Kunig*, in: v. Münch/Kunig, GG II, Art. 104 Rn. 2; *Rüping*, in: BK, Art. 104 Rn. 14; *Wehowsky*, in: Umbach/Clemens, GG II,

Art. 104 zum Tragen. Daraus folgt, dass die öffentliche Gewalt in all ihren Erscheinungsformen – Gesetzgebung, Vollziehung und Rechtsprechung – unmittelbar an die Vorgaben des Art. 104 gebunden ist.[167] Besondere Bedeutung besitzt Art. 104 dabei für die **vollziehende Gewalt** und die **Strafgerichtsbarkeit.** Das Verfahren der Freiheitsentziehung liegt in deren Händen, so dass sich der Zweck der Norm, die Sicherung eines rechtsstaatlichen Verfahrens bei derartigen Eingriffen, gerade hier bewähren muss.[168] Die Strafvollzugsbehörde hat einem Strafgefangenen, dessen Entlassung nur noch von einer positiven Kriminalprognose des Richters abhängt, soweit vertretbar, eine Bewährung zu ermöglichen und ihn auf seine Entlassung vorzubereiten, damit dessen Freiheitsanspruch durch die richterliche Entscheidung zeitgerecht realisiert werden kann.[169] Den **Gesetzgeber** bindet die verfassungsrechtliche Sicherung der Freiheit der Person dadurch, dass dieser über das Gebot vorheriger richterlicher Entscheidung in Art. 104 Abs. 2 Satz 1 nicht disponieren darf[170] und die objektiv-rechtlichen Direktiven der Norm (s.o. Rdn. 41 ff.) zu beachten hat.

Die Pflichten des Art. 104 richten sich dagegen nicht an Private, vgl. oben Rdn. 46.[171]   53

Die Bindung deutscher Staatsgewalt an Art. 104 ist im Ausgangspunkt auch in territorialer Hinsicht umfassend.[172] Sie besteht grundsätzlich unabhängig davon, wo deutsche Staatsorgane die Freiheit einer Person beschränken.[173] Die Unterworfenheit des Grundrechtsprätendenten unter die deutsche Staatsgewalt, derer es in Auslandssachverhalten für die Grundrechtsgeltung stets bedarf,[174] besteht nicht nur im allgemeinen Gewaltverhältnis, sondern auch in Lagen einer besonderen Über-/Unter-   54

Art. 104 Rn. 9; *Wolff,* DÖV 1951, 313, 314; *Podlech,* in: AK-GG, Art. 104 Rn. 26; vgl. auch den Hinweis auf die früher vereinzelt vertretene Gegenauffassung bei *Dürig,* in: Maunz/Dürig, GG, Art. 104 Rn. 1 mit Fn. 4.

167 *Dürig,* in: Maunz/Dürig, GG, Art. 104 Rn. 1; *Gusy,* in: v. Mangoldt/Klein/Starck, GG III, Art. 104 Rn. 16; *Schmahl,* in: Schmidt-Bleibtreu/Hofmann/Hopfauf, GG, Art. 104 Rn. 8; vgl. auch *Hantel* (Fn. 101), S. 67.

168 Vgl. *Grabitz* (Fn. 44), § 130 Rn. 32.

169 BVerfGE 117, 71, 108; BVerfG (K), NJW 2009, 1941, 1943.

170 BVerfGE 10, 302, 323; BVerfGK 18, 63, 70; *Grabitz* (Fn. 44), § 130 Rn. 32.

171 Zu dieser Frage siehe auch *Dürig,* in: Maunz/Dürig, GG, Art. 104 Rn. 3; *Gusy,* in: v. Mangoldt/Klein/Starck, GG III, Art. 104 Rn. 16; *Jarass,* in: Jarass/Pieroth, GG, Art. 104 Rn. 29; siehe aber zur staatlichen Schutzpflicht bei Übergriffen Privater: *Kunig,* in: v. Münch/Kunig, GG II, Art. 104 Rn. 4; *Schmahl,* in: Schmidt-Bleibtreu/Hofmann/Hopfauf, GG, Art. 104 Rn. 8; *Wehowsky,* in: Umbach/Clemens, GG II, Art. 104 Rn. 9.

172 Allgemein: *Herdegen,* in: Maunz/Dürig, GG, Art. 1 Rn. 71; *Hillgruber,* in: Epping/Hillgruber, GG, Art. 1 Rn. 76; *Müller-Franken,* in: Schmidt-Bleibtreu/Hofmann/Hopfauf, GG, Vorb. v. Art. 1 Rn. 31; a.A. *Wagner,* Pirati hostis generi humani, HFR 3/2010, 31, 44.

173 BVerfGE 6, 290, 295; 57, 9, 23 f.; *Badura* in: HGR II, § 47 Rn. 4, 13; *Huber* in: HGR II, § 49 Rn. 31.

174 *Isensee,* in: HStR V², § 115 Rn. 78, 84; *Enders,* in diesem Kommentar, Art. 1 Rn. 107; *Heintzen,* in: HGR II, § 50 Rn. 31; *Merten,* in: FS Schiedermair, 2001, S. 331, 341.

ordnung.[175] Im Lebensbereich der von Art. 2 Abs. 2 Satz 2, Art. 104 geschützten Freiheit der Person führt die Festnahme des Betroffenen durch deutsche Stellen außerhalb Deutschlands dessen Unterwerfung unter die deutsche Staatsgewalt herbei;[176] ob die Maßnahme dem Völkerrecht entspricht, ist hierfür unerheblich. Modifikationen und Differenzierungen der Intensität der Bindung deutscher Staatsorgane an die Garantien des Art. 104 sind bei grenzüberschreitenden Sachverhalten allerdings nicht ausgeschlossen.[177] Das Fahren des Schiffs der Marine eines anderen Staates unter deutscher Flagge führt dagegen nicht schon zur Anwendung des Grundgesetzes.[178]

III. Wirksamkeitsvoraussetzungen

55 Grundrechte haben als Normen der Verfassung zwar Teil an deren Vorrang, doch können sie ihre Wirksamkeit aus sich heraus nicht garantieren.[179] Die praktische Wirksamkeit von Grundrechten ist als die Erfüllung ihres Geltungsanspruchs vielmehr an Bedingungen geknüpft.[180] Die Angewiesenheit der Grundrechte auf die staatliche Organisation, welche stets eine notwendige Voraussetzung ihrer Wirksamkeit ist,[181] zeigt sich besonders bei grundrechtlichen Verfahrensnormen.[182] Hier bildet die staatliche Organisation den Raum, in dem das Grundrecht überhaupt nur regulär verwirklicht werden kann. Verfassungsdogmatisch folgt aus diesen theoretischen Zusammenhängen, dass außerhalb der auf deutschem Staatsgebiet befindlichen staatlichen Organisation Verfahrensgarantien ihren Geltungsanspruch nicht in jeder Hinsicht erheben können.[183] Der »Vorbehalt des Möglichen im Sinne dessen,

---

175 *Enders*, in diesem Kommentar, Art. 1 Rn. 107; *Isensee* (Fn. 174), § 115 Rn. 90. Die Kritik am Erfordernis der Subordination für die Geltung von Grundrechten gegenüber Ausländern außerhalb Deutschlands von *Wiefelspütz*, NZWehrr 2009, 133, 146, übersieht, dass es neben der allgemeinen auch eine besondere, ad hoc entstehende Über-/Unterordnung geben kann und diese hier genügt.

176 *Isensee* (Fn. 174), § 115 Rn. 90; *Heintzen* (Fn. 174), § 50 Rn. 33; *Merten* (Fn. 174), S. 331, 345; siehe zu einer anderen Fallkonstellation auch *Enders*, in diesem Kommentar, Art. 1 Rn. 107 Fn. 325.

177 Allgemein: BVerfGE 92, 41 f.; 100, 362 f.; *Herdegen*, in: Maunz/Dürig, GG, Art. 1 Abs. 3 Rn. 72; mit Blick auf Art. 104: *König*, BDGVR 44 (2009), 203, 232 ff.; *Thym*, DÖV 2010, 621, 629; *Müller*, BRJ 2011, 156, 160; *Esser/Fischer*, ZIS 2009, 771, 776 Fn. 77; a.A. *Heinicke*, KritJ 42 (2009), 178, 191 f.; *Fischer-Lescano/Kreck*, AVR 47 (2009), 481, 497 f.

178 LG Hamburg, Urt. v. 19.10.2012 – 603 Kls 17/10, juris, Rn. 783 f.

179 *Isensee*, in: HStR IX³, § 190 Rn. 37, 52.

180 *Isensee* (Fn. 179), § 190 Rn. 49, 70.

181 *Isensee* (Fn. 179), § 190 Rn. 37, 119 ff.

182 *Isensee* (Fn. 179), § 190 Rn. 69, 122; dies anerkennt auch *Zimmermann*, ZRP 2012, 116, 117.

183 Während es bei der Wirksamkeit einer Verfassungsnorm Abstufungen im Sinne eines ein Mehr-oder-Weniger gibt, kennt die Kategorie der Geltung einer Verfassungsnorm nur ein Entweder-Oder, *Isensee* (Fn. 179), § 190 Rn. 37, 52. Danach entfällt bei Verfah-

was der Einzelne vernünftigerweise von der Gesellschaft beanspruchen kann«, der grundrechtliche Leistungsansprüche begrenzt,[184] macht sich als ein allgemeiner Grundsatz des Verfassungsrechts auch für die Gewährleistung justizieller Garantien geltend.[185]

G. Anforderungen an die Rechtfertigung von Eingriffen (»Schranken-Schranken«)

I. Rechtfertigung von Freiheitsbeschränkungen im Allgemeinen

1. Formelle Anforderungen

a) Vorbehalt des förmlichen Gesetzes, Art. 104 Abs. 1 Satz 1, 1. Alt.

Das Grundgesetz ermächtigt in Art. 2 Abs. 2 Satz 3 den Gesetzgeber, in alle Rechte   56
des Art. 2 Abs. 2 und damit auch in die in Satz 2 geschützte Freiheit der Person aufgrund eines Gesetzes »einzugreifen«. Art. 104 Abs. 1 Satz 1 nimmt diesen **Gesetzesvorbehalt** wieder auf und verschärft ihn durch das Gebot, dass die Freiheit der Person nur aufgrund eines **förmlichen Gesetzes** »beschränkt« werden darf, zu einem **Vorbehalt** in erster Linie **des parlamentarischen Gesetzes**.[186] Der Eingriff muss erfolgen **aufgrund** eines solchen Gesetzes; Eingriffe unmittelbar **durch** Gesetz sind ausgeschlossen.[187]

Ausdrücklich bezieht sich die Regelung des Abs. 1 nur auf »Freiheitsbeschränkun-   57
gen«. Sie gilt jedoch auch für die Freiheitsentziehung, welche die intensivste Form von Beschränkung darstellt.[188] Der Parlamentsvorbehalt ist eine formelle Anforderung für alle Eingriffe in die Freiheit der Person. Auf die **Form** des **Vollzuges** einer Freiheitsbeschränkung oder -entziehung bezieht sich Art. 104 Abs. 1 Satz 1, 1. Alt. nicht; ob und in welchem Umfang auch hier ein Parlamentsvorbehalt besteht, be-

---

rensrechten außerhalb der staatlichen Organisation der Geltungsanspruch der Verfassungsnorm ganz oder teilweise selbst, *Isensee* (Fn. 179), § 190 Rn. 122.
184 BVerfGE 33, 303, 333.
185 *v. Arnauld*, AVR 47 (2009), 454, 472, Fn. 101: (impossibilum nulla es obligatio); *Schmahl*, AöR 136 (2011), 44, 86 f.; zur Geltung des Vorbehaltes des Möglichen als ein allgemeines Prinzip des Verfassungsrechts am Beispiel der grundrechtlichen Schutzpflichten: *Isensee*, in: HStR V², § 111 Rn. 90, 140 f.
186 BVerfGE 78, 374, 383; BGHZ 145, 297, 304. Förmliche Gesetze sind nicht mit parlamentarischen Gesetzen gleichzusetzen, da auf der Ebene des Grundgesetzes auf der Grundlage der Art. 76 ff. noch die auf der Grundlage der Art. 81 und 115e, auf der Landesebene noch im Volksgesetzgebungsverfahren erlassene Gesetze hinzukommen, *Stern* (Fn. 75), S. 1106 f.; anders zuvor Art. 114 Abs. 1 S. 2 WRV, der auch materielle Gesetze erfasste, vgl. *Rüping*, in: BK, Art. 104 Rn. 27.
187 *Grabitz* (Fn. 44), § 130 Rn. 17; affirmativ *Wittreck* (Fn. 20), § 151 Rn. 27.
188 *Dürig*, in: Maunz/Dürig, GG, Art. 104 Rn. 14; *Jarass*, in: Jarass/Pieroth, GG, Art. 104 Rn. 1; *Radtke*, in: Epping/Hillgruber, GG, Art. 104 Rn. 55; *Schulze-Fielitz*, in: Dreier, GG III, Art. 104 Rn. 24.

misst sich nach dem jeweiligen Grundrecht sowie dem Rechtsstaats- und dem Demokratieprinzip.[189]

58 Förmliches Gesetz ist in erster Linie das **Parlamentsgesetz**.[190] Dabei ist ohne Belang, ob es sich um ein Bundes- oder Landesgesetz handelt.[191] Gesetzliche Grundlage können auch Zustimmungsgesetze zu völkerrechtlichen Verträgen sein (Art. 59 Abs. 2), sofern die entsprechenden Vertragsbestimmungen »self-executing« sind. Dies ist etwa der Fall bei Art. 105 SRÜ. Die Norm erlaubt ausdrücklich die »Festnahme« von Piraten auf Hoher See und weist so die für eine »self-executing-Regel« nötige Bestimmtheit auf.[192] Resolutionen des Sicherheitsrates der Vereinten Nationen allein genügen dagegen ebenso wenig[193] wie allgemeine Regeln des Völkerrechts.[194] Das förmliche Gesetz selbst muss **Art** und **Maß** der Freiheitsbeschränkung regeln sowie deren **Voraussetzungen** so genau festlegen, dass sich ein Verwaltungsakt darauf stützen lässt.[195] Eingriffe in die geschützte Freiheit müssen in **berechenbarer**, **messbarer** und **kontrollierbarer** Weise geregelt sein.[196] Es reicht deshalb weder aus, wenn Einschränkungen der Freiheit in Verordnungen, Satzungen oder gar in Verwaltungsvorschriften geregelt werden, noch lassen sich Eingriffe in die Freiheit der Person auf **Gewohnheitsrecht** gründen.[197] Auch die analoge Anwendung von Gesetzen wird der Forderung des Art. 104 Abs. 1 Satz 1 nicht gerecht.[198] Eine **Rechtsverordnung** kann eine Freiheitsentziehung nur dann stützen, wenn das Gesetz, auf dem sie beruht, selbst schon den Grund der Freiheitsbeschränkung festlegt und dem Verordnungsgeber nur eine **unerhebliche Spezifizierung** des Tatbestandes überlässt;[199]

---

189 *Grabitz* (Fn. 44), § 130 Rn. 22.
190 *Stern* (Fn. 75), S. 1106 f.; allein auf das Parlament abstellend: *Dürig*, in: Maunz/Dürig, GG, Art. 104 Rn. 14; *Degenhart*, in: Sachs, GG, Art. 104 Rn. 9; *Gusy*, in: v. Mangoldt/Klein/Starck, GG III, Art. 104 Rn. 24; *Rüping*, in: BK, Art. 104 Rn. 27.
191 *Dürig*, in: Maunz/Dürig, GG, Art. 104 Rn. 14, 17 f.; *Jarass*, in: Jarass/Pieroth, GG, Art. 104 Rn. 3; *Kunig*, in: v. Münch/Kunig, GG II, Art. 104 Rn. 8; *Schulze-Fielitz*, in: Dreier, GG III, Art. 104 Rn. 29; die Unterbringung von Straftätern ist allerdings bundesrechtlich abschließend geregelt, so dass der Landesgesetzgeber hier keine Kompetenz mehr besitzt, BVerfGE 109, 190, 229–235.
192 VG Köln, JZ 2012, 366, 368; *König*, BDGVR 44 (2010), 203, 234; *Aust*, DVBl. 2012, 484, 486 f.; a.A. *Esser/Fischer*, ZIS 2009, 771, 775 ff.
193 *König*, BDGVR 44 (2009), 203, 234 f. (für die Festnahme von Piraten in den Küstengewässern Somalias, die sich allein auf Resolutionen des UN-Sicherheitsrates stützen).
194 *Kokott*, in: Zypries, Verfassung der Zukunft, 2009, S. 96, 107.
195 *Jarass*, in: Jarass/Pieroth, GG, Art. 104 Rn. 3.
196 BVerfGE 29, 183, 196; 109, 133, 188; 131, 268, 306.
197 Vgl. *Dürig*, in: Maunz/Dürig, GG, Art. 104 Rn. 15; *Rüping*, in: BK, Art. 104 Rn. 28; *Schulze-Fielitz*, in: Dreier, GG III, Art. 104 Rn. 29.
198 BVerfGE 29, 183, 195 f.; 83, 24, 31 f.; *Degenhart*, in: Sachs, GG, Art. 104 Rn. 10; *Jarass*, in: Jarass/Pieroth, GG, Art. 104 Rn. 3; vgl. bereits *Gerber*, DÖV 1952, 387, 388.
199 BVerfGE 14, 174, 187; 51, 60, 70 f.; 75, 329, 342 f.; 78, 374, 383.

maßgebend ist die **Schwere** des Eingriffs.[200] Ein verfassungswidriges Gesetz kann für einen befristeten Zeitraum für weiter anwendbar erklärt werden und so für eine Übergangszeit eine hinreichende gesetzliche Grundlage darstellen.[201] Bei der Sicherungsverwahrung muss während der Dauer ihrer Weitergeltung bei der Rechtsanwendung allerdings der Tatsache Rechnung getragen werden, dass es sich in ihrer derzeitigen Ausgestaltung um einen verfassungswidrigen Eingriff in das Freiheitsgrundrecht aus Art. 2 Abs. 2 Satz 2 in Verbindung mit Art. 104 Abs. 1 handelt.[202] Während der Übergangszeit ist das zulässige Eingriffsspektrum beschränkt und Eingriffe dürfen nur soweit reichen, wie sie unerlässlich sind, um die Ordnung des betroffenen Lebensbereichs aufrechtzuerhalten.[203] Die maßgebenden Normen dürfen nur nach Maßgabe einer strikten Verhältnismäßigkeitsprüfung angewandt werden und sind zudem gegebenenfalls verfassungskonform auszulegen.[204]

Freiheitsbeschränkende oder -entziehende Gesetze müssen dem rechtsstaatlichen **Bestimmtheitsgebot** genügen.[205] Kann aufgrund einer Strafvorschrift in die Freiheit der Person eingegriffen werden, ergeben sich die Anforderungen an die Bestimmtheit der Strafbarkeitsvoraussetzungen sowie der Art und des Ausmaßes der Strafe aus einem Zusammenspiel von Art. 103 Abs. 2 und Art. 104 Abs. 1.[206] Ermächtigen sonstige Normen zu Eingriffen in die Freiheit der Person, richten sich die Bestimmtheitsanforderungen nach den allgemeinen rechtsstaatlichen Grundsätzen.[207] Je länger die Freiheitsbeschränkung bzw. -entziehung andauert und je belastender die staatliche Maßnahme ist, umso deutlicher und bestimmter muss das Gesetz seine Vorgaben zum Ausdruck bringen.[208] Dieser Gesichtspunkt erhält besonderes Gewicht bei präventiven Freiheitsentziehungen, da diese ebenso stark in die Freiheit der Person eingreifen wie Freiheitsstrafen.[209] Damit ist die Verwendung von unbe- 59

---

200 BVerfGE 14, 245, 251; 75, 329, 342; Kritik: *Kunig*, in: v. Münch/Kunig, GG II, Art. 104 Rn. 9; siehe zur nicht hinreichenden Deckung des § 36 Abs. 5 StVO durch § 6 Abs. 1 Nr. 3, 1. Halbs. StVG: *Barczak*, NZV 2010, 598, 600.

201 BVerfGE 109, 190, 235–243; *Lerche*, in: FS Ress, 2005, S. 1221 ff.; i.E. auch *Degenhart*, in: Sachs, GG, Art. 104 Rn. 9; Zweifel: *Schmahl*, in: Schmidt-Bleibtreu/Hofmann/Hopfauf, GG, Art. 104 Rn. 10.

202 BVerfGE 128, 326, 405 f.

203 BVerfGE 128, 326, 406.

204 BVerfGE 109, 190, 239 f.; 128, 326, 405 f.

205 *Gusy*, in: v. Mangoldt/Klein/Starck, GG III, Art. 104 Rn. 26.

206 BVerfGE 14, 245, 252; 78, 374, 383; 80, 244, 256 f.; 96, 68, 97; 131, 268, 306.

207 *Kunig*, in: v. Münch/Kunig, GG II, Art. 104 Rn. 10.

208 BVerfGE 86, 183, 196; 93, 213, 238; 109, 133, 188; *Gusy*, in: v. Mangoldt/Klein/Starck, GG III, Art. 104 Rn. 26; *Schulze-Fielitz*, in: Dreier, GG III, Art. 104 Rn. 31. Sieht eine Vorschrift für alle Fälle polizeilichen Gewahrsams eine einheitliche Höchstdauer von vierzehn Tagen vor, obwohl diese sich in ihren Voraussetzungen und Zwecken grundlegend voneinander unterscheiden, ist sie nicht hinreichend bestimmt, SächsVerfGH, SächsVBl. 1996, 160, 171.

209 BVerfGE 109, 133, 188; 131, 268, 306.

stimmten Rechtsbegriffen zwar nicht ausgeschlossen.[210] Erforderlich ist dann aber, dass ihr Gehalt in der Rechtsprechung bereits geklärt ist oder sich jedenfalls hinreichend konkretisieren lässt.[211] Dies ist etwa der Fall bei dem hergebrachten polizeirechtlichen Begriff der öffentlichen Sicherheit und Ordnung.[212] Auch gegen den Unterbindungsgewahrsam zur Verhinderung von Straftaten bestehen keine Einwände.[213] Knüpft ein Straftatbestand in einem förmlichen Gesetz an den Verstoß gegen Verhaltenspflichten an, die durch einen Verwaltungsakt begründet werden, so müssen dessen Voraussetzungen im Gesetz hinreichend bestimmt sein.[214] Die Anforderungen an die Normbestimmtheit gelten auch bei der Umsetzung von Unionsrecht.[215]

60   Gesetze zur Beschränkung der Freiheit dürfen keine Einzelfallgesetze sein. Die Norm des Art. 19 Abs. 1 Satz 1 gilt wegen des unlösbaren Zusammenhangs[216] zwischen Art. 2 Abs. 2 Satz 2 und Art. 104 Abs. 1 Satz 1 auch für die letztgenannte Vorschrift.[217] Ebenso ist das Zitiergebot des Art. 19 Abs. 1 Satz 2 zu beachten.[218]

61   Die für die Praxis relevanten gesetzlichen Grundlagen lassen sich unterteilen nach dem **Zweck**, der mit der Freiheitsentziehung verfolgt wird. So ermächtigen Normen zu einer Freiheitsentziehung
   – als Reaktion auf strafbares Handeln (Strafhaft, Maßregelvollzug, Jugendarrest, Jugendstrafe),
   – zum Schutz vor Selbst- oder Fremdgefährdung (polizeilicher Gewahrsam, Unterbringung),
   – zur Sicherung des Strafverfahrens (Untersuchungshaft, vorläufige Festnahme),
   – zur Durchsetzung verwaltungsrechtlicher (Verwaltungsvollstreckung, Ausreise) oder zivilrechtlicher (Zwangsvollstreckung) Pflichten sowie
   – für die privatrechtliche Unterbringung von Kindern, Mündeln oder Betreuten.[219]

---

210 BVerfGE 131, 268, 306 f.; *Gusy*, in: v. Mangoldt/Klein/Starck, GG III, Art. 104 Rn. 26; *Rüping*, in: BK, Art. 104 Rn. 31; *Schulze-Fielitz*, in: Dreier, GG III, Art. 104 Rn. 32.
211 BVerfGE 86, 288, 311; 131, 268, 307.
212 *Degenhart*, in: Sachs, GG, Art. 104 Rn. 11; *Schulze-Fielitz*, in: Dreier, GG III, Art. 104 Rn. 32.
213 VG Hannover, DVBl. 2012, 1323.
214 BVerfGE 78, 374, 383.
215 *Degenhart*, in: Sachs, GG, Art. 104 Rn. 12; *Jarass*, in: Jarass/Pieroth, GG, Art. 104 Rn. 4; *Sodan*, in: Sodan, GG, Art. 104 Rn. 4; *Schulze-Fielitz*, in: Dreier, GG III, Art. 104 Rn. 29; ebenso BVerfGE 113, 273, 299 ff. zu Art. 16 Abs. 2 Satz 2.
216 S.o., Rdn. 3.
217 *Dürig*, in: Maunz/Dürig, GG, Art. 104 Rn. 14.
218 *Gusy*, in: v. Mangoldt/Klein/Starck, GG III, Art. 104 Rn. 26; *Jarass*, in: Jarass/Pieroth, GG, Art. 104 Rn. 4; *Schmahl*, in: Schmidt-Bleibtreu/Hofmann/Hopfauf, GG, Art. 104 Rn. 10.
219 *Rüping*, in: BK, Art. 104 Rn. 29; *Schulze-Fielitz*, in: Dreier, GG III, Art. 104 Rn. 20 m.w.N.

b) **Beachtung der gesetzlich vorgeschriebenen Formen, Art. 104 Abs. 1 Satz 1, 2. Alt.**

Die Freiheit der Person darf nur unter Beachtung der Formen beschränkt werden, 62 die in dem ermächtigenden förmlichen Gesetz (»darin vorgeschriebenen Formen«) vorgesehen sind, Art. 104 Abs. 1 Satz 1, 2. Alt.[220] Der Begriff der »Formen« ist weit zu verstehen und meint alle das Verfahren betreffenden Regeln wie **Antragserfordernisse, Zuständigkeiten, Fristen** sowie die vorherige **Anhörung** des Betroffenen.[221] Die Norm des § 116 Abs. 4 StPO, die den Widerruf der Aussetzung der Vollziehung eines Haftbefehls von einer Änderung der tatsächlichen Umstände abhängig macht, wird zu den formellen Anforderungen gezählt.[222] Die objektiv-rechtliche Bedeutung der Garantie der Freiheit der Person verlangt, Formvorschriften in einer Weise **auszulegen**, dass sie eine der Bedeutung des Grundrechts angemessene Wirkung entfalten.[223] Die Missachtung eines Formerfordernisses verletzt nicht nur das einfache Recht, sondern auch Art. 104 Abs. 1 Satz 1;[224] der Eingriff ist verfassungswidrig (siehe zur Kontrolldichte aber unten Rdn. 129).[225]

Eine **rückwirkende Heilung** eines Formfehlers ist **nicht** möglich.[226] 63

Die Norm statuiert in ihrem Text ein Gebot zur Beachtung der gesetzlich vor- 64 geschriebenen Formen, nicht gibt sie auf, entsprechende Normen überhaupt erst zu erlassen.[227] Auch aus der objektiv-rechtlichen Funktion der Norm lässt sich eine solche Pflicht zum Normerlass nicht ableiten. Bei der Streichung bestehender Formvorschriften muss ein Mindestmaß an Formgeboten jedoch erhalten bleiben.[228] Zum Rechtsschutz bei einer Verletzung von Formvorschriften siehe unten Rdn. 129.

2. Materielle Anforderungen

Die Norm des Art. 104 Abs. 1 Satz 1 trifft keine Aussage darüber, aus welchen mate- 65 riellen Gründen die Freiheit der Person beschränkt werden darf.[229] Maßgebend sind

---

220 *Schulze-Fielitz*, in: Dreier, GG III; Art. 104 Rn. 35 m.N.
221 *Pieroth/Schlink/Kingreen/Poscher* (Fn. 77), Rn. 449; Beispiele aus dem einfachen Recht: *Schmahl*, in: Schmidt-Bleibtreu/Hofmann/Hopfauf, GG, Art. 104 Rn. 11.
222 BVerfGK 12, 45, 52.
223 BVerfGE 65, 317, 322; 96, 68, 97; 105, 239, 247; BVerfG (K), NJW 2007, 3560, 3561.
224 BVerfGE 58, 208, 220; 65, 317, 321 f.
225 BVerfG, EuGRZ 2006, 98, 100 f.
226 BVerfG (K), NJW 1990, 2310.
227 *Grabitz* (Fn. 44), § 130 Rn. 22; a.A. *Kunig*, in: v. Münch/Kunig, GG II, Art. 104 Rn. 11.
228 *Grabitz* (Fn. 44), § 130 Rn. 22.
229 Für Parallelität von Art. 104 und Art. 2 Abs. 2 Satz 2 *Degenhart*, in: Sachs, GG, Art. 104 Rn. 16.

hier die Vorgaben des Art. 2 Abs. 2 Satz 2.[230] Beschränkungen der Fortbewegungsfreiheit sind »nur aus besonders gewichtigen Gründen« zulässig (vgl. Art. 2 Abs. 2
Satz 2: »ist unverletzlich«),[231] wobei sich die Konkretisierung dieses Begriffs an den
Fällen des Art. 5 Abs. 1 Satz 2 EMRK zu orientieren hat.[232] Vor allem haben Gesetze i.S.d. Art. 104 Abs. 1 Satz 1 den Anforderungen des **Verhältnismäßigkeitsgrundsatzes** zu genügen.[233] Für die Geeignetheit, Erforderlichkeit und Angemessenheit
des die Freiheit zur Erreichung eines legitimen Zieles[234] beschränkenden Gesetzes
gelten hohe Anforderungen.[235] Diese steigen mit der Intensität und Dauer der Freiheitsbeschränkung.[236] Lässt sich etwa die Identität einer Person zweifelsfrei durch
mitgeführte Ausweisdokumente feststellen, ist deren Festhalten durch die Polizei aus
reinen Erwägungen der Praktikabilität mangels Erforderlichkeit unzulässig.[237] Die
lebenslange Freiheitsstrafe kommt nur für schwerste Straftaten in Betracht.[238] Dem
Verurteilten sowie dem Sicherungsverwahrten muss die Chance verbleiben, je wieder
der Freiheit teilhaftig zu werden.[239] Die Unterbringung eines Süchtigen in einer
Entziehungsanstalt ohne konkrete Aussicht auf Heilung ist unzulässig.[240]

3. Verbot der Misshandlung festgehaltener Personen, Art. 104 Abs. 1 Satz 2

a) Allgemeines

66   Das Misshandlungsverbot des Abs. 1 Satz 2 ist die einzige Regelung in Art. 104, die
eine Aussage nicht über das »Ob«, sondern das »Wie« einer Freiheitsbeschränkung
trifft; sie hat damit **formell-rechtliche** Bedeutung. Zugleich trifft sie mit einer Konkretisierung des Grundrechts der körperlichen Unversehrtheit (Art. 2 Abs. 2 Satz 1)
und der Unantastbarkeit der Menschenwürde (Art. 1 Abs. 1) bedeutsame inhaltliche

---

230 *Jarass*, in: Jarass/Pieroth, GG, Art. 104 Rn. 6; *Schmahl*, in: Schmidt-Bleibtreu/Hofmann/
      Hopfauf, GG, Art. 104 Rn. 12; *Schulze-Fielitz*, in: Dreier, GG III, Art. 104 Rn. 29.

231 BVerfGE 70, 297, 307; 105, 239, 247; *Grabitz* (Fn. 44), § 130 Rn. 18 f. mit Beispie-
      len.

232 Zur Notwendigkeit, die EMRK bei der Auslegung der Grundrechte des Grundgesetzes
      zu beachten: BVerfGE 74, 358, 370; 82, 106, 115.

233 *Degenhart*, in: Sachs, GG, Art. 104 Rn. 16; *Schmahl*, in: Schmidt-Bleibtreu/Hofmann/
      Hopfauf, GG, Art. 104 Rn. 12; *Gusy*, in: v. Mangoldt/Klein/Starck, GG III, Art. 104
      Rn. 27.

234 Zur Illegitimität eines Zieles des Staates, seine Bürger zu »bessern«: BVerfGE 22, 180,
      219 f.

235 Ausf. zu den Anforderungen an die einzelnen Maßnahmen *Degenhart*, in: Sachs, GG,
      Art. 104 Rn. 16 f.

236 BVerfGE 70, 297, 315; 109, 133, 159; BVerfG (K), NJW 1995, 3048.

237 BVerfG (K), DVBl. 2011, 623, 624.

238 *Hufen* (Fn. 30), § 21 Rn. 11.

239 BVerfGE 45, 187, 228 f.; 64, 261, 272; 109, 133, 152–156.

240 BVerfGE 91, 1, 28 f.

Aussagen;[241] sie hat damit auch **materiellen** Charakter.[242] **Systematisch** knüpft die Bestimmung an die enge Verklammerung des Schutzes der körperlichen Unversehrtheit und der physischen Freiheit in Art. 2 Abs. 2 Satz 1 und 2 an. Als die Garantie der Würde des Menschen und seiner körperlichen Unversehrtheit bekräftigende Garantie hat sie eine wichtige Funktion, denn festgehaltene Personen bedürfen eines besonderen Schutzes.[243]

Nach seinem Wortlaut bezieht sich das Misshandlungsverbot auf »festgehaltene Personen« und damit auf den Fall der Freiheitsentziehung des Art. 104 Abs. 2–4. Sachlich ist es jedoch nicht zu rechtfertigen, bei Personen, die Gegenstand lediglich einer freiheitsbeschränkenden Maßnahme sind,[244] von diesem Verbot abzusehen. Zumindest stehen bei diesem Personenkreis die Gewährleistungen der Menschenwürde, Art. 1 Abs. 1, sowie der körperlichen Unversehrtheit, Art. 2 Abs. 2 Satz 1, unmittelbar deren seelischer oder körperlicher Misshandlung entgegen.[245]   67

Behauptet ein Betroffener, dass eine Verletzung, die während eines Polizeigewahrsams entstanden ist, auf eine staatliche Misshandlung zurückzuführen ist, so trifft im Falle eines non liquet den Staat die objektive Beweislast.[246] Ein strafprozessuales Verfahrenshindernis zieht die Verletzung des Misshandlungsverbotes des Art. 104 Abs. 1 Satz 2 nur ausnahmsweise nach sich.[247]   68

b) Seelische oder körperliche Misshandlung

Staatliche Maßnahmen besitzen die Qualität einer **seelischen Misshandlung**, wenn sie die freie Willensbildung oder das Erinnerungsvermögen des Betroffenen mehr als nur unerheblich beeinträchtigen oder diesen schwer beleidigen;[248] es geht um dessen   69

---

241 *Gusy*, in: v. Mangoldt/Klein/Starck, GG III, Art. 104 Rn. 29; *Kunig*, in: v. Münch/Kunig, GG II, Art. 104 Rn. 12; *Podlech*, in: AK-GG, Art. 104 Rn. 40; *Radtke*, in: Epping/Hillgruber, GG, Art. 104 Rn. 28.
242 *Dürig*, in: Maunz/Dürig, GG, Art. 104 Rn. 20; *Schmahl*, in: Schmidt-Bleibtreu/Hofmann/Hopfauf, GG, Art. 104 Rn. 12; *Wehowsky*, in: Umbach/Clemens, GG II, Art. 104 Rn. 16.
243 *Ipsen* (Fn. 73), Rn. 273.
244 So etwa *Dürig*, in: Maunz/Dürig, GG, Art. 104 Rn. 20.
245 Vgl. *Gusy*, in: v. Mangoldt/Klein/Starck, GG III, Art. 104 Rn. 29; *Kunig*, in: v. Münch/Kunig, GG II, Art. 104 Rn. 12.
246 EGMR, EuRGZ 1996, 504, 511 f. – *Ribitsch ./. Österreich*; vgl. auch *Schulze-Fielitz*, in: Dreier, GG III, Art. 104 Rn. 61.
247 BVerfG (K), NJW 2005, 656, 657.
248 *Schmahl*, in: Schmidt-Bleibtreu/Hofmann/Hopfauf, GG, Art. 104 Rn. 13; ähnlich *Dürig*, in: Maunz/Dürig, GG, Art. 104 Rn. 22; *Kunig*, in: v. Münch/Kunig, GG II, Art. 104 Rn. 15; strenger offenbar *Schulze-Fielitz*, in: Dreier, GG III, Art. 104 Rn. 61; *Wehowsky*, in: Umbach/Clemens, GG II, Art. 104 Rn. 18, die eine besonders intensive psychische Belastung für erforderlich halten und als Anhaltspunkt auf den in § 136a StPO gebrauchten Begriff der Quälerei zurückgreifen.

Entehrung und Entwürdigung.[249] Eine zur Abwehr schwerwiegender Gefahren verhängte und zeitlich befristete »Kontaktsperre« verstößt hiergegen nicht.[250]

70   Für eine **körperliche Misshandlung** genügt **nicht** schon jede »üble, unangemessene Behandlung, die das körperliche Wohlbefinden oder die körperliche Unversehrtheit mehr als nur unerheblich beeinträchtigt« (vgl. § 223 StGB).[251] Festgehaltene Personen sind vor körperlichen Misshandlungen nämlich genauso geschützt wie Personen in Freiheit, so dass auch ihnen die hierfür maßgebenden Grundrechte zustehen.[252] Die Norm des Art. 104 Abs. 1 Satz 2 statuiert für die besonders gefährdete Situation von Personen, die sich in staatlichem Gewahrsam befinden, ein zusätzliches striktes Verbot besonders **gravierender** Eingriffe zum Schutz ihrer Menschenwürde.[253] Ein weites Verständnis des Misshandlungsverbotes führte bei Maßnahmen, an deren Rechtmäßigkeit unter Zugrundelegung einer Verhältnismäßigkeitsprüfung keine Zweifel bestünden, zu praktischen Unzuträglichkeiten, da die Garantie des Art. 104 Abs. 1 Satz 2 nach herrschender Meinung die Rechtfertigung eines Eingriffs nicht zulässt.[254] Konkretisiert das Verbot körperlicher Misshandlungen des Art. 104 Abs. 1 Satz 2 die Menschenwürdegarantie des Art. 1 Abs. 1,[255] muss dem die Auslegung des Begriffs Rechnung tragen.[256] Eine körperliche Misshandlung setzt deshalb **zusätzlich** einen unmenschlichen oder erniedrigenden Charakter der Maßnahme voraus.[257] Anhaltspunkte können den Fällen des § 136a StPO entnommen werden.[258]

---

249 *Jarass*, in: Jarass/Pieroth, GG, Art. 104 Rn. 8.

250 BVerfGE 49, 24, 64. In der Literatur wird eine Kontaktsperre nur dann als noch mit dem Grundgesetz vereinbar angesehen, wenn sie die Dauer von drei Monaten nicht überschreitet, vgl. *Jarass*, in: Jarass/Pieroth, GG, Art. 104 Rn. 9; *Starck*, in: v. Mangoldt/Klein/Starck, GG III, Art. 1 Rn. 66.

251 So aber *Kunig*, in: v. Münch/Kunig, GG II, Art. 104 Rn. 14; *Schmahl*, in: Schmidt-Bleibtreu/Hofmann/Hopfauf, GG, Art. 104 Rn. 13; *Wehowsky*, in: Umbach/Clemens, GG II, Art. 104 Rn. 17; vgl. auch *Dürig*, in: Maunz/Dürig, GG, Art. 104 Rn. 21, der sich zwar in terminologischer Hinsicht an § 223 StGB orientiert, zur Ausfüllung von Art. 104 Abs. 1 Satz 2 dann jedoch auf die strengere Norm des § 136a StPO zurückgreifen will; wie hier dagegen *Radtke*, in: Epping/Hillgruber, GG, Art. 104 Rn. 29.

252 BVerfGE 33, 1, 10; 49, 24, 54 f.; *Jarass*, in: Jarass/Pieroth, GG, Art. 104 Rn. 7.

253 *Ipsen* (Fn. 73), Rn. 273; von der Menschenwürde ausgehend, jedoch über diese hinausweisend: *Jarass*, in: Jarass/Pieroth, GG, Art. 104 Rn. 7; zur Frage, ob Abweichungen von dem Verbot in Extremlagen gerechtfertigt werden können, unten Rdn. 72 ff.

254 *Schulze-Fielitz*, in: Dreier, GG III, Art. 104 Rn. 61; dazu auch unten Rdn. 72 ff.

255 Vgl. *Ipsen* (Fn. 73), Rn. 273.

256 *Degenhart*, in: Sachs, GG, Art. 104 Rn. 41.

257 *Jarass*, in: Jarass/Pieroth, GG, Art. 104 Rn. 8; für eine Orientierung an der Rechtsprechung des EGMR *Schulze-Fielitz*, in: Dreier, GG III, Art. 104 Rn. 61.

258 *Degenhart*, in: Sachs, GG, Art. 104 Rn. 41; vorsichtiger *Gusy*, in: v. Mangoldt/Klein/Starck, GG III, Art. 104 Rn. 30; *Rüping*, in: BK, Art. 104 Rn. 37; wohl auch *Schulze-Fielitz*, in: Dreier, GG III, Art. 104 Rn. 61 i.V. mit Rn. 11.

c) Einschränkbarkeit; Achtung der Menschenwürde des einen vs. Schutz der Menschenwürde des anderen

Der Gesetzesvorbehalt des Art. 2 Abs. 2 Satz 3 bezieht sich nur auf die Garantie der Freiheit der Person in Art. 2 Abs. 2 Satz 2, nicht auf das Verbot von Misshandlungen des Art. 104 Abs. 1 Satz 2. Dieses darf damit nicht aufgrund eines Gesetzes **eingeschränkt** werden.[259] Das Verbot ist von Verfassung wegen vorbehaltlos gewährleistet. Ob es deshalb auch schrankenlos geschützt ist, ist umstritten.   71

Die Absolutheit des Verbots, zur Erzwingung einer Aussage aus Gründen der **Strafverfolgung** gegen eine festgehaltene Person unmittelbaren Zwang anzuwenden, wird von niemandem in Frage gestellt; es ist unstreitig. Für den Bereich der Gefahrenabwehr wird dagegen kontrovers diskutiert, ob sich ein Abweichen von diesem Verbot durch **kollidierendes Verfassungsrecht** rechtfertigen lässt. Hier tritt an die Stelle der dualen Beziehung zwischen Staat und Beschuldigtem ein Dreipersonenverhältnis Staat, Störer und Opfer.[260] Es geht um den Grenzfall, dass der Staat nur durch die Anwendung unmittelbaren Zwangs und damit unter Hintanstellung der Achtenspflicht (Art. 1 Abs. 1 Satz 2, 1. Alt) eine Aussage der festgehaltenen Person erlangen kann, um seiner Pflicht zum Schutze der Menschenwürde (Art. 1 Abs. 1 Satz 2, 2. Alt.) des Opfers nachkommen zu können.[261]   72

Die Möglichkeit einer solchen Einschränkung des Misshandlungsverbotes durch kollidierendes Verfassungsrecht wird in Rechtsprechung und Literatur nahezu einhellig mit dem Argument verneint, dass Art. 104 Abs. 1 Satz 2 die Garantie der Würde des Menschen konkretisiere und die Menschenwürde in Art. 1 Abs. 1 Satz 1 als »unantastbar« jedweder Einschränkung und damit eben auch einer solchen durch kollidierendes Verfassungsrecht entzogen sei.[262] Unter Hinweis auf die statuierte Unantastbarkeit der Würde des Menschen in Art. 1 Abs. 1 Satz 1, die Absolutheit des   73

---

259 *Degenhart*, in: Sachs, GG, Art. 104 Rn. 41.
260 *Isensee*, AöR 131 (2006), 173, 190.
261 Eine Kollision zwischen der Menschenwürde des Störers und der Menschenwürde des Opfers lässt sich nicht leugnen mit dem Argument, allein beim festgehaltenen Störer ginge es um die Menschenwürde, während bei dessen Opfer lediglich das Leben betroffen sei, so aber *Pieroth/Schlink/Kingreen/Poscher* (Fn. 77), Rn. 382. Allein wenn es richtig ist, dass das Festhalten eines Menschen in einer staatlichen Strafanstalt auf engem Raum (BVerfG [K], NJW 2002, 2700, 2701) oder unter unhygienischen Umständen (BVerfG [K], NJW 1993, 3190 f.) dessen Menschenwürde verletzt, dann kann nichts anderes gelten, wenn das Opfer einer Entführung unter entsprechenden Umständen festgehalten wird.
262 BVerfG (K), NJW 2005, 656, 657; LG Frankfurt a.M., NJW 2005, 692, 693 ff.; EGMR, NJW 2007, 2461 – *Gäfken* (zu Art. 3 EMRK); *Podlech*, in: AK-GG, Art. 104 Rn. 42; *Schmahl*, in: Schmidt-Bleibtreu/Hofmann/Hopfauf, GG, Art. 104 Rn. 19; *Schulze-Fielitz*, in: Dreier, GG III, Art. 104 Rn. 61 f.; *im Ergebnis ebenfalls gegen eine Relativierung des Misshandlungsverbotes: Gusy*, in: v. Mangoldt/Klein/Starck, GG III, Art. 104 Rn. 34; *ders.*, VVDStRL 63 (2003), S. 151, 176 f.; *Frowein*, VVDStRL 63 (2003), S. 201 (Redebeitrag); *Degenhart*, in: Sachs, GG, Art. 104 Rn. 41, 43; *Jarass*, in: Jarass/Pieroth,

Achtungsanspruchs im Text des Art. 1 Abs. 1 Satz 2, 1. Alt. sowie, ergänzend, die Vorgaben des internationalen Rechts (Folterverbot des Art. 3 EMRK, von dem wegen Art. 15 Nr. 2 EMRK in keinem Fall abgewichen werden darf),[263] sei auch in extremen Ausnahmelagen die Anwendung sowie schon die bloße Androhung von körperlichem Zwang gegenüber einer festgehaltenen Person verfassungswidrig.[264] Der vereinzelt im Schrifttum vertretenen Gegenansicht, die in Extremsituationen, in denen es um die Rettung von Menschenleben geht und die Würde des einen gegen die Würde des anderen steht, eine Normenkollision zwischen dem Achtungsanspruch des Festgehaltenen (Art. 1 Abs. 1 Satz 2, 1. Alt.) und der Schutzpflicht des Staates gegenüber dem Opfer (Art. 1 Abs. 1 Satz 2, 2. Alt.) annimmt, die zugunsten des Opfers aufzulösen sei,[265] stehe Art. 104 Abs. 1 Satz 2 entgegen. Das Grundgesetz habe die beschriebene Interessenkollision in dieser Norm gesehen und eindeutig entschieden. Art. 104 Abs. 1 Satz 2 sei eine auf das spezifische Gewaltverhältnis der Freiheitsentziehung zugeschnittene Spezialregelung, welche die Anwendung (Androhung) körperlichen Zwangs gegenüber festgehaltenen Personen im Sinne einer »Rettungsfolter« kategorisch verbiete.[266]

74 Die abweichende Ansicht macht hiergegen geltend, dass die Menschenwürde als leitende Idee der Verfassung die Grundlage aller Grundrechte, nicht dagegen selbst ein Grundrecht sei und das Attribut der Schrankenlosigkeit ihr daher nur in ihrer Dimension als Idee zukommen könne.[267] Werde die Menschenwürde aber verstanden als Grundrecht des Einzelnen, trete sie zwangsläufig in Beziehung zur Menschenwürde anderer Personen. In mehrpoligen Grundrechtsverhältnissen ließe sich die Möglichkeit einer Kollision der verschiedenen Grundrechte dagegen nicht ausschließen,

---

GG, Art. 104 Rn. 8; *Enders*, DÖV 2007, 1039, 1040 f.; *Rottmann*, in: Görlich, Staatliche Folter, 2007, S. 75, 75 ff., 83.

263 Vgl. auch Art. 1 Abs. 1 des Übereinkommens gegen Folter und andere grausame, unmenschliche oder erniedrigende Behandlung oder Strafe (UN-Folterkonvention) v. 10.12.1984, BGBl. II 1990, S. 247 f.; zur Geschichte der Folter informativ *Hilgendorf*, JZ 2004, 331, 332 ff.

264 Vgl. *Podlech*, in: AK-GG, Art. 104 Rn. 42 f.; *Gusy*, in: v. Mangoldt/Klein/Starck, GG III, Art. 104 Rn. 34; *Schulze-Fielitz*, in: Dreier, GG III, Art. 104 Rn. 62; *Schmahl*, in: Schmidt-Bleibtreu/Hofmann/Hopfauf, GG, Art. 104 Rn. 19 m.w.N. Brisanz erlangte diese Problematik in jüngerer Vergangenheit durch den Fall *Daschner*, vgl. dazu BVerfG (K), NJW 2005, 656, 657; LG Frankfurt a.M., NJW 2005, 692; EGMR, NJW 2007, 2461 – *Gäfken* (zu Art. 3 EMRK).

265 *Brugger*, Der Staat 35 (1996), 67, 80 f.; *ders.*, JZ 2000, 165, 169; *Isensee*, in: Presseamt des Erzbistums Köln (Hrsg.), 2005, S. 18; *Starck*, in: v. Mangoldt/Klein/Starck, GG I, Art. 1 Rn. 34, 79; *Wittreck*, DÖV 2003, 873, 879 ff.; für die Möglichkeit einer Abwägungsfähigkeit in diesen Fällen auch *Kloepfer*, in: FS 50 Jahre BVerfG, 2001, S. 77, 97 f.; siehe auch *Dreier*, in: Dreier, GG I, Art. 1 I Rn. 133 f., der eine Kollisionslage sieht, die sowohl in die eine als auch in die andere Richtung aufgelöst werden könne.

266 So *Enders*, DÖV 2007, 1039, 1041; vgl. auch *Rottmann*, in: Görlich, Staatliche Folter, 2007, S. 75, 83.

267 *Isensee*, AöR 131 (2006), 173, 191; *ders.*, in: HGR IV, § 87 Rn. 135.

hier also eine – in die eine oder andere Richtung aufzulösende – Kollision des Achtungsanspruchs des Art. 1 Abs. 1 Satz 2, 1. Alt. mit dem Schutzanspruch des Art. 104 Abs. 1 Satz 2, 2. Alt.[268] Denn Grundrechte verstanden als subjektive Rechte könnten niemals einen absoluten Geltungsanspruch erheben.[269] Das Verbot des Art. 104 Abs. 1 Satz 2 GG stehe einer solcher Sicht nicht entgegen, da der Störer, obwohl in der Obhut des Staates, sich nicht in der von der Norm vorgestellten Lage der Hilflosigkeit befinde; er sei es vielmehr, der kraft seines überlegenen Wissens die Fäden in den Händen halte.[270] Um das Risiko auszuschließen, einen Unbeteiligten zu beeinträchtigen, werde ein Tätigwerden zur Rettung des Opfers an die Voraussetzung geknüpft, dass sowohl über das Vorliegen der unmittelbaren erheblichen Gefahr als auch die Identität des Störers Klarheit bestehe.[271]

Gegenüber dem Einwand, die Auflösung einer solchen Kollision zugunsten der   75 Schutzpflicht des Opfers stünde im Widerspruch zu völkerrechtlichen Normen, würde sich die Gegenauffassung in der Konsequenz ihrer Argumentation auf den Lehrsatz berufen, dass die Beachtung des Völkerrechts nicht zu einem Verstoß gegen tragende Grundsätze der Verfassung, namentlich zu einem Verstoß gegen Grundrechte Dritter, führen dürfe;[272] diese einschränkende Voraussetzung ließe sich nicht wahren, wenn der Staat an der Erfüllung seiner Pflicht zum Schutz der Menschenwürde des Opfers aus völkerrechtlichen Gründen gehindert wäre.[273]

d) Einzelfälle

Als Verstoß gegen das Misshandlungsverbot werden angesehen: 76
– Einsperren in eine zu kleine/feuchte/erheblich überbelegte/dauerhaft helle, abgedunkelte oder schallisolierte Zelle[274]
– allgemein ein »unmenschlicher Strafvollzug«[275]
– Techniken der Desorientierung und Sinnesberaubung sowie schwere Schläge, Fußstritte und andere Gewalttätigkeiten[276]

---

268 *Isensee* (Fn. 267), § 87 Rn. 135; siehe zur Alternativität der Auflösung *Dreier* (Fn. 265).
269 *Isensee*, AöR 131 (2006), 173, 191.
270 *Brugger*, JZ 2000, 165, 169.
271 *Brugger*, JZ 2000, 165, 167.
272 Siehe zu den Grenzen der Pflicht, Völkerrecht bei der Anwendung der Grundrechte vorrangig zu beachten BVerfGE 111, 307, 319, 329.
273 Einen Verstoß gegen die Regeln der EMRK lehnt *Brugger*, Der Staat 35 (1996), 67, 83, mit dem Hinweis auf eine analoge Anwendung von Art. 2 Abs. 2a EMRK ab.
274 Vgl. *Dürig*, in: Maunz/Dürig, GG, Art. 104 Rn. 21; *Gusy*, in: v. Mangoldt/Klein/Starck, GG III, Art. 104 Rn. 35; *Kunig*, in: v. Münch/Kunig, GG II, Art. 104 Rn. 14; ebenso *Jarass*, in: Jarass/Pieroth, GG, Art. 104 Rn. 9 (»unmenschlicher Vollzug«), auch zu den folgenden Beispielen.
275 BVerfGE 2, 118, 119.
276 EGMR, EuGRZ 1979, 149, 153 f. – *Irland ./. Vereinigtes Königreich*.

- Unterbringung in Räumen ohne Tageslicht[277]
- unzureichende Verpflegung der festgehaltenen Person[278]
- fehlende Gewährleistung hygienischer/körperlicher Mindeststandards[279]
- unzureichende medizinische Grundversorgung[280]
- unzureichende Beschäftigungsmöglichkeit/absolute Isolation.[281]

77   Nicht als Misshandlung qualifiziert werden:
- dreimonatige Kontaktsperre[282]
- Zwangsernährung.[283]

78   Die Verabreichung von Brechmitteln verstößt nach Ansicht des EGMR jedenfalls dann gegen Art. 3 EMRK, wenn sie zum Zweck der Beweissicherung erfolgt;[284] eine Verletzung des Misshandlungsverbots ist in diesen Fällen jedoch nicht zwingend.[285]

II. Rechtfertigung von Freiheitsentziehungen im Besonderen, Art. 104 Abs. 2

1. Regel: vorherige richterliche Entscheidung, Art. 104 Abs. 2 Satz 1

a) Kernaussage

79   Art. 104 Abs. 2 Satz 1 verlangt, dass über die **Anordnung** einer Freiheitsentziehung als schwerste Form der Freiheitsbeschränkung im Regelfall **vorher** ein Richter entscheidet.[286] Der Richtervorbehalt, der zu den Vorgaben des Art. 104 Abs. 1 Satz 1 hinzutritt und die Sicherung des Grundrechts verstärkt,[287] ist der entscheidende Unterschied zur Garantie in der WRV und der Kern der Gewährleistung.[288] Alle staatli-

---

277   *Gusy*, in: v. Mangoldt/Klein/Starck, GG III, Art. 104 Rn. 35; *Kunig*, in: v. Münch/Kunig, GG II, Art. 104 Rn. 14.

278   *Dürig*, in: Maunz/Dürig, GG, Art. 104 Rn. 21; *Gusy*, in: v. Mangoldt/Klein/Starck, GG III, Art. 104 Rn. 35; *Kunig*, in: v. Münch/Kunig, GG II, Art. 104 Rn. 14.

279   *Dürig*, in: Maunz/Dürig, GG, Art. 104 Rn. 21; *Gusy*, in: v. Mangoldt/Klein/Starck, GG III, Art. 104 Rn. 35; *Kunig*, in: v. Münch/Kunig, GG II, Art. 104 Rn. 14.

280   *Gusy*, in: v. Mangoldt/Klein/Starck, GG III, Art. 104 Rn. 35; *Kunig*, in: v. Münch/Kunig, GG II, Art. 104 Rn. 14.

281   *Gusy*, in: v. Mangoldt/Klein/Starck, GG III, Art. 104 Rn. 35; *Wehowsky*, in: Umbach/Clemens, GG II, Art. 104 Rn. 18.

282   BVerfGE 49, 24, 64; *Degenhart*, in: Sachs, GG, Art. 104 Rn. 41; offengelassen von *Podlech*, in: AK-GG, Art. 104 Rn. 45.

283   *Jarass*, in: Jarass/Pieroth, GG, Art. 104 Rn. 9; *Rüping*, in: BK, Art. 104 Rn. 39; *Schulze-Fielitz*, in: GG III, Dreier, Art. 104 Rn. 63; *Podlech*, in: AK-GG, Art. 104 Rn. 46.

284   EGMR (GK), NJW 2006, 3117, 3121 – *Jalloh ./. Deutschland*.

285   *Radtke*, in: Epping/Hillgruber, GG, Art. 104 Rn. 30.

286   *Dürig*, in: Maunz/Dürig, GG, Art. 104 Rn. 23; *Jarass*, in: Jarass/Pieroth, GG, Art. 104 Rn. 15; *Schulze-Fielitz*, in: Dreier, GG III, Art. 104 Rn. 37; *Wehowsky*, in: Umbach/Clemens, GG II, Art. 104 Rn. 19; zu Verfahrensfehlern bei der Freiheitsentziehung: *Pentz*, NJW 1990, 2777 ff.

287   BVerfG (K), NVwZ 2011, 38.

288   *Hufen* (Fn. 30), § 21 Rn. 10; zur WRV siehe bereits oben Rdn. 1.

chen Organe haben dafür Sorge zu tragen, dass der Richtervorbehalt als Grundrechtssicherung praktisch wirksam wird.[289] Die Verfassung verpflichtet dafür den Staat, »die Erreichbarkeit eines zuständigen Richters – jedenfalls zur Tageszeit (vgl. etwa § 188 Abs. 1 ZPO, § 104 Abs. 3 StPO) – zu gewährleisten und ihm die sachangemessene Wahrnehmung seiner Aufgaben zu ermöglichen«.[290] Das Grundgesetz fordert, dass auch eine bereits richterlich verfügte Freiheitsentziehung über ihren ursprünglich festgelegten Zeitraum hinaus nur von einem Richter **verlängert** werden kann (»**Fortdauer**«). Die Freiheitsentziehung kann repressiv, präventiv oder auch im rein privaten Interesse begründet sein, s.o. Rdn. 61.[291] Eine zusammmen mit einer Freiheitsstrafe angeordnete Sicherungsverwahrung findet ihre Grundlage im Urteil des erkennenden Gerichts. Sie kann daher nach Verbüßung der Freiheitsstrafe vollzogen werden, auch wenn die Strafvollstreckungskammer über deren Erforderlichkeit noch nicht entschieden hat.[292] Auch die Verhängung eines Arrestes **während** einer Freiheitsentziehung unterfällt **nicht** dem Richtervorbehalt des Art. 104 Abs. 2 Satz 1.[293] Der Einschluss in einen enger begrenzten Teil der Unterbringungseinrichtung ändert zwar, verschärfend, die Art und Weise des Vollzugs der einmal verhängten Freiheitsentziehung; eine erneute Freiheitsentziehung, die den besonderen Anforderungen des Art. 104 Abs. 2 Satz 1 zu genügen hätte, bewirkt er jedoch nicht.[294]

Ein einmal gegenstandslos gewordener Haftbefehl bleibt gegenstandslos und kann nicht wieder aufleben. Liegen die Voraussetzungen für die Anordnung von Untersuchungshaft vor, ist gegebenenfalls ein neuer Haftbefehl zu erlassen.[295] Der erneute Vollzug eines Haftbefehls kommt nur in Betracht, wenn neu hervorgetretene Umstände die Verhaftung erforderlich machen. Dagegen kann eine lediglich andere Beurteilung des unverändert gebliebenen Sachverhalts einen Widerruf nicht rechtfertigen.[296] 80

Art. 104 Abs. 2 Satz 1 verlangt für die richterliche Entscheidung ein Gesetz i.S.v. 81 Art. 104 Abs. 1 Satz 1, das von einem hinreichenden Grund getragen ist; Anforderungen an den Inhalt dieses Gesetzes formuliert Art. 104 Abs. 2 Satz 1 selbst nicht.[297]

---

289 BVerfGE 105, 239, 248; BVerfG, NVwZ 2007, 1044, 1045.
290 BVerfGE 105, 239, 248.
291 Siehe zur Vereinbarkeit von präventiv-polizeilichem Gewahrsam mit Art. 5 EMRK *Heinemann/Hilker*, DVBl. 2012, 1467 ff.
292 BVerfGE 42, 1, 6–10; a.A. abw. Meinung des Richters Hirsch BVerfGE 42, 1, 11–20; *Jarass*, in: Jarass/Pieroth, GG, Art. 104 Rn. 14; *Wehowsky*, in: Umbach/Clemens, GG II, Art. 104 Rn. 21.
293 BVerfGE 98, 169, 198; BVerfG (K), NJW 1994, 1339; *Jarass*, in: Jarass/Pieroth, GG, Art. 104 Rn. 14.
294 BVerfGE 130, 76, 111; als Disziplinarmaßnahme sind derartige Arrestierungen strafähnliche Sanktionen, so dass für sie allerdings der aus Art. 2 Abs. 1 i.V.m. Art. 1 Abs. 1 und dem Rechtsstaatsprinzip (Art. 20 Abs. 3) abgeleitete Schuldgrundsatz gilt, BVerfGK 2, 318, 323.
295 BVerfGK 6, 119, 124.
296 BVerfG (K), StV 2008, 25, 26.
297 BVerfGE 10, 302, 310; *Kunig*, in: v. Münch/Kunig, GG II, Art. 104 Rn. 18.

82   Die Entscheidung des Richters trägt **konstitutiven** Charakter, nicht etwa genehmigt oder bestätigt sie lediglich eine vorherige Entscheidung der Exekutive.[298]

83   Der Richter hat dabei nur über das »Ob« der Freiheitsentziehung (»Zulässigkeit und Fortdauer«) zu entscheiden, nicht jedoch auch über die **Art** und **Weise** ihres Vollzuges, d.h. das »Wie« der Freiheitsentziehung.[299] »Richter« ist hier nur der gesetzliche Richter i.S.d. Art. 101 Abs. 1 Satz 2;[300] die entscheidende Person (bzw. Personen im Falle eines kollegial verfassten Spruchkörpers) muss danach Richter im Hauptberuf, Inhaber einer Planstelle sowie nach dem Geschäftsverteilungsplan zuständig sein.[301] Eine Delegation dieser Kompetenz an andere staatliche Funktionsträger kommt nicht in Betracht.[302] Eine Entscheidung durch einen unzuständigen Richter verletzt damit nicht nur Art. 101 Abs. 1 Satz 2, sondern auch Art. 104 Abs. 2.[303]

84   Das **Rechtsschutzbedürfnis** des Betroffenen, gegen die richterliche Entscheidung über seine Freiheitsentziehung Beschwerde einzulegen, wird von seiner **Freilassung nicht** berührt.[304]

85   Der Richtervorbehalt des Art. 104 Abs. 2 (wie auch der des Abs. 3) gilt, wie alle organisations- und verfahrensrechtlichen Anforderungen der Verfassung, uneingeschränkt nur auf deutschem Staatsgebiet.[305] Die Vorführung etwa von Personen vor den Richter, die auf Hoher See festgenommen und anschließend auf einem deutschen Kriegsschiff festgehalten werden (Piraten), unterliegt damit nicht den zeitlichen Vorgaben des Grundgesetzes.[306] Die Vorführung hat hier lediglich unverzüglich zu erfolgen, ohne dass eine starre zeitliche Grenze bestünde. Maßgebend sind die Umstände des konkreten Falles, wobei mit der Rechtsprechung des EGMR sogar ein Zeitraum von sechzehn Tagen noch hinreichend sein kann.[307] Ein Widerspruch

---

298 BVerfGE 83, 24, 33; *Dürig*, in: Maunz/Dürig, GG, Art. 104 Rn. 25; *Grabitz* (Fn. 44), § 130 Rn. 25; *Radtke*, in: Epping/Hillgruber, GG, Art. 104 Rn. 13.

299 BVerfGE 2, 118, 119; 64, 261, 280; BVerfG (K), NJW 1994, 1339; NJW 2006, 427, 428; *Dürig*, in: Maunz/Dürig, GG, Art. 104 Rn. 28; *Jarass*, in: Jarass/Pieroth, GG, Art. 104 Rn. 14; *Schulze-Fielitz*, in: Dreier, GG III, Art. 104 Rn. 37.

300 *Jarass*, in: Jarass/Pieroth, GG, Art. 104 Rn. 15; *Schulze-Fielitz*, in: Dreier, GG III, Art. 104 Rn. 39; *Wehowsky*, in: Umbach/Clemens, GG II, Art. 104 Rn. 19; vgl. *Gusy*, NJW 1992, 457, 461.

301 BVerfGE 14, 156, 162.

302 *Rüping*, in: BK, Art. 104 Rn. 15.

303 BVerfGE 14, 156, 161 f.

304 BVerfGE 76, 363, 381; BVerfG (K), NJW 1998, 2432 f.; NJW 1999, 3773; BVerfGK 18, 63, 69.

305 Siehe oben Rdn. 55 sowie *Wiefelspütz*, NZWehrr 2009, 133, 149; *v. Arnauld*, AVR 47 (2009), 454, 472; *Kokott* (Fn. 194), S. 96, 108.

306 VG Köln, JZ 2012, 366, 368; *Wiefelspütz*, NZWehrr 2009, 133, 149; *v. Arnauld*, AVR 47 (2009), 454, 472; *König*, BDGVR 44 (2010), 203, 235 ff.; *Schmahl*, AöR 136 (2011), 44, 86 f. a.A. *Fischer-Lescano/Kreck*, AVR 47 (2009), 481, 497.

307 EGMR, RJD 1999-II, S. 435, 446 f. – *Rigopoulos ./. Spanien*; RJD 2010, Rn. 105, 128, 131, 134 – *Medvedyev u.a. ./. Frankreich*.

zu Art. 115c Abs. 2 Nr. 2, wonach im Verteidigungsfalle eine Suspension des Richtervorbehalts längstens für vier Tage zugelassen werden kann, entsteht nicht,[308] denn auch diese Norm steht unter dem Vorbehalt des Möglichen. Die Minderung der grundrechtlichen Anforderungen selbst ergibt sich hier allerdings nicht aus dem Gebot einer völkerrechtskonformen Auslegung des Grundgesetzes in Orientierung an der EMRK und der diese konkretisierenden Rechtsprechung des EGMR.[309] Das Gebot der völkerrechtskonformen Auslegung des Grundgesetzes gilt nur,[310] wenn das Völkerrecht über das Grundgesetz hinausgeht oder diesem zumindest entspricht, nicht aber, wenn seine Gewährleistungen hinter dem Grundgesetz zurückbleiben (Art. 53 EMRK).[311] Eine Senkung der normativen Anforderungen folgt auch nicht daraus, dass die Beteiligung an der Bekämpfung der Piraterie »völkerrechtlich erwünscht« und nicht durch Anforderungen des Grundgesetzes vereitelt werden dürfe, deren Einhaltung auf Hoher See schlechthin unmöglich sei.[312] Das SRÜ begründet keine Rechtspflicht der Vertragsstaaten, Piraterie zu bekämpfen, so dass eine Normenkollision mit dem Grundsatz der Völkerrechtsfreundlichkeit des Grundgesetzes nicht besteht.[313] Die Minderung der Anforderungen des Art. 104 Abs. 2, 3 ergibt sich vielmehr aus dem Umstand, dass es in Fällen mit Auslandsberührung an Wirksamkeitsvoraussetzungen der Verfassung fehlt (Rdn. 55). Die Mitnahme eines Richters an Bord von Schiffen der Bundesmarine, die zur Bekämpfung von Piraten eingesetzt werden,[314] würde die Anforderungen an die Leistungsfähigkeit des Staates überspannen. Die »Vorführung« eines auf einem Schiff festgehaltenen Piraten per Video oder der Kontakt zu einem Richter per Telefon oder Funk[315] entsprechen nicht den Anforderungen des Art. 104 Abs. 3, der eine persönliche Anhörung der festgenommenen Person durch einen Richter verlangt.[316] Die Anforderungen an die Unverzüglichkeit lassen sich allerdings konkretisieren durch die EMRK und die dazu ergangene Rechtsprechung des EGMR, da der gebotene menschenrechtliche Min-

---

308 So aber *Zimmermann*, ZRP 2012, 116, 117 f.; ähnlich *Fischer-Lescano/Kreck*, AVR 47 (2009), 481, 498.
309 So aber offenbar *Schmahl*, AöR 136 (2011), 44, 87.
310 Zu diesem Gebot: BVerfGE 111, 307, 315 ff.
311 BVerfGE 111, 307, 317; 319; *Aust*, DVBl. 2012, 484, 488; *Walter/v. Ungern-Sternberg*, DÖV 2012, 861, 865 f.
312 So aber VG Köln, JZ 2012, 366, 368; ähnlich *König*, BDGVR 44 (2009), 203, 237; *Aust*, DVBl. 2012, 484, 487 f.
313 *Walter/v. Ungern-Sternberg*, DÖV 2012, 861, 867.
314 *v. Arnauld*, AVR 47 (2009), 454, 472; a.A. *Globke*, JZ 2012, 370, 371 (Schaffung eines richterlichen Notdienstes).
315 So etwa *Ladiges*, NZWehr 2012, 56, 62.
316 *König*, Der Einsatz von Seestreitkräften zur Verhinderung von Terrorismus und Verbreitung von Massenvernichtungswaffen sowie zur Bekämpfung der Piraterie: Mandat und Eingriffsmöglichkeiten, BDGVR 44 (2009), 203, 232 ff.

deststandard des Völkerrechts eingehalten werden muss.[317] In Betracht kommt auch eine Vorführung vor einen ausländischen Richter.[318]

b) Anforderungen an das richterliche Verfahren und die richterliche Entscheidung

aa) Mündliche Anhörung

86   Vor jeder richterlichen Entscheidung über Zulässigkeit und Fortdauer einer Freiheitsentziehung ist die betroffene Person grundsätzlich **anzuhören**.[319] Dieses an sich schon aus Art. 103 Abs. 1 folgende Gebot ergibt sich für den schweren Eingriff der Entziehung der Fortbewegungsfreiheit zusätzlich aus dem hohen Rang der durch Art. 104 Abs. 1 Satz 1 i.V.m. Abs. 2 Satz 1 geschützten Freiheit.[320] Eine durch gerichtliche Entscheidung angeordnete Unterbringung, die ohne die erforderliche Anhörung des Betroffenen ergeht, verletzt diesen in seinem Grundrecht aus Art. 2 Abs. 2 Satz 1 i.V.m. Art. 104 Abs. 1.[321] Eine nachträgliche Anhörung kann daran nichts mehr ändern.[322]

87   Die Anhörung hat **mündlich** bzw. in **persönlicher Anwesenheit** des Betroffenen zu erfolgen. Zwar lässt sich das Erfordernis einer mündlichen Anhörung nur den Kautelen des Art. 104 Abs. 3 Satz 1 für die nachträgliche Anhörung bei der Festnahme wegen des Verdachts einer Straftat entnehmen; die richterliche Entscheidung nach Art. 104 Abs. 2 Satz 1 greift jedoch in gleicher Weise in die Rechte des Betroffenen ein, so dass auch hier eine persönliche Anhörung zu verlangen ist.[323] Der Zweck der richterlichen Anhörung besteht nicht nur darin, dem Einzelnen die Möglichkeit zu geben, **Einwendungen** gegen die Entziehung seiner Freiheit vorzubringen; vielmehr soll dem Richter zudem die Gelegenheit gegeben werden, sich einen **Eindruck** von der **Person** zu verschaffen, deren Freiheit entzogen wurde.[324] Eine mündliche Anhörung ist daher auch dann erforderlich, wenn die betreffende Person psychisch schwer erkrankt, unansprechbar oder aus einem anderen Grund nur eingeschränkt äuße-

317 *König*, BDGVR 44 (2009), 203, 236.
318 *Zimmermann*, ZRP 2012, 116, 117; *Wiefelspütz*, NZWehr 2009, 133, 149; *Kokott* (Fn. 194), S. 96, 107 f. Die von *Kokott* a.a.O. hierfür formulierte Einschränkung, dass das ausländische Gericht internationalen menschenrechtlichen Mindeststandards entsprechen muss, ist problematisch. Deutschland erhebt sich hierdurch zum menschenrechtlichen Zensor über die Gerichtsbarkeit anderer Staaten.
319 BVerfGK 18, 63, 70; *Jarass*, in: Jarass/Pieroth, GG, Art. 104 Rn. 17.
320 *Sodan*, in: Sodan, GG, Art. 104 Rn. 7.
321 BVerfGE 58, 208, 209, 220 f.
322 BVerfGE 58, 208, 222 f.; BVerfG (K), NVwZ 2011, 161 (Leitsatz); *Jarass*, in: Jarass/Pieroth, GG, Art. 104 Rn. 17.
323 Ebenso *Jarass*, in: Jarass/Pieroth, GG, Art. 104 Rn. 18; *Schulze-Fielitz*, in: Dreier, GG III, Art. 104 Rn. 56; *Wehowsky*, in: Umbach/Clemens, GG II, Art. 104 Rn. 22; *Sodan*, in: Sodan, GG, Art. 104 Rn. 7.
324 BVerfGE 58, 208, 222 f.; 65, 317, 323; *Jarass*, in: Jarass/Pieroth, GG, Art. 104 Rn. 18.

rungsfähig ist.[325] Im Unterbringungsrecht gehört der persönliche Eindruck des entscheidenden Richters als Kernstück des Amtsermittlungsverfahrens zu den wichtigsten Verfahrensgrundsätzen. Weniger vordringliche Dienstgeschäfte müssen notfalls zurückgestellt werden.[326] Ein schriftliches Gutachten kann die Anhörung nicht ersetzen.[327] Der Richter hat dem Betroffenen in der Anhörung die Gründe für die Freiheitsentziehung mitzuteilen und Gelegenheit zu geben, Einwendungen zu erheben;[328] Art. 104 Abs. 3 Satz 1 formuliert auch insoweit Anforderungen, die im Rahmen des Abs. 2 zu beachten sind.

Eine mündliche Anhörung im Rahmen der richterlichen Entscheidung vor einer Festnahme kann deren Zweck allerdings vielfach **vereiteln**. Besteht diese Gefahr, genügt es, die festgehaltene Person **unverzüglich** nach der Festnahme anzuhören.[329] Da die persönliche Anhörung für das Freiheitsrecht des Betroffenen von elementarer Bedeutung ist, wird man die Nachholung an die Frist des Art. 104 Abs. 3 Satz 1 knüpfen müssen.[330] Ein Verzicht auf die mündliche Anhörung ist dem Betroffenen nicht möglich.[331] Lediglich wenn die festgehaltene Person schon wieder auf freiem Fuß ist, wird ab dem Zeitpunkt der Freilassung die Anhörung entbehrlich.[332]   **88**

Der festgehaltenen Person ist die Möglichkeit zu geben, rechtlichen Beistand beizuziehen; falls erforderlich, sind ihr Kommunikationsmittel (Telefon, E-Mail, Fax etc.) für die Kontaktaufnahme zur Verfügung zu stellen.   **89**

In der **Rechtsmittelinstanz** ist der Festgehaltene indes nur dann persönlich anzuhören, wenn aus den Akten ein Anhaltspunkt dafür ersichtlich ist, dass seine erneute persönliche Anhörung zur weiteren Sachverhaltsaufklärung beitragen kann.[333]   **90**

bb) Eigene richterliche Entscheidung

Der Richter hat den **Sachverhalt** in eigener **Verantwortung** selbst zu **ermitteln** und **festzustellen** sowie eine **eigene Entscheidung** zu treffen.[334] Entscheidungen, die den Entzug der persönlichen Freiheit betreffen, müssen »auf zureichender richterlicher Sachaufklärung beruhen und eine in tatsächlicher Hinsicht genügende Grundlage   **91**

---

325 *Jarass*, in: Jarass/Pieroth, GG, Art. 104 Rn. 18; *Hufen* (Fn. 30), § 21 Rn. 12; *Wehowsky*, in: Umbach/Clemens, GG II, Art. 104 Rn. 22; *Radtke*, in: Epping/Hillgruber, GG, Art. 104 Rn. 14.
326 BVerfGE 58, 208, 222 f.; BVerfG (K), NJW 2007, 3560, 3561.
327 BVerfGE 58, 208, 220 ff.; BVerfG (K), NJW 2007, 3560; NJW 2011, 1275.
328 *Jarass*, in: Jarass/Pieroth, GG, Art. 104 Rn. 18.
329 BVerfGE 9, 89, 98; 66, 191, 196; *Jarass*, in: Jarass/Pieroth, GG, Art. 104 Rn. 17.
330 Siehe *Gusy*, in: v. Mangoldt/Klein/Starck, GG III, Art. 104 Rn. 66 (pauschaler Verweis auf Art. 104 Abs. 3 Satz 1).
331 *Jarass*, in: Jarass/Pieroth, GG, Art. 104 Rn. 17; *Radtke*, in: Epping/Hillgruber, GG, Art. 104 Rn. 14.
332 *Gusy*, in: v. Mangoldt/Klein/Starck, GG III, Art. 104 Rn. 55.
333 BVerfGE 65, 317, 323 f.
334 *Schmahl*, in: Schmidt-Bleibtreu/Hofmann/Hopfauf, GG, Art. 104 Rn. 16.

haben, die der Bedeutung der Freiheitsgarantie entspricht«.[335] Der Richter darf die von der Polizei vorgebrachten Tatsachen nicht unbesehen oder aufgrund einer bloßen Plausibilitätskontrolle seiner Entscheidung zugrunde legen.[336] Diese Pflicht besteht im Grundsatz auch dann, wenn der Richter schon vor der Festnahme über deren Zulässigkeit entschieden[337] oder er eine Eilentscheidung zu treffen hat.[338] Über die Anordnung einer Sicherungsverwahrung hat der Richter eine eigene Prognoseentscheidung zu treffen, bei der er dem ärztlichen Gutachten seine richterliche Kontrolle entgegenzusetzen hat.[339] Verlangt eine Norm des einfachen Rechts dem Richter eine Entscheidung über eine Freiheitsentziehung ab, ohne den Eintritt in eine auch nur kursorische Prüfung der Zulässigkeit dieser Maßnahme zu gestatten, wie § 22 Abs. 3 Satz 2 IRG, der nach seinem Wortlaut ausschließlich vor einer Personenverwechslung schützt, so ist diese Norm zur Vermeidung verfassungswidriger Ergebnisse verfassungskonform auszulegen.[340] Der Richter ist zumindest in Evidenzfällen verpflichtet, bevor er seine Entscheidung trifft, auf der (schmalen) ihm zu diesem Zeitpunkt zugänglichen Erkenntnisgrundlage und daher notwendig in summarischer Weise die Haftvoraussetzungen des materiellen Rechts in seine Prüfung einzubeziehen.[341]

cc) Begründungspflicht

92   Der Richter hat seine Entscheidung zu **begründen**, damit deren gerichtliche Nachprüfbarkeit sichergestellt ist. Wegen der auch objektiven Zwecke der Pflicht zur Begründung staatlicher Entscheidungen[342] gilt dieses Gebot allerdings auch dann, wenn im konkreten Fall ein Rechtsbehelf unzulässig wäre.[343] In der Begründung muss der Richter den wiedergegebenen Sachverhalt unter die eindeutig bezeichnete, der Entscheidung zugrunde liegende Norm subsumieren.[344] Dabei ist es notwendig, auf den **konkreten Einzelfall** und die ihm immanenten Eigenheiten in rechtlicher wie tatsächlicher Hinsicht einzugehen.[345] Eine Begründung, die formularmäßig und ohne oder mit nur geringem Bezug zum konkreten Fall ergeht,[346] oder sich auf die schlichte Wiedergabe des Gesetzestextes beschränkt und eine Subsumtion unter die

---

335 BVerfGE 70, 297, 308; 109, 133, 162; BVerfGK 7, 87, 100; BVerfGK 18, 63, 71; BVerfG (K), NJW 2007, 3560, 3561.
336 BVerfGE 83, 24, 33.
337 *Jarass*, in: Jarass/Pieroth, GG, Art. 104 Rn. 19.
338 *Radtke*, in: Epping/Hillgruber, GG, Art. 104 Rn. 13.
339 BVerfGE 70, 297, 310; 109, 133, 164.
340 BVerfGK 18, 63, 71 f.
341 BVerfGK 18, 63, 72.
342 Vgl. *Lücke*, Begründungszwang und Verfassung, 1987, S. 104 f.; *Kischel*, Die Begründung, 2003, S. 39–62.
343 *Gusy*, in: v. Mangoldt/Klein/Starck, GG III, Art. 104 Rn. 44.
344 *Gusy*, in: v. Mangoldt/Klein/Starck, GG III, Art. 104 Rn. 44.
345 *Gusy*, in: v. Mangoldt/Klein/Starck, GG III, Art. 104 Rn. 44.
346 BVerfGE 83, 24, 35.

maßgebenden Bestimmungen des einfachen Rechts nicht enthält, genügt den Anforderungen nicht.[347] Die Begründungspflicht gilt – ebenso wie die Anhörungspflicht, s.o. – über den ausdrücklich geregelten Fall des Art. 104 Abs. 3 Satz 2 hinaus für alle vorgängigen oder nachträglichen richterlichen Entscheidungen über eine Freiheitsentziehung.[348] Zur Begründung siehe auch unten Rdn. 113.

dd) Inhaltliche Vorgaben

Inhaltlich darf der Richter keine sachfremden Erwägungen anstellen (allgemeines **93** Willkürverbot)[349] und hat den Grundsatz der **Verhältnismäßigkeit** zu beachten.[350] Steht etwa die Leistungsunfähigkeit des Schuldners in der Zwangsvollstreckung bereits zur Überzeugung des Gerichts fest, darf eine **Erzwingungshaft** zur Abgabe einer eidesstattlichen Versicherung wegen Zweckuntauglichkeit nicht mehr angeordnet werden.[351] Ebenso ist die Anordnung oder Aufrechterhaltung einer **Abschiebehaft** nur zulässig, wenn keine Umstände vorliegen, die der Durchführung der Abschiebung auf längere Zeit oder dauerhaft entgegenstehen.[352] Freiheitsentziehungen aufgrund der Unterbringungsgesetze der Länder dürfen zudem auch nur angeordnet und aufrechterhalten werden, wenn keine **Zweifel** am Vorliegen sämtlicher gesetzlicher Voraussetzungen bestehen.[353]

Besondere Anforderungen an die **Verhältnismäßigkeit** gelten bei der Dauer der **Un- 94 tersuchungshaft**, da hier nicht feststeht, ob der Betroffene für die ihm zur Last gelegte Tat tatsächlich zur Verantwortung gezogen werden kann.[354] Untersuchungshaft darf hinsichtlich ihrer **Dauer** nicht außer Verhältnis zur voraussichtlich zu erwartenden Strafe stehen. Zudem setzt der Grundsatz der Verhältnismäßigkeit auch unabhängig von der zu erwartenden Strafe ihrer Dauer Grenzen.[355] In der Abwägung der berührten Belange erhöht sich regelmäßig das Gewicht des Freiheitsanspruchs des Betroffenen gegenüber dem Interesse der Allgemeinheit an einer wirksamen Strafrechtspflege mit zunehmender Dauer der Untersuchungshaft.[356] Diese Einschränkungen gelten nicht nur für die Vollstreckung eines Haftbefehls, sondern wegen der Belastungen, denen der Beschuldigte durch Auflagen und Weisungen ausgesetzt ist, vielmehr auch dann, wenn der Haftbefehl außer Vollzug gesetzt ist.[357] Zudem kann

---

347 BVerfGK 8, 1, 6; *Radtke*, in Epping/Hillgruber, GG, Art. 104 Rn. 12 m.w.N.
348 *Schulze-Fielitz*, in: Dreier, GG III, Art. 104 Rn. 52.
349 Vgl. inzident BVerfGE 10, 271, 273 f.
350 BVerfGE 20, 45, 49; 53, 152, 158 f.
351 BVerfGE 61, 126, 134; weitere Beispiele: *Schmahl*, in: Schmidt-Bleibtreu/Hofmann/ Hopfauf, GG, Art. 104 Rn. 17.
352 BVerfG (K), NJW 2009, 2659.
353 BVerfGE 63, 340, 342; *Jarass*, in: Jarass/Pieroth, GG, Art. 104 Rn. 5.
354 *Hufen* (Fn. 30), § 21 Rn. 11.
355 BVerfGE 20, 44, 48 f.; 20, 144, 148.
356 BVerfGE 191, 342, 347; 36, 264, 270; 53, 152, 159; BVerfG (K), NJW 2006, 272, 273 (zu den Abwägungskriterien).
357 BVerfG, NJW 2006, 668, 669.

aber schon auch die schlichte Existenz eines Haftbefehls für den Beschuldigten eine rechtlich erhebliche Belastung darstellen.[358]

95   Das Art. 104 innewohnende Gebot der Beschleunigung (oben Rdn. 43) wirkt sich ebenfalls besonders aus im Bereich der Untersuchungshaft.[359] Die Anforderungen an den zügigen Fortgang des Verfahrens werden umso strenger, je länger die Untersuchungshaft dauert.[360] Der Gerichtspräsident hat durch Ergreifen geeigneter organisatorischer Maßnahmen die beschleunigte Bearbeitung von Haftsachen sicherzustellen[361] und solche gerichtsorganisatorischen Maßnahmen zu unterlassen, die einer beschleunigten Bearbeitung von Haftsachen zuwiderlaufen.[362] In der Dauer einer Untersuchungshaft von vier Jahren und neun Monaten sieht der EGMR einen Verstoß gegen Art. 5 Abs. 3 und Art. 6 Abs. 1 EMRK.[363]

2. Ausnahme: Freiheitsentziehung ohne vorherige richterliche Entscheidung, Art. 104 Abs. 2 Satz 2

96   Besteht ein dringendes sachliches Bedürfnis für eine sofortige Freiheitsentziehung durch die Exekutive, so kann diese **ausnahmsweise** auch **ohne** vorherige richterliche Anordnung erfolgen. Die Zulässigkeit einer solchen Freiheitsentziehung ergibt sich nicht ausdrücklich, wohl aber indirekt aus Art. 104 Abs. 2 Satz 2.[364] Voraussetzung ist, dass der **verfassungsrechtlich zulässigerweise verfolgte Zweck** der Freiheitsentziehung **nicht erreichbar** wäre, sofern der Festnahme die richterliche Entscheidung vorausgehen müsste.[365] Die Festnahme durch die Exekutive muss als Ausnahme von der Regel »erforderlich« sein;[366] sie bedarf einer gesetzlichen Grundlage.[367] Eine richterliche Entscheidung ist jedoch **unverzüglich herbeizuführen**, Art. 104 Abs. 2 Satz 2.[368] Das Gebot einer nachträglichen richterlichen Entscheidung unterstreicht

---

358 BVerfGE 53, 152, 159, BVerfG (K), NJW 2006, 668, 669.
359 BVerfGE 46, 194, 195; BVerfG, NJW 2006, 668, 669; NJW 2006, 672.
360 BVerfG, NJW 2006, 677, 678.
361 BVerfGE 36, 264, 272.
362 BVerfG (K), NJW 2006, 677, 679.
363 EGMR, NJW 2005, 3125 – *Cevizovic ./. Deutschland*.
364 BVerfG, NVwZ 2007, 1044, 1045; *Kunig*, in: v. Münch/Kunig, GG II, Art. 104 Rn. 21.
365 BVerfGE 22, 311, 317; 105, 239, 248 f.; BVerfGK 18, 63, 70; BVerfG (K), NVwZ 2009, 1033; NVwZ 2011, 38.
366 *Jarass*, in: Jarass/Pieroth, GG, Art. 104 Rn. 23.
367 *Jarass*, in: Jarass/Pieroth, GG, Art. 104 Rn. 23.
368 BVerfGE 10, 302, 321; *Dürig*, in: Maunz/Dürig, GG, Art. 104 Rn. 23. In der Praxis wird diese Ausnahme indes häufig zur Regel, vgl. *Schieder*, KritV 2000, 218, 234; *Schulze-Fielitz*, in: Dreier, GG III, Art. 104 Rn. 37; ferner *Jarass*, in: Jarass/Pieroth, GG, Art. 104 Rn. 15, 24.

den nur **vorläufigen** Charakter der Entscheidung der Exekutive.[369] »Richter« ist dabei ebenfalls nur der gesetzliche Richter i.S. des Art. 101 Abs. 1 Satz 2.[370]

Durch das Gebot einer unverzüglichen Nachholung der richterlichen Entscheidung garantiert das Grundgesetz das Richtermonopol bei Entscheidungen über die Anordnung einer Freiheitsentziehung damit in jedem Falle. Dabei geht es nicht nur darum, einen Richter überhaupt nur unverzüglich **einzuschalten**, sondern es ist, weitergehend, nach Art. 104 Abs. 2 Satz 2 unverzüglich auch die »**Entscheidung**« eines Richters herbeizuführen.[371] Der Begriff **unverzüglich** ist nicht i.s. der im Zivilrecht geltenden subjektiven Maßstabs (»ohne schuldhaftes Zögern«),[372] sondern vielmehr anhand eines **objektiven** Maßstabs auszulegen.[373] Die richterliche Entscheidung muss ohne jede Verzögerung, die sich nicht aus **sachlichen Gründen** rechtlicher oder tatsächlicher Art rechtfertigen lässt, nachgeholt werden.[374] Aus objektiven Umständen nicht vermeidbar sind so etwa Verzögerungen, die durch die Länge des Weges, Schwierigkeiten beim Transport, die notwendige Registrierung und Protokollierung, ein renitentes Verhalten des Festgenommenen oder vergleichbare Umstände bedingt sind.[375] Die an der freiheitsentziehenden Maßnahme beteiligten staatlichen Organe haben derartige unvermeidbare Verzögerungen zu dokumentieren.[376] Nur so ist gewährleistet, dass der Betroffene den Rechtsweg wirksam beschreiten und ein Gericht später feststellen kann, ob aus sachlich zwingenden Gründen vom Gebot der Herbeiführung einer unverzüglichen richterlichen Entscheidung abgesehen werden durfte.[377] Der Richter entscheidet nicht, ob die exekutive Freiheitsentziehung zulässig war, sondern ob im Zeitpunkt seiner Entscheidung eine Freiheitsentziehung rechtmäßig erfolgen darf.[378] Die richterliche Entscheidung muss **von Amts wegen** beantragt werden; verpflichtet ist hierzu die zuständige Behörde insgesamt, nicht zwingend der konkrete Amtswalter, der die Freiheitsentziehung vorgenommen hat.[379]

97

---

369 *Jarass*, in: Jarass/Pieroth, GG, Art. 104 Rn. 22.

370 *Jarass*, in: Jarass/Pieroth, GG, Art. 104 Rn. 24.

371 BVerfG (K), NVwZ 2006, 580.

372 Zur ehemals herrschenden Lehre siehe die Nachweise bei *Dürig*, in: Maunz/Dürig, GG, Art. 104 Rn. 38, Fn. 1.

373 *Wittreck* (Fn. 20), § 151 Rn. 37; *Jarass*, in: Jarass/Pieroth, GG, Art. 104 Rn. 25; *Kunig*, in: v. Münch/Kunig, GG II, Art. 104 Rn. 23; *Schmahl*, in: Schmidt-Bleibtreu/Hofmann/ Hopfauf, GG, Art. 104 Rn. 18.

374 BVerfGE 105, 239, 249; BVerwGE 45, 51, 63; *Hantel* (Fn. 101), S. 36; *Jarass*, in: Jarass/ Pieroth, GG, Art. 104 Rn. 25; *Rüping*, in: BK, Art. 104 Rn. 68; *Schulze-Fielitz*, in: Dreier, GG III, Art. 104 Rn. 42, 48; *Dürig*, in: Maunz/Dürig, GG, Art. 104 Rn. 38; *Gusy*, in: v. Mangoldt/Klein/Starck, GG III, Art. 104 Rn. 47.

375 BVerfGE 105, 239, 249; BVerfG, NVwZ 2009, 1033; *Dürig*, in: Maunz/Dürig, GG, Art. 104 Rn. 38.

376 BVerfG, NVwZ 2007, 1044, 1045.

377 BVerfG, NVwZ 2007, 1044, 1045, im Anschluss an BVerfGE 103, 142, 159 ff.

378 *Kunig*, in: v. Münch/Kunig, GG II, Art. 104 Rn. 22.

379 *Dürig*, in: Maunz/Dürig, GG, Art. 104 Rn. 37.

Die richterliche Entscheidung muss nicht unverzüglich nachgeholt werden, wenn sich der Zweck der Freiheitsentziehung unterdessen erledigt hat; eine Verlängerung der Freiheitsentziehung, zu der es hierdurch sonst kommen könnte, widerspräche dem Zweck des Art. 104 Abs. 2.[380] Aus diesem Grund entfällt die Pflicht zur Nachholung auch dann, wenn bereits eine Prognose ergibt, dass eine richterliche Entscheidung erst ergehen kann, wenn der Grund für den Gewahrsam wieder weggefallen ist.[381]

98   Der **objektiv-rechtliche** Gehalt der Norm **verpflichtet** den Staat, für die Erreichbarkeit eines Richters jedenfalls **während des Tages** zu sorgen.[382] An **Sonn- und Feiertagen** muss zumindest ein **Bereitschaftsdienst** eingerichtet sein; eine bloße telefonische Erreichbarkeit genügt nicht.[383]

»Die fehlende Möglichkeit, einen Richter zu erreichen, kann angesichts der verfassungsrechtlichen Verpflichtung des Staates, der Bedeutung des Richtervorbehalts durch **geeignete organisatorische Maßnahmen** Rechnung zu tragen (siehe dazu oben Rdn. 42), nicht ohne Weiteres als unvermeidbares Hindernis für die unverzügliche Nachholung der richterlichen Entscheidung gelten«.[384] Während des Tages gilt in der staatlichen Praxis im Normalfall ein Zeitraum von 2–3 Stunden als hinreichend.[385] Die richterliche Entscheidung hat in der Regel noch am Tage der Anhörung zu ergehen. Außerhalb der Dienststunden, insbesondere zur Nachtzeit, braucht kein Bereitschaftsdienst eingerichtet zu sein, solange ein Richter noch bis zum Ende des Tages nach dem Ergreifen entscheiden kann;[386] die Unverzüglichkeit des Art. 104 Abs. 2 Satz 2 wird insoweit durch die Zeitgrenze des Art. 104 Abs. 2 Satz 3 limitiert.[387]

99   Für die nachträgliche Entscheidung gelten für den Richter die gleichen Verfahrensmaßstäbe, wie sie auch bei der vorherigen Entscheidung zu beachten sind. Der Richter muss den Betroffenen anhören, den Sachverhalt zureichend aufklären sowie eine eigene Entscheidung treffen und begründen, die eine in tatsächlicher Hinsicht genügende Grundlage besitzt.[388] Steht die Pflicht, die festgehaltene Person persönlich anzuhören, nicht ausdrücklich im maßgebenden Gesetz, so ergibt sie sich unmittelbar aus der Verfassung.[389] Der Richter darf sich nicht auf die bloße Kontrolle der Recht-

---

380 *Gusy*, NJW 1992, 457, 462.
381 VGH Mannheim, DVBl. 2011, 626, 627.
382 BVerfGE 105, 239, 248; auch oben Rdn. 42.
383 *Schmahl*, in: Schmidt-Bleibtreu/Hofmann/Hopfauf, GG, Art. 104 Rn. 18 m.w.N.
384 BVerfGE 103, 142, 151 ff., 156; 105, 239, 249.
385 OVG Münster, NJW 1980, 138, 139.
386 *Kunig*, in: v. Münch/Kunig, GG II, Art. 104 Rn. 23.
387 BVerfGE 10, 302, 321; BVerwGE 45, 51, 64.
388 BVerfGK 7, 87, 100; 18, 63, 71.
389 BVerfGE 66, 191, 196 f.

mäßigkeit der Verwaltungsentscheidung beschränken, sondern hat selbst über die Freiheitsentziehung zu entscheiden.[390]

Der Richter hat auch dann noch über die Freiheitsentziehung zu entscheiden, wenn   **100** die Ingewahrsamnahme vor dem Ablauf der Frist des Art. 104 Abs. 2 Satz 3 endet.[391] Die Norm setzt dem Festhalten einer Person ohne richterliche Entscheidung mit dem Ende des auf das Ergreifen folgenden Tages lediglich eine äußerste Grenze und entbindet nicht von der Pflicht, eine solche Entscheidung unverzüglich herbeizuführen. Lediglich dann, wenn aufgrund einer Prognoseentscheidung der handelnden Beamten anzunehmen ist, dass die Entscheidung erst nach Wegfall des Grundes der Maßnahme ergehen wird, ist eine richterliche Entscheidung nach Art. 104 Abs. 2 Satz 1 entbehrlich. Die Norm will die Fortdauer einer Freiheitsentziehung über den durch den sachlichen Grund der Maßnahme gerechtfertigten Zeitraum hinaus verhindern, nicht eine sachlich nicht mehr gerechtfertigte Freiheitsentziehung durch eine Vorführung vor den Haftrichter verlängern. In einem solchen Fall kommt dann nachträglicher Rechtsschutz in Betracht (siehe unten Rdn. 131 ff.).

3. Zeitliche Grenze für polizeilichen Gewahrsam »aus eigener Machtvollkommenheit«, Art. 104 Abs. 2 Satz 3

Die Polizei darf »aus eigener Machtvollkommenheit« den Festgenommenen nicht   **101** länger als bis zum Ende des Tages nach dem Ergreifen in eigenem Gewahrsam halten, Art. 104 Abs. 2 Satz 3.[392] Spätestens bis zum **Ende** des auf die Festnahme **folgenden** Tages (24.00 Uhr) muss der Richter **entschieden** haben. Die Zeitgrenze ist **absolut**, so dass es keine Rolle spielt, ob es sich bei dem Folgetag um einen Wochen-, Sonn- oder Feiertag handelt.[393] Die Norm gilt **zusätzlich** zu dem Gebot des Abs. 2 Satz 2, bei Festnahmen ohne richterliche Entscheidung diese **unverzüglich** herbeizuführen. **Nicht** etwa trifft sie eine Sonderregelung für die Polizei, welche dieser für den beschriebenen Zeitraum Ingewahrsamnahmen ohne eine unverzügliche richterliche Entscheidung ermöglichen würde.[394] Das einfache Recht (siehe Art. 104 Abs. 2 Satz 4) kann diese Fristen verkürzen, nicht aber verlängern (Ausnahme: Regelung durch Bundesgesetz für den Verteidigungsfall, Art. 115c Abs. 2 Nr. 2). Hat der Bundesgesetzgeber die Frist des Art. 104 Abs. 2 Satz 3 im einfachen Bundesrecht umgesetzt, gelten kürzere Fristen im Landesverfassungsrecht nach Art. 142 weiter.[395]

VGH Mannheim, DVBl. 2011, 626, 627; *Gusy*, in v. Mangoldt/Klein/Starck, GG III, Art. 104 Rn. 37.
391 BVerfGE 105, 239, 249, auch zum Folgenden.
392 Hierzu *Jarass*, in: Jarass/Pieroth, GG, Art. 104 Rn. 26–28: absolute zeitliche Höchstgrenzen.
393 *Hufen* (Fn. 30), § 21 Rn. 10.
394 *Kunig*, in: v. Münch/Kunig, GG II, Art. 104 Rn. 27; *Gusy*, in: v. Mangoldt/Klein/Starck, GG III, Art. 104 Rn. 48; zu Art. 19 HessVerf. vgl. OLG Frankfurt, SJZ 1950, 53.
395 *Dürig*, in: Maunz/Dürig, GG, Art. 104 Rn. 42; a.A. *Wehowsky*, in: Umbach/Clemens, GG II, Art. 104 Rn. 24; siehe auch oben Rdn. 20 mit Fn. 63 f.

Die Auswechslung der Rechtsgrundlage einer fortdauernden Freiheitsentziehung ist ohne Bedeutung für den für die Entscheidung vorgegebenen zeitlichen Rahmen.[396]

102   Bei Überschreiten der Frist ist die festgehaltene Person **sofort freizulassen**.[397] **Steht** bereits **vor** ihrem Ablauf **fest**, dass die Frist nicht eingehalten werden kann, muss die Person ebenfalls umgehend freigelassen werden.[398] Eine solche Entwicklung kann insbesondere dadurch eintreten, dass die zuständige Behörde die richterliche Entscheidung nicht mit der gebotenen »Unverzüglichkeit« beantragt[399] oder der Richter nicht unverzüglich bzw. innerhalb der Frist entscheiden kann.[400]

103   Unter »**Polizei**« i.S.v. Art. 104 Abs. 2 Satz 3 sind nicht nur die **Vollzugspolizei**,[401] sondern auch die **Ordnungsbehörden** zu verstehen.[402] Sähe man dies anders, wären die Ordnungsbehörden an keine zeitliche Obergrenze gebunden; dies kann dem Zweck der Norm nicht entsprechen.[403]

104   Die Polizei hält eine Person »**aus eigener Machtvollkommenheit**« in Gewahrsam, wenn sie ohne Ermächtigung des zuständigen Richters handelt.[404] Ob die Polizei im eigenen Namen oder im Auftrag einer anderen Behörde tätig wird, ist dagegen nicht entscheidend.[405]

105   Ein Halten in »**eigenem Gewahrsam**« der Polizei liegt zunächst dann vor, wenn sich die betroffene Person in Räumen unter unmittelbarer Sachherrschaft der Polizei befindet. Nach dem Zweck der Norm, von der Polizei verantwortete Freiheitsentziehungen zeitlich zu begrenzen, kann es jedoch auf die Herrschaft über den Raum nicht ankommen.[406] Der Zweck der Norm greift vielmehr auch dann ein, wenn die Person sich an einem Ort befindet, über den zwar ein anderer als die Polizei die tatsächliche Gewalt innehat, die Polizei aber weiterhin die rechtliche Herrschaft über den Freiheitsentzug behält (Bsp.: Einweisung eines psychisch Kranken in eine psychiatrische Anstalt durch Einweisungsverfügung der Polizei).

---

396   BGHSt 34, 365, 368 f.; *Jarass*, in: Jarass/Pieroth, GG, Art. 104 Rn. 26.

397   *Jarass*, in: Jarass/Pieroth, GG, Art. 104 Rn. 28, mit dem Hinweis, dass ein längeres Festhalten eine Freiheitsberaubung im Amt bedeutet; ebenso *Radtke*, in: Epping/Hillgruber, GG, Art. 104 Rn. 26.

398   *Jarass*, in: Jarass/Pieroth, GG, Art. 104 Rn. 28.

399   *Schulze-Fielitz*, in: Dreier, GG III, Art. 104 Rn. 49.

400   *Dürig*, in: Maunz/Dürig, GG, Art. 104 Rn. 41.

401   So aber *Degenhart*, in: Sachs, GG, Art. 104 Rn. 34.

402   *Grabitz* (Fn. 44), § 130 Rn. 26; *Dürig*, in: Maunz/Dürig, GG, Art. 104 Rn. 40.

403   *Jarass*, in: Jarass/Pieroth, GG, Art. 104 Rn. 27.

404   *Jarass*, in: Jarass/Pieroth, GG, Art. 104 Rn. 28; *Schmahl*, in: Schmidt-Bleibtreu/Hofmann/Hopfauf, GG, Art. 104 Rn. 19.

405   So aber *Kunig*, in: v. Münch/Kunig, GG II, Art. 104 Rn. 25; Vorauflage, Rn. 97.

406   *Dürig*, in: Maunz/Dürig, GG, Art. 104 Rn. 40; *Kunig*, in: v. Münch/Kunig, GG II, Art. 104 Rn. 26.

4. Pflicht, das Nähere gesetzlich zu regeln, Art. 104 Abs. 2 Satz 4

Die Wirksamkeit der verfassungsrechtlichen Vorgaben des Art. 104 Abs. 2 Satz 1–3 **106** für die Freiheitsentziehung ist darauf angewiesen, dass sie im **einfachen Recht** entsprechend ausgestaltet ist.[407] Nach Art. 104 Abs. 2 Satz 4 ist deshalb das »Nähere gesetzlich zu regeln«. Dieses Gebot hat **nicht** die Bedeutung eines Gesetzesvorbehalts, der dem Gesetzgeber die Befugnis verliehe, die Garantien der Vorschrift im einfachen Recht **einzuschränken**.[408] Vielmehr handelt es sich um einen **Auftrag** an den Gesetzgeber, die Freiheit der Person durch hinreichende Verfahrensregelungen **zu sichern**.[409] Die Norm statuiert auch keine ausschließliche Kompetenz des Bundes, sondern nimmt sowohl den **Bundes**- als auch den **Landesgesetzgeber** für ihre jeweilige Ebene in Pflicht.[410]

Anders als materiell-rechtliche Grundlagen für eine Freiheitsentziehung können Regeln des gerichtlichen Verfahrens bei Lücken analog angewandt werden.[411] Der Zweck des Analogieverbots, Schutz vor nicht voraussehbaren Freiheitsentziehungen, greift in diesem Falle nicht. Vielmehr wird der Zweck des Art. 104 Abs. 2, die Sicherung richterlicher Kontrolle, auch durch eine analoge Anwendung von Verfahrensnormen erreicht. **107**

Das Verfahrensrecht für die privatrechtlichen wie die öffentlich-rechtlichen Unterbringungen von Volljährigen ist seit dem 01.09.2009 in den §§ 312 ff. FamFG[412] weitgehend vereinheitlicht.[413] Bei der privatrechtlichen wie der öffentlich-rechtlichen Unterbringung Minderjähriger handelt es sich um Kindschaftssachen, § 151 Nr. 6 und FamFG.[414] **108**

---

407 *Kunig*, in: v. Münch/Kunig, GG II, Art. 104 Rn. 28.

408 *Jarass*, in: Jarass/Pieroth, GG, Art. 104 Rn. 22; *Wehowsky*, in: Umbach/Clemens, GG II, Art. 104 Rn. 27.

409 *Gusy*, in: v. Mangoldt/Klein/Starck, GG III, Art. 104 Rn. 64.

410 *Jarass*, in: Jarass/Pieroth, Art. 104 Rn. 22. Auf der Ebene des Bundes erging als Ausführungsgesetz zu Art. 104 Abs. 2 Satz 4 im Jahre 1956 das Gesetz über das gerichtliche Verfahren bei Freiheitsentziehungen (FreihEntzG), BGBl. I, S. 599, zuletzt geändert durch Art. 112 Abs. 1 FGG-ReformG v. 17.12.2008 (BGBl. I, S. 2586); vgl. ferner die einzelnen Regelungen der StPO, der ZPO sowie – auf Landesebene – der Polizeigesetze sowie der Gesetze über die Anstaltsunterbringung gemeingefährlicher Personen, hierzu *Kunig*, in: v. Münch/Kunig, GG II, Art. 104 Rn. 28.

411 BVerfGE 10, 302, 329 f.; 29, 183, 197.

412 Eingefügt durch Art. 1 des Gesetzes zur Reform des Verfahrens in Familiensachen und in den Angelegenheiten der freiwilligen Gerichtsbarkeit (FGG-Reformgesetz – FGG-RG) v. 17.12.2008 (BGBl. I, S. 2587) und in Kraft gem. Art. 112 Abs. 1 FFG-RG seit dem 01.09.2009.

413 Zu den verbliebenen landesrechtlichen Verfahrensregelungen bei öffentlich-rechtlichen Unterbringungen Volljähriger siehe bei *Bassenge*, in: Bassenge/Roth, FamFG/RpflG, 12. Aufl. 2009, Vor §§ 312 ff. FamFG Rn. 5.

414 *Bassenge*, in: Bassenge/Roth (Fn. 413), Vor §§ 312 ff. Rn. 6; dort verweist § 167 FamFG auf § 312 FamFG.

III. Vorläufige Festnahme wegen Verdachts einer strafbaren Handlung, Art. 104 Abs. 3

1. Gebot einer richterlichen Vorführung, Art. 104 Abs. 3 Satz 1

109   Die vorläufige **Festnahme** wegen **Verdachts** einer **strafbaren Handlung** hat in Art. 104 Abs. 3 eine **Sonderregelung** erfahren, die sich von den Vorgaben des Art. 104 Abs. 2 Satz 2, 3 nur im Hinblick auf die Höchstdauer des Zeitraumes bis zu einer richterlichen **Entscheidung** sowie den bei dieser Entscheidung einzuhaltenden Anforderungen an das Verfahren und die Formen unterscheidet.[415] Die Norm steht materiell im Zusammenhang mit dem **Grundsatz der Unschuldsvermutung**.[416] »Festnahme« ist ein Fall von Freiheitsentziehung.[417] Auch den einer Straftat Verdächtigen darf die Exekutive daher grundsätzlich nur auf der Basis einer **vorgängigen** richterlichen Entscheidung vorläufig festnehmen; bei einer Festnahme ohne eine solche ist auch in diesem Fall nach Art. 104 Abs. 2 Satz 2 **unverzüglich** die richterliche Entscheidung herbeizuführen.[418] Hierbei ist der Festgenommene **spätestens** am Tage **nach** der Festnahme dem **Richter vorzuführen**, der ihm die Gründe der Festnahme mitzuteilen, ihn zu vernehmen und ihm Gelegenheit zu Einwendungen zu geben hat, Art. 104 Abs. 3 Satz 1; ob es sich hierbei um einen Wochen-, Sonn- oder Feiertag handelt, ist – wie bei Art. 104 Abs. 2 Satz 3 – unerheblich; zur Notwendigkeit eines richterlichen Notdienstes s.o. Rdn. 98.

110   Auch in Fällen, in denen der Richter dem Gebot des Art. 104 Abs. 2 Satz 1 entsprechend vorab über die Zulässigkeit der Freiheitsentziehung entschieden hat, verlangt Art. 104 Abs. 3 Satz 1, dass der Festgehaltene nach der Festnahme einem Richter vorgeführt wird.[419] Die Regelung des Art. 104 Abs. 3 Satz 1 führt mithin dazu, dass in solchen Fällen zwei richterliche Entscheidungen notwendig sind.[420]

111   Aus den verfassungsrechtlichen Anforderungen an den Vorgang der Vorführung (Mitteilung der Gründe, Vernehmung, Gelegenheit zu Einwendungen) geht hervor, dass der Richter den Betroffenen **persönlich** zur Sache anhören muss, siehe dazu bereits oben Rdn. 86 f.; mit der Forderung der **Mündlichkeit** geht die Verfassung über das Gebot rechtlichen Gehörs des Art. 103 Abs. 1 hinaus.[421] Sie steht damit im Einklang mit Art. 5 Abs. 3 EMRK.[422] Festgehaltenen Personen, die der deutschen Sprache nicht mächtig sind, ist bei der Vorführung ein **Dolmetscher** beiseite zu stel-

---

415   *Schulze-Fielitz*, in: Dreier, GG III, Art. 104 Rn. 54.
416   BVerfGE 82, 106, 115; *Schmahl*, in: Schmidt-Bleibtreu/Hofmann/Hopfauf, GG, Art. 104 Rn. 1.
417   *Sodan*, in: Sodan, GG, Art. 104 Rn. 3; *Gusy*, in: v. Mangoldt/Klein/Starck, GG III, Art. 104 Rn. 17 m.w.N.
418   BVerfGE 10, 302, 322 f.; *Radtke*, in: Epping/Hillgruber, GG, Art. 104 Rn. 27.
419   *Gusy*, in: v. Mangoldt/Klein/Starck, GG III, Art. 104 Rn. 66.
420   *Schmahl*, in: Schmidt-Bleibtreu/Hofmann/Hopfauf, GG, Art. 104 Rn. 20.
421   *Grabitz* (Fn. 44), § 130 Rn. 28.
422   *Dörr* (Fn. 39), Kap. 13 Rn. 55.

len.[423] Eine Anhörung Dritter, wie etwa des festnehmenden Polizisten, scheidet damit für Art. 104 Abs. 3 Satz 1 aus.[424] Kann der Festgehaltene wegen Krankheit nicht vorgeführt werden, sind dem Richter zumindest die Akten vorzulegen (sog. symbolische Vorführung).[425] Die Folgen einer **Überschreitung** der Frist entsprechen denen einer Versäumung der Frist des Abs. 2 Satz 2, dazu oben Rdn. 97. Die bloße Einlieferung des Festgehaltenen in das Gerichtsgebäude ist dabei noch keine Vorführung.[426] Ein Wechsel der Rechtsgrundlage, auf die sich die Festnahme stützt, verlängert die Frist nicht.[427]

2. Entscheidungsinhalt, Art. 104 Abs. 3 Satz 2

Der Richter hat sodann **unverzüglich** entweder einen mit Gründen versehenen schriftlichen **Haftbefehl** zu erlassen oder die **Freilassung** des Festgenommenen anzuordnen, Art. 104 Abs. 3 Satz 2; eine andere Möglichkeit besteht nicht.[428] Die **endgültige** Entscheidung muss jedoch, und das ist der Unterschied zu den Anforderungen des Art. 104 Abs. 2, **nicht** innerhalb der Frist des Art. 104 Abs. 3 Satz 1 ergehen, sondern es genügt, wenn der Haftbefehl nur **provisorisch** abgefasst und bekanntgegeben wird.[429] In **endgültiger** Form kann der Haftbefehl dagegen auch zu einem **späteren** Zeitpunkt geschrieben und übergeben werden; dies hat allerdings wiederum unverzüglich zu geschehen.[430] 112

Für die Begründung der Entscheidung nach Abs. 3 gelten die gleichen Grundsätze, wie sie auch im Rahmen des Abs. 2 gelten, siehe oben Rdn. 92. Auch bei der Festnahme einer großen Anzahl von Beschuldigten sind die Vorgaben des Art. 104 Abs. 3 einzuhalten.[431] Bei einer Vielzahl von Beschuldigten, die sich in einer gleichen Verdachtslage befinden und die ihnen vorgeworfene Tat auf einheitliche Weise begangen haben sollen, gibt die Verwendung eines **vervielfältigten Schriftstücks** für sich genommen allerdings noch keinen berechtigten Anlass zu der Vermutung, der Richter habe die gebotene Einzelfallprüfung unterlassen.[432] Dies gilt jedenfalls dann, wenn die Betroffenen im Rahmen der polizeilichen Ermittlungen vernommen und von dem Ermittlungsrichter angehört worden sind, so dass dessen Entscheidung damit der Sachverhalt zugrunde lag, der sich aus dem von der Staatsanwaltschaft vorgelegten 113

423 BVerfGE 64, 135, 146; BVerfG, NVwZ 2007, 1044, 1045.
424 *Degenhart*, in: Sachs, GG, Art. 104 Rn. 39.
425 *Kunig*, in: v. Münch/Kunig, GG II, Art. 104 Rn. 29.
426 *Jarass*, in: Jarass/Pieroth, GG, Art. 104 Rn. 26; a.A. BayVerfGHE 34, 162, 172.
427 BGHSt 34, 365, 368 f.
428 *Schmahl*, in: Schmidt-Bleibtreu/Hofmann/Hopfauf, GG, Art. 104 Rn. 20.
429 *Grabitz* (Fn. 44), § 130 Rn. 28; *Degenhart*, in: Sachs, GG, Art. 104 Rn. 38.
430 *Kunig*, in: v. Münch/Kunig, GG II, Art. 104 Rn. 31.
431 *Kunig*, in: v. Münch/Kunig, GG II, Art. 104 Rn. 31.
432 BVerfG (Vorprüfungsausschuss), NJW 1982, 29, 30.

Beweismaterial und dem Ergebnis der richterlichen Anhörung ergab.[433] In anderen Fällen genügen schematisch vorgenommene Anordnungen dagegen nicht.[434]

114 Eine rückwirkende Heilung von Verfahrensfehlern kommt auch hier nicht in Betracht.[435]

IV. Benachrichtigungspflicht, Art. 104 Abs. 4

115 Nach Art. 104 Abs. 4 ist von jeder richterlichen Entscheidung über die Anordnung oder Fortdauer einer Freiheitsentziehung unverzüglich ein Angehöriger des Festgehaltenen oder eine Person seines Vertrauens zu benachrichtigen. Die Norm will verhindern, dass eine festgehaltene Person »**spurlos verschwinden**« kann;[436] sie hat damit in jedem Falle eine **objektiv-rechtsstaatliche** Funktion.[437] Das Gericht kann daher von einer Benachrichtigung **nicht** etwa mit dem Argument ausnahmsweise absehen, diese **gefährde** den mit der Festnahme verfolgten **Zweck**.[438] Das Gericht hat zudem von Amts wegen tätig zu werden, es bedarf keines Antrags der festgehaltenen Person.[439] Daneben ergibt sich aus der Bestimmung auch ein **subjektives Recht** des Festgehaltenen darauf, dass der Verpflichtete entsprechend tätig wird.[440] Die zu benachrichtigenden Dritten können aus der Norm hingegen grundsätzlich keine eigenen Rechte ableiten.[441] Das Recht des Festgehaltenen, die Benachrichtigung eines Angehörigen (einer Vertrauensperson) zu verlangen, berührt nicht sein Recht, rechtlichen Beistand hinzuzuziehen.[442] Die Benachrichtigungspflicht des Art. 104 Abs. 4 hat eine eigenständige materielle Bedeutung.[443]

---

433 BVerfG (Vorprüfungsausschuss), NJW 1982, 29, 30.

434 Siehe oben Rdn. 92 und *Schulze-Fielitz*, in: Dreier, GG III, Art. 104 Rn. 41; vgl. ebenso BVerfGE 107, 299, 325, zu Eingriffen in den Schutz des Fernmeldegeheimnisses nach Art. 10 Abs. 1.

435 *Hufen* (Fn. 30), § 21 Rn. 10.

436 *Degenhart*, in: Sachs, GG, Art. 104 Rn. 25; *Hantel*, JuS 1990, 865, 871; *Wittreck* (Fn. 20), § 151 Rn. 39; weitergehend *Kunig*, in: v. Münch/Kunig, GG II, Art. 104 Rn. 34 (Schutz auch der dem Festgehaltenen nahestehenden Personen in ihrem Wissensbedürfnis).

437 *Schulze-Fielitz*, in: Dreier, GG III, Art. 104 Rn. 56; *Gusy*, in: v. Mangoldt/Klein/Starck, GG III, Art. 104 Rn. 71.

438 *Kunig*, in: v. Münch/Kunig, GG II, Art. 104 Rn. 38.

439 *Grabitz* (Fn. 44), § 130 Rn. 29.

440 BVerfGE 16, 119, 122; *Degenhart*, in: Sachs, GG, Art. 104 Rn. 25; *Wehowsky*, in: Umbach/Clemens, GG II, Art. 104 Rn. 28; *Jarass*, in: Jarass/Pieroth, GG, Art. 104 Rn. 21; *Schmahl*, in: Schmidt-Bleibtreu/Hofmann/Hopfauf, GG, Art. 104 Rn. 26; zu ergänzenden Regelungen in der StPO sowie in Polizeigesetzen der Länder vgl. *Gusy*, in: v. Mangoldt/Klein/Starck, GG III, Art. 104 Rn. 75.

441 BVerwG, DVBl. 1984, 1080; *Gusy*, in: v. Mangoldt/Klein/Starck, GG III, Art. 104 Rn. 71.

442 *Gusy*, in: v. Mangoldt/Klein/Starck, GG III, Art. 104 Rn. 75.

443 *Grabitz* (Fn. 44), § 130 Rn. 30.

Die Benachrichtigungspflicht obliegt dem über die Freiheitsentziehung entscheiden- 116
den **Richter**.[444] Sie gilt nicht nur für die erstmalige, sondern für jede richterliche
Entscheidung über Anordnung oder Fortdauer einer Freiheitsentziehung im Rahmen
von Art. 104 Abs. 2, 3;[445] der Wortlaut der Norm ist eindeutig (»jeder«). Die Regelung gilt auch nicht nur für erstinstanzliche Entscheidungen; weist das Rechtsmittelgericht daher eine Haftbeschwerde zurück, entscheidet es damit »über die Fortdauer
einer Freiheitsentziehung«, was die Pflicht zur Benachrichtigung auslöst.[446] Die Benachrichtigung hat, ebenso wie die nachträgliche richterliche Entscheidung, **unverzüglich** zu erfolgen, s.o.; es gelten die gleichen Maßstäbe.[447] Für die Frage, wer als
»**Angehöriger**« oder »**Person seines Vertrauens**« in Betracht kommt, kann das einfache Recht Anhaltspunkte liefern, so etwa in den § 52 Abs. 1, § 53 Abs. 1 StPO,
§ 11 Abs. 1 Nr. 1 StGB.[448] Insgesamt sind die Begriffe weit auszulegen, so dass etwa
auch der Partner einer nichtehelichen Lebensgemeinschaft[449] oder neben dem Wahl-
auch der Pflichtverteidiger des Festgehaltenen von der Norm erfasst sind.[450] Das
Vorhandensein eines Vertrauensverhältnisses ist nicht objektiv, sondern vom subjektiven Standpunkt des Festgehaltenen aus zu beurteilen und hat im Zeitpunkt der Benachrichtigung zu bestehen. Es genügt, wenn **entweder** ein Angehöriger **oder** eine
nahestehende Person benachrichtigt wird.[451] Der Festgehaltene kann **grundsätzlich**
die zu benachrichtigende Person frei **wählen**. Etwas anderes gilt dann, wenn besondere sachliche Gründe einer Befolgung der Auswahlentscheidung des Festgehaltenen
entgegenstehen[452] sowie zudem bei Kindern: Um den Gewährleistungen des Art. 6
Abs. 2 Rechnung zu tragen, sind hier notwendig die Eltern zu benachrichtigen;[453] in
diesem Fall besteht ausnahmsweise auch ein subjektives Recht der zu benachrichtigenden Personen.[454]

---

444 BVerfGE 16, 119, 123; zu den Einzelheiten: *Kunig*, in: v. Münch/Kunig, GG II, Art. 104
Rn. 37.
445 *Schmahl*, in: Schmidt-Bleibtreu/Hofmann/Hopfauf, GG, Art. 104 Rn. 26.
446 BVerfGE 16, 119, 123; 38, 32, 34.
447 *Jarass*, in: Jarass/Pieroth, GG, Art. 104 Rn. 21.
448 *Gusy*, in: v. Mangoldt/Klein/Starck, GG III, Art. 104 Rn. 73.
449 *Kunig*, in: v. Münch/Kunig, GG II, Art. 104 Rn. 35.
450 *Kunig*, in: v. Münch/Kunig, GG II, Art. 104 Rn. 35.
451 *Kunig*, in: v. Münch/Kunig, GG II, Art. 104 Rn. 38.
452 *Jarass*, in: Jarass/Pieroth, GG, Art. 104 Rn. 21; die Gegenposition etwa von *Wittreck*
(Fn. 20), § 151 Rn. 39, wonach nicht der Festgehaltene, sondern der Richter die Auswahl
trifft, dieser allerdings den Wünschen des Festgehaltenen entsprechen muss, soweit nicht
besondere sachliche Gründe entgegenstehen, führt zu keinen anderen Ergebnissen; zu
Einzelfällen: *Podlech*, in: AK-GG, Art. 104 Rn. 35; *Schulze-Fielitz*, in: Dreier, GG III,
Art. 104 Rn. 59 m.w.N.
453 Vgl. auch *Gusy*, in: v. Mangoldt/Klein/Starck, GG III, Art. 104 Rn. 71; *Schulze-Fielitz*,
in: Dreier, GG III, Art. 104 Rn. 58. Weitere Ausnahmen können sich aus dem Zweck
der Untersuchung oder dem besonderen Interesse eines Angehörigen ergeben, *Grabitz*
(Fn. 44), § 130 Rn. 30.
454 *Gusy*, in: v. Mangoldt/Klein/Starck, GG III, Art. 104 Rn. 71; vgl. auch BVerfGE 107,
104, 121 f.

117 Festgenommene Ausländer können nach dem Wiener Übereinkommen über konsularische Beziehungen (WÜK) verlangen, dass unverzüglich die zuständige konsularische Vertretung ihres Heimatstaates unterrichtet wird (Art. 36 Abs. 1 Buchst. b Satz 1), vorausgesetzt, dass dieser das WÜK ratifiziert hat.[455] Dieses Recht des Betroffenen hat subjektiv-rechtlichen Charakter sowohl auf der Ebene des Völkerrechts[456] als auch innerstaatlich auf der des Verfassungsrechts.[457]

118 Der Festgehaltene kann auf die Benachrichtigung **nicht verzichten**.[458] Die **subjektiv-rechtliche** Funktion der Norm wird an diesem Punkt von der **objektiv-rechtsstaatlichen** überlagert,[459] über die der Einzelne nicht disponieren kann (»ist«); die subjektiv-rechtliche Funktion ist auf das Recht des Betroffenen beschränkt, ein entsprechendes Tätigwerden des Gerichts verlangen zu können. Die Eröffnung einer Abwägungsmöglichkeit für den Richter zwischen dem öffentlichen Interesse an der Benachrichtigung und den schutzwürdigen Belangen des Betroffenen im Einzelfall[460] wird dem Anliegen der Norm nicht gerecht, sondern öffnet der Rechtsunsicherheit in einem Bereich die Tür, in dem gerade Eindeutigkeit hergestellt werden soll. Eine Wahlmöglichkeit des Betroffenen gibt es also nicht bei dem »Ob« der Benachrichtigung, sondern nur bei der Auswahl des Empfängers (»oder eine Person seines Vertrauens«). Dem Diskretionsinteresse des Festgehaltenen kann dadurch Rechnung getragen werden, dass dieser anstelle eines Angehörigen etwa einen **Rechtsanwalt** als **Person seines Vertrauens** benennen kann. Auch eine weite Auslegung des Begriffs der Vertrauensperson kommt in Betracht, so dass z.B. auch kirchliche Amtsträger oder private Organisationen der Gefangenenfürsorge hierfür in Frage kommen.[461]

455 *Schmahl*, in: Schmidt-Bleibtreu/Hofmann/Hopfauf, GG, Art. 104 Rn. 26.
456 IGH, ICJ Reports 2001, 463, 482 f. – *LaGrand*.
457 BVerfGK 9, 174, 186–189: Verfassungsbeschwerde gestützt auf Art. 2 Abs. 1 i.V.m. Art. 20 Abs. 3; dazu auch *Schmahl*, in: Schmidt-Bleibtreu/Hofmann/Hopfauf, GG, Art. 104 Rn. 26.
458 LG Frankfurt, NJW 1959, 61; *Degenhart*, in: Sachs, GG, Art. 104 Rn. 26; *Hantel*, JuS 1990, 865, 871; *Schmahl*, in: Schmidt-Bleibtreu/Hofmann/Hopfauf, GG, Art. 104 Rn. 27; *Radtke*, in: Epping/Hillgruber, GG, Art. 104 Rn. 18; Gegenposition: *Kunig*, in: v. Münch/Kunig, GG II, Art. 104 Rn. 39; *Pieroth/Schlink/Kingreen/Poscher* (Fn. 77), Rn. 452; *Wehowsky*, in: Umbach/Clemens, GG II, Art. 104 Rn. 29; *Wittreck* (Fn. 20), § 151 Rn. 39; differenzierend: *Gusy*, in: v. Mangoldt/Klein/Starck, GG III, Art. 104 Rn. 74; offengelassen in BVerfGE 16, 119, 122; siehe auch BayObLG, BayVBl. 1975, 507, 510 (zu § 6 Abs. 2 Buchst. c FreihEntzG).
459 Insoweit zutreffende Analyse: *Gusy*, in: v. Mangoldt/Klein/Starck, GG III, Art. 104 Rn. 74.
460 Dafür: *Gusy*, in: v. Mangoldt/Klein/Starck, GG III, Art. 104 Rn. 74; *Jarass*, in: Jarass/Pieroth, GG, Art. 104 Rn. 21; *Schulze-Fielitz*, in: Dreier, GG III, Art. 104 Rn. 58; *Wehowsky*, in: Umbach/Clemens, GG II, Art. 104 Rn. 29.
461 *Schmahl*, in: Schmidt-Bleibtreu/Hofmann/Hopfauf, GG, Art. 104 Rn. 27.

H. Verhältnis zu anderen Grundgesetzbestimmungen, insbes. Grundrechtskonkurrenzen

Art. 104 steht in einem »unlösbaren Zusammenhang« zu Art. 2 Abs. 2.[462] Wie die   119
beiden Bestimmungen sich zueinander verhalten, erschließt sich aus deren Entstehungsgeschichte, siehe dazu oben Rdn. 2:[463] Die materielle Garantie findet sich in
Art. 2 Abs. 2 Satz 2, die formellen Anforderungen an Eingriffe in das Recht in
Art. 104.[464] Art. 104 ist so in weiten Teilen das »formelle Pendant«[465] zu Art. 2 Abs. 2
Satz 2.[466] Art. 104 Abs. 1 Satz 1 greift den Gesetzesvorbehalt des Art. 2 Abs. 2 Satz 3
auf, präzisiert und verstärkt ihn durch das Erfordernis eines förmlichen Gesetzes sowie
durch die Pflicht zur Beachtung der darin vorgeschriebenen Formen.[467] Die Absätze 2–3 normieren weitere Voraussetzungen, die über die Vorgaben des Art. 2 Abs. 2
hinausgehen.[468] Wegen des bestehenden Sachzusammenhangs stellen Verstöße gegen
Art. 104 Abs. 1 bis 3 zugleich auch eine Verletzung von Art. 2 Abs. 2 Satz 2 dar.[469]
Da sich bei Art. 104 Abs. 1–3 eine enge Beziehung zu den Gewährleistungen der
Art. 1 und 2 feststellen lässt, ist der eigenständige Charakter dieser Regelungen gering.[470]

Die Garantie der körperlichen Fortbewegungsfreiheit in Art. 2 Abs. 2 Satz 2 i.V.m.   120
Art. 104 steht in engem Zusammenhang mit der Gewährleistung des Rechts auf Leben und körperliche Unversehrtheit in Art. 2 Abs. 2 Satz 1, da alle diese Grundrechte jeweils den Schutz der physischen Bedingungen menschlicher Existenz zum Gegenstand haben.[471]

---

462 BVerfGE 10, 302, 322; 58, 208, 220; 105, 239, 247; *Grabitz* (Fn. 44), § 130 Rn. 20;
     Schulze-Fielitz, in: Dreier, GG III, Art. 104 Rn. 15; Ausdehnung des Zusammenhangs
     auch auf Art. 2 Abs. 2 S. 3 bei *Dürig*, in: Maunz/Dürig, GG, Art. 104 Rn. 1; *Schmahl*,
     in: Schmidt-Bleibtreu/Hofmann/Hopfauf, GG, Art. 104 Rn. 4.
463 Vgl. zum Verhältnis der beiden Vorschriften BVerfGE 10, 302, 322 f.; 29, 183, 195;
     Blankenagel, DÖV 1989, 689, 690 f.; *Schulze-Fielitz*, in: Dreier, GG III, Art. 104 Rn. 15,
     71 f.; *Degenhart*, in: Sachs, GG, Art. 104 Rn. 1; *Gusy*, in: v. Mangoldt/Klein/Starck, GG
     III, Art. 104 Rn. 6; *Grabitz* (Fn. 44), § 130 Rn. 20; *Wehowsky*, in: Umbach/Clemens,
     GG II, Art. 104 Rn. 7, 10.
464 *Jarass*, in: Jarass/Pieroth, GG, Art. 104 Rn. 1; *Schulze-Fielitz*, in: Dreier, GG III, Art. 104
     Rn. 73.
465 BVerfGE 10, 302, 322; *Wehowsky*, in: Umbach/Clemens, GG II, Art. 104 Rn. 7; vgl.
     auch *Rüping*, in: BK, Art. 104 Rn. 13.
466 Vgl. *Dürig*, in: Maunz/Dürig, GG, Art. 104 Rn. 1; *Jarass*, in: Jarass/Pieroth, GG,
     Art. 104 Rn. 1; *Schulze-Fielitz*, in: Dreier, GG III, Art. 104 Rn. 15.
467 BVerfGE 10, 302, 323; 29, 183, 195; 58, 208, 220; 65, 317, 321 f.; 105, 239, 247;
     Grabitz (Fn. 44), § 130 Rn. 21.
468 *Podlech*, in: AK-GG, Art. 104 Rn. 19.
469 *Rüping*, in: BK, Art. 104 Rn. 95; *Schmahl*, in: Schmidt-Bleibtreu/Hofmann/Hopfauf,
     GG, Art. 104 Rn. 4; *Schulze-Fielitz*, in: Dreier, GG III, Art. 104 Rn. 71.
470 *Grabitz* (Fn. 44), § 130 Rn. 20 (unter Einschluss des Art. 104 Abs. 1 Satz 2).
471 *Grabitz* (Fn. 44), § 130 Rn. 1.

121 Das Verbot der körperlichen und seelischen Misshandlung festgehaltener Personen in Art. 104 Abs. 1 Satz 2 soll einen »unmenschlichen Vollzug« von Freiheitsentziehungen verhindern.[472] Es konkretisiert damit die Menschenwürdegarantie des Art. 1 Abs. 1;[473] zugleich ist es lex specialis zu Art. 2 Abs. 2 Satz 1 und 2.[474]

122 Art. 104 Abs. 4 weist einen eigenen, über die Gewährleistung des Art. 2 Abs. 2 Satz 2 hinausgehenden Gehalt auf.[475] Die Benachrichtigungspflicht dient, anders als Art. 104 Abs. 1 Satz 1, Abs. 2 und 3, nicht unmittelbar dem Schutz vor einer Beeinträchtigung der persönlichen Freiheit; ihr Zweck besteht vielmehr darin zu verhindern, dass Personen »spurlos verschwinden«.[476]

123 Die Freizügigkeitsgarantie des Art. 11 gewährleistet die Freiheit, sich zu einem bestimmten Ort hinzubegeben und sich dort aufzuhalten;[477] die in Art. 2 Abs. 2 Satz 2 i.V.m. Art. 104 Abs. 1 Satz 1 verbriefte Freiheit der Person schützt das Recht, nicht durch physische Beschränkungen daran gehindert zu werden, sich von einem bestimmten Ort wegzubewegen.[478] Die Normen stehen damit nicht in einem Verhältnis einer lex generalis zu einer lex specialis, sondern schließen einander aus.[479]

124 Die Garantie der allgemeinen Handlungsfreiheit des Art. 2 Abs. 1 tritt aus Gründen der Subsidiarität im Hinblick auf das Sichentfernen von einem Ort hinter der in Art. 2 Abs. 2 Satz 2 i.V.m. Art. 104 Abs. 1 Satz 1 garantierten Freiheit zurück.[480] Die Freiheit, sich an einen Ort hinbegeben zu wollen, schützt dagegen die allgemeine Handlungsfreiheit.

---

472 BVerfGE 2, 118, 119; vgl. auch *Wehowsky*, in: Umbach/Clemens, GG II, Art. 104 Rn. 16.

473 Vgl. *Dürig*, in: Maunz/Dürig, GG, Art. 104 Rn. 20; *Schmahl*, in: Schmidt-Bleibtreu/Hofmann/Hopfauf, GG, Art. 104 Rn. 13; *Wehowsky*, in: Umbach/Clemens, GG II, Art. 104 Rn. 16; *Kunig*, in: v. Münch/Kunig, GG II, Art. 104 Rn. 12; *Wittreck* (Fn. 20), § 151 Rn. 32; *Podlech*, in: AK-GG, Art. 104 Rn. 40; *Degenhart*, in: Sachs, GG, Art. 104 Rn. 41; *Jarass*, in: Jarass/Pieroth, GG, Art. 104 Rn. 7.

474 *Schulze-Fielitz*, in: Dreier, GG III, Art. 104 Rn. 72; *Hantel* (Fn. 101), S. 29; zu Art. 104 Abs. 1 Satz 2 als Konkretisierung der Art. 1 Abs. 1, Art. 2 Abs. 2 *Wehowsky*, in: Umbach/Clemens, GG II, Art. 104 Rn. 16; sowie oben Rdn. 66; nicht überzeugend ist der Versuch von *Gusy*, in: v. Mangoldt/Klein/Starck, GG, Art. 104 Rn. 32, der Norm des Art. 104 eine eigenständige Bedeutung mit dem Argument zu vindizieren, die Gewährleistungen der Art. 1 und 2 richteten sich an Personen in Freiheit, während Art. 104 Abs. 1 Satz 2 nur für Personen gelten solle, deren persönliche Freiheit beschränkt sei; dagegen spricht, dass die Grundrechte und damit auch Art. 1 und 2 auch für Personen im Sonderstatusverhältnis gelten, siehe dazu Rdn. 51 m.N.

475 Ebenso *Grabitz* (Fn. 44), § 130 Rn. 30; *Rüping*, in: BK, Art. 104 Rn. 21.

476 *Dürig*, in: Maunz/Dürig, GG, Art. 104 Rn. 43; *Hantel* (Fn. 101), S. 49; *ders.*, JuS 1990, 865, 871.

477 Siehe dazu oben Rdn. 29.

478 Dazu Rdn. 21 f.

479 *Hufen* (Fn. 30), § 21 Rn. 7.

480 *Hufen* (Fn. 30), § 21 Rn. 7.

Sowohl Art. 103 Abs. 1 als auch Art. 104 verwirklichen den Gedanken der Grund- 125
rechtssicherung durch Verfahren.[481] Die Vorschriften sind indes nicht identisch:[482]
Während Art. 103 Abs. 1 die Regelungen des Art. 104 in Einzelfällen ergänzt, kann
umgekehrt Art. 104 über das allgemeine Verfahrensprinzip des Art. 103 hinausgehen.[483]

Der Richtervorbehalt in Art. 104 Abs. 2 und 3 macht die besondere Bedeutung der 126
Justiz für die Gewährleistung der persönlichen Freiheit deutlich.[484] Bei der gerichtlichen Überprüfung von Freiheitsbeeinträchtigungen sind daher immer auch die Vorgaben des Art. 19 Abs. 4 zu beachten.[485]

Neben den genannten Grundrechten und grundrechtsgleichen Rechten hat Art. 104 127
auch eine Verbindung zu Art. 115c Abs. 2 Nr. 2. Die Norm ermächtigt den Bundesgesetzgeber, eine von Art. 104 Abs. 2 Satz 3 und Abs. 3 Satz 1 abweichende – längere
– Frist festzusetzen. Der zeitliche Anwendungsbereich der Vorschrift ist auf das Vorliegen des Verteidigungsfalles beschränkt.

I. Prozessuale Fragen

I. Allgemeines

Verstößt die öffentliche Gewalt gegen eine der Gewährleistungen des Art. 104, so 128
kann der Betroffene gegen den betreffenden Hoheitsakt nach Erschöpfung des
Rechtsweges Verfassungsbeschwerde zum BVerfG erheben, Art. 93 Abs. 1 Nr. 4a,
§ 90 BVerfGG. Soweit die jeweiligen Landesverfassungen mit Art. 104 vergleichbare
Garantien enthalten und ein entsprechendes Beschwerdeverfahren für den Einzelnen
vorsehen, tritt die Beschwerde zum jeweiligen Landesverfassungsgericht zur Verfassungsbeschwerde zum BVerfG hinzu, § 90 Abs. 3 BVerfGG.[486]

II. Einzelheiten

Die Norm des Art. 104 Abs. 1 Satz 1 schreibt vor, dass die Freiheit der Person nur 129
aufgrund eines förmlichen Gesetzes und nur unter Beachtung der darin vorgeschriebenen Formen (Zuständigkeiten, Fristen, Verfahren) beschränkt werden kann. Das
zweitgenannte Gebot hat die besondere Folge, dass die Einhaltung der formellen
Vorgaben des die Freiheit beschränkenden einfachen Gesetzes zu einem Verfassungs-

---

481 *Schulze-Fielitz*, in: Dreier, GG III, Art. 104 Rn. 70.
482 Vgl. BVerfGE 9, 89, 100; 58, 208, 221.
483 Vgl. *Gusy*, in: v. Mangoldt/Klein/Starck, GG III, Art. 104 Rn. 77; *Schmahl*, in: Schmidt-
    Bleibtreu/Hofmann/Hopfauf, GG, Art. 104 Rn. 5.
484 Vgl. dazu *Gusy*, in: v. Mangoldt/Klein/Starck, GG III, Art. 104 Rn. 12.
485 *Schmahl*, in: Schmidt-Bleibtreu/Hofmann/Hopfauf, GG, Art. 104 Rn. 4; *Schulze-Fielitz*,
    in: Dreier, GG III, Art. 104 Rn. 73.
486 Einzelheiten bei *Rüping*, in: BK, Art. 104 Rn. 98 ff.

gebot erhoben wird:[487] Der Verstoß gegen das einfach-rechtliche Formgebot ist zugleich ein Verstoß gegen die Verfassung.[488] Verfahrensrechtlich hat dies zur Konsequenz, dass im Ausgangspunkt ein Verstoß gegen eine Norm des einfachen Rechts mit der Verfassungsbeschwerde angegriffen werden kann, ohne dass eine Verletzung spezifischen Verfassungsrechts behauptet werden müsste.[489] In funktionell-rechtlicher Hinsicht darf dies jedoch nicht dazu führen, dass das BVerfG anstelle der Fachgerichte mit der Auslegung und Anwendung des einfachen Rechts betraut wird.[490] Seine Kompetenzen sind zur Wahrung der Funktionenordnung vielmehr einschränkend dahin zu bestimmen, dass eine Verfassungsbeschwerde nur dann in Betracht kommt, wenn das auf das einfache Recht bezogene Auslegungsergebnis des Fachgerichts über die vom Grundgesetz gezogenen Grenzen hinausgreift, insbesondere wenn es mit Bedeutung und Tragweite des Grundrechts auf persönliche Freiheit nicht zu vereinbaren ist oder wenn es sachlich schlechthin unhaltbar ist und somit Willkür vorliegt.[491]

130   Das Recht des Festgehaltenen auf Benachrichtigung gem. Art. 104 Abs. 4 kann dieser selbständig im Wege der Verfassungsbeschwerde durchsetzen.[492] Da Art. 104 Abs. 4 ein subjektiv-öffentliches Recht allein des Festgenommenen, nicht jedoch der zu benachrichtigenden Person ist,[493] besitzen die Angehörigen bzw. Vertrauenspersonen i.S.v. Art. 104 Abs. 4 grundsätzlich (zur Ausnahme s.o. Rdn. 116) kein Recht, gegen die unterlassene Benachrichtigung Verfassungsbeschwerde zu erheben.[494]

---

487 BVerfGE 58, 208, 220; 65, 317, 321 f.; *Rüping*, in: BK, Art. 104 Rn. 94; *Wehowsky*, in: Umbach/Clemens, GG II, Art. 104 Rn. 15.

488 *Pieroth/Schlink/Kingreen/Poscher* (Fn. 77), Rn. 449.

489 *Schulze-Fielitz*, in: Dreier, GG III, Art. 104 Rn. 36, freilich ohne die hier vorgenommene Einschränkung auf den »Ausgangspunkt«; a.A. *Kunig*, in: v. Münch/Kunig, GG II, Art. 104 Rn. 2.

490 BVerfGE 65, 317, 322; BVerfG, NJW 2007, 3560, 3561; vgl. auch BVerfGE 1, 418, 420; dazu ebenso *Schmahl*, in: Schmidt-Bleibtreu/Hofmann/Hopfauf, GG, Art. 104 Rn. 24; *Degenhart*, in: Sachs, GG, Art. 104 Rn. 15.

491 BVerfGE 65, 317, 322; *Rüping*, in: BK, Art. 104 Rn. 94; *Schmahl*, in: Schmidt- Bleibtreu/Hofmann/Hopfauf, GG, Art. 104 Rn. 24.

492 *Degenhart*, in: Sachs, GG, Art. 104 Rn. 25; *Grabitz* (Fn. 44), § 130 Rn. 30; *Schulze-Fielitz*, in: Dreier, GG III, Art. 104 Rn. 57; vgl. auch *Dürig*, in: Maunz/Dürig, GG, Art. 104 Rn. 43. Ein Verstoß gegen Art. 104 Abs. 4 hat jedoch nicht zur Folge, dass auch die Entscheidung über die Freiheitsentziehung aufgehoben wird, vgl. BVerfGE 16, 119, 124; 38, 32, 34 f.

493 BVerwG, NJW 1985, 339; *Kunig*, in: v. Münch/Kunig, GG II, Art. 104 Rn. 36; *Dürig*, in: Maunz/Dürig, GG, Art. 104 Rn. 43; *Rüping*, in: BK, Art. 104 Rn. 96; *Schmahl*, in: Schmidt-Bleibtreu/Hofmann/Hopfauf, GG, Art. 104 Rn. 26; *Schulze-Fielitz*, in: Dreier, GG III, Art. 104 Rn. 57. In Einzelfällen können sich vergleichbare Ansprüche auf Benachrichtigung aber aus anderen Vorschriften ergeben, vgl. dazu etwa *Gusy*, in: v. Mangoldt/Klein/Starck, GG III, Art. 104 Rn. 71.

494 *Dürig*, in: Maunz/Dürig, GG, Art. 104 Rn. 43; *Rüping*, in: BK, Art. 104 Rn. 96.

Vielfach liegt nur eine kurze Zeitspanne zwischen Beginn und Ende der die Freiheit 131
beeinträchtigenden Maßnahme, so dass der Betroffene während der Freiheitsbeeinträchtigung keinen Rechtsschutz ergreifen kann. Dies ist etwa der Fall, wenn dieser
ohne die vorherige Mitwirkung eines Richters festgenommen und vor der richterlichen Entscheidung i.S.v. Art. 104 Abs. 2 Satz 2 schon wieder freigelassen wird.[495]
Der Problemkreis des nachträglichen Rechtsschutzes gegen erledigte Maßnahmen ist
daher im Rahmen von Art. 104 in besonderem Maße betroffen.[496]

Verschiedentlich wird die Ansicht vertreten, dass es sich regelmäßig um einen Fall 132
prozessualer Überholung handele, wenn Rechtsschutz gegen eine Maßnahme der öffentlichen Gewalt begehrt werde, die in diesem Zeitpunkt bereits abgeschlossen ist.[497]
Ein Rechtsschutzbedürfnis komme in solchen Fällen nur ausnahmsweise in Betracht,
etwa bei der Gefahr einer Wiederholung oder bei besonders schweren Rechtsverletzungen.[498] Mittlerweile hat sich jedoch eine Sichtweise durchgesetzt, die auch dem
Gebot wirksamen Rechtsschutzes des Art. 19 Abs. 4 in diesem Zusammenhang
Rechnung zu tragen versucht.[499] Danach besitzt der Betroffene ein Rechtsschutzinteresse über die genannten Fallgruppen hinaus auch in solchen Fällen, »in denen die
direkte Belastung durch den angegriffenen Hoheitsakt sich nach dem typischen Verfahrensablauf auf eine Zeitspanne beschränkt, in welcher der Betroffene die gerichtliche Entscheidung in der von der Prozessordnung gegebenen Instanz kaum erlangen
kann«.[500] Bei Freiheitsentziehungen kommt hinzu, dass sich ein Rechtsschutzbedürfnis in der Regel bereits aus dem diskriminierenden Charakter der Maßnahme und
dem damit verbundenen Rehabilitierungsinteresse des Betroffenen ergibt.[501]

Erledigt sich eine Ingewahrsamnahme vor Ablauf einer Rechtsbehelfsfrist, so gebietet 133
es die Gewährleistung effektiven Rechtsschutzes gemäß Art. 19 Abs. 4, im Rahmen
der Überprüfung eines Gebührenbescheides auch die zugrundeliegende Amtshand-
lung einer gerichtlichen Kontrolle zu unterziehen.[502]

---

495 Vgl. zu diesem Fall *Gusy*, in: v. Mangoldt/Klein/Starck, GG III, Art. 104 Rn. 60. In
   dem genannten Fall wäre es zwar grundsätzlich möglich, eine richterliche Entscheidung
   noch vor der Entlassung des Betroffenen herbeizuführen. Dies hätte jedoch zwangsläufig
   eine verlängerte Haftdauer zur Folge und stünde daher nicht im Interesse des Festgenommenen, zutreffend *Gusy*, in: v. Mangoldt/Klein/Starck, GG III, Art. 104 Rn. 55.
496 Eine vergleichbare Situation ergibt sich bei einer Verletzung von Art. 13, vgl. dazu
   BVerfGE 96, 27, 40 f.
497 Vgl. BVerfGE 49, 329, 337 m.w.N.; dazu auch *Gusy*, in: v. Mangoldt/Klein/Starck, GG
   III, Art. 104 Rn. 61.
498 BVerfGE 49, 329, 338; vgl. auch *Wolter*, DÖV 1997, 939, 944 f. Zu den Gründen für
   diese Zurückhaltung *Gusy*, in: v. Mangoldt/Klein/Starck, GG III, Art. 104 Rn. 61.
499 BVerfGE 96, 27, 40 (zu Art. 13); 104, 220, 234; ebenso *Gusy*, in: v. Mangoldt/Klein/
   Starck, GG III, Art. 104 Rn. 62; *Rüping*, in: BK, Art. 104 Rn. 97.
500 BVerfGE 96, 27, 40; ähnlich bereits BVerfGE 81, 138, 140 f.
501 BVerfGE 104, 220, 234 f.
502 VGH Mannheim, VBlBW 1986, 299; DVBl. 2011, 626.

134 Steht die nachträgliche Feststellung der Rechtswidrigkeit einer freiheitsentziehenden Maßnahme in Rede, gelten die gleichen Anforderungen an die richterliche Sachaufklärung, wie sie bei der vorherigen Entscheidung über eine Freiheitsentziehung maßgebend sind (zu diesen oben Rdn. 91).[503]

J. Deutsche und europäische Leitentscheidungen

I. Verfassungsgerichtliche Leitentscheidungen

135 BVerfGE 10, 302 – Vormundschaft; BVerfGE 42, 1 – Sicherungsverwahrung; BVerfGE 58, 208 – Baden-Württembergisches Unterbringungsgesetz; BVerfGE 70, 297 – Fortdauer der Unterbringung; BVerfGE 83, 24 – Polizeigewahrsam; BVerfGE 105, 239 – Richtervorbehalt/Polizeigewahrsam zur Abschiebungssicherung; BVerfGE 109, 133 – (langfristige) Sicherungsverwahrung; BVerfGE 109, 190 – Bayerisches Straftäterunterbringungsgesetz; BVerfGE 117, 71 – Strafrestaussetzung; BVerfGK 18, 6 – verfassungskonforme Auslegung des § 22 Abs. 3 Satz 2 IRG in Evidenzfällen; BVerfG, DVBl. 2011, 623 ff. – Ingewahrsamnahme durch die Polizei zur Identitätsfeststellung.

II. Leitentscheidungen des Europäischen Gerichtshofs

136 Zum Recht auf Freiheit und Sicherheit des Art. 6 GRC existiert bislang weder Rechtsprechung des EuGH noch des EuG.

III. Leitentscheidungen des Europäischen Gerichtshofs für Menschenrechte

137 EGMR, Entscheidungen des Europäischen Gerichtshofes für Menschenrechte 3 (1976), 1 – De Wilde, Ooms und Versyp ./. Belgien; EGMR, EuGRZ 1976, 221 – Engel u.a. ./. Niederlande; EGMR, EuGRZ 1979, 650 – Winterwerp ./. Niederlande; EGMR, EuGRZ 1983, 633 – Guzzardi ./. Italien; EGMR, EuGRZ 1996, 577 – Amuur ./. Frankreich; EGMR, RJD 1998-III, 1152 – Kurt ./. Türkei; EGMR, NJW 2001, 51 – Aquilina ./. Malta; EGRM, EuGRZ 2007, 150 – Jalloh ./. Deutschland; EGMR, RJD 1999-II, 435 – Rigopoulos ./. Spanien; EGMR, RJD 2010 – Medvedyev u.a. ./. Frankreich.

K. Literaturauswahl

138 *Amelung, Knut,* Die Entstehung des Grundrechtsschutzes gegen willkürliche Verhaftung, Jura 2005, 227; *v. Arnauld, Andreas,* Die moderne Piraterie und das Völkerrecht, AVR 47 (2009), 454; *Aust, Helmut Philipp,* Pirateriebekämpfung im Lichte von Grundgesetz und Völkerrecht auf dem verwaltungsgerichtlichen Prüfstand, DVBl. 2012, 484; *Bachof, Otto,* Über die Geltung des Art. 104 des Grundgesetzes oder von der Aufgabe des Richters zur Ausfüllung von Gesetzeslücken, JZ 1951, 737; *Barczak, Tristan,* Habeas Corpus auf deutschen Straßen: Verfassungwidrigkeit

---

503 BVerfG, NVwZ 2007, 1044, 1045.

freiheitsbeschränkender Verkehrskontrollen nach § 36 V StVO, NZV 2010, 598; *Blankenagel, Alexander*, Verlängerung des polizeilichen Unterbindungsgewahrsams in Bayern, DÖV 1989, 689; *Brugger, Winfried*, Darf der Staat ausnahmsweise foltern?, Der Staat 35 (1996), 67; *ders.*, Vom unbedingten Verbot der Folter zum bedingten Recht auf Folter?, JZ 2000, 165; *Enders, Christoph*, Der Staat in Not – Terrorismusbekämpfung an den Grenzen des Rechtsstaats –, DÖV 2007, 1039; *Esser, Robert/Fischer, Sebastian*, Festnahme von Piraterieverdächtigen auf Hoher See. Geltung des § 127 StPO im Rahmen der Operation Atalanta, ZIS 2009, 771; *Fischer-Lescano, Andreas/Kreck, Lena*, Piraterie und Menschenrechte, AVR 47 (2009), 481; *Gerber, Hans*, Freiheitsentziehung nach Art. 104 GG, DÖV 1952, 387; *Globke, Christina*, Anmerkung zu VG Köln, Urt. v. 11.11.2011 – 25 K 4280/09, JZ 2012, 370; *Grabitz, Eberhard*, Freiheit der Person, in: Isensee/Kirchhof (Hrsg.), HStR, Band VI, 2. Aufl. 2001, § 130; *Gusy, Christoph*, Freiheitsentziehung und Grundgesetz, NJW 1992, 457 ff.; *ders.*, Gewährleistung von Freiheit und Sicherheit im Lichte unterschiedlicher Staats- und Verfassungsverständnisse, in: VVDStRL 63 (2003), 151; *Hantel, Peter*, Der Begriff der Freiheitsentziehung in Art. 104 Abs. 2 GG, 1988; *ders.*, Das Grundrecht der Freiheit der Person nach Art. 2 II 2, 104 GG, JuS 1990, 865; *Heinemann, Daniela/Hilker, Judith*, Zur Vereinbarkeit von Präventivhaft mit Artikel 5 EMRK, DVBl. 2012, 1467; *Hilgendorf, Eric*, Folter im Rechtsstaat?, JZ 2004, 331; *Isensee, Josef*, Die bedrohte Menschenwürde. Betrachtungen zur höchsten Norm des Grundgesetzes, in: Presseamt des Erzbistums Köln (Hrsg.), 2005, S. 18; *ders.*, Menschenwürde: die säkulare Gesellschaft auf der Suche nach dem Absoluten, AöR 131 (2006), 173; *Kloepfer, Michael*, Leben und Würde des Menschen, in: Badura/Dreier (Hrsg.), Festschrift 50 Jahre Bundesverfassungsgericht, 2001, S. 77; *Kokott, Juliane*, Integrationsbereitschaft, in: Zypries (Hrsg.), Verfassung der Zukunft, 2009, S. 96; *König, Doris*, Der Einsatz von Seestreitkräften zur Verhinderung von Terrorismus und Verbreitung von Massenvernichtungswaffen sowie zur Bekämpfung der Piraterie: Mandat und Eingriffsmöglichkeiten, BDGVR 44 (2009), 203; *Kriele, Martin*, Zur Geschichte der Grund- und Menschenrechte, in: Achterberg (Hrsg.), Öffentliches Recht und Politik, Festschrift für Hans Ulrich Scupin zum 70. Geburtstag, 1973, S. 187; *Ladiges, Manuel*, Festnahme und Strafverfolgung von Piraten, NZWehr 2012, 56; *Lisken, Hans*, Richtervorbehalt bei Freiheitsentziehung, NJW 1982, 1268; *Merten, Detlef*, Freizügigkeit, in: Merten/Papier (Hrsg.), HGR, Band IV, 2011, § 94; *ders.*, Bewegungsfreiheit, in: Merten/Papier (Hrsg.), HGR, Band IV, 2011, § 95; *Ollinger, Thomas*, Die Entwicklung des Richtervorbehalts im Verhaftungsrecht, 1997; *Pentz, Adolf*, Verfahrensfehler bei der Freiheitsentziehung, NJW 1990, 2777; *Rottmann, Frank*, Das Misshandlungsverbot des Art. 104 Abs. 1 S. 2 GG als Maßstab verfassungskonformer Auslegung, in: Goerlich (Hrsg.), Staatliche Folter. Heiligt der Zweck die Mittel?, 2007, S. 75; *Schieder, Alfons*, Die richterliche Bestätigung polizeilich veranlasster Freiheitsentziehungen, KritV 2000, 218; *Schmahl, Stefanie*, Die Bekämpfung der Seepiraterie im Spiegel des Völkerrechts, des Europarechts und der deutschen Rechtsordnung, AöR 136 (2011), 44; *Schucht, Carsten*, Der Verbringungsgewahrsam im Polizeirecht, DÖV 2011, 553; *Tiemann, Axel*, Der Schutzbereich des Art. 2 II 2 GG, NVwZ 1987, 10; *Walter, Christian/ v. Ungern-Sternberg, Antje*, Piratenbekämpfung vor Somalia, DÖV 2012, 861; *Wie-*

felspütz, Dieter, Die Beteiligung der Bundeswehr am Kampf gegen Piraterie, NZWehrr 2009, 133; *Wittreck, Fabian,* Menschenwürde und Folterverbot – Zum Dogma von der ausnahmslosen Unabwägbarkeit des Art. 1 Abs. 1 GG –, DÖV 2003, 873; *ders.,* Freiheit der Person, in: Isensee/Kirchhof (Hrsg.), HStR, Bd. VII, 3. Aufl. 2009, § 151; *Wolff, Hans Julius,* Das Verfahren bei Freiheitsentziehungen, DÖV 1951, 313; *Wolter, Henner,* Die Richtervorbehalte im Polizeirecht, DÖV 1997, 939; *Zimmermann, Andreas,* Grundrechtseingriffe durch deutsche Streitkräfte im Ausland und das Grundgesetz, ZRP 2012, 116.

Grundgesetz für die Bundesrepublik Deutschland (GG)

vom 23. Mai 1949 (BGBl I S. 1), zuletzt geändert durch Artikel 1 des Gesetzes vom 23. Dezember 2014 (BGBl. I S. 2438)

Präambel

Im Bewußtsein seiner Verantwortung vor Gott und den Menschen, von dem Willen beseelt, als gleichberechtigtes Glied in einem vereinten Europa dem Frieden der Welt zu dienen, hat sich das Deutsche Volk kraft seiner verfassungsgebenden Gewalt dieses Grundgesetz gegeben.

Die Deutschen in den Ländern Baden-Württemberg, Bayern, Berlin, Brandenburg, Bremen, Hamburg, Hessen, Mecklenburg-Vorpommern, Niedersachsen, Nordrhein-Westfalen, Rheinland-Pfalz, Saarland, Sachsen, Sachsen-Anhalt, Schleswig-Holstein und Thüringen haben in freier Selbstbestimmung die Einheit und Freiheit Deutschlands vollendet. Damit gilt dieses Grundgesetz für das gesamte Deutsche Volk.

I. Die Grundrechte

Artikel 1

(1) Die Würde des Menschen ist unantastbar. Sie zu achten und zu schützen ist Verpflichtung aller staatlichen Gewalt.

(2) Das Deutsche Volk bekennt sich darum zu unverletzlichen und unveräußerlichen Menschenrechten als Grundlage jeder menschlichen Gemeinschaft, des Friedens und der Gerechtigkeit in der Welt.

(3) Die nachfolgenden Grundrechte binden Gesetzgebung, vollziehende Gewalt und Rechtsprechung als unmittelbar geltendes Recht.

Artikel 2

(1) Jeder hat das Recht auf die freie Entfaltung seiner Persönlichkeit, soweit er nicht die Rechte anderer verletzt und nicht gegen die verfassungsmäßige Ordnung oder das Sittengesetz verstößt.

(2) Jeder hat das Recht auf Leben und körperliche Unversehrtheit. Die Freiheit der Person ist unverletzlich. In diese Rechte darf nur auf Grund eines Gesetzes eingegriffen werden.

Artikel 3

(1) Alle Menschen sind vor dem Gesetz gleich.

(2) Männer und Frauen sind gleichberechtigt. Der Staat fördert die tatsächliche Durchsetzung der Gleichberechtigung von Frauen und Männern und wirkt auf die Beseitigung bestehender Nachteile hin.

(3) Niemand darf wegen seines Geschlechtes, seiner Abstammung, seiner Rasse, seiner Sprache, seiner Heimat und Herkunft, seines Glaubens, seiner religiösen oder politischen Anschauungen benachteiligt oder bevorzugt werden. Niemand darf wegen seiner Behinderung benachteiligt werden.

Artikel 4

(1) Die Freiheit des Glaubens, des Gewissens und die Freiheit des religiösen und weltanschaulichen Bekenntnisses sind unverletzlich.

(2) Die ungestörte Religionsausübung wird gewährleistet.

(3) Niemand darf gegen sein Gewissen zum Kriegsdienst mit der Waffe gezwungen werden. Das Nähere regelt ein Bundesgesetz.

Artikel 5

(1) Jeder hat das Recht, seine Meinung in Wort, Schrift und Bild frei zu äußern und zu verbreiten und sich aus allgemein zugänglichen Quellen ungehindert zu unterrichten. Die Pressefreiheit und die Freiheit der Berichterstattung durch Rundfunk und Film werden gewährleistet. Eine Zensur findet nicht statt.

(2) Diese Rechte finden ihre Schranken in den Vorschriften der allgemeinen Gesetze, den gesetzlichen Bestimmungen zum Schutze der Jugend und in dem Recht der persönlichen Ehre.

(3) Kunst und Wissenschaft, Forschung und Lehre sind frei. Die Freiheit der Lehre entbindet nicht von der Treue zur Verfassung.

Artikel 6

(1) Ehe und Familie stehen unter dem besonderen Schutze der staatlichen Ordnung.

(2) Pflege und Erziehung der Kinder sind das natürliche Recht der Eltern und die zuvörderst ihnen obliegende Pflicht. Über ihre Betätigung wacht die staatliche Gemeinschaft.

(3) Gegen den Willen der Erziehungsberechtigten dürfen Kinder nur auf Grund eines Gesetzes von der Familie getrennt werden, wenn die Erziehungsberechtigten versagen oder wenn die Kinder aus anderen Gründen zu verwahrlosen drohen.

(4) Jede Mutter hat Anspruch auf den Schutz und die Fürsorge der Gemeinschaft.

(5) Den unehelichen Kindern sind durch die Gesetzgebung die gleichen Bedingungen für ihre leibliche und seelische Entwicklung und ihre Stellung in der Gesellschaft zu schaffen wie den ehelichen Kindern.

Artikel 7

(1) Das gesamte Schulwesen steht unter der Aufsicht des Staates.

(2) Die Erziehungsberechtigten haben das Recht, über die Teilnahme des Kindes am Religionsunterricht zu bestimmen.

(3) Der Religionsunterricht ist in den öffentlichen Schulen mit Ausnahme der bekenntnisfreien Schulen ordentliches Lehrfach. Unbeschadet des staatlichen Aufsichtsrechtes wird der Religionsunterricht in Übereinstimmung mit den Grundsätzen der Religionsgemeinschaften erteilt. Kein Lehrer darf gegen seinen Willen verpflichtet werden, Religionsunterricht zu erteilen.

(4) Das Recht zur Errichtung von privaten Schulen wird gewährleistet. Private Schulen als Ersatz für öffentliche Schulen bedürfen der Genehmigung des Staates und unterstehen den Landesgesetzen. Die Genehmigung ist zu erteilen, wenn die privaten Schulen in ihren Lehrzielen und Einrichtungen sowie in der wissenschaftlichen Ausbildung ihrer Lehrkräfte nicht hinter den öffentlichen Schulen zurückstehen und eine Sonderung der Schüler nach den Besitzverhältnissen der Eltern nicht gefördert wird. Die Genehmigung ist zu versagen, wenn die wirtschaftliche und rechtliche Stellung der Lehrkräfte nicht genügend gesichert ist.

(5) Eine private Volksschule ist nur zuzulassen, wenn die Unterrichtsverwaltung ein besonderes pädagogisches Interesse anerkennt oder, auf Antrag von Erziehungsberechtigten, wenn sie als Gemeinschaftsschule, als Bekenntnis- oder Weltanschauungsschule errichtet werden soll und eine öffentliche Volksschule dieser Art in der Gemeinde nicht besteht.

(6) Vorschulen bleiben aufgehoben.

Artikel 8

(1) Alle Deutschen haben das Recht, sich ohne Anmeldung oder Erlaubnis friedlich und ohne Waffen zu versammeln.

(2) Für Versammlungen unter freiem Himmel kann dieses Recht durch Gesetz oder auf Grund eines Gesetzes beschränkt werden.

Artikel 9

(1) Alle Deutschen haben das Recht, Vereine und Gesellschaften zu bilden.

(2) Vereinigungen, deren Zwecke oder deren Tätigkeit den Strafgesetzen zuwiderlaufen oder die sich gegen die verfassungsmäßige Ordnung oder gegen den Gedanken der Völkerverständigung richten, sind verboten.

(3) Das Recht, zur Wahrung und Förderung der Arbeits- und Wirtschaftsbedingungen Vereinigungen zu bilden, ist für jedermann und für alle Berufe gewährleistet. Abreden, die dieses Recht einschränken oder zu behindern suchen, sind nichtig, hierauf gerichtete Maßnahmen sind rechtswidrig. Maßnahmen nach den Artikeln 12a, 35 Abs. 2 und 3, Artikel 87a Abs. 4 und Artikel 91 dürfen sich nicht gegen Arbeitskämpfe richten, die zur Wahrung und Förderung der Arbeits- und Wirtschaftsbedingungen von Vereinigungen im Sinne des Satzes 1 geführt werden.

Artikel 10

(1) Das Briefgeheimnis sowie das Post- und Fernmeldegeheimnis sind unverletzlich.

(2) Beschränkungen dürfen nur auf Grund eines Gesetzes angeordnet werden. Dient die Beschränkung dem Schutze der freiheitlichen demokratischen Grundordnung oder des Bestandes oder der Sicherung des Bundes oder eines Landes, so kann das Gesetz bestimmen, daß sie dem Betroffenen nicht mitgeteilt wird und daß an die Stelle des Rechtsweges die Nachprüfung durch von der Volksvertretung bestellte Organe und Hilfsorgane tritt.

Artikel 11

(1) Alle Deutschen genießen Freizügigkeit im ganzen Bundesgebiet.

(2) Dieses Recht darf nur durch Gesetz oder auf Grund eines Gesetzes und nur für die Fälle eingeschränkt werden, in denen eine ausreichende Lebensgrundlage nicht vorhanden ist und der Allgemeinheit daraus besondere Lasten entstehen würden oder in denen es zur Abwehr einer drohenden Gefahr für den Bestand oder die freiheitliche demokratische Grundordnung des Bundes oder eines Landes, zur Bekämpfung von Seuchengefahr, Naturkatastrophen oder besonders schweren Unglücksfällen, zum Schutze der Jugend vor Verwahrlosung oder um strafbaren Handlungen vorzubeugen, erforderlich ist.

Artikel 12

(1) Alle Deutschen haben das Recht, Beruf, Arbeitsplatz und Ausbildungsstätte frei zu wählen. Die Berufsausübung kann durch Gesetz oder auf Grund eines Gesetzes geregelt werden.

(2) Niemand darf zu einer bestimmten Arbeit gezwungen werden, außer im Rahmen einer herkömmlichen allgemeinen, für alle gleichen öffentlichen Dienstleistungspflicht.

(3) Zwangsarbeit ist nur bei einer gerichtlich angeordneten Freiheitsentziehung zulässig.

Artikel 12a

(1) Männer können vom vollendeten achtzehnten Lebensjahr an zum Dienst in den Streitkräften, im Bundesgrenzschutz oder in einem Zivilschutzverband verpflichtet werden.

(2) Wer aus Gewissensgründen den Kriegsdienst mit der Waffe verweigert, kann zu einem Ersatzdienst verpflichtet werden. Die Dauer des Ersatzdienstes darf die Dauer des Wehrdienstes nicht übersteigen. Das Nähere regelt ein Gesetz, das die Freiheit der Gewissensentscheidung nicht beeinträchtigen darf und auch eine Möglichkeit des Ersatzdienstes vorsehen muß, die in keinem Zusammenhang mit den Verbänden der Streitkräfte und des Bundesgrenzschutzes steht.

(3) Wehrpflichtige, die nicht zu einem Dienst nach Absatz 1 oder 2 herangezogen sind, können im Verteidigungsfalle durch Gesetz oder auf Grund eines Gesetzes zu zivilen Dienstleistungen für Zwecke der Verteidigung einschließlich des Schutzes der Zivilbevölkerung in Arbeitsverhältnisse verpflichtet werden; Verpflichtungen in öffentlich-rechtliche Dienstverhältnisse sind nur zur Wahrnehmung polizeilicher Aufgaben oder solcher hoheitlichen Aufgaben der öffentlichen Verwaltung, die nur in einem öffentlich-rechtlichen Dienstverhältnis erfüllt werden können, zulässig. Arbeitsverhältnisse nach Satz 1 können bei den Streitkräften, im Bereich ihrer Versorgung sowie bei der öffentlichen Verwaltung begründet werden; Verpflichtungen in Arbeitsverhältnisse im Bereiche der Versorgung der Zivilbevölkerung sind nur zulässig, um ihren lebensnotwendigen Bedarf zu decken oder ihren Schutz sicherzustellen.

(4) Kann im Verteidigungsfalle der Bedarf an zivilen Dienstleistungen im zivilen Sanitäts- und Heilwesen sowie in der ortsfesten militärischen Lazarettorganisation nicht auf freiwilliger Grundlage gedeckt werden, so können Frauen vom vollendeten achtzehnten bis zum vollendeten fünfundfünfzigsten Lebensjahr durch Gesetz oder auf Grund eines Gesetzes zu derartigen Dienstleistungen herangezogen werden. Sie dürfen auf keinen Fall zum Dienst mit der Waffe verpflichtet werden.

(5) Für die Zeit vor dem Verteidigungsfalle können Verpflichtungen nach Absatz 3 nur nach Maßgabe des Artikels 80a Abs. 1 begründet werden. Zur Vorbereitung auf Dienstleistungen nach Absatz 3, für die besondere Kenntnisse oder Fertigkeiten erforderlich sind, kann durch Gesetz oder auf Grund eines Gesetzes die Teilnahme an Ausbildungsveranstaltungen zur Pflicht gemacht werden. Satz 1 findet insoweit keine Anwendung.

(6) Kann im Verteidigungsfalle der Bedarf an Arbeitskräften für die in Absatz 3 Satz 2 genannten Bereiche auf freiwilliger Grundlage nicht gedeckt werden, so kann zur Sicherung dieses Bedarfs die Freiheit der Deutschen, die Ausübung eines Berufs oder den Arbeitsplatz aufzugeben, durch Gesetz oder auf Grund eines Gesetzes eingeschränkt werden. Vor Eintritt des Verteidigungsfalles gilt Absatz 5 Satz 1 entsprechend.

Artikel 13

(1) Die Wohnung ist unverletzlich.

(2) Durchsuchungen dürfen nur durch den Richter, bei Gefahr im Verzuge auch durch die in den Gesetzen vorgesehenen anderen Organe angeordnet und nur in der dort vorgeschriebenen Form durchgeführt werden.

(3) Begründen bestimmte Tatsachen den Verdacht, daß jemand eine durch Gesetz einzeln bestimmte besonders schwere Straftat begangen hat, so dürfen zur Verfolgung der Tat auf Grund richterlicher Anordnung technische Mittel zur akustischen Überwachung von Wohnungen, in denen der Beschuldigte sich vermutlich aufhält, eingesetzt werden, wenn die Erforschung des Sachverhalts auf andere Weise unverhältnismäßig erschwert oder aussichtslos wäre. Die Maßnahme ist zu befristen. Die Anordnung erfolgt durch einen mit drei Richtern besetzten Spruchkörper. Bei Gefahr im Verzuge kann sie auch durch einen einzelnen Richter getroffen werden.

(4) Zur Abwehr dringender Gefahren für die öffentliche Sicherheit, insbesondere einer gemeinen Gefahr oder einer Lebensgefahr, dürfen technische Mittel zur Überwachung von Wohnungen nur auf Grund richterlicher Anordnung eingesetzt werden. Bei Gefahr im Verzuge kann die Maßnahme auch durch eine andere gesetzlich bestimmte Stelle angeordnet werden; eine richterliche Entscheidung ist unverzüglich nachzuholen.

(5) Sind technische Mittel ausschließlich zum Schutze der bei einem Einsatz in Wohnungen tätigen Personen vorgesehen, kann die Maßnahme durch eine gesetzlich bestimmte Stelle angeordnet werden. Eine anderweitige Verwertung der hierbei erlangten Erkenntnisse ist nur zum Zwecke der Strafverfolgung oder der Gefahrenabwehr und nur zulässig, wenn zuvor die Rechtmäßigkeit der Maßnahme richterlich festgestellt ist; bei Gefahr im Verzuge ist die richterliche Entscheidung unverzüglich nachzuholen.

(6) Die Bundesregierung unterrichtet den Bundestag jährlich über den nach Absatz 3 sowie über den im Zuständigkeitsbereich des Bundes nach Absatz 4 und, soweit richterlich überprüfungsbedürftig, nach Absatz 5 erfolgten Einsatz technischer Mittel. Ein vom Bundestag gewähltes Gremium übt auf der Grundlage dieses Berichts die parlamentarische Kontrolle aus. Die Länder gewährleisten eine gleichwertige parlamentarische Kontrolle.

(7) Eingriffe und Beschränkungen dürfen im Übrigen nur zur Abwehr einer gemeinen Gefahr oder einer Lebensgefahr für einzelne Personen, auf Grund eines Gesetzes auch zur Verhütung dringender Gefahren für die öffentliche Sicherheit und Ordnung, insbesondere zur Behebung der Raumnot, zur Bekämpfung von Seuchengefahr oder zum Schutze gefährdeter Jugendlicher vorgenommen werden.

Artikel 14

(1) Das Eigentum und das Erbrecht werden gewährleistet. Inhalt und Schranken werden durch die Gesetze bestimmt.

(2) Eigentum verpflichtet. Sein Gebrauch soll zugleich dem Wohle der Allgemeinheit dienen.

(3) Eine Enteignung ist nur zum Wohle der Allgemeinheit zulässig. Sie darf nur durch Gesetz oder auf Grund eines Gesetzes erfolgen, das Art und Ausmaß der Entschädigung regelt. Die Entschädigung ist unter gerechter Abwägung der Interessen der Allgemeinheit und der Beteiligten zu bestimmen. Wegen der Höhe der Entschädigung steht im Streitfalle der Rechtsweg vor den ordentlichen Gerichten offen.

Artikel 15

Grund und Boden, Naturschätze und Produktionsmittel können zum Zwecke der Vergesellschaftung durch ein Gesetz, das Art und Ausmaß der Entschädigung regelt, in Gemeineigentum oder in andere Formen der Gemeinwirtschaft überführt werden. Für die Entschädigung gilt Artikel 14 Abs. 3 Satz 3 und 4 entsprechend.

Artikel 16

(1) Die deutsche Staatsangehörigkeit darf nicht entzogen werden. Der Verlust der Staatsangehörigkeit darf nur auf Grund eines Gesetzes und gegen den Willen des Betroffenen nur dann eintreten, wenn der Betroffene dadurch nicht staatenlos wird.

(2) Kein Deutscher darf an das Ausland ausgeliefert werden. Durch Gesetz kann eine abweichende Regelung für Auslieferungen an einen Mitgliedstaat der Europäischen Union oder an einen internationalen Gerichtshof getroffen werden, soweit rechtsstaatliche Grundsätze gewahrt sind.

Artikel 16a

(1) Politisch Verfolgte genießen Asylrecht.

(2) Auf Absatz 1 kann sich nicht berufen, wer aus einem Mitgliedstaat der Europäischen Gemeinschaften oder aus einem anderen Drittstaat einreist, in dem die Anwendung des Abkommens über die Rechtsstellung der Flüchtlinge und der Konvention zum Schutze der Menschenrechte und Grundfreiheiten sichergestellt ist. Die Staaten außerhalb der Europäischen Gemeinschaften, auf die die Voraussetzungen des Satzes 1 zutreffen, werden durch Gesetz, das der Zustimmung des Bundesrates bedarf, bestimmt. In den Fällen des Satzes 1 können aufenthaltsbeendende Maßnahmen unabhängig von einem hiergegen eingelegten Rechtsbehelf vollzogen werden.

(3) Durch Gesetz, das der Zustimmung des Bundesrates bedarf, können Staaten bestimmt werden, bei denen auf Grund der Rechtslage, der Rechtsanwendung und der allgemeinen politischen Verhältnisse gewährleistet erscheint, daß dort weder politische Verfolgung noch unmenschliche oder erniedrigende Bestrafung oder Behandlung stattfindet. Es wird vermutet, daß ein Ausländer aus einem solchen Staat nicht verfolgt wird, solange er nicht Tatsachen vorträgt, die die Annahme begründen, daß er entgegen dieser Vermutung politisch verfolgt wird.

(4) Die Vollziehung aufenthaltsbeendender Maßnahmen wird in den Fällen des Absatzes 3 und in anderen Fällen, die offensichtlich unbegründet sind oder als offensichtlich unbegründet gelten, durch das Gericht nur ausgesetzt, wenn ernstliche Zweifel an der Rechtmäßigkeit der Maßnahme bestehen; der Prüfungsumfang kann eingeschränkt werden und verspätetes Vorbringen unberücksichtigt bleiben. Das Nähere ist durch Gesetz zu bestimmen.

(5) Die Absätze 1 bis 4 stehen völkerrechtlichen Verträgen von Mitgliedstaaten der Europäischen Gemeinschaften untereinander und mit dritten Staaten nicht entgegen, die unter Beachtung der Verpflichtungen aus dem Abkommen über die Rechtsstellung der Flüchtlinge und der Konvention zum Schutze der Menschenrechte und Grundfreiheiten, deren Anwendung in den Vertragsstaaten sichergestellt sein muß, Zuständigkeitsregelungen für die Prüfung von Asylbegehren einschließlich der gegenseitigen Anerkennung von Asylentscheidungen treffen.

Artikel 17

Jedermann hat das Recht, sich einzeln oder in Gemeinschaft mit anderen schriftlich mit Bitten oder Beschwerden an die zuständigen Stellen und an die Volksvertretung zu wenden.

Artikel 17a

(1) Gesetze über Wehrdienst und Ersatzdienst können bestimmen, daß für die Angehörigen der Streitkräfte und des Ersatzdienstes während der Zeit des Wehr- oder Ersatzdienstes das Grundrecht, seine Meinung in Wort, Schrift und Bild frei zu äußern und zu verbreiten (Artikel 5 Abs. 1 Satz 1 erster Halbsatz), das Grundrecht der Versammlungsfreiheit (Artikel 8) und das Petitionsrecht (Artikel 17), soweit es das Recht gewährt, Bitten oder Beschwerden in Gemeinschaft mit anderen vorzubringen, eingeschränkt werden.

(2) Gesetze, die der Verteidigung einschließlich des Schutzes der Zivilbevölkerung dienen, können bestimmen, daß die Grundrechte der Freizügigkeit (Artikel 11) und der Unverletzlichkeit der Wohnung (Artikel 13) eingeschränkt werden.

Artikel 18

Wer die Freiheit der Meinungsäußerung, insbesondere die Pressefreiheit (Artikel 5 Abs. 1), die Lehrfreiheit (Artikel 5 Abs. 3), die Versammlungsfreiheit (Artikel 8), die Vereinigungsfreiheit (Artikel 9), das Brief-, Post- und Fernmeldegeheimnis (Artikel 10), das Eigentum (Artikel 14) oder das Asylrecht (Artikel 16a) zum Kampfe gegen die freiheitliche demokratische Grundordnung mißbraucht, verwirkt diese Grundrechte. Die Verwirkung und ihr Ausmaß werden durch das Bundesverfassungsgericht ausgesprochen.

Artikel 19

(1) Soweit nach diesem Grundgesetz ein Grundrecht durch Gesetz oder auf Grund eines Gesetzes eingeschränkt werden kann, muß das Gesetz allgemein und nicht nur für den Einzelfall gelten. Außerdem muß das Gesetz das Grundrecht unter Angabe des Artikels nennen.

(2) In keinem Falle darf ein Grundrecht in seinem Wesensgehalt angetastet werden.

(3) Die Grundrechte gelten auch für inländische juristische Personen, soweit sie ihrem Wesen nach auf diese anwendbar sind.

(4) Wird jemand durch die öffentliche Gewalt in seinen Rechten verletzt, so steht ihm der Rechtsweg offen. Soweit eine andere Zuständigkeit nicht begründet ist, ist der ordentliche Rechtsweg gegeben. Artikel 10 Abs. 2 Satz 2 bleibt unberührt.

II. Der Bund und die Länder (Art. 20–37)

Artikel 20

(1) Die Bundesrepublik Deutschland ist ein demokratischer und sozialer Bundesstaat.

(2) Alle Staatsgewalt geht vom Volke aus. Sie wird vom Volke in Wahlen und Abstimmungen und durch besondere Organe der Gesetzgebung, der vollziehenden Gewalt und der Rechtsprechung ausgeübt.

(3) Die Gesetzgebung ist an die verfassungsmäßige Ordnung, die vollziehende Gewalt und die Rechtsprechung sind an Gesetz und Recht gebunden.

(4) Gegen jeden, der es unternimmt, diese Ordnung zu beseitigen, haben alle Deutschen das Recht zum Widerstand, wenn andere Abhilfe nicht möglich ist.

Artikel 20a

Der Staat schützt auch in Verantwortung für die künftigen Generationen die natürlichen Lebensgrundlagen und die Tiere im Rahmen der verfassungsmäßigen Ordnung durch die Gesetzgebung und nach Maßgabe von Gesetz und Recht durch die vollziehende Gewalt und die Rechtsprechung.

Artikel 21

(1) Die Parteien wirken bei der politischen Willensbildung des Volkes mit. Ihre Gründung ist frei. Ihre innere Ordnung muß demokratischen Grundsätzen entsprechen. Sie müssen über die Herkunft und Verwendung ihrer Mittel sowie über ihr Vermögen öffentlich Rechenschaft geben.

(2) Parteien, die nach ihren Zielen oder nach dem Verhalten ihrer Anhänger darauf ausgehen, die freiheitliche demokratische Grundordnung zu beeinträchtigen oder zu

beseitigen oder den Bestand der Bundesrepublik Deutschland zu gefährden, sind verfassungswidrig. Über die Frage der Verfassungswidrigkeit entscheidet das Bundesverfassungsgericht.

(3) Das Nähere regeln Bundesgesetze.

Artikel 22

(1) Die Hauptstadt der Bundesrepublik Deutschland ist Berlin. Die Repräsentation des Gesamtstaates in der Hauptstadt ist Aufgabe des Bundes. Das Nähere wird durch Bundesgesetz geregelt.

(2) Die Bundesflagge ist schwarz-rot-gold.

Artikel 23

(1) Zur Verwirklichung eines vereinten Europas wirkt die Bundesrepublik Deutschland bei der Entwicklung der Europäischen Union mit, die demokratischen, rechtsstaatlichen, sozialen und föderativen Grundsätzen und dem Grundsatz der Subsidiarität verpflichtet ist und einen diesem Grundgesetz im wesentlichen vergleichbaren Grundrechtsschutz gewährleistet. Der Bund kann hierzu durch Gesetz mit Zustimmung des Bundesrates Hoheitsrechte übertragen. Für die Begründung der Europäischen Union sowie für Änderungen ihrer vertraglichen Grundlagen und vergleichbare Regelungen, durch die dieses Grundgesetz seinem Inhalt nach geändert oder ergänzt wird oder solche Änderungen oder Ergänzungen ermöglicht werden, gilt Artikel 79 Abs. 2 und 3.

(1a) Der Bundestag und der Bundesrat haben das Recht, wegen Verstoßes eines Gesetzgebungsakts der Europäischen Union gegen das Subsidiaritätsprinzip vor dem Gerichtshof der Europäischen Union Klage zu erheben. Der Bundestag ist hierzu auf Antrag eines Viertels seiner Mitglieder verpflichtet. Durch Gesetz, das der Zustimmung des Bundesrates bedarf, können für die Wahrnehmung der Rechte, die dem Bundestag und dem Bundesrat in den vertraglichen Grundlagen der Europäischen Union eingeräumt sind, Ausnahmen von Artikel 42 Abs. 2 Satz 1 und Artikel 52 Abs. 3 Satz 1 zugelassen werden.

(2) In Angelegenheiten der Europäischen Union wirken der Bundestag und durch den Bundesrat die Länder mit. Die Bundesregierung hat den Bundestag und den Bundesrat umfassend und zum frühestmöglichen Zeitpunkt zu unterrichten.

(3) Die Bundesregierung gibt dem Bundestag Gelegenheit zur Stellungnahme vor ihrer Mitwirkung an Rechtsetzungsakten der Europäischen Union. Die Bundesregierung berücksichtigt die Stellungnahme des Bundestages bei den Verhandlungen. Das Nähere regelt ein Gesetz.

(4) Der Bundesrat ist an der Willensbildung des Bundes zu beteiligen, soweit er an einer entsprechenden innerstaatlichen Maßnahme mitzuwirken hätte oder soweit die Länder innerstaatlich zuständig wären.

(5) Soweit in einem Bereich ausschließlicher Zuständigkeiten des Bundes Interessen der Länder berührt sind oder soweit im Übrigen der Bund das Recht zur Gesetzgebung hat, berücksichtigt die Bundesregierung die Stellungnahme des Bundesrates. Wenn im Schwerpunkt Gesetzgebungsbefugnisse der Länder, die Einrichtung ihrer Behörden oder ihre Verwaltungsverfahren betroffen sind, ist bei der Willensbildung des Bundes insoweit die Auffassung des Bundesrates maßgeblich zu berücksichtigen; dabei ist die gesamtstaatliche Verantwortung des Bundes zu wahren. In Angelegenheiten, die zu Ausgabenerhöhungen oder Einnahmeminderungen für den Bund führen können, ist die Zustimmung der Bundesregierung erforderlich.

(6) Wenn im Schwerpunkt ausschließliche Gesetzgebungsbefugnisse der Länder auf den Gebieten der schulischen Bildung, der Kultur oder des Rundfunks betroffen sind, wird die Wahrnehmung der Rechte, die der Bundesrepublik Deutschland als Mitgliedstaat der Europäischen Union zustehen, vom Bund auf einen vom Bundesrat benannten Vertreter der Länder übertragen. Die Wahrnehmung der Rechte erfolgt unter Beteiligung und in Abstimmung mit der Bundesregierung; dabei ist die gesamtstaatliche Verantwortung des Bundes zu wahren.

(7) Das Nähere zu den Absätzen 4 bis 6 regelt ein Gesetz, das der Zustimmung des Bundesrates bedarf.

Artikel 24

(1) Der Bund kann durch Gesetz Hoheitsrechte auf zwischenstaatliche Einrichtungen übertragen.

(1a) Soweit die Länder für die Ausübung der staatlichen Befugnisse und die Erfüllung der staatlichen Aufgaben zuständig sind, können sie mit Zustimmung der Bundesregierung Hoheitsrechte auf grenznachbarschaftliche Einrichtungen übertragen.

(2) Der Bund kann sich zur Wahrung des Friedens einem System gegenseitiger kollektiver Sicherheit einordnen; er wird hierbei in die Beschränkungen seiner Hoheitsrechte einwilligen, die eine friedliche und dauerhafte Ordnung in Europa und zwischen den Völkern der Welt herbeiführen und sichern.

(3) Zur Regelung zwischenstaatlicher Streitigkeiten wird der Bund Vereinbarungen über eine allgemeine, umfassende, obligatorische, internationale Schiedsgerichtsbarkeit beitreten.

Artikel 25

Die allgemeinen Regeln des Völkerrechtes sind Bestandteil des Bundesrechtes. Sie gehen den Gesetzen vor und erzeugen Rechte und Pflichten unmittelbar für die Bewohner des Bundesgebietes.

Artikel 26

(1) Handlungen, die geeignet sind und in der Absicht vorgenommen werden, das friedliche Zusammenleben der Völker zu stören, insbesondere die Führung eines

Angriffskrieges vorzubereiten, sind verfassungswidrig. Sie sind unter Strafe zu stellen.

(2) Zur Kriegführung bestimmte Waffen dürfen nur mit Genehmigung der Bundesregierung hergestellt, befördert und in Verkehr gebracht werden. Das Nähere regelt ein Bundesgesetz.

Artikel 27

Alle deutschen Kauffahrteischiffe bilden eine einheitliche Handelsflotte.

Artikel 28

(1) Die verfassungsmäßige Ordnung in den Ländern muß den Grundsätzen des republikanischen, demokratischen und sozialen Rechtsstaates im Sinne dieses Grundgesetzes entsprechen. In den Ländern, Kreisen und Gemeinden muß das Volk eine Vertretung haben, die aus allgemeinen, unmittelbaren, freien, gleichen und geheimen Wahlen hervorgegangen ist. Bei Wahlen in Kreisen und Gemeinden sind auch Personen, die die Staatsangehörigkeit eines Mitgliedstaates der Europäischen Gemeinschaft besitzen, nach Maßgabe von Recht der Europäischen Gemeinschaft wahlberechtigt und wählbar. In Gemeinden kann an die Stelle einer gewählten Körperschaft die Gemeindeversammlung treten.

(2) Den Gemeinden muß das Recht gewährleistet sein, alle Angelegenheiten der örtlichen Gemeinschaft im Rahmen der Gesetze in eigener Verantwortung zu regeln. Auch die Gemeindeverbände haben im Rahmen ihres gesetzlichen Aufgabenbereiches nach Maßgabe der Gesetze das Recht der Selbstverwaltung. Die Gewährleistung der Selbstverwaltung umfaßt auch die Grundlagen der finanziellen Eigenverantwortung; zu diesen Grundlagen gehört eine den Gemeinden mit Hebesatzrecht zustehende wirtschaftskraftbezogene Steuerquelle.

(3) Der Bund gewährleistet, daß die verfassungsmäßige Ordnung der Länder den Grundrechten und den Bestimmungen der Absätze 1 und 2 entspricht.

Artikel 29

(1) Das Bundesgebiet kann neu gegliedert werden, um zu gewährleisten, daß die Länder nach Größe und Leistungsfähigkeit die ihnen obliegenden Aufgaben wirksam erfüllen können. Dabei sind die landsmannschaftliche Verbundenheit, die geschichtlichen und kulturellen Zusammenhänge, die wirtschaftliche Zweckmäßigkeit sowie die Erfordernisse der Raumordnung und der Landesplanung zu berücksichtigen.

(2) Maßnahmen zur Neugliederung des Bundesgebietes ergehen durch Bundesgesetz, das der Bestätigung durch Volksentscheid bedarf. Die betroffenen Länder sind zu hören.

(3) Der Volksentscheid findet in den Ländern statt, aus deren Gebieten oder Gebietsteilen ein neues oder neu umgrenztes Land gebildet werden soll (betroffene Län-

der). Abzustimmen ist über die Frage, ob die betroffenen Länder wie bisher bestehenbleiben sollen oder ob das neue oder neu umgrenzte Land gebildet werden soll. Der Volksentscheid für die Bildung eines neuen oder neu umgrenzten Landes kommt zustande, wenn in dessen künftigem Gebiet und insgesamt in den Gebieten oder Gebietsteilen eines betroffenen Landes, deren Landeszugehörigkeit im gleichen Sinne geändert werden soll, jeweils eine Mehrheit der Änderung zustimmt. Er kommt nicht zustande, wenn im Gebiet eines der betroffenen Länder eine Mehrheit die Änderung ablehnt; die Ablehnung ist jedoch unbeachtlich, wenn in einem Gebietsteil, dessen Zugehörigkeit zu dem betroffenen Land geändert werden soll, eine Mehrheit von zwei Dritteln der Änderung zustimmt, es sei denn, daß im Gesamtgebiet des betroffenen Landes eine Mehrheit von zwei Dritteln die Änderung ablehnt.

(4) Wird in einem zusammenhängenden, abgegrenzten Siedlungs- und Wirtschaftsraum, dessen Teile in mehreren Ländern liegen und der mindestens eine Million Einwohner hat, von einem Zehntel der in ihm zum Bundestag Wahlberechtigten durch Volksbegehren gefordert, daß für diesen Raum eine einheitliche Landeszugehörigkeit herbeigeführt werde, so ist durch Bundesgesetz innerhalb von zwei Jahren entweder zu bestimmen, ob die Landeszugehörigkeit gemäß Absatz 2 geändert wird, oder daß in den betroffenen Ländern eine Volksbefragung stattfindet.

(5) Die Volksbefragung ist darauf gerichtet festzustellen, ob eine in dem Gesetz vorzuschlagende Änderung der Landeszugehörigkeit Zustimmung findet. Das Gesetz kann verschiedene, jedoch nicht mehr als zwei Vorschläge der Volksbefragung vorlegen. Stimmt eine Mehrheit einer vorgeschlagenen Änderung der Landeszugehörigkeit zu, so ist durch Bundesgesetz innerhalb von zwei Jahren zu bestimmen, ob die Landeszugehörigkeit gemäß Absatz 2 geändert wird. Findet ein der Volksbefragung vorgelegter Vorschlag eine den Maßgaben des Absatzes 3 Satz 3 und 4 entsprechende Zustimmung, so ist innerhalb von zwei Jahren nach der Durchführung der Volksbefragung ein Bundesgesetz zur Bildung des vorgeschlagenen Landes zu erlassen, das der Bestätigung durch Volksentscheid nicht mehr bedarf.

(6) Mehrheit im Volksentscheid und in der Volksbefragung ist die Mehrheit der abgegebenen Stimmen, wenn sie mindestens ein Viertel der zum Bundestag Wahlberechtigten umfaßt. Im übrigen wird das Nähere über Volksentscheid, Volksbegehren und Volksbefragung durch ein Bundesgesetz geregelt; dieses kann auch vorsehen, daß Volksbegehren innerhalb eines Zeitraumes von fünf Jahren nicht wiederholt werden können.

(7) Sonstige Änderungen des Gebietsbestandes der Länder können durch Staatsverträge der beteiligten Länder oder durch Bundesgesetz mit Zustimmung des Bundesrates erfolgen, wenn das Gebiet, dessen Landeszugehörigkeit geändert werden soll, nicht mehr als 50.000 Einwohner hat. Das Nähere regelt ein Bundesgesetz, das der Zustimmung des Bundesrates und der Mehrheit der Mitglieder des Bundestages bedarf. Es muß die Anhörung der betroffenen Gemeinden und Kreise vorsehen.

(8) Die Länder können eine Neugliederung für das jeweils von ihnen umfaßte Gebiet oder für Teilgebiete abweichend von den Vorschriften der Absätze 2 bis 7 durch

Staatsvertrag regeln. Die betroffenen Gemeinden und Kreise sind zu hören. Der Staatsvertrag bedarf der Bestätigung durch Volksentscheid in jedem beteiligten Land. Betrifft der Staatsvertrag Teilgebiete der Länder, kann die Bestätigung auf Volksentscheide in diesen Teilgebieten beschränkt werden; Satz 5 zweiter Halbsatz findet keine Anwendung. Bei einem Volksentscheid entscheidet die Mehrheit der abgegebenen Stimmen, wenn sie mindestens ein Viertel der zum Bundestag Wahlberechtigten umfaßt; das Nähere regelt ein Bundesgesetz. Der Staatsvertrag bedarf der Zustimmung des Bundestages.

Artikel 30

Die Ausübung der staatlichen Befugnisse und die Erfüllung der staatlichen Aufgaben ist Sache der Länder, soweit dieses Grundgesetz keine andere Regelung trifft oder zuläßt.

Artikel 31

Bundesrecht bricht Landesrecht.

Artikel 32

(1) Die Pflege der Beziehungen zu auswärtigen Staaten ist Sache des Bundes.

(2) Vor dem Abschlusse eines Vertrages, der die besonderen Verhältnisse eines Landes berührt, ist das Land rechtzeitig zu hören.

(3) Soweit die Länder für die Gesetzgebung zuständig sind, können sie mit Zustimmung der Bundesregierung mit auswärtigen Staaten Verträge abschließen.

Artikel 33

(1) Jeder Deutsche hat in jedem Lande die gleichen staatsbürgerlichen Rechte und Pflichten.

(2) Jeder Deutsche hat nach seiner Eignung, Befähigung und fachlichen Leistung gleichen Zugang zu jedem öffentlichen Amte.

(3) Der Genuß bürgerlicher und staatsbürgerlicher Rechte, die Zulassung zu öffentlichen Ämtern sowie die im öffentlichen Dienste erworbenen Rechte sind unabhängig von dem religiösen Bekenntnis. Niemandem darf aus seiner Zugehörigkeit oder Nichtzugehörigkeit zu einem Bekenntnisse oder einer Weltanschauung ein Nachteil erwachsen.

(4) Die Ausübung hoheitsrechtlicher Befugnisse ist als ständige Aufgabe in der Regel Angehörigen des öffentlichen Dienstes zu übertragen, die in einem öffentlich-rechtlichen Dienst- und Treueverhältnis stehen.

(5) Das Recht des öffentlichen Dienstes ist unter Berücksichtigung der hergebrachten Grundsätze des Berufsbeamtentums zu regeln und fortzuentwickeln.

Artikel 34

Verletzt jemand in Ausübung eines ihm anvertrauten öffentlichen Amtes die ihm einem Dritten gegenüber obliegende Amtspflicht, so trifft die Verantwortlichkeit grundsätzlich den Staat oder die Körperschaft, in deren Dienst er steht. Bei Vorsatz oder grober Fahrlässigkeit bleibt der Rückgriff vorbehalten. Für den Anspruch auf Schadensersatz und für den Rückgriff darf der ordentliche Rechtsweg nicht ausgeschlossen werden.

Artikel 35

(1) Alle Behörden des Bundes und der Länder leisten sich gegenseitig Rechts- und Amtshilfe.

(2) Zur Aufrechterhaltung oder Wiederherstellung der öffentlichen Sicherheit oder Ordnung kann ein Land in Fällen von besonderer Bedeutung Kräfte und Einrichtungen des Bundesgrenzschutzes zur Unterstützung seiner Polizei anfordern, wenn die Polizei ohne diese Unterstützung eine Aufgabe nicht oder nur unter erheblichen Schwierigkeiten erfüllen könnte. Zur Hilfe bei einer Naturkatastrophe oder bei einem besonders schweren Unglücksfall kann ein Land Polizeikräfte anderer Länder, Kräfte und Einrichtungen anderer Verwaltungen sowie des Bundesgrenzschutzes und der Streitkräfte anfordern.

(3) Gefährdet die Naturkatastrophe oder der Unglücksfall das Gebiet mehr als eines Landes, so kann die Bundesregierung, soweit es zur wirksamen Bekämpfung erforderlich ist, den Landesregierungen die Weisung erteilen, Polizeikräfte anderen Ländern zur Verfügung zu stellen, sowie Einheiten des Bundesgrenzschutzes und der Streitkräfte zur Unterstützung der Polizeikräfte einsetzen. Maßnahmen der Bundesregierung nach Satz 1 sind jederzeit auf Verlangen des Bundesrates, im übrigen unverzüglich nach Beseitigung der Gefahr aufzuheben.

Artikel 36

(1) Bei den obersten Bundesbehörden sind Beamte aus allen Ländern in angemessenem Verhältnis zu verwenden. Die bei den übrigen Bundesbehörden beschäftigten Personen sollen in der Regel aus dem Lande genommen werden, in dem sie tätig sind.

(2) Die Wehrgesetze haben auch die Gliederung des Bundes in Länder und ihre besonderen landsmannschaftlichen Verhältnisse zu berücksichtigen.

Artikel 37

(1) Wenn ein Land die ihm nach dem Grundgesetze oder einem anderen Bundesgesetze obliegenden Bundespflichten nicht erfüllt, kann die Bundesregierung mit Zustimmung des Bundesrates die notwendigen Maßnahmen treffen, um das Land im Wege des Bundeszwanges zur Erfüllung seiner Pflichten anzuhalten.

(2) Zur Durchführung des Bundeszwanges hat die Bundesregierung oder ihr Beauftragter das Weisungsrecht gegenüber allen Ländern und ihren Behörden.

III. Der Bundestag

Artikel 38

(1) Die Abgeordneten des Deutschen Bundestages werden in allgemeiner, unmittelbarer, freier, gleicher und geheimer Wahl gewählt. Sie sind Vertreter des ganzen Volkes, an Aufträge und Weisungen nicht gebunden und nur ihrem Gewissen unterworfen.

(2) Wahlberechtigt ist, wer das achtzehnte Lebensjahr vollendet hat; wählbar ist, wer das Alter erreicht hat, mit dem die Volljährigkeit eintritt.

(3) Das Nähere bestimmt ein Bundesgesetz.

Artikel 39

(1) Der Bundestag wird vorbehaltlich der nachfolgenden Bestimmungen auf vier Jahre gewählt. Seine Wahlperiode endet mit dem Zusammentritt eines neuen Bundestages. Die Neuwahl findet frühestens sechsundvierzig, spätestens achtundvierzig Monate nach Beginn der Wahlperiode statt. Im Falle einer Auflösung des Bundestages findet die Neuwahl innerhalb von sechzig Tagen statt.

(2) Der Bundestag tritt spätestens am dreißigsten Tage nach der Wahl zusammen.

(3) Der Bundestag bestimmt den Schluß und den Wiederbeginn seiner Sitzungen. Der Präsident des Bundestages kann ihn früher einberufen. Er ist hierzu verpflichtet, wenn ein Drittel der Mitglieder, der Bundespräsident oder der Bundeskanzler es verlangen.

Artikel 40

(1) Der Bundestag wählt seinen Präsidenten, dessen Stellvertreter und die Schriftführer. Er gibt sich eine Geschäftsordnung.

(2) Der Präsident übt das Hausrecht und die Polizeigewalt im Gebäude des Bundestages aus. Ohne seine Genehmigung darf in den Räumen des Bundestages keine Durchsuchung oder Beschlagnahme stattfinden.

Artikel 41

(1) Die Wahlprüfung ist Sache des Bundestages. Er entscheidet auch, ob ein Abgeordneter des Bundestages die Mitgliedschaft verloren hat.

(2) Gegen die Entscheidung des Bundestages ist die Beschwerde an das Bundesverfassungsgericht zulässig.

(3) Das Nähere regelt ein Bundesgesetz.

Artikel 42

(1) Der Bundestag verhandelt öffentlich. Auf Antrag eines Zehntels seiner Mitglieder oder auf Antrag der Bundesregierung kann mit Zweidrittelmehrheit die Öffentlichkeit ausgeschlossen werden. Über den Antrag wird in nichtöffentlicher Sitzung entschieden.

(2) Zu einem Beschlusse des Bundestages ist die Mehrheit der abgegebenen Stimmen erforderlich, soweit dieses Grundgesetz nichts anderes bestimmt. Für die vom Bundestage vorzunehmenden Wahlen kann die Geschäftsordnung Ausnahmen zulassen.

(3) Wahrheitsgetreue Berichte über die öffentlichen Sitzungen des Bundestages und seiner Ausschüsse bleiben von jeder Verantwortlichkeit frei.

Artikel 43

(1) Der Bundestag und seine Ausschüsse können die Anwesenheit jedes Mitgliedes der Bundesregierung verlangen.

(2) Die Mitglieder des Bundesrates und der Bundesregierung sowie ihre Beauftragten haben zu allen Sitzungen des Bundestages und seiner Ausschüsse Zutritt. Sie müssen jederzeit gehört werden.

Artikel 44

(1) Der Bundestag hat das Recht und auf Antrag eines Viertels seiner Mitglieder die Pflicht, einen Untersuchungsausschuß einzusetzen, der in öffentlicher Verhandlung die erforderlichen Beweise erhebt. Die Öffentlichkeit kann ausgeschlossen werden.

(2) Auf Beweiserhebungen finden die Vorschriften über den Strafprozeß sinngemäß Anwendung. Das Brief-, Post und Fernmeldegeheimnis bleibt unberührt.

(3) Gerichte und Verwaltungsbehörden sind zur Rechts- und Amtshilfe verpflichtet.

(4) Die Beschlüsse der Untersuchungsausschüsse sind der richterlichen Erörterung entzogen. In der Würdigung und Beurteilung des der Untersuchung zugrunde liegenden Sachverhaltes sind die Gerichte frei.

Artikel 45

Der Bundestag bestellt einen Ausschuß für die Angelegenheiten der Europäischen Union. Er kann ihn ermächtigen, die Rechte des Bundestages gemäß Artikel 23 gegenüber der Bundesregierung wahrzunehmen. Er kann ihn auch ermächtigen, die Rechte wahrzunehmen, die dem Bundestag in den vertraglichen Grundlagen der Europäischen Union eingeräumt sind.

Artikel 45a

(1) Der Bundestag bestellt einen Ausschuß für auswärtige Angelegenheiten und einen Ausschuß für Verteidigung.

(2) Der Ausschuß für Verteidigung hat auch die Rechte eines Untersuchungsausschusses. Auf Antrag eines Viertels seiner Mitglieder hat er die Pflicht, eine Angelegenheit zum Gegenstand seiner Untersuchung zu machen.

(3) Artikel 44 Abs. 1 findet auf dem Gebiet der Verteidigung keine Anwendung.

Artikel 45b

Zum Schutz der Grundrechte und als Hilfsorgan des Bundestages bei der Ausübung der parlamentarischen Kontrolle wird ein Wehrbeauftragter des Bundestages berufen. Das Nähere regelt ein Bundesgesetz.

Artikel 45c

(1) Der Bundestag bestellt einen Petitionsausschuß, dem die Behandlung der nach Artikel 17 an den Bundestag gerichteten Bitten und Beschwerden obliegt.

(2) Die Befugnisse des Ausschusses zur Überprüfung von Beschwerden regelt ein Bundesgesetz.

Artikel 45d

(1) Der Bundestag bestellt ein Gremium zur Kontrolle der nachrichtendienstlichen Tätigkeit des Bundes.

(2) Das Nähere regelt ein Bundesgesetz.

Artikel 46

(1) Ein Abgeordneter darf zu keiner Zeit wegen seiner Abstimmung oder wegen einer Äußerung, die er im Bundestage oder in einem seiner Ausschüsse getan hat, gerichtlich oder dienstlich verfolgt oder sonst außerhalb des Bundestages zur Verantwortung gezogen werden. Dies gilt nicht für verleumderische Beleidigungen.

(2) Wegen einer mit Strafe bedrohten Handlung darf ein Abgeordneter nur mit Genehmigung des Bundestages zur Verantwortung gezogen oder verhaftet werden, es sei denn, daß er bei Begehung der Tat oder im Laufe des folgenden Tages festgenommen wird.

(3) Die Genehmigung des Bundestages ist ferner bei jeder anderen Beschränkung der persönlichen Freiheit eines Abgeordneten oder zur Einleitung eines Verfahrens gegen einen Abgeordneten gemäß Artikel 18 erforderlich.

(4) Jedes Strafverfahren und jedes Verfahren gemäß Artikel 18 gegen einen Abgeordneten, jede Haft und jede sonstige Beschränkung seiner persönlichen Freiheit sind auf Verlangen des Bundestages auszusetzen.

Artikel 47

Die Abgeordneten sind berechtigt, über Personen, die ihnen in ihrer Eigenschaft als Abgeordnete oder denen sie in dieser Eigenschaft Tatsachen anvertraut haben, sowie über diese Tatsachen selbst das Zeugnis zu verweigern. Soweit dieses Zeugnisverweigerungsrecht reicht, ist die Beschlagnahme von Schriftstücken unzulässig.

Artikel 48

(1) Wer sich um einen Sitz im Bundestage bewirbt, hat Anspruch auf den zur Vorbereitung seiner Wahl erforderlichen Urlaub.

(2) Niemand darf gehindert werden, das Amt eines Abgeordneten zu übernehmen und auszuüben. Eine Kündigung oder Entlassung aus diesem Grunde ist unzulässig.

(3) Die Abgeordneten haben Anspruch auf eine angemessene, ihre Unabhängigkeit sichernde Entschädigung. Sie haben das Recht der freien Benutzung aller staatlichen Verkehrsmittel. Das Nähere regelt ein Bundesgesetz.

Artikel 49

(weggefallen)

IV. Der Bundesrat

Artikel 50

Durch den Bundesrat wirken die Länder bei der Gesetzgebung und Verwaltung des Bundes und in Angelegenheiten der Europäischen Union mit.

Artikel 51

(1) Der Bundesrat besteht aus Mitgliedern der Regierungen der Länder, die sie bestellen und abberufen. Sie können durch andere Mitglieder ihrer Regierungen vertreten werden.

(2) Jedes Land hat mindestens drei Stimmen, Länder mit mehr als zwei Millionen Einwohnern haben vier, Länder mit mehr als sechs Millionen Einwohnern fünf, Länder mit mehr als sieben Millionen Einwohnern sechs Stimmen.

(3) Jedes Land kann so viele Mitglieder entsenden, wie es Stimmen hat. Die Stimmen eines Landes können nur einheitlich und nur durch anwesende Mitglieder oder deren Vertreter abgegeben werden.

Artikel 52

(1) Der Bundesrat wählt seinen Präsidenten auf ein Jahr.

(2) Der Präsident beruft den Bundesrat ein. Er hat ihn einzuberufen, wenn die Vertreter von mindestens zwei Ländern oder die Bundesregierung es verlangen.

(3) Der Bundesrat faßt seine Beschlüsse mit mindestens der Mehrheit seiner Stimmen. Er gibt sich eine Geschäftsordnung. Er verhandelt öffentlich. Die Öffentlichkeit kann ausgeschlossen werden.

(3a) Für Angelegenheiten der Europäischen Union kann der Bundesrat eine Europakammer bilden, deren Beschlüsse als Beschlüsse des Bundesrates gelten; die Anzahl der einheitlich abzugebenden Stimmen der Länder bestimmt sich nach Artikel 51 Abs. 2.

(4) Den Ausschüssen des Bundesrates können andere Mitglieder oder Beauftragte der Regierungen der Länder angehören.

Artikel 53

Die Mitglieder der Bundesregierung haben das Recht und auf Verlangen die Pflicht, an den Verhandlungen des Bundesrates und seiner Ausschüsse teilzunehmen. Sie müssen jederzeit gehört werden. Der Bundesrat ist von der Bundesregierung über die Führung der Geschäfte auf dem Laufenden zu halten.

IVa. Gemeinsamer Ausschuß

Artikel 53a

(1) Der Gemeinsame Ausschuß besteht zu zwei Dritteln aus Abgeordneten des Bundestages, zu einem Drittel aus Mitgliedern des Bundesrates. Die Abgeordneten werden vom Bundestage entsprechend dem Stärkeverhältnis der Fraktionen bestimmt; sie dürfen nicht der Bundesregierung angehören. Jedes Land wird durch ein von ihm bestelltes Mitglied des Bundesrates vertreten; diese Mitglieder sind nicht an Weisungen gebunden. Die Bildung des Gemeinsamen Ausschusses und sein Verfahren werden durch eine Geschäftsordnung geregelt, die vom Bundestage zu beschließen ist und der Zustimmung des Bundesrates bedarf.

(2) Die Bundesregierung hat den Gemeinsamen Ausschuß über ihre Planungen für den Verteidigungsfall zu unterrichten. Die Rechte des Bundestages und seiner Ausschüsse nach Artikel 43 Abs. 1 bleiben unberührt.

V. Der Bundespräsident

Artikel 54

(1) Der Bundespräsident wird ohne Aussprache von der Bundesversammlung gewählt. Wählbar ist jeder Deutsche, der das Wahlrecht zum Bundestage besitzt und das vierzigste Lebensjahr vollendet hat.

(2) Das Amt des Bundespräsidenten dauert fünf Jahre. Anschließende Wiederwahl ist nur einmal zulässig.

(3) Die Bundesversammlung besteht aus den Mitgliedern des Bundestages und einer gleichen Anzahl von Mitgliedern, die von den Volksvertretungen der Länder nach den Grundsätzen der Verhältniswahl gewählt werden.

(4) Die Bundesversammlung tritt spätestens dreißig Tage vor Ablauf der Amtszeit des Bundespräsidenten, bei vorzeitiger Beendigung spätestens dreißig Tage nach diesem Zeitpunkt zusammen. Sie wird von dem Präsidenten des Bundestages einberufen.

(5) Nach Ablauf der Wahlperiode beginnt die Frist des Absatzes 4 Satz 1 mit dem ersten Zusammentritt des Bundestages.

(6) Gewählt ist, wer die Stimmen der Mehrheit der Mitglieder der Bundesversammlung erhält. Wird diese Mehrheit in zwei Wahlgängen von keinem Bewerber erreicht, so ist gewählt, wer in einem weiteren Wahlgang die meisten Stimmen auf sich vereinigt.

(7) Das Nähere regelt ein Bundesgesetz.

Artikel 55

(1) Der Bundespräsident darf weder der Regierung noch einer gesetzgebenden Körperschaft des Bundes oder eines Landes angehören.

(2) Der Bundespräsident darf kein anderes besoldetes Amt, kein Gewerbe und keinen Beruf ausüben und weder der Leitung noch dem Aufsichtsrate eines auf Erwerb gerichteten Unternehmens angehören.

Artikel 56

Der Bundespräsident leistet bei seinem Amtsantritt vor den versammelten Mitgliedern des Bundestages und des Bundesrates folgenden Eid: »Ich schwöre, daß ich meine Kraft dem Wohle des deutschen Volkes widmen, seinen Nutzen mehren, Schaden von ihm wenden, das Grundgesetz und die Gesetze des Bundes wahren und verteidigen, meine Pflichten gewissenhaft erfüllen und Gerechtigkeit gegen jedermann üben werde. So wahr mir Gott helfe.« Der Eid kann auch ohne religiöse Beteuerung geleistet werden.

Artikel 57

Die Befugnisse des Bundespräsidenten werden im Falle seiner Verhinderung oder bei vorzeitiger Erledigung des Amtes durch den Präsidenten des Bundesrates wahrgenommen.

Artikel 58

Anordnungen und Verfügungen des Bundespräsidenten bedürfen zu ihrer Gültigkeit der Gegenzeichnung durch den Bundeskanzler oder durch den zuständigen Bundesminister. Dies gilt nicht für die Ernennung und Entlassung des Bundeskanzlers, die Auflösung des Bundestages gemäß Artikel 63 und das Ersuchen gemäß Artikel 69 Abs. 3.

Artikel 59

(1) Der Bundespräsident vertritt den Bund völkerrechtlich. Er schließt im Namen des Bundes die Verträge mit auswärtigen Staaten. Er beglaubigt und empfängt die Gesandten.

(2) Verträge, welche die politischen Beziehungen des Bundes regeln oder sich auf Gegenstände der Bundesgesetzgebung beziehen, bedürfen der Zustimmung oder der Mitwirkung der jeweils für die Bundesgesetzgebung zuständigen Körperschaften in der Form eines Bundesgesetzes. Für Verwaltungsabkommen gelten die Vorschriften über die Bundesverwaltung entsprechend.

Artikel 59a

(weggefallen)

Artikel 60

(1) Der Bundespräsident ernennt und entläßt die Bundesrichter, die Bundesbeamten, die Offiziere und Unteroffiziere, soweit gesetzlich nichts anderes bestimmt ist.

(2) Er übt im Einzelfalle für den Bund das Begnadigungsrecht aus.

(3) Er kann diese Befugnisse auf andere Behörden übertragen.

(4) Die Absätze 2 bis 4 des Artikels 46 finden auf den Bundespräsidenten entsprechende Anwendung.

Artikel 61

(1) Der Bundestag oder der Bundesrat können den Bundespräsidenten wegen vorsätzlicher Verletzung des Grundgesetzes oder eines anderen Bundesgesetzes vor dem Bundesverfassungsgericht anklagen. Der Antrag auf Erhebung der Anklage muß von mindestens einem Viertel der Mitglieder des Bundestages oder einem Viertel der Stimmen des Bundesrates gestellt werden. Der Beschluß auf Erhebung der Anklage bedarf der Mehrheit von zwei Dritteln der Mitglieder des Bundestages oder von zwei

Dritteln der Stimmen des Bundesrates. Die Anklage wird von einem Beauftragten der anklagenden Körperschaft vertreten.

(2) Stellt das Bundesverfassungsgericht fest, daß der Bundespräsident einer vorsätzlichen Verletzung des Grundgesetzes oder eines anderen Bundesgesetzes schuldig ist, so kann es ihn des Amtes für verlustig erklären. Durch einstweilige Anordnung kann es nach der Erhebung der Anklage bestimmen, daß er an der Ausübung seines Amtes verhindert ist.

VI. Die Bundesregierung

Artikel 62

Die Bundesregierung besteht aus dem Bundeskanzler und aus den Bundesministern.

Artikel 63

(1) Der Bundeskanzler wird auf Vorschlag des Bundespräsidenten vom Bundestage ohne Aussprache gewählt.

(2) Gewählt ist, wer die Stimmen der Mehrheit der Mitglieder des Bundestages auf sich vereinigt. Der Gewählte ist vom Bundespräsidenten zu ernennen.

(3) Wird der Vorgeschlagene nicht gewählt, so kann der Bundestag binnen vierzehn Tagen nach dem Wahlgange mit mehr als der Hälfte seiner Mitglieder einen Bundeskanzler wählen.

(4) Kommt eine Wahl innerhalb dieser Frist nicht zustande, so findet unverzüglich ein neuer Wahlgang statt, in dem gewählt ist, wer die meisten Stimmen erhält. Vereinigt der Gewählte die Stimmen der Mehrheit der Mitglieder des Bundestages auf sich, so muß der Bundespräsident ihn binnen sieben Tagen nach der Wahl ernennen. Erreicht der Gewählte diese Mehrheit nicht, so hat der Bundespräsident binnen sieben Tagen entweder ihn zu ernennen oder den Bundestag aufzulösen.

Artikel 64

(1) Die Bundesminister werden auf Vorschlag des Bundeskanzlers vom Bundespräsidenten ernannt und entlassen.

(2) Der Bundeskanzler und die Bundesminister leisten bei der Amtsübernahme vor dem Bundestage den in Artikel 56 vorgesehenen Eid.

Artikel 65

Der Bundeskanzler bestimmt die Richtlinien der Politik und trägt dafür die Verantwortung. Innerhalb dieser Richtlinien leitet jeder Bundesminister seinen Geschäftsbereich selbständig und unter eigener Verantwortung. Über Meinungsverschiedenheiten zwischen den Bundesministern entscheidet die Bundesregierung. Der

Bundeskanzler leitet ihre Geschäfte nach einer von der Bundesregierung beschlossenen und vom Bundespräsidenten genehmigten Geschäftsordnung.

Artikel 65a

(1) Der Bundesminister für Verteidigung hat die Befehls- und Kommandogewalt über die Streitkräfte.

(2) (weggefallen)

Artikel 66

Der Bundeskanzler und die Bundesminister dürfen kein anderes besoldetes Amt, kein Gewerbe und keinen Beruf ausüben und weder der Leitung noch ohne Zustimmung des Bundestages dem Aufsichtsrate eines auf Erwerb gerichteten Unternehmens angehören.

Artikel 67

(1) Der Bundestag kann dem Bundeskanzler das Mißtrauen nur dadurch aussprechen, daß er mit der Mehrheit seiner Mitglieder einen Nachfolger wählt und den Bundespräsidenten ersucht, den Bundeskanzler zu entlassen. Der Bundespräsident muß dem Ersuchen entsprechen und den Gewählten ernennen.

(2) Zwischen dem Antrage und der Wahl müssen achtundvierzig Stunden liegen.

Artikel 68

(1) Findet ein Antrag des Bundeskanzlers, ihm das Vertrauen auszusprechen, nicht die Zustimmung der Mehrheit der Mitglieder des Bundestages, so kann der Bundespräsident auf Vorschlag des Bundeskanzlers binnen einundzwanzig Tagen den Bundestag auflösen. Das Recht zur Auflösung erlischt, sobald der Bundestag mit der Mehrheit seiner Mitglieder einen anderen Bundeskanzler wählt.

(2) Zwischen dem Antrage und der Abstimmung müssen achtundvierzig Stunden liegen.

Artikel 69

(1) Der Bundeskanzler ernennt einen Bundesminister zu seinem Stellvertreter.

(2) Das Amt des Bundeskanzlers oder eines Bundesministers endigt in jedem Falle mit dem Zusammentritt eines neuen Bundestages, das Amt eines Bundesministers auch mit jeder anderen Erledigung des Amtes des Bundeskanzlers.

(3) Auf Ersuchen des Bundespräsidenten ist der Bundeskanzler, auf Ersuchen des Bundeskanzlers oder des Bundespräsidenten ein Bundesminister verpflichtet, die Geschäfte bis zur Ernennung seines Nachfolgers weiterzuführen.

VII. Die Gesetzgebung des Bundes

Artikel 70

(1) Die Länder haben das Recht der Gesetzgebung, soweit dieses Grundgesetz nicht dem Bunde Gesetzgebungsbefugnisse verleiht.

(2) Die Abgrenzung der Zuständigkeit zwischen Bund und Ländern bemißt sich nach den Vorschriften dieses Grundgesetzes über die ausschließliche und die konkurrierende Gesetzgebung.

Artikel 71

Im Bereiche der ausschließlichen Gesetzgebung des Bundes haben die Länder die Befugnis zur Gesetzgebung nur, wenn und soweit sie hierzu in einem Bundesgesetze ausdrücklich ermächtigt werden.

Artikel 72

(1) Im Bereich der konkurrierenden Gesetzgebung haben die Länder die Befugnis zur Gesetzgebung, solange und soweit der Bund von seiner Gesetzgebungszuständigkeit nicht durch Gesetz Gebrauch gemacht hat.

(2) Auf den Gebieten des Artikels 74 Abs. 1 Nr. 4, 7, 11, 13, 15, 19a, 20, 22, 25 und 26 hat der Bund das Gesetzgebungsrecht, wenn und soweit die Herstellung gleichwertiger Lebensverhältnisse im Bundesgebiet oder die Wahrung der Rechts- oder Wirtschaftseinheit im gesamtstaatlichen Interesse eine bundesgesetzliche Regelung erforderlich macht.

(3) Hat der Bund von seiner Gesetzgebungszuständigkeit Gebrauch gemacht, können die Länder durch Gesetz hiervon abweichende Regelungen treffen über:
1. das Jagdwesen (ohne das Recht der Jagdscheine);
2. den Naturschutz und die Landschaftspflege (ohne die allgemeinen Grundsätze des Naturschutzes, das Recht des Artenschutzes oder des Meeresnaturschutzes);
3. die Bodenverteilung;
4. die Raumordnung;
5. den Wasserhaushalt (ohne stoff- oder anlagenbezogene Regelungen);
6. die Hochschulzulassung und die Hochschulabschlüsse.

Bundesgesetze auf diesen Gebieten treten frühestens sechs Monate nach ihrer Verkündung in Kraft, soweit nicht mit Zustimmung des Bundesrates anderes bestimmt ist. Auf den Gebieten des Satzes 1 geht im Verhältnis von Bundes- und Landesrecht das jeweils spätere Gesetz vor.

(4) Durch Bundesgesetz kann bestimmt werden, daß eine bundesgesetzliche Regelung, für die eine Erforderlichkeit im Sinne des Absatzes 2 nicht mehr besteht, durch Landesrecht ersetzt werden kann.

Artikel 73

(1) Der Bund hat die ausschließliche Gesetzgebung über:

1. die auswärtigen Angelegenheiten sowie die Verteidigung einschließlich des Schutzes der Zivilbevölkerung;
2. die Staatsangehörigkeit im Bunde;
3. die Freizügigkeit, das Paßwesen, das Melde- und Ausweiswesen, die Ein- und Auswanderung und die Auslieferung;
4. das Währungs-, Geld- und Münzwesen, Maße und Gewichte sowie die Zeitbestimmung;
5. die Einheit des Zoll- und Handelsgebietes, die Handels- und Schiffahrtsverträge, die Freizügigkeit des Warenverkehrs und den Waren- und Zahlungsverkehr mit dem Auslande einschließlich des Zoll- und Grenzschutzes;
5a. den Schutz deutschen Kulturgutes gegen Abwanderung ins Ausland;
6. den Luftverkehr;
6a. den Verkehr von Eisenbahnen, die ganz oder mehrheitlich im Eigentum des Bundes stehen (Eisenbahnen des Bundes), den Bau, die Unterhaltung und das Betreiben von Schienenwegen der Eisenbahnen des Bundes sowie die Erhebung von Entgelten für die Benutzung dieser Schienenwege;
7. das Postwesen und die Telekommunikation;
8. die Rechtsverhältnisse der im Dienste des Bundes und der bundesunmittelbaren Körperschaften des öffentlichen Rechtes stehenden Personen;
9. den gewerblichen Rechtsschutz, das Urheberrecht und das Verlagsrecht;
9a. die Abwehr von Gefahren des internationalen Terrorismus durch das Bundeskriminalpolizeiamt in Fällen, in denen eine länderübergreifende Gefahr vorliegt, die Zuständigkeit einer Landespolizeibehörde nicht erkennbar ist oder die oberste Landesbehörde um eine Übernahme ersucht;
10. die Zusammenarbeit des Bundes und der Länder
    a) in der Kriminalpolizei,
    b) zum Schutze der freiheitlichen demokratischen Grundordnung, des Bestandes und der Sicherheit des Bundes oder eines Landes (Verfassungsschutz) und
    c) zum Schutze gegen Bestrebungen im Bundesgebiet, die durch Anwendung von Gewalt oder darauf gerichtete Vorbereitungshandlungen auswärtige Belange der Bundesrepublik Deutschland gefährden,
    sowie die Einrichtung eines Bundeskriminalpolizeiamtes und die internationale Verbrechensbekämpfung;
11. die Statistik für Bundeszwecke;
12. das Waffen- und das Sprengstoffrecht;
13. die Versorgung der Kriegsbeschädigten und Kriegshinterbliebenen und die Fürsorge für die ehemaligen Kriegsgefangenen;
14. die Erzeugung und Nutzung der Kernenergie zu friedlichen Zwecken, die Errichtung und den Betrieb von Anlagen, die diesen Zwecken dienen, den Schutz gegen Gefahren, die bei Freiwerden von Kernenergie oder durch ionisierende Strahlen entstehen, und die Beseitigung radioaktiver Stoffe.

(2) Gesetze nach Absatz 1 Nr. 9a bedürfen der Zustimmung des Bundesrates.

Artikel 74

(1) Die konkurrierende Gesetzgebung erstreckt sich auf folgende Gebiete:
1. das bürgerliche Recht, das Strafrecht, die Gerichtsverfassung, das gerichtliche Verfahren (ohne das Recht des Untersuchungshaftvollzugs), die Rechtsanwaltschaft, das Notariat und die Rechtsberatung;
2. das Personenstandswesen;
3. das Vereinsrecht;
4. das Aufenthalts- und Niederlassungsrecht der Ausländer;
5. (weggefallen)
6. die Angelegenheiten der Flüchtlinge und Vertriebenen;
7. die öffentliche Fürsorge (ohne das Heimrecht);
8. (weggefallen)
9. die Kriegsschäden und die Wiedergutmachung;
10. die Kriegsgräber und Gräber anderer Opfer des Krieges und Opfer von Gewaltherrschaft;
11. das Recht der Wirtschaft (Bergbau, Industrie, Energiewirtschaft, Handwerk, Gewerbe, Handel, Bank und Börsenwesen, privatrechtliches Versicherungswesen) ohne das Recht des Ladenschlusses, der Gaststätten, der Spielhallen, der Schaustellung von Personen, der Messen, der Ausstellungen und der Märkte;
12. das Arbeitsrecht einschließlich der Betriebsverfassung, des Arbeitsschutzes und der Arbeitsvermittlung sowie die Sozialversicherung einschließlich der Arbeitslosenversicherung;
13. die Regelung der Ausbildungsbeihilfen und die Förderung der wissenschaftlichen Forschung;
14. das Recht der Enteignung, soweit sie auf den Sachgebieten der Artikel 73 und 74 in Betracht kommt;
15. die Überführung von Grund und Boden, von Naturschätzen und Produktionsmitteln in Gemeineigentum oder in andere Formen der Gemeinwirtschaft;
16. die Verhütung des Mißbrauchs wirtschaftlicher Machtstellung;
17. die Förderung der land- und forstwirtschaftlichen Erzeugung (ohne das Recht der Flurbereinigung), die Sicherung der Ernährung, die Ein- und Ausfuhr land- und forstwirtschaftlicher Erzeugnisse, die Hochsee- und Küstenfischerei und den Küstenschutz;
18. den städtebaulichen Grundstücksverkehr, das Bodenrecht (ohne das Recht der Erschließungsbeiträge) und das Wohngeldrecht, das Altschuldenhilferecht, das Wohnungsbauprämienrecht, das Bergarbeiterwohnungsbaurecht und das Bergmannssiedlungsrecht;
19. Maßnahmen gegen gemeingefährliche oder übertragbare Krankheiten bei Menschen und Tieren, Zulassung zu ärztlichen und anderen Heilberufen und zum Heilgewerbe, sowie das Recht des Apothekenwesens, der Arzneien, der Medizinprodukte, der Heilmittel, der Betäubungsmittel und der Gifte;

19a. die wirtschaftliche Sicherung der Krankenhäuser und die Regelung der Krankenhauspflegesätze;

20. das Recht der Lebensmittel einschließlich der ihrer Gewinnung dienenden Tiere, das Recht der Genussmittel, Bedarfsgegenstände und Futtermittel sowie den Schutz beim Verkehr mit land- und forstwirtschaftlichem Saat- und Pflanzgut, den Schutz der Pflanzen gegen Krankheiten und Schädlinge sowie den Tierschutz;

21. die Hochsee- und Küstenschiffahrt sowie die Seezeichen, die Binnenschiffahrt, den Wetterdienst, die Seewasserstraßen und die dem allgemeinen Verkehr dienenden Binnenwasserstraßen;

22. den Straßenverkehr, das Kraftfahrwesen, den Bau und die Unterhaltung von Landstraßen für den Fernverkehr sowie die Erhebung und Verteilung von Gebühren oder Entgelten für die Benutzung öffentlicher Straßen mit Fahrzeugen;

23. die Schienenbahnen, die nicht Eisenbahnen des Bundes sind, mit Ausnahme der Bergbahnen;

24. die Abfallwirtschaft, die Luftreinhaltung und die Lärmbekämpfung (ohne Schutz vor verhaltensbezogenem Lärm);

25. die Staatshaftung;

26. die medizinisch unterstützte Erzeugung menschlichen Lebens, die Untersuchung und die künstliche Veränderung von Erbinformationen sowie Regelungen zur Transplantation von Organen, Geweben und Zellen;

27. die Statusrechte und -pflichten der Beamten der Länder, Gemeinden und anderen Körperschaften des öffentlichen Rechts sowie der Richter in den Ländern mit Ausnahme der Laufbahnen, Besoldung und Versorgung;

28. das Jagdwesen;

29. den Naturschutz und die Landschaftspflege;

30. die Bodenverteilung;

31. die Raumordnung;

32. den Wasserhaushalt;

33. die Hochschulzulassung und die Hochschulabschlüsse.

(2) Gesetze nach Absatz 1 Nr. 25 und 27 bedürfen der Zustimmung des Bundesrates.

Artikel 74a und 75

(weggefallen)

Artikel 76

(1) Gesetzesvorlagen werden beim Bundestage durch die Bundesregierung, aus der Mitte des Bundestages oder durch den Bundesrat eingebracht.

(2) Vorlagen der Bundesregierung sind zunächst dem Bundesrat zuzuleiten. Der Bundesrat ist berechtigt, innerhalb von sechs Wochen zu diesen Vorlagen Stellung zu nehmen. Verlangt er aus wichtigem Grunde, insbesondere mit Rücksicht auf den Umfang einer Vorlage, eine Fristverlängerung, so beträgt die Frist neun Wochen.

Die Bundesregierung kann eine Vorlage, die sie bei der Zuleitung an den Bundesrat ausnahmsweise als besonders eilbedürftig bezeichnet hat, nach drei Wochen oder, wenn der Bundesrat ein Verlangen nach Satz 3 geäußert hat, nach sechs Wochen dem Bundestag zuleiten, auch wenn die Stellungnahme des Bundesrates noch nicht bei ihr eingegangen ist; sie hat die Stellungnahme des Bundesrates unverzüglich nach Eingang dem Bundestag nachzureichen. Bei Vorlagen zur Änderung dieses Grundgesetzes und zur Übertragung von Hoheitsrechten nach Artikel 23 oder Artikel 24 beträgt die Frist zur Stellungnahme neun Wochen; Satz 4 findet keine Anwendung.

(3) Vorlagen des Bundesrates sind dem Bundestag durch die Bundesregierung innerhalb von sechs Wochen zuzuleiten. Sie soll hierbei ihre Auffassung darlegen. Verlangt sie aus wichtigem Grunde, insbesondere mit Rücksicht auf den Umfang einer Vorlage, eine Fristverlängerung, so beträgt die Frist neun Wochen. Wenn der Bundesrat eine Vorlage ausnahmsweise als besonders eilbedürftig bezeichnet hat, beträgt die Frist drei Wochen oder, wenn die Bundesregierung ein Verlangen nach Satz 3 geäußert hat, sechs Wochen. Bei Vorlagen zur Änderung dieses Grundgesetzes und zur Übertragung von Hoheitsrechten nach Artikel 23 oder Artikel 24 beträgt die Frist neun Wochen; Satz 4 findet keine Anwendung. Der Bundestag hat über die Vorlagen in angemessener Frist zu beraten und Beschluß zu fassen.

Artikel 77

(1) Die Bundesgesetze werden vom Bundestage beschlossen. Sie sind nach ihrer Annahme durch den Präsidenten des Bundestages unverzüglich dem Bundesrate zuzuleiten.

(2) Der Bundesrat kann binnen drei Wochen nach Eingang des Gesetzesbeschlusses verlangen, daß ein aus Mitgliedern des Bundestages und des Bundesrates für die gemeinsame Beratung von Vorlagen gebildeter Ausschuß einberufen wird. Die Zusammensetzung und das Verfahren dieses Ausschusses regelt eine Geschäftsordnung, die vom Bundestag beschlossen wird und der Zustimmung des Bundesrates bedarf. Die in diesen Ausschuß entsandten Mitglieder des Bundesrates sind nicht an Weisungen gebunden. Ist zu einem Gesetze die Zustimmung des Bundesrates erforderlich, so können auch der Bundestag und die Bundesregierung die Einberufung verlangen. Schlägt der Ausschuß eine Änderung des Gesetzesbeschlusses vor, so hat der Bundestag erneut Beschluß zu fassen.

(2a) Soweit zu einem Gesetz die Zustimmung des Bundesrates erforderlich ist, hat der Bundesrat, wenn ein Verlangen nach Absatz 2 Satz 1 nicht gestellt oder das Vermittlungsverfahren ohne einen Vorschlag zur Änderung des Gesetzesbeschlusses beendet ist, in angemessener Frist über die Zustimmung Beschluß zu fassen.

(3) Soweit zu einem Gesetze die Zustimmung des Bundesrates nicht erforderlich ist, kann der Bundesrat, wenn das Verfahren nach Absatz 2 beendigt ist, gegen ein vom Bundestage beschlossenes Gesetz binnen zwei Wochen Einspruch einlegen. Die Einspruchsfrist beginnt im Falle des Absatzes 2 letzter Satz mit dem Eingange des vom Bundestage erneut gefaßten Beschlusses, in allen anderen Fällen mit dem Eingange

der Mitteilung des Vorsitzenden des in Absatz 2 vorgesehenen Ausschusses, daß das Verfahren vor dem Ausschusse abgeschlossen ist.

(4) Wird der Einspruch mit der Mehrheit der Stimmen des Bundesrates beschlossen, so kann er durch Beschluß der Mehrheit der Mitglieder des Bundestages zurückgewiesen werden. Hat der Bundesrat den Einspruch mit einer Mehrheit von mindestens zwei Dritteln seiner Stimmen beschlossen, so bedarf die Zurückweisung durch den Bundestag einer Mehrheit von zwei Dritteln, mindestens der Mehrheit der Mitglieder des Bundestages.

Artikel 78

Ein vom Bundestage beschlossenes Gesetz kommt zustande, wenn der Bundesrat zustimmt, den Antrag gemäß Artikel 77 Abs. 2 nicht stellt, innerhalb der Frist des Artikels 77 Abs. 3 keinen Einspruch einlegt oder ihn zurücknimmt oder wenn der Einspruch vom Bundestage überstimmt wird.

Artikel 79

(1) Das Grundgesetz kann nur durch ein Gesetz geändert werden, das den Wortlaut des Grundgesetzes ausdrücklich ändert oder ergänzt. Bei völkerrechtlichen Verträgen, die eine Friedensregelung, die Vorbereitung einer Friedensregelung oder den Abbau einer besatzungsrechtlichen Ordnung zum Gegenstand haben oder der Verteidigung der Bundesrepublik zu dienen bestimmt sind, genügt zur Klarstellung, daß die Bestimmungen des Grundgesetzes dem Abschluß und dem Inkraftsetzen der Verträge nicht entgegenstehen, eine Ergänzung des Wortlautes des Grundgesetzes, die sich auf diese Klarstellung beschränkt.

(2) Ein solches Gesetz bedarf der Zustimmung von zwei Dritteln der Mitglieder des Bundestages und zwei Dritteln der Stimmen des Bundesrates.

(3) Eine Änderung dieses Grundgesetzes, durch welche die Gliederung des Bundes in Länder, die grundsätzliche Mitwirkung der Länder bei der Gesetzgebung oder die in den Artikeln 1 und 20 niedergelegten Grundsätze berührt werden, ist unzulässig.

Artikel 80

(1) Durch Gesetz können die Bundesregierung, ein Bundesminister oder die Landesregierungen ermächtigt werden, Rechtsverordnungen zu erlassen. Dabei müssen Inhalt, Zweck und Ausmaß der erteilten Ermächtigung im Gesetze bestimmt werden. Die Rechtsgrundlage ist in der Verordnung anzugeben. Ist durch Gesetz vorgesehen, daß eine Ermächtigung weiter übertragen werden kann, so bedarf es zur Übertragung der Ermächtigung einer Rechtsverordnung.

(2) Der Zustimmung des Bundesrates bedürfen, vorbehaltlich anderweitiger bundesgesetzlicher Regelung, Rechtsverordnungen der Bundesregierung oder eines Bundesministers über Grundsätze und Gebühren für die Benutzung der Einrichtungen des Postwesens und der Telekommunikation, über die Grundsätze der Erhebung des

Entgelts für die Benutzung der Einrichtungen der Eisenbahnen des Bundes, über den Bau und Betrieb der Eisenbahnen, sowie Rechtsverordnungen auf Grund von Bundesgesetzen, die der Zustimmung des Bundesrates bedürfen oder die von den Ländern im Auftrage des Bundes oder als eigene Angelegenheit ausgeführt werden.

(3) Der Bundesrat kann der Bundesregierung Vorlagen für den Erlaß von Rechtsverordnungen zuleiten, die seiner Zustimmung bedürfen.

(4) Soweit durch Bundesgesetz oder auf Grund von Bundesgesetzen Landesregierungen ermächtigt werden, Rechtsverordnungen zu erlassen, sind die Länder zu einer Regelung auch durch Gesetz befugt.

Artikel 80a

(1) Ist in diesem Grundgesetz oder in einem Bundesgesetz über die Verteidigung einschließlich des Schutzes der Zivilbevölkerung bestimmt, daß Rechtsvorschriften nur nach Maßgabe dieses Artikels angewandt werden dürfen, so ist die Anwendung außer im Verteidigungsfalle nur zulässig, wenn der Bundestag den Eintritt des Spannungsfalles festgestellt oder wenn er der Anwendung besonders zugestimmt hat. Die Feststellung des Spannungsfalles und die besondere Zustimmung in den Fällen des Artikels 12a Abs. 5 Satz 1 und Abs. 6 Satz 2 bedürfen einer Mehrheit von zwei Dritteln der abgegebenen Stimmen.

(2) Maßnahmen auf Grund von Rechtsvorschriften nach Absatz 1 sind aufzuheben, wenn der Bundestag es verlangt.

(3) Abweichend von Absatz 1 ist die Anwendung solcher Rechtsvorschriften auch auf der Grundlage und nach Maßgabe eines Beschlusses zulässig, der von einem internationalen Organ im Rahmen eines Bündnisvertrages mit Zustimmung der Bundesregierung gefaßt wird. Maßnahmen nach diesem Absatz sind aufzuheben, wenn der Bundestag es mit der Mehrheit seiner Mitglieder verlangt.

Artikel 81

(1) Wird im Falle des Artikels 68 der Bundestag nicht aufgelöst, so kann der Bundespräsident auf Antrag der Bundesregierung mit Zustimmung des Bundesrates für eine Gesetzesvorlage den Gesetzgebungsnotstand erklären, wenn der Bundestag sie ablehnt, obwohl die Bundesregierung sie als dringlich bezeichnet hat. Das gleiche gilt, wenn eine Gesetzesvorlage abgelehnt worden ist, obwohl der Bundeskanzler mit ihr den Antrag des Artikels 68 verbunden hatte.

(2) Lehnt der Bundestag die Gesetzesvorlage nach Erklärung des Gesetzgebungsnotstandes erneut ab oder nimmt er sie in einer für die Bundesregierung als unannehmbar bezeichneten Fassung an, so gilt das Gesetz als zustande gekommen, soweit der Bundesrat ihm zustimmt. Das gleiche gilt, wenn die Vorlage vom Bundestage nicht innerhalb von vier Wochen nach der erneuten Einbringung verabschiedet wird.

(3) Während der Amtszeit eines Bundeskanzlers kann auch jede andere vom Bundestage abgelehnte Gesetzesvorlage innerhalb einer Frist von sechs Monaten nach

der ersten Erklärung des Gesetzgebungsnotstandes gemäß Absatz 1 und 2 verabschiedet werden. Nach Ablauf der Frist ist während der Amtszeit des gleichen Bundeskanzlers eine weitere Erklärung des Gesetzgebungsnotstandes unzulässig.

(4) Das Grundgesetz darf durch ein Gesetz, das nach Absatz 2 zustande kommt, weder geändert, noch ganz oder teilweise außer Kraft oder außer Anwendung gesetzt werden.

Artikel 82

(1) Die nach den Vorschriften dieses Grundgesetzes zustande gekommenen Gesetze werden vom Bundespräsidenten nach Gegenzeichnung ausgefertigt und im Bundesgesetzblatte verkündet. Rechtsverordnungen werden von der Stelle, die sie erläßt, ausgefertigt und vorbehaltlich anderweitiger gesetzlicher Regelung im Bundesgesetzblatte verkündet.

(2) Jedes Gesetz und jede Rechtsverordnung soll den Tag des Inkrafttretens bestimmen. Fehlt eine solche Bestimmung, so treten sie mit dem vierzehnten Tage nach Ablauf des Tages in Kraft, an dem das Bundesgesetzblatt ausgegeben worden ist.

VIII. Die Ausführung der Bundesgesetze und die Bundesverwaltung

Artikel 83

Die Länder führen die Bundesgesetze als eigene Angelegenheit aus, soweit dieses Grundgesetz nichts anderes bestimmt oder zuläßt.

Artikel 84

(1) Führen die Länder die Bundesgesetze als eigene Angelegenheit aus, so regeln sie die Einrichtung der Behörden und das Verwaltungsverfahren. Wenn Bundesgesetze etwas anderes bestimmen, können die Länder davon abweichende Regelungen treffen. Hat ein Land eine abweichende Regelung nach Satz 2 getroffen, treten in diesem Land hierauf bezogene spätere bundesgesetzliche Regelungen der Einrichtung der Behörden und des Verwaltungsverfahrens frühestens sechs Monate nach ihrer Verkündung in Kraft, soweit nicht mit Zustimmung des Bundesrates anderes bestimmt ist. Artikel 72 Abs. 3 Satz 3 gilt entsprechend. In Ausnahmefällen kann der Bund wegen eines besonderen Bedürfnisses nach bundeseinheitlicher Regelung das Verwaltungsverfahren ohne Abweichungsmöglichkeit für die Länder regeln. Diese Gesetze bedürfen der Zustimmung des Bundesrates. Durch Bundesgesetz dürfen Gemeinden und Gemeindeverbänden Aufgaben nicht übertragen werden.

(2) Die Bundesregierung kann mit Zustimmung des Bundesrates allgemeine Verwaltungsvorschriften erlassen.

(3) Die Bundesregierung übt die Aufsicht darüber aus, daß die Länder die Bundesgesetze dem geltenden Rechte gemäß ausführen. Die Bundesregierung kann zu die-

sem Zwecke Beauftragte zu den obersten Landesbehördenentsenden, mit deren Zustimmung und, falls diese Zustimmung versagt wird, mit Zustimmung des Bundesrates auch zu den nachgeordneten Behörden.

(4) Werden Mängel, die die Bundesregierung bei der Ausführung der Bundesgesetze in den Ländern festgestellt hat, nicht beseitigt, so beschließt auf Antrag der Bundesregierung oder des Landes der Bundesrat, ob das Land das Recht verletzt hat. Gegen den Beschluß des Bundesrates kann das Bundesverfassungsgericht angerufen werden.

(5) Der Bundesregierung kann durch Bundesgesetz, das der Zustimmung des Bundesrates bedarf, zur Ausführung von Bundesgesetzen die Befugnis verliehen werden, für besondere Fälle Einzelweisungen zu erteilen. Sie sind, außer wenn die Bundesregierung den Fall für dringlich erachtet, an die obersten Landesbehörden zu richten.

Artikel 85

(1) Führen die Länder die Bundesgesetze im Auftrage des Bundes aus, so bleibt die Einrichtung der Behörden Angelegenheit der Länder, soweit nicht Bundesgesetze mit Zustimmung des Bundesrates etwas anderes bestimmen. Durch Bundesgesetz dürfen Gemeinden und Gemeindeverbänden Aufgaben nicht übertragen werden.

(2) Die Bundesregierung kann mit Zustimmung des Bundesrates allgemeine Verwaltungsvorschriften erlassen. Sie kann die einheitliche Ausbildung der Beamten und Angestellten regeln. Die Leiter der Mittelbehörden sind mit ihrem Einvernehmen zu bestellen.

(3) Die Landesbehörden unterstehen den Weisungen der zuständigen obersten Bundesbehörden. Die Weisungen sind, außer wenn die Bundesregierung es für dringlich erachtet, an die obersten Landesbehörden zu richten. Der Vollzug der Weisung ist durch die obersten Landesbehörden sicherzustellen.

(4) Die Bundesaufsicht erstreckt sich auf Gesetzmäßigkeit und Zweckmäßigkeit der Ausführung. Die Bundesregierung kann zu diesem Zwecke Bericht und Vorlage der Akten verlangen und Beauftragte zu allen Behörden entsenden.

Artikel 86

Führt der Bund die Gesetze durch bundeseigene Verwaltung oder durch bundesunmittelbare Körperschaften oder Anstalten des öffentlichen Rechtes aus, so erläßt die Bundesregierung, soweit nicht das Gesetz Besonderes vorschreibt, die allgemeinen Verwaltungsvorschriften. Sie regelt, soweit das Gesetz nichts anderes bestimmt, die Einrichtung der Behörden.

Artikel 87

(1) In bundeseigener Verwaltung mit eigenem Verwaltungsunterbau werden geführt der Auswärtige Dienst, die Bundesfinanzverwaltung und nach Maßgabe des Artikels 89 die Verwaltung der Bundeswasserstraßen und der Schiffahrt. Durch Bundes-

gesetz können Bundesgrenzschutzbehörden, Zentralstellen für das polizeiliche Auskunfts- und Nachrichtenwesen, für die Kriminalpolizei und zur Sammlung von Unterlagen für Zwecke des Verfassungsschutzes und des Schutzes gegen Bestrebungen im Bundesgebiet, die durch Anwendung von Gewalt oder darauf gerichtete Vorbereitungshandlungen auswärtige Belange der Bundesrepublik Deutschland gefährden, eingerichtet werden.

(2) Als bundesunmittelbare Körperschaften des öffentlichen Rechtes werden diejenigen sozialen Versicherungsträger geführt, deren Zuständigkeitsbereich sich über das Gebiet eines Landes hinaus erstreckt. Soziale Versicherungsträger, deren Zuständigkeitsbereich sich über das Gebiet eines Landes, aber nicht über mehr als drei Länder hinaus erstreckt, werden abweichend von Satz 1 als landesunmittelbare Körperschaften des öffentlichen Rechtes geführt, wenn das aufsichtsführende Land durch die beteiligten Länder bestimmt ist.

(3) Außerdem können für Angelegenheiten, für die dem Bunde die Gesetzgebung zusteht, selbständige Bundesoberbehörden und neue bundesunmittelbare Körperschaften und Anstalten des öffentlichen Rechtes durch Bundesgesetz errichtet werden. Erwachsen dem Bunde auf Gebieten, für die ihm die Gesetzgebung zusteht, neue Aufgaben, so können bei dringendem Bedarf bundeseigene Mittel- und Unterbehörden mit Zustimmung des Bundesrates und der Mehrheit der Mitglieder des Bundestages errichtet werden.

Artikel 87a

(1) Der Bund stellt Streitkräfte zur Verteidigung auf. Ihre zahlenmäßige Stärke und die Grundzüge ihrer Organisation müssen sich aus dem Haushaltsplan ergeben.

(2) Außer zur Verteidigung dürfen die Streitkräfte nur eingesetzt werden, soweit dieses Grundgesetz es ausdrücklich zuläßt.

(3) Die Streitkräfte haben im Verteidigungsfalle und im Spannungsfalle die Befugnis, zivile Objekte zu schützen und Aufgaben der Verkehrsregelung wahrzunehmen, soweit dies zur Erfüllung ihres Verteidigungsauftrages erforderlich ist. Außerdem kann den Streitkräften im Verteidigungsfalle und im Spannungsfalle der Schutz ziviler Objekte auch zur Unterstützung polizeilicher Maßnahmen übertragen werden; die Streitkräfte wirken dabei mit den zuständigen Behörden zusammen.

(4) Zur Abwehr einer drohenden Gefahr für den Bestand oder die freiheitliche demokratische Grundordnung des Bundes oder eines Landes kann die Bundesregierung, wenn die Voraussetzungen des Artikels 91 Abs. 2 vorliegen und die Polizeikräfte sowie der Bundesgrenzschutz nicht ausreichen, Streitkräfte zur Unterstützung der Polizei und des Bundesgrenzschutzes beim Schutze von zivilen Objekten und bei der Bekämpfung organisierter und militärisch bewaffneter Aufständischer einsetzen. Der Einsatz von Streitkräften ist einzustellen, wenn der Bundestag oder der Bundesrat es verlangen.

Artikel 87b

(1) Die Bundeswehrverwaltung wird in bundeseigener Verwaltung mit eigenem Verwaltungsunterbau geführt. Sie dient den Aufgaben des Personalwesens und der unmittelbaren Deckung des Sachbedarfs der Streitkräfte. Aufgaben der Beschädigtenversorgung und des Bauwesens können der Bundeswehrverwaltung nur durch Bundesgesetz, das der Zustimmung des Bundesrates bedarf, übertragen werden. Der Zustimmung des Bundesrates bedürfen ferner Gesetze, soweit sie die Bundeswehrverwaltung zu Eingriffen in Rechte Dritter ermächtigen; das gilt nicht für Gesetze auf dem Gebiete des Personalwesens.

(2) Im Übrigen können Bundesgesetze, die der Verteidigung einschließlich des Wehrersatzwesens und des Schutzes der Zivilbevölkerung dienen, mit Zustimmung des Bundesrates bestimmen, daß sie ganz oder teilweise in bundeseigener Verwaltung mit eigenem Verwaltungsunterbau oder von den Ländern im Auftrage des Bundes ausgeführt werden. Werden solche Gesetze von den Ländern im Auftrage des Bundes ausgeführt, so können sie mit Zustimmung des Bundesrates bestimmen, daß die der Bundesregierung und den zuständigen obersten Bundesbehörden auf Grund des Artikels 85 zustehenden Befugnisse ganz oder teilweise Bundesoberbehörden übertragen werden; dabei kann bestimmt werden, daß diese Behörden beim Erlaß allgemeiner Verwaltungsvorschriften gemäß Artikel 85 Abs. 2 Satz 1 nicht der Zustimmung des Bundesrates bedürfen.

Artikel 87c

Gesetze, die auf Grund des Artikels 73 Abs. 1 Nr. 14 ergehen, können mit Zustimmung des Bundesrates bestimmen, daß sie von den Ländern im Auftrage des Bundes ausgeführt werden.

Artikel 87d

(1) Die Luftverkehrsverwaltung wird in Bundesverwaltung geführt. Aufgaben der Flugsicherung können auch durch ausländische Flugsicherungsorganisationen wahrgenommen werden, die nach Recht der Europäischen Gemeinschaft zugelassen sind. Das Nähere regelt ein Bundesgesetz.

(2) Durch Bundesgesetz, das der Zustimmung des Bundesrates bedarf, können Aufgaben der Luftverkehrsverwaltung den Ländern als Auftragsverwaltung übertragen werden.

Artikel 87e

(1) Die Eisenbahnverkehrsverwaltung für Eisenbahnen des Bundes wird in bundeseigener Verwaltung geführt. Durch Bundesgesetz können Aufgaben der Eisenbahnverkehrsverwaltung den Ländern als eigene Angelegenheit übertragen werden.

(2) Der Bund nimmt die über den Bereich der Eisenbahnen des Bundes hinausgehenden Aufgaben der Eisenbahnverkehrsverwaltung wahr, die ihm durch Bundesgesetz übertragen werden.

(3) Eisenbahnen des Bundes werden als Wirtschaftsunternehmen in privat-rechtlicher Form geführt. Diese stehen im Eigentum des Bundes, soweit die Tätigkeit des Wirtschaftsunternehmens den Bau, die Unterhaltung und das Betreiben von Schienenwegen umfaßt. Die Veräußerung von Anteilen des Bundes an den Unternehmen nach Satz 2 erfolgt auf Grund eines Gesetzes; die Mehrheit der Anteile an diesen Unternehmen verbleibt beim Bund. Das Nähere wird durch Bundesgesetz geregelt.

(4) Der Bund gewährleistet, daß dem Wohl der Allgemeinheit, insbesondere den Verkehrsbedürfnissen, beim Ausbau und Erhalt des Schienennetzes der Eisenbahnen des Bundes sowie bei deren Verkehrsangeboten auf diesem Schienennetz, soweit diese nicht den Schienenpersonennahverkehr betreffen, Rechnung getragen wird. Das Nähere wird durch Bundesgesetz geregelt.

(5) Gesetze auf Grund der Absätze 1 bis 4 bedürfen der Zustimmung des Bundesrates. Der Zustimmung des Bundesrates bedürfen ferner Gesetze, die die Auflösung, die Verschmelzung und die Aufspaltung von Eisenbahnunternehmen des Bundes, die Übertragung von Schienenwegen der Eisenbahnen des Bundes an Dritte sowie die Stillegung von Schienenwegen der Eisenbahnen des Bundes regeln oder Auswirkungen auf den Schienenpersonennahverkehr haben.

Artikel 87f

(1) Nach Maßgabe eines Bundesgesetzes, das der Zustimmung des Bundesrates bedarf, gewährleistet der Bund im Bereich des Postwesens und der Telekommunikation flächendeckend angemessene und ausreichende Dienstleistungen.

(2) Dienstleistungen im Sinne des Absatzes 1 werden als privatwirtschaftliche Tätigkeiten durch die aus dem Sondervermögen Deutsche Bundespost hervorgegangenen Unternehmen und durch andere private Anbieter erbracht. Hoheitsaufgaben im Bereich des Postwesens und der Telekommunikation werden in bundeseigener Verwaltung ausgeführt.

(3) Unbeschadet des Absatzes 2 Satz 2 führt der Bund in der Rechtsform einer bundesunmittelbaren Anstalt des öffentlichen Rechts einzelne Aufgaben in Bezug auf die aus dem Sondervermögen Deutsche Bundespost hervorgegangenen Unternehmen nach Maßgabe eines Bundesgesetzes aus.

Artikel 88

Der Bund errichtet eine Währungs- und Notenbank als Bundesbank. Ihre Aufgaben und Befugnisse können im Rahmen der Europäischen Union der Europäischen Zentralbank übertragen werden, die unabhängig ist und dem vorrangigen Ziel der Sicherung der Preisstabilität verpflichtet.

Artikel 89

(1) Der Bund ist Eigentümer der bisherigen Reichswasserstraßen.

(2) Der Bund verwaltet die Bundeswasserstraßen durch eigene Behörden. Er nimmt die über den Bereich eines Landes hinausgehenden staatlichen Aufgaben der Binnenschiffahrt und die Aufgaben der Seeschiffahrt wahr, die ihm durch Gesetz übertragen werden. Er kann die Verwaltung von Bundeswasserstraßen, soweit sie im Gebiete eines Landes liegen, diesem Lande auf Antrag als Auftragsverwaltung übertragen. Berührt eine Wasserstraße das Gebiet mehrerer Länder, so kann der Bund das Land beauftragen, für das die beteiligten Länder es beantragen.

(3) Bei der Verwaltung, dem Ausbau und dem Neubau von Wasserstraßen sind die Bedürfnisse der Landeskultur und der Wasserwirtschaft im Einvernehmen mit den Ländern zu wahren.

Artikel 90

(1) Der Bund ist Eigentümer der bisherigen Reichsautobahnen und Reichsstraßen.

(2) Die Länder oder die nach Landesrecht zuständigen Selbstverwaltungskörperschaften verwalten die Bundesautobahnen und sonstigen Bundesstraßen des Fernverkehrs im Auftrage des Bundes.

(3) Auf Antrag eines Landes kann der Bund Bundesautobahnen und sonstige Bundesstraßen des Fernverkehrs, soweit sie im Gebiet dieses Landes liegen, in bundeseigene Verwaltung übernehmen.

Artikel 91

(1) Zur Abwehr einer drohenden Gefahr für den Bestand oder die freiheitliche demokratische Grundordnung des Bundes oder eines Landes kann ein Land Polizeikräfte anderer Länder sowie Kräfte und Einrichtungen anderer Verwaltungen und des Bundesgrenzschutzes anfordern.

(2) Ist das Land, in dem die Gefahr droht, nicht selbst zur Bekämpfung der Gefahr bereit oder in der Lage, so kann die Bundesregierung die Polizei in diesem Lande und die Polizeikräfte anderer Länder ihren Weisungen unterstellen sowie Einheiten des Bundesgrenzschutzes einsetzen. Die Anordnung ist nach Beseitigung der Gefahr, im übrigen jederzeit auf Verlangen des Bundesrates aufzuheben. Erstreckt sich die Gefahr auf das Gebiet mehr als eines Landes, so kann die Bundesregierung, soweit es zur wirksamen Bekämpfung erforderlich ist, den Landesregierungen Weisungen erteilen; Satz 1 und Satz 2 bleiben unberührt.

VIIIa. Gemeinschaftsaufgaben, Verwaltungszusammenarbeit

Artikel 91a

(1) Der Bund wirkt auf folgenden Gebieten bei der Erfüllung von Aufgaben der Länder mit, wenn diese Aufgaben für die Gesamtheit bedeutsam sind und die Mitwirkung des Bundes zur Verbesserung der Lebensverhältnisse erforderlich ist (Gemeinschaftsaufgaben):
1. Verbesserung der regionalen Wirtschaftsstruktur,
2. Verbesserung der Agrarstruktur und des Küstenschutzes.

(2) Durch Bundesgesetz mit Zustimmung des Bundesrates werden die Gemeinschaftsaufgaben sowie Einzelheiten der Koordinierung näher bestimmt.

(3) Der Bund trägt in den Fällen des Absatzes 1 Nr. 1 die Hälfte der Ausgaben in jedem Land. In den Fällen des Absatzes 1 Nr. 2 trägt der Bund mindestens die Hälfte; die Beteiligung ist für alle Länder einheitlich festzusetzen. Das Nähere regelt das Gesetz. Die Bereitstellung der Mittel bleibt der Feststellung in den Haushaltsplänen des Bundes und der Länder vorbehalten.

Artikel 91b

(1) Bund und Länder können auf Grund von Vereinbarungen in Fällen überregionaler Bedeutung bei der Förderung von Wissenschaft, Forschung und Lehre zusammenwirken. Vereinbarungen, die im Schwerpunkt Hochschulen betreffen, bedürfen der Zustimmung aller Länder. Dies gilt nicht für Vereinbarungen über Forschungsbauten einschließlich Großgeräten.

(2) Bund und Länder können auf Grund von Vereinbarungen zur Feststellung der Leistungsfähigkeit des Bildungswesens im internationalen Vergleich und bei diesbezüglichen Berichten und Empfehlungen zusammenwirken.

(3) Die Kostentragung wird in der Vereinbarung geregelt.

Artikel 91c

(1) Bund und Länder können bei der Planung, der Errichtung und dem Betrieb der für ihre Aufgabenerfüllung benötigten informationstechnischen Systeme zusammenwirken.

(2) Bund und Länder können auf Grund von Vereinbarungen die für die Kommunikation zwischen ihren informationstechnischen Systemen notwendigen Standards und Sicherheitsanforderungen festlegen. Vereinbarungen über die Grundlagen der Zusammenarbeit nach Satz 1 können für einzelne nach Inhalt und Ausmaß bestimmte Aufgaben vorsehen, dass nähere Regelungen bei Zustimmung einer in der Vereinbarung zu bestimmenden qualifizierten Mehrheit für Bund und Länder in Kraft treten. Sie bedürfen der Zustimmung des Bundestages und der Volksvertretun-

gen der beteiligten Länder; das Recht zur Kündigung dieser Vereinbarungen kann nicht ausgeschlossen werden. Die Vereinbarungen regeln auch die Kostentragung.

(3) Die Länder können darüber hinaus den gemeinschaftlichen Betrieb informationstechnischer Systeme sowie die Errichtung von dazu bestimmten Einrichtungen vereinbaren.

(4) Der Bund errichtet zur Verbindung der informationstechnischen Netze des Bundes und der Länder ein Verbindungsnetz. Das Nähere zur Errichtung und zum Betrieb des Verbindungsnetzes regelt ein Bundesgesetz mit Zustimmung des Bundesrates.

Artikel 91d

Bund und Länder können zur Feststellung und Förderung der Leistungsfähigkeit ihrer Verwaltungen Vergleichsstudien durchführen und die Ergebnisse veröffentlichen.

Artikel 91e

(1) Bei der Ausführung von Bundesgesetzen auf dem Gebiet der Grundsicherung für Arbeitsuchende wirken Bund und Länder oder die nach Landesrecht zuständigen Gemeinden und Gemeindeverbände in der Regel in gemeinsamen Einrichtungen zusammen.

(2) Der Bund kann zulassen, dass eine begrenzte Anzahl von Gemeinden und Gemeindeverbänden auf ihren Antrag und mit Zustimmung der obersten Landesbehörde die Aufgaben nach Absatz 1 allein wahrnimmt. Die notwendigen Ausgaben einschließlich der Verwaltungsausgaben trägt der Bund, soweit die Aufgaben bei einer Ausführung von Gesetzen nach Absatz 1 vom Bund wahrzunehmen sind.

(3) Das Nähere regelt ein Bundesgesetz, das der Zustimmung des Bundesrates bedarf.

IX. Die Rechtsprechung

Artikel 92

Die rechtsprechende Gewalt ist den Richtern anvertraut; sie wird durch das Bundesverfassungsgericht, durch die in diesem Grundgesetze vorgesehenen Bundesgerichte und durch die Gerichte der Länder ausgeübt.

Artikel 93

(1) Das Bundesverfassungsgericht entscheidet:
1. über die Auslegung dieses Grundgesetzes aus Anlaß von Streitigkeiten über den Umfang der Rechte und Pflichten eines obersten Bundesorgans oder anderer Beteiligter, die durch dieses Grundgesetz oder in der Geschäftsordnung eines obersten Bundesorgans mit eigenen Rechten ausgestattet sind;

2. bei Meinungsverschiedenheiten oder Zweifeln über die förmliche und sachliche Vereinbarkeit von Bundesrecht oder Landesrecht mit diesem Grundgesetze oder die Vereinbarkeit von Landesrecht mit sonstigem Bundesrechte auf Antrag der Bundesregierung, einer Landesregierung oder eines Viertels der Mitglieder des Bundestages;

2a. bei Meinungsverschiedenheiten, ob ein Gesetz den Voraussetzungen des Artikels 72 Abs. 2 entspricht, auf Antrag des Bundesrates, einer Landesregierung oder der Volksvertretung eines Landes;

3. bei Meinungsverschiedenheiten über Rechte und Pflichten des Bundes und der Länder, insbesondere bei der Ausführung von Bundesrecht durch die Länder und bei der Ausübung der Bundesaufsicht;

4. in anderen öffentlich-rechtlichen Streitigkeiten zwischen dem Bunde und den Ländern, zwischen verschiedenen Ländern oder innerhalb eines Landes, soweit nicht ein anderer Rechtsweg gegeben ist;

4a. über Verfassungsbeschwerden, die von jedermann mit der Behauptung erhoben werden können, durch die öffentliche Gewalt in einem seiner Grundrechte oder in einem seiner in Artikel 20 Abs. 4, 33, 38, 101, 103 und 104 enthaltenen Rechte verletzt zu sein;

4b. über Verfassungsbeschwerden von Gemeinden und Gemeindeverbänden wegen Verletzung des Rechts auf Selbstverwaltung nach Artikel 28 durch ein Gesetz, bei Landesgesetzen jedoch nur, soweit nicht Beschwerde beim Landesverfassungsgericht erhoben werden kann;

4c. über Beschwerden von Vereinigungen gegen ihre Nichtanerkennung als Partei für die Wahl zum Bundestag;

5. in den übrigen in diesem Grundgesetze vorgesehenen Fällen.

(2) Das Bundesverfassungsgericht entscheidet außerdem auf Antrag des Bundesrates, einer Landesregierung oder der Volksvertretung eines Landes, ob im Falle des Artikels 72 Abs. 4 die Erforderlichkeit für eine bundesgesetzliche Regelung nach Artikel 72 Abs. 2 nicht mehr besteht oder Bundesrecht in den Fällen des Artikels 125a Abs. 2 Satz 1 nicht mehr erlassen werden könnte. Die Feststellung, dass die Erforderlichkeit entfallen ist oder Bundesrecht nicht mehr erlassen werden könnte, ersetzt ein Bundesgesetz nach Artikel 72 Abs. 4 oder nach Artikel 125a Abs. 2 Satz 2. Der Antrag nach Satz 1 ist nur zulässig, wenn eine Gesetzesvorlage nach Artikel 72 Abs. 4 oder nach Artikel 125a Abs. 2 Satz 2 im Bundestag abgelehnt oder über sie nicht innerhalb eines Jahres beraten und Beschluss gefasst oder wenn eine entsprechende Gesetzesvorlage im Bundesrat abgelehnt worden ist.

(3) Das Bundesverfassungsgericht wird ferner in den ihm sonst durch Bundesgesetz zugewiesenen Fällen tätig.

Artikel 94

(1) Das Bundesverfassungsgericht besteht aus Bundesrichtern und anderen Mitgliedern. Die Mitglieder des Bundesverfassungsgerichtes werden je zur Hälfte vom Bundestage und vom Bundesrate gewählt. Sie dürfen weder dem Bundestage, dem Bun-

desrate, der Bundesregierung noch entsprechenden Organen eines Landes angehören.

(2) Ein Bundesgesetz regelt seine Verfassung und das Verfahren und bestimmt, in welchen Fällen seine Entscheidungen Gesetzeskraft haben. Es kann für Verfassungsbeschwerden die vorherige Erschöpfung des Rechtsweges zur Voraussetzung machen und ein besonderes Annahmeverfahren vorsehen.

Artikel 95

(1) Für die Gebiete der ordentlichen, der Verwaltungs-, der Finanz-, der Arbeits- und der Sozialgerichtsbarkeit errichtet der Bund als oberste Gerichtshöfe den Bundesgerichtshof, das Bundesverwaltungsgericht, den Bundesfinanzhof, das Bundesarbeitsgericht und das Bundessozialgericht.

(2) Über die Berufung der Richter dieser Gerichte entscheidet der für das jeweilige Sachgebiet zuständige Bundesminister gemeinsam mit einem Richterwahlausschuß, der aus den für das jeweilige Sachgebiet zuständigen Ministern der Länder und einer gleichen Anzahl von Mitgliedern besteht, die vom Bundestage gewählt werden.

(3) Zur Wahrung der Einheitlichkeit der Rechtsprechung ist ein Gemeinsamer Senat der in Absatz 1 genannten Gerichte zu bilden. Das Nähere regelt ein Bundesgesetz.

Artikel 96

(1) Der Bund kann für Angelegenheiten des gewerblichen Rechtsschutzes ein Bundesgericht errichten.

(2) Der Bund kann Wehrstrafgerichte für die Streitkräfte als Bundesgerichte errichten. Sie können die Strafgerichtsbarkeit nur im Verteidigungsfalle sowie über Angehörige der Streitkräfte ausüben, die in das Ausland entsandt oder an Bord von Kriegsschiffen eingeschifft sind. Das Nähere regelt ein Bundesgesetz. Diese Gerichte gehören zum Geschäftsbereich des Bundesjustizministers. Ihre hauptamtlichen Richter müssen die Befähigung zum Richteramt haben.

(3) Oberster Gerichtshof für die in Absatz 1 und 2 genannten Gerichte ist der Bundesgerichtshof.

(4) Der Bund kann für Personen, die zu ihm in einem öffentlich-rechtlichen Dienstverhältnis stehen, Bundesgerichte zur Entscheidung in Disziplinarverfahren und Beschwerdeverfahren errichten.

(5) Für Strafverfahren auf den folgenden Gebieten kann ein Bundesgesetz mit Zustimmung des Bundesrates vorsehen, dass Gerichte der Länder Gerichtsbarkeit des Bundes ausüben:
1. Völkermord;
2. völkerstrafrechtliche Verbrechen gegen die Menschlichkeit;
3. Kriegsverbrechen;

4. andere Handlungen, die geeignet sind und in der Absicht vorgenommen werden, das friedliche Zusammenleben der Völker zu stören (Artikel 26 Abs. 1);

5. Staatsschutz.

Artikel 97

(1) Die Richter sind unabhängig und nur dem Gesetze unterworfen.

(2) Die hauptamtlich und planmäßig endgültig angestellten Richter können wider ihren Willen nur kraft richterlicher Entscheidung und nur aus Gründen und unter den Formen, welche die Gesetze bestimmen, vor Ablauf ihrer Amtszeit entlassen oder dauernd oder zeitweise ihres Amtes enthoben oder an eine andere Stelle oder in den Ruhestand versetzt werden. Die Gesetzgebung kann Altersgrenzen festsetzen, bei deren Erreichung auf Lebenszeit angestellte Richter in den Ruhestand treten. Bei Veränderung der Einrichtung der Gerichte oder ihrer Bezirke können Richter an ein anderes Gericht versetzt oder aus dem Amte entfernt werden, jedoch nur unter Belassung des vollen Gehaltes.

Artikel 98

(1) Die Rechtsstellung der Bundesrichter ist durch besonderes Bundesgesetz zu regeln.

(2) Wenn ein Bundesrichter im Amte oder außerhalb des Amtes gegen die Grundsätze des Grundgesetzes oder gegen die verfassungsmäßige Ordnung eines Landes verstößt, so kann das Bundesverfassungsgericht mit Zweidrittelmehrheit auf Antrag des Bundestages anordnen, daß der Richter in ein anderes Amt oder in den Ruhestand zu versetzen ist. Im Falle eines vorsätzlichen Verstoßes kann auf Entlassung erkannt werden.

(3) Die Rechtsstellung der Richter in den Ländern ist durch besondere Landesgesetze zu regeln, soweit Artikel 74 Abs. 1 Nr. 27 nichts anderes bestimmt.

(4) Die Länder können bestimmen, daß über die Anstellung der Richter in den Ländern der Landesjustizminister gemeinsam mit einem Richterwahlausschuß entscheidet.

(5) Die Länder können für Landesrichter eine Absatz 2 entsprechende Regelung treffen. Geltendes Landesverfassungsrecht bleibt unberührt. Die Entscheidung über eine Richteranklage steht dem Bundesverfassungsgericht zu.

Artikel 99

Dem Bundesverfassungsgerichte kann durch Landesgesetz die Entscheidung von Verfassungsstreitigkeiten innerhalb eines Landes, den in Artikel 95 Abs. 1 genannten obersten Gerichtshöfen für den letzten Rechtszug die Entscheidung in solchen Sachen zugewiesen werden, bei denen es sich um die Anwendung von Landesrecht handelt.

Artikel 100

(1) Hält ein Gericht ein Gesetz, auf dessen Gültigkeit es bei der Entscheidung ankommt, für verfassungswidrig, so ist das Verfahren auszusetzen und, wenn es sich um die Verletzung der Verfassung eines Landes handelt, die Entscheidung des für Verfassungsstreitigkeiten zuständigen Gerichtes des Landes, wenn es sich um die Verletzung dieses Grundgesetzes handelt, die Entscheidung des Bundesverfassungsgerichtes einzuholen. Dies gilt auch, wenn es sich um die Verletzung dieses Grundgesetzes durch Landesrecht oder um die Unvereinbarkeit eines Landesgesetzes mit einem Bundesgesetze handelt.

(2) Ist in einem Rechtsstreite zweifelhaft, ob eine Regel des Völkerrechtes Bestandteil des Bundesrechtes ist und ob sie unmittelbar Rechte und Pflichten für den Einzelnen erzeugt (Artikel 25), so hat das Gericht die Entscheidung des Bundesverfassungsgerichtes einzuholen.

(3) Will das Verfassungsgericht eines Landes bei der Auslegung des Grundgesetzes von einer Entscheidung des Bundesverfassungsgerichtes oder des Verfassungsgerichtes eines anderen Landes abweichen, so hat das Verfassungsgericht die Entscheidung des Bundesverfassungsgerichtes einzuholen.

Artikel 101

(1) Ausnahmegerichte sind unzulässig. Niemand darf seinem gesetzlichen Richter entzogen werden.

(2) Gerichte für besondere Sachgebiete können nur durch Gesetz errichtet werden.

Artikel 102

Die Todesstrafe ist abgeschafft.

Artikel 103

(1) Vor Gericht hat jedermann Anspruch auf rechtliches Gehör.

(2) Eine Tat kann nur bestraft werden, wenn die Strafbarkeit gesetzlich bestimmt war, bevor die Tat begangen wurde.

(3) Niemand darf wegen derselben Tat auf Grund der allgemeinen Strafgesetze mehrmals bestraft werden.

Artikel 104

(1) Die Freiheit der Person kann nur auf Grund eines förmlichen Gesetzes und nur unter Beachtung der darin vorgeschriebenen Formen beschränkt werden. Festgehaltene Personen dürfen weder seelisch noch körperlich mißhandelt werden.

(2) Über die Zulässigkeit und Fortdauer einer Freiheitsentziehung hat nur der Richter zu entscheiden. Bei jeder nicht auf richterlicher Anordnung beruhenden Frei-

heitsentziehung ist unverzüglich eine richterliche Entscheidung herbeizuführen. Die Polizei darf aus eigener Machtvollkommenheit niemanden länger als bis zum Ende des Tages nach dem Ergreifen in eigenem Gewahrsam halten. Das Nähere ist gesetzlich zu regeln.

(3) Jeder wegen des Verdachtes einer strafbaren Handlung vorläufig Festgenommene ist spätestens am Tage nach der Festnahme dem Richter vorzuführen, der ihm die Gründe der Festnahme mitzuteilen, ihn zu vernehmen und ihm Gelegenheit zu Einwendungen zu geben hat. Der Richter hat unverzüglich entweder einen mit Gründen versehenen schriftlichen Haftbefehl zu erlassen oder die Freilassung anzuordnen.

(4) Von jeder richterlichen Entscheidung über die Anordnung oder Fortdauer einer Freiheitsentziehung ist unverzüglich ein Angehöriger des Festgehaltenen oder eine Person seines Vertrauens zu benachrichtigen.

X. Das Finanzwesen

Artikel 104a

(1) Der Bund und die Länder tragen gesondert die Ausgaben, die sich aus der Wahrnehmung ihrer Aufgaben ergeben, soweit dieses Grundgesetz nichts anderes bestimmt.

(2) Handeln die Länder im Auftrage des Bundes, trägt der Bund die sich daraus ergebenden Ausgaben.

(3) Bundesgesetze, die Geldleistungen gewähren und von den Ländern ausgeführt werden, können bestimmen, daß die Geldleistungen ganz oder zum Teil vom Bund getragen werden. Bestimmt das Gesetz, daß der Bund die Hälfte der Ausgaben oder mehr trägt, wird es im Auftrage des Bundes durchgeführt.

(4) Bundesgesetze, die Pflichten der Länder zur Erbringung von Geldleistungen, geldwerten Sachleistungen oder vergleichbaren Dienstleistungen gegenüber Dritten begründen und von den Ländern als eigene Angelegenheit oder nach Absatz 3 Satz 2 im Auftrag des Bundes ausgeführt werden, bedürfen der Zustimmung des Bundesrates, wenn daraus entstehende Ausgaben von den Ländern zu tragen sind.

(5) Der Bund und die Länder tragen die bei ihren Behörden entstehenden Verwaltungsausgaben und haften im Verhältnis zueinander für eine ordnungsmäßige Verwaltung. Das Nähere bestimmt ein Bundesgesetz, das der Zustimmung des Bundesrates bedarf.

(6) Bund und Länder tragen nach der innerstaatlichen Zuständigkeits- und Aufgabenverteilung die Lasten einer Verletzung von supranationalen oder völkerrechtlichen Verpflichtungen Deutschlands. In Fällen länderübergreifender Finanzkorrekturen der Europäischen Union tragen Bund und Länder diese Lasten im Verhältnis 15 zu 85. Die Ländergesamtheit trägt in diesen Fällen solidarisch 35 vom Hundert der Gesamtlasten entsprechend einem allgemeinen Schlüssel; 50 vom Hundert der

Gesamtlasten tragen die Länder, die die Lasten verursacht haben, anteilig entsprechend der Höhe der erhaltenen Mittel. Das Nähere regelt ein Bundesgesetz, das der Zustimmung des Bundesrates bedarf.

Artikel 104b

(1) Der Bund kann, soweit dieses Grundgesetz ihm Gesetzgebungsbefugnisse verleiht, den Ländern Finanzhilfen für besonders bedeutsame Investitionen der Länder und der Gemeinden (Gemeindeverbände) gewähren, die
1. zur Abwehr einer Störung des gesamtwirtschaftlichen Gleichgewichts oder
2. zum Ausgleich unterschiedlicher Wirtschaftskraft im Bundesgebiet oder
3. zur Förderung des wirtschaftlichen Wachstums
erforderlich sind. Abweichend von Satz 1 kann der Bund im Falle von Naturkatastrophen oder außergewöhnlichen Notsituationen, die sich der Kontrolle des Staates entziehen und die staatliche Finanzlage erheblich beeinträchtigen, auch ohne Gesetzgebungsbefugnisse Finanzhilfen gewähren.

(2) Das Nähere, insbesondere die Arten der zu fördernden Investitionen, wird durch Bundesgesetz, das der Zustimmung des Bundesrates bedarf, oder auf Grund des Bundeshaushaltsgesetzes durch Verwaltungsvereinbarung geregelt. Die Mittel sind befristet zu gewähren und hinsichtlich ihrer Verwendung in regelmäßigen Zeitabständen zu überprüfen. Die Finanzhilfen sind im Zeitablauf mit fallenden Jahresbeträgen zu gestalten.

(3) Bundestag, Bundesregierung und Bundesrat sind auf Verlangen über die Durchführung der Maßnahmen und die erzielten Verbesserungen zu unterrichten.

Artikel 105

(1) Der Bund hat die ausschließliche Gesetzgebung über die Zölle und Finanzmonopole.

(2) Der Bund hat die konkurrierende Gesetzgebung über die übrigen Steuern, wenn ihm das Aufkommen dieser Steuern ganz oder zum Teil zusteht oder die Voraussetzungen des Artikels 72 Abs. 2 vorliegen.

(2a) Die Länder haben die Befugnis zur Gesetzgebung über die örtlichen Verbrauch- und Aufwandsteuern, solange und soweit sie nicht bundesgesetzlich geregelten Steuern gleichartig sind. Sie haben die Befugnis zur Bestimmung des Steuersatzes bei der Grunderwerbsteuer.

(3) Bundesgesetze über Steuern, deren Aufkommen den Ländern oder den Gemeinden (Gemeindeverbänden) ganz oder zum Teil zufließt, bedürfen der Zustimmung des Bundesrates.

Artikel 106

(1) Der Ertrag der Finanzmonopole und das Aufkommen der folgenden Steuern stehen dem Bund zu:

1. die Zölle,
2. die Verbrauchsteuern, soweit sie nicht nach Absatz 2 den Ländern, nach Absatz 3 Bund und Ländern gemeinsam oder nach Absatz 6 den Gemeinden zustehen,
3. die Straßengüterverkehrsteuer, die Kraftfahrzeugsteuer und sonstige auf motorisierte Verkehrsmittel bezogene Verkehrsteuern,
4. die Kapitalverkehrsteuern, die Versicherungsteuer und die Wechselsteuer,
5. die einmaligen Vermögensabgaben und die zur Durchführung des Lastenausgleichs erhobenen Ausgleichsabgaben,
6. die Ergänzungsabgabe zur Einkommensteuer und zur Körperschaftsteuer,
7. Abgaben im Rahmen der Europäischen Gemeinschaften.

(2) Das Aufkommen der folgenden Steuern steht den Ländern zu:
1. die Vermögensteuer,
2. die Erbschaftsteuer,
3. die Verkehrsteuern, soweit sie nicht nach Absatz 1 dem Bund oder nach Absatz 3 Bund und Ländern gemeinsam zustehen,
4. die Biersteuer,
5. die Abgabe von Spielbanken.

(3) Das Aufkommen der Einkommensteuer, der Körperschaftsteuer und der Umsatzsteuer steht dem Bund und den Ländern gemeinsam zu (Gemeinschaftsteuern), soweit das Aufkommen der Einkommensteuer nicht nach Absatz 5 und das Aufkommen der Umsatzsteuer nicht nach Absatz 5a den Gemeinden zugewiesen wird. Am Aufkommen der Einkommensteuer und der Körperschaftsteuer sind der Bund und die Länder je zur Hälfte beteiligt. Die Anteile von Bund und Ländern an der Umsatzsteuer werden durch Bundesgesetz, das der Zustimmung des Bundesrates bedarf, festgesetzt. Bei der Festsetzung ist von folgenden Grundsätzen auszugehen:
1. Im Rahmen der laufenden Einnahmen haben der Bund und die Länder gleichmäßig Anspruch auf Deckung ihrer notwendigen Ausgaben. Dabei ist der Umfang der Ausgaben unter Berücksichtigung einer mehrjährigen Finanzplanung zu ermitteln.
2. Die Deckungsbedürfnisse des Bundes und der Länder sind so aufeinander abzustimmen, daß ein billiger Ausgleich erzielt, eine Überbelastung der Steuerpflichtigen vermieden und die Einheitlichkeit der Lebensverhältnisse im Bundesgebiet gewahrt wird.

Zusätzlich werden in die Festsetzung der Anteile von Bund und Ländern an der Umsatzsteuer Steuermindereinnahmen einbezogen, die den Ländern ab 1. Januar 1996 aus der Berücksichtigung von Kindern im Einkommensteuerrecht entstehen. Das Nähere bestimmt das Bundesgesetz nach Satz 3.

(4) Die Anteile von Bund und Ländern an der Umsatzsteuer sind neu festzusetzen, wenn sich das Verhältnis zwischen den Einnahmen und Ausgaben des Bundes und der Länder wesentlich anders entwickelt; Steuermindereinnahmen, die nach Absatz 3 Satz 5 in die Festsetzung der Umsatzsteueranteile zusätzlich einbezogen werden, bleiben hierbei unberücksichtigt. Werden den Ländern durch Bundesgesetz zusätzliche Ausgaben auferlegt oder Einnahmen entzogen, so kann die Mehrbelastung durch

Bundesgesetz, das der Zustimmung des Bundesrates bedarf, auch mit Finanzzuweisungen des Bundes ausgeglichen werden, wenn sie auf einen kurzen Zeitraum begrenzt ist. In dem Gesetz sind die Grundsätze für die Bemessung dieser Finanzzuweisungen und für ihre Verteilung auf die Länder zu bestimmen.

(5) Die Gemeinden erhalten einen Anteil an dem Aufkommen der Einkommensteuer, der von den Ländern an ihre Gemeinden auf der Grundlage der Einkommensteuerleistungen ihrer Einwohner weiterzuleiten ist. Das Nähere bestimmt ein Bundesgesetz, das der Zustimmung des Bundesrates bedarf. Es kann bestimmen, daß die Gemeinden Hebesätze für den Gemeindeanteil festsetzen.

(5a) Die Gemeinden erhalten ab dem 1. Januar 1998 einen Anteil an dem Aufkommen der Umsatzsteuer. Er wird von den Ländern auf der Grundlage eines orts- und wirtschaftsbezogenen Schlüssels an ihre Gemeinden weitergeleitet. Das Nähere wird durch Bundesgesetz, das der Zustimmung des Bundesrates bedarf, bestimmt.

(6) Das Aufkommen der Grundsteuer und Gewerbesteuer steht den Gemeinden, das Aufkommen der örtlichen Verbrauch- und Aufwandsteuern steht den Gemeinden oder nach Maßgabe der Landesgesetzgebung den Gemeindeverbänden zu. Den Gemeinden ist das Recht einzuräumen, die Hebesätze der Grundsteuer und Gewerbesteuer im Rahmen der Gesetze festzusetzen. Bestehen in einem Land keine Gemeinden, so steht das Aufkommen der Grundsteuer und Gewerbesteuer sowie der örtlichen Verbrauch- und Aufwandsteuern dem Land zu. Bund und Länder können durch eine Umlage an dem Aufkommen der Gewerbesteuer beteiligt werden. Das Nähere über die Umlage bestimmt ein Bundesgesetz, das der Zustimmung des Bundesrates bedarf. Nach Maßgabe der Landesgesetzgebung können die Grundsteuer und Gewerbesteuer sowie der Gemeindeanteil vom Aufkommen der Einkommensteuer und der Umsatzsteuer als Bemessungsgrundlagen für Umlagen zugrunde gelegt werden.

(7) Von dem Länderanteil am Gesamtaufkommen der Gemeinschaftsteuern fließt den Gemeinden und Gemeindeverbänden insgesamt ein von der Landesgesetzgebung zu bestimmender Hundertsatz zu. Im übrigen bestimmt die Landesgesetzgebung, ob und inwieweit das Aufkommen der Landessteuern den Gemeinden (Gemeindeverbänden) zufließt.

(8) Veranlaßt der Bund in einzelnen Ländern oder Gemeinden (Gemeindeverbänden) besondere Einrichtungen, die diesen Ländern oder Gemeinden (Gemeindeverbänden) unmittelbar Mehrausgaben oder Mindereinnahmen (Sonderbelastungen) verursachen, gewährt der Bund den erforderlichen Ausgleich, wenn und soweit den Ländern oder Gemeinden (Gemeindeverbänden) nicht zugemutet werden kann, die Sonderbelastungen zu tragen. Entschädigungsleistungen Dritter und finanzielle Vorteile, die diesen Ländern oder Gemeinden (Gemeindeverbänden) als Folge der Einrichtungen erwachsen, werden bei dem Ausgleich berücksichtigt.

(9) Als Einnahmen und Ausgaben der Länder im Sinne dieses Artikels gelten auch die Einnahmen und Ausgaben der Gemeinden (Gemeindeverbände).

Artikel 106a

Den Ländern steht ab 1. Januar 1996 für den öffentlichen Personennahverkehr ein Betrag aus dem Steueraufkommen des Bundes zu. Das Nähere regelt ein Bundesgesetz, das der Zustimmung des Bundesrates bedarf. Der Betrag nach Satz 1 bleibt bei der Bemessung der Finanzkraft nach Artikel 107 Abs. 2 unberücksichtigt.

Artikel 106b

Den Ländern steht ab dem 1. Juli 2009 infolge der Übertragung der Kraftfahrzeugsteuer auf den Bund ein Betrag aus dem Steueraufkommen des Bundes zu. Das Nähere regelt ein Bundesgesetz, das der Zustimmung des Bundesrates bedarf.

Artikel 107

(1) Das Aufkommen der Landessteuern und der Länderanteil am Aufkommen der Einkommensteuer und der Körperschaftsteuer stehen den einzelnen Ländern insoweit zu, als die Steuern von den Finanzbehörden in ihrem Gebiet vereinnahmt werden (örtliches Aufkommen). Durch Bundesgesetz, das der Zustimmung des Bundesrates bedarf, sind für die Körperschaftsteuer und die Lohnsteuer nähere Bestimmungen über die Abgrenzung sowie über Art und Umfang der Zerlegung des örtlichen Aufkommens zu treffen. Das Gesetz kann auch Bestimmungen über die Abgrenzung und Zerlegung des örtlichen Aufkommens anderer Steuern treffen. Der Länderanteil am Aufkommen der Umsatzsteuer steht den einzelnen Ländern nach Maßgabe ihrer Einwohnerzahl zu; für einen Teil, höchstens jedoch für ein Viertel dieses Länderanteils, können durch Bundesgesetz, das der Zustimmung des Bundesrates bedarf, Ergänzungsanteile für die Länder vorgesehen werden, deren Einnahmen aus den Landessteuern, aus der Einkommensteuer und der Körperschaftsteuer und nach Artikel 106b je Einwohner unter dem Durchschnitt der Länder liegen; bei der Grunderwerbsteuer ist die Steuerkraft einzubeziehen.

(2) Durch das Gesetz ist sicherzustellen, daß die unterschiedliche Finanzkraft der Länder angemessen ausgeglichen wird; hierbei sind die Finanzkraft und der Finanzbedarf der Gemeinden (Gemeindeverbände) zu berücksichtigen. Die Voraussetzungen für die Ausgleichsansprüche der ausgleichsberechtigten Länder und für die Ausgleichsverbindlichkeiten der ausgleichspflichtigen Länder sowie die Maßstäbe für die Höhe der Ausgleichsleistungen sind in dem Gesetz zu bestimmen. Es kann auch bestimmen, daß der Bund aus seinen Mitteln leistungsschwachen Ländern Zuweisungen zur ergänzenden Deckung ihres allgemeinen Finanzbedarfs (Ergänzungszuweisungen) gewährt.

Artikel 108

(1) Zölle, Finanzmonopole, die bundesgesetzlich geregelten Verbrauchsteuern einschließlich der Einfuhrumsatzsteuer, die Kraftfahrzeugsteuer und sonstige auf motorisierte Verkehrsmittel bezogene Verkehrsteuern ab dem 1. Juli 2009 sowie die Abgaben im Rahmen der Europäischen Gemeinschaften werden durch Bundes-

finanzbehörden verwaltet. Der Aufbau dieser Behörden wird durch Bundesgesetz geregelt. Soweit Mittelbehörden eingerichtet sind, werden deren Leiter im Benehmen mit den Landesregierungen bestellt.

(2) Die übrigen Steuern werden durch Landesfinanzbehörden verwaltet. Der Aufbau dieser Behörden und die einheitliche Ausbildung der Beamten können durch Bundesgesetz mit Zustimmung des Bundesrates geregelt werden. Soweit Mittelbehörden eingerichtet sind, werden deren Leiter im Einvernehmen mit der Bundesregierung bestellt.

(3) Verwalten die Landesfinanzbehörden Steuern, die ganz oder zum Teil dem Bund zufließen, so werden sie im Auftrage des Bundes tätig. Artikel 85 Abs. 3 und 4 gilt mit der Maßgabe, daß an die Stelle der Bundesregierung der Bundesminister der Finanzen tritt.

(4) Durch Bundesgesetz, das der Zustimmung des Bundesrates bedarf, kann bei der Verwaltung von Steuern ein Zusammenwirken von Bundes- und Landesfinanzbehörden sowie für Steuern, die unter Absatz 1 fallen, die Verwaltung durch Landesfinanzbehörden und für andere Steuern die Verwaltung durch Bundesfinanzbehörden vorgesehen werden, wenn und soweit dadurch der Vollzug der Steuergesetze erheblich verbessert oder erleichtert wird. Für die den Gemeinden (Gemeindeverbänden) allein zufließenden Steuern kann die den Landesfinanzbehörden zustehende Verwaltung durch die Länder ganz oder zum Teil den Gemeinden (Gemeindeverbänden) übertragen werden.

(5) Das von den Bundesfinanzbehörden anzuwendende Verfahren wird durch Bundesgesetz geregelt. Das von den Landesfinanzbehörden und in den Fällen des Absatzes 4 Satz 2 von den Gemeinden (Gemeindeverbänden) anzuwendende Verfahren kann durch Bundesgesetz mit Zustimmung des Bundesrates geregelt werden.

(6) Die Finanzgerichtsbarkeit wird durch Bundesgesetz einheitlich geregelt.

(7) Die Bundesregierung kann allgemeine Verwaltungsvorschriften erlassen, und zwar mit Zustimmung des Bundesrates, soweit die Verwaltung den Landesfinanzbehörden oder Gemeinden (Gemeindeverbänden) obliegt.

Artikel 109

(1) Bund und Länder sind in ihrer Haushaltswirtschaft selbständig und voneinander unabhängig.

(2) Bund und Länder erfüllen gemeinsam die Verpflichtungen der Bundesrepublik Deutschland aus Rechtsakten der Europäischen Gemeinschaft auf Grund des Artikels 104 des Vertrags zur Gründung der Europäischen Gemeinschaft zur Einhaltung der Haushaltsdisziplin und tragen in diesem Rahmen den Erfordernissen des gesamtwirtschaftlichen Gleichgewichts Rechnung.

(3) Die Haushalte von Bund und Ländern sind grundsätzlich ohne Einnahmen aus Krediten auszugleichen. Bund und Länder können Regelungen zur im Auf- und Ab-

schwung symmetrischen Berücksichtigung der Auswirkungen einer von der Normallage abweichenden konjunkturellen Entwicklung sowie eine Ausnahmeregelung für Naturkatastrophen oder außergewöhnliche Notsituationen, die sich der Kontrolle des Staates entziehen und die staatliche Finanzlage erheblich beeinträchtigen, vorsehen. Für die Ausnahmeregelung ist eine entsprechende Tilgungsregelung vorzusehen. Die nähere Ausgestaltung regelt für den Haushalt des Bundes Artikel 115 mit der Maßgabe, dass Satz 1 entsprochen ist, wenn die Einnahmen aus Krediten 0,35 vom Hundert im Verhältnis zum nominalen Bruttoinlandsprodukt nicht überschreiten. Die nähere Ausgestaltung für die Haushalte der Länder regeln diese im Rahmen ihrer verfassungsrechtlichen Kompetenzen mit der Maßgabe, dass Satz 1 nur dann entsprochen ist, wenn keine Einnahmen aus Krediten zugelassen werden.

(4) Durch Bundesgesetz, das der Zustimmung des Bundesrates bedarf, können für Bund und Länder gemeinsam geltende Grundsätze für das Haushaltsrecht, für eine konjunkturgerechte Haushaltswirtschaft und für eine mehrjährige Finanzplanung aufgestellt werden.

(5) Sanktionsmaßnahmen der Europäischen Gemeinschaft im Zusammenhang mit den Bestimmungen in Artikel 104 des Vertrags zur Gründung der Europäischen Gemeinschaft zur Einhaltung der Haushaltsdisziplin tragen Bund und Länder im Verhältnis 65 zu 35. Die Ländergesamtheit trägt solidarisch 35 vom Hundert der auf die Länder entfallenden Lasten entsprechend ihrer Einwohnerzahl; 65 vom Hundert der auf die Länder entfallenden Lasten tragen die Länder entsprechend ihrem Verursachungsbeitrag. Das Nähere regelt ein Bundesgesetz, das der Zustimmung des Bundesrates bedarf.

Artikel 109a

Zur Vermeidung von Haushaltsnotlagen regelt ein Bundesgesetz, das der Zustimmung des Bundesrates bedarf,
1. die fortlaufende Überwachung der Haushaltswirtschaft von Bund und Ländern durch ein gemeinsames Gremium (Stabilitätsrat),
2. die Voraussetzungen und das Verfahren zur Feststellung einer drohenden Haushaltsnotlage,
3. die Grundsätze zur Aufstellung und Durchführung von Sanierungsprogrammen zur Vermeidung von Haushaltsnotlagen.

Die Beschlüsse des Stabilitätsrats und die zugrunde liegenden Beratungsunterlagen sind zu veröffentlichen.

Artikel 110

(1) Alle Einnahmen und Ausgaben des Bundes sind in den Haushaltsplan einzustellen; bei Bundesbetrieben und bei Sondervermögen brauchen nur die Zuführungen oder die Ablieferungen eingestellt zu werden. Der Haushaltsplan ist in Einnahme und Ausgabe auszugleichen.

(2) Der Haushaltsplan wird für ein oder mehrere Rechnungsjahre, nach Jahren getrennt, vor Beginn des ersten Rechnungsjahres durch das Haushaltsgesetz festgestellt. Für Teile des Haushaltsplanes kann vorgesehen werden, daß sie für unterschiedliche Zeiträume, nach Rechnungsjahren getrennt, gelten.

(3) Die Gesetzesvorlage nach Absatz 2 Satz 1 sowie Vorlagen zur Änderung des Haushaltsgesetzes und des Haushaltsplanes werden gleichzeitig mit der Zuleitung an den Bundesrat beim Bundestage eingebracht; der Bundesrat ist berechtigt, innerhalb von sechs Wochen, bei Änderungsvorlagen innerhalb von drei Wochen, zu den Vorlagen Stellung zu nehmen.

(4) In das Haushaltsgesetz dürfen nur Vorschriften aufgenommen werden, die sich auf die Einnahmen und die Ausgaben des Bundes und auf den Zeitraum beziehen, für den das Haushaltsgesetz beschlossen wird. Das Haushaltsgesetz kann vorschreiben, daß die Vorschriften erst mit der Verkündung des nächsten Haushaltsgesetzes oder bei Ermächtigung nach Artikel 115 zu einem späteren Zeitpunkt außer Kraft treten.

Artikel 111

(1) Ist bis zum Schluß eines Rechnungsjahres der Haushaltsplan für das folgende Jahr nicht durch Gesetz festgestellt, so ist bis zu seinem Inkrafttreten die Bundesregierung ermächtigt, alle Ausgaben zu leisten, die nötig sind,
a) um gesetzlich bestehende Einrichtungen zu erhalten und gesetzlich beschlossene Maßnahmen durchzuführen,
b) um die rechtlich begründeten Verpflichtungen des Bundes zu erfüllen,
c) um Bauten, Beschaffungen und sonstige Leistungen fortzusetzen oder Beihilfen für diese Zwecke weiter zu gewähren, sofern durch den Haushaltsplan eines Vorjahres bereits Beträge bewilligt worden sind.

(2) Soweit nicht auf besonderem Gesetze beruhende Einnahmen aus Steuern, Abgaben und sonstigen Quellen oder die Betriebsmittelrücklage die Ausgaben unter Absatz 1 decken, darf die Bundesregierung die zur Aufrechterhaltung der Wirtschaftsführung erforderlichen Mittel bis zur Höhe eines Viertels der Endsumme des abgelaufenen Haushaltsplanes im Wege des Kredits flüssig machen.

Artikel 112

Überplanmäßige und außerplanmäßige Ausgaben bedürfen der Zustimmung des Bundesministers der Finanzen. Sie darf nur im Falle eines unvorhergesehenen und unabweisbaren Bedürfnisses erteilt werden. Näheres kann durch Bundesgesetz bestimmt werden.

Artikel 113

(1) Gesetze, welche die von der Bundesregierung vorgeschlagenen Ausgaben des Haushaltsplanes erhöhen oder neue Ausgaben in sich schließen oder für die Zukunft mit sich bringen, bedürfen der Zustimmung der Bundesregierung. Das gleiche gilt

für Gesetze, die Einnahmeminderungen in sich schließen oder für die Zukunft mit sich bringen. Die Bundesregierung kann verlangen, daß der Bundestag die Beschluß-fassung über solche Gesetze aussetzt. In diesem Fall hat die Bundesregierung inner-halb von sechs Wochen dem Bundestage eine Stellungnahme zuzuleiten.

(2) Die Bundesregierung kann innerhalb von vier Wochen, nachdem der Bundestag das Gesetz beschlossen hat, verlangen, daß der Bundestag erneut Beschluß faßt.

(3) Ist das Gesetz nach Artikel 78 zustande gekommen, kann die Bundesregierung ihre Zustimmung nur innerhalb von sechs Wochen und nur dann versagen, wenn sie vorher das Verfahren nach Absatz 1 Satz 3 und 4 oder nach Absatz 2 eingeleitet hat. Nach Ablauf dieser Frist gilt die Zustimmung als erteilt.

Artikel 114

(1) Der Bundesminister der Finanzen hat dem Bundestage und dem Bundesrate über alle Einnahmen und Ausgaben sowie über das Vermögen und die Schulden im Laufe des nächsten Rechnungsjahres zur Entlastung der Bundesregierung Rechnung zu legen.

(2) Der Bundesrechnungshof, dessen Mitglieder richterliche Unabhängigkeit besit-zen, prüft die Rechnung sowie die Wirtschaftlichkeit und Ordnungsmäßigkeit der Haushalts- und Wirtschaftsführung. Er hat außer der Bundesregierung unmittelbar dem Bundestage und dem Bundesrate jährlich zu berichten. Im übrigen werden die Befugnisse des Bundesrechnungshofes durch Bundesgesetz geregelt.

Artikel 115

(1) Die Aufnahme von Krediten sowie die Übernahme von Bürgschaften, Garantien oder sonstigen Gewährleistungen, die zu Ausgaben in künftigen Rechnungsjahren führen können, bedürfen einer der Höhe nach bestimmten oder bestimmbaren Er-mächtigung durch Bundesgesetz.

(2) Einnahmen und Ausgaben sind grundsätzlich ohne Einnahmen aus Krediten auszugleichen. Diesem Grundsatz ist entsprochen, wenn die Einnahmen aus Kredi-ten 0,35 vom Hundert im Verhältnis zum nominalen Bruttoinlandsprodukt nicht überschreiten. Zusätzlich sind bei einer von der Normallage abweichenden konjunk-turellen Entwicklung die Auswirkungen auf den Haushalt im Auf- und Abschwung symmetrisch zu berücksichtigen. Abweichungen der tatsächlichen Kreditaufnahme von der nach den Sätzen 1 bis 3 zulässigen Kreditobergrenze werden auf einem Kon-trollkonto erfasst; Belastungen, die den Schwellenwert von 1,5 vom Hundert im Verhältnis zum nominalen Bruttoinlandsprodukt überschreiten, sind konjunkturge-recht zurückzuführen. Näheres, insbesondere die Bereinigung der Einnahmen und Ausgaben um finanzielle Transaktionen und das Verfahren zur Berechnung der Obergrenze der jährlichen Nettokreditaufnahme unter Berücksichtigung der kon-junkturellen Entwicklung auf der Grundlage eines Konjunkturbereinigungsverfah-rens sowie die Kontrolle und den Ausgleich von Abweichungen der tatsächlichen Kreditaufnahme von der Regelgrenze, regelt ein Bundesgesetz. Im Falle von Natur-

katastrophen oder außergewöhnlichen Notsituationen, die sich der Kontrolle des Staates entziehen und die staatliche Finanzlage erheblich beeinträchtigen, können diese Kreditobergrenzen auf Grund eines Beschlusses der Mehrheit der Mitglieder des Bundestages überschritten werden. Der Beschluss ist mit einem Tilgungsplan zu verbinden. Die Rückführung der nach Satz 6 aufgenommenen Kredite hat binnen eines angemessenen Zeitraumes zu erfolgen.

Xa. Verteidigungsfall

Artikel 115a

(1) Die Feststellung, daß das Bundesgebiet mit Waffengewalt angegriffen wird oder ein solcher Angriff unmittelbar droht (Verteidigungsfall), trifft der Bundestag mit Zustimmung des Bundesrates. Die Feststellung erfolgt auf Antrag der Bundesregierung und bedarf einer Mehrheit von zwei Dritteln der abgegebenen Stimmen, mindestens der Mehrheit der Mitglieder des Bundestages.

(2) Erfordert die Lage unabweisbar ein sofortiges Handeln und stehen einem rechtzeitigen Zusammentritt des Bundestages unüberwindliche Hindernisse entgegen oder ist er nicht beschlußfähig, so trifft der Gemeinsame Ausschuß diese Feststellung mit einer Mehrheit von zwei Dritteln der abgegebenen Stimmen, mindestens der Mehrheit seiner Mitglieder.

(3) Die Feststellung wird vom Bundespräsidenten gemäß Artikel 82 im Bundesgesetzblatte verkündet. Ist dies nicht rechtzeitig möglich, so erfolgt die Verkündung in anderer Weise; sie ist im Bundesgesetzblatte nachzuholen, sobald die Umstände es zulassen.

(4) Wird das Bundesgebiet mit Waffengewalt angegriffen und sind die zuständigen Bundesorgane außerstande, sofort die Feststellung nach Absatz 1 Satz 1 zu treffen, so gilt diese Feststellung als getroffen und als zu dem Zeitpunkt verkündet, in dem der Angriff begonnen hat. Der Bundespräsident gibt diesen Zeitpunkt bekannt, sobald die Umstände es zulassen.

(5) Ist die Feststellung des Verteidigungsfalles verkündet und wird das Bundesgebiet mit Waffengewalt angegriffen, so kann der Bundespräsident völkerrechtliche Erklärungen über das Bestehen des Verteidigungsfalles mit Zustimmung des Bundestages abgeben. Unter den Voraussetzungen des Absatzes 2 tritt an die Stelle des Bundestages der Gemeinsame Ausschuß.

Artikel 115b

Mit der Verkündung des Verteidigungsfalles geht die Befehls- und Kommandogewalt über die Streitkräfte auf den Bundeskanzler über.

Artikel 115c

(1) Der Bund hat für den Verteidigungsfall das Recht der konkurrierenden Gesetzgebung auch auf den Sachgebieten, die zur Gesetzgebungszuständigkeit der Länder gehören. Diese Gesetze bedürfen der Zustimmung des Bundesrates.

(2) Soweit es die Verhältnisse während des Verteidigungsfalles erfordern, kann durch Bundesgesetz für den Verteidigungsfall
1. bei Enteignungen abweichend von Artikel 14 Abs. 3 Satz 2 die Entschädigung vorläufig geregelt werden,
2. für Freiheitsentziehungen eine von Artikel 104 Abs. 2 Satz 3 und Abs. 3 Satz 1 abweichende Frist, höchstens jedoch eine solche von vier Tagen, für den Fall festgesetzt werden, daß ein Richter nicht innerhalb der für Normalzeiten geltenden Frist tätig werden konnte.

(3) Soweit es zur Abwehr eines gegenwärtigen oder unmittelbar drohenden Angriffs erforderlich ist, kann für den Verteidigungsfall durch Bundesgesetz mit Zustimmung des Bundesrates die Verwaltung und das Finanzwesen des Bundes und der Länder abweichend von den Abschnitten VIII, VIIIa und X geregelt werden, wobei die Lebensfähigkeit der Länder, Gemeinden und Gemeindeverbände, insbesondere auch in finanzieller Hinsicht, zu wahren ist.

(4) Bundesgesetze nach den Absätzen 1 und 2 Nr. 1 dürfen zur Vorbereitung ihres Vollzuges schon vor Eintritt des Verteidigungsfalles angewandt werden.

Artikel 115d

(1) Für die Gesetzgebung des Bundes gilt im Verteidigungsfalle abweichend von Artikel 76 Abs. 2, Artikel 77 Abs. 1 Satz 2 und Abs. 2 bis 4, Artikel 78 und Artikel 82 Abs. 1 die Regelung der Absätze 2 und 3.

(2) Gesetzesvorlagen der Bundesregierung, die sie als dringlich bezeichnet, sind gleichzeitig mit der Einbringung beim Bundestage dem Bundesrate zuzuleiten. Bundestag und Bundesrat beraten diese Vorlagen unverzüglich gemeinsam. Soweit zu einem Gesetze die Zustimmung des Bundesrates erforderlich ist, bedarf es zum Zustandekommen des Gesetzes der Zustimmung der Mehrheit seiner Stimmen. Das Nähere regelt eine Geschäftsordnung, die vom Bundestage beschlossen wird und der Zustimmung des Bundesrates bedarf.

(3) Für die Verkündung der Gesetze gilt Artikel 115a Abs. 3 Satz 2 entsprechend.

Artikel 115e

(1) Stellt der Gemeinsame Ausschuß im Verteidigungsfalle mit einer Mehrheit von zwei Dritteln der abgegebenen Stimmen, mindestens mit der Mehrheit seiner Mitglieder fest, daß dem rechtzeitigen Zusammentritt des Bundestages unüberwindliche Hindernisse entgegenstehen oder daß dieser nicht beschlußfähig ist, so hat der Gemeinsame Ausschuß die Stellung von Bundestag und Bundesrat und nimmt deren Rechte einheitlich wahr.

(2) Durch ein Gesetz des Gemeinsamen Ausschusses darf das Grundgesetz weder geändert noch ganz oder teilweise außer Kraft oder außer Anwendung gesetzt werden. Zum Erlaß von Gesetzen nach Artikel 23 Abs. 1 Satz 2, Artikel 24 Abs. 1 oder Artikel 29 ist der Gemeinsame Ausschuß nicht befugt.

Artikel 115f

(1) Die Bundesregierung kann im Verteidigungsfalle, soweit es die Verhältnisse erfordern,
1. den Bundesgrenzschutz im gesamten Bundesgebiete einsetzen;
2. außer der Bundesverwaltung auch den Landesregierungen und, wenn sie es für dringlich erachtet, den Landesbehörden Weisungen erteilen und diese Befugnis auf von ihr zu bestimmende Mitglieder der Landesregierungen übertragen.

(2) Bundestag, Bundesrat und der Gemeinsame Ausschuß sind unverzüglich von den nach Absatz 1 getroffenen Maßnahmen zu unterrichten.

Artikel 115g

Die verfassungsmäßige Stellung und die Erfüllung der verfassungsmäßigen Aufgaben des Bundesverfassungsgerichtes und seiner Richter dürfen nicht beeinträchtigt werden. Das Gesetz über das Bundesverfassungsgericht darf durch ein Gesetz des Gemeinsamen Ausschusses nur insoweit geändert werden, als dies auch nach Auffassung des Bundesverfassungsgerichtes zur Aufrechterhaltung der Funktionsfähigkeit des Gerichtes erforderlich ist. Bis zum Erlaß eines solchen Gesetzes kann das Bundesverfassungsgericht die zur Erhaltung der Arbeitsfähigkeit des Gerichtes erforderlichen Maßnahmen treffen. Beschlüsse nach Satz 2 und Satz 3 faßt das Bundesverfassungsgericht mit der Mehrheit der anwesenden Richter.

Artikel 115h

(1) Während des Verteidigungsfalles ablaufende Wahlperioden des Bundestages oder der Volksvertretungen der Länder enden sechs Monate nach Beendigung des Verteidigungsfalles. Die im Verteidigungsfalle ablaufende Amtszeit des Bundespräsidenten sowie bei vorzeitiger Erledigung seines Amtes die Wahrnehmung seiner Befugnisse durch den Präsidenten des Bundesrates enden neun Monate nach Beendigung des Verteidigungsfalles. Die im Verteidigungsfalle ablaufende Amtszeit eines Mitgliedes des Bundesverfassungsgerichtes endet sechs Monate nach Beendigung des Verteidigungsfalles.

(2) Wird eine Neuwahl des Bundeskanzlers durch den Gemeinsamen Ausschuß erforderlich, so wählt dieser einen neuen Bundeskanzler mit der Mehrheit seiner Mitglieder; der Bundespräsident macht dem Gemeinsamen Ausschuß einen Vorschlag. Der Gemeinsame Ausschuß kann dem Bundeskanzler das Mißtrauen nur dadurch aussprechen, daß er mit der Mehrheit von zwei Dritteln seiner Mitglieder einen Nachfolger wählt.

(3) Für die Dauer des Verteidigungsfalles ist die Auflösung des Bundestages ausgeschlossen.

Artikel 115i

(1) Sind die zuständigen Bundesorgane außerstande, die notwendigen Maßnahmen zur Abwehr der Gefahr zu treffen, und erfordert die Lage unabweisbar ein sofortiges selbständiges Handeln in einzelnen Teilen des Bundesgebietes, so sind die Landesregierungen oder die von ihnen bestimmten Behörden oder Beauftragten befugt, für ihren Zuständigkeitsbereich Maßnahmen im Sinne des Artikels 115f Abs. 1 zu treffen.

(2) Maßnahmen nach Absatz 1 können durch die Bundesregierung, im Verhältnis zu Landesbehörden und nachgeordneten Bundesbehörden auch durch die Ministerpräsidenten der Länder, jederzeit aufgehoben werden.

Artikel 115k

(1) Für die Dauer ihrer Anwendbarkeit setzen Gesetze nach den Artikeln 115c, 115e und 115g und Rechtsverordnungen, die auf Grund solcher Gesetze ergehen, entgegenstehendes Recht außer Anwendung. Dies gilt nicht gegenüber früherem Recht, das auf Grund der Artikel 115c, 115e und 115g erlassen worden ist.

(2) Gesetze, die der Gemeinsame Ausschuß beschlossen hat, und Rechtsverordnungen, die auf Grund solcher Gesetze ergangen sind, treten spätestens sechs Monate nach Beendigung des Verteidigungsfalles außer Kraft.

(3) Gesetze, die von den Artikeln 91a, 91b, 104a, 106 und 107 abweichende Regelungen enthalten, gelten längstens bis zum Ende des zweiten Rechnungsjahres, das auf die Beendigung des Verteidigungsfalles folgt. Sie können nach Beendigung des Verteidigungsfalles durch Bundesgesetz mit Zustimmung des Bundesrates geändert werden, um zu der Regelung gemäß den Abschnitten VIIIa und X überzuleiten.

Artikel 115l

(1) Der Bundestag kann jederzeit mit Zustimmung des Bundesrates Gesetze des Gemeinsamen Ausschusses aufheben. Der Bundesrat kann verlangen, daß der Bundestag hierüber beschließt. Sonstige zur Abwehr der Gefahr getroffene Maßnahmen des Gemeinsamen Ausschusses oder der Bundesregierung sind aufzuheben, wenn der Bundestag und der Bundesrat es beschließen.

(2) Der Bundestag kann mit Zustimmung des Bundesrates jederzeit durch einen vom Bundespräsidenten zu verkündenden Beschluß den Verteidigungsfall für beendet erklären. Der Bundesrat kann verlangen, daß der Bundestag hierüber beschließt. Der Verteidigungsfall ist unverzüglich für beendet zu erklären, wenn die Voraussetzungen für seine Feststellung nicht mehr gegeben sind.

(3) Über den Friedensschluß wird durch Bundesgesetz entschieden.

XI. Übergangs- und Schlußbestimmungen

Artikel 116

(1) Deutscher im Sinne dieses Grundgesetzes ist vorbehaltlich anderweitiger gesetzlicher Regelung, wer die deutsche Staatsangehörigkeit besitzt oder als Flüchtling oder Vertriebener deutscher Volkszugehörigkeit oder als dessen Ehegatte oder Abkömmling in dem Gebiete des Deutschen Reiches nach dem Stande vom 31. Dezember 1937 Aufnahme gefunden hat.

(2) Frühere deutsche Staatsangehörige, denen zwischen dem 30. Januar 1933 und dem 8. Mai 1945 die Staatsangehörigkeit aus politischen, rassischen oder religiösen Gründen entzogen worden ist, und ihre Abkömmlinge sind auf Antrag wieder einzubürgern. Sie gelten als nicht ausgebürgert, sofern sie nach dem 8. Mai 1945 ihren Wohnsitz in Deutschland genommen haben und nicht einen entgegengesetzten Willen zum Ausdruck gebracht haben.

Artikel 117

(1) Das dem Artikel 3 Abs. 2 entgegenstehende Recht bleibt bis zu seiner Anpassung an diese Bestimmung des Grundgesetzes in Kraft, jedoch nicht länger als bis zum 31. März 1953.

(2) Gesetze, die das Recht der Freizügigkeit mit Rücksicht auf die gegenwärtige Raumnot einschränken, bleiben bis zu ihrer Aufhebung durch Bundesgesetz in Kraft.

Artikel 118

Die Neugliederung in dem die Länder Baden, Württemberg-Baden und Württemberg-Hohenzollern umfassenden Gebiete kann abweichend von den Vorschriften des Artikels 29 durch Vereinbarung der beteiligten Länder erfolgen. Kommt eine Vereinbarung nicht zustande, so wird die Neugliederung durch Bundesgesetz geregelt, das eine Volksbefragung vorsehen muß.

Artikel 118a

Die Neugliederung in dem die Länder Berlin und Brandenburg umfassenden Gebiet kann abweichend von den Vorschriften des Artikels 29 unter Beteiligung ihrer Wahlberechtigten durch Vereinbarung beider Länder erfolgen.

Artikel 119

In Angelegenheiten der Flüchtlinge und Vertriebenen, insbesondere zu ihrer Verteilung auf die Länder, kann bis zu einer bundesgesetzlichen Regelung die Bundesregierung mit Zustimmung des Bundesrates Verordnungen mit Gesetzeskraft erlassen. Für besondere Fälle kann dabei die Bundesregierung ermächtigt werden, Einzelweisungen zu erteilen. Die Weisungen sind außer bei Gefahr im Verzuge an die obersten Landesbehörden zu richten.

Artikel 120

(1) Der Bund trägt die Aufwendungen für Besatzungskosten und die sonstigen inneren und äußeren Kriegsfolgelasten nach näherer Bestimmung von Bundesgesetzen. Soweit diese Kriegsfolgelasten bis zum 1. Oktober 1969 durch Bundesgesetze geregelt worden sind, tragen Bund und Länder im Verhältnis zueinander die Aufwendungen nach Maßgabe dieser Bundesgesetze. Soweit Aufwendungen für Kriegsfolgelasten, die in Bundesgesetzen weder geregelt worden sind noch geregelt werden, bis zum 1. Oktober 1965 von den Ländern, Gemeinden (Gemeindeverbänden) oder sonstigen Aufgabenträgern, die Aufgaben von Ländern oder Gemeinden erfüllen, erbracht worden sind, ist der Bund zur Übernahme von Aufwendungen dieser Art auch nach diesem Zeitpunkt nicht verpflichtet. Der Bund trägt die Zuschüsse zu den Lasten der Sozialversicherung mit Einschluß der Arbeitslosenversicherung und der Arbeitslosenhilfe. Die durch diesen Absatz geregelte Verteilung der Kriegsfolgelasten auf Bund und Länder läßt die gesetzliche Regelung von Entschädigungsansprüchen für Kriegsfolgen unberührt.

(2) Die Einnahmen gehen auf den Bund zu demselben Zeitpunkte über, an dem der Bund die Ausgaben übernimmt.

Artikel 120a

(1) Die Gesetze, die der Durchführung des Lastenausgleichs dienen, können mit Zustimmung des Bundesrates bestimmen, daß sie auf dem Gebiete der Ausgleichsleistungen teils durch den Bund, teils im Auftrage des Bundes durch die Länder ausgeführt werden und daß die der Bundesregierung und den zuständigen obersten Bundesbehörden auf Grund des Artikels 85 insoweit zustehenden Befugnisse ganz oder teilweise dem Bundesausgleichsamt übertragen werden. Das Bundesausgleichsamt bedarf bei Ausübung dieser Befugnisse nicht der Zustimmung des Bundesrates; seine Weisungen sind, abgesehen von den Fällen der Dringlichkeit, an die obersten Landesbehörden (Landesausgleichsämter) zu richten.

(2) Artikel 87 Abs. 3 Satz 2 bleibt unberührt.

Artikel 121

Mehrheit der Mitglieder des Bundestages und der Bundesversammlung im Sinne dieses Grundgesetzes ist die Mehrheit ihrer gesetzlichen Mitgliederzahl.

Artikel 122

(1) Vom Zusammentritt des Bundestages an werden die Gesetze ausschließlich von den in diesem Grundgesetze anerkannten gesetzgebenden Gewalten beschlossen.

(2) Gesetzgebende und bei der Gesetzgebung beratend mitwirkende Körperschaften, deren Zuständigkeit nach Absatz 1 endet, sind mit diesem Zeitpunkt aufgelöst.

Artikel 123

(1) Recht aus der Zeit vor dem Zusammentritt des Bundestages gilt fort, soweit es dem Grundgesetze nicht widerspricht.

(2) Die vom Deutschen Reich abgeschlossenen Staatsverträge, die sich auf Gegenstände beziehen, für die nach diesem Grundgesetze die Landesgesetzgebung zuständig ist, bleiben, wenn sie nach allgemeinen Rechtsgrundsätzen gültig sind und fortgelten, unter Vorbehalt aller Rechte und Einwendungen der Beteiligten in Kraft, bis neue Staatsverträge durch die nach diesem Grundgesetze zuständigen Stellen abgeschlossen werden oder ihre Beendigung auf Grund der in ihnen enthaltenen Bestimmungen anderweitig erfolgt.

Artikel 124

Recht, das Gegenstände der ausschließlichen Gesetzgebung des Bundes betrifft, wird innerhalb seines Geltungsbereiches Bundesrecht.

Artikel 125

Recht, das Gegenstände der konkurrierenden Gesetzgebung des Bundes betrifft, wird innerhalb seines Geltungsbereiches Bundesrecht,
1. soweit es innerhalb einer oder mehrerer Besatzungszonen einheitlich gilt,
2. soweit es sich um Recht handelt, durch das nach dem 8. Mai 1945 früheres Reichsrecht abgeändert worden ist.

Artikel 125a

(1) Recht, das als Bundesrecht erlassen worden ist, aber wegen der Änderung des Artikels 74 Abs. 1, der Einfügung des Artikels 84 Abs. 1 Satz 7, des Artikels 85 Abs. 1 Satz 2 oder des Artikels 105 Abs. 2a Satz 2 oder wegen der Aufhebung der Artikel 74a, 75 oder 98 Abs. 3 Satz 2 nicht mehr als Bundesrecht erlassen werden könnte, gilt als Bundesrecht fort. Es kann durch Landesrecht ersetzt werden.

(2) Recht, das auf Grund des Artikels 72 Abs. 2 in der bis zum 15. November 1994 geltenden Fassung erlassen worden ist, aber wegen Änderung des Artikels 72 Abs. 2 nicht mehr als Bundesrecht erlassen werden könnte, gilt als Bundesrecht fort. Durch Bundesgesetz kann bestimmt werden, dass es durch Landesrecht ersetzt werden kann.

(3) Recht, das als Landesrecht erlassen worden ist, aber wegen Änderung des Artikels 73 nicht mehr als Landesrecht erlassen werden könnte, gilt als Landesrecht fort. Es kann durch Bundesrecht ersetzt werden.

Artikel 125b

(1) Recht, das auf Grund des Artikels 75 in der bis zum 1. September 2006 gelten-den Fassung erlassen worden ist und das auch nach diesem Zeitpunkt als Bundes-recht erlassen werden könnte, gilt als Bundesrecht fort. Befugnisse und Verpflichtun-gen der Länder zur Gesetzgebung bleiben insoweit bestehen. Auf den in Artikel 72 Abs. 3 Satz 1 genannten Gebieten können die Länder von diesem Recht abwei-chende Regelungen treffen, auf den Gebieten des Artikels 72 Abs. 3 Satz 1 Nr. 2, 5 und 6 jedoch erst, wenn und soweit der Bund ab dem 1. September 2006 von seiner Gesetzgebungszuständigkeit Gebrauch gemacht hat, in den Fällen der Nummern 2 und 5 spätestens ab dem 1. Januar 2010, im Falle der Nummer 6 spätestens ab dem 1. August 2008.

(2) Von bundesgesetzlichen Regelungen, die auf Grund des Artikels 84 Abs. 1 in der vor dem 1. September 2006 geltenden Fassung erlassen worden sind, können die Länder abweichende Regelungen treffen, von Regelungen des Verwaltungsverfahrens bis zum 31. Dezember 2008 aber nur dann, wenn ab dem 1. September 2006 in dem jeweiligen Bundesgesetz Regelungen des Verwaltungsverfahrens geändert wor-den sind.

Artikel 125c

(1) Recht, das auf Grund des Artikels 91a Abs. 2 in Verbindung mit Abs. 1 Nr. 1 in der bis zum 1. September 2006 geltenden Fassung erlassen worden ist, gilt bis zum 31. Dezember 2006 fort.

(2) Die nach Artikel 104a Abs. 4 in der bis zum 1. September 2006 geltenden Fas-sung in den Bereichen der Gemeindeverkehrsfinanzierung und der sozialen Wohn-raumförderung geschaffenen Regelungen gelten bis zum 31. Dezember 2006 fort. Die im Bereich der Gemeindeverkehrsfinanzierung für die besonderen Programme nach § 6 Abs. 1 des Gemeindeverkehrsfinanzierungsgesetzes sowie die sonstigen nach Artikel 104a Abs. 4 in der bis zum 1. September 2006 geltenden Fassung ge-schaffenen Regelungen gelten bis zum 31. Dezember 2019 fort, soweit nicht ein frü-herer Zeitpunkt für das Außerkrafttreten bestimmt ist oder wird.

Artikel 126

Meinungsverschiedenheiten über das Fortgelten von Recht als Bundesrecht entschei-det das Bundesverfassungsgericht.

Artikel 127

Die Bundesregierung kann mit Zustimmung der Regierungen der beteiligten Länder Recht der Verwaltung des Vereinigten Wirtschaftsgebietes, soweit es nach Arti-kel 124 oder 125 als Bundesrecht fortgilt, innerhalb eines Jahres nach Verkündung dieses Grundgesetzes in den Ländern Baden, Groß-Berlin, Rheinland-Pfalz und Württemberg-Hohenzollern in Kraft setzen.

Artikel 128

Soweit fortgeltendes Recht Weisungsrechte im Sinne des Artikels 84 Abs. 5 vorsieht, bleiben sie bis zu einer anderweitigen gesetzlichen Regelung bestehen.

Artikel 129

(1) Soweit in Rechtsvorschriften, die als Bundesrecht fortgelten, eine Ermächtigung zum Erlasse von Rechtsverordnungen oder allgemeinen Verwaltungsvorschriften sowie zur Vornahme von Verwaltungsakten enthalten ist, geht sie auf die nunmehr sachlich zuständigen Stellen über. In Zweifelsfällen entscheidet die Bundesregierung im Einvernehmen mit dem Bundesrate; die Entscheidung ist zu veröffentlichen.

(2) Soweit in Rechtsvorschriften, die als Landesrecht fortgelten, eine solche Ermächtigung enthalten ist, wird sie von den nach Landesrecht zuständigen Stellen ausgeübt.

(3) Soweit Rechtsvorschriften im Sinne der Absätze 1 und 2 zu ihrer Änderung oder Ergänzung oder zum Erlaß von Rechtsvorschriften an Stelle von Gesetzen ermächtigen, sind diese Ermächtigungen erloschen.

(4) Die Vorschriften der Absätze 1 und 2 gelten entsprechend, soweit in Rechtsvorschriften auf nicht mehr geltende Vorschriften oder nicht mehr bestehende Einrichtungen verwiesen ist.

Artikel 130

(1) Verwaltungsorgane und sonstige der öffentlichen Verwaltung oder Rechtspflege dienende Einrichtungen, die nicht auf Landesrecht oder Staatsverträgen zwischen Ländern beruhen, sowie die Betriebsvereinigung der südwestdeutschen Eisenbahnen und der Verwaltungsrat für das Post- und Fernmeldewesen für das französische Besatzungsgebiet unterstehen der Bundesregierung. Diese regelt mit Zustimmung des Bundesrates die Überführung, Auflösung oder Abwicklung.

(2) Oberster Disziplinarvorgesetzter der Angehörigen dieser Verwaltungen und Einrichtungen ist der zuständige Bundesminister.

(3) Nicht landesunmittelbare und nicht auf Staatsverträgen zwischen den Ländern beruhende Körperschaften und Anstalten des öffentlichen Rechtes unterstehen der Aufsicht der zuständigen obersten Bundesbehörde.

Artikel 131

Die Rechtsverhältnisse von Personen einschließlich der Flüchtlinge und Vertriebenen, die am 8. Mai 1945 im öffentlichen Dienste standen, aus anderen als beamten- oder tarifrechtlichen Gründen ausgeschieden sind und bisher nicht oder nicht ihrer früheren Stellung entsprechend verwendet werden, sind durch Bundesgesetz zu regeln. Entsprechendes gilt für Personen einschließlich der Flüchtlinge und Vertriebenen, die am 8. Mai 1945 versorgungsberechtigt waren und aus anderen als beamten-

oder tarifrechtlichen Gründen keine oder keine entsprechende Versorgung mehr erhalten. Bis zum Inkrafttreten des Bundesgesetzes können vorbehaltlich anderweitiger landesrechtlicher Regelung Rechtsansprüche nicht geltend gemacht werden.

Artikel 132

(1) Beamte und Richter, die im Zeitpunkte des Inkrafttretens dieses Grundgesetzes auf Lebenszeit angestellt sind, können binnen sechs Monaten nach dem ersten Zusammentritt des Bundestages in den Ruhestand oder Wartestand oder in ein Amt mit niedrigerem Diensteinkommen versetzt werden, wenn ihnen die persönliche oder fachliche Eignung für ihr Amt fehlt. Auf Angestellte, die in einem unkündbaren Dienstverhältnis stehen, findet diese Vorschrift entsprechende Anwendung. Bei Angestellten, deren Dienstverhältnis kündbar ist, können über die tarifmäßige Regelung hinausgehende Kündigungsfristen innerhalb der gleichen Frist aufgehoben werden.

(2) Diese Bestimmung findet keine Anwendung auf Angehörige des öffentlichen Dienstes, die von den Vorschriften über die »Befreiung von Nationalsozialismus und Militarismus« nicht betroffen oder die anerkannte Verfolgte des Nationalsozialismus sind, sofern nicht ein wichtiger Grund in ihrer Person vorliegt.

(3) Den Betroffenen steht der Rechtsweg gemäß Artikel 19 Abs. 4 offen.

(4) Das Nähere bestimmt eine Verordnung der Bundesregierung, die der Zustimmung des Bundesrates bedarf.

Artikel 133

Der Bund tritt in die Rechte und Pflichten der Verwaltung des Vereinigten Wirtschaftsgebietes ein.

Artikel 134

(1) Das Vermögen des Reiches wird grundsätzlich Bundesvermögen.

(2) Soweit es nach seiner ursprünglichen Zweckbestimmung überwiegend für Verwaltungsaufgaben bestimmt war, die nach diesem Grundgesetze nicht Verwaltungsaufgaben des Bundes sind, ist es unentgeltlich auf die nunmehr zuständigen Aufgabenträger und, soweit es nach seiner gegenwärtigen, nicht nur vorübergehenden Benutzung Verwaltungsaufgaben dient, die nach diesem Grundgesetze nunmehr von den Ländern zu erfüllen sind, auf die Länder zu übertragen. Der Bund kann auch sonstiges Vermögen den Ländern übertragen.

(3) Vermögen, das dem Reich von den Ländern und Gemeinden (Gemeindeverbänden) unentgeltlich zur Verfügung gestellt wurde, wird wiederum Vermögen der Länder und Gemeinden (Gemeindeverbände), soweit es nicht der Bund für eigene Verwaltungsaufgaben benötigt.

(4) Das Nähere regelt ein Bundesgesetz, das der Zustimmung des Bundesrates bedarf.

Artikel 135

(1) Hat sich nach dem 8. Mai 1945 bis zum Inkrafttreten dieses Grundgesetzes die Landeszugehörigkeit eines Gebietes geändert, so steht in diesem Gebiete das Vermögen des Landes, dem das Gebiet angehört hat, dem Lande zu, dem es jetzt angehört.

(2) Das Vermögen nicht mehr bestehender Länder und nicht mehr bestehender anderer Körperschaften und Anstalten des öffentlichen Rechtes geht, soweit es nach seiner ursprünglichen Zweckbestimmung überwiegend für Verwaltungsaufgaben bestimmt war, oder nach seiner gegenwärtigen, nicht nur vorübergehenden Benutzung überwiegend Verwaltungsaufgaben dient, auf das Land oder die Körperschaft oder Anstalt des öffentlichen Rechtes über, die nunmehr diese Aufgaben erfüllen.

(3) Grundvermögen nicht mehr bestehender Länder geht einschließlich des Zubehörs, soweit es nicht bereits zu Vermögen im Sinne des Absatzes 1 gehört, auf das Land über, in dessen Gebiet es belegen ist.

(4) Sofern ein überwiegendes Interesse des Bundes oder das besondere Interesse eines Gebietes es erfordert, kann durch Bundesgesetz eine von den Absätzen 1 bis 3 abweichende Regelung getroffen werden.

(5) Im Übrigen wird die Rechtsnachfolge und die Auseinandersetzung, soweit sie nicht bis zum 1. Januar 1952 durch Vereinbarung zwischen den beteiligten Ländern oder Körperschaften oder Anstalten des öffentlichen Rechtes erfolgt, durch Bundesgesetz geregelt, das der Zustimmung des Bundesrates bedarf.

(6) Beteiligungen des ehemaligen Landes Preußen an Unternehmen des privaten Rechtes gehen auf den Bund über. Das Nähere regelt ein Bundesgesetz, das auch Abweichendes bestimmen kann.

(7) Soweit über Vermögen, das einem Lande oder einer Körperschaft oder Anstalt des öffentlichen Rechtes nach den Absätzen 1 bis 3 zufallen würde, von dem danach Berechtigten durch ein Landesgesetz, auf Grund eines Landesgesetzes oder in anderer Weise bei Inkrafttreten des Grundgesetzes verfügt worden war, gilt der Vermögensübergang als vor der Verfügung erfolgt.

Artikel 135a

(1) Durch die in Artikel 134 Abs. 4 und Artikel 135 Abs. 5 vorbehaltene Gesetzgebung des Bundes kann auch bestimmt werden, daß nicht oder nicht in voller Höhe zu erfüllen sind
1. Verbindlichkeiten des Reiches sowie Verbindlichkeiten des ehemaligen Landes Preußen und sonstiger nicht mehr bestehender Körperschaften und Anstalten des öffentlichen Rechts,

2. Verbindlichkeiten des Bundes oder anderer Körperschaften und Anstalten des öffentlichen Rechts, welche mit dem Übergang von Vermögenswerten nach Artikel 89, 90, 134 und 135 im Zusammenhang stehen, und Verbindlichkeiten dieser Rechtsträger, die auf Maßnahmen der in Nummer 1 bezeichneten Rechtsträger beruhen,

3. Verbindlichkeiten der Länder und Gemeinden (Gemeindeverbände), die aus Maßnahmen entstanden sind, welche diese Rechtsträger vor dem 1. August 1945 zur Durchführung von Anordnungen der Besatzungsmächte oder zur Beseitigung eines kriegsbedingten Notstandes im Rahmen dem Reich obliegender oder vom Reich übertragener Verwaltungsaufgaben getroffen haben.

(2) Absatz 1 findet entsprechende Anwendung auf Verbindlichkeiten der Deutschen Demokratischen Republik oder ihrer Rechtsträger sowie auf Verbindlichkeiten des Bundes oder anderer Körperschaften und Anstalten des öffentlichen Rechts, die mit dem Übergang von Vermögenswerten der Deutschen Demokratischen Republik auf Bund, Länder und Gemeinden im Zusammenhang stehen, und auf Verbindlichkeiten, die auf Maßnahmen der Deutschen Demokratischen Republik oder ihrer Rechtsträger beruhen.

Artikel 136

(1) Der Bundesrat tritt erstmalig am Tage des ersten Zusammentrittes des Bundestages zusammen.

(2) Bis zur Wahl des ersten Bundespräsidenten werden dessen Befugnisse von dem Präsidenten des Bundesrates ausgeübt. Das Recht der Auflösung des Bundestages steht ihm nicht zu.

Artikel 137

(1) Die Wählbarkeit von Beamten, Angestellten des öffentlichen Dienstes, Berufssoldaten, freiwilligen Soldaten auf Zeit und Richtern im Bund, in den Ländern und den Gemeinden kann gesetzlich beschränkt werden.

(2) Für die Wahl des ersten Bundestages, der ersten Bundesversammlung und des ersten Bundespräsidenten der Bundesrepublik gilt das vom Parlamentarischen Rat zu beschließende Wahlgesetz.

(3) Die dem Bundesverfassungsgerichte gemäß Artikel 41 Abs. 2 zustehende Befugnis wird bis zu seiner Errichtung von dem Deutschen Obergericht für das Vereinigte Wirtschaftsgebiet wahrgenommen, das nach Maßgabe seiner Verfahrensordnung entscheidet.

Artikel 138

Änderungen der Einrichtungen des jetzt bestehenden Notariats in den Ländern Baden, Bayern, Württemberg-Baden und Württemberg-Hohenzollern bedürfen der Zustimmung der Regierungen dieser Länder.

Artikel 139

Die zur »Befreiung des deutschen Volkes vom Nationalsozialismus und Militarismus« erlassenen Rechtsvorschriften werden von den Bestimmungen dieses Grundgesetzes nicht berührt.

Artikel 140

Die Bestimmungen der Artikel 136, 137, 138, 139 und 141 der deutschen Verfassung vom 11. August 1919 sind Bestandteil dieses Grundgesetzes.

Art. 136

(1) Die bürgerlichen und staatsbürgerlichen Rechte und Pflichten werden durch die Ausübung der Religionsfreiheit weder bedingt noch beschränkt.

(2) Der Genuß bürgerlicher und staatsbürgerlicher Rechte sowie die Zulassung zu öffentlichen Ämtern sind unabhängig von dem religiösen Bekenntnis.

(3) Niemand ist verpflichtet, seine religiöse Überzeugung zu offenbaren. Die Behörden haben nur soweit das Recht, nach der Zugehörigkeit zu einer Religionsgesellschaft zu fragen, als davon Rechte und Pflichten abhängen oder eine gesetzlich angeordnete statistische Erhebung dies erfordert.

(4) Niemand darf zu einer kirchlichen Handlung oder Feierlichkeit oder zur Teilnahme an religiösen Übungen oder zur Benutzung einer religiösen Eidesform gezwungen werden.

Art. 137

(1) Es besteht keine Staatskirche.

(2) Die Freiheit der Vereinigung zu Religionsgesellschaften wird gewährleistet. Der Zusammenschluß von Religionsgesellschaften innerhalb des Reichsgebiets unterliegt keinen Beschränkungen.

(3) Jede Religionsgesellschaft ordnet und verwaltet ihre Angelegenheiten selbständig innerhalb der Schranken des für alle geltenden Gesetzes. Sie verleiht ihre Ämter ohne Mitwirkung des Staates oder der bürgerlichen Gemeinde.

(4) Religionsgesellschaften erwerben die Rechtsfähigkeit nach den allgemeinen Vorschriften des bürgerlichen Rechtes.

(5) Die Religionsgesellschaften bleiben Körperschaften des öffentlichen Rechtes, soweit sie solche bisher waren. Anderen Religionsgesellschaften sind auf ihren Antrag gleiche Rechte zu gewähren, wenn sie durch ihre Verfassung und die Zahl ihrer Mitglieder die Gewähr der Dauer bieten. Schließen sich mehrere derartige öffentlich-rechtliche Religionsgesellschaften zu einem Verbande zusammen, so ist auch dieser Verband eine öffentlich-rechtliche Körperschaft.

(6) Die Religionsgesellschaften, welche Körperschaften des öffentlichen Rechtes sind, sind berechtigt, auf Grund der bürgerlichen Steuerlisten nach Maßgabe der landesrechtlichen Bestimmungen Steuern zu erheben.

(7) Den Religionsgesellschaften werden die Vereinigungen gleichgestellt, die sich die gemeinschaftliche Pflege einer Weltanschauung zur Aufgabe machen.

(8) Soweit die Durchführung dieser Bestimmungen eine weitere Regelung erfordert, liegt diese der Landesgesetzgebung ob.

Art. 138

(1) Die auf Gesetz, Vertrag oder besonderen Rechtstiteln beruhenden Staatsleistungen an die Religionsgesellschaften werden durch die Landesgesetzgebung abgelöst. Die Grundsätze hierfür stellt das Reich auf.

(2) Das Eigentum und andere Rechte der Religionsgesellschaften und religiösen Vereine an ihren für Kultus-, Unterrichts- und Wohltätigkeitszwecke bestimmten Anstalten, Stiftungen und sonstigen Vermögen werden gewährleistet.

Art. 139

Der Sonntag und die staatlich anerkannten Feiertage bleiben als Tage der Arbeitsruhe und der seelischen Erhebung gesetzlich geschützt.

Art. 141

Soweit das Bedürfnis nach Gottesdienst und Seelsorge im Heer, in Krankenhäusern, Strafanstalten oder sonstigen öffentlichen Anstalten besteht, sind die Religionsgesellschaften zur Vornahme religiöser Handlungen zuzulassen, wobei jeder Zwang fernzuhalten ist.

Artikel 141

Artikel 7 Abs. 3 Satz 1 findet keine Anwendung in einem Lande, in dem am 1. Januar 1949 eine andere landesrechtliche Regelung bestand.

Artikel 142

Ungeachtet der Vorschrift des Artikels 31 bleiben Bestimmungen der Landesverfassungen auch insoweit in Kraft, als sie in Übereinstimmung mit den Artikeln 1 bis 18 dieses Grundgesetzes Grundrechte gewährleisten.

Artikel 142a

(weggefallen)

Artikel 143

(1) Recht in dem in Artikel 3 des Einigungsvertrags genannten Gebiet kann längstens bis zum 31. Dezember 1992 von Bestimmungen dieses Grundgesetzes abwei-

chen, soweit und solange infolge der unterschiedlichen Verhältnisse die völlige Anpassung an die grundgesetzliche Ordnung noch nicht erreicht werden kann. Abweichungen dürfen nicht gegen Artikel 19 Abs. 2 verstoßen und müssen mit den in Artikel 79 Abs. 3 genannten Grundsätzen vereinbar sein.

(2) Abweichungen von den Abschnitten II, VIII, VIIIa, IX, X und XI sind längstens bis zum 31. Dezember 1995 zulässig.

(3) Unabhängig von Absatz 1 und 2 haben Artikel 41 des Einigungsvertrags und Regelungen zu seiner Durchführung auch insoweit Bestand, als sie vorsehen, daß Eingriffe in das Eigentum auf dem in Artikel 3 dieses Vertrags genannten Gebiet nicht mehr rückgängig gemacht werden.

Artikel 143a

(1) Der Bund hat die ausschließliche Gesetzgebung über alle Angelegenheiten, die sich aus der Umwandlung der in bundeseigener Verwaltung geführten Bundeseisenbahnen in Wirtschaftsunternehmen ergeben. Artikel 87e Abs. 5 findet entsprechende Anwendung. Beamte der Bundeseisenbahnen können durch Gesetz unter Wahrung ihrer Rechtsstellung und der Verantwortung des Dienstherrn einer privat-rechtlich organisierten Eisenbahn des Bundes zur Dienstleistung zugewiesen werden.

(2) Gesetze nach Absatz 1 führt der Bund aus.

(3) Die Erfüllung der Aufgaben im Bereich des Schienenpersonennahverkehrs der bisherigen Bundeseisenbahnen ist bis zum 31. Dezember 1995 Sache des Bundes. Dies gilt auch für die entsprechenden Aufgaben der Eisenbahnverkehrsverwaltung. Das Nähere wird durch Bundesgesetz geregelt, das der Zustimmung des Bundesrates bedarf.

Artikel 143b

(1) Das Sondervermögen Deutsche Bundespost wird nach Maßgabe eines Bundesgesetzes in Unternehmen privater Rechtsform umgewandelt. Der Bund hat die ausschließliche Gesetzgebung über alle sich hieraus ergebenden Angelegenheiten.

(2) Die vor der Umwandlung bestehenden ausschließlichen Rechte des Bundes können durch Bundesgesetz für eine Übergangszeit den aus der Deutschen Bundespost POSTDIENST und der Deutschen Bundespost TELEKOM hervorgegangenen Unternehmen verliehen werden. Die Kapitalmehrheit am Nachfolgeunternehmen der Deutschen Bundespost POSTDIENST darf der Bund frühestens fünf Jahre nach Inkrafttreten des Gesetzes aufgeben. Dazu bedarf es eines Bundesgesetzes mit Zustimmung des Bundesrates.

(3) Die bei der Deutschen Bundespost tätigen Bundesbeamten werden unter Wahrung ihrer Rechtsstellung und der Verantwortung des Dienstherrn bei den privaten Unternehmen beschäftigt. Die Unternehmen üben Dienstherrenbefugnisse aus. Das Nähere bestimmt ein Bundesgesetz.

Artikel 143c

(1) Den Ländern stehen ab dem 1. Januar 2007 bis zum 31. Dezember 2019 für den durch die Abschaffung der Gemeinschaftsaufgaben Ausbau und Neubau von Hochschulen einschließlich Hochschulkliniken und Bildungsplanung sowie für den durch die Abschaffung der Finanzhilfen zur Verbesserung der Verkehrsverhältnisse der Gemeinden und zur sozialen Wohnraumförderung bedingten Wegfall der Finanzierungsanteile des Bundes jährlich Beträge aus dem Haushalt des Bundes zu. Bis zum 31. Dezember 2013 werden diese Beträge aus dem Durchschnitt der Finanzierungsanteile des Bundes im Referenzzeitraum 2000 bis 2008 ermittelt.

(2) Die Beträge nach Absatz 1 werden auf die Länder bis zum 31. Dezember 2013 wie folgt verteilt:
1. als jährliche Festbeträge, deren Höhe sich nach dem Durchschnittsanteil eines jeden Landes im Zeitraum 2000 bis 2003 errechnet;
2. jeweils zweckgebunden an den Aufgabenbereich der bisherigen Mischfinanzierungen.

(3) Bund und Länder überprüfen bis Ende 2013, in welcher Höhe die den Ländern nach Absatz 1 zugewiesenen Finanzierungsmittel zur Aufgabenerfüllung der Länder noch angemessen und erforderlich sind. Ab dem 1. Januar 2014 entfällt die nach Absatz 2 Nr. 2 vorgesehene Zweckbindung der nach Absatz 1 zugewiesenen Finanzierungsmittel; die investive Zweckbindung des Mittelvolumens bleibt bestehen. Die Vereinbarungen aus dem Solidarpakt II bleiben unberührt.

(4) Das Nähere regelt ein Bundesgesetz, das der Zustimmung des Bundesrates bedarf.

Artikel 143d

(1) Artikel 109 und 115 in der bis zum 31. Juli 2009 geltenden Fassung sind letztmals auf das Haushaltsjahr 2010 anzuwenden. Artikel 109 und 115 in der ab dem 1. August 2009 geltenden Fassung sind erstmals für das Haushaltsjahr 2011 anzuwenden; am 31. Dezember 2010 bestehende Kreditermächtigungen für bereits eingerichtete Sondervermögen bleiben unberührt. Die Länder dürfen im Zeitraum vom 1. Januar 2011 bis zum 31. Dezember 2019 nach Maßgabe der geltenden landesrechtlichen Regelungen von den Vorgaben des Artikels 109 Absatz 3 abweichen. Die Haushalte der Länder sind so aufzustellen, dass im Haushaltsjahr 2020 die Vorgabe aus Artikel 109 Absatz 3 Satz 5 erfüllt wird. Der Bund kann im Zeitraum vom 1. Januar 2011 bis zum 31. Dezember 2015 von der Vorgabe des Artikels 115 Absatz 2 Satz 2 abweichen. Mit dem Abbau des bestehenden Defizits soll im Haushaltsjahr 2011 begonnen werden. Die jährlichen Haushalte sind so aufzustellen, dass im Haushaltsjahr 2016 die Vorgabe aus Artikel 115 Absatz 2 Satz 2 erfüllt wird; das Nähere regelt ein Bundesgesetz.

(2) Als Hilfe zur Einhaltung der Vorgaben des Artikels 109 Absatz 3 ab dem 1. Januar 2020 können den Ländern Berlin, Bremen, Saarland, Sachsen-Anhalt und Schleswig-Holstein für den Zeitraum 2011 bis 2019 Konsolidierungshilfen aus dem

Haushalt des Bundes in Höhe von insgesamt 800 Millionen Euro jährlich gewährt werden. Davon entfallen auf Bremen 300 Millionen Euro, auf das Saarland 260 Millionen Euro und auf Berlin, Sachsen-Anhalt und Schleswig-Holstein jeweils 80 Millionen Euro. Die Hilfen werden auf der Grundlage einer Verwaltungsvereinbarung nach Maßgabe eines Bundesgesetzes mit Zustimmung des Bundesrates geleistet. Die Gewährung der Hilfen setzt einen vollständigen Abbau der Finanzierungsdefizite bis zum Jahresende 2020 voraus. Das Nähere, insbesondere die jährlichen Abbauschritte der Finanzierungsdefizite, die Überwachung des Abbaus der Finanzierungsdefizite durch den Stabilitätsrat sowie die Konsequenzen im Falle der Nichteinhaltung der Abbauschritte, wird durch Bundesgesetz mit Zustimmung des Bundesrates und durch Verwaltungsvereinbarung geregelt. Die gleichzeitige Gewährung der Konsolidierungshilfen und Sanierungshilfen auf Grund einer extremen Haushaltsnotlage ist ausgeschlossen.

(3) Die sich aus der Gewährung der Konsolidierungshilfen ergebende Finanzierungslast wird hälftig von Bund und Ländern, von letzteren aus ihrem Umsatzsteueranteil, getragen. Das Nähere wird durch Bundesgesetz mit Zustimmung des Bundesrates geregelt.

Artikel 144

(1) Dieses Grundgesetz bedarf der Annahme durch die Volksvertretungen in zwei Dritteln der deutschen Länder, in denen es zunächst gelten soll.

(2) Soweit die Anwendung dieses Grundgesetzes in einem der in Artikel 23 aufgeführten Länder oder in einem Teile eines dieser Länder Beschränkungen unterliegt, hat das Land oder der Teil des Landes das Recht, gemäß Artikel 38 Vertreter in den Bundestag und gemäß Artikel 50 Vertreter in den Bundesrat zu entsenden.

Artikel 145

(1) Der Parlamentarische Rat stellt in öffentlicher Sitzung unter Mitwirkung der Abgeordneten Groß-Berlins die Annahme dieses Grundgesetzes fest, fertigt es aus und verkündet es.

(2) Dieses Grundgesetz tritt mit Ablauf des Tages der Verkündung in Kraft.

(3) Es ist im Bundesgesetzblatte zu veröffentlichen.

Artikel 146

Dieses Grundgesetz, das nach Vollendung der Einheit und Freiheit Deutschlands für das gesamte deutsche Volk gilt, verliert seine Gültigkeit an dem Tage, an dem eine Verfassung in Kraft tritt, die von dem deutschen Volke in freier Entscheidung beschlossen worden ist.

Stichwortverzeichnis

Die in Fettdruck gesetzten Ziffern beziehen sich auf den Artikel, die in Normaldruck dargestellten auf die jeweilige Randnummer.